Handwörterbuch Philosophie

Herausgegeben von Wulff D. Rehfus

Vandenhoeck & Ruprecht

Bibliografische Information Der Deutschen Bibliothek

Die Deutsche Bibliothek verzeichnet diese Publikation in der
Deutschen Nationalbiografie; detaillierte bibliografische Daten sind
im Internet über <http://dnb.ddb.de> abrufbar.

ISBN 3-8252-8208-2 (UTB)
ISBN 3-525-03323-0 (Vandenhoeck & Ruprecht)

Umschlaggestaltung: Atelier Reichert, Stuttgart
Gesamtherstellung: Hubert & Co., Göttingen

ISBN 3-8252-8208-2 (UTB)

Inhalt

Vorwort

Die Menschheit steht vor großen Herausforderungen. Das Ende der Nachkriegszeit, das Ende des »Ostblocks« und die weltweite Bedrohung durch Gewalt verlangen eine neue politische Weltordnung. Die technischen, biologischen und medizinischen Möglichkeiten verlangen eine neue, weltweite Ethik. Die ökologischen Gefahren verlangen neue Handlungskonzepte.

Das Verständnis des Menschen von sich und der Welt ist ins Wanken geraten. Das Überkommene hat seine Geltung eingebüßt, das Selbstverständliche versteht sich nicht mehr von selbst. Unsere geistige Überlieferung ist in Frage gestellt und damit die Grundlage unseres Denkens und Handelns. Tatendrang und Handlungseifer können unter diesen Umständen nur schaden. Nicht Aktionismus ist das Gebot der Stunde, sondern Besinnung. Denn bevor man beherzt in die Zukunft schreitet, muss man wissen, wo man sich befindet. Man muss wissen, was man will; man muss wissen, was man kann; man muss wissen, was man darf und man muss wissen, woher man kommt. Um ein neues Selbst- und Weltverständnis zu finden, um neue oberste Prinzipien des Denkens und Handelns zu finden, muss man sich seiner selbst und seiner Welt vergewissern. Wer nach vorn schaut, der darf den Blick zurück nicht vergessen, will er nicht vom Weg abkommen. Nur Nachdenklichkeit kann gesicherte Grundlagen für morgen schaffen.

Wenn aber die Gedanken und das Denken auf dem Spiel stehen, dann ist die Philosophie gefordert – wie in der klassischen Antike, so in der europäischen Neuzeit: und heute erneut. In den Zeiten der Gedankennot bedarf es der Orientierung im Denken. Die große Philosophie war solchen Grundlagen immer verpflichtet. Im Geist der Humanität, der Vernunft und Aufklärung dachte sie die obersten Prinzipien des Seins, des Denkens und Handelns. Dies ist das Vermächtnis der Philosophie.

Das *Handwörterbuch Philosophie* hat nicht den Anspruch, die philosophische universitäre Forschung durch neue Erkenntnisse zu bereichern, vielmehr wendet es sich an alle, die einen Überblick über die Philosophie gewinnen wollen und Freude am Denken haben. Dabei wird unter Philosophie ein Denken verstanden, wie es sich in Europa in der griechischen Antike entwickelt hat und als wissenschaftliche Disziplin an den Universitäten etablieren konnte – als die älteste wissenschaftliche Disziplin überhaupt.

Das *Handwörterbuch Philosophie* ist eine Kombination aus philosophiegeschichtlichem Grundriss, Kurzdarstellung der großen Denker, systematischer Aufbereitung philosophischen Denkens und Wörterbuch philosophischer Grundbegriffe. Es stellt die Philosophie in ihrer Vergangenheit und Gegenwart dar und gibt einen Überblick ihrer überkommenen und gegenwärtigen Positionen, Problemstellungen und Problemlösungen. Damit ist es zum einen historisch orientiert, zum anderen jedoch zugleich systematisch. Es bietet die Vorzüge einer historischen Einführung in die Philosophie und eines systematischen Durchgangs durch das philosophische Denken; es bietet themenorientierte Kurzmonographien ebenso wie ein funktionales Nachschlagewerk. Es stellt Wissen vor und regt an zum eigenen Denken.

Das *Handwörterbuch Philosophie* ist aufgeteilt in drei große Abschnitte: Ein Überblick über die Geschichte der Philosophie von den Vorsokratikern bis zur Postmoderne (*A Epochen*) zeigt die großen Entwicklungslinien des philosophischen

Denkens auf. Dann folgt (*B Denker*) ein *Alphabetisches Philosophenverzeichnis* mit den wichtigsten Philosophen und ihren Lebensdaten. Hier sind auch Philosophen aufgenommen, die nicht aus dem europäischen Kulturraum stammen, sofern sie, unabhängig von ihrer kulturellen Herkunft, die europäische Philosophie bereichert haben. Dies unterstreicht den universalistischen Anspruch der Philosophie. Eine knappe Darstellung von *Themen und Positionen* der besonders hervorragenden Philosophen beschließt den Teil B.

Der dritte Abschnitt (*C Denkformen und Grundbegriffe*) stellt in systematischer Absicht und alphabetischer Reihenfolge die wichtigsten philosophischen Methoden vor, die Hauptgebiete, Schulen und Disziplinen der Philosophie sowie die wichtigsten philosophischen Fachbegriffe, die zu ihrem Verständnis nötig sind. Dabei wurde darauf geachtet, dass Tradition wie Gegenwart angemessen vertreten sind und dass die Terminologien einzelner Schulen und Richtungen gleichmäßig zu Wort kommen. Wer sich intensiver mit dem jeweiligen Problem beschäftigen will, der findet entsprechende Querverweise auf andere Artikel sowie Hinweise auf weiterführende Literatur.

Das Personen- und Sachregister im Anhang erleichtert den Zugriff auf spezielle Themen, Probleme und Philosophen. Dass insgesamt keine Vollständigkeit angestrebt werden konnte, versteht sich von selbst.

Die Artikel sind von ausgewiesenen Spezialisten geschrieben (*Verzeichnis der Autoren*) und in sich voraussetzungslos verständlich. So eignet sich das *Handwörterbuch Philosophie* zum einen als rasches Nachschlagewerk. Es lässt sich zum anderen aber auch insgesamt als eine Einführung in die Geschichte und Systematik der Philosophie lesen.

Langenfeld, im Juli 2002 Wulff Rehfus

A Epochen

Altertum Der Begriff ›Philosophie‹ stammt aus der griechischen Antike, jenem Zeitabschnitt also, mit dem man gewöhnlich die europäische Kulturgeschichte beginnen lässt. Zuerst wurde er wohl von →Pythagoras (6. Jh. v. Chr.) verwendet, um die geistige Disposition zu bezeichnen, der es um Wissen (→*sophia*) im umfassenden Sinne zu tun ist. Die Liebe (*philia*) zu diesem Wissen wollte sich nicht mehr mit bloßen Erzählungen (→Mythos) zufrieden geben, welche nicht ohne innere Widersprüche auskamen, denn die alles beherrschenden Grundkräfte und Mächte waren zutiefst ambivalent. Sie wollte vielmehr von der wuchernden Vielfalt der mythischen Vorstellungen über die Entstehung der →Welt, die Götter, die Naturkräfte und die Gewalten, die das Leben der →Menschen schicksalhaft bestimmen sollten, zu einem einheitlichen →Prinzip (*arche*) gelangen, das die Vielheit widerspruchsfrei erklärbar macht, ohne auf ein der menschlichen →Erfahrung gänzlich fremdes und deshalb unberechenbares höchstes Wesen zurückgreifen zu müssen.

Dieses Interesse, zu erforschen was das wahrhaft Seiende (→Sein) objektiv sei, hat die antike Philosophie bis zu ihrem Ende beherrscht, auch noch zu der Zeit, als sie sich mit Pyrrhon von Elis (um 365–275) und späteren Vertretern der →Skepsis zuwandte. Deren Verzicht auf die Erforschung dessen, was ist und die Beschränkung auf das, was dem betrachtenden →Subjekt erscheint, bestätigt in der Polemik die Vorherrschaft der ›dogmatischen‹ Richtungen. Gemeinsam ist indessen den antiken Philosophenschulen vom Vorsokratiker Demokrit bis zu den Stoikern →Seneca und Marc Aurel, die Absicht, die Menschen durch die rationale Erklärung äußerer und innerer Natur zum glückseligen Leben zu befähigen.

1. In diesem Sinne ist die Philosophie schon in der vorsokratischen Periode ihrer Entwicklung in der europäischen Welt dadurch charakterisiert, die Menschen durch sicheres Wissen von Angst zu befreien. Die →Natur ist nicht mehr das Aktionsfeld vieler Götter und Geister, die in den Gestirnen, dem Meer, den Bergen und Bächen gegenwärtig sind; vielmehr wird Natur in der Interpretation der Vorsokratiker zum Reich rein materieller Prozesse, die gegenüber den Absichten von Göttern, Geistern und Menschen gleichgültig sind und eben deshalb nach unbeeinflussbaren →Gesetzen sich vollziehen. Die Philosophie vor →Sokrates, also in der Zeit von um 600–450 v. Chr., hat die immanente Naturerklärung gefördert und zugleich durch die Frage nach dem ersten Prinzip alles Seienden ergänzt. Die zunächst einfach erscheinenden Antworten auf diese Frage sind indessen nicht Ausdruck einer noch unentwickelten →Kultur, vielmehr äußert sich hier das Bewusstsein, dass die Ergründung der Prinzipien des Seienden das Privileg derjenigen ist, die die Früchte einer zu ihrer Zeit hoch entwickelten Zivilisation genießen. Die Lehren der Vorsokratiker sind nur in Fragmenten, zumeist als Zitate bei anderen Autoren, überliefert.

In der ionischen Stadt Milet, einer reichen griechischen Kolonie in Kleinasien, lehrten um 550 v. Chr. →Thales, →Anaximander und Anaximenes. Sie bestimmten nacheinander das Wasser, das schlechthin Unbegrenzte (*apeiron*) und die Luft als Urstoff aller Dinge. Die wenigen überlieferten Argumente für diese →Prinzipien laufen darauf hinaus, die Vielheit der Naturerscheinungen auf den einen Ursprung zu reduzieren, sodass das Viele als Spielart des Einen erscheint. Diesem ›materialistischen‹ Anfang der europäischen Philosophiegeschichte steht in Pythagoras und seiner Schule gleichsam eine ›idealistische‹ Ergänzung gegenüber, denn dieser Bewegung zufolge ist die Zahl das Urprinzip aller Dinge. Die Operationen mit den Zahlen gestatten die sicherste Erkenntnis, mit der sich nicht nur die Natur, sondern auch die menschlichen Verhältnisse bestimmen lassen. Die pythagoreische Richtung hat die →Wissenschaft nachhaltig geprägt, wovon in der Geometrie der Satz des Pythagoras und in der musikalischen Akustik das pythagoreische Komma deutliche Belege sind.

Die auf Pythagoras folgende Generation von Philosophen nimmt auf die Natur und die Verhältnisse ihrer Momente schon nicht mehr so unmittelbar Bezug wie die Früheren. Xenophanes (um 570–480) begründet die berühmte eleatische Schule, der nach ihm vor allem →Parmenides (um 540–480) und Zenon (um 490–440) angehören. Xenophanes ist der früheste Vertreter einer aufklärerischen Religionskritik, indem er die vielen Götter der griechischen und außergriechischen Kultur als entrückte Abbilder menschlicher Personen und Charaktere entlarvt. In diesen vielfältigen Ausprägungen des Göttlichen müsse indessen ein einheitliches Prinzip gemeint sein. Wie die vorsokratische Philosophie den Übergang vom Mythos zum →Logos überhaupt vollzieht, so wendet sich Xenophanes vom antiken →Polytheismus gedanklich zu einer Lehre von einem Prinzip, das auch den →Monotheismus denkbar macht. In dem berühmten Lehrgedicht des Parmenides wird dieser Gedanke weitaus konsequenter und systematischer gefasst: Nur das homogene, ungewordene und unvergängliche Sein ist, das Nichtsein ist nicht. Alles was nicht schlechthin ist, also alle räumlich und zeitlich endlichen Dinge, alle Bewegung und Veränderung, kann nur Schein (*doxa*) sein. Das Denken, das dies erkennt, ist selbst ein Seiendes und muss daher mit dem Sein identisch sein.

Mit dieser Lehre wendete sich Parmenides scharf gegen die eines älteren Zeitgenossen. →Heraklit (um 550–480 v. Chr.) sucht das Prinzip alles Seienden nicht in einem Festen und Unveränderlichen, sondern im Werden. »Alles ist im Fluss« lautet eines der von ihm überlieferten Fragmente. Sinnbild dieses alles umfassenden Prozesses ist ihm das Feuer, das er geradezu als Urstoff annimmt, welcher freilich zugleich den Geist (*logos*) umfasst. Mit seiner Lehre stellt sich Heraklit nicht außerhalb der Thematik der Vorsokratiker, denen es um das erste Prinzip ging. Denn das Seiende, dessen Grund gesucht wurde, war stets die Natur (*physis*). Auch Empedokles (um 495–435), der die Lehre von vier an sich unveränderlichen Elementen vertritt, welche sich fortwährend mischen und entmischen, lässt hiervon nicht ab. Ihm und den Atomisten Leukipp (*um 480 v. Chr.) und Demokrit (460–371) kommt es vielmehr darauf an, die für die →Eleaten unerklärliche Bewegung der materiellen Natur mit deren These zusammenzubringen, dass das Seiende unveränderlich und unteilbar sei. Das monolithische Sein des Parmenides wird so gleichsam in viele Stücke zerlegt, deren Verbindungen die sichtbaren und vergänglichen Dinge ausmachen.

2. Die klassische Periode der griechischen Philosophie wird durch die radikal aufklärerische Strömung der →Sophisten eingeleitet, die durch →Platon und →Aristoteles freilich nachhaltig in Verruf kam. In den Sophisten fanden diese bedeutendsten Autoren der antiken Philosophie ihre wichtigsten Gegner. Indem sie einige von deren bestechenden, aber im Kern oft falschen Argumentationen widerlegten, kamen sie zu ihrer eigenen Position. Zunächst sind die Sophisten indessen Vertreter jener geschichtlichen Epoche, in der Athen zur politischen und kulturellen Metropole wurde. Die Demokratisierung der athenischen Polis mit ihrem komplizierter werdenden Geflecht gesellschaftlicher Beziehungen der Menschen begünstigte die Rhetorik, die von den Sophisten vielfach auch zum Gelderwerb genutzt wurde. Dabei waren es einige Grundthesen, die die Reaktion des Sokrates und seines Schülers Platon hervorriefen. So lehrte Protagoras (um 485–410), der Mensch sei das Maß aller Dinge, also die Relativität aller Erkenntnis, Hippias unterschied zwischen den Naturgesetzen und den jederzeit veränderbaren menschlichen Satzungen. Die rechtlichen und moralischen Normen rückten derart in den Mittelpunkt des Interesses, dass traditionelle gesellschaftliche Bedingungen in Frage gestellt wurden, so die Adelsvorrechte und sogar die Sklave-

rei. Darin liegt das aufklärerische Verdienst der Sophisten.

Sokrates (ca. 470–399) vertrat die Position, dass von der Natur nichts zu lernen sei und die Philosophie in der Selbsterkenntnis des Menschen ihre Aufgabe habe. Platon (um 427–347) beginnt deshalb mit ethischen Fragen. Seine Dialoge, die fast stets die stilisierte Figur des Sokrates beherrscht, suchen freilich die antidogmatische Gesamttendenz der Sophisten ad absurdum zu führen und zu eindeutiger Begriffsbildung und zu beweisbaren Sätzen zu gelangen.

Um eine Antwort auf die Frage zu finden, ob es entgegen den sophistischen Thesen nicht doch ein nicht relativierbares Objektives, ein Gutes und Wahres an sich gebe, an dem Wahrheit und Tugend im Alltäglichen zu messen wären, knüpft Platon an die Problematik der früheren Denker an und unterscheidet wahres Sein von trügerischem Schein. Wie bei den konsequentesten Vorsokratikern stellt sich das bloß sinnlich Gewisse als unsicher heraus, während das im Denken durch Beweis Gesicherte dem wirklich Seienden entspricht. Das Sinnliche ist nicht wirklich seiend, da es nur flüchtiger Eindruck ist, den der konstante Begriff erst benennbar macht. Aus diesem Sachverhalt entwickelt Platon seine Ideenlehre. Die →Ideen sind das Bleibende im Fluss der Erscheinungen. Sie sind das wahre Sein, denn sie stellen die bei jeder bewussten Wahrnehmung und bei jedem Denkakt immer schon vorausgesetzte Ordnung dar, in der die Dinge erst bestimmt sind als das, was sie sind. Zugleich bilden sie die unabänderliche Rangordnung der Tugenden, die in der obersten Idee, dem Guten, gründet. Erkenntnis ist deshalb Wiedererinnerung der →Seele an die ihr eingeborenen Ideen (→*ideae innatae*).

Aus dieser scharfen Scheidung der Sinnenwelt von der Ideenwelt ergibt sich das Problem, wie beide zusammenhängen. Den radikalen Bruch (*chorismos*) zwischen Sinnendingen (*aistheta*) und Gedankendingen (*noeta*) hat Platon in seiner Theorie der Teilhabe (*methexis*) zu überwinden versucht. Danach sind die Ideen die →Urbilder, die von den Sinnendingen nur unvollkommen nachgeahmt werden. Der späte Platon hat die Widersprüche, die auch hierin liegen, selbstkritisch gesehen und in einer systematischen Konstruktion zu lösen versucht, nach der Einheit und Vielheit dialektisch aufeinander bezogen sind.

Berühmtheit hat Platons Theorie des idealen Staates erlangt. Gründend in der Idee der →Gerechtigkeit, ist ein vollkommenes Gemeinwesen nach Ständen gegliedert, die den Hauptvermögen der menschlichen Seele entsprechen. Dem Stande der Ernährer stehen die Soldaten und Wächter und diesen allen die eigentlich Regierenden, die Philosophenkönige vor. Die beiden oberen Stände sind strikt auf das Gemeinwohl hin erzogen und leben deshalb ohne Privateigentum und Familie.

Platon hat mit seiner Akademie 387 v. Chr. eine überaus einflussreiche Schule gegründet. Die Akademie wurde erst 529 n. Chr. geschlossen. Während der nahezu tausend Jahre ihres Bestehens hat sie freilich die Lehre ihres Gründers vielfältig abgeändert und geradezu in ihr Gegenteil verkehrt. So wurde sie am Ende von einem →Skeptizismus beherrscht, den noch →Augustinus (354–430) bekämpft.

Die wichtigste mit dem Platonismus konkurrierende Schule war zunächst die peripatetische, die von Platons Schüler Aristoteles begründet wurde. In ihm erreicht die klassische Periode der griechischen Philosophie ihren Höhepunkt. Die Universalität, mit der Aristoteles die Philosophie als enzyklopädische Wissenschaft entfaltete, ist in der Antike nicht mehr erreicht worden. Der Hauptdifferenzpunkt zwischen Platon und Aristoteles war der Dualismus von Ideen und sinnlicher Welt. Sind wahrhaft seiend nur die unveränderlichen Ideen, dann kommt dem einzelnen sinnlichen Ding als solchem kein Sein zu, wenngleich es durch Teilhabe an der Idee zu dem bestimmt wird, was es ist und, Spekulationen des späten Platon zufolge, aus der obersten Idee, dem Guten, geradezu abbildhaft hervorgegangen ist. Aristoteles stellt die Realität der platonischen Ideen nicht in Frage, aber er kehrt die Richtung der begrifflichen Analyse um. Nicht ist auszugehen von den unter Abstraktion vom Sinnenschein gewonnenen Ideen, sondern von dem einzelnen Seienden, das daraufhin untersucht wird, was es denknotwendig zu einem solchen macht. Die Wissenschaft, die so verfährt, ist allen anderen vorgeordnet. Von den unmittelbaren Nachfolgern des Aristoteles →Metaphysik genannt, gelangt sie durch fortschreitende rekursive Analyse zu den Weisen, in denen das Sein ausgesagt wird, den →Kategorien, zum →Wesen, den →Akzidentien und schließlich den Gründen, durch die Seiendes ist. Da die Ideen nur das Allgemeine, Wesenhafte an den Dingen repräsentieren, aber dem individuellen Ding Existenz zukommt, muss dieses aus komplementären Momenten zusammengesetzt sein. Für Aristoteles sind dies die bestimmende →Form und die von ihr bestimmte Materie, die im konkreten Ding vereinigt sind, sodass die selbstständige platonische Idee in die Dinge verlegt wird.

Das Entstehen und Vergehen der einzelnen Dinge geschieht durch den Wechsel in der Zusammensetzung von →Materie und Formen. Hierbei bleiben die Gattungen und Arten der belebten und unbelebten Natur unverändert erhalten, während die Individuen zeitlich beschränkt sind. Dieser Prozess ohne Anfang und Ende hat freilich eine innere, kontinuierlich wirksame Zweckmäßigkeit (→Teleologie) und ein bewegendes Prinzip, das selbst unbewegt ist.

Derselbe Gedanke der Teleologie bestimmt auch die →Ethik, die von Aristoteles zuerst in systematischer Gestalt entwickelt und als ein Teil der Politik verstanden wird. Die einzelnen Tugenden der Einzelpersonen und der Stände haben danach ihren Zweck im guten, d.h. gesitteten Leben der Polis.

Von nachhaltiger Bedeutung waren in der von Aristoteles begründeten Schule von Peripatos die naturwissenschaftlichen Studien, besonders aber die Logik, die Aristoteles als Erster zur selbstständigen Wissenschaft erhob. Die peripatetische Schule hat bis in das erste nachchristliche Jh. bestanden, um dann mit dem Neuplatonismus zu verschmelzen.

3. Alexander der Große hatte durch seine Eroberungen die griechische Kultur mit vielen anderen in Kontakt gebracht, sodass sich viele orientalische Einflüsse auf die europäische Kultur geltend machten, die auch in der Philosophie zu bemerken sind, aber zu durchaus eigenständigen Gestaltungen des Denkens führten. Der Niedergang der Polis führte teils zu einem Rückzug ins Private oder zu skeptischer Resignation, teils zu einer die Grenzen der Völker überschreitenden geistigen Haltung, welche zum ersten Mal in der Geschichte einen Begriff der Menschheit als Ganzer bildet. Diese so genannte hellenistische Epoche dauerte von Alexander (356–323) bis etwa 30 v.Chr., als die römische Weltherrschaft etabliert war. Epikur (341-ca.270) und seine bis in die →Neuzeit wirksame Schule sind für ihre materialistische Lehre von der Welt aus Atomen und mehr noch für ihre Ethik berühmt geworden. Das Glück des Menschen besteht hiernach in individueller Lust, einem Gemütszustand, der die Extreme des Schmerzes und des Rausches vermeidet und in der Zurückgezogenheit privater Freundeskreise gepflegt werden soll.

Bis tief in die christliche Ära reicht der Einfluss der →Stoa. Begründet von Zenon aus Kition (ca.336–262), weist die Schule über die fünfhundert Jahre ihres Bestehens viele heute kaum bekannte Vertreter auf. Ihre weithin materialistische Naturlehre, ihre Logik und Grammatiktheorie sowie ihre Lehre von der Weltvernunft sind gleichsam aufklärerisch geprägt, während die Lehre vom Weltbrand, dem periodisch die Wiederkehr des Gleichen folgt, alte mythische Vorstellungen wieder belebt. Das Ideal der Unerschütterlichkeit, das die stoische Ethik bestimmt, zielt auf die Autonomie des Einzelnen, der sich in seinem Handeln von seiner Vernunftnatur, nicht von seinen Affekten leiten lassen soll. Die Weltvernunft, an der jeder Mensch ohne Ansehen seiner sozialen Stellung teilhat, begründet zugleich die stoische Überzeugung von der Kosmopolitie, der politischen Einheit der gesamten Menschheit. Diese Idee, von den Stoikern an prägend für die europäische Zivilisation, trug geistig auch das römische Weltreich, das die verschiedensten Kulturen in sich vereinigte. Zu den bedeutendsten Vertretern der Stoa gehören in dieser Zeit Seneca (um 4 v.Chr. - 65 n.Chr.), der unter Kaiser Nero Verwalter des Reiches war, der freigelassene Sklave Epiktet (um 55–135) und der Kaiser Marc Aurel (121–180).

Die letzte philosophische Schule der Antike, der Neuplatonismus, leitet bereits zum →Mittelalter über. Seine Lehre vom Ureinen, das sich durch →Emanation in den Geist und die Seele sowie in die Gattungen und Arten der Natur spezifiziert, wurde zuerst von →Plotin (ca. 205–270) schriftlich fixiert und von Proklos (412–485) in die christliche Ära hineingetragen. In dieser Schule sollte nicht einfach die Philosophie Platons wiederbelebt werden, vielmehr wurde eine Synthese mit Lehren des Aristoteles angestrebt.

K.S.Guthrie, A History of Greek Philosophy, 6 Bde., Cambridge 1965-1990
F. Ueberweg, Grundriß der Geschichte der Philosophie, Bd. 1: Die Philosophie des Altertums, hg. v. K. Praechter, 12. Aufl. Berlin 1926
E. Zeller, Die Philosophie der Griechen in ihrer geschichtlichen Entwicklung, 3 Teile, 6. Aufl. Leipzig 1919 [Nachdruck Hildesheim 1963]

G. M.

Mittelalter Verlegenheitsbegriff, mit dem die Humanisten die Periode zwischen dem Ende der Antike und ihrer eigenen Epoche bezeichnen wollten, welche sich als Wiedergeburt (Renaissance) der griechischen und römischen ->Kultur verstand. Das über etwa tausend Jahre, vom Untergang des weströmischen Reiches (476) bis zur Reformation (1517), sich erstreckende Zeitalter gilt für gewöhnlich als die Epoche, in der das Christentum alle kulturellen und politischen Bereiche Europas beherrschte, in der jedenfalls von der Religion unabhängige Wissenschaft und Philosophie nicht existierte.

Dieser bis heute verbreiteten Meinung ist entgegenzuhalten, dass die christliche Theologie von der Zeit der Kirchenväter bis zur frühen Neuzeit auf philosophischen Grundpositionen beruhte. Sie ist geradezu selbst die für die Epoche charakteristische Gestalt der Philosophie. Dies gilt nicht allein deshalb, weil die wichtigsten Traditionen der Antike im Mittelalter fortwirkten, sondern ebenso, weil im Mittelalter zu fast allen modernen Positionen die Grundlagen gelegt wurden.

Die Philosophie, die in der Spätantike im Zeichen des Christentums sich artikulierte, hat von Anbeginn in einem eigentümlichen Sinne Tradition gebildet und diese durch die Konzentration des höchsten Lehramtes in der römischen Kirche zum Kriterium von ->Wahrheit gemacht. Dadurch wurde einerseits die geistige Abhängigkeit von den Autoritäten der Vergangenheit zur Norm erhoben, andererseits aber ebenso jene systematische Disziplin des Denkens gefördert, die das Vergangene in den Dienst des Gegenwärtigen stellt. Dieses Verhältnis wandelt sich von der ehrfürchtigen Paraphrase kanonischer Texte im frühen Mittelalter zu deren scharfer logischer Analyse und immanenter Kritik in den hochmittelalterlichen Kommentaren und führt schließlich gegen Ende des 13. und zu Beginn des 14. Jhs. zur Entdeckung eines eigenständigen philosophischen ->Selbstbewusstseins.

Die geistigen Voraussetzungen der eigentlich mittelalterlichen Philosophie wurden in der Zeit der Kirchenväter, also in der Spätantike geschaffen. Von den apostolischen Vätern um 100 bis zu Gregor dem Großen (540-604) kennt die Patrologie weit mehr als hundert Autoren. So bemühten sich der Märtyrer Justinus, Tertullian, Origenes, Clemens von Alexandria und andere um die Verteidigung (Apologie) des noch nicht als Staatsreligion etablierten Christentums gegen die Einwände der zeitgenössischen heidnischen Philosophie. Hierbei sieht sich die neue Lehre freilich genötigt, selbst philosophisch zu argumentieren. Auf diese Weise haben sich viele stoische Elemente, vor allem aber der ->Neuplatonismus mit dem Christentum zu der ihm eigentümlichen Theologie verbunden. Nach dem Konzil von Nicäa (325), auf dem das Dogma von der Wesensidentität des Gottessohnes mit dem Vater beschlossen wurde, beschäftigte sich eine große Zahl von Autoren mit der theoretischen Ausbildung einer über die bildhaften biblischen Berichte hinausgehenden Theologie. Der philosophisch wichtigste dieser Kirchenväter ist ->Augustinus, dessen Lehre während des gesamten Mittelalters in hohem Ansehen stand, wenn sie auch zuweilen kontrovers interpretiert wurde. Seine spekulative Darstellung der Trinitätslehre und sein Verständnis der göttlichen Gnade haben über die hochscholastischen Theorien des Intellekts und des Willens hinaus bis in die Neuzeit Wirkung ausgeübt. Vor allem aber hat Augustinus die Geschichte als ein neues Motiv der Philosophie entdeckt. Die Einmaligkeit der Geschichte, die auf das Heil der Menschheit als Ganzer hin geordnet ist, weist über den Rahmen des antiken Denkens hinaus und bildet ein Leitmotiv aller späteren Epochen, besonders aber des Mittelalters. Der augustinische Dualismus des irdischen Reiches und des Gottesstaates hat den fortwährenden und vielfältig sich äußernden Antagonismus zwischen weltlicher Herrschaft und Kirche während des gesamten Mittelalters bestimmt und die Säkularisierung gefördert, obwohl er die Menschheit aus der Profanität befreien und in der *civitas Dei* vereinigen wollte.

Die neuplatonische Philosophie und deren nicht christliche Vertreter in der Spätantike,

→Plotin und Proklos Diadochos, kamen dem christlichen Bestreben entgegen, seine Botschaft den philosophisch gebildeten Griechen und Römern begreifbar zu machen. Dabei kam es darauf an, die mythologischen Elemente des Christentums (Schöpfung, Inkarnation, Trinität, Auferstehung und Erlösung) als Vernunftlehren zu demonstrieren. Die Schöpfung war in diesem Sinne neuplatonisch als →Emanation zu verstehen, als abbildhafter Hervorgang des Geschaffenen aus dem Ureinen, welches die christlichen Autoren mit dem persönlichen →Gott identifizieren. Die Dogmen der Inkarnation und der Trinität finden ihre Stütze in den Theorien der Selbstobjektivation der →Vernunft, die sich in einem aus ihr stammenden Anderen gegenständlich wird, während Auferstehung und Erlösung philosophisch die Rückkehr des aus dem Einen Erzeugten in seinen Ursprung darstellen.

Einige dieser Motive sind bereits bei Augustinus präsent, aber erst von Boethius konsequent philosophisch vereinigt worden. Boethius verdankt die mittelalterliche Philosophie die Kenntnis einiger logischer Schriften des Aristoteles und die weitgehende Latinisierung der philosophischen Terminologie sowie die Ausbildung der dialektischen, d.h. formallogischen →Methode. Sie ermöglichte es dem philosophischen Denken, sich aus der Abhängigkeit von der Autorität zu befreien und nur das gelten zu lassen, was nach dem Maßstab der Vernunft bewiesen werden kann. Diese Spannung zwischen überkommener Autorität und autonomer Vernunft bestimmt bereits das Denken des frühen Mittelalters und führt im 11. und 12. Jh. zum Streit um die dialektische Methode in der Theologie, d.h. um die Ablösung der allegorischen und paraphrasierenden Auslegung der christlichen Lehren durch diskursive →Wissenschaft.

Nach dem Zusammenbruch des römischen Reiches war die bis zuBoethius und Cassiodor (um 427–562) relativ kontinuierliche Übermittlung der klassischen Bildung fast ganz unterbrochen. Nur in einigen Klöstern wurden alte Handschriften aufbewahrt, abgeschrieben und kommentiert. Vieles ging verloren, so unter anderem fast alle Werke von →Platon und Aristoteles.

Karl der Große wollte mit seiner Reichsgründung das römische Imperium erneuern. Dieser Anspruch war politisch und religiös bestimmt, insofern das Reich den augustinischen Gottesstaat vorbereiten sollte. Zugleich aber musste die Vielfalt der einander feindlichen Stämme in einer politischen Einheit aufgehoben werden. Als konkretes Modell hierzu bot sich das antike Weltreich und sein geistiges Fundament an. Deshalb haben die Karolinger außer der Missionierung und Unterwerfung heidnischer Stämme geradezu eine gewisse Renaissance antiker Bildung betrieben. So wurden von Alkuin (um 730–804) und Hrabanus Maurus (784–856) die Klosterschulen von Tours und Fulda gegründet, die für die Zivilisierung der mitteleuropäischen Völker Schlüsselfunktion hatten. An der Hofschule Karls des Kahlen lehrte Johannes Scotus Eriugena (um 810 – nach 877), der erste systematische Denker des Mittelalters. Hier gelangt die neuplatonische Lehre von der Welt als Theophanie, d.h. als Erscheinung Gottes, zur konsequenten Darstellung. Im Anschluss an Pseudo-Dionysius Areopagita (um 500), der die Hierarchie der neuplatonischen Wesenheiten auf die Schöpfung, die himmlischen Heerscharen und die Kirche übertragen hatte, entwickelt Scotus Eriugena die Einteilung der Natur als einen von der göttlichen Spitze aus erfolgenden Prozess, der vom unbestimmten Einen zum göttlichen Wort, von dort zu den allgemeinsten Erstursachen, den Ideen, fortschreitet, um aus ihnen die sichtbare Welt hervorzubringen, welche sich im Menschen reflexiv auf ihren Ursprung zurückwendet.

In dieser Position, die in der anschließenden frühscholastischen Periode bis ins 12. Jh. in verschiedenen Varianten vertreten wurde, kommt ein extremer Universalienrealismus zum Ausdruck. Das bedeutet, dass, wie bei Platon, nur dem Allgemeinen, in den universalen Wesensbegriffen der Gattungen, Arten und Unterschiede Bestimmbaren, Realität zukommen sollte. Das einzelne Seiende (→Sein), das ein Wesen hat, ist als solches eine zufällige Vereinigung von →akzidenziellen, d.h. unwesentlichen Momenten. Der ungebrochene Universalienrealismus des frühen Mittelalters, der von neuzeitlichen Interpreten oft als naiv bezeichnet wird, entspricht einer geschichtlichen Epoche, in der weder die Individualität der außermenschlichen Dinge von theoretischem Interesse war, noch die Besonderheit der einzelmenschlichen Personen die entscheidende praktische Bedeutung hatte, die ihr in der Neuzeit zugemessen wird. In der vorwiegend ständisch und agrarisch organisierten Gesellschaft des frühen Mittelalters kam dem Einzelnen als solchem keine →Substanz zu, denn von ihm und seinem bewussten →Willen hing weder das irdische Wohl des Ganzen noch sein eigenes entscheidend ab. Im Gegenteil, die Entsagung vom Irdischen galt als Bedingung für die Gnade der Erlösung.

Im Hochmittelalter verlagert sich das theoretische und praktische Interesse so, dass nicht mehr allein das Substanziell-Allgemeine, das vermeintlich höhere Sein der Wesenheiten, der Beachtung wert ist, sondern vielmehr das einzelne Ding und die individuelle Person geradezu entdeckt werden. Der Aufschwung der Städte mit ihrer handwerklichen Kultur und ihrem Handels- und Geldverkehr bringt eine charakteristische Säkularisierung des Geistes mit sich. Die konkrete Struktur des einzelnen Dinges und der einzelne Mensch werden zu neuen und zentralen Gegenständen des Bewusstseins, welches sich in einem großen philosophischen Umbruch niederschlägt. Die philosophisch bestimmte Naturwissenschaft bildet schon im 12. Jh. ein neues, produktives Verhältnis zu ihren Gegenständen aus, und in den gesellschaftlichen Beziehungen werden Vertragsverhältnisse zwischen einzelnen Personen mit freiem Willen wichtig. Im Zuge dieser Veränderung wird offenkundig, dass der traditionelle Universalienrealismus in sich widersprüchlich ist. Wenn nämlich dem Einzelding Sein zukommt und es zugleich Träger seiner allgemeinen Wesensbestimmungen ist, dann wäre es Einheit von Entgegengesetztem und löste sich auf.

Aus diesem zunächst unlösbar erscheinenden Widerspruch eröffnet sich ein Ausweg, wenn die Begriffe und die aus ihnen gebildeten Sätze nicht als getreues Abbild der Dinge angesehen werden, sondern als →Aussagen, die von einem denkenden →Subjekt formuliert werden. Die neue Theorie, dass der menschliche →Verstand nicht die wesenhaft allgemeinen Dinge kontemplativ abbildet, sondern durch von ihm gesetzte Zeichen die gegebene Mannigfaltigkeit operativ beherrscht, gelangt im →Nominalismus zur Entfaltung. Hier werden wichtige Elemente des modernen →Bewusstseins konzipiert.

Roscelin (um 1050–1120) ist der erste bekannte Vertreter der These, dass nur die einzelnen Dinge real seien, die Vorstellungen von einem Ganzen sowie die Gattungs- und Artbegriffe demgegenüber willkürliche Worte (*flatus vocis*) seien. Die nominalistische Provokation erfuhr heftigen Widerspruch von Anselm von Canterbury (1034–1109), dessen berühmter so genannter ontologischer Gottesbeweis aus dem Begriff des größten denkbaren Wesens auf dessen Existenz schließt. Anselms große spekulative Anstrengung, die christlichen Lehren allein aus Vernunftgründen zu demonstrieren, ist als Versuch zu verstehen, gegen den →Nominalismus die ontologische Realität der obersten theologischen Begriffe darzutun, um so die Möglichkeit eines schon damals zweifelhaft gewordenen Glaubens zu retten.

Mit Abaelard (1079–1142)erhält der frühe Nominalismus seine erste reflektierte Gestalt. In seinen logisch-erkenntnistheoretischen Schriften nimmt er die kritische Position seines Lehrers Roscelin auf, um sie nochmals kritisch zu wenden. Die →Logik, die auch er als Wortwissenschaft und nicht als eine Realwissenschaft begreift, ergänzt er durch eine Bedeutungslehre, die den Worten als Setzungen des menschlichen Verstandes eine Entsprechung in den Dingen selbst verschaffen soll, ohne dass die grundsätzliche Einsicht in die subjektive Vermittlung allen Redens über die Dinge aufgegeben würde. In seinen erkenntniskritischen Entwürfen nimmt Abaelard kantische Motive vorweg, ebenso in seiner →Ethik. In dieser ersten konsequenten Individualmoral wird nicht das faktische Handeln ethisch beurteilt, sondern dessen innere Beweggründe sind Beurteilungsgegenstand.

Die mittelalterliche Philosophie orientiert sich im 12. und mehr noch im 13. Jh. grundsätzlich um. Der frühe nominalistische Impuls setzt sich verwandelt in einem neuen Bewusstsein fort, das sich immer mehr weltlicher Wissenschaft zuwendet, ohne deshalb deren theologische Begründung zu vernachlässigen. Vermittelt durch die Kreuzzüge und den zunehmenden Handelsverkehr mit den islamischen Ländern, kommt die mitteleuropäische →Kultur in nachhaltigen Kontakt mit der arabischen, die sich in vielem als weit überlegen erweist.

Die naturwissenschaftlichen und medizinischen Kenntnisse ermöglichen in ihrer praktischen und technischen Umsetzung ein höheres zivilisatorisches Niveau, als es im Bereich des Christentums gegeben war. Dessen mönchische

Weltverachtung löste sich in den bahnbrechenden geistigen Strömungen des 13. Jhs. weithin auf.

In dieser Periode erreichte die mittelalterliche Philosophie ihren Höhepunkt. Dies war durch einige Epoche machende Neuerungen bedingt. Die vielfach durch jüdische Gelehrte vermittelte Aufnahme der arabischen Wissenschaft vermittelte auch die Bekanntschaft mit deren theoretischer Grundlage. So wurden die Schriften des Aristoteles erst jetzt in vollem Umfang ins Lateinische übersetzt und von den christlichen Gelehrten rezipiert – ein über Jahrzehnte sich erstreckender Prozess, der wiederholte Konflikte mit der Kirche und der von ihr approbierten augustinisch-neuplatonischen Lehrmeinung mit sich brachte. In engem Zusammenhang mit der Aristotelesrezeption steht die Gründung der ersten Universitäten. Hier erhielt die Hochscholastik ihre Gestalt. Die bedeutendsten Denker dieses Jahrhunderts haben ihre wichtigsten Werke als Lehrbücher verfasst. Die meisten von ihnen gehörten zudem einem der Bettelorden (Franziskaner, Dominikaner, Augustinereremiten) an, deren Aufgabe es war, in den Städten den christlichen Glauben intellektuell gegen die ketzerischen Bewegungen der Waldenser und Katharer zu verteidigen.

In diesem Umkreis entstanden die riesigen Œuvres des Albertus Magnus (um 1200–1280) und seines Schülers →Thomas von Aquin, beide Dominikaner. Sie versuchten, die christlichen Glaubenslehren mit aristotelischen Mitteln systematisch als vernunftgemäße Wissenschaft darzulegen. Hierbei leistet Albert die paraphrasierende Aneignung, während Thomas aus dem analytischen Geist dieser Philosophie nicht nur das Gebäude der Theologie rekonstruiert, sondern auch das säkulare Denken selbst fördert. →Glauben und Wissen sind in der Vernunft eines. Die →Welt, insgesamt eine nach unveränderlicher göttlicher Vernunftordnung zweckmäßig bestimmte Schöpfung, ist mit dem Vermögen des diskursiven menschlichen Verstandes so erkennbar, dass sich ihr göttlicher Ursprung erschließt und die Menschen in ihr die materiellen und gesellschaftlichen Bedingungen ihrer Existenz fortschreitend verbessern können. Die augustinische Heilsidee verbindet sich mit einer neuen innerweltlichen Fortschrittsperspektive. Diese wurde zur selben Zeit auch von den so genannten lateinischen Averroisten um Siger von Brabant (um 1240–1284) und Boëtius de Dacia verfochten. Diese Gruppe, die mit Thomas von Aquin und Albertus Magnus wegen ihrer Lehre von der Einheit des Intellekts und der Ewigkeit der Welt im Disput stand, löste ihre streng aristotelische Philosophie ganz von der Theologie ab, wofür die gesamte Richtung auch 1277 kirchlich verurteilt wurde.

Die Verdammung, in die auch einige Lehren des Thomas von Aquin einbezogen wurden, war stark beeinflusst von der rivalisierenden Franziskanerschule. Begründet von Bonaventura (wohl 1221–1274), folgte sie entgegen der zeitgenössischen Tendenz zur Säkularisierung traditionell augustinischen Denkmodellen, ohne freilich die Kommentierung des Aristoteles zu unterlassen. Trotz ihres ursprünglichen Konservatismus trug die Schule zur Entwicklung des modernen Denkens entscheidend bei. Die starke Betonung der göttlichen und menschlichen Willensfreiheit nahm der Weltordnung ihre wesenhafte Unveränderlichkeit. Diese Wendung, in der sich das Zerbrechen des mittelalterlichen Kosmos ankündigt, wird von dem Franziskaner Johannes Duns Scotus (um 1265–1308) in seinem umfangreichen Œuvre so subtil reflektiert, dass die →Rationalität der Welt noch einmal durch deren Subjektivierung gerettet wird. Dieselbe Erfahrung leitet die *Divina Commedia* von Dante (1265–1321), die die mittelalterliche Weltordnung nur mehr dichterisch beschwören kann.

Ist die Verfassung der Welt zufällig, dann kann sie auch der menschliche Verstand mit seinen Allgemeinbegriffen (Universalien) nicht adäquat erkennen. →Begriffe, →Urteile und →Schlüsse sind →Zeichen und Zeichensysteme für eine aus bloßen Einzeldingen bestehende Welt. Diesen radikalen Nominalismus vertrat Wilhelm von Ockham und leitete damit das Spätmittelalter ein. Der Nominalismus stand im 14. und 15. Jh. noch im Kampf mit Schulen, die einen restaurierten Neuplatonismus lehrten, gewann aber in der frühen Neuzeit die Oberhand.

In derselben Zeit bildet sich auch die →Mystik Meister Eckharts (um 1260–1328), Seuses und Taulers heraus. Alle drei waren Dominikaner, wendeten sich aber von der durch Thomas geprägten Ordenstheologie ab, um unter Aufnahme neuplatonischer Motive die für die Richtung eigentümliche Beziehung des kontemplativen

Subjekts auf sich selbst zu vollziehen, in dem die »Gottesgeburt« (Eckhart) geschehen soll. Charakteristisch ist, dass sich die Mystiker in der Volkssprache an das ›einfache Volk‹ richten wollen.

K. Flasch, Das philosophische Denken im Mittelalter. Von Augustinus zu Machiavelli, Stuttgart 1986

G. Mensching, Das Allgemeine und das Besondere. Der Ursprung des modernen Denkens im Mittelalter, Stuttgart 1992

F. Ueberweg, Grundriß der Geschichte der Philosophie, Bd. 2: Die patristische und scholastische Philosophie, bearb. von B. Geyer, Berlin 1928

G. M.

Renaissance – Humanismus Die Renaissance ist die Epoche zwischen dem Ende des →Mittelalters und dem Beginn der →Neuzeit, sie umfasst, mit Ausfransungen und Überschneidungen an den Rändern, ungefähr die drei Jahrhunderte von 1350 bis 1650, in der Geschichte der Philosophie die Zeit von Petrarca bis zu →Descartes. Sie ist für die Geschichte der Philosophie und →Wissenschaft eine Epoche des Übergangs, in der Altes und Neues sich vermischen: →Hegel spricht von »Gärung«, von »großer Originalität« und »Energie des Geistes« bei gleichzeitiger »Verworrenheit«; →Cassirer bedauert, dass sie sich nicht »auf den Begriff« bringen lasse.

Aber gerade diese ›Schwäche‹ der Renaissance-Philosophie ist zugleich auch ihre Stärke: In ihr ist noch nichts entschieden, sondern alles in Bewegung; in ihr gibt es keine klassischen Autoren, sondern nur klassische Probleme, Lösungsansätze, Diskussionen; in ihr ist die Welt noch nicht geordnet, sondern wird nach den Grundlagen für mögliche neue Ordnungen gesucht; in ihr gibt es keine Vorläufer, die schon wissen, wohin die Reise geht, sondern Kundschafter, die neue Wege des Denkens und Handelns zu bahnen versuchen, deren einige dann von der Philosophie der Neuzeit eingeschlagen werden; in ihr findet der moderne Leser daher nicht nur, wie Hans Blumenbergs berühmtes Buch verspricht, die Legitimität der Neuzeit, sondern auch einen unerschöpflichen Vorrat aufgegebener, ungenutzter, vergessener Ansätze, deren theoretisches Potential darauf wartet, wieder entdeckt und neu gestaltet zu werden, er begegnet den historischen Grundlagen und Bedingungen für die Genese der neuzeitlichen Philosophie und Wissenschaft ebenso wie dem Preis, der dafür zu entrichten war und der sich in den theoretischen und praktischen ›Folgelasten‹ bemerkbar machen wird.

Die Bezeichnung ›Renaissance‹, die eine Erfindung des 19. Jhs. ist, betont nur einen Aspekt der Epoche, die neue Wendung zur heidnischen Antike, die – vollständige – Wiedergewinnung des antiken Erbes einschließlich der gesamten Philosophie und Wissenschaften. Rezipiert wird nicht nur, wie in der →Scholastik, die aristotelische Tradition, sondern auch →Platon und der →Neuplatonismus, die skeptische Tradition, die →Stoa, Epikur und die kleineren philosophischen Schulen, auch der Mathematiker Archimedes, auch der Mediziner Galen. Der Name ›Renaissance‹ betont also die neuen Horizonte, die neuen Möglichkeiten, an den Standard der Antike anzuknüpfen und auf ihm aufbauend über ihn hinauszugehen. Er betont den Aspekt der Diskontinuität mit dem vorhergehenden Zeitalter, der Emanzipation aus der Enge des ›dunklen‹ Mittelalters und der religiösen Bevormundung in die Helle der →Vernunft und der →Autonomie des →Subjektes.

Durch die einseitige Betonung der Diskontinuität und der ›Emanzipation‹ vernachlässigt der Name ›Renaissance‹ aber den Aspekt der Kontinuität, der Verwurzelung in der vorhergehenden Scholastik, aus der die Epoche entsteht und auf der sie als ihrem Fundament ruht. Er verschweigt den Aspekt, unter dem die Renaissance nicht die Negation, sondern die Konsequenz des Mittelalters ist und unter dem die viel gepriesene Emanzipation keine heroische Befreiung, sondern eine aufgezwungene Überlebensstrategie ist. Dieser Aspekt ist erst seit der Mitte des 20. Jhs. in den Blick gekommen, und er ist für die Philosophie besonders fruchtbar. Er geht aus von der – von Heinrich Rombach diagnostizierten – »Selbstdestruktion der scholastischen Philosophie« und von der – von Gordon Leff beobachteten – *dissolution of the medieval outlook* am Ende des Mittelalters und führt zum – von Blumenberg beschriebenen – Kampf um die »Selbstbehauptung« des Menschen als Legitimation für die neuzeitliche Säkularisierung.

Beide Aspekte, der Aspekt der Kontinuität, welcher die Voraussetzung und die Bedingung für die neue Wendung zur Antike darstellt, und der Aspekt der Diskontinuität, unter dem die neuen zukunftsweisenden Entwicklungen erkennbar werden, können nun, im 21. Jh., zusammengenommen werden, um ein begründeteres Verständnis des Ursprungs der neuzeitlichen Philosophie und Wissenschaft zu gewinnen.

Der ›radikale Aristotelismus‹, der im 13. Jh. in Paris gelehrt wurde, setzte in Übereinstimmung mit dem aristotelischen Wissenschaftsbegriff eine strenge Korrespondenz zwischen →Denken und →Sein voraus und forderte daher absolute Notwendigkeit nicht nur für die logische Struktur des Denkens, sondern auch für die ontologische Struktur des Seins. Gegen dieses Notwendigkeitsdenken, das ebenso wie in den natürlichen Prozessen auch im menschlichen Handeln einen strengen Determinismus annahm, vertrat im Übergang vom 13. zum 14. Jh. der Franziskaner Johannes Duns Scotus in seinem so genannten →Voluntarismus die Hypothese, dass die Struktur des Seienden und des Handelns nicht notwendig und determiniert, sondern vielmehr kontingent und frei ist und leugnete eine Generation später sein Ordensbruder Wilhelm von Ockham in seinem so genannten →Nominalismus die Möglichkeit der realen Existenz von Universalem, wie z.B. des Menschen als solchem; er sprach allein den Einzeldingen, wie z.B. den Individuen Sokrates oder Platon, reale Existenz zu.

Damit war die Übereinstimmung, die Korrespondenz zwischen dem Denken, das den Kriterien der Allgemeingültigkeit und Notwendigkeit unterworfen ist, und dem Sein, das keiner notwendigen Gesetzmäßigkeit mehr unterliegt und aus einer unermesslichen Vielheit einzelner Dinge besteht, prinzipiell aufgehoben. Das Modell des erkannten Seins, das eine hierarchische Struktur universaler Begriffe darstellte, und das reale Sein, das aus gleichrangigen einzelnen Dingen bestand, waren auseinandergebrochen und der Anspruch von Philosophie und Wissenschaft, die →Wahrheit über das Sein erkennen zu können, war uneinlösbar geworden. So scheiterte die spätscholastische Philosophie an ihrem eigenen aristotelisch-scholastischen Wissenschaftsbegriff und hinterließ der auf sie folgenden Renaissance als Erbe die Aufgabe, einen neuen Ansatz in Philosophie und Wissenschaft zu finden.

Ein solcher Neuansatz wird in der ersten Phase des Übergangs der Philosophie vom Mittelalters zur Neuzeit seit etwa der Mitte des 14. Jhs. von den Begründern des Humanismus, allen voran Petrarca, gemacht. Man kann diese Phase daher auch die des Humanismus nennen und mit ihr die eigentliche Renaissance beginnen lassen.

Die Humanisten verstehen die mangelnde Korrespondenz zwischen den universalen →Begriffen und der aus Einzeldingen bestehenden →Realität nicht als Ende der Philosophie, sondern als ihren Anfang, als die Aufforderung, nach der →Erfahrung zu fragen, die den Begriffen zugrunde liegt und in der der Mensch den real existierenden einzelnen Dingen begegnet. Auf diese Weise werden die unmittelbare, eigene Erfahrung, *experientia*, und die mittelbare, in Texten überlieferte fremde Erfahrung, *historia*, – die beide als Lehrmeisterin der Dinge, als *magistra rerum*, verstanden werden – zur primären Erkenntnisquelle aufgewertet. Dies führt kurzfristig zu einem ungezügelten Interesse an jeder Art von Einzelinformationen und zu jener wahllosen Rezeption der gesamten antiken Überlieferung, die der Epoche den Namen der Renaissance gibt. Langfristig aber mündet es in der Ersetzung der metaphysischen Wissensbegründung, wie sie für die Scholastik charakteristisch war, durch die →empirische Wissenschaftsbegründung, welche die Neuzeit auszeichnet.

Das andere von der Spätscholastik ererbte Wissenschaftshindernis aber, die mangelnde Notwendigkeit der Realität, begreifen die Humanisten als Chance für den →Menschen, selbst schöpferisch tätig zu werden und seine →Geschichte wie seine →Welt selbst frei zu gestalten. Sie betonen die →Geschichtlichkeit des Menschen, der stets im →Werden begriffen ist, und definieren ihn als Ebenbild des Schöpfergottes – als *imago et similitudo dei Creatoris* – bzw. als *homo faber*, der, selbst ein Einzelding, ein Individuum, in einer Welt von Einzeldingen in allen Belangen selbst Verantwortung für sich übernehmen kann, aber auch muss: selbst denken, selbst handeln, selbst in ›persönlicher Frömmigkeit‹ sein Verhältnis zu →Gott regeln, selbst die Vielfalt von einzelnen Informationen zu einer Welt ordnen.

Die Humanisten entwickeln dazu eine Methode des Lesens, welche zunächst die geschriebenen Bücher, hernach auch das Buch der →Natur, zu exzerpieren und in Einzelinformationen aufzulösen lehrt, die dem Leser anschließend zur Produktion eigener neuer Texte und Strukturen zur Verfügung stehen. In dem Maße, in dem die Humanisten in den folgenden Jahrhunderten die Elementarbildung in Europa übernehmen und diese Methode verbreiten, werden sie den Grundstein für die Auflösung des überlieferten Weltbildes legen und eine Neuordnung der Realität ermöglichen und notwendig machen.

Für eine solche Neuordnung der Realität nach ihrer Auflösung in eine unermessliche Vielzahl von Einzeldingen und Einzelinformationen bedarf es neuer Ordnungskriterien – und je größer die Zahl der Informationen wird, umso dringlicher wird der Bedarf an solchen Kriterien, wenn man nicht unter der Masse der Informationen ersticken will. Die Humanisten, die die Realität als Raum des menschlichen Handelns verstanden, hatten versucht, die neue →Ordnung der Dinge am Handeln zu orientieren und den Stellenwert der einzelnen Informationen nach ihrem Nutzen für mögliche Handlungsziele zu bemessen. Noch vor der Mitte des 15. Jhs. wird nun angesichts der Vielzahl möglicher Handlungsziele von dem in Florenz weilenden Griechen Georgios Gemistos Plethon die Frage nach einem einheitlichen, für alle verbindlichen Ziel des menschlichen Handelns gestellt und der Versuch, diese Frage zu beantworten, wird zum Anlass der zweiten Phase der Renaissance-Philosophie, die von der planmäßigen und umfassenden Rezeption Platons und der gesamten Tradition des →Neuplatonismus begleitet wird.

Ausgangspunkt ist zunächst der – durchaus nicht neue – Ansatz, das Ziel des Menschen aus seiner Natur und diese wiederum aus der Natur des gesamten →Kosmos zu bestimmen. Neu ist jedoch der Versuch, die Natur des Kosmos selbst nicht auf der Grundlage einer begrifflich entwickelten →Ontologie, sondern auf der Grundlage einer geschichtsphilosophischen Konstruktion zu bestimmen – nämlich durch Rückgriff auf die älteste, dem Ursprung der Welt am nächsten gelegene Lehre, deren Quelle wiederum eine allen Philosophien und Religionen gemeinsame Uroffenbarung sei.

Plethon hatte diese älteste Lehre in der Tradition der mythischen Gestalt des Persers Zoroasther gesehen. Die Florentiner aber glaubten, sie in den Schriften, die unter dem Namen des Ägypters Hermes Trismegistos überliefert sind, wiedergefunden zu haben, und konstruierten eine lückenlose Filiation von Hermes bis zu Platon und →Plotin und in die eigene Gegenwart. Folglich bemühten sie sich nicht nur – vor allem durch die unermüdliche Übersetzertätigkeit des Florentiners Marsilio Ficino in der 2. Hälfte des 15. Jhs. –, um die Aneignung der neuplatonisch-hermetischen Lehre, sondern verstanden auch deren →Kosmologie mit ihrer Dynamik des Abstiegs vom Einen zum Vielen und der Rückkehr vom Vielen zum Einen als exemplarisches Strukturmodell der Welt des menschlichen Handelns.

Das primäre Ziel des Menschen ist danach die Rückkehr zum ursprünglichen Einen und die Vereinigung mit ihm, die entweder, wie bei Leone Ebreo, als Akt allumfassender Erkenntnis oder, wie bei Giovanni Pico della Mirandola, als beseligende Selbstaufgabe des Individuums im Akt liebender Vereinigung mit dem göttlichen Einen beschrieben wird.

Das sekundäre Ziel des Menschen aber ist die Selbsterhaltung in diesem Leben. Dazu handelt er in der Natur, indem er sich der Analogien und Ähnlichkeiten zwischen den Stufen des Kosmos bedient, um sich durch magische Praktiken der natürlichen Prinzipien und übernatürlichen Kräfte zu bemächtigen. Das Aufleben der okkulten Wissenschaften in der Renaissance, wie z. B. bei Agrippa von Nettesheim, hat hier seinen philosophischen Ursprung. In der Philosophiegeschichtsschreibung des →deutschen Idealismus werden die Vertreter des Florentiner Neuplatonismus als dessen Vorläufer angesehen.

Als dritte philosophische Hauptbewegung der Renaissance, die im 16. Jh. die dritte Phase der Renaissance-Philosophie bestimmte, kann die aristotelische Tradition betrachtet werden. Wie im Mittelalter war sie auch in der Renaissance die beherrschende Kraft in Universitäten und hohen Schulen und trug, da jeder Philosoph hier seine Grundausbildung erhielt, für die Kontinuität der philosophischen Grundanschauungen und ihrer Terminologie Sorge. Anders als bis vor etwa 50 Jahren gelehrt wurde und seine zeitgenössischen Gegner gern polemisch behauptet hatten, war dieser Aristotelismus nicht dogmatisch, blutlos, steril und vergreist, sondern er wusste durchaus auf die neue Situation in der Philosophie zu reagieren und die neuen Anregungen aus Humanismus und Neuplatonismus aufzunehmen und theoretisch zu verarbeiten.

Das zeigt sich rein äußerlich darin, dass er am Übergang vom 15. zum 16. Jh., als Humanismus und Neuplatonismus in der Kraft ihrer Blüte standen, nicht in den Hintergrund gedrängt wurde, sondern trotz aller Polemik seine Rolle in den Universitäten als Grundlage der gesamten Philosophie verteidigte und sogar zu neuer Stärke heranwuchs: Während es bis zum Ende des 16. Jhs. in ganz Europa nur eine ständige und zwei zeitlich befristete Professuren für platonische Philosophie gab, bildete sich innerhalb der aristotelischen Philosophie eine Vielzahl neuer Lehrmeinungen heraus, sodass man heute nicht mehr von dem Aristotelismus, sondern von den Aristotelismen der Renaissance spricht. Zugleich nahm die Zahl der Kommentare zu Werken des Aristoteles, die zwischen 1500 und 1650 entstanden, so gewaltig zu, dass sie größer ist als die Zahl aller Aristoteles-Kommentare aus den Jahrhunderten vor dieser Zeit.

Eine der Ursachen für dieses Erstarken der aristotelischen Tradition war zweifellos ihre Offenheit gegenüber der humanistischen Methode des exzerpierenden Lesens. Seit den zwanziger Jahren des 16. Jhs. begann der Logik-Unterricht in den Universitäten Europas mehr und mehr auf die Lesegewohnheiten seiner humanistisch vorgebildeten Studenten Rücksicht zu nehmen und sich – wie z. B. in den Dialektiken des Holländers Rudolph Agricola und des Franzosen Petrus Ramus – mit den dadurch aufgeworfenen methodologischen Problemen auseinander zu setzen.

Als eine andere, nicht weniger fruchtbare Ursache erwies sich die Bereitschaft der aristotelischen Tradition, sich nicht nur mit den spätantiken griechischen Aristoteles-Kommentaren auseinander zu setzen, die im Zuge der Rezeption des Neuplatonismus wiederentdeckt und übersetzt wurden, sondern auch die Herausforderung der neuplatonisch inspirierten okkulten Wissenschaften anzunehmen und auf sie durch eigene theoretische Anstrengungen zu antworten.

Wie schon vor 50 Jahren beobachtet und durch die neuere Forschung bestätigt worden ist, hat die aristotelische Tradition der Renaissance sich im Gefolge der Auseinandersetzung mit dem Neuplatonismus seit dem Beginn des 16. Jhs. in zwei sich gegenseitig befehdende Aristotelismen gespalten, in einen nach dem arabischen Kommentator Averroës benannten Averroismus, der – wie z. B. bei Augustinus Niphus – in großer Nähe zum griechischen Aristoteles-Kommentator Simplicius die spirituellen Momente des Neuplatonismus so weit wie möglich integrierte und eine der Magie und den okkulten Wissenschaften nahe stehende, spekulative Naturphilosophie betrieb, und in einen sogenannten Alexandrismus, der – wie z. B. bei Petrus Pomponatius und seinen Schülern – inspiriert von dem spätantiken griechischen Kommentator Alexander von Aphrodisias, dessen naturalistische Ausrichtung weiterentwickelte. Er machte es sich zur Aufgabe, die angeblich magischen und okkulten Erscheinungen aufgrund natürlicher, auf sinnlicher Wahrnehmung beruhender →Prinzipien zu erklären und schlug den von den Humanisten vorbereiteten Weg zu einer empirischen Naturwissenschaft ein.

Innerhalb beider Schulen wie zwischen ihnen findet eine intensive Methodendiskussion statt, die das Problem der Wissenschaftlichkeit von empirisch fundiertem Wissen nicht nur im Bereich der Natur-, sondern auch in dem der Geisteswissenschaften zu lösen versucht. Im Verlaufe dieser Diskussion wird eine Vielzahl methodischer Verfahren zur Gewinnung, Sicherung und Ordnung neuer Einsichten entwickelt: die philologisch-historischen Methoden ebenso wie die Hermeneutik, die mathematisch-empirischen Forschungsverfahren ebenso wie jene der systematischen Ordnungen. In ihrem Gefolge wird die vom Mittelalters als einheitliche Universalwissenschaft überkommene Philosophie in die Vielzahl der methodologisch bestimmten modernen Einzelwissenschaften, der Naturwissenschaften wie Physik, Chemie, Mechanik nicht anders als der Geisteswissenschaften wie Anthropologie und Psychologie, historische und philologische Wissenschaften, Literaturwissenschaft und Kunsttheorie ausdifferenziert.

H. Blumenberg, Die Legitimität der Neuzeit, Frankfurt/M. 1966

Ch. B. Schmitt, Aristotle and the Renaissance, Cambridge/Mass. 1983

Ch. B. Schmitt / Qu. Skinner / E. Kessler / J. Kraye (Hg.), The Cambridge History of Renaissance Philosophy, Cambridge 1988

E. K.

Neuzeit – Aufklärung Der Begriff Neuzeit bezieht sich auf die historische Periodisierung mit der bekannten Zeiteinteilung der Geschichte in →Altertum, →Mittelalter und Neuzeit. Der Beginn der Neuzeit wird üblicherweise um 1400 angenommen, wobei die ersten 300 Jahre häufig als Frühe Neuzeit bezeichnet werden (→A Renaissance – Humanismus) und die spätere Neuzeit des 17. Jhs. in die Epoche der Aufklärung des 18. Jhs. einmündet. Während der Begriff Neuzeit eine bloß chronologische Funktion erfüllt, hat der Begriff Aufklärung einen bestimmten Inhalt: Er bedeutet sowohl die historische Epoche der Aufklärung als auch ein systematisches Programm, das bis in die Gegenwart aktuell geblieben ist und auch heute noch kontroverse Diskussionen auslöst.

Dem deutschen Wort ›Aufklärung‹ entsprechen das englische *enlightenment*, das französische *les lumières* sowie das spanische *las luces* und das italienische *illuminismo*. Diese Begriffe sind bereits im 18. Jh. nachweisbar und belegen ein in ganz Europa verbreitetes Selbstverständnis. In der alle Sprachen durchziehenden Lichtmetapher drückt sich die gemeinsame Leitidee aus, nach dem ›finsteren‹ Mittelalter nun das ›Licht der →Vernunft‹ leuchten zu lassen. Neben der göttlichen Offenbarung soll diesem zweiten Weg der Vernunfterkenntnis Geltung verschafft werden, indem die Menschen sich auf ihre eigenen Fähigkeiten besinnen. Bezog sich diese Art Aufklärung zunächst auf die theoretische Erkenntnis insbesondere in den Naturwissenschaften, so wurde sie zunehmend auf die Gebiete der sozialen Praxis übertragen wie auf →Politik, →Moral und →Geschichte.

So markiert Aufklärung eine doppelte Bewegung: Zum einen war für sie die →Kritik an einer Tradition typisch, die als dogmatisch und unfrei empfunden wurde; exemplarisch ist hier Bayles *Kritisches und historisches Wörterbuch* zu nennen. Zum andern unternahmen die Aufklärer den Versuch, ein neues und eigenes Gedankengebäude zu errichten. → Kant hat in seiner Schrift *Was ist Aufklärung?* von 1784 diesen Prozess im Rückblick als den »Ausgang des Menschen aus seiner selbstverschuldeten Unmündigkeit« charakterisiert.

In diesem Sinn kann die Aufklärung auch als Projekt der Moderne verstanden werden: Sie ist in wesentlichen Zügen profan, indem sie allein irdische Fakten und Ursachen gelten lässt; sie ist reflexiv, weil sie das neue Wissen letztlich im eigenen Vermögen der Menschen zu begründen versucht; und sie ist ihrem Anspruch nach tolerant, weil der Verlust alter Gewissheiten zu der Konsequenz führt, sich mit prinzipiell widerlegbaren und unterschiedlichen Auffassungen auseinander zu setzen.

Die Grundlage der neuzeitlichen Philosophie des 17. Jhs. bildete die zu dieser Zeit entstandene Naturwissenschaft, namentlich die Physik von Galileo Galilei und Isaac Newton. Auch wenn aus heutiger Sicht erwiesen ist, dass diese Wissenschaft keineswegs nur mit der Vergangenheit gebrochen hat, sondern der spätmittelalterlichen Tradition mehr gedankliche Vorarbeiten verdankte, als sie selber zuzugeben bereit war, so wurde sie von den zeitgenössischen Philosophen als der entscheidende wissenschaftliche Durchbruch interpretiert, eröffnete sie doch für die philosophische Reflexion sowohl ein neues Weltbild als auch eine neue Methode wissenschaftlichen Arbeitens.

Nur vordergründig wurde zunächst um ein heliozentrisches Weltbild gestritten, im Kern ging es bereits um die Vorstellung eines unendlichen Universums, das allein von natürlichen →Ursachen bestimmt wird. Und während sich Galilei noch auf die Beschreibung mechanischer Bewegungen beschränkte, kamen spätestens mit Newton physikalische Kräfte ins Spiel, sodass die Welt der materiellen Körper als ein sich selbst bewegendes →System vorstellbar wurde. →Descartes hatte sich in seinem metaphysischen Entwurf noch an Galilei orientiert, aber seit dem niederländischen Philosophen →Spinoza, seit →Leibniz und Christian Wolff sowie seit →Voltaire setzte man – bei allen Unterschieden – ein eigendynamisches Planetensystem voraus. Die Welt schien sich wie eine Uhr nach ewigen, gleichförmigen und zugleich harmonischen Gesetzen zu bewegen, ohne dass es eines göttlichen Eingriffs bedurfte. Die letzte theologische Konsequenz war der →Deismus, demzufolge Gott die Welt einmal erschaffen haben mag, ihr jedoch nach dem Schöpfungsakt äußerlich bleibt.

Nicht minder bedeutsam waren methodische Reflexionen, die sich am experimentellen Verfahren und an der Mathematisierung der Naturwissenschaften orientierten. Zunächst faszinierten die neuen Anwendungsmöglichkeiten der Mathematik, deren exakte Regeln Descartes seinem *Diskurs über die Methode* zu Grunde legte. Er entwarf darin die Methode der Analyse und Synthese, der zufolge ein Gegenstand in seine einfachsten Elemente zu zerlegen und dann wieder schrittweise zusammenzusetzen sei, um seinen inneren Aufbau und seine Funktionsweise zu erkennen. Descartes glaubte dabei, die physikalische Welt letztlich aus mathematischen Axiomen deduzieren zu können. Demgegenüber entstand vorwiegend in England die Alternative der induktiven Methode, die vorschreibt, von den äußeren Wahrnehmungen auszugehen und allein durch Erfahrung auf verborgene Ursachen zu schließen. Zu Beginn des 17. Jhs. propagierte F. →Bacon in seinem *Neuen Organon* das naturwissenschaftliche Experiment und forderte eine neue Methode technischer Erfindungen, damit die Menschen ihr Wissen auch praktisch nutzen können. Gleichzeitig mit Newton begründete →Locke eine Theorie der Erfahrung, die in England von →Berkeley und →Hume sowie in Frankreich von Condillac fortgeführt wurde. Der seitdem eingebürgerte Gegensatz zwischen →Rationalismus und →Empirismus darf aus heutiger Sicht jedoch nicht überbewertet werden, da die genannten Philosophen einschließlich Kant mit seiner *Kritik der reinen Vernunft* in dem Grundsatz übereinstimmten, dass der Mensch das Material der Erkenntnis durch die äußeren Sinne empfängt, durch →Erfahrung zu gewissen Regelmäßigkeiten gelangt und schließlich durch den Verstand allgemeine Gesetzmäßigkeiten zu formulieren imstande ist.

Mit dieser →Methode glaubten Descartes und spätere Philosophen über ein universelles Mittel zu verfügen, das sich auch auf andere Gegenstandsbereiche anwenden ließ. Zunächst war es der menschliche Körper, der sich analog zur äußeren Natur als Mechanismus deuten ließ. Aus dieser Art →Anthropologie entstand eine erklärende Theorie der menschlichen Affekte, die wiederum die Grundlage für die neuzeitliche Ethik und politische Philosophie bildete. Spinoza entwarf eine rationale *Ethik nach geometrischer Methode dargestellt*, und →Hobbes begründete im *Leviathan* eine am Vorbild der Naturwissenschaften orientierte Theorie des Staates. Ausgehend von den Erfahrungen des englischen Bürgerkriegs setzte Hobbes als Elemente des »politischen Körpers« Individuen voraus, die primär nach Selbsterhaltung streben und infolge des Mangels an Gütern zwangsläufig in einen Konflikt geraten. Aus diesem Dilemma des so genannten Naturzustandes sollte ein Vertrag herausführen, in dem die Menschen ihre Rechte an eine Staatsgewalt abtreten. Locke betonte später den parlamentarischen Charakter des modernen Staates und führte den Aspekt der Gewaltenteilung ein, während Rousseau am Vorabend der Französischen Revolution den demokratischen Aspekt radikalisierte. Gleichwohl blieb die Theorie des →Gesellschaftsvertrags das Grundmodell der politischen Philosophie der Aufklärung; an die Stelle des Herrschers von Gottes Gnaden trat ein allein von den Menschen geschaffener und legitimierter →Staat.

Vor diesem Hintergrund ist zu fragen, welche neuen Erkenntnisse im 18. Jh., dem Zeitalter der Aufklärung im engeren Sinn, überhaupt noch hinzugekommen sind. Sicherlich trifft es zu, dass viele der erwähnten Theorieansätze nur fortgeschrieben oder lediglich modifiziert wurden. Aber die Aufklärung beschränkte sich keineswegs auf die bloße Verbreitung oder gar Popularisierung des einmal erreichten Wissensstandes. Darüber hinaus sind im 18. Jh. völlig neue wissenschaftliche und philosophische Disziplinen hinzugekommen, die der europäischen Bewegung der Aufklärung eine überraschende und interessante Wendung gaben.

Im Bereich der →Erkenntnistheorie entdecken die Aufklärer die besondere Rolle der →Sprache und Schrift. Sie wurde nicht mehr bloß als Ausdruck bereits fertiger Vorstellungen und Gedanken betrachtet, vielmehr kam seit Locke und insbesondere bei Condillac die konstitutive Funktion sprachlicher Zeichen für Wahrnehmung und Denken ins Spiel. Diese These wurde in zahlreichen Untersuchungen zur Sprachentstehung etwa von Herder und bei Alexander von Humboldt untermauert.

Auf sozialwissenschaftlichem Feld wurde zum ersten Mal der spezifische Bereich der →Gesellschaft entdeckt. Montesquieu hat in *Vom Geist der Gesetze* die Regierungsformen, Lebensgewohnheiten und Wertvorstellungen der Völker mit den natürlichen Lebensbedingungen wie Klima und Bodenbeschaffenheit in Beziehung gesetzt und ist dadurch zu einem Begründer der modernen Soziologie geworden. Diese Entwicklung wurde durch die Entstehung der politischen Ökonomie entscheidend vorangetrieben. Die Entdeckung gesellschaftlicher Arbeitsteilung und ökonomischer Gesetzmäßigkeiten führten zu der sozialphilosophisch bedeutsamen Konsequenz, dass der Gesellschaft – unabhängig von der Politik – eine spezifische Form des Zusammenlebens, der sozialen Kausalität und Dynamik zuerkannt wurde.

Auf dem Gebiet der Naturwissenschaften sind die neuen Disziplinen Geologie und Biologie entstanden, die ansatzweise eine Historisierung der →Natur zu Folge hatten. Indem untereinanderliegende Erdschichten freigelegt wurden, trat zutage, dass dieser Planet und möglicherweise das gesamte Planetensystem eine Geschichte hat, wie schließlich Kant in *Allgemeine Naturgeschichte und Theorie des Himmels* darlegte. Die genauere Analyse von Wachstumsprozessen führte im 18. Jh. zu vielfältigen Spekulationen über die Entwicklung der Lebewesen.

Dynamisierung der Gesellschaft und Historisierung der Natur bildeten schließlich die Voraussetzungen für eine Philosophie der →Geschichte, die ziemlich genau um die Mitte des 18. Jhs. entstand und erstmals Anspruch auf Wissenschaftlichkeit erhob. Im Kern versicherte man sich darin der bisher geleisteten Fortschritte auf wissenschaftlichem, technischem und wirtschaftlichem Gebiet. Für die Zukunft erwartete man nicht nur eine Fortsetzung, sondern auch eine Erweiterung der Fortschritte in Richtung soziale →Gerechtigkeit, Moral und Politik. Man darf sich diese Zukunftserwartung jedoch nicht ganz so optimistisch vorstellen, wie den Aufklärern häufig nachgesagt wird. Am Anfang stand eher die Angst vor einem erneuten Niedergang, der von der alten Zyklentheorie suggeriert wurde. Herder kritisierte bereits die Idee des Fortschritts, und Kant hat sich zu den Aussichten auf eine stete Verbesserung der menschlichen Lebensverhältnisse eher skeptisch geäußert.

Eine solche Skizze der Grundlinien der Aufklärung darf nicht darüber hinwegtäuschen, dass diese Bewegung nicht als monolithischer Block missverstanden werden sollte. Bei allen Gemeinsamkeiten werden in neuen Forschungen zur europäischen Aufklärung die regionalen Unterschiede geltend gemacht. Frankreich hat sicherlich eine Vorreiterrolle gespielt, wie Voltaires beißende Kritik am Absolutismus und an der katholischen Kirche belegt, die ihn wiederum zur Zielscheibe der Gegenkritik machte. Die englische bzw. schottische Aufklärung war politisch gemäßigter, wie auch die deutschen Aufklärer sich mehr um eine Versöhnung von Philosophie und Religion bemühten. In Italien und Spanien hatten die Aufklärer noch mit größeren Widerständen zu kämpfen.

Außerdem sollte nicht übersehen werden, dass sich nicht alle Philosophen des 18. Jhs. als Aufklärer verstanden haben, sondern dass sich nicht wenige Autoren dieser Bewegung widersetzt haben. Nicht selten hat diese Gegenkritik wiederum zu wichtigen Modifizierungen und Differenzierungen Anlass gegeben, sodass die starren Fronten zwischen Aufklärung und Gegenaufklärung teilweise fließend waren. Auf jeden Fall hat sich durch derartige Debatten der aufklärerische Denkstil insgesamt verbreitet. Dazu haben nicht zuletzt die neu gegründeten Akademien, die literarisch-philosophischen Salons, ein sprunghaft expandierender Buchmarkt und zahlreiche Zeitschriften beigetragen. Das herausragende Beispiel ist die von D'Alembert und Diderot herausgegebene *Enzyklopädie*, in der das gesamte Wissen und Können der Zeit, von den neuen Wissenschaften bis zur reich illustrierten Dokumentation zeitgenössischer Handwerke, gesammelt und in hoher Auflage verbreitet wurde.

Praktisch geworden ist die Aufklärung nicht zuletzt auf dem Feld der Erziehung, wie zahlreiche Reformversuche und begleitende Traktate belegen. Dabei stellte sich die Erziehung von Mädchen als ein unerwartetes Problem heraus. Während im 17. Jh. Poullain de la Barre von dem cartesischen Grundsatz ausging: »Der Verstand hat kein Geschlecht« und für eine gleiche Erziehung der Geschlechter eintrat, setzte sich um die Mitte des 18. Jhs. die von Rousseau in seinem Erziehungsroman *Emile* propagierte Auffassung durch, dass Mädchen weniger intellektuelle Fähigkeiten hätten und für ihre spezifisch sozialen Aufgaben durch eine andere Art Erziehung vorzubereiten seien.

Wie ist die Aufklärung aus heutiger Sicht zu beurteilen? Zunächst ist an den häufig übersehenen Umstand zu erinnern, dass die Aufklärung schon seit ihrer Entstehung umstritten war, sich gegenüber ihren Gegnern immer schon zu rechtfertigen hatte und vor allem auch zur Kritik an ihren eigenen Prinzipien fähig war. Der prominenteste Vertreter dafür dürfte Rousseau sein, der ja durchaus vom aufklärerischen Prinzip der Perfektibilität des Menschen ausging, aber den bisherigen Geschichtsverlauf als einen Irrweg brandmarkte, der zu Ungerechtigkeit und Entfremdung geführt habe, und einen alternativen Weg zur Wiedergewinnung der sozialen Gleichheit vorschlug. Herder machte gegen den Fortschrittsgedanken die Besonderheit der Kulturen geltend, so wie Kant, der von Rousseau tief beeindruckt war, den Fortschritt weniger als ein empirisches Faktum als eine regulative Idee betrachtete, die zum moralischen Handeln verpflichtet. In solchen selbstkritischen Ansätzen manifestierte sich die Möglichkeit einer Aufklärung über die Aufklärung.

Im 19. und 20. Jh. radikalisierte sich die Kritik an der Aufklärung. Mit →Nietzsche, →Marx und Freud kamen die unbewussten Triebkräfte menschlichen Handelns sowie die gesellschaftlichen Interessen zum Vorschein, die sich ›hinter dem Rücken‹ der Menschen durchsetzen. Bis in die Gegenwart einflussreich ist die *Dialektik der Aufklärung* von Horkheimer und →Adorno, welche die These vertraten, dass »die vollends aufgeklärte Erde ... im Zeichen triumphalen Unheils« strahle. Nach den Erfahrungen totalitärer Herrschaft, nach zwei Weltkriegen, Hiroshima und Auschwitz glaubten sie im identifizierenden Denken und in der daraus resultierenden Naturbeherrschung seit den Anfängen der abendländischen Kultur den Keim für den modernen Totalitarismus gefunden zu haben.

Was bleibt heute von der Aufklärung übrig? Problematisch dürfte es sein, in ungeschichtlicher Manier die Aufklärung für alle negativen Kehrseiten der gegenwärtigen wissenschaftlich-technischen Zivilisation verantwortlich machen zu wollen. Das ist nicht nur historisch falsch, sondern verkennt auch die Leistungen der Aufklärung. Auch wenn einige Vorstellungen unerfüllt geblieben sind und wenn manche Traditionen zerstört wurden, weil sie als Ballast eines universalen Fortschritts erschienen, so haben doch viele Postulate ihre Bedeutung bewahrt wie politische →Freiheit, rechtliche Gleichheit, soziale Gerechtigkeit, →Toleranz, Meinungsfreiheit, autonome Verantwortung und Demokratie. Angesichts der aktuellen Debatten über →Menschenrechte ist daran zu erinnern, dass es sich dabei um ein Erbe der Aufklärung handelt. So ist die Aufklärung als historische Konstellation nicht von Dauer gewesen, übt jedoch bis heute eine dauerhafte Wirkung aus.

E. Cassirer, Philosophie der Aufklärung, Tübingen 1932
J. Kopper, Einführung in die Philosophie der Aufklärung, Darmstadt 1979
P. Kondylis, Die Aufklärung – im Rahmen des neuzeitlichen Rationalismus, Stuttgart 1981
W. Schneiders, Das Zeitalter der Aufklärung, München 1997
–: Lexikon der Aufklärung, München 2000

J. R.

Deutscher Idealismus Die Jahreszahlen 1781 und 1831 begrenzen äußerlich jenen Zeitraum, den man deutschen →Idealismus nennt. 1781 ist →Kants *Kritik der reinen Vernunft* in erster Auflage erschienen. 1831, fünfzig Jahre später, ist →Hegel in Berlin plötzlich und unerwartet als Opfer einer vorbeiziehenden Cholera-Epidemie gestorben. Die Jahre zwischen 1781 und 1831 gelten zu Recht als eine der außergewöhnlichsten Epochen in der gesamten uns bekannten Philosophiegeschichte. In hohem Maße erstaunlich ist jedenfalls die Fülle der sich abwechselnden Autoren und Systementwürfe, die Intensität der philosophischen Gedankenbemühung und der hohe Anspruch, auf einer metaphysischen Grundlage, die dem Selbstverständnis der modernen Welt soll standhalten können, denkend auf den Begriff zu bringen, was die Welt im Innersten zusammenhält.

Dass Kant mit seinem Werk einen der wichtigsten Einschnitte in der modernen Philosophie- und Geistesgeschichte darstellt, stand seiner eigenen Zeit und auch ihm selbst deutlich vor Augen. Kant wollte die gesamte bisherige Philosophie durch eine neue kritische Methode auf eine bislang unbekannte sichere Grundlage stellen. Dabei hatte er kritisch vor allem die einander widerstreitenden metaphysischen Systeme des →Rationalismus und der Schulphilosophie des

18. Jhs., der Schule von Wolff und Baumgarten, vor Augen. Gegen die ausufernden und offenkundig unhaltbaren Ansprüche der dogmatischen →Metaphysik wollte Kant eine Selbstprüfung der menschlichen Vernunft in Gang setzen, die über Ausmaß und Grenze der menschenmöglichen Erkenntnis sicheren Aufschluss geben können sollte. Genau dies versucht die *Kritik der reinen Vernunft* (1781, 2. Aufl. 1787). Auf der Grundlage der Vernunftkritik sollte Kant zufolge die Metaphysik erneut, diesmal aber wissenschaftlich haltbar und abgesichert systematisch aufgebaut werden. Niemand nach Kant konnte daher in dem Versuch, Philosophie oder Metaphysik zu betreiben, in die als unhaltbar erwiesenen Behauptungen der Zeit vor Kant zurückfallen. Gerade dies macht das kritische Unternehmen des »Alleszermalmers« Kant, wie ihn Moses Mendelssohn genannt hat, zu einem Einschnitt.

Kants kritische Philosophie zeigt, dass alle Erkenntnis, die objektiv gültig genannt werden kann, bestimmten subjektiven Erkenntnisbedingungen unterliegt. Die Gegenstände unserer Welt sind ihrem ontologischen Status nach wirklich und existieren unabhängig von uns; sie sind aber zugleich ihrer Erkennbarkeit nach ideell, also bewusstseinsabhängig, insofern wir sie nur nach den formalen Bedingungen unserer Erkenntnisfähigkeit überhaupt erkennen können. Dies ist der Inhalt von Kants berühmter kopernikanischer Wende in der →Erkenntnistheorie, für die er auch den Namen »transzendentaler Idealismus« gewählt hat. Der folgenreiche Kern dieses erkenntnistheoretischen Idealismus ist die Einsicht, dass wir die Gegenstände unabhängig von unseren subjektiven Bedingungen, also so, wie sie hypothetischer Weise »an sich selbst betrachtet« sein mögen, gar nicht erkennen können. Stattdessen richten sich die Gegenstände unserer Erfahrung nach genau denjenigen Gesetzmäßigkeiten, unter denen wir allein Erfahrung haben können. Kant folgert daraus, dass der →Verstand der →Natur die Gesetze vorschreibt. Deshalb kann sie sicherer Erkenntnisgegenstand der Naturwissenschaft sein.

In der *Kritik der reinen Vernunft* spricht Kant den →Ideen der →Vernunft einen nicht legitimen konstitutiven Charakter für die →Erkenntnis ab und ordnet ihnen einen legitimen regulativen Charakter zu. Das heißt: Durch die Ideen der Vernunft erkennen wir nichts, weil ihnen kein Gegenstand der Erfahrung entspricht; die Ideen vermehren nicht die Welt unserer Erfahrung. Dennoch nutzt die Vernunft ihre Ideen, um die Ansammlung der →empirischen Einzelerkenntnisse in einer Gesamtperspektive zu ordnen. So bezeichnet etwa die Vernunftidee vom Weltganzen aller erfahrbaren Gegenstände selbst keinen anschaubaren Gegenstand; sie stellt aber einen perspektivischen Einheitsrahmen dar, damit unsere Erkenntnis in der Unendlichkeit der faktischen Einzelerkenntnisse nicht den Verstand zu verlieren braucht. Die dogmatische Metaphysik aber hatte Kant zufolge die Ideen mit erfahrungsunabhängigen Gegenständen identifiziert. Die dogmatisch-metaphysische Rede von →Gott, →Welt, →Freiheit und →Seele ist aber sinnlos, weil sie von etwas handelt, das nie Gegenstand unserer Erkenntnis werden kann, das also für uns im strengen Sinne keine Existenz hat. Damit erreicht Kant die gesuchte kritische Grenzziehung.

Die erkenntniskritischen Überlegungen Kants machen demnach die dem →Menschen zugängliche Objektivität von den Bedingungen der Subjektivität abhängig. Damit wird aber auch das Problem prominent, was unter →Subjekt und Subjektivität überhaupt zu verstehen ist. In der transzendentalen →Deduktion der →Kategorien hat Kant die objektive Gültigkeit der Erkenntnisurteile auf eine so genannte »transzendentale Apperzeption« zurückgeführt. Damit ist eine grundlegende →Handlung des Subjekts gemeint, die darin besteht, sich aller ihm präsenten Bewusstseinsinhalte prinzipiell als seiner eigenen ausdrücklich bewusst zu werden. Kant hat diese Handlung sogar den »höchsten Punkt« der →Transzendentalphilosophie genannt. Die nachfolgenden Idealisten haben darin eine der tiefsten, aber auch dunkelsten Auskünfte Kants gesehen und genau an diesem Punkt mit ihren alternativen Systementwürfen begonnen. Das Problem der Subjektivität und die Frage, wie Subjekte von sich selbst →Bewusstsein haben können, sind auf diese Weise in das Zentrum der Philosophie um 1800 gerückt.

In der praktischen Philosophie untersucht Kant die Bestimmungsgründe vernünftigen Handelns und die Möglichkeit der Freiheit des Menschen. Hier wird Kant, im Gegensatz zu seiner theoretischen Philosophie, schließlich zum Metaphysiker. Die Freiheit des Menschen besteht Kant zufolge in der Selbstgesetzgebung des Menschen durch seine eigentliche Natur, die Vernunftnatur. Dass Freiheit wirklich ist, kann allerdings nicht nach den Maßstäben kritischer Erfahrungserkenntnis erkannt werden. Freiheit gehört zur überempirischen Vernunftwelt, nicht zur naturgesetzlich bestimmten Erfahrungswelt, deshalb betrifft sie den intelligiblen Charakter des Menschen und nicht seinen empirischen. Reine Vernunft gibt sich im Praktischen selbst nach ihren eigenen Maßstäben das Gesetz; sie ist in diesem Sinne autonom. Das Gesetz vernünftigen Handelns drückt Kant in der *Grundlegung zur Metaphysik der Sitten* (1785) und in der *Kritik der praktischen Vernunft* (1788) mit dem berühmten kategorischen Imperativ aus. Es ist ihm zufolge kategorisch geboten derart zu handeln, dass die Prinzipien des Handelns verallgemeinerungsfähig zu Handlungsprinzipien aller vernünftigen Subjekte gemacht werden können. Dieses Gesetz drängt sich Kant zufolge jedem vernünftigen Subjekt unmittelbar auf; dass wir uns durch dieses Gesetz genötigt und in die Pflicht genommen fühlen, ist für ihn eine unbezweifelbare Tatsache, ein »Faktum der Vernunft«. Im Gegensatz zur *Kritik der reinen Vernunft* gilt in Kants Moralphilosophie daher die Wirklichkeit der Freiheit als bewiesen. Neben der Freiheit kommen auch die Ideen von der Unsterblichkeit der Seele und der Existenz Gottes in der *Kritik der praktischen Vernunft* wieder vor. Sie haben hier den Status von Postulaten; sie gelten also, auf dem metaphysischen Standpunkt reiner praktischer Vernunft, als notwendige Voraussetzungen. Für die praktische Philosophie des Idealismus ist diese Postulatenlehre besonders wichtig geworden. In den Schriften zur politischen Theorie und zur Rechtsphilosophie hat Kant dann auch versucht, auf der Grundlage des Moralprinzips Rechtsprinzipien vernünftiger Subjekte in staatlichen Gemeinschaften zu entwickeln. In den geschichtsphilosophischen Aufsätzen versucht Kant schließlich, die Entwicklung der neueren Geschichte der Staaten und Verfassungen als Fortschritt der Menschheit im Sinne einer schrittweisen Verwirklichung von Vernunft und Freiheit zu lesen.

In Kants Philosophie steht die empirische Welt der Natur und ihrer Erkenntnis nahezu unverbunden neben der übersinnlichen Welt des Moralischen und der Freiheit. Dass darin die Gefahr eines Dualismus der Prinzipien liegt, an dem das Gesamtprojekt zu scheitern droht, stand Kant selbst klar vor Augen, denn sein drittes kritisches Hauptwerk, die *Kritik der Urteilskraft* (1790), versucht in einer Art theoretischem Brückenschlag die Verbindung von Natur und Freiheit. Das Buch hat die →Ästhetik und die organische Naturphilosophie zum Gegenstand. In beiden Fällen ist das Subjekt weder erkennend noch handelnd. Es reflektiert vielmehr über das subjektiv mögliche Erkennen und Handeln in Bezug auf die Welt selbst. In der ästhetischen Erfahrung erscheinen Erkenntnis und Welt in einem harmonischen Verhältnis; die schönen Dinge zeigen Kant zufolge an, dass wir als Subjekte in die Welt passen. Darüber hinaus erfahren wir das Schöne derart, als hätte eine vernünftige Natur diese Dinge zweckmäßig so und nicht anders eingerichtet, auch wenn sich dieser Plan unserer Erkenntnis im strengen Sinne entziehen muss. Das Schöne erscheint demnach, als ob es die Wirklichkeit freier Vernunft wäre; es ist, wie Kant in einer berühmten Formulierung sagt, das Symbol des Sittlich-Guten. In der reflektierenden →Naturphilosophie erscheint ganz parallel die organische Natur, als ob sie auf einen vernünftigen Endzweck hin angelegt wäre. Mit dieser Als-ob-Konstruktion des reflektierenden Subjekts versucht Kant die Versöhnung zwischen Natur und Freiheit. Genau dadurch ist Kants dritte Kritik von außerordentlicher Bedeutung für den deutschen Idealismus gewesen. An dem Stellenwert, den die Ästhetik in der nachkantischen Philosophie von Schiller an einnimmt, ist dies ebenso abzulesen wie an der spekulativen Naturphilosophie →Schellings und Hegels.

Die Art und Weise, in der der so genannte deutsche Idealismus an Kant angeschlossen hat, wird durch eine Bemerkung Schellings in einem Brief an Hegel vom 6. Januar 1795 sehr deutlich: »Die Philosophie ist noch nicht am Ende. Kant hat die Resultate gegeben: die Prämissen fehlen noch. Und wer kann Resultate verstehen ohne Prämissen?« Nicht also ein Generalverdacht gegen das System Kants hat die idealistische Philosophie in Gang gebracht, sondern der Gedanke, dass eine insgesamt durchaus zutreffende philosophische Position die konstruktive Hauptaufgabe, nämlich die Grundlegung der Philosophie in ihren Prinzipien, noch offen gelassen habe. Vor allem drei Motive der kantischen Philosophie sind es, die den deutschen Idealismus in Gang gesetzt haben: 1. die Suche nach einer angemessenen Theorie der Subjektivität; 2. die Ausarbeitung einer adäquaten Systemform der Philosophie mit einem widerspruchsfreien Konzept des Absoluten; 3. die Verbindung der Prinzipien der theoretischen und der praktischen Philosophie. In den vielfältigen Versuchen einer prinzipientheoretischen Grundlegung hat sich der Idealismus dann vom Anliegen und der Gestalt der Philosophie Kants weit entfernt. Dabei ist es wichtig zu sehen, dass der deutsche Idealismus nicht lediglich ein Phänomen weniger hochrangiger Autoren nach Kant, von →Fichte und Schelling zu Hegel, gewesen ist. An der Gedankenentwicklung haben eine Vielzahl von Autoren teilgehabt, die auf den engeren Bereich der akademischen Philosophie auch gar nicht beschränkt gewesen sind und die sich dem heutigen Betrachter in einer Vielfalt zum Teil komplexer personeller und geographischer Konstellationen darstellen.

Die frühe Diskussion der Philosophie Kants ist im Kreis der Berliner Aufklärung um Moses Mendelssohn zunächst mit einem Streit um ihre möglichen atheistischen Konsequenzen verbunden gewesen. Daran ist der von Düsseldorf aus wirkende Literat und Denker Friedrich Heinrich Jacobi als einer der großen gedanklichen Anreger der Epoche wesentlich beteiligt gewesen. Dabei ist weniger seine eigene originelle Position maßgeblich gewesen als vielmehr sein Hinweis auf die Ethik →Spinozas, in der er das beispielhafte und konsequenteste Modell aller Philosophie verwirklicht sah: das Modell eines mechanisch durchorganisierten Ableitungszusammenhangs allen verfügbaren Wissens aus obersten Vernunftprinzipien nach dem Vorbild der geometrischen Methode des Euklid. Jacobis Nachwirkung ist vor allem darin begründet, dass viele Idealisten nach ihm ganz gegen seine eigene Absicht der Auffassung waren, dass die prinzipientheoretische Grundlegung von Kants Philosophie nach genau diesem Modell zu verfahren habe.

Diese Auffassung und damit ein wesentlicher Teil der Entwicklung der idealistischen Philosophie ist in besonderer Weise mit der Universität Jena verbunden. Dort hat längere Zeit Karl Leonhard Reinhold als offizieller Vertreter der kantischen Philosophie gelehrt. Reinhold hat zum einen mit Blick auf das mit Spinoza verbundene System-Modell einen obersten Grundsatz der Philosophie gefordert, aus der sie ihre gesamten weiteren Sätze abzuleiten habe, um als gesichert gelten zu können. Zum anderen war er der Auffassung, dass das eigentliche grundlegende Prinzip der *Kritik der reinen Vernunft* der nirgends geklärte Begriff der Vorstellung, also des Bewusstseinsinhaltes im allgemeinsten Sinne, sei. Daraus hat Reinhold in immer neuen Anläufen versucht, eine Grundsatzphilosophie zu entwickeln, deren oberster Satz der so genannte Satz des Bewusstseins ist.

Fichte, der 1794 Reinholds Lehrstuhl in Jena übernommen hat, ist Reinhold in der Forderung nach einer Philosophie aus Grundsätzen gefolgt, nicht aber in deren Ausgestaltung. Den deduktiven Systemzusammenhang nach dem Vorbild von Euklid und Spinoza hat Fichte für eine wissenschaftliche Philosophie, die die Grundlage aller weiteren Einzelwissenschaften bilden soll, ausdrücklich gefordert. Fichte hat diesen Zusammenhang in seiner *Wissenschaftslehre* aufzustellen versucht, die er zuerst 1794/95 vorgetragen hat und von der es mehrere zum Teil radikale Neufassungen gibt. Hier ist zum ersten Mal in der nachkantischen Philosophie mit aller Konsequenz und Strenge der Versuch verwirklicht, alle Gegenstände der (kantischen) Philosophie in einem einzigen strengen Systemzusammenhang aus den bislang noch unentdeckten Prinzipien Schritt für Schritt herzuleiten und damit eine vernünftige Beschreibung der Welt insgesamt zu liefern.

Fichtes Ansatzpunkte, diese Systemaufgabe zu lösen, sind vor allem zwei offen gelassene Probleme der kantischen Philosophie: die Theorie der Subjektivität und der Dualismus von Natur und Freiheit (oder von theoretischer und praktischer Philosophie). An die Spitze des Systems stellt Fichte demzufolge vor alle weiteren Grundsätze einen obersten Grundsatz, der beides berücksichtigt: »Das Ich setzt ursprünglich schlechthin sein eigenes Sein.« Dieser Grundsatz betrifft zum einen die Subjektivität und handelt vom →Ich, und er drückt zum anderen eine Handlung dieses Ichs aus, die allem theoretischen Weltverhalten noch vorgeordnet ist. Fichte erhebt den Anspruch, damit das »Absolute« angemessen ausgedrückt zu haben, also dasjenige, das jenseits und losgelöst von den Subjekt-Objekt-Beziehungen unserer Erfahrungswelt besteht und aus dem alle praktischen und theoretischen Verhältnisse abgeleitet werden können. Die zahlreichen Korrekturen, die Fichte dann in den folgenden Jahren an seiner *Wissenschaftslehre* vorgenommen hat, betreffen vor allem die Frage, wie Subjektivität und →Selbstbewusstsein, auf denen das System der *Wissenschaftslehre* ja aufbaut, widerspruchsfrei konzipiert werden können. In der praktischen Philosophie hat Fichte vor allem eine politische Philosophie auf der Grundlage der Subjektivitätstheorie der *Wissenschaftslehre* entwickelt. Das Theorem der wechselseitigen Anerkennung vernünftiger Subjekte, das die Grundlage des Rechtsverhältnisses bilden soll, hat über Hegel und →Marx bis in die gegenwärtige Sozialphilosophie gewirkt.

In Gestalt einer aufgeklärten Theologie erreichte die Philosophie Kants in den neunziger Jahren des 18. Jhs. eine ganze Generation von Theologiestudenten, zu denen im süddeutschen Raum Hegel, Schelling und Hölderlin gehörten, die im Tübinger Stift gemeinsam studiert haben. Alle drei sind Leitfiguren je eigener Versionen der idealistischen Philosophie geworden. Zwischen Tübingen und Jena lassen sich auch deutliche Spuren einer prinzipiellen Kritik der streng systematischen Grundsatzphilosophie Reinholds und Fichtes aufweisen, die dem Idealismus eine andere Wendung gegeben haben. In die Tübinger Konstellation gehört ein programmatisches Textfragment in Hegels Handschrift, dessen Autor nicht mit letzter Sicherheit feststeht und das als *Ältestes Systemprogramm des deutschen Idealismus* erst 1917 veröffentlicht worden ist. Hier wird das Programm einer neuen Ethik und Naturphilosophie entworfen, die die kantische Grundlage zwar noch erkennen lässt, diese aber vor allem in die Perspektive von Ästhetik und Geschichtsphilosophie stellt und mit der berühmt gewordenen Forderung nach einer neuen Mythologie der Vernunft verbindet. Das Programm einer neuen Mythologie, unter Rückgriff auf die Motive aus der griechischen Antike, ist wohl am konsequentesten im dichterischen Werk Hölderlins (1770–1843) verwirklicht worden. Hölderlins eigene theoretischen und poetischen Reflexionen kreisen um den Zusammenhang von Philosophie, Dichtung und Sprache.

Aus der Tübinger Konstellation ist als Erster Schelling eigenständig hervorgetreten. In seinen frühen Schriften folgt er der Anregung Fichtes, das Prinzip der Philosophie als absolute Subjektivität zu denken und zum Ausgangspunkt eines formal an Spinoza orientierten Systems zu machen (*Vom Ich als Prinzip der Philosophie*, 1795). Sehr bald profiliert sich Schelling jedoch mit einer originellen Naturphilosophie, die vom organischen Naturbegriff in Kants *Kritik der Urteilskraft* ausgeht und den Gedanken formuliert, dass die Natur selbst vernünftig aufgefasst werden muss (*Ideen zu einer Philosophie der Natur*, 1799). Diese Naturphilosophie ergänzt die abstrakte Ich-Reflexion Fichtes insofern, als sie die Realität der objektiven Welt ihrerseits als philosophische Herausforderung begreift. Schelling entwickelt dabei die fortgeschrittensten Ergebnisse der zeitgenössischen Naturforschung unorthodox und spekulativ weiter. Die Natur gilt Schelling nicht als das schlechthin Andere des vernünftigen Subjekts, sondern als Objektivation eben dieser Vernunft. Daher vermag sich das Ich in der Natur wiederzuerkennen und die Philosophie zu einer denkenden Reflexion der Welt vorzudringen. Schelling entwickelt damit die für die idealistische Systemkonstruktion entscheidende Theorie des objektiven Geistes. Er verbindet sie mit dem Theorem einer Geschichte des zu sich selbst kommenden Selbstbewusstseins, das sich in den verschiedenen Stadien der äußeren Welt schrittweise findet.

Umgekehrt operiert Schelling im *System des transzendentalen Idealismus* (1800) mit Fichte wiederum aus der Perspektive der Subjektivität. Sie hat hier die Gestalt einer fortschreitenden Selbstobjektivierung des Ichs, das sich schrittweise aus sich selbst heraus zur Welt entwickelt. Diese beiden entgegengesetzten, aber eng zueinander gehörenden Hinsichten der Bewusstwerdung der Natur und der Naturwerdung des Ichs finden sich im *System des transzendentalen Idealismus* von 1800 dann vor allem in der menschlichen Kunstproduktion vereint. Die Kunst erhält hier erstmals eine herausragende und systematisch zentrale Funktion. Schelling hat diese Ästhetik in den Vorlesungen zur *Philosophie der Kunst* (1802 ff.) ausgearbeitet. In den Jahren nach 1800 hat Schelling dann die

Theorie des Absoluten in seiner so genannten Identitätsphilosophie neu gefasst. Deren zentraler Gedankengang besagt, dass das Absolute jenseits der Doppelperspektive von Subjektivierung und Objektivierung gedacht werden muss, also so, dass der endliche Gegensatz von Subjekten und Objekten im Absoluten zur Ununterscheidbarkeit, zur Indifferenz oder Identität, aufgehoben ist. Die Vielfalt der Welt soll gegenüber dem indifferenten Absoluten dann mit einer Stufenordnung verschiedener Potenzen des Geistigen und Materiellen erklärt werden. Diese komplexe Potenzenlehre behandelt je verschiedene Zusammensetzungen von subjektiven und objektiven Faktoren in den einzelnen Bereichen der objektiven Welt. Einen neuen Weg schlägt Schelling dann 1809 mit den *Philosophischen Untersuchungen über das Problem der menschlichen Freiheit* ein, die das alte theologisch-philosophische Problem der Rechtfertigung Gottes angesichts des Bösen in der Welt zum Anlass einer spekulativen Neukonzeption der inneren Struktur des Absoluten nehmen, die wichtige Konsequenzen für den Übergang zum Spätwerk Schellings und für die dort einschlägige Unterscheidung von negativer und positiver Philosophie hat.

Im ›klassischen‹ Weimar waren Goethe und Schiller als zentrale Figuren des literarischen und politischen Lebens aufmerksame Teilnehmer auch der philosophischen Debatten. Insbesondere Friedrich Schiller (1759-1805), der in Jena →Universalgeschichte lehrte, hat in seinen ästhetischen Schriften zentrale Probleme der kantischen Philosophie fortgeführt. Im Mittelpunkt von Schillers Werk steht der Versuch, einen Freiheitsbegriff zu entwickeln, der den strengen Dualismus von Natur und Freiheit bei Kant überwindet. Als vermittelnde Instanz setzt Schiller, der Anregung Kants folgend, das →Schöne an, das er als Freiheit in der Weise der →Erscheinung deutet. Auch die Kategorie des Erhabenen, die eine wichtige Rolle in Kants *Kritik der Urteilskraft* gespielt hatte, ist für Schillers theoretische Reflexionen und vor allem für deren Umsetzung in seinen Dramen von großer Bedeutung. In seinen Briefen *Über die ästhetische Erziehung des Menschen* (1795) verbindet Schiller die vermittelnde Funktion der Ästhetik mit einer Theorie des Spiels, das programmatisch in die politische und moralische Bildung des Menschen integriert werden soll.

Mit den Namen Friedrich von Schlegel (1772-1829) und Novalis (eigentlich: Friedrich Freiherr von Hardenberg, 1772-1801) ist jene frühromantische Konstellation verbunden, die sich in den späten neunziger Jahren zunächst in Leipzig und Jena, später in Berlin entwickelte. Schlegel und Novalis haben als Lösung für die Probleme der nachkantischen Philosophie, insbesondere der *Wissenschaftslehre* Fichtes, eine Theorie der prinzipiellen Identität von Philosophie und Poesie vorgeschlagen. Der leitende Gedanke dabei ist, dass die Philosophie, vor allem in der Theorie der Subjektivität und der Konzeption des Absoluten, in Schwierigkeiten gerät, die sie mit ihren eigenen Mitteln nicht lösen kann. Die Poesie hingegen vermag aus eigener Kraft in einer besonderen Art des Redens und Schreibens die Intention und den Gegenstand der Philosophie zu bewahren. Umgekehrt verliert die Kunst die klassische Unschuld naiver Schönheit und wird zu einer philosophischen Reflexionskunst. Schlegel und Novalis haben vor allem die in sich gebrochenen und dialektischen Kunstformen des Fragments, der Ironie und der Allegorie, auch der Kunstkritik, beschrieben und selbst praktiziert. Die frühromantische Ästhetik ist eine Theorie spezifisch moderner Kunst, die insbesondere für die Avantgarde und Kunstphilosophie im 20. Jh. von großem Einfluss gewesen ist. – In diesen Kontext gehört auch der Theologe Schleiermacher, der aus der Reflexion der romantischen Gesprächskonstellation heraus (*Theorie des geselligen Betragens*, 1799) zu einem eminenten Vertreter der protestantischen Theologie in Deutschland geworden ist (*Reden über die Religion an die Gebildeten unter ihren Verächtern*, 1799), der nebenbei die umfangreiche Übersetzung der Dialoge →Platons ins Deutsche geleistet hat und später neben Hegel zu einer der großen Figuren der Berliner Universität geworden ist.

Ein erster wirklicher Einschnitt der Epoche war erreicht, als Hegel in Jena mit seiner *Phänomenologie des Geistes* (1806/07) zum ersten Mal nicht nur einen weiteren Systementwurf unter all den vielen anderen präsentieren wollte, sondern zugleich damit den Anspruch erhob, die Fülle der Bücher und Systeme auch seiner eigenen Zeit begrifflich erfasst und überwunden zu haben. In diese spätere, sich selbst historisch reflektierende Phase des deutschen Idealismus fällt die Entwicklung von Hegels eigenem System. Seit 1816 hat er es als weithin berühmter Professor in preußischen Diensten dann an der Berliner Humboldt-Universität einem großen internationalen Publikum vorgetragen. Bis zu seinem Tode 1831 hat Hegel auf diese Weise die offizielle Gestalt der idealistischen Bewegung verkörpert.

Zu den sich abwechselnden und einander überbietenden Systementwürfen insbesondere seiner eigenen Vorgänger hat Hegel bereits ein genuin historisches Verhältnis. Dies ist die Grunderfahrung, mit der Hegels *Phänomenologie des Geistes* von 1806/07 einsetzt: Wenn Fichte, Schelling und die anderen jene konkurrierenden Systemkonstruktionen errichten, die allesamt den Anspruch erheben, das Absolute und die Wahrheit endgültig und einzig angemessen darzustellen, dann hat letztendlich keine dieser Positionen Recht. Hegels Diagnose zufolge hat jedes neue idealistische →System einfach nur behauptet, es sei im Gegensatz zu seinen Vorgängern das wahre System; kein einziges dieser Systeme hat diese Behauptung aber in Auseinandersetzung mit seinen Vorgängern wirklich gezeigt. Hegel geht historisch reflektierter vor, indem er sich auf die Positionen seiner Vorgänger ausführlich einlässt und diese mit ihren jeweiligen eigenen Mitteln derart in Widersprüche verwickelt, dass sie schließlich nach ihren eigenen Maßstäben unhaltbar werden.

Die *Phänomenologie* führt diese Auseinandersetzung, indem sie die historischen Gestalten der Philosophie auf eine ideale Abfolge von Typen des →Wissens bezieht. Diese typologischen Theorieformen geben in Hegels Deutung jeweils unterschiedliche Auskunft darüber, was gesichertes Wissen sein soll, worin seine Absicherung besteht und was im Rahmen dieser jeweiligen Auffassung von Wissen dann →Wahrheit heißt. Keine dieser »Gestalten des erscheinenden Wissens«, die die *Phänomenologie* Kapitel für Kapitel aufführt, kann aber als widerspruchsfrei gelten, weil sich dasjenige, was jeweils ›Wahrheit‹ heißen soll, in keinem Fall mit demjenigen deckt, was das Wissen dem eigenen Anspruch nach jeweils leisten kann. Hegels ganz beispielloses phänomenologisches Vorgehen besteht darin, diese Theorien nicht abstrakt an einem äußerlichen Begriff von ›dem Absoluten‹ zu messen, sondern stets intern zu prüfen, ob eine jeweilige Theorie dasjenige, was ihr als das Absolute gilt, auch hinreichend erfassen kann. Die Philosophie selbst erzielt aber im Aufarbeiten dieser Widersprüche immer größere Fortschritte für die Ausarbeitung ihrer eigenen Gestalt. Denn die Wissenstypen werden im Laufe der *Phänomenologie* immer weniger widerspruchsvoll; dasjenige, was sie unter dem Begriff ›das Absolute‹ als Wahrheit konzipieren, wird dem jeweiligen Theorietyp und seinem Wissensverständnis immer zugänglicher. Am Ende, in der letzten Wissensgestalt der *Phänomenologie*, sind Wissen und Wahrheit in den einzigen nicht mehr widerspruchsvollen Theorietyp eingegangen: in das wahre Wissen, das Hegel »absolutes Wissen« nennt.

Der historisch reflektierte Gang durch die typisierten Positionen der Philosophiegeschichte ist für Hegels eigene Philosophie notwendig gewesen; jetzt erst kann es eine nicht naive, über sich aufgeklärte Kategorienlehre des Denkens geben, der nicht mehr zum Vorwurf gemacht werden kann, sie befinde sich in widerspruchsvoller Distanz zum Absoluten. Diese Lehre vom absoluten Wissen hat Hegel in der *Wissenschaft der Logik* (1812–16) ausführlich dargestellt. Ihr Gegenstand ist das reine Denken des Absoluten selbst, das schrittweise seine eigenen Denkbestimmungen entfaltet. Aber ganz ähnlich der *Phänomenologie* liefert auch diese Darstellung das Absolute nicht unvermittelt und mit einem Male; das angemessene Denken des Absoluten, die so genannte »absolute Idee«, steht erst am Ende der *Wissenschaft der Logik*. Wiederum ist der Fortschritt innerhalb dieser Kategorienlehre methodisch angeleitet: Jede Kategorie, die für sich in Anspruch nimmt, das Absolute angemessen zu denken, erweist sich bei gründlicher Betrachtung dazu als ungeeignet; indem das Denken dieses Ungenügen benennt und reflektiert, ist es in eine neue Kategorie übergegangen. Am Ende der *Wissenschaft der Logik* hat Hegel dieses eigentümliche Vorgehen auch eigens als Methode ausgezeichnet: Es ist die berühmte dialektische Methode. Mit jeder weiteren Kategorie gelangt das Denken dialektisch immer mehr zu dem, was es sein will: Denken des Absoluten. Das Absolute hat sich erst nach langer begrifflicher Arbeit als Resultat seiner eigenen Bewegung zu sich selbst ergeben. Es muss daher Hegel zufolge seinerseits als Subjekt verstanden werden, also als etwas, das erst selbsttätig und in ständiger Auseinandersetzung zu sich selbst kommt. In der Tat beansprucht Hegels Theorie des Absoluten auch, eine angemessene Theorie der Subjektivität zu sein und auch auf diese Weise die von Kant gestellten Probleme zu einem Ende gebracht zu haben.

Die *Wissenschaft der Logik* ist die Grundlage und der Ausgangspunkt für Hegels System, so wie es in der mehrfach bearbeiteten *Enzyklopädie der philosophischen Wissenschaften* (1817, weitere Auflagen 1827 und 1830) schließlich Gestalt angenommen hat. Denn das Denken, das sich selbst in der absoluten Idee als wahres Wissen vom Absoluten durchsichtig gemacht hat, geht nach Hegels Konzeption in die Philosophie der wirklichen Welt über. Im Zentrum dieser Konzeption steht der Begriff eines Absoluten, das zur →Wirklichkeit gerade nicht in einem Verhältnis ursprünglicher Trennung steht. Seit seinen frühesten Schriften hat Hegel zeitdiagnostisch die Moderne als Zeitalter der Entzweiung beschrieben: Abstrakte philosophische Ideen stehen unvermittelt und unversöhnlich der Wirklichkeit gegenüber. Die *Phänomenologie* hatte am Beispiel der Französischen Revolution und der anschließenden Schreckensherrschaft das beherrschende politische Ereignis der Epoche als einen Übergang abstrakter Ideen von Freiheit und Gleichheit in eine damit unvermittelbare Realität interpretiert.

Mit dem Programm einer Versöhnung der entzweiten Gegensätze von Vernunft und Welt, von Absolutem und Wirklichkeit, tritt Hegel gegen die Philosophie der modernen Welt um 1800 und gegen den bisherigen deutschen Idealismus an. Die Idee soll der Wirklichkeit nicht abstrakt entgegengesetzt, sondern mit ihr wesentlich verbunden sein. Das heißt zweierlei: Einerseits steht das Absolute unter dem Zwang, in der wirklichen Welt Ausdruck und Gestaltung zu finden; andererseits muss die Wirklichkeit in einer angemessenen philosophischen Betrachtung ihrerseits vernünftig angesehen werden. In dem Maße, in dem Vernunft sich manifestieren muss, muss die Welt selbst auch als vernünftig begriffen werden. Terminologisch nennt Hegel diese Figur eines mit der Wirklichkeit vermittelten Absoluten ›Geist‹. In der Vorrede seiner *Grundlinien der Philosophie des Rechts* ist der Sinn dieser Rede vom Geist klar benannt: Was vernünftig ist, so Hegel, das ist wirklich, und was wirklich ist, das ist vernünftig.

Die denkende Betrachtung der uns zugänglichen Realitätsbereiche auf der Grundlage dieser Geistkonzeption macht den Inhalt des hegelschen Systems aus. Dabei operiert Hegel mit einer idealtypischen historischen Stufenfolge von verschiedenen Formen des Geistes. Eine Reihe von Disziplinen der Philosophie wie auch der Geisteswissenschaften insgesamt haben hier eine originelle Gestalt gefunden. In seinen *Vorlesungen über die Ästhetik* interpretiert Hegel das Kunstwerk als sinnliches Erscheinen des Absoluten und entwirft daraus eine materialreiche, historisch und kulturell weit ausgreifende Ästhetik. Seine Kunstauffassung hat klassizistische Züge und ist eher von einer Abwertung moderner Kunst geprägt. Dabei ist Hegels Methode, die Kunst in historischer Entwicklung aufzufassen, zum Vorbild der späteren Kunstgeschichte geworden. Die *Grundlinien der Philosophie des Rechts* (1821) entwickeln auf der Grundlage einer Kritik der kantischen Moral- und Staatsphilosophie eine Lehre von der Sittlichkeit politischer Gemeinschaft in Familie, bürgerlicher Gesellschaft und Staat. Hegel beansprucht dabei, die Freiheitsansprüche des modernen Subjekts in einer Theorie der Institutionen des modernen Verfassungsstaates zu ihrem eigentlichen und positiven Ziel geführt zu haben. In den *Vorlesungen über die Philosophie der Geschichte* interpretiert Hegel dann auch den gesamten Gang der Weltgeschichte als Fortschritt im Bewusstsein der Freiheit. Hegels Rechtsphilosophie ist, zumal in ihrer Orientierung an antiken Staatsvorstellungen, einer der wenigen Gegenentwürfe zur spezifisch neuzeitlichen Konzeption politischer Philosophie, zur naturrechtlichen →Vertragstheorie von →Hobbes bis zu Rousseau und Kant geblieben.

Nur die späte Philosophie Schellings hat dann noch den Versuch unternommen, auf einer idealistischen Grundlage gegen den Absolutheitsanspruch des hegelschen Systems eine andere, weniger abgeschlossene Form der Philosophie zu entwickeln. Im Mittelpunkt von Schellings Spätphilosophie steht die Unterscheidung einer negativen, durch Kritik und Dialektik gekennzeichneten Philosophie von einer positiven Philosophie, die den Umstand akzeptiert, dass das Sein des Absoluten sich jedem verfügbaren Wissen entzieht und nur als absolute Transzendenz Gottes konzipiert werden kann. Hier widersetzt sich Schelling grundsätzlich der Forderung des hegelschen Idealismus, das Absolute müsse im System des Begriffs rational darstellbar sein. Die Entwicklung der positiven Philosophie führt Schelling zurück zu den alten Überlieferungsformen des Mythos (*Philosophie der Mythologie*) und zur Figur der Offenbarung (*Philosophie der Offenbarung*). Schelling ist 1841 unter großer Aufmerksamkeit der intellektuellen Welt auf Hegels Professur in Berlin berufen worden; unter seinen Hörern waren so unterschiedliche Persönlichkeiten wie Engels und →Kierkegaard. Schellings Wirkung leitet bereits über in die Philosophie des späteren, nachidealistischen 19. Jhs.

E. Cassirer, Das Erkenntnisproblem in der Philosophie und Wissenschaft der neueren Zeit, 4 Bde., 1906–1957, Darmstadt 1973 f. [mehrere Nachdrucke]

G. Gamm, Der deutsche Idealismus. Eine Einführung in die Philosophie von Fichte, Hegel und Schelling, Stuttgart 1997

R.-P. Horstmann, Die Grenzen der Vernunft. Eine Untersuchung zu Zielen und Motiven des Deutschen Idealismus, Frankfurt/M. 1991

W. Stegmaier / H. Frank, Hauptwerke der Philosophie von Kant bis Nietzsche. Interpretationen, Stuttgart 1997

G. K.

Neunzehntes Jahrhundert Die Philosophie des 19. Jhs. ist in jedem Sinne nachidealistisch. Sie bildet sich als Kritik des →deutschen Idealismus, vor allem des hegelschen Systems, ab den zwanziger Jahren heraus. In nahezu allen kulturellen, politischen und gesellschaftlichen Bereichen ist das 19. Jh. von Veränderungen und Umbrüchen gekennzeichnet, die für eine spekulativ-idealistische Philosophie nicht mehr günstig sind. Das Zeitalter der Industrialisierung und ein enormer Erfolg der technisch angewandten Naturwissenschaften gehören zu den Tendenzen der Epoche ebenso wie ein tiefgreifender ökonomisch-sozialer Wandel und die politische Durchsetzung des Bürgertums im Zeitalter der →Revolutionen. Von einer übergreifenden und zeitlosen →Vernunft und einem einheitlichen →System der Philosophie ist nicht mehr die Rede. Die Vernunft wird vielmehr in historische und gesellschaftliche Kontexte eingeordnet und beginnt, sich in unterschiedliche Vernunftarten aufzuspalten. Dadurch erobert sich die Philosophie zahlreiche neue Themengebiete: Sie wird Religions- und Politik-Kritik und historisch-kritische Theorie von Gesellschaft und Wirtschaft mit politischer Intention (Linkshegelianismus, →Marx), Philosophie der Existenz und des individuellen Lebens (→Kierkegaard, →Schopenhauer, →Nietzsche), Philosophie der historischen Welt und ideenrekonstruierende Geschichtsschreibung (Historismus, →Dilthey), →Erkenntnistheorie und mathematischer Logik (→Positivismus, →Frege, Neukantianismus). Eine Einheit dieser unterschiedlichen Gebiete ist nicht mehr abzusehen. Damit wendet sich das 19. Jh. auflösend gegen das metaphysische Erbe des →Idealismus und bereitet die Themen vor, die noch das 20. Jh. und die Gegenwart beherrschen.

Die Auseinandersetzung um die Philosophie →Hegels ist seit den dreißiger Jahren des 19. Jhs. vor allem in religionsphilosophischen und politischen Fragen geführt worden; der Kern von Hegels Philosophie, die spekulative →Logik, stand dabei weniger im Mittelpunkt. Die folgenreiche Aufspaltung in eine althegelianische oder ›rechte‹ Hegelschule einerseits, in eine junghegelianische oder ›linke‹ Hegelschule andererseits ist im Anschluss an die Diskussion des *Leben Jesu* (1835–36) von David Friedrich Strauß vollzogen worden. Im Mittelpunkt dieser heute nur schwer zugänglichen Debatte standen die Frage nach der personalen oder pantheistischen Interpretation der Idee →Gottes und das Problem einer historischen und anthropologischen Neudeutung des Christentums und der Evangelien. Eine gegenüber der theologischen Orthodoxie destruktive Religionskritik ist das Ergebnis gewesen.

Von besonderer Wirkung sind in diesem Zusammenhang die Schriften Feuerbachs gewesen. In *Das Wesen des Christentums* (1841) führt er Theologie und Religion auf ihre anthropologischen Grundlagen zurück. Dabei verfährt seine →Kritik so, dass die Inhalte der Religion als Projektionen des Menschen in seiner natürlichen und historischen Umgebung gelesen werden. Dieses Verfahren hat deutliche Spuren in der Ideologiekritik des Marxismus oder in der Religions- und Kulturkritik Siegmund Freuds hinterlassen. Für die Religionskritik hat Feuerbach damit exemplarisch geleistet, was weite Teile der nachhegelschen Philosophie insgesamt kennzeichnet: die Rückführung der idealistisch-spekulativen Kategorien wie etwa Vernunft, →Idee oder Gott auf eine materialistische Grundlage, in der sinnlich-physiologische, anthropologische und kontingente historische Faktoren die bestimmende Rolle spielen. Diese Versinnlichung und Verendlichung der idealistischen Vernunftkonzeption ist das Kennzeichen aller nachidealistischen oder »nachmetaphysischen« Philosophie geworden.

Zu den Althegelianern ist vor allem jene Gruppe von Schülern zu zählen, die in den dreißiger Jahren die erste Gesamtausgabe der Werke Hegels herausgegeben hat (*Werke. Vollständige Ausgabe durch einen Verein von Freunden des Verewigten*, 1832–1845). Eine Reihe von Vorlesungen Hegels sind hier anhand von Nachschriften zum ersten Mal veröffentlicht worden. Als erster Biograph Hegels ist Rosenkranz hervorgetreten. Er hat in neuerer Zeit durch seine *Ästhetik des Häßlichen* (1853) wieder Beachtung gefunden, die sich um eine ästhetische Wertung moderner →Kunst bemüht, in der Bewahrung des hegelschen Klassizismus letztlich aber nur zur Abwertung der Moderne führt. Die Tendenz der Althegelianer, Hegels Philosophie zu konservieren und in historischen Spezialforschungen zu vertiefen, wird daran sichtbar. Die umfangreichste Kunstphilosophie nach dem Vorbild von Hegels Ästhetik-Vorlesungen hat dann Vischer in seiner dreibändigen *Ästhetik oder Wissenschaft des Schönen* (1846–57) vorgelegt. Die erste kritisch-historische Hegeldarstellung hat Rudolf Haym geliefert (*Hegel und seine Zeit*, 1857), der die Verteidigung der hegelschen Philosophie weitgehend durch deren historische Erklärung ersetzt. Die historische Tendenz hat dann ihre deutlichste Konsequenz in den hegelianisch orientierten großen Philosophiegeschichten des 19. Jhs. gefunden. Am bekanntesten ist die umfangreiche achtbändige *Geschichte der neueren Philosophie* (1852–93) von Kuno Fischer geworden, die von F. →Bacon bis Schopenhauer reicht. Hier ist der Hegelianismus schließlich in der Absicht, Hegel zu konservieren, zur Historisierung der Philosophie übergegangen, die auf ein eigenes systematisches Fundament verzichtet. Philosophiegeschichtlich folgenreicher ist die unterschiedliche politische Philosophie der beiden Hegelschulen gewesen. Die Linkshegelianer waren der Überzeugung, dass Hegels Staatsphilosophie insgesamt noch in die Wirklichkeit überführt werden müsse und nicht bereits im zeitgenössischen Staat ihre Erfüllung gefunden habe. Eine Tendenz zu radikaler Neuerung ist die Folge davon gewesen, die ihre prominenteste und historisch wirkungsvollste Gestalt schließlich im Marxismus gefunden hat.

Im Mittelpunkt der nachhegelschen Philosophie steht insbesondere Marx. Eine Reihe seiner Schriften sind im französischen und englischen Exil in einer Arbeitsgemeinschaft mit Engels geschrieben. Marx gehörte während seines Studiums in Berlin zur linkshegelianischen Gruppe. Er hat jedoch bald eine grundlegende Kritik der hegelschen Rechtsphilosophie formuliert, die entscheidend von der Religionskritik Feuerbachs beeinflusst ist. Rechtsverhältnisse und Staatsformen sollen demnach nicht als abstrakte Formationen des objektiven Geistes gedeutet werden können, sie müssen vielmehr auf der Grundlage der materiellen, sozialen und ökonomischen Lebensverhältnisse erklärt werden. Marx behält Hegels dialektische Methode weitgehend bei, entfaltet sie jedoch auf materialistischer Grundlage neu. Zum endgültigen Bruch mit dem Linkshegelianismus ist es dann in der mit Engels geschriebenen *Deutschen Ideologie* und in der *Heiligen Familie oder die Kritik der kritischen Kritik* (1844) gekommen. Der Grund dafür liegt im Problem des Übergangs von Theorie in Praxis. Dabei wurde die Überlegung bestimmend, dass die (hegelsche) Philosophie nicht lediglich durch theoretische und ideologiekritische Reflexion aufgelöst werden kann, sondern vielmehr praktisch durch politikkritisches Handeln überwunden werden muss. Die von Marx geforderte Ausweitung der Kritik auf die reale Politik drückt sich prägnant in der berühmt gewordenen letzten der *Elf Thesen über Feuerbach* (1845) aus: »Die Philosophen haben die Welt nur verschieden interpretiert, es kömmt aber darauf an, sie zu verändern.«

Das materialistische Fundament seiner Sozialphilosophie hat Marx in einer politischen Ökonomie gelegt, die ihn zusammen mit umfangreichen wirtschafts- und sozialhistorischen Studien von seinen frühen Pariser *Ökonomisch-Philosophischen Manuskripten* (1844, publiziert 1932) an beschäftigt hat. Im Mittelpunkt der frühen Schriften steht der Begriff der Entfremdung. Er meint im Kern den Umstand, dass dem Arbeiter Produktionsmittel und Produkt seiner Arbeit als fremde und selbstständige Größen gegenüber treten. Im Kontext der Industrialisierung tritt dann die eigentliche ökonomische Entfremdung als Folge der Lohnarbeit zutage. Die entwickelte politische Ökonomie hat Marx in seinem Hauptwerk *Das Kapital* (erster Band 1867) dargelegt. In dessen Zentrum steht eine Theorie des Wertes der von Menschen produzierten Waren, wobei Marx zufolge die Arbeitskraft im Falle der modernen Lohnarbeit selbst zur Ware geworden ist. Marx analysiert die sozialen und ökonomischen Verhältnisse mit den Kategorien von Mehrwert, Kapitalanhäufung und Ausbeutung; dabei bedeutet ›Kapital‹ insgesamt das gesellschaftliche Verhältnis der Menschen im industrialisierten 19. Jh. Die geschichtsphilosophische Anwendung des →Materialismus führt Marx zur Theorie eines gesetzmäßigen Geschichtsprozesses, der sich als →Dialektik von so genannten Produktivkräften und Produktionsverhältnissen darstellt. Der Widerspruch beider Verhältnisse treibt die Geschichte in Gestalt von sozialen Revolutionen voran. Der Klassengegensatz von Bourgeoisie und Proletariat, der den Kapitalismus beherrscht, soll sich in der sozialistischen Revolution in einen neuen gesellschaftlichen Zustand auflösen, in dem mit der Aufhebung des Privateigentums auch die ökonomische Entfremdung aufgehoben wäre; seine Staatsform soll die klassenlose proletarische Diktatur sein.

Ursprünglich ebenfalls in das linkshegelianische Umfeld gehört der dänische protestantische Theologe Kierkegaard. Er hatte als Student den späten →Schelling in Berlin gehört. Der Gedanke eines ›positiven‹ →Seins, das Schelling gegen Hegels Versuch gewendet hatte, Sein und →Wirklichkeit als vernünftigen →Begriff aufzufassen, findet in Kierkegaard seine Fortsetzung in der Reflexion konkreten menschlichen Daseins, der Existenz und der Innerlichkeit des →Individuums. Kierkegaard ist als Hegel-Kritiker zugleich der erste Vertreter der dann im 20. Jh. einflussreichen →Existenzphilosophie. Dabei hat sich Kierkegaards eigenes Werk in der Auseinandersetzung mit der frühromantischen Philosophie ausgebildet, deren Subjektivitätstheorie er mit den Mitteln philosophisch-ästhetischer Reflexion und Ironie fortsetzt. In seinem frühen Hauptwerk *Entweder-Oder* (1843) konfrontiert Kierkegaard eine subjektiv-ästhetische mit einer am Allgemeinen orientierten ethischen Lebenshaltung. Als zentrales Thema tritt damit das Problem eines freien Selbstverhältnisses in Verbindung mit einer authentischen Lebensführung hervor. Es wird von Kierkegaard zunehmend auf die Erfahrung von existenziellen Ausnahmesituationen zugespitzt, die das Individuum zu sich selbst führen, indem sie die Bedeutung des gesellschaftlich Allgemeinen außer Kraft setzen. Für diese so genannte »teleologische Suspension des Ethischen« liefert die religiöse Glaubensbeziehung in *Furcht und Zittern* (1843) das Beispiel. Eine wesentliche Rolle in Kierkegaards Theorie der Existenz spielen die Extremsituation von Angst und Verzweiflung (*Der Begriff Angst*, 1844; *Krankheit zum Tode*, 1849).

Auf der Grenze zwischen idealistischer →Metaphysik und nachmetaphysischer Lebensphilosophie steht das Werk von Schopenhauer. In seinem Hauptwerk *Die Welt als Wille und Vorstellung* (1819, weitere Auflagen 1844 und 1859) operiert Schopenhauer mit einer strengen Zweiteilung von Welten. Die menschliche Erfahrungswelt ist den →Prinzipien von →Grund und →Ursache unterworfen; sie ist nach dem Vorbild →Kants von den subjektiven Bedingungen der →Erkenntnis abhängig und insofern die »Welt als Vorstellung«. Dagegen stellt Schopenhauer die metaphysische Welt der Dinge an sich, in der das Prinzip des →Willens herrscht. Diese »Welt als Wille« ist die Grundlage und das innere Wesen der Erfahrungswelt. Im metaphysischen Mittelpunkt der Welt steht für Schopenhauer demnach kein Vernunftprinzip, sondern ein irrationales Grundgeschehen, das in seinem endlosen Vorwärtsstreben eine zwanghafte und selbstzerstörerische Eigendynamik entwickelt. Das ist der Hintergrund für die zentrale These: Alles Lebendige leidet. Demzufolge ist die objektive Welt, in der die Menschen leben, eine Welt des Leidens. Diese pessimistische Weltsicht ist der Kern von Schopenhauers Philosophie.

Eine besondere Rolle spielt die →Kunst in dieser Konzeption. In ihr ist innerhalb der Erfahrungswelt eine Erkenntnis der metaphysischen Willenswelt möglich, weil sie die Darstellung der Ideen, der Objektivationen des Willens, ist. Zudem sind Schopenhauer zufolge in der ästhetischen Erfahrung wenigstens momentweise

Erlösungszustände wirklich, in denen Leben und Leiden aufgehoben sind. Eine ebenfalls zentrale Rolle spielt eine →Ethik des Mitleids, in dem die Menschen durch wechselseitige Erkenntnis und Anerkennung ihres Leidens die Erscheinungswelt wenigstens zum Teil zu überwinden vermögen. Schopenhauer hat schließlich nach dem Vorbild der buddhistischen Lehre gefolgert, nur konsequente kontemplative Askese, die im Idealfall zum bewusstseinslosen Nichts führen soll, könne eine dauerhafte Entlastung vom Leiden in der Welt sein. Die überhaupt menschenmögliche →Freiheit besteht für Schopenhauer in der konsequenten Resignation. Diese pessimistischen Elemente seiner Willensmetaphysik haben im späteren 19. und frühen 20. Jh. zu einer intensiven Rezeption Schopenhauers insbesondere in Kunst, Musik und Literatur geführt.

Einer der in der Kritik idealistischer Vernunftpositionen wirkungsvollsten Philosophen im 19. Jh. ist Nietzsche gewesen. Er stand zunächst lange Zeit erkennbar unter dem Einfluss von Schopenhauers pessimistisch-resignativer Willensphilosophie. Nietzsches frühe Schrift *Die Geburt der Tragödie* (1872) folgt Schopenhauer darin, der Kunst die bestimmende Rolle zuzuweisen, indem sie als die »eigentlich metaphysische Tätigkeit« gilt. Sie tritt dem Leben einerseits als Heilmittel gegenüber und führt andererseits zu einer ästhetischen »Rechtfertigung« der Welt; nur in der Kunst, nicht im Leben, ist Nietzsche zufolge ein sinnvolles Ganzes kohärent gestaltet. Nietzsche stellt der klassischen griechischen Tragödie vor allem das moderne Musiktheater Richard Wagners zur Seite, dem er lange Zeit persönlich und ästhetisch sehr nahe stand.

Nietzsche folgert dann in seinen späteren Schriften umgekehrt, dass der Mensch sein eigenes Leben nach dem Vorbild der sinnerfüllten Kunst selbstständig und eigengesetzlich zu gestalten habe. Dieser Gedanke setzt eine umfassende Kritik der traditionellen Moralphilosophie und Wertsetzungen insgesamt in Gang. Diese Kritik ist für die nachidealistische Philosophie vor allem methodisch als Alternative zur spekulativen Vernunftmetaphysik von exemplarischer Bedeutung geworden. Nietzsche rekonstruiert die →Moral aus ihrer historischen Entwicklung und erklärt sie im Rahmen einer ›Genealogie‹ (*Jenseits von Gut und Böse*, 1886; *Zur Genealogie der Moral*, 1887). Dadurch verlieren die Prinzipien etwa der christlichen Ethik oder der kantischen Moralphilosophie ihren letztverbindlichen und überzeitlichen Charakter und werden im Lichte historischer und politischer Macht- und Interesse-Konstellationen neu verständlich. In einer psychologisch-kritischen Perspektive erscheinen Moral und Religion als Ausdruck einer unselbstständigen Lebenshaltung, die ihre eigene Schwäche durch Rationalisierung zu überdecken sucht. Das positive Resultat dieser Kritik ist die Idee einer Lebensführung aus autonomer Selbstgestaltung, die jenseits der traditionellen Moral steht und sich die Werte des Handelns nicht vorgeben lässt, sondern eigenständig setzt. Nietzsche hat diese Idee unter dem missverständlichen Namen eines neuen Menschen, des so genannten Übermenschen, entwickelt und ihr vor allem in *Also sprach Zarathustra* (1883-85) eine stilprägende literarische Gestalt gegeben. Das Ineinanderfließen von Dichtung und philosophischer Reflexion hat zu einer enormen Wirkung Nietzsches auch in Kunst und Literatur geführt; die tendenziöse Umdeutung seiner vernunftkritischen Philosophie, etwa im Nationalsozialismus, hat lange Zeit dazu beigetragen, ihn zu einem der umstrittensten philosophischen Autoren zu machen.

Eine der wirkungsvollsten Absetzbewegungen gegen den philosophischen Idealismus hat sich von der Mitte des 19. Jhs. bis heute im Namen der →Geschichte etabliert. Die Durchsetzung des historischen Denkens ist auf allen kulturellen Gebieten zu beobachten und führt zur Ersetzung der idealistischen Geistphilosophie durch historische Disziplinen. Bereits zu Hegels Lebzeiten war der Streit um die so genannte historische Rechtsschule, vor allem mit Friedrich Carl von Savigny (1779-1861), geführt worden, die zur Disziplin der Rechtsgeschichte geführt hat. Hinzu treten Kunstgeschichte, Religionsgeschichte und nicht zuletzt auch Philosophiegeschichte. Besonders deutlich ist diese Tendenz in der Entwicklung der Geschichtswissenschaft in der ›historischen Schule‹. Sie hat die Deutung historischer Ereignisse auf die Untersuchung des je spezifischen historischen Kontextes mit seinen je eigenen Regularitäten und Besonderheiten zurückgeführt. Das ist gegen ein idealistisches Geschichtsverständnis gerichtet, das einzelne Ereignisse tendenziell in die Perspektive gesetzmäßig fortschreitender Universalgeschichte stellt. Das Ziel eines methodisch angeleiteten Verstehens der historischen Vorgänge ist für die historische Schule durch das wissenschaftlich abgesicherte Studium der historischen Einzelheiten zu erreichen. Die Entwicklung der methodischen Quellensicherung und Quellenkritik, die erstmals Barthold Georg Niebuhr (1776–1831) in seiner *Römischen Geschichte* (1812–32) angewandt hatte, ist davon die Folge. Dass die Geschichte als erfahrungswissenschaftliche Disziplin anzulegen sei, hat der Historiker Leopold von Ranke (1795–1886) in dem berühmten und programmatischen Anspruch ausgedrückt, sie habe zu zeigen, »wie es eigentlich gewesen«. Johann Gustav Droysen (1808–1884) hat mit seinem *Grundriß der Historik* (1858) den ersten umfassenden methodischen Kanon der Geschichtswissenschaft geliefert. Ein wichtiges späteres Dokument des geschichtswissenschaftlichen Historismus sind die Vorlesungen, die der Basler Kunsthistoriker Jacob Burckhardt (1818–1897) über das Studium der Geschichte gehalten hat (aus dem Nachlass 1905 als *Weltgeschichtliche Betrachtungen* veröffentlicht).

Von herausragender Bedeutung für die Entwicklung des Historismus als eigenständige philosophische Position ist Dilthey gewesen. Im Mittelpunkt seiner Schriften steht die Bemühung um eine historische und systematische Grundlegung der Geisteswissenschaften, die vor allem in der *Einleitung in die Geisteswissenschaften* (1. Band 1883) und im Spätwerk *Der Aufbau der geschichtlichen Welt in den Geisteswissenschaften* (1910) ihren Niederschlag findet. Im Zentrum von Diltheys Konzeption steht die →Hermeneutik des Zusammenhangs von Erleben, Ausdruck und →Verstehen, der auf der umfassenden Grundlage des →Lebens insgesamt beschrieben wird. Das Resultat ist bei Dilthey eine so genannte *Kritik der historischen Vernunft*, die in den Vernunftbegriff die zeitlichen und handlungsabhängigen Bedingungen der Veränderlichkeit und →Endlichkeit des menschlichen Erkennens aufnimmt. Vernunft kann nie in einer absoluten Geistphilosophie zeitlos gültig zum Thema der Philosophie werden, sie muss vielmehr historisch situiert in ihren jeweiligen Kontexten beschrieben werden. Absolute Geltungsansprüche werden zurückgewiesen, weil alle kulturellen Phänomene historisch bedingt, also von kontingenten Zeitumständen abhängig und daher variabel sind. Das ist der Kern von Diltheys philosophischem Historismus, der für die Entwicklung der Hermeneutik im 20. Jh. (→Heidegger, →Gadamer, Blumenberg) bestimmend gewesen ist.

Das 19. Jh. ist von den fortschreitenden Erfolgen in Naturwissenschaft und Technik in besonderer Weise geprägt. Einer der frühesten und zugleich radikalsten Versuche, die Philosophie dem Erkenntnisideal der Naturwissenschaft anzupassen, ist der so genannte Positivismus gewesen, der auf Comte zurückgeht. Comte hat in seinem *Système de politique positive* (1825) das berühmte Drei-Stadien-Gesetz formuliert. Demzufolge verläuft die intellektuelle und soziale Entwicklung der Menschheit in den drei Stadien von Theologie, Metaphysik und Wissenschaft. Das Stadium der Wissenschaft ist das intellektuell eigentlich reife Stadium. Auf der Grundlage von empirischer Forschung und logischem Denken sollte das Wissen metaphysikfrei reorganisiert werden und das allgemeine Wohl der Menschheit herbeiführen. Comte hat die naturwissenschaftliche Methode insbesondere auf die Theorie der Gesellschaft angewandt, die er als soziale Physik entwickelt. Darin ist ihm im späten 19. Jh. der Gründungsvater der modernen Soziologie, Emile Durkheim (1858–1917), mit der Lehre von den sozialen Tatsachen gefolgt, die den intersubjektiven Bereich der Gesellschaft durch empirisch messbare Fakten kausal und ohne Zuhilfenahme innerer oder psychologischer Handlungsmotive erklären will. Eine besonders konsequente Übernahme des Positivismus liegt im umfangreichen Werk von Hippolyte Taine (1828–1893) vor, der den Versuch unternommen hat, auch die Gegenstände der (später so bezeichneten) Geistes- und Kulturwissenschaften, also etwa Geschichte, Kunst und Literatur, auf streng naturwissenschaftlich-kausaler Grundlage zu erklären. Eine Verbindung des klassischen englischen Empirismus mit der positivistischen Philosophie Comtes hat →Mill versucht (*A System of Logic*, 1843).

Auf der anderen Seite sind die Schriften der exakten Wissenschaftler selbst zunehmend Teil der philosophischen Erkenntnistheorie geworden. Charles Darwin (1809–1882) hat mit der Theorie der Evolution die biologischen Wissenschaften revolutioniert (*On the Origin of Species by Means of Natural Selection*, 1859) und eine breite Rezeption in Gang gesetzt. Unter den Physikern mit philosophischer Wirkung sind Hermann Helmholtz (1821–1894; *Die Tatsachen in der Wahrnehmung: Zählen und Messen, erkenntnistheoretisch betrachtet,* 1879) und Heinrich Hertz (1857–1894; *Prinzipien der Mechanik,* 1894) zu nennen, die selbst erkenntnistheoretische Schriften veröffentlicht haben. Hinzu kommt die rasche Entwicklung der Mathematik im 19. Jh., die für die Philosophie ebenfalls von erkenntnistheoretischer Relevanz gewesen ist. Hervorzuheben sind vor allem Georg Cantor (1845–1918) mit der Entwicklung der Mengenlehre, Richard Dedekind (1831–1916) als Begründer der modernen Algebra und David Hilbert (1862–1943) mit seinen Forschungen über die axiomatischen Grundlagen der Geometrie und der reellen Zahlen.

Von Grundlagenproblemen der Mathematik war ursprünglich auch Frege ausgegangen. Probleme der Zahlentheorie und der groß angelegte Versuch, die gesamte Arithmetik aus der Logik abzuleiten, führten Frege zu einer radikalen Neukonstruktion der Logik auf mathematischer Grundlage (*Grundlagen der Arithmetik,* 1884; *Grundgesetze der Arithmetik,* 1893–1903). Sie gilt als der eigentliche Bruch mit der bis dahin vorherrschenden klassisch-aristotelischen Logik. Von Freges logischer Grundlagenforschung geht die gesamte neuere Logik aus. Frege ist auch der Erste, der ein umfassendes formales Zeichensystem für die Logik und die Entwicklung logischer Kalküle entworfen hat (*Begriffsschrift,* 1879). Von höchster Bedeutung sind die Folgerungen, die Freges logische Untersuchungen für die Philosophie der Sprache und die Theorie der Bedeutung sprachlicher Ausdrücke enthalten. Die berühmte Unterscheidung von Sinn und Bedeutung gehört dazu ebenso wie die grundsätzliche Klärung dessen, wie zum Beispiel Namen, Begriffe, Sätze und Urteile aufzufassen sind. Freges Überlegungen zur Sprache, die in wenigen, zumeist knappen Aufsätzen zusammengefasst sind, sind zum Ursprung der sprachanalytischen Philosophie geworden und haben damit eine der einflussreichsten Richtungen der Philosophie des 20. Jhs. in Gang gesetzt.

Bezeichnend für die Wissenschaftsbezogenheit der Epoche ist die breite Strömung des so genannten →Neukantianismus gewesen, der das gesamte spätere 19. Jh. thematisch und wissenschaftspolitisch beherrscht hat und der erst mit dem ersten Weltkrieg erkennbar an Einfluss verloren hat. Otto Liebmann (1840–1912) hatte der Bewegung 1865 in seinem Buch *Kant und die Epigonen* eine sinnfällige Parole gegeben, indem er am Ende jedes einzelnen Kapitels refrainartig den Satz wiederholte: »Es muss auf Kant zurückgegangen werden!« Dahinter stand der Gedanke, dass die philosophische Reflexion angesichts des wissenschaftlich-technischen Fortschritts einer brauchbaren Erkenntnistheorie bedarf, die man in der kantischen Philosophie (in Abgrenzung zum Idealismus) gefunden zu haben glaubte.

Ein Zentrum des Neukantianismus war Marburg. Mit Cohen und Natorp ist der Name der →Marburger Schule verbunden. Cohen hat Kants theoretische Philosophie als eine Theorie der wissenschaftlichen Erfahrung gelesen (*Kants Theorie der Erfahrung,* 1871, weitere Auflagen 1885 und 1918). Die von Cohen entwickelte transzendentale Methode untersucht am ›Faktum der Wissenschaft‹ die formalen Bedingungen wissenschaftlicher Erfahrung durch eine Reflexion auf die Geltungsbedingungen wissenschaftlicher Sätze. Diese Untersuchung hat in Bezug auf die Wissenschaft eine beschreibend-explikative Funktion, ohne sie im strengen Sinn begründen zu wollen. Das Resultat ist eine transzendentale Kategorienlehre, die sich im entscheidenden Unterschied zu Kant als historisch wandelbar begreift, insofern auch die Naturwissenschaft selbst ständigem Fortschritt unterliegt (*Logik der reinen Erkenntnis,* 1902, weitere Auflagen 1914 und 1922). Natorp hat die Erkenntnistheorie Cohens fortgeführt (*Die logischen Grundlagen der exakten Wissenschaften,* 1910) und hat neben bedeutenden philosophiehistorischen (*Platos Ideenlehre,* 1903) und pädagogischen Schriften dann vor allem mit seiner *Allgemeinen Psychologie* (1912) die Grundlagen einer transzendental-logischen Bewusstseinslehre geliefert. Parallel zur Theorie naturwissenschaftlicher Erkenntnis haben Cohen und Natorp auch eine allgemeine Kulturtheorie auf moralphilosophischer Grundlage geliefert. Sie überträgt die transzendentale Methode auf Ethik, Ästhetik, Geschichts- und Religionsphilosophie.

In der so genannten süddeutschen Schule des Neukantianismus, mit Zentren in Freiburg und

Heidelberg, ist das Problem der methodologischen Unterscheidung von Naturwissenschaften und Geisteswissenschaften bestimmend gewesen, die Windelband erstmals formuliert hat. Rickert hat sie in seinem wissenschaftstheoretischen Hauptwerk *Die Grenzen der naturwissenschaftlichen Begriffsbildung* (1896/1902, viele weitere Auflagen) ausgebaut. Einflussreich ist Rickerts Konzeption eines Systems von Werten gewesen, das den Bereich praktischer Orientierung begrifflich erfassen soll und damit die Grundlage der Kulturphilosophie bildet. Während die Naturwissenschaften empirische Phänomene durch die Unterordnung unter Naturgesetze zu erklären suchen (nomothetische, d.h. auf das Gesetz bezogene Methode), beziehen die Geisteswissenschaften das historisch einzelne Vorkommnis auf die Kulturwerte und geben ihm damit innerhalb der Vielfalt der Ereignisse den Charakter eines Gegenstandes der Kultur (idiographische, d.h. auf das Einzelne bezogene Methode). Das Resultat ist bei Rickert eine umgreifende Kulturphilosophie in der Form einer Theorie verschiedener Wert- und Geltungssphären.

Der bedeutendste Vermittler des Neukantianismus in die Philosophie des 20. Jhs. ist →Cassirer, Marburger Schüler von Cohen und Natorp, gewesen. Cassirer ist zunächst mit systematischen Untersuchungen zur Begriffsbildung in Mathematik und Naturwissenschaften (*Substanzbegriff und Funktionsbegriff*⇐ 1910) und mit einer umfangreichen Problemgeschichte der neuzeitlichen Philosophie hervorgetreten (*Das Erkenntnisproblem in der Philosophie und Wissenschaft der neueren Zeit*, 1906–1957). Seine eigenständige Position hat sich dann als so genannte Symbolphilosophie in der dreibändigen *Philosophie der symbolischen Formen* (1923–29) artikuliert. Cassirer interpretiert hier die Vielfalt intersubjektiv geteilter Erfahrungswelten auf der Grundlage je eigener ›symbolisch‹, d.h. im weitesten Sinne sprachlich verfasster Weisen des Weltverstehens, wie sie etwa in Kunst, Mythos, Religion, Alltagssprache, aber auch in der Wissenschaft vorliegen. Cassirers kulturphilosophische Bemühung, die Vielfalt der modernen Erfahrungswelten durch die systematische Einheit der symbolischen Formen auf den Begriff zu bringen, hat als einer der bedeutenden philosophischen Entwürfe des 20. Jhs. neuerdings wieder Beachtung gefunden.

W. Hogrebe, Deutsche Philosophie im 19. Jh. Kritik der idealistischen Vernunft, München 1987

K. Ch. Köhnke, Entstehung und Aufstieg des Neukantianismus. Die deutsche Universitätsphilosophie zwischen Idealismus und Positivismus, Frankfurt/M. 1986

K. Löwith, Von Hegel zu Nietzsche. Der revolutionäre Bruch im Denken des 19. Jhs., (1941) Hamburg 1995

H. Schnädelbach, Philosophie in Deutschland 1831–1933, Frankfurt/M. 1983

G. K.

Gegenwart – Zwanzigstes Jahrhundert Die Philosophie der Gegenwart ist von Entwicklungen und Traditionen geprägt, die das soeben zu Ende gegangene Jahrhundert bestimmt haben. Das 20. Jh. gilt allgemein als eine Epoche der Krisen und Totalitarismen. Politisch markiert der Ausbruch des Ersten Weltkriegs den Beginn eines neuen Zeitalters; doch manifestiert sich in diesem Ereignis die allgemeine kulturelle Krisensituation, die schon im 19. Jh. einerseits durch die von →Marx, →Kierkegaard und →Nietzsche verbreiteten geistigen Traditionsbrüche, andererseits durch die Fortschritte in Wissenschaft, Wirtschaft und Technik heraufbeschworen wurde. Die Bemühungen zu Beginn des 20. Jhs., diese Herausforderungen zu bewältigen, führten zu Entstehung neuer philosophischer Traditionen besonders in Deutschland. In der →Phänomenologie erfolgte der letzte groß angelegte Versuch einer Letztbegründung der Philosophie sowie eine Zurückweisung der naturalistischen Ansprüche des →Positivismus, der die Philosophie als ein durch Naturwissenschaft und Gesellschaftstheorie überwundenes Zwischenstadium abqualifizierte. Unterstützung fanden die Angriffe der Phänomenologie gegen den Positivismus durch die neue →Hermeneutik mit ihren lebensphilosophischen Antithesen und durch den →Neukantianismus, dessen Transzendentalismus nicht nur die Grundlagen und Grenzen der Wissenschaften problematisierte, sondern zugleich fast alle bedeutenden Philosophen der ersten Jahrhunderthälfte beeinflusste.

In →Heideggers *Sein und Zeit* (1927) wurden die genannten Traditionen gebündelt und in einer neuen Sichtweise überstiegen. Heidegger fragte nach dem Sinn von Phänomenalität, nach dem Subjekt der Transzendentalität und nach der daseinsanalytischen Fundierung des Verstehens. →Verstehen wurde zur Seinsart des →Daseins. An die Stelle der Bewusstseinsanalysen traten Daseinsanalysen, das transzendentale Ich →Husserls wich dem endlichen Dasein in der Zeit und die ewig gleichen Wesenheiten lösten sich im Wirbel der →Geschichtlichkeit auf. Heideggers »Kehre«, die Anfang der dreißiger Jahre vollzogen wurde, ließ alle Aspekte der Subjektivität hinter sich und erhob die Erfahrung des Unverfügbaren zur zentralen Thematik. In seiner Metaphysikkritik propagierte Heidegger eine völlig neue, der Endlichkeit und Zeitlichkeit verpflichtete Denkweise, die jede Letztbegründung ad absurdum führte und der darin zum Ausdruck kommenden philosophischen Selbstermächtigung ein seinsbezogenes Ereignis an die Seite stellt. Heidegger diagnostizierte den totalitären Charakter der gesamten abendländischen Kultur als schicksalhafte Folge des seinsvergessenen Denkens. Seine Kulturkritik gab den zahlreichen wissenschafts- und technikfeindlichen Tendenzen der zweiten Jahrhunderthälfte ein philosophisches Fundament.

Parallel zu diesen neuen, in der seinsgeschichtlichen Metaphysikkritik gipfelnden Traditionen auf dem Kontinent entstand im angelsächsischen Sprachbereich die so genannte →analytische Philosophie, die zunächst mit Hilfe von →Logik und Sprachanalyse die Grundlagenkrisen in Mathematik und Physik zu überwinden versuchte, dann aber ihre stark an Naturwissenschaft und *common sense* orientierte Methode auch für die gesamte Philosophie fruchtbar machte. Hier wurde also der entgegengesetzte Weg eingeschlagen, indem man →Wissenschaft und →Leben philosophisch zu versöhnen suchte. Die Bedrohungen in einer verwissenschaftlichten Welt wurden nicht als ›Seinsgeschick‹, sondern als Herausforderung aufgefasst, die der Analyse und aktiven Gegensteuerung bedurfte. Man entwickelte ein neues Verhältnis zur →Sprache und erkannte die Mängel des alten Positivismus. Besonders im →Neupositivismus des →Wiener Kreises (Schlick, Neurath, →Carnap) und in der durch die deutschen Emigranten der dreißiger Jahre befruchteten amerikanischen Philosophie (→Quine) trat der →Empirismus mit einem neuen Selbstbewusstsein auf, indem er Logik und Sprachanalyse für seine Zwecke einsetzte.

Doch →Wittgenstein, der schon im *Tractatus* die Selbstwidersprüchlichkeit des nur auf Logik und Naturwissenschaft beschränkten Denkens erkannt hatte, ging in seiner Spätphilosophie über alle analytischen Schulbildungen hinaus. Er postulierte Sprache als kommunikativ fundierte Grundkategorie der gesamten Wirklichkeit und entwickelte daraus eine in Lebensformen verankerte →Sprachspiel-Konzeption, die es ermöglichte, philosophische Fragen durch Klärung von sprachlichen Verirrungen zum Verschwinden zu bringen. In der »Kehre« Heideggers und in der »sprachlichen Wende« Wittgensteins trat die ursprüngliche, kritische Grundtendenz modernen Philosophierens wieder zutage, die eine Zeit lang hinter der Beschäftigung mit Einzelanalysen in hermeneutischem beziehungsweise analytischem Geiste verborgen geblieben war.

In der Zeit nach dem Zweiten Weltkrieg vollzogen sich eine Reihe weiterer kritischer Modifikationen und Wenden, die ähnliche Auflösungserscheinungen signalisierten und die Existenzberechtigung der Philosophie als solche in Frage stellten. Nach den Katastrophen der nationalsozialistischen und stalinistischen Totalitarismen stellte sich die Frage nach den geistigen und gesellschaftlichen Voraussetzungen, die ein solches Unheil ermöglicht hatten. Die Philosophie entdeckte die →Gesellschaft als Fundamentalkategorie und die Gesellschaftstheorie übernahm die Rolle einer ›ersten Philosophie‹. In der kritischen Theorie der Frankfurter Schule, die nach dem gewachsenen Einfluss marxistischer Gedanken schon in den dreißiger Jahren die treibenden Kräfte innerhalb ›der kapitalistischen Gesellschaft‹ analysiert hatte, erfolgte eine Wende von der Philosophie zur Soziologie. In ihr verstärkte sich die Kritik an der bürgerlichen Kultur, wie sie auf völlig andere Weise schon in Spenglers *Untergang des Abendlandes* (1918) ihren ersten Ausdruck gefunden hatte. In der so genannten negativen Dialektik (→Adorno) wurden die sich widersprechenden Elemente der Aufklärung (→A Neuzeit – Aufklärung) illusionslos aufgedeckt und insbesondere die Tendenz der aufgeklärten Vernunft zu Gewalt und Unterdrückung an den Pranger gestellt. →Habermas und Apel transformierten diese resignative →Dialektik in eine Theorie des kommunikativen Handelns und des vernünftigen Gesprächs.

Eine besonders intensive Reaktion auf die geistigen Verwerfungen führte zur totalen Abwendung von der Vernunft durch die Verbreitung existenzphilosophischer Entwürfe. In der →Existenzphilosophie, die sich nach dem Ersten Weltkrieg in Deutschland und später vor allem in Frankreich ausbreitete, finden sich Analysen zur Grundstimmung des modernen Menschen. Die Suche nach Kompromissen in bedrohlichen Überlebenssituationen bewirkte in der ›pragmatischen Wende‹ schließlich eine Selbstbescheidung der Philosophie. Nach der Dialektik der Aufklärung, nach der Verflüchtigung des Letztbegründungs-Gedankens in das Postulat der idealen Kommunikationsgemeinschaft und nach der Sprachlosigkeit der existenziellen Denker blieb als einzige Möglichkeit der »Abschied vom Prinzipiellen« (Marquard). Unter Rückgriff auf den amerikanischen Pragmatismus und durch die Einbeziehung analytischer und konstruktivistischer Anregungen etablierten sich praktische und medizinische →Ethiken, Philosophien der Ökonomie und Formen der →Technikphilosophie. Die Suche nach Leitlinien des Handelns zur aktuellen Daseinsbewältigung im weitesten anthropologischen und sozialen Sinne trat an die Stelle der Systematisierung objektiver Wahrheiten in einer *philosophia perennis*.

Am Ende des 20. Jhs. stehen wir vor einer Überfülle von Themen, Einzeluntersuchungen und Disziplinen, die sich als philosophische Beiträge präsentieren. Neben umfangreichen Untersuchungen zur Philosophiegeschichte und zur Interpretation klassischer Texte lassen sich zwei weitere Tendenzen aufzeigen: zum einen die postmodernen Bemühungen, die Pluralität positiv und als Chance für eine neue philosophische Konzeption zu deuten, zum anderen die naturalistischen Betrachtungsweisen, die durch die Verwissenschaftlichung unserer Existenz rigoros vorangetrieben wurden.

Die Beschäftigung mit der Philosophiegeschichte hat in Deutschland, Italien und Frankreich eine lange Tradition und wurde neuerdings in →Gadamers These von der Philosophie als Horizontverschmelzung des Selbstverständnisses mit dem Vorverständnis philosophischer Klassiker neu artikuliert. Philosophie beginnt danach weder beim Nullpunkt selbstevidenter Subjektivität noch durch wissenschaftliche Kontrolle reflexiver Prozesse, sondern realisiert sich im immer wieder neu geführten Gespräch mit den klassischen Denkern und damit durch die Einordnung in den großen Traditionszusammenhang. Zahlreiche Impulse zur Analyse der geschichtlichen Entwicklungslinien hin zur Gegenwart gingen von Ritter und seinen Schülern aus. Unter Betonung der Bedeutsamkeit der Geschichtlichkeit stellt sich Ritter gegen die mystifizierende Eigentlichkeit existenzphilosophischer Entscheidungen und verweist auf die Bedeutung der Institutionen des Rechts und der Sitten für die Konkretion menschlichen Daseins. Der Mensch braucht objektive Zusammenhänge als Bedingung für ein verantwortungsvolles Leben in der Gesellschaft. Dazu liefert die praktische Philosophie des Aristoteles zahlreiches Material. Aber dieser Rückgriff wird für Ritter nur dann fruchtbar, wenn er durch das hegelsche Freiheitsprinzip ergänzt wird. In diesem erhebt der Mensch die →Freiheit seines Denkens, seines Handelns und seiner Religion zur autonomen Instanz seiner Subjektivität. So verbinden sich in dieser Auffassung die historische Forschung mit dem systematischen Entwurf und die Tradition mit der Aufklärung. Bei Lübbe richtet sich das Geschichtsdenken gegen Zivilisationskritik, Wissenschaftsfeindlichkeit und Untergangsprophetien, aber auch gegen Utopien, wie sie im Marxismus und in der Idee vom voll emanzipierten Diskursobjekt (Habermas) vorzufinden sind. Seine Bemühungen zielen auf die Erhaltung des Bewährten in Politik und Gesellschaft, wozu er Liberalität, →Menschenrechte, freie Marktwirtschaft und die Institutionen der Demokratie zählt. Philosophie ist nicht dazu da, die Wirklichkeit zu beschreiben, was die Wissenschaften besser können, oder gar das Glück der Menschen zu verwirklichen, sondern ihre Aufgabe besteht in der Lösung von Orientierungskrisen. Spaemann relativiert die Geschichtsinterpretation insofern, als er aus den Werken der Großen – das sind für ihn vor allem →Platon, Aristoteles, Augustinus und →Thomas von Aquin – zeitlose Antworten herausliest, die auch für die ethischen Herausforderungen unserer Tage von Bedeutung sind. Der Idee einer metaphysikfreien Ethik (Patzig) stellt er die These entgegen, dass es keine Ethik ohne →Metaphysik geben kann, die ihrerseits die Quellen in einem transzendierenden →Unbedingten hat. Davon zeugen nach Spaemann die →Teleologie alles Seienden, die durch →Kommunikation bedingte Struktur des ethischen Subjekts und dessen unabdingbare Würde.

Aber auch andere Denker versuchen, durch historische Untersuchungen einiges vom Erfahrungsschatz der vergangenen zwei Jahrtausende zu heben und durch Neuinterpretation mit der →Lebenswelt der Moderne in Einklang zu bringen. Blumenberg beispielsweise widmet viele Analysen den Epochenumbrüchen und hier besonders ausführlich dem Übergang zur Neuzeit. Unter Verwendung zahlreicher Metaphern, die unsere Existenz prägen, beschreibt er das Denken der Neuzeit als ateleologischen Selbsterhaltungsprozess. Der neuzeitliche Mensch fragt nicht mehr demütig nach der vorgegebenen Seinsordnung, sondern bemüht sich selbstbewusst um die ›Herstellbarkeit der Phänomene‹, das heißt um dasjenige, was er zu konstruieren und als Norm zu entwerfen vermag. Blumenberg stellt zahlreiche gängige Thesen über die Neuzeit in Frage, wie beispielsweise deren Interpretation als Ergebnis einer Säkularisierung christlicher Bestände oder die Deutung des Fortschritts als Folge eschatologischen Denkens.

Zusammenfassend lässt sich sagen, dass die Versuche, aus der geschichtlichen Entwicklung und aus den Gedankengebäuden der »großen Philosophen« (Jaspers) bedeutsame Hinweise zum Verständnis menschlicher Daseinsverhältnisse zu gewinnen, in vielen Fällen nicht nur zu Skepsis und kritischer Distanz führten. Sie sind in ihren Ergebnissen so vielfältig und kontrovers, dass man von einer »neuen Unübersichtlichkeit« (Habermas) sprechen kann. Da die Inkommensurabilität der Anschauungen durch die Aufwertung der Geschichtlichkeit und die damit verbundenen Relativierungen unübersehbar ist, versuchte die philosophische Postmoderne die Pluralität der Konzeptionen als Fortschritt zu deuten. Dabei ist zu beachten, dass die Vielzahl der Artikulationen nicht nur die verschiedenen Richtungen und Standpunkte innerhalb der klassischen Themen der Philosophie betrifft, sondern auch völlig neue Betätigungsfelder erschlossen wurden. Neben der Problematisierung der eigenen →Kultur finden wir Theorien über multikulturelle Denkweisen, zur neu entstandenen feministischen Philosophie tritt eine Kinderphilosophie, durch die enormen Ausbreitungsmöglichkeiten der modernen Kommunikationsmittel etabliert sich eine Medienphilosophie und in philosophischen Praxen übernimmt die Philosophie allgemeinbildende und therapeutische Funktionen für Manager, sozial Engagierte und Hilfesuchende.

Die →Postmoderne als philosophisches Konzept bezieht sich im Allgemeinen auf die eigene philosophische Tradition, die bisher von den Klassikern beherrscht wurde. Obwohl das Wort Postmoderne die Bedeutung ›nach der Moderne‹ enthält, werden dort durchaus auch Wesenszüge der Moderne bewahrt, sodass Welsch von »unserer postmodernen Moderne« sprechen kann. Die Postmoderne hält an der autonomen Emanzipation der Menschen in das Reich der Freiheit und an der Beschränkung auf das endliche →Sein fest. Als überwunden dagegen gelten die Harmonisierungen und Fortschrittsideen in Wissenschaft und Gesellschaft, die seit Auschwitz und Hiroshima jeden Sinn verloren haben. Der Kampf richtet sich vor allem gegen die »Meisterdenker« (Glucksmann), deren Gedanken als geistige Totalitarismen gedeutet werden, welche den politischen Gewaltherrschaften den Weg geebnet haben. Die Philosophie der →Prinzipien und Letztbegründungen, der →Systeme und ›großen Geschichten‹, wie wir sie in Aufklärung, →Idealismus, Phänomenologie, neomarxistischer Dialektik und in modernen Kommunikations- und →Systemtheorien vorfinden, wird in eine Philosophie der ›kleinen Geschichten‹ oder in eine »narrative Philosophie« (Rorty) verwandelt. An die Stelle der philosophischen Architektonik der →Vernunft treten kurzlebige Skizzen zur Realisierung des glücklichen Lebens, in denen sich die Konfrontationen der Prinzipien auflösen. Freiheit, Originalität, Vitalität und Auffälligkeit sind die Kriterien, die trotz Pluralität, Diskontinuität, Widerstreit und Ambivalenz eine neue Lebensform ermöglichen sollen.

Da jede Lebensform einen Rahmen fester Überzeugungen voraussetzt, scheint sich hinter der neuen Konzeption nur eine Variante des aufgeklärten →Skeptizismus zu verbergen, der ohne Festlegungen existieren zu können glaubt. Kein Wunder, dass sich in diesem Umfeld die Auflösung der Philosophie verstärkte. Kulturkritiker, Publizisten, Journalisten, Kunstkritiker, Künstler, Regisseure und Talkmaster fühlen sich kompetent, auf Fragen Antworten zu geben, um die sich einst Philosophen bemühten. Eben diese Entwicklung bedingte in Frankreich, der Hochburg der Postmoderne (→Derrida, Lyotard, Lacan, Barthes, Baudrillard), einen Gesinnungswandel. Die Szene wird nicht mehr von pauschalen Verdächtigungen beherrscht, in denen ein falsches, von der Vernunft verführtes totalitäres Bewusstsein entlarvt wird, sondern man bemüht sich in konkreten Analysen der menschlichen Verhaltensweisen um eine Neuorientierung, welche die Klassiker wieder ernst nimmt und dem Diskurs um ein Ende der Philosophie entgegenwirkt.

Eine gewichtige Stimme gegen Skeptizismus, Relativismus und pluralistische Unbestimmtheit ganz anderer Provenienz erheben zahlreiche Denker, die von der fundamentalen Bedeutung der modernen Naturwissenschaften überzeugt sind und jene Fragen im Sinne eines philosophischen Naturalismus zu beantworten suchen. Die Geschichte der Philosophie zeigt, dass sich immer mehr Teilgebiete zu wissenschaftlichen Einzeldisziplinen verselbstständigt haben, sodass Russell die Philosophie geradezu als Restbestand der von den Wissenschaften noch nicht bearbeiteten Bereiche betrachtete. Sogar die innerhalb der analytischen Philosophie verbreitete Interpretation der Philosophie als wissenschaftstheoretische Metatheorie verlor nach der Emanzipation der →Logik, Grundlagenmathematik, →Semantik und neuerdings der physikalischen →Kosmologie ihren Gegenstand. So verbreitete sich im Laufe der Zeit die naturalistische Denkweise, in der die philosophischen Probleme innerhalb des naturwissenschaftlichen Naturkonzepts behandelt werden. Dabei verwischen sich die Grenzen zwischen Philosophie und Wissenschaft (Quine), und die philosophische Kompetenz wird nicht mehr ausschließlich der Physik, sondern vor allem der Biologie und Informationswissenschaft übertragen.

Eine herausragende Rolle in dieser Entwicklung kommt der *Philosophy of Mind* zu, in der man die geistigen Phänomene wie →Intentionalität, →Bewusstsein, Willensfreiheit u. ä. zunächst sprachanalytisch zu klären versuchte (Chisholm, Nagel, Davidson, Dennett, Sellars), um zu verstehen, welche Fragestellungen überhaupt sinnvoll sind. Inzwischen ist in vielen Fällen an die Stelle der begrifflichen und logischen Fragen der Versuch getreten, eben jene Phänomene auf der Grundlage der physikalischen und neurobiologischen Wissenschaften als Teile des Naturgeschehens zu erklären. Dabei wird aus erkenntnistheoretischen Gründen eine physikalische einheitliche Trägersubstanz postuliert, andererseits aber auf Grund der Ergebnisse der →Chaostheorie Pluralität in den emergenten Ausprägungen verschiedener Seinsschichten zugestanden. Der zugrunde liegende holistische Naturbegriff erinnert durch die Annahme von emergenten und selbstorganisatorischen Prozessen zwar an organismische Naturkonzepte (→Schelling, V. von Weizsäcker), wird in der Praxis aber meistens einem rigiden →Materialismus und →Reduktionismus unterworfen. Die naturgesetzlichen Prozesse können danach zwar nicht mehr durchgängig vorausberechnet werden, bleiben aber dennoch determiniert. Freiheit, moralisches und partnerschaftliches Verhalten der Menschen, seine Emotionalität und Leiblichkeit, ja der Umgang mit der Natur selbst scheinen einer naturbedingten Eigendynamik unterworfen zu sein.

Diese durch Grenzüberschreitungen heraufbeschworene naturalistische Radikalisierung der Verfügungsgewalt über die Natur erfährt in der Gegenwart ihre absolute Krönung, indem sich die Menschheit anschickt, sich mit Hilfe von Genveränderungen selbst zu konstruieren. So steht die Gegenwartsphilosophie vor der Aufgabe, diesen eindeutigen und durch relativierende Betrachtungsweisen nicht wegzuinterpretierenden Herausforderungen zu begegnen. Ob ihr die Bewältigung durch pragmatische Kompromisse oder doch nur durch den Rückgriff auf bestimmte Elemente der ›großen Erzählungen‹ – sei es humaner, ökologischer oder gar transzendenter Art – gelingt, ist eine offene Frage.

A. Hügli / P. Lübcke (Hg.), Philosophie im 20. Jh., 2 Bde., Reinbek 1992

E. Nordhofen (Hg.), Physiognomien. Philosophen des 20. Jhs. in Porträts, Königstein 1980

H. Schnädelbach, Philosophie in Deutschland 1831–1933, Frankfurt/M. 1983

W. Stegmüller, Hauptströmungen der Gegenwartsphilosophie, 4 Bde., Stuttgart 1960 ff.

K. Wuchterl, Bausteine zu einer Geschichte der Philosophie des 20. Jahrhunderts, Basel / Stuttgart / Wien 1995

K. W.

B Denker

1. Alphabetisches Philosophenverzeichnis

Abaelard (1079–1142): Französischer Frühscholastiker.

Abendroth, Wolfgang (1906–1985): Deutscher Sozialwissenschaftler marxistischer Prägung.

Acham, Karl (*1939): Deutscher Philosoph und Soziologe.

Adamantius Origenes →Origenes

Adelhard von Bath (1090–1160): Englischer Frühscholastiker.

Adler, Max (1873–1937): Österreichischer Marxist.

Adorno, Theodor W. (1903–1969): Deutscher Sozialphilosoph der Frankfurter Schule, →B, 2.

Aenesidemus (um 1. Jh. v. Chr.): Griechischer, spätantiker Philosoph der skeptischen Schule des Hellenismus.

Agrippa von Nettesheim (1486–1535): Deutscher Philosoph, Arzt und Schriftsteller, der Neuplatonismus, Okkultismus, Alchemie und Astrologie miteinander verband.

Albert der Große →Albertus Magnus

Albert von Sachsen (1316–1390): Deutscher spätscholastischer Denker des Nominalismus.

Albert, Hans (*1921): Deutscher Philosoph des kritischen Rationalismus.

Albert, Karl (*1921): Deutscher Philosoph, Denker im Umkreis des Existenzialismus.

Albertus Magnus (um 1200–1280): Albert der Große, deutscher Dominikaner der Hochscholastik.

Alembert →D'Alembert, Jean le Rond

Alexander von Aphrodisias (um 200 n. Chr.): Bedeutender griechischer Kommentator der Werke des Aristoteles.

Alfarabi (um 870–950): Auch al-Farabi, arabisch-islamischer Philosoph aus Turkestan, bedeutender Kommentator der platonischen und aristotelischen Philosophie.

Alkmaion (um 520 v. Chr.): Griechischer Philosoph der älteren pythagoreischen Schule.

Alkuin (um 730–804): Englischer Frühscholastiker, Lehrer und Freund Karls des Großen.

Althus(ius), Johannes (1557–1638): Deutscher Rechts- und Staatsphilosoph der Renaissance.

Althusser, Louis (1918–1990): Französischer Denker des Strukturalismus, Neumarxist.

Amalrich von Bène († 1206): Französischer Mystiker und Frühscholastiker.

Ambrosius von Mailand (340-397): Deutscher christlicher Ethiker, einer der Kirchenväter.

Ammonios Sakkas (um 175-242): Neuplatonischer griechischer Philosoph und Gründer der spätantiken hellenistischen Neueren Akademie, einer Schule des Neuplatonismus.

Anaxagoras (um 500-428): Vorsokratischer griechischer Philosoph.

Anaxarch (um 380-323): Vorsokratischer griechischer Philosoph, Lehrer des Pyrrhon von Elis.

Anaximander von Milet (um 611-545): Vorsokratischer griechischer Philosoph der ionischen Naturphilosophie, →B, 2.

Anaximenes von Milet (um 580-525): Vorsokratischer griechischer Philosoph der ionischen Naturphilosophie.

Anders, Günther (1902-1992): Deutscher Denker der Kulturkritik.

Andronikos (-us) von Rhodos (1. Jh. v. Chr.): Griechischer Philosoph, erstellte eine Gesamtausgabe der Werke des Aristoteles (Corpus Aristotelicum).

Angelus Silesius (1624-1677): Johann Scheffler, deutscher Mystiker und Dichter.

Anselm von Canterbury (1034-1109): Italienischer Frühscholastiker, im Nominalismusstreit auf der Seite der Realisten.

Antiochos von Askalon (um 80 v. Chr.): Griechischer neuplatonischer Philosoph der spätantiken Neueren Akademie, einer platonischen Schule des Hellenismus.

Antiphon (480-411): Griechischer Denker der jüngeren Sophistik.

Antisthenes (um 444-368): Griechischer Philosoph und Gründer der Kyniker, einer sokratischen Philosophenschule im Hellenismus.

Apel, Karl Otto (*1922): Deutscher Philosoph einer transzendentalen Sprachpragmatik.

Apollonius von Tyana (um das Ende des 1. Jh. n. Chr.): Griechischer Philosoph, vertrat einen Kosmopolitismus.

Archytas von Tarent (um 400-365): Griechischer Philosoph der jüngeren pythagoreischen Schule.

Arendt, Hannah (1906-1975): Deutsche Sozialphilosophin und Denkerin der Politik.

Aristarchos von Samos (um 250 v. Chr.): Griechischer spätantiker Philosoph des jüngeren Peripatos, einer aristotelischen Schule des Hellenismus.

Aristipp(os) (um 435-355): Griechischer Philosoph der Kyrenaiker oder Hedoniker, einer sokratischen Schule.

Ariston von Chios (Lebensdaten unbekannt): Griechischer Philosoph der alten Stoa, Schüler des Zenon.

Aristoteles (384-322): Griechischer Philosoph, markiert gemeinsam mit Platon der Höhepunkt der klassischen griechischen Philosophie, →B, 2.

Aristoxenos von Tarent (um 350 v. Chr.): Griechischer Philosoph des älteren Peripatos, einer aristotelischen Schule des Hellenismus.

Arkesilaos (315-241): Griechischer Philosoph der spätantiken jüngeren Akademie, einer platonischen Schule des Hellenismus.

Arnauld, Antoine (1612-1694): Französischer Theologe von Port-Royal, Anhänger von Descartes und Pascal.

Arnold, Gottfried (1666-1714): Deutscher evangelischer Theologe, kritisierte den Abfall der Kirche vom Urchristentum.

Arouet, François Marie →Voltaire

Ast, Georg Anton Friedrich (1776-1841): Deutscher Philosoph und Philologe, beschäftigte sich mit Platon, Ästhetik und Hermeneutik.

Athenagoras (2. Hälfte 2. Jh. n. Chr.): Griechischer Philosoph der christlich-platonischen Schule, einer der Apologetischen Väter.

Augustin(us) (354-430): Römischer hellenistischer Philosoph und Theologe, einer der wichtigsten Kirchenväter, →B, 2.

Aurelius Augustinus →Augustinus

Austin, John L. (1911-1960): Englischer Philosoph der analytischen und Sprachphilosophie, entwickelte die Sprechakttheorie.

Averroës (1126-1198): Mohammed Ibn Ruschd, spanischer Philosoph des Hellenismus, in der aristotelischen Tradition stehend.

Avicenna (980-1037): Abu Ali al-Hussain Ibn Sina, persischer Philosoph des Hellenismus, in der aristotelischen Tradition stehend.

Ayer, Alfred Jules (*1910): Englischer Philosoph der analytischen Philosophie und Logiker.

Baader, Franz Xaver von (1765-1841): Vielseitiger deutscher Philosoph, der über soziale, ökonomische und politische Probleme nachdachte.

Babeuf, François Noël (1760-1797): Französischer Denker der Aufklärung, der Gesellschaft und der politischen Revolution.

Bachofen, Johann Jakob (1815-1887): Schweizer Rechts- und Religionshistoriker.

Bacon, Francis (1561-1626): Englischer Philosoph des Empirismus, der eine Verbindung von Wissenschaft und politisch-gesellschaftlichem Handeln suchte, →B, 2.

Bacon, Roger (1214-1294): Englischer Denker der Scholastik.

Baeumler, Alfred (1887-1968): Deutscher Philosoph, arbeitete an einem symbolischen Realismus und an einer Grundlegung des nationalsozialistischen Denkens.

Bakunin, Michail Alexandrowitsch (1814-1876): Russischer Denker der sozialen Revolution und des Anarchismus.

Barth, Karl (886-1968): Schweizer evangelischer Theologe.

Barthes, Roland (1915-1980): Französischer Denker des Strukturalismus.

Bataille, Georges (1897-1962): Französischer Denker zwischen Existenzialismus und Strukturalismus.

Baudrillard, Jean (*1929): Französischer Philosoph der Postmoderne.

Bauer, Bruno (1809-1882): Deutscher Philosoph, Junghegelianer und Religionskritiker.

Baumgarten, Alexander Gottlieb (1714-1762): Deutscher Philosoph und Begründer der modernen Ästhetik.

Baumgartner, Hans-Michael (1933-1999): Deutscher Philosoph, versuchte eine Erneuerung der Transzendentalphilosophie.

Bayle, Pierre (1647-1706): Französischer Philosoph der Aufklärung.

Beauvoir, Simone de (1908-1986): Französische philosophische Schriftstellerin im Umkreis des Existenzialimus und Feminismus.

Becher, Erich (1882-1929): Deutscher Philosoph des kritischen Realismus.

Beda Venerabilis (674-735): Englischer Philosoph, der das antike Denken auf die britische Insel brachte.

Benjamin, Walter (1892-1940): Deutscher Sozialphilosoph.

Bense, Max (1910-1990): Deutscher Philosoph der Technik und der Informationsästhetik.

Bentham, Jeremy (1748-1832): Englischer Moralphilosoph und Hauptvertreter des Utilitarismus.

Bergson, Henri Louis (1859–1941): Französischer Philosoph der Lebensphilosophie und der Zeit, →B, 2.

Berkeley, George (1685–1753): Englischer Philosoph des Empirismus, der die Außenwelt als abhängig von der Wahrnehmung und dem Denken interpretierte, →B, 2.

Bernhard von Clairveaux (1090–1153): Französischer Mystiker.

Berti, Enrico (*1935): Bedeutender italienischer Philosophiehistoriker, beschäftigt sich mit dem philosophischen Diskurs.

Birnbacher, Dieter (*1946): Deutscher Philosoph, beschäftigt sich hauptsächlich mit Fragen der Ethik, wie Naturethik, Gentechnik und Reproduktionsmedizin, auch mit Grundsatzfragen der Anthropologie.

Bloch, Ernst (1885–1977): Deutscher Sozialphilosoph des Neumarxismus.

Blondel, Maurice (1861–1949): Französischer Philosoph im Umkreis von Bergson.

Blumenberg, Hans (1920–1996): Deutscher Philosoph der Historiographie und Kulturphilosophie.

Boccaccio, Giovanni (1313–1378): Italienischer Dichter der Renaissance und des Humanismus.

Bodin(us), Jean (1530–1596): Französischer Rechts- und Staatsphilosoph der Renaissance.

Boethius (um 480–524): Anicius Manlius Torquatos Severinus, römischer, neuplatonischer Philosoph der spätantiken neueren Akademie, einer platonische Schule des Hellenismus.

Boëtius de Dacia (um 1230–1284): Schwedischer, averroïstischer Philosoph.

Böhme, Jakob (1575–1624): Deutscher Mystiker.

Bollnow, Otto Friedrich (1903–1953): Deutscher Philosoph der Anthropologie, Ethik und Erziehung.

Bolzano, Bernhard (1781–1848): Böhmischer Logiker und Mathematiker.

Bombast von Hohenheim →Paracelsus

Bonaventura (wohl 1221–1274): Giovanni di Fidenza, italienischer Frühscholastiker.

Bossuet, Jacques Bénigne (1627–1743): Französischer Theologe und Schriftsteller.

Boole, George (1815–1864): Englischer Mathematiker und Logiker.

Boyle, Robert (1627–1691): Englischer Chemiker und Logiker.

Bradley, Francis Herbert (1846–1924): Englischer Philosoph im Anschluss an Hegel.

Brentano, Franz (1838–1917): Deutscher Philosoph der deskriptiven Psychologie. Er wurde zum Begründer einer streng wissenschaftlichen Phänomenologie, die Bewusstseinsakte rein beschreibend behandelt.

Brouwer, Luitzen Egbertus Jan (1881–1966): Niederländischer Mathematiker und Logiker.

Bruno, Giordano (1548–1600): Italienischer Naturphilosoph der Renaissance.

Brunschvicg, Léon (1869–1944): Französischer Philosoph, der das idealistische Denken als Kritik an den Methoden der Einzelwissenschaften betonte.

Buber, Martin (1878–1965): Österreichischer Denker und Religionsphilosoph.

Bubner, Rüdiger (*1941): Deutscher dialektischer Philosoph.

Bühler, Karl (1879–1963): Deutsch-amerikanischer Psychologe, behavioristische Forschungen zur Gestalt- und Sprachpsychologie.

Bultmann, Rudolf Karl (1884-1976): Deutscher evangelischer Theologe der Entmythologisierung des Christentums.

Buonarroti, Michelangelo (1475-1564): Italienischer Künstler der Renaissance und des Humanismus.

Buridan, Johannes (Anfang 14. Jh. - kurz nach 1358): Französischer spätscholastischer Denker des Nominalismus.

Burke, Edmund (1729-1797): Englischer Denker einer psychologischen Ästhetik und Kritiker der französischen Revolution.

Butler, Joseph (1692-1752): Englischer Theologe und Moralphilosoph.

Campanella, Tommaso (1568-1639): Italienischer Philosoph der Renaissance, entwickelte eine Staatsutopie.

Camus, Albert (1913-1960): Französischer Philosoph des Existenzialismus, entwickelte eine Theorie des Absurden.

Cantoni, Carlo (1840-1906): Italienischer Philosoph, der Kants Denken in Italien verbreitete.

Capra, Fritjof (*1939): Österreichisch-amerikanischer Schriftsteller eines ganzheitlichen Denkens, beschäftigt sich mit den Naturwissenschaften und ihren Konsequenzen.

Cardano, Jeronimo (1501-1576): Italienischer Naturwissenschaftler der Renaissance.

Carlyle, Thomas (1795-1881): Englischer Historiker und Philosoph.

Carnap, Rudolf (1891-1970): Österreichischer Philosoph des logischen Empirismus (Wiener Schule), →B, 2.

Carus, Carl Gustav (1789-1869): Deutscher Arzt und Naturforscher.

Cassirer, Ernst (1874-1945) Deutscher Philosoph, der im Sinne der kantischen Transzendentalphilosophie die Bedingungen der Möglichkeit des Verstehens von Zeichen reflektierte, →B, 2.

Cathrein, Viktor (1845-1931): Schweizer Neuscholastiker.

Celsus, Aulus Cornelius (2. Hälfte des 2. Jh. n. Chr.): Römischer Gelehrter und Philosoph des Neuplatonismus, philosophischer Kritiker des Christentums, verfasste Werke über Rhetorik, Geschichte, Rechtskunde, Kriegskunst und Medizin.

Chomsky, Avram Noam (*1928): Amerikanischer Denker, der Philosophie, Psychologie und Linguistik zusammenführte.

Chrysippos (um 280-209): Griechischer Philosoph der älteren Stoa des Hellenismus.

Cicero (106-43): Marcus Tullius, römischer Philosoph der späten Stoa des Hellenismus, →B, 2.

Clauberg, Johannes (1622-1665): Deutscher Philosoph, der die cartesische Lehre vertrat, hatte großen Einfluss auf Christian Wolff.

Clemens von Alexandria (um 150-215): Titus Flavius Clemens, griechischer Philosoph der alexandrinischen Schule der spätantiken Gnosis.

Clemens, Franz Jakob (1815-1862): Deutscher Neuscholastiker.

Cohen, Hermann (1842-1918): Deutscher Philosoph des Neukantianismus (Marburger Schule).

Collingwood, Robin George (1889-1943): Englischer Philosoph, Archäologe und Historiker, ausgehend von Hegel versuchte er, Philosophie und Geschichte in einer Grundlagenmetaphysik zu verbinden.

Comte, Auguste (1798-1857): Französischer Philosoph des klassischen Positivismus.

Condillac, Etienne Bonnot de (1714-1780): Französischer Philosoph des Sensualismus.

Condorcet, Marie Jean Antoine Nicolas (1743-1794): Französischer Marquis, Geschichtsphilosoph der Aufklärung.

Cordemoy, Gerauld de (1620-1684): Französischer Philosoph in der Nachfolge Descartes'.

Coreth, Emmerich (*1919): Deutscher Neuscholastiker, der eine transzendentale Begründung der Metaphysik versuchte.

Cramer, Wolfgang (1901-1974) Deutscher Philosoph, arbeitete an einer transzendentalen Ontologie.

Croce, Benedetto (1866-1952): Bedeutender italienischer Hegelianer.

Crusius, Christian August (1712-1775): Deutscher Philosoph, der sich gegen Wolff und Leibniz stellte und insbesondere die universelle Gültigkeit des Kausalprinzips in Frage stellte.

Cusanus →Nikolaus von Kues

D'Alembert, Jean le Rond (1717-1783): Französischer aufklärerischer, positivistischer Denker, der mit Diderot die Enzyclopädie herausgab.

Damiani →Petrus Damiani

Dante Alighieri (1265-1321): Italienischer Denker und Dichter des Humanismus und der Renaissance.

Danto, Arthur C. (*1924): Amerikanischer analytischer Philosoph und Kunstkritiker, beschäftigt sich besonders mit Fragen der Ästhetik.

Deleuze, Gilles (*1925): Französischer Philosoph der Postmoderne.

Demokrit(os) (460-371): Vorsokratischer griechischer Philosoph, gilt als Mitbegründer der Atomistik.

De Morgan, Augustus (1806-1971): Britischer Mathematiker und Logiker.

Dempf, Alois (1891-1982): Deutscher Neuscholastiker und Kulturkritiker.

Dennett, Daniel C. (*1942): Einer der bedeutendsten Vertreter des amerikanischen Determinismus und der Philosophy of Mind.

Derrida, Jacques (*1930): Französischer Philosoph des Neustrukturalismus, →B, 2.

Descartes, René (1596-1650): Französischer Philosoph des Rationalismus, gilt als einer der ersten Denker der Neuzeit, →B, 2.

Desiderius Erasmus von Rotterdam →Erasmus von Rotterdam

Dewey, John (1859-1952): Amerikanischer Philosoph des Pragmatismus, →B, 2.

Diderot, Denis (1713-1784): Französischer Denker der Aufklärung, Mitherausgeber der Enzyklopädie.

Dietrich von Freiberg (um 1240 - um 1318/20): Theodoricus de Vriberch, deutscher Philosoph, Theologe und Naturwissenschaftler des Dominikanerordens. Entwickelte gegen Thomas von Aquin die These, dass der Intellekt beim Erkenntnisvorgang keine passiv-aufnehmende, sondern eine aktive Rolle spielt.

Dikaiarchos von Messene (um 320 v. Chr.): Griechischer, spätantiker Philosoph des älteren Peripatos, eine aristotelische Schule im Hellenismus.

Dilthey, Wilhelm (1833-1911): Deutscher Philosoph der Geisteswissenschaft und Hermeneutik, →B, 2.

Dingler, Hugo (1881-1954): Deutscher Philosoph, entwickelte eine methodisch in Einzelschritten abgesicherte Erkenntnistheorie.

Diodoros von Kronos (†307 v. Chr.): Griechischer Philosoph der megarischen oder elischen Schule.

Diogenes Laertius (2. bis 3. Jh. n. Chr.): Hellenistischer Philosoph, Autor einer berühmten Philosophiegeschichte.

Diogenes von Apollonia (um 499-428): Vorsokratischer griechischer Philosoph, zählt zu den Eklektikern bzw. Epigonen.

Diogenes von Sinope (um 412–323): Griechischer Philosoph der Kyniker, einer sokratischen Schule.

Dionysios Areopagita (um 5. Jh. n. Chr.): Christlicher, vermutlich syrischer Neuplatoniker.

Driesch, Hans (1867–1941): Deutscher Philosoph des kritischen Realismus, entwickelte einen antimaterialistischen Vitalismus.

Droysen, Johann Gustav (1808–1884): Einflussreicher deutscher Historiker, prägte den Begriff Hellenismus.

Dubislav, Walter (1895–1937): Deutscher Philosoph, bekämpfte die Metaphysik.

Duhem, Pierre (1861–1916): Französischer Denker und Physiker, der die physikalischen Gesetze als vereinfachende Konstruktionen der Wirklichkeit verstand.

Dühring, Eugen (1833–1921): Deutscher materialistischer Philosoph und Nationalökonom.

Duns Scotus →Johannes Duns Scotus

Durand von St. Pourcain (1274–1334): Französischer Scholastiker.

Durkheim, Emile (1858–1917): Französischer Philosoph und Soziologe.

Dyroff, Adolf (1866–1943): Deutscher Neuscholastiker.

Eckhart, Johann →Meister Eckhart

Ekphantos von Syrakus (Anfang 4. Jh. v. Chr.): Griechischer Philosoph der pythagoreischen Schule.

Empedokles von Agrigent (495–435): Vorsokratischer griechischer Philosoph.

Engels, Friedrich (1820–1895): Deutscher Philosoph des historisch-dialektischen Materialismus und des Sozialismus.

Epiktet (50–138): Römischer Philosoph der späten Stoa des Hellenismus.

Epikur (341–ca. 270 v. Chr.): Griechischer, spätantiker Philosoph und Begründer der hedonistischen Schule der Epikureer des Hellenismus.

Erasmus von Rotterdam (1466 oder 1469–1536): Holländischer Philosoph der Renaissance und des Humanismus.

Erdmann, Johann Eduard (1805–1892): Deutscher Philosophiehistoriker.

Eriugena →Johannes Scotus Eriugena

Eubulides von Milet (um 40 v. Chr.): Griechischer Philosoph der megarischen oder elischen Schule.

Eucken, Rudolph (1846–1926): Deutscher Philosoph, Vertreter eines Neuidealismus.

Eudemos von Rhodos (Lebensdaten unbekannt): Griechischer spätantiker Philosoph des älteren Peripatos, eine aristotelische Schule des Hellenismus.

Eudoxos von Knidos (um 370 v. Chr.): Griechischer Astronom, Geometer und Philosoph, der die Lust zum höchsten Gut erklärte.

Eugubinus →Steuchus, Augustinus

Euklid von Megara (Lebensdaten unbekannt): Griechischer Philosoph der megarischen oder elischen Schule.

Euhemeros (4./3. Jh. v. Chr.): Griechischer Philosoph der Kyrenaiker.

Eusebios Pamphili →Eusebius von Cäsarea

Eusebius von Cäsarea (260–340): Auch Eusebios Pamphili, Bischof von Palästina, christlicher Theologe im Anschluss an Origenes, einer der Kirchenväter.

Farabi →Alfarabi

Fechner, Gustav Theodor (1801–1887): Deutscher Philosoph der Wissenschaftssynthese und des Psychologismus.

Feder, Johann Georg Heinrich (1740-1821): Deutscher Popularphilosoph.

Fénelon, François de Salignac de la Mothe (1651-1715): Französischer Theologe, verteidigte den Mystizismus.

Ferguson, Adam (1723-1816): Schottischer Moralphilosoph der Aufklärung.

Fetscher, Iring (*1922): Deutscher Sozialphilosoph und Politikwissenschaftler.

Feuerbach, Ludwig (1804-1872): Deutscher Philosoph des Materialismus, Kritiker des Christentums.

Feyerabend, Paul (1924-1994): Österreichisch-amerikanischer Philosoph der Wissenschaftstheorie und ihrer Kritik.

Fichte, Johann Gottlieb (1762-1814): Deutscher Philosoph des spekulativen Idealismus, →B, 2.

Ficino, Marsilio (1433-1499): Italienischer Philosoph der Renaissance in der Tradition der platonischen Akademie.

Fischer, Kuno (1824-1907): Deutscher Philosoph und bedeutender Philosophiehistoriker.

Fontenelle, Bernard le Bovier de (1657-1757): Französischer Aufklärungsphilosoph.

Foucault, Michel (1926-1984): Französischer Philosoph des Strukturalismus.

Fourier, Charles (1772-1835): Französischer Kritiker, Verfechter der Einheit von Lust und Arbeit.

Franck, Sebastian (1499-1542): Deutscher Theologe und Philosoph, erst katholischer, dann evangelischer Geistlicher, schließlich Aufgabe des geistlichen Berufes und unabhängiger Theologe, Vorläufer der Freidenker.

Frege, Gottlob (1848-1925): Deutscher Mathematiker und Begründer der modernen Logik, →B, 2.

Freiberg →Dietrich von Freiberg

Fries, Jakob Friedrich (1773-1843): Deutscher Philosoph, der eine positivistische Philosophie im Anschluss an den deutschen Idealismus entwickelte.

Frobenius, Leo (1873-1938): Deutscher Philosoph und Ethnologe, entwickelte den Begriff des Kulturkreises.

Frohschammer, Jakob (1821-1893): Deutscher katholischer Priester, entwickelte eine antimaterialistische und antidarwinistische Metaphysik der Weltphantasie.

Fromm, Erich (1900-1980): Deutscher Psychologe und Kulturphilosoph.

Gabirol →Ibn Gabirol

Gadamer, Hans-Georg (1900-2002): Deutscher Philosoph der Hermeneutik, →B, 2.

Galenos (um 131-201): Spätantiker griechischer Philosoph des jüngeren Peripatos, einer aristotelischen Schule des Hellenismus.

Galilei, Galileo (1564-1642): Italienischer Naturwissenschaftler der Renaissance.

Garve, Christian (1742-1798): Deutscher Popularphilosoph.

Gassendi, Pierre (1592-1655): Französischer Mathematiker und Philosoph der Renaissance, erneuerte das atomistisch-mechanistische Weltbild des Demokrit.

Gasset →Ortega y Gasset

Gebirol →Ibn Gabirol

Gehlen, Arnold (1904-1976): Deutscher Philosoph der Anthropologie und Kulturkritik und Denker der Institutionen.

Geiger, Abraham (1810-1874): Deutscher Rabbiner, der die jüdische Theologie als Wissenschaft zu gründen versuchte.

Gentile, Giovanni (1875-1944): Italienischer idealistischer Philosoph in der Nachfolge Hegels.

Geulincx, Arnold (1624–1669): Belgischer Philosoph des Okkasionalismus.

Geyser, Joseph (1869–1948): Deutscher Neuscholastiker.

Gilbert de la Porrée (1070–1154): Französischer Frühscholastiker.

Gioberti, Vincenzo (1801–1852): Italienischer Philosoph, verbreitete die deutsche Philosophie in Italien.

Giordano Bruno →Bruno, Giordano

Giovanni di Fidenza →Bonaventura

Glockner, Hermann (1896–1979): Deutscher Hegelforscher.

Gödel, Kurt (1906–1978): Österreichischer Mathematiker und Logiker.

Goldmann, Lucien (1913–1970): Französischer Literaturtheoretiker und -soziologe.

Goodman, Nelson (*1906): Amerikanischer analytischer Philosoph, →B, 2.

Gorgias (483–375): Griechischer Denker der älteren Sophistik.

Gorgias Plethon (1355–1450): Byzantinischer Philosoph, der die platonische und neuplatonische Philosophie gegen das christliche Denken wiederbelebte.

Gournay, Vincent de (1712–1759): Französischer Nationalökonom, Vertreter des Freihandels (prägte die Formel: *Laissez faire, laissez aller*).

Grabmann, Martin (1875–1949): Deutscher Neuscholastiker.

Gracián, Baltasar (1601–1658): Spanischer Jesuit, der das Wohl des Individuums in praktischer Vernunft und Weltklugheit begründet sah.

Gramsci, Antonio (1891–1937): Italienischer marxistischer Philosoph.

Grassi, Ernesto (1902–1991): Italienisch-deutscher Philosoph, erneuerte das humanistische Denken.

Gregor von Nazianz (um 328–390): Bedeutender griechischer Kirchenlehrer, vom Kynismus beeinflusster Platoniker, verteidigte die athanasianische Orthodoxie gegenüber den Arianern und Apollinaristen.

Grelling, Kurt (1886–1942): Deutscher Logiker und Wissenschaftstheoretiker.

Grotius, Hugo (1583–1645): Holländischer Renaissance-Philosoph, Begründer des Natur- und Menschenrechtes.

Guardini, Romano (1885–1968): Italienisch-deutscher Denker des Christseins in der Welt.

Guyau, Jean Marie (1854–1888): Französischer Philosoph und Fortsetzer des Vitalismus und des Evolutionismus in Frankreich.

Häberlin, Paul (1878–1960): Deutscher Philosoph der Anthropologie.

Habermas, Jürgen (*1929): Deutscher Sozialphilosoph und Kommunikationstheoretiker der Frankfurter Schule, →B, 2.

Haeckel, Ernst (1834–1919): Deutscher Philosoph des klassischen Positivismus.

Hahn, Hans (1879–1934): Österreichischer Mathematiker und Wissenschaftstheoretiker.

Hamann, Johann Georg (1730–1788): Deutscher Philosoph einer mystischen Aufklärungskritik, Begründer der Geniepoesie.

Hamelin, Octave (1856–1907): Französischer rationalistischer Philosoph, der Kants Kategorienlehre weiterentwickelte.

Hardenberg, Friedrich von →Novalis

Hare, Richard Mervyn (1919–2002): Englischer Denker der analytischen Philosophie.

Hartmann, Eduard von (1842–1906): Deutscher Philosoph der Wissenschaftssynthese und des Psychologismus.

Hartmann, Paul Nicolai (1882–1950): Deutscher Philosoph des kritischen Realismus und der Ethik.

Hegel, Georg Wilhelm Friedrich (1770–1831): Deutscher Philosoph des spekulativen, dialektischen Idealismus, →B, 2.

Heidegger, Martin (1889–1976): Deutscher Philosoph der Fundamentalontologie, →B, 2.

Heimsoeth, Heinz (1886–1975): Deutscher Philosophiehistoriker.

Heinrich von Gent (1217–1293): Scholastischer Philosoph, der gegen Thomas von Aquin das augustinische Denken vertrat.

Helmholtz, Hermann von (1821–1894): Deutscher Naturwissenschaftler, begründete eine Sinnespsychologie, gemäß der die Empfindungen Symbole der wirklichen Welt sind.

Helvétius, Claude Adrien (1715–1771): Französischer Philosoph der Aufklärung, vertrat die mechanistische These des Menschen als Maschine.

Hempel, Carl G. (1905–1997): Österreichisch-amerikanischer Logiker und analytischer Philosoph.

Henrich, Dieter (*1927): Deutscher Philosoph, der die Philosophie des deutschen Idealismus rekonstruiert.

Heraklit von Ephesos (um 550–480): Auch Herakleitos, vorsokratischer griechischer Philosoph, →B, 2.

Herbart, Johann Friedrich (1776–1841): Deutscher Pädagoge und Philosoph des Humanismus.

Herder, Johann Gottfried (1744–1803): Deutscher Dichter und Denker der Aufklärung und des beginnenden Historismus.

Hermas von Rom (gegen Ende des 2. Jh. n. Chr.): Römischer Kirchenvater, einer der Apostolischen Väter.

Herodot (um 484–424): Griechischer Denker und Historiker, Begründer einer moralischen Geschichtsschreibung.

Hertling, Georg Graf von (1843–1919): Deutscher Neuthomist, Staats- und Rechtsphilosoph.

Heß, Moses (1812–1875): Deutscher Philosoph des Linkshegelianismus und Sozialkritiker.

Hessen, Johannes (1889–1971): Deutscher Denker mit katholischem Weltbild.

Heyting, Arend (1898–1980): Niederländischer Mathematiker und Logiker.

Hiketas von Syrakus (Lebensdaten unbekannt): Griechischer Philosoph der jüngeren pythagoreischen Schule des Hellenismus.

Hilarius von Poitiers (310–367): Französischer Bischof, einer der Kirchenväter.

Hilbert, David (1862–1943): Deutscher Mathematiker und Logiker.

Hildegard von Bingen (1098–1179): Deutsche Mystikerin.

Hippias von Elis (um 440 v. Chr.): Griechischer Denker der älteren Sophistik.

Hirsch, Emanuel (1888–1972): Deutscher evangelischer Theologe, Übersetzer und Kommentator der Werke Kierkegaards.

Hissmann, Michael (1752–1784): Deutscher Philosoph, Anhänger des Sensualismus.

Hobbes, Thomas (1588–1679): Englischer Philosoph des Empirismus, der Rechts- und Staatslehre, →B, 2.

Hoerster, Norbert (*1937): Deutscher Philosoph der Rechts- und Staatsphilosophie.

Höffe, Otfried (*1943): Deutscher Philosoph einer systematischen Begründung der Ethik.

Holbach, Paul Heinrich Dietrich von (1723–1789): Auch d'Holbach, deutscher Philosoph der französischen Aufklärung und des Materialismus.

Hönigswald, Richard (1875–1947): Ungarisch-deutscher Philosoph, entwickelte eine neue Monadologie und eine Denkpsychologie.

Honnefelder, Ludger (*1936): Deutscher Theologe und Philosophiehistoriker.

Horkheimer, Max (1895–1973): Deutscher Sozialphilosoph der neumarxistischen Frankfurter Schule.

Horstmann, Rolf-Peter (*1940): Deutscher Philosoph, beschäftigt sich mit dem deutschen Idealismus, insbesondere mit Hegel.

Hrabanus Maurus (784–856): Deutscher Frühscholastiker und kompilatorischer Verfasser historisch bedeutender Lehrbücher zur Pädagogik, Theologie, Philosophie und den Naturwissenschaften.

Hugo von St. Viktor (1096–1141): Deutscher Frühscholastiker.

Huizinga, Johan (1872–1945): Niederländischer Kulturphilosoph.

Humboldt, Wilhelm von (1767–1835): Deutscher Pädagoge und Philosoph des Humanismus.

Hume, David (1711–1776): Englischer Philosoph des Empirismus, →B, 2.

Husserl, Edmund (1859–1938): Deutscher Philosoph der transzendentalen Phänomenologie, →B, 2.

Hutcheson, Francis (1694–1747): Englischer Moralphilosoph und Ästhetiker.

Hutchinson, John (1674–1737): Englischer Philosoph und Theologe, verteidigte die mosaische Kosmogonie gegen Newtons Gravitationstheorie.

Huxley, Thomas Henry (1825–1895): Englischer Naturforscher und Philosoph.

Hypatia (bis 415 n. Chr.): Griechische Mathematikerin und Philosophin, letztes Oberhaupt der neuplatonischen Schule in Alexandria.

Hyppolite, Jean (1907–1968): Französischer Philosoph und Hegelforscher.

Iamblichos (bis ca. 330 n. Chr.): Syrischer Philosoph des Neuplatonismus.

Ibn Gabirol, Salomon ben Jehuda (1020/21–1057/58): Jüdischer Dichter und Philosoph, der die Scholastik durch die Vermittlung des aristotelisch-neuplatonischen Denkens beeinflusste.

Ibn Ruschd →Averroës

Ibn Sina →Avicenna

Ignatius Theophoros →Ignatius von Antiochien

Ignatius von Antiochien (um 25–115): Einer der Apostolischen Väter.

Ingarden, Roman (1893–1970): Aus der phänomenologischen Schule kommender polnischer Ästhetiker.

Irenäus († um 202 n. Chr.): Griechischer Bischof, einer der Apologetischen Väter.

Jacobi, Friedrich Heinrich (1743–1819): Deutscher Popularphilosoph und Vordenker der Romantik.

Jacoby, Günther (1881–1969): Deutscher Philosoph, Mitbegründer der modernen Ontologie.

Jaeger, Werner (1888–1961): Deutscher Philosophiehistoriker mit dem Schwerpunkt griechische Antike.

Jamblichos →Iamblichos

James, William (1842–1910): Amerikanischer Philosoph des Pragmatismus, →B, 2.

Janich, Peter (*1942): Deutscher analytischer Philosoph, beschäftigt sich mit Problemen der Physik und der Wissenschaftstheorie.

Jaspers, Karl (1883–1969): Deutscher Philosoph des Existenzialismus.

Joachim von Fiore (um 1132-1202): Italienischer Mystiker und Geschichtsmetaphysiker.

Joachim von Floris →Joachim von Fiore

Johannes Duns Scotus (um 1265-1308): Schottischer Denker der Hochscholastik und Angehöriger des Franziskanerordens, Kritiker des Thomismus.

Johannes Scotus Eriugena (um 810 - nach 877): Irischer Theologe und Philosoph des Neuplatonismus.

Jonas, Hans (1903-1993): Deutscher Moral- und Naturphilosoph.

Julianus Apostata (331-363): Römischer Kaiser, beschäftigte sich mit der neuplatonischen Philosophie der spätantiken neueren Akademie, einer platonischen Schule des Hellenismus, versuchte in seiner Regierungszeit das Heidentum gegen das Christentum wieder durchzusetzen.

Julianus Flavius Claudius →Julianus Apostata

Justinus Martyr (um 100-165/167): Römischer Bischof, einer der Apologetischen Väter, beschäftigte sich mit der platonischen Philosophie, die er mit dem Christentum verband.

Kallikles (Lebensdaten unbekannt): Griechischer Denker der jüngeren Sophistik.

Kambartel, Friedrich (*1935): Deutscher Philosoph der Wissenschaftstheorie.

Kamlah, Wilhelm (1905-1976): Deutscher Logiker und konstruktivistischer Philosoph.

Kant, Immanuel (1724-1804): Deutscher Philosoph der kritischen Transzendentalphilosophie, →B, 2.

Karneades (214-129): Griechischer spätantiker Philosoph der skeptischen Schule des Hellenismus.

Kelsen, Hans (1881-1973): Deutscher Jurist und Rechtsphilosoph.

Kelsos →Celsus

Kepler, Johann (1571-1630): Deutscher Naturwissenschaftler der Renaissance.

Keyserling, Hermann Graf (1880-1946): Deutscher Denker, der den Gegensatz Geist und Leben, Intellekt und Seele überwinden wollte. Gründete eine Schule der Weisheit.

Kierkegaard, Sören (1813-1855): Dänischer Philosoph eines frühen, christlichen Existenzialismus, →B, 2.

Klages, Ludwig (1872-1956): Deutscher Philosoph der Lebensphilosophie und Psychologie.

Klaudios Ptolemaios (um 150 n. Chr.): Spätantiker ägyptischer Astronom und Philosoph des jüngeren Peripatos, einer aristotelischen Schule des Hellenismus.

Kleanthes (331/330-230/229): Griechischer Philosoph, Mitbegründer der älteren Stoa des Hellenismus.

Kopernikus, Nikolaus (1473-1543): Deutscher Mathematiker, Naturwissenschaftler und Astronom der Renaissance, ersetzte das geozentrische Weltbild durch das heliozentrische.

Kratylos (5. Jh. v. Chr.): Griechischer Philosoph in der Nachfolge Heraklits.

Kries, Johannes von (1853-1928): Deutscher Physiologe und Logiker.

Krings, Hermann (*1913): Deutscher Religions-, Moral- und Kulturphilosoph.

Kripke, Saul Aaron (*1940): Amerikanischer Logiker und Philosoph, entwickelte die Kripke-Semantik der möglichen Welten.

Kritias (um 460-403): Griechischer Denker der älteren Sophistik.

Kues →Nikolaus von Kues

Kuhn, Thomas Samuel (1922-1995): Amerikanischer Wissenschaftstheoretiker.

Külpe, Oswald (1862-1915): Deutscher Philosoph des kritischen Realismus.

Kutschera, Franz von (*1932): Deutscher Wissenschaftstheoretiker und Logiker.

La Mettrie, Julien Offray de (1709-1751): Französischer Philosoph der Aufklärung.

La Rochefoucauld, François (1613-1680): Französischer Moralist.

Lacan, Jacques (1901-1981): Französischer Denker des Neufreudianismus und des Strukturalismus.

Lakatos, Imre (1922-1974): Amerikanischer Wissenschaftstheoretiker.

Lambert, Johann Heinrich (1728-1777): Deutscher Logiker und Mathematiker.

Lamprecht, Karl (1856-1915): Deutscher Philosoph der Geschichts- und Kulturkritik.

Lange, Friedrich Albert (1828-1875): Deutscher Philosoph des Neukantianismus (Marburger Schule).

Langer, Susanne (1895-1985): Amerikanische Philosophin und Literaturhistorikerin, interpretierte Kunst als symbolische Form der menschlichen Kommunikation.

Laplace, Pierre Simon de (1749-1827): Französischer Marquis, Mathematiker und Astronom.

Lasalle, Ferdinand (1825-1864): Deutscher Frühsozialist.

Lavater, Johann Kaspar (1741-1801): Schweizer schwärmerischer Theologe, erneuerte die Physiognomik.

Lavelle, Louis (1883-1951): Französischer Philosoph und Vertreter eines neuen Spiritualismus.

Leibniz, Gottfried Wilhelm (1646-1716): Deutscher Philosoph, Mathematiker und Universalgenie des Barock, →B, 2.

Lenin, Wladimir Iljitsch Uljanow (1870-1924): Russischer Revolutionär und marxistisch-materialistischer Denker.

Lenk, Hans (*1935): Deutscher Wissenschaftstheoretiker.

Leonardo da Vinci (1452-1519): Italienischer Künstler der Renaissance und des Humanismus.

Leukipp von Abdera (um 460 v. Chr.): Vorsokratischer griechischer Philosoph, gilt als Mitbegründer der Atomistik.

Lévi-Strauss, Claude Gustave (*1908): Belgischer strukturalistischer Anthropologe.

Lévinas, Emanuel (*1906): Französischer Philosoph, der den Primat der philosophischen Ontologie überwinden will, →B, 2.

Liebmann, Otto (1840-1912): Deutscher Philosoph, Vertreter der kantischen Philosophie.

Litt, Theodor (1880-1962): Deutscher Philosoph der Geisteswissenschaften und Pädagoge.

Locke, John (1632-1704): Englischer Philosoph des Empirismus und der Staatslehre, →B, 2.

Lorenz, Konrad (1903-1989): Österreichischer Verhaltensforscher und Kulturkritiker.

Lorenz, Kuno (*1932): Deutscher Philosoph, beschäftigt sich mit Logik, Semiotik und Sprachphilosophie.

Lorenzen, Paul (*1915): Deutscher Logiker und analytisch-konstruktivistischer Philosoph.

Lotz, Johann Baptist (*1903): Deutscher Neuscholastiker.

Lotze, Rudolf Hermann (1817-1881): Deutscher Philosoph der Wissenschaftssynthese und des Psychologismus.

Löwenthal, Leo (1900-1993): Deutsch-amerikanischer Soziologe im Umkreis der Frankfurter Schule.

Löwith, Karl (1897-1973): Bedeutender deutscher Philosophiehistoriker der neueren Philosophie.

Lübbe, Hermann (*1926): Deutscher pragmatischer, essayistischer Philosoph, der sich mit sozio-kulturellen Problemen beschäftigt.

Luhmann, Niklas (1927–1999): Deutscher Soziologe und Sozialphilosoph.

Lukács, Georg (1885–1971): Ungarisch-deutscher Sozialphilosoph und Neumarxist.

Lukrez (um 96–55): Titus Lucretius Carus, römischer Philosoph der epikureischen Schule des Hellenismus.

Lullus →Raymundus Lullus

Lykon von Troas (272/68–228/25): Griechischer Philosoph, Oberhaupt der peripatetischen (aristotelischen) Schule des Hellenismus.

Lyotard, Jean-François (*1924): Französischer Philosoph der Postmoderne.

Mach, Ernst (1838–1916): Deutscher Philosoph des klassischen Positivismus.

Macchiavelli, Niccolò (1469–1527): Italienischer politischer Philosoph der Renaissance.

Maimonides (1135–1204): Rabbi Mose ben Maimon, spanischer jüdischer Arzt, Theologe und Philosoph, bedeutende rabbinische Autorität.

Maier, Heinrich (1867–1933): Deutscher Philosoph, versuchte die Neubegründung einer wissenschaftlichen Metaphysik als Basis einer Welt- und Lebensanschauung.

Malchus →Porphyrios

Malebranche, Nicolas de (1638–1715): Französischer Philosoph des Okkasionalismus.

Mandeville, Bernhard de (1670–1733): Niederländisch-englischer Philosoph und Schriftsteller der Aufklärung, der Politik und der Gesellschaft.

Manetti, Giannozzo (†1459): Florentinischer Humanist.

Mani (216–273): Persischer Begründer der religiösen Lehre des Manichäismus.

Mannheim, Karl (1893–1947): Ungarisch-deutsch-englischer Soziologe.

Marc Aurel (121–180): Marcus Aurelius Antonius, römischer Kaiser und Philosoph der Stoa.

Marcel, Gabriel (1889–1973): Französischer Philosoph eines christlichen Existenzialismus.

Marcus Terentius Varro →Varro

Marcuse, Herbert (1898–1979): Deutscher psychologischer Sozialphilosoph der neumarxistischen Frankfurter Schule.

Margolius, Hans (1902–1984): Deutscher Moralphilosoph.

Marquard, Odo (*1928): Deutscher essayistischer Philosoph der Skeptik.

Marsilius von Padua (1275–1343): Italienischer Staatsphilosoph.

Martianus Capella (1. Hälfte des 5. Jh.): Neuplatonischer Philosoph der spätantiken neueren Akademie, einer platonischen Schule des Hellenismus.

Marx, Karl (1818–1883): Deutscher Philosoph des historisch-dialektischen Materialismus und Sozialismus, →B, 2.

Masci, Filippo (1844–1922): Italienischer Philosoph, beschäftigte sich mit einer Verbindung von kritischem Realismus und dem Gedanken der Evolution.

Maurer, Reinhart (*1935): Deutscher Philosoph, beschäftigt sich mit praktischer Philosophie und der Möglichkeit einer ›ersten Philosophie‹.

Mauthner, Fritz (1849–1923): Deutscher Sprachphilosoph, vertrat eine nominalistische Position.

Mead, George Herbert (1863–1931): Amerikanischer Philosoph des Pragmatismus.

Mechthild von Magdeburg (1212-1285): Frühe deutsche Mystikerin.

Meinecke, Friedrich (1862-1954): Deutscher Philosophiehistoriker.

Meiners, Christoph (1747-1810): Deutscher Philosophiehistoriker.

Meinong, Alexius (1853-1920): Deutscher Philosoph, entwickelte eine Gegenstandslehre und eine Wertethik.

Meister Eckhart (um 1260-1328): Deutscher Mystiker.

Melanchthon, Philipp (1497-1560): Eigentlich Philipp Schwarzerdt, deutscher Denker des Humanismus.

Melissos von Elea (5. Jh. v. Ch.): Vorsokratischer griechischer Philosoph der eleatischen Schule.

Mendelssohn, Moses (1729-1786): Deutscher Philosoph der Aufklärung.

Merleau-Ponty, Maurice (1908-1961): Französischer Phänomenologe.

Messer, August (1867-1937): Deutscher Philosoph des kritischen Realismus.

Metrodor (4. Jh. v. Chr.): Griechischer spätantiker Philosoph der epikureischen Schule des Hellenismus.

Meyer-Abich, Adolf (1893-1971): Deutscher Philosoph, entwickelte ein System des Holismus der Seinsabstufungen.

Michelangelo →Buonarroti, Michelangelo

Mill, John Stuart (1806-1873): Englischer Philosoph des Empirismus, des klassischen Positivismus und des Utilitarismus, →B, 2.

Mitscherlich, Alexander (1908-1982): Deutscher Psychoanalytiker und sozialwissenschaftlicher Publizist.

Mittelstraß, Jürgen (*1936): Deutscher Wissenschaftsphilosoph.

Montague, Richard (*1932): Amerikanischer Logiker und Sprachtheoretiker, beschäftigt sich mit der Freilegung der logischen Struktur der natürlichen Sprache.

Montaigne, Michel de (1533-1592): Französischer Philosoph der Aufklärung.

Montchrestien, Antoine de (1575-1621): Französischer Dramatiker und Wirtschaftstheoretiker.

Montesquieu, Charles de Secondat (1689-1755): Französischer Philosoph der Aufklärung.

Moore, George Edward (1873-1958): Englischer Philosoph der analytischen Philosophie und Ethik.

Morgan, Augustus de →De Morgan

Morris, Charles William (1901-1979): Amerikanischer Philosoph der Wert- und Zeichentheorie.

Morus →Thomas Morus

Murdoch, Jean Iris (*1919-1999): Irische Philosophin und Schriftstellerin, schrieb Ideenromane.

Natorp, Paul (1854-1924): Deutscher Philosoph des Neukantianismus (Marburger Schule).

Nelson, Leonard (1882-1927): Deutscher Philosoph der Wissenschaftssynthese und des Psychologismus.

Neurath, Otto (1882-1945): Österreichischer Philosoph des Neupositivismus (Wiener Schule).

Newton, Isaac (1643-1727): Bedeutendster englischer Physiker.

Niebuhr, Barthold Georg (1776-1831): Dänisch-deutscher Historiker.

Niebuhr, Reinhold (1892-1971): Amerikanischer evangelischer Theologe.

Nietzsche, Friedrich (1844-1900): Deutscher Denker der Lebensphilosophie, →B, 2.

Nikolaus von Damaskus (um 1. Jh. n. Chr.): Jüdischer peripatetischer Philosoph und Historiker.

Nikolaus von Kues (1401-1464): Cusanus, deutscher Philosoph an der Schwelle vom Mittelalter zur Neuzeit, →B, 2.

Nohl, Herman (1879-1960): Deutscher Kulturphilosoph und Pädagoge.

Notker der Deutsche (um 950-1022): Deutscher Frühscholastiker.

Novalis (1772-1801): Friedrich von Hardenberg, deutscher Dichter und Philosoph der Romantik.

Ockham →Wilhelm von Ockham

Oppenheim, Paul (1885-1977): Deutsch-amerikanischer Chemiker, der sich mit Wissenschaftstheorie auseinander setzte (Hempel-Oppenheim-Schema der Erklärung).

Origenes (um 185-254): Auch Origines, griechischer Kirchenvater und Philosoph der alexandrinischen Schule der spätantiken Gnosis.

Ortega y Gasset, José (1883-1955): Spanischer Philosoph der Geschichts- und Kulturkritik.

Otto, Rudolph (1869-1937): Deutscher Theologe und Religionsphilosoph.

Palágyi, Melchior (1859-1924): Ungarischer Philosoph der Wissenschaftssynthese und des Psychologismus.

Panaitios von Rhodos (um 180-110): Griechischer Philosoph der mittleren Stoa des Hellenismus.

Paracelsus, Aureolus Theophrastus (1493-1541): Bombast von Hohenheim, deutscher Naturwissenschaftler, Arzt und Philosoph der Renaissance.

Parmenides von Elea (um 540-480): Vorsokratischer griechischer Philosoph der eleatischen Schule, →B, 2.

Pascal, Blaise (1623-1662): Französischer Philosoph, Theologe, Mathematiker und Physiker der französischen Klassik, →B, 2.

Patzig, Günther (*1926): Deutscher Philosoph der Logik, Sprachphilosophie und Ethik.

Paulsen, Friedrich (1846-1908): Deutscher Philosoph und Pädagoge des Humanismus.

Peano, Guiseppe (1858-1932): Italienischer Logiker.

Peirce, Charles Sanders (1839-1914) Amerikanischer Logiker und Philosoph des Pragmatismus, →B, 2.

Petrarca, Francesco (1304-1374) Italienischer Dichter der Renaissance und des Humanismus.

Petrus Abaelardus →Abaelard

Petrus Damiani (1007-1072): Italienischer Frühscholastiker.

Petrus Hispanus (1219-1277): Spanischer scholastischer Logiker.

Petrus Pomponatius (1462-1524): Italienischer Philosoph der Renaissance.

Pfänder, Alexander (1870-1941): Deutscher Philosoph der Phänomenologie.

Pfeil, Hans (*1903): Deutscher Neuscholastiker.

Phaidon von Elis (um 400 v. Chr.): Griechischer Philosoph der megarischen oder elischen Schule.

Philo(n) Judaeus →Philo(n) von Alexandria

Philo(n) von Alexandria (um 20 v. Chr.-50 n. Chr.): Jüdisch-griechischer Philosoph der alexandrinischen Schule der spätantiken Gnosis.

Philo(n) von Larissa (Lebensdaten unbekannt): Griechischer Philosoph der platonischen Akademie und von ungefähr 110/09-88 v. Chr. ihr Oberhaupt.

Philodemos von Gadara (um 110-40): Griechischer Philosoph der epikureischen Schule.

Philolaos von Kroton (5. Jh. v. Chr.): Griechischer Philosoph der jüngeren pythagoreischen Schule.

Pico della Mirandola, Giovanni (1463-1494): Italienischer Renaissancephilosoph der Synthese des platonischen und aristotelischen Denkens.

Pieper, Josef (1904-1997): Deutscher Neuscholastiker und Kulturphilosoph.

Platon von Athen (427-347): Griechischer Philosoph, mit Aristoteles der Höhepunkt der klassischen griechischen Philosophie, →B, 2.

Plessner, Helmuth (1892-1985): Deutscher Philosoph der Anthropologie.

Plethon →Gorgias Plethon

Plotin(os) (ca. 205-270): Griechischer neuplatonischer Philosoph der spätantiken neueren Akademie, einer platonischen Schule des Hellenismus, →B, 2.

Plutarchos von Chaironeia (um 45-120): Griechischer neuplatonischer Philosoph der spätantiken neueren Akademie, einer platonischen Schule des Hellenismus.

Pöggeler, Otto (*1928): Deutscher Philosoph, Hegelianer und Ästhetiker.

Poincaré, Henri (1853-1912): Französischer Mathematiker und Philosoph.

Pollock, Friedrich (1894-1970): Deutscher Wirtschaftswissenschaftler und Soziologe im Umkreis der Frankfurter Schule.

Polybios (um 22-120): Griechischer Philosoph der mittleren Stoa des Hellenismus.

Polykarp aus Kleinasien († um 158 oder 168 n. Chr.): Bischof von Smyrna, einer der Apostolischen Väter.

Polyklet der Ältere (Ende 5. Jh. v. Chr.): Griechischer Philosoph der älteren pythagoreischen Schule.

Pomponatius →Petrus Pomponatius

Popper, Karl Raimund (1902-1994): Österreichisch-englischer Philosoph des kritischen Rationalismus, →B, 2.

Porphyrios (232-304): Eigentlich Malchus, syrisch-griechischer neuplatonischer Philosoph der spätantiken neueren Akademie, eine platonische Schule des Hellenismus.

Poseidonios (um 135-51): Griechischer Philosoph der mittleren Stoa des Hellenismus.

Prigogine, Ilya (*1917): Russisch-belgischer Physikochemiker, beschäftigt sich mit der Thermodynamik irreversibler Prozesse.

Prodikos von Keos (um 400 v. Chr.): Griechischer Denker der älteren Sophistik.

Proklos Diadochos (412-485): Griechischer neuplatonischer Philosoph der spätantiken neueren Akademie, einer platonischen Schule des Hellenismus.

Protagoras (um 485-410): Griechischer Denker der älteren Sophistik.

Proudhon, Pierre Joseph (1809-1865): Französischer Philosoph des klassischen Sozialismus.

Pseudo-Dionysios →Dionysios Areopagita

Pufendorf, Samuel (1632-1694): Deutscher Rechtsphilosoph.

Putnam, Hilary (*1926): Amerikanischer Philosoph der sprachanalytischen Schule, →B, 2.

Pyrrhon von Elis (365-275): Griechischer spätantiker Philosoph der skeptischen Schule des Hellenismus.

Pythagoras von Samos (um 570-500 v. Chr.): Griechischer Philosoph, Gründer der pythagoreischen Schule, →B, 2.

Quesnay, François (1694-1774): Französischer Volkswirtschaftler, Mitbegründer der Schule der Physiokraten.

Quine, Willard van Orman (*1908): Amerikanischer Logiker, →B, 2.

Quintilian (30-96): Marcus Fabius, römischer Rhetor, für den Sprache ein Wesensmerkmal des Menschen ist.

Rabbi Mose ben Maimon →Maimonides

Rahner, Karl (1904-1984): Deutscher katholischer Theologe.

Rawls, John (1921-2002): Englischer Philosoph der analytischen Ethik und Gerechtigkeit, →B, 2.

Raymundus Lullus (1235-1315): Spanischer Denker der Scholastik.

Reichenbach, Hans (1891-1953): Deutscher Philosoph des Neupositivismus (Wiener Schule).

Reid, Thomas (1710-1796): Englischer Philosoph und Begründer der schottischen Schule.

Reimarus, Hermann Samuel (1694-1768): Deutscher Philosoph der Aufklärung.

Reinhold, Karl Leonhard (1758-1823): Deutscher Philosoph, schrieb in der Auseinandersetzung mit Kant und Fichte eine Elementarphilosophie.

Renouvier, Charles (1815-1903): Französischer Philosoph und Begründer des französischen Neukantianismus.

Reuchlin, Johann (1455-1522): Deutscher Denker des Humanismus (→A Renaissance - Humanismus).

Richard von St. Viktor († 1173): Schottischer Frühscholastiker.

Rickert, Heinrich (1863-1936): Deutscher Philosoph des Neukantianismus (südwestdeutsche Schule).

Ricœur, Paul (*1913): Französischer Denker des Neufreudianismus.

Riedel, Manfred (*1936): Deutscher Philosoph der Ethik und der politischen Philosophie.

Riehl, Alois (1844-1924): Deutscher Philosoph des Neukantianismus (südwestdeutsche Schule).

Rintelen, Fritz-Joachim von (1898-1979): Deutscher Neuscholastiker, entwickelte einen Werterealismus.

Ritter, Joachim (1903-1974): Bedeutender deutscher Philosophiehistoriker, der sich auch mit Ästhetik, Gesellschaftsphilosophie und praktischer Philosophie beschäftigte.

Rombach, Heinrich (*1923): Deutscher Philosoph, ausgehend von Husserls Phänomenologie entwickelte er ein ontologisch-strukturales Denken, beschäftigt sich mit Hermeneutik und einer Bildphilosophie jenseits der verbalen Sprache.

Rorty, Richard (*1931): Amerikanischer Kultur-Philosoph im Umkreis des Kommunitarismus, der ausgegangen war vom *linguistic turn* in der Philosophie.

Roscelin de Compiègne (um 1050-1120): Französischer nominalistischer Scholastiker.

Rosenkranz, Karl (1805-1879): Deutscher Philosoph der hegelschen Schule und der Ästhetik.

Rosmini, Antonio (1797-1855): Italienischer Philosoph, entwickelte eine Ontologie.

Rothacker, Erich (1888-1965): Deutscher Philosoph, beschäftigte sich mit dem Begriff der Kultur, mit Anthropologie und der Weltanschauung, entwickelte eine metaphysische Schichtenlehre des Seins.

Rousseau, Jean-Jacques (1712-1778): Französischer Philosoph der Aufklärung, der Politik, Gesellschaft, Erziehung und Natur.

Russell, Bertrand (1872-1970): Englischer Mathematiker, Logiker und konstruktivistischer Philosoph.

Ryle, Gilbert (1900-1976): Englischer Philosoph der analytischen Schule.

Saint-Simon, Henri de (1760-1825): Französischer Comte und Philosoph des klassischen Sozialismus.

Sartre, Jean-Paul (1905-1980): Französischer Philosoph des Existenzialismus, →B, 2.

Sass, Hans-Martin (*1935): Deutscher Philosoph, ausgehend von Hegel beschäftigt er sich mit Religionsphilosophie und ethischen Fragestellungen der Gegenwart.

Saussure, Ferdinand de (1857-1913): Französischer Grammatiker und Strukturalist.

Savigny, Friedrich Karl von (1779-1861): Deutscher Rechtsphilosoph und führender Kopf des Historismus.

Scheler, Max (1874-1928): Deutscher Philosoph der Anthropologie, Kultur, Ethik und Gesellschaftslehre.

Scheffler, Johann →Angelus Silesius

Schelling, Friedrich Wilhelm Joseph (1775-1854): Deutscher Philosoph des spekulativen Idealismus, →B, 2.

Schiller, Friedrich (1759-1805): Deutscher Dichter und Denker, beschäftigte sich philosophisch mit der Ästhetik.

Schlegel, Friedrich (1772-1829): Deutscher Denker der Romantik.

Schleiermacher, Friedrich Daniel Ernst (1768-1834): Deutscher Philosoph und Pädagoge des Idealismus und Humanismus.

Schlick, Moritz (1882-1936): Österreichischer Philosoph des Neupositivismus und Begründer des Wiener Kreises.

Schmidt, Alfred (*1931): Deutscher materialistisch-neumarxistischer Denker der Frankfurter Schule.

Schmidt, Johann Caspar →Stirner, Max

Schmitt, Carl (1888-1985): Deutscher Jurist und politischer Rechtsphilosoph.

Schopenhauer, Arthur (1788-1860): Deutscher Philosoph, Einzelgänger einer Willensmetaphysik, →B, 2.

Schulz, Walter (1912-1998): Deutscher Philosophiehistoriker, beschäftigte sich mit dem deutschen Idealismus und dem Problem der Metaphysik und Ästhetik.

Schwan, Alexander (*1931): Deutscher Philosoph, Hauptgebiet ist die politische Philosophie.

Schweitzer, Albert (1875-1965): Deutscher Theologe und Moralphilosoph.

Schwemmer, Oswald (*1941): Deutscher Philosoph der analytischen Schule.

Scotus →Johannes Duns Scotus, →Johannes Scotus Eriugena

Searle, John Rogers (*1932): Englischer Philosoph der Sprachphilosophie.

Seneca (um 4-65): Lucius Aeneus, römischer Philosoph der späten Stoa des Hellenismus, →B, 2.

Seuse, Heinrich (um 1300-1366): Deutscher Mystiker.

Sextus Empiricus (um 200-250): Griechischer spätantiker Philosoph der skeptischen Schule des Hellenismus.

Shaftesbury, Anthony Ashley Cooper (1671-1713): Englischer unorthodoxer und unsystematischer Philosoph des Optimismus, vertrat das Ideal einer ästhetischen Lebensführung.

Sidgwick, Henry (1838-1900): Englischer Philosoph, setzte sich mit einer utilitaristischen Ethik auseinander, um den Gegensatz zwischen Egoismus und Altruismus auszugleichen.

Siger von Brabant (um 1240-1284): Niederländischer Scholastiker, Vertreter des Averroïsmus.

Simmel, Georg (1858-1918): Deutscher Philosoph und Soziologe.

Singer, Peter (*1946): Heftig umstrittener australischer Moralphilosoph, wendet sich gegen die Vorstellung, dass der Mensch gegenüber dem Tier prinzipiell höherwertig sei. Bindet das Lebensrecht an die Empfindungsfähigkeit und das Selbstbewusstsein.

Smith, Adam (1723–1790): Schottischer Ökonom und Philosoph.

Sokrates von Athen (ca. 470–399): Griechischer Philosoph, Begründer der klassischen griechischen Philosophie, →B, 2.

Sonnemann, Ulrich (*1912): Deutscher Sozialphilosoph und Anthropologe.

Sorel, Georges (1847–1922): Französischer Philosoph und Kulturkritiker.

Spaemann, Robert (*1927): Deutscher Philosoph, Kulturkritiker, Ethiker und Religionsphilosoph.

Spencer, Herbert (1820–1903): Englischer Philosoph des klassischen Positivismus und des Evolutionismus.

Spengler, Oswald (1880–1936): Deutscher Philosoph der Geschichts- und Kulturkritik.

Speusippos (395–334): Griechischer spätantiker Philosoph der älteren Akademie, einer platonischen Schule des Hellenismus.

Spinoza, (Benedictus) Baruch de (1632–1677): Jüdisch-niederländischer Philosoph, der Religion und Moral gemäß einer mathematischen Denkweise konstruierte, mit großem Einfluss auf das geistige Deutschland im 18. Jh., →B, 2.

Spranger, Eduard (1882–1963): Deutscher Philosoph der Geisteswissenschaften und Psychologe.

Stegmüller, Wolfgang (1923–1991): Deutscher Wissenschaftsphilosoph, auch Philosophiehistoriker.

Steuchus, Augustinus (1496–1548): Italienischer Philosoph und Theologe, Anhänger der *philosophia perennis*

Stewart, Dugald (1753–1828): Englischer Philosoph der *Common-sense*-Philosophie der schottischen Schule.

Stirner, Max (1806–1856): Johann Caspar Schmidt, deutscher Philosoph des systematischen Egoismus.

Straton († 270 vor Chr.): Griechischer Philosoph der peripatetischen Schule des Aristoteles, nahm den Gedanken des Pantheismus vorweg.

Strauß, David Friedrich (1808–1874): Deutscher Philosoph der Junghegelianer und Religionskritiker.

Strawson, Peter F. (*1919): Englischer Philosoph der analytischen Schule.

Suárez, Franciscus (1548–1617): Spanischer Philosoph der Barockscholastik der Gegenreformation.

Tarski, Alfred (1901–1983) Polnisch-amerikanischer Mathematiker und Logiker.

Tatian (um 120–173): Syrischer Philosoph, einer der Apologetischen Väter.

Tauler, Johannes (um 1300–1361): Deutscher Mystiker.

Taylor, Charles Margrave (*1931): Englischer Philosoph, kritisiert den Behaviorismus und Naturalismus, beschäftigt sich mit der Geistesphilosophie.

Teilhard de Chardin, Pierre (1881–1955): Französischer katholischer Theologe, der den christlichen Glauben und die Naturwissenschaften zu verbinden trachtete.

Tertullian (um 155–225): Vermutlich aus Karthago stammend, einer der Apologetischen Väter.

Thales von Milet (um 625-545): Vorsokratischer griechischer Philosoph der ionischen Naturphilosophie, →B, 2.

Theodoricus de Vriberch →Dietrich von Freiberg

Theodorus Priseianus von Kyrene (*um 470 v. Chr.): Griechischer Philosoph der Kyrenaiker oder Hedoniker, einer sokratischen Schule.

Theophrastos von Eresos (um 372-287 v. Chr.): Griechischer spätantiker Philosoph des älteren Peripatos, einer aristotelischen Schule des Hellenismus.

Theunissen, Michael (*1932): Deutscher Philosoph, beschäftigt sich insbesondere mit Hegel.

Thiel, Christian (*1937): Deutscher Philosoph des Konstruktivismus.

Thomas Morus (1478-1535): Englischer politisch-humanistischer Philosoph der Renaissance.

Thomas von Aquin (1224/25-1274): Italienischer Philosoph und Kirchenlehrer, Franziskaner, bedeutendster Theologe der Hochscholastik →B, 2.

Thomas von Kempen (1379-1471): Deutscher Erbauungs- und Tresttheologe.

Thomasius, Christian (1655-1728): Deutscher systematisierender Philosoph der Aufklärung, Weisheits- und Tugendlehrer in praktischer Absicht im Geiste der Vernunft und Aufklärung.

Thrasymachos von Chalkedon (um 430-400): Zeitgenosse des Sokrates, griechischer Denker der jüngeren Sophistik.

Thukydides (471-um 405 v. Chr.): Griechischer Historiker, führte die historische Kritik ein.

Titus Flavius Clemens →Clemens von Alexandria

Tocco, Felice (1845-1911): Italienischer Philosophiehistoriker.

Tocqueville, Alexis Henri Clérel de (1805-1859): Französischer Denker der Politik und der Gesellschaft.

Tönnies, Ferdinand (1855-1936): Deutscher Soziologie und Philosoph.

Topitsch, Ernst (*1919): Österreichischer Philosoph und Soziologe.

Toulmin, Stephen Edelton (*1922): Britischer Wissenschaftstheoretiker und Philosoph.

Toynbee, Arnold Joseph (1889-1975): Englischer Kultur- und Geschichtsphilosoph im Geiste der Lebensphilosophie Henri Bergsons.

Troeltsch, Ernst (1865-1923): Deutscher Theologe und Philosoph, Religionssoziologe und Kritiker des Historismus.

Tugendhat, Ernst (*1930): Deutscher sprachanalytischer Philosoph.

Turgot, Anne Robert Jacques (1727-1781): Baron de l'Aulne, französischer Staatsmann, Rechts- und Staatswissenschaftler der physiokratischen Schule.

Unamuno y Jugo, Miguel de (1864-1936): Spanischer Philosoph, thematisierte die Beziehung von Glauben und Wissen als Grundspannung des Lebens.

Vaihinger, Hans (1852-1933): Deutscher Philosoph, bedeutender Kantforscher.

Varro (116-28): Römischer Gelehrter und neuplatonischer Philosoph der spätantiken neueren Akademie, einer platonischen Schule des Hellenismus.

Vattimo, Gianni (*1936): Italienischer Philosoph, Denker der Postmoderne.

Vico, Giovanni Battista (Giambattista) (1668-1744): Italienischer Geschichtsphilosoph der Renaissance.

Vinci →Leonardo da Vinci

Vischer, Friedrich Theodor (1807-1887): Deutscher Dichter und Ästhetiker, Eklektizist im Ausgang von Hegel.

Vives, Johannes Ludovicus (1492-1540): Spanischer humanistischer Philosoph der Renaissance.

Volkelt, Johannes (1848-1930): Deutscher Philosoph, kritischer Metaphysiker und Systematiker der Ästhetik.

Volkmann-Schluck, Karl-Heinz (1914-1981): Deutscher Philosoph in der Nachfolge Heideggers.

Vollrath, Ernst (*1932): Deutscher Philosoph, beschäftigt sich mit der politischen Philosophie von der Antike bis in die Jetztzeit.

Voltaire (1694-1778): François Marie Arouet, französischer Philosoph der Aufklärung, →B, 2.

Waldenfels, Hans (*1931): Deutscher Theologe und Philosoph.

Weber, Alfred (1868-1958): Deutscher Soziologe und Kulturphilosoph.

Weber, Max (1864-1920): Deutscher Sozialphilosoph, Begründer der Religionssoziologie.

Weischedel, Wilhelm (*1905): Deutscher Philosophiehistoriker, der sich auch mit Metaphysik, Ethik und Ästhetik beschäftigt.

Weizsäcker, Carl Friedrich von (*1912): Deutscher Physiker und Philosoph.

Weizsäcker, Viktor von (1886-1957): Deutscher Mediziner und Philosoph, entwickelte die Lehre des Gestaltkreises, der die Verschränktheit von Seelischem und Körperlichem beschreibt.

Welsch, Wolfgang (*1946): Deutscher Philosoph, beschäftigt sich mit dem Begriff der Vernunft und der Postmoderne.

Wenzl, Aloys (1887-1967): Deutscher Philosoph des kritischen Realismus.

Whewell, William (1794-1866): Englischer Mathematiker, Mineraloge und Philosoph, trat insbesondere für die induktive Methode ein.

Whitehead, Alfred North (1861-1947): Englischer Philosoph der Mathematik, Logik, Theologie und Kosmologie.

Wiclef, John (um 1320/30-1384): Auch Wycliffe, Wiclif, britischer Theologe und Anhänger des Augustinus.

Wiclif, John →Wiclef, John

Wieland, Wolfgang (*1933): Deutscher Philosoph, beschäftigt sich insbesondere mit der aristotelischen Philosophie und dem deutschen Idealismus.

Wilhelm von Ockham (um 1258-1349): Englischer Spätscholastiker des Franziskanerordens, Vertreter des Nominalismus.

Windelband, Wilhelm (1848-1915): Deutscher Philosoph des Neukantianismus (südwestdeutsche Schule) und Philosophiehistoriker.

Wittgenstein, Ludwig (1889-1951): Österreichischer Philosoph, Begründer der modernen Sprachphilosophie, →B, 2.

Wolff, Christian (1679-1754): Deutscher Mathematiker und Philosoph der Aufklärung, entwickelte einen deutschen, rationalistischen Dogmatismus und legte den Grund der philosophischen Terminologie in deutscher Sprache, Lehrer Immanuel Kants.

Wright, George Henrik von (*1916): Englischer Philosoph der analytischen Ethik.

Wundt, Wilhelm (1832-1920): Deutscher Philosoph des Psychologismus.

Wycliffe, John →Wiclef, John

Xenokrates von Kalchedon (396-314): Griechischer Philosoph der platonischen älteren Akademie.

Xenophanes von Kolochon (um 570–480): Griechischer vorsokratischer Philosoph der eleatischen Schule.

Xenophon (um 450–354): Griechischer Philosoph der sokratischen Schule.

Yorck von Wartenburg, Paul (1835–1897): Deutscher Graf und Philosoph, bedeutender Anreger der Seins-Hermeneutik Wilhelm Diltheys und der Fundamentalontologie Heideggers.

Zenon von Elea (um 490–440): Griechischer vorsokratischer Philosoph der eleatischen Schule.

Zenon von Kition (um 336–264): Zyprischer Philosoph, aus der kynischen Schule stammend, wurde er zum Gründer der Stoa.

Zimmerli, Walther Ch. (*1945): Deutscher Philosoph, beschäftigt sich mit Popularphilosophie und Technikphilosophie.

2. Themen und Positionen

Adorno, Theodor Wiesengrund (1903–1969): Philosoph, Soziologe, Psychologe, Musikwissenschaftler, Komponist und kompetenter Literatur- und Kulturkritiker in einer Person. Die Hälfte seines Lebens war er Mitglied des Instituts für Sozialforschung in Frankfurt, das in den 20er Jahren zur interdisziplinären, kritischen Analyse der Gesellschaft gegründet worden war. Neben den marxschen Frühschriften, welche die ideologische Grundlage für die Forschungen des Instituts bildeten, war es vor allem Benjamin, dessen Gedanken einen nachhaltigen Einfluss auf Adorno ausübten. Durch das von Adorno zusammen mit Horkheimer in der amerikanischen Emigration verfasste Buch *Dialektik der Aufklärung* (erschienen 1947) wurde Adorno zum Mitbegründer und Hauptvertreter der →kritischen Theorie, einer philosophischen Denkrichtung, welche in der Folge vor allem von den Mitgliedern des Frankfurter Instituts vertreten wurde.

Die Katastrophe zweier Weltkriege, die Verdinglichung des Menschen in der modernen Industriegesellschaft, die gewaltsame Manipulation menschlicher Bedürfnisse und Wünsche in der Massen- und Konsumgesellschaft des 20. Jhs. sind nur einige der Phänomene, welche Adorno in seiner Analyse der zeitgenössischen →Gesellschaft dazu veranlassen, dieser Gesellschaft ein Höchstmaß an Negativem zu diagnostizieren. Die gesellschaftliche Entwicklung hat sich in seinen Augen der Beeinflussung der Menschen entzogen und eine Eigendynamik entwickelt, als deren Produkt am Ende nur noch Negatives steht (»Das Ganze ist das Falsche«). Dem kann nur durch den Versuch begegnet werden, die Gesellschaft als Ganze zu verändern. Einen Gedanken Benjamins aufnehmend, der die Wirklichkeit als Deutungsprodukt der Wahrnehmung interpretiert, kann die Veränderung der Gesellschaft nach Adorno nur über eine Veränderung der Wirklichkeitswahrnehmung erfolgen. Neben einer scharfen Zurückweisung des Bestehenden und einer großen Skepsis gegenüber heilsversprechenden Alternativmodellen teilt Adorno mit anderen Mitgliedern der Frankfurter Schule eine eingefleischte Abneigung gegen jegliches Systemdenken, da durch dieses die Wirklichkeit in erstarrten Begriffen festgelegt wird. Seine Gedanken verfasst er denn auch bevorzugt als Essays, Aufsätze oder Aphorismen, ohne ihnen die Form eines Systems zu geben. Im Folgenden soll zuerst nach der Ursache des von Adorno diagnostizierten ›Negativen‹ gefragt und danach auf die Rolle der Philosophie und der Kunst in diesem Zusammenhang eingegangen werden.

Für Adorno liegt der Ursprung all des Negativen, welches die Gesellschaft hervorbringt und unter welchem sie gleichzeitig leidet, in einer bestimmten Art von →Denken begründet, welches er das »Denken der Identität« nennt. In demselben Maße, wie die logischen, die mathematischen und die Naturwissenschaften immer dominanter wurden, hat sich gleichzeitig auch ihre →Methode, ihr Zugriff auf Wirklichkeit im →Bewusstsein nicht nur der Wissenschaftler, sondern auch der Allgemeinheit immer mehr durchgesetzt. Die Naturwissenschaft wurde nicht nur zum Inbegriff und Leitbild für Wissenschaftlichkeit, sondern das Wirklichkeitsbild dieser Wissenschaften wurde bestimmend für das, was Wirklichkeit für alle sein sollte. Die Optik, die diese Wahrnehmung prägt, hat nach Adorno ihr Spezifikum im Vereinheitlichen und Gleichmachen. Dieses identifizierende und unter Allgemeines systematisierende Verfahren beweist seine Stärke durch seine Erfolge auf naturwissenschaftlichem Gebiet, wo das Individuelle um des Zieles einer allgemeinen (und eben gerade nicht spezifisch gebundenen) Anwendbarkeit willen ausgeschaltet werden muss. Zur Erfassung der →Wirklichkeit ist dieses Denken jedoch ungeeignet, weil es die Dimension des Individuellen und Einmaligen – somit das konkrete Leben selbst – vernachlässigt. Nach Adorno ist die zunehmende Versachlichung des Menschen, seine Entfremdung nicht nur gegenüber der →Arbeit, sondern gegenüber allem, mit dem der Mensch Umgang pflegt, die unmittelbare Wirkung solch vereinheitlichenden Denkens. Als schrecklichste Konsequenz war auch Auschwitz nur möglich unter der Voraussetzung eines Denkens, das den Menschen entmenschlicht, indem es ihm seine Individualität nimmt. Ein Mensch wird auf das Faktum einer Nummer reduziert, bürokratisch verwaltet - bürokratisch erledigt.

Wie kommt es dazu, dass das Denken der instrumentellen →Vernunft oder technologischen →Rationalität sich gegen den Menschen selbst richtet? Der Ursprung für diese Entwicklung liegt nach Adorno in den Anfängen der menschlichen →Kultur begründet. Aus Angst vor der Macht der →Natur versucht der Mensch diese im →Mythos zu bändigen. Durch die Kategorien von →Ursache und Wirkung wird das Bedrohliche ›erklärt‹, durch die Anwendung derselben als Mittel und →Zweck ›beherrschbar‹ gemacht. Nach und nach unterwirft sich dieses →Prinzip jedoch alle vorgefundenen Verhältnisse und Beziehungen inklusive der menschlichen, welche in dieser Optik nur noch unter dem Aspekt des Verfügens, der Kontrolle und der →Herrschaft wahrgenommen werden können. Der in der technologischen Rationalität befangene moderne Mensch beherrscht die Phänomene in Natur und Gesellschaft, indem er sie rationalisiert und kategorisiert, und wird, indem er die technologische Rationalität als für sämtliche Lebensbereiche alleinig zuständig erklärt, schließlich selbst Opfer dieser Prinzipien. So hat der Mensch die unmittelbare Erfahrung dessen, was ist, ersetzt durch die Erfahrung desjenigen, was er versteht, respektive durch die Weise dieses →Verstehens: Er hat die Erfahrungsordnung mit dem Erfahrenen identifiziert. Die Aufgabe der Philosophie besteht nun nach Adorno gerade darin, auf diese Verwechslung hinzuweisen, ja sie anzuprangern. Die Aufgabe der Philosophie besteht darin, das Nicht-Identische zur Sprache zu bringen. Doch wie kann das geschehen? Wie mit den Kategorien der →Begriffe dasjenige fassen, das ihnen entschlüpft? Nach Adorno gelingt dies nur einer ganz spezifischen Form von →Kritik. In dieser Kritik geht es darum, aufzuweisen, dass das, was ist, nicht alles ist - beziehungsweise, dass das, was ist, auch anders sein könnte. Eine solche Kritik muss selbst negativ sein, das heißt, sie darf nicht von dem sicheren Standort des →Wissens aus das Bestehende als schlecht kritisieren, indem sie es mit einem positiv gefassten Anderen vergleicht. Die von Adorno gemeinte Kritik muss kritisieren ohne Vergleich und ohne die Vorstellung eines Besseren. Von dem Hier und Jetzt ausgehend, muss sie die Möglichkeit des Anders-Seins eröffnen, ohne ein konkretes Anderes an die Stelle des Kritisierten zu setzen. Anknüpfend an Benjamins Vorstellung, wonach die Wirklichkeit die Geordnetheit disparater Elemente ist, kann die negative Kritik nach Adorno nur in der permanenten Neuordnung der Wirklichkeitselemente bestehen. Nur aus diesem Prozess ständiger Verflüssigung erstarrter Vorstellungen, nur aus der Destruktion durch permanente Neuordnung erwächst das Bewusstsein der Möglichkeit des Anders-Sein-Könnens ohne die positive Schilderung dieses Anderen. Damit die Neuordnung nicht ihrerseits wieder zur Form erstarrt, muss jeder Darstellung zugleich das Versprechen auf ihre Destruktion gleichsam mitgegeben sein. Negative Kritik ist immer Metakritik. Sie beinhaltet die Kritik an etwas, das sich sagen und infolgedessen mit Worten kritisieren lässt, und muss gerade deshalb sich selbst als unzureichend und ergänzungsbedürftig kritisieren, weil sie nur das aktuell Vorhandene betrifft. In seinem Aufsatz *Wozu noch Philosophie?* bestimmt Adorno Philosophie solchermaßen als Kritik. Ohne Standpunkt hat sie kein Ziel, das über die Kritik des Gegebenen hinausgeht: Sie lebt in der Einheit des Problems und der →Argumente. Es ist offenbar, dass eine solche philosophische Kritik auch vor den philosophischen →Systemen selbst nicht Halt macht. Es sind vor allem →Husserl und →Heidegger, denen Adorno vorwirft, ihre eigene Erkenntnisstruktur zu verabsolutieren und im System zu einer Abstraktion der Wirklichkeit gerinnen zu lassen.

Während Philosophie als Kritik das Nichtidentische nie erfassen, sondern immer nur dessen Möglichkeit andeuten kann, gibt es nach Adorno einen Bereich, der das Nichtidentische unmittelbar erfahrbar machen kann: die →Kunst. Insofern Adorno in der posthum veröffentlichten Schrift *Ästhetische Theorie* (1970) Kunst als eine Form der naturbeherrschenden Vernunft verstanden wissen will, mag diese Behauptung auf den ersten Blick paradox erscheinen. Denn das Kunstwerk als ein Produkt des Menschen ist durch seine Genese zugleich immer auch Produkt der menschlichen Rationalität. Indem in ihm Materialien der unterschiedlichsten Art zu einer Einheit geformt werden, ist das Kunstwerk immer Ergebnis einer rationalen Ordnung - und sei es nur die Ordnung des konsequent provozierten Zufalls. Doch wenn auch das Werk durch die Bedingung seiner Entstehung nicht frei von jeglicher Rationalität ist, so provoziert es doch im Kunsterlebnis die Erfahrung des Nichtidentischen. Dies gelingt durch die Radikalität, mit welcher die Rationalität im Kunstwerk - als die rationale Konstruktion des Materials - gewissermaßen auf die Spitze getrieben wird. Wie ist das zu verstehen? Die Entstehung eines Kunstwerks verdankt sich einem Prozess, in dessen Verlauf rationale Gestaltungskraft sich verwirklicht. Bei der Rezeption des Werks wird der Betrachter oder Hörer nun mit der Totalität dieser verwirklichten Rationalität konfrontiert, ein Erlebnis, das seine Fähigkeit, das Ganze aus der Erkenntnis der Teile aufzubauen durch die Unendlichkeit der im Werk verwirklichten Bezüge überfordert. Während die Entstehung beispielsweise eines Bildes das Ergebnis einer endlichen Anzahl von Verrichtungen darstellt, ist das Produkt in sich selbst unendlich und in seiner Totalität unbeschreibbar. Dem kategorisierenden Zugriff durch Überforderung entzogen, wird das Material in seiner Individualität freigesetzt und als das Nicht-Kategorisierte, das Nichtidentische erfahren.

Th. W. Adorno, Aufarbeitung der Vergangenheit. Reden und Gespräche, (5 CDs) München 1999

G. Schweppenhäuser, Theodor W. Adorno zur Einführung, Hamburg 2000

W. van Reijen, Adorno, Hannover 1980

G.T.-G.

Anaximander von Milet (um 610/09-547/46): Sohn des Praxiades, kannte →Thales und war vielleicht sein Schüler. Ihm wird die Erfindung der Sonnenuhr zugeschrieben, was aber wohl unrichtig ist, weil nach der Angabe Herodots die Griechen sie von den Babyloniern übernahmen; vielleicht führte Anaximander sie in Griechenland ein. Ferner soll Anaximander eine Land- und Seekarte entworfen haben, was möglich ist; es bleiben aber Zweifel. Dass Anaximander einen Himmelsglobus konstruiert habe, ist nicht beweisbar und aufgrund der astronomischen Vorstellungen Anaximanders wenig wahrscheinlich. Sicher ist, dass er ein Buch schrieb, aus dem ein Satz wörtlich erhalten ist. Er war der erste, der für den Urstoff den Namen *apeiron* (Unbegrenztes, Unbestimmtes) verwendete, weil der von ihm angenommene Urstoff unvorstellbar weit ausgedehnt und der Beschaffenheit nach unbestimmt ist, d. h. das *apeiron* ist mit keinem Elementarkörper identisch und auch keine Mischung aus Elementarkörpern. Verbunden hiermit ist der Gedanke, es sei unvergänglich. Als unvergänglich ist das *apeiron* göttlich, und als solches umfasst und ›steuert‹ (lenkt) es alles. Hiermit ist nicht mit Notwendigkeit auf planvolle Lenkung des →Kosmos hingewiesen; das Steuern eines Schiffes kann als mechanischer Vorgang aufgefasst werden, der durch den Mechanismus des Steuerruders verursacht wird, und ebenso kann die dem *apeiron* beigelegte Steuerung gemeint sein. Indessen ist zu konzedieren, dass die Steuerungsmetapher die Annahme einer planvollen Lenkung begünstigt, sie jedoch nicht erforderlich macht; auch bei Aristoteles kommt der zielstrebig verändernden und gestaltenden Naturkraft (*physis*) kein Bewusstsein zu. Wie Anaximander die Lenkung der Welt auffasste, wissen wir nicht; die Lösung des Problems kann in Folgendem gesehen werden: Die Lenkung erfolgt durch das Gesetz des Austauschs der Gegensätze dergestalt, dass entsprechend diesem Gesetz jeder Wechsel erfolgt. Diese Deutung wird durch den erhaltenen wörtlichen Satz begünstigt: »Entsprechend der Notwendigkeit; denn sie zahlen einander Strafe und Buße für die Ungerechtigkeit gemäß der Anordnung der Zeit« (mit Sicherheit echt sind die Worte »denn sie ... Ungerechtigkeit«). Strafe und Buße zahlen ist auf die einander entgegengesetzten Dinge zu beziehen, die aus dem *apeiron* entstehen und Teile der Welt oder der aufeinander folgenden Weltordnungen sind, also auf Warmes, Kaltes, Trockenes, Feuchtes. Diese sind nicht Attribute eines Stoffes, sondern Dinge, welche die Welt in ihrer Gesamtheit →konstituieren. Wahrscheinlich sprach Anaximander nicht abstrakt vom Warmen, Kalten usw., sondern von Feuer, Wind oder Luft, Wasser usw. Der Konflikt zwischen Entgegengesetztem ist vornehmlich beim Wechsel der Jahreszeiten beobachtbar, und archaisches Denken weitete diesen Konflikt in kosmisches Geschehen aus. Hitze und Trockenheit, Regen und Kälte verdrängen einander; Heißes kühlt sich ab zu Wolken, Wolken werden zu Regen. Die ›Ungerechtigkeit‹ besteht darin, dass z. B. das Heiße die Übermacht über sein Gegenteil erlangt. Dieses Dominieren des einen gegenüber dem anderen ist ›Ungerechtigkeit‹, die gesühnt wird; der Wechsel, das Wiederherstellen des kosmischen Gleichgewichts, ist »Strafe und Buße für die Ungerechtigkeit zahlen«. Es handelt sich hierbei eindeutig um eine Metapher, die dem gesellschaftlichen Leben entnommen und auf die Vorgänge im Kosmos angewendet ist. Das Wiederherstellen des gestörten Gleichgewichts ist eine ›Notwendigkeit‹, auf welcher die Fortdauer des Entstehens und Vergehens beruht. Die Rechtsmetapher vermag auch Auskunft darüber zu geben, wer Ursache der Notwendigkeit ist. Gesellschaftliches Leben wird dadurch gewährleistet, dass das vom Herrscher erlassene Gesetz befolgt wird. Nichtbefolgung des Gesetzes zerstört die →Ordnung; durch Strafe und Buße wird die Ungerechtigkeit gesühnt. Das wird auf den Kosmos übertragen: Die Ungerechtigkeit, das Überhandnehmen eines Teiles in der Welt würde die Weltordnung zerstören, wenn sie nicht wieder hergestellt würde. Das Gesetz der Isonomie und die Notwendigkeit, dass die kosmischen Gegensätze ihre Bereiche nicht überschreiten, entstammen also dem *apeiron*. »Gemäß der Anordnung der Zeit« wird die Grenze für die ›Buße‹ bestimmt, was bedeutet, dass für alle Gegensatzglieder eine bestimmte Dauer festgesetzt ist und dass nichts unveränderlich besteht. Die von Aristoteles angegebene Begründung dafür, dass Anaximander als Urstoff das *apeiron* annahm, wird von hier aus plausibel: Wäre der Urstoff einer der bekannten Elementarkörper, dann würde er wegen seiner unvorstellbar weiten Ausdehnung die anderen Stoffe zerstören. Daher kann der Urstoff nicht selbst ein kosmisches Phänomen sein, sondern muss jenseits der Phänomene existieren. Die Weltentstehung wird dadurch eingeleitet, dass aus dem *apeiron* sich ein Keim absondert, der Heißes und Kaltes erzeugt, in der Sprache des Anaximander wahrscheinlich Feuer als Heiß-Trockenes, Wasser als Kalt-Feuchtes. Das Heiß-Trockene drängt an die Peripherie und entwickelt sich zu einem Flammenball, der das Kalt-Feuchte umgibt wie die Rinde den Baum. Durch die auf das Kalt-Feuchte einwirkende Hitze entsteht Nebel, und ebenfalls unter der Einwirkung der Hitze wird der größere Teil des Kalt-Feuchten zu trockenem Land. Die Gestirne einschließlich der Sonne und des Mondes entstehen dadurch, dass aufgrund der Hitze Luftmassen gegen die Feuerregion stoßen und diese zerteilen; der Flammenball bricht auseinander, und das Feuer schließt sich zu Radkränzen zusammen, die von dunkler Luft wie von Schläuchen umgeben sind. Auf der inneren Seite der Radkränze befinden sich Öffnungen; die durch die Öffnungen sichtbaren Feuerteile erscheinen als Sonne, Mond und Sterne. Gelegentliche Verstopfungen der Öffnungen sind Ursache der Sonnen- und Mondfinsternisse; periodische Verstopfungen bewirken die Mondphasen. Über eine Ursache der Verstopfungen ist in den Berichten nichts angegeben. In nacharistotelischen Referaten wird gesagt, Anaximander habe zahllose aus dem *apeiron* entstehende Weltordnungen angenommen. Falls er in irgendeiner Weise von koexistierenden Welten sprach, kann er damit nur die Gestirne oder die Regionen zwischen den Gestirnbahnen gemeint haben. Wahrscheinlicher ist, dass er an eine Vielzahl aufeinander folgender Beschaffenheiten des einen Kosmos dachte, worauf auch das erhaltene Fragment hinweist.

Mit Sicherheit hatte Anaximander große astronomische und geographische Interessen, die auch in seiner Weltentstehungstheorie deutlich werden. Die Erde ist an Gestalt einem zylindrischen Säulenstumpf gleich, dessen Höhe ein Drittel der Breite ausmacht. Die von Menschen bewohnte Oberfläche erscheint wie eine flache Scheibe. Anaximanders Neuerung besteht darin, dass er auf eine die Erde tragende Unterlage verzichten kann. Die Erde schwebt frei in der Mitte der Welt; wegen des gleichen Abstands nach allen Seiten befindet sie sich im Gleichgewicht, und es gibt keinen Grund dafür, dass sie sich von der Mitte entfernt. Aufgrund dieser Position der Erde ist die Möglichkeit gegeben, die Gestirnbahnen als kreisförmige Bewegung der Radkränze aufzufassen. Verursacht wird die Drehung der Radkränze durch den Wind, dessen Ursache der infolge der Sonnenwärme aufsteigende Wasserdampf ist. Wie kindlich diese Theorie im 21. Jh. erscheinen mag, so wichtig ist sie. Aristoteles z.B. fand keine bessere Erklärung für die Bewegung der Gestirne, als dass sie durch übermenschliche Intelligenzen verursacht werden, was die mittelalterlichen Aristoteliker akzeptierten. Bei Anaximander hingegen treffen wir auf eine physikalische Erklärung der Gestirnbewegung. Die Größe der Sonne ist gleich der Erdoberfläche. Die Durchmesser der Radkränze werden in Vielfachen des Erddurchmessers angegeben: Der Radkranz der Sonne hat siebenundzwanzigfachen, der des Mondes achtzehnfachen Durchmesser der Erde; der Durchmesser des Gestirnradkranzes ist nicht überliefert, wahrscheinlich galt für ihn der neun- oder zehnfache Erddurchmesser. Hieraus ergibt sich: Alle Gestirne sind von der Erde gleich weit entfernt, sie befinden sich in größerer Nähe zur Erde als der Mond; die Sonne ist am weitesten von der Erde entfernt. Wichtiger als das ist, dass die Welt mathematisch strukturiert ist und deswegen Kosmos (Ordnung, Schmuck) heißt; Schönheit erfordert Proportion und Maßverhältnisse. Eine Schwierigkeit ergibt sich hinsichtlich der scheinbar rückläufigen Planetenbahnen im Vergleich zur Fixsternsphäre; sie lässt sich am besten durch die Annahme beheben, dass Anaximander jedem Planeten einen gleich großen Radkranz, aber von jeweils verschiedener Neigung und Umdrehungsgeschwindigkeit, zusprach; diesbezüglich ist jedoch nichts überliefert. Eine andere Schwierigkeit besteht hinsichtlich der nicht untergehenden Zirkumpolarsterne. Wenn die Erde sich im Mittelpunkt der Radkränze befindet, lassen sich die Bahnen der Zirkumpolarsterne nicht erklären. Auch diesbezüglich ist nichts überliefert; denkbar ist, dass Anaximander sich mit diesem Problem nicht befasste. Meteorologische Phänomene wie Wind, Wolken, Regen, Blitz und Donner scheint Anaximander dadurch erklärt zu haben, dass der kosmische Prozess der Aussonderung nicht beendet ist. Unter dem Einfluss der Sonnenwärme steigt Wasserdampf vom Meer auf und bildet die Atmosphäre, diese sondert sich in schwere und leichte Luft. Die Bewegung der leichten Luft ist der Wind; die schwere, feuchte Luft ballt sich zu Wolken zusammen und wird zu Regen. Wind, der vollständig in dichten Wolken eingeschlossen ist, sucht einen Ausweg und sprengt die Wolken. Das Zerreißen der Wolken wird als Donner hörbar, der Riss selbst erscheint im Kontrast zur Dunkelheit der Wolken als Blitz. Dass Anaximander auch eine Erklärung der Erdbeben gab, ist zu bezweifeln. Entsprechend einigen Referaten soll er gelehrt haben, die Erde trockne immer mehr aus und schließlich verschwinde das Wasser. Möglich ist, dass es sich bei diesen Berichten um einen Teil einer zyklischen Weltentstehungs- und Weltuntergangstheorie handelt; denkbar ist auch, dass hiermit die archaische Vorstellung vom ›Großen Sommer‹ und ›Großen Winter‹ zu verbinden ist, nämlich periodische Trockenheits- und Überschwemmungsphasen entsprechend dem Gesetz der Isonomie. Wahrscheinlicher indessen ist die Annahme, dass der jährliche Wechsel der Jahreszeiten gemeint ist. Alles Leben entsteht im Feuchten unter dem Einfluss der Sonnenwärme. Abgesehen von der Verbindung zu Thales' Theorie vom Wasser als dem Urstoff wurde Anaximander zu dieser Auffassung vielleicht durch Beobachtungen des Lebens im austrocknenden Meeresschlamm angeregt. Die ersten Lebewesen entstanden im Wasser und waren von stacheligen Schutzhüllen umgeben; mit fortschreitendem Alter begaben sie sich aufs Land, warfen die Schutzhüllen ab und lebten einige Zeit in anderer Form weiter. Auch die Menschen entstanden ursprünglich im Wasser. Da sie im Vergleich zu anderen Lebewesen lange Zeit pflegebedürftig sind, wurden sie von Fischen oder fischähnlichen Lebewesen so lange ausgetragen, bis sie sich auf dem Land selbst erhalten konnten. Diese Theorie ist, wenn von Einzelheiten abgesehen und sie im Ganzen bewertet wird, keineswegs zu verachten; sie ist nichts anderes als eine erste Abstammungslehre. Anaximander ist, soweit wir wissen, der Erste, der versuchte, den Ursprung der Lebewesen und der Menschen naturwissenschaftlich zu erklären. Darüber hinaus bot er eine allumfassende Deutung der Weltentstehung und aller kosmischen Phänomene, was trotz der lückenhaften Referate erkennbar ist; und wenn seine Deutung mit späteren verglichen wird, ergibt sich, dass der Gedankenreichtum Anaximanders nie übertroffen wurde. Auf Einzelheiten, welche die moderne Naturwissenschaft besser als Anaximander deuten kann, braucht nicht hingewiesen zu werden. Er versuchte, die Erscheinungen mit überprüfbaren Argumenten zu erklären, was in späterer Zeit keineswegs immer getan wird.

F. Dirlmeier, Der Satz des Anaximander von Milet, in: Rhein. Mus. N. F. 87, 1938,376-382

U. Hölscher, Anaximander und die Anfänge der Philosophie, in: Hermes 81, 1953, 257-277; 385-418

Ch. H. Kahn, Anaximander and the Origins of Greek Cosmology, New York 1960

K. B.

Aristoteles (um 384 – um 322): Zu seinem Werk führen viele Wege. Wer Ziele, Möglichkeiten und Angemessenheit menschlichen Handelns ergründen will, greift zur *Nikomachischen Ethik*. Wem die staatliche Ordnung und die öffentlich wirksame Rede am Herzen liegt, der studiert die politischen Schriften und die *Rhetorik*. Der Literatur- und Theaterwissenschaftler liest mit Gewinn in der *Poetik*. An der →Logik und der →Erkenntnistheorie Interessierten bieten die unter dem Titel *Organon* zusammengefassten Schriften reichlich Material. Für den Biologen, insbesondere für den Zoologen, bilden die verschiedenen Schriften über die Lebewesen eine kostbare Schatztruhe, der noch in den letzten Jahrzehnten neue Erkenntnisse entnommen worden sind. Für jeden, der sich mit der Geschichte der Naturwissenschaften beschäftigt, gehören die *Physik*, die Schrift *Über den Himmel* und die *Metereologie* zur Pflichtlektüre. Wer schließlich wissen will, was Aristoteles über →Gott und die →Seele geschrieben hat, vertieft sich in die Schrift *Über die Seele* und die Bücher, die den Namen *Metaphysik* tragen. Jenseits solcher beliebigen Zugänge zum aristotelischen Schrifttum ist jedoch die Einheit und Zusammengehörigkeit der aristotelischen Wissenschaft nicht leicht zu begreifen und bleibt Aufgabe der Philosophie.

Aristoteles wurde vermutlich im Jahr 384 v.Chr. in Stageira, einer Stadt im Nordosten der Halbinsel Chalkidike an der Grenze zum immer mächtiger werdenden Königreich Makedonien geboren und ist im Alter von 62 Jahren in Chalkis auf Euböa gestorben. Sein Vater war Leibarzt des makedonischen Königs und so war Aristoteles schon früh mit dem Königshaus verbunden. Diese Beziehung dauerte bis zum Tod Alexanders des Großen, dessen Erziehung er drei Jahre lang leitete. Mit achtzehn Jahren begab sich Aristoteles nach Athen, um Mitglied der platonischen Akademie zu werden, der er zwanzig Jahre bis zu →Platons Tod angehörte. Wenn ordnende Übersicht, Selbständigkeit und Gelassenheit nicht schon zur natürlichen Mitgift des ›Stagiriten‹ gehört haben sollten, so wurden sie durch die Tatsache, dass er als Fremder nicht in die Auseinandersetzungen der Athener Gesellschaft verstrickt war, sondern sich in Muße der Wissenschaft widmen konnte, außerordentlich gefördert. Sein Werk offenbart jedenfalls auf bewundernswürdige Weise diese Charaktermerkmale, ohne dass der Schüler Platons an Tiefe und Schärfe des Geistes seinem Lehrer, dem er ebenbürtig werden sollte, nachstand.

Die Einheit der aristotelischen Wissenschaft scheint sich am ehesten zu erschließen, wenn man von der ›Bewegung‹ als leitendem Thema des aristotelischen Denkens ausgeht. So ist, was sich selbst bewegt, von dem zu unterscheiden, was bewegt wird, d.h. das Beseelte von Unbeseelten. Das Sich-selbst-Bewegende, also Beseelte, ist ferner zu scheiden in das, was sich immer auf die gleiche Weise bewegt und kein Entstehen und Vergehen kennt: das sind die Himmelssphären (am Himmel haben wir daher so viele Seelen zu denken, als wir Himmelssphären unterscheiden), und in die Lebewesen, die dem Entstehen und Vergehen unterworfen sind, also Pflanzen, Tiere, Menschen. So wäre durch diese Unterteilung die Unterschiedenheit und der Zusammenhang der aristotelischen Wissenschaft erbracht und es fehlt nur noch eine Schlussfolgerung, die zu ziehen wäre, dass nämlich jede Bewegung einer →Ursache bedürfe, die Reihe der Ursachen aber nicht endlos sein könne, ein →*regressus ad infinitum* zu vermeiden sei, und so schließlich eine erste Ursache, die selber nicht bewegt ist, also ein ›unbewegt Bewegendes‹ vorausgesetzt werden müsse. Die Systematik der aristotelischen Wissenschaft wäre zwar so erklärt, aber nicht begriffen, sie wäre verständlich, aber noch nicht einsichtig. Vor allem wäre der von Aristoteles immer wieder behauptete Vorrang der theoretischen Wissenschaften vor den praktischen und technischen so noch nicht einzusehen, schon gar nicht, dass unter den theoretischen Wissenschaften der Theologie der höchste Rang zukommen soll.

Um den Rang der theoretischen Wissenschaften und unter ihnen vor allem der Theologie zu erweisen, soll ein neuer Ausgang genommen werden. Aristoteles unterscheidet drei Tätigkeiten des Geistes: das Erkennen (*noein*), das Handeln (*prattein*) und das Hervorbringen oder Herstellen (*poiein* oder *technein*). Handeln und Hervorbringen unterscheiden sich in den →Zielen. Während das Ziel beim Hervorbringen außerhalb des Hervorbringenden verwirklicht wird, bleibt das Ziel beim Handeln innerhalb des Handelnden. Das Schiff, das der Schiffsbauer erbaut, fährt auch ohne seinen Erbauer zur See; die Verwirklichung der Tapferkeit ist vom tapfer Handelnden nicht zu lösen. Der Unterschied zeigt sich auch auf folgende Weise: Der Tapfere wird als Held gerühmt, auch wenn er den Tod findet, die Schlacht verloren geht, die Vaterstadt zerstört wird. Der Hervorbringer verfällt Schimpf und Schande, wenn sein Schiff beim Stapellauf untergeht. Werden Handeln und Hervorbringen als Bewegung verstanden, so ist zu sehen, dass diese Bewegung ein Übergang von der Möglichkeit zur Wirklichkeit ist. Das mögliche Schiff, wie es zuvor in der Seele des Erbauers Gestalt hat, wird in dem jeweiligen Material in die Wirklichkeit überführt. Die mögliche Tapferkeit, die in der Haltung (*hexis*) des Handelnden als Möglichkeit angelegt ist, wird durch die Wahl (*prohairesis*) und den Entschluss, lieber Schmerzen zu ertragen und die Stadt zu verteidigen als feige zu fliehen, zur verwirklichten Tapferkeit. Es ist einsichtig, dass die verwirklichten Ziele beim Handeln und Hervorbringen nach einer Rangordnung beurteilt werden müssen, je nachdem wie gut oder wie schlecht sie verwirklicht worden sind. Ein Ziel ist dann vollkommen (*teleion*) verwirklicht, wenn seiner Verwirklichung nichts mehr hinzugefügt werden kann. Schon hier zeigt sich, dass das Vollkommene nicht erst die letzte Schlussfolgerung aus den jeweils offen gebliebenen Möglichkeiten verwirklichter Ziele ist, sondern der den jeweiligen Rang einer Wirklichkeit bestimmende Grund.

Hinsichtlich des technischen Hervorbringens könnte nun das Missverständnis entstehen, dass der Vorrang der →Theorie vor der →Technik darin läge, dass alles, was technisch hervorgebracht wird, zuvor theoretisch erkannt sein muss, sodass die Bedeutung des theoretischen Wissens schließlich in seiner zivilisatorischen Dienlichkeit läge. Dieses Missverständnis übersieht, dass die Bedeutung der Theorie bei Aristoteles ihren Grund nicht in der Brauchbarkeit eines Wissens, sondern in dessen Vollkommenheit hat. Anders gesagt: Die aristotelische Wissenschaft dient nicht der Verwirklichung eines Ziels, sondern ist die Verwirklichung eines Ziels.

Dass die theoretische Wissenschaft die vorzüglichste Verwirklichung eines Ziels ist, erschließt sich jedoch gerade nicht aus der Untersuchung des Hervorbringens, weil das Hervorgebrachte ja dem Hervorbringer äußerlich wird. So muss sich der Vorzug der Theorie aus der Erforschung des Handelns ergeben. Jedes Handeln hat ein Ziel (*telos*). Das letzte Ziel unseres Handelns aber ist die Glückseligkeit (*eudaimonia*). Was Glückseligkeit ist, darüber gehen die Meinungen auseinander. Viele wollen sie in der Lust finden, andere in Reichtum und Macht, einige in der theoretischen Lebensform. Die Güter, die wir durch unser Handeln verwirklichen wollen, liegen teils außerhalb von uns wie der Reichtum, teils betreffen sie unseren Körper wie die Gesundheit, drittens aber sind sie Güter unserer Seele. Dass die seelischen Güter die »herrschendsten und besten« (*kyriotata kai malista*) sind, ist zwar, wie Aristoteles sagt, seit langem gemeinsame Anschauung aller Philosophen, muss aber doch eigens begründet werden. Ein Ziel wird entweder um seiner selbst willen verwirklicht oder um eines anderen, höheren Zieles willen. Gesucht wird als höchstes Ziel das beste →Leben (*beltistos bios*). Es ist offenkundig, dass das beste Leben nicht ein mögliches, sondern ein wirkliches Leben ist.

Als bestes muss es von einer Wirklichkeit sein, der nichts hinzuzufügen ist, d.h. es ist das vollkommene Leben. Das vollkommene Leben kann daher dem Menschen nicht zukommen, denn menschliches Leben ist immer Übergang von Möglichkeit in Wirklichkeit und immer kann ihm etwas hinzugefügt werden, dessen es vorher ermangelte. Das beste, weil vollkommene Leben kommt daher nur einem vollkommenen Seienden zu, das wir Gott nennen.

Der aristotelische Gott bewegt sich nicht, denn es gibt nichts, woraufhin er sich bewegen könnte, was nicht schon in ihm wäre. Seine Unbewegtheit ist jedoch nicht zu verwechseln mit Untätigkeit. Im Gegenteil ist er höchste wirkliche Tätigkeit. Seine Tätigkeit ist die Freude (*hedone*) seines Selbstgenusses. Sein Selbstgenuss ist das →Denken seiner selbst. So sagt Aristoteles, dass Leben in der Gottheit wohnt, »denn der →Vernunft (*nous*) wirkliche Tätigkeit ist Leben, die Gottheit aber ist die Tätigkeit; ihre Tätigkeit an sich ist ihr bestes und ewiges Leben. Die Gottheit ist … Leben und Ewigkeit.«

Das vollkommene Leben des Gottes kann der Mensch nicht verwirklichen, jedenfalls nicht immer und ewig, wie es für die Glückseligkeit notwendig wäre. Der Mensch muss sich um das Leben sorgen, er muss den Frieden durch →Gerechtigkeit schaffen und erhalten, er muss die Beziehung zu seinen Freunden pflegen, denn einer allein kann nicht glücklich sein. So muss der Mensch in den jeweils wechselnden Situationen seines Lebens mit Klugheit handeln. Das Handeln hat es immer mit dem Einzelfall zu tun, mit der Tapferkeit in einem bestimmten Kampf, mit der Besonnenheit hinsichtlich einer bestimmten Speise, mit jeweils einzelnen Menschen, die den Freundeskreis ausmachen. Auf diese Einzelfälle lassen sich keine →Gesetze unmittelbar anwenden. Deshalb muss jeweils im Hinblick auf den konkreten Sachverhalt und auf die eigene Leistungsfähigkeit das Angemessene, d.h. die richtige Mitte (*mesotes*) zwischen dem Zuviel und Zuwenig, bestimmt werden. Verhindert oder beeinträchtigt wird die Bestimmung des Angemessenen vor allem durch Zügellosigkeit, Unbeherrschtheit und Unwissenheit. Dasjenige, wodurch die richtige Mitte unseres Handelns bestimmt wird, nennt Aristoteles Klugheit (*phronesis*). Die Klugheit ist selbst eine Mitte, die sich aus Technik (*techne*) und →Wissenschaft (*episteme*) einerseits und aus →Weisheit (*sophia*) und →Geist (*nous*) andererseits bildet. Eine gute Kenntnis, wie man bestimmte Dinge herstellt und welche allgemeinen Gesetze für einen Sachverhalt gelten, sollte jeder Handelnde haben; aber Technik und Wissenschaft bilden noch keine Klugheit, die einsehen lässt, was im konkreten Fall zu tun ist. Es gehört auch die Erkenntnis der Rangordnung der Ziele dazu. Die Erkenntnis des übergeordneten Ziels, das beim konkreten Handeln zu beachten ist, und die dadurch zur herrschenden oder leitenden Erkenntnis wird, heißt Weisheit. Zur Bildung der Klugheit gehört aber auch letztlich (oder erstlich) Geist.

Nous nennt Aristoteles den Gott, dessen bestes, weil vollkommenes Leben die Erkenntnis seiner selbst (*noesis noeseos*) und der Genuss und die Freude (*hedone*) dieses vollkommenen Sich-selbst-Begreifens ist.

Nous ist für Aristoteles aber auch die Vernunft des Menschen. Als solche ist sie zu unterscheiden. Die Aristoteles folgende Überlieferung unterscheidet die ›leidende Vernunft‹ von der ›tätigen Vernunft‹, wobei leidend soviel bedeutet wie ›einer Einwirkung ausgesetzt‹. Doch diese Unterscheidung bereitet große Schwierigkeiten, da Aristoteles ausdrücklich sagt, dass die Vernunft niemals leidend ist. Da es also nicht leicht ist, verständlich zu machen, dass das Begriffspaar ›leidende Vernunft‹ und ›tätige Vernunft‹ dennoch einen von Aristoteles gemeinten Sachverhalt trifft, soll hier eine andere Unterscheidung gemacht werden. Die menschliche Vernunft erkennt zweierlei Sachen: zusammengesetzte und einfache. Alles, was sich bewegt, ist zusammengesetzt. Es ist, wie gleich noch zu zeigen ist, aus →Form und →Materie zusammengesetzt. Insofern die Vernunft das →Wesen (*ousia*) dieser zusammengesetzten Dinge erkennt, ist sie verbunden mit den sinnlichen Seelenteilen, vor allem mit der Wahrnehmung. Sie hat auch dasselbe Schicksal wie alles Zusammengesetzte. Sie nimmt teil am Entstehen und Vergehen. Die Vernunft erkennt aber auch das Einfache. Es kann aber nur ein Einfaches geben, das nicht zusammengesetzt, sondern in seiner Einfachheit vollkommen ist: den göttlichen Nous. So ist die menschliche Vernunft, insofern sie das Einfache erkennt oder besser gesagt: denkt, das Sich-selbst-Denken (*noesis noeseos*) des göttlichen Nous. Als dieser göttliche Nous ist die Vernunft ewig, das heißt unsterblich. Dieser göttliche Nous des Menschen ist nicht mit dem Körper und den übrigen Seelenteilen verbunden. Er ist von allem abgetrennt, ewig, kommt nicht auf die natürliche Weise des Entstehens dem Menschen zu und vergeht auch nicht mit ihm, sondern kommt – wie Aristoteles kurz und prägnant und ohne weitere Ausführungen bemerkt – dem Menschen ›von außen‹ (*thyraze*) zu. Diese Vernunft, das Sich-selbst-Denken des Geistes, kann sich nicht irren. Sie ist der erste und wahre Gegenstand der ›ersten Philosophie‹ (*prote philosophia*).

Die Vernunft, die die zusammengesetzten Dinge erkennt, unterscheidet nach Maßgabe der ersten Philosophie die obersten Prinzipien (*archai*) dieser Zusammensetzungen. So lässt sich alles Zusammengesetzte auf vier Ursachen zurückfuhren (*ex arches aitia*): 1. »was eine Sache ihrem Wesen nach zu sein hat« (*to ti en einai*), 2. die Materie (*hyle*), die ihr wirkliches Dasein ermöglicht, 3. das »Weswegen« (*hou heneka*) oder das Ziel, weshalb die Sache ist, was sie ist; und schließlich 4., wovon die Bewegung (*kinesis*) ausgeht. Um einen Einblick in den aristotelischen Gedanken zu erhalten, genügt es zunächst, die erste und zweite Ursache, das, was eine Sache zu sein hat, und die Materie ins Auge zu fassen. Was eine Sache wesentlich zu sein hat, ist ihr wesentlicher Anblick (*eidos*). Die spätere Überlieferung wird dieses *eidos* Form nennen. Eine Sache ist aus Form und Materie zusammengesetzt wie aus unvollendeter (*ateles*) →Wirklichkeit (→*energeia*) und →Möglichkeit (→*dynamis*). Wie die Zusammensetzung der wirklichen konkreten Sache aus der allgemeinen Form (*eidos*) und der Materie (*hyle*) zu denken ist und in welchem Sinn Aristoteles von dem Wesen (*ousia*) einer Sache spricht, das ist Gegenstand der schwierigsten Aristoteles-Studien, wobei noch anzumerken ist, dass ein Verständnis dieses Sachverhalts, wie es aus dem 6. Buch (*Z*) der *Metaphysik* zu gewinnen ist, in starker Spannung (wenn nicht im Widerspruch) zu anderen Texten im aristotelischen Gesamtwerk steht. Überhaupt stoßen wir beim Studium des Aristoteles immer wieder auf Schwierigkeiten und Widersprüche, die (wie W. Jaeger einsichtig gemacht hat) wohl vielfach mit der Entwicklungsgeschichte des aristotelischen Denkens zusammenhängen. An einem lässt indessen Aristoteles keinen Zweifel, dass nämlich alle Teile seiner Wissenschaft vom »herrschendsten Wissen« (*kyriotate episterne*) und d.h. von seiner Theologie her begriffen werden müssen.

Dass diese ›metaphysische‹ Auslegung des Aristoteles auch fruchtbar wird, wo der Bezug zur ersten Philosophie nicht sogleich offenkundig ist, soll abschließend an der Bestimmung der Tragödie in der Poetik gezeigt werden. Das Ziel der Tragödie, sagt Aristoteles dort, ist die Reinigung (*katharsis*) zweier Gefühlsregungen (*pathoi*), Schauder (*phobos*) und Jammer (*eleos*). Losgelöst von der Theologie des Aristoteles geben die Ausführungen zu diesen Gefühlsregungen Anlass zu mancherlei Einfällen. Sollten aber nicht die Gefühle in ihrer Richtung von einer Vernunft bestimmt werden, die sowohl das allgemeine Wesen der Dinge des Entstehens und Vergehens zum Gegenstand hat als auch das Denken des sich immer gleich bleibenden einfachen Göttlichen? Wäre dann der Schauder nicht das Gefühl vor der zwar denkbaren, aber vom Menschen doch nicht begreifbaren Macht des Göttlichen und der Jammer das Betroffensein vom Untergang auch des Edelsten unter den Lebewesen?

O. Höffe, Aristoteles, München 1999
–: Praktische Philosophie. Das Modell des Aristoteles, Berlin 1996
G. Bien, Die Grundlegung der politischen Philosophie bei Aristoteles, 3. Aufl. Freiburg/Br. 1985
I. Duering, Aristoteles. Darstellung und Interpretation seines Denkens, Heidelberg 1966
W. Bröcker, Aristoteles, 2 Bde, 3. Aufl. Frankfurt/M. 1963
F.-P. Hager (Hg.), Ethik und Politik des Aristoteles, 2. Aufl. Darmstadt 1979
M. Frede / G. Patzig (Hg.), Aristoteles »Metaphysik Z.« Text. Übersetzung und Kommentar, München 1988

H.-F. B.

Augustinus (354–430): In mehrfacher Hinsicht ein epochaler Autor. Er steht am Ende der Antike und ist zugleich der letzte der großen Kirchenväter, die die christliche Offenbarung mit den Mitteln der griechischen und römischen Philosophie zu einer zusammenhängenden Lehre machen wollten. Mit seinen groß angelegten systematischen und schriftauslegenden Werken ist er, weit über die Wirkung anderer Kirchenväter hinaus, im gesamten →Mittelalter (A) der meistzitierte Autor der patristischen Zeit. Sein Œuvre vereinigt die widerstreitenden zeitgenössischen Lehrmeinungen, die er einerseits widerlegen will und die doch andererseits in der Spannung der Elemente seines Denkens sich weiterhin geltend machen. Seiner Bildung nach zählt Augustinus also zur Spätantike, seiner Wirkung nach zum Mittelalter.

Geboren ist Aurelius Augustinus 354 n. Chr. in Thagaste im heutigen Algerien als Sohn eines heidnischen römischen Beamten und einer Christin. Nach seinem Studium wurde er Rhetor und war Lehrer seiner Disziplin, zunächst in seiner Heimat, dann in Rom, schließlich avancierte er in Mailand zum Hofrhetor des römischen Kaisers. Im Jahre 386 bekehrte er sich nach eingehender Beschäftigung mit den Schriften der Neuplatoniker, besonders Plotins, zum Christentum und wurde 387 getauft. Im folgenden Jahr gab Augustinus seine Stellung auf und kehrte über Rom nach Afrika zurück. In Hippo Regius erhielt er die Priesterweihe und wurde ebendort 395 Bischof, was er bis zu seinem Tode im Jahre 430 blieb.

Seine Werke bilden drei Gruppen, die seinen Lebensabschnitten entsprechen. Erst nach seiner Bekehrung wurde Augustinus kontinuierlich literarisch produktiv. Die erste Gruppe umfasst u. a. im klassischen Stil abgefasste Dialoge gegen die

Skeptiker und über das glückselige Leben sowie die *Selbstgespräche (Soliloquia)*. Die zweite Gruppe folgte in der Zeit von 388–395, als Augustinus nach Afrika zurückgekehrt war. Hier finden sich die wichtigen Schriften *Über den freien Willen (De libero arbitrio)*, *Über den Lehrer (De magistro)* und *Über die wahre Religion (De vera religione)* sowie der *Genesiskommentar gegen die Manichäer (De Genesi contra Manichaeos)*. Aus der letzten großen Lebensperiode als Bischof entstammen die berühmten *Bekenntnisse (Confessiones)*, die Bücher *Über die christliche Lehre (De doctrina christiana)* und die *Dreieinigkeit (De trinitate)*, sowie das große Spätwerk *Der Gottesstaat (De civitate Dei)*.

Das Werk des heiligen Augustinus zeigt eine enorme Vielfalt an Motiven und Traditionslinien, die es mit ganz entgegengesetzten antiken Philosophenschulen und den damals zeitgenössischen religiösen Strömungen verbindet. Dennoch hat Augustinus seine philosophische Grundorientierung, die auch seine theologischen Theorien im engeren Sinne bestimmt, schon früh gefunden. Sie ergab sich aus seiner Kritik der wichtigsten philosophischen Positionen seiner Zeit, also schon als er, durch die Lektüre von →Ciceros inzwischen verlorenem Dialog *Hortensius* angeregt, die Philosophie zur eigenen Sache machte. Um 386, als er sich zum Christentum bekehrte, hatte Augustinus die herrschenden Richtungen bereits eingehend studiert. Besonders der →Manichäismus hat ihn nachhaltig beeinflusst. Diese persisch-christliche Mischreligion lehrte einen strikten →Dualismus der Prinzipien des →Guten und des →Bösen. Die Welt besteht aus dem Widerstreit dieser beiden Grundkräfte. Eine Erlösung der in diesem Antagonismus zerrissenen Seele war nur als völlige asketische Befreiung von der Welt vorstellbar.

Die Zwiespältigkeit der Welt hat Augustinus selbst gelehrt, ohne indessen das Gute und das Böse auf zwei gleichrangige Urgründe zurückzuführen. Konnten die Manichäer einen freien menschlichen →Willen nicht anerkennen, so ist er für Augustinus ein Angelpunkt seiner Lehre von Sünde und Erlösung. Das Böse ist nämlich für ihn nicht die Wirkung eines separaten Prinzips, sondern geradezu das Zeugnis des freien menschlichen Willens. Die Alternative zwischen einem guten, →Gottes Willen entsprechenden und einem bösen, sich von Gott ab- und der menschlichen Subjektivität zuwendenden Handeln lässt die Wahl offen. Die Menschen haben sich im Sündenfall für das Letztere entschieden. Indem sie von ihrer →Freiheit Gebrauch machten, wurden sie schuldig und sind deshalb auf die göttliche Gnade angewiesen. Das Böse aber ist nicht ein eigenes →Sein, sondern nur der Mangel (Privation) des geschuldeten Guten, also eigentlich ein Nichtsein. Es hat indessen eine dauernde Wirkung, die Augustinus in der Theorie von der Erbsünde bis in sein Spätwerk entwickelt hat: Indem sich Adam und Eva von Gottes Willen abkehrten, verfielen sie der Sünde, die sie den Geschlechtern nach ihnen vererbten. Daraus entspringt die Paradoxie der augustinischen Lehre von der Erbsünde: Indem die Menschen ihre Freiheit nutzen und aus eigenem Antrieb handeln, geraten sie in Distanz zu Gott. Ihre →Selbstbestimmung als Menschen führt also notwendig zur Sünde. Das →Selbstbewusstsein, durch das die Menschen ihres Willens und ihrer Freiheit gewahr werden, ist im Kern die Sünde, die somit unausweichlich ist und zugleich die Bedingung für die Rückkehr der →Seele zu Gott darstellt.

Im Faktum des Selbstbewusstseins hatte Augustinus schon in seinen frühesten Schriften gegen den Skeptizismus der späten →Akademie ein wirksames Argument gefunden. So führt er an vielen Stellen aus, dass zwar an allem zu zweifeln sei, dass aber der Zweifelnde seine eigene Existenz nicht in Frage stellen könne und folglich von ihr ein sicheres Wissen habe. Der radikale →Zweifel, der schon an →Descartes erinnert, führt zur →Selbsterkenntnis der Seele als des Denkvermögens. Dieser Selbstbezug ist in jedem Akt der →Erkenntnis schon vorausgesetzt. Deshalb ist Selbsterkenntnis die Form aller Erkenntnis. Auch dort wo äußere Gegenstände bestimmt werden sollen, enthält die erkennende Seele immer schon die begrifflichen Mittel hierzu, welche ihr nämlich eingeboren sind. Dieses platonische Element hat Augustinus übernommen und für seine Interpretation der christlichen Heilslehre verwendet. Hierzu gehört auch die spekulative Darlegung des Dogmas von der Dreieinigkeit. So wie Gott-Vater sich durch den Sohn und den Heiligen Geist auf sich bezieht, so ist in der menschlichen Seele die Dreiheit von Gedächtnis, Erkenntnis und Liebe die Bedingung dafür, dass sie sich im Anderen selbst findet. Diese Dreiheit ist ein unvollkommenes Abbild der göttlichen Trinität.

Die →Wahrheit des Satzes, dass, wer zweifelt, existieren muss, erkennt die denkende Seele in ihrer Wendung nach innen. Diese wie jede andere Wahrheit ist Abbild einer ersten, die für Augustinus mit Gott identisch ist. Ihn, d.h. Christus, findet die Seele als den wahren Lehrer in sich selbst vor. Damit wäre die Erlösung ganz neuplatonisch die Rückkehr der von Gott selbstsüchtig abgefallenen Seele zu ihrem Ursprung, dessen Spur sie in sich trägt. Aber diese Rückkehr kann sie nur vollenden, wenn die göttliche Gnade eintritt, auf welche die Menschen keinen Einfluss haben. Der späte Augustinus hat zwar gelehrt, dass erst die Gnade die Willensfreiheit ermögliche. So steht die Prädestinationslehre, nach der Gott die Menschen erwählt und verdammt, der zugleich festgehaltenen Theorie der Willensfreiheit gegenüber.

Alle diese Motive vereinigen sich in Augustins monumentalem Spätwerk *Der Gottesstaat* (*De civitate Dei*). Dessen ursprünglicher Zweck war es, das Christentum gegen den von heidnischer Seite erhobenen Vorwurf zu verteidigen, den römischen Staat untergraben zu haben, als Rom im Jahre 410 von den Westgoten erobert wurde. Das Buch lässt die apologetische Zielsetzung indessen weit hinter sich und reflektiert auf der Basis der biblischen Berichte das Verhältnis des Christentums zum irdischen Staat überhaupt. Das verheißene Reich, das nicht von dieser Welt sein sollte, stellt Augustinus als die Verfassung der Menschheit nach der Erlösung dar. Wenn diese auch letzthin von der göttlichen Gnade bewirkt wird, haben die Menschen dennoch die Aufgabe, nach dem Sündenfall das Zeitalter ihres irdischen Daseins als Pilgerweg auf sich zu nehmen, um sich im Diesseits zu bewähren und der Gnade würdig zu erweisen.

Auf dieser langen Reise machen die Menschen kontinuierlich Fortschritte in der Erkenntnis der Bestimmung, die ihnen gesetzt ist. Ihr Weg erstreckt sich in der Zeit, der Dimension des profanen Nacheinander der Ereignisse. Wie Augustinus im 11. Buch seiner *Bekenntnisse (Confessiones)* ausführt, kann diese zeitliche Ordnung aber nicht wahrhaftes Sein beanspruchen, denn sie ist aus Vergangenheit, Gegenwart und Zukunft zusammengesetzt, von denen nur die Gegenwart ein punktuelles Sein hat, während die Vergangenheit nicht mehr, die Zukunft noch nicht ist. Die Beziehung dieser drei Zeitmodi und ihr Maß findet sich nur in der menschlichen Seele, die einem trügerischen Schein verfallen ist, wenn sie dem Zeitlichen ein selbstständiges Sein zumisst. Dennoch ist es den Menschen nach dem Sündenfall bestimmt, sich im zeitlich verfassten Diesseits auf die Erlösung vorzubereiten.

Dies geschieht für die Menschheit als Ganze in der Dimension der geschichtlichen Zeit. In Anlehnung an die biblische Geschichte entwickelt Augustinus die erste konsequente Geschichtsphilosophie. →Geschichte wird, neu in der antiken Welt, als einmaliger und unumkehrbarer Prozess begriffen. Dessen Bewegung ist von einem fortwährenden →Antagonismus beherrscht. Das weltliche, von Gott abgefallene Dasein und seine Organisation im profanen Staat liegt in unausweichlichem Konflikt mit dem keimhaft immer schon vorhandenen Staat Gottes. Wiewohl dieser Widerstreit manichäische Züge hat, ist er doch nicht ewig, vielmehr ist er auf seine eigene Aufhebung hingeordnet. Der Kampf der beiden Staaten findet im Frieden des ewigen Sabbats sein Ende. Aber dieser Heilszustand kann nur durch die göttliche Gnade nach dem Jüngsten Gericht eintreten.

Bis dieses Ziel aller Geschichte erreicht ist, müssen die Menschen sich im Diesseits durch ihre →Arbeit erhalten, aber sie sollen nicht danach streben, die irdischen Verhältnisse, d.h. die materiellen Bedingungen ihrer Existenz zu verbessern, denn dadurch kämen sie von ihrem Heilsziel ab. Diese Lehre hat die Weltverachtung des frühen Mittelalters geprägt, wie denn überhaupt nicht nur die Kirche der im Diesseits sich herausbildende Gottesstaat sein sollte, sondern auch die weltliche Gewalt als dessen Arm eine sakrale Funktion hatte.

Augustinus hat mit vielen seiner Lehren bis in die →Neuzeit (A) gewirkt. Die geschichtlich neuen Motive seines Denkens wie die Beziehung der Subjektivität auf sich, die Idealität der Zeit sowie die Zielbestimmtheit des einmaligen und in sich antagonistischen Geschichtsprozesses sind erst mehr als tausendfünfhundert Jahre später wirklich entfaltet worden. Durch die späteren Traditionen vielfach modifiziert, sind diese Lehrstücke Augustins in die kantische →Transzendentalphilosophie sowie in die hegelsche und marxsche Geschichtstheorie eingegangen.

K. Flasch, Augustin - Eine Einführung in sein Denken, 3. Aufl. Stuttgart 1994
E. Gilson, Der Heilige Augustinus - Eine Einführung in seine Lehre, Breslau 1930
J. Kreuzer, Augustinus, Frankfurt/M. 1995

G. M.

Bacon, Francis (1561-1626): Geboren in London; gestorben in Highgate bei London; gilt als einer der Vorläufer des englischen →Empirismus und hat durch seine Schriften die Entstehung und Verbreitung der modernen Naturwissenschaften gefördert. Er war von Beruf Jurist (kein ausgebildeter Philosoph) und hatte die politische Laufbahn eingeschlagen, da er in der Politik die Basis zur Verwirklichung seiner →Ideen und Ideale gegeben sah. Sein Hauptinteresse galt der wissenschaftlichen Forschung seiner Zeit, sein größtes Ziel sah er in der Reformierung der zeitgenössischen →Wissenschaften und der damit verbundenen Neubegründung der Philosophie als strenger Wissenschaft. Für die schwere skeptische Krise, in welcher sich Philosophie und Wissenschaften seiner Zeit befanden, machte Bacon die Vorherrschaft der aristotelischen Philosophie verantwortlich. Seine Schriften, die fast alle Fragment geblieben sind, versteht er in ausdrücklicher Opposition zu diesem aristotelisch geprägten →Paradigma in Philosophie und Wissenschaft.

Eine systematische Entwicklung seiner Gedanken findet sich vor allem in seinen Werken *Nova Atlantis* (1627), wo Bacon in der Form eines utopischen Reiseberichts das ideale Bild einer *scientific community* entwirft, und in der mehrbändig angelegten *Instauratio magna* (1605-1622), worin er die Kritik an der zeitgenössischen Wissenschaft mit dem programmatischen Entwurf einer modernen Wissenschaft, wie sie ihm vorschwebt, verbindet. Bacons Kritik an der wissenschaftlichen Forschung seiner Zeit ist umfassend und richtet sich sowohl gegen Ziel als auch gegen Methode derselben. So kritisiert er die herkömmliche Wissenschaft, weil sie →Erkenntnis um ihrer selbst willen sucht, während das Ziel wissenschaftlichen Forschens nach Bacon immer nur die menschliche →Praxis sein darf bzw. sich an deren Bedürfnissen und Problemen orientieren muss. Die in den Wissenschaften allgemein angewandte →Methode der →Deduktion ist seiner Meinung nach nicht nur gänzlich ungeeignet zum Auffinden neuer Erkenntnisse, sondern blockiert geradezu jeden Fortschritt in der Wissenschaft. Da sie sich in der Vergangenheit als unbrauchbar erwiesen hat, die ihr gestellten Probleme zu lösen, fordert Bacon einen Wechsel der Methode: Die deduktive Methode in den Wissenschaften muss durch das Verfahren der →Induktion abgelöst werden. Statt wie bisher sich nur im Kreise der durch Autorität gestützten →Theorie zu drehen, soll nun umgekehrt die Forschung bei den konkreten Einzelerfahrungen ansetzen und erst allmählich durch systematische Beobachtung derselben zu allgemeineren Erkenntnissen fortschreiten. Dabei soll nicht von irgendwelchen zufälligen →Erfahrungen ausgegangen werden, sondern die Erfahrungen müssen methodisch gewonnen werden.

So besteht der erste Schritt induktiv angelegter Forschung in der systematischen Planung von →Experimenten, die durch wohl durchdachte Anordnung eine Annäherung an das in Frage stehende Phänomen erlauben sollen. Dabei muss versucht werden, durch Variation der experimentellen Anordnung all jene Momente herauszufinden und in der Folge auszuschließen, die nicht notwendig zum →Wesen der untersuchten →Erscheinung gehören. In einem zweiten Schritt sollen alle Experimente - nach bestimmten Kriterien geordnet - schriftlich fixiert werden, worauf in einem dritten Schritt erst die hypothetische Formulierung allgemeiner →Gesetze erfolgt. Hypothetisch deshalb, weil auch in diesem Stadium der Forschung immer noch nach Daten gesucht werden muss, die mit der ›gefundenen Erkenntnis‹ nicht übereinstimmen. Erst wenn es - modern gesprochen - nicht gelingt, die induktiv gewonnenen Erkenntnisse zu →falsifizieren, gelten diese nach Bacon als gesichert.

Bacons wissenschaftstheoretische Überlegungen beruhen auf der Annahme, dass allen Dingen der →Wirklichkeit eine →Form zugrunde liegt, welche prinzipiell erkenntnismäßig erfasst werden kann. Allerdings kann diese Form, unter der Bacon allgemeine Gesetze, also Strukturprinzipien versteht, nicht direkt ›erschaut‹, sondern nur indirekt erschlossen werden. Diesem Umstand trägt die Methode der Induktion Rechnung, deren Ziel somit nicht einfach in der Verallgemeinerung des Vorgefundenen besteht, sondern durch welche die Erkenntnis der Formen ermöglicht werden soll. Das beschriebene Verfahren soll verhindern, dass durch unsystematisches oder vorschnelles Verallgemeinern falsche →Schlüsse auf das Allgemeine gezogen werden.

Daneben besteht eine mögliche Fehlerquelle aber auch in der Verunreinigung des Geistes durch Vorurteile. Nach Bacon gibt es vier verschiedene Arten von Vorurteilen (→Idole genannt), welche die richtige Erfassung der Formen durch den →Verstand verhindern können. Diese Vorurteile sind *idola tribus, idola specus, idola fori* und *idola theatri*. Unter die Vorurteile der ersten Kategorie zählt Bacon jene, welche ihre Wurzeln in der menschlichen Natur beziehungsweise in der menschlichen Gattung haben. Hierzu nennt er beispielsweise die teleologische Interpretation der →Natur, die das Resultat einer anthropomorphisierenden Sichtweise sei, aber auch bestimmte menschliche Eigenschaften, wie etwa die gefühlsmäßige Beeinflussbarkeit von →Urteilen, das Festhalten an einmal gewonnenen Überzeugungen und das Bestreben, alles Neue im Lichte bereits bekannter Tatsachen deuten zu wollen. Die zweite Kategorie umfasst Vorurteile jener Art, wie sie sich der Mensch durch Erziehung, Milieu und andere äußere Umstände erwirbt und welche sich jeder Wahrnehmung unbemerkt, aber nachhaltig beimischen. Die dritte Kategorie der *idola fori* bilden Vorurteile, die durch die sozialen Beziehungen der Menschen zustande kommen. Eine der Grundursachen für die verzerrte Wahrnehmung der Wirklichkeit sieht Bacon hier in der menschlichen →Kommunikation. Insofern die →Sprache nicht nur im alltäglichen Umgang ihren praktischen →Zweck erfüllt, sondern auch in der wissenschaftlichen Kommunikation verwendet wird, führt sie das menschliche Erkenntnisvermögen in die Irre. Sie tut dies durch die Verwendung von Wörtern, denen entweder gar kein Objekt der Wirklichkeit entspricht (beispielsweise der Ausdruck ›Schicksal‹) oder die durch fehlerhafte Abstraktion gebildet wurden. Neben diesen sprachlichen Fehlerquellen seien als vierte Kategorie noch die *idola theatri* genannt. Als Idole des Theaters bezeichnet Bacon weltanschaulich fundierte philosophische Systeme, da in ihnen wie im Theater eine ›falsche Welt‹ vorgegaukelt wird. Von solchen vorgefassten Weltbildern muss sich der →Geist erst befreien, um die Formen der wirklichen Welt vorurteilslos aufnehmen zu können.

Die Reinigung des Geistes von allen Vorurteilen der Art, wie Bacon sie in der Idolenlehre aufzählt, könnte fälschlicherweise dahin ausgelegt werden, dass er die Rolle des Geistes im wissenschaftlichen Erkenntnisprozess als eine rein passive definiert, die sich in der ungetrübten Aufnahme des Sinnlichen erschöpft. Dem ist jedoch nicht so. Bacon vergleicht das ›geistlose Sammeln‹ der Empiriker mit dem Tun der Ameisen, die nur zusammentragen und gebrauchen, kritisiert gleichzeitig aber auch die Vorgehensweise der Rationalisten, welche (in seinen Worten) wie die Spinnen ihr Netz aus sich selbst heraus produzieren. Damit grenzt Bacon seine eigene Theorie von beiden Strömungen gleichermaßen ab. Da sowohl der Verstand als auch die Sinne Täuschungen erliegen und irren können, besteht die einzig mögliche Methode nach Bacon darin, beide gemeinsam zur Anwendung kommen zu lassen, sodass sie sich in der Anwendung gegenseitig korrigieren. Er wählt, um diese Art des Vorgehens zu illustrieren, das Bild der Biene, die den von ihr eingesammelten Blütenstaub verwandelt und durch eigene Kraft verarbeitet. So hält Bacons induktives Verfahren die Mitte zwischen den Extremen der Empiriker und der Dogmatiker.

Wozu dient die auf solche Weise zustande gekommene Erkenntnis der Formen beziehungsweise worin besteht der von Bacon geforderte Nutzen dieser Kenntnis für die Gesellschaft? Erkenntnis der Formen der Wirklichkeit ist nach Bacon immer Erkenntnis der kausalen Beziehungen, die dieser Wirklichkeit zugrunde liegen. Zwar können diese Beziehungen selbst nicht verändert werden, doch das Wissen um die →Ursachen eines Phänomens kann dahingehend nutzbar gemacht werden, dass es die Möglichkeit eröffnet, diejenigen Ausgangsbedingungen, unter denen bestimmte Kausalgesetze wirksam werden, künstlich herzustellen. So können die in der →Natur herrschenden →Gesetze zwar nicht manipuliert, wohl aber zweckvoll eingesetzt werden: Man beherrscht die Natur, indem man ihr gehorcht. In diesem Sinne ist, wie Bacon selbst es formuliert, Wissen Macht. Bereits Bacon sieht klar, dass dieser von ihm gezeichnete Weg einer systematisch vorgehenden Wissenschaft nicht von einzelnen Forschern allein beschritten werden kann. Eine in solchem Maßstab betriebene Forschung bedarf der gemeinsamen

Anstrengung einer großen Anzahl von Wissenschaftlern und der kompetenten Koordination ihrer Arbeit. In dem Utopie-Fragment *Nova Atlantis* zeichnet Bacon das Bild einer solchen *scientific community*. Das von ihm geschilderte ›Haus Salomon‹ entspricht unserer heutigen Vorstellung eines modernen Forschungszentrums, wo Wissenschaftler der verschiedensten Richtungen in kleinen Teams Grundlagenforschung betreiben. Arbeitsteilung, zentrale Organisation und Unabhängigkeit von Seiten staatlicher Einmischung prägen das Bild dieser Institution. Ein für Bacon wesentlicher Aspekt besteht in der engen Beziehung dieser Forschergemeinschaft zur Gesellschaft, zu deren Nutzen sie forscht. So ist ein wesentlicher Teil der Aufgaben des Hauses Salomon der Ausarbeitung und Aufbereitung der Forschungsergebnisse für die Öffentlichkeit gewidmet – wenn auch die Auswahl des zu publizierenden Materials dabei den Forschern selbst überlassen bleibt.

Wenn Bacon aus heutiger Perspektive demjenigen Denken, das er seinem Selbstverständnis entsprechend heftig bekämpft, in gewisser Hinsicht doch noch verbunden ist, so wurde er trotzdem zum Wegbereiter der neueren Philosophie und der Naturwissenschaften. Seine in *Nova Atlantis* entwickelten Ideen wurden durch die vierzig Jahre nach seinem Tod erfolgte Gründung der Royal Society gewissermaßen in die Tat umgesetzt. Durch die hohe Wertschätzung, die er der Erfahrung im wissenschaftlichen Erkenntnisprozess zuteil werden lässt, ebnete er den Weg zur Entstehung des Empirismus. Spätere Kritiker (unter ihnen →Popper) stellen ihn jedoch zu Unrecht in das Feld der von Bacon selbst als ›Ameisen‹ verspotteten Empiriker. Wenn Bacon auch fest von der Möglichkeit der Verifikation überzeugt ist, so mutet doch das von ihm entwickelte und propagierte Prinzip der Wissenserweiterung durch Irrtumsbeseitigung sehr modern an und auch seine Idolenlehre als altertümliche Fassung einer Theorie wissenschaftlicher Paradigma ist nicht ohne Aktualität.

W. Frost, Bacon und die Naturphilosophie, München 1927

E. Siegl, Das Novum Organon von Francis Bacon, Innsbruck 1983

W. Krohn, Francis Bacon, München 1987

G.T.-G.

Bergson, Henri Louis (1859–1941): Mit seinem Versuch, gegen die Vorherrschaft des physikalischen Zeitbegriffs zu einem ursprünglicheren Zeitbegriff zu gelangen, der eine Beschreibung von spontanen Entwicklungen ermöglichen soll, hat Bergson neben →Heidegger, diesen mit beeinflussend, dafür gesorgt, dass die →Zeit zu einem der Hauptthemen der Philosophie des 20. Jhs. geworden ist. Zuletzt bekannte Prigogine in seinem Lebenslauf, schon in seiner Gymnasialzeit mit Begeisterung und nicht ohne Folgen für seine Interessenrichtung Bergson gelesen zu haben. Immerhin erhielt er 1977 den Nobelpreis für seine Theorie nichtlinearer Prozesse, d.h. solcher Prozesse, bei denen Systeme plötzlich ganz neue Ordnungsgebilde, dissipative Strukturen, entwickeln können. Bei der naturphilosophischen Aufarbeitung seiner Erkenntnisse hat er dann stets Bergsons Grundthese »Die Zeit ist Zeugung oder sie ist schlechthin nichts« in den Mittelpunkt gestellt.

Bergson wurde am 18. Oktober 1859 in Paris geboren. Seine Ausbildung absolvierte er auf französischen Eliteschulen. Zweimal erhielt er Ehrenauszeichnungen, für Mathematik und für Rhetorik (Literatur). Zunächst war er völlig von der positivistischen Philosophie Spencers und deren Suche nach präzisen →Begriffen eingenommen. Ganz im Sinne dieses Ansatzes galt seine erste Arbeit der methodischen Reinigung der psychologischen Grundbegriffe von allem, was in ihnen nicht wirklich gegeben ist. Der Titel *Abhandlung über die unmittelbaren Bewusstseinstatsachen* (1889, deutsch 1911) will dies zum Ausdruck bringen. Ähnlich verfuhr er in seiner zweiten Schrift *Materie und Gedächtnis* (1896, deutsch 1908), in der er sich mit dem Problem des psychophysischen Zusammenhangs auseinander setzte. In seinem Hauptwerk *Schöpferische Entwicklung* (1908, deutsch 1912) hat er diese Ergebnisse in eine kosmologische Gesamtkonzeption eingebracht und vertieft. Von Anfang an metaphysischen Fragen nicht aus dem Weg gehend hat er schließlich eine neue →Metaphysik entwickelt, die einerseits Bezüge zur neuplatonischen →Mystik nicht leugnete und andererseits sich keineswegs gegen die moderne →Wissenschaft richtete. Am deutlichsten kommt dieser Ansatz in der späten Aufsatzsammlung *Denken und schöpferisches Werden* (1934, deutsch 1948) zum Ausdruck.

Sicherlich ein Höhepunkt in Bergsons Leben war 1922 die Begegnung mit Albert Einstein. Aufgrund seiner Annahme eines kreativen Kosmos hat er noch im selben Jahr in der Abhandlung *Dauer und Gleichzeitigkeit* eine Kontroverse über die naturphilosophische Bedeutung der einsteinschen Relativitätstheorie in Gang gebracht, die viel Aufsehen erregte. 1928 erhielt Bergson wegen des literarischen Ranges seiner wissenschaftlichen Prosa – als zweiter Philosoph nach Eucken – den Nobelpreis für Literatur. Damit gewann er in Frankreich nationalen Rang. Offensichtlich deswegen blieb er 1940 trotz seiner bekannten jüdischen Herkunft von den antisemitischen Maßnahmen der deutschen Besatzer verschont. Als er am 4. Januar des folgenden Jahres starb, wurde die Totenmesse – er hatte um ein christliches Begräbnis gebeten – in Notre Dame gelesen.

Der deutsche Titel von Bergsons erster Schrift lautet *Zeit und Freiheit* (1911). Tatsächlich gibt dieser Titel wesentlich besser das eigentliche Thema an. Bergson glaubte nämlich, dass sich das metaphysische Problem der →Freiheit bzw. der Streit zwischen den Deterministen und ihren Gegnern auflösen ließe, wenn man der Tatsache gerecht werden könnte, dass jede freie →Handlung sich in der ablaufenden Zeit vollzieht und nicht in der abgelaufenen. Der Anschein eines Determinismus tritt nach Bergson eben nur auf, wenn wir von fertigen Handlungen ausgehen und ihren Verlauf in der bereits abgelaufenen Zeit zu rekonstruieren versuchen. Dann ist in der Tat der Vollzugs- und Kreativcharakter der Handlung verschwunden, und die Zeit, in der sich die Handlung vollzogen hat, nimmt raumartige Züge an, als ob die einzelnen Zeitmomente gewissermaßen nebeneinander aufgereiht bestünden. Wird aber die ursprüngliche Sukzession mit der Gleichzeitigkeit vermengt, kann das Phänomen spontaner Entwicklung nicht mehr verstanden werden. Um den Grund dieser Vermengung aufzudecken, gilt es nach Bergson, das Psychische und Physische deutlich zu unterscheiden. Dabei geht er von dem Grundphänomen aus, dass psychische Zustände im direkten Erleben sich nie äußerlich zueinander verhalten, sondern sich gegenseitig durchdringen und dabei in einem ununterbrochenen Wandlungsprozess miteinander verschmelzen. Das ist uns beim Hören einer Melodie selbstverständlich. Während ich die einzelnen Töne im Gedächtnis behalte, bringe ich sie zu den anderen in eine innere Verbindung. Lückenlos dehnt sich hier das Vergangene in das Jetzige hinein, nagt am Zukünftigen und schwillt im Vorrücken an. Wegen dieser Lückenlosigkeit nennt Bergson die ursprünglich erlebte Zeit Dauer (*durée*). Zu einer anderen Zeiterfahrung kommt es aber, wenn wir bei sukzessiven Empfindungen aus dem direkten Erleben heraustreten. Das ist z.B. der Fall, wenn wir nicht mehr nur dem Ertönen der Glockenschläge folgen, sondern uns vornehmen, die Glockentöne zu zählen. Dann müssen wir sie aus ihrer Verbindung lösen und damit ihrer spezifischen Qualität entkleiden, die ja ihrer spezifischen Verschmelzung entspringt. Isolieren wir sie aber gegeneinander, sodass sie wie materielle Teilchen zu wohl unterschiedenen, summierbaren Elementen werden, dann entstehen zwischen ihnen leere Intervalle, die beharren, während die Töne vorübergehen. Da aber Zeitmomente nicht wirklich beharren können, zeigt sich, dass der →Wille, psychische Zustände abzählbar zu machen, nur realisiert werden kann, wenn die ursprüngliche Zeit, die reine Dauer, in den Raum projiziert wird. Die ursprüngliche Zeit wird geometrisiert und erscheint als ein homogenes Medium, in dem wie in einem Raum alle psychischen Zustände und Vorgänge als nebeneinander geordnet auftreten. Das ursprüngliche Vermögen der Zeit, alles in einer ständigen Durchdringung zu wandeln und immer wieder Neues entstehen zu lassen, wird durch diesen ›Bastardbegriff‹ der Zeit allerdings bis zur Unkenntlichkeit entstellt.

Die technische Novität des Films, in dem durch die schnelle Aneinanderreihung starrer Momentbilder Bewegung künstlich rekonstruiert wird, war Bergson sozusagen der lebende Beweis für die ständige Vermengung von ursprünglicher, wandelnder Sukzession und Gleichzeitigkeit, von Qualität und Quantität, von Dauer und Ausdehnung. In der kinematographischen Methode hat er schließlich auch das Geheimnis der Physik erkannt. Das bedeutet aber, dass diese gar nicht an der Verwandlungsfähigkeit der eigentlichen Zeit interessiert ist. Wenn der Physiker den künftigen Zustand eines physikalischen Systems nach Ablauf der Zeit berechnet, so hindert ihn nichts an der Annahme, dass bis dahin dieses System entschwindet, um plötzlich wieder aufzutauchen. Einzig der Zeitpunkt t zählt für ihn, was aber während des Intervalls geschieht, nämlich die wandelnde, eigentlich verändernde Zeit, geht in seine Rechnung nicht ein.

Das setzt der physikalischen Beschreibung des Universums allerdings eine wesentliche Grenze. Sie kann das Universum nicht in seiner schöpferischen Potenz beschreiben. Diese wiederzuentdecken, bleibt Aufgabe der Philosophie. Das Universum ist nicht ein fertig Entstandenes, sondern war und wird auch zu allen Zeitpunkten ein Entstehendes sein. »Das Universum dauert. Je tiefer ins Wesen der Zeit wir eindringen, desto tiefer begreifen wir, dass Dauer Erfindung, Schöpfung von Formen bedeutet, ununterbrochenes Hervortreiben von absolut Neuem.«

G. Deleuze, Henri Bergson zur Einführung, Hamburg 1997

C. St.

Berkeley, George (1685–1753): Geboren am 12.3. in Dysert Castle nahe der Ortschaft Kilkenny in Südirland, gestorben am 14.1. in Oxford. Berkeley gehörte der anglikanischen Kirche an, war Priester und wurde 1734 zum Bischof von Cloyne ernannt. Sein Werk ist in vielerlei Hinsicht von theologischen Überlegungen bestimmt und als Reaktion auf weltanschauliche und naturwissenschaftliche Entwicklungen in der frühen →Neuzeit (A) zu interpretieren. Dennoch sind seine philosophischen Schriften weit mehr als religiös motivierte Streitschriften. Auf besonders kenntnisreiche und scharfsinnige Weise kritisiert Berkeley die Grundlagen der Mathematik und der Naturwissenschaft seiner Zeit, erörtert viele heute noch aktuelle Probleme der →Erkenntnistheorie und entwickelt ein bemerkenswertes philosophisches System, das ohne die Annahme einer vom →Geist unabhängig existierenden Materie auskommt.

In seinem philosophischen Hauptwerk, dem 1710 erschienenen *Treatise Concerning the Principles of Human Knowledge*, präsentiert Berkeley die zentrale These seiner Philosophie: Jedes →Sein besteht darin, wahrgenommen zu werden, wahrzunehmen oder etwas zu wollen. Nur ein geistiges Wesen kann etwas wahrnehmen oder wollen. Nur →Ideen können vom Geist wahrgenommen werden. Alles, was existiert, muss daher entweder ein Geist oder eine Idee sein. Berkeley zufolge sind sinnlich wahrnehmbare Eigenschaften oder Qualitäten wie z. B. die Farbe oder der Geruch eines Apfels Ideen. Wahrnehmbare Gegenstände sind Ideen bzw. Bündel von Eigenschaften (Ideen), die wir, weil sie so häufig gemeinsam auftreten, zusammenfassen und mit einem Namen wie z. B. ›Apfel‹ versehen. Eine materielle Substanz, der die sinnlich wahrnehmbaren Eigenschaften inhärierten, wie es dem in der abendländischen Philosophie grundlegenden Modell von →Substanz und Modus entspräche, gibt es nicht (Immaterialismus). Da eine Idee nur in einem Geist existieren kann, hängt die Existenz wahrnehmbarer Dinge davon ab, dass sie wahrgenommen (perzipiert) werden (→Idealismus). (Berkeley bezeichnet einerseits das sinnliche Wahrnehmen als Perzipieren, andererseits aber auch das Haben von Ideen im Allgemeinen.)

Der Geist ist nach Berkeley gänzlich verschieden von den Ideen, die er perzipiert. Während die Ideen vollkommen passiv sind, ist der Geist aktiv. Er hat Ideen und wird auf verschiedene Weise an ihnen tätig. Wir können den Geist weder perzipieren, denn er ist keine Idee (und perzipierbar sind nur Ideen), noch können wir eine Idee vom Geist haben, denn Ideen können nach Berkeley nur Ideen ähneln – und jede Idee von etwas ähnelt dem, wovon sie eine Idee ist. Zur Kenntnis des Geistes gelangen wir auf andere Weise: Wir sind uns unser selbst unmittelbar bewusst und erwerben in der Reflexion intuitives Wissen um die Existenz und Beschaffenheit unseres Geistes. Auf diese Weise können wir uns einen Begriff (*notion*) vom Geist machen, ohne über eine Idee des Geistes zu verfügen. Von der Existenz anderer Geister wissen wir nur vermittels der Ideen, die sie in uns hervorrufen. Im Falle endlicher Wesen erlaubt uns deren Ähnlichkeit mit uns selbst einen →Analogieschluss darauf, dass sie mit Geist begabt sind. Die Existenz →Gottes offenbart sich uns hingegen in der systematischen Ordnung der Ideen sinnlich wahrnehmbarer Dinge, die Gott uns eingibt.

Der Geist ist nach Berkeley eine unteilbare Substanz, ein aktives Prinzip, dessen Existenz im Denken, Wollen und Wahrnehmen besteht. Während Berkeley also die materielle Substanz preisgibt, hält er an der Existenz einer geistigen Substanz fest. Dies hat ihm vielfach den Vorwurf eingetragen, seine Position sei in sich widersprüchlich, da seine berechtigte Kritik am Begriff der Substanz auch die geistige Substanz betreffe. Im Unterschied zum Begriff einer geistigen Substanz ist der Begriff einer materiellen Substanz laut Berkeley jedoch entweder leer oder selbstwidersprüchlich. Die materielle Substanz soll der Träger sinnlich wahrnehmbarer Eigenschaften sein; sie soll etwas Nicht-Geistiges sein, das gänzlich passiv ist und weder denken noch fühlen oder wollen kann; etwas, das im Gegensatz zu den Eigenschaften, die ihr inhärieren, selbst nicht wahrnehmbar ist. Sie soll dasjenige sein, was als Substrat übrig bliebe, zögen wir von einem wahrnehmbaren Ding alle seine wahrnehmbaren Eigenschaften ab. Laut Berkeley bliebe nach diesem Abziehen jedoch nichts übrig, auf das wir uns mit dem Ausdruck ›materielle Substanz‹ beziehen könnten. Darüber hinaus sei die angenommene Beziehung, in der die materielle Substanz zu ihren Modi stünde, gänzlich unklar. Was könne es denn heißen, fragt Berkeley, dass die Substanz der Träger wahrnehmbarer Eigenschaften sei oder dass die Eigenschaften der Substanz inhärierten? In sich widersprüchlich ist der Begriff der materiellen Substanz nach Berkeley insofern, als eine wahrnehmbare Eigenschaft (Idee) nur in einem Geist existieren kann, der sie perzipiert, nicht aber in etwas vollkommen Passivem. Weil wir etwas Widersprüchliches nicht denken können, können wir von einer materiellen Substanz ebenso wenig eine Idee gewinnen wie von einer geistigen. Der Begriff einer geistigen Substanz birgt Berkeley zufolge keinen Widerspruch in sich und während nichts in unserer Erfahrung auf die Existenz einer materiellen Substanz hinweist, haben wir von der Existenz und Beschaffenheit unseres Geistes unmittelbar und intuitiv Kenntnis. Während die Beziehung der Trägerschaft zwischen materieller Substanz und wahrnehmbarer Eigenschaft unbegreiflich ist, steht jeder Mensch zu seinen Ideen in der Beziehung einer geistigen Substanz zu ihren Ideen. Der Geist perzipiert Ideen. Diese Beziehung glaubt Berkeley voraussetzen und seiner Philosophie zugrunde legen zu können.

Berkeley will seinen Immaterialismus und Idealismus mit einem →Realismus verbinden, dem zufolge es eine vom Menschen unabhängige Welt wahrnehmbarer Dinge gibt. Auf den ersten Blick scheint dies schwer möglich zu sein. Wenn es keine materiellen Gegenstände gibt und wahrnehmbare Dinge nichts anderes sind als Ideen, dann scheint sich die Wirklichkeit auf eine Art Traum oder Einbildung zu reduzieren. Wer die Existenz des Wahrnehmbaren mit dessen Wahrgenommenwerden gleichsetzt, der scheint das Bestehen einer vom Menschen unabhängigen physikalischen Welt zu leugnen und den Unterschied zwischen Schein und Sein aufzuheben. Und doch versichert Berkeley, dass er an die Wirklichkeit der Dinge nicht rühre und dass seine Philosophie dem gesunden Menschenverstand weniger zumute als die Auffassung derer, die eine materielle Substanz postulieren. Obwohl wahrnehmbare Dinge Ideen(bündel) sind, deren Existenz in ihrem Perzipiertwerden besteht, hören sie Berkeley zufolge nicht auf zu existieren, wenn niemand auf Erden sie mehr wahrnimmt. Denn sie werden von Gott wahrgenommen oder existieren in seinem Geist. Dem Einwand, dass die Gleichsetzung wahrnehmbarer Dinge mit Ideen es unmöglich macht, zwischen wirklichen und bloß vorgestellten, halluzinierten oder geträumten Dingen zu unterscheiden, begegnet Berkeley, indem er Folgendes feststellt: Erstens gehorcht die Wirklichkeit den Naturgesetzen. Wirkliche Dinge weisen im Gegensatz zu imaginierten in sich und in ihrer Abfolge eine große Beständigkeit, Ordnung und einen inneren Zusammenhang auf. Zweitens hängen die wirklichen Dinge nicht in der gleichen Weise von unserem Willen ab wie die nur vorgestellten. Insbesondere die Ideen sinnlich wahrnehmbarer Dinge stellen sich unwillkürlich ein. Drittens schließlich affizieren die wirklichen Dinge den Geist stärker, während bloß Vorgestelltes schwächer, matter, unbestimmter und weniger lebhaft erscheint. Mit diesen Thesen unterscheidet Berkeley zwischen zwei Arten von Ideen: Sinnesideen und Vorstellungsideen. Tische und Äpfel, Töne und Gerüche, alle die Dinge, die wir mit unseren Sinnen wahrnehmen, sind Sinnesideen. Einbildungen, Erinnerungen usw. sind Vorstellungsideen. Während wir Vorstellungsideen selbst hervorbringen, werden unsere Sinnesideen ausnahmslos von Gott verursacht. Sie rühren nicht, wie →Descartes oder →Locke dies angenommen hatten, von äußeren Gegenständen her. Gott ist es, der die Objektivität der sinnlich wahrnehmbaren Welt garantiert. Er gewährleistet nicht nur die kontinuierliche Existenz sinnlich wahrnehmbarer Gegenstände, sondern auch deren intersubjektive Beobachtbarkeit, indem er allen Menschen zur passenden Gelegenheit und in systematischer Reihenfolge die richtigen Ideen eingibt. Wir nehmen diese Ideen, d.h. die sinnlich wahrnehmbaren Dinge, unmittelbar wahr: Es gibt nichts, das zwischen ihnen und uns vermittelte – keine weitere Idee oder Repräsentation, kein geistiges Bildchen, das in unserem Geist für die Dinge stünde oder sie repräsentierte. Sinnesideen sind nicht Ideen von wahrnehmbaren Dingen, sie sind die Dinge selbst. Auch für Descartes war die Idee eines Gegenstands der Gegenstand selbst in eben der Seinsweise, in der Gegenstände im Geist sind. Für Berkeley ist das die einzige Seinsweise wahrnehmbarer Dinge.

Berkeley leugnet die Existenz einer vom Geist unabhängigen Materie mit dem Ziel, den →Atheismus und den →Skeptizismus zurückzudrängen. Mit den zunehmenden Erfolgen der Naturwissenschaften hatte sich ein mechanistisches Weltbild durchgesetzt, das nach Berkeleys Dafürhalten sowohl dem Unglauben als auch dem grundsätzlichen Zweifel an der Erkenntnisfähigkeit des Menschen Vorschub leistete. Die Welt wurde mit einem gigantischen Uhrwerk verglichen und die Funktion Gottes drohte auf die des Schöpfers einer Maschine reduziert zu werden, die, einmal in Gang gesetzt, auch ohne sein Zutun funktioniert. Immer weniger der in der Natur beobachteten Vorgänge wurden durch das Wirken Gottes erklärt und stattdessen auf die Struktur, Beschaffenheit und Bewegung von Materieteilchen zurückgeführt. Locke, an dessen Theorie sich Berkeleys Kritik im Besonderen entzündet, hatte versucht, den in den Wissenschaften zugrunde gelegten Annahmen über Materie und Bewegung gerecht zu werden, indem er die Existenz einer vom Geist unabhängigen, materiellen Außenwelt annahm. Aber aus seiner Auffassung, nach der wir die Gegenstände der äußeren Welt niemals direkt, sondern nur vermittels der Ideen wahrnehmen, die sie in uns hervorrufen, hatten sich uneinheitliche und skeptische Konsequenzen ergeben. Wahrnehmbare Gegenstände bleiben im Rahmen dieser Auffassung für uns grundsätzlich hinter einem ›Schleier der Ideen‹ verborgen. Indem Berkeley wahrnehmbare Dinge mit Bündeln von Eigenschaften (Ideen) identifiziert, hebt er diesen Schleier. Die Frage, ob die wahrgenommenen Dinge wirklich existieren, erübrigt sich ebenso wie die Frage danach, welche Eigenschaften sie wirklich besitzen – die Dinge sind ihre Eigenschaften. Dem Skeptiker, der behauptet, dass wir nicht wissen können, wie die wahrgenommenen Dinge tatsächlich beschaffen sind, weil wir es stets nur mit ihren Erscheinungen bzw. den von ihnen in uns hervorgerufenen Ideen zu tun haben, und dass wir genau genommen nicht einmal wissen, ob die Dinge, die wir wahrzunehmen meinen, tatsächlich existieren, ist damit die Grundlage seiner Argumentation entzogen. Dafür scheint sich ein anderes Problem zu verschärfen, das sich dadurch ergibt, dass Berkeley seine immaterialistische und idealistische Philosophie mit dem Realismus des →*common sense* vereinbaren möchte. Es genügt nicht, Realität und Fiktion voneinander zu unterscheiden um die Wirklichkeit zu bewahren; auch Schein und Sein müssen im Rahmen einer realistischen Konzeption der Welt voneinander unterscheidbar bleiben. Wahrnehmbare Dinge scheinen oft Eigenschaften zu besitzen, die sie in Wirklichkeit nicht haben. Wenn die Dinge nichts anderes sind als die jeweils perzipierten Ideen bzw. Eigenschaften, wie können wir uns dann jemals über die Natur wahrgenommener Dinge täuschen? Berkeley vertritt die bemerkenswerte und konsequente Auffassung, dass dies nicht möglich ist. Was rot aussieht, ist rot. Allerdings verleiten uns unsere Sinnesideen gelegentlich zu falschen Schlussfolgerungen. Dies geschieht beispielsweise dann, wenn wir annehmen, dass ein zur Hälfte ins Wasser getauchter und gekrümmt aussehender Stock sich auch gekrümmt anfühlen wird. Wahrnehmungsfehler sind nach Berkeley falsche Urteile darüber, welche Sinnesideen wir unter welchen Umständen haben werden. Vor solchen Fehlurteilen können wir uns durch besondere Vorsicht und durch die genaue Beobachtung und Erforschung der Natur schützen.

Mit seiner Lehre von einem unangreifbaren Wahrnehmungswissen postuliert Berkeley ein sicheres Fundament menschlicher Erkenntnis, gleichzeitig zwingt ihn diese Lehre aber, sich weit von unserem alltäglichen Verständnis der Dinge zu entfernen. Berkeley zufolge können in einem philosophisch strikten Sinn niemals zwei

Menschen gleichzeitig denselben Gegenstand wahrnehmen und niemand kann denselben Gegenstand mit verschiedenen Sinnen oder zu verschiedenen Zeitpunkten wahrnehmen. Zwar gibt Berkeley zu, dass die – in seinen Augen philosophisch ungenaue – Art und Weise, in der wir von wahrnehmbaren Gegenständen reden, für unsere alltäglichen Belange zweckmäßig ist. Ob es ihm aber gelingt, seine Philosophie mit dem *common sense* zu vereinbaren, entscheidet sich nicht an diesem Zugeständnis, sondern daran, ob unsere Redeweise im Rahmen seiner Theorie auch gerechtfertigt und philosophisch untermauert werden kann.

Wie Locke und →Hume ist Berkeley dem →Empirismus verpflichtet, dem zufolge sich alle Geistesinhalte auf die Erfahrung zurückführen lassen. Aber während Berkeley glaubt, dass uns die Erfahrung lehrt, wie wahrnehmbare Dinge tatsächlich beschaffen sind – nämlich genau so, wie sie uns erscheinen –, geht Locke davon aus, dass unsere Ideen den sie verursachenden Dingen nur hinsichtlich ihrer primären, nicht jedoch hinsichtlich ihrer sekundären Qualitäten ähneln. Zu den primären Eigenschaften rechnet er u.a. Gestalt, Bewegung und Größe der Dinge, zu den sekundären u.a. Farbe, Geruch und Temperatur. Berkeley wendet ein, dass es unverständlich sei, wie eine Idee überhaupt etwas anderem als einer Idee ähneln könne, und weist auf die Unhaltbarkeit der Unterscheidung zwischen primären und sekundären Eigenschaften hin. Weil primäre Eigenschaften nur zusammen mit sekundären Eigenschaften vorkommen (etwas sichtbar Ausgedehntes muss immer auch eine Farbe haben), sei es unsinnig zu behaupten, die einen existierten in den Gegenständen und damit außerhalb und unabhängig vom Geist, die anderen aber nur im Geist des Wahrnehmenden. Berkeley zeigt, dass die Argumente, die Locke und andere zugunsten der These angeführt hatten, den Dingen selbst kämen keine sekundären Eigenschaften zu, sich auch gegen eine vom Geist unabhängige Existenz der primären Eigenschaften anführen ließen – wenn sie funktionierten. Denn die Abhängigkeit der Wahrnehmung von den Wahrnehmungsbedingungen, aus der sich der besondere Status der sekundären Eigenschaften ergeben soll, ist im Hinblick auf alle wahrnehmbaren Eigenschaften gegeben. Ein Gegenstand fühlt sich beispielsweise nicht nur umso wärmer an, je kälter die Hand ist, mit der wir ihn betasten; er sieht auch umso kleiner aus, je weiter wir von ihm entfernt sind. Aber genauso wenig, wie man dieser Beobachtung entnehmen kann, dass der Gegenstand gar nicht warm oder kalt ist und die Temperatur nur vom Wahrnehmenden empfunden wird, kann sie als Beleg dafür gelten, dass der Gegenstand selbst keine bestimmte Größe hat.

Von der empiristischen Grundannahme ausgehend, dass alle unsere Ideen letztlich der Erfahrung entstammen, war Locke zu der Auffassung gelangt, dass allgemeine Ausdrücke wie ›Dreieck‹ oder ›rot‹ für abstrakte Ideen stehen, die jeweils das erfassen, was allen Dreiecken und allen Rotschattierungen, die uns in der Erfahrung gegeben sind, gemeinsam ist. Locke hatte angenommen, dass jedes Wort für eine Idee stehen müsse um sinnvoll verwendet werden zu können. Berkeley bestreitet sowohl diese kognitivistische These als auch die Existenz abstrakter Ideen. Wir können seiner Ansicht nach nicht von allem abstrahieren, was verschiedene Dreiecke oder verschiedene Vorkommnisse von Rot voneinander unterscheidet. Die abstrakte Idee eines allgemeinen Dreiecks, das weder spitz- noch stumpfwinklig, weder gleich- noch ungleichschenklig ist oder diese Eigenschaften gleichzeitig besitzt, ist nach Berkeley ein Ding der Unmöglichkeit. Sprachliche Ausdrücke verdanken ihre Allgemeinheit nicht abstrakten Ideen, für die sie stehen, sondern der Art und Weise, in der wir sie verwenden. Wir verwenden sie, um uns gleichermaßen auf jedes beliebige Element einer bestimmten Klasse von Einzeldingen zu beziehen, z.B. auf jedes beliebige Dreieck oder auf jedes beliebige Vorkommnis von Rot. Für Berkeley ist auch die Idee eines wahrnehmbaren Gegenstands, der unabhängig von seinem Wahrgenommenwerden existiert und von allen seinen Eigenschaften verschieden ist, eine abstrakte Idee, die zu bilden wir nicht in der Lage sind. Wir können einen wahrnehmbaren Gegenstand gedanklich nicht von allen seinen wahrnehmbaren Eigenschaften trennen.

Berkeley leugnet nicht nur die Existenz materieller Gegenstände, sondern auch das Bestehen kausaler Beziehungen in der wahrnehmbaren Welt. Wahrnehmbare Dinge sind nach seiner Ansicht vollkommen passiv und unfähig etwas zu verursachen. Unser Begriff der Verursachung gründet sich auf die Erfahrung des willentlichen Hervorbringens von Ideen und kann von dieser Erfahrung nicht abstrahiert werden. In den Abfolgen unserer Sinnesideen lässt sich nichts im eigentlichen Sinn Tätiges oder Hervorbringendes entdecken. Wir können zwar beobachten, dass Ereignisse eines bestimmten Typs regelmäßig auf Ereignisse eines anderen Typs folgen, aber nichts in unserer Erfahrung weist darauf hin, dass ein Ereignis notwendig auf ein anderes folgt. →Ursachen aber ziehen ihre Wirkungen notwendig und nicht nur regelmäßig nach sich. Mit diesen Feststellungen nimmt Berkeley einen Teil der Kritik vorweg, die nach ihm Hume am Kausalitätsbegriff üben sollte. Anders als Hume gelangt er zu dem Ergebnis, dass nur geistige Substanzen etwas verursachen können. Die Veränderungen und Vorgänge, die wir in der wahrnehmbaren Welt beobachten, sind nach Berkeley keine kausalen Prozesse, sondern Abfolgen von Ideen, die Gott in uns hervorruft. Zwischen diesen Ideen bestehen keinerlei notwendige Verknüpfungen, denn Gott könnte unsere Ideen auch in anderer Weise aufeinander folgen lassen. Darin, dass Gott unsere Sinnesideen in einer für uns erkennbar geordneten Weise miteinander kombiniert und aufeinander folgen lässt, offenbart sich seine Existenz und Güte: Täte Gott dies nicht, stünden wir dem Naturgeschehen hilflos gegenüber und wüssten nicht, wie wir uns verhalten müssen, um unsere Bedürfnisse zu befriedigen und unsere Ziele und Zwecke zu erreichen.

Berkeley begreift das Naturgeschehen als Äußerung Gottes. Die wahrnehmbare →Welt ist ein System sprachlicher Zeichen, dessen Elemente von Gott nach bestimmten Regeln in eben der Weise miteinander kombiniert und verbunden werden, in der die Wörter einer →Sprache verwendet werden, um die verschiedensten Dinge mitzuteilen. Gott tut kund, welche Sinnesideen wir unter welchen Umständen zu erwarten haben. Das Feuer, an dem wir uns verbrennen, ist nicht die Ursache des empfundenen Schmerzes, sondern ein Zeichen, das uns vor ihm warnt. Naturgesetze sind Regelmäßigkeiten in den Abfolgen unserer Sinnesideen, und die Aufgabe der Naturwissenschaften besteht darin, die geordnete Art und Weise zu erforschen, in der Gott in uns Ideen hervorruft. Wissenschaftlicher Fortschritt besteht in der Erweiterung unserer Kenntnis der Zeichen und grammatischen Regeln der Sprache Gottes. Je mehr Äußerungen wir verstehen, die in der ›universalen Sprache der Natur‹ formuliert sind, desto besser können wir Krankheiten heilen, Brücken bauen oder schnell und sicher reisen. Mit diesem semiotischen Modell des Naturgeschehens will Berkeley eine Alternative zum cartesischen Bild der Welt als gigantisches Uhrwerk geben. Er setzt dem mechanistischen Weltbild ein deozentrisches entgegen, in dem sich Gottes Wirken, seine Güte und Kraft in jedem Stück Natur offenbaren, das der Mensch erlebt und wissenschaftlich erforscht. Vor dem Hintergrund dieses Bildes hofft Berkeley, eine Neubegründung der Wissenschaften nach streng empiristischen Prinzipien erreichen und das richtige Verständnis menschlicher Erkenntnis wiederherzustellen zu können, das mit dem Aufkommen der neuen Wissenschaften und deren hastiger Rationalisierung verloren gegangen war.

D. Berman, George Berkeley. Idealism and the Man, Oxford 1994
W. Breidert, George Berkeley 1685–1753, Basel 1989
A. Kulenkampff, George Berkeley, in: N. Hoerster (Hg.), Klassiker des philosophischen Denkens, Bd. 1, München 1982, S. 321–350
G. S. Pappas, Berkeley's Thought, Ithaca 2000
K. P. Winkler, Berkeley. An Interpretation, Oxford 1989

K. S.

Carnap, Rudolf (1891–1970): Einer der Hauptvertreter des logischen →Empirismus, einer philosophischen Richtung, die das traditionelle empiristische Programm einer Zurückführung aller Erkenntnisse auf Sinneserfahrungen mit einer Anwendung der modernen →Logik verbindet. Carnap hat bedeutende Beiträge zu den Gebieten der →Sprachphilosophie, →Wissenschaftstheorie und Logik geleistet und die analytische Gegenwartsphilosophie entscheidend geprägt. Charakteristisch für seine Arbeiten ist die logische Analyse der →Sprache der empirischen Wissenschaften, sodass Carnap als typisches Beispiel für die von großen Teilen der Philosophie des 20. Jhs. vollzogene sprachliche Wende (engl. *linguistic turn*) angesehen werden kann.

Carnaps erstes größeres Werk erschien im Jahre 1928 unter dem Titel *Der Logische Aufbau der Welt*, eine erweiterte Fassung seiner Habilitationsschrift, die Moritz Schlick dazu veranlasst hatte, Carnap 1926 als Privatdozent nach Wien zu holen, wo er bis zu seiner Auswanderung in die USA im Jahre 1935 ein Mitglied des von Schlick etablierten →Wiener Kreises war. Der *Logische Aufbau* war der erste ernsthafte Versuch einer tatsächlichen Durchführung des empiristischen Programms einer Zurückführung aller →Begriffe auf sinnliche Erfahrungen. Um dieses Ziel zu erreichen, stellte Carnap ein Konstitutionssystem der Begriffe auf, in dem jeder Begriff auf eine kleine Menge von Grundbegriffen in dem Sinne zurückführbar ist, dass jede Aussage über ihn in Aussagen über die Grundbegriffe übersetzt werden kann. Als einzigen Grundbegriff wählte Carnap eine Relation zwischen so genannten Elementarerlebnissen, die zum Bereich der eigenen Erlebnisse, zum Eigenpsychischen, gehören. Auf dieser Grundlage konstituierte er mit den Mitteln der relationalen Logik alle anderen Begriffe, welche sich z.B. auf physische Gegenstände und fremde Erlebnisse (Fremdpsychisches) beziehen. Obwohl Carnap eine eigenpsychische oder solipsistische Basis wählte, um im Konstitutionssystem die Ordnung des Erkenntnisprozesses nachzubilden (der nach empiristischer Überzeugung von den jeweils eigenen Wahrnehmungen ausgeht), betonte er die metaphysische Neutralität seines Systems. Die Wahl der Basis bedeutet dabei keine Auszeichnung des Eigenpsychischen als einzig Existierendes - der →Solipsismus ist nur ein methodischer. Dementsprechend ließ Carnap auch die Möglichkeit offen, die Basis im Bereich der physischen Gegenstände anzusiedeln, falls dies aus methodischen Gründen vorzuziehen sei.

Charakteristisch für die Philosophie des Wiener Kreises war die Annahme eines strengen empiristischen Sinnkriteriums, nach dem ein Satz nur dann eine Bedeutung hat, wenn er durch die →Erfahrung zumindest prinzipiell als wahr erkannt (→verifiziert) werden kann. Neben solchen empirisch verifizierbaren Erfahrungssätzen wurden lediglich rein logisch geltende Sätze als sinnvoll anerkannt. Daraus ergab sich eine entschieden antimetaphysische Haltung. So vertrat Carnap in *Scheinprobleme der Philosophie* (1928) die These, dass metaphysische Probleme stets Scheinprobleme darstellen, was er am Beispiel zweier klassischer philosophischer Fragestellungen demonstrierte, der Frage nach der Realität der Außenwelt und der Existenz des Fremdpsychischen. Da diese metaphysischen Sätze, die ihrer Natur nach gerade die sinnliche Erfahrung übersteigen sollen, nicht verifizierbar sind, sind sie als sinnlose Scheinsätze zu verwerfen. In die gleiche Richtung gehen Carnaps Argumente in dem Artikel *Überwindung der Metaphysik durch logische Analyse der Sprache* (1932). Danach sind in der traditionellen Philosophie zwei Typen von Scheinsätzen vorzufinden. Entweder kommen darin Wörter vor, die keinen Erfahrungsbezug aufweisen und damit gemäß dem Programm des *Logischen Aufbaus* ohne Bedeutung sind, oder bedeutungsvolle Wörter sind auf eine Weise zusammengestellt, die der logischen →Syntax widersprechen.

Da eine Verifikation nichts anderes ist als die Ableitung eines Satzes aus bestimmten Basissätzen, die unmittelbare Erfahrungen beschreiben, stellt sich die Frage nach der Art dieser so genannten →Protokollsätze. Carnap bevorzugte hier aufgrund der angenommenen erkenntnistheoretischen Vorzugsstellung zunächst eine phänomenalistische Sprache, in der die Protokollsätze je eigene Erlebnisse beschreiben. Die Diskussionen mit Neurath (Protokollsatzdebatte) führten jedoch schließlich dazu, dass Carnap die Idee einer Vorzugsstellung der phänomenalistischen Sprache aufgab und sich Neuraths Physikalismus anschloss, nach dem aufgrund ihrer Intersubjektivität eine physikalische Sprache vorzuziehen ist, die sich unter Verwendung metrischer Begriffe auf physikalische Größen bezieht (*Über Protokollsätze*, 1932/33). Carnap schloss sich auch Neuraths Prinzip der Einheitswissenschaft an, nach dem alle empirischen Wissenschaften letztlich eine Einheit bilden und die Unterteilung in verschiedene Disziplinen rein praktischer Natur ist. Bei Carnap nimmt dieses Prinzip die Form der These an, dass die Gesamtsprache der Wissenschaft auf physikalischer Basis konstruiert werden kann (*Die physikalische Sprache als Universalsprache der Wissenschaft*, 1931).

In den folgenden Jahren konzentrierten sich Carnaps Arbeiten auf Grundlegungsfragen von Logik und Mathematik; das Ziel bestand in der Konstruktion formaler Kunstsprachen, um größere Klarheit bei der Formulierung philosophischer Probleme zu erlangen. In der *Logischen Syntax der Sprache* (1934), dem Hauptwerk dieser Periode, werden allgemeine Regeln für die

Konstruktion eines formalen Systems angegeben und zwei Modellsprachen untersucht, die verschiedene Positionen zur Grundlegung der Mathematik widerspiegeln. In diesem Zusammenhang formulierte Carnap sein bekanntes Toleranzprinzip, nach dem es die eine wahre Wissenschaftssprache nicht gibt; die Auswahl zwischen verschiedenen Sprachformen ist keine Frage von Wahrheit oder Falschheit, sondern lediglich eine konventionelle Festsetzung. Auch von den verschiedenen Positionen im Grundlegungsstreit ist damit nicht eine die einzig wahre, sondern sie spiegeln lediglich verschiedene Präferenzen ihrer Vertreter wider und können gleichberechtigt nebeneinander bestehen.

Von besonderer methodischer Bedeutung ist die Unterscheidung zwischen der →Objektsprache, die Gegenstand der Untersuchung ist, und der →Metasprache, in der die Regeln für den Aufbau der Sprache formuliert sind; ihre Sätze beziehen sich somit auf die Ausdrücke der Objektsprache und sind damit logischer Natur. Von philosophischer Bedeutung ist diese Unterscheidung, da nach Carnaps Ansicht in der Sprache der Philosophie viele Sätze, die scheinbar der Objektsprache angehören, bei näherem Hinsehen von sprachlichen Ausdrücken wie Wörtern oder Sätzen handeln und somit eigentlich zur einer syntaktischen Metasprache gehören. In diesem Fall sind die Sätze in der so genannten inhaltlichen Redeweise formuliert, können aber in eine syntaktische oder formale Redeweise übersetzt werden. Falls dagegen eine derartige Übersetzung nicht möglich ist, handelt es sich entweder um echte Objektsätze, die in die Fachwissenschaften gehören, oder um metaphysische Scheinsätze, die als sinnlos zu verwerfen sind. Für eine neben den Fachwissenschaften bestehende Philosophie bleibt als Betätigungsfeld damit nur die syntaktische Analyse der Wissenschaftssprache.

In den Jahren nach seiner Emigration in die USA waren Carnaps Ansichten zu den Anforderungen an eine empiristische Sprache in zweierlei Hinsicht einer Änderung unterworfen (*Testability and Meaning*, 1936/37). Zum einen nimmt das empiristische Sinnkriterium unter dem Eindruck von Kritikern wie →Popper eine liberalere Form an. Die Erkenntnis der Tatsache, dass die in der Wissenschaft in Form von Naturgesetzen gebrauchten →Allsätze niemals vollständig verifizierbar sind, führt zur Ablösung des Verifikationskriteriums. Ein Satz wird nun als sinnvoll angesehen, wenn er an der Erfahrung graduell bestätigt werden kann, was auch für Allsätze möglich ist. Zum anderen muss Carnap zugestehen, dass die frühere Annahme des *Logischen Aufbaus*, jeder sinnvolle Begriff der Wissenschaftssprache müsse explizit durch einen Beobachtungsbegriff definierbar sein, nicht durchgehalten werden kann, da dies für als sinnvoll anzusehende Dispositionsbegriffe wie ›wasserlöslich‹ nicht gilt. Daher lässt er die Möglichkeit zu, Begriffe auch durch so genannte Reduktionssätze in die Wissenschaftssprache einzuführen, die logisch eine Verallgemeinerung von →Definitionen darstellen, aber anders als diese keine Eliminierbarkeit der eingeführten Begriffe mehr gestatten. Die Forderung der Übersetzbarkeit aller Sätze der Wissenschaftssprache in eine reine Beobachtungssprache musste damit aufgegeben werden.

Wird hier noch von einer einheitlichen, wenn auch erweiterten, empiristischen Wissenschaftssprache ausgegangen, so gelangt Carnap in seinem späteren Aufsatz *The Methodological Character of Theoretical Concepts* (1956) zu einem Zweisprachenmodell. Danach besteht das Vokabular der Wissenschaftssprache aus Beobachtungsbegriffen und theoretischen Begriffen, wobei letztere zunächst nur durch ihre Stellung in der Theorie eine Bedeutung haben. Die empirische Signifikanz erhalten sie erst durch so genannte Korrespondenzregeln, durch Sätze, die sowohl theoretische als auch Beobachtungsbegriffe enthalten und so eine Verknüpfung beider Teilsprachen leisten. Während andere Autoren aus dieser weiteren Lockerung des Signifikanzkriteriums für wissenschaftliche Begriffe den Schluss zogen, dass eine scharfe Abgrenzung zwischen sinnvollen wissenschaftlichen und sinnlosen metaphysischen Begriffen unmöglich ist, hielt Carnap an der Möglichkeit einer eindeutigen Abgrenzung fest.

Entgegen seiner früheren Auffassung gelangte Carnap unter dem Einfluss der Schriften von Tarski zu der Ansicht, dass eine logische Analyse der Sprache nicht rein syntaktisch verlaufen könne, sondern durch eine semantische Analyse ergänzt werden müsse, die auch die Bedeutung der Ausdrücke einbezieht. Seine Arbeiten zur Semantik umfassen neben den *Foundati-*

ons of Logic and Mathematics (1939) eine unter dem Titel *Studies in Semantics* erschienene Reihe von drei Monographien, *Introduction to Semantics* (1942), *Formalization of Logic* (1943) und *Meaning and Necessity* (1947), von denen die dritte sprachphilosophisch von besonderem Gewicht ist. Carnap rekonstruiert dort die semantische Analyse von →Frege, die auf einer Unterscheidung zwischen dem Sinn und der Bedeutung eines sprachlichen Ausdrucks beruht, und stellt dieser so genannten Methode der Namensrelation seine eigene Methode gegenüber, die die Begriffe der →Extension und der →Intension verwendet (Sprachphilosophie). Schließlich werden logische Modalitäten wie Notwendigkeit und Möglichkeit untersucht, deren Verwendung zu nichtextensionalen Kontexten führt.

Einflussreich wurde auch Carnaps zuerst 1950 erschienener Aufsatz *Empiricism, Semantics and Ontology*, in dem er die Überlegungen zum Toleranzprinzip wieder aufgreift. Ausgangspunkt ist das Problem der Existenz abstrakter Entitäten in Mathematik oder Semantik. Carnap vertritt die These, dass man zwei Arten von Fragen bezüglich der Existenz oder Realität derartiger Entitäten unterscheiden müsse. Die internen Fragen betreffen die Existenz von Entitäten innerhalb eines vorgegebenen theoretischen oder sprachlichen Rahmens (engl. *linguistic framework*). Diese Fragen sind rein logischer oder rein empirischer Natur, ihre Wahrheit ist somit rein logisch bedingt oder durch faktische Gegebenheiten bestimmt. Die externen Fragen betreffen dagegen die Existenz des Systems von Entitäten als Ganzes, und es sind diese Fragen, die oft als ontologische Fragen über die Realität der fraglichen →Entitäten gedeutet werden. Nach Carnap handelt es sich bei diesen externen Fragen dagegen um die Anerkennung eines bestimmten sprachlichen Rahmens, und eine Antwort darauf ist nicht theoretischer, sondern praktischer Natur und somit nicht wahr oder falsch, sondern lediglich mehr oder weniger zweckmäßig. Die Anerkennung eines bestimmten Rahmens kann nach diesen pragmatischen Kriterien beurteilt werden, enthält aber keinesfalls eine ontologische Festlegung.

Nachdem Carnap den Begriff der Verifikation durch den des Bestätigungsgrades ersetzt hatte, stellte sich die Frage nach einer exakten logischen Behandlung dieses Begriffes, der häufig mit dem Wahrscheinlichkeitsbegriff identifiziert worden war. Ausgangspunkt von Carnaps Überlegungen war die Einsicht, dass man zwischen zwei verschiedenen Wahrscheinlichkeitsbegriffen unterscheiden müsse (*The Two Concepts of Probability*, 1945). Die statistische Wahrscheinlichkeit, interpretiert als relative Häufigkeit, ist eine Beziehung zwischen Ereignisklassen, während der Bestätigungsgrad als logische oder induktive Wahrscheinlichkeit aufzufassen ist, also als Relation zwischen zwei Sätzen, z.B. einer →Hypothese und einem Satz, der relevante Beobachtungen ausdrückt. Eine Untersuchung dieses zweiten Wahrscheinlichkeitsbegriffs ist nach Carnap Aufgabe der induktiven Logik, sie steht im Mittelpunkt der Werke *Logical Foundations of Probability* (1950), *The Continuum of Inductive Methods* (1952) und *Induktive Logik und Wahrscheinlichkeit* (1959), bearbeitet von Wolfgang Stegmüller). Während es Carnap in diesen Schriften noch um eine theoretische Beurteilung von Hypothesen geht, findet in seinen Spätschriften zum Thema der induktiven Wahrscheinlichkeit, die zu seinen Lebzeiten größtenteils unveröffentlicht blieben, eine Wende zu einer praktischen normativen Handlungstheorie statt (siehe z.B. *The Aim of Inductive Logic*, 1962). Damit scheint der Gegensatz des carnapschen Induktivismus zum Deduktivismus Poppers überwunden zu sein.

Dass heute die meisten carnapschen Positionen überwiegend kritisch beurteilt werden, stellt seine Bedeutung für die Philosophie des 20. Jhs. nicht in Frage. Ein großer Teil der Weiterentwicklungen der analytischen Philosophie ging von einer affirmativen oder kritischen Auseinandersetzung mit Carnaps Werk aus. Dass sein allgemeiner Bekanntheitsgrad nicht so hoch ist wie der von Denkern vergleichbaren Ranges, hängt sicherlich mit der technischen Schwierigkeit seiner Werke zusammen, deren Verständnis fast immer eine gewisse Vertrautheit mit den Mitteln der formalen Logik erfordert. Es steht jedoch außer Zweifel, dass ohne Carnaps Beitrag die analytische Gegenwartsphilosophie nicht vorstellbar wäre.

Th. Mormann, Rudolf Carnap, München 2000
W. Stegmüller, Hauptströmungen der Gegenwartsphilosophie, Band I, 7. Aufl. Stuttgart 1989

C.K.

Cassirer, Ernst (1874–1945): Wurde als Sohn jüdischer Eltern in Breslau geboren und starb im New Yorker Exil. Obwohl ursprünglich eng mit dem Kreis der Marburger Neukantianer verbunden, grenzte er sich durch sein eigenes philosophisches Profil schon bald deutlich gegen jene ab. Mit der Publikation der Schrift *Substanzbegriff und Funktionsbegriff* (1910) gelang ihm ein Wurf, der ihn in der Folge zu einem der angesehensten deutschen Philosophen vor dem 2. Weltkrieg werden ließ, seine ideengeschichtlichen Arbeiten zur Renaissance und zur Aufklärung gelten noch heute als Standardwerke und als Autor der *Philosophie der symbolischen Formen* (→Symbole) war er der Philosophie seiner Zeit um etliche Jahre voraus. Hinter letztgenanntem Titel verbirgt sich Cassirers Hauptwerk, der systematische Entwurf zu einer →Kulturphilosophie, welchem das hauptsächliche Interesse der nachfolgenden Darstellung gilt. Es soll zuerst auf Cassirers spezifisches Kulturverständnis eingegangen werden. Darauf folgt die Darlegung seines methodischen Ansatzes und die Diskussion der von ihm geprägten Begriffe der »symbolischen Prägnanz« und der »symbolischen Form«. Für Cassirer erklärt sich das Wesen und der Sinn von →Kultur aus ihrer →Funktion. Der generelle →Zweck, auf den alle kulturellen Bestrebungen hinzielen, besteht nach ihm darin, »die passive Welt der bloßen Eindrücke« zu einer für den Menschen verstehbaren →Wirklichkeit umzuformen. Im Unterschied zum Tier, das instinktiv auf gegebene Schlüsselreize reagiert, muss der →Mensch, um situationsadäquat und also sinnvoll handeln zu können, die Situation verstehen, in welcher er sich befindet und auf welche er reagieren soll. Das heißt: Das Orientierungsvermögen des Menschen ist an →Bedeutungen und Bedeutungszusammenhänge gebunden. Die Produktion von Bedeutung und der Umgang mit solchen Bedeutungssystemen ist das, was Cassirer Kultur nennt. Diesem sehr weit gefassten Begriff von Kultur entspricht ein ebenso weites Verständnis der Kulturphilosophie. Ihr Gegenstand ist der Gesamtbereich menschlicher Wirklichkeitsdeutung, zu dem auch die Naturwissenschaften als spezifische Weisen des Weltverstehens gehören. Cassirer sieht seine Aufgabe als Kulturphilosoph darin, all »die verschiedenen Grundformen des →Verstehens der Welt gegeneinander abzugrenzen und in ihrer eigentümlichen geistigen Form zu erfassen«. Systematisch hält er dabei am Ansatz der transzendentalphilosophischen Fragestellung fest, deren Anwendungsgebiet er aber nun auf den gesamten Bereich der Kultur – im oben beschriebenen Sinn verstanden – ausweitet: Seine Untersuchung richtet sich auf die Bedingung der Möglichkeit von Bedeutung überhaupt. Den Ausgangspunkt seiner Überlegungen bildet dabei die Beobachtung, dass jede menschliche Wahrnehmung immer schon in irgendeiner Weise sinnbefrachtet ist. Das →Bewusstsein begnügt sich nicht damit, die Eindrücke der Außenwelt aufzunehmen, sondern es verknüpft und durchdringt jeden Eindruck mit einer freien Tätigkeit des Ausdrucks. So kann beispielsweise ein einfacher Linienzug je nach Wahrnehmungskontext einmal als Fieberkurve, als Berggrat oder einfach als ›Gekritzel‹ verstanden werden. Wesentlich an diesem von Cassirer immer wieder bemühten Beispiel ist die Tatsache, dass wir diesen Linienzug (wenn wir ihn wahrnehmen) immer schon als ›etwas‹ wahrnehmen. Das heißt, dass wir nie die bewusste Wahrnehmung eines Sinnesdatums ohne die gleichzeitige Wahrnehmung einer Bedeutung haben. Dieses Phänomen, dass die menschliche Wahrnehmung nicht nur notwendig sinnlich, sondern offensichtlich bis zu einem gewissen Grad immer auch schon sinnvoll ist, stellt für Cassirer ein echtes Urphänomen dar: »Unter ›symbolischer Prägnanz‹ … soll die Art verstanden werden, in der ein Wahrnehmungserlebnis (als ›sinnliches Erlebnis‹) zugleich einen bestimmten anschaulichen ›Sinn‹ in sich fasst und ihn zur unmittelbaren konkreten Darstellung bringt.« Das Prinzip der symbolischen Prägnanz erinnert in gewisser Hinsicht an den gestalttheoretischen Begriff der ›guten Gestalt‹, wonach der Mensch die Gegenstände nicht als unzusammenhängende Bruchstücke wahrnimmt, sondern immer nur als sinnvolle Ganzheiten. Der Ausdruck der symbolischen Prägnanz dient Cassirer zur Bezeichnung der ursprünglichsten Weise des Zustandekommens von Bedeutung überhaupt. Als echtes Apriori liegt diese (im wahrsten Sinne des Wortes ›ursprüngliche‹) Bedeutungsfunktion auch den in der *Philosophie der symbolischen Formen* entwickelten und erwähnten kulturellen Formen des Bedeutens zugrunde. Wenn auch der Umgang des Menschen mit der →Welt (wie der Vergleich mit den Tieren oben zeigte) in keiner bestimmten Weise vorgegeben ist, so ist er doch auch nicht beliebig. Auf der Grundlage der Voraussetzung, dass die Wirklichkeit dem Menschen nur durch ein kulturell geformtes Medium zugänglich ist, haben sich bestimmte Grundformen des Weltverstehens herausgebildet, die Cassirer »symbolische Formen« nennt. Dieser Begriff wird von ihm in zweifacher Bedeutung verwendet, wobei zwar beide Male dasselbe Phänomen bezeichnet, aber unterschiedlich akzentuiert wird. So definiert Cassirer symbolische Form einmal als »jede Energie des Geistes ..., durch welche ein geistiger Bedeutungsgehalt an ein konkretes sinnliches Zeichen geknüpft und diesem Zeichen innerlich zugeeignet wird«. Zum andern benutzt er den Begriff aber auch, um damit das Produkt eines solchen Bedeutungsbildungsprozesses, nämlich die dabei entstandenen kulturellen Bedeutungs- bzw. Orientierungssysteme selbst zu bezeichnen. Neben →Sprache, →Mythos und →Wissenschaft, deren Darstellung jeweils ein Band seines dreibändigen Werkes gewidmet ist, werden von Cassirer beispielsweise auch →Kunst, →Technik, →Recht und Wirtschaft als eigenständige symbolische Formen aufgeführt. Alle diese symbolischen Formen stellen nach Cassirer gleichberechtigte Weisen der Wirklichkeitsdeutung dar. Wie Cassirer in einer aufwändigen, auf Interdisziplinarität angelegten Untersuchung der Formen Sprache, Mythos und Wissenschaft (bzw. Erkenntnis) darlegt, kann davon ausgegangen werden, dass die Ausbildung gewisser grundlegender Funktionen in jeder symbolischen Form - wenn auch jeweils unterschiedlich realisiert - gewährleistet wird. Es handelt sich dabei um die →Kategorien von →Raum, →Zeit und →Zahl sowie die Entwicklung eines Bewusstseins, das zwischen Ich/Selbst und Außenwelt zu differenzieren vermag. Stellt man Sprache, Mythos und Wissenschaft als die von ihm hauptsächlich diskutierten Formen der Welterschließung nebeneinander, so zeigt sich allerdings, dass mit der Betonung ihrer Gleichberechtigung das Verhältnis der symbolischen Formen untereinander noch keineswegs geklärt ist. Cassirers Hinweis darauf, dass zwar alle symbolischen Formen ihren Ursprung im Mythos haben, ihre Entstehung jedoch nicht als ein »Fortschreiten zum Besseren« verstanden werden darf, bietet auch keine Hilfe für eine systematische Ein- oder Zuordnung derselben. Während Mythos und Wissenschaft als symbolische Formen zeitlich getrennt werden können, muss die symbolische Form der Sprache als mit jenen beiden zeitgleich existierend gedacht werden. Das Verhältnis der Formen untereinander kann somit weder hierarchisiert noch als Ordnung in der zeitlichen Folge verstanden werden. Dass das permanente Wirken kultureller Energien nur als komplexes Wechselspiel beziehungsweise Zusammenspiel verschiedenster symbolischer Formen sichtbar wird, sich ansonsten aber jedem Versuch einer starren Festlegung auf eine bestimmte Ordnung entzieht, kommt im Übrigen in jeder Hinsicht dem Verständnis Cassirers von der ›Lebendigkeit‹ der symbolischen Formen entgegen. Dieser wollte mit der *Philosophie der symbolischen Formen* kein geschlossenes philosophisches System liefern, sondern eine systematische Perspektive entwickeln, unter der die kulturellen Phänomene adäquat zu betrachten sind. So gesehen hat die Feststellung der Gleichberechtigung wohl auch mehr programmatischen als systematischen Charakter. Vor allem zwei Punkte sollen in diesem Zusammenhang noch einmal deutlich gemacht werden. Erstens: Nach Cassirer ist es das Bestreben jeder symbolischen Form, sich selbst absolut setzen zu wollen. Dieser Anspruch muss relativiert werden. Die Darstellung des Mythos macht deutlich, dass das Wirklichkeitsverständnis, das einer symbolischen Form zugrunde liegt, zwar absolut gültig für diejenigen Menschen ist, die sie jeweils hervorbringen und tragen, dass es aber unabhängig davon keine ›wirkliche‹ Wirklichkeit gibt, die durch manche Formen schlechter, durch andere besser erschlossen beziehungsweise repräsentiert wird. Wirklichkeit erschöpft und erfüllt sich jeweils in ihrer Form. Somit sind der Mythos und das wissenschaftlich bedingte Weltverständnis beide nicht mehr und nicht weniger als ›wirklich‹ - allerdings verschiedene Wirklichkeiten, die Unterschiedliches leisten. Zweitens: Insofern der Mensch Wirklichkeit nur als Kultur im Sinne der symbolischen Formen hat, alle diese Bedeutungs- beziehungsweise Orientierungssysteme aber allein aus seiner Fähigkeit entstanden sind, Symbole (im Sinne von sinnlichen Bedeutungsträgern) zu verstehen, zu verwenden und zu produzieren, definiert Cassirer den Menschen als das *animal symbolicum*. Damit macht er deutlich, dass der Zugang zur Welt über die begriffliche Form verstandesmäßiger Erkenntnis, die dem *animal rationale* zukommt, nur eine von verschiedenen möglichen Formen des Sinnverstehens darstellt.

In seinen späteren Arbeiten wendet sich Cassirer (wohl auch durch biographische Umstände bedingt) vermehrt ethisch-politischen Fragestellungen zu. So in dem 1946 posthum erschienen Werk *The Myth of the State*, wobei auch die darin entwickelten Ideen dem Gedanken der philosophischen Formen verbunden bleiben. Cassirer hinterließ keine direkten philosophischen Nachfolger. Neben Merleau-Ponty, Gurwitsch und Langer, die sich direkt auf ihn beziehen, fand sich niemand, die Cassirer'schen Ideen explizit aufzunehmen. Gründe hierfür liegen sicher in der gewaltsamen Beendigung seines Wirkens im deutschsprachigen Raum, wo die während oder unmittelbar nach der NS-Zeit auf die frei gewordenen Lehrstühle nachgerückten Professoren wenig Interesse daran zeigten, die Studien und Gedanken des Vertriebenen aufzunehmen. Im Zuge der von den USA ausgehenden *cultural studies* steigt das Interesse an den von Cassirer entwickelten Ideen auch im deutschsprachigen Raum zunehmend. Die vermehrte Aufmerksamkeit, die dabei den Schriften Cassirers zuteil wird, macht deutlich, dass er der Nachwelt zwar keine treuen Schüler und Nachfolger, wohl aber eine Unzahl von philosophisch ›in jeder Hinsicht Inspirierten‹ hinterlassen hat.

D. Frede / R. Schmücker (Hg.), Ernst Cassirer. Werk und Wirkung, Darmstadt 1997
A. Graeser, Ernst Cassirer, München 1994
H. Paetzold, Die Realität der symbolischen Formen. Die Kulturphilosophie Ernst Cassirers im Kontext, Darmstadt 1994
-: Ernst Cassirer - Von Marburg nach New York, Darmstadt 1995

G.T.-G.

Cicero (106–43): Nachdem er in allen Jahrhunderten ein viel gelesener und geschätzter philosophischer Autor gewesen war, wurde sein Ansehen im 19. Jh. in kurzer Zeit fast gründlich zerstört. Ungewollt dazu beigetragen hat das Entstehen des so genannten geschichtlichen Bewusstseins, wie es sich in der Philosophiegeschichtsschreibung ausbreitete. Denn in dem historisch-kritischen Bemühen, alle überlieferten Texte auf ihre ursprünglichen Quellen zurückzuführen und frühere, verloren gegangene Texte und damit frühere Epochen zu rekonstruieren, sind seine Schriften von der Philosophiegeschichtsschreibung als Fundstätten hellenistischer Lehrmeinungen ausgebeutet worden. Ciceros Selbstdisziplin, die Vorlagen, die ihm noch zur Verfügung standen, genau zu referieren und philosophische Lehrstücke möglichst ›objektiv‹ darzustellen, machten ihn dazu in besonderem Maße geeignet. In dem Maße aber, wie die Rekonstruktion der Vorlagen gelang, erschien er als römischer Epigone. Seine Zurückhaltung bei eigenen Urteilen, ja bisweilen sein erklärter Widerstand, eine eigene Meinung zu äußern, und sein Hang, die auftretenden Widersprüche zwischen den einzelnen Lehrmeinungen zu mildern oder gar durch eine Synthese auszugleichen, ließen ihn schließlich als unoriginellen Denker erscheinen. Erst allmählich erfährt nunmehr dieses in mehrfacher Hinsicht falsche Bild eine Revision. Dabei wird verstärkt den spezifischen Bedingungen des römischen Philosophierens Rechnung getragen.

Cicero war es freilich in der Tat nie eingefallen, wie in Griechenland üblich, ein ›reiner‹ Philosoph werden zu wollen. Wer in der römischen Öffentlichkeit erfolgreich sein wollte, musste Redner und Anwalt werden. Griechische Bildung und gar Philosophie dienten hierbei lediglich zur Unterfütterung. Ciceros erster philosophischer Lehrer wurde im Jahre 88 Philo von Larissa, das damalige Oberhaupt (*princeps*) der Neuen Akademie, die unter Karneades gegenüber der Alten Akademie, der Schule →Platons, eine Wende zum →Skeptizismus vollzogen hatte. Philon musste in der Zeit der Anfangserfolge des Mithridates zusammen mit den Rom treuen athenischen Optimaten nach Rom fliehen und nahm dort eine erfolgreiche Lehrtätigkeit auf, bei der er – ganz ungewöhnlich für Philosophen, die zumeist aufgrund der sokratisch-platonischen Sophistenkritik rhetorikfeindlich waren – auch rhetorische Übungen einflocht. Cicero war, wie er später im *Brutus*, seinem Werk über die Geschichte der römischen Beredsamkeit, berichtet hat, mit voller Begeisterung für ihn und seine Philosophie. Nach seinem ersten großen Erfolg als Redner und Anwalt verbrachte Cicero 78/79 ein halbes Jahr in Athen bei Antiochos von Askalon, dem Nachfolger Philons. Von diesem übernahm er die synoptische Auffassung, dass die Unterschiede zwischen der Alten Akademie (den Platonikern), dem →Peripatos (den Aristotelikern) und der →Stoa nicht so sehr in der Sache als vielmehr in der Wahl der Termini bestünde.

Im Jahre 76 entschied sich Cicero, die Senatorenlaufbahn, den *cursus honorum* (Quaestor, Aedil, Praetor, Consul) einzuschlagen. Bei dieser Entscheidung muss er sich bewusst gewesen sein, höchstens den Rang eines Prätors erreichen zu können. Die Nobilität war immer bemüht gewesen, einen *homo novus*, einen Mann aus dem niederen Adel (*ordo equester*), möglichst vom höchsten Amt fernzuhalten. Dennoch erreichte Cicero im Jahre 63 (*suo anno*) das Konsulat. Mit der Aufdeckung und Niederschlagung der catilinarischen Verschwörung konnte er schließlich sein politisches Programm, immer wieder das Einvernehmen zwischen Ritter- und Senatorenstand (*concordia ordinum*) herbeizuführen, verwirklichen. Wie sich hier schon zeigte, huldigte Cicero zeit seines Lebens dem Konsensideal. Und was für den Politiker galt, sollte auch für den Philosophen gültig werden. Mit mangelnder Originalität hat das nichts zu tun.

Sein erstes bedeutsames literarisches Werk *De oratore* schrieb Cicero im Jahre 55, bezeichnenderweise während des ersten Triumvirats, in der Zeit, in der die republikanische Verfassung lahm gelegt und jede politische Betätigung für ihn unmöglich geworden war. Scheinbar bloß eine Schrift über Rhetorik, enthält sie bereits den Leitgedanken seiner politischen Philosophie: Die höchste Aufgabe des wahren Redners ist die Leitung der staatlichen Gemeinschaft (*gubernatio civitatis*). Zur ersten Entfaltung kommt dieser Gedanke mit der gleich nach Beendigung von *De oratore* begonnenen, aber erst 51 fertig gestellten Schrift *De re publica*, eine Schrift über den bestmöglichen Zustand der staatlichen Gemeinschaft und über den besten Staatsmann. Die philosophische Frage nach dem →Staat bleibt für Cicero nie abstrakt, sondern verknüpft sich sofort mit der Frage nach dem Charakter der →Menschen, die den Staat tragen. Aus der Geschichte könne man lernen, dass die Staaten stets so gut waren wie ihre führenden Männer. Das bedeute aber auch, dass bereits das unmoralische Verhalten weniger *principes* ausreicht, um die politischen Sitten (*mores civitatis*) in einer staatlichen Gemeinschaft gründlich zu korrumpieren.

Dies vor Augen hat sich Cicero immer wieder gegen Caesar gestellt. Ebenso oft begegnete ihm dieser jedoch mit Noblesse und Milde, der berühmten *clementia Caesaris*. Die Begnadigung im Jahre 46 muss Cicero freilich mit seiner endgültigen politischen Entmachtung bezahlen. Um dem Gemeinwesen wenigstens indirekt, nämlich durch Belehrung, noch dienen zu können, beginnt er eine rege literarische Tätigkeit. In schneller Folge verfasst er bis zu seiner Ermordung am 7. Dezember 43 durch die Häscher des Antonius etwa fünfzehn größere Schriften, darunter die philosophisch bedeutsamen Werke: *De finibus bonorum et malorum* (*Über das höchste Gut und das größte Übel*), *Tusculanae disputationes* (*Gespräche in Tusculum*), *De natura deorum* (*Über das Wesen der Götter*) und das nicht ganz vollendete Hauptwerk *De officiis* (*Über das rechte Handeln*).

Äußerlich treten an die Stelle der politischen Erörterungen solche zur persönlichen Lebensführung. Die immer wieder vorgenommene Frage lautet: Ist die →Tugend das einzig wahrhaft →Gute im Leben und sind alle anderen Güter – wie gesellschaftliche und politische Stellung, ›Reichtum‹ und ›Ehre‹ – nur scheinbare, nie wirklich gesicherte Güter, auf die wir uns in unserem Streben nach einem glückseligen Leben auch nicht ausrichten sollten? Scheinbar ist in dieser ethischen Fragestellung der ursprünglich politische Impuls von Ciceros Philosophie völlig untergegangen, und man hat geglaubt, diese Wende mit seiner damaligen existenziellen Situation erklären zu müssen: dem plötzlichen Tod seiner geliebten Tochter, seiner endgültigen politischen Bedeutungslosigkeit, der Scheidung von seiner Frau, der finanziellen Dauermisere. In Wirklichkeit sucht er für sein politisch-philosophisches Programm eine ethisch-naturrechtliche Verallgemeinerung. Ganz entsprechend zu seiner Anfangsfrage nach dem bestmöglichen Zustand der staatlichen Gemeinschaft galten seine späteren Fragen dem bestmöglichen Zustand des menschlichen Lebens überhaupt.

Gemäß dieser Begründungsabsicht schließt sich an die erste Frage als zweite die nach den ›Anforderungen‹ an, denen eine richtige Führung des Lebens entsprechen muss. Diese Anforderungen nennt Cicero *officia*. Das Wort *officium* wurde zuvor selten verwendet. Es leitet sich von *opificium* her, das aus *opus* (Arbeit, Werk, Tun) und *facio* (handeln, machen, verfertigen) zusammengesetzt ist und das Anfertigen einer Arbeit oder das Verrichten eines Dienstes meint. Erst indem Cicero dieses Wort als Terminus für ein Handeln verwendete, das aus der →Natur der Sache erfolgt oder den vernünftigen Erfordernissen einer praktischen ›Angelegenheit‹ (*res*) zu entsprechen versucht, erhielt es seine prägnante Bedeutung. Von dieser hat sich wiederum Notker Teutonicus bei seiner Übersetzung von *officium* mit →Pflicht bestimmen lassen. Das deutsche Wort ›Pflicht‹ leitet sich von dem Verb ›pflegen‹ ab. Dieses vereinigte ursprünglich die Bedeutungsrichtungen ›sorgen für etwas‹, ›die Gewohnheit haben zu‹, ›versprechen, etwas zu tun‹, sodass sich so unterschiedliche Begriffe wie Pflege, Gepflogenheit und Pflicht ausdifferenzieren konnten. Ersichtlich betont Pflicht im Unterschied zu *officium* mehr die Haltung als das effektive Handeln. Die eigentlich verdoppelnde Übersetzung von *officium* mit ›pflichtgemäßem Handeln‹ ist daher durchaus sinnvoll.

Die Pflichten sind Ausdruck des Naturgesetzes. Die Natur ist bei Cicero die Verkörperung des →Logos, der göttlichen Allvernunft. In ihr ist daher alles zu einer erkennbaren, zweckmäßigen →Ordnung eingerichtet. Dem gemäß hat sie auch die Vormundschaft für alle ihre →Wesen und deren Entwicklung übernommen, für den Menschen allerdings nur bis zu einem bestimmten Zeitpunkt. Von diesem ab übernimmt der Logos in ihm die Führung und der Mensch beginnt über sein Tun und Lassen selbst zu entscheiden. Bis dahin leitet ihn die Natur, indem sie ihm eine ›Selbstliebe‹ eingepflanzt hat, d.h. die Fähigkeit, das für seine Selbsterhaltung Geeignete – das für ihn persönlich wie auch für sein Leben in der Gemeinschaft Bedeutsame – instinktiv erkennen und wählen zu können. Wie wir unsere Glieder zur Bewegung bereits benutzen können, ohne ihre volle Nützlichkeit und Zweckmäßigkeit erkannt zu haben, so sind wir Glieder der natürlichen Gemeinschaft, ohne dass wir den vollen Sinn unserer Mitgliedschaft noch den der Gemeinschaft, ihren Gesamtnutzen und ihre →Gerechtigkeit, bereits verstanden hätten. Wenn der Mensch aber mündig geworden ist, dann werden diese instinktiv zweckmäßigen, lebensnotwendigen Tätigkeiten zu *officia*, d.h. zu ausdrücklichen Handlungen, in denen die Natur, die das Vernünftige selbst ist, zum einzigen Maßstab genommen wird. Daher ist das allererste *officium*, das in allen weiteren *officia* enthalten ist, das Handeln, das den Forderungen (Vorschriften) der Natur gemäß ist, oder die Aufgabe, sein Leben in Übereinstimmung mit der – an sich vernünftigen – Natur zu führen (*convenienter naturae vivere*).

In dieser Unterordnung unter das Naturgesetz ist auch die →Humanität begründet. Keiner, der wirklich naturgemäß handelt, kann einem Mitmenschen schaden, nicht einmal dann, wenn es darum geht, uns selbst, unsere Kinder, Angehörigen und Freunde vor einem Übel zu bewahren. Wer glaubt, man könne in Kauf nehmen, dass einem anderen Unrecht geschieht, wenn man dadurch Schaden für sich selbst und seine Nächsten abzuwenden vermag, der hebt im Menschen den Menschen auf. Ebenso scharf urteilt Cicero in einem parallelen Fall. Das Naturgesetz will auch, dass jedem Menschen, wer es auch sei, also unabhängig davon, welcher Rasse, welchem Staat und welcher Religion er angehört, einzig aus dem Grunde, dass er ein Mensch ist, Sorge zuteil wird. Wer dagegen glaubt, dass hierbei die eigenen Staatsbürger zuerst Berücksichtigung zu finden hätten und dann erst die Ausländer, der beendet die universelle Gemeinschaft der ganzen Menschheit.

Auch wenn Cicero das politische Prinzipat, auf das er nach dem Tode Cäsars noch einmal Anspruch erhoben hatte, bei der Bildung des zweiten Triumvirats endgültig verloren hat, das moralisch-pädagogische Prinzipat hat man ihm nicht nehmen können. Es reichte geschichtlich über den Horizont hinaus, in dem ein römischer Staatsmann denken konnte. Cicero wurde einer der Gründungsväter des europäischen Humanismus (→A Renaissance – Humanismus).

G. Gawlick / W. Görler, Cicero, in: Grundriss der Geschichte der Philosophie, Bd. 4.2, Basel 1994, S. 991–1168

C. St.

Derrida, Jacques (*1930): Geboren in El Biar, Algerien; 1949–1956 Philosophiestudium in Paris (Lycée Louis-le-Grand, École normale supérieure, seit 1968 zahlreiche regelmäßige Seminare an mehreren europäischen und amerikanischen Universitäten (John Hopkins, Yale, Cornell u.a.) sowie viele Vortragsreisen, seit 1979 auch nach Moskau, Afrika, Japan, Südamerika, Australien. Aufgrund seiner freundschaftlichen und kollegialen Verbindungen steht Derrida im Geflecht fast aller bekannten Namen der französischen Philosophie und Literatur seit 1950. Ab 1970 wird seine Arbeit auch außerhalb Frankreichs rezipiert, vor allem in den USA, in England, Italien, Deutschland. Seine erste Publikation von 1962 ist ein langer Kommentar zu einem Forschungsmanuskript des späten →Husserl (*Husserls Weg in die Geschichte am Leitfaden der Geometrie*, München 1987). Fast alle Texte sind mehrfach gedruckt und in zahlreiche Sprachen übersetzt, bis ins Russische, Arabische, Chinesische. Ein definitives systematisches Hauptwerk gibt es ebenso wenig wie eine lineare Entwicklung mit eindeutigen Phasen oder Zäsuren. Vielmehr entfaltet Derrida unaufhaltsam die in den Arbeiten der 1960er Jahre angelegten Keime. Zusammen mit einer fortlaufenden Selbstinterpretation im steten Kreuzfeuer von Rezeption und Kritik führt dies zu einer Verdichtung oder Vernetzung all seiner Texte. Derrida erreicht seine entscheidenden Wirkungen durch Lektüren anderer Autoren. In dem von Phänomenologie und Existenzialismus (→Sartre, Merleau-Ponty) beherrschten intellektuellen Klima im Paris der 1950er Jahre orientiert er sich an Husserls Texten selbst und an Interpreten wie →Lévinas und →Heidegger. In den Vorlesungen zur Phänomenologie des inneren Zeitbewusstseins entwickelt Husserl den augustinischen Gedanken einer unauflöslichen Verkettung der Zeitmomente Vergangenheit, Gegenwart, Zukunft bzw. Retention, »Urimpression« (Wahrnehmung), →Protention. Derrida fasst das radikaler. Das mittlere Moment, die Präsenz, ist niemals rein oder absolut, sondern immer schon verknüpft mit Alterität und affiziert durch Momente der Absenz. Diese Verflechtung ist ein ›Text‹, in dem nichts irgendwo und irgendwann einfachhin anwesend oder abwesend ist und der schlechthin alles einbegreift. Damit wird eine Fülle von Variationen und Applikationen eröffnet: Das Selbe als Effekt des Anderen, der reine Selbstbezug als Produkt der Tradition, die Kontamination der Ursprünge. Aus der von Derrida ebenso eigenständig rezipierten Psychoanalyse Freuds kommen weitere Motive hinzu: Nachträglichkeit des Bewusstseins, Aufschub der Präsenz (bzw. der Lust), die Spur eines nicht stattgefundenen Ereignisses, das Original als Ergebnis der Reproduktion. Und aus der nicht minder intensiven Auseinandersetzung mit dem Strukturalismus Saussures, entfaltet in Literaturtheorie und Ethnologie, gewinnt Derrida das Motiv einer stets wirksamen Differenz sowie den Gedanken, dass jedes System notwendig offen sei, strukturell unabschließbar, wesentlich unvollständig. Wenn das Zentrum einer Struktur, ihr Ursprung bzw. Ziel, leerer Ort eines unendlichen Austauschs oder Spiels von Signifikanten wie Signifikaten ist, so genießt es kein Privileg. Die entschlossene Suche nach einer letzten →Bedeutung, nach der Sache selbst, gerät zu einem Prozess, in dem jegliche Bedeutung wieder zu einem Bedeutenden werden kann. Für einige Jahre der Gruppe Tel Quel (Philippe Sollers, Julia Kristeva) verbunden, findet Derrida weitere Gewährsleute in Blanchot und Mallarmé; dieser etwa setzt dem platonischen Mimesisbegriff (›A mimt B‹) ein ›A mimt‹ entgegen: Spiegelung ohne Gespiegeltes. Kürzel, Quelle und Medium solcher Theoreme ist für Derrida die *écriture*. Husserl zeigte, dass die Konstitution idealer Objektivitäten als allzeitliche, universale Wahrheiten, etwa der geometrischen Axiome, einzig durch die Schrift ermöglicht wird. Idealität entspringt einer beliebigen Wiederholbarkeit. Doch diese ist auf keine Weise zu garantieren; die reine Iterabilität bleibt Programm, Postulat, Phantasma. Die Schrift ist Instrument und Bedrohung des Gedächtnisses zugleich. Insofern sie Archivierungen des Wissens und Rückfragen durch die Traditionen hindurch ermöglicht, ist sie ein Segen, aber ein Fluch, insofern sie mitsamt dem ihr Anvertrauten verbrennen kann. Damit ist ein ungeheurer, von der klassischen Philosophie kaum bedachter Materialbestand thematisiert: Genese und Struktur des Zeichenbegriffs, der Schriften und Notationen, der Schriftkulturen, des Buches, der Enzyklopädie, der Produktions-, Distributions- und Dokumentationsapparate (Editions-, Bibliotheks-, Archivwesen), der Techniken und Medien der Kommunikation (Telefon, Funk, Kinemato- und Phonographie, Fax, E-Mail, CD-ROM), der Beglaubigungspraktiken (Signatur, Datierung,

Kryptierung) usw. Derrida nimmt die Genese und Struktur der gesamten abendländischen Tradition der →Metaphysik in den Blick. Trotz aller Brüche und Verschiebungen, aller Umwege und Wiederaufnahmen erweist sich diese als einigermaßen kohärente Struktur, deren Zentrum, Ziel oder Organisationsprinzip im Lauf der Geschichte nur verschieden benannt wurde: Eidos, Idee, Wesen, Logos, Parusie, Präsenz (Gegenwart, Anwesenheit), Sache selbst, transzendentales Signifikat usw. Davon abgeleitet erscheint eine in den Axiomen der Logik (Satz der Identität, des Widerspruchs, des ausgeschlossenen Dritten, des zureichenden Grundes) formalisierte Binarität, eine offene Reihe von Oppositionen: Leib – Seele, Gesetz – Natur, Selbes – Anderes, Einzelnes – Allgemeines, Eigenes – Fremdes, Leben – Tod, usw. Derrida beschäftigt sich immer wieder mit Themen, die von jener »Metaphysik der Präsenz« (Logozentrismus, Ontologie, Theologie, Teleologie usw.) scheinbar vergessen, marginalisiert, hinausgeworfen wurden. Zwar klammert er einen Teil dieser Metaphysik aus seinen Lektüren weitgehend aus, nämlich Spätantike, →Mittelalter, Renaissance und Humanismus (→A Renaissance – Humanismus); doch vermag er ein scharf umrissenes und äußerst detailliert belegtes Modell zu liefern, das bis auf weiteres einer gewissen Orientierung dienen kann. Das auf den ersten Blick oft Paradoxe seiner in immer neuen Kontexten vorgebrachten und an praktisch allen Gebieten des Wissens und der →Kultur erprobten Thesen hat nicht bloß provokatorische Funktionen. Es soll vor allem eingefahrene Selbstverständlichkeiten aushebeln, ungedachte oder verschwiegene →Aporien erkennbar und gewaltsame Grenzziehungen befragbar machen. Das kann nicht frontal geschehen, sondern nur aus genauer Kenntnis der jeweiligen Strukturen und Texte. Solche Tiefenlektüre nennt Derrida »Dekonstruktion«, und er hütet sich, daraus eine Methode zu machen, die bald zu einem Programm erstarrt, zu einer Technik der Regulierung, die keinen Platz mehr frei hielte für Unvorhersehbares, für das ›Ereignis‹. Wie die Präsenz immer schon gespalten ist, so präsentiert sich auch jeder Text als heterogenes Ergebnis konträrer Kräfte. Gleichzeitiges Pro und Contra, Auf und Ab, Zickzack. Derrida kondensiert die Oppositionen auf möglichst ökonomische Weise in einzelnen Wörtern, deren wahre Bedeutung unter allen Umständen ›unentschieden‹ bleibt: *écriture, différance, trace, texte, supplément, don, chóra* usw. ad infinitum. Kurz: Dekonstruktion ein für alle Mal zu definieren, heißt sie zu vernichten. Von hier knüpfen sich Fäden zu Derridas permanenter Frage nach der Übersetzung, Übertragung, *translation*. Diese gibt es auch innerhalb einer Sprache, sogar innerhalb eines Wortes, aber in jeder Übersetzung entbrennt ein Kampf zwischen dem Unersetzlichen, Idiomatischen und dem Universalen, Wiederholbaren, zwischen dem Proprium (auch dem Eigennamen) und dem Allgemeinen der Bedeutung. Der restlos übersetzbare Text verschwindet, der restlos unübersetzbare stirbt. Das dekonstruktive Motiv der von Anfang an bereits kontaminierten Ursprünge macht Derrida vor allem für Ethik, Politik- und Rechtstheorie fruchtbar (*Gesetzeskraft. Der »mystische Grund der Autorität«*, 1991). Derrida engagiert sich vielfältig wissenschaftlich, politisch und kulturell. Insofern er unermüdlich nach den Bedingungen der Möglichkeit fragt, die zugleich Bedingungen der Unmöglichkeit sind, ist Derrida gleichsam ein rationalistischer Transzendentalphilosoph, der das Transzendente nur streicht, um es, realistischerweise, aufzuschieben. Im Zwischenraum betreibt er subtil und umsichtig eine ebenso intensive wie generelle Kulturkritik, deren Wirkungen noch kaum absehbar sind.

G. Bennington / J. Derrida, Jacques Derrida. Ein Porträt, Frankfurt/M. 1994
C. Malabou / J. Derrida, La contre-allée, Paris 1999
H.-D. Gondek / B. Waldenfels (Hg.), Einsätze des Denkens. Zur Philosophie von Jacques Derrida, Frankfurt/M. 1997
H. Kimmerle, Derrida zur Einführung, 5. Aufl. Hamburg 2000
D. Thiel, Über die Genese philosophischer Texte. Studien zu Jacques Derrida, Freiburg / München 1990

D. T.

Descartes, René (1596–1650): Lat. Renatus Cartesius, frz. Philosoph und Mathematiker, geboren am 31. 3. in La Haye (Touraine), gestorben am 11. 2. in Stockholm. Descartes wird im Allgemeinen als Vater der modernen Philosophie angesehen. Sein Denken wird von dem Bestreben getragen, der Komplexität der →Wirklichkeit mit Hilfe weniger einfacher →Prinzipien und Regeln Herr zu werden. Um aber diese aufstellen zu können, bedarf es eines unumstößlichen Fundaments, das die Sicherheit und Richtigkeit garantiert. Wie aber ist diese Unumstößlichkeit zu gewinnen angesichts des Trugs der Sinne und der Verworrenheit unserer Gedanken? Descartes bedient sich, um dieses Problem auszuräumen, des methodischen →Zweifels. Seine Vorgehensweise ist dadurch bestimmt, dass er die ganze →Welt daraufhin befragt, was an ihr bezweifelt werden kann. Es zeigt sich, das nichts dem Zweifel entgeht. Doch bleiben die *Meditationen* nicht bei einem →Skeptizismus stehen. Vielmehr entdeckt er, dass die Tatsache des Zweifelns ihrerseits nicht wieder bestritten werden kann. Das →Ich, das da zweifelt, ist das unumstößliche Fundament, d. h. das →Denken. Mit diesem Gedankengang hat Descartes die Wurzel des neuzeitlichen Philosophierens freigelegt: das sich seiner selbst gewisse Ich mit seinen →Vorstellungen. Die Formel, die sich dafür eingebürgert hat, ist das bekannte *cogito ergo sum* (*je pense, donc je suis*). Nun beginnt der umgekehrte, konstruierende Weg, der die Welt – vom archimedischen Punkt des *cogito* ausgehend – wieder aufbaut. Verbunden mit diesem Gedanken ist Descartes' Auseinandersetzung mit der Existenz →Gottes. Die Vorstellung, einer allmächtigen, unendlichen und vollkommenen →Substanz kann nicht das Werk des unvollkommenen und begrenzten Menschen sein. Also muss es einen Urheber geben, dessen Realität ebenfalls unendlich ist. Die zweite →Argumentation ergibt sich aus dem Begriff Gottes selbst. Diese eingeborene Idee (→*ideae innatae*), die das vollkommenste →Wesen meint, kann ohne das Prädikat der Existenz nicht gedacht werden, da ja der Vollkommenheit kein Mangel anhaften darf. So ist auch der Bestand der Außenwelt gesichert, weil die Güte Gottes nicht mit einem Trug über die Dinge zusammen gedacht werden kann. Mit dem Gedanken des sich selbst gewissen Ich und der durch Gott garantierten Körperwelt hat Descartes einen →Dualismus geschaffen, den er selbst mit den Begriffen →*res cogitans* und →*res extensa* gekennzeichnet hat. Diese wohl folgenschwerste Scheidung im Denken Descartes' ist der anschaulichste Fall für das noch immer diskutierte Leib-Seele-Problem. Für die cartesianische Philosophie ergibt sich die Schwierigkeit, die unausgedehnte denkende Substanz mit der ausgedehnten Substanz in einen Wirkungszusammenhang zu bringen. Denn der Mensch ist beides: denkendes Ich und in der Körperwelt agierender →Leib. Um dieses Problem zu meistern, bedient sich Descartes einer physiologischen Spekulation. Um das Denkende (→Seele) und den Körper (Leib) zu einer funktionierenden Einheit zu machen, bedarf es eines Mittlers, der die so verschiedenen Substanzen zusammenschließt. So findet Descartes dasjenige Organ, das genau in der Mitte des menschlichen Gehirns seinen Ort hat: die Zirbeldrüse. Von ihr gehen die Lebensgeister (*esprits animaux*) aus, die als feinste Körperchen in alle Teile des Körpers eindringen können, um als Boten die Befehle der Seele weiterzugeben. Umgekehrt melden sie Empfindungen des Leibes zurück an die Seele. Descartes denkt die Lebensgeister zwar als körperlich, doch – einer Flamme ähnlich – nirgends anhaftend, sodass eine Verbindung mit anderen Teilen des Leibes entstehen könnte. Damit ist die Grundlage für ein mechanistisches System gelegt, in dem alles nach den Prinzipien von Druck und Stoß funktioniert. Doch kann die Spannung zwischen strengem Dualismus und ebenso strengem Mechanismus nur durch die Einführung von beobachtbaren kleinsten Körpern gelöst werden. Der große Vorteil, der sich hier für die Physik bietet, ist der gänzliche Verzicht auf Fernwirkungen, da bei diesen ja immer ein Medium zwischen den Körpern angenommen werden muss. Descartes reduziert die Komplexität der Welt auf die Seele, die mit ihren eingeborenen Ideen ausgestattet ist, und die Körper, die sich nach den Gesetzen der Mechanik und der Optik richten. Um alles spannt sich Gott als unendliche Substanz. Die Seele als eine der beiden begrenzten Substanzen hat gegenüber den Körpern den Vorzug, unteilbar zu sein. Während der Körper durch seine Ausdehnung (*extensio*) bestimmt wird, kommt es der Seele zu, Vorstellungen (*ideae*) zu haben. Bei den unterschiedlichen Arten des Vorstellens (*modi cogitandi*) hat das Denken insofern den Vorrang, als es die Selbstgewissheit des Ich und den sicheren Bezug zur Außenwelt garantiert. Allerdings unterliegt die Seele dem natürlichen Einfluss (*influxus physicus*) durch die Körper; sie selbst wirkt auf den Leib ein. (Diese von Descartes aus der Tradition übernommene Position hat →Leibniz nachhaltig kritisiert.) Von Hause aus sind die Vorstellungen dunkel und verworren. Um aber zur →Wahrheit zu gelangen, die ja nicht bei den unmittelbaren →Evidenzen der eingeborenen Ideen endet, muss eine Methode erfunden werden, die eine klare und deutliche Vorstellung (*clara et distincta perceptio*) ermöglicht. Klar bedeutet das dem Geist intuitiv Vorschwebende, deutlich das durchweg in sich Klare und fest Bestimmte. Nach Prüfung der bereits vorliegenden wissenschaftlichen Verfahren – →Logik, geometrische Analysis und Algebra – entscheidet sich Descartes, aus allen das Brauchbare zu entnehmen und das Mangelhafte zu entfernen. Das Resultat seiner Überlegung sind vier Vorschriften an die er sich ausnahmslos halten will: 1. Keine Sache darf als wahr anerkannt werden, von der nicht evident erkannt werden kann, dass sie wahr ist. Deshalb sind Übereilung und Vorurteile zu vermeiden. 2. Jedes Problem ist in so viele Teile zu zerlegen, wie es nötig ist, um es leichter lösen zu können. 3. Die rechte Ordnung ist so einzuhalten, dass bei den einfachsten Dingen begonnen wird, um dann stufenweise zur →Erkenntnis der zusammengesetzten aufzusteigen. 4. Es müssen vollständige Aufzählungen und allgemeine Übersichten aufgestellt werden, damit nichts vergessen wird. Diese Hauptregeln der →Methode sind von Descartes zuvor noch näher auseinandergelegt worden. Sie können daher als eine Art von Kondensat der 21 *Regeln zur Ausrichtung der Erkenntniskraft* (*Regulae ad directionem ingenii*) angesehen werden, die in gewisser Weise noch von der Aufspaltung der wissenschaftlichen Verfahren geprägt ist, obwohl es Descartes immer um die Einheit der →Wissenschaft geht. Die bündige *Abhandlung über die Methode* (*Discours de la méthode*) schreitet von den Hauptregeln über moralische Regeln und die Fundamente der →Metaphysik fort zu den naturphilosophischen Fragen. Das bedeutet den Übergang von den Denkanleitungen für die *res cogitans* zu den Prinzipien der *res extensa*. Descartes' Anliegen der vollkommenen methodischen Gründlichkeit steht dabei in Opposition zu den von ihm bekämpften Systemen der →Scholastik. Suchten diese durch ein kompliziertes Geflecht von Gesetzen ein einfaches Weltbild zu garantieren, geht es jetzt darum, mit möglichst wenige Regeln einer großen Mannigfaltigkeit von Dingen zu begegnen. Es ist der Beginn einer Denkökonomie, auf der die Wissenschaft im modernen Sinn fußen konnte. Verbunden damit ist die Tendenz zur Mathematisierung der Philosophie, da die rationalen Zahlenverhältnisse und geometrischen Figuren beispielhaft für den effektiven Umgang mit philosophischen Begriffen und Problemen stehen. Zum anderen erhält Descartes' konsequenter Mechanismus dadurch seine Schlagkraft, dass er für jede Bewegung und Gegenbewegung eine gesicherte Regel angeben kann (zur mangelhaften Beachtung des Problems der Beschleunigung vgl. Leibniz).

Die Folgerungen aus der strikten Trennung von denkender und ausgedehnter Substanz lassen auch gewissen Härten zu. So muss Descartes die Tiere – bei denen ja keine Seele zu beobachten ist – in den Bereich der *res extensa* verweisen, was dazu führt, dass etwa der Hund nichts weiter als eine Bellmaschine ist. Sein Verhalten – so wie auch das Wachsen und Schwinden der Pflanzen – kann einfach durch die beiden einzigen Bestimmungen der ausgedehnten Substanz erklärt werden: Gestalt und Bewegung. Doch die ganze Natur kann nun unterschiedslos nach diesen Bestimmungen erklärt werden, ohne noch auf die vielen Elemente, Substanzen, Formen, Qualitäten und Quantitäten der Scholastik Rücksicht nehmen zu müssen. Die ganze neue Physik hat es nur mit Körperchen (Korpuskeln) zu tun, die in ihrer Gestalt und Bewegung berechenbar sind. Mit der Berechenbarkeit geht aber auch ihre Beherrschbarkeit einher, denn das, von dem man weiß, wie es funktioniert, kann man auch herstellen. Der →Mensch wird zum »Meister und Besitzer« (*maître et possesseur*) der wirklichen Welt. Von diesem Konstruktionsgedanken ausgehend, entsteht die Grundlage einer wissenschaftlich abgesicherten →Technik, die sich von aller metaphysischen Spekulation der Antike und des Mittelalters emanzipiert hat. Aber auch Descartes muss über den Bereich des Beobachtbaren hinausgehen. Um seine Welt aus Korpuskeln zu erklären, muss er sich das All als hydrodynamisches Kontinuum denken, d.h. als →Materie, die in ununterbrochenem Wirbelfluss begriffen ist. Descartes sieht die Sonne als Mittelpunkt des Universums an, um die sich alles umso schneller dreht, je näher es ihr ist. In dieser Theorie ist schon die Planetenentstehung vorweggedacht, wie sie später von →Kant formuliert werden sollte. Allerdings hält sich die Materie für Descartes nicht von selbst in Bewegung, sondern ist auf Gott angewiesen. Er hat die Materie nicht nur geschaffen, sondern hält auch ihre Grundbestimmungen, Gestalt und Bewegung, ständig konstant. Was man heute als die Erhaltungssätze der Physik bezeichnet, hat Descartes theologisch begründet. Die →Vollkommenheit der in sich kreisenden Natur ist ohne eine überlegene Intelligenz, die zugleich erste Bewegungsursache wie auch göttlicher Mechaniker ist, nicht vorstellbar. So zeigt sich, dass die unendlich Substanz Garant für beide endlichen Substanzen ist: Für die *res cogitans* steht Gott für die wahre Realität der Außenwelt und die Einprägung der evidenten eingeborenen Ideen, für die *res extensa* bedeutet er Ordnung und Stabilität in den Bewegungsverhältnissen der korpuskular gestalteten Materie. Der extreme Zweifel, der Descartes sogar die Annahme einer bösen Intelligenz (*genius malignus*) hatte machen lassen, die den Denkenden über alles betrügen kann, mündet so in die äußerste →Gewissheit (*certitudo*), dass alles klar und deutlich Erkannte auch tatsächlich wahr ist. Doch ist hier schon der Prioritätenwechsel zu erkennen, der die Philosophie der →Neuzeit (A) kennzeichnet. Nicht die sich unverfälscht darbietende Wahrheit der Dinge steht im Vordergrund, sondern das sich selbst absichernde Denken mit seinem unerschütterlich gewordenen Methodenbewusstsein. Das Ideal, das von hier ausgeht, lässt sich mit dem Dreischritt ›archimedischer Punkt, komplettes Regelwerk, vollständige Erkenntnis‹ beschreiben. Dass sich die vollständige Erkenntnis nicht auf die ausgedehnte Natur beschränken kann, ist offenbar, da die *res cogitans* außer den klaren und deutlichen Vorstellungen auch den Leidenschaften (*passions*) geöffnet ist. Gemäß seinem mechanistischen Erklärungsprinzip muss Descartes also gewissermaßen eine Physik der Seele annehmen, die es ihm erlaubt, aus gewissen Gesetzmäßigkeiten von Eindrücken das Entstehen der Leidenschaften zu ersinnen. Zunächst kann er sich bei dieser Aufgabe auf seine Annahme der Lebensgeister stützen. Die Mittler stehen durch ihre äußerste Feinheit zwischen dem Hirn und den gröberen Teilen des Körpers. In schroffer Ablehnung gegen die Lehrmeinungen der Tradition teilt Descartes die Gedanken allein der Seele, alle Wärme und alle Bewegungen, die nicht von Gedanken abhängen, dem Körper zu. Damit räumt er die Irrlehre aus, die Abwesenheit der Seele sei die Ursache für die Bewegungslosigkeit und Kälte toter Körper. In Wahrheit aber entflieht die Seele, wenn man stirbt, weil die Wärme entschwindet und die Organe, die dem Körper die Bewegung ermöglichen, sich auflösen. Damit hat Descartes dem Körper (des Menschen) eine neue Bewertung gegeben, die ihn nicht mehr zum bloßen Anhängsel der alles führenden Seele macht. Vielmehr wird der Körper jetzt als Automat gedacht, d.h. als eine Maschine, die sich aus sich selbst bewegt. Jedoch muss Descartes eingestehen, dass er über die Anatomie des Körpers nicht hinaus gelangt, weil ihm weder bekannt ist, in welcher Weise die Lebensgeister zur Bewegung beitragen, noch worin das körperliche Prinzip besteht, durch das sie wirksam sind. Es bleibt bei der Konstatierung, dass das Herz eine beständige Wärme enthält, die wie ein Feuer gedacht wird, das vom Blut der Venen unterhalten wird. Dieses Feuer aber ist das körperliche Prinzip aller Bewegungen der Glieder. Die Lebensgeister dringen bis in alle Muskeln und bewirken deren Kontraktion bzw. Streckung; außerdem bewirkt die ungleiche Bewegung und die Verschiedenheit ihrer Bestandteile, dass sich die Lebensgeister ungleichmäßig verteilen und so einige Muskeln eher erreichen als andere, was ebenfalls deren Spiel in Gang bringt. Die Seele nun hat Gedanken, die entweder Tätigkeiten (*actions*) oder Leiden (*passions*) sind. Die aktiven Vollzüge werden von Descartes als Willensakte (*volontez*) bestimmt, die direkt der Seele entstammen, die passiven sind entweder →Wahrnehmungen (*perceptions*) oder Kenntnisse (*conoissances*), die die Seele von den vorgestellten Dingen empfängt. Der →Wille kann entweder auf Gott und die anderen immateriellen Gegenstände gerichtet sein oder aber auf den Körper mit seinen Bewegungen. Ähnlich verhält es sich mit den Wahrnehmungen, die sich sowohl auf die Willensakte und Vorstellungen der Seele beziehen können, wie auch – durch Nerventätigkeit – auf den Körper. Die Leidenschaften der Seele sind solche Gedanken, die ihr in besonderer Weise zugehören, wobei die Lebensgeister als Ursache, Unterstützung und Verstärkung agieren. Diese Gedanken können am besten als Emotionen (*émotions*) bezeichnet werden, da sie, empfindungshaft wie die äußeren Gegenstände aufgenommen, die Seele stärker als alle anderen aufwühlen; d.h. dass sich die so verstandenen Leidenschaften zwischen den Empfindungen des Äußeren und des Körpers einerseits und dem Willen andererseits befinden. Mit den Ersteren haben sie den Erleidnischarakter gemein, mit Letzterem den Bezug auf die Seele selbst. Descartes kann die Leidenschaften also mechanisch erklären: Die Wahrnehmung eines Dinges gelangt von den Sinnesorganen über die Lebensgeister zum Hirn, in dessen Zentrum sie auf die Zirbeldrüse konzentriert wird, welche unmittelbar auf die Seele einwirkt. Dort wird das Wahrgenommene erkannt, und entsprechend seiner Eigenschaften löst es die Leidenschaften aus. Ist es etwa schrecklich, was aus vorangegangenen Erfahrungen mit Ähnlichem abgeleitet wird, entsteht die Leidenschaft ›Furcht‹. Diese zieht, je nach Verfassung des Körpers und je nach Kraft der Seele bzw. nach der früheren Art des Umgangs mit dem Schrecklichen, Kühnheit oder Schrecken nach sich. Aus dieser Erregung der Seele folgt auf umgekehrtem Wege die Bewegung der Glieder. Der Wille kann Herr über die Leidenschaften werden, wenn er genau die Vorstellungen erzeugt, die mit den ihnen zugehörigen Leidenschaften verbunden sind.

E. Cassirer, Descartes: Lehre, Persönlichkeit, Wirkung, Nachdruck Hildesheim 1978

L. Gäbe, Descartes' Selbstkritik, Hamburg 1972

W. Röd, Descartes: Die Genese des cartesianischen Rationalismus, München 1982

H. Rombach, Substanz, System, Strukturen, 2 Bde., Freiburg / München 1965

A. P.

Dewey, John (1859–1952): Amerikanischer Philosoph, geboren am 20. 10. in Burlington/Vermont, gestorben am 1. 6. in New York City, gilt neben →Peirce und →James als dritter Hauptvertreter des →Pragmatismus. Er teilt, vor allem was seine Reputation außerhalb der USA anbelangt, das Schicksal seines Lehrers und Freundes James. Obwohl Dewey unbestritten zu den bedeutendsten Philosophen des 20. Jhs. zählt – für Rorty steht er in einer Reihe neben →Heidegger und →Wittgenstein –, ist er in Deutschland bis heute weitgehend unbekannt. Der Soziologe Hans Jonas spricht sogar von einer »anhaltenden Ignoranz« seiner Philosophie gegenüber und beklagt, dass kein Denker von Deweys intellektueller Größe in Deutschland kontinuierlich so stiefmütterlich behandelt worden sei wie er. Tatsächlich beschränkte sich die deutschsprachige Rezeption bis vor kurzem beinahe ausschließlich auf seine pädagogischen Schriften. Die Diskussion der jüngsten Zeit, vor allem aber das Erscheinen einiger längst fälliger Übersetzungen lassen hoffen, dass das in Deutschland neu erwachte Interesse am Pragmatismus – ähnlich wie bei James – auch zu einer verstärkten Beschäftigung mit der Philosophie John Deweys führen wird.

Deweys philosophisches Werk ist sehr umfangreich; die seit 1969 erscheinende englische Gesamtausgabe umfasst mittlerweile 37 Bände. Seine in Deutschland bis heute einflussreichste Schrift ist *Democracy and Education* (1916; dt.: *Demokratie und Erziehung*), in der er seine Auffassung der Philosophie als einer allgemeinen Erziehungstheorie darlegt. Es folgen einige stärker philosophisch orientierte Arbeiten, in denen Dewey seine Variante des Pragmatismus, den so genannten Instrumentalismus, ausarbeitet; die wichtigsten sind: *Reconstruction in Philosophy* (1920; dt.: *Die Erneuerung der Philosophie*), *Experience and Nature* (1925; dt.: *Erfahrung und Natur*) und *The Quest for Certainty* (1929; dt.: *Die Suche nach Gewißheit*). Die Vorlesungsreihe *Art as Experience* (1934; dt.: *Kunst als Erfahrung*) appliziert die pragmatistische Denkweise auf ein scheinbar gänzlich ›unpragmatisches‹ Gebiet, die Ästhetik. In *Logic: The Theory of Inquiry* (1938; dt.: *Logik. Theorie der Forschung*) fasst Dewey seine Vorstellungen von der Logik des Erkenntnis- und Forschungsprozesses zusammen.

Am Anfang der philosophischen Entwicklung Deweys stehen drei Einflüsse: Er beginnt seine Karriere als Vertreter des amerikanischen Neu-Hegelianismus, löst sich von dieser Position aber unter dem Einfluss der Evolutionstheorie von Charles Darwin und der naturwissenschaftlich orientierten Psychologie von James. Gleichwohl bleibt der Einfluss →Hegels erhalten, so etwa in Deweys Konzeption der →Wirklichkeit als eines organischen Beziehungsgeflechts. Von Darwin bzw. James stammt dagegen die Auffassung, dass sich diese Wirklichkeit in einem fortwährenden Prozess des Werdens befindet. Vor allem das Konzept einer ständigen Weiterentwicklung des Individuums auf der Grundlage der Interaktion zwischen Organismus und Umwelt führt Dewey zu einer Philosophie der Erziehung, die einen radikalen Bruch mit den seinerzeit gängigen Lehrmeinungen darstellt.

Deweys philosophische Position lässt sich in

gewissem Sinn als Synthese der pragmatistischen Ansätze von Peirce und James verstehen, insofern als Dewey sowohl die wissenschaftstheoretischen und forschungslogischen Motive von Peirce als auch die von James akzentuierten Fragen der Moral und des Glaubens aufnimmt und in sein Konzept des Instrumentalismus integriert. Die Verbindung dieser beiden unterschiedlichen Aspekte kann jedoch auch als Reaktion auf eine Reihe wissenschaftlicher Revolutionen angesehen werden, deren Zeuge Dewey während seines langen Lebens wurde. Geboren im Jahr der Veröffentlichung von Darwins *Entstehung der Arten*, erlebte Dewey sowohl das Aufkommen der Evolutionstheorie als auch der einsteinschen Relativitätstheorie sowie schließlich die Zündung der ersten Atombombe und die Anfänge des kalten Krieges. Alle diese Umwälzungen hatten ihren Ursprung in wissenschaftlichen Entdeckungen; ihre nachhaltigsten Wirkungen entfalteten sie jedoch in den Bereichen des sozialen Lebens und der moralischen Überzeugungen. Vor diesem Hintergrund wird Deweys lebenslanges Interesse am Verhältnis von Wissenschaft und menschlichen Werten verständlich, das trotz mancher Wandlungen in seinen philosophischen Anschauungen sein gesamtes Werk bestimmt.

Deweys Auffassung, dass die oberste Aufgabe der Philosophie in der Überbrückung der Kluft zwischen (Natur-)Wissenschaft und Moral, zwischen wissenschaftlicher Forschung und alltäglichem Leben bestehe, bildet auch den Ausgangspunkt seiner Philosophie des Instrumentalismus. Bereits James hatte →Vorstellungen, →Begriffe und →Theorien als ›Instrumente‹ aufgefasst, deren Wert und Nutzen nach ihrer Fähigkeit zu beurteilen war, den Menschen ›weiter zu bringen‹ und zukünftige Ergebnisse und Konsequenzen herbeizuführen. Deweys Instrumentalismus sollte eine genauere Beschreibung derjenigen Bedingungen liefern, unter denen →Denken und Forschen in dieser instrumentellen Weise funktionieren. Grundsätzlich gilt, dass Denkprozesse, Untersuchungen, Forschung niemals anhand von einzelnen, isolierten Objekten stattfinden, sondern in der tatsächlichen →Erfahrung immer in ein kontextuelles Ganzes, eine »Situation«, wie Dewey sagt, eingebettet sind. Zu dieser Situation zählen nicht zuletzt die Handelnden dieses Prozesses, die Menschen also, die eine bestimmte Situation wahrnehmen und aufgrund von Ungewissheiten oder Zweifeln überhaupt erst die Notwendigkeit einer intellektuellen Anstrengung erkennen. Im Gegensatz zur traditionellen →Logik, die die individuellen Interessen und Bedürfnisse ausgeblendet und eine Art objektiven und zeitlosen Wissens angestrebt haben, bezieht Deweys *Logik* – darin Peirce folgend – die menschliche Komponente bei der Bildung von Überzeugungen und Wissen mit ein.

Als notwendigen Ausgangspunkt eines Denk- oder Untersuchungsprozesses bestimmt Dewey deshalb eine Situation, die in Bezug auf zukünftige Entwicklungen ungewiss, zweifelhaft und in pragmatischem Sinn ›offen‹ ist. Persönliche Zustände des Zweifels, die nicht in einer solchen existenziell relevanten Situation gründen, müssen dagegen als pathologisch angesehen werden. Die erste Stufe der Untersuchung besteht zunächst in der Erkenntnis, dass ein Problem vorliegt, das der Lösung bedarf. Die genaue Identifizierung und Formulierung des Problems bestimmt die Art der weiteren Untersuchung, selektiert also z. B. die Informationen oder Daten, die als relevant für die Untersuchung zugelassen werden. Der zweite Schritt besteht dann in der Bildung von Hypothesen, also von Aussagen über mögliche relevante Lösungen des Problems. Diese Hypothesen werden in einem dritten Schritt überprüft und schließlich – in einem vierten Schritt – einer Art experimentellem Test unterzogen. Kriterium für den Erfolg eines Untersuchungsprozesses ist, ob die gegebene Antwort tatsächlich eine Lösung des Problems darstellt, d. h. ob durch sie die ›zweifelhafte‹ Ausgangssituation beseitigt wurde.

Die Logik von →Zweifel und →Gewissheit, die Einbeziehung von unterschiedlichen konkreten Kontexten, durch die objektive und allgemein gültige Antworten unmöglich gemacht werden – all dies führt auch Dewey auf das Problem einer pragmatistischen (oder eben instrumentalistischen) Wahrheitstheorie. Im Unterschied zu James hat Dewey jedoch erkannt, dass die pragmatistische Sicht weniger dazu angetan ist, eine neue Theorie der →Wahrheit aufzustellen, als vielmehr den Begriff der Wahrheit als solchen in seiner Relevanz einzuschränken und anderen, wichtigeren Begriffen unterzuordnen. Dewey vermeidet deshalb weitgehend den Begriff Wahrheit und führt stattdessen das Konzept einer »gesicherten Behauptung« (*warranted assertion*) ein. Das Ergebnis eines Denkprozesses, sei es im alltäglichen Leben oder in der wissenschaftlichen Forschung, kann demnach immer nur ein Garantieurteil sein, auf das man sich nur so lange verlassen kann, bis neue Erfahrungen und Überlegungen andere Ergebnisse hervorbringen. Dagegen ist die Frage, ob etwas objektiv und für immer wahr bzw. falsch ist, aus instrumentalistischer Sicht weder beantwortbar noch relevant; es gibt lediglich unterschiedliche Grade des Gesichertseins.

In gewissem Sinn stellt Deweys Werk die Quintessenz des amerikanischen Pragmatismus dar, auch wenn er selbst eine andere Bezeichnung für seine Philosophie vorzog. In jedem Fall ist es, was die aktuelle philosophische Debatte angeht, nicht immer leicht, im Einzelnen zu unterscheiden, welche der zahlreichen pragmatistischen Motive auf eine allgemeine Renaissance dieser Richtung und welche im besonderen auf Dewey zurückzuführen sind. Während die allenthalben festzustellende Ablehnung traditioneller philosophischer Dualismen und die Hinwendung zu einem holistischen Weltbild sich sowohl bei Dewey als auch (wenngleich weniger ausgearbeitet) bei James finden, scheint beispielsweise die ›Degradierung‹ – nicht die Ersetzung – des Begriffs der Wahrheit allein eine Konsequenz des Instrumentalismus zu sein. Wenn demnach Richard Rortys Bezeichnung »Neu-Pragmatisten« tatsächlich auf Autoren wie →Quine, →Goodman oder Davidson zutreffen sollte, dann ist dies sicherlich eher auf den Einfluss Deweys als auf den von Peirce oder James zurückzuführen.

J. Dewey, Die Erneuerung der Philosophie, Hamburg 1989
–: Erfahrung und Natur, Frankfurt/M. 1995
–: Die Suche nach Gewißheit. Eine Untersuchung des Verhältnisses von Erkenntnis und Handeln, Frankfurt/M. 1998
M. Suhr, John Dewey zur Einführung, Hamburg 1994

A. S.

Dilthey, Wilhelm (1833–1911): Dass man zwei Arten von Wissenschaften – die Natur- und die Geisteswissenschaften – unterscheiden kann, gilt heute allgemein als selbstverständlich. Auch der methodische Dualismus von Erklären und →Verstehen ist durchaus geläufig: dass wir für alle Naturerscheinungen →Erklärungen suchen, bei allem Psychischen aber, allem Geschichtlichen, Gesellschaftlichen und bei allen Ausformungen der →Kultur auf ein Verstehen dringen. Schließlich ist, vermittelt durch →Heidegger und seine Schüler, insbesondere durch →Gadamer, die →Hermeneutik – als Theorie des Verstehens im Allgemeinen und der Auslegung als methodischem Verstehen von Texten im Besonderen – zu einem der Leitgedanken der Philosophie des 20. Jhs. geworden. Der geistesgeschichtliche Urheber all dieser Begriffsbestimmungen ist dagegen in der Öffentlichkeit zumeist unbekannt geblieben.

Wilhelm Dilthey wurde am 19. November 1833 in Biebrich bei Wiesbaden als Sohn eines nassauischen Hofpredigers geboren. Er studierte Theologie und Philosophie an der Berliner Universität, damals eine Hochburg des geschichtlichen Denkens. Hier hatte Niebuhr die historisch-kritische →Methode entwickelt, was ein Meilenstein zur Konstituierung der Historie als Geschichtswissenschaft war; und hier hatte Savigny gelehrt, dass das →Recht nicht das Erzeugnis einer zeitlosen →Vernunft ist, sondern dem Wandel der geschichtlichen Kräfte eines Volkes unterworfen bleibt; und letztlich war hier immer noch das universalgeschichtliche Philosophieren des deutschen →Idealismus (→Fichte, →Hegel, der späte →Schelling) in lebendiger Erinnerung; Dilthey erlebte noch Jacob Grimm, Mommsen und vor allem Ranke. Unter diesem allgemeinen Einfluss bildete sich bei ihm allmählich der Gedanke, dass für alle Bereiche geistiger Erscheinungen ein Verfahren verfehlt sein müsse, das deren gegenwärtig gültige Formen als durch geographische, ökonomische, nationale und kulturelle Umstände bedingte Variationen konstanter Grundformen (der Staat überhaupt, die Religion überhaupt, die Kunst überhaupt usw.) ansieht, um sich dann gezwungen zu sehen, diese wegen ihrer vermeintlichen Konstanz – wenigstens hypothetisch – auf Naturkräfte zurückzuführen. Statt solcher Konstruktionen empfiehlt sich nach Dilthey, vorurteilslos das ganze feine Gewebe der in einer geschichtlichen Epoche bestehenden Beziehungen zwischen den geistigen Erscheinungen aufzuspüren, um so eine sichere Erfahrungsbasis zu gewinnen, die Entstehung und Wandel einer bestimmten Erscheinungsform zu verfolgen und so ihre geschichtliche Einmaligkeit zu entdecken erlaubt. Die Erkenntnis des tatsächlichen Wirkungszusammenhangs einer Epoche ermöglicht dann wiederum ein Verständnis der Besonderheiten eines Autors und seiner Werke. Die Ausführungen dieses Konzepts haben dafür gesorgt, dass der Name Diltheys sich fest mit dem Begriff ›Geistesgeschichte‹ verbunden hat. Berühmte Beispiele sind das *Leben Schleiermachers* und die *Jugendgeschichte Hegels* sowie die biographisch-literarischen Darstellungen über Goethe und Novalis, vor allem in ihrer überarbeiteten Form in der Spätschrift *Das Erlebnis und die Dichtung*, aber auch die zahllosen Längsschnittuntersuchungen zu systematischen Problemen wie z.B. *Die Entstehung der Hermeneutik, Auffassung und Analyse des Menschen im 15. und 16. Jahrhundert, Das 18. Jahrhundert und die geschichtliche Welt* und *Die Funktion der Anthropologie in der Kultur des 16. und 17. Jahrhunderts.*

Einen zweiten Anstoß für seine philosophische Entwicklung hat Dilthey erst außerhalb Berlins erfahren. Ab 1865 erhielt er Rufe nach Basel, Kiel und Breslau; 1882 wurde er nach Berlin zurückberufen. In dieser Zeit lernte Dilthey die verschiedenen Forschungsrichtungen der modernen Psychologie kennen. Die Entdeckung der sinnesphysiologischen Psychologie, dass selbst Empfindungen nicht bloß passiv die realen Qualitäten abbilden, sondern nicht ohne die Mitwirkung des Erkenntnissubjekts zustande kommen, wurde bestimmend für seine ›idealistische‹ Auffassung von der Eigenständigkeit des psychischen Lebens (→Bewusstsein, geistiges Leben) im Aufbau jeder →Erkenntnis. Dementsprechend sollte die Psychologie die Funktion einer Grundwissenschaft für den Aufbau der geisteswissenschaftlichen Erkenntnis übernehmen. 1883 erschien der erste und einzige Band seines historisch-systematischen Hauptwerks *Einleitung in die Geisteswissenschaften. Versuch einer Grundlegung für das Studium der Gesellschaft und der Geschichte.* Er enthielt die ersten beiden Bücher des auf fünf Bücher angelegten Werkes. Das erste, einleitende Buch zeigt zunächst, dass es auch für die Geisteswissenschaften einen universalen Wirklichkeitsbereich gibt. Dieser entsteht durch die Interaktionen psychophysischer Einheiten. Sofern diese Lebenseinheiten gemäß ihrer internen Beziehung des Psychischen auf ihr Physisches bereits einen Zusammenhang darstellen, sind sie Ganzheiten; als solche bezeichnen wir sie als Personen. Ihre ursprüngliche Ganzheit begründet, dass →Personen nie in dem aufgehen, was sich durch ihre Interaktionen aufbaut. Sie lassen sich in ihrer Konstitution nicht nach den verschiedenen →Systemen des gesellschaftlichen Lebens bzw. nach den in diesen Systemen erforderlichen Fähigkeiten aufteilen, sie sind im strengen Sinne Individuen. Die individuellen Personen dürfen daher nie betrachtet werden als gleich bleibende Bestandteile (letzte Elemente), aus denen sich alle Lebenszusammenhänge durchsichtig zusammensetzen ließen. Personen sind immer nur Glieder der Wirkungszusammenhänge des →Lebens; und als →Individuen können sie den einzelnen Wirkungszusammenhängen wie Recht, →Staat und sozialen Gemeinschaften sowie der Kultur nie endgültig unterworfen werden. Im Gegenteil, gerade als Individuen können sie diesen Zusammenhängen stets Neues hinzufügen, sodass deren Weiterentwicklung nie wirklich abbrechen kann. Der universellste Wirkungszusammenhang des Lebens ist die Menschheit; in der Querschnittsbetrachtung wird diese als →Gesellschaft (Kultur, Staat und soziales Leben), in Längsschnittuntersuchungen als →Geschichte bezeichnet. Das zweite Buch zeigt die Entstehung und Herrschaft der →Metaphysik in der Antike und im →Mittelalter sowie ihren Verfall in der Moderne. Die Verfallsgeschichte sollte die Unmöglichkeit einsichtig machen, die einzelnen Geisteswissenschaften noch einmal auf Metaphysik, d.h. letzte Wesenserkenntnisse, gründen zu können. Die nicht erschienenen Bücher 3 bis 5 sollten schließlich die erkenntnistheoretisch-psychologische, die logische (kategoriale) und die methodologische Grundlegung der Geisteswissenschaften behandeln. An diesen systematischen Büchern hat Dilthey unaufhörlich bis zu seinem Tode (1.10.1911) gearbeitet. Die immer weiter zunehmenden Verzweigungen dieses systematischen Programms ließen einen Abschluss der Arbeiten nicht mehr zu. Nur zweimal noch hat Dilthey einen Einblick in die Ausarbeitung dieses Programms gegeben: in der einflussreichen Abhandlung *Ideen über eine beschreibende und zergliedernde Psychologie* (1894) und in der nicht minder bedeutsamen Abhandlung *Der Aufbau der geschichtlichen Welt in den Geisteswissenschaften* (1910). Die Dispositionen und Fragmente zum ›zweiten‹ Band sind schließlich erst vor einigen Jahren aus dem Nachlass veröffentlicht worden (Bd. 19 der Gesammelten Schriften).

Diltheys Ausgangsproblem war die Frage nach dem wissenschaftstheoretischen Status derjenigen Erfahrungswissenschaften, die sich zunächst einmal durch ihre Themen von den klassischen Naturwissenschaften unterschieden: Psychologie, Historie, Rechtswissenschaft, Staatswissenschaften, Sozialwissenschaften, Literatur- und Sprachwissenschaften. Der →Positivismus hatte aber die mathematische Naturwissenschaft zum Maßstab der Wissenschaftlichkeit einer jeden Disziplin erhoben. Damit wurde der thematische Unterschied der Disziplinen als vordergründig zurückgewiesen und ihre Wissenschaftlichkeit allein von der Befähigung zu mechanisch-kausaler Erklärung abhängig gemacht. Dementsprechend hatte Comte beispielsweise die Soziologie als soziale Physik verstehen wollen; die seit 1850 erhobenen Forderungen, die Psychologie und Historie endlich als Naturwissenschaften zu behandeln, waren ähnlich gemeint. Mit diesem Methodenmonismus unterstellte der Positivismus freilich, dass alle psychischen, kulturellen und sozialen Erscheinungen letztlich auf Naturerscheinungen reduziert werden könnten. Auf diese Tendenz antwortete Dilthey mit der These von der thematischen und methodischen Selbständigkeit der Geisteswissenschaften. Für ihn stand fest, dass in der Moderne eine humane Gestaltung unseres gesellschaftlichen Lebens nur gelingen kann, wenn sich die hierauf bezogenen Disziplinen zu eigenständigen Wissenschaften auszubilden vermögen, und dass dies wiederum nur ungestört geschehen kann, wenn wir unser gesamtes Wissenschaftssystem als ein dualistisches begreifen lernen.

Die Bezeichnung ›Geisteswissenschaften‹ für die zweite Hälfte unseres Wissenschaftssystems war für Dilthey selbst nicht zwingend. Ihm schien nur, dass die Alternativen ›Kulturwissenschaften‹, ›Moralwissenschaften‹ (im Sinne von Verhaltenswissenschaften) ›Gesellschaftswissenschaften‹ und ›Humanwissenschaften‹ (heute vor allem in Amerika die vorherrschende Bezeichnung) alle mit Einseitigkeiten behaftet wären, der Titel ›Geisteswissenschaften‹ dagegen den Vorzug hätte, wenigstens einen zentralen Tatsachenkreis zu bezeichnen.

Denn das, was alle diese Wissenschaften bestimmt und daher ihr allgemeines Kennzeichen ausmacht, ist die in allen ihren Tatsachen entdeckbare Trias von »Erleben, Ausdruck und Verstehen«. In allen diesen Wissenschaften, ob in der Rechts- oder Literaturwissenschaft, geht es letztlich darum zu verstehen, warum sich Menschen in bestimmten Situationen (Interaktionen) persönlich so oder so verhalten können. Im Unterschied zur äußeren →Erfahrung, bei der unser Selbst gewissermaßen ausgeschaltet bleibt, sind wir bei allem personalen Verhalten stets innerlich beteiligt. Wegen dieses lebhaften Interessiertseins bezeichnet Dilthey ein solches Verhalten als Erleben. Dieser Charakter überträgt sich auch auf die im Zuge solchen Verhaltens auftretenden Lebensäußerungen (Mienen, Gesten, sprachliche Ausdrücke, Gestaltungen und Taten), sodass uns generell kein Ausdruck gänzlich fremd oder unverständlich sein kann. Natürlich geschieht es dem Einzelnen, dass ihn ein bestimmter Ausdruck aufgrund des gegebenen Horizontes seiner Lebenserfahrung befremdet. Er möchte dann wissen, was dieser eigentlich bedeutet. Solches Verstehen wäre nun nach Dilthey nicht möglich, wenn wir – was alle an der Naturwissenschaft orientierten →Erkenntnistheorien fordern – unsere Interessiertheit ausschalten würden und in bloßer Betrachtung des Ausdrucks seine →Bedeutung herausklauben wollten. Vielmehr muss man seine allgemeine menschliche Interessiertheit gerade einschalten; es gilt, das ursprüngliche Erleben selbsttätig nachzubilden. Durch seinen lebendigen Bezug zum Erleben gibt jeder Ausdruck, auch der befremdliche, die Gelegenheit dazu, in ihm das geäußerte (objektivierte) Erleben wieder nachzuerleben. Für den Verstehenden ist dieses Nacherleben aber ein neues Erleben; der Horizont seiner Lebenserfahrung erweitert sich, und darin besteht der eigentliche Erkenntniseffekt.

Die einzelnen Geisteswissenschaften kommen mit dieser Grundform des Verstehens – Nachbilden von Erleben – selbstverständlich nicht aus. Sie erhalten ihre Themen ja dadurch, dass es bei fortschreitender Ausdifferenzierung der allgemeinen Lebenserfahrung und einer damit einhergehenden Generalisation der ausdifferenzierten Glieder zur Bildung verschiedener, sich gegenseitig abstoßender Systeme (Recht, Verwaltung, Wissenschaft, Wirtschaft, Verwandtschaft u. a.) kommt. Dem gemäß müssen die einzelnen

Geisteswissenschaften auch höhere, artifizielle Formen des Verstehens entwickeln, Formen, die der Logik des thematisierten Systems (z.B. des Normensystems bei der richterlichen Gesetzesauslegung) entsprechen müssen. Dilthey hat sich mit der Frage der spezifischen Hermeneutik nicht mehr beschäftigt. Er war aber der Meinung, dass auch diese komplexeren Formen zuletzt wieder auf die Grundform des Verstehens zurückkommen müssen.

Für ihn war es genug, gezeigt zu haben, dass alle geisteswissenschaftlichen Tatsachen einen inneren Bezug von Erleben, Ausdruck und Verstehen aufweisen. Mit diesem Aufweis konnte als gegeben gelten, dass der Objekts- und Wirklichkeitscharakter des Ausdrucks ein ganz anderer ist als der des Dinges in der Natur. Und hierauf konnte er wiederum seine Forderung nach einer genuinen geisteswissenschaftlichen Methode gründen. Zur Bekräftigung pflegte er sich gern auf das Wort F. →Bacons zu berufen: *Natura parendo vincitur.* Die Natur wird nur dadurch besiegt, dass man ihr gehorcht, d.h. nach Dilthey, dass sich unser Erkennen der Eigenart ihrer Objekte anschmiegt. Diesen Satz hat Dilthey sinngemäß verallgemeinert: Wenn die Natur der Objekte, wie das bei denen der allgemeinen Lebenserfahrung der Fall ist, eine andere ist als die, auf welche die Naturerfahrung stößt, dann bedarf es für sie auch einer anderen Methode als in der Naturwissenschaft, um sich ihrer begrifflich bemächtigen zu können. Diese wissenschaftliche Methode ist die Hermeneutik.

F. Fellmann, Symbolischer Pragmatismus, Hermeneutik nach Dilthey, Reinbek 1991

M. Jung, Dilthey zur Einführung, Hamburg 1996

C. Strube, Diltheys Systemprogramm. Die allgemeine Begründung der Geisteswissenschaften, Frankfurt/M. 2003

C. St.

Fichte, Johann Gottlieb (1762–1814): »Die Französische Revolution, Fichtes Wissenschaftslehre und Goethes Meister sind die größten Tendenzen des Zeitalters«, so Friedrich Schlegel 1798 im 216. Fragment des *Athenaeum*, der ›Programmzeitschrift‹ der Frühromantiker. Den Zeitgenossen dürfte diese Emphase nicht so ungewöhnlich geklungen haben: Seit der Verwechslungsgeschichte mit →Kant im Jahre 1792 war Fichte gleichsam über Nacht berühmt geworden und wurde viel gelesen. Die Grundlegung der frühromantischen Philosophie und Dichtungstheorie wäre ohne ihn nicht denkbar.

Die Biographie Fichtes ist die eines Aufstiegs: »Ich glaube an eine Vorsehung, und ich merke auf ihre Winke«, so schreibt er an seine Braut. Gerade von der Vorsehung und ihren Glücksversprechen will der in Jena später etablierte Philosophieprofessor freilich nichts mehr wissen. Doch kann er sich über ihre Fügung bis zu diesem Ziel durchaus nicht beklagen.

Fichte wurde am 19. Mai 1762 als erstes Kind des Bandwirkers Christian Fichte in Rammenau/Oberlausitz geboren. Durch einen Pfarrer erhielt er einige Jahre lang Unterweisung, bevor er mit etwa zwölf Jahren kurze Zeit die Stadtschule von Meißen und seit Oktober 1774 die Fürstenschule Schulpforta besuchte und sich damit auf den klassischen Bildungsweg eines Gelehrten im mitteldeutschen Raum begab.

1780 immatrikulierte sich Fichte in Jena als *studiosus theologicae*, besuchte aber bald – wie so manche Größe der deutschen Geistesgeschichte des 18. Jhs. vor ihm – neben den theologischen sehr interessiert altphilologische, philosophische, aber auch juristische Vorlesungen. 1781 wechselte Fichte an die Landesuniversität Leipzig, wohl in der Hoffnung auf ein Landesstipendium. Der Wegfall einer ihm gewährten Unterstützung ließ ihm die Geldsorgen über den Kopf wachsen und Fichte sah sich gezwungen, sein Studium abzubrechen, um als Hauslehrer ein Auskommen zu finden.

Im Jahre 1792 begab er sich nach Königsberg, um Kant zu besuchen. Um sich angemessen empfehlen zu können, schrieb er innerhalb sehr kurzer Zeit seinen *Versuch einer Kritik aller Offenbarung* nieder und schickte das Manuskript mit einem Begleitschreiben an Kant. Die Schrift wurde von Kant zur Veröffentlichung vorgeschlagen, jedoch, da anonym erschienen, von aller Welt als eine neue Kritik des Königsberger Philosophen begeistert aufgenommen. Erst eine öffentliche Richtigstellung Kants konnte die Leserschaft davon überzeugen, dass ein bis dahin unbekannter junger Mann der Verfasser sei. Fichte wurde berühmt und erhielt bereits zwei Jahre später eine Berufung als Philosophieprofessor nach Jena. Gewissermaßen als Antrittsvorlesung erschien die erste Fassung der *Wissen-*

schaftslehre mit dem Titel *Über den Begriff der Wissenschaftslehre oder der so genannten Philosophie*. Die zweite Fassung wurde im Herbst desselben Jahres unter dem Titel *Grundlage der gesamten Wissenschaftslehre* publiziert.

1799 verließ Fichte Jena infolge des so genannten Atheismusstreites unter recht schmählichen Umständen. Im Jahre 1798 hatte er im *Philosophischen Journal* einer Abhandlung Forbergs mit dem Titel *Entwicklung des Begriffs der Religion* einen Aufsatz *Über den Grund unseres Glaubens an die sittliche Weltregierung* vorangestellt, in dem →Gott und eine notwendig zu glaubende moralische Weltordnung miteinander identifiziert, ein persönlicher Gott also wie auch Glückseligkeitsverheißung oder der →Glaube an die Sakramente als Abgötterei diskreditiert werden. Die kursächsische Regierung verbot daraufhin das Journal und verlangte von der Weimarer Regierung die Bestrafung Fichtes. Einer geplanten formellen Verwarnung griff Fichte mit der Drohung vor, bei Beschränkung seiner Lehrtätigkeit Jena sofort zu verlassen. Diese Drohung traf die Weimarer Regierung empfindlich. Auch Goethe riet zu hartem Durchgreifen und Fichte wurde entlassen. Er fand Unterschlupf in Berlin, wurde 1805 ins preußische Erlangen berufen, ging 1806 nach Königsberg und hielt in den Jahren 1807 und 1808 im Berliner Akademiegebäude unter den Augen der französischen Besatzer die *Reden an die Deutsche Nation*, einen utopischen Entwurf zu einer »Epoche der Vernunftwissenschaft« und der sozialen Gleichwertigkeit aller Menschen. 1809 wurde er Dekan der philosophischen Fakultät, 1810 erster gewählter Rektor der von ihm mitbegründeten Berliner Universität. Am 29. Januar 1814 starb Fichte überraschend an einer Infektionskrankheit.

In seinem Hauptwerk, der *Wissenschaftslehre*, unternimmt Fichte den ehrgeizigen Versuch, die →Strukturen der →Realität auf dem Boden des →Ich bzw. des →Subjekts zu konstituieren. Ein →System, das als Grundlage der Realitätskonstitution das Ich wählt, bezeichnet man als subjektiven →Idealismus. Als Ausgangspunkt seiner Überlegungen wählt Fichte den Satz der →Identität, welcher lautet A=A. Nach Fichte handelt es sich bei diesem Satz um eine Konditionalaussage, die behauptet »wenn A sei, so sei A«. Mit dem Satz der Identität wird somit gesagt, dass, wenn ein bestimmter Gegenstand A gegeben sei, er dann gegeben sei. Irgendein A kann jedoch, so fährt Fichte in seinem Argumentationsgang fort, nicht anders als in einem Ich gegeben sein. Nur für ein urteilendes Ich kann ein Gegenstand existieren. Dieses Ich, das als Grundlage aller Gegenstände nicht selbst wiederum in etwas anderem gegründet sein kann, ist in sich selbst gegründet. Es hat sein →Sein aus sich selbst. Das Ich setzt sich selbst und ist darum ein →absolutes d.h. vollkommen unabhängiges Subjekt. Für alles andere dagegen soll gelten: »Alles, was ist, ist nur insofern, als es im Ich gesetzt ist, und außer dem Ich ist nichts.« Ergebnis dieses Sich-selbst-Setzens ist die →Kategorie der Realität.

Fichte geht es nun aber nicht allein darum zu zeigen, dass alle Gegenstände nur in Beziehung auf ein Ich Realität haben. Diese Einsicht findet sich bereits bei dem britischen Empiristen →Berkeley. Sein idealistisches Projekt soll darüber hinaus darstellen, wie sich sämtliche Kategorien der Realität auf systematische Weise aus einem einzigen Grundsatz entwickeln lassen. Fichte nimmt damit Kants Anregung auf, dass »die systematische Einheit dasjenige ist, was gemeine Erkenntnis zur Wissenschaft macht«. Sämtliche Erkenntnisse müssen, so Kant, ein System bilden. Fichte wählt als Ausgangspunkt dieses Systems das Ich.

Er nimmt an, dass sich das Ich negierend auf sich selbst bezieht. Das Ich setzt sich ein Nicht-Ich entgegen. Ergebnis ist die Kategorie der →Negation. Von der Negation schreitet Fichte weiter zur Einschränkung, der Kategorie der Limitation fort. Man kann sich diesen Vorgang anhand folgender Metapher vergegenwärtigen: Das Ich bildet zunächst eine alles umschließende Totalsphäre und beinhaltet alle Realität, etwa so, wie ein Kreis alle von seinem Umfang umschlossenen Punkte umfasst. Durch die einschränkende Tätigkeit des Nicht-Ich wird die Gesamtsphäre in mehrere Teilsphären untergliedert.

Mit Hilfe der genannten Begriffe, der Begriffe der Realität, der Negation und der Limitation will Fichte nun auch noch alle weiteren Begriffe entwickeln. Zunächst leitet er die Begriffe Handeln und Leiden, und aus diesen die Kategorien der →Kausalität und der Wechselbestimmtheit ab. Fichte nimmt an, im Ich sei absolute Totalität an Realität gesetzt (das Ich ist voll mit Realität, so etwa wie ein Krug voll mit Wasser ist). Im Nicht-Ich dagegen herrscht Totalität der Negation. Bestimmung des Ich durch das Nicht-Ich heißt nun, dass die Totalität der Realität im Ich aufgehoben wird. Dasselbe Quantum an Realität, das im Ich aufgehoben wird, wird in das Nicht-Ich gesetzt (etwa so, wie Wasser aus einem vollen in einen zweiten, leeren Krug – das Nicht-Ich – gegossen wird). Fichte bezeichnet nun die Totalität von Realität im Ich als Tätigkeit, die Verringerung des Quantums an Realität dagegen als Leiden. Die Synthese beider, also von Tätigkeit und Leiden, soll den Begriff der Kausalität ergeben. Weil das Ich nicht in ein und derselben Handlung tätig und leidend sein kann, wird der Begriff der Wechselbestimmtheit eingeführt.

→Substanz und →Akzidenz, die beiden ersten Begriffe der kantischen Relationskategorie, werden wiederum unter Rückgriff auf das Sphärenmodell erklärt. Als schlechthin gesetztes ist das Ich Substanz, als in eine bestimmte Sphäre gesetztes dagegen Akzidenz. Substanz und Akzidenz sind also in erster Linie Bestimmungen des Ich. Das Ich selbst ist die allen Bestimmungen zugrunde liegende Substanz, Akzidenzien, d.h. bestimmte Eigenschaften, sind Eigenschaften dieser Ich-Substanz, und verdanken sich der Untergliederung dieser Substanz in verschiedene Sphären. Bildlich gesprochen resultieren also alle Eigenschaften aus der Tatsache, dass eine zuvor unbestimmte Totalität in einzelne Segmente, begrenzte Sphären untergliedert wird. Jeder dieser Sphären entspricht eine Eigenschaft.

Um die intellektuellen Fähigkeiten der →Anschauung und der geistigen →Reflexion erklären zu können, muss Fichte auf ein anderes →Modell zurückgreifen. Er wählt hierzu eine Bewegung, welche zwischen zwei Punkten, einem Punkt A und einem Punkt C verläuft. »Der Zustand des Ich, insofern seine Tätigkeit zwischen A und C liegt, ist ein Anschauen.« Dabei ist der Gegenstand der Anschauung, das was angeschaut wird, »notwendig ein Nicht-Ich«, welches nicht anders, als durch das Ich gesetzt vorstellbar ist. Das Ich setzt sich also zuerst einen Gegenstand, um sich dann darauf anschauend zu beziehen. Weil der angeschaute Gegenstand nichts außerhalb des Ich Gelegenes ist, kann Fichte von einer Selbstaffektion sprechen. Dadurch, dass es ein von ihm verschiedenes Nicht-Ich setzt, gewinnt sein Anschauen einen Gegenstand.

Reflexion und →Selbstbewusstsein werden in demselben Modell erklärt, welches um die Einführung zweier Bewegungsrichtungen erweitert wird. Die →Bewegung zwischen den Punkten A und C kann einmal von A nach C erfolgen, ein andermal von C nach A. Verläuft die Bewegung von A nach C, so heißt sie »zentrifugal«. Stößt die Bewegung bei C an und kehrt sie zu A zurück, so liegt eine »zentripedale« Bewegungsrichtung vor. Das Ich gelangt nunmehr zu Selbstbewusstsein, weil es auf die in ihm und durch es selbst gesetzten Gegenstände reflektierend bezogen ist. Das Ich setzt nicht nur einen Gegenstand, das Nicht-Ich, es erfährt auch noch von dieser Setzung, indem ein Strahl von dort auf das Ich zurückführt. Selbstbewusstsein ist somit Resultat der Reflexion des Ich auf die von ihm selbst gesetzten Gegenstände. Die von A nach C führende zentrifugale Bewegung soll aber nicht nur das Phänomen der Anschauung erklären. Fichte benutzt sie auch noch, um die Reihe der →Ideale zu erklären. Neben dem anschaulichen →Objekt, von dem oben die Rede war, setzt das Ich auch noch ein ideales Objekt. Anders als das anschauliche Objekt liegt dieses jedoch im Unendlichen und entzieht sich somit der Erreichbarkeit. Mit Hilfe dieser Annahme will Fichte die Tatsache erklären, dass Ideale nur näherungsweise, niemals aber vollständig erreichbar sind.

Rückblickend auf die eben gegebene Darstellung seines Hauptwerkes lässt sich zusammenfassend sagen, dass es Fichte darum geht, zunächst die kategorialen Strukturen der Wirklichkeit und des Denkens aus dem Satz Ich-Ich abzuleiten. Dem folgt die Ableitung der geistigen Fähigkeiten der Anschauung und des Selbstbewusstseins zusammen mit den die Wirklichkeit ausmachenden Gegenständen. Schließlich leitet Fichte auch noch die zum Bereich des Sollens, d.h. der →Ethik gehörenden Ideale ab. Sein System lässt somit keinen Platz für etwas, das außerhalb des Ich gelegen wäre. Funktionen, die vorher Gott zugeschrieben worden sind, wie z.B. die Eigenschaft der Realitätsstiftung, werden nun dem Ich zugeschrieben. Nicht Gott, sondern das sich selbst setzende Ich ist der Boden der Realität. Die theologische Folge ist die Umwandlung Gottes in einen Gegenstand der Moral, eine Konsequenz, die allerdings schon bei Kant vorgezeichnet war.

Obwohl wie die meisten seiner Zeitgenossen

ein begeisterter Anhänger der französischen Revolution und Befürworter der individuellen →Freiheit, entwickelt Fichte in seiner im Jahre 1800 erschienen Schrift vom *Geschlossenen Handelsstaat* ein Staatsmodell mit unverkennbar sozialistischer Ausprägung. So hat sich der Einzelne dem Wissen des →Staates zu fügen, wenn es um Fragen der Berufswahl oder von Grund und Boden geht. Gewerbefreiheit, freier Handel sowie eine länderübergreifende Währung werden von Fichte verworfen und nur eine Landeswährung zugelassen. Wie schon der Name sagt, handelt es sich bei dem geschlossenen Handelsstaat um ein ökonomisch vollkommen autarkes Gebilde, das, um sich selbst zu erhalten, auf keine äußeren Ressourcen zurückgreift und das den Einzelnen vollständig in den Dienst des Ganzen stellt.

Fichtes Religionsphilosophie setzt die mit Kant eingeleitete Entwicklung der Suche nach einem angemessenen Platz der Person Gottes innerhalb einer aufgeklärten Welt fort. War für Kant noch ein Moralpostulat, d.h. eine notwendige Annahme, ohne die kein moralisches Handeln möglich ist, erforderlich, so wird auch dieser Gottesbegriff von Fichte preisgegeben und Gott als identisch mit der moralischen Weltordnung erklärt.

In seiner →Geschichtsphilosophie geht Fichte wie viele seiner Zeitgenossen von einer logischen Aufeinanderfolge der einzelnen Abschnitte der →Geschichte aus. Einzelne historische Epochen folgen nicht planlos und zufällig aufeinander. Ihrer Folge liegt eine Art Gesetz oder Plan zugrunde, etwas, das sich auf dem Wege des reinen Denkens ermitteln lässt, ohne dass man sich auf die Untersuchung von historischen Einzelheiten und Zusammenhängen einlassen müsste.

Obwohl die Ausstrahlung Fichtes zeitlich eng begrenzt war - die Kants reichte viel weiter und hält bis heute an - so war doch seine Wirkung unter den Zeitgenossen gewaltig. Insbesondere für die beiden Dichterphilosophen Friedrich Hölderlin und Friedrich von Hardenberg, genannt Novalis, war Fichte eine Art geistiger Vater, der ihr Werk durch seine Philosophie nachhaltig beeinflusste. Nicht nur, dass Fichte selbst in einer der Fassungen von Hölderlins *Hyperion* als Erzieher auftritt, auch seine Philosophie, wie er sie in seiner *Wissenschaftslehre* entwickelt, insbesondere seine Konzeption einer mit dem Ich gleichgesetzten ursprünglichen Einheit, die in sich Unterschiede einzeichnet und dadurch den begrifflichen Rahmen der Welt erzeugt, wird von Hölderlin und Novalis übernommen und sprachphilosophisch umgedeutet. Der negatorische Akt, der die ursprüngliche Einheit in Vielheit verwandelt, wird von beiden Autoren mit der →Sprache, dem Wort gleichgesetzt. Im Benennen der Dinge geht die Einheit der Welt verloren und verwandelt sich in eine Vielheit des Ausgesagten. Diese Einheit auf höherer Stufe zurückzugewinnen betrachten beide Dichterphilosophen als Aufgabe der Dichtung und Ziel der Geschichte, die als Geschichte des Ich verstanden wird.

Von Fichte inspiriert, sodass anfangs kaum Unterschiede zwischen dem Werk beider Autoren bestehen, sind die frühen Systementwürfe des jungen →Schelling. Seine nur ein Jahr nach der Erstveröffentlichung der *Wissenschaftslehre* erschienene Schrift mit dem Titel *Vom Ich als Prinzip der Philosophie* ist der Entwurf zu einem Konstitutionssystem, das seinen Ausgangspunkt ebenfalls im Ich nimmt und von dort aus die Strukturen der gesamten Wirklichkeit zu erzeugen versucht.

B. Loheide, Fichte und Novalis: Transzendentalphilosophisches Denken im romantisierenden Diskurs, Atlanta 2000

Ch. Asmuth, Das Begreifen des Unbegreiflichen: Philosophie und Religion bei Johann Gottlieb Fichte 1800-1806, Stuttgart 1999

G. J. Seidel, Fichte's »Wissenschaftslehre« of 1794: A Commentary on Part I, West Lafayette 1993

P. Baumanns, Johann Gottlieb Fichte, Freiburg/Br. 1990

M. Oesch (Hg.), Aus der Frühzeit des deutschen Idealismus. Texte zur Wissenschaftslehre Fichtes 1794-1804, Würzburg 1987

T. B.

Frege, Gottlob (1848-1925): Geboren am 8. 11. in Wismar, gestorben am 26. 7. in Bad Kleinen. Versetzt man sich in das erste Viertel des 20. Jhs. fällt es schwer, Freges Lebenswerk nicht als gescheitert anzusehen. Der zweite Band der *Grundlagen der Arithmetik*, die von ihm als Krönung seiner jahrzehntelangen Forschungen über die Grundlagen der Mathematik angesehen wurde, war gerade fertiggestellt, als am 16. Juni des Jahres 1902 ein heute berühmter Brief von Russell eintraf, in dem er Frege die Entdeckung eines Widerspruchs mitteilte, der sich aus dem im ersten Band der *Grundlagen* dargestellten System herleiten lässt. Dieser heute als russellsche Antinomie bekannte Widerspruch untergrub die Plausibilität des gesamten fregeschen Systems. Freges Versuche, den Fehler zu beheben, blieben erfolglos. In den Jahren vor seinem Tod war Frege persönlich wie wissenschaftlich isoliert, seine Forschungen wurden, zumindest in seinem unmittelbaren akademischen Umfeld an der Universität Jena, weder geschätzt noch verstanden und es dauerte mindestens bis zum Ende der fünfziger Jahre, bis auch in Deutschland das Interesse an Frege wieder erwachte.

Dennoch lässt sich ohne Übertreibung behaupten, dass Frege neben →Wittgenstein und →Heidegger zu den einflussreichsten deutschsprachigen Philosophen gehört. Er übte nicht nur einen bedeutenden Einfluss auf den frühen Wittgenstein und auf →Carnap aus (Letzterer war zeitweilig sein Schüler) und legte die Grundlagen für die formale →Logik in ihrer heutigen Gestalt, sondern führte auch Techniken des philosophischen Argumentierens ein, die für die analytische Philosophie nach wie vor von fundamentaler Bedeutung sind.

Freges Leben, das er größtenteils an der Universität Jena verbrachte – zuerst als außerordentlicher Professor, dann als ordentlicher Honorarprofessor für Mathematik – verlief wenig ereignisreich. Seine erste philosophisch bedeutende Publikation legte er 1879 vor, einen schmalen Band mit dem Titel *Begriffsschrift. Eine der arithmetischen nachgebildete Formelsprache des reinen Denkens*. Dieses Buch nimmt in der Geschichte der Logik eine ähnliche Sonderstellung ein wie Aristoteles' *Erste Analytik* und ließ (einige verständige) Zeitgenossen von Frege als »dem größten Logiker unserer Zeiten« sprechen. Das darin verfolgte Programm wird von Frege selbst in die Tradition der leibnizschen *characteristica universalis* gesetzt, also einer formalen Kunstsprache, die Inhalte so exakt darzustellen vermag, dass sich Denkfehler in ihr erst gar nicht formulieren lassen. Frege führte eine (heute nicht mehr verwendete) zweidimensionale Notation ein, die es erlauben soll, mathematische und allgemein wissenschaftliche Schlüsse »auf sicherste Weise zu prüfen und jede Voraussetzung, die sich unbemerkt einschleichen will, anzuzeigen«. Die Konzeption des dargestellten Systems unterscheidet sich von der von George Boole einige Jahre zuvor vorgelegten logischen Algebra dahingehend, dass die *Begriffsschrift* nicht nur zur symbolischen Notation logischer Gesetze, sondern zum exakten Ausdruck eines (nichtlogischen) Inhalts dienen sollte. In der heutigen Rezeption steht allerdings nicht dieser inhaltliche Aspekt im Vordergrund, sondern der von Frege präsentierte Kalkül. Frege führte als primitive Operatoren die materiale Implikation und die Negation zusammen mit ihrer formalen Interpretation ein (die später von Wittgenstein zu den heute bekannten Wahrheitstafeln weiterentwickelt werden sollte). Einzige Schlussregel auf dieser Ebene ist der *modus ponens*. Frege zeigte, wie sich mithilfe dieses Materials neue Operatoren und Schlussregeln bestimmen lassen. Dieser Teil der *Begriffsschrift* entspricht der klassischen →Aussagenlogik.

Eine wesentliche Neuerung in Freges System ist die Tatsache, dass er die aristotelische Unterscheidung von Subjekt und Prädikat über Bord wirft und Sätze stattdessen durch die Kategorien ›Funktion‹ und ›Argument‹ analysiert. Dies ermöglicht einen eleganten Umgang mit Ausdrücken wie ›alle‹, ›einige‹, ›kein‹ usw., die in der aristotelischen Logik dem Prädikat zugeschlagen wurden. Frege bezieht sie jedoch auf den ganzen Satz und bestimmt sie als Funktionen zweiter Stufe, die Funktionen erster Stufe (nämlich Sätze ohne solche Ausdrücke) als Argumente nehmen. Hiermit hat Frege den →Quantor in die Logik eingeführt und die klassische →Prädikatenlogik begründet, die die Ausdrucksmöglichkeiten sowohl der Syllogistik als auch der booleschen logischen Algebra überschreitet. Im Folgenden diskutiert Frege einige Anwendungen seines Kalküls (das nie als bloßer Kalkül, sondern stets als Ausdruckshilfsmittel gedacht war), insbesondere definiert er in der Prädikatenlogik zweiter Stufe das Prinzip der mathematischen →Induktion, einen für die Begründung der Arithmetik essenziellen Begriff.

Der Natur mathematischer →Urteile und insbesondere der Definition des Anzahlbegriffes ist Freges fünf Jahre später erscheinendes Werk *Die Grundlagen der Arithmetik* gewidmet. Noch →Kant war der Meinung, dass arithmetische Urteile →a priori, also vor aller Erfahrung gelten, jedoch nicht analytisch seien: das Prädikat eines Urteils ist nicht in versteckter Form schon im

Subjekt enthalten. Freges Projekt ist der Nachweis der analytischen Natur arithmetischer (und damit allgemein mathematischer) Urteile. ›Analytisch‹ wird von ihm jedoch nicht im Sinne der Begriffsinklusion verstanden, vielmehr gilt ein Urteil als analytisch, wenn zu seinem Beweis nur Sätze der Logik sowie →Definitionen verwendet werden müssen. In diesem Sinne will das fregesche logizistische Programm zeigen, dass die gesamte Mathematik aus analytischen, d.h. aus auf die Logik zurückführbaren Sätzen besteht. Der Durchführung dieses Programms sind die *Grundlagen* gewidmet. Sie bauen auf der *Begriffsschrift* auf, verwenden aber nicht Freges Notation (ein Zugeständnis an eine breitere Leserschaft), ohne dass dies jedoch der Strenge der →Argumentation Abbruch tut. Zu Beginn der *Grundlagen* nennt Frege drei allgemeine Prinzipien, von denen er im Lauf seiner Untersuchungen ausgeht. Diese sind nicht nur von wesentlicher Bedeutung für ein Verständnis von Freges Werk, sondern auch für die gesamte spätere Entwicklung der →analytischen Philosophie. Es sind dies die Trennung von Logik und Psychologie, das Kontextprinzip sowie die Unterscheidung von →Begriff und Gegenstand.

In der Logik des 19. Jhs. wurde ein Urteil regelmäßig als eine Verbindung von Vorstellungen bezeichnet. Die Betrachtung arithmetischer Urteile zeigt, wie problematisch diese Annahme ist: Zahlen als Bestandteile von solchen Urteilen müssten demnach Vorstellungen sein. Ein mathematisches Objekt wie die Zahl fünf ist jedoch nicht identisch mit der Vorstellung von ihm (dann gäbe es viele verschiedene Fünfen, die Zahl fünf wäre vergänglich usw.), genauso wenig, so argumentiert Frege, wie z.B. Helium identisch mit der Vorstellung von Helium ist. Diese Unterscheidung zwischen dem Psychologischen der Vorstellungen und Denkprozesse und dem Logischen stellte eine wesentliche Voraussetzung für die Fortentwicklung der modernen Logik dar.

Das Kontextprinzip besagt, dass nach der →Bedeutung von Worten nur im Satzzusammenhang, nicht in ihrer Vereinzelung gefragt werden darf. Auch wenn wir dies nicht als semantische These (»Die Bedeutung eines Wortes wird vom Satzzusammenhang bestimmt«) auffassen, formuliert es doch eine bestimmte philosophische Methodik. Es schlägt vor, die ontologische Kategorie bestimmter Objekte (z.B. Zahlen) zu bestimmen, indem wir Sätze über diese Objekte analysieren. Anders als verschiedene Theorien, die davon ausgingen, dass z.B. Zahlzeichen an sich bedeutsam seien, soll für Frege die Untersuchung des Zahlbegriffs bei der Analyse von arithmetischen Sätzen ansetzen. Diese Forderung nach der Priorität der Untersuchung der Verwendung von Ausdrücken, die über eine bestimmte Art von Dingen sprechen, vor inhaltlichen Spekulationen über diese Dinge hat Frege zu einem Begründer der sprachanalytischen Methode in der Philosophie (mit dem für sie charakteristischen *linguistic turn*) gemacht.

Frege unterscheidet zwischen Gegenständen, die durch Namen oder Kennzeichnungen bezeichnet werden (›Petrus‹, ›der japanische Kaiser‹) und Begriffen, denen wir normalerweise einen unbestimmten Artikel voranstellen (›ein Schiff‹). Eigenschaften von Gegenständen identifiziert er mit Funktionen erster Stufe, Eigenschaften von Begriffen mit Funktionen zweiter Stufe. Es ist also in Freges System nicht möglich, zu sagen ›A existiert‹ wenn A einen Gegenstand und nicht einen Begriff bezeichnet (unter einen Begriff kann somit etwas fallen, nicht jedoch unter einen Gegenstand). Freges Kunstsprache lässt nicht zu, bestimmte philosophische Aussagen (wie z.B. die, dass Existenz eine Eigenschaft von Gegenständen ist, eine Voraussetzung mancher Formen des ontologischen Gottesbeweises) zu formulieren. Frege konstruiert hier zum ersten Mal das Ideal einer philosophischen Sprache, die sozusagen aus sich heraus das Denken in die richtige Richtung lenkt.

Frege wollte eine Untersuchung des Anzahlbegriffs durch Analyse von Sätzen, in denen Zahlen vorkommen, durchführen. Als besonders wichtig erweisen sich in diesem Fall Identitätsaussagen, also Sätze wie ›die Anzahl der F ist gleich der Anzahl der G‹. Frege argumentiert, dass diese wahr (also F und G gleichzahlig) sind, falls die F und G einander ein-eindeutig zugeordnet werden können (d.h. für jedes F gibt es genau ein G und umgekehrt). Die Annahme, dass die Anzahl der F gleich der der G genau dann ist, wenn F und G gleichzahlig sind, wird als humesches Prinzip bezeichnet (da Frege es mit einem Zitat Humes einführt). Frege zeigt dann im Weiteren, wie sich ›gleichzahlig‹ rein logisch definieren lässt (für die Durchführbarkeit des logizistischen Programms eine entscheidende Tatsache). Aufgrund verschiedener Probleme verwendet Frege jedoch am Ende ein anderes, etwas komplexeres Prinzip. Eine wichtige Schwierigkeit mit der obigen Bestimmung ist das so genannte Julius-Cäsar-Problem. Wenn F und G einander eineindeutig zugeordnet werden können, ist es uns zwar möglich, Identitätsaussagen bestimmter Art zu entscheiden (wie z.B. ›die Anzahl der F ist mit der der Anzahl der G identisch‹), aber nicht andere (›die Anzahl der F ist mit Julius Cäsar identisch‹). Wir scheinen keine klare ontologische Trennlinie zwischen Anzahlen und anderen Gegenständen ziehen zu können.

Frege bestimmt schließlich die Anzahl der F als den →Umfang des Begriffes ›gleichzahlig mit dem Begriff F‹ (so ist dann z.B. die Anzahl der zwölf Apostel gleich der Menge aller zwölfelementigen Mengen). Frege leitet das humesche Prinzip dann hieraus ab und kann nun die Zahl Null (gleichzahlig mit dem Begriff ›sich selbst ungleich‹) sowie die Nachfolgerbeziehung und weitere wichtige arithmetische Begriffe definieren.

Allerdings benötigt Frege zur Ableitung des humeschen Prinzips das berühmt-berüchtigte Grundgesetz V aus den *Grundgesetzen* (»Die Umfänge zweier Begriffe sind gleich genau dann, wenn alles, was unter den einen fällt, auch unter den anderen fällt«). Dies entpuppt sich als entscheidende Schwachstelle des Systems. Genau hieraus lässt sich nämlich die russellsche Antinomie herleiten (da wir nun über die Menge aller Mengen, die sich nicht selbst als Element enthalten, sprechen können; diese Menge enthält sich selbst genau dann, wenn sie sich nicht selbst enthält), sodass die Inkonsistenz von Freges System gezeigt ist. Alle seine Beweise sind eigentlich uninteressant, da sich in solchen Systemen sowieso jeder Satz beweisen lässt.

Die 1893 und 1903 publizierten beiden Bände der *Grundgesetze der Arithmetik* stellen im Wesentlichen eine formale Fassung der *Grundlagen* dar. Allerdings enthalten sie auch eine Reihe von eigenständig interessanten Resultaten, die hier wenigstens kurz erwähnt werden sollen. Wichtig ist zum einen das so genannte fregesche Theorem, das besagt, dass die der Arithmetik zugrunde liegenden Axiome in der Prädikatenlogik zweiter Stufe aus dem humeschen Prinzip allein abgeleitet werden können (also ohne das problematische Grundgesetz V bemühen zu müssen). Weiterhin gibt Frege rein logische Definitionen endlicher und unendlicher Anzahl und beweist das Kategorizitätstheorem (»Alle die Axiome der Arithmetik erfüllenden Modelle sind isomorph«).

Viele für das Verständnis von Freges Arbeiten zentrale Begriffe finden sich auch in seinen Aufsätzen, besonders sind hier *Funktion und Begriff*, *Über Sinn und Bedeutung* sowie *Der Gedanke* zu nennen.

Seine Werke zur Grundlegung der Arithmetik sind in der analytischen Philosophie viel rezipiert worden, vielen gilt er sogar als ihr Vater und Begründer. Herauszuheben sind in diesem Zusammenhang besonders die Werke Michael Dummetts, die Freges Arbeiten international bekannt gemacht haben. Aufgrund der Inkonsistenz des fregeschen Programms konzentriert sich ein Großteil der gegenwärtigen systematischen Fregeforschung hauptsächlich auf das humesche Prinzip. Ließe es sich als rein logisches Prinzip auffassen, wäre dies (dank des fregeschen Theorems) eine recht gute Rechtfertigung des Logizismus. Allerdings wird diese Annahme nicht von vielen geteilt. Crispin Wright verteidigt in seinen Arbeiten die Auffassung, dass es sich beim humeschen Prinzip zwar nicht um ein logisches Prinzip, aber doch um eine Erklärung der Verwendung von Namen von Anzahlen handle. Lässt sich hieraus die Arithmetik gewinnen, so Wright, ist ein großer Schritt in einem neufregeschen Programm getan. Die Forschung auf diesem faszinierenden Gebiet dauert an.

M. Dummett, Frege's Philosophy of Language, 2. Aufl. London 1992 [1973]

G. Frege, Begriffsschrift. Eine der arithmetischen nachgebildete Formelsprache des reinen Denkens, Halle 1879 [Neudruck Darmstadt 1964]

–: Funktion – Begriff – Bedeutung, hg. von M. Textor, Göttingen 2002

–: Die Grundlagen der Arithmetik. Eine logisch-mathematische Untersuchung über den Begriff der Zahl, Breslau 1884 [Neudruck Stuttgart 1987]

–: Die Grundgesetze der Arithmetik, Bd. I, Jena 1893, Bd. II, Jena 1903

C. Wright, Frege's Conception of Numbers as Objects, Aberdeen 1983

J. W.

Gadamer, Hans-Georg (1900–2002): Der deutsche Philosoph wurde am 11. 2. in Marburg geboren und starb am 13. 3. in Heidelberg. Er studierte von 1918 bis 1922 in Breslau und Marburg Philosophie, Germanistik, Geschichte und Kunstgeschichte (sowie von 1924–1927 Klassische Philologie). 1922 Promotion (bei Natorp) mit der Dissertation *Das Wesen der Lust nach den platonischen Dialogen*. Habilitation 1929 (bei →Heidegger) mit der Arbeit *Interpretationen zum platonischen Philebos*. Gadamer lehrte in Marburg und Kiel, wurde 1937 a.o. Professor in Marburg und 1939 Ordinarius in Leipzig. Von 1947 bis 1949 hatte er eine Professur in Frankfurt/M. inne, und von 1949 bis 1968 lehrte er (als Nachfolger von Karl Jaspers) in Heidelberg. Nach der Emeritierung nahm er zahlreiche Gastprofessuren im Ausland wahr und übte eine sehr ausgedehnte Vortrags- und Vorlesungstätigkeit im In- und Ausland aus.

Gadamers umfangreiches Œuvre, das inzwischen in einer zehnbändigen Ausgabe (*Gesammelte Werke*, 1985–1995) und einigen ergänzenden Sammelbänden vorliegt, umfasst u.a. Arbeiten zur griechischen und zur neueren Philosophie sowie zur Ästhetik und Poetik. Im Mittelpunkt seines Werkes steht die Begründung einer philosophischen →Hermeneutik, die er mit seinem 1960 erschienenen Hauptwerk *Wahrheit und Methode* unternahm.

Mit diesem Unternehmen schließt sich Gadamer an das frühe Projekt einer »Hermeneutik der Faktizität« seines Lehrers Heidegger an, das dieser in seinen Freiburger Vorlesungen zu Beginn der zwanziger Jahre inauguriert und in seinem Hauptwerk *Sein und Zeit* von 1927 seinem Versuch einer Fundamentalontologie zugrunde gelegt hatte. Mit seiner »Hermeneutik der Faktizität« bzw. »Hermeneutik des →Daseins« radikalisiert Heidegger →Diltheys späte Philosophie des →Verstehens, die dieser im Kontext einer Theorie des »objektiven Geistes« entwickelt hatte. Heidegger wendet Diltheys Einsicht, dass sich der Mensch »immer schon« in einer verstandenen Welt vorfindet, die ihm zur Basis und zum Medium von Verstehensleistungen wird, zu der daseinsontologischen, d.h. quasi-anthropologischen Grundaussage, wonach das Verstehen nicht mehr nur als Methode der Geisteswissenschaften, also als eine spezifische Erkenntnisform zu begreifen ist, sondern vielmehr eine das Erkennen selbst ermöglichende und fundierende, dem Menschen ursprünglich zukommende existenziale Seinsart darstellt. Verstehen ist demnach – neben der Befindlichkeit – ein »Grundmodus des Seins« des menschlichen Daseins, d.h. ein »Existenzial«.

In Gadamers philosophischer Hermeneutik wird dieser von Heidegger in seiner Hermeneutik des Daseins entfaltete Begriff des Verstehens leitend. Dementsprechend verfolgt er – anders als die ältere Hermeneutik – mit seinem Entwurf nicht die Absicht, eine »Kunstlehre des Verstehens« vorzulegen; er entwirft keine Methodik der Geisteswissenschaften und leistet auch keinen unmittelbaren Beitrag zur Erforschung ihrer theoretischen Grundlagen. Stattdessen ist sein Anspruch ein dezidiert philosophischer: Er will das bewusst machen, was durch den Methodenstreit in den Geisteswissenschaften verdeckt wird und aller modernen Wissenschaft vorausliegt, d.h. sein Ziel ist der Versuch einer Aufklärung dessen, »was die Geisteswissenschaften über ihr methodisches Selbstbewusstsein hinaus in Wahrheit sind und was sie mit dem Ganzen unserer Welterfahrung verbindet«.

Diesseits aller methodologischen Überlegungen zum Verfahren des (philologischen) Verstehens begreift Gadamer mit Heidegger das Verstehen als eine Seinsweise des Daseins selber, und der Begriff der Hermeneutik bezeichnet entsprechend die »Grundbewegtheit des Daseins, die seine →Endlichkeit und →Geschichtlichkeit ausmacht«. Das Verstehen gehört nach Gadamer zur menschlichen Welterfahrung insgesamt und kann daher auch kein Gegenstand einer reinen Methodenerörterung sein. Da das Verstehen alle Weltbezüge des Menschen durchzieht und auch innerhalb der →Wissenschaft eine selbstständige Geltung besitzt, widersetzt es sich dem Versuch, als bloße →Methode der Wissenschaft aufgefasst zu werden. Gadamers Hermeneutik schließt sich an diesen Widerstand gegen den universalen Anspruch der (neuzeitlichen) wissenschaftlichen Methodik an und versucht dementsprechend, »Erfahrung von Wahrheit, die den Kontrollbereich wissenschaftlicher Methodik übersteigt«, freizulegen und hinsichtlich ihrer Legitimationsgrundlage zu befragen.

Gadamer findet für seine Grundintention einer Neubestimmung des Verstehens und der Hermeneutik in der Erfahrung der →Kunst ein

Modell, an dem sich eine angemessene Hermeneutik zu orientieren hat: sie vermag nämlich zu zeigen, dass das Verstehen als Teil des Sinngeschehens selbst zu denken ist, in dem sich der Sinn aller →Aussagen bildet und vollendet.

Aufgrund dieser Einsicht in den Vorbildcharakter der Kunsterfahrung für eine philosophische Hermeneutik charakterisiert Gadamer ihre Aufgabe nicht als die einer »Rekonstruktion« (Schleiermacher), sondern vielmehr mit →Hegel als »Integration«, denn das Wesen des geschichtlichen Geistes bestehe nicht in der Restitution des Vergangenen, sondern vielmehr in der »denkenden Vermittlung mit dem gegenwärtigen Leben«.

Diesen hegelschen Gedanken macht Gadamer in seiner Auseinandersetzung mit der älteren Hermeneutik (insbesondere Schleiermacher und Dilthey) fruchtbar, die er als unzureichend kritisiert. Die romantische, methodisch orientierte Hermeneutik reicht, wie er deutlich zu machen sucht, als Basis einer Historie nicht aus, und auch Diltheys Versuch, die geisteswissenschaftliche Objektivität am Vorbild der Naturwissenschaften zu orientieren, ist zum Scheitern verurteilt, denn Dilthey denkt – so Gadamers These – die Erforschung der geschichtlichen Vergangenheit als »Entzifferung« und nicht als Erfahrung und übersieht, dass die geisteswissenschaftliche Erfahrung eine andersartige, eigenständige Objektivität besitzt.

In Diltheys Philosophie der Geisteswissenschaften wird nach Gadamer die Geschichtlichkeit der geschichtlichen Erfahrung nicht wirklich bestimmend. Dies geschieht erst in Heideggers hermeneutischer Phänomenologie und seiner Analyse der Geschichtlichkeit des Daseins, durch die ein neuer Ansatz zur Ausarbeitung einer historischen Hermeneutik möglich wird. Diesen neuen Ansatz legt Gadamer mit seiner *Theorie der hermeneutischen Erfahrung* vor, deren Grundzüge er im II. Teil von *Wahrheit und Methode* entwickelt. Diese Theorie der hermeneutischen Erfahrung steht zunächst unter dem Postulat einer »Anerkennung der wesenshaften Vorurteilshaftigkeit alles Verstehens«. Darin drückt sich die Einsicht aus, dass es legitime Vorurteile gibt, die als Bedingungen des Verstehens begriffen werden müssen. Folglich fordert Gadamer eine Rehabilitierung des Begriffs des Vorurteils und der Tradition. Da der Verstehende ständig in Überlieferungen steht, ist die Anerkennung der Unhintergehbarkeit von Tradition unabdingbar für ein angemessenes Begreifen des Verstehens und der geisteswissenschaftlichen Forschung. Verstehen ist daher für ihn keine »Handlung der Subjektivität«, sondern vielmehr ein »Einrücken in ein Überlieferungsgeschehen, in dem sich Vergangenheit und Gegenwart beständig vermitteln«. Aus diesem Grunde ist der so genannte ›hermeneutische Zirkel‹ auch kein primär methodischer Zirkel, sondern beschreibt ein »ontologisches Strukturmoment des Verstehens«.

Weiterhin betont Gadamer die produktive Bedeutung des »Zeitenabstandes«, denn dieser enthüllt den wahren Sinn, der in einem Text liegt, und bildet das Fundament für die Unterscheidung von wahren und falschen Vorurteilen.

Bedeutsam für seine philosophische Hermeneutik ist außerdem das ›Prinzip der Wirkungsgeschichte‹, d.h. das Postulat, die eigene Geschichtlichkeit mitzudenken. Verstehen ist demnach kein unmittelbares, gleichsam objektivierendes Forschungsverhalten, sondern ein »wirkungsgeschichtlicher Vorgang«, denn im Verstehen unterliegen wir nach Gadamer den Wirkungen der Wirkungsgeschichte des zu verstehenden historischen Gegenstandes. Verstehen ist insofern ein Vorgang der »Horizontverschmelzung«.

Als das zentrale Problem einer Hermeneutik bezeichnet Gadamer schließlich das Problem der Anwendung, das nach seiner These von dem ästhetisch-historischen →Positivismus im Gefolge der romantischen Hermeneutik verdeckt wurde. Ausgehend vom Modell der juristischen und theologischen Hermeneutik, bestimmt Gadamer die geisteswissenschaftliche Hermeneutik neu. Auch diese hat eine »Leistung der Applikation« zu vollbringen, denn die Interpretation eines Textes, das Verständnis seines Sinns erfordert, dass der Text auf die aktuelle hermeneutische Situation des Interpreten bezogen und dadurch der Zeitenabstand überwunden wird, der Interpret und Text trennt. Diese Vermittlung von Damals und Heute bezeichnet Gadamer als »Applikation«; sie ist also keine nachträgliche Anwendung, sondern das wirkliche Verständnis eines gegebenen Textes selbst.

Gadamer befreit in seiner Hermeneutik das Verstehen vom erkenntnistheoretischen Zugriff und zeigt die Grenzen einer bloß methodologischen Behandlung des Verstehens auf. Das Verstehen ist nach Gadamer nicht so sehr eine Methode der Zuwendung zu einem historischen Objekt und der objektiven Aneignung seines Sinns, die der Kontrolle eines erkennenden Bewusstseins untersteht, sondern hat vielmehr ein »Darinnenstehen in einem Überlieferungsgeschehen« zu seiner Voraussetzung. Verstehen ist damit weniger ein vom Subjekt vollzogener zielgerichteter Akt als ein Geschehen. Gadamers philosophische Hermeneutik, die sich zu einer umfassenden hermeneutischen Philosophie weitet, impliziert damit eine Entmächtigung der Subjektivität, erscheint doch der »Fokus der Subjektivität« angesichts des geschichtlichen Lebens als bloßer »Zerrspiegel«.

Die hermeneutische Erfahrung gründet Gadamer zufolge auf einer Dialektik von Frage und Antwort. Das Verstehen muss daher als ein Gespräch aufgefasst werden, in dem der Interpret einen Text zum Reden bringt; das Verstehen vollzieht sich somit im Medium der →Sprache. Im abschließenden III. Teil von *Wahrheit und Methode* analysiert Gadamer in umfassenden, geschichtlich ansetzenden Untersuchungen diese Sprachlichkeit des Verstehens sowie die Sprachgebundenheit menschlicher Welterfahrung, d.h. das Faktum der Sprache als ein universales, umgreifendes Geschehen. Er begreift die Sprache als eine Mitte, in der sich Ich und Welt in ihrer ursprünglichen Zusammengehörigkeit darstellen. Da das menschliche Weltverhältnis schlechthin sprachlich und damit verständlich ist, ist die Hermeneutik ein »universaler Aspekt der Philosophie« und nicht nur die methodologische Grundlage der Geisteswissenschaften.

Wahrheit und Methode hat eine Reihe von Debatten ausgelöst. Zu den wichtigsten Diskussionsrunden zählen die Auseinandersetzung mit Vertretern der so genannten ›traditionellen‹, d.h. methodisch orientierten Hermeneutik (insbesondere Betti und Hirsch), die Kontroverse um den »Universalitätsanspruch der Hermeneutik« (→Habermas) und das Gespräch mit dem französischen Dekonstruktivisten →Derrida.

Durch die Entwicklung seiner philosophischen Hermeneutik ist Gadamer zu einem der einflussreichsten Philosophen der Gegenwart geworden.

G.G.Figal (Hg.), Begegnungen mit Hans-Georg Gadamer, Stuttgart 2000
G.Figal / J.Grondin / D.J.Schmidt (Hg.), Hermeneutische Wege. Hans-Georg Gadamer zum Hundertsten, Tübingen 2000
J.Grondin, Hans-Georg Gadamer. Eine Biographie, Tübingen 1999
J.Grondin, Einführung zu Gadamer, Tübingen 2000
L.E.Hahn (Hg.), The Philosophy of Hans Georg Gadamer (The Library of Living Philosophers Volume XXIV), Chicago / La Salle, Illinois 1997

H.-U.L.

Goodman, Nelson (1906–1998): »Zahllose Welten, durch Gebrauch von →Symbolen aus dem →Nichts erzeugt – so könnte ein Satiriker einige Hauptthemen im Werk Cassirers zusammenfassen. Diese Themen – die Vielheit von Welten, die Scheinhaftigkeit des ›Gegebenen‹, die schöpferische Kraft des →Verstehens, die Verschiedenartigkeit und die schöpferische Kraft von Symbolen – sind wesentliche Bestandteile auch meines Denkens.« Mit diesen Anfangssätzen aus *Ways of Worldmaking* (1978; dt. *Weisen der Welterzeugung*) beschreibt Goodman (geboren am 7. August 1906 in Somerville, Massachusetts; gestorben am 25. November 1998 in Needham, Massachusetts) die Schwerpunkte seiner Philosophie – eine durchaus überraschende Selbstbeschreibung für einen Philosophen, der neben →Quine als wichtigster Vertreter jener Richtung innerhalb der →analytischen Philosophie gilt, die philosophische Probleme (im Anschluss an Russell und →Carnap) mit Hilfe der modernen Logik beschreiben und lösen wollte. Tatsächlich hat Goodmans philosophischer Werdegang, trotz aller Homogenität und Folgerichtigkeit in seinen Grundüberzeugungen, mehrfach für Überraschungen und damit Diskussionsstoff gesorgt.

Seinen bis heute bekanntesten und meistdiskutierten Beitrag leistet er in *Fact, Fiction and Forecast* (1954; dt. *Tatsache, Fiktion, Voraussage*), einer Untersuchung des Problems der irrealen Bedingungssätze und des Induktionsproblems. Für Goodman ergibt sich das »neue Rätsel der Induktion« nicht aus der Frage, wie man zu sicherem Wissen gelangen kann (dies ist generell unmöglich), sondern vielmehr aus dem Problem, für eine bereits bestehende induktive Praxis diejenigen Regeln zu benennen, mit deren Hilfe gesetzmäßige von akzidentellen Aussagen und d.h. gültige von ungültigen →Schlüssen unterschieden werden können. Er führt zu diesem Zweck das Prädikat ›grot‹ (engl. *grue*) ein, das folgendermaßen definiert ist: Ein Gegenstand (Goodmans Beispiel: ein Smaragd) soll genau dann ›grot‹ heißen, wenn er entweder vor dem Zeitpunkt t auf seine Farbe untersucht wurde und sich dabei als grün herausstellte oder wenn er nicht vor t untersucht wurde und rot ist. Das so genannte ›Goodman-Paradox‹ besteht nun darin, dass dieselben Beobachtungen, bei denen Smaragde für grün befunden werden, zwei verschiedene →Hypothesen über die Farbe zukünftig gefundener Smaragde bestätigen, nämlich sowohl die Hypothese, dass alle Smaragde grün, als auch die Hypothese, dass alle Smaragde ›grot‹ sein werden. Goodmans Lösungsvorschlag läuft darauf hinaus, die Bilanz der bisherigen Projektionen der jeweiligen Prädikate und d. h. die Verankerung der Prädikate im allgemeinen Sprachgebrauch in Rechnung zu stellen. Demnach müssen Projektionen von Prädikaten wie ›grot‹ dann verworfen werden, wenn sie mit sprachlich besser verankerten Prädikaten wie ›grün‹ oder ›rot‹ konkurrieren.

Von Anfang an war Goodmans Philosophie von einer – wie er selbst sagt – skeptischen, analytischen und konstruktivistischen Orientierung geprägt. Die Darlegung seiner erkenntnistheoretischen Position in *Weisen der Welterzeugung* ist denn auch weniger eine überraschende Wende zum →Skeptizismus und →Relativismus als vielmehr eine zusammenfassende Bestandsaufnahme immer schon vorhandener Überzeugungen. Dieser Position liegt die Annahme zugrunde, dass es so etwas wie ›die eine Welt‹ nicht gibt, deren Abbildung die Aufgabe der Erkenntnis – womöglich nur der wissenschaftlichen – wäre. Vielmehr wird die Welt in einem konstruktiven Erkenntnisprozess erst geschaffen oder gemacht. In diesem Prozess verschwindet freilich ›die eine Welt‹, und an ihre Stelle treten verschiedene Sichtweisen oder ›Weltversionen‹. Die ›Welterzeugung‹ erfolgt mit Hilfe von →Symbolen, wobei der Symbolbegriff äußerst allgemein gefasst wird: Er umfasst Buchstaben, Wörter, Texte, Töne, Bilder, Diagramme, Karten, Modelle und vieles andere mehr. Die Symbole, mit deren Hilfe ›Versionen‹ der Welt angefertigt werden, werden Symbolsystemen zugeordnet. Hierzu zählen z. B. die →Wissenschaften, die Philosophie oder die Künste. Es gibt demnach viele verschiedene solcher Symbolsysteme, und das heißt auch: Es gibt verschiedene ›Weisen der Welterzeugung‹. Wenn sich diese Weisen im Einzelnen auch sehr unterscheiden mögen (etwa Wissenschaft und Kunst), so stehen sie doch prinzipiell gleichberechtigt nebeneinander, oder anders gesagt: Keine hat einen absoluten epistemologischen Vorrang vor den anderen. Wissenschaften und Künste unterscheiden sich nämlich in der Art des Symbolgebrauchs, nicht aber in der Richtigkeit oder gar Wahrheit ihres Zugangs zur Welt: Da Welten überhaupt nur in ›symbolischer Vermittlung‹ und niemals ›an sich‹ zu haben sind, fehlt jeder Maßstab der Beurteilung für die Richtigkeit einer Weltversion in Bezug auf die Welt an sich. Beide – Wissenschaften und Künste – müssen demnach als Mittel der Erkenntnisgewinnung betrachtet werden. Die Theorie der Kunst ist deshalb – ebenso wie die Theorie der Wissenschaften – Teil einer umfassenden Erkenntnis- bzw. Symboltheorie.

In seinem 1968 erschienenen Hauptwerk *Languages of Art* (dt. *Sprachen der Kunst*) untersucht Goodman die unterschiedlichen Formen symbolischer Bezugnahme am Beispiel der verschiedenen Künste. Sein Anliegen in diesem Buch ist von dem traditioneller Ästhetiken allerdings denkbar weit entfernt: Es geht ihm weder um eine – womöglich einheitliche – →Definition der Kunst, noch spielen Probleme der Wertung oder der Festlegung von Kriterien für ästhetische Qualität eine Rolle. Für Goodman sind Fragen der Schönheit und des Genusses in der Kunstphilosophie zweitrangig gegenüber solchen nach den Symbol- und letztlich Erkenntnisfunktionen der Künste. Darüber hinaus erfolgt die Untersuchung quasi stellvertretend für die Prozesse symbolischer Bezugnahme in anderen Bereichen, etwa in der Wissenschaft oder der alltäglichen Wahrnehmung.

Goodman unterscheidet verschiedene Formen der symbolischen Bezugnahme. Die Repräsentation oder Abbildung in den pikturalen Künsten, die musikalische Notation und die verbale Beschreibung fasst er als Formen der Denotation, d. h. als extensionale Bezugnahme. Diese Denotation kann buchstäblich sein (etwa wenn ein Bild Churchill darstellt oder ein Ausdruck sich auf einen realen Gegenstand bezieht) oder fiktiv (z. B. das Bild eines Einhorns oder der Name Don Quichotte). Während bei der Denotation die Richtung der Bezugnahme vom Symbol (einem

Bild oder einem Ausdruck) zum Gegenstand oder Referenten verläuft, wird das Symbol bei der Exemplifikation von einem Prädikat denotiert, das auf dieses Symbol zutrifft; die Bezugnahme verläuft also in die umgekehrte Richtung. Die Symbolfunktion der Exemplifikation, die Goodman erstmals ausführlich analysierte und die zum Gegenstand umfangreicher Diskussionen geworden ist, wird definiert als »Besitz plus Bezugnahme«: Ein Symbol (z. B. ein Bild) exemplifiziert eine Eigenschaft (z. B. eine bestimmte Farbe), wenn es diese sowohl besitzt als auch auf sie Bezug nimmt. Goodmans häufig herangezogenes Beispiel für die Exemplifikation ist die Stoffprobe im Musterbuch eines Polsterers: So eine Probe besitzt eine Reihe von Eigenschaften, die auch der Stoffballen besitzt, für den sie ein Muster ist. Auf diese Eigenschaften – etwa Farbe, Textur usw. – verweist die Probe, sie stellt jedoch kein Muster für alle seine Eigenschaften dar (beispielsweise nicht für seine Größe). Bloßer Besitz stellt demnach noch keine Exemplifikation dar, ebenso wenig wie Bezugnahme ohne Besitz. Die Stoffprobe exemplifiziert nur diejenigen Eigenschaften, die sie einerseits besitzt und auf die sie andererseits Bezug nimmt. – Im Gegensatz zur buchstäblichen Bezugnahme der Exemplifikation handelt es sich beim Ausdruck um eine Form der metaphorischen Bezugnahme, genauer: der metaphorischen Exemplifikation, insofern als ein Bild, das beispielsweise Trauer zum Ausdruck bringt, diese Trauer nicht buchstäblich besitzt, sondern eben metaphorisch. – Ausdruck und Exemplifikation sind Symbolfunktionen, die besonders in den Künsten eine Rolle spielen. Vor allem die Exemplifikation erlaubt es, auch solchen Kunstwerken, die in traditioneller Redeweise gar keine Symbolfunktion mehr aufweisen (wie beispielsweise abstrakte Gemälde), noch eine symbolisierende und damit erkenntnisfördernde Funktion zuzuschreiben.

Die in *Sprachen der Kunst* am Beispiel der Künste entworfene Symboltheorie und ihre erkenntnistheoretische Entfaltung in *Weisen der Welterzeugung* führen Goodman in dem gemeinsam mit Catherine Z. Elgin verfassten Band *Reconceptions in Philosophy and Other Arts and Sciences* (1988; dt.: *Revisionen: Philosophie und andere Künste und Wissenschaften*) zu einem Vorschlag für eine grundsätzliche »Neufassung der Philosophie«. Die Autoren regen an, die philosophisch zentralen Begriffe →Wahrheit, Gewissheit und Wissen durch Richtigkeit, Übernahme (*adoption*) und Verstehen zu ersetzen. Während Wahrheit streng genommen nur auf verbale Sätze und dort auch nur auf Aussagen (und nicht etwa auf Aufforderungen, Fragen usw.) zutreffen könne, bilde Richtigkeit ein multidimensionales Kriterium, das auf alle möglichen sprachlichen und auch nichtsprachlichen Symbole zutreffe. Die Wahrheit ist nur einer der Faktoren, die Einfluss auf die Richtigkeit des Gesagten oder Dargestellten haben können; sie ist – gelegentlich, aber nicht notwendigerweise – Bestandteil der Richtigkeit. In ähnlicher Weise soll Gewissheit bzw. ihre Alternativen wie Wahrscheinlichkeit oder Überzeugung, die allesamt ebenfalls nur auf Aussagen zutreffen können, durch den weiter gefassten Begriff der Übernahme ersetzt werden. Und schließlich ist auch der Begriff des Wissens zu eng für die angeregte Neufassung, denn Wissen bedarf der Wahrheit und der Überzeugung. Dagegen bietet es sich an, den vielseitigeren Begriff des Verstehens zu verwenden, der sich auch beispielsweise auf Bitten oder Fragen, auf Gemälde oder Tänze erstreckt, die weder wahr noch falsch sind, weder dem Beweis noch der Widerlegung unterliegen und von denen man weder überzeugt sein noch sie bezweifeln kann.

N. Goodman, Fact, Fiction and Forecast, Cambridge/Mass. 1954 [dt.: Tatsache, Fiktion, Voraussage, Frankfurt/M. 1975]

–: Languages of Art. An Approach to a Theory of Symbols, Indianapolis 1968 [dt.: Sprachen der Kunst. Entwurf einer Symboltheorie, Frankfurt/M. 1995]

–: Ways of Worldmaking, Indianapolis / Cambridge 1978 [dt.: Weisen der Welterzeugung, Frankfurt/M. 1984]

–: C. Z. Elgin, Reconceptions in Philosophy and Other Arts and Sciences, Indianapolis 1988 [dt.: Revisionen. Philosophie und andere Künste und Wissenschaften, Frankfurt/M. 1989]

D. Sturma, »Nelson Goodman«, In: Philosophie der Gegenwart in Einzeldarstellungen von Adorno bis v. Wright. Hg. v. J. Nida-Rümelin, Stuttgart 1991, S. 193–198

Symposium zu Nelson Goodman: Sprachen der Kunst, In: Deutsche Zeitschrift für Philosophie 43 (1995), S. 711–749

C. Z. Elgin (Hg.), The Philosophy of Nelson Goodman. Selected Essays. 4 Bde., New York / London 1997

A. S.

Habermas, Jürgen (*1929): Heute der renommierteste Gesellschaftstheoretiker der so genannten Frankfurter Schule.

Geboren am 18. Juni 1929 in Düsseldorf, studierte Habermas von 1949 bis 1954 Philosophie, Geschichte, Psychologie und Deutsche Literaturwissenschaft an den Universitäten Göttingen, Zürich und Bonn. 1954 wurde er dort mit einer Dissertation über *Das Absolute und die Geschichte. Von der Zwiespältigkeit in Schellings Denken* promoviert. Von 1956 bis 1959 arbeitete Habermas (nach Tätigkeiten bei verschiedenen Zeitungen) als Forschungsassistent im Bereich empirischer Sozialforschung am Frankfurter Institut für Sozialforschung, dem Zentrum der →kritischen Theorie (→Adorno, Horkheimer). Zwischen 1959 und 1961 entstand die (1962 erschienene, 1990 nach 17 Nachdrucken neu aufgelegte) Habilitationsschrift *Strukturwandel der Öffentlichkeit*, mit der Habermas in Marburg (gefördert von W. Abendroth) habilitierte. 1962 folgte er einem Ruf als Professor für Philosophie an die Universität Heidelberg, 1964 einem Ruf als Professor für Philosophie und Soziologie an die Universität Frankfurt/M., die er 1971 nach heftigen Auseinandersetzungen mit den Studierenden verließ. 1971 bis 1983 war er Direktor des neu gegründeten Max-Planck-Instituts zur Erforschung der Lebensbedingungen der wissenschaftlich-technischen Welt in Starnberg. 1983 kehrte er für mehr als zehn Jahre an die Universität Frankfurt zurück.

Im Mittelpunkt des umfangreichen und vielfach preisgekrönten habermasschen Werks stand – und steht – das Bemühen um der Erneuerung der kritischen Gesellschaftstheorie, wie sie von Horkheimer und Adorno (in einem durch Hegel sowie →Marx vorgezeichneten konzeptuellen Rahmen) entworfen worden ist. Neu begründet wurde die kritische Gesellschaftstheorie von Habermas 1981, in einem ersten Umriss als eine Theorie des kommunikativen Handelns, die wenigstens drei Dimensionen hat: Sie ist erstens eine Theorie der geschichtlichen Situation, in der sie formuliert wird, nach Habermas: eine »Theorie der Moderne«. Sie ist zweitens (und dies vor allem) eine Theorie der →Vernunft, die in die →Gesellschaft ›eingebaut‹ ist, sowie der Vernunftentwicklung (Vernunftverwirklichung) in der →Geschichte, nach Habermas: eine »Theorie der →Rationalität und der gesellschaftlichen Rationalisierung« (die als Modernisierung bewertet wird). Und sie ist drittens eine kritische Theorie: ein nichtspekulatives (»nachmetaphysisches«), sprachpragmatisch begründetes Rahmen-Konzept, innerhalb dessen eine empirische und »interdisziplinär angelegte Erforschung des ... Musters der ... Modernisierung wieder aufgenommen werden kann« (1982). Diese Forschung ist mit der Theorie des kommunikativen Handelns, so der Anspruch, in die Lage versetzt, die von uns erzeugte Welt, in der wir leben, als das Resultat eines ambivalenten (Fortschritte wie Rückschritte einschließenden) Geschichtsprozesses zur Geltung zu bringen: als das Resultat einer »deformierenden Verwirklichung von Vernunft in der Geschichte« (1985). Die Theorie des kommunikativen Handelns knüpft an die von ihr begründete Forschung zugleich die praktische Absicht, einen Beitrag zur Aufhebung der Deformationen zu leisten.

In wenigstens zwei Hinsichten geht die neue kritische Theorie über die ältere hinaus: Sie sucht nicht mehr bloß dem Eindruck Rechnung zu tragen, dass ›etwas zutiefst schief ist‹ in der modernen Gesellschaft, sondern auch dem Eindruck, dass auch (wenigstens seit 1945) ›etwas besser geworden ist‹ und in ihr heute so etwas wie praktische Vernunft aufscheint. Demgegenüber haben Horkheimer und Adorno, so Habermas 1985, »alle gesellschaftlichen Institutionen und auch die Alltagspraxis vollkommen entleert gesehen von allen Spuren der Vernunft ... Die Vernunft war für sie im wörtlichen Sinne utopisch geworden, hatte jeden Ort verloren« bzw. war ihnen nur in verkürzter Weise in ihren Blick geraten, nämlich reduziert auf kognitiv-instrumentelle Rationalität oder theoretische Vernunft. Im Zusammenhang theoretischer Vernunft können wir zwar (auf der Basis erfahrungswissenschaftlichen Wissens) in praktischer Hinsicht ›technische‹ Empfehlungen geben, wie sich (zu Überlebenszwecken) die Welt beherrschen lässt (theoretische Vernunft als ›instrumentelle Vernunft‹, d. h. als Zweck-Mittel-Rationalität). Nicht aber lassen sich Antworten auf genuin moralisch-praktische Fragen geben, die ein humanes Miteinander betreffen, in dem nach Habermas die »einzige Alternative zur mehr oder minder gewaltsamen Einwirkung der Menschen aufeinander« liegt. Indes: Mit der praktischen Vernunft war der älteren kritischen

Theorie auch der Maßstab verloren gegangen, der es erlaubt, kritische Gesellschaftstheorie zu betreiben: Gesellschaftstheorie, wie sie schon von Horkheimer/Adorno als »→Kritik der instrumentellen Vernunft« angelegt war. Diese Kritik kann nach Habermas nur aus Richtung praktischer Vernunft erfolgen. In der Rehabilitierung der praktischen Vernunftdimension und der damit einhergehenden Rückgewinnung eines Maßstabs der Kritik, der jedermann sollte zugänglich sein, geht die jüngere kritische Theorie über die ältere hinaus.

Habermas entfaltet die Auseinandersetzung mit der älteren kritischen Theorie explizit und systematisch erstmals 1981 in der *Theorie des kommunikativen Handelns*, in der auch die ihr vorgehenden Arbeiten einen gewissen Zusammenhang erhalten. Bis dahin lassen sich (im Anschluss an H. Gripp) vier Schaffensphasen unterscheiden: Die Arbeiten aus der ersten Hälfte der 60er Jahre sind dem Theorie-Praxis-Problem gewidmet, sei es, dass einzelne Facetten dieses Problems behandelt werden (so in der Habilitationsschrift), sei es, dass (in Gestalt von problemgeschichtlichen Untersuchungen) der Status einer an Marx anschließenden kritischen Theorie der Gesellschaft überhaupt (anderen Theorietypen gegenüber) zu klären versucht wird (so in *Theorie und Praxis*, 1963). In der zweiten Hälfte der 60er Jahre nimmt Habermas das Theorie-Praxis-Problem aus erkenntnistheoretischer, allerdings zunächst erneut problemgeschichtlicher (und noch nicht systematischer) Perspektive in den Blick (so vor allem in *Erkenntnis und Interesse*, 1965). In dieser Zeit entstehen aber auch schon systematisch orientierte Abhandlungen, die sich – in Auseinandersetzungen mit wirkmächtigen philosophischen Positionen (kritischer Rationalismus, philosophische Hermeneutik, Systemtheorie nach N. Luhmann) – mit methodologischen Fragen kritischer Gesellschaftstheorie befassen, (*Zur Logik der Sozialwissenschaften*, 1967). In der ersten Hälfte der 70er Jahre unternimmt Habermas den ersten Versuch einer systematischen Neubegründung der kritischen Gesellschaftstheorie: Sie hat die Form einer »Theorie der kommunikativen Kompetenz« (hierher gehören die Abhandlungen: *Vorbereitende Bemerkungen zu einer Theorie der kommunikativen Kompetenz*, 1971; *Wahrheitstheorien*, 1973; *Was heißt Universalpragmatik*, 1976). – Dieser kompetenztheoretische Ansatz wird in der zweiten Hälfte der 70er Jahre in einem evolutionstheoretischen Ansatz weitergeführt (*Zur Rekonstruktion des historischen Materialismus*, 1976). Zugleich arbeitet Habermas – in Auseinandersetzung (u.a.) mit der Sprachpragmatik (nach Searle und Austin) – entscheidende Argumentationen für die spätere Theorie des kommunikativen Handelns aus.

Die Theorie des kommunikativen Handelns steht nun allerdings nicht für eine einfache Fortsetzung dieser Arbeiten, vielmehr ist in ihr an die Stelle der »erkenntnistheoretischen Rechtfertigung der kritischen Gesellschaftstheorie« der »Versuch einer direkten sprachpragmatischen Begründung« getreten, so Habermas 1999. Im Gefolge dieser Wendung von »der Erkenntnistheorie« (und Methodologie) zur »Kommunikationstheorie«, oder allgemeiner: vom Primat der (in der Sprache angelegten) theoretischen zu dem der praktischen Vernunft erhalten folgende Begriffe den Status von Grundbegriffen: »Lebenswelt«, »kommunikatives Handeln« (schon 1968 expliziert) sowie »kommunikative Rationalität« (ein Begriff, der schon in den 70er Jahren ausgearbeitet wurde). Kommunikative Rationalität ist eine empirisch rekonstruierbare »Potentialität« (H. Gripp), die in der menschlichen Fähigkeit, sich mit jemanden über etwas in einer Welt sprachlich verständigen zu können, angelegt und mit dem kommunikativen Handeln verknüpft ist. Denn kommunikativ oder verständigungsorientiert zu handeln – Habermas hält es in der *Theorie des kommunikativen Handelns* für »anthropologisch fundamental« – zeichnet sich nach Habermas dadurch aus, dass man selbst gesetzte Zwecke im Lichte der Bereitschaft realisiert, im Konfliktfall miteinander zu sprechen und die Handlungspläne aufeinander abzustimmen. Anders als im rein erfolgsorientierten, teleologischen Handeln geht man also hier nicht planmäßig vor. Tritt nun aber jemand im Handlungszusammenhang mit einem anderen in einen Verständigungsprozess ein, so kann er, wie Habermas plausibel macht, nicht umhin, genau vier Geltungsansprüche zu erheben: Er muss erstens für seine Äußerung Verständlichkeit, zweitens für den behaupteten (propositionalen, d.h. in Form von Aussagen darstellbaren) Gehalt der Äußerung Wahrheit, drittens für die von ihm gleichzeitig geäußerte Intention Wahrhaftigkeit und viertens für die mit dem Sprechakt angebotene interpersonale Beziehung Richtigkeit (im Sinne der Übereinstimmung mit geltenden Normen) beanspruchen. Diese Geltungsansprüche enthalten rationale Begründungsverpflichtungen, von denen die Geltungsansprüche der (Aussagen-)Wahrheit und der (normativen) Richtigkeit mit den Mitteln der argumentativer Rede, genauer: im (einerseits theoretischen, andererseits praktischen) Diskurs einlösbar sind. Die formale Idee der Verständlichkeit und die materialen Ideen der Wahrheit, der Richtigkeit (eigentlich Gerechtigkeit) sowie der Wahrhaftigkeit kennzeichnen die verschiedenen Dimensionen der kommunikativen Rationalität. Diese Vernunft, die primär eine praktische Vernunft ist, ist Habermas zufolge der Lebenswelt, genauer: der Gesellschaft als →Lebenswelt immanent, insofern diese sich im Medium des kommunikativen Handelns reproduziert und durch Reproduktion erhält (»symbolische Reproduktion« der Lebenswelt). Die Lebenswelt verdankt dieser Vernunft bzw. ihrer Entfaltung die Ausdifferenzierung in die drei Wissens-, Handlungs- und/oder Aufgabenbereiche der →Kultur (mit →Wissenschaft, →Moral und →Kunst), der Gesellschaft im engsten Sinne des Worts (d.h. dem öffentlichen Raum zwischenmenschlicher Beziehungen, in dem Verständigung als ein »Mechanismus« der Handlungskoordinierung fungiert), sowie der (Bildung der) »Persönlichkeit« (d.h. der Sozialisation nachwachsender Generationen). Allerdings ist Gesellschaft im weitesten Sinne bei Habermas nicht nur kommunikativ strukturierte Lebenswelt, sondern immer auch noch grenzerhaltendes System (im Sinne Luhmanns), das heute in zwei Formen auftritt: als »kapitalistisch verselbstständigtes Wirtschafts- und ... bürokratisch verselbstständigtes Herrschaftssystem«, d.h. als Staat. In diesen Handlungszusammenhängen, in denen das positive Recht Ordnungsfunktion besitzt, übernehmen »Steuerungsmedien«, vor allem »Geld« und »administrative Macht«, die Funktion der Handlungskoordinierung, die in der Lebenswelt die Verständigung innehat. Wirtschaft und Staat dienen dem Überleben der Menschen (der »materiellen Reproduktion« der Gesellschaft). Sie sind beherrscht von der kognitiv-instrumentellen Rationalität (als »funktionalistischer Vernunft«).

In der Unterscheidung zwischen Lebenswelt und System (und hier insbesondere Staat) nimmt Habermas die für die →politische Philosophie der →Neuzeit (A) überhaupt charakteristische Differenzierung zwischen vertikaler genossenschaftlicher Dimension des politischen Bereichs und horizontaler Herrschaftsdimension auf. Er knüpft daran aber die These, dass die »Hegel-Marxistische Gesellschaftstheorie« in der Differenz die Einheit, d.h. die Vernunft nicht sah, die die Gesellschaftssphären der Lebenswelt und des Systems zusammenhält, und dass sie daher selbst in Handlungs- und Systemtheorien auseinander fiel. Die Theorie des kommunikativen Handelns hat daher zugleich die Aufgabe, diese Theorieansätze zusammenzuführen - auf eine Weise, die die empirische »Erforschung des Musters der Modernisierung« in die Lage versetzt, die Ambivalenzen der geschichtlichen Entwicklungsprozesse, insbesondere sozialpathologische Phänomene, bemerken zu können. Derartige Ambivalenzen und Phänomene verdanken sich nach Habermas nämlich in concreto dem Umstand, dass - wie vermutungsweise gerade heute - Geld und administrative Macht in der Lebenswelt einen derartigen Einfluss gewinnen, dass zwischenmenschliche Beziehungen »konsumistisch« umgedeutet und Lebensverhältnisse nur noch bürokratisch interpretiert werden. Solche Übergriffe des Systems in die Lebenswelt sind, folgt man Habermas weiter, Resultat des Erfolgs des Kapitalismus, der unter Gesichtspunkten der materiellen Reproduktion zwar durchaus als positiv zu bewerten ist, aber mit einem negativ zu bewertenden ungezügelten Wachstum des »monetär-bürokratischen Komplexes« einhergeht, in dessen Effekt die System-Imperative in die Lebenswelt eindringen und für die Deformierung der kommunikativen Strukturen sorgen. Eine (mögliche) »Pathologisierung der Lebenswelt« in diesem Sinn verlangt nach Habermas jedoch nicht etwa die Aufhebung des »kapitalistisch verselbstständigten Wirtschafts- und ... bürokratisch verselbstständigten Herrschaftssystems«. Erforderlich wird im gegebenen Fall vielmehr eine basis- oder radikaldemokratische Veränderung der Gesellschaft, durch die ihre Bereiche - deren Eigenständigkeit und Differenziertheit die »großartige« »Signatur der Moderne« ausmachen, allerdings auch »Probleme der Vermittlung« erzeugen - sich wieder ausbalancieren. Anzuzielen (freilich nicht technisch machbar) ist ein Gleichgewicht, in dem die »Produktivkraft Kommunikation« die »Übergriffe der Systemimperative auf lebensweltliche Bereiche« eingedämmt, sich »gegen die ›Gewalten‹ der beiden anderen Steuerungsressourcen, Geld und administrative Macht«, durchgesetzt hat und so »die ... Forderungen der Lebenswelt zur Geltung bringen kann«, so Habermas 1985. Auf nichttechnischem Wege eine Demokratisierung zu befördern, in deren Verlauf »ein immer dichter, immer feiner gesponnenes Netz« sprachlich vermittelter und vernunftgegründeter, »humaner« Formen des Zusammenlebens entsteht, in denen Gegenseitigkeit und Distanz, Entfernung und gelingende, nicht verfehlte Nähe, »Autonomie und Abhängigkeit in ein befriedetes Verhältnis treten« und Konflikte, die sich zwischen Menschen nicht ausschließen lassen, auf diese Weise überlebbar werden (Habermas, ebd.), ist die praktische Absicht, die sich an die Theorie des kommunikativen Handelns knüpft – wie auch an die zahlreichen Schriften, die auf sie gefolgt sind.

Diese waren in den 90er Jahren zunächst vor allem der Präzisierung praktischer – ethischer, moralischer, rechtlicher – Grundfragen und der Präzisierung der Vorstellung von den humanen Formen des Zusammenlebens gewidmet (vgl. vor allem *Faktizität und Geltung*, 1992; *Die Einbeziehung des Anderen*, 1996). Ende der 90er Jahre aber nahm Habermas unter Voraussetzung der mit der Theorie des kommunikativen Handelns vollzogenen Wende »von der Erkenntnis- zur Kommunikationstheorie« auch wieder erkenntnistheoretische Fragestellungen auf (vor allem in *Wahrheit und Rechtfertigung*, 1999).

Das mit der Theorie des kommunikativen Handelns vorgelegte ›zweistufige‹ Gesellschaftskonzept, in dem die Kritik der instrumentellen Vernunft der frühen Frankfurter Schule nun die Form einer Kritik der funktionalistischen Vernunft erhält, besticht nicht nur durch seine große begriffliche Differenziertheit und die vielfältigen Differenzierungsmöglichkeiten (z. B. zwischen Lebenswelt und Welt, Sittlichkeit und Moral, Moralfragen und Wertfragen), sondern auch durch seine auf Methodenpluralismus abzielende Anlage sowie die Programmatik, kritische Gesellschaftstheorie einem interdisziplinären empirischen Forschungsprogramm offen zu halten. Problematisch ist indes vielleicht dies: dass Habermas von einer Vernunftentwicklungslogik Gebrauch macht, bei der man sich fragt, wie sie sich wohl von jenem Vernunftbegriff her ausweisen ließe, der expliziter Gegenstand der habermasschen Theorie ist: dem Begriff der nur noch formal (als Prozedur) bestimmten kommunikativen Vernunft. Als problematisch gilt aber auch das Verhältnis des Konzepts zur Empirie: Ein Nachweis steht noch aus, ob sich die interdisziplinär angelegte Forschung des habermasschen Rahmenkonzepts als gewinnbringend bedienen kann (H. Gripp). Dass das Konzept, das die verschiedenen empirischen Wissenschaften in einer »Erforschung des ... Musters der ... Modernisierung« verbinden soll, zumindest einer historisch-empirischen Wissenschafts- und Philosophie- oder Theoriegeschichtsschreibung, die sich an dem in Texten Gesagten orientiert, nur wenig Gewinn bringen dürfte, weil es offensichtlich Textinterpretationen fördert, die, hermeneutisch gesehen, problematisch sind, darauf hat Habermas selbst aufmerksam gemacht: »Auch wenn ich viel zitiere und andere Terminologien übernehme«, sagte er 1985 einmal auf eine Frage hin, die sich auf seine (große) Bereitschaft zur Rezeption älterer und neuerer, in- und ausländischer Philosophen und Theoretiker bezog, »weiß ich genau, dass mein Gebrauch mit dem, was die Autoren gemeint haben, manchmal wenig zu tun hat«, und »glaube, dass ich mir die fremden Zungen, hermeneutisch gesehen, auf brutale Art und Weise zu eigen mache.« Dies nimmt dem habermasschen Konzept, das theoretisch so sehr auf →Argumentation setzt, ein wenig an Überzeugungskraft.

J. Habermas, Theorie des kommunikativen Handelns, Bd. 1: Handlungsrationalität und gesellschaftliche Rationalisierung; Bd. 2: Zur Kritik der funktionalistischen Vernunft, Frankfurt/M. 1981
–: Zur Logik der Sozialwissenschaften, Neuausgabe Frankfurt/M. 1982
–: Nachmetaphysisches Denken. Philosophische Aufsätze, Frankfurt/M. 1988
–: Dialektik der Rationalisierung. Jürgen Habermas im Gespräch mit Axel Honneth, Eberhard Knödler-Bunte und Arno Widmann, in: Die Neue Unübersichtlichkeit, Kleine politische Schriften V, Frankfurt/M. 1985, 167–208
H. Gripp, ›Jürgen Habermas‹. Und es gibt sie doch – Zur kommunikationstheoretischen Begründung von Vernunft bei Jürgen Habermas, Paderborn / München / Wien / Zürich 1984
W. Reese-Schäfer, Jürgen Habermas, 4. Aufl. Frankfurt/M. / New York (1991) 1994

P. K.

Hegel, Georg Wilhelm Friedrich (1770–1831): Geboren am 27. 8. in Stuttgart, gestorben am 14. 11. in Berlin. Hegel gilt als der systematische Philosoph schlechthin. Er erhebt den Anspruch, die Philosophie in einem Wissen des →Absoluten abschließend begründet, sie von diesem Wissen aus in ihrem ganzen systematischen Umfang dargestellt und in ihren Grundzügen vollendet zu haben. Durchgeführt hat Hegel dieses Programm in der *Enzyklopädie der philosophischen Wissenschaften im Grundrisse*, die 1817 erstmals erschien und 1827 und 1830 noch zwei Neuauflagen erlebte, wobei die erste stark erweitert war und auch inhaltliche Veränderungen aufwies. Sie gliedert sich in drei Teile: die *Logik*, die *Naturphilosophie* und die *Philosophie des Geistes*. Den ersten Teil hatte Hegel bereits 1812 bis 1816 in drei Bänden als *Wissenschaft der Logik* vorgelegt, deren erster Band posthum 1832 in einer noch von ihm selbst vollendeten, stark veränderten Neuauflage herauskam; aus dem Bereich der Geistesphilosophie erschienen 1821 die *Grundlinien der Philosophie des Rechts oder Naturrecht und Staatswissenschaft im Grundrisse*. Eine Sonderstellung nimmt die *Phänomenologie des Geistes* (1807) ein, deren Thema die Entwicklung der Gestalten des →Bewusstseins vom sinnlichen Bewusstsein bis zum absoluten Wissen ist. Sie bildete ursprünglich den ersten Teil des Systems, wurde dann aber durch den Anfang mit der *Logik* ersetzt. Im Unterschied zur *Phänomenologie* und *Logik* sind die *Enzyklopädie* und die *Rechtsphilosophie* Lehrbücher zum Gebrauch in Vorlesungen, die deshalb nur den ›Grundriss‹ der Gedankenentwicklung enthalten. So fand das vollständige System seine Darstellung auch erst in den Vorlesungen, wo Hegel u. a. über →Logik und →Metaphysik, →Naturphilosophie, Philosophie des Geistes, Rechtsphilosophie, Philosophie der Weltgeschichte, →Ästhetik, →Religionsphilosophie und Geschichte der Philosophie las. Dabei blieb das System jedoch im Einzelnen in einer beständigen Entwicklung begriffen.

Dass die Philosophie ein systematisches Ganzes sei, verdeutlicht Hegel mit dem Bild eines Kreises, der wiederum aus einzelnen Kreisen bestehe. Darin gebe es kein Erstes und kein Letztes, sondern alles halte und trage sich gegenseitig. Man müsse daher, um es angemessen zu begreifen, das Ganze vollständig durchlaufen und wieder in den Anfang zurückkehren, und nur dieses Ganze sei auch die →Wahrheit. Das philosophische →System erscheint somit als ein in sich geschlossenes Universum, das allumfassend auch in dem Sinne ist, dass es zugleich die Gedankenbestimmungen der →Wirklichkeit überhaupt in sich enthält. Dem liegt die Annahme zugrunde, dass die Wirklichkeit als Wirklichkeit der →Vernunft auch nur durch die Vernunft zu begreifen sei. Aber auch die Vernunft ist kein Erstes, das unmittelbar vorausgesetzt werden kann, sondern eine immanente Voraussetzung der erscheinenden Wirklichkeit selbst. Die Wirklichkeit der Vernunft kann daher auch nur im Durchgang durch die →Empirie erwiesen werden, weshalb Hegel auch den →Empirismus ausdrücklich aufwertet und seine Philosophie, wie kaum eine andere, die Verfahren und Resultate der besonderen, empirischen Wissenschaften zu integrieren versucht. Hegel beansprucht jedoch nicht, sie vollständig aufgehoben zu haben, vielmehr ist philosophisch allein ihre begriffliche Gestalt von Interesse. Er setzt kritisch dort an, wo der Gebrauch grundlegender, allgemeiner →Begriffe nach seiner Auffassung auf unreflektierten Annahmen beruht. Indem er ihre Voraussetzungen und Konsequenzen deutlich macht, bezieht er diese Begriffe auf den Zusammenhang der logischen Gedankenbestimmungen und stellt damit zugleich die einzelnen Wissenschaften in einen systematischen Zusammenhang.

Das kritische Verfahren Hegels knüpft an die von →Kant durchgeführte Unterscheidung von →Verstand und Vernunft an, wobei Vernunft die höhere, spekulative Erkenntnistätigkeit bezeichnet, die sich auf das →Unbedingte bzw. Absolute richtet. Im Unterschied zu Kant, dem er vorwirft, die Vernunft dem Verstand zu unterwerfen und dadurch zu begrenzen, möchte Hegel umgekehrt den Verstand in die Vernunft aufheben, indem er dessen Beschränkungen auflöst. Die Vernunft geht aus einer immanenten Kritik des Verstandesdenkens hervor, das zwar das Vermögen der Begriffe sei, diese jedoch nur abstrakt auffasse. In polemischer Abgrenzung gegenüber dem gewöhnlichen Sprachgebrauch, der das →Abstrakte einem →Konkreten als der schon immer vertraut erscheinenden Wirklichkeit gegenüberstellt, spricht Hegel von »abstrakt« dann, wenn etwas gegenüber seinen Zusammenhängen isoliert wird. Diese Zusammenhänge entzögen sich jedoch dem sinnlichen Bewusstsein ebenso wie den formallogischen Prinzipien des Verstandes, der die ›Dinge‹ als mit sich identische fixiere und dadurch gegeneinander verselbstständige. Die Auflösung solcher →Identitäten und damit der Beschränktheit des Verstandes erfolge dort, wo der Verstand sich mit sich selbst notwendig in →Widersprüche verstricke, ohne dass ein formallogischer Argumentationsfehler begangen worden sei.

Nach Kant, der solche Widersprüche unter dem Stichwort einer »transzendentalen Dialektik« behandelte, war dies bei dem Gebrauch der Vernunft in Beziehung auf das Unbedingte der Fall. Hieran knüpft Hegel an, wenn er die immanente Kritik und Auflösung des Verstandesdenkens durch die Entwicklung von Widersprüchen als →Dialektik bezeichnet. Dabei grenzt Hegel sich von allen Auffassungen ab – auch von der platonischen Dialektik als Kunst der Gesprächsführung –, die in der Dialektik nur eine subjektive →Methode erblicken, um zur Wahrheit zu gelangen. Die dialektischen Widersprüche beruhten nämlich nicht auf Unzulänglichkeiten des →Denkens, sondern darauf, dass die ›Dinge‹ an sich selbst widersprechend seien. In Bezug auf die endliche Wirklichkeit bedeutet dies, dass sie nicht als mit sich identische festgehalten werden können, sofern sie das, was sie sind, nur durch ihre Beziehungen auf anderes sind. Die Entwicklung der Widersprüche ist daher die Entwicklung der Beziehungen bis hin zur Ganzheit (Totalität) der erscheinenden, endlichen Wirklichkeit. Hier wird, Hegel zufolge, deutlich, dass die endlichen ›Dinge‹ ihr Bestehen nur im Absoluten haben oder ihr Nichtsein das Sein des Absoluten ist. Die Dialektik, die diesen Nachweis führt, bezeichnet Hegel auch als die »negativ-vernünftige« Seite der Philosophie; ihr Resultat ist die Auflösung der endlichen Verstandesbestimmungen. Der entwickelte Widerspruch hat aber nicht nur ein negatives Ergebnis, sondern führt auf eine positive Bestimmung, die Einheit der entgegengesetzten Seiten. Dies wird durch den zur Charakteristik der hegelschen Dialektik immer wieder bemühten Dreischritt von These, Antithese und Synthese bzw. Position, Negation und Negation der Negation zum Ausdruck gebracht. Das Zusammengehen der entgegengesetzten Seiten mit sich selbst im positiven Resultat des Widerspruchs bezeichnet Hegel auch als die »positiv-vernünftige« bzw. »spekulative« Seite der Philosophie. Sie betrachtet den Widerspruch in seiner Wahrheit, die selbst die Form des Widerspruchs hat. Das Absolute muss, nach einer Formel Hegels, als »Identität der Identität und der Nichtidentität« begriffen werden.

Hegel behandelt den Widerspruchsbegriffs nicht als rein formale Denkbestimmung, sondern ontologisiert ihn, weil er, wie →Platon, die ganze Wirklichkeit als durch Formverhältnisse strukturiert ansieht und nicht durch feststehende, mit sich identische ›Dinge‹. Wenn daher die *Wissenschaft der Logik* die Formen und Bestimmungen des Denkens zum Thema macht, so wird nach Hegels Auffassung zugleich mit verhandelt, was der Gebrauch der logischen Gedankenbestimmungen inhaltlich bedeutet. Die Logik als die Wissenschaft des reinen Denkens ist somit zugleich Metaphysik. Sie gliedert sich in zwei Teile, die objektive Logik und die subjektive Logik bzw. die Lehre vom Begriff. Die objektive Logik umfasst in zwei Büchern die Seinslogik und die Wesenslogik. In der Seinslogik erscheinen die Begriffe zunächst noch als feststehende Bestimmungen in Bezug auf ein Sein. Die →Kritik dieser Vorstellung ist wesentlich auch eine Kritik der vormaligen allgemeinen Metaphysik, der →Ontologie. Diese Kritik und damit den Übergang von der traditionellen Ontologie des Seins zur Ontologie von Formverhältnissen vollzieht das zweite Buch der objektiven Logik, die Lehre vom Wesen. Unter den →Wesenheiten versteht Hegel die reinen Formbestimmungen; hier werden u. a. auch die Bestimmungen Identität, Unterschied, Widerspruch und →Grund behandelt und bis zum Begriff der Wirklichkeit als Wirklichkeit des Absoluten entwickelt. Diese ist reine Selbstbezüglichkeit der Denkbestimmungen und damit absolute Subjektivität. Der zweite Teil der *Wissenschaft der Logik*, die *Subjektive Logik*, behandelt demgemäß die Selbsterfassung des Begriffs durch den Begriff. Hier findet die traditionelle Logik mit der Begriffs-, Urteils- und Schlusslehre ihren Ort, ebenso aber auch die im gewöhnlichen Verständnis in Bezug auf die objektive →Natur gebrauchten Bestimmungen der Mechanik, Chemie und →Teleologie als die Lehre von den →Zwecken. Beide Seiten fassen sich zusammen in der Lehre von der →Idee, in der sich die absolute Idee als absolute →Freiheit bestimmt. In ihr findet die Philosophie ihre Vollendung, weil es von hier aus keinen notwendigen Übergang in weitere Bestimmungen mehr gibt.

Das Verhältnis der absoluten Idee zur Natur sei daher auch kein Übergehen, sondern die Idee entschließe sich aus freien Stücken, sich in die Natur zu entlassen und darin die Form des Andersseins, der Äußerlichkeit anzunehmen. Dass die Natur Entäußerung der Idee sei, bedeute auch, dass sie sich zu sich selbst nur äußerlich verhalte. Sie habe keine innere Entwicklung, sondern sei als ein System von Stufen zu betrachten, die allein aus dem Begriff hervorgehen, welcher das Innere der Natur bilde. Der Gedanke einer natürlichen Evolution wird daher von Hegel verworfen; der Natur selbst kommt für ihn keine Geschichte zu. Auf der Stufe des animalischen Organismus trete die Subjektivität wieder hervor, aber diese Subjektivität könne sich innerhalb der Natur nicht selbst erfassen, die als bloße Äußerlichkeit pure Negativität und daher »Unangemessenheit zur Allgemeinheit« sei. Erst indem der Geist durch den Tod des Natürlichen als Wahrheit der Natur erscheine, werde die Äußerlichkeit zurückgenommen und eine Identität mit dem →Allgemeinen erreicht.

Die Entwicklung des Geistes stellt sich auf dieser Grundlage als ein fortschreitendes Hinwegarbeiten des Natürlichen dar. Dies vollziehe sich in den Gestalten des »subjektiven Geistes« (→Anthropologie, Phänomenologie, Psychologie), des »objektiven Geistes« (→Recht, Moralität, →Sittlichkeit) und des »absoluten Geistes« (→Kunst, →Religion, Philosophie). Im Unterschied zur Natur handelt es sich hierbei um ein Hervorgehen dieser Gestalten auseinander. Der subjektive Geist ist unmittelbar als →Seele oder »Naturgeist« Gegenstand der Anthropologie, die über die Empfindung in das Bewusstsein übergeht, das sich in der Phänomenologie von seiner Natürlichkeit befreit und vom sinnlichen Bewusstsein zur Vernunft entwickelt. Die Psychologie vollendet die Selbsterfassung des subjektiven Geistes als theoretischen, praktischen und freien Geist, der sich die Wirklichkeit als sein Werk objektiv machen kann.

Diese Objektivierung erscheint zunächst als Gewohnheit, als eine »zweite Natur«. Sie bildet die Basis des objektiven Geistes, der die allgemeinen, die einzelne Subjektivität übergreifenden →Strukturen des Rechts, der Moralität und der Sittlichkeit umfasst. Sofern deren Gestaltungen den Individuen als äußerliche Voraussetzungen und Mächte gegenübertreten, erscheinen sie als natürlich, obwohl sie aus Objektivierungen bzw. Veräußerlichungen der Subjekte hervorgehen. Diese zweite Natur erscheint vor allem in dem »System der Bedürfnisse«, der Sphäre der Ökonomie, in der die Willkür subjektiver Bedürfnisse und der Interessen der Privateigentümer herrsche, deren ungehemmte Freisetzung das sittliche Allgemeine zerstören würde. In ihr kommt für Hegel jedoch das Freiheitsprinzip der neuzeitlichen Subjektivität zur Geltung; sie ist daher auch nicht zu beseitigen, sondern nur in ihren negativen Folgen zu beschränken. Dies geschieht letztlich in der politisch-sittlichen Einheit des →Staates, der Wirklichkeit der sittlichen Idee, welcher seine Legitimation nicht aus der Vergesellschaftung partikularer Interessen, sondern aus der vernünftigen Allgemeinheit selbst bezieht, wie sie in den Gestalten des »absoluten Geistes« zum Vorschein kommt. Vernünftige Allgemeinheit im Sinne des absoluten Geistes ist daher in der gesellschaftlich-geschichtlichen Wirklichkeit nicht zu realisieren; die Versöhnung mit der zerrissenen Wirklichkeit gelingt nur als Einsicht in die Notwendigkeit ihres So-Seins, die darin zugleich weiß, dass die Gegensätze im Absoluten versöhnt sind. Dieser Versöhnung im Absoluten aber werden wir nur kontemplativ inne, sei es ästhetisch, sei es religiös oder im wissenschaftlichen Erkennen der Philosophie.

In seiner Rechtsphilosophie hat Hegel die Philosophie des objektiven Geistes in ihrem ganzen Umfang am ausführlichsten dargestellt. Seine Option für einen konstitutionell-monarchischen Ständestaat, verbunden mit der Ablehnung eines sich aus der →Gesellschaft zurückziehenden liberalen »Nachtwächterstaates«, ist immer wieder so verstanden worden, als habe er sich kritiklos den restaurativen Tendenzen des damaligen preußischen Staates unterworfen. Tatsächlich kritisiert Hegel die bloße Negation von Abhängigkeit als abstrakte Freiheit; konkrete Freiheit sei erst dort, wo der Geist im Anderen bei sich selbst sei und das Andere in seiner Notwendigkeit anerkennen könne. Ihr Begriff hängt für Hegel wesentlich an einer Erkenntnisdimension:

Sie ist Einsicht in die Notwendigkeit. Damit geraten aber auch umgekehrt die sittlichen Verhältnisse einschließlich der Formen und Institutionen des Staates unter den Zwang, sich als notwendig, d.h. vernünftig, legitimieren zu müssen, um als solche auch eingesehen werden zu können. Hegels verankert die Freiheit in der Allgemeinheit des Rechts und stellt sich ausdrücklich der damaligen preußischen Restaurationspolitik entgegen, indem er auf einem Verfassungsstaat beharrt. Hierin sieht er das bleibende Resultat der von ihm zeitlebens trotz aller Kritik am jakobinischen Terror bewunderten Französischen Revolution. Hegels gesellschaftliche und politische Positionen entspringen aus der Ablehnung eines Moralismus des Sollens zugunsten der Einsicht in die objektiven Bedingungen gesellschaftlichen Handelns.

Die Rechtsphilosophie geht vom Verhältnis der Völker und Staaten zur allgemeinen Weltgeschichte, die Hegel als Fortschritt im Bewusstsein der Freiheit charakterisiert. In ihr gestalte sich der Geist als Weltgeist geschichtlich zur Allgemeinheit; er bediene sich der Individuen, Völker und Staaten als Mittel, um seinen Endzweck zu verwirklichen, worin Hegel die »List der Vernunft« erblickt. Die jeweilige Entwicklungsstufe des Weltgeistes werde durch einen besonderen Volksgeist repräsentiert und vollstreckt, der als Träger des Weltgeistes ein absolutes Recht gegenüber anderen Völkern habe, aber schließlich selbst einem höheren Prinzip weichen müsse. In diesem Sinne sei die Weltgeschichte zugleich das »Weltgericht«. In den aufeinander folgenden Epochen der Weltgeschichte (orientalisches, griechisches, römisches und germanisches Reich) vollziehe sich ein Fortschritt von der Freiheit des Einzelnen, des orientalischen Despoten, über die Freiheit einiger in der griechisch-römischen bis hin zur Freiheit aller in der christlich-germanischen Welt. Auf diese Weise bestätige sich die Herrschaft der Vernunft in der Geschichte und die Geschichtsphilosophie sei zugleich →Theodizee.

Im Anschluss an die Weltgeschichte sind auch die Gestalten des absoluten Geistes – Kunst, Religion und Philosophie – wesentlich geschichtlich aufzufassen. Die Kunst stehe als Produkt des menschlichen Geistes höher als die Natur; im Kunstschönen repräsentiere sich die Wahrheit selbst, indem die Idee des Absoluten zur Anschauung gebracht werde. Die Gattungen und Formen der Kunst treten in den geschichtlichen Epochen auf unterschiedliche Weise dominierend hervor. Während die Architektur als symbolische Kunst in der orientalischen Welt herrschte, ist die Skulptur Kennzeichen der griechisch-römischen Antike. In der ›romantischen‹ Kunst der christlichen Epoche hingegen seien Malerei, Musik und Poesie die bestimmenden Formen. Mit dieser Stufe sei die Entwicklung der Kunst insofern zum Abschluss gebracht, als das Absolute nun im Reich des Gedankens selbst angemessen zur Darstellung gebracht werden könne. Dies trifft auch für das Verhältnis der zweiten Gestalt des absoluten Geistes, der Religion, zur Philosophie zu. Das protestantisch verstandene Christentum als die vollendete Religion habe dieselbe Wahrheit wie die Philosophie, stelle sie aber in einer uneigentlichen, →exoterischen Weise dar. Um sich seines wahren Inhalts zu vergewissern, müsse sich das fromme Selbstbewusstsein dem philosophischen Begriff zuwenden. Die Philosophie könne dieses Bedürfnis befriedigen, weil sie selbst ihren geschichtlichen Lauf vollendet und das Absolute vollständig erkannt habe. Der Gang der Geschichte der Philosophie entspreche dabei im Großen und Ganzen der Entwicklung der logischen Gedankenbestimmungen, sodass sie sich in der Wissenschaft der Logik zusammenfasse. Damit schließt sich der Kreis: das Ende des Systems ist die Rückkehr in seinen Anfang.

A. Gulyga, Georg Wilhelm Friedrich Hegel, Frankfurt/M. 1974
O. Pöggeler (Hg.), Hegel. Einführung in seine Philosophie, Freiburg / München 1977
V. Hösle, Hegels System, 2 Bde., Hamburg 1988
Ch. Taylor, Hegel, Frankfurt/M. 1983
H. Schnädelbach, Hegel zur Einführung, Hamburg 1999

A. A.

Heidegger, Martin (1889–1976): Eine treffende Kennzeichnung des Lebens des →Aristoteles, so Heidegger in einer seiner Vorlesungen, lautet »Er wurde geboren, arbeitete und starb«. Sicher hätte es Heidegger nicht ungern gesehen, dass diese Beschreibung auch auf ihn angewandt würde. Genauso wie Aristoteles aber der Lehrer eines Alexander war, genauso wollte Heidegger der Lehrer eines anderen Führers sein. Diesem

Wunsch nicht widerstanden zu haben, brachte ihm später den Entzug der Lehrbefugnis ein. Dennoch gehören seine Schriften, neben denen von →Wittgenstein, in den Kreis der wichtigsten philosophischen Werke des 20. Jhs.

Heidegger wurde am 26. September 1889 in Meßkirch als Sohn des Küfermeisters und Messdieners Friedrich Heidegger und dessen Frau Johanna geboren. Die einfachen Verhältnisse waren auf einen langen Bildungsweg nicht ausgelegt, sodass für einen talentierten Jungen im Grunde nur das Förderstipendium der katholischen Kirche mit dem Ziel der Priesterausbildung in Aussicht stand. Diesen Weg hat Heidegger dann zunächst auch beschritten und besuchte das Jesuitengymnasium in Konstanz, dann das Gymnasium in Freiburg, bevor er sich im Wintersemester 1909/10 an der Theologischen Fakultät der Universität Freiburg immatrikulierte. Neben seinen theologischen Studien betrieb er jedoch auch umfangreiche philosophische Studien und las u.a. →Husserls *Logische Untersuchungen.* Nach vier Semestern brach Heidegger das theologische Studium vollends ab und wechselte zur naturwissenschaftlich-mathematischen Fakultät, wo er 1914 über *Die Lehre vom Urteil im Psychologismus* promovierte und sich 1916 zur *Kategorien- und Bedeutungslehre des Duns Scotus* habilitierte. Als Husserl 1916 eine Professur in Freiburg erhielt, wurde Heidegger 1917 sein Assistent.

1923 erhielt Heidegger den Ruf als außerordentlicher Professor an die Universität Marburg, wo im Kreis seiner Hörer und Schüler Namen zu finden sind, die später große Bedeutung erlangten: u.a. →Gadamer, Horkheimer, Löwith, Ritter – und Hannah Arendt. Hier in Marburg begann er mit den Vorarbeiten zu *Sein und Zeit,* seinem Hauptwerk. Im Frühjahr 1926 war die Niederschrift abgeschlossen. Ein Jahr nach der Veröffentlichung wurde Heidegger 1928 als Professor für Philosophie in der Nachfolge seines Lehrers Husserl auf dessen Lehrstuhl berufen. Ab 1933 wurde, vor allem in den Augen der Nachwelt, sein Wirken an dieser Universität von seiner zeitweiligen Begeisterung für die nationalsozialistische Bewegung überschattet. Während z.B. Hannah Arendt als Jüdin nach Frankreich und weiter in die USA emigrieren musste, ließ sich Heidegger im April 1933 im Zuge der Gleichschaltung der deutschen Universitäten zum Rektor der Freiburger Universität wählen. Seine Teilnahme an der messianischen Aufbruchsstimmung dieser Zeit bekundet die berühmte Rektoratsrede über die *Selbstbehauptung der deutschen Universität* vom Mai 1933. Obwohl Heidegger relativ bald seinen Irrtum einsah und im April 1934 sein Rücktrittsgesuch als Rektor einreichte (gleichwohl aber Professor blieb), wurde ihm dieser ›Sündenfall‹ nach Kriegsende nur schwer verziehen. Bis 1951 hatte Heidegger Unterrichtsverbot, konnte sich aber bezeichnenderweise niemals zu einer Erklärung oder gar zu einem Schuldbekenntnis durchringen. Als er wieder lehren durfte, zeigte das große Interesse der Studenten wie auch der internationalen Fachwelt bis nach Japan, dass Heidegger keineswegs vergessen worden war. Als er am 26. Mai 1976 starb, war er bereits ein Mythos geworden.

Wenn es so etwas wie einen Schlüssel für das Gesamtwerk Heideggers gibt, dann ist das sicherlich der Gedanke eines Ursprunges oder Urgrundes, einer Tatsache jedenfalls, auf der alles, was es in der Welt gibt, die Handlungen der Menschen eingeschlossen, beruht. Der Gedanke eines solchen Urgrundes lässt sich zurückverfolgen bis in Heideggers Habilitationsschrift über die Kategorienlehre des mittelalterlichen Scholastikers Duns Scotus. Besonders deutlich tritt dieser Gedanke in der Zeit nach dem Ersten Weltkrieg hervor. Da nämlich richtet Heidegger seine Aufmerksamkeit auf impersonale Sätze wie z.B. ›Es regnet‹ oder ›Es blitzt‹. Er ist der Meinung, dass Sätze dieser Art auf ein Ur-Etwas und eine von diesem ausgehende, subjekt- und objektlose Tätigkeit verweisen, weil ja, so Heidegger, mit derart geformten Sätzen weder auf einen Akteur noch auch auf einen Gegenstand der Tätigkeit Bezug genommen wird. Ganz im Gegenteil sind solche Sätze Ausdruck einer ursprünglichen Bewegung, die Heidegger später mit der Zeit, noch später mit der Sprache identifizieren wird.

In seinem 1927 erschienenen philosophischen Hauptwerk mit dem Titel *Sein und Zeit* ist es dann nicht mehr ein Ur-Etwas, das allen Dingen und Tätigkeiten zugrunde liegt, sondern das →Sein. Seine kategoriale →Struktur ist die →Zeit. Heidegger beginnt *Sein und Zeit* mit der Frage, an wen man sich denn richten müsse, wenn man erfahren will, worum es sich bei dem Sein, welches das Thema der Abhandlung bildet, denn überhaupt handelt. Die Antwort lautet, dass nur das menschliche Dasein Aufschluss über das Sein gewähren kann, und zwar aus zweierlei Gründen: Zum einen zählt es mit zu den Dingen, die sind. Das allein zeichnet es jedoch noch nicht gegenüber den anderen Dingen aus, die ja ebenfalls sind. Was das Dasein den anderen Dingen voraus hat und wodurch es für den Philosophen interessant wird, ist sein Seinsverständnis. Heidegger bezeichnet dieses nur dem Dasein eignende Seinsverständnis als →Existenz. Will man etwas über das Sein erfahren, so muss man folglich beim menschlichen Dasein ansetzen, da nur dieses ist und zugleich ein Verständnis seines Seins besitzt.

Menschliches Dasein lässt sich nun auf zweierlei Weise thematisieren: Einmal als erkennendes, zum anderen als handelndes. Heidegger wählt die zweite Zugangsart und begründet das damit, dass Erkennen selbst nur auf dem Boden einer vorgängigen →Praxis möglich sei. Damit ist die Antwort auf die nächste Frage vorweggenommen. Diese lautet, auf welche Weise das Dasein als praktisches zu thematisieren ist. Soll man sein Handeln physikalisch beschreiben, indem man Berechnungen über seine Körperbewegungen anstellt, oder soll man es vielleicht als funktionalen Mechanismus beschreiben, dessen Bestandteile auf dem Wege der Evolution gewisse Funktionen herausgebildet haben? Keine dieser Zugangsarten hält Heidegger für angemessen, weil damit das →Dasein zum Gegenstand einer theoretischen Disziplin gemacht werden würde, und das heißt für ihn, dass es nur mehr aus einer bestimmten Perspektive und mit einem bestimmten Erkenntnisziel in den Blick käme. Heidegger ist nun aber der Meinung, dass es eine allen diesen Perspektiven vorgängige und zugrunde liegende Zugangsweise zum menschlichen Dasein gibt, die darin besteht, das Dasein in seinen alltäglichen Handlungszusammenhängen zu beschreiben, und zwar so, wie sie sich von sich selbst her zeigen. Die →Methode, etwas so zu beschreiben, wie es sich von sich selbst her zeigt, ohne dass dabei schon bestimmte theoretische Annahmen eine Rolle spielen würden, bezeichnet Heidegger als »phänomenologische Methode«.

Die Wahl einer vortheoretischen Zugangsart wirft sogleich das nächste Problem auf. Dieses lautet: Wie kann man das Dasein in seinen alltäglichen Handlungszusammenhängen beschreiben, ohne aufhören zu müssen, Philosoph zu sein? Eine Beschreibung dessen, was jemand alltäglich tut, könnte z.B. darin bestehen, seinen Tagesablauf nachzuzeichnen. Am Ende erhielte man eine Aufreihung von Ereignissen, die, wenngleich nicht uninformativ, so doch kaum als Philosophie zu bezeichnen wären, denn der Philosoph hat es genauso wenig wie der Naturwissenschaftler mit dem Einzelnen zu tun oder wenn, dann nur insofern, als es Ausdruck eines allgemeinen →Prinzips oder einer allgemeinen Gesetzmäßigkeit ist. Das →Allgemeine an Handlungen sind die Strukturen der Handlung. Folglich muss die philosophische Beschäftigung mit Handlungen deren Strukturen thematisieren. Eine philosophische Methode, welche die Strukturen einer Sache in den Mittelpunkt ihrer Betrachtungen rückt, nennt man →transzendental. Zusammengenommen ergibt sich für Heideggers Philosophie die Methode einer transzendentalen →Phänomenologie.

Worin bestehen nun aber die Strukturen von Handlungen? Zunächst gilt es das oben entworfene Bild aufeinander folgender Ereignisse zu revidieren. Zwar ist es richtig, dass eine Handlung auf die andere folgt und dass die einzelnen Handlungen eines Menschen eine Art von Ereigniskette bilden. Das allein macht sie aber Heidegger zufolge noch nicht zu Handlungen. Worauf es bei Handlungen vor allem ankommt, ist ihr Verweisungscharakter. Klassisch drückt man diese Tatsache dadurch aus, dass man sagt, einzelne Handlungen stünden in einer Zweck-Mittel-Beziehung. Etwas ist Mittel zu einem →Zweck. Das Gehen zum Kühlschrank hat seinen Zweck im Holen der Milch. Was Zweck ist, kann in eine weitere Zweck-Mittel-Beziehung eintreten: Das Holen der Milch dient zum Stillen des Durstes. Und was für Handlungen gilt, gilt ebenso auch für die Gegenstände der Handlungen. Der Stift, sofern man ihn nicht zum Gegenstand naturwissenschaftlicher Betrachtung macht, ist kein bloßes Ding. Der Stift dient zu etwas, nämlich zum Schreiben. Um den Gebrauchsaspekt der Dinge zu betonen, mit denen wir alltäglich umgehen, bezeichnet sie Heidegger als »Zeug«. Der Stift ist also beispielsweise ein Zeug zum Schreiben, ein Schreibzeug. Zusammengenommen stellt das Zeug, mit dem das Dasein tagtäglich konfrontiert ist, ein Verweisungssystem dar. Das Werkzeug des Schuhmachers verweist auf das, was man damit herstellen kann, nämlich Schuhe, diese wiederum verweisen auf einen Träger usw. Das Gesamtsystem von Verweisungen, das die Dinge des Alltags charakterisiert, bezeichnet Heidegger als »Bewandtniszusammenhang«.

Die Herausarbeitung der allgemeinen Strukturen der alltäglichen Handlungsvollzüge ist der erste Schritt auf dem Wege zu den Strukturen des Seins. Die Explikation der Grundstrukturen des menschlichen Daseins erschöpft sich nun aber nicht in der Charakterisierung des Bezugscharakters menschlicher Praxis. Zu dem, was Heidegger als das Dasein bezeichnet, gehören weitere grundlegende Eigenschaften, die einen weiteren Untersuchungsschwerpunkt von *Sein und Zeit* bilden. Hierzu zählen solche Dinge wie →Sprache, aber auch die Tatsache, dass die Menschen Gefühle haben, weiter, dass sie die Dinge, mit denen sie alltäglich konfrontiert sind, verstehen, außerdem Sozialität, von Heidegger als »Mitsein« bezeichnet und Weltbezogenheit, von Heidegger »In-der-Welt-Sein« genannt. Bestimmungen wie die genannten tragen bei Heidegger den Namen →Existenzialien.

Heidegger wäre nun kein Philosoph, gäbe er sich mit einer Liste derartiger Existenzialien zufrieden. Worum es ihm in *Sein und Zeit* geht, ist, die allgemeinsten Strukturen des Seins zu ermitteln. Eine Liste von unverzichtbaren Bestimmungen kann diesem Vorhaben nicht genügen. Aus diesem Grunde nimmt Heidegger an, dass sich alle Existenzialien zu einem Strukturganzen zusammenbringen lassen. Jede der genannten Bestimmungen ist Ausdruck einer noch abstrakteren Grundstruktur, als das die Strukturen von Handlungen schon waren. Heidegger nennt dieses Strukturganze »Sorge« und definiert diesen Begriff als »Sich-vorweg-schon-sein-in-(der Welt) als Sein-bei-(innerweltlich begegnendem Seiendem)«. Heidegger will mit dieser Formulierung deutlich machen, dass das Dasein als praktisch handelndes Entwürfe macht – »Sich-vorweg« –, dabei stets über einen bestimmten Spielraum von Möglichkeiten verfügt – »Schon-sein-in« (der Welt) – und es dabei mit bestimmten Gegenständen zu tun hat als »Sein-bei« (innerweltlich begegnendem Seiendem).

Auch die dreifach untergliederte Sorgestruktur ist wieder nur ein Zwischenschritt auf dem Weg zu dem, was Heidegger als den Sinn von Sein bezeichnet. Wesentlich an der Sorgestruktur sind die zeitlichen Implikationen der einzelnen Aspekte. In den Ausdrücken »vorweg«, »schon« und »sein-bei« kündigen sich zeitliche Bestimmungen an, deren Erarbeitung im Wesentlichen der Schlussteil von *Sein und Zeit* gewidmet ist. Ohne auf Details einzugehen, lässt sich der weitere Argumentationsgang von *Sein und Zeit* wie folgt zusammenfassen: Der Sorge als Ganzer liegt die Zeit, den Aspekten der Sorge liegen jeweils zeitliche Aspekte zugrunde. Dem Sich-vorweg entspricht die Zukunft, dem Schon-sein-in die Vergangenheit, dem Sein-bei die Gegenwart. Allerdings darf man sich das nicht so vorstellen, als ob ein Teil der Handlungen, deren Struktur die Sorge bildet, vergangen ist, ein anderer gerade aktuell vollzogen wird und ein weiterer bevorsteht. Zeit bei Heidegger heißt in erster Linie Gerichtetheit, Intentionalität. Ebenso wie sein Lehrer Husserl ist Heidegger der Meinung, dass, damit es so etwas wie Zukunft, Gegenwart und Vergangenheit geben kann, das →Bewusstsein (Husserl) bzw. das Dasein (Heidegger) eine dreifache zeitliche Ausrichtung auf jeden dieser drei Aspekte besitzen muss. Heidegger nennt diese zeitlichen Ausrichtungen »Ekstasen«; ihre Einheit bezeichnet er als »Zeitlichkeit«.

In Heideggers Spätwerk, das sich einer genauen Interpretation nur noch teilweise erschließt, verschiebt sich der Akzent der Überlegungen von der Zeit auf die Sprache. Heidegger knüpft damit an die sich in den dreißiger Jahren vor allem im englischsprachigen Raum vollziehende sprachphilosophische Wende an, wobei er sich aber auf Unterscheidungen bezieht, die ihren Ursprung in der mittelalterlichen Debatte um die Frage nach dem Sein haben. Was den zuletzt genannten Punkt angeht, so orientiert sich Heidegger in seinem Spätwerk an der Differenz von Sein und Seiendem, wie sie sich beispielsweise bei →Thomas von Aquin findet. Diese auch als ›ontologische‹ bezeichnete Differenz besagt zunächst soviel, wie dass zu einem Seienden noch das Sein hinzutreten muss, damit es zu existieren beginnen kann. Traditionell kam →Gott als der Quelle allen Seins die Funktion der Seinsgabe zu. Heidegger überträgt diese Aufgabe zunächst einem anonymen Ereignis. »Die Gabe von Anwesen«, so schreibt Heidegger in seiner Schrift *Zeit und Sein*, »ist das Eigentum des Ereignisses.« In einem Ereignis wird also an ein Ding das Sein übertragen, sodass es existieren oder – wie Heidegger sich ausdrückt -»anwesen« kann.

Heidegger verbindet den Gedanken der Seinsgabe, und das rückt sein Spätwerk ein in den Kreis der →Sprachphilosophie, mit der Sprache, indem er Ereignis und Sprache miteinander identifiziert. In seinem Aufsatz *Der Weg zur Sprache* schreibt Heidegger: »Das erbringende Ereignen, das die Sage (Heideggers Bezeichnung für Sprache bzw. sprachliche Vollzüge) als die Zeige (Heideggers Bezeichnung für sprachliche Bezugnahme) in ihrem Zeigen regt, heiße Ereignen.« Umgangssprachlich ausgedrückt besagt diese Passage etwa, dass sprachliche Ausdrücke Sinn und Bedeutung haben und damit auf etwas verweisen. Zugleich hebt mit dem Ausgesprochensein das entsprechende Ding zu existieren an. Damit wird →Existenz, auf ganz andere Weise allerdings als in der analytischen Sprachphilosophie, an Sprache gebunden. Sprache führt gewissermaßen dazu, dass etwas existieren kann. Ohne Sprache keine Dinge.

R. Safranski, Ein Meister aus Deutschland. Heidegger und seine Zeit, München 1994

Th. Kisiel, The Genesis of Heidegger's *Being and Time*, Berkeley / Los Angeles / London 1993

O. Pöggeler, Neue Wege mit Heidegger, Freiburg / München 1992

Th. Rentsch, Martin Heidegger. Das Sein und der Tod, München / Zürich 1989

H. Ott, Martin Heidegger, Frankfurt/M. / New York 1988

K. Löwith, Heidegger – Denker in dürftiger Zeit. Zur Stellung der Philosophie im 20. Jahrhundert, Stuttgart 1984 [1953]

T. B.

Heraklit von Ephesos (um 540–480): Stammt aus Ephesos an der kleinasiatischen Mittelmeerküste und stand um 500 v. Chr. in der Blüte seiner Jahre. Themistokles erzählt, dass die an das Wohlleben gewöhnten Epheser einstmals berieten, was zu tun sei, um den Lebensunterhalt in der von den Persern belagerten Stadt zu sichern. »Als sie darüber alle versammelt waren, nahm ein Mann namens Heraklit Gerstengrütze, mischte sie mit Wasser und aß sie unter ihnen sitzend und dies war eine stillschweigende Lehre dem ganzen Volk.« Oft ist das Schweigen das Weiseste, was der Mensch ersinnen kann. Diogenes Laertius berichtet, dass Heraklit, als er einmal gefragt wurde, warum er schweige, erwidert haben soll: »Damit ihr plappern könnt.« Der Marktplatz, auf dem die Vielen Worte machen, taugte nicht für Heraklit. Seine Worte sind karg. Sie sind wie Felsblöcke, philosophische Brocken von lapidarer Wucht. Die auf uns gekommenen Fragmente sind hart gefügt. In der Fuge zeigt sich die Harmonie des kunstvollen Baus. Weit gefehlt, wenn →Hegel im Anschluss an →Aristoteles Heraklit »vernachlässigte Wortfügung und unausgebildete Sprache« unterstellt. Wie in der Sprache der Dichtung als aufgehobenem Schweigen ist bei Heraklit auf das zu achten, was er durch das Nicht-Sagen sagt. In Fragment 93 – »Der Herrscher, dem das Orakel in Delphi gehört, sagt nicht und verbirgt nicht, sondern gibt Zeichen (Winke)« – wird Apoll bezeichnet, ohne ihn zu nennen. Wie Apoll spricht Heraklit nicht aus, er sagt nicht und doch sind seine Bilder und Gleichnisse nicht nichtssagend, sondern stillschweigend beredt. Wo er trivial erscheint, ist der eine oft doppelspurige Weg seines Denkens verfehlt. Man muss genau zusehen. Das Tiefste ist an der Oberfläche versteckt: eine veränderte Betonung und die Sache steht anders. Es ist naiv, Heraklit als naiv anzusehen, wie seit Hegel immer wieder geschehen.

Schon die Alten gaben Heraklit den Beinamen ›der Dunkle‹. →Cicero meint, Heraklit sei absichtlich dunkel gewesen. Hegel hält diese Meinung zu Recht für »sehr platt« und schließt sich wie Hamann der Einschätzung des →Sokrates an, der, als ihm Euripides die Schrift des Heraklit zum Lesen überreichte und ihn fragte, wie er darüber denke, erwidert haben soll: »Was ich davon verstanden habe, zeugt von hohem Geist; und wie ich glaube, auch was ich nicht verstanden habe; nur bedarf es dazu eines delphischen Tauchers« – eines Tauchers wie der Delphin, das heilige Tier des delphischen Apoll, das eintaucht ins Dunkle des Meeres und auftaucht an die Sonne?

Diogenes Laertius überliefert ein Epigramm auf Heraklit: »Nicht schnell wende die Blätter des Heraklitischen Buches. / Steil und schroff ist der Pfad, den zu erklimmen es gilt. / Finsternis herrscht und düsteres Dunkel; doch führt ein Geweihter / Dich durch das Buch, so strahlt's heller als Sonnenschein dir.« Zu den zahlreichen Klagen über die Dunkelheit des heraklitischen Stils sagt →Nietzsche: »Wahrscheinlich hat nie ein Mensch heller und leuchtender geschrieben. Freilich sehr kurz, und deshalb für die lesenden Schnelläufer dunkel.« Er beruft sich auf die Bemerkung Jean Pauls: »Im Ganzen ist es recht, wenn alles Große ... nur kurz und (daher) dunkel ausgesprochen wird, damit der kahle Geist es lieber für Unsinn erkläre als in seinen Leersinn übersetze. Denn die gemeinen Geister haben eine häßliche Geschicklichkeit, im tiefsten und reichsten Spruch nichts zu sehen als ihre eigne alltägliche Meinung.« Nicht zu verwechseln ist das Gegensinnige mit dem Unsinnigen, das Paradoxe mit dem Paralogischen. Heraklit lesen erfordert, es ganz genau zu nehmen. Oft steckt das Entscheidende im Detail. Vorschnelle Vergleiche, um auf die Heeresstraße der alltäglichen Meinung einzuschwenken, sind verfehlt. Etwa mit →Popper zu wähnen, Heraklit stelle sich die Welt nicht als Gesamtheit der Dinge, sondern als Gesamtheit der Tatsachen vor, hieße, Heraklits Sentenzen zu einer Art ›Prototractatus‹ und Heraklit zum Vorläufer des frühen →Wittgenstein zu machen. Das ist nicht die Welt Heraklits. Sein Denken ist keine ›orakelnde Philosophie‹ im schlechten Sinn, obgleich man seine Winke von alters her verglichen hat mit denen Apolls, der Herrscher des Manteion (Orakel) in Delphi ist, der nicht enthüllt und nicht verhüllt, sondern bedeutet. Mantik und Semantik, Doppelsinn und Sinn sind hier zusammengebracht. Hat Heraklit auch nicht den Tiefsinn des Wortspiels entdeckt, wie →Gadamer meint – dies Verdienst kommt Homer zu –, so ist doch hier zuerst die philosophische Bedeutung des doppelsinnigen Wortes erfasst, das Sinn und Gegensinn in sich vereint. Es kann – wie Hegel treffend sagt – »dem Denken eine Freude gewähren, auf solche Wörter zu stoßen und die Vereinigung Entgegengesetzter ... schon lexikalisch als Ein Wort (mit) entgegengesetzten Bedeutungen vorzufinden«. (Vgl. Fragment 48: »Nun ist der Bogen dem Namen nach Leben, in der Tat aber Tod.« (Übersetzung von B. Snell), wo Heraklit den Doppelsinn der griechischen Sprache bedenkt, die ein Wort hat für das, was – verschieden akzentuiert – sowohl ›Bogen‹ als auch ›Leben‹ bedeutet. →Vernunft ist →Sprache, →Logos – Entsprechung im Widerspruch. Heraklits Denken ist ein Denken der Sprache, ein Nachdenken dessen, was uns die Sprache immer schon vorgedacht hat. Wäre es auch zuviel gesagt, Heraklits Denken der Sprache schon die erste Philosophie der Sprache zu nennen – wie Lassalle es tat –, so ist doch hier die Spur aufzunehmen, die zur Grundschrift des griechischen Denkens über die Sprache führt, nämlich zu dem platonischen Dialog, der nach dem Herakliteer Kratylos benannt ist. Als ein Denker, der mit der Sprache denkt, mit der Sprache mitgeht, hat Heraklit die rhythmischen Elemente des Altgriechischen in seinen Logos hineingeholt. So ist seine Nähe zur Lyrik – insbesondere zu Aischylos – denen, die ein feines Ohr haben, nicht entgangen. Die Bildlichkeit der poetischen Prosa Heraklits ist durchaus nicht gewaltsam, wie J. Burckhardt meint, vielmehr wäre sie eher gewaltig zu nennen. Häufig liegen den Fragmenten, wie zum Beispiel den Harmoniefragmenten (Vgl. zum Beispiel Fragment 8, wo vom »Zusammengehen des Widerspenstigen« die Rede ist und dabei von bestimmten Formen der Holzbearbeitung auszugehen ist) ganz konkrete Bilder zugrunde. Schon Bernays hat erkannt, dass Heraklit gerade bei seinen bildlichen Ausdrücken häufig auf Homer Bezug nimmt – eine Erkenntnis, der man hinsichtlich der für den Harmonie-Begriff entscheidenden Fragmente 8, 10, 51 und 54 bisher zu wenig Beachtung geschenkt hat. Heraklit stößt sich von Homer ab – von ihm war er angezogen. Wie in einem Palimpsest, das heißt in einer alten, von neuem beschriebenen Handschrift, erblickt man plötzlich sozusagen unter dem heraklitischen Logos die mythischen Bilder Homers. Man sieht: »Bevor gedacht wird, muss schon gedichtet worden sein« (Nietzsche). Eingedenk der Prägnanz der Sprache Heraklits wäre das hegelsche Wort »das Wahre ist konkret« das rechte Motto für die Arbeit am Heraklit-Text. Das →Konkrete bei Heraklit ist das →Allgemeine. Die beiden Stämme der menschlichen →Erkenntnis, →Sinnlichkeit und →Verstand, sind in der denkenden →Anschauung Heraklits noch zusammengewachsen. Erstaunlich ist Heraklits Nähe zur Lebenswelt. Heraklit war kein Metaphysiker – was ihm zum Beispiel Fränkel unterstellt hat. Bei allen Bildern Heraklits ist von einer ganz plastischen, zunächst keineswegs rätselhaften →Bedeutung auszugehen. Zuerst ist daher immer wieder zu fragen: Was heißt das ganz konkret? Erst wenn man so der Sache auf den Grund gegangen ist, beginnt man die Doppelbödigkeit Heraklits zu ermessen.

Noch ein Wort zu den Schwierigkeiten beim Lesen: Das Elend der Heraklit-Interpretation ist, dass es sich bei den Fragmenten um Zitate aus einem Text handelt, dessen Kontext uns weitgehend unbekannt ist. Jedes Wort aber ist Vorwort und Nachwort. Hier ist Mut zur Mutmaßung erforderlich, aber auch Mut zur Lücke. Zu begegnen ist der faulen Vernunft, die etwas die cusanische *coincidentia oppositorum* als Passepartout zur Textentschlüsselung missbraucht. Zu begegnen ist auch dem schlechten Heraklitisieren derer, die noch heraklitischer - sprich tiefsinniger - sein wollen als Heraklit selbst. Die Wirkungsgeschichte Heraklits reicht in der Philosophie von →Platon und Aristoteles über die →Stoa bis in die →Neuzeit (A) zu Nietzsche und →Heidegger, die als Überwinder der →Metaphysik beziehungsweise als Postmetaphysiker an den Praemetaphysiker Heraklit anknüpften und ihn vereinnahmen. »Hier sehen wir Land; es ist kein Satz des Heraklit, den ich nicht in meine Logik aufgenommen« - sagt schon der Herakliteer Hegel. »Von ihm ist der Anfang der Existenz der Philosophie zu datieren - es ist die bleibende Idee, welche in allen Philosophen bis auf den heutigen Tag dieselbe ist.« Als das ›Prinzip des Heraklit‹ versteht Hegel Platons Version von Fragment 51: »Das Eine von sich selbst unterschiedne, eint sich mit sich selbst.« Heraklit fasst nach Hegel das Absolute als →Dialektik auf, als die Einheit Entgegengesetzter. Zwar kann von einem Absoluten bei Heraklit auch in Fragment B 108 wohl noch nicht die Rede sein, aber in der Tat kann man mit Schadewaldt sagen, dass hier die ganze künftige Dialektik schlummert.

»... die Welt braucht ewig die Wahrheit, also braucht sie ewig Heraklit«, ruft der Herakliteer Nietzsche aus. In der Auffassung, dass die Welt ein göttliches Spiel ist, und jenseits von Gut und Böse, erblickt er in Heraklit seinen Vorgänger. In dem viel umstrittenen Fragment 52 (»Das Leben ist ein spielender Knabe, ein Brettspiel spielend. Des Knaben (ist das) Königreich«) sieht Nietzsche schon zur Zeit seiner Baseler Vorlesungen »eine rein ästhetische Weltbetrachtung«. In der Tat steckt in Heraklits Fragmenten die erste Philosophie des Schönen im Abendland - was bisher nur wenig beachtet wurde. Mag Nietzsches Heraklit-Porträt auch stellenweise zum Selbstporträt missraten sein: Durch seine Wiedergewinnung des antiken Bodens, insbesondere durch seinen Rückgang zu Heraklit, hat Nietzsche den Anlauf genommen, der zur Erreichung der postmodernen Spitze der Modernität in Sachen Ästhetik heute nötig ist. Vor Nietzsche erkannte wohl sein Lieblingsdichter aus der Jugendzeit, Hölderlin, die zentrale Bedeutung des →Schönen für Heraklit, den großen Anfänger der Philosophie. Wie Hegel von Platons Überlieferung des Fragments 51 ausgehend, sagt Hölderlin in seinem *Hyperion*: »Das große Wort, ... (das Eine in sich selber unterschiedne) des Heraklit, das konnte nur ein Grieche finden, denn es ist das Wesen der Schönheit, und ehe das gefunden war, gab's keine Philosophie.«

Heraklit-Fragmente, Griechisch und Deutsch, hg. v. B. Snell, 8. Aufl. München / Zürich 1983
G. S. Kirki / J. E. Raven, The Presocratic Philosophers, Cambridge 1957
M. Marcovich, Heraclitus, Greek Text with a Short Commentary, Editio Maior, Merida 1967
Ch. H. Kahn, The Art and Thought of Heraclitus, Cambridge 1979
J. Ballack / H. Wismann, Héraclite ou la séparation, Paris 1972

G. W.

Hobbes, Thomas (1588–1679): Der englische Philosoph wurde durch seine These, der zufolge sich der Mensch nichts denken könne, was nicht zuvor (als Ganzes oder in seinen Teilen) in den Sinnen gewesen sei, zu einem der Wegbereiter des →Empirismus. Bekannt und berühmt jedoch machten ihn seine Schriften zur Rechts- und Staatslehre, worin er die Idee des →Gesellschaftsvertrags entwickelt. Seine Werke, worunter als die wichtigsten der *Leviathan* (1651) und seine dreiteilige *Elementa philosophiae* (1642–1658) zu nennen sind, zeugen von einem regen Interesse an den wissenschaftlichen und politischen Belangen seiner Zeit. Das Aufkommen der exakten Wissenschaften, die politisch instabilen Verhältnisse seiner Zeit und die Auseinandersetzung mit der Philosophie →Descartes' haben sein philosophisches Denken nachhaltig geprägt. Hobbes erklärtes Ziel bestand darin, ein philosophisches Gesamtsystem zu entwerfen, unter dessen methodischen Überbau sich alle Bereiche des →Seins einordnen lassen. In Ablehnung jeglicher →Metaphysik sollte dieses »Weltsystem« den modernen Naturwissenschaften wie den Realwissenschaften gleichermaßen gerecht werden. Hobbes' Begeisterung für Mathematik und vor allem für die Geometrie, die in seinen Augen als Einzige zu sicherer Erkenntnis führen kann, lässt ihn diese zum methodischen Vorbild für sein philosophisches Gebäude nehmen und seine Theorie auf Begriffen der Kinematik und Mechanik begründen. Ausgehend von der Basis eines streng materialistischen Weltbildes werden alle Abläufe und Vorgänge in der Welt nach dem Prinzip rein mechanistischer Bewegungsabläufe erklärt. Gleich dem Bild eines Körpers, der durch den Anstoß eines andern in Bewegung versetzt wird, ist für Hobbes die *causa efficiens* einzige →Ursache aller Vorgänge in einem Universum, in welchem es nur noch ›Körper‹ gibt (wobei er darunter nicht nur physikalische Körper versteht, sondern beispielsweise auch die Menschen und den Staat darunter zählt). Philosophie wird so zur Lehre von den anorganischen, organischen und sozialen Körpern, die sowohl den Ablauf sozialer Prozesse als auch das Zustandekommen menschlicher →Erkenntnis nach dem →Modell der Bewegungslehre erklärt. So kommt zum Beispiel die Sinnesempfindung nach Hobbes dadurch zustande, dass die äußeren Objekte, welche unabhängig von unserem Geist existieren, die Sinnesorgane des Menschen auf mechanische Art reizen, worauf wiederum die »inneren Lebensgeister« des Menschen reagieren, indem sie →Vorstellungen im Gehirn erzeugen, welche dem äußeren Objekt entsprechen, von welchem die ›mechanischen‹ Reize ursprünglich ausgingen. Der gesamte Inhalt der sinnlichen Wahrnehmung kann somit als das Ergebnis der Einwirkung von bewegender und bewegter Materie auf die menschlichen Sinnesorgane verstanden werden. In analoger Weise erklärt Hobbes die Entstehung von →Affekten, →Werten und Willensakten in seiner Theorie. Sie werden durch vom Objekt ausgehende Reize im →Subjekt mechanisch erzeugt und gelten deshalb als determiniert. Wieder spielen dabei die so genannten »Lebensgeister« eine wesentliche Rolle. Wird ihre Bewegung gesteigert, so entsteht dadurch Lust, und das Objekt, das diese Reaktion bewirkte, wird als gut empfunden. Dabei werden niemals die Dinge selbst, sondern immer nur die von den Dingen mechanisch erzeugten Vorstellungen zum Inhalt möglicher →Erfahrung. So setzt Hobbes in seinem Verfahren methodisch zwar erklärtermaßen bei der Erfahrung bzw. bei der Sinnesempfindung an – und kann dadurch zu einem Vorbild für die Empiristen werden –, doch der unmittelbare Gegenstand der Philosophie sind immer nur Vorstellungsinhalte. Diese sollen mittels philosophischer Analyse in ihre elementaren Bestandteile zerlegt bzw. auf die ihnen zugrunde liegenden ersten allgemeinen →Prinzipien zurückgeführt werden. Insofern die Aufgabe der Philosophie somit in der Suche nach den allgemeinen Gründen eines Sachverhalts liegt, ist sie Ursachenforschung. Das Analyseverfahren, welches einen Vorstellungsinhalt durch Zurückverfolgen der Kausalkette bis auf die ihn konstituierenden Prinzipien bestimmt, nennt Hobbes »genetische Definition«. Er benutzt diesen Weg zur Darstellung seiner Staatslehre, indem er die Entstehung des von ihm favorisierten Staatsmodells »genetisch« bis auf die ihm zugrunde liegenden Universalien zurückverfolgt. Insofern er dabei das Prinzip der Bewegung als erste Ursache für die Bildung von →Staaten überhaupt erweist, fügt sich seine Staatslehre nahtlos in sein mechanistisches Natursystem ein und erweist sich durch das gemeinsam zugrundliegende »kinetische« Prinzip als mit allen anderen Teilen systematisch verbunden – gewissermaßen ›kompatibel‹. Insofern Hobbes sein Modell eines Staates solchermaßen kausal-mechanistisch direkt aus ersten unbezweifelbaren Prinzipien ableitet, führt er zudem den Nachweis, dass die von ihm dargestellte Staatsform keineswegs zufällig oder künstlich entstanden ist, sondern das notwendige Produkt eines kausal-mechanistisch determinierten Entwicklungsprozesses bildet. Wie ist diese Entwicklung nach Hobbes zu denken und wodurch zeichnet sich das von ihm entwickelte Modell aus?

Die erste Voraussetzung für menschliches Leben überhaupt sieht Hobbes in der Bewegung der bereits erwähnten Lebensgeister gegeben, deren Steigerung um der damit zusammenhängenden Lust willen erstrebt wird. Umgekehrt wird eine Schwächung der »Vitalgeister« als Unlust wahrgenommen, ihr völliger Stillstand bedeutet den Tod. Auf der Grundlage dieser Bewegungsstruktur erscheint menschliches Leben durch zwei Triebe beherrscht: Durch das Streben nach Selbsterhaltung und das Streben nach Lust. Im Gegensatz zu Aristoteles definiert Hobbes den Menschen somit nicht als von →Natur aus ›geselliges‹ Wesen, sondern geht in seiner Staatslehre von einer egoistischen Motivationsstruktur desselben aus. In ›vorstaatliche‹ Zeiten zurückschauend, entwirft er das Bild eines →Naturzustandes, wo der Krieg aller gegen alle herrscht. Jeder sucht nach Möglichkeit das eigene Leben zu bewahren und nimmt, um dieses zu schützen, keine Rücksicht auf das Leben der anderen. Aus diesem Grund ist nach Hobbes jeder Mensch des andern Menschen Feind (*homo homini lupus*). Es herrscht natürliches →Recht in dem Sinne, dass alle Anspruch auf alles haben und es jedem freigestellt ist, welche Mittel er zur Sicherung seines Lebens und zur Befriedigung seines Luststrebens anwendet. In dieser von Mord und Totschlag geprägten Situation kann keiner hoffen, sein Leben in Ruhe, Sicherheit, ja Wohlstand zu führen, da alle gleichermaßen bedroht sind. Die einzige Chance, diesem Zustand zu entkommen, bietet ein »Vertrag aller mit allen«, in welchem die Individuen auf einen Großteil ihrer natürlichen Rechte verzichten und sich somit gegenseitige Sicherheit voreinander zusichern. Das natürliche Recht des Stärkeren soll durch das bürgerliche Recht auf persönliche Sicherheit ersetzt werden. Um die Einhaltung dieses Vertrages zu garantieren, müssen sich alle der Gewalt eines einzigen →Willens, dem Souverän, unterordnen. Durch den vertraglichen Zusammenschluss und die Abtretung der Macht an den Souverän, der durch eine Person oder eine Versammlung repräsentiert werden kann, konstituieren die Individuen den Staat. Die Übernahme der Macht durch den Inhaber der Staatsgewalt verpflichtet jenen im Gegenzug dazu, das Volk zu beschützen und Frieden, Recht und Ordnung im Staat aufrecht zu erhalten. Diese Aufgabe kann er nach Hobbes jedoch nur erfüllen, wenn ihm die absolute Macht im Staate unumschränkt, unveräußerlich und unteilbar zukommt. Eine Bedingung, die Hobbes in der absoluten Monarchie erfüllt sieht, aus welchem Grunde er sie als die zweckmäßigste Staatsform vorzuziehen scheint. In seinem Buch gleichen Titels gibt Hobbes dem Staat den Namen des biblischen Ungeheuers *Leviathan*. Der Staat als Leviathan wird beschrieben als künstlicher Körper, in welchem das Funktionieren der einzelnen Glieder, die wie mechanische (!) Rädchen ineinander greifen, das Funktionieren des ganzen Organismus gewährleistet. Nicht umsonst nennt Hobbes den Staat ein Ungeheuer: Nur er bestimmt Recht und Unrecht, trennt Glauben von Aberglauben, herrscht mit absoluter Macht über alles – und kann schließlich als einziger Sicherheit gewähren und Krieg verhindern.

Auch wenn Hobbes' Bemühungen, den monarchischen Absolutismus theoretisch zu stützen und auf diese Weise auf die Politik seines von Bürgerkriegswirren erschütterten Landes Einfluss zu nehmen, nicht von großem Erfolg gekrönt waren, so zeitigte doch die von ihm (wenn auch nicht erfundene, so doch in dieser Weise zum ersten Mal) formulierte Theorie des Sozialvertrags, die später nicht nur von →Locke und Rousseau aufgenommen wurde, eine nachhaltige Wirkung.

W. Kersting, Thomas Hobbes zur Einführung, Hamburg 1992
H. Münkler, Thomas Hobbes, Frankfurt/M. 1993
R. Tuck, Hobbes, Freiburg 1999

G.T.-G.

Hume, David (1711–1776): Das 18. Jh. gilt nicht nur als Zeitalter der Aufklärung (→A Neuzeit – Aufklärung), sondern auch als Blüte der →Anthropologie. Nachdem durch die neuzeitliche Physik von Galilei bis Newton die äußere Natur erforscht worden war, rückte nun die ›Natur des Menschen‹ in den Mittelpunkt des philosophischen Interesses. So insbesondere bei David Hume, der in seiner ersten umfangreichen Schrift Ein *Traktat über die menschliche Natur* den nicht gerade unbescheidenen Anspruch erhob, zum Newton einer neuen ›Wissenschaft vom Menschen‹ zu werden. Diese Wissenschaft sollte wiederum die gesicherte Grundlage für eine neue Moralphilosophie bilden. Zum einen wollte Hume damit die Beliebigkeit antiker Ethiken überwinden; zum andern setzte er sich wie auch andere Aufklärer zum Ziel, die →Ethik unabhängig von der →Religion zu begründen. In dieser Aufgabe bestand das ursprüngliche Motiv Humes, das ihn zunächst in eine persönliche

Krise stürzte und später den Aufbau seines philosophischen Werkes bestimmte.

Während seiner Kindheit hatte Hume, der am 26. April 1711 in Edinburgh geboren wurde, die religiöse Erziehung seiner Mutter und den streng calvinistischen Einfluss seines Pfarrbezirks erfahren. Am College in Edinburgh lernte er hingegen eine andere geistige Welt kennen, die →Erkenntnistheorie →Lockes und die Naturwissenschaft Newtons sowie die profane Grundlegung der Moral von Joseph Butler. Nach dem ersten Abschluss 1725 sah sich Hume gezwungen, einen bürgerlichen Beruf zu ergreifen, da das väterliche Erbe aus dem schottischen Landadel nicht groß genug war, um davon leben zu können. Doch das Jurastudium gab er bald wieder auf, um sich dem Studium der Philosophie zu widmen. Durch diese Entscheidung geriet er offenbar in einen inneren Konflikt mit der Religion, an dem er psychisch und physisch schwer erkrankte. Nachdem auch eine Anstellung in einem Handelshaus gescheitert war, reiste Hume 1734 nach Frankreich und lebte bis 1737 in Reims und hauptsächlich in La Flèche. In dieser Zeit entstand der erwähnte *Traktat*, der 1739 und 1740 in London erschien.

Aber die Hoffnung auf Erfolg erfüllte sich nicht; wie sich Hume selbst eingestehen musste, »fiel der Traktat als Totgeburt von der Presse«. So besann sich Hume auf eine andere Stärke und veröffentlichte schon im Jahr 1742 seine *Essays* über Moral und Politik, mit denen es ihm gelang, den Publikumsgeschmack durch Themenwahl und brillanten Schreibstil besser zu treffen als im schwerfälligen Frühwerk. 1752 folgte eine weitere Sammlung politischer und ökonomischer Essays. Durch diese Erfahrung klug geworden, arbeitete Hume seinen *Traktat* völlig um; 1748 erschien das überarbeitete und gekürzte erste Buch, das seit 1758 als *Untersuchung über den menschlichen Verstand* bekannt ist; und 1751 publizierte Hume eine modifizierte Version des dritten Buches unter dem Titel *Untersuchung über die Prinzipien der Moral*. Gleichzeitig entstanden auch zwei Schriften zur →Religionsphilosophie, die *Naturgeschichte der Religion* und die erst posthum 1779 herausgekommenen *Dialoge über natürliche Religion*.

Trotz des schriftstellerischen Erfolgs und der wachsenden Reputation als originärer Philosoph wurde Hume eine akademische Laufbahn verwehrt. Seine Bemühungen um einen Lehrstuhl in Edinburgh scheiterten am Widerstand der Geistlichen. Hume wurde schließlich Bibliothekar und nutzte diese Gelegenheit zur Abfassung einer vierbändigen *Geschichte Englands*, die in den Jahren 1754 bis 1762 erschien und ihn berühmt gemacht hat. Den größten Ruhm konnte Hume indessen in Frankreich genießen, als er 1763 als Sekretär an die englische Botschaft nach Paris ging und im Kreise der Enzyklopädisten begeistert empfangen wurde. Von 1767 bis 1769 war Hume noch im Londoner Außenministerium für die diplomatische Korrespondenz zuständig. Mittlerweile recht wohlhabend, kehrte er nach Edinburgh zurück, wo er am 25. August 1776 starb.

Die Essays zu moralischen, politischen und ökonomischen Themen vermitteln den sozialen Kontext, in den Hume seine Moralphilosophie zu stellen beabsichtigt. Er distanziert sich nicht nur von der Religion, sondern ebenso von den Resten absolutistischer Regierung und von der merkantilistischen Wirtschaftspolitik. Indem er für autonome politische Parteien, für Freihandel sowie für Meinungs- und Pressefreiheit eintritt, erweist er sich als Anhänger des →Liberalismus. Dieses Engagement führt zu der sozialphilosophisch bedeutsamen Erkenntnis, dass die bürgerliche Gesellschaft ein sich selbst nach eigenen Gesetzen regulierendes System ist.

Auf analoge Weise konzipiert Hume die »Moral als öffentliche Meinung«, die gleichsam naturwüchsig aus den einzelnen Handlungen und deren Beurteilungen hervorgeht. Aus dem wechselseitigen Spiel der Beteiligten, in dem jeder Handelnder und Beobachter zugleich ist, soll eine Art Gemeinsinn entstehen, der die wünschenswerten Tugenden wie Wohlwollen, Zuneigung oder Menschenliebe erst ermöglicht. Tendenziell tritt an die Stelle eines göttlichen Gebotes, einer staatlichen Vorschrift oder eines absolut geltenden Vernunftgesetzes die gesellschaftliche Kommunikation. Es liegt daher nahe, Hume und die schottische Moralphilosophie insgesamt als Wegbereiter der modernen Soziologie zu betrachten.

Die Grundlage oder – wie es im Titel der überarbeiteten Fassung heißt – die »Prinzipien« einer solchen Moral sieht Hume also nicht mehr primär in der menschlichen →Vernunft. Das ist schon kühn genug, wenn man sich vergegenwärtigt, dass seit der Antike und seit dem →Mittelalter (A) bis zum →Rationalismus des 17. Jhs. die Vernunft als diejenige Instanz galt, der allein zugetraut wurde, die egoistischen Affekte der Menschen im Zaum zu halten. Wenn nun Hume die Vernunft als Moralprinzip ausschließt, dann stellt er nicht nur dieses klassische Modell der Triebbewältigung in Frage, weil er die Vernunft dafür viel zu schwach hält; vielmehr verdeutlicht er, dass er die Moral dem Bereich der Lebenspraxis zuordnet. In moralischen →Urteilen geht es nicht um ›wahr und falsch‹, sondern um ›gut und schlecht‹, d.h. um praktische Stellungnahmen in bestimmten Situationen sozialen Handelns. Dazu bedarf es nach Hume anstelle der kühlen und teilnahmslosen Vernunft bestimmter Emotionen, aus denen erst konkrete Handlungsmotive hervorgehen können. Nicht die Vernunft, sondern das →Gefühl gehört demnach zu den Prinzipien der Moral.

Aber welche Art Emotion kommt zur Grundlegung der Moral in Frage, wenn doch früher gerade bestimmte Affekte wie Begierden und Leidenschaften als unmoralisch galten? Zur Lösung dieses Problems knüpft Hume an Anthony Shaftesbury und Francis Hutcheson an, die neben den eigennützigen Affekten einen speziell mitmenschlichen oder sozialen Affekt postuliert haben. Hume spricht in diesem Zusammenhang von einem besonderen »moralischen Gefühl«; es ist synonym mit ›Sympathie‹, d.h. mit der Fähigkeit, sich in die Lage eines anderen Menschen hineinzuversetzen und sich dessen Perspektive zu eigen zu machen. Während jedoch Shaftesbury den moralischen Affekt als irgendwie angeboren unterstellte, der gleichberechtigt neben dem Egoismus fungieren sollte, entwickelt Hume diesen Ansatz zu einer →Sozialphilosophie moralischer Urteile und →Handlungen.

Im zweiten Buch des *Traktats* hatte Hume noch versucht, die Sympathie aus den übrigen Affekten abzuleiten, ohne einen plausiblen Grund für das »moralische Gefühl« angeben zu können, sodass er in seiner später erschienenen Moralphilosophie auf die Affekttheorie ganz verzichtete. Diese skeptische Position bildet denn auch den Kern seiner *Untersuchung über den menschlichen Verstand*. Ursprünglich diente diese Untersuchung dem Ziel, die Affekttheorie und Moralphilosophie erkenntnistheoretisch zu untermauern.

Wenn sich Hume vor allem als Skeptiker in der Philosophiegeschichte einen Namen gemacht hat, so ist zu präzisieren, dass er dabei einen ›gemäßigten‹ →Skeptizismus vertritt. Gegen jeden radikalen Zweifel, der die Existenz äußerer Gegenstände oder das Eintreten erfahrungsgemäßer Folgen in Frage stellt, macht Hume die alltägliche Praxis geltend. Vor dem Hintergrund seiner eigenen Lebenskrise argumentiert er, dass die Menschen gar nicht überleben könnten, wenn sie nicht wie selbstverständlich annähmen, dass die Sonne am nächsten Tag aufgeht oder das verzehrte Brot sie ernährt.

Was Hume hingegen grundsätzlich bezweifelt, ist letzte →Gewissheit im Bereich der →Erfahrung. Weder lässt sich mit mathematischer oder logischer Stringenz beweisen, dass die wahrgenommenen Gegenstände vorhanden sind und auf unsere Sinnesorgane einwirken, noch lässt sich ein solcher Beweis für die Verknüpfung von →Ursache und Wirkung erbringen. Besonders für den Fall der Kausalverbindung ist Humes →Argumentation bedeutsam geworden. Wenn zwei Billardkugeln aufeinanderprallen – so Humes Beispiel –, dann erwartet der menschliche Beobachter, dass diese Kugeln sich so bewegen werden, wie es die bisherige Erfahrung gezeigt hat. Aber weil hier keine ›innere Kraft‹ wahrnehmbar ist und weil niemals alle Fälle eines solchen Vorgangs bekannt sein können, lässt sich die erwartete Folge nicht mit Notwendigkeit voraussagen. Die Beobachtung erlaubt nur den Erfahrungsschluss, dass von gleichartigen Ursachen gleichartige Wirkungen mit einer bestimmten Wahrscheinlichkeit zu erwarten sind. Letztlich ist es nach Hume die Macht der Gewohnheit, die den Menschen nötigt, alle Erfahrung nach dem Muster regelmäßiger vergangener Erfahrung zu interpretieren.

In dieser psychologischen Wendung der Erkenntnistheorie zeigt sich eine Parallele zur Moralphilosophie, in der ja auf ähnliche Weise anstelle einer Vernunftwahrheit bestimmte Emotionen zu Grunde gelegt werden. Auf jeden Fall hat Humes Skepsis die Augen für ein Grundproblem menschlicher Erkenntnis geöffnet: Die Menschen können auf dem Feld der Tatsachen nicht mehr wissen, als sie aus ihren Wahrnehmungen und Erfahrungen gelernt haben. Mit dieser Einsicht stellte sich Hume in die Tradition des englischen Empirismus seit John Locke.

Während Hume bei den französischen Aufklärern als konsequenter Empirist gefeiert wurde, hat in Deutschland →Kant eher den skeptischen Aspekt aufgegriffen. Berühmt geworden ist Kants Bekenntnis, Hume habe ihn aus dem »dogmatischen Schlummer« erweckt. Unabhängig von solchen Selbstdeutungen sahen sich alle Erkenntnistheoretiker nach Hume gezwungen, sich mit dessen Problematik auseinander zu setzen, auch wenn sie später andere Lösungswege vorschlugen.

D. Hume, Eine Untersuchung der Grundlagen der Moral, hg. von K. Hepfer, Göttingen 2002
D. Hume, Eine Untersuchung über den menschlichen Verstand, hg. von R. Richter, Hamburg 1964
J. Kuhlenkampff, David Hume, München 1989
G. Streminger, David Hume. Sein Leben und sein Werk, Paderborn 1995

J. R.

Husserl, Edmund (1859–1938): Geboren am 8. April in Proßnitz/Mähren als Sohn jüdischer Eltern. Nach dem Abitur in Olmütz studierte er von 1876 bis 1878 in Leipzig Astronomie, Mathematik und Philosophie, betreut von einem Schüler des Philosophen Franz von Brentano, dem späteren ersten Staatspräsidenten der Tschechoslowakei, Tomas G. Masaryk, der auch Husserls Konversion zum Protestantismus mit veranlasste. Auf Leipzig folgte als weitere Station Berlin, wo Husserl bei Weierstraß Mathematik und bei Paulsen Philosophie studierte. Nach der Promotion mit dem Thema *Variationsrechnung* wurde er Assistent bei Weierstraß, ging aber 1884 nach Wien, um bei Franz Brentano Philosophie zu studieren. Von diesem später weiter nach Halle zu Carl Stumpf geschickt, habilitierte er sich hier *Über den Begriff der Zahl* (1887) – ein Buch, das durch den Logiker und Mathematiker →Frege sehr kritisch rezensiert wurde.

Vierzehn Jahre lang, bis 1901, war Husserl Privatdozent in Halle, bevor er mit den *Logischen Untersuchungen* gleichsam über Nacht berühmt wurde und einen Ruf nach Göttingen erhielt, wo er ab 1906 als ordentlicher Professor lehrte. In Göttingen gründete Husserl mit einigen Schülern das *Jahrbuch für Philosophie und phänomenologische Forschung*, Sprachrohr der neuen, phänomenologischen Art des Philosophierens, in dem beispielsweise →Heideggers Hauptwerk *Sein und Zeit* erstmals abgedruckt wurde. 1916 ging Husserl als Nachfolger Rickerts nach Freiburg im Breisgau und zählte dort nicht wenige spätere Berühmtheiten zu seinen Schülern und Assistenten, so u. a. Heidegger und Edith Stein. 1928 wurde der fast Siebzigjährige emeritiert, doch blieben ihm aufgrund seiner jüdischen Abstammung Kränkungen durch die Nationalsozialisten nicht erspart: 1933 wurde er vom akademischen Lehrkörper ausgeschlossen, 1937 wurde ihm das Betreten der Universität grundsätzlich untersagt – während sich sein ehemaliger Schüler und Assistent Heidegger als Rektor in der philosophischen Führungsrolle erprobte. Im Jahre 1936 erschien, nach den *Ideen zu einer reinen Phänomenologie und phänomenologischen Philosophie* von 1913, Husserls drittes grundlegendes Werk, die *Krisis der europäischen Wissenschaften und die transzendentale Phänomenologie*. Am 27. April 1938 starb Husserl in Freiburg. Sein ausgesprochen umfangreicher Nachlass, der bis heute nicht vollständig aufgearbeitet ist, konnte vor der Vernichtung durch die Nationalsozialisten gerettet werden.

Husserl ist in gewisser Hinsicht der Vollender einer von →Descartes, über →Leibniz und →Kant bis auf →Fichte und →Schelling reichenden idealistischen Tradition, welche die →Erkenntnis und Konstitution der Welt aus den Erkenntnisleistungen eines →Ich oder →Bewusstseins erklären will. Schon in seinem ersten Hauptwerk, den *Logischen Untersuchungen* zielt Husserls Bemühen darauf, →Begriffen der Bedeutungstheorie wie →Sinn, →Bedeutung und →Wahrheit ein Fundament in den kognitiven Leistungen eines →Subjekts zu geben. Semantische Begriffe bekommen psychische Entsprechungen zur Seite gestellt. Dass ein Ausdruck etwas bedeutet, wird von Husserl dadurch begründet, dass wir in einem Akt unseres Bewusstseins auf einen Gegenstand oder Sachverhalt gerichtet sind. Das Gerichtetsein auf einen Gegenstand nennt Husserl »intendieren«. In Hinblick auf den vom Bewusstsein intendierten Gegenstand unterscheidet er zwischen dem Gegenstand, der intendiert wird und der Art und Weise, wie er intendiert wird. Husserl schafft damit eine bewusstseinsmäßige Entsprechung zu den semantischen Begriffen der Intension oder Bedeutung eines Ausdrucks und der →Extension oder der Bezugnahme eines Ausdrucks. Als bewusstseinsmäßiges Korrelat der propositionalen Einstellung, der Einstellung also, die wir zu dem einnehmen, was ein Satz ausdrückt (man kann einen Satz behaupten, als Frage formulieren, im Zweifel darüber sein usw.), führt Husserl den Begriff der Aktqualität ein und benennt als Gegenbegriff den Begriff der Aktmaterie. Dass wir uns auf denselben Sachverhalt beziehen, wenn wir einen Satz als Behauptung, Frage, Wunsch und dergleichen formulieren, wird dadurch erklärt, dass die Materie des Aktes, durch den wir uns auf einen Gegenstand beziehen, gleich bleibt, während sich seine Qualität ändert. Behaupten wir, um ein Beispiel zu nennen, dass Paul raucht, fragen wir in einer anderen Situation, ob Paul raucht und wünschen wir in einer dritten Situation, dass Paul rauche, so bleibt die Materie der Akte, die diesen Sätzen entspricht, das Rauchen von Paul, dieselbe, während sich mit der Einstellung gegenüber dem Rauchen von Paul die Qualität der Akte, das Behaupten, Fragen und Wünschen ändert.

Der Begriff der Wahrheit, von Husserl als Übereinstimmung von Denken und Sein interpretiert, bekommt als bewusstseinsmäßiges Gegenstück den Begriff der Erfüllung zur Seite gestellt. Dem Inhalt eines →Urteils entspricht eine Bedeutungsintention. Indem man ein Urteil äußert, ist man auf einen Gegenstand oder Sachverhalt gerichtet. Der Sachverhalt muss allerdings nicht bestehen. Es ist z.B. möglich, Urteile über Einhörner zu bilden, ohne dass es dazu Einhörner geben müsste. Die Tatsache, dass der Gegenstand, über den man in einem Urteil spricht, nicht zu existieren braucht, wird seit Brentano als »intentionale Inexistenz« des Gegenstandes bezeichnet. Husserl deutet diese Inexistenz so, als würden wir uns mit jedem Urteil auf etwas beziehen. Wir richten uns quasi mit dem Geist auf etwas, ohne dass es dieses Etwas wirklich geben müsste. Vergleichbar ist dieses geistige Intendieren mit dem Streben nach einem →Ideal, das ja auch nicht als verwirklichter Sachverhalt in der Welt zu existieren braucht. Dem Streben um das Erreichen eines Ideals im Praktischen entspricht im Theoretischen die Suche nach Wahrheit. Wahrheit liegt Husserl zufolge dann vor, wenn sich die Bedeutungsintention, das also, worauf wir uns richten, wenn wir ein Urteil äußern, in einer Anschauung erfüllt, die alle Merkmale der Bedeutungsintention aufweist. Das Urteil ›Der Rabe ist schwarz‹ ist genau dann wahr, wenn es eine entsprechende Anschauung von einem schwarzen Raben gibt. Der Übereinstimmung von Urteil und Anschauung entspricht subjektiv ein Evidenzerlebnis. Dass ein Urteil wahr ist, hat seine Entsprechung darin, dass ein Subjekt die evidente (lat. »offenbare, einleuchtende«) Erfüllung der Bedeutungsintention, ihre Übereinstimmung mit einem anschaulich gegebenen Sachverhalt erfährt.

Zeitgleich zur Erarbeitung der *Logischen Untersuchungen* beginnt Husserl über die Konstitution der →Welt auf den Boden der Subjektivität nachzudenken. Sein Interesse gilt zunächst dem Zustandekommen der →Zeit. Husserl nimmt an, dass es die objektive oder Weltzeit nur darum gibt, weil das Subjekt über bestimmte Eigenschaften verfügt, nämlich das Vermögen der Erinnerung, von Husserl als →Retention bezeichnet, das Vermögen der augenblicklichen Wahrnehmung, von Husserl mit dem Namen »Urimpression« bezeichnet und das Vermögen der Erwartung, von Husserl →Protention genannt. Dadurch finden die drei zeitlichen Dimensionen, Vergangenheit, Gegenwart und Zukunft eine Erklärung. Außerdem aber vollzieht sich im Subjekt ein fortwährender Wandel der erwarteten zeitlichen Phasen in gegenwärtige und der gegenwärtigen zeitlichen Phasen in vergangene. Auf diese Weise wird zeitliche Aufeinanderfolge erklärt.

Von der Zeit wird weiter angenommen, dass sie die Form aller Erlebnisse eines Subjekts bilde. Alle Erlebnisse eines Subjekts sind entweder gleichzeitig oder folgen aufeinander. Die zeitliche Form bildet die Grundlage von Gleichzeitigkeit und Aufeinanderfolge der Erlebnisse. Die zeitliche Form ist aber auch dafür verantwortlich, dass die Erlebnisse, wenn sie einmal erlebt worden sind, in der richtigen Reihenfolge erinnert werden können. Beim Durchgang durch die zeitliche Phase der Urimpression, so nimmt Husserl an, erhalten die Erlebnisse so etwas wie einen zeitlichen Index angehängt, der ihre spätere Re-Identifikation möglich macht. Schließlich ist die zeitliche Form des Bewusstseins auch für die Kontinuität des Übergangs von einem Erlebnis zum anderen zuständig. Einzelne Erlebnisse, ebenso wie die Phasen einzelner Erlebnisse, folgen nie sprunghaft aufeinander. Zwischen den

Erlebnissen gibt es stets einen Übergang. Klingt ein Ton in dem einen Augenblick an und ist er im nächsten Augenblick verklungen, so gibt es zwischen beiden Augenblicken einen weiteren Moment, in dem der Ton fast verklungen ist usw. Ihren Grund hat die Kontinuität des Überganges in der stetigen Abfolge der zeitlichen Phasen des Bewusstseinsstromes und überträgt sich von dort auf den Inhalt, der in diese Phasen eintritt.

Neben der Zeit bildet der →Raum eine weitere Grundform der Erlebnisse eines Subjekts. Erlebnisse besitzen nicht nur zeitliche Erstreckung; manche von ihnen sind außerdem Erlebnisse von räumlich ausgedehnten Gegenständen. Wie bei der Zeit geht Husserl auch beim Raum davon aus, dass der objektiven Räumlichkeit von Gegenständen eine subjektive Konstitutionsleistung zugrunde liegt. Beim Raum sind es einzelne Stellen, die zu einer Stellenmannigfaltigkeit, dem subjektiven Raum, verschmelzen, der wiederum die Grundlage des objektiven Raumes bildet. Der sich auf dem Boden der Subjektivität vollziehende zeitliche Wandel und die Verschmelzung der Raumstellen zu einer Stellenmannigfaltigkeit werden von Husserl als »passive Synthesen« bezeichnet, Verschmelzungsleistungen, die sich ohne Zutun des Ich, dennoch aber auf dem Grunde der Subjektivität vollziehen. Die formalen →Synthesen von Raum und Zeit bilden die Grundlage aller weiteren Synthesisleistungen, die zusammengenommen auf dem Boden der Subjektivität das →konstituieren, was wir normalerweise als ›die Welt‹ bezeichnen. Die höherstufigen Konstitutionsleistungen bilden ein Thema von Husserls Schriften der mittleren Schaffensperiode. Ein weiteres Thema bilden methodologische Reflexionen über die richtige Art des Philosophierens. Husserl bezeichnet die von ihm vertretene philosophische Methode als →Phänomenologie. Der Begriff steht dabei zunächst für ein Methodenideal und bedeutet, dass die Gegenstände philosophischer Forschung so erfasst werden müssen, wie sie tatsächlich sind. Für Husserl ist aber klar, dass eine unverstellte und irrtumsfreie Erkenntnis nur in Bezug auf die Inhalte des Bewusstseins möglich ist. Die Phänomene, die den Gegenstand der Phänomenologie bilden, sind die Inhalte des Bewusstseins, genauer: seine weltkonstitutiven Leistungen.

Um in das Gebiet irrtumsfreier Erkenntnis zu gelangen, entwirft Husserl in seinen *Ideen zu einer reinen Phänomenologie und phänomenologischen Philosophie* das Verfahren der phänomenologischen →Reduktion. ›Phänomenologische Reduktion‹ heißt, dass die Geltung unserer Urteile, besonders derer, welche die Existenz der Welt betreffen, aufgehoben wird. Im Stadium der phänomenologischen Reduktion sieht man es nicht mehr als selbstverständlich an, dass die Welt existiert, sondern fragt sich, worauf sich ihre Existenz überhaupt gründet. Husserls Antwort auf diese Frage lautet: Die Welt erweist sich als abhängig von einem Bewusstsein und seinen weltkonstitutiven Leistungen. Die Welt, wie sie uns alltäglich begegnet, ist in Wirklichkeit Ergebnis von →Strukturen, die ihren Grund im Bewusstsein eines Subjekts haben.

Das Bewusstsein ist auch der Ort, an dem nach Husserl die Grundlegung der →Wissenschaften erfolgt. Wie überhaupt alles, was existiert, seinen Ursprung im Bewusstsein hat, so verdankt sich auch die wissenschaftliche Grundbegrifflichkeit einem Bewusstsein. Aus diesem Grunde ist es möglich, sich dem Bewusstsein zuzuwenden, wenn man etwas über die in den Wissenschaften verwendeten Begriffe erfahren will. Das dabei zur Anwendung kommende Verfahren trägt bei Husserl den Namen »eidetische Variation«. Dabei handelt es sich um eine Art Wesensschau, bei der man →Vorstellungen von Dingen, die mit demselben Ausdruck bezeichnet werden, nacheinander aufruft. Man führt sich also beispielsweise Vorstellungen verschiedener Tische vor Augen. Husserl glaubt, dass im Durchlaufen einer gewissen Anzahl solcher Vorstellungen plötzlich das Wesen dieser mit demselben Ausdruck bezeichneten Dinge aufzuscheinen beginnt. Rufen wir uns nacheinander eine Reihe von Tischvorstellungen vor Augen, so müsste, wenn Husserl Recht hätte, irgendwann das Wesen des Tisches, das, was alle mit dem Wort ›Tisch‹ bezeichneten Gegenstände gemeinsam haben, aufleuchten – eine Annahme, die jeder einmal selbst an Hand seiner Vorstellungen überprüfen kann.

In Husserls Spätschriften rückt u.a. die Frage der Konstitution der →Intersubjektivität in den Mittelpunkt seiner Überlegungen. Für Husserl, der in erkenntnistheoretischer und ontologischer Hinsicht die Position eines methodischen →Solipsismus vertritt, muss die Beantwortung der

Frage nach Erkenntnis und Existenz der Gegenstände der Welt ihren Ausgangspunkt bei einem einzelnen Erkenntnissubjekt nehmen. Die Welt ist eine Konstitutionsleistung der Subjektivität, jedoch nicht der eines einzelnen Subjekts, sondern aller Subjekte. Es gilt daher zu erklären, wie sich auf dem Boden eines einzelnen Subjekts die Konstitution der anderen Subjekte vollzieht. Husserl wendet sich dieser Aufgabe in seinen *Cartesianischen Meditationen* zu, einer Schrift, die die von Descartes eingeschlagene Richtung einer in den Erkenntnisleistungen des Subjekts gründenden →Erkenntnistheorie vollenden will. Nach der dort gegebenen Darstellung folgt die Konstitution der anderen Subjekte, welche die Grundlage einer intersubjektiven Welt bildet, folgenden Schritten: Zuerst grenzt das Subjekt, von Husserl in Anlehnung an Descartes' *Meditationen* als »Ego« bezeichnet, unter den von ihm wahrgenommenen Körpern einen bestimmten Körper als seinen Leib aus. Sodann deutet es andere Körper aufgrund ihrer Ähnlichkeit mit dem eigenen Körper ebenfalls als mit Bewusstsein begabte Leiber. Husserl nennt diesen sich vollkommen passiv vollziehenden →Analogieschluss eine »analogisierende Auffassung«. Schließlich begreift das Ego die anderen ebenfalls als wahrnehmende, sich auf eine Welt beziehende Subjekte. Es gelangt zu der Einsicht, dass der Andere es selbst, also das Ego, aus seiner Perspektive ebenfalls als einen anderen erfährt. Die wechselseitige Beziehung der Subjekte aufeinander, ihr Begreifen des Anderen als Anderen bezeichnet Husserl als »transzendentale Intersubjektivität«;.

Einen weiteren Themenschwerpunkt des husserlschen Spätwerkes bildet die Rückbesinnung auf die →Lebenswelt, die Welt unseres Alltags und unseres vorwissenschaftlichen Verständnisses. In seiner Schrift *Die Krisis der europäischen Wissenschaften und die transzendentale Phänomenologie* gelangt Husserl zu der Einsicht, dass es mit den sich herausbildenden Naturwissenschaften am Beginn der →Neuzeit (A) und der damit einhergehenden Mathematisierung der →Natur zu einer zunehmenden Sinnentleerung der uns umgebenden Welt kommt. Alle Phänomene der Natur werden von den Naturwissenschaften nur noch unter dem Gesichtspunkt ihrer Messbarkeit betrachtet. Spezifische Menschheitsfragen werden aus den positiven Wissenschaften verbannt. Die Welt wird als »Universum der bloßen Tatsachen« begriffen, Tatsachen also, die geschehen, aber an sich selbst weder sinnvoll noch sinnlos sind. Durch ihre einseitige Ausrichtung auf Tatsachenwissen und ihr Streben nach einer immer vollkommeneren mathematischen Erfassung der Natur sind die europäischen Wissenschaften in eine Krisis geraten, die Husserl zufolge nur durch eine radikale Rückbesinnung auf das Bewusstsein und seine weltkonstitutiven Leistungen, durch Selbsterkenntnis also, behoben werden können.

R. Cristin (Hg.), Edmund Husserl, Martin Heidegger – Phänomenologie, Berlin 1999
H. H. Gander, Selbstverständnis und Lebenswelt, Frankfurt/M. 2001
Ch. Jamme (Hg.), Phänomenologie im Widerstreit, Frankfurt/M. 1989
S. Rinofner-Kreidl, Zeitlichkeit und Intentionalität, Freiburg 2000
H. R. Sepp (Hg.), Metamorphose der Phänomenologie, Freiburg 1999

T. B.

James, William (1842–1910): Obwohl James, geboren am 11. Januar in New York, gestorben am 26. August in Chocorua, New Hampshire, allgemein zu den wichtigsten amerikanischen Denkern gezählt wird, ist gerade seine philosophische Reputation doch nicht unumstritten. Während seine 1890 erschienenen *Principles of Psychology* bis heute zu den Klassikern der naturwissenschaftlich orientierten Psychologie gezählt werden, ist seinen philosophischen Schriften – insbesondere außerhalb der Vereinigten Staaten – nie die Beachtung zugekommen, die sie verdient hätten. Für viele gilt James als derjenige, der den →Pragmatismus seines Freundes →Peirce in unzulässiger Weise verkürzte, vergröberte und popularisierte. Erst in neuerer Zeit hat ein wieder erstarktes Interesse am Pragmatismus allgemein auch zu einer erneuten Beschäftigung mit James geführt. Mittlerweile wird er sogar zu den Begründern der so genannten postmodernen Philosophie gezählt.

James kam erst verhältnismäßig spät zur Philosophie; der Schwerpunkt seines Forschens lag zunächst im Bereich der Psychologie. Auf diesem Gebiet suchte er den Ausweg aus dem von ihm diagnostizierten Dilemma zwischen einem religiös begründeten →Glauben an den freien

→Willen auf der einen Seite und einem wissenschaftlich begründeten, deterministischen Weltbild auf der anderen. Auf rein naturwissenschaftlichem Weg ließ sich das Phänomen des spontanen freien Willens nicht erklären. Auf der Grundlage seiner funktionalistischen Psychologie, die auch Einflüsse der Evolutionstheorie Darwins erkennen lässt, konnte James aber den psychischen Leistungen des Menschen eine Funktion für die Bewältigung der Umwelt und somit für das Überleben des Organismus zusprechen. In der 1897 erschienenen Aufsatzsammlung *The Will to Believe and Other Essays in Popular Philosophy* tritt dieses Problem zum ersten Mal als James' zentrales philosophisches Anliegen in Erscheinung: die Verbindung oder gar Versöhnung des moralischen und religiösen Lebens und damit auch des Glaubens an →Gott mit den Erkenntnissen der →Wissenschaft, die diesen Glauben in Frage zu stellen scheinen. James vertritt die These, dass in vermeintlich rein rationale Entscheidungen des Menschen immer auch Vorlieben, Interessen und Glaubensvorstellungen eingehen. Daraus leitet er eine Rechtfertigung des Glaubens ab, also das Recht, sich in religiösen Fragen auf den Standpunkt des Glaubens und nicht der Wissenschaft zu stellen, auch wenn dies den Ergebnissen des logisch denkenden →Verstandes zu widersprechen scheint. Bereits die Formulierung dieses Problems, vor allem aber die von James gebotene philosophische Lösung, trägt deutlich pragmatistische Züge, wenn er auch den Ausdruck selbst erst ein Jahr später auf seine Philosophie anwendet.

In den Vorlesungen *Pragmatism: A New Name for Some Old Ways of Thinking* von 1907 (dt.: *Pragmatismus: Ein neuer Name für einige alte Denkweisen*) gibt James eine Zusammenfassung seiner Philosophie des Pragmatismus, die zwar an Peirce anschließt, jedoch weit über dessen ursprüngliches Ziel hinaus geht. James stellt zwei Aspekte heraus: Zum einen liefere der Pragmatismus eine →Methode zur Schlichtung philosophischer und wissenschaftlicher Streitigkeiten und damit letztlich eine Methode zur Klärung philosophischer und wissenschaftlicher →Begriffe. Die Anwendung dieser Methode besteht darin, sich angesichts unterschiedlicher Ansichten über die Welt bzw. divergenter Begriffsauffassungen die jeweiligen praktischen Konsequenzen für das Handeln klar zu machen, die aus den verschiedenen Auffassungen resultieren. Begriffliche Unterscheidungen, die nicht zu Unterschieden im praktischen Handeln führen, können anhand dieses Kriteriums als sinnlos aussortiert werden. Diese Vorgehensweise impliziert einen Verzicht auf abschließende Urteile, denn die das Handeln leitenden Interessen können Veränderungen unterliegen; das von James gegebene Kriterium ist also ein variables oder dynamisches, kein statisches.

In der Formulierung der pragmatistischen Methode stimmt James noch weitgehend mit der Position von Peirce überein, die dieser bereits 1878 in seiner »pragmatischen Maxime« zusammengefasst hatte. James geht jedoch über Peirce hinaus, indem er den Pragmatismus zum Zweiten auch zur Begründung einer Theorie des →Denkens, des Handelns, der →Bedeutung und nicht zuletzt auch der →Wahrheit benutzt. Für James besteht die Aufgabe des Denkens nicht in der →Erkenntnis ein für allemal gegebener Sachverhalte, sondern vielmehr in der Orientierung in einer →Welt, über deren objektive oder absolute Gestalt wir keine verlässlichen Aussagen treffen können. Das Denken dient demnach ebenso wie das Handeln eher der Verwirklichung bestimmter Interessen und der Erreichung bestimmter Ziele als der Erkenntnis im traditionellen Verständnis. Vor diesem Hintergrund wird auch das philosophisch zentrale Problem der Wahrheit angegangen. Zwar bestimmt James ›Wahrheit‹ zunächst ganz konventionell als Übereinstimmung eines Gedankens, einer Vorstellung oder einer Aussage mit der Wirklichkeit; die pragmatistische Definition der Begriffe ›Übereinstimmung‹ und ›Wirklichkeit‹ führt jedoch zu einer vollständigen Umdeutung dieser korrespondenztheoretischen Wahrheitsauffassung. Wenn nämlich Übereinstimmung mit der Wirklichkeit bedeutet, dass man ein realistisches Bild eines Gegenstands oder eines Sachverhalts besitzt, so kann dies streng genommen nur auf solche Gegenstände zutreffen, die einer unmittelbaren Verifikation durch direkte Wahrnehmung offen stehen. Wie aber steht es mit dem realistischen Bild bei abstrakten Vorstellungen wie beispielsweise der Elastizität einer Uhrfeder? Solche Vorstellungen lassen sich nach James nur durch die Untersuchung der praktischen Konsequenzen verifizieren, die diese Vorstellungen mit sich bringen. Wenn eine nicht auf direktem Wege zu verifizierende Vorstellung ›funktioniert‹, wenn sie uns also in intellektueller oder praktischer Hinsicht ›weiter bringt‹ und unseren anderen Vorstellungen und Überzeugungen nicht widerspricht, so gilt sie als wahr. Diese an bestimmten Sonderfällen gewonnene Wahrheitsauffassung überträgt James auf die Wahrheit im Allgemeinen. Wahrheit kann demnach nicht als statische Relation zwischen einer Vorstellung oder einer Aussage und der Wirklichkeit aufgefasst werden, sondern vielmehr als ein dynamischer Prozess, als Prozess der Verifikation nämlich, in dessen Verlauf bestimmte Vorstellungen ›wahr gemacht‹ werden.

Insbesondere in James' Rede vom *cash-value* (»Barwert«) der Wahrheit zeigt sich ein Zug, der eine vor allem außerhalb der USA verbreitete Grundsatzkritik am Pragmatismus als Ganzem begünstigte. Demnach stellt der Pragmatismus eine typisch amerikanische ›Finanzphilosophie‹ dar, in der die Gesetze des Marktes auf Fragen der Wahrheit und →Moral übertragen wurden; marxistische Kritiker sahen im Pragmatismus gar einen »integrierenden Bestandteil der Ideologie des amerikanischen Imperialismus«. Aus heutiger Sicht erweist sich James' metaphorische Gleichsetzung von Geld und Wahrheit – wenn man von ihren zweifelhaften ›moralischen‹ Implikationen absieht – durchaus als modern und diskussionswürdig; die Übereinstimmung mit aktuellen Auffassungen der Wahrheit, die nicht an sich und absolut existiert, sondern immer im Zusammenhang symbolischer Interaktionsprozesse und gekoppelt an Interessen, Vorlieben und Ziele gesehen werden muss, rückt James für manche Autoren in die Nähe postmodernen Denkens. Die Wahrheit über James' Wahrheitstheorie dürfte freilich irgendwo in der Mitte zwischen diesen extremen Deutungen zu suchen sein.

Für die »bleibende Aktualität William James'« (H. →Putnam) sind nicht zuletzt auch die pluralistischen Konsequenzen verantwortlich, die James selbst in seinen Vorlesungen *A Pluralistic Universe* (1909; dt. *Das pluralistische Universum*) zog und die heute beispielsweise in politikwissenschaftlichen Zusammenhängen zunehmend eine Rolle spielen. Aufbauend auf der Grundposition des Pragmatismus, dass nämlich die Wirklichkeit nicht absolut und unabänderlich ist, sondern entsprechend den Erfahrungen und des Handelns stets neu geformt wird, deutet James die Welt (oder das Universum) nicht als Einheit, sondern als Vielheit, nämlich als »Multiversum«. Dieser Begriff beschreibt für James eine Vielheit von Dingen, Eigenschaften, Erfahrungen usw., die nicht durch ein gemeinsames, ewiges oder universales Grundprinzip zusammengehalten werden, sondern eigenständig und unabhängig voneinander existieren und in vielfältige Beziehungen zueinander gesetzt werden können. Zwar kennt auch James' pluralistische »Philosophie des UND« durchaus den Begriff der →Einheit; allerdings wird diese Einheit nicht als gegebene, sondern als zu suchende aufgefasst, sodass auch hier das pragmatistische Motiv des praktischen Handelns gegenüber dem passiven Erkennen in den Vordergrund tritt.

W. James, Das pluralistische Universum. Vorlesungen über die gegenwärtige Lage der Philosophie, Ins Deutsche übertragen von J. Goldstein. Mit einer neuen Einführung hg. von K. Schubert und U. Wilkesmann, Darmstadt 1994 [Nachdruck der Ausgabe Leipzig 1914]

–: Pragmatismus. Ein neuer Name für einige alte Denkweisen, [1906], Übersetzt und hg. von K. Schubert und A. Spree, Darmstadt 2000

H. Putnam, Pragmatismus. Eine offene Frage, Frankfurt/M. / New York 1995

R. Diaz-Bone / K. Schubert, William James zur Einführung, Hamburg 1996

The Cambridge Companion to William James, Hg. von Ruth Anna Putnam, Cambridge 1997

A. S.

Kant, Immanuel (1724–1804): Seine Lebenszeit fällt geistesgeschichtlich in die Epoche der europäischen Aufklärung (→A Neuzeit – Aufklärung), deren Ziel es war, den Menschen als selbstdenkendes Vernunftwesen zu begreifen und in einem groß angelegten Befreiungsprozess alle Spielarten überlieferter Autorität sowohl im Bereich der Erkenntnismethoden als auch im Feld des menschlichen Handelns ins Licht einer methodisch abgesicherten Vernunftkritik zu rücken.

Die Stichworte des Zeitalters der Französischen Revolution (etwa 1770–1815): →Kritik, →Vernunft und →Freiheit, sind zugleich die Schlüsselbegriffe der drei Hauptschriften Kants, die zwischen 1781 und 1790 erschienen sind, der *Kritik der reinen Vernunft* (1781), der *Kritik der praktischen Vernunft* (1788) und der *Kritik der Urteilskraft* (1790). Indem Kant die aufklärerische Frage nach der Legitimität von Geltungsansprüchen auf die Philosophie selbst anwendet, gelingt ihm eine fundamentale Kritik und Umgestaltung der dogmatischen →Metaphysik, die sich als Wissen vom Seienden im Ganzen auch im Besitz der →Erkenntnis des Weltengrundes, also des Göttlichen und Ewigen, wähnte.

Den Leitfaden für seine Suche nach einem autonomen, wissenschaftlichen →Prinzipien genügenden Philosophieren, das von allen übermenschlichen Anmaßungen der endlichen Vernunft Abstand nimmt, hat Kant in seiner Logikvorlesung in vier berühmt gewordenen Fragen zusammengefasst: »Was kann ich wissen? Was soll ich tun? Was darf ich hoffen? Was ist der Mensch?«

Die diesem Fragenkatalog beigegebene Erläuterung, dass die letzte Frage alle anderen umfasse, sodass man deren Beantwortung »im Grunde zur Anthropologie rechnen« könne, macht deutlich, dass es Kant auf die Rückbindung des metaphysischen Entwurfs der Philosophie an die spezifisch menschlich-endliche →Subjektivität ankommt. In diesem Sinne eines alle Gegenstände der Erkenntnis übersteigenden Rückstiegs in das →Subjekt der menschlich-endlichen Vernunft als dem maßgeblichen Bezugsbereich für eine legitime Auslegung des Seienden (→Sein) ist die kritische Metaphysik Kants eine →Transzendentalphilosophie, die dadurch, dass sie nach den Bedingungen der Möglichkeit menschlicher Erkenntnis und menschlichen Handelns fragt, die Leistungsfähigkeit und die prinzipiellen Grenzen der menschlichen Zugangsweisen zum Seienden in den Mittelpunkt des Erkenntnisinteresses rückt.

Das von Kant entwickelte Programm der Vernunftkritik sprengt die dem ursprünglichen Bedürfnis der Vernunft entsprechende Einheit des Wahren, Guten und →Schönen und analysiert die unterschiedlichen Gesetzgebungen der verschiedenen Vernunftarten im Hinblick auf ihre je besondere Reflexionskompetenz. Indem sie das dogmatische Vernunftinteresse nach Einheit und Absolutheit des Erkennens einer vernünftigen Kritik unterzieht, entfaltet die transzendentale →Erkenntnistheorie ihr aufklärerisch-restriktives Potenzial: Erkenntnis wird nicht mehr verstanden als Ideenschau oder als Spiegelung einer objektiv vorhandenen Realität, sondern als funktionale Konstruktion einer Welt gemäß den Bedingungen der →Endlichkeit der Vernunft, die auf sinnliche →Anschauung in →Raum und →Zeit angewiesen ist. Nur wenn die aller →Erfahrung vorausliegenden (apriorischen) Grundformen des menschlichen →Denkens, die →Kategorien, die Möglichkeit erhalten, sinnlich in Raum und Zeit gegebene →Vorstellungen in ihren konkreten →Quantitäten, →Qualitäten, →Relationen und Modi (→Modalität) begrifflich zu bestimmen, gewinnen sie »objektive Realität«, sodass der in ihnen gefasste Sachgehalt als Sachgehalt eines Gegenstandes zur Erkenntnis wird.

Die Bindung der Erkenntnis an die Formen der sinnlichen Anschauung hat im Hinblick auf die Ansprüche der dogmatisch verfahrenden Vernunft eine weitreichende Konsequenz. Wenn uns als Menschen die Gegenstände nämlich nur so erscheinen können, wie es unsere endlichen Anschauungs- und Denkformen in ihrem synthetische →Urteile ermöglichenden Zusammenspiel erlauben, dann gerät mit dieser Grenzziehung für legitime Erkenntnisse der höchste metaphysische Gedanke, der Gottesgedanke, in eine grundsätzliche Krise, denn der Begriff eines übersinnlichen Wesens vermag unmöglich in Raum und Zeit zu erscheinen. Aus transzendental-kritischer Sicht können deshalb die Lehren vom Immerseienden und von der Unsterblichkeit der menschlichen Seele keine Themen der theoretischen Philosophie mehr sein.

Das von Kant vorgelegte Angebot zur Rettung des Vertrauens in die Vernunft als einem Ort der Suche nach der →Wahrheit über das Seiende im Ganzen besteht darin, dass er die Erkenntnis des Weltengrundes zur Glaubenssache der praktischen Vernunft erklärt. Um praktische Ziele setzen zu können, wo sicheres Wissen nicht möglich ist, macht Kant den Begriff der Freiheit zum Fundament der transzendentalen Metaphysik. Alle endlichen Naturdinge unterstehen dem Gesetz der →Kausalität aus Wirkursachen. Infolgedessen kennen sie keine Selbstbestimmung. Nur der menschliche →Wille ist, sofern er sich als vernünftig begreift, in der Lage, aus sich selbst heraus zu bestimmen, was moralisch gut ist; denn es steht ihm frei, ob er sich zu jener Verpflichtung aller Vernunftwesen bekennen will, die es erfordert, dass er die Grundsätze (→Maximen) seines Handelns dem

→kategorischen Imperativ und damit den Einsichten der praktischen Vernunft unterstellt.

Wenn sich der menschliche Wille unabhängig von Naturursachen, natürlichen Bedürfnissen und von außen an ihn herangetragenen Geboten aus Achtung vor dem →Sittengesetz zur Tat entschließen kann, beweist er durch sein Handeln auch in der Sinnenwelt zumindest punktuell ein wirkliches Freisein von den Bedingungen der →Natur. Dies heißt aber zugleich auch, dass der Mensch sich immer erst zu dem machen muss, was er seiner Bestimmung nach ist. Der Fortschritt zu mehr →Humanität folgt keinem Automatismus. Der in das Reich freier Selbstgesetzgebung entlassene, moralisch handelnde Mensch darf nach Kant hoffen, dass ihn der kategorische Imperativ, der ihm die Achtung vor der Persönlichkeit des Anderen gebietet, nicht zu einer Zielsetzung verpflichtet, für deren Erreichen die Bedingungen ausbleiben. Angesichts der Unzulänglichkeit und Todesverfallenheit seines Leibes, der ihn dazu verurteilt, das Reich der Freiheit immer nur als ein erstrebtes, niemals aber als ein an und für sich vollbrachtes zu erfahren, erweist sich für den Menschen auf Grund seines praktischen Vernunftinteresses der Glaube an einen gerechten →Gott als ein unverzichtbares →Postulat, eine »nützliche Idee«, die theoretisch weder beweisbar noch widerlegbar ist, der aber als Bindeglied zwischen dem vom guten Willen Gesollten als dem Projekt naturunabhängig handelnder Individuen und der durch Sinnlichkeit und Tod bestimmten existenziellen Wirklichkeit des Menschen im endlichen Bewusstsein eine bedeutsame Vermittlungsfunktion zukommt.

Da Kant sich darüber im Klaren ist, dass die moralische Freiheit ohne die äußere Freiheit in der gesellschaftlichen Realität nicht wirksamwerden kann, befasst er sich nach dem Abschluss seiner grundlegenden Arbeiten zur transzendentalphilosophischen Transformation der Metaphysik in der 1797 erschienenen Schrift zur *Metaphysik der Sitten* auch mit dem Vernunftbegriff des →Rechts, dessen Entfaltung nicht zuletzt Einspruch gegen die tendenziell totalitäre Forderung erhebt, Recht und Staat hätten die Moralität ihrer Bürger zu befördern.

Kant versteht die Rechtsgemeinschaft als Gemeinschaft von freien, zur Selbstbestimmung fähigen Subjekten, die den äußeren Gebrauch der einem jeden zustehenden Freiheit so regelt, dass die für alle Bürger verbleibenden Freiheitsspielräume das vertretbare Maximum erreichen, ohne dabei wechselseitige Beeinträchtigungen hervorzurufen. Kants Rechtsdefinition zeigt, dass das in den republikanischen Verfassungen Amerikas und Europas verankerte Menschenrecht auf Freiheit seinen ideellen Ursprung einem Menschenbild verdankt, dem es darauf ankommt, das über Jahrhunderte tradierte Paradigma von der Gottesherrschaft über Mensch und Natur durch die Vorstellung von einer moralischen Würde und Unsterblichkeit des Menschen zu ersetzen.

Es lässt sich unschwer erkennen, dass zentrale Begriffe und Probleme der Philosophie Kants – ungeachtet aller Kritik an einzelnen Lösungsstrategien – bis heute überall dort die philosophische, ja sogar die verfassungsrechtliche Diskussion bestimmen, wo das Programm einer von der Vernunft selbst gesteuerten Vernunftkritik weiter verfolgt wird, ohne dass das grundsätzliche Vertrauen in die Vernunft dabei zur Disposition steht. In der auf Kant zurückgehenden zeitgenössischen Vernunftkritik lassen sich zwei transzendentalphilosophische Konzepte unterscheiden, deren gemeinsamer Nenner in der Hervorhebung der Sprachlichkeit aller menschlichen Erkenntnis liegt. Die Theoretiker der kommunikativen Vernunft ergänzen Kants Analyse der Bedingungen der Möglichkeit von →Erfahrung durch eine Untersuchung der Bedingungen der Möglichkeit zwischenmenschlicher Verständigung über das Erkannte. Die von Apel und →Habermas entwickelten Entwürfe einer Theorie der Kommunikationsgemeinschaft vollziehen eine Wendung vom transzendentalen Selbstbewusstsein als der entscheidenden Instanz für die Stiftung von Objektivität der Erkenntnis zur idealen Kommunikationsgemeinschaft, die argumentativ die Bedingungen von Wissenschaft, die Richtigkeit von Handlungen und deren Maximen und die Angemessenheit sprachlicher Ausdrücke festlegen soll.

Andere Richtungen der heutigen Vernunftkritik sehen im Aufklärungskonzept Kants insofern die Gefahr einer »Vernunftverwirrung« (Lyotard) angelegt, als trotz aller Unterscheidungen der Vernunftinteressen die Einheit der Vernunft letztlich doch gewahrt bleibe, weshalb die theoretische Vernunft auch dazu tendiere, auf die moralischen, politischen und ästhetischen Ordnungen in der Welt überzugreifen. Die Grundeinsicht Kants, dass für den Menschen nur das Gegenstand der Erkenntnis sein kann, was durch die spezifischen Weisen seines Zugangs zur Welt konstruiert wird, bleibt für →Cassirers semiotische Transformation der kantischen Transzendentalphilosophie ebenso konstitutiv wie für die verschiedenen Varianten des Konstruktivismus oder das postmoderne Konzept einer pluralen transversalen Vernunft (Welsch). Die Selbsteinschätzung Kants, die Bedingungen menschlicher Erkenntnis überhaupt analysiert zu haben, weicht in diesen philosophischen Entwürfen allerdings der Hypothese, dass Kant nur die Bedingungen eines bestimmten, nämlich eines naturwissenschaftlichen Typs von Rationalität formuliert habe.

Wenn es sich tatsächlich als Aufgabe einer zukünftigen kritischen Philosophie herausstellen sollte, alle symbolischen Darstellungsleistungen des Menschen - auch die mythischen und ästhetischen - als gleichberechtigte Umgangsweisen mit der Welt ernst zu nehmen, dann stünde das rationalistische Bewusstsein der Moderne vor einer neuen fundamentalen Krise, deren Ausmaße denen des Übergangs von der dogmatischen zur kritischen Metaphysik durchaus entsprächen.

I. Kant, Werke in sechs Bänden, Studienausgabe. Hg. von Wilhelm Weischedel, Darmstadt 1998

G. Böhme, Philosophieren mit Kant. Zur Rekonstruktion der Kantischen Erkenntnis- und Wissenschaftstheorie, Frankfurt/M. 1986

O. Höffe, Immanuel Kant, 3. Aufl. München 1992

G. Schulte, Immanuel Kant, Frankfurt/M. 1991

K.-H. Volkmann-Schluck, Kants transzendentale Metaphysik und die Begründung der Naturwissenschaften, Hg. von L. Koch / I. Strohmeyer, Würzburg 1995

H. P.

Kierkegaard, Sören (1813-1855): Empfand sich nicht als Philosoph, sondern als ›religiösen Schriftsteller‹. Dennoch ist sein Denken so radikal, spezifisch und hoch reflektiert, dass es ebenso wie das von →Pascal oder Rousseau auch philosophisch gesehen werden kann und muss, zumal es in der Philosophie von großer, wenn auch später Wirkung war. Kierkegaard selbst erleichtert uns dies, da er nur die im engeren Sinne religiösen Schriften unter seinem eigenen Namen, die literarischen und philosophischen aber unter verschiedenen Pseudonymen publiziert hat. Beide Schriftengruppen widersprechen sich nicht, doch bilden die Letzteren (quasi →exoterischen) die argumentierende Hinführung zu den Ersteren (bloß erbaulichen und quasi →esoterischen). Kierkegaards Denken enthält auch und wesentlich unphilosophische Aspekte. Nur im Blick auf das Unphilosophische (Religiöse) und das Ziel seines Denkens (den christlichen Glaube) ist Kierkegaards Philosophie unverstümmelt in ihrem Kern und als Ganzes zu begreifen. Diese Philosophie versteht sich in der Abgrenzung von der klassischen Substanzmetaphysik und der Spekulationsmetaphysik →Hegels als eine Existenz-Anthropologie, deren Hauptbegriffe →Existenz, Innerlichkeit und →Glaube sind. Im Zentrum steht dabei nicht der Mensch überhaupt (die Gattung Mensch), sondern das →Individuum, der konkrete Einzelne. Dessen spezifische Seinsweise ist die Existenz. Nur der konkrete Einzelne existiert. Existenz meint a), dass das →Wesen nicht von seinem Dasein getrennt werden kann und b), dass das Dasein dem Wesen sogar vorangeht, das Wesen (des Einzelnen) erst durch das Dasein konstituiert wird, woraus c) folgt, dass alle Existenz sich in einem beständigen Werden und Bestimmen seines Wesens befindet. Das Medium dieses »Werdens zu sich selbst« ist die Gattungsbestimmtheit des Menschen: →Geist.

Aus der Ablehnung der Substanz-Ontologie für den Einzelnen folgt, dass dessen Wesen keine unveränderliche Größe ist, sondern eine täglich in und durch Geist zu bestimmende Leistungsvariable. Das Wesen des Einzelnen ist keine →Substanz, sondern Innerlichkeit. Sein Seinswesen macht der Einzelne sich selbst, und nur er selbst. Das bloße Wissen und das Sein sind in Bezug auf den Einzelnen (auf Existenz) grundverschieden, z. B.: das Wissen, was (objektiv) Angst bedeutet, und (subjektiv) sich zu ängstigen, d. h. Angst zu sein. Existenz und Existenzphänomene sind durch bloße →Theorie uneinholbar; diese ist in Bezug auf jene prinzipiell insuffizient. Es muss (und kann) dem Einzelnen in Bezug auf sich selbst nach Kierkegaard nicht um bloßes Wissen von sich gehen, sondern um (sein) Existieren. Aus dem objektiven Denker hat hier ein subjektiver zu werden, dessen Aufgabe es ist, sich selbst existenziell zu verstehen; d. h. der Einzelne kann sein →Dasein nur verstehen, indem er es vollzieht (gestaltet), und sein Dasein gestalten kann er nur, indem er dies versteht. Sein und Dasein kann (bloß) gedacht werden; Existenz und Existenzphänomene aber sind durch bloßes Denken nicht angemessen zu erfassen, sondern nur durch freien, verstehenden Daseinsvollzug, eine →Handlung, die man Existenzialisierung (Verwandlung von →Verstehen in Existenz durch Geist) nennen kann: Beim geforderten subjektiven Denken kommt es also darauf an, dass der Einzelne »handelnd in seinem Denken über seine eigene Existenz sich selbst durcharbeitet; dass er also wirklich das Gedachte denkt, indem er es verwirklicht.« Die »Doppelreflexion des subjektiven Denkers« ist so die →Reflexion seiner Innerlichkeit: indem er sein wirkliches Dasein (als Einzelheit) und Denken (als begrifflich Allgemeines) zu Existenz integriert. Dies aber kann nicht völlig objektiviert und unmittelbar doziert, sondern nur indirekt mitgeteilt werden: durch Ausdruck in Existenz. Kierkegaard gibt ausdrücklich keine bloße Lehre, sondern »Existenzmitteilung« als Appell zu einer bestimmten Existenzform.

Die Integration von Verstehen und Dasein zu Existenz ist identisch mit der Konkretisierung des Einzelnen; je mehr Geist, desto mehr Innerlichkeit, desto mehr Existenz, desto mehr (individueller) konkreter Mensch, und umgekehrt. Ist nun einerseits das bloße Wissen des Einzelnen von sich selbst oft genug falsch, so wird andererseits der Einzelne in der Existenzialisierung seines eigenen Verstehens nicht nur konkret, sondern (in der genannten Integration von Verstehen und Dasein) auch wahr. Die ursprüngliche (konkrete) Wahrheit ist diese existenzielle Subjektivität (Innerlichkeit), die auch die Basis der bloßen Gültigkeit objektiver Urteile ist. Konkrete Wahrheit ist immer die von Existenz; sie kann von keiner Vermittlung und Abstraktion (beides Werkzeuge aller spekulativen Philosophie, z. B. der Hegels) erreicht werden.

Der Einzelne macht sich (faktisch, nolens volens) erst zu dem, was er ist (was auch immer das ist). Und insofern der Mensch einerseits als physische →Natur endlich, andererseits als geistbestimmtes Wesen über-endlich ist, haben alle Existenzphänomene einen nichtdefinitiven, mehrdeutigen, dialektischen Charakter (der auch die ›Theorie‹ über Existenz dialektisch prägt). Den Grund dafür sieht Kierkegaard in der Struktur des Individuums. Dieses ist kein →Ich, sondern ein →Selbst, d. h. ein Verhältnis (von Unendlichkeit / Endlichkeit, Freiheit / Notwendigkeit, Zeitlichem / Ewigem), das sich zu sich selbst verhält, also ein Verhältnis, das (faktisch und immer schon) um sich weiß, das in sich reflektiert ist. Nach Kierkegaard kann angesichts der Leidensformen des Menschen sich dieses Verhältnis (das Selbst) nicht selbst geschaffen haben. Vielmehr ist das Sich-zu-sich-selbst-Verhalten des Verhältnisses die Signatur der Gründung des Selbst in einem (gegenüber dem reflektierten, gedoppelten Verhältnis:) Dritten und zugleich die Geistbestimmtheit des Menschen. Das Dritte, in dem der Mensch gründet, ist →Gott. Dass der Mensch bloß geistbestimmt (nicht ausschließlich Geist) ist und in einem anderen gründet, ist dasselbe und der Grund für die prinzipielle Nicht-Identität des Individuums mit sich selbst, die Kierkegaard als wesenhafte Defizienz sieht: Jeder Mensch – ob er das weiß und will oder nicht – ist verzweifelt (des Menschen ›Krankheit zum Tode‹).

Diesem Konzept fügt sich ein anderes ein, mit dem das Werden des vollgültigen Menschen (des Einzelnen) durch Schuld und Sündenfall dargestellt wird. Der Mensch wird hierbei gesehen als die vom ewigen Geist gesetzte Synthese von Seele und Leib. In Adam (als dem ersten Menschen) ist die völlige Unschuld totale Unwissenheit, in der der Geist die Synthese noch nicht gesetzt hat, sondern noch träumt und darin seine Wirklichkeit als Unwissenheit von →Nichts spiegelt, das (als die reine Möglichkeit) →Angst erzeugt. Diese ist die gefesselte →Freiheit oder der Schwindel der Freiheit, der aufsteigt, wenn der Geist die →Synthese setzen will und die Freiheit hinab blickt in ihre eigene Möglichkeit und sich im Schwindel an der →Endlichkeit festhält; die wieder zu sich kommende Freiheit erkennt, dass der ewige Geist sich zum Einzelnen verendlicht hat und damit schuldig ist. Ähnlich der Sündenfall: Gottes Verbot erzeugt in dem unwissenden (und das Verbot gar nicht verstehenden) Adam jene Möglichkeit der Freiheit (als Können) und Angst, in der (nicht: durch die) die Sünde entsteht. Die in Angst entstehende Schuld und Sünde ist als qualitativer Sprung letztlich unerklärbar und unableitbar. Mit der →Individuation durch Schuld und (nicht mehr absolute) Freiheit entstehen auch die Geschlechtlichkeit und die →Geschichte, in der es (gegen Hegel) keine Notwendigkeit gibt, denn das Notwendige ist nur (wird nicht), und das Wirkliche ist nicht notwendiger als das Mögliche; alles Werden geschieht durch Freiheit, nicht notwendig; Wirklichkeit ist so die Einheit von Möglichkeit und Notwendigkeit.

Von der angesprochenen Angst und Verzweiflung gibt es keine Heilung, aber Linderung. Der Mensch kann seine angeborene Defizienz nicht aufheben, sich darin aber stabilisieren, indem er seiner Struktur entsprechend existiert, d.h.: in Freiheit seine Existenz (sein Leben) so gestaltet, dass sie der dem Menschen wesentlichen Struktur entspricht. Auch dies geschieht durch Existenzialisierung (die Kierkegaard hier pathetisch-dialektisch nennt): Der Mensch muss (soll) dazu a) seine Geistbestimmung als Gründung seiner in Gott verstehen (dialektisch, denkend) – wodurch er sich seine faktische Gründung in Gott ›nur‹ durchsichtig macht – und b) dieses Verstehen existenziell (leidenschaftlich) umsetzen, d.h. verwirklichen: im religiösen Glauben. Diesen versteht Kierkegaard weder mystisch oder klösterlich noch als blinde Gedankenlosigkeit. Er ist vielmehr ›Produkt‹ eines durch Reflexion und Lebenserfahrung erarbeiteten Weges in drei bzw. vier Stadien (die zugleich Stufen steigender Innerlichkeit sind). Im ersten, ästhetischen (sinnlichen) Stadium ist der Mensch unmittelbar, reflexionslos dem sinnlichen Leben verfallen. Sein Ausdruck ist Genuss. Seine eigentliche Bestimmung und Kraft erhält das Sinnliche aber erst von einem späteren und ihm entgegengesetzten Stadium aus: dem Geist. Im Griechentum war die Sinnlichkeit seelisch (nicht geistig) bestimmt und in Harmonie mit dem Geist; erst das Christentum hat Sinnlichkeit und Geist einander opponiert, damit das Sinnliche und Erotische als Prinzip gesetzt und so erst die Musik ermöglicht. Im Gegensatz zur →Sprache als dem konkretesten Medium ist die Musik Ausdruck und Medium der abstraktesten →Idee: die durch Geist zwar bestimmte, aber dadurch gerade dem Geist entgegengesetzte, reine sinnliche Unmittelbarkeit (sinnliche Genialität als absoluter Gegenstand der Musik). Der Geist als Prinzip des Christentums hat auch das Tragische verändert, das im Griechentum noch mehr Trauer als Schmerz war; später kehrte sich dies Verhältnis durch ethische Schuldreflexion um.

Das →ästhetische Stadium ist die wahl- und reflexionslose Indifferenz. Erst im zweiten, →ethischen Stadium ermöglicht Reflexion die Entdeckung eines (vom Einzelnen und seiner Situation gelösten) Allgemeinen (das Sollen; Freud wird es das Über-Ich nennen) jenseits der sinnlich-unmittelbaren Einzelheit und des darin zerstreuten Ichs. Dadurch entsteht allererst die Möglichkeit einer Wahl (zwischen Existenzformen: »Entweder/Oder«), die der ethische Einzelne auch wahrnimmt: Er wählt sich selbst als Persönlichkeit, die durch die Konkretisierung des Ethisch-Allgemeinen und die reflektierte Distanzierung vom bloß Sinnlich-Unmittelbaren und dessen Dunkelheit entsteht. Der ethische Mensch kennt sich selbst, ist anderen (als das, was er ist) offenbar und drückt seine Innerlichkeit in äußerer Lebenshaltung (besonders der Ehe) aus, d.h. er lebt erkennbar ethisch.

Das Ethisch-Allgemeine gibt jedoch nur gemeinschaftliche und deshalb für den Einzelnen letztlich relative Ziele. Das absolute, nur ihm eigene Ziel seiner selbst erreicht das Individuum dadurch, dass es (wie oben beschrieben) seine Gründung in Gott versteht und dieses Verstehen existenziell umsetzt: im religiösen Glauben, womit es in das dritte Stadium (→religiöses Stadium tritt. Im religiösen Glauben entspricht die Existenz des Gläubigen seinem Seinsgrund und neutralisiert Angst und Verzweiflung. Die religiöse Innerlichkeit ist – da sie nur entsteht in der Bemühung des Individuums um sein ureigenstes (absolutes) Ziel – nicht mehr im äußeren Leben auszudrücken und bleibt den anderen verborgen. Da ihr der äußere Ausdruck fehlt und das absolute Ziel in diesem Leben unerreichbar bleibt, ist der einzige Ausdruck des echt Religiösen das (geistige) Leiden als die lebenslange Bemühung, sich (durch Glauben) als Einzelner ›vor Gott‹ zu bringen.

Philosophisch geht es bei Kierkegaard darum, das ontologische Problem der Einheit von Denken und Sein (die Kierkegaard ablehnt) anthropologisch zu ›lösen‹. Das reine Denken kann seinen eigenen Grund nicht angemessen denken, – es sei denn im existenziellen Vollzug: als religiöser Glaube. »Glauben ist Sein.« Die wirkliche Realität ist deshalb für Kierkegaard die Innerlichkeit, in welcher »das Individuum die Möglichkeit aufhebt und sich mit dem Gedachten identifiziert, um darin zu existieren. Das ist

Handlung.« Die existenziell wichtigste Handlung ist die in Bezug auf sich selbst als auf seinen Grund: auf Gott. Gott ist aber gerade das (vom Menschen) absolut Verschiedene, ganz Andere und Unerkennbare. Er ›ist‹ (für mich) nicht im bloßen Denken, sondern indem ich mit Hilfe des →Verstandes aus dem Verstand herausspringe in den Glauben. Dieser entsteht nur in diesem Sprung: in dem Paradox, dass der Verstand dazu gebraucht wird zu verstehen, dass er Gott nicht denkend (mit Verstand) erfassen kann und leidenschaftlich gegen dieses Paradox anrennen soll, ohne es begreifen zu wollen. Der Sprung in den Glauben ist quasi das Pendant zum Sprung in die Sünde; und wie erst →Ethik die Schuld entdeckt, so der Glaube erst die Sünde.

Um nun zu verhindern, dass dieser Gott als bloß philosophischer gedacht wird, radikalisiert Kierkegaard (im engen Anschluss an Pascal) seinen Ansatz und trennt das dritte, religiöse Stadium nochmals in das ethisch- bzw. immanent-religiöse (Religiosität A) und das paradox- bzw. christlich-religiöse (Religiosität B). Im letzten, höheren Stadium ist mit Christus das Paradox aufs höchste gesteigert. Der bloß immanente Gott (nur für mich, bloß in meiner Immanenz) ist überwunden dadurch, dass Gott (als das Ewige und Unerkennbare) sich dennoch verzeitlicht und sichtbar gemacht hat. Erst in Christus als dem totalen Paradox und (Verstandes-)Ärgernis hat der Glaube seinen eigentlichen (allen Verstand übersteigenden) letzten Sinn. Dieser radikale, reine Glaube führt dann auch zur teleologischen Suspension des Ethisch-Allgemeinen: So wie Christus ›höher‹ (glaubenswürdiger) ist als der bloß immanente (philosophische) Gott, ist die Kategorie ›der Einzelne‹ und seine →Pflicht gegenüber Gott ›höher‹ als ethisch-allgemeine Pflichten (Abraham-Isaak-Geschichte), - was nicht selbst wieder ethisch als Dispens von der Regel gesehen werden darf, sondern als Statuierung einer paradoxen Existenz, deren ureigenste und wichtigste Probleme nicht ethisch lösbar sind. Philosophisch ist die Christus-Figur der letztmögliche Ausdruck für das unbegreiflich Paradoxale des Gottes (als unserem, durch Denken unfassbaren Grund), an den wir nur glauben können, aber auch müssen (schon weil es dies Paradox gibt). Dass die Vernunft dies als das Unbegreifliche begreifen soll, ist die Absurdität des christlich Gläubigen. An die Stelle des Metaphysikers, der durch logisch-quantitative Spekulations-Dialektik und Abstraktion vom Dasein mit bloßen Verstandes-Vermittlungen ein theoretisches System entwirft (Hegel), tritt bei Kierkegaard der konkrete, ebenso reflektierte wie leidenschaftliche Gläubige, der durch qualitative Existenz-Dialektik das Absurd-Paradoxale mit seinem faktischen Dasein im/durch Glauben in Existenz umsetzt. Ist die Ironie das Inkognito des Ethikers (→Sokrates) und Humor das der Religiosität A, so ist die Religiosität B der höchste Lebensernst: die im Glauben an Christus absichtsvolle Absurdität der paradoxalen Existenz und das Leiden, dies gegen den Verstand aushalten zu müssen, - eine Haltung, die beim späten Kierkegaard in einen aggressiv-radikalen, irrationalen →Solipsismus mit wahnhaften Zügen führt und damit diese Denkphase als eben das bloßstellt, wogegen er sich in seinen Hauptwerken wandte: eine unlebbare Theorie.

Kierkegaards Werk stellt nicht nur für Philosophen eine Herausforderung dar: mit seinen beiden Werkgruppen; dem Ineinander von Philosophie, Psychologie, Literatur, romantischer Ästhetik und kompromisslos subjektiver Religiosität; seinen zahlreichen, teils negativ gebrochenen Einflüssen und Anspielungen; seiner an die Grenze zur Hyperreflexion getriebenen, pseudodialektischen Methode im Verein mit der Neigung zu artistischen Formulierungen und der Fülle faszinierender, aber verstreuter Einsichten. Seine philosophisch-psychologische Gedankentiefe kontrastiert hart mit seiner kleinbürgerlich reaktionären Weltanschauung.

Das konkrete Individuum erfährt bei →Marx seine antireligiöse Fassung, die Gotteskategorie ihre antimetaphysische Umwandlung in den Übermenschen bei →Nietzsche; beiden geht Feuerbach vorher, der (zeitgleich mit Kierkegaard) Religion und Gottesbegriff radikal anthropologisch auflöst: Das Geheimnis der Theologie ist nach ihm die →Anthropologie. Gott ist nichts anderes als das Wesen des Menschen selbst, aber als sehnsüchtig vervollkommnetes, vom Menschen aus ihm herausprojiziert und ihm selbst als etwas anderes entgegengesetzt; der menschgewordene Gott (Christus) nur die Erscheinung des gottgewordenen Menschen; Religion die Entzweiung des Menschen mit sich selbst. Kierkegaards »Verzweiflung« ist hier der Zwiespalt des Menschen mit seinem eigenen

Wesen, das er mit Gott und Religion sich zu verschweigen bzw. zu heilen sucht. Oft sind Sätze von Feuerbach und Kierkegaard sehr ähnlich, haben jedoch einen völlig anderen Sinn.

Philosophisch bedeutsam und wirkmächtig bei Kierkegaards Denken sind neben zahlreichen einzelnen Thesen und Topoi (z.B. das Erotische in der Ästhetik oder der Daseins-Ekel) vor allem die Entdeckung der Kategorie ›Existenz‹ (womit er als Begründer der Existenzphilosophie gilt) und der Kritik der Leistungsfähigkeit jeder diesbezüglichen Theorie überhaupt, auch einer ›nur‹ philosophischen. Gerade damit hat Kierkegaard die Philosophie aber vor neue Aufgaben gestellt, die z.B. Jaspers, →Heidegger und Camus (unter starker Aufnahme säkularisierter Elemente von Kierkegaards Denken) bestimmen.

H. Diem, Die Existenzdialektik von Sören Kierkegaard, Zollikon-Zürich 1950
H.-H. Schrey (Hg.), Sören Kierkegaard, Darmstadt 1971
W. Dietz, Sören Kierkegaard. Existenz und Freiheit, Frankfurt/M. 1993
K. P. Liessmann, Kierkegaard zur Einführung, Hamburg 1993
R. A. Bast, ›Innerlichkeit‹ bei Kierkegaard, In: Rationalität und Innerlichkeit. Hg. von H.-B. Gerl-Falkovitz u.a., Hildesheim 1997, S. 121–138

R. A. B.

Leibniz, Gottfried Wilhelm (1646–1716): Deutscher Philosoph und Universalgelehrter, geb. am 1. 7. in Leipzig, gest. am 14. 11. in Hannover. Leibniz' Philosophie ist in erster Linie von dem Gedanken getragen, die →Metaphysik, die seit →Descartes am naturwissenschaftlichen Methodenideal orientiert ist, zu verbessern. Kern der Auseinandersetzung – vor allem in der *Monadologie* – ist dabei die Bestimmung dessen, was die →Substanz sei. Leibniz geht davon aus, dass sie einfach sein müsse, d.h. ohne Teile. Die einfache Substanz nennt er →Monade (Einheit). Da die Monaden keine Teile haben, so fehlt ihnen auch Ausdehnung, Gestalt und Teilbarkeit. Auf diese Weise sind sie die wahren Atome der →Natur und somit die Elemente der Dinge. Für die einfachen Substanzen gibt es also keine Auflösung, da sie sich nicht in Stücke zerlegen lassen können. Die Monaden entstehen und vergehen nur mit einem Schlag (*tout d'un coup*), während das Zusammengesetzte dem Wachsen und Schwinden ausgesetzt ist. Leibniz orientiert sich am physikalischen Begriff des Atoms und überträgt ihn auf den metaphysischen der Substanz. Neben der Einfachheit (*simplicité*) kommt es den Monaden zu, vereinzelt zu sein, keine Fenster zu haben. Das bedeutet, dass es keine Einwirkung oder Veränderung von außen geben kann, die die Monade bestimmen. Das dritte Charakteristikum ist ihre Einzigartigkeit: Jede Monade muss von jeder anderen verschieden sein, weil es in der Natur nie zwei identische →Wesen gibt. Leibniz setzt voraus, dass jedes geschaffene Wesen dem Wandel unterworfen ist und dass dieser sich kontinuierlich vollzieht. Daraus folgt aber, dass dieser auf einem inneren →Prinzip beruht, da der äußere Einfluss (*influxus physicus*) ja – in deutlichem Unterschied zu Descartes – verworfen wurde. Neben den drei Charakteristika macht Leibniz ebenfalls drei Vermögen der Monaden aus, die das Wesentliche seiner Metaphysik ausmachen: 1. Die →Perzeption (*perception*) ist der momentane Zustand, der eine Vielheit in der Einheit, d.h. in der einfachen Substanz einbegreift und vorstellt. Dass es eine Vielheit in der Einheit geben kann, erläutert Leibniz geometrisch, indem er zeigt, dass in einem Punkt unendlich viele Winkel zusammenlaufen können, ohne dass dabei verschiedene Teile des Punktes gedacht werden müssen. 2. Das Streben (*l'appetition*) ist die Tätigkeit des inneren Prinzips, das den Übergang von einer Perzeption zur nächsten bewirkt. Nicht immer wird die ganze Perzeption vollständig erreicht, aber auch ein teilweises Erreichen genügt, um zu neuen Perzeptionen zu gelangen. Entscheidend für das Streben ist der kontinuierliche Übergang. 3. Die →Vorstellungen der →Welt (*repraesentatio mundi*) meint, dass eine Vielheit in der einfachen Substanz erfahren wird. Aus jedem noch so kleinen Gedanken kann die Mannigfaltigkeit der Welt entwickelt werden, sodass jede Monade gleichsam deren Spiegel ist. Leibniz wehrt den mechanistischen Gedanken ab, die Perzeptionen seien aus Gestalt und Bewegung erklärbar. Die Monade hat nur innere Tätigkeiten, was ein Verhältnis wie das von Druck und Stoß ausschließt, denn dieses beruht ja auf der Annahme von Zusammengesetztem. Folglich kann Leibniz die Monaden als unkörperliche Automaten bezeichnen, da sie eine Art von Selbstgenügsamkeit (→Autarkie) besitzen, von sich her tätig sind. Nun haben zwar alle Monaden

Perzeptionen und Streben gemein, doch gibt es zwischen ihnen Unterschiede: Die bewusste Wahrnehmung (*sentiment*) ist distinkter als die einfache Perzeption und zudem auch von Erinnerung begleitet. Die Monaden, die so ausgezeichnet sind, können als →Seelen bezeichnet werden. Auf diesem Wege kommt Leibniz zur Entdeckung des Unterbewussten. Im tiefen, traumlosen Schlaf gibt es nur schwache und undeutliche Perzeptionen (*petites perceptions*). Doch kann man aus dem Schlaf geweckt werden und sich seiner gehabten Perzeptionen bewusst werden, woraus folgt, dass es einen Strom von unterbewussten Perzeptionen geben muss, den der Aufweckvorgang zu Bewusstsein und Deutlichkeit emporreißt. Aus der jeweiligen Distinktheit der Perzeptionen ergibt sich auch die Rangordnung der Lebewesen. Der Mensch verfügt über die deutlichsten Perzeptionen, sodass seine Seele zur →Erkenntnis (*anima intellectiva*) fähig ist. Tiere haben ihre eigenen Perzeptionen, die sie in die Lage versetzen, bestimmte Sinnesempfindungen (*anima sensitiva*) zu erhalten, während die der Pflanzen so verworren sind, dass ihnen nur die pure Lebewesenhaftigkeit (*anima vegetativa*) zuteil wird. Doch obwohl die Monaden in den Graden der Deutlichkeit ihrer Perzeptionen so verschieden sind, stellt jede in ihrer Weise das Universum vor. Daraus entwickelt Leibniz den Gedanken der Perspektivität. Dadurch dass jede Monade ihr jeweils eigenes Abbild der Welt ist, ist sie auch ihr individueller Ausdruck. Leibniz gewinnt dadurch das Prinzip der →Identität des Ununterscheidbaren (*principium identitatis indiscernibilium*). Denn zwei Wesen, die sich in allem gleichen, sind ›umsonst‹. Die Natur aber macht nichts umsonst: Also gibt es in der Natur nicht zwei Dinge, die ununterscheidbar sind. Beispielgebend sind etwa die Blätter eines Baumes, zwischen denen sich keinerlei Gleichheit finden lässt. Da aber alle Erscheinungen in der Natur nur der äußere Vorschein der monadischen Grundbestimmung sind, kann die phänomenhafte Unvergleichlichkeit nur auf eine monadische Unvergleichlichkeit gegründet sein. Leibniz räumt damit die traditionelle Vorstellung aus, die Unterscheidungsmerkmale des Menschen seien Haut und Knochen (*materia signata*), wenigstens jedoch die unterschiedliche Stelle in Raum und Zeit. Monadologisch gesehen sind diese Merkmale unwesentlich, da sie nur äußere, d.h. nicht wesenhafte Beschaffenheiten darstellen. Die Monade erweist sich also als endliche, dem stetigen Wandel unterworfene Substanz. Das Problem, das sich daraus ergibt, lautet: Wie können sich die Charaktere der wahren Einheit im Wandel bewähren? Die kritischen Punkte, die Leibniz zu klären hat, sind: 1. Wie entspricht das Wandelbare der Wesensbestimmung des Vereinzeltseins? 2. Wie kann das Wandelbare dem Anspruch der Individualität genügen? 3. Wie entspricht ein monadologisch Wandelbares dem Anspruch der Simplizität? Zum einen ist die Monade in sich wandelbar, da ihre Perzeptionen von sich her ständig im Fluss sind, im Übergang von einer Vorstellung in die andere (*l'état passager*). Das →Subjekt wandelt sich zwar bezogen auf seine Vorstellungen, doch bleibt es ein und dasselbe im Strömen von einer Perzeption zur anderen. Zum anderen ist das Prinzip der Individualität die Weise, wie jeder Einzelne die Welt repräsentiert. Die Welt wird als Horizont verstanden, der je zur Vorstellung gebracht wird; die Individualität bedeutet also die einzigartige und unüberholbare Weise der Perzeption als Repräsentation der Welt. Das Streben erfüllt dabei das Kriterium des Vereinzeltseins, da es als inneres Prinzip keinen äußeren →Ursache unterliegt. Das dritte Problem löst Leibniz, indem er zeigt, dass es neben der Perzeption noch die →Apperzeption gibt, nämlich das Mitdazuerfassen; dass es das Individuum ist, das etwas erfasst, d.h. dasjenige, was in jeder Perzeption mit hinzukommt. Doch dehnt Leibniz die Apperzeption, d.h. die Einheit des Ich, nicht auf die ganze Natur aus. Sie ist lediglich der höchste Grad des monadisch verfassten Seienden (→Sein), das sich kontinuierlich in seiner jeweiligen Deutlichkeit des Weltbezuges voneinander unterscheidet. Das lebendig Seiende – und jede Monade lebt – stuft sich nach einem Gesetz ohne Sprünge; es handelt sich um kontinuierliche Unterschiede (Gesetz der Kontinuität / *lex continui*). Aber die Monaden, gleich welchen Grades, verdanken sich nicht ihrer eigenen Kraft, sondern sind geschaffene Wesen der Monade der Monaden (*monas monadum*), d.h. →Gottes. Da alle besonderen Bestimmungen auf andere vorhergehende führen, die zu ihrer Begründung wieder einer solchen Bedingtheit unterliegen, muss es einen zureichenden →Grund geben, der außerhalb des Zusammenhangs der natürlichen Dinge steht. Leibniz denkt die Urmonade Gott als unbedingte Vollkommenheit, d.h. die Größe der positiven Realität, die sich ergibt, wenn alle Grenzen beiseite getan werden. Die geschaffenen Monaden verdanken ihre relativen Vollkommenheiten der Urmonade, ihre Unvollkommenheiten jedoch ihrer eigenen Natur, da sie ja endlich, nicht schrankenlos sind. Doch ist Gott nicht nur der Ursprung der Existenz, sondern auch der →Wesenheit, sofern sie real ist bzw. dessen, was es in der Möglichkeit schon an Realem gibt. Der göttliche →Verstand, der als Sitz der ewigen →Wahrheiten (→Ideen) begriffen wird, von dem sie abhängig sind, garantiert, dass es in den Möglichkeiten Reales und Existierendes gibt; ja ohne ihn gäbe es nicht einmal das Mögliche. Aber die Abhängigkeit der ewigen Wahrheiten von Gott bedeutet nicht, dass sie willkürlich sind, von seinem Willen bestimmt werden. Dies gilt nur für die zufälligen Wahrheiten, deren Prinzip die Angemessenheit (*convenance*), die Wahl des Besten, ist. Die notwendigen Wahrheiten hängen allein vom göttlichen Verstand ab, sind dessen innerer Gegenstand. Daraus lässt sich das Verhältnis zwischen Gott als ursprünglicher Einheit (*l'unité primitive*) und den abgeleiteten Monaden (*monades dérivatives*) genauer bestimmen: Alles Geschaffene ist Hervorbringung Gottes und entsteht durch sein kontinuierliches Aufblitzen (*fulgurations continuelles*) von Moment zu Moment. Die Grenzen der geschaffenen Monaden liegen in ihrer wesenhaft beschränkten Aufnahmefähigkeit (*réceptivité*). Gott ist also sowohl die Macht (*puissance*), die die Quelle von allem ist, als auch die Erkenntnis (*connoissance*), welche die einzelnen Ideen enthält, und auch der →Wille (*volonté*), der die Veränderungen oder Schöpfungen nach dem Prinzip des Besten bewirkt. Auf Seiten der geschaffenen Monaden entsprechen diese drei Momente dem Subjekt bzw. dem Fundament (*le sujet ou la base*), dem Perzeptionsvermögen (*faculté perceptive*) und dem Begehrungsvermögen (*faculté appétitive*). In Gott sind alle Kräfte absolut unendlich, während sie in den geschaffenen Monaden Nachahmungen je nach dem Grad (*mesure*) ihrer Vollkommenheit sind. Die Urmonade ist also die reine Tätigkeit, da sie alle Vermögen besitzt, ohne Kraft durch etwas anderes außer ihr zu erlangen. Dementsprechend ist die geschaffene Monade tätig, sofern sie deutliche Perzeptionen hat, jedoch leidend, sofern diese verworren sind. Da es aber keinen physischen Einfluss der geschaffenen Substanzen untereinander gibt, kann es nur einen idealen Einfluss durch die Vermittlung Gottes geben. Um also die Fensterlosigkeit der Monaden zu kompensieren, setzt Leibniz die schaffende Urmonade an die Stelle des Weltzusammenhang stiftenden Prinzips. Sie ist der Einheitsgrund für die unendliche Menge von Welten, die dadurch entsteht, dass jede geschaffene Monade ihre eigene Perspektive des Universums hat. Gott ist der Schöpfer der →prästabilierten Harmonie (*l'harmonie préétablie*), die es erlaubt, dass die Seelen, die nach den Gesetzen der Zweckursachen (*causes finales*) wirken, und die Körper, die sich nach den Gesetzen der Wirkursachen (*causes efficientes*) bewegen, ein und dasselbe Universum sind. Somit denkt Leibniz die Emendation (Verbesserung) der Metaphysik gegenüber Descartes geleistet zu haben, da er die sich aus dem cartesianischen Dualismus von denkender und ausgedehnter Substanz entstandenen Schwierigkeiten ausgeschaltet hat. Darüber hinaus kann Leibniz so seinen philosophischen Optimismus rechtfertigen: Da Gott nicht willkürlich schafft, sondern gemäß seinen inneren Gegenständen – den ewigen Wahrheiten – kann er bei der Schöpfung nur derjenigen Welt den Vorzug geben, die von allen möglichen Kompossibilitäten (das Zusammen-bestehen-Können der Monaden) die beste ist. Damit ist das Theodizeeproblem (Rechtfertigung Gottes angesichts des Übels in der Welt) für ihn gelöst, weil das Geschaffene von keiner Unvollkommenheit der Urmonade berührt wird. Des Weiteren ergibt sich aus dem monadologischen Denken ein neuer Ansatz für die Lösung des Bewegungs- bzw. Energieproblems. Hatte Descartes versucht, alle Bewegung durch den Druck und Stoß aneinanderfließender Korpuskeln (Körperchen) zu erklären, deren Stabilitätsgarant Gott ist, entwickelt Leibniz die Idee der lebendigen Kraft. Er wendet sich gegen den seit Aristoteles geläufigen Begriff der →Dynamis, der soviel besagt wie ruhende Disposition der Veränderung. Mit Dynamis wird nur gesagt, dass in einem Subjekt der Veränderung bestimmte passive Bedingungen vorhanden sind, die den äußeren Einflüssen, die an das Subjekt herantreten und die es allein zur Tätigkeit bestimmen, eine Richtung der Wirksamkeit vorschreiben. Leibniz akzentuiert dagegen auf monadologische Weise die Aktivität oder Kraftbegabtheit. Die Subjekte befinden sich dem gemäß in einem Zustand, aus dem, wenn er nicht durch äußere Umstände gehemmt wird, unmittelbar eine Veränderung erfolgt. Das heißt, dass in den materiellen Dingen etwas enthalten ist, was über die bloße Ausdehnung hinausgeht: die natürliche Kraft, die Gott den Dingen eingepflanzt hat. Leibniz folgert daraus, dass das Wirken das eigentliche Charakteristikum der Substanzen ist, während die Ausdehnung die bloß stetige Wiederholung der strebenden Kraft ist. Die tätige Kraft oder Wirksamkeit (*virtus*) stellt sich in doppelter Art dar: Zum einen ist sie primitive Kraft, die jeder körperlichen Substanz innewohnt - es gibt keine durchaus ruhenden Körper -, zum anderen als derivative (abgeleitete) Kraft, die sich aus der wechselseitigen Einschränkung der primitiven Kraft durch die Wechselwirkung der Körper ergibt. Und auch die passive Kraft stellt sich in dieser Zweigeteiltheit dar: Die primitive Kraft des Leidens (die Kraft des Widerstands) bewirkt, dass ein Körper nicht von einem anderen durchdrungen wird, d. h. mit einer gewissen Trägheit behaftet ist, sodass die Wirkung anderer Kräfte, die er erhält, abgeschwächt wird. Die derivative Kraft des Leidens meint soviel wie Masse, insofern der endliche ausgedehnte Körper als Produkt von einfachen Massenpunkten verstanden wird. Leibniz' Hauptinteresse gilt in diesem Zusammenhang den derivativen Kräften, da sich auf sie die Wirkungsgesetze beziehen. Die derivative Kraft wird stets in Zusammenhang mit der Ortsbewegung gedacht bzw. mit der Fortsetzung der Ortsbewegung. Sie allein ist der Erklärungsgrund für alle materiellen Erscheinungen. Bewegung aber kann nur als kontinuierliche Veränderung des Ortes begriffen werden, bedarf also der →Zeit. So ergibt sich aus der Verbindung von Bewegung und Zeit das Moment der Geschwindigkeit. Diese ist ein →Streben (*conatus*), bei dem eine Richtung mitgedacht wird, der Antrieb (*impetus*) hingegen ist das Produkt aus Masse und Geschwindigkeit eines Körpers (Impuls). Leibniz eröffnet damit den Weg zur Entdeckung der Beschleunigung. Die Bewegung, die sich über eine bestimmte Zeit erstreckt, erfährt unendlich viele Antriebe, wodurch eine Veränderung der Bewegungsgröße erklärbar wird. Der bloße Blick auf die nur momentane Bewegung erlaubt lediglich die Berechnung einer Durchschnittsgeschwindigkeit. Während die Tradition in reiner Phoronomie (Bewegungslehre) verharrt, macht Leibniz den Weg zur Dynamik frei. Kraft ist eben nicht bloß das Produkt von Masse und Geschwindigkeit (tote Kraft), sondern lebendig, was bedeutet, dass die Geschwindigkeiten fallender Körper nicht den durchlaufenen Räumen proportional sind. Die lebendige Kraft ist der physikalische Ausdruck des monadologisch gefassten Prinzips des Strebens.

A. Blank, Der logische Aufbau von Leibniz' Metaphysik, Berlin 2001

P. Döring, Die Philosophie Gottfried Wilhelm Leibniz', Leipzig 1999

M.-Th. Liske, Gottfried Wilhelm Leibniz, München 2000

K. Nowak / H. Poser (Hg.), Wissenschaft und Weltgestaltung, Hildesheim 1999

A. P.

Lévinas, Emanuel (1906–1995): Geboren in Kaunas, Litauen, gestorben in Paris: Kind zweier Kulturen, die in seiner Philosophie einen Ausgleich suchen. Sohn jüdischer Eltern, hat er Zeit seines Lebens der jüdischen Religion die Treue gehalten. Zugleich suchte er das Ghetto des osteuropäischen Judentums zu durchbrechen: Das Judentum musste den Geist Europas und der Philosophie in sich aufnehmen, aber dennoch seine jüdische Identität bewahren. Lévinas suchte eine Stellung zwischen Isolation und Assimilation. 1923 Übersiedlung nach Frankreich, Studium der Philosophie, Promotion in Straßburg mit einer Arbeit über →Husserl. Annahme der französischen Staatsbürgerschaft, Teilnahme am Krieg als Soldat und in deutscher Kriegsgefangenschaft. Die Familie Lévinas' wurde Opfer der Judenverfolgungen in Litauen. Nach dem Krieg in Paris Direktor der jüdischen Lehrerausbildungsanstalt für das östliche Mittelmeer. 1961 Habilitation mit dem Buch *Totalität und Unendlichkeit*, danach Universitätsprofessor.

Einsatzpunkt für Lévinas' Philosophie ist eine fundamentale Zweideutigkeit des europäischen →Rationalismus. Einerseits ist die Philosophie eine Bewegung der Befreiung der Menschen. Sie identifiziert den Menschen nicht mehr mit seiner materiellen Existenz, sondern trennt →Leib und →Seele. Die →Wahrheit des Menschen liegt im Geistigen (→Idealismus). So entwickelt sie das Konzept des Menschen, der eine eigene Würde hat unabhängig von den materiellen, rassischen oder sozialen Bedingungen, unter denen er lebt. Aus der mythischen Bindung an ein anonymes Schicksal tritt der Mensch in die →Freiheit des →Geistes. Anderseits droht die Entdeckung des Ideellen ihrerseits zu einer neuen Tyrannei zu werden, zum Totalitarismus einer →Vernunft, die nichts anderes anerkennt. Die totale Herrschaft des →Subjekts über das →Objekt bannt das einsame Subjekt in eine abstrakte Existenz und schneidet es vom →Sein ab. Daher die Frage →Heideggers nach dem Sein des Subjekts. Die Abstraktheit des Subjekts scheint nur überwunden werden zu können, wenn der Gegensatz von Subjekt und →Objekt eingeebnet wird, wenn das Subjekt wiederum im Sein aufgeht und damit den Bann des Idealismus bricht. In diese Richtung weist das →Bewusstsein vom Weltzerfall und dem Weltenende in der ersten Hälfte des 20. Jhs. So ist das europäische Denken in zwei Weisen vom Totalitarismus bedroht: von der totalen Herrschaft des Subjekts über das Objekt, des Seienden über das Sein, einerseits und vom Totalitarismus der mythischen Welt oder der Herrschaft des Seins über das - individuelle - Seiende andererseits. Aus dieser →Aporie sucht Lévinas einen Ausweg. Er findet ihn im Gedanken des Anderen. Das Denken des Anderen bricht die Totalität auf. Der oder das Andere hebt die Einsamkeit des Subjekts auf und lässt ihm doch seine Unabhängigkeit, seine »Getrenntheit« (*séparation*). Von nun an wird der Gedanke des anderen zum Motor für Lévinas' Philosophieren.

Es kommt freilich darauf an, das Andere als Anderes und nicht wiederum als Objekt zu denken. Unter einem Objekt oder Gegenstand des Denkens verstehen wir etwas, das ein Eines ist, etwas, das mit sich selbst identisch ist und daher als es selbst verharrt, auf das wir zurückkommen und das wir anderen mitteilen können. Diese Einheit des Gegenstandes mit sich selbst, seine →Identität, ist das Resultat der identifizierenden Tätigkeit der Vernunft. Was die Vernunft auch immer ergreift, ist eines und als solches Resultat einer →Synthese. Daher ist dem Denken, soweit es ein Tun ist, das andere nicht zugänglich. Das Objekt des Denkens hat als solches schon seine Andersheit verloren. Das andere muss vielmehr dem Denken in gewisser Weise vorhergehen; es muss an ein passives Subjekt herantreten. Die Passivität des Subjekts ist die Bedingung für die Andersheit des anderen. Lévinas spricht gelegentlich von einer Passivität, die passiver ist als jede Passivität. Er grenzt damit die Passivität als Bedingung für den Empfang des anderen ab von dem, was →Kant z.B. als →Rezeptivität bezeichnet hat. So sehr Kant die Rezeptivität, nämlich das Vermögen der →Anschauung, vom →Begriff unterscheidet, so ist ihnen doch gemeinsam, dass sie beide Formen der Synthesis sind. Passivität ist nicht Rezeptivität. Die Passivität, in der das andere empfangen wird, kommt nach Lévinas den Sinnen zu. Der andere hat einen Zugang zum Subjekt kraft der →Sinnlichkeit. Aber auch hier wiederum unterscheidet Lévinas die Sinnlichkeit im traditionellen Sinne, etwa die →Wahrnehmung bei Kant, Husserl oder Merleau-Ponty, von dem, was bei ihm Sinnlichkeit meint. Seine Studien zum Begriff der Empfindung bei Husserl zielen auf eine Empfindung, eine Sinnlichkeit, vor aller →Intentionalität.

Steht demnach der andere und die Beziehung zu ihm im Mittelpunkt, so wandelt sich doch im Laufe der Zeit der Begriff, den sich Lévinas von dieser Beziehung macht. In der frühen Philosophie ist es die →Liebe, die den Zugang zum anderen öffnet, in der späten hingegen die →Verantwortung. Repräsentativ für die frühe Philosophie sind die Bücher *Vom Sein zum Seienden* und *Die Zeit und der andere*, für die späte Philosophie *Jenseits des Seins oder anders als Sein geschieht*. *Totalität und Unendlichkeit* ist ein Werk des Übergangs. Wie sieht nun jeweils diese Beziehung aus?

Der junge Lévinas, der Husserl und Heidegger in Freiburg begegnet war, hat mit Enthusiasmus Heideggers Buch *Sein und Zeit* begrüßt. Er teilt insbesondere die Kritik an der traditionellen Philosophie, die seit →Parmenides das Sein nur als Seiendes versteht. Damit hat sie es unter den Zwang der Einheit gebracht und das andere aus der Philosophie eliminiert. Es kommt darauf an, einen neuen Begriff vom Sein zu entwickeln und noch einmal jenen symbolischen Vatermord zu versuchen, an dem schon →Platon gescheitert ist. Es geht um eine neue →Ontologie, um ein Sein, das aus der parmenideischen Einheit herausgedreht ist, um ein »plurales Sein«. Den Begriff eines pluralen Seins entwickelt Lévinas im Ausgang vom Phänomen der sinnlichen Liebe des Mannes zur Frau. In der Liebe begegnet der Mann dem anderen. Das andere ist weiblich. Das Weibliche lässt sich nicht eigentlich fassen, begreifen, →konstituieren. Es entzieht sich jedem solchen Versuch. Wenn der Mensch seine ganze Welt konstituiert und sein intentionales Wesen darin besteht, in die Welt zu expandieren, so ist das Weibliche jenseits der Welt. Die Liebe ist kein Bedürfnis (*besoin*), das der Mann befriedigen könnte, sondern ein unendliches Begehren (*désir*). Dem Subjekt, das sein Können ausspielt und das in die Welt expandiert, entzieht sich das Weibliche. Nur dem radikal passiven Subjekt gibt es sich. Aber in der erotischen Liebe widerfährt dem Mann eine neue Produktivität, nicht die des technischen Könnens und jener Vermögen, kraft derer wir die Welt konstituieren, sondern die Begegnung mit dem weiblichen anderen befähigt ihn, ein Kind zu zeugen, den Sohn. Die Passivität des Subjekts in der Liebe nennt Lévinas auch ein »Sich-Zusammenziehen« (*crispation*) oder ein Sterben. So wie nach der jüdischen →Mystik →Gott sich zusammenziehen muss, um Platz für die Welt zu schaffen, so ist die Passivität des Subjekts, der Tod seines Könnens, die Bedingung für seine Fruchtbarkeit. In der Vaterschaft realisiert sich das gesuchte plurale Sein. Denn einerseits ist der Sohn ein Fremder, ein anderer. Andererseits gilt: »Ich ›bin‹ auf gewisse Weise mein Kind. Nur haben die Worte ›ich bin‹ hier eine von der eleatischen oder platonischen verschiedene Bedeutung.«

In der Folge tritt der erotische Ansatz zurück zugunsten eines ethischen Verständnisses: Die Verantwortung tritt in den Vordergrund. Damit nimmt Lévinas ein Motiv auf, das bisher nur eine untergeordnete Rolle gespielt hatte, das aber nun in den Mittelpunkt seiner Überlegungen drängt: sein ethischer Begriff von Freiheit. Seine bisherige Philosophie beschreibt Lévinas als einen »Weg, der vom Sein zum Seienden und vom Seienden zum anderen«, oder, in anderen Worten, vom Mythos zum →Logos und vom Logos zum Eros führt. Die Philosophie als Übergang vom Mythos zum Logos befreit den Menschen aus den mythischen Bindungen. Befreiung aber heißt bei Lévinas Erlösung von →Schuld. Der Mensch ist unfrei, soweit er in seiner Vergangenheit verhaftet ist und sich von früheren Taten und alter Schuld nicht befreien kann. Dabei ist der erste Schritt aus dem Mythos der Einbruch des Schuldbewusstseins. Das Bewusstsein der Schuld wirft das Subjekt auf sich zurück und löst es zugleich aus dem bisherigen Zusammenhang mit dem Ganzen. Historischer Ausdruck dieses Geschehens ist die griechische Tragödie. Erst jetzt wird die Totalität gegenständlich. Das Innewerden der Schuld ist in eins der Ursprung des Ichbewusstseins und des theoretischen Abstandes von der Totalität. Aber während in der frühen Philosophie die Verhaftung im Sein ein anonymes Geschehen war, ist nun der neue Gedanke, dass Schuld andere Menschen voraussetzt, für die das Subjekt die Verantwortung hat. Also ist es das moralische Bewusstsein, das den Menschen aus dem selbstvergessenen Schlaf der animalischen Existenz weckt.

Wie erfährt das Subjekt den anderen? Der Appell des anderen an die Verantwortung des Subjekts wird vom Subjekt erlebt als Anspruch, dem anderen einen Platz einzuräumen. In der Gegenwart des anderen ist der Umgang mit den Dingen und der Welt nicht mehr selbstverständlich, sondern fordert Rücksicht. Das Subjekt darf nicht mehr alles, was es kann. Der andere macht dem Subjekt die alleinige Verfügung über die Welt streitig; er entzieht ihm gewissermaßen die Welt. Der andere manifestiert sich in der Forderung, den Besitz loszulassen.

Der Gedanke der Verantwortung für den anderen und der unvermeidlichen Schuld, die mit der Existenz als solcher gegeben ist, tritt so sehr in den Mittelpunkt, dass der Begriff des Weiblichen und der erotischen Liebe ganz verschwindet. Zwar stehen in *Totalität und Unendlichkeit* beide Formen des anderen noch nebeneinander. In *Jenseits des Seins* aber geht es nur noch um die Verantwortung des Subjekts für den anderen. Für Lévinas ist die Verantwortung für den anderen so zentral, dass für ihn das Menschsein überhaupt erst damit beginnt. Die Verantwortung für den anderen ist das *humanum* schlechthin.

Aber wiederum kommt hier alles darauf an, die Andersheit des Anderen zu bewahren und ihn nicht zum *alter ego* oder gar zum Objekt zu machen. Diese Nichtobjektivierbarkeit des Anrufs des Anderen und seines Verhältnisses zum Subjekt wird von Lévinas auf drei Weisen näher bestimmt, nämlich in Bezug auf die Ontologie, die →Sprache und die →Zeit. Im Verhältnis zur heideggerschen Ontologie ist der andere metaontologisch. Heidegger unterscheidet zwar das Sein und das Seiende. Und das Sein ist ›etwas anderes‹ als das Seiende. Es teilt mit dem lévinasschen Anderen die Eigenschaft, sich jeder Objektivierung zu entziehen. Aber im Unterschied zum Anderen besteht die Wahrheit des Seins darin, sich in die Welt, in die Bestimmungen des Logos zu entfalten und zu sammeln. Insofern ist das Sein doch wiederum nirgends anders als im Seienden; es ist das Seiende und ist es nicht. Das Seiende ist das Telos des Seins und selbst das Sein. Diese Identität, die zugleich Differenz ist, nennt Lévinas die »Amphibologie des Seins und des Seienden«. Gegen diese Amphibologie ist der Andere immun. Das Sein geht in der Welt auf. Der Andere entzieht sich definitiv der Welt. Insofern ist er vor- oder meta-ontologisch.

Der Andere ist auch - in einem gewissen Sinne - vorsprachlich. Die Grundelemente der Sprache sind das →Zeichen, die →Bedeutung, der Gegenstand. Das Zeichen weist vermittelst der Bedeutung oder des Begriffs auf einen Gegenstand. Die Sprache ist prädikativ, sie hat die Struktur des Satzes, weil in ihr das Sinnliche, der Gegenstand, als etwas aufgefasst wird. Was das Jeweilige ist, wird ihm vom Begriff vorgeschrieben. Da nun der Begriff ein subjektives Konstitut ist, hat der begriffene Gegenstand schon seine Andersheit verloren. Zugleich büßt er seine Individualität ein, sofern der Begriff die Sache nur in ihrer Allgemeinheit fasst. Von dieser signifikativen Sprache unterscheidet Lévinas die ethische Sprache, ein Sagen (*dire*), das nicht in seinen Bedeutungen, im Gesagten (*dit*) aufgeht. Deutete man den Anruf des Anderen nach dem üblichen Sprachmodell, so müsste man ihn als das Zeichen verstehen, das mir eine bestimmte Bedeutung gegenwärtig macht - eine Aufforderung zur Hilfe - und schließlich meine Hilfe, meine Öffnung für den Anderen als den bedeuteten Gegenstand. Die ethische Sprache hingegen kennt diese Unterscheidungen nicht. Die Präsenz des Anderen ist selbst der Appell und meine Antwort - eine Antwort freilich, die ich widerrufen kann. Im Bedeuten des Anderen sind Zeichen, Bedeutung und Gegenstand eins.

Diese Unmittelbarkeit lässt sich mit unseren täglichen →Kategorien nicht fassen. Sie widerspricht nicht nur unserem üblichen Verständnis von Sprache, sondern auch unserem Zeitverständnis. Zudem kommt der Unterschied zwischen dem Sagen und dem Gesagten erst dank der zeitlichen Verschiedenheit zur Klarheit. Nach den phänomenologischen Analysen zur Zeit greift die Gegenwart immer schon auf die Zukunft vor und ist Vergegenwärtigung von Zeiten, die bereits vergangen sind. Das Bewusstsein, so wie es die Phänomenologen beschrieben haben, kennt keine unmittelbare Gegenwart, also ein Bewusstsein des im unbedingten Sinne gegenwärtigen Eindrucks. Damit ein Eindruck ins Bewusstsein trete, muss er minimal vergangen sein, sonst kann er nicht gegenständlich werden. Bewusstsein ist eine Relation. Nun soll der Anruf des Anderen jedem Begreifen vorausgehen. Also ereignet er sich in der Unmittelbarkeit einer Gegenwart, die erst post festum zu Bewusstsein kommt. Im Verhältnis zum Anderen kommt das Bewusstsein immer schon zu spät. Das ist der Grund, warum Lévinas das Bewusstsein vom Subjekt unterscheidet. Das Bewusstsein ist ontologisch, sprachlich, zeitlich. Das Subjekt dagegen in seiner Beziehung zum Anderen ist meta-ontologisch, vorsprachlich, vorzeitlich (diachron) in dem erläuterten Sinne.

Damit gibt Lévinas eine erste Antwort auf die Frage, die seine ganze Philosophie dominiert: Wie lässt sich das Denken in Kategorien der Einheit und Totalität sprengen? Seine bisherige Antwort lautet: Die Ausgangssituation ist nicht die Einheit, sondern die Dualität von Subjekt und Anderem; dem gegenüber ist die Totalität des Bewusstseins schon ein Konstitut, Resultat einer Synthese. Aber darin erschöpft sich nicht die Antwort. Vielmehr findet Lévinas nun auch die Mittel, die fundamentale Zweideutigkeit der europäischen Philosophie, des europäischen Idealismus zu erklären. Zwar ist die Verantwortung für den Nächsten der tiefste Punkt, von dem wir ausgehen müssen. Aber tatsächlich sind wir ja nie mit dem Nächsten allein, sondern mit einer Vielzahl von Menschen, von denen jeder der Nächste ist. Auch der Dritte ist unser Nächster, und umgekehrt ist der Nächste uns nicht näher als der Dritte. Angesichts der Knappheit der Mittel muss das Subjekt die Ansprüche des Nächsten und des Dritten gegeneinander in ihrer Dringlichkeit abwägen. Es bedarf eines gemeinsamen Maßes, dem sie unterworfen werden und das für alle gilt. Das gemeinsame Maß kann aber nur etwas Ideelles sein, das der Vielzahl konkreter Fälle Einheit gibt, sodass mit dem Vergleich der Anfang der Begrifflichkeit und des Allgemeinen gesetzt ist. Von hier aus werden nun allgemeine Kategorien entstehen, und zwar nicht nach dem Prinzip der unmittelbaren Nächstenliebe (*amour*), die keine Grenzen kennt, sondern der verteilenden →Gerechtigkeit (*justice*). Die Verantwortung nicht nur für den Nächsten, sondern für alle ist es, aus der sich die Forderung nach Gerechtigkeit und nach einem Organ, das die Gerechtigkeit sichert, nämlich dem →Staat, erhebt. Die Ratio und die Konstitution der menschlichen Welt folgt dem Appell an eine universale Verantwortung. Weder darf die Gerechtigkeit den unmittelbaren Anspruch des Nächsten vergessen machen noch hat umgekehrt der Nächste einen unbedingten Vorrang vor dem Dritten und dem Fernsten. Gerechtigkeit und Nächstenliebe, das Allgemeine und das Individuelle, korrigieren sich gegenseitig; beide sind gleich notwendig, ohne dass das eine auf das Andere reduziert werden könnte. Wir verstehen nun auch, dass das Allgemeine, wenn es seine Herkunft aus der Liebe verleugnet, den Charakter einer Totalität annehmen kann, die den Einzelnen ignoriert. Dies geschieht immer dann, wenn die Ontologie sich als erste Philosophie gebärdet, ihren Ursprung in der →Ethik verleugnet und damit den Einzelnen tendenziell vernichtet. War Lévinas ausgegangen von der Zweideutigkeit der Aufklärung (→A Neuzeit - Aufklärung), die dem Individuum zwar Befreiung verheißt, es aber zugleich mit →Entfremdung und Nichtigkeit bedroht, sodass der europäische →Rationalismus immer in der Versuchung des Rückfalls in das mythische Sein war, so vermag Lévinas' Philosophie diese Zweideutigkeit nun zu erklären: Solange der Rationalismus sich selbst absolut setzt, ist er nur das Gegenbild des mythischen Denkens und läuft Gefahr, in es umzukippen. Erst ein Rationalismus, der sich seiner ethischen Voraussetzungen erinnert, ist vor dem Rückfall in sein Gegenteil gefeit; denn er erkennt, dass Subjektivität ihrem Ursprung nach Entfremdung ist; er betreibt die Entfaltung der Ratio und des Allgemeinen, die Entwicklung dessen, was Lévinas das Politische nennt, nicht zum Zwecke der Selbsterhaltung, des *conatus essendi*, sondern um dem Anspruch der universalen Verantwortung zu genügen. Der positive Sinn der europäischen Philosophie und des europäischen Denkens, das Lévinas nie aufgehört hat zu verteidigen und hoch zu halten, liegt in dem Rückbezug auf die ethische Grundlage. Diese ethische Orientierung der griechischen Philosophie sieht Lévinas als jüdisches Vermächtnis an das europäische Denken an. Die Philosophie versteht er als Explikation des Jüdischen ins Allgemeine - das Jüdische griechisch sagen, wie Lévinas fordert -, so wie umgekehrt das Jüdische des Griechischen bedarf, um politisch und geschichtlich wirksam zu werden.

B. Taureck, Emmanuel Lévinas zur Einführung, 2. Aufl. Hamburg 1997

W. N. Krewani, Der versteinerte Augenblick, in: E. Lévinas, Vom Sein zum Seienden, Freiburg / München 1997, S. 127-171

-: Emmanuel Lévinas, Denker des anderen, Freiburg / München 1992

P. Delhom, Der Dritte. Lévinas' Philosophie zwischen Verantwortung und Gerechtigkeit, München 2000

W. N. K.

Locke, John (1632-1704): Geboren am 29.8. in Wrington, Somerset; gestorben am 28.10. in Oates, Essex: Locke wird gemeinhin (nehmen wir die Epoche) als einer der bedeutendsten Denker der Aufklärung (→A Neuzeit - Aufklärung) bezeichnet, dessen Lehre (beziehen wir uns auf seine Position*)* als Ausgangspunkt des neuzeitlichen →Empirismus bzw. →Sensualismus gilt. Diese klassische Einschätzung hält jedoch der differenzierten Quellenanalyse der heutigen Forschung nur bedingt stand. Die Existenz so verschiedenartiger Persönlichkeiten wie La Mettrie und Herder, Marquis de Sade und Locke im Zeitalter der Aufklärung hat zu der These geführt, dass der ihnen gemeinsame Nenner in der Ablösung des traditionellen metaphysischen Begriffs der →Substanz durch den der →Funktion besteht. Der Wandel von der Vorstellung des →Geistes als einer unveränderlichen →Entität zu der einer genetisch zu begreifenden Aktivität betrifft nicht nur die Auflösung des Intellekts, sondern die gesamte Vermögenshierarchie: der Abwertung des Seelischen entspricht eine Aufwertung des Körperlichen. Die dadurch möglich gewordenen Verflechtungen von empirischen und rationalistischen Theorieanteilen haben Auswirkungen auf die theoretische und die praktische Philosophie.

Für die Tragfähigkeit dieser Überlegungen ist Locke ein bestechendes Beispiel, der schon auf der biografischen Seite eine ›gelebte‹ Einheit von →Theorie und →Praxis verkörpert: Sein weit gespanntes Studium (Logik, Sprachen, Metaphysik), sein großes Interesse an Fragen der Chemie und Medizin, seine umfangreichen Tätigkeiten als Dozent, Schriftsteller, Arzt, Erzieher, Politiker und Geschäftsmann fanden ihren Niederschlag in einer Publikationsbreite, die sich von der Theologie und Philosophie über den Weinbau bis zur Finanzpolitik erstreckt. Aber erst die begriffene Einheit von Theorie und Praxis, die Locke im aristotelischen Sinne versteht, ist es, die Lockes philosophischen Rang legitimiert. Seine erkenntnistheoretische Hauptschrift *Essay Concerning Human Understanding* (1690) ist nicht nur in dieser Kategorie sein wirkungsmächtigstes Werk: Auf ihr fußt auch seine moralische, d.h. vor allem seine politische Philosophie.

Diese Einreihung jedoch darf nicht missverstanden werden, wofür schon spricht, dass sich Locke lieber als *philanthropus* (Menschenfreund) denn als ›moderner Aristoteles‹ bezeichnen lassen wollte. Von der Sache her gesprochen: Auch wenn die Geltung der praktischen Philosophie in der (erkenntnis-)theoretischen fundiert ist, gilt dies nicht für ihre Genese. Der Anstoß zur →Erkenntnistheorie liegt im praktisch begründeten Interesse: Was für uns von Nutzen sein kann, was wir mit Aussicht auf Erfolg unternehmen können. Deshalb ist das grundlegende Motiv des *Essay* nicht die Lösung der Aufgabe, wie wir möglichst alle Dinge dieser Welt begreifen können, sondern lediglich diejenigen, die unser mögliches Verhalten angehen: Unser Geist erhält seine ureigene Funktion für unsere →Handlungen. An der Existenz →Gottes zweifelt Locke nicht, weil wir es schließlich ihm zu verdanken haben, dass der Weg zu einer besseren Lebensführung in den Bereich unserer Erkenntnis gestellt wurde. Vor dieser Folie befasst sich Lockes Hauptwerk mit der Unterscheidung von Ursprung, →Gewissheit und Umfang der menschlichen →Erkenntnis.

Die Verbindung von empirischen und rationalen Elementen wird deutlich in der ersten Einzelanalyse des *Essay*, der Auseinandersetzung mit der Lehre von den angeborenen spekulativen →Prinzipien, mit der Locke die über →Hobbes und Gassendi begrifflich vermittelte Kritik an →Descartes fortführt. Die Lehre von angeborenen Ideen (→*ideae innatae*), die im Übrigen die Zwiespältigkeit von Descartes' eigenem →Rationalismus offen legt, hat ihre Ursprünge bereits in der Antike und wurde in der →Renaissance (A) aktualisiert. Das rationale Element in Lockes Empirismus kommt hier in der Spanne zwischen einem Empirismus der →Ideen und einem der Aussagen zum Vorschein. Jener enthält die These, dass alle unsere Ideen aus der →Erfahrung stammen; gleichgültig, ob sie theoretischen oder moralischen Ursprungs sind: Der Geist gleicht bei seiner Geburt einem unbeschriebenen Blatt; erst durch Erfahrung kann er Ideen enthalten. Diese selbst liefert aber lediglich das Material für das →Denken, das entweder als Produkt äußerer Wahrnehmung (*sensation*) oder innerer Beobachtung geistiger Operationen (*reflection*) auftritt. Die Ideen der *sensation* stellen den weitaus größten Anteil; zu jenen gehören Ideen wie Erkennen, Wahrnehmen, Glauben oder Wollen. Weil nicht die Wahrnehmung, sondern der →Verstand die logischen Beziehungen zwischen den verschiedenen Sinneserfahrungen herstellen kann, ist Lockes Empirismus der Ideen mit einem Rationalismus der Erkenntnis verknüpft, und der erwähnte Empirismus der Aussagen kommt hier ins Spiel, weil er die behauptete Legitimität einer Erkenntnis auf eine frühere Wahrnehmung zurückführt.

Von den zahlreichen Einzelstudien des *Essay* sollen nur zwei erwähnt werden, die einen besonders großen Einfluss auf die Philosophiegeschichte verraten. Mit der Überzeugung, dass Erkenntnistheorie notwendig →Sprachphilosophie im Sinne von Sprachkritik zu sein habe, weil unbestimmt oder falsch verwendete →Begriffe die Philosophen dazu verführen, die Macht langer Gewohnheit für Gelehrsamkeit zu halten und mit wahrer Erkenntnis zu verwechseln, hat Locke den zentralen Ansatz der sprachanalytischen Philosophie des 20. Jhs. und mit der These von der Zeichenhaftigkeit der →Sprache das Gerüst der →Semiotik vorweggenommen. Diese Wirkung auf das moderne Denken gilt auch für Lockes Untersuchung des Begriffs der →Qualität. Während eine Qualität allgemein die Kraft eines Gegenstandes definiert, eine Idee in unserem Geist zu erzeugen, sind primäre

Qualitäten (Ausdehnung, Gestalt, Zahl) Eigenschaften, die den Körpern unmittelbar selbst zugesprochen werden, welche in uns jene ebenbildlichen einfachen Ideen erzeugen. Sekundäre Qualitäten (Farbe, Geschmack) hingegen sind lediglich Dispositionen zu Wirkungen, die keine klare und deutliche Erkenntnis zulassen.

Der sinnliche Quell unseres Wissens und seine aus diesem Grunde notwendige Beschränktheit ist der Leitfaden, der auch Lockes praktische Philosophie durchzieht. Anlass zum →Skeptizismus ist gleichwohl nicht gegeben, da wir durchaus Einsicht in die richtigen Handlungen erlangen können, wozu uns Erziehung verhilft (*Some Thoughts Concerning Education*, 1693; *Of the Conduct of the Understanding*, 1706). Als sittliche Erziehung ist unser Lernen Einübung in menschliches Verhalten, Verabschiedung von Vorurteilen, Konzentration auf Prinzipien anstatt auf Sachen, auf abgewogene →Urteile und nicht auf Leidenschaften.

Der durch Erziehung beeinflussbaren Entwicklung individueller →Vernunft korrespondiert der Übergang vom →Naturzustand zum →Gesellschaftsvertrag. Anders als in Hobbes' *bellum omnium contra omnes* ist Lockes Urzustand ursprünglich als friedlich konzipiert; freie, gleiche und Eigentum besitzende Individuen organisieren sich jedoch politisch (*Two Treatises of Government*;1690), weil Habgier und Konkurrenz diesen Frieden bedrohen. Wichtigstes Motiv sowohl des Vertragsschlusses als auch des Staatszwecks ist der Schutz des persönlichen Eigentums unter gesetzlichen Regelungen.

Dies bedeutet jedoch nicht, dass der bürgerliche →Staat das in ihn eingebrachte Eigentum neu verteilt. Weil privates Eigentum durch →Arbeit am eigenen Leibe erworben wird, bedarf seine Aneignung weder der Erlaubnis durch andere noch der Zuteilung des Staates. In Lockes liberalistischem Konzept hat er lediglich Gesetze zum Schutz des →Eigentums zu erlassen, durch welche die Rahmenbedingungen für den Tauschhandel verbessert werden. Dieser ermöglicht Eigentumsdifferenzen, die aber letztlich dem Wohlstand aller zugute kommen. Die bürgerliche Gewalt ersetzt ferner das natürliche Recht zur Selbstjustiz; sie darf über Krieg und Frieden entscheiden und den Bürgern exekutive →Pflichten auferlegen – die Gewaltenteilung zwischen Exekutive und Legislative (erst bei Montesquieu wird explizit die Judikative als dritte Gewalt in die politische Philosophie eingeführt), welche Locke empfiehlt, soll zur Vermeidung von Konflikten beitragen.

Die Entscheidung über die endgültige politische Form eines Gemeinwesens beruht für Locke auf einer Mehrheitsentscheidung der Bürger. Greift der von ihnen gewählte Herrscher widergesetzlich in die das Gemeinwesen zusammenhaltende Legislative ein, fehlt eine oberste Berufungsinstanz. Das natürliche Widerstandsrecht lebt auf, weil das ursprüngliche Verbrechen in jener widerrechtlichen Aufkündigung der bürgerlichen Ordnung, die Staatszweck ist, liegt. Von seinem Vorgänger Hobbes grenzt sich diese Konstruktion deshalb ab, weil bei ihm keine Rechtsbeziehungen zwischen den Individuen und dem Herrscher bestehen, die ein Recht auf Widerstand legitimierten; auch bei Lockes Nachfolger Rousseau werden im Gesellschaftsvertrag alle natürlichen Rechte aufgegeben.

Lockes Nachwirkungen in der →politischen Philosophie werden am augenfälligsten an dem Vorwurf, der an Thomas Jefferson gerichtet wurde und besagt, er habe in der nordamerikanischen Unabhängigkeitserklärung von 1776 und Verfassung von 1789 Locke schlichtweg plagiiert. Schlegel hingegen nannte Locke einen »Vor-Rousseau«. Was die theoretische Philosophie angeht, hat Locke in der angelsächsischen Welt – stärker als →Berkeley oder →Hume – den Begriffsapparat und Richtungen wie die erwähnte →analytische Philosophie und den logischen Empirismus beeinflusst; in Frankreich hat →Voltaire Lockes Gedanken zum Durchbruch verholfen, die in Condillacs Sensualismus dann ihren differenzierten Niederschlag gefunden haben. In Deutschland sind hauptsächlich Thomasius, Wolff, →Kant und →Husserl zu erwähnen, deren Deutungen der Erkenntnislehre Lockes als Physiologie (Kant) bzw. Psychologismus (Husserl) jedoch den Blick auf ihre fruchtbaren rationalistischen Ansätze verstellen.

R. Specht, John Locke, München 1989

Th. Schneider, John Locke, in: Metzler Philosophen-Lexikon. Hg. von B. Lutz, 2. Aufl. Stuttgart / Weimar 1995, S. 512–517

R. Woolhouse, John Locke, in: The Oxford companion to philosophy. Hg. von T. Hondrich, Oxford, New York 1995, S. 493–496

J. C.

Marx, Karl (1818–1883): Marx wurde am 5. 5. in Trier geboren und ist am 14. 3. in London gestorben. Die Grundzüge seiner Philosophie lassen sich in Verbindung mit drei Namen darstellen: →Hegel, Feuerbach und Engels. Von Hegel hatte Marx gelernt, dass der →Mensch ein geschichtliches Wesen ist. Seine →Geschichte ist die Geschichte der Produktion seines Wesens, das sich in Hegels Philosophie durch die Arbeit des →Begriffs hervorbringt. Für Ludwig Feuerbach zeigt sich im Hinblick auf Hegel, dass gerade der vollendete Begriff die →Entfremdung des Menschenwesens ist: »So entäußert und entfremdet die absolute Philosophie dem Menschen sein eigenes Wesen, seine eigene Tätigkeit!« Das wahre Wesen des Menschen hingegen ist das sinnliche Wesen. Friedrich Engels, der Barmer Fabrikantensohn und scharfsinnige Beobachter und Kritiker des Frühkapitalismus, führt Marx sowohl theoretisch wie auch praktisch in das Zentrum der Sache ein, die er zur Unterscheidung bringen sollte, nämlich in die Ökonomie des Kapitalismus.

In respektvoller aber kritischer Auseinandersetzung mit Hegel stellt Marx die Entfremdung des Menschen in der Entfremdung der →Religion, des →Rechts und der →Politik dar. »Die Kritik der Religion«, führt er in der Einleitung *Zur Kritik der Hegelschen Rechtsphilosophie* aus, »ist im Wesentlichen beendet, und die Kritik der Religion ist die Voraussetzung aller Kritik.« An anderer Stelle heißt es: »Das religiöse Elend ist in einem der Ausdruck des wirklichen Elends und in einem die Protestation gegen das wirkliche Elend. Die Religion ist der Seufzer der bedrängten Kreatur, das Gemüt einer herzlosen Welt, wie sie der Geist geistloser Zustände ist. Sie ist das Opium des Volks. Die Aufhebung der Religion als des illusorischen Glücks des Volkes ist die Forderung seines wirklichen Glücks.« Nachdem die Entfremdung zwischen irdischem Menschen und jenseitiger Religion, zwischen dem privaten Bürger und dem Staatsbürger oder anders gesagt, zwischen dem konkreten Bürger und dem abstrakten Staat, aufgedeckt ist, muss die Entfremdung in ihrer konkreten gesellschaftlichen, d.h. ökonomischen Wirklichkeit freigelegt werden. Das geschieht in den Aufsätzen bzw. Fragmenten, die unter dem Namen *Ökonomisch-Philosophische Manuskripte* von Marx 1844 in Paris geschrieben, aber erst in den zwanziger Jahren unseres Jahrhunderts bekannt geworden sind.

In seiner eigentlichen Tätigkeit, in der der Mensch sich und seine Welt produziert, in der →Arbeit, ist der Mensch entfremdet. Die Entfremdung zeigt sich in seinem Verhältnis zur →Natur, im Verhältnis zur Arbeit als seiner wesentlichen Tätigkeit und zum Produkt dieser Arbeit und schließlich in seinem Verhältnis zur menschlichen Gattung und zu seinem Mitmenschen.

»Die Natur ist der unorganische Leib des Menschen, nämlich die Natur, soweit sie nicht selbst menschlicher Körper ist. Der Mensch lebt von der Natur, heißt: Die Natur ist sein Leib, mit dem er in beständigem Prozess bleiben muss, um nicht zu sterben. Dass das physische und geistige Leben des Menschen mit der Natur zusammenhängt, hat keinen anderen Sinn, als dass die Natur mit sich selbst zusammenhängt, denn der Mensch ist ein Teil der Natur.« In der industriellen Produktion wird die Natur nicht mehr bearbeitet, vielmehr wird die Natur ausgebeutet und als Rohstoff verarbeitet. Die Arbeit ist so von der Natur als seinem anorganischen Leib entfremdet. Der Arbeiter ist aber noch in anderer Weise der Natur entfremdet, denn in dem Maße, als er sie durch seine Arbeit ausbeutet, vernichtet er sein Lebensmittel, das dadurch aufhört, »Mittel für die physische Subsistenz des Arbeiters zu sein«.

Auch dem Produkt seiner Arbeit ist der Arbeiter entfremdet, denn die »Arbeit produziert Wunderwerke für die Reichen, aber sie produziert Entblößung für den Arbeiter«. »Die Entfremdung des Arbeiters in seinem Gegenstand drückt sich … darin aus, dass, je mehr der Arbeiter produziert, er umso weniger zu konsumieren hat, dass je mehr Werte er schafft, er um so wertloser, umso unwürdiger wird, dass, je geformter sein Produkt, umso missförmiger der Arbeiter … wird.«

Die Arbeit als Tätigkeit bleibt dem Arbeiter äußerlich. Er befriedigt in ihr nicht ein Bedürfnis, sondern er leistet sie, um ein Bedürfnis außer ihr (die Subsistenz seines physischen Lebens) zu befriedigen. Die Entfremdung zwischen dem Arbeiter und seiner Arbeit tritt vor allem dadurch zutage, dass in der industriellen Arbeit nicht der Arbeiter, sondern nur seine Arbeitskraft gefragt ist. Der Arbeiter verkauft seine Arbeitskraft als Ware.

Die Welt der Gattung Mensch ist die durch die Arbeit produzierte Welt. In dieser Welt ist der Mensch seiner Gattung und dann seinem Mitmenschen entfremdet, weil sein Verhältnis zur Gattung und zum Mitmenschen durch das entfremdete Verhältnis zu seiner Arbeit bestimmt ist. Der vollendete Ausdruck der Entfremdung liegt jedoch im Wesen des Geldes. »Das Geld, indem es die Eigenschaft besitzt, alles zu kaufen, indem es die Eigenschaft besitzt, alle Gegenstände sich anzueignen, ist also der Gegenstand in eminentem Besitz. Die Universalität seiner Eigenschaft ist die Allmacht seines Wesens; es gilt daher als allmächtiges Wesen.« Das gilt insbesondere, wie noch zu zeigen ist, für das Geld, insofern es ›Kapital‹ ist.

Feuerbach hat den Menschen als rein sinnliches Wesen erklärt und die Philosophie des →Idealismus als die Entfremdung des Menschenwesens dargestellt. 1844 schreibt Marx: »Von Feuerbach datiert erst die positive humanistische und naturalistische Kritik.« Doch schon ein Jahr später unterzieht er Feuerbach einer scharfen Kritik. Denn für Feuerbach wie für alle anderen deutschen Philosophen, mit denen sich Marx in *Die Deutsche Ideologie* auseinandersetzt, bleibt die Philosophie Theorie, die das Wesen des Menschen objektiv betrachtet. Das betrachtende →Bewusstsein ist jedoch kein von der materiellen Produktion des Menschen unabhängiges Bewusstsein. »Die Frage, ob dem menschlichen Denken gegenständliche Wahrheit zukomme, ist (daher) keine Frage der Theorie, sondern eine praktische Frage.« Für Marx ist die feuerbachsche Kritik der religiösen Entfremdung unzureichend. Feuerbach führt die Entstehung der ›religiösen Welt‹ auf die Projektionen unbefriedigter Bedürfnisse des sinnlichen Menschen zurück, ohne den realen geschichtlichen Grund für die Zerrissenheit des sinnlichen Menschen aufgezeigt zu haben. »Aber dass die weltliche Grundlage sich von sich selbst abhebt und sich ein selbstständiges Reich in den Wolken fixiert, ist nur aus der Selbstzerrissenheit und dem sich Selbstwidersprechen dieser weltlichen Grundlage zu erklären.« Die *Thesen über Feuerbach*, in denen der Gegensatz zwischen dem alten ›theoretischen‹ und dem neuen ›praktischen‹ Materialismus zum Ausdruck kommt gipfelt in der berühmten 11. These: »Die Philosophen haben die Welt nur verschieden interpretiert; es kömmt darauf an, sie zu verändern.«

Diese 11. Feuerbachthese eröffnet ein Problem, das für jede Geschichtsphilosophie einerseits und jede politische Theorie andererseits bestimmend geblieben ist. In der allgemeinsten Formulierung ist es das rational scheinbar unlösbare Verhältnis von →Theorie und →Praxis. Hegel hatte schon behauptet, dass das Zusammenwirken vieler auf falsche Interessen gerichteter Einzelwillen dennoch das Vernünftige als das Wahre bewirke. Dieses Thema ist unter dem hegelschen Titel »List der Vernunft« bekannt geworden. (Die alte religiöse Formel dafür hieß: Gott schreibt gerade auch auf krummen Zeilen.) Bei Marx hat dieses Dilemma zwei Seiten, eine philosophische und eine biographische. Die philosophische lässt sich mit der Frage ausdrücken: Wie kann »die Umwälzung der Produktionsverhältnisse als ein vom Gang der Geschichte Erzwungenes und dennoch als ein nur durch eine von der Geschlossenheit des Systems qualitativ verschiedene Aktion Herbeizuführendes« (→Adorno) gedacht werden? Wenn die Geschichte der Produktionsverhältnisse ihren notwendigen Gang nimmt, warum bedarf sie dann des revolutionären Handelns der unterdrückten Klasse? Biographisch zeigt dieser Widerspruch (von allen individuellen Charaktermerkmalen abgesehen) dann, dass die theoretische Einsicht Marx nicht vor politisch-praktischen Fehleinschätzungen der Situation vor allem der Jahre von 1847–49 bewahrte. Wer indessen auf diesen Missverhältnissen eine Kritik des marxschen Denkens gründet, hat die Dialektik von Theorie und Praxis nicht begriffen. Wenn Marx an der hegelschen Philosophie kritisiert, dass in ihr die Sachen der Logik gehorchen müssen, so gilt für die marxsche Theorie gerade, dass die bzw. eine Analyse der Ursachen der Unterdrückung nicht frei sein kann von den Widersprüchen ihres Gegenstandes. Das Verhängnisvollste, das daher dem marxschen Denken widerfahren ist, liegt darin, dass es als Dogmatik missbraucht wurde.

Das hier angesprochene Dilemma äußert sich auch aktuell in dem Missverständnis, das bürgerlichen Theorien der Industriegesellschaft zu Grunde liegt: Aus der nicht zu leugnenden Tatsache, dass die Arbeiterschaft in der gegenwärtigen Industriegesellschaft kein Klassenbewusstsein hat, wird der Schluss gezogen, dass die marxsche Klassengesellschaft überwunden und so die marxsche Philosophie insgesamt obsolet geworden wäre. Bei Marx wird die Arbeiterklasse jedoch nicht durch ihr Klassenbewusstsein bestimmt, sondern durch ihre Stellung innerhalb der Produktionsverhältnisse. Wenn auch die Verelendung des Proletariats (bis heute) in der von Marx vorausgesagten Weise nicht eingetreten ist, so wird man kaum sagen können, dass Unfreiheit und Unterdrückung in der ›modernen Industriegesellschaft‹ aufgehoben wären.

In seinem Hauptwerk *Das Kapital* stellt Marx zunächst die Entstehungsgeschichte der proletarischen Arbeiterklasse dar. Jedes Arbeitsprodukt wird schon auf einer sehr frühen Stufe der ökonomischen Entwicklungsgeschichte zur Ware. Es hat nunmehr nicht nur einen Gebrauchswert, sondern auch einen Tauschwert. Im Austausch der Waren wird der gesellschaftliche Charakter der Arbeit sichtbar. »Indem (die Menschen) ihre verschiedenartigen Produkte einander im Austausch als Werte gleichsetzen, setzen sie ihre verschiedenen Arbeiten einander als menschliche Arbeit gleich. Sie wissen das nicht, aber sie tun es. … Der Wert verwandelt jedes Arbeitsprodukt in eine gesellschaftliche Hieroglyphe.« Für die spätere kapitalistische Entwicklung ist festzuhalten, dass der Tauschwert nicht additiv zum Gebrauchswert hinzukommt. Vielmehr wird der Tauschwert gerade als »Nicht-Gebrauchswert, als die unmittelbaren Bedürfnisse seines Besitzers überschießendes Quantum von Gebrauchswert« bestimmt. Erst unter Absehung vom Gebrauchswert der Ware kann als Tauschäquivalent das Geld in Funktion treten. Aus der Zirkulation Ware – Geld – Ware ergeben sich jedoch keine ökonomischen Bedingungen für die Entstehung einer unterdrückten gesellschaftlichen Klasse. Denn selbst wenn Ware billig eingekauft und teuer verkauft wird, kann keine gesellschaftliche Klasse entstehen, weil jeder Verkäufer zugleich auch Käufer ist, die Verkaufsgewinne niemals absolut einseitig verteilt sind und der Gesamtwert der Waren letztlich gleich bleibt. Eine gesellschaftliche Klasse kann nur unter solchen ökonomischen Bedingungen entstehen, in denen Verkäufer eine Ware verkaufen, die beim Käufer einen Wertzuwachs schafft, von dem der Verkäufer ausgeschlossen bleibt. Die ökonomische Bedingung dafür ist, dass die wertschaffende Arbeitskraft zur Ware wird. Die Arbeitskraft ist die einzige Ware, die neue Werte schafft. Da der Gewinn der durch die Arbeitskraft geschaffenen Arbeitsprodukte höher liegt als der Arbeitslohn, den der Arbeiter für die Subsistenz und Reproduktion seiner Arbeitskraft erhält, schafft die Arbeitskraft fortwährend ›Mehrwert‹. Im strengen Sinn wird Geld erst dann zu ›Kapital‹, wenn damit mehrwertschaffende Arbeitskraft gekauft wird (variables Kapital).

Das Geld bekommt nun ein anderes Wesen, ein anderes Ziel. War Geld zuvor Tauschäquivalent für den Tausch von Arbeitsprodukten, so liegt das immanente Ziel des Kapitals nicht im Erwerb von Waren, sondern in der Vermehrung des Kapitals. Die »historischen Existenzbedingungen (des Kapitals) sind (daher) durchaus nicht da mit der Waren- und Geldzirkulation. Es entsteht nur, wo der Besitzer von Produktions- und Lebensmitteln den freien Arbeiter als Verkäufer seiner Arbeitskraft auf dem Markt vorfindet, und diese eine historischen Bedingung umschließt eine Weltgeschichte.«

Marx begnügt sich indessen nicht mit der Darstellung der Entstehungsgeschichte der proletarischen und der kapitalistischen Klasse und der Aufdeckung ihrer Prinzipien. Vielmehr zeigt er ebenfalls auf, warum die Epoche des Kapitalismus notwendig zu Grunde gehen muss. Mit dem Kapitalismus, der die letzte Epoche von Entfremdung und Unterdrückung ist, geht zugleich alle bisherige Geschichte zu Grunde. Der Kapitalismus geht zu Grunde an seinen inneren Widersprüchen. Sein immanentes Ziel ist die Vermehrung des Kapitals durch die Schaffung von Mehrwert. Nun kann nicht jedes neue Kapital zum Kauf von Mehrwert schaffender Arbeitskraft verwandt werden. Nutzungsdauer und Leistungsvermögen menschlicher Arbeitskraft sind begrenzt. Will ein Unternehmer seinen Konkurrenten überflügeln, so muss er, um seine Ware kostengünstiger produzieren zu können, einen Teil des Kapitals (konstantes Kapital) in leistungsfähigere Produktionsanlagen stecken. Gleichzeitig muss er ständig bemüht sein, die Produktionsabläufe zu optimieren. Sowohl die fortschreitende technische Verbesserung der Produktionsmittel als auch die Optimierung ihrer Ausnutzung haben jedoch immer umfangreichere ›Freisetzungen‹ von menschlicher Arbeitskraft zur Folge. Diese Entwicklung wird ausgedrückt in dem Gesetz des tendenziellen Falls der Profitrate. »Da die Masse der angewandten lebendigen Arbeit stets abnimmt im Verhältnis zu der Masse der von ihr in Bewegung gesetzten vergegenständlichten Arbeit, der produktiv konsumierten Produktionsmittel, so muss auch der Teil dieser lebendigen Arbeit, der unbezahlt ist und sich in Mehrwert vergegenständlicht, in einem stets abnehmenden Verhältnis stehen zum Wertumfang des angewandten Gesamtkapitals. Dieses Verhältnis der Mehrwertmasse zum Wert des angewandten Gesamtkapitals bildet aber die Profitrate, die daher beständig fallen muss.« Der bei fallender Profitrate ständig wachsende Konkurrenzdruck führt zu einer immer größeren Akkumulation von Kapital (die Übernahme kleinerer Produktionseinheiten durch immer größere führt zur Expropriation der Expropriateure). Auf der anderen Seite führt die immer umfangreichere Freisetzung lebendiger Arbeitskraft schließlich zur Verelendung der Arbeiterklasse. Die Revolution beendet die bisherige Geschichte und führt zum Beginn einer qualitativ neuen Zukunft. Diese Zukunft, zu der alle bisherige Geschichte nur Vorgeschichte war, bedeutet die Aufhebung der Entfremdung und konsequenterweise die Aufhebung jeder Unterdrückung. Produktive Arbeit bleibt zwar notwendig, aber der Mensch verkauft seine Arbeitskraft nicht mehr als Ware, sondern er verfügt über sie in freier, schöpferischer Weise. Die Menschen werden nicht mehr durch unterschiedliche Beziehungen zu den Produktionsverhältnissen bestimmt. Der Besitz der Produktionsmittel ist gemeinschaftlich und ebenso ist das Verhältnis zu den Produkten der Arbeit ein gemeinschaftliches, denn sie werden nicht nur gemeinschaftlich hergestellt, sondern auch gemeinschaftlich genossen. Die menschliche Gesellschaft verwandelt sich in die menschliche Gemeinschaft, das heißt in den Kommunismus.

Auch entschiedene Gegner des Marxismus bewundern an Marx, dass er »meisterhaft zu fragen verstand. ... Von seinen Fragen leben wir heute noch. Mit seiner genialen Fragestellung hat er der ökonomischen Wissenschaft für ein Jahrhundert die Wege fruchtbarer Forschung gewiesen. Alle Sozialökonomen, die sich diese Fragestellungen nicht zu eigen zu machen wussten, waren zur Unfruchtbarkeit verdammt.« (Sombart)

Entscheidend für die Auseinandersetzung mit dem Denken von Karl Marx bleibt jedoch anzuerkennen, dass in seinem Werk nicht nur fruchtbare Fragestellungen für volkwirtschaftliche Theorien zu finden sind, sondern dass durch seine Philosophie die Frage nach der Bestimmung des Menschen im Ganzen, nach dem Sinn seiner Arbeit, nach der Freiheit seines Schaffens, nach seinem gemeinschaftlichen Glück gestellt ist.

E. Braun, Aufhebung der Philosophie, Stuttgart 1992

St. Engels, Über die Aktualität der Lehren von Karl Marx, Essen 1994

H.-F. B.

Mill, John Stuart (1806–1873): Geboren am 20. 5. in London, gestorben am 3. 5. in Avignon. Mill war einer der vielseitigsten Denker des 19. Jhs., dessen Arbeiten zur theoretischen und praktischen Philosophie sowie zum politischen →Liberalismus bereits zu seinen Lebzeiten großen Einfluss gewonnen haben. Das Hauptproblem seiner theoretischen Philosophie ist das Induktionsproblem, das sich aus einem Methoden- und einem Begründungsproblem zusammensetzt. Die zentrale Fragestellung seiner praktischen Philosophie besteht in der Frage nach dem Kriterium, anhand dessen der moralische →Wert von →Handlungen und Handlungsregeln beurteilt werden muss. Die leitende Fragestellung seiner →politischen Philosophie liegt in der Frage nach der Grenze der rechtmäßigen Machtausübung der →Gesellschaft über das →Individuum.

Zur theoretischen Philosophie: Mill entwickelt seine theoretische Philosophie hauptsächlich in seinem *System der Logik* (1843). Im Unterschied zum gegenwärtig gängigen Logikverständnis, wonach zur formalen →Logik im engeren Sinne nur Quantoren- und Junktorenlogik gehören, versteht Mill unter Logik eine »Logik der Forschung«, zu der neben den Gesetzen der formalen Logik auch alle erkenntnis- und bedeutungstheoretischen sowie methodologischen Konzeptionen gehören, die von den →Wissenschaften vorausgesetzt werden. Zudem fasst er Logik als →empirische Wissenschaft auf, die als Teildisziplin der Psychologie diejenigen Bewusstseinsprozesse untersucht, die beim Schließen stattfinden, und die auf der Grundlage solcher empirischer Untersuchungen logische →Gesetze aufstellt. Für Mills Logikkonzeption ergibt sich daraus die Anforderung, den präskriptiven Geltungsanspruch logischer Gesetze auf der Grundlage empirischer Untersuchungen zu erklären.

Von Mills bedeutungstheoretischen Konzeptionen ist insbesondere seine Unterscheidung zwischen der Denotation (Umfang) und der Konnotation (Inhalt) von →Begriffen wichtig. Denotative Begriffe wie beispielsweise Eigennamen besitzen nur eine Denotation, aber keine Konnotation. Das heißt, dass sie sich zwar auf Objekte beziehen aber keinen Inhalt haben. Der Eigenname ›Richard‹ kann sich zum Beispiel auf eine bestimmte Person beziehen, aber mit der Zuschreibung dieses Eigennamens erhalten wir keine Information über die Beschaffenheit der betreffenden Person. Im Unterschied dazu verfügen konnotative Begriffe wie zum Beispiel →Prädikate sowohl über eine Denotation als auch über eine Konnotation, wobei gilt, dass die Denotation durch die Konnotation festgelegt wird. Beispielsweise richtet sich die Denotation des konnotativen Begriffs ›rot‹ in diesem Sinne nach dessen Konnotation, weil nur solche Objekte unter diesen Begriff fallen, die rot sind. Die Bedeutung von →Aussagen lässt sich Mill zufolge unter Bezugnahme auf die Denotationen und Konnotationen derjenigen Begriffe bestimmen, aus denen Aussagen zusammengesetzt sind. Demnach richtet sich die →Bedeutung von Aussagen, die konnotative Begriffe enthalten, nach deren Konnotationen. Hingegen wird die Bedeutung von Aussagen, die nur aus denotativen Begriffen zusammengesetzt sind, durch deren Denotationen bestimmt. Weiterhin differenziert Mill zwischen verbalen und wirklichen Aussagen und behauptet, dass im Unterschied zu den verbalen Aussagen, bei denen es sich um Explikationen von →Definitionen handelt, allein die wirklichen Aussagen empirischen Gehalt besitzen und damit Aussagen über Dinge und Eigenschaften sind.

Alle Aussagen über Dinge und Eigenschaften sind Mill zufolge prinzipiell in Aussagen über Sinneseindrücke und deren Auftreten übersetzbar. Dieser These liegt Mills sensualistische Theorie der »Relativität des Wissens« zugrunde, wonach uns ausschließlich Sinneseindrücke direkt zugänglich sind und es daher nur Wissen von Phänomenen im Sinne von Sinneseindrücken geben kann. Hingegen können wir danach prinzipiell nicht wissen, ob es Dinge an sich gibt, die das Auftreten von Sinneseindrücken verursachen. Mit dieser Theorie behauptet Mill nicht, dass wir unsere Redeweise von Dingen und Eigenschaften aufgeben sollen, sondern dass unser Reden über sie im Grunde in nichts anderem als dem Sprechen über Sinneseindrücke und die Reihenfolge ihres Auftretens besteht. Dinge sind danach Möglichkeiten, bestimmte Sinneseindrücke zu haben.

Mill vertritt die empiristische Position, dass alles →Wissen auf →Erfahrung beruht und dass es damit kein apriorisches Wissen geben kann. Diese These beruht auf seiner Konzeption induktiven und deduktiven Schließens, wonach ausschließlich induktive Schlüsse vom Besonderen auf das Allgemeine wirkliche →Schlüsse sind, während deduktive Schlüsse vom Allgemeinen auf das Besondere lediglich scheinbare Schlüsse darstellen. Dieser Unterscheidung liegt das Kriterium zugrunde, ob bei einem Typ von Schlüssen das Wissen von der Konklusion bereits im Wissen von den Prämissen enthalten ist. Mill zufolge können nur solche Schlüsse als wirkliche Schlüsse angesehen werden, die zu neuem Wissen führen. Da dies nur auf induktive Schlüsse zutreffen soll, betrachtet er nur diese als wirkliche Schlüsse. Die empiristische Position, dass alles Wissen auf Erfahrung beruht, ergibt sich aus den beiden Annahmen, dass wirklichen Aussagen nur induktive Schlüsse zugrunde liegen können, weil dies der einzige Typ wirklicher Schlüsse ist, und dass →Induktionen ihren Ausgang stets von der Erfahrung nehmen.

Den Unterschied zwischen Naturwissenschaften wie der Physik und Formalwissenschaften wie der Logik betrachtet Mill nicht als prinzipielle Differenz zwischen empirischen und nicht empirischen Wissenschaften, von denen Letztere allein auf Definitionen gestütztes Wissen in Anspruch nehmen. Statt dessen versteht er diesen Unterschied als graduelle Differenz zwischen empirischen Wissenschaften, die er als experimentelle und deduktive Wissenschaften anhand des Kriteriums unterscheidet, ob und in welchem Umfang sie zur →Erklärung bislang nicht untersuchter Phänomene Experimente durchführen müssen. Solche Wissenschaften, die dafür Experimente benötigen, bezeichnet er als experimentelle Wissenschaften. Hingegen nennt er die Wissenschaften deduktiv, die Erklärungen für neue Phänomene aus bereits vorliegenden Theorien ableiten können. Mill vertritt damit die naturalistische Position, dass alle Wissenschaften empirisch sind und die Tendenz besitzen, sich im Zuge der Verbesserung ihrer Theorien von experimentellen zu deduktiven Wissenschaften zu entwickeln. Die Unterscheidung zwischen diesen Typen von Wissenschaften beschreibt daher keine prinzipielle Differenz, sondern lediglich verschiedene Entwicklungsstadien.

Das für Mills theoretische Philosophie zentrale Induktionsproblem besteht zum einen in der Frage nach den Methoden, durch die induktive Schlüsse angeleitet und überprüft werden müssen, damit sie im Allgemeinen zu wahren Konklusionen führen. Da Mill die Auffassung vertritt, dass alle Erklärungen kausale Erklärungen sind, stellt er zur Beantwortung dieser Frage Methoden auf, deren Funktion darin liegt, die induktive Suche nach kausalen Beziehungen zu kontrollieren. Zum anderen besteht Mills Induktionsproblem darin, die Voraussetzungen seiner Methoden zu bestimmen und zu rechtfertigen. Seiner Theorie zufolge wird von allen Methoden wesentlich die ontologische Uniformitätsannahme vorausgesetzt, dass sich alle Phänomene nach uniformen Kausalgesetzen ereignen. Zur Rechtfertigung dieser Uniformitätsannahme unterscheidet Mill erstens zwischen zwei Typen induktiven Schließens: der methodisch kontrollierten wissenschaftlichen Induktion und der durch keine Methoden kontrollierten aufzählenden Induktion. Zweitens argumentiert er dafür, dass die Uniformitätsannahme nur von der wissenschaftlichen, aber nicht von der aufzählenden Induktion vorausgesetzt wird und dass daher die Letztere zur zirkelfreien induktiven Rechtfertigung der Uniformitätsannahme in Anspruch genommen werden kann. Indem Mill die aufzählende Induktion als unproblematisches Verfahren voraussetzt, wird einerseits deutlich, dass er in dem Sinne eine naturalistische Position vertritt, dass er die Möglichkeit radikaler →Skepsis an unserem Erkenntnisvermögen im Sinne →Descartes' ablehnt. Andererseits zeigt sich dadurch, dass es ihm nicht wie →Hume um die Frage geht, ob die allgemeine Gültigkeit des induktiven Schließens gerechtfertigt werden kann. Vielmehr setzt er diese bereits voraus und fragt stattdessen nach den methodischen Bedingungen, die von zuverlässigen induktiven Schlüssen erfüllt werden müssen.

Zur praktischen Philosophie: Die Hauptschrift Mills praktischer Philosophie ist der Aufsatz *Der Utilitarismus* (1861), in dem er sein utilitaristisches »Nützlichkeitsprinzip« aufstellt, wonach sich der moralische Wert von Handlungen und Handlungsregeln nach deren Nutzen für das →Glück der von den Folgen der Handlungen bzw. der Anwendung der Handlungsregeln betroffenen Personen richtet. Mill versteht sein Nützlichkeitsprinzip als »Maßstab für Recht und Unrecht« im moralischen Sinne, mit dem er die Beurteilung von Handlungen und Handlungsregeln davon abhängig macht, in welchem Maß sie dazu beitragen, das kollektive Glück der betroffenen Personen zu realisieren. Dieses Prinzip setzt sich aus vier Teilprinzipien zusammen: 1. dem Konsequenzenprinzip: Handlungen und Handlungsregeln werden nicht als solche, sondern hinsichtlich ihrer praktischen Folgen bewertet; 2. dem Nutzenprinzip: für die Beurteilung ihrer Folgen ist nur deren Nutzen relevant; 3. dem hedonistischen Prinzip: diese Beurteilung bezieht sich allein auf den Nutzen, den Handlungen und Handlungsregeln für das menschliche Glück besitzen; 4. dem universalistischen Prinzip: Für die Entscheidung des moralischen →Wertes von Handlungen und Handlungsregeln sollen nicht allein die Folgen in Betracht gezogen werden, die sich auf das Glück des handelnden →Subjektes beziehen. Vielmehr müssen die Folgen für das Glück aller betroffenen Personen berücksichtigt werden. Das Nützlichkeitsprinzip hat zwei Funktionen. Erstens ist es ein Kriterium zur Auswahl von Handlungen und Handlungsregeln aus einer Reihe von Alternativen, wobei derjenigen Handlung oder Handlungsregel der Vorzug gegeben werden muss, die den Nutzen für das kollektive Glück der betroffenen Personen maximiert. Zweitens können anhand dieses Kriteriums Handlungen und Handlungsregeln danach beurteilt werden, ob sie das kollektive Glück befördern und ob sie daher moralisch positiv bewertet werden sollen oder nicht. Das Nützlichkeitsprinzip wird damit zur »Norm der Moral«. Das Verhältnis von Nützlichkeit und →Gerechtigkeit wird von Mill in zwei Hinsichten untersucht. Zum einen argumentiert er, dass alle nach gängigen Auffassungen gerechten Handlungen und Handlungsregeln nützlich sind, da ihnen das »wohlverstandene Eigeninteresse« handelnder Subjekte zugrunde liegt, das kollektive Glück und damit auch ihr eigenes Glück zu befördern. Zum anderen macht er deutlich, dass nicht alle Handlungen und Handlungsregeln, die für das kollektive Glück nützlich sind, nach herkömmlichen Vorstellungen auch gerecht sind. Dies spricht laut Mill aber nicht gegen das Nützlichkeitsprinzip, da es auch die kritische Funktion besitzt, den Bereich moralischer Gerechtigkeit neu zu bestimmen.

Mills naturalistische Konzeption von Wissenschaft, wonach es nur empirische Wissenschaften geben kann, findet sich in seiner praktischen Philosophie wieder, die von ihm als empirische Theorie verstanden und zur induktiven Schule der →Ethik gerechnet wird. Er lehnt deshalb apriorische Rechtfertigungen ethischer Normen ab und bemüht sich stattdessen um eine Begründung, die ausschließlich auf Erfahrung Bezug nimmt. In Übereinstimmung damit argumentiert Mill für einen ethischen Naturalismus in dem Sinne, dass er Wertbegriffe der →Moral durch deskriptive Begriffe definiert und normative Aussagen der Moral durch deskriptive Aussagen rechtfertigt. In Orientierung an diesen methodologischen Vorgaben entwickelt er als Grundlage seines Nützlichkeitsprinzips eine hedonistische Position, die sich erstens dadurch auszeichnet, dass der Begriff des Glücks durch den Begriff der Lust definiert wird. Dabei unterscheidet sich Mills Ansatz von dem seines Vorgängers Bentham darin, dass Mill nicht nur quantitative, sondern auch qualitative Differenzen zwischen verschiedenen Typen von Lust beschreibt, denen bei der Maximierung des kollektiven Glücks Rechnung getragen werden soll. Zweitens behauptet Mill, dass Glück im Sinne von Lust der einzige →Zweck ist, der um seiner selbst willen angestrebt wird, und dass alle anderen Handlungsziele nur Mittel zur Realisierung dieses obersten Zwecks sind. Den Einwand, dass neben Glück auch andere Zwecke wie zum Beispiel Tugend oder Gesundheit um ihrer selbst willen erstrebt werden, versucht Mill damit zu entkräften, dass er diese Zwecke als Bestandteile des Glücks bestimmt. Die These, dass alles Streben im Grunde Streben nach Glück ist, rechtfertigt er ausgehend von der Beobachtung, dass es Personen gibt, die nach Glück streben. Auf dieser Grundlage argumentiert er dafür, dass für den Einzelnen dessen eigenes Glück und für die Gesamtheit das kollektive Glück erstrebenswert ist. Wenn man diese →Argumentation als strikten Beweis der obigen These interpretiert, dann trifft der von Moore erhobene Einwand zu, dass Mill einen naturalistischen Fehlschluss begeht, indem er die Geltung normativer Aussagen unter Bezug auf deskriptive Aussagen zu rechtfertigen versucht. Berücksichtigt man jedoch Mills Hinweise auf den lediglich plausibilisierenden Charakter seiner Überlegungen, dann liegt ein solcher Fehlschluss nicht vor.

Zur politischen Philosophie: Im Mittelpunkt von Mills politischem Liberalismus, der von ihm hauptsächlich in dem Aufsatz *Über die Freiheit* (1859) entwickelt wird, steht das Verhältnis des Individuums zur Gesellschaft. Ausgangspunkt seiner Überlegungen ist die These, dass sowohl die politischen als auch die moralischen Freiheiten des Individuums insbesondere in Demokratien der Gefahr ausgesetzt sind eingeschränkt zu werden, weil diese im Unterschied zu anderen Regierungsformen nicht nur die Möglichkeit zur politischen Unterdrückung von Minderheiten, sondern darüber hinaus auch zur sozialen Machtausübung besitzen sollen. Um die politischen und moralischen Freiheiten des Individuums zu schützen - zu denen er die Gewissens- und Diskussionsfreiheit, die Freiheit der Lebensführung und die Vereinigungsfreiheit zählt - und die Grenzen der rechtmäßigen Machtausübung der Gesellschaft über das Individuum zu bestimmen, stellt Mill das »Freiheitsprinzip« auf. Danach dürfen die Freiheiten des Individuums nur unter der Bedingung eingeschränkt werden, dass dies zum Selbstschutz der Gesellschaft bzw. zum Schutz anderer Personen erforderlich ist. Mill begründet das Freiheitsprinzip unter Bezugnahme auf seinen Utilitarismus, indem er dafür argumentiert, dass die genannten Freiheiten Bedingungen des gesellschaftlichen Fortschritts und damit der allgemeinen Wohlfahrt sind.

U. Gähde / W. H. Schrader (Hg.), Der klassische Utilitarismus. Einflüsse - Entwicklungen - Folgen, Berlin 1992

O. Höffe (Hg.), Einführung in die utilitaristische Ethik. Klassische und zeitgenössische Texte, Tübingen 1992

P. Rinderle, John Stuart Mill, München 2000

R. Schumacher, John Stuart Mill, Frankfurt/M. / New York 1994
J. Skorupski, John Stuart Mill, London / New York 1989

R. SCH.

Nietzsche, Friedrich Wilhelm (1844-1900): Geboren am 15. 10. in Röcken bei Lützen; von 1858 bis 1864 Gymnasium in Schulpforta; 1864 bis 1867 Studium in Bonn und Leipzig; 1869 außerordentlicher, 1870 ordentlicher Professur für klassische Philologie in Basel, Umgang mit Burckhardt und Overbeck; seit 1869 enge Beziehung zu, 1878 Bruch mit Richard Wagner und Cosima von Bülow; 1879 Niederlegung der Professur; am 3. Januar 1889 geistiger Zusammenbruch in Turin, in Weimar am 25. August 1900 gestorben. – Das in einem relativ kurzen Zeitraum entstandene Werk Nietzsches lässt sich in drei Phasen gliedern. Die erste ist die der *Geburt der Tragödie*. Die *Unzeitgemäßen Betrachtungen*, *Menschliches, Allzumenschliches*, *Morgenröte* und die *Fröhliche Wissenschaft* bilden den Übergang zum Hauptwerk *Zarathustra*. Dem schließen sich in einer dritten Phase *Jenseits von Gut und Böse* als das *Vorspiel einer Philosophie der Zukunft* und in immer gedrängterer Folge *Zur Genealogie der Moral*, *Der Fall Wagner*, die *Götzen-Dämmerung*, *Nietzsche contra Wagner*, *Ecce homo*, *Der Anti-Christ* – die einzige realisierte Schrift des Projekts einer »Umwertung aller Werte« – und die *Dionysos-Dithyramben* an. Begleitet wird Nietzsches Werk von 1869 bis 1889 von einer Vielzahl von Aphorismen, die den philosophischen Nachlass bilden. Aus diesen Nachlass-Fragmenten wurde zu Beginn des 20. Jhs. der *Wille zur Macht* – für Nietzsche selbst kein abgeschlossenes Buch, sondern ein programmatisches Stichwort – kompiliert. Diese Kompilation ist beispiellos verfälschend. Aber sie hat die Rezeption Nietzsches nachhaltig beeinflusst. Erst seit dem Erscheinen der Kritischen Gesamtausgabe (1967 ff.) – und für die breitere Öffentlichkeit seit dem Erscheinen der Kritischen Studienausgabe (1980) – liegt eine befriedigende Edition der Nachlassfragmente und damit eine zuverlässige philologische Basis für die Auseinandersetzung mit Nietzsche vor.

Nietzsche, der sich als »letzten Jünger des Philosophen Dionysos« bezeichnete, ist Seismograph und Kritiker seiner Zeit und einer der radikalsten Dialektiker der Aufklärung (→A Neuzeit – Aufklärung). Seine Stilmittel sind Fragment und Aphorismus. Daraus und aus der dem Geist der Musik verpflichteten expressiven Sprache Nietzsches dürfte sich der Reiz seines Werkes erklären. Er benutzt Sprache nicht als Instrument, sondern gebraucht sie als Akt der Vermittlung seiner ›Lehren‹. Wie bei Hamann, dem ersten Metakritiker der *Kritik der reinen Vernunft*, ist Nietzsches Werk Zeugnis einer ›Autorhandlung‹. Die vorgebrachten Lehren sind deshalb von der Art ihres Erscheinens nicht zu lösen und manches Missverständnis entsteht durch ein buchstäbliches Verständnis von aus ihrem meist polemischen Zusammenhang gelösten Sätzen.

Grundlegend für Nietzsches Werk und Philosophie ist die *Geburt der Tragödie aus dem Geiste der Musik*. Die Geburt der Tragödie ist die genealogische Deutung ihres Ursprungs in Mythos und Kultus. Nietzsche deutet mittels dieses dionysischen Phänomens die Tragödie als Ausdruck und als jenen Akt »tragischer Erkenntnis«, in dem Dionysisches und Apollinisches zusammengehören. Es sind zwei Aspekte ein- und derselben kulturgeschichtlichen Entwicklung, die mit der dithyrambischer Begeisterung entwachsenden Tragödie einsetzt. Die ›plastische‹ Erscheinungsform (der schöne Schein) des Apollinischen und der ›musikalische‹ Grund des Dionysischen sind weder zwei verschiedene Kunstformen, noch folgen sie in zeitlicher Hinsicht aufeinander. Sie gehören vielmehr wesentlich zusammen. Nietzsche erläutert das am Mythos von Dionysos-Zagreus, der aus seiner Zerstückelung und Zerrissenheit von Apollo wieder zusammengesetzt wird. Apollo (als Vergöttlichung des *principium individuationis*) und Dionysos (als Gott des Rausches, des Leidens und des Leidenkönnens, des Selbstverlustes) sind die beiden einander bedingenden Momente dessen, was Nietzsche als die eigentlich metaphysische Tätigkeit des Menschen denkt. Nicht die →Moral, d. h. die Bildung einer intelligiblen Hinterwelt, sei die eigentlich metaphysische Tätigkeit, sondern die →Kunst. Vor dem Hintergrund dieser →Metaphysik der Kunst ist auch der zweideutige Satz zu verstehen, dass nur als ästhetisches Phänomen das Dasein der Welt »ewig gerechtfertigt« ist – ein Satz, der zeigt, dass Nietzsches Philosophie dem Denken und der Epoche des Jugendstils wesentlich angehört. Die *Geburt der Tragödie* ist Nietzsches erster Versuch, die →Wissenschaft unter der Optik des Künstlers zu sehen und die Kunst unter der des →Lebens. Damit hängt die ›antisokratische Tendenz‹ des Buches zusammen, die das wissenschaftliche Denken nicht als Lösung, sondern selbst als Problem sieht. Philosophischer Kronzeuge dieser antisokratischen »Artisten-Metaphysik« ist →Heraklit. Auf ihn, insbesondere sein Fragment B 52, in dem die weltbildende Kraft mit einem Kind verglichen wird, das spielend Steine hin- und hersetzt und Sandhaufen aufbaut und zerstört, beruft sich Nietzsche, indem er das Aufbauen und Zertrümmern der Individualwelt als den Ausfluss einer Urlust – an ihre Stelle wird die Formel vom Willen zur Macht treten – denkt. Die (Be-)Deutung dieses Fragments von Heraklit bleibt grundlegend für Nietzsches Werk bis zum Ende.

Das gilt insbesondere für sein Hauptwerk *Also sprach Zarathustra* mit den kontrovers diskutierten Lehren von der »ewigen Wiederkunft«, vom »Übermenschen« und vom »Willen zur Macht«. Insbesondere die magische Formel des ›Willen zur Macht‹ ist zugleich eine der missverständlichsten. Denn sie steht nicht für den höchsten Willen eines →Subjekts, das sich der Dinge bemächtigt. Der ›Wille zur Macht‹ meint vielmehr ein »heiliges Ja-Sagen«: jenen Gedanken, den Nietzsche in der *Fröhlichen Wissenschaft* als das »größte Schwergewicht« bezeichnet. Es ist ein Ja-Sagen zum Werden der zeitlich veränderlichen →Welt und das seiner selbst bewusste, sich selbst durchschauende Wollen, dass diese Welt des Werdens unendlich viele Interpretationen einschließt. Nietzsches →Kritik der »zweitausendjährigen abendländischen Philosophie« ist eine Kritik bedeutungsplatonistischer »Hinterweltlerei«, die jenseits dieser Welt und ihres prozesshaften Werdens eine wahre und unveränderliche Welt des Intelligiblen und der →Wahrheit (→Ideen) ansetzt: Was Nietzsche als →Moral bzw. →Nihilismus kritisiert, sind Formen solcher Hinterweltlerei. Prototypisch für diese Kritik ist das Stück *Von den drei Verwandlungen* im *Zarathustra*. Beschrieben wird die Genealogie des sich durch selbst produzierte Hinterwelten und selbst verschuldete Unmündigkeiten abarbeitenden Geistes: Zunächst wird er zum ‹Kamel‹, das die Moral trägt, dann zum ›Löwen‹, der gegen dieses niederdrückende Jenseits moralischen Sollens protestiert und der die Position des ›Ich will‹ markiert, um schließlich zum ›Kind‹ zu werden, mit dem das heilige Ja-Sagen zum Spiel des Werdens gemeint ist. Die Rede vom Übermenschen als dem Sinn der Erde meint dieses Ja-Sagen und bedeutet keine Übersteigerung des Wollens, sondern dessen Selbsterkenntnis. Das ist der springende Punkt nicht nur des programmatischen Stichworts ›Wille zur Macht‹, sondern auch grundlegend für den Gedanken der ewigen Wiederkunft. Dieser lässt sich als die ewige Wiederkehr des Gleichen in dem Sinn verstehen, dass Welt als ein *perpetuum mobile* des Immergleichen zu denken ist. Die Pointe des Gedankens ewiger Wiederkunft liegt aber darin, dass jeder Augenblick in seiner Einzigartigkeit und Vergänglichkeit jedem anderen gleich ist. »In jedem Nu beginnt das Sein.« Es sind diese vorübergehenden »Augen-Blicke«, durch die das »Rad des Seins« als Prozess des Werdens läuft. Sie kehren ›ewig‹ wieder. Der Gedanke der ewigen Wiederkunft ist der schöpferisch gedachter Ewigkeit. Ewigkeit ist das, was sich in der Zeit, im →Werden und Vergehen und der dionysischen ›Zerrissenheit‹ der Dinge zeigt und wiederholt. Die Lust des Wollens ist das Ja-Sagen zu dieser ewigen Wiederkunft. Ihre Zeitform ist das Heute, in dem jeweils der große »Erden- und Menschenmittag« erscheint und die Welt vollkommen scheint. *Mittag und Ewigkeit* lautete der ursprüngliche Titel des *Zarathustra*.

Nietzsches Spätwerk ist Kritik. Seine Schwerpunkte bilden erstens die Kritik der Moral, zweitens die Kritik an der Fiktion, dass es – im Gegensatz zur scheinbaren Welt – eine ›wahre‹ gäbe und drittens die Kritik am Glauben an letzte (z.B. naturwissenschaftliche) Tatsachen und des Aberglaubens an das →Ich mit seinem Willen. Hinzu kommt die Erkenntnis, dass ›Welt‹ nichts Vorgegebenes, sondern etwas Produziertes ist: Erfahren und interpretieren fallen zusammen. Die Welt ist Interpretation. Die Faktizität der Welt ist Produkt der Perspektiven jeweiliger Auslegung und Interpretation. Aus dieser Einsicht in die jeweils mit zu beachtende Perspektivität des Erkennens ergibt sich Nietzsches Kritik der »Misch-Masch-Philosophie« der Positivisten wie seine Kritik der Reduktion von Philosophie auf Erkenntnistheorie. In seiner Kritik der Moral macht Nietzsche klar, dass die Behauptung ›objektiver‹ Wahrheit (und letztlich der Grund der Moral) tatsächlich die willentliche Verbergung von Interessen durch intelligible Hinter- oder Überwelten ist und damit Heuchelei. Die Versuchung, den Sinn der Welt jenseits dieser zu suchen und nicht in dieser Welt als einen Akt der Sinngebung zu erkennen, ist die »Circe der Philosophen«. *Jenseits von Gut und Böse* heißt damit die Perspektive, die moralischen Werte und Tugenden als Wertsetzungen und Moral als Geschichte der Umwertung von →Werten selbst zu erkennen.

Nietzsches Kritik der Moral ist fundamentale Ideologiekritik, die es unternimmt, die Geschichte des Denkens als eines Organs der Herrschaft im Sinne der Dialektik der Aufklärung darzustellen. Polemischer Hauptbezugspunkt ist der Platonismus fürs Volk, als dessen Tradition die Geschichte ›des‹ Christentums – Nietzsche greift hier eine auf →Augustinus zurückgehende Formulierung auf – gedeutet wird. Es sind dabei eminent christliche Motive, die Nietzsche in seiner Verurteilung des Christentums und als sein empfindlichster Seismograph mit Pathos gegen dessen geschichtliche Erscheinungsform wendet. Die ›wahre Welt‹ ist kein Jenseits, das auf diese Welt folgen würde. Aber nicht nur die ›Krudität‹ einer Trennung zwischen wahrer (jenseitiger) und scheinbarer (diesseitiger) Welt wird der Kritik unterworfen, sondern auch der »Subjekt- und Ich-Aberglaube«, d.h. die Vorstellung vom freien Willen, über den ein Ich wie über das Wollen selbst zu Zwecken der Herrschaft verfüge. Schon aus diesem Grund ist Nietzsches Formel vom Willen zur Macht nicht als Postulat höchster Gewalt zu verstehen, auch wenn dieses Missverständnis, das den ›Willen zur Macht‹ als äußerste Zuspitzung eines Beherrschenwollens deutet, durch manch berühmt-berüchtigtes Fragment nahe gelegt wird. Ein Ego als →Substanz eines freien (oder unfreien) Willens und als dessen Subjekt zu denken, ist eine notwendige Projektion. Sie ist dem Glauben an die Grammatik, an das sprachliche Subjekt mit seinen Tätigkeitsworten und deren Objekten verpflichtet. Was Nietzsche mit Wille bezeichnet, meint aber keinen Singular und hat kein Subjekt. Der höchste Wille ist ein Wollen ohne Wille. Die Kräfte (Interessen, Bedürfnisse und Wille), die hierbei im Spiel sind und zum jeweiligen Handeln motivieren, gilt es zu erkennen. Denn es sind diese Kräfte der Welt des Werdens, die von dem, was wir als Subjekt denken – wie Dionysos von Apoll –, zu temporärer Identität zusammengefügt werden. Mit seiner Artisten-Metaphysik geht es Nietzsche um ein ›Ja-Sagen‹ zu dieser dionysischen Welt und – als rückhaltlose Erkenntnis – nicht um ein Weniger, sondern um ein Mehr an Erkenntnis.

G. Abel, Die Dynamik der Willen zur Macht und die ewige Wiederkehr, Berlin / New York 1984

T. Borsche / F. Gerratana / A. Venturelli (Hg.), ›Centauren-Geburten‹. Wissenschaft, Kunst und Philosophie beim jungen Nietzsche, Berlin / New York 1994

G. Figal, Nietzsche. Eine philosophische Einführung, Stuttgart 1999

V. Gerhardt, Vom Willen zur Macht, Berlin / New York 1996

M. Horkheimer / Th. W. Adorno, Dialektik der Aufklärung, jetzt in: Max Horkheimer, Gesammelte Schriften Bd. 5, Frankfurt/M. 1987

G. Wohlfart, »Also sprach Herakleitos«. Heraklits Fragment B 52 und Nietzsches Heraklit-Rezeption, Freiburg / München 1991

J. K.

Nikolaus von Kues (1401–1464): Geboren in Kues an der Mosel, gestorben am 11.8. in Todi in Umbrien, auch genannt Nicolaus Cusanus, Nicolaus de Cusa, Familienname Chryfftz oder Krebs. Er war Kardinal und päpstlicher Legat, hinterließ ein umfangreiches Werk von philosophisch-theologischen, kirchen- und staatstheoretischen, mathematisch-naturwissenschaftlichen Schriften sowie ca. 300 Predigten. Hauptthemen seines philosophisch-theologischen Denkens, das in hohem Maße vom Platonismus geprägt ist, sind →Gott, Universum, →Mensch. Die Existenz Gottes und die Trinität werden vorausgesetzt; sie können nicht Gegenstand rationaler →Argumentation sein. Unser gesamtes Bemühen um →Erkenntnis beruht auf der Voraussetzung, dass das uns Bekannte zu dem Unbekannten zwar nicht in einem messbaren Verhältnis, aber doch in einem solchen Bezug steht, dass das Unbekannte in →Analogie zum Bekannten annäherungsweise bestimmt werden kann. Hierbei handelt es sich nicht um das Kennenlernen →empirischer Fakten, sondern um den Versuch der Wesenserkenntnis. Adäquat erkennbar ist etwas nur durch den Intellekt, dem es das →Sein verdankt. Das Mathematische ist eine Schöpfung des menschlichen →Geistes, der als lebendiges

→Abbild des göttlichen Geistes dessen Schöpfertätigkeit nachahmt, und ist daher für den menschlichen Geist vollständig erkennbar; demzufolge hat jedes Suchen nach Wesenserkenntnis vom Mathematischen auszugehen. Erkennen vollzieht sich im Fortschreiten vom Bekannten zum Unbekannten; der Erkenntnisprozess ist Setzen von vergleichenden Beziehungen, wobei Deckungsgleichheit des Verglichenen nie in einem Verfahren erreicht werden kann, das zwar vom Mathematischen ausgeht, aber nicht im Mathematischen endet. Folglich ist jede angestrebte Wesenserkenntnis durch zweierlei charakterisiert: 1. Höchste Genauigkeit des Erkennens ist unmöglich, Erkennen ist letztlich Nichtwissen (*ignorantia*); 2. die höchste erreichbare Genauigkeit der Erkenntnis oder des Wissens ist dann gegeben, wenn der erkennende Geist einsieht, dass alles Wissen Unwissen ist (ausgenommen hiervon ist die Mathematik), und dann ist sein Unwissen belehrte Unwissenheit (*docta ignorantia*). Belehrte Unwissenheit ist Ausgangspunkt einer mystischen Theologie, die fortwährendes Bemühen um Erkenntnis erfordert und zu dem Wissen gelangt, dass Gott nicht gewusst werden kann. Besteht schon im Bereich der uns umgebenden Körperwelt die Unmöglichkeit genauer Wesenserkenntnis, so vornehmlich dann, wenn das Erkennen im Ausgang von gesetzten Zeichen (dem Mathematischen), die immer endlich sind, zu Gott als dem aktual Unendlichen vordringen will. Das aktual Unendliche ist unerkennbar, weil es sich jedem Vergleich entzieht; denn das Unendliche steht in keinem messbaren Verhältnis zum Endlichen. Hieraus ergibt sich die Regel der belehrten Unwissenheit: Wo es Überschreitendes und Überschrittenes, Mehr oder Weniger gibt, gelangt man nicht zum einfachhin Größten, da Überschreitendes und Überschrittenes, Mehr oder Weniger endliche Größen sind. Für die Wahrheitsfindung ergibt sich: Die →Wahrheit lässt kein Mehr oder Weniger zu – es geht hierbei vornehmlich um die ontologische Wahrheit (*rerum veritas*), welche die →Wesenheit der Dinge ist –, daher ist die Wahrheit und Wesenheit des Seienden als einfachhin Größtes identisch mit dem aktual Unendlichen, das von keinem endlichen Geist erfassbar ist. Menschliches Bemühen um Erkenntnis ist zwar ein beständiger Annäherungsprozess an das Gesuchte, es gibt zweifellos Fortschritte in der Erkenntnis; aber keine Erkenntnis ist so genau, dass sie nicht noch genauer sein könnte. Mit dieser Feststellung begnügt Nikolaus von Kues sich nicht. Das einfachhin Größte gestattet keinen vergleichenden Bezug zu anderem, es steht über jedem Gegensatz; es ist alles, was sein kann und was es sein kann. Hieraus folgt: Das einfachhin Größte ist das, demgegenüber nichts Größeres sein kann. Des Weiteren kann es selbst nicht größer sein als es ist, weil es alles ist, was es sein kann und was sein kann; aus demselben Grund kann es auch nicht kleiner sein. Das aber, was nicht kleiner sein kann, ist das uneingeschränkt Kleinste. Somit ist das absolut Größte ineins auch das absolut Kleinste. Der Zusammenfall des absolut Größten mit dem Kleinsten ist ein Beispiel für den von Nikolaus behaupteten Zusammenfall aller möglichen konträren und kontradiktorischen Gegensätze im uneingeschränkt Größten. Diese Lehre vom Zusammenfall der Gegensätze (→*coincidentia oppositorum*) im einfachhin Größten oder aktual Unendlichen besagt keineswegs, dass in Gott das Endliche mit dem Unendlichen koinzidiere in der Weise, dass das Endliche selbst Unendliches oder das Unendliche Endliches werde; das Verursachte ist nicht in seiner Vielheit und Gegensätzlichkeit in der →Ursache, sondern insofern, als die eine Ursache das viele Verursachte in sich schließt, ohne etwas von dem Verursachten zu sein oder zu werden. Hier offenbart sich kein Mangel an logischem Denken, sondern ein Philosophieren, das schwierigste Gedankengänge in immer neuen Ansätzen verdeutlichen will und auf ein nicht begreifendes Sehen oder Schauen Gottes hin tendiert, das über jedes →Wissen hinausgeht. Der Satz vom ausgeschlossenen Widerspruch ist kein universales Seins- oder Erkenntnisprinzip; er gilt nur für den Bereich des →Verstandes (*ratio*); die →Vernunft (*intellectus*) erhebt sich über den Verstandesbereich zur Koinzidenz der Gegensätze. Ihre →Methode ist das ›Erforschen im Symbol‹ (*symbolice investigare*). Ausgangspunkt sind gezeichnete mathematische Figuren wie Linie, Dreieck, Kreis und Kugel. Ein erster Überstieg (*transcensus*) ist von den gezeichneten Figuren zu den nur denkbaren mathematischen Gebilden zu vollziehen, deren Eigenschaften und Wesensbeschaffenheiten zu untersuchen sind. Alsdann wird in einem zweiten *transcensus* das

Mathematische verlassen; die Beschaffenheiten der mathematischen Gebilde werden auf aktual unendliche Figuren übertragen. Das geschieht beim Dreieck in der Weise, dass die Winkel und die Seiten als unendliche gesetzt werden; denn jeder Teil des Unendlichen ist selbst unendlich. Die Peripherie des unendlichen Kreises ist die aktual unendliche Gerade; Mittelpunkt und Durchmesser des unendlichen Kreises sind mit der unendlichen Geraden identisch. Das Ergebnis dieses Verfahrens ist eine aktual unendliche Linie, die zugleich Dreieck, Kreis und Kugel ist. Nun erfolgt in einem dritten *transcensus* die Übertragung der Beschaffenheiten der unendlichen Figur auf das aktual Unendliche selbst in seiner Gelöstheit von allem Figürlichen. Hieraus ergeben sich Nikolaus von Kues zufolge Einsichten in das Wesen des Mathematischen. Das durch den zweiten *transcensus* erreichte unendliche Gebilde ist alles in →Wirklichkeit, was die endlichen mathematischen Figuren sein können, und zwar so, dass die →Möglichkeit der endlichen Figuren aus der Wirklichkeit der unendlichen Figur hervorgeht, die aber aufgrund ihrer Unendlichkeit von den endlichen Figuren durch einen unendlichen Abstand getrennt ist. Entscheidend sind indessen die Einsichten in der Weise des »nicht begreifenden Erkennens«, die sich durch den Überstieg zum nicht figürlichen Unendlichen ergeben: Es ist in unendlicher Weise alles in Wirklichkeit, was das Endliche in endlicher Weise ist; es ist Wesensgrund von allem und somit das Sein der Seienden. Das Sein der endlichen Dinge ist auf eine für uns unbegreifliche Weise vom absoluten Sein verursacht. Verdeutlicht wird dies durch das der Schule von Chartres entnommene Begriffspaar »Einfaltung – Ausfaltung« (*complicatio* – *explicatio*) und durch die Lehre von den vier Einheitsregionen. Gott als das Sein der Seienden und als unendliche Einheit schließt alles in sich zur Einheit zusammen. Das wird von Nikolaus »Einfaltung« genannt und durch Beispiele erklärt: Die Eins als Prinzip der Zahl ist »Einfaltung der Zahl«; der Punkt ist Einfaltung von Linie, Fläche und Körper. Wie beim Zählen die Eins in Vielheiten ausgefaltet wird und zugleich die Vielheiten zu neuen Einheiten zusammengefasst werden und wie entsprechend der Dimensionenfolge die Linie erste Ausfaltung des Punktes ist, Fläche und Körper zweite und dritte Ausfaltungen sind, so entsteht bei der Ausfaltung der unendlichen Einheit die Vielheit der abgestuften Einheiten, der Geschöpfe. Ohne die unendliche Einheit sind die Geschöpfe nichts; die Vielheit der Dinge entsteht dadurch, dass Gott im →Nichts ist, was unbegreiflich ist; denn das Nichts hat kein Sein. Zweifellos existieren die Geschöpfe, aber wir haben keine Möglichkeit, ihr Sein, das Abhängigsein ist, zu erkennen. Ausfaltung ist zugleich »Einschränkung« (*contractio*): Jedes →Individuum ist Einschränkung der Seinsstufe, zu der es gehört; dasselbe gilt jeweils für die untergeordneten Seinsstufen im Hinblick auf die übergeordneten; und keine übergeordnete Seinsstufe wird in dem ihr Untergeordneten zu dem, was sie selbst ist. Erste Ausfaltung der unendlichen Einheit oder des uneingeschränkt Größten ist das Universum; es ist in eingeschränkter Weise Sein und Wesenheit aller Dinge. Während Gott als das uneingeschränkt Größte ohne die Geschöpfe sein kann, kann das Universum nicht ohne die erschaffenen Seienden sein; denn diese sind Teile des Universums. Mit dem Universum erlangten also auch seine Teile Sein, und das Universum als erste Einschränkung der unendlichen Einheit ist in allen seinen Teilen in eingeschränkter Weise das, was jedes Einzelne in eingeschränkter Weise ist. Aufgrund dessen schließt jedes Seiende alle Einschränkungen in sich ein und ist auf diese Weise alles. Die Einheit des Universums besteht aus Möglichkeit, Wirklichkeit und Verknüpfung; diese drei sind immer miteinander verschränkt und in der Verschränkung sind sie eine allgemeine Seinsweise. Die Anwendung der Regel der belehrten Unwissenheit auf die →Kosmologie ergibt: Weder die Erde noch sonst ein Planet oder Fixstern kann Mittelpunkt der Welt sein. Da die Welt keinen Mittelpunkt hat, kann sie auch nicht kugelgestaltig sein; sie ist zwar nicht aktual unendlich, hat aber keine Grenzen, innerhalb deren sie eingeschlossen wäre. Die Erde ist ein Stern unter Sternen; sie kann nicht kugelförmig sein, wenngleich sie sich der Kugelgestalt nähert. Des Weiteren kann sie nicht ohne Bewegung sein; denn nichts in der Welt befindet sich in absoluter Ruhe. Bewegung ist immer nur als relative Bewegung erkennbar. Die Auffassung, dass es Lebewesen auf anderen Sternen gibt, wird akzeptiert. Dieses alles versteht Nikolaus als »Aussagen, die an der Wahrheit, wie sie ist, in Andersheit teilhaben«. – In der Selbstreflexion begreift der menschliche Geist (*mens*) sich als vierfache Einheit; er umgreift alles in der Weise des uneingeschränkten Schauens (*visio absoluta*), in der Weise der Vernunft, des Verstandes und der Sinne. Den vier Erkenntnisweisen entsprechen vier Abstufungen der Wahrheit: 1. Die absolute Wahrheit (*veritas*) ist bezüglich der nicht von unserem Geist geschaffenen Seienden unerreichbar. 2. Vernunfterkenntnis ist die höchste Weise der Annäherung an die bewusstseinsunabhängigen Dinge; sie erkennt die Koinzidenz der Gegensätze und erfolgt »in wahrer Weise« (*vere*). 3. Verstandeserkenntnis ist an den Satz vom ausgeschlossenen Widerspruch gebunden und vollzieht sich »in einer dem Wahren ähnlich Weise« (*verisimiliter*). 4. Am weitesten von der Wahrheit entfernt ist die Sinneswahrnehmung, die das Veränderliche jeweils in seinem Hier und Jetzt erfasst und der die Gründe der Phänomene nie präsent werden. Den vier Erkenntnisbereichen entsprechen vier metaphysische Einheitsregionen: Gott, Intelligenz, Seele, Körper. Unterscheidungsprinzip ist die Andersheit (*alteritas*), die indessen kein Seinsprinzip ist und kein Seinsprinzip hat; sie ist gleichsam der Schatten des Nichts, der über die drei geschaffenen Einheitsregionen ausgebreitet ist und in jeder höheren Einheit schwächer wird. Gott selbst ist frei von Andersheit.

Die Welt als das eingeschränkt Größte erreicht ihre gesamte Wesensfülle weder in Gott, weil sie dann nicht mehr Welt, sondern Gott wäre, noch in den einzelnen Seienden, weil diese Einschränkungen von Welt sind. Somit erfordert die Welt etwas, das ineins eingeschränkt und nicht eingeschränkt, endlich und unendlich ist. Dieses ist der Gottmensch, der als Gott die absolute Einheit selbst ist, als Mensch aber in der Welt ist. In ihm erlangt die Welt ihre Seinsfülle. Dieser Ansatz führt zu einer philosophisch begründeten Christologie.

Nicolai de Cusa opera omnia iussu et auctoritate Academiae Litterarum Heidelbergensis ad codicum fidem edita, Leipzig [später Hamburg] 1932 ff.

Schriften des Nikolaus von Kues in deutscher Übersetzung, Leipzig [später Hamburg] 1936 ff.

Acta Cusana, Quellen zur Lebensgeschichte des Nikolaus von Kues, im Auftrag der Heidelberger Akademie der Wissenschaften hg. v. E. Meuthen / H. Hallauer, Hamburg 1976 ff.

Mitteilungen und Forschungsbeiträge der Cusanus-Gesellschaft, Mainz [später Trier] 1961 ff.

E. Meuthen, Nikolaus von Kues 1401–1464, 7. Aufl. Münster 1992

H. G. Senger, Nikolaus von Kues, in: Theologische Realenzyklopädie 24, 1994, S. 554–564

–: Ludus sapientiae: Studien zum Werk und zur Wirkungsgeschichte des Nikolaus von Kues, Leiden / Boston / Köln 2002

K. Bormann, Nikolaus von Kues, in: Großes Werklexikon der Philosophie hg. von F. Volpi, 1090–1099, Stuttgart 1999

M. de Gandillac, Nikolaus von Cues, Studien zu seiner Philosophie und philosophischen Weltanschauung, Düsseldorf 1953

K. B.

Parmenides von Elea (um 515–445): Wohl der bedeutendste und einflussreichste Vorsokratiker; hinterließ eine Schrift in Hexametern, in der er →Wahrheit und →Schein scharf abgrenzt. Die Lehre von der Wahrheit ist zu einem beträchtlichen Teil erhalten, während die Ausführungen über den Schein sehr lückenhaft tradiert sind. Das Proömium stellt die Auffahrt des Dichterphilosophen aus dem Dunkel ins Licht zu einer namenlosen Göttin dar, von welcher er über Wahrheit und Irrtum belehrt wird. Soweit das Verlangen reicht, wird der Mensch auf dem von der Gottheit festgesetzten Weg dahingetragen, auf welchen ihn Streben nach →Erkenntnis sowie gute Fügung, göttliche Satzung und göttliches Recht gebracht haben. Gegenstände der Belehrung sind die Wahrheit über das Seiende (→Sein) und die Inhalte menschlicher Meinung. Lediglich drei Forschungswege können gedacht werden: 1. Seiendes ist, das Nichtsein ist unmöglich. Dieser Weg ist der Pfad der Überzeugung und folgt der Wahrheit/Wirklichkeit. 2. Der zweite Weg ist gänzlich unerforschbar und führt zu nichts: Nichtsein ist mit Notwendigkeit. 3. Sein und Nichtsein sind identisch und verschieden, von allem gibt es eine gegenwendige Bahn. Dass die Meinungen, Nichtseiendes sei oder Seiendes und Nichtseiendes seien identisch und verschieden, als Forschungswege bezeichnet werden, ist durch methodische Reflexion bedingt: Wenn die →Methode, die bei der Erörterung der →Realität anzuwenden ist, bedacht wird, ergeben sich drei Möglichkeiten, von denen zwei ausscheiden. Bezug der beiden abgelehnten Forschungswege auf andere Philosophen muss angenommen werden, weil andernfalls nicht erklärt werden kann, weshalb Parmenides sich nicht mit einer kurzen Abweisung des zweiten und dritten Wegs begnügt, sondern diesbezüglich von einer viel umstrittenen →Argumentation spricht. Mit der Ablehnung des zweiten Wegs werden Lehren zurückgewiesen, die aus der Sicht des Parmenides dem →Nichts Sein zusprechen, wie z. B. →Anaximanders Ansatz eines quantitativ und qualitativ unbestimmten Urstoffes und Anaximenes' Lehre von der unvorstellbar weit ausgedehnten Luft. Der dritte Weg charakterisiert die Meinungen »unwissender Menschen«, die Veränderungsprozesse für seiend halten und hierdurch Sein und Nichtsein identifizieren und zugleich unterscheiden; anscheinend wird →Heraklit hierzu gezählt. In Betracht kommt nur der erste Weg: Seiendes ist. Nur Seiendes kann als Reales erfasst werden (›als Reales erfassen‹ heißt zur Zeit des Parmenides *noein*, ›denken‹). Dieser Satz ist konvertierbar: Nur das, was als Reales erfasst werden kann, ist seiend. Das bedeutet: ›Dasselbe kann gedacht werden und kann sein.‹ →Möglichkeit, →Wirklichkeit und →Notwendigkeit sind im Seienden zur Einheit verbunden: Das, was sein kann, ist mit Notwendigkeit, weil nichts es hindern könnte zu sein. Für das Denken gilt Entsprechendes: Es gibt nichts, wodurch das von der Gottheit belehrte Denken gehindert werden könnte, Kenntnis des Seienden zu sein. Das Wort ›Sein‹ wird innerhalb der parmenideischen Seinslehre weder kopulativ noch als Existenzaussage verwendet, sondern bedeutet ›unveränderlich bestehen‹ im Gegensatz zu Entstehen, Vergehen, Veränderung. Der Weg der Wahrheit schließt alles andere als das Seiende aus. Außerhalb des Seienden existiert nichts, d. h. das Seiende ist die alles andere ausschließende Ganzheit. Hiermit ist auch gesagt, dass es innerhalb des Seienden nichts geben kann, das von der Ganzheit verschieden wäre. Das Seiende kann also keine Teile haben, weil sie vom Seienden als der Ganzheit verschieden und folglich nichtseiend wären. Das Seiende ist ganz es selbst; hieraus ergibt sich, dass es einzig ist. Weiterhin besagt Ganzheit des Seienden, dass dem Seienden nichts mangelt, dass es autark und vollkommen ist und sich deshalb in Ruhe befindet. Hierdurch ist jede Bewegung ausgeschlossen, womit in erster Linie gemeint ist, dass das Seiende nicht entsteht und nicht vergeht – es hat keine Grenzen in der Zeit –, sodann aber auch, dass es sich in keiner Weise verändert. »Veränderung« umfasst bei Parmenides wie später bei →Aristoteles Entstehen und Vergehen, Ortswechsel, qualitative und quantitative Veränderung. Die aus ›seiend‹ deduzierten ›Merkzeichen‹ sind Grundlage direkter und indirekter Beweise. Seiendes ist nicht aus Nichts entstanden, denn aus dem Nichts kann nichts werden, was generell altgriechische Überzeugung ist. Wäre das Seiende aus Nichts entstanden, dann ist es nicht; weil es nicht aus Nichts entstand, ist es ohne Einschränkung. Das heißt in den Worten des Parmenides: »So muss es entweder ganz und gar sein oder gar nicht.« Die Argumentation gegen Werden aus Nichts gelangt also zu der Alternative: Das Seiende ist – das Seiende ist nicht, womit der Beweis gegen die Herkunft aus dem Nichts auf die Position der beiden Forschungswege zurückgeführt ist. Das Seiende kann auch nicht aus Seiendem entstanden sein; wäre es das, dann gäbe es ein zweites Seiendes; das bedeutete, dass ihm die aus ›seiend‹ deduzierten Merkmale fehlten, was zur Folge hätte, dass es mit dem Nichts identisch wäre. Das aber ist ausgeschlossen; der zweite Forschungsweg, der dem Nichts Sein zuspricht, ist ungangbar. Somit bleibt nur die Position des ersten Wegs: Das Seiende ist; es ist unentstanden, als Unentstandenes ist es unvergänglich und in jeder Hinsicht mit sich selbst identisch. Aus der →Identität des Seienden mit sich selbst folgt, dass es an keiner Raumstelle ein Mehr oder Weniger von Seiendem geben kann; das Seiende ist gleichmäßig von sich selbst erfüllt, d. h. es gibt nichts in ihm, das nicht das eine Seiende wäre. Das sich selbst absolut gleiche Seiende ist unveränderlich, womit primär der Ortswechsel verneint ist. Weil Ortswechsel der Elementarkörper Grundlage jeder Veränderung ist, wird dem Seienden auch jede andere Weise der Veränderung abgesprochen. Das Seiende ist in räumlichen Grenzen eingeschlossen; eine Lockerung dieser als »Fesseln« beschriebenen Grenzen würde bedeuten, dass das Seiende sich örtlich bewegen könnte, womit der Beginn der Veränderung und auch des Entstehens und Vergehens gegeben wäre, was bedeuten würde, dass das Seiende nicht mehr vollkommen, nicht autark und nicht absolut mit sich identisch wäre; es wäre nichtseiend. Werden und Vergehen sind nicht seiend; sie bestehen nicht unveränderlich, weil sie Prozesse sind, und deshalb ist sowohl in der Gegenwart als auch in der Zukunft eine Vielheit von Seiendem unmöglich. Hieraus ergibt sich, dass alles, was die von der Gottheit nicht belehrten Menschen als real bezeichnen, nämlich Veränderliches, ›Namen‹ ohne →Bedeutung sind, Bezeichnungen, denen im Bereich des Seienden nichts entspricht. Hinsichtlich seiner Gestalt und seines inneren Zusammenhangs ist das Seiende vollkommen; daher ist die Gestalt des Seienden absolut ebenmäßig. Absolutes Ebenmaß der Gestalt kommt nur der Kugel zu: Das Seiende ist kugelgestaltig. Nicht zu verkennen ist, dass die Argumentation oft kreisförmig verläuft und die Kugelgestalt des Seienden nachahmt. Die Frage, was außerhalb des räumlich begrenzten Seienden sei, ist für Parmenides sinnlos: Außerhalb des Seienden gibt es nichts, auch nicht den leeren Raum, den Parmenides anscheinend mit dem Nichts identifiziert. Diese nach modernem Verständnis vielleicht befremdende Auskunft wird von →Platon und Aristoteles akzeptiert; die Fixsternsphäre als Grenze des →Kosmos ist kugelförmig, außerhalb ihrer existiert nichts. Entsprechend allem, was Parmenides ausführt, ist das Seiende ein stereometrisches Gebilde, ein homogener Körper, der den gesamten →Raum ausfüllt, nicht durch die Sinne fassbar ist und auch nicht durch menschliches →Denken erkannt werden kann, sofern es nicht von der Gottheit belehrt wurde; menschliches Denken ist immer an die Sinneswahrnehmung gebunden und kann sich ohne göttliche Hilfe nicht von ihr lösen. Weil transzendente Seinsregionen wie Platons Bereiche der höchsten →Prinzipien, der →Ideen und des mathematischen Seienden für Parmenides noch nicht in Betracht kommen, kann das unveränderliche Seiende nur das Weltall sein, dieses aber nicht gemäß seiner wahrnehmbaren →Erscheinung in Vielheit, Vereinzelung und Veränderung, sondern geschaut als zusammenhängende, homogene und unteilbare Einheit. Zu dieser Schau vermag menschliches Denken sich nur zu erheben, wenn ihm die Seinswahrheit von einer Gottheit geoffenbart wird; unbelehrtes Denken sieht statt des einen unveränderlichen Seienden die Vielheit der veränderlichen Dinge. Diese Trennung von göttlichem und menschlichem Wissen ist schon in den homerischen Epen ausgeprägt und wird von Xenophanes, Heraklit und Alkmaion in das philosophische Denken übergeleitet. Parmenides ist jedenfalls der Erste, welcher eine Antwort auf die Frage erteilt, weshalb menschliches Wissen ohne göttliche Offenbarung →Schein ist und woher der Schein stammt. Die Menschen halten das, was ihnen in der →Wahrnehmung erscheint, für das Seiende; hierdurch wenden sie sich vom unveränderlichen Seienden ab und kehren sich dem Schein zu. Der Schein besteht darin, dass Veränderliches, Entstehendes und Vergehendes durch die Wahrnehmung als real erfasst wird und hierdurch den Schein des Seins erregt. Veränderliche Dinge aber sind nicht, weil sie nicht unveränderlich bestehen. Weil es den Menschen unmöglich ist, sich ohne göttliche Offenbarung zum Seienden zu erheben, sind Meinen und Irrtum die notwendige Weise menschlichen Denkens. Die Wahrheit ist göttliches Wissen; sie wird den Menschen als Geschenk zuteil. Somit steht der Mensch nicht »je schon in der Wahrheit und Unwahrheit«, sondern als Mensch in der Unwahrheit; der Irrtum ist die notwendige Form menschlichen Denkens. Menschlicher Natur entspricht das Ansetzen einer Mehrheit von obersten Prinzipien anstelle des einen Seienden. Dieses stellt Parmenides im zweiten Teil seines Lehrgedichtes dar. Die Menschen setzen zwei Prinzipien für den Bereich des Veränderlichen an, Licht und Nacht (Feuer und Erde in aristotelischer Diktion) und halten sie für die Realität. Hierdurch spalten sie die eine Wirklichkeit des Seienden in eine Zweiheit. Das Ergebnis der Spaltung ist nicht eine abbildhafte Welt gegenüber dem →Urbild des Seienden, sondern die scheinbare Realität, welche in keinem ontologischen Zusammenhang mit dem Seienden steht. Von der Wahrheit des Seienden her betrachtet ist die Spaltung illegitim, von menschlicher Erkenntnisweise aus erfolgt sie mit Notwendigkeit. Aus den beiden Prinzipien, welche als Elementarkörper aufzufassen sind, bestehen alle veränderlichen Dinge.

Die wenigen Fragmente des zweiten Teiles lassen erkennen, dass nach der Erörterung der beiden Elementarkörper die Entstehung der einzelnen Dinge behandelt wird; im Einzelnen kommen zur Sprache das Werden des →Kosmos einschließlich der Sonne, des Mondes, der Sterne und der Erde sowie das System der »Stoffkränze«, über das jedoch nichts Sicheres gesagt werden kann. Auf die →Kosmogonie folgte vielleicht die Lehre von der Entstehung der Götter, von der ein Vers erhalten ist; an sie schloss sich die →Anthropologie an, von der einige Zeilen überliefert sind, die unter anderem Aufschluss über die Bedeutung der beiden Elementarkörper für menschliches Denken geben. Der menschliche Leib ist eine Mischung der Elementarkörper; veranlasst wird die Mischung durch die alles lenkende Göttin, die ihren Sitz inmitten der Stoffkränze hat und nicht mit der offenbarenden Göttin identisch ist. Entsprechend der bei den einzelnen Menschen jeweils verschiedenen Mischung gestaltet sich das Denken, das keineswegs Tätigkeit einer unstofflichen Geistseele, sondern Funktion des Leibes ist. Größerer Anteil des Lichtelements bewirkt größere Klarheit des Denkens, ohne dass hierdurch jemals eine Befreiung vom Irrtum, dem menschliches Denken verhaftet ist, ermöglicht würde. Hiermit bietet Parmenides eine physiologische Deutung eines Phänomens, das in archaischer Zeit Gegenstand der Reflexion wurde: Die Menschen sind nicht nur unfähig, ihr äußeres Geschick zu bestimmen, sondern sie können nicht einmal in ihrem Denken eine gerade Linie einhalten, weil sie der jeweils ohne ihr Zutun entstandenen Situation hilflos ausgeliefert sind.

Die Fragmente der Vorsokratiker, hg. von H. Diels / W. Kranz, Bd. 1, 1989 [Nachdr. der 6. Aufl. Berlin 1952]

J. Mansfeld, Die Vorsokratiker (Auswahl), Bd. 1, Stuttgart 1983

The Presocratic Philosophers. A Critical History with a Selection of Texts, hg. von G.S. Kirk / J.E. Raven / M. Schofield, 2. Aufl. Cambridge 1983 [dt. von K. Hülser, Stuttgart 1994]

W. Röd, Geschichte der Philosophie: Die Philosophie der Antike 1. Von Thales bis Demokrit, 2. Aufl. München 1988

K. Bormann, Parmenides. Untersuchungen zu den Fragmenten, Hamburg 1971

H. Fränkel, Wege und Formen frühgriechischen Denkens, München 1955

O. Gigon, Der Ursprung der griechischen Philosophie von Hesiod bis Parmenides, 2. Aufl. Basel 1968

U. Hölscher, Parmenides, Vom Wesen des Seienden, Frankfurt/M. 1969

J. Mansfeld, Die Offenbarung des Parmenides und die menschliche Welt, Assen 1964

K. B.

Pascal, Blaise (1623–1662): Französischer Philosoph und Mathematiker, geb. am 19.6. in Clermont, gest. am 19.8. in Paris. Pascal ist wohl der Denker, bei dem scharfsinnigste →Rationalität und tiefe christliche Frömmigkeit am nachhaltigsten zusammengekommen und aufeinandergeprallt sind. Seine überragenden geometrischen Entdeckungen stehen gleichrangig neben seinen Betrachtungen über das Verhältnis des →Menschen zu →Gott und zur Unendlichkeit. In philosophischer Hinsicht hat sich Pascal vor allem zwei wichtige Aufgaben gestellt: die Verteidigung des modernen Augustinismus in der Ausprägung des Jansenismus und die Apologie des Christentums überhaupt. In den *Provinciales* übernimmt er die doppelte Arbeit, rational und bisweilen ironisch, die jansenistische Position ihren Gegnern – vor allem Dominikanern und Jesuiten – darzulegen, um dann aber zum Angriff auf das in seinen Augen laue Christentum der Opponenten überzugehen. Die Stoßrichtung Pascals ist durch die unterschiedliche Interpretation der göttlichen Gnade bestimmt. Er vertritt den Standpunkt der augenblicklichen Gnade (*grâce actuelle*): Der Mensch kann zwar für eine →Handlung mit der göttlichen Gnade versehen sein, für eine andere kann sie ihm aber versagt bleiben. Daraus ergibt sich das für ihn prägende Menschenbild des gerechten Sünders (*jûste pecheur*) der, auch wenn er Gott wohlgefällig sein will, sündigt, weil er handelt. Damit steht Pascal der herrschenden Lehrmeinung entgegen, der Mensch sei im Stande der andauernden Gnade (*grâce habituelle*), er sündige manchmal, was aber dem Prinzip keinen Abbruch tue. Aufgrund dieser Position kann Pascal die laxe →Moral – vor allem der Jesuiten – kritisieren. Sein empfindlichstes Ziel ist dabei die Kasuistik, die es gestattet, alle Sünder zu entschuldigen. Mit ihrem ausgeklügelten Probabilismus, dem die Autorität eines einzigen Gelehrten genügt, um eine Meinung zu billigen, probabel zu machen, entgehen die Anhänger der Kasuistik jeder Pflichtenkollision. Letztlich geht es Pascal darum, die so möglich scheinende Überlistung Gottes und seines Gerichtes abzuweisen. (Wirkungsgeschichtlich haben die *Provinciales* für die kirchliche Verurteilung der kasuistischen Theologie mit den Ausschlag gegeben, ebenso für das Verbot des jesuitischen Ordens durch den Papst.)

Zentral für Pascals Gedankengang ist die ungeheure Abständigkeit des Menschen von Gott, dessen →Wille nicht in einer bloßen →Analogie zum begrenzten menschlichen gedacht werden kann. Kein Christ soll sich vormachen, er könne durch kluges oder gar moralisches Handeln die Gnade herbeizwingen. Diese Grundüberzeugung ist es, die die ganzen *Gedanken* (*Pensées*), Pascals philosophisches Hauptwerk, durchzieht. Sie können in all ihrer Vielschichtigkeit unter vier Themenkreise gebracht werden: 1. Der Mensch ist ohne Gott elend (*misère*). 2. Glückseligkeit des Menschen mit Gott. 3. Dass unsere →Natur verderbt ist. 4. Dass es einen Heiland (*réparateur*) gibt. Pascal kritisiert den Menschen in seiner Durchschnittlichkeit auf mehreren Ebenen: Im gesellschaftlichen Leben ist er den Hinfälligkeiten der Eigenliebe, des Stolzes und der Eitelkeit ausgesetzt. Beim Betreiben der Wissenschaften enthüllt sich deren eigene Nichtigkeit. In der Philosophie sind lauter Irrtümer, da sie die Frage nach der Natur des Menschen nicht zu lösen vermocht hat.

So verfolgt Pascal seine These: Nach seinem Zweck (Gott) ist der Mensch groß und unvergleichlich, nach seinen Lebensgewohnheiten (Verwirklichung) ist er verworfen und nichtig. Es entsteht eine Welt zwischen zwei Extremen, die sich in der Natur spiegelt im Verhältnis des unendlich erweiterbaren Raums einerseits und der unendlichen Teilbarkeit der →Materie andererseits. Der Mensch befindet sich in einem Zwischen von All und →Nichts, von Größe und Elend. Dabei macht es gerade die Größe des Menschen aus, dass er in der Lage ist, sein Elend zu erkennen. Das Elend ist entstanden durch die Zerstörung der Einheit von Körper und →Geist als Folge des biblisch gedachten Sündenfalls. Die Konsequenz, die Pascal daraus ziehen muss, lautet: Die Wiedervereinigung der menschlichen Extreme kann nur durch Gott geschehen. Zum Problem wird dabei, dass Gott radikal verborgen bleibt. Die →Vernunft kann hier nicht helfen, da sie die Grenzen der natürlichen →Ordnung nicht übersteigen kann. Also, so folgert Pascal, muss der →Glaube als intuitive Kraft eingesetzt werden, um die Lücke auszufüllen. Die Merkwürdigkeit bei diesem Unterfangen ist, dass der Glaube durch Vernunft als notwendig bewiesen werden soll. Es muss zunächst bestimmt werden, was der Glaube eigentlich ist. Pascal gibt dem Glauben die zunächst seltsam anmutende Gestalt einer Wette. Er, der sich selbst als Roulettetheoretiker hervorgetan hat, zeigt, dass man sich dieser Wette gar nicht entziehen kann, da es nur die beiden Möglichkeiten gibt, darauf zu setzen, Gott als existent oder nicht-existent anzunehmen. Das Risiko besteht in dem, was eingesetzt werden muss, und in der Ungewissheit des Ausgangs. Der Mensch hat zweierlei zu verlieren: das Wahre und das →Gute, und zweierlei einzusetzen: Vernunft / Wille und →Erkenntnis / Seligkeit. Pascals These ist, dass bei einem Verlust der Wette nichts verloren geht, bei einem Gewinn jedoch alles gewonnen wird. Seine Argumentation, die eine Mischung aus mathematischer Kalkulation und bekehrungshaftem Appell ist, läuft daraus hinaus, dass es nur eine endliche Zahl von Verlustmöglichkeiten gibt, die einer Gewinnchance gegenüberstehen, die die Unendlichkeit eines unendlich glücklichen Lebens bedeutet.

Das Paradoxon der Gedankenführung liegt darin, dass mit Hilfe der Vernunft dargelegt werden soll, auf eben diese Vernunft zu verzichten und auf den Glauben zu setzen. Pascal treibt die Formulierung auf die Spitze, indem er die zum wirklichen Glauben Gekommenen als dumm bezeichnet. Für die moralische Seite der Bekehrung wird reklamiert, der Gläubige werde treu, ehrbar, demütig, dankbar, wohltätig und ein aufrichtiger Freund sein; die aber, die weiterhin auf die Kraft ihrer begrenzten Vernunft setzen, verfallen der Ruhmsucht und den Genüssen. Bei der Untersuchung dieser Genüsse macht Pascal die Entdeckung, dass sie eine gemeinsame Quelle haben: die Langeweile (*ennui*). Um sich ihr zu entziehen, geben sich die Menschen der Zerstreuung (*divertissement*) hin. Die Langeweile ist der unerträglichste aller Zustände, da in ihr das Nichts des Menschen, seine Verlassenheit, seine Unzulänglichkeit, seine Abhängigkeit, seine Ohnmacht, seine Leere empfunden wird. Aus der Tiefe der Seele steigt die Langeweile unablässig auf und mit ihr die Verzweiflung. Pointiert stellt Pascal fest: Das ganze Unglück der Menschen beruht auf einer einzigen Ursache: nicht ruhig in einem Zimmer bleiben zu können. Um sich aus diesem elenden Zustand herauszureißen, zerstreuen und verstreuen sie sich in die verschiedensten Aktivitäten. Alle *divertissements* werden nicht um der Erreichung eines angestrebten Zieles wegen gesucht, sondern es ist allein die Buntheit ihres Durcheinanderwirbelns, die es erlaubt, über sich nicht nachdenken zu müssen.

Pascal kritisiert zwar vordergründig das Leben der höfischen Gesellschaft, die sich in Jagdvergnügen und Billardspielen ergeht, meint aber alle Menschen, auch wenn die Zerstreuung bei den niederen Ständen nicht so deutlich zu Tage tritt. Doch die Kritik bleibt nicht bei dieser Konstatierung stehen. Pascal wendet sich auch gegen die Philosophen, die auf ihre Art versucht haben, sich dem Problem zu stellen. Dazu bedient er sich einer von →Augustinus entlehnten Dreiteilung der Begehrlichkeiten: des Fleisches, der Augen und des Stolzes, die dem Leib, dem Geist und dem Willen korrespondieren. Die Stoßrichtung der Kritik geht gar nicht so sehr gegen die Fleischlichkeit, da sie als Gegner des Glaubens nicht für so wichtig erachtet wird. Pascal zielt mehr auf den Geist, der der Erkenntnisgegenstand der Neugierigen und der Gelehrten ist, und auf den Willen, das Vermögen, das die Weisen für ihre Suche nach →Gerechtigkeit in Anspruch nehmen. Denn die Zerstreuungen sind nur ein Weg der Flucht vor der eigenen Leere. Auch das In-sich-Gehen der Philosophen – besonders der Stoiker – ist nur ein Irrweg, da der Mensch nicht die Stärke hat, Ruhe in sich selbst zu finden. Pascal empfindet die Bemühung der Philosophen, ein selbst gestaltetes Leben zu führen, nicht nur als zu schwierig, sondern auch als eitel und anmaßend. Daraus folgt, dass das Glück allein in Gott ist. Genauso unbefriedigt zeigt sich Pascal bei der Betrachtung der mathematischen Wissenschaften, die er selbst so gründlich wie kaum ein Zweiter studiert hat. Sie sind dem Menschen nicht gemäß und diejenigen, die sich darin auskennen, haben fast keine Möglichkeit der Mitteilung.

Was bleibt, ist die Erkenntnis der Widersprüchlichkeit des Menschen: Einerseits blickt er in die Unergründlichkeit seiner selbst, andererseits vermag ihn seine Vernunft nicht aus dem Elend seiner Verlassenheit zu ziehen. Ja, je mehr Einsicht man hat, desto mehr Größe und Niedrigkeit werden sichtbar. Besonders deutlich wird dies bei der Betrachtung des →Kosmos. Pascal erschaudert beim Anblick der furchtbaren Räume des Weltalls, die ihn umschließen, da er sich an einen Winkel der unermesslichen Ausdehnung gebunden findet, ohne zu wissen, warum er gerade an diesen Ort gestellt ist, noch warum die kurze Zeitspanne des Lebens gerade diesem Punkt der Ewigkeit zugeordnet ist. Eine Ewigkeit ist schon voraufgegangen, eine andere wird folgen. Pascal sieht auf allen Seiten nur Unendlichkeiten, die ihn umschließen wie ein Atom und einen Schatten, der einen Augenblick dauert und nicht wiederkehrt. Einzig gewiss ist die Tatsache, einen →Tod sterben zu müssen, von dem man am allerwenigsten weiß, außer dass er unabwendbar ist. Und auch damit ist kein Festpunkt erreicht, denn keiner kann im Voraus bestimmen, ob er beim Verlassen der Welt ins Nichts oder in die Hände eines erzürnten Gottes fällt. Pascal nimmt die kopernikanische Wende ernst, versucht ihr sogar im christlichen Sinne etwas abzugewinnen. Die Abwehrhaltung der dogmatischen Kirche hatte im heliozentrischen Weltbild eine Verzerrung des göttlichen Schöpfungsgedankens gesehen, die den Menschen aus seiner ihm zukommenden Mitte des Alls vertreibt.

Der Rationalist Pascal kann sich trotz aller Frömmigkeit nicht den Argumenten der neuen Astronomie verschließen. Doch er sieht in der Entrückung der Erde mit ihren Bewohnern in eine beliebige Weltgegend gerade eine Bestätigung seiner eigenen religiösen Überzeugung. Die aristotelisch-ptolemäische Konstruktion des Geozentrismus hatte dem konservativen Klerus insofern in die Hände gespielt, als es hier stabile Weltverhältnisse gibt, die den Menschen zum Konzentrationspunkt der göttlichen Aufmerksamkeit machen. Von daher war es nicht schwer, die Lehre von der andauernden Gnade zu etablieren, da ein so ausgezeichnetes Wesen wie der Mensch von vornherein der Zuneigung des Schöpfers sicher sein konnte. Hier verklammert Pascal sein von Augustinus bestimmtes Denken mit der modernen Naturwissenschaft: Wenn der Mensch schon in einem Irgendwo des unendlichen Universums lebt, warum soll dann gerade er die Gewissheit göttlicher Gnade besitzen? Die Beliebigkeit des Ortes und der Zeitspanne in der doppelten Unendlichkeit von Raum und Ewigkeit macht Gott nicht zu einem berechenbaren Richter, dessen Gnade erwirkt werden kann, sondern bestätigt gerade den biblischen Ausdruck vom ›verborgenen Gott‹ (*deus absconditus*). Diesem kann der Mensch mit seiner Vernunft so wenig abringen, dass es einer anderen Instanz bedarf, um nicht in der unendlichen Ausgedehntheit des Alls und der unendlichen Leere der zerstreuenden Aktivitäten zu ertrinken. Durch die Verborgenheit ist Gott aller metaphysischen Spekulation entzogen. Die Logik der Vernunft reicht nicht hin; so setzt Pascal ihr die »Logik des Herzens« entgegen, d.h. die unerschütterliche →Gewissheit des Glaubens. Das in seinem Rockfutter aufgefundene Memorial - ein einzelnes Blatt - sagt deutlich, was ihm diese bedeutet. Wider alle Vernunft bekennt sich Pascal zum Gott Abrahams, Isaaks und Jakobs. Nicht der bewiesene Gott der Philosophen und Gelehrten ist der Gegenstand seiner Anbetung, sondern der sich durch die Schrift bekundende Gott, der ihm die Glaubensgewissheit gibt, die alle Unruhe im Herzen auslöscht.

Der Mathematiker und Rationalist Pascal wird so zum Interpreten und Kommentator der Bibel. Dabei argumentiert er historisch: Während die Philosophen sich in die verschiedensten Sekten gespalten haben, finden sich in einem Winkel der Welt Menschen, die erklären, dass die ganze Welt im Irrtum ist, dass Gott ihnen die →Wahrheit geoffenbart hat und dass diese Wahrheit immer gültig sein wird. Das jüdische Volk ist somit der Verwalter der Wahrheit, zumal Pascal annimmt, dass es sich um das älteste der Welt handelt. Doch ist damit noch nicht das Ziel erreicht: Pascal versucht, den unüberbietbaren Vorrang des Christentums gegenüber dem jüdischen Glauben und dem Islam darzulegen. Dreh- und Angelpunkt wird Jesus in seiner Einzigartigkeit. Er befreit die Menschen nicht als mächtiger Herrscher, der in seinem Reiche der Heiligkeit glänzt, sondern als ein besonderer König: mit dem Glanze seiner Ordnung. Diese Ordnung ist die der →Liebe, die unendlich höher steht als alle Körper, Geister und deren Hervorbringungen. Aus allen Körpern zusammen kann man nicht den kleinsten Gedanken hervorbringen, denn das ist unmöglich und steht in einer anderen Ordnung. Genauso wenig kann man aus allen Körpern und Geistern eine Regung der wahren Liebe erzeugen; das ist unmöglich und steht in einer anderen Ordnung. Die Konsequenzen, die Pascal daraus zieht, sind hart: Jesus hat die Menschen darüber aufgeklärt, dass sie in Eigenliebe verstrickt sind, als Sklaven ihrer Leidenschaften leben, und daher als Blinde, Kranke und Sünder erlösungsbedürftig sind. Die Verwirklichung seiner Befreiung besteht in Selbsthass und Nachfolge in Leiden und Kreuzestod. In seiner Herzensgewissheit folgert Pascal weiter, dass der Mensch ohne Jesus notwendigerweise in Laster und Elend lebt, mit ihm aber davon frei sei. In seiner radikalen Abkehr von der Vernunft erklärt er, Jesus sei gekommen, um die Klarsehenden zu verblenden und die Blinden sehend zu machen, die Sünder zu rechtfertigen und die Gerechten in ihren Sünden zu belassen. Die einzige Möglichkeit, die wahre Ordnung wieder herzustellen, ist das Mysterium der Buße. Die schroffe Einteilung in Hass gegen sich selbst und Liebe gegenüber Gott führt zu einer Weltabgewandtheit, wie sie von demjenigen verlangt wird, der es ertragen muss, allein in seinem Zimmer zu sitzen. Pascals unerbittliche Strenge übertrifft jede moralistische →Skepsis gegenüber der →Tugend, wie sie von vielen Philosophen - ob von Augustinus beeinflusst oder nicht - vorgetragen worden ist. Der forschende Blick ins eigene →Ich verfällt dem Verdikt der neugierigen Selbstbespiegelung und ist deshalb nicht besser als andere Formen der Zerstreuung. Insofern ist es nicht richtig, in Pascal einen Wegbereiter der Psychologie zu sehen. Sein Ansatz ist von vornherein schon so auf eine bestimmte Auslegung der christlichen Lehre gerichtet, dass es ihm fern liegt, die feinen Verästelungen der menschlichen Seele zu beleuchten. Ihm geht es allein um das Faktum der inneren Leere, die notwendigerweise der Fülle der göttlichen Gnade bedarf. Die Religiosität wird so zur einzig anerkennenswerten Lebensweise ohne Ansehung aller Tugendhaftigkeit.

L. Brunschvicg, Blaise Pascal, Paris 1953
M. Heess, Blaise Pascal, München 1977
H. Loeffel, Blaise Pascal, Basel 1987
E. Montier, Blaise Pascal, Düsseldorf 1949
W. Schmidt-Biggemann, Blaise Pascal, Paris / München 1999

A. P.

Peirce, Charles Sanders (1839-1914): Geboren am 10.9. in Cambridge/Mass., gestorben am 19.4. in Milford/Pa. Peirce gilt als einer der wichtigsten Philosophen seiner Zeit. Zwar ist er hauptsächlich als Begründer des philosophischen →Pragmatismus bekannt geworden, aber er hat daneben auch bedeutende physikalische und logische Untersuchungen durchgeführt. Beispielsweise befasste er sich mit der →empirischen Bestimmung der Gravitationskonstanten, führte Morgans Relationenlogik weiter und entwickelte unabhängig von →Frege ebenfalls die Quantorenlogik. Im Mittelpunkt von Peirces philosophischem Interesse stehen erkenntnistheoretische Fragen, die die Erkennbarkeit der →Realität und die allgemeine Gültigkeit des synthetischen Schließens betreffen.

In den *Illustrations of the Logic of Science* (1877/78) unterscheidet er zwischen →Zweifel und Überzeugung als den beiden Grundzuständen, in denen sich Erkenntnissubjekte befinden können. Der Zweifel ist Peirce zufolge der Ausgangspunkt jeder Untersuchung. Die Funktion des →Denkens soll darin bestehen, diesen Zustand zu beenden und den Zustand der Überzeugung herbeizuführen. Allerdings kann laut Peirce nur ein wirklicher und lebendiger Zweifel zum Anlass für Untersuchungen werden. Er lehnt daher die von →Descartes mit der Theorie des methodischen Zweifels vertretene Auffassung ab, dass dazu bereits die bloße Möglichkeit des Zweifels ausreichen soll.

Peirce untersucht verschiedene Methoden zur Festlegung von Überzeugungen und kommt zu dem Ergebnis, dass ein Verfahren, das er als »Methode der Wissenschaft« bezeichnet, am besten geeignet ist, weil allein diese →Methode dazu in der Lage sein soll, langfristig stabile Überzeugungen einzurichten. Das Hauptmerkmal der Methode der Wissenschaft besteht darin, dass Überzeugungen an der Realität getestet werden. Diese Methode ist daher dadurch gekennzeichnet, dass sie die Annahme einer von den Überzeugungen einzelner Erkenntnissubjekte unabhängigen und prinzipiell erkennbaren Realität voraussetzt. Da es Peirce zufolge keine vernünftige Alternative zur Methode der →Wissenschaft gibt, folgert er, dass man die mit ihr verbundene Realitätskonzeption akzeptieren muss. Weiterhin argumentiert Peirce dafür, dass die Anwendung der Methode der Wissenschaft langfristig zur Konvergenz der Überzeugungen einzelner Erkenntnissubjekte führt und dass der Konvergenzpunkt dieser Entwicklung die wahre Gesamttheorie der Realität ist. Diese Theorie ist allerdings ein Ideal, an das man sich zwar beliebig annähern kann, das aber selber nicht erreichbar ist. Der Grund dafür liegt in Peirces Fallibilismus, wonach sich jede für wahr gehaltenen Aussage im Zuge weiterer Untersuchungen als falsch herausstellen kann. Es kann daher keine Aussagen geben, deren →Wahrheit absolut gesichert ist, und die mit Recht als gewiss angesehen werden können. Aus diesem Grund ist es prinzipiell nicht möglich zu entscheiden, ob man die wahre Gesamttheorie erreicht hat oder nicht. Peirce wendet sich damit gegen Descartes' Auffassung, dass →Wissen →Gewissheit voraussetzt. Stattdessen vertritt er im Rahmen seines kritischen *commonsensism* die Position, dass wir nicht nach Wissen streben sollen, an dem kein Zweifel möglich ist, sondern dass wir uns um Überzeugungen bemühen sollen, die unsere gegenwärtigen Zweifel beseitigen, die wir aber jederzeit erneuten Tests unterziehen und kritisch reflektieren können.

Die Konzeption der wahren Gesamttheorie der Realität als idealem Konvergenzpunkt aller Forschungsbemühungen wird von Peirce zum einen dazu verwendet, um das Kriterium für die Wahrheit von →Aussagen zu definieren. Danach ist eine Aussage genau dann wahr, wenn sie Bestandteil der idealen Gesamttheorie ist. Da Peirce ein kumulatives Modell des wissenschaftlichen Fortschritts zugrunde legt, wird mit diesem Kriterium nicht ausgeschlossen, dass wir bereits in der Gegenwart über wahre Aussagen verfügen können. Zum anderen zieht er die Konzeption der idealen Gesamttheorie auch zur Bestimmung des Realitätsbegriffs heran. Demzufolge ist eine →Entität genau dann real, wenn ihre Realität im Rahmen der idealen Gesamttheorie behauptet wird. Peirces →Erkenntnistheorie ist unter anderem in dem Punkt von den Theorien →Berkeleys und →Kants beeinflusst, dass er ebenso wie sie die Annahme prinzipiell unerkennbarer realer Entitäten ablehnt. Indem er die Annahme einer prinzipiell erkennbaren Realität als notwendige Voraussetzung der Methode der Wissenschaft rechtfertigt, verfügt er über ein Argument gegen die Annahme solcher unerkennbarer Dinge an sich.

Peirce unterscheidet beispielsweise in den Harvard- und Lowell-Vorlesungen (1865/66) drei Schlussformen, die er als →Deduktion, →Induktion und →Abduktion (bzw. Hypothese) bezeichnet. Von diesen sind vor allem die beiden letztgenannten synthetischen Schlussformen für die empirischen Wissenschaften von Bedeutung, weil nur mit ihrer Hilfe Wissen über die Realität erworben und begründet werden kann. Induktionen sind →Schlüsse von singulären Aussagen wie zum Beispiel ›x ist ein Schwan und weiß‹ und ›y ist ein Schwan und weiß‹ auf allgemeine Aussagen wie ›Alle Schwäne sind weiß‹. Beim abduktiven Schließen wird ausgehend von einer einzelnen Beobachtung wie beispielsweise ›Sokrates kann sprechen‹ und einer allgemeinen Gesetzmäßigkeit wie ›Alle Menschen können sprechen‹ auf einen hypothetischen Grund (oder eine Ursache) wie zum Beispiel ›Sokrates ist ein Mensch‹ geschlossen. Abduktion ist also das, was in der Wissenschaftstheorie als ›Schluss auf die beste Erklärung‹ bezeichnet wird.

Im Unterschied zu deduktiven Schlüssen, die nicht gehaltserweiternd und daher wahrheitskonservierend sind, gilt für induktive und abduktive Schlüsse, dass sie gehaltserweiternd sind (d.h. die Konklusionen solcher synthetischer Schlüsse machen Aussagen über größere Gegenstandsbereiche als die ihnen zugrunde liegenden Prämissen) und daher nicht wahrheitskonservierend sein können. Induktive und abduktive Schlüsse können deshalb auch dann zu falschen Konklusionen führen, wenn sie formal korrekt durchgeführt werden. Damit stellt sich für Peirce die Frage, auf welche Weise gerechtfertigt werden kann, dass es trotzdem rational ist, induktive und abduktive Schlüsse zum Erwerb und zur Begründung empirischen Wissens in Anspruch zu nehmen. Im Unterschied zu →Hume, der sich allein mit dem induktiven Schließen befasst, geht es Peirce nicht um die Frage, ob es einen Grund für die allgemeine Gültigkeit der synthetischen Schlussformen Induktion und Abduktion gibt. Vielmehr setzt er voraus, dass es einen solchen Geltungsgrund gibt, und es geht ihm allein darum, diesen Grund zu identifizieren. Die Frage nach diesem Geltungsgrund wird von Peirce allerdings in verschiedenen Ansätzen unterschiedlich beantwortet. Während er sich dazu in den früheren und mittleren Arbeiten hauptsächlich auf seine Realitätskonzeption stützt und behauptet, dass wir im Zuge der Anwendung der Methode der Wissenschaft gar nicht umhin können, eine mit Hilfe der synthetischen Schlussformen erkennbare Realität anzunehmen, stützt er sich in späteren Arbeiten vor allem auf die These, dass induktives Schließen auf lange Sicht selbstkorrigierend ist.

Die zentrale Fragestellung der ontologischen Überlegungen von Peirce ist die Frage nach den metaphysischen Grundlagen der Naturwissenschaften. Mit der Frage, welche metaphysischen Annahmen zugrunde gelegt werden müssen, damit naturwissenschaftliche Forschung als ein sinnvolles Unternehmen angesehen werden kann, befasst er sich besonders ausführlich in einer Reihe von Aufsätzen in der Zeitschrift *The Monist* (1891/92). Er argumentiert dort dafür, dass empirische Untersuchungen beispielsweise die Realität allgemeiner Gesetzmäßigkeiten und natürlicher Arten implizit voraussetzen und dass daher die Realität solcher abstrakter Gegenstände bzw. Universalien angenommen werden muss.

Peirces ontologische Position ist wesentlich durch die Auseinandersetzung mit der scholastischen Philosophie und insbesondere mit der Konzeption von Duns Scotus geprägt, von dem er die These übernimmt, dass zwischen Universalien und konkreten, individuellen Entitäten kein realer, sondern ein formaler Unterschied besteht. Das heißt, die Unterscheidung zwischen Universalien und Individuen beschreibt keine Differenz zwischen grundsätzlich verschiedenen Typen von Entitäten. Stattdessen wird Peirce und Duns Scotus zufolge mit dieser Unterscheidung beschrieben, in welcher Beziehung bestimmte Entitäten zum menschlichen Geist stehen. Wenn sie aktuell Gegenstände der Erkenntnis sind und in diesem Sinne als ›im Geist befindlich‹ angesehen werden, dann existieren Entitäten nur als etwas →Allgemeines bzw. als Universalien. Denn laut Peirce kann der →Geist nur Allgemeines vorstellen, weil er ausschließlich mit allgemeinen →Zeichen operiert. Mit Bezug auf Eigenschaften bedeutet dies, dass beispielsweise Eigenschaften als vorgestellte Eigenschaften nur als etwas Allgemeines wie ›Röte‹ existieren können. Wird bei Entitäten hingegen von ihrer Beziehung zum Geist abstrahiert, und existieren sie in diesem Sinne ›außerhalb des Geistes‹, dann können sie nur als Individuen real sein. Außerhalb des Geistes können Eigenschaften demnach nur als konkrete Instanzen wie beispielsweise als ein individuelles Rot real sein. Peirces universalienrealistische Ontologie steht daher nicht nur in Beziehung zu seinen

Überlegungen über die metaphysischen Voraussetzungen der Wissenschaften, sondern ihr liegen ebenfalls Annahmen seiner Theorie des Geistes zugrunde.

Seine zeichentheoretische Konzeption des Geistes entwickelt Peirce in kritischer Auseinandersetzung mit der Position von Descartes. Erstens bestreitet Peirce die Möglichkeit jeder Form introspektiven Wissens über die eigenen mentalen Zustände. Stattdessen vertritt er die These, dass generell Annahmen über mentale Entitäten und Zustände ausschließlich als →Hypothesen zur →Erklärung intersubjektiv zugänglicher Phänomene wie beobachtbarem Verhalten aufgestellt werden dürfen. Im Unterschied zu Descartes behauptet Peirce daher, dass empirisches →Selbstbewusstsein nicht auf Introspektion, sondern auf der Beobachtung des eigenen Verhaltens beruht. Zweitens lassen sich laut Peirce alle kognitiven Prozesse als Folgen von Schlüssen beschreiben. Drittens soll alles Denken an Zeichen gebunden sein. Da sich Zeichen nach Peirces Konzeption prinzipiell nur durch die Vermittlung anderer Zeichen: ihrer Interpretanten, repräsentierend auf Objekte beziehen können, folgt daraus, dass sich auch das Denken grundsätzlich nicht direkt, sondern nur vermittelt auf die bewusstseinsexterne Wirklichkeit beziehen kann.

Jedes Zeichen bzw. jede Repräsentation weist nach Peirce (in degenerierter oder nicht degenerierter Form) die folgenden drei Grundrelationen auf: 1. Jedes Zeichen steht für bestimmte Repräsentationsobjekte. 2. Jedes Zeichen repräsentiert Objekte in inhaltlich bestimmter Hinsicht. 3. Jedes Zeichen bezieht sich auf ein anderes Zeichen, das sein Interpretant ist. Aufgrund dieser drei Grundrelationen ist Repräsentation eine dreistellige Relation: Ein Zeichen repräsentiert ein Objekt (1) als etwas Bestimmtes (2) für ein interpretierendes Zeichen bzw. Interpretanten (3). Peirce unterscheidet grundsätzlich drei Typen von Zeichen: a) Kopien sind bildhafte bzw. ikonische Repräsentationen, die ihre Objekte aufgrund von Ähnlichkeitsrelationen repräsentieren, die zwischen der Repräsentation und dem Repräsentationsobjekt bestehen. Kopien repräsentieren kein bestimmtes Objekt, sondern alle möglichen Objekte, weil alle in unterschiedlichem Grad in Ähnlichkeitsbeziehungen zueinander stehen und damit keine scharfe Abgrenzung möglich ist. Aus diesem Grund behauptet Peirce, dass Kopien zwar bestimmte Prädikate konnotieren, aber keine bestimmten Dinge denotieren. Kopien sind daher Zeichen, die hinsichtlich der ersten Grundrelation degeneriert sind. b) Indexikalische Zeichen sind Repräsentationen, die nur aufgrund konventioneller Festlegung Objekte repräsentieren. Zu diesen Zeichen zählt Peirce beispielsweise intensionslose Individuenkonstanten wie Eigennamen. Indexikalische Zeichen denotieren daher Objekte, aber sie konnotieren keine →Prädikate. Sie sind daher hinsichtlich der zweiten Grundrelation degeneriert. c) →Symbole sind begriffliche Repräsentationen, zu denen Peirce →Begriffe, →Aussagen und →Argumente rechnet. Symbole zeichnen sich gegenüber den beiden anderen Zeichentypen dadurch aus, dass bei ihnen alle drei Grundrelationen voll entwickelt sind. Sie repräsentieren Objekte, indem durch ihre Bedeutung (→Intension) festgelegt wird, welche Objekte zu ihrem Umfang (→Extension) gehören.

Zum Begründer des Pragmatismus wurde Peirce durch die »pragmatische Maxime«, die er zum ersten Mal in dem Aufsatz *How to Make Our Ideas Clear* (1878) formulierte. Bekanntheit erlangte diese Maxime vor allem durch die populäre Interpretation von →James. Peirce stellt mit der pragmatischen →Maxime ein Kriterium zur Identifikation der Bedeutung von Begriffen auf, das allerdings mehrdeutig ist. Es ist am plausibelsten, die erste Version der pragmatischen Maxime im Sinne eines empiristischen Bedeutungskriteriums zu interpretieren, wonach man die Bedeutung eines Begriffes vollständig erfasst hat, wenn man weiß, auf welche sinnlich wahrnehmbaren Eigenschaften er sich bezieht. In späteren Versionen vertritt Peirce die Position, dass man gemäß der pragmatischen Maxime die Bedeutung eines Begriffs vollständig kennt, wenn man weiß, welche Handlungsregeln dieser Begriff involviert. Aber auch hier gibt es zwei konkurrierende Interpretationen. Diese unterscheiden sich hinsichtlich der Beschreibung der betreffenden Handlungsregeln. Gemäß der operationalistischen Interpretation bestehen die Handlungsregeln in experimentellen Anleitungen zur Herstellung wahrnehmbarer Phänomene. Um die Bedeutung eines Begriffs P zu identifizieren, ist es danach erforderlich, als Handlungsregeln konditionale Aussagen des folgenden Typs aufzustellen: Wenn man auf den Gegenstand x, auf den das Prädikat P zutrifft, eine Handlung vom Typ H ausübt, dann kann als Folge dieser Handlung wahrgenommen werden, dass p. (p bezeichnet in diesem Zusammenhang ein wahrnehmbares Ereignis, dessen Eintreten als Folge bestimmter Handlungen erwartet wird.) Man kennt demnach zum Beispiel die Bedeutung des Begriffs ›hart‹, wenn man weiß, welche Effekte beobachtet werden können, wenn man harte Gegenstände bestimmten Härtetests unterzieht. Hingegen muss man nach der praktikalistischen Interpretation zur Identifikation der Bedeutung eines Begriffs P als Handlungsregeln konditionale Aussagen der folgenden allgemeinen Form aufstellen: Wenn man will, dass p, dann muss man mit einem Gegenstand x, auf den das Prädikat P zutrifft, eine Handlung vom Typ H ausüben. (p bezeichnet hier einen intendierten Sachverhalt.) Danach kennt man die Bedeutung des Begriffs ›hart‹, wenn man weiß, welche Ziele mit Hilfe harter Gegenstände realisiert werden können. Die Bedeutung von Begriffen lässt sich nach dieser Interpretation auch unter Bezug auf Handlungsregeln bestimmen, die für die Lebensführung relevant sind.

C. Hookway, Peirce, London / New York 1985
F. Kuhn, Ein anderes Bild des Pragmatismus, Frankfurt/M. 1996
K. Oehler, Charles Sanders Peirce, München 1993

R. SCH:

Platon von Athen (427 bis 348/347): Schloss sich wohl 407 →Sokrates an, der mit Ausnahme der *Gesetze* in allen Werken Platons am Gespräch mehr oder weniger beteiligt ist. Die Schriften, zu denen die Referate über Platons innerakademische Vorträge (= *Ungeschriebene Lehren*) eine wichtige Ergänzung darstellen, weil sie Aufschluss über Platons Prinzipienlehre gewähren, wenden sich an ein gebildetes Publikum und wollen zur philosophischen Problematik und Lebensweise hinführen, was mit sich bringt, dass Platon von seinen Lehren jeweils nur soviel vorträgt, wie für sein Vorhaben erforderlich ist. Die Hauptthemen der frühen Schriften bilden Fragen nach dem Wesen der ethischen Vortrefflichkeit (*arete*) und ihrer Lehrbarkeit. Zu einer positiven Beantwortung kommt es nicht; falsche Begriffsbestimmungen werden abgelehnt, die Gespräche enden in der →Aporie, wenngleich Hinweise auf die richtige Lösung nicht fehlen. An manchen Stellen zeigt sich, dass nicht Weniges im Ansatz vorweggenommen ist, was später ausgestaltet wird. Das gilt auch für die Ideenlehre, die für alle seine Schriften charakteristisch ist. Breiten Raum nimmt in Platons frühen Dialogen die Auseinandersetzung mit den →Sophisten ein. Da diese sich für ihre Lehrtätigkeit bezahlen lassen, wirft Platon ihnen vor, sie seien eine Art von Händlern und verkauften Güter, von denen sich die →Seele nährt; das angebliche Wissen, das sie ihren Schülern vermitteln wollten, sei Scheinwissen; zudem hätten die Sophisten kein Interesse an der Wahrheitsfindung, seien deshalb zu einem philosophischen Gespräch untauglich und verwendeten die Rhetorik ausschließlich zum persönlichen Vorteil. Philosophie hingegen bedeutet Streben nach Einsicht in das, was ist. Unter dem, was ist, oder dem Seienden sind nicht die Gegenstände der Sinneswahrnehmung zu verstehen; →Sein bedeutet bei Platon ebenso wie bei →Parmenides ›unveränderlich bestehen‹. Zu diesem unveränderlich Bestehenden dringen wir niemals mit Hilfe der Sinneswahrnehmung vor, sondern nur durch intuitive Vernunfteinsicht, die sich von der Sinneswahrnehmung und allen Begierden und Affekten des Leibes freimacht. Befreiung der Seele vom →Leib ist Sterben. Philosophie als Streben nach Seinserkenntnis ist also Streben nach dem →Tod. Solange die Seele mit dem Leib verbunden ist, sind wir zwar der →Erkenntnis des Seienden am nächsten, wenn die Seele soweit wie möglich die Gemeinschaft mit dem Leib aufgibt; aber die mit dem Leib vereinigte Seele kann sich, solange sie mit dem Leib vereinigt ist, nie so auf sich zurückziehen, dass die Gemeinschaft mit dem Leib nicht mehr besteht. Völlige Erkenntnis des Seienden ist erst dann möglich, wenn die Seele nicht mehr mit dem Leib vereinigt ist, d. h. nach dem physischen Tod. Hieraus darf nicht gefolgert werden, der Philosoph solle sich selbst umbringen, um die erstrebte Vernunftschau möglichst schnell zu erlangen. Dass die Seele in den Leib gleichsam eingekerkert ist, beruht auf einer übermenschlichen, einer göttlichen Verfügung; daher muss sie so lange im Körper verweilen, bis die Götter verfügen, dass sie aus ihm befreit wird. Philosophie als Streben nach dem Tod ist zugleich Streben nach

Angleichung an das Immerwährende, Unveränderliche, über das Menschen keine Gewalt besitzen, an das Göttliche (göttlich heißt alles, das menschlicher Verfügungsgewalt entzogen ist). Also ist Philosophie Angleichung an das Göttliche. Die so verstandene Philosophie entfaltet sich in vier Bereichen: Seinslehre, →Anthropologie, Staatslehre, →Kosmologie.

Seinslehre: Dass Platon unveränderlich Seiendes, die →Ideen ansetzt, ergibt sich aus dem Problem allgemein gültiger →Aussagen. Allgemein gültige Aussagen haben weder in der Sinneswahrnehmung, die es stets mit Veränderlichem zu tun hat, noch in den sich wandelnden Meinungen der Menschen einen Halt. Andererseits gibt es allgemein gültige Aussagen; als Beispiel diene der Satz 7+5=12. Dieser Satz ist innerhalb eines dekadischen Zahlensystems unveränderlich wahr. Also muss auch der in diesem Satz ausgesagte Sachverhalt unveränderlich sein. Da es in der veränderlichen Welt nichts Unveränderliches gibt, besteht das Unveränderliche nicht in →Raum und →Zeit, sondern getrennt von ihnen. Zwar ist das Mathematische unveränderlich und somit unentstanden und unvergänglich, aber innerhalb des Mathematischen gibt es viel Gleichartiges und dieses Gleichartige ermöglicht es dem Mathematiker, in der Arithmetik, Geometrie, Stereometrie (von der Platon jedoch sagt, sie sei noch sehr wenig entwickelt), Astronomie und Harmonielehre, deren Gegenstand vornehmlich die Sphärenharmonie ist, seine Berechnungen durchzuführen. Mathematische Erkenntnis übersteigt die Sinneswahrnehmung, kann sich aber nicht gänzlich von ihr lösen, weil diskursiv-mathematisches Denken, von Platon *dianoia* genannt, immer an die Vorstellungskraft gebunden bleibt. Deswegen ist mathematische Erkenntnis nicht das von jeder Sinneswahrnehmung gelöste reine Denken. Intuitive Vernunftschau (*noesis*) transzendiert nicht nur die Sinneswahrnehmung, sondern auch die *dianoia* und ihren Bereich; sie dringt im Ausgang vom Mathematischen, das ihr als »Stufen und Ausgangspunkte« (*hypotheseis*) dient, in den Bereich der an sich bestehenden Wesenheiten (Ideen) vor. Seinsmäßig unterscheiden sich die Ideen vom Mathematischen dadurch, dass jede Idee einmalig und unwiederholbar ist und es bei den Ideen keine Gleichartigkeit wie im Mathematischen gibt. Die durch die Sinne erfahrbare →Welt verhält sich zu den Ideen wie das →Abbild zum →Urbild, woraus sich ergibt, dass in den Ideen in urbildhafter Weise alles enthalten ist, was die Dinge der Erfahrungswelt in der Weise von Abbildern sind. Alle →Gattungen und Arten der Erfahrungswelt sind jeweils durch Teilhabe an einer Idee konstituiert; jedes →Individuum einer Art hat darüber hinaus jeweils an so vielen Ideen teil, wie es Eigenschaften besitzt. Hierbei ist wesentliche und unwesentliche Teilhabe zu unterscheiden. Teilhabe ist bildhafter Ausdruck dafür, dass die Ideen die Kräfte sind, welche die erfahrbaren Dinge formen, und dass diese, solange sie existieren, in Beziehung zu den Ideen stehen. Eine Idee ist immer dann anzusetzen, wenn das Denken eine Einheit in der Vielheit erfasst, woraus sich ergibt, dass es Ideen nicht nur der Naturdinge und des ethischen und ästhetischen Bereichs gibt, sondern auch von Produkten der →Kunst und →Technik, weiterhin von Hässlichem, Schädlichem und Bösem. Die Ideen selbst stehen in vielfältigen Beziehungen zueinander; übergeordnete Ideen enthalten in sich die gesamte Seinsfülle der untergeordneten. Zehn höchste Ideen entsprechend der ersten Dekade der natürlichen Zahlen, nahm Platon an, ferner gibt es größte Seinsbereiche, von denen er sechs nennt: Seiendes, Ruhe, Bewegung (= Relation der Ideen zueinander), Identität, Andersheit, Proportion. Leben und Denken kommen der Ideenwelt in eminenter Weise zu. Absolut höchstes →Prinzip, das sogar den Ideenkosmos transzendiert, ist das →Gute oder Eine; ihm steht das Vielheitsprinzip, die unbegrenzte Zweiheit, gegenüber. Die Methode der Ideenerkenntnis ist die →Dialektik, die vom Mathematischen ausgehend in die Ideenwelt vordringt und im zergliedernden (dihairetischen) Abstieg in der Ideenregion verweilt; die gewonnenen Einsichten werden freilich in der Sprache der *dianoia* formuliert, die uns Menschen gemäß ist. Das höchste Prinzip kann nur durch Verneinungen umschrieben werden; auch ›Gutes‹ und ›Eines‹ bezeichnen es nicht adäquat. Mit dem *Phaidon* liegt die Ideenlehre vollständig vor; in den späteren Schriften werden Teilprobleme geklärt.

Anthropologie: Schon in den Frühschriften gilt die Frage nach der Beschaffenheit der Seele, die der eigentliche Mensch ist, als eine der wichtigsten philosophischen Fragen; zu einem eigenen Thema wird sie im Zusammenhang mit der Ideenlehre. Die Ideen können nur durch etwas erkannt werden, das ihnen ähnlich und verwandt ist. Das bedeutet nicht, dass die Seele eine Idee ist, sondern dass sie wie die Ideen ewig ist, sowie vor der Verbindung mit einem menschlichen oder tierischen Leib entsprechend ihrer Wahl und nach der Trennung von ihm existiert. Dem Nachweis dieses Sachverhalts sind umfangreiche Teile der platonischen Schriften gewidmet. Alles Lernen im Bereich der Mathematik, der Ideen- und Prinzipienlehre ist Wiedererinnerung (*anamnesis*) an das, was die Seele vor dem Eintritt in den Leib geschaut hat. Wenn die Seele sich fortwährend dem Unveränderlichen zuwendet und sich hierdurch über die Körperwelt erhebt, stößt sie nach dem leiblichen Tod die Zusätze ab, die sich aufgrund der Vereinigung mit dem Leib an ihr festsetzen, nämlich den mutig-zornigen und den begehrenden Seelenteil. Diese beiden vernunftlosen Seelenteile sind das Sterbliche an der Seele, das indessen so an ihr haften kann, dass die Seele bei der Trennung vom Leib nicht von ihm frei wird. Während der Vereinigung mit dem Leib ist für den besten Zustand, für die *arete* der Seele zu sorgen: Wenn der vernünftige Seelenteil weise, tapfer und besonnen, der mutig-zornige tapfer und besonnen, der begehrende besonnen ist, ist die Seele als Ganze gerecht. →Gerechtigkeit als umfassende ethische Vortrefflichkeit bedeutet: »Das Seine tun und nicht vielgeschäftig sein«.

Staatslehre: Jeder →Staat ist so beschaffen, wie die Seelen seiner Bürger beschaffen sind. Der beste Staat, der ein unerreichbares →Ideal ist, hat drei Stände, die der uneingeschränkt guten Seele entsprechen: Philosophenherrscher, ein kleines Heer zur Verteidigung, werktätige Bevölkerung. Diese drei Stände sind durchlässig, d. h. jeder soll in den Stand aufgenommen werden, für den er am besten geeignet ist. Männer und Frauen sind ohne Einschränkung gleich gestellt. Für die Regenten und die Angehörigen des Heeres gelten absolute Besitzlosigkeit sowie Frauen- und Kindergemeinschaft; die Familie im herkömmlichen Sinne und auch Eigentum gibt es im werktätigen Stand. Militärherrschaft, Herrschaft des Kapitals, gesetzlose Demokratie und Tyrannei sind die Verfallsstufen des Philosophenstaates, insofern die Herrschaft auf den mutig-zornigen und auf den vielgestaltigen begehrenden Seelenteil übergeht. In den *Gesetzen* entwirft Platon einen Gesetzesstaat als eine Mischung aus Monarchie und Demokratie. Unter anderem Aspekt führt er im *Politikos* den absolut guten Staat des Philosophenherrschers, der über den Gesetzen steht, und drei relativ gute Staatsformen vor: Gesetzestreue Königsherrschaft, Aristokratie und Demokratie. Ihnen entsprechen drei schlechte Formen: Gesetzlose Demokratie, die von den schlechten Formen die beste ist, Oligarchie (Kapitalistenherrschaft) und Tyrannei.

Die im *Timaios* entfaltete Kosmologie steht in enger Verbindung mit der Ideen- und Prinzipienlehre. Der Weltgestalter (Demiurg) als vernünftig wirkende →Ursache formt aufgrund seiner Gutheit, an der er alles teilnehmen lassen will, das durch Unordnung charakterisierte materielle Prinzip im Hinblick auf den Ideenkosmos, der das vollkommene intelligible Lebewesen ist und alle intelligiblen Lebewesen, nämlich die Ideen, in sich enthält. Hieraus ergibt sich: Da es nur eine Ideenwelt gibt, gibt es auch nur eine sichtbare Welt. Sie ist der Ideenwelt möglichst ähnlich, zwar entstanden, aber in ihrer Gesamtheit unvergänglich, weil dies dem Wunsch des Demiurgen entspricht, und hat die vollkommene Kugelgestalt. Mit der →Ordnung des Weltalls entsteht die Zeit als in bestimmten Maßen fließendes Abbild der in Einheit beharrenden Ewigkeit. Grundbausteine aller geformten Materie sind kleinste, stereometrisch geformte Körper, die Elementarkörper; das Feueratom ist eine Pyramide, das Erdatom ein Würfel, die zwischen Feuer und Erde vermittelnden Luft- und Wasseratome sind achtflächige und zwanzigflächige regelmäßige Körper. Unklar ist die Bedeutung des fünften Elements, des regelmäßigen zwölfflächigen Körpers. Alle diese stereometrischen Gebilde sind entsprechend der Dimensionenfolge auf zwei Elementardreiecke zurückzuführen. Bewegende Kraft des Kosmos ist die Weltseele, die den Kosmos von innen und außen zusammenhält, geometrisch strukturiert und vielfältig aus dem Unteilbaren der Ideen und dem Teilbaren der stofflichen Welt gemischt ist und deshalb Ideen und Körper erkennen kann. Die Einzelseelen bestehen aus den gleichen Bestandteilen wie die Weltseele, sind aber von minderer Qualität; ihre Teile sind im Kopf, in der Brust und zwischen Zwerchfell und Nabel angeordnet. Weitere Untersuchungen betreffen die Organe des menschlichen Körpers und ihre Funktionen, seelische und körperliche Krankheiten und ihre Heilung.

Platonis opera rec. I. Burnet, Oxford 1900 ff.
Platon, Werke in acht Bänden, griech. u. deutsch, 2. Aufl. Darmstadt 1990
K. Bormann, Platon, 3. Aufl. Freiburg / München 1993
K. Gaiser, Platons ungeschriebene Lehre, 2. Aufl. Stuttgart 1968
J. Halfwassen, Der Aufstieg zum Einen. Untersuchungen zu Platon und Plotin, Stuttgart 1992
H. J. Krämer, Arete bei Platon und Aristoteles. Zum Wesen und zur Geschichte der platonischen Ontologie, 2. Aufl. Amsterdam 1967
G. Reale, Zu einer neuen Interpretation Platons. Eine Auslegung der Metaphysik der großen Dialoge im Lichte der ›ungeschriebenen Lehre‹, Paderborn 1993
T. A. Szlezák, Platon und die Schriftlichkeit der Philosophie, Berlin / New York 1985

K. B.

Plotin (um 205–270): Der Geburtsort ist unbekannt; Plotin begann 244 in Rom mit seiner Lehrtätigkeit. Sein Anliegen war die Erneuerung und Interpretation der platonischen Philosophie mit Ausnahme der Sokratik und der Staatslehre; einbezogen sind nicht nur →Platons Schriften, sondern auch in hohem Maße die ungeschriebenen Lehren. Vieles verdankt er anderen Philosophen, vor allem →Aristoteles; die Epikureer verachtete er. Von Platon übernimmt Plotin die Unterscheidung der Wirklichkeit in unveränderlich Seiendes (→Sein), welches nur durch das →Denken erfassbar ist, und in sinnenfällig Veränderliches, das aufgrund der Teilhabe am Seienden das ist, was es jeweils ist. Zwischen diesen Bereichen, aber noch dem Intelligiblen als Unterstes zugehörig, befindet sich die Psyche, das Seelische, das in die Regionen des Veränderlichen absteigen und in den Seinsbereich aufsteigen kann. Alles aber, was irgendwie ist, ist eine Weise von Einheit, und nur aufgrund seines Einheitscharakters ist es überhaupt. In den einzelnen Bereichen ist die Einheitsweise mehr oder weniger stark ausgeprägt: Die unveränderlichen Seienden sind in höherem Maße Einheit als die →Seele, diese ist mehr Einheit als ein Organismus, und ein Organismus ist mehr Einheit als die Artefakten, etwa ein Haus. Die Einheit begründet also das Sein, was auch für die unveränderlichen Seienden zutrifft. Diese Überordnung der Einheit über alle Vielheit hat nicht logische, sondern ontologische Bedeutung: Als seinsbegründend transzendiert das Eine den Seinsbereich; als überseiend ist es weder Idee noch →Wesenheit, sondern Quelle des Lebens, →Ursache des Seienden und des →Guten, Wurzel der Seele, ohne etwas von dem zu sein, dessen Quelle, Ursache und Wurzel es ist. Als Grund jeder Vielheit ist es im ontologischen Sinne vor aller Vielheit. Weil es Ursache von allem ist, kann nichts sein ohne das Eine. Daher ist das Eine alles, so aber, dass es nichts von allem ist. Alles ist mit ihm als der Ursache von allem vereint, es selbst aber ist von allem getrennt; es ist in allem anwesend, zugleich aber von allem abwesend, und so ist es überall und nirgends, es ist weder in der →Zeit noch in der Ewigkeit. Weil nichts sein oder gedacht werden kann, das nicht von dem Einen abhängig oder von seiner unendlichen Mächtigkeit (→*dynamis*) nicht umschlossen wäre, gibt es nichts, das dem Einen übergeordnet wäre. Es ist nur es selbst. Als absolut transzendente Ursache von allem ist es identisch mit dem ›Guten‹ des platonischen Sonnengleichnisses und dem ›Einen‹ aus Platons *Parmenides* und als solches auch Grund jeder Erkennbarkeit und jedes Erkennens, eben deshalb aber weder erkennbar noch erkennend; denn der Grund oder die Ursache ist nichts von dem Begründeten oder Verursachten. Hieraus ergibt sich, dass sich von ihm im strikten Sinne nur das aussagen lässt, was es nicht ist; es hat keinen Namen und ist unaussprechbar. Auch die Bezeichnungen ›Eines‹ und ›Gutes‹ sind wie alle Bezeichnungen, die dem Einen beigelegt werden, metaphorisch verwendet und verhelfen nicht zu affirmativen Aussagen über das absolut Transzendente; denn das absolut Transzendente hat weder Einheit noch Gutheit, es bedarf ihrer nicht, noch ist es Eines und Gutes. Da aber die dem überseienden Einen angemessene verneinende Aussageweise das Verhältnis der nachgeordneten Realität zu ihrem Urgrund nicht erklären kann, müssen die verneinenden Aussagen durch affirmative ergänzt werden, wobei immer die absolute →Transzendenz des Einen berücksichtigt werden muss. Die Weise des Hervorgehens von allem aus dem Einen wird vielfach als →Emanation (Ausfließen, Ausströmen) bezeichnet; Plotin hingegen lehnt eine Emanation ab. Das Eine strömte gleichsam über, und seine Überfülle schuf etwas anderes. Das aber ist lediglich ein Bild; das Eine verweilt unveränderlich in sich selbst, weder entströmt ihm etwas, noch wird ihm etwas hinzugefügt; es erschafft, was es selbst nicht ist. Alles ist im Einen so, wie Farben im Licht sind. Wie Farben nicht ohne das Licht gesehen werden können, so kann nichts ohne das Eine bestehen, und wie die Sonne nicht aufgrund eines Entschlusses, sondern mit Notwendigkeit strahlt und alles erleuchtet, so schafft das Eine mit Notwendigkeit, und zwar im zeitlosen Verursachen. Das, was als seinsmäßig Erstes in unzeitlicher Weise entstand, ist sowohl seinem Ursprung als auch sich selbst zugewandt und durch diese Hinwendung als denkender →Geist (*nous*) konstituiert. Der Geist ist Seinsheit und Seiendes; Denken und Sein sind in ihm dasselbe; daher sind seine Inhalte, die Ideen, nicht von ihm verschieden; auch sie sind Seinsheit und Seiendes (bereits Platons zweiter Nachfolger, Xenokrates, verstand die Ideen als Inhalte des göttlichen Geistes). Als Einheit von Denken und Sein ist der Geist Einheit und Zweiheit zugleich. Der Geist als Ideenwelt ist →Urbild von allem ihm Nachgeordneten. Ideen von Schlechtem und Bösem gibt es aufgrund der →Vollkommenheit des Geistes nicht. Als Gesamtheit der Seienden ist er alles Seiende; insofern er vollkommen ist und immer denkt, ist er vollkommenes Leben, für das es weder Vergangenheit noch Zukunft gibt, sondern das ewige Gegenwart ist. Ewigkeit als die Seinsweise des Geistes ist das Leben des Seienden im Sein, zugleich, in seiner Gesamtheit und in seiner Fülle, ohne Unterbrechung und allenthalben. Hieraus ergibt sich des Weiteren, dass der Geist reine →Wirklichkeit ohne Beimischung irgendwelcher →Möglichkeit und als solcher höchste Mächtigkeit (→*dynamis*) ist. Die Klassen des Geistes, abgehoben von den Kategorien der Körperwelt, ergeben sich aufgrund folgender Argumentation: Das lebendige Sein des Geistes ist Bewegung, die nicht zur Veränderung führt, sondern deren Wesensform die Ständigkeit ist. Durch Ständigkeit als Wesensform der Bewegung hat das Intelligible Bestand. Da für den Geist Denken und Sein dasselbe sind, kommt ihm die Selbigkeit wesentlich zu. Weil andererseits Denkendes und Gedachtes voneinander verschieden sind, schließt die Tätigkeit des Geistes die Verschiedenheit oder Andersheit ein. Dieses Ergebnis führt zu scheinbar paradoxen Aussagen: Bewegung ist von der Ständigkeit und vom Sein verschieden und nicht verschieden; ebenso sind Selbigkeit und Andersheit voneinander verschieden und nicht verschieden. Auch insgesamt sind die fünf Klassen verschieden und nicht verschieden. – Der unterste Bereich des →Intelligiblen ist die Region der Seele. Die Seele ist Äußerung (*logos*) und Wirkungskraft des Geistes, wie der Geist Äußerung und Wirkungskraft des überseienden Einen ist. Als solche ist die Seele vom Geist nicht wesensverschieden, sie ist aber als Erzeugnis des Geistes diesem seinsmäßig nachgeordnet. Der Geist und die Ideen wirken nicht unvermittelt auf die →Materie ein; die Seele verleiht der Körperwelt Leben und Bewegung und ist wesensmäßig Leben und Bewegung, was bedeutet, dass sie unvergänglich und ohne Anfang ist, denn sie wird nicht Leben, sondern ist Leben. Wegen ihrer Blickrichtung auf den Geist erkennt sie in diesem die Ideen. Das Erkannte ist im Erkennenden gemäß der Weise des Erkennenden; daher sind die Ideen, welche die Seele im Geist erkennt, in ihr auf seelische Weise die Keimkräfte der Körperwelt. Somit befindet sich die Seele zwischen Geist und Körperwelt, und ihre Aufgabe besteht darin, sich beiden Bereichen zuzuwenden. Das vermag sie, weil sie sowohl der Geistregion als auch der Region der Körperwelt angehören kann. Wenn sie auf den Geist blickt, wird sie Geist, behält aber ihre →Identität; schaut sie vom Geist weg, dann strahlt sie die niedere →Realität aus, ohne in ihr aufzugehen. Dass es zur Abwendung vom Geist kommt, beruht darauf, dass eine unruhige Seelenkraft danach drängt, das im Geist Geschaute anderem zuzutragen und dadurch eine neue Wesensart zu schaffen. Indem die Seele die Region des Geistes verlässt, verlässt sie auch das Leben des Seienden im Sein, d.h. die Ewigkeit. Nicht mehr immerwährende Gegenwart ist jetzt ihre Seinsweise, sondern ein fortgesetztes Übergehen zum Künftigen und immer anderen. In diesem kontinuierlichen Übergehen, das nie endet, wird die unveränderliche Gegenwart der Ewigkeit in unvollkommener Weise nachgeahmt. Die Zeit entsteht also als Abbild der Ewigkeit dadurch, dass die Seele die Geistregion verlässt und sich verzeitlicht. Zeit als wesentliche Bewegung der Seele ist das Leben der Seele, die in ihrer Bewegung von einer Lebensform zur anderen übergeht. Auf der Stufe der Menschen ist sie denkend oder vermutend, auf der Stufe der Tiere wahrnehmend, in den Pflanzen wirkt sie als Wachstumskraft. Was im Anorganischen an Formen, Energie und Kräften vorhanden ist, entstammt ebenfalls der Seele. Nichts in der Körperwelt ist ohne Seele als gestaltendes →Prinzip. Da kein Teil des Weltalls ohne Seele ist, ist die →Welt als Ganze eine lebendige Einheit, deren Teile in Wechselwirkung (*sympatheia*) stehen. Die Weltseele verharrt in der oberen Welt; daher ist sie nicht im Weltleib, sondern der Weltleib ist in der Weltseele, und alle Einzelseelen sind in der Weltseele eine Einheit. Somit ist die Seele Einheit und Vielheit, geteilt und ungeteilt. Ungeteilt ist sie, weil sie bleibt, was sie ist, und als unkörperliche nicht teilbar ist; geteilt ist sie insofern, als sie in der Körperregion gemäß den vielen Seelenkräften wirkt. Anders als die Weltseele vollziehen die Einzelseelen den Abstieg in die Körperwelt; denn das Materielle bedarf der Seele, weil es ohne Seele als gestaltendes und belebendes Prinzip ungestaltet und unbelebt wäre. Indessen vermengt oder vermischt sich die Seele nicht mit dem Materiellen. Dass aus der an ihr selbst ungeformten und unbelebten Materie geformte und lebendige Körper werden, beruht darauf, dass die Seele gleichsam ein Bild ihrer selbst ausstrahlt. Dieses ›Seelenbild‹ geht in die Materie ein und bildet aus der Materie den geformten, mit Kraft, Energie, Leben ausgestatteten Körper. Der Abstieg bringt indessen für die Einzelseele die Gefahr mit sich, dass sie im Materiellen wie in einem Morast versinkt. Die Materie als das von sich her Unbestimmte ist das Nichtgute, als solches das Nichtseiende, im Lichtvergleich das Lichtlose. Einerseits erscheint also der Abstieg der Seele als etwas Gutes, weil dadurch die ungeformte Materie Gestaltung erhält, andererseits ist es für die Seele ein Unglück, dass sie sich vom Geist entfernte und in die Materie, in das Schlechte abstieg. Schlecht wird die Seele jedoch nicht in ihrer Wesenheit; denn die Materie als das Schlechte gelangt nicht in die Seele hinein, sondern das Schlechte besteht für die Seele in ihrer Beziehung zur materiellen Welt; wenn sie sich vom Materiellen beherrschen lässt, wird sie schlecht. Vergisst die Seele sich selbst und ihre eigentliche Aufgabe, auf den Geist zu schauen, dann bleibt sie im Materiellen versunken, bis sie die Kraft findet, sich vom Körperlichen abzuwenden und sich über es zu erheben. Durch den Abstieg in seinsmäßig niedere Regionen wird das →Streben nach Aufstieg geweckt; dem Streben kann sich der Aufstieg anschließen, sofern die Seele dem Streben folgt. Eingeleitet wird der Aufstieg dadurch, dass sie sich vom Materiellen abwendet und ihren Blick auf das Geistige richtet. Hieraus erwächst eine Gesinnung, welche die Handlungen bestimmt. Gleichsam die Wegweiser des Aufstiegs sind die ethischen Vortrefflichkeiten (*aretai*), was besagt, dass nur die Seele die ethischen Vortrefflichkeiten besitzt, welche die Loslösung vom Materiellen vollzogen hat und auf dem Weg zum Intelligiblen ist, es aber noch nicht erreicht hat. Da es Unterschiede im Fortschreiten auf das Ziel gibt, ist zwischen niederen und höheren Vortrefflichkeiten zu unterscheiden. Die niederen *aretai* ermöglichen der Seele die Reinigung vom Materiellen und die Herrschaft über es; die höheren erlangt sie, wenn sie so weit fortgeschritten ist, dass sie das Intelligible aus der Distanz schaut, so wie etwas gesehen wird, das vor einem steht, in das man aber noch nicht eingedrungen ist. Hieraus ergibt sich: Wenn sie das Intelligible schaut, hat sie sich von den Verstrickungen des Materiellen befreit; löst sie sich aber erst vom Materiellen, dann ist sie dem Intelligiblen noch nicht so nahe, dass sie es erkennen kann. Im Einswerden mit dem Geist und dem überseienden Einen ist das angestrebte Ziel erreicht; der Zwischenbereich ist verlassen, und die Seele befindet sich im Geist und im Einen so, dass sie selbst Geist und Eines ist. Dann aber bedarf die Seele der *aretai* nicht mehr, so wie ein Wanderer, der am Ziel angekommen ist, auf keinen Wegweiser mehr angewiesen ist.

Plotini opera, hg. von P. Henry / H. R. Schwyzer, 3 Bde, Paris / Bruxelles / Leiden 1951–1973 [editio maior]; Oxford 1964–1982 [editio minor]

Plotins Schriften, übers. von R. Harder. Neubearbeitung mit griech. Lesetext u. Anm., fortgeführt von R. Beutler / W. Theiler, 6 Bde in 12 Teilbänden, Hamburg 1956–1971

W. Beierwaltes, Lux intelligibilis. Untersuchungen zur Lichtmetaphysik der Griechen, München 1957

–: Plotins Metaphysik des Lichtes, in: Die Philosophie des Neuplatonismus, hg. von C. Zintzen, 75–117, Darmstadt 1977

J. Halfwassen, Der Aufstieg zum Einen. Untersuchungen zu Platon und Plotin, Stuttgart 1992

Chr. Horn, Plotin über Sein, Zahl und Einheit, Stuttgart 1995
K. H. Volkmann-Schluck, Plotin als Interpret der Ontologie Platons, 3. Aufl. Frankfurt/M. 1966

K. B.

Popper, Karl Raimund (1902-1994): Geboren in Wien am 28. 7., gestorben in Croydon am 17. 9.; österreichisch-britischer Philosoph und Wissenschaftstheoretiker. Karl Poppers philosophische Auffassung, der kritische →Rationalismus, wie er sie selbst nannte, ist die Weiterentwicklung eines Lösungsvorschlages für zwei als grundsätzlich betrachtete Probleme der →Erkenntnistheorie (*Logik der Forschung*, 1935; *Die beiden Grundprobleme der Erkenntnistheorie*, 1979). Das eine der beiden Ausgangsprobleme Poppers ist das so genannte ›humesche Induktionsproblem‹, die Frage nach der Geltung oder der Begründung der allgemeinen Sätze der empirischen →Wissenschaften (vor allem der Naturgesetze). Obwohl immer nur bestimmte Ereignisse und davon wiederum nur eine endliche Menge beobachtet werden können, stellen die Wissenschaften Sätze auf, die für eine unbeschränkte Anzahl von Ereignissen eines allgemeinen Typs gelten sollen. Das zweite ist das so genannte Abgrenzungsproblem (das Popper auf →Kant zurückführt), welches die Schwierigkeit beschreibt, eine scharfe Trennung zwischen metaphysischen Behauptungen und wissenschaftlichen Sätzen vornehmen zu können. In beiden Fragestellungen geht es zunächst nicht um die Frage nach dem tatsächlichen Zustandekommen unserer Erkenntnis, also dem Entdeckungszusammenhang (→Begründungszusammenhang), sondern um Fragen der Begründung dieser wissenschaftlichen Sätze, den Rechtfertigungszusammenhang. Die beiden Grundprobleme versucht Popper gleichzeitig zu lösen und zwar dadurch, dass er für die theoretischen Aussagen der Wissenschaft fordert, sie sollten falsifizierbar (als falsch erweisbar) sein. Dadurch löst er das Abgrenzungsproblem insofern, als die falsifizierbaren Sätze als wissenschaftlich gelten, die nicht-falsifizierbaren als metaphysisch. Für die Lösung des Induktionsproblems nutzt er den Umstand aus, dass sich Verifikation und Falsifikation zueinander asymmetrisch verhalten: Nach der klassischen, deduktiven →Logik kann man von einem Beobachtungssatz, der eine allgemeine →Theorie bestätigt, nicht auf die Wahrheit der Theorie schließen. Allgemeine Sätze können nie aus →singulären (besonderen) Sätzen abgeleitet werden. Sie können aber mit ihnen in Widerspruch stehen. Durch rein deduktive →Schlüsse (mit Hilfe des *modus tollens* der klassischen Logik) kann man daher von singulären Sätzen auf die Falschheit allgemeiner Sätze schließen. So erlaubt eine Beobachtung, die im Widerspruch zu einer allgemeinen Theorie steht, auf die Falschheit der Theorie zu schließen. Dies bedeutet zunächst eine negative Lösung des Induktionsproblems, also die Behauptung der Unmöglichkeit, allgemeine Sätze ließen sich rechtfertigen. Dies beruht darauf, dass es keine gehaltserweiternden und gleichzeitig wahrheitskonservierenden Folgerungen (von den Beobachtungen zu den Theorien) gibt. Verbunden wird die negative Lösung mit einer positiven, die die Widerlegungsmöglichkeit von Theorien durch Beobachtungen betrifft. Hier wird die kritische Rolle von Beobachtungen betont: Theorien müssen strengen Prüfungen unterworfen werden (Widerlegungsversuchen), damit sie sich bewähren können (engl.: *corroboration*).

Wissenschaftliches →Wissen ist daher immer nur Vermutungswissen; es besteht aus mehr oder weniger gut bewährten →Hypothesen, die sich niemals endgültig als wahr erweisen lassen. Eine Charakterisierung, die nicht nur auf die allgemeinen →Gesetze, sondern auf alle →Aussagen der Wissenschaft zutrifft, da in allen Beobachtungen theoretische Aussagen vorausgesetzt werden. Jede Wahrnehmung ist nämlich selektiv und wird von vornherein durch den Filter einer oder mehrerer Theorien gelenkt (zum Beispiel Annahmen über die Beschaffenheit der Beobachtungsinstrumente oder theoretische Begriffe, die Elemente der Beobachtungsaussagen sind). Das Wissen der Wissenschaften kann daher niemals als sicheres Wissen gelten, wobei es sich auf der anderen Seite aber dadurch gegenüber metaphysischen Behauptungen auszeichnet, dass wir Ereignisse angeben können, die wir als Widerlegungen akzeptieren würden (Fallibilismus). Diese Auffassung setzt Popper dem →Neupositivismus entgegen, welcher nur verifizierbare Aussagen als sinnvoll und damit als wissenschaftlich zulassen wollte.

Nach Poppers Auffassung ähneln Naturgesetze Gesetzen im juristischen Sinne und zwar insoweit, als sie Verbote sind. Sie verbieten, dass bestimmte mögliche Ereignisse auftreten. Stehen unsere Beobachtungen allerdings im Widerspruch zu diesen Verboten, revidieren wir die Gesetze (im Gegensatz zu Gesetzen im juristischen Sinne, wo wir bei Zuwiderhandlungen den Täter bestrafen). Bei dieser Revision kann es nach Popper nicht darum gehen, eine größere logische Wahrscheinlichkeit unserer Gesetze zu erreichen, da wir auf diese Weise Gesetze erhalten würden, die eine so geringe Aussagekraft haben, dass sie kaum noch etwas verbieten und dadurch kaum noch als falsch erwiesen werden können. Gesetzesaussagen sollten vielmehr in einer solchen Reihenfolge aufgestellt werden, dass jede später aufgestellte immer mehr mögliche Ereignisse ausschließt als die ihr zeitlich vorhergehende. In dieser Aufeinanderfolge sollte eine ständige Annäherung an die →Wahrheit (engl.: *verisimilitude*) zu erreichen sein.

Wahrheit hat damit in Poppers Konzeption die Rolle einer regulativen →Idee, vor allem in seinen späteren Schriften. Obwohl wir kein Kriterium und keine →Methode haben, die uns zu irgendeinem Zeitpunkt gestatten würden, einen wissenschaftlichen Satz als ›sichere Wahrheit‹ auszuzeichnen, ist das nie zu beendende Streben nach Wahrheit die Motivation dafür, ständig unsere Theorien zu prüfen und zu verbessern, aus unseren Fehlern zu lernen und damit Erkenntnisfortschritte zu erzielen. Damit eine Theorie nach Poppers Auffassung an der Wirklichkeit scheitern kann, muss eine Wahrheit im objektiven, nicht-relativistischen Sinn existieren, auf die sich die Forschung allmählich zu bewegt. Wahrheit wird von Popper hierbei im Sinne der Wahrheitstheorie Tarskis verstanden, aus der er seine Konzeption einer Korrespondenztheorie der Wahrheit entwickelt. Popper vertritt damit auch den kritischen Realismus, also die Annahme einer von uns unabhängig existierenden, mehr oder weniger beschränkt erfahrbaren Außenwelt.

Dieser Fortschritt in der Entwicklung des wissenschaftlichen Wissen vollzieht sich bei Popper nach folgendem Schema: $P_1 \rightarrow VT \rightarrow FE \rightarrow P_2$. Ausgehend von einem Problem P_1 wird eine vorläufige Theorie ›VT‹ aufgestellt. In der weiteren Wissenschaftsentwicklung wird eine Fehlerelimination FE versucht, welche VT widerlegen will und zu neuen Problemen P_2 führt, indem sie die Schwächen von VT ans Licht bringt. Dieses Viererschema soll das Auftreten neuer Probleme und damit neuer Lösungen beschreiben. Wissenschaftlicher Fortschritt wäre daran zu erkennen, ob das durch unsere Theorie entstandene neue Problem P_2 verschieden von unserem Ausgangsproblem P_1 ist, ob es tiefer und unerwarteter als P_1 ist.

Um diesen Vorgang der Theorienevolution möglichst effizient und stabil zu halten, entscheiden sich die Wissenschaften nach Poppers Deutung für bestimmte methodische Regeln. Hierzu gehört zum Beispiel die Regel, das ›Spiel‹ der Wissenschaft niemals als beendet anzusehen, sondern alle wissenschaftlichen Sätze immer wieder zu prüfen und niemals als endgültig verifiziert (als wahr erwiesen) gelten zu lassen, Hypothesen, die einmal aufgestellt sind und bereits bewährt wurden, nicht einfach grundlos fallen zu lassen, sowie Theorien niemals gegen die Tatsachen zu immunisieren, indem man beispielsweise durch Umdeutungen der Beobachtungen eine Falsifikation nicht akzeptiert, sondern einfach ignoriert.

In Poppers Methodologie werden, trotz der Unterscheidung zwischen Entdeckungszusammenhang und Rechtfertigungszusammenhang, die heuristischen Momente der wissenschaftlichen Praxis nicht ignoriert (*Conjectures and Refutations*, 1963). Vielmehr betont er die Analyse der Problemsituation als ersten Schritt zu neuen Erkenntnissen, außerdem die Rolle metaphysischer Ideen bei der Hypothesenentwicklung. Da bei Popper Falsifizierbarkeit als ein Abgrenzungskriterium und nicht als ein Sinnkriterium eingeführt wird, können metaphysische Aussagen und Überzeugungen durchaus diskutabel sein und darüber hinaus fruchtbar gemacht werden für die Bildung nachprüfbarer wissenschaftlicher Hypothesen. So vertritt Popper selbst zum Beispiel die metaphysische Auffassung des kritischen Realismus.

Sowohl die Frage nach der Beschränkung unseres Zugangs zur Außenwelt (also die Frage nach der Leistungsfähigkeit unseres Erkenntnisapparates) als auch die Frage nach der Möglichkeit einer sukzessiven Annäherung an die Wahrheit versucht Popper mit seiner Version der →evolutionären Erkenntnistheorie zu beantworten (*Objective Knowledge*, 1972). Die Eigenart des menschlichen Erkenntnisapparates wird dabei auf biologische Anpassungsvorgänge zurückgeführt und die Entwicklung des Wissens im Rahmen der Entwicklung aller Lebewesen einer einheitlichen Erklärung auf darwinistischer Grundlage zugänglich gemacht. Der →Mensch hat dabei gegenüber dem Tier den entscheidenden Vorteil, eine deskriptive und argumentative Sprache zu besitzen. Aufgrund dieser Tatsache ist er in der Lage, systematisch nach Fehlern in seinem Wissen zu suchen und sie zu korrigieren, und dadurch effizient zu lernen. Das Tier hingegen ist meist mit seinem Wissen (in Form von Instinkten, Verhaltensmustern oder körperlichen Besonderheiten) existenziell verbunden. Während das Tier bei einem Fehler mit seinem Leben bezahlt, kann der Mensch seine Theorien an seiner Stelle sterben lassen. Durch seine Sprachkompetenz kann der Mensch sein Wissen äußern und es dadurch intersubjektivieren, kritisierbar werden lassen. Seine Theorien über die Welt werden dadurch von seiner Person unabhängig, sie werden objektiv.

Um diesen Charakter der objektiven Erkenntnis und ihren Bezug zur →Wirklichkeit und zum →Subjekt deutlich zu machen, entwickelt Popper eine →Drei-Welten-Theorie (z. B. – mit John C. Eccles – in: *The Self and its Brain*, 1977). Welt 1 ist dabei die physikalische Welt oder die Welt der physikalischen Zustände; Welt 2 ist die geistige Welt, die Welt unserer psychischen Erlebnisse, unserer Wünsche, Hoffnungen und Gedanken, und Welt 3 ist schließlich die Welt der Ideen im objektiven Sinn, die Welt der Theorien, logischen Beziehungen, Argumente und Problemsituationen an sich, aber auch der dichterischen Gedanken und Kunstwerke.

Das Bewusstsein, das der Welt 2 angehört, stellt die Verbindung her zwischen den physikalischen Zuständen (Welt 1) und unseren Theorien über sie (Welt 3). Welt 1 und Welt 3 können nicht aufeinander einwirken außer durch das Dazwischentreten von Welt 2, die mit jeder der beiden anderen Welten in Wechselwirkung steht. Obwohl wir auch in Welt 3 Unbekanntes und Nicht-Intendiertes entdecken können, sind die Objekte von Welt 3 nichts anderes als menschliche Erfindungen (so ist zum Beispiel die Folge der natürlichen Zahlen eine Erfindung des Menschen, ihre Eigenschaften werden allerdings entdeckt).

Für die öffentliche Wirkung der Werke Poppers war seine Sozialphilosophie weit wichtiger als seine erkenntnistheoretischen Schriften (*The Open Society and its Enemies*, Vol. I/II 1945; *The Poverty of Historicism*, 1957). Seine Auffassungen in diesem Bereich hängen jedoch sehr stark mit seinen erkenntnistheoretischen Ergebnissen zusammen. Popper geht davon aus, dass die menschliche →Vernunft nicht nur bei wissenschaftlichen Fragen, sondern auch in ihren Versuchen, soziale Probleme zu lösen, stets fehlbar ist. Er hält es deshalb für unmöglich, langfristige Prognosen über den zukünftigen Verlauf der →Geschichte zu machen. Er kritisiert damit den von ihm so genannten »Historizismus«. Historizistische Positionen zeichnen sich bei Popper dadurch aus, dass sie die geschichtliche Entwicklung als gesetzmäßig notwendig oder determiniert ansehen und dass sie historische Voraussagen zum Hauptziel der Sozialwissenschaft erklären. Gegen den Historizismus argumentiert Popper unter anderem folgendermaßen: Da der Ablauf der Geschichte abhängig ist vom Anwachsen des menschlichen Wissens, und da wir mit rational-wissenschaftlichen Methoden das Anwachsen unserer wissenschaftlichen Erkenntnisse nicht vorhersagen können (denn wir können nicht heute schon angeben, was wir morgen erst wissen werden), können wir auch den weiteren Verlauf der Geschichte nicht vorhersagen.

Will man politische Probleme lösen, sollte man sich also niemals an historizistischen Prophezeiungen orientieren, sondern alle politischen Problemlösungsversuche sollten immer Raum für Kritik und Revision lassen. Bei menschlichen Handlungen ist stets mit unvorhergesehenen und ungewollten Konsequenzen zu rechnen. Deshalb sind große Gesellschaftsentwürfe, die das →Glück des Menschen garantieren sollen, als utopisch abzulehnen. Solche Versuche führen nur zu Gewaltanwendung und Blutvergießen, da sie auf gefährliche Weise die Macht bei denen konzentrieren, welche glauben, die zwangsläufigen Gesetze des Geschichtsablaufs entdeckt zu haben. Sie werden andere Meinungen und die Menschen, die sie vertreten, unterdrücken, da sie an die Notwendigkeit ihrer Prophezeiungen glauben. Die holistische oder utopische Sozialtechnik, die versucht, den Himmel auf Erden durch Ummodelung der gesamten →Gesellschaft zu erreichen, stellt sich außerdem in der Praxis als unmöglich heraus. Je größer die Veränderungen sind, die der Holist durchführen will, desto größer sind auch die unbeabsichtigten Folgen und Rückwirkungen seines Handelns. Dies zwingt ihn zur Improvisation, was er eigentlich nicht beabsichtigt hatte. Nachteilig wirkt sich hierbei außerdem aus, dass er aufgrund der Komplexität des von ihm in Gang gesetzten Prozesses keinen Überblick mehr darüber bewahren kann, welche seiner Veränderungen die ungewollten Konsequenzen eigentlich herbeigeführt haben. Die Überzeugung des Holisten, dass eine vollständige Umformung der Gesellschaft möglich und notwendig ist, führt zum Phänomen der ›ungeplanten Planung‹, und seine Versuche, die Unsicherheiten seiner Planung in den Griff zu bekommen, führen zur planmäßigen Umgestaltung des Menschen. Der Mensch wird an die geplante Gesellschaft angepasst, was den Holismus als eine unwissenschaftliche Haltung auszeichnet: Der Erfolg oder Misserfolg der neuen Gesellschaft kann nicht mehr geprüft werden, denn die Tatsache, dass den Menschen das Leben in ihrer neuen Gesellschaft nicht behagt, zeigt nur, dass sie noch nicht angepasst genug sind, in ihr zu leben.

Gegen die utopische Sozialtechnik setzt Popper die Idee einer offenen Gesellschaft, in der die Regierten ihre Regierung problemlos und ohne Blutvergießen wieder loswerden können, und in welcher Reformen in überschaubaren Grenzen getätigt werden, die man bei Misserfolg wieder revidieren kann. Diese Konzeption ersetzt die Frage danach, wer herrschen soll, durch die neue Frage, wie politische Institutionen so zu organisieren sind, dass es schlechten, inkompetenten Herrschern unmöglich gemacht wird, allzu großen Schaden anzurichten.

Nach Popper ist es deshalb das Prinzip der Demokratie, politische Institutionen zur Vermeidung der Tyrannei zu schaffen, zu entwickeln und zu schützen, damit die Revision von Fehlentscheidungen, die natürlich auch bei Mehrheitsbeschlüssen auftreten, immer auf eine gewaltfreie Art möglich sind. Die Entwicklung dieser offenen Gesellschaft erfolgt durch kleine Schritte, wofür Popper den Begriff *piecemeal social engineering* prägte (Stückwerk-Sozialtechnik). Diese vorsichtige Vorgehensweise der politischen Praxis hat den Vorteil, immer den Überblick über ihre Fehler zu bewahren und den möglichen Schaden möglichst gering und revidierbar zu halten. Die offene Gesellschaft ist also eine Ordnung für fehlbare Menschen, die sich des hypothetischen Charakters ihres Wissens auch im Bereich der politischen Problemlösungen bewusst sind. In dieser Gesellschaft kann es auch nicht darum gehen, das Glück der Individuen zu garantieren, sondern es werden konkrete Missstände beseitigt (negativer →Utilitarismus), wobei so wenig wie möglich geherrscht und regiert werden soll.

Poppers philosophische Auffassungen sind damit gegen den Irrationalismus und (insbesondere in seinen späteren Schriften) den →Determinismus gerichtet. Indem er die ständige Fehlbarkeit des menschlichen Wissens betont, sind sie ein Plädoyer für intellektuelle Bescheidenheit, und indem er an der Wahrheit als einer regulativen Idee festhält, ein Engagement für die kritische Vernunft.

H. Keuth, Die Philosophie Karl Poppers, Stuttgart 2000

D. C.

Putnam, Hilary (1926): Geboren am 31. 7. in Chicago; gehört zu den herausragenden Denkern der auf →Quine folgenden Generation amerikanischer Philosophen. Anders als viele seiner spezialisierten Zeitgenossen hat er sich mit einem breiten Spektrum philosophischer Themen beschäftigt, mit formaler →Logik und →Wissenschaftstheorie, →Sprachphilosophie und Philosophie des Geistes (*Philosophy of Mind*) und neuerdings auch mit philosophiegeschichtlichen Themen. In vielen Bereichen hat er durch seine originellen Beiträge die Diskussion in neue Bahnen gelenkt. Seine philosophischen Positionen haben dabei im Laufe der Zeit eine Reihe von Veränderungen erfahren.

Putnams Arbeiten zur Sprachphilosophie sind von dem Versuch gekennzeichnet, eine Bedeutungstheorie zu entwickeln, die trotz der quineschen Kritik am Bedeutungsbegriff Bestand haben kann (*The Meaning of ›Meaning‹*, 1975). Ausgangspunkt ist eine Betrachtung der auf →Frege und →Carnap zurückgehenden Konzeption, dass für eine semantische Untersuchung sprachlicher Ausdrücke zwei Aspekte unterschieden werden müssen: die →Intension als Begriffsinhalt (anders als bei Frege heute oft auch als →Bedeutung, engl. *meaning*, bezeichnet) und die →Extension als Menge der von dem Ausdruck bezeichneten Objekte (Sprachphilosophie), wobei die Extension jeweils eindeutig durch die Intension festgelegt sein soll. Intensionen wurden dabei als abstrakte Gegenstände gedeutet, die von allen Mitgliedern einer Sprachgemeinschaft erfasst werden können. Da dieses Erfassen einen geistigen Zustand der Form ›wissen, dass I die Intension des Wortes A ist‹ darstellt, der die fragliche Intension eindeutig bestimmt, kommt man zu der Folgerung, dass der geistige Zustand eines Sprechers die Extension des von ihm verwendeten Ausdrucks festlegt. In einer anderen Variante dieser traditionellen Auffassung werden daher Bedeutungen sogar mit geistigen Zuständen identifiziert.

Putnam versucht mit zwei Argumenten zu zeigen, dass diese Konsequenz nicht haltbar ist. Das erste Argument ergibt sich aus der These der linguistischen Arbeitsteilung, nach der die Bestimmung der Referenz, also der Gegenstände, auf die sich ein →Wort bezieht, eine wesentliche soziale Komponente hat. Bei vielen Wörtern, insbesondere denjenigen, die so genannte ›natürliche Arten‹ wie ›Gold‹, ›Wasser‹, ›Tiger‹ etc. bezeichnen, sind die genauen Bedingungen dafür, dass etwas zur Extension eines Wortes gehört, nur einem kleinen Teil der Sprachgemeinschaft bekannt, nämlich der Gruppe der Experten. Damit liegt die Referenzbestimmung nicht immer in der Kompetenz eines einzelnen Sprechers und kann damit auch nicht allein durch seinen geistigen Zustand bestimmt sein: Häufig ist die Referenz nur dadurch festgelegt, dass der Sprecher zu einer Sprachgemeinschaft gehört, in der es Experten für das fragliche Gebiet gibt. Nichtexperten kennen in der Regel nur gewisse Eigenschaften, die in ihrer Sprachgemeinschaft als typisch für das fragliche Objekt gelten. Mit Gold verbinden wir z.B. lediglich die gelbe Farbe und gewisse metallische Eigenschaften, nicht jedoch ein genaues chemisches Wissen. Solche Stereotypen machen für uns die Bedeutung eines Wortes aus und bestimmen unsere geistigen Zustände gegenüber den benannten Objekten. Sie allein legen jedoch nicht die Extension dieser Wörter fest.

Die Frage, wie sich ein Wort auf ein Objekt beziehen kann, beantwortete Putnam im Rahmen einer kausalen Referenztheorie, die er und Kripke unabhängig voneinander entwickelten. Kripke hatte diese Theorie zunächst nur auf Eigennamen angewandt. Danach wird die Referenz eines solchen Namens durch eine Kausalkette bestimmt, die mit einem Taufakt beginnt, welcher eine kausale Beziehung zwischen einem Gegenstand und einem Namen herstellt. Anschließend setzt sich diese Kette durch die Weitergabe dieses Namens von Sprecher zu Sprecher fort, sodass sich jemand, der heute ›Julius Cäsar‹ sagt, damit über die in die Vergangenheit reichende Kausalkette auf die Person Julius Cäsar beziehen kann. Putnam erweiterte diese Theorie auch auf Ausdrücke für natürliche Arten und physikalische Größen.

Aus der kausalen Referenztheorie ergibt sich ein zweites Argument gegen die Annahme, dass die Referenz eines sprachlichen Ausdrucks durch einen geistigen Zustand des Sprechers festgelegt wird. Es bedient sich des Gedankenexperimentes der Zwillingserde, eines anderen Planeten, welcher der Erde weitgehend gleicht und auch menschliche Bewohner hat, die die gleiche Sprache sprechen wie wir. Der einzige Unterschied soll darin bestehen, dass die dort als ›Wasser‹ bezeichnete Flüssigkeit nicht aus H_2O wie auf der Erde, sondern aus einer anderen chemischen Substanz XYZ besteht, die außer der anderen chemischen Struktur aber dieselben Eigenschaften wie unser Wasser aufweist. Ein Astronaut, der heute auf die Zwillingserde gelangte, würde diesen Unterschied schnell bemerken und sagen, dass sich die Bewohner der Zwillingserde mit ›Wasser‹ auf eine andere Substanz beziehen als die der Erde. Aber wenn durch irgendeinen Umstand ein Mensch vor 200 Jahren auf die Zwillingserde gelangt wäre, als noch keine chemischen Analysemethoden bekannt waren, hätte er den Unterschied nicht herausfinden können. Er hätte sich also bezüglich des Wassers der Zwillingserde in dem gleichen geistigen Zustand befunden wie deren Bewohner, hätte sich aber trotzdem mit dem Wort ›Wasser‹ nicht auf das Wasser der Zwillingserde, sondern auf das Wasser unserer Erde bezogen, denn darauf hätte die Kausalkette verwiesen, welche die Referenz bestimmt. Folglich kann der geistige Zustand des Sprechers nicht für die Festlegung der Referenz verantwortlich sein. Zudem zeigt dieses fiktive Beispiel, dass die Referenz vieler Ausdrücke von der Umgebung abhängt, in der sie gelernt wurden; diese Eigenschaft wird als Indexikalität bezeichnet.

Da Putnam daran festhalten möchte, dass die Bedeutung eine eindeutige Bestimmung der Extension bzw. Referenz leistet, ergibt sich die Konsequenz, dass Bedeutungen nicht mit geistigen Zuständen identifiziert werden können. Bedeutungen können sich aber auch nicht in Stereotypen als den uns zur Verfügung stehenden Begriffsinhalten erschöpfen, da diese keine eindeutige Festlegung der Extensionen leisten. Putnams Ausweg besteht darin, Bedeutungen als komplexe Entitäten aufzufassen und neben der Stereotype auch die Extension als eine Bedeutungskomponente zu betrachten. Es gilt dann trivialerweise, dass die Bedeutung die Extension bestimmt. Daneben nimmt Putnam noch zwei weitere Komponenten in die Bedeutung auf. Dies sind einmal syntaktische Marker, die den syntaktischen Typ des Wortes bestimmen (bei ›Wasser‹ z.B. Massenterminus, Hauptwort), zum anderen semantische Marker, die eine allgemeine Klassifikation des Objektes vorgeben (natürliche Art, Flüssigkeit).

Obwohl Putnam entgegen Quine an der Möglichkeit einer Bedeutungstheorie festhält, lehnt er ebenso wie dieser die von Carnap vertretene Ansicht ab, es handele sich dabei um eine erfahrungsunabhängige Disziplin, deren Resultate analytische Sätze sind. Vielmehr beruht nach Putnam auch die Sprachphilosophie auf empirischen Hypothesen, was sich z.B. daran zeigt, dass die Referenz der Ausdrücke für natürliche Arten von der Mikrostruktur der betreffenden Substanzen abhängt. Semantische Eigenschaften von Begriffen hängen also von wissenschaftlichen Theorien ab.

Auch im Bereich der Wissenschaftstheorie hat Putnam zu einer Vielzahl von Themen einflussreiche Beiträge geliefert. Beispiele sind seine Kritik an der so genannten ›anerkannten Theorieauffassung‹ des logischen Empirismus (*What Theories Are Not*, 1962) und am Falsifikationismus Poppers, nach dem eine →Theorie als falsch betrachtet und revidiert werden muss, wenn sie durch die Erfahrung →falsifiziert wurde. Diese Ansicht ist nach Putnam in dieser einfachen Form nicht haltbar, denn sie verkennt, dass es in der Wissenschaft gewisse Rahmenprinzipien gibt, die relativ zu einem bestimmten Erkenntnisstand unrevidierbar sind. Solche in ihrem Kontext apriorischen Prinzipien können nicht durch Beobachtungsbefunde verdrängt werden, sondern nur durch das Auftauchen einer neuen Theorie. Damit schränkt Putnam gleichzeitig die quinesche Kritik am Begriff des analytischen Satzes ein, denn die Rahmenprinzipien sind relativ zu einem gegebenen Kontext in dem Sinne analytisch, dass sie unrevidierbar sind (*›Two Dogmas‹ Revisited*, 1976).

Charakteristisch für Putnams Wissenschaftsphilosophie ist zunächst eine realistische Position. Sie ist gekennzeichnet durch die Annahme, dass sich auch die theoretischen Begriffe einer Theorie, die nichts direkt Beobachtbares bezeichnen, auf real existierende →Entitäten beziehen. Damit steht Putnam in direktem Gegensatz zu der im logischen Empirismus verbreiteten instrumentalistischen Auffassung, dass theoretische Begriffe nichts bezeichnen, sondern nur zur Vereinfachung und Systematisierung der →Aussagen über beobachtbare Dinge eingeführt werden. Während der Instrumentalismus die Aufgabe von Theorien darin sieht, durch die Beobachtung überprüfbare Vorhersagen abzuleiten, besteht für Putnam ihre Aufgabe darin, wahre Aussagen über die von ihnen beschriebenen theoretischen Entitäten zu machen, wobei es sich allerdings nur um eine approximative →Wahrheit handeln kann. Wahrheit wird hier also in einem korrespondenztheoretischen Sinne als Übereinstimmung mit der Realität verstanden. Der Realismus ist dabei nach Putnam selbst wieder eine empirische Hypothese, die empirisch bestätigt ist, weil sie die einzige Konzeption ist, die den wissenschaftlichen Fortschritt erklären kann (siehe z.B. *Explanation and Reference*, 1973).

Im Bereich der Philosophie des Geistes hat sich Putnam vor allem mit dem Leib-Seele-Problem beschäftigt, dem Verhältnis von Geist und Körper, und eine neue Theorie auf diesem Gebiet begründet, die als Funktionalismus bezeichnet wird (z.B. *Minds and Machines*, 1960). Putnams Ansatz zeichnet sich dadurch aus, dass diese Fragestellung zunächst vom Menschen gelöst wird und stattdessen Rechenmaschinen betrachtet werden, für die die Begriffe der Kybernetik angewandt werden können. Bei derartigen Maschinen kann man einmal ihren physikalischen oder strukturellen Zustand betrachten, der z.B. durch Stellungen von Zahnrädern, Verteilungen elektrischer Spannungen o.ä. beschrieben werden kann und von der Konstruktionsweise der Maschine abhängt. Daneben gibt es einen logischen oder funktionalen Zustand, z.B. die Ausführung einer bestimmten Rechenoperation, der durch das Programm der Maschine bestimmt ist. Offenbar kann derselbe funktionale Zustand durch verschiedene physikalische Zustände realisiert werden; die Addition zweier Zahlen kann durch mechanische ebenso wie durch elektronische Rechenmaschinen ausgeführt werden, das Programm ist nicht abhängig von der Bauweise der Maschine.

Nach Putnam besteht nun eine Analogie zwischen dem Verhältnis von physikalischen und funktionalen Zuständen bei Maschinen und körperlichen und geistigen Zuständen beim Menschen. Dass Menschen derartige Maschinen sind, hat Putnam dagegen nicht behauptet, und er übersieht auch nicht, dass sich beim Menschen Probleme stellen, die bei Maschinen nicht auftreten, z.B. dass das ›Programm‹ eines Menschen niemals genau angegeben werden kann. Die Analogie impliziert jedoch die These, dass es sich bei geistigen Zuständen des Menschen um funktionale Zustände handelt, womit sich Putnam gegen die Annahme des materialistischen Monismus wendet, dass geistige Zustände dasselbe sind wie körperliche Zustände. Ebenfalls widerspricht er damit dem →Behaviorismus, nach dem geistige Zustände Verhaltensmuster oder Verhaltensdispositionen sind.

In den 70er Jahren ereignete sich eine einschneidende Wende im Denken Putnams (*Realism and Reason*⇐ 1976), die durch eine grundlegende Revision seiner erkenntnistheoretischen Position bestimmt ist. In den bisher geschilderten Überlegungen ging Putnam von einer sprach- und theorieunabhängig existierenden Welt aus. Referenz wurde als Relation zwischen den →Begriffen unserer Theorie oder →Sprache und Teilen dieser Welt betrachtet, und Wahrheit wurde als Entsprechung von Theorie und Welt angesehen. Diese Position, die er nun als externen oder metaphysischen Realismus bezeichnet, hält Putnam nicht mehr für vertretbar. Nach seiner neuen Konzeption, dem internen Realismus, sind Referenz und Wahrheit nur relativ zu einem begrifflichen System bestimmt; die Frage, was wirklich existiert, kann in einem absoluten Sinne nicht gestellt werden. Der Unterschied lässt sich anhand folgender Überlegung deutlich machen. Angenommen, man hätte eine ideale Theorie der Natur, die widerspruchsfrei und empirisch optimal bestätigt ist und auch sonst alle Anforderungen erfüllt, die man an eine Theorie stellen könnte (Einfachheit, Kohärenz, maximale Vorhersagekraft etc.). Nach Auffassung eines externen Realisten könnte diese Theorie trotzdem falsch sein, weil aus ihren Eigenschaften nicht folgt, dass sie tatsächlich mit der Welt übereinstimmt. Ein interner Realist würde dagegen diese Annahme und den in ihr eingenommenen ›Gottesstandpunkt‹ als sinnlos ablehnen, weil von der Welt nicht unabhängig von einer Theorie oder einem begrifflichen Schema die Rede sein kann.

Dass der externalistische Standpunkt unhaltbar ist, hat Putnam mit dem viel diskutierten Argument der Gehirne im Tank nachzuweisen versucht (*Reason, Truth and History*, 1981). Ein Skeptiker könnte die Ansicht vertreten, dass wir nur Gehirne sind, die in einer Nährflüssigkeit liegen und mit Hilfe von elektrischen Stimulationen unserer Nervenendungen →Wahrnehmungen vorgetäuscht bekommen, sodass unsere gesamte Welt in Wirklichkeit nur eine Illusion ist. Der externe Realist müsste zugestehen, dass die Aussage ›Wir sind alle nur Gehirne im Tank‹ wahr sein könnte. Aber würde ein solches Gehirn sagen oder denken: ›Ich bin ein Gehirn im Tank‹, so würde es sich nach der kausalen Referenztheorie mit ›Tank‹ nicht auf tatsächliche Tanks beziehen, sondern auf die für die Erzeugung der virtuellen Tanks verantwortlichen elektrischen Stimuli, denn auf diese verwiese die Referenzkette. Daraus folgt aber, dass diese Aussage falsch wäre, da sich das Gehirn laut Voraussetzung nicht in einem virtuellen, sondern in einem tatsächlichen Tank befinden sollte. Die Annahme, wir seien alle nur Gehirne im Tank, ist also selbstwiderlegend, womit zum einen der →Skeptizismus bezüglich der Realität der Außenwelt entkräftet, zum anderen die Unsinnigkeit des externen Realismus gezeigt wurde. Daneben hat Putnam noch eine Reihe von anderen Argumenten für den internen Realismus vorgebracht, indem er z.B. einen Begriffsrelativismus zu begründen versuchte, nach dem selbst logisch grundlegende Ausdrücke wie ›Objekt‹ und ›Existenz‹ von einem vorher gewählten Begriffssystem abhängen und daher keine objektiv richtige Bedeutung haben können (*The Many Faces of Realism*, 1987).

Es ist klar, dass Putnam nach der Abkehr vom externen Realismus nicht mehr an einer Korrespondenztheorie der Wahrheit festhalten konnte, nach der die Wahrheit einer Theorie in der Übereinstimmung mit der theorieunabhängig existierenden Welt besteht. Eine andere Möglichkeit bestünde darin, Wahrheit mit rationaler Akzeptierbarkeit gleichzusetzen. Ein Kriterium dafür, wann es rational wäre, einen Satz für wahr zu halten, könnte sein Zusammenpassen mit dem System des bereits akzeptierten Wissens im Sinne einer →Kohärenztheorie der Wahrheit sein. Diese Alternative entspricht aber nicht mehr der Forderung des Realismus, dass zwischen ›wahr sein‹ und ›für wahr halten‹ ein Unterschied bestehen muss. Putnam versucht einen Mittelweg, indem er Wahrheit als rationale Akzeptierbarkeit unter idealen epistemischen Bedingungen definiert. Die Zusatzbedingung soll die zeitliche Stabilität des Wahrheitsbegriffs sichern. Z.B. war vor mehreren tausend Jahren der Satz ›Die Erde ist eine Scheibe‹ sicherlich rational akzeptierbar, aber die epistemischen Bedingungen waren nicht ideal, weil den Menschen damals keine Mittel zur Überprüfung dieser Hypothese zur Verfügung standen. Somit können wir mit Recht sagen, dass dieser Satz damals genauso falsch war wie heute.

Ebenso wie er eine nicht realistische Wahrheitstheorie ablehnt, argumentiert Putnam auch gegen einen radikalen Relativismus, wie er von Feyerabend oder Rorty vertreten wird. Nach deren Auffassung sind Wahrheit und Rationalität grundsätzlich als relativ zu einer bestimmten Kultur aufzufassen. Putnam vertritt dagegen die Ansicht, dass es zur Beurteilung der rationalen Akzeptierbarkeit und damit der Wahrheit bestimmte Werte gibt, die zwar spezifisch menschlich sind, an deren Objektivität und kulturübergreifender Gültigkeit wir aber nicht zweifeln können.

Aus dem bisher Gesagten wird deutlich, dass der Begriff der →Rationalität eine zentrale Rolle in Putnams neuem philosophischen Denken einnimmt. Hatte er philosophische Fragen früher für empirisch entscheidbar gehalten, versteht er jetzt Philosophie als Theorie der menschlichen Rationalität und damit als Geisteswissenschaft. Aus der Komplexität der menschlichen Rationalität ergibt sich, dass jeder Versuch, sie durch eine Maschine zu simulieren, zum Scheitern verurteilt ist. Damit kann aber auch die Analogie zwischen funktionellen Maschinenzuständen und geistigen Zuständen beim Menschen nicht mehr aufrecht erhalten werden, was einer der Gründe war, die Putnam zur Aufgabe des Funktionalismus bewogen haben (*Representation and Reality*, 1988). In der Sprachphilosophie behielt Putnam zwar grundlegende Thesen wie die der sprachlichen Arbeitsteilung bei, vertritt nun aber ein ganzheitlicheres Bild von Bedeutung. Die →Bedeutung eines Ausdrucks kann nicht durch eine Stereotype erschöpft werden, sondern ist nur durch die gesamte Sprache bestimmt, die als ein kollektives Unternehmen anzusehen ist. In die Bestimmung der Referenz eines Wortes gehen auch Kriterien der rationalen Akzeptierbarkeit ein, die wiederum von unseren →Werten abhängig sind. Damit ist auch die kausale Referenztheorie nicht mehr haltbar; nicht die kausale Verknüpfung zwischen einem Wort und dem von ihm bezeichneten Gegenstand ist bestimmend für die Referenz, sondern unsere durch Absichten und Werte bestimmte Interpretationspraxis.

Putnams Denken befindet sich auch gegenwärtig weiter im Fluss. Seine Positionen in den 90er Jahren sind durch eine wiederum veränderte Variante des Realismus gekennzeichnet. Charakteristisch für diesen ›direkten Realismus‹ ist die Annahme, dass wir einen unmittelbaren wahrnehmungsmäßigen Zugang zumindest zu unserer Umwelt haben. Auch philosophiehistorische Überlegungen nehmen einen immer breiteren Raum in Putnams Arbeiten ein, wobei die explizite Anknüpfung an die Tradition des amerikanischen Pragmatismus im Mittelpunkt steht (*Pragmatism: An Open Question*, 1995).

A. Burri, Hilary Putnam, Hamburg 1994
W. Stegmüller, Hauptströmungen der Gegenwartsphilosophie, Band II, 8. Aufl. Stuttgart 1987
A. Mueller, Referenz und Fallibilismus, Berlin / New York 2001

C.K.

Pythagoras von Samos (6. Jh. v.Chr.): Gemäß antiker Auffassung Urheber der italischen Philosophie, verließ im fünften Jahr der Herrschaft des Polykrates (532/531) Samos und siedelte sich in Kroton in Unteritalien an, wo er große Autorität erlangte, eine religiöse Gemeinschaft gründete und anscheinend die Interessen der Aristokraten vertrat. Der Widerstand der Bewohner Krotons gegen die Aktivitäten der Anhänger des Pythagoras führte zu einem Aufstand, der Pythagoras in hohem Alter veranlasste, in das am Golf von Tarent gelegene Metapont zu entweichen, wo er bis zu seinem Tode blieb. Der politische Einfluss der pythagoreischen Gemeinschaften hielt sich noch einige Zeit nicht nur in Kroton, sondern auch in anderen unteritalischen Städten, bis er wegen des Vordringens demokratischer Tendenzen verschwand; Pythagoreer wanderten nach Griechenland aus und ließen dort pythagoreische Gedanken wirksam werden. Der politische Einfluss, den Pythagoras wahrscheinlich hatte und den die pythagoreischen Gemeinschaften mit Sicherheit besaßen, ist ein wesentlicher Bestandteil des Pythagoreertums. Bei seinen Schülern galt Pythagoras als der vollkommene Weise, dessen Lebensführung und Worte Manifestationen unübertrefflicher Einsicht waren und deshalb normative Bedeutung hatten.

Weil Pythagoras seine Lehren nicht schriftlich fixierte und seine Schüler zu strenger Geheimhaltung verpflichtet waren, kann über seine Lehren nur sehr wenig Sicheres gesagt werden; hinzu kommt, dass aufgrund der uneingeschränkten Verehrung, die Pythagoras von seinen Anhängern entgegengebracht wurde, es sehr bald zu einer üppig wuchernden Legendenbildung kam, die dazu führte, dass die Überlieferung hinsichtlich des Pythagoras gleichsam durch dichten Nebel verhüllt ist. Auch was die Pythagoreer der zweiten und dritten Generation lehrten, kann nur mit großen Vorbehalten angegeben werden; ganz unklar ist, was hiervon Pythagoras selbst zuzuweisen ist. Durch frühe Zeugnisse gesichert ist der Kenntnisreichtum des Pythagoras. Zusammen mit dem, was von seiner legendär ausgeschmückten Lebensführung einigermaßen deutlich wird, ergibt sich weiterhin, dass Pythagoras erstaunliche seelische Fähigkeiten gehabt zu haben scheint, was auch →Aristoteles dadurch bezeugt, dass er Pythagoras in eine Zwischenstufe zwischen Menschen und Göttern einordnet. Ferner wird immer wieder auf die mathematischen Studien der Pythagoreer hingewiesen; anscheinend hat Pythagoras diese zumindest angeregt. Relativ gut bezeugt ist, dass Pythagoras eine Lehre von der Seelenwanderung vertrat, deren Einzelheiten freilich unklar sind, weil diese Lehre auch außerhalb pythagoreischer Gemeinschaften unterschiedlich ausgestaltet wurde. Gemäß den Spottversen des Xenophanes erkannte Pythagoras im Geschrei eines Hundes, der Schläge erhielt, die Stimme eines lieben Freundes, was bedeutet, dass der Freund sich in seinem früheren Leben wie ein Hund, d.h. wie ein unverschämtes Tier, aufgeführt hat. Wenn in diesem Spott ein wahrer Kern enthalten ist, lehrte Pythagoras, dass die menschliche →Seele nach der Trennung vom →Leib in andere Lebewesen – auch Pflanzen werden genannt – eingeht; und zwar gelangt sie aufgrund eines göttlichen Richterspruchs in solche Lebewesen, deren Charakter sie während der Einkörperung in einem Menschenleib angenommen hat.

Überlieferungen zu Pythagoras selbst sprechen davon, dass die Seele des Pythagoras immer in Menschenleiber einging. Diesen Überlieferungen liegt wohl die Voraussetzung zugrunde, dass Pythagoras die Seelenwanderungslehre dadurch sicherte, dass er angab, in welchen menschlichen Körpern seine Seele sich vor dem gegenwärtigen Leben befand. Altpythagoreische Lehre scheint demnach zu sein, dass die Seele unsterblich ist und nach der Trennung vom Leib sich mit einem anderen Körper vereinigt. Unklar bleibt, ob diese Vereinigung unmittelbar nach dem Tod erfolgt oder ob die Seele, wie aus anderen Berichten zu entnehmen ist, vor einer erneuten Inkarnation einige Zeit körperlos in der Luft umherschweift. Weiterhin ist unklar, ob bereits Pythagoras annahm, dass einige Seelen schließlich bis zum Beginn eines neuen Weltzyklus vom Zwang der Inkarnationen befreit werden. In enger Verbindung mit der Lehre von der Seelenwanderung steht die Auffassung vom Leib als Grab oder Gefängnis der Seele und von der ewigen Wiederkehr. Dass die Seele infolge bestimmter Strafanordnungen mit dem Körper verbunden ist und sich in ihm wie in einem Grab oder Gefängnis befindet, ist wahrscheinlich altpythagoreische Lehre.

Die für die Pythagoreer bezeugte Theorie von der ewigen Wiederkehr aller Dinge, der zufolge es nichts wirklich Neues gibt und jede Seele in jeder Weltperiode unter denselben Umständen lebt wie in den früheren, lässt sich nicht mit Sicherheit für die Zeit des Pythagoras ansetzen; sie scheint auch im Widerspruch zu der Forderung nach Reinigung und Vervollkommnung der Seele zu stehen, wodurch für zukünftige Leben bessere Voraussetzungen geschaffen werden sollen. Anscheinend gab es im Pythagoreertum keine einheitliche, vollkommen ausgearbeitete Seelenwanderungslehre, wodurch erklärbar ist, dass die Nachrichten über sie oft widersprüchlich sind. Aus der Seelenwanderungslehre ergeben sich gewisse Verbote und Gebote, während andere Vorschriften archaischen Ursprungs zu sein scheinen. Zu nennen sind 1. das Verbot, Bohnen zu essen, das in unterschiedlicher Weise begründet wird und möglicherweise medizinisch oder auch symbolisch zu verstehen ist; 2. das Verbot, Fleisch zu essen. Fleischabstinenz scheint eine natürliche Konsequenz der Seelenwanderungslehre zu sein, indessen ist hierzu Widersprüchliches überliefert: Keine Tiere dürfen getötet, geopfert, gegessen werden; bestimmte Tiere dürfen nicht getötet, geopfert, gegessen werden; alle Tiere dürfen getötet, geopfert und verzehrt werden, ausgenommen Pflugochsen und Widder.

Für das Pythagoreertum des 5. Jhs. kann die erste dieser drei Überlieferungen nicht belegt werden. Unabhängig von diesen dubios überlieferten Verboten ist sicher, dass Befleckung der Seele durch ungerechtes Handeln weitaus schlimmer ist als die Verunreinigung des Körpers durch den Genuss bestimmter Speisen. Reinheit der Seele ist Voraussetzung für das Erlangen von →Erkenntnis und Einsicht; nur eine reine Seele ist der Erkenntnis fähig. Fortwährende seelische Reinheit ist ohne *askesis* (Übung, Training) nicht möglich; denn die Weise der Lebensführung bleibt nicht ohne Einwirkung auf die Seele. Somit tritt neben das Reinheitsgebot die Forderung asketischer Lebensführung. Ein Handbuch pythagoreischer →Ethik ist aus Gründen der Geheimhaltung nie verfasst worden; als Regeln der Lebensführung galt alte Spruchweisheit, die Pythagoras zugeschrieben wurde und zum Teil ethische Anweisungen enthält, teils der Magie entstammt und im ethischen Sinne interpretiert wurde, wie z.B. »nicht mit einem Messer im Feuer stochern« (= nicht die Affekte eines Menschen durch scharfe Worte erregen). Die durch seelische Reinheit und Askese ermöglichte Einsicht (*sophia*, →Weisheit) ist nicht auf die →Praxis bezogenes →Wissen, sondern Erkenntnis der in der Welt herrschenden Gesetzlichkeit, der innerweltlichen Harmonie. Das Streben nach dieser Einsicht oder Weisheit heißt Philosophie; das Wort *philosophos* soll nach einer weit verbreiteten Erzählung erstmals von Pythagoras verwendet worden sein. Erkenntnis der in der Welt herrschenden Gesetzlichkeit umfasst auch die Einsicht in die Bedeutung von Leben und →Tod; denn →Welt und →Mensch sind aufgrund der Verwandtschaft aller Lebewesen eine Einheit, die durch Zahlenverhältnisse konstituiert ist. Zahlen- und Maßverhältnisse bestimmen alle Bereiche der Welt, sowohl die Elementarkörper als auch die aus ihnen bestehenden Dinge, die Menschen ebenso wie die Gestirne, des weiteren Seele und →Verstand, Beschaffenheiten wie z.B. Gerechtigkeit – womit die Bedeutung der Zahlenverhältnisse für die Ethik dokumentiert ist – sowie den richtigen und entscheidenden Zeitpunkt. Seele und Verstand sind wahrscheinlich durch die Eins bestimmt, →Gerechtigkeit durch die erste Quadratzahl (Vier), der entscheidende Zeitpunkt anscheinend durch die Zahl Sieben entsprechend ihrer Bedeutung für das menschliche Leben (z.B. Durchbruch der ersten Zähne nach sieben Monaten, Beginn der Pubertät im vierzehnten Lebensjahr, Reife im einundzwanzigsten Jahr usw.). Aufgrund der Lehre des Pythagoras, dass alles Zahl ist, stellt sich dem pythagoreischen Philosophen die Aufgabe, die Zahlenverhältnisse zu erkennen. Hierdurch sind die mathematischen Studien der Pythagoreer zu erklären, welche die Grundlage boten für die Erforschung der kosmischen Harmonie. Wer diese Harmonie, vornehmlich die Gesetzlichkeit der Gestirnumschwünge, erkennt, gestaltet sein Leben harmonisch, d.h. wendet sie auf sein ethisches Verhalten an und schafft hierdurch die Möglichkeit, dass er im zukünftigen Leben als Mensch, der nach Einsicht strebt, und nicht als Tier wiedergeboren wird. Ursprung aller Weisheit ist die Einsicht in die *tetraktys*, die Gruppe der ersten vier natürlichen Zahlen (1+2+3+4); sie wird als ›delphisches Orakel‹ bezeichnet, was besagt, dass sie wie Orakelsprüche gedeutet werden muss. »Sie ist die Harmonie, in der die Sirenen singen«, was von →Platon als Harmonie der Gestirnsphären gedeutet wird, sie »enthält Quelle und Wurzel der ewig fließenden Natur«. Die Summe der ersten vier natürlichen Zahlen ist die vollkommene Zahl zehn; in der Zehn ist die gesamte Zahlenreihe ausgefaltet, weil alle Zahlen oberhalb der Zehn nur Wiederholungen sind; folglich enthält die *tetraktys* in sich alle Zahlen und somit die Wesenheiten von allem; denn die Wesenheiten sind Zahlen. Diese Hochschätzung der *tetraktys* steht in engem Zusammenhang mit astronomischen Vorstellungen. Dass die Gestirne einschließlich der Sonne, des Mondes und der damals bekannten fünf Planeten ewig und göttlich sind, steht für alle Pythagoreer fest; aus der Göttlichkeit der Gestirne ergibt sich, dass sie die vollkommene Gestalt der Kugel haben, was auch für die Erde zutrifft, weiterhin, dass sie die vollkommene Bewegung, die Kreisbahn, vollführen. Während entsprechend dem ältesten astronomischen System der Pythagoreer die Erde sich im Mittelpunkt der Welt befindet und alle Gestirne um sie kreisen, kam es im 5. Jh. zu einer Änderung, anscheinend aufgrund der Verehrung der *tetraktys*: Im Mittelpunkt der Welt befindet sich das Zentralfeuer, darum herum bewegen sich die Erde, zusammen mit der von der Erde aus nicht sichtbaren ›Gegenerde‹, die sieben Planeten (Sonne und Mond galten als Planeten) und die Fixsternsphäre. Es ergeben sich also in Übereinstimmung mit der vollkommenen Zahl, die in der *tetraktys* enthalten ist, zehn Gestirnsphären. Die Harmonie der Gestirnsphären äußert sich klanglich; denn dass der Umschwung der Sterne Töne erzeugt, ist für die Pythagoreer selbstverständlich. Der Zusammenklang dieser Töne ergibt einen musikalischen Akkord. Der einzige Mensch, der die Sphärenharmonie hören konnte, ist der Legende zufolge Pythagoras; alle anderen haben sich an den lauten Klang gewöhnt und hören ihn nicht. Für die mathematische Harmonielehre stellt sich die Aufgabe, die Abstände der Gestirnsphären zu berechnen und die Umlaufgeschwindigkeit zu bestimmen, damit die Sphärenharmonie exakt angegeben werden kann. Instrumental- und Vokalmusik als ›Abbild‹ dieser Harmonie ziehen in sekundärer Weise Nutzen aus solchen Berechnungen, deren Ausgangspunkt Versuche am Monochord (einsaitiges Instrument mit beweglichen Stegen) waren, die Pythagoras vorgenommen haben soll. Die altpythagoreische Prinzipienlehre (Begrenzt – Unbegrenzt – Ungerade – Gerade, die Eins besteht aus beidem) wurde mit Sicherheit nicht von Pythagoras aufgestellt. Dass manche Lehren der Pythagoreer sich nicht auf Pythagoras zurückführen lassen, ist dadurch bedingt, dass bereits in der Generation nach Pythagoras sich zwei Gruppen bildeten; die eine wollte nur das von Pythagoras Gehörte überliefern (Akusmatiker), weil die von Pythagoras geoffenbarte Weisheit unübertrefflich sei, während die andere das Überkommene vornehmlich durch mathematische Untersuchungen vermehren wollte (Mathematiker).

Die Fragmente der Vorsokratiker, hg. von H. Diels / W. Kranz, Bd. 1, Hamburg 1989 [Nachdr. der 6. Aufl. Berlin 1952]

J. Mansfeld, Die Vorsokratiker (Auswahl), Bd. 1, Stuttgart 1983

The Presocratic Philosophers. A Critical History with a Selection of Texts, by G.S. Kirk / J.E. Raven / M. Schofield, 2. Aufl. Cambridge 1983 [übers. von Karlheinz Hülser, Stuttgart 1994]

Geschichte der Philosophie: Die Philosophie der Antike 1, von Thales bis Demokrit, von W. Röd, 2. Aufl. München 1988

W. Burkert, Weisheit und Wissenschaft, Nürnberg 1962

B. L. van der Waerden, Die Pythagoreer, religiöse Bruderschaft und Schule der Wissenschaft, Zürich / München 1979

K. B.

Quine, Willard Van Orman (*1908): Geboren am 25. 6. in Akron, Ohio; einer der bedeutendsten Logiker und Philosophen der Gegenwart. Beeinflusst vom amerikanischen →Pragmatismus wie vom logischen →Empirismus →Carnaps wurde er dessen schärfster Kritiker und leitete eine neue Ära in der analytischen Gegenwartsphilosophie ein, wenngleich er an einer revidierten Fassung des Empirismus festhielt.

Quines erste grundsätzliche Kritik am Programm des logischen Empirismus richtete sich gegen die ›zwei Dogmen des Empirismus‹, das reduktionistische Programm einer Zurückführung aller sinnvollen Aussagen auf Erfahrungsaussagen und die strikte Unterscheidung zwischen synthetischen und analytischen Sätzen (*Two Dogmas of Empiricism*, 1951). Zwar kam auch Carnap selbst schon zu der Überzeugung, dass das reduktionistische Programm, wie er es im *Logischen Aufbau der Welt* zu verwirklichen suchte, nicht durchführbar ist, aber es blieb teilweise in Form der Annahme erhalten, dass jedem sinnvollen Satz eine Menge möglicher Erfahrungen zugeordnet werden kann, die ihn als wahr erweisen würden. Nach Quine ist diese Annahme nicht haltbar, da niemals einzelne theoretische →Hypothesen an der →Erfahrung überprüft werden können, sondern nur →Theorien als Ganzes. Denn in die Ableitung einer Beobachtungskonseqenz aus einer Hypothese gehen stets eine Reihe von zusätzlichen Hilfsannahmen ein, und wenn die Beobachtungskonsequenz an der Erfahrung für falsch befunden wurde, muss man nicht zwangsläufig die überprüfte Hypothese revidieren, sondern kann auch eine oder mehrere der Hilfsannahmen für falsch erklären. Ebenso könnte man den Beobachtungsbefund selbst revidieren, indem man etwa das korrekte Funktionieren des Messinstrumentes anzweifelt, und auch die Gesetze der Mathematik und →Logik könnten nach Quine verändert werden, der keine prinzipiell unrevidierbaren Sätze anerkennt. Somit ist nur die Theorie als Ganzes dem »Tribunal der Erfahrung« ausgesetzt. An welcher Stelle man sich in der Praxis für eine Revision entscheidet, wird durch pragmatische Prinzipien wie Konservatismus oder Einfachheit bestimmt. Diese an Überlegungen von Duhem anknüpfende These wird als quine-duhemscher →Holismus bezeichnet. Begleitet wird diese holistische Auffassung durch die Annahme der empirischen Unterbestimmtheit aller wissenschaftlichen Theorien, nach der nicht einmal die Gesamtheit aller in unserem Universum möglichen Beobachtungen, ausgedrückt durch die Menge aller wahren Beobachtungssätze, die Theorie der Natur auf eindeutige Weise festlegt. Zwei Theorien können empirisch gleichermaßen korrekt und trotzdem logisch unverträglich sein.

Aus diesem erkenntnistheoretischen Holismus und der von Quine vertretenen Verifikationstheorie der Satzbedeutung – die →Bedeutung eines Satzes ist allein dadurch bestimmt, welche Beobachtungen für und welche gegen seine →Wahrheit sprechen – folgt ein Bedeutungsholismus: Man kann nicht von der Bedeutung einzelner Sätze, sondern nur von der Bedeutung des Gesamtsystems sprechen. →Sprache und Theorie sind untrennbar miteinander verwoben, woraus sich ergibt, dass jeder Theorienwandel auch einen Bedeutungswandel der wissenschaftlichen →Begriffe impliziert und die empiristische Idee einer reinen Beobachtungssprache, die durch ihre Theoriefreiheit ausgezeichnet ist, verworfen werden muss; selbst die Begriffe, die sich scheinbar direkt auf etwas Beobachtbares beziehen, sind ›theoriedurchtränkt‹.

Der quinesche Holismus steht in direktem Zusammenhang mit der Kritik am ersten Dogma des Empirismus, der Unterscheidung zwischen synthetischen und analytischen Sätzen. Obwohl der logische Empirismus die von →Kant angenommene Existenz von synthetischen Sätzen →*a priori* bestritt, hielten seine Anhänger doch an der Unterscheidung zwischen synthetischen Sätzen, die empirisch überprüfbare Erfahrungsurteile ausdrücken, und analytischen Sätzen, deren Wahrheit entweder rein logisch ist (›Es regnet oder es regnet nicht‹) oder auf der Bedeutung der darin auftretenden Ausdrücke beruht (›Alle Junggesellen sind unverheiratet‹), fest. Nach Quine ist diese Unterscheidung nicht haltbar, da der Begriff der Analytizität notorisch unklar und damit für eine scharfe Grenzziehung unbrauchbar ist. Die Möglichkeit, solche Sätze als analytisch zu bezeichnen, die prinzipiell unrevidierbar sind oder an denen angesichts jeder möglichen Erfahrung festgehalten werden kann, scheidet aufgrund der holistischen These aus, nach der keinem Satz eine solche Sonderstellung zukommt.

Da Quine den Begriff der logischen Wahrheit als klar akzeptiert, wenn er auch die These kritisiert, nach der diese Sätze wahr kraft sprachlicher Konventionen sind (*Truth by Convention*, 1935), könnte man einen Satz dann als analytisch bezeichnen, wenn er durch die Ersetzung der darin vorkommenden Ausdrücke durch bedeutungsgleiche (synonyme) Ausdrücke in eine logische Wahrheit überführbar wäre. Aber der Begriff der Synonymie ist für Quine ebenso unklar wie der Begriff der Analytizität und überhaupt alle intensionalen Begriffe (→Sprachphilosophie), sodass auch dieser Definitionsversuch, ebenso wie alle anderen, scheitert.

Anders als Carnap, der ontologische Fragen nach der Existenz von abstrakten Entitäten in Mathematik und →Semantik nicht als sinnvolle wissenschaftliche Fragen zuließ, hält Quine derartige Fragen für ebenso legitim wie Fragen nach der Existenz physischer Dinge. Um zu erkennen, welche →Entitäten eine Theorie als existierend voraussetzt, welche ontologische Verpflichtung (engl. *ontological commitment*) sie eingeht, reicht es nicht aus, die verwendeten Namen zu betrachten, denn Namen können auch in nicht bezeichnender Funktion gebraucht werden. Aber wenn ein Name eine bezeichnende Funktion hat, lässt sich aus jedem Satz, in dem er vorkommt, ein allgemeiner Existenzsatz ableiten (aus ›Sokrates war ein Mensch‹ folgt ›Es gibt einen Gegenstand mit der Eigenschaft, ein Mensch gewesen zu sein‹). Da nun allgemeine Existenzsätze im logischen Symbolismus durch eine existenzielle Quantifikation ausgedrückt werden, bedeutet die Behauptung der Existenz einer bestimmten Entität dasselbe wie die →Aussage, dass diese Entität zum Wertebereich der gebundenen Variablen der Theorie gehört. Daher kann Quine formulieren: Das Universum der Entitäten ist der Wertebereich von Variablen, *to be is to be the value of a variable*. Und dieses Kriterium ist ebenso auf konkrete wie auf abstrakte Entitäten anwendbar (*Designation and Existence*, 1939). Carnaps Einwand, derartige ontologische Behauptungen seien lediglich als externe praktische Fragen sinnvoll, die die Anerkennung eines sprachlichen Rahmens betreffen, nicht jedoch als interne theoretische Fragen, die eine wahre oder falsche Antwort haben können, beantwortet Quine mit dem Versuch des Nachweises, dass die Intern-extern-Unterscheidung ebenso wenig haltbar ist wie die analytisch-synthetisch-Unterscheidung (*Carnap's Views on Ontology*, 1951).

Mit dieser Kritik wird auch die Idee einer besonderen Stellung der Philosophie endgültig destruiert. Schon Carnap hatte die traditionelle Auffassung verworfen, dass es Aufgabe der Philosophie sei, eine über die Einzelwissenschaften hinausgehende, nicht empirische Erkenntnis zu liefern; für ihn blieb als Aufgabenbereich des Philosophen lediglich die logische Analyse der Wissenschaftssprache bestehen. Aber damit wurde der nun als Wissenschaftslogik verstandenen Philosophie immer noch ein eigener Bereich zugewiesen, der grundsätzlich von dem der empirischen Einzelwissenschaften verschieden sein sollte; ihre Ergebnisse sind danach nicht empirischer, sondern logischer Natur, nicht synthetisch, sondern analytisch. Für Quine ist mit dem Scheitern der Dichotomie analytisch/synthetisch auch diese Unterscheidung nicht mehr aufrecht zu erhalten. Es gibt für ihn nur noch eine Art von Erkenntnissen, nämlich die in den verschiedenen Einzelwissenschaften gewonnenen, die zusammen die eine große Gesamttheorie der →Natur bilden. Auch die Philosophie gehört zu dieser Gesamttheorie, es gibt keine Sonderstellung mehr für sie. Welche Aufgaben kann dann eine philosophische Disziplin wie die →Erkenntnistheorie noch haben? Bei aller Kritik am logischen Empirismus versteht sich Quine immer noch als Empirist, weil er an zwei zentralen Thesen des Empirismus festhält: Alles, was für oder gegen eine wissenschaftliche Hypothese spricht, stammt aus der Beobachtung, und auch die Bedeutungen der Wörter beruhen letztlich auf Beobachtungen. Aber dieser Empirismus darf nicht mehr reduktionistisch aufgefasst werden. Die Erkenntnistheorie hat es zwar weiterhin mit der Frage zu tun, in welchem Zusammenhang unsere wissenschaftlichen Theorien mit den Daten stehen, die wir über die Reizungen unserer Sinnesorgane von der →Welt erhalten, aber die Beantwortung dieser Frage gehört in die Naturwissenschaften, nämlich in die behavioristische Psychologie und Neurophysiologie. Die Erkenntnistheorie wird so ein Teil der Naturwissenschaft, ein Teil unserer Gesamttheorie, die letztlich auf der schmalen Grundlage unserer Sinnesreizungen aufgebaut wurde (*Epistemology Naturalized*, 1968). Diese Konzeption wird als erkenntnistheoretischer Naturalismus bezeichnet. Die Frage, wie Menschen sich sprachlich auf physische und abstrakte Objekte beziehen können, versucht Quine durch eine behavioristische Theorie des Spracherwerbs zu beantworten (*The Roots of Reference*, 1974).

Auf der Basis dieses geläuterten Empirismus geht Quine nun daran, die zur Analyse einer Sprache benötigten semantischen Begriffe neu einzuführen (*Word and Object*, 1960). Gemäß seiner Überzeugung, dass die einzige Erkenntnisquelle über die Sprache im empirisch beobachtbaren Verhalten der Sprecher besteht, definiert er die Reizbedeutung eines Satzes für einen Sprecher als die Menge aller Sinnesreizungen, die diesen Sprecher auf Befragung dazu veranlassen würden, dem Satz zuzustimmen. Beobachtungssätze sind Sätze, auf die nur dann mit Zustimmung oder Ablehnung reagiert wird, wenn ein geeigneter Reiz vorhanden ist (Situationssätze) und deren Reizbedeutung für alle Mitglieder einer Sprachgemeinschaft gleich und nur von einer minimalen Menge an vorher verfügbarer Information abhängig ist. Auf diese Weise gelingt es Quine, einen reformierten Begriff des Beobachtungssatzes zu gewinnen und so einen ›Eckpfeiler der Semantik‹ zu erhalten, der aufgrund seiner Intersubjektivität eine Bastion gegen einen radikalen Relativismus darstellen soll.

Es stellt sich nun die Frage, inwieweit eine Sprache durch das beobachtbare Sprachverhalten der Sprecher bestimmt ist. Um dies zu untersuchen, betrachtet Quine die Situation einer radikalen oder Erstübersetzung einer völlig fremden Sprache in die eigene Muttersprache. Um eine Erstübersetzung einer solchen Sprache zu bewerkstelligen, kann sich der Linguist nur auf das beobachtbare Sprachverhalten der Sprecher stützen. Inwieweit kann eine Übersetzungshypothese nun einer empirischen Kontrolle unterzogen werden? Aufgrund von Plausibilitätsüberlegungen gelangt Quine zu seiner These der Übersetzungsunbestimmtheit, nach der es eine Vielzahl von miteinander unverträglichen Übersetzungen der einen Sprache in die andere gibt, die jedoch mit der Gesamtheit der Sprachverhaltensdispositionen der Sprecher beider Sprachen verträglich sind. Lediglich die Übersetzung von Beobachtungssätzen und logischen Wahrheiten ist eindeutig.

Mit dem Nachweis der Übersetzungsunbestimmtheit ist gleichzeitig die letzte Möglichkeit für eine akzeptable Definition intensionaler Begriffe wie der Synonymie verbaut. Denn gäbe es nur eine korrekte Übersetzung, so könnte man sagen, dass die dadurch einander zugeordneten Ausdrücke synonym sind, und über diesen Begriff der zwischensprachlichen Synonymie käme man zum ganzen Gerüst der intensionalen Begriffe. Aber Quines These leistet noch mehr. Man betrachte den Beobachtungssatz »Gavagai!« der fremden Sprache, den ein Sprecher immer dann äußert, wenn er einen Hasen sieht. Offenbar ist »Dort ist ein Hase!« eine korrekte Übersetzung dieses Einwortsatzes. Aber damit ist noch nicht festgelegt, worauf sich der Sprecher mit dem Wort ›gavagai‹ bezieht. Er kann damit ›Hase‹ meinen, aber ebenso gut ›nicht abgetrennter Hasenteil‹ oder ›Manifestation von Hasenheit‹. Empirisch ist der Sachbezug (die Referenz) des Wortes nicht feststellbar, und wie Quine nachzuweisen versucht, scheitern auch alle Experimente, auf empirischem Wege eine Entscheidung herbeizuführen. Nicht nur die intensionale Bedeutung ist unbestimmt, sondern sogar die Referenz.

Wenn man diese Überlegungen konsequent weiterdenkt, kommt man zu dem Schluss, dass diese Unerforschlichkeit der Referenz nicht nur Übersetzungen fremder Sprachen, sondern auch unsere Muttersprache betrifft. Auch hier ›übersetzen‹ wir die Äußerungen eines anderen Sprechers in unsere jeweils eigene Sprache, und auch hier gibt es eine Vielzahl von miteinander unverträglichen Übersetzungen, die mit den Verhaltensdispositionen der anderen Sprecher vollkommen verträglich sind. Allerdings folgen wir hier meistens der Übersetzungsregel der Homophonie, übersetzen also in gleichlautende Ausdrücke. Nur manchmal folgen wir dem ›Prinzip der Nachsicht‹ (engl. *principle of charity*) und wählen eine heterophone Übersetzung, wenn uns dadurch die Äußerung eines Mitmenschen als weniger absurd erscheint.

Kann man noch weiter gehen und die Unerforschlichkeit der Referenz auch auf die jeweils eigene Sprache ausdehnen? Man müsste dann fragen, ob man selbst sich mit ›Hase‹ wirklich auf Hasen bezieht oder nicht vielmehr auf Hasenteile etc. Die Antwort könnte nur lauten: »Mit ›Hase‹ beziehe ich mich auf Hasen« und wollte man weiterfragen, worauf nun dieses Wort verweist, geriete man in einen unendlichen Regress. Nach der Referenz lässt sich also sinnvoll nicht in einem absoluten Sinne, sondern nur relativ zu einer gegeben Hintergrundsprache fragen, welche in der Praxis stets unsere jeweils eigene Muttersprache ist. Damit kann auch die Frage, auf welche Gegenstände die Ausdrücke einer Theorie verweisen, nicht in einem absoluten Sinne beantwortet werden; die Ontologie einer Theorie ist nur relativ zur Ontologie einer gegebenen Rahmentheorie bestimmt, deren eigene Ontologie letztlich unerforschlich ist (*Ontological Relativity*, 1969).

Quine hat die zeitgenössische analytische Philosophie geprägt wie wohl kein anderer. Der von ihm propagierte erkenntnistheoretische Naturalismus ist heute die einflussreichste philosophische Strömung in der amerikanischen Philosophie, und seine sprachphilosophischen und erkenntnistheoretischen Schriften sind zu Klassikern geworden, ohne deren Kenntnis eine Auseinandersetzung mit der analytischen Gegenwartsphilosophie unmöglich ist.

H. Lauener, Willard Van Orman Quine, München 1982
W. Stegmüller, Hauptströmungen der Gegenwartsphilosophie, Band II, 8. Aufl. Stuttgart 1987
D. Koppelberg, Die Aufhebung der analytischen Philosophie. Quine als Synthese von Carnap und Neurath, Frankfurt/M. 1987
R. Naumann, Das Realismusproblem in der analytischen Philosophie, Freiburg / München 1993

C. K.

Rawls, John (*1921-2002): Geboren in Baltimore; rückte die systematische →politische Philosophie wieder in das Zentrum des Interesses, als er neben →Freiheit, Effizienz und Fortschritt die →Gerechtigkeit als »erste Tugend einer →Gesellschaft« für einen Gesellschaftsentwurf fruchtbar machte. Sein Hauptwerk *Eine Theorie der Gerechtigkeit* hat entsprechend viele Kommentare und eine Reihe von Gegenentwürfen herausgefordert. Schlagwortartig wird Rawls nach angelsächsischen Vorstellungen dem →Liberalismus zugeordnet; er selbst bezeichnet seine politische Philosophie als konstruktivistisch und kontraktualistisch. Rawls' Gerechtigkeitskonzeption ist schon deshalb konstruktivistisch, weil sie nicht bloße Exegese oder Rekonstruktion vorgegebenen Materials ist, sondern eine Konstruktion, ein Entwurf. Jedoch deduziert Rawls auch keine kategorischen Rechtsprinzipien, sondern gewinnt seine Gerechtigkeitsgrundsätze, indem er sie mit Hilfe einer weithin akzeptablen →Methode von weithin geteilten Überzeugungen aus konstruiert: Er fragt, wie rationale Personen unter vernünftigen Rahmenbedingungen die Grundstruktur ihrer Gesellschaft gerecht ordnen würden. Bei der Ausarbeitung dieser Konstruktion greift Rawls auf Gedanken der vertragstheoretischen Tradition zurück.

Dabei hat Rawls seine Auffassungen im Ergebnis über Jahrzehnte erstaunlich konstant gehalten, seine →Argumentation für diese Ergebnisse aber im Laufe der Zeit geändert. Das Ergebnis von Rawls Überlegungen bilden insbesondere zwei Gerechtigkeitsgrundsätze. Nach dem ersten Grundsatz ist es gerecht, wenn jede Person ein gleiches Recht auf ein völlig adäquates System gleicher Grundrechte und Grundfreiheiten hat, das mit dem entsprechenden System von Freiheiten für alle vereinbar ist; in diesem System wird der faire Wert der gleichen politischen Freiheiten, und nur dieser Freiheiten, garantiert. Der zweite Grundsatz erlaubt gesellschaftliche und ökonomische Ungleichheiten unter zwei Bedingungen: Erstens müssen sie mit Ämtern und Positionen verbunden sein, die allen unter Bedingungen fairer Chancengleichheit offen stehen, und zweitens müssen sie den größten Vorteil für die am wenigsten begünstigten Mitglieder der Gesellschaft bringen. Dabei kommt der Umsetzung des ersten Grundsatzes lexikalische Priorität vor der Verwirklichung des zweiten Grundsatzes zu: Erst wenn die Grundrechte und Grundfreiheiten für alle garantiert sind, dürfen wir daran gehen, den Inhalt des zweiten Grundsatzes zu realisieren. Diese lexikalische Priorität setzt sich innerhalb des zweiten Grundsatzes fort: Das so genannte Differenzprinzip darf nur in Angriff genommen werden, wenn zusätzlich bereits die genannte Chancengleichheit besteht.

Nach Rawls gewinnen wir diese Grundsätze, wenn wir uns vorstellen, rationale Personen zu sein, die unter bestimmten, fairen Bedingungen über Grundsätze für die Rahmenordnung einer gerechten Gesellschaft zu entscheiden haben. Den Ausschlag geben damit die fairen Bedingungen, unter denen die Gerechtigkeitsgrundsätze gewählt werden sollen. Der Stellenwert dieser Bedingungen für Rawls lässt sich daraus ermessen, dass er seine Gerechtigkeitskonzeption »Gerechtigkeit als Fairness« nennt. Diese fairen Bedingungen illustriert Rawls im so genannten »Urzustand«.

Sie sind für die Wahl einer Gerechtigkeitskonzeption deshalb nötig, weil sonst Verzerrungen diese Wahl beeinflussen würden. Wer viel Land sein eigen nennt, könnte geneigt sein, den Schutz des Landeigentums für vorrangig zu erklären, ängstliche Naturen einen starken Staat fordern usw. Es ist deshalb notwendig, zunächst das normativ politisch Bedeutsame vom Irrelevanten zu trennen, um dann unter idealen Bedingungen die Gerechtigkeitskonzeption zu wählen, die das normativ politisch Bedeutsame optimal zuordnet. Dies geschieht nach Rawls am besten so, dass wir uns vorstellen, wir würden alle das für Gerechtigkeitskonzeptionen Irrelevante nicht kennen. Bildlich gesprochen verschwindet es hinter einem Schleier der Unwissenheit. Zugänglich bleibt hinter diesem Schleier nur das für alle Gerechtigkeitskonzeptionen Beachtliche. Wir können uns jederzeit leicht dieses Mittels bedienen und uns so – bildlich gesprochen – in eine Situation versetzen, in der wir über das für Gerechtigkeitsfragen Bedeutsame entscheiden, ohne den Einflüssen des dafür Irrelevanten ausgesetzt zu sein. Diese Situation nennt Rawls den »Urzustand«.

Er konstruiert den Urzustand so, dass es hinter dem Schleier der Unwissenheit nur Grundgüter gibt, welche gerecht verteilt werden müssen. Eine Gerechtigkeitskonzeption besteht also aus →Prinzipien über die Verteilung dieser Güter, die für die Grundstruktur einer Gesellschaft konstitutiv sind. Zu den Grundgütern zählen die Grundrechte und Grundfreiheiten; Freizügigkeit und Berufsfreiheit vor dem Hintergrund unterschiedlicher Möglichkeiten; Befugnisse und Vorrechte, die mit bestimmten Ämtern und Positionen in der Grundstruktur einer Gesellschaft einhergehen; Einkommen und Besitz; und schließlich die gesellschaftlichen Grundlagen der Selbstachtung. Versetzen wir uns gedanklich in den Urzustand, so müssen wir überlegen, wie wir unter dessen Bedingungen diese Grundgüter verteilen.

Immerhin wissen wir demnach hinter dem Schleier der Unwissenheit nichts über unsere persönlichen Ziele und Interessen, ja, wir wissen noch nicht einmal, wie unser privates Umfeld ist oder zu welcher Generation wir gehören. Dieses Wissen führte nur zu Verzerrungen, die aus persönlich gefärbten Einschätzungen entspringen. Deshalb spricht Rawls im Urzustand auch nicht von Personen, sondern von »Parteien«. Wir könnten uns sogar vorstellen, dass Parteien im Urzustand nicht einzelne Personen repräsentieren, sondern Generationenfolgen oder Korporationen. Jedenfalls müssen wir aber von der Gleichberechtigung aller Parteien im Urzustand ausgehen. Diese Gleichberechtigung bringt es mit sich, dass die unter diesen Bedingungen zu wählenden Prinzipien gegenüber allen Parteien zu rechtfertigen sind. Wenn wir uns nun vorstellen, wie es bei Rawls auch der Fall ist, dass die Parteien im Urzustand einzelne Bürger (wie uns) repräsentieren, dann müssen die im Urzustand zu wählenden Prinzipien also für alle vor allen begründbar sein. Die Prinzipien müssen daher öffentlich sein. Den so am besten begründeten Prinzipien müssen alle folgen. Wir können deshalb diese Prinzipien so ansehen, als hätten wir darüber einen Vertrag geschlossen, so vorteilhaft und verbindlich sind diese Inhalte für uns.

Warum aber hat die Liste der Grundgüter den genannten Inhalt? Anders gefragt: Warum sind genau diese Grundgüter für eine Gerechtigkeitskonzeption bedeutsam und nichts anderes? Hier ist wichtig, Rawls' Ausgangspunkte zu nennen: Nach seiner Auffassung muss heute jeder, der es unternimmt, politische Philosophie zu betreiben, dem Umstand Rechnung tragen, dass schon in einer einzigen Gesellschaft unterschiedliche moralphilosophische Positionen vertreten werden. Es gibt, wie Rawls sagt, einen Pluralismus vernünftiger Theorien des →Guten. Für die politische Philosophie entsteht so das Rechtfertigungsproblem, dass die Anhänger unterschiedlicher vernünftiger Theorien des Guten verschiedener Auffassung sind über die beste Ordnung des gesamtgesellschaftlichen Zusammenlebens. Wie ist unter solchen Umständen noch eine für Vertreter aller Theorien des Guten akzeptable politische Philosophie möglich?

Rawls greift zur Lösung dieses Problems auf seine Methode des Überlegungsgleichgewichts zurück: Wir müssen Ansatzpunkte für die politische Philosophie finden, die mit den besonders fest verwurzelten Intuitionen und Überzeugungen der Einzelnen vereinbar sind, die jeweils durch die vernünftigen Theorien des Guten geprägt sind. In *Eine Theorie der Gerechtigkeit* war Rawls noch der Überzeugung, dass es einen gemeinsamen Nukleus aller moralischen Positionen gibt, der sich in einer schwachen, für alle akzeptablen Theorie des Guten formulieren lässt. Auf dieser schwachen Theorie des Guten müssen erfolgversprechende Gerechtigkeitskonzeptionen aufbauen. Die Liste der Grundgüter ist Ausfluss dieser schwachen Theorie des Guten. Sie sind allgemein dienliche Mittel für die Verwirklichung der einzelnen Theorien des Guten. So inkorporierten die einzelnen umfassenden Theorien des Guten alle die schließlich konstruierte Gerechtigkeitskonzeption. Diese Gerechtigkeitskonzeption und die verschiedenen Theorien des Guten würden sich, so Rawls damals, wechselseitig stützen, sodass die gerechte Gesellschaft auch stabil wäre.

Von diesen Überlegungen hat Rawls inzwischen Abstand genommen. Es gibt keine allen Theorien des Guten gemeinsame schwache Theorie. Damit bleibt nur eine Alternative: Eine

Erfolg versprechende Gerechtigkeitskonzeption muss (so weit wie möglich) unabhängig von den einzelnen vernünftigen Theorien des Guten konstruiert werden. Sie muss ihre grundlegenden Begriffe dem Bereich des Politischen selbst entnehmen und sich auf diesen Bereich beschränken. Diesen Begründungsansatz nennt Rawls »politischen Liberalismus«; er ist Gegenstand seiner gleichnamigen zweiten Monographie. Eine auf diesem Wege begründete Gesellschaft kann nur insoweit stabil sein, als es in einer Gesellschaft einen übergreifenden Konsens über ihre grundlegenden Begriffe und Verfahren gibt.

Die drei grundlegenden Begriffe des politischen Liberalismus, die Rawls dem Bereich des Politischen selbst entnimmt, sind: »Bürger«, »Gesellschaft« verstanden als System sozialer Kooperation freier und gleicher Bürger, und »wohlgeordnete Gesellschaft«, in der alle Bürger gemäß den Grundsätzen der Gerechtigkeit handeln und dies voneinander wissen. Die wohlgeordnete Gesellschaft ist so das Ideal aller, die normative politische Philosophie für möglich und notwendig halten. Den Begriff des »Bürgers« gewinnt Rawls aus der Tatsache, dass wir uns auf politische Philosophie mit moralischem Befolgungs- und Rechtfertigungsanspruch überhaupt einlassen. So wäre es bloße Gedankenspielerei, normative politische Philosophie zu betreiben, wenn wir nicht in der Lage wären, uns einer Gerechtigkeitskonzeption gemäß zu verhalten. Wir müssen deshalb für jede politische Philosophie mit moralischem Anspruch die Fähigkeit voraussetzen, eine Gerechtigkeitskonzeption zu verstehen, sie anzuwenden und ihr gemäß zu handeln. Diese Fähigkeit nennt Rawls den »Gerechtigkeitssinn«. Diesen Gerechtigkeitssinn müssen wir für alle voraussetzen, die in einer wohlgeordneten Gesellschaft kooperieren. Daraus ergibt sich der Begriff der gleichen Bürger, da jeder zunächst einmal in gleicher Weise mit dem notwendigen Gerechtigkeitssinn ausgestattet ist. Wenn wir zudem dem Pluralismus vernünftiger Theorien des Guten Beachtung schenken, dann beachten wir auch die Möglichkeit der Einzelnen, eine Theorie des Guten zu entwickeln, zu verfolgen und zu revidieren. Wir geben auch zu, dass diese Einzelnen sich selbst als Personen begreifen, die Ansprüche an eine Gesellschaft stellen können, in der sie mit anderen verantwortlich kooperieren. Kurz: Wir betrachten uns auch als freie Bürger, die ihre gesellschaftliche Kooperation gerecht gestalten wollen. Daraus ergibt sich der von Rawls verwendete Begriff der »freien und gleichen Bürger«. Diesen Begriff sollten zumindest alle die akzeptieren können, die sich für Demokraten halten.

Demokraten werden deshalb Rawls zustimmen, dass die Parteien im Urzustand einzelne freie und gleiche Bürger repräsentieren, denen gegenüber Gerechtigkeitskonzeptionen zu rechtfertigen sind. Nur das für die Kooperation solcher Bürger Wesentliche findet Eingang in die Liste der Grundgüter. So wird die Liste der Grundgüter nicht mehr aus den einzelnen, umstrittenen Theorien des Guten gewonnen, sie ist vielmehr Folge des Versuchs, politische Philosophie in Zeiten des Pluralismus zu betreiben. Sind sich Demokraten über die drei politischen Grundbegriffe, die Repräsentation und die Liste der Gründgüter erst einig, dann müssten sie auch Konsens über die Gerechtigkeitsgrundsätze erzielen können, die Rawls für die Grundstruktur demokratischer Gesellschaften vorschlägt.

Dabei ist sich Rawls durchaus der Tatsache bewusst, dass seine Gerechtigkeitsgrundsätze erst noch ausdifferenziert und für die Praxis fruchtbar gemacht werden müssen. Er ist aber der Auffassung, dass dies in einer Weise geschehen kann, die seinem Anliegen gerecht wird, wenn sich die Bürger in öffentlichen Debatten über die wesentlichen Verfassungsinhalte und Fragen grundlegender Gerechtigkeit verständigen. Auch bei diesem ›öffentlichen Vernunftgebrauch‹ ist der Leitgedanke wieder der der Einklammerung. Die betreffenden Entscheidungen müssen vor allen anderen gerechtfertigt werden können, mit denen wir nicht die Theorie des Guten teilen. Die betreffenden Entscheidungen müssen deshalb auf die Gerechtigkeitsgrundsätze oder die Konstruktionselemente der »Gerechtigkeit als Fairness« gestützt werden können. Das schließt nicht aus, dass jemand eine entsprechende Lösung in der politischen Debatte vehement vom Standpunkt seiner eigenen Theorie des Guten aus einfordert. Nur ist dies unbeachtlich, solange die entsprechende Entscheidung nicht auch durch öffentlichen Vernunftgebrauch gerechtfertigt werden kann. Erst wenn eine solche Rechtfertigung gelingt, lässt sich etwa eine Verfassungsnorm als legitim ansehen. Ist jedoch eine Verfassungsnorm als legitim anerkannt, so muss auch diese in den weiteren Prozessen Beachtung finden. In einem komplexen mehrstufigen →Modell konkretisieren so gewonnene →Normen die zunächst gewonnenen Gerechtigkeitsgrundsätze. Bei den jeweiligen Anwendungsprozeduren ist dann der Schleier der Unwissenheit entsprechend weiter zu heben, mehr Fakten müssen etwa bekannt sein, um eine gerechte Wirtschaftsordnung auf der Ebene einfacher Gesetzgebung zu konstruieren. Im Rahmen öffentlichen Vernunftgebrauchs werden durch ein Hin und Her des Blicks die Fakten mit den bereits gewonnenen Prinzipien und Normen abgeglichen und konkretisiert. Die schließlich entstehende, durchaus konkrete und durch den Abgleich mit der Faktenlage individualisierte ideale Ordnung befindet sich so auf allen Stufen der Allgemeinheit für alle Beteiligten im Überlegungsgleichgewicht.

Rawls' Theorie wurde von verschiedenen Seiten heftig kritisiert: Libertäre etwa bemängeln, dass er überhaupt faire Bedingungen konstruiert, unter denen rationale Akteure tätig werden. Sie meinen, dass entscheidend ist, von einem gerechtfertigten Ausgangszustand aus die Verteilung zu akzeptieren, die sich aus freiwilligen Übereinkünften der Betroffenen ergibt. Rawls kann dem entgegenhalten, dass es weder einen solchen fairen Ausgangszustand je gegeben hat, noch sich anders als durch Konstruktion die Bedingungen der Fairness gewinnen lassen. Eine Konstruktion gerechter Ausgangsbedingungen ist deshalb unverzichtbar. Kommunitaristen wenden sich gegen Rawls' Einklammerungsstrategie, die seine Konstruktion auszeichnet. Sie sind der Auffassung, dass die gewachsenen Strukturen konkreter Gesellschaften auf die ein oder andere Weise in die Gerechtigkeitsvorstellungen für diese konkreten Gesellschaften einfließen müssen. Dabei ist jedoch zu beachten, dass Rawls' Konkretisierung durch Verfahren den entscheidenden Vorteil hat, auch Menschen einbinden zu können, die aus einem anderen gesellschaftlichen Hintergrund stammen. So ist Rawls' Theorie mit der Vorstellung universeller →Menschenrechte kompatibel. Er kommt außerdem nicht in die Verlegenheit, die bestehenden Grenzen der jeweiligen Gesellschaft normativ rechtfertigen zu müssen. Freilich erkennt Rawls an, dass es verschiedene Völker gibt, die auf je ihre Weise durch öffentlichen Vernunftgebrauch voneinander abweichende, faire Gesellschaftssysteme schaffen können. Auch gibt es Völker, die nicht die demokratischen Ausgangspunkte teilen, die Rawls in seinen Begriffen von »Bürger« und »Gesellschaft« voraussetzt.

In seiner letzten Monographie *The Law of Peoples* greift Rawls diesen Punkt auf und argumentiert dafür, den Liberalismus gleichsam nach außen zu wenden, zu respektieren, dass es anständige hierarchische Gesellschaften gibt. Tyrannische Gesellschaften freilich, die die Menschenrechte ihrer Bürger willkürlich und gewaltsam unterdrücken, müssen nach seiner Vorstellung in die Schranken gewiesen, notfalls auch mit militärischen Mitteln angegriffen und verändert werden. Spätestens hier werden auch im Ergebnis Unterschiede zu anderen, im weiteren Sinne liberalen politischen Philosophien deutlich wie etwa der Diskursethik oder dem Utilitarismus.

J. Rawls, Eine Theorie der Gerechtigkeit, Frankfurt/M. 2001 [Original: Cambridge/Mass. 1971]
J. Rawls, Politischer Liberalismus, Frankfurt/M. 1998 [Original: New York 1993]
–: The Law of Peoples, Cambridge/Mass. 1999 [dt. in Vorbereitung]
–: Die Idee des politischen Liberalismus, hg. und eingeleitet von W. Hinsch, Frankfurt/M. 1992
John Rawls in der Diskussion, hg. von W. Hinsch, Frankfurt/M. 1996
Th. Pogge, John Rawls, München 1994
O. Höffe (Hg.), John Rawls: Eine Theorie der Gerechtigkeit, Berlin 1998

M. A.

Sartre, Jean-Paul (1905–1980): lebte in Paris, wurde dort am 21.6. geboren und starb dort am 15.4.; bezeichnet sich selbst als Vertreter eines atheistischen →Existenzialismus: Der Mensch »taucht in der Welt auf«, »begegnet sich«, »erfasst sich als existierend für nichts, als überflüssig«. – »Der Mensch ist verlassen, weil er weder in sich noch außer sich eine Möglichkeit findet, sich an etwas festzuklammern.« Weder gibt es eine menschliche Wesensbestimmung, deren Erfüllung Sinn und Orientierung gäbe, noch eine für alle verbindliche natürliche →Ordnung, weil es keinen →Gott gibt, der sie geschaffen haben könnte. »Wir sind allein, ohne Entschuldigungen, ... der Mensch ist verurteilt, frei zu sein. Verurteilt, weil er sich nicht selbst geschaffen hat, und dennoch frei, weil er, einmal in die Welt geworfen, verantwortlich ist für das, was er tut.« – Wie lässt sich ein solches Daseinsverständnis metaphysisch begründen, und: Untergräbt es nicht jedes positive Verhältnis zum Leben?

Sartres ›phänomenologische Ontologie‹, die er in *Das Sein und das Nichts* vorlegt, führt zu dem Ergebnis, dass es zwei ›Seinsregionen‹ gibt: 1. Die Dinge erscheinen als das, was sie sind und sind nichts als die Gesamtheit ihrer →Erscheinungen. ›voll von sich‹ ermangeln sie dennoch der Tiefe; sie sind, was sie sind, undurchdringlich, ohne Daseinssinn, überflüssig: sie sind ›an sich‹. 2. Es zeigt sich andererseits ein →Sein, das nicht darin aufgeht zu sein, was es ist, und dies ist das →Bewusstsein. Das Bewusstsein ist kein Ding, keine →Substanz. Als solches wäre es voll von sich und es bliebe unerklärlich, wie es Bewusstsein von etwas, von einem Gegenstand sein könnte. Wäre es selbst etwas, würde dieses Etwas die Durchsichtigkeit für die Dinge verstellen. Das Bewusstsein entspringt als das dem Sein Entgegengesetzte, als sich selbst durchsichtiger Bezug zu ihm. Das dem Sein Entgegengesetzte aber ist das Nichts. So ist das Bewusstsein ›Nichtung‹, und als solches ›nichtendes‹ Wissen um das, was erscheint; es »entsteht auf das Sein hin gerichtet«. Seine Existenz ist gleichsam parasitär; als Nichtung des An-sich-Seins ist es ›für sich‹.

Das Bewusstsein ist reine, unpersönliche Spontaneität. Folglich wird es auch von keinem →Ich bewohnt. Das Ich als ein Bündel von Seelenzuständen, Erbanlagen und sozialen Determinanten gehört zum An-sich-Sein des Menschen, es ist Teil der →Welt, nicht des Bewusstseins.

Dieses Ich ist der Ausgangspunkt, aber nicht die →Wirklichkeit meines menschlichen →Daseins. Diese →konstituiert sich durch Bewusstsein als Nichtung meines Ichs als Teil der Welt, der ich in einem bestimmten sozialen und historischen Kontext bin. Die Nichtung meiner selbst als Gegebener löst mich von mir selber los, setzt mich in Distanz zu mir selber; sie bildet die Grundlage meiner →Freiheit und der Notwendigkeit, mich in ein bewusstes Verhältnis zu mir zu setzen, mich zu ›definieren‹. Die Wahl eines bewussten Verhältnisses zu mir selbst nennt Sartre den ›Entwurf‹.

Dies ist die positive Seite der Freiheit: Der Mensch ist nicht festgeschrieben, nicht determiniert; er hat stets sich und den Dingen gegenüber eine Wahl. Zwar kann er das Gegebene nicht annulieren, es gewinnt aber erst und allein durch das gewählte Verhältnis zu ihm Tragweite und →Bedeutung. So konnte der Dichter Marcel Proust das Krankenbett zwar nicht mehr verlassen, aber es blieb ihm doch eine Wahl: entweder sich der Krankheit hinzugeben, zu resignieren; dann hätte er sich durch sie definiert und sie wäre sein →Wesen geworden. Oder ihr den →Willen entgegenzusetzen, schreibend sich auf die Suche nach der verlorenen Zeit zu begeben. Dieser Wahl verdanken wir einen der schönsten Romanzyklen des 19. Jahrhunderts.

Als nichtende Überschreitung des Gegebenen hat der Mensch stets ein Spektrum von Möglichkeiten. So trägt er auch die volle und ganze →Verantwortung für sich selbst. Nichts legt ihn fest, nichts entschuldigt ihn. Dies nennt Sartre die ›optimistische Härte‹ seiner Philosophie.

Auf der anderen Seite bedeutet diese Freiheit in ihrem ständigen Außer-sich-Sein den Verlust des Selbst, der →Identität. »Das Ego erscheint dem Bewusstsein als jenseitiges An-sich, als Existenz der menschlichen Welt, nicht des Bewusstseins.« – »Ich ist ein anderer.« Was unserem Sein die persönliche Existenz verleiht, ist nicht der Besitz eines Ich, sondern die Tatsache der Selbstgegenwärtigkeit.

Das Bewusstsein erfährt sich daher als nichtende Bewegung in der →Angst: »Nichts kann mich gegen mich selbst sichern, abgeschnitten von der Welt und meinem Wesen durch dieses Nichts, das ich bin, habe ich den Sinn der Welt und meines Wesens zu realisieren. Die Angst, das ist die Furcht, mich zu diesem Treffen nicht einzufinden.« Verlassenheit und Angst sind der Preis der Konstitution des Bewusstseins.

Zugleich erfährt sich der Mensch in seiner Existenz als da ›für nichts‹, als haltlos, ›überflüssig‹, verloren (kontingent). Seine Existenz, sein An-sich- und sein Für-sich-Sein, liegen gleichsam nicht in seiner Hand. Diese →Kontingenz strebt das Für-sich zu überwinden durch den Versuch der Selbstgründung; es entspringt dem Verlangen des Für-sich, ›Ursache seiner selbst‹ und damit ganz und nur das zu sein, was zu sein es selbst bestimmt. Dann wären die Kontingenz und das Außer-sich-Sein aufgehoben, das Für-sich wäre ganz bei sich selbst.

Aber dieser Versuch muss scheitern. Denn um ganz →Ursache seiner selbst zu sein, müsste sich das Für-sich loslösen können vom An-sich, als dessen reine Nichtung es überhaupt existiert, und sich dann als nicht mehr überflüssiges, sondern intendiertes An-sich-Sein zu konstituieren. Das aber wäre die unmögliche →Synthese des An-sich und des Für-sich-Seins: das Für-sich als reine Nichtung kann nicht zur Einheit mit sich selbst, die das An-sich kennzeichnet, zurückkehren, ohne sich selbst (als Bewusstsein) aufzugeben. So »ist es das Selbst als verfehltes An-sich-Sein, das den Sinn der menschlichen Wirklichkeit ausmacht.«

An-und-für-sich, also zugleich identisch mit sich und völlig selbstdurchsichtig zu sein als Ursache seiner selbst, das erscheint als das Ziel der nichtenden Bewegung des Seins und damit als Grundimpuls allen menschlichen Tuns. »So taucht die menschliche Wirklichkeit als solche im Angesicht … des Selbst als Verfehlen dieser Totalität auf. … Wenn diese Totalität … durch eine weitere Bewegung der Meditation hypostasiert wird als Transzendenz jenseits der Welt, so nimmt sie den Namen Gottes an.« Ist Gott nicht zugleich ganz Identität bzw. Positivität als Grund der Welt und zugleich ganz Nichtung als völlige Selbstdurchsichtigkeit und Grund seiner selbst? »So verhält sich die Leidenschaft des Menschen umgekehrt zu der Christi, denn der Mensch verliert sich als Mensch, damit Gott werde. Aber die Idee Gottes ist widersprüchlich, und wir verlieren uns vergebens. Der Mensch ist eine nutzlose Leidenschaft.«

Neben dem An-sich und Für-sich kennzeichnet das Dasein noch eine dritte fundamentale Dimension: das Für-den-Anderen-Sein.

Sartre erhellt dies durch eine Analyse des Blicks: Jemand beobachtet durch ein Schlüsselloch eine sexuelle Szene. Sein Bewusstsein geht ganz auf in der Wahrnehmung dieser Szene, distanzlos, ohne Bewusstsein seiner selbst bzw. der Situation oder des Tuns. Dann hört er Schritte im Rücken. Er weiß sich beobachtet bzw. durch den Blick eines Anderen getroffen; jetzt wird er sich der Situation bewusst und sieht sich selbst gleichsam von außen: als Voyeur. Sartre will hiermit sagen: Der Blick des Anderen macht mich zum →Objekt und löst in mir eine fundamentale Veränderung aus. »Das Auftauchen des Anderen trifft das Für-sich mitten ins Herz.« Das Objekt, dass ich für den Anderen bin, wird Gegenstand meines Bewusstseins; dies löst ein neues, reflexives Verhältnis zu mir selber aus. Ich sehe mich plötzlich mit den Augen des Anderen und gestehe in der Scham ein, dass ich wirklich dieses Objekt bin. Der Blick des Anderen ist der Ausgangspunkt und die notwendige Bedingung einer reflektierenden Verhältnisbestimmung zu mir selbst, »eines jeden Gedankens, den ich über mich selbst versuchen wollte« – wohlgemerkt: nicht als Objekt, das ich für mich, sondern das ich für den Anderen bin. Das Urteil, das der Andere durch seinen Blick über mich fällt, indem er mich zum Objekt macht, zwingt mich zu einer neuen Verhältnisbestimmung zu mir selbst. Der Andere hat Gewalt über mich. Sein Blick entfremdet mich von mir selbst als freiem →Subjekt.

Ich kann mich dagegen wehren, indem ich den Anderen meinem Blick unterwerfe und damit mein Objektsein zurückweise. Eine Wechselseitigkeit des Blicks gibt es nicht. Jedes Bewusstsein ist Bewusstsein eines Objekts, nie einer anderen Freiheit. Die Beziehung zum Anderen verläuft stets nur über das Ich-Objekt, das ich für den Anderen bin (und umgekehrt). »So ist dieses entfremdete … Ich zugleich meine Verbindung zum Anderen und das →Symbol unseres absoluten Getrenntseins.«

Der Schlüssel zu mir liegt somit in der Hand des Anderen, in seiner Freiheit. Ich habe keine Sicherheit, bin ich gefährdet in meiner Freiheit. Der einzige Weg, die Definitionsmacht über mich zurückzugewinnen, ist der Versuch, die Freiheit des Anderen in meine Hand zu bekommen, indem ich mich zum ›faszinierenden Objekt‹ für den Anderen mache, ihn verführe. Das ist für Sartre die Bestimmung der →Liebe: Wenn es mir gelingt, die Freiheit des Anderen in meinen Bann zu ziehen, sodass ich – allein und ausschließlich – die Welt für den Anderen bin, erlange ich die Definitionsmacht über mich selbst zurück und bin zugleich nicht mehr ›überflüssig‹, weil gewollt und bejaht von der Freiheit des Anderen. »Das ist der Grund des Liebesglücks, wenn es vorhanden ist: Wir fühlen uns gerechtfertigt, zu existieren.«

Aber dieser Versuch muss scheitern. Eine Freiheit, die sich im Anderen verliert, zerstört sich als Freiheit. »Im Liebespaar will jeder Objekt sein, in dem sich die Freiheit des Anderen entfremdet. So gilt: Wenn der Andere mich liebt, enttäuscht er mich radikal durch seine Liebe selbst.«

Wozu ist es gut all dies zu wissen? – Sartre spricht von einer befreienden Wirkung einer auf diese Einsichten gegründeten existenziellen Psychoanalyse: Wenn wir wissen, dass all unser Streben letztlich auf die unmögliche Selbstgründung gerichtet ist, dann erfassen und bejahen wir unser Suchen und Tun als Ausdruck einer inneren, ontologischen Notwendigkeit; dies versöhnt uns mit dem Scheitern unserer Lebensentwürfe und schafft die Grundlage einer Solidarität unter Menschen, die vom Anderen nicht mehr verlangt, als man selber geben kann. »Wenn ich das unmögliche Heil in der Requisitenkammer abgebe, was bleibt? Ein ganzer Mensch, aus allen Menschen gemacht, der soviel wert ist wie sie alle und wie ein jeder von ihnen.«

Der metaphysische Pessimismus entzieht einer positiven →Moral keineswegs die Grundlage, im Gegenteil: Wenn Ursprung und Ziel alles Handelns die Freiheit ist, so kann ich meine Freiheit nicht wollen, ohne Freiheit überhaupt und dann auch für jeden Menschen zu wollen. In diesem Sinne hat Sartre sich vielfach im Kampf gegen Unterdrückung und Entrechtung engagiert.

Die menschliche Wirklichkeit ist für Sartre keine monadische, sondern eine Existenz in der Welt und unter Menschen; als solche ist sie allen Mächten der →Gesellschaft und →Geschichte ausgesetzt. So bedarf die Philosophie der Existenz zu ihrer Ergänzung einer Philosophie der Gesellschaft und Geschichte, die Sartre in der *Kritik der dialektischen Vernunft* vorlegt.

Schon früh (1936) hatte er darauf hingewiesen, dass »eine so fruchtbare Arbeitshypothese wie der historische →Materialismus« keineswegs an einen metaphysischen Materialismus gebunden ist. Im Marxismus findet er das Instrumentarium für eine kritische Gesellschaftsanalyse: »Der Mensch muss nicht nur gegen die Natur kämpfen, gegen das soziale Milieu, das ihn hervorgebracht hat, gegen andere Menschen, sondern auch gegen seine eigene Tat.« Sartre nennt als Beispiel die Abnutzung großer Waldgebiete in China. Ziel war die Verbesserung der Lebensbedingungen der Bauern. In der Folge stellte sich Bodenerosion ein, ein Abfließen des Regenwassers und mangelnde Luftfeuchtigkeit; die Bodenerträge schrumpften, die Bauern verarmten. Diese Aktion schlägt in eine »Gegenfinalität« um, die die Zielsetzung unserer Handlungen in eine Richtung umbiegt, die sich gegen uns selbst kehrt. – Die Ausbeutung der Natur führt zum Mangel, die Not lässt den Anderen, den Mitmenschen, zum Feind und Konkurrenten werden. »Das Individuum wird von jedem in seinem Sein in Frage gestellt. So kehrt sich sein eigenes Tun gegen es selbst. … Für jeden existiert der Mensch als unmenschlicher Mensch.« Sartre beschreibt eindringlich den Verelendungsprozess in der frühkapitalistischen Gesellschaft: Die Not treibt die Arbeiter in ein Konkurrenzverhältnis: Jeder kämpft gegen den anderen um einen Tageslohn, damit er und die Seinen nicht hungern, was dem Unternehmer erlaubt, die Löhne zu drücken. Indem der Einzelne sein Ziel erreicht (Brot für die Seinen), befördert er die Verelendung seiner Klasse. »Indem wir unser eigenes Ziel erreicht haben, verstehen wir, dass wir anderes verwirklicht haben.« Dies ist die →Entfremdung, die uns die vom Menschen selbst geschaffene Gesellschaft des Mangels aufzwingt: Das Produkt unserer Tätigkeit konstituiert sich als fremde Macht über uns (Marx).

Sartre bezeichnet dieses Verhältnis der Konkurrenz als ein serielles: »Jeder Mensch ist nicht nur isoliert durch seinen Körper als solchen, sondern auch durch die Tatsache, dass er seinem Nachbarn den Rücken zuwendet.« Eine solche Serialität kennzeichnet für ihn die modernen industriellen Massengesellschaften und erklärt ihre Ohnmacht und Lethargie. – Gibt es einen Ausweg? Die äußerste Not kann eine Ansammlung von Menschen aus der hilflosen Serialität zur Gruppe verwandeln. Durch einen Dritten geeint (der aus dem Konkurrenzverhältnis eines jeden mit einem jeden heraustritt), werden die Individuen aus ihrer Lethargie gerissen und handeln gemeinsam. Durch die Gruppe entsteht eine neue Realität, die den Menschen wieder zum Subjekt der Geschichte machen kann. Aber die Beziehung unter den Mitgliedern der Gruppe ist nicht die einer unmittelbaren, wechselseitigen Gemeinschaft, sondern eine durch die Not und den Dritten vermittelte. Sie ist somit ständig vom Rückfall in die Serialität bedroht und muss durch inneren Terror zusammengehalten werden. So ist das Reich der Freiheit, das Marx im Blick hatte, keineswegs sicher, und die Geschichte eher als ein Feld zu sehen, in dem sich Serialität und Gruppenbildung ablösen.

Sartre hat sich stets als einen Theoretiker der Linken verstanden. Dies drückte sich in seiner Gegnerschaft zu jeder Form des →Idealismus aus, dem er vorwarf, Leiden, Hunger und Krieg in einem Prozess der Einheitsstiftung von Ideen aufzulösen. Die gleiche Kritik übte er später gegenüber dem orthodoxen Marxismus, dem er vorwarf, ein ›voluntaristischer Idealismus‹ zu sein. Sartre ging es darum, »den Menschen wieder in die Welt einzutauchen, ... seinen Ängsten und seinen Leiden, auch seinen Empörungen ihr ganzes Gewicht wiederzugeben«. Sartre hat diese Absicht exemplarisch eingelöst in seinem dreibändigen Werk über Gustav Flaubert. Das 2700 Seiten umfassende unabgeschlossene Werk unternimmt den Versuch, das Ringen Flauberts um die Perfektion des Stils als eine Wahl nachzuweisen, die durch eine bestimmte Familiensituation verständlich wird, welche wiederum Ausdruck einer bestimmten Gesellschaft, nämlich der bürgerlichen des 19. Jahrhunderts, ist. In Verbindung existenzphilosophischer, psychoanalytischer und marxistischer Deutungsansätze entsteht so das faszinierende Tableau einer Familie und einer Gesellschaftsepoche sowie eine beeindruckende Werkinterpretation.

»Was kann man heute von einem Menschen wissen?« Das ist für Sartre die eigentliche Fragestellung dieses Werkes und er schreibt in der Einleitung: »Es schien mir, dass man auf diese Frage nur durch die Untersuchung eines konkreten Falles antworten kann. Was wissen wir - zum Beispiel - von Gustave Flaubert? Das läuft darauf hinaus, die Informationen, die wir über ihn haben, zu totalisieren. Nichts beweist zu Anfang, dass diese Totalisierung möglich und die Wahrheit einer Person nicht plural ist.«

Methodisch scheint sich dieses Bedenken zu bestätigen. Philosophisch illustriert Sartre eindrucksvoll die Quintessenz seines Denkens: »Für uns ist der Mensch vor allem durch das Überschreiten einer Situation gekennzeichnet, durch das, was ihm aus dem zu machen gelingt, wozu man ihn gemacht hat.«

J.P. Sartre, Das Sein und das Nichts, Paris 1943 [dt. Neuübersetzung Reinbek 1993]
-: Kritik der dialektischen Vernunft, Paris 1960 [dt. Neuübersetzung Reinbek 1993]
-: Der Idiot der Familie, 3 Bde., Paris 1971/72 [dt. Reinbek 1977-1979, z.Zt. vergr., Neuauflage geplant]
M. Suhr, Sartre zur Einführung, Hamburg 1987
J. Hengelbrock, Jean-Paul Sartre, Freiheit als Notwendigkeit. Einführung in das philosophische Werk, Freiburg 1989

J.H.

Schelling, Friedrich Wilhelm Joseph (1775-1854): Wurde am 27.1. in Leonberg (Württemberg) geboren. Schon als Fünfzehnjähriger bezog er das Tübinger Stift, wo er zusammen mit →Hegel und Hölderlin in Philosophie und Theologie ausgebildet wurde. Ab 1795 war er als Hauslehrer der Barone von Riedesel in Stuttgart tätig. 1796 ging er mit seinen adeligen Zöglingen nach Leipzig, wo er an der dortigen Universität Mathematik, Naturwissenschaften und Medizin studierte. 1798 wurde er durch die Vermittlung von Goethe außerordentlicher Professor für Philosophie in Jena, wo er mit →Fichte, Schiller und dem Kreis der Romantiker freundschaftlich verkehrte. 1803 folgte er einem Ruf an die Universität Würzburg, nachdem er sich mit Caroline Schlegel (geb. Michaelis) verheiratet hatte. Von 1806 bis 1820 wirkte er in München zunächst als Mitglied der Akademie der Wissenschaften, ab 1808 als Generalsekretär der Akademie der Bildenden Künste. 1821 wurde er Honorarprofessor in Erlangen und kehrte 1827 nach München zurück. 1841 begann er als Nachfolger Hegels seine Vorlesungen an der Universität Berlin, wo er bis 1846 lehrte. Danach zog er sich aus der Öffentlichkeit zurück und hielt nur noch gelegentlich Vorträge an der Preußischen Akademie der Wissenschaften. Er starb am 20. 8 1854 in Bad Ragaz.

Schelling war der Hauptbegründer der spekulativen →Naturphilosophie, die von etwa 1800 bis 1830 in Deutschland als bestimmende Geistesströmung wirkte und einen produktiven Einfluss auf fast alle Gebiete der Naturwissenschaft, Medizin und Mathematik ausübte. Seine Philosophie des Unbewussten hatte Einfluss auf die Ausbildung der Psychoanalyse. Sein Werk gliedert sich in verschiedene Entwicklungsphasen: in die Periode der Ich- und Naturphilosophie (1795-1800), der Identitätsphilosophie

(1801–1806), der Freiheits- und Weltalterphilosophie (1809–1820) und schließlich der Spätphilosophie mit der Unterscheidung von positiver und negativer Philosophie, der Philosophie der Mythologie und der Offenbarung. Obwohl Schelling immer wieder neue Problemfelder bearbeitete und neue Konzepte entwickelte, sind Kontinuitäten in den Kernfragen und Grundprinzipien festzustellen. Schellings Hauptfrage bestand darin, wie die menschliche →Freiheit und die aus ihr resultierende kreative Innovationsfähigkeit mit →Natur zusammengedacht werden könne. Dieses Problem war durch die Aufklärungsphilosophie von →Kant und Fichte dringlich geworden, in welcher die →Autonomie und Selbsttätigkeit des →Subjekts betont worden war, während die Natur als deterministisches Notwendigkeitssystem aufgefasst wurde. Wie sollte sich unter dieser Voraussetzung Freiheit real manifestieren können? Schellings Kernidee war, dass nicht nur der →Geist, sondern auch die Natur autonomer, selbstorganisierender Entwicklung fähig ist und so die Emanzipation des Menschen von ihr ermöglicht hat. Die Natur hat wie die Menschheit eine Geschichte. Sie ist ursprünglich entstanden und entwickelte sich zu höheren Entwicklungsstufen, die jeweils durch einen höheren Autonomiegrad charakterisierbar sind. In der anorganischen Natur sind es vor allem die Kristallisationen, die eine Selbststrukturierung aufweisen; die organische Natur besitzt durch ihre Fähigkeit der Selbstreproduktion bereits einen höheren Grad der Freiheit; im Menschen kommt schließlich die schöpferische Produktivität zu sich selbst, die sich für Schelling insbesondere in der →Kunst zeigt. Das System der empirisch zugänglichen, kausal strukturierbaren Naturobjekte ist nur die sichtbare Außenseite der Natur. Der ursprüngliche Prozess der Selbstkonstruktion, die →*natura naturans*, geht in das Innere der Natur zurück und ist, da hiermit Gegenständlichkeit, die *natura naturata*, allererst erzeugt wird, selbst nicht mehr sinnlich zugänglich, sondern nur theoretisch zu rekonstruieren.

Schelling begründete daher eine ›spekulative Physik‹, die nicht als Konkurrenzunternehmen zur empirischen Physik gedacht war, sondern als deren philosophischer Rahmen. Später wurde Schelling vielfach vorgehalten, dass er dem Experiment und der Mathematik zu geringe Aufmerksamkeit gewidmet habe. Dies ist jedoch nur bedingt richtig. Schelling ging es um die Konzipierung eines neuen, über die mechanistische Naturwissenschaft hinausgehenden Paradigmas der Selbstorganisation. Schelling lehnte die empirische Naturforschung nicht ab, sondern er bemühte sich darum, ihr ein neues Fundament zu geben. Er ließ sich dabei von der Idee leiten, dass es eine Einheit von Natur und des aus ihr entstandenen Menschen mit seiner freien Produktivität geben müsse. Schelling entfaltete seine spekulative Physik ausführlich in seinen frühen Schriften. In den *Ideen zu einer Philosophie der Natur* (1797) setzte er sich vor allem mit der Chemie auseinander. Hier ist der Begriff der Selbstorganisation im Wesentlichen noch von Kants *Kritik der Urteilskraft* geleitet und auf die organischen Wesen bezogen. In *Von der Weltseele* (1798) fragt Schelling nach dem Ursprung des Lebens aus der anorganischen Sphäre und gelangt zu der Idee, dass die ganze Natur, auch die physikalische, selbstbildende Potenzen besitzen müsse, da ansonsten die erste Entstehung des Organischen nicht erklärbar sei. Er verwirft den Vitalismus, der glaubt, den Organismen eine zusätzliche Bildungskraft zugestehen zu müssen, die aus der Physik nicht herleitbar sei. Diese Konzeption verletzt seiner Ansicht nach die Idee der Einheit der Natur und sei unwissenschaftlich. In der Schrift *Erster Entwurf eines Systems der Naturphilosophie* (1799) entwickelt Schelling eine neue Materietheorie, eine ›dynamische Atomistik‹, und baut darauf systematisch eine genetische Naturtheorie auf, die die Physik, die Chemie und die Biologie umspannt. Wie auch in den vorherigen naturphilosophischen Schriften verarbeitet Schelling hier einen Großteil der naturwissenschaftlichen Forschungsergebnisse seiner Zeit.

Schelling versuchte in immer neuen Anläufen bis zum kosmogonischen Ursprung zurückdenken und die Entwicklung der Natur als Potenzierungsgeschehen zu erfassen. Durch Schellings Entwürfe hindurch zieht sich das Motiv, die Selbstkonstruktion der Natur als Vermittlung zweier Grundprinzipien zu verstehen: dem expansiven und kontraktiven →Prinzip. Würde das expansive Prinzip uneingeschränkt wirken, würde sich alles in aktual unendlicher Geschwindigkeit in einem Augenblick ausbreiten, sodass nur der leere Raum, aber keine finiten

Objekte entstehen könnten; würde das kontraktive Prinzip uneingeschränkt wirken, würde sich alles in einen Punkt zusammenziehen und wieder gäbe es keine Objekte. Erst beide Prinzipien zusammen produzieren →Raum, →Zeit und →Materie, d.h. eine erscheinungsfähige →Welt. Die polare →Struktur der Natur zeigt sich für Schelling, wie auch für die anderen romantischen Naturphilosophen (Steffens, Ritter, Arnim, Oersted, Schubert, Troxler und viele andere) im Magnetismus, der Elektrizität und dem chemischen Prozess. Schelling entwickelte die Hypothese, dass sich alle polaren Prozesse aus einem einheitlichen Prinzip ableiten lassen müssen, womit er der Entdeckung des Energieprinzips Vorschub leistete. In der *Allgemeinen Deduktion des dynamischen Prozesses oder der Kategorien der Physik* (1800) verknüpfte Schelling die polare Selbststrukturierung der Kräfte mit den Dimensionen des Raumes, womit er erstmals zu einer dynamischen Raumkonzeption gelangte, die später beispielsweise in der Vektoralgebra zu einer neuen mathematischen Theorie ausgebaut wurde.

In der ichphilosophischen Phase, die etwas früher als die naturphilosophische begann, aber parallel dazu bis zu seinem *System des transzendentalen Idealismus* (1800) verlief, ist Schellings Philosophie noch stark von Kants und Fichtes →Transzendentalphilosophie bestimmt, gewinnt aber bereits eigene Konturen, die u.a. auf seine frühe Rezeption von →Platon, vor allem des *Timaios*, zurückgeführt werden. Kant hatte gezeigt, dass das System des →Wissens nicht durch eine passive Spiegelung der objektiven Welt zustande kommt, sondern durch die Aktivität des erkennenden Subjekts, seine Anschauungsformen und Kategorien erzeugt wird. Fichte hatte in seiner *Wissenschaftslehre* das Fundament der →Erkenntnis in einer ursprünglichen Tathandlung der Selbstsetzung des →Ichs gesehen, wodurch sowohl das Ich als auch das Nicht-Ich in ihrer Trennung und Entgegensetzung erst hervorgebracht werden. Als Folge des Aktes der Selbstsetzung, auch »absolutes Ich« genannt, setzt sich das empirische Ich selbst ein Nicht-Ich gegenüber, wodurch das Objektiv-Gegenständliche des Wissens produziert wird. Schelling versteht nun diese ursprüngliche Tathandlung nicht mehr wie Fichte als primär kognitiven Akt, sondern als einen substanziellen. Ihm zufolge ist nicht nur das absolute Ich alles, sondern alles absolute Ichheit. Das →Prinzip der ursprünglichen Selbstsetzung ist nicht nur ein anthropogenes Prinzip, sondern ein universelles, welches aber erst mit dem Menschen seiner selbst bewusst wird.

In Schellings früher Phase wurden die Transzendental- und die Naturphilosophie als zwei gleichberechtigte Zugangsweisen zum Problem der Einheit von Natur und Geist ausgebildet. Die Transzendentalphilosophie geht von der Selbstkonstitution und Innenansicht des Subjekts aus und fragt, wie das Subjekt sich die Natur als Wissenssystem erzeugt. Die Naturphilosophie dagegen geht von der unbewussten Produktivität der Natur aus und fragt, wie die Natur →Selbstbewusstsein und erkennende Subjekte erzeugen konnte. Diese beiden Zugangsweisen schienen nur schwer miteinander vereinbar zu sein, obwohl sie gegenseitig aufeinander bezogen waren gemäß der programmatischen Devise Schellings: »Die Natur soll der sichtbare Geist, der Geist die unsichtbare Natur sein«. Es blieb ein Problem bestehen. Für die Transzendentalphilosophie ist die Natur ein vom menschlichen Geist Gesetztes; für die Naturphilosophie dagegen existiert die Natur aus eigener Macht. Schelling versuchte diese beiden Seiten in seiner identitätsphilosophischen Phase durch eine höhere Einheit miteinander zu verbinden.

Ausgangspunkt der Identitätsphilosophie ist die Unterscheidung zwischen reeller Selbstsetzung (Natur) und ideeller Selbstsetzung (Geist). In Anknüpfung an →Spinozas *Ethik*, in der Natur und Geist als Modifikationen der einen ungeteilten →Substanz angesehen wurden, geht Schelling nun von einer übergeordneten Indifferenz aus, welche der Trennung von Reellem und Ideellem vorhergeht. Beide gelten jetzt als unterschiedliche Manifestationen ein und desselben →Absoluten. Die Pointe dieser Konzeption liegt darin, dass Schelling hier die Indifferenz als dynamisches Ineinander aller Formen bestimmt, als »göttliche Wirrnis«, in der alle Dimensionen der Realität ineinander übergehen, jedoch keine für sich ist. Die absolute →Identität ist zugleich absolute Differenz. Jedes Besondere ist zugleich alles andere. Das Gesondertsein der begrenzten Dinge ist nur scheinbar. Diese substanzielle Identität der Identität und Differenz wurde jedoch mit dem Problem erkauft, dass nun nicht mehr verständlich war, wie sich überhaupt etwas vom Absoluten losreißen konnte, wie es zur Selbstbehauptung des Endlichen gegen das Absolute kommen konnte. Diese Frage wird von Schelling als das Problem des Bösen in der Freiheits- und Weltalterphilosophie behandelt.

In der Schrift *Untersuchungen über die menschliche Freiheit und die damit zusammenhängenden Gegenstände* (1809) widmet sich Schelling der ideellen Seite seines Systems, d.h. der spezifisch menschlichen Ausprägung der Freiheit. Er bestimmt hier das Wesen der Freiheit nicht mehr nur als schöpferische Produktivität, wie in der natur- und identitätsphilosophischen Phase, sondern als das Vermögen des →Guten und des →Bösen. Das Böse wie das Gute wurzelt im Eigenwillen der Kreatur, der sich als unabhängiger →Grund vom Universalwillen lösen und sich selbst als Zentrum setzen kann. Diese Selbstermächtigung ist zwar die eigene Tat des Menschen, wird aber substanziell ermöglicht durch die Natur in Gott. In Gott selbst gibt es einen Unterschied zwischen dem Wesen, sofern es existiert, und dem Wesen, sofern es bloß Grund von Existenz ist. Der bloß dunkle Grund von Existenz ist ein ursprüngliches, verstandloses Chaos, aus dem Form und →Ordnung, durch das Licht der →Vernunft generiert werden. Das finstere Prinzip liegt als ewige Vergangenheit aller harmonischen Ordnung immer noch zugrunde. Es kann sich jederzeit wieder erheben. Insofern ist ein Gelingen der Schöpfung nicht notwendig garantiert. In Gott sind diese beiden Prinzipien unzertrennlich. Erst im Menschen werden sie zertrennlich, sodass sich der dunkle Grund, der nur, wenn er im Grunde bleibt, produktiv ist, als unabhängiges, selbstisches Prinzip erheben und zum Herrscher aufschwingen kann. Das Böse wird somit von Schelling nicht nur als egoistischer Naturtrieb bestimmt, sondern als etwas Geistiges, als zweites Prinzip der Finsternis, als Geist gewordene, höhere Potenz des in der Natur wirkenden Grundes.

Schon Kant hatte das Freiheitsmoment des radikalen Bösen in seiner Schrift *Die Religion innerhalb der Grenzen der bloßen Vernunft* (1792) hervorgehoben und drei Steigerungsstufen bestimmt: Die erste, noch harmlose Stufe ist das gesetzwidrige Handeln aus Fahrlässigkeit; die zweite Stufe ist bestimmt durch ein gesetzwidriges Handeln, welches mit Bewusstsein geschieht. Die dritte, bösartigste Stufe ist gekennzeichnet durch eine Gesetzwidrigkeit, die nicht mehr mit bestimmten äußeren Zwecken verbunden ist, sondern sich als Gesetzwidrigkeit selbst will. Auf dieser letzten Stufe wird das →Sittengesetz nicht mehr nur übertreten, sondern bewusst abgelehnt. Dieser endgültige Bruch mit der moralischen Ordnung ist bei Kant formal analog mit der freien Zustimmung zu ihr. In beiden Fällen ist die Freiheit der moralischen Entscheidung rein intelligibel. Schelling dagegen, von seiner Naturphilosophie ausgehend, bestimmt die moralische Freiheit zugleich auch substanziell. Er entwickelt eine metaphysische Theorie des Guten und des Bösen. Das Böse wird durch die Natur in Gott ermöglicht, kann aber erst im Menschen durch seine Selbsttat, durch die Entzweiung von Licht (Vernunft) und Finsternis (irrationales Chaos) Wirklichkeit erlangen. Das diabolische Böse als selbstermächtigte Ichheit hat seinen Ermöglichungsgrund im kreatürlichen Eigenwillen, der als Partikularwille auch schon in der Natur wirksam ist, aber erst wirklich wird dadurch, dass er sich als partikulare Macht vom Universalwillen losreißt mit dem Ziel, das Partikuläre selbst zum Universellen zu machen. Diese Verkehrung der Prinzipien ist nach Schelling nur überwindbar durch den versöhnenden Geist der →Liebe, der die Eigenmächtigkeit wieder mit dem Idealen verbindet. Durch diese Verbindung wird die vitale Selbstheit in den Grund zurückversetzt, um als lebendige Basis des Guten zu wirken. Anders als bei Kant ist somit das Ziel der →Ethik bei Schelling nicht die – wenngleich freie – Unterdrückung des Triebhaften und die bloß intelligible Anerkennung der →Pflicht des Sittengesetzes, sondern die Erlösung und Verklärung der Natur durch das Band der Liebe. Dieses Band hat seinen Ursprung weder im triebhaften Grund noch in der reinen Existenz (dem vernunfthaft-intelligiblen Idealen), sondern ist noch ursprünglicher im Ungrund verankert. Der Ungrund liegt noch vor aller ontischen Differenz von chaotisch triebhafter Finsternis und idealem Licht und wird von Schelling bestimmt als Indifferenz, die die Vereinigung beider möglich macht.

Diese präontische Vergangenheit wurde von Schelling besonders in den drei *Weltalter*-Entwürfen (1811, 1813, 1814) weitergehend behandelt, in denen Schelling sich wieder der →Kosmogonie und der metaphysischen Frage widmet, warum etwas ist und nicht vielmehr nichts. Er kommt hier zu der Ansicht, dass die Schöpfung nicht allein durch den chaotischen Grund in Gott bewerkstelligt werden konnte, da die Entstehung von vernunftmäßiger Ordnung allein aus einem verstandlosen Chaos nicht denkbar ist. Es müsse philosophisch noch tiefer in die Vergangenheit zurückgegangen werden auf einen unvordenklichen Ungrund, der über allem Sein ist. Diese präontische Vergangenheit wird von Schelling narrativ beschrieben als reine Lauterkeit und ewige Freiheit, als Willen, der nichts will, als Übergottheit, die von sich aus nicht zur Zeugung übergeht. Der Anfang zur Schöpfung wird durch einen sich selbst erzeugenden, kontraktiven →Willen gemacht. Schelling geht davon aus, dass die Menschen eine Mitwissenschaft der Schöpfung haben, da sie hinter die Welt zurückdenken können. Diese Mitwissenschaft artikulierte sich bereits in den Mythologien und den →Religionen, insbesondere der christlichen.

In seiner Spätphilosophie konzentrierte sich Schelling auf die Ausarbeitung einer positiven Philosophie, die der negativen Philosophie gleichberechtigt zur Seite gestellt werden sollte. Die negative Philosophie war für ihn prototypisch durch die hegelsche *Logik* repräsentiert. Diese stelle die Selbstgenese des Absoluten als reine Begriffsentwicklung vor. →Begriffe hätten nicht die Fähigkeit, sich selbst zu entwickeln ohne ein Subjekt, das diese Begriffe denkt. Das denkende Subjekt trete aber erst mit einer späteren Entwicklung des Universums hervor. Die Genese des Universums sei zwar mittels des Denkprozesses zu erfassen, nicht aber als Denkprozess. Da Hegel keine Realgenese der Natur denke, werde sie ihm als das Andere des Geistes zur reinen Äußerlichkeit. In seiner Naturphilosophie nimmt Hegel daher die Gestaltungen der Natur so auf, wie sie sich der Erfahrung als bereits existente →Entitäten darbieten, um dann ihr Wassein, ihr →Wesen zu bestimmen (z.B. das Wesen des Organismus), nicht aber um ihr Dassein, d.h. ihren ersten Ursprung zu erfassen. Der Frage, wie es zur Existenz, zur realen Schöpfung kommt, widmet sich die positive Philosophie. Die Urschöpfung ist Schelling zufolge kein denknotwendiges Ereignis, das aus der dunklen Drang-Natur Gottes zwingend zu folgern wäre, sondern Resultat eines freien Aktes, der auch nicht hätte geschehen können. Insofern liegt der Einteilung in negative und positive Philosophie nicht nur die Unterscheidung von Wesen und Existenz, sondern auch der Gegensatz von logischer →Notwendigkeit und göttlicher Freiheit zugrunde.

Schellings Philosophie wurde im 19. Jh. mit dem Aufkommen des positivistischen, naturwissenschaftlich-mechanistischen Weltverständnisses vielfach verschmäht und schließlich nahezu vergessen. Seit den 1980er Jahren erlebte sie eine Renaissance, da sie mit den kosmogonischen und entwicklungstheoretischen Konzepten der Naturwissenschaften überraschende Parallelen aufwies. Zudem wurde Schellings Vernunftkonzept, welches auch die vorrationalen Vorgänge mitreflektiert, verstärkt rezipiert.

M.-L. Heuser-Keßler / W. G. Jacobs (Hg.), Schelling und die Selbstorganisation, Berlin 1995

M. Boenke, Transformation des Realitätsbegriffs. Untersuchungen zur frühen Philosophie Schellings im Ausgang von Kant, Stuttgart / Bad Cannstatt 1990

A. Gulyga, Schellings Leben und Werk, Stuttgart 1989

Chr. Wild, Reflexion und Erfahrung. Eine Interpretation der Früh- und Spätphilosophie Schellings, Freiburg / München 1986

H. M. Baumgartner, Schelling, Freiburg / München 1975

W. Schulz, Die Vollendung des Deutschen Idealismus in der Spätphilosophie Schellings, Stuttgart 1955

M. H.

Schopenhauer, Arthur (1788-1860): Deutscher Philosoph, geboren am 22.2. in Danzig, gestorben am 21.9. in Frankfurt/Main. Schopenhauers Denken setzt im unmittelbaren Anschluss an die Philosophie →Kants an, die er gegen die Angriffe →Fichtes und →Hegels in Schutz nimmt, aber in anderer Weise kritisiert und weitertreibt. Sein Hauptanliegen ist zunächst, das von Kant zum Grenzbegriff erklärte Problem des →Dings an sich zu lösen. Im Wesentlichen übernimmt Schopenhauer dann auch die kantische Erkenntnislehre, macht aber bei der Einschränkung, dass alles Erkennen an die Grenzen von →Raum und →Zeit gebunden sei, nicht halt. So kann er in seinem Hauptwerk 1819 *Die Welt als Wille und Vorstellung* betrachten. Im Ausgang von den Phänomenen des Handelns stößt Schopenhauer auf den →Leib, der dem erkennenden →Subjekt erlaubt, als →Individuum aufzutreten. Der Leib wird durchwaltet von einer Kraft, die jeden ihrer Akte sofort und unausbleiblich eine Bewegung des Leibes sein lässt: dem →Willen. Doch ist dies kein Verhältnis von →Ursache und Wirkung, sondern beide sind dasselbe, aber auf zwei verschiedene Weisen gegeben: entweder unmittelbar oder in der →Anschauung für den →Verstand. Die Aktionen des Leibes sind die Objektivationen, d.h. in die Anschauung getretene Akte des Willens. Schopenhauer dehnt dieses Verhältnis auf den ganzen Leib aus: Er ist die Objektivität des Willens. Andererseits ist aber auch jede Einwirkung auf den Leib unmittelbar eine auf den Willen. Als Schmerz ist sie dem Willen zuwider, als Wohlbehagen ihm gemäß. Die Erkenntnis des Willens ist zwar unmittelbar, doch von der des Leibes nicht zu trennen; der Wille kann nicht als Einheit erkannt werden, sondern nur in seinen einzelnen Akten, d.h. in der Zeit. Da aber die Zeit die Form aller Erscheinungen – also auch des Leibes – ist, ist der Leib die Bedingung der Erkenntnis des Willens. Schopenhauer schließt aus diesem An-sich-Sein (der Wille als Einheit ist außer Raum und Zeit) dass alle →Objekte (Organisches wie Unorganisches) dasselbe sein müssen, was der Mensch bei sich Wille nennt. Raum und Zeit ermöglichen lediglich das Verschiedene, sonst ist alles dem →Begriff und dem →Wesen nach gleich. Der Wille an sich hat keine →Kausalität; er ist grundlos, ziellos und erkenntnislos. Erst wenn er sich der objektiven Erkenntnis darstellt, ist er in Raum und Zeit dem Vereinzelungsprinzip (*principium individuationis*) unterworfen. Dadurch wird er Wille zum →Leben: Aufspaltung des einen Weltwillens in die Vielheit seiner Erscheinungsformen. Schopenhauer verfolgt die Stufen der Objektivationen vom komplizierten Tun des Menschen bis hinab zu den allgemeinsten und einfachsten Naturkräften. Selbst das Streben der Körper zu einem Mittelpunkt (Gravitation) kann so als Wille angesehen werden. Die durch Raum und Zeit bestimmten Objekte (→Vorstellungen) können am Leitfaden der Kausalität betrachtet werden; so wird →Wissenschaft möglich. Die Welt als Vorstellung ist demnach die sich dem Erkenntnisvermögen darbietende →Erscheinung der →an sich seienden Welt als Wille. Schopenhauer deutet den so allgemein gedachten Willen als →Streben; dies ist sein alleiniges Wesen. Dieses Streben führt im Anorganischen zur andauernden Bewegung der Körper – vom Atom bis zu den Gestirnen. Bei den lebendigen Wesen jedoch kommt hinzu, dass es kein erreichtes Ziel gibt, welches dem Streben ein Ende macht. Daraus folgt, dass die lebendigen Wesen keiner endlichen Befriedigung, d.h. keines wirklichen →Glückes fähig sind. Schopenhauer, der ein Kenner der indischen Weisheitslehren war, schließt seine Philosophie an dieser Stelle mit buddhistischen Gedanken zusammen. Wenn alles Streben ohne Erfüllung bleibt, so ist es Leiden (als Folge der →Individuation des einen Weltwillens, dessen Teile gegeneinander streben). Aus dem Leiden entkommt man aber nicht durch Anstrengung des →Geistes oder sonst eine Tätigkeit, da diese selbst wieder ein Streben ist. Als Folge davon kann die Errettung nur durch die Verneinung (Mortifikation = Abtötung) des Willens geschehen. Die nahe liegende Konsequenz des philosophisch begründeten Selbstmords wird von Schopenhauer verworfen, weil er in die Tendenz des Immer-noch-Wollens gehört. Die Willensverneinung kann demnach nicht mit einem Schlag geschehen. Zudem gibt es für den Menschen das Streben nach Dasein, welches ihn treibt, Not und Leiden auszuweichen. Ist aber eines dieser relativen Ziele erreicht, stellt sich nur eines ein: Langeweile. Ausnahmen bilden das reine Erkennen, dem alles Wollen fremd bleibt, und der Genuss des →Schönen, d.h. die Freude an der →Kunst. Beide sind, weil sie besondere Anlagen erfordern, nur wenigen Menschen vorbehalten und auch diesen sind die Ausnahmen nur vorübergehend vergönnt. Der Vorteil wird kompensiert, da die höhere intellektuelle Kraft der Philosophen und Künstler sie auch für größere Leiden empfänglich macht. Das Leiden ist also (fast) universell, da alle Bemühungen, es zu verbannen, nur dazu führen, dass es seine Gestalt ändert. Diese Einsicht ist der Ausgangspunkt für Schopenhauers →Pessimismus: Wäre die Welt noch ein wenig schlechter als sie ist, könnte sie nicht existieren. Kein Mensch würde – bei besonnener und aufrichtiger Überlegung – am Ende seines Lebens wünschen, es nochmals durchzumachen. Das aber steht in scharfem Kontrast zur →Natur, deren innerstes Wesen der Wille zum Leben ist, was alles Lebendige dazu treibt, sich fortzupflanzen. Der Wille zum Leben widerspricht der Einsicht in die Möglichkeit zur Aufhebung des Wollens, der Überwindung der Welt. Um dennoch zur Erlösung zu gelangen, muss das von Schopenhauer aufgestellte →Prinzip der →Liebe wirksam sein, wobei Liebe gleichbedeutend mit dem →Mitleid (*caritas*) ist. Er geht dabei von der vedischen Formel »Dieses bist Du!« (*Tat twam asi!*) aus; jede einem anderen Wesen gegenüber vollzogene Handlung trifft auch das Individuum selbst. Die uneigennützige Liebe gegen andere besteht gerade darin, das fremde Individuum und dessen →Schicksal dem eigenen völlig gleichzusetzen. Die Liebe und Güte gegenüber den anderen ist allerdings nur Linderung ihrer Leiden. Was zu guten Taten und Werken der Liebe bewegen kann, ist immer nur Erkenntnis des fremden Leidens, das in Analogie zum eigenen verstanden und mit ihm gleichgesetzt wird. Entscheidend ist, dass die Erkenntnis der Identität des Willens in allen seinen Erscheinungen zum Durchbruch kommt, damit der egoistische Unterschied zwischen der eigenen Person und der fremden nicht mehr gemacht wird. Dieser Grad des Wissens enthüllt die →Welt als umfassendes beständiges Leiden der Menschen und Tiere; die ganze Welt liegt nun so nah wie dem Egoisten die eigene Person. Dadurch schwinden alle lebensbejahenden Willensakte, aus den Motiven des Wollens werden »Quietive« (Ruhigstellungen). Daraus folgt die Aufforderung zur Askese, der allmählichen Einübung in die Verneinung des Willens zum Leben. Eine andere Lebensführung ist die künstlerische. Der große Künstler, das Genie, vermag durch reine Schau (→Kontemplation) und ungewöhnliche Kraft der Phantasie, die ewigen Ideen aufzufassen und darzustellen. Unter →Idee versteht Schopenhauer (im Sinne →Platons) das wesenhaft Anschauliche, das in seinen näheren Bestimmungen Unerschöpfliche. Während der bloße Begriff vollkommen bestimmbar ist und daher erschöpfend durch Worte mitgeteilt werden kann, sind die Ideen nur durch das Kunstwerk zu vermitteln. Deshalb muss der geniale Künstler die Fähigkeit besitzen, statt der einzelnen Dinge ihre Ideen zu erkennen und deren Korrelat zu werden, nicht mehr Individuum, sondern reines Subjekt des Erkennens zu sein. Eine besondere Stellung nimmt unter den Künsten die Musik ein, da sie nicht nur die Ideen abbildet, sondern die unmittelbare Objektivation des Weltwillens in uns ist. Die bildende Kunst, die das Stoffliche zum Gegenstand hat, und die Dichtkunst, deren Thema der Mensch ist, bleiben in gewisser Weise zurück.

Außer seinem (systematischen) Hauptwerk hat Schopenhauer mehrere kleinere Schriften verfasst, die aber in engem Zusammenhang mit diesem stehen. *Über die vierfache Wurzel des Satzes vom zureichenden Grunde* ist Schopenhauers schon früh erarbeitete →Erkenntnistheorie. Er kondensiert die zwölf kantischen Kategorien auf: den Satz vom zureichenden Grunde des Werdens (Kausalität), den Satz vom zureichenden Grunde des Erkennens, den Satz vom zureichenden Grunde des Seins und den Satz vom zureichenden Grunde des Handelns. Schopenhauer hält sich zunächst an die aus der Tradition bekannte Formel: Nichts ist ohne Grund, warum es sei. Dieser Satz ist das apriorische und wichtigste Fundament wissenschaftlicher Erkenntnis. Die Vierheit der Wurzel ergibt sich aus der Tatsache, dass einem Subjekt vier verschiedene Verhältnisse von Objekt- oder Vorstellungsklassen gegeben sein können. Der erste Satz richtet sich auf die vollständigen, das Ganze einer →Erfahrung ausmachenden →Vorstellungen und deren Veränderung, d.h. auf den Bereich der der natürlichen Kausalität unterliegenden Objekte. Der zweite betrifft den Bereich der →Vernunft, der →Wahrheit von →Urteilen, d.h. der Verknüpfung von Begriffen, wobei Begriffe als Vorstellungen aus Vorstellungen gemeint sind. Der dritte Satz richtet sich auf den formalen Teil der vollständigen Vorstellungen, nämlich auf Raum und Zeit, die nicht der Kausalität unterliegen und damit als statisches →Sein dem →Werden gegenüber abgesetzt sind. Der vierte geht auf das unmittelbare Objekt des inneren Sinns, nämlich das Subjekt des Willens mit seinen Motivationen. Die ersten drei Sätze sind durch eine Regelmäßigkeit in der Gestaltung des Satzes vom zureichenden Grunde gekennzeichnet, während der vierte abweicht, da sich die menschliche →Handlung aus der Kenntnis der Motive nicht notwendig vorherbestimmen lässt. Diese unterschiedlichen Verhältnisse müssen nach dem Grundsatz der Homogenität aus einer bestimmten Beschaffenheit des menschlichen Erkenntnisvermögens als ihrer gemeinsamen Wurzel entspringen. Es sind lediglich Formen, durch die der Mensch die in seiner Erfahrung manifestierenden Erscheinungen, nicht jedoch die Dinge an sich und das sich immer gleich bleibende Wesen der Welt zu betrachten vermag. Schopenhauers Kunst, philosophische Gedanken stilsicher zu formulieren, kulminiert in seinem zweiten Hauptwerk den *Parerga und Paralipomena* (*Nebenarbeiten und Zurückgebliebenes*). Hier entfaltet er in unsystematischer, aber doch auf einen inneren Zusammenhang zielender Weise das reiche Weltbild des Pessimismus. Der erste Teil besteht aus fünf Einzeluntersuchungen und den *Aphorismen zur Lebensweisheit*; der zweite Teil behandelt in einunddreißig Kapiteln eine Fülle von verschiedensten Gegenständen. Schopenhauer widmet sich in der *Skizze vom Idealen und Realen* im Wesentlichen der Philosophie des 17. und 18. Jhs., geleitet von der Problemstellung, dass es eine Kluft zwischen den Vorstellungen im menschlichen Bewusstsein und den unabhängig von ihm existierenden Außendingen gibt. Auf der einen Seite fasst Schopenhauer die Lehrmeinungen von Malebranche, →Spinoza und →Berkeley als zusammengehörig auf, da sie, alle von →Descartes ausgehend, die Trennung und Beziehung der idealen, subjektiven und der realen, objektiven Seite untersucht haben. Demgegenüber sieht er die Position von →Locke, der sich so nahe als möglich dem gemeinen Verstand (→*common sense*) anschließt. Dabei geht er so weit, in Erwägung zu ziehen, dass auch die →Materie das Denkende und Erkennende sein könnte. Schopenhauer kritisiert den starken →Empirismus Lockes vor allem wegen der Lehre, dass auch das Kausalitätsverhältnis erst durch Erfahrung bekannt werde. Besonders problematisch wird ihm daher der skeptische Einwurf →Humes, der die Realität des Kausalitätsverhältnisses gänzlich in Frage stellt. Demgegenüber stellt sich Schopenhauer auf die Seite Kants, der die Kausalität zum reinen Verstandesbegriff erklärt, der *a priori* erkannt wird. Doch Kant selbst wird dann von Schopenhauer überboten, der erklärt, die aus der Scheidung von Ding an sich und Erscheinung erwachsene Problematik überwunden zu haben. Das Ding an sich ist nicht das völlig unbekannte X, sondern der Wille. Da der Mensch sich nämlich unstreitig real ist, muss aus dem Inneren seines eigenen Wesens die Erkenntnis des Realen zu schöpfen sein. Für Schopenhauer tritt es als Wille ins →Bewusstseins, ja er ist das einzige Reale. Alles andere wie Raum, Zeit und Kausalität sind Vorstellungen und machen somit den Bereich des Idealen (Idee = Vorstellung) aus. Die *Fragmente zur Geschichte der Philosophie* verdeutlichen Schopenhauers Abhängigkeit von Platons Ideenlehre einerseits und von Kants Kritizismus andererseits. Dass er außer seiner eigenen keine anderen Positionen bespricht, zeigt seine vollständige Ablehnung gegenüber dem deutschen →Idealismus. Ihren satirisch-kritischen Höhepunkt erfährt die Idealismus-Kritik in der Streitschrift *Über die Universitätsphilosophie*. Ohne mit beißenden Schmähungen zu sparen, geißelt er die Systeme Fichtes, →Schellings und vor allem Hegels, die er allesamt als Verräter an der Sache Kants sieht. Schopenhauer erkennt in ihnen nur Begriffskünstler, die mit ihrem Blendwerk von Spekulation darüber hinwegtäuschen, dass sie die *Kritik der reinen Vernunft* nicht verstanden haben. Der deutsche Idealismus setzt sich über die hier gezogenen Grenzen hinweg und treibt ein Spiel mit Begriffen, denen nichts Anschauliches mehr korrespondiert. Dem setzt Schopenhauer seinen galligen Spott entgegen, immer von der Sorge getrieben, die philosophisch Interessierten würden durch bloße Gedankenspielereien gänzlich für die Sache verloren. So gilt sein Bemühen vor allem der selbstständigen Auseinandersetzung mit den Gegenständen der Wissenschaft. *Selbstdenken* und *Über Lesen und Bücher* bringen zum Ausdruck, wie sich Schopenhauer die intellektuelle Aneignung einer Sache vorstellt. Während die Vielleserei eher zur Desorientierung führt, da ein zu starker Zufluss fremder Gedanken alle klare Einsicht benimmt, ist es das spätere Nachdenken über das Gelesene, welches eine tatsächliche Aneignung ermöglicht. Allein die Rumination (das Widerkäuen) macht aus dem Leser einen Selbstdenker, der das ursprüngliche System des Autors wieder zusammensetzen kann. Schopenhauers Betrachtungen über das Problem, das Leben möglichst angenehm und glücklich zu führen, finden sich in den *Aphorismen zur Lebensweisheit*. In Abweichung vom Hauptwerk *Die Welt als Wille und Vorstellung*, worin der hohe metaphysisch-ethische Standpunkt entfaltet wird, bleibt die Untersuchung hier im Bereich des Empirischen. In drei Abteilungen werden die einzigen Grundbestimmungen beleuchtet, die das Los des Menschen ausmachen: 1. Was einer ist, seine Persönlichkeit im weitesten Sinne (Gesundheit, Schönheit, Charakter usw.); 2. Was einer hat, Eigentum und Besitz; 3. Was einer vorstellt, wie jemand von den anderen vorgestellt wird, welche Ehre, welchen Rang und Ruhm er genießt. Das erste Ziel ist die Heiterkeit des Sinnes zu erlangen, da diese sich selbst augenblicklich belohnt. Weiterhin ist auf die Gesundheit zu achten, da fast alles Wohl von ihr abhängt. Am meisten aber sind die geistigen Genüsse anzustreben, da sie nie fade werden. Materiell soll ein jeder sich so absichern, dass er sein Leben frei gestalten kann. Endlich ist es eine Torheit, zu viel Wert auf die Meinung anderer zu legen, und deshalb hinter Ämtern, Titeln und Orden herzujagen, in ständiger Sorge um fremde Anerkennung.

H. Claus, Die Philosophie Schopenhauers, Frankfurt/M. 1968
G. Haffmanns, Über Arthur Schopenhauer, Zürich 1977
R. Malter, Der eine Gedanke. Hinführung zur Philosophie Arthur Schopenhauers, Darmstadt 1988
W. Selig, Wille, Vorstellung und Wirklichkeit, Bonn 1980

A. P.

Seneca (um 4 v. Chr. – 65): Lucius Annaeus Seneca ist der bedeutendste Vertreter der römischen →Stoa, der letzten Ausformung dieser großen hellenistischen Philosophie, die 301 v. Chr. in der *stoa poikile* (bunte Halle), einer mit Gemälden Polygnots geschmückten Halle am Markt von Athen, gegründet worden war. Im Mittelpunkt dieser Schule stand nicht mehr wie bei den griechischen Klassikern →Platon und →Aristoteles der ›politische‹ Mensch, d. h. der am staatlichen Leben der Polis mitwirkende und für diese Teilhabe sich bildende Bürger, sondern das →Individuum mit seinen elementaren, unpolitischen Lebensproblemen wie dem Umgang mit von Naturgewalten oder politischen Mächten erfahrenen Schicksalsschlägen. Bedeutsam sind sodann: die Schwierigkeit der Selbstfindung angesichts der Verwicklungen in das gesellschaftliche Leben, die Verarbeitung von Rückschlägen bei der Gewinnung charakterlicher Festigkeit durch das Ausmaß unkontrollierter Affektivitäten und schließlich die für ein gelingendes Leben entscheidende Klärung dessen, was wirklich als das Eigene und Wichtige im Leben angesehen werden kann. Diese Wendung der Philosophie zur individuellen Seelenleitung war umso dringlicher geworden, weil mit der Entstehung des alexandrinischen Territorialstaates der Lebensraum des griechischen Stadtstaates verschwunden war.

Der Hoffnung der gebildeten Bürger, in freier Diskussion und in direkter Mitwirkung ein wohl geordnetes Gemeinwesen errichten zu können, in dem die Verwirklichung eines wahrhaften Menschseins möglich sei, war der Boden entzogen worden. Der Bezugsbereich des so zwangsweise ›entpolitisierten‹ Individuums konnte nach Auffassung der Stoiker darum nicht mehr die staatlich verfasste Gemeinschaft sein, sondern einzig die Menschheit. Diese von den Stoikern erstmals entwickelte Idee eines abstrakten Gemeinwesens, dem jeder Mensch jenseits seines sozialen Status, seiner Volks-, Staats- oder Religionszugehörigkeit in erster Linie zugehöre, wurde die Grundlage des von →Cicero und Seneca eindringlich und für spätere Zeiten vorbildhaft vorgetragenen Humanismus (→A Renaissance – Humanismus). Um des Zieles willen, die Humanität in uns zu wecken, gibt Seneca der Philosophie eine andere Aufgabe. Sie ist nicht mehr wie noch bei Aristoteles primär Theorie, d. h. spekulative Einsicht in die wesentliche →Ordnung aller Dinge, sowie argumentative Diskussion über die Mittel und Wege, zu einer solchen theoretischen →Erkenntnis zu gelangen. Stattdessen betont Seneca: »Handeln lehrt die Philosophie, nicht reden.« Statt der theoretischen Diskussion ist in erster Linie verlangt, dass jemand Sorge um sich selbst trägt. Wer das *officium sapientiae*, das Philosophisch-Werden, auf sich nimmt, muss sich um die stete Verbesserung des eigenen Lebenswandels bemühen. Eine solche Verbesserung kann aber nicht in der Anpassung an eine zuvor erkannte Güterordnung und Werthierarchie bestehen. Denn das hieße den gebildeten Bürger voraussetzen, der in der Lage ist, zuvor eine solche Einsicht in die wahrhafte Güterordnung zu erreichen. Seneca nennt daher nur ein allgemeines, aber so doch von jedem erfüllbares Kriterium: dass bei allem, was einer tut, die Taten stets mit den Worten übereinstimmen sollen, oder – noch allgemeiner – dass jeder, wo er auch sei, sich selbst gleich bleiben soll. Mit der Bestimmung, dass es im Leben zuallererst auf Wahrhaftigkeit ankommt und nicht auf die Erfassung von Wahrheiten (Wesensordnungen), hat Seneca nachhaltig auf Montaigne, die französischen Moralisten (La Rochefoucauld u.a.), Nietzsche und die Existenzphilosophie wirken können.

Senecas Geburtsjahr wird ganz unterschiedlich bestimmt (von 4 v.Chr. bis 1 n.Chr.). Sein Vater, ein römischer Ritter aus Cordoba in Spanien, ließ ihn schon als Kleinkind nach Rom bringen, um ihm von Anfang an eine klassische Ausbildung zukommen zu lassen. Darauf folgte der Unterricht bei einem Rhetor und bei einem Rechtsgelehrten. Auf beiden Gebieten erzielte Seneca später (seit 31) beachtliche Erfolge. Unter Kaiser Gaius (37–41), genannt Caligula (Soldatenstiefelchen), trat er in Beziehung zu dessen Schwestern, besonders zu Agrippina. Damit wurde er freilich auch in die höfischen Konkurrenzen und Intrigen verwickelt. Sogleich bei Regierungsantritt des Kaisers Claudius (41–54) ließ ihn dessen Frau Messalina auf die trostlose Insel Korsika verbannen. Dieser Schicksalsschlag – plötzlich herausgerissen zu werden aus einem kulturell und politisch höchst interessanten Leben, ohne auf Rückkehr hoffen zu dürfen – wurde zur Prüfzeit, vor allem für die gerade neu angeeignete stoische Philosophie. Nach 8 Jahren konnte Agrippina, die neue Gattin des Kaisers, Senecas Rückkehr mit dem Argument durchsetzen, einen hochkarätigen Erzieher für ihren aus einer früheren Ehe stammenden, vom Kaiser aber adoptierten Sohn Nero zu benötigen. Bei dessen Thronbesteigung im Jahre 54 wurde Seneca folgerichtig Ratgeber für alle öffentlichen Auftritte des inzwischen siebzehnjährigen Kaisers. Durch diese Funktion und die freundschaftliche Zusammenarbeit mit dem Prätorianerpräfekten Burrus, dem die Hauptverantwortung für die Exekutive zukam, nahm Seneca zentral an der Regierung des römischen Staates teil. Die nächsten fünf Jahre galten allgemein als eine goldene Zeit für das Weltreich. Danach schwand der Einfluss Senecas, das persönliche Regiment Neros wurde zunehmend unkalkulierbarer. Seneca wollte dafür nicht länger die Verantwortung übernehmen und bat um seinen Abschied, der ihm aber offiziell verweigert wurde. Im Jahre 65 beschloss die Verschwörung um Piso, den wahnsinnigen Kaiser zu beseitigen und Piso oder auch Seneca zum Prinzeps zu erheben. Die Verschwörung wurde entdeckt, und obwohl Seneca keine Mittäterschaft nachgewiesen werden konnte, zwang ihn der misstrauische Nero zur Selbsttötung. Das wurde noch einmal eine Prüfung für den, der sich auf den Weg gemacht hatte, ein stoischer Weiser zu werden. Seneca ließ sich die Adern öffnen, das Blut floss aber nur langsam und so nahm er zusätzlich Schierlingsgift. Da es von seinem kalten Körper nicht richtig aufgenommen wurde, stellte er sich in eine Wanne mit warmem Wasser. Als dies aber den Tod noch immer nicht beschleunigte, schlachteten ihn die ungeduldig gewordenen Schergen schließlich wie ein Stück Vieh ab. Tacitus hat uns den langen Tod in allen Einzelheiten geschildert. Rubens hat hiernach sein Bild *Der sterbende Seneca* geschaffen, es hängt heute in der Alten Pinakothek in München.

Die erste philosophische Arbeit Senecas (*Ad Marciam de consolatione*), bereits in der Regierungszeit Caligulas verfasst, gehört zur großen antiken Gattung der Trostschriften. Die überlange Trauer, die Depression, galt in der Antike als der Affekt, der anders als Wut, Zorn, Hass und Misstrauen der →Vernunft am wenigsten zugänglich ist. Gerade im Hinblick auf diese Einschätzung leuchtet das neue ›psychotherapeutische‹ Konzept der Stoiker ein, die Affektivität nicht etwa bloß der Vernunft zu unterwerfen (wie bei den Platonikern) oder gelegentlich sogar zu akzeptieren (wie bei den Aristotelikern: der so genannte ›gerechte Zorn‹), sondern gänzlich, wenn auch schrittweise, aufzulösen. Auch in seinen nach griechischen Vorbildern verfassten Tragödien ist die Gewalt des Affektes das eigentliche Thema: die Wut einer verletzten und beleidigten Seele, das Beharren auf Rache, der Selbsthass und das Leiden unter Gewissensbissen.

Die Themen von Senecas Werken – vor allem *Über den Zorn*, *Über die Standhaftigkeit des Weisen*, *Über das glückselige Leben*, *Über die Seelenruhe* und *Über die Kürze des Lebens* – finden sich schließlich alle wieder in seinem in der Zeit der Entmachtung entstandenen Hauptwerk: *Epistulae morales ad Lucilium*, oft mit *Briefe über Ethik* übersetzt; sachlich treffender wäre aber *Briefe über die persönliche Lebensführung*. Es handelt sich um ein literarisch-philosophisch höchst kunstvoll komponiertes Briefwerk. Es besteht aus 124 sorgfältig aufeinander aufbauenden Kunstbriefen, in denen wie bei wirklichen Briefen oft von zufälligen Anlässen und Erlebnissen oder von früher Erwähntem und nur den Briefpartnern Vertrautem ausgegangen wird, um dann ein bestimmtes Thema - die Aufgabe der Philosophie, die Gefahr der seelischen Verformung durch eine zu starke Teilnahme am gesellschaftlichen Leben, die übermäßige Todesfurcht der meisten, der Nutzen einer ausgeglichenen Sinnesart - anzuschlagen, um schließlich in einer Ermahnung oder Sentenz zu enden, wie z.B. »Derjenige ist ein überaus glücklicher und unbesorgter Besitzer seiner selbst, der das Morgen ohne Unruhe erwartet.« Das gesamte Werk ist in mehrere Zyklen gegliedert, denen jeweils bestimmte pädagogische Phasen entsprechen und in denen früher Gewonnenes variiert und vertieft wird. Seneca beansprucht nicht, bereits ein Weiser zu sein; auch er ist nur einer, der auf dem Wege ist (*proficiens*). Gegenüber seinem Schüler betont er daher lediglich, schon ein Stück weiter zu sein.

Den pädagogischen Grundgedanken des Briefkursus nennt Seneca bei der Antwort auf die Frage, warum niemand seine Fehler eingesteht. Weil wir alle noch so in Fehlhaltungen befangen sind wie einer, der sich noch im Traum befindet und noch nicht in der Lage ist, ihn anderen zu erzählen. Aufgabe der Philosophie ist es daher, uns wachzurütteln und uns die Chance zu geben, unsere Fehler einzugestehen. Denn dies ist das erste Zeichen unserer seelischen Gesundung. Dies begründet Seneca wiederum mit der interessanten psychologischen Auffassung, dass offen gelegte Fehlhaltungen schon erheblich an negativer Wirkung verloren haben. Die Parallelen mit der heutigen Psychoanalyse sind verblüffend.

Die Hauptquelle für unser Fehlverhalten - das Thema, bei dem Seneca ganz und gar originell ist - besteht im falschen oder nachlässigen Umgang mit unserer eigenen Lebenszeit. Die →Zeit ist zwar eine flüchtige und höchst unsichere Sache, aber sie ist andererseits die einzige, die wir von →Natur aus besitzen. Alles andere müssen wir erst erwerben, daher kann es uns jederzeit vom →Schicksal wieder genommen werden. Es kommt also alles darauf an, der Zeit endlich den Wert beizulegen, der ihr wirklich zukommt. Ein großer Teil des Lebens entgleitet uns, wenn wir unrecht handeln, der größte Teil, wenn wir überhaupt nicht handeln, das ganze Leben aber entgleitet uns, wenn wir immer wieder nur ›anderes‹ tun, indem wir uns mit allem Möglichem beschäftigen und nicht mit dem, was für uns wirklich wichtig ist, oder wenn wir nicht das tun, was jeweils jetzt verlangt ist, sondern alles auf ein Morgen verschieben. Von daher ist der grundlegende Rat zu verstehen, mit dem Seneca den ersten Brief eröffnet: »Handle so, mein Lucilius: Eigne dir dies endlich an, das dir immer schon gehört hat. Sammle und hüte die Zeit, die dir gegeben ist!«

G. Maurach, Seneca - Leben und Werk, Darmstadt 1991

E. Hachmann, Die Führung des Lebens in Senecas Epistulae morales, Münster 1995

C. St.

Sokrates von Athen (um 470-399): Hinrichtung durch Gift im März. Sokrates verzichtete auf jede Schriftlichkeit. Die antiken Zeugnisse über ihn präsentieren kein einheitliches Bild, sondern bieten viele voneinander abweichende und sogar widersprüchliche Darstellungen, wobei zu berücksichtigen ist, dass die Mitglieder des Kreises um Sokrates ganz verschiedene philosophische Richtungen einschlugen. Möglicherweise vereinigte Sokrates in seiner Person so viele Merkmale, dass sich aus den antiken Berichten kein einheitliches Bild ergeben kann, und allem Anschein nach gingen von Sokrates Anregungen aus, die in unterschiedlicher Weise aufgenommen und realisiert wurden. Das wird dadurch bestätigt, dass alle Sokratiker sich auf Sokrates berufen; eine Unterscheidung von ›echten‹ und ›falschen‹ Sokratikern ist nicht möglich. Dabei wird Sokrates nur umrisshaft erkennbar, zumal er keine systematischen philosophischen Lehren vortrug, sondern zum philosophischen Denken anregte. Insgesamt liegen bis zu →Aristoteles sechs Gruppen von Sokrates-Zeugnissen vor: 1. Sokrates in der Komödie, besonders bei Aristophanes; von anderen sind einige Fragmente überkommen; 2. Xenophon; 3. Anhänger des Sokrates außer →Platon; 4. Platon; 5. Aristoteles; 6. die Ablehnung durch Athen. Diese sechs Gruppen sind kurz zu skizzieren.

1. Der ›ungewaschene‹ Sokrates galt offenbar als besonders geeignetes Objekt für die Komö-

die; abgesehen hiervon ist die von Aristophanes vorgeführte Karikatur des Sokrates als eines großen →Sophisten sehr verzeichnet; Sokrates verkaufte seine Methode der Fragestellung nicht für Geld und unterschied sich wesentlich von den Sophisten. Während diese bestritten, dass sichere Erkenntnis als Gegensatz zur veränderlichen Meinung möglich sei, führte Sokrates in seinen Gesprächen jeweils den Nachweis, dass das, was seine Gesprächspartner zu wissen meinten, alles andere als Wissen ist. Er selbst beanspruchte nicht, etwas zu wissen, außer dass er nichts wisse, war aber sein ganzes Leben hindurch auf der Suche nach Wissen.

2. Xenophon bringt Sokrates höchste Verehrung entgegen und hebt hervor, dass Sokrates trotz seiner Armut in größter Genügsamkeit lebte, standhaft gegenüber allen Verlockungen war und sich mit seinen Gesprächspartnern, sofern sie ihn um Rat fragten, so unterhielt, wie er es als richtig erachtete; er besaß praktische Klugheit in Verbindung mit ethischer Vortrefflichkeit, und eben dieses, praktische Klugheit und ethische Vortrefflichkeit, wollte er seinen Gesprächspartnern vermitteln.

3. Von den engsten Freunden des Sokrates sind außer Platon lediglich Antisthenes, Aristipp und Euklid von Megara als Philosophen kenntlich; sie nahmen Anregungen des Sokrates in unterschiedlichster Weise auf. Antisthenes sieht in Sokrates das Ideal einer →Ethik, welche absolute Bedürfnislosigkeit fordert und hiermit eine strenge Disputationsauffassung verbindet: Widerspruch und Irrtum sind unmöglich, weil Wortbedeutungen einerseits und Dinge sowie Sachverhalte andererseits in engster Relation zueinander stehen. Aristipp sieht in der *hedone* (Freude, Lust) das →höchste Gut. Gemäß Euklid von Megara ist das →Gute Eines, einen Gegensatz zu ihm gibt es nicht, was durch eine Disputationsweise erwiesen wird, welche nicht die Voraussetzungen, sondern die aus den Voraussetzungen sich ergebende Schlussfolgerung verwirft. Zu nennen ist in diesem Zusammenhang Aischines von Sphettos, dessen Sokratesdarstellung (nur wenige Fragmente sind erhalten) in der Antike als besonders verlässlich galt: Sokrates überzeugt seine jeweiligen Gesprächspartner, dass sie nicht wissen, was das Gute ist.

4. In Platons Werken wird ein Sokrates vorgeführt, der a) disputiert, zur Einsicht in das Nichtwissen führt und im Eingeständnis des Nichtwissens verweilt, was nicht bedeutet, dass Sokrates gar nichts weiß; er weiß, dass er nichts weiß und dass es besser ist, nach Einsicht zu streben als diesbezüglich untätig zu sein; der b) gelegentlich positive Ergebnisse im Sinne Platons vorträgt; der c) die platonischen Lehren vorlegt (Lehre von der Seele, Ideen- und Staatslehre); der d) allmählich in den Hintergrund tritt (*Sophistes*, *Politikos* und *Timaios*), der e) nicht mehr am Gespräch beteiligt ist (*Gesetze*). In Platons frühen Schriften kann Sokrates es im Streitgespräch mit jedem Sophisten aufnehmen, indem er mit Trugschlüssen und Wortverdrehungen operiert. Dass der historische Sokrates tatsächlich in dieser Weise argumentierte, ist anzunehmen, zumal in Platons Schriften mehrmals gesagt wird, Sokrates sei das, was er den Sophisten zum Vorwurf mache, nämlich ein Wortverdreher. Weiterhin ist anzunehmen, dass wohl auch die gebildeten Athener in solcher Weise argumentierten. Hieraus dürfte sich ergeben, dass die sokratische Elenktik (Widerlegungskunst) sich der gleichen Mittel bedient, die Sokrates' Gesprächspartner anwenden, diese aber alsbald in Widersprüche verwickelt und zum Eingeständnis des Nichtwissens zwingt.

5. Gemäß Aristoteles bemühte Sokrates sich nicht um →Erkenntnis der gesamten →Natur, sondern um die ethischen Vortrefflichkeiten und suchte diesbezüglich als Erster allgemeine →Definitionen aufzustellen; hinzu kommen als Leistung des Sokrates Argumente aus der →Analogie.

6. Aufgrund der Anklage, die Staatsgötter nicht anzuerkennen, neue Gottheiten eingeführt zu haben und die Jugend zu verderben, wurde Sokrates mit 280 zu 221 Stimmen schuldig gesprochen. Diese nicht sonderlich große Mehrheit ändert nichts an der Tatsache, dass die meisten Athener Sokrates ablehnten. Wohl um dem wachsenden Einfluss der Sokratiker entgegenzutreten, schrieb der Redner und Politiker Polykrates von Athen nach 394, vielleicht 392, eine als Anklageschrift verfasste Polemik gegen Sokrates, die er Anytos, einem der Ankläger Sokrates', in den Mund legte. Die Sokratiker antworteten mit heftigem Widerspruch, Platon mit der *Apologie*, Xenophon in den *Commentarii*, Lysias mit einer nicht erhaltenen Verteidigungsrede, Isokrates kritisierte die Methode des Polykrates

und warf ihm Tatsachenverdrehung vor, und noch im 4. nachchristlichen Jahrhundert schrieb Libanios eine Verteidigungsrede des Sokrates. – Was ergibt sich aus diesen verschiedenartigen Bezeugungen, von denen Platons frühe Schriften und Aristoteles' knappe Bemerkungen die gewichtigsten sind, mit einiger Wahrscheinlichkeit für den historischen Sokrates? Sein Fragen richtet sich auf das richtige menschliche Verhalten, richtiges Verhalten ist am Guten orientiert und bemüht, es zu verwirklichen; folglich setzt Bemühen um Verwirklichung des Guten Wissen vom Guten voraus. Dieses Wissen ist immer auf die →Praxis bezogen. Praktisches Wissen schließt Kenntnis der ethischen Vortrefflichkeiten ein. Für eine Wissenschaft vom richtigen menschlichen Verhalten, d.h. für eine wissenschaftliche →Ethik, ergeben sich also zwei Hauptfragen: Was ist das Gute? Was ist das →Wesen ethischer Vortrefflichkeit, ohne die richtiges, d.h. gutes Leben unmöglich ist. Praktisches Wissen und Wissen vom Guten glauben fast alle zu haben; es liegt demgemäß für Sokrates, der weiß, dass er dieses Wissen nicht hat, nahe, im Gespräch Belehrung zu suchen und die erteilten Antworten zu prüfen. Die erteilten Auskünfte erweisen sich jeweils als falsche Meinungen; sie werden widerlegt, sodass der Irrtum offenkundig ist. Das wiederholt sich immer wieder; das Ergebnis ist jeweils dasselbe: Keine Antwort hält einer kritischen Überprüfung stand. Hieraus ergibt sich für Sokrates, dass das praktische Wissen, das alle zu haben glauben, nicht vorhanden ist. Da auch er dieses Wissen nicht besitzt und es trotz fortwährenden Suchens und Fragens nie erlangte, ergibt sich als Konsequenz das Eingeständnis des Nichtwissens. Dieses Eingeständnis ist keineswegs Zeichen einer Resignation, sondern Wissen des Nichtwissens oder ›belehrte Unwissenheit‹. Sie ist die dem Philosophen angemessene Grundhaltung, die ihn immer wieder veranlasst, nach dem Guten und den Vortrefflichkeiten zu suchen und die erteilten Antworten, auch die eigenen, kritisch zu überprüfen in der Erwartung, dass kein vermeintliches Ergebnis der Widerlegungskunst standhalten wird. Dass Sokrates annahm, eine Annäherung an das Gesuchte sei möglich, ist wahrscheinlich, weil ansonsten Streben nach Einsicht sinnlos wäre. Das ändert aber nichts daran, dass er das Wissen des Nichtwissens als höchste Weise menschlicher Erkenntnis betrachtete. Gut und richtig ist nicht das, was in Tradition und Gegenwart dafür ausgegeben wird – hierin berührt Sokrates sich mit den Sophisten –, sondern etwas wesentlich anderes, das fortwährend zu suchen Aufgabe des Philosophen ist, wenngleich es sich letztlich der Erkenntnis entzieht, und hierdurch unterscheidet sich sokratisches Streben nach →Weisheit von jeder anderen Grundhaltung. Aus dem Wissen des Nichtwissens ergibt sich die oft genannte sokratische Ironie (Verstellung). Sie bedeutet nicht, dass Sokrates die Antwort auf die Fragen, die er an den Gesprächspartner richtet, schon kennt – solches mag zwar gelegentlich vorkommen –, sondern dass er im Bewusstsein seines und aller Menschen Nichtwissens dem Dialogpartner zeigt, dass dessen vorgebliches Wissen einer kritischen Überprüfung nicht gewachsen ist, also Unwissen ist, und ihn dann auffordert, im gemeinsamen Gespräch die Wahrheit zu suchen. Dieses Suchen endet zwar abermals im Eingeständnis des Nichtwissens, aber das Nichtwissen ist jetzt nicht mehr einfachhin Ignoranz, sondern belehrte Unwissenheit. Nicht im Zurschaustellen der eigenen Leistung, erst recht nicht in einer Prunkrede nach Art der Sophisten leitet Sokrates als Lehrer die mühevolle Suche nach der →Wahrheit, sondern im Verkleinern und Verbergen der eigenen Leistung. Nicht um Vermittlung eines philosophischen Systems, weder eines eigenen, das er nicht hat, noch um das eines anderen, geht es Sokrates, sondern darum, andere unter Zurücknahme seiner eigenen Fähigkeiten auf den Weg zur Wahrheitssuche zu geleiten. Dass diese Art von Ironie als Arroganz missverstanden wird, ist einleuchtend; denn Sokrates ist von seiner Unwissenheit und der aller Menschen überzeugt. Diese Überzeugung hat Konsequenzen hinsichtlich dreier dem Sokrates beigelegten Aussagen, nämlich Vortrefflichkeit sei Wissen (dem wird hinsichtlich der Politiker, Dichter, Handwerker nachgegangen), woraus folgt, dass niemand mit Wissen Unrecht begeht, und ferner, die Sorge um die Seele sei wesentliche Voraussetzung eines wirklich guten Lebens. Dass Vortrefflichkeit (→*arete*, bester Zustand) in handwerklichen Berufen Sachkenntnis erfordert, konzediert Sokrates, aber diese Sachkenntnis richtet sich nicht auf das menschliche Gute, welches sich in der Betätigung ethischer Vortrefflichkeiten äußert. Die Dichter verfassen ihre Werke ›aufgrund einer gewissen Naturanlage‹, nicht aufgrund von Wissen und Weisheit; und die Politiker wissen gar nichts. Das praktische Wissen vom Guten erfordert Selbsterkenntnis; wenn wir unsere eigene →Wesenheit kennen, wissen wir zugleich, was das Ziel unseres Lebens ist. Hieraus folgt das fortgesetzte Bemühen des Sokrates um Selbsterkenntnis zusammen mit dem Bemühen, kein Unrecht zu begehen, was sich auch darin zeigt, dass er sich weigerte, aus dem Gefängnis zu entweichen, obwohl er die Möglichkeit dazu hatte, und dadurch gegen die Gesetze Athens zu verstoßen. Entscheidend ist die Sorge um die →Seele, die der Mensch im eigentlichen Sinne ist; und diese Sorge verstand Sokrates anscheinend weniger im religiösen als vielmehr im philosophischen Sinne: Streben nach Erkenntnis des Guten und leben entsprechend der persönlichen Überzeugung. Hierbei ließ Sokrates sich von einer inneren Kraft leiten, die er sein *daimonion* nannte, unter der wohl kaum das Gewissen zu verstehen ist; denn das *daimonion* wird immer als abratend, nicht als zuratend beschrieben. Dass Sokrates an ein Weiterleben nach dem Tod glaubte, das über ein Schattendasein im Hades hinausging, ist wegen der ›Sorge um die Seele‹ wahrscheinlich; etwas darüber zu wissen verneinte er. Wie Sokrates über die Staatsreligion und über die ansatzweise vorhandene philosophische Theologie dachte, ist unbekannt.

Im 4. nachchristlichen Jahrhundert schrieb Kaiser Julian: »Alle, die jetzt ihr Heil in der Philosophie finden, verdanken dies Sokrates.« Hiermit ist Sokrates' Bedeutung trefflich hervorgehoben.

O. Gigon, Sokrates, sein Bild in Dichtung und Geschichte, Bern 1947 [2. Aufl. 1979]

H. Kessler (Hg.), Sokrates, Gestalt und Idee, Sokrates-Studien 1, Zug 1993

A. Patzer, Sokrates, Das Gute, in: Grundprobleme der großen Philosophen, hg. von J. Speck, 4. Aufl. Göttingen 1990

Geschichte der Philosophie, hg. von W. Röd: Die Philosophie der Antike 2, Sophistik und Sokratik, Plato und Aristoteles, von A. Graeser, München 1983

K. B.

Spinoza, Baruch de (1632–1677): Wenn sich Goethe 1785 in einem Brief zum Spinozismus bekannte – »Hier bin ich auf und unter Bergen, suche das Göttliche in herbis et lapidibus« – oder eine naturphilosophische *Studie nach Spinoza* verfasste, so kam das immer noch einem Affront gegen das kirchlich verfasste Christentum gleich. Der spinozistische Gottesbegriff avancierte in Konkurrenz zum Selbstverständnis der Kirchen, insbesondere der katholischen, die Spinozas Schriften auf den Index setzte, zu einem ›Geheimtipp‹ unter den Gebildeten und durfte erst zu Goethes Zeiten an die Öffentlichkeit treten. Zu dieser bewegten Wirkungsgeschichte will das Bild vom Linsenschleifer Spinoza nicht so recht passen – und doch verlief das nicht sehr lange Leben dieses Mannes zumindest in seiner zweiten Hälfte fast ereignislos.

Baruch de Spinoza (auch Despinosa oder D'Espinosa) wurde am 24. November 1632 in Vloonburg, dem Judenviertel von Amsterdam, geboren. Seine Familie stammte aus Spanien, wo die Juden den Schutz der maurischen Besatzer genossen und nach deren Zurückdrängung vor der spanischen Inquisition zum großen Teil in den Niederlanden Asyl suchten. Auf diese Weise entstand in Amsterdam eine große jüdische Gemeinde in bewusster Abgrenzung gegen das christliche Umfeld: der Lebensraum des jungen Spinoza. Unter diesen Bedingungen streng jüdischer Orthodoxie wuchs Spinoza auf, besuchte seit 1637 die jüdische Knabenschule und wurde dort mit der hebräischen Sprache, jüdischer Theologie und Philosophie vertraut gemacht. Mit siebzehn Jahren übernahm er das väterliche Geschäft, setzte seine Studien jedoch nebenher über den jüdischen Horizont hinaus fort. So beschäftigte sich Spinoza mit den Schriften →Descartes' oder des ›abtrünnigen‹ jüdischen Philosophen Joseph Salomo Delmedigo; des weiteren las er Bruno, Campanella und →Hobbes. Um 1654/55 wurde er durch einen Freund in die klassische lateinische und griechische Philosophie eingeführt. Unter diesen Einflüssen entfernte sich Spinoza immer mehr von den dogmatischen Grundsätzen jüdisch-orthodoxen Denkens und wurde schließlich aus der jüdischen Gemeinde ausgestoßen. Da er nicht bereit war ›abzuschwören‹, traf ihn 24-jährig am 27. Juli 1656 der große Bann des jüdischen Synagogenvorstands: »... mit der Zustimmung des Hl. Gottes und mit der Zustimmung dieser ganzen Kehila Kadoscha .... Verflucht sei er am Tage und verflucht sei er in der Nacht. Verflucht sei er, wenn er sich niederlegt, und verflucht sei er, wenn er aufsteht.« Damit war Spinoza seiner eigentlichen Heimat, der jüdischen Gemeinde, beraubt und als Jude in das christliche Umfeld nicht integrierbar. Er zog sich nach Rijnsberg bei Leiden zurück und verdiente als Linsenschleifer - ein Handwerk, das er noch als Knabe gelernt hatte - seinen Lebensunterhalt. Mit christlichen Freunden und Gelehrten, die bis auf wenige Ausnahmen wie Tschirnhaus oder →Leibniz jedoch nicht zu denen mit großem Ruf zählten, führte Spinoza einen regen Briefwechsel. Das 1673 ergangene Angebot der Heidelberger Universität für einen Lehrstuhl der Philosophie lehnte er ab und lebte nach dem Zeugnis der amüsant-naiven *Kurzen, aber wahrhaftigen Lebensbeschreibung* (1705) des Hausgenossen Johannes Colerus zufrieden und zurückgezogen in Den Haag. Nach langer Krankheit, einem Lungenleiden aufgrund des beim Schleifen entstehenden Glasstaubs, starb Spinoza im Alter von 44 Jahren am 21. Februar 1677. Das einen Tag später erstellte Besitz-Inventar, beginnend mit »erstlich ein Bett, Pfühl, zwei Kissen und zwei Decken ... Item noch sieben Hemden ...« usw. kündet von der sprichwörtlich gewordenen Bedürfnislosigkeit dieses Philosophen.

Seine philosophische Laufbahn beginnt Spinoza als Interpret von Descartes, dem zu seiner Zeit wohl meistdiskutierten Philosophen. Spinozas erstes und als einziges zu seinen Lebzeiten unter eigenem Namen erschienenes Werk trägt den Titel *Descartes' Prinzipien der Philosophie auf geometrische Weise begründet*. Es handelt sich dabei um den Ertrag des Unterrichts, den Spinoza einem Privatschüler erteilte. Das Werk erschien im Jahre 1663. Ein Jahr zuvor hatte Spinoza mit der Ausarbeitung seiner *Ethik* begonnen, die jedoch erst im Jahre 1675 ihren Abschluss finden sollte. Auch wenn es sich bei *Descartes' Prinzipien* nur um eine Darstellung cartesischer Grundgedanken handelt, so kündigt sich doch im Titel bereits die neue Methode an, welche dann auch der *Ethik* zugrunde gelegt werden wird. Diese →Methode heißt geometrisch, weil sie mit →Definitionen, →Axiomen, Lehrsätzen, Beweisen und Folgesätzen arbeitet, wie man es von den *Elementen* des antiken Mathematikers Euklid kennt. Das Motiv für die Wahl dieser Methode liegt in folgendem Gedanken: Hat jemand erst einmal die Richtigkeit der der Abhandlung vorangestellten Axiome und Definitionen eingesehen, so muss er auch allen daraus abgeleiteten Schlussfolgerungen, sofern sie auf logisch korrekte Weise erlangt worden sind, zustimmen. Die Axiome selbst, so glaubte man, seien intuitiv einleuchtend und bedürften als solche keines →Beweises.

Im Jahre 1670 erscheint dann anonym Spinozas *Theologisch-Politischer Traktat*, ein Werk, das gemeinhin als Vorläufer der modernen, historisch-kritischen Bibelexegese angesehen wird. In den 1677 erschienenen *Opera posthuma* werden dann neben der *Ethik* erstmals auch die schon früh verfasste *Abhandlung zur Verbesserung des Verstandes*, sowie der Fragment gebliebene *Politische Traktat* veröffentlicht. Spinozas Hauptwerk, die *Ethica more geometrico demonstrata*, entstand über einen langen Zeitraum hinweg: 1663 das erste Buch, 1665 das zweite und dritte Buch, und 1675 war die nochmals überarbeitete, nun fünfgliedrige Fassung abgeschlossen. Die *Ethik* erschien jedoch erst 1677, nach seinem Tode, in den *Opera posthuma* und wurde bereits im Jahr darauf durch die ›Staaten von Holland und Westfriesland‹ verboten, weil sie »sehr viele unheilige, gotteslästerliche und atheistische Behauptungen« enthält.

Man könnte Spinozas *Ethik* als Versuch beschreiben, drei Probleme zu lösen: Erstens musste erklärt werden, was die Beziehung von →Leib und →Seele, von Körper und →Geist ist. Die von Spinoza vorgeschlagene Lösung lautet: Beide sind Aspekte ein und derselben Sache. Zweitens galt es zu klären, in welchem Verhältnis →Gott zur →Welt steht. Spinozas Antwort auf diese Frage ist eine immanentistische: Gott ist die Welt. In welchem Sinne, wird noch zu erläutern sein. Drittens musste gezeigt werden, wie in einer deterministischen Welt →Freiheit möglich sein soll. Spinozas Antwort lautet: Die einzige Freiheit, die der Mensch besitzt, liegt in seiner →Erkenntnis begründet. Nur als erkennender ist der Mensch frei.

Mit der Herausbildung der modernen Naturwissenschaften am Beginn der →Neuzeit (A) war die Frage nach dem Verhältnis von Körper und Geist zum Problem geworden. Das neue Bild der →Natur, welches sich mit Galilei herauszubilden beginnt, erklärt alle Vorgänge rein mechanisch. Ein Gegenstand wirkt auf den anderen ein und bringt in diesem eine bestimmte Wirkung hervor. Dieser wiederum vollbringt dasselbe an einem anderen Körper usf. In einer derart mechanisch funktionierenden Welt scheint es nun aber keinen Platz für den Geist, das Mentale, für unsere →Vorstellungen, Gedanken und →Gefühle zu geben.

Descartes hat zuerst auf die von den Naturwissenschaften ausgehende Herausforderung geantwortet. Sein Vorschlag lautet: Körper und Geist sind zwei völlig verschiedene →Substanzen. Körper sind teilbar, der Geist ist unteilbar. Körper entstehen und vergehen, der Geist bzw. die Seele lebt nach dem Tode fort. Um nun erklären zu können, wie es kommt, dass ein bestimmter Gedanke auf Seiten des Körpers eine bestimmte Aktion nach sich zieht, benutzt Descartes ein kausal interaktionistisches Modell. Der Geist kann trotz seiner fundamentalen Verschiedenheit auf den Körper einwirken, weil Lebensgeister, kleine, halb geistige, halb körperliche Wesen zwischen beiden Seiten vermitteln. Der Ort dieser Vermittlung ist die Zirbeldrüse, der Sitz der Seele.

Für Spinoza war ein derartiges Zusammenwirken von Körper und Geist dubios. Aus diesem Grunde entwirft er ein monistisches Modell, das mit nur einer einzigen Substanz auskommt. Diese Substanz, so nimmt Spinoza an, besitzt unendlich viele →Attribute. An zweien von ihnen, nämlich Denken und Ausdehnung, hat der Mensch Anteil. Das bedeutet, dass der Mensch sowohl ein ausgedehntes wie ein denkendes Ding ist, beide Eigenschaften jedoch Eigenschaften ein und derselben zugrundeliegenden Substanz sind. Spinozas Gedanke lässt sich am Beispiel einer hölzernen Statue illustrieren: Ein und dieselbe Statue lässt sich in verschiedenen Hinsichten thematisieren. Einmal kann sie den Gegenstand ästhetischer Betrachtung liefern, das andere mal kann sie als wärmespendender Stoff angesehen werden. Die Substanz, dasjenige also, was jeweils auf diese oder jene Weise betrachtet wird, bleibt dieselbe. Genauso verhält es sich mit Körper und Geist. Beide sind verschiedene Thematisierungsweisen ein und derselben Substanz. Die Frage nach der kausalen Interaktion von Körper und Geist stellt sich damit nicht.

Kann es keine Interaktion von Geistigem und Körperlichem geben, so wirft das natürlich die Frage auf, wie es um den Einfluss Gottes auf die Welt bestellt ist. Descartes hatte Gott als dritte, unendliche Substanz den beiden endlichen Substanzen, Ausdehnung und Denken, gegenübergestellt. In erkenntnistheoretischer Perspektive kam ihm die Aufgabe zu, den Gedanken ihren Realitätsgehalt zu sichern: Gedanken beziehen sich auf die Welt. Andererseits kann kein →Subjekt hinter seine Gedanken treten, um zu sehen, ob sie mit der →Wirklichkeit übereinstimmten. Dennoch können wir nach Descartes von der prinzipiellen Richtigkeit unserer Gedanken ausgehen, weil uns Gott, der in erster Linie ein gütiger Gott ist, nicht ständig zum Narren hält.

Für Spinoza stellt sich die Frage nach der Übereinstimmung von Gedanklichem und Wirklichem erst gar nicht. Wenn →Denken und Ausdehnung ein und dieselbe Sache sind, dann hat es keinen Sinn zu fragen, ob etwas als Gedankliches mit etwas Ausgedehntem übereinstimmt. Vollständig auf Gott zu verzichten wäre jedoch für Spinoza undenkbar gewesen. Deshalb erklärt er ihn zur Substanz selbst - ein Gedanke, der schon von der →Stoa, etwa bei Marc Aurel, vorgeprägt gewesen ist. Gott und die allen Dingen zugrundeliegende Substanz sind ein und dieselbe Sache. Von einem Eingreifen Gottes in das Weltgeschehen zu reden ist deshalb für Spinoza genauso verkehrt wie nach dem Einfluss des Geistes auf den Körper zu fragen.

Nun hat Spinozas →Monismus aber den entscheidenden Nachteil, dass mit der Parallelisierung von Körperlichem und Geistigem zugleich die menschliche Freiheit zu verschwinden scheint. Innerhalb der Körperwelt herrscht das Gesetz von →Ursache und Wirkung. Ein Gegenstand stößt den anderen an, dieser wieder einen anderen usw. Sollen nun Geistiges und Körperliches Aspekte derselben zugrundeliegenden Substanz sein, dann, so glaubt Spinoza, muss auch im Reiche des Geistigen dieselbe Abfolge herrschen wie im Reiche des Körperlichen. Die Ordnung der Ideen und die Ordnung der Dinge im Bereich des Körperlichen müssen einander entsprechen. Jedem körperlichen Vorgang muss ein bestimmter geistiger Vorgang korrespondieren und umgekehrt. Spinoza unterstellt also für beide Attribute, Denken und Ausdehnung, dieselben Individuationsprinzipien und Gesetzmäßigkeiten und steht dann vor dem Problem, menschliche Freiheit beseitigt zu haben. Spinoza hat aber auch dafür eine Erklärung: Das einzige wirklich freie Ding ist der mit der Substanz identische Gott. Er ist Ursache seiner selbst und, da es keine zweite Substanz neben ihm gibt, auch vollkommen frei. Nichts schränkt ihn ein, nichts wirkt auf ihn ein. Für den Menschen folgt daraus: Soll er über Freiheit verfügen, so kann er das nur in Hinblick auf Gott. Der Schlüssel zur Lösung des Problems liegt im Begriff der adäquaten Ursache: Jemand handelt und ist frei, wenn er die adäquate Ursache dessen ist, was geschieht. Er leidet und ist unfrei, wenn er die inadäquate Ursache des Geschehenden ist. Adäquat ist eine Ursache dann, wenn die Wirkung aus ihr erkannt werden kann, inadäquat dagegen, wenn aus der Ursache nicht ersichtlich ist, was folgen wird. Jemand fasst z.B. einen bestimmten Entschluss. Sind mit dem Entschluss bereits alle Folgen absehbar, so handelt es sich um eine adäquate Ursache, ist dagegen völlig unbestimmt, was folgen wird, so war der Entschluss nur eine inadäquate Ursache. Auf das Gebiet des Geistigen bezogen heißt Handeln soviel wie adäquate und d.h. klare und deutliche Ideen zu haben. Adäquate Ideen sind in erster Linie Ideen, die das Wesen der Dinge, die allen Dingen gemeinsamen Merkmale und Gesetzmäßigkeiten zum Inhalt haben. Diese wiederum sind Spinoza zufolge ewig. Indem man etwas aber nach dem Blickpunkt der Ewigkeit betrachtet, begreift man es durch das Wesen Gottes, dessen Wesen Ewigkeit ist.

Handeln ist in erster Linie geistiges Handeln, geistige Tätigkeit, die auf das den Dingen Gemeinsame, die Allgemeinbegriffe und die sie verknüpfenden Gesetze gerichtet ist. Derjenige handelt und befreit sich von der Herrschaft der Affekte, der die Wesensmerkmale der Dinge zu ergründen sucht. Nur diese können klar und deutlich erkannt werden und nur im klaren und deutlichen Erkennen ist der Mensch, zumindest was das Attribut des Geistigen angeht, adäquate Ursache. Da der mit der Substanz identische Gott als Einziger über Freiheit verfügt, kann der Mensch, insofern er die Dinge im Lichte der Ewigkeit betrachtet, an der göttlichen Freiheit teilhaben. Dabei handelt es sich allerdings nicht um die Freiheit der →Spontaneität, die Freiheit also, in das Ursachengefüge von außen einzugreifen und dem Lauf der Dinge eine andere Richtung zu geben. Vielmehr ist die Freiheit, die Spinoza dem Menschen einräumt, die Einsicht in die Gesetzmäßigkeiten, in den Gang der →Notwendigkeit, welcher die Welt beherrscht.

Spinozas Schriften, insbesondere seine *Ethik*, zogen eine bis an den Beginn des 19. Jhs. reichende philosophische Debatte nach sich. Der aus seinem System resultierende strenge →Determinismus wurde sowohl von Seiten der Theologie angegriffen, weil er ein Eingreifen Gottes in das Weltgeschehen unmöglich machte, als auch von Seiten der Aufklärung (→A Neuzeit - Aufklärung), weil unter den von Spinoza gesetzten Prämissen die →Autonomie des Menschen, sein Vermögen, sich selbst →Gesetze zu geben und spontan zu handeln, in Frage gestellt wurde, denn in einem deterministischen System, wie es Spinoza entwirft, gibt es keine Willensfreiheit, sondern nur Ursachen und Wirkungen.

W. Bartuschat, Baruch de Spinoza, München 1996
A. Negri, The Savage Anomaly: The Power of Spinoza's Metaphysics and Politics, Minneapolis 1991
M. Schrijvers, Spinozas Affektenlehre, Bern 1989
A. Donagan, Spinoza, New York 1988
H. Allison, Benedict de Spinoza. An Introduction, New Haven 1987

T. B.

Thales von Milet (um 624–546): Gilt seit →Aristoteles als Urheber der ionischen →Naturphilosophie; seit dem 5. Jh. wird er zu den →sieben Weisen gezählt. Unser Wissen über ihn ist sehr lückenhaft und ganz von antiker Berichterstattung abhängig. Dass er ein Buch geschrieben hat, ist möglich; ein direktes Zitat gibt es nicht; bereits Aristoteles hat offensichtlich keine Schrift des Thales gesehen, in der großen Bibliothek von Alexandria gab es kein Buch von ihm. Er sagte die Sonnenfinsternis vom 28. 5. 585 voraus; ob er schon die Ursache einer Sonnenfinsternis kannte oder aufgrund babylonischer Wahrscheinlichkeitsrechnungen zu der Voraussage kam, ist unbekannt. Vermutet wird, dass er eine →Theorie über die Gestirne und die Verfinsterung der Sonne vorlegte. Jedenfalls galt er wegen der Voraussage als großer Astronom, der auch die Geometrie, mit der er in Ägypten vertraut geworden sein soll, in Griechenland einführte; ihm wurden einige geometrische Lehrsätze zugeschrieben, darunter der bekannte ›Satz des Thales‹: Der Peripheriewinkel im Halbkreis ist ein rechter. Dieser Satz wurde indessen schon von den Babyloniern benutzt. Sicher scheint zu sein, dass er als Kaufmann Ägypten bereiste, dort die Nilschwellen kennen lernte und für sie eine Erklärung bot: Die in der Ägäis jährlich im Sommer wehenden Nordostwinde hindern den Nil, ins Meer zu fließen. Von politischer Weitsicht zeugt der nicht befolgte Vorschlag, die Ionier sollten in Teos eine gemeinsame Bundesregierung einrichten. Als Urheber der Naturphilosophie gilt Thales nicht wegen der Lehre, Wasser sei der Urgrund für alles, die Erde und die Welt seien aus dem Wasser entstanden und die Erde schwimme wie ein Schiff auf dem Urmeer, sondern deswegen, weil er auf mythische Erklärungen verzichtet haben soll.

Die Leistung des Thales kann darin bestehen, dass er sich von der Autorität des →Mythos befreite und seine →These nicht mit einem Mythos umkleidete und sie vielleicht sogar rational begründete; sicher ist das keineswegs, zumal nach einer antiken Überlieferung nicht Thales, sondern →Anaximander als Urheber der ionischen Naturphilosophie galt. Aristoteles nennt jedenfalls Thales den ersten Naturphilosophen. Trotz dieser aristotelischen Bezeugung ist Vorsicht geboten, denn Aristoteles wusste sehr wenig von Thales, und vom Leben und von der Lehre des Thales ist zu wenig Zuverlässiges überliefert, als dass ihm der Schritt ›vom Mythos zum Logos‹ mit Sicherheit zugeschrieben werden dürfte. Die Bedeutung des Wassers als des Ursprungs der Natur wird im Mythos oft hervorgehoben, was nicht erstaunlich ist; denn ohne Wasser und Feuchtigkeit gibt es kein Leben. Dass Okeanos, der Vater des Meeres, der Flüsse und aller Brunnen zusammen mit seiner Gemahlin Thetys, der Meergöttin, Urvater von allem ist, war seit Homer eine geläufige Vorstellung griechischer Mythologie; Parallelen hierzu, möglicherweise sogar Vorlagen, gab es im babylonischen Schöpfungsmythos in den Repräsentanten des Süßwassers (*Apsu*) und des Meeres (*Ti'amat*) sowie im Ägyptischen: Die Erde entstand aus dem Urwasser. Im Hebräischen sind ähnlich Auffassungen nachweisbar: Der Geist →Gottes schwebte über dem Wasser; das trockene Land soll aus dem Wasser auftauchen; Gott hat die Erde über dem Wasser ausgebreitet.

Sehr wahrscheinlich ist, dass Thales solchen Vorstellungen verhaftet blieb; unsicher ist, dass er sie in nicht-mythischer Form vortrug und rational begründete. Wenn Thales auf mythische Erklärungen verzichtete, können über seine rationalen Begründungen nur Vermutungen angestellt werden. Hinzu kommt die Frage, ob Thales nicht nur lehrte, die Erde, alle Lebewesen und der →Kosmos seien aus dem Wasser entstanden, sondern hiermit die Erklärung verband, Wasser sei der Stoff, aus dem alles besteht, wie Aristoteles die Lehre des Thales deutet. Die Begründung für beides, die sich neuzeitlichem Denken als wahrscheinlich anbietet, ist, dass das Wasser entsprechend seiner Temperatur verschiedene Aggregatzustände (fest, flüssig, gasförmig) annimmt; aber sie entspricht archaischem Denken nicht, sondern ist erstmals in stoischem Kontext belegt. Am meisten beachtenswert ist die Auskunft des Aristoteles, das Wasser sei nicht nur das, aus dem alles entstand, sondern es sei auch der Stoff, aus dem alles besteht; zu dieser Annahme sei Thales vielleicht deshalb gelangt, weil er sah, dass die Nahrung aller Dinge feucht ist und dass das Warme aus dem Feuchten entsteht, außerdem deswegen, weil die Samen aller Dinge feucht sind, das Wasser aber natürlicher Ursprung für das Feuchte ist. Obschon Aristoteles nur vermutet, was Thales veranlasst haben könnte, das Wasser als den Urgrund zu bestimmen, aus dem Erde, Lebewesen und der gesamte Kosmos nicht nur entstanden, sondern auch bestehen, kann die aristotelische Vermutung sich dem Denken des Thales nähern und zwar deshalb, weil in den aristotelischen Angaben das Wasser als Urgrund und Stoff aller Dinge in Beziehung zum Leben steht. Ohne Flüssigkeit gibt es kein Leben; Sitz der Lebenswärme ist das flüssige Blut. Überdies mag vielleicht ein sprachliches Argument die aristotelische Auskunft bekräftigen. Das griechische Adjektiv *hygros* vereinigt in sich die →Bedeutungen, die das Lebendige, Funktionstüchtige charakterisieren: feucht, fließend, strömend, saftig, geschmeidig; *hygros* ist z. B. der Rücken des Adlers, die Beine eines schnellen Pferdes sind *hygroi*. Ferner ist das Interesse an Zeugung, Geburt und allen mit dem Sexus zusammenhängenden Phänomenen für archaische Gemeinschaften charakteristisch, und wenn Aristoteles einen möglichen Grund dafür, dass Thales das Wasser als Grundstoff aller Dinge annahm, in dem Umstand sieht, dass der Samen feucht ist, kann er das Richtige getroffen haben. Aristoteles bringt hiermit nicht einen Gedanken ins Spiel, der dem Thales noch fern lag; auch in den Mythen des vorderen Orients ist die Meinung, alles sei aus dem Wasser entstanden, verbunden mit der Auffassung vom Wasser als dem Spender des Lebens. Nicht abzuweisen ist indessen das Bedenken, die Lehre vom Wasser als dem Grundstoff der Dinge habe Aristoteles nicht bei Thales gefunden, von dem er nur das wusste, was alle wussten, nämlich dass die Welt aus dem Wasser entstanden sei, sondern bei Hippon von Rhegion, der die Lehre des Thales erneuerte und eindeutig das Wasser als Grundstoff der Dinge bestimmte. Vielleicht genügte Aristoteles die Auskunft, alles sei aus dem Wasser entstanden, für die weiterführende Annahme, gemäß Thales sei Wasser der Grundstoff von allem. Thales kann jedoch gelehrt haben, alles sei aus dem unvorstellbar weit ausgedehnten Urwasser entstanden, ohne damit die Auffassung verbunden zu haben, Erde, Pflanzen, Tiere, Menschen und alles in der Welt bestehe aus Wasser.

Andererseits ist es nicht ratsam, die aristotelischen Auskünfte über Thales als unbegründet abzulehnen; Thales kann durchaus die damals neue Auffassung vertreten haben, Wasser sei der alles konstituierende Elementarkörper. Unklar ist, ob Thales schon wie später Anaximenes annahm, durch Verdichtung und Verdünnung des Urstoffes entstünden die Dinge. Unabhängig hiervon ist zu fragen, was die →Ursache des Entstehens und Vergehens ist, d.h. ob zusätzlich zum Wasser ein →Prinzip der Bewegung und Veränderung (das griechische Wort *kinesis* bedeutet beides) angenommen werden muss. Die Antwort ist negativ: Leblose, von sich aus gänzlich unbewegte →Materie scheint es für das archaische Denken kaum gegeben zu haben; demzufolge ist es nicht erforderlich, eine eigene Wirkursache der Bewegung und Veränderung anzusetzen, die vom Urstoff verschieden wäre; der Urgrund, das Wasser, ist lebendig. Diese Theorie wird bisweilen Hylozoismus (Stofflebenstheorie) genannt. Beachtet werden muss, dass dieser Titel nicht eindeutig ist und mindestens drei verschiedene Positionen bezeichnen kann: 1. Alle Dinge sind lebendig; 2. die Welt ist so mit Leben durchsetzt, dass manches, das unbelebt zu sein scheint, in Wirklichkeit lebendig ist; 3. die Welt als Ganze ist ein lebendiger Organismus. Nun sind zwei dem Thales zugeschriebene Lehren zu erklären; unser Gewährsmann ist wiederum Aristoteles: 1. Thales scheint die Psyche (→Seele) für etwas Bewegendes gehalten zu haben; er sagte nämlich, der Magnetstein habe eine Seele, weil er das Eisen bewege. 2. Einige sagen, die Seele sei mit dem All vermischt, weshalb vielleicht auch Thales glaubte, alles sei von Göttern erfüllt. Aristoteles wusste offenbar nur, dass Thales dem Magnetstein eine Psyche zuschrieb, und hatte dies wahrscheinlich dem Lesebuch wissenswerter Dinge des Sophisten Hippias entnommen; die Folgerung, die er vorträgt, dürfte aber richtig sein. Die Psyche gilt allgemein als Prinzip des Lebens sowie der Bewegung und Veränderung, und das nicht nur in archaischer Zeit: →Platon setzt eine Weltseele als Ursache der Bewegung, Veränderung und des Lebens im Kosmos an. Bekannt ist, dass entsprechend archaisch-mythischer Auffassung Flüsse, Bäume usw. als etwas Beseeltes oder als von einer Gottheit Bewohntes aufgefasst wurden und zwar deswegen, wenn auch nicht ausschließlich, weil sie die Fähigkeit zur Selbstbewegung und Veränderung besitzen.

Die Auffassung des Thales geht – soviel lässt der knappe Bericht erkennen – über die mythische Auffassung hinaus, steht aber doch wohl in Verbindung mit ihr. Allerdings ist auf etwas Wichtiges hinzuweisen: Der scheinbar unbelebte Magnetstein kann sich nicht selbst bewegen, vermag aber etwas anderes, nämlich Eisen, zu bewegen und zwar ohne Druck und Zug. Zur Erklärung dieses Phänomens bietet sich die Deutung an, dass sich in ihm eine Kraft befinden muss, die anderes in dieser Weise bewegen kann. Diese den Dingen immanente Kraft, ohne Druck und Zug sich selbst und anderes oder, wie im Falle des Magnetsteins, nur anderes zu bewegen, ist entsprechend altgriechischem Verständnis wesentliches Merkmal der Psyche. Psyche bedeutet »Leben, Lebenshauch, Lebenskraft, Lebensprinzip«; somit ergibt sich, dass scheinbar leblose Dinge wie der Magnetstein, nach einem anderen Bericht auch der Bernstein, lebendig sind. Zur zweiten Angabe (alles ist von Göttern erfüllt): Wenn diese Aussage von Thales stammt und nicht einer der herrenlosen Sprüche ist, die bald dieser, bald jener Autorität zugewiesen wurden, kann es sich um eine Verallgemeinerung der Lehre handeln, der Magnetstein habe eine Psyche. Als eines der Merkmale der Psyche gilt nämlich keineswegs nur in archaischer Zeit die Unvergänglichkeit, und hiermit ist die Möglichkeit gegeben, die Psyche als göttlich oder als Gott zu bezeichnen. Fraglich könnte es scheinen, ob alles wörtlich zu verstehen ist oder ob lediglich eine unbestimmt große Anzahl gemeint ist, was bedeuten würde, dass die Welt in ihrer Gesamtheit beseelt ist, wodurch nicht ausgeschlossen wäre, dass einige Dinge nicht beseelt sind. Wenn aber Thales nicht nur lehrte, alles sei aus dem Wasser entstanden, sondern hiermit die Auffassung verband, Wasser sei der Stoff, aus dem alles besteht, ist die Möglichkeit gegeben, den Satz »Alles ist von Göttern erfüllt« naturphilosophisch zu erklären: Das Wasser ist nicht einfachhin lebloser Stoff, sondern identisch mit der Kraft der Bewegung und Veränderung, d.h. Wasser ist Seelenstoff, und als solcher ist es unvergänglich, alles gestaltend, bewegend und verändernd, es ist *theion* und *theos*, göttlich und Gott. Alles besteht aus Wasser; demzufolge ist die Welt von der ›göttlichen‹ Grundsubstanz erfüllt, was in der Sprache der Popularreligion heißt: »Alles ist von Göttern erfüllt.«

Alle diese Überlegungen sind Vermutungen; wir wissen nicht, ob Thales solche Gedanken geäußert hat; von einem kosmologischen System des Thales zu reden ist angesichts der dürftigen einigermaßen wahrscheinlichen Berichte abwegig. Abwegig ist weiterhin, in Thales den Vorläufer moderner Naturwissenschaft zu sehen, weil wir nicht einmal sicher sein können, dass er sich von mythischen Erklärungen befreite und tatsächlich der Begründer der ionischen Naturphilosophie ist. Was in späterer Zeit Thales an Entdeckungen zugeschrieben wurde, wie z.B. die Berechnung der Größe von Sonne und Mond, dürfte in das Reich der Legende gehören.

Die Fragmente der Vorsokratiker, hg. von H. Diels / W. Kranz, Bd. 1, 1989 [Nachdr. der 6. Aufl. Berlin 1952]
J. Mansfeld, Die Vorsokratiker (Auswahl), Bd. 1, Stuttgart 1983
The Presocratic Philosophers. A Critical History with a Selection of Texts, by G. S. Kirk / J. E. Raven / M. Schofield, 2. Aufl. Cambridge 1983 [dt. von K. Hülser, Stuttgart 1994]
Geschichte der Philosophie: Die Philosophie der Antike 1, von Thales bis Demokrit, von W. Röd, 2. Aufl. München 1988

K. B.

Thomas von Aquin (1225–1274): Mit ihm erreichte das Denken des →Mittelalters (A) einen seiner Höhepunkte. In seinen Werken vereinigen sich auf eigentümliche Weise die wichtigsten Traditionen des christlichen Zeitalters mit einem durch die arabische und jüdische Wissenschaft völlig neu motivierten Verständnis der aristotelischen Philosophie. Deshalb liegt seine Leistung in der Synthese dieser auseinander weisenden Elemente. Schon bald nach seinem Tode, seit seiner Heiligsprechung 1323, wurde er für Jahrhunderte der wichtigste Lehrer der katholischen Kirche. Das hat die Rezeption seines philosophischen Denkens bis in die Gegenwart hinein nachhaltig geprägt. Mit fortschreitender Säkularisierung von Kunst und Wissenschaft seit der →Renaissance (A) erschien der offizielle kirchliche Thomismus als Inbegriff geistiger Rückständigkeit, eine Philosophie, die es nur zu einer komplizierten, aber zutiefst sophistischen Rechtfertigung der Dogmatik gebracht hat. So wurde Thomas in der →Neuzeit (A) zumeist ganz verzerrt interpretiert. Seine Bedeutung in der Geschichte der Philosophie wurde entweder grotesk übersteigert oder zumeist völlig ignoriert.

Zunächst ist Thomas ein charakteristischer Zeuge seiner Epoche, über deren Grenze sein Denken indessen weit hinausweist. Der Familie der Grafen von Aquino wurde er wahrscheinlich 1225 auf Schloss Roccasecca im Königreich Sizilien geboren und von seinen Eltern zum geistlichen Stande bestimmt. Nachdem er von 1230 oder 1231 an die Schule des Benediktinerklosters Monte Cassino besucht und 1239 bis 1244 an der von Kaiser Friedrich II. gegründeten Universität Neapel die sieben freien Künste studiert hatte, trat er in den noch neuen Bettelorden der Dominikaner ein. Der heftige Widerstand seiner Familie, die ihn entführte und ein Jahr lang gefangen hielt, machte ihn nicht gefügig, und so ging er 1245 zum Studium bei Albertus Magnus nach Paris. 1248 folgte er seinem Lehrer nach Köln an die neu gegründete Ordenshochschule der Dominikaner, wo er bis 1252 blieb. In diesem Jahr wurde er von seinem Orden nach Paris geschickt, wo er zuerst im Dominikanerkonvent, dann seit 1259 an der erst etwa sechs Jahrzehnte alten Universität lehrte. Hier wurde er in den politischen Streit um die Rolle der Bettelorden an der Universität verwickelt, eine Kontroverse, in der die historisch neue Institution Universität ihre geistige Aufgabe und ihre Stellung in der Gesellschaft überhaupt erst zu bestimmen suchte. 1256 erhielt Thomas den Magistergrad der Theologie, den höchsten akademischen Titel der damaligen Universität. Von 1259 bis 1268 lebte er in Italien, erfüllte Lehraufgaben an verschiedenen Ordensstudien und hielt sich auch länger am päpstlichen Hofe auf. Um in dem inzwischen heftig entbrannten Konflikt um Rezeption und Interpretation des →Aristoteles Stellung zu beziehen, wurde Thomas 1269 nochmals an die Universität Paris berufen, wo er bis 1272 seine größte akademische Aktivität entfaltete und seine literarisch produktivste Periode hatte. Seine Gegner standen auf zwei Seiten, die weltlichen Aristoteliker auf der einen und die konservativ-augustinischen Franziskaner auf der anderen. Im Jahre 1272 wechselte Thomas an die Universität Neapel, wo er noch kurze Zeit lehrte, bis er am 7. März 1274 auf dem Wege zum Zweiten Konzil von Lyon in Fossanuova starb. Er hat stets alle hohen kirchlichen Ämter, die ihm angeboten wurden, abgelehnt und war in der Hierarchie nie mehr als ein einfacher Ordensbruder.

Das überaus umfangreiche Werk des Thomas von Aquin umfasst vor allem Schriften, die in engem Zusammenhang mit seiner Lehre an der Universität entstanden sind. Die großen systematischen Schriften sind als Lehrbücher konzipiert. Der Kommentar über die Sentenzen des Petrus Lombardus (1254–1256) ist die erste Darstellung der gesamten Theologie. Die *Summa contra gentiles (Summe gegen die Heiden*, 1256–1259) untersucht eingehend die Argumente der islamischen Philosophie und verteidigt die christliche Lehre mit den auch von den Gegnern beanspruchten rein philosophischen Mitteln. Die berühmte *Summa theologiae* (1267–1273) ist die umfassendste, in vielen Einzelheiten auch konziseste Darstellung dessen, was im 13. Jh. überhaupt Gegenstand wissenschaftlichen Denkens sein konnte, zugleich eine spekulative Konstruktion der Weltordnung, die sich aus der Lösung hunderter von Einzelfragen ergibt. Die literarische Form der Quaestio (Frage) entstammt der Disputation an der mittelalterlichen Universität: Einander entgegengesetzte Positionen zu einer wissenschaftlichen Einzelfrage waren entweder zu widerlegen oder miteinander zu vermitteln, um eine Lösung zu ermöglichen. Seine *Quaestiones disputatae* (1256–1269), die *Erörterten Streitfragen* über die →Wahrheit, die Macht →Gottes, das →Böse, die →Seele und andere Gegenstände sind als Niederschlag der vielen Disputationen zu lesen, in denen Thomas vor allem in Paris Stellung nehmen musste. Die Grundlage seiner selbstständigen Schriften sind seine Kommentare zu Teilen der Bibel und vor allem zu Aristoteles, dessen wichtigste Werke Thomas Abschnitt für Abschnitt interpretiert hat. Hatte sein Lehrer Albertus Magnus die aristotelische Lehre breit dargestellt, so dringen die Kommentare des Thomas von Aquin spekulativ in die bei Aristoteles ungelösten Probleme ein und haben in vielem deren Verständnis überhaupt erst erschlossen.

Die geistige Leistung des Thomas von Aquin wird häufig darin gesehen, dass er die aristotelische Philosophie christianisiert habe. Davon ist so viel richtig, dass Thomas die überkommene neuplatonisch-augustinische Orientierung der Theologie mit aristotelischen Mitteln so kritisiert hat, dass die profane Welt als Gegenstand der Theorie ganz neu entdeckt werden konnte. Galten die →Natur und besonders die gesellschaftlichen Verhältnisse der Menschen in der Tradition als durch den Sündenfall grundsätzlich verderbt, so waren sie für Thomas Ordnungen des Seienden (→Sein), die nach göttlicher →Vernunft eingerichtet sind und deshalb der menschlichen →Erkenntnis offen stehen. Die Untersuchung der einzelnen Naturgegenstände auf ihre wesenhafte, d. h. gesetzmäßige →Struktur hin ist nach Thomas geradezu eine Bedingung für die Erkenntnis Gottes, welche nach wie vor das höchste Ziel aller Erkenntnis ist. Die asketisch-spirituelle Abwendung von der Welt und die Überzeugung, alle →Gewissheit, zu der menschliches Denken gelangen kann, entstamme göttlicher Erleuchtung, werden von Thomas aufgegeben.

Gegenüber diesen Motiven der augustinischen Tradition entwickelt Thomas eine Theorie, nach der Erkenntnis nicht länger ein vornehmlich kontemplatives Verhalten ist, sondern vielmehr eine produktive Tätigkeit, in welcher der Gegenstand und der erkennende →Verstand sich wechselseitig bestimmen. Der Intellekt löst abstraktiv das →Wesen, die allgemeinen und notwendigen Bestimmungen, aus den zumeist sinnlich gegebenen Einzeldingen heraus. Die →Begriffe, die aus der Arbeit des Verstandes resultieren, lassen den Rückschluss auf die göttliche →Ursache aller logisch bestimmbaren →Ordnung zu, sodass die →Wissenschaften vom endlichen Seienden in der Theologie begründet sind. Andererseits ist seine →Erkenntnistheorie, die weit über ihre aristotelische Quelle hinaus getrieben wird, ein Zeugnis dafür, dass die thomasische Wissenschaft gegenüber der Welt eine produktive Haltung einnimmt. Der aktive Intellekt löst die Wesensformen abstraktiv aus den konkreten Dingen heraus, um sie dem aufnehmenden *intellectus possibilis*, der mit dem Gedächtnis verbunden ist, als dem Schatz der begrifflich fixierten →Erfahrung einzuprägen. Neue Erkenntnis wird gewonnen, indem die bereits bestimmten Begriffe die Erfahrung leiten.

Im Zusammenhang mit der Erkenntnislehre aber auch aufgrund anderer Teile seines Œuvres macht Thomas klar, dass für ihn die Theologie eine Wissenschaft ist. Deren Gegenstand erschließt sich nicht einem vernunftlosen →Glauben, sondern dem logisch darstellbaren Wissen. Der Glaube darf der →Vernunft nicht widersprechen, denn er liefe sonst dem menschlichen Wesen zuwider und verstieße gegen die von der göttlichen Vernunft erzeugte →Natur. Für Thomas wie für die meisten Theologen seiner Zeit waren Glauben und →Wissen noch nicht getrennte Bereiche des Geistes. Deshalb gründet die Philosophie in der Glaubenslehre, aber diese muss dem objektiven Anspruch der Vernunft genügen, deren Maßstab Thomas vor allem dem antiken Denken und seiner Kommentierung durch Araber und Juden entnimmt.

Unter diesen Voraussetzungen konnte Thomas seine Lehre von der natürlichen Ordnung der Welt (*ordo naturae*) als →Metaphysik entfalten. Im Anschluss an Aristoteles und über ihn hinaus hat Thomas von Aquin die Theorie von Sein, Seiendem und →Wesen so entwickelt, dass die extremen Positionen des mittelalterlichen Streites um die Realität der Allgemeinbegriffe (→Universalienstreit) vermieden werden konnte und das Problem gelöst erschien. Hatten die neuplatonischen Realisten nur den allgemeinen Wesensbestimmungen der Gattung und der Art ein Sein zugeschrieben, während das Individuum nur eine Vereinigung unwesentlicher Merkmale (→Akzidenzien) sein sollte, so hielten die Nominalisten des 12. Jhs. nur die von sich aus unverbundenen individuellen Dinge für real, während die Allgemeinbegriffe lediglich subjektive Zeichen sein sollten. Für Thomas ist diese Kontroverse gegenstandslos geworden, denn er geht wie Aristoteles von dem sinnlich gegebenen Einzelding aus und fragt nach den Bedingungen dafür, dass es so ist, wie es ist. Die letzten substanziellen Momente jedes Seienden sind die unbestimmte, aber des Bestimmtwerdens fähige →Materie und die in sich bestimmte, die Materie bestimmende →Form. Beide können nur vereinigt existieren. Die Wesensform der vielen Exemplare einer Spezies prägt sich der aufnahmefähigen Materie stets in gleicher Weise als Qualität ein. Daher ist diese als bloß quantitativ bestimmte das Prinzip der →Individuation. Das Allgemeine hat danach Existenz im Individuum, das seinerseits durch sein Wesen mit den anderen Individuen seiner Art in seinem Sein verbunden ist.

Diese Metaphysik der Seinsanalogie erlaubte es Thomas, die →Welt als kontinuierliche Verwirklichung der göttlichen Vernunft zu konzipieren. Wie der Handwerker die Form seines Produkts im Kopf hat, ehe er sie im Material seiner →Arbeit verwirklicht, so hat Gott die Wesensformen aller natürlichen Dinge von Ewigkeit gedacht und durch die Schöpfung der Materie eingeprägt. Die überindividuellen und unanschaulichen platonischen →Ideen vereinigt Thomas mit den sinnlich gegebenen individuellen Dingen. Dies war nicht ohne Widerspruch möglich und stieß, schon eine Generation nach Thomas, auf die Kritik des ockhamschen →Nominalismus. Dennoch ist Thomas' groß angelegter Versuch, Allgemeines und Besonderes spekulativ zusammenzubringen, ein epochaler theoretischer Entwurf, der untergründig bis zu →Leibniz und →Hegel Modellcharakter hatte.

Nach Thomas ist Gott der reine, sich durch sich selbst wissende Intellekt, also vollkommenes →Selbstbewusstsein. Als solches ist er reine →Wirklichkeit (→*actus purus*), also nichts bloß Mögliches, das zu etwas noch nicht Seiendem werden könnte. In dieser Bestimmung Gottes, die von der neuzeitlichen sehr verschieden ist, liegt der für Thomas charakteristische Primat der Vernunft beschlossen. Der →Wille Gottes untersteht in diesem Sinne seiner Vernunft, sodass Gott nichts Widervernünftiges wollen kann. Für die Menschen, die Gott durch ihren

→Verstand ähnlich sind, gilt der Primat des Intellekts über den Willen ebenfalls. Ihre →Freiheit liegt nicht in der grundlosen →Spontaneität des Willens, sondern in der vernünftigen Erkenntnis dessen, was ist, und dessen, was sein soll. Das reine Selbstverhältnis Gottes wird für den menschlichen Intellekt als *imago trinitatis*, als Bild der Dreieinigkeit, bestimmend.

Aus der Unwandelbarkeit des göttlichen Willens folgt die Grundlage des thomasischen →Naturrechts. Da dieser Wille wesenhaft vernünftig ist, können die Menschen das ihrer eigenen Natur entsprechende moralische Gesetz erkennen. Ihre Vernunft ist notwendig gesellschaftlich. Jeder Einzelne kann daher das gesellschaftlich und politisch Gebotene einsehen, ohne durch herrschaftliche Gewalt zum Gehorsam gezwungen zu werden. Der oberste Zweck jedes Gemeinwesens aber ist dessen gemeinsames Wohl (*bonum commune*). Gegen eine Herrschaft, die gegen diesen obersten politischen Zweck verstößt, ist nach Thomas Widerstand geboten.

M.D.Chenu, Das Werk des hl. Thomas von Aquin, Heidelberg / Graz 1960

R.Heinzmann, Thomas von Aquin. Eine Einführung in sein Denken, Stuttgart 1994

G.Mensching, Thomas von Aquin, Frankfurt 1995

J.-P.Torrell, Magister Thomas. Leben und Werk des Thomas von Aquin, Freiburg/Br. 1995

G.M.

Voltaire (1694–1778): Eigentlich François Marie Arouet; Schlüsselfigur des 18. Jhs. In seinem Werk vereinigen sich die geistigen Strömungen der Aufklärung (→A Neuzeit – Aufklärung), sei es, dass er selbst an ihnen partizipierte, sei es, dass er sie kritisierte und bekämpfte. Kaum ein anderer Autor genügt so sehr wie er dem Sinn, den der Begriff des *philosophe* in der französischen →Kultur seiner Zeit angenommen hat: Alles andere als ein akademischer Systematiker, ist er vor allem ein Weltbürger, dessen Denken überall eine politisch-moralische Absicht hat. Wie viele andere zeitgenössische *philosophes* unterhält er einerseits recht enge Beziehungen zu den politisch und gesellschaftlich Mächtigsten und Einflussreichsten, wie der höfischen Aristokratie und dem Großbürgertum, und ist andererseits ein scharfer Kritiker des politischen Systems und seiner geistigen Stütze, der christlichen Religion. Er kannte, wie viele seiner weitaus radikaleren Freunde, das *ancien régime* von innen und von der Seite seiner Profiteure, was seiner kämpferischen Aktivität gegen das Unrecht der Herrschaft umso größere Wirksamkeit verschaffte.

So wenig wie Diderot, Rousseau, Helvétius oder Holbach kam es ihm unmittelbar auf das überzeitlich Wahre an, sondern stets zunächst auf das je Gegenwärtige. Sein enormes schriftstellerisches Talent entfaltete sich in fast allen literarischen Gattungen und hat den französischen Stil weit über seine Epoche hinaus geprägt. Seine Schriften hatten zumeist einen aktuellen Anlass, über den ihr Gehalt freilich oft weit hinaus weist. Die Kritiken, Satiren und Polemiken ebenso wie die scheinbar ganz klassischen Dramen, Gedichte und Erzählungen und auch die weit ausholenden historischen Traktate sind Literatur in praktischer Absicht. Ihr treibendes Interesse freilich ist von der Vielfalt der Anlässe und der Formen, von der Verschiedenheit der Adressaten und von den zahlreichen taktischen Rücksichten im politischen Kampf nicht berührt. Mit unbeirrbarer Hartnäckigkeit hat Voltaire seine philosophischen Intentionen durchgehalten, deren Aktualität ihre historischen Umstände bis heute überdauert hat. Eine seiner Grundüberzeugungen war, dass die scheinbar rein objektiven philosophischen Positionen stets eine politische Bedeutung haben, dass aber die Politik sich an der reflektierten praktischen →Vernunft zu messen hat.

Voltaire wurde als François Marie Arouet am 20. November 1694 in Paris geboren. Den Namen Voltaire nahm er erst 1718 nach seinen ersten schriftstellerischen Erfolgen an. Sein Vater war Notar und Königlicher Rat, seine Mutter stammte aus einer Adelsfamilie des Poitou. Mit zehn Jahren wurde er Schüler des von Jesuiten geführten Collège Louis-le-Grand in Paris, wo er eine solide klassische und literarische Bildung erhielt. Zu Beginn seines Jurastudiums wurde er in den freigeistigen Club ›Temple‹ eingeführt, wo er zum ersten Mal mit Protagonisten jener literarischen Öffentlichkeit in Berührung kam, die in privaten Clubs und Salons die intellektuelle Avantgarde bildete.

Erste literarische Veröffentlichungen machten Voltaire schnell bekannt, brachten ihm aber wegen ihres regimekritischen Charakters sogleich auch die Bekanntschaft mit der Bastille, jenem Staatsgefängnis ein, in dem das *ancien régime*, oft ohne jede rechtliche Grundlage, seine politischen Gegner verschwinden ließ. Die Zeit seiner Haft nutzte er, um sein erstes historisches Werk, die *Henriade*, zu konzipieren. Der erste große Erfolg war 1718 die Aufführung seiner Tragödie *Oedipe*, welcher ihn dazu bestimmte, nicht Jurist, sondern Schriftsteller zu werden. Weitere erfolgreiche Inszenierungen seiner Stücke in der Comédie Française schlossen sich an und begründeten Voltaires Ruhm als Theaterdichter, der in seinen antiken Stoffen und Vorlagen recht unverhohlen Kritik an höfischer und klerikaler Politik transportiert. Feindschaften, die hieraus entsprangen, veranlassten ihn, 1726 für zwei Jahre nach England zu gehen, wo er mit der liberalen bürgerlichen Gesellschaft vertraut wurde, die von da an seine eigenen politischen Vorstellungen bestimmte. Der literarische Niederschlag dieser Erfahrungen sind die *Lettres philosophiques*, die offen Kritik an den französischen Zuständen üben und deshalb sogleich nach ihrem Erscheinen 1736 zur Verbrennung verurteilt wurden. Um weiteren Repressalien zu entgehen, flüchtete Voltaire nach Cirey auf das Schloss seiner Lebensgefährtin, der Marquise du Châtelet, wo er bis 1749 blieb.

Schon 1745 erreichte er, dass sein neuestes Stück, die *Princesse de Navarre*, am Hofe von Versailles aufgeführt wurde. Durch die Unterstützung der Madame de Pompadour erhielt Voltaire sogar das Amt eines königlichen Historiographen und wurde in die Académie française aufgenommen. Damit wandelte er sich aber keineswegs zum neutralisierten Würdenträger und ließ sich auch nicht von seiner Kritik an den politischen Zuständen abhalten. Daher musste er den Hof bereits zwei Jahre später wieder verlassen.

1749, nach dem Tode der Marquise du Châtelet, nahm Voltaire die Einladung Friedrichs II. an, nach Potsdam an seinen Hof zu kommen, wo er sich bis 1753 aufhielt. Das Verhältnis zum König war Schwankungen unterworfen und Voltaire musste schließlich feststellen, dass der preußische Hof nicht die versprochene Philosophenkolonie war. 1753 nahm er seinen Abschied, um sich 1755 in Les Délices bei Genf niederzulassen. Nach einigen geschickten und zum Teil anrüchigen Finanzgeschäften hatte er sich die Mittel verschafft, um 1759 in derselben Gegend das Schloss Ferney mit ausgedehnten Ländereien zu kaufen, wo er wie ein aufgeklärter Monarch und zugleich als bürgerlicher Unternehmer und Intellektueller bis fast zu seinem Tode residierte.

In dieser Zeit entwickelte sich Ferney zu einer uneinnehmbaren Festung der kämpferisch werdenden Aufklärung. In distanzierter, aber sehr loyaler Freundschaft unterstützte und beriet Voltaire die Enzyklopädisten in ihren publizistischen Strategien, zu denen er, oft anonym, nach Kräften mit beißend witzigen Satiren und Polemiken beitrug. Hauptziele seiner Angriffe waren die Rechtlosigkeit der herrschaftlichen Gewalt, die Korruption des Rechtssystems, vor allem aber die moralische Heuchelei der katholischen Kirche, die im Ancien régime der wichtigste und konstanteste Machtfaktor war. *Ecrasez l'infâme* (»Zermalmt die Niederträchtige!«) war sein berühmter Schlachtruf. In diese Zeit fallen auch seine erfolgreichen Bemühungen, horrende Fehlurteile einiger verblendeter Gerichte zu korrigieren, die, wie in der Affäre Calas, zu Justizmorden geführt hatten. Zu Beginn des Jahres 1778 reiste Voltaire zum ersten Mal seit 28 Jahren nach Paris, wo er triumphal empfangen wurde und die Uraufführung seines letzten Stückes *Irène* erlebte. Am 30. Mai 1778 starb er ebendort.

Das eigentlich philosophische Werk Voltaires ist von seinen literarischen Produktionen, historischen Abhandlungen und politischen Kampfschriften nur gewaltsam zu trennen. Die Dramen, Gedichte und Romane sind philosophische Lehrstücke. Die historischen Untersuchungen, *Das Jahrhundert Ludwigs XIV.* (*Le siècle de Louis XIV*), erschienen 1739, und vor allem der *Versuch über die Sitten und den Geist der Nationen* (*Essai sur les mœurs et l'esprit des nations*, 1756) entwickeln einen neuen Typus von Geschichtsschreibung, der soziale und kulturelle Momente in die Betrachtung einbezieht und zugleich eine materiale →Geschichtsphilosophie darlegt. Der Begriff Geschichtsphilosophie stammt von Voltaire. Die politischen Pamphlete sind als Stücke einer aufklärerischen →Ethik zu verstehen, die sich nicht mit den Regeln individuellen Verhaltens begnügt, sondern die politische Realität verändern will.

Wenn also das gesamte Werk Voltaires philosophisch geprägt ist, so sind doch seine wichtigsten Lehren einigen Schriften zu entnehmen.

Dabei fällt auf, dass sich Voltaires Grundüberzeugungen im Laufe seines Lebens gar nicht wesentlich verändert oder entwickelt haben. Schon in den *Philosophischen Briefen* (*Lettres philosophiques*, 1729–34) ist deutlich, dass Voltaires Position sich an →Locke anschließt. Sowohl die Kritik der rationalistischen →Metaphysik, die in der *Metaphysischen Abhandlung* (Traité de métaphysique 1734–38) wiederholt wird, wie die liberale →Rechts- und Staatsphilosophie haben bei Locke ihre Entsprechungen. Die Religionskritik ist vielfach dokumentiert, besonders ausführlich in der *Wichtigen Untersuchung des Lord Bolingbroke* (*Examen important de Milord Bolingbroke*, 1746). Die Kritik des metaphysischen Optimismus, der lehrt, die gegenwärtige Welt sei die beste aller möglichen, findet sich nach 1755, dem Jahr des vernichtenden Erdbebens von Lissabon, sehr oft.

Voltaires metaphysische Lehren gehen von einer Kritik der theologischen →Kosmologie und Ethik aus. →Gott ist zwar das höchste Wesen, aber sein →Wille nimmt nicht Einfluss auf die einzelnen Ereignisse in der von ihm geschaffenen Welt. Die Gesetzmäßigkeit der →Natur, die in den Fortschritten der →Wissenschaft immer offenkundiger wird, lässt immerhin auf eine erste intelligente →Ursache schließen. Voltaire war hier fasziniert von der newtonschen Mechanik und Astronomie, die er in seinen *Eléments de la philosophie de Newton* (1738) auf dem Kontinent überhaupt erst bekannt gemacht hat. Auf diese Wissenschaft stützt sich der voltairesche →Deismus. Dessen Hauptgedanke ist, dass die →Welt zwar nicht das auf einen obersten Zweck gerichtete Ganze ist, aber doch ein intelligent eingerichteter Mechanismus, eine Uhr, die ihr Schöpfer ihrem gesetzmäßigen Lauf überlässt. Dies gilt auch für die moralischen und politischen Angelegenheiten der Menschen. Aber die historischen und gesellschaftlichen Prozesse sind nicht naturgesetzlich determiniert. Vielmehr ist den Menschen die bürgerliche →Freiheit gegeben, um sich in einem gerechten und rationalen Rechtssystem zu organisieren. Die moralische Weltordnung Voltaires verzichtet freilich auf die Stütze des metaphysischen Optimismus, für den die beste aller möglichen Welten wirklich ist. Diesen leibnizschen Gedanken hat Voltaire nach dem Erdbeben von Lissabon vor allem in seinem berühmten Roman *Candide* (1759) kritisiert, nicht um Skeptiker zu werden, sondern um das →Gute und das →Böse allein als Wirkungen des menschlichen Handelns erkennbar zu machen. Gott ist hierzu eine regulative →Idee. Gegen den Atheismus hat er eingewandt, man müsse Gott erfinden, wenn er nicht existierte.

Religiöse →Toleranz ist die oberste Norm, die eine künftige bürgerliche Ordnung verwirklichen soll. Nur ein vollkommen laizistischer →Staat mit unbeschränkter Religionsfreiheit für den Einzelnen kann der Rahmen einer humanen →Gesellschaft sein, in der die Aufklärung den kirchlich verbreiteten Aberglauben auflöst. Voltaire versprach sich die fällige Modernisierung der gesellschaftlichen Lebensverhältnisse allerdings, anders als viele seiner radikaleren Freunde, von einem aufgeklärten Monarchen und nicht von einer aus einer Revolution hervorgegangenen Republik. Trotz solcher konservativer Momente steht Voltaires Denken bis heute für die Idee einer vernünftigen Gesellschaft, die auf dem Willen mündiger Personen und der Meinungsfreiheit der politischen Gegner beruht.

Die Wirkungsgeschichte Voltaires ist widersprüchlich. In der Revolution stand er wegen seiner monarchistischen Neigung am Rande, im 19. Jh. aber wurde seine antiklerikale Position vom →Liberalismus aufgenommen. So wurde nach 1871 in der Dritten Republik die Trennung von Kirche und Staat unter Berufung auf Voltaire durchgesetzt. In kirchlichen Kreisen gilt Voltaire als zynischer Prediger eines verderblichen und gotteslästerlichen Amoralismus. Sein wahrhaft moralischer Geist ist hier von jeher verleugnet und geschmäht worden, während die Linke in der zweiten Hälfte des 20. Jhs. seine bürgerlichen Präokkupationen tadelte und sein moralisches Engagement allzu pauschal für Ideologie hielt.

Th. Besterman, Voltaire, München 1971
J. Orieux, Das Leben des Voltaire, Frankfurt/M. 1968
R. Pomeau, Voltaire en son temps, 5 Bde., Oxford 1985–1994

G. M.

Wittgenstein, Ludwig (1889–1951): »Das jüdische ›Genie‹ ist nur ein Heiliger. Der größte jüdische Denker ist nur ein Talent. (Ich z. B.)«, so eine Notiz Wittgensteins aus dem Jahre 1931. Originalität in Biographie und Werk ist jedoch gerade sein ›Markenzeichen‹ geworden. Wittgenstein wurde am 26. April 1889 in Wien als jüngstes von acht Geschwistern in einer in der Stahlindustrie reich gewordenen Familie geboren. Die Eltern jüdischer Herkunft waren vollkommenen assimiliert und führten ein großes Haus, besaßen neben einem Stadtpalais mehrere Güter und betätigten sich in der Wiener Künstlerszene als Mäzene. Vom strengen Vater wurden die Söhne dazu angehalten, als Unternehmer oder Ingenieure den Wohlstand zu vermehren – auf eine Atmosphäre ›gesunder‹ Lebenstüchtigkeit lässt das nicht schließen, begingen doch drei der vier Brüder Wittgensteins Selbstmord. Zunächst begann Wittgenstein 1906 wunschgemäß ein Ingenieurstudium in Berlin, ging 1908 nach England und wechselte 1911 in Cambridge offiziell in das Studium der Logik und Philosophie zu Russell. In Cambridge schloss er eine enge Freundschaft mit dem jungen Mathematiker David Pinsent, dessen Unfalltod 1918 Wittgenstein in eine schwere Krise stürzte. Sofort nach Kriegsausbruch 1914 meldete er sich in Österreich freiwillig zum Kriegsdienst, obgleich ihm jede Art von Gruppenleben zuwider war. In diese Zeit wird eine Wandlung vom Freigeist zum religiösen Menschen datiert, die zwar durchaus nicht dogmatisch zu verstehen ist, jedoch neben einer Annäherung an tradierte Glaubenspraxis mit einem hohen ethischen Anspruch an die Wahrhaftigkeit des Denkens und den persönlichen Lebensvollzug verbunden war. Trotz des Kriegsdienstes gelangte in dieser Zeit auch Wittgensteins erstes Hauptwerk, der *Tractatus logico-philosophicus*, zur Niederschrift, dessen Grundstock bereits im Winter 1913/14 gelegt worden war.

Grundanliegen des *Tractatus* ist es, auf dem Wege einer logischen →Analyse der →Sprache das sinnvoll Sagbare vom Unsagbaren abzugrenzen. Dazu hat Wittgenstein den *Tractatus* in sieben Hauptthesen untergliedert, welche jeweils durch dezimal durchnummerierte Unterthesen erläutert werden.

Unter den ersten sechs Hauptthesen entwickelt Wittgenstein seine Theorie von →Welt und Sprache, deren Form und Grenzen. Das dazu entwickelte →Modell ist denkbar einfach: Die Welt besteht aus einzelnen Tatsachen. Handelt es sich um bestehende Tatsachen, so spricht Wittgenstein von Sachverhalten. Die Tatsachen selbst sind Verbindungen von Gegenständen, welche einfach und unveränderlich sind. Gleich einzelnen Ionen in einem chemischen Molekül treten die invarianten Gegenstände zu Tatsachen bzw. Sachverhalten zusammen. Die Gesamtheit ihrer Verbindungen ist die Welt.

Wittgenstein gibt kein Beispiel seiner einfachen Gegenstände. Aus seinen Erläuterungen geht nur hervor, dass es sich bei ihnen nicht um die Gegenstände unseres Alltags handeln kann, denn: »Die Gegenstände sind farblos.« (2.0232). Soviel aber steht fest: Nicht jeder Gegenstand kann sich mit jedem zu einer Tatsache paaren. Den Gegenständen wohnt so etwas wie eine Natur inne, die es verhindert, dass nicht zusammengehörige Gegenstände eine Verbindung eingehen. Wieder bietet sich das aus der Chemie bekannte Modell an: Nicht jeder Stoff kann mit jedem zur Reaktion gebracht werden. Nur dort, wo die Ionen die entsprechende Ladung und Anzahl freier Valenzen besitzen, findet ein Zusammenschluss statt. Darum ist durch die Art eines Gegenstandes auch die Möglichkeit seines Vorkommens in Sachverhalten gegeben. Jeder Gegenstand kann nur in bestimmten, von vornherein fest stehenden Verbindungen vorkommen. Welche das sind, liegt in seiner Natur.

Gegenüber der Welt steht die Sprache, auch sie eine Tatsache, welche aus Gegenständen besteht, jedoch eine besondere Tatsache. Stehen die übrigen Gegenstände der Welt gewissermaßen für sich, so gilt das nicht von der Sprache. Sprache ist mehr als bloß schriftliches oder akustisches Gebilde. Sprache dient der Abbildung. Wittgenstein denkt sich dieses Abbildverhältnis als vollständige Korrespondenz: Den Gegenständen der Welt korrespondieren auf Seiten der Sprache die Namen, den Sachverhalten die Sätze. Setzen sich Sachverhalte aus einzelnen, unteilbaren Gegenständen zusammen, so sind die Bestandteile der Sätze einfache, unanalysierbare Namen, »Urzeichen«, wie es an einer Stelle im *Tractatus* heißt.

Die Korrespondenz erstreckt sich jedoch nicht allein auf Gegenstände und Namen, sondern ebenso auf die →Struktur ihrer Anordnung. Sollen aus Namen bestehende Sätze aus Gegenständen gebildete Sachverhalte abbilden können, so muss die Struktur der Abbildung auf beiden Seiten dieselbe sein. Es muss →Isomorphie herrschen. Man kann wieder an die Anordnung von Ionen in einem Molekül denken, um sich Wittgensteins Gedanken zu verdeutlichen: Ein Modell eines Moleküls, wie man es in einem Lehrbuch findet, kann nur darum etwas über das in der Welt vorkommende Molekül sagen, weil die Anordnung der →Zeichen auf dem Papier denen der Ionen im Molekül entspricht.

Auf Sprache und ihr Korrelat, die Welt, bezogen, ist diese beiden gemeinsame Form allerdings nicht das räumliche Nebeneinander der Zeichen auf dem Papier oder das zeitliche Nacheinander der Laute einer Aussage, sondern die logische Form, die Form also, die unsere Sätze besitzen, wie der Logiker uns lehrt.

Die Welt und die Sätze, mit denen wir über die Welt sprechen, scheinen wie füreinander geschaffen zu sein. Ihre Aufteilung ist dieselbe. Ihre Struktur ist identisch. Ja sogar die Ausdehnung beider Seiten stimmt exakt miteinander überein: »Die Grenzen meiner Sprache bedeuten die Grenzen meiner Welt.« (5.6) Weil sich nun aber die Funktion der Sätze darin erschöpft, Tatsachen abzubilden – also etwas, das der Fall ist – so können sie einem Zweck nicht genügen: Sie können keine →Werte abbilden, da Werte nicht zu den Tatsachen der Welt zählen. Genauso wenig können sie über das ›Dass‹ der Welt sprechen, weil auch dieses keine Tatsache ist. Dennoch gibt es das Unaussprechliche. Wittgenstein nennt es das Mystische. Sagen lässt es sich allerdings nicht, zumindest nicht in der Sprache, die Wittgenstein in seinem *Tractatus* entwirft. Folgerichtig schließt der *Tractatus* mit dem Satz »Wovon man nicht sprechen kann, darüber muss man schweigen.« (7)

1921 ging der *Tractatus* an einem eher abgelegenen Ort, in Wilhelm Ostwalds *Annalen der Naturphilosophie* in Druck, 1922 selbstständig in einer zweisprachigen Ausgabe in London. Gewissermaßen als Schlussstrich unter den *Tractatus* – da nichts mehr ›zu sagen‹ war –, zog Wittgenstein persönliche Konsequenzen, schenkte sein ererbtes Vermögen den Geschwistern und ging nach einem Jahr Ausbildung 1920 in ein abgelegenes Dorf in Niederösterreich als Volksschullehrer. Die selbst auferlegte Therapie hielt er bis 1926 durch. Allerlei Konflikte mit Eltern und Kindern, die sich aus einem zuweilen sehr eigenwilligen pädagogischen Engagement ergaben, wie auch die dringenden Bitten eines Abgesandten aus Cambridge, Frank Ramsey, bewegten Wittgenstein schließlich zur Aufgabe des Lehrerberufes. Nach einem Jahr im so genannten →Wiener Kreis, der ihn langsam wieder zu philosophischen Reflexionen ermunterte, kehrte Wittgenstein 1929 nach Cambridge zurück, um seine philosophischen Studien fortzusetzen. 1939 übernahm er dort Moores Professur. Während der Kriegsjahre meldete er sich zum Hilfsdienst in verschiedenen Krankenhäusern. Im Jahre 1944 nahm er seine Lehrtätigkeit wieder auf, doch schließlich von unbegabten Studenten frustriert, kündigte er 1947 seine Stelle und widmete sich fortan ganz seinen philosophischen Studien. Trotz seiner Erkrankung 1949 war er noch verschiedentlich auf Reisen und starb am 29. April 1951 in Cambridge.

Mit dem Abschluss seines *Tractatus* sah Wittgenstein die Denkprobleme im Wesentlichen als gelöst an. Nach seiner Rückkehr zur Philosophie wendet er sich erneut philosophischen Problemstellungen zu. Dabei steht das Verhältnis von Sprache und →Wirklichkeit, das Wittgenstein im *Tractatus* als Abbildbeziehung zu fassen versuchte, im Mittelpunkt seiner Überlegungen. Neu gegenüber dem an einer logischen Idealsprache ausgerichteten *Tractatus* ist die zunehmende Konzentration auf unsere Alltagssprache und die Verwendung der Worte in alltäglichen Kontexten.

Wittgenstein hat seine in dieser Zeit neu entstandene philosophische Konzeption in zahlreichen Manuskripten, teilweise aber auch in Form von kurzen Bemerkungen auf losen Zetteln niedergelegt. Von ihm selbst zusammengestellt, gelangte ein Teil seiner Gedanken in seinem zweiten Hauptwerk, den *Philosophischen Untersuchungen* im Jahre 1953 zur Veröffentlichung. In den folgenden Jahren erschienen, von seinen Nachlassverwaltern herausgegeben, Zusammenstellungen von Bemerkungen Wittgensteins zu den verschiedensten Themen, von denen seine *Bemerkungen über die Grundlagen der Mathematik* sowie seine Überlegungen *Über Gewißheit* zu den wichtigsten zählen.

Wittgensteins *Philosophische Untersuchungen* (*PhU*), von denen nur der erste Teil von Wittgenstein selbst zur Veröffentlichung vorgesehen war, stehen sowohl inhaltlich wie auch stilistisch in krassem Gegensatz zum *Tractatus*. Bilden im *Tractatus* die einzelnen Sätze eine strenge Abfolge, so scheint es sich bei den *PhU* um eine lose Sammlung von Aphorismen zu handeln. Inhaltlich bilden die *PhU* eine Auseinandersetzung mit der Sprachtheorie des *Tractatus* sowie mit Auffassungen, wie sie von den verschiedenen Vertretern des logischen →Empirismus vertreten wurden.

Am Beginn der *PhU* setzt sich Wittgenstein mit dem augustinischen Sprachmodell auseinander, wie er es selbst in seinem *Tractatus* vertreten hatten. Nach diesem Modell stellt das Name-Träger-Verhältnis die semantische Urbeziehung dar. Die →Bedeutung von Worten sind die Gegenstände, auf die sich die Worte beziehen. Die Verbindung von Worten und Gegenständen wurde auf dem Wege einer ostensiven Definition, d.h. mit Hilfe von Zeigegesten hergestellt. Sätze werden als Verbindungen von Namen gedeutet, die sich auf Gegenstände beziehen. Wittgenstein setzt der Namensbeziehung als semantischem Urverhältnis ein neues, operationalistisches Modell von Sprache entgegen. Dieses findet in dem Satz Ausdruck: »Die Bedeutung eines Wortes ist sein Gebrauch in der Sprache.« (*PhU*, § 43). Nicht der von einem Wort bezeichnete Gegenstand entscheidet über die Wortbedeutung, sondern die Art und Weise, in der das Wort, eingebettet in Sätze, in verschiedenen Kontexten verwendet wird. Die Benennung eines Gegenstandes mit einem Namen sichert dem Wort nicht seine Bedeutung, sondern dient der Vorbereitung seines Gebrauchs. Wittgenstein benutzt zur Veranschaulichung die →Analogie des Schachspiels, wo durch das Wissen, auf welche Figur sich z.B. das Wort ›Schachkönig‹ bezieht, die Bedeutung von ›Schachkönig‹ nicht erschöpft ist. Erst wenn man weiß, welche Züge der Schachkönig machen darf, kennt man die Bedeutung von ›Schachkönig‹.

Einen weiteren Angriffspunkt bildet die Annahme einer fest umrissenen Wortbedeutung, wie sie der *Tractatus* gefordert hatte. Nach der klassischen, auf →Platon und →Aristoteles zurückgehenden Annahme, ist allen mit einem bestimmten Wort bezeichneten Dingen etwas, ein bestimmtes Merkmal, gemeinsam, kraft dessen das Wort auf genau diese Dinge angewandt werden darf. Nach Wittgenstein wird diese Konzeption der Bezeichnung von Dingen nicht den Tatsachen gerecht. Wie er an Hand des Wortes ›Spiel‹ demonstriert, muss es keineswegs immer der Fall sein, dass den mit einem bestimmten Wort bezeichneten Dingen notwendig etwas gemeinsam ist. Ein →Spiel hat mit einem anderen diese, mit wieder einem anderen jene Merkmale gemeinsam. »Wir sehen ein kompliziertes Netz von Ähnlichkeiten, die einander übergreifen und kreuzen.« (*PhU*, § 66). Die mit einem bestimmten Wort bezeichneten Gegenstände ähneln sich, wie die Mitglieder einer Familie, in sehr vielen verschiedenen Eigenschaften, ohne dass es doch eine ganz bestimmte Eigenschaft gäbe, die allen Mitgliedern gemeinsam wäre. Wittgenstein spricht deshalb von →Familienähnlichkeit.

Einen dritten Schwerpunkt im Gedankengang der *PhU* bildet das Regelfolgenproblem. Nach einer geläufigen Annahme legt eine bestimmte mathematische Funktion für jede Einsetzung ein ganz bestimmtes Ergebnis fest. Wittgenstein vertritt demgegenüber einen radikalen →Konventionalismus. Solange noch niemand über eine bestimmte Zahl, z.B. 1000 hinaus addiert hat, solange ist auch nicht festgelegt, welches das richtige Ergebnis der Addition ist. Erst in dem Augenblick, wo jemand den Schritt vollzogen hat und die anderen ihm zugestimmt haben, ist auch festgelegt, welches der richtige Übergang gewesen ist. Vorher war überhaupt nichts festgelegt.

In engem Zusammenhang mit der intersubjektiven Analyse des Regelfolgens steht Wittgensteins so genanntes Privatsprachenargument. Das Privatsprachenargument bildet einen Lösungsvorschlag zum Problem des Fremdpsychischen. Klassische →Erkenntnistheorien gehen davon aus, dass ein →Subjekt nur zu seinen eigenen psychischen Zuständen auf direkte Weise Zugang hat. Die psychischen Zustände anderer Personen muss es sich dagegen erschließen. Dabei wird angenommen, dass zwischen dem Verhalten einer Person und ihren psychischen Zuständen eine kontingente Verbindung besteht. Es wäre denkbar, dass andere Personen z.B. Schmerzverhalten zeigen, ohne wirklich subjektiv auch Schmerz zu empfinden. Wittgenstein nimmt dagegen an, dass zwischen Schmerz und Schmerzverhalten eine engere Verbindung besteht. Schmerzverhalten ist Kriterium der Zuschreibung von Schmerzen. In all den Fällen, wo es keine gegenteiligen Anhaltspunkte gibt, zählt ein bestimmtes Verhalten als hinreichendes Zeugnis für das Vorliegen eines bestimmten psychischen Zustandes. Für das Sprachverhalten von Personen bedeutet das, dass Sätze wie ›Ich empfinde Schmerzen‹ nicht in einem Repräsentationsverhältnis zu inneren Erlebnissen stehen, d. h. sprachliche Abbilder der Erlebnisse sind, sondern vielmehr Ausdrücke, Expressionen der Erlebnisse sind.

H.-J. Schneider / M. Kross (Hg.), Mit Sprache spielen, Berlin 1999

E. von Savigny (Hg.), Ludwig Wittgenstein: Philosophische Untersuchungen, Berlin 1998

K. Buchheister / D. Steuer, Ludwig Wittgenstein, Stuttgart 1991

J. Schulte, Wittgenstein. Eine Einführung, Stuttgart 1989

N. Malcolm, Erinnerungen an Wittgenstein, Mit einer biographischen Skizze von G. H. von Wright und Wittgensteins Briefen an Norman Malcolm, Frankfurt/M. 1987

A. Kenny, Wittgenstein, Frankfurt/M. 1974

B. Malcolm, Ludwig Wittgenstein, München 1961

T. B.

C Denkformen und Grundbegriffe

A fortiori Lat. ›vom Stärkeren her‹: eigentlich ›nach dem Recht des Stärkeren‹ oder auch ›nach dem triftigeren Grund‹. In der Philosophie bezeichnet *a fortiori* eine →Aussage, die sich aus einer schon als gültig akzeptierten oder erwiesenen Aussage gewinnen lässt.

A. S.

A posteriori Lat. ›vom Späteren her‹: In der Antike, etwa bei →Aristoteles, und in der →Scholastik bezeichnet *a posteriori* noch den Schluss von den Wirkungen auf die →Ursachen (im Gegensatz zu →*a priori*: Schluss von den Ursachen auf die Wirkungen). Seit →Kant heißt *a posteriori* jene Erkenntnis, die in der →Erfahrung gründet oder aus der Erfahrung entsteht. Erkenntnisse *a posteriori* sind deshalb →empirische Erkenntnisse. Beispielsweise sind die meisten →Urteile der empirischen Naturwissenschaften →synthetische Urteile *a posteriori.*

A. S.

A priori Lat. ›vom Früheren her‹: In der Antike, etwa bei →Aristoteles, und in der →Scholastik bezeichnet *a priori* noch den Schluss von den →Ursachen auf die Wirkungen (im Gegensatz zu →*a posteriori*: Schluss von den Wirkungen auf die Ursachen). Das heutige Begriffsverständnis ist jedoch durch die kantische Philosophie geprägt. Demnach heißen jene →Erkenntnisse *a priori* die der →Erfahrung vorangehen und von ihr unabhängig sind, also nicht auf der Erfahrung beruhen oder aus ihr abstrahiert sind, nicht durch die Erfahrung gegeben sind oder aus ihr stammen. Zu den apriorischen Erkenntniselementen zählen nach →Kant die →Kategorien sowie, allerdings in nichtbegrifflicher Form, die →Anschauungsformen →Zeit und →Raum. Die Merkmale einer Erkenntnis *a priori* sind →Notwendigkeit und →Allgemeingültigkeit. Im Apriorischen zeigt sich nach Kant die Gesetzlichkeit des reinen, erkennenden, →transzendentalen →Bewusstseins selbst; nur in diesem Sinn ist das Apriorische ›subjektiv‹. Ansonsten hat es aber gerade objektive →Geltung, da es den objektiven Erfahrungszusammenhang ja erst ermöglicht. So sind nicht nur →analytische Urteile immer Urteile *a priori,* sondern auch alle jene Sätze, die sich auf etwas vor der Erfahrung Liegendes beziehen bzw. auf das, was Erfahrung erst möglich macht, d.h. auf die ›Bedingungen der Möglichkeit von Erfahrung‹. Für Kant kann es außerdem auch →synthetische Urteile *a priori* geben. – Der vom →Neukantianismus des 19. Jhs. geprägte Begriff des ›Apriorismus‹ bezeichnet jede philosophische Lehre der Erkenntnis, der zufolge →Bedingungen, Gründe und →Prinzipien des Erkenntnisprozesses unabhängig von Erfahrung und →Empirie existieren.

A. S.

Abbild Ein zentraler Begriff der platonischen Philosophie. Bei →Platon bezeichnet Abbild (griech. *eidolon, eikon* oder *phantasma*) erstens Schattenbilder und Spiegelungen im Wasser, zweitens gemalte Bilder sowie drittens auch Menschen, Tiere, Pflanzen, Werkzeuge usw., also alles, was den →Ideen ähnelt und diese →Urbilder im Bereich des Sichtbaren abbildet. Weil aber alles Sichtbare bereits Abbild der Ideen ist, ist das hergestellte Abbild – beispielsweise das Bild eines Malers, aber ebenso auch die Tragödie, die Platon gleichfalls als nachbildende oder nachahmende Kunst bestimmt – nur Bild eines Bildes (→Mimesis, *imitatio*). Damit ist die →Kunst, in Platons Beispiel das gemalte Bild eines Bettes, weiter von der →Wahrheit, sprich: der Idee, entfernt als das von einem Handwerker hergestellte Bett. Die →Theorie des Abbilds mit ihren drei Stufen →Wesen (Idee), Werk (des Handwerkers) und Nachbild (Kunst) ist Hintergrund für Platons Verdammung der Künste im Allgemeinen und der Dichtkunst im Besonderen. – Abbild ist außerdem ein wichtiger Begriff materialistischer Erkenntnistheorien (→Abbildtheorie).

A. S.

Abbildtheorie Erkenntnistheoretische Lehre, der zufolge die →Erkenntnis ein Spiegelbild der erkannten →Wirklichkeit ist. Die Abbildtheorie geht davon aus, dass der Gegenstand der Erkenntnis unabhängig vom erkennenden →Subjekt existiert und folglich nicht erst vom Subjekt im Erkenntnisprozess geschaffen wird. Die Aufgabe der Erkenntnis besteht deshalb lediglich darin, den Gegenstand widerzuspiegeln oder abzubilden.

Die Abbildtheorie ist eine sehr alte erkenntnistheoretische Position. Ihre Ursprünge gehen bis auf die Vorstellungen der Atomisten Leukipp und Demokrit zurück (→Atomismus), wonach sich von den Dingen aus Atomen bestehende Bilder ablösen, die durch die Sinnesorgane in die Seele eindringen und dort wie in einem Spiegel abgebildet werden. Die Abbildtheorie wird vor allem im Rahmen materialistischer →Erkenntnistheorien vertreten, die von der materiellen und unabhängigen Existenz der Erkenntnisgegenstände ausgehen, so z. B. im englischen →Empirismus und →Sensualismus und im französischen →Materialismus des 18. Jhs. In der dialektisch-materialistischen Erkenntnistheorie des Marxismus-Leninismus wird die Abbildung als historisch und gesellschaftlich bedingter Prozess aufgefasst, in dessen Verlauf das Subjekt Materielles in Ideelles umsetzt und so zu einem gesellschaftlichen Bewusstsein, d. h. zu einer historisch bedingten Widerspiegelung der natürlichen und gesellschaftlichen Welt gelangt. Die Abbildtheorie der Erkenntnis ist wiederholt kritisiert worden, beispielsweise von idealistischer oder konstruktivistischer Seite. Eine fundamentale Kritik an der Spiegelmetapher findet man in Richard Rortys *Philosophy and the Mirror of Nature* (1979; dt. *Der Spiegel der Natur: Eine Kritik der Philosophie*). – Eine Abbildtheorie in Bezug auf Sätze vertritt →Wittgenstein im *Tractatus logico-philosophicus*.

A. S.

Abduktion Engl. *abduction*, ein von →Peirce 1866 eingeführter dritter Modus des syllogistischen Schließens neben →Deduktion und →Induktion (→Syllogismus). Während der deduktive Schlussmodus von der allgemeinen Regel (*major*) und dem einzelnen Fall (*minor*) auf das Resultat (*conclusio*) schließt und der induktive Schlussmodus von dem Fall und dem Resultat auf die Regel, schließt der abduktive Modus vom Resultat und der Regel auf den Fall. Die Abduktion stellt somit eigentlich nur eine →Hypothese auf, weshalb Peirce auch ursprünglich den Ausdruck *hypothesis* erwog. Im Gegensatz zum deduktiven Schließen, wo die Konklusion zwingend aus den Prämissen folgt, lassen Induktion und Abduktion streng genommen nur Wahrscheinlichkeitsurteile zu. Allerdings sind die Urteile im Gegensatz zur analytischen Deduktion synthetisch, d. h. Erkenntnis erweiternd. Die Abduktion spielt bei der wissenschaftlichen Hypothesenbildung eine große Rolle.

A. S.

Ableitung →Deduktion

Absicht →Intention

Absolut Von lat. *absolutum*, ›das Losgelöste‹: Absolut ist das, was frei von allen →Bedingungen, Beziehungen oder Beschränkungen ist; es ist daher unabhängig, unbedingt, uneingeschränkt, vollkommen, für sich seiend, aus sich selbst bestimmt, nicht relativ. Das Absolute ist das, was für sich allein, ohne Beziehung auf anderes existiert, gilt oder definiert werden kann. Es ist im Gegensatz zum Endlichen und Relativen ohne →Ursache, ohne Bedingung und unendlich.

Das Absolute gehört zu den großen metaphysischen, theologischen und gnoseologischen

Grundbegriffen der Philosophie. Der Begriff spielt bereits in der griechischen Philosophie eine Rolle, wenn auch ein genaues Äquivalent für den Ausdruck fehlt. Dennoch lässt sich sagen, dass bei →Platon die →Idee des →Guten (das Gute an sich), bei →Aristoteles der ›unbewegte Beweger‹ als absolut bestimmt wurde. Im christlichen Denken seit den lateinischen Kirchenvätern wurde das Absolute dann als das Durch-sich-selbst-Sein und Von-sich-her-Sein (→Aseität) gedacht und folglich zur Kennzeichnung →Gottes benutzt. Im Verlauf der Philosophiegeschichte wurde absolut auf verschiedene Vorstellungen bezogen und beispielsweise als absolute Sittlichkeit (→Kant), absolutes →Ich (→Fichte) und absoluter →Geist (→Hegel) gefasst. In neuerer Zeit wurde das Absolute als einer der zentralen metaphysischen Begriffe zum Gegenstand einer allgemeinen, mehr impliziten als expliziten Metaphysik-Kritik; es gilt als einer jener Begriffe, über die man – nach einer Formulierung →Wittgensteins – nicht reden kann und daher besser schweigen sollte. Insbesondere in materialistisch ausgerichteten Philosophien, aber auch im →Pragmatismus oder im logischen →Positivismus, ist für das Absolute naturgemäß kein Platz.

A.S.

Abstrakt Von lat. *abstrahere*, ›abziehen‹: rein begrifflich oder gedanklich, unanschaulich, von den konkreten Dingen abgelöst. Im philosophischen Sinn bezeichnet abstrakt zum einen das Begriffliche gegenüber dem Nichtbegrifflichen oder →Konkreten, zum anderen das Ergebnis eines denkerischen Abstraktionsprozesses, nämlich das auf diese Weise gewonnene →Allgemeine. Bei der Begriffsbildung durch Abstraktion wird zunehmend vom Individuellen und Besonderen der Dinge abgesehen und stattdessen das Gemeinsame oder Allgemeine hervorgehoben. Beispielsweise wird der →Begriff ›Tisch‹ gebildet, indem man von den individuellen Merkmalen einzelner Tische absieht (oder abstrahiert) und die allen Tischen gemeinsamen Merkmale herausstellt. Dabei müssen die wesentlichen von den unwesentlichen Merkmalen unterschieden werden. Auf diese Weise wird der Inhalt des Begriffs immer kleiner (beispielsweise muss das Merkmal ›vier Beine‹ verworfen werden, wenn man feststellt, dass es auch Tische mit drei Beinen gibt), sein →Umfang jedoch immer größer (insofern als immer mehr Tische, also auch die mit nur drei Beinen, unter den Begriff fallen). Die Abstraktionstheorie der Begriffsbildung geht bis auf →Aristoteles zurück. – Im weiteren Sinn bezeichnet abstrakt alles nur Gedachte oder rein Gedankliche, im Gegensatz zur unmittelbaren Wahrnehmung, zum Erleben, Anschauen und Fühlen. In diesem Sinn wird abstrakt häufig auch pejorativ gebraucht und meint dann soviel wie wirklichkeitsfern oder intellektuell abgehoben.

→Hegel dreht das Begriffspaar um: Abstrakt ist für ihn das Konkrete, weil es zwar in der Fülle seiner sinnlichen Präsenz rezipiert wird, aber nicht begriffen ist. Deshalb ist für Hegel der Begriff das Konkrete, weil in und durch ihn die Sache denkerisch vermittelt ist, während die pure Wahrnehmung in der unmittelbaren sinnlichen Gewissheit stecken bleibt.

A.S.

Absurd Von lat. *absurdus*, ›misstönend‹: abwegig, widersinnig, widerspruchsvoll, vernunftwidrig. Eine Behauptung wird ad absurdum geführt, indem man aus ihr nach korrekten Schlussregeln etwas Falsches folgert und damit ihre innere Widersprüchlichkeit nachweist.

Das Absurde ist ein zentraler Begriff in der französischen →Existenzphilosophie nach dem zweiten Weltkrieg, insbesondere bei Camus. Absurd bezeichnet die Erfahrung vollkommener Sinnlosigkeit und Widersprüchlichkeit der menschlichen Existenz, die ohne →Gott und ohne umfassende Sinnstiftung auskommen muss. Dennoch befindet sich der Mensch auf einer fortwährenden Suche nach diesem →Sinn, die im krassen Widerspruch zur Sinnlosigkeit der Welt steht: ›Das Absurde entsteht aus der Gegenüberstellung des Menschen, der fragt, und der Welt, die vernunftwidrig schweigt.‹

A.S.

Achtung Wird als philosophischer Begriff in →Kants ethischen Schriften eingeführt. Während dieser den Ausdruck bereits in den vorkritischen Schriften verwendet, wird erst die in der *Kritik der praktischen Vernunft* entwickelte

→Ethik vollends zu einer ›Moral der Achtung‹. Kant geht davon aus, dass die →Neigungen des Menschen sich nicht von →Natur aus in Übereinstimmung mit dem moralischen →Gesetz befinden. Deshalb wird das Gesetz von einem mit praktischer →Vernunft begabten Wesen als Nötigung empfunden. Diejenige Neigung, die sich in absolutem Gegensatz zum moralischen Gesetz befindet, ist die durch Arroganz und ›Eigendünkel‹ charakterisierte Neigung, so zu tun, als hätten die eigenen subjektiven Grundsätze und →Interessen die Autorität eines →Gesetzes. Das moralische Gesetz nun schlägt diesen Eigendünkel nieder, demütigt jede Arroganz und bringt damit ein →Gefühl der Erniedrigung und des Schmerzes hervor. Was uns aber erniedrigt, ist Gegenstand unserer Achtung. Deshalb achten wir das moralische Gesetz, und zwar selbst dann, wenn wir ihm nicht gehorchen. Auf der anderen Seite ist das moralische Gesetz aber auch die Ursache eines positiven Gefühls, insofern nämlich, als die Herrschaft des →Sittengesetzes im Interesse der Vernunft liegt und alles, was mit diesem Interesse übereinstimmt, notwendig mit einem Gefühl der →Lust oder des Wohlgefallens verbunden ist. Die Achtung ist deshalb ein von der Vernunft bewirktes Doppelgefühl, das Kant auch als ›negative Lust‹ charakterisiert: Es enthält zum einen den Akt der Demütigung oder Erniedrigung der sinnlichen Natur des Menschen, zum anderen aber auch die Erhebung zu reiner praktischer Vernunft als einzigem Grund sittlichen Wollens. – Kants Lehre von der Achtung wurde von Schiller und →Fichte übernommen und fortgeführt; die wichtigsten Kritiker sind →Hegel und Scheler.

A. S.

Actus purus Lat. ›reines Wirken‹: scholastischer, auf →Aristoteles zurückgehender Ausdruck, der die →Identität von →Sein und Wirken, d. h. die →Wirklichkeit ohne Potenzialität und Passivität bezeichnet. In der →Scholastik wurde *actus purus* zur Bestimmung Gottes verwendet: →Gott ist alles, was sein kann, ohne dass eine seiner Möglichkeiten unverwirklicht bleibt; er ist die Identität von →Aktualität und →Potenzialität (→Akt-Potenz-Lehre).

A. S.

Ad hoc Lat. ›zu diesem‹: nur für einen bestimmten Zweck, spontan, aus dem Augenblick heraus. *Ad hoc* werden beispielsweise begriffliche Unterscheidungen genannt, die nicht Teil eines umfassenden klassifikatorischen →Systems sind und also nur aus Gründen der →Heuristik oder der →Pragmatik getroffen werden. Bisweilen wird *ad hoc* auch pejorativ im Sinne von willkürlich gebraucht.

A. S.

Ad infinitum Auch *in infinitum*, lat. ›ins Unendliche‹: ein →Regress *ad infinitum* (oder ein unendlicher Regress) bezeichnet eine nicht abschließbare Reihe des Bestimmens oder Begründens, in der sich jede neue Begründung ihrerseits als begründungsbedürftig erweist.

A. S.

Adäquat Von lat. *adaequare*, ›gleich machen‹: übereinstimmend, entsprechend, angemessen. Im engeren Sinne (d. h. unter Beziehung auf die →Adäquatio-Theorie) werden →Vorstellungen oder →Begriffe adäquat genannt, die mit der Sache, auf die sie sich beziehen, überstimmen und also im Sinne der Korrespondenztheorie der Wahrheit wahr sind. Auch wissenschaftliche →Erklärungen können adäquat oder inadäquat sein. So werden beispielsweise im Rahmen des von Hempel und Oppenheim entwickelten Erklärungsschemas so genannte Adäquatheitsbedingungen formuliert, die von jeder adäquaten wissenschaftlichen Erklärung erfüllt werden müssen. Dazu gehören u. a.: das Explanans muss mindestens ein logisches →Gesetz enthalten; Explanans wie Explanandum müssen empirischen Gehalt besitzen; das Explanandum muss tatsächlich rein logisch aus dem Explanans ableitbar sein. – Im weiteren Sinne bedeutet adäquat soviel wie angemessen und bezeichnet damit ein weniger strenges Kriterium als →Wahrheit oder Richtigkeit; beispielsweise werden Textinterpretationen häufig eher als adäquat denn als wahr bezeichnet.

A. S.

Adäquatio-Theorie Auch Adäquationstheorie; Korrespondenztheorie der →Wahrheit im Anschluss an →Thomas von Aquins Definition: *Ve-*

ritas est adaequatio intellectus ad rem (»Wahrheit ist die Angleichung von Denken und Sache«). Nach der Adäquatio-Theorie besteht Wahrheit in der Übereinstimmung zwischen →Erkenntnis und Erkanntem bzw. zwischen der Erkenntnis oder Beschreibung eines Gegenstands und diesem Gegenstand selbst, wobei der Gegenstand in der Regel als Teil einer vom Erkennenden unabhängigen →Wirklichkeit angesehen wird.

A.S.

Affekt Von lat. *affectus*, ›Gemütsstimmung, Erregung‹: meist heftige Gemütsbewegung, die durch Erregung des →Gefühls, Abreaktion und mehr oder weniger vollständige Ausschaltung des klaren Denkens gekennzeichnet ist. Im Unterschied zur Leidenschaft ist der Affekt von geringerer Dauer und geringerer seelischer Tiefe. Während die Affekte durch die Jahrhunderte fast durchweg als negativ und der →Vernunft entgegengesetzt aufgefasst wurden, hat sich heute eher die Ansicht durchgesetzt, dass sie eine notwendige Voraussetzung für die Kreativität des Menschen darstellen.

Von der Antike bis zur →Neuzeit (A) wird der Affektbegriff weiter als heute allgemein üblich gefasst. In der griechischen Philosophie umfasst er den gesamten Bereich der Gefühls- und Gemütszustände. Für →Aristoteles bezeichnet Affekt alle diejenigen seelischen Zustände, die mit →Lust oder Schmerz verbunden sind, also Begierde, Freude, →Angst oder Zorn. Die Affekte sind an sich weder gut noch schlecht, sondern natürliche Zustände des →Menschen; sie müssen allerdings von der Vernunft beherrscht werden, da sie andernfalls die gefühls- und willensmäßige Unterwerfung des Menschen unter die Bedingungen der Umwelt nach sich ziehen. Aristoteles fordert deshalb nicht die Unterdrückung, wohl aber die Mäßigung der Affekte. In der Philosophie der →Stoa kommt es dann zu einer Abwertung der Affekte, die auch von der christlichen Philosophie, besonders der Asketik, übernommen wird. Demnach stehen die Affekte dem Erreichen der Seelenruhe (→Ataraxie, →Apathie) im Weg und müssen deshalb als widernatürliche und unvernünftige Gemütsbewegungen bekämpft werden. Trotzdem kennt auch die stoische Philosophie – ebenso wie später die →Scholastik – durchaus auch positive oder ›gute‹ Affekte, nämlich solche, die in Übereinstimmung mit der Vernunft stehen (wie Vorsicht, Freude, vernünftiges Wollen), im Gegensatz zu den negativen oder ›schlechten‹ Affekten wie Begierde, Schmerz und Furcht. Erst in der →Renaissance (A) allerdings kommt es zu einer eindeutig positiven Aufwertung der Affekte, die nun als Voraussetzung für schöpferische Leistungen des Menschen angesehen werden. Für →Kant – von dem die im 19. Jh. äußerst einflussreiche Unterscheidung zwischen Affekt und Leidenschaft stammt – sind die Affekte letztlich vernunftwidrig und müssen als solche bekämpft werden; insofern steht er in der stoischen Tradition. Im 19. Jh. verlagerte sich die Untersuchung der Affekte in den Bereich der Psychologie, die sich im 20. Jh. mehr der Analyse der Leidenschaften zuwandte.

A.S.

Affektion Von lat. *affectio* ›Einwirkung‹: die Einwirkung oder Beeinflussung, die die Gegenstände auf die Sinne ausüben. Der Begriff der Affektion stammt aus der →Scholastik und wurde auch von →Descartes in diesem Sinne verwendet. Zentrale Bedeutung erhält er bei →Kant, dem es im Rahmen seines →transzendentalen →Idealismus um die Klärung der Frage nach der Art und Weise geht, in der der Gegenstand in der →Erkenntnis gegeben ist. Kant geht davon aus, dass die Erkenntnis eines Gegenstands immer auf die →Erfahrung und diese wiederum auf die →Anschauung angewiesen ist. Die Anschauung eines Gegenstands setzt ihrerseits voraus, dass uns der Gegenstand überhaupt ›gegeben‹ ist. Voraussetzung dafür ist schließlich, dass der Gegenstand »das Gemüt auf gewisse Weise affiziere«. Die Affektion stellt damit die notwendige objektive Bedingung der Anschauung dar, und zwar sowohl der äußeren als auch der inneren (denn auch wir selbst können uns nur in der Weise anschauen, »wie wir innerlich affiziert werden«). Aufgrund ihrer fundamentalen Bedeutung für den Erkenntnisprozess bildet die Affektion bei Kant das Kriterium für die Begrenztheit aller menschenmöglichen Erkenntnis: »wie →Dinge an sich selbst (ohne Rücksicht auf →Vorstellungen, dadurch sie uns affizieren) sein mögen, ist gänzlich außer unsrer Erkenntnissphäre«.

A.S.

Affinität Von lat. *affinitas*, ›Schwägerschaft, Grenznähe‹: die Wesensverwandtschaft zweier →Erscheinungen und die dadurch bewirkte Anziehungs- und Verbindungsmöglichkeit. Der Begriff spielt eine Rolle in der →Erkenntnistheorie →Kants, der die Affinität als →transzendentalen »Grund der Möglichkeit der Association des Mannigfaltigen, so fern er im Objekte liegt«, bestimmt (→Assoziation).

A.S.

Affirmation Von lat. *affirmatio*, ›Versicherung; Beteuerung‹: Bejahung, Zustimmung. In der traditionellen →Logik werden bejahende Allaussagen (›Alle S sind P‹) und bejahende partikuläre →Aussagen (›Einige S sind P‹) als affirmative →Urteile bezeichnet, im Gegensatz zu den negativen Urteilen ›Alle S sind nicht P‹ und ›Einige S sind nicht P‹.

In ganz anderem Sinn spielt der Begriff der Affirmation eine Rolle in der →kritischen Theorie der Frankfurter Schule. Beispielsweise bestimmte Herbert Marcuse in seinem Aufsatz *Über den affirmativen Charakter der Kultur* (1937) die affirmative Kultur als diejenige, die das Gute, Schöne und Wahre zu einer höheren Welt geistig-seelischer bzw. innerlicher Art stilisiert und somit durch die feierliche Ergänzung der schlechten Welt dazu beiträgt, dass diese Welt geduldig ertragen und also bewahrt wird.

A.S.

Affizieren →Affektion

Agape Griech. ›Liebe, Nächstenliebe‹ (lat. *caritas*): zentraler Begriff in der Philosophie →Plotins. Agape bezeichnet das Zufriedensein oder Sich-zufrieden-Geben mit den Dingen. Im Gegensatz zum Eros, der nach Vervollkommnung strebt, bedeutet Agape eine bewusste Entscheidung für das Geringere oder Einfache. Im christlichen Verständnis bezeichnet Agape auch die Zuwendung →Gottes zum →Menschen sowie umgekehrt die Selbsthingabe des Menschen an Gott und den Nächsten.

A.S.

Agere sequitur esse Lat. ›das Wirken folgt dem Sein‹: Grundsatz der →Scholastik, wonach das Handeln oder Wirken das →Sein oder die →Substanz voraussetzt. Dieser Grundsatz steht im Gegensatz zur Theorie der →Aktualität.

A.S.

Agnostizismus Von griech. *agnostos*, ›unbekannt‹: von Thomas H. Huxley 1869 geprägte Bezeichnung für die Lehre von der Unerkennbarkeit des absoluten, wahren →Seins. Im engeren Sinn bezogen auf die Unerkennbarkeit Gottes – nach dem →*deus absconditus* (dem ›verborgenen Gott‹) von Jesaja 45,15 –, bezeichnet Agnostizismus im weiteren Sinn die Unerkennbarkeit der →Wahrheit, der →Wirklichkeit, des Übersinnlichen und Metaphysischen überhaupt. Da eine Antwort auf die metaphysischen Fragen nach →Gott, nach dem →Sinn des Seienden, nach dem Absoluten oder dem Ganzen unmöglich sei, bestreitet der Agnostizismus, dass es eine →Metaphysik als →Wissenschaft überhaupt geben kann. Die →Erkenntnis kann sich immer nur auf das tatsächlich Erfahrene, das faktisch Gegebene und Innerweltliche beziehen. – Der Agnostizismus als Verneinung der Erkennbarkeit Gottes und der Wirklichkeit an sich findet sich in der kritizistischen Philosophie →Kants und liegt auch der Metaphysik-Kritik des →Positivismus zugrunde.

A.S.

Akademie Von →Platon 385 v.Chr. gegründete Philosophenschule. Die Rechtsform der Akademie war die eines Kultvereins zum Zweck der Verehrung Apolls und der Musen. Lehrer und Schüler lebten in einer Lebensgemeinschaft zusammen, in der durch die auferlegten Entbehrungen (wenig Schlaf, sexuelle Enthaltsamkeit, kein Fleischgenuss) eine Reinigung der →Seele und somit eine Steigerung der Erkenntnisfähigkeit bewirkt werden sollte. Die Forschung sollte nach Platons Absicht stark auf die Mathematik ausgerichtet werden, da die mathematische Erkenntnis seiner Meinung nach ein Analogon zur philosophischen darstellt. Die Akademie wurde zum Vorbild für ähnliche Schulen der Antike (→Peripatos, →Stoa). – 1459 gründete Cosimo de Medici in Florenz eine neue platonische Akademie, an der griechische Denker lehrten, die nach der Eroberung Konstantinopels (1453) nach Italien geflohen waren und dabei zahlreiche Texte Platons mitbrachten, die bis dahin in Westeuropa unbekannt waren. Diese Akademie bestand bis 1521. – Heute versteht man unter Akademien Forschungsanstalten, wissenschaftliche Gesellschaften oder Vereinigungen zur Förderung von Wissenschaft und Kunst. Das Adjektiv akademisch bezieht sich freilich nicht mehr auf die Akademien im engeren Sinn, sondern auf die Hochschulen und Universitäten.

A.S.

Akroamatisch Von griech. *akroamatikos*, ›hörbar‹: zum Anhören bestimmt. Akroamatisch werden diejenigen Schriften des →Aristoteles genannt, die aus zusammenhängenden Vorträgen entstanden sind. Bei der akroamatischen – im Gegensatz zur erotematischen oder dialogischen – Lehrweise hört der Schüler dem Lehrer nur zu und tritt nicht in ein Gespräch mit ihm ein.

A.S.

Akt-Potenz-Lehre Von lat. *actus*, ›Antrieb, Handlung‹ und *potentia*, ›Vermögen‹: Grundbegriffe der scholastischen →Metaphysik. Alltagssprachlich bedeutet Akt soviel wie →Handlung oder Tätigkeit, →Potenz soviel wie →Vermögen oder Fähigkeit. Im philosophischen Sinn (und im Zusammenhang dieses Gegensatzpaares) bezeichnet Akt das Seins-, Wirk- und Formprinzip, Potenz dagegen die bloß wesenhafte Seinsmöglichkeit.

Die Akt-Potenz-Lehre geht auf die aristotelische Unterscheidung zwischen →Möglichkeit (griech. →*dynamis*) und Tätigkeit (griech. →*energeia*) zurück, mit deren Hilfe →Aristoteles die Probleme des →Werdens, der Veränderung und Entwicklung zu lösen versuchte. Aristoteles ging – in Auseinandersetzung mit →Heraklit auf der einen und den →Eleaten auf der anderen Seite – davon aus, dass das Werdende weder aus dem →Nichts kommt noch sich durch Veränderung aus dem aktuell Seienden entwickelt, sondern aus dem nur potenziell Seienden entsteht. Dieses →Sein der Möglichkeit steht zwischen Sein und Nicht-Sein. Alles Werden ist demnach ein Übergang von der Potenz zum Akt. Beispielsweise trage ein Marmorblock die Möglichkeit in sich, zu einer Statue zu werden, aber ebenso auch die Möglichkeit, nicht zu einer Statue zu werden. Soll nun eine Statue entstehen, so bedarf es der Tätigkeit des Künstlers, die zum einen die →Ursache für die Verwandlung des Marmorblocks ist und zum anderen deren Ziel, die Statue, in sich enthalte. Das Werden ist demnach immer auf ein Ziel (griech. →*telos*) gerichtet: Der Stein fällt, weil er seinem natürlichen Ort, dem Erdmittelpunkt, zustrebt; das Samenkorn entwickelt sich und wächst, weil seine →Natur das Pflanze-Sein ist; der Mensch strebt nach Gemeinschaft, weil er seiner Natur nach ein gesellschaftliches Wesen ist usw. (→Teleologie).

Die Akt-Potenz-Lehre wurde zum zentralen Bestandteil der scholastischen Metaphysik. Allerdings ging es im mittelalterlichen Denken nicht mehr um das Problem des Werdens und der Veränderung des Seienden, sondern um das Verhältnis des Seienden zum Sein, also um das Verhältnis der geschaffenen Dinge zu →Gott. Für →Thomas von Aquin, der die Akt-Potenz-Lehre mit der Lehre von der →Analogie des Seins verband (→*analogia entis*), bezeichnen die aristotelischen Begriffe *dynamis* (Potenz) und *energeia* (Akt) nicht mehr nur →Prinzipien des veränderlich Seienden, sondern sind zugleich und vor allem Bestimmungen des Absoluten und damit letztlich Gottes. Demnach kommt Gott als dem unendlichen Vermögen zugleich auch höchste →Wirklichkeit zu. In Gott, der als selbstständiges Sein (*esse subsistens*) bestimmt wird, fallen Akt und Potenz zusammen, da bei ihm kein Unterschied zwischen Sein und Tun besteht. Alles geschaffene Seiende trägt zwar den Unterschied von Akt und Potenz in sich, jedoch in unterschiedlichem Grad. In der Hierarchie des Seienden stehe dasjenige am höchsten, das möglichst wenig Potenzialität und möglichst viel an aktuellem Sein in sich trage (beispielsweise sei das Kind gegenüber dem Erwachsenen unvollkommener, weil es lediglich als Möglichkeit in sich trage, was bei diesem bereits verwirklicht ist).

Aufgrund ihres teleologischen und spekulativen Charakters wurde die Akt-Potenz-Lehre in der Zeit der →Renaissance (A) und der Aufklärung (→A Neuzeit – Aufklärung) als überholt angesehen. In der →Neuscholastik Ende des 19. Jhs. wurde die Lehre wieder aufgenommen und erneuert.

A.S.

Aktualität Von lat. *actus*, ›Antrieb, Handlung‹: Aktualität bezeichnet einerseits das tatsächliche, aktuelle →Sein im Gegensatz zur →Potenzialität, zum bloß möglichen Sein (→Akt-Potenz-Lehre). Andererseits – nämlich im Kontext der Aktualitätstheorie – ist Aktualität der Gegenbegriff zu Essenz (→Wesen) oder →Substanz. Dieser Lehre zufolge kann es ein beharrendes, unveränderliches Sein nicht geben; alles Sein, alle →Wirklichkeit ist vielmehr im ewigen →Werden, im lebendigen Geschehen, im Wirken und Tun begriffen. Diese metaphysische Aktualitätstheorie besagt also, dass alles Sein auf Akte zurückgeführt werden muss und dass die Annahme einer der Wirklichkeit zugrunde liegenden Substanz abzulehnen ist. Sie widerspricht somit dem scholastischen Grundsatz →*agere sequitur esse* (»das Wirken oder Handeln folgt dem Sein«). Varianten dieser Theorie wurden von →Heraklit, →Fichte, →Hegel, →Nietzsche und →Bergson vertreten. Eine psychologische Aktualitätstheorie wurde beispielsweise von →Hume, Fechner und Wundt vertreten. Demnach stellt die →Seele weder eine den seelischen Akten zugrunde liegende, immaterielle Seelensubstanz dar, noch lassen sich psychische Vorgänge auf physiologische Vorgänge zurückführen. Seele ist vielmehr als abstrakter →Begriffe für seelisches Geschehen, für die Einheit der psychischen Prozesse zu verstehen.

A.S.

Akzidens Von lat. *accidentia*, ›das plötzlich Eintretende‹: das Unwesentliche, Wechselnde, Zufällige; die unwesentlichen und veränderlichen Eigenschaften eines Dinges, die auch wegbleiben können, ohne dass sich dadurch das →Wesen (→Substanz) des Dinges ändern würde. →Aristoteles unterscheidet neun Klassen von Akzidenzien: Qualität, Quantität, Relation, Ort, Zeit, Lage, Zustand, Tun und Leiden. Den Gegensatz zu den unwesentlichen, nicht essenziellen Akzidenzien bilden die →Attribute, also diejenigen Wesensmerkmale, die allen Exemplaren einer bestimmten Gattung notwendig zukommen und die deren Wesen oder Essenz ausmachen.

A.S.

Akzidenziell Von lat. *accidens*, ›anfallend‹: zufällig, unwesentlich, nebensächlich, im Gegensatz zum Essenziellen. Manchmal auch akzidentell oder akzidental.

A.S.

Aletheia Griech. ›Unverborgenheit, Wahrheit‹: die →Wahrheit im Gegensatz zum →Schein, zur Lüge und zum Irrtum. In der Antike wurde der Begriff *aletheia* in mehrfacher Hinsicht zur Charakterisierung der Wahrheit gebraucht, nämlich als Wahrheit oder Offenbar-Sein der seienden Dinge (also in ontologischer Hinsicht), als Wahrheit von →Erkenntnissen, Meinungen und →Aussagen (also in epistemologischer Hinsicht) sowie als Wahrhaftigkeit im moralischen Sinn. Das heutige Verständnis des Ausdrucks stützt sich vornehmlich auf →Heideggers Deutung, in der dem ontologischen Wahrheitsbegriff (im Sinne eines ›Entbergens‹ oder Unverborgensein) der Vorrang vor dem epistemologischen Wahrheitsbegriff (also der Wahrheit von Erkenntnissen oder Sätzen) gegeben wird.

A.S.

Alexandrinische Philosophie Die in den ersten Jahrhunderten vor und nach Christus in Alexandria ansässige philosophisch-theologische Schule, die vor allem aus spätgriechischen, jüdischen und christlichen Elementen bestand. Zu ihren Hauptvertretern gehören Philo Judaeus, Clemens von Alexandria und Origenes. Die alexandrinische Philosophie verstand sich als christliche Philosophie, die an die Stelle der spätgriechischen Philosophie treten sollte. Gemeinsame Merkmale waren zum einen eine stark spirituelle Tendenz, zum anderen eine Methode der Schriftauslegung, die den geistigen Gehalt hinter dem geschriebenen Wort aufdecken sollte.

A.S.

Algorithmus Nach Abu-Ja'far Mohammed Ibn-Musa Al-Chwarizmi (persischer Mathematiker des 9. Jhs.): Rechenschema, Verfahren zur Lösung bestimmter Aufgaben, wobei jeder Schritt genau definiert und schematisch festgelegt ist, und zwar derart, dass jedes Mitglied einer Sprachgemeinschaft, in deren Sprache eine algorithmische Anweisung formuliert ist, nach ihr handeln kann. Algorithmen spielen vor allem in der mathematischen Logik eine Rolle sowie in der Kybernetik, die sich mit Algorithmen der Steuerung, der Informationsverarbeitung usw. befasst.

A.S.

Allgemeine Urteile Urteile, in denen allen Gegenständen einer bestimmten Klasse eine bestimmte Eigenschaft zugeschrieben wird; Beispiel: ›Alle Menschen sind sterblich.‹ (→Allsatz)

A.S.

Allgemeines Das, was einer Menge von Einzeldingen notwendigerweise gemeinsam ist. Den Gegensatz zum Allgemeinen, d.h. zu den notwendigen, wesentlichen Eigenschaften oder Merkmalen (→Attribut), bildet das Besondere, also diejenigen Eigenschaften oder Merkmale, die entweder nur einem einzelnen Ding oder einem Ding nur zufällig zukommen (→Akzidens).

Für →Platon war das Allgemeine das eigentliche, wirkliche →Sein, also die →Idee, während das Besondere nur durch Teilhabe am Allgemeinen wirklich ist. Für →Aristoteles besitzt das Allgemeine keine eigene →Wirklichkeit, es ist selbst also nichts Substanzielles, sondern wohnt den Einzeldingen als deren →Form inne. Die Frage, ob das Allgemeine eine unabhängige und substanzielle Existenz besitzt oder aber nur im Intellekt, d.h. als Produkt unseres Verstandes existiert, ist Gegenstand des mittelalterlichen →Universalienstreits zwischen Realisten und Nominalisten. Die Zurückweisung des Begriffs eines unabhängig existierenden Allgemeinen ist im 20. Jh. Teil der umfassenden Metaphysikkritik, etwa bei →Wittgenstein, der das philosophische ›Streben nach Allgemeinheit‹ als unzulässigen Essenzialismus kritisiert. Das von Wittgenstein eingeführte Konzept der →Familienähnlichkeit liefert ein Modell, das bei der →Erklärung der →Bedeutung eines Ausdrucks oder →Begriffs auf die Annahme eines unabhängig existierenden, allgemeinen →Wesens verzichtet. Im so genannten modernen Universalienstreit geht es um die Frage, ob es einen grundsätzlichen Funktionsunterschied zwischen singulären Termen (also Namen, die für ein Einzelnes stehen) und generellen oder allgemeinen Termen (also Ausdrücken, die für ein Allgemeines stehen) gibt.

A.S.

Allgemeingültigkeit Die ausnahmslose →Geltung von Behauptungen, die darin begründet ist, dass sie erstens vernünftig sind und dass zweitens jeder Mensch mit derselben Vernunft ausgestattet ist. Allgemeingültige Behauptungen gelten damit als wahr.

W.R.

Allographisch →Autographisch

Allsatz Auch Allaussage oder Generalisation, eine →Aussage über alle →Individuen, Eigenschaften oder Sachverhalte eines bestimmten Individuenbereichs. In einem Allsatz wird mit den Wörtern ›all‹, ›sämtliche‹, ›jegliche‹ oder ›jeder‹ die Generalisierung oder Universalisierung des ausgesagten Sachverhalts ausgedrückt. In der →Prädikatenlogik wird der Allsatz oder die Allaussage mit Hilfe des All-Quantors $\wedge$ (lies: ›für alle‹) gebildet. Die symbolische Darstellung hat die Form: $\wedge x(x \in P)$ (lies: ›für alle Gegenstände x gilt: x hat die Eigenschaft P‹).

A.S.

Als ob Bezeichnet eine notwendig erscheinende Vorstellung oder Fiktion. →Kant verwendet den Ausdruck, um den →Ideen →Gott, →Freiheit, Unsterblichkeit usw., für die es keinen theoretischen Beweis geben kann, praktische Relevanz in moralischer Hinsicht zu geben. Wir müssen demnach ›so handeln, als ob wir wüssten, dass diese Gegenstände wirklich wären‹. Im Anschluss an Kant hat Vaihinger eine Philosophie des Als-ob entworfen. – In der Wissenschaft spielen Als-ob-Annahmen im Bereich der →Heuristik eine große Rolle.

A. S.

Altertum →A

Altruismus Von franz. *altruisme*, ›Nächstenliebe‹, zu lat. *alter*, ›der Andere‹: Selbstlosigkeit, Uneigennützigkeit, durch die Rücksicht auf andere gekennzeichnete Denk- und Handlungsweise, im Gegensatz zum Egoismus. Als sittliche →Maxime wurde der Altruismus zum ersten Mal von Comte gefordert. Demnach sollte *vivre pour autrui* (»für den anderen leben«) das Motto für die →Moral der Zukunft sein.

A. S.

Amnesie Von griech. *a* ›nicht‹ und *mnesis* ›Erinnerung‹: Gedächtnisstörung, vorübergehender oder endgültiger Gedächtnisverlust.

A. S.

Amphibolie Von griech. *amphibolos*, ›von allen Seiten beworfen‹: Doppel- oder Zweideutigkeit (im logischen Sinn). →Kant verwendet die Ausdrücke »transzendentale Amphibolie« oder »Amphibolie der Reflexionsbegriffe« als Bezeichnung für die Verwechslung des →empirischen Verstandesgebrauchs mit dem →transzendentalen.

A. S.

An sich In der →Erkenntnistheorie meint man mit dem Gegenstand (oder dem Seienden) an sich dasjenige, was unabhängig von den Erkenntnisleistungen des →Subjekts existiert, also den Gegenstand, wie er für sich selbst, objektiv oder auch in seinem →Wesen ist. So zeichnen sich etwa die platonischen →Ideen – im Gegensatz zu den realen Einzeldingen – durch ihr Ansich-Sein aus. Bei →Aristoteles und in der →Scholastik haben die →Substanzen den Charakter des An-sich-Seienden. →Kant spricht zwar ebenfalls noch von einem →Ding an sich, jedoch könne dies in der theoretischen Philosophie nicht mehr erkannt werden. Die auf sinnliche →Anschauung angewiesene Erkenntnis kann sich deshalb immer nur auf die →Erscheinung des Dings richten.

Eine philosophiegeschichtlich einflussreiche Unterscheidung wurde von →Hegel eingeführt. Demnach steht neben dem An-sich-Sein (als dem Stadium der →Identität) das →Für-sich-Sein (als das Stadium der Differenz oder Nicht-Identität); diese beiden Stadien werden schließlich in einem Stadium des An-und-für-sich-Seins vermittelt oder aufgehoben (→Dialektik). – In der →Existenzphilosophie →Sartres kennzeichnet das An-sich-Sein (*être en soi*) das →Sein der Dinge selbst. Demgegenüber steht das Für-sich-Sein (*être pour soi*) des Menschen, der vor der vollkommenen Selbstsicherheit und Vollständigkeit der Dinge metaphysischen Ekel empfindet.

A. S.

Analogia entis Lat. ›Ähnlichkeit des Seins‹: in der scholastischen, speziell der thomistischen, und neuscholastischen Philosophie Bezeichnung für das Verhältnis des ewig göttlichen →Seins zum endlichen, vergänglichen Sein der Schöpfung. Demnach hat das endliche, vergängliche Sein Teil am ewigen Sein des Schöpfers, sodass eine Ähnlichkeit zwischen den beiden Seinsarten besteht. Der Lehre von der Analogie des Seins liegt die Annahme zugrunde, dass der →Begriff des Seins als der allgemeinste Begriff nicht mehr definierbar ist. Er ist damit kein eindeutiger oder univoker Begriff mehr, sondern ein analoger. Das Sein ist nicht bei allen Gegenständen identisch, sondern den verschiedenen Gegenständen angepasst oder proportional. Trotzdem ist jedes endliche Sein →Gott ähnlich, allerdings nur in analoger, unvollkommener Weise. →Thomas von Aquin verband die Lehre von der Analogie des Seins mit der aristotelischen →Akt-Potenz-Lehre zur →Erklärung des Verhältnisses zwischen göttlichem Sein und geschaffenem Seiendem.

A. S.

Analogie Von griech. *analogon*, ›nach Verhältnis‹: Entsprechung, Gleichwertigkeit, Ähnlichkeit; Bezeichnung für die Übereinstimmung zweier oder mehrerer Gegenstände bzw. Sachverhalte hinsichtlich bestimmter Merkmale (etwa solcher der Struktur, der Funktion usw.); bisweilen auch Bezeichnung für die durch den Vergleich erlangte Erkenntnis (→Analogieschluss).

Voraussetzung für die Vergleichbarkeit zweier Gegenstände ist, dass zwischen ihnen sowohl Ähnlichkeit als auch Verschiedenheit besteht, und dass des Weiteren dasjenige, womit verglichen werden soll (das so genannte →*tertium comparationis*), bekannter ist als das zu Vergleichende.

A.S.

Analogieschluss Logisches Schlussverfahren, bei dem von der Übereinstimmung oder Ähnlichkeit zweier oder mehrerer Gegenstände bzw. Sachverhalte in einigen Hinsichten (Eigenschaften, Relationen, Funktionen oder Strukturen) auf ihre Übereinstimmung oder Ähnlichkeit in anderen Hinsichten geschlossen wird. Auf der Grundlage von Analogieschlüssen lassen sich lediglich Aussagen über die Wahrscheinlichkeit des Vorkommens bestimmter Eigenschaften machen. Trotzdem spielen solche Schlüsse in der wissenschaftlichen Praxis, beispielsweise bei der Hypothesenbildung, eine große Rolle.

A.S.

Analyse Von griech. *analysis*, ›Auflösung‹: im weiteren Sinn soviel wie genaue Untersuchung (Beispiel: Textanalyse); im engeren, philosophischen Sinn die Zergliederung eines Ganzen in seine Teile, eines Zusammengesetzten in seine Elemente. Die so genannte analytische Methode besteht darin, Gedanken, →Begriffe, Sachverhalte usw. in ihre Teilinhalte zu zergliedern, um diese im Einzelnen erkennbar werden zu lassen. Ziel der Analyse ist es, wesentliche und notwendige Eigenschaften von unwesentlichen und zufälligen zu trennen und so von der undifferenzierten Betrachtung der →Erscheinung als Ganzes zur →Erkenntnis ihres →Wesens zu gelangen. Bei der elementaren Analyse geschieht dies ohne Rücksicht auf die Beziehungen, in denen die Teile zueinander und zum Ganzen stehen. Die kausale Analyse hingegen zerlegt die Erscheinung mit Rücksicht auf die Beziehungen der Teilinhalte und ist insofern mit einer der Analyse entgegengesetzten →Synthese verbunden.

Zentrale Bedeutung hat der Begriff der Analyse in der →analytischen Philosophie, wobei das Problematische sowohl des Begriffs als auch der Tätigkeit von Anfang an durchaus gesehen wurde: »Analyse und Unterscheidung sind oft sehr schwierig« (Moore). Im Anschluss an die Kritik des Analysebegriffs in →Wittgensteins *Philosophischen Untersuchungen* können zwei →Bedeutungen unterschieden werden: auf der einen Seite die möglichst vollständige und möglichst genaue Analyse von Wortbedeutungen und dem →Sinn von →Propositionen, die explizit machen soll, was mit den Ausdrücken eigentlich gemeint sei. Diese Form der Analyse setzt stillschweigend voraus, dass Bedeutung und Sinn zwar festliegen, jedoch irgendwie ›unter der Oberfläche‹ verborgen sind. Diese Annahme wird von Wittgenstein – ähnlich wie der →Essenzialismus – kritisiert und abgelehnt. Wittgensteins eigene Vorgehensweise besteht eher in der ›therapeutischen‹ Beseitigung von philosophischen Missverständnissen und Verwirrungen, die dadurch ausgeräumt werden sollen, dass man bestimmte Ausdrucksformen durch andere ersetzt. Aufgrund der Ähnlichkeit dieses Verfahrens mit dem Vorgang des Zerlegens kann man auch hierfür den Namen Analyse wählen. Es ist allerdings zu beachten, dass dabei keineswegs der Anspruch erhoben wird, den einen wahren Sinn von Ausdrucksformen freigelegt zu haben. In dieser unterschiedlichen Auffassung des Begriffs besteht eine der Hauptdifferenzen zwischen den Wittgensteinianern und bestimmten anderen Vertretern der analytischen Philosophie.

A.S.

Analytische Philosophie Neben der →Phänomenologie die wohl einflussreichste philosophische Strömung des 20. Jhs. Sie entstand als Gegenbewegung zur spekulativen Tradition und war ursprünglich vor allem im angelsächsischen und skandinavischen Raum verbreitet, hat inzwischen aber auch in Kontinentaleuropa an Einfluss gewonnen. Dabei bezeichnet analytische Philosophie keine einheitliche philosophische Position, sondern eine Vielzahl unterschiedlicher Richtungen, die jedoch gewisse Grundvoraussetzungen teilen. Dazu gehört vor allem die Überzeugung, dass der Untersuchung der →Sprache eine zentrale Rolle bei der Lösung philosophischer Probleme zukommt. Diese Hinwendung zur Sprache, auch sprachliche oder sprachkritische Wende (*linguistic turn*) genannt, hat dazu geführt, dass die analytische Philosophie häufig auch als sprachanalytische Philosophie bezeichnet worden ist. Diese Gleichsetzung ist jedoch bestenfalls für die Anfangsphase der analytischen Philosophie korrekt. Abzugrenzen ist die sprachanalytische Philosophie (*linguistic philosophy*) als philosophische →Methode von der →Sprachphilosophie (*philosophy of language*) als Disziplin. Sprachanalytische Philosophen sind nicht zwangsläufig Philosophen ›der Sprache‹, sondern in erster Linie Philosophieren ›durch die Sprache‹. Die sprachanalytische Methode findet Anwendung nicht nur in der Sprachphilosophie, sondern in fast allen →Disziplinen der Philosophie, insbesondere in →Erkenntnistheorie, →Wissenschaftstheorie, Philosophie des Geistes und →Ethik. Sprachanalytisches Philosophieren ist allerdings schlecht vorstellbar ohne Anwendung sprachphilosophischer Ergebnisse, sodass die Sprachanalyse auch als angewandte Sprachphilosophie bezeichnet worden ist.

Bereits bei Russell (1872–1970) und Moore (1873–1958), die als Gründerväter der analytischen Philosophie gelten, zeigt sich eine Aufspaltung in zwei Richtungen. Beide vertreten die Ansicht, dass die logische Analyse sprachlicher Ausdrücke die zentrale philosophische Methode darstellt. Durch die Aufdeckung der von der normalsprachlichen Grammatik verdeckten logischen Struktur der Sprache sollten philosophische Begriffsverwirrungen beseitigt werden. Russell sah die normale Umgangssprache als ungenau und daher als ungeeignet für eine Formulierung und Klärung wissenschaftlicher und philosophischer Probleme an. Sein Ziel war die Konstruktion einer an Mathematik und →Logik orientierten formalen Idealsprache. Logische Sprachanalyse bestand für ihn aus der Rekonstruktion der Formulierungen der natürlichen Sprache in einer solchen Idealsprache. Moore sah dagegen die sich im täglichen Gebrauch bewährende Normalsprache als unproblematisch an und zielte auf eine Beschreibung und ein tieferes Verständnis dieser Sprache, auf die als Träger des →*common sense* letztlich alle legitimen philosophischen Redeweisen zurückzuführen seien. Die Sprachanalyse wird hier also in der natürlichen Sprache selbst vollzogen. Diese beiden Richtungen setzten sich weiter fort und führten zu zwei teilweise parallel laufenden Traditionen in der analytischen Philosophie, die unter den Bezeichnungen ›Idealsprachenprogramm‹ und ›Normalsprachenprogramm‹ bekannt wurden.

Für die Vertreter des Idealsprachenprogramms ist eine Anwendung der Mittel der von →Frege entwickelten modernen Logik sowie eine enge Ausrichtung an den Naturwissenschaften charakteristisch. Ein entscheidender Markstein war dabei →Wittgensteins *Tractatus logico-philosophicus* (1921), in dem eine Radikalisierung des sprachkritischen Programms vertreten wird. Während für Russell die logische Sprachanalyse nur eine Voraussetzung für jedes adäquate Philosophieren war, identifizierte Wittgenstein (1889–1951) die Philosophie vollständig mit Sprachanalyse (»Alle Philosophie ist ›Sprachkritik‹«). In dem von Russell und Wittgenstein vertretenen logischen →Atomismus besteht die logische Analyse aus einer Zerlegung komplexer Sätze in ihre Elementarsätze, die als logische Atome nicht weiter zerteilbar sind. Nach der →Abbildtheorie des *Tractatus* sind diese Elementarsätze direkte Abbildungen logisch einfacher Tatsachen; die in den Elementarsätzen auftretenden Namen bezeichnen einfache Gegenstände. Sprache und →Welt teilen somit eine gemeinsame logische Form. Da aber die Umgangssprache die logische Form der Welt nicht widerspiegelt, muss das Ziel in der Konstruktion einer in diesem Sinne korrekten Idealsprache bestehen. Wittgenstein vertritt im *Tractatus* gleichzeitig eine radikale Auffassung zum Status philosophischer Sätze, die in der berühmten Leiter-Metapher zum Ausdruck gebracht wird. Nachdem die Philosophie mit Sprachkritik identifiziert wurde, die es mit der logischen Form von Sätzen zu tun hat, kommt Wittgenstein zu dem Schluss, dass über die logische Form der Sprache gar keine sinnvollen Sätze gebildet werden können. Die logische Form ist das, was sich an der Sprache zeigt, aber nicht in ihr ausgedrückt werden kann. Sinnvolle Sätze können lediglich in den →empirischen Einzelwissenschaften gebildet werden, Philosophie als theoretische Disziplin wird prinzipiell unmöglich.

Der *Tractatus* übte einen großen Einfluss auf die Mitglieder des →Wiener Kreises aus, dessen wirkungsmächtigstes Mitglied →Carnap (1891–1970) war. Der auf den Wiener Kreis zurückgehende logische →Empirismus, dessen Wiener Phase auch als logischer Positivismus bezeichnet wird, war in der Folgezeit der dominierende Träger der idealsprachlich ausgerichteten analytischen Philosophie. Übernommen wird sowohl das Ziel der Errichtung von formalen Kunstsprachen, die als adäquate Wissenschaftssprachen dienen können, als auch die Auffassung von Philosophie als logischer Analyse der Wissenschaftssprache (Wissenschaftslogik). Anders als bei Wittgenstein wird jedoch an der Möglichkeit festgehalten, sinnvolle philosophische Sätze bilden zu können, indem zwischen der untersuchten Sprache (→Objektsprache) und der Sprache, in der die Untersuchungsergebnisse formuliert sind (→Metasprache) unterschieden wird. In der Metasprache kann sehr wohl sinnvoll über logische Eigenschaften der Objektsprache geredet werden. Nachdem Carnap in der *Logischen Syntax der Sprache* (1934) nachgewiesen zu haben glaubte, dass unter bestimmten Voraussetzungen als Metasprache auch die Objektsprache selbst dienen kann, schien das wittgensteinsche Dilemma endgültig überwunden zu sein.

Die in der analytischen Tradition auch vorher schon vorhandene Metaphysikfeindlichkeit erfuhr im Wiener Kreis eine besondere Betonung. Mit der Auffassung von Philosophie als Wissenschaftslogik wurde gleichzeitig jeder Anspruch der Philosophie, eine über die empirischen Einzelwissenschaften hinausgehende Erkenntnis zu liefern, zurückgewiesen. Eine Hauptaufgabe der logischen Analyse der Sprache wurde darin gesehen, Sinnkriterien für sprachliche Ausdrücke zu formulieren, die zeigen sollten, dass metaphysische Sätze keinen empirischen Gehalt haben und daher nur sinnlose Scheinsätze sind. Sie entstehen nach Ansicht dieser Philosophen entweder durch eine der logischen Syntax widersprechende Verwendung sinnvoller Ausdrücke oder auf der Verwendung von Ausdrücken ohne jeden empirischen Gehalt (siehe z.B. Carnaps *Überwindung der Metaphysik durch logische Analyse der Sprache*, 1932). Eine Idealsprache sollte so konstruiert sein, dass syntaxwidrige Sätze gar nicht mehr formulierbar sind. Bei der Anwendung der Sinnkriterien zeigten sich jedoch bald Schwierigkeiten, die zu einer immer weiter gehenden Liberalisierung führten, was schließlich einige Vertreter des logischen Empirismus dazu brachte, die Möglichkeit einer strikten Abgrenzung zwischen empirisch-sinnvollen und metaphysisch-sinnlosen Ausdrücken generell anzuzweifeln.

War Wittgensteins *Tractatus* prägend für die idealsprachlich ausgerichtete analytische Philosophie, so wurde die normalsprachliche Richtung entscheidend von Wittgensteins Spätphilosophie der *Philosophischen Untersuchungen* (postum 1953) beeinflusst, in der dieser seine Sicht der Sprache grundlegend revidiert hat. Erhalten geblieben ist jedoch die Auffassung, dass es keine echten philosophischen Sätze gibt: »Philosophie entsteht, wenn die Sprache feiert«, d.h. wenn man von den Regeln des in die Praxis eingebetteten normalen Sprachgebrauchs abweicht. Der einzige Nutzen der Philosophie ist hier der, falsche Auffassungen zurückzuweisen, die durch einen unzulässigen Sprachgebrauch entstehen: Philosophie wird als Therapie verstanden. Die Sprachanalyse ist somit für Wittgenstein nicht das eigentliche Anliegen, sondern das Mittel zur Therapierung der philosophischen Neigungen des Menschen. Und sie wird nun nicht mehr, wie im *Tractatus*, als erklärende logische Analyse aufgefasst, die ein tiefer liegendes →Wesen der Sprache aufdeckt, sondern als eine beschreibende Darstellung, die die schon an der Oberfläche vorhandenen Zusammenhänge hervorhebt. Folglich besteht das Ziel auch nicht mehr in der Konstruktion einer Idealsprache; die normale Umgangssprache ist die Sprache, mit ihr sind bereits alle Mittel gegeben, deren es zu einer Sprachkritik bedarf. So kann der gewöhnliche Gebrauch der Sprache als Kriterium für die Kritik der philosophischen Sprache herangezogen werden. Dabei soll der normale Sprachgebrauch nicht durch eine empirische Untersuchung des faktischen Sprachverhaltens der Mitglieder einer Sprachgemeinschaft festgestellt werden, sondern durch eine Analyse von vorstellbaren sinnvollen Verwendungsweisen der untersuchten Wörter.

Das Programm der Untersuchung des gewöhnlichen Sprachgebrauchs zur Aufdeckung von sprachlichen Missverständnissen, die zur Entstehung philosophischer Probleme führen, wurde von der so genannten Philosophie der normalen Sprache (engl. →*Ordinary Language Philosophy*) aufgegriffen. Diese Richtung, die nach der Wirkungsstätte ihrer wichtigsten Vertreter Ryle (1900–1976), Austin (1911–1960) und

Strawson (*1919) auch →*Oxford School* genannt wird, machte die Begriffsanalyse zum Werkzeug, um klassische philosophische Probleme zu untersuchen und durch Zurückführung auf den normalen Sprachgebrauch zu lösen oder als unsinnig zu erweisen. Ziel ist die Entwicklung einer nicht formalen Logik der gewöhnlichen Sprache. Anders als bei Wittgenstein wird zu deren Auffindung jedoch auf den empirisch feststellbaren faktischen Sprachgebrauch zurückgegriffen; aus der logischen Analyse wird eine linguistische Analyse, für deren Durchführung die Hilfe der Sprachwissenschaft gesucht wird. Eine Fortsetzung findet diese Verschmelzung von analytischer Philosophie und Linguistik in der von Austin entwickelten und von Searle (*1932) weiter ausgebauten Sprechakttheorie (→Sprachphilosophie).

Ziel des ursprünglichen sprachkritischen Programms der analytischen Philosophie war die Klärung der Bedingungen der Möglichkeit sinnvollen Redens und damit der Möglichkeit wissenschaftlicher Erkenntnis durch eine logische Analyse der Sprache. Daher wird auch häufig davon gesprochen, dass die auf Bedingungen der Möglichkeit von Erkenntnis abzielende kantische Vernunftkritik in der analytischen Philosophie durch Sprachkritik ersetzt worden sei. Und dies galt sowohl für die idealsprachliche als auch für die normalsprachliche Ausrichtung, die sich nur in der Ansicht darüber unterschieden, welches die richtige Form logischer Analyse ist. Sowohl Carnap als auch der Wittgenstein der *Philosophischen Untersuchungen* sahen in der Philosophie einen eigenständigen Diskursbereich, der es mit der logischen oder grammatischen Analyse der Sprache zu tun hat und damit grundsätzlich anderer Art ist als der empirische Diskurs der Einzelwissenschaften. Diese strikte Trennung ging in der normalsprachlichen Tradition mit der Verschmelzung von *Ordinary Language Philosophy* und empirischer Sprachwissenschaft verloren. Doch auch die hauptsächlich vom logischen Empirismus getragene idealsprachliche Richtung geriet in eine Krise, die viele ihrer Vertreter zu einer Aufgabe des ursprünglichen sprachanalytischen Programms brachte. Eingeläutet wurde diese Entwicklung durch die Kritik →Quines (*1908) an der strikten Unterscheidung zwischen analytischen und synthetischen Sätzen, die in seinem Aufsatz *Two Dogmas of Empiricism* (1951) vorgetragen und von großen Teilen der nachfolgenden Generation analytischer Philosophen akzeptiert wurde. Ohne die strikte Unterscheidung zwischen synthetischen Sätzen, die aufgrund empirisch feststellbarer Tatbestände wahr oder falsch sind, und analytischen Sätzen, deren Wahrheitswert nur von der Bedeutung der in ihnen auftretenden Ausdrücke abhängt, ist auch eine prinzipielle Trennung zwischen den empirischen Einzelwissenschaften, deren Sätze synthetisch sind, und einer als logische Sprachanalyse aufgefassten Philosophie, die analytische Sätze formuliert, nicht mehr haltbar. Konsequenterweise vertrat Quine eine holistische Auffassung, nach der es nur noch eine Art von Erkenntnissen gibt, nämlich die in den verschiedenen Einzelwissenschaften gewonnenen Erkenntnisse, die zusammen die eine große Gesamttheorie der →Natur bilden. Auch die Philosophie gehört zu dieser Gesamttheorie, ihre Sonderstellung als fundierende Disziplin, die unabhängig von den Einzelwissenschaften über die Möglichkeit einzelwissenschaftlicher Erkenntnis nachdenkt, geht verloren. Philosophie wird nach dieser Konzeption, die als erkenntnistheoretischer Naturalismus bezeichnet wird, zu einem Teil der Naturwissenschaft.

Zum Ende des 20. Jhs. stellt sich die analytische Philosophie als eine Vielzahl von nebeneinander laufenden Strömungen dar, die wohl nur noch durch die Überzeugung verbunden werden, dass der Untersuchung der Sprache eine zentrale Rolle bei der Lösung philosophischer Probleme zukommt, sei es im Rahmen einer an Wittgensteins Spätphilosophie orientierten informellen Sprachanalyse, einer Rekonstruktion umgangssprachlich formulierter Fragestellungen mit den Mitteln der formalen Logik oder einer empirisch fundierten Linguistik. Auch Fragestellungen, die in den Anfängen der analytischen Philosophie als metaphysisch verworfen worden wären, werden heute wieder diskutiert. Gleichzeitig ist die Annäherung einiger Hauptvertreter der analytischen Philosophie an klassische philosophische Traditionen wie →Transzendentalphilosophie oder →Hermeneutik zu beobachten.

E. Tugendhat, Vorlesungen zur Einführung in die sprachanalytische Philosophie, Frankfurt/M. 1976

A. Newen / E. von Savigny, Analytische Philosophie. Eine Einführung, München 1996

H.-U. Hoche / W. Strube, Analytische Philosophie, Freiburg / München 1985
M. Dummett, Ursprünge der analytischen Philosophie, [deutsche Übersetzung] Frankfurt/M. 1988

C.K.

Analytische Urteile Nach →Kant ›Erläuterungsurteile‹, im Gegensatz zu den synthetischen oder Erweiterungsurteilen. In einem analytischen Urteil ist das Prädikat schon im Subjekt enthalten, sodass das →Urteil sich nicht auf Erfahrungswissen stützt, sondern den →Begriff des Subjekts lediglich in seine Teilbegriffe zergliedert und somit erläutert (→Analyse). In Kants Beispiel ›Alle Körper sind ausgedehnt‹ gehört das Merkmal des Ausgedehnt-Seins zum Begriff des Körpers; mit diesem Urteil wird also nichts über Körper ausgesagt, was sich nur durch Erfahrung feststellen ließe, sondern eine Erläuterung des Begriffs gegeben.

A.S.

Anamnesis Griech. ›Erinnerung, Wiedererinnerung‹: die Erkenntnis im Sinne der Philosophie →Platons. Demnach besteht alles Lernen und →Erkennen darin, dass sich die →Seele, die im Zustand der Präexistenz (d.h. bevor sie in einen Leib einging) die →Urbilder oder →Ideen der Dinge geschaut hat, sich angesichts eines sinnlich gegebenen Einzeldings an diese Ideenschau erinnert. Die Erkenntnis eines Gegenstands ist deshalb nur ein Wiedererinnern an die einmal geschaute Idee dieses Gegenstands.

A.S.

Anarchie Von griech. *anarchia,* ›Herrschaftslosigkeit‹: ein gesellschaftlicher Zustand, der frei ist von jeglicher politischen, juristischen oder moralischen Autorität. Im Zustand der Anarchie soll der Einzelne ausschließlich aufgrund eigener Vorstellungen und ohne von außen kommende Bedingungen handeln können. Dabei sollen alle Mitglieder der →Gesellschaft in gleicher Weise in der Lage sein, absolute →Freiheit zu genießen. Der Anarchist strebt deshalb nach der Befreiung von jeglicher höherer Macht oder Autorität, sei sie ideologischer Art (Religion, politische Doktrinen usw.), institutioneller Art (Staat, Bürokratie usw.), ökonomischer Art (privates und öffentliches Eigentum), sozialer Art (Klassen-, Stände- oder Kastenzugehörigkeit) oder auch juristischer Art (legislativer und normativer Apparat). Insbesondere in philosophischen Kontexten wurden dabei weniger die landläufig mit dem Begriff der Anarchie verbundenen Vorstellungen von Chaos und Gewalt akzentuiert als vielmehr die absolute Freiheit des Einzelnen sowie die Freiwilligkeit des gesellschaftlichen Zusammenschlusses der →Individuen. (Der Anarchismus hat deutliche Berührungspunkte mit dem Liberalismus.) Bisweilen wurde dem Zustand der Anarchie der ›gewalttätige‹ Charakter auch explizit abgesprochen; so in →Kants berühmter Definition: »Anarchie ist Gesetz und Freiheit ohne Gewalt.«

In der Philosophie lassen sich anarchistische Tendenzen bereits in der Antike ausmachen; so z.B. bei den →Kynikern oder auch in bestimmten christlichen Sekten, etwa in denen des →Chiliasmus. Die erste theoretische Formulierung lieferte William Godwin in seinem Werk *Enquiry Concerning Political Justice and its Influence on Morals and Happiness* (1793). In Deutschland vertrat Max Stirner in seinem Buch *Der Einzige und sein Eigentum* (1845) eine anarchistisch-individualistische Wirtschaftsauffassung, wogegen der Begründer der anarchistischen Bewegung, der Franzose Pierre Joseph Proudhon, mit der These »Eigentum ist Diebstahl« eher einen wirtschaftlichen Kommunismus vertrat. Es lassen sich weitere Formen unterscheiden: der kollektivistische Anarchismus (Michail Bakunin), der kommunistische Anarchismus (Petr Kropotkin) oder auch der religiöse Anarchismus (Leo Tolstoi). In der →Wissenschaftstheorie vertritt Paul Feyerabend in seinem Buch *Against Method: Outline of an Anarchistic Theory of Knowledge* (1975; dt. *Wider den Methodenzwang*) unter dem Schlagwort *anything goes* einen erkenntnistheoretischen Anarchismus, in dem ein vollständiger Methodenopportunismus für die Wissenschaft postuliert bzw. gefordert wird.

A.S.

Anerkennung Der Begriff taucht in verschiedenen philosophischen Kontexten auf: In der traditionellen →Logik bedeutet Anerkennung soviel wie die Bejahung einer →Aussage. In der

→Ethik bezieht sich der Begriff der Anerkennung zum einen auf den Geltungsbereich von praktischen →Normen, zum anderen auf das Verhältnis zwischen Individuen, allgemein auf das Verhältnis zum Anderen, im Einzelnen etwa auf die Respektierung einer Rechtsperson, auf die Anerkennung z.B. der Vaterschaft, die Zustimmung von Wünschen oder auch – im juristischen Sinn – auf die offizielle Bestätigung oder Rechtmäßigkeitserklärung beispielsweise eines →Staates. In diesem zweiten Sinn wurde die Theorie der Anerkennung vor allem von →Fichte und →Hegel ausgearbeitet, wobei noch einmal unterschieden wurde zwischen der Bildung eines gemeinsamen →Bewusstseins verschiedener →Subjekte auf der einen Seite und der Individualisierung der einander Anerkennenden auf der anderen. Im Zusammenhang mit der Rechtfertigung praktischer Normen spielt die Anerkennung vor allem in solchen ethischen Theorien eine Rolle, die auf den Geltungsansprüchen des praktischen Diskurses aufbauen, also beispielsweise in der Diskursethik von Apel und →Habermas.

A.S.

Anfang Als eine der Bedeutungen des griechischen →*arche* (neben →Prinzip oder Ursache und →Herrschaft) steht das Problem des Anfangs der Welt am Anfang der abendländischen Philosophiegeschichte. Bereits die →Vorsokratiker suchten nach einem Urstoff, aus dem die Welt entstanden war und in den jedes einzelne Ding nach seiner Zerstörung zurückkehren musste. Dieser anfängliche Urstoff wurde in unterschiedlicher Weise lokalisiert, so etwa im Wasser (bei →Thales), im Unendlichen oder →Apeiron (→Anaximander), in der Luft (Anaximenes), in den vier Elementen (Empedokles), im Feuer (→Heraklit) oder in den Atomen (Demokrit; →Atomismus). Auch im christlichen Denken spielte die Frage des Anfangs der Welt naturgemäß eine große Rolle. →Kant verdanken wir die Einsicht, dass Fragen über den räumlichen oder zeitlichen Anfang der Welt notwendigerweise in →Antinomien führen und deshalb sinnlos sind. Damit gewinnt das Problem des Anfangs neben seiner Bedeutung für die →Naturphilosophie oder →Kosmologie ausdrücklich auch eine Dimension, mit der sich die →Erkenntnistheorie zu beschäftigen hat.

Die Frage nach dem Anfang des Wissens spielt in der Auseinandersetzung zwischen →Rationalismus und →Empirismus bzw. →Sensualismus eine Rolle. Für →Descartes steht am Anfang des Wissens das reine →Bewusstsein, für →Locke dagegen die reine sinnliche →Erfahrung. Auch hier ist es Kant, der nachweist, dass beide Reduktionen, die Reduktion der Erfahrung auf das Bewusstsein ebenso wie die Reduktion des Bewusstseins auf die Erfahrung, methodisch undurchführbar sind. Stattdessen müssen die Anfänge des Wissens immer als ein wechselseitiger Prozess zwischen begrifflichen und empirischen Mitteln gedacht werden. – Im 20. Jh. wird das Problem des Anfangs vor allem im Rahmen wissenschafts- und erkenntnistheoretischer Diskussionen behandelt.

A.S.

Angeboren In der Biologie soviel wie ›ererbt‹, unabhängig davon, ob das betreffende Merkmal im Augenblick der Geburt bereits ausgebildet ist oder nicht, im Gegensatz zu den erworbenen Merkmalen, die sich im Laufe der individuellen Entwicklung herausbilden und nicht erblich sind. Freilich muss nicht notwendigerweise das fertige Merkmal angeboren werden, sondern eine gewisse Variationsbreite, innerhalb welcher bestimmte äußere Faktoren dem sich entwickelnden Merkmal seine endgültige Gestalt geben. Zu den in diesem Sinn angeborenen Merkmalen zählen z.B. die Fähigkeiten der Wahrnehmung, das Gestalten der Sinneseindrücke, die Orientierungsmechanismen (etwa die Fähigkeit, einen gesehenen Gegenstand zu fixieren oder den Kopf in Richtung einer Schallquelle zu wenden) und die Instinkte. – In der Philosophie wird das Problem des Angeboren-Seins bestimmter Merkmale oder Vorstellungen im Zusammenhang mit den angeborenen Ideen (→*ideae innatae*) diskutiert.

A.S.

Angeborene Ideen →Ideae innatae

Angst Erstmals von →Kierkegaard in seiner Schrift *Begrebet Angest (Der Begriff Angst)* 1844 in die Philosophie eingeführter Begriff, der dann zu einem Grundbegriff der →Existenzphilosophie überhaupt werden sollte. Kierkegaard unterscheidet zwischen Angst und Furcht: Während die Furcht stets auf etwas Bestimmtes, eine bestimmte Drohung oder ein drohendes Objekt, bezogen ist, ist die Angst immer Angst vor etwas Unbestimmtem und letztlich vor dem →Nichts. Für Kierkegaard sind Sünde, Angst und →Freiheit in eigentümlicher Weise miteinander verknüpft. In der Angst, gegen das Gebot →Gottes zu verstoßen, erkennt Adam zugleich seine Möglichkeit, frei zu wählen. Im Sündenfall dagegen »sinkt die Freiheit ohnmächtig um«, d.h. sie wählt das Niedere. Im →Glauben kann jedoch – durch Reue, Gnade, Erlösung – die Freiheit wiedergewonnen werden.

Spätere Philosophen der Angst knüpfen an Kierkegaards Auffassung des Begriffs an. Für →Heidegger ist die Angst ein →Existenzial, eine →Befindlichkeit, in der das →Dasein durch sein eigenes →Sein vor es selbst gebracht wird. – In der Philosophie →Sartres erfährt der Mensch die Angst durch seine Freiheit, sein eigenes Sein negieren zu können; der Mensch ängstigt sich vor sich selbst, wenn er erkennt, dass sein →Denken und Handelns nicht durch äußere oder innere Ursachen determiniert ist.

A.S.

Animismus Von lat. *animus*, ›Geist, Seele‹: der →Glaube an die Beseeltheit der gesamten →Natur, vor allem bei primitiven Völkern verbreitet, aber durchaus auch in den Weltreligionen Christentum und Buddhismus nachweisbar. In philosophischen Kontexten bezeichnet Animismus – vor allem bei W. Wundt – die Lehre, dass die →Seele das Prinzip des →Lebens sei.

A.S.

Anschauung Bezeichnet sowohl den Akt, in dem ein einzelner Gegenstand oder ein einzelner Sachverhalt erfasst wird, als auch das Ergebnis oder den Inhalt dieses Aktes, das Angeschaute selbst. Seit →Kant wird die Anschauung, die bis dahin als →Intuition, d.h. als unmittelbares Erfassen von Wissensinhalten und Vernunftwahrheiten aufgefasst worden war, der Sinnlichkeit zugeordnet. Die rezeptive sinnliche Anschauung, also das Erfassen von Gegenständen durch Gesichtssinn, Geruch, Gehör usw., vermittelt im Zusammenspiel mit dem →Verstand die Einheit des angeschauten Gegenstands. Nur in diesem Zusammenspiel von Anschauung und →Begriff ist erweiternde, synthetische Erkenntnis möglich: »Anschauungen ohne Begriffe sind blind. Begriffe ohne Anschauungen sind leer.« Dieser empirischen Anschauung liegen die ›reinen‹ →Anschauungsformen zugrunde.

Andere Philosophen haben dem Begriff der Anschauung andere, von Kants Bestimmung abweichende Bedeutungen gegeben. Beispielsweise bezeichnet die »intellektuale Anschauung« bei →Fichte und →Schelling den Akt, in dem das Ich im Anschauen seiner selbst entsteht. Und in →Husserls Phänomenologie spielt der Begriff einer ›erfüllenden Anschauung‹ eine zentrale Rolle. Im üblichen philosophischen Sprachgebrauch bezieht man sich jedoch in der Regel auf Kants Begriff der Anschauung.

A.S.

Anschauungsformen Nach →Kant die jeder sinnlich-empirischen Anschauung vorausgehenden und also jeder →Erfahrung zugrunde liegenden Ordnungsformen →Raum und →Zeit. Die Anschauungsformen stellen die Bedingung der Möglichkeit von Erfahrung dar und gehören zusammen mit den →Kategorien zu den apriorischen Grundstrukturen des →Verstandes bzw. der →Vernunft (→Vorstellung, →Vorstellungsformen).

A.S.

Antagonismus Von griech. *antagonizesthai*, ›gegeneinander kämpfen‹: Widerstreit, Gegensätzlichkeit, unversöhnlicher Gegensatz.

A.S.

Antezedens Auch Antecedens, von lat. *antecedere*, ›vorangehen‹: →Prämissen, →Ursache, →Grund, →Bedingung. In einem →Urteil ›wenn A, dann B‹ wird A das Antezedens genannt, B die Konsequenz. In dem von C. G. Hempel und P. Oppenheim entwickelten Schema der wissenschaftlichen →Erklärung bilden die so genannten Antezedensbedingungen zusammen mit den

Gesetzeshypothesen das Explanans, aus dem das Explanandum logisch abgeleitet wird. Zu diesen Antezedensbedingungen gehören bestimmte konkrete Bedingungen, die entweder vor dem zu erklärenden Phänomen oder gleichzeitig mit ihm gegeben sind.

A. S.

Anthropologie Von griech. *anthropos*, ›Mensch‹, und *logos*, ›Wort‹: allgemein die Lehre oder Wissenschaft vom →Menschen; im engeren Sinn die philosophische Beschäftigung mit dem Menschen, seinem Unterschied zum übrigen →Sein, seiner Beziehung zur →Wirklichkeit und seiner Stellung in der →Welt.

Damit ist jedoch der Begriff der philosophischen Anthropologie nicht zureichend bestimmt, da sich auch noch eine Reihe anderer wissenschaftlicher →Disziplinen mit dem Menschen befassen. Medizin und Biologie setzen sich mit dem Menschen als natürlichem, körperlich-organischem →Wesen auseinander, die Sozialwissenschaften, allen voran die Soziologie, untersuchen die sozialen Beziehungen, in denen der Mensch steht und ermitteln deren Gesetzmäßigkeiten.

Philosophische Anthropologie lässt sich daher zum einen als eine Disziplin begreifen, welche die Aspekte menschlicher Existenz zum Gegenstand der Untersuchung macht, die von den anderen Thematisierungsweisen nicht berücksichtigt werden, zum anderen als eine Disziplin, welche die Ergebnisse der einzelwissenschaftlichen Erforschung des Menschen zu einem Gesamtbild vereinigt. Beide Aspekte bestimmen bis in die Gegenwart anthropologische Forschungsansätze.

Das Wort Anthropologie kommt zwar aus dem klassischen Griechischen, wird von den antiken Philosophen jedoch nicht zur Bezeichnung einer philosophischen Fachrichtung verwendet. Das heißt aber nicht, dass in der Antike keine das Wesen des Menschen betreffenden Fragen diskutiert worden wären. Letztlich ist die Frage nach dem Wesen des Menschen, seiner Entstehung und Stellung in der Welt so alt wie die Philosophie selbst, ja reicht sogar noch weiter zurück in die vorphilosophische Zeit des →Mythos. Die Schöpfungsberichte der verschiedenen Religionen gelten als die frühesten Antworten auf die Frage nach dem Ursprung des Menschen und seinem Platz im Gesamtzusammenhang der Dinge. Dasselbe gilt für die philosophischen Weltschöpfungslehren, etwa die eines →Platon oder die des →Neuplatonismus. Letzterer stellt den Menschen als ein aus →Materie und →Geist zusammengesetztes Wesen auf die vorletzte Stufe innerhalb einer Ordnung und Entstehungsfolge der Dinge, das von einem mit →Gott gleichgesetzten Einen gekrönt wird. Bereits in der Antike kommt die These vom Menschen als einem Mängelwesen auf, das den anderen Lebewesen in jeder Hinsicht unterlegen ist – eine These, die zuerst von Herder, dann von Gehlen aufgegriffen wird, um daraus die Entstehung von Geist bzw. →Kultur als Kompensationsmechanismen der Mangelhaftigkeit abzuleiten. Mit der →Renaissance (A), verstärkt aber im 18. und 19. Jh., bildet sich dann die Anthropologie als eigenständige philosophische Disziplin heraus.

Zunächst gilt als Anthropologie jede Beschäftigung mit dem Menschen, welche sich einerseits nicht in den Bahnen der klassischen Schulmetaphysik bewegt, andererseits nicht mit mathematisch-naturwissenschaftlichen Mitteln an ihn herantritt. Dementsprechend charakterisiert →Kant die philosophische Anthropologie als Welterkenntnis, zu der man weder auf dem Wege naturwissenschaftlicher Experimente noch durch so genanntes metaphysisch reines Denken, sondern allein auf dem Wege gewöhnlicher →Erfahrung unter Hinzuziehung gewisser Hilfsmittel wie z. B. Reise- und Lebensbeschreibungen gelangt. In ihrer Anfangszeit tendiert die Anthropologie stark zur Ethnographie und Ethnologie, indem sie rassische, charakteriologische, geschlechtsspezifische u. ä. Gesichtspunkte ins Zentrum ihrer Untersuchungen rückt. Das Hauptinteresse gilt dabei jedoch nicht so sehr der Beschreibung der verschiedenen Erscheinungsformen, sondern der Entdeckung von konstanten menschlichen Lebensformen, die sich durch die Vielfalt der Erscheinungsformen hindurch abzeichnen.

Maßgebliche Impulse für die aktuelle Auseinandersetzung innerhalb der philosophischen Anthropologie sind vor allem in den zwanziger Jahren des 20. Jhs. von Scheler, Plessner und Gehlen ausgegangen. Nach Scheler, der als Begründer der philosophischen Anthropologie im 20. Jh. gelten kann, nimmt der Mensch innerhalb der →Natur eine Sonderstellung ein. Tiere, das haben vor allem die Forschungen Jakob von Uexkülls gezeigt, besitzen eine fest gefügte →Umwelt. Heute würde man von einer ökologischen Nische sprechen, in die sich die jeweilige Tierart eingenistet und für die sie entsprechende organische Anlagen ausgeprägt hat. Berühmt geworden ist Uexkülls Beispiel des Zeckenweibchens, dessen visueller Sinn ihm den Weg auf einen Ast weist, dessen Geruchs- und Temperatursinn ihm melden, wann sich unter ihm ein Warmblüter befindet, auf den es sich dann fallen lässt, um sein Blut zu saugen. Die Sinnesorgane des Zeckenweibchens sind hochselektiv und lassen nur die Informationen durch, die für das Überleben des Tieres unmittelbar notwendig sind. Ähnliche Anpassungserscheinungen finden sich überall in der Natur. Für den Menschen dagegen gilt, dass er sich die Welt zum Gegenstand machen kann. Während ein Tier in seiner Umwelt aufgeht, ohne die Möglichkeit zu haben, ihr gegenüberzutreten, kann der Mensch in Distanz zu der ihn umgebenden →Welt treten.

Scheler unterscheidet fünf Wesensformen der organischen Natur, deren letzte nur dem Menschen zukommt und durch die er sich aus dem Tierreich heraushebt. Bei diesen Formen handele es sich um Gefühlsdrang, Instinkt, assoziatives Gedächtnis, praktische Intelligenz und Geist. Der bewusstlose Gefühlsdrang entspreche dem Pflanzlichen. Pflanzen fehle jede Empfindung und Vorstellung. Bei Instinkten, die sich bei Tieren finden, handele es sich um starre Mechanismen der Verhaltensregulierung. Die Starrheit der Instinkte zerfalle in assoziatives Gedächtnis und praktische Intelligenz. Durch das assoziative Gedächtnis gelinge es dem Tier, sich an neue und untypische Situationen anzupassen; assoziatives Gedächtnis finde sich bei Tieren ab einer bestimmten Entwicklungsstufe. Praktische Intelligenz, wie sie bereits beim Menschenaffen auftrete, stelle ein sinnvolles Verhalten in neuen Situationen dar. Die Sonderstellung des Menschen im gesamten Kosmos resultiert Scheler zufolge daraus, dass der Mensch als einziges Wesen über Geist verfügt. Durch den Geist erlangt der Mensch seine Weltoffenheit, weil es der Geist dem Menschen erlaubt, seine Welt als Gegenstand zu betrachten.

Wie Scheler, so gelangt auch Plessner zu einer Bestimmung des spezifisch Menschlichen, indem er den Menschen mit dem Tier vergleicht. Während Tiere über ein angeborenes Trieb- und Wahrnehmungssystem verfügen, das sie auf eine bestimmte Umwelt fixiert, verhält sich der Mensch gegenüber seiner Umwelt offen. Plessner bezeichnet diese Weltoffenheit des Menschen als seine Exzentrizität und stellt sie dem zentrischen Leben des Tieres gegenüber. Wo das Tier mit seiner Umwelt im Einklang steht, gibt es keinen solchen natürlichen Einklang zwischen Mensch und Welt. Der Mensch steht nicht wie das Tier im Zentrum seiner Welt, sondern nimmt der Welt gegenüber eine exzentrische Position ein. Er ist als Einziges unter den Lebewesen fähig, zu sich und seiner Welt Stellung zu nehmen. Dadurch wird er in die Lage versetzt, sich selbst zu thematisieren. Zugleich zwingt ihn seine Exzentrizität zu moralischer →Verantwortung und ethischer Reflexion.

In Anlehnung an Anaxagoras, Platon und Herder entwickelt Gehlen die These vom Menschen als einem Mängelwesen, das zur Kompensation seiner Mängel bestimmte Schutzmechanismen aufgebaut hat. Im Rückgriff auf Arbeiten des Anatomen Bolk und des Zoologen Portmann gelangt Gehlen zu der Auffassung, dass der Mensch innerhalb der Natur eine Ausnahme unter den Lebewesen darstellt, da er über keine besonders ausgebildeten Schutz- oder Fluchtorgane verfügt, keine sein Verhalten lenkenden Instinkte besitzt und eine außerordentlich lange Reifephase durchläuft.

Seine Mangelhaftigkeit macht den Menschen zu einem sozialen Wesen, denn nur im Rahmen einer Gemeinschaft kann er sich zu einem voll funktionsfähigen →Individuum entwickeln. Weil der Mensch über keine ausgeprägten Instinkte verfügt, hat er sich Ersatzmechanismen geschaffen, die ihn davon entlasten, angesichts der Vielzahl von Eindrücken, denen er ständig ausgesetzt ist, neue Entscheidungen treffen zu müssen. Gehlen bezeichnet diese Entlastungsmechanismen als →Institutionen. Institutionen wie →Recht, Sitte, Familie und →Staat strukturieren das Zusammenleben der Menschen und kompensieren seine Instinktarmut. Gehlen leitet aus der für das Überleben der Individuen wichtigen Rolle der Institutionen die Forderung nach einer autoritären Gesellschaft ab: Da ohne Institutionen das Überleben der menschlichen Gattung undenkbar ist, muss dem Individuum gegenüber, wenn es sich den Institutionen widersetzt, Zwang ausgeübt werden.

Gemeinsames Merkmal der Ansätze von Scheler, Plessner und Gehlen ist ihre letztlich biologische Begründung des menschlichen →Wesens. Alle drei betrachten den Menschen vor dem Hintergrund des Natürlich-Kreatürlichen und stützen sich bei der Bestimmung des Mensch-Seins auf den Unterschied zwischen Mensch und Tier: Scheler, indem er den Geist als signifikantes Merkmal des Mensch-Seins betont, Plessner, indem er die Fähigkeit des Menschen herausstellt, sich seine Umwelt zum Gegenstand zu machen, Gehlen, indem er die Defizite des Menschen gegenüber dem Tier in den Mittelpunkt seiner Betrachtungen stellt.

Neben diesem Strang anthropologischer Forschung leitet sich ein zweiter Strang aus den Überlegungen →Heideggers sowie des späten →Husserl ab. Gestützt auf Gedanken →Kierkegaards rückt Heidegger die menschliche Existenz in den Mittelpunkt seiner Überlegungen. Dabei bildet nicht die Gegenüberstellung von Mensch und Tier den Leitfaden der Betrachtung, sondern die Orientierung an menschlicher Praxis, an alltäglichen Handlungszusammenhängen, in denen die Menschen stehen und deren Grundstrukturen Heidegger ermitteln will. Heidegger bezeichnet die Grundstrukturen menschlicher Existenz als →Existenzialien. Existenzialien bilden ein Netz formaler Bestimmungen, in denen sich menschliches Handeln bewegt. An erster Stelle nennt Heidegger das In-der-Welt-Sein, eine Bestimmung, mit der zum Ausdruck gebracht werden soll, dass sich der Mensch immer schon in einer Welt befindet und diese nicht erst auf dem Wege einer Erkenntnisleistung erschließen muss. Mit dem In-der-Welt-Sein kommt Sozialität, die Heidegger als ›Mitsein‹ bezeichnet, ebenso in den Blick wie der nivellierende Charakter der öffentlichen Meinung, die Heidegger das »Man« nennt. Charakteristisch für den Forschungsansatz Heideggers – der sich im Übrigen dagegen verwahrt, dass der Titel *Anthropologie* auf seine Untersuchungen angewandt wird – ist die Tatsache, dass der Mensch nicht zum Gegenstand einer naturwissenschaftlichen Einzeluntersuchung gemacht wird, bei der einzelne Aspekte menschlicher Existenz thematisiert werden, sondern dass er in der Totalität seiner grundlegenden Eigenschaften und Beziehungen betrachtet wird. Das Ziel der Untersuchungen Heideggers wie der an ihn anschließenden anthropologischen Forschung besteht darin, einen Kanon grundlegender Strukturmerkmale zu erarbeiten, anthropologischer Konstanten also, die als Bedingungen der Möglichkeit menschlicher Existenz begriffen werden können.

Husserl hat für den Kontext sinnstiftender Bezüge bzw. →Strukturen, in denen sich menschliches Handeln bewegt, den Terminus →Lebenswelt geprägt. Für Husserl geht mit der Entwicklung der modernen positiven Wissenschaften eine Verbannung spezifischer Menschheitsfragen einher. Die Welt wird von den Naturwissenschaften als ein ›Universum der bloßen Tatsachen‹ begriffen, Tatsachen, die selbst nicht über so etwas wie einen →Sinn verfügen. Alle in der Natur vorkommenden Tatsachen sind durch formalisierbare kausale Gesetzmäßigkeiten miteinander verbunden. Bei dieser Thematisierungsweise der Welt bleibt ihre →Intentionalität, bleiben ihre intentionalen sinnstiftenden Strukturen, welche eine Konstitutionsleistung des →Bewusstseins darstellen, unberücksichtigt.

An Überlegungen von Heidegger und Husserl anschließend, jedoch unter ausdrücklicher Einbeziehung des Spätwerkes von →Wittgenstein, entwirft Rentsch eine Konzeption philosophischer Anthropologie, deren Ziel eine Analyse der menschlichen Grundsituation, der *conditio humana* ist. Wie Heidegger geht Rentsch dabei von dem Gedanken aus, dass die menschliche Alltagswelt eine Reihe →transzendentaler Formen aufweist, von denen angenommen wird, dass sie kulturinvariant sind, also auf alle Menschen zu allen Zeiten zutreffen. Die Sprachanalyse dient als Mittel ihrer Feststellung. Dazu wird angenommen, dass sich die Formen der menschlichen Grundsituation in den Formen der Alltagssprache spiegeln und folglich an der Alltagssprache abgelesen werden können. Rentsch nennt einen Katalog von elf als grundlegend angenommenen Bestimmungen. Diese lauten: Leben, Sprachlichkeit, Weltlichkeit, Gemeinsamkeit, Einsamkeit, Möglichkeit, Wirklichkeit, Räumlichkeit, Zeitlichkeit, Leiblichkeit und Natur. Zusammengenommen bilden sie das selbst nicht mehr erklärbare Fundament für ethisches, ästhetisches und religiöses Handeln. Sie bilden den zwar thematisierbaren, jedoch keiner Begründung mehr fähigen Rahmen, in dem sich alles menschliche Handeln bewegt.

Der Zweck anthropologischer Forschung erschöpft sich zumeist nicht darin, allgemeine, auf alle Menschen zutreffende Merkmale herauszuarbeiten. Oftmals verfolgt die philosophische Anthropologie die weiter gehende Zielstellung, die allgemeinen materiellen oder formalen Bestimmungen in den Dienst der →Ethik zu stellen und zur Grundlage allgemeinverbindlicher →Normen und Orientierungen zu erklären. Deutlich wird dieses Vorgehen z. B. bei Gehlen, wo aus der Tatsache, dass gesellschaftliche Institutionen der Kompensation menschlicher Mangelhaftigkeit dienen, die Verpflichtung abgeleitet wird, die Institutionen zu erhalten.

Gegen ein solches Vorgehen sind zwei Einwände vorgebracht worden: Aus der Sicht der Geschichtswissenschaften kann man der Anthropologie vorhalten, dass die von ihr herausgearbeiteten allgemein menschlichen Wesenszüge historisch bedingt sind, in dem Sinne, dass die grundlegenden Eigenschaften des einen Philosophen nicht auch diejenigen eines anderen zu sein brauchen. In letzter Konsequenz läuft dieser Einwand darauf hinaus, dass die Aufstellung charakteristischer Eigenschaften in Abhängigkeit von der historischen Situation des entsprechenden Philosophen notwendig einseitig ausfallen muss, und daher nicht als Grundlage allgemein gültiger Orientierungsmuster dienen kann.

Aus logischer Sicht lässt sich einwenden, dass es sich um einen →Fehlschluss handelt, wenn man von Sätzen, die den Ist-Zustand des Menschen im Allgemeinen und seiner gesellschaftlichen Umgebung beschreiben, auf Sätze schließt, die sich auf das Sollen beziehen. Einen Schluss von Seins- auf Sollenssätze bezeichnet man seit Moore als ›naturalistischen Fehlschluss‹.

Th. Rentsch, Die Konstitution der Moralität: Transzendentale Anthropologie und praktische Philosophie, Frankfurt/M. 1990

–: Heidegger und Wittgenstein. Existenzial- und Sprachanalysen zu den Grundlagen philosophischer Anthropologie, Stuttgart 1985

A. Gehlen, Der Mensch, 11. Aufl. Wiesbaden 1976 [1940]

E. Husserl, Die Krisis der europäischen Wissenschaften und die transzendentale Phänomenologie, Gesammelte Werke, Bd. VI, Den Haag 1976 [1936–1954]

H. Plessner, Die Stufen des Organischen und der Mensch. Einleitung in die philosophische Anthropologie, Berlin 1928

M. Heidegger, Sein und Zeit, 16. Aufl. Tübingen 1986 [1927]

M. Scheler, Die Stellung des Menschen im Kosmos, Berlin 1928

I. Kant, Anthropologie in pragmatischer Hinsicht (1798), in: Kants Werke. Akademie Textausgabe, Bd. VII, S. 117–333, Berlin 1968

T. B.

Anthropomorphismus Von griech. *anthropos*, ›Mensch‹ und *morphe*, ›Form, Gestalt‹: Vermenschlichung; die Übertragung oder Projektion menschlicher Eigenschaften, etwa menschlicher Denk- oder Verhaltensweisen, auf nicht menschliche Dinge, etwa auf die →Natur, auf Tiere oder auf →Gott.

A. S.

Antinomie Von griech. *anti*, ›gegen‹ und *nomos*, ›Gesetz‹: Selbstwiderspruch; eigentlich der Widerspruch des Gesetzes mit sich selbst. In der Philosophie bezeichnet Antinomie den Widerspruch zwischen zwei Sätzen, die zwar für sich genommen gültig sind, sich aber gegenseitig ausschließen. Philosophiehistorisch bedeutsam wurde die Antinomienlehre →Kants. In der »transzendentalen Antithetik« der *Kritik der reinen Vernunft* unterscheidet Kant die folgenden vier Antinomien – zwei ›mathematische‹ und zwei ›dynamische‹ –, die jeweils aus einer Thesis (Behauptung) und einer Antithesis (Gegenbehauptung) bestehen: 1. Thesis: Die →Welt hat einen Anfang in der →Zeit und ist räumlich begrenzt. Antithesis: Die Welt hat keinen Anfang in der Zeit und ist sowohl in zeitlicher als auch räumlicher Hinsicht unendlich. 2. Thesis: Jede zusammengesetzte →Substanz besteht aus einfachen Teilen. Antithesis: Kein zusammengesetztes Ding in der Welt besteht aus einfachen Teilen, und es existiert überhaupt nichts Einfaches in der Welt. 3. Thesis: Es gibt nicht nur die →Kausalität der Naturgesetze, sondern auch eine Kausalität der →Freiheit (Willensfreiheit). Antithesis: Es gibt keine Freiheit, sondern alles geschieht nach den Gesetzen der →Natur. 4. Thesis: Zu der Welt gehört ein schlechthin notwendiges Wesen, entweder in der Welt oder außer ihr als ihre →Ursache. Antithesis: Es existiert kein schlechthin notwendiges Wesen, weder in der Welt noch außer ihr.

Die beiden ersten Antinomien setzen voraus, dass die Welt ein an sich existierendes Ganzes ist. Diese Voraussetzung ist jedoch falsch, denn die →Anschauungsformen →Raum und →Zeit können auf die Welt als →Ding an sich nicht angewendet werden. Bei den ersten beiden Antinomien sind also sowohl Thesis als auch Antithesis falsch. Bei der dritten und vierten Antinomie können sowohl Thesis als auch Antithesis wahr sein, wenn nämlich die Thesis auf Dinge an sich, die Antithesis auf →Erscheinungen bezogen wird. Für Kant sind die Antinomien deshalb »Widersprüche, in die sich die →Vernunft bei ihrem Streben, das →Unbedingte bedingt (d.h. vergegenständlichend, weil mit endlichen Verstandeskategorien) zu denken, mit Notwendigkeit verwickelt«.

Auch im Bereich der formalen →Logik spricht man von Antinomien, dann nämlich, wenn sich →Aussagen zugleich mit ihrer logischen Negation in bestimmten logischen Systemen ergeben. Man unterscheidet zwischen syntaktischen und semantischen Antinomien. Syntaktische Antinomien sind solche, die sich im Rahmen eines Logikkalküls deduktiv ableiten lassen; ein Beispiel ist die so genannte russellsche Antinomie (auch mengentheoretische Antinomie genannt). Semantische Antinomien hängen dagegen mit semantischen Begriffen wie →Wahrheit oder →Allgemeingültigkeit zusammen; ein Beispiel hierfür ist das so genannte Lügner-Paradoxon.

A.S.

Antithetik Allgemein die Gegenüberstellung von Gegensätzen. →Kant gebraucht den Ausdruck in der *Kritik der reinen Vernunft* im Zusammenhang mit den →Antinomien. Während Thetik die Bezeichnung für dogmatische Lehren ist, soll Antithetik nicht etwa die dogmatischen Behauptungen des Gegenteils bezeichnen (wie der Name vermuten ließe), sondern den ›Widerstreit‹ der dogmatischen Erkenntnisse, ohne dass einer von ihnen der Vorzug vor den anderen eingeräumt würde: »Die Antithetik beschäftigt sich also gar nicht mit einseitigen Behauptungen, sondern betrachtet allgemeine Erkenntnisse der Vernunft nur nach dem Widerstreite derselben unter einander und den Ursachen derselben.« Die →transzendentale Antithetik definiert Kant als »Untersuchung über die Antinomie der reinen Vernunft« und über deren →Ursachen und Resultate.

A.S.

Antizipation Von lat. *ante,* ›vor‹ und *capere,* ›nehmen‹: Vorwegnahme, Vorgriff; im weiteren Sinn die gedankliche Vorwegnahme von etwas, was erst später kommt, aufgrund gemachter →Erfahrungen oder erkannter Gesetzmäßigkeiten; auch die vorläufige Anerkennung der →Wahrheit eines Satzes in der Erwartung einer später folgenden Begründung.

In der stoischen und epikureischen Philosophie bezeichnet Antizipation ein unreflektiertes, praktisches Wissen und wird häufig mit den so genannten angeborenen Ideen identifiziert (→*ideae innatae*). – Im Kapitel über die *Antizipationen der Wahrnehmung* aus der *Kritik der reinen Vernunft* bezeichnet →Kant »alle →Erkenntnis, wodurch ich dasjenige, was zur empirischen Erkenntnis gehört, a priori erkennen und bestimmen kann«, als Antizipation. Demnach kann man die reinen Bestimmungen in →Raum und →Zeit Antizipationen der Wahrnehmung nennen, weil sie dasjenige →*a priori* vorstellen, was →*a posteriori* in der Erfahrung gegeben ist. – In der Diskursethik von Apel und →Habermas spielt der Begriff der Antizipation ebenfalls eine Rolle. Hier werden bestimmte Unterstellungen der Argumentation, beispielsweise die Unterstellung einer idealen Kommunikationssituation antizipiert.

A.S.

Apagoge Griech. ›Wegführung‹: zum einen soviel wie →Abduktion, d.h. ein Schluss aus einem gültigen Obersatz und einem Untersatz, der nicht sicher, aber doch mindestens so glaubwürdig ist wie die aus beiden Sätzen gezogene Folgerung. Zum anderen wird ›apagogischer Beweis‹ auch als Bezeichnung für einen indirekten →Beweis benutzt, bei dem die Richtigkeit einer Behauptung durch den Nachweis der Unrichtigkeit des Gegenteils bewiesen wird (*argumentum e contrario* oder *deductio ad absurdum*).

A.S.

Apathie Von griech. *a*, ›nicht‹ und *pathos*, ›Leiden‹: Teilnahmslosigkeit, psychische Unempfindlichkeit. Alltagssprachlich zumeist pejorativ verwendet (im Sinne von Gleichgültigkeit oder Abgestumpft-Sein), bezeichnet der Begriff der Apathie (neben →Ataraxie) in der Philosophie der →Stoa die Freiheit von Affekten und Leidenschaften (wie Schmerz oder Begierde) und die damit einhergehende Gemütsruhe. Die Apathie ist Voraussetzung eines glückseligen, vernunftbestimmten Lebens (→Eudaimonie). Der Begriff der Apathie spielt – in gewandelter Form – auch bei →Spinoza und →Kant eine Rolle.

A.S.

Apeiron Griech. ›das Unbegrenzte‹: das Unendliche, Undurchdringliche. In der griechischen →Naturphilosophie, namentlich bei →Anaximander, bezeichnet Apeiron den ungeformten Urstoff, aus dem alle Dinge entstanden sind und in den sie wieder zurückkehren.

A.S.

Apodiktisch Von griech. *apodeiknyai*, ›aufzeigen‹: nicht widerlegbar, unbedingt richtig oder gewiss, logisch notwendig. Apodiktische Urteile sind solche, in denen der Prädikatsbegriff seinem Subjektbegriff notwendig zukommt oder nicht zukommt. Solche →Urteile drücken logische →Notwendigkeit oder unmittelbare →Gewissheit aus.

A.S.

Apollinisch Nach dem griechischen Gott Apollon gebildeter Ausdruck, der das auf →Form und →Ordnung gerichtete, aufklärerische →Prinzip bezeichnet, dem im →Dionysischen das rauschhafte, sinnliche und auch irrationale Prinzip gegenübergestellt wird. Das Apollinische und das Dionysische werden als metaphorische Beschreibung für zwei verschiedene, einander entgegengesetzte Arten des Lebensgefühls oder der →Weltanschauung verwendet. Das Begriffspaar taucht in dieser Bedeutung bereits bei Schlegel und →Schelling auf und erlangt in →Nietzsches *Geburt der Tragödie aus dem Geist der Musik* (1872) zentralen Stellenwert. Nietzsche bestimmt zunächst die bildende Kunst als apollinische im Gegensatz zur unbildlichen, dionysischen Kunst der Musik. Die beiden Künste beruhen für ihn auf zwei verschiedenen Trieben, die aber in der attischen Tragödie und in den Musikdramen Richard Wagners zusammenkommen und ein sowohl dionysisches als auch apollinisches Kunstwerk hervorbringen. Ein jeder Künstler kann demnach entweder »apollinischer Traumkünstler« oder »dionysischer Rauschkünstler« oder aber beides zugleich sein. Für Nietzsche besteht die Ursache des europäischen Kulturverfalls letztlich in der Verabsolutierung des apollinischen Prinzips, die bereits mit →Sokrates begonnen hat. Als Gegengewicht dazu beschwört er das Dionysische, indem er die Hingabe an das Rausch- und Triebhafte, an die Ekstase, und das Ausleben von Lust und Schmerz fordert.

A.S.

Apophantisch Von griech. *apophansis*, ›Enthüllung‹: behauptend, eine →Aussage oder eine Behauptung betreffend. Apophantische Rede (griech. *logos apophantikos*) ist behauptende Rede; apophantische Sätze sind Aussage- bzw. Behauptungssätze, im Unterschied zu Frage-, Aufforderungs- oder Befehlssätzen. Bisweilen wird auch von apophantischen Texten (also beispielsweise solchen der Philosophie oder Wissenschaft) gesprochen, im Gegensatz zur Dichtung oder Literatur.

A.S.

Aporie Von griech. *a*, ›nicht‹ und *poros*, ›Weg, Brücke‹: Ausweglosigkeit; Unmöglichkeit der Lösung eines Problems, die entweder in der Sache selbst oder in den verwendeten →Begriffen begründet ist. In der Regel hat die Aporie die Form eines →Widerspruchs, in den man bei der →Analyse von bestimmten Gegenständen bzw. Begriffen notwendig gerät. Aporie ist dann gleichbedeutend mit →Antinomie oder →Paradox. Die bekanntesten Aporien sind diejenigen, die Zenon von Elea im Begriff der Bewegung entdeckt hat (ohne dass er selbst den Ausdruck benutzt hätte), beispielsweise die Aporie vom Wettrennen zwischen Achill und der Schildkröte. Als Aporetik bezeichnet man die Kunst, schwierige philosophische Probleme zu durchdenken und zu bewältigen; Ausgangspunkt der Aporetik ist die Aporie. Die so genannte aporematische Methode spielt bei →Platon und →Aristoteles eine große Rolle. Sie umfasst drei Schritte: 1. die Formulierung einer Aporie, d.h. die Konfrontation von mindestens zwei konträren, jedoch gleichermaßen begründeten Lösungen eines Problems; 2. die Entwicklung der Aporie, d.h. die vollständige Formulierung der Begründung einzelner Lösungen; 3. die Lösung der Aporie, d.h. die Entscheidung für die am wahrscheinlichsten scheinende Lösung. Platons sokratische Frühdialoge, in denen →Sokrates meist verdiente Mitbürger danach befragt, was es denn sei, wofür sie berühmt sind (z.B. den Kriegshelden nach der Tapferkeit, den Priester nach der Frömmigkeit), enden meist ergebnislos in der Aporie.

A.S.

Apotheose Von griech. *apotheoun*, ›vergöttern‹: Vergötterung, Vergöttlichung, Verherrlichung. Die Vergottung eines großen Menschen, etwa eines Königs, seine Erhebung in den Götterstand. Die Apotheose ist bereits bei den Völkern des Alten Orients, so z.B. bei den Ägyptern, bekannt, der Begriff wurde jedoch erst in hellenistischer Zeit geprägt. Seitdem bedeutet Apotheose entweder die Vergottung von zeitweilig zu Menschen gewordenen Gottwesen oder von wirklichen Menschen nach dem Tode oder auch von noch lebenden Menschen. In Rom entwickelt sich die Kaiser-Apotheose nach der Vergottung des toten Caesar, die später auch die Göttlichkeit der lebenden Kaiser einschloss.

A.S.

Apperzeption Von lat. *ad*, ›zu; an‹ und *perceptio*, ›Wahrnehmung‹: allgemein die bewusste Wahrnehmung eines Sinneneindrucks; im engeren Sinn eine →Vorstellung, die vom →Bewusstsein und seinen Leistungen begleitet wird (im Gegensatz zur →Perzeption, dem bloßen Haben von Vorstellungen).

Die Unterscheidung zwischen Apperzeption und Perzeption geht auf →Leibniz zurück. Demnach bezeichnet die Apperzeption eine bewusste und klare Vorstellung im Unterschied zu bloß unbewussten Perzeptionen. Die Apperzeption ist somit die reflexive Erkenntnis der Perzeptionen einer →Substanz (bzw. →Monade). – →Kant stellt der empirischen eine →transzendentale bzw. reine Apperzeption gegenüber, in der durch das bewusste ›ich denke‹ der Bezug aller Vorstellungen auf ein sie umfassendes, sich stets gleich bleibendes Bewusstsein hergestellt wird. Die reine Apperzeption bildet somit das Vermögen, die Einheit aller Verstandes- und Vernunfterkenntnis zu stiften; sie liegt der empirischen Apperzeption logisch (nicht zeitlich) zugrunde.

A.S.

Appetitus →Streben

Äquivokation Von lat. *aequus*, ›gleich‹ und *vocare*, ›benennen‹: Doppel- oder Mehrdeutigkeit. Wörter werden *äquivok* genannt, wenn sie zwei oder mehr Bedeutungen haben. Die Äquivokation ist – wie die Homonymie oder die Polysemie – eine Form der lexikalischen Mehrdeutigkeit, wobei eine etymologische Verwandtschaft zwischen den verschiedenen →Bedeutungen vorliegt. Beispiel: ›Fuß‹ (eines Menschen oder eines Berges).

A.S.

Arbeit Allgemein jede menschliche Tätigkeit, sowohl körperlicher als auch geistiger Art, die im weitesten Sinne zur Herstellung eines Gegenstands führt. Im Gegensatz zum →Spiel liegt das Ziel der Arbeit also nicht in sich selbst. Körperliche Arbeit kann genauer bestimmt werden als eine Interaktion zwischen →Mensch und →Natur, als ein Einwirken eines →Subjekts (Mensch) auf ein →Objekt (Natur) unter Verwendung selbstgeschaffener Werkzeuge. Die bis heute relevante Unterscheidung zwischen körperlicher und geistiger Arbeit ist implizit bereits in der antiken Philosophie angelegt. Dort galt allein die körperliche Arbeit als Arbeit im eigentlichen Sinn; sie war die Tätigkeit der Sklaven und als solche ›unfrei‹. Demgegenüber betrachtete man alle philosophischen, wissenschaftlichen und politischen Tätigkeiten als das Vorrecht der Freien und demgemäß nicht als Arbeit im eigentlichen Sinn. Diese Tätigkeiten hatten ja im Gegensatz zu der auf äußere Zwecke gerichteten Arbeit ihren Zweck in sich selbst.

Eine besondere Rolle spielt der Begriff der Arbeit in der Philosophie von →Marx. Dort bezeichnet sie einerseits die Verwirklichung des Menschen, insofern als sie unmittelbar seine Eigenart oder sein →Wesen ausmacht und deshalb zur Entfaltung seiner Anlagen beiträgt: In der Arbeit produziert der Mensch sowohl einen Gegenstand als auch sich selbst. Insofern ist Arbeit für Marx Subjekt- und Objektproduktion in eins. Andererseits aber steht Arbeit unter den Bedingungen der kapitalistischen Produktionsverhältnisse auch für die unmittelbare →Entfremdung des Menschen, der seine Anlagen hier gerade nicht entfalten kann. – In der neueren Philosophie wird der Begriff der Arbeit vor allem im Zusammenhang soziologischer und kulturkritischer Diskussionen untersucht.

A.S.

Arche Pl. *archai*, griech. ›Beginn, Anfang, Prinzip, Herrschaft‹. Nachdem um 600 v.Chr. die archaische oder mythische Epoche der griechischen Antike endete, begann die klassische Epoche der attischen Tragödie (mit Aischylos, Sophokles und Euripides) und der großen Philosophen →Sokrates, →Platon und →Aristoteles. Den Anfang dieser Epoche bilden die →Vorsokratiker und die →Sophisten. Die Vorsokratiker ersetzten die mythischen Erzählungen der Weltschöpfung und -entwicklung (→Theogonien, →Kosmologien und →Kosmogonien: Erzählungen über das Entstehen, Werden und Vergehen der Götter und der Welt – Hesiod) durch Theorien, welche die Welt aus einem nicht-göttlichen Prinzip (*arche*) heraus erklären wollten. So nahm →Thales an, dass das Urprinzip des Entstehens und Werdens ein Urstoff sei, nämlich das Wasser, →Anaximander machte ein Nicht-Empirisches zum Urprinzip, nämlich das Unendliche (→*apeiron*) und Anaximenes schließlich nahm Urkräfte an: Verdichtung und Verdünnung, ähnlich dann →Heraklit, für den das Feuer Ausdruck der Urkraft, der Bewegung ist.

W.R.

Arete Griech. ›Vortrefflichkeit, Tugend‹: im weitesten Sinn die größtmögliche Leistung eines bestimmten Vermögens; in diesem Sinn kann der Ausdruck auch auf Tiere oder sogar Gegenstände bezogen werden (beispielsweise kann die Schärfe eines Messers als Arete bezeichnet werden). Auf den Menschen bezogen meint Arete die möglichst vollkommene Entwicklung der dem Menschen eigenen Anlagen und Fähigkeiten, insbesondere der Fähigkeit, das Wahre und Richtige zu erkennen und demgemäß zu handeln. →Platon unterscheidet vier Haupt- oder →Kardinaltugenden: Weisheit, Tapferkeit, Besonnenheit und Gerechtigkeit. Der Begriff spielt außerdem eine zentrale Rolle in →Aristoteles' Tugendlehre (→Tugend), in der zwischen den ethischen Tugenden (Tapferkeit, Besonnenheit usw., die eingeübt werden müssen) auf der einen Seite und den dianoethischen Tugenden (die verstandesmäßig begriffen werden) auf der anderen unterschieden wird.

A.S.

Argument Von lat. *argumentum*, ›Gehalt, Beweis‹: Beweisgrund, auf den eine Behauptung zurückgeführt werden muss, um bewiesen bzw. begründet zu werden. In der traditionellen →Logik wird darüber hinaus auch der →Beweis selbst Argument genannt. Es werden verschiedene Formen von Argumenten unterschieden; die wichtigsten sind: *argumentum →a priori* (Beweis mittels rein logischer, von der Erfahrung unabhängiger Gründe), *argumentum →a posteriori* (auf die →Erfahrung gestützter Beweis), *argumentum →a fortiori* (Beweis, dass die in Frage stehende Behauptung noch sicherer ist als eine bereits mit hinlänglicher Sicherheit bewiesene), *→argumentum ad hominem* (auf das Verständnis oder die Interessen des Adressaten zugeschnittener Beweis), *argumentum ad rem* (Beweis, der sich nicht auf Meinungen, Gefühle o.ä. stützt, sondern auf die Sache selbst), *argumentum ad veritatem* (auf objektiven Gründen beruhender Beweis), *argumentum ad verecundiam* (Beweis unter Berufung auf eine Autorität), *argumentum e consensu gentium* (Beweis unter Berufung auf einen allgemeinen Konsens über die Wahrheit der Behauptung), *argumentum e contrario* (Beweis durch den Nachweis der Falschheit des Gegenteils).

A.S.

Argumentation Von lat. *argumentatio*, ›Beweisführung‹. Eine Argumentation besteht aus einer Kette von Argumenten. Ein Argument ist dabei eine Folge von →Aussagen, von denen eine, typischerweise die letzte, als Schlussfolgerung aus den anderen auftritt. Die Aussagen der Folgerungsgrundlage heißen →Prämissen, den die Folgerung vollziehenden Schlusssatz nennt man →Konklusion. Eine Argumentation kann →Gültigkeit für sich beanspruchen, wenn sowohl die Prämissen zutreffend sind (den Wahrheitswert ›wahr‹ haben) als auch die Konklusion sich mit →Notwendigkeit aus den Prämissen ergibt (›logisch folgt‹). Gescheitert ist eine Argumentation entsprechend dann, wenn eine oder mehrere Prämissen als falsch erwiesen werden oder das für die Konklusion beanspruchte Folgerungsverhältnis nicht besteht. – Argumente aus dem Bereich der Philosophie zeichnen sich dadurch aus, dass sie ihren Geltungsanspruch nicht auf empirische Sachverhalte stützen (dies bleibt den Erfahrungswissenschaften vorbehalten), sondern allein auf die Korrektheit der argumentativen Verknüpfung. Die Besonderheit der philosophischen Argumentation liegt also darin, dass die Beweisführung zugleich der Beweisgrund ist.

J. B. / G. S.

Argumentum ad hominem Lat. ›Beweisführung auf den Menschen hin‹: Bei der Beweisführung *ad hominem* argumentiert man nicht rein sachlich, sondern unter Berücksichtigung der Denkweise und der Fassungskraft eines bestimmten Menschen oder einer Gruppe von Menschen. Dabei bestimmen die Interessen und Bedürfnisse, die Geschichte und die persönlichen Eigenschaften des Adressaten ganz oder teilweise die Vorgehensweise in der →Argumentation.

A. S.

Art →Gattung

Aseität Von lat. *a se*, ›von sich aus‹: das vollkommene In-sich-selbst-Sein, Durch-sich-selbst-Sein und Von-sich-her-Sein. In der →Scholastik die Selbständigkeit, Unabhängigkeit und Unbedingtheit →Gottes, aber auch der →Substanz (bei →Spinoza), des →Willens (bei →Schopenhauer) und des Unbewussten (bei Eduard von Hartmann).

A. S.

Assertorisch Von lat. *assertio*, ›gerichtliche Behauptung, dass jemand frei sei; Freiheitserklärung‹: feststellend, bestimmt behauptend. Assertorische Urteile sind →Urteile, in denen behauptet wird, dass der Prädikatsbegriff dem Subjektbegriff tatsächlich zukommt oder nicht zukommt (Form: ›S ist P‹ oder ›S ist nicht P‹).

A. S.

Assoziation Von franz. *association*, ›Verbindung; Vereinigung‹, zu lat. *ad*, ›zu‹ und *socius*, ›Gefährte‹: Verbindung, Verknüpfung; in der Soziologie auch Vergesellschaftung. In Psychologie und Philosophie die Verknüpfung zweier Bewusstseinsinhalte (→Vorstellungen, →Begriffe o.ä.), wobei die eine Vorstellung bei ihrem Auftreten eine andere, mit ihr assoziierte, unwillkürlich nach sich zieht. Als →Ursache dieser Verbindung wurden u.a. genannt: eine dritte vermittelnde Vorstellung, das →Gefühl, die Gestaltqualität, die Bedeutung, der Name und anderes mehr. Bereits →Aristoteles unterschied drei Arten der Assoziation: nach der Ähnlichkeit, nach dem Gegensatz sowie nach der räumlichen und zeitlichen Nähe. In ähnlicher Weise benannte →Hume drei Prinzipien der Verknüpfung von Vorstellungen (manchmal auch Assoziationsgesetze genannt), nämlich Ähnlichkeit, Berührung in Zeit und Raum sowie Ursache und Wirkung. An Hume schloss die im 19. Jh. vorherrschende Assoziationstheorie an, die eine psychologistische Auffassung des Erkenntnisprozesses lehrte. Demnach muss die Erkenntnistätigkeit als subjektiver Prozess betrachtet werden und die →Erkenntnis selbst als das Resultat der Assoziation der unmittelbaren Wahrnehmungen des →Subjekts. Mittlerweile wurde die Assoziationstheorie aufgegeben bzw. durch die Gestalttheorie ersetzt.

A. S.

Ästhetik Gilt traditionell als Theorie des →Schönen und der →Kunst. Diese Definition ist allerdings in mehrfacher Hinsicht zu eng, und zwar sowohl in Bezug auf historische als auch auf zeitgenössische ästhetische Theorien. So stand bereits im 18. Jh. neben der Beschäftigung mit dem Kunstschönen immer auch die Frage nach dem Naturschönen. Des Weiteren befasste sich die Ästhetik neben dem Schönen immer auch mit anderen ästhetischen Wertqualitäten wie beispielsweise dem Erhabenen oder dem Tragischen sowie – man denke an die Rede von den ›nicht mehr schönen Künsten‹ – mit dem Hässlichen oder auch dem Interessanten. Schließlich fallen im 20. Jh. vermehrt Gegenstände in den Zuständigkeitsbereich der Ästhetik, die sich nicht mehr im engeren Sinn dem so genannten System der schönen Künste zurechnen lassen, wie z. B. Design, Videoclip oder Popmusik. Aufgrund dieser Vielzahl von ›ästhetischen‹ Gegenständen greifen manche Autoren bei der Bestimmung der Ästhetik und ihres Gegenstandsbereichs zu einer Tautologie: Die Ästhetik ist die Wissenschaft vom Ästhetischen.

Bei den Begriffen Ästhetik und ästhetisch ist eine grundsätzliche Doppeldeutigkeit zu berücksichtigen: Zum einen bezieht man sich mit ihnen auf das sinnlich Wahrnehmbare, genauer: auf die sinnliche Erkenntnis im Unterschied zur begrifflichen Erkenntnis. Diesen Schwerpunkt setzte auch Baumgarten, der in seiner *Aesthetica* (1758) die philosophische Disziplin Ästhetik als ›Wissenschaft von der sinnlichen Erkenntnis‹ des Vollkommenen begründete. Die Gegenstände, anhand derer solche →Erkenntnis vollzogen wird, wurden ursprünglich vor allem in der →Natur gesucht. Erst später fand man in den Werken der Kunst den eigentlichen Ort der ästhetischen →Erfahrung. Die Ästhetik muss deshalb zum Zweiten auch als Theorie der Kunst bzw. der Künste bestimmt werden, üblicherweise gegliedert in Kunst-, Literatur- und Musiktheorie. Es ist allerdings nach wie vor zweckmäßig, zwischen Ästhetik und Kunstphilosophie zu unterscheiden: Während Letztere den Schwerpunkt auf das Kunstwerk legt und beispielsweise die Beziehungen der Kunst zur →Wahrheit, zum moralisch →Guten oder zur →Gesellschaft untersucht, ist Erstere vor allem an der sinnlichen Erfahrung interessiert und berücksichtigt demzufolge nicht nur das Schöne, sondern z. B. auch das Erhabene, und zwar nicht nur bei Werken der Kunst, sondern ebenso auch in der Natur. In diesem Sinne ist etwa →Kants Ästhetik keine Philosophie der Kunst, wogegen z. B. →Heideggers stark am Werkcharakter der Kunst orientierte Kunstphilosophie keine Ästhetik im genannten Sinn ist. Wenn auch die Unterscheidung zwischen Ästhetik und Kunstphilosophie keineswegs trennscharf ist und häufig verwischt wird (z. B. in der Anwendung von Kants Erhabenheitsbegriff auf die Werke der modernen und postmodernen Kunst durch Lyotard), so lässt sich doch die Geschichte der Ästhetik auch als ein Widerstreit dieser beiden Auffassungen verstehen: In vereinfachter Darstellung folgte auf die Ästhetik des 18. Jhs. (Baumgarten, Kant) die Kunstphilosophie des 19. Jhs. (→Hegel), die im 20. Jh. teils weitergeführt (Heidegger, →Adorno), teils durch eine Rückbesinnung auf das ursprüngliche Konzept einer ›sinnlichen Erkenntnis‹ abgelöst wurde (in den so genannten ›formalen Ästhetiken‹, beispielsweise bei N. →Goodman).

Entsprechend der Vielzahl und Vielfalt ihrer Gegenstände sowie der Einbettung in unterschiedliche theoretisch-philosophische Zusammenhänge sind auch die – schon in der Antike vorzufindenden – Theorien über das Schöne und die Kunst äußerst vielgestaltig und divergent. Von einem systematischen Standpunkt lassen sich verschiedene Unterscheidungskriterien benennen. Grundsätzlich ist zu fragen, ob das Ästhetische als ein eigenständiger, autonomer Bereich aufgefasst oder aber unter Rückgriff auf außerästhetische Prinzipien erklärt werden soll. Dementsprechend kann zwischen Autonomie-Ästhetiken und Heteronomie-Ästhetiken unterschieden werden. Eine typische heteronom (nämlich metaphysisch) begründete Theorie des Schönen und der Kunst bietet die platonische Philosophie. Für →Platon ist das letzte Prinzip der Schönheit nicht in der wirklichen Welt zu suchen, sondern in den →Ideen. Die real vorzufindende Schönheit der Dinge ist nur ein →Abbild dieser ›idealen‹ Schönheit; die Kunst ist als Nachahmung dieser Abbilder also noch weiter von den Ideen entfernt als die Natur. Auch wenn spätere idealistische Ästhetiken die mit dieser Theorie einhergehende Geringschätzung der Kunst aufgaben und in ihr manchmal sogar ein unmittelbares Anschauen der Ideen selbst ermöglicht sahen (so etwa bei →Schopenhauer), ist ihnen allen doch die metaphysische Fundierung des Schönen und der Kunst gemeinsam. – Weitere heteronom begründete Ästhetiken verbinden das Schöne beispielsweise mit dem Moralischen (hier wird der ästhetische Wert eines Kunstwerkes nach dem moralischen Nutzen bestimmt, den es verspricht) oder dem

Logischen (hier stellt die Schönheit eine Form der Wahrheit dar und das ästhetische Erleben folglich eine Form der Erkenntnis).

Gegen die heteronom begründete Ästhetik postulierte vor allem Kant die →Autonomie des Ästhetischen, indem er – ausgehend vom ästhetischen Werturteil – das Schöne vom Wahren, Guten und Angenehmen abgrenzte. Wenn aber das Gebiet des Ästhetischen autonom, d.h. als von anderen Gebieten unabhängig bestimmt werden soll, dann stellt sich unvermeidlich die Frage nach dem ureigenen Wesen des Schönen und der Kunst. Die sicher wirkungsmächtigste Antwort auf diese Frage besteht in der vor allem auf →Aristoteles zurückgehenden Auffassung, wonach das Wesen der Kunst in der Nachahmung der Natur bestehe. Da diese zunächst plausibel erscheinende Antwort jedoch mit einer Reihe von Schwierigkeiten behaftet ist, entwickelten sich bald so genannte ›gegenstand-ästhetische‹ Theorien, die statt des Verhältnisses von Kunstwerk und Dargestelltem die Beschaffenheit des ästhetischen Gegenstands selbst ins Auge fassten. Für die formale Ästhetik besteht der Wert des Kunstwerks nicht in dem, was, sondern wie etwas dargestellt wird, d.h. in den Formen, Verhältnissen und Proportionen der Darstellung. Dagegen betont die Gehaltsästhetik, dass der Wert des Kunstwerks im ›Lebensgehalt‹ oder auch im philosophischen Gehalt liege, der sich in ihm offenbare. Beide Ansätze wirken in unterschiedlicher Weise bis in die aktuellen ästhetischen Theorien nach; die Alternative kann bündig – wenn auch vergröbernd – mit der Formel ›Kant oder Hegel‹ umschrieben werden.

Eine weitere grundlegende Unterscheidung der ästhetischen Ansätze lässt sich anhand ihrer Normativität bzw. Deskriptivität durchführen, d.h. anhand der Frage, ob es angesichts der Vielzahl und der Variabilität ästhetischer Phänomene überhaupt die Aufgabe der philosophischen Ästhetik sein könne, nach allgemeinen →Prinzipien des Schönen und der Kunst zu suchen, oder ob sie sich vielmehr mit der Beschreibung tatsächlicher ästhetischer Erfahrungen, Verhaltensweisen und →Urteile zu begnügen habe. Alle bisher charakterisierten Positionen sind der normativen Ästhetik zuzurechnen (wenngleich zumindest Kant das Problem einer normativen Begründung gesehen hat). Zu den deskriptiven Ansätzen zählen die →empirisch orientierte Ästhetik des 19. Jhs., die den Wandel des ästhetischen Verhaltens entweder entwicklungsgeschichtlich oder psychologisch erklären wollte, sowie vor allem die sprachanalytische Ästhetik des 20. Jhs. Am Beispiel dieser letztgenannten Richtung wird der Gegensatz zwischen normativen und deskriptiven ästhetischen Positionen besonders deutlich: Die sprachanalytische Ästhetik erklärt die Grundfrage der normativen (oder essenzialistischen) Ästhetik nach dem →Wesen der Kunst bzw. des Schönen generell für unsinnig, also unbeantwortbar, und fordert stattdessen die Analyse solcher Begriffe wie Kunst, ästhetischer Wert u.ä. in ihrem tatsächlichen Gebrauch in der Sprache der Künstler, Wissenschaftler und Kritiker sowie in der Alltagssprache.

Wie bereits angedeutet, wirken viele der genannten, zum Teil einander entgegengesetzten ästhetischen Ansätze bis in die Gegenwart nach. So stehen phänomenologisch-ontologische und hermeneutisch-rezeptionsästhetische Positionen, die letztlich in der Nachfolge Hegels gesehen werden müssen, neben sprachanalytischen, symboltheoretischen oder auch strukturalistischen Positionen, als deren Gewährsmann eher Kant zu nennen ist. Darüber hinaus gibt es Mischformen, beispielsweise in der Kunstphilosophie Dantos, der sich als ehemals analytischer Philosoph u.a. durch seine These vom »Ende der Kunst« in die Nähe Hegels begeben hat. Eine deutliche Aufwertung bzw. Ausweitung erfährt das Ästhetische im Rahmen der postmodernen Philosophie, in der das umfassende Konzept des »ästhetischen Denkens« (Wolfgang Welsch) die philosophische Disziplin Ästhetik auflösen und zu einem generellen Verstehensmedium für die Wirklichkeit machen soll.

G. Plumpe, Ästhetische Kommunikation der Moderne. 2 Bde., Opladen 1993

W. Jung, Von der Mimesis zur Simulation. Eine Einführung in die Geschichte der Ästhetik, Hamburg 1995

A. Gethmann-Siefert, Einführung in die Ästhetik, München 1995

N. Schneider, Geschichte der Ästhetik von der Aufklärung bis zur Postmoderne. Eine paradigmatische Einführung, Stuttgart 1996

B. Scheer, Einführung in die philosophische Ästhetik, Darmstadt 1997

A.S.

Ästhetisches Stadium Begriff aus der Philosophie →Kierkegaards, der in *Enten - Eller* (1843; dt. *Entweder - Oder*) zunächst zwei, in *Stadier paa Livets Vei* (1845; dt. *Stadien auf dem Lebensweg*) dann drei Stadien, Lebensanschauungen oder Existenzsphären unterscheidet, nämlich das ästhetische, das ethische und das religiöse Stadium. Wie bereits der Titel *Entweder-Oder* andeutet, konfrontiert Kierkegaard die subjektivistisch-ästhetische Lebenseinstellung mit der ethischen, die den →Normen bürgerlicher Allgemeinheit verpflichtet ist. Wenn er auch das Defizit der alles transzendierenden Momentexistenz des Ästhetikers aus der Sicht des verantwortungsvollen →Daseins des Ethikers anprangert, macht Kierkegaard doch auch deutlich, dass das ethische Stadium selbst an einem Mangel krankt, der als ›Reue‹ des →Individuums auf das Religiöse verweist. Das religiöse Stadium seinerseits ist aber wiederum mit Bestimmungen des Ästhetischen behaftet, insofern als es gleichfalls eine Sphäre der subjektiven Immanenz darstellt.

A. S.

Ästhetisches Urteil →Geschmacksurteil

Ataraxie Von griech. *ataraxia*, ›Unerschütterlichkeit‹: Gleichmut, Seelenruhe, Gelassenheit, seelische Ausgeglichenheit; bei Epikur, Pyrrhon, Demokrit und in der Philosophie der →Stoa sowohl die Vorbedingung als auch das Ziel des glückseligen und vernunftbestimmten Lebens, der →Eudaimonie (→Apathie).

A. S.

Atheismus Von griech. *a*, ›nicht‹ und *theos*, ›Gott‹: im weiteren Sinn die Leugnung der Existenz transzendenter, der sinnlichen →Erfahrung oder der →Vernunft nicht zugänglicher Mächte; im engeren Sinn die Leugnung der Existenz eines persönlichen →Gottes (sodass auch bestimmte Religionen, wie z. B. der Buddhismus, als atheistisch gelten können). Neben diesem radikalen Atheismus steht der agnostizistische Atheismus (→Agnostizismus), der nicht unbedingt die Existenz, wohl aber die Erkennbarkeit Gottes leugnet. Der Atheismus kann philosophisch auf unterschiedliche Weise begründet werden. Ein erkenntnistheoretisch fundierter Atheismus argumentiert mit dem Hinweis auf die Unmöglichkeit oder Sinnlosigkeit von Aussagen über ein nicht erkennbares, absolutes Wesen. Ein moralisch fundierter Atheismus argumentiert mit dem Hinweis auf die Unterdrückung der Weiterentwicklung des Menschen durch eine rückständige oder unmündige autoritäre Religion bzw. Kirche. Der Atheismus kann außerdem entwicklungsgeschichtlich argumentieren und die Entstehung von Gottesvorstellungen mit dem Hinweis auf psychologische, soziologische oder kulturgeschichtliche Bedingungen erklären.

In der Philosophie lassen sich atheistische Tendenzen bereits in der Antike, etwa bei den →Sophisten oder den →Kynikern, nachweisen. Im Zeitalter der Aufklärung (→A Neuzeit - Aufklärung) kommt es zu einer umfassenden Religionskritik mit deutlich atheistischem Charakter, so z. B. im französischen →Materialismus. Im 19. Jh. sind es vor allem Feuerbach und →Marx, die eine dezidiert anti-religiöse und atheistische Haltung vertreten. Im 20. Jh. findet man den Atheismus beispielsweise in der französischen Existenzialphilosophie, vor allem bei →Sartre.

A. S.

Ätiologie Von griech. *aitia*, ›Ursache‹ und *logos*, ›Lehre‹: die Lehre von den →Ursachen.

A. S.

Atomismus Auch Atomistik, naturphilosophische Lehre, der zufolge die →Materie aus Atomen besteht und das Naturgeschehen aus den Eigenschaften dieser Atome erklärbar ist. Der Atomismus wurde zuerst von Leukipp von Abdera vertreten, dessen vermeintlicher Schüler Demokrit seine Lehre aufnahm und weiterführte. Demnach ist die Verschiedenheit und Veränderlichkeit der Dinge auf die Konfigurationen und Bewegungsmöglichkeiten der Atome, die in unterschiedlicher Gestalt und Größe auftreten, zurückzuführen. Auf den naturphilosophischen Atomismus geht die →Abbildtheorie der Wahrnehmung und der →Wahrheit zurück, die hier in der Vorstellung besteht, dass sich von den Dingen aus Atomen bestehende Bilder ablösen, die durch die Sinnesorgane in die →Seele eindringen und dort wie in einem Spiegel abgebildet werden. – Ein ›logischer Atomismus‹ wurde von Russell und auch in →Wittgensteins *Tractatus logico-philosophicus* vertreten.

A.S.

Attribut Von lat. *attributum*, ›das Zugeteilte‹: allgemein soviel wie Merkmal oder Kennzeichen; im engeren Sinn die wesentliche Eigenschaft eines Gegenstands, also das, was sein →Wesen oder seine Essenz ausmacht, im Gegensatz zu den zufälligen und unwesentlichen →Akzidenzien.

A.S.

Aufklärung →A Neuzeit – Aufklärung

Aussage Im weiteren Sinn die sprachliche Wiedergabe eines Sachverhalts, die – im Gegensatz beispielsweise zu einem Fragesatz – die Eigenschaft hat, wahr oder falsch sein zu können. In empirischen Aussagen, also Aussagen über empirische Sachverhalte, sollen immer auch Zeit- und Ortsangaben enthalten sein. Solche Aussagen können durch Überprüfung des intendierten Sachverhalts →verifiziert oder →falsifiziert werden. Dagegen muss die →Wahrheit oder Falschheit einer formallogischen Aussage als zeitlos anerkannt werden. – Im engeren, logischen Sinn ist Aussage ein sinnvoller Satz einer Sprache über einen Sachverhalt, der behauptet, dass der Gegenstand so beschaffen ist, wie es durch den Sinn der Aussage beschrieben ist. Die Aussage ist somit ein Satz, der behauptet werden kann (oder kurz: ein Behauptungssatz). Mit einer Aussage ist immer ein Geltungsanspruch auf Wahrheit verbunden.

A.S.

Aussagenlogik Teil der →Logik, der sich mit (als unanalysiert betrachteten) →Aussagen sowie deren Verknüpfung durch Operatoren, die als formale Äquivalente für Ausdrücke wie ›und‹, ›oder‹, ›nicht‹ und ›wenn … dann‹ betrachtet werden, beschäftigt. Die Sprache eines aussagenlogischen →Systems besteht aus einer Menge von Aussagenvariablen p, q, r… sowie einer Menge von Operatoren $\wedge$, $\vee$, $\neg$ und $\rightarrow$. Weiterhin stellt man eine Reihe von Formungsregeln auf, welche erlauben, für jede Reihe von Aussagenvariablen und Operatoren zu entscheiden, ob es sich um einen wohlgeformten Satz handelt. Das in dieser Sprache formulierte System lässt sich dann entweder als axiomatisches System oder als System natürlichen Schließens formulieren. Bei ersterem wählt man eine entscheidbare Menge wohlgeformter Sätze zusammen mit mindestens einer Ableitungsregel aus, aus denen dann weitere Sätze abgeleitet werden können. Beim zweiten verzichtet man ganz auf die →Axiome und beschränkt sich nur auf Ableitungsregeln, kann dann jedoch auch Ableitungen aus der leeren Menge von →Prämissen konstruieren.

Eine klassische zweiwertige →Semantik der Aussagenlogik gibt man, indem man den Aussagenvariablen jeweils einen Wahrheitswert (1 für wahr und 0 für falsch) zuweist und die Operatoren als Funktionen von Wahrheitswerten bzw. Wahrheitswertepaaren zu Wahrheitswerten auffasst. So nimmt die dem Operator $\wedge$ entsprechende Funktion den Wahrheitswert 1 als Wert dann und nur dann an, wenn die beiden durch sie verknüpften Sätze auch den Wahrheitswert 1 annehmen. Zur Bestimmung des Wahrheitswertes komplexer Sätze verwendet man so genannte (auf →Wittgenstein zurückgehende, sich in einer Frühform jedoch schon bei Lewis Carroll findenden) Wahrheitstafeln, in denen die verschiedenen Wahrheitswertzuweisungen zu den Aussagenvariablen und die daraus resultierenden Wahrheitswertzuweisungen zu den aus ihnen geformten komplexen Sätzen dargestellt werden.

Von besonderem Interesse ist eine Klasse von wohlgeformten Sätzen, nämlich die, deren Elementen der Wahrheitswert 1 zugeteilt wird, unabhängig davon, welche Wahrheitswerte den Aussagenvariablen zugeteilt werden (z.B. $p \vee \neg p$, $p \wedge p$, $(p \wedge q) \vee p$). Es lässt sich nun zeigen, dass bestimmte dieser so genannten →Tautologien (nämlich die, deren Hauptoperator die materiale →Implikation ist) den (aussagenlogisch) gültigen Argumenten entsprechen: Für diese kann es nämlich nicht der Fall sein, dass der Vordersatz der Implikation wahr und der Nachsatz falsch ist.

Bei der Konstruktion eines aussagenlogischen Systems, gleichviel ob es sich dabei um ein axiomatisches System oder ein System des natürlichen Schließens handelt, ist es verständlicherweise Ziel, alle Tautologien und nur die Tautologien ableitbar zu machen. Ein System, welches diese Ansprüche erfüllt, nennt man sowohl vollständig als auch konsistent. Jede Anforderung an sich ist einfach zu erfüllen. Für die Vollständigkeit brauchen wir nur ein Axiom der Form $p \rightarrow q$ (zusammen mit der Ableitungsregel, dass wir aus p und $p \rightarrow q$ q schließen dürfen – dieses System ist dann natürlich nicht konsistent), für die Konsistenz reicht es aus, wenn wir uns auf ein Axiom wie $p \rightarrow p$ beschränken (das resultierende System ist dann offensichtlich nicht vollständig). Standardsysteme der Aussagenlogik erfüllen beide Anforderungen gleichzeitig. Darüber hinaus lässt sich zeigen, dass die Aussagenlogik entscheidbar ist, d.h. für jede Reihe von Aussagenvariablen und Operatoren gibt es ein endliches Verfahren (z.B. die Konstruktion von Wahrheitstafeln) mit dessen Hilfe sich entscheiden lässt, ob es sich um eine Tautologie, einen kontingenten Satz (wie z.B. $p \wedge q$) oder eine →Kontradiktion (die Negation einer Tautologie) handelt.

J.W.

Autarkie Von griech. *autarkeia*, zu *autos*, ›selbst‹ und *arkein*, ›genügen‹: Während Autarkie in Politikwissenschaft und politischer Philosophie die politische und/oder ökonomische Unabhängigkeit und Selbständigkeit eines Landes meint, meint der Begriff ursprünglich die Selbstgenügsamkeit eines Menschen, seine Unabhängigkeit von äußeren Dingen und anderen Menschen. Für →Sokrates ist Autarkie die Bedingung der Verwirklichung von →Freiheit, für →Aristoteles die Voraussetzung für das →Gute. In der stoischen und epikureischen Philosophie bedeutet Autarkie die Unabhängigkeit von äußeren Einflüssen und →Affekten und bildet damit die Voraussetzung für das glückselige Leben (→Eudaimonie).

A.S.

Autographisch Von griech. *autos*, ›selbst‹ und *graphein*, ›schreiben‹, im Gegensatz zu allographisch (*allos*, ›anders‹): von N. →Goodman eingeführtes Begriffspaar zur ontologischen Unterscheidung verschiedener Kunstwerke bzw. Künste. Bei autographischen Kunstwerken ist die Frage, wer es hergestellt hat, für seine Identität von Belang. Beispielsweise ist nur ein bestimmter, von Rembrandt hergestellter Gegenstand ein Einzelfall des Gemäldes *Die Nachtwache*. Jede noch so genaue Kopie ist eine Fälschung und damit kein Einzelfall dieses bestimmten Kunstwerks mehr. Die Malerei als ganze ist somit eine autographische Kunst. Dies gilt ebenfalls für die Druckgraphik oder die Plastik, auch wenn es hier mehr als einen Einzelfall des Werkes geben kann. Trotzdem ist auch hier die Entstehungsgeschichte des Gegenstands von Belang: Nur ein von einer bestimmten Platte oder von einem bestimmten Druckstock abgezogener Druck gilt als Einzelfall des Werkes, selbst wenn unendlich viele Drucke von dieser Platte genommen wurden. Dagegen spielt die Entstehungsgeschichte für die Identität allographischer Kunstwerke keine Rolle: Jede korrekte Inskription eines bestimmten Gedichts etwa gilt als Einzelfall des Werkes, unabhängig davon, ob diese bestimmte Inskription vom Autor des Gedichts selbst stammt, in einem Gedichtband gedruckt erscheint oder gar von jemandem ›abgemalt‹ wurde, ohne dass er der Sprache mächtig war. Die allographischen Künste (Literatur, Musik u.a.) unterscheiden sich also von den autographischen Künsten auch dadurch, dass erstere nicht fälschbar sind: Die Fälschung eines Goethe-Gedichts etwa könnte allenfalls die Fälschung einer bestimmten Handschrift (Inskription) sein; die Identität des Werkes würde jedoch nicht berührt, wenn die vermeintliche ›Fälschung‹ denn nur korrekt buchstabiert ist.

A.S.

Autonomie Von griech. *autos*, ›selbst‹ und *nomos*, ›Gesetz‹: im philosophischen Sinn Eigenständigkeit oder Eigengesetzlichkeit, im Gegensatz zur →Heteronomie. Beispielsweise fordert →Kants →Ethik die Autonomie des →Willens, die frei von aller Fremdbestimmung sein soll. Damit wird die Autonomie zum obersten Prinzip der →Sittlichkeit erhoben. – In der →Ästhetik unterscheidet man zwischen autonomen und heteronomen Ästhetiken, also zwischen solchen, die die ästhetischen Wertqualitäten aus außerästhetischen Seins- und Wertsphären ableiten, und solchen, die die Autonomie des ästhetischen

Gebiets und seine Unabhängigkeit von anderen Gebieten postulieren.

A.S.

Autorität Von franz. *autorité,* ›Machtbefugnis‹, zu lat. *auctoritas,* ›Bürgschaft, Sicherheit, Ermächtigung‹: die nicht in Frage gestellte Geltung oder Überlegenheit, die eine Person, eine Institution oder eine Sache hat, ohne dass dies in jedem Einzelfall überprüft oder hinterfragt werden müsste.

Im Bereich der Philosophie galten ursprünglich die Weisen als Autoritäten. Im →Mittelalter (A) erlangten dann die mit der christlichen Lehre übereinstimmenden Personen, Institutionen, Schriften und auch Wahrheiten diesen Status. Im Zeitalter der Aufklärung (→A Neuzeit - Aufklärung) wurden vor allem diese kirchlichen Autoritäten einer massiven Kritik unterzogen. Statt des unkritischen Glaubens an die Überlieferung wurde nun die kritische Überprüfung aller Erkenntnisse durch die menschliche →Vernunft gefordert. - Im 20. Jh. analysiert die →kritische Theorie den so genannten autoritären Charakter, der sich in der Ausbreitung des Totalitarismus manifestiert. - In der →Hermeneutik →Gadamers kommt es zu einer Rehabilitierung der Autorität, insofern als auch der Überlieferung eine konstitutive Bedeutung im Verstehensprozess zugeschrieben wird.

A.S.

Axiom Von griech. *axioma,* ›Geltung, Forderung‹: Grundsatz, erster Satz oder erstes →Prinzip. Ein Axiom kann nicht bewiesen werden; es bedarf allerdings auch nicht des Beweises, da seine Richtigkeit unmittelbar evident ist und es deshalb als Grundsatz oder erstes Prinzip für andere Sätze dient. (Etwa seit Mitte des 19. Jhs. wurde die Evidenz als Kriterium der Richtigkeit von Axiomen aufgegeben zugunsten einer konventionellen Vereinbarung.) Zu den logischen Axiomen gehören der Satz der Identität, der →Satz vom Widerspruch, der →Satz vom ausgeschlossenen Dritten und der Satz des Grundes. - Als Axiomatik wird die Lehre vom Postulieren und Ableiten bezeichnet, sofern dabei von einem Axiomensystem ausgegangen wird.

A.S.

Bedeutung Im philosophischen Sinne ist Bedeutung in erster Linie eine Eigenschaft von Worten und Sätzen und Untersuchungsgegenstand der Bedeutungstheorie oder →Semantik. Die umgangssprachliche Verwendung des Begriffs ist vieldeutig. Bedeutung kann einmal für das stehen, was ein bestimmter Ausdruck bezeichnet. Bedeutung kann aber auch für den →Sinn des Gesagten stehen, für das, was man mit einer Äußerung meint, was man darunter versteht. Schließlich lässt sich Bedeutung auch im Sinne von Wichtigkeit verstehen. Bedeutung hat das, was in einer bestimmten Hinsicht wichtig ist. Der Facettenreichtum des umgangssprachlichen Bedeutungsbegriffs spiegelt sich in gewissem Sinne in den unterschiedlichen philosophischen Versuchen, Bedeutung zu definieren, wider. Die einfachste Form einer Bedeutungstheorie stellt die Namenstheorie der Bedeutung dar. Sie geht davon aus, dass die einzige semantische →Funktion sprachlicher Ausdrücke darin besteht, Gegenstände zu bezeichnen. Als semantisches Urverhältnis wird das Name-Träger-Verhältnis angesehen. So besteht die Bedeutung eines Eigennamens darin, einen Gegenstand zu bezeichnen: Der Eigenname ›Sokrates‹ bezeichnet einen Mann namens Sokrates. →Prädikate stehen nach dieser Auffassung für Eigenschaften: Das Prädikat ›rot‹ steht für die Eigenschaft rot, das Prädikat ›größer als‹ für die Eigenschaft größer als. Für Sätze legt man fest, dass sie einen Sachverhalt bezeichnen: Der Satz ›Sokrates ist der Mann von Xanthippe‹ steht für den Sachverhalt, dass Sokrates der Mann von Xanthippe ist. Da einfache Sätze aus Eigennamen und Prädikaten bestehen, ergibt sich das, was die Sätze bezeichnen, aus dem, was die in ihnen vorkommenden Eigennamen und Prädikate bezeichnen. Wichtig ist dabei die Stellung der Eigennamen und Prädikate, ihre Reihenfolge im Satz. Der Satz ›Hans ist größer als Paul‹ bezeichnet einen anderen Sachverhalt als der Satz ›Paul ist größer als Hans‹. Man nennt einen Satz wahr, wenn der Sachverhalt, den der Satz bezeichnet, besteht, falsch, wenn der durch den Satz bezeichnete Sachverhalt nicht besteht. Die Namenstheorie der Bedeutung stößt auf Schwierigkeiten, wenn sie die Bedeutung solcher Worte, wie ›das‹, ›und‹ usw. angeben soll, Worte, die keinen Gegenstand zu bezeichnen scheinen. Darüber hinaus kann sie nicht erklären, wieso der

Satz ›Der Morgenstern ist mit dem Morgenstern identisch‹ und der Satz ›Der Morgenstern ist mit dem Abendstern identisch‹ unterschiedliche Bedeutungen zu haben scheinen. Schließlich müsste ein Wort seine Bedeutung verlieren, wenn der Gegenstand, den es bezeichnet, aufhören würde zu existieren. Angesichts dieser Probleme unterscheidet man seit →Frege zwischen der Bedeutung bzw. dem Sinn von Eigennamen, Prädikaten und Sätzen und ihrem Bezug, d.h. dem Gegenstand, den sie bezeichnen. Dabei ist die Bedeutung bzw. der Sinn von Ausdrücken keine subjektive Vorstellung oder Assoziation, die jeder persönlich mit einem Wort verbindet, sondern etwas Intersubjektives, Objektives, das von jedem Sprecher einer Sprache erfasst werden kann und das von Frege in einem dritten Reich der Gedanken angesiedelt wird. Der Sinn eines Eigennamens ist die Art und Weise, wie der durch den Eigennamen bezeichnete Gegenstand gegeben ist. Der Bezug ist der entsprechende Gegenstand selbst. Der Sinn des Wortes ›Abendstern‹ ist nach dieser Auffassung ›der Stern, der als erster am Abendhimmel erscheint‹, der Bezug des Wortes ist der Planet Venus. Der Sinn eines Satzes ist der Gedanke, also dasjenige, was durch den Satz ausgedrückt wird, sein Bezug ist ein Wahrheitswert, d.h. die Tatsache, dass der Satz entweder wahr oder falsch ist. Auch für Prädikate soll Frege zufolge gelten, dass sie einen Sinn haben. Dieser soll in einem →Begriff bestehen. Als ihren Bezug gibt er etwas an, das man als extensionalen Begriff bezeichnen könnte.

Anknüpfend an Frege entwirft →Carnap eine Bedeutungstheorie, die zwischen der →Intension und der →Extension eines Ausdrucks oder Designators unterscheidet. Die Intension eines Ausdrucks gibt dessen Sinn an, die Extension dagegen dasjenige, worauf sich der Ausdruck bezieht. Nach Carnap besteht die Intension eines Namens in einem Individualbegriff, seine Extension in dem Gegenstand, der durch den betreffenden Namen bezeichnet wird. Als Intension eines einstelligen Prädikats nennt Carnap die durch den Prädikatausdruck bezeichnete Eigenschaft (z.B. die Eigenschaft ›rot‹); als Extension nennt er die Klasse der Gegenstände, die unter das betreffende Prädikat fallen, die Gegenstände also, welche die betreffende Eigenschaft besitzen. Die Intension eines Satzes ist die durch den Satz ausgedrückte →Proposition, seine Extension ein Wahrheitswert (wahr oder falsch). Gegenüber Carnaps intensionalistischer, d.h. auf den Intensionsbegriff zurückgreifender Bedeutungstheorie hat vor allem →Quine Bedenken angemeldet. Nach Quine sind die von Carnap benutzten bedeutungstheoretischen Grundbegriffe wie beispielsweise der Begriff der Analytizität (ein Satz gilt als analytisch wahr, wenn er allein aufgrund der Bedeutung der in ihm vorkommenden Worte wahr ist, egal, was auch immer in der Welt der Fall sein mag) oder der Synonymie (Bedeutungsgleichheit) nicht zirkelfrei definierbar. Auch die Annahme, dass Sätze für sich genommen über Bedeutung verfügen und demzufolge durch Sinneserfahrung bestätigt oder widerlegt werden könnten, hält Quine für falsch. Seiner Meinung nach treten nicht einzelne Sätze der →Erfahrung gegenüber, sondern eine aus unzähligen Sätzen bestehende →Wissenschaft als ganze. Die Auffassung, dass Sätze nur im Verbund mit anderen Sätzen über Bedeutung verfügen, wird als Bedeutungsholismus bezeichnet. Vom Bedeutungsholismus ist der Bedeutungsmolekularismus und der Bedeutungsatomismus unterschieden. Der Bedeutungsatomismus betrachtet die in einem Satz vorkommenden Wörter als kleinste bedeutungstragende Einheiten, der Bedeutungsmolekularismus dagegen den ganzen Satz.

Quines Skepsis gegenüber einem in sich abgeschlossenen Reich intensionaler Begriffe zielte darauf, die Grenze zwischen Philosophie und Naturwissenschaft durchlässig zu machen, um beide als Einheit begreifen zu können. Im Zuge seines Naturalisierungsprogramms galt es für Quine, einen naturalistisch-behavioristischen Ersatz für den Bedeutungsbegriff und die in seinen Umkreis gehörenden Begriffe zu finden. Dazu ersetzte Quine den klassischen Begriff des Sinnesdatums, der sich auf etwas bezieht, das einem Subjekt nur aus der Innenperspektive zugänglich ist, durch den Begriff des Sinnenreizes. Letzterer bezeichnet etwas Objektives, mit den →Methoden der Naturwissenschaft Erfassbares. Auf die Frage nach der Bedeutung von Sätzen und Worten antwortet Quine mit einer Verhaltenstheorie der Bedeutung. Quine schlägt vor, dass man zur Bedeutung eines Wortes gelangt, indem man ein anderes Wort oder einen komplexen Ausdruck nennt, der die Bedeutung des Wortes angibt. Die Angabe der Bedeutung, davon, was die Bedeutung eines Wortes ist, führt somit über die →Erklärung dessen, was Bedeutungsgleichheit ist. Vom Standpunkt seiner Verhaltenstheorie aus sind zwei Sätze dann bedeutungsgleich, wenn ihr Gebrauch derselbe ist, d.h. wenn sie unter denselben Umständen geäußert werden. Mit Umständen meint Quine dabei die Reizsituationen, die dazu führen, dass ein Sprecher einen bestimmten Satz äußert. Anstatt von der Bedeutung der Sätze spricht Quine von ihrer Reizbedeutung, anstelle von Synonymie spricht er von Reizsynonymie. Um feststellen zu können, ob zwei Sätze bedeutungsgleich sind, muss man sie einem Sprecher unter den gegebenen Umständen als Fragen vorlegen. Bejaht ein Sprecher einen Satz immer dann, wenn er auch einem anderen Satz zustimmen würde, so haben beide Sätze dieselbe Bedeutung. Ein derartiges Verfahren eignet sich jedoch nur für so genannte Gelegenheitssätze, Sätze also, die sich mit bestimmten Worten auf die vorliegende Situation beziehen, deren Wahrheitswert also von Gelegenheit zu Gelegenheit wechselt. Der typische Fall sind Sätze, die einen Indikator enthalten, wie z.B. ›Dies ist rot‹ oder ›Sieh da, ein Kaninchen‹. Diese Art von Bedeutungsgleichheit gilt zuerst nur für einen Sprecher. Zwei Sätze sind dann für eine ganze Sprache bedeutungsgleich, wenn sie es für jeden Einzelnen ihrer Sprecher sind. Hat man Paare von synonymen Sätzen aufgestellt, so kann man sich auf die in den Sätzen vorkommenden Worte konzentrieren. Und zwar ist ein Wort dann mit einem anderen Wort synonym, wenn man es durch das andere austauschen kann und stets äquivalente, d.h. reizsynonyme Sätze erhält.

Eine andere Form von Gebrauchstheorie der Bedeutung, wie sie vor allem von →Wittgenstein geprägt wurde, behauptet, dass erst die Verwendung eines Wortes in der Sprache einem Ausdruck Bedeutung verleiht, bezieht ›Verwendung‹ aber nicht auf die bei der Äußerung herrschenden Reizumstände. Grundlegend für diese Form einer Gebrauchstheorie ist die Einsicht, dass man, um die Bedeutung eines Ausdrucks zu verstehen, nicht nur den Gegenstand, den der Ausdruck benennt, kennen muss, sondern auch wissen muss, wie der Ausdruck verwendet wird (wie man ja auch die Bedeutung des Wortes ›Schachkönig‹ nicht kennt, wenn man nur weiß, welche Figur der Ausdruck bezeichnet).

In der an Quine anschließenden Diskussion des Bedeutungsbegriffs rückte zunehmend die Frage in den Vordergrund, wie eine Bedeutungstheorie für natürliche Sprachen formuliert werden kann. Von einer solchen Theorie wurde verlangt, dass sie erklären können muss, wie die Bedeutungen der Sätze von den Bedeutungen der in ihnen vorkommenden Wörter abhängen, weil nur so die Tatsache eine Erklärung finden kann, wie jemand auf der Basis einer endlichen Anzahl von Wörtern und einer endlichen Anzahl von Regeln eine potenziell unendliche Anzahl von Sätzen erzeugen kann, die von den anderen Mitgliedern der Sprachgemeinschaft verstanden werden können. Nach Davidson ist eine Bedeutungstheorie dazu nur dann in der Lage, wenn sie rekursiv ist, d.h. einen immer wiederkehrenden Mechanismus nennt, der es erlaubt, die unendlich vielen Satzbedeutungen aus einem endlichen Vorrat an Wortbedeutungen zu erzeugen. Nach Davidson muss eine derartige Bedeutungstheorie die Form der →tarskischen Wahrheitskonvention annehmen.

G. Falkenberg, Sinn, Bedeutung, Intensionalität. Der Fregesche Weg, Tübingen 1998

W. Quine, Wort und Gegenstand, Ditzingen 1980

D. Davidson, Wahrheit und Interpretation, Frankfurt/M. 1999

W. Köhler (Hg.), Davidsons Philosophie des Mentalen, Paderborn 1997

T. B.

Bedingung Dasjenige, was ein anderes möglich macht und wovon ein anderes (das Bedingte) abhängig ist. Man unterscheidet zwischen logischen und realen Bedingungen. Im logischen Sinne stellen z.B. die →Prämissen eines →Arguments die Bedingungen der gefolgerten →Konklusion dar. Mit realen Bedingungen sind entweder die →Ursachen eines Ereignisses gemeint, oder die Randbedingungen, die erfüllt sein müssen, damit ein Ereignis eintreten kann. Das Verhältnis von Ursache und Bedingung lässt sich aber auch so auffassen, dass man unter ›Ursache‹ die Gesamtheit aller Bedingungen begreift, die für das Zustandekommen eines bestimmten Ereignisses gegeben sein müssen. In Hinblick auf einen solchen Komplex von Bedingungen ist ein bestimmtes Ereignis A dann eine notwendige Bedingung, wenn ein Ereignis B dann nicht eintreten würde, wenn das Ereignis A nicht gegeben wäre. Daraus folgt jedoch nicht, dass mit dem Gegebensein von A auch notwendigerweise das Ereignis B eintreten müsste. Folgt ein Ereignis B mit →Notwendigkeit aus einem gegebenen Ereignis A, d. h., ist es unmöglich, dass mit dem Gegebensein von A nicht auch B folgt, so stellt das Ereignis A eine hinreichende Bedingung dar.

Unter einer »Bedingung der Möglichkeit« versteht →Kant eine Bedingung, ohne die keine Erfahrung von Gegenständen möglich wäre. Kant, der zwischen dem →Inhalt und der →Form einer Gegenstandserfahrung unterscheidet, erklärt ein transzendentes →Ding an sich zur Ursache des Inhalts der Erfahrung. Ein jenseits des →Subjekts liegendes Ding an sich übt einen kausalen Einfluss auf den Wahrnehmenden aus, was zur Folge hat, dass er bestimmte qualitative →Erfahrungen hat. Damit aus diesem Inhalt die Erfahrung eines Gegenstandes wird, muss der Inhalt eine bestimmte Form erhalten. Kant unterscheidet zwischen Formen der →Anschauung und Formen des →Verstandes. Formen der Anschauung sind →Raum und →Zeit, Formen des Verstandes sind die so genannten →Kategorien, d. h. bestimmte Grundbegriffe, wie →Substanz, →Kausalität usw. Nach Kant haben diese Formen ihren Platz auf der Seite des erkennenden →Subjekts, nicht auf der Seite des für das Zustandekommen der Erfahrung erforderlichen Dinges an sich. Ohne die genannten Formen gäbe es keine Gegenstandserfahrung.

In der nachkantischen Philosophie hat der Begriff der Bedingung der Möglichkeit eine Erweiterung auf andere Bereiche wie z. B. den des gesellschaftlichen Zusammenlebens, des menschlichen Daseins im Allgemeinen, von →Freiheit, →Dialog und dergleichen mehr erfahren. Als wesentliches Unterscheidungskriterium zwischen notwendigen Bedingungen und Bedingungen der Möglichkeit gilt die Tatsache, dass Bedingungen der Möglichkeit zu ihren Gegenständen in keinem Verursachungsverhältnis stehen, während ein solches Verhältnis bei den notwendigen Bedingungen nicht ausgeschlossen ist. Allgemein lässt sich sagen, dass sich Bedingungen der Möglichkeit auf die Struktur einer Sache und nicht auf die Art und Weise ihres Zustandekommens beziehen.

T. B.

Befindlichkeit Hat als Begriff seine Prägung in der Philosophie →Heideggers erfahren. Befindlichkeit bedeutet zunächst soviel wie Gestimmtheit oder Stimmung. Als →Existenzial, d. h. als ein Begriff, der eine grundlegende Struktur bzw. Bedingung der Möglichkeit des menschlichen →Daseins bezeichnet, kommt der Befindlichkeit die Aufgabe der Welterschließung zu. Im Unterschied zu Formen partikulärer Welterschließung durch andere, der Befindlichkeit nebengeordnete Existenzialien, wird die →Welt durch die Befindlichkeit als Ganze erschlossen. Befindlichkeit ist somit ein Ausdruck zur Kennzeichnung der Tatsache, dass jeder Mensch in seiner Alltagspraxis ein intuitives Verständnis der jeweiligen Gesamtsituation besitzt, in der er sich befindet. Heidegger unterscheidet zwischen eigentlichen und uneigentlichen Formen von Befindlichkeit. Die →Angst als Vertreter einer eigentlichen Befindlichkeit lässt die Alltagswelt für denjenigen, der von ihr befallen wird, vollkommen unbedeutsam werden. In der Furcht als einer uneigentlichen Befindlichkeit übt dagegen ein zur Welt gehörender Gegenstand auf das Dasein eine Bedrohung aus. Während also eine eigentliche Befindlichkeit dazu führt, dass dem Dasein seine Welt unbedeutsam wird, erlangt diese Welt innerhalb einer uneigentlichen Befindlichkeit allererst Bedeutung.

T. B.

Begriff Umgangssprachlich wird kaum ein Unterschied zwischen einem Wort und einem Begriff gemacht. Der Begriff ›Hund‹ und das Wort ›Hund‹ werden zumeist als synonym behandelt. In der philosophischen Tradition unterscheidet man an einem Begriff zwischen Begriffswort, Begriffsinhalt oder →Intension und Begriffsumfang oder →Extension. Unter dem Inhalt eines Begriffs versteht man die durch den Begriff ausgedrückte Eigenschaft, unter dem Umfang eines Begriffs die Klasse oder Gesamtheit der Gegenstände, auf die sich der Begriff bezieht. So hat z. B. der Begriff ›Mensch‹ die Merkmale der Vernunftbegabtheit und Lebendigkeit zum Inhalt, als Umfang die Klasse derjenigen Dinge, die beide Merkmale zugleich aufweisen, also vernunftbegabt und lebendig sind.

Das vorrangige Interesse bei der Auseinandersetzung mit Begriffen galt historisch den Allgemeinbegriffen. Unter einem Allgemeinbegriff versteht man dasjenige, was allen mit einem bestimmten Wort bezeichneten Gegenständen gemeinsam ist und was in einer →Definition Ausdruck findet. Da Begriffe nicht Worte sind, andererseits aber auch nicht mit den durch sie bezeichneten Gegenständen zusammenfallen sollen, stellt sich die Frage nach dem Ort ihrer Existenz, auf die die verschiedenen Autoren unterschiedliche Antworten gegeben haben. →Platon hat vorgeschlagen, Begriffe (die so genannten →Ideen) in einem von der materiellen Welt unabhängigen geistigen Reich anzusiedeln. Begriffe sind Platon zufolge die von den einzelnen Gegenständen unabhängigen Formen, an denen die Einzeldinge zwar teilhaben, die jedoch unverändert und ewig fortbestehen, gleichgültig, ob ein sie verkörperndes Ding existiert oder nicht. In einem Akt des Begreifens kann die →Vernunft die Begriffe erfassen. Aus diesem Grunde bereitet es Platon keine Schwierigkeiten, seine Welt mit Gegenständen zu bevölkern, wie sie Zahlworten, substantivierten Eigenschaftsworten und dergleichen entsprechen. Unter den existierenden Dingen befinden sich für Platon nicht nur die konkreten, raum-zeitlich lokalisierbaren und sinnlich wahrnehmbaren Einzeldinge wie Menschen, Tiere usw., sondern auch mathematische Gegenstände und Eigenschaften wie die Röte oder das Gute. Eine →Theorie, welche abstrakte Gegenstände und Universalien als unverzichtbare Bestandteile der Welt zulässt, bezeichnet man als Begriffsrealismus. In kritischer Absetzung von seinem Lehrer Platon bestreitet →Aristoteles die unabhängige Existenz von abstrakten Begriffen und →Universalien. Zwar lässt auch er die Existenz allgemeiner Begriffe zu, jedoch nur als etwas, das in den Dingen verkörpert ist. So kann z.B. ein und derselbe Wesenszug in mehreren Einzeldingen verwirklicht sein. Das →Wesen des →Menschen kann von vielen verschiedenen einzelnen Menschen verkörpert werden. Ohne diese Einzeldinge kann der Wesenszug jedoch nicht bestehen. Auch für Aristoteles sind aber Einzelding und allgemeiner Begriff etwas Verschiedenes. Die Allgemeinbegriffe gehen nicht vollständig in den Einzeldingen auf und sind daher nicht auf Einzeldinge reduzierbar. Eine Konzeption wie die aristotelische wird, da sie die Existenz allgemeiner Begriffe zulässt, diese jedoch an die Einzeldinge bindet, als gemäßigter Realismus bezeichnet. Im Unterschied hierzu bestreitet der Begriffsnominalist die Existenz von abstrakten Gegenständen und Universalien. Nach Auffassung des Nominalisten existieren nur Einzeldinge, also einzelne Menschen, Tiere usw. Daneben gibt es jedoch keine solchen Dinge wie abstrakte Individualbegriffe (z.B. ›die Menschheit‹), mathematische Gegenstände oder von den Dingen unabhängige Eigenschaften (z.B. ›die Röte‹).

Für die neuzeitliche Diskussion seit →Descartes ist die Frage zentral, auf welchem Wege man zur →Erkenntnis der Begriffe gelangt. Rationalisten wie Descartes gehen davon aus, dass es bestimmte einfache Begriffe gibt, aus denen sich alle unsere Gedanken zusammensetzen. Diese Begriffe sind uns angeboren. Der →Geist verfügt von Anfang an über diese Begriffe, muss sie jedoch im Laufe seiner Entwicklung in sich entdecken. Bei den angeborenen Begriffen unterscheidet Descartes drei Arten: die Begriffe von den Dingen und von ihren Eigenschaften – hierzu zählen a) die Begriffe der allgemeinsten Dinge wie →Substanz, Dauer, →Ordnung und Zahl, b) die Begriffe von denkenden Dingen, d.h. alles, was zum Bereich des Vorstellens und Wollens gehört, c) die Begriffe von ausgedehnten Dingen wie Größe, Gestalt, Lage, Bewegung und Teilbarkeit, schließlich d) die auf ausgedehnte und denkende Dinge gleichzeitig bezogenen Begriffe wie die Begriffe von Hunger und Durst oder von Erregungen – sowie die von Descartes so genannten ›ewigen Wahrheiten‹ – hierzu zählen solche Begriffe wie, dass es unmöglich ist, dass aus Nichts etwas wird oder dass dasselbe Ding zugleich ist und auch nicht ist, aber auch, dass, wer denkt, während er denkt, existieren muss. Diese Begriffe können in einem Akt intuitiver Erkenntnis klar und deutlich erkannt werden.

Nimmt der Rationalist an, dass die Begriffe schon von Anbeginn im menschlichen Geiste liegen, so behauptet demgegenüber der Empirist, dass alle Begriffe ihren Ursprung ausnahmslos in der inneren und äußeren →Erfahrung haben. Charakteristisch für den Empiristen ist die Vorstellung, dass die →Seele bei der Geburt des Menschen einer unbeschriebenen Tafel (→*tabula rasa*) gleicht. Durch die Erfahrung der Sinne sowie durch Selbsterfahrung kommt es dazu, dass der menschliche Geist, auf rein passive Weise, einfache Ideen bzw. Begriffe aufnimmt. Diese aus der Erfahrung stammenden einfachen Begriffe bilden dann für den Empiristen die Bausteine, aus denen sich alle weiteren, komplexeren Begriffe zusammensetzen lassen.

Eine vermittelnde Stellung zwischen →Rationalität und →Empirismus nimmt →Kant ein, indem er einerseits empirische Begriffe annimmt, die ihren Ursprung in der Erfahrung der Sinne haben, andererseits aber davon ausgeht, dass bestimmte, die Erfahrung strukturierende Begriffe nicht selbst aus der Erfahrung abgeleitet sein können. Letztere bezeichnet Kant als →Vorstellungen bzw. Begriffe →*a priori*, um damit zum Ausdruck zu bringen, dass sie nicht im Nachhinein, →*a posteriori*, aus der Erfahrung gewonnen sind, sondern der Erfahrung vorausgehen und sie erst möglich machen. Kant fasst die apriorischen, nicht aus der Erfahrung stammenden reinen Verstandesbegriffe in einer Tafel der →Kategorien unter den Titeln ›Qualität‹, ›Quantität‹, ›Relation‹ und ›Modalität‹ zusammen. Einer der zentralen apriorischen Begriffe bei Kant ist der Begriff der →Kausalität, der eine →Ursache mit einer Wirkung auf notwendige Weise verknüpft. Da wir, was Sinneserfahrung angeht, stets nur ein Nacheinander von Ereignissen erfahren, niemals aber eine notwendige Verbindung der Ereignisse, kann, so Kant, der Begriff der Kausalität seinen Ursprung nur im →Verstand und nicht in der Sinneserfahrung haben.

Mit →Frege beginnt ein neuer Abschnitt in der Geschichte des Begriffs. Hatte nahezu die gesamte Tradition vor Frege Begriffe als Merkmale aufgefasst, die sich Gegenständen in Form von Prädikaten zu- oder absprechen lassen, so analysiert Frege den Begriff in Hinblick auf mathematische Funktionen. Ein Begriff ist nach Frege das, was übrig bleibt, wenn man aus einer →Aussage einen Ausdruck, der für eine Person oder einen Gegenstand steht, durch eine Variable ersetzt. So lässt sich z.B. aus dem Satz ›Cäsar eroberte Gallien‹ der Begriff ›( ) eroberte Gallien‹ bzw. ›x eroberte Gallien‹, aber auch der Begriff ›Cäsar eroberte ( )‹ bzw. ›Cäsar eroberte y‹, schließlich sogar der Begriff ›( ) eroberte ( )‹ bzw. ›x eroberte y‹ bilden. In die Klammern bzw. an die Stelle von ›x‹ und ›y‹ sind, um den Begriff zu sättigen und in einen Satz zu verwandeln, Eigennamen bzw. Bezeichnungen von Gegenständen als Argumente einzusetzen. Auf dem Wege dieser Analyse gelingt es Frege, mehrstellige Beziehungen (Beziehungen, in denen mehrere Gegenstände zueinander stehen) auf angemessene Weise zu analysieren.

G. Frege, Funktion – Begriff – Bedeutung, hg. von M. Textor, Göttingen 2002

T. B.

Begriffsinhalt →Intension

Begriffsumfang →Umfang

Begründung →Argumentation

Begründungszusammenhang Philosophische Text sind →Argumentationen, die diskursive Begründungszusammenhänge einer Problemlösung herstellen. Diese Begründungszusammenhänge (manchmal auch ›Rechtfertigungszusammenhänge‹ genannt) sind nicht identisch mit dem Weg, auf dem der Autor die Problemlösung gefunden hat. Dies ist der ›Entdeckungszusammenhang‹, der in der Regel in philosophischen Texten nicht dargelegt wird – im Gegensatz zum (nachträglich erstellten) Begründungszusammenhang. Gleichwohl beschreiben viele philosophische Autoren ihren Begründungszusammenhang so, als ob er auch ihr Entdeckungszusammenhang gewesen sei. So beginnt →Descartes seine *Meditationen*, indem er biografisch erzählt, wie er zu seinen Einfall der *res cogitans* gekommen sei, →Platon schildert in seinen Dialogen die äußeren Umstände seiner Gespräche und fingiert damit biographische Authentizität und →Hegel insinuiert, dass ihm die *Phänomenologie des Geistes* genau so systematisch aufbauend eingefallen sei, wie er sie dann aufgeschrieben hat. Es handelt sich also um ein Methodenproblem. Zum einen um die →Methode der Erkenntnisgewinnung und zum anderen um die Methode der Darstellung und Rechtfertigung philosophischer Positionen. Während Methoden der Darstellung (nämlich Argumentationen) gezeigt und deshalb auch gelernt werden können, ist es noch nicht gelungen, Methoden der systematischen Erkenntnisgewinnung zu entwickeln. Ansätze dazu gibt es nur im →Experiment der Naturwissenschaften.

Hans Albert stellt in seinem *Traktat über kritische Vernunft* (S. 38 f.) fest: »Erstens geht es nach der kritizistischen Auffassung auch im so genannten Begründungszusammenhang nicht um die Rechtfertigung von Aussagen und Aussagensystemen, sondern um ihre kritische Untersuchung und Beurteilung. Zweitens kann nach Aufgabe der Begründungsidee die heuristische Problematik nicht mehr ohne weiteres aus der Methodologie verwiesen werden, wenn auch eine bestimmte Voraussetzung, die im Zusammenhang mit der Behandlung der heuristischen Problematik oft gemacht wurde, nämlich die, dass es einen sicheren Weg der Erkenntnisgewinnung geben müsse, sich als unhaltbar erwiesen hat; und drittens müssen innerhalb der Methodologie die relevanten Züge der menschlichen Erkenntnissituation – und damit auch die faktischen Zusammenhänge, die da eine Rolle spielen – zumindest berücksichtigt werden; das heißt: eine brauchbare wissenschaftliche Methode darf zum Beispiel nicht utopisch konstruiert sein.«

H. Albert, Traktat über kritische Vernunft, Tübingen 1975

H. Reichenbach, Experience and Prediction. An Analyis of the Foundations and the Structure of Knowledge, Chicago 1938

W. R.

Behaviorismus Von engl. *behaviour*, ›Verhalten‹: bezeichnet zunächst eine Forschungsrichtung innerhalb der Psychologie, mit Thorndike, Watson und B. Skinner als Hauptvertretern. Alleiniger Gegenstand der Erforschung psychischer Zusammenhänge ist das empirisch beobachtbare Verhalten von Menschen und Tieren. Zur →Methode des Behaviorismus gehört die Untersuchung von Zusammenhängen, wie sie zwischen beobachtbaren äußeren Einflüssen (*stimuli*) auf ein Lebewesen und seinen ebenfalls beobachtbaren Reaktionen (*responses*) bestehen. Man bezeichnet den Behaviorismus auch als methodischen Behaviorismus, weil er andere Methoden der Psychologie, insbesondere die Methode der Selbstbeobachtung, als unwissenschaftlich ablehnt, da sie den wissenschaftlichen Standards der objektiven Zugänglichkeit und intersubjektiven Überprüfbarkeit nicht genügen.

Der logische Behaviorismus behauptet, dass sich alle →Aussagen über das Seelenleben einer Person in Aussagen über deren Verhalten bzw. deren Verhaltensdispositionen übersetzen lassen. Aussagen, in denen mentale Termini wie ›Denken‹, ›Zorn‹, ›Absicht‹ usw. vorkommen, lassen sich vollständig in bedeutungsgleiche Aussagen umwandeln, die nur von beobachtbarem Verhalten und den physikalischen Umständen, unter denen es sich ereignet, sprechen.

Obwohl der logische Behaviorismus zunächst nichts weiter als eine →These über bestimmte Übersetzungsbeziehungen ist, wie sie zwischen sprachlichen Ausdrücken zweier Gruppen bestehen, so geht doch mit ihm oftmals eine Konzeption des →Bewusstseins einher, die das Vorliegen bewusster Phänomene leugnet oder wegerklären will. Dabei wird die Tatsache, dass sich Aussagen über Seelisches in Aussagen über Nicht-Seelisches umwandeln lassen, als Indiz dafür angesehen, dass es letztlich überhaupt keinen inneren, phänomenalen Bereich gibt.

Der logische Behaviorismus hat zwei Formen angenommen. Der mit den Namen Ryle und teilweise auch →Wittgenstein verbundene hypothetische Behaviorismus geht davon aus, dass sich Aussagen über das Seelenleben einer Person, also Aussagen über scheinbar innere Vorgänge, auf die mehr oder minder komplexen Dispositionen dieser Person beziehen, sich unter bestimmten Bedingungen auf bestimmte Weise zu verhalten. So wie sich der Satz ›Zucker ist wasserlöslich‹ auf die Disposition des Zuckers bezieht, sich unter bestimmten Bedingungen, nämlich in ungesättigtem Wasser, aufzulösen, so bezieht sich ein Satz wie ›Paul ist ängstlich‹ ebenso auf die Dispositionen von Paul, sich unter bestimmten Umständen so und so zu verhalten. So wie die Wasserlöslichkeit des Zuckers keine im Innern der Zuckerkristalle verborgene Eigenschaft darstellt, sondern sich auf das beobachtbare Verhalten des Zuckers unter bestimmten Bedingungen bezieht, nämlich beim Eintauchen ins Wasser seine Gestalt zu verlieren, ebenso ist Pauls Ängstlichkeit keine im Innern von Paul liegende geistige Qualität.

Der kategorische Behaviorismus behauptet dagegen die Übersetzbarkeit einer Aussage über Seelisches bzw. Mentales in eine Aussage über aktuell wahrnehmbares Verhalten. Danach lassen sich Sätze wie ›Paul ist jetzt aufgeregt‹ übersetzen in ›Pauls Körper weist einen hohen Puls, rasches Atmen usw. auf‹. Heute konzentriert man sich vor allem auf Eigenschaften des Nervensystems eines Menschen, wenn man Aussagen über Mentales in Aussagen über physikalische Sachverhalte überführen will.

Beiden Arten des logischen Behaviorismus ist entgegengehalten worden, dass die Inhalte des Bewusstseins über bestimmte phänomenale Eigenschaften verfügen, die in einer physikalischen Beschreibung, ob sie sich nun auf äußeres Verhalten oder den augenblicklichen Zustand des Zentralnervensystems bezieht, nicht erfasst werden können.

T. B.

Besonnenheit →Sophrosyne

Bewegung Grundbegriff der Physik, genauer, der Kinematik, gleichbedeutend mit Ortsveränderung. Noch ununterschieden von den →Begriffen des →Werdens und der Veränderung ist Bewegung Grundprinzip der Philosophie des →Heraklit. Nach seiner Auffassung befindet sich der gesamte →Kosmos in dauernder Veränderung. Auch →Aristoteles hält an der Gleichsetzung von Werden und Bewegung fest. Bewegung ist der Übergang von etwas Möglichem zu etwas Wirklichem. Verkörperung des Prinzips der Möglichkeit ist der →Stoff (hier verstanden als Grundlage und nicht etwa als chemischer Stoff). Somit bedarf alles, was sich bewegt oder was wird, eines Stoffes und, als dessen Gegenstück, einer diesen Stoff gestaltenden →Form. Bewegung vollzieht sich daher stets an einem Stoff bzw. an einer zugrunde liegenden →Materie. Diese Auffassung führt Aristoteles zur Annahme eines Äthers, d. h. eines Bewegungsstoffes, welcher der Bewegung stellarer Wesen zugrunde liegt. Weiter steht hinter jeder Bewegung ein Bewegendes – eine Reihe, die durch einen unbewegten Beweger abgeschlossen wird, der mit →Gott oder dem sich selbst denkenden Denken gleichgesetzt wird. Der Begriff der Bewegung erfährt in der mittelalterlichen Philosophie eine Einengung auf den heute üblichen Wortgebrauch von Ortsveränderung. Die von Buridan begründete Impetustheorie geht dabei davon aus, dass jeder Körper eine von seiner Materiemenge abhängige Bewegungsgröße in sich trägt – ein Gedanke, der einfließt in Galileis Lehre von einem Trägheitsprinzip. Eine eigene philosophische Dimension gewinnt der Begriff der Bewegung in der Philosophie des →deutschen Idealismus (A), wo Bewegung auf die Entwicklung von Begriffen bezogen wird. Dabei ist die Annahme leitend, dass ein bestimmter Begriff wie z. B. der des →Seins eine Reihe einander widerstreitender begrifflicher Komponenten in sich trägt, und durch diesen Widerstreit eine Bewegung in Gang kommt, die alle Grundbegriffe der Philosophie und Naturwissenschaften, aber auch die Grundbegriffe der →Kunst, des →Rechts und der Religion aus sich hervorbringt.

T. B.

Beweis Bezeichnet ein Verfahren zur Begründung oder Rechtfertigung einer Behauptung bzw. zur Einlösung eines Wahrheitsanspruchs. Im alltäglichen und vorwissenschaftlichen Verständnis kann eine Behauptung als bewiesen angesehen werden, wenn sich Zeugnisse beibringen lassen, die keine Zweifel an der Richtigkeit der Behauptung lassen. Derartige Zeugnisse sind die Berichte von Augenzeugen, aber auch Fingerabdrücke und dergleichen. Traditionell bezeichnet man diese Art von Beweis als Beweis durch Augenschein (*demonstratio ad oculos*).

Unter einem deduktiven Beweis versteht man die Ableitung eines Satzes aus einer Reihe von Grundsätzen und bereits zuvor bewiesenen Sätzen mit Hilfe von logischen Schlussregeln. Unter Grundsätzen versteht man solche Sätze, deren →Wahrheit entweder unmittelbar einsichtig ist oder deren Wahrheit innerhalb eines →Systems konventionell, also auf dem Wege einer Vereinbarung festgelegt worden ist. Die bereits zuvor bewiesenen Sätze werden als →Theoreme bezeichnet. Solche Sätze können innerhalb eines Beweises verwendet werden, ohne noch einmal bewiesen werden zu müssen.

Bei einem induktiven Beweis handelt es sich dagegen um ein Beweisverfahren, bei dem aus der Beschaffenheit einer endlichen, in der Regel aber sehr großen Anzahl von Gegenständen auf die Beschaffenheit aller Gegenstände geschlossen wird (z.B. ›Alle bisher beobachteten Schwäne sind weiß. Daher sind alle Schwäne weiß.‹)

Der in der Mathematik und →Logik zur Anwendung kommende Beweis mittels vollständiger Induktion beweist eine bestimmte Eigenschaft zunächst für ein Anfangsglied einer Folge (Induktionsvoraussetzung). Sodann wird gezeigt, dass, wenn ein beliebiges Glied die besagte Eigenschaft besitzt, dann auch das folgende Glied die Eigenschaft besitzt (Induktionsschritt). Aus beiden Schritten zusammen folgt, dass jedes Glied die besagte Eigenschaft besitzt.

Unter einem indirekten Beweis, auch als *reductio ad absurdum* bezeichnet, versteht man ein Beweisverfahren, bei dem ein Satz dadurch bewiesen wird, dass man sein Gegenteil widerlegt. Dabei wird zu einem gegebenen Satz zunächst sein Gegenteil gebildet, also anstatt A wird Nicht-A angenommen. Wenn mit Hilfe der logischen Schlussregeln gezeigt werden kann, dass der Satz Nicht-A zu einem Widerspruch führt, folgt daraus, dass der angenommene Satz Nicht-A nicht wahr sein kann und folglich sein Gegenteil wahr sein muss. Dabei wird vorausgesetzt, dass es außer den beiden Alternativen A und Nicht-A kein Drittes gibt (→*tertium non datur*).

Bei den so genannten Beweisfehlern handelt es sich um Verstöße gegen die Beweisregeln. Einige der am häufigsten auftretenden Arten von Beweisfehlern wurden in der Tradition mit lateinischen und griechischen Namen versehen. Von einem →*circulus vitiosus*, einem fehlerhaften Zirkel, spricht man, wenn innerhalb des Beweises die erst zu beweisende Behauptung selbst schon benutzt wird. Eine →*petitio principii* oder Forderung des Beweisgrundes liegt dann vor, wenn im Verlauf des Beweises ein unbewiesener Satz verwendet wird, bei dem es sich um kein →Axiom handelt. Bei einem →*hysteron-proteron* handelt es sich um eine Umkehrung der korrekten Beweisordnung. A hätte mit Hilfe von B bewiesen werden sollen. Stattdessen wurde B mit Hilfe von A bewiesen. Von einem *proton pseudos*, einem falschen Anfang spricht man, wenn bereits der Anfang des Beweises auf einem grundlegenden Irrtum beruht. Wichtig ist weiterhin die *quaternio terminorum*, eine Begriffsverwirrung, die ihren Grund darin hat, dass ein und dasselbe Wort in zwei verschiedenen Bedeutungen verwendet wird (→Argument).

T.B.

Bewusstsein Der philosophische Begriff des Bewusstseins ist mindestens ebenso facettenreich wie die alltägliche Verwendung der Worte bewusst und Bewusstsein in den verschiedensten Zusammenhängen. Was genau ein Philosoph unter Bewusstsein versteht, ist in hohem Maße davon abhängig, in welcher philosophischen Tradition er steht und innerhalb welches Forschungsfeldes er tätig ist. Die europäische Tradition in der Nachfolge von →Descartes benutzt Bewusstsein zunächst als Gattungsbegriff zur Bezeichnung solcher Sachverhalte wie Fühlen, Wollen, Einsehen – kurz all derjenigen Sachverhalte, von denen man sinnvoll sagen kann, man könne sich ihrer bewusst sein. Bewusstsein wird dabei mit dem Seelischen und Unausgedehnten gleichgesetzt und dem Körperlichen und Ausgedehnten gegenübergestellt. →Kant führt die Unterscheidung von →transzendentalem und →empirischem Bewusstsein ein und hebt auf diese Weise die formale Seite des Bewusstseins von seiner inhaltlichen ab. Umfasst das empirische Bewusstsein die Gesamtheit aller bewussten Erlebnisse, also das, was man als den Bewusstseinsstrom oder das Bewusstseinsfeld bezeichnen könnte, so bezieht sich der Ausdruck transzendentales Bewusstsein auf seine einheitsstiftenden Funktionen. Da der jeweilige Inhalt des Bewusstseins sich aus selbstständigen Einheiten zusammensetzt, die alle wiederum zu einem einzigen, zusammenhängenden Strom von Erlebnissen verknüpft sind, bedarf es einheitsstiftender Funktionen, die für das Zustandekommen dieser Einheiten sorgen. Das transzendentale Bewusstsein stiftet diese Einheiten, indem es das durch die Sinne bereitgestellte Material den Einheitsformen der →Anschauung und des →Verstandes unterwirft.

Die moderne, vor allem im angelsächsischen Raum geführte Diskussion um das Problem des Bewusstseins unterscheidet im Wesentlichen zwei Aspekte von Bewusstsein, nämlich →Intentionalität und Phänomenalität. Bestimmte, als bewusst bezeichnete Zustände besitzen eine besondere Form von Gerichtetheit, d.h. Intentionalität. So ist beispielsweise ein Wunsch stets der

Wunsch, dass etwas Bestimmtes geschehen möge, der →Wille nicht bloßer Wille, sondern Wille zu etwas, die →Angst Angst vor etwas, die Überzeugung Überzeugung von etwas. Dasjenige, worauf sich der jeweilige intentionale Zustand bezieht, wird sein propositionaler Gehalt genannt. Das zweite Merkmal bewusster Zustände ist ihr phänomenaler Charakter. Man versteht darunter, dass es irgendwie wahrnehmbar ist, sich in einem bestimmten Zustand, z.B. in einem Zustand des Schmerzes oder dergleichen zu befinden. Das in sprachlicher Form Ausdrückbare erschöpft nicht den gesamten Inhalt bewusster Zustände. Bewusst erlebter Schmerz besitzt genauso wie bewusste Farbwahrnehmung eine qualitative Seite, einen erlebnismäßigen Gehalt, und dieser wird als phänomenal bezeichnet. Mit Hilfe der beiden Parameter Intentionalität und Phänomenalität lässt sich eine Skala bewusster Zustände aufspannen, die sich von bloß phänomenalen Zuständen ohne Intentionalität zu bloß intentionalen Zuständen ohne Phänomenalität als Grenzwerten erstreckt. Zu Letzteren kann man abstrakte Gedanken zählen, obgleich auch abstrakte Gedanken einen qualitativen Charakter besitzen können. Dieser ist jedoch gegenüber dem Inhalt des Gedankens äußerlich. Zu Ersteren zählen Zustände von Schmerz, Benommenheit und dergleichen. →Wahrnehmungen stehen in der Mitte dieses Spektrums, da sie einerseits über eine Empfindungsqualität verfügen und damit phänomenal sind, andererseits als Wahrnehmungen Wahrnehmungen von etwas, von einem Gegenstand oder Sachverhalt sind, und ihnen somit Intentionalität zukommt. Ein weiteres Kriterium zur Beschreibung und Einordnung bewusster Zustände bildet das Merkmal der reflexiven Zugänglichkeit. Sehen einige Philosophen in der Zugänglichkeit und sprachlichen Beschreibbarkeit der eigenen erlebten Zustände eine notwendige Bedingung für das Vorliegen eines bewussten Zustandes, so fordern andere lediglich, dass die Zustände einer sprachlichen Beschreibung zumindest prinzipiell zugänglich sein müssen. Wieder andere Theoretiker, vor allem solche mit einer funktionalistischen Auffassung, sehen es als hinreichendes Kriterium für das Vorliegen eines bewussten Zustandes an, dass der entsprechende Zustand zu anderen Zuständen sowie zu Reizen aus der Umwelt und zu den Reaktionen des jeweiligen Systems in einem kausal beschreibbaren Zusammenhang steht. Nach dieser Konzeption kann auch ein Computer Bewusstsein besitzen, wenn nur seine funktionale Organisation, d.h. die Beziehungen zwischen seinen Bestandteilen, denen des Menschen hinreichend ähnlich ist.

Von Bewusstsein in einem abgeleiteten Sinne spricht man in Hinblick auf das Bewusstsein von Gesellschaftsgruppen oder Klassen, wenn man deren allgemeine oder durchschnittliche Geisteshaltung bezeichnen will. Man bezieht sich dann nicht auf das Bewusstsein bestimmter Personen, sondern auf die Menge von Überzeugungen, Annahmen und Verhaltensgrundsätzen, die bei Vertretern einer bestimmten gesellschaftlichen Gruppe oder Klasse stärker anzutreffen sind, als bei den Vertretern anderer Gruppen und Klassen.

D.C.Dennett, Philosophie des menschlichen Bewußtseins. Descartes, Potemkin und die Büchse der Pandora, Hamburg 1994

–: Spielarten des Geistes. Wie erkennen wir die Welt? Ein neues Verständnis des Bewußtseins, München 2001

Th.Blume, Wahrnehmung und Geist. Über die Einheit von Alltag und Naturwissenschaft, Paderborn 2001

T.B.

Bild Begriff für eine anschauliche Darstellung eines Gegenstandes, die aufgrund ihrer Ähnlichkeit mit dem Gegenstand seine Wiedererkennung erlaubt. Zu philosophischer Bedeutung gelangte der Bildbegriff zuerst in der Philosophie →Platons, innerhalb seiner Ideenlehre. Er wird hier metaphorisch eingesetzt, um den →Dualismus von übersinnlichen →Ideen auf der einen Seite und sinnlichen Phänomenen auf der anderen Seite verständlich zu machen. Dabei wird die Welt der Sinnendinge zum bloßen Bild entwertet und scharf von den übersinnlichen, nur mit dem →Geist zu schauenden Ideen abgehoben. Der Aspekt des Bildes als Plan tritt in Platons Schöpfungsmythos *Timaios* in den Mittelpunkt der Betrachtung. Der ganze →Kosmos wird dort zum vollkommenen Abbild eines ewigen →Urbildes erklärt, die Schaffung der Dinge als Tätigkeit eines →Demiurgen oder Weltenbaumeisters aufgefasst, der aus einer vorgegebenen →Materie in Hinblick auf die ebenfalls unerschaffenen Urbilder, die so genannten Paradigmen, die Welt erzeugt. Die →Zeit wird hierbei zum beweglichen Abbild der Ewigkeit erklärt und auf diese Weise der insbesondere für die christliche Tradition maßgebliche Unterschied von Zeit und Ewigkeit etabliert.

Philosophische Relevanz besitzt der Bildbegriff in den so genannten ->Abbildtheorien der ->Wahrnehmung und der ->Bedeutung. Erstere erklären das Verhältnis von Gegenstand und Wahrnehmung in Hinblick auf die Beziehung von Bild und Abgebildetem: Unsere Wahrnehmung liefert uns ein dem Gegenstand in gewisser Hinsicht ähnliches Bild. Letztere erklären Sätze zu Bildern von Tatsachen, indem sie eine Isomorphiebeziehung zwischen Sprache und ->Welt unterstellen: Den Gegenständen der Welt entsprechen auf sprachlicher Seite Eigennamen, den Beziehungen der Gegenstände untereinander korrespondieren syntaktische Beziehungen der Eigennamen im Satz.

T. B.

Böses Gegenbegriff des ->Guten und nur im Zusammenhang damit erfassbar. Traditionell wird das Böse als *privatio debiti boni*, als Raub des geschuldeten Guten definiert und damit negativ auf das Gute bezogen. Die Frage nach dem Bösen lässt sich in verschiedenen Hinsichten thematisieren. Zum einen kann man zwischen einem auf den Körper bezogenen, physischen Bösen (Schmerz und Leid) und einem moralischen Bösen (Übel und Schuld) unterscheiden. Zum anderen kann man aber auch das sittlich verwerfliche Böse dem auf die Zerstörung der ->Ordnung bezogenen Bösen gegenüberstellen. Beide lassen sich schließlich auf das so genannte metaphysische ->Prinzip des Bösen, das Prinzip des Negativen und der Verneinung beziehen. In Hinsicht auf Letzteres gibt es traditionell zwei Antworten. Zum einen lässt sich das Böse als bloßer Mangel, als eine Unvollkommenheit und ein Mangel an ->Sein verstehen - etwas, das kein eigenes Sein besitzt, und darum eigentlich eher dem Nichtsein angehört, vergleichbar etwa dem Schatten, der nur zusammen mit dem Licht auftritt. Das Böse kann aber auch als eigene Kraft, als etwas, das dem Guten als reales Gegengewicht gegenübertritt, verstanden werden. Nach der christlich-religiösen Auffassung treten sich auf diese Weise ->Gott als Prinzip des Guten und der Teufel als Prinzip des Bösen gegenüber. Moderne Erklärungsansätze knüpfen an diese dualistische Konzeption an, so z.B. in der Psychoanalyse, wo ein Teil der menschlichen Triebstruktur für das Böse verantwortlich gemacht wird, oder bei ->Kant, wo das Böse auf ein Streben nach Selbstliebe zurückgeführt wird.

B. Claret, Geheimnis des Bösen, 2. Aufl. Innsbruck 2000

C.-F. Geyer, Leid und Böses in philosophischen Deutungen, Freiburg/Br. 1983

R. Safranski, Das Böse, München 1997

T. B.

Buridans Esel Name eines Gleichnisses, das die Lehre von der absoluten Willensfreiheit widerlegen soll. Das fälschlicherweise dem Scholastiker Johannes Buridan zugeschriebene Gleichnis lässt einen Esel vorstellen, der sich in gleicher Entfernung zwischen zwei gleich großen Heubündeln befindet. Würde der Esel allein aus freiem Willen handeln und besäße er keinen zusätzlichen Bestimmungsgrund seines Willens, so müsste er verhungern, da er sich bei völliger Gleichheit der Motive nicht entscheiden könnte, welches Heubündel er zuerst fressen sollte.

T. B.

Cambridge School Die Universität Cambridge brachte eine Reihe von bedeutenden Philosophen hervor, darunter u.a. Francis ->Bacon, Samuel Clark, William Whewell, J. M. E. McTaggart und Henry Sidgwick. Unter der Cambridge School verstehen wir jedoch üblicherweise die die analytische Philosophie wesentlich prägende Trias G. E. Moore, Bertrand Russell und Ludwig ->Wittgenstein. Moore wird heute meist aufgrund seiner gradlinigen und direkten (oder auch naiven, wie manche seiner Kritiker meinen) Herangehensweise an philosophische Probleme geschätzt. Er erwies sich als unermüdlicher Verteidiger des ->*common sense* und argumentierte für zeitweise äußerst unpopuläre Positionen (z.B. die Existenz der Außenwelt oder die Realität anderer Wesen als man selbst). In seinem Hauptwerk, den *Principia Ethica*, versucht er die Undefinierbarkeit des Begriffs ›gut‹ zu beweisen und führt u.a. die Idee des naturalistischen Fehlschlusses ein.

Russell arbeitete zu Beginn des Jahrhunderts

zusammen mit Whitehead an den voluminösen *Principia Mathematica*, einem der zentralen Werke der formalen →Logik und der Grundlagen der Mathematik. Während seines langen Lebens arbeitete er an zahlreichen philosophischen Themen. Von besonderer Bedeutung sind seine Forschungen zur philosophischen Logik, zur Mathematik und Mengenlehre (insbesondere die Entdeckung der russellschen Antinomie) und der →Erkenntnistheorie.

Wittgenstein, vielleicht der größte Philosoph des vergangenen Jahrhunderts, kam als Student Russells nach Cambridge, kehrte aber das Lehrer-Schüler-Verhältnis in kürzester Zeit um. Ein großer Teil der Arbeit für seinen *Tractatus Logico-Philosophicus* wurde in Cambridge fertig gestellt. Von 1929 bis zu seinem Tode unterrichtete Wittgenstein dort und entwickelte hier auch seine Spätphilosophie. Der einzige seiner Schüler, den er intellektuell akzeptiert zu haben scheint, war F. P. Ramsey, der eigentlich auch zur *Cambridge School* gerechnet werden müsste; allerdings verhinderte sein früher Tod mit 26 Jahren die völlige Ausbildung seines philosophischen Talents. Der Schwerpunkt seiner Arbeiten lag auf der Interpretation der Wahrscheinlichkeitstheorie, der philosophischen Logik und der →Sprachphilosophie.

J. W.

Cantor-Menge Nach dem Mathematiker Georg Cantor (1845–1918) benannte Menge, die nach folgender Vorschrift konstruiert wird: Eine Strecke der Länge 1 wird gedrittelt, das dadurch entstehende Mittelstück entfernt; bei den beiden verbleibenden äußeren Teilstücken wird wieder jeweils gedrittelt und das Mittelstück entfernt, usw.

- - - - - - - - - - - - - - - - -
- - - - - - -   - - - - - - -
- - - - - -   - - - - - -   usw.

Die Cantor-Menge ist dann die verbleibende Punkt-Menge. In ihr sind unendlich viele Punkte, doch ihre Gesamtlänge ist 0. Die Cantor-Menge ist eines der einfachsten fraktalen Muster. So sieht man an ihr sehr leicht die Selbstähnlichkeit. Sie hat eine Dimension zwischen 0 (wie ein Punkt) und 1 (wie eine Strecke), der mathematisch genaue Wert der Dimension ist 0,6309.

Ähnliche Muster wie bei der Cantor-Menge (auch oft ›Cantor-Staub‹ genannt) sind im täglichen Leben z. B. beim Leitungsrauschen in Telefonleitungen zu beobachten.

P. Davies, Prinzip Chaos, München 1993

H. W.

Causa Steht für die →Ursache oder den Grund einer Sache. →Aristoteles stellte die Behauptung auf, dass wirkliches Wissen ein Wissen der Ursachen sei. Nur derjenige, der über seine →Erfahrung im Umgang mit den Dingen noch deren Weshalb und Weswegen kennt, kann als Wissender bezeichnet werden. Philosophie ist die Wissenschaft dieser Ursachen, und zwar der allgemeinsten und ersten. Im Einzelnen unterscheidet Aristoteles vier Ursachen, die er als grundlegend ansieht und auf die alle anderen Arten von Ursachen rückführbar sein sollen: die →*causa formalis* oder Formursache, die →*causa materialis* oder Stoffursache, die →*causa efficiens* oder Wirkursache und die →*causa finalis* oder Zweckursache. Die nacharistotelische und mittelalterliche Philosophie ergänzte den aristotelischen Kanon um weitere Ursachenarten, die jedoch bei weitem nicht den Stellenwert erlangten, den die vier von Aristoteles genannten Ursachen besitzen. Unter anderem Namen, wenngleich der Sache nach nahezu dieselben, leben die vier Ursachen in den Begriffen von →Struktur und Gestalt, Stoff und →Materie, Erzeuger und Schöpfer, sowie in der Rede von Zielen und →Zwecken fort. Heute ist in der Philosophie in Bezug auf den Begriff der Ursache allerdings die Unterscheidung von singulären und generischen Kausalbehauptungen geläufiger. Eine singuläre Kausalbehauptung gibt ein einzelnes Ereignis als Ursache eines anderen an. In einer generischen Kausalbehauptung wird gesagt, dass Ereignisse einer ganz bestimmten Art Ereignisse einer anderen bestimmten Art verursachen.

T. B.

Causa efficiens Die wirkende →Ursache ist eine der vier, von →Aristoteles unterschiedenen Ursachen, die konstitutiv für das Zustandekommen und Fortbestehen eines jeden Dinges sind. Die *causa efficiens* bildet das äußere →Prinzip einer jeden Veränderung, dasjenige also, was dazu führt, dass sich etwas anderes bewegt oder verändert. So fungiert z. B. im Bereich des Handwerks der Handwerker als wirkende Ursache der Erzeugung eines Kunstgegenstandes. Im Bereich der →Natur bildet ein bewegter Gegenstand die wirkende Ursache der Bewegung eines anderen Gegenstandes. Nach Aristoteles steht jede *causa efficiens* in einem hierarchisch geordneten Zusammenhang wirkender Ursachen, an dessen Spitze sich ein erster, unbewegter Beweger befindet, der mit →Gott gleichgesetzt wird und als vollkommen gilt.

T. B.

Causa finalis Die Zweckursache ist eine der vier von →Aristoteles unterschiedenen Ursachen. Die *causa finalis* steht für den Zweck, dem eine Sache dient, für das, wozu die jeweilige Sache gut ist. Bezogen auf Entstehung und Bewegung ist die *causa finalis* gleichbedeutend mit dem Ziel. Das Ziel einer Sache ist in seinem →Wesen, in seiner →*essentia* verankert, die ihren Ausdruck in der →Definition findet. Allen Lebewesen ist ein derartiges Ziel innewohnend, auf dessen Verwirklichung sich das →Streben des jeweiligen Lebewesens richtet - eine Annahme, durch welche die aristotelische Lehre Wachstum und Entwicklung erklären will. Innerhalb der im praktischen Handeln verfolgten Ziele herrscht eine Rangordnung von untergeordneten und übergeordneten Zielen bzw. Zwecken. Ein Ziel kann selbst wiederum Mittel eines weiteren Zieles sein. Dennoch gibt es kein Fortschreiten ins Unendliche, denn die Reihe der Ziele wird durch ein Endziel abgeschlossen, das um seiner selbst willen angestrebt wird. Das Endziel einer Sache wird auch als das oberste Gut bezeichnet. Für ein mit →Vernunft begabtes Wesen wie den →Menschen besteht das Ziel seines Strebens im Erkennen der →Wahrheit, Ziel der Staatskunst, d. h. der auf die politische Gemeinschaft von Menschen gerichteten Kunst, ist das →Glück.

T. B.

Causa formalis Die Formursache ist eine der vier von →Aristoteles unterschiedenen →Ursachen. Gemäß der aristotelisch-thomistischen Lehre bildet jedes Ding innerhalb des irdischen Bereiches eine Zusammensetzung aus einem Stoff (→*hyle*, →Materie) und einer diesen Stoff strukturierenden →Form. Erst durch seine Formursache gewinnt der zuvor indifferente Stoff seine Gestalt und wird damit zum konkreten Ding oder Einzelwesen. Im künstlerisch-handwerklichen Bereich ist die Formursache der Plan des Herstellenden und fällt insofern mit der wirkenden Ursache oder *causa efficiens* zusammen. Im Reich der übrigen Natur befindet sich die *causa formalis* in den jeweiligen Dingen selbst und bildet mit diesen zusammen den einzelnen Gegenstand. Bei Gegenständen, die aus Stoff und Form zusammengesetzt sind, entspricht die Formursache dem Wesen, der so genannten →*essentia*. Das Schema von Stoff und Form spiegelt sich auf begrifflicher Ebene innerhalb einer →Definition wider, wo die jeweilige Gattung dem Stoff, die spezifische Differenz dagegen der Form entspricht.

T. B.

Causa materialis Die Stoffursache bezeichnet als eine der vier von →Aristoteles unterschiedenen →Ursachen den Stoff (→*hyle*, →Materie), aus dem etwas besteht. Aristoteles und die an ihn anknüpfende Philosophie dachte sich das gesamte Universum als einen hierarchisch gegliederten Zusammenhang von Stoff und →Form, von materialen und formalen Ursachen. Dabei sollte am Grunde alles Seienden (→Sein) eine erste Materie stehen, so wie auf der anderen Seite eine letzte Form existiert. Wird dem Stoff eine Form gegeben, so verändert er sich. Er nimmt eine Form an. Als geformter Stoff kann er dann wiederum die Grundlage weiterer, höherstufiger Formbildungsprozesse bilden. Aristoteles unterscheidet zwei Arten von Materie: die sinnlich wahrnehmbare Materie, wie z. B. Erz, Holz und überhaupt alles Bewegliche. Daneben nimmt er aber auch noch eine nur denkbare, nicht mit den Sinnen erfassbare Materie an und gibt als Beispiel dafür die Gegenstände der Mathematik an.

In der mittelalterlichen Philosophie, insbesondere bei →Thomas von Aquin, dient das Schema von materialer und formaler Ursache zur Erklärung der →Individuation. Erst indem zu einer Form ein bestimmter Stoff tritt, wird die Form, die als gleichbedeutend mit der jeweiligen Art aufgefasst wurde, auf ein besonderes Einzelwesen hin überschritten. In dieser Annahme liegt die Begründung dafür, warum Engel als nicht materielle Wesen jeder eine bestimmte Art oder Spezies verkörpern. Entspringen aus der Art oder Spezies Mensch als Formursache durch die Verbindung mit einer materialen Ursache einzelne Menschen, so kann das bei Engeln nicht ebenso der Fall sein. Jeder Engel ist darum zugleich seine eigene Art.

T. B.

Causa sui Ursache seiner selbst, einer der zentralen Begriffe im philosophischen System des ->Spinoza. Er definiert als *causa sui* dasjenige, dessen ->Wesen Existenz einschließt, oder das, dessen Natur nur als existierend begriffen werden kann. In der mittelalterlichen Philosophie galt der Begriff einer *causa sui* als selbstwidersprüchlich, da eine solche ->Ursache als das Verursachende schon existieren müsste, während es als das erst zu Verursachende noch nicht bestehen dürfte. Das, was Ursache seiner selbst ist, muss als Ursache schon bestehen, darf als seine Wirkung jedoch noch nicht existieren. Spinoza entgeht dieser Art von Selbstwidersprüchlichkeit, indem er die Ursächlichkeit der *causa sui* nicht als wirkende Ursache in dem Sinne begreift, dass ein Ding ein anderes hervorbringt, sondern als Grund, als Konstitutionsbasis, oder, modern ausgedrückt, als begrifflichen Rahmen, in dem Einzelgegenstände als einander verursachend begriffen werden können. Spinoza setzt die *causa sui* mit ->Gott als der allen Dingen zugrunde liegenden ->Substanz gleich. In den frühen Systementwürfen des ->deutschen Idealismus (A) nimmt das ->Bewusstsein die Rolle der *causa sui* ein, indem es sich, in einem auf sich selbst gerichteten Akt, selbst hervorbringt.

T. B.

Chaostheorie Eine der wichtigen Grundlagen der klassischen Physik war der strenge ->Determinismus, gipfelnd in der Fiktion des ->laplaceschen Dämons. Eng damit verknüpft ist das Prinzip der ->Kausalität.

Die klassische Physik verstand darunter immer die so genannte starke Kausalität: Benachbarte ->Ursachen führen zu benachbarten Wirkungen. Tatsächlich ist die starke Kausalität in der ->Natur aber eher die Ausnahme als die Regel. Leider sind aber oft nur die stark kausalen ->Systeme mathematisch exakt zu lösen, weshalb die Physik sich Jahrhunderte lang (und auch heute noch meist im Schulunterricht) auf solche Systeme beschränkte. Andere Systeme wurden mangels Berechenbarkeit und Lösbarkeit erst gar nicht behandelt.

Gibt man nun aber die starke Kausalität als Arbeitsvoraussetzung auf, so werden die Systeme sensitiv: Ein auf die Spitze gestellter Bleistift fällt durch kleinste Störungen um – und zwar in völlig unterschiedliche Richtungen. Für diese Sensitivität gibt es verschiedene Ursachen:

Die Struktur der reellen Zahlen (also der Zahlen, mit denen in der Mathematik und in den Erfahrungswissenschaften weit überwiegend gearbeitet wird): Sie zeichnen sich dadurch aus, dass sie unendlich lange, nicht periodische Dezimalzahlen sind. Bei jedem konkreten mathematischen oder physikalischen Vorgehen ignoriert man das aber de facto. Ein Mathematiker wird bei praktischen Berechnungen und ein Physiker bei praktischen Messungen immer nur mit endlichen Werten von endlicher Genauigkeit arbeiten. Alle darüber hinausgehenden Nachkommastellen bleiben ungenau und damit die Basis für das Wirksamwerden der Sensitivität.

Die heisenbergsche ->Unbestimmtheitsrelation: Danach ist es prinzipiell unmöglich, beliebig genaue Anfangswerte zu messen.

Die Fiktion des abgeschlossenen Systems: Alle Berechnungen der Physiker beruhen darauf, dass man sich – zumeist wohl im Sinne des ->Reduktionismus (->Reduktion) – auf gewisse Komponenten eines Systems beschränkt; man legt ein so genanntes abgeschlossenes System zugrunde und ignoriert alle äußeren Einflüsse als Störungen. Wenn man z. B. das Umkippen eines auf der Spitze stehenden Bleistifts betrachtet, so reicht es nicht, die Anfangswerte (z. B. Neigung, Ort und Geschwindigkeit – oder was sonst noch für relevant gehalten wird) zu bestimmen – sei es mit einer für nötig erachteten Genauigkeit oder sei es innerhalb der prinzipiellen Grenzen der Quantentheorie. Man muss vielleicht auch fernab der normalen experimentellen Überlegungen liegende Ursachen einbeziehen, wie die Konstellation des Mondes oder einen Vulkanausbruch in der Südsee. Da damit

Art, Zahl und Größe der möglichen Einflussfaktoren - auf Anfangskonstellation und weiteren Verlauf - ins Beliebige gehen, ist die Berechenbarkeit eine reine Fiktion. Somit steckt nicht nur in den Anfangswerten der Rechnung ein zugegeben winziger Fehler, sondern im Laufe der Rechnung treten weitere Abweichungen von der Wirklichkeit hinzu.

→Rückkopplung: Hier ist überwiegend die positive Rückkopplung gemeint. Hierbei kommt es unter Umständen aus winzigsten Anfangsunterschieden nach relativ kurzer Zeit zu gewaltigen Enddifferenzen. Insgesamt ergibt sich also ein exponentielles Wachstumsgesetz, das kleine Fehler gemäß den obigen Sensibilitätsursachen schnell zu riesigen Abweichungen wachsen lässt. Der Beobachter glaubt dann oft, dass sich die Ergebnisse nicht mehr prognostizieren lassen, dass das Ereignis unberechenbar oder chaotisch abläuft (Naturwissenschaftler bevorzugen die Bezeichnung nichtlineare Dynamik statt des plakativen Begriffs Chaostheorie).

Der Ruhm, als Erster erkannt zu haben, wie →Iteration Chaos erzeugt, gebührt Edward Lorenz, einem Meteorologen am Massachusetts Institute of Technologies. 1960 benutzte Lorenz seinen Computer, um einige nichtlineare Gleichungen zu lösen, die ein Modell der Erdatmosphäre bilden sollten. Als er Details einer solchen Prognose noch einmal überprüfen wollte, gab er die gleichen Daten noch einmal ein, nur der Einfachheit halber mit einer Genauigkeit von drei Nachkommastellen statt bisher von sechs. Natürlich dachte er, die Werte der neuen Berechnung würden nur unwesentlich von denen der alten abweichen. Doch welch eine schockierende Erkenntnis: Das neue Ergebnis war nach einiger Zeit völlig verschieden vom vorherigen. Die zur Lösung des Differentialgleichungssystems nötige Iteration hatte die Winzigkeit der ursprünglichen Differenz in der vierten Nachkommastelle so sehr vergrößert, dass er zwei völlig unterschiedliche Wetterabläufe errechnet hatte. Folglich werden komplexe nichtlineare dynamische Systeme (wie das Wetter) von winzigen Details beeinflusst, die sich z.B. in Nachkommastellen ausdrücken.

Lorenz musste erkennen: Wenn die wirkliche Atmosphäre sich so verhält wie sein Modell, ist jede langfristige Wettervorhersage unmöglich. Er prägte die Metapher, die diesen Effekt später beschreiben sollte, durch seinen Aufsatz: *Does the flap of a butterfly's wings in Brazil set off a tornado in Texas?* Geboren war der Schmetterlingseffekt als Metapher für die Unmöglichkeit von Voraussagen aufgrund der sensitiven Abhängigkeit von den Anfangsbedingungen.

Das Wetter (wie andere chaotische Prozesse auch) ist zwar unvorhersagbar, aber das heißt nicht, dass chaotische Prozesse unberechenbar sind. Die Kenntnis der gültigen Gesetze vorausgesetzt, kann man - wenn man die Anfangsbedingungen genau kennt - den Endzustand durchaus berechnen. Insofern ist das System - sogar im laplaceschen Sinne - deterministisch. Aber das Problem ist eben die genaue Kenntnis der Anfangsbedingungen.

Dieses Phänomen umschreibt man heute gemeinhin mit dem Begriff ›deterministisches Chaos‹. Der chaotische Zustand ist also prinzipiell berechenbar, aber das Verfahren muss wirklich Schritt für Schritt durchgerechnet werden; das Rechenverfahren ist nicht abkürzbar; es gibt keine geschlossene Lösungsformel.

Standardbeispiele für die Chaostheorie sind neben den bereits erwähnten Wetterprognosen Strömungen (hinter Schiffen, an Autos und Flugzeugen, in Pipelines, ...), die Stabilität der Planetenbahnen - schon Poincaré, der Vor-Vater der Chaos-Forschung, entdeckte, dass bei der Berechnung der Planetenbahnen bereits winzige Änderungen in der Gravitation (Ursache) gewaltige Änderungen in den Planetenbahnen (Wirkung) zur Folge haben konnten -, Leitungsrauschen in Telefon- oder Datenleitungen, Kristallaufbau, Gehirnströme, Herzflimmern, Börsenkursentwicklungen, gesellschaftliche Massenphänomene, ...

Besonders interessant als neuere Forschungsrichtung ist der Versuch, in dieses (vermeintliche) Chaos wieder Ordnung zu bringen: Wie wird z.B. aus einer turbulenten (chaotischen) Strömung wieder eine laminare (geordnete) Strömung? Wie kann aus einer chaotischen ›Ursuppe‹ von Molekülen, die dem Wärmetod zustrebt (→Entropie), eine Ordnung entstehen, die über immer geordnetere Formen (Molekül, Eiweiß, DNA) schließlich Leben und sogar Intelligenz hervorbringt?

J. Gleick, Chaos - die Ordnung des Universums, München 1988

H.-O. Peitgen / H. Jürgens / D. Saupe, C_H_A_O_S Bausteine der Ordnung, Berlin 1994
F. Cramer, Chaos und Ordnung, Stuttgart 1988

H. W.

Chiliasmus Griech. *chilia ete,* ›tausend Jahre‹: der Glaube an ein tausendjähriges, irdisches Zwischenreich, das dem Letzten Gericht vorausgehen wird und in dem die Gerechten mit Christus herrschen und der Satan gefesselt sein wird. Der Chiliasmus beruht auf einer wörtlichen Auslegung der Offenbarung des Johannes (20,1–10). Hatten noch die beiden Kirchenväter Irenäus und Tertullian die Offenbarung eines tausendjährigen Reiches des Friedens und der Eintracht wörtlich aufgefasst, so beginnt mit →Augustinus die Verbannung der chiliastischen Hoffnungen aus der sich neu herausbildenden christlichen Staatskirche. Die Kirche selbst wird fortan als Verwirklichung des Gottesreiches angesehen und die Fesselung des Satans allegorisch gedeutet. Der Chiliasmus erlebt mit Joachim von Fiores Lehre von den drei Weltzeiten im →Mittelalter (A) einen zweiten Höhepunkt. Nach Joachim ist die Christus-Kirche des Mittelalters die vorletzte Stufe einer Entwicklungslinie, die, mit dem Alten Testament als der Weltzeit des Vaters beginnend, über die mit dem Neuen Testament verbundene Weltzeit des Sohnes führt und in die Weltzeit des Geistes einmündet. Philosophisch bedeutsam wird der Chiliasmus im 18. Jh. durch den Pietismus, den die Beschäftigung mit der Offenbarung des Johannes zu der Überzeugung führt, dass das Tausendjährige Reich noch bevorstehe. Der pietistische Chiliasmus übte großen Einfluss auf das literarische und philosophische Werk der Dichterphilosophen Friedrich von Hardenberg, genannt Novalis, und Friedrich Hölderlin aus, die beide das nahe bevorstehende tausendjährige Endreich zum Gegenstand ihrer Dichtungen machten. Der Chiliasmus wird noch heute, z. B. von den Zeugen Jehovas, vertreten. Im englischen Sprachraum trägt er den Namen Millenarismus (nach lat. *millenarius,* ›tausendjährig‹).

T. B.

Chorismus Auch Chorismos, griech. ›Trennung‹: ein Begriff, welcher der vielfach kritischen Charakterisierung der platonischen Philosophie dient. →Platon und die Philosophen des →Neuplatonismus sahen eine strikte Trennung zwischen einem konkreten, sinnlich erfassbaren Einzelding und seinem strukturierenden →Prinzip, der das allgemeine Wesen des Einzeldinges verkörpernden →Idee. Danach kommt beispielsweise einem Menschen die Eigenschaft ›schön‹ oder ›gerecht‹ nur aus dem Grunde zu, weil dieser Mensch an dem allgemeinen Wesen bzw. an der Idee der Schönheit oder der Idee der Gerechtigkeit teil hat. Zwar ist durch die Beziehung der Teilhabe eine Verbindung von Idee und Einzelding hergestellt. Dennoch kann damit die Trennung bzw. der Chorismus zwischen den verschiedenen ontologischen Bereichen angehörenden Dingen, also Ideen und Einzeldingen, nicht überwunden werden. In seiner Kritik der platonischen Ideenlehre macht →Aristoteles Platon den Vorwurf, dass seine Annahme eines von der sinnlichen Welt getrennten Ideenreiches letztlich keinen Erklärungswert in Hinblick auf diese sinnliche Welt besitzt: Weder kann Platon erklären, auf welche Weise den Einzeldingen ihre →Form bzw. ihr →Wesen mitgeteilt wird, wenn die Form oder Wesen verkörpernden Ideen einem getrennten Seinsbereich angehören, noch kann Platon sagen, welchen Beitrag seine Ideen in Hinsicht auf die Bewegung oder Veränderung von Gegenständen leisten.

T. B.

Circulus vitiosus Lat. ›fehlerhafter Zirkel‹: bezeichnet erstens einen häufig in logischen Schlussfolgerungen vorkommenden Fehler, bei dem das, was bewiesen werden soll, bereits – zumeist versteckt – in einer der Annahmen der Schlussfolgerung vorkommt. Solch ein Fehlschluss liegt beispielsweise vor, wenn man folgendermaßen schließt: Weil Menschen vernunftbegabt sind und nur vernunftbegabte Wesen schreiben können, sind Menschen vernunftbegabt. Zweitens wird mit einem *circulus vitiosus* ein Fehler innerhalb einer Definition bezeichnet, bei welcher der zu definierende Begriff bereits im Definiens seiner →Definition vorkommt. Beispiel einer solchen zirkelhaften Definition ist der Satz ›Die Philosophie ist die Lehre von den philosophischen Fragen‹ wobei das Definiens ›die Lehre von den philosophischen Fragen‹ bereits den zu definierenden Begriff ›Philosophie‹ enthält.

T. B.

Clare et distincte Lat. ›klar und deutlich‹: Kennzeichen und Kriterium wahrer →Erkenntnis bei →Descartes. Descartes wählt den Erkenntnisraum eines einzelnen →Subjekts zum Ausgangspunkt seiner →Erkenntnistheorie. Da wahre Erkenntnis von falscher unterschieden werden muss, bedarf es eines Kriteriums für deren →Wahrheit und Falschheit. Dieses Kriterium muss dem erkennenden Subjekt in seinem privaten Erkenntnisraum zugänglich sein, darf also nicht von äußeren Faktoren abhängen. Descartes wählt Klarheit und Deutlichkeit zum Maßstab der Wahrheit und Falschheit des im Akt der Erkenntnis Erkannten. Ist eine Erkenntnis klar und deutlich, so ist diese Erkenntnis auch wahr. Klar heißt dabei, dass die Erkenntnis dem →Geiste gegenwärtig und offen ist, d. h., die Erkenntnis muss dem Erkennenden zugänglich sein, er muss sich ihrer momentan bewusst sein. Deutlich heißt, dass die Erkenntnis von allen anderen Erkenntnissen unterschieden ist und nur Bestandteile enthält, die voneinander unterschieden und selbst klar sind. →Leibniz knüpft an diese Begriffsbestimmung an, unterscheidet jedoch verschiedene Grade distinkter Erkenntnis. Eine distinkte Erkenntnis ist verworren, wenn ihre Bestandteile selbst nicht distinkt erkannt werden. So ist z. B. eine →Definition distinkt, aber verworren, wenn in die Definition unklare →Begriffe eingehen. Ein distinkte Erkenntnis ist adäquat, wenn sämtliche Bestandteile bis hin zu den atomaren, nicht weiter zerlegbaren Bestandteilen der Erkenntnis distinkt erkannt werden. Beispiel einer adäquaten distinkten Erkenntnis wäre eine logische Schlussfolgerung, bei der jeder einzelne Ableitungsschritt distinkt erkannt wird, wo jedoch die Ableitung als ganze nicht überschaubar ist, weil sie z. B. sehr lang ist. Ein distinkte Erkenntnis ist intuitiv, wenn die Gesamtheit ihrer atomaren Bestandteile wie mit einem Blick erfasst wird. Leibniz räumt ein, dass die zuletzt genannte Art distinkter Erkenntnis äußerst selten ist. Als Beispiel kann ein mathematischer Beweis dienen, der als ganzer wie auf einen Schlag eingesehen wird. Der Sache nach ist der Begriff der →Evidenz, wie ihn →Husserl in seiner Erkenntnistheorie verwendet, dem von Descartes aufgestellten Wahrheitskriterium verwandt. Husserl definiert Wahrheit als Übereinstimmung zwischen dem, was jemand meint und dem, was in der Anschauung gegeben ist. Liegt eine solche Übereinstimmung vor, entspricht dem subjektiv ein Evidenzerlebnis.

T. B.

Cogito, ergo sum Lat. ›Ich denke, also bin ich‹: das erkenntnismäßig erste →Prinzip der Philosophie →Descartes'. In seinen *Meditationen über die Grundlagen der Philosophie* macht es sich Descartes zur Aufgabe, die unumstößlichen Grundsätze unseres Denkens zu ermitteln. Seine Vorgehensweise besteht darin, alle die Erkenntnisse auszusondern, die auch nur den geringsten Anlass zum →Zweifel bieten. So kann z. B. das Wissen seinen Grund nicht in der Sinneswahrnehmung haben, da ja Wahrnehmung täuschen kann. Die Annahme eines täuschenden Gottes, der über unser →Denken Gewalt hat, führt Descartes dazu, auch die als zweifelsfrei geltende mathematische Erkenntnis für anfechtbar zu halten. Ein täuschender →Gott, wie er von Descartes mit dem Ziel angenommen wird, zu den Grundprinzipien des Denkens vorzudringen, ist jedoch nicht in der Lage, den Getäuschten darüber zu täuschen, dass er existiert. Selbst wenn man getäuscht würde, so ist doch dieses Getäuschtwerden eine Art von Denken und impliziert, dass der Denkende auch existieren muss. Damit kann Descartes als ersten Grundsatz des Wissens formulieren, dass, wer denkt, auch existieren muss. Der Satz *cogito, ergo sum* pflegt gemeinhin als Beginn der neuzeitlichen Philosophie angenommen zu werden, die ihren Ausgangspunkt nicht mehr bei Gott oder dem Sein nimmt, sondern beim Menschen und seiner Erkenntnisfähigkeit.

T. B.

Coincidentia oppositorum Lat. ›Zusammenfall der Gegensätze‹: Grundbegriff bei →Nikolaus von Kues; besagt, dass im Unendlichen Einen die in der Welt ausgebreiteten Gegensätze in eins zusammenfallen. Für den in neuplatonischer Tradition stehenden Cusanus erscheint die Welt als eine Entfaltung der in →Gott vereinigten Gegensätze. Der →Mensch ist mit seinem endlichen →Verstand auf die aus Gegensätzen und Unterschieden aufgebaute →Welt ausgerichtet. Er ist jedoch in der Lage, den →Begriff einer *coincidentia oppositorum*, eines Zusammenfallens der Gegensätze, zu bilden, wenngleich er nicht in der Lage ist, die Bedeutung dieses Begriffes zu fassen. Aus der →Erkenntnis, dass die Welt nach Unterschieden und Gegensätzen strukturiert ist, kann unser Verstand darauf schließen, dass es eine →Einheit dieser Gegensätze geben muss. Denken kann er diese Einheit freilich nicht. Aus diesem Grunde besteht ein inniger Zusammenhang zwischen der *coincidentia oppositorum* und der belehrten Unwissenheit (→*docta ignorantia*).

Der Gedanke einer *coincidentia oppositorum* hat seinen Ursprung im neuplatonischen Einheitsdenken, wo ein übersinnliches Eines als Weltgrund angenommen wird. In der Philosophie des →deutschen Idealismus (A) kehrt der Gedanke einer *coincidentia oppositorum* u.a. in Gestalt der →Dialektik wieder. Gemäß dem von →Fichte entwickelten dialektischen Verfahren bedient sich Erkenntnis einer dialektischen Methode, bei der zunächst eine Thesis gebildet wird. In dieser Thesis wird ein Gegensatz aufgezeigt und zu einer Antithesis ausformuliert. Sodann werden beide, Thesis und Antithesis, einander gegenübergestellt. Der Gegensatz beider wird schließlich in einer Synthesis aufgelöst, die ihrerseits, als Thesis gesetzt, den Ausgangspunkt zu einem neuen Dreischritt von Thesis, Antithesis und Synthesis bildet.

T.B.

Common sense Lat. *sensus communis*, ›Gemeinsinn‹: bezeichnet den gesunden Menschenverstand, wie er unserem alltäglichen Umgang mit den Dingen zugrunde liegt. Der Begriff des *common sense* dient in der Philosophie einmal zur Bezeichnung einer Quelle von primären Einsichten, die zu ihrer Begründung keiner weiteren Verstandesargumente bedürfen. Daneben bezeichnet der *common sense* in gesellschaftlich-ethischer Funktion den Sinn für das Gemeinwesen. Als solcher ist der *common sense* die Ursache für das gesellige Zusammenleben der Menschen. Innerhalb der aristotelisch-scholastischen Tradition schließlich dient der Begriff des *common sense* in psychologisch-erkenntnistheoretischer Funktion der Bezeichnung des allgemeinen Wahrnehmungsvermögens. Nach der aristotelischen Wahrnehmungsauffassung besitzt ein Mensch neben seinen fünf Sinnen, also Gesichtssinn, Gehör, Geschmackssinn, Geruchssinn und Tastsinn, keinen eigenen sechsten Sinn, mit dem er die den Einzelsinnen gemeinsamen Eigenschaften wie Bewegung, Ruhe, Gestalt, Größe, Zahl und Einheit wahrnehmen würde. Vielmehr verhält es sich →Aristoteles zufolge so, dass der Gemeinsinn in die Tätigkeit der Einzelsinne integriert ist, d.h. an allen fünf Einzelsinnen gleichermaßen beteiligt ist. Dadurch ermöglicht er den Vergleich der Gegenstände der verschiedenen Sinne. Innerhalb der →analytischen Philosophie tritt der Begriff des *common sense* in Gestalt der Philosophie der normalen oder Alltagssprache (→*Ordinary Language Philosophy*) in Erscheinung. Deren →Methode besteht darin, philosophische Probleme, die mit einem bestimmten Wort verbunden sind, dadurch zu lösen, dass man die Verwendungsbedingungen des entsprechenden Wortes klärt. Ausgehend von der Annahme, dass unsere Alltagssprache prinzipiell vernünftig ist, wollen die Vertreter der Philosophie der Alltagssprache – hier sind vor allem Autoren wie →Wittgenstein und Austin zu nennen – philosophische Fragen dadurch klären, dass sie die in den Fragen auftretenden Worte auf ihren Ursprung in der Alltagssprache zurückführen.

T.B.

Conditio sine qua non Lat. ›Bedingung, ohne die nicht‹: die Bezeichnung für eine →Bedingung, ohne die etwas anderes nicht bestehen würde oder nicht eingetreten wäre. Die *conditio sine qua non* stellt eine notwendige, jedoch keine hinreichende Bedingung für etwas anderes dar. Ein Ereignis A ist dann *conditio sine qua non* eines anderen Ereignisses B, wenn es undenkbar ist, dass B hätte eintreten können, ohne dass A vorhergegangen ist. Umgekehrt gilt aber nicht, dass aus dem Gegebensein von A auch notwendigerweise B folgen muss. So ist z.B. die Sonnenwärme eine notwendige Bedingung für das Pflanzenwachstum, jedoch für sich allein nicht hinreichend, damit Wachstum zustande kommt.

T.B.

Consensus →Konsens

Contradictio in adjecto Lat. ›Widerspruch in der Beifügung‹: bezeichnet einen →Widerspruch, der auf der Verbindung zweier sich gegenseitig ausschließender Begriffe beruht, z. B. ›hölzernes Eisen‹ oder ›rundes Viereck‹.

T. B.

Contrat social Frz. →Gesellschaftsvertrag: nach Rousseau die Bezeichnung eines Vertrages, wie er nach dem Verfall des friedlichen Zusammenlebens der Menschen im →Naturzustand zur Regelung des gesellschaftlichen Zusammenlebens notwendig wird. Durch die Annahme eines Gesellschaftsvertrages versucht Rousseau die Frage nach Ursprung und Notwendigkeit politischer →Herrschaft, sowie nach der optimalen Herrschaftsform auf dem Wege einer →Vertragstheorie zu beantworten. Derartige Erklärungen waren notwendig geworden, als mit dem Zerfall des geschlossenen mittelalterlichen Weltbildes infolge von Reformation und Glaubenskriegen politische Herrschaft nicht mehr unter Berufung auf eine von →Gott eingesetzte →Ordnung legitimiert werden konnte. Fortan galt es, politische Herrschaft durch eine weltanschaulich und religiös neutrale Theorie zu rechtfertigen. Dabei war es üblich, einen Zustand friedlichen vorstaatlichen Zusammenlebens der Menschen anzunehmen, der, bedingt durch bestimmte Entwicklungen, nicht länger aufrecht erhalten werden kann oder den zu überwinden im Interesse jedes Einzelnen liegen müsse. In einem Akt der Willenserklärung übertragen die →Individuen ihre Rechte ganz oder teilweise an einen Souverän, und treten damit aus dem Zustand der Vereinzelung in den Gesellschaftszustand über. Für Rousseau macht die Entstehung von Arbeitsteilung und Eigentum einen Vertragsabschluss erforderlich. Im Gesellschaftsvertrag unterwirft sich der Einzelne einem gesamtstaatlichen →Willen, ohne jedoch damit seine persönliche →Freiheit zu opfern. Der allgemeine Wille (*→volonté générale*), der durch den Gesellschaftsvertrag entsteht, darf nun keineswegs als die Summe der Einzelwillen der den Vertrag abschließenden Personen verstanden werden (*→volonté de tous*), sondern ist das Ergebnis eines auf der Grundlage rationaler Argumente geführten →Dialoges, in den die Individuen als freie und gleichberechtigte Bürger eintreten. Indem der *contrat social* auf das Gemeinwohl und nicht auf die Einzelinteressen der Mitglieder der →Gesellschaft abzielt, bildet er die Grundlage der Republik, in der die Individuen als Bürger ein organisches Ganzes bilden.

T. B.

Creatio continua Lat. ›fortwährende Schöpfung‹: die Lehre, dass der Schöpfungsakt Gottes ein unausgesetzter ist. Nach Auffassung der *creatio continua* hat →Gott die Welt nicht nur in einem einmaligen und anfänglichen Schöpfungsakt hervorgebracht, sondern ist auch die Ursache für ihr Fortbestehen.

T. B.

Creatio ex nihilo Lat. ›Schöpfung aus dem Nichts‹: ein Grundbegriff der christlichen Dogmatik. Anders als die platonisch-aristotelische Tradition geht das biblisch-christliche Denken davon aus, dass →Gott auch die →Materie erschaffen habe. Die Schöpfung der →Welt als Werk Gottes ist damit absolut voraussetzungslos. Daraus folgt einerseits, dass die Materie nicht Träger des →Bösen in einer dualistisch gedachten Welt von →Gut und Böse sein kann, da sie ja gleichfalls von Gott geschaffen wurde, andererseits, dass die Materie nicht mit Gott gleich ewig ist, da Gott ihrer Schöpfung vorhergegangen sein muss.

T. B.

Credo, quia absurdum Lat. ›Ich glaube, weil es absurd ist.‹ Der Satz, dessen Urheber unbekannt ist, spricht sich gegen den Versuch aus, den religiösen →Glauben mit den Mitteln der →Vernunft zu kritisieren, indem man Widersprüche und Inkonsistenzen in den Glaubensinhalten aufdeckt. Die Eigenart des religiösen Glaubens wird darin gesehen, dass er nicht mit den Maßstäben der Vernunft gemessen werden kann.

T. B.

Credo, ut intellegam Lat. ›Ich glaube, um zu erkennen.‹ Das erkenntnistheoretische Motto des Anselm von Canterbury besagt, dass die →Erkenntnis auf dem →Glauben, nicht der Glaube auf vorheriger, durch →Zweifel und →Denken vermittelter Erkenntnis ruhen müsse. Nach Anselm ist →Wahrheit in erster Linie die ewige Wahrheit der →Ideen in →Gott. Ferner gibt es eine Wahrheit der Dinge, insofern diese von Gott geschaffen worden sind, sowie eine Wahrheit menschlicher Erkenntnis, die begrifflich das erfasst, was wirklich ist. Die ewigen Wahrheiten Gottes sind in der nur dem Glauben zugänglichen Heiligen Schrift offenbart. Insofern steht der Glaube über der Erkenntnis. Letzterer kommt jedoch die Aufgabe zu, die geglaubten Inhalte durch rationale →Argumente für den →Verstand einsehbar zu machen.

T. B.

Dasein Wird seit der deutschen Aufklärungsphilosophie als Übersetzung für lat. *existenzia* verwendet. ›Etwas ist da‹ bedeutet soviel wie ›es existiert‹. Als solches steht *Dasein* im Gegensatz zum Was-Sein oder Sosein, der →*essentia*, und bezeichnet, im Unterschied zu seinen qualitativen Beschaffenheiten, das pure Vorhandensein eines Gegenstandes oder Sachverhaltes, bezieht sich also auf die Tatsache, dass etwas ist oder existiert, nicht jedoch darauf, was es ist. Als →Begriff, der keine qualitativen Merkmale von Gegenständen bezeichnet, gehört Dasein in eine Reihe mit solchen Begriffen wie →Möglichkeit und →Notwendigkeit. →Kant ordnet den Begriff des Daseins aus diesem Grunde der →Kategorie der Modalität zu (eine aus heutiger Sicht fragwürdige Einstufung) und stellt ihm den Begriff des Nichtseins zur Seite.

Bei →Heidegger ist Dasein ein spezifischer Terminus für dasjenige Seiende (→Sein), das wir je selbst sind, dient also zur Kennzeichnung des menschlichen Seins. Im Gegensatz zu den anderen Dingen verfügt das Dasein nicht nur über ein Sein, es ist nicht gleich anderen Gegenständen einfach nur da. Es verhält sich zudem auch handelnd und erkennend zu seinem Sein. Das Wort Existenz dient Heidegger zur Charakterisierung dieser nur dem →Menschen zukommenden Art von Seinsverhältnis. Das Seinsverhältnis des Daseins findet seine besondere Ausprägung in einem Seinsverständnis. Dasein versteht sich in seinem Sein und ist hierin wiederum von den sonstigen Gegenständen der →Welt unterschieden. Sein nur ihm zukommendes Seinsverständnis macht allein das Dasein dafür geeignet, eine Antwort auf die Frage nach dem Sein zu geben, die zu finden sich Heidegger zur Aufgabe gemacht hat.

T. B.

De dicto – de re Ein Begriffspaar, dass sich auf den Anwendungsbereich von Modaloperatoren, also auf →Begriffe wie ›notwendig‹, ›möglich‹ oder ›unmöglich‹ bezieht. Erstreckt sich ein Modaloperator auf einen ganzen Satz, ein vollständiges Diktum, so spricht man von einer *De-dicto*-Konstruktion. Beispiel einer *De-dicto*-Konstruktion ist der Satz: ›Es ist notwendig, dass die Zahl neun durch die Zahl drei teilbar ist.‹ Bei einer *De-re*-Konstruktion dagegen bezieht sich der Modaloperator nur auf ein von einem Gegenstand ausgesagtes Prädikat. Der Anwendungsbereich ist in diesem Falle enger. Beispiel einer *De-re*-Konstruktion ist der Satz: ›Etwas ist notwendigerweise durch drei teilbar.‹ Ob ein gegebener Satz als *De-dicto*- oder als *De-re*-Konstruktion zu lesen ist, kann oftmals nicht entschieden werden, wenn man den Satz nur für sich genommen betrachtet, sondern hängt von dem Kontext ab, in welchem der Satz steht.

Neben modalen Kontexten findet die Unterscheidung *de dicto – de re* in so genannten intensionalen Kontexten Anwendung, in Kontexten also, wo von Personen gesagt wird, dass sie etwas glauben, meinen oder wünschen. Merkmal für das Vorliegen einer *De-dicto*-Konstruktion ist die Tatsache, dass sich der Wahrheitswert des entsprechenden Satzes ändert, wenn der Inhalt des →Glaubens, der Meinung oder des Wunsches durch einen Ausdruck ersetzt wird, der sich auf denselben Gegenstand bezieht, jedoch unter einer anderen Bezeichnung. Beispiel einer intensionalen *De-dicto*-Konstruktion ist der Satz: ›Ralf glaubt, dass er das reichste Mädchen in Berlin heiraten wird.‹ Handelt es sich bei dem reichsten Mädchen in Berlin um Lise Müller, was aber Ralf nicht weiß, so ist der Satz ›Ralf glaubt, dass er Lise Müller heiraten wird‹, falsch. Für eine *De-dicto*-Konstruktion ist also entscheidend, unter welcher Beschreibung von einem Gegenstand gesprochen wird. Anders verhält es sich bei einer *De-re*-Lesart eines Satzes. Sieht man von der subjektiven Perspektive der entsprechenden Person ab und achtet allein darauf, was mit der entsprechenden Glaubenszuschreibung über die Welt gesagt wird, so spricht man von einer *De-re*-Konstruktion. Der Satz ›Ralf glaubt, dass er das reichste Mädchen in Berlin heiraten wird‹ bedeutet nach der *De-dicto*-Lesart, dass Ralfs Glaube einen bestimmten Inhalt hat, nämlich dass er das reichste Mädchen in Berlin heiraten wird. Nach der *De-re*-Lesart dagegen bedeutet der Satz, dass Ralf von einem Mädchen, das tatsächlich das reichste in Berlin ist, glaubt, dass er es heiraten wird.

T. B.

De re →De dicto – de re

Deduktion Von lat. *deducere*, ›herbeiführen‹: bezeichnet die Ableitung einer neuen →Aussage (→Konklusion) aus anderen Aussagen (→Prämissen) nach den Regeln des logischen Schließens. Beispiel einer Deduktion ist der Schluss: ›Wenn der Mond aus Käse ist, dann lieben ihn alle Mäuse. Nun ist der Mond aus Käse. Folglich lieben ihn alle Mäuse.‹ Für die Gültigkeit einer Deduktion ist es unerheblich, ob die Prämissen, auf denen die Deduktion beruht, wahr oder falsch sind. Dieser Umstand ist innerhalb der Naturwissenschaften von Bedeutung, wo aus einer Hypothese Aussagen abgeleitet werden, mit denen sich die Hypothese empirisch überprüfen lässt. Als einfaches Beispiel diene folgender Schluss: ›Wenn es regnet, so wird die Erde nass. Es regnet. Folglich wird die Erde nass.‹ Die Aussage ›Die Erde wird nass‹, welche aus den beiden Prämissen ›Wenn es regnet, so wird die Erde nass‹ und ›Es regnet‹ durch logische Schlussfolgerung gewonnen wurde, lässt sich empirisch überprüfen. Auf diese Weise erfährt die Hypothese, dass, wenn es regnet, die Erde nass wird, eine empirische Bestätigung.

Für die Gültigkeit einer Deduktion ist es aber nicht nur unwesentlich, ob die Prämissen wahr oder falsch sind, es ist darüber hinaus nicht einmal notwendig, dass man den Sinn der Wörter kennt, die in den Prämissen und in der Konklusion enthalten sind, um den Schlussfolgerungsregeln zu folgen. Aus diesem Grunde handelt es sich bei der Deduktion um einen syntaktischen Begriff, d. h. um einen Begriff, der sich allein auf die formalen und nicht auf die inhaltlichen Merkmale von Zeichen bezieht. Unter einem deduktiven System versteht man ein →System, das aus einer Reihe von Grundsätzen, den so genannten →Axiomen und Schlussfolgerungsregeln besteht.

Traditionell versteht man unter einer Deduktion einen Schluss von einem Allgemeinen zu einem Besonderen. Beispiel einer solchen Deduktion ist der Schluss: ›Alle Menschen sind sterblich. Sokrates ist ein Mensch. Folglich ist Sokrates sterblich.‹ Hierbei wird aus der Tatsache, dass eine bestimmte Eigenschaft für alle Glieder einer Menge von Gegenständen zutrifft, und der Tatsache, dass ein bestimmter Gegenstand zu den Gliedern der entsprechenden Menge gehört, darauf geschlossen, dass besagter Gegenstand die entsprechende Eigenschaft besitzt. Der Gegenbegriff zur Deduktion ist der Begriff der →Induktion, wobei aus der Beobachtung von Zusammenhängen in zahlreichen Einzelfällen auf das Vorliegen einer allgemeinen gesetzmäßigen Verbindung geschlossen wird.

Unter transzendentaler Deduktion, ein Begriff, der durch →Kants *Kritik der reinen Vernunft* geprägt worden ist, versteht man die Erklärung der Art und Weise, in der sich die reinen Verstandesbegriffe auf Gegenstände der →Erfahrung beziehen können. Dabei wird gezeigt, wie die in der Tafel der →Kategorien zusammengefassten zwölf reinen Verstandesbegriffe auf das durch die Sinnlichkeit gegebene, anschauliche Mannigfaltige anwendbar sind und Erfahrungsurteile ermöglichen, die mit dem Anspruch auf objektive Gültigkeit auftreten können. Deduktion heißt dabei nicht Ableitung, sondern Rechtfertigung – und zwar Rechtfertigung der Verstandesbegriffe, mit denen ein Anspruch auf objektive Geltung vertreten wird.

T. B.

Definition Lat. ›Begrenzung‹: die Bestimmung eines →Begriffs bzw. die Festsetzung der →Bedeutung eines sprachlichen Ausdrucks. Dabei wird der Ausdruck, welcher zur Festlegung der Bedeutung verwendet wird, als Definiens, der zu definierende bzw. der in seiner Bedeutung zu bestimmende Ausdruck als Definiendum bezeichnet. Nach der klassischen, auf →Aristoteles zurückgehenden Definitionslehre besteht eine Definition in der Angabe der Gattungs- und Artmerkmale. In Anlehnung an Aristoteles heißt es in der mittelalterlichen Scholastik: *definitio fiat per genus proximum et differentiam specificam*; etwas ist durch die Angabe der nächst höheren Gattung und der spezifischen Differenz, des artbildenden Unterschieds, zu definieren. Mit Hilfe der spezifischen Differenz wird aus einer bestimmten Gattung ein Teil, die Art, ausgegliedert und definiert. Gemäß dieser Lehre lautet die Definition von ›Mensch‹ als Definiendum ›vernunftbegabtes Lebewesen‹. ›Lebewesen‹ ist hierbei Gattungsbegriff, ›vernunftbegabt‹ spezifische Differenz. Menschen sind demnach diejenigen Glieder der Gattung von Lebewesen, die über das spezifische oder artbildende Merkmal verfügen, →Vernunft zu besitzen. Ein Quadrat als Definiendum ist ein Rechteck (Gattungsbegriff = *genus proximum*) mit vier gleich langen Seiten (artbildender Unterschied = *differentia specifica*). Grundlage dieses Definitionsverfahrens ist die Annahme, dass alle Gegenstände in einer hierarchischen →Struktur angeordnet werden können, die entsprechend den Begriffen Gattung und Art gegliedert ist.

Die mittelalterliche und neuzeitliche Philosophie kennt eine Reihe heute nicht mehr üblicher Definitionsarten. Die wichtigsten Vertreter sind Nominal- und Realdefinition. Eine Nominaldefinition dient der Regelung des Sprachgebrauchs, während eine Realdefinition das →Wesen einer Sache angibt. Nominaldefinitionen sind Worterläuterungen, Realdefinitionen sind Sacherklärungen, die stets nach dem Schema von Gattung und artbildendem Unterschied verfahren. Die Rede von einer Realdefinition impliziert eine Auffassung, nach der Dinge ein Wesen besitzen, das in der Definition Ausdruck findet.

In der modernen philosophischen Diskussion unterscheidet man zunächst zwischen impliziter und expliziter Definition. Bei einer expliziten Definition steht auf der einen Seite der Definition das Definiens, auf der anderen Seite das Definiendum. Beispiel einer expliziten Definition ist der Satz ›Wärme ist mittlere kinetische Energie der Teilchen‹. Bei einer impliziten Definition gibt man die Bedeutung eines Ausdrucks an, indem man zum Beispiel die Beziehungen nennt, in denen die zu definierenden Ausdrücke stehen. So definiert man in der Mathematik die Gegenstände Punkt und Gerade dadurch, dass man die →Axiome der →Systeme der Gegenstände angibt. Im vorliegenden Fall lauten diese: 1. Zu zwei Punkten gibt es stets eine Gerade, auf der diese liegen. 2. Es gibt nicht mehr als eine Gerade, auf der diese Punkte liegen. Zu den impliziten Definitionen ist die Kontextdefinition zu zählen, bei der ein Ausdruck dadurch definiert wird, dass man Sätze nennt, in denen der Ausdruck vorkommt, und weiter angibt, wie diese Sätze durch andere, bedeutungsgleiche Sätze ersetzt werden können, in denen der Ausdruck nicht mehr vorkommt. So lautet z.B. eine Kontextdefinition des Subtraktionszeichens: ›$(x - y = z) = df\ (x = z + x)$‹. Die Kontextdefinition ist vor allem im Zusammenhang der Thematik der Eigennamen von Belang, weil man nach Auffassung mancher Autoren die Bedeutung eines Eigennamens wie z.B. ›Moses‹ nicht anders als auf dem Wege einer Kontextdefinition bestimmen kann. Nach dieser Konzeption wird die →Bedeutung des Eigennamens ›Moses‹ durch Ausdrücke wie ›der Mann, der die Israeliten nach Ägypten geführt hat‹ oder ›der Mann, der auf dem Berge Sinai die Gesetzestafeln empfangen hat‹ bestimmt. Kontextdefinitionen finden vor allem dann Anwendung, wenn es nicht möglich ist, einen Gegenstand durch Ostension, d.h. durch eine hinweisende Geste zu bestimmen, wie das überall dort der Fall ist, wo ein Gegenstand nicht mehr existiert.

Bei einer ostensiven Definition wird ein Ausdruck durch die Vorführung von Beispielen und Gegenbeispielen definiert, auf die durch Zeigegesten hingewiesen wird. Standardbeispiel für eine ostensive Definition ist das Erlernen von Farbwörtern an Hand von Farbtafeln oder farbigen Gegenständen, auf die der Lehrer zeigt und dabei das entsprechende, von dem Schüler zu erlernende Farbwort ausspricht.

Operationale Definitionen bestimmen einen Begriff dadurch, dass sie ein Verfahren oder eine →Methode angeben, die ein Anwendungskriterium des Begriffs nennen. Mittels operationaler Definitionen werden beispielsweise dispositionale Begriffe, wie ›wasserlöslich‹, ›zerbrechlich‹ usw. definiert, wobei man die Methode nennt, mit der man feststellen kann, ob ein Gegenstand wasserlöslich oder zerbrechlich ist: ›Ein Gegenstand ist dann wasserlöslich, wenn er sich bei Zimmertemperatur in Wasser auflöst.‹ Auch der Begriff der Intelligenz lässt sich operational definieren durch die Nennung der Messmethode für Intelligenz: ›Intelligenz ist dasjenige, was sich mittels eines Intelligenztests bestimmen lässt.‹

In der Mathematik und Logik sind induktive und rekursive Definitionen gebräuchlich. Bei der induktiven Definition wird die zu definierende Funktion zunächst für ein Anfangsglied definiert und sodann der gesamte Anwendungsbereich durch wiederholte Anwendung einer Operation erzeugt. Ähnlich ist die Vorgehensweise bei einer rekursiven Definition, wie sie z.B. in der →Logik üblich ist, wo die →Extension eines Prädikats zunächst für die atomaren Sätze einer →Sprache und die verschiedenen Verknüpfungsformen definiert wird, aus denen sich dann durch Anwendung eines rekursiven Verfahrens alle komplexen Sätze erzeugen lassen.

T.B.

Deiktisch Von griech. *deiknymi*, ›zeigen‹: So nennt man Ausdrücke wie ›ich‹, ›jetzt‹, ›hier‹, ›dies‹; Ausdrücke, die dazu dienen, ein Einzelding durch eine Zeigegeste zu identifizieren bzw. zu lokalisieren. Im Gegensatz zu einer objektiven Lokalisierung durch Angabe des genauen Ortes und Zeitpunktes ist die deiktische Lokalisierung subjektiv, weil sie auf eine bestimmte Person, welche den Ausdruck zusammen mit der Zeigegeste äußert, Bezug nimmt. Sätze, welche deiktische Ausdrücke enthalten, sind, was ihre Bedeutung angeht, kontextabhängig. Von einer deiktischen oder ostensiven Definition spricht man, wenn ein Ausdruck an Hand von Beispielen bestimmt wird (z.B. ›Sieh da, das ist ein Auto!‹).

T.B.

Deismus Von lat. *deus*, ›Gott‹: eine in der Philosophie der Aufklärung (→A Neuzeit – Aufklärung) verbreitete Gotteslehre, nach der →Gott zwar die →Welt erschaffen hat, nach der Schaffung der Welt aber nicht mehr auf sie einwirkt und daher jedweden Einfluss auf die Welt, d.h. insbesondere die Möglichkeit der Offenbarung und der Bewirkung von Wundern verliert. Gott bleibt somit aus der Erklärung der Lebens- und Weltzusammenhänge ausgeschaltet. Durch den Deismus wird die →Autonomie der theoretischen →Vernunft gegenüber der →Autorität der Offenbarung und die Autonomie der praktischen Vernunft gegenüber der Religion erreicht und damit letztlich der Weg geebnet für eine rein immanente →Erklärung von natürlichen Zusammenhängen und →Moral.

T.B.

Dekadenz Frz. ›Verfall‹: bezeichnet den Niedergang, insbesondere kulturelle Ermüdungs- und Auflösungserscheinungen, aber zugleich auch die Überfeinerung der →Kultur, wie sie von Philosophen wie →Nietzsche für die abendländische Gesellschaft am Ende des 19. Jhs. diagnostiziert wurden. Dabei wird der Kultur ein organisches Modell von Geburt, Blüte und Verfall zugrunde gelegt. Mit dem Eintritt in das Stadium der Dekadenz beginnt die letzte Stufe kultureller Entwicklung.

T.B.

Dekalog Von griech. *dekalogos*, ›zehn Worte‹: Gemeint sind damit die nach der Überlieferung von Jahwe oder auf Geheiß Jahwes von Moses auf steinerne Tafeln geschriebenen Gebote. Sie bilden die Basis des alttestamentlichen Bundesgesetzes des Volkes Israel. Die (je nach Zählung) zehn Gebote formulieren Pflichten gegen Gott und Pflichten gegen die Menschen (2. Mose, 20, 1–17; alternativ 5. Mose 5,16–21). Damit bilden sie auf der einen Seite sittliche Grundsätze, die zeit- und kulturinvariante Gültigkeit besitzen, wie das Gebot ›Du sollst nicht töten‹ oder ›Du sollst nicht ehebrechen‹ und ›Du sollst nicht stehlen‹. Andere wiederum sind stärker kultur- und zeitabhängig: So beginnt die Rede Gottes mit der Feststellung ›Ich bin der Herr, dein Gott, der ich dich aus Ägyptenland, aus dem Diensthause, geführt habe‹ und dann folgt die Aufforderung ›Du sollst keine anderen Götter neben mir haben‹ und ›Du sollst dir kein Bildnis noch irgend ein Gleichnis machen, weder des, das oben im Himmel, noch des, das unten auf Erden, oder des, das im Wasser unter der Erde ist‹ und ›Gedenke des Sabbattags, dass du ihn heiligest.‹ Trotz dieser auch historischen Bedingungen wurden die zehn Gebote von Jesus übernommen (vgl. Mk 10,17–22) und bilden damit auch die Grundlage der christlichen Religion. Die Prägnanz des Dekalogs macht auf der einen Seite seine Wirkung aus, machte es auf der anderen Seite jedoch notwendig, eine christliche →Ethik erst noch zu entwickeln, wie dies dann auf der Grundlage vor allem der Bergpredigt geschehen ist.

T. B.

Dekonstruktion Die Bezeichnung für eine spezifische →Methode im Umgang mit literarischen und philosophischen Texten. Der Dekonstruktivist geht davon aus, dass zwischen dem, was ein Autor wissentlich mit einem Text auszusagen beabsichtigt und dem, was der Text tatsächlich ausdrückt, ein Unterschied besteht. Der Text kann beispielsweise, entgegen den Interessen seines Autors, Ausdruck unbewusster Motive sein. Oder er verkörpert gesellschaftliche →Strukturen, die der Autor mit dem Text anklagen will. In Hinblick auf philosophische Texte nimmt der Dekonstruktivist an, dass in ihnen indirekt Unterscheidungen und Begriffe der philosophischen Tradition verwendet werden, die der Autor mit seinem Text kritisieren und überwinden möchte. Der Begriff der Dekonstruktion geht zurück auf →Derrida, der - unter Rückgriff auf →Heideggers Programm einer De(kon)struktion der →Metaphysik - zeigen will, wie Philosophen, deren erklärte Absicht darin besteht, mit der metaphysischen Tradition zu brechen, dennoch nicht von dieser Tradition loskommen, und das vor allem deshalb, weil sie von einem Präsenzdenken beherrscht sind. Für Derrida wie für Heidegger besteht der entscheidende Wesenszug der gesamten abendländischen metaphysischen Tradition, angefangen bei den →Vorsokratikern bis hinein in die Gegenwart, darin, dass sie →Sein im Sinne von Anwesenheit denkt. (Was heißen soll, dass etwas nur dann als seiend begriffen wird, wenn es präsent, gegenwärtig anwesend ist.) So gehört es nach Derrida z. B. zu den Grundsätzen der philosophischen Tradition, zwischen Zeichen und Bezeichnetem (dem Gegenstand, für den das Zeichen steht bzw. der Bedeutung des Zeichens) ein Präsenzverhältnis anzunehmen. Im Zeichen ist das Bezeichnete gegenwärtig. Unter Rückgriff auf Überlegungen von →Husserl und →Peirce behauptet Derrida dagegen die Apräsenz des Zeichensinnes, was besagt, dass das, was ein Zeichen bedeutet oder wofür es steht, niemals in einem einzelnen Augenblick als Ganzes gegenwärtig ist.

T. B.

Demiurg Griech. ›Handwerker‹: die auf →Platon zurückgehende Bezeichnung des Weltbaumeisters, der aus der von ihm vorgefundenen →Materie in Hinblick auf die unerschaffenen →Ideen die →Welt bildet. Da der Demiurg nach Plato der Meinung war, dass eine vernunftbegabte Welt schöner als eine vernunftlose sei, schuf er die Welt als einen vernünftigen →Kosmos. Der Demiurg ist nicht mit dem christlichen Schöpfergott gleichzusetzen, da dieser die Welt aus dem Nichts erschaffen hat, jener dagegen ihre grundlegenden Bestandteile bereits vorfindet (der höchste Gott der griechischen Mythologie, Gottvater Zeus, war, im Gegensatz zum christlichen Gott, nicht zugleich auch der Weltenschöpfer). In der →Gnosis ist der Demiurg der Schöpfer der Sinnenwelt. Dieser ist von der höchsten, in Christus geoffenbarten Gottheit verschieden.

T. B.

Demonstration Lat. ›Darlegung‹: Bezeichnung für eine Begründung. Als *demonstratio propter quid* ist sie darauf gerichtet zu zeigen, warum etwas so ist, wie es ist. Als *demonstratio quia* richtet sie sich darauf zu zeigen, dass etwas so ist, wie es behauptet wurde.

T. B.

Denken Ein umgangssprachlich weit gefächerter Begriff. Die Palette seiner →Bedeutung reicht von ›denken an‹ im Sinne von ›sich erinnern‹, über ›nachdenken‹ im Sinne von ›etwas abwägen‹ oder ›erwägen‹ bis hin zu ›über etwas so und so denken‹ im Sinne von ›eine bestimmte Meinung von einer Sache haben‹. In der Kognitions- oder Denkpsychologie bezeichnet ›denken‹ den Prozess der Informationsverarbeitung, insbesondere die Verarbeitung bildlicher oder sprachlicher →Symbole. Dabei wird davon ausgegangen, dass die Symbole in Form so genannter Netzwerke gespeichert sind. Diese Netzwerke weisen eine hierarchische Gliederung auf. Innerhalb eines aktuellen Denkprozesses kann auf →Begriffe innerhalb solcher Gliederungen zugegriffen werden. Denken besteht jedoch nicht allein im Abarbeiten vorhandener →Strukturen, sondern vor allem im Aufbau neuer Verbindungen zwischen einzelnen Elementen des Denkprozesses. Denken kann daher als kreativer Prozess verstanden werden, in dessen Verlauf neue Erkenntnisse geschöpft werden.

In entwicklungspsychologischer Hinsicht unterscheidet der Psychologe Piaget mehrere Stufen der Entwicklung des menschlichen Denkens. Auf der untersten Stufe im Kleinkindalter vollzieht sich das Denken senso-motorisch, d.h. in Form von Sinnesempfindungen und Körperbewegungen. Das Kind verfügt zu diesem Zeitpunkt noch über keinerlei sprachliche Fähigkeiten. Auf der höchsten Stufe, dem formal-operatorischen Denken, welches das Kind mit etwa zehn Jahren erreicht, verfügt es über abstrakte Begriffe, die es miteinander kombinieren kann und mit deren Hilfe es systematisch →Hypothesen bilden kann. Es ist dann in der Lage, Gegenstände der →Welt in seinem Denken durch Symbole (Worte oder Begriffe) zu repräsentieren. Dadurch wird es in die Lage versetzt, Möglichkeiten gegeneinander abzuwägen und über Zukünftiges nachzudenken. Darüber hinaus ermöglicht das sprachliche Symbolsystem die →Reflexion, das Nachdenken über sich selbst.

Im philosophischen Sprachgebrauch steht ›denken‹ einerseits für die Tätigkeit des Erfassens von Gedanken (Ideen, Begriffen, Vorstellungen), dann für die synthetisierenden Funktionen des →Verstandes, schließlich für das Bilden von →Urteilen und logischen Schlussfolgerungen. Eine philosophische Strömung, die man im Anschluss an →Platon als Platonismus bezeichnet, betrachtet Gedanken als etwas, das sich in einem jenseitigen, nicht materiellen Gedankenreich befindet und in den einzelnen Akten des Denkens von dem Denkenden ergriffen oder erfasst wird. Der Konzeptualist (von lat. *conceptus*, ›Begriff‹) vertritt eine ähnliche Auffassung, nur sind für ihn die Gedanken im →Geist angesiedelt und werden im jeweiligen Denkakt ergriffen. Für →Kant ist Denken gleichbedeutend mit Synthetisieren, Vereinheitlichen. Im Denken werden die aus den Sinnen stammenden →Vorstellungen auf Urteile bezogen. Eine Sache zu denken ist für Kant dasselbe wie sich ein Urteil über die entsprechende Sache zu bilden. Man kann z.B. wahrnehmen, wie es regnet und die Erde nass wird, man kann aber auch das Urteil ›Wenn es regnet, so wird die Erde nass‹ bilden. Tut man das Letztere, dann hat man gedacht. Die dabei zur Anwendung kommenden allgemeinen Denkformen betrachtet Kant als →*a priori*, d.h. den jeweiligen konkreten Denkakten vorausliegend.

Im Hinblick auf die Arten des Denkens unterscheidet die philosophische Tradition zwischen intuitivem Denken (*cognitio intuitiva*) und diskursivem Denken (*cognitio discursiva*). Im intuitiven Denken wird ein einzelner Sachverhalt intuitiv erfasst bzw. unmittelbar eingesehen. Das diskursive Denken (von lat. *discurrere*, ›durchlaufen‹) durchläuft, beispielsweise bei einer logischen Schlussfolgerung in einem Argumentationsgang oder einer mathematischen Ableitung, eine Reihe von Inhalten, wobei im Idealfall jeder Einzelschritt intuitiv einleuchten sollte. Zugleich werden in einem Akt des intuitiven Denkens die ersten →Prinzipien, die nicht auf diskursivem Wege aus anderen Sachverhalten abgeleitet werden können, erfasst.

Gehen antike und mittelalterliche Philosophen größtenteils davon aus, dass sich im Denken die objektiv gegebene →Wirklichkeit abspiegelt, so stellen sich viele neuzeitliche Philosophen auf den Standpunkt, dass durch das Denken selbst die Wirklichkeit strukturiert wird. Der Verstand, so kann man bei Kant lesen, schreibt der →Natur ihre allgemeinsten →Gesetze vor. Kausale Gesetzmäßigkeit ist in erster Linie ein Verstandesprinzip, dessen sich der Mensch bei der Naturerkenntnis bedient, jedoch nichts, was in der Natur selbst vorkommen würde.

Rationalistische Philosophen wie →Descartes oder →Spinoza gehen von einer Unabhängigkeit und Selbständigkeit des Denkens aus, gegenüber dem die Sinnlichkeit etwas Äußerliches, Fremdes und beim Denken Hinderliches darstellt. Demgegenüber behaupten empiristische Philosophen wie →Locke und →Hume, dass Denken letztlich auf Sinnlichkeit beruht. Der Geist, so Locke, gleicht bei der Geburt des Menschen einer unbeschriebenen Tafel. Sinnesreize sind das Erste, womit ein Mensch konfrontiert ist. Aus ihnen leitet er allgemeine Begriffe, abstrakte Ideen ab, die den Inhalt des Denkens bilden.

Mit der Herausbildung der Psychologie am Ende des 19. Jhs. verliert der Begriff des Denkens an philosophischem Interesse, wenngleich bestimmte Fragen, wie die nach dem Verhältnis von Denken und →Materie aus immer neuen Richtungen aufgeworfen werden. Gegenwärtig wird im Bereich der →analytischen Philosophie die Frage diskutiert, ob Denken als Form von →Bewusstsein mit neuronalen Vorgängen im Gehirn des Menschen identisch ist.

T. B.

Deontische Logik Logik des Normativen; sie stellt eine Anwendung der formalen →Logik auf den Bereich des Sollens und der →Normen dar. In Anlehnung an die Modallogik und deren Operatoren, wie ›ist notwendig‹, ›ist möglich‹ ›ist nicht möglich‹ und ›ist kontingent‹ arbeitet die deontische Logik mit den Operatoren ›ist erlaubt‹, ›ist verboten‹ und ›ist indifferent‹. Im Unterschied zur herkömmlichen Aussagen- und →Prädikatenlogik beinhaltet der propositionale Teil einer normativen Aussage keinen Sachverhalt, sondern bezieht sich auf Handlungstypen. In normativen Aussagen wird nicht über etwas, das der Fall oder nicht der Fall ist, gesprochen, sondern über Arten von →Handlungen. In der deontischen Logik werden Handlungsarten in Hinblick auf ihre normativen Eigenschaften beurteilt. Aufgabe der deontischen Logik ist die →Analyse normativer Aussagen mit dem Ziel, die Argumentationsstruktur von Handlungsbegründungen aufzuweisen. Grundbegriff der deontischen Logik ist ›p soll sein‹, der durch einen logischen Satzoperator O (O steht für obligatorisch) als ›Op‹ wiedergegeben werden kann. Der Operator O wird formal wie ein Modaloperator oder wie das Negationszeichen behandelt, welche durch Anwendung auf einen Satz einen neuen Satz ergeben.

T. B.

Deontologie Von griech. *deon*, ›Pflicht‹, und *logos* ›Wort‹; ist die Bezeichnung der →Ethik als Pflichtenlehre. Die Bezeichnung wurde durch den britischen Philosophen Bentham eingeführt. Die Deontologie untersucht die logischen Beziehungen zwischen normativen →Urteilen, Normensystemen und deren Beziehungen. In ihr werden sprachliche Äußerungen in Hinblick auf ihren normativen Charakter, das in ihnen zum Ausdruck kommende Sollen betrachtet. In einer deontologischen Ethik, wie man sie z.B. bei →Kant findet, geht es um eine besondere Art der Rechtfertigung und Begründung moralischer →Handlungen. Als bindender Maßstab moralisch guter oder verwerflicher Handlungen gelten Regeln und Gebote, die als Verpflichtungen erfahren werden. Entscheidend ist dabei, dass der moralische Maßstab Selbstzweck ist, also unbedingte Einhaltung verlangt. Nach Auffassung einer deontologischen Ethik bemisst sich der moralische Wert einer Handlung allein aus deren Motiven. Eine Handlung wird nur dann als moralisch gut ausgezeichnet, wenn sich der Handelnde aus dem Verständnis einer normativen Verpflichtung für die Handlung entschieden hat. Zwei Handlungen können sich daher in empirischer Hinsicht vollkommen gleichen. Dennoch kann eine von ihnen moralisch gut, die andere dagegen nicht moralisch gut sein. Kant spricht in diesem Zusammenhang von →Pflicht und pflichtgemäßem Handeln. Eine Handlung, deren alleiniges Motiv das moralische →Gesetz ist und bei der die eigene Neigung (das Interesse) keine Rolle spielt, bezeichnet Kant als Pflicht. Pflichtgemäß ist dagegen eine Handlung, welche aus eigennützigen Motiven begangen wurde.

Insofern innerhalb einer deontologischen Ethik allein das Motiv für den moralischen Wert einer Handlung entscheidend ist, sind die Folgen moralisch irrelevant. Ob jemand mit seinem Tun seinen Mitmenschen maximalen Schaden zufügt, spielt bei der moralischen Bewertung der Handlung keine Rolle. Worauf es ankommt, ist einzig und allein die →Gesinnung, mit der die Tat begangen wurde. Damit ist die deontologische Ethik jeder teleologischen Ethik entgegengesetzt, die bei der Einschätzung des moralischen Wertes von Handlungen auf das Ziel (→*telos*) der Handlungen Bezug nimmt.

T. B.

Dependenz Von lat. *dependere*, ›abhängen‹: der philosophische Terminus für Abhängigkeit.

T. B.

Deskriptive Sätze Auch Aussagesätze oder Ist-Sätze; sie werden benutzt, um Behauptungen aufzustellen oder Annahmen zu machen. Hinsichtlich deskriptiver Sätze kann in sinnvoller Weise gefragt werden, ob sie wahr oder falsch sind. In der klassischen →Logik sind deskriptive Sätze entweder wahr oder falsch und nichts Drittes (→Satz vom ausgeschlossenen Dritten). ›Im November 1989 wurde die Grenze zwischen der BRD und der DDR geöffnet‹ ist ein deskriptiver Satz, bei dem sinnvollerweise gefragt werden kann, ob er wahr oder falsch ist. Fragesätze oder Befehlssätze haben keinen deskriptiven Charakter.

A. Bühler, Einführung in die Logik. Argumentation und Folgerung, 3. Aufl. Freiburg / München 2000

A. Linke / M. Nussbaum / P. Portmann, Studienbuch Linguistik, 3. Aufl. Tübingen 1996

S. V.

Determination Man muss verschiedene Wortbedeutungen unterscheiden: Determiniert im naturwissenschaftlichen Sinne nennt man Abläufe / Objekte / Begriffe, wenn sie sich aus den jeweiligen Voraussetzungen zwangsläufig ergeben. Sie werden durch innere oder äußere →Bedingungen bestimmt. Determination im philosophischen Sinne ist die Angabe definierender Merkmale eines Objektes. Ein Objekt wird von anderen abgegrenzt durch Angabe über- oder untergeordneter Merkmale. Determination im mathematischen Sinne macht eine →Aussage über das Festgelegtsein eines mathematischen Modells durch die Sätze der klassischen Mathematik. Determination im psychologischen Sinne beschreibt das Bedingtsein psychischer Abläufe durch äußere (z. B. Milieu) oder innere (z. B. ererbte Anlagen) Gegebenheiten.

B. W.

Determinismus Bezieht sich auf die Lehre von der durchgängigen kausalen Bestimmtheit (→Kausalität) aller →Wirklichkeit (im Gegensatz zum Indeterminismus). Der Determinismus behauptet, dass, wenn man die Kenntnis aller in Frage kommenden →Gesetze sowie aller ein →System bestimmenden Faktoren voraussetzt, jeder vergangene Zustand des Systems errechenbar und jeder zukünftige Zustand des Systems prognostizierbar sei (→laplacescher Dämon).

Bezieht man den Determinismus auf das gesamte Weltgeschehen, so ergibt sich vordergründig ein →Widerspruch zwischen Willensfreiheit und Determinismus. Aus der kausalen Determiniertheit der →Natur – wie sie die klassische Mechanik Newtons suggeriert – wird abgeleitet, dass die menschlichen Willensbewegungen in ihrer Richtung stets durch äußere oder innere Ursachen determiniert seien. Diese Position schließt aus, dass eine Person in der Lage ist, sich bewusst selbst ein Ziel aus anderen Zielsetzungen auszuwählen. Wenn man jedoch nicht wählen kann, stellt sich die Frage nach der →Verantwortung und nach der Schuldfähigkeit und damit nach der Praxis der Justiz und der Grundlage moralischer →Urteile wie unserer Verfassung. Hinsichtlich der Frage nach dem Determinismus und seinen Konsequenzen muss man zwei Positionen unterscheiden: den strengen Determinismus (→Nietzsche) und den schwachen Determinismus (→Carnap). Der ersten Position zufolge sind der Mensch und seine →Handlungen durch verschiedenste →Ursachen völlig determiniert und damit nicht frei. Also ist der Mensch für seine Handlungen auch nicht verantwortlich, da Verantwortung →Freiheit voraussetzt. Nach der zweiten Position ist die Kausalstruktur der Welt und mit ihr der Determinismus mit seiner Möglichkeit, Prognosen zu erstellen, eine unverzichtbare Voraussetzung für die freie und verantwortliche Entscheidung eines Menschen. Man muss unterscheiden zwischen Vorhersagbarkeit einer Handlung und Zwang.

Man spricht von Zwang, wenn ein Mensch gehindert wird, das zu tun, was er gern tun möchte. Davon muss man die freie Wahl unterscheiden. Für einen Menschen, der seine Handlung frei wählen will, ist es wichtig, dass er die Konsequenzen der verschiedenen Handlungsmöglichkeiten für sich selbst abschätzen kann. Dies setzt aber voraus, dass die unterschiedlichen Handlungen prognostizierbar sind. Handlungsalternativen setzen also zwingend eine Kausalstruktur und eine (zumindest statistische) Determiniertheit voraus. Ohne kausale Strukturen und Determinismus hätte man gar keine sinnvolle Wahl. Ohne Determinismus existiert also kein freier →Wille und keine Verantwortung.

Ph. Frank, Das Kausalgesetz und seine Grenzen, Frankfurt/M. 1988

U. Pothast (Hg.), Freies Handeln und Determinismus,

Frankfurt/M. 1978, darin insbesondere M. Planck, Vom Wesen der Willensfreiheit
I. Kant, Kritik der praktischen Vernunft, Königsberg 1788

B. W.

Deus absconditus Lat. ›der verborgene Gott‹: Kernbegriff bei Luther; steht für das Unoffenbarsein →Gottes. Gegenbegriff ist der *deus revelatus*, der geoffenbarte Gott.

T. B.

Deus sive natura Lat. ›Gott oder Natur‹: Schlagwort für die Gleichsetzung von →Gott und Natur durch →Spinoza. Für Spinoza ist Gott dasselbe wie die allen Dingen zugrunde liegende →Substanz, die sich dem Menschen in ihren zwei Attributen Denken und Ausdehnung dokumentiert. Eine allen Dingen zugrunde liegende Weltsubstanz manifestiert sich einmal in Gestalt des Denkens, zum anderen in Gestalt ausgedehnter →Materie. Traditionell steht der Terminus Substanz für dasjenige, was vollkommen selbstständig ist. Für Spinoza gibt es nur eine solche Substanz. Es existiert nichts, was jenseits dieser Substanz läge. Sie ist darum in sich. Als Substanz muss sie auch durch sich selbst erkannt werden, weil sie anderenfalls von einem Erkennenden abhinge und so nicht mehr selbstständig wäre. Weil es nichts gibt, was diese Substanz von außen zum Handeln bringen könnte, muss die Substanz auch aus sich heraus tätig sein. Spinoza bezeichnet die aus sich heraus tätige Substanz als →*natura naturans* und identifiziert sie mit Gott.

T. B.

Deutscher Idealismus →A

Dezisionismus Von lat. *decisio*, ›Entscheidung‹: bezeichnet ein Entscheidungsverfahren, bei welchem für eine jeweils getroffene Entscheidung keine lückenlose und vollständige Begründung gegeben werden kann. Der Zwang zur Dezision tritt immer dann auf, wenn sich eine bestimmte (z. B. juristische) Entscheidung nicht bis zum letzten Rest aus bestimmten →Prämissen ableiten lässt. Carl Schmitt, der den Begriff der Dezision in den Rechtsdiskurs einführte, will damit zum Ausdruck bringen, dass jede richterliche Entscheidung ein Moment des Neuen und Unbegründeten, ein nicht aus vorhandenen →Normen ableitbares Element enthält. Allgemein kann man eine Entscheidung dann als dezisionistisch bezeichnen, wenn entweder die zur Verfügung stehende Menge an Informationen nicht hinreichend ist, um alle Entscheidungsalternativen zu prüfen oder wenn hierfür nur ein begrenztes Maß an Zeit zur Verfügung steht. Eine Entscheidung ist also dann dezisionistisch, wenn in einer bestimmten Situation ein durch Zeitdruck verursachter Handlungszwang besteht, ohne dass alle relevanten Zweck-Mittel-Beziehungen kontrolliert werden konnten.

T. B.

Dialektik Methode kritischen Philosophierens, die im Verlauf der Philosophiegeschichte unterschiedliche Ausprägungen erfahren hat, deren Bewertung, je nach Standort, recht gegensätzlich ist. Während sie von den eher analytisch orientierten Philosophen als Form der Gegenwartstheologie mit Erlösungsabsichten für den pathologisch gestörten menschlichen Geist diffamiert wird, gilt sie den überzeugten Marxisten als Wissenschaft von den allgemeinen Bewegungs- und Entwicklungsgesetzen der →Natur, der →Gesellschaft und des →Denkens.

Wer Klarheit in die Hintergründe dieses Glaubenskrieges bringen will, tut gut daran, nach dem Herkunfts- und Geltungsbereich der Dialektik zu fragen und ihre historischen Formen nüchtern zu sichten. Dabei empfiehlt es sich, zwischen der negativen und positiven Reflexionsdialektik des Idealismus, der negativen und qualitativen Existenzdialektik →Kierkegaards, der scheindialektischen Forschungslogik →Poppers und den vom Materialismus entwickelten Formen der Realdialektik zu unterscheiden.

Obwohl erst →Schelling die Methode des Dreischritts von These, Antithese und Synthese ausdrücklich mit dem Begriff Dialektik bezeichnet hat, kann diese Struktur der Triplizität als formales Kennzeichen aller dialektischen Denkbewegungen gelten.

Als ein der kritischen Aufklärung (→A Neuzeit – Aufklärung) verpflichtetes Denkverfahren begegnet die Dialektik bereits in der Antike.

Diese negative Reflexionsdialektik gewinnt ihre klassische Gestalt als Antisophistik zum Schutze der →Wahrheit im sokratischen Dialog, dessen argumentierende Unterredungskunst das Ziel verfolgt, sophistische Scheinwahrheiten in den →Widerspruch zu treiben und dadurch als absichtsvoll erstelltes Blendwerk vernünftelnder Verdrehung zu entlarven, mit dessen Hilfe eine anstehende Entscheidung oder Handlung im Sinne von Einzel- oder Gruppeninteressen beeinflusst werden soll.

Auf dem Boden des neuzeitlichen →Idealismus gewinnt diese Form der Dialektik als transzendentale Logik des natürlichen Scheins seine neue, fundamentalkritische Dimension: Das dialektische Denkverfahren gerät als Grundgesetzlichkeit menschlich-endlichen →Verstehens in den Blick. Die von →Kant in seiner *Kritik der reinen Vernunft* (1781) vorgelegte Lehre von den →Antinomien macht deutlich, dass sich die menschlich-endliche →Vernunft bei ihrem Versuch, Erkenntnisse über →Welt, →Seele und →Gott zu gewinnen, unvermeidlicherweise in eine dialektische, das heißt scheinhafte und deshalb auflösbare Opposition von gegensätzlichen Behauptungen verstrickt. Als Auflösungsschlüssel dient Kant die Unterscheidung von →Ding an sich und →Erscheinung. So beruht zum Beispiel der in der ersten kosmologischen Antinomie vorgetragene Widerstreit zwischen der These von der Endlichkeit und der Antithese von der Unendlichkeit der Welt dem →Raum und der →Zeit nach auf einer dogmatischen Voraussetzung der unkritischen Vernunft, dass nämlich die Welt als Totalität aller Dinge ein für das menschliche →Bewusstsein vorhandenes Ganzes sei. Dieser natürliche Schein wird durch die Einsicht zerstört, dass es Welthaftes für uns Menschen nur als prinzipiell offene Reihe von Erscheinungen gibt, die sich durch neue →Erfahrungen ständig erweitert und deshalb den Sinnen weder als endliche noch als unendliche gegeben ist. Das der menschlichen Vernunft aufgegebene Ziel der Erkenntnis der Welt als Ganzes erweist sich als regulatives Prinzip für die unabschließbare Aufgabe, das Seiende (→Sein) auszulegen und zu verstehen.

Die beispielhaft aufgewiesene dialektische Struktur des →Selbstbewusstseins manifestiert sich also in einem Dreischritt, bei dem die den anfänglichen Widerstreit hinter sich zurücklassende →Synthese einen limitativen, die absoluten Ansprüche von These und Antithese wechselseitig einschränkenden Charakter besitzt.

Die positive Reflexionsdialektik findet ihre erste Gestalt in der im platonischen Dialog *Sophistes* (252c–e) vorgetragenen Lehre von der Trennung und Zusammennahme der mischbaren →Ideen. Die Entdeckung, dass etwas gerade dadurch es selbst ist, dass es vom anderen verschieden ist, dass also die Andersheit das Seiende in seinem Was-Sein begrenzt und erst dadurch zur Erscheinung bringt, macht alle gegensätzlichen Ideen miteinander vermittelbar.

Die Dialektik von Etwas und Anderem verfährt entweder limitativ oder spekulativ. So nimmt der von →Fichte in seiner *Grundlage der gesamten Wissenschaftslehre* (1794/1795) entwickelte dialektische Denkentwurf die Begrenztheit des menschlichen Selbstbewusstseins ernst. Die absolute →Identität von →Ich und →Nicht-Ich, →Freiheit und →Natur erscheint nur als eine im unendlichen Streben annäherungsweise erreichbare Synthese, die niemals an und für sich vollbracht ist. Dagegen erneuert →Hegels spekulative Dialektik, die sich in der *Wissenschaft der Logik* (1812–1816) vom sicheren Boden des menschlichen Selbstbewusstseins abwendet, die platonische Ideenlehre im Zeichen des sich selber wissenden absoluten →Geistes. Als »Logik der Wahrheit« erhebt die Dialektik hier den Anspruch, alle Entzweiungen von Geist und Natur als Momente einer umfassenden Wahrheit begreifen zu können. Der Sprung aus der Endlichkeit des menschlichen Selbstbewusstseins in die alles miteinander versöhnende Absolutheit der Vernunftgewissheit geschieht allerdings über eine letztlich nur erschlichene Aufhebung der Andersheit des Anderen, die weder dem Endlichen noch dem Unendlichen als selbstständigen Gegensatzbestimmungen menschlicher Existenz gerecht wird und den Verdacht hervorgerufen hat, Hegels Denken sei von einem »religiösen Wahn« bestimmt. →Adornos *Negative Dialektik* (1966) hat gegen das »affirmative Wesen« solcher alles Besondere im →Allgemeinen aufhebenden Logik des Identitätszwangs schon zu einem Zeitpunkt Einspruch eingelegt, als von der postmodernen Pluralisierung der Vernunft noch lange keine Rede war.

Auch die von Kierkegaard in seiner Schrift *Die Krankheit zum Tode* (1849) entfalteten Formen existenzialer Dialektik verzichten darauf, menschliches →Daseins und göttliches Sein denkend miteinander zu versöhnen. Die existierende Subjektivität erfährt sich im unmittelbaren Gegeneinander des Umschlagens innerer Widersprüche wie →Endlichkeit und Unendlichkeit, →Möglichkeit und →Notwendigkeit als unerlöst und verzweifelt. Der Mensch wird zum Phantasten oder geht vordergründig im Alltagsgeschäft auf; er verschreibt sich der Schwermut oder dem Fatalismus. Diese negativen Erscheinungsweisen einer existenziellen Dialektik der Krise sind im Verhältnis zur →Transzendenz qualitativ nur auflösbar durch die paradox anmutende Existenzentscheidung des Glaubenssprungs, mit der der Raum des Bewusstseins als der genuine Ort dialektischer Vermittlung endgültig verlassen wird.

Die voreilige Gleichsetzung aller dialektischen Argumentationsstrukturen mit der Ontotheologie Hegels hat →Popper in seiner Abhandlung *Was ist Dialektik?* 1965 zu dem untauglichen Versuch veranlasst, die Dialektik aus ihrer seit Kant unbestrittenen transzendentalphilosophischen Verankerung zu lösen und in eine nach der Trial-and-Error-Methode arbeitende, empirisch-deskriptiv verfahrende Logik der Forschung umzuinterpretieren. Das der Dialektik entlehnte triadische Schema beschreibt dann nur noch die Aufeinanderfolge von Entwurf und Korrektur wissenschaftlicher Theorien. Der auftretende →Widersprüche zwischen einer wissenschaftlichen Arbeitshypothese und neu hinzu gewonnenen Tatsachenerkenntnissen ist nach den Regeln der dem Fallibilismus verschriebenen deduktiven Forschungslogik aber nicht mehr Teil einer umfassenderen Wahrheit, sondern nur noch ein Signal für die Notwendigkeit, eine neue, brauchbarere →Theorie zu entwickeln. Damit wird der dialektische Dreischritt auf eine den eigenen Anspruch zerstörende positivistische Methode der Theorienbildung reduziert.

Auch die von den Vertretern des dialektischen Materialismus entwickelten Formen der Realdialektik, die gern zur Beglaubigung der Wissenschaftlichkeit des dialektischen Denkens herangezogen worden sind, haben sich in der Auseinandersetzung, die zwischen Philosophie und →Wissenschaften über die Legitimierbarkeit einer Übertragung der →Struktur der positiven Reflexionsdialektik auf die natürliche und gesellschaftliche →Wirklichkeit geführt worden ist, als haltlos erwiesen.

Die von Engels in seiner Schrift *Dialektik der Natur* (1873/83) vorgenommene dialektische Deutung der Bewegungsformen des organischen Lebens beruht weitgehend auf logischen und kategorialen Irrtümern. So wird zum Beispiel die Dreiheit von Same, Blüte und Frucht im Sinne des Schemas der Triplizität gedeutet. Das Verschwinden der Knospe im Aufblühen der Blüte und deren Vergehen in der Frucht als ihrer »höheren Wahrheit« scheinen auf den ersten Blick den daseienden Widerspruch und den qualitativen Sprung im Wachstum der Pflanze sinnenfällig zu demonstrieren. Die aristotelische →Naturphilosophie und die moderne Biologie sind sich jedoch darin einig, dass diese Sichtweise einen entscheidenden Tatbestand übersieht: Die an der Pflanze zu Tage tretenden Erscheinungsformen des Andersseins sind nur unterschiedliche Eigenschaften einer sich entwickelnden Identität, die am Ende nur das wird, was sie ihrer Möglichkeit nach immer schon war.

Die Aufdeckung des Scheincharakters der materiellen Naturdialektik findet ihre Entsprechung in der impliziten Kritik, die der marxistischen Geschichtstheorie im Denken der Frankfurter Schule, vor allem bei →Habermas, zuteil geworden ist. Ihr Fazit lässt sich unter dem Bild vom Stillstand der Dialektik zusammenfassen.

In seinen Überlegungen zur *Kritik der politischen Ökonomie* (1859) hatte →Marx den ökonomischen Widerspruch zwischen Produktivkräften und Produktionsverhältnissen als Motor der Weltgeschichte angesehen. Der Widersinn des bürgerlichen Privateigentums, den er in der zunehmenden Verelendung des Arbeiters bei gleichzeitig zunehmender Produktion gesellschaftlichen Reichtums auf die Spitze getrieben sah, sollte den qualitativen Sprung der proletarischen Weltrevolution von der äußersten Verelendung des entfremdeten Arbeiters in den äußersten Reichtum der kommunistischen Gesellschaft möglich und zugleich notwendig machen. Bei genauerem Hinsehen zeigt sich allerdings, dass dieses Revolutionsmodell die rhetorisch beschworene dialektische Synthese gar nicht leistet, sondern in Wahrheit das Ende jeglicher dialektischen Vermittlung propagiert, die statt der Vernichtung der Kapitalisten deren Zusammenschluss mit den Arbeitern in fortschrittlicheren ökonomischen Organisationsstrukturen erforderlich gemacht hätte. Noch nachhaltiger als diese weithin undiskutiert gebliebene theoretische Selbstaufhebung der Revolutionsdialektik im marxistischen Denken hat die historische Erfahrung der misslungenen oder ganz ausgebliebenen revolutionären Praxis in den bürgerlichen Gesellschaften zur Infragestellung der materialistischen Geschichtsdialektik beigetragen und den generellen Zweifel an Fortschrittstheorien genährt, welche die Zukunft der zivilisatorischen Evolution für prognostizierbar halten.

Der Überblick über die wichtigsten Formen neuzeitlicher Reflexions- und Realdialektik gibt Anlass die Forschungshypothese aufzustellen, dass sich dialektisches Denken der Sache nach vor allem da bewährt hat, wo es sich aus der wesensgemäßen Spannung zwischen der leiblich-endlichen Existenz des Menschen und dem ins Unendliche ausgreifenden Anspruch seiner Vernunft herleitet.

A. Diemer, Elementarkurs Philosophie. Dialektik, Düsseldorf 1976

K. Gloy, Vernunft und das Andere der Vernunft, Freiburg/Br. 2001

W. Janke, Historische Dialektik. Destruktion dialektischer Grundformen von Kant bis Marx, Berlin 1977

–: Limitative Dialektik. Überlegungen im Anschluss an die Methodenreflexion in Fichtes *Grundlage* 1794/95 § 4, In: Fichte-Studien. Bd. 1, Amsterdam 1990, S. 9-24

G. Schulte, Kennen Sie Marx? Kritik der proletarischen Vernunft, Frankfurt/M. 1992

H. P.

Dialektische Methode →Dialektik

Dialektischer Materialismus Bezeichnung der in den Ländern des ehemaligen Ostblocks zur Staatsideologie erhobenen →Weltanschauung. Der dialektische Materialismus, welcher die Philosophie des Marxismus-Leninismus bildete und in seinen Grundzügen von →Marx, Engels und Lenin entwickelt wurde, speist sich im Wesentlichen aus zwei Quellen: einem auf die griechischen Atomisten Demokrit und Epikur zurückgehenden →Materialismus und einer an →Hegel und den →deutschen Idealismus (A) angelehnten →Dialektik. Ersterer bildet die →Ontologie oder Seinslehre des dialektischen Materialismus, Letztere seine Entwicklungstheorie.

Unter Materialismus versteht man die Auffassung, die →Welt bestehe nur aus →Materie (bzw. Materie und Energie) und alle Phänomene, seien sie nun physischer oder psychischer Natur, ließen sich unter Rückgriff auf die als zugrunde liegend angenommene Materie erklären. Der Materialismus hat den →Idealismus und den Leib-Seele-Dualismus zu seinen Gegnern. Ersterem hält er entgegen, dass Materie objektiv in →Raum und →Zeit existiere und daher kein bloßes Produkt des →Bewusstseins sei. Gegen Letzteren führt der dialektische Materialismus an, dass Bewusstsein nichts anderes sei als bewusst gewordenes Sein, Materie, die sich ihrer selbst bewusst geworden ist. Auf ihrer höchsten Stufe gelangt die Materie zu Bewusstsein und wendet sich erkennend auf sich selbst zurück. Aus der antidualistischen Haltung des Materialisten folgt unmittelbar seine Widerspiegelungstheorie, durch die er das Zustandekommen von →Erkenntnis erklären will. Kann ein rationalistischer Dualist wie beispielsweise →Descartes davon ausgehen, dass bestimmte, die Erkenntnis strukturierende →Prinzipien ihren Ort im menschlichen →Geist haben, so bleibt dem Materialisten, weil er derartige Prinzipien ablehnt, nur der Griff zu einer Widerspiegelungstheorie: Bewusstsein ist nichts anderes als Widerspiegelung der Materie auf ihrem jeweiligen Entwicklungsniveau. Daher spiegelt auch das Bewusstsein einer Zeit, wie es sich in der →Kunst und Literatur einer Epoche ausspricht, nur die jeweiligen gesellschaftlichen Verhältnisse wider, in der Künstler und Dichter lebten. Der dialektische Materialist ist zugleich Optimist in Hinblick auf Erkenntnis: Da die Welt nur aus Materie besteht, gibt es keinen Grund, an ihrer letztendlichen Erkennbarkeit zu zweifeln.

Zu den weiteren Grundprinzipien des dialektische Materialismus gehört die Forderung, die Welt aus sich selbst heraus und nicht etwa durch eine transzendente →Ursache, wie sie ein →Gott darstellt, zu erklären. Schließlich fordert der dialektische Materialist, dass die philosophische →Theorie ihr Ziel in der menschlichen →Praxis haben solle, dass Philosophie verändernd auf die Welt einzuwirken habe. Dementsprechend lautet die elfte These »ad Feuerbach« im Notizbuch von Marx: »Die Philosophen haben die Welt nur verschieden interpretiert, es kömmt drauf an, sie zu verändern.«

Aus dem Begriff dialektisch hingegen leiten sich folgende Bestimmungen ab: Dialektisch heißt einmal, dass sich alle Bestandteile von →Natur, →Gesellschaft und →Denken in einem wechselseitigen Zusammenhang befinden und daher keines ohne das andere existieren kann oder begriffen werden kann. Alles steht mit allem in Verbindung, sodass nichts ohne das andere Bestand haben würde. Erkenntnis hat dieser universalen Wechselwirkung dadurch Rechnung zu tragen, dass sie das zu Erkennende nicht isoliert betrachtet. Weiter heißt dialektisch, dass sich die oben genannten Bereiche Natur, Gesellschaft und Denken in ständiger Bewegung befinden, weshalb keines von ihnen als fertig und vollendet begriffen werden kann. Dialektisch steht aber vor allem für das Entwicklungsprinzip des dialektischen Materialismus. Die Bewegung und Entwicklung der Materie und ihrer verschiedenen Erscheinungsformen, also Natur, Gesellschaft, Denken, verläuft nach dem Prinzip der Einheit und des Kampfes der in der Materie selbst liegenden Gegensätze. Dementsprechend wäre es falsch anzunehmen, bestimmte Entwicklungen kämen durch →Zufall in Gang oder könnten sich menschlicher Willkür beugen. Um eine Theorie zur →Erklärung gesellschaftlicher Entwicklung abgeben zu können, wo Phasen mit stabilen Verhältnissen auf Phasen der Instabilität folgen, nimmt der dialektische Materialismus weiter an, dass die Bewegung der Materie über lange Zeiträume rein quantitativ erfolge, sich also kontinuierlich vollziehe, ehe es (wie wenn ein Fass plötzlich überläuft) zu einem qualitativen Umschwung kommt. Derartige Umschwünge bilden innerhalb der Geschichte die so genannten Revolutionen, z. B. der als frühbürgerliche Revolution bezeichnete deutsche Bauernkrieg, die englische und französische Revolution, durch welche der Kapitalismus als herrschende Produktionsform eingeführt wurde, und schließlich die große sozialistische Oktoberrevolution, mit der das Zeitalter der sozialistischen Produktionsverhältnisse begann. Ist der durch die →Revolution herbeigeführte qualitative Umschwung vollzogen, so folgt eine Phase kontinuierlicher Entwicklung, ehe die nächste Revolution, dem Entwicklungsgesetz der Materie folgend, hereinbricht. Eine Ausnahme bildet der Übergang von der sozialistischen zur kommunistischen Produktionsform, der sich allmählich und auf nicht revolutionäre Weise vollziehen sollte. Innerhalb diese Modells wird gesellschaftliche Höherentwicklung durch die Übertragung des von Hegel und →Schelling übernommenen Prinzips der →Negation der Negation erklärt, dem man folgende Deutung gegeben hat: Die qualitativen Sprünge, mit denen eine Stufe der gesellschaftlichen Entwicklung ihren Abschluss findet und eine neue anhebt, führen nicht zur vollkommenen Beseitigung des zuvor Gewesenen: Nur die negativen Eigenschaften des vorangegangen Stadiums werden überwunden, die positiven dagegen werden beibehalten. Daher ist die Gesamtbewegung der Materie eine fortschreitende Höherentwicklung.

T. B.

Dialog Griech. ›Gespräch‹; eine der ältesten Formen der Darstellung eines philosophischen Problems. Dabei wird ein philosophischer Gedanke in Rede und Gegenrede von zwei oder mehr Gesprächspartnern entwickelt. Die dialogische Darstellungsform verfolgt im Wesentlichen zwei Ziele: Entweder geht es im Dialog darum, einen bestimmten Gedanken zu entwickeln, ein →Problem zu lösen oder dergleichen, oder dem Dialog kommt die Aufgabe zu, eine bestimmte, von vornherein feststehende Position gegen die Einwände eines Gegners zu verteidigen. Ist Letzteres der Fall, so vertritt zumeist einer der Dialogpartner die Position des Autors, der andere dagegen die seines oder seiner wichtigsten zeitgenössischen Gegner.

Der Dialog als Mittel zur philosophischen Darstellung eines Gedanken geht zurück auf die antiken →Sophisten. In den platonischen Dialogen stehen sich →Platons Lehrer →Sokrates sowie verschiedene seiner Zeitgenossen gegenüber. Zumeist bildet ein Lehrer-Schüler-Verhältnis die Grundkonstellation des Dialoges, wobei es Sokrates obliegt, einen seiner Schüler und mit ihm den Leser zur rechten Einsicht zu leiten. Diese Form der Darstellung speist sich aus Platons →Anamnesis-Lehre, wonach jedem Menschen bestimmte Grundwahrheiten bereits angeboren sind und nur noch durch das geschickte Fragen des Lehrers zu Bewusstsein gebracht werden müssen.

Den Vorzug der dialogischen Wahrheitssuche sieht Platon in deren Flexibilität, die nach seiner Auffassung in die Schriftform nicht übertragbar ist. Ein Dialog erlaubt es, allen Einwänden und Bedenken nachzugehen, während es eine philosophische Abhandlung nicht gestattet, alle möglichen sich stellenden Fragen durchzugehen. In der philosophischen Tradition ist Platon der einzige Autor, dessen gesamtes Werk (mit Ausnahme der Briefe) in Dialogform vorliegt. Eine dem Dialog nahe kommende Form besitzen die scholastischen Disputationen, bei denen eine →These dargelegt wird, die möglichen Angriffspunkte genannt und anschließend gegen die Angriffe verteidigt werden. Im 20. Jh. hat →Wittgenstein die dialogische Darstellungsform in seinem Spätwerk als Mittel der Wahrheitsfindung gewählt.

Der Dialog als eine Methode zur Suche der →Wahrheit steht im Zentrum vor allem der so genannten Diskursphilosophie, wie sie von Apel und →Habermas entwickelt worden ist. Beide Autoren gehen davon aus, dass der Wahrheitsanspruch einer →Aussage über einen Sachverhalt in der objektiven Welt oder der Richtigkeitsanspruch eines →Urteils über einen Sachverhalt in der sozialen Welt auf dem Wege eines Dialoges eingelöst werden soll. Im Idealfall ist ein solcher Dialog herrschaftsfrei, d.h. alle Mechanismen, die einen der Dialogpartner aufgrund vernünftiger Argumente zur Anerkennung einer Sache zwingen, bleiben ausgeschaltet.

Als Alternative zur klassischen, an →Aristoteles orientierten Satzlogik wurde von Lorenzen und Lorenz eine dialogische →Logik entwickelt, bei der nicht die Wahrheit oder Falschheit einer Aussage im Vordergrund steht, sondern das Argumentieren um eine Behauptung, wobei der Gewinn oder Verlust eines Dialoges geregelt wird. Über so genannte Argumentregeln werden die verschiedenen Junktoren (›nicht‹, ›und‹, ›oder‹, ›wenn … dann‹) eingeführt, indem festgelegt wird, welche Konstellationen zwischen dem Angriff und der Verteidigung einer These vorliegen müssen. Erfolgt z.B. auf einen Satz A ein Angriff, aber keine Verteidigung, so gilt der Satz als negiert (= Einführung des Negationszeichens).

T.B.

Dianoethische Tugenden Von griech. *dianoethikos*, ›rational‹: Während die platonische Tugendlehre auf einer Dreiteilung der →Seele in ein Lernvermögen, ein Eifervermögen und ein Begehrungsvermögen beruht, gründet sich die aristotelische Tugendlehre auf eine Seelenzweiteilung. Dabei stehen die dianoethischen →Tugenden der rationalen Seelenteile den ethischen Tugenden des irrationalen Seelenteils gegenüber. Die dianoethischen Tugenden als auf →Verstand und →Vernunft bezogene Tugenden verdanken sich Lehre und Erziehung, während die sich auf Charakter und →Willen beziehenden ethischen Tugenden das Ergebnis der Gewöhnung sind. Als Vertreter der dianoethischen Tugenden nennt →Aristoteles Wissenschaft (*episteme*), Klugheit (*euboulia*), sittliche Einsicht (*phronesis*), Weisheit (*sophia*), Verstand (*synthesis*) und Kunstfertigkeit (*techne*).

T.B.

Dianoia Griech. ›Verstand‹: bezeichnet den rationalen Seelenteil im Gegensatz zu den irrationalen Triebkomponenten. Für →Platon steht die Dianoia zwischen Meinung (→*doxa*) und →Vernunft (*nous*). Dianoia ist in erster Linie die Denkform der Mathematiker, die sich für ihre Beweise anschaulicher Konstruktionen bedienen und bei ihren Schlussfolgerungen auf bestimmte, nicht selbst bewiesene Annahmen zurückgreifen.

T.B.

Diätetik Von griech. *diaita*, ›Lebensweise‹: bezeichnet die Lehre von der rechten Lebensweise. Gegenstand der Diätetik kann sowohl das Körperliche wie auch das Geistige sein. Im körperlichen Sinne bezieht sich die Diätetik besonders auf die gesunde Ernährung (Diät), im geistigen Sinne auf die Gesunderhaltung der Seele.

T.B.

Dichotomie Griech. ›Zweiteilung‹: →Methode zur Klassifikation von Mengen von Gegenständen, bei der eine Gesamtmenge in zwei einander ausschließende Teilmengen eingeteilt wird. Das bedeutet, wer Glied der einen Teilmenge ist, kann nicht zugleich auch Glied der anderen Teilmenge sein. Beide Teilmengen zusammen bilden die Gesamtmenge. Beispiel einer Dichotomie ist die Einteilung der Menschen in Raucher und Nichtraucher. Raucher und Nichtraucher zusammen bilden die Gesamtmenge der Menschen. Mit der dichotomischen Einteilung eines Gegenstandsbereiches kommt das Prinzip vom ausgeschlossenen Dritten (→*tertium non datur*) zur Anwendung, das besagt, dass es neben jeweils zwei aufgeführten Eigenschaften keine dritte Möglichkeit gibt. Entweder jemand gehört zur Teilmenge der Raucher oder zur Teilmenge der Nichtraucher. Ein Drittes gibt es nicht.

Die dichotomische Einteilung kann sich entweder an einem Merkmal orientieren (in diesem Falle wird über die Zugehörigkeit zu einer der beiden Teilmengen durch Besitz oder Nichtbesitz des entsprechenden Merkmals entschieden) oder die Einteilung folgt zwei Merkmalen, die jedoch nicht gemeinsam auf einen Gegenstand zutreffen dürfen. Beispiel einer an nur einem Merkmal orientierten Dichotomie ist die Einteilung in Raucher und Nichtraucher. Der Nichtraucher ist dadurch definiert, dass er die Eigenschaft des Rauchens nicht besitzt. Beispiel einer Dichotomie der zweiten Art ist die Einteilung in männlich und weiblich.

Dichotomische Klassifikationsschemata waren in der Antike beliebt und wurden u.a. dazu verwendet, den Gesamtbereich des Seienden zu untergliedern. Beispiel hierfür ist die so genannte *arbor porphyriana* – eine auf den neuplatonischen Philosophen Porphyrios zurückgehende Einteilung, die, mit dem Substanzbegriff beginnend, alle →Substanzen in körperliche und nicht körperliche Substanzen einteilt, die körperlichen Substanzen weiter in belebte und unbelebte, die belebten körperlichen Substanzen weiter in solche, die über Empfindung verfügen und solche, denen keine Empfindung zukommt usw.

Bekanntestes Beispiel eines dichotomischen Einteilungsverfahrens ist jedoch die von →Platon entwickelte Methode der →Dihairesis (griech. ›Zerlegung‹), bei der man sich einem Begriff durch Anwendung von Dichotomien schrittweise nähert.

T.B.

Differentia specifica →Definition

Differenz Von lat. *differentia*, ›Unterschied‹: →Aristoteles und die mittelalterliche Philosophie unterscheiden drei Arten von Differenz, um mit ihrer Hilfe Gegenstände in verschiedene →Klassen einzuteilen: Die *differentia specifica* benennt den artbildenden Unterschied, das also, wodurch sich die Vertreter einer Art von den Vertretern der jeweiligen Gesamtgattung unterscheiden. Für den →Menschen als zur Gattung der Lebewesen gehörend wird gewöhnlich →Rationalität, das Vermögen des Menschen zu denken, als spezifische Differenz angegeben. Im Unterschied zur *differentia accidentalis* kommt die *differentia specifica* dem Menschen wesentlich zu, was soviel heißt, als dass ein Mensch kein Mensch wäre, wenn er nicht über Rationalität verfügte. Die *differentia accidentalis* dagegen benennt einen unwesentlichen Unterschied und macht ihn zum Klassifikationskriterium. Standardbeispiel ist hier die Zweibeinigkeit des Menschen. Der Mensch ist nicht wesentlich zweibeinig; auch ohne zwei Beine zu haben, wäre der Mensch ein Mensch, nicht jedoch ohne Rationalität. Die *differentia numerica* bzw. der numerische Unterschied bezieht sich auf die Verschiedenheit von Exemplaren, die ein und derselben Art angehören, also z.B. auf die Verschiedenheit zweier Menschen. Zwei numerisch verschiedene Menschen unterscheiden sich nicht in ihren wesentlichen Merkmalen, sondern nur individuell nach bestimmten, unwesentlichen Eigenschaften, wie z.B. Haarfarbe, Körpergröße usw.

Als »ontologische Differenz« bezeichnet →Heidegger den Unterschied zwischen →Sein und Seiendem. In Anlehnung an scholastische Vorbilder geht Heidegger davon aus, dass es jenseits der verschiedenen Gattungen von Seiendem, also jenseits der verschiedenen Dinge, die es in der →Welt gibt, noch so etwas wie das Sein gebe, das jedes Seiende betrifft. Der Frage nach diesem Sein widmet Heidegger sein Hauptwerk *Sein und Zeit*.

T.B.

Dihairesis Griech. ›Zerlegung‹: die von →Platon entwickelte →Methode der Begriffsbestimmung, bei welcher der zu bestimmende →Begriff dadurch definiert wird, dass er unter höhere, ihn bestimmende Begriffe eingeordnet wird. Dabei wird ein allgemeiner Begriff zum Ausgangspunkt gewählt und so lange untergliedert, bis schließlich der zu bestimmende Begriff erreicht ist. Ein leicht fassliches Beispiel dieser Methode bietet Plato in seinem Dialog *Sophistes*, wo er den Begriff der Angelfischerei durch fortgesetzte Zweiteilung des Begriffs der Kunst bestimmt. Die Kunst wird dem Kunstlosen gegenübergestellt. In Hinblick auf die Künste wird sodann zwischen erwerbenden und hervorbringenden Künsten unterschieden. Die erwerbende Kunst wird eingeteilt in gutwillige und bezwingende usw. Am Ende ergibt sich eine Bestimmung der Angelfischerei als erwerbende, bezwingende, nachstellende, jagende und im Flüssigen jagende, verwundende Hakenfischerei, bei der ein Fisch vermittels einer von unten nach oben gezogenen Wunde gefangen wird.

Die dihairetische Bestimmung eines Begriffs soll aber keine willkürlichen Unterscheidungen in die Dinge hineintragen, sondern sich an den Dingen selbst und den in ihnen liegenden Gattungs- und Artmerkmalen orientieren. Demnach nimmt die Dihairesis ihren Ausgangspunkt bei einem allgemeinen Gattungsbegriff und schreitet von dort zu den Arten und Unterarten fort, bis sie schließlich bei einem nicht mehr weiter untergliederbaren Artbegriff anlangt. Die Vollständigkeit der Zwischenglieder versucht Platon dadurch zu garantieren, dass er, wo immer die Möglichkeit dazu besteht, ein dichotomisches Einteilungsverfahren wählt, d.h. sich der Zweiteilung bedient.

T.B.

Dilemma Griech. ›Doppelsatz‹: Alltagssprachlich steht Dilemma für eine missliche Lage oder Zwangslage, in der sich jemand befindet, wenn er zwischen zwei Möglichkeiten zu wählen hat und beide zu einem unerwünschten Resultat führen. Von einem Dilemma kann man beispielsweise sprechen, wenn jemand entweder gezwungen wird, sein Haus mit einer Hypothek zu belasten oder es zu verkaufen. In dem einen Fall muss er sich verschulden, in dem anderen verliert er seine Unterkunft.

In der →Logik versteht man unter einem Dilemma eine bestimmte Art von →Argument. Man unterscheidet zwischen einem konstruktiven und einem destruktiven Dilemma. Ein konstruktives Dilemma hat die Form: Wenn p, dann q. Wenn r, dann q. Entweder p oder r. Daher q. Beispiel eines konstruktiven Dilemmas ist das so genannte *prisoner's dilemma*, wo jemand zwischen zwei Todesarten zu wählen hat. Wählt er die eine Todesart, so wird er sterben, wählt er die andere, so wird er ebenfalls sterben. Eine der beiden Todesarten muss er wählen. Daher wird er in jedem Falle sterben. Ein destruktives Dilemma hat die Form: Wenn p, dann q. Wenn r, dann q. Entweder nicht-p oder nicht-r. Daher nicht-q.

In der Philosophiegeschichte wurde folgendes Dilemma berühmt: Euathlos und sein Rhetoriklehrer Protagoras vereinbaren, dass Euathlos für den von Protagoras erhaltenen Unterricht mit dem Gewinn seines ersten gewonnen Gerichtsprozesses bezahlt. Verliert er den Prozess, so braucht er nichts bezahlen. Euathlos führt aber keinen solchen Prozess. Um dennoch zu seinem Geld zu kommen, verklagt Protagoras den Euathlos. Aus der Sicht des Euathlos stellen sich die Dinge in diesem Prozess folgendermaßen dar: 1. Entweder ich werde diesen Prozess gewinnen oder ich werde ihn verlieren. 2. Wenn ich den Prozess gewinne, brauche ich meinen Lehrer Protagoras nicht zu bezahlen (weil die Klage dann abgewiesen wird). 3. Wenn ich den Prozess verliere, brauche ich meinen Lehrer Protagoras ebenfalls nicht zu bezahlen (weil vereinbart wurde, dass nur bei einem gewonnenen Prozess der Unterricht zu bezahlen ist). 4. Also brauche ich nichts zu bezahlen.

Anders stellen sich die Dinge für Protagoras dar: 1. Entweder ich werde diesen Prozess gewinnen, oder ich werde ihn verlieren. 2. Wenn ich den Prozess gewinne, so muss mein Schüler Euathlos mich bezahlen (weil meiner Klage auf Bezahlung stattgegeben wird). 3. Wenn ich den Prozess verliere, so muss Euathlos mich ebenfalls bezahlen (weil er sich an unsere Abmachung halten muss und mich aus dem Gewinn seines ersten gewonnenen Rechtsstreites bezahlen muss). 4. Also muss Euathlos mich bezahlen.

Beide Dilemmas besitzen die Form: Entweder p oder nicht-p. Wenn p, dann r. Wenn nicht-p, dann r. Daher r. Erstreckt sich die Wahl nicht nur auf zwei, sondern auf drei, vier, fünf oder noch mehr Alternativen, so spricht man von einem Tri-, Tetra-, Penta-, Polylemma.

T.B.

Ding an sich Kants erkenntnistheoretischer Begriff für die von menschlicher →Erkenntnis unabhängige →Wirklichkeit. →Kant unterscheidet zwischen →Erscheinung als demjenigen, was einem Subjekt in sinnlicher →Anschauung, also durch Sehen, Hören, Riechen, Schmecken, Fühlen gegeben ist und den davon unabhängigen Dingen an sich. Zum →Begriff eines Dinges an sich gelangt er auf zwei Wegen. Zum einen fordert der Begriff der Erscheinung den Begriff eines Dinges an sich als logisches Korrelat. Nimmt man an, dass die Gegenstände der sinnlichen Anschauung Erscheinungscharakter besitzen, so muss man gleichfalls unterstellen, dass es etwas gibt, wovon die Erscheinungen Erscheinungen sind, worauf sie verweisen, was durch sie angezeigt wird. Auf der anderen Seite muss Kant die Existenz eines Dinges an sich unterstellen, damit →Erfahrung mit dem Anspruch auftreten kann, Objektivität zu besitzen. Ausgehend von der Annahme, dass die Formen von Anschauung und Denken erfahrungskonstitutiv sind, d. h. die Erfahrung gemäß bestimmten Formen strukturieren, muss er einerseits behaupten, dass die Gegenstände der Erfahrung nicht mit den Dingen an sich identisch sind, weil nicht einzusehen wäre, wie Anschauung und →Denken auf etwas unabhängig von ihnen Bestehendes eine strukturierende Tätigkeit ausüben können. →Raum und →Zeit als Formen der Anschauung, bzw. Vorstellung die →Kategorien als Formen des Denkens können sich nur auf das beziehen, was einem →Subjekt in Anschauung und Denken gegeben ist, nicht auf ein jenseits von Anschauung und Denken liegendes Ding an sich. Zum anderen weist Kant dem Ding an sich die Aufgabe zu, kausal für das Zustandekommen der subjektiven Vorstellungen verantwortlich zu sein und damit der →Spontaneität, d. h. Selbsttätigkeit des Subjekts Grenzen zu setzen. Idealistische Philosophien stehen vor dem Problem, erklären zu müssen, weshalb es nicht in der Macht des Subjekts liegt, die Welt so aufzufassen, wie es in seinem Ermessen liegt. Durch die Annahme eines kausal für das Zustandekommen der Vorstellungen des Subjekts verantwortlichen Dinges an sich will Kant diese Frage beantworten. Er steht dann allerdings vor dem Problem, einem Gegenstand, der prinzipiell unerkennbar sein soll, zumindest kausale Wirksamkeit und Existenz zusprechen zu müssen. Genau an diesem Punkt setzt die Kritik seiner Zeitgenossen und Nachfolger an, die das Problem auf dem Wege idealistischer Systementwürfe lösen wollen.

T. B.

Dionysisch Von Dionysos, dem griech. Gott des Weines: neben dem →Apollinischen die Personifizierung eines der beiden die Geschicke der Welt lenkenden →Prinzipien bei →Nietzsche. Während das Apollinische für das Streben nach Begrenzung, nach Maß und Gestalt steht, verkörpert das Dionysische den Drang ins Ungebundene, das Rauschhafte und Ausufernde, das, was die Grenzen aufhebt, die Form zerstört und das Gestalthafte in den Weltgrund zurückwirft.

Beide Prinzipien lenken nicht nur den Gang des kosmischen Geschehens, sondern bestimmen auch die →Handlungen der →Menschen und dadurch den Gang der →Geschichte. Aus diesem Grund kann sie Nietzsche zur →Erklärung psychologischer und ästhetischer Phänomene heranziehen. Während apollinisch das Streben nach staatlicher →Ordnung, nach festen, in →Definitionen fassbaren →Begriffen sowie nach bildhafter Gestalt in Malerei, Epik und Plastik ist, geht das Dionysische auf die Überwindung und Transzendierung der durch den →Verstand geordneten Alltagswelt und ihre Verklärung zu einer höheren Scheinwelt.

Da beide Prinzipien zueinander in Kampf und Gegensatz stehen, lässt sich durch das Überhandnehmen des einen oder anderen von ihnen historische Entwicklung im Allgemeinen, die Entwicklung von →Kunst und →Geist im Besonderen erklären: In der griechischen Antike stehen sich apollinisch ordnender und dionysisch ausschweifender Trieb entgegen und bestimmen die künstlerische Entwicklung. Während sich das Dionysische in ausschweifenden kultischen Feiern seinen Ausdruck verschafft, findet das Apollinische in den Satzungen des dorischen Staates, aber auch in den wuchtigen Tempeln der dorischen Kunst seinen Ausdruck. In der griechischen Tragödie stehen beide Seiten zueinander im Widerspiel. An →Sokrates geht das griechische Kunstwerk der Tragödie zugrunde. Mit ihm beginnt der harte →Verstand zu dominieren. Sein Schüler →Platon schließlich verwirft die Kunst als Ganze. Der philosophische

Gedanke überwältigt die Kunst und führt zur Vorherrschaft des Apollinischen in der abendländischen Geistesgeschichte und damit zugleich zum nihilistischen Kulturverfall. Demgegenüber fordert Nietzsche das Ausleben der dionysischen Triebe.

T. B.

Disjunkt Von lat. *disiungere*, ›trennen‹: Zwei Mengen von Gegenständen heißen disjunkt oder unvereinbar, wenn es keinen Gegenstand gibt, der sowohl ein Element der einen wie der andern Menge ist. Die Menge der Nichtraucher und die Menge der Raucher sind disjunkt, weil es unmöglich ist, dass jemand zu einem bestimmten Zeitpunkt sowohl der Menge der Raucher als auch der Menge der Nichtraucher angehört.

T. B.

Disjunkte Urteile Urteile, bei denen zwei Aussagen durch den zweistelligen Junktor der Disjunktion miteinander verbunden sind. Umgangssprachlich kann man die Disjunktion durch das Wort ›oder‹ übersetzen, muss dabei allerdings beachten, dass in der →Logik, aber auch und vor allem in der Rechtsprechung zwischen einem einschließenden und einem ausschließenden ›oder‹ unterschieden wird. Letzteres bezeichnet der Logiker als Disjunktion, Ersteres dagegen als Adjunktion. Werden zwei →Aussagen, z. B. die Sätze ›Paul geht ins Theater‹ und ›Paul geht ins Kino, durch eine Disjunktion miteinander verknüpft, so ist die Verbindung beider Aussagen nur dann wahr, wenn eine der beiden Aussagen wahr und gleichzeitig die andere falsch ist. Sind dagegen beide Aussagen wahr oder beide falsch, so ist auch ihre disjunktive Verbindung falsch. Eine angemessene umgangssprachliche Übersetzung umschreibt die Disjunktion mit den Worten ›entweder … oder‹. Die Disjunktion ›Entweder Paul geht ins Theater oder Paul geht ins Kino‹ ist also nur dann wahr, wenn Paul ins Theater und nicht ins Kino geht, oder ins Kino geht, dann aber auf den Theaterbesuch verzichtet. Tut er beides, besucht er also an einem Abend sowohl ein Kino als auch, im Anschluss daran, ein Theater oder tut er keines von beidem, so ist die Disjunktion falsch.

Im Gegensatz dazu können bei der Adjunktion, dem einschließenden ›oder‹ beide Einzelaussagen wahr sein, ohne dass die Gesamtaussage deshalb falsch wird. Sagt man daher, ›Paul geht ins Theater oder Paul geht ins Kino‹ und geht Paul tatsächlich sowohl ins Kino als auch ins Theater, so wird dadurch die Adjunktion nicht falsch, wo es die Disjunktion würde.

T. B.

Diskursiv Von lat. *discurrere*, ›durchlaufen‹: Eine →Erkenntnis ist dann diskursiv, wenn sie in mehreren Schritten erfolgt. Im Gegensatz zur intuitiven Erkenntnis, wo ein einzelner Sachverhalt als Ganzer auf einmal eingesehen werden kann, wird durch diskursive Erkenntnis ein Ergebnis durch eine logische Abfolge erreicht, bei der im Idealfall jeder Einzelschritt intuitiv einsehbar sein sollte. Beispiele der diskursiven Erkenntnis sind mathematische Ableitungen und logische Schlussfolgerungen. →Kant setzt Denken als Erkenntnis durch →Begriffe mit diskursiver Erkenntnis gleich und stellt ihr Anschauung gegenüber, bezieht also den Gegensatz diskursiv / intuitiv auf das Verhältnis von →Verstand und Sinnlichkeit.

T. B.

Dissoziation Lat. ›Auflösung‹: die Auflösung oder Trennung einer vorhandenen Verbindung. In der Psychologie steht Dissoziation für das Auseinanderfallen einer bestehenden Verbindung zwischen einzelnen →Vorstellungen. Zwei Vorstellungen, die bisher im Zusammenhang auftraten, werden z. B. durch den Einfluss neuer, stärkerer Eindrücke getrennt. Gegenbegriff ist der Begriff der →Assoziation, der Verbindung von Vorstellungen aufgrund ihres gemeinsamen Auftretens.

T. B.

Distinkt Lat. ›unterschieden‹: Begriff zur Bezeichnung dafür, dass etwas von etwas anderem verschieden bzw. unterschieden ist. Innerhalb der rationalistischen Philosophie →Descartes' dient der Begriff des Distinkten als ein Kriterium der →Wahrheit von →Erkenntnissen. Nach Descartes gilt eine Erkenntnis dann als wahr, wenn sie klar und distinkt ist. Dabei bedeutet distinkt, dass die Erkenntnis von allen übrigen Erkenntnissen getrennt und unterschieden ist, und weiter, dass jeder der Bestandteile der gegebenen Erkenntnis vollkommen klar ist. Die Tatsache, dass Descartes den Begriff des Distinkten zum Merkmal der Wahrheit von Erkenntnis macht, hat ihren Grund in seiner atomistischen Konzeption der Inhalte der Erkenntnis. Für Descartes bilden einzelne →Ideen, die teilweise angeboren, teilweise erworben sind, den Inhalt des Denkens. Erkenntnis ist der Akt, in dem solche im Geiste liegenden Ideen durch den Erkennenden ergriffen werden. Gelingt es dem Erkennenden, aus dem Reservoir von Ideen eine einzelne zu erfassen, ohne zugleich auch andere Ideen mit zu ergreifen, und in voller Klarheit vor sein inneres Auge zu stellen, so verfügt er über distinkte Erkenntnis.

→Leibniz stellt distinkte Erkenntnis der verworrenen Erkenntnis, wie sie sich in ästhetischen →Urteilen ausspricht, gegenüber. Fällt jemand ein ästhetisches Urteil über einen Gegenstand, schätzt er z.B. ein Gedicht oder ein Gemälde als gut oder schlecht ein, ohne dabei eine Beschaffenheit des Gegenstandes anfügen zu können, um sein Urteil zu begründen, so verfügt er nur über verworrene Erkenntnis. Ist er dagegen in der Lage, die bestimmenden und unterscheidenden Merkmale der jeweiligen Sache zu nennen, so verfügt er über eine distinkte Erkenntnis seines Gegenstandes. Er kann dann in Begriffe fassen, was er erkannt hat und sich darüber in einem Urteil äußern. Im Einzelnen unterscheidet Leibniz drei Stufen bzw. Grade distinkter Erkenntnis: Eine distinkte Erkenntnis ist verworren, wenn ihre Bestandteile selbst nicht distinkt erkannt werden. So ist z.B. eine →Definition distinkt, aber verworren, wenn in die Definition unklare Begriffe eingehen. Ein distinkte Erkenntnis ist adäquat, wenn sämtliche Bestandteile bis hin zu den atomaren, nicht weiter zerlegbaren Bestandteilen der Erkenntnis distinkt erkannt werden. Beispiel einer adäquaten distinkten Erkenntnis wäre eine logische Schlussfolgerung, bei der jeder einzelne Ableitungsschritt distinkt erkannt wird, wo jedoch die Ableitung als Ganze nicht überschaubar ist, weil sie z.B. sehr lang ist. Ein distinkte Erkenntnis ist intuitiv, wenn die Gesamtheit ihrer atomaren Bestandteile wie mit einem Blick erfasst werden. Leibniz räumt ein, dass die zuletzt genannte Art distinkter Erkenntnis äußerst selten ist. Als Beispiel kann ein mathematischer Beweis dienen, der als Ganzer wie auf einen Schlag eingesehen wird.

T.B.

Disziplinen Von lat. *disciplina*, ›Unterricht, Lehre, Wissenschaft‹: So nennt man die verschiedenen Zweige der →Wissenschaft im Allgemeinen oder einer Einzelwissenschaft. Auf das Gesamtgebiet der Wissenschaften bezogen wird herkömmlich zwischen Natur- und Geisteswissenschaften unterschieden. Je nachdem, welches Einteilungskriterium man wählt, kann man in den Naturwissenschaften weiter unterteilen nach Physik, Chemie, Biologie usw. und weiter nach Mikro- und Makrophysik, anorganischer und organischer Chemie usw.

Innerhalb der Philosophie, die gemeinhin unter die Geisteswissenschaften gerechnet wird, kann man folgende Disziplinen unterscheiden: Zunächst unterteilt man den Gesamtumfang philosophischen Nachdenkens in theoretische und praktische Philosophie. Innerhalb der theoretischen Philosophie kann man unterscheiden zwischen →Erkenntnistheorie, Bedeutungstheorie und →Ontologie usw., innerhalb der praktischen Philosophie zwischen →Anthropologie, →Rechts- und Staatsphilosophie usw.

T.B.

Docta ignorantia Lat. ›die belehrte Unwissenheit‹: innerhalb des vom →Platonismus beeinflussten Teiles der →Scholastik die Bezeichnung einer Gotteserkenntnis, die ihren Anspruch, →Gott rational, d.h. mit den Mitteln der →Vernunft, erkennen zu wollen, aufgegeben hat, und die deshalb rein empfangend ist. Die Rede von der (über sich selbst) belehrten Unwissenheit lehnt sich an die sokratische Aussage »Ich weiß, dass ich nichts weiß« an. In einem Werk gleichen Titels bezeichnet die *docta ignorantia* bei →Nikolaus von Kues die höchste Stufe der Vernunfterkenntnis, wie sie aus dem Wissen um das eigene Nichtwissen resultiert: die von der Vernunft gewonnene Einsicht, dass Gott mit den Mitteln endlicher Erkenntnis nicht zu fassen ist. Nach Nikolaus von Kues führt Verstandeserkenntnis im Bereich des Endlichen und Geschaffenen zu immer deutlicheren Unterscheidungen und Entgegensetzungen. Die Erkenntnis der endlichen Dinge wird dadurch erweitert, dass immer feinere Unterschiede getroffen werden. Im Übergang vom Endlichen zum Unendlichen entdeckt nun die Vernunft, dass die Entgegensetzungen des →Verstandes im Bereich des Unendlichen nicht gelten. Es kommt zum Zusammenfallen aller Gegensätze, der →*coincidentia oppositorum*. Die →Prinzipien endlicher Verstandeserkenntnis sind hier außer Kraft gesetzt. Diese Erkenntnis ihres eigenen Unvermögens bezeichnet die höchste Stufe des mit der Vernunft erreichbaren Wissens: des Wissens um die eigene Unwissenheit angesichts Gottes. Wegen seiner Unfassbarkeit mit den für die Erkenntnis des Endlichen ausgelegten Mitteln der Verstandeserkenntnis sind über Gott entweder nur negative Aussagen möglich, wie z.B. ›unendlich‹, ›unbegreiflich‹ oder Aussagen, die wegen ihrer Widersprüchlichkeit unbegreifbar bleiben müssen, wie z.B. ›Ineinanderfallen der Gegensätze‹.

T.B.

Dogma Griech. ›Meinung, Lehre‹: Bezeichnung für einen Lehr- oder Grundsatz. Zum Dogma wird ein Lehrsatz dann, wenn er sich der Anfechtbarkeit durch rationale →Argumente entzieht. Dies kann aufgrund einer Verordnung oder eines Erlasses durch eine Person mit besonderer →Autorität geschehen oder dadurch, dass der entsprechende Lehrsatz zum Inhalt eines →Glaubens, insbesondere eines religiösen Glaubens wird. Dementsprechend kann als Dogma eine Behauptung gelten, die autoritativ festgelegt wurde und als solche für unumstößlich und unbezweifelbar gilt. Weiterhin nennt man Dogmen die Glaubenssätze religiöser Gemeinschaften. Diese werden zum Gegenstand der Dogmatik als der wissenschaftlich systematischen Darstellung religiöser Lehrsätze. Im allgemeinen Sprachgebrauch zählt als Dogma eine gutgläubig und ohne Prüfung hingenommene, meistens jedoch recht zweifelhafte →These. Als dogmatisch werden dann solche Personen bezeichnet, welche unkritisch und ohne Prüfung bestimmte Lehrmeinungen übernehmen und sich einer rationalen Argumentation verschließen. Demgemäß bezeichnet man ein Sich-Berufen auf und Festhalten an prüfungslos für wahr gehaltenen Behauptungen als →Dogmatismus.

T.B.

Dogmatismus Von griech. *dogma*, ›Meinung, Lehre‹: Bezeichnet zum einen das Festhalten an unbegründeten Behauptungen, für die vernünftige und weithin geteilte Gegenargumente existieren. →Kant begreift unter Dogmatismus ein metaphysisches Denken, das unbesorgt um die Grenzen menschlicher →Erkenntnis philosophische →Systeme errichtet, die auf unüberprüfbaren →Prinzipien ruhen. Im Gegensatz dazu schließt Kants →Kritizismus die →Analyse des menschlichen Erkenntnisvermögens in seine Überlegungen ein und entwickelt ein System des →transzendentalen Idealismus, das der →Endlichkeit menschlicher Erkenntnis gerecht wird. Im Gegensatz zu skeptischem Denken, das die Erkennbarkeit der jenseits des Menschen liegenden Wirklichkeit in Zweifel zieht, wird mit Dogmatismus auch eine erkenntnistheoretische Einstellung bezeichnet, die positive Aussagen über die Wirklichkeit zulässt.

T.B.

Doxa Griech. ›Meinung, Schein‹: bezeichnet eine meist auf sinnlicher →Wahrnehmung beruhende subjektive Meinung. Als solche steht sie dem wahren, auf das →Sein gerichteten Wissen gegenüber. So unterscheidet schon →Parmenides zwei Wege der Forschung: einen Weg, der der →Wahrheit folgt, auf das Sein gerichtet ist und sich allein der →Vernunft bedient, und einen zweiten, der dem →Schein nachgeht, auf das Nicht-Sein gerichtet ist und sich sinnlicher Wahrnehmung als Mittel der →Erkenntnis bedient. Diese deutliche Abwertung der Doxa gegenüber wahrer Erkenntnis (*episteme*) findet ihre Fortsetzung bei →Platon. Innerhalb einer Stufenfolge von Erkenntnis bleibt die Doxa auf die →Welt der sinnlichen →Erscheinungen bezogen, über die nur unsichere Wahrnehmungsmeinungen zu erlangen sind, wohingegen die Vernunft dem eigentlichen Sein, d.h. den nicht sinnlichen, jenseits der Welt liegenden →Ideen zugewandt ist. Als Träger der jeweiligen Erkenntnisformen ordnet Platon die Doxa den Schaulustigen, das Wissen dagegen den Philosophen zu.

Nur Letztere sind in der Lage, die unveränderlichen, ewigen und mit sich selbst identischen Grundformen des Seins durch seine Vernunft zu erkennen, während Erstere die sich in ständigem Wandel begriffenen sichtbaren Dinge für die wahren Dinge halten.

Auch Platons Schüler →Aristoteles fährt darin fort, die Doxa als niedrigere Erkenntnisart anzusehen und sie als Schein der Wahrheit gegenüberzustellen. Zu den Gegenständen der Doxa erklärt er das, was zwar wahr, aber nicht notwendig wahr ist, d.h. das, was auch hätte anders sein können, wohingegen das Wissen es nur mit den Dingen zu tun hat, die notwendig wahr sind, also unter allen möglichen Umständen nicht hätten anders sein können.

T.B.

Drei-Welten-Theorie Nach Auffassung des Philosophen →Popper lässt sich alles Existierende unter drei Rubriken versammeln: der →Welt der physikalischen Gegenstände und Zustände (Welt 1), der Welt der Zustände des →Bewusstseins (Welt 2) und der Welt des objektiven Wissens (Welt 3). Welt 1 umfasst die gesamte materielle Welt, alles Anorganische, Organische und künstlich vom Menschen Hergestellte. Zur Welt 2 gehört das subjektive Wissen, also die →Erfahrung der Wahrnehmung, →Denken, →Gefühle, aber auch planvolle Absichten, Erinnerungen, Träume sowie kreative Vorstellungen. Welt 3 schließlich umfasst das so genannte kulturelle Erbe, also philosophisches, theologisches, wissenschaftliches, historisches, künstlerisches und technisches Wissen, d.h. die gesamte →Kultur in allen ihren Manifestationen. Mit Hilfe der Beziehungen zwischen der Welt der physikalischen Gegenstände und der Welt der Bewusstseinszustände lassen sich die verschiedenen Körper-Geist- bzw. Gehirn-Geist-Theorien erfassen: Für den radikalen →Materialismus gibt es nur Welt 1. Welt 2 existiert für den radikalen Materialismus nicht. Der Panpsychismus behauptet dagegen, dass alles Welt 1 und Welt 2 ist, dass das Materielle nicht unabhängig vom Seelischen bzw. Geistigen zu denken ist. Für den Epiphänomenalismus ist die Welt 2 ein Epiphänomen der Welt 1, d.h. etwas, das zwar von der materiellen Welt verursacht wird, seinerseits jedoch nicht kausal auf die materielle Welt einwirken kann. Die Identitätstheorie von Geist und Gehirn geht davon aus, dass ein Teil von Welt 1, nämlich das materielle Gehirn, mit der Welt 2, der Welt des Bewusstseins, identisch ist. Der dualistische Interaktionismus schließlich, die von Popper vertretene Position, geht davon aus, dass Körper und Geist in einer Wechselbeziehung zueinander stehen, dass also das zur Welt 1 gehörende Gehirn auf den Geist, die Welt 2, einwirkt, wie umgekehrt der Geist auf das Gehirn einwirken kann.

K.R. Popper, Objektive Erkenntnis. Ein evolutionärer Entwurf, Hamburg 1973
– / J.C. Eccles, Das Ich und sein Gehirn, München / Zürich 1982

T.B.

Dualismus Alle Kulturen haben den Versuch gemacht, die Gesamtheit des Seienden (→Sein) zu erklären und Handlungsnormen aufzustellen. Hochkulturen zeichnen sich u.a. dadurch aus, dass sie für die Bereiche des Seins, →Denkens und Handelns oberste →Prinzipien benennen, kraft derer diese Bereiche begründet, erklärt und gerechtfertigt werden. Wird dieser Versuch unternommen, gibt es drei Möglichkeiten: Für alle Bereiche wird nur ein Prinzip angesetzt (→Monismus), es werden mehrere Prinzipien angesetzt (→Pluralismus) oder es werden zwei Prinzipien angesetzt (Dualismus). Werden zwei oder mehrere Prinzipien angesetzt, dann ergibt sich immer das Problem, wie sie sich aufeinander beziehen. Daraus hat sich im Christentum die Dreifaltigkeit entwickelt und in der Philosophie das dialektische Denken.

Das dualistische Denken setzt seine Prinzipien in Opposition, sodass ontologisch und moralisch gesehen sich die Welt und das Weltgeschehen (d.h. die Entstehung, das Werden und das Vergehen der Gesamtheit des Seienden sowie das menschliche Geschehen) aus dem Kampf bzw. dem Widerspruch beider Grundprinzipien ergibt. Gemäß seinen Anwendungsgebieten lassen sich folgende Dualismen unterscheiden: Der moralisch-religiöse Dualismus, der ontologische, der metaphysische, der erkenntnistheoretische und der naturwissenschaftliche Dualismus; es gibt aber noch weitere wie etwa den anthropologischen Dualismus.

Der moralisch-religiöse Dualismus wurde Mitte des 6. Jh. v. Chr. in Persien von Zoroaster (Zarathustra) entwickelt, der einen guten und einen bösen Geist gegenüberstellt. Um 250 n. Chr. hat der Perser Mani dieses religiös-dualistische Denken aufgegriffen und im →Manichäismus fortgesetzt, in dem die Welt als Kampf zwischen Licht und Finsternis verstanden wird, zwei Kräfte, die moralisch als ›gut‹ und ›böse‹ gedeutet werden. Das Christentum (insbesondere →Augustinus, der eine Zeitlang Anhänger des Manichäismus war) grenzte sich später scharf gegen dieses Denken ab, ohne aber den Dualismus insgesamt aufzugeben. Die christliche Grundüberzeugung von Jenseits und Diesseits, die – zumindest in der Interpretation →Nietzsches – eine Verbindung von ontologischem und moralischem Denken ist, hält an einer dualistischen Weltsicht fest, ebenso wie an der Kontrastierung des im Satan verkörperten Bösen mit dem Heilsgeschehen, der Gnade und der Erlösung. Es gibt die →Zwei-Welten-Lehre des →Augustinus und die Lehre der zwei Reiche bei Luther. Das Christentum bedient sich – in der Diskussion nämlich um die Erkenntnis der Wahrheit – auch eines erkenntnistheoretischen Dualismus: Die gesamte →Scholastik diskutierte das Problem, wie weit die menschliche →Vernunft (→*lumen naturale*) in der Lage sei, die göttliche Vernunft (→*lumen supranaturale*) zu erfassen. Dabei wurde das Verhältnis zwischen Glaube und Vernunft in allen Variationen so aufgefasst, dass die menschliche Vernunft allein nicht wahrheitsfähig sei.

→Heraklit entwickelte einen ontologischen Dualismus: Alles Geschehen erfolge infolge eines Gegensatzes, berichtet Diogenes Laertius über ihn, und →Aristoteles fügte an: Das Widerstreitende vereinige sich und aus den entgegengesetzten (Tönen) entstehe die schönste Harmonie und alles Geschehen erfolge auf dem Wege des Streits. Entsprechend sei die Welt aus einem göttlichen (›lebendigen‹) Urfeuer (Weltbrand) entstanden, dem Logos, aus dem dann durch Zwiespalt und Kampf die Vielheit der seienden Dinge hervorgegangen sei. In diesem Urfeuer verzehre sich die Welt jedoch wieder, um dann neu aus ihm hervorzugehen. Ähnlich auch Empedokles, von dem Aristoteles schreibt, »er scheint zu behaupten, dass zufolge der Notwendigkeit die Liebe und der Streit abwechselnd die Dinge beherrschen und in Bewegung setzen, während sie sich in der Zwischenzeit in Ruhe befinden.« Dieses dualistische Denken gipfelte dann in →Platons Ontologie vom Reich der Ideen einerseits und vom Reich der Erscheinungen andererseits, wobei die Wahrheit im Reich der Ideen angesiedelt wird, demgegenüber die →Erscheinungen nur Schattenbilder der →Urbilder sind. Damit bekommt die Gesamtheit des Seienden einen minderen Grad an Realität (weniger Seinsgehalt) zugeschrieben, sodass – wie im →Höhlengleichnis beschrieben – sich der Mensch aus seiner Scheinwelt lösen muss, um über die →Dialektik schließlich bis zur Ideenschau und damit zur Wahrheit aufzusteigen.

Aristoteles überwindet den ontologischen Dualismus Platons, gibt aber das dualistische Denken nicht auf. Er konstruiert in seiner *Metaphysik* die Gesamtheit des Seienden aus den Grundprinzipien →Materie (Stoff, →*hyle*) und Form (→*eidos*), bzw. Möglichkeit (→*dynamis*) und Wirklichkeit (→*energeia*) heraus. Insofern lässt sich von einem ›metaphysischen Dualismus‹ sprechen.

In der →Neuzeit (A) wurde ein erkenntnistheoretischer Dualismus von →Descartes entwickelt, der zwar monistisch die gesamte Welt aus einem einzigen →Prinzip heraus erklären wollte, ein solches dann auch in der Gewissheit des →*cogito, ergo sum* fand, jedoch schließlich bei einer Trennung von Denken (→*res cogitans*) und Materie (→*res extensa*) landete (→Dualismus Leib – Seele). Ähnlich erging es →Kant, der den ontologischen Dualismus Platons in einen erkenntnistheoretischen Dualismus verwandelte, in dem sich die Welt der Erscheinung (*mundus sensibilis* und die Welt des →Dings an sich (*mundus intelligibilis*) unvermittelbar gegenüberstehen. Zwar muss eine Welt an sich jenseits der erscheinenden angesetzt werden, jedoch ist es dem Menschen prinzipiell verwehrt, diese zu erkennen. Der Mensch erkennt nur die erscheinende Welt und das heißt, dass der Mensch die Welt aus den sinnlichen Erfahrungsdaten seiner Affektionen gemäß den →Vorstellungsformen →Raum und →Zeit und den →Kategorien →konstituiert. Die Erkenntnisgründe sind dabei zugleich die →Seinsgründe. Bei dieser Konstituierungsleistung des Menschen ist damit bei Kant ein weiterer erkenntnistheoretischer Dualismus gedacht, nämlich der zwischen Anschauung / Erfahrung und Denken.

Das dualistische Denken hat sich modifiziert auch in den modernen Naturwissenschaften gehalten. Am bekanntesten ist der Dualismus des Lichtes: Je nachdem, wie die Versuchsanordnung aufgebaut wird, verhält sich das Licht entweder wie ein Masseteilchen (Photon) oder aber wie eine Welle (also Energie), →Dualismus Welle – Korpuskel.

W. R.

Dualismus Leib – Seele Bezeichnet das Problem der Beziehung zwischen →Seele und Körper, wenn angenommen wird, dass es belebte und unbelebte →Substanzen gibt. Die philosophische Trennung von →Leib (Körper) und Seele hat vielfache Ausprägungen erhalten. Zunächst ist die grundlegende Problemstellung die, wie eine ausgedehnte Substanz (Leib) mit einer unausgedehnten (Seele) zusammensein kann. Der Leib ist eine spezifische Form von Körper, die trotz ihres Eingebundenseins in die →Welt des materiehaften Bewegtseins offen ist für die Verbindung mit der Seele, deren Besonderheit in der Selbstbewegung liegt. Insofern ist die Seele das den Leib vitalisierende und organisierende →Prinzip. Philosophisch hat die Seele (fast) immer den Vorrang, weil sie der →Erkenntnis fähig und aufgrund ihrer Immaterialität unsterblich ist. Der Leib hingegen ist dem Verfall in der →Zeit ausgeliefert und kann seine Verbindung mit der Seele nur begrenzt aufrecht erhalten. Der →Tod kennzeichnet die Trennung beider, wobei die Seele an einen überirdischen Ort entweicht oder wie ein feiner Hauch (*pneuma*) aus dem Körper strömt. Eine andere Dimension gewinnt das Verhältnis von Leib und Seele, wenn beide als *→res extensa* und *→res cogitans* (→Descartes) das Ganze der endlichen →Wirklichkeit ausmachen sollen. Die Seele verliert in dieser Konzeption die Funktion der Lebenserhaltung, da der Körper Wärme und Bewegung selbstständig erzeugen kann. So entsteht der echte Leib-Seele-Dualismus, da es jetzt nur noch der Seele zukommt zu denken, der Körper aber als Maschine betrachtet wird. Der Tod ist hier das Versagen der Organe; nach seinem Eintritt verschwindet die Seele, weil keine Wärme und keine Bewegung mehr vorhanden sind. Im nachmetaphysischen Denken, das vor allem auf die Erkenntnisse der positiven Wissenschaften setzt, entschärft sich der Dualismus insofern, als Seele nicht mehr als Substanz besonderer Art angesehen wird. Vielmehr drängt sich die Frage auf, wie es zum Phänomen des →Selbstbewusstseins kommen kann. Die philosophische Fragestellung ist im Zuge der Ergebnisse der modernen Forschung untrennbar von der Problematik der Neurophysiologie geworden. Denn wenn erst einmal angenommen wird, dass das →Denken seinen Ort im Gehirn hat, dann ist auch die Vorstellung, Selbstbewusstsein werde auf irgendeine Weise physisch erzeugt, nicht mehr so einfach von der Hand zu weisen. Die endgültige Aufhebung des Leib-Seele-Dualismus wäre also der Nachweis, dass alle Vermögen, die traditionell der Seele zugeschrieben werden, als chemische und elektrische Prozesse beschrieben werden können.

A. P.

Dualismus Welle – Korpuskel Mit diesem Begriff bezeichnet man das Phänomen, das man zuerst bei Licht (später auch bei Materiestrahlen) beobachtete, dass man aus bestimmten Experimenten sowohl auf die Welleneigenschaften als auch auf die Teilcheneigenschaften schließen muss.

Für die Welle als Beschreibungsform des Lichts spricht der gesamte Bereich der Wellenoptik, die traditionell und zwar fast zwei Jahrhunderte lang als physikalisch bewährt galt. Durch den Fotoeffekt (Licht löst aus einem Metall Elektronen heraus) und den Compton-Effekt (Stoß zwischen einem Photon und einem freien Elektron, den man wie einen klassischen Stoß zweier Billardkugeln berechnen kann) gelang jedoch der eindeutige Beweis für die Existenz von Lichtteilchen, auch Lichtquanten oder Photonen genannt.

Die Eigenschaften Welle und Teilchen bilden aber in unserer Anschauung einen krassen Gegensatz: Ein Teilchen ist ein fester und wohlabgegrenzter Gegenstand, ist genau lokalisierbar und hat die charakteristischen Teilcheneigenschaften Energie und Impuls; eine Welle dagegen ist ausgedehnt, transportiert keine Materie, dafür aber Energie und hat die charakteristischen Eigenschaften Frequenz und Wellenlänge.

Heutzutage ist der gängige physikalische Konsens, dass in der Natur Welle und Teilchen immer nur zugleich vorkommen: Jedes Photon ist von einer Wahrscheinlichkeitswelle begleitet. Diese Wahrscheinlichkeitswelle (auch Wellenfunktion genannt) hat die Eigenschaft, dass ihr Betragsquadrat der Amplitude die Aufenthaltswahrscheinlichkeit des entsprechenden Teilchens angibt.

Durch die einsteinsche Beziehung ($E = h \cdot f$; E: Energie, h: plancksches Wirkungsquantum, f: Frequenz) und die de Broglie-Gleichung ($\lambda = \frac{h}{p}$; λ: Wellenlänge der Materiewelle, p: Impuls des Teilchens) werden schließlich die charakteristischen Teilcheneigenschaften Energie und Impuls mit den charakteristischen Welleneigenschaften Frequenz und Wellenlänge verknüpft.

Philosophisch gesehen muss man wohl sagen, dass die Wirklichkeit nicht in einem durchgängig anschaulichen →Modell darzustellen ist. Die Frage nach der ›absoluten Wirklichkeit‹, nach dem →Ding an sich wird physikalisch sinnlos. Das jeweilige Bild, das man von einem physikalischen Elementargebilde (Licht, Elektron, ...) erhält, hängt vom Experiment ab, das man durchführt. Oft bezeichnet man die Wellen- und Partikeleigenschaften deshalb auch als komplementäre Eigenschaften (→Komplementarität), also als Eigenschaften, die dem Gebilde nicht additiv zukommen (wie z.B. Farbe und Gewicht), sondern als Eigenschaften, die sich gegenseitig ausschließen.

W. Heisenberg, Der Teil und das Ganze, München 1969
U. Röseberg, Niels Bohr, Stuttgart 1985

H.W.

Dynamis Griech. ›Vermögen, Kraft, Möglichkeit‹: Grundbegriff der aristotelischen Philosophie; bezeichnet zum einen die Möglichkeit, etwas zu tun, zum anderen die Möglichkeit, etwas zu werden. Beide →Bedeutungen sind dadurch aufeinander bezogen, dass die Möglichkeit eines Dinges, etwas zu tun bzw. zu verändern, auf der anderen Seite etwas erfordert, woran sich die Tätigkeit bzw. Veränderung vollzieht. Diese Grundlage der Veränderung begreift →Aristoteles als Stoff, wobei Stoff im allgemeinen Sinne verstanden werden muss als dasjenige, das der Veränderung zugrunde liegt, und nicht etwa als chemischer Stoff. So muss z.B. auch Bewegung, die für Aristoteles mit Veränderung identisch ist, einen Stoff besitzen, an dem sie sich vollziehen kann – eine Auffassung, die ihn dazu führt, einen Äther als Bewegungsstoff anzunehmen. Der Dynamis stehen →Energeia und →Entelechie als Verwirklichung und prägende Form gegenüber.

T.B.

Ecce Homo Lat. ›Seht, welch ein Mensch!‹ Nach Joh. 19, 5 Ausruf des Pontius Pilatus, als er der Menge den dornengekrönten und gegeißelten Jesus zeigt, um deren Mitleid zu erregen. *Ecce Homo* ist der Titel einer Schrift →Nietzsches. Die Schrift ist eine Art Selbstdarstellung Nietzsches, in der er seinen Lesern zunächst auf philosophisch ironische Weise sagt, warum er so weise ist, warum er so klug ist und aus welchem Grund er so gute Bücher schreibt. Nietzsche reflektiert über die Anlässe und Umstände, die ihn zu dem gemacht haben, was er ist. Eingeflochten in diese Gedanken sind Bemerkungen zu seinen Zeitgenossen, insofern sie Nietzsche dazu dienen, seine eigene Gestalt und philosophische Position deutlicher zu artikulieren. In einem zweiten Teil räsoniert Nietzsche über die bis dahin von ihm verfassten Schriften, die Anlässe zu ihrer Abfassung, ihre Vorzüge und Mängel und seine Stellung ihnen gegenüber. Im letzten Teil, der mit dem Titel *Warum ich ein Schicksal bin* überschrieben ist, beschreibt Nietzsche-Zarathustra, wie er die bisherige moralische Weltordnung zerstört und dem übermenschlichen dionysischen Menschen zum Leben verhilft. *Ecce Homo* gehört zu den letzten Werken Nietzsches vor seiner geistigen Umnachtung.

T.B.

Egoismus Von lat. *ego*, ›ich‹: ein Denken und Verhalten der Selbstbezogenheit, wobei Eigennutz und Eigeninteresse im Vordergrund stehen. Die Naturrechtslehre →Hobbes' modifiziert den Egoismus als das Recht des →Individuums im Naturzustand alles zu tun, um sich selbst zu erhalten und sich alles anzueignen: Alle haben ein Recht auf alles, und jeder ist befugt, sich durch Mittel und Wege aller Art selbst zu verteidigen. Max Stirner hat den Versuch gemacht, eine Philosophie des Egoismus zu entwickeln, wobei das absolut Besondere und Einmalige, das

→Ich, zum Ausgangs- und Zielpunkt gemacht wird. »Gott und die Menschheit haben ihre Sache auf Nichts gestellt, auf nichts als auf Sich. Stelle Ich denn meine Sache gleichfalls auf Mich, der Ich so gut wie Gott das Nichts von allem Andern, der Ich mein Alles, der Ich der Einzige bin.« Stirner macht aus der abstrakten →*res cogitans* →Descartes', dem →transzendentalen Ich →Kants und dem erkenntnistheoretischen Ich →Fichtes ein individuelles. Während das Ich der Subjekt- und Bewusstseinsphilosophie ein logisches →Prinzip ist, ist das Ich Stirners das real vorhandene in seiner Besonderheit und Einzigartigkeit. Ähnlich wie nach Kant der Mensch die erscheinende Wirklichkeit im Erkenntnisakt →konstituiert und Fichte den Versuch macht, das Ich zum Ausgangspunkt seiner selbst und des »Außer-Ich« zu machen, also dessen, was es nicht ist (»Ich setzt Ich und Nicht-Ich«), ist auch für Stirner das Ich schöpferisch-produktiv. »Ich bin nicht Nichts im Sinne der Leerheit, sondern das schöpferische Nichts, das Nichts, aus welchem Ich selbst als Schöpfer Alles schaffe.« Dieses Ich Stirners ist also nicht mehr das logische Ich, sondern das individuell besondere. »Meine Sache ist weder das Göttliche noch das Menschliche, ist nicht das Wahre, Gute, Rechte, Freie u.s.w., sondern allein das Meinige, und sie ist keine allgemeine, sondern ist – einzig, wie Ich einzig bin. Mir geht nichts über Mich.«

H. G. Helms, Die Ideologie der anonymen Gesellschaft, Köln 1966

M. Stirner, Der Einzige und sein Eigentum, München 1968

W. R.

Eidetik Von griech. *eidos* ›Gestalt, Urbild, Idee‹: in der Phänomenologie →Husserls der Name für die →Wissenschaft des in der Wesensschau Gegebenen. Husserl entwickelt ein Verfahren der eidetischen Variation, bei dem man sich zu dem zu bestimmenden →Begriff einen beliebigen Vertreter, einen unter diesen Begriff fallenden Gegenstand vorstellt. Sodann beginnt man damit, dieses Vorbild in der einen oder anderen Weise zu variieren, indem man sich Gegenstände vor das innere Auge ruft, die dem ursprünglich gewählten Gegenstand ähnlich sind. Im weiteren Fortgang dieser Variation scheint dann auf einmal das den nacheinander aufgerufenen Gegenständen innewohnende gemeinsame Wesen auf, das Husserl als →Eidos bezeichnet. Auf der Grundlage dieses Verfahrens entwirft Husserl eine im Gegensatz zu den Tatsachenwissenschaften (Natur- und Geisteswissenschaften) stehende Wesenswissenschaft, welcher die Aufgabe zufällt, das →Wesen der jeweils in der Vorstellung gegebenen Gegenstände zu ermitteln.

Die eidetische Wissenschaft ist ihrerseits untergliedert, wobei jeder naturwissenschaftlichen Disziplin eine regionale eidetische →Ontologie korrespondiert, d. h. eine Wissenschaft, die damit befasst ist, die Wesen der jeweiligen wissenschaftlichen →Disziplinen zu schauen. So z. B. entspricht dem Bereich des Physischen und den sich damit befassenden Naturwissenschaften (z. B. Physik oder Biologie) ebenso wie dem Bereich des Psychischen eine besondere regionale Ontologie. Anliegen des Eidetikers ist es also, die dem jeweiligen Bereich zugehörigen Grundbegriffe auf dem Wege der Wesensschau zu bestimmen. Insofern kann die Eidetik als Form einer →Wissenschaftstheorie begriffen werden.

In der Psychologie steht Eidetik für die durch E. Jaensch begründete Wissenschaft von der Fähigkeit, früher Wahrgenommenes vor sich zu sehen, ohne dass ein entsprechender äußerer Gegenstand dazu vorhanden wäre.

T. B.

Eidolon Griech. ›Abbild‹: steht bei Homer für die im Schattenreich der Toten fort existierende Seele. Beim Tod eines Menschen löst sich dessen Seele wie eine Art Schatten von seinem Körper ab, wobei sie alle äußeren Merkmale des Verstorbenen gleich einem →Abbild bewahrt.

Die Vorstellung sich von den Gegenständen ablösender Abbilder entwickelt sich dann zu einer der Grundlagen der antiken →Erkenntnistheorie. Die griechischen Atomisten Leukipp, Demokrit und Epikur erklären Gegenstandswahrnehmung durch die Annahme sich von den Gegenständen ablösender, aus Atomen bestehender dünner Häutchen. Von den Gegenständen scheiden sich fortwährend dünne Häutchen ab, fliegen durch die Luft, wo sie mit wachsender Entfernung Verformungen erleiden, treffen auf das Auge eines Betrachters und rufen schließlich in seinem Verstand die entsprechenden Vorstellungen hervor. Geleitet von der Beobachtung, dass im Auge eines Betrachters kleine Spiegelbilder der Gegenstände erkennbar sind, erklärt auch →Aristoteles →Wahrnehmung dadurch, dass im menschlichen Auge Abbilder des Wahrnehmungsgegenstandes auftreffen.

Am →Modell einer Wachstafel, in die mit einem Schreibgriffel →Zeichen eingeprägt werden, orientiert sich die Wahrnehmungstheorie →Platons. Für Platon ist das Eidolon ein Abdruck, den der wahrgenommene Gegenstand in dem mit einer Wachstafel verglichenen →Bewusstsein hinterlässt. Je nach Beschaffenheit des Bewusstseins bleibt der Abdruck eine Zeitlang erhalten und ermöglicht dadurch das Wiedererkennen des Gegenstandes. Fälle von falscher Wahrnehmung können in diesem Modell dadurch erklärt werden, dass das unmittelbar Wahrgenommene mit einem anderen, aus früherer Wahrnehmung stammenden Abdruck verwechselt wird. Mit diesem Modell von Wahrnehmung schafft Platon die Grundlagen für empiristische Wahrnehmungstheorien, wie sie bis auf den heutigen Tag vertreten werden.

Der Begriff des Eidolon ist außerdem Grundkategorie von Platons Theorie der →Kunst. Platon begreift Kunst generell als Nachahmung. Der Kunst gegenüber erhebt Platon den Vorwurf, sie vermittle nicht →Wahrheit, sondern nur →Schein, weil die Abbilder, welche dem künstlerischen Schaffen entstammen, nicht dem Wissen um die jeweiligen Sachverhalte entstammen und sich nur an der äußeren Erscheinung orientieren.

T. B.

Eidos Griech. ›Gestalt, Urbild, Idee‹: steht in der antiken griechischen Philosophie für die Gestalt, das →Wesen einer Sache, aber auch für den das Wesen ausdrückenden →Begriff. Auf dem Hintergrund einer Mythologie, die es Göttern erlaubte, in Gestalt von Menschen zu erscheinen und deren Handeln zu bestimmen, gelangten die antiken Philosophen zu der Überzeugung, dass jede Sache ein Wesen besitzen müsse, das durch die jeweils sinnlich wahrnehmbare Gestalt hindurch erkennbar sei.

Im Ausgang von einer Auseinandersetzung mit moralischen Begriffen, wie dem Begriff der →Gerechtigkeit, ging →Platon allmählich dazu über, jeder mit den Sinnen wahrnehmbaren Sache ein Wesen bzw. eine →Idee zur Seite zu stellen, welche die jeweilige Sache prägt und durch die sinnliche Erscheinung hindurch erkennbar ist. Allerdings bedarf es zu deren Erkenntnis einer besonderen Art des Sehens, die Platon, z. B. in seinem →Höhlengleichnis, als geistige Schau kennzeichnet. Das bedeutet, dass das Wesen eines Gegenstandes prinzipiell nicht mit den Sinnen, sondern nur im →Denken als der eigentlichen Tätigkeit des Philosophen zu erfassen ist.

Während Platon die Auffassung vertrat, das Wesen der sinnlich wahrnehmbaren Gegenstände sei in einer von diesen Gegenständen verschiedenen geistigen Welt angesiedelt, zu der die Gegenstände nur durch eine Beziehung der Teilhabe Kontakt gewinnen, verlagert →Aristoteles das Eidos in die Welt der mit den Sinnen wahrnehmbaren Dinge. Das Eidos ist aber auch hier dasjenige, was als invariant in den verschiedenen, mit demselben Ausdruck bezeichneten Dingen durchgehalten ist. Als solches kann Eidos für die Art oder Spezies stehen, weil alle Vertreter einer Art darum zu Gegenständen dieser Art werden, weil sie in ihrem Wesen bzw. in ihren wesentlichen Merkmalen übereinstimmen.

In Anlehnung an die platonisch-aristotelische Vorstellung eines den Dingen innewohnenden Wesens entwickelt →Husserl eine Methode der Wesensschau, welche sich des Verfahrens der eidetischen Variation bedient, deren Grundprinzip folgendes ist: Zu einem bestimmten Begriff stellt man sich einen beliebigen Vertreter vor, also einen Gegenstand, der unter den entsprechenden Begriff fallen würde. Sodann geht man dazu über, dieses Vorbild in der einen oder anderen Weise zu variieren. Man stellt sich Dinge vor, die dem zuerst gewählten Gegenstand ähnlich sind. Wenn man darin eine Zeitlang fortfährt, so zeigt sich, dass durch die »Mannigfaltigkeit von Nachgestaltungen eine Einheit hindurch geht«, eine notwendige allgemeine Form, die allen unter den jeweiligen Begriff fallenden Gegenständen gemeinsam ist, ein allgemeines Wesen, welches Husserl als Eidos bezeichnet, und das, auf dem Wege der eidetischen Variation erzeugt, frei von allen metaphysischen Interpretationen ist. Die →Prämisse dieses Verfahrens, dass es ein solches, allen mit einem bestimmten Ausdruck bezeichneten Gegenständen innewohnendes Wesen gibt, ist von →Wittgenstein bestritten worden. Er setzt an die Stelle des klassischen Wesensbegriffs den der →Familienähnlichkeit.

T. B.

Eigenname Bezeichnung eines Ausdrucks, der für einen individuellen Gegenstand, eine Person, einen geographischen Sachverhalt, aber auch für ein bestimmtes historisches Ereignis stehen kann. Man unterscheidet Eigennamen im strengen Sinne, wie ›Peter‹ oder ›Alexander der Große‹ und Kennzeichnungen wie ›der Autor von *Kabale und Liebe*‹, ›der gegenwärtige König von Frankreich‹, d. h. Ausdrücke, die mit einem →Prädikat gebildet werden. Soll eine Kennzeichnung erfolgreich sein, d. h. soll sie einen wohlbestimmten Gegenstand bezeichnen, so muss es genau einen Gegenstand geben, der unter das in der Kennzeichnung enthaltene Prädikat fällt. Das bedeutet, dass die Kennzeichnung ›der Autor von *Kabale und Liebe*‹ dann nicht erfolgreich angewendet werden kann, wenn es entweder kein Ding gibt, das Autor von *Kabale und Liebe* ist, oder wenn es mehr als ein solches Ding gibt. Die →Bedeutung von Kennzeichnungen ergibt sich aus den Bedeutungen der Prädikate, mit denen sie gebildet werden. Als ihre Bedeutung kann man die Art und Weise ansehen, wie die Gegenstände, die sie bezeichnen, durch die Prädikate beschrieben werden. Im Unterschied zu Kennzeichnungen enthalten einfache Eigennamen wie ›Schiller‹ oder ›Paris‹ keine Prädikate, durch die sie den Gegenstand, auf den sie sich beziehen, beschreiben könnten. Man kann deshalb sagen, dass ihre primäre semantische Funktion in ihrem Bezug besteht. Allerdings gibt es auch bezugslose, aber dennoch bedeutungsvolle Eigennamen wie z. B. ›Odysseus‹, sodass man auch bei einfachen Eigennamen nicht von der Bedeutung absehen kann. Aus diesem Grunde hat man vorgeschlagen, die Bedeutung einfacher Eigennamen durch die Aussagen, in denen sie vorkommen, anzugeben. Die Bedeutung von ›Odysseus‹ wäre demnach z. B. bestimmt durch Aussagen wie ›Odysseus belagerte Troja‹, ›Odysseus weilte bei Circe‹ usw. Es ist aber klar, dass sich für einfache Eigennamen kein fest umgrenzter Kreis solcher kennzeichnenden Aussagen angeben lässt, da verschiedene Personen mit einem Namen ganz verschiedene kennzeichnende Aussagen verbinden können und oft nicht klar ist, wo die Grenze zwischen kennzeichnenden und anderen Aussagen liegt. Geht man davon aus, dass die Bedeutung einfacher Eigennamen durch die Verbindung der kennzeichnenden Aussagen entsteht, dann muss man die Bedeutung von Eigennamen als sehr unbestimmt ansehen. Die kausale →Theorie der Bedeutung von Eigennamen, wie sie insbesondere mit dem Namen Kripkes verbunden ist, versucht dem Problem der Unbestimmtheit von Eigennamen dadurch abzuhelfen, dass sie behauptet, ein Sprecher beziehe sich mit einem Namen auf das Ding, das durch eine Reihe referenzbewahrender Glieder mit der Situation verbunden ist, in der das jeweilige Ding seinen Namen verliehen bekommen hat. Nach dieser Theorie bezeichnet jemand dann mit dem Namen ›Napoleon‹ einen Mann namens Napoleon, wenn zwischen der jetzigen Verwendung dieses Namens und dem Akt der Taufe von Napoleon eine kausale, über Kommunikation vermittelte Kette besteht, deren Endglied jemand ist, der an der Taufe teilgenommen hat.

T. B.

Eigentum Diejenige Sache, über die jemand nach geltender Rechtsnorm allein verfügen darf und die dem Zugriff der anderen entzogen bleibt. Je nachdem, ob sich die Verfügungsgewalt auf eine Einzelperson, eine Gruppe von Personen oder auf die gesamte Gesellschaft erstreckt, spricht man von Individual-, Gruppen-, oder gesellschaftlichem Eigentum. Individual- und Gruppeneigentum werden unter der Bezeichnung Privateigentum zusammengefasst.

Das Aufkommen von Theorien des bürgerlichen Verfassungsstaates im 17. Jh. infolge des wachsenden Einflusses des bürgerlichen Standes in einigen europäischen Staaten zog eine Debatte um die Rechtfertigung des Eigentums nach sich. Konnte die Verfügungsgewalt über eine Sache zuvor entweder durch →Tradition oder göttliches →Recht legitimiert werden, so bedurfte es nunmehr rationaler, auf einsehbaren Gründen beruhender Erklärungsansätze. Im Zuge dieser Entwicklung wurden folgende →Modelle zur →Erklärung des Zustandekommens und der Rechtfertigung von Eigentumsrechten entwickelt: Die Okkupationstheorie (Grotius) macht die Rechtfertigung der Verfügungsgewalt über eine Sache von ihrer Aneignung abhängig: Eine bestimmte Sache kommt rechtmäßig demjenigen zu, der von ihr Besitz ergreift. Nach der Arbeitstheorie (→Locke) hängt der Besitzanspruch auf eine Sache von der dafür geleisteten Arbeit ab. Derjenige kann ein Eigentumsrecht an einer Sache geltend machen, der am Erwerb oder am Zustandekommen der entsprechenden Sache aktiv beteiligt war. Beide Theorien werfen ein Problem in Bezug auf die Eigentumsrechte der zu spät Gekommenen auf. Hat einmal jemand von einer Sache Besitz ergriffen, so hat der das Nachsehen, der nicht zur rechten Zeit zur Stelle war. Das Gleiche gilt in Hinblick auf durch →Arbeit erworbene Eigentumsrechte, wenn sie auf kommende Generationen vererbt werden. Die Legaltheorie (Rousseau) versucht diesem Problem Rechnung zu tragen, indem sie davon ausgeht, dass sich die einzelnen Menschen mit dem Zustandekommen des →Gesellschaftsvertrages ihres gesamten vorstaatlichen Besitzes entäußern und ihn an den →Staat übergeben. Dieser wiederum gibt ihn den Besitzern als legitimes Eigentum zu treuen Händen zurück. Nach dieser Theorie kann der Staat durch eine staatliche Eigentumsregelung in Konflikte zwischen den Individuen eingreifen. →Kant behauptet demgegenüber, dass Eigentum zum Personenrecht gehöre und dem Menschen von →Natur wegen zukomme.

Nach →Marx und dem orthodoxen Marxismus geht mit dem Privateigentum eine →Entfremdung des Menschen von sich selbst einher. Lebten in einem ursprünglichen Gesellschaftszustand die Menschen ohne jegliches privates Eigentum, so bedeutet die Aneignung von Besitz durch einzelne Menschen den gesellschaftspolitischen Sündenfall. Mit dem Privateigentum wird der Mensch in die Dienstbarkeit des Habens gebracht, sein Interesse verlagert sich in einen ihm äußeren Gegenstand. Zugleich entsteht mit dem Privateigentum an Grund und Boden sowie an den zur Herstellung von Gütern erforderlichen Produktionsmitteln die Möglichkeit der Ausbeutung des Menschen durch den Menschen. Derjenige, der sich im Besitz von Produktionsmitteln bzw. von Grund und Boden befindet, kann andere für sich arbeiten lassen und sich den durch die Arbeit erwirtschafteten Mehrwert aneignen. Mit der Überführung des Privateigentums an Produktionsmitteln in gesamtgesellschaftliches Eigentum, wie sie der Sozialismus herbeiführen sollte, geht die Abschaffung der Ausbeutung des Menschen durch den Menschen einher.

Der →Liberalismus begreift Eigentum als eine dem staatlichen Einfluss entzogene Verfügungsgewalt von Menschen über ihren Besitz, verbindet jedoch mit dem Recht auf Eigentum soziale →Pflichten, insbesondere die Pflicht, sein Eigentum nutzbringend einzusetzen. Dementsprechend wendet der liberale Staat sein Recht zur Steuererhebung in besonderem Maße auf solches Eigentum an, das nicht zu produktiven Zwecken eingesetzt wird.

T. B.

Eikon Griech. ›Bild‹: dient bei →Platon als Gattungsbegriff zur Bezeichnung von Abbildverhältnissen. Seinem jeweiligen Zweck entsprechend gibt ein Eikon die genaue innere oder äußere Beschaffenheit seines Originals vollständig wieder, ohne darum ein zweites Exemplar des Originals zu stiften. Eine Statue z. B. kann die äußeren körperlichen Merkmale eines Menschen detailliert abbilden, ohne deshalb einen zweiten Menschen zu erzeugen. In einer zweiten Bedeutung kann Eikon den Abbildcharakter des Diesseitigen bezeichnen, die Tatsache, dass die in einem jenseitigen Reich existierenden →Ideen in den →Handlungen und Gegenständen der diesseitigen Welt in Form eines Abbilds erscheinen.

Bei →Aristoteles steht Eikon einerseits für die bildhaft analogische Verwendung von Metaphern, andererseits für das der künstlerischen Nachahmung entstammende Werk der Malerei und Plastik. In dieser Form hat es sich als Begriff der Ikone in der abendländischen Kunstgeschichte durchgesetzt.

T. B.

Einbildungskraft Die Fähigkeit, sich etwas einzubilden oder vorzustellen. Als philosophischer Terminus nimmt der Begriff der Einbildungskraft eine zentrale Stelle innerhalb der →Erkenntnistheorie →Kants ein. Einbildungskraft wird dort als die Instanz eingeführt, die zwischen den beiden Seiten menschlicher Erkenntnis, nämlich Sinnlichkeit und Verstand, vermittelt. Kant unterscheidet zwei Stämme menschlicher Erkenntnis, →Sinnlichkeit auf der einen, →Verstand auf der anderen Seite. Durch die Sinnlichkeit werden →Vorstellungen bzw. Eindrücke von Gegenständen empfangen. Das →Subjekt verhält sich dabei vollkommen passiv. In der Sinnlichkeit wird ein Gegenstand bloß gegeben, jedoch nicht gedacht. Der Sinnlichkeit steht der Verstand gegenüber. Dieser ist aktiv, verfügt über →Spontaneität. In der Sinnlichkeit befindet sich nur Sinnliches, jedoch nichts Gedachtes; im Verstand befindet sich nur Gedachtes, jedoch nichts Sinnliches. →Erkenntnis soll aber gerade dadurch zustande kommen, dass beide Seiten aufeinander bezogen werden. Der Einbildungskraft fällt die Aufgabe zu, diese Beziehung herzustellen. Kant stellt sich diese Vermittlungsleistung folgendermaßen vor: Die in der Sinnlichkeit gegebenen Vorstellungen werden gemäß den →Kategorien als den Grundformen menschlichen →Denkens geformt. Das in sinnlicher Art und Weise Gegebene wird nach bestimmten gedanklichen Formen strukturiert und kann als derart Geformtes erkannt werden. Dem sinnlich Gegebenen wird durch die Einbildungskraft, die Kant in dieser Funktion als produktive Einbildungskraft bezeichnet, eine gedankliche Form eingeprägt.

Neben der produktiven Einbildungskraft nennt Kant die reproduktive Einbildungskraft. Diese ist dafür verantwortlich, dass Vorstellungen assoziativ reproduziert werden. War es in der Vergangenheit der Fall, dass zwei bestimmte Vorstellungen aufeinander gefolgt oder zusammen aufgetreten sind, wie das z.B. bei Blitz und Donner der Fall ist, dann wird beim erneuten Auftreten von einer der beiden Vorstellungen die andere assoziativ mit wachgerufen und erwartet. Das Vermögen, welches diese Verbindung zwischen zwei Vorstellungen herstellt, bezeichnet Kant als die reproduktive Einbildungskraft.

T.B.

Eines Steht als erste Hypostase an der Spitze der neuplatonischen Seinslehre. Schon bei →Parmenides wird das Eine mit dem Unteilbaren gleichgesetzt. Für →Plotin ist die Idee leitend, dass das Eine, bei seinem vollen Wortsinn genommen, den Ausschluss jeglicher Teilung und Vermittlung bedeutet. Eines im strengen Sinne ist nur, was keine geschiedenen Elemente in sich enthält und demgegenüber es auch nichts Äußeres gibt, da ja der Bezug auf etwas Äußeres ein Zweites voraussetzen würde, das im Widerspruch zum Gedanken strenger Einheit stünde. Das Eine darf deshalb auch nicht als Summe des Vielen gedacht werden, sondern muss als Gegensatz des Vielen begriffen werden. Damit ist es aber nach Plotin sowohl über das Seiende (→Sein) wie das →Denken erhaben, da beide, Seiendes und Denken, Vielheit voraussetzen: Denken, weil es auf der Beziehung von Denkendem und Gedachtem beruht, Seiendes, weil die substanziellen Teile der →Wesenheit vielfältig sind. Ausdruck der Wesenheit ist die →Definition. Diese setzt sich aus einzelnen Teilen, z.B. Gattungs- und Artbegriff zusammen. Weil nun →Aussagen nur über Gegenstände möglich sind, das Eine aber kein Gegenstand (kein Seiendes bzw. Etwas) sein soll, muss es auch unaussagbar sein und kann daher nur in einem ekstatischen Akt des Schauens erfasst werden, ohne dass es sich denken ließe – ein Gedanke, der von der negativen Theologie aufgegriffen wird und die Grundlage der prinzipiellen Unaussagbarkeit Gottes bildet.

In der scholastischen Philosophie wird das Eine zu einer →transzendentalen Bestimmung des Seins und tritt an die Seite von Ding (→*ens*), Etwas (*aliquid*), Wahrem (*verum*) und Gutem (*bonum*) – Bestimmungen, die alle Gattungsverhältnisse übersteigen (transzendieren) und als Grundeigenschaften oder Selbstauslegungen des Seins mit diesem konvertibel sind.

T.B.

Einheit Ist als philosophischer Begriff mindestens ebenso facettenreich wie der entsprechende Begriff der Umgangssprache. Folgende Verwendungsweisen werden innerhalb der philosophischen Literatur unterschieden: Als numerische Einheit bezeichnet man eine bestimmte zählbare Menge von Gegenständen, also z.B. sieben Tische. Als ontologische Einheit bezeichnet man die Einheit des Seienden. Nach der vor allem im →Neuplatonismus verbreiteten Ansicht bildet alles, was ist, eine unzerteilbare Einheit, gegenüber der die Vielheit, die Tatsache, dass die →Welt aus vielen Gegenständen besteht, nur

→Schein ist. Der ontologischen Einheit korrespondiert innerhalb von idealistischen Ansätzen die Einheit des →Selbstbewusstseins, von →Kant auch als ursprünglich-synthetische Einheit der →Apperzeption bezeichnet. Alle →Vorstellungen bzw. Bewusstseinsinhalte müssen Kant zufolge, um meine Vorstellungen bzw. Bewusstseinsinhalte sein zu können, auf einen Pol innerhalb des →Bewusstseins bezogen sein, der sie in einem Bewusstsein verbindet. Unter einer realen Einheit versteht man die Tatsache, dass ein Gegenstand oder Sachverhalt räumlich oder zeitlich gegenüber seiner Umgebung abgegrenzt ist. Kann der Gegenstand nicht geteilt werden, ohne dass er zerstört wird, so bezeichnet man ihn als organische Einheit oder als Totalität. Lässt er sich dagegen ohne weiteres und ohne Verlust von wesentlichen Eigenschaften in seine Bestandteile zerlegen, so handelt es sich um ein Aggregat. Idealistische Ansätze stellen der Einheit des Gegenstandes die Einheit der Synthesis auf Seiten des Bewusstseins gegenüber. Aus einem durch die Sinne gegebenen Mannigfaltigen bringt das Bewusstsein mit Hilfe der →Kategorie der Einheit die Einheit des Gegenstandes zustande. Gegenstände können nach Meinung idealistischer Philosophen darum als Einheiten erkannt werden, weil das Bewusstsein ihre Einheit stiftet. Als solche ist Einheit Bedingung der Gegenständlichkeit. Eine anschauliche Einheit liegt dann vor, wenn ein Mannigfaltiges als Ganzes gegeben ist. Für Kant bilden →Raum und →Zeit anschauliche Einheiten, weil ihre Einheit in der Anschauung und nicht im Denken gegeben ist. Als metaphysisch-spekulative Einheit bezeichnet man die Einheit der Gegensätze, wie sie nach →Nikolaus von Kues im Unendlichen, das die Fassungskraft des Menschen übersteigt, möglich sein soll, aber auch die dialektische Einheit des Geistes, wie sie von →Hegel angenommen wird. Existenzielle Einheit nennt man die Einheit, wie sie nach →Kierkegaard und →Heidegger durch die Unbedingtheit eines Entschlusses zustande kommt und durch welche der Mensch bzw. das menschliche Dasein zu sich selbst findet. Der christlichen Lehre zufolge bildet das gesamte Menschengeschlecht eine Einheit, die Einheit des Menschengeschlechts, weil alle Menschen von einem einzigen Menschenpaar abstammen. Die Philosophen des →Wiener Kreises um →Carnap und Neurath haben den Gedanken einer Einheit aller Wissenschaften bzw. der Einheitswissenschaft vertreten. Die auch als Physikalismus bezeichnete Auffassung geht davon aus, dass sich die Sätze der verschiedenen Naturwissenschaften, ja sogar die Sätze der Geisteswissenschaften in die Sprache der Physik übersetzen lassen.

T. B.

Einzelurteile Auch singuläre →Urteile: Urteile, deren Subjekt nur ein einzelner Gegenstand aus einer Menge von Gegenständen ist. Die klassische →Logik unterscheidet zwischen Einzelurteilen, partikulären Urteilen und universalen Urteilen. Ein Einzelurteil hat die Form ›Ein Gegenstand der Art x ist ...‹, ein partikuläres Urteil hat die Form ›Einige Gegenstände der Art x sind ...‹, ein universales Urteil hat die Form ›Alle Gegenstände der Art x sind ...‹. Kennzeichen des Einzelurteils ist, dass es stets mehrere Gegenstände der bezeichneten Art gibt, von denen dann nur ein Einziger herausgegriffen wird (z. B. ›Ein Ring ist unecht‹). Wo man ein Einzelurteil bilden kann, ist es daher prinzipiell möglich, auch partikuläre und universale Urteile zu bilden (z. B. ›Einige Ringe sind unecht‹ oder ›Alle Ringe sind unecht‹). Bei einem singulären Urteil dagegen gibt es nur einen einzigen Gegenstand, der unter den Subjektbegriff fällt (z. B. ›Deutschland ist schön‹). Hier ist es daher nicht möglich, mit demselben Subjektbegriff partikuläre oder universale Urteile zu formen.

Die moderne Logik hat Einzelurteile, singuläre und partikuläre Urteile zu einer einzigen Urteilsform zusammengefasst und zu deren Bezeichnung den so genannten Existenzquantor verwendet. Hier sagt man z. B.: ›Es gibt (wenigstens) einen Gegenstand x, derart, dass ihm die Eigenschaft P und die Eigenschaft Q zukommen.‹ Anstelle von ›Der Ring ist unecht‹ würde man schreiben: ›Es gibt einen Gegenstand x, der die Eigenschaft besitzt, ein Ring zu sein und die Eigenschaft besitzt, unecht zu sein.‹ Formalisiert schreibt man: $\bigvee x\ (F(x) \wedge G(x))$. Mit dem Ausdruck ›Es gibt einen Gegenstand x‹ ist gemeint, dass es mindestens einen Gegenstand der bezeichneten Art gibt. Es kann also durchaus mehr als nur einen solchen Gegenstand geben. Insofern ist der Fall des partikulären Urteils eingeschlossen.

Daneben kennt die moderne Logik auch noch die ›Kennzeichnung‹, z. B. ›dasjenige Objekt x, für das gilt: x ist Autor von *Wilhelm Tell*. ›Dasjenige Objekt x, für das gilt: F (x)‹. Formalisiert geschrieben: ι x F (x).

T. B.

Eklektizismus Griech. *eklegein* ›auswählen‹: Bezeichnung einer philosophischen →Methode, bei der ein Autor seine Gedanken unterschiedlichen philosophischen Schulen und Richtungen entnimmt. Bei der Auswahl der einzelnen Gedanken lässt sich der Eklektiker weniger von systematischen Gesichtspunkten leiten als vielmehr davon, ob ihm die verschiedenen Inhalte jeder für sich sinnvoll und brauchbar erscheinen. Resultat dieser Vorgehensweise ist ein heterogenes Gebilde, dessen Grundgedanken zueinander in Widerspruch stehen. Die Bezeichnung Eklektizismus wird in einem abwertenden Sinn gebraucht. Historisch trat der Eklektizismus erstmals im Hellenismus auf. So berichtet Diogenes Laertius in seinem *Leben und Meinungen berühmter Philosophen*: »Übrigens trat erst vor kurzem noch eine eklektische Sekte auf unter Führung des Potamon aus Alexandreia, der sich aus den Lehren aller Sekten auswählte, was ihm gefiel.« Als eklektizistisch gelten beispielsweise die Schriften der antiken Philosophen →Cicero und Karneades.

In jüngster Zeit, insbesondere auf den Gebieten von Kunst und Architektur, hat der Eklektizismus wieder eine positive Bedeutung erlangt. Die Kombination verschiedener Stile, der eklektizistische Umgang mit klassischen Traditionsbeständen gilt als eines der Grundmerkmale der so genannten →Postmoderne.

T. B.

Élan vital Frz. ›die Lebensschwungkraft‹: bezeichnet innerhalb der vitalistischen philosophischen Biologie des französischen Philosophen →Bergson den schöpferischen Ursprung der Entfaltung und Entwicklung des Lebendigen. Als eine Grund- und Urkraft des Alls soll der *élan vital* dafür verantwortlich sein, dass sich innerhalb des Organischen beständig neue Formen und Arten herausbilden können. Ohne eine dem Lebendigen innewohnende Kraft, so meint Bergson, wäre die fortwährende Entstehung neuer Variationen im Tier- und Pflanzenreich nicht erklärbar. Nur die Annahme einer das →Leben selbst auszeichnenden Schöpferkraft kann die Entstehung des Neuen erklären. Der *élan vital* ist jedoch nicht im Sinne der aristotelischen →Entelechie zu denken, die ebenfalls ein Erklärungsprinzip der Entwicklung darstellt, dazu jedoch ein der jeweiligen Entwicklung vorausliegendes und von der Entwicklung angesteuertes Ziel voraussetzt. Dem *élan vital* liegen keine im Laufe der Entwicklung zu verwirklichenden Möglichkeiten voraus. Er ist ein blinder Trieb oder Drang.

T. B.

Eleaten Mitglieder einer Philosophenschule, die sich in der griechischen Kolonie Elea in Süditalien befand. Ihr gehören folgende Philosophen an: Xenophanes aus Kolophon, →Parmenides aus Elea, der durch Xenophanes die für sein →Denken maßgeblichen philosophischen Anregungen empfangen hat, Parmenides' Schüler und Freund Zenon aus Elea sowie Melissos von Samos, ebenfalls ein Schüler von Parmenides.

Im Mittelpunkt der eleatischen Philosophie steht der Begriff des →Seins. Die Eleaten bilden damit den Gegenpol zur Philosophie →Heraklits, der den Begriff des →Werdens zur zentralen Kategorie seines Denkens erhoben hat. In Abgrenzung zu anthropomorphisierenden Göttervorstellungen, wie sie in den Werken Homers und Hesiods anzutreffen sind, entwirft Xenophanes die Lehre von der einen, allwaltenden Gottheit. Xenophanes nimmt an, dass diese Gottheit ungeworden und ohne Bewegung und Veränderung existiere. Zugleich behauptet er, dass diese Gottheit und die →Welt miteinander identisch seien, und überträgt die Attribute der Ungewordenheit, Bewegungslosigkeit und Unveränderbarkeit auf den gesamten →Kosmos. Das damit entstehende Problem, die offenkundig und für jedermann wahrnehmbaren Phänomene des Werdens und Vergehens, der Veränderung und Bewegung zu erklären, löst Xenophanes' Schüler Parmenides, indem er Letztere kurzerhand zu trügerischem →Schein erklärt. Wie Xenophanes hält auch Parmenides an der →Einheit von Gottheit und Kosmos fest, aus denen er Werden und Vergehen eliminiert. Das Bestreben, diese Einheit noch fester zu fassen, führt Parmenides dazu, aus ihr die Attribute der Vielheit und des Einzelnen auszuschließen. Das Viele und Wechselnde ist nichts als trügerischer Schein. Da dieser durch die Sinne wahrgenommen wird, in Hinblick auf das bloß Scheinbare aber nicht von →Wissen gesprochen werden kann, ist, was die Sinne bieten, bloße Meinung, nicht aber Wissen. Wissen dagegen gibt es nur in Hinblick auf das eine, unveränderliche und jede Vielheit aus sich ausschließende Sein. Da dieses nicht mit den Sinnen wahrnehmbar ist, muss es durch das Denken erkannt werden. Damit ist eine für die folgende zweitausendjährige philosophische Entwicklung maßgebliche Unterscheidung getroffen: Denken und Sein werden einander zugeordnet. Nur das Denken hat es mit der →Erkenntnis des Wahren zu tun. Sinneswahrnehmung wird mit Meinung und Schein verknüpft. Erkenntnis, die aus den Sinnen stammt, kann nicht mit dem Anspruch auftreten, das zu beschreiben, was wirklich ist.

Parmenides' Schüler Zenon machte es sich zur Aufgabe, die parmenideische Lehre zu verteidigen. Die dazu entwickelten →Argumente bezeichnet man als die zenonschen Paradoxien. Mit ihnen will Zenon die Richtigkeit der These seines Lehrers beweisen, wonach keine Bewegung existiert. Das erste Argument behauptet, dass Bewegung nicht beginnen könne, weil ein Körper nicht von einem Ort zum anderen gelangen kann, ohne zuvor eine unendliche Anzahl von dazwischen liegenden Orten durchlaufen zu haben. Das zweite Argument sagt, dass Achilles die vor ihm gestartete Schildkröte nicht einholen kann, weil dieselbe stets, wenn Achilles an ihren bisherigen Ort gelangt ist, diesen schon wieder verlassen hat. Im dritten Argument leugnet Zenon Bewegung dadurch, dass er feststellt, dass der fliegende Pfeil ruht, weil er in jedem Moment nur an einem Ort sein kann. Das vierte Argument sagt, dass der halbe Zeitabschnitt gleich dem ganzen sei, denn ein Körper durchläuft, bei gleicher Geschwindigkeit, die durch andere Körper bezeichnete Strecke in der ganzen und der halben Zeit, je nachdem, ob die anderen Körper ruhen oder selbst in Bewegung begriffen sind. Anders als Zenon versucht Melissos von Samos auf direktem Wege durch Reflexion auf den Begriff des Seins und der Einheit zu beweisen, dass das Seiende ewig, unendlich, einheitlich, sich selbst gleich, unbewegt und leidlos sei.

Die Gedanken der Eleaten waren vielleicht die wirksamsten der Philosophiegeschichte überhaupt. Mit der Unterscheidung von Denken und Wahrnehmen und deren Kombination mit Wissen und Meinen bzw. Sein und Schein entwarfen sie ein erkenntnistheoretisches Grundgerüst, das erst durch den britischen →Empirismus umgestürzt worden ist. Mit dem Gedanken der Einheit des Seins lieferten sie die Grundlagen der neuplatonischen Seinslehre, aber auch des spinozistischen Systems eines mit der →Natur identischen →Gottes. Die zur Kennzeichnung des Seins angeführten Attribute wurden in der mittelalterlichen →Scholastik zur Charakterisierung des Wesens Gottes verwandt. Die Reflexion über die Inhalte bestimmter Begriffe unabhängig von ihrer Verwendung in bestimmten Situationen bildet heute noch eine weit verbreitete Grundlage philosophischer Praxis.

T. B.

Emanation Von lat. *emanare*, ›ausfließen, ausströmen‹: Bezeichnet in der →Gnosis und im →Neuplatonismus das Verhältnis von →Gott bzw. dem Einen zum übrigen Seienden (→Sein). Bei →Plotin steht an der Spitze eines hierarchisch gestaffelten Alls das so genannte →Eine. Ihm nachgeordnet auf der Leiter der Hypostasen steht als die zweite Stufe das →Denken (*nous*). Dem Denken folgt als nächste Hypostase die Weltseele, ihr nachgeordnet sind die Einzelseelen. Am entgegengesetzten Ende liegt die →Materie, das absolut Nichtseiende und Qualitätslose. Die Beziehung der einzelnen Stufen versucht Plotin nicht nur als ein logisches Verhältnis der Unter- und Überordnung, sondern darüber hinaus auch als ein Verhältnis der Erzeugung zu denken, wobei jede Stufe die nächst niedrigere aus sich hervorbringt. Da nun aber die jeweils höher gelegene Stufe die ihr nachgeordneten Stufen an →Vollkommenheit überragt, darf das Hervorbringen des Niedrigeren nicht mit einer Abgabe an eigener Substanz einhergehen. Das Verursachende wird vielmehr durch die Verursachung in keiner Weise vermindert und beharrt unberührt in sich selbst. Ja, es bedarf noch nicht einmal eines schöpferischen Willensaktes, da durch einen solchen das Verursachende aus seiner Ruhe und Geschlossenheit heraustreten würde. Emanation ist die Bezeichnung dieser besonderen Art von Verursachung ohne Substanzverlust. Zur Veranschaulichung des in Ruhe und ohne Substanzminderung geschehenden Hervorbringens dient die Analogie der Sonne, die in sich beharrend ihren Umkreis bestrahlt und ohne Minderung ihrer selbst – so die Annahme der Neuplatoniker – alle Gegenstände beleuchtet.

T. B.

Emergent So bezeichnet man systemische Eigenschaften, die nicht aus den Komponenten eines →Systems abgeleitet oder vorhergesagt werden können. Systeme sind in erster Linie relationale Tatsachen, Dinge, die auf den Beziehungen beruhen, welche die Elemente des Systems zueinander einnehmen. Als solche besitzen sie Eigenschaften, die gegenüber den Eigenschaften ihrer Komponenten oder Elemente emergent sind. Nach Luhmann ist das Soziale eine emergente Eigenschaft und als solches nicht aus den Eigenschaften seiner Elemente, der psychischen Systeme, ableitbar. Sozialität ist eine höherstufige Eigenschaft, die auf den Beziehungen zwischen Menschen beruht. In der Bewusstseinsphilosophie behauptet der so genannte Emergentismus die Emergenz von →Bewusstsein. Hat die Komplexität bestimmter biologischer Systeme einen bestimmten Grad erreicht, stehen insbesondere Nervenzellen auf vielfältige Weise miteinander in Beziehung, so tritt in der Geschichte der Evolution Bewusstsein als emergente Eigenschaft dieser biologischen Systeme auf.

T. B.

Emergenz →Emergent

Empfindung Umgangssprachlich ist der Begriff der Empfindung sinnverwandt mit den Begriffen des →Gefühls und des →Affekts. Es ist möglich zu sagen, dass man →Angst fühlt, so wie man sagen kann, dass man Angst empfindet. In Hinblick auf ihre Lokalisierung kann man zwischen Empfindungen unterscheiden, die an einer bestimmten Stelle des Körpers auftreten, wie z. B. Schmerz oder Jucken, und solchen Empfindungen, die sich eher auf den Körper oder den Zustand einer Person als Ganzer beziehen, wie das bei Schwindel oder Müdigkeit der Fall ist. Manche Empfindungen, wie Hunger, Durst oder Lust, besitzen eine – allerdings zumeist sehr unspezifische – Gerichtetheit: Der Hunger ist Hunger auf etwas, der Durst ist Durst auf etwas usw. Andere Empfindungstypen wie Müdigkeit oder Schmerz sind nicht auf einen Gegenstand gerichtet. Manche Empfindungen liefern nur Informationen über den Körper oder die jeweiligen Lage des Körpers, andere wie z. B. Wärmeempfinden beziehen sich auch auf die den Körper umgebende Umwelt. Empfindungen werden wie Gefühle zumeist erlitten, man kann sie meist nur schwer kontrollieren. Empfindungen werden empfunden oder gefühlt, nicht aber wahrgenommen in dem Sinne, wie man einen Gegenstand wahrnehmen kann.

Ausgehend von einem aristotelischen Hylemorphismus (→*hyle*) – der Lehre, dass sich alle Gegenstände aus →Materie und →Form zusammensetzen – hat man in der Philosophie Empfindungen als die grundlegenden Bestandteile des Seelenlebens angesehen, auf deren Basis die →Wahrnehmung und →Erkenntnis von Gegenständen mit einer bestimmten Form ruht. Empfindungen, so nahm man lange Zeit an, seien die elementaren Bestandteile oder Inhalte der Sinneswahrnehmung, also von Gesichtssinn, Gehör, Geruchs-, Geschmacks- und Tastsinn. Als solche verfügen sie über eine bestimmte Qualität, Intensität und Dauer.

Die empirische Tradition in der Nachfolge →Lockes geht davon aus, dass Empfindungen durch äußere Reize in einem →Subjekt verursacht werden. Physikalische Gegenstände verfügen über bestimmte physikalische Eigenschaften, wie z. B. eine bestimmte Mikrostruktur der Oberfläche, vermittels welcher sie einen kausalen Einfluss auf ein Subjekt ausüben können und dort dazu führen, dass bestimmte Dinge empfunden werden.

Lässt der Empirist die Empfindungen durch den kausalen Einfluss bewusstseinsexterner Gegenstände zustande kommen, so leugnet der Idealist die Existenz und Notwendigkeit äußerer Reizeinwirkungen. Empfindungen, so behauptet der Idealist, werden vom Subjekt erzeugt (→Husserl) oder haben ihre Quelle darin, dass die Inhalte des →Bewusstseins zusammen mit der Folge ihres Auftretens durch eine göttliche

Instanz gewissermaßen vorprogrammiert sind (→Leibniz). Die Empfindungen treten genau in der Reihenfolge nacheinander auf, wie sie von →Gott dazu bestimmt worden sind. Das Auftreten der Empfindungsfolgen in verschiedenen Subjekten ist von Gott, wie von einem Uhrmacher, der den Gang verschiedener Uhren aufeinander abstimmt, aneinander angepasst. Sowohl für den Empiristen wie für den Idealisten bilden Empfindungen das Material der Gegenstandskonstitution bzw. die Basis der Erkenntnis objektiver Gegenstände. Während der Empirist aber davon ausgeht, dass es dem objektiven Gegenstand, der für die Wahrnehmung verantwortlich ist, gelingt, dem Subjekt seine formalen Aspekte, also Größe, Ausdehnung, Gestalt usw. zu übermitteln, glaubt der Idealist, dass auch diese formalen Merkmale ihren Ursprung im Subjekt haben.

→Descartes und →Kant nehmen eine vermittelnde Stellung zwischen →Idealismus und →Empirismus ein. Beide unterscheiden zwischen einer subjektiven ›Innenwelt‹ von Empfindungen und einer objektiven ›Außenwelt‹ physikalischer Gegenstände. Subjektive Empfindungen entstehen als Folge der kausalen →Wirkung physikalischer Gegenstände auf die Sinnesorgane eines Menschen. Bei Descartes zeigen die Empfindungen die Existenz äußerer Gegenstände an, bei Kant dagegen werden die Empfindungen durch eine Reihe von Gedankenformen, die ihren Sitz in der →Vernunft haben, zu objektiven Gegenständen geformt. Ein jenseits des Subjektes liegender Gegenstand verursacht nach Kant im Subjekt Empfindungen, die das Subjekt in die dafür bereit liegenden Gedankenformen gießt, um auf diese Weise aus den Empfindungen →Vorstellungen von objektiven Gegenständen zu formen.

Die Annahme von Empfindungen als atomaren Bestandteilen der Welterkenntnis wurde durch die Gestaltpsychologie am Beginn des 20. Jhs. in Zweifel gezogen. Nach Auffassung der Gestaltpsychologie ist der Gesamteindruck, das auf eine bestimmte Art und Weise geformte Gebilde als Ganzes die kleinste wahrnehmungsmäßige Einheit.

Von sprachphilosophischer Seite wurden Zweifel an der Ausdrückbarkeit der subjektiven Empfindungen vor allem von →Wittgenstein angemeldet. Seine Behauptung lautet: Wären Empfindungen private geistige Zustände, wie dies von der empirischen Tradition angenommen wurde, so könnten sie nicht in einer Sprache mitteilbar sein, die primär öffentlichen Charakter trägt.

In der aktuellen Debatte um das Problem des →Bewusstseins bildet die qualitative Komponente von Empfindungen den Ausgangspunkt zahlreicher →Argumente, mit denen materialistischen und funktionalistischen →Erklärungen des Bewusstseins widersprochen wird. Behauptet der Materialist, Bewusstsein bzw. →Geist sei nichts außer der Reizung bestimmter Neuronen, und behauptet der Funktionalist, ein bestimmter geistiger Zustand sei allein durch seine kausale Rolle in Hinblick auf andere Bewusstseinszustände sowie durch seine kausale Verbindung zu verschiedenen Input/Output-Bedingungen gekennzeichnet, so wird dem entgegengehalten, dass sich auf diese Weise die qualitative Komponente der Empfindungen nicht analysieren lässt.

T. B.

Empirie Griech. *empeiria*, ›Erfahrung‹: bezeichnet den Gesamtbereich der →Erfahrung, besonders die Sinneserfahrung. Der Begriff der Erfahrung ist philosophiehistorisch zunächst negativ besetzt. In der Antike, besonders bei →Platon, gilt die Empirie als eine Art von Tatsachenwissen, das nicht um die →Gründe und →Ursachen der Dinge weiß. Empirisches →Wissen ist Wissen, dass etwas Bestimmtes der Fall ist und was der Fall ist, nicht aber ein Wissen darum, aus welchem Grunde etwas der Fall ist. Das Wissen der Gründe und Ursachen verdankt sich dem spekulativen →Denken, das auf die Sinneserfahrung verzichten kann und sich des →Geistes bedient, um seine Einsichten zu erlangen. Ein positives Vorzeichen erhält die Empirie erst im britischen →Empirismus, der davon ausgeht, dass alles Wissen seinen Ursprung letztlich in den verschiedenen Formen der Sinneserfahrung hat.

Unter einer empirischen →Theorie versteht man eine Theorie, die ihre Grundlage in einem Wissen hat, das durch Sinneserfahrung zustande gekommen ist oder eine Theorie, deren Sätze durch Erfahrung bestätigt oder widerlegt werden können. Klassische Formen des Empirismus gehen davon aus, dass einzelne Sätze der Empirie gegenübertreten, während moderne empirische

Theorien annehmen, dass die gesamte →Wissenschaft als ein →System von Sätzen mit der Empirie konfrontiert wird.

T. B.

Empiriokritizismus Bezeichnung einer von Avenarius und Mach begründeten erkenntnistheoretischen Richtung. Grundprinzip des Empiriokritizismus ist die so genannte Prinzipalkoordination. Darunter ist die Annahme einer Unterschiedslosigkeit von →Ich und →Umwelt, von Psychischem und Physischem zu verstehen. Nach Auffassung des Empiriokritizismus baut sich die gesamte →Welt nur aus →Empfindungen und Empfindungskomplexen auf. Die Gegenstände unserer Umwelt wie Tische, Stühle, Menschen usw. sind nichts anderes als zu Einheiten zusammengefasste Empfindungen. Das →Ich oder →Subjekt, das sich erkennend auf die Gegenstände bezieht, wird dabei so gedacht, als sei es selbst nichts andres als ein solcher Komplex von Empfindungen.

Seinem Selbstverständnis nach war der Empiriokritizismus in erster Linie ein erkenntniskritisches Unternehmen, dem es darum ging, durch die reine Beschreibung des in der Erfahrung Gegebenen ein natürliches Weltbild zu erstellen, das von allen metaphysischen und apriorischen Bestandteilen und Überformungen gereinigt ist. Die dazu vorausgesetzte Annahme eines unverstellt in der Erfahrung Gegebenen ist später als Mythos des Gegebenen Gegenstand heftiger philosophischer Kritik geworden. Der Empiriokritizismus fand um die Wende vom 19. zum 20. Jh. weite Verbreitung vor allem unter Naturwissenschaftlern, aber auch Schriftsteller und Dichter wie Musil und Rilke gehörten zu seinen Anhängern.

Unter den zahlreichen Widersachern des Empiriokritizismus gehört Lenin zu den Prominentesten. In seiner im Jahre 1909 verfassten Schrift *Materialismus und Empiriokritizismus. Kritische Bemerkungen über eine reaktionäre Philosophie* greift er den Empiriokritizismus an, weil dieser die dialektisch-materialistische Widerspiegelungstheorie in Frage stellt. Der →Geist, so lautet der erkenntnistheoretische Grundsatz des →Materialismus, ist nichts anderes als eine Widerspiegelung des Materiellen. Der Geist bildet das materiell Gegebene ab bzw. spiegelt es wider. Diese Widerspiegelungsthese wird von der empiriokritischen Identitätsthese von Physischem und Psychischem in Zweifel gezogen.

T. B.

Empirisch Von griech. *empeiria*, ›Erfahrung‹, auf die →Erfahrung bezogen: Empirisch sind →Erkenntnisse dann, wenn sie auf Sinneserfahrung beruhen. →Kant stellt das Empirische dem →Transzendentalen gegenüber. Empirisch sind alle die Erkenntnisse, die ihre Quellen in der Erfahrung haben. Empirische, d. h. auf Erfahrung beruhende Erkenntnis kann niemals zu notwendigen und unbedingten Sätzen führen, da, was die Erfahrung liefert, allenfalls Regelmäßigkeiten, jedoch niemals streng notwendige Gesetzmäßigkeiten sind. Erfahrung hat es stets nur mit dem Zufälligen zu tun. Soll eine Erkenntnis notwendigen Charakter haben, soll sie also Ausdruck einer strengen Gesetzmäßigkeit sein, so muss ihr eine transzendentale Bedingung, d. h. eine der Formen des →Verstandes zugrunde liegen. Handelt es sich bei den empirischen Erkenntnissen um Erkenntnisse →*a posteriori*, Erkenntnisse also, die auf Beobachtung und Verallgemeinerung bestimmter, in der Erfahrung beobachteter Zusammenhänge beruhen, so sind transzendentale Erkenntnisse als Voraussetzungen empirischer Erkenntnisse →*a priori*, d. h. (im logischen Sinne) vor aller Erfahrung gegeben.

T. B.

Empirismus Eine auf dem Gebiet der →Erkenntnistheorie entstandene Richtung der Philosophie, die vor allem in Großbritannien in den Jahren zwischen 1600 und 1800 hervorgebracht und entwickelt wurde. Ihre Vertreter erhoben die Forderung, dass als einzige Quelle der →Erkenntnis die →Erfahrung zu gelten habe. Eine These, die sie nicht nur ihren eigenen Arbeiten zu Grunde legten, sondern von der überhaupt alle wahre →Wissenschaft auszugehen habe. Der Anlass, der zur Ausbildung des Empirismus führte, ist in der skeptischen Krise zu suchen, die damals sowohl die Philosophie als auch die Naturwissenschaften erfasst hatte. Der →Zweifel an der Möglichkeit sicherer Erkenntnis führt zu der Frage nach dem Ursprung der menschlichen

Erkenntnis. In Beantwortung dieser Frage bildeten sich zwei konträre Positionen heraus, der →Rationalismus und der Empirismus. Der Rationalismus entwickelt ein an der Mathematik orientiertes Ideal der Vernunfterkenntnis. Den Ausgangspunkt sollen erste →Prinzipien bilden, deren →Gewissheit durch die →Vernunft gesichert ist. Mittels →Deduktion lassen sich daraus ohne jegliche Beimischung sinnlicher Erfahrung Erkenntnisse von der →Welt ableiten, an deren →Wahrheit nicht zu zweifeln ist. Im Gegensatz dazu wird im Empirismus die Erfahrung zur notwendigen Bedingung, zum Grund jeglicher Erkenntnis. Dem Beispiel der Naturwissenschaft folgend, geht die empiristische →Methode von dem sinnlich Gegebenen aus, das sie als Einziges für unbezweifelbar hält, da es unmittelbar gegeben ist. Erkenntnisse werden induktiv aus den sinnlichen Erfahrungen gewonnen.

Die direkten Vorläufer des Empirismus englischer Prägung sind F. →Bacon und →Hobbes. Zwar findet sich das Vorgehen, Erkenntnisse unter Einbezug sinnlicher Erfahrung zu gewinnen, ansatzweise bereits in der Antike verwirklicht (für →Kant z.B. ist →Aristoteles auf Grund eines solchen Vorgehens der erste Empirist), doch handelt es sich hierbei größtenteils um die unreflektierte und nicht konsequent verfolgte Anwendung eines Verfahrens, das erst durch Bacon und Hobbes zur methodischen Forderung erhoben wurde. Beide werden manchmal bereits als die ersten Vertreter des Empirismus bezeichnet, was unter dem Aspekt, dass sie als Erste den Erfahrungsbezug zum Programm der Philosophie und Naturwissenschaft formulierten, berechtigt sein mag. In seinem Fragment gebliebenen Hauptwerk *Magna Instauratio* von 1620 unterzieht Bacon die traditionelle, sich vor allem an der Autorität des Aristoteles orientierende Wissenschaft einer herben Kritik. Diese betrifft sowohl Methode als auch Ziel der zeitgenössischen Wissenschaft, insofern diese weder die wirkliche Erfahrung zum Ausgangspunkt ihrer Untersuchungen macht noch ihre Forschungen an den tatsächlichen Bedürfnissen der →Gesellschaft orientiert. Die Arbeit der Naturwissenschaft muss nach Bacon in den Dienst des Menschen gestellt werden, ihr Ziel in der menschlichen Praxis liegen. Neben der Behandlung der größten Vorurteile, durch die sich der menschliche →Geist seiner Meinung nach den Zugang zu wahrem →Wissen versperrt (Idolenlehre), entwirft Bacon den systematischen Weg einer Naturwissenschaft, die sich bei ihrem induktiven Vorgehen nicht mit zufällig gewonnenen Erfahrungsdaten begnügt, sondern durch systematisches Experimentieren auf dem Weg der Erkenntnis fortschreitet. Insofern Bacon den Beitrag des →Verstandes beim Zustandekommen der Erkenntnis als ebenso wesentlich betrachtet wie den der Erfahrung, vertritt er keinen ›reinen‹ Empirismus. Ähnlich wie Bacon geht auch Hobbes von einer →Kritik der zeitgenössischen Wissenschaft und Philosophie aus. In seinem Hauptwerk *Leviathan* (1651) formuliert er die These, dass sich der Mensch prinzipiell nichts denken könne, was nicht zuvor als Ganzes oder in seinen Teilen in der Sinnesempfindung vorgegeben war. Negativ formuliert bedeutet das, dass Dinge, die nicht Gegenstand der Sinne sind, konsequenterweise weder begrifflich noch wissenschaftlich erfasst und behandelt werden können. Neben dieser These, die zum empiristischen Prinzip par excellence avancieren sollte, vertritt er in seinem Denken jedoch auch ausgeprägt rationalistische Züge. Obwohl Bacon und Hobbes also beide keine reinen Empiristen sind, ist ihre Bedeutung für den Empirismus wie auch für die Entwicklung der modernen Naturwissenschaft als solche gar nicht zu überschätzen, zu der sie durch ihre unzeitgemäße Betonung der Wichtigkeit von Erfahrung wesentlich beitrugen. Zu denjenigen Autoren, die in der Folge den Erfahrungsbezug jeder Erkenntnis nicht nur gefordert, sondern auf einer solchermaßen empiristisch bestimmten Grundlage ihre eigenen philosophischen →Systeme entwickelt und damit das Antlitz des Empirismus maßgeblich geprägt haben, gehören →Locke, →Berkeley und →Hume. Unter ihnen gilt Locke als der eigentliche Begründer des Empirismus, da er als Erster den Versuch unternimmt, den Erfahrungsursprung aller menschlichen →Begriffe im Einzelnen darzulegen. Ins Zentrum seiner Arbeit stellt er die Erforschung der menschlichen Erkenntnis in all ihren Dimensionen (Ursprung, Gewissheit, Umfang) und verleiht so der Erkenntnistheorie eine selbstständige Bedeutung. In seinem Hauptwerk *An Essay Concerning Human Understanding* (1690) vertritt Locke die These, dass es weder angeborene Ideen (*→ideae innatae*) noch Prinzipien gibt, aus denen sich irgendeine Erkenntnis von der Welt ableiten ließe. Der menschliche Geist erscheint nach ihm als eine →*tabula rasa*, in welche alle →Vorstellungen, die der Mensch hat, erst durch die Erfahrung eingeschrieben werden. Dies geschieht entweder durch äußere Wahrnehmungserlebnisse (*sensations*) oder durch die innere Selbstbeobachtung (*reflection*). Auch Hume bestreitet die Möglichkeit einer Erkenntnis →*a priori* (*An Enquiry Concerning Human Understanding*, 1748). Die Grundlage seiner Theorie bilden die Prinzipien der Assoziation, wonach Vorstellungen, die einander gleichen oder sich in räumlicher und/oder zeitlicher Nachbarschaft befinden, miteinander verknüpft werden. So führt beispielsweise die wiederholte identische Erfahrung eines Geschehens in der Zeit dazu, die betreffenden Vorstellungen als in einem ursächlichen Zusammenhang stehend zu denken. Eine Annahme, die durch keine Erfahrung bestätigt werden kann, da Ursächlichkeit als solche nicht sinnlich wahrgenommen, sondern nur der Umstand unterschiedlicher Zustände zu verschiedenen Zeiten ursächlich interpretiert werden kann. So sind nach Hume alle Erfahrungsschlüsse das Produkt einer instinktmäßigen Verknüpfung. Sie beruhen nicht auf dem Verstand, sondern auf der unausgesprochenen Annahme, dass vergangene Erfahrungen sich auch in der Zukunft unwesentlich verändert wiederholen (Gleichförmigkeitsprinzip). Wie Locke und Hume geht auch Berkeley in seinen wichtigsten philosophischen Schriften (*Treatise concerning the Principles of Human Knowledge*, 1710 und *Three Dialogues between Hylas and Philonous*, 1713) von der empiristischen Grundthese aus, dass jedwede Erkenntnis nur aus der gegebenen sinnlichen Erfahrung zu gewinnen sei. Indem er als die →Ursache aller sinnlichen Erfahrung jedoch das unmittelbare Wirken →Gottes annimmt, entwickelt er bei gleicher Ausgangsthese ein von den übrigen empiristischen Modellen grundlegend verschiedenes System. Berkeleys spiritualistische Deutung der Sinnesphänomene gipfelt in einem Immaterialismus, der die Existenz einer außer uns befindlichen Körperwelt zu widerlegen sucht. Den Vorstellungsinhalten der Menschen entsprechen danach keine real existierenden Dinge, sondern die Existenz der Dinge erschöpft sich vielmehr in ihrem Wahrgenommenwerden (→*esse est percipi*).

Dem Empirismus, wie er von den hier vorgestellten englischen Philosophen vertreten wurde, gelingt es, die Erfahrung als wesentliche, nicht zu vernachlässigende Größe im wissenschaftlichen Prozess der Erkenntnisfindung zu etablieren und die metaphysische Spekulation einzuschränken. Je konsequenter die Anwendung jedoch ist, die der empiristische Ansatz findet, desto deutlicher offenbart sich die Problematik, die er birgt. Die Schwierigkeit ergibt sich aus der →Definition des Begriffs der Erfahrung. In dem Bemühen, diese von jeglicher Beimischung geistiger Tätigkeit freizuhalten, wird Erfahrung (so bei Hume) schließlich auf die Wahrnehmung sinnlicher Empfindung reduziert, was einem Verzicht auf jegliche Seinserkenntnis gleich kommt. So fällt nicht nur die →Kausalität als nicht sinnlich erfahrbare Größe der (radikalen) empiristischen Kritik zum Opfer, sondern auch →Substanz und persönliche →Identität lösen sich ohne die Annahme eines realen Seins, dem sie entsprechen könnten, in den Phänomenen auf. Führt auch der Empirismus in seiner systematischen Ausprägung in unlösbare Schwierigkeiten der beschriebenen Art, so hat er sich doch in einer Hinsicht bis heute bewährt: als die methodische Forderung, wonach all jene Behauptungen über die Welt korrigiert oder eliminiert werden müssen, die an der Empirie scheitern.

In radikalisierter Weise wird diese Form des Empirismus im 20. Jh. durch die Philosophen des →Wiener Kreises aufgenommen und zum logischen Empirismus weiterentwickelt. Ein Blick auf die deutsche und französische Philosophie zeigt, dass der Empirismus in der Ausprägung, wie er sich im England des 17. und 18. Jhs. findet, einzigartig ist. Während es den empiristischen Ansätzen in Deutschland nicht gelang, sich gegen den vorherrschenden Rationalismus durchzusetzen, hat sich in Frankreich die Besinnung auf die Erfahrung vor allem in der Ausprägung sensualistischer Systeme geäußert. In dieser sensualistischen Ausprägung dient der Empirismus vor allem der Sozialkritik. Eine empiristisch geprägte erkenntnistheoretische Auseinandersetzung nach englischem Muster fehlt in Frankreich fast völlig. Es sei noch darauf hingewiesen, dass der Empirismus sich auch in England nicht in erkenntnistheoretischen Überlegungen erschöpfte, sondern als Anlass und Grundlage für eine Vielzahl von ethischen, ästhetischen, politischen, religions- und geschichtsphilosophischen Reflexionen und Systemen diente.

J. Bennett, Locke, Berkeley, Hume, Oxford 1971

L. Krüger, Der Begriff des Empirismus, Berlin / New York 1973

J. P. Schobinger (Hg.), Die Philosophie des 17. Jahrhunderts. Grundriß der Geschichte der Philosophie, Bd. 3/1 und 3/2, Basel 1988

G.T.-G.

Endlichkeit Der Begriff, der dem Begriff des Unendlichen gegenübersteht, hat seinen Ort zunächst in der Mathematik. Endlich ist beispielsweise eine Folge von Zahlen, die ein letztes Glied besitzt, unendlich dagegen eine Zahlenfolge, bei der das nicht der Fall ist, wo es also zu jedem Glied noch ein weiteres gibt.

In der Philosophie ist es seit →Plotin üblich, Unendlichkeit auf ein höchstes →Prinzip, auf →Gott oder das →Eine zu beziehen. Das Höchste ist zugleich das Vollkommenste und darf als solches keine Beschränkung oder Einengung, gleich welcher Art, erfahren. Daher hat es unendlich zu sein, da Endlichkeit bedeutet, dass etwas räumlich, zeitlich oder gedanklich durch etwas anderes begrenzt ist. Alles unter dem Höchsten Stehende dagegen ist aufgrund seiner Begrenztheit durch anderes endlich und unvollkommen.

Die Unterscheidung von Endlichem und Unendlichem wird in der mittelalterlichen →Scholastik und Theologie auf den Gegensatz von schaffendem Gott und geschaffenen Dingen bezogen. Gott ist unendlich und vollkommen, wobei jedoch seine Unendlichkeit anders als die mathematische Unendlichkeit zu denken ist. Die Unendlichkeit Gottes ist aktual, er ist das Ganze auf einmal. Mathematische Unendlichkeit dagegen ist niemals aktual, sondern immer nur potenziell. Der aktual unendliche Gott ist daher zugleich unbegreiflich. Alles Geschaffene, alle von Gott erzeugten Geschöpfe, sind, weil sie auf die eine oder andere Weise begrenzt sind, endlich.

Die Zuordnung von göttlichem Unendlichen und geschöpflichem Endlichen findet ihre Fortsetzung in der Philosophie bei →Spinoza, wo als endlich diejenigen Dinge bezeichnet werden, die durch andere begrenzt werden. Alle Einzeldinge, sofern sie eine begrenzte Existenz haben, sind endlich. Gott dagegen, der mit der einen, alles umfassenden Weltsubstanz gleichgesetzt wird, ist unendlich, weil nichts ihn begrenzen kann, da es ja nur eine →Substanz gibt. Das Endliche ist dann eine Modifikation des Unendlichen. Wird das Unendliche modifiziert, so ist Endliches die Folge. Aus diesem Grunde begreift Spinozas Zeitgenosse →Leibniz das Endliche als Modifikation des Unendlichen. (Man kann sich diesen Gedanken dadurch veranschaulichen, dass man sich das Unendliche wie ein grenzenloses weißes Blatt Papier vorstellt, auf dem man endliche Flächen dadurch erhält, dass man auf dem Blatt Linien einträgt.)

→Descartes und →Kant betonen den erkenntnistheoretischen Aspekt der Endlichkeit. Auf Überlegungen von →Augustinus fußend, für den Gott im Vollbesitz aller erkennbaren Gegenstände ist, welche der Mensch nur in der Folge der →Zeit, also nacheinander, erfahren kann, schreibt Descartes dem →absoluten →Wesen unbegrenzte →Erkenntnis zu. Endlichkeit ist dagegen ein Wesenszug menschlicher Erkenntnis. Der Mensch verfügt nur über einen eingeschränkten Horizont. Er ist niemals in der Lage, alles zu erkennen, was erkennbar wäre. Seine Unvollkommenheit in Hinblick auf Erkenntnis ist zugleich die Ursache des Irrtums des Menschen: Da der →Wille sich oft auf Dinge erstreckt, die der beschränkte →Verstand nicht einzusehen in der Lage ist, werden oft Fehlentscheidungen und Irrtümer begangen.

Kant sieht den Grund der Endlichkeit menschlicher Erkenntnis u. a. darin, dass menschliche →Anschauung, die →Sinnlichkeit des Menschen, von der Existenz eines Gegenstandes abhängt. Göttliche Anschauung ist Kant zufolge hervorbringend. Das, was Gott anschaut, wird allein durch sein Anschauen geschaffen. Der Mensch hat es im Gegensatz dazu in der sinnlichen Anschauung mit Gegenständen zu tun, die nicht durch sein Anschauen hervorgebracht werden, sondern bereits existieren müssen, um in ihm Sinnesreize zu verursachen und →Vorstellungen hervorzurufen. Eine weitere Beschränkung erleidet menschliche Erkenntnis durch die Diskursivität des Verstandes. Darunter ist die Tatsache zu verstehen, dass im Menschen Vorstellungen stets nacheinander durchlaufen (lat. *discurrere*) werden oder, anders ausgedrückt, dass eine Sache nie nach allen ihren Aspekten zugleich betrachtet und überdacht werden kann.

Die an Kant anschließende philosophische Diskussion, wie sie im →deutschen Idealismus (A) geführt wurde, erkennt die Diskursivität des Verstandes und die daraus resultierende Verendlichung an, bestreitet jedoch die Nichtexistenz einer →intellektuellen Anschauung, wie sie von Kant behauptet wurde. Kant hat menschlicher Erkenntnis die Möglichkeit intellektueller Anschauung u.a. mit dem Argument abgesprochen, dass sich ein anschauender Verstand nur auf das Wirkliche, nicht aber auf das Mögliche richten könne. Mit einem Verstand, der anschauend ist, lässt sich über bloß mögliche Sachverhalte überhaupt nicht nachdenken, da alles, was durch eine intellektuelle Anschauung angeschaut wird, sogleich zu existieren anfangen würde und somit wirklich werden würde. →Fichte und →Schelling dagegen behaupten, es gebe in Bezug auf den Menschen ein Vermögen der intellektuellen Anschauung, wo im Akt des Anschauens das Angeschaute erzeugt wird. Dieses Angeschaute, das Fichte und Schelling als das →Ich bezeichnen, wird jedoch nicht durch einen →Begriff gedacht und ist demzufolge unendlich. Erst durch den Begriff erleidet dieses Unbedingte Beschränkungen, was jedoch nicht auf →Ursachen zurückzuführen ist, die dem Ich äußerlich sind, denn das Ich selbst soll alle Realität in sich enthalten. Folglich gibt es auch nichts außer ihm, was gleichfalls real wäre. Das Ich erleidet Beschränkung dadurch, dass sich die ursprünglich freie, unbeschränkte Tätigkeit des Ich auf sich selbst bezieht und somit in sich Grenzen einträgt. Der Gegensatz von göttlichem Unendlichen und menschlichem Endlichen wird damit auf der Ebene des Ich reproduziert. An der Konzeption eines schlechthin Unendlichen, wie es Schelling angenommen hat, entzündet sich die Kritik →Hegels. Für ihn sind Endliches und Unendliches korrelative Begriffe: Der Begriff des Endlichen setzt den des Unendlichen voraus, wie umgekehrt der Begriff des Unendlichen den des Endlichen voraussetzt. Die Rede von einem schlechthin Unendlichen ist ein Selbstwiderspruch.

Zum zentralen Begriff wird Endlichkeit in der →Existenzphilosophie →Heideggers. Für Heidegger ist der Mensch in Hinblick auf sein Tun und Denken endlich. Ihm stehen nur endlich viele Alternativen offen und er kann nur endlich viele Gedanken fassen. Ein Vollbesitz aller Handlungsalternativen und aller Gegenstände des Wissens, wie er für Gott charakteristisch ist, bleibt dem Menschen versagt. Im besonderen Sinne ist der Mensch jedoch durch seinen →Tod endlich. Endlichkeit bedeutet dabei nicht, dass der Mensch nur irgendwann einmal stirbt, sondern ist ein →Existenzial, eine der Grundstrukturen des menschlichen →Daseins, die alle Lebensvollzüge prägt. Endlichkeit ist →Sein zum Tode, ist der ausdrückliche oder unausdrückliche Bezug des Menschen auf seinen Tod. Im Ergreifen der ihm mit dem Tod gesetzten Endlichkeit gewinnt der Mensch den Status der Eigentlichkeit. Das bedeutet, dass das menschliche Dasein, sofern es sich in seinen Entscheidungen nicht an den von der Gemeinschaft vorgeschriebenen Werten orientiert, sondern auf seinen Tod, auf sein Sterbenkönnen blickt, ›eigentlich‹ wird.

T.B.

Endzweck Lat. *finis ultimus*: derjenige →Zweck, der seinerseits nicht wiederum zum Mittel für einen weiteren Zweck dient. Innerhalb finalursächlicher →Erklärungen unterscheidet man zwischen dem Zweck und dem Mittel bzw. den Mitteln, die zum Erreichen des jeweiligen Zweckes beitragen. Wurde ein Zweck erreicht, so kann er unter Umständen wiederum als Mittel in eine weitere Zweck-Mittel-Beziehung eintreten. So kann z.B. das Gerben des Leders seinen Zweck darin finden, das Leder haltbar zu machen. Haltbares Leder kann wiederum dem Zweck der Herstellung von Kleidungsgegenständen dienen usw. Gibt es nun einen Zweck, dem sich alle anderen Zwecke unterordnen lassen, so wird dieser Zweck als Endzweck bezeichnet.

→Aristoteles bestimmt das →Gute als dasjenige Ziel (→*telos*), demgegenüber es keine höheren Ziele mehr gibt und nach dem jedes praktische Können und jede wissenschaftliche Untersuchung strebt. Das Gute ist das Endziel, das allein um seiner selbst willen erstrebt wird und jenseits dessen es keine weiteren Ziele mehr gibt, die zu erreichen das Gute als Mittel eingesetzt werden könnte. →Heidegger hat das menschliche →Dasein als den Endzweck aller praktischen Lebensvollzüge bestimmt: In der menschlichen Welt finden die bestehenden praktischen Zusammenhänge ihren Zielpunkt im menschlichen Dasein. Sämtliche geschaffenen Güter dienen in letzter Instanz allein dem Dasein.

In geschichtsphilosophischen Konzeptionen, wie sie in Anlehnung an theologische Vorbilder entstanden sind, wird dem Geschichtsverlauf selbst ein Endzweck unterstellt. In der Aufklärung (→A Neuzeit – Aufklärung) sah man als Zielpunkt der weltgeschichtlichen Entwicklung den vernünftigen, geistig selbstständigen Weltbürger an. →Hegel sah die weltgeschichtliche Entwicklung in der Selbstbewusstwerdung des →Geistes an ihr Ziel gekommen. →Marx glaubte, die Geschichte gelange mit dem Erreichen einer klassenlosen Gesellschaft an ihr Ende.

T. B.

Energeia Griech. ›Wirklichkeit‹: Grundbegriff der aristotelischen Philosophie, steht für die Tätigkeit der Verwirklichung. Als solche ist die Energeia auf die →Dynamis als →Möglichkeit, etwas zu werden, bezogen. →Aristoteles erläutert die Beziehung von *dynamis* und →*energeia* an Hand eines Lehrer-Schüler-Verhältnisses: Der Schüler besitzt die Fähigkeit (*dynamis*) zur Aufnahme von Wissen. Der Lehrer verändert diese Fähigkeit, indem er den Schüler etwas lehrt, was dieser zuvor nicht wusste. Solange der Schüler dieses neu erworbene Wissen nicht ausübt, ist er ein der Möglichkeit nach Wissender – freilich auf andere Weise, als er zuvor gewesen ist. Erst indem er das Wissen zur Anwendung bringt, ist diese Betätigung die Energeia. Energeia meint also in erster Linie die Betätigung oder Aktivität einer Sache (die lat. Übersetzung von *energeia* lautet *actus*) und steht insofern nicht nur der Dynamis gegenüber, sondern auch der →Entelechie, dem angestrebten Resultat und Zustand der Vollendung.

T. B.

Ens Lat. ›das Seiende‹: in der mittelalterlichen →Scholastik der Begriff mit dem logisch größten Umfang, da er alles, was ist, rein nach dem Gesichtspunkt des →Seins und unter Ausschluss aller sonstigen Bestimmungen unter sich enthält. Jedes wie auch immer beschaffene Ding, so die Annahme der Scholastiker, besitzt neben seinen qualitativen Beschaffenheiten auch noch die Eigenschaft, ein Seiendes zu sein. Im Einzelnen werden folgende Formen unterschieden: *ens a se*, das an sich und aus sich Seiende, also dasjenige Seiende, das, um zu sein, keines anderen bedarf, eine Eigenschaft, die nur von →Gott gelten kann; *ens ab alio*, das in seinem Sein von einem anderen abhängige Seiende, das, was sein Sein von einem anderen empfängt, d. h. alles Geschöpfliche; *ens in se*, das in sich Seiende und Bestehende, also dasjenige Seiende, das selbstständig ist, und seinen →Grund nicht in einem anderen hat, von keinem anderen fundiert wird, sondern vielmehr den Grund alles anderen bildet, die →Substanz; *ens in alio*, das nicht selbstständig Seiende, das, was in einem anderen gegründet ist, von einem anderen getragen wird, die →Akzidenzien als diejenigen Bestimmungen, die nur in Hinblick auf eine Substanz ausgesagt werden können; *ens entium*, das Seiende der seienden Dinge, das →Wesen der Wesen, Gott; *ens rationis*, das Gedankending, das, was nur in Gedanken existiert; *ens reale*, das real, d. h. nicht nur in Gedanken Seiende; *ens realissimum*, das allerrealste Wesen, d. i. Gott.

T. B.

Ens realissimum →Ens

Entelechie Griech. ›die Vollendung, das Ziel in sich habend‹: Grundbegriff der Philosophie des →Aristoteles, bedeutet zunächst soviel wie Verwirklichung der in einem Seienden (→Sein) angelegten →Möglichkeiten und kann insofern als synonym mit dem Begriff der →Energeia angesehen werden. Im engeren Sinne meint Entelechie die →Form, welche auf einen Stoff (→Materie) bezogen ist und sich im Stoff verwirklicht. Damit bezieht sich Entelechie eher auf das Resultat, auf das Ziel eines Verwirklichungsprozesses. Entelechie tritt damit der Energeia gegenüber, die den Vorgang der Verwirklichung bezeichnet. Seine bedeutendste Anwendung findet der Begriff der Entelechie in der aristotelischen Psychologie, wo die →Seele als erste Entelechie des natürlichen, mit Organen ausgestatteten Körpers, welcher der Möglichkeit nach Leben besitzt, bezeichnet wird. Entelechie darf dabei nicht als etwas aufgefasst werden, das die Entwicklung eines Dinges von innen heraus leitet, sondern steht für dasjenige, was das eigentliche Sein einer Sache ausmacht. Sie bezieht sich auf die Tätigkeit, zu der ein Ding bestimmt ist. Sie ist dem Spalten als derjenigen Tätigkeit vergleichbar, für die ein Beil geschaffen ist und das gewissermaßen seine Seele darstellt. Im →Vitalismus wird Entelechie zu einem Schlüsselbegriff für einen Faktor, der die Entwicklung eines Lebewesens zu seiner Endgestalt leitet.

T.B.

Entfremdung Begriff zur Kennzeichnung eines gesellschaftlichen Zustandes, in dem eine ursprünglich organische Beziehung des →Menschen zu sich selbst, der Menschen untereinander, zu ihrer Umwelt, ihrer →Arbeit und den durch ihre Arbeit hervorgebrachten Produkten zerstört ist. Der Sache nach lässt sich der Gedanke der Auflösung einer ursprünglichen →Einheit von Mensch und →Natur bis in alttestamentarische Quellen zurückverfolgen. In der mittelalterlichen →Mystik und →Scholastik steht Entfremdung für die Trennung, aber auch den Abfall des Menschen von →Gott, positiv jedoch für die Abkehr von den irdischen Dingen und die Hinwendung zu Gott.

Gesellschaftstheoretisch und philosophisch wird der Begriff im 18. und 19. Jh. zu einer zentralen Kategorie sozialer und begrifflicher Entwicklung. Bei Rousseau steht Entfremdung für die Tatsache, dass sich der Einzelne beim Übergang vom Natur- in den Gesellschaftszustand seiner natürlichen →Freiheit vorbehaltlos und total entäußert und an die Gemeinschaft übergibt. Fortan lebt er als Bürger im Zustand der Selbstferne, in dem er sich nur noch durch andere vermittelt selbst erfahren kann.

In den geschichtsphilosophischen →Modellen der Frühromantik und des →deutschen Idealismus (A) wird ein organischer Urzustand einem die Gegenwart auszeichnenden Zustand gegenübergestellt, der durch Zerrissenheit und Trennung gekennzeichnet ist und dessen Überwindung als nahe bevorstehend erwartet wird. Nach einem Stadium kindlicher Einfalt, wo Mensch und Natur eine unvermittelte Einheit bildeten, tritt der Mensch mit dem Erwachen seines →Bewusstseins, seines Vermögens, die Dinge in →Definitionen zu fassen und begrifflich gegeneinander abzugrenzen, in ein Stadium der Disharmonie, der Trennung und Entfremdung mit sich und der ihn umgebenden Natur ein.

Für →Marx gehen Arbeitsteilung, Kapitalbildung und Entfremdung Hand in Hand. Mit seinem Eintritt in den kapitalistischen Produktionsprozess wird die durch den Menschen geleistete Arbeit ihm selbst entfremdet, vom Kapitalisten angeeignet, dem Kapital einverleibt und als ein dem Menschen fremdes Produkt vergegenständlicht. Der Einzelne produziert nicht mehr für sich selbst, sondern für einen anderen, den Kapitalisten. Die von ihm geschaffenen Gegenstände werden als Bestandteile eines sich verselbstständigenden Mechanismus zu fremden Dingen. Da sich die einzelnen Menschen nur noch über derartige fremde Produkte zueinander verhalten, wird die Entfremdung auch zu einer sozialen Entfremdung. Die Beziehungen zwischen den Menschen sind durch Produkte vermittelt, die in keiner wesentlichen Beziehung mehr zu ihren Produzenten stehen, denn die Produzenten sind innerhalb des kapitalistischen Produktionsprozesses austauschbare Lieferanten von Arbeit. Da die Entfremdung letztlich durch die herrschenden Produktions- und Eigentumsverhältnisse begründet ist, kann ihre Aufhebung nur durch eine Änderung dieser Verhältnisse erreicht werden. Das soll auf dem Wege einer Diktatur des Proletariats erreicht werden, durch welche die Arbeiter wieder zu Besitzern der Produktionsmittel und der von ihnen hergestellten Produkte werden.

T.B.

Entität Von lat. →*ens*, ›seiend‹: Grundbegriff der →Ontologie oder Seinslehre. Als Entität gilt nach der klassischen, auf →Aristoteles zurückgehenden Auffassung eine einzelne, unteilbare, individuelle Sache, etwas, das ist oder existiert. Zugleich steht Entität aber auch für das →Wesen der betreffenden Sache, dasjenige, was die betreffende Sache zu dem macht, was sie ist und ohne das sie nicht existieren könnte.

Im zeitgenössischen philosophischen Sprachgebrauch wird Entität als weitgehend synonym mit Gegenstand gehandhabt. Als Entität gilt dabei nicht allein, was zum Gegenstand sinnlicher Wahrnehmung werden kann, also Gegenstände wie Häuser, Tische, Schatten, sondern alles, was überhaupt in irgendeinem Sinne Gegenstand einer Untersuchung werden kann. Dabei ist es üblich, zwischen konkreten Entitäten, d.h. mit den Sinnen wahrnehmbaren, raum-zeitlich individuierten Gegenständen und abstrakten Entitäten wie z.B. Zahlen; Dingen also, die sich nicht in Raum und Zeit verorten lassen, zu unterscheiden. In der →Wissenschaftstheorie unterscheidet man zwischen beobachtbaren und nicht beobachtbaren Gegenständen. Letztere bezeichnet man auch als theoretische Entitäten. Theoretische Entitäten werden angenommen (postuliert), um das beobachtbare Verhalten von Gegenständen erklären zu können. Beispiel einer theoretischen Entität ist das Elektron, das nicht einmal durch Hilfsmittel wie Mikroskope beobachtbar ist. Durch die Annahme von Elektronen können beispielsweise elektrische Phänomene (wie die elektrostatische Aufladung) oder chemische Phänomene (wie die Reaktion bestimmter chemischer Substanzen) erklärt werden.

In der →Semantik, dem Teil der Lehre von den →Zeichen, der sich mit der →Bedeutung der Zeichen befasst, gelten als Entitäten individuelle Gegenstände wie Tische und Stühle, weiter Eigenschaften wie ›rot‹ und ›laut‹ sowie Beziehungen wie ›größer als‹ oder ›stärker als‹, schließlich auch Funktionen und →Propositionen.

T.B.

Entropie Zustandsgröße thermodynamischer Systeme:

$S = \int \frac{dQ}{T}$ oder $dS = \frac{dQ}{T}$

(die Änderung dS der Entropie S ist gleich der einem System zugeführten Wärme dQ, dividiert durch die Temperatur T, bei der die Wärme aufgenommen wird).

Nach dem 2. Hauptsatz der Thermodynamik (so genannter Entropiesatz) gilt: In einem abgeschlossenen →System (d.h. einem System, dem weder Energie zugeführt wird noch Energie verloren geht) nimmt die Entropie nie ab. Bei einem umkehrbaren (reversiblen) Prozess bleibt sie gleich, bei einem nicht umkehrbaren (irreversiblen) Prozess nimmt sie immer zu. Folglich ist die Änderung der Entropie ein Maß für die Umkehrbarkeit eines Prozesses.

Eine anschauliche Deutung der Entropie gibt die boltzmannsche Beziehung: Die Entropie ist dem Logarithmus der Wahrscheinlichkeit proportional [$S = k \cdot \ln W$; S: Entropie, k: boltzmannsche Konstante, W: Wahrscheinlichkeit].

Somit herrscht in der unbelebten Welt immer die Tendenz, sich in einen Zustand größerer Wahrscheinlichkeit und damit auch größerer Unordnung zu begeben. (Die Luft zweier benachbarter Räume, von denen einer 50° C und der andere 10° C warm ist, wird sich auf Dauer – nach Wegnahme der Trennwand – ›vermischen‹ und es wird nicht mehr gelingen, sie zu ›entmischen‹.

Die Entropie ist also ein Maß für die Unordnung bzw. die Wahrscheinlichkeit eines Systems und damit für die Nichtumkehrbarkeit der in diesem System ablaufenden Prozesse. Sie hat eine ›bevorzugte Richtung‹. Durch diese Vorzugsrichtung lässt sich möglicherweise die Richtung der →Zeit festlegen. (Da die Entropie stets zunimmt, ist von zwei Zuständen derjenige der frühere, der die geringere Entropie besitzt.)

Da das gesamte Universum dem Entropiesatz unterliegt, steht zu erwarten, dass die Entropie des Universums immer weiter zunimmt und letztlich einem Entropiemaximum zustrebt. Dies wäre ein Zustand, in dem keine Prozesse mehr möglich sind, die von alleine ablaufen (wie z.B. obige Wärme-Vermischung). Die Welt strebt also einem Zustand der Gleichverteilung aller Energie zu. Bei dem folglich letztlich zu erwartenden völligen Temperaturausgleich wäre keine Energieumwandlung und somit keine Veränderung mehr möglich. Das Ergebnis wäre der so genannte (nach W. Nernst) Wärmetod der Welt.

P.A.Tipler, Physik, Heidelberg 1994
P.Coveney, Roger Highfield: Anti-Chaos, Reinbek 1994

H.W.

Entscheidung Umgangssprachlich steht das Wort für die getroffene Wahl zwischen mehreren Alternativen. Sich für eine →Möglichkeit zu entscheiden bedeutet soviel wie diese Möglichkeit den anderen vorzuziehen. Im Bereich des Praktischen bezieht sich die mit der Entscheidung getroffene Wahl entweder auf den Gegensatz von Handeln und Nichthandeln oder auf verschiedene Handlungsmöglichkeiten. Mit einem bestimmten Problem konfrontiert, gilt es zunächst zu entscheiden, ob man handelt oder untätig bleibt. Hat man sich zum Handeln entschlossen, dann muss man entscheiden, auf welche Weise man handeln will.

Philosophisch spielt der Begriff der Entscheidung vor allem bei Philosophen eine Rolle, die im weitesten Sinne als existenzialistisch bezeichnet werden können (→Kierkegaard, →Heidegger, Jaspers, →Sartre). Entscheidung steht dort für die entschlossene Wahl der eigenen Existenz. Der Mensch steht vor der Wahl, sich dem Lauf der Dinge zu überlassen, sich den vorbeiströmenden Dingen hinzugeben und sich dabei zu verlieren, für sich entscheiden zu lassen oder für sich selbst zu entscheiden. Um Letzteres zu können, bedarf es nach Auffassung mancher existenzialistischer Autoren eines besonderen Ereignisses, in dem sich das eigene Selbst offenbart und ergriffen werden kann.

Die Entscheidungstheorie, wie sie vor allem in der angelsächsischen Philosophie diskutiert wird, beschäftigt sich mit dem Auffinden von Kriterien für eine optimale Wahl zwischen verschiedenen gegebenen Handlungsalternativen.

T. B.

Entscheidungstheorie →Entscheidung

Epagoge Griech. ›Heranführung‹: dient →Aristoteles als Begriff zur Bezeichnung einer Denkbewegung, die ihren Ausgangspunkt bei konkreten, einzelnen Dingen und Sachverhalten nimmt und von dort zu allgemeinen Zusammenhängen und Gesetzmäßigkeiten aufsteigt. Bei der Epagoge handelt es sich somit um ein induktives Schlussverfahren, bei dem aus der Beobachtung vieler ähnlich gelagerter Fälle (z. B. dass dieser Mensch gestorben ist, jener Mensch gestorben ist usw.) auf einen allgemeinen Zusammenhang (z. B. dass alle Menschen sterblich sind) geschlossen wird. Ist man auf diesem Wege zu einer bestimmten Gesetzmäßigkeit gelangt, so ist es dann in einem weiteren Schritt möglich, auf das jeweils Besondere, den einzelnen Fall zu schließen: Wenn alle Menschen sterblich sind, Sokrates ein Mensch ist, so ist Sokrates sterblich.

T. B.

Epiphanie Griech. ›Erscheinung‹: steht bei Homer als Begriff für das unvermittelte Erscheinen einer Heil bringenden Gottheit. In der hellenistischen Zeit verstand man unter Epiphanie nicht nur das Sichtbarwerden einer Gottheit, sondern auch deren rettendes Eingreifen. Im Neuen Testament bezieht sich Epiphanie auf die Menschwerdung Gottes in Christus. In Christus ist →Gott der Menschheit als ihr wahrer Erlöser erschienen. Zugleich steht Epiphanie für die glorreiche Wiederkunft Christi am Ende aller Zeiten.

T. B.

Epoche Griech. ›Zurückhaltung seines Urteils, Enthaltung von endgültiger Entscheidung‹: Kunstausdruck der antiken →Skepsis, der seine Prägung vor allem durch Pyrrhon von Elis erhalten hat. Überzeugt von dem Gedanken, dass einzig das in der Empfindung Gegebene der Erkenntnis zugänglich sei, das die Empfindung Verursachende hingegen außerhalb menschlicher Erkennbarkeit liege, zieht Pyrrhon den Schluss, dass, in Hinblick auf die wahre Beschaffenheit der Dinge, keine endgültige Entscheidung möglich sei und man sein auf die Dinge bezogenes →Urteil zurückhalten müsse. Pyrrhon, der eine konventionalistische Auffassung in Bezug auf die Eigenschaften der Gegenstände vertrat, lehrte, dass für sich genommen, in Wirklichkeit und unabhängig von unserer Erkenntnis, kein Ding schön oder hässlich, gerecht oder ungerecht sei, sondern das eine so gut wie das andere darauf zutreffe. Alles verdanke sich menschlicher Sitte und Satzung. Da unsere Urteile ihr Fundament nicht in den Dingen haben, die uns unzugänglich und unerfassbar sind, lassen sich für jeden Satz wie für sein Gegenteil auch gleich starke Gründe und Gegengründe beibringen. Wenn nun die Richtigkeit eines Urteils keine →Funktion seiner Entsprechung mit den Tatsachen ist, dann ist es das Vernünftigste, sich einer Entscheidung für die eine oder die andere Seite zu enthalten. Die skeptische Zurückhaltung soll sich ebenfalls in unserer Bewertung der Dinge und in unserem praktischen Verhalten ihnen gegenüber zeigen. Da alles Äußere im menschlichen Leben gleichgültig ist, kommt es dem Weisen zu, stets volle Gemütsruhe zu wahren und sich in seinem Gleichmut nicht stören zu lassen, was immer sein Schicksal für ihn auch an Schlägen bereithalten mag.

Den skeptischen Gedanken einer Urteilsenthaltung greift →Husserl in seinem phänomenologischen *epoche*-Begriff auf, um mit seiner Hilfe zu den welt-konstituierenden Leistungen des →Bewusstseins zu gelangen. Wie bei den antiken Skeptikern richtet sich die Urteilsenthaltung zunächst auf die uns gegenüberstehende →Welt. *epoche* bedeutet, dass die in natürlicher Einstellung als fraglos und unproblematisch angesehene Existenz der Welt außer Kraft gesetzt wird. Es liegt nach Husserl in unserer vollkommenen →Freiheit, die im alltäglichen wie im wissenschaftlichen Umgang mit den Dingen unausgesprochene Grundannahme der Fortexistenz der Dinge einzuklammern, d.h. gegenüber Existenzurteilen, welche die raum-zeitliche Welt betreffen, Enthaltung zu üben. Die Existenz der Dinge wird dadurch weder bestritten noch bejaht, sondern einfach offen gelassen. Für Husserl, dessen Grundannahme die Wechselbeziehung von Bewusstsein und Welt war, kann damit das der Welt gegenüberstehende Bewusstsein zum Untersuchungsgegenstand gemacht werden. Die durch den Akt der Urteilsenthaltung erreichte phänomenologische Einstellung öffnet den Zugang zum Bewusstsein, und es kann gezeigt werden, wie sich die in der natürlichen Einstellung vorgefundene Welt aus den thetischen, d.h. setzenden Akten des Bewusstseins konstituiert.

T.B.

Erfahrung Bezeichnet umgangssprachlich eine durch den fortgesetzten Umgang mit einer bestimmten Tätigkeit erworbene Übung und Fähigkeit der Beherrschung der Tätigkeit, ohne dass dazu theoretisches →Wissen um die relevanten →Ursachen und Vorgänge erforderlich wäre. So kann jemand Erfahrung im Umgang mit Kindern besitzen, ohne darum in die theoretischen Grundlagen der Pädagogik eingeweiht zu sein. Daneben steht der Begriff der Erfahrung für eine Art von Wissen, das auf der Beobachtung einer endlichen Anzahl von einzelnen Fällen beruht. In diesem Sinne kann man sagen, dass jemand mit Leuten einer bestimmten Art schlechte oder gute Erfahrungen gesammelt hat.

In Anlehnung an die zuletzt genannte Verwendungsweise kennzeichnet →Aristoteles Erfahrung als Vertrautheit mit dem Besonderen, als eine Art der →Erkenntnis, die sich nicht auf allgemeine Sätze und →Prinzipien, sondern auf einzelne Fälle richtet. Wegweisend für die weitere Entwicklung des Erfahrungsbegriffs innerhalb der philosophischen Tradition ist die Tatsache, dass Aristoteles für die Erkenntnis des Einzelnen die →Wahrnehmung zuständig macht. Einzelne Sachverhalte werden nur auf dem Wege einer durch die Sinne vermittelten Wahrnehmung erkannt.

Die Entstehung des neuzeitlichen Wissenschaftsideals in der →Renaissance (A) hat zu einem Bedeutungswandel in Hinblick auf den Erfahrungsbegriff geführt. Stand Erfahrung in Antike und →Mittelalter (A) für den Besitz bestimmter praktischer Fähigkeiten, so bezeichnet sie nunmehr den Prozess und die →Methoden, durch die man zu wissenschaftlichen Erkenntnissen gelangt. Bei F. →Bacon steht Erfahrung für den Aufstieg von der Beobachtung einer Vielzahl einzelner Fälle zu den fundamentalen →Naturgesetzen. Das dabei zur Anwendung kommende Verfahren der →Induktion erlaubt den Schluss vom Besonderen – den einzelnen Fällen und den dabei beobachteten Regelmäßigkeiten – auf allgemeine Sätze. Gleichzeitig rückt Erfahrung (engl. *experience*) in die Nähe zum →Experiment. In Experimenten wird Erfahrung auf eine methodisch kontrollierte Art und Weise künstlich erzeugt, um auf diesem Wege zu wissenschaftlicher Erkenntnis zu gelangen.

Der britische →Empirismus führt den →Begriff der Erfahrung auf den Begriff der Wahrnehmung eines unmittelbar Gegebenen zurück. In der Absicht, ein →System menschlicher Erkenntnis zu konstruieren, wird Erfahrung mit Sinneswahrnehmung gleichgesetzt und zum Ausgangspunkt jeder Art von Erkenntnis erklärt. Ausdruck hat diese Konzeption von Erfahrung als Sinneswahrnehmung in →Lockes Bild vom →Geist bzw. →Bewusstsein als einer unbeschriebenen Tafel gefunden. Der menschliche Geist gleicht nach Locke bei der Geburt eines Menschen einer unbeschriebenen Tafel bzw. einem weißen Blatt Papier. Auf dem Wege der durch die Sinne vermittelten Wahrnehmung, der Erfahrung, kommt es zu den ersten Eintragungen auf dieser Tafel. Die ersten und ursprünglich dort verzeichneten Inhalte sind reine, d.h.

nicht von bestimmten Begriffen überformte Sinneseindrücke. Ein außerhalb des Geistes gelegener Wahrnehmungsgegenstand, so lautet die zugrunde liegende Annahme, übt einen kausalen Einfluss auf die menschlichen Sinnesorgane aus, was im ›Innern‹ des →Subjekts, in seinem Geist, dazu führt, dass bestimmte Sinneseindrücke verzeichnet werden. Diese Sinneseindrücke stehen zunächst noch nicht für Gegenstände wie Häuser, Bäume, Menschen usw., sondern sind nichts anderes, als der durch die kausale →Wirkung dieser Gegenstände hervorgerufene sinnliche Gehalt unserer →Vorstellungen über die →Welt. Der logische Empirismus des 20. Jhs. greift den Gedanken einer untersten erkenntnistheoretischen Ebene auf und modifiziert ihn dahingehend, dass er versucht, alle Sätze wissenschaftlicher →Theorien auf theoriefreie Sätze über unsere unmittelbare Erfahrung zurückzuführen. Der logische Empirist unterscheidet daher zwischen theoriefreien Sätzen, die unsere unmittelbare Erfahrung beschreiben - den so genannten →Protokoll- oder Basissätzen - und den theoriegeladenen Sätzen der Naturwissenschaft, mit denen über allgemeine Zusammenhänge auf der einen Seite, über nicht mit den Sinnen wahrnehmbare Dinge wie Elektronen, Magnetfelder, kosmische Strahlung und dergleichen auf der anderen Seite gesprochen wird. Sollen die zuletzt genannten Sätze sinnvoll sein, so müssen sie sich in solche über wahrnehmbare Sachverhalte überführen lassen. Die Unterscheidung zwischen einer theoriefreien Beobachtungssprache und einer theoriegeladenen Wissenschaftssprache ist später mit der Begründung angegriffen worden, dass auch schon unsere sich auf Beobachtungen beziehenden Sätze theoretischen Gehalt besitzen.

Bei →Kant steht Erfahrung für empirische und zugleich für objektiv gültige Erkenntnis. Laut Kant verfügt der Mensch über zwei Stämme der Erkenntnis, die in ihrem Zusammenspiel zu Erfahrung führen, nämlich →Sinnlichkeit und →Verstand. Wird durch die Sinnlichkeit eines Menschen ein so genanntes Wahrnehmungsmannigfaltiges, etwa vergleichbar den Sinneseindrücken der Empiristen, geliefert, so stellt der Verstand die so genannten Verstandes- oder Denkformen, die Formen, in denen ein intelligentes Wesen wie der Mensch denkt, bereit. In einer Erfahrung werden beide Seiten der Erkenntnis zu einer Einheit verknüpft. Erfahrung ist daher dasselbe wie die synthetische Verknüpfung der Wahrnehmungen (→Affektionen) in einem →Bewusstsein. Das aus den Sinnen stammende Mannigfaltige der Wahrnehmung wird dabei in die vom Verstand bereitgehaltenen Formen gegossen (→Kategorien). Das Produkt ist eine Erfahrung, d.h. eine Erkenntnis, die nicht, wie bloße Wahrnehmung, subjektiv ist, sondern mit dem Anspruch auf objektive →Gültigkeit auftreten kann. Erst dann, wenn eine Wahrnehmung einer der aus dem Verstand herrührenden gedanklichen Formen unterworfen wird, wenn also ein die bloße Wahrnehmung überschreitendes →Urteil gebildet wird, das den Gebrauch der Verstandesformen beinhaltet, erst dann wird aus der Wahrnehmung Erfahrung, d.h. Erkenntnis, die den Anspruch erheben kann, von allen denkenden Wesen anerkannt zu werden. Zugleich aber führt die gestaltende Kraft der gedanklichen Formen dazu, dass aus dem in der Wahrnehmung gegebenen Gehalt so etwas wie die Vorstellung eines Gegenstandes wird. Solange jemand bloß wahrnimmt, nimmt er noch keine Gegenstände, sondern nur sinnliches Material wahr. Erst wenn dieses seinen Ursprung in den Sinnen habende Material auf bestimmte Weise geformt wird, kommt es für das Subjekt zur Vorstellung eines Gegenstandes.

T.B.

Erhabenes →Kant unterscheidet in seiner *Kritik der Urteilskraft* das →Schöne vom Erhabenen. Während das Schöne die Form eines Gegenstandes betrifft, dem Zweckhaftigkeit (kein tatsächlicher Zweck) unterstellt wird, bezieht sich das Erhabene auf einen formlosen Gegenstand, der keine Zweckmäßigkeit bei sich führt, und bei der Betrachtung das Gemüt in Rührung und Ernst versetzt, während das Schöne mit Reiz und Spiel verbunden ist. So ist das Erhabene das schlechthin Große im Sinne von *magnitudo* und *quantitas*. Insofern ist das Erhabene nichts, was es in der →Natur selbst gibt, und kann deshalb kein Gegenstand der Sinne sein, vielmehr ist das Erhabene in der Idee des Menschen und übersteigt jeden Maßstab der Sinne. Erhaben ist damit die Natur in ihrer Erscheinung, deren Anschauung die Idee ihrer Unendlichkeit mit sich führt, oder erhaben ist ein Gegenstand der Natur, dessen Vorstellung das Gemüt bestimmt, sich die Unendlichkeit der Natur als Darstellung von Ideen zu denken.

W.R.

Erinnerung Bezeichnet alltagssprachlich die Fähigkeit, sich eine Sache, ein Ereignis oder Erlebnis erneut vor das Gedächtnis zu rufen und gehört als solche zum Untersuchungsgegenstand der Denkpsychologie. Eine eigene philosophische Dimension erhält der Terminus in →Platons →Anamnesis-Lehre, der Lehre von der Wiedererinnerung, wie er sie in seinem Dialog *Menon* entwickelt. Die menschliche →Seele ist unsterblich. Sie braucht sich nun in den jeweiligen Kontexten nur des ehemals erworbenen Wissens zu besinnen. Lernen ist also nichts anderes als Erinnerung an das in der Präexistenz angeeignete Wissen. Als Beweis für seine These lässt Platon →Sokrates einen in der Mathematik unkundigen Sklaven durch fortgesetztes Fragen die Lösung einer geometrischen Aufgabe ermitteln. Die Fragen des Lehrers, in diesem Falle von Sokrates, dienen also einzig und allein dem Ziel, die latenten Rückstände des im Zustand der Präexistenz erworbenen Wissens zu erwecken.

Innerhalb der Auseinandersetzung mit dem Phänomen der →Zeit bildet die Erinnerung die Form von →Wahrnehmung, durch welche das Vergangene gegenwärtig wird. →Husserl unterscheidet zwischen primärer und sekundärer Erinnerung. Ist die primäre Erinnerung auf die gerade eben vergangenen Erlebnismomente gerichtet, so wird in der sekundären Erinnerung ein ganzer Abschnitt vergangener Erlebnisse gegenwärtig und vom →Bewusstsein erneut durchlaufen. Husserl betrachtet das innere Zeitbewusstsein eines Menschen als ein aus drei zeitlichen Auffassungsformen zusammengesetztes zeitliches Wahrnehmungsvermögen, bei dem jeder der drei Auffassungsformen ein Teil des sich aus Erlebnissen zusammensetzenden Bewusstseinsstromes zufällt: Die primäre Erinnerung oder →Retention hat die gerade in die Bewusstseinsvergangenheit getretenen Erlebnisphasen zum Gegenstand. Das Jetztbewusstsein, die Urimpression, hat den aktuellen Erlebnisabschnitt zum Inhalt. Das Zukunftsbewusstsein, die →Protention ist auf die kommenden Erlebnisphasen gerichtet. Erstreckt sich die primäre Erinnerung auf einzelne Phasen eines Gesamterlebnisses, so hat die sekundäre Erinnerung ein ganzes Erlebnis zum Inhalt. In der sekundären Erinnerung wird eine Einheit ehemals erlebter Momente eine zweites Mal erinnerungsmäßig durchlaufen.

T.B.

Eristik Griech. ›die Kunst des Streitens‹: Fähigkeit, mit logischen Spitzfindigkeiten beliebige philosophische Positionen einzunehmen und zu verteidigen. Als Eristiker werden häufig die Mitglieder der von Euklid von Megara, einem Schüler von →Sokrates, gegründeten megarischen Philosophenschule bezeichnet.

Bei ihren philosophischen Beweisen bedienten sich die →Megariker häufig der Methode der indirekten Beweisführung. So gehörte es zur →Methode des Euklid, nicht die →Prämissen der →Argumente seiner Gegner, sondern deren Schlussfolgerungen anzugreifen. Berühmt sind aus der Eristik einige Fangschlüsse, die große Ähnlichkeit mit sophistischen Argumenten verraten, zugleich aber an die zenonschen →Paradoxien anknüpften. Einer dieser Schlüsse, die Antinomie des Lügners, lautet: ›Wenn du ein Lügner bist und sagst dabei, dass du lügst, so lügst du und sagst zugleich die Wahrheit.‹ Ein anderer →Schluss lautet: ›Elektra kennt Orestes als ihren Bruder, erkennt jedoch nicht den vor ihr stehenden Orestes, der sich verhüllt hat, als ihren Bruder. Also kennt sie zugleich, was sie nicht kennt.‹ Weite Verbreitung fanden die beiden ähnlich gelagerten Schlüsse des Kornhaufens und des Kahlkopfes: ›Ein Korn allein macht noch keinen Haufen. Tut man noch ein Korn hinzu, so entsteht ebenso noch kein Haufen. Wann fängt daher der Haufen an?‹

T.B.

Erkennen →Erkenntnis

Erkenntnis Bezeichnet den Vorgang oder die Beziehung, in der etwas, das Erkannte, von einem →Subjekt auf bestimmte Weise aufgefasst wird. Umgangssprachlich ist der Erkenntnisbegriff dem Begriff der Einsicht verwandt. Jemand hat dann etwas erkannt, wenn er es eingesehen hat. Dabei spielen oftmals die →Gründe eine Rolle, durch die jemand zur Erkenntnis einer Sache gelangt. Daneben kann Erkenntnis auch für den Gegenstand des →Wissens, das Erkannte, stehen. Als Kriterium dafür, ob jemand zu einer bestimmten Erkenntnis gelangt ist, zählt oftmals die Tatsache, dass er seine Auffassung begründen kann, er also begründetes Wissen von der betreffenden Sache hat. Auf den Bereich der Sinneswahrnehmung bezogen heißt erkennen soviel wie ›etwas von etwas zu unterscheiden in der Lage sein‹. Jemand hat dann etwas erkannt, wenn er in der Lage ist, durch verbales oder nonverbales Handeln (dadurch, dass er seine Aufmerksamkeit darauf lenkt, auf den Gegenstand weist oder ihn mit Worten beschreibt) darauf Bezug zu nehmen.

Die philosophische Behandlung des Begriffs der Erkenntnis rückt ihn in die Nähe zum Begriff des Wissens. Erkenntnis ist eine Art von Wissen, und zwar begründetes Wissen; Wissen, das zu seiner Rechtfertigung Gründe beibringen kann. Als solches stehen Erkennen und Erkenntnis der Meinung (*doxa*) als einer Form des Wissens gegenüber, die nicht mit dem Anspruch auftreten kann, →Wahrheit zu besitzen. Erkenntnis, zumindest in der antiken Philosophie, ist dadurch ausgezeichnet, auf das Ewige, Unwandelbare ausgerichtet zu sein, während Meinung (*doxa*) es mit der Welt des Scheins, dem Scheinbaren und dem Wandel Unterworfenen zu tun hat. Im Ergreifen des Ewigen und Unwandelbaren erwirbt Erkenntnis den Anspruch auf Wahrheit.

In der modernen Debatte um den Begriff der Erkenntnis hat man sich von den metaphysischen Annahmen der antiken und mittelalterlichen Philosophie weitgehend befreit. Festgehalten hat man allerdings am Zusammenhang von Wissen und Erkenntnis. Jemand hat etwas dann erkannt, wenn er etwas weiß. Um etwas zu wissen, müssen folgende Bedingungen erfüllt sein: 1. Wahrheitsbedingungen: Um von jemandem sagen zu können, er wisse etwas, muss das, was er weiß, wahr sein. Man wird z.B. nicht sagen wollen, jemand wisse, dass die Zahl der Planeten 10 beträgt, wenn es nicht wahr ist, dass es zehn Planeten gibt. 2. Überzeugungsbedingungen: Um von jemandem sagen zu können, er wisse etwas, muss er von dem entsprechenden, als gewusst bezeichneten Sachverhalt selbst überzeugt sein. Es genügt nicht, irgendetwas bloß bei irgendeiner Gelegenheit zu sagen. 3. Rechtfertigungsbedingungen: Nur dann wird man von jemandem sagen können, er wisse etwas, wenn er in der Lage ist, sein Wissen zu rechtfertigen, Gründe zu nennen, →Beweise zu erbringen. Man kann etwas behaupten, das wahr ist, und man kann davon überzeugt sein. Dennoch kann einem ein Wissen um das, was man behauptet, abgesprochen werden, wenn man nicht in der Lage ist, seine Position zu begründen. Dabei ist es wichtig, dass jemand nicht nur irgendwelche Gründe nennt, sondern auch die relevanten Gründe anführen kann. Ob ein Grund als relevant gilt, wird letztlich durch die Gemeinschaft bestimmt.

Was die Rechtfertigung einer Behauptung angeht, so hat die klassische Philosophie entweder das in der →Wahrnehmung Gegebene oder das intuitiv mit dem →Geist Erschaubare als Fundament der Rechtfertigung und damit von Wissen und Erkenntnis angesehen: Jemand ist nur dann in Hinblick auf eine Behauptung gerechtfertigt, wenn es in der Wahrnehmung oder in einem geistigen Reich eine dem Behaupteten entsprechende Tatsache gibt. Stimmen Behauptung und Tatsache überein, so ist die Behauptung gerechtfertigt und man ist im Besitz von Wissen bzw. im Besitz der Erkenntnis der betreffenden Sache. Bei Nichtübereinstimmung liegt kein Wissen und keine Erkenntnis vor. Nachfolger dieser Art von Rechtfertigungstheorien sind externalistische Konzeptionen der Rechtfertigung, wie sie vor allem im angelsächsischen Raum in den letzten dreißig Jahren entwickelt worden sind: Eine Behauptung gilt dann als gerechtfertigt, wenn die richtige Verbindung zwischen dem Inhalt der Behauptung, also der Überzeugung im Kopf des Sprechers, und der Realität besteht. Jemand geht z.B. richtig in der Annahme, etwas Rotes zu sehen, wenn seine Überzeugung, etwas Rotes zu sehen, durch einen roten und nicht etwa durch einen blauen Sachverhalt verursacht wurde. Gehen die beiden zuletzt genannten Konzeptionen der Rechtfertigung davon aus, dass es bestimmter, durch die Welt abgesicherter Grundüberzeugungen bedarf, damit Wissen und Erkenntnis zustande kommen, so besteht dazu entsprechend der →Kohärenztheorie kein Erfordernis. Jemand ist nach Meinung der Kohärenztheoretiker dann berechtigt, etwas zu behaupten, wenn sich seine Behauptung auf kohärente Weise, d.h. ohne Widersprüche mit anderen seiner Überzeugungen hervorzurufen, in das Gesamtnetz seiner Überzeugungen einreiht.

Im Bereich der Sinneswahrnehmung (aber nicht nur dort) wird Erkennen und Erkenntnis mit der Fähigkeit zur Unterscheidung in Zusammenhang gebracht. Etwas wird als etwas wahrgenommen. Wahrnehmung ist selten oder nie pure Wahrnehmung. Das Wahrgenommene, der Gegenstand, wird stets als einer bestimmten →Kategorie angehörend, bestimmte Eigenschaften besitzend wahrgenommen. Man vernimmt z.B. akustisch nicht nur Geräusche, sondern hört das Hupen eines Autos, das Lachen eines Kindes usw. Wahrnehmung besitzt eine kategoriale Formung. Die verschiedenen in der Tradition vertretenen Ansätze unterscheiden deshalb zwischen dem →Inhalt und der →Form einer Erkenntnis. Den Inhalt bilden nach Meinung vieler Autoren Sinnesdaten, Daten, die auf eine Begegnung der Sinnesorgane mit den verschiedenen Eigenschaften des Gegenstandes hervorgerufen werden. Je nachdem, welchen erkenntnistheoretischen Standpunkt ein Philosoph bezieht, geht er davon aus, dass die formalen Eigenschaften durch den Gegenstand selbst auf der Seite des Wahrnehmenden erzeugt werden, eine Leistung des Wahrnehmenden sind oder beide, Inhalt und Form, allein durch den Wahrnehmenden →konstituiert werden.

Erkenntnistheoretischer Grundsatz des →Empirismus ist es, dass ausnahmslos alle Erkenntnis ihren Ursprung in der Sinneserfahrung hat. Äußere Gegenstände wirken auf die Wahrnehmungsorgane eines Menschen ein und führen in seinem Geiste zu Sinnesdaten, aus denen auf dem Wege der Abstraktion allgemeine →Begriffe gewonnen werden. Grundprinzip des →transzendentalen →Idealismus ist es, Erkenntnis als →Synthese zweier Seiten, sinnlicher →Anschauung und →Verstand zu erklären, wobei angenommen wird, dass die Sinnlichkeit das Material, der Verstand die Form der Erkenntnis bereitstellt. Nach Auffassung des transzendentalen Idealisten hat das Material eine äußere, jenseits des →Subjekts liegende →Ursache. Idealistische Ansätze gehen davon aus, dass es überhaupt keine äußere, jenseits des Subjekts liegende Ursache, weder für den Inhalt noch für die Form gibt. Beide Seiten werden im Subjekt konstituiert.

E. Cassirer, Das Erkenntnisproblem in der Philosophie und Wissenschaft der neueren Zeit, 4 Bde., Darmstadt 1994 [Reprint]
P. Baumann, Erkenntnistheorie, Stuttgart 2002
G. Gabriel, Grundprobleme der Erkenntnistheorie, Paderborn 1998
N. Schneider, Erkenntnistheorie im 20. Jahrhundert. Klassische Positionen, Ditzingen 1998

T. B.

Erkenntnisgrund →Grund

Erkenntnistheorie Neben →Ontologie und Bedeutungstheorie eines der drei Hauptgebiete der theoretischen Philosophie. Fragt die Ontologie nach dem, was existiert, die Bedeutungstheorie nach der →Bedeutung unserer Worte, so ist die zentrale Frage der Erkenntnistheorie die Frage danach, wie wir zu Wissen bzw. Erkenntnis über uns und die →Welt gelangen und welche Bedingungen erfüllt sein müssen, damit etwas als Erkenntnis gelten kann.

Innerhalb der Erkenntnistheorie unterscheidet man zwischen →Theorien des Wissens und Theorien der Wahrnehmung. Bei der Einteilung philosophischer Wahrnehmungstheorien orientiert man sich an zwei Kriterien: Welche Einstellung nimmt die Theorie in Hinblick auf die unbeobachtete Weiterexistenz von Gegenständen ein? Worum handelt es sich bei dem wahrgenommenen Gegenstand? Eine philosophische Wahrnehmungstheorie gilt als realistisch, wenn sie davon ausgeht, dass ein Gegenstand auch unabhängig davon, ob er wahrgenommen wird, existiert. Eine philosophische Theorie der Wahrnehmung wird als antirealistisch bezeichnet, wenn sie behauptet, dass ein Gegenstand nur dadurch existiert, dass er wahrgenommen wird.

Dementsprechend unterstellt eine realistische Wahrnehmungstheorie, dass es sich bei dem wahrgenommenen Gegenstand um etwas Externes handelt, während eine antirealistische Wahrnehmungstheorie den Gegenstand als etwas im →Bewusstsein Liegendes betrachtet. Wo der Realist die Auffassung vertritt, wir seien im Falle von Gegenstandswahrnehmung auf externe Gegenstände bezogen, hält ihm sein Gegner, der Antirealist, entgegen, wir seien stets nur auf Inhalte unseres Bewusstseins gerichtet. Auf realistischer Seite lassen sich weiter direkt und indirekt realistische Konzeptionen von Gegenstandswahrnehmung unterscheiden. Jemand ist ein direkter Realist in Hinblick auf Gegenstandswahrnehmung, wenn seine Theorie nicht auf Mittler zurückgreift, wie sie Perzepte oder Sinnesdaten darstellen, um das Zustandekommen von Wahrnehmung zu erklären. Direkt realistische Tendenzen weist nach Meinung vieler Autoren unser vorwissenschaftliches Verständnis von Gegenstandswahrnehmung auf, wie es seinen Ausdruck in der Alltagssprache findet. Im Gegensatz dazu bedient sich der indirekte Realist eines dreigliedrigen →Modells zur →Erklärung von Wahrnehmung. Seiner Meinung nach wird der Gegenstand nicht, wie der direkte Realist glaubt, auf direkte Weise wahrgenommen, sondern vermittelt durch einen geistigen Gegenstand, welcher von den verschiedenen Autoren als Sinnesdatum, Sensum, Eindruck, Idee oder Perzept bezeichnet wird.

Auf Seiten des Antirealismus lassen sich idealistische von phänomenalistischen Ansätze unterscheiden. Der Idealist betrachtet das Sein der Gegenstände als gleichbedeutend mit ihrem Wahrgenommenwerden. →*Esse est percipi*, so das bekannte, auf →Berkeley zurückgehende Credo des Idealisten. Äußere Gegenstände existieren nur insofern und auch bloß, solange sie wahrgenommen werden. Ohne Betrachter auch kein Gegenstand. →Gott als der permanente Betrachter aller Dinge gewährleistet deren Weiterexistenz für den Fall, dass die Menschen ihren Blick gerade einmal von den Dingen abgewandt haben. Phänomenalistische Ansätze sind hier moderater, indem sie die Möglichkeit von unabhängig von ihrem Wahrgenommenwerden existierenden Gegenständen einräumen, sie jedoch zu →Konstruktionen erklären, die auf den Daten beruhen, die einem →Subjekt unmittelbar in dessen Wahrnehmung gegeben sind.

Zwischen den eben genannten Theorieansätzen kann ein systematischer Zusammenhang hergestellt werden: Empirische Belege untergraben den direkten →Realismus. Die Widersprüche des als Alternative in Frage kommenden indirekten Realismus drängen in Richtung Idealismus. Der Idealismus findet seine konsequenteste Ausprägung im →Solipsismus. Dieser zieht einen totalen Außenweltskeptizismus nach sich. Einem naiven direkten Realismus, wie er unserer Alltagskonzeption von Gegenstandswahrnehmung zugrunde liegt, wird die Behauptung unterstellt, er gehe erstens von der unbeobachteten Fortexistenz der Gegenstände aus und nähme zweitens an, die Gegenstände würden alle ihre Eigenschaften auch dann behalten, wenn sie von keiner Person wahrgenommen werden. Der Haupteinwand gegen einen naiven direkten Realismus besteht im Verweis auf die Kontext- und Subjektabhängigkeit der qualitativen gegenständlichen Eigenschaften: Ein Gegenstand weist eine bestimmte Farbe nur unter bestimmten Beleuchtungsbedingungen und nur für einen Standardbeobachter auf. Mit den Beleuchtungsbedingungen ändert sich immer auch die Farbe des Gegenstandes. Für einen Farbenblinden sieht ein Gegenstand anders aus als für einen Farbsehenden. Das Gleiche gilt für die anderen so genannten sekundären Sinnesqualitäten wie Geschmack oder Geruch. Als Erklärung bietet sich eine dispositionale Theorie der sekundären Eigenschaften des Gegenstandes an. Eine bestimmte Farbe zu haben ist dasselbe wie die Disposition zu besitzen, unter geeigneten Umständen auf der Seite des Beobachters ein bestimmtes subjektives Farberleben hervorzurufen. Ein indirekter Realismus in Hinblick auf die qualitativen Eigenschaften eines Gegenstandes wird zu einem generellen indirekten Realismus, wenn er auch noch annimmt, dass selbst die primären Eigenschaften, also Form, Größe, Bewegung usw. ihren Platz auf der Seite des Subjekts haben. Gegen einen vollständigen indirekten Realismus kann der Einwand erhoben werden, dass er von der Existenz von außerhalb seines Bewusstseins liegenden Gegenständen überhaupt nichts wissen kann. Um feststellen zu können, dass die subjektiven →Vorstellungen auf den Einfluss externer Gegenstände zurückgehen, müsste der indirekte Realist beide Seiten der Wahrnehmungsbeziehung einsehen können. Er kann jedoch seine subjektive Vorstellungswelt nicht verlassen. Als Antwort auf diesen Einwand bietet sich die Position eines inferentiellen Realismus an, der davon ausgeht, dass es sich bei den uns umgebenden Gegenständen um Schlussfolgerungen handelt, die sich auf das unmittelbar in der Wahrnehmung Gegebene stützen. Indem externe Gegenstände zu Konstruktionen eines Subjekts erklärt werden, ist die Grenze zum Antirealismus bereits überschritten. Dessen konsequenteste Ausprägung, der Solipsismus, geht davon aus, dass die gesamte Welt aus den Daten eines einzigen Subjekts konstruiert wird. Der Solipsist wiederum ist mit dem Problem konfrontiert, nicht entscheiden zu können, ob es überhaupt andere Wesen außer ihm selbst gibt oder ob nicht vielmehr alles, was er für Gegenstände hält, nur Gegenstände seiner Einbildung sind.

Neben der Wahrnehmungsthematik bildet das Problem des Wissens einen weiteren Schwerpunkt erkenntnistheoretischer Überlegungen. Die Standarderklärung von Wissen definiert es als gerechtfertigte wahre Überzeugung. Damit eine Person um einen bestimmten Sachverhalt weiß, müssen folgende Bedingungen erfüllt sein: 1. Wahrheitsbedingungen, 2. Überzeugungsbedingungen, 3. Rechtfertigungsbedingungen (→Erkenntnis).

In Hinblick auf die dritte Bedingung des Wissens, die Rechtfertigung einer Überzeugung, unterscheidet man zwischen Fundierungs- und →Kohärenztheorien. Fundierungstheorien unterteilen die Überzeugungen einer Person in zwei Gruppen: solche, die andere Überzeugungen stützen und selbst keiner Stützung durch andere Überzeugungen bedürfen und solche, die von anderen Überzeugungen gestützt werden. Erstere bilden die erkenntnistheoretische Grundlage, das Fundament unseres Wissens, letztere den darauf errichteten Überbau. In Hinblick auf den Inhalt der grundlegenden Überzeugungen unterscheidet man rationalistische und empirische Fundierungstheorien sowie kausale Repräsentationstheorien. Empirische Fundierungstheorien gehen davon aus, dass unsere grundlegenden Überzeugungen solche sind, die unsere eigenen Empfindungszustände, unsere unmittelbare Sinneserfahrung betreffen. Rationalistische Fundierungstheorien nehmen an, dass es bestimmte Grundwahrheiten gibt, die uns entweder angeboren sind oder in einem besonderen Akt geistiger Schau erfasst werden können. Kausale Repräsentationstheorien behaupten, dass eine Überzeugung dann gerechtfertigt ist, wenn sie auf die richtige Weise zustande gekommen ist, d.h. durch den richtigen Gegenstand verursacht wurde.

Kohärenztheorien der Rechtfertigung versuchen ohne die Annahme von grundlegenden Überzeugungen auszukommen. Kohärenztheorien gehen davon aus, dass eine Überzeugung in dem Maße gerechtfertigt ist, als sie Mitglied einer kohärenten Menge von Überzeugungen ist. Jede einzelne Überzeugung wird in Hinblick auf ihre Rolle innerhalb einer Menge von Überzeugungen bewertet. Eine Überzeugung ist dann nicht gerechtfertigt, wenn die Kohärenz innerhalb des Gesamtsystems steigen würde, wenn man die Überzeugung fallen lassen würde.

In Hinblick auf den Ursprung der Erkenntnis unterscheidet die Erkenntnistheorie zwischen einer empirischen und einer rationalistischen Auffassung. Der →Empirismus geht von der Annahme aus, dass der menschliche →Geist bei der Geburt einer unbeschriebenen Tafel gleicht. Erkenntnis kommt allein durch →Erfahrung und zwar genauer durch Erfahrung der Sinne zustande. Alle →Begriffe von Einzelgegenständen, aber auch die Allgemeinbegriffe stellen Abstraktionsleistungen dar, die ihren Ursprung letztlich in den Daten der inneren und äußeren Sinneserfahrung haben. Das bedeutet umgekehrt, dass sich alle Resultate des Denkens auf Sinnesdaten zurückführen lassen, oder, auf Aussagen bezogen, dass sich alle Aussagen über abstrakte Sachverhalte in solche über Sinnesdaten übersetzen lassen.

Dem Empirismus steht der →Rationalismus gegenüber. Er vertritt die Auffassung, dass Allgemeinbegriffe, logische Wahrheiten und Sätze der Mathematik ihren Ursprung im →Verstand haben. Da die Erfahrung unserer Sinne aufgrund der sie bestimmenden →Kontingenz niemals in der Lage ist, uns Erkenntnisse zu liefern, die schlechthin notwendig sind, es jedoch derartige Erkenntnisse gibt, muss ihr Ursprung im Verstande selbst liegen und das heißt, dass diese Erkenntnisse angeboren sein müssen. →Descartes, einer der Hauptvertreter des erkenntnistheoretischen Rationalismus, geht in seinen Schriften davon aus, dass es nur in Hinblick auf diese angeborenen Begriffe (→Ideen) sichere, zweifelsfreie Erkenntnis geben kann, während die aus den Sinnen stammenden Erfahrungen niemals mit letzter Sicherheit als wahr oder falsch bestimmt werden können.

Der Gegensatz von Empirismus und Rationalismus basiert auf der Unterscheidung zweier Erkenntnisvermögen, nämlich Sinnlichkeit und Verstand bzw. →Vernunft. Seit →Platon ist es in der Philosophie üblich, Erkenntnis in zwei Stämme zu unterteilen, nämlich sinnliche Wahrnehmung, d.h. Wahrnehmung vermittels der Sinnesorgane einerseits und Vernunfterkenntnis andererseits. Sinnliche Wahrnehmung ist nach Auffassung dieser dualistischen Konzeption von Erkenntnis auf die Welt der →Erscheinungen, das sich stets Verändernde und niemals Bleibende gerichtet. Erkenntnis, die auf dem Wege sinnlicher Wahrnehmung zustande kommt, kann nicht als Wissen im strengen Sinne angesehen werden, sondern wird zur bloßen Meinung abgewertet. Wirkliches Wissen liefert allein die Vernunfterkenntnis. Diese ist auf die allgemeinen Beschaffenheiten, das so genannte →Wesen der Gegenstände, sowie auf die allgemeinen Grundsätze von Mathematik und Naturwissenschaften gerichtet. Weil ihre Gegenstände nicht wie die Gegenstände der sinnlichen Wahrnehmung vom Wandel betroffen sind, sondern unveränderlich feststehen, kann nur die Vernunfterkenntnis mit dem Anspruch auf →Wahrheit auftreten.

In engem Zusammenhang mit der Einteilung der Erkenntnisstämme in sinnliche Wahrnehmung und Verstand bzw. Vernunft steht die Untergliederung in apriorische und aposteriorische Erkenntnis. Als Erkenntnisse →*a priori* bezeichnet man diejenigen Erkenntnisse, die unabhängig von der Erfahrung sind und daher über die Merkmale der →Notwendigkeit und →Allgemeingültigkeit verfügen. Bei ihnen handelt es sich um die Bedingungen von Erfahrung, also Bedingungen, die Erfahrung ermöglichen. →Kant, der den Begriff geprägt hat, geht in seinem Hauptwerk, der *Kritik der reinen Vernunft*, davon aus, dass jedem konkreten Denkakt bestimmte →Prinzipien oder strukturelle Eigenschaften zugrunde liegen, die nicht aus sinnlicher Erfahrung gewonnen werden, sondern durch Analyse der logischen →Struktur des Gedachten gefunden werden. Erkenntnisse →*a posteriori* sind dagegen die Erkenntnisse, die ihren Ausgangspunkt in Wahrnehmungssachverhalten haben. Hierzu gehören beispielsweise alle Einsichten in das Wirken naturgesetzlicher Zusammenhänge, die auf der Beobachtung vieler einzelner Fälle beruhen.

Von einer primär auf die Erkenntnis materieller Gegenstände, mathematischer Sachverhalte und naturwissenschaftlicher Gesetze orientierten Erkenntnistheorie unterscheidet sich der erkenntnistheoretische Ansatz der →Hermeneutik. Die Hermeneutik als Kunst der Auslegung beschäftigt sich mit dem individuellen Sinngebilde in seinen Zusammenhängen. Der Theologie entstammend, wo sie in erster Linie mit der Auslegung der Heiligen Schrift befasst war, hat sich die Hermeneutik der Auslegung literarischer Texte im Allgemeinen, aber auch von Ereignissen in historischen Zusammenhängen sowie des individuellen Seins von Personen zugewandt.

P. Prechtl, Husserl zur Einführung, Hamburg 1991
R. Bernet / I. Kern / E. Marbach, Edmund Husserl. Darstellung seines Denkens, Hamburg 1989
E. Ströker / P. Janssen, Phänomenologische Philosophie, Freiburg / München 1989
H. R. Sepp (Hg.), Edmund Husserl und die phänomenologische Bewegung. Zeugnisse in Text und Bild, Freiburg / München 1988
L. Landgrebe, Der Weg der Phänomenologie, Gütersloh 1963

T. B.

Erkenntnisvermögen →Erkenntnis

Erkenntniszusammenhang →Begründungszusammenhang

Erklärung Der Ausdruck ›etwas erklären‹ wird umgangssprachlich benutzt, um das Zurückführen von Sachverhalten auf Gründe zu beschreiben mit dem Ziel, →Verstehen zu ermöglichen. Es wird bei der Erklärung der Zusammenhang dargestellt, aus dem heraus ein Sachverhalt zu begreifen ist. In der modernen Wissenschaftssprache wird erklären als Erkenntnisweise der exakten Naturwissenschaften typisiert.

Die moderne Diskussion der kausalen Erklärung beginnt mit →Popper, der definiert: »Einen Vorgang kausal erklären heißt, einen Satz, der ihn beschreibt, aus Gesetzen und Randbedingungen deduktiv ableiten.« Der von Hempel und Oppenheim vorgeschlagene Erklärungsbegriff, zusammengefasst im so genannten Hempel-Oppenheim-Schema, unterscheidet zwei Arten der wissenschaftlichen Erklärung:

1. Die deduktiv-nomologische Erklärung (D-N-Erklärung). Sie wird beschrieben als deduktive Subsumption des *explanandum* unter das

explanans. Sie zeigt, dass das *explanandum* aus einer endlichen Zahl von besonderen Umständen gemäß endlich vielen Gesetzen resultiert und beantwortet damit die Frage: Warum geschah das *explanandum*-Ereignis?

$A_1, A_2, \ldots, A_k$		A_1 etc.	= Besondere Umstände
$G_1, G_2, \ldots, G_r$		G_1 etc.	= Gesetze
E	: Explanandum-Satz	E	= das zu erklärende Ereignis

2. Die probabilistische oder induktiv-statistische Erklärung (I-S-Erklärung). Sie erklärt – genau wie die deduktiv-nomologische Erklärung – ein bestimmtes Ereignis durch Bezugnahme auf allgemeine Gesetze und spezielle Umstände. Bei dieser Art der Erklärung können jedoch einige oder alle Gesetze von probabilistisch-statistischer Form sein. Eine probabilistische Erklärung hat die folgende Form.

$p\ (G,S \wedge P)$	liegt nahe bei 1
$S\ (m) \wedge P\ (m)$	
══════════	[macht praktisch sicher (sehr wahrscheinlich)]
$G\ (m)$	

m = Eigenname: Maier
S = Ereignis: Krankheit (Streptokokken-Infektion)
P = Behandlung (mit Penicillin)
G = Genesung

›Die Wahrscheinlichkeit für eine Genesung bei einem Patienten, dessen Streptokokken-Infektion mit Penicillin behandelt wird, liegt nahe bei 1. Herr Maier hat eine Streptokokken-Infektion und wird mit Penicillin behandelt. Deshalb ist es sehr wahrscheinlich, dass Herr Maier genesen wird.‹

Hempel führt dazu aus: »Bei diesem Schema soll die doppelte Linie, die die ›Prämissen‹ von der ›Konklusion‹ trennt, anzeigen, dass die Beziehung zwischen beiden keine deduktive Folgerung, sondern eine induktive Stützung ist, deren Stärke in den eckigen Klammern angegeben wird.«

Hempel vertritt die Auffassung, dass diese beiden Modelle der wissenschaftlichen Erklärung nicht nur in den Naturwissenschaften anzutreffen sind, sondern sich auch in modifizierter Form in der historischen Forschung finden. Er sieht aus diesem Grunde in der gemeinsamen Struktur der Erklärung, die ein Verstehen empirischer Phänomene ermöglicht, einen wichtigen Aspekt der methodischen Einheit aller empirischen Wissenschaften.

W. Stegmüller, Probleme und Resultate der Wissenschaftstheorie und Analytischen Philosophie, Berlin / Heidelberg / New York 1974
C. G. Hempel, Erklärung in Naturwissenschaft und Geschichte, In: L. Krüger (Hg.): Erkenntnisprobleme der Naturwissenschaften, Köln / Berlin 1970
–: Aspekte wissenschaftlicher Erklärung, Berlin / New York 1977

B. W.

Erlanger Schule Kreis deutscher Wissenschaftstheoretiker, die hauptsächlich an den Universitäten Erlangen und Konstanz tätig waren bzw. sind. Zu ihnen gehören Janich, Kambartel, Kamlah, Lorenzen, Mittelstraß und Schwemmer. Als Begründer der Schule gilt Lorenzen, dessen Arbeiten über die Grundlagen von Mathematik und Logik den Ausgangspunkt für das Programm der Erlanger Schule bildeten.

Das Programm der Erlanger Schule strebt eine methodische und kritische Begründung der Praxis sämtlicher →Wissenschaften, einschließlich der →Wissenschaftstheorie selbst an. Wichtigstes Kennzeichen der Erlanger Wissenschaftstheorie ist die Betonung der vorwissenschaftlichen Praxis. Wo andere wissenschaftstheoretische Schulen, vor allem jene, die in der Tradition des logischen →Positivismus der dreißiger Jahre stehen, auf die Verwissenschaftlichung der menschlichen Alltagspraxis zielen, macht die Erlanger Schule die vorwissenschaftliche Praxis zum Ausgangspunkt und unhintergehbaren Fundament von wissenschaftlichen Begründungen. Jede Art von wissenschaftlichem Vorgehen hat ihren Bezugspunkt letztlich in der menschlichen Alltagspraxis und ihren Bedürfnissen. Daraus folgt, dass keine Einzelwissenschaft ihre Ziele vollkommen selbst bestimmt, sondern stets auf einen lebensweltlichen Hintergrund bezogen bleibt. Wissenschaft ist kein Selbstzweck, sondern dient den Bedürfnissen von Menschen.

Damit die wissenschaftlichen Methoden vom Boden einer alltäglichen Praxis auch einer Beurteilung zugänglich gemacht werden können, gilt es, wissenschaftliche Praxis für den Laien durchschaubar zu machen. Dies geschieht auf dem Wege einer systematischen Rekonstruktion der jeweils in den Einzelwissenschaften verwendeten →Sprachen. Es wird gezeigt, in welcher

Weise die →Begriffe der Wissenschaften sich auf die Begriffe der Alltagssprache beziehen. Indem die Erlanger Schule die hierfür erforderlichen Begriffe zur Verfügung stellt, macht sie es möglich, sich in rationalen Dialogen mit wissenschaftlichen Behauptungen auseinander zu setzen.

Weil die Erlanger Schule eine strikte Trennung von Sprache und →Wirklichkeit ablehnt, kann die Rekonstruktion der jeweiligen Wissenschaftssprache zugleich als Konstitution bzw. Konstruktion der Gegenstände, genauer der Gegenstandsarten einer Wissenschaft verstanden werden. Aus diesem Grunde nennt man die von der Erlanger Schule entwickelte →Wissenschaftstheorie konstruktiv.

T. B.

Eros Der griech. Liebesgott ist in den orphischen Mythen der Weltentstehung dasjenige Weltprinzip, welches Gegensätzliches zu vereinigen vermag. Bei →Platon ist der Eros die Verkörperung der →Liebe, insbesondere das die Liebe auszeichnende Streben und Verlangen nach dem →Guten und →Schönen. In seinem Dialog mit dem Titel *Symposion* (dt. *Gastmahl*) charakterisiert Platon den Eros als ein Wesen, das kein →Gott ist, weil er nicht, wie die Götter, im Besitz des Schönen und Guten ist, sondern das Streben danach verkörpert. Er ist arm, rau, unansehnlich, dürftig und stellt dem Schönen und Guten nach. Da das Schöne und Gute Gegenstände der philosophischen →Erkenntnis sind, kann sein ganzes Leben als philosophierend bezeichnet werden.

Als Inbegriff des Strebens nach dem Schönen steht der Eros für den Weg zur →Weisheit. Dieser beginnt nach einer Schilderung Platons mit der Liebe zu einem Knaben. Durch sie wird die Liebe an der Schönheit des Leibes eines Einzelnen geweckt. Sodann wird eine →schöne Seele zum Gegenstand des erotischen Strebens. Der Strebende wendet seinen Blick von den schönen Gestalten der Jünglinge hin zu den schönen Sitten und Bestrebungen, welche Ausdruck einer schönen Seele sind. Dieser Stufe folgt die Liebe zur Erkenntnis, die Schau schöner Erkenntnisse. Das Streben gelangt an sein Ziel, wenn es das Schöne an sich, die →Idee des Schönen, an der alle schönen Dinge Anteil haben und durch die sie sind, was sie sind, erschaut hat. Diese höchste Stufe der Liebe als die Liebe zur Weisheit, durch die man in den Besitz des Ewigen und Unvergänglichen gelangt, bleibt jedoch dem Philosophen vorbehalten. Der gemeine Mann dagegen sucht Unsterblichkeit dadurch zu gewinnen, indem er Kinder zeugt.

Sigmund Freud setzt dem Eros einen Todestrieb entgegen, um auf diese Weise die Entstehung von Krieg und Gewalt erklären zu können. Der Mensch verfügt über zweierlei Arten vor Trieben: Solche, die erhalten und vereinigen wollen. Freund nennt sie erotische Triebe im Sinne des Eros in Platons *Symposion*. Ihnen gegenüber stehen die Triebe, die zerstören und töten wollen. Freud bezeichnet sie als Aggressions- und Todestriebe. Unter gewöhnlichen Verhältnissen bilden beide Arten von Trieben ein Gleichgewicht. Aus ihrem Zusammen- und Gegeneinanderwirken gehen die verschiedensten Erscheinungen des Lebens hervor. Gewinnt nun aber der Destruktions- oder Todestrieb auf gesellschaftlicher Ebene, gefördert durch den Machtmissbrauch der jeweiligen Staatsführer, die Oberhand, so kommt es zum Ausbruch von Kriegen. Um Kriege zu verhindern, so schlägt Freund vor, muss man den auf das Verbindende zwischen den Menschen gerichteten Eros anrufen.

T. B.

Erscheinung Kann im umgangssprachlichen Sinne einmal für ein Trugbild stehen (jemand hatte eine Erscheinung). Dann kann sich Erscheinung auf das Äußere eines Menschen, auf sein Erscheinungsbild beziehen. Erscheinung kann aber auch für eine besondere Art von Zeichenverhältnis stehen, wobei etwas Erscheinung von etwas anderem ist. In der Philosophie fungiert Erscheinung als erkenntnistheoretischer Begriff zumeist zur Bezeichnung der mit den unteren Erkenntnisleistungen erkannten Gegenstände. Schon in der Antike steht Erscheinung für all diejenigen Gegenstände, die mit Hilfe der Sinne, also durch Gesichtssinn, Gehör, Geschmackssinn, Geruchssinn oder Gefühl wahrgenommen werden. Aus ihrer Zugehörigkeit zum Bereich der Sinnenwelt schließt →Platon auf den geringeren erkenntnismäßigen Wert des

Erscheinungshaften. Eigentliche, wahre →Erkenntnis hat nur das Unwandelbare, Bleibende, Ewige zum Gegenstand. Da im Bereich der Sinnenwelt Wandel und Veränderung herrschen, kann, was Erscheinung ist, nicht zum Gegenstand wahrer Erkenntnis werden.

Ein höherer Stellenwert kommt der Erscheinung in →Kants →Erkenntnistheorie zu. Kant stellt die Erscheinung dem Ding an sich gegenüber. Erscheinung in erster Näherung ist das, was einem →Subjekt gegeben ist, während das →Ding an sich der in kausaler Weise für das Zustandekommen der Erscheinungen verantwortliche Gegenstand ist, dasjenige also, was in einem Subjekt Erscheinungen hervorruft. Da das die Erscheinung bewirkende Ding an sich in der Erscheinung selbst nicht miterscheint, bleibt es erfahrungstranszendent, ist also nicht selbst durch Erfahrung erreichbar, kann aber, als notwendiges Korrelat der Erscheinung zumindest vom →Verstand gedacht werden. Im Einzelnen unterscheidet Kant zwei Begriffe von Erscheinung. Erscheinung meint einmal das durch die beiden Formen der →Anschauung geformte anschauliche Mannigfaltige. Erscheinung in diesem Sinne beinhaltet daher einerseits die räumliche und zeitliche Form der Anschauung, zum anderen die →Materie der Anschauung, das sinnliche Material als ihr →empirischer Gehalt. Von der →Zeit heißt es, dass sie die formale Bedingung →*a priori* aller Erscheinung überhaupt sei, da alles, was einem Subjekt anschaulich gegeben ist, zeitlich geformt ist, während nur einige Inhalte eine räumliche Formung erfahren. In einer zweiten Bedeutung steht Erscheinung für die Gegenstände, die bereits eine kategoriale Formung durch die →Kategorien als Formen des Verstandes erfahren haben. Erscheinungen in diesem Sinne nennt Kant »Phaenomena«. Erscheinungen als Phaenomena beziehen sich auf Erscheinungen in dem zuerst genannten Sinne, indem Phaenomena eine höherstufige Art von Erscheinungen darstellen, die sich auf Erscheinungen der ersten Art gründen. In ihnen erhält das bloß nach →Raum und Zeit geformte sinnliche Material der Erscheinung (im ersten Sinne) eine weitere Formung durch die →Kategorien. Durch diese kategorialen Synthesisleistungen werden aus Erscheinungen (im ersten Sinne) Gegenstände oder Objekte.

T.B.

Eschatologie Griech. ›Lehre von den letzten Dingen‹: bezeichnet die Lehre der Heiligen Schrift über die letzten Dinge. Man kann zwischen einer individuellen, einer nationalen und einer universalen Eschatologie unterscheiden. Befasst sich die individuelle Eschatologie wesentlich mit dem Leben nach dem →Tod des →Individuums, also mit Auferstehung, Begräbnis, Fegefeuer, Gericht, Himmel, Hölle, Tod und Totenreich, so steht im Mittelpunkt der nationalen Eschatologie die Zukunft des auserwählten Volkes, also des Volkes Israel, während die universale Eschatologie das endgültige Schicksal der gesamten Menschheit ins Blickfeld rückt. Ihren Ursprung hat die Eschatologie im Alten Testament in der Verkündigung eines Endes der Tage, einer der irdischen Zeit nachgeordneten Endzeit, mit der die einzelnen Verfasser hochgespannte Erwartungen verbinden: Die Endzeit wird als Zeit der Erfüllung gedacht, für die ein idyllisches Glück ersehnt wird. Transzendente Formen der Eschatologie sehen das Heilsreich als eine aus dem Himmel kommende Größe an, wobei der Errichtung des himmlischen Imperiums die Auferstehung eines Teiles der Menschheit vorausgeht.

Das Neue Testament sieht in Jesus die Erfüllung der Geschichte. Mit ihm hat die historische Zeit ihren Endpunkt erreicht und das eschatologische Reich Gottes begonnen. Von Johannes dem Täufer als Endrichter angekündigt, erklärt Jesus selbst, dass er bald auf den Wolken des Himmels erscheinen werde. Als nach Christus' Tod das erwartete Ende der Zeit ausbleibt, setzt eine Neubewertung dessen ein, was man mit Christus erworben hat. So verkündet z.B. das Johannesevangelium, dass das ewige Leben bereits für diejenigen, die an Christus glauben, begonnen habe. Für die Gläubigen gilt, dass sie nicht ins Gericht kommen, sondern bereits jetzt vom Tod ins Leben übergetreten sind, Christus also schon jetzt denen Unsterblichkeit verleiht, die an ihn glauben. Nach der paulinischen Darstellung geht der Vollendung und dem Jüngsten Tag eine messianische Periode, ein tausendjähriges Reich voraus. Seit jeher zum Kernbestand christlicher Geschichtsdeutung gehörend, rückt eschatologisches Denken am Ende des 18. und zu Beginn des 19. Jhs. innerhalb der Debatte um den Ewigen Frieden in den Mittelpunkt geschichtsphilosophischer Spekulationen.

T.B.

Esoterik →Esoterisch

Esoterisch Von griech. *esoterikos*, ›nach innen gekehrt‹: Umgangssprachlich bezeichnet der Begriff des Esoterischen sowohl das Geheimnisvolle und Okkulte als auch dasjenige, was dem Laien auf einem Gebiet unverständlich ist und nur von demjenigen verstanden werden kann, der in eine bestimmte Terminologie bzw. Theorie eingeweiht ist. Eine Gemeinschaft gilt dann als esoterisch, wenn der Eintritt an bestimmte außergewöhnliche Bedingungen, so genannte Initiationsriten (besondere Mutproben u. ä.) gebunden ist und wenn man durch den Beitritt in den Besitz von besonderen Formen geheimen, der Öffentlichkeit verborgenen Wissens gelangt, das es ihr gegenüber geheim zu halten gilt. Die Geschichte esoterischer Gemeinschaften reicht zurück bis auf die griechischen Mysterienkulte und führt über die Kabbala des Mittelalters hin zu Rosenkreuzerorden und Freimaurerlogen. In der Philosophie heißen die Schriften →Platons, die nur für den Gebrauch innerhalb der →Akademie bestimmt waren, esoterisch. Man unterscheidet zwischen einem →exoterischen Werk, das für die Öffentlichkeit bestimmt war und der Nachwelt überliefet wurde, und einer esoterischen Lehre, die nur den Mitgliedern der Akademie zugänglich gewesen ist und von der nichts überliefert wurde.

→Aristoteles verweist sowohl in seiner *Nikomachischen Ethik* als auch in seiner *Metaphysik* und *Physik* auf exoterische Schriften (*exoterikoi logoi*). Die Forschung deutet diese Hinweise meist als Frühschriften des jungen Aristoteles, entweder als solche, die unter direktem Einfluss Platons standen (und dann innerakademisch wären) oder als solche, die er als Rhetorik-Lehrer verfasst hat, also keine eigentlich philosophischen Schriften waren und damit nicht nur dem →Peripatos bekannt gewesen sind. Möglicherweise aber handelt es sich bei diesen Verweisen gar nicht um Schriften des Aristoteles, sondern um fremde.

T. B.

Esse est percipi Lat. ›*Sein ist Wahrgenommenwerden*‹: Grundprinzip empiristischer →Erkenntnistheorien mit Bezug auf die Inhalte des Wahrnehmungsbewusstseins, also die so genannten Eindrücke (engl. *impressions*), Ideen oder Sinnesdaten (engl. *sense-data*) und besagt, dass die genannten Inhalte ihre Existenz durch einen Akt der →Wahrnehmung besitzen. Man kann den Satz auf zweierlei Weise verstehen: Einmal, dass Eindrücke, Ideen oder Sinnesdaten nur bestehen, indem sie wahrgenommen werden und keine Existenz jenseits des Aktes der Wahrnehmung besitzen. Man kann den Satz aber auch so lesen, dass Sinnesdaten, solange sie wahrgenommen werden, existieren, wobei offen bleibt, ob sie auch außerhalb der Wahrnehmung existieren. Die frühen Vertreter des →Empirismus haben den Satz in der ersten Bedeutung verstanden und zwar vor allem deshalb, weil sie die subjektiven Eindrücke, wie schon das Wort Eindruck sagt, als kausale Folge einer außerhalb des Geistes liegenden Ursache verstanden haben. →Berkeley, auf den der Satz zurückgeht, ist der Meinung, dass ein wahrgenommenes Ding nichts anderes sei als ein Komplex von Ideen im Geiste des Wahrnehmenden und dass es, was Ideen angeht, ein Widerspruch sei, zu existieren und nicht zugleich auch wahrgenommen zu werden. Da kein Gegenstand der sinnlichen Wahrnehmung ohne sein Wahrgenommenwerden existieren kann, ist das Sein dieser Gegenstände ihr Wahrgenommenwerden. Um erklären zu können, wie es kommt, dass die Abfolge der Ideen bestimmten Regeln gehorcht, nämlich den →Naturgesetzen, und nicht ganz und gar dem Willen des einzelnen Subjekts unterliegt, nimmt Berkeley an, dass →Gott in den Subjekten die Ideen zusammen mit ihrer Abfolge erzeugt.

Die jüngere empiristische Tradition, mit Russell und Moore als Vertretern, verhält sich neutral gegenüber dem Gedanken einer äußeren Verursachung des sinnlich Gegebenen und wählt zu seiner Bezeichnung den indifferenten Terminus ›Sinnesdatum‹ (engl. *sense-datum*). Die Entscheidung darüber, ob Sinnesdaten auch außerhalb ihres Wahrgenommenwerdens existieren, wird offen gelassen.

T. B.

Essentia Lat. ›Wesen‹: Bezeichnet bei →Thomas von Aquin das Was-Sein einer Sache im Gegensatz zu ihrem Das-Sein, der →Existenz. Zurückgehend auf den platonischen →Begriff der

→Idee und den aristotelischen Begriff der →Form steht die *essentia* innerhalb der aristotelisch-thomistischen Tradition für das, was ein Ding zu dem macht, was es ist, weiterhin für das, wodurch ein Ding erkannt wird, dann für das, was allen Vertretern einer bestimmten Art oder Gattung gemeinsam ist und aufgrund dessen sie mit ein und demselben Namen bezeichnet werden können. Die *essentia* ist daher gleichbedeutend mit dem, was man die Natur einer Sache nennt, und d.h. mit dem, was sich auf die eigentümliche Tätigkeit eines Dinges bezieht - die Tätigkeit, die nur diesem und keinem anderen Ding sonst zukommt. Ihren Ausdruck findet die *essentia* in der →Definition der Sache, und zwar dadurch, dass Gattungsbegriff und artbildender Unterschied aufeinander bezogen werden. Nach dieser Konzeption bildet z.B. der Begriff eines vernunftbegabten Lebewesens bzw. vernunftbegabten Sinnenwesens die *essentia* eines Menschen, indem sie erstens einen Menschen zu dem macht, was er ist (ohne →Vernunft ist ein Lebewesen kein Mensch) und daher allen mit dem Wort →Mensch bezeichneten Dingen gemeinsam ist. Zweitens benennt ›vernunftbegabtes Lebewesen‹ die nur dem Menschen eigentümliche Tätigkeit, gibt also ein Merkmal an, das nur Menschen zukommt. Drittens wird ein Mensch, so die Vorstellung von Thomas von Aquin, durch das Merkmal der Vernunfthaftigkeit und Lebendigkeit erkannt. Viertens schließlich bildet ›vernunftbegabtes Lebewesen‹ die Definition von Mensch bzw. Menschsein. Als Form eines Dinges bedarf die *essentia* der →Materie als Gegenstück, damit ein individuelles Ding, z.B. ein Mensch entstehen kann. Form und Materie sind aber für sich genommen nicht hinreichend, um ein Individuum zu konstituieren. Vielmehr muss beiden noch das von Gott stammende Sein gegeben werden (→Substanz, →Wesen).

T.B.

Essenzialismus Auch Essentialismus; Bezeichnung all derjenigen philosophischen Konzeptionen, die sich bei ihren Untersuchungen von der Annahme eines den Dingen innewohnenden →Wesens leiten lassen. Der Essenzialismus war die vorherrschende philosophische Einstellung innerhalb der gesamten abendländischen philosophischen Tradition. Ursprungsort essenzialistischer Konzeptionen sind die frühen Dialoge →Platons, in denen er nach dem Wesen ethischer →Begriffe, z.B. Tapferkeit, Maßhaltung, Gerechtigkeit, Freundschaft usw. fragt. Platons Anliegen besteht darin, zu klären, was genau unter dem entsprechenden Begriff zu verstehen ist. Dabei wird als unhinterfragte →Prämisse vorausgesetzt, dass den mit einem bestimmten Wort bezeichneten Dingen etwas gemeinsam ist, das sich in Form einer genauen →Definition fassen lässt. So ist Platon z.B. zu der Annahme gezwungen, dass allen mit dem Wort gerecht bezeichneten →Handlungen ein gemeinsames Merkmal innewohnt, das sich dann als Definition von →Gerechtigkeit fassen lässt. Sein Schüler →Aristoteles folgt Platon, indem auch er der Wesensfrage einen vorderen Rang innerhalb der philosophischen Untersuchung einräumt. Wo aber Platon auf ein Reich transzendenter →Ideen zurückgreift, die das Wesen der irdischen Dinge verkörpern sollen, nimmt Aristoteles an, dass das Wesen jeweils in den Dingen selbst liege. Das Wesen ist in einem Ding und macht es zu dem, was es ist. Auf den Überlegungen von Aristoteles fußend entwickelt →Locke eine Konzeption, wonach die Dinge neben ihren beobachtbaren Eigenschaften eine diesen Eigenschaften zugrunde liegende Struktur besitzen, die für das Zustandekommen der Eigenschaften kausal verantwortlich ist. Locke sieht das Ziel naturwissenschaftlicher Forschung darin, durch Theorie- und Modellkonstruktionen Einsicht in das verborgene Wesen der Dinge zu gewähren. Innerhalb der aktuellen sprachphilosophischen Debatte nehmen Kripke und →Putnam essenzialistische Positionen ein. Putnam zufolge beziehen sich →Begriffe für natürliche Arten, also Worte wie ›Zebra‹, ›Zitrone‹, ›Gold‹ oder ›Wasser‹ auf eine den mit dem entsprechenden Wort bezeichneten Dingen innewohnende Struktur, also z.B. auf die genetische Kodierung der Erbinformation bei Zebras und Zitronen oder den atomaren Aufbau bzw. die chemische Zusammensetzung von Gold bzw. Wasser. Einer der schärfsten Kritiker einer essenzialistischen Sprachauffassung ist →Wittgenstein. Wittgenstein behauptet, dass es keineswegs der Fall zu sein braucht, dass allen mit einem bestimmten Wort bezeichneten Dingen ein Merkmal oder ein Komplex von Merkmalen gemeinsam sein müsse. Als Alternative zum klassischen Wesensbegriff führt er den Begriff der →Familienähnlichkeit ein, der besagt, dass wie bei einer Familie verschiedenen, mit ein und demselben Wort bezeichneten Dingen jeweils das eine oder andere Merkmal gemeinsam sein kann, es jedoch kein ausgezeichnetes Merkmal gibt, das bei jedem der genannten Dinge vorhanden sein müsste, ganz genauso, wie sich Vater und Sohn in dieser, Mutter und Sohn in jener und Großmutter und Sohn in wieder einer anderen Eigenschaft ähnlich sein können, ohne dass es doch eine Eigenschaft geben muss, die allen Gliedern der Familie eignen würde.

T. B.

Ethik Es hat den Anschein, als ob die philosophische Ethik, die sich als Reflexion über Bedingungen, →Prinzipien und Ziele menschlich-gesellschaftlichen Handelns versteht, angesichts des für die Spätmoderne charakteristischen Zusammenbruchs nahezu aller Orientierungsselbstverständlichkeiten seit den späten achtziger Jahren des 20. Jhs. immer mehr an Bedeutung für die →Individuen und für die gesellschaftlichen Systeme insgesamt gewönne. Selbst in der politischen Diskussion über die abnehmende Bindekraft von Bräuchen, Sitten und Gewohnheiten taucht immer öfter die Forderung nach normativer Besinnung und Orientierung auf; Ethikunterricht wird als öffentliche Aufgabe definiert, weil das die westlichen europäischen →Gesellschaften prägende multikulturelle Nebeneinander unterschiedlichster Sinnentwürfe dem einzelnen Menschen trotz der eher stärker gewordenen Verflochtenheit in übergeordnete wissenschaftlich-technische Evolutionsprozesse globalen Ausmaßes viel radikaler als in geschlossenen Gesellschaften die Möglichkeit vor Augen führt, sich in Spielräumen zu bewegen, in denen auf Grund verschiedenartiger Selbst- und Weltinterpretationen immer auch anders entschieden und gehandelt werden kann. Der Zwang, sich in solcher Vielfältigkeit zurechtfinden zu müssen, um dem möglichen Misslingen des individuellen Lebens zu entgehen, erzeugt ein Unbehagen, das durch Wegweisung gemildert oder sogar beseitigt werden soll. Es sind indes Zweifel angebracht, ob die in der philosophischen Ethik westlicher Prägung vorherrschenden kognitiven Orientierungsmodelle überhaupt der von einer verunsicherten Öffentlichkeit gewünschten Werteerziehung im erwarteten Umfang dienlich sein können.

Ethische Reflexionen bewegen sich auf vier Ebenenunterschiedlicher theoretischer Abstraktheit:

1. Die Fundamentalethikversucht durch ontologisch-normative, transzendentalphilosophische oder sozialtechnologische Reflexionen eine systematische Klärung der ethischen Grundlagenprobleme herbeizuführen. Sie analysiert die Bedingungen der Möglichkeit ethischer Theorien und unternimmt Letztbegründungsversuche, indem sie die Idee des →Guten (→Platon), den gutenWillen (→Kant) oder das geglückte Leben (→Aristoteles, →Mill) zum Maßstab allen Handelns erhebt.

In diesem Zusammenhang werden auch drei wesentliche Prämissen ethischer Theoriebildung diskutiert: die Freiheitsprämisse, der zufolge der Mensch im Gegensatz zum Tier sich nicht ausschließlich instinkt- und triebgeleitet verhält, sondern Gestaltungsspielräume für sein Handeln besitzt; der Universalisierungsanspruch, der die prinzipielle Gleichartigkeit aller Menschen voraussetzt und dadurch bereits die Möglichkeit eines ethischen Relativismus bestreitet, und der Vernunftoptimismus, der die menschliche Vernunft grundsätzlich für fähig hält, eine Rangordnung von Handlungsnormen und -zielen zu bestimmen und sie in einer von allen Menschen nachvollziehbaren, widerspruchsfreien und deshalb einsehbaren Weise zu begründen. Der zunehmende Skeptizismus in Bezug auf die Allgemeingültigkeit von praxisbezogenen Erkenntnissen menschlicher →Vernunft hat an die Stelle essenzialistischer Letztbegründungsversuche schon seit etwa 1900 vor allem im angelsächsischen Raum, aber auch im Umfeld des neupositivistischen →Wiener Kreises um →Carnap und →Wittgenstein eine nicht metaphysische Variante der Metaethik treten lassen, die unter dem Namen analytische Ethik bekannt geworden ist. Ihre Vertreter konzentrieren sich auf die Analyse moralischer Aussagen in logischer, semantischer, pragmatischer oder linguistischer Hinsicht. Dabei wird der moralische Diskurs als unmittelbarer Ausdruck von Empfindungen angesehen und entweder in positivistischer Manier als sinnlos charakterisiert, weil er dem empirisch-wissenschaftlichen Rationalitätstypus von Aussagen nicht entspricht (so Ayer), oder aber als nur intuitiv zu begreifende Äußerung von Gefühlen beschrieben (so Moore und Stevenson), die durch eine willkürliche Setzung für Einzelne, eine Gruppe oder eine Gesellschaft imperativische Bedeutung gewinnen (so Searle und Hare).

Im Gegensatz zur sprachanalytisch verfahrenden Philosophie berücksichtigen die von Apel und →Habermas entwickelten Modelle einer diskursethisch begründeten Handlungstheorie auch den kommunikativen Aspekt der Sprache, der sich nur einem hermeneutischen Zugang erschließt. Die Idee einer auf sprachlicher Verständigung beruhenden menschlichen Kommunikationsgemeinschaft, die in einer rationalen, auf universaler Verständigungs- und Geltungs-Gegenseitigkeit basierenden Argumentation mögliche und sinnvolle gesamtgesellschaftliche Handlungsziele ›aushandelt‹, hält an der Möglichkeit einer Vernunftethik auch unter den Bedingungen der Pluralisierung von Ansprüchen und →Werten fest. Eine solche universalistische Makroethik (Apel) wird gegen die angloamerikanischen Verfechter von Ethnoethiken (z. B. MacIntyre) als unabdingbare Voraussetzung für eine gleichberechtigte Kooperation zwischen verschiedenen Kulturen und Ethostraditionen verstanden.

2. Die normative Ethik setzt mit ihrer dem Prinzip der rationalen Universalisierung verpflichteten Erörterung und Bewertung gesellschaftlich vermittelter →Normen und Handlungsziele im Gegensatz zur Position der analytischen Ethik voraus, dass moralische Maßstäbe einer vernünftigen Rechtfertigung bedürftig und auch zugänglich sind, ohne den erforderlichen Letztbegründungsversuch selbst zu unternehmen. Die so entstandenen ethischen Theorien zielen auf eine Verbesserung menschlicher Praxis bei auftretenden Normen- oder Zielkonflikten durch die Bereitstellung von vernünftigen Rechtfertigungsstrategien zur Entscheidungsfindung.

Eine gängige Klassifizierung der in der Geschichte der Ethik entwickelten normativen Grundsatzpositionen orientiert sich an den obersten Prinzipien, von denen her Wertvorstellungen und Handlungszwecke beurteilt werden. Nach Auffassung der teleologisch argumentierenden Theoretiker bemisst sich der Wert einer Handlung ausschließlich an der Qualität der Handlungsfolgen. Man spricht in diesem Zusammenhang auch von Güterethiken. Die als ›gut‹ ermittelten Handlungsziele ergeben sich entweder aus einem der Natur des Menschen unterstellten Endzweck wie Genussfähigkeit (Aristipp), Seelenruhe (Epikur), Freiheit von Furcht (→Seneca), individuelle Selbstverwirklichung in einer funktionierenden staatlichen Gemeinschaft (Aristoteles) oder aber aus einem hedonistischen Kalkül, das abzuwägen sucht, wie angesichts bestehender Handlungsalternativen der größtmögliche Nutzen für möglichst viele Menschen erreicht werden kann (so der Nutzensummenutilitarismus von Mill bis Birnbacher). In den Kontext der Überlegungen im Umfeld teleologischer Ethiktheorien gehören auch die essenzialistisch oder sprachlogisch verfahrenden Glückstheorien, die das Glücklichsein als das letzte Ziel menschlichen Lebens einer genaueren Untersuchung unterziehen. Glück erscheint dabei als Fortuna (Boethius), als freudevolle seelische Gestimmtheit (→Nietzsche, Freud, Schlick), als Charakterangelegenheit (Mitscherlich) oder als gelungener Lebensentwurf (von Aristoteles bis →Rawls). Von der Güterethik grenzt sich die von Scheler und Hartmann ausgearbeitete materiale Wertethik insofern deutlich ab, als sie im Anschluss an →Husserl von ›ideal-objektiven‹ Werten ausgeht, die sich nicht aus Willenszwecken ableiten lassen, sondern ihnen zu Grunde liegen. Eine menschliche Handlung ist danach ›gut‹, wenn das sie hervorrufende Wollen einen höheren Wert bejaht.

Die Vertreter deontologischer Handlungstheorien sind im Gegensatz zu den beschriebenen Konsequentialisten der Auffassung, dass der Wert einer Handlung ausschließlich vom Wert der zu Grunde liegenden Handlungsweise abhängt, also von der →Gesinnung, die zu einer →Handlung führt, und zwar unabhängig davon, ob diese im angestrebten Sinne erfolgreich ist oder nicht. Weil hier allein formale Bestimmungsgründe des Wollens wie der für Vernunftwesen einsichtige und deshalb verpflichtende →kategorische Imperativ Kants oder die von →Sartre hervorgehobene Verpflichtung zur ›Wahlfreiheit‹ zwischen verschiedenen Werten oder Zielen als Beurteilungsprinzipien für das menschliche Handeln anerkannt werden, spricht man in diesem Zusammenhang auch von formalen Ethiktheorien. Es wird zuweilen als Entlastung für das Individuum angesehen, wenn es die moralische →Verantwortung für die keineswegs immer überschaubaren Folgen seines Tuns dann nicht mehr tragen muss, wenn es nach bestem Wissen und Gewissen gehandelt hat.

3. In den letzten Jahrzehnten des 20. Jhs. hat die Kritik an einem ethischen Intellektualismus zugenommen, der das Besondere menschlicher Handlungssituationen flieht und Tugendhaftigkeit mit dem (Bescheid)wissen über allgemeine Handlungsgrundsätze verwechselt (vgl. Arendt, Schnädelbach oder Hastedt). So erklärt es sich, dass die Moralprinzipien immer häufiger in Bereichsethiken wie der Tierethik (Peter Singer), der Umweltethik (Hans Jonas, Meyer-Abich) oder der Wirtschaftsethik (Rawls, Ulrich) so kontextualisiert werden, dass sie für das Besondere, für den Umgang mit Tieren ebenso wie für die eigene Ernährung, für die Wiederherstellung des ökologischen Gleichgewichts ebenso wie für energiepolitische Entscheidungen, für die Durchsetzung ökonomischer Gerechtigkeit ebenso wie für Fragen unternehmerischer Verantwortung, Bedeutung gewinnen.

Hier besteht allerdings die Gefahr, dass sich die philosophische Ethik von einem Platzhalter für den ›Gerichtshof der Vernunft‹ (Kant) zu einem Serviceunternehmen für die selbst ernannten Experten unseres Politik- und Wissenschaftsbetriebes entwickelt und deren Interessen voreilig durch willfährige Argumente mit scheinphilosophischer Argumentation versieht.

4. Die Gefahr einer solchen ideologischen Vereinnahmung wird noch größer, wenn auf der Ebene größtmöglicher Praxisnähe Einzelfragen wie die nach der Möglichkeit einer moralischen Akzeptanz von Sterbehilfe, Abtreibung, gentechnischer Manipulation oder von Präimplantationsdiagnosen bei in vitro erzeugten Embryonen gestellt und in einem philosophischen Diskurs erörtert werden.

Spätestens in solchen Zusammenhängen wird aber auch deutlich, dass eine Verbesserung des alltäglichen menschlichen Verhaltens im Sinne der →Achtung vor der Würde des Menschen nicht allein durch vernünftige Überlegungen, ja nicht einmal durch die theoretische Anerkennung von Regeln und Zielen erreicht werden kann, wie wichtig auch immer Normen begründende Diskurse sein mögen. Das eigentliche Problem ist die Normendurchsetzung. Da kann es sein, dass verschiedene Normen miteinander kollidieren, dass die Grenzen des individuellen Handlungsspielraums zur moralischen Resignation führen, weil den moralischen Werten keine Rechtsregeln entsprechen, die ihre Beachtung erzwingbar machen. Da ist schließlich die Unberechenbarkeit eines jeden individuellen →Willens, der vernünftige Einsichten nicht notwendigerweise auch in die Tat umsetzen muss. Wer mit →Schopenhauer die Sympathie als Wegbereiter für die Offenheit anderen Menschen und Lebewesen gegenüber und das im Gefühl des →Mitleids offenbar werdende »Bewusstsein der Kreatürlichkeit und ihrer Gefährdung« (Walter Schulz*)* als moralisch bedeutsame menschliche Empfindungen begreift, der gibt keineswegs die ethische Vernunft preis, sondern stellt sich der Tatsache, dass das Ethos des Handelnden nicht nur von der Einsicht in Vernunftgrundsätze bestimmt, sondern auch von einer moralischen Gestimmtheit der Empfindungen geprägt wird. Nur im Zusammenspiel von Vernunft und →Gefühl kann der Wille zum Leben die durch den natürlichen Egoismus gesetzten Markierungen außer Kraft setzen. Eine kritische Auseinandersetzung mit den Prinzipien, Aufgaben und Zielen menschlicher Lebensgestaltung darf deshalb die Besinnung auf die Rolle der Gefühle und des Rechts aus dem Kontext moralisch verantworteten Handelns nicht ausklammern.

G. Bien, Glück – was ist das?, Frankfurt/M. 1999

Th. Gil, Ethik, Stuttgart 1993

H. Hastedt, Philosophische Ethik und Orientierung in der Moderne, In: S. Dietz u. a. (Hg.), Sich im Denken orientieren. Für Herbert Schnädelbach, Frankfurt/M. 1996, S. 156–171

W. Janke, Das Glück der Sterblichen. Eudämonie und Ethos, Liebe und Tod, Darmstadt 2002

J. Nida-Rümelin (Hg.), Handbuch angewandter Ethik, Stuttgart 1996

W. Schulz, Grundprobleme der Ethik, Stuttgart 1989

H. P.

Ethisches Stadium Der →Begriff entstammt der Philosophie des dänischen Philosophen →Kierkegaard. Er unterscheidet in seiner →Ethik drei Formen der Lebenshaltung: eine ästhetische, eine ethische und eine religiöse. Kierkegaard nennt sie Stadien und beschreibt sie in verschiedenen seiner Schriften (*Unwissenschaftliche Nachschriften, Stadien auf dem Lebensweg, Entweder - Oder*). Innerhalb des ersten Stadiums, das die subjektivistisch-ästhetische Lebensform umfasst, lebt ein Mensch auf den Augenblick bezogen und lässt sich von den Abwechslungen der Welt fortreißen. Dagegen ist der Mensch im Zustand des ethischen Stadiums den Normen der bürgerlichen Allgemeinheit verpflichtet. Das Stadium des Ethischen erlaubt die Selbstwahl der eigenen ->Freiheit, d.h. der Möglichkeit zu wählen. Anders als der vom flüchtigen Strom der Welt mitgerissene Ästhetiker kann der Ethiker Entschlüsse fassen. Das höchste Stadium bildet freilich das religiöse. Dieses wird durch einen qualitativen Sprung errungen.

T.B.

Ethos Griech. ›Temperament, Gemütsart, Sitte, moralische Gesinnung, sittlicher Charakter, aber auch Gewohnheit, Gewöhnung‹: Umgangssprachlich dient das Wort Ethos zur Bezeichnung der Haltung oder Sinnesart eines Einzelnen, einer Gruppe oder Gemeinschaft, insofern diese einen moralischen Charakter besitzt. So spricht man z.B. vom Berufsethos eines Menschen und meint damit Eigenschaften wie Verlässlichkeit, Pünktlichkeit, Genauigkeit, aber auch Freundlichkeit im Umgang mit anderen oder Ehrlichkeit. Mit dem Ethos einer Gruppe können Eigenschaften wie gegenseitige Treue oder die Nichtanwendung bestimmter, als moralisch unwürdig angesehener Praktiken aufgerufen werden. Unter dem Ethos einer Gemeinschaft kann man deren im weitesten Sinne sittlich relevante Grundprinzipien, wie z.B. Schutz des Lebens, Streben nach sozialer Gerechtigkeit usw. begreifen.

Als philosophischer Terminus bezeichnet Ethos zum einen die Grundhaltung eines Menschen, seine (moralischen) Überzeugungen und (angeborenen) Anlagen, welche durch Übung und Erziehung ausgeprägt und gefestigt werden. Zum anderen steht Ethos für diejenigen charakterlichen Merkmale bzw. Tugenden, die sich nicht ausdrücklicher Unterweisung verdanken, sondern Ergebnis der Gewöhnung, des ethischen Handelns sind (Arete, ->Ethik, ->Moral, ->Tugend).

T.B.

Eudaimonie Griech. *eudaimonia*, ›Glück, Glückseligkeit‹: Der zentrale Begriff der antiken ->Ethik bezeichnet das höchste Ziel des Strebens eines Menschen, dasjenige unter den Gütern, das um seiner selbst willen erstrebt wird und insofern nicht Mittel zu anderen Zwecken ist. Verstanden als dasjenige, worin sich die eigentümliche Befähigung eines jeden ->Wesens verwirklicht, ergibt sich die Eudaimonie für ->Aristoteles aus der zweifachen Wesensnatur des Menschen als einem Gemeinschaftswesen (*zoon politikon*) und als einem mit ->Vernunft begabten Wesen (*zoon logon echon*). In der Eudaimonie finden die spezifischen Möglichkeiten einer Sache ihre Vollendung. In der *Nikomachischen Ethik* nennt Aristoteles drei Lebensformen, aus denen sich die Eudaimonie des Menschen ableiten lässt: 1. das Genussleben (*hedone*), 2. das Leben im Dienste des Staates (*bios praktikos*), 3. das Leben in Hingabe an die Philosophie (*bios theoretikos*). Hat die erste Lebensform ihren Grund in der Animalität, dem Tierhaften im Menschen, so entspringt die zweite aus seiner Bestimmung als politischem Wesen, die dritte hat ihren Ursprung in der dem Menschen eignenden Vernünftigkeit. Unter den drei Lebensformen besitzt die philosophische den höchsten Wert. Als Grund dieser Einschätzung nennt Aristoteles die Tatsache, dass die Götter im höchsten Sinne selig und glücklich sind, und zwar, weil sie in reiner (geistiger) Schau verharren. Folglich muss eine Tätigkeit, die der der Götter am nächsten kommt, am meisten vom Wesen des Glücks in sich tragen und folglich die Erste unter den Lebensformen sein. ->Glück kann daher als ein geistiges Schauen bezeichnet werden. Insofern von den anderen Lebewesen keines an der geistigen Schau teilhaben kann, kann auch keines von ihnen als glücklich gelten. Weil aber die Natur des ->Menschen für sich allein nicht ausreichend ist, die geistige Schau zu verwirklichen, bedarf es zu ihrem Erreichen der Gunst der äußeren Umstände, außerdem leiblicher Gesundheit und Nahrung. Ein Leben in reiner ->Theorie ist jedoch dem Menschen unmöglich und er kann sich demzufolge diesem Leben nur nähern.

Auch für die ->Stoa besteht das oberste Lebensziel in der Eudaimonie, die von den Stoikern als das naturgemäße Leben, als Übereinstimmung von menschlichem Verhalten und einem alles durchdringenden →Naturgesetz, von Vernunft und →Welt, von göttlichem und menschlichem →Willen bestimmt wird. Dabei liegt die höchste Aufgabe nicht wie bei Aristoteles in geistiger Schau, sondern in politischem Handeln, in einem Handeln für die Gemeinschaft. Besonderes Merkmal des stoischen Tugendideals, welches der Weise verkörpert, ist seine Leidenschaftslosigkeit (→Apathie) sowie seine vollkommene →Freiheit und Selbstbestimmtheit.

Epikur macht die Lust zum höchsten Ziel menschlichen Strebens. Das heißt jedoch nicht, dass die Eudaimonie darin liegt, jede Lust zu erstreben oder jeden Schmerz zu vermeiden, denn was eine gewisse Lust bewirkt, kann oft Schmerzen zur Folge haben, die größer sind als jene Lust. Umgekehrt kann ein geringer Schmerz oft großen Schmerzen vorbeugen. Bei jeder in Frage kommenden →Handlung gilt es daher im Voraus die möglicherweise daraus direkt oder indirekt entstehende Lust gegen die unmittelbar oder mittelbar daraus folgenden Schmerzen gegeneinander abzuwägen und je nach Übergewicht von Lust oder Schmerz eine Entscheidung zu treffen.

T. B.

Evidenz Von lat. *evidentia*, ›Offenbarkeit, Einsichtigkeit‹: dient in der Philosophie zur Bezeichnung der unmittelbaren Einsicht in die →Wahrheit eines Satzes oder die Richtigkeit einer →Erkenntnis. Der Evidenzbegriff bildet die Grundlage der Wahrheit in →Erkenntnistheorien, die ihren Ausgangspunkt nicht bei der menschlichen Gemeinschaft, sondern bei einem →Subjekt und seinen geistigen Inhalten nimmt. Solch ein Subjekt, so nimmt beispielsweise →Descartes an, verfügt über einen Schatz von ewigen Wahrheiten, die dem Subjekt angeboren sind (→*ideae innatae*). Fällt der Blick des Subjekts auf eine dieser Wahrheiten, so wird sie klar und deutlich erkannt. Besitzt also ein gedanklicher Inhalt das Merkmal der Klarheit und Deutlichkeit, leuchtet er mit anderen Worten als evident ein, so ist er auch zugleich wahr. Evidenz wird damit der Wahrheit vorgeordnet, Wahr-Sein in Hinblick auf evident Erkanntwerden bestimmt. Descartes führt als Beispiel einer als evident erkannten Wahrheit den Satz »Ich denke, also bin ich« (*cogito ergo sum*) auf. Weil die Erkenntnis dieses Satzes klar und deutlich ist, muss dieser Satz auch wahr sein. Es kann daher nicht der Fall sein, dass ich denke und dennoch überhaupt nicht existiere.

Einen besonderen Stellenwert nimmt der Begriff der Evidenz innerhalb der →Phänomenologie →Husserls ein. Evidenz heißt dort soviel wie Erleben der Übereinstimmung zwischen dem, was man denkt, und dem, was in der Anschauung gegeben ist. Jeder Satz, den ein Subjekt äußert, besitzt eine →Bedeutung, bedeutet etwas. Tritt nun der Fall ein, dass das, was der Satz bedeutet, dem entspricht, was wahrgenommen bzw. angeschaut wird, und wird die Entsprechung beider Seiten erlebt, so liegt Evidenz vor. Ist das der Fall, so ist der Satz zugleich auch wahr. Äußert jemand z. B. den Satz ›Das Dach ist rot‹ und nimmt dabei ein rotes Dach wahr, so kann er die Übereinstimmung zwischen dem, was er mit dem Satz gemeint hat, und dem, was ihm anschaulich gegeben ist, erleben. Solch eine Übereinstimmung wird nach Husserl in der Evidenz erlebt. Der Satz ›Das Dach ist rot‹ ist damit auch wahr. Wahrheit ist also auch hier dem Evidenz-Erleben nachgeordnet. Da Husserl die Wahrheit von Sätzen einzig und allein auf Evidenz gründet, d. h. von der Übereinstimmung zwischen dem mit den Worten Gemeinten und dem anschaulich Gegebenen abhängig macht, und da sich unter den Worten eines Satzes auch Worte wie ›ist‹, ›und‹ usw. befinden, ist er gezwungen, auch eine diesen Worten entsprechende Anschauung anzunehmen. Husserl nennt sie die formale Anschauung.

T. B.

Evolution Von lat. *evolutio*, ›Entwicklung‹: Begriff aus der Biologie. Er beschreibt die kontinuierliche Entwicklung der Lebewesen im Laufe der Erdgeschichte. Die Ergebnisse der modernen Evolutionstheorie werden jedoch auch philosophisch relevant in →Naturphilosophie, →Anthropologie und →Erkenntnistheorie.

Die moderne Interpretation des Evolutionsbegriffs geht zurück auf Charles Darwin (1809–1882). Darwin postuliert, dass es keine Artenkonstanz gebe. Alle Lebewesen haben mehr Nachkommen, als zur reinen Arterhaltung notwendig sind. Die jeweiligen Nachkommen unterscheiden sich jeweils durch verschiedene Eigenschaften, durch Veränderungen im Erbgefüge. Von den mutierten Nachkommen setzen sich jene im Kampf ums Dasein durch (Selektion), die an ihre Umwelt bestmöglich angepasst sind. Dieser Anpassungsvorgang führt zu einer Weiterentwicklung der jeweiligen Art. Neue Arten entstehen durch Neukombination der Gene, durch Mutation und natürliche Selektion. Auf diesem Wege hat sich aus einfacher gebauten Vorfahren die heutige Formenmannigfaltigkeit der Lebewesen entwickelt. Ein Beispiel für die Evolution ist die Entwicklung von Affen und Menschen aus gemeinsamen Vorfahren.

Im Kontext der Philosophie sind folgende Themenkreise der modernen Evolutionstheorie relevant: Anpassung des Gehirns und seiner Erkenntnisstrukturen an die Struktur der Wirklichkeit bei der biologischen Evolution. Evolution ist ein erkenntnisgewinnender Prozess (→evolutionäre Erkenntnistheorie). – Absage an den →Essenzialismus: →Popper lehnt die Auffassung ab, mit Hilfe der Wissenschaft sei irgendein Wesen der Dinge zu erfassen. Die Absicht des Essenzialismus, Begriffe durch eindeutige Definitionen zu erschließen, muss scheitern, wenn es keine Artenkonstanz gibt. – Absage an die Theorie des Menschen als ›Krone der Schöpfung‹. Die Entwicklung des Menschen ist eingereiht in die Evolution allen Lebens bzw. in die kosmische Evolution. – Absage an den durchgängigen Determinismus: Evolutionäre Prozesse folgen nicht vorgegebenen Gesetzen; sie sind nicht prognostizierbar. Die Gesetze der Evolution sind Teil des Entwicklungsprozesses.

F. M. Wuketis, Evolutionstheorien, Darmstadt 1988
R. Dawkins, Das egoistische Gen, Reinbek 1996

B. W.

Evolutionäre Erkenntnistheorie Der Grundgedanke der von Darwin entwickelten biologischen Evolutionstheorie besteht darin, Evolution aus dem Zusammenspiel zweier Mechanismen zu erklären, nämlich die durch Mutation und geschlechtliche Fortpflanzung auftretenden Variationen und die durch natürliche Auswahl (Selektion) bedingte Anpassung der Organismen an ihre →Umwelt. Innerhalb einer Umwelt mit begrenzten Ressourcen können nur diejenigen Lebewesen überleben und sich fortpflanzen, die ihrer Umwelt am besten angepasst sind. Anknüpfend an diese Konzeption einer Anpassung durch Selektion deutet die evolutionäre Erkenntnistheorie die Entstehung und Entwicklung der geistigen Strukturen und die dadurch geformten Erkenntnisse als Ergebnis der Anpassung eines Organismus an seine Umwelt. Die →Kategorien der Wahrnehmung und des →Denkens ebenso wie die Formen der →Anschauung sind nicht, wie noch →Kant angenommen hat, →*a priori* gegeben, sondern haben sich selbst erst im Laufe eines viele Millionen Jahre währenden Entwicklungsprozesses herausgebildet.

In Hinblick auf das Verhältnis der Übereinstimmung von geistigen Strukturen und Umwelt lassen sich innerhalb der evolutionären Erkenntnistheorie zwei Extreme unterscheiden. Geht die eine Seite davon aus, dass Erkenntnis die Umwelt mehr oder weniger adäquat abbildet, so behauptet die Gegenseite, dass die Welt erst durch Erkenntnis konstituiert wird. Insofern reproduziert sich innerhalb der evolutionären Erkenntnistheorie der Gegensatz von →Realismus und →Idealismus.

T. B.

Ewigkeit Der philosophische Begriff hat gegenüber der umgangssprachlichen Verwendung des Wortes eine andere Bedeutung. Während umgangssprachlich ›ewig‹ gleichbedeutend mit ›sehr lange‹, ›immerwährend‹ und ähnlichen, sich auf Dauer und zeitliche Erstreckungen beziehenden Begriffen ist, schließt der philosophische Begriff der Ewigkeit, so wie er von den meisten Autoren verwendet wird, Dauer aus seiner Bedeutung aus. ›Ewig‹ heißt nicht soviel wie ›lang andauernd‹, sondern ›dauerlos‹ oder ›zeitlos‹. Schon bei →Platon findet sich die Gegenüberstellung von Ewigkeit und →Zeit. Die Zeit wird als bewegliches Bild der Ewigkeit bezeichnet, Ewigkeit wird damit zu etwas Unbewegtem, für das es kein Nacheinander, kein Früher oder Später gibt. →Augustinus sagt von der Ewigkeit, sie sei das Ganze auf einmal. Dieser Satz ist so zu verstehen, dass uns als →Menschen und endlichen Wesen in zeitlicher Folge gegeben ist, was in der Ewigkeit für ein göttliches Wesen als Ganzes auf einmal vorhanden und einzusehen ist. Die Ewigkeit rollt sozusagen als Zeit an uns vorbei, wobei stets nur ein Bruchteil von ihr gegenwärtig, das Übrige aber schon vergangen oder noch zukünftig ist. Mit diesem Begriff von Ewigkeit wird ein →Dualismus von ewigem, unzeitlichem, dauerlosem Jenseitigem und zeitlich Diesseitigem aufgespannt. Mit Hilfe der Annahme einer zweiten, von der unseren verschiedenen ewigen Welt ist es dann möglich, die Existenz von Göttern, aber auch das Weiterleben nach dem Tode zu erklären. Außerdem kann ein Begriff von Ewigkeit als Zeitlosigkeit dazu verwandt werden, um den Status mathematischer Wahrheiten plausibel zu machen.

Neben der Bestimmung von Ewigkeit als Dauerlosigkeit und Gegenbegriff zur zeitlichen Aufeinanderfolge von Ereignissen findet sich bei manchen Philosophen ein Verständnis von Ewigkeit als unendlicher zeitlicher Dauer. Auch hier stehen sich Ewigkeit und Zeit gegenüber, jedoch nur so, dass die Zeit einen endlichen Ausschnitt aus der Ewigkeit darstellt, die Ewigkeit hingegen das unendliche Ganze bildet. Nach dieser Konzeption stehen sich Ewigkeit und Zeit wie Bestimmbares und Bestimmendes, Unbegrenztes und Begrenzendes gegenüber, können also in ein Verhältnis von →Materie und →Form gebracht werden. Ewigkeit korrespondiert der zu bestimmenden Materie, Zeit der die Materie bestimmenden Form. Auf die zuletzt genannte Weise interpretieren →Leibniz und →Kant den Begriff der Ewigkeit. Der Begriff der Ewigkeit als abgeschlossenes Ganzes ist Motivation für ein heilsgeschichtliches Erwartungsdenken, das davon ausgeht, dass das Ganze der Ewigkeit in zeitlicher Form abgelaufen ist.

T. B.

Ex nihilo nihil Lat. ›Aus nichts wird nichts.‹: Gegenbegriff zur →*creatio ex nihilo*, der Schöpfung aus dem Nichts, wie sie die christliche Dogmatik lehrt. Die platonisch-aristotelische Tradition geht von der Unerschaffenheit der →Materie aus. Ebenso wie es eine letzte →Form geben muss, muss es auch einen ersten Stoff geben, aus dem alles besteht.

T. B.

Exclusi tertii principium →Satz vom ausgeschlossenen Dritten

Existenz →Existenziell

Existenzial Grundbegriff der Philosophie →Heideggers. Mit Existenzial bezeichnet Heidegger wesentliche Bestimmungen des menschlichen →Daseins. Sie sind in etwa den von →Kant entwickelten Bedingungen der Möglichkeit von Erfahrung verwandt, indem sie das Gefüge struktureller Eigenschaften bilden, in denen sich der Mensch auf seine Welt bezieht. Hatte sich aber Kant auf das Erkennen als primäres Weltverhalten konzentriert, so liegt der Schwerpunkt von Heideggers Analysen bei der menschlichen Alltagspraxis. Deren Grundstruktur bilden die Existenzialien. Heidegger unterscheidet Existenzialien als Seinscharaktere des menschlichen Daseins von Kategorien als den grundlegenden Bestimmungen von Gegenständen. Beispiele für Existenzialien sind Befindlichkeit, Verstehen, Rede, Entwurf, Möglichkeit u. a.

T. B.

Existenzialaussage →Partikuläre Urteile

Existenzialismus →Existenzphilosophie

Existenziell Die Existenz, das Dasein betreffend: Eine Sache ist dann existenziell, wenn sie für den Fortbestand von etwas unverzichtbar ist, wenn ohne sie das Weiterbestehen eines Sachverhaltes in Frage gestellt wird. Eine spezielle Bedeutung erlangt der Begriff innerhalb der so genannten →Existenzphilosophie. →Heidegger unterscheidet zwischen einem existenziellen und einem existenzialen Daseinsverständnis. Das (menschliche) →Dasein, so Heidegger, versteht sich selbst immer aus seiner Existenz, was ungefähr soviel heißt, als dass jeder Mensch sich stets in einem bestimmten Rahmen von Möglichkeiten bewegt, von denen er einige ergreift und verwirklicht, andere ungenutzt verstreichen lässt. Den Umgang mit und das Leben in diesen Möglichkeiten nennt Heidegger das existenzielle →Verstehen. Erstreckt sich dagegen das Verstehen auf die Strukturen des menschlichen Daseins selbst, die bei Heidegger den Namen →Existenzialien tragen, dann spricht Heidegger von einem existenzialen Verstehen. Existenziales Verstehen hat es also mit der theoretischen Erforschung der für einen Menschen grundlegenden Strukturen zu tun. Als solche nennt Heidegger →Befindlichkeit, Verstehen, →Sprache usw. – allesamt Bestimmungen, die fundamental sind, will man menschliches Dasein angemessen beschreiben.

T. B.

Existenzphilosophie Um 1930 setzt sich in Deutschland die Bezeichnung Existenzphilosophie für eine Reihe von zunächst als →Anthropologien gedeuteten philosophischen Entwürfen durch, die sich in den geistigen Wirren der Zeit nach dem Ersten Weltkrieg auf den innersten Kern des Menschen besinnen und in einer zutiefst persönlichen Reflexion um eine denkerische Seinserfahrung bemühen. Die in ihnen durch leidenschaftliche Interessenahme am eigenen →Selbst erlangte existenzielle Teilhabe am →Sein tritt in offenen Gegensatz zur rationalen Weltbemächtigung durch →Wissenschaft und →Technik sowie zur abstrakten Vernünftigkeit objektivierenden Denkens. Das »neue Denken« (F. Rosenzweig) erfasst alle Kulturbereiche. Die Erfahrung der Ungeborgenheit und Auf-sich-Verwiesenheit des endlichen →Menschen zwingt in der dialektischen Theologie (Barth), in der Dichtung (Kafka, Rilke, Malreaux), in der modernen Kunst (Munch, Expressionismus, Surrealismus), später auch in der Politik (französischer Widerstand) und auf der Bühne (→Sartre, Marcel) zur Entwicklung neuer gedanklicher und künstlerischer Ausdrucksformen. Durch den Ausbruch des Zweiten Weltkriegs wird die weitere Ausbreitung dieser Gedanken zwar abgebrochen, doch die motivierenden Erlebnisse, die zur Ausbildung der neuen Philosophie geführt haben, werden durch die erneut hereingebrochenen Katastrophen noch intensiviert. Man spricht in diesem Zusammenhang geradezu von einer ›Katastrophenphilosophie‹, welche die seinsbejahenden Aspekte der frühen Existenzphilosophie vergessen hat. Vor allem in Frankreich erscheint der Existenzialismus in neuer Gestalt und verbreitet sich in Intellektuellen- und Künstlerkreisen zu einem resignativen modischen Lebensstil. Mit dem Erstarken des gesellschaftlich engagierten Denkens Ende der sechziger Jahre gerät die Existenzphilosophie durch ihren betonten Rückzug auf das Innere in Misskredit. Seitdem spricht man nur noch von existenzphilosophischen Elementen innerhalb verschiedener Konzepte. Wir unterscheiden deshalb im Folgenden die Existenzphilosophie als philosophische Strömung von der existenzphilosophischen Denkform, die in verschiedenen philosophischen Disziplinen wie →Metaphysik, Anthropologie, →Ontologie und →Religionsphilosophie eine wichtige Rolle spielt. Der Schwerpunkt der Darstellung liegt auf der zuerst genannten Ausprägung.

In der Existenzphilosophie als philosophischer Strömung geht es darum, alles von einem ›Kern‹ des Menschen her erfahrend zu verstehen. Dieses fundamentale Prinzip der Innerlichkeit bezeichnet man mit dem von →Kierkegaard geprägten Begriff der Existenz, der im ›existierenden Denker‹ im Gegensatz zum ›abstrakten Denker‹ →Hegels seine anschauliche Konkretion gefunden hat. Mit diesem Begriff ist nicht das abstrakte Das-Sein (*existenzia*) als Gegenbegriff zum Was-Sein (*essentia*) der klassischen Ontologie gemeint, das ja auch Dingen und Beziehungen zukommt, sondern die Fülle des Erlebten eines auf das nackte →Dasein zurückgeworfenen Menschen. In diesem erlebten Das-Sein erfährt der Mensch Furcht und →Angst (Kierkegaard), Krankheit und Schuld (Jaspers), das Wissen vom eigenen →Tod und die Ahnung des →Nichts (→Heidegger), die Absurdität menschlichen Handelns (Camus), aber auch die Möglichkeit von →Freiheit (Sartre), die Offenheit für Andere, sowie Treue und Hoffnung auf ein göttliches Du (Marcel). Obwohl sich die Existenzphilosophie in den positiv wie in den negativ gestimmten Ausprägungen verbreitet, wird der personalistische und religiöse Existenzialismus (Kierkegaard, Marcel) im Allgemeinbewusstsein bald vom säkularen und atheistischen Existenzialismus (Jaspers, Heidegger, Sartre) verdrängt. Die Bezeichnung Existenzphilosophie wird von den Zeitgenossen vor allem mit den drei zuletzt Genannten verbunden, obwohl sich Heidegger sehr früh von dieser Etikettierung distanziert, bei Jaspers einige Jahre später das Gleiche geschieht und Sartre seine Lehre zuletzt als neue Form des Humanismus (→A Renaissance – Humanismus) deutet.

Erste existenzphilosophische Gedanken schreibt Marcel während des Ersten Weltkriegs in seinen *Metaphysischen Tagebüchern* unabhängig von Kierkegaard nieder und führt darin die Tradition von M. Blondel, M. de Biran, →Pascal und →Augustinus fort. Er ist überzeugt, dass Antworten auf Sinnfragen nur in Situationen möglich sind, in denen dem Menschen die existenzielle Teilhabe am Sein gewährt wird. Nur dort überwindet er die innere →Entfremdung, die ihn durch Betrachtung des Lebens als Schauspiel und der →Welt als Feld objektivierender Beherrschung gefangen hält. Grundbedingung der Existenz ist nach Marcel die personale Treue zum menschlichen und zum göttlichen Du, das heißt die Hoffnung auf etwas, dessen man nicht habhaft wird und das sich uns gewährt. Wie alle Existenzphilosophen ist auch Marcel davon überzeugt, dass diese existenziellen Erfahrungen als Bestimmungen einer allgemeinen menschlichen Seinsweise ausgelegt werden können, die bei ihm in einer ›Philosophie der Hoffnung‹ beschrieben werden.

Für Heidegger steht eben diese alle Menschen betreffende Daseinsanalyse im Vordergrund, die er allerdings nicht wie Marcel im Sinne einer religiösen personalistischen Metaphysik, sondern als →Fundamentalontologie deutet, die den endlichen Menschen betrifft. Der Mensch wird in dem Jahrhundertwerk *Sein und Zeit* (1927) als seinsverstehendes Seiendes ausgelegt, das sich zu sich selbst, der Existenz, eigentlich oder im Verfallensein an das seinsvergessene Man uneigentlich verhält. Das vorgängige In-der-Welt-Sein, das →Descartes' isoliertes *cogito* ad absurdum führt, und andere existenzphilosophische Kategorien (→Existenzialien) wie Sorge, Geworfenheit, Mitsein, Möglichsein, Verstehen oder Sein zum Tode beschreiben die Grundformen des endlichen menschlichen Daseins. In seiner Spätphilosophie, nach der ›Kehre‹, entfernt er sich weiter vom auf Innerlichkeit zielenden existenzphilosophischen Ansatz und deutet den Menschen als Ek-sistenz, das heißt als ekstatisches Wesen, das sich auf das sich öffnende Sein bedingungslos einlässt und dies als ›Schickung‹ erfährt.

Das zentrale Dilemma jeder Existenzphilosophie, von etwas sprechen zu wollen, was gerade durch Unausdrückbarkeit ausgezeichnet ist – denn alle Sprache ist allgemein und das Existenzielle aber einmalig, kontingent und »jemeinig« –, veranlasst Jaspers, den Begriff der Existenzerhellung einzuführen, um den appellativen Charakter gegen den systematisch-beschreibenden herauszustellen. Was in mythischer Ausdrucksweise →Seele und →Gott heißt, nennt Jaspers Existenz und →Transzendenz. Seine Philosophie betont das Scheitern an den Grenzen, das Gewahrwerden eines Umgreifenden oder Transzendenten, das allerdings, anders als bei den religiösen und dialogischen Existenzialisten, völlig unbestimmt bleibt. Die Erfahrung der →Transzendenz erfolgt allein in →Grenzsituationen wie Leid, Krankheit, Tod – alles Themen, in denen die Herkunft Jaspers' aus der Psychopathologie deutlich wird. Die das Umgreifende erfahrenden Vernunftprozesse finden ihren Ausdruck in einem ›philosophischen Glauben‹, den Jaspers dem religiösen Glauben entgegenstellt. Der philosophische Glaube kennt weder Kultus und →Mythos noch eine Gemeinde oder ein vom Profanen abgetrenntes Heiliges, sondern beschränkt sich auf den →Glauben an die Transzendenz. Es handelt sich dabei um eine letzte →Gewissheit, die keines →Beweises bedarf – denn »ein bewiesener Gott ist kein Gott« –, ferner um die unsere →Handlungen leitende unbedingte Forderung sowie um den Ursprung unserer Existenz. Der philosophische Glaube bleibt stets im Unbestimmten und muss auf alle Absicherungen verzichten. Später betont Jaspers die kommunikativen Elemente seines Ansatzes und entfernt sich damit von seiner ursprünglichen Lehre des permanenten Scheiterns philosophischer Bemühungen.

Auch bei Sartre, dem bedeutendsten Vertreter des französischen Existenzialismus, tritt das Verhalten des Einzelnen zum Anderen in den Vordergrund. Als Schüler →Husserls und Heideggers entwirft er in seinem Hauptwerk *Das Sein und das Nichts* eine phänomenologische Ontologie der menschlichen Existenz. Dabei betont er, dass die menschlichen Strukturen vor allem durch das →Nichts bestimmt sind. Dies zeigt sich in Grundstimmungen wie →Angst und Ekel, im Scheitern menschlicher Handlungen und in der Absurdität des Daseins. Existenz ist grenzenlose und damit bodenlose Freiheit, ein engagiertes Sich-Entwerfen, das erst durch völlig freie Entscheidung Wesenheiten und Werte erzeugt. Die Existenz geht der Essenz voraus und erlaubt keinerlei vernünftige Letztbegründungen in Erkennen und Handeln. Auch der Bezug zum Anderen ist von der Negativität bestimmt. Eine Analyse des Blickes zeigt, dass in allen menschlichen Beziehungen wegen der gegenseitigen Vergegenständlichungstendenz unüberwindbare Konflikte vorgegeben sind. Jede Beziehung zum

Anderen ist von vornherein zum Scheitern verurteilt, weil der Andere in die Sphäre des eigenen →Für-sich-Seins hineingezogen wird. Später deutet Sartre die Analysen als eine neue Form eines atheistischen Humanismus (→A Renaissance – Humanismus) und sympathisiert zugleich mit einem unorthodoxen Marxismus. Die große Wirkung seiner Gedanken, die offensichtlich Grundstimmungen des modernen, von Gott entfremdeten und allein auf sich gestellten beziehungsunfähigen Menschen beschreiben, ist nicht nur seinen philosophischen Werken, sondern vor allem den zahlreichen Theaterstücken zu verdanken. Seine Hinwendung zum Marxismus beschleunigt die allgemeine Auflösung des auf Innerlichkeit fixierten Existenzialismus hin zu einem gesellschaftlichen Engagement und bewirkt damit eine Aufwertung der Gemeinschaft, die sich als Ganze den Existenzbedrohungen zu stellen anschickt.

Zur existenzphilosophischen Denkform: Besonders im Anfangsstadium treten existenzphilosophische Gedanken im Bereich metaphysischer und anthropologischer Überlegungen auf. Marcel spricht ausdrücklich von »metaphysischen Grundbezügen des Menschen zum Universum« und schreibt seine Gedanken in *Metaphysischen Tagebüchern* nieder. Bei P. Wust rückt später der existenzbezogene Akzent in seinem Metaphysik-Verständnis in den Vordergrund. Schon in seiner *Auferstehung der Metaphysik* konzentrieren sich die Analysen auf die *insecuritas humana*, also auf ein echt existenzphilosophisches Thema. Während beim späten Heidegger die Abgrenzung zur Metaphysik offensichtlich ist, wird *Sein und Zeit* zunächst als Beitrag zum neuen Denken innerhalb der Anthropologie gedeutet. Doch spätestens in der Davoser Disputation zwischen Heidegger und Cassirer (1929) wird deutlich, dass Heidegger mit Hilfe der Kant-Interpretation eine der abendländischen Tradition entgegengesetzte neue Seinslehre entwickeln will.

Besonders enge Bezüge zur existenzphilosophischen Denkweise finden wir in der dialogischen Philosophie (Ebner, Rosenzweig, Buber) und in der Religionsphilosophie (Przywara, Tillich, Guardini), wobei hier allerdings die Fixierung auf die individuelle Innerlichkeit durch die Betonung des Bezugs zu Gott und den Mitmenschen beseitigt wird. Das isolierte Ego weicht dem kreatürlichen Mitmenschen vor Gott. Aufgrund der Tatsache, dass alle Existenzphilosophen im engeren Sinne über die individuellen Erfahrungen hinaus auch eine explizite philosophische Lehre vertreten, bleibt der Begriff des Existenzphilosophischen weiterhin sehr allgemein.

In einem sehr weiten Sinne gehört existenzielles Engagement zu jedem echten Philosophieren. Seit →Sokrates bemühen sich Philosophen um den Menschen, und →Kant hat deutlich gemacht, dass alle Philosophie letztlich auf die Frage nach dem Menschen hinausläuft. Insofern darf das Ende der Existenzphilosophie als Strömung nicht mit der Antiquiertheit der existenzphilosophischen Grundanliegen gleichgesetzt werden. Zahlreiche wertvolle Elemente wirken weiterhin in anderen philosophischen Lehren fort, so beispielsweise die Hochschätzung der Freiheit, das Bestehen auf einem inneren Engagement jedes Philosophierenden, die Betonung der – allerdings über die Einzelexistenz weit hinausgehenden – →Verantwortung in neuen ethischen und ökologischen Konzepten oder die Distanzierung von einer alles vereinnahmenden technischen und wissenschaftsgläubigen Denkweise. Zudem haben existenzphilosophische Gedanken dazu beigetragen, die Augen für die Gefahren einer allmächtigen →Vernunft zu öffnen. Bei den religiösen Existenzphilosophen schließlich finden sich Betrachtungen, die auf Möglichkeiten einer erfüllten Existenz auch unter modernen Lebensbedingungen hinweisen.

O. F. Bollnow, Existenzphilosophie, 4. Aufl. Stuttgart 1955

F. Heinemann, Existenzphilosophie. Lebendig oder tot?, Stuttgart 1954

E. Mounier, Einführung in die Existenzphilosophien, Bad Salzig 1949 [frz. Paris 1947]

M. Müller, Existenzphilosophie, Freiburg / München 1986

T. Seibert, Existenzphilosophie, Stuttgart 1997

K. W.

Exoterik →Exoterisch

Exoterisch Von griech. *exoterikos*, ›nach außen gekehrt‹: Steht der Begriff des →Esoterischen für dasjenige Wissen, das nur dem Eingeweihten zugänglich bzw. verständlich ist, so nennt der

Begriff des Exoterischen das Wissen, welches allgemein verständlich bzw. der Öffentlichkeit zugänglich ist. In der Philosophie unterscheidet man zwischen dem esoterischen und dem exoterischen Werk →Platons. Von Platons Schriften, so nimmt man an, sind nur die für die Öffentlichkeit bestimmten Schriften überliefert worden. Seine esoterischen Schriften dagegen, die allein dem Gebrauch innerhalb der →Akademie vorbehalten waren, gelten als verschollen.

T. B.

Experiment Planmäßig durchgeführter wissenschaftlicher Versuch, der bewusste Erfahrung herbeiführt. Durch ihn wird ein Vorgang in eindeutiger Weise beschrieben oder gemessen. Experimentieren erfordert aktives Handeln, aktives Eingreifen in die →Wirklichkeit. Das Experiment ist ein charakteristisches Merkmal der modernen Erfahrungswissenschaft im Unterschied zur →Wissenschaft der Antike.

Als Wegbereiter der modernen experimentellen Naturwissenschaften betrachtet man Galilei. Er vertrat als einer der Ersten die →Theorie, dass das Experiment und die genaue Beobachtung die entscheidenden Kriterien für die Richtigkeit oder Unhaltbarkeit einer Theorie seien. Systematische Forschung mit einer Vielzahl von Beobachtungen und Experimenten dienten ihm als Basis einer Theorie, die anhand weiterer gezielter Experimente überprüft wurde.

An Experimente stellt die Wissenschaft die Forderung der Reproduzierbarkeit und der Überprüfbarkeit. Jeder mit ausreichenden Kenntnissen ausgestattete Experimentator muss das Experiment mit demselben Resultat wiederholen können. Bei jedem Experiment muss man deshalb eine Entscheidung darüber treffen, welche Parameter das Versuchsergebnis beeinflussen können und damit wichtig sind – und welche nicht. Die das Experiment maßgeblich beeinflussenden Parameter müssen bei der Wiederholung und Überprüfung des Experimentes konstant gehalten werden. Alle denkbaren Fehlerquellen müssen angegeben und ihre Auswirkungen auf das Ergebnis müssen abgeschätzt werden können. Hilfsmittel für die Durchführung von Experimenten sind Messinstrumente und Apparaturen, durch die Voraussetzungen sowie die Resultate eines Experimentes festgehalten werden.

Experimente können in der Wissenschaft eine doppelte Funktion haben: Sie können →Hypothesen bestätigen mit dem Ziel, eine Theorie zu bewahrheiten (→Empirismus). Sie können Hypothesen →falsifizieren, indem sie empirische →Allsätze der Hypothese durch entsprechende Gegenbeispiele widerlegen, die ihrerseits entsprechend gesichert sind (kritischer →Rationalismus).

R. Carnap, Einführung in die Philosophie der Naturwissenschaft, München 1969

K. Popper, Logik der Forschung, Tübingen 1973

B. W.

Explizit Lat. ›auseinandergefaltet, ausdrücklich‹: Ein Sachverhalt ist dann explizit gesagt, wenn er ausdrücklich aus einer Äußerung oder einem Text hervorgeht. Gegenbegriff ist →implizit.

T. B.

Extension Von lat. *extendere*:, ›ausdehnen‹: bezeichnet den →Umfang eines →Begriffs im Gegensatz zu seinem Inhalt. Als Extension eines Terminus gibt der Logiker den Gegenstand oder die →Klasse von Gegenständen an, auf die der entsprechende Terminus anwendbar ist. Die Extension des Terminus ›grün‹ besteht in der Klasse der grünen Dinge. Klassische Logiken gehen davon aus, dass der Inhalt eines Begriffs durch die in ihm enthaltenen Teilbegriffe gebildet wird. So enthält beispielsweise der Begriff ›Mensch‹ die Teilbegriffe ›vernunftbegabt‹ und ›Lebewesen‹ in sich. Zusammen machen die Teilbegriffe die →Definition von →Mensch aus. Mittels dieser Teilbegriffe bezieht sich der Begriff ›Mensch‹ auf die unter ihm enthaltenen Gegenstände, also alle diejenigen Dinge, die sowohl Lebewesen als auch mit Vernunft begabt sind bzw. die das Merkmal der Vernunftbegabtheit und der Lebendigkeit besitzen. Inhalt und Umfang eines Begriffs stehen in umgekehrtem Verhältnis: Je weniger Teilbegriffe ein Begriff zum Inhalt hat, desto mehr Gegenstände fallen unter den Begriff, desto größer ist seine Extension. Je mehr Teilbegriffe hingegen in einem Begriff enthalten sind, desto weniger Gegenstände gehören zu seinem Umfang. Der Begriff des →Seins, der als einzigen Teilbegriff das Merkmal ›zu sein‹ enthält, hat zu seinem Umfang alles, was ist. Der Begriff ›Mensch‹ dagegen hat als Extension nur diejenigen unter den Lebewesen, die das Merkmal der Vernunftbegabtheit aufweisen. Soll ein Begriff nur einen einzigen, individuellen Gegenstand als Extension haben, so ist der Begriff solange um zusätzliche Merkmale zu erweitern, bis nur noch ein einziger Gegenstand durch die angegebenen Merkmale aus der Klasse aller Gegenstände herausgegriffen wird.

Richteten klassische Logiken ihr Augenmerk vorrangig auf den Begriff, so rückt in der modernen Logik der Satz zunehmend in den Mittelpunkt der bedeutungstheoretischen Überlegungen. Der Begriff der Extension erfährt damit eine Ausdehnung auf ganze Sätze einerseits, auf Namen andererseits. Bezugnehmend auf die von →Frege eingeführte Unterscheidung zwischen dem Sinn und dem Bezug von Ausdrücken unterscheidet →Carnap zwischen der →Intension und der Extension von Sätzen, →Prädikaten und Namen. Als Extension eines Namens gibt Carnap den individuellen Gegenstand an, auf den sich der Name (vermittels seiner Intension) bezieht. So bildet z.B. der individuelle Gegenstand Cäsar die Extension des Namens ›Cäsar‹. Die Extension eines Prädikats ist die Klasse der Gegenstände, die unter das Prädikat fallen, also z.B. die Klasse aller roten Gegenstände, die unter das Prädikat ›rot‹ bzw. ›ist rot‹ fallen. Für einen Satz nennt Carnap den Wahrheitswert als dessen Extension. Sätze sind unabhängig von ihrer Intension, d.h. unabhängig von der durch den Satz ausgedrückten →Proposition, entweder wahr oder falsch. Man kann daher sagen, dass sie, analog zu Namen und Prädikaten, etwas bezeichnen. Sie bezeichnen einen Wahrheitswert, nämlich entweder das Wahre oder das Falsche. Von besonderer Bedeutung in der Auseinandersetzung mit dem Begriff der Extension ist der Begriff der Äquivalenz, d.h. der Gleichwertigkeit. Allgemein gilt, dass zwei Ausdrücke dann miteinander äquivalent sind, wenn sie extensionsgleich sind, d.h. wenn sie denselben Bezug aufweisen. Zwei Namen sind äquivalent, wenn sie sich auf denselben individuellen Gegenstand beziehen. Zwei Prädikate sind äquivalent, wenn sie sich auf dieselbe Klasse von Gegenständen beziehen. Zwei Sätze sind äquivalent, wenn sie denselben Wahrheitswert besitzen.

T.B.

Faktum Von lat. *facere*, wörtlich ›das Gemachte, die Tatsache: kann sowohl sinnlich Gegebenes als auch in anderer, nicht sinnlicher Form Gegebenes, beispielsweise Gedachtes, bezeichnen. In der Philosophie wie in den →Wissenschaften versteht man unter Faktum gemeinhin das, ›was objektiven Bestand hat‹, und das, ›was seiner Bestimmung nach anders sein kann‹. Diese beiden Bestimmungen beleuchten je unterschiedliche Aspekte. Der erste Aspekt entspricht dem umgangssprachlichen Verständnis, wonach man mit Tatsache die →Vorstellung von etwas real Existierendem verbindet: Eine Tatsache ist das, was der Fall ist. So sind nach Russell Tatsachen Dinge, deren Vorhandensein über die Richtigkeit einer Aussage entscheidet. Beispielsweise kann die Behauptung, Millionär zu sein, durch den Nachweis entsprechender Vermögensverhältnisse bestätigt werden. In einem entsprechenden Sinn wird der Bezug auf Tatsachen als eine Art Wahrheitskriterium vor allem im →Positivismus zu einem bedeutsamen Element. Der zweite Aspekt verweist auf den Charakter der Zufälligkeit, der dem faktisch Seienden (→Sein) anhaftet. Sehr deutlich illustriert wird dieser Aspekt in der von phänomenologischer Seite unternommenen Gegenüberstellung der Begriffe Faktum und →Wesen. Dort kontrastiert das zufällige So-Sein des Faktums, das nicht ein Produkt innerer →Notwendigkeit ist und somit auch hätte anders ausfallen können, mit dem Wesen, dem – im Gegensatz zum Faktum – Notwendigkeit eignet. Allerdings erweist sich diese Unterscheidung insofern als problematisch, als natürlich auch das Wesen selbst wiederum als Tatsache genommen und so zum Faktum werden kann, das gegen das Wesen abgegrenzt werden muss. Die →Wissenschaftstheorie sieht im Faktum das, ›was seiner →Theorie nach anders sein kann‹. Auch diese Bestimmung verweist auf das Moment der Zufälligkeit, indem sie die Abhängigkeit einer jeden Tatsache von einer zugrunde liegenden Theorie betont. Kein Faktum existiert unabhängig von einem wahrnehmenden →Subjekt und einem sinnvollen Interpretationsrahmen.

G.T.-G.

Falsifikation →Falsifizieren

Falsifizieren Von lat. *falsus*, ›falsch‹ und *facere*, ›tun, machen‹: als falsch herausstellen, widerlegen. Der Terminus wird vor allem in wissenschaftstheoretischem Kontext gebraucht und bedeutet, dass eine →Aussage oder →Theorie durch das Auftreten eines Falles, der dieser Aussage oder den in dieser Theorie zugrunde gelegten Bedingungen widerspricht, ihre →Geltung verliert. Eine solche Widerlegung durch ein Gegenbeispiel heißt Falsifikation. Die logischen Positivisten beharrten darauf, dass eine Behauptung, die sich prinzipiell nicht empirisch auf ihren Wahrheitsgehalt hin kontrollieren lässt, sinnlos und damit unwissenschaftlich ist. Dieses Falsifikationsprinzip wurde von →Popper, unter Verzicht des Anspruchs, dass wissenschaftliche Theorien →verifiziert werden müssen, zum alleinigen Probierstein der Naturwissenschaft gesetzt. Das Prinzip der Falsifikation wurde damit zum Kriterium, welches →empirische Wissenschaft von Pseudowissenschaft und →Metaphysik abgrenzen soll. Ausgehend von seiner Überzeugung, dass die →Wahrheit einer Theorie auf empirischem Wege niemals bewiesen werden kann (eine Position, die auf →Peirce zurückgeht), hat Popper die methodologische Forderung erhoben, alle empirischen Theorien seien so zu formulieren, dass sich auch Wege zu ihrer Falsifikation angeben lassen, bzw. alle nicht falsifizierbaren Theorien als nicht wissenschaftliche →Hypothesen von der Diskussion auszuschließen. »Diese Überlegung legt den Gedanken nahe, als Abgrenzungskriterium nicht die Verifizierbarkeit, sondern die Falsifizierbarkeit des Systems vorzuschlagen; mit anderen Worten: Wir fordern zwar nicht, daß das System auf empirisch-methodischem Wege endgültig positiv ausgezeichnet werden kann, aber wir fordern, daß es die logische Form des Systems ermöglicht, dieses auf dem Wege der methodischen Nachprüfung negativ auszuzeichnen: Ein empirisch-wissenschaftliches System muß an der Erfahrung scheitern können.« (*Logik der Forschung*, S. 15).

Zwar kann auch auf diese Weise keine endgültige Wahrheit gefunden werden, doch während bei jeder gelungenen Falsifikation nach einer Ersatztheorie gesucht werden muss, wächst umgekehrt der Geltungsgrad solcher Theorien, bei denen trotz prinzipieller Falsifizierbarkeit die Widerlegung (noch) nicht gelungen ist, und zeichnet diese als bewährte Hypothesen aus.

G.T.-G.

Familienähnlichkeit Das Wort ist bereits im *Deutschen Wörterbuch* der Brüder Grimm (1862) verzeichnet und taucht in den Schriften →Schopenhauers, →Nietzsches und Fritz Mauthners auf. Als Terminus technicus gehört die Familienähnlichkeit (engl. *family resemblance*) zu den zentralen Konzepten der Spätphilosophie →Wittgensteins. Sie ist für ihn das Ordnungsprinzip unserer alltagssprachlichen Grammatik. Nachdem Wittgenstein in seinem Frühwerk *Tractatus logico-philosophicus* noch eine ideale →Sprache entwirft, deren Grundbegriff die strenge und exakte ›logische Form‹ aller sinnvollen Sätze ist (mit den Denkformen der Mathematik und rein extensionalen mathematischen Logik, das heißt mit Funktionen, Gleichungen usw., war er seit seinem Ingenieurstudium vertraut), wendet er sich in seinen späteren Aufzeichnungen zunehmend Untersuchungen unserer gewöhnlichen Alltagssprache zu. Die normale Umgangssprache stellt sich ihm als ein nur locker geregelter Gebrauch sprachlicher Ausdrücke innerhalb gewisser sprachlicher und handlungsmäßiger Kontexte, den in bestimmte Lebensformen eingebetteten →Sprachspielen, dar. Die Verwendung alltagssprachlicher →Begriffe ist vage, offen für noch nicht bekannte Fälle und weist unscharfe, verschwommene Grenzen und Randbezirke auf. Eine →Definition der Ausdrücke, wie sie z. B. von →Frege gefordert wird, lässt sich nicht angeben. Diese Unbestimmtheit bedeutet für Wittgenstein aber keineswegs einen Mangel. Die praktische Beherrschung der Worte zeigt, dass sie für das Sprachhandeln im täglichen Leben völlig ausreicht und absolute Präzision oft sogar hinderlich wäre. Den lose geordneten Gebrauch der Worte, bei dem ein Gemeinsames innerhalb der verschiedenen Anwendungsfälle fehlt, beschreibt er nun als einen familienähnlichen Zusammenhang. Ein entsprechendes Modell zu seiner Fassung entwickelt er in der so genannten Übergangsphase seines Denkens. Insbesondere in den postum erschienenen *Philosophischen Untersuchungen* (§§ 65–67 ff.) vergleicht er dann begriffliche →Strukturen mit den Ähnlichkeiten und Verwandtschaften zwischen den Mitgliedern einer Familie. Zwar gleichen sich je einige Familienmitglieder hinsichtlich ihres Wuchses, ihrer Gesichtszüge, ihrer Augenfarbe, ihres Gangs, ihres Temperaments etc., aber es gibt kein Merkmal, das allen Familienangehörigen zukäme.

Und doch gehören sie alle zu einer Familie beziehungsweise verwenden wir in allen Fällen dasselbe Wort. Der paradigmatische Fall, an dem Wittgenstein diesen Zusammenhang immer wieder demonstriert, ist der Begriff des →Spiels. Anhand dieses Beispiels zeigt er, dass sich bei unserem alltäglichen Sprachgebrauch lediglich ein »Netz von Ähnlichkeiten, die einander übergreifen und kreuzen« aufweisen lässt.

Als Inspirationsquellen für die Entwicklung der Familienähnlichkeitsidee lassen sich – neben →Mill, Whewell, Stewart, Mauthner, Spengler und anderen – insbesondere die ›Sammelbegriffe‹ von →James und die Konzeption synchytischer Begriffe des Logikers Johannes von Kries, vermittelt durch den damals in Wien lehrenden Bühler, ausmachen. Weiterhin veranschaulicht die *composite portraiture* von Francis Galton, mit der Wittgenstein experimentierte, die vorgestellten Verhältnisse. Bei dieser Technik des Photographierens werden verschiedene Porträts übereinander projiziert, sodass man durch Verstärkung der gemeinsamen und Verschwinden der vereinzelten Merkmale ein Kollektivphoto erhält, das ein charakteristisches oder typisches Gesicht darstellt. Ein solcher ›Idealtypus‹ (dieser Begriff Webers ist ebenfalls in der genannten Tradition zu sehen) hat dabei keine eigene Existenzweise, es wird keine tatsächlich lebende Person abgebildet. Somit kommt auch Wittgensteins Ablehnung völlig abstrakter, unzugänglicher →Entitäten zum Ausdruck. Zahlreiche Autoren haben versucht, die Vorstellung einer familienähnlichen Ordnung zu formalisieren. Beispielsweise gibt Renford Bambrough in einem einflussreichen Aufsatz, in dem er die Beziehung zwischen der Familienähnlichkeit und dem Universalienproblem herausstellt, das folgende Diagramm an:

e	*d*	*c*	*b*	*a*
A B C D	*A B C E*	*A B D E*	*A C D E*	*B C D E*

Dabei überlagern sich die Merkmale (A-E) der einzelnen Fälle (e-a), die zu einem einheitlich bezeichneten Begriff gehören, jeweils teilweise; es gibt partielle Übereinstimmungen. Andere Formalisierungsversuche legen die Ansicht dar, dass bei einer derartigen Verkettung den weit auseinanderliegenden Fällen überhaupt kein Merkmal mehr gemeinsam zu sein braucht (was im oben angegebenen Schema nicht der Fall ist). Diese Möglichkeit wird von Wittgenstein ausdrücklich zugestanden. Er selbst vergleicht den Zusammenhang auch mit dem Ineinandergreifen der Glieder einer Kette sowie mit einem Faden, bei dem die einzelnen Fasern einander übergreifen, es jedoch nicht irgendein Etwas gibt, das durch den ganzen Faden läuft. Einige Interpreten bringen nun die zeitliche Dimension mit ins Spiel und deuten das partielle Übergreifen als Entwicklungsfolge, bei der sozusagen von einer Generation zur nächsten gewisse Merkmale weitergegeben werden und neue auftreten können, sodass sich die jeweilige Merkmalskonstellation im Laufe der Zeit verändert. Die Gesamtheit der bisherigen Fälle bildet dann den Hintergrund für die Festlegung der Zugehörigkeit zu einer Familie.

Durch sein Konzept der Familienähnlichkeit leistet Wittgenstein einen wirkungsvollen Beitrag zur Diskussion über das →Wesen und den logischen Status der Allgemeinbegriffe, der mit dem Anspruch auftritt, eine Alternative zur Begriffslehre der klassischen →Logik zu bieten. Einem solchen Denken gelingt es jedoch nicht, den Prozess einer klassisch-logischen Begriffsbildung, bei dem sowohl die extensionale als auch die intensionale Dimension von Begriffsgeflechten berücksichtigt wird, hinreichend zu klären. Ein Blick auf die Wirkungsgeschichte zeigt aber, welch großen Einfluss die Idee der Familienähnlichkeit – und damit die Vorstellung von Vagheit und Unschärfe der Begriffe – in vielen Bereichen von Wissenschaft (man vergleiche die wissenschaftstheoretischen Entwürfe von Kuhn und Feyerabend), Philosophie (insbesondere der →analytischen Philosophie) und Logik (vergleiche die so genannte *fuzzy logic*) sowie in den Kulturwissenschaften (vergleiche z.B. die verschiedenen Ausprägungen des Dekonstruktivismus) ausgeübt hat.

L. Wittgenstein, Philosophische Untersuchungen, Frankfurt/M. 1967

R. Bambrough, Universals and Family Resemblances, in: Proceedings of the Aristotelian Society 61, S. 207–222, 1960/61

R. Goeres, Die Entwicklung der Philosophie Ludwig Wittgensteins, Würzburg 2000

H. W. Krüger, Ähnlichkeiten und Analogien – Diachronische Bemerkungen zur Entstehung des Wittgensteinschen Begriffs der Familienähnlichkeit, in: Wittgenstein Studies 2/1994

R. Teuwsen, Familienähnlichkeit und Analogie, Freiburg 1988

R. G.

Fehlschluss Ein Schluss, der gültig zu sein scheint, aber tatsächlich ungültig ist. D.h. ein Fehlschluss ist ein Schluss, in dem zwischen →Prämissen und →Konklusion keine logische Folgerung vorliegt, aber vorzuliegen scheint. Was ein Fehlschluss ist, ist durch obige Definition jedoch keineswegs klar abgegrenzt: Es ist nicht klar, was festlegt, dass ein ungültiger Schluss gültig zu sein scheint. Hängt dies allein von besonderen Personen und deren Wahrnehmungsfähigkeiten ab oder von strukturellen Merkmalen verschiedener Schlussarten? Wie diese Frage zu beantworten ist, ist bis heute umstritten.

Die Lehre von Fehlschlüssen, die auf →Aristoteles und seine Schrift *Die sophistischen Widerlegungen* zurückgeht, klassifiziert bestimmte Arten von Fehlschlüssen, so etwa →*argumentum ad hominem, argumentum ad ignorantiam, argumentum ad populum* oder →*ignoratio elenchi.*

Aristoteles, Sophistische Widerlegungen, in: J. Barnes (Hg.), The Complete Works of Aristotle. The Revised Oxford Translation, Princeton/NY 1984
C. L. Hamblin, Fallacies, London 1970
H. V. Hansen / R. C. Pinto (Hg.), Fallacies. Classical and Contemporary Readings, University Park Penn. 1995

ST. B.

Feigenbaum-Konstante Die Feigenbaum-Konstante oder auch Feigenbaum-Zahl hat den Wert d = 4,6692016090... und geht auf einen der Begründer der →Chaostheorie, Mitchell Feigenbaum, zurück.

Der Biologe Verhulst hatte ein einfaches Modell zur Beschreibung von Tierpopulationen angesetzt: $x_{n+1} = c \cdot x_n \cdot (1-x_n)$, die so genannte logistische Funktion: Die Population der nächsten Generation x_{n+1} entsteht aus der Population der vorhergehenden Generation x_n durch Multiplikation mit der Vermehrungskonstante c und dem Begrenzungsfaktor $(1-x_n)$. Beide ›Wurzeln‹ des Chaos werden hier sehr deutlich sichtbar: sowohl die Nicht-Linearität als auch die →Iteration.

Untersucht man nun die Abhängigkeit der Grenzpopulation x von der Vermehrungsrate c, so erhält man die Feigenbaum-Diagramme:

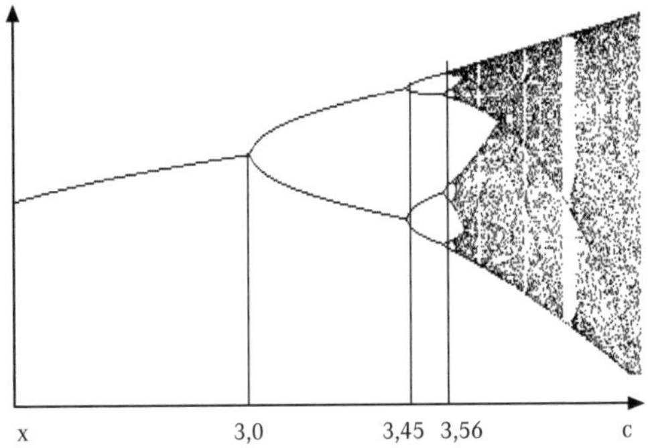

Bei bestimmten Werten von c zeigen sich charakteristische Gabelungen (Bifurkationen) für die Population x.

Das Verhältnis der Abstände der c-Werte von je zwei aufeinanderfolgenden Bifurkationspunkten ist dann nahezu konstant und strebt grenzwerthaft gegen einen konstanten Wert. Dieser ist die Feigenbaum-Konstante.

Interessant war die Entdeckung Feigenbaums, dass diese Konstante nicht nur für die obige logistische Funktion gilt, sondern universell auch für völlig unterschiedliche Iterationsfunktionen.

Somit geben Feigenbaum-Diagramme eine Beschreibung des Weges ins Chaos und zeigen, dass auch völlig unterschiedliche chaotische Prozesse noch Gemeinsamkeiten und sogar eine gewisse Ordnung haben (Universalität der Feigenbaum-Konstante). Darüber hinaus eröffnen sie sogar Ansätze zur Vermeidung des Chaos (vgl. gelungene Ansätze zur Steuerung bzw. Vermeidung des tödlichen Herzflimmerns).

P. Davies, Prinzip Chaos, München 1993

H. W.

Feministische Philosophie Eine erst im 20. Jh. entstandene eigenständige philosophische Disziplin. Sie beschäftigt sich mit der Diskussion philosophischer Themen, wobei vor allem betont wird, dass menschliche →Erfahrung nicht prinzipiell mit männlicher Erfahrung identisch ist. Damit verbunden ist eine Kritik der verschiedensten Bereiche traditioneller Philosophie, welchen vorgeworfen wird, dass weibliche Interessen, Sichtweisen, Fragen nicht ernst genommen werden und dass die Gleichwertigkeit weiblicher Denk- und Handlungsformen mit den männlichen Formen nicht anerkannt wird. Den als spezifisch männlich empfundenen Fragestellungen und Lösungsstrategien werden von der feministischen Philosophie weibliche Denkperspektiven entgegengesetzt, worin →Gefühl und →Vernunft häufig als gleichwertige Quellen der →Erkenntnis angesehen werden. Allerdings soll dieses Herausstellen weiblicher Denk- und Handlungsformen nicht dazu führen, die Geschlechterdifferenz (wenn auch diesmal paritätisch) weiter festzuschreiben. Vielmehr soll auf weite Sicht gerade die Emanzipation von allen männlichen und weiblichen Rollenklischees angestrebt werden. Die feministische Philosophie konzentriert sich in ihren Auseinandersetzungen dabei vor allem auf politische Einrichtungen und soziale Praktiken, welche die weibliche Unterordnung und Schlechterstellung in der Gesellschaft verankern und fortführen. Das Ziel feministischer Philosophie besteht einerseits darin zu erklären, warum Frauen auf eine den Männern nicht gleichermaßen zukommende Weise unterdrückt werden, und andererseits in dem Entwurf moralisch wünschbarer und politisch umsetzbarer Wege zur Verwirklichung realer Gleichberechtigung von Mann und Frau.

G.T.-G.

Fiktion Von lat. *fictio*, ›Gestaltung, Erdichtung‹: etwas Erfundenes, eine erdichtete Annahme. Als eine Erfindung, die nicht mit dem real Gegebenen übereinstimmt, findet sich die Fiktion im literarischen Bereich als Dichtung, im alltäglichen Leben als Lüge und im wissenschaftlichen Bereich als methodologische Hilfskonstruktion. Dort steht sie für eine wissenschaftliche →Vorstellung, deren Unwahrscheinlichkeit oder gar Unmöglichkeit zwar bewusst eingesehen wird, deren Annahme als vorübergehendes Hilfskonstrukt jedoch trotzdem richtige Resultate zeitigen kann, indem der Hilfsbegriff im Verlaufe des Gedankengangs wieder herausgelöst wird, sodass die Fiktion als wissenschaftlicher ›Fehler‹ keinen Eingang in das Ergebnis findet oder zumindest kein wesentliches Moment dieses Ergebnisses bildet (Beispiel für eine solchermaßen erfolgreiche Verwendung: die Fiktion des ›leeren Raumes‹). Solche falschen Annahmen, die als Fiktion häufig der Bewältigung sonst unlösbarer Aufgaben dienen, werden sprachlich vorzugsweise durch die Konjunktion ›als ob‹ gekennzeichnet. Dieser Begriff des →Als ob liegt auch der als Fiktionalismus bezeichneten Theorie Vaihingers zugrunde, der durch diese Formulierung den meisten unserer theoretischen und religiösen Überzeugungen und Erkenntnisse den Status von Fiktionen zum Zweck der Art- und Selbsterhaltung zuweist (*Die Philosophie des Als Ob*; 1911). Von den Fiktionen, die als wissenschaftliche Annahmen vom Bewusstsein ihrer Unrichtigkeit begleitet sind, aus methodischen Gründen jedoch beibehalten werden, weil sich mit ihnen praktisch sehr wohl arbeiten lässt, sind die →Hypothesen zu unterscheiden, denen ein gewisser Wahrscheinlichkeitsgehalt zugeschrieben wird.

G.T.-G.

Finalität Von lat. *finalis*, ›auf das Ziel, den Zweck bezüglich‹: Zweckbestimmtheit, Zweckgerichtetheit. Finalität meint die finale Bestimmtheit eines Seienden (→Sein): Etwas wird als von seinem Ziel her bestimmt gesehen. (Beispielsweise wird die Entwicklung der Arten bei Darwin durch das Ziel des Überlebens der Spezies erklärt.) Diese Ziel- oder Zweckbestimmtheit steht in Gegensatz zur Anfangsbestimmtheit, welche als →Kausalität durch Grund-Folge-Beziehungen gekennzeichnet ist. Auf dem Prinzip der Finalität beruhen der Finaldeterminismus als die zielgerichtete Bestimmung des Verlaufs eines Vorgangs und der Finalnexus als der finalbestimmte Zusammenhang von Vorgängen. Strittig ist die Zulässigkeit der Anwendung des Finalitätsprinzips auf Naturprozesse.

G.T.-G.

Folge Von ahd. *folgen*, vielleicht zusammengesetzt aus *fola gan*, ›voll gehen, zum Ziel gehen‹: etwas, das aus etwas anderem hervorgeht bzw. folgt. Die umgangssprachlich sehr weite Verwendung des Begriffs benutzt diesen zur Bezeichnung von zeitlich und/oder räumlich geordneten Dingen oder Abläufen, in welchen diese als →Grund und Folge in einen sinnvollen, meist kausal gedachten Zusammenhang gebracht werden. In der →Logik wird mit dem Begriff der Folge ein von einem anderen →Urteil abhängiges Urteil bezeichnet. Unter Folge wird dabei sowohl eine →Aussage verstanden, die aus anderen Aussagen abgeleitet ist, als auch die Beziehung zwischen zwei Aussagen selbst, wenn die →Wahrheit der ersten die der zweiten impliziert, wobei der Gehalt der Folge nicht über den der gegebenen Aussagen hinausführen kann. Als folgerichtig wird eine Gedankenreihe bezeichnet, wenn alle Einzelglieder der Reihe nach dem →Prinzip von Grund und Folge verbunden sind. Allerdings gilt es zu beachten, dass der Folgerungsbegriff nur in Abhängigkeit von logischen →Systemen und den ihnen zugehörigen logischen Schlussregeln gilt.

G.T.-G.

Folgern Von gegebenen Erkenntnissen unter Beachtung der logischen Schlussregeln auf weitere Erkenntnisse schließen. (→Syllogismus)

G.T.-G.

Form Von lat. *forma*, ›Gestalt, Figur‹, zu *ferire*, ›schlagen, hauen‹: bezeichnet sowohl die sinnlich wahrnehmbare, äußere Gestalt eines Objekts als auch seine innere Gliederung, wobei sich äußere Form und innere →Struktur entsprechen können. Die Anwendung des Begriffs beschränkt sich dabei nicht auf sinnlich wahrnehmbare Objekte, sondern kommt auch bei der begrifflichen →Ordnung der Bestandteile eines nicht sinnlichen Objekts zu einer in sich gegliederten Einheit zur Anwendung. Form als die bestimmte oder bestimmende Ordnung eines Objekts wird unterschieden von der unbestimmten →Materie, aus welcher das Objekt besteht. Diese Unterscheidung, auf welcher der philosophische Begriff der Form basiert, ist das Ergebnis eines Abstraktionsprozesses, denn Form und Materie können unabhängig voneinander weder existieren noch vorgestellt werden. (So ist zwar beispielsweise die Form eines Stuhles beliebig veränderbar, kann diesem jedoch nicht weggenommen, das heißt von der Materie getrennt werden.) Die Unterscheidung in Form und Materie wurde ursprünglich vor allem verwendet, um zu erklären, warum es sich bei dem →Subjekt eines Veränderungsprozesses um das immer gleiche Subjekt und nicht etwa um unterschiedliche Subjekte handelt. Das in Frage stehende Subjekt wird dazu in die Momente der Form und der Materie zerlegt, wobei die Materie mit dem Gleichbleibenden, die Form mit dem Veränderlichen identifiziert wird. Der Begriff der Form hat somit keinen eigenen Gehalt, sondern nur eine →Funktion in Bezug auf die Interpretation der Struktur einer Sache oder eines Vorgangs.

G.T.-G.

Formale Ethik Sucht ein allgemeines →Prinzip zu formulieren, anhand dessen →Handlungen als sittlich gut beurteilt werden können. Unter Ausblendung aller konkreten Inhalte versucht sie, die allgemeinen Gesetzmäßigkeiten ethischer →Normen oder →Maximen formal zu bestimmen. So wird der →Begriff des →Guten möglichst ohne Bezug auf Inhaltliches und die an diesem sich orientierenden Glücksvorstellungen erörtert. Der formalen →Ethik, der es ausschließlich um die Form geht, durch welche sittliches Handeln sich als solches qualifiziert, steht die materiale Ethik mit ihrem Interesse am konkreten Vollzug von →Sittlichkeit (und sittlichen →Werten) gegenüber. Während die materiale Ethik sich am ›guten Inhalt‹ orientiert, somit das Erkennen, Wollen und Verfolgen von an sich guten Zwecken für den Begriff der Moralität konstitutiv werden lässt, erschließt die formale Ethik den Letztgrund, der den Anspruch der →Moral auf unbedingte →Gültigkeit legitimiert, aus dem allgemeinen Begriff eines vernünftigen Wesens. Nach →Kant ist es einzig und allein diese sich selbst bestimmende →Vernunft, welche Moralität konstituieren kann, es sind nicht die letztlich nur zufälligen Bedürfnisse, Interessen und Ziele des Menschen. Während sich die formale Ethik damit von der Beliebigkeit und Zufälligkeit, die den Zielen materialer Ethik eignet, abgrenzt, wird gegen sie selbst der Vorwurf des Formalismus, der inhaltlichen Leere, der Lebensfremdheit erhoben.

G.T.-G.

Formalisierung Darstellung mit formalen Mitteln. Der Begriff bezeichnet dabei sowohl das Verfahren als auch das Resultat dieser Wiedergabe. Die abstrakte Repräsentation einer →Theorie durch eine formale →Sprache stellt eines der wichtigsten Hilfsmittel wissenschaftlichen Arbeitens dar. So bildet beispielsweise die durch die Formalisierung erreichte Übersichtlichkeit und

Eindeutigkeit einer Theorie die unerlässliche Grundlage, auf der erst die Widerspruchsfreiheit der Theorie überprüft werden kann. Daneben erlaubt die Formalisierung den Vergleich unterschiedlicher Theorien miteinander, ermöglicht die Feststellung oder Schaffung wechselseitiger Bezüge und schafft so die Grundlage für metatheoretische Untersuchungen. Zur Formalisierung einer Theorie muss insbesondere deren logische →Struktur explizit gemacht werden, sodass daraus der Aufbau der betreffenden Theorie deutlich hervorgeht. Dieses Ziel wird in zwei Schritten erreicht: Der erste Schritt beinhaltet die Wahl beziehungsweise Entwicklung einer Kunstsprache, in welche die Aussagen der Theorie übertragen werden können. Dem folgt im zweiten Schritt die eigentliche Übersetzungsleistung, durch die alle →Axiome der Theorie in der gewählten Kunstsprache formal dargestellt werden. Die solchermaßen formalisierten Axiome müssen die logische Ableitung aller Lehrsätze einer Theorie ermöglichen. Neben dem Bereich der wissenschaftlichen Theorien stellen vor allem die natürlichen Sprachen ein weites Anwendungsgebiet für Formalisierungen dar.

G.T.-G.

Fortschritt Bezeichnet im heutigen Sprachgebrauch die Entwicklung vom Niederen zum Höheren, vom Schlechteren zum Besseren. In der Aufeinanderfolge von →Formen oder Zuständen liegt dann ein Fortschritt, wenn die zeitlich späteren zugleich als die wertmäßig höheren eingeschätzt werden. Durch die positive Wertzumessung, die der Gebrauch des in Frage stehenden →Begriffs immer schon impliziert, unterscheidet sich dieser vom Begriff der Entwicklung, welcher eine wertfreie Kennzeichnung einer Veränderung darstellt. Fortschritt als eine vom Menschen verursachte und als Veränderung zum Besseren gedeutete Entwicklung gehört seit der Aufklärung (→A Neuzeit – Aufklärung) zu den Grundbegriffen der →Geschichtsphilosophie. Ausgehend von den Fortschritten auf einzelnen Kulturgebieten (z. B. im naturwissenschaftlichen Bereich) wird der Versuch unternommen, das Prinzip Fortschritt auf alle Kulturbereiche und auch auf die ganze Weltgeschichte anzuwenden. (So kommt dem Fortschrittsglauben z. B. im Marxismus eine wesentliche Rolle zu.) Neben dem wissenschaftlich-technischen Fortschritt, der in der gleichzeitigen Zunahme von Wissen und technischer Beherrschung der →Natur besteht, soll sich der moralisch-politische Fortschritt in der Optimierung der sittlichen Anlagen des Menschen und der Beförderung seiner politischen →Freiheit manifestieren. Doch die Auffassung, dass die →Kultur der Menschheit in allen Bereichen einen steten Fortschritt darstellt, fand schon früh ihre Kritiker. Dem Fortschrittsdenken, das durch den Glauben an die permanent wachsende Vervollkommnung der geistigen und sittlichen Fähigkeiten des Menschen geprägt ist und die Geschichte teleologisch interpretiert, stehen Theorien des Verfalls und zyklische Geschichtsbilder gegenüber. Überhaupt entzieht sich die →Geschichte als ein stets unvollendetes Geschehen jeder endgültigen Bestimmung als Verfalls- oder Vervollkommnungsprozess der Gattung. Auch ist die Objektivierung von Erkenntnisfortschritt ein nicht gelöstes Problem der →Wissenschaftstheorie. Während Fortschritt und Avantgarde noch als →Prinzipien der Moderne galten, wird der Glaube an die Fortschrittlichkeit der durch menschliches Handeln bewirkten Veränderungen auf der Welt am Ende des 20. Jhs. durch mannigfache politische Erfahrungen und ein zunehmendes Bewusstsein für die Unvorhersagbarkeit und Unbeherrschbarkeit der Folgen technischen Fortschritts und ihrer Auswirkungen auf die gesellschaftlichen →Strukturen zunehmend erschüttert.

G.T.-G.

Frage Der Begriff bezeichnet die Formulierung einer Annahme solcherart, dass die Entscheidung über ihre Wahrscheinlichkeit anderen Personen anheim gestellt wird (›Ist das der Dieb?‹), oder so, dass eine darin enthaltene Leerstelle von der angesprochenen Person ausgefüllt werden soll (›Was wurde gestohlen?‹). Motivationstheoretisch stellt die Frage den sprachlichen Ausdruck eines Wissens- oder Informationsvakuums dar, dessen Formulierung zugleich den Wunsch deutlich werden lässt, dieses Vakuum durch Wissenserweiterung aufheben zu wollen. Jeder im Sinne der →Logik echten Frage geht somit das →Wissen um die Mangelhaftigkeit des bereits Gewussten voraus, wodurch dann das Bedürfnis entspringen kann, dem Mangel durch seine explizite Formulierung abzuhelfen. Von dem solchermaßen definierten →Begriff ist die rhetorische Frage, die keine Antwort erwartet und somit nicht einem Informationsbedürfnis entspringt, abzugrenzen. Als Sammelbegriff fungiert der Terminus in Politik, Wissenschaft und Wirtschaft zur Bezeichnung noch ungelöster Aufgaben (z.B. die Frauenfrage). Da eine Frage im Gegensatz zum →Urteil nichts behauptet, kann sie auch nicht wie jenes wahr oder falsch, sondern nur falsch gestellt sein und somit eine sinnvolle Beantwortung von vornherein verunmöglichen. Anwendung findet das Kriterium wahr/falsch höchstens auf die Voraussetzungen einer Frage, von denen diese als bestimmte Frage ausgeht. Mit dem Stichwort ›Voraussetzung‹ ist noch eine zweite wesentliche Bedingung angesprochen, durch welche die Möglichkeit zu sinnvollem Fragen erst gegeben wird. So mag es zwar als wenig sinnvoll erscheinen, Fragen zu stellen, deren Antworten der fragenden Person bereits bekannt sind; als völlig unmöglich erweist sich jedoch der Versuch, eine Frage zu formulieren, ohne konkretes Wissen von dem zu haben, wonach man fragen will. Erst ein bestimmtes Vorwissen über den Gegenstand der Frage ermöglicht sinnvolles Fragen. Diesem Umstand einer engen Verbundenheit sinnvoller Fragen mit einem konkreten, wenn auch der weiteren Bestimmung bedürftigen Vorwissen, trägt die →Hermeneutik Rechnung, wenn sie, um die korrekte Auslegung einer Aussage bemüht, großes Gewicht auf die Reflexion des Verständnishorizontes legt, aus welchem eine Frage entspringt. Aus anthropologischer Sicht stellt die Fähigkeit, Fragen zu stellen, ein Grundkonstituens des →Menschen dar: Nur der Mensch sucht durch das Stellen von Fragen seinen eigenen Wissenshorizont zu erweitern und emanzipiert sich dadurch von der Beschränkung auf tatsächlich Vorgegebenes.

G.T.-G.

Fraktal Von lat. *frangere*, ›brechen‹: von Benoit Mandelbrot im Jahre 1975 geprägter Begriff für seine Formen, seine Dimensionen und seine Geometrie. Bekannte Beispiele für Fraktale sind: →Cantor-Menge, kochsche Schneeflockenkurve, Lorenz-Attraktor, Julia-Mengen und vor allem die Mandelbrot-Mengen wie z.B. das abgebildete Apfelmännchen.

Am Beispiel der Cantor-Menge wird deutlich, dass der klassische Begriff ›Dimension‹ im Sinne der euklidischen Geometrie (ein Punkt hat die Dimension 0, eine Linie die Dimension 1, eine Fläche die Dimension 2 und der Raum ist dreidimensional – also immer ganzzahlige Dimensionen) erweiterungsbedürftig ist.

Die Cantor-Menge hat zwar letztlich die Länge 0, trotzdem ist sie sehr viel mehr als nur ein Punkt. Auch entdeckte Mandelbrot Kurven, die als Linie zwar eindimensional waren, trotzdem aber eine ganze zweidimensionale Fläche ausfüllten – die Eigenschaften solcher Objekte konnten mit den bekannten ganzzahligen Dimensionen nicht zufriedenstellend beschrieben werden. Deshalb führte Mandelbrot den Begriff der gebrochenzahligen Dimension ein und damit den Begriff ›Fraktal‹.

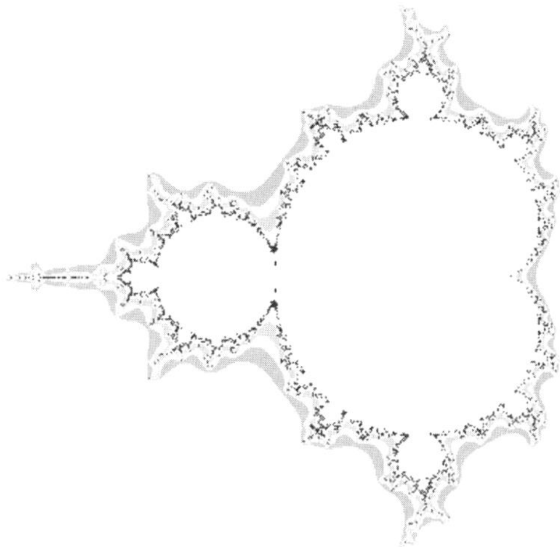

Ein wesentliches Charakteristikum dieser fraktalen Gebilde ist die Selbstähnlichkeit. Das heißt, dass das Muster sich in immer kleineren Maßstäben wiederholt; folglich sind kleine Ausschnitte der Kurve dem Ganzen ähnlich.

H. Zeitler / W. Neidhardt, Fraktale und Chaos, Darmstadt 1994

H.W.

Frankfurter Schule →Adorno, →kritische Theorie

Freiheit Notwendige Voraussetzung für die Zurechenbarkeit einer →Handlung im Sinne von Verantwortlichkeit. Als solche bildet sie die Bedingung für moralisches Handeln überhaupt und stellt somit eines der wesentlichen Themen philosophischer Betrachtung dar. Im weitesten Sinn bedeutet Freiheit die Möglichkeit der Selbstbestimmung. Diese kann auf zweierlei Arten gegeben sein: als Freiheit von etwas und als Freiheit zu etwas. Wird der Terminus negativ als Freiheit von Fremdbestimmung definiert, so sind →Menschen so weit und so lange frei, als sie nicht durch äußeren Zwang (sei dies in naturaler, sozialer oder politischer Hinsicht) unfrei gemacht werden. Diese solchermaßen definierte Unabhängigkeit vom Zwang durch andere kann weitgehend mit Handlungsfreiheit identifiziert werden. Insofern Handlungsfreiheit bedeutet, dass jemand nicht an der freien Entfaltung seiner Kräfte und Möglichkeiten gehindert wird, können auch Tiere an dieser Freiheit teilhaben. Von diesem sehr weit gefassten Begriff unterscheidet sich ein enger gefasster, ausschließlich dem Menschen zukommender Begriff von Handlungsfreiheit, welcher in Form einer gewissen naturalen Unabhängigkeit das Moment der Willkür beinhaltet. Dem Menschen ist dadurch ein Spielraum alternativer Verhaltensmöglichkeiten gegeben, der auch die Möglichkeit der Nicht-Wahl bietet. Da Willkür auch den Aspekt der Irrationalität beinhaltet, ergibt sich für den negativ bestimmten Freiheitsbegriff daraus das Problem, dass die freie, indeterminierte Wahl von der bloßen Abwesenheit von Ursachen oder Gesetzmäßigkeiten, also vom →Zufall, schwierig abzugrenzen ist. Dieses Problem stellt sich für den positiv definierten Freiheitsbegriff (Freiheit zu), der auch mit →Willensfreiheit gleichgesetzt wird, nicht. Willensfreiheit definiert sich nicht durch die Abwesenheit von das Handeln bestimmenden (Fremd-)Einflüssen oder Ursachen, sondern durch die Selbstbestimmung des →Willens als Handlungsursprung. Indem der Wille sich nicht durch die eigene Sinnlichkeit, soziale oder sonstige Zwänge bestimmen lässt, sondern alleiniger Ursprung seines Wollens ist, bestimmt er sich selbst als autonom. Gegenüber dem →Wissen und der alltäglichen →Erfahrung um seine biologische, soziale, psychologische und historische Determiniertheit äußert sich die Willensfreiheit des Menschen nicht in einem Abstreifen all seiner →Bedingungen, sondern in der freien Wahl der Determinanten. So gesehen schließen sich Freiheit und →Determination nicht unbedingt aus. Entsprechend ist der Weg vom Fatalismus als dem Glauben an eine vom Schicksal vorherbestimmte Zukunft bis zur Position des reinen Indeterminismus vor allem durch eine Vielzahl vermittelnder Positionen gekennzeichnet, deren Haltung weitgehend durch die jeweils zugrunde gelegte Definition als Willens- oder Handlungsfreiheit bestimmt wird. In der →Existenzphilosophie →Sartres wird Freiheit ontologisch gefasst als eine anthropologische Grundbestimmung des Menschen schlechthin: der Mensch ist Freiheit. Die so verstandene Freiheit ist völlig unabhängig davon, wie weit und ob sie sich überhaupt in bestimmten Situationen realisieren lässt.

G.T.-G.

Fundamentalontologie →Heideggers Kennzeichnung seines eigenen philosophischen Ansatzes, nämlich die Frage nach dem →Sein im Unterschied zur Frage nach dem Seienden (→ontologische Differenz). Heidegger wirft der gesamten philosophischen Tradition vor, die Frage nach dem Sein nie gestellt zu haben (»Seinsvergessenheit«). Die Seinsfrage kann nicht gestellt werden wie eine Frage nach einem beliebigen Objekt, weil das Sein kein →Objekt ist. Sie ist nur in einem hermeneutischen Ansatz stellbar, weil dem Menschen ein gewisses Vorverständnis des Seins eignet. Die Seinsfrage fragt deshalb nach dem Vorverständnis des Menschen bezüglich des Seins.

G.T.-G.

Funktion Von lateinisch *fungi*, ›ausführen, vollbringen‹: wissenschaftlicher und philosophischer Terminus mit einer Vielzahl von Bedeutungen. So wird damit in der Mathematik das Abhängigkeitsverhältnis zweier Variabler bezeichnet. Physiologie und Psychologie gebrauchen den Begriff zur Bestimmung körperlicher und geistiger Leistung in ihrer Ausrichtung auf den Organismus beziehungsweise auf die Person als funktionierendes Ganzes. In der Philosophie steht Funktion für einen eigenen Seinstypus, dem Realität nur im Hinblick auf andere Gegebenheiten zukommt. Der Funktionsgedanke findet nicht nur in verschiedenen wissenschaftlichen Bereichen Anwendung, sondern er bildet häufig die interpretative Schnittstelle unterschiedlicher →Disziplinen. So wurde der Begriff, der ursprünglich über die funktionalen Bewusstseinstheorien (→James) Eingang in die Philosophie gefunden hatte, von dieser schon bald als Schlüssel zum Verständnis anderer Wissenschaften gebraucht.

G.T.-G.

Für-sich-Sein Bezeichnet das bewusstseinsbestimmte →Sein des Menschen. Der Terminus spielt primär eine Rolle in der Erkenntnislehre, wo ihm das von jedem →Bewusstsein unabhängige An-sich-Sein der Dinge gegenüber steht. Bezogen auf die Subjekt-Objekt-Relation bleibt das →Subjekt als Für-sich-Seiendes auch ohne →Objekt bestehen, wohingegen das Objekt ohne die Anwesenheit eines wahrnehmenden Subjekts zum Ding wird, zu einem in irgendeiner Weise Vorhandenen, über das jedoch nichts mehr gesagt werden kann. Eine der wesentlichsten Folgen des Für-sich-Seins besteht in der Möglichkeit des Subjekts zur Selbstreflexion seiner Erkenntnistätigkeit.

G.T.-G.

Gattung Die von Christian Wolff eingeführte Übersetzung für lat. *genus*. Der Begriff ist eine Sammelbezeichnung für eine Gruppe unterschiedlicher Gegenstände, denen dieselben bestimmten Charakteristika gemeinsam sind. Insofern der Gattungsbegriff immer einen höheren Allgemeinheitsgrad aufweist als die unter ihm gefassten →Begriffe (Arten), handelt es sich dabei um einen Ordnungsbegriff. Da auch die einzelnen Gattungen immer wieder unter einem neuen, allgemeineren Gattungsbegriff zusammengefasst werden können, sind Gattung und Art relative Bezeichnungen. In der modernen Philosophie wird die Frage untersucht, ob diese Einteilung in Gattungen und Arten eine natürliche Grundlage hat oder eine rein artifizielle Ordnung darstellt.

G.T.-G.

Gebot →Deontische Logik

Gefühl Umgangssprachlich umfasst der Begriff neben den unmittelbaren Sinnesempfindungen (z.B. Schmerz) die Gemütsbewegungen (z.B. Hass) und die Stimmungen (z.B. Melancholie), in denen das →Individuum sich selbst und seinen Bezug zur Umwelt erlebt. Während man ursprünglich alle Gefühlsqualitäten zwischen den beiden Polen der →Lust und Unlust einzuordnen bestrebt war, favorisiert man heute mehrdimensionale Klassifikationsmuster. Eine befriedigende systematische Klassifizierung der Gefühle und eine Abgrenzung zu anderen psychischen Phänomenen steht allerdings noch aus. Angefangen von seelischen Einzelerlebnissen bis hin zur emotionalen Gesamtgestimmtheit einer Person handelt es sich bei den in Frage stehenden Gefühlen immer um subjektive Zustände. Unter anderem führte wohl dieser Makel der Subjektivität und die damit verbundene erkenntnistheoretische Unzugänglichkeit des Phänomens dazu, dass der Begriff als Fachterminus erst seit dem 18. Jh. in Gebrauch ist. In die damalige Zeit fällt auch die Gefühlsphilosophie, die als einzige umfassende philosophische Strömung die Bedeutung des Gefühls für menschliches Verhalten, Welt- und Selbstverständnis ins Zentrum ihrer Überlegungen stellte. Das moralische Gefühl (*moral sense*) wurde zum wichtigsten Begriff der von Shaftesbury und Hutcheson entwickelten Gefühlsmoral. Vor allem von →Kant und →Hegel kritisiert, fanden die Theorien der Gefühlsphilosophie in dieser Form jedoch keine Nachfolger. Wohl aber wird dem Gefühl in neueren phänomenologischen (Scheler) und auch ontologisch-existenziellen Systemen (→Heidegger) eine gewisse erschließende Funktion zugewiesen. Obwohl Gefühle sich jeder äußeren Beurteilung nach dem Kriterium wahr/falsch entziehen, verweist ihre intersubjektive Vermittelbarkeit und die relative Invarianz, mit welcher die Äußerung von bestimmten Gefühlen an unwillkürliche physiologische Reaktionen gebunden ist, doch auf gewisse Möglichkeiten der Objektivierung.

G.T.-G.

Gegenwart →A

Geist Der Begriff steht seit der Antike im Zentrum philosophischer Deutungssysteme und ist durch die breite Variation seiner jeweiligen Verwendung inhaltlich kaum festzulegen. Gemeinsam ist all den unterschiedlichen Bedeutungen eigentlich nur die durchgehende Polarität zu allem materiellen, stofflichen →Sein. Aus der etymologisch zugrunde liegenden Bedeutung der ›Erregtheit‹ beziehungsweise des ›Außer-sich-Seins‹ entwickeln sich von Beginn an zwei unterschiedliche Verwendungsweisen des Begriffs, von denen die eine als die anthropologische, die andere als die metaphysische bestimmt werden kann. Geist erscheint in der ersten Weise als spezifische Fähigkeit des →Menschen, die sich je nach Kontext als →Verstand, →Vernunft, Denkfähigkeit oder Intelligenz manifestiert. Indem der menschliche Geist durch Bezug auf sich selbst und das ihn Umgebende sowie das ihn Übersteigende die Grenzen der eigenen Kreatürlichkeit überwinden kann, eröffnet sich dem Menschen damit die Möglichkeit einer gewissen Selbst- und Lebensbeherrschung. Der geistigen Denkkraft steht der Geist als universales Prinzip, als →Ordnung des →Kosmos gegenüber. Seine differenzierteste Ausgestaltung erhält dieser metaphysische Geist-Begriff in den Systemen des →deutschen Idealismus (A). →Hegel fasst den Begriff in dreifacher Weise, indem der Geist sich zuerst als subjektiver Geist im Individuum, dann als objektiver in überindividuellen Ordnungen (Recht) konkretisiert, um sich schließlich in Kunst, Philosophie, Religion als absoluter Geist zu verwirklichen.

G.T.-G.

Geltung Die Anerkennung, die eine Behauptung beansprucht oder findet. In seiner →Konsenstheorie der →Wahrheit geht →Habermas in seinem Aufsatz *Wahrheitstheorien* davon aus, dass Geltungsansprüche in Diskursen erhoben werden und diese sich durch einen ›Hintergrundkonsensus‹ auszeichnen, der darin besteht, dass alle Diskursteilnehmer vier Geltungsansprüche anerkennen und davon ausgehen müssen, dass diese auch von den anderen Diskursteilnehmern anerkannt werden, nämlich: Verständlichkeit der Äußerung, die Wahrheit ihres propositionalen Bestandteils (d.h. der inhaltlichen Behauptung), die Richtigkeit des perfomativen Bestandteils (d.h. die Anerkennung »der Richtigkeit der Norm, als deren Erfüllung der ausgeführte Sprechakt jeweils gelten darf«) und die Wahrhaftigkeit des sprechenden Subjekts.

W.R.

Gemeinsinn In seiner *Kritik der Urteilskraft* entwickelt →Kant das ›ästhetische →Urteil‹ oder das →Geschmacksurteil: Es ist ein Einzelurteil, das eine →Vorstellung durch die →Einbildungskraft auf das →Gefühl der →Lust bzw. Unlust (also auf das Wohlgefallen) bezieht. Folglich ist ein Geschmacksurteil eine Aussage eines Subjektes über seinen Zustand in Bezug auf Lust und Unlust angesichts eines Objektes. Damit dieses Urteil nicht zufällig wird, sondern Anspruch auf Gemeingültigkeit erheben darf, müssen alle subjektiven Bestimmungsmomente ausgeschlossen werden. Als Erstes muss das Interesse des Urteilenden an der Existenz des Gegenstandes ausgeschlossen werden. Zweitens darf der zu beurteilende Gegenstand nicht begrifflich gefasst werden, weil sonst das freie Spiel zwischen Einbildungskraft und →Verstand aufgelöst ist. Drittens darf das Geschmacksurteil nicht durch einen inhaltlichen Zweck des Gegenstandes bestimmt sein, muss aber dessen Zweckmäßigkeit dennoch berücksichtigen, d.h. dass nur die reine Form der Zweckmäßigkeit beurteilt wird. Wenn nun →Interesse, →Begriff und →Zweck ausgeschaltet sind, ist die Frage, was die Basis des Urteils abgibt, damit dieses Gemeingültigkeit beanspruchen darf. Dies ist der ›Gemeinsinn‹. Er ist kein empirisches Faktum, vielmehr eine Idee, die allerdings ›jedermann notwendig‹ ist. Damit kann das Geschmacksurteil den Anspruch erheben, dass ihm jedermann zustimmen soll.

W.R.

Gemeinwohl Meint das gemeinsame Wohl einer menschlichen Gemeinschaft und bezeichnet das sozial-ethische Ziel, auf das jede menschliche Gemeinschaft als politische →Ordnung ausgerichtet ist beziehungsweise sein sollte. Dem gemäß findet der Begriff seine Anwendung vor allem im ethischen, rechtsphilosophischen und politisch-philosophischen Bereich. Worin das gemeinsame Wohl einer →Gesellschaft konkret besteht, kann nicht allgemein festgesetzt oder entschieden, sondern nur formal bestimmt werden. Der Terminus stellt also ein rein formales, kein inhaltliches Kriterium dar, an welchem sich das Handeln eines →Staates (Festlegung von Gesetzen, Einrichtung sozialer Institutionen etc.) und seiner Bürger und Bürgerinnen zu messen hat. Die ›Ausgleichsformel‹ definiert das als Gemeinwohl bestimmte Ziel einer Gesellschaft als das ausgeglichene Verhältnis zwischen der Befriedigung von Individualinteressen und solchen →Interessen, die die Gemeinschaft als Ganze hat. Durch die gerechte Verteilung von ökonomischen und kulturellen Lasten und Vorteilen soll die individuelle Selbstverwirklichung aller ermöglicht, zugleich aber auch begrenzt werden, um soziale Konflikte minimal zu halten. Der hierbei angestrebte Ausgleich zwischen Einzel- und Kollektivinteressen trägt einer Problematik Rechnung, welche die Diskussion um das Gemeinwohl von ihren Anfängen bis heute bestimmt und die sich aus einem unterschiedlichen Verständnis des Gemeinschaftsbegriffs ergibt. Denn je nachdem, ob Gemeinschaft als überindividueller →Wert in relativer Unabhängigkeit vom Nutzen der Einzelnen betrachtet wird oder ob im Gegenteil von einer Gesellschaft ausgegangen wird, die nicht mehr als die Summe ihrer Mitglieder darstellt, werden sich auch das zu definierende Wohl derselben und die zu seiner Erreichung einzusetzenden Mittel voneinander unterscheiden.

G.T.-G.

Generatio aequivoca →Generatio univoca

Generatio univoca Bezeichnet eine Zeugung, bei der Erzeuger und Erzeugtes sich nur individuell, nicht jedoch spezifisch unterscheiden (Mensch erzeugt Mensch), wohingegen bei der *generatio aequivoca* Erzeuger und Erzeugtes in beiderlei Hinsicht verschieden sind (Lampe erzeugt Licht).

G.T.-G.

Generelle Urteile →Allgemeine Urteile

Genus proximum Differentia specifica, →Definition

Geozentrisches – heliozentrisches System Die Geschichte der →Kosmologie wird beherrscht von zwei →Modellen, die versuchen, das Weltbild in der jeweiligen Denkepoche zu beschreiben. Ausgangspunkt des geozentrischen Weltbildes ist die Beobachtung und Überlegung des antiken (griechischen) Menschen, der seine kugelförmige Erde in den Mittelpunkt des Universums stellt. Um die Erde bewegen sich auf kreisförmigen Bahnen die Planeten Mond, Sonne, Venus, Merkur, Mars, Jupiter und Saturn. Auf der Grundlage dieses geozentrischen Denkansatzes lieferte →Aristoteles eine vollständige Theorie der Planetenbewegung, die wohl größte Leistung der griechischen Astronomie. Die Vollständigkeit des aristotelischen Weltbildes hatte fast 2000 Jahre überwältigenden Einfluss und war schwer zu überwinden. Eine Lösung von der Autorität des Aristoteles zeichnete sich erst im ausgehenden →Mittelalter (A) ab. Um die Erde aus dem Zentrum der Welt herauszunehmen, mussten sowohl gefühlsmäßige Bindungen gelöst als auch das Bewusstsein großer Bevölkerungsgruppen verändert werden.

Bei der systematischen Auswertung von Beobachtungsergebnissen stellte Kopernikus fest, dass sie nicht mit der →Wirklichkeit übereinstimmten. Seine Berechnungen ergaben, dass nicht die Erde, sondern die Sonne als zentrales Gestirn im Mittelpunkt des Universums steht. Um sie herum bewegen sich die übrigen Planeten: Merkur, Venus, Erde mit Mond, Mars, Jupiter und Saturn. Ein solches heliozentrisches Modell war in der Lage, die beobachteten Vorgänge am Himmel sehr viel einfacher zu beschreiben.

Die Revolution (kopernikanische Revolution), die hier mit Kopernikus ansetzte, darf man sich jedoch nicht als einen Umsturz mit explosiver Wirkung vorstellen. Sie vollzog sich vielmehr langsam und schrittweise durch Aufgabe der Dogmen der griechischen Philosophen. Die Leistung des Kopernikus kann beschrieben werden als die eines Mittlers zwischen antiker und neuzeitlicher Astronomie. Er verknüpfte aristotelische Physik (er hielt noch immer an der Kreisbewegung fest) mit der Forderung, ein System zu konstruieren, das die beobachteten Phänomene möglichst genau und einfach wiedergab.

Die Entwicklung des heliozentrischen Weltbildes wurde von Kepler fortgeführt. Er ersetzte die bei Kopernikus traditionell begründeten

Kreisbahnen durch Ellipsen und stellte damit die Astronomie auf neue Grundlagen. Kepler erreichte mit seinen Gesetzen eine Genauigkeit bei der Berechnung der Planetenbahnen, die die aller bisherigen Modelle übertraf.

Th. S. Kuhn, Die kopernikanische Revolution, Braunschweig / Wiesbaden 1981

B. Kanitscheider, Kosmologie, Stuttgart 1984

H. Blumenberg, Die Genesis der kopernikanischen Welt, Frankfurt/M. 1981

B. W.

Gerechtigkeit Einer der Grundbegriffe der politischen und praktischen Philosophie und →Ethik. Für →Platon spielt die Gerechtigkeit (*dikaiosyne*) in seinem Entwurf einer Polis die entscheidende Rolle: Das Ziel seiner Konstruktion ist die Herstellung und Sicherung der Gerechtigkeit. Bevor nun aber eine Poliskonzeption der praktizierten Gerechtigkeit erstellt werden kann, stellt sich die Frage, was Gerechtigkeit denn ist. Die Voraussetzung der platonischen Antwort ist, dass sich die Gerechtigkeit auf die Polis als Ganze bezieht und nicht auf das →Individuum (ein Begriff, den Platon gar nicht kennt). Die Polis als solche, so Platons These, soll gerecht sein. Eine gerechte Polis ist die, die es den Bürgern ermöglicht, das zu tun, was ihren Fähigkeiten entspricht. Das Kriterium der Gerechtigkeit ist also die Kompetenz des Polisbürgers. Der Staat ist deshalb genau dann gerecht, wenn er es seinen Bürgern ermöglicht, ihre Fähigkeiten zu realisieren.

Welche Fähigkeiten das sind, ist abhängig vom Anteil der Seelenteile, sie sind also angeboren. Drei Seelenteile sind von Bedeutung: Vernunft, Mut und Begierde. Keiner dieser Seelenteile hat einen Vorrang vor einem anderen, vielmehr müssen alle als ein Gesamt gesehen werden – beim Ausfall eines einzigen bricht die gesamte Polis zusammen: Die Polis benötigt, um bestehen zu können, Gewerbe- und Handeltreibende, sie benötigt die Herstellung der inneren und äußeren Sicherheit und schließlich benötigt sie diejenigen, die für die Aufrechterhaltung der Gerechtigkeit sorgen, die Philosophen. Wenn also Platon sagt, die Gerechtigkeit (der Polis) sei dann erreicht, wenn jedem das Seine wird (*suum quique*), dann zeigt dies, dass Gerechtigkeit ein relationaler Begriff ist, in dem die Fähigkeit des Polisbürgers verbunden ist mit dem Wohl der Polis und ihrer Bürger. Einen solch relationalen Begriff der Gerechtigkeit vertritt auch →Aristoteles. In seiner *Nikomachischen Ethik* spricht er sich gegen eine ›arithmetische‹ Gerechtigkeit aus, die Gerechtigkeit als distributive Gleichverteilung der Güter an alle, unabhängig von deren Verdienst, versteht. Auch für ihn gilt, dass Gerechtigkeit bezogen sein muss auf die Bürger, allerdings nicht, wie bei Platon, auf deren Fähigkeiten, sondern auf deren Verdienst. Gerechtigkeit ist demnach für Aristoteles eine geometrisch-analoge Proportion: »Nachdem aber das Gleiche ein Mittleres ist, muss das Gerechte wohl ein Mittleres sein. Nun setzt aber das Gleiche mindestens zwei Glieder voraus. Folglich muss das Gerechte ein Mittleres und Gleiches sein und eine Beziehung aufweisen, und zwar auf bestimmte Personen. … Das Gerechte ist also etwas Proportionales – das Proportionale ist ja nicht nur der Zahl eigen, die aus (abstrakten) Einheiten besteht, sondern der Zahl überhaupt –, Proportion ist nämlich Gleichheit der Verhältnisse« (*Nikomachische Ethik*, Buch V, 6, 1131 a f.). Geht es bei Platon also um eine anthropologisch fundierte Gerechtigkeit, die ihr Kriterium in den Seelenfähigkeiten des Menschen hat, sodass Gerechtigkeit die Realisierung der (wie wir heute sagen würden) genetisch bedingten Fähigkeiten der Individuen ist, so geht es bei Aristoteles um eine Verteilungsgerechtigkeit, die nichts mit Fähigkeiten und deren Realisierungsmöglichkeiten zu tun hat, sondern bei der eine angemessene Relation zwischen den tatsächlich erreichten Verdiensten des Einzelnen und seinem Anteil an den von den Polisbürgern gemeinsam erwirtschafteten Gütern im Vordergrund steht.

In der Gegenwart wird Gerechtigkeit auf den →Menschen schlechthin bezogen, sodass die individuellen Fähigkeiten und Verdienste kaum noch eine Rolle spielen. Im Sinne einer Verteilungsgerechtigkeit hat der Mensch als solcher Anrecht auf bestimmte Güter – völlig unabhängig von seinem persönlichen Tun und Lassen, allein nur deshalb, weil er Mensch ist. Was bezüglich einer Verteilungsgerechtigkeit umstritten ist, ist innerhalb des politisch-kulturellen ›Westens‹ bezüglich der →Menschenrechte unumstritten. Hier geht es nicht um die individuelle Verteilung gesamtgesellschaftlich erwirtschafteten Reichtums, sondern um die seit der Aufklärung (→A Neuzeit - Aufklärung) für den Menschen allgemein selbstverständlichen Rechte.

Ein Verfahren zur genaueren Bestimmung der →Prinzipien, durch welche Gerechtigkeit in menschlichen Gemeinschaften verwirklicht werden könnte, wurde in neuerer Zeit von →Rawls (*Eine Theorie der Gerechtigkeit*) entwickelt. Es beruht auf der Annahme der hypothetischen Unkenntnis der eigenen zukünftigen gesellschaftlichen Position in einer utopischen →Gesellschaft. Auf der Basis solcher Unkenntnis (d.h. also unter Ausschluss aller persönlicher Interessen) soll das Interesse aller an der optimalen Gestaltung sämtlicher möglicher sozialer Positionen zur Entwicklung eines ›fairen‹ Gesellschaftssystems führen.

G.T.-G. / W.R.

Geschichte Griech. *historia*: Eigentlich gibt es ›die Geschichte‹ gar nicht. Stattdessen gibt es eine Unzahl von Ereignissen, Geschehnissen und Geschichten, die alle mehr oder weniger miteinander zu tun haben. Diese geschehenen Dinge (*res gestae*) können geordnet werden, sodass aus den Geschichten die Geschichte wird, die Geschichte der geschehenen Dinge (*historia rerum gestarum*). Dazu muss eine Auswahl der Ereignisse vorgenommen werden, die Historiker aus den unterschiedlichsten Quellen gewinnen: von Berichten von Zeitzeugen über Denkmäler bis zu schriftlichen Dokumenten wie Briefe, Verträge, Urkunden etc. Aus diesen Quellen werden diejenigen, die für bedeutend gehalten werden, ausgewählt und dann in einer Abfolge zusammengestellt; in der Regel orientiert man sich an Kausalzusammenhängen, die jedoch kaum jemals die Strenge naturwissenschaftlicher →Notwendigkeit haben. Geschichtliche Ereignisse sind Singularitäten und es ist bis heute nicht gelungen, Gesetze der Geschichte, die den Geschichten zugrunde liegen, zu formulieren. Das deduktiv-nomologische Erklärungsmodell (D-N-Erklärung) und das induktiv-statistische Erklärungsmodell (I-S-Erklärung), von Hempel für die Naturwissenschaften entwickelt, sind jedenfalls in den Geschichtswissenschaften nicht anwendbar. G. v. Wright hat einen ›praktischen Schluss‹ entwickelt, der das Problem teleologisch lösen soll: 1. A beabsichtigt, p herbeizuführen. 2. A glaubt, dass er p nur herbeiführen kann, wenn er a tut. 3. Also macht sich A daran, a zu tun. Dieser →Syllogismus hat sich aber nicht durchgesetzt, sodass man heute von einem ›narrativen Erklärungsmodell‹ in den Geschichtswissenschaften spricht. Es bedeutet, dass sich der Historiker darauf beschränken muss, historische Ereignisse so darzustellen, dass sie in einen plausiblen Zusammenhang stehen. Nach →Nietzsche gibt es drei Möglichkeiten der Geschichtsbetrachtung, sofern Geschichte nicht rein akademisch sein, sondern im Dienst des Lebens stehen soll: »In dreierlei Hinsicht gehört die Historie dem Lebendigen: sie gehört ihm als dem Tätigen und Strebenden, ihm als dem Bewahrenden und Verehrenden, ihm als dem Leidenden und der Befreiung Bedürftigen. Dieser Dreiheit von Beziehungen entspricht eine Dreiheit von Arten der Historie: sofern es erlaubt ist, eine monumentalische, eine antiquarische und eine kritische Art der Historie zu unterscheiden.« (*Vom Nutzen und Nachteil der Historie*, 2).

Narrative Geschichtskonzeptionen gibt es lange, bevor überhaupt von einem Geschichtsbewusstsein gesprochen werden kann. So hat Hesiod den Versuch unternommen, die Entstehung, das Werden und das Vergehen der Welt in einer Göttererzählung darzustellen (→Theogonie, →Kosmogonie, →Kosmologie). In seiner *Theogonie* berichtet er vom Ursprung der Götter, davon, wie die Welt entstand, wie sich Götter gegenseitig bekämpften, wie sich einzelne Geschlechter und Weltepochen ablösten und wie schließlich das Menschengeschlecht entstand. Das Grundprinzip seiner gesamten Darstellung ist eine Geschichtskonzeption des Abfalls von einem Goldenen Zeitalter, sodass die Geschichte letztlich als eine Verfallsgeschichte beschrieben wird. Eine solche Geschichtskonzeption des Abstiegs liegt auch dem Alten Testament zugrunde - ausgehend vom Sündenfall und der anschließenden Vertreibung aus dem Paradies, dem Brudermord Kains an Abel bis zur schließlichen Sintflut, in der Gott seine Geschöpfe bis auf Noah vernichtet. Doch mit diesem schließt dann Gott den ›neuen Bund‹, sodass die Geschichte der Menschheit noch nicht zu Ende ist, sondern in der →Hoffnung auf Besserung und Erlösung fortgesetzt wird. An diesem Punkt setzt die Geschichtskonzeption des Christentums an. Die im Judentum noch ausstehende und erwartete Versöhnung ist für das Christentum durch Jesus und seinen Kreuzestod erreicht, die Geschichte zum Heilgeschehen gewendet.

Damit ist ein Gedanke ausgesprochen, der Geschichte nicht als abfallendes, sondern aufsteigendes Geschehen ansieht. →Hegel hat diesen Gedanken aufgegriffen und mit der →Universalgeschichte ein Konzept entwickelt, das Geschichte versteht als »Fortschritt im Bewusstsein der Freiheit«. Analog zum christlichen Heilsgeschehen konstruiert er Geschichte als Verwirklichungsprozess des ›absoluten Geistes‹ bzw. der ›absoluten Vernunft‹, die sich in den Einzelgeistern (d.h. in den einzelnen Denkformen) und den historischen Einzelereignissen realisiert. Die Realgeschichte ist damit die Erscheinungsweise des Absoluten, das sich gemäß seiner eigenen →Dialektik bewegt und so die Geschichte hervorbringt. Die geschichtlichen Ereignisse sind damit gedacht als Folgen der Eigendynamik des →Geistes, der sich in unterschiedlichen Bewusstseinsformen entwickelt: vom Bewusstsein der ›sinnlichen Gewissheit‹ über die ›Herr-Knecht-Dialektik‹ und ›die absolute Freiheit und den Schrecken‹, bis schließlich der absoluten Geist im ›absoluten Wissen‹ wieder bei sich selbst ankommt, vergleichbar dem christlichen Gedanken der Trinität von Gott Vater, Sohn und Heiligem Geist. Hegel schließt seine *Phänomenologie* mit den Worten: »Das Ziel, das absolute Wissen, oder der sich als Geist wissende Geist hat zu seinem Wege die Erinnerung der Geister, wie sie an ihnen selbst sind und die Organisation ihres Reiches vollbringen. Ihre Aufbewahrung nach der Seite ihres freien, in der Form der Zufälligkeit erscheinenden Daseins, ist die Geschichte, nach der Seite ihrer begriffnen Organisation aber die Wissenschaft des erscheinenden Wissens; beide zusammen, die begriffne Geschichte, bilden die Erinnerung und die Schädelstätte des absoluten Geistes, die Wirklichkeit, Wahrheit und Gewißheit seines Throns, ohne den er das leblose Einsame wäre.« Der Lauf der Geschichte folgt damit der so genannten ›List der Vernunft‹, was meint, dass sich das Besondere aneinander abarbeitet und genau damit den Gang des Allgemeinen befördert: »Das ist die List der Vernunft zu nennen, daß sie die Leidenschaften für sich wirken läßt, wobei sie das, durch was sie sich in Existenz setzt, einbüßt und Schaden leidet. Denn es ist die Erscheinung, von der ein Teil nichtig, ein Teil affirmativ ist. Das Partikuläre ist meistens zu gering gegen da Allgemeine, die Individuen werden aufgeopfert und preisgegeben. Die Idee bezahlt das Tribut des Daseins und der Vergänglichkeit nicht aus sich, sondern aus den Leidenschaften der Individuen.« (*Philosophie der Geschichte*). Die Geschichte endet, wenn das Absolute wiederhergestellt ist, nicht aber als einfache Negation des Vergangenen, sondern als dialektischer Dreischritt von Negation, Negation der Negation und neuer Position, in der die vergangenen Positionen als notwendige Entwicklungsstufen zwar einerseits negiert sind (*negare*), nicht aber spurlos vernichtet und vergessen, sondern als negierte aufbewahrt (*conservare*) und auf eine höhere Stufe, nämlich der (Selbst-)Vermittlung, gehoben sind (*elevare*).

Gegen dieses optimistische Geschichtsverständnis hat →Adorno Einspruch erhoben. »Keine Universalgeschichte führt vom Wilden zur Humanität, sehr wohl eine von der Steinschleuder zur Megabombe«, schreibt er in seiner *Negativen Dialektik*. Der Titel ist Programm. Eine dialektische Geschichtskonstruktion, die auf dialektische Versöhnung ziele, missachte die Opfer der Geschichte und täusche Versöhnung nur vor. Die hegelsche Dialektik sei in Wahrheit ›Identitätsdenken‹, in dem das Besondere bruchlos vom Allgemeinen vereinnahmt wird und somit untergeht. Um nun das Besondere gegen das Allgemein zu retten, muss Dialektik anders gedacht werden. Dialektik muss von ihrer ›erpreßten Versöhnung‹ befreit werden, sie muss auf die Synthesis verzichten und offen bleiben.

Gegenüber solch linearen Geschichtskonzeptionen, die Geschichte als Verfall oder als Fortschritt deuten, wurde ein ganz anderes Modell entwickelt: Geschichte nämlich als eine Kreisbewegung. →Nietzsche hat diese Konzeption aufgegriffen. In seinem Theorem der ›ewigen Wiederkehr des Gleichen‹ behauptet er, dass sich alle historischen Ereignisse mit Notwendigkeit wiederholen würden und zwar genau in derselben Abfolge. Dieser Gedanke scheint ihm der Höhepunkt des Nihilismus zu sein: Alles wiederholt sich, sodass es weder Fortschritt gibt noch Freiheit noch Sinn. Der ›schwache Nihilist‹ bricht unter diesem Gedanken zusammen und versucht ihn zu kompensieren. Der ›starke Nihilist‹, nämlich der →Übermensch, hält ihn aus und zieht daraus sogar seine Stärke: Der Übermensch braucht keinen Sinn, denn er selbst ist der Sinn.

Ausgehend von Hegels These des Endes der Geschichte, das erreicht ist, wenn der absolute Geist bei sich selbst angekommen und die größtmögliche Freiheit hergestellt ist, wurde von Gehlen die These der ›Posthistoire‹ vertreten, dass wir nämlich in einer Zeit nach der Geschichte lebten. Dieser Gedanke wurde aufgegriffen von Fukuyama, der sie politisch deutete als Ende der Geschichte durch den Sieg der liberalen Demokratien über totalitäre Systeme. Auch die Denker der →Postmoderne spielen mit dem Gedanken des Endes der Geschichte in dem Sinne, dass in der Gegenwart das Ende der ›großen Erzählungen‹ (sowohl der Metaphysik als auch der Geschichtsphilosophie) erreicht sei. Die monistischen Denkformen seien überlebt und wir seien eingetreten in ein Stadium nach der Moderne, das von einem prinzipiellen Pluralismus getragen sei. Wie der späte →Wittgenstein von einzelnen →Sprachspielen spricht, für die es kein →*tertium comparationis* gebe, so habe sich die gesamte Wirklichkeit in unzusammenhängende Einzelbereiche aufgelöst, die alle ihren eigenen, gerechtfertigten Geltungs- und Wahrheitsanspruch hätten, aber in keiner Metaerzählung zusammengezwungen werden könnten.

R. Koselleck, Kritik und Krise. Eine Studie zur Pathogenese der bürgerlichen Welt, Frankfurt/M. 2001

R. Koselleck / W.-D. Stempel (Hg.), Geschichte – Ereignis und Erzählung, München 1974

R. J. Evans, Fakten und Fiktionen. Über die Grundlagen historischer Erkenntnis, Frankfurt/M. / New York 1999

J.-F. Lyotard, Das postmoderne Wissen, Graz / Wien 1986 [frz. 1979]

L. Niethammer, Posthistoire. Ist die Geschichte zu Ende?, Hamburg 1989

A. Gehlen, Studien zur Anthropologie und Soziologie, Neuwied / Berlin 1963

W. R.

Geschichtlichkeit Der Begriff wurde ursprünglich zur Unterscheidung der menschlichen →Existenz vom →Sein der →Natur in die philosophische Diskussion eingeführt und wird noch heute in diesem Sinne gebraucht. Dabei stehen sich das ontische, in gewisser Weise äußerliche Sein und die innerliche Lebendigkeit menschlicher Existenz gegenüber. Leben als psycho-physische Wechselwirkung ist an zeitlichen und örtlichen Vollzug gebunden und erweist sich darin als endlich. Die Geschichtlichkeit des Menschen verweist auf dessen Dasein in der Endlichkeit als einzige menschliche Seinsmöglichkeit und bezeichnet damit den Grundcharakter jeglicher menschlichen Existenz. Hineingeboren in die Endlichkeit beginnt jeder Mensch sein Leben in einer bereits bestimmten, vorgegebenen und somit historischen Situation, zu der er sich nun verhalten bzw. welche er weiter gestalten muss. Eine solchermaßen als Herausforderung des endlichen Daseins verstandene Geschichtlichkeit bildet als ontologische Bestimmung den Schlüsselbegriff verschiedener existenzphilosophischer und hermeneutischer Ansätze.

G.T.-G.

Geschichtsphilosophie Das Wort →Geschichte hat eine doppelte Bedeutung: Es bezeichnet sowohl den Sachverhalt Geschichte, d.h. die in der Zeit aufeinander folgenden Ereignisse, als auch die Darstellung dieser Ereignisse in der Geschichtsschreibung. Die Philosophie der Geschichte bezieht sich auf beide Aspekte und reflektiert in allgemeiner Weise die wissenschaftlichen →Methoden der forschenden und darstellenden Historiker und damit verbunden den Inhalt, die Verlaufsform und den Sinn der Geschichte im Ganzen. In der Sinngebung kulminiert gewissermaßen jede Geschichtsphilosophie, weil sich darin ein jeweils bestimmtes →Interesse manifestiert, sei es rückwärtsgewandt in die Vergangenheit als Gefühl der Zugehörigkeit zu einer bestimmten →Tradition, um eine persönliche und kulturelle →Identität zu stiften, sei es als unterschiedliche Erwartungen an die Zukunft, um etwa die Furcht vor dem Verfall der gegenwärtigen →Kultur oder umgekehrt die Hoffnung auf künftige Fortschritte auszudrücken.

Die Philosophie der Geschichte bringt ihren Allgemeinheitsanspruch noch einmal dadurch zum Ausdruck, dass sie sich auf die Geschichte im Singular bezieht; genauer gesagt: Es geht nicht um einzelne Geschichten, wie man sie im

Alltag erzählt oder wie die Historiker von den vielen Epochen und Kulturen berichten, sondern im Zentrum des Interesses steht der Kollektivsingular Geschichte. In ihrer klassischen Ausprägung wird die Geschichtsphilosophie damit zur Theorie der →Universalgeschichte oder Weltgeschichte. Universalität beansprucht sie in mehrerer Hinsicht.

Zunächst umfasst das Konzept der Universalgeschichte alle historischen Zeiten von den Anfängen der Menschheit bis zur Gegenwart, ohne allerdings einen mythischen Ursprung und ein in ferner Zukunft liegendes Ende der Geschichte behaupten zu müssen. Wichtiger ist die Berücksichtigung aller bekannten Epochen, was Unterbrechungen, Stagnationen und Brüche bestimmter Traditionen keineswegs ausschließt. Grundlegend vorauszusetzen ist lediglich ein zeitlich lineares und nicht umkehrbares Kontinuum zwischen Vergangenheit, Gegenwart und Zukunft.

Sodann enthält die Universalgeschichte alle geographischen Räume der Erde, beschränkt sich also nicht etwa auf die Geschichte Europas, sondern berücksichtigt auch die Geschichte anderer Erdteile und der dort lebenden Völker und Nationen. In diesem Sinne spricht man heute von Globalgeschichte, um zu betonen, dass diese Art Geschichte tendenziell den eurozentristischen Standpunkt verlassen muss und der Vielheit der Kulturen Rechnung zu tragen hat.

Die zeitliche und räumliche Dimension der Universalgeschichte hat eine nicht zu unterschätzende theoretische Konsequenz. Aus dem Vergleich zwischen Völkern, die in unterschiedlichen Regionen und Epochen leben, resultiert die Erkenntnis, dass verschiedene Stadien der Zivilisation nicht nur an einem Ort zeitlich aufeinander folgen, sondern auch gleichzeitig an verschiedenen Orten anzutreffen sind. Darin besteht die geschichtsphilosophisch bedeutsame Einsicht in die Ungleichzeitigkeit der Geschichte.

Bedeutsam ist diese Einsicht deshalb, weil die Geschichte auf diese Weise von der bloßen Chronologie von Tag und Nacht, Monaten und Jahren abgekoppelt wird und dadurch ihren eigenen Inhalt gewinnt. Gefragt wird nach einem allgemeinen →Modell historischer Entwicklung, deren Kernbereich seit der →Neuzeit (A) in →Wissenschaft, →Technik und Ökonomie gefunden wird. Dieser Komplex bildet auch die Grundlage für die Idee des →Fortschritts. Sofern darüber hinaus erwartet wird, dass sich der wissenschaftlich-technische und wirtschaftliche Fortschritt auch auf andere Gebiete wie →Moral und Politik übertragen lässt, beansprucht die Geschichtsphilosophie schließlich die gleichzeitige Universalität aller Lebensbereiche.

Da dieser Fortschritt eine eigene Dynamik entfaltet und einem beschleunigten Rhythmus folgt, trennt sich die Geschichte von der naturalen Zeit, die an den Kreislauf der Planeten sowie an den Wachstumszyklus der Lebewesen gebunden ist. Daher spricht man von einer Denaturalisierung der Geschichte und von einer daraus hervorgegangenen Verzeitlichung bzw. spezifisch historischen Zeit, die sich an der von den Menschen gemachten und bewussten Geschichte orientiert.

Mit dieser Wende zur selbst gemachten Geschichte ist auch deren →Subjekt benannt. Die Geschichte hat sich nicht nur vom christlichen Heilsgeschehen getrennt und nunmehr ausschließlich profane Handlungsresultate zum Gegenstand, die neuzeitlichen Geschichtsphilosophen erklären auch programmatisch die Menschen zu Subjekten ihrer eigenen Geschicke. Und weil die Universalgeschichte tendenziell alle Menschen meint, postuliert sie die ganze Menschheit als Subjekt der Geschichte. Nicht die Individuen schreiten letztlich voran, sondern die menschliche Gattung. Aus diesem Grund lässt sich die →Analogie zwischen der Menschheitsgeschichte und den Lebensaltern eines Individuums – Kindheit, Jugend, Reife, Alter – durchbrechen: Die Geschichte löst sich von der zyklischen Lebenszeit der Individuen und öffnet sich zur tendenziell endlosen Weltzeit.

Freilich stellt sich die Frage, wie aus den vielfältigen →Handlungen der Menschen, die immer noch von einzelnen und teilweise auch widerstrebenden →Zwecken geleitet werden, eine gemeinsame Richtung hervorgehen kann. Unhintergehbar ist die Zufälligkeit aller historischen Ereignisse, die sich allenfalls nachträglich so interpretieren lassen, als ob sie auf ein einheitliches Ziel hin gerichtet seien. Die meisten Geschichtsphilosophen sind sich dieser im Grunde unlösbaren Problematik bewusst und greifen zu Hypothesen, wie etwa Turgot eine Art göttliche ›Vorsehung‹, →Kant eine ›Naturabsicht‹ oder →Hegel eine ›List der Vernunft‹ angenommen haben. Da in solchen Konstruktionen ein objektives Ziel (→*telos*) der Geschichte unterstellt wird, münden sie meist in eine danach benannte Geschichtsteleologie ein. Vor allem Kant hat darauf aufmerksam gemacht, dass eine solche Zielbestimmung nicht aus Erfahrung stammen könne, es handelt sich lediglich um eine →Idee, die sich die Menschen vom Ziel und Verlauf der Geschichte vorstellen, um in die Geschichte, die ansonsten nur ein ewiges Auf und Ab zu bieten hat, einen →Sinn hineinzulegen.

Nun sollte man sich davor hüten, die Philosophie der Geschichte selber ungeschichtlich zu betrachten. Außergewöhnlich ist der Umstand, dass die Geschichtsphilosophie in der soeben skizzierten klassischen Ausprägung ein verhältnismäßig kurzes Dasein hatte. Während andere philosophische →Disziplinen wie →Metaphysik, →Ethik oder →Politik bereits in der Antike entstanden sind, bildete sich die Geschichtsphilosophie erst während der Aufklärung (→A Neuzeit - Aufklärung) um die Mitte des 18. Jhs. am Vorabend der Industrialisierung heraus. Auch wenn sich frühere Philosophen selbstverständlich schon Gedanken über die Geschichte gemacht haben, wurde der Begriff *philosophie de l'histoire* (Philosophie der Geschichte) im Jahr 1764 von →Voltaire geprägt, der damit einen neuen theoretischen Anspruch geltend machen wollte. Seit der Französischen Revolution in Frankreich und nach der Blüte der Geschichtsphilosophie im deutschen Idealismus bei Hegel und den materialistischen Umdeutungen durch →Marx ist die Geschichtsphilosophie allmählich in Frage gestellt worden.

Einerseits zieht man sich im so genannten Historismus des 19. Jhs. und in der →analytischen Philosophie des 20. Jhs. auf Methodenprobleme zurück. Dabei spielt zunächst die Auswahl und kritische Würdigung der historischen Zeugnisse eine nicht zu unterschätzende Rolle. Außerdem geht es um die Verknüpfung historischer Ereignisse, die sich nicht mehr allein nach dem Ursache-Wirkung-Schema begründen lassen. An die Stelle der naturwissenschaftlich orientierten →Erklärung tritt nun das geisteswissenschaftliche Prinzip des →Verstehens, das mit den Namen →Dilthey, Droysen und Rickert verbunden ist. In neuerer Zeit konzentriert sich das Interesse auf die →Strukturen der historischen Erzählung, die etwa von Ricœur, Danto, White und Baumgartner untersucht wurden. In solchen Bemühungen kommt das Grundproblem historischer Erkenntnis zum Vorschein, zwischen der Besonderheit historischer Ereignisse und dem Anspruch auf wissenschaftliche →Allgemeingültigkeit zu vermitteln. Wie auch immer dieses Problem zu lösen versucht wird, so zeigt sich, wie sehr jede Geschichtserzählung ein Konstrukt ist, das lediglich auf Anhaltspunkte in der Realität verweist. Radikalisiert man diese kritische Einsicht, dann erhält ein Ereignis erst durch Erinnerung, Darstellung und Bewusstwerdung seinen spezifisch geschichtlichen Charakter. Darin besteht die eigentümliche Geschichtlichkeit der Geschichte.

Andererseits ist die Idee des Fortschritts ihrem Inhalt nach immer mehr in Misskredit geraten. Bereits Rousseau hat 1750 den Fortschritt in Zweifel gezogen, weil seiner Auffassung nach die wissenschaftliche und technische Perfektionierung nur negative Folgen wie soziale Ungleichheit, politische Gewaltherrschaft und moralischen Egoismus hervorbringt. Wenig später hat sich Herder gegen die Vorstellung gewehrt, dass alle Völker und Epochen nach einem einheitlichen Maßstab beurteilt werden, statt den Eigenwert einer jeden →Kultur anzuerkennen. Nach zwei verheerenden Weltkriegen, nach Hiroshima und Auschwitz haben Horkheimer und →Adorno den Fortschritt als notwendigen Verfallsprozess umgedeutet und damit eine bloß ›negative‹ Geschichtsteleologie begründet. Im Zuge alltäglicher Erfahrungen mit der modernen Zivilisation glauben andere Philosophen wie Gehlen, Anders, Baudrillard und Lyotard ein ›Ende der Geschichte‹ und damit der großen ›Geschichtserzählung‹ konstatieren zu müssen. Dieses Ende ist jedoch nicht so misszuverstehen, dass in Zukunft nichts mehr passiert, sondern es soll bedeuten, dass der technische Fortschritt für die Menschen im Grunde sinnlos geworden sei. Die industrielle Massengesellschaft lässt die alten gewachsenen Kulturen verschwinden und ist außerstande, einen neuen Lebenssinn zu schaffen.

In jedem Fall hat sich eine optimistische Geschichtsphilosophie inzwischen überlebt. Angesichts der gegenwärtig global erfahrbaren negativen Kehrseiten des technischen Fortschritts wie ökologische Krisen und soziale Ungerechtigkeiten sollte sich das gegenwärtige Geschichtsdenken darauf einstellen, zumindest die Ambivalenzen dieses Fortschritts ernst zu nehmen und mit Prognosen für die Zukunft vorsichtig umzugehen. Vor diesem Hintergrund kann heute darüber nachgedacht werden, wie eine methodisch reflektierte und inhaltlich maßvolle Rekonstruktion der Geschichtsphilosophie möglich ist. Wenn gewaltige ›Fortschritte‹ erforderlich sind, um auch nur zu bewahren, was uns als lebenswert gilt, und wenn die Ankündigung des drohenden Untergangs mit Resignation gleichzusetzen ist, dann sei an Kant erinnert, der die bloße Hoffnung auf den Fortschritt, ohne dass dafür auch nur Anzeichen erkennbar sind, zur moralischen Pflicht erklärt hat. In diesem Sinn hat jede Geschichtsphilosophie eine ethische Dimension.

R. Koselleck, Vergangene Zukunft. Zur Semantik geschichtlicher Zeiten, Frankfurt/M. 1979

E. Angehrn, Geschichtsphilosophie, Stuttgart / Berlin / Köln 1991

H. Nagl-Docekal (Hg.), Der Sinn des Historischen. Geschichtsphilosophische Debatten, Frankfurt/M. 1995

H. D. Kittsteiner, Listen der Vernunft. Motive geschichtsphilosophischen Denkens, Frankfurt/M. 1998

J. Rohbeck, Technik – Kultur – Geschichte. Eine Rehabilitierung der Geschichtsphilosophie, Frankfurt/M. 2000

J. R.

Geschmacksurteil Die vor allem durch →Kant in eine systematische →Theorie der →Erkenntnis eingebundene Fähigkeit des ästhetischen Urteilsvermögens erlaubt es dem Menschen (in Abgrenzung zu Erkenntnisurteilen und moralischen Urteilen) Geschmacksurteile zu treffen. Das Geschmacksurteil beurteilt die Empfindung der →Lust bzw. Unlust angesichts eines Gegenstandes, wobei sich Lust bzw. Unlust aus dem Zusammenspiel von →Einbildungskraft und →Verstand ergeben; es handelt sich um das freie Spiel dieser beiden Erkenntniskräfte. Weil das Geschmacksurteil damit zwar auf dem subjektiven Empfinden beruht, gleichzeitig aber auch Anspruch auf intersubjektive Gültigkeit erhebt, ist es für Kant weder rein objektiv noch rein subjektiv, sondern besitzt subjektive Gemeingültigkeit, die jedem anderen zugemutet werden können muss (→Gemeinsinn).

G.T.-G.

Gesellschaft Ein staatspolitischer Begriff, der erst mit dem modernen →Staat und dem Begriff der Nation, also mit der Französischen Revolution, auftrat. Im griechischen Stadtstaat, der →Polis, gab es zwar eine Gemeinschaft der Vollbürger, die am politischen Leben teilnahm, aber es gab weder einen griechischen Staat noch eine griechische Nation und auch keine Gesellschaft in dem Sinne, dass es innerhalb der Polisgemeinschaft informelle Institutionen gegeben hätte, die ohne politisches Mandat, aber mit einer politische Lobby ein eigenständiges Leben innerhalb der Polis geführt hätten. In diesem Sinne gab es auch weder in Rom noch in den folgenden Reichen des →Mittelalters (A) eine Gesellschaft. Die ›Gesellschaft‹ entstand erst mit der Emanzipation des Bürgertums, d. h. mit dessen politischer Machtergreifung. Denn mit der politischen Herrschaft des Bürgertums konnten zwar im Prinzip alle Bürger an der politischen Macht teilhaben, doch deren →Interessen waren in der Regel anderer Natur, sodass eine große Gruppe von Bürgern ihre politischen Möglichkeiten nicht nutzte, es sei denn, ihre privaten und ökonomischen Ziele überschnitten sich mit den allgemeinpolitischen Zielen des Staates im Guten oder Bösen. Dies ist der Grund, weshalb der Begriff der Gesellschaft historisch gleichursprünglich mit dem des Staates und des →Individuums ist. Etwas verkürzt lässt sich sagen, dass der →Staat die politische Organisation zur Aufrechterhaltung seiner selbst ist, das Individuum innerhalb eines Staates seine eigenen Interessen vertritt und die Gesellschaft ein informelles Subsystem eines Staates ist, in dem Individuen mit den gleichen Interessen so lange interagieren und kooperieren, wie die Einzelnen ihre Interessen in diesen freien Institutionen vertreten fühlen. Anders wird die Gesellschaft im Marxismus verstanden, nämlich als »eine Systemgesamtheit von praktischen Verhältnissen, welche die Menschen auf jeder konkreten historischen Entwicklungsstufe auf der Grundlage eines bestimmten Entwicklungsstandes der materiellen Produktivkräfte untereinander eingehen und deren grundlegender Bestandteil – ihre ökonomische Struktur – ein jeweiliges System materieller Produktionsverhältnisse darstellt« (*Marxistisch-leninistisches Wörterbuch der Philosophie*, Hamburg 1972).

W. R.

Gesellschaftsphilosophie Theoretische und praktische Auseinandersetzung mit den Bedingungen und Prinzipien des sozialen Lebens.

G.T.-G.

Gesellschaftsvertrag Terminus technicus für eine vertragliche Vereinbarung, in der sich die →Individuen zur staatlichen Gesellschaft zusammenschließen und die Herrschergewalt an eine souveräne Person oder Versammlung übertragen (→Vertragstheorie, →*contrat social*). Genau genommen werden damit zwei Vertragsschlüsse bezeichnet, welche in ihrem Zusammenwirken den Staat konstituieren: Der Vereinigungsvertrag, den die Individuen untereinander schließen, und der Herrschaftsvertrag, durch den sich die so entstandene Gemeinschaft dem Souverän unterstellt. Der Begriff steht somit für ein Erklärungsmodell, welches den Staat als das Produkt einer freiwilligen Vereinbarung ausweist und ihn dadurch zugleich als gültige Form menschlichen Zusammenlebens rechtfertigt. Geschlossen zu dem Zweck, Frieden, Recht und Sicherheit der Individuen zu garantieren, muss der Gesellschaftsvertrag im Kontext einer instrumentalistischen Staatstheorie gesehen werden. Diese geht aus von der (nicht unbestrittenen) Annahme eines vorpolitischen, vorrechtlichen →Naturzustandes der Menschheit, wo jeder gegen jeden kämpft. Die gegenseitige vertragliche Verpflichtung, durch welche alle sich einer gemeinsamen Herrschaftsordnung unterwerfen, beendet nicht nur diesen Zustand permanenter gegenseitiger Bedrohung, sondern wird zugleich von der Hoffnung auf verbesserte Lebensbedingungen begleitet. Je nachdem, ob der Begriff zur Interpretation eines geschichtlichen Phänomens oder als gesellschaftsphilosophische Fiktion verwendet wird, eröffnen sich unterschiedliche Problemkreise. So hat z. B. der offenkundige Mangel an historisch belegbaren Gesellschaftsverträgen zu der These geführt, dass die Übereinkunft der Individuen, welche sich zu einem Staat zusammenschließen, nicht explizit formuliert werden muss, sondern auch stillschweigend zustande kommen kann, wenn die Mitglieder durch ihr Verhalten das herrschende System anerkennen. Strittig ist dabei bis heute, welche konkreten Verhaltensweisen als stillschweigende Zustimmung gedeutet werden können. Unterschiedliche Positionen finden sich auch in der Interpretation der Machtüberantwortung an den Souverän. Wurde die Macht dem Souverän vom Volk nur geliehen, so kann sie unter gewissen Umständen von diesem wieder zurückgefordert werden. Bedeutete die Übergabe jedoch die bedingungslose, unumkehrbare Abgabe der Macht, so kann der Versuch, die Macht zurückzuerhalten (etwa durch eine Revolution), nicht gerechtfertigt werden. In den Gerechtigkeitstheorien des 20. Jhs. wird die Idee des Gesellschaftsvertrags, insofern sie ein wechselseitiges Verpflichtungsmodell von Staat und Individuum entwirft, als Argument gegen solche theoretischen Systeme gebraucht, welche (wie z. B. der →Utilitarismus) das Individuum mit seinen Ansprüchen dem Wohl der Gemeinschaft opfern.

G.T.-G.

Gesetz Zu unterscheiden sind die von Menschen gemachten Gesetze zur Regelung des zwischenmenschlichen Verhaltens (griech, *nomos*, *nomoi*) und die Gesetzmäßigkeiten der →Natur (griech. *physis*). In den Naturwissenschaften bezeichnen Gesetze feste, wesentliche Zusammenhänge zwischen bestimmten Erscheinungen oder Vorgängen. Meist sind Gesetze bedingte →Allsätze, die besagen, dass unter bestimmten Bedingungen Vorgänge in immer gleicher Art und Weise ablaufen werden (häufig durch eine mathematische Funktionsabhängigkeit präzisiert).

Um wirklich gesetzesartig zu sein, sollten Aussagen nicht nur für bestimmte (endlich viele) Objekte gelten (›Alle Äpfel in diesem Korb sind rot‹), sondern immer für beliebige Objekte verallgemeinerbar sein. So galten die keplerschen Gesetze ursprünglich nur für endlich viele Planeten, sind aber z. B. auch auf jeden neuen Satelliten übertragbar. Dagegen ist längst nicht jeder Apfel, den man dem Korb zufügt, wirklich auch rot. Gesetze müssen zuverlässig sein; d. h. sie sollten in hohem Maße bestätigt sein (→Wahrheit) und auf keinen Fall →falsifiziert. Ihre Aussagen können deterministisch oder statistisch sein. Als Vorstufe der heute meist qualitativ-metrisch formulierten Gesetze gibt es auch quantitative und komparative Gesetzmäßigkeiten (›je mehr…, desto mehr‹).

Die Begründung der Gesetze kann – den Arbeitsweisen der jeweiligen Wissensgebiete entsprechend – erfahrungswissenschaftlich (induktiv) oder theoretisch ableitend (deduktiv) erfolgen. Hauptanwendungen der Gesetze sind →Erklärungen und Prognosen.

Besonders wichtig ist es, zu beachten, dass es offensichtlich Gesetz- oder Regelmäßigkeiten gibt, nach denen die Natur geregelt abzulaufen scheint (Gesetze der Natur), selbst im vermeintlichen Chaos (→Chaostheorie). Die Gesetze aber, die wir Menschen aufstellen und mit denen wir auch teilweise sehr erfolgreich arbeiten können (Gesetze *über* die Natur), sind nur bescheidene Beschreibungsversuche der →Wirklichkeit, entstanden zu unserer Denkökonomie – aber nie den Anspruch erhebend, dass die Natur ›wirklich‹ nach diesem oder jenem Gesetz abläuft; denn schon die Begriffsbildungen, die den Gesetzen zugrunde liegen (Länge, Masse, →Zeit, Welle,...), sind – spätestens seit Einsteins Relativitätstheorie und vor allem der Quantentheorie (→Dualismus) – als höchst problematisch zu sehen.

C. G. Hempel, Erklärung in Naturwissenschaft und Geschichte, in: L. Krüger (Hg.), Erkenntnisprobleme der Naturwissenschaften, Köln / Berlin 1970

R. Carnap, Einführung in die Philosophie der Naturwissenschaft, München 1969

H. W.

Gesinnung Sittliche Grundhaltung eines Menschen: Sie entsteht aus dem Zusammenspiel von eigenem Wissen, Wollen, Fühlen und den von außen an das Individuum herantretenden Ansprüchen. Zwar finden sich die genannten Komponenten in jedem →Individuum, weshalb auch jedem eine Gesinnung eignet, doch unterscheiden sie sich nicht nur quantitativ und qualitativ in jedem Individuum, sondern werden von diesem auch noch individuell unterschiedlich gewichtet. Erst das stabile Verhältnis, in welches Fremd- und Eigeninteressen unter Berücksichtigung von Wissen und Gefühlsleben zueinander gebracht werden, bildet gewissermaßen die (Dauer-)Einstellung, die den Hintergrund allen Denkens und Handelns abgibt. Ist eine solche Einstellung als innere Ausrichtung erst einmal gewonnen, wird sich das aktuelle Verhalten des Menschen generell daran als innerem Maßstab orientieren, und zwar in relativer Unabhängigkeit von äußerem Erfolg oder Misserfolg.

G.T.-G.

Gesinnungsethik Jedes ethische System, das die Gesinnung eines Menschen zum Kriterium der Beurteilung von dessen Verhalten macht. In reinster Form wurde dieses Ethikmodell von →Kant entwickelt. Diesem Modell steht die Erfolgsethik bzw. →Verantwortungsethik gegenüber, die sich nicht wie die Gesinnungsethik für die Absicht oder Einstellung interessiert, aus welcher eine →Handlung vollzogen wird, sondern eine Handlung ausschließlich von ihren Folgen her beurteilt. In neuerer Zeit hat Max Weber diese beiden Ethiktypen aufgegriffen: Der Gesinnungsethiker handelt gemäß allgemeiner moralischer →Prinzipien, ohne die in einer besonderen Handlungssituation auftretenden Folgen zu berücksichtigen. Insofern handelt es sich um eine absolute, unbedingte moralische Position, z. B. ›Du sollst nicht töten‹. Dieses Verbot gilt für den Gesinnungsethiker grundsätzlich und lässt keine Ausnahmen zu. Der Verantwortungsethiker hingegen berücksichtigt bei seinem Handeln stets die besonderen Umstände, innerhalb derer eine Handlung vollzogen wird und stimmt sein Handeln, verantwortungsbezogen auf die Folgen, auf diese Situation ab. So kann es durchaus Bedingungen geben, die das Außer-Kraft-Setzen des absoluten Tötungsverbotes situativ erfordern (z. B. bei Notwehr).

G.T.-G.

Gewissen Der Begriff steht für die Fähigkeit des →Menschen, seine →Urteile, Gedanken und →Handlungen an einem eigenen inneren moralischen Maßstab zu messen bzw. zu orientieren. Da das Vermögen solcher Selbstbeurteilung seine Aktivität jedoch unabhängig von jeder willentlichen Steuerung durch den Menschen entfaltet (das schlechte Gewissen stellt sich ganz von selbst ein) handelt es sich dabei nicht um eine bewusste Reflexion des eigenen Tuns. Vielmehr könnte man das Gewissen als die Form bezeichnen, in der das Wissen um →Gut und →Böse alles Tun des Menschen begleitet. Differenzen zwischen diesem Wissen um das Gute und dem eigenen Handeln, →Denken und Fühlen werden als schlechtes Gewissen erst einmal emotional erfahren, bevor diese Diskrepanz inhaltlich identifiziert und erkannt werden kann. Für die Vertreter derjenigen Position, die glauben, dass das Gewissen auch selbst Inhalte hervorbringt, ergibt sich das Problem, dass jeder Versuch, den Begriff inhaltlich zu bestimmen, an der spezifischen Subjektabhängigkeit dieser handlungsbegleitenden Bewusstseinsform scheitert. Welche konkreten →Werte durch die Stimme des Gewissens Anspruch auf Verwirklichung erheben, ist nicht nur durch die historische Situation des →Individuums (Zeit, Ort, soziales Umfeld) geprägt, sondern wird auch durch individuelle kognitive und emotionale Faktoren mitbestimmt. Ob es möglicherweise einen von allen individuellen und historischen Gegebenheiten unabhängigen gewissenskonstituierenden Faktor gibt, der dem Menschen gemeinsam mit der Gewissensfähigkeit angeboren ist, ist ungeklärt. Indem das demokratische Recht das Gewissen als letzte moralische Entscheidungsinstanz anerkennt und darauf in gewissen Fällen sogar das Widerstandsrecht des Einzelnen gründet, wird zumindest in diesem Fall davon ausgegangen, dass sich das individuelle Gewissen nicht in einer Mischung internalisierter sozialer Normen und persönlicher Eigenschaften erschöpft.

G.T.-G.

Gewissheit Höchstmaß an Überzeugtheit hinsichtlich der Richtigkeit eines Denkinhalts. Je nachdem, ob damit der Grad der Überzeugtheit einer Person hinsichtlich dessen, was der Fall ist, bezeichnet werden soll oder ob Gewissheit im Sinne von unbezweifelbarem Wissen die subjektunabhängige →Wahrheit eines Sachverhalts ausdrücken soll, wird zwischen einer subjektiven und einer objektiven Gewissheit unterschieden. Insofern die subjektive Gewissheit den Grad bezeichnet, in welchem das →Subjekt von der Wahrheit eines Sachverhalts überzeugt ist, unterscheidet sie sich nur graduell von anderen Weisen des Für-wahr-Haltens (wie z.B. dem Vermuten) und ist wie diese an persönliche Glaubenserfahrungen, geistige und psychische Veranlagungen und individuelles Vorwissen gebunden. Die subjektive Gewissheit einer Person muss somit vom Standpunkt der →Erkenntnistheorie gar nicht wirklich berechtigt sein. Dem gegenüber erhebt die objektive Gewissheit den Anspruch, die Wahrheit eines Objekts oder Sachverhalts unbezweifelbar erkannt zu haben. Mit der Diskussion um die prinzipielle Unmöglichkeit endgültigen →Wissens hat dieser absolute Anspruch jedoch eine gewisse Relativierung erfahren. So kann nach Beibringung der logischen und sachlichen Gründe für die Wahrheit einer Annahme bei gleichzeitigem Fehlen berechtigter →Zweifel an derselben ebenfalls bereits von objektiver Gewissheit gesprochen werden. Abgesehen von dieser Trennung in subjektive und objektive Gewissheit – entsprechend den unterschiedlichen Bezugsfeldern des Terminus – sind noch eine Reihe anderer Differenzierungen möglich, die sich vor allem auf die Art und Weise beziehen, wie Gewissheit erlangt wird.

Zu Beginn der →Neuzeit (A) hat →Descartes die Gewissheit zur erkenntnistheoretischen Grundlage der Moderne gemacht. Gegen die scholastische Tradition und ihre Autoritätsgläubigkeit wollte er, von einem unbezweifelbaren Fundament (*fundamentum inconcussum*) ausgehend, die →Wissenschaft neu aufbauen. Um ein solches Fundament zu finden, zweifelt er die Zuverlässigkeit aller Quellen möglichen Wissens an (nämlich Tradition, Erfahrung und Verstand). Mit der Kritik an den Wissensquellen wird jedoch zugleich auch der Wahrheitsanspruch der aus diesen geschöpften Behauptungen obsolet. Die →Methode der Fundamentalkritik erweist sich jedoch als unbezweifelbares Fundament: Denn wenn auch alle Behauptungen in ihrer Inhaltlichkeit angezweifelt werden können, dann bleibt doch gewiss, dass gezweifelt wird. Der Zweifel kann sich nicht selbst bezweifeln. Der Denkakt des Zweifels ist gewiss, solange er vollzogen wird (*cogitans sum*). Aus der Wahrheit von Behauptungen wird damit die Gewissheit des Denkens. Und wenn jedes Denken ein Subjekt als Träger von Denkvollzügen haben muss, dann ist gesichert, dass es ein denkendes →Ich gibt. Damit wird die Gewissheit des denkenden Ich zum Fundament der Moderne.

G.T.-G.

Glaube Im allgemeinsten Sinn gefühlsmäßige Überzeugung: Dabei kann der Grad des Überzeugtseins so schwach sein, dass der Glaube einer bloßen Vermutung gleich kommt, sich aber auch in unzähligen Abstufungen bis hin zur subjektiven →Gewissheit steigern. Es ist somit nicht der Grad der Wahrheit oder der Gewissheit, der in erster Linie durch die Verwendung des Begriffs ausgedrückt wird, sondern der Umstand, dass diese kleinere oder größere Gewissheit bezüglich der →Wahrheit eines Sachverhalts nicht aufgrund eigener unmittelbarer und vollständiger Einsicht in denselben gewonnen wurde. Die Forderung nach Ökonomie im Alltag und die Beschränktheit der eigenen kognitiven Kapazität führen dazu, dass unseren Stellungnahmen häufiger der Status des Glaubens als jener des →Wissens zukommt. Wir beurteilen eine Situation aufgrund der uns zufällig bekannten Fakten, wir glauben, was uns andere Personen oder die Medien erzählen. Obwohl wir in vielen Fällen durch eigene Anstrengung zumindest prinzipiell unser Für-wahr-Halten durch Wissen ersetzen könnten, ist dies nicht immer sinnvoll, auch wenn das von uns Geglaubte somit keinen Anspruch auf objektive Geltung erheben kann und – gemessen am Maßstab objektiven Wissens – als defizitär erscheinen muss. Von diesem strategischen Für-wahr-Halten unterscheidet sich wesentlich der Glaube an eine Sache selbst, an eine Person oder an ein göttliches Wesen. Dieser Glaube entspringt nicht der →Notwendigkeit einer momentanen Wahrscheinlichkeitsbeurteilung, sondern entspricht der Entscheidung zu einem Für-wahr-Halten auf permanenten Vorschuss, welches sich aufgrund der rationalen Undurchdringlichkeit des Gegenstands (und der Unvorhersehbarkeit seiner Entwicklung in der Zeit) nie in endgültige objektive Gewissheit verwandeln kann. Die oben erwähnte mögliche Ablösung von Glauben durch Wissen macht deutlich, dass die beiden einander ausschließen. Wer glaubt, weiß nicht, und das Gewusste kann nicht geglaubt werden. Das liegt daran, dass im ersten Fall ein Spielraum von Ungewissheit verbleibt, der sich der objektiven Erkenntnis entzieht, sodass der Objekt-Beurteilung nicht der Status von Wissen zukommt, auch wenn sie objektiv gesehen richtig ist. Im zweiten Fall verschwindet gerade mit der genannten Informationslücke dasjenige Strukturmoment, das Glauben wesentlich ausmacht. Es ist das Moment der Entscheidung, das Restrisiko des Nichtgewussten / Unbekannten in Kauf zu nehmen und damit eine Leistung zu vollbringen, die für das Erlangen von Wissen nicht nur nicht notwendig ist, sondern gar nicht erbracht werden kann. Dieser Aspekt verweist auf eine eigene geistige Dimension von Glauben, die in der theologischen Definition mit dem Begriff Vertrauen gefasst wird. Glaube erweist sich durch die bewusste Entscheidung zum Unbekannten als eine →Tugend, welche in der Leistung des menschlichen →Willens besteht, Vertrauen zu haben. Als Vertrauensfähigkeit spielt diese Tugend auch in der →Ethik eine Rolle, wo es um die Bestimmung und Gestaltung intersubjektiver Beziehungen geht.

G.T.-G.

Gleichheit →Identität

Glück Der Begriff begegnet prinzipiell in zwei Formen: Man kann entweder ›Glück haben‹ oder ›im Glück (d.h. glücklich) sein‹. In der ersten Bedeutung wird ein Umstand bezeichnet, der sich zufällig und unverhofft ergibt und als positiv wahrgenommen wird. Von philosophischem →Interesse ist der Begriff jedoch vor allem in seiner zweiten Bedeutung, in welcher er der Beschreibung eines Zustandes von Freude und Zufriedenheit dient. Bereits an der Frage, worin denn das Glück desjenigen, der glücklich ist, besteht, worüber er oder sie erfreut und zufrieden ist, scheiden sich die Geister. So kann der Besitz oder Erwerb so genannter äußerer Güter wie Macht, Reichtum und Ehre genau so mit der Glücksempfindung verbunden sein wie derjenige der inneren Güter (z.B. Erkenntnis oder Gemütsruhe). Wieder andere setzen das Glück mit dem Genuss gleich. Dieser Vielfalt an konkreten Glücksbestimmungen und den sich aus ihnen ergebenden Wegen zur Glücksgewinnung entspricht eine Diversität individuell und sozio-kulturell bedingter menschlicher Interessen überhaupt, womit jeder Versuch, den Begriff inhaltlich zu fassen, von vornherein zum Scheitern verurteilt ist. Er lässt sich nur formal fassen als das höchste Ziel menschlichen Lebens, über das hinaus kein Ziel mehr gedacht werden kann. Fragt man jedoch nach dem Weg, der zur Verwirklichung dieses Zieles führt, so stellt sich der Beantwortung das folgende Problem, das darin besteht, dass die Erfüllung oder Erreichung eines wie auch immer gearteten größten Wunsches oder Zieles gar nicht in jedem Fall glücklich macht. Das, wovon man sich alles Glück erhofft, tritt ein, aber (entgegen aller Erwartung) ohne das ersehnte Glücksgefühl. Dieser Fall illustriert, dass das Glücksstreben das Glück selbst als Ziel gerade nicht erfolgreich anstreben kann, sondern es nur indirekt, über andere Ziele vermittelt, erreicht. Glück erweist sich somit als das begleitende Gefühl gelungenen Handelns. Neben dem kantischen Begriff der ›Glückswürdigkeit‹ ist es in neuerer Zeit vor allem der Begriff der ›Glücksfähigkeit‹, der versucht, den Begriff des Glücks wieder näher an das →Subjekt anzubinden. Ethische Systeme, die auf dem Glücksstreben des Menschen aufbauen, nennt man eudaimonistische Systeme. So hat →Aristoteles in seiner *Nikomachischen Ethik* behauptet, dass alle Menschen nach Glück (*eudaimonia*) streben, das sich formal-strukturell dadurch auszeichnet, dass es ein →höchstes Gut ist, dem alle anderen Güter untergeordnet sind, die alle jedoch Glück(seligkeit) zum Ziel haben. Drei Lebensformen unterscheidet nun Aristoteles, deren Ziel die *eudaimonia* ist: Die Lebensform der Lust (*hedone*), die praktisch-politische Lebensform (*bios praktikos* bzw. *bios politikos*) und die philosophisch-theoretische Lebensform (*bios theoretikos*). Während die beiden ersten den Menschen von äußeren Gütern bzw. Umständen abhängig machen, ist nur die theoretische Lebensform autark. Da die theoretische Einsicht (→Kontemplation) zugleich etwas ist, was dem Menschen (etwa im Vergleich zu den Tieren) als Gattungswesen zukommt, ist der *bios theoretikos* die höchste Lebensform des Menschen überhaupt und damit die Lebensform des höchsten Glücks, das der Mensch erreichen kann. In der theoretischen Anschauung teilt der Mensch einen Glückszustand mit dem der Götter, mit dem einzigen Unterschied, dass die Menschen diesen Zustand der ewigen Seeligkeit in der theoretischen Anschauung nur temporär einnehmen können. Im Anschluss an seine Überlegungen zum höchsten Gut entwickelt Aristoteles eine Tugendlehre, wie nämlich die Eudaimonie für den Menschen erreichbar ist. Dabei unterscheidet er die ethischen →Tugenden von den dianoetischen Tugenden. Während die letzteren durch Vernunfteinsicht erworben werden, müssen die ersteren durch Gewöhnung anerzogen werden. Ein neueres System dieser Art stellt der →Utilitarismus in seinen diversen Weiterentwicklungen dar, dem ein empirisch-pragmatischer Glücksbegriff zugrunde liegt.

G.T.-G.

Glückseligkeit →Eudaimonie

Gnosis Griech. ›Erkenntnis, Wissen‹: Bezeichnung für eine bestimmte Art von Erlösungsbewegungen, in deren Zentrum die Überzeugung steht, dass der →Mensch sein Heil durch die →Erkenntnis des Geistigen beziehungsweise des Göttlichen erlangen kann. Durch die Gnosis als das Wissen bzw. die Erkenntnis des Geistigen wird die Kluft zwischen →Gott und →Materie, der ontologische →Dualismus von Jenseits und Diesseits überwunden und der Mensch findet zurück in die Einheit seines Ursprungs.

Historisch entstand die Gnosis in den ersten nachchristlichen Jahrhunderten, wobei zwischen christlichen Gnostikern wie Clemens von Alexandria und Origenes und nichtchristlichen Gnostikern wie Basilides und Valentinus unterschieden werden muss. Während die ersteren die im christlichen Glauben verborgenen Mysterien philosophisch darstellen wollten, entwickelten die letzteren eine →Mystik, in die die unterschiedlichsten Zeitströmungen einflossen: von persischen Religionsvorstellungen bis hin zu platonischen und stoischen Versatzstücken.

Das Motiv gnostischer Heilsdeutung ist seit seiner Entstehung in frühchristlicher Zeit nie mehr völlig verschwunden und findet sich heute z.B. wieder in den Systemen der Theosophie und Anthroposophie. Anfangs ein Sammelname für religiöse und philosophische Strömungen, erfährt der Begriff noch in hellenistischer Zeit eine Einschränkung auf die rein religiöse Erkenntnis und wird erst im 20. Jh. wieder zur Bestimmung außerreligiöser Phänomene verwendet. Heute kann der Terminus je nach Kontext zumindest in dreierlei Hinsicht gebraucht werden: 1. Gnosis in einem historischen Sinn kennzeichnet bestimmte Gruppierungen, welche die Erlösung durch mystisches Wissen ins Zentrum ihrer Lehre stellen. 2. Gnosis als Lehre, nach der erst die Interpretation den Weg zur wirklichen

Erkenntnis der heiligen →Wahrheit erschließt, grenzt sich ab von denjenigen Auffassungen, die in der religiösen Wahrheit ein nicht weiter hinterfragbares Gegebenes sehen. 3. In ideologiekritischer Absicht verwendet beispielsweise Topitsch den Terminus, der damit gewisse Weltanschauungen wie Faschismus oder Marxismus als Heilsideologien entlarven möchte, welche die historische Gegenwart entwerten, indem sie sie als bloßes Durchgangsstadium zu einem in der Zukunft liegenden Ziel erklären.

G.T.-G.

Goldene Regel Name für eine allgemeine Formulierung desjenigen ethischen →Prinzips, welches das sittliche Verhalten der Menschen untereinander auf der Basis gegenseitiger Respektierung begründet. In einander sehr ähnlichen Ausprägungen findet sich dieses Prinzip weltweit als Grundregel der →Moral in fast allen religiösen →Systemen, was einigen Philosophen als →empirische →Evidenz gegen die Behauptung eines moralischen →Relativismus gilt. Man unterscheidet die negative Formulierung der Regel in der Alltagssprache (›Was du nicht willst, das man dir tu', das füg' auch keinem andern zu!‹) von der positiv gefassten biblischen Version (u.a. im Neuen Testament Matthäus 7,12: »Alles, was ihr also von anderen erwartet, das tut auch ihnen!«). Mit dieser Regel werden selbst noch keine moralischen →Normen benannt, sondern sie gibt den Standpunkt zur Beurteilung aller moralischen Normen vor. Die Goldene Regel bestimmt den Maßstab, an welchem moralische Normen (und im konkreten Fall auch einzelne Handlungsweisen) gemessen und herausgebildet werden können. Indem sie jedoch ausschließlich nur das eigene Wollen zum Kriterium für die Behandlung aller anderen Menschen erhebt, ergibt sich daraus in einer engen Interpretation die durchgehende Vernachlässigung der Interessen derjenigen Personen, welche dieses Handeln betrifft. In dieser Form kann die Regel sogar zu absurden Ergebnissen führen, wie ihre hypothetische Anwendung auf Extremfälle zeigt (Beispielsweise müsste ein Lebensmüder in Befolgung der Regel alle anderen so behandeln, als wollten sie auch nicht mehr leben.). Diese konkreten Schwierigkeiten umgeht eine etwas weiter und freier gefasste Interpretation der Regel, welche in ihr vor allem die Aufforderung gegeben sieht, nicht nur die unmittelbare Befriedigung der eigenen Bedürfnisse beim Handeln vor Augen zu haben, sondern sich prinzipiell gedanklich in die Lage derjenigen zu versetzen, welche durch das Handeln betroffen werden. Die Beurteilung einer möglichen →Handlung danach, ob sie einem als von ihr Betroffenen selbst zusagen würde oder nicht, ist nach dieser Auffassung der erste Schritt in Richtung einer Selbstbestimmung, in welcher die →Interessen der anderen zumindest in dem Umfang berücksichtigt werden, wie man sich das für die eigenen Interessen wünschen würde. Darauf sollten dann in einem zweiten Schritt auch zum eigenen Wollen konträre Standpunkte in den Entscheidungsfindungsprozess zu einer Handlung Eingang finden. →Kant hat die goldene Regel in seinen drei Formulierungen des →kategorischen Imperativs philosophisch rekonstruiert: »Handle nur nach derjenigen Maxime, durch die du zugleich wollen kannst, dass sie ein allgemeines Gesetz werde.« Eine solche Maxime, so die dritte Formulierung, muss Sorge tragen, dass die Würde des Menschen geschützt ist: »Handle so, dass du die Menschheit, sowohl in deiner Person als in der Person eines jeden anderen, jederzeit zugleich als Zweck, niemals bloß als Mittel brauchst.« Mit dieser Formulierung ist das Selbstmörderproblem ausgeschlossen. Der kategorische Imperativ gilt sowohl für die Menschheit insgesamt als auch im Verhalten zu sich selbst.

G.T.-G.

Gott Je nachdem, ob der Begriff in religiösem, religionswissenschaftlichem oder philosophischem Kontext benutzt wird, wird Gott als Gegenstand konkreter Verehrung im →Glauben, als höchstes Seiendes (→Sein) in der theoretischen Reflexion oder als absolutes →Prinzip verstanden. Unter dem Gesichtspunkt religiöser →Praxis lassen sich prinzipiell drei Hauptformen des Gottes- oder Götterglaubens unterscheiden: Der Polytheismus, der auf der Annahme und Verehrung mehrerer Götter basiert; der Monotheismus, welcher die Existenz nur eines einzigen Gottes zulässt; und der Henotheismus, wo unter der Annahme mehrerer Götter ein Hauptgott verehrt wird. Im Verhältnis des →Menschen zu Gott spricht man von →Atheismus, wenn die Existenz Gottes radikal geleugnet wird, von →Agnostizismus, wenn nicht die Existenz Gottes, wohl aber die Erkennbarkeit derselben bestritten wird. Der Glaube an die Existenz Gottes, verbunden mit der Überzeugung, diese auch erkennen zu können, wird als Theismus bezeichnet. Dabei ist Gott außerhalb der diesseitigen →Welt in einem Jenseits gedacht (→Dualismus), der die Welt geschaffen hat, sie lenkt und erhält.

Drei Möglichkeiten des Einwirkens des christlichen Gottes auf die Welt wurden diskutiert: Gott hat in einem Schöpfungsakt die Welt hervorgebracht und diese dann sich selbst überlassen. Diese Haltung der göttlichen Gleichgültigkeit, welche sich als Abkehr von der einmal geschaffenen Welt zeigt, wird am konsequentesten vom →Deismus vertreten. So hat Herbert von Cherbury die These vertreten, dass Gott zwar der Urgrund der Welt ist, jedoch nach dem Schöpfungsakt nicht mehr in den Lauf der Welt eingreift. Demgegenüber vertraten Denker wie Geulincx und Malebranche die These des →Okkasionalismus. Gegen die Behauptung von →Descartes, dass nämlich →Leib und →Seele (→*res extensa* und →*res cogitans*) streng getrennt seien und nicht wechselseitig aufeinander einwirken könnten, vertraten sie die Ansicht, dass Gott ›bei Gelegenheit‹ leiblicher Bewegungen seelische Empfindungen hervorrufe und umgekehrt ›bei Gelegenheit‹ von Willensakten Muskelbewegungen. Schließlich behauptete →Spinoza, dass Gott und Welt gar nicht getrennt seien, sondern dass die *res extensa* und die *res cogitans* (die ausgedehnten Dinge und das Denken, →Materie und →Geist) nur Attribute der einen →Substanz, nämlich Gottes, seien. *Deus sive natura*, die →Natur selbst ist Gott, weshalb in den Einzeldingen der Natur Gott selbst erkennbar ist (→Pantheismus). Eine Vorstufe des Pantheismus bildet der →Animismus, für den die Natur von Geisterkräften bewegt wird, die gesamte Natur sogar beseelt ist, so wie dies in den griechischen Mythen beschrieben ist (vgl. dazu Ovids *Metamorphosen*).

Die jeweilige Antwort auf die Frage nach dem Verhältnis zwischen Gott und Mensch erweist sich als untrennbar verknüpft mit der Antwort auf die Frage nach dem Sosein Gottes. Während die Annahme eines göttlichen →Willens als Verpflichtungsgrund für moralische Forderungen überhaupt vielen religiösen →Systemen gemeinsam ist, unterscheiden sich die meisten hinsichtlich ihrer inhaltlichen Bestimmung Gottes. Der Gottesbegriff in den diversen historischen Ausprägungen schöpft das gesamte Spektrum ›von gut bis böse‹, ›von körperlich bis unkörperlich‹ aus und wird in der abendländischen philosophischen Theologie zum Inbegriff von Vollkommenheit schlechthin. Aus dieser Bestimmung ergeben sich diverse Probleme philosophischer Art. So scheint der Allmacht und Güte Gottes die Existenz des →Bösen auf der Welt zu widersprechen (Problem der →Theodizee). Weiter stellt sich die Frage, wie unter der Voraussetzung der Allwissenheit Gottes noch von der →Freiheit des Menschen die Rede sein kann. Als →Grund und →Ziel der Welt verleiht das Wirken eines göttlichen Prinzips der Welt als solcher und dem Leben der Menschen in ihr einen höheren Sinn, doch bleibt unklar, welches der Ursprung des göttlichen Grundes selbst ist.

G.T.-G.

Gottesbeweise Stellen in ihrem Vollzug und Ergebnis den Versuch dar, die Existenz →Gottes durch rationale →Argumentation zu beweisen und so dem →Glauben ein philosophisches Fundament zu verschaffen. Ihren Höhepunkt erlebte die Diskussion um die Gottesbeweise in der →Scholastik, doch finden sich erste Ansätze bereits in der Antike, und auch im 19. und 20. Jh. werden noch neue Beweisvarianten formuliert. Vorbildlich wurde →Kants Einteilung der bekanntesten Gottesbeweise. Er unterscheidet primär →Beweise →*a priori* von den Beweisen →*a posteriori*. Unter Erstere zählt er den ontologischen Gottesbeweis, nach welchem sich die Existenz Gottes allein aus dem Gottesbegriff notwendig ergibt. Denn da Gott als das vollkommenste Wesen gedacht wird, kann er auch nur als existierend gedacht werden, da ein Wesen, dem die Existenz fehlt, nicht vollkommen wäre. Eine Variation zu dieser Art von Beweis bildet der psychologische Gottesbeweis, der davon ausgeht, dass die →Idee, die unser Bewusstsein von Gott hat, nur durch Gott selbst dort hinein gelangt sein kann, denn das menschliche →Bewusstsein ist endlich und unvollkommen, so dass es aus sich heraus unmöglich die Idee eines Vollkommenen und Unendlichen hervorbringen kann. Die Beweise *a posteriori* gehen alle aus von einer vorgefundenen →Wirklichkeit, welche in ihrem Sosein auf Gott als notwendigen Schöpfer zurückverweist. Zu dieser Beweisart zählen unter anderen der kosmologische, der teleologische und der moralische Gottesbeweis.

Das kosmologische Argument findet sich in seinen diversen Spielarten bereits bei →Aristoteles vorformuliert. Dieser schließt von der Bedingtheit der Schöpfung auf ein bedingendes →Prinzip, das sie ermöglicht (z.B. von der Bewegung in der →Welt auf einen ersten Beweger, vom ursächlichen Zusammenhang aller Vorgänge auf eine erste →Ursache usw.). Alles Bedingte also wird auf ein Un-Bedingtes zurückgeführt, denn nur ein Un-Bedingtes kann ein →absoluter →Anfang sein. Einen neueren Gottesbeweis kosmologischer Art stellt das entropologische Argument aus dem 19. und frühen 20. Jh. dar, das auf dem Satz von der →Entropie basiert. Ausgehend vom zweiten Hauptsatz der Thermodynamik, dass im Laufe der Zeit alle Bewegungsenergie sich in Zustandsenergie umwandelt, lässt die Tatsache noch vorhandener Bewegung in der Welt den Schluss zu, dass die Welt noch nicht unendlich lang existiert und folglich einen Anfang haben muss, der als Schöpfungsakt gedeutet wird.

Der teleologische Gottesbeweis schließt von der Geordnetheit der Welt darauf, dass es einen ordnenden, allweisen Weltbaumeister geben müsse, nämlich Gott. Der moralische Gottesbeweis schließt vom Vorhandensein moralischer Gesetze und des sittlichen Bewusstseins auf einen Gott als deren Urheber. Eine weitere wesentliche Spielart in der Reihe der ›moralischen‹ Gottesbeweise stellt Kants praktischer Gottesbeweis dar: Kant stellt fest, dass die Existenz Gottes zwar nicht beweisbar ist, dass aber das Dasein Gottes als ein Postulat des um das moralische Gesetz wissenden Bewusstseins angenommen werden muss: der Mensch muss um seiner Sittlichkeit willen so tun, als ob es Gott gäbe.

G.T.-G.

Grenzsituation Der Begriff wurde durch Jaspers in die philosophische Diskussion eingeführt. Grenzsituationen sind Extremsituationen im →Leben, in denen das →Dasein eines →Menschen an seine eigenen Grenzen stößt. Tod, Kampf, Leiden und Schuld sind nach Jaspers solche Grenzsituationen, mit denen jeder Mensch im Laufe seines Lebens unweigerlich konfrontiert wird, weil sie zu den →Bedingungen des Menschseins überhaupt gehören. In der Radikalität der Grenzsituation wird der Einzelne auf sich selbst zurückgeworfen. Er erfährt sein Leben als äußerlich und austauschbar, als bestimmt durch Bedingungen, die er nicht selbst gesetzt hat. Diesem Dasein, das sich in Äußerlichkeiten erschöpft, steht die →Existenz als Selbstsein gegenüber. Im Angesicht der Grenzsituation tritt hervor, was den Menschen ausmacht, was von ihm oder an ihm bleibt. Entzieht er sich der Situation durch Verschleierung, Selbstbetrug oder Rationalisierung, geht er seiner selbst verlustig. Nur wer sich in der Grenzsituation bedingungslos zur eigenen Existenz bekennt, erfährt die Unbedingtheit dieser Existenz und die →Freiheit, die daraus entspringt und zum Selbstsein führt. So wird die Grenzsituation zum Prüfstein, der das bloße Dasein von einem Leben als Existenz trennt.

G.T.-G.

Grund Ganz allgemein bezeichnet der Begriff ein sachlich und zeitlich Früheres, durch welches ein daraus oder danach Folgendes bestimmt wird. Grund kann dabei in viererlei Hinsicht verstanden werden: Erstens als →Seinsgrund, zweitens als Grund des →Werdens, drittens als Erkenntnisgrund und viertens als Rechtfertigungsgrund. Die ersten beiden Gründe sind Kausalursachen (→Kausalität): Der Seinsgrund bedeutet die erste →Ursache für die Entstehung des Universums. ›Grund des Werdens‹ sind die Bedingungen, die hinreichend sind, um ein Ereignis auszulösen. Beim Seinsgrund und dem Grund des Werdens spielt der →Satz vom zureichenden Grunde (*principium rationis sufficientis*) eine entscheidende Rolle: Für jedes Ereignis gibt es einen hinreichenden Grund, wobei Grund als *ratio essendi* gefasst wird. Daneben gibt es die *ratio cognoscendi*, den Erkenntnisgrund. Dabei handelt es sich um die →transzendentalen Bedingungen, die erfüllt sein müssen, damit ein Tatbestand oder Ereignis überhaupt gedacht werden kann. Rechtfertigungsgrund schließlich sind die Bedingungen, die erfüllt sein müssen, damit der Geltungsanspruch von theoretischen Behauptungen und praktischen Forderungen bewährt werden kann.

→Aristoteles erörtert in seiner *Metaphysik* das Problem des Anfangs und unterscheidet dabei →*arche* (→Prinzip) von *aitia* (Ursache). Eine scharfe Trennung von Realgrund und Denkmöglichkeit ist hierbei noch nicht durchgeführt. Erst →Kant arbeitet dann das Prinzip transzendentalphilosophisch als die Bedingung der Möglichkeit von →Erfahrung bzw. →Erkenntnis heraus. Er führt auch die Unterscheidung von Rechtsgrund (*quid juris*) und Seinsgrund (*quid facti*) ein.

Im Bereich der →Logik spricht man von Erkenntnisgrund, wenn durch die Beziehung von Folge und Grund die Gültigkeit des Nachfolgenden ausgesagt wird. Als Erkenntnisgrund können dabei sowohl bereits als wahr erkannte →Aussagen oder →Urteile dienen, aus denen dann auf die →Wahrheit anderer Aussagen oder Urteile geschlossen wird, als auch Erfahrungen oder →Evidenzen. Im Rahmen solcher Begründungszusammenhänge stellt sich die Frage nach der Letztbegründung. Der von →Leibniz formulierte Satz vom zureichenden Grunde besagt, dass alles einen Grund haben, d. h. begründbar sein muss. Dem steht die Philosophie des 20. Jhs. zumindest kritisch gegenüber. So bestreiten →Popper und Albert die Möglichkeit einer Letztbegründung prinzipiell (→Münchhausen-Trilemma), andere stehen für eine modifizierte Form derselben ein. Während Erkenntnisgründe das Für-wahr-Halten eines Urteils oder Satzes rechtfertigen, werden diejenigen Gründe, die den Gedanken von einem Erfahrungsinhalt beziehungsweise von einer metaphysischen Wirklichkeit abhängig machen, Real- oder Seinsgründe genannt. Ob Motive, Absichten und Dispositionen als psychische Voraussetzungen jeder Handlung auch unter die Realgründe zu zählen sind oder eine eigene Kategorie der psychologischen Gründe bilden, ist umstritten. Eine weitere Bedeutung des Begriffs, die sich von den bisher genannten Klassifizierungen abhebt, findet sich in der deutschen →Mystik. Dort wird Grund metaphorisch für Ursprung, →Seele, →Geist und →Gott verwendet.

G.T.-G.

Grundrechte Umfassen ihrem Inhalt nach die verfassungsmäßig gewährleisteten →Menschenrechte und die Bürgerrechte. Letztere gelten nur für einen beschränkten Personenkreis, für den damit die staatsbürgerlichen Rechte festgeschrieben und durch →Gesetze weiter geregelt sind. Erstere kommen zwar jedem →Menschen von →Natur aus zu, haben jedoch, solange sie nicht verfassungsmäßig festgelegt sind, keine positive rechtsbegründende Bedeutung. So kann man die Grundrechte als positivierte Menschenrechte verstehen, die auf diese Weise Rechtsgültigkeit erlangen. Als solche garantieren sie das einem jeden Menschen unveräußerlich zukommende →Recht auf persönliche →Freiheit als Sicherheit vor staatlicher und anderer Einmischung in den verschiedensten Hinsichten und Bereichen und können als objektive Rechte eingeklagt werden. Insofern die Grundrechte ausschließlich die Rechtsbeziehungen zwischen Bürger und →Staat betreffen, können sie im sozialen Bereich nicht als wechselseitige →Pflichten geltend gemacht werden. Da aber die Grundrechte wie auch die Menschenrechte sich auf Würde, Freiheit und Leben des Menschen als Grundnormen beziehen, kommt ihnen von daher eine ethische Legitimation zu, die ihnen einen ethischen (wenn auch nicht rechtlichen) Verpflichtungscharakter auch im intersubjektiven Bereich verleiht. Seit 1950 sind die Grundrechte, als deren klassisches Dokument die *Erklärung der Menschen- und Bürgerrechte* der Französischen Revolution gilt, für die Staaten des Europarats durch die Europäische Konvention zum Schutz der Menschenrechte und Grundfreiheiten international verbindlich.

G.T.-G.

Grundsatz →Prinzip

Gültigkeit Umstand, dass ein Satz logisch richtig bzw. dass seine Wahrheit gesichert ist (→Geltung).

G.T.-G.

Gutes Kann als der allgemeinste Wertbegriff bezeichnet werden. Innerhalb der Philosophie wird es von drei verschiedenen →Disziplinen untersucht: der Sprachtheorie, der →Metaphysik und der →Ethik. Das Ziel der sprachtheoretischen Untersuchung besteht darin, den →Begriff durch die Analyse seines Gebrauchs im sprachlichen Kontext einer näheren Bestimmung zugänglich zu machen. Wie diese Analyse zeigt, verschließt sich der Begriff durch seine breite Verwendung jeder allgemeinen inhaltlichen Bestimmung. Der einzige gemeinsame Bezugspunkt kann in der Verwendung des Prädikats ›gut‹ gefunden werden, insofern dadurch in allen betreffenden →Urteilen eine ›Beziehung der Angemessenheit‹ ausgedrückt wird: Ein gutes Pferd ist ein Pferd, das in seinen Eigenschaften der Wesensbestimmung eines Pferdes möglichst nahe kommt. Je nach Verwendungsweise des Begriffs unterscheidet man ein relatives von einem absoluten Guten und ein moralisch Gutes von einem außermoralisch Guten. Wird der Begriff in instrumenteller Weise verwendet, um anzuzeigen, dass etwas gut ist nur in Bezug auf etwas anderes oder jemand anderen, so spricht man von einem relativen Guten im Unterschied zu einem intrinsischen Guten, welches an sich selbst (also in absoluter Weise) gut ist. So kann z. B. die Medizin hinsichtlich ihrer →Funktion für die Gesundheit als relatives Gutes bezeichnet werden, die Gesundheit aber, wenn sie nur um ihrer selbst willen erstrebt wird, als etwas Gutes an sich. Dieselbe Unterscheidung liegt auch der Abgrenzung zwischen dem moralisch Guten und dem außermoralisch Guten zugrunde. Das moralisch Gute ist nie nur ein instrumentell Gutes, sondern immer unbedingt, d. h. um seiner selbst willen gut. Darüber hinaus ist das moralisch Gute jedoch nur den Menschen und ihren →Handlungen vorbehalten. So spricht man von einem guten Auto in außermoralischem Sinn, wohingegen eine gute Tat etwas moralisch Gutes ist. Bezüglich der Frage, nach welchem Kriterium das moralisch Gute als solches zu beurteilen sei, scheiden sich die Geister. Zu den Vertretern einer deontologischen Theorie des Guten gehört unter anderen →Kant, gemäß dem nichts an sich selbst gut sein kann außer einem guten →Willen, auf den sich alle moralisch guten Taten zurückführen lassen. Dieser Position stehen teleologische Theorien des Guten gegenüber, nach denen das als Gut erstrebte in Unabhängigkeit vom menschlichen Willen existiert. So vertreten beispielsweise die Utilitaristen die Ansicht, dass die Güte einer Handlung nicht bereits mit der moralisch guten Absicht gegeben sei, sondern dass erst bei gelungener Realisation tatsächlich von einer guten Tat gesprochen werden könne, wobei die positiven oder negativen Folgen jener Handlung sich entsprechend auf die Beurteilung auswirken müssten. Manche metaphysischen Entwürfe betrachten das Gute als das höchste →Prinzip, das allem zugrunde liegt. So wird – im Angreifen von →Platons höchster →Idee, nämlich dem Guten – in der christlichen Philosophie der Begriff des Guten – mit →Gott identifiziert – zum Prinzip alles Seins und Erkennens.

G.T.-G.

Hagia Sophia Griech. ›heilige Weisheit‹: Kaiser Justinian ließ zwischen 532 und 537 in Konstantinopel die Sophienkirche mit dem Namen Hagia Sophia errichten. Das griechisch-orthodoxe Christentum versteht darunter die Weisheit Gottes, in der die schöpferische Kraft Gottes (Gott als *creator*) verbunden ist mit der Gesamtheit der Weltgedanken, der umfassenden Natur und der ewigen Idee der Menschheit. Zugleich ist sie als das weibliche Moment der Gottesvorstellung zu verstehen. Als die Türken 1453 Konstantinopel eroberten, verwandelten sie die Hagia Sophia durch die Errichtung von Minaretts in eine Moschee, sie wurde so zum Muster islamischer Baukunst.

W. R.

Handeln →Handlung

Handlung Der Begriff bezeichnet den Vollzug und das Ergebnis menschlichen Handelns. Er steht für aktives, willentliches, bewusstes und somit auf freier Willensentscheidung beruhendes Tätigsein und bildet den Gegensatz zu allem bloß reflexhaften Tun, passiven Geschehenlassen oder allen nicht beeinflussbaren Naturereignissen. Jede Handlung zeichnet sich strukturell aus durch die beiden Momente Ziel / Zweck und Mittel, die in einem funktionalen Zusammenhang stehen. Die prinzipielle Zielorientiertheit von Handlungen wird manchmal dadurch verdeckt, dass Handlungen selten als Einzelne für sich allein, sondern meist in einem größeren Handlungszusammenhang stehen. Das Ziel wird durch eine Reihe aufeinander folgender Handlungen erstrebt und erreicht. Neben dieses sequenzielle Moment tritt häufig noch das Strukturelement der Simultaneität, durch welches das gleichzeitige Auftreten mehrerer nebeneinander laufender Handlungsketten bezeichnet wird. Eine adäquate Beschreibung aller Konstituenten einer Handlung sucht die Handlungstheorie zu geben, wie sie vor allem im angelsächsischen Raum betrieben wird. In der →Ethik ist es vor allem immer wieder der Aspekt der Verantwortlichkeit, der das zentrale Interesse der Diskussion erweckt: In welchem Umfang ist der Mensch für seine Handlungen verantwortlich?

G.T.-G.

Handlungstheorie →Handlung

Hedonismus Ethische Lehre, welche in der →Lust den einzigen echten Wert und im Streben nach Lust das einzige menschliche Ziel sieht. Sie wurde bereits in der Antike durch Aristipp aus Kyrene begründet, weshalb man ihre Anhänger auch →Kyrenaiker nannte. Systematisch ist der Hedonismus unter die Eudaimonismuslehren im weitesten Sinne zu zählen, nach welchen das Ziel allen menschlichen Handelns in der Glückseligkeit liegt. Er unterscheidet sich von anderen Richtungen dieser Art durch sein spezifisches Verständnis von →Glück, welches er vor allem in der sinnlichen Lust, im Genuss und im Vergnügen sowie in der Abwesenheit von Unlust gegeben sieht. Insofern mit der Lust nicht nur das einzige tatsächliche Ziel, sondern auch der einzige mögliche →Wert für den →Menschen genannt ist, muss zwischen einem ethischen und einem psychologischen Hedonismus unterschieden werden. Während Letzterer die Lustorientiertheit des Menschen nur beschreibend feststellt, wird die Lust im ethischen Hedonismus zum normativen →Prinzip allen Handelns erhoben und avanciert auf diese Weise zum Kriterium für sittliches Handeln überhaupt. Der →Utilitarismus gründet auf der Annahme des psychologischen Hedonismus seine Lehre, wonach das größtmögliche Glück der meisten, ermittelt nach dem hedonistischen Kalkül, für das Handeln aller verbindlich sein soll. Kritiker wie Moore haben jedoch bemängelt, dass der ethische Hedonismus nicht nur nicht aus dem psychologischen abgeleitet werden kann, sondern dass eine Unverträglichkeit zwischen diesen beiden Versionen besteht, insofern die eine gebietet, was der anderen zufolge immer schon als Voraussetzung zugrunde liegt. So unterhöhlt eigentlich der psychologische Hedonismus jede Art von ethischem Hedonismus im Voraus und lässt ihn leer und sinnlos erscheinen. Eine zweite Schwierigkeit erwächst der hedonistischen Lehre aus dem Umstand, dass die Lust (wie jede Art von Glückserfüllung) nicht direkt angestrebt werden kann, sondern sich nur auf dem Umweg über ein anderes Ziel einstellt.

G.T.-G.

Heliozentrisches System →Geozentrisches - heliozentrisches System

Hellenismus Die Ausbreitung der griechischen Philosophie und →Kultur in der Zeit von Alexander dem Großen (356–323 v.Chr.) bis zum Ausgang des →Altertums (A, wobei der Übergang vom Hellenismus zur Spätantike fließend ist), die sich mit orientalisch-asiatischen Einflüssen mischten. Es war die Zeit der großen naturwissenschaftlichen, technischen und historisch-philologischen Fortschritte im Museion von Alexandria (insbesondere in der Astronomie, der Medizin, der Geographie und Geschichtswissenschaft), gleichzeitig jedoch ein Niedergang der Kultur im engeren Sinne, d.h. der Literatur, der bildenden Kunst und der Philosophie. Diese zersplitterte nach den großen Entwürfen von →Platon und →Aristoteles in viele Philosophenschulen wie der Stoa, der Akademie, den Epikureern und Kynikern, deren Bestreben es war, philosophische Lebensformen zu entwickeln, die alle darin übereinkamen, dass es im Leben darauf ankomme, die Seelenruhe (→Ataraxie bzw. →Apathie) zu bewahren. Neben diesen Entwicklungen in den Wissenschaften und der Philosophie ist eine Remythisierung des lebensweltlichen Alltags zu bemerken mit der Übernahme der unterschiedlichsten Gottheiten und religiösen Kulten.

G.T.-G.

Hermeneutik Eine vorzugsweise in den Geistes- bzw. Kulturwissenschaften angewandte methodologische →Disziplin. Nach einem berühmten Wort →Diltheys ist sie auf das →Verstehen von in Kulturdokumenten und Lebensäußerungen manifestiertem →Sinn ausgerichtet, und dies im Gegensatz zur Methodologie der Naturwissenschaften, die auf die →Erklärung sinnfreier Naturphänomene abziele. Die Bezeichnung verweist auf den griechischen Götterboten Hermes, der den Menschen göttliche Botschaften und den Göttern des Olymps Nachrichten von den Menschen überbringen sollte und der sich somit als ›Makler‹ und Vermittler zwischen Irdischem und Überirdischem betätigte. In der Hermeneutik geht es um die ›Vermittlung‹ zwischen →Geist, →Sinn und →Bedeutung einerseits und materiell-sinnlichen Ausdrücken oder →Zeichen andererseits.

→Platon machte in seinem enzyklopädischen Curriculum der sieben freien Künste die Mathematik im Quadrivium zur Hauptmethodologie der Naturwissenschaften. Mathematik ist seither die Grundmethodologie des Erklärens in den Naturwissenschaften. Für das Verstehen blieben daher vorwiegend die Disziplinen des so genannten Triviums übrig, aus denen später die Geisteswissenschaften hervorgingen. Es handelt sich dabei um Grammatik, Rhetorik und →Logik, die den Umgang mit geschriebener und gesprochener Sprache sowie die denkende Erfassung ihrer Sinngehalte methodisieren. Grammatische, logische und rhetorische Methodologie sind in der Hermeneutik vereinigt.

→Aristoteles hat mit seiner Schrift *Über die Interpretation* (*Peri hermeneias / De interpretatione*) die Hermeneutik als Teildisziplin der Logik begründet. Es heißt hier (16 a): »Die Sprache ist Zeichen und Gleichnis für die seelischen Vorgänge, die Schrift wieder für die Sprache. Und wie nicht alle dieselben Schriftzeichen haben, bringen sie auch nicht dieselben Laute hervor. Die seelischen Vorgänge jedoch, die sie eigentlich bedeuten sollen, sind bei allen die gleichen, und auch die Dinge, die sie nachbilden, sind die gleichen.« Damit formulierte er im Rahmen seiner realistischen Erkenntnislehre eine Bedeutungstheorie, nach welcher Bedeutungen (Sinngebilde) mentale →Abbilder der sinnlich wahrgenommenen materiellen Wirklichkeit sind. Laut- und Lautschriftzeichen gehören selbst zur materiellen →Wirklichkeit. Schriftzeichen (von Lautschriften) evozieren im →Bewusstsein Laut-Bilder, Laute evozieren Abbilder erfahrener Wirklichkeit. Diese aristotelische Bedeutungsdefinition ist bis heute für die meisten, insbesondere die zetetischen (forschende) hermeneutischen Theorien verbindlich geblieben.

Die Hermeneutik ist von Aristoteles als Kritik an der platonischen Ideenlehre entwickelt worden. Nach dieser sind die – mit einem ›geistigen Auge‹ zu schauenden – →Ideen selbst Sinngebilde bzw. Bedeutungen und diese sind die wahre Wirklichkeit. Sie bilden nicht Dinge ab, sondern verleihen den sonst flüchtigen und vielfältigen →Erscheinungen der sinnlichen Erfahrungswirklichkeit erst Realität, Einheitlichkeit und Stabilität durch Teilhabe (*methexis, participatio*) an ihnen. Da aber auch Lautungen und Schriftzeichen der Sprache zu den sinnlich wahrgenommenen Phänomenen gehören, erhalten auch diese Sinn und Bedeutung nur durch die Teilhabe an der Sinnwirklichkeit der Ideen. Auch die platonische Bedeutungslehre ist in mehr oder weniger deutlicher Gestalt bis heute aktuell geblieben und gibt den Hintergrund für eine Reihe moderner idealistischer, insbesondere aber auch für dogmatische Hermeneutiktheorien ab.

Der Gegensatz der aristotelisch-realistischen und der platonisch-idealistischen Auffassung vom Verhältnis der Sinngebilde zur Wirklichkeit liegt auch dem mittelalterlich-scholastischen →Universalienstreit zugrunde. Hier vertraten die radikalen Aristoteliker bzw. Nominalisten die Meinung, dass nur die Zeichen als Teile der materiellen Wirklichkeit ›real‹ seien. Sinn und Bedeutung (die Universalien) entstünden erst nach und gemäß den Dingen (*post rem*) als Denkbilder mittels der Zeichen im Bewusstsein. Umgekehrt vertraten die (von den Aristotelikern so genannten) ›Ideenrealisten‹ bzw. Platoniker die Meinung, dass Sinn und Bedeutung unabhängig und selbstständig vor den materiellen Zeichen und Dingen (*ante rem)* bestünden und erst im Nachhinein gewisse materielle Dinge durch In-Beziehung-Setzung auf solchen Sinn zu Zeichen würden. Vermittelnd traten die gemäßigten Aristoteliker auf, die Sinn und Bedeutung in die Zeichen selbst setzten.

Auf diesem Hintergrund ist Verstehen von Texten für die Aristoteliker wesentlich ein ›Ausschöpfen‹ von Sinn und Bedeutung aus den

Textzeichen und somit ein Lernprozess des Lesers hinsichtlich der Bildung seines subjektiven →Wissens aus verstandenem Textsinn. Für die Platoniker aber bleiben die Textzeichen nur ein Anlass, immer schon vorgegebenes und an den Text herangebrachtes Wissen (hermeneutische ›Vorurteile‹) im Bewusstsein zu aktualisieren: Der Text wird zu einer Art materieller Evokationsmaschine von Ideen im Bewusstsein des Lesers, die als Sinndeutung und Interpretation theoretische Gestalt annehmen und an die Textzeichen herangetragen werden. Die Texte und Dokumente haben so im Bereich des Verstehens eine analoge Funktion wie die Spiegel im optischen Bereich: Sie erzeugen die Illusion, dass in ihnen zu sehen bzw. zu verstehen sei, was man doch hinzubringen und vor sie hinstellen muss.

Diese gegensätzlichen idealistischen und realistischen Einstellungen bestimmen dann auch das Verhältnis des Lesers zum Buch und allgemeiner des Intellektuellen zur Buch- und Schrift- bzw. Zeichenkultur in der →Neuzeit (A). Für den aristotelisch realistischen Interpreten wird jeder Text und jedes Kulturdokument zum Forschungsgegenstand, aus dem nach bestimmten hermeneutischen Regeln der in ihm vorausgesetzte Sinn bzw. die Bedeutung erschlossen und gelernt werden kann und soll. Für den platonisch idealistischen Interpreten sind Texte und Dokumente nur Gedächtnisstützen, anhand derer ein je gegenwärtiges Wissen in Interpretationen exemplifiziert und evokativ aktualisiert wird.

Die beiden hermeneutischen Grundeinstellungen haben in der Geschichte der Hermeneutik in zwei unterschiedlichen Typen von Hermeneutiken bzw. hermeneutischer Methodologie ihren Niederschlag gefunden. Sie lassen sich als zetetische (forschende) und dogmatische Hermeneutik näher beschreiben.

Die dogmatische Hermeneutik entwickelt sich aus den platonisch-idealistischen Voraussetzungen. Sie ist die Methodologie des interpretierenden Umganges mit institutionell ausgezeichneten ›autoritativen‹ Texten und Dokumenten. Zu diesen gehören in erster Linie so genannte heilige Schriften und in Geltung stehende Gesetzestexte, die ihrerseits die Grundlage für die Ausbildung der dogmatischen Disziplinen Theologie und Jurisprudenz darstellen. Die dogmatische Hermeneutik wurde jeweils im Rahmen dieser →Disziplinen als biblische Hermeneutik der Theologie und als juristische Hermeneutik des →Rechts entwickelt. Nach ihrem Beispiel sind spätestens seit der →Renaissance (A) auch die so genannten Klassiker der Profanliteratur in der Philologie dogmatischen Interpretationsverfahren beim Übersetzen unterworfen worden. In den Philologien sind im Laufe der Zeit die autoritativen Wörterbücher und Grammatiken zu hermeneutischen Regelkanons dafür geworden, wie ein und derselbe Sinn in zwei oder mehreren Sprachen durch Wörter und Wendungen ausgedrückt werden kann und soll.

In der klassischen Philologie und darüber hinaus in allen philologischen Disziplinen haben sich im Laufe der Zeit bestimmte Verstehensmuster als Vorbilder für jede Verstehensbemühung der relevanten Texte entwickelt, die man dann selber als ›klassisch‹ auszeichnet. Durch diese Auszeichnung erhalten die Bezugstexte eine institutionelle Funktion als bedeutsam, wichtig und maßgeblich für die ganze Kultur oder Teilbereiche derselben. In der Moderne sind dann auch die literarischen Arbeits- und Lehrtexte aller Disziplinen, wie Lexika und Enzyklopädien, Lehr- und Handbücher, als ›dogmatische‹ Texte behandelt worden, sodass der Umgang mit ihnen ebenfalls durch die dogmatische Hermeneutik gesteuert wird.

Trotz der traditionellen Einschränkung der Hermeneutik auf die Anwendung in den Geisteswissenschaften ist aber auch im Zusammenhang der naturwissenschaftlichen und der formalen (logischen und mathematischen) Methodologie vielfach von Interpretation die Rede. Man spricht hier von Interpretation bzw. Deutung von Fakten und Phänomenen (in statistischen Erhebungen, Versuchsprotokollen u. ä. – oft auch ›Bewertung‹ genannt) einerseits und von der Interpretation formaler Kalküle andererseits. Ersichtlich geht es auch hierbei um Übersetzung bzw. Übertragung des strukturellen Sinnes von Formalismen (Kalkülen, Strukturkernen von Theorien) auf Phänomene und ihre Zusammenhänge, und umgekehrt von Eigenschaften und Zügen phänomenal-anschaulicher Gegebenheiten (→Modelle) auf formale →Strukturen. Auch diese stehen unter Regeln einer dogmatischen Hermeneutik.

Solche Regeln gebieten z.B., dass →Theorien zu exhaurieren und nicht ohne Not aufzugeben sind; dass Phänomene zu ›retten‹ und nicht ohne besondere Gründe als artifizielle Produkte von Versuchsanordnungen oder gar Messfehlern gedeutet werden sollten; dass formale Kalküle durch mindestens ein Modell deutbar sein müssen, u. ä. Freilich sind diese hermeneutischen Einschüsse in der Methodologie der Naturwissenschaften, die auf die neuplatonische Tradition einer Naturinterpretation (*interpretatio naturae*) zurückgehen, noch keineswegs in einem angemessenen Klärungszustand. Gleichwohl wird man auch sie als Ausprägungen dogmatischer hermeneutischer Verfahren charakterisieren können.

Die Einstellung des ›Dogmatikers‹, sei er Theologe, Jurist oder Lehrer eines bestimmten Faches, ist – noch immer gut platonisch – die, dass er sein Vorwissen anhand der Texte konkretisiert und dokumentiert. Und er tut es in der Regel nur ad hoc, aus gegebenem Anlass zur Beantwortung einer bestimmten Glaubens- oder Gewissensfrage, zur Entscheidung eines Rechtsfalles, zur Aufführung eines bestimmten Schauspiels oder Musikwerkes oder zur Vergewisserung über einen bestimmten Lehrgegenstand.

Die dogmatische Hermeneutik weist daher im Unterschied zur zetetischen spezifische Charakteristika auf. 1. Sie ist streng und strikt fachgebunden (disziplinär), d.h. sie hat immer von den in den relevanten Theorien vorgegebenen Vorverständnissen des jeweiligen Faches auszugehen, die im Fache als letzter Stand des Wissens gelten. Diese theoretischen Vorverständnisse erschließen kanonische Spielräume für die Interpretationen. Der Fachmann muss sie kennen und unterscheidet sie in der Regel sehr genau von allen ›Allotria‹ dilettantischer, unfachlicher oder fachfremder Interpretationsgesichtspunkte. 2. Vor allem macht die dogmatische Hermeneutik keine Wahrheitsansprüche und kennt daher auch keine Wahrheitskriterien. Wenn gleichwohl in jeder Dogmatik mehr oder weniger emphatisch die →Wahrheit z.B. der Heiligen Schrift, des Gesetzes, eines Kunstwerkes oder eines Lehrgehaltes beschworen wird, so kann damit nur die jeweilige Kulturbedeutung des Artefakts gemeint sein. Die dogmatische Hermeneutik richtet sich daher 3. ausschließlich nach Kriterien der Qualität und Effizienz. Eine dogmatische Interpretation kann gut oder schlecht, fachgerecht oder dilettantisch, elegant oder überzwerch, scharfsinnig oder dumm, im Grenzfall noch zulässig oder abwegig genannt werden, nicht aber wahr oder falsch. 4. Das Effizienzerfordernis besagt, dass eine dogmatische Interpretation immer gelingen muss (*Non-liquet-Verbot*) und somit ein Ergebnis zu zeitigen hat, das den Bezugstext als ›sinnvoll und einschlägig‹ für die erwünschten Antworten erscheinen lässt. Dabei setzt man 5. bei dogmatischen Texten immer eine ›überschießende Sinnfülle‹ voraus, die grundsätzlich nicht auszuschöpfen ist: Die Heilige Schrift ist ›höher als alle Vernunft‹, das Gesetz ist ›klüger als der Gesetzgeber‹, der Klassiker ›hat uns immer noch etwas zu sagen‹, Musiknoten und Drehbücher können zu immer neuen Aufführungen dienen, und auch das gute Lexikon oder Lehrbuch ›bietet mehr, als man ad hoc gerade verwenden kann‹.

Für die Durchführung von Einzelinterpretationen haben die Jurisprudenz und Theologie spezifische Regeln – hermeneutische Kanons – entwickelt. Sie sind darauf ausgerichtet, die jeweiligen dogmatischen Texte als Bezugstexte auszuzeichnen und von anderen Textsorten abzugrenzen und zugleich die Fachgebundenheit, Qualität und Effizienz sowie notwendiges Gelingen der Auslegungen zu gewährleisten.

In der Theologie sind paradigmatisch dafür die Kanons vom zwei- oder mehrfachen Schriftsinn. Der buchstäbliche (Literal-)Sinn oder vordergründige Sinn wird vom eigentlichen (kerygmatischen) Sinn oder Hinter-Sinn (*sensus mysticus*) unterschieden. Letzterer kann seinerseits wieder in mehrere Sinnrichtungen verfolgt werden nach der bekannten Regel: *Littera gesta docet, quid credas allegoria; moralis quid agas, quo tendas anagogia* (»Der buchstäbliche Sinn lehrt die Fakten, die Allegorie den Glaubensinhalt, der moralische Sinn das, was zu tun ist, der ›erbauliche‹, wonach zu streben ist«).

Der Jurist hat für Gesetzesinterpretationen mehrere in Alternativen verknüpfte Auslegungskanons zur Verfügung. Der Gesetzestext ist entweder eindeutig gemäß ›planem‹ Wortverständnis oder er lässt mehrere Deutungen zu. Ist er mehrdeutig, so wird er nach vorgängigem Beispiel höherer Instanzen (Präjudiz) interpretiert (das ist am sichersten). Die Präjudizien sind selbst Interpretationen, die aus dem Kontext der behandelten Materie (*ratio legis*) oder auch gemäß der historischen Intention des Gesetzgebers (›Wille des Gesetzgebers‹) gewonnen wurden. Verschränkt damit kann ein einzelner Gesetzesterminus gegebenenfalls im üblichen Wortsinn oder restriktiv (eingeschränkter Begriffsumfang) oder erweitert (ausgeweiteter Anwendungsbereich des Begriffs, im Strafrecht unzulässig!) interpretiert werden. Vielerlei Denkfiguren für die Verknüpfung von Rechtsbegriffen zu Auslegungstopiken lassen sich aus der Analogie zu Denkfiguren in jeweils anderen Rechtsbereichen gewinnen. Hierin bewährt sich am meisten juristischer Takt und Gespür für das, was unter besonderen Umständen als →Argumentation für eine Interpretation überzeugen kann.

Als wesentlich wird bei der dogmatischen Hermeneutik gewöhnlich der ›applikative Aspekt‹ herausgestellt - die Anwendungsbezogenheit. Sie besteht darin, dass eine dogmatische Auslegung nur ad hoc, d.h. zur Beantwortung bestimmter Fragen und zur Lösung von bestimmten Problemen (Glaubensfragen, Rechtsfällen) eingesetzt wird. Durch die dogmatische Interpretation wird ein (institutionell gestützter) Textsinn so aufbereitet, dass er für die Anwendung auf praktische Fragen nutzbar wird. Gleichwohl sollte man auch hier genau zwischen der eigentlichen Interpretation und der Anwendung des dadurch gewonnenen Textsinnes auf die Probleme unterscheiden. Die Anwendung auf den Fall unterliegt ihrerseits nicht hermeneutischen, sondern logischen Regeln der Subsumption des Einzelnen und Besonderen (des Falles bzw. des Problems) unter das Allgemeine (des hermeneutisch festgestellten Textsinnes): Der festgestellte Textsinn liefert die logischen Prämissen für die schlussmäßige →Deduktion einer Antwort auf die gestellten Fragen bzw. eines →Urteils über den anstehenden Fall.

Die zetetische Hermeneutik ist aus der dogmatischen nach aristotelischen Voraussetzungen entstanden. Sie beruht auf Kriterien, die sich - aus der Kritik an der dogmatischen Hermeneutik entwickelt - als Gegensätze dazu darstellen. Sie setzt voraus, dass grundsätzlich alles Textmaterial, darin eingeschlossen auch die dogmatischen Texte und darüber hinaus auch alle Arten von Kulturdokumenten, in ihren Gegenstandsbereich fallen können. Ebenso setzt sie voraus, dass alle Dokumentarten in ihrem Zeichenvorrat schon bestimmten Sinn und Bedeutung enthalten, den es in der jeweiligen Interpretation ›auszuschöpfen‹ und mittels der Interpretation wiederzugeben, zu rekonstruieren oder auch abzubilden gelte. Kritisch-zetetische Einstellung wird dabei wesentlich in vorurteilsloser Offenheit und Unvoreingenommenheit gegenüber dem, was sich als Sinn der Texte zeigen soll, gesehen. Ihr Ziel ist daher auch die Erstellung von Interpretationen als Theorien, die diesen Sinn eindeutig, vollständig und adäquat darstellen bzw. ›abbilden‹ sollen.

Als Kriterien der zetetischen Hermeneutik lassen sich herausstellen:

1. Sie ist als Methodendisziplin grundsätzlich interdisziplinär - im Gegensatz zur Fachgebundenheit der dogmatischen Hermeneutik. Das schließt nicht aus, dass spezielle Text- und Dokumentarten zum Gegenstandsbereich jeweils spezifischer Disziplinen gehören. Interdisziplinarität meint einerseits die ›Universalität‹ und ubiquitäre Anwendbarkeit der zetetisch-hermeneutischen Methodologie in grundsätzlich allen Disziplinen. Andererseits bedeutet sie auch, dass das zum zetetischen Verstehen notwendige Wissen grundsätzlich aus allen jeweils einschlägigen Disziplinen gleichsam zusammengeholt werden muss. Der zetetische Interpret muss in der Lage sein, auch über seine Fachgrenzen hinaus Vorwissen aufzunehmen und sich für seine Verstehensbemühung zunutze zu machen.

2. Die zetetische Hermeneutik ist strikten Wahrheitskriterien unterworfen. Das heißt, dass nur die Resultate zetetischer Interpretationen als wahr, falsch oder ggf. auch als wahrscheinlich gekennzeichnet werden können. In der zetetischen Hermeneutik kommt es, wie viele ihrer Klassiker schon frühzeitig bemerkt haben, häufig auch darauf an, bei überhaupt wahrheitsrelevanten (etwa wissenschaftlichen) Texten neben der evtl. Wahrheit auch evtl. Falschheit ›richtig zu verstehen‹, sodass eine wahre Interpretation durchaus gerade auch die Falschheit eines sinnvollen Gedankens bzw. Textes verständlich macht. Als Wahrheitskriterium wird nach herrschender realistischer →Erkenntnistheorie in der Regel die Korrespondenz zwischen (vorausgesetztem) Textsinn und Interpretationssinn angenommen. Die Interpretation gilt dann als wahr, wenn sie dem Sinn des Textes genau entspricht bzw. ihn abbildet. Eine idealistische Erkenntnistheorie kritisiert daran, dass sich so et-

was wie selbstständiger Textsinn und (diesen abbildender) Interpretationssinn nicht unterscheiden lassen, sondern dass die Interpretation selbst den Textsinn erst konstruiert. Insofern kommen für eine idealistische Erkenntnistheorie nur die Wahrheitskriterien der logischen Kohärenz und der Umfassendheit (Komprehensibilität) der jeweiligen Interpretation selbst in Frage.

3. Spricht man überhaupt von der Qualität einer zetetischen Interpretation, so kann es sich nicht um gut oder schlecht, zulässig oder unzulässig u. ä. handeln wie bei der dogmatischen Interpretation, sondern nur um die Einbettung der vorgeschlagenen Interpretation in den Kontext des einschlägigen interdisziplinären Wissens. Von einer zetetischen Interpretation wird man daher mit Recht verlangen können, dass sie sich ›auf dem letzten Stand der Wissenschaft‹ befindet und das Fachwissen dabei vermehrt und vertieft.

4. Bei zetetischen Interpretationen ist auch mit einem *Non liquet* (›nicht klar‹), also negativen Ergebnissen zu rechnen wie das bei jedem Forschungsunternehmen möglich ist. Dies ist ein heikler Punkt, den kein Forscher gern eingesteht, weil ein *Non-liquet*-Ergebnis allzu leicht individueller Inkompetenz angelastet wird. Ein vager ›Sinnlosigkeitsverdacht‹, wie er häufig polemisch geäußert wird (›das verstehe ich nicht‹ oder ›Nonsens‹) genügt in keinem Fall. Selbst wenn er substanziiert und bewiesen würde, so würde er den Interpretationsgegenstand nur aus der Klasse der Artefakte ausschließen und in die der ›sinnfreien‹ Gegenstände befördern. Gleichwohl kommt es nicht allzu selten vor, dass trotz bestehendem ›Sinnhaftigkeitsverdacht‹ von Texten und Artefakten der genuine Sinn mangels einschlägigem Wissen nicht festgestellt werden kann. Die Sinnvermutung kann dann allenfalls zu hypothetischer Wahrscheinlichkeit der zetetischen Interpretation führen.

5. Man setzt beim zetetisch zu interpretierenden Dokument historisch und systematisch beschränkten Sinngehalt voraus, sodass – wie →Kant schon bemerkte – in der Regel ›der Autor besser verstanden werden kann, als er sich selbst verstanden hat‹.

Die Kanons bzw. Regeln der zetetischen Hermeneutik sind heute nichts weniger als unumstritten und die Verabsolutierung des einen Kanons unter Vernachlässigung anderer bestimmt nachhaltig die Kontroversen über das, was eigentlich Hermeneutik sei. Manche Autoren wie etwa Schleiermacher oder →Gadamer gehen sogar davon aus, dass es hierbei überhaupt keine Regeln geben könne, da das forschende Interpretieren eine Sache des Taktes, der kühnen Hypothesen, der Divination oder gar der ›künstlerischen‹ Intuitionen sei. Um sich jedoch über die faktischen Regeln zu vergewissern, tut man auch heute noch gut daran, sich an dem von Aristoteles für alle Forschung aufgestellten Schema der ›vier Ursachen‹ zu orientieren, welches Erklärungsgründe, also auch Interpretationsargumente, in vier verschiedenen Dimensionen aufzusuchen empfiehlt.

Nach diesem vierdimensionalen Forschungsschema gilt es a) die materiale Textbasis eines zu interpretierenden Dokumentes bibliographisch und kontextuell zu sichern; b) die formalen Bedingungen der Textgestalt (Disposition, Gattungszugehörigkeit) und die die Ausdrucksformen prägenden Ideen in ihrer grammatischen und logischen Form zu eruieren; c) den Ursprung und die Herkunft des Textes (ggf. von einem Autor, aus einer Schule, aus einer Epoche) nach Anlass und Umständen seiner Entstehung und den Wirkfaktoren bzw. Traditionen, die hierauf Einfluss ausübten, festzustellen; d) den Zweck bzw. die Intention eines Textes (man sagt allerdings meist: des Autors) zu klären, wozu man sich bei älteren Texten der Einbeziehung der Wirkungsgeschichte bis auf das eigene gegenwärtige Interesse des Auslegers an seinem Text versichern muss.

Man kann diese Dimensionen gewiss noch weiter differenzieren, gerät damit aber nur in Details, auf die man wegen ihrer Trivialität gewöhnlich nicht achtet und die doch nach festen Regeln der wissenschaftlichen Fairness und des geisteswissenschaftlichen Know-how getätigt werden. Zum ersteren gehört etwa die Regel der ›hermeneutischen Billigkeit‹ (*charity principle*), nach der man einem Autor bis zum Beweis des Gegenteils Redlichkeit darin unterstellt, dass er auch gemeint habe, was er sage. Umgekehrt muss dann auch gelten, dass man nicht mit ›maliziösen‹ Unterstellungen auslege.

Zum allgemeinen Know-how dürfte auch das Prozedere nach dem hermeneutischen Zirkel gehören. Er besagt, dass man sich beim Interpretieren vom Einzelnen und Besonderen zum Allgemeinen und Ganzen erheben und von da wieder zum Einzelnen hinabsteigen müsse. Er beschreibt damit sehr zutreffend logische →Induktion und Deduktion als Verfahren, die wie in jeder Theoriebildung so auch in der zetetischen Interpretationsgewinnung anzuwenden sind. Das Einzelne und Besondere ist hier die Elementarbedeutung der Wörter eines Textes, von der man zum Satz- und Argumentsinn bis zum Sinn des ganzen Textes – und ggf. darüber hinaus bis zum Gesamtsinn eines umfassenden Kontextes – fortschreitet (Induktion), während man umgekehrt wieder vom Gesamtsinn als Resultat der Induktion oder auch als hypothetisch-antizipierender Sinnvermutung zur Bedeutungsfestlegung der Einzelheiten herabsteigen kann (Deduktion). In der Praxis handelt es sich freilich kaum jemals um einen einzigen induktiv-deduktiven Kreislauf, sondern um viele in Antizipationen und Bestätigungen sich gegenseitig kontrollierende Schritte, sodass eher von ›hermeneutischen Kreiseln‹ zu reden wäre. Damit wird jedenfalls gesichert, dass die zetetische Interpretation eines Dokumentes sich als widerspruchslose und kohärente Theorie aufbauen lässt, was seinerseits eine notwendige Bedingung ihrer Wahrheitsfähigkeit darstellt.

Die gegenwärtige Lage der Disziplin Hermeneutik ist durch außerordentlich lebhafte und kontroverse Diskussionen und damit einhergehend durch eine kaum mehr übersichtliche Literatur und Nomenklatur gekennzeichnet. Man tut gut daran darauf zu achten, wovon jeweils die Rede ist. Zu unterscheiden sind auf jeden Fall: 1. Die Interpretation im Sinne der Sinndeutung, Auslegung (Exegese) bzw. des Verstehens einzelner Textstellen oder Texte und Kontexte nach den genannten kanonischen (dogmatischen oder zetetischen) Regeln. 2. Die Theorie dieser Regeln bzw. Kanons selbst, die zur hermeneutischen Methodologie gehören. 3. Hermeneutik als Bezeichnung der methodologischen Disziplin insgesamt.

Der Schwerpunkt der Debatten dürfte beim letzten Punkt liegen. Es geht um die Einschätzung des Status und der wissenschaftlichen Dignität der Hermeneutik überhaupt. Auf der einen Seite wird vom analytisch-positivistischen Lager aus die Hermeneutik – vor allem wegen ihrer dogmatischen Verfahren – als un- oder vorwissenschaftliche Pseudomethodologie verworfen (K. Albert) oder allenfalls als heuristische Vorstufe für die ›logische Rekonstruktion‹ von Theoriesinn anerkannt (W. Stegmüller). Auf der anderen Seite stehen hermeneutizistische Ansätze, die die Universalität der Hermeneutik in allen Erkenntnisfragen behaupten (→Nietzsche: »Alles ist Interpretation«; →Heidegger: »Verstehen als existenzialer Weltentwurf«; H. Lenk: »Philosophie als Interpretationskonstruktionismus«, Gadamer: »Unhintergehbarkeit des sprachlichen Verstehens«). Gleichwohl werden auch bei universalhermeneutischen Ansätzen die faktischen Interpretationsweisen mathematischer und logischer formaler Systeme und naturwissenschaftlicher Fakten, Daten und Phänomene zu wenig beachtet und hermeneutisch bewertet. Hier dürfte künftige hermeneutische Forschung noch ein fruchtbares Feld vor sich haben. Insgesamt können von der gegenwärtigen Hermeneutikdiskussion im Spannungsfeld solcher Extreme wesentliche Beiträge zur Entwicklung der Wissenschaftstheorie der Geisteswissenschaften und darüber hinaus der allgemeinen Wissenschaftstheorie zu erwarten sein.

N. Henrichs, Bibliographie der Hermeneutik, 2. Aufl. Düsseldorf 1972

W. Alexander, Hermeneutica generalis. Zur Konzeption und Entwicklung der allgemeinen Verstehenslehre im 17. und 18. Jahrhundert, Stuttgart 1993

H. Albert, Kritik der reinen Hermeneutik. Der Antirealismus und das Problem des Verstehens, Tübingen 1994

E. Betti, Allgemeine Auslegungslehre als Methodik der Geisteswissenschaften, Tübingen 1967

E. Coreth, Grundfragen der Hermeneutik, Freiburg/Br. 1969

A. Bühler / L. Cataldi Madonna (Hg.), Hermeneutik der Aufklärung (Aufklärung 8/2), Hamburg 1993

H.-G. Gadamer, Wahrheit und Methode. Grundzüge einer philosophischen Hermeneutik, Gesammelte Werke 1, 5. Aufl. 1986; Ergänzungen und Register, Gesammelte Werke, 2, 2. Aufl. 1993

L. Geldsetzer (Hg.), Instrumenta Philosophica Series Hermeneutica (Klassikernachdrucke mit Einleitungen), Düsseldorf 1965 ff.

H.-U. Lessing (Hg.), Philosophische Hermeneutik, Freiburg/Br. 1999

H. Seiffert, Einführung in die Hermeneutik. Die Lehre von der Interpretation in den Fachwissenschaften, Tübingen 1992

B. Vedder, Was ist Hermeneutik? Ein Weg von der Textdeutung zur Interpretation der Wirklichkeit, Stuttgart / Berlin 2000

L. G.

Herrschaft Der Begriff dient zur Beschreibung sozialer Überordnungsverhältnisse innerhalb der menschlichen →Gesellschaft. Kennzeichnend für das Verhältnis zwischen Herrschern und Beherrschten ist in erster Linie eine Rangdifferenz, die sich in unterschiedlichen Rechten und Pflichten der beiden Seiten niederschlägt. So ist der Herrschaftsanspruch häufig mit einer Schutzfunktion den Beherrschten gegenüber verbunden, wodurch das Mehr an Macht und Kompetenzen der einen Partei in gewisser Weise auch der anderen zugute kommt. Insofern Herrscher und Beherrschte sich immer gegenseitig bedingen, bedarf Herrschaft zumindest der minimalen Zustimmung auch von Seiten der Beherrschten. Darin unterscheidet sich der Begriff maßgeblich von dem der Macht. Zwar stehen auch der Herrschaft Sanktionsmöglichkeiten zu ihrer Befestigung und Durchsetzung zur Verfügung, doch im Gegensatz zur bloßen Macht, welche neben ihrer eigenen Stärke keine Berechtigung zur Durchsetzung ihrer →Interessen hat, wird Herrschaft prinzipiell durch den Glauben an ihre Legitimität gestützt. Ist diese Anerkennung des Verhältnisses nicht mehr gegeben, so entartet die Herrschaft zum reinen Machtverhältnis (Diktatur). Von der charismatischen Herrschaft, die aufgrund persönlicher Eigenschaftsmerkmale der Herrschenden besteht, unterscheidet man die traditionelle Herrschaft, welche durch überkommene Sitte und Gewohnheit legitimiert wird, und die rationale bzw. legale Herrschaft, die auf dem Glauben an die Rechtmäßigkeit bestehender →Gesetze und der sich daraus ergebenden Herrschaftsverhältnissen basiert. Die rationale/legale Herrschaft steht für unpersönlich-sachliche Ordnungsverhältnisse, wo sich die Über- und Unterordnung nicht an zentralen Personen ausrichtet, welche die Herrschaft als solche verkörpern, sondern in einem →System bürokratischer Verwaltung verwurzelt ist. Obwohl die Bezeichnung Herrschaft vorwiegend dem Bereich politischer Rangverhältnisse vorbehalten ist, finden sich Herrschaftsverhältnisse auf sämtlichen Ebenen menschlicher Interaktion, wo sie sich in Abhängigkeit von ihrem jeweiligen Zweck und den konkreten Entstehungsbedingungen entwickeln.

G.T.-G.

Heteronomie Von griech. *heteros*, ›der Andere‹ und *nomos*, ›das menschliche Gesetz‹: Fremdgesetzlichkeit. Diese liegt dann vor, wenn der →Mensch nicht den von ihm selbst gewählten oder bestimmten →Gesetzen folgt bzw. folgen kann, sondern von einer fremden Gesetzgebung abhängt. Eine solche Fremdbestimmung stellt nach →Kant auch die Beeinflussung des →Willens durch die eigenen →Neigungen (Triebe, Begierden, Leidenschaften oder Glücksvorstellungen) dar, sofern diese den Willen unmittelbar bestimmen. Den Gegensatz zur Heteronomie bildet die →Autonomie als Prinzip der Selbstbestimmung.

G.T.-G.

Heuristik Von griech. *heuriskein*, ›finden‹: Erfindungskunst: Der Begriff fungiert als Sammelbezeichnung für solche →Theorien, die das Erfinden und Entdecken von Neuem zum Inhalt haben und die mit der Entwicklung heuristischer →Prinzipien eine Wegleitung zur Gewinnung neuer Erkenntnisse geben wollen. Ausgehend von einer unterschiedlichen Auffassung betreffs der Natur des Neuen lassen sich grundsätzlich zwei verschiedene Richtungen in der Heuristik nennen. Man unterscheidet die kombinatorische oder lullistische Heuristik, für welche jeder Erfindungsprozess mitsamt seinem Produkt eine Neukombination bereits vorhandener Elemente darstellt, von der intentionalen oder topischen Heuristik, die Erfindung als Neuschöpfung versteht. Aus beiden Richtungen entwickelten sich unterschiedliche Verfahrensweisen, die auf jeweils andere Anwendungsgebiete zielen. Der topisch-heuristische Weg findet vor allem dort Anwendung, wo man mit Neuem konfrontiert gänzlich neue Lösungswege finden muss, während die kombinatorische Heuristik die Lösung für neue Fragen und Probleme im Bereich des bereits vorhandenen Wissens durch eine möglichst weitgehende methodische Beschreibung desselben zu finden sucht. Diese →Methode erweist sich dort als besonders erfolgreich, wo durch den zu großen Umfang eines möglichen Lösungsbereichs, durch die Vielzahl an Lösungswegen oder die Vagheit des zur Verfügung stehenden Wissens eine ökonomische Lösung des Problems erschwert wird. Als eines der wichtigsten heuristischen Prinzipien gilt die

Hypothesenbildung. Heuristische Prinzipien stellen eigentliche Suchstrategien dar, die immer dann zum Zuge kommen, wenn konkrete Problemlösungsstrategien fehlen. Das Ergebnis ihrer erfolgreichen Anwendung ist somit niemals ein Beweis oder eine Begründung neuen Wissens, sondern dessen Entdeckung. Man unterscheidet negative heuristische Regeln, die das bei der Problemlösung zu Vermeidende explizit formulieren, von positiven heuristischen Regeln, welche die Forschungsrichtung festlegen, indem sie den möglichen Lösungsweg und -bereich skizzieren.

G.T.-G.

Historismus Allgemeine Bezeichnung für eine Weltsicht, nach der sich das Verständnis kultureller Erscheinungen ausschließlich aus der Kenntnis ihrer →Geschichte ergeben kann. Leistungen und Ereignisse werden von ihren geschichtlichen Entstehungsbedingungen her erklärt, gegenwärtig geltende →Normen und →Werte als Produkte historischer Prozesse gedeutet. Insofern diese Sichtweise vor allem in der ersten Hälfte des 19. Jhs. weite Verbreitung fand, dient der Begriff in seiner neutralen Verwendung als Epochenbegriff. Er bezeichnet den Zeitraum, in welchem sich mit dem Verständnis von Geschichtswissenschaft auch die Auffassung von Geschichte und ihrer →Bedeutung überhaupt verändert hat. In übersteigerter Form führt das →Bewusstsein von der geschichtlichen Bedingtheit alles Seiende (→Sein) jedoch zu einer relativistischen Wahrnehmung der →Welt, welche Werten, Taten und Ereignissen jeglichen Eigenwert nimmt, indem sie sie als bloße Glieder in einem als historische Kausalkette verstandenen Geschichtsprozess nicht nur zureichend, sondern auch erschöpfend zu erklären glaubt und ihnen darüber hinaus keine Bedeutung beimisst. In Ablehnung eines solchen →Relativismus (und um auf die Beschränktheit und die negativen Folgen einer solchen Denkweise hinzuweisen) wurde der Begriff ursprünglich in pejorativer Absicht gebraucht. Trotz vielfacher Versuche, ihn zu rehabilitieren, eignet dem Begriff bis heute eine gewisse Negativität. Eine positive Fortentwicklung fand der zentrale Gedanke des Historismus im existenzphilosophischen Denken, wo die Gewordenheit und Bedingtheit alles Seienden unter dem Begriff der →Geschichtlichkeit das Wesen der menschlichen →Existenz überhaupt ausmacht.

G.T.-G.

Höchstes Gut Das höchstmögliche →Ziel menschlichen →Strebens. Wodurch sich dieses Ziel inhaltlich bestimmt, hängt von der jeweils zugrunde liegenden →Definition über die →Natur des →Menschen ab, da der Endzweck menschlichen Strebens mit dem höchsten Gut identisch ist. Geht man z.B. von der Annahme aus, dass es dem Menschen von Natur aus bestimmt sei, nach →Lust zu streben, so ist mit der Lust als oberstem Ziel im Leben des Menschen auch zugleich das höchste Gut desselben bezeichnet. Wird die Erfüllung menschlicher →Praxis mit einem von diesem verschiedenen Strebensziel verbunden, so ändert sich entsprechend der veränderten Ausgangsbedingung auch die inhaltliche Bestimmung für das höchste Gut. Daraus ergibt sich für die formale Bestimmung des →Begriffs, dass das höchste Gut nur ein ausschließlich um seiner selbst willen Erstrebtes sein kann. Allerdings besteht die Möglichkeit, dass das Ziel des Strebens ein zusammengesetztes ist, was bedeutet, dass der Endzweck in der Erreichung mehrerer Einzelziele liegt. In einem solchen Fall spricht man vom vollendeten →Guten und meint damit das vollendete Ganze in Bezug auf alle zu erreichenden Teilziele. In Relation zu dem jeweils als höchstem Gut bestimmten →Wert bemisst sich der Wert aller übrigen Güter, je nachdem, inwieweit sie jenes zu befördern vermögen.

G.T.-G.

Hoffnung Gefühl der Erwartung, das sich mit einem gewissen Optimismus auf einen erwünschten Zustand in der Zukunft richtet. Dieses Ziel der Hoffnung kann utopischer oder realer Natur sein, dem Wunsch eines oder vieler →Menschen entsprechen, der Zeitpunkt seiner Verwirklichung innerhalb oder jenseits eines Menschenlebens liegen. Immer aber richtet sich die hoffnungsvolle Erwartung auf einen noch nicht bestehenden, aus subjektiver Sicht des Hoffenden jedoch prinzipiell möglichen Zustand. Die im Hoffen vorweg genommene →Vorstellung des Erwünschten kann somit zum direkten Handlungsantrieb und -motiv werden. In der christlichen →Ethik gilt die Hoffnung (neben Glaube und Liebe, die von der christlichen Philosophie den →Kardinaltugenden →Platons hinzugefügt wurden, nämlich Weisheit, Tapferkeit, Besonnenheit und Gerechtigkeit) als eine der Haupttugenden. In der Form der Heilserwartung liegt sie der christlichen Lehre als wesentliches →Prinzip zugrunde. Als geschichtsphilosophische Kategorie kommt der Hoffnung in den Systemen des Marxismus und →Existenzialismus eine gewisse Relevanz zu. Von zentraler Bedeutung ist der Begriff jedoch nur in der Philosophie Blochs und wird in der philosophischen Diskussion allgemein als dem untergeordneten Bereich der Affekte zugehörig erachtet.

G.T.-G.

Höhlengleichnis →Platons bekanntestes Gleichnis (*Der Staat* 514a–517a): Er entwirft darin das Bild der →Menschen, die gefesselt ihr Leben in einer Höhle zubringen. Von der →Wirklichkeit können sie aufgrund ihrer misslichen Lage nichts wahrnehmen, nur ab und zu sehen sie auf der ihnen gegenüber liegenden Wand die von einem Feuerschein verursachten Schatten von Dingen, die hinter ihrem Rücken vorbeigetragen werden. Da sie nichts anderes kennen, halten sie diese Schattenabbildungen für die wirklichen Dinge. Würde man nun einen von ihnen losbinden, aus der Höhle heraus ans Tageslicht führen und ihm auf dem Weg hinaus all die wirklichen Dinge zeigen, von denen er bisher nur die Schatten kannte, so wäre dieser Mensch nicht nur gänzlich verwirrt, sondern zuerst auch völlig unfähig, den Anblick der wirklichen Dinge ob der herrschenden Helligkeit überhaupt auszuhalten. Nachdem er aber einmal das Licht der Sonne erblickt hätte, würde einem solchen Menschen die Rückkehr in die Höhle besonders schwer fallen. Er müsste sich jetzt umgekehrt erst wieder an die dort herrschende Dunkelheit gewöhnen, um die nun als solche entlarvten und erkannten Schatten im Dämmerlicht wahrnehmen zu können. Im Gleichnis steht das Leben in der Höhle für das menschliche Dasein auf der Welt. Wie die Höhlenmenschen die Schatten, so halten auch Platons Zeitgenossen, was sie sehen, für das wirkliche →Wesen der Dinge. Um dieses tatsächlich erkennen zu können, muss man aber die →Welt, wie sie erscheint, hinterfragen. Diese intellektuelle Anstrengung, die damit beginnt, dass man sich in einem ersten Schritt von den eigenen Vorurteilen abwendet, wird durch den Aufstieg aus der Höhle symbolisiert. Erst draußen auf der Erdoberfläche können die Dinge, d.h. die →Ideen selbst mitsamt der →Ursache ihrer Sichtbarkeit, der Sonne, die in diesem Gleichnis für die oberste Idee des →Guten steht, wirklich erkannt werden. So darf auch das philosophische Denken sich nicht mit der bloßen Gegebenheit des Faktischen zufrieden geben, sondern muss immer weiter zurückfragen, bis es schließlich beim →Unbedingten, für Platon durch die Idee des Guten als das philosophische Letztprinzip gegeben, angelangt ist. Wie das Gleichnis jedoch auch nicht mit dem geglückten Aufstieg endet, sondern den Rückweg in die Höhle mit beinhaltet, so darf der Philosoph nicht allein im Reich der Ideen bleiben, sondern er muss – bildlich gesprochen – in die Höhle zurückkehren und sein Wissen und seine Erfahrung einsetzen, um auch den andern Menschen den Aufstieg aus der Höhle zu ermöglichen.

G.T.-G.

Holismus Griech. *holos* ›ganz‹: Der Kerngedanke des Holismus ist, dass die Gesamtheit des Seienden (→Sein), wie unterschiedlich es sich auch zeigt, tatsächlich eine gestufte Einheit oder Ganzheit bildet. Gegenwärtig wird der Begriff in Deutschland populär als ›ganzheitliches Denken‹ gebraucht. In den USA gibt es eine mehr oder weniger esoterische Bewegung, die insbesondere von Ken Wilber vertreten wird, der schreibt: »Die Wirklichkeit besteht nicht aus Dingen oder Prozessen und nicht aus Atomen oder Quarks; sie ist weder aus Ganzen zusammengesetzt, noch hat sie irgendwelche Teile. Sie besteht vielmehr aus Ganzen / Teilen, aus Holons .... Nichts existiert, was nicht ein Holon wäre. Bevor ein Atom ein Atom ist, ist es ein Holon. Bevor eine Zelle Zelle ist, ist sie ein Holon ... Sie alle sind Ganze, die in anderen Ganzen existieren, und daher zuerst und vor allem Ganze / Teile oder Holons.«

W.R.

Homo-mensura-Satz ›Der Mensch ist das Maß aller Dinge. Der seienden, dass sie sind, der nicht-seienden, dass sie nicht sind.‹ Von großer Bedeutung ist dieser dem →Sophisten Protagoras zugeschriebene Satz insofern, als darin das Verhältnis von erkennendem →Subjekt und Erkenntnisobjekt problematisiert wird. Der Mensch erfährt die →Welt in der Form, in welcher sie ihm durch seine spezifisch menschliche Perspektive zugänglich ist. Aus diesem Grunde ist alles →Wissen, zu dem er gelangen kann, auch kein absolut objektives, sondern immer nur relatives Wissen. Unterschiedliche Meinungen herrschen darüber, ob mit ›der Mensch‹ der Mensch schlechthin (als Gattungswesen) oder der individuelle Mensch gemeint ist. Im zweiten Falle wäre das Diktum von Protagoras die Festschreibung eines Subjektivismus der Beliebigkeit.

G.T.-G.

Horror vacui Der auf →Aristoteles zurückgehende Ausdruck für diejenige Vorstellung, nach welcher die →Natur aus Widerwillen gegen den leeren Raum die Entstehung eines solchen auf jede erdenkliche Art zu verhindern sucht. Der →Glaube daran, dass es aus besagtem Grunde in der Natur prinzipiell keinen leeren Raum gibt, hielt sich in gewissen Formen bis ins 19. Jh.

G.T.-G.

Humanismus →A Renaissance – Humanismus

Humanität Von lat. *humanitas*, ›Menschlichkeit‹. Seit Beginn der Überlegungen, was der →Mensch denn sei (bei den →Sophisten und insbesondere bei →Platon und →Aristoteles), sah man das Besondere des Menschen in seiner Geistigkeit, seiner Vernunftfähigkeit: Der Mensch ist ein *animal rationale*. Die Griechen diskutierten den Menschenbegriff jedoch weder als Individuum noch als sittliches Wesen. Für sie war der Mensch Grieche (alle anderen waren ›Barbaren‹), er war kein Sklave, er war eingebunden in die Polisgemeinschaft, war tugendhaft und ausgestattet mit gewissen Seelenvermögen. So unterscheidet Platon zwischen dem unsterblichen Teil der Seele (*psyche*), dem Logos und Weisheit (*sophia*) zugeordnet sind, und dem sterblichen Teil, dem Gemütsbewegungen wie Mut und Begehren (*pathos* bzw. *mania*) zugeschrieben werden, die für Tapferkeit (*thymos*) und Erwerbssinn zuständig sind. Weiter gibt es Eros, Bedürftigkeit, die den Körper (*physis*) auszeichnet. Die Polis soll nun so strukturiert sein, dass jeder Polisbürger gemäß seinen Anteilen an den Seelenvermögen sein Sein-Können verwirklichen kann. Platon konzipiert also eine →Polis, in der der Einzelne sozusagen anthropologisch eingebunden ist. Der Polisbürger lebt im freien Selbstvollzug seiner Seele, wobei er im Tun des Seinigen (→Gerechtigkeit) Teil gewinnt am Ganzen. Auch Aristoteles entwickelte eine Seelenlehre. Die Seele ist zuständig für das richtige Handeln und für die Erkenntnis des Richtigen. Sie besteht aus zwei Teilen: einem irrationalen und einem rationalen, der wieder unterschieden wird in einen spekulativen und einen abwägend-reflektierenden. Um das richtige Handeln und Erkennen zu gewährleisten, besitzt die Seele drei Vermögen: die Sinneswahrnehmung (*aisthesis*), den Verstand (*nous*) und das Streben, die Begierde (*orexis*).

Dass der Mensch als solcher, d.h. unabhängig von seiner Volks- oder Staatszugehörigkeit, unabhängig von seiner Stellung, seinem Besitz etc. eine eigene Würde habe, diesen Gedanken fassten erst die hellenistischen Philosophen, etwa wenn der Begriff des ›Weltbürgers‹ aufkommt. Innerhalb der →Stoa wurde erstmals ein ausdrücklich humanistisches Menschenverständnis entwickelt, das über eine Seelenlehre weit hinausgeht. So fordert Cicero *de rebus humanis* – »über die menschlichen Dinge« –, *ut cognitionem adferat generis humani* – »dass man das Menschengeschlecht kennen lerne« – (*Gespräche in Tusculum*), und Seneca schreibt, *esse commune ius generis humani*, »dass es ein gemeinsames Recht des Menschengeschlechts gebe« (*An Lucilius*). Die Römer prägten den Begriff *humanitas*, der ein urbanes Menschenbild propagiert, für das die sittliche und geistige Bildung im Zentrum steht, gepaart mit Edelmut, Würde, Güte, Milde, Menschenfreundlichkeit, Gastfreundschaft und Großzügigkeit. Diese Eigenschaften wurden aus und mit der →Natur des Menschen (*natura humana*) begründet. Die Grundmaxime der Stoa lautete: In Übereinstimmung mit der Natur leben. Dies heißt zugleich: vernunftgemäß leben, denn die →Vernunft gehört zur Natur des Menschen.

Schon bald nach Cicero beginnt der Begriff der *humanitas* seine Bedeutung zu verlieren. Im delphischen Spruch *gnothi seauton* (›erkenne dich selbst‹) wird der Mensch in Abgrenzung zu Gott gesehen, nämlich als sterblicher Mensch im Gegensatz zu den unsterblichen Göttern. Ähnlich ist für das mittelalterliche Denken der Mensch der hinfällige, schwache und sterbliche (→Augustinus) im Gegensatz zum allmächtigen Gott.

Das ›humanistische Zeitalter‹ beginnt dann mit der →Renaissance (A) in Italien. Das →Mittelalter (A) wird verstanden als ein Rückfall hinter die klassische Antike, sodass eine Erneuerung nur im Rückgriff auf die Antike möglich erschien. L. Bruni erfand dazu die *studia humanitas*, d.h. die Ausrichtung der Bildung an der griechisch-römischen Antike, insbesondere durch das Studium der antiken Literatur. In Anknüpfung an den hellenistischen Gedanken des Weltbürgers sprachen die Renaissance-Humanisten vom *uomo universale*, der über den Ständen und Völkern steht. Der Humanitätsgedanke der Renaissance ist weniger moralisch geprägt, vielmehr bedeutet er die Emanzipation des Menschen vom mittelalterlichen Ordo-Denken. Der Renaissancemensch löst sich aus der institutionellen und intellektuellen Vorherrschaft der katholischen Kirche (was nicht heißt, dass er ungläubig oder gar atheistisch geworden wäre). Gleichwohl gilt, dass seit der Renaissance nicht länger von →Gott her, sondern vom Menschen her gedacht wird. Prototyp dieser Wende ist der Künstler, der nicht länger in Abhängigkeit vom Klerus und den christlichen Themenbereichen steckt, sondern die Autonomie entdeckt und sich selbst als kreativ erfährt, als Schöpfer einer im Kunstwerk gestalteten →Welt. Der neue Status hatte jedoch moralische Implikationen. Mit der Wende zum Menschen war zugleich eine neue Verantwortung dem Menschen übertragen worden; er wurde in einem höheren Maße verantwortlich sowohl für die Welt als auch für sich selbst.

Erkenntnistheoretisch wurde die Wende zum Menschen von →Descartes vollzogen, der das denkende →Ich zum Ausgangspunkt der Erkenntnis machte, ein Ich allerdings, das nicht das lebensweltliche, konkrete →Individuum war, sondern das abstrakte, logische (und deshalb verallgemeinerungsfähige) Ich von Denkvollzügen. In der zweiten Hälfte des 18. Jh. und am Beginn des 19. Jh. entwickelte sich vornehmlich in Deutschland ein ›Neu-Humanismus‹ (Paulsen), der für die literarische deutsche Klassik, die universitäre und gymnasiale (humanistische) Bildung, die Geschichtswissenschaften und die klassische Philologie große Bedeutung erlangte.

Die Wende zum Menschen fand ihren Niederschlag auch in der Einführung einer neuen philosophischen Disziplin, der philosophischen →Anthropologie, die in Deutschland im 20. Jh. sehr stark von der biologischen Forschung geprägt war und den Versuch machte, den Menschen vom Tier abzugrenzen. So hat für Scheler der Mensch insofern eine Sonderstellung, als er →Geist hat und →Person ist. Als geistiges Wesen ist er nicht an seine →Umwelt gebunden, sondern er ist ›weltoffen‹. Insofern kann Scheler sagen, dass das Tier Umwelt hat (in die es eingebunden ist), der Mensch sich von dieser jedoch lösen kann und insofern Welt hat. Für Gehlen unterscheidet sich der Mensch vom Tier prinzipiell-qualitativ. Das entscheidende Merkmal ist, dass er, biologisch gesehen, ein Mängelwesen ist, weil er wesentlich nicht von Instinkten gesteuert ist. Nur kraft seines Geistes gelingt es ihm, diesen Mangel auszugleichen. Hat sich der Humanismus (→A Renaissance – Humanismus) bei Scheler und Gehlen in Anthropologie verwandelt, hielt →Sartre am Humanismusbegriff fest und beanspruchte, dass sein →Existenzialismus ein Humanismus sei. Deshalb nämlich, weil der Mensch als solcher zum Gegenstand des Nachdenkens wurde. Seine zentrale These lautet, dass der Mensch ontologisch Freiheit ist, völlig unabhängig davon, ob es dem Einzelnen gelingt, die Freiheit, die er ist, in allen Situationen auch zu realisieren. Kennzeichen des Humanen ist es, keine vorgegebene Wesensbestimmung zu realisieren; der Mensch ist dasjenige Wesen ist, das in und durch sein Handeln sein eigenes Wesen erzeugt. Sartre drückt das so aus, dass beim Menschen die Existenz der Essenz vorausgehe: Der Mensch ist, wozu er sich macht. Genau dies macht seine Humanität aus, genau deshalb ist der Mensch verantwortlich: für sich und für die gesamte Menschheit.

W. R.

Hyle Stoff, Materie: Der Begriff in seiner philosophischen Bedeutung geht auf →Aristoteles zurück, der damit die noch ungeformte →Materie bezeichnet. Diese liegt als Urstoff allem Seienden (→Sein) zugrunde und bildet nach Aristoteles eine der vier →Ursachen für alles Seiende (Stoffursache). Die Materie entzieht sich in ihrem ungeformten Zustand jeglicher →Wahrnehmung und kann, bis auf die Eigenschaft der Formbarkeit, nur negativ bestimmt werden.

G. T.-G.

Hypokeimenon Das Darunter- oder Zugrundeliegende. Bereits von den Naturphilosophen als Grundlage zur →Erklärung der →Welt eingeführt, wird der Begriff vor allem für →Aristoteles zum Gegenstand genauerer Untersuchung. Neben der Alternative, entweder die →Form oder die →Materie als Hypokeimenon zu bestimmen, nennt Aristoteles als Drittes die Möglichkeit, den in Frage stehenden Begriff mit der Vereinigung von Stoff und Form zu identifizieren, eine Variante, die er selbst wohl für die zutreffendste hält. Demgemäß meint Aristoteles mit dem Hypokeimenon dasjenige, was eine Sache zu der macht, was sie ist, und wodurch sie eindeutig von anderen Dingen unterschieden werden kann. Die Römer übersetzten Hypokeimenon mit *subiectum*. Im →Mittelalter (A) wurde daraus die →Substanz. Insofern entspricht Hypokeimenon dem Begriff des →Wesens.

Daneben bestimmt Aristoteles das Hypokeimenon als das logische →Subjekt einer Aussage.

G. T.-G.

Hypothese Eine vorläufige Annahme, die versuchsweise als Ausgangspunkt zur Lösung eines Problems dienen soll. Mit Hypothesen wird vor allem im Bereich der wissenschaftlichen Forschung gearbeitet, wenn gesicherte Kenntnisse allein nicht ausreichen, um gegebene Phänomene befriedigend zu erklären oder in neue Bereiche vorzustoßen. Somit handelt es sich bei der Hypothesenbildung um ein →heuristisches Verfahren, welches darin besteht, dass unter Berücksichtigung des vorhandenen Kenntnisstandes und im Hinblick auf ein bestimmtes Ziel eine oder mehrere →Thesen formuliert werden, die nun im weiteren (beispielsweise experimentellen) Vorgehen teilweise oder ganz bestätigt oder widerlegt werden können, in jedem Fall aber zu einer Kenntniserweiterung im Problembereich führen. Die Unterscheidung zwischen objektiven →Gesetzen und Hypothesen mit bloß vorläufigem Geltungscharakter wird nicht von allen Wissenschaftstheoretikern für richtig gehalten. So haben nach →Popper alle wissenschaftlichen →Aussagen über die →Welt nur den Status von Hypothesen, da seiner Überzeugung nach wissenschaftliche →Theorien niemals →verifiziert, sondern immer nur →falsifiziert werden können.

G. T.-G.

Hypothetischer Imperativ Die Begriffsbildung geht auf →Kant zurück, der damit, in Unterscheidung zum →kategorischen Imperativ, einen bedingten, nur unter bestimmten Voraussetzungen gültigen Imperativ bezeichnet. Die Bedingung, unter welcher dieser steht, ist die einer vorgängigen subjektiven Zielsetzung. Die als hypothetischer Imperativ formulierten Handlungsanweisungen haben pragmatischen bzw. technischen Charakter, d. h. sie sagen nur, dass eine Handlung zur Verwirklichung einer bestimmten Absicht geboten ist, sofern man diese Absicht tatsächlich hat. Je nachdem, ob sich der hypothetische Imperativ auf eine bloß mögliche oder ob er sich auf eine wirkliche Absicht bezieht, unterscheidet Kant zwischen einem problematischen oder einem assertorischen hypothetischen Imperativ.

G.T.-G.

Hypothetisches Urteil Auch Bedingungsurteil: Bedingung für die Gültigkeit des im Nachsatz Behaupteten ist die Gültigkeit des im Vordersatz Ausgesagten: ›Wenn die Sonne scheint, dann ist es Tag.‹

G.T.-G.

Hysteron-proteron Griech. ›das Spätere (wird) das Frühere‹: Dient zur Bezeichnung eines logischen Beweisfehlers. Der Fehler entsteht durch die Umkehr der zeitlich oder logisch vorgegebenen Reihenfolge, wobei durch die Vertauschung von Nachfolgendem und Vorangehendem dasjenige, was erst bewiesen werden sollte, selbst als Argument im Beweisgang vorweg genommen wird (→*circulus vitiosus*).

G.T.-G.

Ich Umgangssprachlich handelt es sich bei dem Wort ›ich‹ um ein Personalpronomen, mit dem sich ein Sprecher auf sich selbst bezieht. In der philosophischen Diskussion wird der →Begriff des Ich zusammen mit den verwandten Begriffen des →Selbst, der →Subjektivität und des →Selbstbewusstseins am Beginn der →Neuzeit (A) für mehr als dreihundert Jahre zum philosophischen Zentralbegriff.

In Form eines denkenden Ich avanciert das Ich zum erkenntnistheoretischen Grundprinzip der Philosophie →Descartes'. Descartes, der eine erkenntnistheoretische Fundierungstheorie vertritt, geht davon aus, dass die →Wahrheit aller Einzelerkenntnisse letztlich auf die Wahrheit einer besonderen Tatsache zurückführbar ist. Nach Descartes lässt sich die Wahrheit aller Dinge bezweifeln. Nur eine Tatsache entzieht sich dem →Zweifel: die Tatsache, dass das Ich, der Zweifelnde bzw. – da Zweifeln eine Form von →Denken ist – der Denkende existiert. Der sich daraus ergebende erkenntnistheoretische Grundsatz lautet: *cogito, ergo sum*. Die Wahrheit aller anderen Erkenntnisse leitet sich aus der Wahrheit des *cogito, ergo sum* ab, indem es als klar und deutlich erkannte Tatsache den Maßstab der Wahrheit aller anderen Erkenntnisse liefert: Immer wenn etwas so klar und deutlich wie das unbezweifelbar wahre *cogito, ergo sum* erkannt wird, dann ist es auch wahr. Entsprechend der aristotelischen Substanzontologie fasst Descartes das Ich als eine →Substanz auf, und zwar als eine denkende Substanz (→*res cogitans*), die allen Denkakten als Träger zugrunde liegt. Der denkenden steht die ausgedehnte Substanz (→*res extensa*), die →Welt der physikalischen Gegenstände gegenüber.

An der Auffassung einer allen Bewusstseinszuständen zugrunde liegenden Seelensubstanz, welche mit dem Ich identifiziert wird, entzündet sich die Kritik →Humes. Für Hume als strengen Empiristen existieren nur die in der →Erfahrung gegebenen Gegenstände. Ein Ich als dasjenige, was alle einzelnen Bewusstseinszustände trägt, findet sich nicht unter den erfahrbaren Gegenständen. Allenfalls kann das Ich also die Summe der einzelnen Gedankeninhalte sein, nicht aber deren Träger.

Gegenüber Hume räumt →Kant ein, dass sich unter den jeweiligen Bewusstseinsinhalten eines →Subjekts keine Ich-Substanz finden lasse. Das ist jedoch für Kant kein Grund, das Ich als bloße Summe einzelner Inhalte aufzufassen. In den Bewusstseinsinhalten findet sich nämlich nach Kant so etwas wie →Einheit. Einzelne Daten werden zu einem →Bewusstsein von Gegenständen geeinigt. Die jeweiligen Bewusstseinsinhalte selbst wiederum werden zur Einheit eines einzigen Selbstbewusstseins geeinigt. Dieser Einheit muss nun Kant zufolge ein einigendes →Prinzip zugrunde liegen, etwas, das die Einheit, die sich unter den Gegenständen des Bewusstseins findet, konstituiert hat. Kant bezeichnet dieses Einheitsprinzip als →transzendentales Ich und stellt ihm ein empirisches Ich gegenüber. Das transzendentale Ich als →Grund der Einheit der Inhalte des Bewusstseins entzieht sich der Erfahrung. Es kann erschlossen werden, ist jedoch selbst kein Gegenstand der Erfahrung. Erfahren wird dagegen das empirische Ich.

Der Gedanke eines Ich als Quelle der Gegenstandskonstitution erfährt in der Frühzeit des →deutschen Idealismus (A) bei →Fichte und →Schelling eine Ausweitung. War bei Kant das Ich Einheitsprinzip, also dasjenige, was unter dem durch die Sinne gegebenen Material Einheit stiftet und alle Bewusstseinsinhalte zur Einheit eines Selbstbewusstseins vereinigt, so kommt dem Ich bei Fichte und Schelling die Konstitution der gesamten Realität zu. Im Akt einer →intellektuellen Anschauung konstituiert sich das Ich selbst. Sodann setzt es sich ein Nicht-Ich entgegen. Beide, Ich und Nicht-Ich, schränken sich gegenseitig ein und konstituieren auf diese Weise alle weiteren Gegenstandsbereiche. Anders als bei Descartes, wo das Ich zwar erkenntnistheoretisch an erster Stelle stand, ontologisch jedoch →Gott der erste Rang zukam, ist das Ich im frühen deutschen Idealismus zugleich erkenntnistheoretisch wie ontologisch erstes Prinzip. Das Ich erkennt sich nicht nur, sondern bringt sich mit diesem Erkennen zugleich auch hervor. Indem es sich denkt, existiert es.

Ähnlich Kant unterscheidet auch →Husserl

zwischen einem reinen und einem empirischen Ich. Für Husserl ist Bewusstsein →intentional, das bedeutet: auf Gegenstände gerichtet. Stellt man sich Gerichtetheit als einen Strahl vor, so ist das Ich dasjenige, wovon der Strahl seinen Ausgangspunkt nimmt. Dieses Ich ist Husserl zufolge unteilbar sowie numerisch dasselbe und kann insofern die Grundlage der →Identität eines Subjekts bilden. Versucht man es allerdings durch →Reflexion zu erfassen, so erfährt es eine phänomenologische Wandlung und wird zu einem Gegenstand, ist also als das, was es eigentlich ist, nicht in der Reflexion zu fassen.

Innerhalb der in der →analytischen Philosophie geführten Debatte hat man sich zunächst auf den Gebrauch des Personalpronomens ›ich‹ konzentriert. Nach Strawson bildet keine körperlose Ich-Substanz den Bezugsgegenstand des Wortes ›ich‹, sondern der Sprecher, welcher mittels des Personalpronomens auf sich verweist.

Einen Diskussionsschwerpunkt innerhalb der aktuellen Philosophie des Geistes bildet die Frage, inwiefern der ersten Person, also dem Ich, eine besondere Autorität in Hinblick auf die Zuschreibung geistiger Zustände zukommt. Die Diskussion teilt sich in zwei Lager: die Individualisten und die Antiindividualisten. Gehen die Individualisten davon aus, dass der jeweilige Sprecher selbst die Autorität der Zuschreibung geistiger Zustände besitzt, so behaupten die Antiindividualisten, dass der →Gesellschaft bzw. der →Umwelt die entscheidende Rolle zukommt, wenn es darum geht, was jemand mit seinen Worten meint.

T. B.

Ideae innatae Lat. ›angeborene Ideen‹: Der Sache nach geht der Begriff der angeborenen Ideen auf →Platon und seine →Anamnesis-Lehre zurück. Danach besteht Erkennen in nichts anderem als der Wiedererinnerung dessen, was jemand in einer dem irdischen Leben vorausgehenden Präexistenz als →Seele mit seinem geistigen Auge erschaut hat.

In der →Neuzeit (A) bei →Descartes erfährt der Begriff der →Idee eine kognitivistische Wendung: Ideen haben ihren Ursprung nicht in einem geistigen Reich, wo sie im Vorleben erschaut werden – denn das wäre mit der christlichen Schöpfungslehre unvereinbar –, sondern sind angeboren. Man kommt bereits mit ihnen auf die Welt. Nach Descartes sind es bestimmte Ideen, die angeboren sind, so die Ideen von einem Ding, von →Wahrheit und →Bewusstsein. Andere Ideen, z. B. dass ich jetzt ein Geräusch höre oder die Sonne sehe, haben ihren Ursprung in den außer mir existierenden Dingen.

Für →Leibniz sind ausnahmslos alle Ideen angeboren. Das Bewusstsein bildet ein in sich abgeschlossenes geistiges Reich, in das nichts von außen eindringen kann. Folglich ist jeder Bewusstseinsinhalt, jeder Gedanke oder jeder wahrgenommene Gegenstand mit der Entstehung des jeweiligen Bewusstseins, das bei Leibniz →Monade heißt, bereits angeboren.

Gegenüber der rationalistischen Lehre von den angeborenen Ideen behaupten Empiristen wie →Locke, dass der →Geist bei der Geburt des Menschen einer unbeschriebenen Tafel gleiche. Alle geistigen Inhalte, welche diese Tafel später ausfüllen, haben nach Meinung der Empiristen ihren Ursprung ausnahmslos in der Sinneswahrnehmung.

→Kant erkennt die empiristische Kritik an der Lehre von den angeborenen Ideen an, behauptet aber, dass die Struktur des Geistes etwas sei, was der →Erfahrung vorausgeht. Anstatt von angeborenen Vermögen spricht Kant von Vermögen →*a priori.*

In der aktuellen analytischen Debatte greift Chomsky den Gedanken einer angeborenen Form oder Struktur des Geistes auf. Seiner Meinung nach ist allen Menschen eine Art universale Grammatik angeboren. Sein Schüler Fodor geht noch einen Schritt weiter, indem er behauptet, dass es eine angeborene Sprache des Geistes gäbe, die allen unseren sprachlichen Äußerungen, gleich der Maschinensprache eines Computers, zugrunde liege.

T. B.

Ideal Von griech. *idea,* ›Idee, Gestalt, Urbild, Wesen‹: Umgangssprachlich bezeichnet das Wort etwas Vollkommenes, Makelloses. Das Ideal kann in einem bestimmten Gegenstand verkörpert sein. Eine bestimmte Person kann z. B. das Schönheitsideal einer Epoche sein. Das Ideal kann aber auch noch unerreicht oder sogar prinzipiell unerreichbar sein. Als solches kann es als Maßstab zur Bewertung eines gegenwärtig erreichten Zustandes dienen. Solch ein Ideal könnte z.B. eine ideale Sprache sein, die überhaupt keine Unklarheiten mehr aufweist.

→Kant, bei dem der Begriff des Ideals als philosophischer Terminus vorkommt, versteht Ideal einmal in dem zuerst genannten Sinne. Ein Ideal ist dann ein Gegenstand, ein individuelles Ding, das durch eine →Idee bestimmt ist. Beispiel eines solchen Ideals ist der Stoiker, weil er die Idee der sittlichen →Vollkommenheit verkörpert und zugleich als konkretes Ding existieren könnte. Auf die zweite Art der Verwendung bezieht sich Kants Rede von einem →transzendentalen Ideal der reinen →Vernunft. Kant versteht darunter ein vollkommen bestimmtes Einzelding, ein Ding also, das in Hinblick auf jede seiner Eigenschaften bestimmt ist. Um dieses Ideal zu erreichen, wäre es erforderlich, dass für jedes Prädikat angegeben wird, ob es auf das Ding zutrifft oder nicht - eine Bestimmung, die sich de facto wegen der unendlichen Anzahl der Prädikate niemals umsetzen lässt.

Bei →Hegel wird der Begriff des Ideals auf den Bereich der →Kunst bezogen. Das Ideal ist die Idee als das Kunstschöne. Das bedeutet, dass in einem schönen Gegenstand der Kunst eine Idee sinnlich erscheint, jedoch nicht begrifflich gegenwärtig ist. Letzteres ist sie erst für die philosophische Reflexion.

T.B.

Idealismus Von griech. *idea*, ›Idee, Gestalt, Urbild, Wesen‹: Als Idealismus bezeichnet man eine antirealistische Konzeption von →Erkenntnis. Die erkenntnistheoretische Position des Idealisten lässt sich am besten vor dem Hintergrund seines Gegners, des Realisten, verdeutlichen. Der erkenntnistheoretische Realist geht davon aus, dass wir in unserer Erkenntnis auf Gegenstände bezogen sind, die jenseits unseres →Geistes bzw. →Bewusstseins liegen. Unsere →Wahrnehmung von Gegenständen setzt uns z.B. in Beziehung zu externen Gegenständen wie Häusern, Bäumen usw. Diese Gegenstände, so nimmt der Realist an, existieren unabhängig von ihrem Erkanntwerden durch eine bestimmte Person. Der Baum, so argumentiert der Realist, hört nicht auf zu existieren, wenn man seinen Blick von ihm abwendet. Ebenso wenig verliert er seine Eigenschaften.

Demgegenüber behauptet der Idealist, dass die Gegenstände der Erkenntnis im Geiste liegende Ideen sind. Wahrnehmen und Denken ist nicht, wie der Realist glaubt, auf etwas bezogen, das außerhalb unseres geistigen Vermögens liegt. Denken und Wahrnehmen beziehen sich auf etwas, das seinen Platz im Geiste selbst hat. Waren für den Realisten Existenzbehauptungen nicht daran geknüpft, dass eine bestimmte Person in einer erkenntnismäßigen Beziehung zu einem Gegenstand oder Sachverhalt steht, so knüpft der Idealist genau diese Verbindung: Zu existieren ist für ihn gleich bedeutend damit, dass etwas in einen geistigen Akt erfasst (gedacht oder wahrgenommen) wird. Das bedeutet umgekehrt, dass nichts existieren kann, ohne in einem geistigen Akt erfasst zu werden. →*Esse est percipi*, so heißt es in einer dementsprechenden Formulierung bei →Berkeley, »Sein bzw. Existieren ist Wahrgenommenwerden«. Für den Idealisten ist der Gedanke eines außerhalb des Geistes liegenden und für das Zustandekommen der Ideen verantwortlichen Gegenstandes inkonsistent. Gäbe es nämlich einen derartigen Gegenstand, so wäre es uns unmöglich, von diesem Gegenstand zu wissen, da ja das Einzige, wovon man sichere Kenntnis haben kann, geistige Gegenstände, d.h. Gedanken und →Vorstellungen sind.

Streng idealistische →Erkenntnistheorien lassen als Gegenstände der Erkenntnis nichts anderes zu als die geistigen Zustände eines →Subjekts. Das hat eine Reihe von Problemen zur Folge. Nimmt man mehr als nur ein erkennendes Subjekt an und unterstellt man weiterhin, dass die Subjekte miteinander interagieren, d.h. in ihren →Handlungen aufeinander bezogen sind, so stellt sich die Frage, wie es zu einer Synchronisation ihrer geistigen Inhalte kommen kann. Wie ist es möglich, dass zwei Subjekte, die z.B. denselben Gegenstand aus unterschiedlichen Perspektiven wahrnehmen, ähnliche →Vorstellungen haben oder dass zwei Subjekte, von denen das eine handelt, das andere dagegen unter den Handlungen des anderen leidet, die dementsprechenden Vorstellungen haben? →Leibniz, der sich mit Fragen dieser Art beschäftigt hat, nimmt als Antwort eine von →Gott eingerichtete →prästabilierte Harmonie an: Gott hat die Vorstellungsfolgen der unterschiedlichen Subjekte bei ihrer Schöpfung aufeinander abgestimmt, so etwa, wie ein Uhrmacher den Gang seiner Uhren miteinander in Einklang bringt.

Ein weiteres Problem betrifft die Frage nach dem Zustandekommen der Gegenstände. Obwohl ein Subjekt über nichts als Vorstellungen, d. h. geistige Zustände verfügt, sollen diese doch Vorstellungen von Gegenständen sein, die das Subjekt von sich unterscheidet. Einige der Vorstellungen des Subjekts sind Vorstellungen äußerer Gegenstände und ihrer Eigenschaften, andere sind Vorstellungen von Gefühlen, Empfindungen und dergleichen. Wieder andere haben abstrakte Gedanken zum Inhalt. Um das Zustandekommen dieser Gegenstandsbereiche und der in sie fallenden Gegenstände erklären zu können, greift der Idealist auf die Annahme eines Inventars geistiger Konstitutionsleistungen zurück. Historisch ist der Gedanke einer idealistischen Gegenstandskonstitution von allem mit dem Namen →Kants und seinem Hauptwerk, der *Kritik der reinen Vernunft* verknüpft. Sein so genannter →transzendentaler Idealismus geht zunächst von einem Gegenüber einer inhaltlichen und einer formalen Vorstellungskomponente aus: Die einem Subjekt gegebenen Vorstellungen verfügen über einen Inhalt. Kant bezeichnet ihn als das aus der Sinnlichkeit stammende Mannigfaltige. Heute würde man von Sinnesdaten sprechen. Weiter verfügen die Vorstellungen über eine Form. Welchem Gegenstandsbereich ein bestimmter Gegenstand angehört, hängt davon ab, welche Formung ein Vorstellungsinhalt erfahren hat. Erhält ein Vorstellungsinhalt nur eine zeitliche Formung, so gehört er dem Bereich der inneren →Anschauung an. Soll ein Gegenstand dem Bereich äußerer Anschauung angehören, so muss der entsprechende Vorstellungsinhalt neben der zeitlichen Formung auch noch eine räumliche Formung erhalten. Das bedeutet, dass ein Subjekt genau dann einen Gegenstand als äußeren Gegenstand betrachtet, wenn dieser Gegenstand einen gewissen →Raum einnimmt, also ausgedehnt ist. Folgt dagegen ein Gegenstand zeitlich auf einen anderen, ohne räumliche Ausdehnung zu besitzen, so handelt es sich bei ihm um einen inneren Gegenstand. Kant bezeichnet Raum und →Zeit als Formen der Anschauung bzw. Vorstellung und stuft sie als subjektive Formvermögen ein. Der Grund dafür ist folgender: Folgen für ein Subjekt bestimmte Gegenstände aufeinander, so muss das nicht bedeuten, dass auch objektiv zwei Gegenstände aufeinander folgen. Jemand, der ein Haus von verschiedenen Seiten betrachtet, hat Folgen von Vorstellungen. Dennoch steht das Haus still und verändert sich nicht. Der subjektiven Vorstellungsfolge entspricht keine objektive Folge am Gegenstand, dem Haus. Um auch noch Objektivität erklären zu können, nimmt Kant eine Reihe objektiver formaler Vermögen an. Die zwölf grundlegenden objektivitätskonstituierenden Formen bezeichnet Kant als →Kategorien. Ein objektiv gegebener Gegenstand oder Sachverhalt kommt also dadurch zustande, dass das zuvor räumlich und zeitlich geformte sinnliche Mannigfaltige entsprechend den Kategorien geformt wird. Wird, um ein Beispiel zu nennen, eine Folge von Vorstellungen entsprechend der Kausalitätskategorie geformt, so handelt es sich um einen objektiven Vorgang. Ist es dagegen die Kategorie der Wechselwirkung, welche formgebend ist, so handelt es sich bei den wahrgenommenen Gegenständen um objektiv gleichzeitig vorliegende Gegenstände.

Kant bezeichnet die formgebenden Vermögen, also die beiden Formen der Vorstellung, Raum und Zeit, sowie die objektivitätsstiftenden Formen des Verstandes als transzendental. Transzendental heißt nach dem kantischen Verständnis alles das, was Erkenntnis ermöglicht, insbesondere die geistigen Synthesisleistungen, welche Kant, anders als z. B. Realisten wie Newton, auf der Seite des erkennenden Subjekts und nicht auf Seiten eines jenseits des Subjekts liegenden Gegenstandes verortet. Die Formen der Erkenntnis eines Subjekts sind zugleich auch die Formen der Gegenstände der Erkenntnis. Das erkennende Subjekt stiftet durch seine geistigen formgebenden Vermögen die Strukturen der →Welt. Ein idealistisches System, das dem Subjekt die formgebende Rolle beim Zustandekommen der Gegenstandserkenntnis zuschreibt, bezeichnet man als transzendentalen Idealismus.

In seinen erkenntnistheoretischen Schriften lässt Kant die Frage nach dem systematischen Zusammenhang der einzelnen formgebenden geistigen Vermögen unbeantwortet. Der Wunsch, einen solchen Zusammenhang unter den Kategorien des Verstandes sowie den Formen der Vorstellung herzustellen, markiert den Einsatzpunkt des →deutschen Idealismus (A), der genau genommen nur in seiner Frühphase idealistisch war. Beseelt von dem Wunsch, ein System aller formgebenden →Prinzipien zu errichten, unternimmt →Fichte als Erster den Versuch der Ableitung der Verstandeskategorien. Als Ausgangspunkt dient ihm das →Ich, welches in einer so genannten Tathandlung sich selbst setzt. Mit dem sich selbst setzenden Ich ist die Kategorie der Realität gegeben. →Negation als weitere grundlegende Kategorie entsteht, indem sich das Ich ein Nicht-Ich entgegensetzt. Aus der Einschränkung des Ich durch das Nicht-Ich ergibt sich die Kategorie der Limitation. Durch das fortgesetzte Aufeinanderbeziehen von Ich und Nicht-Ich, zusammen mit den schon gewonnenen Bestimmungen, ergeben sich alle weiteren für das Zustandekommen von Gegenstandserkenntnis und darüber hinaus auch noch für gemeinschaftliches Zusammenleben notwendigen →Begriffe.

Angeregt durch Fichte entwerfen der Dichter Hölderlin und der Philosoph →Schelling ein Systemprogramm des deutschen Idealismus, in dem sie ein vollständiges System der →Ideen, basierend auf der »Vorstellung von mir selbst, als einem absolut freien Wesen« fordern. Dieses System sollte neben der Physik auch die Gebiete der →Moral und der →Ästhetik umfassen. Ausgeführt hat dieses System dann Schelling in seiner Schrift *Vom Ich als Prinzip der Philosophie oder über das Unbedingte im menschlichen Wissen.* Analog zu Fichtes Systementwurf wählt auch Schelling als Ausgangspunkt seiner Ableitungen ein sich selbst setzendes Ich, welches im Akte einer so genannten →intellektuellen Anschauung erfasst werden kann. Wie Fichtes Ich enthält auch das Ich Schellings alle Realität und ebenso wie bei Fichte entstehen die Kategorien durch eine fortgesetzte Synthesis von Ich und Nicht-Ich.

Unterteilt man den deutschen Idealismus in Phasen, so folgt der subjektiv idealistischen Frühphase eine objektiv idealistische mittlere und eine absolut idealistische Spätphase. Für die erste Phase stehen Fichtes *Wissenschaftslehre* und Schellings Schrift *Vom Ich als Prinzip der Philosophie.* Für die zweite Phase steht Schellings *System des Transzendentalen Idealismus*; für die letzte Phase →Hegels *Phänomenologie des Geistes* sowie seine *Wissenschaft der Logik.* Die Begriffe objektiver Idealismus und absoluter Idealismus sind für sich genommen hölzerne Eisen und beziehen ihre Berechtigung einzig und allein aus der Tatsache, dass der deutsche Idealismus nur in seiner Frühphase wirklich idealistisch gewesen ist.

Für die gesamte Strömung des deutschen Idealismus ist die Prämisse leitend, dass etwas nur dann →Wissen ist, wenn es in einem systematischen Zusammenhang zu anderen Begriffen steht. Daraus ergibt sich die Forderung, Begriffe in einen Entwicklungszusammenhang zu bringen, bei dem ein Begriff aus einem oder mehreren anderen und als grundlegender angesehenen Begriffen abgeleitet werden kann.

Waren für den frühen Schelling →Ontologie und Erkenntnistheorie, →Ordnung der Dinge und Ordnung der Erkenntnis der Dinge miteinander identisch, so unterscheidet er in seinem *System des Transzendentalen Idealismus* zwischen beiden Ordnungen. Erkenntnis hat ihren Ausgangspunkt beim →Selbstbewusstsein, dem Wissen von uns selbst, zu nehmen. Von dort führt sie über die Stufen der Objektsetzung, Einschränkung des Ich, der Setzung anderer Intelligenzen und deren Zusammenwirken bis hin zu Theologie, Philosophie und Kunst. Zugleich wird aber eingeräumt, dass diese Ordnung schon besteht und nur auf dem Boden des Ich nachkonstruiert werden muss. Beginnt man seine Betrachtung beim Selbstbewusstsein, so wird man auf das Objektive, die →Natur und die →Gesellschaft mit ihren →Institutionen geführt. Würde man dagegen den Anfang bei der Natur wählen, so gelangte man nach Schelling zu ihrer Theoretisierung und damit zu geistigen Phänomenen.

Hegel hat diesen Gedanken in seiner *Phänomenologie des Geistes* aufgegriffen. Die *Phänomenologie des Geistes* schildert die (logische, nicht zeitliche) Entwicklung des Bewusstseins von einem reinen, begriffslosen Anschauen bis zu einem reinen Wissen. Das Resultat bildet den Ausgangspunkt seiner *Wissenschaft der Logik.* Es findet Ausdruck in einem reinen Sein: Der Anfang der logischen Entwicklung der für Welt und Denken konstitutiven Grundbegrifflichkeit ist das reine Sein. Von ihm führt der Weg zum →Nichts, von dort weiter zum →Werden. Ihnen folgen →Dasein, →Endlichkeit, Unendlichkeit usw. Hegels Ziel war es, ein System aller Grundbegriffe, nicht nur der Philosophie, sondern auch von Mathematik und Naturwissenschaften, schließlich sogar von Gesellschaftswissenschaft und Kunsttheorie zu erstellen.

An die deutsche idealistische Tradition anknüpfend, hat es auch im 20. Jh. zahlreiche Philosophen gegeben, deren Erkenntnistheorien idealistische Züge aufweisen. Stellvertretend seien hier vor allem die Arbeiten von →Husserl genannt. Husserl wollte in erster Linie zeigen, wie die gesamte Objektivität auf dem Boden der Subjektivität, dem Ich und seiner Synthesisleistungen →konstituiert werden kann. Husserl geht davon aus, dass jeder der Stufen der Gegenständlichkeit subjektiv eine bestimmte intellektuelle Leistung, ein verknüpfendes Vermögen entspricht. Durch apperzipierende Akte der dem Subjekt gegebenen sinnlichen Daten wird die Welt der objektiven Gegenstände, sowie die Welt der →Werte konstituiert. Per →Analogieschluss kommt ein Bewusstsein des Anderen zustande, indem sich ähnlich dem meinen verhaltende Körper als andere geistige Wesen aufgefasst werden.

Mit dem Erstarken der Naturwissenschaften im Allgemeinen, mit Fortschritten auf dem Gebiet der Neurowissenschaften im Besonderen sowie mit dem Aufkommen des →Behaviorismus ist die bis zur Jahrhundertmitte anhaltende Dominanz idealistischer Erkenntnistheorien zurückgedrängt worden. In der aktuellen erkenntnistheoretischen Debatte herrschen materialistische und indirekt realistische Auffassungen von Erkenntnis vor. Vielfach geht man dabei sogar soweit, das Phänomen des Geistigen überhaupt zu leugnen oder man erklärt es zu einer Scheinentität, einem Gegenstand, der keine wirkliche Realität besitzt. Realität besitzen allein die Gegenstände der Naturwissenschaften, insbesondere der Physik.

E. Husserl, Ideen zu einer reinen Phänomenologie und phänomenologischen Philosophie, Halle 1913
G. F. W. Hegel, Enzyklopädie der philosophischen Wissenschaften im Grundrisse, Berlin 1966 [1830]
-: Phänomenologie des Geistes, Berlin 1975 [1807]
F. Schelling, System des transzendentalen Idealismus, in: Schellings Werke. Zweiter Band. Schriften zur Identitätsphilosophie, Leipzig 1908 [1800], S. 1-308
J. G. Fichte, Grundlage der gesamten Wissenschaftslehre, Leipzig 1911 (1794), S. 275-520
I. Kant, Kritik der reinen Vernunft, Stuttgart 1966 [1781/87]
G. Berkeley, Drei Dialoge zwischen Hylas und Philonous, Hamburg 1991 [1713]

T. B.

Ideation Von griech. *idea*, ›Idee, Gestalt, Urbild, Wesen‹: Bezeichnung eines von →Husserl entwickelten Verfahrens zur Bestimmung des Begriffsinhaltes. Dabei wählt man zunächst einen beliebigen Vertreter eines unter einen bestimmten Begriff fallenden Gegenstandes. Zu einem Begriff wie ›Tisch‹ stellt man sich einen beliebigen Tisch vor. Sodann geht man dazu über, sich →Vorstellungen von anderen Gegenständen derselben Art zu machen. Wenn man damit eine Zeitlang fortfährt, so beginnt plötzlich durch die einzelnen Vorstellungen hindurch so etwas wie ein allgemeines →Wesen der mit dem Wort bezeichneten Gegenstände hindurch zu scheinen. Dieses kann der Philosoph introspektiv erfassen.

Der Methode der Ideation liegt die Vorstellung zugrunde, dass alle mit einem bestimmten Wort bezeichneten Dinge etwas gemeinsam haben müssen. Diese Vorstellung ist von →Wittgenstein bestritten worden: Es braucht durchaus nicht der Fall zu sein, dass den mit einem bestimmten Ausdruck bezeichneten Dingen wirklich allen etwas gemeinsam ist. Es genügt, wenn sie sich in verschiedenen Hinsichten ähneln. Die Methode der Ideation setzt voraus, dass sich das, was bestimmte Worte bedeuten, auf subjektivem Wege durch Introspektion ermitteln lässt. Dieser Vorstellung entgegnen externalistische Bedeutungstheorien, wie sie von H. →Putnam, Kripke und Burge vertreten werden, dass es die mikrophysikalische Beschaffenheit von Gegenständen bzw. die Gemeinschaft kompetenter Sprecher ist, welche die →Bedeutung eines Ausdrucks festlegen.

T. B.

Idee Von griech. *idea*, ›Idee, Gestalt, Urbild, Wesen‹: Grundbegriff der platonischen Philosophie, der die erkenntnistheoretische und bedeutungstheoretische Debatte bis in die Gegenwart maßgeblich geprägt hat. Bei →Platon kommen dem Begriff der Idee zwei Funktionen zu: eine erkenntnistheoretische und eine ontologisch-konstitutive. Um erklären zu können, was die

Dinge zu dem macht, was sie sind, nimmt Platon an, dass es →Urbilder oder Ideen gibt, an denen die Dinge teilhaben (→*methexis*). Der Ort der →Existenz dieser ontologisch-konstitutiven Wesenheiten ist ein von der sinnlichen →Welt verschiedenes, jenseitiges Ideenreich, wo sich die Ideen in hierarchischer Anordnung befinden. Wichtigste Eigenschaft der Ideen in ontologischer Hinsicht ist ihre Unveränderlichkeit, mit deren Hilfe es Platon gelingt, die Typ-Identität der durch die Ideen konstituierten Dinge zu erklären: Obwohl die Gegenstände der sinnlich wahrnehmbaren Welt dem Wechsel und der Veränderung unterworfen sind, sind sie in Hinblick auf die sie prägenden Ideen miteinander identisch. So ist z.B. ein Tisch von demselben Typ wie ein anderer, weil beide Tische durch dieselbe Idee geprägt worden sind.

Die Ideen konstituieren aber nicht nur den Gegenstand, sondern erklären ebenso dessen →Erkenntnis. Hierbei greift Platon auf den Begriff der Wiedererinnerung (→Anamnesis) zurück. Da die Ideen als gegenstandskonstituierende →Prinzipien nicht in den Dingen selbst liegen, sondern sich jenseits der Dinge in einem Ideenreich befinden, kann sich die Erkenntnis der Ideen auch nicht der Sinneswahrnehmung verdanken. Aus diesem Grunde erklärt Platon, dass unsere →Seele in einer dem irdischen Leben vorhergehenden Präexistenz die Ideen erschaut hat und sich ihrer dann im irdischen Leben erinnern kann.

Für →Aristoteles bildet die Annahme von Ideen nichts weiter als eine unsinnige Verdoppelung des Seienden (→Sein), die zudem keinen Erklärungswert besitzt. Er ist der Auffassung, dass das →Wesen der Dinge in den Dingen selbst liege.

Der →Neuplatonismus bildet die Schaltstelle zwischen antiker und neuzeitlich-kognitivistischer Ideenkonzeption, indem er die Ideen zu Urbildern erklärt, die ihren Ort in einem mit →Gott identischen Geist haben, der die Dinge in Hinblick auf ihre Urbilder erschafft. Sowohl der neuzeitliche →Rationalismus als auch sein Gegenspieler, der →Empirismus, gehen dann davon aus, dass die Ideen ihren Ort im →Geist haben, der jetzt allerdings als menschlicher Geist verstanden wird. Die Ideen, so nehmen beide Lager an, bilden das Material des →Denkens. Komplexe Gedanken entstehen aus einfachen Gedanken, indem einfache Ideen zu komplexen zusammengesetzt werden. Nur im Hinblick auf den Ursprung der Ideen unterscheiden sich Rationalisten und Empiristen dadurch, dass Erstere von einem teilweisen oder vollständigen Angeborensein der Ideen ausgehen (→*ideae innatae*), während Letztere annehmen, dass der Ursprung der Ideen in der Sinneserfahrung läge.

→Kant erklärt Ideen zu regulativen Prinzipien. Ideen sind Vernunftbegriffe, die auf das Ganze der →Erfahrung zielen. Kant unterscheidet zwischen psychologischen, kosmologischen und theologischen Ideen. Psychologisch ist die Idee eines absoluten →Subjekts, bei dem von allen Eigenschaften abstrahiert worden ist und das als beharrliche Seelensubstanz allen Akten des →Denkens zugrunde liegen soll. Kosmologisch nennt Kant die Ideen eines Weltanfangs und einer räumlich und zeitlich unendlichen Welt, weiter die Ideen letzter, unteilbarer Bestandteile und unendlicher Teilbarkeit, außerdem die Ideen einer frei erzeugten Welt und einer Welt ohne →Freiheit, schließlich die Idee eines notwendigen Wesens, das am Beginn aller →Ursachen steht und die Idee einer Welt, in der alles zufällig ist. Theologisch ist die Idee der vollständigen Bestimmtheit eines Dinges. All diesen Ideen ist die Eigenschaft gemeinsam, dass sie niemals in einer →Anschauung gegeben sein können. Dennoch sind sie nicht funktionslos, sondern haben ihren →Zweck darin, das menschliche Handeln zu leiten. So kann z.B. die Idee der vollständigen Bestimmtheit eines Gegenstandes Antrieb wissenschaftlicher Forschung sein.

Für den →deutschen Idealismus (A) bezeichnen Ideen die höchste →Wirklichkeit, existieren aber andererseits nur dadurch, dass sie in →Raum und →Zeit, d.h. in →Natur, →Geschichte oder →Kunst ihren Niederschlag finden.

In der →Phänomenologie →Husserls sind Idee und Wesen miteinander identisch. Wie schon Platon, so versteht auch Husserl unter der Idee einer Sache die Summe der notwendigen Eigenschaften, ohne welche die entsprechende Sache nicht das wäre, was sie ist. Zu jedem Gegenstand, wie er in der Welt vorkommt und in der →Vorstellung gegeben ist, gibt es eine Idee, welche das reine Wesen des entsprechenden Gegenstandes verkörpert.

T.B.

Identität Völlige Übereinstimmung; zweistellige Relation, in der jeder Gegenstand zu sich selbst und zu keinem anderen Gegenstand steht. Die Identitätsrelation ist eine Äquivalenzrelation, d. h. sie erfüllt folgende Bedingungen: für alle x gilt: x = x (→Reflexivität); für alle x und y: wenn x = y, dann y = x (Symmetrie); für alle x, y, z: wenn x = y und y = z, dann x = z (Transitivität). Von anderen Äquivalenzrelationen (etwa der Kongruenz in der Geometrie) unterscheidet sich die Identität durch das so genannte Leibniz-Prinzip, das besagt, dass Gegenstände, zwischen denen die Identitätsrelation besteht, alle Eigenschaften gemeinsam haben. Auch die Umkehrung dieses Prinzips, das so genannte Prinzip der Identität des Ununterscheidbaren ist postuliert worden, nach dem Gegenstände, die alle Eigenschaften gemeinsam haben, miteinander identisch sind. In der →Prädikatenlogik mit Identität, einer erweiterten Form der Prädikatenlogik erster Stufe, wird die Identitätsrelation als ausgezeichnete Relation betrachtet, das diese Relation bezeichnende Symbol = wird als logische Konstante eingeführt und es werden spezielle →Axiome für die Identität angenommen, die der Reflexivität der Identitätsrelation und dem Leibniz-Prinzip entsprechen.

U. W.

Ideologie Von griech. *idea*, ›Idee, Gestalt, Urbild, Wesen‹: Vorläufer des modernen Ideologiebegriffs ist die Idolenlehre F. →Bacons. Unter →Idolen versteht Bacon eine Reihe von Vorurteilen oder Irrtumsmöglichkeiten, die der prinzipiell möglichen wahren →Erkenntnis der →Natur im Wege stehen und die ihren Ursprung in der menschlichen Natur, in der individuellen Erziehung, in den sozialen Beziehungen der Menschen sowie in der Bequemlichkeit der Wissenschaftler haben.

Für →Marx ist Ideologie zunächst gleichbedeutend mit Weltanschauung. In einem abwertenden Sinne verwendet Marx den Terminus zur Bezeichnung des ›falschen Bewusstseins‹ einer bestimmten Gesellschaftsformation. Ausgehend von dem Gedanken, dass das →Sein, d. h. die herrschenden materiellen Verhältnisse, das →Bewusstsein bestimmt, sind Ideologien für Marx Selbstbilder, die →Gesellschaften auf einer bestimmten Entwicklungsstufe von sich entwerfen. Der als gesetzmäßig angenommenen Aufeinanderfolge und Höherentwicklung von Gesellschaftsordnungen entspricht auf Seiten des Bewusstseins eine den jeweiligen Gesellschaftsordnungen korrespondierende Aufeinanderfolge von Ideologien. Obwohl diese Annahme dem Projekt einer Ideologiekritik Grenzen zu setzen scheint, glaubt sich Marx dennoch dazu in der Lage. Dabei setzt er voraus, dass es eine Diskrepanz zwischen dem objektiv möglichen und dem tatsächlichen Bewusstsein einer Epoche gäbe. Diese hat ihren Grund in einem Gegensatz von allgemeinen und besonderen Interessen. Unentwickelte Gesellschaftsordnungen, zu der die bürgerlich-kapitalistische zählt, entwerfen einseitige Bilder ihrer selbst, indem sie die Interessen der jeweils herrschenden Klasse zu allgemeinen Interessen erklären. Aus diesem Grunde können sie als Herrschaftsinstrument zur Unterdrückung der anderen Klassen begriffen werden. Ziel der marxschen Ideologiekritik ist es, die Verschleierung der Partikularinteressen als allgemeine Interessen aufzudecken.

Von einer strengen →Determination des gesellschaftlichen Bewusstseins durch die herrschenden politischen und ökonomischen Verhältnisse einer Zeit geht Lukács aus. Für Lukács, der sich damit der Verwendung des Begriffes bei Marx anschließt, besteht eine notwendige und unauflösliche Verbindung von ›falschem Bewusstsein‹ und gesellschaftlicher Totalität. Die jeweiligen gesellschaftlichen Verhältnisse ziehen auf Seiten der Individuen ein falsches Selbstbild nach sich und produzieren auf diesem Wege Ideologien. Dem subjektiven, ideologischen Bewusstsein wird damit jedwede Möglichkeit zum Eingreifen in den gesellschaftlichen Entwicklungsverlauf abgesprochen. Erst mit der sich gesetzmäßig vollziehenden Aufhebung des Kapitalismus findet eine Wandlung zu einem nicht entstellten Selbstbild statt.

Eine neutrale Anwendung erfährt der Ideologiebegriff in der amerikanischen Wissenschaftssoziologie, wo man unter Ideologie jedes System von Ideen, Meinungen und Werten versteht, das Gruppen zur Legitimation ihrer eigenen Handlungen und zur Beurteilung der Handlungen Fremder benutzen.

T. B.

Idol Von lat. *idolum*, ›Bild, Abbild, Trugbild‹: dient F. →Bacon als Begriff zur Bezeichnung von Fehlerquellen und Vorurteilen, die der →Erkenntnis der →Natur im Wege stehen. Bacon unterscheidet vier Arten von Idolen: 1. die Idole des Stammes (*idola tribus*), 2. die Idole der Höhle (*idola specus*), 3. die Idole des Marktes (*idola fori*) und 4. die Idole des Theaters (*idola theatri*). Bei den Idolen des Stammes handelt es sich um diejenigen Fehlerquellen und Vorurteile, die ihren Ursprung in der menschlichen Natur haben. Hierzu zählen solche Eigenschaften wie Voreingenommenheit, Beschränktheit des Geistes, aber auch der Einfluss der →Gefühle auf →Wahrnehmung und →Denken, schließlich die Unzulänglichkeit der Sinnesorgane. Die Idole der Höhle resultieren aus der besonderen seelischen und körperlichen Beschaffenheit eines einzelnen Menschen, aber auch aus seiner Erziehung, seinen Gewohnheiten und den zufälligen Umständen, denen er ausgesetzt ist. Die Idole des Marktes verdanken sich dem unreflektierten Wortgebrauch, wie er auf einem Markt üblich ist, wobei entweder Worte für Dinge verwendet werden, die gar nicht existieren, oder unangemessene Ausdrücke zur Bezeichnung der Dinge benutzt werden. Die Idole des Theaters verdanken sich der Bequemlichkeit der Wissenschaftler, die sich nicht so sehr der Erforschung der Natur widmen, als vielmehr nach Gutdünken →Theorien entwickeln, die gleich Theaterstücken ihrem Geschmack entsprechen, mit der →Wirklichkeit aber nichts zu tun haben.

Bacons Kritik an den Idolen steht im Zusammenhang mit seinem Entwurf eines Programms zur Erneuerung der →Wissenschaften, wobei die Irrtümer seiner Vorgänger dadurch vermieden werden sollen, dass Erkenntnisse unter Rückgriff auf eine Methodologie der Forschung auf →empirischem Wege gewonnen werden.

T. B.

Ignoratio elenchi Der Ausdruck stammt aus lateinischen Übersetzungen der Aristoteles-Schrift *Die sophistische Widerlegungen* und bedeutet wörtlich: ›Unkenntnis der Widerlegung‹. Mit ihm wird eine bestimmte Art von →Fehlschluss bezeichnet: Wenn jemand in einem Streitgespräch oder in einer Beweisführung eine →These beweisen (bzw. widerlegen) will und zu diesem Zwecke einen Schluss vorbringt, der diese These zu beweisen (bzw. zu widerlegen) scheint, tatsächlich aber etwas anderes beweist (bzw. widerlegt), dann begeht diese Person eine *ignoratio elenchi*. Sie bringt einen Schluss vor, von dem sie irrtümlicherweise glaubt, er beweise das zu Beweisende (bzw. widerlege das zu Widerlegende), dessen →Konklusion in Wirklichkeit jedoch nicht das zu Beweisende (bzw. die Negation des zu Widerlegenden) ausdrückt oder impliziert. *ignoratio elenchi*-Fehlschlüsse werden daher auch als ›Fehlschlüsse der irrelevanten Konklusion‹ bezeichnet.

Aristoteles, Sophistische Widerlegungen, in: J. Barnes (Hg.), The Complete Works of Aristotle. The Revised Oxford Translation, Princeton/NY 1984

C. L. Hamblin, Fallacies, London 1970

St. B.

Illuminationslehre Von lat. *illuminatio* ›Erleuchtung‹: auf →Platon zurückgehende fundamentalistische →Erkenntnistheorie. In seinem →Höhlengleichnis vergleicht er die Erkenntnis des Wahren mit dem Sehen der Dinge im Sonnenlicht: So wie zum Sehen der Dinge das Sonnenlicht erforderlich ist, so bedarf es auch zur Erkenntnis des Wahren eines besonderen geistigen Lichts.

Besondere Bedeutung erlangt die Illuminationslehre bei →Augustinus, der sich dabei einerseits auf Platon, andererseits auf dessen neuplatonische Interpreten, besonders auf deren Gleichsetzung von →Gott mit dem Einen, aus dem alles hervorgeht, sowie auf die Versinnbildlichung dieses Hervorgehens durch die Metapher des Sonnenlichts, bezieht. Für Augustinus sind →Wahrheit und Gott miteinander identisch und bilden zugleich das Licht, in dem der menschliche →Geist das Wahre erkennt. Ihre systematische Ausgestaltung erfährt die Illuminationslehre in der mittelalterlichen Scholastik, insbesondere bei Bonaventura.

In systematischer Hinsicht lassen sich drei Aspekte der Illuminationslehre unterscheiden: 1. die Quelle des Lichts, 2. die Art der Erleuchtung, 3. die erleuchteten Gegenstände. Die Quelle des Lichts bei Augustinus und Bonaventura ist Gott. Die Art der Erleuchtung ist die der Gewissheitserkenntnis. Erleuchtet werden die dem Geiste angeborenen ewigen Wahrheiten. Bonaventura stellt folgenden Zusammenhang zwischen allen drei Aspekten her: Wird ein →Urteil innerhalb der intellektuellen Erkenntnis als gewiss erkannt, so erfasst der menschliche Geist eine unveränderliche Wahrheit. Da er selbst veränderlich ist, kann er die unveränderliche Wahrheit nur durch ein unwandelbar strahlendes Licht erschauen, das unmöglich durch ihn selbst als eine veränderliche Kreatur hervorgebracht worden sein kann. Bei Schlüssen findet sich ein ähnliches Phänomen: Die Notwendigkeit, mit der die →Konklusion eines →Schlusses aus seinen →Prämissen folgt, ist keine natürliche →Notwendigkeit, wie sie sich in der →Wirklichkeit oder in der →Vorstellung findet, sondern eine höhere Art von Notwendigkeit. Beide Tatsachen, sowohl die urteilende als auch die schließende Erkenntnis, fordern als Voraussetzung ihrer →Gewissheit den Zusammenhang mit Gott.

In ähnlicher Weise wie Bonaventura wird später →Descartes einen Zusammenhang zwischen der Gewissheit der Erkenntnis, der besonderen (klaren und distinkten) Art von Gewissheitserkenntnis, Gott und den uns eingeborenen Ideen herstellen. Insofern bildet die Illuminationslehre ein Bindeglied zwischen neuzeitlicher und antiker bzw. mittelalterlich-scholastischer Erkenntnistheorie.

T. B.

Immanent Von lat. *immanere*, ›darin bzw. bei etwas bleiben‹: heute hauptsächlich ein bildungssprachlicher Begriff, mit dem ausgedrückt wird, dass etwas bestimmte Grenzen nicht überschreitet. So spricht man z. B. von einer immanenten Kritik an einer Sache, wenn die Kritik ihren Ausgangspunkt bei den von der Sache selbst gesetzten →Prämissen nimmt und keine äußeren Kriterien an sie heranträgt. Von einer immanenten Interpretation eines Textes spricht man, wenn die Interpretation allein auf den Informationen beruht, die der Text selbst enthält.

Als philosophischer Terminus hat der Begriff der Immanenz seine Prägung zusammen mit seinem Gegenbegriff, dem Begriff der →Transzendenz, in der →Scholastik erfahren. Danach ist beispielsweise →Gott sich selbst als Vater, Sohn und Heiliger Geist immanent, während er in Bezug auf die von ihm erschaffene →Welt transzendent ist – ein Grundsatz, der mit →Spinozas pantheistischer Lehre, nach der Gott die immanente →Ursache aller Dinge ist, in Frage gestellt wird.

Die für die →Erkenntnistheorie maßgebliche Prägung erlangt der Begriff der Immanenz bei →Kant. Für Kant gilt als immanent, was sich in den Schranken möglicher →Erfahrung hält, also nach den Formen von →Anschauung, →Vorstellung und →Denken geformt ist.

T. B.

Immanenz →Immanent

Imperativ Imperativsätze sind Sätze im imperativen Modus, der in vielen Sprachen mit anderen Modi wie Indikativ oder Optativ kontrastiert. Imperativsätze werden gebraucht, um die Adressaten zu einem bestimmten Verhalten aufzufordern, z. B. ›Komm doch mit ins Kino‹, oder um ihnen etwas zu befehlen, z. B. ›Erledige sofort die Hausaufgaben‹. Imperativsätze haben keinen Wahrheitswert, da es nicht sinnvoll ist, von diesen Sätzen zu sagen, sie seien wahr oder falsch. Der durch den Satz dargelegte Befehl kann lediglich kontextabhängig erfüllt werden oder nicht.

Nach →Kant sind →hypothetische Imperative bloße »Vorschriften der Klugheit, ... die Handlung wird nicht schlechthin, sondern nur als Mittel zu einer anderen Absicht geboten«, und beziehen sich so lediglich auf die ›Wahl der Mittel‹ ein Ziel zu erreichen, ob »der Zweck vernünftig und gut sei, davon ist hier gar nicht die Frage«. Die →kategorischen Imperative Imperative hingegen gehorchen ihrer Urform: »Handele nur nach derjenigen Maxime, durch die du zugleich wollen kannst, daß sie ein allgemeines Gesetz werde.«

A. Bühler, Einführung in die Logik. Argumentation und Folgerung, 3. Aufl. Freiburg / München 2000

I. Kant, Grundlegung zur Metaphysik der Sitten (1786), Akademie-Ausgabe. Werke Bd. 4, Berlin 1903, S. 387–463

A. Linke / M. Nussbaum / P. Portmann, Studienbuch Linguistik, 3. Aufl. Tübingen 1996

S. V.

Implikat →Implikation

Implikation Der Begriff der logischen Implikation wird entgegengesetzt zum Begriff der logischen Folgerung verwendet. Anstatt zu sagen, dass die →Konklusion eines →Schlusses aus den →Prämissen logisch folgt, implizieren die Prämissen die Konklusion. Die implizierte Konklusion ist somit das Implikat der Prämissen. Unter Implikation wird ebenso die Verknüpfung zweier →Aussagen verstanden, die im Deutschen gewöhnlich mit ›wenn ... dann‹ wiedergegeben wird.

Bezüglich der materialen Implikation ist ein Satz der Form ›Wenn A, dann B‹ genau dann wahr, wenn beide Teilaussagen A und B wahr sind, beide Teilaussagen falsch sind, oder wenn allein die Teilaussage A falsch ist. Der Satz ist nur dann falsch, wenn die Teilaussage A wahr und die Teilaussage B falsch ist. Die materiale Implikation wird in diesem Fall auch Subjunktion, wahrheitsfunktionales Konditional oder wahrheitsfunktionaler Wenn-Dann-Satz genannt.

Handelt es sich bei dem Satz ›Wenn A, dann B‹ um eine strikte Implikation, ist er nur dann wahr, wenn es unmöglich ist, dass die Teilaussage A wahr ist, ohne dass auch Teilaussage B wahr ist. Es ist also notwendig, dass, wenn A wahr ist, auch B wahr ist.

A. Bühler, Einführung in die Logik. Argumentation und Folgerung, 3. Aufl. Freiburg / München 2000

G. H. Hughes / M. J. Cresswell, A New Introduction to Modal Logic, London / New York 1996

St. Read, Thinking about Logik: An Introduction to the Philosophy of Logic, Oxford 1995

S. V.

Implizit Von lat. *implicare*, ›einwickeln‹. Man spricht davon, dass etwas implizit sei, wenn es nicht offenkundig zutage tritt, sondern nur indirekt oder unausdrücklich gesagt wird. Lässt sich ein bestimmter Satz auf logischem Wege aus anderen Sätzen ableiten, so spricht man davon, er sei auf logische Weise in diesen Sätzen impliziert. Kann man etwas aus der →Bedeutung des Gesagten ableiten, so spricht man davon, es sei semantisch implizit. Schließlich kann man davon sprechen, etwas sei pragmatisch implizit, wenn es von einem Sprecher nahe gelegt wurde, ohne schon in der Bedeutung der von ihm verwendeten Ausdrücke enthalten gewesen zu sein. Logisch ist jeder →Schluss implizit in seinen →Prämissen vorhanden. Semantisch sind bestimmte Merkmale aus anderen ableitbar, so z. B. dass, wenn von einem Körper die Rede ist, dann auch von etwas Ausgedehntem die Rede ist. Pragmatisch werden von einem Sprecher in bestimmten Zusammenhängen mit gewissen Ausdrücken bestimmte Bedeutungen auf Seiten des Hörers nahegelegt, so z. B. wenn man jemanden als Marxisten oder Kommunisten bezeichnet.

T. B.

Indetermination Begriff zur Bezeichnung der Lehrmeinung, dass sich bestimmte physikalische Zustandsgrößen nicht vollständig messen und eindeutig berechnen lassen. Hatte noch der französische Mathematiker und Astronom P. S. Laplace angenommen, dass sich aus dem gegenwärtigen Zustand der →Welt die Zukunft eindeutig vorhersagen lasse, weil sich aus der bekannten Ausgangslage und Ausgangsgeschwindigkeit aller Massen mittels physikalischer Gesetze eine bestimmte Endlage ermitteln lasse, so hat sich innerhalb der Quantenmechanik gezeigt, dass eine gleichzeitige Bestimmung von Ort und Impuls oder Zeit und Energie nicht möglich ist. Messungen im Bereich der Mikrophysik sind stets mit einer prinzipiell unaufhebbaren Unschärfe behaftet. Damit ist es auch bei noch so genauen Messgeräten nicht möglich, die Anfangsbedingungen eines physikalischen →Systems so festzulegen, dass sich daraus ein bestimmter Endzustand eindeutig vorhersagen ließe.

Innerhalb der praktischen Philosophie versteht man unter Indetermination die Auffassung, dass menschliches Handeln nicht vollständig durch naturgesetzliche Vorgänge vorherbestimmt ist. Mit dem Aufkommen eines mechanistischen Weltbildes im 17. Jh. rückte zunehmend die Frage in den Mittelpunkt der moralphilosophischen Überlegungen, ob es so etwas wie →Willensfreiheit überhaupt gebe. Sowohl Identitätstheoretiker wie →Spinoza als auch Materialisten wie La Mettrie haben das bestritten. Für Letzteren ist der Mensch nichts weiter als eine Maschine. Eine originelle, wenngleich nicht unproblematische Lösung des Problems der Willensfreiheit findet sich bei →Kant. Für Kant ist der Mensch Bürger zweier Welten, einer noumenalen und einer empirischen. Trotz der Tatsache, dass in Letzterer strenge Naturgesetzlichkeit herrscht, hat der Mensch einen freien →Willen, weil er aus der noumenalen Welt heraus, der er ebenfalls angehört, in der empirischen Welt eine Reihe von →Ursachen neu beginnen kann. Die Fähigkeit des Menschen, eine Ursachenreihe neu zu beginnen, bezeichnet Kant als »Kausalität aus Freiheit«, während die im Bereich des Natürlichen herrschende →Kausalität von ihm als »Kausalität nach den Gesetzen der Natur« bezeichnet wird.

T. B.

Individualethik Den Untersuchungsgegenstand bilden hier die moralischen →Werte und →Normen des Einzelnen, während innerhalb der Sozialethik die Werte und Normen von Gemeinschaften im Mittelpunkt der Betrachtungen stehen. →Ethik und Individualethik fallen zusammen, wo, wie in der Romantik, die individuelle Vollkommenheit der Persönlichkeit zum Entwicklungsziel des Menschen erklärt werden. Geht man andererseits davon aus, dass sich moralische →Pflichten nur in Beziehung zu den Bedürfnissen und Zwecksetzungen anderer Menschen begründen lassen, so schließen sich Ethik und Individualethik geradezu aus.

T. B.

Individualismus Begriff zur Bezeichnung einer Betrachtungsweise, die ihren Ausgangspunkt beim →Individuum und seinen Überzeugungen und →Werten nimmt. In der →Ethik und →Sozialphilosophie betonen individualistische Betrachtungsweisen den Wert der Persönlichkeit vor dem der Gemeinschaft, die →Freiheit des →Individuums vor seiner Unterordnung unter gesellschaftliche Zwänge. Als methodologischer ist der Individualismus ein wissenschaftstheoretischer Grundsatz der Sozialwissenschaften, der besagt, dass sich soziale Makrophänomene nur im Rückgriff auf das Verhalten von Individuen und ihre gegenseitigen Beziehungen erklären lassen. Innerhalb der →analytischen Philosophie benutzt Burge den Terminus zur Kennzeichnung einer bedeutungstheoretischen Konzeption, welche besagt, dass die →Bedeutungen der Worte in Hinblick auf einzelne Individuen erklärt werden müssten. Gegenbegriff ist hier der Begriff des Antiindividualismus, der besagt, dass nicht die Überzeugungen einzelner Sprecher, sondern der Sprachgebrauch der Sprechergemeinschaft die Bedeutung der Worte konstituiert.

T. B.

Individuation Von mlat. *individuare*, ›zum →Individuum machen‹: Begriff zur Bezeichnung der Bestimmung eines Individuums als solchem. Die philosophische Beschäftigung mit dem allgemeinen →Wesen der Dinge und dessen Bestimmung als →*eidos*, Wesensform oder →Idee warf das Problem der Bestimmung eines Individuums als Individuums auf. Als dasjenige, was allen mit einem bestimmten Ausdruck bezeichneten Gegenständen gemeinsam ist, hatte →Platon die Teilhabe an einer allgemeinen Idee, →Aristoteles den Besitz einer →Form ausgemacht. Über diese Form wird die Zugehörigkeit der Gegenstände zu einer →Gattung, z. B. der Gattung Mensch geregelt: Alle die Gegenstände gehören der Gattung Mensch an, die eine bestimmte Wesensform, die Menschlichkeit, besitzen; sie können aus diesem Grunde auch gemeinsam mit dem Ausdruck ›Mensch‹ bezeichnet werden. Nun treten aber Menschen nicht nur als Menschen, sondern in Gestalt konkreter Personen auf. Der eine Mensch ist Sokrates, ein anderer Perikles, ein dritter ist Phaidros. Damit stellt sich die Frage, was diese drei Menschen zu Individuen macht. Nach Aristoteles ist es die →Materie, welche das Prinzip der Individuation darstellt. Eine bestimmte allgemeine Form, also z. B. die Form der Menschlichkeit, wird dadurch individuiert, dass sie mit einer bestimmten Materie in Verbindung tritt. Umgekehrt sieht es Aristoteles aber auch als möglich an, dass die Materie durch die Form individuiert wird. Individuation ist demzufolge die wechselseitige Bestimmung von Materie und Form.

Gegen die Annahme, dass die allgemeinen Prinzipien Materie und Form individuierend wirken könnten, schlägt Duns Scotus vor, eine Individualform, die so genannte *haecceitas* anzunehmen. Regelt die allgemeine Form die Zugehörigkeit eines Gegenstandes zu einer bestimmten Gattung, so ist die Individualform dafür verantwortlich, dass es sich bei dem Gegenstand um dieses bestimmte Individuum handelt, auf das dann mit einem Eigennamen Bezug genommen werden kann.

Für die Nominalisten des →Mittelalters (A) entfällt das Problem der Individuation, da sie von vornherein nur Einzeldinge als Gegenstände einer →Ontologie zulassen und die Existenz von Allgemeinbegriffen und ihnen korrespondierender allgemeiner Wesenheiten ablehnen.

Mit der Entstehung des neuzeitlich-naturwissenschaftlichen Weltbildes kommt es zu einer Ablösung des Materie-Form-Schemas als Individuationsprinzip durch die Begriffe von →Raum und →Zeit. Etwas wird dadurch zu einem Individuum, dass es sich an einer bestimmten Stelle im Raum und an einem bestimmten Punkt in der Zeit situieren lässt. Diese Art der Individuation gilt natürlich nur für physikalische Gegenstände im weitesten Sinne, also für Körper, Licht- und Schallereignisse und dergleichen.

Anknüpfend an die Bestimmung von Raum und Zeit als Individuationsprinzipien hat Strawson zu zeigen versucht, dass die Anwesenheit von raum-zeitlich geordneten Einzeldingen Voraussetzung für die sprachliche Bezugnahme auf abstrakte Gegenstände ist. Will man beispielsweise auf ein Fußballspiel als auf einen abstrakten Gegenstand Bezug nehmen, so kann man das nur auf dem Umweg über die im Fußballspiel vorkommenden raum-zeitlichen Einzeldinge, also Spieler, Schiedsrichter usw.

T. B.

Individuum Lat. ›das Ungeteilte, das Unteilbare‹: Im heutigen Sprachgebrauch bezeichnet Individuum zumeist einen bestimmten einzelnen Gegenstand. Oftmals erstreckt sich die Anwendung des →Begriffs jedoch nur auf lebendige Dinge, manchmal ist der Begriff allein der Bezeichnung von →Menschen oder Lebewesen mit →Bewusstsein vorbehalten.

Im logischen Sprachgebrauch, insbesondere in formalen Systemen, bezeichnet man jeden Gegenstand der ersten Stufe im Gegensatz zu den Gegenständen höherer Stufe wie z. B. →Klassen, Begriffe, →Relationen und →Aussagen als Individuum. Individuen sind das, was eine ein- oder mehrstellige →Funktion erfüllen kann. Nimmt man z. B. die einstellige Funktion ›x ist schön‹, so sind demgegenüber Gegenstände wie Greta Garbo oder ein Bild von van Gogh Individuen.

In der philosophischen Tradition waren die ersten Individuen die Atome der griechischen Atomisten – kleine materielle Teilchen, von denen angenommen wurde, dass sie unteilbar seien und dass sich alle makroskopischen Gegenstände aus ihnen zusammensetzen würden.

Für den modernen Sprachgebrauch wurde allerdings nicht die atomistische, sondern die aristotelische Individuenkonzeption maßgeblich. Für →Aristoteles ist der Individuenbegriff eng an die logische Form der Sätze, mit denen wir über die Dinge sprechen, geknüpft. Individuen sind die so genannten ersten →Substanzen, dasjenige, wovon etwas ausgesagt wird, das aber nicht selbst von etwas anderem ausgesagt werden kann. Solch eine erste Substanz ist z. B. →Sokrates, denn von Sokrates lässt sich etwa aussagen, dass er der Lehrer von Platon war oder dass er eine Stülpnase hatte. Man kann aber nicht ohne Schwierigkeiten den Namen Sokrates als Prädikat auf etwas anderes anwenden in der Weise, wie man von etwas sagen kann, dass es weiß, lang, klug oder langsam ist.

Für →Leibniz ist ein Individuum ein vollständig bestimmtes Einzelding. Der Begriff eines solchen Individuums lässt sich bilden, indem man alle Eigenschaften angibt, die auf einen Gegenstand zutreffen oder nicht zutreffen. Danach gelangt man zu einem Individualbegriff von Julius Cäsar als Individuum, indem man alle Eigenschaften nennt, die auf Julius Cäsar zutreffen oder nicht zutreffen, also z. B. dass er die und die Haarfarbe hatte, so und so groß war – und weiter, indem man alle Relationen angibt, in denen Cäsar gestanden oder nicht gestanden hat, also z. B. dass er den Rubikon überschritten hat, von Brutus umgebracht worden ist usw. Eine derartige Bestimmung würde letztlich dazu führen, dass man einen Begriff erhält, der ein bestimmtes Individuum eindeutig beschreibt, zu dem es also keine zwei Individuen gibt, die unter denselben Begriff fallen würden. Allerdings ist eine solche in allen Hinsichten vorgenommene Bestimmung nur für →Gott möglich. Aus diesem Grunde übt →Kant Kritik an Leibniz' Begriff des Individuums, und erklärt ihn zu einem ›transzendentalen Ideal der Vernunft‹, also zu etwas, das man erreichen möchte, jedoch aufgrund menschlicher Beschränktheit niemals zu erreichen in der Lage ist.

In der →analytischen Philosophie spielt der

Begriff des Individuums vor allem bei Strawson eine Rolle. Anknüpfend an Aristoteles ist bei ihm dasjenige, worauf sich der Subjektausdruck eines Satzes bezieht und dem mit einem Prädikatausdruck eine bestimmte Eigenschaft zugeschrieben wird, ein Individuum.

T.B.

Induktion Von gültigen deduktiven Schlüssen werden oft Schlüsse unterschieden, bei denen zwar keine logische Folgerung vorliegt, in denen die →Prämissen der →Konklusion aber eine gewisse Plausibilität oder Glaubwürdigkeit verleihen sollen. Die Beziehung zwischen Prämissen und Konklusion nennt man in diesem Fall induktiv. Derartige Schlüsse bezeichnet man vielfach als induktive Schlüsse und sie sind Gegenstand der so genannten induktiven →Logik. Bei induktiven Schlüssen übersteigt der Gehalt der Konklusion per definitionem den der Prämissen, induktive Schlüsse sind ampliativ. Die induktive Logik fragt unter anderem auch nach den Beziehungen, die zwischen einer allgemeinen Aussage und den sie bestätigenden Instanzen bestehen. Sie versucht die Beziehung zwischen Prämissen und Konklusion im induktiven Schluss unter Rückgriff auf einen Begriff der Wahrscheinlichkeit zu beschreiben. In diesen Zusammenhang fällt auch das so genannte Induktionsproblem. Da bei einem induktiven Schluss keine logische Folgerung zwischen Prämissen und Konklusion vorliegt, rechtfertigt z.B. die Tatsache, dass alle bisher beobachteten Raben schwarz waren, nicht zwingend die Konklusion, dass deshalb auch alle künftigen beobachtbaren Raben diese Eigenschaft besitzen werden. Die Frage danach, wann eine solche Konklusion (allgemein: induktive Konklusionen) als gut begründet anzusehen ist, ist das Induktionsproblem. – Zu beachten ist, dass das Beweisverfahren der mathematischen Induktion deduktiven Charakter hat. Induktion in diesem Sinne hat also nichts mit induktiver Logik zu tun.

R.Carnap, Logical Foundations of Probability, Chicago 1950

N.Goodman, Tatsache, Fiktion, Voraussage, Frankfurt/M. 1988

B.Skyrms, Einführung in die induktive Logik, Frankfurt/M. 1989

D.C.

Inhalt Umgangssprachlich dient der Begriff zur Bezeichnung desjenigen, was in bestimmten Grenzen eingeschlossen ist, was sich innerhalb einer festgefügten Form, z.B. in einem Becher, einer Flasche usw. befindet. Im übertragenen Sinne spricht man vom Inhalt eines Buches oder eines Theaterstücks und bezieht sich damit auf den Gedanken, der durch das Buch oder das Theaterstück Ausdruck findet.

Als philosophischer Terminus steht Inhalt im Gegensatz zu →Form und bezeichnet das Geformte bzw. das, was die Grundlage der Formung bildet, das Material. Zumeist wird Inhalt dabei gleichbedeutend mit →Materie verwendet. Innerhalb empiristischer Auffassungen von →Erkenntnis bildet ein aus den Sinnen stammendes Mannigfaltiges den Inhalt von Wahrnehmungsurteilen, die ihre Form aus dem →Verstand schöpfen.

In der →Logik ist Inhalt synonym mit →Intension und bezieht sich auf den →Sinn, der mit einem bestimmten sprachlichen Ausdruck verknüpft ist bzw. auf seinen begrifflichen Gehalt. Inhalt steht im Gegensatz zu →Umfang oder →Extension, Begriffen also, die sich auf die Gegenstände von Ausdrücken beziehen.

T.B.

Inhärenz Von lat. *inhaerentia*, ›das Innewohnen‹: scholastischer Begriff zur Bezeichnung des Verhältnisses einer →Substanz bzw. eines Einzeldinges zur ihren Eigenschaften (→Akzidens). Die mittelalterliche →Logik und →Sprachphilosophie unterscheidet mehrere Typen von Prädikationstheorien. Nach der Inhärenztheorie besagt ein Satz wie ›Sokrates ist weiß‹, dass der individuellen Substanz, dem Einzelding Sokrates, das Weißsein innewohnt. D.h., man deutet die Tatsache, dass ein Individuum über bestimmte Eigenschaften verfügt, welche in entsprechenden →Urteilen Ausdruck finden, so, als würden diese Eigenschaften dem →Individuum innewohnen. Ein Individuum lässt sich daher auch als Summe der ihm inhärierenden Eigenschaften auffassen. So wie beispielsweise ein Gefäß verschiedene Gegenstände enthalten kann, die sich in Form von Sätzen aufzählen lassen, verfügt ein Individuum über eine Reihe von Eigenschaften, die sich in einem nicht näher erklärbaren Sinn in ihm befinden und ihren Ausdruck in Urteilen finden. Gemäß dieser →Theorie stellt ein Individualbegriff eine vollständige Auflistung der in einem bestimmten Einzelding ›enthaltenen‹ Eigenschaften dar – derer, die ihm zukommen, und derer, die ihm nicht zukommen. Ein solcher Individualbegriff kann freilich aufgrund menschlicher Endlichkeit nur von →Gott gebildet werden.

Als begriffliche Inhärenz bezeichnet man das Enthaltensein eines Begriffes in einem anderen. Danach inhäriert der Begriff ›weiß‹ dem Begriff ›Sokrates‹. Die Inhärenz von Begriffen bildet die Entsprechung zu Inhärenz der Eigenschaften in einem Gegenstand.

T. B.

Inhärieren Von lat. *inhaerere,* ›innewohnen‹: in einem Verhältnis der →Inhärenz zu etwas stehen. Eine Eigenschaft inhäriert einem →Individuum, wenn sie von diesem ausgesagt werden kann. Ein →Begriff steht zu einem anderen in einem Verhältnis der Inhärenz, wenn er von diesem expliziert werden kann.

T. B.

Institution Von lat. *instituere,* ›einrichten‹: Anders als der umgangssprachliche Begriff der Institution, der unter Institution eine Einrichtung, z. B. ein Ministerium oder eine Behörde, versteht, steht der philosophische Institutionenbegriff für ein überindividuelles Verhaltensmuster, das sich nicht nur auf das Verhalten einzelner →Personen beschränkt, sondern auf allgemeine, ganze →Gesellschaften strukturierende Formen abzielt, innerhalb derer sich die Interaktionen ihrer Mitglieder bewegen. In der Auseinandersetzung mit dem Institutionenbegriff lassen sich zwei Auffassungen unterscheiden: Die erste behandelt Institutionen weitgehend in Analogie zu den →Gesetzen der →Natur. Danach bilden Institutionen den allgemeinen Rahmen, in den die →Individuen eintreten, wenn sie zueinander in Beziehung treten. Luhmann als einer der prominentesten Vertreter dieser Auffassung spricht in diesem Zusammenhang von der Emergenz des Sozialen gegenüber dem Psychischen und meint damit die weitgehende Unabhängigkeit der die sozialen Beziehungen regelnden Institutionen gegenüber den in diese Beziehungen eintretenden Individuen. Eine eher sinnorientierte Auffassung deutet Institutionen als Orientierungsrahmen, nach dem einzelne Personen ihr Handeln ausrichten und verstehen. Nach dieser Vorstellung bilden Institutionen ein System von Ideen und Leitvorstellungen. Nach der Einstellung gegenüber den Institutionen lässt sich eine institutionenkritische und eine affirmativ-konservative Einstellung unterscheiden. Letztere, vor allem verbunden mit dem Namen Gehlen, sieht Institutionen als Ermöglichungsgrund sozialen Verhaltens und damit als Bedingung menschlicher Existenz an. Erstere betrachtet Institutionen als erstarrte Gebilde, die einzelnen Individuen ein bestimmtes unzeitgemäßes Verhalten aufzwingen.

T. B.

Intellectus agens Lat. ›der aktive Verstand‹: auf →Aristoteles zurückgehende Bezeichnung des aktiven Teiles der →Seele. Nach Aristoteles ist alles, was in der →Natur vorkommt, eine Zusammensetzung aus →Materie und →Form. Da auch der menschliche →Geist ein natürliches Vorkommnis darstellt, muss auch er aus Materie und Form bestehen. Weil dem Unterschied von Materie und Form zugleich aber auch ein Unterschied von Passivität und Aktivität, von →Möglichkeit und →Wirklichkeit entspricht, steht dem passiven Seelenteil ein aktiver gegenüber. Über dessen →Funktion wird bei Aristoteles nichts weiter gesagt, als dass er eine Art Kraft oder Helligkeit ist und dass er den Tod des Individuums überdauert.

Ihre systematische Ausgestaltung erfährt die Lehre des aktiven Intellekts in der mittelalterlichen →Scholastik, insbesondere in der →Erkenntnistheorie des →Thomas von Aquin. Nach Thomas von Aquin stellt →Erkenntnis eine Art Abbildbeziehung dar. Mittels des sinnlichen Wahrnehmungsvermögens wird ein Gegenstand durch ein Bild in der →Vorstellung repräsentiert. Das Vorstellungsbild repräsentiert die sinnlichen Komponenten des Gegenstandes. Dem *intellectus agens* fällt die Aufgabe zu, aus diesem Vorstellungsbild die allgemeinen Wesensmerkmale zu abstrahieren. Zugleich ist er das Licht, das die Vorstellungsbilder erhellt.

Die Unterscheidung eines aktiven und eines sich demgegenüber passiv verhaltenden Seelenteils mündet in der neuzeitlichen Philosophie in die Unterscheidung von →Verstand und →Sinnlichkeit. Die Sinnlichkeit gilt als passiv. In ihr werden Eindrücke aus der →Welt empfangen. Der Verstand bzw. das Vermögen, abstrakte →Ideen zu bilden, verhält sich demgegenüber aktiv, indem er entweder allgemeine Wesenszüge aus den sinnlich gegebenen Vorstellungen abstrahiert (britischer →Empirismus) oder dem sinnlichen Mannigfaltigen eine bestimmte Form aufprägt (→Kant).

T. B.

Intellektuelle Anschauung Der Begriff hat seine Wurzel bei →Augustinus, wo die Schöpfung der Dinge durch →Gott als ein Sehen beschrieben wird. Wir sehen die Dinge, weil sie sind. Sie sind aber, weil Gott sie sieht. Dementsprechend bezeichnet →Kant als intellektuelle Anschauung eine solche Anschauung, die im Akt des Anschauens zugleich ihren Gegenstand hervorbringt. Kant spricht dem Menschen die Fähigkeit zu einer intellektuellen Anschauung ab. Menschliche Anschauung ist sinnlich, d. h. durch einen äußeren und unabhängig vom Menschen existierenden Gegenstand hervorgerufen.

Intellektuelle Anschauung wird zur zentralen →Kategorie bei →Fichte und →Schelling, die gegenüber Kant behaupten, dass der Mensch ein Vermögen zur intellektuellen Anschauung besitzt. Zunächst bezeichnet der Ausdruck nichts weiter als den Akt, in dem das →Ich auf sich selbst reflektiert. Dieser Akt wird als Anschauen bezeichnet, weil dabei noch keine Begriffe eine Rolle spielen. (Wo Begriffe im Spiel sind, handelt es sich um →Denken, nicht um Anschauen.) Zugleich aber werden mit dem Begriff der intellektuellen Anschauung weitreichende Folgerungen verknüpft. Fichte und Schelling gehen nämlich nicht bloß davon aus, dass im Akt der Anschauung ein Gegenstand - das Ich - auf sich aufmerksam wird. Sie interpretieren diesen Akt vielmehr als ein Sich-selbst-Erzeugen des Ich im Akt des Anschauens. Das Ich ›konstruiert‹ sich selbst im Akt einer intellektuellen Anschauung. Auf diese Selbstkonstruktion gründen Fichte und Schelling die weitere Konstitution der begrifflichen Wirklichkeit in ihren transzendental-idealistischen Systemen.

T. B.

Intelligibel Lat. ›begreiflich‹: Als philosophischer Terminus hat der Begriff des Intelligiblen seine maßgebliche Bedeutung durch →Kant erfahren. Nach Kant, der sich damit in eine bis auf →Platon und →Parmenides zurückreichende Tradition stellt, ist das menschliche Erkenntnisvermögen zweigeteilt. Auf der einen Seite steht die →Sinnlichkeit, auf der anderen der →Verstand. →Erkenntnis kommt dadurch zustande, dass beide Seiten zusammenwirken, wobei die Sinnlichkeit das Material, der Verstand die begriffliche →Form liefert. Innerhalb dieser dualistischen Konzeption von Erkenntnis heißen Gegenstände dann intelligibel, wenn sie nur durch den Verstand, ohne dass die Sinnlichkeit mit im Spiel wäre, erkannt werden. Eine Erkenntnis derartiger Gegenstände ist zumindest dem →Menschen unmöglich.

Dennoch greift Kant auf die Annahme intelligibler Gegenstände zurück, zum einen, um den Gegenstandsbezug von Erkenntnis zu sichern, zum anderen, um das Problem der →Willensfreiheit zu lösen. Nach Kant hat der Inhalt der Sinnlichkeit seine →Ursache in einem →Ding an sich. Dieses Ding an sich, das der →Erscheinung - dem, was wir wahrnehmen - als Ursache zugrunde liegt, nicht aber selbst wahrgenommen werden kann, wird von Kant als intelligibel bezeichnet. Das Problem der Willensfreiheit in einer von kausalen →Gesetzen regierten →Welt wird von Kant dadurch gelöst, dass er den Menschen zu einem intelligiblen Wesen erklärt. Als solches kann er dann, gewissermaßen von außen, in die →empirische Welt, die jedoch nur Erscheinung ist, hinein handeln und in ihr eine Ursachenreihe beginnen.

T. B.

Intension Von lat. *intendere*, ›sich auf etwas wenden‹: Inhalt eines Ausdrucks im Gegensatz zu dem mit dem Ausdruck bezeichneten Gegenstand. Nach →Carnap, der sich dabei auf die fregesche Unterscheidung von →Sinn und →Bedeutung bezieht, besitzt jeder Ausdruck eine Intension und eine →Extension. Die Intension eines Ausdrucks gibt dessen Sinn an, die Extension dasjenige, worauf sich der Ausdruck bezieht. Die Intension eines Namens besteht in einem Individualbegriff, seine Extension in dem Gegenstand, der durch den betreffenden Namen bezeichnet wird. Als Intension eines einstelligen →Prädikats nennt Carnap die durch den Prädikatausdruck bezeichnete Eigenschaft (z.B. die Eigenschaft ›rot‹); als Extension nennt er die →Klasse der Gegenstände, die unter das betreffende Prädikat fallen, die Gegenstände also, welche die betreffende Eigenschaft besitzen. Die Intension eines Satzes ist die durch den Satz ausgedrückte →Proposition, seine Extension ein Wahrheitswert (wahr oder falsch).

T.B.

Intention Von lat. *intentio*, ›Absicht‹: bezeichnet zum einen das bewusste Ziel, die Absicht einer →Handlung, zum anderen das Gerichtetsein des Bewusstseins auf seine Gegenstände. In der zweiten Bedeutung spielt der Begriff vor allem bei Brentano und →Husserl eine Rolle und soll dort u.a. zur Erklärung der Tatsache dienen, dass man sich gedanklich auf etwas beziehen kann, das überhaupt nicht zu existieren braucht. So kann man z.B. über Einhörner nachdenken, ohne dass es deshalb auch Einhörner geben müsste. Brentano bezeichnet dieses Phänomen, in Anlehnung an scholastische Autoren, als intentionale Inexistenz des Gegenstandes. Die spezifische Gerichtetheit des Bewusstseins auf seine Gegenstände wird auch als Intentionalität bezeichnet.

Klassische bewusstseinsphilosophische Modelle deuten die Tatsache, dass man etwas beabsichtigt, so als würde man einen inneren, geistigen Gegenstand erfassen, der dann die Ursache des darauf folgenden Handelns darstellt. An einer derartigen Konzeption haben vor allem →Wittgenstein und Ryle Kritik geübt. Beide setzen der bewusstseinsphilosophischen Analyse intentionaler Zustände eine dispositionale →Erklärung des Verhaltens entgegen. Vermeintlich im Inneren des →Subjekts gelegene intentionale Zustände sind nichts anderes als Dispositionen, sich unter bestimmten Umständen auf bestimmte Weise zu verhalten. Äußere Handlungen von Personen sind damit keine Wirkungen innerer Ursachen, zwischen der Absicht einer Handlung und der Handlung selbst besteht keine Differenz, genauso wenig wie zwischen der Löslichkeit von Kochsalz in Wasser und seinem Auflösen eine Differenz besteht, die auf eine im Innern des Kochsalzes verborgene Qualität zurückgeht.

T.B.

Intentionalität Von lat. *indendere*, ›sich auf etwas wenden‹: Begriff zur Bezeichnung der Gerichtetheit im Allgemeinen, der Gerichtetheit des →Bewusstseins auf einen Gegenstand im Besonderen. In die aktuelle Debatte wurde der Begriff von Brentano eingeführt, der Intentionalität als Kriterium benutzt, um zwischen Psychischem und Physischem zu unterscheiden und der mit dieser Unterscheidung die Psychologie gegenüber den naturalistischen Tendenzen seiner Zeit verteidigen will. Laut Brentano ist dem Psychischen eine Gerichtetheit zu eigen, die dem Physischen vollkommen fehlt. Gedanken, Wünsche, Ängste verweisen auf etwas anderes: Der Gedanke ist Gedanke von etwas; der Wunsch ist Wunsch nach etwas, die Angst ist Angst vor etwas. Wichtig dabei ist, dass der Gegenstand, auf den sich der entsprechende psychische Akt richtet, nicht selbst zu existieren braucht. Man kann sich Gedanken über Einhörner machen, ohne dass es Einhörner gibt und man kann sich etwas wünschen, das nicht erfüllbar ist.

Intentionalität wird zur zentralen →Kategorie in der →Phänomenologie →Husserls. Allgemein bezeichnet Intentionalität bei Husserl die Gerichtetheit des Bewusstseins auf einen Gegenstand. Er erklärt sie dadurch, dass er annimmt, Empfindungsdaten, die im Bewusstsein vorkommen, erführen eine vergegenständlichende Auffassung. →Empfindungen, die zunächst nur in zeitlicher Folge und in räumlichem Nebeneinander auftreten, erhalten in einem besonderen Akt, den Husserl als →Apperzeption bezeichnet, eine Formung und werden so zu Gegenständen. Unterschieden von dieser Form der Intentionalität ist die Gerichtetheit des Bewusstseins auf Vergangenes, Gegenwärtiges und Kommendes. Intentionalität liegt Husserl zufolge weiterhin auch dann vor, wenn etwas gedacht wird, ohne dass zugleich ein dem Gedanken entsprechender Sachverhalt anschaulich wahrgenommen würde. Hierbei handelt es sich nach Husserl um eine Leerintention. Findet diese Leerintention durch die entsprechende Anschauung Erfüllung, so ist der Satz, der den Gedanken ausdrückt, wahr. Von Intentionalität spricht Husserl schließlich auch in Bezug auf die nicht wahrgenommenen gegenständlichen Aspekte, also z. B. die Rückseite eines Gegenstandes. Diese sind ihm zufolge in jeder Gegenstandswahrnehmung implizit enthalten. Sie werden intendiert.

Innerhalb der in der aktuellen Philosophie des →Geistes geführten Debatte um die Existenz des Mentalen wurde die von Brentano getroffene Unterscheidung von Psychischem und Physischem anhand des Kriteriums der Intentionalität aufgenommen und gegen Naturalisierungstendenzen, die Psychisches auf Physisches zurückführen wollen, eingesetzt. War es in den fünfziger Jahren vor allem Chisholm, der die Intentionalität des Psychischen bzw. Mentalen gegen behavioristische Reduktionsversuche ins Feld führte, so ist es heute Searle, der sich auf die Intentionalität des Mentalen beruft, um seine Irreduzibilität zu erweisen. Searles Gegner ist dabei ein Computermodell des Geistes, welches geistige Vorgänge in →Analogie zur Software des Computers zu erklären versucht. Nach Searle kann der menschliche Geist kein Computer sein, weil ein Computer mit Symbolen arbeitet, deren Bedeutung er selbst nicht kennt, während der Geist bzw. das Bewusstsein weiß, was die im →Denken vorkommenden (sprachlichen) →Zeichen bedeuten.

Im Gegensatz zu Erklärungsansätzen, die Intentionalität als Merkmal des menschlichen Bewusstseins ansehen, entwickelt Dennett eine Konzeption, die Intentionalität als Erklärungsstrategie begreift. Dennett unterscheidet drei Typen von Einstellungen, die gegenüber einem zu erklärenden Phänomen eingenommen werden können: eine physikalische, eine funktionale und eine intentionale. Eine physikalische Einstellung liegt überall dort vor, wo das Verhalten eines Gegenstandes auf der Grundlage seiner physikalischen Bestandteile sowie von physikalischen Gesetzen erklärt wird. In funktionaler Einstellung wird das Verhalten eines Gegenstandes auf der Grundlage der Funktionsweise seiner Bestandteile erklärt. Besonderes Merkmal der intentionalen Erklärungsstrategie ist die Tatsache, dass dem Gegenstand, dessen Verhalten erklärt werden soll, Annahmen, Wünsche und Absichten sowie Zweckrationalität in Hinblick auf die Verwirklichung der Absichten zugeschrieben wird. Die intentionale Einstellung kommt vor allem dort zum Einsatz, wo die anderen beiden Erklärungsstrategien aufgrund der Komplexität des zu erklärenden Phänomens versagen. So lässt sich z. B. das Verhalten einer Maus gegenüber einer Katze dadurch erklären, dass man eine genaue Beschreibung der Ausgangslage aller Mikroteilchen von Maus, Katze und Umwelt anfertigt und unter Rückgriff auf bestimmte physikalische Gesetze das Verhalten der Maus vorhersagt (= physikalische Einstellung). Man kann aber auch die physikalische Konstitution der Maus vernachlässigen und die Verhaltensvorhersage auf das Wissen um die Funktion der verschiedenen Organe und ihren Zweck, den sie erfüllen sollen, stützen (= funktionale Einstellung). Schließlich kann man das Verhalten der Maus dadurch erklären, dass man ihr bestimmte Annahmen (Katzen fressen Mäuse) und Wünsche (den Wunsch zu überleben), sowie Rationalität in Hinblick auf Annahmen und Wünsche unterstellt (durch eine rasche Flucht kann man dem Gefressenwerden durch die Katze entgehen und sein Leben retten). Erklärt man das Verhalten der Maus auf die zuletzt genannte Weise, so nimmt man eine intentionale Einstellung ein.

T. B.

Interesse Von lat. *interest*, ›ist von Wichtigkeit‹: Terminus zur Bezeichnung eines Bedürfnisses oder Zieles, sofern es das Handeln und Wollen grundlegend und lang anhaltend bestimmt. In der moralphilosophischen Debatte des 18. und 19. Jhs. stand vor allem die Frage nach dem Verhältnis von partikularen und allgemeinen, von Einzel- und staatlichen Interessen im Mittelpunkt der Diskussion. Nach Meinung einiger Autoren bilden Einzelinteressen und staatliche →Interessen einen Gegensatz (→Hobbes, →Marx), oder die Einzelinteressen gehen nicht in den staatlichen Interessen auf (Rousseau), nach Meinung anderer Autoren konstituieren die Einzelinteressen der →Individuen die allgemeinen oder staatlichen Interessen (→Kant, →Hegel).

An der klassischen Auffassung von →Theorie als interesseloser reiner Schau hat →Habermas Kritik geübt. Habermas hebt hervor, dass die

Aufstellung von Theorien von verschiedenen Zwecken und Absichten geleitet wird.

T. B.

Intersubjektivität Von lat. *inter,* ›zwischen‹ und →Subjekt: dient allgemein zur Bezeichnung desjenigen, was nicht nur einem einzigen Subjekt zugänglich ist, wie das z. B. von Empfindungen behauptet wird, sondern mehreren Subjekten. In der →Wissenschaftstheorie dient Intersubjektivität als Maßstab für →Objektivität. Gegenstände oder Vorgänge werden dann als objektiv angesehen, wenn sie nicht nur von einem einzigen Forscher zu einem Zeitpunkt beobachtbar sind, sondern von mehreren anderen Forschern und zu anderen Zeitpunkten ebenfalls beobachtet werden können.

Innerhalb der analytischen →Sprachphilosophie dient Intersubjektivität zur Bezeichnung der Tatsache, dass die →Bedeutungen von Worten keine privaten Gegenstände in den Köpfen der Sprecher sind, sondern allen Sprechern einer →Sprache zugängliche Dinge. Die Intersubjektivität von Sprache wird vor allem von →Wittgenstein betont, der die Bedeutung eines sprachlichen Ausdrucks als dessen Gebrauch in einer Sprache bestimmt. Nach Wittgenstein verfügt jeder, der eine Sprache beherrscht, auch über die Bedeutungen der in der Sprache vorkommenden Ausdrücke. In jüngster Zeit hat vor allem Burge auf die Intersubjektivität von Bedeutungen hingewiesen. Was ein sprachlicher Ausdruck bedeutet, hängt Burge zufolge nicht von den →Vorstellungen ab, die ein einzelner Sprecher mit dem Ausdruck verbindet, sondern davon, welchen Sinn die Sprechergemeinschaft dem Ausdruck gibt.

T. B.

Introspektion Von lat. *introspicere,* ›hineinblicken‹: Begriff zur Bezeichnung der Selbstbeobachtung. Gleichzeitig mit der Entstehung der Optik kommt am Beginn der →Neuzeit (A) ein →Modell des menschlichen →Geistes auf, das Wahrnehmungsvorgänge in →Analogie zur Funktionsweise optischer Apparate zu erklären versucht: Wie bei einer *camera obscura* finden sich im Innern des Geistes Bilder der wahrgenommenen äußeren Gegenstände. Normalerweise geht der Blick des Geistes durch diese Bilder hindurch auf die äußeren Gegenstände. Der Geist kann jedoch auch seinen Blick nach innen, auf die im Geist liegenden Bilder richten. Der Akt dieser Blickwendung wird als Introspektion bezeichnet. Die Mehrzahl der Philosophen, die sich der Metapher bedienen, geht davon aus, dass in Bezug auf die nach innen gerichteten Beobachtungen kein Irrtum möglich ist. Die →Erklärung für diese Annahme liefert wiederum das zugrunde liegende optische Modell: Während die →Wahrnehmung äußerer Gegenstände durch das Medium der Wahrnehmung entstellt werden kann, muss die Wahrnehmung innerer Gegenstände, weil sie nicht durch ein Medium vermittelt wird, sondern unmittelbar sein soll, auch frei von Irrtum sein.

Introspektion, von →Descartes und →Husserl zur Grundlage der Philosophie gemacht, wurde von der sich entwickelnden psychologischen Forschung als unwissenschaftlich abgelehnt, weil die auf dem Wege der Introspektion gewonnen Erkenntnisse nicht intersubjektiv ausweisbar sind. An die Stelle der Introspektion ist die Beobachtung des intersubjektiv zugänglichen Verhaltens von Personen als →Methode zur Erforschung des Psychischen getreten.

T. B.

Intuition Lat. ›Anschauung‹: bezeichnet innerhalb fundierungstheoretischer Konzeptionen von →Erkenntnis den Akt der Erfassung des unmittelbar Gegebenen. Fundierungstheoretische Konzeptionen von Erkenntnis gehen davon aus, dass unter den Inhalten der Erkenntnis ein Abhängigkeitsverhältnis besteht, das in unabgeleitete Inhalten mündet. Man kann zwei Arten von Abhängigkeitsverhältnissen unterscheiden: Zum einen kann man davon ausgehen, dass der Gehalt von Sätzen oder →Begriffen vom Gehalt anderer Sätze oder Begriffe abhängt. Innerhalb eines derartigen Abhängigkeitsverhältnisses, so wird angenommen, gibt es dann Sätze oder Begriffe, deren Gehalt sich nicht wiederum auf andere Sätze oder Begriffe bezieht, sondern die ihren Gehalt aus einer Anschauung oder Intuition beziehen. Ein derartiges Abhängigkeitsverhältnis nimmt z. B. →Kant an, wenn er behauptet, dass Begriffe ohne Anschauungen leer seien.

Ein Abhängigkeitsverhältnis kann zum anderen auch in Hinblick auf die →Wahrheit von →Urteilen bestehen. Die Wahrheit bestimmter Urteile gründet sich auf die Wahrheit anderer Urteile sowie auf die Gültigkeit der logischen Schlussformen. Auch hier, so wird von Fundierungstheoretikern unterstellt, muss es Wahrheiten geben, die sich nicht selbst wiederum anderen Wahrheiten verdanken, sondern deren Wahrheit unmittelbar, d.h. intuitiv eingesehen werden kann. Beispiel einer solchen Fundierungstheorie ist die Erkenntnistheorie →Descartes', der die einfachen Begriffe, aus denen sich alle Erkenntnisse zusammensetzen, sowie die logischen Verknüpfungsbeziehungen zu Gegenständen intuitiver Einsicht erklärt.

Voraussetzung des intuitiven Erfassens eines Gegenstandes ist die Tatsache, dass er a) als Einzelner und b) als Ganzer gegeben ist. In dieser Hinsicht steht der Begriff des Intuitiven dem Begriff des Diskursiven gegenüber, der die Tatsache bezeichnet, dass Inhalte nacheinander durchlaufen werden. Im Gegensatz zur intuitiven Erkenntnis, wo ein einzelner Sachverhalt als Ganzer und auf einmal eingesehen werden kann, wird durch →diskursive Erkenntnis ein Ergebnis durch eine logische Folgerung erreicht, bei der im Idealfall jeder Einzelschritt intuitiv einsehbar sein sollte.

T.B.

Intuitionismus Von dem niederländischen Mathematiker L.E.J. Brouwer (1881–1966) im Rückgriff auf →Kants Theorie von der apriorischen Natur mathematischer Sätze begründete Bewegung, die die Aktivität des Mathematikers als geistige Konstruktion und nicht als Entdeckung einer geistesunabhängigen mathematischen Realität interpretierte. Hervorstechendstes Merkmal des Intuitionismus ist die Ablehnung des unbeschränkten Gebrauchs des Satzes vom ausgeschlossenen Dritten im mathematischen Beweis. Dieser wird u.a. in so genannten *reductio*-Beweisen eingesetzt, in denen, um A zu zeigen, bewiesen wird, wie aus der Annahme von A ein Widerspruch der Form $B \wedge \neg B$ folgt. Allerdings kann der Intuitionist aufgrund seiner Annahme, dass es keine geistesunabhängige mathematische Realität gibt, nicht davon ausgehen, dass für jeden beliebigen mathematischen Satz entweder der Satz selbst oder seine Negation gilt. Wird er nämlich (in welchen Sinne auch immer) als bloß geistige Konstruktion aufgefasst, so kann es sein, dass weder A noch $\neg A$ bisher konstruiert worden sind. Insofern kann die unbeschränkte Gültigkeit von $A \vee \neg A$ nicht ajgenommen werden. Eine Formalisierung einer so beschränkten intuitionistischen →Logik wurde zuerst 1930 von Heyting ausgearbeitet. Ihr Verhältnis zur klassischen Logik lässt sich am besten dadurch zeigen, dass man ein System natürlichen Schließens formuliert und dann zeigt, wie manche Schlussregeln für die Negation in der intuitionistischen Logik nicht gelten können.

Eine Renaissance erlebte die intuitionistische Logik durch neuere Entwicklungen in der Mathematik, insbesondere in der Kategorientheorie. In einen weiteren philosophischen Rahmen wurde der Intuitionismus in den siebziger Jahren durch die Arbeiten von Dummett gestellt. Er interpretiert den Konflikt zwischen klassischer und intuitionistischer Logik als einen grundlegenderen Konflikt zwischen realistischer und antirealistischer →Semantik der natürlichen Sprache. Geht die realistische Semantik davon aus, dass die →Bedeutung jedes Ausdrucks eindeutig durch eine Menge von unabhängig von uns vorhandenen Wahrheitsbedingungen gegeben werden kann, nimmt ihr antirealistischer Widerpart an, dass die Bedeutung nur in Bezug auf eine Menge von Regeln, die dem Sprecher zur Verifizierung bzw. Falsifizierung von →Aussagen zur Verfügung stehen, bestimmt werden kann, sodass nicht davon ausgegangen werden könne, dass für jede Aussage entweder die Aussage selbst oder ihre Negation wahr sei.

J.W.

Irrationalismus Von lat. *irrationalis*, ›unvernünftig‹: Begriff zur Bezeichnung des Unvernünftigen und Vernunftlosen, desjenigen, was nicht mit dem →Verstand erfassbar ist. Der Begriff wird heute sowohl im bildungsbürgerlichen wie auch im philosophischen Sprachgebrauch in einem abwertenden Sinne zur Bezeichnung des Widervernünftigen, dessen, was nicht den allgemeinen Standards der →Rationalität genügt, verwendet. So gelten z.B. im Kontext naturwissenschaftlicher Forschung Behauptungen als irrational, wenn sie sich auf Beobachtungen und →Erfahrungen stützen, die sich der intersubjektiven Überprüfbarkeit und Reproduzierbarkeit entziehen.

In seiner ursprünglichen Verwendung hatte der Begriff keinen negativen Anklang, sondern stand einfach für den Gegensatz zum Rationalen, für das, was sich der Rationalität entzieht. Als →Prinzipien oder Dinge, die als irrational gelten, kommen in Frage: das der →Erfahrung als deren →Ursache zugrunde liegende, dem Verstand unzugängliche →Ding an sich (→Kant); der Weltwille (→Schopenhauer) bzw. die Lebensschwungkraft (→Bergson), insofern sie nicht rational erfasst werden können; das, was der Erfassung durch die →Kategorien des Verstandes voraus liegt oder deren Basis bildet, ohne darin aufzugehen (→Fichte, →Schelling).

T. B.

Irreduzibel Von lat. *reducere*, ›zurückführen‹: Nicht zurückführbar, nicht ableitbar. Der Begriff wird in der Philosophie oft verwendet, um auszudrücken, dass sich geistige Prozesse nicht aus den ihnen zugrunde liegenden physikalischen bzw. neuronalen Vorgänge ableiten lassen.

T. B.

Irrelevant Unerheblich, bedeutungslos.

T. B.

Isomorphie Von griech. *isos*, ›gleich‹ und *morphe*, ›Gestalt‹: Begriff zur Bezeichnung einer Strukturgleichheit. Eine solche liegt z. B. zwischen den Beziehungen der Ortschaften in der Welt und den Beziehungen der ihnen entsprechenden Punkte auf einer Landkarte vor. Eine Isomorphiebeziehung in Hinblick auf das Verhältnis von Sprache und Welt nimmt →Wittgenstein in seinem *Tractatus logico-philosophicus* an. Wittgenstein behauptet dort, dass den Anordnungen der Gegenstände in der Welt eine Anordnung der Worte im Satz entspreche.

T. B.

Ist-Sätze →Deskriptive Sätze

Iteration Von lat. *iteratio*, ›Wiederholung‹: wiederholte Ausführung einer Handlung; mehrfaches Ablaufen eines Prozesses hintereinander. In der →Logik wird insbesondere die wiederholte Anwendung eines Operators auf einen Ausdruck als Iteration bezeichnet (dabei versteht man unter Operator einen sprachlichen Ausdruck, der eine mathematische oder logische Operation bezeichnet): Ist A ein beliebiger Operator und n eine natürliche Zahl, dann ist der Operator A_n, der durch $A_n(x):= A(A_n-1(x))$ definiert wird, die n-te Iterierte von A. Ein Beispiel ist die 5-te Iterierte der Nachfolgeroperation über den natürlichen Zahlen: N(N(N(N(N(x))))), wobei x eine natürliche Zahl ist. Dieser Operator entspricht der Addition mit 5.

Der Begriff steht im weitesten Sinne für jede Art von Wiederholung. Speziell in Mathematik und Physik gibt es so genannte iterative Verfahren zur Lösung z. B. von Gleichungen.

Will man z. B. eine Lösung der Gleichung f(x) = 0 suchen, so bringt man diese Gleichung zuerst auf die Form x = g(x). Dann berechnet man – ausgehend von einem beliebigen ersten Schätzwert x_1 – die Folge von Werten:

$$x_2 = g(x_1),$$
$$x_3 = g(x_2), \ldots$$
$$x_n = g(x_{n-1}), \ldots$$

Unter bestimmten Bedingungen strebt (konvergiert) die Folge der x_n-Werte dann gegen einen Grenzwert x_L, der die Lösung der Ausgangsgleichung darstellt.

Praktische Bedeutung erhalten solche und ähnliche Verfahren (besonders bekannt sind das newtonsche Verfahren, die *regula falsi*,...) heutzutage durch den Einsatz von Computern, die die oben beschriebene oftmalige Wiederholung eines im Prinzip immer gleichen Rechenschritts in Sekundenbruchteilen erledigen.

Generell iterativ nennt man auch Prozesse, bei denen das Ergebnis des Prozesses (Output) wieder als Eingabewert (Input) des gleichen Prozesses dient (→Rückkopplung).

H. W.

Iterieren →Iteration

Junktor Junktoren sind Symbole für Verknüpfungen von Aussagen im Kalkül. So z. B. ⊃ für eine →Implikation (›wenn, ... dann‹), ¬ für eine non-Funktion (›nicht‹), ∧ für eine et-Funktion (›und‹) und ∨ für eine vel-Funktion (›oder‹).

W. R.

Kairos Meint zunächst den günstigen Augenblick, in antiker Auffassung die dem Menschen schicksalhaft entgegentretende Gelegenheit, die es zu nützen gilt. Im Gegensatz zur kontinuierlich dahinfließenden →Zeit (*chronos*) stellt der Kairos einen herausgehobenen Zeitpunkt dar, bei dem es sich entscheidet, ob eine Sache sich zum Guten oder zum Schlechten wendet. Um aber den Kairos als solchen zu erkennen, bedarf es der Klugheit (*phronesis, prudentia*). Nur der Kluge versteht sich darauf, die Gelegenheit im mit Notwendigkeit strömenden Fluss des immer Gleichen hervorragend auszumachen und beim Schopfe zu packen. Die Gelegenheit (*occasio*) ist nur sehr schwer zu nutzen, weshalb ihre allegorische Darstellung immer eine Frau mit nach vorn wegwehenden Haaren zeigt. Die Auffassung vom Kairos widersetzt sich der modernen Konzeption von der Zeit als Kontinuum von einander folgenden Jetzt-Punkten, die ihrer Qualität nach nicht zu unterscheiden sind. Von daher hat der Kairos den Charakter des Göttlichen, Übermenschlichen und daher Unberechenbaren. Diese Bestimmungen hat sowohl das christliche Denken als auch die →Existenzphilosophie aufgenommen. Für das christlich-kairologische Denken ist das Buch *Kohelet* (Prediger) des Alten Testaments ausschlaggebend. Der zentrale Gedanke des Buchs ist, dass alles seine bestimmte Stunde, jedes Ding seine Zeit habe. Die klassisch-israelitische, gleichsam orthodoxe Zeiterfahrung macht sich fest am Begriff Kairos. Das meint die erfüllte Zeit im qualitativen Sinne, erfüllt, bedeutsam und zeichenhaft gesehen durch das Eingreifen und die Nähe →Gottes im Weltgeschehen. Das je und je qualitativ Einmalige göttlichen Handelns im geschichtlichen Kairos muss allerdings kultisch ständig wiederholt und vergegenwärtigt werden. Aus dem besonderen und einmaligen Kairos wird dann schon so etwas wie Chronos im Sinne von immer wiederkehrender, ja schon beginnend eintönig-einförmiger Zeit in der ständigen Wiederkehr kultischer Feste und Riten. In der Existenzphilosophie meint Kairos dann soviel wie den Moment einer bedeutsamen Entscheidung, die Bewusstwerdung einer das →Schicksal bestimmenden Gelegenheit.

A. P.

Kalokagathie Von griech. *kalos*, ›schön‹ und *agathos*, ›gut‹: Zunächst gehören beide Begriffe im Rahmen der Bestimmung dessen, was →Tugend sei, eng zusammen. Das →Gute, das sittlich lobenswerte Handeln, ist zugleich immer auch schön, weil es sich öffentlich sehen lassen kann. Das Unschöne verbirgt sich hingegen, ist ›hässlich wie die Nacht‹, in der es nicht gesehen werden kann. Ineins meint die Kalokagathie damit die bürgerliche und sittliche →Vollkommenheit. Der Kalokagathos (der zur Kalokagathie erzogene Bürger) ist aufgefordert, sich der Gemeinschaft zur Verfügung zu stellen, das heißt →Verantwortung in seinem Gemeinwesen zu übernehmen. Im weiteren Sinne meint Kalokagathie den Inbegriff der guten körperlichen und geistigen Bildung, der umfassenden Entfaltung der im Menschen angelegten Fähigkeiten.

A. P.

Kardinaltugenden Von lat. *cardo*, ›Türangel‹; *virtutes cardinales*: Die Kardinaltugenden bilden in der klassischen →Ethik die Grundpfeiler des sittlichen Handelns, um die alle anderen →Tugenden herum schwingen. Aus ihnen werden daher alle anderen Formen des sittlichen Handelns abgeleitet. →Platons Konzeption der Kardinaltugenden beruht auf →Gerechtigkeit (*dikaiosyne*), →Weisheit (*sophia*), Besonnenheit (*sophrosyne*) und Tapferkeit (*andreia*). Die Weisheit ist dasjenige Wissen, das auf das Gelingen der Stadt (*polis*) im Ganzen gerichtet ist, wie sie mit sich und mit anderen Städten am besten umgehen soll. Die Weisheit ist das ausgezeichnete →Wissen, welches nur den wenigsten Menschen zukommt, die dann wegen dieses Wissens der ganzen Stadt vorstehen und befehlen. So entsteht für das Gemeinwesen der Zustand der Wohlberatenheit (*euboylia*). Die Tapferkeit ist eine Kraft, die bewirkt, dass die richtigen und gesetzlichen Meinungen über das, was furchtbar ist und was nicht, aufrecht erhalten bleiben. Sie hat sich mit dem Schmerz, der Lust, der Begierde und dem Schrecken auseinander zu setzen, die zu falschen Meinungen führen können. Die

Besonnenheit beruht auf dem richtigen Verhältnis der Beherrschten und der Herrscher. Auf der einen Seite gibt es die Vielen und Schlechten, die von ihren Begierden gelenkt werden, auf der anderen Seite die wenigen und Anständigen, die sich von der Klugheit (*phronesis*) lenken lassen. Befindet sich das Gemeinwesen in einem harmonischen Verhältnis, dergestalt dass sich alle darüber einig sind, wer herrschen soll, sind alle gleichermaßen besonnen, da jeder seine Zustimmung zur rechten →Ordnung gibt. Somit ist die Besonnenheit umfassender als Weisheit und Tapferkeit, weil sie nicht auf bestimmte Gruppen zugeschnitten ist, sondern alle Bürger angeht. Gerechtigkeit endlich bedeutet, dass jeder das Seinige verrichtet. Damit ist gemeint, dass es in der ständischen Ordnung des Gemeinwesens keine Übergriffe der einen Klasse in eine andere geben soll. Die Gerechtigkeit garantiert die Existenz der drei anderen Kardinaltugenden, da durch sie jeder auf das ihm – seiner →Natur nach – Gemäße verpflichtet wird. Ungerechtigkeit ist folglich Vielgeschäftigkeit (*polypragmosyne*) und Wechsel (*metabole*), die ein reibungsloses Miteinander der Klassen durch Störung der eindeutigen Zugehörigkeit verderben. Entsprechend (homolog) zum Gemeinwesen verhält es sich mit der →Seele des Menschen. Die Gerechtigkeit besteht darin, dass die verschiedenen Kräfte der Seele jeweils das ihrige verrichten, Besonnenheit ist die Übereinstimmung der Kräfte darin, dass das Vernünftige herrschen soll, Tapferkeit das Achten des Mutes darauf, was das Vernünftige für furchtbar hält und was nicht, Weisheit ist die Vorsorge des Vernünftigen für die ganze Seele.

A. P.

Kasuistik Von lat. *casus*, ›der Fall, Einzelfall‹: Kommt immer dann zum Zuge, wenn es um einen Zusammenprall von situativen, konkreten Problemfällen und allgemeinen →Normen und →Prinzipien geht. Sie ist die →Methode, das Besondere unter das →Allgemeine so zu fassen, dass es geordnet, abgegrenzt und beurteilt werden kann. Hauptsächlich findet die Kasuistik ihre Anwendung in den →Disziplinen, die sich mit dem Handeln auseinandersetzen. Mit ihrer Hilfe soll die verwickelte Situativität durchschaubar gemacht werden, um so die Grundlage für die Lösung von Interessen- und Pflichtenkollisionen zu liefern. Bei Konflikten soll die Kasuistik in der Lage sein, konkrete Handlungsanweisungen zu geben. Dabei ist es gleichgültig, ob es sich um konstruierte Fälle oder tatsächliche Begebenheiten handelt. Doch ist Kasuistik nicht einheitlich zu verstehen: Zum einen besagt der Begriff im weiteren Sinne ein →empirisches Verfahren, das nach →Analogien und Ähnlichkeiten vorgeht, im engeren Sinne aber meint er die Subsumption nach logischer Gesetzmäßigkeit. Die Kasuistik kann in ihrem Vorgehen sowohl analytisch als auch synthetisch vorgehen, d. h. entweder den Einzelfall nach einem schon gegebenen →Gesetz beurteilen oder aus dem einzeln Gegebenen ein allgemeines Gesetz erstellen. Ob sie aber mit Hilfe der →Deduktion oder der Abstraktion vorgeht, stets geht es ihr darum, im besonderen Fall das Allgemeingültige zu erfassen. Der Kasuistik ist daran gelegen, ein geschlossenes →System aller Fälle zu besitzen. Das Vermögen, dessen sie bedarf, ist die Klugheit im antiken Sinne bzw. die →Urteilskraft im modernen Sinne.

A. P.

Kategorien Von gr. *kategorein*, ›aussagen‹, ›zu erkennen geben‹, bzw. *kategoria*, ›Prädikat‹: →Aristoteles stellt fest, dass von jedem Ding Unterschiedliches ausgesagt werden kann, das ihm als Eigenschaft zugesprochen wird. Ein Ding kann groß sein, rot, weich usw. Diese Eigenschaften sind gewissermaßen unterschiedliche Seinsweisen desselben Dinges, allerdings sind sie nicht gleichrangig. Eine Eigenschaft ist dominierend, nämlich die Eigenschaft, nach der ein Ding genannt wird. ›Groß‹, ›rot‹ und ›weich‹ sind keine selbstständigen Seinseinheiten, vielmehr sind sie Eigenschaften eines Gegenstandes, z. B. eines Sessels. Die dominierende Eigenschaft eines Dinges nennt Aristoteles die →Substanz. Die Substanz tritt an die Stelle von →Platons →Idee. Sie ist sozusagen das →Wesen einer Sache, die aber nicht in einem Reich der Idee ihren ontologischen Ort hat, sondern im Seienden (→Sein) selbst. Die Substanz zeichnet sich durch zwei Momente aus: Sie ist *choriston*, ungetrennt, was bedeutet, dass die Substanz etwas ist, das nicht weiter zerlegbar ist und notwendigerweise zusammen mit Materie ›existiert‹ und für und aus sich allein bestehen kann. Zweitens ist sie *akineton*, unbewegt, was bedeutet, dass sie das gleich bleibende Wesen (*ousia*) der Einzeldinge ausmacht. Als solch ›Konkretes‹ (von lat. *concrescere*, zusammenwachsen) hat sie auch noch andere Eigenschaften: Solche, die die Substanz inhaltlich bestimmen, die ›zweite Substanz‹, die sozusagen die Substanzialität der Substanz ausmacht. Denn Seiendes wird in →Definitionen bestimmt, und Definitionen verbinden immer ein Gattungsmerkmal (*genus proximum*) mit einem ›artbildenden Unterschied‹ (*differentia specifica*). So ist ›Mensch‹ (erste Substanz) bestimmt als ein Lebewesen (Gattungsbegriff), das mit Vernunft (zweite Substanz, artbildender Unterschied) begabt ist. Es gibt noch weitere Kategorien (Eigenschaften), die der Substanz hinzugefügt werden können, ohne diese jedoch in ihrem Wesenskern zu verändern, die insofern zufällig sind und deshalb auch fehlen oder andere sein könnten. Ob ein Tisch rot oder blau ist, ändert nichts an seinem ›Tischsein‹. Diese äußerlichen Eigenschaften nennt Aristoteles →Akzidenzien. Die Substanz ist die einzige Kategorie, die selbstständiges Sein besitzt, alle anderen Kategorien sind unselbstständige Eigenschaften, eben Akzidenzien, die zu ihrer Existenz einer Substanz bedürfen und zu dieser hinzutreten können, dann aber mit ihr verbunden sind.

Zehn solche Kategorien kennt Aristoteles: Die erste Kategorie ist die Substanz (*ousia*), dazu kommen: Quantität (*poson*), Qualität (*poion*), Relation (*pros ti*, Beziehung), Raum / Ort (*pou*), Zeit (*pote*), Lage (*keisthai*), Haben / Verhalten (*echein*), Wirken / Tun (*poiein*) und Leiden (*paschein*). Substanzen haben also gemeinsame Kategorien. Als solche sind die Kategorien nicht singulär, individuell, vielmehr sind sie etwas Allgemeines, Universelles. Diese Universalität der Akzidenzien ist nur denkerisch klassifizierbar, was nicht heißt, dass sie auch einen ontologischen Status hätten, sie ›existieren‹ nicht selbstständig wie die Substanz: Die ›Weichheit‹ kann sowohl die (zufällige) Eigenschaft (Akzidens) eines Sessels als auch eines Kissens sein. Deshalb kann sie denkerisch klar getrennt werden von der Substanz, ohne dass aber die ›Weichheit‹ in gleicher Weise existiert wie der Sessel.

Hier zeigt sich der Unterschied zwischen der aristotelischen →Metaphysik und Platons →Ontologie. Platon spricht allen in der Erscheinungswelt erfahrbaren Eigenschaften eine Idee zu, deren Abbild sie sind, insofern entspricht allen Erscheinungen eine ontologische →Entität, Seinseinheit. Aristoteles dagegen analysiert denkerisch die seiende Wirklichkeit ohne zu behaupten, dass den Kategorien, gemäß denen Dinge gedacht werden, eine irgend geartete ontologische Existenz und Wirklichkeit entspräche. Aus den gedachten Kategorien ontologische Ideen gemacht zu haben, wirft Aristoteles Platon als Fehler vor; gleichzeitig formuliert er ein Problem, mit dem sich das gesamte →Mittelalter (A) ergebnislos beschäftigt hat: Was ist der ontologische Status der Kategorien, nämlich der Universalien (→Universalienstreit)? Wobei im Prinzip um die zweite Substanz (den artbildende Unterschied) gestritten wurde. In der →Scholastik wurden sechs Kategorien (›Prädikabilien‹) angenommen: Sein bzw. Wesen, Qualität, Quantität, Bewegung (Veränderung), Beziehung und Sich-Verhalten (Habitus).

→Kant hat den Begriff der Kategorie aufgegriffen. Für ihn sind die Kategorien apriorisch, reine →Begriffe des →Verstandes, gemäß denen die →Vorstellungen geordnet bzw. klassifiziert werden, sodass die erscheinende Wirklichkeit begrifflich erkannt wird. Kant entwickelt die Kategorien aus den Urteilsformen; →Urteile verstanden als Verstandesoperationen, die auf die sinnliche Erfahrung eingeschränkt sind, d.h. auf die Verknüpfung von Begriffen. Betrachtet man nun die reinen Urteilsformen (völlig unabhängig vom Inhalt der jeweiligen Urteile), dann gibt es nach Kant nur vier prinzipiell urteilende Verstandesoperationen, nämlich: 1. Urteile der Quantität: Das können allgemeine Aussagen sein (›für alle x gilt …‹), besondere (›für einige x gilt …‹) oder einzelne (›für dieses x gilt …‹). 2. Urteile der Qualität: Diese können bejahend sein (›x ist a‹), verneinend (›x ist nicht a‹) oder unendlich (›x ist nicht a, kann aber sonst alles sein‹). 3. Urteile der Relation: Diese können kategorisch sein (›x ist‹), hypothetisch (›wenn a, …dann b‹) oder disjunktiv (›entweder … oder‹). 4. Urteile der Modalität: Diese können problematisch sein (›es kann sein‹, logische Möglichkeit), assertorisch (›es ist so‹, logische Wirklichkeit) oder apodiktisch (›es muss notwendig so sein‹, logische Notwendigkeit). Bezüglich der Urteile der Quantität ist zu fragen, ob diese alle kategorisch sind. Bei den Urteilen der Qualität ergeben sich die unendlichen Urteile notwendig aus den bejahenden und verneinenden, sodass die unendlichen eigentlich überflüssig sind. Bei den Urteilen der Relation fehlt die Konjunktion (›und‹); zudem gibt es keine verneinenden Relationen. Aus diesen Urteilsformen entwickelt Kant dann die Kategorien, also »gerade so viel reine Verstandesbegriffe, welche a priori auf Gegenstände der Anschauung überhaupt gehen, als es (...) logische Funktionen in allen möglichen Urteilen gibt: denn der Verstand ist durch gedachte Funktionen völlig erschöpft, und sein Vermögen dadurch gänzlich ausgemessen« (*KV*, B 105). Folglich gibt es vier Kategorien, die ihrerseits in drei Unterpunkte gegliedert sind: erstens die Quantität mit den extensiven Größen Einheit, Vielheit und Allheit; zweitens die Qualität mit den intensiven Größen Realität, Negation und Limitation (Einschränkung); drittens die Relation mit →Inhärenz und Subsistenz (*substantia et accidens*, Substanz, Akzidens), →Kausalität und Dependenz (→Ursache und Wirkung) und Gemeinschaft (Wechselwirkung zwischen dem Handelnden und Leidenden); viertens die Modalität mit dem Gegensatzpaar Möglichkeit und Unmöglichkeit (nicht im logischen Sinne, sondern im →transzendentalen, gemäß dem möglich ist, was den Bedingungen der Möglichkeit der →Erfahrung nicht widerspricht), mit dem Gegensatzpaar Dasein und Nichtsein (wirklich ist, was in der Wahrnehmung gegeben ist) und dem Gegensatzpaar Notwendigkeit und Zufälligkeit (notwendig ist, was im Zusammenhang mit dem Wirklichen nach den Bedingungen der Erfahrung bestimmt ist). Mit diesen vier Kategorien beansprucht Kant, »alle ursprünglich reinen Begriffe der Synthesis, die der Verstand a priori in sich enthält, und um derentwillen er auch nur ein reiner Verstand ist« (*KV*, B 106) aufgelistet zu haben.

Aristoteles, Die Kategorien, Hg. und übersetzt von I. Rath, Ditzingen 1998

I. Kant, Kritik der reinen Vernunft, in: Werke in sechs Bänden, hg. von W. Weischedel, Darmstadt 1998

W. R.

Kategorisch →Kategorien

Kategorischer Imperativ In →Kants →Moralphilosophie einer der Zentralbegriffe. Seine prägnanteste unter vielen Formulierungen lautet: »Handle so, dass die Maxime deines Willens jederzeit zugleich als Prinzip einer allgemeinen Gesetzgebung gelten könne.« Jede →Handlung, d. h. jedes geordnete Tun, bedarf einer Maxime, eines subjektiven Prinzips, um in Gang zu kommen. Die Maxime als Regel bestimmt also das Was und Wie der jeweiligen Handlung. Der kategorische Imperativ erstreckt sich aber nicht auf alle Lebensbereiche, sondern nur auf den der Moralität. Der technisch-praktische Bereich (das zufällige Handeln) und der pragmatische (das Glücksstreben) werden von bloß hypothetischen Imperativen bestimmt. Zwar ist das Streben nach →Glück auch allen →Menschen gemein, doch hat es nicht den Charakter der →Notwendigkeit. Diesen hat allein der Bereich der Moralität. Der kategorische Imperativ gibt keine inhaltlichen Handlungsanweisungen, sondern gibt den Probierstein dafür ab, welche Maximen moralisch sind und welche nicht. Alle moralischen Handlungen sind verallgemeinerbar, so zu handeln kann jedermann angesonnen werden; die nicht moralischen Handlungen verfallen beim Versuch, sie zu verallgemeinern, dem Widerspruch, da die Folgen negativ auf den Handelnden zurückschlagen würden. So ist z. B. die Maxime ›Du sollst nicht lügen‹ deshalb moralisch, weil jedermann bei ihrer Befolgung sicher sein kann, nicht hintergangen zu werden; die Maxime ›Du sollst lügen‹ eröffnet jedoch allen die Möglichkeit unwahrhaftig zu sein, wodurch sich der scheinbare Vorteil des Lügners in sein Gegenteil verkehrt. Die inhaltliche Unbestimmtheit des kategorischen Imperativs verhilft ihm zu größtmöglicher Universalität, erlaubt aber auch eine freie, nicht von Traditionen oder Gebräuchen überlagerte Lebensführung, da es jedem anheim gestellt ist, wie er – im Rahmen des Erlaubten – seine Ziele verfolgt. Die fehlschlagende Kritik am kategorischen Imperativs beruht auf der Verwechslung mit der goldenen Regel: ›Was Du nicht willst, das man Dir tu, das füg' auch keinem andern zu.‹ Der Perverse kann hier auch unmoralische Maximen verallgemeinern, da er es in Kauf nimmt, von anderen übel behandelt zu werden. Der kategorische Imperativ schließt diese Verdrehung aus.

A. P.

Katharsis Griech. ›Reinigung‹: Im philosophischen Sinn meint Katharsis immer Reinigung der →Seele. Ihren Ausgang nimmt diese Bestimmung bei →Aristoteles, der der Tragödie eine reinigende Wirkung zuschreibt. Die Interpretationsmöglichkeiten sind allerdings vielfältig. Zum einen kann gemeint sein, dass durch die Erzeugung der Leidenschaften Schauder (*phobos*) und Jammer (*eleos*) eine sittliche Besserung erreicht wird. Zum anderen ist auch so zu interpretieren, dass Katharsis eine eigentümliche Lust bedeutet, die darin besteht, dass die Leidenschaften (*pathe*) zuerst hervorgerufen und dann wieder ausgeschieden werden. Katharsis kann so gedeutet werden, dass sich der Mensch von seinen Leidenschaften reinigt oder dass er sich von ihrem Übermaß befreit. Weiterhin ist es auch möglich, dass es die Leidenschaften selbst sind, von denen die Reinigung ausgeht. Klar ist, dass der Kunst (hier der des Theaters) eine positiv wirkende Kraft zugeschrieben wird, was sich gegen die Kritik →Platons stellt. Der Tragödiendichter ist kein Scharlatan, der die Seele der Menschen in Unordnung bringt, sondern ein Seelenarzt, der es versteht, den Affekthaushalt in die richtige Verfassung zu bringen.

A. P.

Kausalität Das Prinzip der Kausalität, der Ursächlichkeit, drückt die Grundüberzeugung der Naturwissenschaften aus, dass jedem Ereignis, jeder →Wirkung eine (zeitlich früher liegende) →Ursache vorausgeht.

→Aristoteles unterscheidet zwischen vier Ursachen, der →*causa materialis* (materielle Ursache), →*causa formalis* (Formursache), →*causa efficiens* (Wirkursache) und →*causa finalis* (Zweckursache). Mit Beginn der →Neuzeit (A) blieb von diesen vier Ursachen nur noch die Wirkursache übrig, nämlich das Kausalitätsprinzip. Es besagt: Jedes Ereignis hat eine Ursache. Das Schema sieht nach →Popper folgendermaßen aus: 1. Das Gesetz (der allgemeine Satz, der als Hypothese fungiert); 2. die Rand- oder die Anfangsbedingungen; 3. die Prognose (die erwartete Wirkung)

Stegmüller hat vorgeschlagen, das Kausalitätsverhältnis nicht zu sehen als ein Ursache-Wirkungs-Verhältnis, sondern als Erklärungspotenzial: ›Zu jedem Ereignis gibt es eine adäquate kausale Erklärung«. Aus der Prognose wird dann das Explanandum.

Das Kausalitätsprinzip erfährt in den modernen Naturwissenschaften Einschränkungen: Durch das Postulat der Lichtgeschwindigkeit als absolut höchster möglicher Geschwindigkeit (Einsteins Relativitätstheorie) gibt es Ereignisse, die nicht miteinander in Beziehung gebracht werden können.

Wesentlich gravierender ist die Einschränkung der Kausalität durch die Quantenmechanik und in der Quantenmechanik. Die Quantenmechanik ist nämlich nicht in der Lage, über gewisse Prozesse (z. B. den radioaktiven Zerfall) andere als statistische Vorhersagen zu machen. Man kann zwar (über das Quadrat der Wellenfunktion) die Wahrscheinlichkeiten für den Kernzerfall berechnen, aber für den einzelnen konkreten Kern kann man den genauen Zeitpunkt oder einen spezifischen Auslöser des Zerfalls nicht angeben. Die Wirkung des Kernzerfalls lässt sich also nicht direkt mit einer Ursache in Beziehung bringen.

Im Bereich der →Chaostheorie erfolgt darüber hinaus eine Differenzierung des Begriffs Kausalität. Man unterscheidet: starke Kausalität (ähnliche Ursache haben ähnliche Wirkungen) und schwache Kausalität (gleiche Ursachen haben gleiche Wirkungen).

Je nach zugrunde liegender Literatur wird dieser ›schwache‹ Kausalitätsbegriff auch als selbstverständlich und unabdingbar für die Arbeitsweise der Naturwissenschaften vorausgesetzt und nicht weiter spezifiziert, manchmal wird er auch als ›strenge‹ Kausalität bezeichnet. Unter schwacher Kausalität versteht man dann, dass ähnliche Anfangsbedingungen völlig unterschiedliche Ergebnisse zur Folge haben können (z. B. die Landeorte von Luftballons nach einem Massenstart dieser Ballons).

Ph. Frank, Das Kausalgesetz und seine Grenzen, Frankfurt/M. 1988
P. Coveney / R. Highfield, Anti-Chaos, Reinbek 1994

H. W.

Klasse In der →Logik: Gesamtheit von Gegenständen, denen etwas Gemeinsames zukommt; in der Soziologie und Gesellschaftstheorie: Gruppe von Personen, die einem gemeinsamen Stand angehören.

In der Logik bedeutet Klasse soviel wie Menge, d. h. die durch mindestens ein gemeinsames Merkmal verbundene Gruppe von Gegenständen (→Individuen), die als Elemente der Klasse bezeichnet werden. Bei Klassen höherer Ordnung bestehen die Klassen ihrerseits aus Klassen. Auch die leere Menge, die gar kein Element enthält, zählt als Klasse. In einer bestimmten Form der Mengenlehre wird der →Umfang eines jeden →Begriffs als Klasse aufgefasst, welche genau die Elemente umschließt, auf die der Inhalt des Begriffs zutrifft. Dieses Komprehensionsprinzip führt aber zu →Antinomien, die in der axiomatischen Mengenlehre beseitigt werden sollen. Dort wird zwischen Klassen und Mengen als speziellen Klassen unterschieden. Eine Klasse zählt nur dann als Menge, wenn sie selbst Element einer Klasse ist.

In der Soziologie meint ›Klasse‹ soviel wie eine gesellschaftliche Gruppe innerhalb einer vertikalen Sozialordnung, deren Stellung durch ökonomische Lage, Bildungsgrad und gesellschaftliches →Bewusstsein bestimmt ist. Zunächst einmal bedeutet Klasse ›Einstufung‹. Diese Bezeichnung entfaltet sich dann unter dem Begriff der Einkommensklassen, d. h. der Gruppen gleicher Besitz- oder Einkommensart. Die marxistische Philosophie verengt in ihrer Klassentheorie alles auf den Dualismus von zwei Klassen: die ausbeuterischen Kapitalisten (die Produktionsmittel besitzen) und die ausgebeuteten Proletarier (die nur ihre Arbeitskraft besitzen).

A. P.

Klassenkampf In der marxistischen Geschichtsauffassung bezeichnet Klassenkampf die im geschichtlichen Prozess fortwährend sich vollziehende kämpferische Auseinandersetzung zwischen den →Klassen einer Gesellschaft. Das bedeutet, dass die Geschichte aller bisherigen Gesellschaft eine Geschichte von Klassenkämpfen ist. Der Klassenkampf vollzieht sich jeweils zwischen der herrschenden und der beherrschten Klasse und ist dabei gegründet in den gegensätzlichen Interessen der Klassen und angetrieben von den gegenläufigen Widersprüchen der Klassengesellschaft. In der Entfaltung des historischen Prozesses – von der Urgesellschaft über die Sklavenhaltergesellschaft und den Feudalismus zum Kapitalismus – hat auf jeder dieser Produktionsstufen diejenige Klasse die Führung, die den fortschrittlichsten Zweig der Produktion vertritt. Die von den Interessen der herrschenden Klasse bestimmten Produktionsverhältnisse führen objektiv zur Unterdrückung der Bedürfnisse und zur Ausbeutung der beherrschten Klassen und produzieren so den Klassenkampf. Die gesellschaftlichen Widersprüche, die durch den dynamischen technologischen Fortschritt der Produktionsmittel und durch den Wechsel des die Richtung weisenden Erwerbszweiges der Gesellschaft und dessen wirtschaftliche Kontrolle durch eine bisher nicht führende Klasse hervorgerufen werden, verschärfen den Klassenkampf und drängen auf eine Änderung der Produktionsverhältnisse durch eine Revolution. Mit ihrem Sieg in der Revolution stellt die auf der Grundlage des neuen fortschrittlichen Produktionszweiges aufgestiegene Klasse auf einer höheren Gesellschaftsstufe die Kongruenz von ökonomischer Entwicklung und politischer Ordnung wieder her, ruft aber im weiteren Verlauf des historischen Prozesses neue Widersprüche hervor, die den Klassenkampf bis zur nächsten Revolution führen. Nach dem Sieg des Proletariats in der proletarischen Revolution entschärft sich langsam unter der Diktatur des Proletariats der Klassenkampf. Im Übergang von der sozialistischen zur kommunistischen Gesellschaft entsteht nach dem völligen Wegfall des Klassenkampfes eine in sich widerspruchsfreie klassenlose Gesellschaft.

A. P.

Kohärenztheorie Von lat. *cohaerere*, ›zusammenhängen‹: Kohärenz bezeichnet allgemein den Zusammenhang einzelner Elemente oder Faktoren. Philosophische Bedeutung gewinnt die Kohärenz (hinsichtlich →Platons »Gemeinschaft der Ideen«), wenn sie die Einheit in einer Kategorienschicht meint. Kohärenzgesetze sind dann solche kategorialen Gesetze, die auf die der kategorialen →Geltung folgen. Die Einheit einer Schicht wird durch sie bewirkt; sie sind die Gesetze der inhaltlichen Zusammengehörigkeit einer Schicht. Daraus folgt, dass jede →Kategorie durch den Verband der ganzen Schicht gebunden und so inhaltlich mitbestimmt ist. Es sind dabei vier wichtige Momente zu unterscheiden: die Gemeinsamkeit der Geltung, die inhaltliche

Zusammengehörigkeit, der Totalitätscharakter des Schichtenverbandes und das inhaltliche Mitbestimmtsein der Einzelkategorie durch ihn. Es ergeben sich folgende Gesetze: 1. das Gesetz der Verbundenheit, 2. das Gesetz der kategorialen Implikation. Das erste Gesetz artikuliert die kategoriale Verbundenheit als komplexe Determination und Verflechtung, die grundsätzlich unlösbar ist. Dem entsprechend gibt es eine durchgehende →Identität der kategorialen Elemente. Das zweite Gesetz bezieht sich auf das Ineinanderstehen der Kategorien, sodass alle in jeder vertreten sind. Innerhalb der Kohärenz gibt es weder Über- noch Unterordnung. In einer anderen Bedeutung meint Kohärenz soviel wie Kohäsion. Kohärent sind dann Ganzheiten, deren Teile durch künstliche Mittel oder durch äußere Naturkräfte zusammengehalten werden. Die Kohäsionstheorie wird hier zu einem zentralen Problem der Physik, besonders in ihrer atomistischen Prägung. Angewandt auf das Wahrheitsproblem ist Kohärenz ein Wahrheitskriterium: Aussagen gelten dann als wahr, wenn sie mit relevanten anderen Aussagen vereinbar sind.

A. P.

Kommunikation Von lat. *communicatio*, ›Mitteilung, Gewährung, Verbindung, Austausch, Verkehr‹: Als philosophischer Begriff wird Kommunikation erst in der Gegenwart relevant. Er meint dann bei Jaspers soviel wie geschichtliche, durch Mitteilung erwirkte Gemeinschaft gegenseitigen bewussten Verständlichwerdens, die nur zwischen →Menschen möglich ist. Es ist zu unterscheiden zwischen Daseins-Kommunikation und existenzieller Kommunikation. Die Kommunikation des →Daseins ist die das Dasein in Gegenseitigkeit erhaltende und fördernde Gemeinschaft der vitalen Sympathien und Interessen. Die existenzielle Kommunikation ist der geschichtliche, den Menschen in seiner Totalität erfassende Prozess zwischen zwei je einmaligen →Selbst, in dem diese in der Spannung von Selbstsein und Hingabe für sich und für einander in gegenseitiger Schöpfung immer erst werden. Eine andere Akzentuierung erfährt der Begriff in der Theorie des kommunikativen Handelns. Hier steht die Kommunikation als Diskurs im Mittelpunkt, wobei – in bewusster Anlehnung an die Aufklärung (→A Neuzeit – Aufklärung) – das Rationale den Primat hat. In Abkehr vom starken Apriorismus der traditionellen →Transzendentalphilosophie wird dennoch versucht, eine universale Geltung von moralischen →Normen zu entwickeln, wobei aber eben nicht auf das transzendentale →Ich, sondern auf die allgemeine Sprachbegabtheit des Menschen gesetzt wird, der sich in einen anzustrebenden herrschaftsfreien Diskurs zu begeben hat. →Kants Reich der Zwecke wird hier zur idealen Kommunikationsgemeinschaft.

A. P.

Kommunitarismus Strömung im Bereich der praktischen Philosophie, die sich in Anlehnung an →Aristoteles und die deutsche Romantik gänzlich von den →Prinzipien des modernen →Liberalismus absetzt. Seinen Ausgang nimmt der Kommunitarismus an dem in seiner Sicht gescheiterten Projekt der Aufklärung (→A Neuzeit – Aufklärung), →Moral objektiv begründen zu wollen. Die Argumentation geht dabei so vor, dass der Aufklärung unterstellt wird, sie habe alle religiösen und teleologischen Wurzeln, die das antike und mittelalterliche Weltbild genährt hatten, radikal gekappt, sich damit aber der einzigen Möglichkeit beraubt, Objektivität und moralisches Handeln zusammendenken zu können. Der Angriff wird doppelt sowohl gegen den →Empirismus à la →Hume als auch gegen die →Moralphilosophie →Kants vorgetragen. Dem Empirismus wird vorgeworfen, er schöpfe seine →Normen lediglich aus bestimmten Zeitumständen, woraus dann so etwas wie normale Leidenschaften konstruiert werden können. Kant gerät in die Kritik, da es in den Augen der Vertreter des Kommunitarismus keinen guten Grund gibt, warum unmoralische →Maximen nicht genauso gut zu verallgemeinern sind wie moralische. Aber auch alle anderen modernen Ansätze verfallen irgendeinem Selbstwiderspruch oder verstricken sich in →Tautologien. Die Lösung sehen die Kommunitaristen in einer Wiederbelebung der aristotelischen →Teleologie. Indem versucht wird zu zeigen, dass der Mensch ein *telos* (Ziel) hat und auch in der Lage ist, dieses zu erkennen, wird behauptet, dass es einen Tugenderwerb gibt, der objektiv begründet ist. Doch ist diese Teleologie nicht möglich, ohne dass ein jeder in der Gemeinschaft (*community*) seine Rolle hat. Diese wird dadurch geprägt, dass jeder Mensch ein Bürger dieser oder jener Stadt ist, ein Mitglied dieser oder jener Berufsgruppe; er gehört zu dieser Sippe, jenem Stamm, dieser Nation. Er ist stets Erbe der Vergangenheit seiner Familie, seiner Stadt, seines Stammes, seiner Nation: Daraus entsteht eine Vielzahl von Schulden, Erbschaften, berechtigten Erwartungen und Verpflichtungen. Dies alles konstituiert das Gegebene des Lebens, den moralischen Ausgangspunkt; es verleiht dem Leben einen Teil seiner moralischen Besonderheit. Damit ist dem Individualismus der Boden entzogen, da sich der Mensch nur noch nach seiner Zugehörigkeit (*belonging*) definieren kann.

A. P.

Komplementarität Geht auf den amerikanischen Philosophen →James zurück. Er benutzte ihn, um die Aspektabhängigkeit unserer Weltbilder auszudrücken. In der modernen Physik ergibt sich z. B., dass das Licht – je nachdem welche experimentelle Anordnung gewählt wurde – sich einmal als Welle und einmal als Korpuskel zeigt (→Dualismus Welle – Korpuskel). Die beiden Vorstellungen Welle und Teilchen sind aber in unserer Anschauung vollkommen disjunkt.

Im Sinne von James kann man also Welle und Teilchen als komplementäre Eigenschaften auffassen, als Eigenschaften, die einem physikalischen Gebilde nicht additiv zukommen (wie z. B. Länge und Farbe), sondern als solche, die sich gegenseitig ausschließen, weil sie miteinander unverträglich sind (→Dualismus).

In die moderne physikalische Diskussion wurde der Begriff Komplementarität von Niels Bohr eingeführt. Bohr benutzt ihn, um eine Situation zu beschreiben, in der man ein und dasselbe Geschehen mit zwei verschiedenen Betrachtungsweisen erfassen kann. Diese beiden Betrachtungsweisen schließen sich zwar einerseits gegenseitig aus, andererseits ergänzen sie sich jedoch. Erst durch das Nebeneinander beider Betrachtungsweisen wird man dem anschaulichen Gehalt eines beobachteten Phänomens voll gerecht.

W. Heisenberg, Der Teil und das Ganze, München 1969
N. Bohr, Atomphysik und menschliche Erkenntnis, Braunschweig / Wiesbaden 1985
C. F. von Weizsäcker, Zum Weltbild der Physik, Stuttgart 1976

H. W.

Komplexität Eigenschaft, die sich auf →Systeme bezieht, die aus vielen verschiedenen Elementen und den Relationen zwischen diesen Elementen zusammengesetzt sind. Je mehr Elemente ein System hat und je größer die Anzahl der zwischen den Elementen bestehenden Relationen ist, desto höher ist der Grad der Komplexität des Systems.

Man muss Komplexität und Kompliziertheit unterscheiden. Kompliziertheit bezieht sich auf die Anzahl qualitativ unterschiedlicher Elemente des Systems, wogegen Komplexität allein die Gesamtzahl der Elemente ohne Untersuchung der qualitativen Unterschiede als Merkmal berücksichtigt. Komplexität macht also eine Aussage über die Quantität eines Systems und Kompliziertheit über seine Qualität. So würde man eine Kristallstruktur (z. B. Eiskristalle auf einer Fensterscheibe) als komplex beschreiben, da sie sich aus sehr vielen Elementen zusammensetzt, die eine jeweils gleiche Struktur haben; sie ist jedoch nicht kompliziert, da die einzelnen Bestandteile jeweils selbstähnlich sind.

B. W.

Konklusion Von lat. *conclusio*, ›der Schluss‹: Im →Syllogismus bildet die Konklusion den Schlusssatz, d. h. die Folgerung aus Obersatz (*propositio maior*) und Untersatz (*propositio minor*). Dabei hängt es nicht von der →Wahrheit der →Prämissen (Obersatz und Untersatz) ab, ob die Konklusion auch wahr ist. So kann aus zwei falschen Prämissen eine wahre Konklusion gefolgert werden, z. B. Obersatz: ›Alle Franzosen sind Dichter‹; Untersatz: ›Goethe ist Franzose‹; Konklusion: ›Goethe ist Dichter‹. Ebenso können Beispiele konstruiert werden, nach denen eine falsche Prämisse zu einer wahren Konklusion führen kann. Unmöglich ist es allerdings, aus zwei wahren Prämissen eine falsche Konklusion zu bilden. Entsprechend der klassischen Urteilslehre gibt es – ohne Ansehen der Wahrheit – vier verschiedene Arten von Konklusionen: allgemein bejahende (›Alle Menschen sind vernunftbegabt‹), teilweise bejahende (›Einige Menschen sind Philosophen‹), allgemein verneinende

(›Kein Mensch ist göttlich‹) und teilweise verneinende (›Einige Menschen sind nicht begabt‹). Die Konklusion kann im fortwährenden Schließen ihrerseits eine Prämisse werden, die dann mit einer anderen zu einer höheren Konklusion führt usw.

A. P.

Konkret Von lat. *concrescere*, ›zusammenwachsen‹: Meint im philosophischen Zusammenhang das Gegenteil von →abstrakt. Im Widerspiel zum Abstrakten, das immer ein bestimmtes Moment einer Sache wegzieht, ist das Konkrete das Wirkliche in der Fülle seiner Bestimmtheiten. Insofern ist das Konkrete das Wahre, als es nicht durch einseitige Betrachtung den Blick auf das Ganze verstellt. Im ursprünglichen Sinn meint konkret bei →Aristoteles das Zusammensein von →Form und →Materie (*synolon*). In der philosophischen Analyse können beide immer getrennt voneinander gehalten werden, wobei dann die Form das Bestimmende und die Materie das Bestimmte ist. Daraus ergibt sich die ontologische Hierarchie, die der Form den Primat einräumt (*forma dat esse rei*, »die Form gibt das Sein der Sache«). Der →Materialismus kann dieses Verhältnis umkehren, doch bleibt er dann in seiner Bevorzugung des Stoffprinzips ebenso abstrakt. Nur das Zusammenhalten von Form und Materie gibt das wahrhaft Konkrete, wobei das Abstrakte kein negativ besetzter Gegenbegriff ist, sondern die Ergänzung, in der deutlich wird, was es überhaupt ist, das da zusammengewachsen ist.

A. P.

Konsens Von lat. *consensus*, ›Zustimmung, Übereinstimmung‹: meint zunächst die dauernde und allgemeine Übereinstimmung der Menschen in →Begriffen und →Urteilen, besonders solche, die mit sozialem, moralischem und religiösem Leben verbunden sind. Nach der Auffassung der Konsenstheoretiker gibt es die Möglichkeit, die →Wahrheit eines Sachverhalts dadurch zu begründen, dass alle darin übereinkommen (*consensus omnium*), dass etwas so und so ist. Es wird etwa das Problem der Sprachentstehung so gelöst, dass sich alle einer zusammengehörenden Gruppe darauf geeinigt haben, bestimmte Gegenstände mit bestimmten Wörtern zu kennzeichnen. In welchem Medium diese Verständigung stattgefunden haben soll, bleibt allerdings fraglich. Im Politischen ist ein Konsens erforderlich, wenn ein Gemeinwesen entstehen soll, bei dem alle zustimmen, ihre dem →Naturzustand sich verdankende →Freiheit abzutreten, um sie dann von einer strukturierten Herrschaft (zumindest teilweise) wieder zurückzuerhalten.

A. P.

Konsenstheorie →Konsens

Konstituieren Nach →Kant ist die →Welt, wie der Mensch sie wahrnimmt, nicht die Welt ›an sich‹, sondern die Welt, wie sie dem Menschen erscheint. Diese erscheinende Welt wird im Erkenntnisakt überhaupt erst ›hergestellt‹ und zwar kraft der →Vorstellungsformen →Raum und →Zeit und den →Kategorien. Dieses ›Herstellen‹ ist kein Schöpfungsakt materieller Wirklichkeit, sondern ein Akt unseres Bewusstseins, das die sinnlichen Daten, die den Menschen affizieren, zu Anschauungen und Begriffen formt. Diesen Vorgang, in dem der erkennende Bewusstseinsakt die erscheinende Wirklichkeit im Bewusstsein des Menschen als Bewusstsein erst ›erzeugt‹, nennt Kant ›konstituieren‹. Wie weit nun die erscheinende Welt mit der an sich seienden Welt übereinstimmt oder nicht, lässt sich prinzipiell nicht beurteilen, sodass alle Aussagen bezüglich der Welt ›an sich‹ verboten sind (→Konstitutiva, →kopernikanische Wende, →Vorstellungsformen).

W. R.

Konstitutiv →Konstituieren

Konstitutiva In der klassischen →Ontologie spielt der Begriff eine wesentliche Rolle im Problembereich der Scheidung von →Materie und →Form. Das Genus einer Sache wird als Materie begriffen, die konstitutive Differenz als Form (vgl. die →Definition der Definition: *definitio fit per genus proximum et differentiam specificam*, »Die Definition geschieht durch die nächste Gattung und die spezifische Differenz«). Materie und Form sind also Konstitutiva der Dinge.

Denn da die Dinge aus Materie und Form bestehen oder Analoga von Materie und Form zu Konstitutiven haben – wie z.B. der Tisch aus Holz als Materie und aus der Figur als Form besteht –, so ist in gleicher Weise auch der →Mensch, als Allgemeines und als Art gedacht, aus Gattung (*genus*) als Analogon des Stoffes und aus Differenz als Analogon der Form zusammengesetzt (→konstituieren).

A.P.

Konstruktion Von lat. *constructio*, ›Zusammenfügung‹: Der Terminus stammt ursprünglich aus der Rhetorik und meint nicht mehr als die Verbindung und Gliederung der Wörter zu einem Satz. Einen wichtigen Stellenwert besitzt die Konstruktion in der Mathematik, wo sie soviel wie ein theoretisches Mittel zur Erweiterung der →Erkenntnis ist. In der mathematischen Konstruktion werden die Gegenstände ihrer Wissenschaft erzeugt (→Intuitionismus), was gegen die ›idealistische‹ Auffassung spricht, dass diese von sich her, d.h. ewig existieren. Die Philosophie greift die Problematik zunächst so auf, dass →Gott als Konstrukteur, die →Welt als die von ihm erzeugte Maschine gedacht wird. Wichtig aber wird das Konstruieren erst, wenn es als dem Menschen selbst zugängliches Vermögen betrachtet wird. Ausgang ist hier der Möglichkeitsbegriff: Die →Möglichkeit eines →Begriffs und einer →Definition garantieren zugleich die Realitätsentsprechung der Definition und des in ihr ausgesagten Gegenstandes. Die Möglichkeit als das Denknotwendige und Konstruierbare führt zur Existenz (zumindest zur mathematischen). Die Garantie der Möglichkeit eines Begriffs kann entweder durch die →empirische Wirklichkeit des Objekts gegeben werden oder durch die apriorische – im Verstand vollzogene – Konstruktion des Gegenstandes. Dabei lässt sich ein dreifacher Charakter der Konstruktion ausmachen: die geometrische ist imaginär, aber exakt; die mechanische ist real, aber nicht exakt; die physikalische ist real und exakt. Im logischen Sinn bedeutet Konstruktion dann die Zusammensetzung komplexer Gegenstände aus einfachen Elementen. Von wissenschaftlicher Erkenntnis wird dann der Nachweis der Möglichkeit zusammengesetzter Begriffe gefordert, der nach Abschluss der Analyse nur von der Konstruktion herstammen kann. Daraus folgt, dass die Widerspruchsfreiheit das negative, die Konstruierbarkeit das positive Kriterium für die Wahrheit eines Satzes ist.

A.P.

Konstruktivismus Von lat. *constructio*, ›Zusammenfügung‹: Sammelbegriff zur Bezeichnung von Ansätzen in der Philosophie bzw. →Wissenschaftstheorie des 20. Jhs., denen zufolge eine akzeptable (abschließbare, nicht zirkuläre und vor allem undogmatische) Begründung unseres wissenschaftlichen Wissens (d.h. eine Sicherstellung, dass der Anspruch auf →Wahrheit, der für wissenschaftliche →Aussagen erhoben wird, zu Recht besteht), nur auf dem Weg der Konstruktion erreicht werden kann. Was dann auch immer näherhin unter Konstruktion verstanden wird, der Terminus steht im Allgemeinen für das Programm einer Neubegründung vorhandener →Wissenschaften durch schrittweise übersehbaren und gerechtfertigten (Neu-)Aufbau (im Ausgang von unstrittigen Auffassungen und Praktiken des Alltags), für den zweierlei vor allem kennzeichnend ist: a) dass kein wissenschaftliches Hilfsmittel verwendet wird, das nicht bei vorhergehenden Schritten schon zur Verfügung gestellt worden ist; und b) dass er sich sowohl auf die wissenschaftlichen Aussagebereiche (→Theorien) als auch auf die Gegenstandsbereiche bezieht, denen die Theorien gelten. D.h.: Der Konstruktivismus schließt konstruktive Gegenstandskonstitution ein.

In historischer Hinsicht bezeichnet der Ausdruck zunächst eine Reihe von Ansätzen zur Neubegründung der Mathematik (Brouwer), später entsprechende Ansätze, die sich (im Anschluss an Dingler) auf die ›exakten‹ Wissenschaften überhaupt beziehen (also auf →Logik, Mathematik und empirische Naturwissenschaften). Heute umfasst das konstruktivistische Begründungsprogramm in der von Lorenzen ins Leben gerufenen Erlanger (wie auch der Konstanzer) Schule der Wissenschaftstheorie – darüber hinaus auch die so genannten ›Kulturwissenschaften‹ (d.h. die Sozial- und Geisteswissenschaften inklusive der →Ethik). Der Konstruktivismus tritt in einer Vielzahl von Ausprägungen auf, die durch verschiedene Konstruktionsbegriffe (damit auch durch verschiedene Begründungs- und Wahrheitsbegriffe) voneinander getrennt sind. Diese kommen aber doch in ihrer Wendung gegen philosophische bzw. wissenschaftstheoretische Positionen überein, die eine Begründung des wissenschaftlichen Wissen auf dem Wege nur einer (widerspruchsfreien) Ableitung von Sätzen aus Sätzen zu erreichen suchen. Ein solches Begründungsprogramm ist in der Perspektive des Konstruktivismus insofern problematisch, weil es nicht ohne (gleichsam ›dogmatische‹) Festsetzung von Sätzen als Grund-Sätzen auskommen kann, die dann als einer Begründung weder fähig noch bedürftig (als →Axiome) gelten. Demgegenüber geht der Konstruktivismus davon aus, dass sich – eben durch Konstruktion – auch diejenigen Sätze (und auch Begriffe) noch absichern lassen, die in den Wissenschaften den Status von Grundsätzen (bzw. Grundbegriffen) gewonnen haben. So zeigte z.B. Dingler, dass sich die Grundbegriffe der euklidischen Geometrie (etwa der Begriff der Ebene) durch Konstruktionsverfahren, die sich aus Elementen handwerklicher Tätigkeiten zusammensetzen (im angesprochenen Fall: durch das Aneinanderreiben von drei starren Körpern), in Raum und Zeit realisieren, dadurch anschaulich und evident machen und auf diese Weise (und in dieser Bedeutung) begründen lassen.

Konstruktionsverfahren folgen Regeln. Wenigstens zwei Typen von Regeln werden heute unterschieden: 1. Regeln, die den Aufbau von Gegenstandsbereichen betreffen, seien es Regeln zur Erzeugung von formalen Symbolfiguren wie in der Arithmetik (nach Brouwer), oder Regeln zur handwerklichen Herstellung materialer Gegenstände wie in der Geometrie (nach Dingler); 2. Regeln, die den Aufbau von wissenschaftlichen Aussagebereichen betreffen: vor allem (nach Lorenzen, auch Kamlah) Regeln zur Regulierung von Rede und Gegenrede in einem Diskurs (konstruktive Dialogregeln).

Zur Geschichte: Ansätze, die in der Konstruktion das Prinzip für die Begründung wissenschaftlichen Wissens sehen, konstruktivistische Positionen also, sind ein Phänomen des 20. Jhs. Der Konstruktionsgedanke selbst aber – er entspringt dem Bereich der Mathematik – hat eine lange Tradition. Kurz zu erwähnen, weil für das Verständnis des Konstruktivismus relevant, sind (in grober Auswahl) folgende Positionen: 1. die mathematische Schule des Eudoxos, in der kritisch gegen die philosophische Schule →Platons geltend gemacht wurde, dass die Existenz eines mathematischen Gegenstandes allererst in der Konstruktion entsteht und nicht im Sinne der Platoniker sozusagen ›immer schon‹ gegeben ist; 2. die Position Euklids, der, wie in der →Neuzeit (A) dann 3. →Kant, die Auffassung vertrat, dass für die Existenz eines mathematischen Gebildes dessen Konstruktion erforderlich ist. Dabei ist vor allem Kants Position für die Anfänge des Konstruktivismus bedeutungsvoll gewesen: Kant suchte – gegen →Leibniz, der den Konstruktionsgedanken auch in der Physik zur Geltung zu bringen suchte, sowie gegen Lambert, der dies darüber hinaus noch für die Logik unternahm –, das Verfahren einer Konstruktion von Begriffen im Medium der reinen sinnlichen Anschauung (d.h. in den Formen räumlichen Nebeneinanders und zeitlichen Nacheinanders), durch welches der den Begriffen korrespondierende Gegenstand (gleichsam vor dem ›geistigen Auge‹) erzeugt wird, als ein autochthones Verfahren der Mathematik (Arithmetik und Geometrie) auszuweisen. Auch wenn dieses Verfahren für Kant durchaus in anderen Wissenschaften anwendbar war (so z.B. in bestimmten Teilen der Philosophie, die von konstruierbaren – allerdings im Unterschied zur Mathematik: empirischen – Grundbegriffen ausgehen, wie die ›Metaphysik der körperlichen Natur‹), so lag für ihn hier doch das wesentliche Unterscheidungsmerkmal gerade der Mathematik von der (selbst an sich nur im Medium der Begriffe operierenden) Philosophie. – Zu nennen ist 4. aber auch noch der →deutsche Idealismus (A), dessen Vertreter den Konstruktionsbegriff nicht nur (erneut) auf →Logik und Naturphilosophie sowie auf die Psychologie auszudehnen, sondern nun auch in der Philosophie selbst zu beheimaten suchten: So sprach z.B. →Fichte (im Anschluss an Maimonides) in Bezug auf die ursprünglichen, erkenntniskonstitutiven Leistungen des Ich bzw. den Nachvollzug dieser Leistungen durch den Philosophen von ›Konstruktion‹ bzw. ›Nachkonstruktion‹.

Die ersten Ansätze des Konstruktivismus entstanden in Reaktion auf die so genannte ›Grundlagenkrise‹ der Mathematik am Ende des 19. Jhs., in der zentrale mathematische Hilfsmittel – wie aristotelische Logik und Cantors Mengenlehre – problematisch wurden. In dieser Situation unternahm Brouwer den Versuch einer Neubegründung der Mathematik unter Bezugnahme nur auf den (im Sinne Kants verstandenen) Prozess des Zählens, der, weil im Alltag mit Erfolg praktiziert, als unproblematisch gelten konnte. »Das Zählen (aber) ist der einfachste Fall eines konstruktiven Verfahrens, nach dem von einem Anfangszeichen | ausgehend in endlich vielen Schritten (›effektiv‹) jedes weitere Zählzeichen hergestellt werden kann. Brouwer forderte, daß alle Konstruktionen der Mathematik auf das Zählen zurückzuführen seien und die Logik den besonderen Anwendungsbedingungen in der Mathematik Rechnung zu tragen habe« (Mainzer). – Untersuchungen zur Konstruktion nicht mehr nur der Grundsätze bzw. Grundbegriffe (Ideen) der Arithmetik, sondern auch der klassischen empirischen Physik legte schon Dingler vor. Diese bahnten zugleich einer neuen →Disziplin den Weg: der ›Protophysik‹, einer der Physik nun systematisch vorgeordneten, nicht empirischen (apriorischen) Disziplin, die sich – entsprechend der Einteilung der Physik in die Messung von a) Längen bzw. (Längen im) Raum, b) Zeit und c) träger Masse – gliedert in a) euklidische Geometrie des dreidimensionalen Raumes, genannt die ›Protophysik der Längenmessung‹, b) Chronometrie und c) Hylometrie. Dass nach Dinglers Programmatik im Rahmen der Protophysik die Grundbegriffe der Physik (z.B. ›Punkt‹, ›Gerade‹, ›Ebene‹, ›Körper‹) durch handwerkliche Herstellung der ihnen entsprechenden Gegenstände (zumindest annäherungsweise) raumzeitlich realisiert, dadurch evident und in diesem Sinne begründet werden sollten, ist oben bereits angedeutet worden.

In vielerlei Hinsicht schließt der heutige (Erlanger wie Konstanzer) Konstruktivismus an Brouwer und Dingler an, fügt jedoch deren Verständnis von Begründung und Wahrheit ein neues Begründungskonzept hinzu: Während z.B. bei Dingler Begründung letztlich auf ein vereinzeltes →Ich bezogen war, dessen →Handlungen die Grundbegriffe axiomatischer Theorien realisieren und dadurch begründen sollten, ist der neuere Konstruktivismus – in Übereinstimmung mit der allgemeinen Wende zur Sprachkritik und zum Prinzip der Intersubjektivität in der Philosophie des 20. Jhs. – einem konsenstheoretischen Begründungs- und Wahrheitsbegriff verpflichtet. Demzufolge gilt ein Satz dann als begründet bzw. wahr, wenn in einem zwanglosen Diskurs jeder unvoreingenommene Sachkundige ihm zustimmen könnte. Diese Konsenstheorie der →Wahrheit hat den Vorteil, dass in das konstruktivistische Begründungsprogramm nun auch die (als Sätze formulierten) Regeln noch einbezogen werden können, denen man bei der Konstruktion – sei es formaler arithmetischer Symbolfiguren, sei es materieller protophysikalischer Gegenstände – folgt. Im Anschluss an Wittgensteins Sprachspieltheorie sowie den →Pragmatismus von →Peirce hat Lorenzen für die Bereiche der Mathematik und der Physik eine Dialogtheorie und in ihr die Regeln formuliert, nach denen sich wissenschaftliche Aussagebereiche in Rede (Angriff) und Gegenrede (Verteidigung) zwischen Gesprächspartnern (als Proponent und Opponent) auf eine allgemein akzeptable Weise aufbauen lassen.

Neben der Fortführung dieses Programms stehen im Mittelpunkt des Konstruktivismus heute: 1. der Ausbau von Teilen der Protophysik, vor allem unter der Fragestellung, ob eine konstruktivistische Begründung auch der (von Dingler noch strikt abgelehnten) nicht euklidischen Geometrie und der relativistischen Physik (nach Einstein) geleistet werden kann; und 2. die Ausdehnung des konstruktivistischen Begründungsprogramms auf den Bereich der modernen formalen Logik, in dem unter Bezug auf Dialogspiele eine (dann zur ›Protologik‹ gehörende) Begründung des Gebrauchs der logischen Partikel und der Quantoren zu liefern versucht wird; sowie auf den Bereich der Sozial- und Geisteswissenschaften unter Einschluss (meta-)ethischer Fragestellungen wie z.B. nach der Begründung von Zwecksetzungen und Mittelvorschlägen, Werturteilen, moralischen Aussagen und praktischen Vernunftprinzipien wie dem der ›Transsubjektivität‹ (bei Schwemmer).

Probleme: Nach konstruktivistischem Selbstverständnis ist diese ›bislang stärkste Erweiterung des selbstgesetzten Aufgabenbereichs des Konstruktivismus‹ mit den Ursprüngen konstruktivistischen Denken in der Grundlagendiskussion der exakten Wissenschaften durch ein bestimmtes Ziel verbunden: Es geht darum, in komplexeren Bereichen der Lebenswelt, insbesondere der wissenschaftlichen, technischen und politischen Praxis, im Ausgang von unstrittigen Verhältnissen »Begründungen und insbesondere Rechtfertigungen schrittweise methodisch aufzubauen, sie argumentativ zu vertreten und ihrerseits begründeten Revisionen offen zu halten, und somit die Gemeinsamkeit von Orientierungen in allen Bereichen des menschlichen Zusammenlebens effektiv mit Mitteln der Vernunft herzustellen« (Thiel). In dieser letztlich praktischen Zielsetzung ist der Konstruktivismus eine respektable Position, die in theoretischer Hinsicht allerdings nicht unproblematisch ist. Als problematisch gilt z.B., dass im Konstruktivismus nur diejenigen Wissenschaften als vernünftige Unternehmungen (normativ) ausweisbar sind, die sich konstruktivistisch rekonstruieren lassen (dies ist z.B. nicht möglich für bestimmte Teile der Ökonomie). Oder auch: Der Konstruktivismus kann dem Umstand nicht Rechnung tragen, dass – vor allem im Bereich der empirischen Wissenschaften (der Natur- und Sozialwissenschaften) – Theorien immer wieder revidiert und durch neue, erfolgversprechendere Problemlösungen ersetzt werden, d.h. dass es faktisch einen Theorienpluralismus gibt. Der Konstruktivismus zielt – in Bezug auf welchen Wissenschaftsbereich auch immer – vielmehr auf Rekonstruktion der einen und wahren Theorie, d.h. auf eine nicht nur hypothetische Wahrheit und eine nicht nur vorübergehende Sicherheit, die es im empirischen Bereich aber nicht geben kann.

L.E.J.Brouwer, Over de Grondslagen der Wiskunde, Leipzig 1907

H.Dingler, Aufsätze zur Methodik, Hamburg 1998

P.Lorenzen / O.Schwemmer, Konstruktive Logik, Ethik und Wissenschaftstheorie, 2. Aufl. Mannheim / Wien / Zürich 1975

P.Janich, Das Maß der Dinge. Protophysik von Raum, Zeit und Materie, Frankfurt/M. 1997

P.Lorenzen, Lehrbuch der konstruktiven Wissenschaftstheorie, Stuttgart 2000

K.Mainzer, Art. ›Konstruktivismus‹, in: Historisches Wörterbuch der Philosophie, Bd.4, Basel 1974, Sp.1019–1021

G.Kirchgässner, Zwischen Dogma und Dogmatismusvorwurf. Bemerkungen zur Diskussion zwischen Kritischem Rationalismus und konstruktivistischer Wissenschaftstheorie, in: Jahrbuch für Sozialwissenschaft 33, 1982

P.K.

Kontemplation Von lat. *contemplatio*, ›Betrachtung‹: Die Kontemplation, die ursprünglich die Himmelsbetrachung der Auguren meint, bedeutet im philosophischen Bereich die geistige Schau (als Übersetzung des griech. *theoria*). Ihre Gegenstände sind die Bereiche des Unwandelbaren wie die Zahlen, die Umschwünge der Himmelskörper, das Göttliche. Sie stellt damit eine eigene Lebensform (*vita contemplativa* = schauende Lebensform) dar, welche der tätigen Lebensform (*vita activa*) an die Seite gestellt wird. Die Kontemplation ist insofern höher als die tätige Lebensform einzustufen, als sie selbstständig (autark) ist, d.h. keiner äußeren Situationen oder anderer Menschen bedarf, und sie es mit dem Besten (dem Unwandelbaren, dem Göttlichen) zu tun hat. Zum einen ist die Kontemplation so die eigentlich wissenschaftliche Art der Lebensführung, zum anderen ist sie die Quelle des eigentlichen, d.h. des geistigen Genusses. Denn das Beste zu haben ist nur in der Schau möglich, in der sich die ewigen →Wahrheiten darbieten. In der →Mystik bedeutet Kontemplation soviel wie Beschauung des Göttlichen im Spiegel des eigenen Inneren und damit zugleich die Erschließung übersinnlicher Wirklichkeitsstufen.

Eine Einschränkung erfährt die Kontemplation immer dadurch, dass sie nur den Wenigen zuteil wird. Es ist stets eine besondere Anstrengung des →Geistes nötig, um in den Stand der geistigen Schau einzurücken. Aus der Sache erklärt sich dies aus der großen Schwierigkeit, die höchsten Gedanken zu fassen, strategisch aus der Unmöglichkeit, dass sich der Großteil der Menschheit einer Tätigkeit hingibt, die nichts zum Lebensunterhalt beiträgt. Insofern ist die Kontemplation etwas Elitäres, das sich nur der dafür vom Gemeinwesen freigestellte Philosoph oder der sich dafür klausnerisch entziehende Mönch leisten kann.

A.P.

Kontingenz Lat. *contingere*, ›sich berühren‹: Im Bereich der Philosophie gewinnt Kontingenz Bedeutung, wenn es als Übersetzung für griech. *endechemenon* (›das Aufnehmende, Annehmende‹) genommen wird. Der Begriff wird in drei verschiedenen Bereichen gebraucht: in der →Logik, in der →Naturphilosophie und in der →Metaphysik. Im logischen Sinne bezeichnet Kontingenz zunächst das Nicht-Notwendige, d.h. dasjenige, was sein, aber auch nicht sein kann. Hinter der logischen Problematik steht aber die naturphilosophische und metaphysische: Das, was möglich ist, muss nach dem Vermögen beurteilt werden, etwas zu tun oder zu sein. Das Kontingente (das Zufällige) steht dem Seinsrang nach hinter dem Notwendigen zurück, weil es unfest und nicht vorhersagbar ist. Es tritt bald in dieser, bald in jener Gestalt auf und kann nicht auf →Gesetze zurückgeführt werden. Die Aussagen über Kontingentes in der Zukunft (z. B.: ›Morgen ist eine Seeschlacht‹) können nicht einmal als wahr oder falsch bestimmt werden.

In der →Natur zeichnet sich das Kontingente dadurch aus, dass es zunächst und zumeist stetig ist (z. B. Hitze im Sommer), aber auch die Ausnahmen (Schneefall im August) gestattet. In der Metaphysik steht die Kontingenz ganz im Bereich des Möglichkeitsproblems. Das notwendig Seiende (→Sein), Ewige ist frei von aller Kontingenz, d. h. es ist reine →Wirklichkeit. Die veränderlichen →Substanzen unterliegen jedoch der symmetrischen →Möglichkeit. Es kann etwas möglich sein ohne tatsächlich zu existieren – oder etwas hat die Möglichkeit, nicht zu existieren, ist aber doch. Die Kontingenz differenziert sich in der Wirklichkeit: Nicht alles entsteht oder ist notwendig, sondern das Eine, wie es eben zufällig kommt, so, dass weder Bejahung noch Verneinung ein Vorrang zukommt; das andere so, dass dem einen Zufälligen ein zahlenmäßiger Überschuss gehört, ohne jedoch das ihm Entgegengesetzte seiner Möglichkeit nach zu verhindern.

A. P.

Kontradiktion Von lat. *contradictio*, ›Widerspruch‹: meint einen Satz, eine Aussage, die aus logischen Gründen falsch ist. Im Gegensatz zu konträr (z. B. schwarz und weiß), das eine ganze Reihe von anderen Möglichkeiten zulässt – hier: alle anderen Farben – schließt kontradiktorisch (schwarz und nicht schwarz) das Entgegengesetzte völlig aus. Daraus ergibt sich folgendes Schema: allgemein bejahende und allgemein verneinende →Urteile sind einander konträr gegenübergestellt, ebenso stehen partiell bejahende und partiell verneinende Urteile in subkonträrer Opposition. Konträre Urteile können nicht beide wahr, wohl aber beide falsch sein. Subkonträre Urteile sind notwendig beide wahr, wenn das zuerst gebildete wahr ist. Allgemein bejahende und partiell verneinende Urteile sind einander kontradiktorisch entgegengesetzt sowie allgemein verneinende und partiell bejahende Urteile. Es folgt daraus, dass kontradiktorisch entgegengesetzte Urteile nicht zugleich wahr und falsch sein können.

W. R.

Konventionalismus Von lat. conventio, ›Übereinkunft‹: allgemeine Bezeichnung für jede Auffassung, die die wissenschaftlichen →Gesetze und →Theorien als Übereinkünfte in Abhängigkeit von der relativ freien Wahl zwischen verschiedenen Wegen der Beschreibung von Sachverhalten sieht. Damit richtet sich der Konventionalismus gegen →Kants Lehre von den →synthetischen Urteilen →*a priori*, die neben den →empirischen Erkenntnissen →*a posteriori* die →Wissenschaften ausmachen sollen. Die Konvention tritt an die Stelle des Apriori.

A. P.

Konzeptualismus Von lat. *concipere*, ›zusammenfassen‹: Der Konzeptualismus meint in seiner vorherrschenden Bedeutung soviel wie eine gemäßigte Form des →Nominalismus im Streit um die →Universalien. Die Allgemeinbegriffe (*universalia*) haben kein in irgendeinem Sinne allgemeines Korrelat; also ist das →Allgemeine als solches nicht außerhalb des menschlichen →Geistes in der Sache (*in re*), sondern ist begrifflicher Natur, d. h. das Allgemeine ist ein Begriff des Geistes. Der Konzeptualismus wendet sich insofern gegen den radikalen Nominalismus, d. h. dass das Allgemeine ein bloßer Hauch der Stimme (*flatus vocis*) sei, als er die Unterscheidung von natürlicher, gleichbleibender und willkürlicher, veränderlicher Bezeichnungsweise vornimmt. Denn wenn das Allgemeine nur Stimme wäre, so wäre nichts seinem →Wesen oder seiner Natur nach allgemein.

A. P.

Kopernikanische Wende →Kant hat in seiner *Kritik der reinen Vernunft* eine Wende in der

→Metaphysik bzw. →Erkenntnistheorie hin zur →Transzendentalphilosophie eingeleitet, die er selbst mit der kopernikanischen Wende in der Physik der Himmelskörper vergleicht. ›Transzendental‹ bedeutet für Kant immer die Bedingung der Möglichkeit betreffend. Die Bedingungen der Möglichkeit von →Erfahrung sind die reinen Vorstellungs- bzw. →Anschauungsformen →Raum und →Zeit, sowie die reinen Stammbegriffe des →Verstandes (→Kategorien). Erst durch sie gibt es überhaupt Gegenstände, aposteriorische Inhalte des →Bewusstseins. Während die Tradition eine gegebene →Welt annahm – entsprechend der ruhenden Erde des ptolemäischen Systems –, sieht Kant die Welt der Gegenstände als für und durch den Menschen in Erscheinung Tretendes. Zum ruhenden Pol wird jetzt die Verstandestätigkeit des erfahrenden und erkennenden →Ichs, gleichsam die Sonne, durch deren Licht überhaupt etwas zu schauen da ist. Von daher sind alle Naturgesetze bloß →empirisch, unverwandelbar sind allein die apriorischen Formen des Verstandes.

Die vorkantische Erkenntnistheorie geht also davon aus, dass die zu erkennende →Wirklichkeit in ihrer Objektivität vorhanden ist, und das erkennende →Subjekt diese rezeptiv und passiv aufnehmen muss, um sie möglichst genau zu erfassen. In diesem Sinne bestimmt das →Objekt die →Erkenntnis des Subjekts, die Erkenntnis richtet sich nach dem Gegenstand. Wenn dies so ist, ist es prinzipiell unmöglich, dass über die Gegenstände apriorische Aussagen gemacht werden können, durch die die Erkenntnis der Gegenstände erweitert wird. Das Beispiel der Mathematik und der Naturwissenschaft zeige aber, so Kant, dass sehr wohl apriorische, synthetische Urteile möglich sind.

Es besteht folgendes Analogieverhältnis: So wie Kopernikus das Bewegungssystem Erde – Sonne revolutioniert hat, verwandelte Kant die Beziehung der Gegenstände der Erkenntnis zum erkennenden Subjekt. Kopernikus habe die Bewegung der Himmelskörper genau dadurch erklärt, dass er nicht das erkennende Subjekt zum Fixpunkt machte, um den sich die Sterne drehen, sondern umgekehrt die Sonne zum Fixpunkt machte, um den sich der erkennende Mensch drehe. Er erkannte also, dass nicht die Erde im Mittelpunkt aller Rotationsbewegungen des Universums steht, sondern dass sie selbst in einer Kreisbahn um die Sonne läuft. Kant sieht seine transzendentalphilosophische Wende in vergleichbarer Art:

In einer gewagten →Analogie möchte Kant also eine solche Wendung auch in der Metaphysik bzw. Erkenntnistheorie durchführen. Gewagt deshalb, weil Kant im Gegensatz zu Kopernikus das erkennende Subjekt zum ›Fixpunkt‹ der Erkenntnis macht: »Wenn die Anschauung sich nach der Beschaffenheit der Gegenstände richten müsste, so sehe ich nicht ein, wie man a priori von ihr etwas wissen könne; richtet sich aber der Gegenstand (als Objekt der Sinne) nach der Beschaffenheit unseres Anschauungsvermögens, so kann ich mir diese Möglichkeit ganz wohl vorstellen« (*KV*, B XVII). Der zu erkennende Gegenstand richtet sich also nach dem menschlichen Erkenntnisvermögen. Also steht nach Kant der Mensch (bei Ptolemäus die Erde) im Mittelpunkt der Erkenntnis, während für Kopernikus die Sonne das Zentrum des Weltalls wird. In einer gewissen Weise lässt sich die kopernikanische Wende jedoch auch als eine Radikalisierung des kopernikanischen Neuansatzes in der Physik interpretieren: Sie ist insofern noch radikaler als die des Kopernikus, als sie nicht nur Eingriffe in die Hierarchie von Zentrum und Peripherie vornimmt, sondern die Welt der Gegenstände mit einem Schlag ihrer Selbständigkeit beraubt und an ihre Stelle den denkend die Welt der →Erscheinung →konstituierenden Menschen setzt. Der Preis dieser ›Subjektivierung‹ ist allerdings hoch: Denn diese kopernikanische Wende besagt, dass der Mensch die Welt ›an sich‹ gar nicht erfassen kann, sondern nur noch die Welt, wie sie für den Menschen erscheint. Es ergibt sich also, dass der Mensch »nie über die Grenze möglicher Erfahrung hinauskommen« kann. Die menschliche Erkenntnis zeichnet sich also dadurch aus, »dass sie nämlich nur auf Erscheinungen gehe, die Sache an sich selbst dagegen zwar als für sich wirklich, aber von uns unerkannt, liegen lasse« (*KV*, B XX). Ergebnis der kopernikanischen Wende ist damit ein erkenntnistheoretischer Dualismus, der alle Fragen nach der ›Welt an sich‹ abweisen muss (dies ist der Kern des kantischen →Kritizismus) und sich nur noch damit befassen kann, welche Bedingungen der Möglichkeit erfüllt sein müssen, damit der Mensch Erkenntnisse im Bereich der Erscheinungen machen kann. Wodurch dann sofort das Problem auftritt, wie gewährleistet werden kann, dass Erkenntnisse im Bereich der Erscheinung →Allgemeingültigkeit beanspruchen können. Dies Problem löst Kant durch seine ›Vermögensphilosophie‹, d.h. dadurch, dass er dem Menschen schlechthin ein und dieselben (apriorischen) Erkenntnisvermögen unterstellt, sodass dadurch gewährleistet ist, dass alle Menschen notwendig dieselben Erkenntnisleistungen bezüglich der erscheinenden Welt vollziehen müssen.

W. R.

Kopula Lat. ›Band‹: In der →Logik bedeutet die Kopula die Verbindung zwischen →Subjekt und →Prädikat im →Urteil. Sie hat zumeist eine finite Form von ›sein‹ (›ist‹ oder ›sind‹), obwohl auch andere Möglichkeiten gegeben sind, die aber alle in die ›sein‹-Form überführt werden können (etwa: ›Die Körper haben Ausdehnung = Die Körper sind ausgedehnt‹). Die übliche Darstellungsart des Urteils ist: ›S ist P‹, wobei S das Subjekt (das Worüber der Aussage), ›ist‹ die Kopula und P das Prädikat (das, was ausgesagt wird) bedeuten. Das dreiteilige Urteil kann sowohl positiv (›ist‹) oder negativ (›ist nicht‹) sein. Die Kopula besitzt im logischen Sinne keine eigene Bedeutung, sie ist ein bloßes Formwort der →Aussage.

A. P.

Korpuskel Von lat. *corpusculum*, ›Körperchen‹: Teilchen, d.h. ein Gebilde, das sich als wohldefinierter und abgegrenzter Körper darstellen lässt. Entsprechend können einem Korpuskel dann auch Eigenschaften wie Energie und Impuls eindeutig zugeordnet werden. Korpuskel wird meist im Gegensatz zu →Welle gebraucht. Dieser Gegensatz wird allerdings durch den →Dualismus Welle – Korpuskel weitgehend relativiert.

Die meisten Korpuskel (Elektronen, Ionen, Neutronen, Mesonen, Atome, Moleküle,...) haben eine von Null verschiedene Ruhemasse und bewegen sich mit Unter-Lichtgeschwindigkeit. Licht dagegen bewegt sich (natürlich) mit Lichtgeschwindigkeit, hat aber die Ruhemasse Null. Trotzdem spricht man von Licht-Teilchen (auch Lichtquanten oder Photonen genannt), denn den Photonen kann man über die zweite einsteinsche Gleichung
[$m = \frac{E}{c^2}$; E: Energie, c: Lichtgeschwindigkeit]
sehr wohl eine Masse m zuordnen.

P. A. Tipler, Physik, Heidelberg 1994

H. W.

Korrespondenz-Theorie →Adäquatio-Theorie

Kosmogonie Von griech. *kosmogonia*, ›Lehre von der Weltentstehung‹: Die klassische Kosmogonie hat ihren Ursprung in der →Theogonie (der Lehre vom Ursprung der Götter). Der Kosmogonie geht es darum, die Entstehung der →Welt aus einem nicht weiter ableitbaren →Prinzip zu erklären. Eine durchgearbeitete Kosmogonie – bei →Platon – sieht als Anstoßgeber und Konstrukteur der Weltwerdung einen neidlosen →Gott, der dem völlig ungestalteten Urstoff seine Ordnung gönnt. Dieser Gott (Demiurg) schafft (im Gegensatz zur christlichen Auffassung) nicht aus dem Nichts, sondern ist darauf angewiesen, dass etwas zu Ordnendes da ist und dass es ewige →Ideen gibt, nach deren Maßgabe die Gestaltung geschieht. Zum Problem wird dabei, wo hinein die geordnete Welt ihr Entstehen haben soll. Es ist dies nicht einfach der leere Raum, sondern etwas Aufnehmendes, das dem durch die Ideen zur Form Gekommenen die Möglichkeit zur wirklichen Existenz einräumt. Kosmogonie in diesem Sinne ist nicht Weltwerdung schlechthin, sondern die Welt wird erst dann vollgültig Welt, wenn sie geordnet ist, d.h. →Kosmos wird. Eine solche Konzeption von Kosmogonie kann als Ordnungsstiftung gekennzeichnet werden. Ganz anders muss die Weltentstehung gedacht werden, wenn die Transzendenzen wie Demiurg oder ewige Ideen philosophisch nicht mehr akzeptabel sind. Die somit sich physikalisch gestaltende Kosmogonie ist also auf die beobachtbaren Naturvorgänge und die mathematisch-naturwissenschaftlichen →Gesetze verwiesen, wenn sie Anfang und Ausformung des Kosmos darlegen will. Ausgehend vom Phänomen der Rotverschiebung, das besagt, dass sich die Galaxien des Universums voneinander weg bewegen, folgert die moderne Kosmogonie, dass es einen Punkt gegeben haben muss, an dem alle →Materie vereinigt war. Denn wenn man die Ausdehnungsbewegung zeitlich zurückdreht, gelangt man zu einer Grenze, bei der die Ausdehnung ihren Anfang genommen haben muss. Dieser Anfang wird als Singularität von unendlicher Temperatur und unendlicher Dichte gedacht. Der Beginn der Welt ist die Explosion dieser Singularität, genannt Urknall. Durch das Auseinanderstreben der bisher unendlich komprimierten Energie kühlt diese sich ab und ermöglicht so das Entstehen von Materie. Auch →Raum und →Zeit entstehen mit dem Urknall, denn es macht keinen Sinn, sie auf eine Singularität zu beziehen. Daher verbietet sich die Frage, was vor dem Beginn der Expansion gewesen sei. Umso wichtiger wird die Frage nach der Zukunft des Universums: Geht die Expansion ins Unendliche weiter, kommt sie zum Stillstand oder zieht sich alles wieder zu einer neuen Singularität zusammen?

A. P.

Kosmologie In der rationalistischen Philosophie bezeichnet Kosmologie einen der drei Teilbereiche der speziellen →Metaphysik – neben rationaler Theologie und rationaler Psychologie. Die Kosmologie in diesem Sinne befasst sich mit dem Aufbau der →Welt als dem natürlichen →System physischer →Substanzen. Im Gegensatz zur →Kosmogonie, die die Entstehung der Welt zu ihrem Gegenstand hat, befasst sich die Kosmologie mit ihrem Zustand. In der Frühzeit der Philosophie, die den Begriff freilich noch nicht kennt, meint die Beschäftigung mit dem Zustand des →Kosmos soviel wie rationale Astronomie. Sie betrachtet die Bewegungsverhältnisse der Gestirne, um in ihnen möglichst viele zusammenstimmende Zahlenverhältnisse zu entdecken. Diese Form der Kosmologie ist insofern statisch, als sie allein darauf ausgerichtet ist, die mathematischen Größenverhältnisse als beständig gegebene zu konstatieren. Weiterhin ist sie gekennzeichnet durch den →Dualismus von sublunarer und supralunarer Welt. Erstere (die unter dem Monde befindliche) zeichnet sich durch vom Zufall mitbestimmte Wechselhaftigkeit aus, während Letztere (die über dem Mond befindliche) den Charakter der stetig gleichmäßigen Bewegung von Körpern (d.h. Planeten und Fixsternen) besitzt, die von gänzlich anderer Beschaffenheit sind als die irdische →Materie. Die moderne Kosmologie lässt diesen Gegensatz fallen und betrachtet den gesamten Kosmos als unter den gleichen Gesetzen stehend. Mit dieser neuen Betrachtungsweise ist es möglich, für alle Objekte des Universums – auch die fernsten Galaxien – die gleichen physikalischen Gesetze anzuwenden. Beide Arten der Kosmologie haben ihre positiven und negativen Perspektiven: Die dualistische Weise der Weltbetrachtung sieht den Menschen zwar ausgezeichnet durch seine Zentralstellung im Universum, andererseits aber auch ausgeschlossen vom ewig gleichbleibenden Umschwung der Gestirne; die monistische Kosmologie befreit die Erde von ihrer durch Zufall bewirkten Mangelhaftigkeit, doch rückt sie den Menschen an die Peripherie der Welt.

A. P.

Kosmos Griech. ›Anordnung, gegliederte Ordnung‹: Der Begriff steht zunächst in direktem Gegensatz zum Chaos. In diesem Sinne ist der Kosmos nichts schon vorab Gegebenes, sondern bedarf der Strukturierung. Deshalb ist die Übersetzung von *kosmos* mit Weltall oder Universum problematisch. Vom Umfang her stimmen die Begriffe zwar überein, da sie je das Ganze (Himmel und Erde) meinen, doch akzentuiert der Terminus *kosmos* von vornherein eine sinnvolle Gestaltung. Die Gegenstände der Welt befinden sich nicht in einem irgendwie vorhandenen Beisammen, sondern haben eine zweckhafte Beziehung zueinander. Insofern ist die Wiedergabe von *kosmos* mit ›Schmuck‹ sinnvoll. Die Materie wird in Bezug auf diese Kosmos-Auffassung nicht als durch bloße Wechselwirkung miteinander zusammengehaltenes Konglomerat gedacht; vielmehr ist alles beseelt bzw. durch eine göttliche Macht zur Schönheit gebracht worden. (→Kosmogonie). Beispielhaft für die sorgsame Fügung des Kosmos steht der Himmel mit seinen ewigen und gleichmäßigen Bewegungen. In der Moderne steht der Kosmos unter den Gesetzen der mathematischen Naturwissenschaften. Es geht nicht mehr darum, die Schönheit von Symmetrien zu bestaunen, sondern die physikalischen Kräfte hinter allem zu erkennen. Durch die Sprengung des theologisch untermauerten ptolemäischen Weltbilds ergibt sich die Notwendigkeit, den Zusammenhalt der Dinge neu zu begründen. Zum einen fällt die Vorstellung von der vollendeten Kreisbewegung der Himmelskörper, die in metaphysischer Idealisierung herausgebildet worden war, zum anderen die Idee einer →Quintessenz. Stattdessen werden die Planetengesetze entdeckt und die Gravitation als universell wirkende Kraft zwischen allen Körpern beschrieben. So entsteht eine Himmelsmechanik, die ohne Zuhilfenahme transzendenter Größen die Bewegungen der Gestirne erklärt. Damit ist kein →Atheismus verbunden, da →Gott immer noch als Schöpfer angesehen wird, doch steigt mit Zunahme der Berechenbarkeit der kosmischen Bewegungen und Kräfte das Zutrauen in die Stärke des menschlichen - kalkulierenden - →Verstandes. Die Revolution, die die Relativitätstheorie mit sich gebracht hat, ändert am prinzipiellen Zutrauen in die Erkennbarkeit des Kosmos nichts.

A. P.

Kriterium Bedeutet seinem Ursprung nach zunächst ›Maßstab‹. In philosophischer Hinsicht bezieht es sich in erster Linie auf das Problem der →Wahrheit, d. h. es müssen gewisse Auswahl- und Entscheidungskriterien gefunden werden, nach denen beurteilt werden kann, ob ein Sachverhalt wahr oder falsch ist. Die Quellen der Kriterien können sehr mannigfaltig sein und richten sich je nach dem Wahrheitsbegriff der philosophischen Schulen. Insofern können keine allgemeingültigen Kriterien genannt werden, die die Philosophie im Ganzen betreffen. Zum Wahrheitsproblem tritt später noch die Frage der →Gewissheit, die auch ihre Kriterien hat. Schließlich hat im logischen →Positivismus der Begriff des Sinn-Kriteriums eine besondere Bedeutung gewonnen: Wenn es in der Bedeutung von Wahrheit liegt, dass es eine vollständige Disjunktion von ›wahr‹ und ›falsch‹ als Grundeigenschaft der →Propositionen gibt, so sind Letztere prinzipiell verifizierbar und falsifizierbar, folglich auch sinnvoll.

A. P.

Kritik Von griech. *krinein*, ›scheiden‹: Kritik im Sinne von Scheidekunst (*kritike techne*) ist ein Vermögen des →Menschen, mehr oder minder klug zu handeln in allen Lebensbereichen. Die Unterscheidungen sind nötig, da es in der Situativität des →Lebens immer mehrere Alternativen gibt, zwischen denen man wählen muss. Im Bereich der →Logik meint Kritik das sorgsame Trennen von →Begriffen, um zu immer schärferen und damit genaueren Umrissen ihrer →Bedeutung zu gelangen. Von daher ist der heutige Begriff Kritik zwiespältig: Zum einen meint er soviel wie Rezension, meist als scheltende verstanden, zum anderen im Sinne →Kants eine Tätigkeit des (Transzendental-)Philosophen. Die Kritik als Rezension gehört zum größten Teil der Beurteilung von Kunstwerken oder wissenschaftlichen Arbeiten an. Der Kritiker muss scheiden, was schön oder hässlich, was durchdacht oder unsinnig ist. Diese Arbeit ist nur insofern philosophisch, als der Kritiker auch philosophische →Prinzipien zugrunde legt, nach denen er sein →Urteil fällt. Das kritische Unternehmen Kants wird von dem Vernunftinteresse getragen, die verschiedenen Vermögen des menschlichen Gemüts auseinander zu halten. Da der →Rationalismus einseitig das verstandesmäßige →Erkennen, der →Empirismus einseitig das Erkennen durch die Sinne betont, erwächst die Frage nach einem Mittelweg. Das kritische Verfahren verwirft die Konzeption einer Gradation der Erkenntnisvermögen, wonach die Sinne nur undeutlich und verschwommen erkennen können, der →Verstand aber klar und deutlich erkennen kann. Die Kritik ist daher darauf ausgerichtet zu untersuchen, welches Vermögen was zu leisten im Stande ist. Dabei zeigt sich, dass keines ohne das andere zur Erkenntnis gelangt; beide stehen klar geschieden nebeneinander. Die →Anschauung (das rezeptive Vermögen) liefert die sinnlichen Daten in den reinen Formen von →Raum und →Zeit, der Verstand (das spontane Vermögen) bildet die Begriffe nach seinen apriorischen Regeln der Verknüpfung (den →Kategorien). Die saubere Scheidung von verschiedenen Quellen der Erkenntnis ist insofern konservativ, als hier der platonische Gegensatz von Sinnenwelt und Ideenwelt hindurchscheint, modern aber insofern, als der sinnlichen Anschauung der Eigenwert zuerkannt wird, der ihr im Rationalismus verwehrt wird.

A. P.

Kritische Theorie Philosophische Denkrichtung, als deren Begründer und Hauptvertreter

Horkheimer, →Adorno und Marcuse zu nennen sind. →Habermas gilt als der bedeutendste und bekannteste Denker der kritischen Theorie in zweiter Generation. Alle genannten Philosophen sind bzw. waren Mitglieder des in Frankfurt ansässigen Instituts für Sozialforschung, weshalb die von ihnen begründete Richtung auch Frankfurter Schule genannt wird. Dieses Institut, dessen Leitung Horkheimer 1930 übernahm und zu dessen zeitweiligen Mitarbeitern auch Benjamin (dessen kunsttheoretischer Ansatz einen starken Einfluss vor allem auf Adorno ausübte), Fromm, Pollock und Löwenthal gehörten, war erst einige Jahre zuvor (1923) als außeruniversitäre Forschungsstätte für Marxismus, Sozialismus und die Probleme der Arbeiterbewegung begründet worden. Die philosophischen Frühschriften von →Marx, der →deutsche Idealismus (A) hegelscher Prägung, die Philosophie der Psychoanalyse und die →Kulturphilosophie von Sigmund Freud und neuhegelianisch-marxistische Vorstellungen (von Korsch und Lukács) bilden das geistige Fundament, von dem aus sich das ›kritische Denken‹ entwickelt hat. Ganz allgemein formuliert, besteht die Aufgabe der kritischen Theorie darin, in enger Verbindung von →Theorie und →Praxis, Philosophie und Sozialwissenschaften und unter Berücksichtigung ihrer eigenen gesellschaftlichen Bedingtheit die jeweils herrschenden gesellschaftlichen Verhältnisse einer eingehenden Untersuchung und →Kritik zu unterziehen. Analyse und Kritik dienen dem weiteren Ziel der Emanzipation der Menschen und der umfassenden Veränderung der →Gesellschaft. Im Folgenden sollen zunächst der Begriff des Kritischen, durch welchen sich die kritische Theorie wesentlich definiert, und der Gegenstand bzw. das Ziel einer spezifisch kritischen Kritik untersucht werden. Im Anschluss daran folgt eine Zusammenschau der wesentlichen Punkte, welche – trotz unterschiedlicher Ausprägung der kritischen Theorie durch ihre einzelnen Vertreter – den Charakter derselben prägen.

In seinem Aufsatz von 1937 mit dem programmatischen Titel *Traditionelle und kritische Theorie* entwickelt Horkheimer den Gedanken einer sich spezifisch als kritisch verstehenden Philosophie. Diese bezieht ihr Selbstverständnis vor allem aus ihrer Frontstellung zur traditionellen Theorie, welche sie in all ihren Eigenschaften ablehnt. Diese traditionelle Theorie wird in ihrer Gesamtheit als nicht kritisch gebrandmarkt, weil ihr – nach Horkheimer – die Fähigkeit zur Selbstkritik abgeht. Insofern alle Theorie nicht nur aus einem gewissen gesellschaftlichen Zusammenhang heraus entsteht, sondern in diesen Entstehungszusammenhang auch weiterhin eingebettet bleibt, muss sie als gesellschaftlich bedingt betrachtet werden. Die Problematik der traditionellen Theorie besteht nun darin, dass in ihren diversen wissenschaftlichen Ausprägungen keine Möglichkeit gegeben ist, diese Verflechtung mit der Gesellschaft (und also ihre eigene gesellschaftliche Rolle) hinreichend zu reflektieren. Dieses Manko entsteht nach Horkheimer im Wesentlichen dadurch, dass ›traditionelle Theorie‹ sich auf Tatsachen bezieht, welche sie, weil diese in gewisser Hinsicht zugleich diejenigen sind, auf denen sie auch selbst beruht, nicht mehr hinterfragt. Sofern sie diese aber einfach als objektiv gegeben hinnimmt, verfällt sie damit einem folgenschweren Selbstmissverständnis. Die Tatsachen existieren nämlich nicht unabhängig von der jeweiligen Gesellschaft, sondern sind vielmehr das Produkt einer allgemeinen gesellschaftlichen Praxis, welche zugleich mit den Tatsachen auch die spezifische Erfahrungsweise derselben produziert / bestimmt. So kommt es, dass die traditionelle Theorie ihr Erkenntnisstreben immer nur auf Teilaspekte richtet, wodurch sie die vorgefundene Lage als Ganze affirmiert und sie als ihre eigene Bedingung permanent aufrecht erhält beziehungsweise reproduziert. Die gesellschaftliche →Praxis als solche wird von den Individuen (die ihre Träger und Erzeuger sind) nicht durchschaut, das beschriebene Zusammenspiel als solches kann nicht auf seine Vernünftigkeit bzw. Unvernünftigkeit hin befragt werden. Diese Begrenztheit herkömmlichen theoretischen →Denkens aufzudecken, wird nun zur Aufgabe der kritischen Theorie. Sie versteht sich in diesem Sinne nicht als Alternative zu den kritisierten →Systemen, sondern als Kritik in Reinkultur, welche die Gesellschaft als Ganze, ihre →Strukturen und Theorien, zum Gegenstand hat. Als solche strebt sie keine Teilkorrekturen innerhalb des bestehenden Systems an, sondern eine Veränderung der Gesellschaft insgesamt – ein Ziel, dessen Verwirklichung von der Emanzipiertheit der Menschen abhängt, die sich endlich als Produzenten ihrer historischen Lebensformen verstehen sollen. Insofern das Ziel einer solchermaßen definierten kritischen Theorie in der Veränderung aller bestehenden gesellschaftlichen Bedingungen liegt, verbietet sich in gewissem Sinn die konkrete Formulierung positiver Ziele, politischer Perspektiven, da diese durch ihre eigenen Entstehungsbedingungen wiederum selbst an die Tatsachen der bestehenden kritisierten Gesellschaft gebunden würden.

Worin manifestiert sich nun eine solch allumfassende Kritik, wo setzt die kritische Theorie konkret an, um ihren eigenen Vorgaben gerecht zu werden? – Die kritische Theorie reflektiert auf ihre eigenen Bedingungen. Insofern ihr Ziel in einer allumfassenden Aufklärung (→A Neuzeit – Aufklärung) besteht, wird diese selbst zum Ziel der Untersuchung und schließlich – in dem 1947 erschienenen und von Adorno und Horkheimer gemeinsam im amerikanischen Exil verfassten Buch *Dialektik der Aufklärung* – zum Zielpunkt der Kritik par excellence. Die Pointe dieses Buches, das als das eigentliche Manuskript der kritischen Theorie zu gelten hat, liegt (grob vereinfacht) darin, dass seine Autoren durch die Beschreibung einer sich in ihre eigenen Netze verstrickenden →Vernunft aufdecken, inwiefern Aufklärung eigentlich nicht gelingen kann. Aufklärung als die selbstbewusste, durch die Vernunft zuwege gebrachte Befreiung von der ›Natur‹ durch deren Beherrschung wird durch ein Prinzip der →Dialektik bestimmt, nach welchem die →Freiheit der Preis für die Herrschaft ist, durch welche der Herrschende immer an das Beherrschte gekettet bleibt. Die Vernunft, welche die Mittel zur Selbstbefreiung des Menschen bereitstellt, produziert auch die Mechanismen der Macht, welche den Menschen unterdrücken. Ihre Vernünftigkeit erweist sich in letzter Konsequenz als irrational. Für das Unternehmen einer kritischen Theorie bedeutet das, dass die Vernunft der Aufklärung somit nicht der Standort bzw. Ausgangspunkt einer ›aufklärerischen‹ Kritik sein kann.

Nachdem auf diese Weise der Versuchung der Aufklärung eine klare Absage erteilt wurde, bleibt die Kritik auf sich selbst verwiesen. In dem Artikel *Wozu noch Philosophie?* formuliert Adorno diese Einsicht folgendermaßen: »Leibniz war der Kritiker des Empirismus; Kant der Leibnizens und Humes in eins; Hegel der Kants, Marx der Hegels. Bei ihnen allen war Kritik nicht die bloße Zutat zu dem, was man … ihren Entwurf genannt hätte. Sie dokumentierte keinen nach Geschmack einzunehmenden Standpunkt. Sondern sie lebte im triftigen Argument. Jene Denker hatten in Kritik die eigene Wahrheit. Sie allein, als Einheit des Problems und der Argumente, nicht die Übernahme von Thesen, hat gestiftet, was als produktive Einheit der Geschichte der Philosophie gelten mag.« Und somit kann und muss auch allein im Fortgang solcher Kritik Philosophie bestehen. In diesem Sinne sollen drei Punkte genannt werden, deren Kritisierung gewissermaßen zum Kernbereich der kritischen Theorie gehört.

Ein häufig angesprochener Kritikpunkt betrifft erstens das Phänomen der →Entfremdung oder →Verdinglichung des Menschen. Die industrielle Arbeitswelt ist nur ein Bereich, in welchem diese Entwicklung beobachtet wird. Die Konsumindustrie mit ihrer Werbung ist ein unbesiegbarer Kämpfer für das Stereotype. So gehört mittlerweile beispielsweise auch die Freizeit zu einem der bürokratisch verwalteten Bereiche des menschlichen Lebens, dessen gute Organisiertheit mit dem Verlust der Individualität bezahlt wird. Dass diesem Prozess der Normierung und Nivellierung nicht zuletzt auch die Kunst, zum Vergnügungsobjekt degradiert, zum Opfer fällt, wird vor allem von Adorno immer wieder beklagt. Zweitens wird das Vorherrschen einer bestimmten Denkweise konstatiert, die in ihrer Tendenz zur Quantifizierung, Formalisierung und Rationalisierung als eindimensional kritisiert wird. Die Verkennung der durch den Menschen selbst in die Natur hineingelegten Gesetzmäßigkeiten als objektive Sachzwänge, führt schließlich zu Resignation und Konformität gegenüber Verhältnissen, die in Wahrheit das Produkt menschlicher →Rationalität sind. Als Protagonisten einer solchen ›instrumentellen Vernunft‹ werden vor allem die Philosophie des →Pragmatismus und des →Positivismus angegriffen (Positivismusstreit). Drittens wird der modernen Industriegesellschaft insgesamt (vor allem von H. Marcuse) ein Zug zur Repression vorgeworfen. So wird die Unterdrückung und Hemmung natürlicher Triebe, wie sie nach Freud zur Entwicklung sowohl des Individuums als auch der Gesellschaft als Ganzer nötig ist, in der Moderne über das dazu notwendige Maß hinaus gesteigert. Als vierter und zugleich letzter der hier angesprochenen Kritikpunkte sei die durch Habermas in die Diskussion eingebrachte These von der Abhängigkeit wissenschaftlicher Forschung von einem sie leitenden Erkenntnisinteresse genannt. Habermas unterscheidet in diesem Zusammenhang ein technisches, ein praktisches und ein emanzipatorisches Interesse, welche als vorwissenschaftliche Bezugsrahmen die Richtung der Forschung wesentlich beeinflussen.

Während Adorno und Horkheimer in ihren späteren Schriften die Hoffnung auf reale Emanzipation und Veränderung der Gesellschaft weitestgehend aufgegeben zu haben scheinen, fanden vor allem die in den frühen Schriften entwickelten Gedanken der Frankfurter Schule Eingang in die Ideologie der Studentenbewegung der 60er Jahre und erreichten auf diesem Weg über den universitären Bereich hinaus unmittelbaren Einfluss auf die öffentliche Diskussion.

C. Albrecht / G. C. Behrmann / M. Bock / H. Homann / F. H. Tenbruck, Die intellektuelle Gründung der Bundesrepublik. Eine Wirkungsgeschichte der Frankfurter Schule, Frankfurt/M. 1999

A. Waschkuhn, Kritische Theorie, München / Wien 2000

G.T.-G.

Kritischer Rationalismus Eine philosophische Lehrmeinung, die vor allem von →Popper formuliert worden ist. Die →Kritik bezieht sich hier in erster Linie auf die Abgrenzung zwischen →empirischer Wissenschaft und →Metaphysik, die als Pseudowissenschaft verworfen wird. Das bedeutet, dass alle →Theorien prinzipiell nur →Hypothesen sind, da sie stets umgestoßen werden können. Von daher gibt es kein positives Wahrheitskriterium – wie in der →Metaphysik –, sondern nur noch das negative der Falsifikation. Eine Theorie wird umso wahrscheinlicher, je mehr Falsifizierungsversuchen sie ausgesetzt worden ist und dabei bestanden hat. Was vermieden werden soll, ist die Immunisierung von Theorien gegen ihre Widerlegung und ihr angemaßter Wahrheitsanspruch. Der kritische Rationalismus geht demgemäß streng induktiv vor, sammelt also möglichst viele Fälle, um so eine Steigerung der Wahrscheinlichkeit zu erzielen. Von daher bleibt jedes ›Wissen‹ Vermutung, da auch eine noch so große Zahl von induktiven Bestätigungen nie die Möglichkeit einer einzigen Falsifizierung ausschließt, die das zuvor Angenommene umwirft. Das Rationale liegt darin, dass keine Theorie je abschließend als wahr deklariert wird, sondern stets die Möglichkeit einer Ersetzung durch eine noch mehr gegen Falsifikation gewappnete Theorie einkalkuliert wird. Insofern wird rational zu einem Synonym für kritisch, da keine rationale Diskussion hinreichende Gründe dafür erbringen kann, dass eine Theorie wahr ist. Das Rationale ist der Kritik gegenüber insofern geöffnet, als es nie um →absolute →Wahrheit, sondern nur um die Steigerung von Wahrscheinlichkeit geht.

A. P.

Kritizismus Der Begriff hat zwei Hauptbedeutungen: Im engeren Sinne bezeichnet er die kritische Methode transzendentalphilosophischer Prägung, die von →Kant entwickelt wurde. Gelegentlich wird Kritizismus in noch engerem Sinn auch verwendet, um die Methode / den Gehalt des kritischen Teils der kantischen Philosophie, der hauptsächlich in den drei Kritiken niedergelegt ist, zu bezeichnen. Im weiteren Sinn, der vor allem von H. Albert aufgebracht wurde, meint Kritizismus ein methodologisches →Prinzip, das jede wissenschaftliche Bemühung anleiten soll. Auch in diesem Bedeutungsfeld finden sich Verwendungsweisen, in denen Kritizismus eine Schule, nicht eine schulübergreifende →Methode bezeichnet. In dieser Verwendung bedeutet das Wort dasselbe wie →kritischer Rationalismus, eine von →Popper gegründete und von Albert weitergeführte Schule.

Das Wort taucht nur zweimal in Kants Werken auf, beide Male in 1790 erschienenen Schriften. Definitorischen Charakter hat die Stelle im zweiten Abschnitt der Polemik gegen Eberhard: *Über eine Entdeckung, nach der alle neue Kritik der reinen Vernunft durch eine ältere entbehrlich gemacht werden soll.* Kant charakterisiert zunächst den →Dogmatismus als das Verfahren, ohne vorangehende →Kritik des Vernunftvermögens, also ohne erkenntnistheoretische Überlegungen, welche die prinzipiellen Grenzen der menschlichen Einsicht ausloten, metaphysische Behauptungen aufzustellen; im Gegensatz dazu bestreite der →Skeptizismus gleichfalls ohne erkenntnistheoretische Fundierung – die →Wahrheit schlechthin aller metaphysischer Behauptungen. »Der Kriticism des Verfahrens mit allem, was zur Metaphysik gehört, ist dagegen die Maxime eines allgemeinen Misstrauens gegen alle synthetische Sätze derselben, bevor nicht ein allgemeiner Grund ihrer Möglichkeit in den wesentlichen Bedingungen unserer Erkenntnisvermögens eingesehen worden.« Der derart eingeführte Begriff des Kritizismus zeichnet sich durch drei Bestandteile aus: Die kritische Prüfung geschieht in nicht-skeptischer Absicht, sie dient der Erarbeitung wahrer metaphysischer Behauptungen, nicht dazu, →Metaphysik allgemein zurückzuweisen. Geprüft werden ausschließlich metaphysische Behauptungen. Die kritische Methode wird nicht auf empirische →Urteile ausgedehnt. Zugrunde liegt die Annahme, dass empirische Urteile durch →Erfahrung geprüft werden können und von grundsätzlich anderer Natur sind als die metaphysischen Behauptungen, die, wenn überhaupt, dann ohne Rekurs auf Erfahrung – oder, wie Kant sagt, vor aller Erfahrung (→*a priori*) – gerechtfertigt werden können, dafür aber auch notwendig wahr sind. Die Kritik metaphysischer Behauptungen im Sinne des ›Kriticism‹ ist eine transzendentalphilosophische Kritik: Eine Rechtfertigung ist nur möglich, indem die metaphysischen Behauptungen als Aussagen über Bedingungen der Möglichkeit der Erfahrung herausgestellt werden. Alle metaphysischen Aussagen, die nicht nachweislich (wesentliche) Bedingungen der Möglichkeit der Erfahrung formulieren, sind zu verwerfen. Daraus ergibt sich der Vorrang vor allen anderen Wissenschaften und eine eigentümliche Zielsetzung der →Erkenntnistheorie: Nur ihre Sätze sind letztbegründbar (im Rahmen theoretischer Philosophie). Vordringliche Aufgabe der Erkenntnistheorie ist es, alle wesentlichen Bedingungen der Möglichkeit der Erfahrung festzustellen. Dabei versteht Kant unter wesentlichen Bedingungen offenbar diejenigen Bedingungen, die sich *a priori* als →Implikationen des Begriffs sinnlich-vernünftiger Erkenntnis beweisen lassen. Empirische Bedingungen, wie sie etwa wahrnehmungspsychologische oder physiologische Theorien erforschen, spielen transzendentalphilosophisch keine Rolle.

Kants Zeitgenossen und unmittelbare Nachfolger verwenden Kritizismus in diesem Sinne. Im →Neukantianismus bleibt Kritizismus, sofern er nicht sowieso ausschließlich die kantische Lehre im engeren Sinn bezeichnet (häufig z.B. bei Erdmann), weiterhin an die transzendentalphilosophische Lehre von der apriorischen Erkennbarkeit der Bedingungen der Möglichkeit der Erkenntnis gebunden (z.B. Natorp, Riehl). Ebenso wird die Unterscheidung metaphysischer und empirischer Urteile beibehalten, allerdings bezieht sich die Forderung nach kritischer Prüfung jetzt häufig auf alle Behauptungen.

Generalthese des Kritizismus in der von Albert aufgebrachten Bedeutung, zuweilen neuer Kritizismus genannt, ist die Ablehnung des ›Rechtfertigungsdenkens‹, das die gesamte philosophische Tradition beherrsche, zugunsten der allumfassenden kritischen Prüfung von Behauptungen hinsichtlich ihres Erkenntniswerts. Zugrunde liegt die von Popper vehement vorgetragene Überzeugung, dass überhaupt keine abschließende Begründung irgendeiner Behauptung möglich ist. Eine konsequente Befolgung der Begründungsforderung führt nach H. Albert ins →Münchhausen-Trilemma; der Forderung nach Begründung kann nur auf einem von drei Wegen nachgegangen werden: 1. Jede Aussage wird durch eine neue (fundamentalere) Aussage begründet, ohne dass das Verfahren jemals zum Ende kommt (unendlicher Regress). 2. An irgendeiner Stelle des Begründungsprozesses wird eine Aussage benutzt, um sich selbst zu rechtfertigen (logischer Zirkel). 3. Das Verfahren wird abgebrochen, es werden (angeblich) nicht weiter begründungsbedürftige Sätze behauptet. Traditionell wird die dritte Möglichkeit favorisiert, es werden selbstbegründete, letztbegründete, selbstevidente Sätze in Anspruch genommen. Derartige Behauptungen sind für Albert ausnahmslos Erzeugnisse dogmatischen Denkens; es ist unakzeptabel, weil sich prinzipiell jede Aussage ›dogmatisieren‹ lässt: Jede vorgeblich nicht bezweifelbare Behauptung ist in Wirklichkeit eine dogmatische Festsetzung. Klarerweise sind damit auch die von Kant selbst behaupteten apriorischen Sätze, die Kants Anspruch nach →transzendental unbezweifelbar gerechtfertigt werden können, dogmatische Behauptungen. Der Kritizismus ist nicht mehr an transzendentalphilosophische Annahmen geknüpft, sondern widerspricht ihnen sogar.

An die Stelle der Begründungsforderung als oberster methodologischer Leitlinie tritt die kritische Prüfung. Alle Aussagen werden als prinzipiell zu prüfende Annahmen über die Wirklichkeit (→Hypothesen) betrachtet und ausschließlich nach ihrer Fruchtbarkeit (Tragweite der durch sie möglichen Vorhersagen – ›Erklärungskraft‹) beurteilt. Sie bleiben so lange in Geltung, bis sie widerlegt (→falsifiziert) sind. Da alle Aussagen auf gleiche Art überprüft werden müssen, fällt eine prinzipielle Unterscheidung von metaphysischen und empirischen Behauptungen weg (auch metaphysische Behauptungen, wenngleich sie nicht durch Beobachtung überprüfbar sind, stehen in der Regel in logischen Beziehungen zu direkt überprüfbaren Aussagen. Grundsätzlich nicht falsifizierbare Aussagen sind aus den Wissenschaften auszuschließen). Der neue Kritizismus vertritt eine extrem liberale Auffassung hinsichtlich der erlaubten Hypothesenbildung: Jede falsifizierbare Hypothese ist zugelassen. Dabei werden abwegige Hypothesen sogar bevorzugt, weil sie eingefahrene Denkgewohnheiten der Prüfung aussetzen. Grundsätzlich gilt: Je mehr Möglichkeiten der Falsifikation eine Hypothese bietet, desto besser ist sie. Daher sind metaphysische Aussagen willkommene Bereicherungen der Theorielandschaft, wenn sie nicht als (angebliche) apriorische Einsichten immunisiert werden, sondern überprüfbare Konsequenzen für die empirische Forschung haben.

Die Falsifikation von Aussagesystemen erfolgt immer durch den Aufweis von →Widersprüchen. Solche Widersprüche aufzuspüren, ist eine vordringliche Aufgabe der Forschung (auch eine empirische Widerlegung lässt sich als Widerlegung durch Aufweis eines Widerspruchs auffassen; wenn festgestellt wird, dass eine Theorie mit einer Beobachtung kollidiert, dann muss diese Beobachtung mit den Mitteln der Theorie beschrieben worden sein und aus der Theorie ein Beobachtungssatz ableitbar sein, der mit dem Satz, der die tatsächliche Beobachtung formuliert, logisch unverträglich ist).

In diesem Zusammenhang sind zwei Probleme zu nennen: Erstens ist die Nichtwiderspruchsforderung im Kritizismus, so wie er bei Albert formuliert ist, offensichtlich unaufgebbar. Im Rahmen des klassisch logischen Rahmenwerks, in dem Albert operiert, ist das zunächst kein dogmatischer Restbestand. Die Aufgabe der Nichtwiderspruchsforderung muss in diesem Rahmen nicht unbedingt und undiskutiert abgelehnt werden, sondern wird mit dem Argument abgelehnt, dass es erkenntnisverhindernd wäre, Widersprüche zuzulassen. Der Grund besteht darin, dass nach klassisch logischen Regeln alle in einem →System formulierbaren →Aussagen beweisbar sind, sobald ein Widerspruch (der Form ›p & ¬p‹) beweisbar ist. Das Nichtwiderspruchsprinzip muss in diesem Rahmen also nicht immunisiert werden, es steht zur Diskussion, aber keine Methodologie, die die klassische →Logik akzeptiert, kann es aufgeben, weil sie ansonsten ihr Ziel, die Förderung von Erkenntnis, total verfehlen muss. In jüngerer Zeit sind jedoch Logiken entwickelt worden, die für wissenschaftliche Zwecke durchaus diskutabel sind und in denen vereinzelte Widersprüche nicht dazu führen, dass alle Sätze im System beweisbar sind (parakonsistente Logiken). Im Lichte solcher Logiken ist es nicht ausgemacht, dass das Nichtwiderspruchsprinzip in jede viel versprechende Methodologie gehört. Zweitens weisen wissenschaftstheoretische Forschungen darauf hin, dass eine extrem liberale Hypothesenbildung nach der Maxime ›Je gewagter, je besser‹ unproduktiv ist. Sie führte (konsequent durchgeführt) dazu, dass jede Erfolg versprechende Theorie über irgendeinen kleinen oder größeren Gegenstandsbereich willkürlich ausgeweitet würde: der Gegenstandsbereich würde aufgebläht und/oder kühne Behauptungen würden hinzugefügt, beides erhöhte die Wahrscheinlichkeit der Falsifikation immens.

Weitere Kennzeichen des Kritizismus im Sinne H. Alberts sind: Erstens die Umdeutung der kantischen erkenntnistheoretischen Fragestellung als Frage nach den grundsätzlichen, *a priori* festzustellenden Erkenntnismöglichkeiten des Menschen als eines sinnlichen Vernunftwesens in eine technologische Frage nach der vielversprechendsten Art und Weise, fruchtbare Erkenntnisse zu gewinnen und falsche Auffassungen auszuscheiden. Daher kommen neben gattungsspezifischen Beschränkungen die psychosozialen Faktoren des Erkenntnisprozesses in den Wissenschaften in den Brennpunkt. Zweitens wird die traditionelle Unterscheidung von vorurteilsfreier Erkenntnis als Ideal wissenschaftlicher Theorien und irrationaler Entscheidung als Normalfall praktischen Handelns fallengelassen. So wie alle Erkenntnis auf Entscheidung (für eine Methode, für ein theoretisches

Rahmenwerk, für ein Erkenntnisziel) beruht, also von Wertsetzungen gar nicht zu trennen ist, werden umgekehrt die sozialwissenschaftlichen →Implikationen und sozialen Auswirkungen von theoretischen Erkenntnissen zur Beurteilung dieser Theorien herangezogen. Es besteht nach dem Kritizismus kein prinzipieller Unterschied zwischen Natur-, Geistes- und Sozialwissenschaften.

H. Albert, Kritischer Rationalismus. Vier Kapitel zur Kritik illusionären Denkens, Tübingen 2000

K. Popper / I. Pies / M. Leschke (Hg.), Karl Poppers kritischer Rationalismus, Tübingen 1999

R. K.

Kultur Von lat. *cultura*, ›Ackerbau‹: Eine allein dem →Menschen zukommende Leistung, die es ihm gestattet, über seine Naturwesenhaftigkeit hinauszugelangen. Dabei erstreckt sie sich auf alle Gebiete des Denkens und Handelns. In ihrer Urgestalt ist sie das Wissen um die Urbarmachung des von sich her brach liegenden Bodens. Doch wird sie damit und darüber hinausgehend zur →Technik (griech. *techne*, ›Kunst‹), d. h. zur gestalterischen Kraft, die es fertig bringt, die widerspenstige →Natur zu zähmen. Im philosophischen Bereich ist es der menschliche →Geist, der kultiviert werden muss. Zunächst geht es darum, alle Kräfte des Geistes zu stärken, d. h. seine Geschicklichkeit zu üben und zur Vervollkommnung anzuhalten. Die Kultivierung ist sowohl physisch, auf Disziplin ausgerichtet, als auch moralisch, auf das sittlich →Gute hin orientiert. Die einzelnen Kräfte, die der Kultivierung bedürfen, sind das Erkenntnisvermögen, die Sinne, die →Einbildungskraft, das Gedächtnis und die Aufmerksamkeit, sowie →Verstand, →Urteilskraft und →Vernunft. Darüber hinausgehend kann der Mensch auch das besondere Vermögen des Geschmacks üben, woraus dann die äußerlich sichtbaren Kulturleistungen – die schönen Künste – hervorgehen. Der kultivierte Mensch unterscheidet sich also vom rohen und wilden ›Natur‹-Menschen durch seine ausgeprägtere Verstandestätigkeit, seine differenziertere Wahrnehmung von Welt und durch das Übersteigen des bloß Nützlichen und Angenehmen hin zum Schönen. Kultur gestaltet sich jedoch nicht individuell, sondern ist in einen Rahmen von Überliefertem eingebunden. Diese tradierten Umstände machen es aus, dass von bestimmten Kulturregionen gesprochen werden kann. Da es jedoch keinen Totalstandpunkt gibt – auch keinen philosophischen –, von dem aus sich aus einer überlegenen Perspektive die Kulturen miteinander vergleichen lassen, ist es nicht statthaft, den ›Wert‹ einer Kultur gegenüber anderen zu bestimmen.

A. P.

Kulturphilosophie Diejenige Teildisziplin der Philosophie, in deren Zentrum die philosophische Untersuchung der menschlichen →Kultur, ihrer Bedingungen und Erscheinungsformen steht. Obwohl sie der Sache nach bereits sehr lange existiert (erste Formen finden sich beispielsweise in der griechischen Sophistik), wurde sie erst zu Beginn des 20. Jhs. als eigenständige philosophische →Disziplin anerkannt. Innerdisziplinär lassen sich nicht nur einzelne Formen der methodischen Annäherung an das Phänomen Kultur unterscheiden, sondern auch verschiedene Vorstellungen davon, wofür der Begriff der Kultur inhaltlich steht.

Der Begriff Kultur kann erstens negativ definiert werden als Totalität all dessen, was nicht →Natur ist. Innerhalb dieser Totalität lassen sich zweitens einzelne Kulturen, das heißt die unterschiedlichen Formen feststellen, die das Nicht-Natürliche zu verschiedenen Zeiten an verschiedenen Orten bei verschiedenen →Gesellschaften angenommen hat und noch annimmt. (Nach dieser Definition sind beispielsweise die ägyptische Hochkultur und die westliche Kultur des 20. Jhs. zwei Kulturen.) Innerhalb solcher Kulturen wiederum lassen sich drittens aus dem Insgesamt kulturellen Handelns einzelne Bereiche ausgrenzen, die als ›Kultur in Reinform‹ gelten. Kultur nach diesem dritten Verständnis umfasst zum Beispiel die Bereiche →Kunst und Bildung und grenzt sich deutlich ab gegen andere Bereiche, die (wie die Landwirtschaft) nach den ersten beiden Definitionen noch zum Kulturbegriff gehören. In methodischer Hinsicht unterscheidet man, je nach Weise des Zugriffs auf das Phänomen und dem dahinter stehenden Erkenntnisinteresse, prinzipiell drei verschiedene Formen von Kulturphilosophie: 1. die materiale Kulturphilosophie, 2. die formale Kulturphilosophie und 3. die philosophische Kulturkritik.

Die materiale Kulturphilosophie geht von der Annahme aus, dass die Entstehung unterschiedlicher Kulturen (nach Definition 2) sich der Bewältigung gewisser Probleme verdankt, die sich in vergleichbarer Weise allen Kulturen stellen, zu deren Lösung jedoch jede Gesellschaft (in Abhängigkeit von ihren je spezifischen Bedingungen) andere Wege einschlägt, d.h. neue Kulturformen entwickelt. Die materiale Kulturphilosophie geht der Frage nach, worin denn diese zu lösenden Probleme bzw. die von jeder Gesellschaft als solcher zu erfüllenden Aufgaben bestehen. Dabei verfährt sie generalisierend, das Ziel ihrer Untersuchung besteht darin, verallgemeinerungsfähige Antworten auf die gestellten Fragen zu gewinnen. Während der materialen Kulturphilosophie vor allem an einer inhaltlichen Bestimmung der Funktion von Kultur gelegen ist, geht das Interesse der formalen Kulturphilosophie in eine andere Richtung. Sie sucht nach den Merkmalen von Kultur, welche die rein formale Unterscheidung zwischen natürlichen und Kulturphänomenen ermöglichen. Der auf diese Weise gewonnene formale Kulturbegriff geht nicht auf die Phänomene direkt, sondern bestimmt vor allem unseren Zugriff auf dieselben, weshalb auch die Kulturwissenschaften zum Gegenstandsbereich der formalen Kulturphilosophie gehören. Die älteste und zugleich am weitesten verbreitete und populärste Form von Kulturphilosophie ist die Kulturkritik. Unbedingte Voraussetzung für jede Form von Kulturkritik (wie natürlich auch für alle erst später entstandenen Arten von Kulturphilosophie) bildet ein klares Bewusstsein von Kultur überhaupt. Das bedeutet, dass mit dem Bestehen einer Kultur noch nicht zugleich die Möglichkeit der →Kritik an ihr gegeben ist, sondern dass erst die reflexive Erkenntnis der Kultur als Nicht-Natur den Bezugspunkt oder Standpunkt schafft, der notwendig ist, um eine kritische Perspektive auf die Kultur gewinnen zu können. Mit welcher Problematik die Eröffnung einer solchen Perspektive verbunden ist, wird deutlich an einem Beispiel aus den Anfängen der Kulturkritik: bei den →Sophisten. Diese untersuchten die traditionellen Formen ihrer Lebensbereiche auf ihren natürlichen oder kulturellen Ursprung hin, wobei sie bemüht waren, jedes Ding und jede der untersuchten traditionellen Formen als vom Menschen erzeugtes Kulturgut zu erweisen. Die Empörung, die dieses Tun bei den damaligen Zeitgenossen hervorgerufen hat, lässt sich nur verstehen, wenn man überlegt, was diese Unterscheidung in ›natürlich‹ und ›nicht natürlich‹ für das Selbstverständnis jener Gesellschaft bedeuten musste. Solange die Menschen ihr Tun als in einer göttlich verstandenen Natur gegründet sahen, erhielt es von diesem Grund her seine übermenschliche Legitimation. Indem nun die Verbindung zu dem göttlichen Urgrund gleichsam gekappt wurde, indem man den Ursprung des menschlichen Tuns aus der Natur heraus in den Menschen selbst hineinverlegte, wurde diesem Tun damit seine unhinterfragbare Legitimation entzogen (als kulturelles Phänomen, d.h. vom Menschen Gemachtes, kann es als solches auch vom Menschen kritisiert, hinterfragt und wieder abgeschafft werden), der gesamte Bereich all dessen, was als Kultur gilt, muss nun vom Menschen selbst verantwortet werden.

Unabhängig von Zeit und Ort lässt sich sagen, dass die hier angesprochene Problematik von Legitimität und Verantwortung auch heute noch das geheime oder offene Thema jeder Diskussion über die Natur- oder Kulturbedingtheit einer Sache bildet. Auch für unsere Zeit gilt: Wird etwas als kulturelles Phänomen anerkannt, so ist damit die Einsicht in seine Beliebigkeit und in die →Notwendigkeit seiner Beurteilung verbunden. Vor allen früheren Formen der Kulturkritik zeichnet sich die moderne Kritik vor allem durch ihre Form der ›reflexiven Reflektiertheit‹ aus. Zum Bewusstsein der kulturellen Bedingtheit gewisser Phänomene tritt in der Moderne das Wissen um die kulturelle Bedingtheit von Kulturkritik selbst, was bedeutet, dass ihr Maßstab und ihre →Kriterien nun ihrerseits zum Gegenstand kritischer Prüfung werden. Während bei der formalen und der materialen Kulturphilosophie allfällige Wertungen mehr oder minder bewusst und gewollt mit einfließen, wird die Bewertung in der Kulturkritik explizit durch Bezugnahme auf einen Maßstab realisiert. Dabei kann sich die Kulturkritik erstens eines kulturexternen Maßstabs bedienen, sie kann zweitens einen innerkulturellen Maßstab anlegen oder drittens etwas als Maß zur Beurteilung wählen, das das zu Beurteilende oder zu Vergleichende bereits selbst in sich fasst. In exemplarischer Gestalt findet sich Kulturkritik der ersten Form bei Rousseau verwirklicht. Den kulturexternen Maßstab, an welchem die Kultur gemessen wird, bildet dort die Natur. In kritischer Absicht wird sie der Kultur (Definition 1) gegenübergestellt und das Verhältnis des Kulturmenschen zu seiner Natur als das Ergebnis eines Entfremdungsprozesses bestimmt. Jener Form von Kulturkritik, in welcher Kultur unter Rekurs auf ein Kulturfremdes kritisiert wird, steht die zweitgenannte Form einer innerkulturell vorgebrachten und orientierten Kritik gegenüber. Diese Form der Kritik erweist sich als notwendig, sobald von der Annahme des Menschen als eines autonomen →Subjekts ausgegangen wird. Die →Freiheit des Menschen neutralisiert die Natur in Bezug auf sein kulturelles Handeln, für das nun ausschließlich das Subjekt die Verantwortung übernehmen muss, wohingegen die Natur diesbezüglich nicht mehr verantwortlich gemacht werden kann.

So erscheint es nur konsequent, wenn mit der Verantwortlichkeit der Natur auch ihre Normativität für die Kultur verschwindet und die Kulturkritik sich an innerkulturellen Maßstäben orientiert. Dies führt in der Folge dazu, dass innerhalb einer Kultur einzelne Gebiete ausgesondert werden, welche nun ihrerseits zum Maßstab für die Beurteilung der anderen Kulturbereiche (welche nun aber nicht mehr so genannt werden, weil sie Kultur nur im Sinne der zweiten Definition sind) avancieren. Während bei Rousseau die Natur dazu diente, die Kultur (im Sinne der zweiten Definition) zu kritisieren, wird in der innerkulturellen Kritik eine spezifische Ausprägung von Kultur selbst zum Maßstab, um damit diejenigen Bereiche zu kritisieren, denen die Ehre kulturellen Ausgezeichnetseins nicht zuteil wurde. Als typisches Beispiel für diese Art von Kritik (das sich in dieser Weise allerdings nur im deutschsprachigen Raum findet) sei die wertende Gegenüberstellung von Kultur und Zivilisation erwähnt. Sie findet sich in den unterschiedlichsten Varianten von →Kant über →Nietzsche bis Spengler, wobei der Begriff der Kultur inhaltlich jeweils durchaus verschieden gefasst wird. Wesentlich ist dabei nur, dass, gemessen an der sich durch ein bestimmtes Merkmal auszeichnenden Idealvorstellung von Kultur, die Zivilisation jeweils als defizitär erscheint. Eine eigenständige, dritte Form von Kulturphilosophie, die weder der inner- noch der außerkulturellen Kritik zugehört, stellt die lebensphilosophische Kulturkritik dar. In ihr wird der Begriff des →Lebens, der in seiner Totalität nicht nur die Kultur, sondern auch alle Nichtkultur umschließt, zum Maßstab, auf welchen beispielsweise Kultur und Zivilisation wertend bezogen werden. Vom Leben als normativem Prinzip her wird alles, was das Leben fördert, positiv bewertet, wohingegen alles, was diesem abträglich ist, unter das negative Verdikt der Dekadenz fällt.

Neben der politischen Dauerdiskussion um die Frage, wie viel Kultur (im Sinne der 3. Definition) unsere Gesellschaft wirklich braucht, gehört nach Schnädelbach heute die Auseinandersetzung mit den Positionen des →Naturalismus und des ›Kulturrelativismus‹ zu den vordringlichsten Aufgaben unserer modernen Kulturphilosophie. Der Naturalismus bestreitet, dass neben dem natürlich Gegebenen und Entstandenen noch ein von diesem total verschiedener, formal und inhaltlich deutlich abgrenzbarer Bereich der Kultur existiert. Die Folgen einer solchen Leugnung der Differenz zwischen Kultur und Natur wurden im Zusammenhang mit der Sophistik bereits unter umgekehrten Vorzeichen angesprochen. Wo Kultur nicht als ein von der Natur unabhängiger Bereich gilt, werden kulturelle Phänomene und Probleme zu natürlichen Phänomenen und Problemen, deren Lösung in den Kompetenzbereich der Naturwissenschaft fällt - und für deren Bestehen die Natur und nicht der Mensch verantwortlich ist. Im Unterschied zu den als solchen anerkannten Kulturphänomenen besteht gegenüber den geleugneten nicht mehr nur keine Pflicht zur Beurteilung und Kritik, sondern sie entziehen sich jeder Kulturkritik als nicht zu ihrem Objektkreis gehörig. Während die naturalistische Position in letzter Konsequenz so zu einer Aufhebung der Kulturkritik führt, indem sie dieser ihr Objekt entzieht, erreicht die kulturrelativistische Position dasselbe Ergebnis auf dem entgegengesetzten Weg. Der Kulturrelativismus anerkennt das gleichzeitige Bestehen der unterschiedlichsten Kulturkreise (nach Definition 2) und Kulturformen (nach Definition 3) und leitet gerade aus der Annahme der Kulturbestimmtheit des Menschen die Unmöglichkeit von Kulturkritik überhaupt ab. Insofern der Blick auf andere Kulturen und Kulturformen immer nur durch die gleichsam getönte

Brille der eigenen Kultur möglich ist, verbietet sich jede Beurteilung einer fremden Kultur von vornherein. Dieser aufgeklärte wertneutrale Standpunkt verhindert nun zwar ungerechtfertigte Abwertungen, führt als praktische Folge jedoch auch die Haltung der moralischen Unverbindlichkeit im Gepäck und verfügt nicht über die geeigneten Mittel, um den durch Wertneutralität eröffneten Spielraum der Toleranz gegen nicht wertneutrale Einstellungen zu verteidigen.

F.-P. Burkhard (Hg.), Kulturphilosophie, Freiburg 2000
W. Ehrlich, Kulturphilosophie, Tübingen 1964
C.-F. Geyer, Einführung in die Philosophie der Kultur, Darmstadt 1996

G.T.-G.

Kunst Im ursprünglichen Sinne bezieht sich Kunst auf jedes Hervorbringen von etwas, das nicht auf natürliche Weise zustande gekommen ist. So ist jedes Handwerk insofern eine Kunst, als hier durch menschliches Wirken etwas geschaffen wird. Dabei ist Handwerk nicht eng zu fassen, sondern kann auch auf Bereiche übertragen werden, bei denen kein Gegenstand erzeugt wird (z.B. die ärztliche, politische, militärische Kunst). Immer aber geht es darum, dass ein →Wissen da sein muss, von dem der seine Kunst Beherrschende geleitet wird. Die Kunst ist insofern eine →Technik (griech. *techne*, ›Kunst‹), als ein erlernbarer Stoff vermittelt werden kann, wobei durch Neuerungen und Erfindungen jede Kunst der Perfektionierbarkeit geöffnet ist. Im engeren Sinne ist Kunst jedoch dasjenige Können, durch das Kunstwerke entstehen oder zur Aufführung gebracht werden. Hier erhebt sich der Künstler über den bloßen Handwerker, da er zu seiner Tätigkeit eines besonderen Talents, eines *ingeniums*, oder sogar eines Genies bedarf. Sein Werk ist das →Schöne, sei es als bleibender, geformter Stoff (wie z.B. Gemälde, Plastiken) oder als mit ihrer Entstehung auch wieder verschwindende Gestaltung (wie z.B. Gesang, Tanz). Die Quellen des künstlerischen Schaffens in diesem Sinne sind vielfältig auszumachen. Einleuchtend ist zunächst die Orientierung des Künstlers an der →Natur: In ihr findet er Material, das ihm zur Nachbildung und Verbesserung gegeben ist. Doch darf wahre Meisterschaft nicht bei platter Abschilderung bleiben, was einer langweiligen Verdopplung der Natur gleichkäme, sondern es geht um das Heraustreiben des Wesentlichen des Nachgeahmten. So soll etwa der gemalte Löwe nicht bloß zeigen, dass der Künstler sich auf detailgenaue Übertragung versteht, sondern dass er das Löwenhafte selbst erkannt und dargestellt hat. Eine der Natur gleichrangige Quelle ist die menschliche Fantasie. Hier löst sich die Kunst von den Vorgegebenheiten der Natur oder (in der Literatur) der tradierten Stoffe. Das Werk wird hier zum Ausdruck der je eigenen Gedankenwelt des nun als Genie gedachten Künstlers. Dieser ist ein Günstling der Natur und hat die angeborene Gemütslage, durch welche sie der Kunst die Regel vorschreibt (→Kant). Der Künstler der Genieästhetik erfährt somit eine starke Aufwertung, da er nun nicht mehr als Handwerker von hohen Graden, sondern als Mensch mit überragenden geistigen Fähigkeiten angesehen wird. Die Schwierigkeit des Geniegedankens liegt in der mühsameren Nachvollziehbarkeit seiner Einfälle. So kommt es im Gefolge der gesteigerten Künstlerindividualität immer wieder zu der Frage, was noch Kunst und was übersteigerter Eigensinn des ›Genies‹ sei.

A.P.

Kyniker Von griech. *kyon*, ›Hund‹, oder vom Gymnasion Kynosarges. Als Kyniker bezeichnet man den griechischen Philosophen Antisthenes und seine Schüler. Ausgangspunkt der kynischen Lehre ist die Überzeugung, dass die materiellen Güter (vor allem Reichtum) nicht zum →Glück des →Menschen beitragen, ja ihm sogar hinderlich sein können. Die kynische Philosophie rät daher zur äußersten Bedürfnislosigkeit und somit Selbstgenügsamkeit (→Autarkie). Dazu ist große Charakterstärke nötig, da es erforderlich wird, den Annehmlichkeiten der zivilisierten Welt zu entsagen, um sich der Einfachheit des →Naturzustandes zuzuwenden. Daraus folgt zum einen die Abkehr von der →Gesellschaft – verbunden mit einer Hinwendung zum Kosmopolitismus –, zum anderen die Bejahung eines →Monotheismus, verbunden mit der Ablehnung von Staatsgöttern. Der kynische Weise ist also Weltbürger. In seiner Weiterentwicklung wird der Kynismus mehr und mehr provokativ, was sich in der betonten Schamlosigkeit seiner

Anhänger ausdrückt: Nichts soll vor den Augen der anderen verborgen bleiben, selbst das Intimste wird noch öffentlich zur Schau gestellt. Der vom Kynismus abgeleitete Begriff ›zynisch‹ meint die schroffe, aber auch die bloß gestellte Verwerfung gesellschaftlicher →Normen. Anders als in der von Antisthenes erdachten Lehre geht es dem Zyniker nicht um strenge Lebensführung, sondern um die mehr oder weniger selbstgefällige Haltung, alles sittlich Geltende in Frage zu stellen, zu relativieren oder ganz zu verneinen. Der Zyniker fällt insofern hinter die kynische Philosophie zurück, als er gar nicht mehr an einem Ideal wie der Autarkie interessiert ist und nur die destruktive Seite der Normverachtung bestehen lässt.

A. P.

Kyrenaiker Der griechische Philosoph Aristipp und seine Schüler und Anhänger. Nach ihrer Auffassung besteht das gelingende Leben, das Glück (d. h. →Eudaimonie), in der Selbstbeherrschung in der →Lust (*hedone*). Der kyrenaische Weise genießt die Lust, ohne sich von ihr abhängig zu machen, er kann ihrer stets gebieten. Dazu gehört die Furchtlosigkeit vor zukünftigen Übeln, die Klaglosigkeit gegenüber Vergangenem und die alleinige Konzentration auf das Gegenwärtige, da es das Einzige ist, was der Mensch zu bemeistern vermag. In der →Erkenntnistheorie lassen die Kyrenaiker nur die Empfindungen als Quelle des Wissens zu, leugnen jedoch, die →Ursachen der →Empfindungen ausmachen zu können. Die Empfindungen anderer Menschen sind nur insofern zugänglich, als man ihre Äußerungen zum Objekt der Betrachtung macht.

A. P.

Laplacescher Dämon Geht zurück auf den französischen Mathematiker und Physiker Pierre Simon de Laplace (1749–1827), der die totale Determiniertheit der →Welt durch die Kausalgesetze der Physik (→Kausalität) folgendermaßen zum Ausdruck bringt: Der momentane Zustand des →Systems →Natur ist offensichtlich eine Folge dessen, was er im vorherigen Moment war, und wenn wir uns eine Intelligenz vorstellen, die zu einem vorgegebenen Zeitpunkt alle Beziehungen zwischen den Teilen des Universums verarbeiten kann, so könnte sie Orte, Bewegungen und allgemeine Beziehungen zwischen allen Teilen für alle Zeitpunkte in Vergangenheit und Zukunft vorhersagen.

Laplace entwirft so die Vision eines Dämons, eines Superhirns, das die totale Kontrolle über alle Ergebnisse der Welt hat, eine Vision, die auch heute noch vielen Menschen Angst einflößt, die aber auf der Grundlage der Erkenntnisse der modernen Physik (→Chaostheorie) ihren Schrecken verloren hat.

B. W.

Latent Von lat. *latens*, ›unsichtbar, verborgen‹: Der Begriff wird philosophisch eingeführt, wenn die verschiedenen Arten von →Gründen auseinandergehalten werden sollen. Neben den Gründen von regelmäßiger Wirksamkeit gibt es auch solche von unregelmäßiger: Diese Letzteren lassen sich in zwei Unterarten gliedern, die einsehbaren, die das menschliche Streben und →Urteilen leiten, und die latenten, die dem →Zufall unterworfen sind. Diese Art von Verbergen kann auf unterschiedliche Weise philosophisch interpretiert werden. Im Zusammenhang mit dem →Theodizee-Problem können der →Materie latente →Ursachen zugeordnet werden, um das →Übel in der Welt trotz der Allmacht und Allgüte →Gottes erklären zu können. Im naturphilosophischen Kontext besagt Latenz soviel wie Allbelebtheit, d. h. auch das scheinbar Tote (die Materie) ist nichts anderes als schlafende Tier- oder Pflanzenwelt. In einer bestimmten Ausformung des Marxismus (bei Bloch) gewinnt die Latenz eine tragende Bedeutung. Bei der Betrachtung der →Geschichte zeigt sich, dass ihr eine Tendenz auf das Reich der →Freiheit innewohnt. Latent ist dabei das utopisch Fundierende dieser Tendenz. Eine besondere Ausformung gewinnt die Latenz in der Interpretation der →Wahrheit bei →Heidegger, wo es um das Wechselspiel von Verborgenheit und Unverborgenheit geht.

A. P.

Leben Wird zunächst in zwei unterschiedlichen Sinnzusammenhängen gebraucht: als organisches Leben (griech. *zoe*) oder als vom →Menschen geführtes Leben (griech. *bios*). Das organische Leben unterscheidet sich vom anorganischen Geschehen durch seine innere →Zweckmäßigkeit. Jedes Organ ist Teil eines Organismus, der als das Ganze die unterschiedlichen →Funktionen zusammenhält. Teil und Ganzes können nicht voneinander getrennt werden, ohne dass dadurch der gesamte Lebensprozess in Mitleidenschaft gezogen würde. Insofern unterscheidet sich der Mensch in keiner Weise vom pflanzlichen oder tierischen Leben. Philosophisch bedeutsam wird der Begriff Leben dann, wenn er als Selbstbewegung aufgefasst wird. Deren →Prinzip ist die →Seele, die im Unterschied zu anderem nicht eines äußeren Anstoßes bedarf. Von daher hat das Leben einen Vorrang gegenüber den mechanisch aneinanderstoßenden Körpern, die nur aufgrund einer nicht selbst erzeugten Kraft in Bewegung sind. Im Bereich der praktischen Philosophie unterscheidet die Tradition (→Aristoteles) zwei verschiedene Arten der Lebensführung. Auf der einen Seite kann sich der Mensch zur tätigen Lebensform (*bios praktikos*) entscheiden, d.h. aktiv in die Verhältnisse seines Gemeinwesens eingreifen und dieses zu gestalten suchen; auf der anderen Seite steht ihm die schauende Lebensform (*bios theoretikos*) offen, d.h. die wissenschaftliche Beschäftigung mit den Gesetzmäßigkeiten der Welt. Beide Formen haben ihre je eigene Vollendung: Der zum tätigen Leben Neigende erwirbt sich im Falle des Gelingens das Lob seiner Mitbürger, der Schauende erfährt den geistigen Genuss des Erkennens. Eine dritte Lebensform, die sich nur der Gewinnsucht und den fleischlichen Genüssen hingibt (*hedone*), ist zwar unter den Menschen sehr verbreitet, entspricht aber nicht seinen eigentümlichen Anlagen. Eine das Leben betreffende Frage, die erst spät richtig formuliert wurde, ist die nach dem Unterschied bzw. Übergang von Anorganischem und Organischem. Während die Tradition an einem spezifischen Unterschied festhält, der dem Leben so etwas wie eine besondere Kraft zuschreibt (→Vitalismus), beschreiben die modernen Naturwissenschaften die lückenlose Evolution von einfachen Molekülen bis zum komplizierten Organismus des Menschen.

A.P.

Lebensphilosophie Es ist historische Erfahrung, dass Philosophien veralten und philosophische →Begriffe und Begriffssysteme unbrauchbar werden, die →Wirklichkeit von →Natur, →Welt und →Geschichte und das →Bewusstsein von ihr angemessen zu deuten. Die theoretischen Begriffe ebenso wie die moralischen werden schal und erscheinen dem Zeitgenossen als leere Formeln. Die Wirklichkeit, die sie auslegen sollten, scheint ihrem Zugriff nicht mehr verfügbar und fordert, gleichsam von sich her, einen neuen Versuch, sie denkend zu erfassen. Dasjenige →Denken, das einem solchen Anspruch gerecht zu werden behauptet, setzt sich notwendig zu den zu überwindenden →Systemen in →Widerspruch, indem es vorerst selbst einmal alle Begrifflichkeit aufgibt, um der lebendigen Dynamik zum Durchbruch zu verhelfen, und daher jene als unzureichend, leer und tot erklärt. Das so konzipierte neue →Denken etabliert sich als →Irrationalismus und deklariert die intuitiv-mystische Einfühlung, das lebendige Erlebnis, als die einzig mögliche Weise, die Wirklichkeit adäquat zu erkennen. Eine solche Situation und ein so geartetes Selbstverständnis charakterisiert auch jene philosophische Strömung, die als Lebensphilosophie in die Geschichte der neueren Philosophie Eingang gefunden hat. Sie umfasst einen Zeitraum von etwa 60 Jahren, dessen Scheitel die Wende zum 20. Jahrhundert ist. Die an ihr maßgeblich beteiligten Denker waren in Deutschland →Dilthey, →Nietzsche, Simmel, Klages und Spengler; in Frankreich Guyau und →Bergson; in Spanien de Unamuno y Jugo und Ortega y Gasset. Bei aller Verschiedenheit im Einzelnen verbindet sie ein gemeinsames Pathos der autonomen Deutung des sich selbst genügenden schöpferischen Lebens aus ihm selbst und die radikale Abkehr sowohl von jedweder positivistischen Welterklärung als auch von aller als rationalistisch deklarierten Vernunft- und Verstandesmetaphysik.

Vorläufer war F. Schlegel mit dem Versuch, gegen →Kant und →Hegel eine *Philosophie des Lebens* (1828) als eine →Transzendentalphilosophie des vollständigen Bewusstseins (und nicht nur des →Verstandes) zur Geltung zu bringen. In der Gegenwendung gegen Aufklärung (→A Neuzeit – Aufklärung), Veräußerlichung des gesellschaftlichen Lebens, gegen Verstandesdenken, Reflexionsphilosophie und tote Gelehrsamkeit zeigen auch, beeinflusst von Rousseaus Hinweis auf die ursprüngliche Natur des Menschen, Sturm und Drang (Herder, Jacobi, Goethe), Romantik und der →deutsche Idealismus (A) mit →Fichte und →Schelling der Lebensphilosophie verwandte Züge. Unter dem Einfluss der historischen Schule und der christlichen →Mystik ebenso wie der antibourgeoisen Kulturkritik und dem dionysischen Lebensverständnis Nietzsches entfaltet sich dann bei Dilthey und Bergson jene antirationalistische Auffassung der unmittelbaren, nicht abstrakten, kontinuierlich fließenden Erlebnis- und Werdewirklichkeit, welche im engeren Sinne den Namen Lebensphilosophie trägt. In der Reduktion des Erkennens und aller objektiv-geistigen Phänomene auf ihre Funktion im Leben und auf Lebensbewahrung und Lebenssteigerung verwandt mit dem →Pragmatismus (→Dewey), hat die Lebensphilosophie vor allem durch die Hervorhebung von →Intuition (Bergson) und →Verstehen (Dilthey) als den allein adäquaten Erkenntnisweisen und durch das auf der Objektseite korrespondierende physiognomische Verständnis der Wirklichkeit als Ausdruck des schöpferischen, sich in Gestalten ergießenden und wieder zurücknehmenden Lebens starken Einfluss genommen auf Dichtung (D'Annunzio, Gide, Proust, George, Hofmannsthal, Rilke, Hesse), Kunst (Expressionismus) und politisch-gesellschaftliche Bewegungen ihrer Zeit (Jugendbewegung, Schulreform). Auch auf philosophischem Gebiet war die Lebensphilosophie bestimmend für neue Fragestellungen. →Phänomenologie (Scheler) und →Existenzphilosophie (→Heidegger) sind ohne sie ebenso wenig zu denken wie gewisse neuere Formen einer geistesgeschichtlichen Pädagogik (Nohl, Litt, Spranger), und es hat den Anschein, dass das Problem der →Geschichtlichkeit, welches die gegenwärtige Situation des Philosophierens noch bestimmt, aus dem Erbe der Lebensphilosophie und ihrer Verquickung von Leben, Geschichte und →Metaphysik stammt. Überflüssig, zu sagen, dass eine Reihe von Wissenschaften (Graphologie, Charakterologie, geisteswissenschaftliche Psychologie) allererst aus lebensphilosophischer Konzeption entstanden ist und dass über die methodologischen Reflexionen zur Begründung der Geisteswissenschaften (Rothacker, →Gadamer) hinaus Literatur und Sprachwissenschaft und Kunstgeschichte bleibend durch sie bestimmt sind.

Nach Ursprung, Entfaltung und Intention ist die Lebensphilosophie, selber geistesgeschichtlich betrachtet, Typus einer bestimmten literarisch-geistigen Reaktion: Sie steht als →Paradigma für jenen in philosophischer Reflexion sich explizierenden, utopisch-kritischen Protest gegen die Erstarrung des Lebens in überkommenen Begriffsschemata, deren Anspruch auf gültige Deutung der Wirklichkeit nicht mehr mitvollzogen werden kann und will, deren Begriffsgehalte, als abstrakte, nicht mehr verstanden werden und den neuen →Erfahrungen in Menschenwelt und Geschichte unangemessen und äußerlich bleiben. Da indessen auch eine neu erfahrene Wirklichkeit, soll sie philosophisch reflektiert werden, wieder nur durch Begriffe gedacht und erkannt wird, so ist jener lebensphilosophische Impuls nie selbst Philosophie (vgl. schon Rickert), sondern allenfalls Stimulans, eine adäquate Philosophie zu entwerfen. Lebensphilosophie ist daher Phänomen eines Übergangs, wenn auch ein notwendiges in der Entwicklung philosophischen Denkens. Verwechselt man vorschnell ihren negativen Charakter des destruierenden Protests und ›Aufbruchs zu neuen Ufern‹ mit der Positivität einer durchdachten und reflektierten Auskunft über die Wirklichkeit im Ganzen, so kommt es zu jenen in sich widersprüchlichen Erscheinungen eines →Historismus und →Irrationalismus, deren Pendants dem Gebiete der Theologie unter den Namen Traditionalismus und Fideismus bekannt sind. Gleichwohl erweist sich solche Destruktion darin als gerechtfertigt, dass sie jene falsche Selbsteinschätzung des Begriffsdenkens aufdeckt, welche die bleibende Differenz von Begriff und Leben verkennt und mit dem Begriff die Wirklichkeit zu besitzen vorgibt.

Schon das Grundwort ›Leben‹ zeigt jene innere Ambivalenz, dass es als Ausdruck des Protests, als Kampfbegriff (vgl. schon Bollnow), eine sinnvolle Funktion erfüllt, als Grundbegriff der Wirklichkeitserkenntnis aber, weil in sich bestimmungslos, versagt. Macht es gegenüber einem Weltbild der reinen Gegenständlichkeit, gegenüber einer statischen Seins- und Verstandesphilosophie, die Erlebniswirklichkeit der schöpferischen Bewegung (*evolution creatrice*), des heraklitischen Werdens geltend; steht es gegen die Einseitigkeit des Verstandes für die Gesamtheit und Ganzheit der seelischen Kräfte: für Stimmung, Gefühl, Leidenschaft, Sehnsucht, so gewinnt es seine eigene, sachliche Überzeugungskraft, seine Evidenz, lediglich aus der Alternative (vgl. Lersch), während es für sich selbst gehaltlos und leer bleibt. Alle hier einschlägigen Gegensätze: Innen - Außen, Intuition - Intellekt (Bergson), Geschichte - Natur, Verstehen - Erklären (Dilthey), Organisches - Mechanisches, →Schicksal - →Kausalität, Tiefe - Oberfläche, →Weisheit - →Wissenschaft (Spengler), Prinzip der →Seele - Prinzip des →Geistes (Klages), →Zeit - →Raum, Kontinuität - Diskontinuität, Leben - Form (Simmel), haben zunächst nur Phänomencharakter und sind Probleme, die allererst auf eine philosophische Durchdringung warten und, statt dass sie selbst schon als Philosophie ausgegeben werden, erst für eine Gesamtdeutung der Wirklichkeit fruchtbar gemacht werden müssten. Schritte in dieser Richtung finden sich vor allem bei Bergson, Dilthey und Simmel, wenngleich die kritische Frage nach dem →Sinn des Lebens, selbst im Begriff der Selbsttranszendenz des Lebens (Simmel), wieder zurückgebogen wird in die Unergründlichkeit und Unerklärbarkeit des schöpferischen Alllebens.

Erweist sich aber das lediglich von der Alternative getragene Leben als in sich selbst gehaltlos und leer, so wird jede beliebige Interpolation möglich: die spezifische Gefahr jeder den Begriff negierenden Philosophie. Irgendein aus der Historie aufgegriffener Gehalt oder das Neue, rein um seiner verheißungsvollen Dynamik willen, wird als das ›eigentlich Wahre‹ dem Leben substituiert. Dies um so mehr, als mit dem untergründigen pantheistischen Einschlag ein unkritischer Optimismus als Kompensation des Misstrauens gegen den reflektierenden Verstand bestimmend wird, der alles Lebendige als zu bejahenden Ausdruck des Lebensgrundes verstehen lässt. Mit der so vollzogenen Nivellierung alles geschichtlich Gewordenen verbindet sich schließlich ein rein kontemplatives Verhältnis zur Geschichte, das Gegenwart und Zukunft nur noch im Modus der Vergangenheit denken lässt und gerade das verleugnet, was die Lebensphilosophie selbst entstehen ließ: die kritisch gerechtfertigte, sich von der Vergangenheit distanzierende oder für sie entscheidende Tat. Ging die historische Bewegung der Lebensphilosophie auch am Selbstwiderspruch einer begriffslosen Philosophie und an der inneren Gehaltlosigkeit ihres Grundwortes zugrunde, so bleibt doch ihre Intention als Aufgabe der Selbstunterscheidung des Begriffs vom Leben für jedes Philosophieren von →Bedeutung.

H. Rickert, Die Philosophie des Lebens, Tübingen 1920
V. Jankélévitch, Deux philosophes de la vie, Guyau et Bergson, Revue philosophique·de la France, 1924, S. 402-449
F. Heinemann, Neue Wege der Philosophie. Geist - Leben - Existenz, Leipzig 1929
Ph. Lersch, Lebensphilosophie der Gegenwart, Berlin 1932
J. Kessel, M. de Unamunos Lebensphilosophie, Diss. Bochum 1937
A. Poggi, La Fiosofia come scienza del vivere, Genua 1948
H. Piñera Llera, Filosofía de la vida y filosofía existencial, Avana 1952
O. F. Bollnow, Die Lebensphilosophie, Berlin / Göttingen / Heidelberg 1958
K. Albert, Lebensphilosophie. Von den Anfängen bei Nietzsche bis zu ihrer Kritik bei Lukács, Freiburg / München 1995
K. Albert / E. Jain, Philosophie als Form des Lebens. Zur ontologischen Erneuerung der Lebensphilosophie, Freiburg / München 2000
M. Großheim, Perspektiven der Lebensphilosophie, Bonn 1999

H. M. B.

Lebenswelt Der Begriff wird terminologisch von →Husserl eingeführt, um der →Welt der →Wissenschaft ein Fundament zu geben. Das Problem, das sich für Philosophie und Wissenschaft stellt, ist, dass sie aufgrund eines für sie unverzichtbaren Vorurteils - des fassbaren und objektiven An-sich-Seins - die vorwissenschaftliche Lebenswelt übergangen haben. Die Tendenz der Tradition ist es immer gewesen, eine objektive →Wahrheit von allen Dingen zu gewinnen, d. h. von den subjektrelativen Faktoren so weit wie möglich abzusehen. Da aber die Wissenschaft sich nicht von den →Erfahrungen der Menschen in ihrer Situationsgebundenheit abkoppeln kann, ist sie nicht das Erste für das Verständnis von Welt. Es gibt eine andere Sphäre, die der Wissenschaft und ihren →Begriffen vorgeordnet ist: die Lebenswelt. Sie ist für die wissenschaftliche Welt insofern der Ursprung, als in ihr die Tendenz zum Objektivieren selbst schon angelegt ist. Indem das - abendländische - →Denken darauf zielt, seinen gegenständlichen Erfahrungskorrelaten zu entsprechen, neigt es dazu, durch methodische Idealisierung den Begriff eines objektiven An-sich-Seins hervorzubringen. Dabei geht der Rückbezug des idealobjektiven Seins auf die Erfahrung und die methodische Erfahrung des →Subjekts verloren. Die Lebenswelt ist also insofern der Ursprung aller Objektivität, als sich in ihr alles gegenständlich Objektive in seiner wahrhaft ursprünglichen Beziehung auf das erfahrende Subjekt gibt (→Phänomenologie).

A. P.

Legalismus Diejenige Position, die das →Gesetz dergestalt zum →Prinzip erhebt, dass das oberste Gebot das starre Festhalten an Paragraphen und die Befolgung von Vorschriften ist. Der Legalismus entspringt einer Verabsolutierung der bestimmenden →Urteilskraft, d. h. des Vermögens, einen gegebenen Fall unter eine Regel zu subsumieren. Was ihm daher fehlt, ist die reflektierende Urteilskraft, das Vermögen nämlich, die Regel erst zu suchen, d. h. das Besondere als enthalten unter dem →Allgemeinen zu denken.

A. P.

Legalität Von lat. *lex*, ›Gesetz‹: Der Begriff steht in einem philosophischen Spannungsverhältnis zu dem der Moralität. Legalität meint dabei die bloße Übereinstimmung mit dem →Gesetz, Moralität aber das Handeln aus →Pflicht. Das legale Handeln ist dem äußeren Beobachter zugänglich, da er entscheiden kann, ob das Tun innerhalb der gegebenen Gesetze stattgefunden hat oder nicht. Moralisches Handeln ist selbst dem inneren Beobachter kaum zugänglich, da er nicht unterscheiden kann, nach welchem →Prinzip seine →Maxime beschlossen worden ist. Daraus folgt, dass legales Handeln jedem abverlangt werden kann, während sich das moralische jedem fremden Zugriff entzieht. Die Legalität schränkt den Menschen in seiner äußeren →Freiheit ein, belässt ihm aber die freie Wahl seiner Maximen, auch wenn diese nicht moralisch sind (ein Beispiel wäre der Händler, der nur deshalb keinen Betrug begeht, um keinen Kunden zu verlieren).

A. P.

Legitimation Meint soviel wie Beglaubigung, d. h. den Nachweis der Berechtigung zu einer →Handlung. Die Frage, die sich bei der Legitimation immer stellt, ist die nach ihrem Ursprung. Entweder kann das bloß vom positiven →Recht Erlaubte eine Handlung schon legitimieren oder es müssen Konstanten ausgemacht werden, die über das kodifizierte →Gesetz hinausgehen. Dies kann die →Gesinnung des Menschen sein, die ihm befiehlt, aus →Pflicht das →Gute zu verwirklichen, oder aber die →Verantwortung, die ihn zwingt zu überlegen, welche Folgen Tun oder Lassen einer bestimmten Handlung nach sich ziehen.

A. P.

Leib Darunter versteht man einen Körper, der sich vor den bloß materiellen Dingen dadurch auszeichnet, dass er beseelt ist. Im engeren Sinne wird nur der menschliche, lebendige Körper Leib genannt. Das Besondere am Leib ist, dass er das ›absolute Hier‹ darstellt, von dem sich das wahrnehmende →Bewusstsein nie fortbewegen kann. Diese völlige Distanzlosigkeit macht die enge Verschlungenheit von Leib und seelischem Vermögen deutlich. Aber es zeigt sich auch eine gewisse Doppelwendigkeit: Zum einen ist der Leib als Körper ein Naturding, das den Gesetzen der Physik (und anderer Wissenschaften) genauso unterliegt wie alle andere →Materie auch. Das wohl sprechendste Beispiel dafür sind die Krankheiten, die den Körper in seinen →Funktionen so beeinträchtigen, wie fehlende oder schadhafte Teile einer Maschine. Deshalb kann der radikale →Materialismus den menschlichen Körper auch als Maschine betrachten, die lediglich durch ihre besonderen Gehirnfunktionen von anderen unterschieden ist. Zum anderen ist der Leib aber immer an psychische Vorgänge gebunden, die es ihm ermöglichen, sich geordnet zu bewegen. Die Leiblichkeit des Menschen kann in zwei Richtungen bewertet werden. In der philosophischen Tradition gibt es – besonders geprägt durch →Platon und das Christentum – eine starke Tendenz zur Leibfeindlichkeit. Diese resultiert aus der Fähigkeit des Leibes, empfänglich für die Reize der Sinnenwelt zu sein. Dadurch entsteht eine Beeinflussbarkeit von außen her, die für das Heil der →Seele insofern abträglich ist, als sie von der ihr eigentlich zukommenden Tätigkeit ablenkt und das körperliche Wohlergehen (→Lust, Sinnenfreude) in den Vordergrund stellt. Auf der anderen Seite wird aber auch die lebensfördernde Kraft des Leibes akzentuiert (*mens sana in corpore sano* – ›ein gesunder Geist in einem gesunden Körper‹), was die untrennbare Einheit des stofflichen und des geistigen Wirkens hervorhebt.

A.P.

Leib-Seele-Dualismus →Dualismus Leib – Seele

Leid Meint ursprünglich den objektiven Tatbestand, dass jemandem etwas zugefügt wurde, das ihn in seiner persönlichen Integrität verletzt hat (etwa ein Unrecht). Das Leid ist in dieser Hinsicht nicht die →Erfahrung eines glücksmindernden Einflusses, sondern der Inhalt dieses Einflusses selbst. Von philosophischem Interesse wird das Leid, wenn es als (Er-)Leiden verstanden wird und so dem Tun gegenübergestellt werden kann. Damit verschwindet der spezifische Bezug zum →Menschen, da jedes Ding etwas erleiden kann (Anstoß durch ein anderes, Veränderung etc.). In dieser Allgemeinheit wird das Leiden zur →Kategorie (→Aristoteles). Kein Tun kann ohne ein ihm korrespondierendes Leiden gedacht werden, kein Leiden ohne ein Tun. Wenn z.B. eine bewegte Billardkugel eine andere trifft, so ist ihr Tun nur insofern wirklich, als die andere den Stoß erleidet; umgekehrt ist das Erleiden des Stoßes nur aufgrund der rollenden Kugel möglich. In Rückwendung zum Menschen wird das Leid zur Leidenschaft (*pathos, passio*), d.h. zu einem Erleidnis der →Seele. Sie ist offen (d.h. passiv) gegenüber Eindrücken von Außen und für im Menschen aufsteigende Gemütsregungen. Das Problem, das sich daraus ergibt, ist der richtige Umgang mit den Leidenschaften. Je nach philosophischer Lehre müssen die Leidenschaften entweder ganz abgewiesen werden (→Stoa), da sie nichts als falsche →Urteile sind, oder aber in ihr Maß gebracht werden, um sie sinnvoll – unter der Herrschaft des →Verstandes – zu benutzen (Aristoteles). Diese unterschiedliche Betrachtung der Leidenschaften ist prägend für die →Ethik, da hier eine Vorentscheidung über den →Wert der menschlichen Naturwesenhaftigkeit getroffen wird. Der die Leidenschaften radikal bekämpfende Intellektualismus führt zwar einerseits zu einer Position größter sittlicher Strenge, übersieht aber zum anderen ihre kraftspendende Natur. Die moderate Einstellung der nötigen Domestizierung der Leidenschaften versöhnt die mehr verständige mit der mehr unverständigen Seite des Menschen, eröffnet damit aber auch einen weiten Spielraum in der Bestimmung des sittlichen Handelns. Einen metaphysischen Aspekt eröffnet die Philosophie des →Pessimismus (→Schopenhauer). Wenn das ganze →Sein durch Individualisierung und damit Zersplitterung der in ihm waltenden Kraft (des →Willens) als →Welt der gegeneinander gerichteten Formen des Willens betrachtet wird, enthüllt es sich als Leiden, dem nur beizukommen ist, wenn der Wille zum →Leben verneint wird, womit eine gänzliche Vernichtung der Leidenschaften zum Zweck der Bekämpfung des Leids gemeint ist. In dieser Dimension gewinnt das Leid einen so hohen Stellenwert, dass es weit über die Befindlichkeit des Menschen hinausgeht und allen Dingen der Welt zukommt.

A.P.

Leviathan Ursprünglich ein Seeungeheuer der babylonischen Mythologie. Zum Begriff der Philosophie wird Leviathan erst durch →Hobbes. Er benutzt die Vorstellung eines ungeheuer großen Tieres als politische Allegorie: Es gibt auf der Erde keine Macht, die ihm vergleichbar ist. In Hobbes politischer Philosophie ist der Leviathan der allmächtige →Staat, der ›sterbliche Gott‹. Sein Anliegen ist es, mit dem Leviathan das →Wesen der weltlichen und geistlichen Macht zum Ausdruck zu bringen, die miteinander vereinigt die mit Furcht und Strafe zu Werke gehende Staatsautorität ausmachen. In der Ausfaltung der Allegorie wird allerdings klar, dass mit dem Leviathan ein riesenhafter →Mensch – der Staat – gemeint ist, der aber nicht über die vielen Kleinen bloß gebietet, sondern aus ihnen zusammengesetzt ist. Um nämlich den Frieden aller zu sichern, ist es nötig, die Macht aller, die einen Staat bilden, auf einen Menschen zu übertragen; nur so gibt es eine Vereinigung und aus der Vielzahl der Körper (Mensch) ist ein Körper (Staat) geworden: der Leviathan.

A. P.

Letztbegründung →Münchhausen-Trilemma

Liberalismus Von lat. *liberalis*, ›die Freiheit betreffend‹: Der Liberalismus ist eine →Gesinnung, die sich in vielen Lebensbereichen ausdrücken kann. Zuerst tritt er immer als →Kritik an unfreiheitlichen Lehren oder Institutionen auf, sei es im Politischen, Religiösen, Ökonomischen oder Philosophischen. Seine Stoßrichtung ist stets von der Sorge um die freie Entfaltung des Einzelnen getragen. In politischer Hinsicht kämpft der Liberalismus um die Befreiung des →Menschen von →Traditionen, Gewohnheiten, verkrusteten Machtstrukturen und für die Rechte der Bürger, die als Gleiche unter Gleichen leben sollen. In religiösen Angelegenheiten setzt sich der Liberalismus für eine von aller Bevormundung freie Ausübung der Konfessionen ab, wobei die →Toleranz ihre Grenze an den Bestrebungen derjenigen Gruppen findet, die ihren Glauben absolut setzen wollen. Der ökonomische Liberalismus tritt für freien Wettbewerb, Zurückhaltung des →Staates beim unbehinderten Warenverkehr und ungehindertes Gewinnstreben ein; in der Verabsolutierung des Ökonomischen wird der Liberalismus zum schrankenlosen Manchester-Kapitalismus, der keine Rücksicht mehr auf die wirtschaftlich Schwachen nimmt. In der Philosophie endlich steht der Liberalismus ein für Kosmopolitismus, Toleranz gegenüber Minderheiten in jeglicher Hinsicht (Geschlecht, Rasse, Konfession etc.) und →Humanität überhaupt. Gegründet ist dies in der Überzeugung, dass das →Individuum mit seinen Interessen über jeglichen Werten der Gemeinschaft (→Kommunitarismus) steht. Der philosophisch begründete Liberalismus hat nichts mit den Ausschweifungen einer Libertinage zu tun, sondern wurzelt in der festen Überzeugung, dass der Mensch auch ohne die Vorschriften einer durch Gewohnheiten bestimmten Gesellschaft das →Gute zu tun weiß. Die Quelle der Moralität liegt dabei in ihm selbst. Der Mensch, der sich seine sittlichen Gesetze selbst gibt, ist insofern frei, als er sich nicht durch Äußeres fremd bestimmen lässt, sondern die Selbstbestimmung zur Leitlinie seines Handelns macht. Innerhalb der von Moralität geprägten Lebensführung ist der Mensch also frei zur Gestaltung seines Lebens – von der uneingeschränkten Berufswahl über die Bevorzugung eines bestimmten Geschmacks bis hin zur politischen Entfaltung als Bürger.

A. P.

Liberum arbitrium Lat. ›freie Wahlentscheidung‹: Meint das Vermögen des →Menschen, sich ohne äußeren Zwang für eine von mehreren Alternativen entscheiden zu können. In der Wahlentscheidung geht es nicht um die →Freiheit (*libertas*) überhaupt, sondern um das abwägende Beraten der für das anstehende Handeln besseren Gründe. Die Freiheit liegt darin, sich von den Möglichkeiten nicht zwingen zu lassen, d. h. die Fähigkeit, immer das Bessere vorziehen, das Schlechtere ablehnen zu können. Diese Ungezwungenheit gestattet es dem Menschen, sich von den scheinbar erdrückenden Umständen loszureißen und einen Standpunkt zu gewinnen, der ihn in die Lage versetzt, mit sich zu Rate zu gehen. Der →Natur wird also eine besondere Kraft entgegengesetzt, die sich in →Urteilen äußert, die dem zunächst Plausibleren widerspricht. Das *liberum arbitrium* ist eine Vorzugswahl, die weder auf reiner Willkür noch auf den von sich her ›besseren‹ Gründen beruht. Vielmehr ist es das Erscheinen – nicht die verstandesmäßige →Gewissheit – eines Besseren, das den Ausschlag für die freie Wahlentscheidung gibt.

A. P.

Liebe Spielt in den philosophischen Teildisziplinen eine je eigentümliche Rolle. Am ursprünglichsten tritt sie als kosmologisches →Prinzip in Erscheinung. Hier meint sie die einende und bändigende Kraft des von sich her Ungestalten und Auseinanderstrebenden. In einer dualistischen Variante kann die Liebe auch als Gegenpol zum Hass auftreten, was soviel wie den Gegensatz von Anziehung und Abstoßung bedeutet. Einen besonderen Rang nimmt die Liebe (*eros*) bei →Platon ein. Er nimmt sie nicht als die uralte Schöpferkraft, sondern als ein Begehren. Dieses aber entspringt einem Mangel: Deshalb kann die Liebe kein →Gott sein. Sie ist aber auch nichts dem Menschen zu Gebote Stehendes, denn er begehrt ja in der Liebe etwas, was er nicht besitzt. Das Begehrte aber ist das →Schöne, zu dessen →Wesen es gehört, dass sich in ihm das →Gute zeigt. Die Liebe ist ein Mittleres zwischen Göttern und →Menschen. Als Begehrendes ist sie zwar der Schönheit verhaftet, doch nicht selber schön; ihre Natur ist die des Dämons. Doch die so verstandene Liebe kennzeichnet auch den Philosophen, der in seinem Erkenntnisdrang zwischen →Wissen und Nichtwissen steht. Im Bereich der →Moralphilosophie findet die Liebe - bei →Kant - ihren Ort in der Tugendlehre. Sie wird hier nicht als →Gefühl verstanden, d.h. als Lust an der äußeren Vollkommenheit anderer Menschen, sondern als →Maxime des Wohlwollens, die das Wohltun zur Folge hat. Daraus ergibt sich die →Pflicht der Nächstenliebe: Sie ist die Pflicht, die Zwecke anderer, sofern diese nicht unsittlich sind, zu den eigenen zu machen. Die Pflicht der →Achtung des Nächsten ist in der Maxime enthalten, keinen Menschen bloß als Mittel zu den eigenen Zwecken herabzuwürdigen. Die Menschenliebe (→Philanthropie) ist nicht die Liebe des Wohlgefallens an anderen, sondern das tätige Wohlwollen. Die praktische Menschenliebe ist die Pflicht aller Menschen gegeneinander. Dabei geht es nach dem ethischen →Gesetz der →Vollkommenheit: Liebe deine Nebenmenschen als dich selbst - ob diese nun liebenswürdig sind oder nicht.

A. P.

Linearität Drückt aus, dass es sich um einen mathematischen Zusammenhang ersten Grades (auch: erster Ordnung) handelt in Abgrenzung von quadratischen, trigonometrischen, exponentiellen, logarithmischen Zusammenhängen. Da sich bei der graphischen Darstellung von Gleichungen der Art $y = a \cdot x + b$ immer eine Gerade ergibt, nennt man diese Funktionen lineare Funktionen.

Die besondere Bedeutung der linearen Funktionen liegt darin, dass sie erstens mathematisch einfach zu handhaben sind und dass sich zweitens viele komplizierte physikalische Gesetzmäßigkeiten durch lineare Funktionen recht gut annähern lassen. Außerdem sind lineare Gleichungssysteme (also Gleichungssysteme, in denen alle Unbekannten nur in erster Potenz vorkommen) mathematisch exakt lösbar, wogegen nicht-lineare Gleichungssysteme häufig nur approximativ gelöst werden können - und auch das ist meist erst seit dem Einsatz von Computern möglich.

Deshalb hat die Physik Jahrhunderte lang danach gestrebt, alle Gesetze und Zusammenhänge möglichst linear zu beschreiben oder zumindest linear zu approximieren (Linearisierung). Durch Einsatz von modernen Computern und Computerprogrammen gelingt es jedoch heute zunehmend, auch kompliziertere funktionale Zusammenhänge und Gleichungssysteme zu lösen, wodurch sich der Physik völlig neue Bereiche erschließen wie z.B. die nicht-lineare Dynamik (→Chaostheorie).

H. W.

Logik Griech. *logos*, ›Wort, Satz, Rede‹, auch ›Vernunft‹ (lat. *ratio*): die Lehre von den formalen Regeln des gültigen Schließens. Sie hat ihren historischen Ausgangspunkt in der Syllogistik des →Aristoteles und geht in ihrer modernen Gestalt als →Aussagenlogik und →Prädikatenlogik wesentlich auf Ideen von →Frege und Russell zurück. Von einer Denklehre im Sinne einer Psychologie menschlichen →Denkens unterscheidet sie sich dadurch, dass sie auf keine Beschreibung des tatsächlichen Denkverlaufs, sondern auf allgemeinste →Prinzipien eines wahrheitsorientierten und wissenschaftlichen Ansprüchen genügenden Folgerns zielt. Im Zentrum logischer Untersuchungen stehen deshalb Fragen der →Gültigkeit von →Argumenten und ihnen zugrunde liegender Folgerungen. Bei metalogischen Betrachtungen werden darüber hinaus die systematischen Ergebnisse dieser Untersuchungen selbst Gegenstand der Logik.

Je nach Perspektive lässt sich die Logik als Teildisziplin der Philosophie, als Hilfswissenschaft für andere wissenschaftliche →Disziplinen, als wissenschaftliche Propädeutik oder als eigene →Wissenschaft auffassen. Als philosophische Disziplin wird und wurde sie nicht nur unter psychologischen Gesichtspunkten, sondern u.a. auch in der →Erkenntnistheorie, der →On-

Wahrheitswerttafeln

A	~A
w	f
f	w

A	B	A ∧ B
w	w	w
w	f	f
f	w	f
f	f	f

A	B	A ∨ B
w	w	w
w	f	w
f	w	w
f	f	f

A	B	A → B
w	w	w
w	f	f
f	w	w
f	f	w

tologie und der →Transzendentalphilosophie betrieben. Als Formalwissenschaft bleibt sie diesen Aspekten gegenüber neutral.

Eine nähere Charakterisierung des Gegenstands und der →Methode der Logik beinhalten die heute üblichen Bezeichnungen formale oder symbolische bzw. mathematische Logik. Der Ausdruck formale Logik geht auf →Kant zurück und verdeutlicht, dass diese Logik von jeglichem Inhalt abstrahiert. In ihr geht es deshalb nicht um konkrete Satzinhalte, sondern allein um deren Symbolisierungen und ihre allgemeinsten Beziehungen. Die Bezeichnungen symbolische oder mathematische Logik (auch: →Logistik) weisen auf diesen Umstand hin und darüber hinaus auf die durch diese Symbolisierung ermöglichte Kalkülisierung logischer Operationen, d. h. mathematischer Berechnung zugängliche Formalisierung der Logik.

Ein Argument im logischen Sinn ist eine Menge von →Aussagen, wobei für eine dieser Aussagen, nämlich die →Konklusion, der Anspruch erhoben wird, dass sie sich aus den verbleibenden Aussagen, den →Prämissen, mit Notwendigkeit ergebe. Diese notwendige Beziehung zwischen Prämissen und Konklusion wird logisch durch den Begriff der Folgerung präzisiert. Argumente können gültig oder ungültig sein, je nachdem ob die Konklusion logisch aus den Prämissen folgt oder nicht. Wesentlich für die Feststellung der Gültigkeit oder Ungültigkeit eines Arguments ist die Beziehung zwischen den Prämissen und der Konklusion unabhängig davon, ob diese wahr oder falsch sind. Ein Beispiel für ein gültiges Argument, den *modus ponens*, ist das folgende:

Wenn 1. bei steigendem Luftdruck das Wetter besser wird und 2. der Luftdruck tatsächlich steigt, dann wird 3. das Wetter besser.

1. und 2. stellen die Prämissen, 3. die Konklusion des Arguments dar. Symbolisieren wir die Aussage ›der Luftdruck steigt‹ durch p und die Aussage ›das Wetter wird besser‹ durch q, so lässt sich das Argument auf die folgende allgemeine Form bringen: Wenn 1. wenn p, dann q und 2. p, dann 3. q. Das Problem der Unterscheidung gültiger von ungültigen Argumenten reduziert sich auf die Beantwortung der Fragen, was eine logische Folgerung ist und wie sich feststellen lässt, ob diese Folgerungsbeziehung vorliegt oder nicht. Die klassischen Antworten auf diese Fragen finden sich – jeweils für bestimmte Formen von Aussagen – in der →Aussagen- und →Prädikatenlogik.

Aussagen sind Sätze, die einen Wahrheitswert haben. Hinsichtlich der Grundbegriffe Aussage und Wahrheitswert lässt sich die klassische Aussagenlogik durch folgende Prinzipien charakterisieren: 1. Zweiwertige Wahrheitsdefinitheit: Jeder Aussage kommt genau einer der Wahrheitswerte ›wahr‹ (w) oder ›falsch‹ (f) zu; 2. Wahrheitsfunktionalität: Der Wahrheitswert von Aussagen hängt in funktionaler Weise von den Wahrheitswerten ihrer Teilaussagen ab.

Die aussagenlogische Sprache enthält Aussagenvariablen p, q, r, ... und Zeichen für logische Operatoren wie ›nicht‹ (~), ›und‹ (∧), ›oder‹ (∨) und ›wenn ... dann‹ (→), aus denen sich wohlgeformte aussagenlogische Ausdrücke, auch Formeln genannt, gemäß den folgenden Regeln bilden lassen: 1. Jede Aussagevariable ist eine Formel. 2. Sind A und B Formeln, dann auch komplexe Ausdrücke wie z. B. ~A, (A ∧ B), (A ∨ B) und (A → B).

Die Bedeutung der logischen Operatoren lässt sich in der Form von Wahrheitstafeln angeben, für ~, ∧, ∨ und → auf folgende Weise (s. Tabelle).

Demnach ist ~A dann und nur dann wahr, wenn A falsch ist, (A ∧ B) dann und nur dann wahr, wenn A und B beide wahr sind, (A ∨ B) dann und nur dann falsch, wenn A und B beide falsch sind und (A → B) dann und nur dann falsch, wenn A wahr und B falsch ist.

Jede Formel erhält unter einer Bewertung V genau einen Wahrheitswert. V ordnet dabei jeder Aussagenvariablen einen der Werte w oder f zu, woraus sich dann über die Bedeutung der logischen Operatoren die Wahrheitswerte komplexer Formeln ergeben. Auf der Basis des Bewertungsbegriffs lassen sich der grundlegende Begriff der Erfüllung und mit seiner Hilfe die Begriffe der logischen Wahrheit und Folgerung definieren. Erfüllung: Eine Bewertung V erfüllt eine Formel A ($\models_V$ A) genau dann, wenn A unter V mit w zu bewerten ist; logische Wahrheit: Eine Formel A ist logisch wahr ($\models$ A) genau dann, wenn A unter jeder Bewertung V erfüllt wird; Folgerung: Eine Formel B folgt aus der Prämissenmenge $P = \{A_1,\ldots,A_n\}$ von Formeln $A_1,\ldots,A_n$ ($P \models B$) genau dann, wenn jede Bewertung V, die alle Elemente von P erfüllt, auch B erfüllt.

Das oben angegebene Argument lässt sich nun aussagenlogisch durch die Formel $((p \rightarrow q) \wedge p) \rightarrow q$ symbolisieren. Es lässt sich zeigen, dass diese Aussage logisch wahr ist und dass jede Bewertung V, die ($p \rightarrow q$) und p erfüllt, auch q erfüllt. Gemäß Definition folgt deshalb q aus der Prämissenmenge $\{(p \rightarrow q), p\}$, d.h. es gilt $\{(p \rightarrow q), p\} \models q$.

Bei dem bisher dargestellten Weg zur Präzisierung des aussagenlogischen Wahrheits- und Folgerungsbegriffs erhalten die aussagenlogischen Formeln durch Zuordnung eines Wahrheitswertes eine inhaltliche Deutung. Von diesem semantischen Weg lässt sich ein syntaktisches Verfahren abgrenzen, bei dem unter Absehung jeglicher Interpretation der sprachlichen Zeichen und Zeichenreihen gewisse Formeln als →Axiome ausgezeichnet und nach Angabe eines Beweis- und Herleitungsbegriffs genau die logisch wahren Formeln beweisbar und die Folgerungen herleitbar werden. Die Vollständigkeit der Aussagenlogik besagt dann eine Entsprechung von Herleitungs- und Folgerungsbegriff in dem Sinne, dass alle aus einer Prämissenmenge herleitbaren Formeln Folgerungen daraus sind und umgekehrt. Insbesondere stimmen die beweisbaren und logisch wahren Aussagen überein. Das Entscheidbarkeitsproblem, ob sich für jede Formel eines logischen Systems in endlich vielen Schritten entscheiden lässt, ob sie logisch wahr ist oder nicht, lässt sich für die Aussagenlogik positiv beantworten. Da sich Folgerungen auf logisch wahre Aussagen reduzieren lassen, ist damit auch für jene ein Entscheidungsverfahren gegeben.

Für die Formalisierung vieler Argumente reicht die aussagenlogische Sprache nicht aus. Eine Erweiterung dieser Sprache stellt die Prädikatenlogik dar, die einerseits Aussagen in ihrer Subjekt-Prädikat-Struktur zu erfassen vermag und andererseits quantifizierende Redeteile wie ›für alle‹ (∀) und ›es gibt‹ (∃) enthält. Quantifikationen der Prädikatenlogik 1. Stufe beziehen sich allein auf Subjektsvariablen x, y, z, …, die Namen für Gegenstände aus einem vorgegebenem Gegenstandsbereich sind. Dass z.B. alle Gegenstände eines Gegenstandsbereichs eine bestimmte Eigenschaft F haben oder dass es mindestens einen solchen Gegenstand gibt, der F ist, lässt sich dann in der Weise ›∀xFx‹ bzw. ›∃xFx‹ symbolisieren. Zur Präzisierung der Begriffe der prädikatenlogischen Wahrheit und Folgerung stehen wie in der Aussagenlogik zwei Wege zur Verfügung, der syntaktische und der semantische. Auch für die Prädikatenlogik 1. Stufe lässt sich eine Entsprechung von Herleitungs- und Folgerungsbegriff erreichen (K.Gödel, *Die Vollständigkeit der Axiome des logischen Funktionenkalküls*, 1930). Hingegen gibt es kein Verfahren, in endlich vielen Schritten zu entscheiden, ob eine vorgelegte prädikatenlogische Formel logisch wahr ist oder nicht (A.Church, *A Note on the Entscheidungsproblem*, 1936).

Schon zur Charakterisierung der natürlichen Zahlen reicht die Prädikatenlogik 1. Stufe nicht mehr aus. Eine solche erfordert die Quantifizierung auch von Prädikatvariablen. Prädikatenlogische Systeme, die Quantifizierungen auch über prädikative Ausdrücke erlauben, sind solche höherer Stufe. Für diese lässt sich zwischen semantischem und syntaktischem Aufbau keine Übereinstimmung mehr erreichen (K.Gödel, *Über formal unentscheidbare Sätze der Principia Mathematic und verwandter Systeme*, 1931).

Unter den Begriff der nichtklassischen Logik fallen solche Systeme der Logik, die mindestens in einem der für die klassische Aussagen- und Prädikatenlogik konstitutiven Prinzipien abweichen. Standardbeispiele für solche Logiken sind die mehrwertigen Logiksysteme, die über die Wahrheitswerte w und f hinaus mindestens einen weiteren Wahrheitswert annehmen, der sich

z. B. als ›unbestimmt‹ (u) deuten lässt, und die intuitionistische Logik, in der z. B. der Satz vom ausgeschlossenen Dritten (A ∨ ∼A) nicht mehr uneingeschränkt gültig ist. Uneinheitlich ist das Verständnis hinsichtlich solcher Systeme, die auf der klassischen Logik aufbauen und diese durch Einführung zusätzlicher Operatoren erweitern, wie beispielsweise modallogische Systeme. Diese erweitern die in Betracht zu ziehenden Folgerungszusammenhänge auf Aussagen, die sich mit den Modaloperatoren ›es ist notwendig, dass ...‹ (□) und ›es ist möglich, dass ...‹ (◇) bilden lassen. In modallogischen Systemen gilt das Prinzip der Wahrheitsfunktionalität jedoch nicht. So können wir z. B. von der Wahrheit einer Aussage p weder auf die Wahrheit noch auf die Falschheit der Aussage schließen, dass es notwendig ist, dass p. Diese Systeme lassen sich deshalb auch den nichtklassischen zuordnen.

Metalogische Untersuchungen thematisieren die →Syntax und →Semantik formal-logischer Systeme, insbesondere auch mathematischer Theorien. Im Vordergrund dieser Untersuchungen stehen dabei Fragen nach der Widerspruchsfreiheit, Vollständigkeit, Axiomatisierbarkeit und Entscheidbarkeit der betrachteten Systeme. Zur Vermeidung von →Widersprüchen muss dabei streng zwischen der →Objektsprache, die Gegenstand der Untersuchung ist, und der →Metasprache, in der man sich auf die Objektsprache bezieht, unterschieden werden. Wesentliche metalogische Resultate zur Unvollständigkeit gewisser arithmetischer Systeme gehen auf Gödel (1931) zurück, solche zur wissenschaftlichen Grundlegung der Semantik und insbesondere zum Problem der Definierbarkeit von →Wahrheit in formalen Systemen auf Tarski (1933). Metalogische Problemstellungen und Methoden zu ihrer Lösung finden sich u. a. in mathematisch grundlegenden Disziplinen wie z. B. der Mengenlehre, der Modell- und Beweistheorie und der Rekursionstheorie.

In der formalen Logik bleiben Fragen der Geltung und Sinnhaftigkeit von Argumenten, wie sie sich im praktischen Diskurs stellen könnten, weitgehend unberücksichtigt. Ihr geht es vorrangig um präzise und widerspruchsfreie Erfassung formaler Argumentationsstrukturen unabhängig von pragmatischen Gesichtspunkten oder weltanschaulichen Vorgaben. Von fundamentalem philosophischen Interesse ist dagegen die Hinterfragung der Voraussetzungen, Methoden und Resultate der formalen Logik, wie z. B. die Diskussion alternativer Konzeptionen der logischen Folgerung und Fragen nach dem erkenntnistheoretischen und ontologischen Status logischer Wahrheiten sowie dem Verhältnis von Logik und Mathematik.

H. Brands / C. Kann, ›Logik‹, in: L. Honnefelder / G. Krieger (Hg.), Philosophische Propädeutik, Bd. 1: Sprache und Erkenntnis, Paderborn 1994, S. 53–117
A. Bühler, Einführung in die Logik. Argumentation und Folgerung, 3. Aufl., München 2000
G. Hunter, Metalogic. An Introduction to the Metatheory of Standard First Order Logic, 6. Aufl., Berkeley / Los Angeles / London 1996
L. Kreiser / S. Gottwald / W. Stelzner (Hg.), Nichtklassische Logik. Eine Einführung, 2. Aufl., Berlin 1990
S. Read, Philosophie der Logik. Eine Einführung, Hamburg 1997

L. R.

Logischer Empirismus →Empirismus

Logistik Meint die mathematisierte Form der →Logik, die sich vor allem durch ihre Formalisierung auszeichnet.

A. P.

Logos Griech. ›Rede, Sprache, Gedanke, Vernunft, Sinn, Rechenschaft‹: Der Gebrauch ist in der Philosophie sehr vielschichtig. Daher ist es schwierig, einen festen Kern der Begriffsbedeutung herauszuschälen. Gemeinsam ist allen Bedeutungen von Logos ein Aspekt von →Ordnung. In der frühen Philosophie meint Logos soviel wie das →Prinzip einer nach →Gesetzen sich organisierenden →Welt. Der →Mensch, der Bewohner dieser Welt ist, kann des Logos mehr oder minder teilhaftig werden. Er kann die Verhältnisse der in der Welt vorkommenden Dinge gedanklich erfassen und auch sprachlich zum Ausdruck bringen. So kommt es, dass der Logos in der →Definition des Menschen zur spezifischen Differenz wird (*zoon logon echon* = das den Logos habende Lebewesen). In der Ableitung eines menschlichen Vermögens von einer zunächst übermächtigen, ja sogar göttlichen Kraft zeigt sich die bevorzugte Stellung des Menschen in einer Welt von lauter unterschiedlichen Lebewesen. Alle außer ihm werden von außerlogischen Kräften (z.B. Instinkten) bestimmt. Daher kommt es, dass der Logos für den Menschen zum führenden Vermögen wird. Seinen Sitz hat er in der →Seele, die allerdings auch von anderen Kräften bewohnt wird. Um zur Herrschaft zu gelangen, muss sich nach →Platon das Vernünftige (*logistikon*) mit dem mutvollen Drang (*thymoeides*) verbünden, dem es zukommt, das Begehrende (*epithymetikon*) nicht zur Macht gelangen zu lassen. Der Logos tritt in mannigfachen Erscheinungen zu Tage. Zum einen ist er das vernünftige Erfassen der Welt in ihren unveränderlichen Gesetzmäßigkeiten, andererseits aber auch das Vermögen, über sich und seine →Handlungen Rechenschaft ablegen (*logon didonai*) zu können. Daher tritt der Logos im Widerstreit der je eigenen Erkenntnisse als Instanz in den Vordergrund, die die überpersönliche →Wahrheit zu Tage fördert. Im Durchsprechen der Problematik zeigt sich durch rechenschaftlichen Bericht über die eigenen Ansichten, wie diese auf die Höhe einer allgemeinen Einsicht gebracht werden können. Der Logos ist also insofern Rede, als er Beweisführungen, Darlegungen und Verhältnisse zur Sprache bringt und offen legt. Er überwindet damit die bloß private Sphäre des Menschen und bringt ihn in die Gemeinschaft des miteinander Denkens und somit auch Philosophierens. In dem Bereich der philosophischen Wissenschaft, wie sie von →Aristoteles ersonnen wurde – theoretische Philosophie als Logik – bedeutet Logos soviel wie Definition. Die Wissenschaft überhaupt muss bestrebt sein, eine begründete Definition ihres Gegenstandes zu geben. So kommt es zur Entdeckung des →Syllogismus, wo das Verhältnis zweier Termini aufgrund eines dritten bestimmt wird, der als mittleres Glied zwischen die beiden anderen tritt. Einen anderen Aspekt kehrt Aristoteles in der→Ethik hervor: Hier zeigt sich das sittliche Verhalten als ein Leben gemäß dem richtigen Logos. Der Logos bestimmt die richtige Mitte, die beim sittlichen Handeln stets zu wählen ist. Die Philosophie der →Stoa kehrt in einer Hinsicht wieder zum kosmologischen Logosbegriff zurück. Logos meint dann ein alle →Materie durchdringendes ordnendes Prinzip, das mit dem Göttlichen identifiziert werden kann. Andererseits ist aber auch jeder Mensch mit einem Teil dieses universalen Logos begabt. Die menschliche Seele ist in der Lage →Urteile zu bejahen oder zu verneinen. Es kommt in der stoischen Ethik alles darauf an, dass die Seele falsche (dem Logos nicht entsprechende) Urteile nicht in sich einlässt, dafür die richtigen (dem Logos entsprechenden) aufnimmt.

A.P.

Lumen naturale Lat. ›natürliches Licht‹: Metapher für die dem menschlichen Denken zukommende erhellende →Spontaneität. Der tätige →Geist (→*nous*), der sowohl vom Körper als auch vom leidenden Geist nicht beeinflusst werden kann, ist der unsterbliche Teil der →Seele; er befindet sich nicht in den Schranken der →Zeit. Er ist die wirkende →Ursache dafür, dass die mögliche →Erkenntnis des leidenden Geistes in wirkliche Erkenntnis übergeht. Dadurch, dass der tätige Geist alles macht, ist er eine Art von Kraft wie das Licht (*lumen*). Denn – um die Metapher weiterzuführen – das Licht macht die möglichen Farben erst zu wirklichen. Das Licht wird als Aktivität aufgefasst: So wie es die Farben sichtbar macht, macht der dem Licht analoge, tätige Geist sowohl Gedanken als auch Sinnesempfindungen erst fasslich. In neuzeitlicher Wendung wird das *lumen naturale* zum Kennzeichen der menschlichen →Vernunft. So wird sie vor allem zum Kriterium der Wahrheit. In der radikalen →Kritik an allem traditionell für wahr Gehaltenen wird das *lumen naturale* der Vernunft zum alleinigen Erscheinungsort der Wahrheit; damit verbunden ist die völlige →Gewissheit, dass das für wahr Gehaltene auch tatsächlich wahr ist. Es folgt daraus, dass sich auch die Offenbarung vor der Vernunft ausweisen muss, wodurch die religiöse Wahrheit ihren Vorrang verliert. Ohne durch das *lumen naturale* erhellt zu werden, kommt es zu gar keiner Wahrheit. Das hat weit reichende Folgen für die Philosophie des →Rationalismus und der Aufklärung (→A Neuzeit – Aufklärung). Wenn die Vernunft so selbstmächtig ist, dass sie die letzte Instanz in allen Fragen darstellt, ist sie auch Richterin über Schriften, deren Wahrheitsanspruch sich zuvor auf ihren göttlichen Ursprung stützte. In erster Linie sind dies das Alte und das Neue Testament. Das *lumen naturale* der Vernunft stellt sich hier mitunter auch gegen den Inhalt der Offenbarung, insbesondere wenn es um Wundertätigkeit geht, d.h. um Verstöße gegen die erkennbaren Gesetzmäßigkeiten der →Natur. Die Philosophie, die sich ganz auf das *lumen naturale* verlässt, emanzipiert sich von der Theologie und kann so eine unabhängige Bibelkritik begründen, die dann wieder auf die Theologie zurückwirkt.

A. P.

Lumen supranaturale Lat. ›übernatürliches Licht‹: Im Gegensatz zum →*lumen naturale* ist das *lumen supranaturale* nicht ein Vermögen, über das der Mensch verfügen kann. Es ist vielmehr eine Gnade →Gottes, durch welche allein die →Wahrheiten der Offenbarung einleuchten. Sogar Gott selbst erscheint im *lumen supranaturale*, wie er wirklich ist, nicht mehr getrübt durch die Unzulänglichkeiten der bloß menschlichen Vernunft. Das *lumen supranaturale* übersteigt also das philosophisch Erkennbare und ist insofern Gegenstand der Theologie.

A. P.

Lust – Unlust Das Begriffspaar erscheint im philosophischen Kontext auf mehrfache Weise. Die Lust erscheint im →Hedonismus (griech. *hedone*, ›Lust‹) als →Prinzip der Lebensführung. Die sinnliche Lust ist hier das Ziel des menschlichen Handelns. Es kommt dabei darauf an, die Empfindungen, die als Bewegungen gedacht werden, möglichst sanft zu genießen, wodurch Lust entsteht, während heftige Empfindungen als Unlust empfunden werden. In der aristotelischen Philosophie wird der sinnlichen Lust die Lust der theoretischen, d.h. betrachtenden Lebensführung übergeordnet. Sie ist nicht von äußeren Umständen abhängig, sondern verdankt sich der geistigen Tätigkeit, die sich mit den höchsten, unwandelbaren Dingen beschäftigt. Die Lust wird nicht um ihrer selbst willen angestrebt, sondern stellt sich mit ein. Gänzlich verworfen wird die Lust von der →Stoa. Ihre Vertreter sehen in der Lust einen Affekt, der nichts weiter als ein falsches →Urteil über die Anwesenheit eines vermeintlichen →Guten ist. Der stoische Philosoph verzichtet auf die Lust, da sie ihm den Weg zum sittlich Guten verstellt. An ihre Stelle tritt hier der Stolz über die tugendhafte Lebensführung. Einen ganz anderen Stellenwert gewinnen Lust und Unlust in der →Transzendentalphilosophie →Kants. In der Unterscheidung der gesamten Vermögen des Gemüts steht das Gefühl der Lust und Unlust neben dem Erkenntnisvermögen und dem Begehrungsvermögen. Somit eröffnet sich auch die →Ästhetik als eigenständige →Disziplin der Philosophie. Das Gefühl der Lust oder Unlust ist mit zwei verschiedenen Bereichen verknüpft: zum einen mit dem des Angenehmen und Unangenehmen, zum anderen mit dem des →Schönen und Hässlichen. Ersterer erstreckt sich auf die Gegenstände, die mit dem Interesse an ihrem tatsächlichen Vorhandensein verbunden sind, Letzterer auf die, die dem interesselosen Wohlgefallen geöffnet sind. Ein Gegenstand kann also als angenehm beurteilt werden (etwa eine leckere Speise), was mit dem Gefühl der Lust einhergeht, oder als unangenehm (etwa bittere Medizin), was mit dem Gefühl der Unlust verbunden ist. Die Lust im Bereich des Schönen ist an die formale Zweckmäßigkeit des beurteilten Gegenstandes gebunden (→Geschmacksurteil).

A. P.

Macht Im philosophischen Sprachgebrauch wird der Begriff in mehreren Weisen benutzt, am allgemeinsten in der Bedeutung ›Vermögen‹: Macht ist dasjenige, wodurch ein Mögliches in die Wirklichkeit überführt werden kann. Diese →Bedeutung nimmt dann in den verschiedenen Bereichen eine spezifischere Gestalt an. In der →Metaphysik bedeutet Macht eine sich selbst erhaltende Kraft, die auf anderes wirkt, ohne selbst einer fremden Kraft zu bedürfen. So ist die Selbstmächtigkeit ein Charakteristikum der →Substanz, während die →Akzidenzien insofern machtlos sind, als sie immer einer Substanz als Träger bedürfen. In der rationalen Theologie ist die Allmacht eines der wichtigsten Kennzeichen →Gottes. Als unendlichem Wesen ist ihm keine Schranke gesetzt, weshalb er – ohne Einbindung in die →Gesetze der →Natur – alles erwirken kann. Am prominentesten ist der Begriff Macht jedoch in der →politischen Philosophie hervorgetreten. In der Diskussion über die richtige Staatsform steht die Frage nach der Verteilung von Macht im Zentrum. Dabei ergeben sich natürlicherweise drei Möglichkeiten: die Macht liegt bei einem, bei einigen oder bei allen. Die Macht kann nun in allen drei Fällen gut, d.h. zum Nutzen aller, oder schlecht, d.h. nur zum Nutzen der Regierenden ausgeübt werden. Daraus ergeben sich sechs Formen der Machtausübung: Monarchie - Tyrannis, Aristokratie - Oligarchie, Demokratie - Pöbelherrschaft. Es ist daher zunächst nicht die Frage entscheidend wie viele Menschen eines Gemeinwesens die Macht ausüben, sondern mit welcher Haltung sie dies tun. Im Falle des Misslingens der Machtausübung droht immer der Aufstand der Benachteiligten, die dann, wie etwa bei einer →Revolution, die Macht neu verteilen. Zur Errichtung und zum Schutz einer gerechten →Ordnung ist es daher von Vorteil, die Gewalten zu teilen, sodass die Gefahr von Übergriffen verringert wird. Wenn nämlich die gesetzgebende, die rechtsprechende und die ausführende Gewalt nicht in einer Hand liegen, ist eine wechselseitige Kontrolle möglich, wodurch die →Freiheit des Einzelnen gegenüber der Staatsmacht gestärkt wird. Die Gewaltenteilung ist Motor sowohl des wirtschaftlichen als auch des politischen →Liberalismus. Erst wenn durch Monopolisierungen die Macht wieder konzentriert wird, hebt sich das liberale Prinzip selbst wieder auf.

A.P.

Maieutik Griech. ›Hebammenkunst‹: Wird von →Platon zur Kennzeichnung von Sokrates' Kunst der Gesprächsführung benutzt. Dabei geht es darum, dass der Lehrer seine Schüler nicht einfach durch Vorträge belehrt, sondern sie durch geschicktes und bohrendes Fragen zwingt, selbst zu finden, was schon in ihnen angelegt ist. Grundlage dieser Konzeption ist die Lehre von der *anamnesis*, d.h. der Wiedererinnerung. Da die →Seele, die im vorgeburtlichen Zustand die →Ideen in ihrer Reinheit schaut, dieses Wissen jedoch durch die Verbindung mit dem Körper wenigstens teilweise verloren hat, muss sie es neu erlangen. Die Kunst der Maieutik liegt nun darin, das Verschüttete wieder freizulegen, den durch die Verleiblichung geschlossenen Zugang zu den Ideen wieder zu öffnen. Die dem Schüler noch verborgene →Erkenntnis wird ihm durch Fragen wie selbstverständlich entlockt, ohne dass der Lehrer inhaltliche Vorgaben machen müsste. So kann z.B. der gänzlich ungebildete Sklave einen geometrischen Lehrsatz entwickeln, indem er kunstvoll gelenkt wird, seine schlummernde Erkenntnis wieder zu erinnern. Die Maieutik ist also insofern Geburtshilfe, als sie das Kind nicht selbst gebiert, sondern ihm den Weg in die Helligkeit der Welt öffnet.

A.P.

Makrokosmos Der aus dem Griechischen stammende Begriff beschreibt die große Welt, das Weltall im Gegensatz zum →Mikrokosmos. Der Begriff Makrokosmos wird immer dann verwendet, wenn große Dimensionen beschrieben werden sollen. In der modernen Wissenschaftssprache erhielt der Begriff Makrokosmos besondere Bedeutung im Zusammenhang mit der Relativitätstheorie Einsteins. Der Makrokosmos beschreibt dort den Bereich der Forschung, in dem die Lichtgeschwindigkeit von Bedeutung ist. Die Dimensionen sind dabei so groß, dass die untersuchten Phänomene sich der direkten sinnlichen Wahrnehmung entziehen.

B.W.

Manichäismus Eine dualistische Religion, die auf die Lehren des Persers Mani zurückgeht. Prinzip des Manichäismus ist der andauernde Kampf zwischen dem Licht und der Finsternis. Beide stehen für den Gegensatz vom →Guten und →Bösen, der sich in der Opposition von →Geist und →Materie offenbart. Der →Dualismus folgt der älteren Religion des Zarathustra, in der sich die Götter Ormuzd (Prinzip des Guten) und Ahriman (Prinzip des Bösen) bekämpfen. Für den Manichäer kommt es darauf an, sich im Kampf der Prinzipien für das Gute zu entscheiden, dem Bösen seine Grundlage zu entziehen. Daher gilt das Interesse seiner eigenen Lebensführung der →Erkenntnis des →Selbst und der →Welt sowie der Ablehnung des Materiellen, was zur Folge hat, dass der Manichäer äußerst enthaltsam zu leben hat, sowohl Sexualität als auch Ernährung betreffend. Die religiösmetaphysischen Lehren des Manichäismus beruhen auf einem →Mythos: Licht und Finsternis bekämpfen sich als gleich ewige Grundwesen. Beide sind von unzähligen, von ihnen abhängigen, gleichartigen Äonen (Elementarkräften) umgeben. Das Urlicht (der erste Herrliche) besteht aus zwei mal fünf Elementen; unter ihm stehen der Lichtäther und die Lichterde, wieder mit je fünf Elementen. Aus den Urelementen der Finsternis entsteht Satan. Dieser erhebt sich zur Grenze des vorher unerkannten Lichtreichs und will es erobern. Um ihn zu bekämpfen, rüstet der König des Lichts den Urmenschen mit den Elementen der Lichterde aus. Dieser aber unterliegt im Kampfe und ein Teil seines Lichts wird von Satan und den Elementen der Finsternis verschlungen und bleibt in die finstere Materie verbannt. Durch Hilfe von oben wird der Urmensch befreit; zur Errettung der geraubten Lichtelemente wird aus der mit Elementen des Lichts vermischten Materie das Weltall gestaltet. Sonne und Mond leiten als die glänzenden Schiffe die Lichtelemente nach oben: Der Mond, in dem die Mutter des Lebens ihren Sitz hat, übergibt sie der Sonne, in die der Urmensch gerettet ist, und diese wieder dem Lichtreich. Zum Kampf gegen das Letztere erzeugt der Teufel mit fünf weiblichen Dämonen Adam, dessen Seele dem Lichtreich, dessen Leib mit seinen Begierden der Finsternis entstammt, und Eva, die personifizierte Sinnenlust. Das entstehende, der Materie und der Sinnlichkeit ergebene Menschengeschlecht soll so die Befreiung des gefangenen Lichts aufhalten. Endlich wird der Urmensch aus der Sonne als Isa (Jesus) herabgesandt, um die Menschen über den Unterschied zwischen Licht und Finsternis zu belehren und so die endgültige Trennung beider Reiche einzuleiten.

A. P.

Mantik Griech. ›Kunst der Wahr- und Weissagung‹: Bei der Mantik sind zwei Grundformen zu unterscheiden: die natürliche (enthusiastische) und die künstliche (zeichendeuterische). Die natürliche Mantik (etwa wie die der Pythia) verdankt sich der Inspiration. Im göttlichen Wahn (*mania*) wird etwas geweissagt, was dem nüchternen Betrachter entgehen würde. Die künstliche Mantik verlässt sich auf bestimmte Zeichen wie den Stand der Sterne, die Opferschau, den Vogelflug und die Träume. Hier kommt es dann auf das Geschick des jeweiligen Deuters an, ob das Geschaute aussagekräftig genug ist, um einen Sachverhalt zu erklären oder zu prognostizieren. Die natürliche Mantik verdankt sich der Gunst der vorausschauenden Götter, die den Menschen Zeichen zukommen lassen, die künstliche Mantik verbleibt im Rahmen der Natur, da sie sich auf Zustandsveränderungen im Bereich des sinnlich Beobachtbaren stützt.

A. P.

Marburger Schule Eine von Cohen und Natorp begründete Richtung des →Neukantianismus. Das Schwergewicht liegt hier auf methodischer Klarheit und logischer Durchdringung. Entscheidend ist die Eliminierung metaphysischer Grundlagen der →Wirklichkeit; es gibt keinen Rückgriff auf eine irgendwie vorhandene Realität jenseits des →Bewusstseins. Die Marburger Schule ist gekennzeichnet durch eine auf der →transzendentalen Methode →Kants aufbauende idealistische Philosophie als →Wissenschaft, die in der Mathematik das methodische Vorbild erblickt. Dabei wird versucht, die kantische Trennung von →Denken und Anschauen, von →Erscheinung und →Ding an sich durch eine →Theorie der →Erfahrung aufzuheben, der zufolge das reine Denken selbst erst die Gegenstände der Erfahrung hervorbringt. Im Gefolge dieser radikalisierenden Fortsetzung des kantischen Philosophie erklärt Cassirer die →Welt der reinen Erkenntnis des wissenschaftlichen Denkens für als in Relationen aufgelöst, in der das Gegenständliche seinen angestammten Platz verloren hat. Innerhalb der Wissenschaftsgeschichte gibt es eine Entwicklung vom gegenständlichen zum funktional-gegenständlichen Denken: Die Folge ist eine zunehmende Unanschaulichkeit, wie es das Beispiel der Relativitätstheorie belegt. Doch tritt an die Seite des wissenschaftlichen das sprachliche und das mythisch-religiöse Denken sowie die künstlerische →Anschauung. So differenziert sich die Philosophie – wie auch schon bei Natorp – in die vier Großbereiche des Logischen, Ethischen, Ästhetischen und Religiösen. Natorps Grundtendenz ist es, der Ausrichtung auf die erkenntnistheoretische Grundlegung der Wissenschaften im Sinne einer Umbildung und Erneuerung des kritischen Idealismus eine methodisch-praktische Wendung zu geben. Im Rückgang auf →Platon fordert er eine ›allgemeine Logik‹, die Theorie, →Praxis und →Poiesis durch eine letzte zentrale Grundlegung der Gegenstandssetzung im Aufweis der Gesetzmäßigkeit des Denkens eint. Natorps konkrete Philosophie ist eine an Pestalozzi angelehnte Theorie der Pädagogik, die von der sozialkritischen Grundforderung eines Sozialidealismus bestimmt ist. Diesem zufolge wird das →Individuum allein durch die Bildungsaktivität der Gemeinschaft zum →Menschen; Gemeinschaft im echten Sinne wird erst durch die Herrschaft des →Geistes im Gemeinschaftsleben möglich.

A. P.

Marginalien Von lat. *margo*, ›der Rand‹: Bemerkungen am Rande eines Textes, die in bestimmten Fällen auch kurze Inhaltsangaben sein können. Marginalien finden sich besonders häufig in Handschriften, wo sie meist kurze Erläuterungen sind, aber auch in Büchern; dort sind es manchmal kritische Anmerkungen, die die Auseinandersetzung des Lesers mit dem Text dokumentieren.

A. P.

Materialismus Bezeichnung einer Gruppe von philosophischen Schulen. Der Materialismus geht von der metaphysischen Grundannahme aus, dass es nur zwei →Prinzipien gibt: Körper und Bewegung. Alles Seiende (→Sein) ist aus den Kombinationen der ausgedehnten →Materie und ihrer Bewegung in der Leere erklärbar. So ergibt sich die Gestalt des →Atomismus: Auf geraden Flugbahnen bewegen sich die verschiedengestaltigen Atome (*atomon*, ›das Unteilbare‹) nebeneinander her. Durch Zufall können sie ihre Bahn verlassen (*declinamen atomi*) und sich mit anderen verbinden. So können zusammengesetzte Körper entstehen. Die strenge Gesetzmäßigkeit der geraden Fallbewegung paralleler Atome wird durch Störungen dazu gebracht, kompliziertere Gestalten zuzulassen. Die Atome können dann einfach zusammenhaften, oder durch ihre besondere Form (rund, eckig, hakenförmig etc.) spezifische Verbindungen eingehen. Alles Geschehen lässt sich also auf Umlagerung, Vereinigung und Trennung der Atome zurückführen. Das hat zur Folge, dass der Atomismus streng mechanistisch denkt, wobei dem Zufall die Rolle der produktiven Störung zukommt. Die Materie wird als ewig, unzerstörbar und - als aus Atomen bestehend - auch undurchdringlich gedacht. Allein die Leere ist Garant für die Möglichkeit von Bewegung. Von Demokrit systematisch ausgearbeitet, fand der Atomismus später durch Lukrez weite Verbreitung.

Der Materialismus kann aufgrund seines auf Kausalverhältnisse gegründeten Bewegungssystems als →Determinismus auftreten, der, da die Bewegung der Körper keinem anderen Einfluss unterworfen ist, keine (Willens-)Freiheit zulässt. Andererseits kann aber der Zufall gerade als Ermöglichung der →Freiheit geltend gemacht werden, sodass der Materialismus auch als Indeterminismus in Erscheinung tritt. Der Materialismus steht immer vor dem Problem, mit Phänomenen des →Geistes (Gedanken, →Bewusstsein, →Selbstbewusstsein) fertig zu werden. Sie müssen deshalb entweder als Scheinprobleme entlarvt oder einer genuin materialistischen Lösung zugeführt werden. Die erste Möglichkeit geht dahin zu konstatieren, es werden bei allem Geistigen die Gehirnfunktionen bloß noch einmal gedacht, d.h. sinnlos verdoppelt. Die Materie, die mit dem Vermögen des →Denkens ausgestattet ist, schafft sich selbst eine Scheinwelt, die dann fälschlicherweise als real angesehen wird. So verurteilt der Materialismus die →Metaphysik, da sie Gegenstände behandelt, die sich als bloße Hirngespinste entpuppen. Die zweite Möglichkeit nimmt die Probleme der Metaphysik ernst. Sie lehnt die Vorstellungen von nicht materiellen Gegenständen nicht von vornherein ab, sondern sucht sie als notwendige Produkte des Denkens zu beschreiben. Nicht Materielles erweist sich dann als mehr oder minder erforderliche Projektion des rein physiologisch erklärbaren Denkens. In der komplizierten Welt mit ihren zum Teil undurchschaubaren Phänomenen erweist sich die Unterstellung von Größen wie →Gott, Geist, →Idee als nützlich für das Leben. Die Strategie des sich organisch Entwickelnden zielt auf eine Reduzierung von Komplexität, indem metaphysische Begriffe dazu ersonnen werden, um verwickelte Zusammenhänge, deren Kausalbeziehung noch nicht durchschaut worden ist, erklärbar zu machen. Die Projektionstheorie gipfelt dann in der Aussage, dass das Geheimnis der Theologie in der Anthropologie liege. Der Materialismus dieser Spielart übernimmt also die philosophisch wichtige Aufgabe, die Gegenposition - in diesem Falle die der Metaphysik - in ihrer Entstehung erklären zu können. Der konsequente Materialismus nimmt also keine bloße Abwehrhaltung gegen andere philosophische Lehrmeinungen ein, sondern versucht sie positiv zu überwinden, indem ihre Unhaltbarkeit dargelegt werden soll.

Auf besonders fruchtbaren Boden fällt der Materialismus im Zeitalter der Aufklärung (→A Neuzeit - Aufklärung). Durch das Bedürfnis, Kirche und Theologie ihrer Macht zu entkleiden, erwächst die Notwendigkeit, ihre metaphysischen Fundamente offen zu legen und zu zertrümmern. So gehen in diesem Falle philosophische Überzeugungen und politisches Engagement Hand in Hand. Indem der Materialist zeigt, dass es keine transzendenten Wesenheiten (richtender Gott, Hölle, Paradies) gibt, beraubt er die staatlich-kirchliche Politik ihrer Grundfesten. Daraus ergibt sich selbstverständlich eine radikal atheistische Auffassung, die keine Begründung der →Moral aus theologischen bzw. religiösen Gründen mehr zulässt. Als Gegenbewegung erfolgt von Seiten der metaphysisch geprägten Philosophie der Vorwurf, ein solches Denken gefährde das Wohl des →Staates und das Heil der →Seele. Demgegenüber muss der Materialist zeigen, dass es auch eine atheistische Grundlegung der Moral gibt. Dabei muss er auf gewisse natürliche Konstanten zurückgreifen, etwa dass →Gutes zu tun mehr Nutzen eintrage als schlecht zu handeln. Diese Annahmen sind nicht genuin materialistisch, sondern werden auch von anderen philosophischen Schulen mitgetragen. Zwar kann der Materialismus aufgrund seiner radikalen Jenseitsverneinung zum →Hedonismus werden, andererseits kann er auch zum Kosten-Nutzen-Kalkül tendieren, was dann den umgangssprachlichen Sinn von ›materialistisch‹ ausmacht. Durch seine Ausschaltung von Transzendenzen ist dem Materialismus daran gelegen, die Naturwissenschaften voranzutreiben, um möglichst viel - am Ende alles - durch Körperbewegung erklären zu können. Von daher neigt er zu einem Stufenmodell, das, von der Physik aufsteigend, zu einer Wissenschaft des menschlichen Bewusstseins gelangt.

So stellt sich notwendigerweise das Leib-Seele-Problem (→Dualismus Leib - Seele) ein. Der Materialismus kann den Phänomenbestand der Gedankenwelt nicht leugnen; also muss er plausibel machen, wie aus chemischen und elektrischen Funktionen so etwas wie das Wissen um das eigene Sein entstehen kann. Da der Materialist den Ort des Bewusstseins im Gehirn sieht, muss er diesem Organ einen besonderen Stellenwert beimessen, ebenso wie der →Disziplin der Neurophysiologie. Der →Mensch wird in der extremen Form des Materialismus schlicht als Maschine betrachtet (*l'homme machine*), die nicht anders funktioniert als die anderen Naturdinge auch. Alle Empfindungen und Erfahrungen lassen erkennen, dass die gewöhnlichen, der Seele zugeschriebenen Fähigkeiten vom natürlichen Temperament, vom Milieu, der Ernährung und vom Gesundheitszustand des Körpers abhängen. Das Denken ist vollständig mit materiellen Vorgängen verknüpft, ›geistige‹ Verwirrtheiten werden ausschließlich durch organische Störungen bewirkt. Mit Ausnahme der →Sprache hat der Mensch in allem weniger ausgeprägte Instinkte als viele Tiere. Erst die sprachliche Bezeichnung einzelner Dinge bewirkt es, dass sich in der →Einbildungskraft aus den Wörtern, →Vorstellungen und Ideen bilden. Damit wird die Annahme apriorischer Erkenntnisse strikt zurückgewiesen. Die Seele ist bloß zu erfassen als Äußerung der sich bewegenden Materie, als die Triebfeder der Maschine, aus der sich alle Bewegungen des Körpers herleiten lassen.

Anders als der Materialismus der Aufklärung, der seine Anstöße vor allem aus dem Fortschritt der Naturerkenntnis bezieht, lehnt sich der historische Materialismus an die →Dialektik an, wie sie von →Hegel herausgearbeitet worden ist. Gegenstand des historischen Materialismus ist allerdings nicht wie bei Hegel die Selbstbewegung des →Begriffs, sondern die Umwälzung in der politischen Ökonomie sowie die →Kritik der bürgerlichen Welt, die ihre →Kategorien als allgemeinen Ausdruck naturgegebener Verhältnisse betrachtet. Aufgabe des historischen Materialismus ist es also, die geschichtliche Bewegung dieser Kategorien nachzuzeichnen und ihre Widersprüche zu entfalten. Dabei werden sie einerseits als objektive Gedankenformen der Bewegungsgesetze der bürgerlichen Gesellschaft gefasst, andererseits aber auch als historisch bestimmter und notwendiger Schein bloß gelegt. So wird eine spezifische Dialektik zutage gebracht, die diesen Bewegungen zu Grunde liegt:

das innergesellschaftliche Verhältnis zwischen herrschender und beherrschter Klasse. Der Materialismus hat also zwei Tendenzen, die miteinander gehen können, es aber nicht müssen: Auf der einen Seite steht die Annäherung an die Naturwissenschaften als der kompetenten Instanz für die Bewegung der Körper; auf der anderen Seite findet sich die politische Ausrichtung hin zu einem →Staat, der seine Rechtfertigung nicht aus metaphysischen oder politischen Quellen schöpfen kann.

Der starke Impetus, der den Materialismus begleitet, rührt von seiner leichten Nachvollziehbarkeit her, die allerdings bisweilen in die mangelnde Wissenschaftlichkeit des Vulgärmaterialismus führt. In seiner Auseinandersetzung mit dem →Idealismus hat der Materialismus zunächst immer den Vorteil, auf unmittelbare Tatsachen verweisen zu können, da bewegte Körper das Nächstliegende in der Alltagserfahrung sind, während die komplizierten Reflexionen des Idealismus einen Zugang erschweren, zumal seine Thesen der natürlichen Einstellung entgegenstehen (Hegel: »Die Welt auf dem Kopfe«). Gleichwohl muss der Materialismus auch Zugeständnisse machen. So ist seine Grundthese, das Seiende sei Materie, eine Position innerhalb der metaphysischen Diskussion. Es ist nicht damit getan, die Metaphysik als bloßen Widerpart zur Kenntnis zu nehmen, wenn deren genuine Fragen vom Materialismus berührt werden. Mit seinem Selbstanspruch, alles aus dem Prinzip bewegter Körper erklären zu können, begibt sich der Materialist ins Innerste der →Ontologie, in die Frage nach dem Sein des Seienden. Damit erstehen aber die Probleme, mit denen sich auch die nicht materialistische Philosophie befasst: Wie ist →Erkenntnis der →Welt möglich? Was ist der Anfang der Bewegung? Warum gibt es überhaupt etwas? etc. Damit ist der zunächst gewonnene Vorteil gegenüber dem Idealismus geschwunden. Der Materialismus hat sich gegenüber dem Idealismus insofern durchgesetzt, als der Primat der Naturwissenschaften etabliert ist; doch hat er die Fragen der Metaphysik, in die er ja selbst mit hinein gehört, nicht befriedigend beantworten können. So existiert der Materialismus heute hauptsächlich noch in zwei Richtungen: der dogmatisch-politischen im Sinne des historischen Materialismus, und der neurophysiologischen, die in der Frage nach der psycho-physischen Einheit des Menschen zum Tragen kommt.

J. Habermas, Zur Rekonstruktion des Historischen Materialismus, Frankfurt/M. 2001

A. Wittkau-Horgby, Materialismus. Entstehung und Wirkung in den Wissenschaften des 19. Jahrhunderts, Göttingen 1998

G. Klimaszewsky (Hg.), Weltanschauliche und methodologische Probleme der materialistischen Dialektik, Berlin 1976

J. O'Connor (Hg.), Modern Materialism, New York 1969

A. P.

Materie Im philosophischen Kontext in mehreren Bedeutungsvarianten anzutreffender →Begriff. Ursprünglich meint er so etwas wie Holz, mit dem man etwas bauen kann, also den Rohstoff für alle möglichen Verrichtungen. Als genuin philosophischer Begriff taucht Materie dann auf, wenn sie als ein →Prinzip genommen wird. Sie tritt dann in den Gegensatz zur →Form ein, wodurch sich ein kaum zertrennliches Wechselspiel ergibt: Jeder Gegenstand ist geformter Stoff, d. h. die Materie muss gestaltet sein, die Form bedarf eines Wohinein für ihren Ausdruck. Die reine ungeformte Materie ist ein Grenzbegriff der Philosophie, dem aber nichts in der →Wirklichkeit entspricht. Also muss die Materie eingebunden sein in ein Wechselspiel von verschiedenen Prinzipien, von denen sie eines ist. →Aristoteles erklärt in seiner Vier-Ursachen-Lehre die Materie (*hyle*) zu einem der Prinzipien, die für das Zustandekommen eines Seienden (→Sein) verantwortlich sind. Zur Materie treten hier Form (*morphe*), Anfang der Bewegung (*arche tes kineseos*) und der Zweck (*telos*). In der Konzeption des →Materialismus wird die Materie zum einzigen Prinzip – neben ihrer eigenen Bewegtheit – erhoben. Alle anderen Prinzipien sind dann nichts als bloße Erscheinungen bewegter Materie. Dabei stellt sich die Frage, wie die Materie beschaffen sei, besonders dringlich. Die nicht-materialistische Philosophie, die der Form den Vorrang einräumt, kann die Materie ohne besondere Bestimmtheit als stoffliches Etwas nehmen. Rückt sie jedoch ins Zentrum der philosophischen Welterklärung, muss gezeigt werden, was Materie wirklich ist. Das Problem, das sich sofort stellt, ist das der Teilbarkeit und ihrer Grenze. Wenn ein Stoff zerschnitten werden kann, so fragt sich, ob dies bis ins

Unendliche fortsetzbar ist oder ob es letzte unteilbare (atomare) Stücke gibt, die sich der Teilung widersetzen. Eine sehr nahe liegende Vermutung ist, dass es solide Teilchen gibt, die gleichsam die Bausteine für die ganze →Welt sind. Diese Atome genannten Materiestückchen müssen dann die Fähigkeit besitzen, sich miteinander zu verbinden, um größere Körper bilden zu können. Die entgegengesetzte Vorstellung besagt, dass die Materie unendlich teilbar ist. Dann hängt es lediglich vom jeweiligen Kraftaufwand ab, wie weit man die Teilung betreiben möchte. Der Gegensatz dieser beiden Ansichten spiegelt den Zustand der modernen Naturwissenschaft. Auf der einen Seite glaubt ein Teil der Physiker, die letzten Bausteine der Materie ausgemacht zu haben, auf der anderen Seite wird die Meinung vertreten, dass jeder Erfolg in der Auffindung elementarerer Teilchen nur dazu führt, die Suche noch weiter zu treiben, ohne dass ein Ende in Sicht sei.

A. P.

Mathesis universalis Griech.-lat. ›universale Wissenschaft‹: Der Ursprung des Gedankens entstammt der Mathematik, wo versucht wurde, die verschiedenen mathematischen →Disziplinen als →Wissenschaften der Quantität unterschiedlicher Art in einer universalen Wissenschaft zusammenzufassen. In der Philosophie ist die *mathesis universalis* besonders im →Rationalismus aufgegriffen worden. →Descartes nimmt die universale Wissenschaft als Bezeichnung für die als Ideal aufgestellte allgemeine Mathematik: Sie bezieht sich – ohne auf eine besondere Materie wie etwa Zahlen oder Figuren zu achten – rein auf die →Ordnung und das Maß. Folglich sind die Relationen und Proportionen der wichtigste Gegenstand der *mathesis universalis*. Eine ähnliche Bedeutungsrichtung erfährt der Begriff auch bei →Leibniz. Er versteht *mathesis universalis* als Anwendung der →Logik auf die Gegenstände der Mathematik. Sie ist hier eine Kunst des Erfindens und des Beweisens in Bezug auf die Größen oder auch eine Logik der Imagination, da die Gegenstände der Mathematik hier in den Bereich der →Anschauung fallen. Die Imagination ist sowohl auf die Qualität als auch auf die Quantität gerichtet, da Letztere auch Gegenstand der *mathesis universalis* ist. Bei Wolff bedeutet *mathesis universalis* soviel wie die →Identität der →Methoden von Philosophie und Mathematik, worin die allgemeine Anwendbarkeit der Mathematik auf Quantitäten und Qualitäten mit gemeint ist.

A. P.

Maxime Der Begriff ist in der Philosophie sehr vielgestaltig. Ursprünglich stammt er aus der Logik, wo eine *propositio maxima* soviel wie einen höchsten und obersten Satz meint, der keines Beweises bedarf, sondern gerade hilft, zweifelhafte Sätze zu beweisen. Von diesem formalen Ausgangspunkt her erstreckt sich die Maxime dann vor allem auf den praktisch-moralischen und den moralistischen Bereich. Die wichtigsten Ausformungen hat die Maxime durch La Rochefoucauld und →Kant erhalten. In der Moralistik La Rochefoucaulds ist die Maxime zum Aphorismus in der Form der Sentenz gestaltet. Die Maximen sind zumeist einzelne, einfach gebaute Sätze, die einen oft provokanten Gehalt besitzen. Dadurch entsteht für den Leser ein Interpretationsbedürfnis, das ihn zwingt, sich selbst Gedanken über den in der Maxime ausgesprochenen Gedanken zu machen. So wird die Maxime – als Aphorismus – eine eigene literarische Form. Der Gegenstandsbereich ist stets das Menschlich-Zwischenmenschliche, der sich durch seine Komplexität dem in der Philosophie sonst üblichen Traktatstil entzieht.

Dadurch dass jede Maxime für sich allein steht, ergibt sich eine Vielfalt von Perspektiven, die nicht durch einen übergeordneten Totalstandpunkt vereinigt werden können. So ergibt sich eine äußerst große Phänomenfülle, die nicht durch den Zwang systematischer Vereinheitlichungen verkürzt wird. Jede Maxime beleuchtet einen Aspekt des Menschlichen, der durchaus im Widerspruch zu anderen Aspekten stehen kann. So kommt es, dass jede Maxime ihr je eigener ›oberster Satz‹ ist und somit keinerlei Hierarchie möglich ist. Für die Philosophie bedeutet dies einen Gewinn an Darstellungsmöglichkeiten, da das →diskursive Denken aufgrund seiner Gerichtetheit immer Lücken offen lassen muss. Ganz anders gebraucht Kant den Begriff Maxime. Für ihn ist sie das subjektive →Prinzip des Wollens. Sie nimmt in seiner praktischen Philosophie gewissermaßen die Mittelstellung zwischen dem objektiven Prinzip (dem praktischen Gesetz) und der →Handlung ein. Da eine Handlung geordnetes Tun ist, bedarf es einer Regel, um es in Gang zu bringen. Das praktische Gesetz ist in seiner Formalität nicht geeignet, konkretes Handeln zu bestimmen. So treten die Maximen als inhaltlich bestimmte Regeln dazwischen. Die Frage, die sich dabei stellt, ist, ob eine Maxime moralisch ist oder nicht. Der Prüfstein dafür ist der →kategorische Imperativ. Eine Maxime ist dann moralisch, wenn sie sich widerspruchsfrei verallgemeinern lässt, d.h. wenn jedermann angesonnen werden kann, nach ihr zu handeln; lässt sie sich nicht verallgemeinern, verfällt sie dem →Widerspruch und erweist sich so als unmoralisch.

A.P.

Mechanismus Unter Mechanismus versteht man die Anschauung, dass alles Naturgeschehen kausal-mechanisch, d.h. nach dem Verhältnis von →Ursache und Wirkung erfolgt. Die älteste Form des Mechanismus ist der antike →Atomismus (Leukipp und Demokrit). Er behauptet, dass sich durch die Bewegung der Atome im leeren Raum alle Dinge und das ganze Weltall gebildet haben. Zu Beginn der →Neuzeit (A) wurde die mechanistische Naturauffassung (durch Galilei, →Descartes, →Hobbes) erneuert. Bei Newton wurde der Mechanismus zum universalen →System erhoben. Er findet seine extreme Formulierung in der Vision des →laplaceschen Dämons.

Der Mechanismus postuliert, dass das gesamte Naturgeschehen auf die →Gesetze der Mechanik zurückführbar sei. Er nimmt an, dass die Beschreibung des vergangenen wie des zukünftigen Weltgeschehens unter der alleinigen Voraussetzung der Kenntnis der Orte und Geschwindigkeiten aller Massenpunkte zu einen beliebigen Zeitpunkt möglich sei (mechanistisches Weltbild). Die Erfolge vor allem bei der Berechnung von Planetenbahnen gaben dem Mechanismus Recht. Der Mechanismus in seinen Extremformen bezog nicht nur physikalische Inhalte, sondern alle Phänomene des →Lebens mit ein. Erst die Ergebnisse der Forschungen auf dem Gebiete der Quantenmechanik und Relativitätstheorie zu Beginn des 20. Jhs. haben gezeigt, dass eine lückenlose mechanische Determination physikalischer Vorgänge nicht besteht. Diese neuen Theorien schränkten das Kausalitätsprinzip (→Kausalität) wesentlich ein.

J. Teichmann, Wandel des Weltbildes, Reinbek 1989

B.W.

Megariker Anhänger des Euklid von Megara bzw. die Nachfolger in der Leitung der von ihm um 380 v.Chr. gegründeten Schule. Die Megariker (auch: Megarier) stützen sich in ihrer Lehre sowohl auf die →Eleaten als auch auf →Sokrates. Das bedeutet, dass für sie das →Eine der Eleaten (besonders des →Parmenides) und das →Gute des Sokrates einerlei sind und überdies das allein Seiende (→Sein). Die sich daraus ergebenden Komplikationen werden mit verschiedenen Kunstkniffen beiseite geschoben: die Möglichkeit verschiedener Ordnungsgrößen wird dadurch verworfen, dass man den Unterschied nur für den Namen, nicht aber für die Sache gelten lässt; die sinnliche Wahrnehmung verliert ihre Bedeutung, da die Bewegung schlichtweg geleugnet wird; die Unterscheidung von →Möglichkeit und →Wirklichkeit wird nicht akzeptiert, da die Möglichkeit nicht als Modalitätskategorie des Wirklichen anerkannt wird. Die megarische Schule ist charakterisiert durch ihr fehlendes Beziehen von →Theorie und →Praxis aufeinander. Die Theorie gerät zur →Eristik (der Kunst des Wortstreits), deren megarische Besonderheit darin besteht, dass die →Argumente die →Prämissen überspringen und sofort gegen die Schlusssätze zielen, um deren Unmöglichkeit darzulegen. In der Praxis lehnen sich die Megariker an das kynische Lebensideal an; allerdings bleibt die Selbstgenügsamkeit ohne theoretische Begründung. Aufgrund des ziemlich unausgegorenen Zusammenfassens eleatischer und sokratisch-sophistischer Gedanken ist die megarische Schule ohne große Nachwirkungen geblieben.

A.P.

Mensch In der philosophischen Forschung mehr und mehr in den Mittelpunkt gerückt, sodass die Frage ›Was ist der Mensch?‹ als Kernproblem angesehen werden kann. In seiner Sonderstellung als Lebewesen und Geistwesen zugleich ergeben sich die unterschiedlichsten Aspekte, denen nachgefolgt werden kann. Im

Unterschied zu den anderen Lebewesen fehlt es dem Menschen an Instinktsicherheit, die sein Überleben garantiert. Deshalb ist es für ihn notwendig, erzogen zu werden, um diesen Mangel zu kompensieren. Ein Großteil des Instinktmangels wird durch die Fähigkeit des Menschen ausgeglichen, sich durch →Sprache mit den anderen zu verständigen, wodurch das Lernen zum einen beschleunigt, zum anderen durch seine Wechselseitigkeit bereichert wird. In der Wechselseitigkeit des Kommunizierens und Handelns liegt die Tendenz begründet, in →Staaten zusammenzuleben, d. h. ein politisches Wesen zu sein. Am charakteristischsten für den Menschen ist es aber, durch seine Vernunftbegabtheit den Rahmen des naturhaft Gegebenen zu sprengen. So ist er in der Lage, →Wissenschaft zu treiben, sein Handeln nach moralischen Richtlinien zu gestalten und höhere Wesen anzubeten. In der Loslösung von den bloßen Belangen der Lebenserhaltung (Nahrungsaufnahme und Fortpflanzung) entsteht →Kultur in ihren unterschiedlichsten Ausformungen. Doch hört die Naturseite des Menschen damit nicht auf, wirksam zu sein. Die ihm innewohnenden Triebe und Leidenschaften verlieren sich nie; er kann sich gegen sie wenden, was der Unterdrückung des einen Teils seines Wesens gleichkommt, oder er kann ihnen freien Lauf lassen, was die Preisgabe seiner Vernunft- bzw. Menschseite im engeren Sinne bedeutet. Diese innere Spannung ist die Quelle für viele Fragen, die das Menschsein aufwirft. Es entsteht die Problematik der Zurechenbarkeit und Verantwortlichkeit für →Handlungen; die Schwierigkeit zu bestimmen, wie weit der →Wille reicht und ob er seine natürlichen Grenzen hat. Fragwürdig wird das menschliche →Wesen, wenn sich seine Vernunftbegabtheit zu bloß technisch-ökonomischem →Denken vereinseitigt oder wenn es totalitär-zentralistische →Strukturen entwickelt, die ebenso einseitig sind.

A. P.

Menschenrechte Ihre Einforderung ist das Resultat der Aufklärung (→A Neuzeit – Aufklärung) wie es sich zuerst in der amerikanischen Unabhängigkeitserklärung von 1776 und der französischen Erklärung der Menschen- und Bürgerrechte von 1789 politisch niedergeschlagen hat. Es handelt sich dabei um die angeborenen, unveräußerlichen Rechte und Grundfreiheiten, die dem einzelnen →Menschen nicht aufgrund staatlicher Verleihung, sondern kraft seines Menschseins zustehen und die deshalb auch von der Staatsangehörigkeit unabhängig sind. Der Gedanke der Menschenrechte entspringt der Konzeption des →Naturrechts. Ihre wichtigsten Forderungen sind (politische) →Freiheit, Eigentum, Sicherheit und Recht auf Widerstand gegen Unterdrückung. Somit stehen sie für physische und psychische Unversehrtheit, persönlichen Besitz, freies Streben nach →Glück und politische Einflussnahme. Wenn es allein im →Wesen des Menschen liegt, solche Rechte zu besitzen, gibt es keine Möglichkeit, Privilegien, Standes- oder gar Rassenunterschiede zu rechtfertigen. Für den →Staat bedeutet dies, seinen Bürgern eine Neutralität zuteil werden zu lassen, die keinerlei Bevorzugung oder Benachteiligung zulässt. Auch Sitten und Gebräuche müssen hinter den Forderungen der Menschenrechte zurücktreten. Was auch immer die Geschichte an Traditionen mit sich gebracht hat: Sie müssen dann weichen, wenn die Menschenrechte auch nur eines Einzelnen verletzt werden. Die Verbindlichkeit bzw. die Durchsetzbarkeit der Menschenrechte ist sowohl im philosophischen Disput als auch in der politischen Praxis schwierig. Die Philosophie kennt die Gegenposition der ›historischen Rechtsschule‹, die nur das positive, d. h. in →Gesetzen kodifizierte →Recht anerkennt; die politische Verwirklichung sieht sich mit Staaten oder zumindest ihren Lenkern konfrontiert, die den Gedanken der Menschenrechte rundweg verwerfen. Das Kernproblem ist, dass die Menschenrechte ihren Ursprung im europäisch-nordamerikanischen Denken haben, zugleich aber weltweite Geltung beanspruchen; demgegenüber fordern Staaten, die nicht aus diesem Kulturkreis stammen, ihre besonderen Rechtsvorstellungen durchzusetzen und die Menschenrechte als Besonderheit der europäisch-nordamerikanischen Philosophie bzw. Politik zu betrachten, die auf sie keine Anwendung findet.

A. P.

Mesokosmos Der aus dem Griechischen stammende Begriff beschreibt die Zwischenwelt zwischen →Mikrokosmos und →Makrokosmos.

Er wird immer dann verwendet, wenn von der Untersuchung der Lebenswelt des →Menschen die Rede ist, von der mit den Sinnen alltäglich erfahrbaren Welt.

B. W.

Meta Griech. ›hinterher, darauf, hernach; unter; nach‹: In der Philosophie wird *meta* zumeist in Verbindung mit Substantiven gebraucht. Die Kombination mit *meta* bedeutet oft, dass ein bestimmter Bereich überschritten wird, um ihn von anderer Warte her betrachten zu können. Ursprünglich verdankt sich das *meta* vermutlich lediglich einer Verlegenheit bei der Ordnung der aristotelischen Schriften. Dabei wurden diejenigen Bücher, die sich mit dem Göttlichen, der Substanz, den Ursachen etc. befassen, nach (*meta*) den Büchern über die Physik eingeordnet (*ta meta ta physika*, ›die nach den die Physik betreffenden‹).

A. P.

Metabasis eis allo genos Griech. ›Hinübergehen in eine andere Gattung‹: Meint in allen Fällen eine unerlaubte Grenzüberschreitung. Diese kann innerhalb einer bestimmten Teildisziplin erfolgen oder auch zwischen zwei unterschiedlichen →Disziplinen. So ist es z. B. innerhalb der Logik – bei →Aristoteles – nicht erlaubt, einen →Beweis, der für einen Gegenstand der Arithmetik gültig ist, auf einen Gegenstand der Geometrie zu übertragen. Im anderen Falle dürfen Regeln, die etwa in der →Ästhetik entdeckt wurden, nicht ohne weiteres Anwendung in der →Ethik finden. Die Gefahr, die der *metabasis eis allo genos* innewohnt, ist die vorschnelle Bestrebung, ein möglichst einfaches Regelsystem zu besitzen; dieses erweist sich dann aber den spezifischen Problemen der einzelnen Bereiche als nicht gewachsen.

A. P.

Metaethik Solche ethischen Theorien, die sich einerseits auf die →analytische Philosophie stützen, andererseits aber von der Sprachtheorie des späten →Wittgenstein ausgehen. Allgemein versteht sich die Metaethik als nicht-normative →Theorie, die darauf verzichtet, nach den →Prinzipien moralischen Handelns zu forschen. Dafür sieht sie es als ihre Aufgabe an, durch Analyse der →Sprache der →Moral etwas über moralische →Begriffe und →Kategorien zu erfahren. Die Vorgehensweise ist dadurch bestimmt, dass die →Bedeutung und →Funktion von in moralischer Absicht verwendeten Wörtern, →Urteilen und →Argumentationen untersucht wird. →Ethik wird so zum logischen Studium der Sprache der Moral. Der Abweis aller normativen Setzungen und Wertungen beschränkt die ethischen →Methoden auf rein deskriptive Verfahrensweisen. Insofern ist die Metaethik neutral: Der Philosoph soll nicht moralisieren, sondern distanziert und vorurteilsfrei seinem Untersuchungsgegenstand begegnen. Es ist allen metaethischen Theorien gemein, dass eine vom Standpunkt des neutralen Beobachters vorgenommene Beschreibung der Sprache der Moral angenommen wird. Jedoch gibt es, was die Ergebnisse der Untersuchungen anbetrifft, Differenzen. Die kognitivistischen Metaethiker sind der Auffassung, die Sprache der Moral bringe eine rationale Tätigkeit des Menschen zum Ausdruck. Die Nonkognitivisten hingegen stehen auf dem Standpunkt, moralisches Sprechen signalisiere ein irrationales, nur durch die →Gefühle gesteuertes Verhalten des Menschen. Die Naturalisten sind der Meinung, normative moralische Begriffe könnten durch deskriptive Begriffe definiert werden, wodurch die durch sie mitgeteilten Gegenstände einer rationalen Prüfung ebenso standhielten wie empirische Tatsachen. Die Emotivisten vertreten den Standpunkt, der irrationale Gefühlsursprung moralischer Verhaltensweisen zeige sich auch in moralischen →Aussagen, die keinerlei rationale →Struktur besäßen und daher keine Urteile im strengen Sinne seien. Die Logiker oder Deontologen trennen die Frage nach dem Ursprung und der besonderen Qualität moralischer Begriffe von der Frage nach der logischen Struktur moralischer Urteile und Argumentationen ab. Ziel ist es, durch Errichtung einer imperativistischen Logik die rationale Überprüfbarkeit präskriptiver Sätze zu sichern.

A. P.

Metaphysik Griech. *ta meta ta physika*, ›das, was auf die Physik folgt‹: Der Titel *Metaphysik* begegnet erstmals im 1. Jh. v. Chr. bei Nikolaus von Damaskus und wird in der Folgezeit regelmäßig verwendet; anzunehmen ist, dass er auf den älteren Zeitgenossen des Nikolaus, auf Andronikos von Rhodos und dessen Edition der aristotelischen Schriften zurückgeht und die vierzehn Schriften bezeichnet, die in der antiken Aristoteles-Edition hinter den naturphilosophischen Werken angeordnet wurden. Möglicherweise bedeutet das, dass diese Schriften wegen ihres Schwierigkeitsgrades nach der Naturphilosophie zu erörtern sind. Eindeutig geklärt ist das nicht; zu berücksichtigen ist auch die Meinung, →Aristoteles selbst oder Eudemos von Rhodos, neben Theophrast der bedeutendste Schüler des Aristoteles, habe den Titel geprägt und ihn als Bezeichnung des Inhalts verwendet: Die Philosophie vom nicht sinnlich wahrnehmbaren Seienden (→Sein), die den Bereich der Physis, der →Natur, transzendiert. Diese Bedeutung hat der Titel eindeutig in den neuplatonischen Schulen. Mittelalterliche Aristoteliker kombinieren die Deutungen.

Hinsichtlich der Metaphysik ist sehr vieles einschließlich der Beantwortung der Frage nach ihrer →Möglichkeit kontrovers, und auch unter den Vertretern dieser philosophischen →Disziplinen gibt es kaum Übereinstimmung darüber, worum es in der Metaphysik geht. Was ihr Ziel und ihr Gegenstand war, kann indessen recht genau angegeben werden. Das sei durch einige Beispiele belegt, wobei zu berücksichtigen ist, dass Metaphysik als philosophische Grundwissenschaft in ihren Anfängen keinen eigenen Namen hatte.

→Parmenides unterscheidet sehr scharf zwischen dem, was die Menschen hinsichtlich der →Wirklichkeit zu erkennen meinen, womit sie insgesamt in Irrtümer geraten, und dem, was sich dem schauenden →Geist als ›seiend‹ präsentiert. Zu dieser Schau des Seienden gelangen die Menschen nicht aus eigener Kraft, sondern aufgrund einer Offenbarung durch eine namenlose Gottheit. Das Seiende ist →Eines, unentstanden, unveränderlich, unvergänglich, völlig gleichartig, unteilbar, und hat die Gestalt eines ›wohl gerundeten Balles‹; es ist kein →Gott und hat keine göttlichen Eigenschaften. Anscheinend ist hiermit das Weltall als stereometrisch fester Körper gemeint, welcher vom →Denken als reinem Seienden erfasst wird.

→Platon knüpft einerseits an Parmenides an, andererseits entfaltet er seine eigene Lehre unabhängig von Parmenides. Das höchste →Prinzip der Seienden transzendiert den Seins- und Erkenntnisbereich; es wird zwar ›das Eine‹ und ›das Gute‹ genannt, aber mit diesen Namen ist lediglich gesagt, dass von ihm alles abhängig und auf es hingeordnet ist; es kann nicht adäquat benannt werden. Von ihm kann nur ausgesagt werden, was es nicht ist; es ist überseiend und übereines. Wenn es nur ein Prinzip gäbe, wäre die Vielheit der Seienden und der veränderlichen Dinge unmöglich; folglich gibt es in Abhängigkeit vom namenlosen höchsten Prinzip das Vielheitsprinzip, d. h. die ›unbegrenzte Zweiheit‹. Der Seinsbereich, d. h. der Ideenkosmos, verdankt Sein und →Wesen dem überseienden Einen; die Vielheit der Ideen ist durch das Vielheitsprinzip bedingt. Die →Ideen sind weder menschliche →Begriffe noch Gedanken Gottes (als Gedanken Gottes bestimmte sie Platons zweiter Nachfolger, Xenokrates), sondern seiende, ewige und unveränderliche Wesenheiten, die außerhalb der Erfahrungswelt jenseits von →Zeit und →Raum eine Welt für sich bilden, die wahrnehmbaren Dinge prägen und nur durch reines Denken (*noesis*) mit Hilfe der →Dialektik fassbar sind. Der Dialektiker erkennt, dass »eine Idee durch vieles Verschiedene, einzeln voneinander Getrennte hindurch nach allen Seiten ausgespannt« ist, dass vieles voneinander Verschiedene »von einer einzigen Idee von außen umfasst« ist und »wiederum eine durch viele Einheiten hindurch in einer Idee verbunden und viele in jeder Hinsicht voneinander getrennt« sind. Höchste Ideenbereiche sind Seiendes, Ruhe oder Ständigkeit, Bewegung als Gemeinsamkeit (*koinonia*) der Ideen, →Identität und Verschiedenheit oder Andersheit, ferner Proportion (so im *Sophistes*; im *Parmenides* und in den antiken Referaten über Platons ungeschriebene Lehren werden noch mehr genannt). Alle Gattungen und Arten innerhalb der erfahrbaren →Welt sind durch Teilhabe an den ewigen Wesenheiten →konstituiert; mit ›Teilhabe‹, ›Abbild‹ oder ›Nachahmung‹ umschreibt Platon das Verhältnis der sinnenfälligen Dinge zu den Ideen; die Erfahrungsdinge partizipieren insofern an den Ideen und ahmen sie nach, als die Ideen die urbildhaften Formen der sinnenfälligen Dinge sind. Das darf nicht so aufgefasst werden, als seien die Ideen jeweils etwas Statisches; Platon hebt ausdrücklich hervor, dass der Ideenwelt Leben und Denken zukommt. Ideen von Individuen setzt Platon nicht an; jedes →Individuum innerhalb der Erfahrungswelt ist →Abbild oder Nachahmung so vieler Ideen, als es Eigenschaften besitzt. Das hat zur Folge, dass es nicht nur Ideen von Naturdingen und vom Gerechten, →Schönen usw., sondern auch von den Produkten der →Technik, zudem von Hässlichem, Schädlichem und Bösem gibt. Das Mathematische, das einen eigenen Bereich zwischen den Ideen und dem Veränderlichen bildet, unterscheidet sich von den Ideen dadurch, dass die mathematischen →Entitäten zwar wie die Ideen ewig und unveränderlich sind, aber viel Gleichartiges enthalten, welches die mathematischen Operationen (Addition, Subtraktion usw.) ermöglicht, während jede Idee einmalig und nicht mathematisch kombinierbar ist. Zur Ideenlehre werden die Lehre von der Weltentstehung, von der →Seele, von der besten Polis und den ethischen Vortrefflichkeiten (*aretai*) in Bezug gebracht.

Was Aristoteles anlangt, so ist zu berücksichtigen, dass er trotz aller Kritik an seinem Lehrer Platon, vornehmlich an der Getrenntsetzung der Wesensgründe, immer Platoniker blieb, ferner, dass er kein System der Metaphysik entwarf, nie ein Lehrbuch der Metaphysik verfasste und dass es auch keine aristotelische ›Urmetaphysik‹ gibt, die Aristoteles allmählich erweitert hätte; der Beweis hierfür ist die Uneinheitlichkeit der vierzehn Bücher, die später unter dem Titel *Ta meta ta physika* zusammengefasst wurden. Die Wissenschaft von den Seinsprinzipien nennt Aristoteles ›erste Philosophie‹ (zweite Philosophie ist die Physik = Naturphilosophie, dritte die Mathematik) oder Theologie; sie untersucht »das Seiende, insofern es seiend ist«, worunter Aristoteles »jede Seinsheit (*ousia*), wie sie von Natur aus ist« versteht, und »das Ewige, Unveränderliche und seinsmäßig Selbständige«, d. h. das Göttliche. In diesen beiden Bestimmungen schien der Unterschied von *metaphysica generalis* und *metaphysica specialis* angegeben zu sein, was indessen ein Missverständnis ist; allgemeine Seinswissenschaft (erste Philosophie) und Wissenschaft vom Göttlichen (Theologie) sind für Aristoteles identisch: »Wenn es eine unveränderliche Seinsheit gibt, bildet deren Untersuchung die erste Philosophie; sie ist allgemein in der Weise, dass sie die erste ist; ihre Aufgabe besteht darin, Wesen und Eigentümlichkeiten des Seienden zu betrachten, insofern es ist«, das heißt, dass erste Philosophie als Theologie zugleich allgemeine Seinslehre ist.

Der Gedankenreichtum der aristotelischen Ausführungen über die erste Philosophie kann ebenso wie die platonische Ideenlehre hier kaum angedeutet werden; thematisiert wird u. a. Folgendes: Höchstes Seins- und Erkenntnisprinzip ist der von Platon formulierte →Satz vom Widerspruch; hinzu kommt der →Satz vom ausgeschlossenen Dritten: Zwischen Sein und Nichtsein gibt es kein Mittleres. Merkmale der *ousia* (Seinsheit) sind 1. *hypokeimenon* (ontologisches Subjekt); 2. *choriston* (getrennt: a) selbstständig existierend, b) Wesen, in der Definition ohne Angabe der Akzidenzien fassbar); 3. *tode ti* (individuell, Grund der Individualität); dementsprechend sind *ousia* das Wesen, das in der ›ersten Philosophie‹ *ousia* im primären Sinne ist, und das selbstständig existierende Individuum. Die an sich selbst bestimmungslose →*hyle* (ontologische Möglichkeit) ist potenzielle *ousia*, weil sie nicht selbstständig, sondern nur in Verbindung mit den Wesensformen existiert. Zu unterscheiden sind drei Gruppen von *ousia*, nämlich zwei wahrnehmbare und eine nicht wahrnehmbare: die vergänglichen wie Pflanzen und Sinnenwesen, ihre Wesensformen existieren nur in Verbindung mit der *hyle*; die ewigen (Fixsterne und Planeten); die absolut unveränderlichen, die ohne jede *hyle* sind; dass es sie gibt, wird bewiesen.

In allen Entstehungsprozessen der Natur, Technik und →Kunst sind die gleichen Faktoren nachweisbar, nämlich Stoff-, Wesensform-, Ziel- und Wirkursache (»Praktisches Können, *techne*, ahmt die Natur nach«). Die absolut unveränderliche *ousia* ist reine Form, frei von jeder *hyle* und demzufolge uneingeschränkte und höchste Weise von Wirklichkeit; als solche ist sie reines Denken und ihre Tätigkeit ist Denken ihrer selbst, also ›Denken des Denkens‹; Einfluss auf die Welt nimmt sie nur in der Weise, dass sie als Zielursache die Fixsternsphäre bewegt.

Der erste Nachfolger des Aristoteles, Theophrast, dürfte mit seiner Metaphysik und ihrer →Kritik – vornehmlich an der Lehre vom unbewegten Beweger – den Verzicht auf Ontologie im nachtheophrastischen →Peripatos begünstigt haben; zu einer Erneuerung der Seinslehre und Theologie im aristotelischen Sinne kam es bei Alexander von Aphrodisias; spätere griechische Kommentatoren des Aristoteles verbinden nicht selten aristotelische und platonische Auffassungen, zumal die Metaphysik seit dem 3. Jh. n. Chr. wesentlich von Platonikern wie Plotin, Porphyrios, Proklos Diadochos, Pseudo-Dionysios Areiopagites u. a. geprägt wurde, welche die Lehren Platons erneuerten, aristotelische Gedanken übernahmen und die aristotelischen Ausführungen über den ersten Beweger, der sich selbst denkt, im Sinne der Ideenlehre deuteten. Aristotelische Konzeptionen wurden dem lateinischen →Mittelalter (A) vor der Aristoteles-Rezeption (12.-13. Jh.) durch arabische Texte (Avicenna, Averroës u. a.) vermittelt. Platons Werke wurden zwar während des Mittelalters nur sporadisch ins Lateinische übersetzt; partielle Kenntnis platonischer Philosophie erlangte man hauptsächlich durch →Augustinus, Boethius und durch Aristoteles' Auseinandersetzung mit Platon. Dass darüber hinaus mittelalterliche Metaphysik sehr mit Platonismus durchsetzt ist, beruht auf Schriften, die unter dem Namen des Aristoteles kursierten, aber auf Platoniker zurückgehen (*Liber de causis* von Proklos Diadochos, *Theologia Aristotelis* von Plotin); der viel gelesene Pseudo-Dionysios galt als Schüler des Apostels Paulus. Gegenstand und Aufgaben der Metaphysik werden unterschiedlich bestimmt, zudem wird die Unterscheidung von *metaphysica generalis* und *metaphysica specialis* erkennbar. →Thomas von Aquin z. B. bestimmt Gegenstand und Namen der Metaphysik in folgender Weise: Theologie heißt sie, insofern sie Gott und die reinen Geistwesen zu erkennen sucht; Metaphysik wird sie genannt, insofern sie Seiendes und die ihm folgenden Bestimmungen wie Eines - Vieles, Potenz - Akt untersucht; als ›erste Philosophie‹ wendet sie sich den ersten Ursachen zu. Diese dreifache Betrachtungsweise kommt einer einzigen Wissenschaft zu. Im 15. Jh. legt →Nikolaus von Kues eine Metaphysik vor, welche Offenbarungstheologie mit Ontologie verbindet und besonders vom Platonismus beeinflusst ist. Die bedeutendste Metaphysik der frühen →Neuzeit (A) findet sich *Disputationes metaphysicae* des Jesuiten Suárez (1597); sie greift auf Aristoteles zurück, zeichnet sich durch systematische Ordnung und Klarheit aus und hat großen Einfluss auf die deutsche Schulmetaphysik des 17. Jhs. Im 18. Jh. fasst Wolff die gesamte Metaphysik systematisch zusammen und gliedert sie in allgemeine und spezielle Metaphysik mit den Teilen Kosmologie, Psychologie und natürliche Theologie. →Kants →Transzendentalphilosophie, →Fichtes Wissenschaftslehre, →Schellings und →Hegels Philosophie können als höchste Ausformung der Metaphysik seit Aristoteles gelten. Unterschiedliche Bemühungen charakterisieren die Metaphysik auch seit der Mitte des 19. Jhs.: Bewahrung und Ausgestaltung des Überkommenen, mehr oder weniger neue Ansätze (Scheler, Hartmann u. a.), ferner der sehr unterschiedlich motivierte Glaube an das Ende der Metaphysik. →Heidegger sieht in der Metaphysik das »Geschick ... der Vergessenheit des Seins« und ist überzeugt, dass die Philosophie an der Metaphysik zugrunde gehe.

K. Bormann, Platon, 3. Aufl. Freiburg / München 1993
I. Düring, Aristoteles, Heidelberg 1966
L. Oeing-Hanhoff / Th. Kobusch / T. Borsche, Metaphysik, in: Historisches Wörterbuch der Philosophie, Bd. 5, Basel / Stuttgart 1980, 1186-1279
Grundriß der Geschichte der Philosophie. Die Philosophie der Antike, Bd. 3, hg. von H. Flashar, Basel / Stuttgart 1983

K. B.

Metasprache In der modernen →Logik wird die Unterscheidung zwischen Metasprache und →Objektsprache gemacht, um die →Semantik formalisierter Sprachen genau beschreiben zu können und →Antinomien zu vermeiden. Im Gegensatz zur Objektsprache, die über →Objekte spricht, wird in der Metasprache über die Objektsprache gesprochen, wobei deren semantische Eigenschaften bestimmt werden. Die Metasprachen werden zumeist so konstruiert, dass in ihnen alles ausgedrückt werden kann, was in den zugehörigen Objektsprachen auszudrücken ist. Die Metasprachen müssen so beschaffen sein, dass alle →Zeichen der Objektsprache bezeichnet werden können. Dabei müssen die Eigenschaften und Beziehungen der Ausdrücke der Objektsprache wie auch ihre Definitions- und Umformungsregeln formulierbar sein.

A. P.

Methexis Griech. ›Teilhabe‹: In der Philosophie →Platons stellt die Methexis die Verbindung zwischen der Sinnenwelt (*kosmos aisthetos*) und der Ideenwelt (*kosmos noetos*) dar. Die →Ideen sind ewig und unwandelbar, die Dinge vergänglich und veränderlich. So entsteht ein Unterschied im Seinsrang: Während die Ideen für sich sein können, da sie seiendermaßen seiend (*ontos on*) sind, kommt den Dingen ein Nicht-Sein (*me on*) zu; sie können sich nicht aus eigener Kraft im →Sein halten und sind deshalb auf die Ideen angewiesen. Die Methexis gestattet es dem zunächst formlosen (Ur-)Material, Gestalt anzunehmen. So hat das Bedürftige Teil an der →Vollkommenheit der Ideen; es verdankt ihnen sein Aussehen und ist auf diese Weise ein schwacher Abglanz seiner Vorbilder. Die Methexis lässt sich in drei Beziehungen fassen. Zum ersten sind die Ideen →Prinzip des Seins (*principium essendi*) für die Dinge, da sie Garant ihrer Existenz sind. Weiterhin sind sie das Prinzip des Werdens (*principium fiendi*), indem sie das Gestaltlose in sein →Wesen einrücken lassen. Endlich sind die Ideen auch Prinzip des →Erkennens (*principium cognoscendi*), weil nur im Hinblick auf sie ein Ding als es selbst zu erkennen ist. Die Methexis ist die äußerste Ausformung des Apriorismus, da alle Leistungen von einer vorausliegenden unabhängigen Macht ausgehen. Die bloße Teilhabe der Dinge an den Ideen reißt die Welt in zwei Teile, von denen der eine alles gibt und aufprägt, der andere alles nimmt und erleidet (→Dualismus). So ist auch das menschliche →Denken nicht in dem Maße schöpferisch, dass es Ideen schafft, sondern es ist darauf angewiesen, dass die →Seele der Ort für die Anwesenheit der Ideen (*topos eidon*) ist.

A.P.

Methode Von griech. *methodos* ›Nachgehen‹: Ein geordnetes Verfahren zur Gewinnung eines bestimmten Zieles, der Weg, es zu erreichen, die Art und Weise des Vorgehens. Jede Philosophie ist in ihrem Inhalt auch dadurch bestimmt, welche Methode jeweils zur Anwendung kommt. Deshalb ist es geboten, in einer Methodenreflexion darüber Rechenschaft abzulegen, von welcher Art das Vorgehen sein soll. Dabei muss immer darauf geachtet werden, dass die Methode der Sache angemessen ist (die Annahme einer einzigen Universalmethode erweist sich als problematisch). Jede Methode benötigt einen Ausgangspunkt, eine →Ordnung der zu vollziehenden Schritte und ein Ziel. Um dies in die Hand zu bekommen, muss die Methode erlernt und wie eine Kunst angewendet werden. Das bedeutet, dass die Methode ein vermittelbarer Gegenstand der Erkenntnis sein muss, der sich insofern nicht von den Inhalten unterscheidet. Andererseits lassen sich dieselben Gegenstände von unterschiedlichen Methoden mit je anderem Ergebnis untersuchen. Der für die Philosophie am stärksten wirkende Unterschied ist der zwischen der deduktiven und der induktiven Methode. Die →Deduktion bedient sich der Ableitung des Besonderen aus dem Allgemeinen, während die →Induktion von den Einzelfällen ausgeht und daraus auf ein Allgemeines schließt. Die Deduktion verlässt sich auf gesicherte Grundsätze, die Induktion auf das Ausbleiben von Ausnahmen. So zerfällt die Philosophie schon bei der Entscheidung für eine der beiden Methoden in zwei Blöcke: Auf der einen Seite steht die am mathematischen Ideal orientierte rationalistische Philosophie, auf der anderen Seite der an der →Erfahrung hängende →Empirismus. Eine Mittelstellung nimmt hier →Kant ein, der beide Methoden gleichberechtigt nebeneinander bestehen lässt. Das immer weiter geschärfte Methodenbewusstsein der →Neuzeit (A) birgt die Gefahr in sich, die Wissenschaft von den Gegenständen zu vernachlässigen, da stets bessere Verfahrensweisen ersonnen werden, dann aber gar nicht zur Anwendung gelangen. So ist die Philosophie gezwungen, an irgendeiner Stelle die Frage nach der Methode zurückzustellen, um den Bezug zu den Sachen nicht zu verlieren.

A.P.

Mikrokosmos Der aus dem Griechischen stammende Begriff beschreibt die kleine Welt im Gegensatz zum →Makrokosmos. Er wird immer dann verwendet, wenn kleine Dimensionen beschrieben werden. In der griechischen Philosophie erhielt das Begriffspaar Mikrokosmos – Makrokosmos seinen Stellenwert aus der Idee eines sinnvoll geordneten Universums, in dem der Mikrokosmos einen strukturgleichen Teil des Makrokosmos bildet. Setzt man eine solche Mikrokosmos-Makrokosmos-Beziehung voraus, wäre man in der Lage, Erkenntnisse aus einem Teilbereich auf das ganze Universum zu übertragen. Oft wurde der Mensch als Mikrokosmos betrachtet.

In der modernen Wissenschaftssprache erhielt der Begriff besondere Bedeutung im Zusammenhang mit den Ergebnissen der Atomphysik Plancks und der Quantenmechanik Heisenbergs. Mikrokosmos beschreibt dort den Bereich der Forschung, dessen Inhalte sich der direkten →Erfahrung entziehen, da sie die Feinstruktur des Materieaufbaus betreffen. Sie können nur mit technischen Hilfsmitteln untersucht werden (z. B.: Untersuchungen am Atomkern).

B. W.

Millenarismus →Chiliasmus

Mimesis Griech. ›Nachahmung‹: Der philosophische Gebrauch des Begriffs entstammt ursprünglich der Musiktheorie. Dabei geht es darum, dass sich Stil, Rhythmus und Tonart nach dem Wort richten müssen, d. h. passen sollen. Im Bereich des Schauspiels wird unter Mimesis die Aktion von handelnden Personen bzw. die szenische Darstellung verstanden, die auch ohne Erläuterungen des Dichters offenbar ist. Komödie und Tragödie sind reine – nicht erzählende – Formen der Mimesis. Ihre Mittel sind Stimmen und Gebärden. →Platon hat den Gedanken der Mimesis im ontologisch-erkenntnistheoretischen Sinne eingeführt. In seinem ontologischen →Dualismus zwischen dem ewig gleich bleibenden ›Reich der Ideen‹ und dem sich stets verändernden ›Reich der Erscheinung‹, ist das Letztere ein →Abbild, das eine seinem Seins- und Wahrheitsgehalt nach geringer Stufe des Ersteren darstellt, das das →Urbild ist. Im Reich der →Erscheinung unterscheidet Platon dann die von →Demiurgen hergestellte Welt und die vom Menschen hergestellten Artefakte. Deren Herstellung setzt voraus, dass der Handwerker Kenntnis der →Idee dessen hat, was er herstellen will. Insofern steht der Artefakt in →Methexis zur Idee, hat an ihr Anteil. Der Künstler hingegen kennt die Idee nicht, und ahmt nur entweder die →Natur oder die Artefakte nach (Mimesis). Deshalb haben die Kunstwerke keinen Anteil an den Ideen.

→Aristoteles greift den Gedanken der Mimesis in seiner Poetik auf. Für ihn gibt es nur die Mimesis als Darstellung handelnder Personen. Mittel sind Wort, Harmonie und Rhythmus, Gegenstände der Mimesis sind Charaktere, Leidenschaften und Handlungen. Dabei meint Mimesis nie platte Abschilderung der Natur, sondern die Tragödie ist die Mimesis einer guten und in sich geschlossenen Handlung von bestimmter Größe, in anziehend geformter Sprache – wobei die formenden Mittel in den einzelnen Abschnitten je verschieden angewandt werden –, die Jammer und Schauder hervorruft und hierdurch eine Reinigung von diesen Leidenschaften bewirkt. Daraus geht hervor, dass es nicht die Aufgabe des Dichters ist mitzuteilen, was wirklich geschehen ist, sondern vielmehr, was geschehen könnte, d. h. das nach den Regeln der Wahrscheinlichkeit Mögliche. Wichtig für die so verstandene Mimesis ist es, dass nicht einfach Episoden mehr oder weniger kunstvoll aneinandergereiht werden, sondern dass sie eine in sich geschlossene →Handlung zum Gegenstand hat. Den Gegenständen der Mimesis sind enge Grenzen gesetzt: Weder darf gezeigt werden, wie makellose Menschen einen Umschlag vom →Glück ins Unglück erleben, denn dies ist nicht schaudererregend noch jammervoll, sondern abscheulich; auch darf nicht gezeigt werden, wie Schurken einen Umschlag vom Unglück ins Glück erleben, denn hier fehlen Jammer und Schauder ebenso; endlich ist auch der Umschlag vom Glück ins Unglück für den Schurken nicht zeigenswert, denn es erzeugt allenfalls Genugtuung. Was übrig bleibt, ist der Held, der zwischen diesen Möglichkeiten steht. Dieser erleidet den Umschlag ins Unglück nicht trotz sittlicher Größe oder herausragendem Gerechtigkeitsstreben, auch nicht wegen seiner Schlechtigkeit und Gemeinheit, sondern wegen eines Fehlers.

A. P.

Misanthropie Der Menschenhass ist eine Einstellung des →Menschen sich selbst und den anderen gegenüber. Die Quellen können unterschiedlicher Natur sein. Die frühe →Neuzeit (A) deutet die Misanthropie als eine im Rahmen der Säfte- und Temperamentenlehre zu begreifende Melancholie der Weltabgewandtheit. Exemplarisch steht hierfür der Charakter des ›Menschenfeindes‹, wie ihn Molière dargestellt hat: Der Ekel vor Unaufrichtigkeit und geheuchelter Freundschaft treibt den Misanthropen dazu, alle Fehler schonungslos aufzudecken, wodurch er den Kontakt zu seinen Mitmenschen zunehmend verliert. Der Hass auf alles Falsche treibt den Menschenfeind in die Isolation, da sich die anderen im Spiel der Lügen und Schmeicheleien eingerichtet haben. In der Aufklärung (→A Neuzeit - Aufklärung) hat →Kant drei verschiedene Arten von Misanthropen unterschieden: Der separatistische Misanthrop ist durch seine gänzliche Abkehr vom Menschen ohne tätige Anfeindung gekennzeichnet; der Menschenfeind im praktischen Sinne fühlt sich nur dann wohl, wenn es anderen übel ergeht; der ästhetische Misanthrop flieht die Menschen, weil er kein Wohlgefallen an ihnen finden kann, obwohl er allen wohl will. Wichtiger wird die Misanthropie in →Schopenhauers pessimistischer Philosophie. Er unterscheidet sie von der Menschenverachtung, die die Misanthropie ersetzt und sogar Schutz vor ihr bietet. Da der →Wille zum →Leben ein unvernünftiges Streben ist, ist auch die menschliche →Gesellschaft nur ein Teil der Welt des Leidens. Unlust ist die Folge dieser Weltbetrachtung und wird so zum bestimmenden Gefühl menschlichen Handelns. So wird der Misanthropie als negativer Lusthandlung die Kraft entzogen. Wenn also die Welt schlecht ist, wenn der Mensch selbst keinen Wert besitzt, dann ist die Misanthropie ein unnützer Wahn. Die Misanthropie entsteht dann, wenn eine Verstimmung bleibend wird und die Welt deshalb von der ästhetischen Seite als Karikaturenkabinett, von der intellektuellen als ein Narrenhaus und von der moralischen als eine Gaunerherberge erscheint. Im Anschluss an Schopenhauer hat →Nietzsche das Problem der Misanthropie psychologisch und philosophisch neu durchdacht und dabei das Phänomen des Ressentiments entdeckt. Die Wurzel des Hasses gegen die anderen liegt nicht in deren Schlechtigkeit begründet, sondern in der ohnmächtigen Wut des Zukurz-Gekommenen, der die Starken schwach lügen will.

A. P.

Mitleid Es lassen sich verschiedene Formen ausmachen: Mitleid kann als Mitleiden mit der Not oder dem Schmerz anderer verstanden werden, woraus tätige Hilfe resultiert. Das Mitleid ist entweder pathologisch (als Leidenschaft verstanden), wenn die Tat unmittelbar vom Schmerzgefühl geleitet wird, oder aber vernunftgeleitet. Im letzteren Fall kann das Mitleiden mit der →Tugend der Barmherzigkeit gleichgesetzt werden. Das pathologische Mitleid kann hingegen eine Trennung von Gefühl und →Handlung mit sich führen. Dann kreist das Gefühl passiv in sich selbst und die Hilfeleistung bleibt meist aus. Diese Doppeldeutigkeit hat →Kant genau gesehen: Das warme Gefühl des Mitleidens ist zwar als eine gewisse Weichmütigkeit schön und liebenswürdig, sofern es mit der Tugend übereinstimmt, doch ist es zugleich schwach und blind, weshalb es nicht Bestimmungsgrund moralischen Handelns werden kann. Ganz im Gegensatz zu dieser Position macht →Schopenhauer das Mitleid zum Prinzip seiner →Ethik. Das Mitleid ist die natürliche, uneigennützige und allein echt moralische Triebfeder. Alle moralischen Handlungen, zusammengefasst in der Tugend der →Gerechtigkeit und der Menschenliebe, lassen sich auf sie zurückführen. Eine gänzliche Absage erteilt →Nietzsche dem Mitleid. Es ist ein Zeichen der Schwäche des niedergehenden →Lebens. Dem Mitleid fehlt der Charakter des tonischen Affekts, ja es ist sogar das genaue Gegenteil davon. Dadurch wird es zum Multiplikator des Elends - der Mitleidende lädt sich unnötig fremdes Leid auf - und zum Konservator alles Elenden, da es davon abhält, dies zu vernichten. Die rigorose Verurteilung des Mitleids darf nicht als Menschenhass missdeutet werden. In Nietzsches Konzeption der Lebenssteigerung wirkt das Mitleid wie Ballast, der den Schwung des auf Kraftvermehrung hinstrebenden Menschen bremst, und somit zu dessen Scheitern beiträgt. Insofern wird das Mitleid hier nicht als moralisch nützlich oder unnütz beurteilt, sondern als tauglich oder untauglich für das Leben selbst.

A. P.

Mittelalter →A

Mneme Griech. ›Erinnerung, Gedächtnis‹: Die Mneme bzw. Mnemosyne ist in der griechischen

Mythologie die Mutter der Musen. Die philosophische Auseinandersetzung über die Mneme ist seit →Platon nachvollziehbar. Bei ihm ist die Mneme die Bewahrung der Wahrnehmung. Aber es ist die Wahrnehmung, die Körper und →Geist gemeinsam berührt hat. Wiedererinnerung findet nur dann statt, wenn die →Seele in sich selbst dasjenige wieder aufnimmt, was ihr zusammen mit dem Körper begegnet ist. Da aber jede Begierde und jedes Streben auf der Mneme beruht, kann sie als das Grundprinzip des Lebendigen bezeichnet werden. Sie ist das Vermögen, das die Wahrnehmungen in ihrer der Seele zukommenden Form bewahrt hat und insofern mit ihnen zusammenfällt. Bei →Aristoteles ist die Mneme keine Tätigkeit der Seele allein, sondern gehört zu dem, was ihr mit dem Körper gemeinsam ist. Weil die Mneme wesentlich auf das Vergangene geht, erinnern sich die Lebewesen mit dem Vermögen, mit dem sie die Zeit wahrnehmen. Von besonderer Bedeutung ist, dass die Mneme zu demselben Seelenteil gehört wie die *phantasia* (das Vorstellungsvermögen). Nur das von der *phantasia* bereit Gehaltene kann deshalb erinnert werden. Das Erinnern ist somit das Haben einer →Vorstellung, und zwar dieser als eines Bildes dessen, wovon sie Vorstellung ist. In der →Neuzeit (A) hat →Hegel den Gedanken der Mnemosyne aufgegriffen. Er betrachtet sie als eine Gestalt des →Selbstbewusstseins des Geistes in griechischer Vorzeit. Insofern ist sie das Pathos des Sängers. Als dieses ist die Mnemosyne nicht betäubende Naturmacht, sondern die Erinnerung des Wesens und Ursprungs des →Seins. So kann die Mnemosyne für Hegel der Ursprung von Schrift- und Tonsprache sein, da durch sie eine freie Verknüpfung äußerer Vorstellungen mit geistigen →Bedeutungen erzeugt wird. →Heidegger benennt die Mnemosyne – im Rückbezug auf Hölderlin – als den Quellgrund des Dichtens, insofern sie das gesammelte Andenken an das zu Denkende ist. So wird sie zu einem Synonym für das, was Heidegger in seiner Spätphilosophie →Denken nennt.

A. P.

Modal Von lat. *modus* ›Art und Weise‹: Wenn im philosophischen Kontext *modal* gebraucht wird, so meint dies meist, dass es um die Art der Gegebenheit von Gegenständen geht (→Modalität).

A. P.

Modalität Bei →Kant ist die Modalität eine der vier Kategoriengruppen (neben Quantität, Qualität und Relation). Sie enthält die Einzelkategorien Möglichkeit, Wirklichkeit und Notwendigkeit. Die Kategorien der Modalität haben das Besondere, dass sie den →Begriff, dem sie als →Prädikate beigefügt werden, als Bestimmung des Objekts nicht vermehren, sondern nur das Verhältnis zum Erkenntnisvermögen ausdrücken. So lassen sich die »Postulate des empirischen Denkens überhaupt« (die Grundsätze des →Verstandes hinsichtlich der Modalität) formulieren: 1. Was mit den formalen Bedingungen der →Erfahrung (der →Anschauung und den Begriffen nach) übereinkommt, ist möglich. 2. Was mit den materialen Bedingungen der Erfahrung (der Empfindung) zusammenhängt, ist wirklich. 3. Wessen Zusammenhang mit dem Wirklichen nach allgemeinen Bedingungen der Erfahrung bestimmt ist, das existiert notwendig. Die den Kategorien der Modalität entsprechenden →Urteile sind problematisch (Möglichkeit), →assertorisch (Wirklichkeit) oder →apodiktisch (Notwendigkeit). Im Gegensatz zu Quantität, Qualität und Relation, die allein den Inhalt eines Urteils ausmachen, trägt die Modalität nichts dazu bei. Sie bestimmt hingegen den Wert der →Kopula in Bezug auf das →Denken. Problematische Urteile sind solche, bei denen das Bejahen oder Verneinen als bloß beliebig angenommen werden, assertorische Urteile nehmen das Bejahen oder Verneinen als wahr, apodiktische sehen es als notwendig.

A. P.

Modell Im Sprachgebrauch der →Wissenschaft ist ein Modell ein natürliches oder speziell konstruiertes Hilfsmittel, das dazu genutzt wird, um über das Original neue Informationen zu erlangen oder das Verständnis von Informationen zu erleichtern, bzw. um →Probleme zu lösen, deren direkte Lösung am Original nicht möglich sind. Modell und Original müssen dazu eine Struktur-, Funktions- oder Verhaltensanalogie aufweisen. Als Modelle können sowohl natürliche, technische oder menschliche Objekte als auch Zeichensysteme, Formelsysteme oder ideelle Objekte selbst auftreten.

Modelle sind also vereinfachende Repräsentanten für gegebene Originale. Die →Struktur des Modells richtet sich nach den →Funktionen, die das Modell in einem wissenschaftlichen Kontext erfüllen muss. Die wissenschaftliche Arbeit mit / an einem Modell kann man in vier Schritte einteilen: Konstruktion des Modells, das die als wichtig erachteten Eigenschaften eines Originals ausdrückt und die für das zu lösende Problem nebensächlichen Eigenschaften außer Acht lässt; Versuch / (Gedanken-)Experiment am / im Modell mit dem Ziel, neue Informationen über das Modell zu erlangen; (→Analogieschlusses von den neuen Informationen im Modell auf entsprechende Eigenschaften im Original; Überprüfung der neuen Erkenntnisse am Original bzw. Lösung des Ausgangsproblems am Original.

In der Wissenschaft unterscheidet man unterschiedliche →Funktionen von Modellen: 1. Erkenntnisgewinnung: Neue Informationen über das Original sind gesucht, deren Gewinnung am Original zunächst oder prinzipiell nicht möglich ist; 2. →Erklärung: Das Modell ermöglicht, bestimmte Funktionen des Originals verständlich darzustellen und ihr Verstehen zu ermöglichen; 3. →Demonstration: Am Modell lassen sich als wichtig erachtete Eigenschaften des Originals, die an diesem zunächst oder überhaupt nicht oder nur schwer zugänglich und messbar sind, veranschaulichen und demonstrieren; 4. Überprüfung von wissenschaftlichen →Hypothesen, die am Original nicht möglich sind (z.B.: Labortests); 5. Planung am Modell: zeitlich vor der Erstellung des Originals (z.B.: Bau-Modelle); 6. Optimierung des Originals: Simulationen am Modell können zu einer Verbesserung des Originals führen (z.B.: Computersimulation).

W. Stegmüller, Probleme und Resultate der Wissenschaftstheorie und Analytischen Philosophie, Berlin / Heidelberg / New York 1973

B. W.

Möglichkeit Der Begriff erscheint in der Philosophie in verschiedenen →Bedeutungen. In der klassischen →Metaphysik bedeutet Möglichkeit das Komplement zu →Wirklichkeit. Dabei hat die Möglichkeit den niederen Seinsrang, weil sie nur dann in die Wirklichkeit überführt werden kann, wenn schon ein Wirkliches da ist, das sie gleichsam anstößt. So kann etwa das Holz der Möglichkeit nach brennen, doch bedarf es einer wirklichen Flamme, um es zu entzünden. Die Feststellung, dass alles Wirkliche auch möglich sei, nicht aber jedes Mögliche auch wirklich, verliert somit an ontologischer Durchschlagskraft. Die Möglichkeit ist ein Noch-nicht-Seiendes, das ins →Sein gehoben werden kann. Wenn aber alles Seiende eines anderen bedarf, um wirklich zu werden, so lässt sich der Gedanke weiter treiben: Was steht am Anfang der Kette von Überführungen von Möglichkeiten in Wirklichkeiten? Es muss dies ein Wirkliches sein, das selbst keines Anstoßes bedarf, d.h. es ist die reine Wirklichkeit (→*actus purus*). Das hat für die Metaphysik weitreichende Konsequenzen. Für das Grundphänomen der Bewegung etwa bedeutet es, dass sich nichts ohne den Anstoß durch ein anderes bewegt. Selbstbewegung wird im →Dualismus von Möglichkeit und Wirklichkeit zum Unding. An ihre Stelle tritt der (göttliche) ›unbewegte Beweger‹. In der →Logik versteht man unter dem Möglichen das, was widerspruchsfrei gedacht werden kann. Alle Dinge, deren Eigenschaften miteinander vereinbar sind, können prinzipiell wirklich werden. Auf diesem Wege können auch die Dinge ausgeschlossen werden, die nie wirklich werden können. Dabei ergibt sich die Differenz von bloßer Denkmöglichkeit und tatsächlicher. Zwar kann ein rundes Quadrat durchaus gedacht werden, doch macht es die fehlende Kompossibilität (das Zusammen-möglich-Sein) unmöglich, ein solches zu konstruieren. In der →Transzendentalphilosophie →Kants ist die Möglichkeit eine →Kategorie der →Modalität. Hier ist die Möglichkeit eines Dinges nie bloß aus dem Nichtwidersprechen eines →Begriffs desselben zu beweisen, sondern nur dadurch, dass man diesen durch eine ihm korrespondierende →Anschauung belegt. Bei →Heidegger entsteht der existenziale Begriff von Möglichkeit, der im Gegensatz zur Tradition einen Vorrang gegenüber der Wirklichkeit hat. Denn das →Dasein bestimmt sich als Seiendes je aus einer Möglichkeit, die es ist und in seinem Sein irgendwie versteht. Das Dasein ist je seine eigene Möglichkeit.

A. P.

Monade Von griech. *monas*, ›Einheit‹: In der klassischen griechischen Philosophie bei →Platon bedeutet Monade die unwandelbaren und unzerteilbaren →Ideen, die die Garanten für alles Wandelbare und Teilbare im Bereich des Sinnlichen darstellen. Die antiken Auffassungen von Monade sind stark mathematisch geprägt und nehmen dann vermehrt auch zahlenmystischen Charakter an. Die moderne Bedeutung wird ganz von der Philosophie →Leibniz' bestimmt.

A.P.

Monismus Von griech. *monas*, ›Einheit‹: Bezeichnung für verschiedene philosophische Strömungen, die aber von dem gleichen Gedanken getragen werden: Die →Wirklichkeit ist einheitlich und von einerlei Grundbeschaffenheit. Die Differenzen der monistischen Schulen treten dann auf, wenn es darum geht, das →Wesen der Grundbeschaffenheit zu bestimmen. Dabei reicht die Bandbreite des monistischen Spektrums vom →Materialismus, der nur Körper als Bausteine der →Welt zulässt, bis zum →Pantheismus, der in →Gott die alleinige →Substanz sieht. Die Stärke des Monismus liegt in seiner konsequenten Betonung des einen →Prinzips. Dadurch entgeht er dem Problem, das sich allen dualistischen oder pluralistischen Philosophien stellt: Wie lassen sich verschiedene Grundkräfte miteinander vereinigen? Immer dann, wenn mehrere verschiedene Prinzipien angenommen werden, stellt sich die Frage, wodurch diese doch in einer gemeinsamen Welt zusammengehalten werden. Die philosophische Forschung gibt sich meist nicht unkritisch damit zufrieden, das Viele anzuerkennen, ohne nach seinem Einheitsgrund zu fragen. Denn stets drängt sich die Schwierigkeit auf, den Zusammenhang von Ungleichem erklären zu müssen. Umgekehrt stellt sich dem Monismus das Problem entgegen, wie aus der einen Grundbeschaffenheit die Vielheit der Welt entstehen kann. Die eigentliche Stärke des Monismus wird hier zur Schwäche, da uneingestandenermaßen eine Differenz zugelassen werden muss, die aus dem Einen die mehrgestaltige Welt hervortreten lässt. Der Gegensatz von Monismus und Dualismus / Pluralismus ist kaum aufzuheben, da in ihm eine Kernfrage der ganzen Philosophie enthalten ist. Wenn die Philosophie Prinzipienforschung sein will, muss sie darauf drängen, so weit es möglich ist zu vereinheitlichen, da nur das Umfassendere Prinzip für das weniger Umgreifende sein kann. Zum anderen darf die Philosophie aus diesem Streben heraus nicht den Phänomenbestand der Welt zugunsten der Einheitlichkeit verkürzen. Im engeren Sinne ist der Monismus eine weltanschauliche Bewegung, die vor allem materialistisch und auch naturwissenschaftlich geprägt ist. Der ›Deutsche Monistenbund‹ war das Organ dieser Strömung.

A.P.

Monotheismus Charakterisierung der →Religionen, die nur einen →Gott verehren. Es sind dies Judentum, Christentum und Islam. Die philosophische Tradition, sofern sie nicht atheistisch ist, läuft parallel zur Entfaltung des Monotheismus. Wenn der Gott ein über alle Maßen mächtiges →Wesen sein soll, wenn er Weltschöpfer oder -erhalter sein soll, kann es keine gleichartige Kraft neben ihm geben, da es sonst entweder zu einer sinnlosen Vervielfachung oder zu einer gegenseitigen Neutralisierung kommen muss. Der →Polytheismus ist mit den Gedanken der →Metaphysik nicht vereinbar. So kommt es, dass die Hauptströmungen der antiken Philosophie streng monotheistisch sind, während die Menschen der Antike (außerhalb der philosophischen Einstellung) noch Polytheisten sind. Durch die Ausbreitung des Christentums und des Islam wird dieser Gegensatz aufgehoben. Der Monotheismus ist durch seine Abkehr von Göttermythen und dem Glauben an das Zusammenleben von Himmlischen und Irdischen abstrakter als der Polytheismus. Dieser Mangel wird durch die Strenge der philosophischen Gedankenführung ersetzt. Gleichzeitig aber führt die Intellektualisierung der Religion zu einem größeren Abstand zwischen dem Göttlichen und dem Menschlichen. Der alles überragende eine Gott ist sinnlich nicht mehr erfahrbar, sondern ist allein im →Glauben anwesend, der von der Philosophie und der sich entwickelnden Theologie unterfüttert wird. So steht der Monotheismus in der Gefahr, einen →Dualismus von Glaubenswahrheit und Vernunftwahrheit zuzulassen, wenn die emanzipierte Philosophie zu anderen Ergebnissen kommt als es der ursprüngliche

Glaube zulässt. Der Philosophie kommt es somit zu, den Monotheismus zum einen zur Herrschaft gebracht zu haben, zum anderen aber dann an seinen Inhalten zu zweifeln. Bemüht sie sich in dienender Funktion um Beweise für die Existenz Gottes, kämpft sie auf der Gegenseite mit den zum Teil paradoxalen Dogmen einer sich institutionalisierenden Religion.

A.P.

Moral Von lat. *moralis*, ›sittlich‹: Bezieht sich auf all das, was die Sitten und Gebräuche eines Gemeinwesens ausmacht. Diese sind tradiert und beziehen ihre Verbindlichkeit aus ihrem Alter und Funktionieren. Die Moral ist insofern nicht universell, sondern variiert je nach den Gemeinschaften, die sie berücksichtigen. Dadurch wird klar, dass Moral in einem doppelten Sinn gebraucht werden kann. Einmal meint der Begriff soviel wie ein festes Muster an Verhalten, das von einer bestimmten Gruppe von Menschen geteilt wird; zum anderen bedeutet Moral soviel wie diejenige Einstellung und Haltung, die von einem Menschen erwartet wird. Der letztere Sinn enthält dann die Tendenz zur Verallgemeinerung: Wenn von einem Menschen erwartet wird, dass er ein guter Mensch sei, muss das auch für alle anderen gelten. Die überall anders ausgeprägte Sitte (*mos*) wird dann zur Sittlichkeit (*moralitas*), zu der jedermann aufgefordert werden kann. Die Sitte wird nüchtern konstatiert, die Sittlichkeit streng geboten. Mit dem Schwerpunkt Sittlichkeit beschäftigt sich die →Ethik, die Sitten und Gebräuche sind das Gebiet der Moralistik. Sie gibt keine Anleitungen zum gelingenden Leben, sondern stellt das tatsächliche Handeln möglichst unverfälscht dar. In demaskierender Weise zeigt sie dem Menschen nicht, wie er sein soll, sondern wie er ist. Dabei stellt sich nur allzu oft heraus, dass die für gut erachteten Qualitäten wie Tugend, Ehre, Ruhm etc. weiter nichts sind als Resultate des allgegenwärtigen →Egoismus. Die Moralistik ist eine wichtige Ergänzung der Ethik, da sie gänzlich deskriptiv vorgehen kann, während die Ethik an ihren normativen Charakter gebunden ist. Die Moralistik, die im Grunde nichts weiter als die Kunst der Menschenkenntnis ist, kann den Unterschied zwischen echter und geheuchelter Moral ausmachen. Damit überwindet sie das Vorurteil, das als gut erscheinende Handeln sei nur durch Charakterfestigkeit möglich. Was als gut beurteilt wird, kann seine Ursprünge durchaus in den eigennützigsten Motiven haben. Diese nun als unmoralisch zu bewerten, kommt der Moralistik allerdings nicht zu, da das ihren deskriptiven Rahmen sprengen würde. Die Unmoral kann nur von der Ethik normativ bestimmt werden.

A.P.

Moralistik →Moral

Moralphilosophie →Ethik

Moralprinzip Jeder Grundsatz, der das sittliche Wollen bestimmen soll. Diese Grundsätze können sehr unterschiedlicher →Natur sein, was sich in der Vielfalt der →Ethiken dokumentiert. Die hauptsächlichsten Moralprinzipien sind: Form des →Willens (→Kant), göttliches Gebot (christliche Ethik), Glückseligkeit als Zustand (Eudaimonismus), sinnliche →Lust (Hedonismus), Nutzen (→Utilitarismus), Vervollkommnung (Perfektionismus), Fortschritt (Evolutionismus) und naturgemäßes →Leben (→Naturalismus).

A.P.

More geometrico Lat. ›nach geometrischer Weise‹: Der Ausdruck ist dem Titel von →Spinozas bedeutendstem Werk entlehnt: *Ethica. Ordine Geometrico demonstrata* (*Die Ethik mit geometrischer Methode begründet*) und kennzeichnet eine Verfahrensweise des →Rationalismus, mathematische Vorbilder zu nutzen, um die Philosophie effektvoller und gründlicher betreiben zu können. Das heißt, dass in strenger Abfolge →Definitionen, →Axiome, Lehrsätze (*propositiones*), Beweise (*demonstrationes*), Folgesätze (*corollaria*) und Anmerkungen (*scholia*) vorgeführt werden, die in klarer Beziehung zueinander stehen. Damit soll erreicht werden, dass dem Philosophen eine feste Grundlage in die Hand gegeben wird, die jeden →Zweifel an der Richtigkeit seines →Denkens ausschließt; weiterhin ist es der Sinn der mathematischen Vorgehensweise, keine Lücken offen zu lassen, sondern die einzelnen

→Wahrheiten in ihrer Fülle auszubreiten. Ausgehend von dem der →Vernunft Offenbaren, geht der Denkweg folgerichtig in die Ableitungen, die ihrerseits wieder eine eigene Hierarchie besitzen. So erhält die Philosophie eine systematische Geschlossenheit, die sie für die →Erklärung →Gottes und der →Welt im Ganzen tauglich macht. *More geometrico* wird so zum Musterbeispiel rationalistischen Denkens, dem es um die →Vollkommenheit, →Gewissheit und Klarheit menschlicher →Erkenntnis geht.

A. P.

Morphologie Von griech. *morphe*, ›Gestalt‹: Der Begriff ist von Goethe geprägt und in die Natur- und Geisteswissenschaften eingeführt worden. Die Gestalten und Wandlungen der →Natur und der →Kunst werden in der Morphologie nicht getrennt und auch von der Zuordnung zu einem bestimmten Wissenschaftstypus fern gehalten. Diese Art der Behandlung beruht auf der Überzeugung, dass alles – von den ersten physischen und chemischen Elementen bis zur geistigen Äußerung des Menschen – sich auch andeuten und zeigen muss. So ist die Morphologie in der Lage, Gestalt, Bildung und Umbildung der organischen Körper zu beschreiben wie auch die der kulturellen Hervorbringungen. In der Philosophie ist die geistige Seite der Morphologie durch Spengler in den Vordergrund gerückt worden, da er es unternommen hat, *Umrisse einer Morphologie der Weltgeschichte* zu entwerfen. Dabei geht es ihm darum, →Geschichte vorauszubestimmen. Im Durchgang durch das bisher Geschehene sollen →Strukturen aufgedeckt werden, die sich in einem bestimmten inneren Zusammenhang befinden. Wenn die Gestalten aber in einem gleichförmigen Rhythmus aufeinander folgen, so scheint es möglich zu sein, vom augenblicklich konstatierten Zustand die zukünftigen Gestalten der Geschichte im Voraus zu sehen. Äußerst fruchtbar hat sich die Morphologie im Bereich der Evolutionswissenschaft erwiesen. Nachdem sich die Auffassung von einem einzigen göttlichen Plan zur Erschaffung aller lebenden und ausgestorbenen Tiere und Pflanzen nicht mehr halten ließ, entwickelte sich die Morphologie schrittweise von einer moderaten →Kritik des traditionellen Schöpfungsgedankens zu einer →Theorie der Gemeinsamkeit und Ausfaltung der Formen des Lebendigen. Der Gedanke des Plans wird so modifiziert, dass →Gott immer neue Entwürfe zur Perfektionierung seiner Geschöpfe gefasst hat. So lassen sich die morphologischen Gleichheiten von Arten ebenso erklären wie die Ungleichheiten zu den ausgestorbenen Spezies. Durch die Auslöschung der Vorstellung, alle Arten seien auf gewisse Weise ewig (gleichsam wie →Ideen), wurde der Weg frei für die Konzeption einer auf natürlichen Prinzipien beruhenden Evolution.

A. P.

Münchhausen-Trilemma Beim so genannten Münchhausen-Trilemma handelt es sich um das Problem der Letztbegründung. Der Sache nach tritt es bereits in der →Skepsis auf, wurde aber erst von H. Albert so benannt.

Um 49 vor Chr. entwickelten die Skeptiker den Grundsatz des ›gleichwertigen Widerstreits‹ von Sätzen, die ›Isosthenie‹. Dazu benannten sie so genannte Tropen, standardisierte Argumentationsfiguren, die sich gegenseitig aufheben und in allen Urteilssituationen anwendbar sind. Die Tropen sind fünf erkenntnistheoretische Zweifel, aus denen folgt, dass man sich des →Urteils enthalten müsse (→*epoché*): So behauptet der erste, grundlegende →Tropus die unaufhebbare Gegensätzlichkeit von Behauptungen. Es sei nämlich nicht entscheidbar, wer Recht habe, diejenigen, die sagen, dass nur die sinnlichen Dinge wahr seien oder diejenigen, die sagen, dass nur die geistigen Dinge wahr seien. Denn wolle man zweitens diese Frage entscheiden, dann gerate man in einen unendlichen Begründungsregress. Da drittens alle sinnlichen Dinge auf sinnliche Wahrnehmung bezogen seien, wären allesamt relativ (nämlich bezüglich der →Erfahrung). Bräche man nun, viertens, beim Begründungsregress an einer beliebigen Stelle ab, dann könne man gleich die gegenteilige Annahme als →Hypothese nehmen. Fünftens schließlich führe die Begründung in die Diallele, dann nämlich, »wenn dasjenige, das den fraglichen Gegenstand stützen soll, selbst der Bestätigung durch den fraglichen Gegenstand bedarf« (Sextus Empiricus). Da nun also aus den fünf vorgebrachten Gründen verbindliche Urteile nicht gefällt werden können, muss jede Behauptung dogmatisch sein – und dies werfen die Skeptiker den Epikureern vor. Wenn nun aber jede Behauptung dogmatisch ist, weil gar keine Fragen argumentativ endgültig entschieden werden können, müssen die Urteile, die man dennoch fällt, die →Seele in Aufruhr versetzen. Um dies zu vermeiden, hat man in der Konsequenz auf Urteile zu verzichten.

Später thematisierte →Schopenhauer das Problem in seiner Auseinandersetzung mit dem ontologischen →Gottesbeweis und dem Postulat einer →*causa sui*, einer Denkfigur, die er mit dem Baron Münchhausen vergleicht. Das Bild des Baron Münchhausen verwendet auch → Nietzsche in *Jenseits von Gut und Böse*. Er erklärt die →Freiheit des →Willens als *causa sui* und vergleicht diese dann ebenfalls mit dem Baron Münchhausen. Dingler beschreibt dieses Problem ebenfalls und H. Albert greift es erneut auf: Alle Begründungsversuche endeten entweder gar nicht (→*regressus ad infinitum*) oder aber in einem logischen Zirkel. Wer diesen beiden Konsequenzen ausweichen will, der könne das Begründungsverfahren nur abbrechen, was jedoch nicht wissenschaftlich sei, sondern willkürlich. Um diesem Trilemma zu entgehen, empfiehlt Albert die Ersetzung der ›Begründungsidee‹ durch die ›Idee der kritischen Prüfung‹, d.h. der »kritischen Diskussion aller in Frage kommenden Aussagen mit Hilfe rationaler Argumente«. Dabei verzichte man zwar auf selbst produzierte →Gewissheit, habe aber die Aussicht, durch Versuch und Irrtum ... der →Wahrheit näher zu kommen, ohne allerdings jemals Gewissheit zu erreichen.

W.R.

Mundus intelligibilis Lat. ›Welt des Denkbaren‹: Seit →Platon gibt es die ontologische Scheidung des Seienden (→Sein) in zwei Teile: die Welt des →Denkens (*kosmos noetos / mundus intelligibilis*) und die Welt der →Sinne (*kosmos aisthetos* / →mundus sensibilis). Der *mundus intelligibilis* ist der Bereich des Immerseienden, das kein →Werden (Veränderung) zulässt. Das Intelligible ist als →Idee das wahrhaft Seiende, durch die alles andere überhaupt im Sein gehalten werden kann. Der *mundus intelligibilis* ist allein der →Vernunft (*nous*) zugänglich. Auch die Erschaffung der →Welt, wie sie dem Menschen zunächst begegnet, ist davon abhängig: Der ordnende →Gott (→Demiurg) kann nur insofern schaffen, als er die Ideen als Vorbilder zur Verfügung hat. Der *mundus intelligibilis* besteht nicht aus lauter einzelnen Ideen, sondern aus ihrer Verflechtung. Diese wird durch die obersten Gattungen (*megistai gene*) gestiftet: Sein, Selbigkeit / Andersheit, Ruhe / Bewegung. So ist es möglich, dass die Ideen in einem geregelten Bezug zueinander stehen, ohne den die Existenz der Dinge der Sinnenwelt nicht vorstellbar wäre (→*methexis*). Im Christentum wird der *mundus intelligibilis* vor allem für →Augustinus relevant. Er modifiziert den platonischen Gedanken so, dass Gott selbst zum seienden und denkenden Ort der Ideen wird. Somit verliert der *mundus intelligibilis* seine Eigenständigkeit; er ist eingebunden in den Bereich des von Gott Geschaffenen. Die denkende Einheit der Ideen wird hier zur ewigen und unwandelbaren Vernunft, d.h. zur →Wahrheit selbst, durch die sie (die Ideen) dem endlichen Denken einzuleuchten vermögen. Bei →Kant bedeutet *mundus intelligibilis* eine Welt der →Dinge an sich. Dieser Welt steht der →*mundus sensibilis* (die erscheinende Welt) gegenüber. Aus dem ontologischen Dualismus Platons (bei dem die Ideen für den Menschen prinzipiell erkennbar sind) wird bei Kant ein erkenntnistheoretischer →Dualismus, bei dem der Mensch das intelligible Reich des ›An sich‹ prinzipiell nicht erkennen kann, sondern nur das Reich der Erscheinung. Erkenntnis der erscheinende Welt aber heißt, dass der erkennende Mensch die Mannigfaltigkeit der sinnlichen Affektionen, die er gemäß seinen →Vorstellungsformen →Raum und →Zeit rezipiert, kraft der →Kategorien (nämlich Quantität, Qualität, Relation und Modalität) zu einem →Begriff formt. Insofern sind die Bedingungen der Erkenntnis der (erscheinenden) Dinge zugleich die Bedingungen der Existenz dieser Dinge.

A.P.

Mundus sensibilis Lat. ›Sinneswelt‹: Im Unterschied zum →*mundus intelligibilis* der →Zeit und somit dem Wandel unterworfen. Die Sinneswelt hat im Verständnis →Platons gar kein eigenes →Sein, sondern befindet sich allein im →Werden. Dadurch dass die Zeit ihr →Prinzip ist, fehlt ihr die →Identität mit sich selbst. Sie kann nur durch die Stabilitätsgarantie des *mundus intelligibilis* gewährt werden. So ist der *mundus sensibilis* zum einen auf die Ideenwelt angewiesen, zum anderen zeigt er sich als dessen →Abbild. In der Philosophie der Aufklärung (→A Neuzeit - Aufklärung) verschwindet mehr und mehr der ontologische Unterschied von *mundus intelligibilis* und *mundus sensibilis*. Er verwandelt sich zum Gegensatz von an sich seiender Welt und Welt der Erscheinungen, in der das Endliche zum Moment des Unendlichen geworden ist. Diese Welt der Erscheinung ist nicht länger eine dem Menschen objektiv vorgegebene →Wirklichkeit, sondern eine Konstituierungsleistung des menschlichen Erkenntnisapparates (→Einbildungskraft, →Verstand und →Vernunft) aus den Sinnesdaten, die der Mensch wahrnimmt. Dass nicht jeder Mensch die erscheinende Welt unterschiedlich →konstituiert, liegt einzig daran, dass der Erkenntnisapparat aller Menschen gleich funktioniert.

A. P.

Mystik Das Bestreben, durch Abkehr von der Sinnenwelt und Versenkung in die Tiefe des eigenen →Seins, das Wahre und Göttliche zu erfahren. In der Philosophie wirkte die Mystik (nämlich die Orphik) insbesondere bei →Pythagoras und seinen Anhängern. Im →Hellenismus drangen dann aus dem orientalischen Kulturkreis mystische Kulte in die Philosophenschulen ein; so der Mithras- und der Isis-Kult. Im Christentum entstand schließlich in Deutschland eine Gegenbewegung gegen die Intellektualisierung des christlichen Glaubens in der Theologie und seine Institutionalisierung in der katholischen Kirche. So z. B. Meister Eckhart, Seuse und Tauler.

A. P.

Mythos Ursprünglich eine Erzählung über das geschichtlich nicht dokumentierbare Handeln der Götter und Heroen. Die frühe Philosophie verwirft den Mythos als unverbürgt, d. h. als eine nicht rechenschaftsfähige Erzählung. Allenfalls allegorische Interpretationen der Mythen werden zugelassen, die den wahren Hintergedanken offen legen. Eine philosophische Klärung über den Status des Mythos findet sich bei →Platon. Er geht davon aus, dass es wirklich wahre Aussagen nur über das unveränderliche →Sein geben kann; die davon abgeleitete natürliche →Wirklichkeit kann nur in wahrscheinlicher Rede dargestellt werden: im Mythos. So entsteht eine Form philosophischer Veranschaulichung von eigentlich nicht Anschaulichem. Durch seinen berichtenden Charakter ist der Mythos in der Lage, Zusammenhänge auseinander zu legen, die anders nicht auszudrücken wären. Die wahrscheinliche Rede, die das Wahre eben nur durchscheinen lässt, ist frei von den Fesseln, die das unveränderliche Sein dem →Logos auferlegt. Der Mythos nimmt insofern eine Grenzposition ein, als er immer dann benutzt wird, wenn der Logos an seine Grenzen stößt. Die Moderne lässt auch diese Funktion nicht mehr zu. Durch die radikale Forderung nach vernünftiger Darlegung setzt sich die Tendenz zur Entmythologisierung fort. Der Mythos wird aus der Philosophie ins Ästhetische abgedrängt und verliert an Gewicht, was seine Bedeutung für die Sache selbst betrifft. Wenn ein Mythos noch Gegenstand der Betrachtung wird, dann nicht mehr als für sich selbst sprechende Quelle einer besonderen Form von →Wahrheit, sondern als anschauliche Basis für eine philosophische →Theorie.

A. P.

Nachahmung →Mimesis

Natur Bezeichnet im modernen Sprachgebrauch zweierlei: die Dinge (die unabhängig und außerhalb vom →Bewusstsein des Menschen existieren) und →Erscheinungen in der ganzen Mannigfaltigkeit ihrer Formen sowie die Beschaffenheit, das →Wesen der natürlichen Dinge. Natur ist somit ein Sammelbegriff für alles, was nach eigenen innewohnenden Kräften sich gestaltet und entwickelt, ohne dass es durch menschliche Tätigkeit verändert wurde. Natur wird in diesem Sinne kontrastiert mit →Kultur und →Technik.

Schon in der Antike trat der Begriff der Natur (*physis*) in Kontrast mit der Kultur bzw. Gesellschaft. So wurde in der attischen Tragödie der Gegensatz zwischen →Physis und →Logos bzw. Physis und Nomos dargestellt, nämlich der Konflikt zwischen der natürlichen →Ordnung und den menschlichen Gesetzen. Die römische →Stoa setzte dann insbesondere bei →Cicero und →Seneca die Natur als Gegenbegriff zum Sittenverfall Roms. In den neuzeitlichen Naturrechtslehren wurde die Natur, die es zurückzugewinnen gilt, bei Rousseau ähnlich als Gegenpol zur zerfallenen Gesellschaft gesetzt, oder aber, bei →Hobbes, als dasjenige, was überwunden werden muss, weil der Naturzustand des Menschen der Kampf aller gegen alle ist. Für die deutsche Klassik, insbesondere für Goethe, erlangte →Spinozas Unterscheidung von →*natura naturans* (das innere Wirkprinzip Natur) und *natura naturata* (die Außennatur) große Bedeutung.

Die Naturwissenschaft erforscht die Natur als Gegenstand der menschlichen →Erfahrung. Sie versucht, durch aktiven oder passiven Umgang (z.B.: experimentieren oder beobachten) mit den Gegenständen der Erfahrung Kenntnisse über die natürlichen Dinge und über ihr Wesen zu erlangen. Sie formuliert die Veränderungen an und in der Natur mit Hilfe von →Gesetzen.

Aristoteles, Physik, in: Werke, hg. von der Berliner Akademie, Berlin 1831 ff.

I. Kant, Prolegomena, in: Werke in sechs Bänden, hg. von W. Weischedel, Band III, Darmstadt 1975

C. F. von Weizsäcker, Die Einheit der Natur, München 1986

E. Schrödinger, Die Natur und die Griechen, Zürich 1989

B. W.

Natura naturans – natura naturata Lat. ›schaffende Natur / geschaffene Natur‹: Bildet ein Begriffspaar, welches auf die lateinischen Übersetzungen und Kommentare von →Aristoteles-Texten durch Averroës und Michael Scottus zurückgeht. Die ursprüngliche Unterscheidung betrifft den Unterschied zwischen den Naturprodukten, welche die Quellen ihrer Entwicklung in sich tragen, und den Kunstprodukten, deren Hervorgehen durch anderweitige Ursachen erklärt werden muss. Dieses Begriffspaar wird aber schon durch Scottus auf das Verhältnis von →Gott und →Welt übertragen.

In der scholastischen Tradition wurde vor allem die Frage diskutiert, ob dieses Begriffspaar auf das christlich-trinitarische Zeugungsgeschehen anwendbar ist. Albertus Magnus und →Thomas von Aquin lassen dies nur mit Einschränkungen zu, während Meister Eckhart und Raymundus Lullus diese →Begriffe zur Auslegung des Schöpfungsprozesses verwenden. In der neuzeitlichen und idealistischen Philosophie spielt insbesondere die Interpretation von →Spinoza eine große Rolle. Spinoza unterscheidet zwischen der →Substanz, die als göttliche Natur durch sich selbst bestehen kann (*natura naturans*), und den Modi des →Denkens und der Ausdehnung, die als hervorgebrachte Natur (*natura naturata*) nicht ohne die hervorbringende Natur bestehen können. Diese Unterscheidung setzt sich in der Spinoza-Rezeption und in der Diskussion um den →Pantheismus fort, welche vor allem von Lessing und F. H. Jacobi geführt wurde. Auch die idealistischen Konzeptionen von →Hegel und →Schelling beziehen sich auf die Unterscheidung von Spinoza. Während Hegel die Reduktion des Denkens auf die *natura naturata* kritisiert und durch die Selbstbewegung der Denkprozesse auflöst, kommt bei Schelling die Natur, welche er in seiner →Naturphilosophie im Gegensatz zu den Naturwissenschaften nicht als bloßes Objekt, sondern als bildende Kraft (*natura naturans*) ansieht, im →Geist zu sich selbst. Die Einheit beider wird dabei als das →Absolute angesehen. Für →Schopenhauer konkretisiert sich der →Wille als *natura naturans* in der Welt der →Vorstellungen zur *natura naturata*. →Bergson interpretiert dieses Begriffspaar als die Differenz zwischen den gesellschaftlichen Zwängen und dem freien Streben des →Individuums. Die *natura naturans* ist bei ihm jedoch nicht mehr die schöpferische Quelle des Geschehens, sondern sie wird als Ziel verstanden, auf das der →*élan vital* zustrebt. Im Allgemeinen steht die Vorstellung der *natura naturans* als ein organismisches Bild der Natur im Gegensatz zum mechanistischen Weltbild, welches sich in der →Neuzeit (A) herausgebildet hat.

H. B.

Natura naturata →Natura naturans

Natura non facit saltus Lat. ›Die Natur macht keine Sprünge‹: Die Formel taucht zuerst bei Linné auf. Von →Leibniz wurde sie aus den

Kontinuitätsannahmen der Geometrie auf die natürlichen Vorgänge übertragen und zu einem →Prinzip der →Natur gemacht. Er hat es das »Gesetz der Kontinuität« genannt. Es besagt, dass es keine sprunghaften, diskontinuierlichen Übergänge zwischen den natürlichen Bewegungsformen gibt. Dieses Prinzip ist sehr eng mit der klassischen Kausalitätsvorstellung verknüpft, nach der es keine Lücken im Ursache-Wirkungs-Zusammenhang geben kann. Im Gegensatz dazu geht die von der modernen Physik entwickelte Quantentheorie von diskontinuierlichen Veränderungen der atomaren Zustände aus. Die dort diskutierten Gesetze gehorchen nicht dem klassischen Kausalbegriff, sondern lassen sich lediglich statistisch formulieren.

H. B.

Naturalismus Als naturalistisch wird im Allgemeinen jede Position bezeichnet, die alle Bereiche der →Wirklichkeit auf die →Natur zurückführt. Man unterscheidet verschiedene Spielarten des Naturalismus, die alle nur mehr oder weniger klar umrissen sind. Dazu gehören insbesondere der erkenntnistheoretische oder metaphysische Naturalismus, der theologische Naturalismus, der ästhetische Naturalismus und der ethische Naturalismus.

Die erkenntnistheoretische Richtung des Naturalismus geht davon aus, dass es keine Gegenstände oder Ereignisse gibt, die außerhalb der Naturordnung stehen. Obwohl der empirische Charakter der menschlichen Erkenntnis betont wird, ist der erkenntnistheoretische Naturalismus nicht identisch mit dem →Empirismus. Er steht vielmehr dem →Materialismus sehr nahe. Moderne naturalistische Positionen lehnen sich eng an die neuzeitlichen Naturwissenschaften und deren szientifische →Methoden an, was mit der Überzeugung verbunden ist, dass es keine eigenständigen philosophischen Methoden der Erkenntnisgewinnung gibt. Programmatisch sind dabei die Methoden der Reduktion und Elimination, durch welche traditionelle Gegenstände der Philosophie auf naturwissenschaftliche Objekte reduziert oder als nicht existent angesehen werden. So wird z. B. von einigen Vertretern des Naturalismus die These vertreten, dass sich alle geistigen Prozesse auf biologische oder physikalische Prozesse zurückführen lassen.

Auch der theologische Naturalismus vertritt eine ähnliche Auffassung, nämlich dass sich im Prinzip alle Phänomene ohne den Rekurs auf ein übernatürliches →Prinzip oder →Wesen erklären lassen. Das Verhältnis des →Menschen zu →Gott und die religiösen Pflichten werden dabei nicht aus der göttlichen Offenbarung, sondern aus der menschlichen →Vernunft abgeleitet.

In der zweiten Hälfte des 19. Jhs. greift der Naturalismus auch auf die →Ästhetik über. Mit seiner realistischen Kunstauffassung steht er im Gegensatz zur Idealisierung der Wirklichkeit durch die romantische und neuromantische Literatur und sieht seine Aufgabe in der Herausarbeitung eines unverfälschten Ausdrucks des Naturhaften. Dabei verfolgt er oft auch eine gesellschaftskritische Intention, wobei allerdings mit Natur hauptsächlich die gesellschaftlich vermittelte und von den Menschen hervorgebrachte Welt bezeichnet wird.

Eine besondere Stellung nimmt der ethische Naturalismus ein, der die Ausbildung der so genannten natürlichen Anlagen des Menschen zum moralischen Ziel erklärt und das sittlich-moralische Handeln im Rückgriff auf die der menschlichen Natur innewohnenden Triebe erklärt. Moore hat den ethischen Naturalismus zu einer Form der Metaethik entwickelt, die nicht mehr als eine normative (präskriptive) Theorie verstanden wird, sondern als eine Theorie der Bedeutung moralischer Ausdrücke, insbesondere solcher Worte wie ›gut‹ oder ›gerecht‹. Ihm zufolge wird mit ›gut‹ eine natürliche Eigenschaft eines Objektes bezeichnet, was zu einer Identifikation natürlicher mit moralischen Eigenschaften führt. Dies wird oft ›naturalistischer Fehlschluss‹ genannt. Eine besondere Form des ethischen Naturalismus bildet der →Utilitarismus, welcher das →Gute als das definiert, was der Befriedigung der größtmöglichen Anzahl von →Individuen dient. Auch in anthropologischen, soziobiologischen und rechtspositivistischen Ansätzen wird oft ein ethischer Naturalismus vertreten.

H. B.

Naturgesetz Bezeichnet eine allgemeine objektive Gesetzlichkeit natürlicher Prozesse, die unter der Voraussetzung gleicher oder ähnlicher Bedingungen notwendig auf die vom →Gesetz vorgeschriebene Weise ablaufen. Von philosophischem Interesse sind dabei insbesondere die Fragen nach dem →Wesen dieser Gesetze, nach der Art und Weise ihrer Darstellung, nach ihrer Wirklichkeit, ihrer Gültigkeit und die Frage nach deren Art, d. h. ob es sich um deterministische oder Wahrscheinlichkeitsgesetze handelt.

In der Antike ist der Begriff des Gesetzes noch eng mit dem Begriff des →*logos* verbunden. In der stoischen Philosophie wird darunter die unverrückbare →Ordnung des Alls verstanden, die als göttliches Weltgesetz das menschliche Handeln leitet. Im →Mittelalter (A) findet sich denn auch der Bezug zu einem göttlichen →Willen (→Augustinus). →Thomas von Aquin ordnet das göttliche Gesetz den Gesetzen der →Natur und des praktischen Lebens vor. Auch noch bei →Leibniz wird das Naturgesetz in den Willen →Gottes verlegt und bei →Descartes findet sich die Ableitung regelhafter natürlicher Zusammenhänge aus der Unveränderlichkeit Gottes. Mit der Herausbildung der modernen Naturwissenschaften wurde die Frage nach der externen Kraft, die für alle naturgemäßen Regelmäßigkeiten verantwortlich ist, obsolet. Wesentlich ist nun der Gesichtspunkt der Voraussage von Vorgängen, die sich aufgrund ihres regelmäßigen Auftretens unter standardisierten Bedingungen verallgemeinern und durch mathematische Funktionsausdrücke darstellen lassen. Dieser neuzeitliche Gesetzesbegriff wurde durch Newton wesentlich vorangebracht, indem es ihm z. B. gelungen ist, sein Bewegungsgesetz – die Proportionalität der Bewegungsänderung zur einwirkenden Kraft – in einer mathematischen Schreibweise auszudrücken. Als die entscheidende →Methode zur Erforschung der Naturgesetze hat sich das →Experiment erwiesen, mit welchem funktionale Zusammenhänge festgestellt bzw. nachgewiesen werden können.

Obwohl die Naturgesetze nicht mehr auf außerweltliche →Ursachen zurückgeführt werden, besteht die Frage, ob es sich um Gesetzmäßigkeiten der Natur selbst oder um bloße Ideen der Naturforscher bzw. um Gesetzmäßigkeiten handelt, die ihren Ursprung im →Verstand haben. Nach →Kant kann es keine objektiven, an sich bestehenden Gesetze geben. Der Verstand selbst schreibt (→*a priori*) der Natur die Gesetze vor. Auch Mach vertritt die Position, dass es keine →Erkenntnis der an sich seienden Natur geben kann. Die Aufgabe der Naturwissenschaft besteht nach ihm in der Formulierung einfacher mathematischer Beschreibungen für empirisch erforschte Zusammenhänge. Für die Position des →Empirismus hingegen sind Naturgesetze durch →Erfahrung induktiv gewonnene Erkenntnisse über die Naturvorgänge, so wie sie an sich bestehen. Der Gedanke einer objektiven Gesetzlichkeit in der Natur wurde von →Hume kritisiert. Er wendet ein, dass man von beobachtbaren Einzelfällen nicht induktiv auf allgemeine Gesetze schließen kann, sondern dass nur eine bestimmte Regelmäßigkeit in der Erscheinungswelt festgestellt werden kann, die auf der gewohnheitsmäßigen Wiederholung bestimmter Vorgänge beruht. Demnach besteht ein Problem in der Rechtfertigung des Übergangs von einzelnen beobachteten Fällen auf eine allgemein und immer gültige Gesetzmäßigkeit.

Aufgrund dieser Schwierigkeit, dass sich der Notwendigkeitscharakter, d. h. die Allgemeingültigkeit von Naturgesetzen nicht rein empirisch begründen lässt und dass eine rein apriorische Begründung dieser Gesetze durch die meisten Vertreter der modernen Naturwissenschaft abgelehnt wird, stellt sich erneut die Frage, woher die Naturgesetze ihre Gültigkeit beziehen. Bis heute ist die Frage nach den Quellen der Gültigkeit der Naturgesetze nicht hinreichend geklärt. Einen gewissen Ausweg bieten konventionalistische Theorien (z. B. Poincaré), die auf die aller Naturerkenntnis zugrunde liegenden Konventionen, auf die von den Fachgelehrten getroffenen Übereinkünfte, aufmerksam machen. →Popper ist mit seinem Falsifikationsprinzip einen anderen Weg gegangen. Ihm zufolge kann die Geltung der Gesetze (nomologische Hypothesen) nicht objektiv festgestellt (→verifiziert) werden, sondern die Gesetze werden einfach so lange als gültig angesehen, wie ihre Widerlegung (Falsifikation) auf einem wissenschaftlichen Weg noch nicht gelungen ist. In der modernen →Wissenschaftstheorie wird im Anschluss an Duhem und →Quine eine ganzheitliche Interpretation von →Theorien angestrebt. Der Duhem-Quine-Holismus geht davon aus, dass sich Theorien nur als Ganze akzeptieren oder verwerfen lassen und wissenschaftliche Sätze nur innerhalb ganzer Theorien Bedeutung haben. Einzelne Sätze können als solche gar nicht verifiziert oder →falsifiziert werden, denn es hängt von der Entscheidung des Wissenschaftlers ab, welcher Satz innerhalb seiner Theorie verändert wird, wenn eine Erfahrung gegeben ist, die den Annahmen einzelner theoretischer Sätze zu widersprechen scheint.

Die Frage, ob die Naturgesetze kausal oder final zu erklären sind, ist von Leibniz aufgeworfen worden. Er unterscheidet die mechanischen Naturgesetze, die Gesetze von Wirkursachen, die kausal sind, von den Gesetzen, denen die →Seele folgt, die an Zweckursachen, d.h. final orientiert sind. Newton hat in seiner Wissenschaftskonzeption nur kausale Gesetze zugelassen. Euler hat bewiesen, dass sich finale Gesetze immer auch kausal interpretieren lassen. Eine weitere Frage nach der Art der Naturgesetze ist die, ob sie deterministisch sind oder nur eine hohe Wahrscheinlichkeit des Auftretens bestimmter Vorgänge aufzeigen, d.h. statistischen Interpretationen genügen. Die klassische Ansicht war, dass alle Gesetze deterministisch und statistische Gesetze nur vorläufige Resultate der →Wissenschaft sind. Mit der Einführung der Quantenphysik ist diese Ansicht immer mehr zurückgedrängt worden und man nimmt nun im Gegenteil an, dass alle deterministischen Gesetze sich auf statistische Gesetze zurückführen lassen.

H.B.

Naturphilosophie Seit der frühen →Neuzeit (A) ist der Begriff doppeldeutig. Diese Tatsache prägt auch die Situation am Beginn des 21. Jhs. Sofern sich die Naturphilosophie mit der →Natur selbst befasst, betreibt sie nicht selten deutliche Wissenschaftskritik und stößt deshalb in Teilen der Öffentlichkeit auf den Vorbehalt des ›Unzeitgemäßen‹; als Metawissenschaft der Naturwissenschaften beschreibt und analysiert sie dagegen deren Grundlagen und philosophische Implikationen und erfreut sich als →Wissenschaftstheorie eines nicht unbedeutenden Ansehens auch über die Grenzen der Philosophie hinaus. Angesichts des großen Einflusses, den der →Wiener Kreis des logischen →Empirismus um Schlick, →Carnap und Reichenbach auf die Naturphilosophie des 20. Jhs. gewinnen konnte, schien es nach dem Niedergang der romantischen Naturphilosophie lange Zeit so, als könne es in einer zeitgemäßen Naturphilosophie um nichts anderes mehr gehen als um die Überprüfung der semantischen Basis naturwissenschaftlicher Theorien, also um sehr spezielle wissenschaftstheoretische Probleme. Wenn man jedoch inzwischen davon spricht, dass seit den späten siebziger Jahren des 20. Jhs. eine breite Renaissance naturphilosophischen Denkens zu beobachten sei, so meint man damit nicht den wissenschaftstheoretischen Zweig, sondern die ganzheitliche philosophische Naturbetrachtung. Für diese Entwicklung, die im Gegensatz zu dem immer noch vorherrschenden Trend zur Wissenschaftsgläubigkeit steht, gibt es klar diagnostizierbare Gründe.

Wie die gängigen Gegensatzpaare Natur – Geist, Natur – Vernunft, Natur – Kunst und Natur – Technik belegen, wird unter »Natur in materieller Bedeutung« (→Kant) seit den Anfängen philosophischer Begriffsbildung bei den →Sophisten jener Teil des sinnlich Wahrnehmbaren verstanden, der im Gegensatz zum vernünftig planenden und handelnden Menschen und zu den von ihm willentlich geschaffenen Bereichen der →Technik und der →Kultur steht. In dem Maße nun, wie die griechische Grundüberzeugung, Natur sei eine sinnvolle, sich selbst gestaltende →Ordnung, in der Neuzeit dahingehend radikalisiert wurde, dass es immer ausschließlicher darauf ankam, diese Ordnung als berechenbaren, kausalmechanischen Gesetzeszusammenhang zu begreifen und dadurch für die technische Manipulation zu erschließen, geriet die phänomenologische Naturbetrachtung ebenso ins Abseits wie der aus dem →Mittelalter (A) herübergerettete christliche Versuch, Naturerfahrung als Umgang mit der Schöpfung zu interpretieren. Mit der Heraufkunft des naturwissenschaftlichen Zeitalters wandelt sich das Naturverstehen zu einer Aufgabe des mathematisierenden →Verstandes, dessen Interesse an empirisch-experimentellen →Erklärungen die Natur zu einer quantitativ bestimmbaren Größe werden lässt. Wenn aber nur noch das an der Natur als verstanden gilt, was im Sinne einer kausalen Gesetzeshypothese methodisch konstruierbar und experimentell nachvollziehbar ist, dann muss eine dem Sinnverstehen verpflichtete Naturphilosophie in den Verdacht geraten, Weltanschauungen auf empirisch unausgewiesenen Spekulationen aufbauen zu wollen.

Insbesondere die Naturphilosophie des →deutschen Idealismus (A), die den Gegensatz zwischen Natur und →Geist spekulativ dadurch aufzuheben suchte, dass sie die Natur als das »Außer-sich-Sein« des Geistes (→Hegel) oder als »sichtbaren Geist« (→Schelling) bestimmte, hat nachhaltig zu der bis heute nur unvollständig überwundenen Diskreditierung einer Disziplin beigetragen, deren Spannungsverhältnis zu den exakten Naturwissenschaften als ebenso gefährlich wie anmaßend und borniert geschmäht werden konnte (so noch 1981 durch den bedeutenden Physiker und Nobelpreisträger Ilya Prigogine). Die Durchsetzung des mechanistischen Weltbildes und der mit ihm verbundenen technologischen Naturauffassung bedeutete allerdings gleichzeitig einen Verzicht auf die Befriedigung weltanschaulicher und moralischer Bedürfnisse des Menschen. Die traditionelle Rolle der Natur als normative Instanz zur Beurteilung eines gesunden und deshalb als erstrebenswert erscheinenden Lebens verlor an Bedeutung. Die über Jahrhunderte in den Theorien des →Naturrechts zum Ausdruck gebrachte Wertschätzung des Natürlichen, die mit einer Geringschätzung alles Künstlichen, vom Menschen willkürlich Gesetzten verbunden war, musste schon allein deshalb ihre Glaubwürdigkeit einbüßen, weil das Natürliche in zunehmendem Maße als etwas prinzipiell technisch Machbares verstanden wurde und damit seine Vorrangstellung einbüßte. Erst das ökologische Krisenbewusstsein der siebziger und achtziger Jahre des 20. Jhs. bahnte den Weg für eine erneute, vorsichtige Einstellungsänderung gegenüber der Natur und ermöglichte – parallel zur erstarkenden Wissenschaftskritik – das Wiederaufleben naturphilosophischer Betrachtungen im organizistisch-holistischen Sinne. Ihr Anknüpfungspunkt ist die Erfahrung, dass die vom Menschen hervorgerufenen Veränderungen der äußeren Natur »am eigenen Leibe negativ spürbar werden« (G. Böhme). Dieses Schockerlebnis hat in der zeitgenössischen Naturphilosophie zu drei Arbeitsschwerpunkten geführt: 1. der wissenschaftskritischen Untersuchung des neuzeitlichen Naturbegriffs, 2. der systematisch und historisch verfahrenden Erneuerung (Restitution) eines lebensweltlichen Naturverständnisses und 3. der Ausarbeitung einer ›Leibphilosophie‹, die das Bewusstsein des Menschen für seine eigene ›Natürlichkeit‹ zu schärfen sucht.

1. Eine Kritik des rein wissenschaftlichen Naturbegriffs wurde zwar von Goethe über die Romantik bis hin zu Horkheimer und →Adorno – man vgl. ihr 1947 erschienenes, Epoche machendes Buch *Dialektik der Aufklärung* – von verschiedenen metaphysischen und metaphysikkritischen Denkansätzen aus unternommen, sie blieb aber angesichts der wirkmächtigeren Position des positivistischen Umgangs mit der Natur und der an den Naturwissenschaften orientierten Fortschrittsreligion der zweiten Hälfte des 19. und der ersten Hälfte des 20. Jhs. letztlich über lange Zeit ohne großes Echo. Umso bemerkenswerter ist es, dass selbst systematische und philosophiehistorische Untersuchungen zum wissenschaftlichen Naturbegriff inzwischen eine gewisse Aufmerksamkeit in der Öffentlichkeit erregen. Analysen wie die von Hartmut und Gernot Böhme, Gloy oder C.F. von Weizsäcker machen Ernst mit der späten Einsicht der sprachanalytischen Philosophie, dass auch deskriptive Aussagen über die Welt in verdeckter Form ethische Vorstellungen enthalten, was bestimmte Einsichten und Handlungen fördert, andere aber hemmt und tabuisiert.

Seit F. →Bacon und →Kant gehört es zu den Gemeinplätzen jeder Wissenschaftstheorie der Naturwissenschaften, dass nur mit Hilfe mathematischer Grundsätze und Operationen aus der lediglich Fakten sichtenden und ordnenden Naturlehre eine Naturwissenschaft entstehen kann. Diese Rolle der ›Königsmacherin‹ kommt der Mathematik zu, weil sie für jeden Objektbereich quantifizierbare begriffliche Konstruktionen ermöglicht, die auf Grund ihres Anschauungsbezuges eine objektive Realität besitzen. Infolgedessen wird die strikte Trennung von deskriptiven und normativen Sätzen über die Natur zum Entscheidungskriterium für ihre Wissenschaftlichkeit. Emotionale Erlebnisweisen, ästhetische Stimmungen und moralische Erbauung an der Schönheit und Wohlgeordnetheit des natürlichen →Kosmos gelten als unwissenschaftlich; sie bleiben den Sphären der individuellen, speziell der künstlerischen Phantasie bzw. der religiösen Glaubensüberzeugung vorbehalten und besitzen deshalb bestenfalls noch kompensatorische, den Gefühls- und Empfindungshaushalt des Einzelnen stabilisierende Funktionen (→Popper, Joachim Ritter, Lübbe).

Von zentraler Bedeutung für den wissenschaftlich-technischen Umgang mit der Natur erweist sich eine anthropozentrische Einstellung, die dem aus der Natur heraustretenden, sich von ihren Kräften bedroht fühlenden Menschen eine Herrschaftsrolle zuweist, die auf Kontrolle sowie aktive Schutz- und Eingreifmöglichkeiten zielt. Schon F. Bacon und Kant haben die neuzeitliche Erkenntnissituation in Bezug auf die Natur im Bild einer Gerichtsszene veranschaulicht. Einem Richter vergleichbar stellt der Wissenschaftler im Experiment die Fragen, auf welche die Natur genaue Antworten zu geben hat, und macht sie so zu einem physikalischen Konstrukt, das er seinen eigenen Erkenntnisinteressen unterwirft und zunehmend zu manipulieren sucht (→Habermas). Dass die menschliche Herrschaft über die Natur längst nicht mehr nur den (über)lebensnotwendigen Zwecken einer gattungsspezifischen Existenzsicherung dient, hat die Ideale der Naturwissenschaft im ausgehenden 20. Jh. ins Zwielicht gebracht.

2. Die Anhänger einer organizistischen, lebensweltlich orientierten Naturauffassung stellen, angeregt vom Erklärungsmodell der Selbstorganisation und vom Tatbestand der ökologischen Vernetztheit der Naturphänomene sowie von Überlegungen der →Chaostheorie, mit wachsendem Erfolg dem mechanistischen Naturverständnis eine ganzheitliche Naturvorstellung entgegen. Der Mensch soll sich wieder als ein in die natürlichen Prozesse integriertes Wesen verstehen, das denkend, wollend, fühlend und handelnd ein partnerschaftliches Verhältnis zur Natur als seiner Mitwelt entwickelt. Diese zum Beispiel von Capra und Meyer-Abich vertretene, als →Holismus bezeichnete Naturphilosophie nimmt Motive der idealistisch-spekulativen (Schelling) und der romantisch-ästhetischen Tradition (Novalis) auf und greift auf vitalistische Ansätze (V. von Weizsäcker) aus der ersten Hälfte des 20. Jhs. zurück. Sie fühlt sich aber auch alten mythologischen und religiösen Leitbildern der europäischen Kultur verpflichtet, die von der Naturzugehörigkeit des Menschen künden. Dadurch, dass nicht länger die isolierten Interessen des →Menschen, sondern die Belange der gesamten Natur im Sinne natürlichen Mitseins zum Maßstab des menschlichen Handelns gemacht werden sollen, gewinnt diese ihre alte ethische Bedeutung zurück und wird zum normativen →Modell einer umfassenden Kulturkritik. Die Naturphilosophie überwindet damit die neuzeitliche Beschränkung auf rein erkenntnistheoretische Fragestellungen und öffnet sich für die Diskussion praktisch-politischer Probleme.

Der Lebenszusammenhang der Natur wird in Analogie zu partnerschaftlichen Beziehungen zwischen Menschen gedeutet. Der natürliche Erfahrungsraum erscheint nicht mehr mathematisch verengt und abstrakt, sondern ist bestimmt durch Erlebnisakte wie Sympathie und Antipathie oder Freundschaft und Feindschaft. In ihrer stärksten Variante (z. B. bei Singer oder Jonas) deutet die holistische Naturphilosophie die Natur als juristische Person mit dem Rechtsanspruch auf Schutz von Tieren, Pflanzen, Landschaften, ja der gesamten Ökosphäre. Dieses Projekt einer »Rechtsgemeinschaft mit der Natur« (Meyer-Abich) führt jedoch, weil es aus Gründen gefühlsmäßiger Überhöhung der Natur deren aggressive und gefährliche Seite außer Acht lässt, in ein unaufhebbares Dilemma, das schon die Ethik Schweitzers in exemplarischer Weise sichtbar gemacht hat: Im Ernstfall geht es um die Frage, ob der Mensch im Kampf ums Überleben auch das Existenzrecht von Schädlingen und Krankheitserregern zu respektieren hat, sich also selbst aus Ehrfurcht vor dem Leben aufgeben soll.

3. Vielleicht lässt sich der unentschiedene Streit zwischen der naturwissenschaftlich-technologischen Rationalität und dem sympathetischen, am menschlichen Harmoniebedürfnis orientierten Naturverstehen durch ein bereitwilligeres und nüchterneres Sich-Einlassen des Menschen auf seine eigene Natur eines Tages schlichten.

Die von Philosophen wie →Sartre, Merleau-Ponty, G. Schulte und vor allem Schmitz ausgearbeitete ›Leibphilosophie‹ versucht Schluss zu machen mit der von der Tradition vorgegebenen Auffassung von der Natur als demjenigen Seinsbereich, der dem Menschen als Vernunftwesen äußerlich ist. Wenn der Mensch sein Selbstsein in phänomenologischer Weise als Natursein wahrnimmt, sein Ich als eingelassen in die Antriebskräfte des Körpers erfährt, mag es sein, dass er sich bereit findet, diese Naturkräfte in sich nicht nur zu disziplinieren und zu sublimieren, sondern sie auch in ihrer Selbsttätigkeit in einem stärkeren Maße gewähren zu lassen, als dies vor dem Hintergrund der abendländischen Geistesgeschichte geschehen ist. Eine von der inneren Natur gezähmte →Vernunft wäre ein gegenüber dem Herrschafts- und dem Ehrfurchtsverhalten neues Paradigma für den Umgang mit unserer endlichen Existenz in einer endlichen Welt.

G. Böhme (Hg.), Klassiker der Naturphilosophie. Von den Vorsokratikern bis zur Kopenhagener Schule, München 1989

K. Gloy, Das Verständnis der Natur, Bd. 1: Die Geschichte des wissenschaftlichen Denkens; Bd. 2: Die Geschichte des ganzheitlichen Denkens, München 1995 / 1996

K.-M. Meyer-Abich, Praktische Naturphilosophie. Erinnerung an einen vergessenen Traum, München 1997

G. Scherer, Welt - Natur oder Schöpfung?, Darmstadt 1990

H. P.

Naturrecht Eine in der Rechtsphilosophie in sehr unterschiedlichen Varianten vertretene Auffassung, nach der sich aus der Naturordnung oder der allgemeinen →Natur des →Menschen eine ur- oder vorbildliche Rechtsordnung der menschlichen →Gesellschaft ableiten lässt. Die Bestimmung dessen, was Naturrecht ist, hängt im Wesentlichen von dem vorausgesetzten Naturbegriff und von den praktischen Zwecken ab, denen das →Recht im Allgemeinen dienen soll. Oft wird das Naturrecht im Gegensatz zum →positiven Recht verstanden, dem es entweder als Grundlage dient oder demgegenüber es eine zeitlose Gültigkeit in Anspruch nehmen kann. In diesem Sinne lässt es sich auch korrigierend oder kritisierend auf die positiven Rechtsverhältnisse beziehen. Dagegen nutzen eher sozialkonservative Naturrechtsvertreter die Annahme eines natürlich geltenden Rechts zur Legitimierung der bestehenden Rechtsverhältnisse. Für die Begründung eines neben oder über den historisch entstandenen Rechtsgrundsätzen stehenden Naturrechts gibt es mehrere Varianten. Die wichtigsten Instanzen auf die ein natürlich gegebenes Recht zurückgeführt wurde, sind die →Ordnung der Natur, das →Wesen des Menschen, die göttliche Schöpfungsordnung, anthropologische Gegebenheiten sowie die menschliche →Vernunft.

Schon in der Antike gab es naturrechtliche Überlegungen, obwohl hier die Fragen nach der Begründung und Legitimation rechtlicher Verhältnisse noch im Hintergrund standen. Bei den Vorsokratikern wird das Recht entweder aus einem kosmischen Prinzip (Anaximander, →Heraklit, →Parmenides), aus der Natur des Menschen (Protagoras) oder aus der physischen Überlegenheit des Stärkeren (Thrasymachos, Thukydides) abgeleitet. →Platon entwickelt unter dem Leitbild seiner Ideenlehre eine Konzeption, die es gestattet, die →Werte unabhängig von den faktischen Zuständen zu thematisieren. Die vom Philosophen erkannten objektiven Werte werden zum Vorbild einer vollkommenen Staatsverfassung, die sich im Widerspruch zur bestehenden Ordnung seiner Zeit befand. Platon wird damit zum Schöpfer einer normativen Naturrechtslehre. Sein Problem besteht insbesondere in der Frage, wie ein gerechter Staat möglich ist. Denn ein gerechter Staat sollte sich durch die Gleichstellung aller →Personen auszeichnen, obwohl es faktisch verschiedene subjektive Dispositionen und Machtpositionen gibt, durch die ein unterschiedlicher Einfluss auf die politischen Verhältnisse gewonnen werden kann. Seiner Ansicht nach kann eine politische Ordnung nur dann gerecht sein, wenn die gesellschaftlichen Funktionen den Menschen entsprechend ihren von Natur aus verschiedenen Anlagen zugeordnet werden. Im Gegensatz dazu hat →Aristoteles eine Naturrechtskonzeption vertreten, der zufolge die →Prinzipien des Gemeinschaftslebens aus der sozialen Natur des Menschen und der faktischen Genese seiner sozialen Ordnungen abzuleiten sind. Obwohl dadurch die Grenze zwischen Naturrecht und positivem Recht verschwimmt, hält Aristoteles an einer Trennung zwischen natürlicher und konventionalistischer →Gerechtigkeit fest. In der stoischen Philosophie werden zwei Arten von Naturrecht unterschieden. Das erste Naturrecht ergibt sich aus den menschlichen Trieben, das zweite wird von der Vernunft bestimmt, indem sie Einsicht in das universell geltende Weltgesetz gewinnt, welches im Naturrecht widergespiegelt wird. Das positive Recht steht in unterschiedlichen Graden schon mit dem Naturrecht in Übereinstimmung und es ist die Aufgabe der Vernunft, diese Übereinstimmung zu erhöhen. Von →Cicero wird die stoische Lehre weiterentwickelt und in den Prozess der Rechtsentstehung übertragen. In *De inventione* unterscheidet er drei Rechtsbereiche, deren Ursprung in der Natur, in der Gewohnheit und im staatlich sanktionierten Gesetz liegen. Dabei wird das naturwüchsig entstandene Recht im Laufe der historischen Entwicklung vom gewohnheitsmäßigen Recht abgelöst, welches wiederum Bestandteil des positiven, niedergeschriebenen Rechts werden kann.

Die Naturrechtslehren des Platon, des Aristoteles und der →Stoa gehören drei unterschiedlichen Typen an. Die platonische Konzeption entwickelt gegenüber der jeweiligen historischen Situation ein kontrafaktisches Idealbild, das entweder – wie bei Platon oder später auch bei Rousseau – in kritischer Distanz zur bestehenden Rechtsordnung steht oder – wie bei →Hobbes oder →Fichte – eine fiktionale Grundlage für die Begründung der Einführung einer den Individuen gegenüberstehenden staatlichen Gewalt liefert. Hobbes geht bei seiner Begründung der Notwendigkeit eines Herrschaftsvertrages auf einen (hypothetischen bzw. kontrafaktischen) →Naturzustand zurück, in dem alle Individuen ein Recht auf alles besitzen. Dies führt zu einem »Krieg aller gegen alle« (*bellum omnium contra omnes*). Das Recht auf die Selbsterhaltung kann nun nur noch durch die Einführung einer staatlichen Zwangsgewalt (Herrschaftsvertrag) gesichert werden. Die neuzeitlichen Naturrechtskonzeptionen unterscheiden sich von den antiken und mittelalterlich-christlichen Theorien insbesondere darin, dass sie dem einzelnen Menschen als einem frei handelnden →Individuum nicht nur natürliche →Pflichten, sondern auch natürliche Rechte zuordnen. Wenn die individuelle →Freiheit als ein Grundrecht des Naturzustandes aufgefasst wird, dann sind weitere Argumentationsschritte nötig, um die im positiven Recht formulierten Einschränkungen der individuellen Handlungsfreiheit zu begründen. Die Naturrechtstheorie von Hobbes ist darin ein gutes Beispiel. Gerade aus der uneingeschränkten natürlichen Freiheit aller Individuen ergibt sich ein ständiger Zustand des Krieges, der dazu zwingt, einen absoluten Souverän einzusetzen und anzuerkennen, der durch seine Autorität und sein Recht die individuellen Freiheiten beschränken und einen Friedenszustand erzwingen kann. Mit Einschränkungen kann man auch →Kant diesem Typus einer kontrafaktischen Naturrechtstheorie zuordnen, obgleich sein Naturrechtsbegriff hauptsächlich auf das Problem der Begründung gesetzgeberischer →Autorität (→Legalität) beschränkt bleibt. Kant unterscheidet Fragen, die die Moralität einer →Handlung betreffen (→Ethik), von Fragen, die die Legalität einer Handlung betreffen (Rechtslehre). Beide Bereiche werden aber durch ein →Sittengesetz konstituiert, welches auf →Prinzipien →*a priori* beruht, die der reinen Vernunft angehören. Der Rechts- sowie der Tugendlehre wird daher eine allgemeine Pflichtenlehre vorgeordnet, in der die formalen Prinzipien der Pflicht – wie z.B. der →kategorische Imperativ – formuliert werden. Kants Begründung des Rechts kann demnach auch vor und unabhängig von der bürgerlichen Gesellschaft geleistet werden, weshalb man einen Naturzustand annehmen muss, in dem zwar Rechte – wie das natürliche Recht oder das Privatrecht –, jedoch keine Zwangsgesetze möglich sind, die erst durch die Institution des →Staates gesichert werden. Der Übergang vom natürlichen in den bürgerlichen Zustand kommt in Anlehnung an Rousseau durch einen →Gesellschaftsvertrag zustande.

Eine schwächere Position vertritt der aristotelische Typ des Naturrechts, bei welchem auf eine mehr oder weniger hermeneutische Weise aus der sozialen Konstitution des Menschen oder aus Annahmen über die göttliche bzw. menschliche Vernunft sittliche Prinzipien des Gemeinschaftslebens abgeleitet werden. Zu diesem Typ gehören viele christlich-mittelalterliche Naturrechtsauffassungen (→Augustinus, →Thomas von Aquin), sowie die Konzeptionen von →Leibniz und →Hegel. Nach Augustinus wird im Dekalog das Gesetz →Gottes (*lex aeterna*) geoffenbart, welches sich im natürlichen →Bewusstsein und im positiven Recht widerspiegelt. Die Kirche wacht über die Wahrung der natürlichen Rechtsordnung in den letzten beiden Bereichen. Thomas von Aquin zufolge streben die praktische Vernunft des Menschen und seine natürlichen Neigungen zu den Zielen der natürlichen Gesetze, die von der göttlichen Weisheit geleitet werden. Auch hier besteht das Naturrecht in einer Widerspiegelung der göttlichen Ordnung, die der Mensch durch seine Teilhabe an der göttlichen Vernunft erkennen kann. Das positive Recht ist dann verbindlich, wenn es dem göttlichen Naturrecht entspricht. Leibniz teilt das natürliche Recht in drei Stufen ein. Die erste Stufe bildet die *justitia commutativa* (ausgleichende Gerechtigkeit), die der Aufrechterhaltung des friedlichen Zustandes dient; auf der zweiten Stufe gebietet die *caritas* (Nächstenliebe), der Gemeinschaft zu nützen; die *pietas* (Pflichtgefühl) zielt schließlich auf die Erfüllung der Pflichten gegenüber Gott und den anderen Menschen ab. Auch Hegel nimmt in seinen frühen Schriften einen – wie man es nennen könnte – ›sittlichen Naturzustand‹ an, welcher aber später mit dem ›Kampf um Anerkennung‹, aus welchem die absolute Sittlichkeit und der Staat hervorgeht, vermittelt wird.

Der dritte Typ von Naturrechtskonzeptionen geht von der stoischen Auffassung eines universalen Natur- oder Vernunftgesetzes aus. Dieses ewige, mit der Weltvernunft identische Weltgesetz, dient als universales Richtmaß für die positive Rechtspraxis. Besondere Bedeutung hat diese Variante in der →Neuzeit (A), in den Naturrechtskonzeptionen der Aufklärung (→A Neuzeit – Aufklärung) und des Humanismus (→A Renaissance – Humanismus), erlangt. Die insbesondere von Grotius, Pufendorf, Thomasius und Wolff konzipierten Entwürfe münden allesamt in →Systemen, die zur unmittelbaren Anwendung fähige Rechtssätze ableiten. Pufendorfs Naturrechtssystem war wohl am einflussreichsten und ist in zahlreiche Gesetzeswerke eingegangen. Nach dem Zusammenbruch der Naturrechtslehren durch die Kritiken der historischen Schule und des Rechtspositivismus wird in der modernen Diskussion – vor allem in Anschluss an Kant, aber auch an Hegel – versucht, oberste regulative Prinzipien zu formulieren, die einen normativ-kritischen Maßstab für politische Gerechtigkeit abgeben können.

H. B.

Naturzustand Benennt die Fiktion eines vorstaatlichen oder vorgesellschaftlichen Zustands, in dem die Bedingungen des menschlichen Zusammenlebens durch keine staatlichen Gewaltinstitutionen oder gesellschaftlichen Zwänge begrenzt sind. Diese Begründungsfigur eines das natürliche →Recht auf →Freiheit einschränkenden Staatswesens hat besonders in den rationalistischen Staatstheorien der Aufklärung (→A Neuzeit – Aufklärung) ihren Platz. Der Naturzustand wird im Allgemeinen entweder als historisch nachweisbare Realität aufgefasst (→Locke) oder lediglich als gedankliche Konstruktion zu dem Zweck hypothetisch entworfen, die Bedeutung des →Staates für die Gewährleistung der Rechtssicherheit zu begründen (→Hobbes, →Kant, Pufendorf).

Das Zusammenleben der →Individuen im Naturzustand wird nur von den →Gesetzen geregelt, die der menschlichen →Natur unabhängig jeglicher staatlicher Obrigkeit zukommen, und ist nur durch das faktische Durchsetzungsvermögen der Individuen gegeneinander begrenzt. Je nachdem, wie die menschliche Natur ›als solche‹ vorgestellt wird, ergeben sich unterschiedliche Varianten des Naturzustandes. Im Allgemeinen lassen sich drei Versionen unterscheiden: 1. Die menschliche Natur ist selbstsüchtig und gewalttätig. Demzufolge erscheint der Naturzustand als ein Zustand der Barbarei, der Rohheit und Gewalttätigkeit. Dieser muss durch einen Herrschaftsvertrag, dem sich alle Individuen zum Schutz ihrer eigenen Selbsterhaltung fügen, überwunden werden. Indem die Machtbefugnisse jedes Individuums an die staatliche Gewalt abgegeben werden, konstituiert sich ein staatliches Individuum, welches so viel Macht besitzt, dass es in der Lage ist, alle kriegerischen Zustände zwischen seinen Untertanen zu unterbinden. Besonderen Einfluss auf diese Auffassung hatte die Theorie von Hobbes. Ihm zufolge sind die vorgesellschaftlich vereinzelten Individuen nur ihren mechanisch wirkenden Trieben unterworfen, insbesondere einem Macht- und einem Selbsterhaltungstrieb. 2. Die Natur des Menschen ist friedfertig und wohlwollend. Der Naturzustand gleicht dadurch einem paradiesischen Urzustand, welcher erst durch die zivilisatorischen Institutionen eingeschränkt und durch die staatliche Ordnung verdorben wurde. So wurde für Rousseau der Begriff des Naturzustandes zum Gegenbegriff der Gesellschaft: Hier sind alle Menschen gleich und frei. Durch den Eintritt in die →Kultur und →Gesellschaft und alle damit einhergehenden institutionellen Schöpfungen werde der paradiesische Zustand unwiederbringlich zerstört. Rousseaus Konzeption ist gesellschaftskritisch und wendet sich vor allem gegen die bestehenden Klassengegensätze und die staatlichen und kirchlichen Machtinstitutionen. Diese müssen durch eine freie gesellschaftliche Vereinigung (einen →Gesellschaftsvertrag, *contrat social*) im Sinne einer radikalen Demokratie auf der Basis der Volkssouveränität überwunden werden, doch dazu sei der ideale Gemeinschaftswille der ideal guten Menschen (→*volonté generale*) notwendig, der zuerst durch eine häusliche »Erziehung der Natur« herangebildet werden müsse. 3. Eine vermittelnde Position ergibt sich aus der Annahme, dass im vorzivilen Stadium des Menschen zwar schon alle natürlichen Gesetze des menschlichen Zusammenlebens bestanden haben, jedoch ohne die Garantie, dass sich jeder diesen noch unausgebildeten Regeln der Gemeinschaft unterordnet. Zum Zwecke der Sicherung der Befolgung dieser Regeln bedarf es dann der Richter und einer überlegenen Gewalt, weshalb die Menschen durch einen Gesellschaftsvertrag den natürlichen Zustand mit dem staatlichen Zustand vertauschen. Die wichtigsten Anregungen für diese Position sind von Locke ausgegangen. Er konzipierte den Naturzustand als Zustand, in welchem einerseits die natürlich gegebenen moralischen Normen und andererseits die trieb- oder interessenbedingte Normverletzung eine gesellschaftliche Unbeständigkeit schaffen, die zwischen dem Kriegs- und dem Friedenszustand schwankt. Deshalb müssen die Menschen einen Gesellschaftsvertrag eingehen, der die Bedingungen für eine politische Herrschaft schafft, welche die Aufgabe der Sicherung der natürlichen Rechte und der persönlichen Freiheit sowie der Korrektur der natürlichen Unbeständigkeit übernimmt.

In der mittelalterlichen Theologie stand der Begriff des Naturzustandes für die ›reine‹ bzw. ›gefallene‹ Natur des Menschen im Gegensatz zum Zustand der göttlichen Gnade.

H.B.

Ne quid nimis Lat. ›Nichts zu sehr, nichts im Übermaß!‹ Lateinische Version der delphischen Forderung *meden agan*.

H.B.

Negation In der philosophischen Fachsprache und der →Logik werden mehrere Formen der Negation unterschieden. Von einer Verneinung oder einem negativen Urteilsakt spricht man, wenn eine ganze →Aussage bestritten oder eine Frage verneint wird. Dies steht im Gegensatz zur Bejahung, in der eine Aussage oder Frage bestätigt wird. Die Verneinung kann stark oder schwach sein. Schwache Verneinungen werden durch zusätzliche Wörter wie ›kaum‹, ›manchmal‹ oder ›selten‹ begleitet. Von einigen Theoretikern wird angenommen, dass sich der negative Urteilsakt auf einen neutralen Urteilsinhalt bezieht (Bolzano, Brentano). Dagegen geht →Frege davon aus, dass es nur einen Akt des Behauptens gibt, der auf positive oder negative Inhalte angewandt werden kann.

Daneben lassen sich die kontradiktorische und die konträre Negation unterscheiden. Von einer kontradiktorischen Negation spricht man immer dann, wenn bei der Verneinung einer Aussage oder eines →Begriffs der Gegensatz so gebildet wird, dass eine der beiden Aussagen wahr, die andere falsch ist, bzw. wenn bei einem begrifflichen Gegensatz der eine Begriff auf einen Gegenstand zutrifft oder anwendbar ist und der andere nicht. So wäre die Kontradiktion der Aussage ›Es regnet‹ die Aussage ›Es regnet nicht‹ – eine der beiden Aussagen ist unter bestimmten Umständen wahr, während die andere unter denselben Umständen falsch sein muss. Dieses →Prinzip nennt man das Prinzip des ausgeschlossenen Widerspruchs (→Satz vom Widerspruch). Die Kontradiktion des Begriffs ›schwarz‹ ist nicht der Begriff ›weiß‹, sondern der Begriff ›nicht schwarz‹, da es sein kann, dass ein Gegenstand weder weiß noch schwarz ist, sondern z. B. rot oder grün. Wenn er aber rot, grün oder dunkelblau ist, dann trifft auch zu, dass er nicht schwarz ist. Die Aussage ›Der Regenschirm ist schwarz‹ ist demnach falsch und die Aussage ›Der Regenschirm ist nicht schwarz‹ wahr, wenn wir einen roten Regenschirm vor uns haben.

Gegensätze der zweiten Art, also solche, die sich wie ›schwarz‹ zu ›weiß‹ oder wie ›gut‹ zu ›schlecht‹ usw. verhalten, nennt man konträre oder reale Gegensätze. Ihre Entgegensetzung ist abhängig von dem Begriffssystem, welches man verwendet. So können in dem einen Begriffssystem beispielsweise →Natur und →Geist einen konträren Gegensatz bilden, in einem anderen stattdessen Natur und →Kunst oder auch Geist und →Technik. Man kann den konträren Gegensatz noch weiter differenzieren in solche Gegensätze, die ein Mittleres zulassen (wie ›schwarz‹ und ›weiß‹ oder ›oben‹ und ›unten‹) und solche, bei denen – ähnlich wie bei der Kontradiktion – nur einer von zwei Begriffen auf etwas zutreffen kann (wie ›blind‹ und ›sehend‹).

Die Aussage, die einen negativen Begriff wie ›blind‹ enthält, nennt man eine →Privation (Beraubung), den Begriff selbst einen privativen Begriff. Ein privativer Begriff wie ›blind‹ unterscheidet sich von einem kontradiktorischen Begriff wie ›nicht sehend‹ dadurch, dass er nur von Lebewesen ausgesagt werden kann, zu deren Natur es gehört, sehend zu sein. Während es zwar sinnvoll sein kann, eine Hutschachtel ›nicht sehend‹ zu nennen, wäre es ein Kategorienfehler, von einer ›blinden Hutschachtel‹ zu sprechen. Die konträre Entgegensetzung wird im Allgemeinen auch bestimmte Negation genannt, im Unterschied zur Kontradiktion, die eine unbestimmte Negation ist.

H. B.

Neigung Bezeichnet im Allgemeinen eine gewohnheitsmäßige Stimmung (Disposition) oder Gerichtetheit der →Seele bei der Ausübung menschlicher →Handlungen. So spricht man insbesondere davon, dass jemand eine bestimmte Neigung hat, etwas zu tun oder zu unterlassen, bzw. dass eine Neigung besteht, etwas auf diese Weise und nicht auf jene zu tun. Neigung ist im engeren Sinne ein ethischer →Begriff, der je nach positiver oder negativer Einschätzung der menschlichen Natur entweder den →Tugenden oder der →Natur des →Menschen oder beidem zugerechnet wird.

Für die englische Moralphilosophie besteht das Ziel der →Ethik in der Glückseligkeit und um diese zu erreichen, müssen die Natur und gewisse gewohnheitsmäßige Neigungen des Menschen zusammentreten. Shaftesbury hat die Einteilung in egoistische, altruistische und höhere Neigungen vorgenommen. Für Hutcheson sind die Neigungen sowohl mit den Leidenschaften als auch mit der Gewohnheit verbunden, wobei er das moralische Übel auf ein Übergewicht an egoistischen Neigungen zurückführt. Für →Hume entstehen die Neigungen aus der Erwartung von →Lust oder Unlust. Aus den Neigungen entstehen Handlungsmotive und -ziele, wobei es die Aufgabe der →Vernunft ist, die richtigen Mittel zur Erreichung der angestrebten Ziele bereitzustellen.

Ganz im Gegensatz dazu entstammen nach →Kant die ethischen →Prinzipien allein der Vernunft und nicht den →Gefühlen. Für ihn haben die Neigungen einen natürlichen Ursprung und drücken eine gewisse Art von »sinnlicher Begierde« aus. Zwar kann nach Kant der →Wille von den Neigungen bestimmt sein, doch dieser Wille ist nicht moralisch. Ein moralischer Wille ist im Wesentlichen ein freier Wille, der ohne die Mitwirkung sinnlicher Antriebe zustande gekommen und bloß durch die Vernunft bestimmt ist. Moralischen →Wert haben daher nur Handlungen, wenn sie »nicht aus Neigung, sondern aus →Pflicht« erfolgen.

Gegen diese Art von Rigorismus hat sich vor allem Schiller gewandt, der zwar mit Kants Ausschluss der Glückseligkeit aus der Ethik einverstanden ist, jedoch dessen Behandlung der Neigungen für lebensfremd angesehen hat. Für Schiller hat die ästhetische Erziehung zur →schönen Seele, bei der Pflicht und Neigungen harmonieren, Priorität vor der Verdammung aller Neigungen aus der Bestimmung des moralisch handelnden →Individuums. Noch viel grundsätzlicher hat →Nietzsche die kantische Trennung von Pflicht und Neigung kritisiert. Nach ihm sind sowohl die Bejahung als auch die Leugnung der Neigungen Resultate von Trieben und ein Ausdruck des Willens zur Macht. Da Nietzsche die Neigungen auf die Triebe zurückführt, stehen sie für ihn jenseits von →Gut und →Böse. In der modernen psychologischen und anthropologischen Diskussion spielen Neigungen keine entscheidende Rolle mehr.

H. B.

Neukantianismus Auch Neokantianismus; Bezeichnung einer philosophischen Bewegung, die in der Mitte des 19. Jhs. in Deutschland ihren Ausgang nahm, wo sie in den folgenden 70 Jahren auch ihre weiteste Verbreitung fand und schulbildend wirkte. Vornehmliches Ziel ihrer Anhänger war die programmatische Rückbesinnung auf →Kant, dessen kritische Philosophie die Neukantianer als methodischen Ausgangspunkt nicht nur für die Philosophie, sondern für jede mögliche →Wissenschaft überhaupt sehen wollten. Die philosophische Landschaft jener Zeit bot das Bild einer Philosophie, die sich in Spekulationen verlor und der im Angesicht der sich neu bildenden jungen Naturwissenschaften jegliche wissenschaftliche Relevanz abhanden zu kommen drohte. Gegen spiritualistische, materialistische und positivistische Tendenzen gleichermaßen polemisierend, ging es dem Neukantianismus um eine methodische Grundlegung der Wissenschaften durch die Philosophie einerseits und um die Begründung und Etablierung der Philosophie als strenger Wissenschaft andererseits. In Anlehnung an Kant wurde der Bereich möglicher →Erkenntnis auf den der →Erscheinungen eingeschränkt, was jeglicher metaphysischen Spekulation einen Riegel vorschieben und Spiritualisten wie Materialisten gleichermaßen in ihre Schranken verweisen sollte. Daneben wandten sich die Neukantianer mit dem Hinweis auf die Abhängigkeit aller erfahrbaren Gegenstände von einem wahrnehmenden Subjekt, mithin auf die kreative Leistung des Subjekts beim Erfahrungsprozess, gegen eine positivistische Auffassung desselben, nach welcher sich Wahrnehmung als bloßer Rezeptionsvorgang gegebenen Datenmaterials darstellt. Die kantische Frage nach dem, was wir wissen können, erscheint im Neukantianismus – seinem neuen wissenschaftstheoretischen philosophischen Selbstverständnis entsprechend – in leicht abgeänderter Form, insofern das →Interesse sich hier auf den Grund faktisch bereits gegebenen →Wissens und nicht mehr nur primär auf dessen prinzipielle →Möglichkeit richtet. Im Zentrum steht die philosophische Analyse der Grundlagen und Erkenntnisse der Wissenschaften mit dem weiteren Ziel der Herausbildung eines integrativen Gesamtweltbildes von →Menschen, →Kultur und Wissenschaft. Während die Bezeichnungen Neukantianismus und →Kritizismus heute beide zur wertfreien Kennzeichnung der Bewegung dienen, wobei durch Erstere die Betonung mehr auf die Schulen und ihre Protagonisten gelegt, durch Letztere die methodische Vorgehensweise derselben in den Vordergrund gestellt wird, wurde ›Neukantianer‹ zu Beginn in diffamierender Absicht gebraucht. Der Name sollte verdeutlichen, dass es sich bei der in Frage stehenden Richtung um eine antioriginelle, bloß reproduzierende Philosophie handle, die im Übrigen nicht über die kantische Grundlage hinausgehe. Diese Polemik wird der neukantianischen Bewegung als Ganzer in keiner Weise gerecht, wurde doch gerade von deren Anhängern selbst die Forderung erhoben, von Kant ausgehend über diesen hinauszugelangen (ein →Postulat, welches in der Folge auch dazu benutzt wurde, um darüber die Zugehörigkeit der zum Kreis der Neukantianer Gehörenden inhaltlich zu definieren). Die Aufgabe der Zuschreibung bereitet auch heute noch gewisse Schwierigkeiten, da die wenigsten Philosophen sich dem Kritizismus mit Haut und Haaren und lebenslänglich verschrieben. Unter denjenigen, die der Bewegung ihren ersten Anstoß gaben, seien gewissermaßen als ihre Vorläufer Helmholtz, Lange und vor allem Liebmann genannt. Sie alle verliehen, aus unterschiedlichen Forschungsbereichen kommend, der Notwendigkeit Ausdruck, dass das zeitgenössische wissenschaftliche Arbeiten auf eine neue Grundlage (eben die kantische) gestellt werden müsse. In besonders pointierter Form erhob Liebmann diese Forderung in seinem Buch *Kant und die Epigonen* (1865), in welchem er die philosophischen Hauptrichtungen der nachkantischen Zeit untersuchte und als Fazit jede einzelne dieser Untersuchungen mit seinem *ceterum censeo* »Also muss auf Kant zurückgegangen werden« abschloss. Einer der Ersten, der dieser Forderung in seinen Arbeiten auch systematisch nachkam, war Cohen. Seine und die Arbeiten seines späteren Kollegen Natorp begründen einen Neukantianismus eigener Prägung, bekannt geworden unter dem Namen →Marburger Schule. Dieser Richtung hat sich später unter anderen →Cassirer angeschlossen, der mit seinem Hauptwerk *Philosophie der symbolischen Formen* (1923–1929) den Kreis des Neukantianismus (nicht nur Marburger Prägung) bereits sprengt. Die fast zeitgleich entstandene badische (südwestdeutsche) Schule, begründet und vertreten vor allem durch Windelband und Rickert, steht von Anfang an in Kontrast zu den Marburgern. Daneben entwickeln Riehl und Vaihinger als eigenständige und originelle Denker des Kritizismus ihre Positionen, die sich keiner der beiden genannten Richtungen zuordnen lassen.

Der Vergleich der beiden Hauptströmungen

des Neukantianismus zeigt Folgendes: Einigkeit zwischen den beiden Schulen besteht in der gemeinsamen Ablehnung des kantischen →Ding an sich, dessen Beseitigung sowohl in der Marburger als auch in der badischen Schule zur Ausbildung eines spezifischen kritischen →Idealismus führt, sowie in dem beiderseitigen Bestreben, Kants Lehre weiterzubilden und für die Lösung zeitgenössischer Probleme fruchtbar zu machen. Über diese sehr allgemein gehaltenen Zielsetzungen hinaus lassen sich jedoch kaum weitere Gemeinsamkeiten feststellen. Obwohl beide Schulen die kantische Philosophie als eine →Theorie des Wissens bzw. der →Erfahrung interpretieren, unterscheiden sie sich bereits wesentlich in der Bestimmung dessen, was jeweils unter Erfahrung verstanden werden soll, was wiederum maßgeblich zur je spezifischen Ausrichtung der beiden Schulen beiträgt. Bedingt durch ein starkes naturwissenschaftliches Interesse Cohens richtet sich das Interesse der Marburger Schule ausschließlich auf die Form der naturwissenschaftlichen Erfahrung, welche als beispielhaft für jede Art von Erfahrung aufgefasst wird. Dieser Verengung auf die naturwissenschaftliche Perspektive, welche dem Neukantianismus Marburger Prägung insgesamt eigentümlich ist, entspricht eine unterschiedliche Gewichtung und Schwerpunktsetzung in Bezug auf die kantische Theorie, die nun in erster Linie zu einer philosophischen Grundlegung der Naturwissenschaften ausgebaut werden soll. Neben dem Ding an sich verwirft Cohen dabei auch die Annahme der →Anschauung als einer neben dem →Denken unabhängig und gleichrangig bestehenden Form der →Erkenntnis. In dem Bestreben, alle realistischen Elemente aus der kantischen Theorie auszuschließen und somit jede Möglichkeit einer subjektunabhängigen →Wirklichkeit von vornherein auszuschalten, bestimmt er die Anschauung als eine Form des Denkens. Das Ziel des Marburger Neukantianismus besteht nicht in der →Erklärung des Zustandekommens konkreter Gegenstandserkenntnis, sondern im Aufzeigen der rein formalen Bedingungen wissenschaftlicher Erkenntnis, sofern diese ihren Ursprung im Denken selbst hat. Im Gegensatz zur Marburger Schule ist die badische Schule nicht ausschließlich naturwissenschaftlich orientiert. Da ihre Vertreter unter dem Begriff der Erfahrung vor allem geschichtliche Erfahrung verstehen, wird für sie das Gebiet der Kulturwissenschaften zum Gegenstand transzendentalphilosophischer Untersuchungen. Ihr vorrangiges Ziel besteht in der Schaffung einer Theorie der Kulturwissenschaften, durch welche diese begründet und von den Naturwissenschaften abgegrenzt werden können. Einen wesentlichen Beitrag zur Lösung dieser Aufgabe leistet hierbei Windelband durch die Einführung der Unterscheidung zwischen nomothetischen und idiographischen Wissenschaften. Diese prinzipielle, in der Folge durch Rickert zu einer systematischen Lehre ausgebaute Dichotomie beruht auf der Annahme, dass Kultur- und Naturwissenschaften sich nicht inhaltlich, sondern vom methodischen Zugriff auf einen jeweiligen Gegenstand und von der damit verbundenen Art des Erkenntnisinteresses her unterscheiden. Während die Naturwissenschaften als nomothetische Wissenschaften auf allgemeine Gesetzmäßigkeiten ausgerichtet sind, orientieren sich die Kulturwissenschaften als idiographische Wissenschaften am Einmaligen, Individuellen, Besonderen. Insofern nun das Interesse am Individuellen sich in der Praxis als die Bevorzugung gewisser Erscheinungen vor anderen auswirkt, kommt hierbei ein Prinzip der Auswahl zur Anwendung, das, wenn man diese Auswahl nicht als Produkt totaler Willkür verstehen will, sich an einem wie auch immer gearteten Maßstab orientieren muss. Diesen Maßstab sehen Windelband und Rickert in der Werthaftigkeit des Erfahrungsobjekts gegeben. Geschichtlich-kulturelle Erscheinungen sind demnach nur durch →Werte bzw. durch ihre Beziehung zu Werten zu verstehen. Zwar kommt den Werten selbst dabei keine reale Existenz zu, wohl aber eine Art von Sein, die nach einem auf Lotze zurückgehenden Sprachgebrauch als →Geltung beschrieben werden kann. Vor allem durch diese Grundlegung der Geistes- beziehungsweise Kulturwissenschaften im Rahmen eines werttheoretischen Kritizismus waren die Schriften der badischen Schule von einer weit nachhaltigeren Wirkung als diejenigen der Marburger Richtung.

Während es in England nie zur Herausbildung einer dem deutschen Neukantianismus vergleichbaren Bewegung kam, lassen sich entsprechende Geistesströmungen (wenn auch nicht im gleichen Umfang und in derselben Breitenwirkung wie in Deutschland) in Frankreich und Italien beobachten. In Frankreich entwickelte sich unter der Bezeichnung *néo-criticisme* eine auf Kant zurückgehende Bewegung, die eng mit den Namen Renouvier, Hamelin und Brunschvicg verbunden ist. Als Vertreter eines italienischen Neukantianismus wären vor allem Carlo Cantoni, Filippo Masci und Felice Tocco zu nennen.

K. C. Köhnke, Entstehung und Aufstieg des Neukantianismus, Frankfurt/M. 1986

W. Röd, Der Weg der Philosophie, Band II: 17.bis 20. Jh., München 1996, S. 347-370

U. Sieg, Aufstieg und Niedergang des Marburger Neukantianismus, Würzburg 1994

G.T.-G.

Neunzehntes Jahrhundert →A

Neuplatonismus Auch Neoplatonismus: sehr einflussreiche philosophische Strömung in der Spätantike, die sich an die Lehren von Platon anlehnt. Vermutlich zurückgehend auf Ammonios Sakkas wurde →Plotin zum Hauptvertreter.

H. B.

Neupositivismus Auch Neopositivismus, logischer →Positivismus oder logischer →Empirismus: Erkenntnistheoretische Position, die zwischen 1920 und 1950 von den Mitgliedern des →Wiener Kreises (u. a. Schlick, Neurath, Gödel, →Carnap) entwickelt wurde. Später bildeten sich auch Zentren des Neupositivismus in Berlin (Reichenbach, Grelling, Dubislav) und in Prag. Großen Einfluss auf ihn hatten →Frege, Russell und →Wittgensteins Frühwerk *Tractatus logico-philosophicus*. Der Neupositivismus bildete keine einheitliche Lehre aus. Die verschiedenen Vertreter konzipierten erkenntnistheoretische und methodologische Standpunkte, die zum Teil stark voneinander abweichen.

Gemeinsame Grundlage ist der klassische Empirismus, der durch die →Methoden der logischen Analyse und die Resultate der modernen, formalisierten →Logik erweitert und erneuert wird. Eine für den Neupositivismus wichtige Unterscheidung ist die zwischen analytischen und synthetischen →Aussagen. Analytische Aussagen sind solche, die allein aufgrund syntaktischer Merkmale oder logischer Beziehungen wahr sein können. Synthetische Aussagen beziehen sich auf empirische Sachverhalte. Es wird angenommen, dass es einen Unterschied zwischen den Sätzen der Mathematik und Logik und den empirischen Sätzen der Naturwissenschaften gibt. Für beide Arten von Sätzen wird ein Sinnkriterium eingeführt, mit dem sich sinnvolle Sätze von so genannten Scheinsätzen unterscheiden lassen. Sinnvolle Sätze seien nur solche, die sich entweder logisch oder empirisch →verifizieren lassen. Die Angabe der Verifizierbarkeit bedeutet die Angabe der Bedingungen, unter denen ein Satz wahr ist. Logisch verifizierbar ist ein Satz, der mit den Regeln der Logik verträglich ist. Logisch wahre bzw. analytische Sätze sind insbesondere die Sätze der Mathematik und der Logik. Sie gelten zwar als Tautologien (d. h. als nichtssagend), sind aber dennoch von großer Wichtigkeit für die Wissenschaftssprache. Gehaltvoll dagegen sind die empirischen bzw. synthetischen Sätze, welche empirisch verifiziert werden können. Empirisch verifizierbar heißen Sätze, die mittels logischer Umformungsregeln auf so genannte Protokollsätze, d. h. auf Aussagen, die unmittelbare Erlebnisse zum Inhalt haben, zurückgeführt werden können. Nach Carnaps Überzeugung lassen sich alle wissenschaftlichen →Begriffe auf ein Konstitutionssystem zurückführen, das nur Begriffe des unmittelbar Gegebenen enthält. Alle anderen Sätze, die sich nicht auf die eine oder andere Weise verifizieren lassen, insbesondere viele Sätze der traditionellen →Metaphysik, werden als ›sinnlos‹ bezeichnet. Die Probleme der traditionellen Metaphysik seien deshalb keine echten Probleme, sondern bloße Scheinprobleme, die nur deshalb entstünden, weil das Sinnkriterium verletzt wird. Nach Ansicht des Neupositivismus gibt es daher sinnvolle Sätze nur in den Naturwissenschaften und in der Logik bzw. Mathematik. Die Philosophie selbst sei aus diesem Grunde keine Wissenschaft. Sie beschäftigt sich ausschließlich mit der logischen Analyse der →Sprache, insbesondere mit der Sprache der modernen Wissenschaften. Zum Programm des Positivismus gehört deshalb auch der Versuch der Konstruktion einer wissenschaftlichen Einheitssprache, die in der Konzeption einer Einheitswissenschaft münden soll. Viele Ansätze des Neupositivismus sind später in die →analytische Philosophie und in die →Wissenschaftstheorie eingegangen und wurden dort weiterentwickelt und kritisiert.

H.B.

Neuscholastik Auch Neoscholastik; Bezeichnung für eine Richtung der katholischen Philosophie und Theologie, die sich im Rückgriff auf die mittelalterliche →Scholastik in der Mitte des 19. Jhs. bildete. Ursprünglich handelte es sich dabei um eine katholische Erneuerungsbewegung, die unter anderem auch durch päpstliche Erlasse ihre Unterstützung erfahren hat. Ihre Schwerpunkte liegen in der Auseinandersetzung mit →Thomas von Aquin, Suárez und Duns Scotus.

Es lassen sich drei Phasen der Neuscholastik unterscheiden. Die frühe Phase, die entscheidend von Frohschammer und Schmid geprägt wurde, ist durch eine starken Ablehnung aller modernen philosophischen und politischen Strömungen ausgezeichnet. Ihrer Meinung nach könne die katholische Theologie nur im Rückgriff auf die mittelalterliche Tradition und deren Wiederbelebung erhalten werden, da die gesamte neuzeitliche Geistesgeschichte ein vom Protestantismus verursachter Irrweg sei. Die mittlere Phase zeichnet sich dagegen durch ein Bemühen um die ernsthafte Erforschung der mittelalterlichen Philosophie, vor allem der des Thomas von Aquin aus. Die fruchtbaren Ergebnisse dieser Phase spiegeln sich insbesondere in einigen Korrekturen am Bild von Thomas von Aquin und im Nachweis dessen wider, dass das scholastische Denken keine einheitliche Lehre darstellt. Dieses Resultat brachte u.a. auch eine weitgehende Aufspaltung der neuscholastisch orientierten Positionen mit sich, was schließlich – unter Berücksichtigung unüberbrückbarer Probleme, denen die Neuscholastik in der Auseinandersetzung mit der modernen Philosophie ausgesetzt war, sowie dem wachsenden Fortschritt der modernen →Wissenschaften – zu einer Zersplitterung und einem Ende des neuscholastischen Aufbruchs führte.

H.B.

Neuthomismus Auch Neothomismus; Sammelbezeichnung für eine Reihe katholisch-philosophischer Schulrichtungen, die explizit an die Lehren des →Thomas von Aquin anschließen. Der Neuthomismus setzte sich im zweiten Drittel des 19. Jhs. gegenüber anderen Ansätzen zur Wiederbelebung der scholastischen Philosophie, wie z.B. der Erneuerung der Lehren von Duns Scotus (Scotismus) oder des Suárez durch. Die Bezeichnung Neuthomismus deckt sich daher teilweise mit der →Neuscholastik, beinhaltet aber auch Richtungen, die sich im 20. Jh. um die Vermittlung der Philosophie Thomas' von Aquin mit der →Transzendentalphilosophie →Kants und anderen neuzeitlichen Philosophien bemühten. Der Neuthomismus wurde durch die vom Papst Leo XIII. erlassene Enzyklika *Aeterni Patris* (1879) gefördert, in welcher er den katholischen Bildungseinrichtungen eine an Thomas von Aquin orientierte Lehre empfahl.

Ein zentrales Anliegen des Neuthomismus ist der Versuch, →Glauben und →Wissen, →Religion und Philosophie einander anzunähern. Dabei wird zwar die Religion intellektualisiert, dennoch behält aber die Theologie einen gewissen Vorrang vor der Philosophie. Der Neuthomismus verfügt über ein gründlich ausgearbeitetes System, welches die Bereiche →Erkenntnistheorie, →Logik, →Ontologie, →Metaphysik, →Naturphilosophie, →Wissenschaftstheorie, sowie →Ethik und →Ästhetik umfasst. Das zentrale Lehrstück bildet die Metaphysik, in der die Welt hierarchisch in Seinsbereiche, die sich nach ihrer ›Seinsfülle‹ unterscheiden, abgestuft wird. Die größte Seinsfülle hat →Gott als ein ›unendliches Sein‹. An ihm haben alle anderen Erscheinungsformen der Wirklichkeit in einem unterschiedlichen Grade teil. Die neuthomistische Soziallehre ist individualistisch und eng mit der Metaphysik verbunden. Sie soll zeitlos geltende Grundsätze des Lebens in der Gemeinschaft aufstellen. Dazu zählen insbesondere die →Prinzipien der Person (die menschliche Person ist Grund und Ziel der →Gesellschaft), der Solidarität (der Mensch trägt →Verantwortung für die Gemeinschaft und die Gemeinschaft trägt umgekehrt Verantwortung für alle ihre Glieder) und der Subsidiarität (die Gesellschaft darf keine Aufgaben an sich ziehen, die das →Individuum aus eigenen Kräften bewältigen kann).

Die an Thomas von Aquin orientierten Philosophen und Theologen bezeichneten sich nicht selbst als Neuthomisten. Der Begriff des Neuthomismus dient vorwiegend der Abgrenzung vom

Thomismus der Reformations- und Barockzeit. Im 20. Jh. ereilte den Neuthomismus ein ähnliches Schicksal wie die Neuscholastik.

H. B.

Neuzeit →A Neuzeit - Aufklärung

Nexus Lat. ›Verbindung, Zusammenhang, Verflechtung‹: Tritt in Kausal- oder Finalnexus als begriffliches Äquivalent für ursächliche oder finale →Kausalität auf. Der Begriff bezieht sich insbesondere auf die von den Stoikern vertretene Lehre des *nexus universalis* (allgemeiner Zusammenhang), nach welcher in der →Welt alles mit allem zusammenhängt und nichts ohne bewirkende →Ursachen geschehen kann. Vor dem Hintergrund dieser Lehre gewinnt das Problem der →Willensfreiheit seine Prägnanz.

H. B.

Nicht-Ich Kunstausdruck, der von →Fichte in seiner *Wissenschaftslehre* als Grundbegriff eingeführt wurde, um einige Probleme der kantischen →Transzendentalphilosophie - insbesondere die Problematik des →Ding an sich - zu lösen.

H. B.

Nichts Syntaktisch gesehen handelt es sich um die Nominalisierung des unbestimmten Pronomens *nichts*; philosophiehistorisch jedoch gilt das Nichts zumeist als die durch eine Negation ausgedrückte Verneinung des →Seins oder Seienden bzw. als ein Gegensatz zu →Existenz.

Eine der zentralen Fragen der Antike war die Frage nach dem Vorhandensein oder der Möglichkeit eines *Nichts* gegenüber dem positiv aufgefassten Seienden. Von →Parmenides stammt der berühmte Satz »Nichts ist nicht«. Seine Begründung für die Unmöglichkeit eines Nichts besteht in dem Argument, dass man das Nichts weder erkennen noch aufzeigen könne. Dagegen war für die antiken Atomisten das Nichts eine wichtige Vorstellung, denn es bezeichnet den Ort, in welchem sich die Atome bewegen können; eine in der Wirklichkeit existierende Leere. →Platon und →Aristoteles haben auf die sprachliche Natur des Nichts hingewiesen. Während es für Platon ein Verschiedenes - wie das Nicht-Gute ein vom Guten Verschiedenes ist - war, welches durch das Nichts ausgedrückt wird, bestimmte Aristoteles es in einem dreifachen Sinne: Im ersten Sinn ist das Nichts etwas, insofern es ein Nicht-Mensch oder Nicht-Schönes sein kann; im zweiten Sinne, insofern es durch einen falschen Satz ausgedrückt wird; im dritten Sinne ist es Nichts, insofern sich das Potenzielle vom Aktuellen unterscheiden lässt. Die Stoiker wiesen dem Nichts einen Ort ausschließlich im Gedachten oder bloß Vorgestellten zu. Damit fallen aber auch Vorstellungen nicht existierender Gegenstände - wie Einhörner und Riesen - unter die Kategorie des Nichts.

In der neuplatonischen Philosophie des →Plotin wird das Nichts einmal als noch ungestaltete Materie, als das nur Potenzielle und vom Seienden Verschiedene, aufgefasst, ein andermal aber als das →Eine, welches vor aller Vielheit und allem Seienden ist. Aus dieser Bestimmung heraus bekommt die frühchristlich-philosophische Lehre der →*creatio ex nihilo* (Entstehung aus dem Nichts) ihren Anstoß. Auch →Thomas von Aquin unterscheidet verschiedene Bedeutungen des Nichts. Die Naturdinge können im Sinne des Nichts entweder überhaupt keine Seienden sein oder aber sie sind Materie in einem nur potenziellen, nur möglichen Sein. Als Gedankending kommt das Nichts entweder als Privation (begriffliche Einschränkung, wie z. B. Blindheit), d. h. als eine besondere Art von Negation vor, oder als Fiktion, d. h. als ein in der Wirklichkeit nicht anzutreffender Gegenstand. In der mittelalterlichen Mystik bekommt das Nichts auch einen moralischen Sinn. Für Meister Eckhart, Tauler und Seuse ist der Mensch durch ein zweifaches Nichts bestimmt. Aufgrund seines gebrechlichen Naturwesens kommt dem Menschen das Nichts als eine Sünde zu. Indem er aber sich und seine Seele von allem Natürlichen läutert und auf diese Weise im ›reinen Nichts‹ verharrt, vollzieht sich seine Vereinigung mit Gott.

Von Duns Scotus wird die einseitige neuplatonische und scholastische Bestimmung des Nichts als ein Mögliches, nur noch nicht wirklich Seiendes, kritisiert. Ihm zufolge muss das Nichts vielmehr als eine Leugnung der Möglichkeit des Seins, d. h. im Sinne eines Unmöglichen aufgefasst werden. Diese Unterscheidung eines möglichen Nichts und eines unmöglichen Nichts wird auch in der deutschen Schulphilosophie von Wolff und Baumgarten vertreten. Sie unterscheiden das *nihil privativum* - das bloß Mögliche - vom *nihil negativum*, welches überhaupt keinen Seinsbezug hat und entweder unmöglich, widersprüchlich oder unvorstellbar ist. → Kant fügt diesen Bestimmungen noch das *ens rationis* (Gedankending, wie z.B. das →Ding an sich), welches zwar nicht selbstwidersprüchlich ist, dem aber keine Anschauung entsprechen kann, und das *ens imaginarium* hinzu, welchem ein Nichts im Sinne einer leeren Anschauung ohne Gegenstand (z.B. Raum und Zeit) entspricht. Von →Schopenhauer wird aufgrund der Undenkbarkeit eines absoluten Nichts die Möglichkeit eines *nihil negativum* bestritten; jedes Nichts sei ein relativer Begriff, der sich auf etwas bezieht, und daher ein bloßes *nihil privativum*.

Für →Hegel steht das Nichts mit dem Sein auf einer Stufe. Beide müssen in gleicher Weise als die völlige Leerheit oder Bestimmungs- und Inhaltslosigkeit, als unbestimmbare Abstraktionen verstanden werden. Sie werden zwar als selbstständige Einheiten vorgestellt, schlagen aber aufgrund ihres identischen Charakters ineinander über. Dieses Ineinanderübergehen von Sein und Nichts ist in Hegels *Logik* die erste dialektische Synthese: das Werden. →Nietzsche bezeichnet den »Willen zum Nichts« als eine dekadente Form des →Willens zur Macht, der in der platonisch-christlichen Philosophie seinen lebensverneinenden Ausdruck gefunden habe. In der Philosophie →Heideggers bildet das Nichts einen Grundbegriff neben dem des Seins. Der Grundmodus der menschlichen Erfahrung des Nichts sei die Angst, in welcher die »ursprüngliche Offenheit des Seienden« als solchem offenbar werde. Nach →Sartre hat das Nichts seinen Platz im Sein selbst und nicht jenseits der Welt. Er spricht vom so genannten Wirklichkeitstyp der Negativitäten (Entfernung, Abwesenheit usw.). Bloch nennt seine Philosophie der Utopie auch »Ontologie des Noch-Nicht-Seins«. Im Nichts erlebe der Mensch einen Mangel und er strebe danach, diesen Mangel aufzuheben. Dieses Streben nach Überwindung, dieses Prinzip der Hoffnung liege nach Bloch als anthropologische Grundkonstante im Wesen des Menschen. Viele traditionelle Probleme, die sich aus der Rede vom Nichts ergeben hatten, wurden von der neopositivistischen und der Sprachphilosophie als Scheinprobleme kritisiert.

H.B.

Nihil est in intellectus, quod non prius fuerit in sensu Lat. ›Nichts ist im Verstand, was nicht vorher in den Sinnen war.‹ Benennt das Erkenntnisprinzip des →Sensualismus und →Empirismus. Ihnen zufolge gilt das in der →Erfahrung Gegebene als begrifflose Basis der →Erkenntnis. Dieser Grundsatz findet sich schon bei →Cicero und bei →Thomas von Aquin. Er wurde von →Locke in systematischer Weise zur →Erklärung des Ursprungs menschlicher Erkenntnis eingesetzt. Locke geht davon aus, dass der kindliche →Verstand einem weißen, unbeschriebenen Blatt Papier (→*tabula rasa*) gleicht. Die erste Stufe der Erkenntnis ergibt sich aus der äußeren Wahrnehmung, in der die primären Qualitäten der Körper (Größe, Anzahl, Bewegung, Ruhe usw.) erfasst werden. Erst danach sind wir in der Lage, auch sekundäre Qualitäten zu erfassen und abstrakte →Begriffe zu bilden. →Leibniz schränkte diesen Grundsatz mit den Worten *nisi intellectus ipse* (»ausgenommen der Verstand selbst«) ein, mit der Absicht, den Anfang der Erkenntnis nicht in der reinen sinnlichen Erfahrung zu suchen, sondern stattdessen von einer Kooperation der sinnlichen und begrifflichen Erkenntnismittel auszugehen.

H.B.

Nihil humani mihi alienum Lat. ›Nichts Menschliches ist mir fremd.‹ Kurzform eines Ausspruches von Terenz: *Homo sum, humani nihil a me alienum puto* (»Ich bin ein Mensch, nichts Menschliches ist mir fremd«).

H.B.

Nihilismus Von lat. *nihil*, ›nichts‹: Bezeichnung für eine Reihe kaum oder locker in Verbindung stehender Positionen, die in irgendeinem Sinne die Annahme bestehender oder an sich seiender →Werte, Glaubenssätze, Verhältnisse oder die Voraussetzung einer für sich bestehenden →Wirklichkeit ablehnen. Diese Bezeichnung wurde auf so unterschiedliche philosophische Theorien wie den →Solipsismus, den →Atheismus, den →Pantheismus, den Anarchismus, den

→Idealismus oder den →Materialismus angewandt. Daneben wird er unterschiedlichen literarischen, religiösen oder politischen Ansichten zugesprochen. Man muss zumindest einen religiösen, einen politischen, einen erkenntnistheoretischen, einen ethischen und einen ästhetischen Nihilismus unterscheiden.

Obwohl der Begriff in einem erkenntnistheoretischen Sinne schon früher auftaucht, hat er durch seine Verwendung bei Jacobi einen großen Einfluss erlangt. Jacobi kritisiert den Kerngedanken der kantischen und fichteschen Philosophie als Nihilismus, da sie durch ihre Konstruktionen die →Wirklichkeit in die Tätigkeit eines absoluten →Ich auflösten. Die erkenntnistheoretischen Thesen Fichtes wurden in der Frühromantik von Novalis und F. Schlegel zu einem ästhetischen bzw. poetischen Nihilismus umgedeutet. Das unendliche, grenzenlose Schöpfertum des individuellen Ich wird dabei zu einer ästhetischen Kategorie. In einem ganz anderen Sinne taucht die Bezeichnung Nihilismus auch bei moderneren Autoren wie Benn oder Jünger auf. Sie gehen davon aus, dass der derzeitige Zustand unserer Epoche nihilistische Züge aufweist und setzen ihm die künstlerische Formgebung (Benn) oder die theologische Interpretation der Ergebnisse der modernen Naturwissenschaften (Jünger) entgegen. Auch die Beschäftigung mit der indischen Philosophie, insbesondere aber mit dem Buddhismus hat der deutschen Romantik den Vorwurf des Nihilismus eingebracht.

In der Mitte des 19. Jhs. verbindet sich in Russland der literarische Nihilismus mit den politischen Ideen des Anarchismus. Einen besonderen Einfluss hatte dabei die Novelle *Väter und Söhne* von Turgenjew. Nihilistisch nannten die russischen, anarchistischen Revolutionäre eine Haltung, die von der Missachtung aller geltenden Werte, der sie tragenden →Ideologie und der sie vertretenden politischen Autorität geprägt ist. Diese sozialkritischen Impulse waren gegen das despotisch-patriarchalische Russland gerichtet und sowohl von frühsozialistischen als auch von liberalen Ideen gefärbt.

In religiösen Kontexten steht der Nihilismus für die Verneinung der Wirksamkeit und Existenz →Gottes, kann aber auch die pantheistische These der Leugnung einer außerweltlichen Personalität Gottes bedeuten. Dieser Vorwurf wurde z. B. →Hegel gemacht, der sein logisches Programm als die Darstellung Gottes konzipierte. Auch die bibel- und religionskritischen Schriften der Linkshegelianer Strauß, Bauer und Feuerbach sind nihilistisch genannt worden.

Seit →Nietzsche ist Nihilismus ein Schlagwort zur Beschreibung der europäischen Geistesgeschichte geworden. Für ihn ist der Nihilismus der Grundzug unserer platonisch-christlichen Tradition. Er sieht die Weltabkehr in allen Ziel- und Wertvorstellungen als die Folge der christlich moralischen Weltverneinung. Nachdem diese ihre Ordnung in keine Jenseitigkeit mehr verlegen kann, endet sie notwendig im Nihilismus. Dieser Abwertung aller Werte setzt er eine Perspektive der »Umwertung aller Werte« entgegen, die vom Prinzip des →Willens zur Macht getragen und in einem →Übermenschen seine schöpferische Ausprägung erfahren wird. Nietzsche sieht sich damit zugleich als der Schlusspunkt und Überwinder des europäischen Nihilismus an. Auch →Heidegger interpretiert den Nihilismus als »die Grundbewegung der Geschichte des Abendlandes« und überbietet ihn noch, insofern er Nietzsches Versuch der Überwindung des Nihilismus als dessen höchste Stufe auffasst. Nach Heidegger vollzieht sich die Aufhebung des Nihilismus im »Andenken an das Sein«. In der →Existenzphilosophie (Jaspers, →Sartre, Camus) herrscht die Tendenz vor, den Nihilismus zum gesellschaftlichen Normalzustand zu erklären.

H. B.

Nil admirari Lat. ›Nichts bestaunen, über nichts sich wundern!‹ Ausspruch bei →Cicero und Horaz; geht wahrscheinlich auf Plutarch zurück, der berichtet, dass dies die Antwort des →Pythagoras auf die Frage nach der Konsequenz seiner Philosophie gewesen sei.

H. B.

Nirwana Sanskr. ›Verlöschen, Vergehen‹ oder ›Seligkeit‹: Grundbegriff im Buddhismus, demzufolge die Erlösung und die Befreiung von allem →Leid nur im Zustand der Befreiung von allen Daseinsfaktoren erreicht werden kann. Die Vernichtung aller Leidenschaften und des Verlangens führt zur Erlangung vollkommener Gemütsruhe, zu höchster Seligkeit. Die Loslösung vom →Leib und vom psychischen →Ich gilt dabei als letztes Ziel der Weisen und Mönche. Das Nirwana kann durch die Beseitigung von Unwissenheit, durch die Befreiung von den Leidenschaften sowie durch die Überwindung der Ausrichtung auf die sinnliche Existenz und deren Befriedigung schon zu Lebzeiten erreicht werden. Aber erst nach dem Tod wird die höchste Stufe des Nirwana, das Paranirwana, erreicht. In diesem ist auch die sinnliche, körperliche Existenz zum Verlöschen gebracht. Auch im Hinduismus spielt der Begriff des Nirwana eine, wenn auch untergeordnete Rolle. Für die Philosophie machte →Schopenhauer diesen Gedanken fruchtbar.

H. B.

Noema – ;Noesis Griech. ›Gegenstand des Denkens – geistige Tätigkeit‹: In den phänomenologischen Analysen →Husserls werden Noema und Noesis als Bestandteile eines intentionalen (auf etwas gerichteten) Erlebnisses aufgefasst. Noema bezeichnet dabei den vermeinten Gegenstand, der den irreal-intentionalen Bestandteil eines Bewusstseinsaktes ausmacht. Zu einem Noema gehört ein zentraler Sinneskern, welcher den vermeinten Inhalt bzw. das inhaltliche Korrelat der Bewusstseinsvollzüge ausmacht. Diesem können außerdem noch bestimmte noematische Charaktere (anschaulich, erinnert, abbildhaft) zukommen. Der noematische Gegenstand steht nicht im Gegensatz zum realen Gegenstand, sondern wird aus einem realen Gegenstand durch die methodische Einschränkung der Einklammerung seiner Objektivitätsansprüche (→*epoché*) gewonnen. Im Unterschied dazu wird mit Noesis der sinngebende Bewusstseinsakt selbst bezeichnet. Dieser bildet den reellen Bestandteil des Erlebnisses. Es werden zwei Arten von Noesen unterschieden, eine nicht-intentionale, die sich auf Sinnes- und Lustempfindungen erstreckt und eine intentionale, die sich auf einen vermeinten Gegenstand bezieht. Im Zusammenwirken beider Noesen werden die Gegenstände →konstituiert. Die noematischen Bewusstseinsvollzüge sind letztendlich alle im ›transzendentalen Ego‹ fundiert.

H. B.

Noesis →Noema

Noetik Von griech. *noein*, ›denken‹: steht im Allgemeinen für eine Denk- oder Erkenntnislehre. In der deutschen Schulphilosophie bezeichnet Noetik zumeist den ersten Teil der →Logik, welcher vom →Begriff handelt. Manchmal wird diese Bezeichnung aber auch für die gesamte Logik oder für deren Einleitung gebraucht. In der Philosophie →Husserls wird Noetik für die Bezeichnung der Phänomenologie der →Vernunft – im Unterschied zu einer psychologischen →Erkenntnistheorie – verwendet.

H. B.

Nolens volens Lat. ›nicht wollend wollend‹: bildungssprachlicher Ausdruck für ›wohl oder übel‹, ›ob man will oder nicht‹.

H. B.

Nominaldefinition →Definition

Nominalismus Von lat. *nomen*, ›Name, Wort‹: wird meist in Abgrenzung zum (Universalien-)Realismus, Platonismus oder →Essenzialismus verwendet. Nominalistische Positionen zeichnen sich dadurch aus, dass sie im Allgemeinen die Existenz von →Begriffen, →Klassen, Eigenschaften und anderen ›allgemeinen‹ Gegenständen (→Universalien) leugnen und demgegenüber nur die Annahme ›individueller‹ Gegenstände zulassen. Es lassen sich mehrere Varianten des Nominalismus unterscheiden. Für den starken Nominalismus ist die Annahme von Universalien überhaupt verfehlt. So wird im →Konzeptualismus die Auffassung vertreten, dass allgemeine Begriffe nur durch Abstraktionsprozesse des →Bewusstseins gebildet werden und daher keinen realen Gegenständen entsprechen. Allgemeinbegriffe gelten als bloße Worte, die keine Dinge bezeichnen. Man kann aber auch schwächere Positionen wie den Formalismus, für den lediglich die Beurteilung formaler Eigenschaften begrifflicher Unterscheidungen im Vordergrund steht, den →Konstruktivismus, der allgemeine Gegenstände (wie z. B. Klassen) als Konstrukte des abstrahierenden Handelns auffasst und den Fiktionalismus, der diese als bloße →Ideen ohne eine Entsprechung in der →Erfahrung ansieht, als Versionen des Nominalismus bezeichnen. Auch die Vertreter des klassischen →Empirismus bzw. →Sensualismus gelten mitunter als Nominalisten, da für sie der menschliche Erkenntnisprozess bei den konkreten Einzeldingen beginnt und erst auf dieser Grundlage – durch verschiedene Abstraktions- und Vergleichsprozesse – allgemeine Begriffe gebildet werden können. Diese Einteilung ist allerdings umstritten. So wurde z. B. die →Theorie von Wilhelm von Ockham, der als ein herausragender Vertreter des Nominalismus in der Spätscholastik gilt, von anderen nominalistischen Positionen als ›platonistisch‹ bezeichnet. Um Verwirrungen zu vermeiden, müssen mindestens drei Etappen der Auseinandersetzung um den Nominalismus unterschieden werden, die nur wenig miteinander zu tun haben: der die →Scholastik dominierende →Universalienstreit; eine neuzeitliche Phase, die vom Empirismus beherrscht ist, und schließlich der modernen Diskussionsstand, in dem die Probleme der logischen Interpretation und der logischen Notation der Sprache vorherrschend sind.

Die klassischen Positionen des Nominalismus stehen im Kontext des mittelalterlichen Universalienstreits. Die Auseinandersetzung betrifft vor allem das Problem, ob in den Allgemeinbegriffen (Universalien) Erkenntnisse über die Gegenstände selbst enthalten sind, was bedeutet, dass es eine ontologische Entsprechung zwischen Allgemeinbegriff und Ding geben muss, oder ob dies nicht der Fall ist, da zur Erklärung der Erkenntnis ausschließlich individuelle Gegenstände ausreichend sind. Eng verbunden mit dieser erkenntnistheoretischen Frage sind in den mittelalterlichen Auseinandersetzungen Probleme hinsichtlich der theologischen Interpretation von Glaubenssätzen und Fragen nach der →Existenz →Gottes. Es werden auch unterschiedliche Auffassungen über die methodologischen Grundlagen der wissenschaftlichen Arbeit vertreten. Durch den nominalistischen Einfluss wurden unter der Hand traditionelle Probleme der →Ontologie in solche der →Logik verwandelt. Durch den Einfluss von Porphyrios und Boethius, die beide die →Logik als eine Wissenschaft von den Worten und nicht von den Dingen selbst konzipierten, wurde im frühen →Mittelalter (A) erstmals von Roscelin de Compiègne ein extremer Nominalismus vertreten. Für ihn sind die Universalien (insbesondere die Gattungs- und Artbezeichnungen) keine Dinge, sondern nur Worte, wofür er die Wendung *flatus vocis* (Worthauch, Wortschwall) gebraucht haben soll. Von Abaelard wurde diese Position durch eine Theorie der Ähnlichkeit weiter ausgebaut. Ihm zufolge stellen die Universalien nicht bloße Worte dar, sondern haben eine →Bedeutung (*significatio*), die darin besteht, dass sich die Allgemeinbegriffe auf einzelne Gegenstände mittels Ähnlichkeitsbildungen beziehen, die den abstrahierenden Leistungen des →Denkens entspringen. Wilhelm von Ockham gilt als der Begründer des Nominalismus in der Spätscholastik. Sein Realitätskonzept lässt nur individuelle →Substanzen zu. Er fasst die Begriffe als →Zeichen auf und lehnt die Abstraktionstheorie ab. →Erkenntnis kommt nach ihm durch einen intuitiven Erkenntnisakt zustande, in welchem ein unmittelbarer Kausalzusammenhang zwischen dem Begriff und dem unmittelbar gegenwärtigen Gegenstand existiert. Aufgrund dieser kausalen Verbindung zwischen Begriff und Bezeichnetem bezieht sich unsere Erkenntnis auf die →Wirklichkeit. Der Vorteil seiner Theorie besteht in einer ›ökonomischen‹, d. h. sparsamen Verwendung ontologischer →Entitäten, da er ohne die Annahme allgemeiner Gegenstände oder abstraktiv gewonnener Begriffe auskommt. Dieser Sachverhalt ist als *Ockham's razor* (→Ockhams Rasiermesser) in die Philosophiegeschichte eingegangen.

Nominalisten und Realisten der Spätscholastik haben unterschiedliche Auffassungen zur Logik. Während die Realisten sich auf eine Begriffslogik stützen und in der *grammatica speculativa* nach der durch den Begriff zum Ausdruck gebrachten wesentlichen Bedeutung fragen, gehen die Nominalisten im Allgemeinen von einer Satzlogik aus. Der Gegensatz zwischen beiden Positionen wird auch gern als der Gegensatz zwischen der *via antiqua* und der *via moderna* bezeichnet. Mit *via moderna* meint man die nominalistischen Prinzipien der Denkökonomie, der Konzentration auf das Individuelle und der Orientierung an der Sprache in der Logik sowie ein empirisches Realitätsverständnis. Die realistische *via antiqua* orientiert sich eher an der Ontologie und der Theologie und sieht die Aufgabe der →Wissenschaft in der Suche nach dem →Wesen der Dinge.

In der →Neuzeit (A), vor allem im englischen Empirismus, geraten die theologischen Probleme langsam aus dem Blickfeld. Auf dem Verhandlungstisch liegen nun Fragen der Begriffsbildung und der Rolle von Allgemeinbegriffen in den empirischen Wissenschaften. Für die Universalien, wie die Gattungs- und Artbegriffe, sind nach →Hobbes die Ähnlichkeitsbeziehungen grundlegend. Universalien benennen lediglich →Individuen und Einzelgegenstände, die sich in der einen oder anderen Eigenschaft ähneln. Außer diesen allgemeinen Benennungen gäbe es nichts Weiteres in der →Welt, was allgemein ist. Auch für →Locke sind die Universalien nur Zeichen, und zwar Zeichen für abstrakte Ideen im Sinne anschaulicher geistiger Bilder, welche durch eine Abstraktionsleistung des →Verstandes aufgrund bestehender Ähnlichkeiten zwischen den Gegenständen gebildet werden. Sie repräsentieren daher keine allgemeinen, sondern viele einzelne Dinge. Es war →Berkeley, der Lockes konzeptualistische These von den abstrakten Ideen hart kritisiert hat. Für Berkeley war die Annahme abstrakter Ideen, die als eine Art Vermittler zwischen Allgemeinbegriffen und individuellen Gegenständen dienen, unnötig und irreführend. So fragt er in einer Kritik an Locke, wie z.B. eine allgemeine Vorstellung von einem Dreieck aussehen solle. Ist sie rechtwinklig, dann passt sie nicht zu schiefwinkligen, ist sie aber schiefwinklig, dann passt sie umgekehrt nicht zu rechtwinkligen usw. Es reiche demgegenüber aus, bei der Aufstellung allgemein gültiger →Urteile von einem konkreten Gegenstand, wie z.B. einem einzelnen Dreieck, auszugehen und diesen Gegenstand – unter Absehung differenter Eigenschaften – als einen Stellvertreter für alle Gegenstände mit der betreffenden Eigenschaft anzusehen. So kann z.B. ein Urteil, welches die Gleichseitigkeit eines Dreiecks betrifft, auch auf alle anderen gleichseitigen Dreiecke übertragen werden, so sehr sich diese auch in anderen Merkmalen (wie Größe, Färbung usw.) unterscheiden. Dazu benötigen wir keine allgemeine Idee eines gleichseitigen Dreiecks, die abstraktiv aus dem Vergleich vieler gleichseitiger Dreiecke gewonnen wurde. Darüber hinaus lehnt Berkeley die Annahme ab, dass sich unsere Worte auf Gegenstände beziehen, die völlig außerhalb unserer sinnlichen Vorstellungswelt liegen.

Der moderne Nominalismus baut auf den Resultaten der logisch-mathematischen Grundlagenforschung und der →Wissenschaftstheorie auf. Er wendet sich vor allem gegen platonistische Interpretationen der klassischen Logik und der Mathematik, sowie gegen einige Positionen in der modernen →Semantik. →Quine, einer der wichtigsten Vertreter des modernen Nominalismus, hat ein Unterscheidungskriterium entwickelt, mit dem sich (Theorie-)Sprachen des Platonismus, wie er die Gegenposition nennt, von solchen des Nominalismus unterscheiden lassen. Demnach werden von einer nominalistischen Theorie nur Individuen als Gegenstandsvariablen akzeptiert, während von einer platonistischen Theorie auch →Entitäten wie Mengen, Begriffsumfänge (→Umfang des Begriffs), Eigenschaften, →Klassen oder sonstige allgemeine Gegenstände als Gegenstandsbereich einer Theorie zugelassen werden. Die strenge Begrenzung des Bereichs der angenommenen Gegenstände im Sinne eines ökonomischen bzw. sparsamen Theorieinventars ist ein zentrales Anliegen im Nominalismus. Ein nominalistischer Logikkalkül unterscheidet sich insofern z.B. von einem platonistischen, dass die →Prädikate nicht auf eine Klasse von Gegenständen angewandt werden, sondern auf so genannte ›konkrete Ganzheiten‹. In dieser Weise bezeichnet der Ausdruck ›rot‹ nicht die Klasse aller roten Gegenstände, sondern einen diskontinuierlich über die ganze Welt verteilten großen Rot-Gegenstand, der sich aus allen Rot-Vorkommnissen zusammensetzt. Eine nominalistische Sprache, die nur raum-zeitliche Gegenstände in unmittelbarer Gegebenheitsweise zulässt, ist daher sehr ausdrucksarm und verlangt einen erheblichen Aufwand in ihrer Ausformulierung, um alle sprachlichen Phänomene abdecken zu können. Demgegenüber hat die platonistische Position große Probleme bei der Vermeidung von →Antinomien, wie sie z.B. von Russell in der mengentheoretischen Logiksprache von →Frege nachgewiesen wurden. Der Streit um die Angemessenheit und Leistungsfähigkeit eines nominalistischen oder platonistischen Standpunktes ist noch nicht ausgefochten. Auch Quine hat seine radikale Position zum Teil zurückgenommen, da er zu der Ansicht gekommen ist, dass durch einen radikal nominalistischen Standpunkt große Teilgebiete der Mathematik nicht sinnvoll reformuliert werden können.

H. B.

Noologie Von griech. →*nous*, ›Geist, Intellekt‹ und →*logos*, ›Wort, Prinzip, Lehre‹: dient zur Bezeichnung einer →Theorie des →Geistes oder Intellekts, in welcher die Zurückführung des Geistes auf materielle oder psychologische →Ursachen abgelehnt wird. Es ist oft bezweifelt worden, ob die Noologie eine eigene →Disziplin darstellt. Die Analyse des menschlichen →Verstandes wurde einerseits der →Metaphysik, andererseits auch der →Logik oder Psychologie zugeordnet. →Kant verwendet Noologie als Abgrenzungsbegriff zu empiristischen Theorien. Er bezeichnete die Philosophien →Platons, →Leibniz' und →Berkeleys als noologisch, da für sie die Vernunfterkenntnisse nicht – wie z. B. bei →Locke – der →Erfahrung, sondern dem Verstand selbst entstammen. Insbesondere die neuidealistische Lehre von Eucken wird Noologie genannt. Sein Programm besteht darin, die Geistesgeschichte des Menschen, seinen kulturellen und wissenschaftlichen Werdegang, aus seiner geistigen Potenz zu entwickeln. Er unterscheidet dazu die Bewegung des Geistes hin zur →Welt und die Bewegung des Geistes zu sich selbst, auf sein individuelles →Selbst. Volkelt spricht von noologischen Intuitionen, in denen der Zwang des logischen Denkens mit unmittelbarer →Gewissheit erfahren und ein →Glaube an die logischen →Gesetze erzeugt werde.

H. B.

Noologisch →Noologie

Norm Lat. ›Winkelmaß, Richtschnur, Regel‹: Ursprünglich ein in der antiken Bautechnik verwendeter Begriff, der schon bald auf geistige und juristische Problemstellungen übertragen wurde. Er wird in unterschiedlichen Zusammenhängen mit jeweils abweichenden →Bedeutungen verwandt. Im Allgemeinen ist der Begriff mit einer Zweideutigkeit behaftet, da er sich einerseits in Bezug auf ›normal‹, anderseits aber auch auf ›normativ‹ verstehen lässt. Im Sinne von normal stellt die Norm entweder einen – in Beziehung auf eine bestimmte Größe – durchschnittlichen →Wert dar oder lässt sich, wie in messtheoretischen Zusammenhängen, als ein Wert begreifen, der einen durch praktische Erwägungen gesetzten Idealzustand festlegt. Eine normativ verstandene Norm hingegen dient entweder der Evaluation, d. h. der Einschätzung von Zuständen oder Handlungsweisen, oder sie dient der Präskription, d. h. dem Aufstellen von Vorschriften, Ge- oder Verboten für →Handlungen.

Einen besonderen Stellenwert nimmt der Normbegriff in erkenntnistheoretischen, ästhetischen, logischen, ethischen, juristischen, soziologischen und naturwissenschaftlichen Kontexten ein. Der naturwissenschaftliche Normbegriff bezieht sich auf Fragen, die mit messtheoretischen Problemen zusammenhängen. So werden in Bezug auf Längen-, Zeit- oder Gewichtsmessungen gewisse Grundeinheiten oder Einheitsmaße festgelegt, die für alle Messungen eine Norm abgeben. Wenn es um die →Objektivität wissenschaftlicher Messungen geht, spielen die Normen für die Herstellungsverfahren und die Verwendungsweise von Messgeräten eine große Rolle, denn nur durch diese können einwandfreie und aussagekräftige Resultate sichergestellt werden. Ästhetische Normen werden in der →Ästhetik und in den Kunstwissenschaften behandelt. Sie dienen im Allgemeinen der Einschätzung schon bestehender Kunstwerke oder können bei deren Produktion, wie bei Gesetzen der Perspektive in der Malerei oder bei den Regeln der Harmonie in der Musik, schon zugrunde gelegt sein. Ein spezifisches Problem bildet in diesem Bereich die Frage, ob der →Wert eines Kunstwerkes nach dem Grad der Umsetzung und Verarbeitung normativer Richtlinien oder nach der →Autonomie und Individualität des jeweiligen Künstlers bemessen werden sollte. Je nachdem spielt entweder der Aspekt der handwerklichen Umsetzung oder die Originalität der individuellen Idee und deren Ausarbeitung eine größere Rolle. →Kant hat in seiner Ästhetik zwischen einer so genannten »Normalidee« und einem »ästhetischen Ideal« unterschieden. Normalidee sei demzufolge ein in der individuellen Anschauung sichtbar werdendes Muster, welches das Verhältnis von Gattung und Spezies bestimme. In seiner →Erkenntnistheorie spielen die Normen in der Begründung der →Geltung empirischer →Gesetze eine Rolle. Empirische Gesetze sind für Kant nur nach der Norm der Gesetze der →Vernunft möglich. In der soziologischen Theoriebildung spielen Normen – so bei Durkheim und Simmel – eine zweifache Rolle: Sie sind entweder deskriptiv, d.h. sie dienen der Beschreibung gesellschaftlicher Zusammenhänge, oder sie werden präskriptiv verstanden, d.h. dass die Normen zugleich reglementierende Vorschriften für das Verhalten der Individuen bilden; sie üben in diesem Sinne, wie Durkheim sich ausdrückt, einen äußeren Zwang auf den Einzelnen aus. Für Max Weber spielt der Begriff der Wertfreiheit eine große Rolle. Ihm zufolge geht es der Soziologie nicht um die Bewertung bestimmter Normen, sondern um die Einschätzung der faktischen Gültigkeit von Normen in bestimmten sozialen Kontexten. Für Parsons sind Normen »Muster generalisierter Erwartungen«, die sich aus bestimmten Wertvorstellungen der Handelnden ergeben. Luhmann hat diesen Aspekt weiter spezifiziert, indem er die Normen als »kontrafaktisch stabilisierte Verhaltenserwartungen« bestimmt. Kontrafaktische Erwartungen sind die Normen deshalb, weil sie nicht, wie etwa die kognitiven Erwartungen über das Eintreffen bestimmter Umstände, bei faktischen Abweichungen von den erwarteten Ereignissen entsprechend korrigiert werden, sondern trotz der Abweichungen aufrecht erhalten werden.

Eine besonders wichtige Rolle spielt der Normbegriff in ethischen und juristischen Überlegungen. In juristischen Zusammenhängen wird ›Norm‹ meist synonym mit ›Gesetz‹ verwendet. Rechtliche Normen in diesem Sinne zeichnen sich dadurch aus, dass sie durch eine staatliche Zwangsgewalt gestützt und damit als verbindliche Handlungsregeln, die in Rechtssätzen niedergelegt sind, gelten. Im Unterschied zu Handlungsregeln, die historisch entstanden sind und der →Sittlichkeit zugerechnet werden, können Rechtsnormen mittels Sanktionen durchgesetzt werden, die im Falle der Normenübertretung das →Individuum mit entsprechenden Rechtsfolgen konfrontieren. In ethischer Bedeutung tritt der Normbegriff zumeist in der Diskussion um Handlungsregeln auf. Handlungsregeln können sowohl Vorschriften (Gebote oder Verbote) als auch Zielsetzungen (Aufforderungen) sein. Beide werden jeweils in Beziehung zu den Umständen angegeben, für die die Vorschriften gelten oder auf die in den Zielsetzungen hingearbeitet werden soll. Handlungen können in den für sie zutreffenden Situationen untersagt, vorgeschrieben, erlaubt oder weder vorgeschrieben noch untersagt sein. Die Beziehungen zwischen den moralischen →Urteilen, die →Prädikate des Vorschreibens, Erlaubens und Untersagens enthalten, werden in der →deontischen Logik behandelt.

Die Frage nach der Begründbarkeit und der Quelle der Begründung moralischer Normen ist kontrovers diskutiert worden. Als außernormative Instanzen, in denen sich die Normen verankern lassen, wurden in der Philosophiegeschichte u.a. →Gott, die →Natur bzw. die natürliche →Ordnung, die →Vernunft, der →Wille der gesellschaftlichen Mehrheit, die →Interessen der Herrschenden, eine unverrückbare ontologische Ordnung, die im gleichberechtigten Diskurs erzielten Entscheidungen oder ein ideales Maß der →Vollkommenheit angenommen. Auch die Auffassung von dem, was den Inhalt der Normen bildet, hängt weitestgehend von der zugrunde liegenden Philosophie ab. U.a. können Normen als →Prinzipien der →Gerechtigkeit, als Bestimmungen des →Guten, als universalisierbare Handlungsmaximen oder als Bestimmungen des Nutzens, der dem Glück der größten Anzahl der Individuen dient, angesehen werden. Für die →Wertethik, die zu Beginn dieses Jahrhunderts entwickelt wurde, sind es die gesellschaftlichen Werte, die den Normen zugrunde liegen. Die ethischen Werte selbst werden dabei auf eine phänomenologische Grundlage gestellt. Sie existieren der Wertphilosophie zufolge als moralische Wesenheiten, die die verbindlichen Normen erzeugen. Moderne Formen der Normenbegründung stützen sich im Wesentlichen auf deren sprachliche Verfasstheit und versuchen im Anschluss daran, universelle Verfahren und Prinzipien der Normbegründung durch diskurs- oder argumentationsheoretische Überlegungen zu rechtfertigen.

H.B.

Normsätze →Sollens-Sätze

Nosce te ipsum Lat. ›Erkenne dich selbst!‹ Lateinische Übersetzung der Inschrift des Appolontempels in Delphi (*gnothi seauton*). Wird

→Thales von Milet oder Chilon zugeschrieben und ist so zu verstehen, dass sich der Mensch gegenüber den unsterblichen Göttern als Sterblicher erkennen soll.

H.B.

Notwendigkeit Davon spricht man in unterschiedlichen Kontexten; ihre Bedeutung hängt davon ab, auf welchen Gegenstandsbereich der Begriff seine Anwendung findet.

→Kant ordnet die Notwendigkeit den Modaloperatoren zu, wo sie gemeinsam mit den Begriffen →Möglichkeit und →Wirklichkeit die Gruppe der ›alethischen Modalitäten‹ bildet. In der Modallogik werden die Modalitäten als Begriffe (Operatoren) verstanden, die aus →Aussagen, welche wahr oder falsch sein können, wiederum Aussagen erzeugen, in denen der Modus (ihre Art und Weise) des Wahrseins (bzw. Falschseins) angezeigt wird. So kann die Aussage ›Die Gerade, welche einen Kreis an einem Punkt schneidet, ist eine Tangente‹ entweder notwendig wahr (bzw. falsch), wirklich wahr (bzw. falsch) oder nur möglicherweise wahr (bzw. falsch) sein. Eine Aussage gilt in der Modallogik dann als notwendig, wenn sie unter allen Umständen (in allen möglichen →Welten) wahr ist. Die Gründe dafür, dass eine Aussage notwendig wahr (falsch) ist, können unterschiedlich sein. Man differenziert meist zwischen rein logischen und physikalischen Gründen. Sätze, die aus rein logischen Gründen notwendig genannt werden, enthalten primär keine Tatsachenfeststellungen, d.h. ihre →Wahrheit ist unabhängig von dem begründet, wie es sich ›tatsächlich‹ in der Welt verhält. In diesem Sinne gelten z.B. →Tautologien (Sätze, die aufgrund ihrer logischen Struktur immer wahr sind) als logisch notwendig. Genauso gelten alle analytischen Sätze als logisch notwendig. Analytische Sätze können begriffsanalytische Sätze sein, bei denen im Subjektausdruck schon das enthalten ist, was im Prädikat ausgedrückt wird (z.B. ›Ein Junggeselle ist ein unverheirateter Mann‹), oder Sätze, die als →Definitionen verwendet werden (z.B. ›Die Gerade, welche einen Kreis an genau einem Punkt schneidet, heißt Tangente‹) oder auch Sätze, in denen explizit gewisse Sprachregelungen ausgesprochen werden (z.B. ›Die Wirkung folgt auf die →Ursache‹). Diese logischen Notwendigkeiten, die unbedingt oder →absolut sind, stehen im Gegensatz zu solchen ebenfalls logischen Notwendigkeiten, die nur →hypothetisch notwendig sind, weil sie, wie z.B. die *conclusio* eines →Syllogismus, nur in Bezug auf die →Prämissen und nicht auch für sich selbst genommen notwendig wahr sind. So ist der Satz ›Fifi ist ein geflügeltes Wesen‹ nur hinsichtlich der Prämissen ›Jeder Pegasus ist ein geflügeltes Wesen‹ (1) und ›Fifi ist ein Pegasus‹ (2) notwendig wahr, normalerweise hängt es aber von den Tatsachen ab, ob dieser Satz wahr oder falsch ist.

Gegenüber logischen Notwendigkeiten spricht man von physikalischen Notwendigkeiten, wenn die Wahrheit einer Aussage nicht von sprachlichen oder logischen Regeln, sondern von den Tatsachen in der Welt, insbesondere von bestimmten Ursache-Wirkungs-Relationen abhängig ist. In diesem Sinne können regelmäßige Naturabläufe, die den allgemeinen →Naturgesetzen entsprechen, notwendig wahr genannt werden. So kann z.B. die Wasserlöslichkeit von Zucker der Grund dafür sein, dass die Auflösung des Zuckerstücks im Wasserglas notwendig nach dem Hineinwurf eines Stück Zuckers in ein mit Wasser gefülltes Glas folgt. Allerdings ist diese notwendige Folgebeziehung noch von bestimmten Umständen abhängig, in unserem Fall z.B. vom Sättigungsgrad der Flüssigkeit. Auch der Status der Notwendigkeit in Bezug auf Kausalbeziehungen ist kontrovers diskutiert worden. So hält →Descartes an einer durchgängigen kausalen Determination im Bereich der physischen Welt fest, während →Hume dies kritisiert hat. Nach ihm ist →Kausalität nur eine auf subjektiver Gewöhnung fußende Vorstellung, die dann entsteht, wenn durch die Beobachtung empirischer Regelmäßigkeiten eine gewohnheitsmäßige Neigung des →Verstandes hervorgerufen wird, durch welche die regelmäßig aufeinanderfolgenden Ereignisse auch in der Zukunft in dieser Abfolge erwartet werden.

Der dritte große Bereich, in dem von Notwendigkeit gesprochen wird, ist der Bereich der menschlichen →Handlung. Notwendigkeit hat hier den Sinn von Zwang und steht im Gegensatz zu →Freiheit. Besonders in der neuzeitlichen Philosophie hat die Frage, wie die menschliche Handlungsfreiheit angesichts der Annahme eines vollständig kausal determinierten Naturgeschehens begründet werden kann, große Probleme aufgeworfen. Bei Descartes führte dies zur Trennung des erkennenden →Subjekts (→*res cogitans*), welches als psychisch-geistige →Substanz frei von kausaler Determination ist, von der ausgedehnten Substanz (→*res extensa*), die als materielle Substanz vollständig den kausal-mechanischen Gesetzen unterworfen ist. Diese Trennung hat als Leib-Seele-Problem (→Dualismus Leib – Seele) heftige philosophische Kontroversen ausgelöst. →Spinoza vertritt demgegenüber eine Ein-Substanzen-Lehre, die als durchgängig verknüpfter Notwendigkeitszusammenhang zu denken ist. Frei zu handeln heißt nach Spinoza, dass man gemäß der Einsicht in die Notwendigkeit der göttlichen Vernunftordnung handelt. Eine differenziertere Ansicht vertritt →Leibniz, der zwei Typen von Notwendigkeit unterscheidet. So komme den Vernunftwahrheiten eine absolute Notwendigkeit zu, da sich ihr Gegenteil nicht widerspruchsfrei denken lässt. Sie gründen auf dem logischen Gesetz des auszuschließenden Widerspruchs (→Satz vom Widerspruch). Demgegenüber sind Tatsachenwahrheiten nur hypothetisch notwendig, denn die Annahme ihres Gegenteils führt zu keinem Widerspruch. Tatsachenwahrheiten richten sich nach dem Prinzip des bestimmenden →Grundes. Leibniz hat diese Art der kausalen Notwendigkeit mit einer moralischen Notwendigkeit →Gottes verknüpft, der zufolge Gott aus dem Zustand der reinen Möglichkeiten, in dem sich die individuellen Substanzen (→Monaden) befinden, die beste aller möglichen Welten aussucht und schließlich realisiert. Daraus entstünden dann die wirklichen Monaden, deren Schicksal durch die Tatsachenwahrheiten bestimmt ist. Für das Freiheitsproblem bedeutet dies, dass Gott zwar alle Handlungen voraussehen kann, diese aber nicht absolut im Sinne der logischen Notwendigkeit sind. Von Hume ist die Annahme einer durchgängig objektiv bestimmten Naturkausalität kritisiert worden. Zwar hat die Kausalitätsannahme eine große Bedeutung für unser Weltverständnis, es gebe aber keinen Nachweis dafür, dass eine objektive kausale Verknüpfung in den Dingen selbst vorhanden sei. Alles, was wir feststellen können, so wendet Hume ein, wäre die wiederholte Beobachtung gleichartiger Naturprozesse, die keineswegs die Grundlage für die Annahme abgeben können, dass es objektive Gesetze gibt, die den Ablauf dieser Naturprozesse kausal bestimmen. Kausalität sei demnach nicht objektiv, sondern nur subjektiv notwendig, im Sinne einer Nötigung des Vorstellens aufgrund wiederholter Beobachtungen.

Kant hat versucht, diese subjektivierende Konsequenz Humes zu vermeiden, indem er durch einen Perspektivwechsel (→kopernikanische Wende) den subjektiven Erfahrungsbedingungen objektive →Geltung verschafft hat. Kausalität sei ein notwendiger Begriff, der jedoch nicht aus der →Erfahrung gewonnen werden kann, sondern →*a priori*, d. h. zum Verstand gehörig ist. Als ein solcher sei Kausalität ein fundamentales →Prinzip jeglicher Erfahrungserkenntnis und habe objektive Geltung, da ohne dieses Prinzip überhaupt keine Erfahrung möglich wäre. Daher ist das gesamte Naturgeschehen, sofern es auf die Erfahrung bezogen ist, durchgängig kausal bestimmt. Demgegenüber bleibt die Freiheit des Handelns erhalten, sofern die Handlung allein aus Vernunftprinzipien erfolgt und so dem intelligiblen Vernunftcharakter des Subjekts angehört. Eine freie Handlung hat demnach ihre →Ursache in sich selbst und ist nicht von anderen Ursachen in der Kette der vollständigen Naturnotwendigkeit abhängig. Natürlich gibt es für Kant auch Handlungen, die nicht frei oder nur begrenzt frei zu nennen sind. Diese Handlungen erfolgen nicht aus bloßen Prinzipien der Vernunft, sondern sind von →Neigungen, anderen physischen Einflüssen oder von äußeren Zwängen verursacht. Für →Hegel sind Freiheit und Notwendigkeit keine absolut unterschiedenen Begriffe. In seiner holistischen Perspektive sind die Modalkategorien der Möglichkeit, Wirklichkeit und Notwendigkeit auf eine eigentümliche Weise miteinander verschränkt und bilden gemeinsam einen Bedingungszusammenhang. Dieser Zusammenhang, den Hegel Substanz nennt, steht zunächst in einem äußerlichen Verhältnis zu anderen Substanzen und führt so zur Kausalbeziehung, die eine relative oder auch äußere Notwendigkeit bildet. Die in der Kausalbeziehung ausgedrückte einseitige Abhängigkeit der Wirkung von der Ursache wird im Begriff der Wechselwirkung aufgehoben, durch den die aufeinander bezogenen Bedingungszusammenhänge in ein Verhältnis der absoluten oder inneren Notwendigkeit treten. Da diese innere Notwendigkeit frei von äußeren

Einflüssen ist, führt sie zu den Begriffen der Selbstbestimmung und Freiheit, die identisch mit absoluter Notwendigkeit sind.

In der mittelalterlichen Philosophie ist gegenüber der →Neuzeit (A) nicht die Notwendigkeit in der kausalen Determination der Natur der vorherrschende Diskussionsgegenstand, sondern die Frage nach der notwendigen oder nicht notwendigen Vorherbestimmung durch Gott. Für →Augustinus, Boethius und →Thomas von Aquin führt das ewige Gesetz Gottes nur in der vernunftlosen Natur zu einer kausalen Determination, während die Ideen Gottes im Bereich der Geistwesen ideale Sollensvorschriften bilden, die das Handeln nicht determinieren, sondern im Gegenteil die Freiheit schon voraussetzen. Die →Willensfreiheit wird damit zu einer →Funktion der →Vernunft, durch die der Mensch im Unterschied zum Tier eine Vielzahl von Möglichkeiten erkennt, zwischen denen er wählen kann. Für Anselm von Canterbury ist der göttliche →Wille der Notwendigkeit prinzipiell überlegen. Alles, was nicht Gott ist, steht unter dem äußeren Zwang der Notwendigkeit, dem göttlichen Willen gemäß zu sein. Duns Scotus hat die Frage, ob Gottes Wille auch anders als notwendig sein kann, dahingehend beantwortet, dass er von der Notwendigkeit des äußeren Zwangs eine innere Notwendigkeit unterschieden hat, die nur Gott selbst in seinem ›Sich-selbst-Lieben‹ zukommt.

Die erkenntnistheoretische Behandlung der Notwendigkeit im →Mittelalter (A) geht von der Unterscheidung zwischen hypothetischer und absoluter Notwendigkeit aus, die ursprünglich von →Aristoteles stammt. Hypothetisch notwendig heißt bei Aristoteles ein Schluss, der rückwärts von einem bestimmten Ereignis auf die es auslösenden Ursachen schließt. Demgegenüber bezeichnet er als absolut notwendig solche Schlüsse, bei denen das Bestehen eines Sachverhalts aus den wahren, ersten und grundlegenden →Prämissen aufgewiesen wird. In diesem Sinne unterscheidet auch →Thomas von Aquin zwischen mathematischen Notwendigkeiten, die *a priori* sind, da hier die Ursache zum Beweisgrund für die Wirkungen dient, und den naturwissenschaftlichen Notwendigkeiten, die *a posteriori* sind, da sie von den Resultaten natürlicher Prozesse ausgehen. Anselm von Canterbury hat dafür die Begriffe der vorausgehenden (*praecedens*) und der nachfolgenden (*sequens*) Notwendigkeit geprägt. Neben einer ganzen Reihe anderer Unterscheidungen im Begriff der Notwendigkeit, die in der mittelalterlichen Diskussion geprägt worden sind, spielt die Übertragung von hypothetischer und absoluter Notwendigkeit hin zu dem Unterschied zwischen der Notwendigkeit, die sich aus logischen oder sprachlichen Zusammenhängen ergibt, und der Notwendigkeit, die den Dingen selbst zukommt, eine große Rolle. Abaelard spricht in diesem Sinne von der »Notwendigkeit der Folgerung« (*necessitas consecutionis*), die durch ein Implikationsverhältnis zwischen Teilsätzen zustande kommt, und von der »unbedingten Notwendigkeit«, die von den Dingen selbst ausgesagt wird, insofern sie ewig bestehen. Ebenso unterscheidet Thomas von Aquin zwischen einer *necessitas de dicto* (»Notwendigkeit im Ausgesagten«), die nur für den ausgesprochenen Zusammenhang zutrifft, und einer *necessitas de re* (»Notwendigkeit in der Sache«), die auf den Bezugsgegenstand zutrifft, auch ohne dass dieser gedacht werden müsste.

In der modernen →analytischen Philosophie werden im Wesentlichen die logische und die kausale Notwendigkeit diskutiert. Der →Neupositivismus und der frühe →Wittgenstein lehnen die Annahme einer Naturnotwendigkeit ab, da sie dem vom Neupositivismus aufgestellten Sinnkriterium – die →Bedeutung eines Satzes bestehe in der →Methode seiner →Verifikation – nicht standhält. Ihnen zufolge gibt es nur logisch notwendige Aussagen. Neben den →Tautologien, die aufgrund ihrer logischen →Struktur immer wahr sind, kommen noch die analytischen Sätze als logisch notwendige Aussagen in Frage, deren Wahrheit nicht auf Tatsachenwissen beruht, sondern auf dem Wissen sprachlicher Konventionen oder Regeln. Hier unterscheidet man zwischen den begriffsanalytischen Aussagen, bei denen die Bedeutung eines Wortes in Sätzen wie ›Rot ist eine Farbe‹ die Bedeutung des anderen Wortes enthält, und den grammatischen Aussagen, mit denen ein sprachliches Regelwissen ausgedrückt wird. Außerhalb des Neupositivismus schwankt die Bewertung der kausalen Notwendigkeit zwischen dem Hervorheben ihrer bloß subjektiven Begründung aus der Beobachtung regelmäßiger Naturabläufe und der Betonung ihrer entscheidenden Rolle, die sie im System der naturwissenschaftlichen →Erklärung spielt. In einigen Versionen der →Wissenschaftstheorie spricht man sogar von generativen Mechanismen, aufgrund derer die natürlichen Gegenstände selbst Kausalbeziehungen eingehen. H. v. Wright weist in seiner aktionistischen Interpretation auf die Abhängigkeit der Kausalkategorie vom Handlungsbegriff hin. Genau wie Ursache und Wirkung beim Kausalitätsbegriff müssen beim Handlungsbegriff die von der Handlung hervorgebrachten Zustände von denen unterschieden werden, die ohne die Handlung eingetreten wären. Gegenüber der logischen und der kausalen Notwendigkeit hat Kripke den Begriff einer metaphysischen Notwendigkeit verteidigt. Ein metaphysisch notwendiger Sachverhalt ist ein Sachverhalt, der in allen denkbaren möglichen Welten immer derselbe bleibt. Ein Beispiel für metaphysische Notwendigkeiten sind die Eigen- oder die Allgemeinnamen (›starre Bezeichnungsausdrücke‹), die in einer unmittelbaren Zuordnung zum Gegenstand stehen und in jeder möglichen Welt immer denselben Gegenstand bezeichnen.

B. Williams, Scham, Schuld und Notwendigkeit. Eine Wiederbelebung antiker Begriffe der Moral, Berlin 2000

S. Kripke, Name und Notwendigkeit, Frankfurt/M. 1993

H. B.

Noumenon Ein auf →Platon zurückgehender Begriff, mit welchem ein Gegenstand bezeichnet werden soll, der nur dem →Denken oder dem →Geist zugänglich ist. Für Platon sind solche Gegenstände – insbesondere die →Ideen – reine urbildliche Wesenheiten der →Erkenntnis. Sie stehen im Gegensatz zu den Gegenständen der sinnlichen →Wahrnehmung, die er *phaenomena* (→Phänomen) nennt.

Besondere Bedeutung hat die Unterscheidung zwischen *phaenomena* und *noumena* bei →Kant. Noumena sollen nach ihm Gegenstände heißen, die nicht in unserer sinnlichen →Anschauung gegeben werden können. Dabei unterscheidet er zwischen den Noumena in negativer und in positiver Hinsicht. Ein Noumenon in negativer Bedeutung ist ein Ding, welches durch die Abstraktion von unserer Anschauung zustande kommt. Kant nennt solche Gegenstände →Ding an sich und meint, dass wir wegen unseres Angewiesenseins auf sinnliche →Erfahrung keine Erkenntnis von solchen noumenalen Gegenständen haben können. In positiver Bedeutung sei ein Noumenon hingegen ein Objekt, welches in einer nicht sinnlichen Anschauung gegeben werden kann. Da wir aber über keine nicht sinnliche, →intellektuelle Anschauung verfügen, können wir uns nach Kant auch keine →Vorstellung von den Eigenarten solcher Noumena in positiver Bedeutung machen. Nur für →Wesen, die über eine intellektuelle Anschauung verfügen, wäre es möglich, solche Noumena in positiver Bedeutung zu erkennen. Kants Begriff eines noumenalen Gegenstandes weicht durch die kritische Einschätzung hinsichtlich der Möglichkeit von Erkenntnissen über noumenale Objekte von dem Begriff des Noumenon ab, wie ihn Platon ursprünglich verstanden hatte. Für Platon sind nur die Verstandeswesen (*noumena*) im eigentlichen Sinne wirklich, während die Sinnenwesen (*phaenomena*), bloßer Schein sind. Durch Kant wird dieses Verhältnis in einer gewissen Weise umgekehrt, denn in der Erörterung der Möglichkeiten der Erkenntnis spielt der Begriff des Noumenon nur noch eine kritische Rolle. Für den Menschen als moralisches Wesen sieht dies allerdings anders aus, denn als ein Vernunftwesen ist der Mensch in der Lage, einen reinen →Willen auszubilden, welcher seine →Ursache nicht in den →Erscheinungen (*phaenomena*), sondern allein im →Verstand hat, weshalb der Mensch nicht nur als ein Phaenomenon angesehen werden darf. In der Bestimmung des moralischen Wesens hat der kantische Begriff des Noumenon demnach nicht nur einen kritischen, sondern auch einen konstitutiven Sinn.

H. B.

Nous Auch: *nus*, griech. ›Geist, Vernunft‹: Bei Anaxagoras ist der *nous* die kosmische, das Weltall ordnende Kraft. Für →Platon und →Aristoteles ist er, neben dem vegetativen und sensitiven Bestandteil, einer der drei Seelenteile. Als die ›denkende Seele‹ bildet er zugleich das höchste und edelste Vermögen des Menschen. Aristoteles unterscheidet in erkenntnistheoretischer Hinsicht außerdem zwischen einem passiven *nous*, der von den Gegenständen zur Tätigkeit angeregt und wie der menschliche Körper sterblich ist, und einem selbsttätigen, aktiven *nous*, der die Erkenntnisse – wie der Künstler seine Plastik – von sich aus in eine →Form bringt und ordnet. Der aktive *nous* hat keine Verbindung zum menschlichen Körper und ist unsterblich. In wissenschaftstheoretischen Fragen erfasst und begründet der *nous* die methodischen Anfangsgründe der jeweiligen →Wissenschaft. In der Emanationslehre der neuplatonischen Philosophie des →Plotin bildet der *nous* die zweite Stufe nach dem Einen, aus dem er unmittelbar hervorgeht.

H. B.

Objekt Lat. *obiectum*, ›Gegenwurf, Vorwurf, Gegenstand‹: In der Grammatik die Bezeichnung für den Satzteil, der den Zielpunkt des verbalen Handelns ausmacht und im Kasus durch das Prädikat oder durch ein Satzadjektiv bestimmt wird. In der philosophischen Fachsprache ist der Begriff zuerst bei →Aristoteles durch sein griechisches Synonym *antikeimenon* (auch *hypokeimenon*) vertreten. Als ein →Begriff für das Gegensätzliche bezeichnet er bei Aristoteles insbesondere das, was einem Seelenvermögen gegenübersteht. Das der →Seele Entgegengestellte kann entweder einen sinnlichen oder einen intelligiblen Charakter haben. In der →Scholastik wurde das Verhältnis zwischen Seelenvermögen und Objekt weiter differenziert. So spricht man von verschiedenen Objektarten, die sich in ihrer Eigenart von den unterschiedlichen inneren und äußeren Sinnen bestimmen lassen. →Thomas von Aquin unterscheidet zwischen einem passiven Vermögen der Seele, welches durch ein anregendes Objekt aktiviert wird, in dem der Seelenakt seinen Anfang hat, und einem selbsttätigen Vermögen der Seele, welches auf ein Zielobjekt gerichtet ist, in dem der Seelenakt sein Ende, aber auch erst seine eigentliche Form findet. Diese letztere Art von Objekt genießt bei Thomas von Aquin eine höhere Priorität, weil er im Allgemeinen der Zweckursache, dem Vorbild, auf welches alles Geschehen hingeordnet ist, eine Vorrangstellung vor allen anderen →Ursachen einräumt. Für Objekt im Sinne dieses Zielpunktes der Seelentätigkeit wurde die Bezeichnung *materia circa quam* (Materie, um die es geht) geprägt. Des Weiteren unterscheidet man zwischen den Materialobjekten im Sinne der konkreten Gegenstände, die von den einzelnen Sinnen – wie z. B. dem Gesichtssinn – wahrgenommen werden und den Formalobjekten, welche von den Sinnen nicht direkt wahrgenommen, aber im Wahrnehmen implizit mit erfasst werden und – wie z. B. die Farbe oder der Ton – darüber hinaus einen einheitlichen Gesichtspunkt der unterschiedlichen konkreten Gegenstände bzw. Materialobjekte bilden. Aus dieser Trennung zwischen einem sinnlichen und einem intelligiblen Objekt entstand die Frage, was der eigentliche und der erste Gegenstand des menschlichen →Wissens sein kann. Sie fand in der scholastischen Diskussion eine kontroverse Antwort. Für die platonistische Tradition ist es der die →Wesenheit einer Sache repräsentierende Begriff im Sinne der unveränderlichen →Ideen: was vom →Verstand erkannt werden kann, unabhängig davon, ob die jeweilige Sache selbst existiert oder nicht. Duns Scotus bestimmt das adäquate Objekt der Erkenntnis im Sinne der →Ontologie als das Seiende (→Sein) in allgemeiner Bedeutung, welches den abstrahierbaren gemeinsamen Inhalt der natürlichen Dinge bildet. Wilhelm von Ockham bekämpfte die Annahme solcher Gemeinnaturen. In seiner nominalistischen Position bildet ausschließlich das Individuelle das erste und eigentliche Objekt des menschlichen Erkennens. Für das neuzeitliche Denken bildet →Descartes' Objektbegriff den Ausgangspunkt. Vermittelt durch die scholastische Unterscheidung zwischen Material- und Formalobjekt steht nach seiner Auffassung das erkennende →Subjekt (→*res cogitans*) einer ausgedehnten Welt (→*res extensa*) als Objekt gegenüber. Beide, Subjekt und Objekt, werden als →Substanzen aufgefasst, wobei dann die Frage entsteht, wie es dem Subjekt gelingt, zur →Erkenntnis der Objekte zu gelangen. →Locke unterscheidet zwischen zwei Quellen der Erkenntnis, der Sinnlichkeit und der Reflexion. Dementsprechend gebe es zwei Objektbereiche, die äußerlichen materiellen Dinge (Objekte der Sinnlichkeit) und die Wirkungen unseres Verstandes (Objekte der Reflexion). →Leibniz spricht von inneren und äußeren Objekten. Das Problem, ob den äußeren Objekten ein von dem erkennenden Subjekt unabhängiges Sein zukommt und wie es möglich ist, dieses zu erkennen, bleibt dabei bestehen. Für →Berkeley ist die Annahme einer transsubjektiven Realität verfehlt. Er setzt Objekt mit ›Bewusstseinsinhalt‹ bzw. ›Vorstellung‹ gleich. Das Objekt der Erkenntnis ist für →Kant der Gegenstand der →empirischen →Erfahrung. Erkenntnis eines Gegenstandes der Erfahrung kommt ihm zufolge aber nur zustande, wenn das Objekt der sinnlichen →Anschauung, die →Erscheinung, mit den Begriffen des Verstandes zusammenwirkt. Dadurch wird das Objekt im Hinblick auf seine Erkennbarkeit vom Subjekt →konstituiert. Demgegenüber hält aber Kant am Begriff eines →Dings an sich fest. Denn obwohl es kein Objekt der sinnlichen Anschauung oder der Erfahrung ist und in diesem Sinne niemals zu einem Objekt einer Erkenntnis werden kann, zwingt uns die Möglichkeit der Erfahrung in →Raum und →Zeit zur Annahme externer Gegenstände. Neben Erscheinung und Ding an sich spricht Kant noch von einem →transzendentalen Objekt bzw. einem Objekt überhaupt, welches den unbekannten Grund der →Erscheinungen bildet und vor aller Erfahrung gegeben ist.

Brentano verweist in seiner Analyse der psychischen Phänomene darauf, dass jedes psychische Phänomen sich dadurch auszeichnet, dass es in Beziehung zu einem Inhalt steht, der dessen immanente Gegenständlichkeit ausmacht. Diese Gegenständlichkeit nennt er »intentionale Inexistenz eines Gegenstandes« oder auch »intentionales Objekt«. Die psychischen Phänomene zeichnen sich demnach gegenüber den physischen Phänomenen durch die Beziehung auf ein intentionales Objekt aus. →Husserl hat diese Unterscheidung zwischen einem mentalen, immanenten und einem wirklichen, transzendenten Objekt kritisiert. Ihm zufolge ist es nicht möglich, dass sich in einem intentionalen Erlebnis zwei Realitäten, eine geistige und eine wirkliche, gegenüberstehen. Erst durch eine bestimmte philosophische →Methode, die phänomenologische →Reduktion, in der alle Annahmen über eine externe Realität ›eingeklammert‹ werden, sei es möglich, die auf diese Weise reduzierten Phänomene der Wahrnehmung selbst zum Objekt zu machen, wodurch deren noematischer Sinn sichtbar wird. Deshalb muss nach Husserl das intentionale Objekt als noematisches Objekt verstanden werden.

In der sprachanalytischen Philosophie wird mit Objekt oder Gegenstand das bezeichnet, was in der Veränderung der raum-zeitlichen Ereignisse eine gewisse Beständigkeit bzw. Dauer aufweist. Insbesondere Fragen danach, welche Arten von Gegenständen als existierend anzunehmen sind und welche Gegenstandsklassen auf andere Gegenstandsklassen zurückgeführt und schließlich reduziert werden können, nehmen einen besonderen Stellenwert ein. Für →Quine haben die physikalischen Objekte eine eindeutige Vorrangstellung vor idealen, abstrakten oder geometrischen Objekten. In den meisten, wenn auch nicht in allen Anwendungsgebieten, können wir auf die Letzteren verzichten. Für Quine sind Fragen nach der Existenz oder Nichtexistenz von Gegenständen Fragen der Ontologie. In der Theorie beantworten sich diese Fragen in der Entscheidung, was als Wert für die gebundenen Variablen, die die Theorie enthält, zugelassen wird und was nicht.

H. B.

Objektiver Geist Ausdruck, unter dem im Anschluss an →Hegel die Gesamtheit der menschlichen Kulturleistungen und der von Menschen geschaffenen Werke verstanden wird. Für Hegel selbst ist der objektive Geist die in der Erkenntnis und Geschichte wirksame allgemeine Vernunft. In der Lebensphilosophie →Diltheys hingegen ist er nicht Ausdruck der Vernunft allein, sondern des Lebens, denn im Erleben und Verstehen sind auch Elemente des Irrationalen und des von der Vernunft Verschiedenen enthalten. Solche Objektivationen des menschlichen Lebens, wie Sprache, Institutionen, Architektur oder Recht sind für seinen Versuch einer hermeneutischen Grundlegung der Geisteswissenschaften die Gegenstände, mit denen er einen Zugang zum Wesen des Geschichtlichen gewinnen möchte. Hartmann unterscheidet zwischen einem objektiven Zeitgeist und dem objektivierten Geist, der den materiellen Niederschlag des Zeitgeistes in Form konkreter menschlicher Werke ausmacht.

H. B.

Objektivität Anspruch der wissenschaftlichen →Erkenntnis auf Wirklichkeitstreue und Sachlichkeit hinsichtlich der vom Wissenschaftler gemachten →Aussagen und seiner →Theorien. Diese sollen möglichst unabhängig von subjektiven Einflüssen, frei von Fehlerquellen und ohne den Einfluss der persönlichen Meinung sein.

Als Kriterien für die Objektivität wissenschaftlicher Resultate gelten insbesondere die →Allgemeingültigkeit und die Überprüfbarkeit durch alle anderen Mitglieder einer Forschungsgemeinschaft. Insofern kann unter Objektivität auch die intersubjektiv anerkannte →Gültigkeit von Forschungsverfahren und Ergebnissen verstanden werden.

Eine extreme Forderung nach Objektivität stellt der Objektivismus in der positivistischen →Wissenschaftstheorie, der eine völlig voraussetzungslose Betrachtung und Analyse der Gegenstände wissenschaftlicher Erkenntnis für möglich hält. Allerdings geht in jede Forschung eine ganze Menge an Vorwissen ein, welches in der Ausbildung des jeweiligen Wissenschaftlers erworben wurde und aus methodologischen Vorannahmen, Annahmen über die Art und das Verhalten der zu untersuchenden Objekte sowie aus zahlreichen Überlegungen besteht, die Wechselwirkungen mit anderen Einfluss- oder Störgrößen betreffen. Im Falle naturwissenschaftlicher Forschung spielt auch die zur Verfügung stehende technische Ausrüstung eine große Rolle. Objektivität kann daher nicht Voraussetzungslosigkeit des wissenschaftlichen Arbeitens bedeuten, sondern dessen intersubjektive Nachvollziehbarkeit unter den Bedingungen, die vom jeweiligen Wissensstand diktiert werden. Inadäquate und subjektive Forschungsresultate kommen dagegen zustande, wenn die von der Forschergemeinschaft aufgestellten oder die von ihr akzeptierten Regeln verletzt werden bzw. das Zustandekommen der Ergebnisse nicht öffentlich nachvollzogen werden kann. Wenn Fehler in der →Methode oder der →Argumentation nachgewiesen werden können, hat das einen Einfluss auf die Objektivität der Forschung. Objektivität darf jedoch nicht mit →Wahrheit gleichgesetzt oder mit buchstäblicher Gegenstandstreue verwechselt werden, sondern sie ergibt sich aus der Anerkennung des jeweiligen Forschungsstandes und der Akzeptanz und Übereinstimmung mit den Regeln und Methoden, die von der Forschergemeinschaft praktiziert werden. In der Naturwissenschaft hat seit der →Neuzeit (A) immer mehr das →Experiment die Rolle der Überprüfung wissenschaftlicher →Hypothesen eingenommen. Den Geistes- und Gesellschaftswissenschaften steht dieses Instrument nicht bzw. nur in einem sehr eingeschränkten Umfang zur Verfügung. Hier kommt es dagegen auf die kritische Diskussion und Argumentation an, in der sich die Forschungsergebnisse bewähren müssen.

In der Wissenssoziologie wird die Abhängigkeit allen →Wissens vom gesellschaftlichen Standpunkt, den der Wissenschaftler einnimmt, problematisiert. Mannheim hat daher den Ideologiebegriff totalisiert: Wissen sei nur in einem sozialen Zusammenhang möglich und an einen gesellschaftlichen Standort gebunden, der die Sichtweise auf die Dinge bestimmt. Objektivität könne nur durch einen zusätzlichen Schritt hergestellt werden, in dem man das Wissen durch Umrechnung und Übersetzung für alle anderen Standpunkte zugänglich macht und auf diese Weise die Standpunktbezogenheit neutralisiert.

H. B.

Objektsprache Gemeinsam mit →Metasprache ein Begriff, der in theoretischen Untersuchungen über sprachliche Ausdrücke, wie z. B. in der →Theorie formalisierter Wissenschaftssprachen und in der formalisierten →Semantik, eine große Rolle spielt.

Nach →Carnap heißt Objektsprache die Sprache, welche von der Theorie analysiert und beschrieben wird; Metasprache dagegen heißt die Sprache, die das technische Vokabular und die Regeln für die Untersuchung der Objektsprache enthält. Objektsprache kann daher jede beliebige Sprache sein, sofern sie ein Objekt für die Analyse ist; Metasprache ist dann relativ dazu die Sprache, die die Ausdrucksmittel zur Beschreibung der Objektsprache enthält. Ein wichtiger Unterschied wird dabei zwischen ›erwähnen‹ und ›verwenden‹ gemacht. Erwähnt und verwendet werden können sowohl einzelne Ausdrücke als auch ganze Sätze. Wenn z. B. der Ausdruck ›Fifi‹ in dem Satz ›Fifi hat ein zottiges Fell‹ verwendet wird, um eine Aussage über den Hund Fifi zu machen, dann handelt es sich um einen objektsprachlichen Ausdruck, denn mit ihm werden keine sprachlichen Gegenstände analysiert. Dagegen kann der Ausdruck auch erwähnt werden, wenn z. B. in dem Satz ›Das Wort ›Fifi‹ hat vier Buchstaben‹ eine Aussage über die syntaktischen Eigenschaften des Ausdrucks ›Fifi‹ gemacht wird. Hierbei handelt es sich um einen metasprachlichen Ausdruck. Das Gleiche gilt für ganze Sätze. So wird der Satz ›Fifi hat ein zottiges Fell‹ verwendet, um eine Behauptung auszudrücken; dagegen wird derselbe Satz in ›Die Aussage ›Fifi hat ein zottiges Fell‹ ist wahr‹ nur erwähnt. Von jedem Ausdruck, der verwendet wird, lässt sich ein Name bilden, der denselben Ausdruck erwähnt. Dies geschieht z. B. durch das Hinzufügen von Anführungszeichen. In unserer Alltagssprache kommen sowohl objektsprachliche als auch metasprachliche Elemente vor, weshalb im Allgemeinen davon ausgegangen wird, dass die Trennung zwischen Objekt- und Metasprache nur für formalisierte Sprachen exakt durchgeführt werden kann. Tarski spricht in diesem Sinne von »semantisch geschlossenen Sprachen«, wozu auch unsere Alltagssprache gehört, da in ihr sowohl objektsprachliche Ausdrücke (Fifi) als auch deren Namen (›Fifi‹), die metasprachlich sind, vorkommen. Da in semantisch geschlossenen Sprachen →Antinomien (wie z. B. die Lügner-Antinomie) auftreten, hat Tarski bei der Einführung formalisierter Wissenschaftssprachen eine strikte Trennung von (semantisch nicht geschlossener) Objektsprache und Metasprache gefordert. Jede Objektsprache kann ihrerseits bereits eine Metasprache zu einer weiteren Sprachebene sein. Russell hat daher die Möglichkeit einer unendlichen Hierarchie von Sprachebenen in Erwägung gezogen, in der jede Metasprache eine Objektsprache für jede höhere Sprachebene ist und umgekehrt jede Objektsprache eine Metasprache in Bezug auf eine niedere Sprachebene. Manche Philosophen nehmen an, dass die Objektsprache nicht die Sprache ist, die den Gegenstand einer theoretischen Untersuchung über sprachliche Ausdrücke bildet, sondern unsere alltägliche Rede über (nichtsprachliche) Objekte sei. Diese ›Rede über außersprachliche Gegenstände‹ kann dann als die unterste Stufe in der Hierarchie der Sprachebenen angesehen werden.

H. B.

Ockhams Rasiermesser Methodologisches →Prinzip, demzufolge bei der Auswahl oder Konstruktion von →Theorien stets die einfachste und dennoch ihre Zwecke erfüllende ausgewählt werden soll. Es wird in der Tradition mit Wilhelm von Ockham verbunden (und häufig mit dem angeblichen Zitat *entia non sunt multiplicanda praeter necessitatem* angeführt). Obwohl diese Worte bei Ockham nicht zu finden sind, können dennoch vergleichbare Stellen aus seinen Werken angeführt werden, die Ähnliches besagen.

Die Interpretation dieses Prinzips ist aufgrund seiner Allgemeinheit schwierig. Ein Problem besteht darin, aufzuzeigen worauf sich die ›Einfachheit‹ beziehen soll. Verschiedene Möglichkeiten sind z. B. 1. geringe Anzahl der Grundkategorien, 2. geringe Anzahl der →Axiome, 3. Kürze der →Beweise, 4. geringe Menge der logischen Konstanten, 5. leichte Verständlichkeit der Beweise innerhalb einer →Kategorie. Offensichtlich können nicht alle dieser Möglichkeiten gleichzeitig erfüllt werden. So lässt sich z. B. die →Aussagenlogik mit Hilfe nur eines Operators (z. B. des Sheffersstrichs) formalisieren, dies führt jedoch zu sehr langen und unintuitiven Beweisen, sodass solche ›einfachen‹ Systeme in der Praxis eigentlich nie eingesetzt werden.

Weiterhin muss zwischen einer qualitativen und einer quantitativen Interpretation dieses Prinzips unterschieden werden. Meist erscheint nur die qualitative Ökonomie als erstrebenswert. So würden wir z. B. eine physikalische Theorie, die besagt, es gebe 10^{80} Elementarteilchen im Universum, nicht einer anderen vorziehen, die besagt, es gebe nur 10^{79}, nur weil diese quantitativ einfacher ist, d. h. weil sie weniger →Entitäten als die andere postuliert. Wohl aber bevorzugten wir eine Theorie, die weniger Arten von Elementarteilchen annimmt als eine andere, d. h. qualitativ einfacher ist. Diese beiden Interpretationen sind jedoch nicht immer scharf zu trennen. So argumentiert z. B. Lewis für seine Theorie der möglichen →Welten, indem er anführt, er nehme ja nicht die Existenz vieler verschiedener Objekte an, sondern nur vieler Objekte der gleichen Art, nämlich Welten. Das Problem liegt jedoch darin, dass die Menge aller möglichen Welten die Menge aller möglichen Objekte als Gegenstände in diesen Welten schon enthält – wir können nicht alle möglichen Welten als gleich wirklich annehmen und dies nicht auch für alle möglichen Gegenstände tun. Insofern scheitert Lewis' Behauptung, seine Theorie verletze nicht die ›wichtige‹, d. h. qualitative Variante von Ockhams Rasiermesser.

J. W.

Okkasionalismus Auch Occasionalismus, von lat. *occasio*, ›Anlass, Gelegenheit‹: ein von Anhängern und Schülern →Descartes' angebotener Lösungsversuch für das Leib-Seele-Problem (→Dualismus Leib – Seele). Nachdem durch Descartes die vollständige Trennung zwischen geistiger →Substanz (→*res cogitans*) und körperlicher Substanz (→*res extensa*) vollzogen worden war, stellte sich die Frage, ob es eine Wechselwirkung zwischen Leib und Seele gibt und wie diese möglich ist.

Der Okkasionalismus geht davon aus, dass Seele und Körper, da es sich um getrennte Substanzen handelt, nicht aufeinander einwirken können. Eine dauerhafte Entsprechung zwischen psychischen und physischen Ereignissen sei daher nur möglich, wenn →Gott als eine allgemeine →Ursache (*causa universalis*) durch unmittelbares Eingreifen bei Gelegenheit (*occasio*) eines Willensaktes eine Verbindung zwischen beiden herstellt. →Seele und →Leib befinden sich, wie Clauberg annimmt, in einem Verhältnis wie Steuermann und Schiff. Es gibt aber einen Mechanismus, der es dem Steuermann ermöglicht, sein Schiff zu lenken. Die Möglichkeiten der Kraftübertragung, wie die zwischen den Bewegungen des Seemannes und denen seines Schiffs, bestehen hingegen zwischen Leib und Seele nicht. Deshalb muss Gottes Fügung in die entstandene Lücke eintreten, um beide aufeinander abzustimmen, sobald es zu willentlichen Handlungen kommt.

Von Cordemoy und De la Forge wird der Okkasionalismus noch radikalisiert. Nicht nur die Wechselwirkung zwischen Leib und Seele kann nicht auf natürliche Ursachen zurückgeführt oder durch solche erklärt werden, auch die Übertragung einer Wirkung von einem Körper auf einen anderen sei ein ungelöstes Problem. Da wir nur Ortsveränderungen der Körper wahrnehmen können und nicht wissen, wie ein Körper auf einen anderen Körper einwirken kann, müssen wir annehmen, dass selbst diese Verursachung, die zwischen zwei Körpern stattfindet, eine Sache Gottes sei. Auf dem Hintergrund der cartesianischen Zwei-Substanzen-Lehre stellt auch Geulincx sich die Frage, wie es möglich ist, dass ein Willensentschluss zu einer Muskelbewegung führt und umgekehrt, wie durch eine Einwirkung der Welt auf unsere Sinnesorgane eine bewusste Sinneswahrnehmung entsteht. Ein Verursachungsverhältnis zwischen Körper und →Geist sei nicht denkbar, weshalb uns ein bewusstes Handeln nur innerhalb unseres Geistes möglich ist. Weder unser →Selbst ist in der Lage, auf unseren Körper einzuwirken, noch kann die Sinneswahrnehmung in das Innere unseres Geistes gelangen. Beides wird nur durch einen göttlichen Werkmeister ermöglicht, der Seele und Körper wie zwei gleich laufende Uhren aufeinander abgestimmt hat.

Auch Malebranche lässt sich von den Grundannahmen des Okkasionalismus leiten: von der Überzeugung einer völligen Trennung der körperlichen und geistigen Substanz, der Annahme einer komplizierten göttlichen Weltmaschine, die zwischen beiden vermittelt, und von der Tendenz zur Einebnung der →Kausalität auf eine einzige, die göttliche Verursachung. Weil weder die Sinne uns ein wahres Bild der →Wirklichkeit liefern können, noch unser körperliches Handeln von uns selbst verursacht ist, sei →Erkenntnis und sittliches Handeln nur durch die Partizipation des Menschen am göttlichen Geist möglich. Indem der menschliche Geist in Gott die Ideen der erschaffenen Dinge schaut, erkennt er die Welt und denkt das allein Wahre; indem der Mensch das sittlich →Gute ergreift, ergreift er die unendlichen Güte Gottes und er lebt in Gottes Liebe, wenn er nur das Richtige liebt.

→Leibniz vertritt eine alternative Konzeption, die zwar auch von der Metapher zweier synchron gehender Uhren lebt, aber – im Gegensatz zu den Okkasionalisten – nicht von einem direkten göttlichen Eingriff auf Leib und Seele ausgeht. Dem Okkasionalismus setzte Leibniz das Prinzip der →prästabilierten Harmonie entgegen.

H.B.

Okkultismus Von lat. *occultus*, ›verborgen, versteckt‹: bezeichnet im weitesten Sinne alle Praktiken, die sich auf geheime oder verborgene Kräfte beziehen, welche in der →Welt und im →Menschen wirken und der normalen Sinnlichkeit nicht zugänglich sind (Übersinnliches). Das Wissen um diese geheimen Kräfte nennt Agrippa von Nettesheim ›okkult‹, um sich von dem →Glauben an Zaubermächte und Hexenwesen abzugrenzen. In der Antike stehen für *occulta* die von den Mysterien überlieferten Geheimnisse. Die Vertreter des Okkultismus sprechen auch von Geheimlehre oder Geheimwissenschaft, wenn sie sich mit den weder räumlichen noch zeitlichen inneren Beziehungen der Welterscheinungen beschäftigen. Zum Okkultismus gehören insbesondere das →esoterische Wissen der Astrologie, Alchimie und Theosophie sowie anthroposophische, spiritistische und kabbalistische Lehren. Ebenso werden Vorstellungen von Klopfgeistern, hellseherische und telepathische Praktiken sowie die Lehre von den tierischen Magnetismen zum Okkultismus gezählt. An den animalischen Magnetismus schließen sich Mitte des 19. Jhs. auch empirische Untersuchungen mit dem Ziel der Deutung unerklärlicher Phänomene an, die durch eine 1848 in Amerika auftretende Epidemie des Tischrückens verursacht sind. Daraus entwickelten sich zwei unterschiedliche Standpunkte, die solche Phänomene wie Persönlichkeitsspaltung und unterbewusst ausgeführte Handlungen auf einander gegensätzliche →Ursachen zurückführten. Die Spiritisten gingen von jenseitigen Einwirkungen aus, während die Animisten das menschlich Unbewusste als die Ursache merkwürdiger psychischer Phänomene entdeckten. Die Vertreter der akademischen Psychologie lehnten alle okkultistischen →Erklärungen der menschlichen Psyche ab und verwiesen solche Vorstellungen in das Gebiet der Parapsychologie, ein Begriff, der von Dessoir geprägt wurde. Während der Okkultismus in den Universitäten nicht Fuß fassen konnte, erfreut er sich seit Ende der sechziger Jahre des letzten Jahrhunderts im außerakademischen Bereich wieder großer Beliebtheit.

H. B.

Ökologie Von griech. *oikos*, ›Haus, Haushalt‹ und *logos*, ›Wort, Lehre‹: Unter Ökologie wird im wissenschaftlichen Zusammenhang eine Teildisziplin der Biologie verstanden, die die Wechselwirkungen im Naturhaushalt und die Beziehungen des Organismus zu seiner →Umwelt zum Thema hat. Andererseits ist Ökologie zu einem Schlagwort in der gesellschaftlichen Umweltdebatte geworden, in der das als krisenhaft erfahrene Verhältnis von →Mensch und →Natur reflektiert wird.

Im Zentrum der naturwissenschaftlichen Beschäftigung mit der Ökologie steht der Begriff des Ökosystems. Ein Ökosystem gilt dabei als ein natürlicher Selbstregulierungsmechanismus mit der Fähigkeit, Schwankungen in den einzelnen Systemkomponenten (Energiehaushalt, Population, Stoffumsatz) systemimmanent aufzufangen, sodass ein stabiles Gleichgewicht aufrecht erhalten werden kann. Bei einem ökologischen Gleichgewichtszustand spricht man von einem Fließgleichgewicht, weil sich die →Systeme in einem ständigen Stoff- und Energieaustausch mit der Umgebung befinden, wodurch ihre Stoff- und Energiebilanz auf längere Sicht konstant bleibt (z. B. der Bestand einer Art), obwohl ein laufender Auf- und Abbau von Systemkomponenten (z. B. durch gleichzeitiges Heranwachsen und Absterben einzelner Individuen einer Art) stattfindet. Schwierigkeiten bereitet der wissenschaftlichen Forschung allerdings die räumliche und zeitliche Abgrenzung eines Ökosystems von einem anderen. Hier scheint es keine feststehenden Grenzen zu geben. Man kann z. B. je nach Forschungsinteresse entweder die chemischen Wechselwirkungen zwischen Mikroorganismen oder die Wechselwirkungen des globalen Energiehaushalts unter dem Gesichtspunkt eines Ökosystems betrachten. In Wirklichkeit scheint es gar kein fest begrenztes Ökosystem und kein vollständiges Gleichgewicht innerhalb eines solchen Wechselwirkungszusammenhanges zu geben. Ein absolutes Gleichgewicht über einen längeren Zeitraum ist auch nicht von Vorteil, weil dies ein Ende aller Innovationsprozesse bedeuten würde. Obwohl durch die internen Selbstregulierungsmechanismen eine relative Konstanz des Systems gesichert ist, gehören solche innovativen Veränderungen und die damit einhergehende ständige Veränderung des ökologischen Systems zur Anpassung des Systems an sich verändernde Umweltbedingungen. Sie werden damit zu einem sekundären Faktor der Stabilität.

Die Entwicklung der modernen industriellen Gesellschaftsform hat umfangreiche Eingriffe in den natürlichen Haushalt ermöglicht, die zunehmend den Erhalt des ökologischen Gleichgewichts gefährden. Die Vernichtung von großen Teilen der Biosphäre durch die Nebenwirkungen technischer Naturbeherrschung hat zu einer Neubesinnung auf das Verhältnis von Mensch und Natur und zu einer Korrektur von Wertvorstellungen geführt. Neben den tief greifenden Veränderungen, die mit den Lehren von Kopernikus, Darwin und Freud zum Abbau anthropozentrischer Vorstellungen geführt haben, gehört die Reflexion über das Verhältnis des Menschen zu seiner natürlichen Umwelt und die Neubewertung der Folgen technischer Entwicklung zu den wichtigsten Merkmalen der kulturellen Neuorientierung im modernen Menschenbild. Dies hat zu einigen philosophischen Überlegungen geführt, in denen dieses Verhältnis in den Mittelpunkt der →Ethik gerückt ist. H. Jonas hat eine universalistische →Verantwortungsethik entworfen, in der die Erhaltung der menschlichen Lebensgrundlagen zur ersten →Pflicht gemacht wird. Auch in der Diskursethik (Apel, →Habermas) wird die ökologische Verantwortung und die Pflicht zur Bewahrung der Biosphäre zum Thema zahlreicher Überlegungen, wobei die globale Verantwortung für unsere Umwelt mit dem Prinzip einer kritischen Öffentlichkeit und der Pflicht zur Verbesserung der Verständigungsverhältnisse in Zusammenhang gebracht werden. Spaemann vertritt die Ansicht, dass es angesichts der Verantwortung für die künftige Generation legitim sein könnte, auch gegen demokratisch legitimierte Entscheidungen (wie z.B. im Atomkraftwerksbau) Widerstand zu leisten. Eine gewisse Problematik in der Ökologie-Diskussion haben einige ideologiekritischen Analysen aufgezeigt, in denen darauf hingewiesen wird, dass es in manchen Punkten zu einer Nähe zwischen radikal ökologischen und einigen neu-rechten und fundamentalistischen Strömungen gekommen ist. Das führt zu einem Spannungsverhältnis in der Auseinandersetzung um ökologische Fragen, was eine sachliche Diskussion um die ökologischen Probleme und deren Lösung zuweilen schwierig macht.

H.B.

Ökonomie Von griech. *oikos*, ›Haus, Hauswirtschaft‹ und *nomos* ›Gesetz, Regel‹: Im antiken Sprachgebrauch bezeichnet der Begriff die zweckmäßige und tugendhafte Führung der Haus- und Familienwirtschaft. Maßgebend sind dabei die →Normen des guten Lebens im Umgang mit land- und hauswirtschaftlichen Fragen, wozu auch die Eheberatung, die Kindererziehung, die Handhabung der Werkzeuge oder die Führung der in der Hauswirtschaft eingesetzten Arbeitskräfte gehören.

Xenophon, von dem der erste ökonomische Ratgeber in Form des Dialogs *Oeconomicus* überliefert ist, und Aristoteles, der die Ökonomie zu Beginn seiner *Politik* behandelt, bezeichnen die Haushaltsführung als eine Kunst, deren Kenntnis zu den menschlichen →Tugenden gezählt wird. Die Regeln zur Verwaltung des Hausbesitzes gehören für →Aristoteles mit in die Beschreibung der sozialen und politischen Verhältnisse der →Polis, während, im Unterschied zum heutigen Verständnis, Gelderwerb und Tauschhandel nicht der Ökonomie, sondern der Kaufmannskunst (Chrematistik) zugeordnet werden, welche als ethisch verwerflich gilt, insofern der Gelderwerb durch Zinsgeschäft oder Wucher betrieben wird.

Die Trennung von Ökonomie und Chrematistik hält sich noch bis zu Wolff, Thomasius und →Leibniz durch und dient der Aufrechterhaltung und Stabilisierung der ständestaatlichen →Ordnung. Aus ihr leitet sich die Zuordnung von Leitungs- und Kontrollrechten in den altständischen Verfassungen her. Unter die Zuständigkeit des Hausherrn fällt alles, was zur Ökonomie zählt, also insbesondere die gewerblichen und landwirtschaftlichen Produkte und Aktivitäten, die zur Abdeckung des Eigenbedarfs der Hauswirtschaft dienen. Darüber hinausgehende Aktivitäten, wie Handel und Markttätigkeit, fallen unter die Chrematistik und unterliegen der Kontrolle des Gemeinwesens bzw. der Obrigkeit.

Die Trennung von Haus- und Staatsverwaltung wird von Montchrestien, der die Staatsverwaltung und die nationale Erwerbswirtschaft des fürstlichen Haushalts mit der Verwaltung der häuslichen Gemeinschaft vergleicht, kritisiert. Montchrestien hat den Ökonomiebegriff auf die Betrachtung der Staatsverwaltung erweitert. Mit der Einbeziehung der nationalen Wohlfahrtspolitik, dem Steuer- und Zollsystem zur dauerhaften Bereicherung und Abdeckung des Staatshaushalts, der Gleichsetzung von politischer Macht und ökonomischer Selbständigkeit werden wirtschaftswissenschaftliche Fragestellungen explizit in einen politischen Kontext gestellt, weshalb sich dafür auch der Begriff ›politische Ökonomie‹ eingebürgert hat. Die französischen →Physiokraten (Ökonomisten) haben dagegen versucht, die politische Ökonomie aus staatshaushaltlichen Betrachtungen herauszulösen und auf eine naturrechtliche Grundlage zu stellen. Quesnay und Gournay vertreten unter der Parole einer Laissez-faire-Politik die Auffassung, dass sich der →Staat von wirtschaftspolitischen Eingriffen soweit wie möglich zu enthalten habe, denn die →Gesetze der ökonomischen Beziehungen würden nicht vom staatlichen Gesetzgeber, sondern von der natürlichen Ordnung vorgegeben.

Während Adam Smith in seinem Werk *The Wealth of nations* noch eine enge Verbindung von →Politik und Ökonomie sowie die Identifikation von Reichtum und Macht aufzeigt und damit noch ganz im Sinne einer staatswirtschaftlichen Untersuchung vorgeht, sieht Ricardo die politische Ökonomie als eine bloß positiv verfahrende naturwissenschaftliche Angelegenheit, die ohne einen politischen oder naturrechtlichen Rahmen auskommt. Diese apolitische Behandlung der Ökonomie im Sinne eines bloßen Waren- und Kapitalverkehrs hat →Marx als Schein entlarvt, da in der bürgerlichen →Gesellschaft die menschliche Arbeitskraft selbst als eine Ware dem Markt unterworfen ist, wodurch sich die scheinbar anonymen Marktbeziehungen zu einer sozialen Spannung zwischen Kapitaleigentümer und Arbeitskraft verdichten, die sich in Arbeitskämpfen auch politisch äußert. Weber plädiert für eine nationalstaatliche Auslegung der Wirtschaftspolitik, die sich an den außenpolitischen Machtkämpfen orientiert und in diesem Sinne als →Wissenschaft auch den politischen Interessen der Nation dient.

Die politische oder Nationalökonomie lebt also im Spannungsfeld unterschiedlicher Rahmenbedingungen, die sich zwischen der Forderung nach ihrer Unterordnung unter nationalstaatliche →Interessen, welche von dem Gedanken der →Identität politisch-nationalstaatlicher Macht und ökonomischer Unabhängigkeit ausgehen, ihrer Orientierung an volkswirtschaftlichen Überlegungen, die wohlfahrtspolitisch gespeist werden, und gesellschaftskritischen Positionen, die den Zusammenhang von ökonomischen Tauschbeziehungen und den damit verbundenen Ungleichheiten in den sozialen Beziehungen zum Thema machen, bewegen. Auch die Forderung nach der Entbindung der Ökonomie aus dem nationalen und politischen Rahmen gemäß dem Laissez-faire-Prinzip, die dem überregionalen und selbstständigen Charakter moderner Wirtschaftsbeziehungen Rechnung trägt, bildet einen Strang in dem Netz sich gegenseitig widersprechender und überlagernder Bestrebungen. Seit der zweiten Hälfte des 19. Jhs. entwickeln sich parallel dazu die neuklassischen Ansätze, mit denen versucht wird, anhand mathematisierter Strukturtheorien eine allgemeine →Theorie der rationalen Entscheidung (*rational choice*) der an ökonomischen Tauschbeziehungen beteiligten Handlungssubjekte zu entwerfen. Die sozioökonomischen und finanzpolitischen Entscheidungstheorien wurden im 20. Jh. zu einer umfassenden politischen Wirtschaftslehre weiterentwickelt, die nicht nur wirtschaftliche, sondern auch politische Prozesse im Sinne von Markt- und Wettbewerbsmechanismen analysiert. So werden z.B. politische Wahlen in Analogie zu Angebot- und Nachfragestrukturen gesetzt oder Verhandlungsprozesse mit Tauschprozessen parallelisiert. Diese Art der weitgehenden Gleichsetzung von Politik und Ökonomie findet in der Studentenbewegung Ende der sechziger Jahre ihren Widerpart, durch welchen sich die marxsche Kapitalismuskritik im akademischen Rahmen neu etablieren konnte.

H.B.

Omnis determinatio est negatio Lat. ›Alle Bestimmung ist eine Negation‹: Ein zuerst von →Spinoza beiläufig in der Erörterung eines geometrischen Zusammenhangs geäußertes →Prinzip, welches später von Jacobi ontologisch gedeutet wird. In →Hegels Vorlesungen zur Geschichte der Philosophie wird dieses Prinzip als der entscheidende Gedanke Spinozas gedeutet, welcher besagt, dass mit jeder Bestimmung, die ich einem Gegenstand gebe, andere Bestimmungen ausgeschlossen werden, weshalb mit jeder positiven Bestimmung eine negative verbunden ist. Hegel verbindet mit dieser Einschätzung Spinozas auch seine zentrale Kritik an dessen Philosophie, wenn er ihm vorwirft, dass er zwar das Prinzip der einfachen, jedoch nicht das Prinzip der doppelten Negation, die zugleich Aufhebung und Bewahrung ist, zuwege gebracht habe.

H.B.

Ontisch Von griech. *to on*, ›das Seiende‹: das tatsächlich individuell Seiende (→Sein) in →Raum und →Zeit. Das Ontische wird im Unterschied zum Ontologischen aufgefasst, welches schon ein vom Geist erschlossenes Seiendes ist, das dem individuellen, raum-zeitlichen Seienden als →Wesen zugrunde liegt. In der →Scholastik wurden die Begriffe ontisch / ontologisch noch als gleichwertig begriffen. Bei →Heidegger dient das Begriffspaar der Bestimmung der ontologischen Differenz zwischen dem Sein und dem Seienden. Heidegger wirft der philosophischen Tradition vor, diese Differenz nicht gesehen zu haben, sich tatsächlich immer nur mit dem Seienden beschäftigt zu haben und insofern die ›Seinsfrage‹ nie gestellt zu haben. Genau diese aber sei die Grundfrage der Philosophie überhaupt.

H.B.

Ontogenese Bezeichnet die gesamte Entwicklung des Einzellebewesens von der befruchteten Eizelle (oder anderen Fortpflanzungskörpern) bis zum fortpflanzungsfähigen Organismus. Dabei wird zwischen quantitativen Veränderungen (Wachstum) und qualitativen Veränderungen (Differenzierung, Entstehen neuer Organfunktionen etc.) unterschieden. Die Ontogenese wird sowohl durch interne Eigenschaften des Organismus (genetischer Code) als auch durch die einwirkenden Umweltfaktoren bestimmt. Weil das →Individuum ab einem bestimmten Stadium in steigendem Maße auf seine →Umwelt reagiert und Verhaltensformen ausprägt, die durch die Anpassung und Auseinandersetzung mit den Umwelteinflüssen zustande gekommen sind, kann – insbesondere bei sehr komplexen Lebewesen – ab einer gewissen Entwicklungsstufe keine absolute Trennung zwischen äußeren und inneren Entwicklungseinflüssen mehr vorgenommen werden. Von der Ontogenese wird die →Phylogenese unterschieden, die nicht nur das einzelne Individuum, sondern die Entwicklung einer ganzen Art umfasst.

H.B.

Ontologie Von griech. *to on*, ›das Seiende‹ und *logos*, ›Wort, Lehre‹: Die Bezeichnung Ontologie als allgemeiner Name für eine philosophische →Disziplin wurde höchstwahrscheinlich im 17. Jh. von Goclenius eingeführt. Die Bezeichnung setzte sich jedoch nur zögerlich durch und wurde schließlich erst im Rahmen der deutschen Schulmetaphysik durch den Einfluss von Wolff zu einem allgemeinen Disziplinenbegriff in der Philosophie ausgearbeitet, deren Objekt das ›Sein als solches‹ ist. Die Lehre vom Seienden als solchem bzw. vom →Sein tritt historisch meist mit dem Anspruch auf, ›erste Philosophie‹ zu sein.

Nicht dem Namen nach, aber in der Sache hat die Ontologie ihren Ursprung in der *Metaphysik* des →Aristoteles. In diesem Werk versucht Aristoteles eine Wissenschaft zu bestimmen, die sich im Unterschied zu allen anderen Wissenschaften mit den ersten →Prinzipien und →Ursachen des Seienden beschäftigt und daher die ›erste Philosophie‹ wäre. Während sich die verschiedenen Einzelwissenschaften jeweils mit einem bestimmten Seinsbereich auseinandersetzen und insofern das Seiende im Allgemeinen und Ganzen nur unthematisch voraussetzen, geht es Aristoteles in seiner Konzeption der ersten Philosophie darum, angesichts der Mannigfaltigkeit der →Gründe und Ursachen in den verschiedenen Wissenschaften die Frage nach dem ersten Einheitsgrund allen Seins zu stellen. Aristoteles' Annahme, dass dieser erste Seinsgrund zugleich auch das »höchste Seiende« selbst, also →Gott oder das Göttliche sei, führt bei ihm dazu, dass die erste Philosophie sowohl als Ontologie (mit der Frage nach dem Seienden als solchem) als auch als Theologie (mit der Frage nach dem höchsten Seienden) konzipiert wird.

Die bei Aristoteles implizit vorhandene Konzeption einer Aufteilung der →Metaphysik in Theologie und Ontologie – die beide eine Einheit bilden – wird in der mittelalterlichen Philosophie weiter fortgeführt. Im philosophischen System von →Thomas von Aquin steht die Ontologie als allgemeine Seinswissenschaft der Lehre vom göttlichen Sein gegenüber, bildet aber gemeinsam mit ihr die reine oder allgemeine Metaphysik, welche die Grundlage und Voraussetzung für alle anderen metaphysischen Disziplinen (→Anthropologie, →Kosmologie etc.) bildet.

In der →Neuzeit (A) ist schließlich die Frage nach dem Verhältnis von Metaphysik, erster Philosophie und Ontologie selbst zum Problembestand in der philosophischen Auseinandersetzung geworden. Während sich Suàrez um die Einführung von Metaphysik und Ontologie in den philosophischen Schulbetrieb bemüht und dabei im Wesentlichen an der aristotelischen Einteilung der Disziplinen festgehalten hatte, hielt es Pererius für erforderlich, von zwei getrennten Wissenschaften auszugehen und diese nebeneinander anzuordnen. Er unterscheidet dabei die allgemeine Wissenschaft (*scienta universalis*, erste Philosophie) auf der einen Seite von der Theologie und Gotteswissenschaft (*scienta particularis*, Metaphysik) auf der anderen Seite. Zwar hat sich Pererius' Unterscheidung in dieser Form nicht allgemein durchgesetzt, doch die Einteilung der ursprünglichen Metaphysik in zwei verschiedene Wissenschaften wurde in seiner Nachfolge zu einem philosophischen Gemeingut. Die zunehmende Trennung von Theologie und Wissenschaft in der Neuzeit scheint sich somit auch im Bruch von erster Philosophie und Theologie widerzuspiegeln, welche bei Aristoteles und in der mittelalterlichen Philosophie noch eine Einheit gebildet hatten. Goclenius unterschied drei »kontemplative Wissenschaften« entsprechend nach der Art ihrer Abstraktion vom jeweiligen Gegenstandsbereich: die *abstractio physica* betrifft die sinnlich-körperlichen Gegenstände, die *abstractio mathematica* und die *abstractio ontologica* sind Abstraktionen, die sich auf die allgemeine Materie beziehen, die *abstractio transnaturalis* betrifft Gott und die intelligiblen Wesen. Nach Goclenius ist die Ontologie aufgrund ihres anderen Verhältnisses zum Gegenstand (*abstractio ontologica*) eine völlig andere Wissenschaft als die Theologie (*abstractio transnaturalis*). Die Trennung zwischen Ontologie als der allgemeinen Metaphysik, die das Seiende als solches untersucht, und der besonderen Metaphysik, die sich mit Gott (als Theologie), mit den Engeln (als Pneumatologie) und mit der abgetrennten Seele (als Psychologie) beschäftigt, wird von Calovius, Micraelius und Clauberg auf je verschiedene Weise weitergeführt. Das Bewusstsein von ihrer Trennung war jedoch schon zu einer Selbstverständlichkeit geworden, als sich durch den Einfluss von Wolff schließlich eine endgültige terminologische Einheitlichkeit durchgesetzt hatte. In seinem lateinischen Werk *Philosophia prima sive ontologia* (*Erste Philosophie oder Ontologie*) unterscheidet er die *metaphysica generalis* von der *metaphysica specialis*. Die Ontologie als *metaphysica generalis* nimmt dabei die Stellung der Grundwissenschaft aller Wissenschaften ein und vertritt den ersten Teil der Metaphysik. Sie hat die Aufgabe durch begriffliche Deduktionen zu all jenen Bestimmungen zu kommen, die dem Seienden als solchem zukommen und damit von höchster Allgemeinheit sind.

Über die Vermittlung durch Baumgarten rezipiert auch →Kant das Ontologiekonzept von Wolff, das er aber aufs Schärfste kritisiert. Kant hält das Ontologieverständnis der deutschen Schulphilosophie für »anmaßend«, weil es noch gar keinen wissenschaftlichen Stand erreicht hat und beansprucht, »von Dingen überhaupt synthetische Erkenntnisse *a priori* in einer systematischen Doktrin zu geben«, obwohl »der Verstand niemals mehr leisten könne, als die Form einer möglichen →Erfahrung überhaupt zu antizipieren«. Kants kritische Einsichten führten ihn dazu, die Ontologie zu einer →Transzendentalphilosophie abzuwandeln, die in der »Analytik des reinen Verstandes« die Formen der möglichen Erfahrung entwickelt. Die ursprüngliche Fragestellung der Ontologie nach den ersten Ursachen und Prinzipien des Seienden wird dabei in eine Fragestellung transformiert, die es mit den ersten Elementen und den Bedingungen aller unserer →Erkenntnis zu tun hat. Die derart abgewandelte Ontologie hat es nicht mit der Erkenntnis der →Wirklichkeit als solcher oder mit Aussagen zu einem ›Übersinnlichen‹ zu tun, sondern beschränkt sich auf eine Analyse der →Begriffe und der auf die Sinnlichkeit beschränkten Erfahrung. Während von →Hegel noch einmal der Versuch unternommen wurde, ein positives Verständnis der Ontologie innerhalb seiner *Wissenschaft der Logik* zu entwickeln, nimmt die Ontologie in der philosophischen Entwicklung nach Hegel eine problematische Stellung im Disziplinenkanon der Philosophie ein. Dies hängt zum einen mit der Ablehnung des hegelschen Systems in der zweiten Hälfte des 19. Jhs. und mit dem Problem der Aufarbeitung von Kants kritischer Position zusammen.

Erst im 20. Jh. entsteht durch die Kritik von lebensphilosophischen, positivistischen und subjektivistischen Positionen ein neues Interesse an der Ontologie. →Husserl vertritt in seiner *Pro-*

legomena der reinen Logik gegen die vorherrschenden subjektivistischen Ansichten vom Wesen der →Logik eine Position, die dem idealen und apriorischen Charakter der Logik Rechnung zu tragen versucht. Er unterscheidet dazu zunächst eine →apophantische Logik, die sich mit den idealen Bedingungen der Möglichkeit von →Wissenschaft und →Theorie befasst, und eine »Lehre der formalen gegenständlichen Kategorien«, die die formalen Begriffe thematisiert, die für die Gegenstände überhaupt →konstitutiv sind. Später nennt er diesen Bereich, der sich mit Begriffen wie Gegenstand, Sachverhalt, Einheit, Vielheit, Anzahl, Bezeichnung usw. befasst und eine Theorie der möglichen Theorieformen zum Inhalt hat, »formale Ontologie«. Dieser – in Husserls Sinn – fundamentalen Wissenschaft sind die jeweiligen »regionalen Ontologien« untergeordnet. In der Ausarbeitung seiner →Phänomenologie entwickelt Husserl die Technik der eidetischen →Reduktion, durch welche es möglich sein soll, eine Analyse der Bewusstseinserlebnisse mit Rücksicht auf das in ihnen Vermeinte, den →Sinn, durchzuführen. Diese Analyse führt bei Husserl zur Erkenntnis verschiedener Seinsregionen, die in den regionalen Ontologien auf eine apriorische Weise untersucht werden können. Die regionalen Ontologien bilden jeweils das Fundament einer auf denselben Gegenstandsbereich ausgerichteten empirischen Wissenschaft. Die formale Ontologie steht noch über den Regionalontologien, da sie alle in einem »Gegenstand überhaupt« gründenden Kategorien herausarbeitet.

Im Gegensatz zu Husserl stellt →Heidegger die Ausarbeitung seiner →Fundamentalontologie in den Rahmen einer umfassenden Kritik des abendländischen Ontologieverständnisses. Ihm zufolge sei es in den traditionellen Ontologien nie um das »Sein als solches« gegangen, sondern immer nur um das »Sein des Seienden« im Sinne des Anwesenden. Seine Fundamentalontologie fordert daher eine bestimmte Denkhaltung einzunehmen, der es nicht vordergründig um ein bestimmtes gegenständliches Seiendes, sondern um ein Andenken an das Sein geht. In seinem frühen Hauptwerk *Sein und Zeit* formt Heidegger die traditionelle Ontologie in eine »existenziale Analytik des Daseins« um, welche auf der Frage nach dem »Sinn von Sein überhaupt« beruht. Später verzichtet Heidegger jedoch auf den Begriff der Fundamentalontologie, da sie, wie alle Ontologien, einen szientifischen Charakter der Erkenntnishaltung und einen technischen Standard der Wahrheitsfindung mit sich bringt, den Heidegger in seinem Spätwerk ablehnt.

N. Hartmann und Jacoby stehen im Zusammenhang mit der Einführung einer »neuen Ontologie«, die sich von jedem metaphysischen Anspruch frei macht und ihre Erkenntnisse in einer empirischen Orientierung den Realverhältnissen »ablauscht«. Die neue Ontologie, so N. Hartmann, darf deshalb keine »Wesens-Ontologie« mehr sein, die das empirische Wissen zugunsten einer rein aus Begriffen deduzierten Metaphysik vernachlässigt, sondern sie muss im Sinne einer Kategorialanalyse durchgeführt werden, die die Formenmannigfaltigkeit des Seienden aus den realen Verhältnissen der Wirklichkeit herausliest. In seiner realen Ontologie unterscheidet N. Hartmann zwei Seinsweisen, das ideale und das reale Sein. Das reale Sein gliedert sich ihm zufolge in vier Schichten: das Physisch-Materielle, das Organische, das Seelische und das Geistige. Die ideale Seinssphäre hat das Sein der Wesenheiten, das Sein der mathematischen Gebilde und die Werte zu ihren Inhalt. Von vergleichbaren realistischen Impulsen ist Jacoby beeinflusst, wenn er seinen Vorschlag für eine »allgemeine Ontologie der Wirklichkeit« mit einer Kritik an der traditionellen, aus Begriffen deduzierenden Ontologie verbindet. Ihm geht es ausschließlich um die Frage nach dem, was die Wirklichkeit ist, und nicht um eine Charakterisierung des Seienden überhaupt, was den Hauptgegenstand der aristotelischen und neuzeitlich-rationalistischen Ontologie ausmachte.

In der modernen →analytischen Philosophie wird die Ontologie nicht mehr als eine philosophische Disziplin angesehen, sondern in den Problembereich der Existenzvoraussetzungen einer Theorie verwiesen. Einer radikalen Kritik wird die traditionelle Ontologie durch →Carnap unterzogen. Carnap weist darauf hin, dass Existenzfragen, also Fragen nach dem, was es gibt, sich nur sinnvoll innerhalb eines sprachlichen Rahmens beantworten lassen. Existenzfragen, die einen bestimmten sprachlichen Rahmen voraussetzen, nennt er »interne Existenzfragen«. So kann man z. B. sinnvoll in der Rede über Zahlen fragen, ob es eine Primzahl gibt, in der viermal die Zahl sieben vorkommt. Fragen nach der Existenz dieses Rahmens selbst (externe Existenzfragen wie: Sind die Zahlen real oder wirklich?) lassen sich jedoch nicht sinnvoll stellen, da der Sinn dieser Fragen, ihr spezifischer Gehalt, nicht verständlich gemacht werden kann. Externe Existenzfragen, wie sie die traditionelle Ontologie stellt, seien daher »Scheinfragen«, denn sie haben keine bestimmtere Antwort als eine Entscheidung, ob man den jeweiligen sprachlichen Rahmen akzeptiert oder nicht. Die Gründe des Für und Wider der Akzeptanz eines sprachlichen Rahmens sind allerdings nur von praktischer Natur. Gegen Carnaps Position vertritt →Quine die Auffassung, dass es keine eindeutigen Kriterien gibt, mit denen sich interne und externe Existenzaussagen unterscheiden lassen. Zudem geht es bei kategorialen Existenzaussagen nicht um die Frage, ob Gegenstände einer bestimmten Kategorie wirklich existieren oder nicht, sondern allein darum, an welche Ontologie sich eine bestimmte Theorie bindet bzw. welche ontologische Verpflichtung (*ontological commitment*) sie eingeht. Quine geht davon aus, dass für eine Theorie, die mit Variablen und Quantoren arbeitet, ein Wert- bzw. Objektbereich bestimmt sein muss, der die Quantoren der wissenschaftlichen Theorie bindet und ihnen dadurch erst →Bedeutung gibt. Solange also die einer Theorie zugehörige Ontologie nicht expliziert ist, ist unklar, auf was sie sich bezieht, was zur Folge hat, dass die Theorie selbst unverständlich ist, da ihre Aussagen weder wahr noch falsch sein können. Quines Bestimmung der Ontologie, welche ihre Grundfrage ›Was gibt es?‹ grundsätzlich nur im Verhältnis zu einer bestimmten wissenschaftliche Theorie stellen kann, ist in einer gewissen Weise ametaphysisch und unterscheidet sich stark von dem, was traditionellerweise unter Ontologie verstanden wurde, nämlich die Bestimmung des Seienden als solchem nach den allgemeinsten Kategorien, welche den Gegenständen zukommen können. Quines Ontologiekonzept ist zwar durch eine starke Beschränkung der traditionellen Thematik der Ontologie gekennzeichnet, hat aber auch große Vorteile. So ermöglicht die Analyse der ontologischen Verpflichtung die Aufdeckung und die Beurteilung der ontologischen Positionen in einem Diskurs. Zudem lässt sich durch die Beurteilung der ontologischen Festlegungen einer Theorie und dem methodischen Mittel der ontologischen Reduktion eine Theoriekonstruktion erarbeiten, die mit einer möglichst armen Notation auskommt und eine klare Struktur aufweist. Die Suche nach der ärmsten Notation und den geringsten ontologischen Voraussetzungen für eine Theorie ist vergleichbar mit der Suche nach den allgemeinsten sprachlichen Kategorien, die zur Beschreibung der Wirklichkeit nötig sind. Dieser Zug in der analytischen Ontologieauffassung verbindet sie mit der traditionellen Fragestellung nach den allgemeinsten Kategorien des Seienden als solchen.

L. Honnefelder (Hg.), Metaphysik und Ontologie, Paderborn 2001

E. Runggaldier, Grundprobleme der analytischen Ontologie, Paderborn 1998

E. Tegtmeier (Hg.), Ontologie, Freiburg 2000

H. B.

Ontologische Differenz Bezeichnet in der Philosophie von →Heidegger den Unterschied von →Sein und Seiendem. Während sich die traditionelle abendländische →Metaphysik die Frage nach dem höchsten Seienden stellt, geht sie gemäß Heidegger der wichtigsten Frage, die sich nur dem eigentlichen Denken zeigt, der Frage nach dem Sein, aus dem Weg.

H. B.

Opportunismus Lebenseinstellung, die nur ihren privaten Vorteil sucht und das Handeln nicht an ethischen Maßstäben misst.

H. B.

Ordinary Language Philosophy Engl. ›Philosophie der Alltagssprache‹: Bezeichnung für eine Richtung der →analytischen Philosophie, die sich in Abgrenzung zum →Neupositivismus (logischer Empirismus) und seinem Idealsprachenprogramm (*Ideal Language Philosophy*) herausgebildet hat. Sie stützt sich vor allem auf die *Common-sense*-Philosophie von Moore, auf das Programm des späten →Wittgenstein und auf die →Oxford School, die wesentlich von Ryle und Austin beeinflusst wurde.

Während sich →Frege, Russell und die Neupositivisten des →Wiener Kreises daran gemacht hatten, eine unzweideutige, wissenschaftlichen Zwecken gemäße und von Missverständnissen freie Kalkülsprache zu entwickeln, um damit gegenüber dem gewöhnlichen, alltäglichen Sprachgebrauch, der diesen Kriterien nicht genügt, ein Handwerkszeug zur Klärung philosophischer und wissenschaftstheoretischer Probleme zu besitzen, haben es sich die Vertreter der *Ordinary Language Philosophy* zum Programm gemacht, die gewöhnliche Alltagssprache mit ihrem Reichtum und ihren analytischen Fähigkeiten wieder zu einem Werkzeug der logischen Analyse sprachlicher Ausdrücke zu machen. Dieser Rückgang auf die Basis der alltäglichen Umgangssprache wird durch eine Art therapeutische Zielstellung begründet, denn das philosophische Unternehmen der *Ordinary-Language*-Theoretiker besteht nicht vorrangig in der Lösung philosophischer Streitfragen durch immer neuere und kompliziertere Fachargumentationen, sondern in der Rückführung philosophischer Problemstellungen auf alltäglich verständliche Situationen, in denen nur noch problemlos verstehbare Sätze vorkommen. Einen zentralen Stellenwert für die Analyse der sprachlichen Bedeutung, d.h. der →Semantik, haben die Begriffe ›Gebrauch‹, ›Regel‹, ›Konvention‹ und ›Intention‹.

Insbesondere von Austin und später auch von Searle wurde die Semantik um die Handlungsdimension der →Sprache erweitert. Sprachliche Äußerungen (→Sprechakte) werden als regelgeleitete →Handlungen angesehen, die in ganz bestimmten Situationen aktiviert werden, um bestimmte sprachliche oder nichtsprachliche Zwecke zu erreichen. Alle →Theorien sprachlicher →Bedeutung, welche diesen pragmatischen Aspekt nicht berücksichtigen, geben nur eine verkürzte oder eingeschränkte Perspektive auf das Wesen sprachlicher Phänomene wieder und gelten deshalb als verfehlte oder zumindest als unzureichende Versuche, den Problemen der menschlichen Sprache auf den Grund zu kommen.

Die Ansätze der *Ordinary Language Philosophy* sind inzwischen auf viele Bereiche, darunter die →Ethik, →Ästhetik und – ausgehend von Austins Programm einer ›linguistischen Phänomenologie‹ – die Linguistik ausgedehnt worden. Nach dem Tode Wittgensteins, der in Cambridge lehrte, hat sich die *Ordinary Language Philosophy* vor allem in Oxford konzentriert, weshalb man manchmal auch allgemein von der *Oxford School* spricht.

H.B.

Ordnung Philosophischer Terminus, der genauso wie der umgangssprachliche Begriff eine breit gefächerte Bedeutungsvielfalt besitzt. In der neueren Diskussion hat der Ordnungsbegriff seinen Platz vor allem in der sozialwissenschaftlichen Theoriebildung, in der er mehr und mehr als ein typisierendes →Prinzip verwendet und als →Struktur oder Regel- bzw. Normsystem auf unterschiedliche Legitimationsprinzipien politischer und gesellschaftlicher Ordnungen angewandt wird. Auch in der Ethnologie hat der Begriff einen klassifizierenden Charakter, indem verschiedene Gesellschaftsordnungen nach ihren Verwandtschaftsbeziehungen, nach ihrer sozialen Organisation bzw. nach den sozialen und wirtschaftlichen Schichtungsverhältnissen beurteilt werden.

In der philosophischen →Logik und der Philosophie der Mathematik tritt der Ordnungsbegriff besonders in der Mengenlehre auf. Die Relationen zwischen geordneten Paaren einer Menge M bestimmen die Art ihrer Ordnung. Man unterscheidet Mengen, die als Quasi-, Total-, Partial-, Strikt- und Wohlordnung definiert sind. Ausschlaggebend für die Einteilung ist, ob die geordneten Paare x, y in einem Verhältnis der Symmetrie, der Transitivität, der Reflexivität oder der Vergleichbarkeit stehen und ob es für jede (nicht leere) Teilmenge ein kleinstes Element gibt.

Im antiken Sprachgebrauch treten als analoge Begriffe vor allem *taxis* und →Kosmos auf. Ordnung steht hier im Gegensatz zu Chaos und Unordnung, die im Allgemeinen als moralisch verwerflich und in der Stufung der →Natur und des Weltalls als minderwertig gelten. →Vollkommenheit und Ordnung sind daher nahezu gleichbedeutend. Ordnung findet sich vor allem im supralunaren Bereich. Kontroverse Antworten hat nur die Frage nach dem Ursprung und der Art der Naturordnung gefunden. Während →Platon einen schaffenden →Demiurgen annimmt, der durch seine Tätigkeit eine Verbindung zwischen allen sichtbaren Dingen herstellt und diese in ein Verhältnis setzt, widerspricht →Aristoteles allen Theorien der Genese des Kosmos. Für Aristoteles hat der Kosmos eine ewige Ordnung, die zwar veränderlich und in Bewegung ist, selbst aber weder einen Anfang noch ein Ende besitzt. Der Bereich des Menschen und seine sozialen Beziehungen sind in unterschiedlichem Maße der vollkommenen Ordnung teilhaftig. Der →Staat gilt als ein geordnetes Ganzes und ist durch seine →Gesetze (*nomoi*) bestimmt, die in einer Verfassung zusammengefasst sind. Es werden verschiedene Verfassungstypen und Staatsordnungen unterschieden (Oligarchie, Tyrannis, Demokratie).

In der mittelalterlichen Diskussion steht der Begriff des →Ordo im Vordergrund, mit dem die normative Strukturiertheit des Universums in Stufen der Seinsintensität bezeichnet wird. Die Vorstellung von einer universalen Ordnung und Rangfolge aller Kreaturen in einem übergeordneten Seinszusammenhang ist mit dem Gedanken des Schöpferwirkens →Gottes verbunden, der alle Geschöpfe in eine gerechte Stufenfolge bringt. In der →Neuzeit (A) hat der Ordnungsbegriff mehrere wesentliche Wandlungen durchgemacht. Er wird zunehmend aus dem starren hierarchischen Muster der Rangfolge herausgelöst und auf ein organismisches →Modell bezogen, nach dem Ordnung auf dem Zusammenspiel mehrerer Glieder mit unterschiedlichen →Funktionen basiert. Ordnung wird auch nicht mehr als eine primär von Gott gegebene Gliederung angesehen, sondern gilt als abhängig von einem →Subjekt, welches die Ordnung erst erkennt oder als Erkenntnisprinzip einsetzt. Die entscheidende Folge ist, dass Ordnung nicht mehr als ein fraglos gegebener und immer gültiger Zusammenhang angesehen werden konnte, sondern als ein Arrangement, das stets neu zu schaffen ist. Im Bereich der sozialen Verhältnisse gibt es daher keine Ordnung mit unhinterfragbarer Gültigkeit mehr, was zur Kritik der bestehenden politischen Ordnung, zur Ausarbeitung konkurrierender Gesellschaftsmodelle und zu einem beständigen Zwang zur besonderen Begründung der Legitimation und Geltung der historisch gewachsenen Verhältnisse geführt hat.

In der modernen Debatte entstand eine Kontroverse zwischen den Anhängern des Ordnungsdenkens, die den Verlust stabiler Ordnungsformen in den modernen gesellschaftlichen Verhältnissen und den Schwund ihrer →Legitimation mit der Forderung nach einer Stabilität in →Gesellschaft und Staat verbunden haben, und den Theoretikern, die für Individualität und →Freiheit eintreten und mit ideologiekritischen Einwänden gegen übermäßige Ordnungstendenzen argumentieren. Besonders die Analyse der Zwangsmechanismen in totalitären Staaten hat dieser Debatte in letzter Zeit neuen Aufwind gegeben.

H. B.

Ordo Lat. ›Ordnung‹: Einer der zentralen Leitbegriffe in der mittelalterlichen Philosophie. Der Ordo, die Ordnung der →Welt und des →Seins, bestimmt sich für →Augustinus durch die »Zusammenstellung gleicher und ungleicher Dinge durch Zuweisung des einem jeden zukommenden Standortes«. Die Vorstellung von einem ordnenden und schöpferischen →Gott, der allen Kreaturen und Gegenständen ihren Platz, ihre unveränderliche Position in der Weltordnung zuweist, war eine der gemeinsamen Überzeugungen in der mittelalterlich-christlichen Philosophie. Die Aufgabe des Menschen – der keinen festen Platz in diesem Ordnungsgefüge einnimmt – bestehe darin, die Schöpfungsstufen durch Erkenntnis und sittliches Leben emporzusteigen, seine Sünde aber in der Zuneigung zu den unteren, zu den bloß geschöpflichen Seinsstufen.

Erst in der Hochscholastik wird die augustinische Definition des Ordo verbessert, indem ihr die aus der aristotelischen Ordnungskonzeption bekannte Finalität hinzugefügt wird, die neben der Zu- und Unterordnung der Dinge unter sich auch ihre Hinordnung auf eine letzte →Ursache akzentuiert. Die Übertragung der Ortsmetapher in Augustins Definition auf den Bereich des Immateriellen soll durch die Einführung einer *distinctio formalis* vermieden werden. So hat Bonaventura, ähnlich wie auch später →Thomas von Aquin, zwischen der Ordnung der Dinge im Universum und der Ordnungswirkung der göttlichen →Weisheit unterschieden. Beide sind zwar aneinander angepasst, doch die →Vollkommenheit des Universums wird der göttlichen Güte und Weisheit, auf die alles Sein hinstrebt, untergeordnet. Thomas von Aquin macht sich für das Verhältnis beider Ordo-Begriffe die →Analogie mit einem Künstler zunutze: Dieser nämlich setzt die in seinem Geist vorhandene ›intellektuelle‹ Ordnung eines Hauses (die Idee des Hauses) in eine ›materielle‹ Ordnung um, indem er aus Holz und Steinen ein Haus formt. Die einzelnen Elemente des Hauses begründen zwar unter sich eine bestimmte räumliche Anordnung, bleiben aber insgesamt als Haus auf ihren letztlichen Zweck, darin zu wohnen, hingeordnet.

Am Ende der →Neuzeit (A) löst sich der an einer göttlichen Stufenfolge orientierte Ordo-Begriff langsam auf. An die Stelle Gottes tritt zunächst die →Natur und mit →Kant schließlich das erkennende →Subjekt, welches die Ordnung durch seine Erkenntnistätigkeit in die Natur selbst hineinträgt. Parallel dazu wird der statische, unabänderliche Charakter des Ordo, der in der Hochscholastik schon teilweise zurückgenommen worden war, mehr und mehr in eine prozessuale Vorstellung verwandelt.

H. B.

Orthodoxie Griech. ›richtige Meinung‹: Seit dem 4. Jh. dient der Begriff bei den griechischen Kirchenvätern als Bezeichnung für die rechtmäßige kirchliche Lehre und den wahren Glauben, der in Übereinstimmung mit den Entscheidungen der heiligen Konzilien steht. Nach der Trennung von West- und Ostkirche wird der Begriff zwar zur Eigenbezeichnung der römisch-katholischen Kirche weiterverwendet, nimmt aber an Bedeutung ab, während ›orthodox‹ in den Namen der östlichen Kirche eingegangen ist.

Großen Einfluss auf die westliche Theologie übte im 17. Jh. Arnold aus, durch den eine pejorative Umwertung des Orthodoxie-Begriffs erfolgte. Er bestimmte das →Wesen der Orthodoxie als eine einseitige Beschäftigung mit der reinen Lehre und als die Verkennung des heiligen Lebens, die verbunden ist mit der Berufung auf künstliche Symbole und der Unterwerfung unter die Autorität des Bischofs. In Verbindung mit der aufklärerischen →Kritik führte diese Begriffsbestimmung mehr und mehr zu einer Gleichsetzung von Orthodoxie mit religiöser Unterdrückung, was den Begriff für die Selbstbezeichnung in der westlichen Kirche unbrauchbar machte. Auch in die Umgangssprache ist dieser abwertende Sprachgebrauch eingegangen. ›Orthodox‹ steht für das engstirnige und starre Festhalten an bestimmten Lehrmeinungen und wird ähnlich wie ›dogmatisch‹ oder ›starrsinnig‹ verwandt. Orthodoxe Lehrmeinungen bilden sich häufig im Zusammenhang mit institutionell verankerten Wissensbereichen heraus, wie im orthodoxen Marxismus oder in der orthodoxen Psychoanalyse.

H. B.

Orthos logos Griech. ›richtiger Verstand, richtige Vernunft, richtige Einsicht‹: In der Antike wird *orthos logos* im Allgemeinen zur Bezeichnung der →Vernunft verwendet, die das Richtige zu treffen vermag, wobei der Begriff entweder, wie bei →Platon und →Aristoteles, zur Bezeichnung einer richtigen subjektiven Absicht oder Überzeugung gebraucht wird, der gemäß (in theoretischen oder ethischen Kontexten) gehandelt werden soll, oder wie in der →Stoa zur Bezeichnung des höchsten göttlichen Weltgesetzes dient, das als objektive ethische →Norm befehle, was zu tun und verbiete, was zu unterlassen sei. Neben der Bezeichnung für die richtige, subjektive Absicht und der Bedeutung des objektiven, göttlichen Weltgesetzes kennt Philo von Alexandrien noch einen dritten, theologischen Sinngehalt, demzufolge *orthos logos* so viel wie richtiges theologisches Wissen oder göttliche Eingebung heißt.

H. B.

Oxford School Oft mit der Philosophie der natürlichen →Sprache (*natural language philosophy*) gleichgesetzte philosophische Schule, die sich von ca. 1930–1965 an der Universität Oxford konzentrierte. Ansatzpunkt der Philosophie der natürlichen Sprache ist die als philosophische →Methode aufgefasste Analyse von →Begriffen in ihrem alltagssprachlichen eher denn philosophischem Verwendungszusammenhang. In der Tradition →Wittgensteins versteht die Philosophie der natürlichen Sprache sich nicht als systembildendes Unternehmen, sondern versucht philosophische Probleme durch die Beseitigung sprachlicher Unklarheiten und missbräuchlicher Begriffsverwendungen auszuräumen. In den Worten Ryles besteht sogar »die ganze und einzige Aufgabe der Philosophie in der Aufdeckung der Quellen wiederholter Fehlkonstruktionen und absurder Theorien in der

Sprache«. Ein Beispiel hierfür findet sich in seinem *Concept of Mind*, in dem Ryle versucht, als Grundlage des →Dualismus Leib – Seele eine missbräuchliche Übertragung von auf physikalische Gegenstände bezüglichen Ausdrücken auf geistige Phänomene aufzuzeigen. Als herausragendste Leistungen der Philosophie der natürlichen Sprache werden heute gemeinhin die von Austin entwickelte Sprechakttheorie sowie Grices Arbeiten zur Kommunikation und →Implikation angesehen.

J. W.

Paideia Griech. ›Erziehung‹: Vergleichbar mit dem deutschen Wort Bildung steht *paideia* in der griech. Antike für den Prozess und das Resultat der lebensdienlichen Anleitung zur Herausbildung der besten →Tugenden. Ursprünglich hatte die Paideia die Funktion, besonders die höher gestellten Knaben auf ihr Bestehen in der aristokratischen Gesellschaft vorzubereiten. Schnell wurde sie aber auch zu einem philosophischen Konzept.

Insbesondere die Vertreter der Sophistik boten gegen Bezahlung eine Unterweisung in →Rhetorik, Grammatik, →Dialektik und in anderen allgemeinen →Disziplinen an. Die →Sophisten hatten einen großen Einfluss auf die Entwicklung des griechischen Erziehungsgedankens, doch ihre Stellung blieb ambivalent. Einerseits ist es ihnen zu verdanken, das Bildungsprivileg der aristokratischen Gesellschaft abgeschwächt und die Zugangskriterien nicht allein von der Abstammung abhängig gemacht, sondern auf eine intellektuelle Grundlage gestellt zu haben. Andererseits war das Ziel der sophistischen Ausbildung einseitig auf das Bestehen im politischen Wettbewerb gerichtet, das es dem Schüler ermöglichen sollte, durch eine ausgebildete und verfeinerte Redekunst in politische Führungspositionen zu gelangen. Dagegen bestand für →Sokrates das höchste Ziel der Paideia nicht in der Ausbildung praktisch-politischer Lebensstrategien, sondern in der Erziehung zu einer moralischen Lebensführung durch pädagogischen Eros und Dialog.

→Platon arbeitet diesen Gedanken in der *Politeia* zu einem philosophisch-wissenschaftlichen →System der geistigen und moralischen Erziehung aus, das auf eine Neugestaltung des staatlichen Lebens in der →Polis zielt. Damit wird Platon zum Begründer eines systematischen Bildungsprogramms, welches die umfassende Erziehung zum sittlichen Handeln gegen die einseitige individualistische Ausbildung zur politischen Tüchtigkeit anstrebt. Ziel dieses Bildungsprozesses ist der philosophisch Gebildete, der durch die →Idee des →Guten zur Einsicht in die →Wirklichkeit und vor allem in die politische Realität gelangt ist. Die Einrichtung der Philosophenherrschaft führt zu einer Synthese von Wissen und →Macht. Platons Konzeption des idealen →Staates ist getragen von dieser universalen Bildungsidee, welche die Polis nach dem Vorbild der platonischen →Akademie neu ordnen soll. Der griechische Bildungsgedanke entwickelt sich im →Hellenismus zu einem Leitbild der gesamten antiken Welt, dessen geschichtliche Wirkung bestimmend für alle späteren Formen des Humanismus (→A Renaissance – Humanismus) von der italienischen →Renaissance (A) bis zur deutschen Klassik wird.

H. B.

Panlogismus Von griech. *pan*, ›alles‹ und *logos*, ›Wort, Prinzip, Lehre, Vernunft‹: Ausdruck, der von Erdmann zur Charakterisierung der hegelschen Philosophie, die in der Gleichsetzung von →Vernunft und →Wirklichkeit gipfelt und die →Welt als die Selbstverwirklichung der Vernunft auffasst, geprägt wurde. Während bei Erdmann der hegelsche Panlogismus eine legitime Theorie der philosophischen Geschichte bildet, setzt gegen Ende des 19. Jhs. eine verstärkte Kritik gegen den →Idealismus und insbesondere gegen das hegelsche System ein.

H. B.

Panta rhei Griech. ›Alles fließt‹: Im Dialog *Kratylos* führt →Platon den Spruch auf den ionischen Naturphilosophen →Heraklit zurück. Von der neueren philologischen Forschung ist jedoch bezweifelt worden, dass diese Formel tatsächlich von Heraklit geprägt wurde. Viel eher scheint es sich um eine problematische Interpretation Platons zu handeln. Allerdings ist Heraklit wohl einer der ersten Philosophen gewesen, die den →Logos als eine Vereinigung von in sich Widersprüchlichem bestimmten. Sein berühmtes

Flussbeispiel bringt diesen Gedanken prägnant zum Ausdruck. Derjenige, der an einer bestimmten Stelle in den Fluss steigt, erfährt den ständigen Wandel des Hinzufließens und des Wegfließens. Der Fluss, der ein Identisches bezeichnet, wird damit zum Sinnbild des ständigen Wechsels und der Veränderung.

H. B.

Pantheismus Von griech. *pan,* ›alles‹ und *theos,* ›Gott‹: bezeichnet eine religiös-theologische oder philosophische Position, nach der →Gott in allen Dingen der →Welt existiert bzw. mit dem Weltall identisch ist. Pantheistische Strömungen lassen sich in vielen Religionen wie im Buddhismus, Hinduismus sowie im Mystizismus des Juden- und Christentums finden. Die Religionswissenschaft versteht den Pantheismus auch als eine Form des →Atheismus, die sich gegen den Theismus richtet, da mit ihr der Gegensatz zwischen Gott und Welt sowie zwischen →Gut und →Böse aufgekündigt wird.

In philosophischer Hinsicht lassen sich vor allem in der Antike unterschiedliche pantheistische Ansichten feststellen, die in Verbindung mit der Lehre von einer Weltseele und dem Hylozoismus stehen. Im 18. Jh. dient der Begriff des Pantheismus als Schlagwort in der Auseinandersetzung mit →Spinoza und seiner Lehre. So wurden in dieser Zeit Spinozismus und Pantheismus als gleichwertige Begriffe angesehen. Eine von Jacobi verfasste Schrift über Spinoza löste eine Debatte aus, die als Pantheismusstreit in die Philosophiegeschichte eingegangen ist. Seit Beginn des 19. Jhs. gerät der Begriff erneut in den Blickpunkt philosophischen Interesses, wird aber zumeist nur polemisch zur Abgrenzung gegen andere Positionen verwandt. Zur Kennzeichnung aktueller philosophischer Standpunkte hat er jedoch keine Anwendung mehr gefunden.

H. B.

Paradigma Griech. ›Beispiel, Muster‹: Hier wird nicht die grammatische Bedeutung dieses Begriffs thematisiert, sondern die wissenschaftstheoretische. Die moderne Bedeutung geht auf →Wittgenstein und andererseits auf Thomas S. Kuhn zurück. Während Wittgenstein sich auf paradigmatische Beispielmengen bestimmter →Klassen intendierter Anwendungen einer →Theorie beschränkt, hat Kuhn etwas wesentlich Umfassenderes vor Augen. Er versteht unter Paradigma ein anerkanntes Theoriengebäude, das anfangs neuartig genug ist, um eine beständige Gruppe von Anhängern anzuziehen, und offen genug, um dieser neuen Gruppe von Fachleuten alle möglichen ungelösten Probleme zu stellen. Seinen Erfolg und seine →Geltung erhält ein Paradigma in der Regel dadurch, dass es bei der Lösung konkreter Probleme der Wissenschaft erfolgreich ist.

Ein Paradigma in diesem Sinne ist so prägend in der Begriffsbildung, ja selbst in der Beobachtung (Theoriebeladenheit der Sprache und damit auch schon der Fragestellung, die dem Experiment zugrunde liegt), dass Vertreter verschiedener Paradigmata häufig aneinander vorbeireden. So scheitert ein Paradigma häufig nicht wegen widerstreitender Erfahrung, sondern weil ein neues Paradigma bereitsteht, den Platz des alten einzunehmen. Somit erfolgt das Fortschreiten naturwissenschaftlicher Erkenntnis nicht kontinuierlich, sondern sprunghaft und krisenhaft (Kuhn nennt diesen Prozess: »wissenschaftliche Revolution«). In der Praxis erfolgt dieser Paradigmenwechsel häufig dadurch, dass junge Forscher heranwachsen, die mit dem neuen Paradigma vertraut sind, und dass die Vertreter des alten Paradigmas im Wortsinn aussterben.

Th. S. Kuhn, Die Struktur wissenschaftlicher Revolutionen, Frankfurt/M. 1967

H. W.

Paradox(on) Im Allgemeinen spricht man von einem Paradox, wenn in einer scheinbar richtigen →Argumentation ein Satz auftaucht, der widersprüchlich ist oder gegen üblicherweise erwartete Meinungen verstößt. Im älteren Sprachgebrauch unterscheidet man noch scharf zwischen der →Antinomie als einem wirklichen Widerspruch und dem Paradox als einem nur scheinbaren Widerspruch.

Dieser Unterschied wird heute weniger streng behandelt, zumal die Feststellung, ob es sich um einen wirklichen oder nur scheinbaren Widerspruch handelt, meistens äußere Kriterien verlangt. In der traditionellen abendländischen Philosophie gehört die rationale →Erklärung oder

Auflösung von Paradoxien zu einem wichtigen Zweig der philosophischen Diskussion. Demgegenüber stellt das Paradox in der protestantischen Theologie eine Denkfigur dar, mit deren Hilfe eine Erschließung theologischer Aussagen angestrebt wird, die dem rationalen Verständnis nicht zugänglich sind, wie z. B. die Menschwerdung Gottes oder die Transsubstantiation. In einigen Teilen der östlichen →Mystik haben Paradoxien als ein Mittel auf dem Weg zur religiösen Kontemplation ihren Platz gefunden. Zu diesem Zweck wurden Techniken der Meditation entwickelt, mit deren Hilfe eine Erfassung der die Sinnenwelt transzendierenden →Erfahrungen angestrebt wird.

In der →Wissenschaftstheorie sind die Paradoxien, die in formalisierten deduktiven →Systemen auftauchen, von besonderer Wichtigkeit. Ein Beispiel dafür sind die von Lewis so benannten »Paradoxien der →Implikation«. Im Sinne der klassischen materialen Implikation (Wenn-dann-Beziehung) gilt, dass erstens aus einem Widerspruch alles Beliebige folgt und zweitens eine wahre Aussage von jeder Aussage impliziert wird. Lewis hält diesen Sachverhalt für paradox, da er nicht den Sinn der umgangssprachlichen Implikation wiedergibt. Die »Paradoxien der Namensrelation« gehen auf →Frege und Russell zurück. Durch das unbeschränkte Substitutionsprinzip, nach dem Namen, die den gleichen Gegenstand bezeichnen, in allen Satzkonstruktionen durch einander ersetzt werden können, kann es zu Sätzen mit unterschiedlichen Wahrheitswerten kommen, obwohl die gegenseitig ersetzbaren Ausdrücke dieselbe Person bezeichnen. In den Sätzen ›Georg IV. wollte wissen, ob Scott der Autor von *Waverley* sei‹ und ›Georg IV. wollte wissen, ob Scott Scott sei‹ bezeichnen die Ausdrücke ›Scott‹ und ›der Autor von *Waverley*‹ ein und dieselbe Person, dennoch sind die beiden Sätze sinnverschieden und haben unterschiedliche Wahrheitswerte. Moore spricht von einem »Paradoxon der Analyse«, das sich in der Form eines →Dilemmas darstellt: Soll ein Ausdruck A durch einen anderen Ausdruck B analysiert werden, dann sind entweder beide Ausdrücke bedeutungsgleich, wobei die Analyse sich als nutzlos herausstellt, oder aber sie sind bedeutungsverschieden, was die Analyse falsch macht.

Auch in der Geschichte der →Wissenschaft haben Paradoxien einen wichtigen Platz. Ein Beispiel dafür sind die so genannten kosmologischen Paradoxien, die sich bei der Interpretation der newtonschen oder der einsteinschen Gravitationstheorie ergeben und die bis heute noch nicht vollständig aufgeklärt werden konnten.

Eine besondere Rolle in der Philosophiegeschichte spielen die zenonischen Paradoxien, die der antiken Überlieferung zufolge auf Zenon von Elea zurückgeführt werden. Zu den wirkungsgeschichtlich interessantesten Paradoxien gehören die Paradoxien der Bewegung und die Paradoxien der Vielheit. In der Paradoxie von Achilles und der Schildkröte geht es um die Frage, ob der schnellfüßige Achilles in einem Wettlauf die langsamere Schildkröte einholen kann, wenn die Schildkröte beim Start einen Vorsprung vor Achilles hat. Die Aufgabe von Achilles ist es, zunächst den Startpunkt der Schildkröte zu erreichen, wozu er eine ganz bestimmte Zeit benötigt, in welcher es der Schildkröte gelingt, wiederum einen kleinen Vorsprung vor Achilles zu gewinnen. Diesen Vorsprung muss nun Achilles wiederum aufholen, woraufhin die Schildkröte erneut einen, wenn auch kleineren, Vorsprung vor Achilles gewonnen hat. Diese Situation wiederholt sich immer wieder. Um die Schildkröte einzuholen, muss Achilles eine unendliche Folge von (wenn auch immer kleineren) Teilstrecken durchlaufen, was ihm aber angesichts des endlichen Zeitrahmens nicht gelingen kann. Das paradoxe Resultat dieser Argumentation ist, dass Achilles die Schildkröte in einer endlichen Zeit nicht einholen kann. Ein anderes Paradox richtet sich gegen die Möglichkeit der Vielheit. Das Argument besagt, dass die vollständige Teilung einer ausgedehnten Größe eine Gesamtheit von Teilen der Ausdehnung Null ergeben müsste. Da aber andererseits die Zusammensetzung einer beliebig großen Anzahl von ausdehnungslosen Teilen zusammen die Ausdehnung von Null ergibt, lässt sich aus dieser Vielheit keine endlich ausgedehnte Größe zusammensetzen.

H. B.

Paralipomena Griech. ›Nachträge‹: →Schopenhauer veröffentlichte 1851 eine Sammlung *Parerga und Paralipomena*, in der er Nebenarbeiten seiner systematischen Hauptwerke und einige

Abhandlungen verschiedenen Inhalts zusammenstellte.

H. B.

Paralogismus Griech. ›falscher Schluss, Trugschluss‹: Begriff, der hauptsächlich der logischen Lehre, insbesondere der Schlusslehre zuzurechnen ist. Er bezeichnet einen fehlerhaften oder irreführenden Schluss. Erstmals wurden Paralogismen von →Aristoteles in seinen *Sophistischen Widerlegungen* eingeführt und kommentiert. Eine präzisere Formulierung erhalten die Paralogismen in seiner Lehre vom →Syllogismus. In der →Scholastik erfuhr die Lehre von den Paralogismen weitere Verfeinerungen. Sie fehlte in kaum einem der mittelalterlichen Logik-Kompendien. Wolff führte eine →Definition zur korrekten Unterscheidung von Paralogismus und Sophisma an, zwischen welchen vorher nicht klar unterschieden wurde. Sophisma heißt demnach ein Schluss, dessen fehlerhafte Form verdeckt auftritt, Paralogismen hingegen sind Schlüsse, deren fehlerhafte Form offen zutage tritt.

→Kant unterscheidet zwischen dem logischen Paralogismus und dem →transzendentalen Paralogismus. Mit dem Begriff eines transzendentalen Paralogismus versucht Kant eine Art von Fehlschluss aufzudecken, der eine über die bloß logische Verwendung hinausreichende Bedeutung hat. Ein transzendentaler Paralogismus ist ein der Natur der menschlichen →Vernunft selbst zuzuschreibender Fehlschluss, durch den die Vernunft sich selbst täuscht und dadurch einen so genannten ›transzendentalen Schein‹ erzeugt. So werde im Fehlschluss, dessen sich die rationale Psychologie bedient (zum Nachweis der Substantialität der →Seele) vom →Subjekt als einem denkenden Wesen auf dessen →Substanz geschlossen. Dies jedoch ist nach Kant ein falscher Schluss, da in ihm, wie in allen anderen transzendentalen Paralogismen, der bloß regulative Gebrauch der Vernunftbegriffe zu einem erkenntniskonstitutiven verkehrt werde. Diese kantische Version des Paralogismus findet in der Philosophiegeschichte keine Fortsetzung. In der englischsprachigen Literatur finden sich bei Bentham, →Mill und Sidgwick neue Klassifikationen von *fallacies*, die einen größeren Einfluss erlangt haben.

H. B.

Parerga Griech. ›Nebenwerke‹: →Schopenhauer veröffentlichte 1851 eine Sammlung *Parerga und Paralipomena*, in der er Nebenarbeiten seiner systematischen Hauptwerke und einige Abhandlungen verschiedenen Inhalts zusammenstellte.

H. B.

Partikulär →Partikuläre Urteile

Partikuläre Urteile In der traditionellen →Logik werden alle →Aussagen des Typs ›Einige S sind P‹ (partikulär affirmativ) und ›Einige S sind nicht P‹ (partikulär negativ) als partikuläre Urteile bezeichnet. In ihnen wird ausgesagt, dass einige Gegenstände, auf die der Subjektbegriff S zutrifft, die im Prädikat P ausgedrückten Eigenschaften besitzen / nicht besitzen. Vom partikulären Urteil wird das Allurteil, welches eine Aussage über alle Gegenstände eines Bereichs macht, und das singuläre Urteil, welches in einer Aussage über ein →Individuum besteht, unterschieden.

In der modernen Logik wurde der Begriff des partikulären Urteils durch den präziseren Begriff der Existenzaussage ersetzt. Eine Existenzialaussage enthält Variablen, Aussagefunktionen und den Existenzquantor. Sie hat folgende Form: ›Es gibt mindestens ein x aus dem Bereich M, für das gilt: x hat F.‹ (z. B. ›Es gibt mindestens eine Zahl, die zugleich Primzahl und gerade ist‹). Neben der Existenzaussage gibt es eine weitere Urteilsform, die Allaussage. Die Allaussage enthält den Allquantor, durch den ausgedrückt wird, dass die Aussage auf alle Individuen eines Bereichs zutrifft.

H. B.

Parusie Griech. ›Ankunft oder Anwesenheit‹: →Platon verwendet den Begriff in seiner Ideenlehre zur Bezeichnung der Beziehung zwischen Einzelding und →Idee parallel zu →*methexis* (Teilhabe). Der im Gegensatz zu Teilhabe weniger häufig gebrauchte Begriff der Anwesenheit verweist entgegen vielen Platon-Kritikern auf ein Motiv der Immanenz von Einzelding und Idee.

In der Theologie ist der Bedeutungsaspekt der Ankunft von größerer Wichtigkeit. Parusie heißt im Neuen Testament soviel wie (endzeitliche) Ankunft Christi, die im christlichen Glauben einen Teilaspekt im Ablauf der Endereignisse bildet und dort ein selbstverständliches und zentrales Hoffnungsmoment beinhaltet. Der Zeitpunkt des Eintretens der Parusie gilt als grundsätzlich unbestimmbar, einig ist man sich nur, dass dieses Ereignis plötzlich und unerwartet kommt und in großer Nähe steht. In der Zeit der Kirchenväter tritt jedoch die Parusie-Thematik mehr und mehr in den Hintergrund und wird schließlich nur noch zur Bezeichnung der historischen Ankunft Christi verwendet.

H. B.

Patristik Von lat. *patres*, ›Väter‹: Die Philosophie der Kirchenväter stellt neben der →Scholastik eine der Hauptströmungen in der christlichen Philosophie dar. Sie geht aus der Auseinandersetzung mit der griechischen Philosophie hervor und hat das Ziel der intellektuellen Verteidigung der christlichen Lehre gegen ihre Gegner, insbesondere der →Gnosis.

H. B.

Performanz Steht im Kontext des Spracherwerbs und der Sprachverwendung im Gegensatz zur Sprachkompetenz. Zur Performanz gehören im weiten Sinne Faktoren der individuellen Sprachverwendung und der aktuelle Gebrauch der →Sprache in konkreten Situationen. In der Erforschung der allgemeinen Regeln des Sprachgebrauchs (Kompetenz), vor allem in der Linguistik, wird davon ausgegangen, dass sich aus den Daten der Sprachverwendung unter realen Bedingungen ein zugrunde liegendes Regelsystem erschließen lässt, wobei die Abweichungen von diesem (idealen) Regelsystem in der realen Verwendungssituation als Einflüsse der sprachlichen Performanz gedeutet werden. Die positive Bestimmung dessen, was zur Performanz gehört, hängt daher immanent mit dem zusammen, was zum konstitutiven Regelsystem der Sprache gerechnet wird. Die wichtigsten Faktoren des sprachlichen Verhaltens, die zur Performanz gehören, sind im Wesentlichen individuelle Abweichungen in der sprachlichen Darbietung aufgrund eines unterschiedlichen Grades an Aufmerksamkeit, individuelle Abweichungen zwischen den Sprechern, die auf unterschiedlichen Erfahrungen oder einer unterschiedlichen Intelligenz beruhen und bestimmte allgemeine physiologische Determinanten des Gedächtnisses und der Wahrnehmung.

Vorschläge für die Erklärung des Überganges von der Sprachkompetenz zur sprachlichen Performanz sind von verschiedenen Fachgebieten angeboten worden. Seitens der linguistischen →Theorie wurde versucht, dafür bestimmte →Kategorien des →Sprechaktes heranzuziehen. Die Äußerung eines Satzes in bestimmten Situationen, so wird argumentiert, ist durch kommunikative Absichten (Intentionen) gekennzeichnet, die das sprachliche und nichtsprachliche Verhalten in Bezug auf diesen Satz wesentlich bestimmen. Die Einbeziehung soziologischer Begriffe wie etwa ›Rollenerwartung‹ und die Berücksichtigung sozialpsychologischer Einflüsse sind weitere Möglichkeiten einer Klärung des Performanzkonzeptes. Neuere Untersuchungen zur Entwicklung der Sprachwahrnehmung und der kindlichen Sprachentwicklung haben gezeigt, dass die Aneignung sprachlicher Kompetenz durch den Sprachgebrauch, d. h. abhängig von der Performanz, vollzogen wird, was zu einer Kritik an der Kompetenz-Performanz-Dichotomie geführt hat, die sich mehr und mehr als inadäquat erwies. Neuerdings versucht man auch den kommunikativen Zusammenhang zwischen Sprecher und Hörer durch interaktionistisch orientierte Modelle, die im Rückgriff auf kybernetische und grammatische Konzepte entwickelt wurden, zu erfassen.

H. B.

Periagoge Griech. ›Umdrehung, Umwendung, Herumführung‹: Begriff in →Platons →Höhlengleichnis, um die erkenntnistheoretische Umwendung des Menschen – weg von den Schattenbildern der erscheinenden Welt hin zu den →Urbildern der →Ideen – auszudrücken: In einer Höhle sitzen, das Gesicht zur Wand, Menschen angebunden. Für sie nicht sichtbar, werden hinter ihrem Rücken Gegenstände vorbeigetragen. Diese werden ihrerseits von hinten durch ein Feuer beleuchtet, sodass ihre Schatten auf die Wand geworfen werden, die die gefesselten Menschen sehen können. Die Tatsache nun, dass sich ein Mensch einmal von seinen Fesseln löst (ohne dass Platon die Gründe hierfür angibt), sich umwendet, sich also von den Schattenbildern löst und – nach einem mühsamen Weg aus der Höhle heraus – schließlich die Urbilder sieht, nennt Platon Periagoge.

W. R.

Peripatetiker →Peripatos

Peripatos Griech. ›Spaziergang, Wandelhalle‹: Vermutlich von Theophrast stammender Name, der in der Antike im engeren Sinne die von →Aristoteles gegründete Schule bezeichnet. Daneben ist auch der Name ›Lykeion‹ überliefert, der auf die Lehrstätte des Aristoteles hinweist, die im Hain des Apollon Lykeion gelegen war. Neben der philosophischen Ausbildung gehörten Musenkult, Symposien und Spiele zum festen Bestand des Lebens in dieser Gemeinschaft. Im →Neuplatonismus setzt sich die Legende durch, dass der Name ›Peripatos‹ darauf zurückgeht, dass die Angehörigen dieser Philosophenschule, die Peripatetiker, beim Philosophieren umherwandeln. Neben der platonischen Akademie, der stoischen und der epikureischen Philosophenschule ist der Peripatos eine der wichtigsten Stätten der philosophischen Diskussion in der Antike. In der →Neuzeit (A) setzt sich die Bezeichnung ›peripatetisch‹ als allgemeine Kennzeichnung der aristotelisch orientierten Philosophie durch.

H. B.

Perlokutionär In der Sprechakttheorie von Austin werden im Gegensatz zu lokutionären und illokutionären Sprechhandlungen jene Sprechhandlungen als perlokutionäre Akte bezeichnet, mit denen der Sprecher beim Hörer eine Wirkung erreichen will. Perlokutionäre Sprechhandlungen sind also solche des Überredens, des Überzeugens, Warnens oder Aufforderns. Sie gehören zur Gruppe der performativen Äußerungen, die im Gegensatz zu den konstativen Äußerungen nichts beschreiben und daher auch weder wahr noch falsch sind, sondern vielmehr selbst zum Vollzug einer →Handlung gehören, die gelingen oder misslingen kann. Berichte über perlokutionäre Akte beziehen sich auf die Wirkungen oder die Konsequenzen einer Äußerung. Die Äußerung ›Sie hat mich überredet, heute Abend mit ihr ins Kino zu gehen‹ bezieht sich daher nicht allein auf die Feststellung einer Tatsache in der Welt, sondern berichtet im Wesentlichen von der Wirkung einer Äußerung auf den Hörer.

H. B.

Person Von lat. *persona*, ›Maske, Rolle, Charakter‹: In der römischen Antike diente der Begriff sowohl zur Bezeichnung der Rolle des Schauspielers auf der Bühne als auch zur Bezeichnung der Rolle eines →Individuums in der →Gesellschaft. Noch heute hat der Person-Begriff in juristischer Hinsicht die →Funktion, die Rechtsfähigkeit von Individuen gegenüber Sachen oder anderen Lebewesen zu definieren (juristische Person).

In der →Patristik fand der Begriff seinen Eingang in die trinitätstheoretischen Spekulationen, die in der Frage mündeten, wie die Dreiheit →Gottes (Vater, Sohn und Heiliger Geist) mit seiner Einzigkeit zusammengedacht werden könne. Die Formel *tres personae, una substantia* (drei Personen, ein Wesen) gab dafür eine Lösungsmöglichkeit an die Hand. Die Kappadokier (die drei großen Kirchenväter. Basilius der Große, Gregor von Nyssa und Gregor von Nazianz) und später auch →Augustin stellten gegen den Subordinationismus – die Abwertung des Heiligen Geistes und des Sohnes zugunsten des Vaters – die Gleichwertigkeit der drei Instanzen fest. Eine jede göttliche Person habe ihre Eigentümlichkeiten, die auf der Relation zu den beiden anderen Personen beruhen, weshalb sie zwar unterschiedlich, aber wesensgleich seien. Der Ausdruck ›Person‹ nimmt dabei die Bedeutung realer Beziehungen zwischen den göttlichen Instanzen an. Ein ähnliches Problem bestand darin, die Einheit Christi mit seinen zwei Naturen, der menschlichen und der göttlichen, in Einklang zu bringen. Es galt zu erklären, warum er einmal Gott und einmal Mensch und zudem ein und dasselbe Wesen sei. Eine klassische Lösung dieses Problems hat Boethius in seiner Definition gefunden, die die Merkmale der Vernunftbegabung und der Individualität zusammenführt: *persona est naturae rationabilis individua substantia* (»Person ist die individuelle

Substanz einer rationalen Natur«). Obwohl sie in der →Scholastik durch Duns Scotus kritisiert und präzisiert worden ist, war Boethius' Definition so erfolgreich, dass noch heute ›Person‹ und ›vernunftbegabtes Individuum‹ gleichgesetzt werden.

Durch die Fragen nach der personalen →Identität und nach der →Autonomie des handelnden →Subjekts erlangt der Begriff der Person eine besondere Stellung in der Philosophie der →Neuzeit (A). →Hobbes unterscheidet zwischen einer natürlichen Person und einer künstlichen Person. ›Natürlich‹ heißt eine Person, wenn ihr Worte und →Handlungen von Menschen beigelegt werden, ›künstlich‹ hingegen, wenn ihr die Handlungen eines anderen zugeschrieben werden. Künstliche Personen sind Rechts-Personen wie Körperschaften, Versammlungen und →Staat, denn dieser zeichnet sich nach Hobbes dadurch aus, dass ihm ein einziger →Wille, der der Wille aller ist, zugeschrieben wird. Für →Locke war der Begriff der personalen Identität von zentraler Bedeutung. Das Problem der personalen Identität lässt sich durch folgende Fragen ausdrücken: Wie komme ich dazu, einen früheren Zeitpunkt meines Lebens als zu mir gehörig anzusehen? oder: Wie weiß ich zu einem späteren Zeitpunkt, dass ich in einem früheren eine Handlung begangen habe, die mit meinem jetzigen Zustand in einer Beziehung steht? Locke lehnt die Idee einer durchgängigen Seelensubstanz ab, was ihn zu der Auffassung führt, dass es das →Selbstbewusstsein sei, welches die personale Identität konstituiert. Die Reflexion des Subjekts auf sich selbst bildet dabei die theoretische Wurzel, die Sorge um das Glück in der Zukunft und die Verantwortlichkeit für die eigene Vergangenheit die praktische Wurzel der Identität einer Person. →Berkeley hingegen weist auf Widersprüchlichkeiten in der Annahme, dass das →Bewusstsein für die personale Identität verantwortlich ist, hin und hält an der Existenz immaterieller, geistiger →Substanzen fest. Auch →Hume kritisiert den Gedanken Lockes, dass es neben der gewöhnlichen Wahrnehmung noch eine Selbstwahrnehmung gebe, die den Begriff der Person oder der personalen Identität rechtfertigen würde. Hume bestreitet die Möglichkeit der philosophischen Begründbarkeit des Person-Begriffs. Personale Identität wird ihm zufolge durch Erinnerung an frühere Wahrnehmungen aufgedeckt, nicht jedoch erzeugt. Der Zusammenhang der Wahrnehmungen und die Möglichkeit der Erinnerung werde dabei von allgemeinen Prinzipien der Assoziation von Ähnlichkeiten sowie durch Verursachungsprinzipien geleistet. Auch →Kant kritisiert in theoretischer Hinsicht die Idee der Personalität. In seiner Kritik der rationalen Psychologie versucht er nachzuweisen, dass sich die Einheit des Bewusstseins, die er »transzendentales Ich« nennt, nicht vergegenständlichen lässt. Das transzendentale Ich in ›ich denke…‹ ist eine bloß formale, inhaltlich leere →Vorstellung und als solche bloß Bedingung von →Erkenntnis und kein gegenständliches Quasi-Objekt, wie es von den rationalistischen Seelenkonzepten unterstellt wird. Daher kann, wie Kant argumentiert, aus der →transzendentalen Verfassung des Bewusstseins nicht auf die Struktur der →Seele, noch weniger auf ihre Beharrlichkeit, die den Grund für die personale Identität abgeben könnte, geschlossen werden. Im Bereich der praktischen →Vernunft bezeichnet der Person-Begriff hingegen sowohl die Zugehörigkeit des Menschen zur sinnlichen als auch zur intelligiblen Welt. »Persönlichkeit« heißt nach Kant das Vermögen, dem von der eigenen Vernunft gegebenen →Gesetz zu folgen und sich dadurch selbst zu bestimmen. Der Begriff der Person ist damit eng an den der →Autonomie geknüpft, denn sich selbst bestimmen, ein »Zweck an sich selbst« sein, sind Merkmale eines vernünftigen Wesens, welches sich gegenüber anderen Wesen dadurch auszeichnet, dass es seinen Willen selbst bestimmen kann und in seinem Handeln nicht vollständig von subjektiven →Neigungen abhängig ist. Für →Fichte und →Hegel wird das Subjekt nicht schon durch seine Möglichkeit zur Selbstbestimmung zu einer Person, sondern erst dadurch, dass es sich in interpersonale Bezüge zu anderen Subjekten begibt. Durch das →Prinzip der wechselseitigen →Anerkennung und der Einschränkung der abstrakten Freiheitsspielräume der Subjektivität werde das Subjekt öffentlich als eine Person anerkannt und damit zum Träger von institutionellen Rechten. Während Fichte die interpersonale Konstitution des Ich-Bewusstseins als apriorische Figur ansieht, gehört für Hegel der Kampf um Anerkennung und die Herstellung des Rechtszustandes zu einem Bewegungsmoment in der Geschichte des Geistes.

In der phänomenologischen und in der Wertphilosophie des 20. Jhs. stellt sich die Frage nach der personalen Identität erneut. Für →Husserl ist das personale Ich nur als eine Konstitutionsleistung des transzendentalen Ego verständlich, welches sich durch eine Art von Selbstapperzeption verweltlich und sich dadurch in Beziehung zur Welt, zu anderen Personen und zu seiner eigenen Habitualität setzt. Scheler lehnt den Begriff des transzendentalen Ego ab und erklärt die Person selbst als jene übergegenständliche Instanz, in der die unterschiedlichen Bewusstseinsakte vollzogen werden. Die Identität der Person ergibt sich für ihn als die Richtung der Aktvariationen des Bewusstseins und ist weder in der objektiven noch in der phänomenalen Zeitstruktur zu suchen, sondern die übergegenständliche Person legt sich erst im Vollzug ihrer Akte in die Zeit hinein. Hartmann kritisiert die von Scheler behauptete Übergegenständlichkeit der Person und betont ihren Realitätscharakter. Sie sei eine Realkategorie, deren Besonderheit es sei, einen Wertbezug zu haben. Ein Subjekt wird deshalb zu einer Person, weil es wertvernehmend ist, sich mit seinem Verhalten als ein Träger von Werten erweist. →Heidegger kritisiert den phänomenologisch orientierten Person-Begriff, da mit diesem die eigentliche Grundfrage, die Frage nach dem Sein der Person und nach dem, was es ist, das die Akte als solche bestimmt, unbeantwortet bleibt. Der Begriff der Person, so seine Analyse, sei ein Erbgut der traditionellen Philosophie, welche die Frage nach dem Sinn von Sein unbeantwortet gelassen hat.

Der wichtigste Beitrag zum Begriff der Person in der →analytischen Philosophie stammt von Strawson. Ihm zufolge ist die Person ein Wesen, dem sowohl →Prädikate für körperliche Eigenschaften (M-Prädikate) als auch Prädikate für Bewusstseinszustände (P-Prädikate) zugeschrieben werden. Der Begriff einer Person ist jedoch nicht aus diesen beiden Typen von Prädikaten zusammengesetzt, sondern er gilt als logisch primitiv, d.h. als nicht weiter analysierbar (zerlegbar, reduzierbar). Beide Typen von Prädikaten lassen sich zwar unterscheiden, es ist aber aus begrifflichen Gründen notwendig, dass Prädikate für Bewusstseinszustände nur im Rückgriff auf raum-zeitlich lokalisierbare Körper angewandt werden können. Zu einer Person gehört demnach begrifflich auch immer ihr Körper. Williams und Frankfurt erhoben den Einwand, dass es allein durch die Zuschreibung von Bewusstseinszuständen oder körperlicher Charakteristika nicht möglich ist, mit dem Begriff der Person Menschen von anderen Lebewesen abzugrenzen. Zum Begriff der Person gehören daher nicht nur kognitive und körperliche Eigenschaften, sondern auch die Fähigkeit, willentlich zu handeln. Frankfurt geht einen Schritt weiter und zählt nicht nur die Fähigkeit zu absichtlichen Handlungen zu den Eigenschaften einer Person, sondern darüber hinaus auch die Fähigkeit zur reflektierenden Selbstbewertung. Diese Leistung gehört wesentlich zur →Willensfreiheit, denn nur jemandem, dem es gelingt, seine unmittelbaren Wünsche (erster Stufe) zu Wünschen (zweiter Stufe) zu machen, die sich als seine allgemeinen Willensbestimmungen ausdrücken lassen, handelt frei und kann als eine Person bezeichnet werden.

H. B.

Perspektivismus Von lat. *perspicere*, ›deutlich sehen, betrachten‹: Philosophische Standpunkte oder Positionen, die die →Geltung von →Theorien abhängig machen vom (theoretischen) Standort des Betrachters. Der Perspektivismus taucht in sehr unterschiedlichen wissenschaftlichen Kontexten auf. Besonderen Einfluss hat er in der →Erkenntnistheorie, der →Hermeneutik, der →Wissenschaftstheorie und der Soziologie erlangt. Der Perspektivismus, obwohl auch er ein bestimmtes Objektivitätsideal in der Philosophie bekämpft, ist insofern vom →Relativismus verschieden, als er die Legitimität oder Gültigkeit von Erkenntnisansprüchen nicht prinzipiell ausschließt, sondern diese nur auf eine je bestimmte Position bezogen denkt.

In seiner *Monadologie* sieht →Leibniz die Perspektivität als eine Grundstruktur der →Welt an, in der die einzelnen →Monaden mit ihren unterschiedlichen Standpunkten stehen. Die objektive Einheit der Welt zeigt sich danach erst in einer Vielheit unterschiedlicher Gesichtspunkte. Der Gedanke der Perspektive oder des Standpunktes wurde von Chladenius in die Geschichtswissenschaft eingeführt, womit er einen Ausgangspunkt für die hermeneutische Philosophie vorgezeichnet hat. Die Relativität in der Geschichtsschreibung bezieht demnach ausdrücklich die Wirkungs- und Rezeptionsgeschichte historischer →Wahrheiten in ihre Überlegungen ein. Auch →Kants →kopernikanische Wende, wonach sich die →Erkenntnis nicht nach gegebenen Gegenständen, sondern diese sich nach der Erkenntnis richten, beansprucht einen Begriff der erkenntnistheoretischen Perspektivität. Von →Nietzsche wurde der Perspektivismus radikalisiert. Das Perspektivische stellt ihm zufolge eine Grundbedingung allen →Lebens dar. Jedes Sehen, jede Erkenntnis, jeder Affekt gibt eine bestimmte Perspektive auf die jeweilige Sache frei. Auch in der →Phänomenologie hat der Gedanke des Gesichtspunktes einen zentralen Stellenwert. Jeder mögliche Gegenstand ist uns in einem bestimmten Horizont, in einem gewissen Gesichtskreis und in einer bestimmten Abschattung gegeben. Durch Mannheim ist der Perspektivismus in die Wissenssoziologie eingegangen. Er vergleicht die Welt mit einer Landschaft, die nie als solche, sondern immer nur aus bestimmten Perspektiven zugänglich ist. Bilder dieser Landschaft sind jedoch nicht willkürlich gezeichnet, sondern an der Landschaft ausgerichtet und sie stehen in einer Beziehung zu anderen möglichen perspektivischen Bildern dieser Landschaft. Mannheim spricht von der »Seinsverbundenheit des Wissens«, wobei er die kulturelle und historische Abhängigkeit dessen, was als →Wahrheit gilt, im Auge hat.

Die von Kuhn, Hanson und Feyerabend vertretene Wissenschaftstheorie wendet den Perspektivismus auf die Betrachtung der Entwicklung wissenschaftlicher Theorien an. Durch den Wechsel des wissenschaftlichen Begriffsapparates werde die Aufmerksamkeit auf eine entsprechende Weltperspektive gelenkt, die grundsätzlich andere →Paradigmen als ihre Leitvorstellungen verlangt als die, die von der vorhergehenden wissenschaftlichen Weltsicht in Anspruch genommen wurden. →Putnam bezeichnet in seiner Kritik des metaphysischen Realismus eine Position, die von der Auffassung einer vorgegebenen Welt mit einer feststehenden Gesamtheit an Gegenständen ausgeht, als den »Mythos vom Standpunkt →Gottes«. Da es für uns keinen Standpunkt Gottes gibt, sondern nur die unterschiedlichen Perspektiven wirklicher →Personen, kann Wahrheit nicht in einer Übereinstimmung mit unabhängig gegebenen Gegenständen bestehen, sondern nur in der rationalen Akzeptierbarkeit einer Aussage bezüglich der Kohärenz unserer Überzeugungen untereinander und in Bezug auf unsere →Erfahrung.

H. B.

Perzeption Von lat. *percipere,* ›erfassen, ergreifen, wahrnehmen‹: In der →Erkenntnistheorie der →Neuzeit (A) versteht man darunter sowohl den Vorgang der inneren und äußeren Wahrnehmung als auch den Inhalt der Wahrnehmungen selbst.

In →Descartes' Unterscheidung zwischen →*res extensa* und →*res cogitans* bezeichnet die Perzeption den eigentümlichen Vollzug der denkenden →Substanz. In einem weiten Sinn können dabei alle Erkenntnisweisen des Menschen, wie Einbilden, Erinnern, Denken oder Empfinden Perzeptionen genannt werden. →Leibniz unterscheidet zwischen Perzeption und →Apperzeption, um den Unterschied zwischen dem bloßen Haben von →Vorstellungen und den kognitiven Leistungen, die vom →Bewusstsein begleitet werden, hervorzuheben. Das unterscheidende →Prinzip bilden dabei die Grade der Deutlichkeit. Eine Vorstellung, die nicht klar und deutlich und in diesem Sinne durch das bloße Haben einer Vorstellung gekennzeichnet ist, heißt Perzeption, wobei Leibniz noch zwischen der natürlichen Perzeption, der Perzeption, begleitet vom Gedächtnis, und der Perzeption, begleitet von einem Bewusstsein, unterscheidet. Obwohl die leibnizschen →Monaden keine bewussten Vorstellungen von ihren Perzeptionen haben, konstituieren diese ihre Einheit, und die Perzeptionen gelten als die Bedingung der Zusammenfassung der Vielheit der →Welt zur Einheit des Bewusstseins. Durch →Berkeleys berühmte Formel →*esse est percipi* wird →Sein und Wahrgenommenwerden gleichgesetzt. Ihm zufolge gibt es kein →Ding an sich, kein →Objekt ohne →Subjekt. Nicht nur die Dinge, sondern auch das →Ich konstituiert sich durch das Perzipieren, wobei das Sein des Subjekts als die nicht zu vergegenständlichende reine Tätigkeit des Vorstellens von Gegenständen aufgefasst wird. Für →Kant sind Perzeptionen (im Unterschied zu Empfindungen oder →Erkenntnissen der →Erfahrung) bewusste Vorstellungen. Der Begriff der Vorstellung bildet bei ihm den Oberbegriff zu Empfindung, Perzeption und Erkenntnis. →Locke versteht unter Perzeption das erste und fundierende Vermögen des →Verstandes. Das Vorhandensein von Perzeptionen grenzt die Tiere von den Pflanzen und anorganischen Gegenständen ab. Perzeptionen bilden die ersten einfachen →Ideen und stellen somit die Grundlage für die →Reflexion dar, durch welche diese einfachen Ideen zu komplexeren zusammengesetzt werden.

Whitehead wendet sich gegen Auffassungen von Perzeption als einem bloß passiven Wahrnehmen. Er entwickelt dazu den Ausdruck ›Prehension‹, die die schöpferischen Akte des Subjekts, seine aktive Erfassung der Welt als Handlung im Zuge seiner Selbstentfaltung erfassen soll.

H. B.

Pessimismus Von lat. *pessimum*, ›das Schlechteste‹: Sammelbezeichnung für philosophische Grundhaltungen oder Weltanschauungen, die sich in der gesamten Geistesgeschichte finden lassen. Der Pessimismus sieht im Unterschied zum Optimismus die gesamte Weltordnung als verfehlt und den →Menschen als verfallen an. Er verneint die Möglichkeit einer positiven Sinnerfüllung angesichts des Scheiterns persönlicher oder sozialer Utopien, angesichts der Unausweichlichkeit des Leidens und der →Endlichkeit des →Daseins. Als Weltanschauung speist sich der Pessimismus aus religiösen, metaphysischen, geschichtsphilosophischen oder anthropologischen Quellen. So lassen sich pessimistische Grundeinstellungen schon in der buddhistischen Philosophie, in der antiken Orphik, im Alten Testament und in der →Gnosis ausmachen. In der christlichen Lehre verbindet sich ein innerweltlicher Pessimismus mit der Hoffnung auf eine jenseitige, außerweltliche Erlösung. Im Europa der →Neuzeit (A) entwickelt sich der Pessimismus als eine Gegenbewegung zur Aufklärung (→A Neuzeit - Aufklärung). Die Darstellung der Welt als »schlechteste aller möglichen Welten« in →Voltaires satirischer Kritik der optimistischen Formel von →Leibniz gehört genauso zu dieser Bewegung wie Rousseaus kulturpessimistische Einschätzung der europäischen Geistesgeschichte, die bei ihm jedoch in anthropologischer Hinsicht mit der optimistischen Annahme einer ursprünglichen menschlichen Güte verbunden ist. Angesichts des unaufhaltsamen kulturellen Verfalls sei es nur noch möglich, in privaten Rückzugsgefilden - ausgerüstet mit dem Ideal der Erziehung durch die →Natur - der ursprünglichen menschlichen Güte einen Platz zu geben.

Als der eigentliche Begründer eines philosophischen Pessimismus gilt →Schopenhauer. Die Welt ist nach Schopenhauer eine Objektivation eines blinden, irrationalen →Willens, der sich - sobald er sich in →Raum und →Zeit individuiert hat - in zahllose Einzelwesen aufspaltet. Aus der lebensbejahenden Tendenz dieser Einzelwillen ergibt sich ein andauernder Konflikt eines jeden Einzelwillens gegen den anderen, was zum endlosen Leid führt. →Leben heißt für Schopenhauer daher Leiden. Es gibt im Gefängnis der individuellen Einzelzellen keine andere Perspektive als den Schmerz und den →Tod. Die radikale Verneinung des Willens zum Leben, die radikale Selbstkasteiung und bedingungslose Askese in dieser schlechtesten aller möglichen Welten ist daher der eigentliche ethische →Imperativ dieser Philosophie des systematischen Pessimismus. →Nietzsche gab dem resignativen Zug des schopenhauerschen Pessimismus eine heroische Wendung und entwickelte einen »Pessimismus der Stärke«, der sich auf die produktive Kraft »großer Individuen« stützt und zur Überwindung des →Nihilismus, dem modernen Pessimismus, beiträgt.

Eingedenk der realen Schrecken, die das 20. Jh. mit sich gebracht hat, lassen sich vielerlei Untergangsstimmungen und pessimistische Grundhaltungen ausmachen. Beispiele dafür sind der Kultur-Pessimismus Spenglers, der metaphysische Pessimismus Horkheimers oder H. Marcuses sowie die anthropologischen und kulturkritischen Arbeiten Gehlens, die von einer Philosophie des Pessimismus und Lebensernstes getragen sind.

H. B.

Petitio principii Lat. ›Forderung des Beweisgrundes‹: Ausdruck für einen Fehler oder eine unzureichende Begründung (→Argumentation) im Beweisverfahren. Wenn in einem →Beweis ein Satz als Beweisgrund angeführt wird, der selbst noch eines Beweises bedarf, d. h. unzureichend begründet ist, dann liegt eine Verletzung des Satzes vom zureichenden Grunde vor. Der vorausgesetzte Satz muss dabei nicht falsch sein, sondern bedarf lediglich einer gesonderten Begründung, um ihn als einen Beweisschritt anerkennen zu können.

H. B.

Pflicht Kann in der philosophischen Literatur in zweierlei Formen auftreten, als subjektive Verbindlichkeit (→Gesinnung) oder als objektive Pflichtgemäßheit von →Handlungen.

Die stoische Philosophie sieht diejenigen Handlungen als verpflichtend an, die der vernünftigen menschlichen →Natur, dem →Logos, entsprechen. Einerseits hat dieser Pflichtbegriff die Bedeutung des naturgemäßen, andererseits die des sittlichen →Lebens. Dieser verobjektivierende Pflichtbegriff ist ausgerichtet an rechtlichen und sittlichen →Normen und zeichnet sich, da der Beweggrund des menschlichen Handelns als wählender Logos verstanden wird, durch einen auf praktische Lebensregeln zielenden Rechtfertigungsgrund aus. Neben diesem auf die Natur des Menschen gerichteten Pflichtbegriff kennt die stoische →Ethik aber auch einen auf die sittlichen Verhältnisse ausgerichteten →Begriff der Pflicht. Erst durch das Wissen und die Gesinnung des Weisen werden die praktischen Lebensregeln zu einem wirklich vernünftigen und sittlichen Gut. In der →Patristik erhält die Pflichtenlehre ein christlich-religiöses Fundament. Die Abstufung von Graden verpflichtender Handlungen ist ausgerichtet an der christlichen Heilslehre. Im Allgemeinen wird zwischen vollkommenen Pflichten (*officia perfecta*) und mittleren Pflichten (*officia media*) unterschieden. Mittlere Pflichten ergeben sich aus den Handlungsverboten des →Dekalogs und dienen der Vermeidung der Sünde. Durch die Erfüllung vollkommener Pflichten hingegen, wie die Ausübung von Barmherzigkeit, kann sich der Handelnde die göttliche Gnade erwerben. Die mittelalterlichen Pflichtenlehren von Wilhelm von Ockham und Duns Scotus sind vollständig am Begriff des göttlichen →Willens orientiert. Allein die Handlungen, die dem göttlichen Willen entsprechen, sind geboten und verbindlich. Pufendorfs Naturrechtstheorie dagegen gibt den Pflichten eine deutliche inhaltliche Bestimmung: Pflicht ist das, was dem friedlichen Zusammenleben der Menschen dient und in Übereinstimmung mit der Anlage und dem Ziel der menschlichen →Gesellschaft steht. Auch die Unterscheidung zwischen vollkommenen Pflichten oder Schuldigkeiten, die dem Sein des Menschen insgesamt dienlich sind und deren Einhaltung deshalb erzwungen werden muss, und unvollkommenen Pflichten oder humanitären Forderungen, die von den persönlichen Umständen und individuellen Fähigkeiten der Menschen abhängig und daher nur auf freiwilliger Basis einzuhalten sind, erfährt ihre Ausgestaltung ganz im Sinne der Naturrechtslehre der Aufklärung (→A Neuzeit – Aufklärung). Letzte begründende Instanz für das Verpflichtungsverhältnis ist aber für Pufendorf immer noch der göttliche Gesetzgeber, dessen verpflichtende Kraft erst die Unterordnung unter die jeweiligen Pflichten gebietet.

Die Ethik →Kants wird oft als eine Pflichtenethik bezeichnet, da in ihr der Begriff der Pflicht eine zentrale Bedeutung hat. Als Bestimmungsgründe für moralische Handlungen können sowohl →Neigungen als auch Pflichten herangezogen werden. Kant lehnt jede Ausformulierung des Moralgesetzes aus bestimmten Neigungen ab und anerkennt ausschließlich diejenigen Handlungen als moralisch, die »aus Pflicht« ausgeführt worden sind. Subjektive Bestimmungsgründe des Willens können ihm zufolge niemals einer objektiven praktischen Gesetzgebung zugrunde liegen, da sie abhängig von den jeweiligen besonderen menschlichen »Begehrungsvermögen« (Trieben, Bedürfnissen) sind. Das praktische Gesetz ist daher notwendig nur formal bestimmbar als die Geneigtheit einer →Maxime (einer subjektiven Handlungsregel) zu einer allgemeinen Gesetzgebung, d. h. zu deren Verallgemeinerungsfähigkeit. Als →Prinzip der moralischen Verbindlichkeit und des pflichtgemäßen Handelns formuliert Kant den →kategorischen Imperativ: »Handle nur nach derjenigen Maxime, durch die du zugleich wollen kannst, dass sie ein allgemeines Gesetz werde.« Kant beurteilt jedoch Handlungen nicht nur danach, ob sie durch das Moralgesetz begründet worden sind, sondern auch nach deren Gesinnung (→Gesinnungsethik), d. h. ob sie ohne alle Rücksicht auf subjektive Neigungen allein aus →Achtung vor dem Gesetz ausgeführt worden sind. Diese doppelte Bestimmung des Pflichtbegriffs und der Handlungsmoralität, nach objektiver Pflichtgemäßheit und nach der subjektiven Gesinnung aus Pflicht motiviert zu sein, entspricht Kants Einsicht in den Charakter moralischer Gesetze: Einerseits gelten sie ohne Einschränkung auf eine bestimmte Person universell und stellen eine »objektive Notwendigkeit aus Verbindlichkeit« dar, andererseits entspringen sie aus der Einsicht in die Vernünftigkeit einer Handlungsmaxime. Allerdings muss Kant sicherstellen, dass beide Elemente zu einem übereinstimmenden Resultat führen, d.h. dass die subjektive Antizipation der allgemeinen Willensbildung zugleich als ein allgemeines Gesetz angesehen werden kann. Dies gelingt ihm nur unter dem Rückgriff auf ein »Faktum der reinen →Vernunft«, welches sicherstellt, dass eine Willensbestimmung ganz ohne die Zutaten sinnlicher Neigungen allein aus Bestimmungen der reinen Vernunft möglich ist, indem sie den Menschen auf seine Zugehörigkeit zu einem Reich verweist, das ganz frei und unabhängig von allen Mechanismen der Natur ist.

Gegen diesen rigoristischen Pflichtbegriff haben sich Schiller, →Hegel, →Schopenhauer und insbesondere →Nietzsche ausgesprochen. Schiller und Hegel kritisieren die Reduktion moralischer Handlungen auf ein abstraktes Gesetz der Pflicht, welches alle anderen moralischen Handlungsbezüge des Menschen abwertet und erniedrigt. Pflicht ist nach Hegel ein Bestandteil der institutionalisierten Verhaltensregulierungen einer menschlichen Gemeinschaft und entspringt nicht der formalen Selbstgesetzgebung der Vernunft, sondern der Entwicklung eines sittlichen Gemeinwesens. Auch Schopenhauer wendet sich gegen die menschliche Sympathie und Mitmenschlichkeit entwertende Vorstellung einer reinen Pflichtgesinnung und macht zudem darauf aufmerksam, dass der Begriff der Pflicht nur Sinn in Bezug auf einen mit Sanktionsmöglichkeiten versehenen Gesetzgeber macht und deshalb das Motiv eines reinen Sollens sinnleer ist. Nietzsche sieht in der kantischen Ethik eine falsche Übertragung wissenschaftstheoretischer Grundlagenbegriffe wie ›Allgemeinheit‹ und ›Notwendigkeit‹ auf lebenspraktische Fragen. Die Konstruktion einer unpersönlichen Pflicht entspringe einem Unterordnungsinstinkt in einer »Herdenmoral«, der Nietzsche ein »Ich will«, einen unbedingten Willen zur Macht entgegenstellt, der zu den lebensbejahenden und nicht zu den lebensverneinenden Kräften des Willens gehört.

→Hobbes unterscheidet zwischen zwei Arten von Verpflichtungen: den »Verpflichtungen, die aus Versprechen und Verträgen stammen« (*obligation which rises from contract*) und den »natürlichen Verpflichtungen« (*natural obligations*), die der menschlichen Ohnmacht gegenüber der Herrschaft →Gottes entspringen. Das Prinzip der freiwilligen Selbstbindung durch Rechtsverzichte und Rechtsübertragungen macht den Kern von Hobbes' Theorie der Staatsgründung aus. Anders als bei den natürlichen Verpflichtungen, die ihren Grund in der Ohnmacht der Untergebenen haben, besteht der Grund zur Gehorsams-Pflicht gegenüber dem →Staat in einer freiwilligen Selbstbindung und Freiheitsbeschränkung durch einen →Vertrag zwischen den Menschen. Neben den Pflichten, die in einem aufgeklärten Selbstinteresse gründen, kennt →Hume eine ursprünglichere →Klasse natürlicher Pflichten, die im Affektiven gründen und sich auf natürliche Sozialgefühle richten. Pflichten, die auf natürlichen Instinkten beruhen, und Pflichten, die dem Selbstinteresse entspringen, sind aber in einer komplexen Gesellschaft nicht ausreichend, um konforme Handlungsmuster auszubilden, weshalb sich im Laufe der Entwicklung gesellschaftlich geformte Dispositionen ausgebildet haben, die als künstlich geschaffene Motivationen (*moral obligations*) die natürlichen Verpflichtungen des →Affekts und des Eigeninteresses verdrängen.

Soziologisch orientierte →Theorien des Pflichtgefühls machen dessen Ursprung am Vergesellschaftungsprozess fest. Für Spencer, Paulsen und auch für Simmel hat das Pflichtgefühl zunächst externe und repressive Entstehungsgründe, nämlich den Zwang, den eine Gruppe oder eine Gemeinschaft von →Individuen auf den Einzelnen ausübt. Diese externen Drohungen werden dann im Zivilisationsprozess, durch Anpassung an den sozialen Zustand, internalisiert und gehen so in eine innerliche, habituelle →Sittlichkeit über, die nicht mehr nur durch äußere Sanktionsandrohungen aufrecht erhalten werden muss, sondern inzwischen selbst zu einem handlungsleitenden Moment des Individuums geworden ist. Gegen den Versuch, den Ursprung des Pflichtgefühls in der gesellschaftlichen Entwicklung zu suchen, spricht sich

→Bergson aus. Ihm zufolge wurzelt die Verpflichtung im Organisationsinstinkt des Lebens, durch den Bindungen nicht nur zwischen den Mitgliedern einer Gesellschaft hergestellt würden, sondern auf eine analoge Weise ebenso zwischen den Ameisen im Ameisenhaufen oder zwischen den Zellen in einem Organismus. Für Scheler und N.Hartmann konstituiert sich die Pflicht aus einem Ergreifen des den Werten anhaftenden Sollens. Aus dem idealen Seinsollen der →Werte entstünde ein Spannungsverhältnis zur →Wirklichkeit, das vom Menschen erfahren und in seinem Realisierungsstreben aufgegriffen wird.

H.B.

Phänomen Von griech. *phainomenon*, ›Erscheinung‹: Der Terminus wird in der Philosophie zur Bezeichnung der in der →Sinnlichkeit gegebenen →Erscheinung verwendet. Dabei kann er sowohl – im Sinne von →Schein – auf das scheinhafte und unzuverlässige →Wissen der Wahrnehmung oder auf die →Erfahrung verweisen und in Abgrenzung zum begrifflichen Wissen stehen, welches sich im Horizont theoretischer Konstruktionen bewegt.

→Platon bezeichnet alles sinnlich Gegebene als *phainomenon*, wobei bei ihm die Bedeutung von Schein immer mitschwingt. In seiner Ideenlehre vertritt er die Auffassung, dass das Wissen von empirisch gegebenen Gegenständen (*phainomena*) gegenüber dem Wissen der Ideen, die nur dem →Verstand zugänglich sind (*noumena*) ein bloßer Schein ist. Prägnanten Ausdruck hat dieser Gedanke in seinem →Höhlengleichnis gefunden. Platon vergleicht die Erkenntnissituation des Menschen mit der Situation von Höhlenbewohnern. Diese sitzen angebunden mit dem Gesicht zur Wand. Auf dieser Wand ziehen Schatten vorbei, die dadurch entstehen, dass hinter den angebundenen Menschen Geräte vorbeigetragen werden, die ihrerseits von einem dahinter befindlichen Feuer angestrahlt werden. So entstehen die Schattenbilder auf der Wand der Höhle. Übertragen besagt dies, dass die Menschen nicht die Dinge selbst sehen, sondern eben nur deren Schatten. Die Dinge selbst nennt Platon →Ideen; die Schatten Abbilder (*eidolon*). Wer zur Erkenntnis der Ideen gelangen möchte, der muss sich von seinen Fesseln lösen und aus der Höhle (dem Reich der Erscheinung) heraustreten ins Freie, wo er dann im Sonnenlicht (dem Reich der Ideen) die Ideen selbst erkennt.

In der neuzeitlichen →Erkenntnistheorie herrscht eine Auffassung vor, nach der die Phänomene die begriffsfreien Grundbausteine der Erkenntnis abgeben. Phänomene in diesem Sinne sind →Empfindungen oder Sinnesdaten, die dem →Bewusstsein in äußerer oder innerer Erfahrung gegeben werden. →Kant unterscheidet zwischen den Phaenomena und den Noumena und weist beide Begriffe als →transzendental aus. Die uns in →Raum und →Zeit (die beiden ›Vorstellungsformen‹ des Menschen) empirisch gegebenen Erscheinungen werden von Kant insofern als Phaenomena bezeichnet, als sie »als Gegenstände nach der Einheit der →Kategorien gedacht werden«, was heißen soll, dass uns die Gegenstände der Erfahrung nicht anders als unter den subjektiven Bedingungen der Sinnlichkeit und des Verstandes gegeben sind. Die Erkenntnisvermögen des Menschen also →konstituieren die erscheinende Welt gemäß den Kategorien, und die Erkenntnis der »Welt an sich« ist prinzipiell nicht möglich.

Brentano unterscheidet zwischen psychischen und physischen Phänomenen, wobei Erstere eine höhere Realität haben als die physischen Gegenstände, denn sie sind dem Bewusstsein in einer unmittelbaren →Evidenz gegeben. Die phänomenologische Konzeption von →Husserl fundiert den Phänomenbegriff ähnlich wie Kant in einer transzendentalen Subjektivität. →Heidegger kritisiert in seiner Grundlegung einer →Fundamentalontologie diese Verwendung des Phänomen-Begriffs. Durch philosophisch-philologische Überlegungen versucht er diesem →Begriff wieder einen ursprünglicheren, griechischen Sinn zurückzugeben, der das Phänomen als das »Sich-an-ihm-selbst-Zeigende« aufweist.

H.B.

Phänomenologie Der Ausdruck bezeichnet eine erkenntnistheoretische Richtung, die als Ausgangspunkt ihrer Untersuchungen die Phänomene, d.h. die beobachtbaren Sachen als solche wählt. Das Phänomen, die →Erscheinung, wird dabei als die betreffende Sache selbst verstanden, also nicht im traditionellen Sinne gedeutet. Traditionell dient Phänomen als →Begriff zur

Bezeichnung der Erscheinung in →Raum und →Zeit, der eine →transzendente →Wirklichkeit zugrunde liegt, die selbst keine zeitliche und räumliche Formung aufweist. Erscheinungen sind Erscheinungen von etwas und verweisen somit auf einen Gegenstand, der seinen Ort jenseits der Erscheinungen hat. Anknüpfend an diese Bedeutung diente der Begriff der Phänomenologie ursprünglich zur Bezeichnung einer →Theorie des Scheins, des Scheinbaren, gegenüber der es eine Theorie des Wahren und Wirklichen zu unterscheiden galt. →Husserl, mit dessen Namen sich heute der Ausdruck Phänomenologie verbindet, verwendet das Wort dagegen zunächst in einem neutralen Sinne zur Bezeichnung einer deskriptiven Methode.

Die Phänomenologie Husserls kann als Vollendung eines von →Descartes entworfenen philosophischen Programms begriffen werden, dessen Ziel darin bestand, alle Erkenntnis auf die Selbstgewissheit eines →Ich zu gründen, das auf die Inhalte seines →Bewusstseins reflektiert. Durch die →Methode eines radikalen →Zweifels war Descartes schließlich zu dem Gedanken gelangt, dass er es sei, der zweifle bzw. denke. Dieser Gedanken bildete für Descartes das unerschütterliche Fundament allen Wissens. Husserl folgt Descartes insofern, als auch für ihn alle →Erkenntnis in einem »Ich denke« (*ego cogito*) und dessen kognitiven Leistungen (*cogitationes*) wurzelt. Anders als Descartes wählt Husserl jedoch nicht die Methode des Zweifels, um bis zum Grund allen Wissens vorzudringen, sondern das Verfahren der phänomenologischen →Reduktion. Herrscht in natürlicher Einstellung – der Einstellung, in der wir uns alltäglich den Dingen der →Welt zuwenden – die Gewissheit, dass die Welt und mit ihr alle Gegenstände existieren, so hebt die Reflexion des Philosophen damit an, eben diese Generalthesis der natürlichen Einstellung in ihrer Geltung außer Kraft zu setzen bzw. einzuklammern. Das heißt, dass sich der Philosoph zum Zwecke der Erkenntnis jedes →Urteils darüber enthält, ob die Welt existiert oder nicht. Durch diese Vorgehensweise wird u.a. die Voraussetzung eines sonst fraglos hingenommenen Subjekt-Objekt-Gegensatzes aufgehoben. Die Welt erweist sich damit als abhängig von einem Bewusstsein und dessen →konstitutiven Leistungen. Im Zuge der das →Sein der Welt und ihrer Gegenstände betreffenden Urteilsenthaltung wird dem reflektierenden Bewusstsein die Abhängigkeit der Welt vom Bewusstsein klar. Husserl geht jedoch weiter als Descartes, indem er das gesamte Sein auf dem Boden der →Subjektivität nachkonstruieren will. Descartes war von einer Korrespondenz von Gedanklichem und Wirklichem, der Ideen und ihrer Gegenstände ausgegangen. →Gott diente ihm als Gewähr dafür, dass bestimmten Gedanken ein Gegenstand entspricht. Sein erkenntnistheoretischer Ansatz lässt sich insofern als indirekt realistisch kennzeichnen: Gedanken oder →Vorstellungen eines →Subjekts repräsentieren Gegenstände, die ihren Ort außerhalb des Bewusstseins haben. Im Gegensatz dazu ist Husserl radikaler Idealist, insofern für ihn Gegenstände nur als Gegenstände eines Bewusstseins existieren. Um erklären zu können, wie es dazu kommt, dass bestimmte Gegenstände als bewusstseinstranszendent empfunden werden, bedient sich Husserl des von seinem Lehrer Brentano übernommenen Begriffs der →Intentionalität, was soviel heißt wie ›Konstitution‹. Wie →Kant geht Husserl davon aus, dass die Vorstellungen des Bewusstseins erstens über einen sinnlichen Inhalt verfügen. Weiterhin nimmt er an, dass sie eine räumliche und zeitliche Formung besitzen. Schließlich ist er der Ansicht, dass der räumlich und zeitlich geformte sinnliche Inhalt des Bewusstseins eine gegenständliche Formung erhält, als ein bestimmter Gegenstand aufgefasst (apperzipiert) wird. Resultat ist der Gegenstand, so wie wir ihn alltäglich wahrnehmen.

Unter den konstitutiven Leistungen des Bewusstseins bilden die formalen →Synthesen von Raum und Zeit einerseits, die Konstitution des Anderen und die darauf beruhende intersubjektive Welt andererseits einen besonderen Untersuchungsschwerpunkt. Anknüpfend an Überlegungen von Kant verortet Husserl den Ursprung der Zeit und des Raumes im Bewusstsein. Anders als Kant belässt er es aber nicht dabei, die zeitliche und räumliche Formung der Inhalte des Bewusstseins zu konstatieren, sondern will auch noch deren Zustandekommen aus einer der →Handlungen des Bewusstseins erklären. Dazu nimmt Husserl eine unterste Schicht von im Bewusstsein liegenden Synthesisleistungen an, in denen die einzelnen Phasenmomente der Zeit zur Einheit einer Aufeinanderfolge und die Stellen des Raumes zu einer lokalen Stellenkontinuität verschmelzen. Zeitliches Nacheinander von Ereignissen und räumliches Nebeneinander von Gegenständen wird dann dadurch erklärt, dass einzelne (Sinnes-)Daten in die zuvor vom Bewusstsein geschaffenen räumlichen und zeitlichen Formen eintreten. Husserl bezeichnet die Handlungen, in denen das Bewusstsein seine zeitliche und räumliche Formung erzeugt, als passive Synthesen, weil diese Handlungen passiv, d.h. ohne Zutun des Ich erfolgen.

Neben einer →Erkenntnistheorie, die die →Wahrheit von Erkenntnis auf die Selbstgewissheit eines auf seine Inhalte reflektierenden Ich gründet, sowie der →Ideen einer im Bewusstsein erfolgenden Gegenstandskonstitution bildet das Verfahren der eidetischen Variation die dritte Säule der phänomenologischen Methode Husserls. Hierbei handelt es sich um eine im Gegensatz zu den Tatsachenwissenschaften (Natur- und Geisteswissenschaften) stehende Wesenswissenschaft, welcher die Aufgabe zufällt, das Wesen der jeweils in der Vorstellung gegebenen Gegenstände zu ermitteln.

Bei diesem Verfahren geht man so vor, dass man sich zu dem zu bestimmenden Begriff einen beliebigen Vertreter, einen unter diesen Begriff fallenden Gegenstand vorstellt. Sodann beginnt man damit, dieses Vorbild in der einen oder anderen Weise zu variieren, indem man sich Gegenstände vor das innere Auge ruft, die dem ursprünglich gewählten Gegenstand ähnlich sind. Im weiteren Fortgang dieser Variation scheint dann auf einmal das den nacheinander aufgerufenen Gegenständen innewohnende gemeinsame →Wesen auf, das Husserl als →Eidos bezeichnet. Auf der Grundlage dieses Verfahrens entwirft Husserl eine im Gegensatz zu den Tatsachenwissenschaften (Natur- und Geisteswissenschaften) stehende Wesenswissenschaft, welcher die Aufgabe zufällt, das Wesen der jeweils in der Vorstellung gegebenen Gegenstände zu ermitteln.

Die eidetische Wissenschaft ist ihrerseits untergliedert, wobei jeder naturwissenschaftlichen →Disziplin eine regionale eidetische →Ontologie, d.h. eine Wissenschaft korrespondiert, die damit befasst ist, die Wesen der jeweiligen wissenschaftlichen Disziplin zu schauen. So z.B. entspricht dem Bereich des Physischen und den sich damit befassenden Naturwissenschaften (z.B. Physik oder Biologie), ebenso wie dem Bereich des Psychischen eine besondere regionale Ontologie. Anliegen des Eidetikers ist es also, die dem jeweiligen Bereich zugehörigen Grundbegriffe auf dem Wege der Wesensschau zu bestimmen. Insofern kann die Eidetik als Form einer →Wissenschaftstheorie begriffen werden.

Husserls Bild der Welt ist das einer Summe verschiedener →Perspektiven perzipierender (wahrnehmender) und apperzipierender (das Wahrgenommene gegenständlich interpretierender) Subjekte. Die Welt ist kein transzendentes →Ding an sich, das auch unabhängig davon existiert, ob es nun wahrgenommen wird oder nicht, sondern Ergebnis →transzendentaler Synthesisleistungen, die ihren Ursprung in einem bzw. in verschiedenen Subjekten haben. Zunächst hat es der auf seine Bewusstseinsleistungen Reflektierende aber erst einmal mit den Daten und Leistungen seines eigenen Bewusstseins zu tun. Die Aufgabe der transzendentalen Phänomenologie muss folglich darin bestehen, zu zeigen, wie auf dem Boden der Subjektivität eines Ego so etwas wie →Intersubjektivität und damit eine intersubjektive Welt konstituiert wird. Nach Husserl vollzieht sich die Konstitution der transzendentalen Intersubjektivität in folgenden Schritten: Zunächst begreift ein Subjekt einen bestimmten, ihm zugehörigen Körper als seinen →Leib. Die Auffassung eines Körpers als Leib bildet das Fundament der so genannten analogisierenden Auffassung: Nimmt das Subjekt einen anderen Körper wahr, der in Bezug auf sein Aussehen und sein Verhalten dem eigenen hinreichend ähnlich ist, so begreift es diesen ebenfalls als Leib, jedoch nicht als den eigenen. Mit diesem anderen Leib verbunden denkt es sich ein weiteres Bewusstsein, ein anderes, von ihm verschiedenes Ich. Allerdings hat es keinen Einblick in dessen Bewusstsein. Der Andere ist daher nur als appresentiert durch seinen Leib gegeben, d.h. niemals auf eines solche Weise, wie sich das Subjekt selbst gegeben ist. Insbesondere sind dem Subjekt die geistigen Inhalte des Anderen nicht direkt einsehbar, wohl aber die eigenen. Das Bewusstsein des Anderen kommt also durch einen →Analogieschluss zustande, bei dem ein Subjekt davon ausgeht, dass es über Bewusstsein, d.h. eine bestimmte Weise der Weltauffassung verfügt und weiterhin, dass dem Bewusstsein ein bestimmter Leib zugeordnet ist. Mit anderen, dem eigenen ähnlichen Körpern konfrontiert, unterstellt es diesen Körpern ebenfalls Bewusstsein.

Husserls philosophisches System ähnelt in mancherlei Hinsicht den Systementwürfen der deutschen idealistischen Tradition. Neu allerdings ist die zum Aufbau seiner Konzeption benutzte Methode, welche nicht bei einzelnen Begriffen beginnend deren logische →Implikationen zu ermitteln versucht, sondern auf dem Weg der Beschreibung des bewusstseinsmäßig Gegebenen die begrifflichen Grundstrukturen, den logisch-begrifflichen Aufbau der durch des Bewusstsein konstituierten Welt zu ermitteln sucht.

Die Vorstellungen der einzelnen Autoren über den Inhalt des Phänomenologiebegriffs waren streckenweise sehr verschieden. Pfänder und Geiger verwenden den Begriff zur Bezeichnung einer Methode, die der adäquaten Erfassung psychischer Erscheinungen dient. Charakteristisch für diesen Strang der phänomenologischen Bewegung ist die Auffassung eines uninterpretiert Gegebenen, das sich dem Blick des Phänomenologen unverstellt darbietet.

Husserls Göttinger und Freiburger Schüler knüpfen dagegen an seinen Gedanken einer eidetischen Wissenschaft an. Phänomenologie wird als Methode verstanden, mittels derer das Wesen der Dinge erfasst wird. Die Wesenserfassung erfolgt in einer Wesensschau, in der sich die Wesenheiten dem Phänomenologen unmittelbar darbieten.

Für die Entwicklung der Phänomenologie im Anschluss an Husserl ist die Hinwendung zur Lebenswelt, der Welt des Alltags, und die Entgegensetzung zu einer naturwissenschaftlichen Auseinandersetzung mit ihren Gegenständen kennzeichnend. War es Husserl in seinem Frühwerk vor allem um eine bewusstseinsmäßige Fundierung der Welt und ihrer →Strukturen gegangen, so rückt im Spätwerk zunehmend die alltägliche Welt in den Fokus der Betrachtungen. Husserls Kritik gilt dabei vor allem der Sinnentleerung bestimmter Phänomene, wie sie sich im Zuge einer naturwissenschaftlichen Herangehensweise eingestellt hat. Die Krisis, in welche die europäischen Wissenschaften dadurch geraten sind, dass sie sich vom Boden der sie tragenden Lebenswelt entfernt haben, glaubt Husserl nur durch eine radikale Rückbesinnung auf das Bewusstsein und dessen weltkonstituierende Leistungen überwinden zu können.

Husserls Blickwendung zur Lebenswelt war angeregt durch seinen Schüler →Heidegger und dessen →Fundamentalontologie. Zunächst einmal ist Phänomenologie für Heidegger ein Methodenbegriff. Die Phänomene, denen die Aufmerksamkeit der Phänomenologie gilt, sind Heidegger zufolge das Sich-an-ihm-selbst-Zeigende. Heidegger versteht darunter all das, was sich zeigt, und gibt ihm die Bezeichnung ›das Seiende‹. An diesem Seienden, welches den Gegenstand der Phänomenologie bildet, ist es das Sein, dem das besondere Interesse gilt. Aus diesem Grund ist Phänomenologie die Wissenschaft vom Sein (Ontologie).

Mit dem Sein des Seienden meint Heidegger in erster Linie dessen Strukturen oder Bedingungen der Möglichkeit. Dabei hat Heidegger von vornherein ein besonderes Seiendes, das menschliche →Dasein im Blick. War Husserl von einem weltkonstitutiven Bewusstsein ausgegangen, um die am Boden dieses Bewusstseins liegenden transzendentalen Leistungen zu ermitteln, so wählt Heidegger den Ausgangspunkt seiner Betrachtungen bei einem Dasein, zu dem eine Welt von Gegenständen gehört, mit denen es in seinen alltäglichen Verrichtungen zu tun hat. Dabei kommen solche Phänomene wie das Mitsein mit anderen, das Selbstsein, Befindlichkeit, Sprache, Neugier und dergleichen in den Blick. Am Grunde aller diese Bezüge liegt aber auch für Heidegger eine Fundamentalstruktur, die er als Sorge bezeichnet und die ihren Sinn aus der Zeitlichkeit, der auf Zukunft, Gegenwart und Vergangenheit gerichteten Intentionalität des Daseins schöpft.

Innerhalb der →analytischen Philosophie versteht man unter der linguistischen Phänomenologie eine Methode zur Auseinandersetzung mit philosophischen Problemen auf dem Wege einer Analyse des Wortgebrauchs. Als Hauptvertreter dieser philosophischen Strömung gelten Austin und →Wittgenstein. Worte werden nicht, wie das in der philosophischen Tradition üblich war, unabhängig von ihrem Kontext, sondern eingebettet in den Zusammenhang ihrer Verwendung betrachtet. Auf diesem Wege lässt sich ein Spektrum von Verwendungsbedingungen ermitteln, mit dessen Hilfe es dann möglich ist, philosophische →Argumente zu beurteilen, die in unkontrollierter Weise von bestimmten Begriffen Gebrauch machen. Sorgen und Nöte, wie sie zu philosophischer Beunruhigung Anlass gegeben hatten, lassen sich aus der Welt schaffen, wenn man darauf sieht, in welchen Situationen ein Ausdruck sinnvoll gebraucht wird und wann die Sprache leer zu laufen beginnt, indem sie Worte aus ihrem gewöhnlichen Verwendungskontext entreißt und mit anderen unpassenden Ausdrücken paart.

E.-W. Orth (Hg.), Vernunft und Kontingenz: Rationalität und Ethos in der Phänomenologie, Freiburg / München 1991
J. Austin, Sinn und Sinneserfahrung, Stuttgart 1975
L. Wittgenstein, Philosophische Untersuchungen, Frankfurt/M. 1984 [1953]
M. Heidegger, Sein und Zeit, 17. Aufl. Tübingen 1993 [1927]
E. Husserl, Ideen zu einer reinen Phänomenologie und phänomenologischen Philosophie, Halle 1913
-: Logische Untersuchungen, 2 Bde., Halle 1900–1901

T. B.

Philanthropie Griech. ›Menschenliebe‹: In der Antike als freundliche Gesinnung der Menschen untereinander, zu der Wohltätigkeit, Milde und Gastwirtschaft gehörten, bekannt. Es war Xenophon, für den der Begriff der Menschenliebe von zentraler Bedeutung war. Sie gilt als ein Merkmal besonderer Persönlichkeiten, als die humanitäre Gesinnung des Mächtigen gegenüber dem Schwächeren. Xenophon wandte den Ausdruck jedoch nicht nur auf Menschen, sondern auch auf Tiere, Götter und auf die Künste an, sofern sie dem Wohl des Menschen dienen. Für Plutarch steht die Philanthropie an der Spitze aller →Tugenden und umfasst alle Lebewesen. Insbesondere die demokratische Verfassung des hellenischen Gemeinwesens und die menschenfreundliche Gesinnung der Bürger gelten für Plutarch als Ausdruck der Menschenliebe, was dem Begriff ›Philanthropie‹ einen demokratischen Akzent verleiht. Wolff und Crusius setzen christliche Nächstenliebe und allgemeine Menschenliebe gleich und erklären diese innerhalb ihrer Konzeptionen des →Naturrechts zum Grundprinzip und zur höchsten →Pflicht des natürlichen Rechts. In der pädagogischen Reformbewegung der zweiten Hälfte des 18. Jhs. wird der Begriff zu einem Leitprinzip in der pädagogischen Bewegung. Man spricht in diesem Zusammenhang auch vom Philanthropismus oder Philanthropinismus, dessen geistiger Vater Basedow 1744 in Dessau eine Schule der Menschenfreundschaft gründete. Während die Menschenliebe von →Kant als eine »Maxime des Wohlwollens« ausgezeichnet und von →Schopenhauer zu einer der →Kardinaltugenden gerechnet wird, bezeichnet →Nietzsche die Menschenliebe in der Gestalt, die sie in der christlichen Tradition erlangt hatte, als eine Pseudo-Humanität und macht sie für die allgemeine →Dekadenz und Schwäche des gesellschaftlichen Zustandes verantwortlich. Im 20. Jh. ist der Begriff eher ungebräuchlich, an seine Stelle treten Begriffe wie Caritas oder Menschlichkeit.

H. B.

Philosophem Das in einem sinnreichen Ausspruch zusammengefasste Ergebnis philosophischer Forschung. Bei →Aristoteles in der Bedeutung von ›apodiktischer Syllogismus‹ verwendet.

H. B.

Philosophia perennis Lat. ›immerwährende Philosophie‹: Ausdruck, der von Steuchus geprägt wurde, um den gleichartigen Charakter der philosophischen Grundgedanken bei allen Völkern und deren Übereinstimmung mit einer am christlichen Glauben orientierten Philosophie nachzuweisen. →Leibniz gebraucht den Begriff, um den kontinuierlichen und fortschreitenden Charakter der philosophischen Erkenntnis hervorzuheben. In der →Neuscholastik und im →Neuthomismus dient die Vorstellung von einer ständig fortschreitenden, immerwährenden Philosophie einer Kritik an →Relativismus und →Skeptizismus. Neuscholastisch gesinnte Philosophen gehen davon aus, dass es in der Philosophie eine den Wissenschaften gleichgestellte fortwährende Weiterentwicklung der Erkenntnisse gibt, die sich an den in der mittelalterlichen →Scholastik vorherrschenden Problemstellungen und -lösungen orientiert. Hauptkennzeichen dieser am katholischen Denken orientierten philosophischen Dogmatik sind die Annahme einer zeitlosen, ewigen, transzendenten →Wahrheit, die Ablehnung des Gedankens der geschichtlichen Relativität des Philosophierens und die Vorstellung von einer stetigen Weiterentwicklung der theologisch-philosophischen Lösungen zu immer größerer Vollkommenheit. Huxley versteht unter *philosophia perennis* die konvergierende religiöse Weisheit aller Kulturen. Die Ansicht von Jaspers, dass die Philosophie aus einem Gespräch weniger berühmter Männer über einen großen zeitlichen und kulturellen Abstand hindurch besteht, kann ebenfalls als eine Auffassung von einer *philosophia perennis* angesehen werden.

H. B.

Philosophia prima Lat. ›erste Philosophie‹: Bei →Aristoteles umfasst die erste Philosophie, die nicht auf ein bestimmtes Wissensgebiet, sondern auf die Erforschung der ersten →Gründe und →Prinzipien des →Seins gerichtet ist, sowohl →Metaphysik als auch Theologie. Die Metaphysik als theoretische Philosophie beschäftigt sich entgegen anderen philosophischen Analysen, die der Grundlegung der ersten und allgemeinen Prinzipien der Einzelwissenschaften dienen, mit den Wesensstrukturen des Seienden als solchen, d. h. sie ist allgemeine →Ontologie. Theologie dagegen heißt bei Aristoteles die Lehre von dem höchsten Seienden, die das Göttliche als die erste Ursache bestimmt. In der →Phänomenologie →Husserls heißt *philosophia prima* die Lehre von der reinen transzendentalen Subjektivität.

H. B.

Philosophie Von griech. *philos*, ›Freund‹ und *sophia*, ›Weisheit‹: Im Unterschied zu den jeweiligen Einzelwissenschaften beschäftigt sich die Philosophie nicht so sehr mit einzelnen Gegenstandsbereichen der →Welt und ihren Beziehungen untereinander, sondern sie geht von allgemeineren Fragestellungen aus. Das Wissen der alltäglichen Lebenspraxis (*common sense*) und die Antworten und Lösungen der Fachwissenschaften können nicht alle Fragen, die der →Mensch über sich und die Welt stellt, lösen. Gewöhnlich werden Fragen nach dem →Sinn des Lebens, nach dem →Wesen der Welt und nach den →Ursachen für Vergangenes und Zukünftiges von religiösen oder mythischen Lehren und Legenden oder von Weltanschauungen beantwortet. Auch die Philosophie beschäftigt sich ursprünglich mit diesem nur sehr unscharf abgegrenzten Fragenkanon, doch unterwirft sie im Unterschied zu den anderen Antwortversuchen ihre →Argumentation und ihre Theoreme rationalen Kriterien, denen gemäß sie sich in Analogie zu den Fachwissenschaften als allgemein nachvollziehbare, rationale Wissenschaft ausweisen muss. Zu bestimmten immer wiederkehrenden Fragen der Philosophie gehören solche wie: Was sind die ersten Ursachen und was ist das Wesen der Welt als Ganzer (→Metaphysik)? Was ist das Wesen des Seienden (→Sein) als solchem (→Ontologie)? Auf welche Weise sind uns die Gegenstände der Welt gegeben und welche Rolle spielt das für die Erkenntnis (→Erkenntnistheorie / Epistemologie)? Was ist der Sinn des Lebens und das Ziel des menschlichen Handelns (→Ethik)? Was ist das Schöne (→Ästhetik)? Eine besonders pointierte Zusammenfassung der Grundprobleme des Menschen und der damit zusammenhängenden philosophischen Fragen stammt von →Kant. Ihm zufolge steht die Philosophie vor drei Fragestellungen, die sich wie folgt formulieren lassen: Was kann ich wissen? Was soll ich tun? Und: Was darf ich hoffen? Und diese Fragen gründen nach Kant letztlich alle in der Grundfrage überhaupt: »Was ist der Mensch?«

Aufgrund der sehr unterschiedlichen Fragen, mit denen sich die Philosophie seit der Antike beschäftigt, entwickeln sich Gliederungen, die das philosophische Bemühen in eigene Fachbereiche einteilen. Die mittelalterliche →Scholastik unterscheidet die Metaphysik, zu der Ontologie und Theologie gehören, die Physik, die →Kosmologie und Psychologie umfasst und die Ethik, an welche sich die Politik anschließt. In der →Neuzeit (A) kommen Erkenntnistheorie und Ästhetik hinzu. Mit der Ausdifferenzierung der Einzelwissenschaften ergaben sich auch weitere Problemfelder für philosophische Überlegungen. Neben der klassischen Einteilung der Philosophie entstand eine neue, jedoch auch sehr heterogene Gliederung der Philosophie in Problembereiche, die mehr und mehr den philosophischen Fragestellungen in den jeweiligen einzelwissenschaftlichen Aufgabenfeldern zugeordnet sind. So spricht man heute, nachdem sich ein eher positivistisches Philosophieverständnis durchgesetzt hat und die Philosophie als ein Fach unter anderen gleichrangigen Fächern angesehen wird, von einer →Naturphilosophie, einer Rechtsphilosophie, →Geschichtsphilosophie, →Kulturphilosophie, Kunstphilosophie (Ästhetik), von →Wissenschaftstheorie, →Sprachphilosophie, →analytischer Philosophie, →Religionsphilosophie, →Anthropologie, sowie →Technikphilosophie usw.

Es gibt unterschiedliche Auffassungen zum Verlauf und zur Eigenart der Philosophiegeschichte und zu den in ihr diskutierten Themenbereichen. Eine in der modernen Debatte sehr einflussreiche Ansicht spricht von drei großen →Paradigmen in der Geschichte der Philosophie, die die unhinterfragten Leitbilder in lang andauernden Kontexten philosophischer Auseinandersetzung bilden. Für die ersten griechischen Philosophen war die Gesamtheit des Seienden, die →Natur, der Gegenstand des Philosophierens. Diese Art von Philosophie, die an der Natur und der Ordnung der Welt orientiert ist, bezeichnet man als das ontologische Paradigma. Wesentlich hierbei ist der Übergang von der Mythologie, in welcher bestimmte Göttervorstellungen den Erklärungsgrund für das Geschehen in der Welt abgeben, zur Kosmologie, in der es zu einer Entpersönlichung, d.h. zu einer Zurückführung der Erklärgründe des Weltgeschehens auf abstrakte →Prinzipien kommt. Als die Hauptvertreter dieses ersten Paradigmas gelten →Platon und →Aristoteles, deren Lehren in Verbindung mit der christlichen Theologie auch im →Mittelalter (A) der Patristik und Scholastik bestimmend waren. In der Neuzeit kommt es zu einer Umorientierung der Philosophie. Im Mittelpunkt steht nicht mehr die Welt oder das Sein, sondern das erkennende Subjekt. Das Aufkommen dieses zweiten, des mentalistischen Paradigmas ist eng an den philosophischen →Zweifel hinsichtlich der Erkennbarkeit der Welt gekoppelt, als dessen Initiator →Descartes angesehen wird. Neben den Lehren des klassischen →Empirismus, der in der sinnlichen Erfahrung die alleinige Quelle der →Erkenntnis sieht und dem →Rationalismus, der sich auf das reine Denken stützt, nimmt Kants →transzendentaler Idealismus eine Zwischenposition ein. Kant ordnet zwar die Prinzipien der Erkenntnis der reinen →Vernunft zu, deren Geltung aber ist nur auf die sinnliche Erfahrung beschränkt. Insofern alle →Theorien, in denen das →Bewusstsein oder →Selbstbewusstsein eine zentrale Rolle in der philosophischen Argumentation spielt, zum mentalistischen Paradigma gerechnet werden, können die Philosophien des →deutschen Idealismus (A) sowie die →Phänomenologie von →Husserl diesem Paradigma zugeordnet werden. Die philosophischen Strömungen des 19. und des beginnenden 20. Jhs. lassen sich schwer unter eines der Paradigmen einordnen. Zu einem relativ großen Einfluss sind u.a. die →Lebensphilosophie, der →Existenzialismus, der →Historismus, die Geschichtsphilosophie, die Anthropologie und der →Materialismus gelangt. In der Mitte des 20. Jhs. wird besonders in den angelsächsischen Ländern mit dem Aufkommen der analytischen Philosophie das dritte, das linguistische Paradigma eingeleitet. Mit der Orientierung an der →Sprache sollen die alten philosophischen Fragen in ein neues Licht gesetzt und die Lösung bzw. Auflösung traditioneller Probleme der Philosophie in Angriff genommen werden. Dass die Klärung der Gedanken nur über eine Klärung der Sätze in der Sprache möglich ist, gilt als die Grundüberzeugung der analytischen Philosophie. Neben dieser Hauptrichtung der Philosophie im 20. Jh. sind in den Philosophien des →kritischen Rationalismus, des logischen Empirismus, der →kritischen Theorie, des →Pragmatismus, sowie des →Konstruktivismus und →Strukturalismus eigenständige Lösungsversuche klassischer und moderner Fragestellungen erarbeitet worden.

Wenn von Philosophie gesprochen wird, beschränkt sich dies oft auf die abendländische, europäische Philosophiegeschichte. Es darf aber nicht vergessen werden, dass es auch in anderen Kulturkreisen philosophisches Denken und eine Tradition der Philosophie gegeben hat bzw. gibt. Zu denken ist hier z.B. an die Tradition der arabischen Philosophie im 8.–10. und im 12. Jh., die sich eng an die griechische Philosophie und insbesondere an Aristoteles anlehnte. Bedeutenden Einfluss übte die arabische Philosophie, besonders durch Averroës, der den Höhepunkt des philosophischen Rationalismus im Islam ausmacht und zahlreiche Aristoteles-Kommentare verfasste, auf das lateinische Mittelalter aus. Auf dem asiatischen Kontinent prägten sich vor allem in China und Indien eigenständige philosophische Lehren und Schulen heraus. Fast zur gleichen Zeit wie in Griechenland kam es im China der Han-Dynastie zu einer Blüte der Kultur und einer Explosion philosophischer Schulen. Zwar gelang es dem Konfuzianismus, sich über Jahrhunderte hinweg als die dominierende Philosophenschule zu etablieren, doch auch der Daoismus und der philosophische Buddhismus gelangten zu großem Einfluss. Die Entfaltung der chinesischen Philosophie zu einzelnen Disziplinen hat geradezu einen enzyklopädischen Charakter, sodass man von den ›hundert Schulen‹ sprechen konnte. Zu den historisch wichtigsten gehören neben Konfuzianisten, Daoisten und Buddhisten die Moisten, die Logiker, die Naturphilosophen, die Legisten, die Politikphilosophen, die Eklektiker und die Landwirtschaftsschule. Die fünf Klassikerschriften, die zu den ältesten Schriftdokumenten Chinas gehören, bilden dabei den gemeinsamen Ideenhorizont. Zu ihnen gehören: das *Buch der Wandlung*, das *Buch der Dokumente*, die *Frühlings- und Herbstannalen*, das *Buch der Gedichte* und das *Buch der Sitten*. Die indische Philosophie erwächst aus dem Boden des Brahmanismus, einem Vorläufer des Hinduismus. Die ritual-exegetischen Texte des *Brahmanas* bilden die Vorstufe der *Upanisaden* und der *Veda*, welche die Grundtexte der orthodoxen hinduistischen Denkschulen bilden. Neben dem Hinduismus bilden die zwei Hochreligionen des Buddhismus und des Jainismus die drei Grundsäulen des indischen Interesses an der Philosophie. Im Unterschied zu den hinduistisch-philosophischen Systemen brechen der Jainismus und der Buddhismus mit der Anerkennung der *Veda* als einer letzten religiösen und philosophischen Autorität, durch die das traditionelle Kastensystem, die Lehre von der Weltordnung und der individuellen Seele begründet werden. Alle indischen religiös-philosophischen Systeme haben eine Erlösungstheorie zum Zentrum, deren praktischen Formen von Meditation und asketischen Praktiken geprägt sind. Mittels Meditation soll auf dem Weg der Erlösung der Unterschied zwischen der empirischen und der transzendenten Wirklichkeit überbrückt werden.

H.B.

Phronesis Griech. ›Klugheit, praktisches Wissen‹: bezeichnet bei →Platon und →Aristoteles die praktische →Weisheit, die im →Wissen um das ethisch →Gute und Angemessene begründet ist. Bei →Sokrates und Platon werden →Tugend und Wissen in einem sehr allgemeinen Sinne gleichgesetzt und als *phronesis* bezeichnet. Eine gute Haltung, so wird argumentiert, ist nur dann nützlich, wenn sie von vernünftiger Überlegung begleitet wird. Obwohl es deshalb keine Tugend ohne *phronesis* gibt, nimmt sie Platon als eine eigenständige Tugend in seinen klassischen Kanon der vier Tugenden auf: Gerechtigkeit, Tapferkeit, Selbstkontrolle und Phronesis, die er manchmal auch als →*sophia* (Weisheit) bezeichnet. Aristoteles differenziert unterschiedliche Bereiche des Wissens, für die ganz bestimmte Tugenden zuständig sind. Neben der *techne*, die den geschickten und klugen Umgang mit den alltäglichen Dingen lehrt, der *episteme* als dem auf das Allgemeine gerichteten Wissen, dem →*nous*, der die Intuition leitet, die die ersten Prinzipien erfasst, und der *sophia* als dem theoretischen Wissen ist es vor allem die *phronesis*, die uns zu →Handlungen befähigt, welche das Gute und →Böse betreffen. Sie steht im engen Zusammenhang mit den moralischen Tugenden und befähigt zu der Einsicht, was jeweils hier und jetzt, also im Konkreten und im Einzelnen zu tun ist. Die zentrale Einsicht von Aristoteles, dass für das praktische Wissen (im Unterschied zum theoretischen) das Kernproblem die Schwierigkeit der Anwendung des Wissens auf den jeweiligen Einzelfall darstellt, unterscheidet ihn von Platon, der keinen systematischen Unterschied zwischen praktischem und theoretischem Wissen macht.

H.B.

Phylogenese Die stammesgeschichtliche Entwicklung der Lebewesen einer bestimmten Verwandtschaftsgruppe. Im Unterschied zur →Ontogenese, die den individuellen Entwicklungsgang eines Lebewesens beschreibt, werden in der Phylogenese die Verwandtschaftsverhältnisse innerhalb verschiedener Stämme und die Abstammungsverhältnisse zwischen den Arten untersucht.

H.B.

Physiokratismus Von griech. →*physis*, ›Natur‹ und *kratein*, ›herrschen‹: volkswirtschaftliche

Theorie, die in Frankreich in der zweiten Hälfte des 18. Jhs. entwickelt wurde und nach welcher allein die →Natur, der Boden, die Quelle aller Reichtümer ist. Deshalb kann nach den Überlegungen der Physiokraten nur der Ackerbau und nicht der Handel der einzige Produzent des nationalen Wohlstands sein. Das Kriterium für die Produktivität der →Arbeit stellt die Schaffung eines Mehrwerts dar, der dadurch entsteht, dass die Summe an Gebrauchswerten, die der Arbeiter während der Produktion verbraucht, geringer ist als das, was er durch seine Arbeit schafft. Durch diese Sichtweise entsteht die Vorstellung, dass der Mehrwert, auf dem der gesellschaftliche Reichtum begründet ist, ein alleiniges Ergebnis der Bodenfruchtbarkeit, ein Geschenk des Naturprozesses ist. Im Unterschied zum Handel, wo nur Äquivalente ausgetauscht werden, und der Industrie, in welcher ein Rohstoff umgeformt und die damit verbundene Arbeitsleistung durch Lohn ausgezahlt wird, ist die Landwirtschaft der einzige produktive Wirtschaftszweig. Auf dieser Grundlage unterscheiden die Physiokraten drei Klassen: die produktive Klasse, zu der die Pächter und Bauern gehören, die Grundeigentümer, die sich den erarbeiteten Mehrwert aneignen, und die unproduktive Klasse, zu der Kaufleute, Manufakturbesitzer und die darin arbeitenden Lohnarbeiter gehören. Als Begründer der physiokratischen Lehre gilt Quesnay, dessen Hauptwerk *Tableau économique* als einer der ersten Versuche, eine Darstellung des Kreislaufs des gesellschaftlichen Gesamtkapitals und des Reproduktionsprozesses zu geben, angesehen werden kann. Weitere Vertreter der physiokratischen Schule waren Mirabeau, Lemercier und der Abbé Baudeau.

Die physiokratische Lehre und die in ihr entwickelten Kategorien bereiteten das Fundament, auf dem sich die Entwicklung der politischen Ökonomie, beginnend von Smith bis zu ihren Kritikern wie →Marx und Engels, vollzogen hat.

H. B.

Physis Griech. ›Natur‹: Die Entdeckung der →Natur als eines eigenständigen Wirklichkeitsbereichs gilt als eine der erstaunlichsten Leistungen der griechischen Philosophie, doch hatte dieser Begriff von Anfang an auch eine enorme Bedeutungsvielfalt. →Aristoteles stellte den Versuch an, den verschiedenen Verwendungen eine →Ordnung zu geben. Dabei kam er gleich auf sieben verschiedene →Bedeutungen, in denen dieses Wort gebraucht wurde. In drei unterschiedlichen philosophischen Themengebieten gewann der *physis*-Begriff in der griechischen Antike seine Konturen: in der →Ethik, in der antiken Sprachtheorie und in der →Erkenntnistheorie.

Eine Hauptunterscheidung der griechischen Philosophie betraf die Differenz zwischen *physis* und *nomos* (Gesetz, Recht, Sitte). Während in der Medizin, der Geschichtsschreibung und der Ethnographie die Unterscheidung noch neutral zur Bestimmung des wechselseitigen Einflusses von Volkssitten und menschlicher Natur gebraucht wurde, stellt sich in der Reflexion über die Begründung moralischer und rechtlicher →Normen des Gemeinschaftslebens die Frage nach dem →Prinzip oder dem Ort, an dem sich die moralisch-rechtlichen Grundorientierungen verankern lassen: Sind es die Natur und die in ihr waltenden Gesetzmäßigkeiten, die ein Vorbild für die gesellschaftliche Ordnung und deren Gesetze abgeben und als Sitte und niedergeschriebenes Recht Einfluss auf unser Handeln nehmen? Oder ist es die rechtsstaatliche Ordnung, die den zivilisatorischen Fortschritt garantiert und die natürliche Ausstattung des Menschen kompensiert? Zu einem besonderen Einfluss gelangte diese Differenz in der Unterscheidung der griechischen Zivilisation von den nicht griechisch sprechenden Völkern, den so genannten Barbaren. Einerseits wird die These vertreten, dass die Barbaren von ihrer Natur aus dazu geschaffen sind, Sklaven der Griechen zu sein, andererseits wird die Überlegenheit der Griechen gegenüber anderen Völkern, wie z. B. den Persern, mit dem Hinweis auf die bessere Gesetzgebung begründet. →Platon versucht den Widerspruch mit den Mitteln seiner Ideenlehre so zu lösen, dass er die Gesetze in einer unwandelbaren, transzendenten Natur gründen lässt, wobei die Gesetze des Staates zu Abbildern einer Idee der →Gerechtigkeit, einer Natur des Gerechten werden. Die →Legitimation der staatlichen Rechtsordnung durch eine transzendente *physis* muss sich allerdings dem Vorwurf des Totalitarismus stellen. Für Aristoteles setzt sich jede Rechtsordnung aus geschriebenen Gesetzen, die der Tradition oder der Gewöhnung entstammen, und ungeschriebenen Gesetzen, die ihren Ursprung in der menschlichen Natur haben, zusammen. Der Gegensatz zwischen *physis* und *nomos* wurde später durch die Unterscheidung zwischen →Naturrecht und →positivem Recht abgelöst.

Ein ähnlich wichtiges Gegensatzpaar findet sich in der sprachtheoretischen Diskussion der griechischen Antike. In Platons Dialog *Kratylos* findet sich der Streit darüber, ob die Angemessenheit des bezeichnenden Namens in der *physis* des Gegenstandes begründet liegt oder ob der Name für einen Gegenstand eine Sache der Konvention, der Thesis (Setzung) ist und in der Übereinkunft der Sprechenden zu suchen sei. Platon versucht in diesem Dialog eine vermittelnde Position zu begründen, die zwar eine getreue Abbildung des Gegenstandes im bezeichnenden Wort fordert, jedoch in der sprachlichen Vielfalt auch einen Spielraum für konventionell bedingte Festlegungen sieht.

Für Empedokles und →Parmenides steht die *physis* für die Welt des Werdens. Sie ist der Meinung (*doxa*) zugeordnet und nur auf den äußerlichen →Schein gerichtet, die im Gegensatz zur →Wahrheit des →Seins steht, welches weder entsteht noch vergeht. Für Platon hingegen ist *physis* das wahre →Wesen der seienden Dinge, der →Tugenden und sogar der →Ideen. Aristoteles vertritt eine teleologische Auffassung, nach der die *physis* das Wesen der Dinge ist, die einen Anfang der Bewegung, ein inneres Prinzip oder einen →Zweck in sich selbst haben. Davon unterschieden sind die Dinge, die aus anderen →Ursachen, wie aus der Kunst, dem Zufall oder der Absicht entstehen. Solche Dinge, die einen Anfang der Bewegung in sich selbst haben, z.B. Tiere oder Pflanzen, haben eine Natur; sie sind →Substanzen, deren Wesen Aristoteles als ihre entwickelte Form begreift.

H.B.

Platonische Liebe Ausdruck, der heute meist als Bezeichnung für eine unsinnliche Liebe verwendet wird. Den Drang nach philosophischer Erkenntnis deutet →Platon, im Anschluss an →Sokrates als →Eros (griech. ›Liebe‹).

H.B.

Platonismus Bezeichnung für eine Reihe sehr unterschiedlicher philosophischer Standpunkte. Als Platonismus wird zum einen jede Form der Rezeption Platons verstanden, die einen Anschluss an einzelne Lehrstücke seines Werkes sucht, andererseits wird dieser Begriff aber auch zur Kennzeichnung der in verschiedenen Epochen der Philosophiegeschichte vertretenen Denkschulen verwandt, die sich als direkte Nachfolger der platonischen Philosophie verstehen. Zudem gibt es eine Reihe von philosophischen Motiven, die als platonisch bezeichnet werden und in äußerst unterschiedlichen Konzeptionen und Traditionen auftauchen.

Die von Platon ausgehende philosophische Tradition bezieht sich zunächst auf die von ihm 385 v.Chr. gegründeten Akademie, welche bis 529 n.Chr. als Philosophenschule weitergeführt wurde. Unter den ersten Leitern befanden sich Speusippos und Xenokrates, die das platonische Spätwerk mit Elementen der spekulativen Zahlenmystik des →Pythagoras verbanden. Später, in der ›mittleren Akademie‹, vollzog sich eine Wendung zum Skeptizismus, der sich auf die frühen Werke von Platon berief. Unter Antiochos – dem Lehrer →Ciceros – wurde diese Richtung aufgegeben. Ab ca. 110 v.Chr. wurde eine eklektische Denkrichtung, die verschiedene philosophische Standpunkte zu vereinen suchte, bestimmend für die Akademie. Hauptsächlich ging es dabei um den Versuch der Vereinigung der →Metaphysik des Aristoteles mit der platonischen Prinzipienspekulation. Diese Phase wird auch als ›mittlerer Platonismus‹ bezeichnet, der schließlich ab ca. 200 n.Chr. vom →Neuplatonismus abgelöst wird. Der Neuplatonismus, hauptsächlich durch →Plotin, Porphyrios und Proklos Diadochos geprägt, hatte einen großen Einfluss auf die Spätantike und die frühe christliche Theologie, was zu einem erneuten Aufblühen des Platonismus geführt hat. Im Neuplatonismus kam es zu einer ganzen Reihe von Schulneugründungen, deren Einfluss bis zu →Augustinus, in die mittelalterliche →Scholastik und die christliche →Mystik reicht. Der große Einfluss, den die platonische und neuplatonische Philosophie auf die Entwicklung der christlichen Theologie hatte, war im 17. bis 19. Jh. Anlass für eine ganze Reihe historischer und theologischer Kontroversen über das Verhältnis von Tradition und Dogmatik sowie Theologie und Philosophie. Zu einem neuen Einfluss der platonischen Philosophie kam es in der →Renaissance (A) durch die Gründung der platonischen Akademie in Florenz unter Cosimo de Medici. Auch in England führte der Einfluss der →*Cambridge School* zu einer Blüte des Renaissance-Platonismus. Durch die von Schleiermacher angefertigte Übersetzung der Schriften Platons kam es zu einer bedeutenden Wende in der Platonforschung der neueren Zeit. Insbesondere die Kunstfertigkeit seines philosophischen Stils, die stark von den üblichen Formen der philosophischen Diskussion abweicht, galt als Gegenbild zu der vorherrschenden schulmäßigen Gelehrsamkeit.

Platons berühmtestes Lehrstück, die Ideenlehre, in der ein eigenständiges Reich unsinnlicher Gegenstände (→Ideen) postuliert wird, hat auch in der modernen Philosophie beständig Anlass gegeben, verschiedene Positionen mit dem Ausdruck Platonismus zu versehen, die auf irgendeine Weise Gegenstände, Wesenheiten oder Wirklichkeitsbereiche zulassen, welche weder psychisch-subjektiv noch physisch-objektiv oder materiell sind. Im →Neukantianismus der südwestdeutschen Tradition wird die Ideenlehre Platons im Sinne eines übersinnlichen und überzeitlichen Geltungsbegriffs gedeutet. Die Ideen dürfen demnach nicht in einem gesonderten Seinsbereich angesiedelt werden, sondern müssen als dasjenige verstanden werden, was eine ewige Gültigkeit besitzt. In der →Erkenntnistheorie und →Logik werden diejenigen Ansätze als platonistisch bezeichnet, in denen die Eigenständigkeit der logischen gegenüber der →empirischen →Erkenntnis und die Unabhängigkeit der logischen Gebilde von ihrer psychischen oder physischen Gegebenheitsweise behauptet werden. Zu den wichtigsten Vertretern dieser Auffassung, die auch als Logizismus bekannt ist, gehören Bolzano und →Frege. Nach Bolzano sind →Gesetze, →Wahrheiten, →Vorstellungen und →Begriffe einem Reich zuzuordnen, welches nicht zur →Wirklichkeit gehört und in dem diese Wesenheiten ›an sich‹ vorkommen. Freges Platonismus ist von einer Kritik des Psychologismus, des Naturalismus und des →Relativismus in den Grundlegungen der →Logik motiviert. Ihm zufolge muss neben dem objektiv Wirklichen und dem subjektiv Wirklichen noch ein »drittes Reich«, ein Reich des objektiv Nichtwirklichen angenommen werden, das weder zeitlich noch räumlich ist. In der Grundlagentheorie der Mathematik wird von Frege und Gödel die Auffassung vertreten, dass die Einführung mathematischer Größen eine Einbeziehung idealer oder abstrakter Gegenstände notwendig macht. Es hat sich aber gezeigt, dass eine Verabsolutierung platonischer Konzeptionen in der Grundlegung von Mathematik und Logik zu →Antinomien führt, die sich nur schwer vermeiden lassen. →Quines Kriterium für die ontologischen Verpflichtungen einer →Theorie ermöglicht eine Unterscheidung zwischen nominalistischen und platonischen Positionen. Theoretische Konstruktionen, in denen zunächst nur die Variablen der Theorie definiert werden, lassen diesbezüglich noch keine Unterscheidungen zu. Erst durch die Entscheidung, was als Wert dieser Variablen zugelassen wird, also ob sich der Wertebereich neben Individuen (→Nominalismus) auch auf Universalien wie Eigenschaften, Mengen oder Begriffe erstrecken soll, wird festgelegt, ob es sich um eine platonische Auffassung handelt oder nicht. Hierbei lässt sich noch ein extensionaler Platonismus, der sich nur auf Extensionen, d. h. Begriffsumfänge, Mengen und Klassen bezieht, und ein intensionaler Platonismus, der auch Begriffe, Eigenschaften oder Gedanken zulässt, unterscheiden.

Whitehead hat die außerordentliche Bedeutung Platons für die gesamte europäische Geistesgeschichte auf die möglicherweise etwas überspitzte Formel gebracht, dass die ganze Tradition der europäischen Philosophie aus nichts anderem besteht als aus Fußnoten zu Platon.

H. B.

Pluralismus Von lat. *plures*, ›mehrere‹: Vorwiegend in der →Erkenntnistheorie, der Wissenschaftsmethodologie und in der Politikwissenschaft gebrauchter Theoriebegriff. Gegen den →Monismus oder den →Dualismus wird vom erkenntnistheoretischen und metaphysischen Pluralismus eine Vielfalt von Erkenntnisweisen und Seinsbereichen angenommen, denen eine gleichberechtigte →Wirklichkeit zukommt. Die Ablehnung der Vorstellung einer exklusiven, einzig wahren wissenschaftlichen →Methode kennzeichnet den Methoden-Pluralismus. Ihm zufolge gibt es eine Vielzahl miteinander konkurrierender Methoden in den →Wissenschaften. Der erkenntnistheoretische und der wissenschaftstheoretische Pluralismus treten meist gemeinsam auf, denn die Überzeugung, dass es verschiedene Bereiche der Wirklichkeit gibt, führt u.a. auch zu der Annahme, dass es verschiedene wissenschaftliche Zugänge zu diesen Bereichen und damit unterschiedliche Methoden des wissenschaftlichen Arbeitens gibt, die sich jeweils nach den spezifischen Eigenarten dieser Seinsbereiche richten.

Der politische Pluralismus beschreibt in der Analyse sozialer Strukturen die mit gleicher oder ungleicher Durchsetzungsfähigkeit ausgestatteten Meinungs-, Organisations- und Interessengruppen und richtet sich im normativen Sinne explizit gegen alle gesellschaftstheoretischen Konzeptionen, die dem →Staat und der staatlichen Souveränität gegenüber allen anderen gesellschaftlichen und politischen Interessen eine omnipotente Stellung einräumen. Der gesellschaftliche Prozess und die politische Legitimität resultieren aus den partikularen Einflüssen von Verbänden, Organisationen und Interessengruppen. Dem Staat kommt dabei kein vordergründiges Gewicht zu. Hinter dieser pluralistischen Vorstellung steht die Idee der Konfliktaustragung und des Interessenausgleichs zwischen den verschiedenen politischen Gruppen und Anschauungen, welche zu einem wichtigen Merkmal moderner, industrieller, liberal-demokratischer Systeme geworden ist.

H.B.

Pneumatologie Von griech. *pneuma*, ›Geist, Hauch, Wind‹: Hauptsächlich ein Begriff der theologischen Diskussion, welcher den Teil der Dogmatik umfasst, der sich mit dem Heiligen Geist als einer der drei Personalitäten →Gottes beschäftigt. Im Alten Testament wird unter Pneuma das innere Lebensprinzip des →Menschen verstanden, im Neuen Testament liegt der Akzent auf der Wirkungsmächtigkeit Gottes. Im 20. Jh. hat sich der Begriff durch Barth, der die »Lehre vom Heiligen Geist« als Pneumatologie konzipierte und diese zum Ausgangspunkt der Dogmatik machte, unter den Theologen durchgesetzt.

Zur Bezeichnung einer philosophischen Pneumatologie haben sich heute die Begriffe ›Spiritismus‹ oder ›Spiritualismus‹ eingebürgert. In der Antike wurde das Pneuma noch als etwas Materielles angesehen. →Aristoteles verstand darunter zunächst eine elementare Lebenskraft, die →Stoa den Lebenshauch, an dem alle Einzelseelen und -dinge teilhaben. Erst in der →Gnosis wurde der Begriff zu der geistigen und aus dem Bereich des Göttlichen stammenden →Substanz spiritualisiert und dem Fleisch gegenübergestellt. So wurde die Pneumatologie zu einer Lehre vom spirituellen →Wesen des →Menschen, die sich später, in der →Metaphysik des 17. Jhs., zur Theorie aller stofflosen und vernunftbegabten Wesen (Seelen, Gott, Engel) entwickelt hat. Doch schon in der Schulmetaphysik bei Wolff und noch stärker bei Thomasius wird die Pneumatologie zu einer Lehre von den Eigenschaften des →Geistes, d.h. im weitesten Sinne zu einer Art Psychologie reduziert. →Kant verwendet diesen Ausdruck zwar noch im Sinne der Schulphilosophie, doch durch seine erkenntniskritische Position ist der Begriff für die Philosophie weithin inakzeptabel geworden.

H.B.

Poetik Von griech. *poiein*, ›machen, hervorbringen‹: Bedeutet im engeren Sinne Dichtungslehre. Sie ist ein Teil der Dichtungswissenschaft innerhalb der Literaturwissenschaft. In der Antike, insbesondere bei →Aristoteles und Horaz, wurde sie als die Lehre von der Technik der Dichtung verstanden, die Gegenstand systematischer Untersuchungen und als solche auch erlernbar ist. Im mittelalterlichen Fächerkanon, den *artes liberales*, hatte die Poetik keinen eigenständigen Platz. Sie wurde teilweise der Grammatik und der Rhetorik unterstellt. Die Auffassung von Poetik als Regelsystem der Dichtungspraxis wurde in der Zeit des Sturm und Drang, in der Genieästhetik des 18. Jhs., zu deren bedeutendsten Vertretern Herder, Goethe, Schiller und die Brüder Schlegel gehören, stark kritisiert. Für sie war die Poetik keine Lehre, die praktische Anweisungen für die Dichtkunst gibt, sondern eine Deutung der Dichtung, die das künstlerische Werk in seiner Eigenartigkeit und Einzigkeit interpretiert und es dadurch erschließt.

H.B.

Poiesis Griech. *poiesis, poietike techne,* ›Kunst des Hervorbringens, Herstellens‹: bezeichnet seit →Aristoteles ein Tun, das sein Ziel in der Herstellung eines Gebrauchsgegenstandes oder Kunstwerkes hat. Poietisches Tun wird vor allem vom sittlichen Handeln abgesetzt, das sein Ziel in sich hat (*praxis*). Der Begriff kann im Neuen Testament, im Frühchristentum und in der Patristik auch die Schöpfung Gottes bezeichnen (→Gott als *poietes*). Der Terminus wird unter diesen Aspekten durch *creatio, productio* und ›Herstellen‹ verdrängt, er lebt aber unter modifizierter Bedeutung als Poesie und →Poetik bis auf die heutige Zeit fort.

G.S.

Polemik Von griech. *polemos,* ›Krieg, Kampf‹: In der gesamten Philosophiegeschichte gehört die Polemik zur Auseinandersetzung zwischen verschiedenen Positionen. Eine methodische Rolle nimmt sie in der →Eristik, der →Dialektik des →Platon, in der scholastischen Argumentationskunst und in der Aufklärung (→A Neuzeit – Aufklärung) ein.

Seine Neigung zum Wortstreit machte Euklid von Megara, einen Schüler des →Sokrates, zum Begründer der Eristik, die sich zu einer Kunst des Streitens und Disputierens entwickelte. Der →Dialog, die erstrittene gemeinsame Erforschung der →Wahrheit, wurde von Platon zu einem Verfahren des Philosophierens ausgebaut, in dem sich die Begriffsbildung und -zergliederung methodisch entfalten lässt. Die Dialektik, die →Methode von Rede und Gegenrede, sah Platon als die oberste Wissenschaft an, da der Philosoph durch sie zur Ideenschau aufsteigen kann. Neben der *lectio* (Lesung) und den *quaestiones* (Fragen) stellt die *disputatio* (Streitgespräch) die wichtigste Methode unter den Lehrformen im Schulbetrieb des →Mittelalters (A) dar. Im Streitgespräch sollen strittige Fragen geklärt werden, indem durch die Anwendung des syllogistischen Schlussverfahrens die Richtigkeit oder Falschheit der aufgestellten →Thesen bewiesen wird. Aus der Zeit der Aufklärung stammt die Unterscheidung zwischen Wortstreit, gelehrtem Streit und Disput.

H.B.

Polis Griech. ›Stadtstaat‹: ursprünglich die Burg und die zu ihr gehörige Siedlung. Als ein von Mauern umgebenes städtisches Siedlungszentrum bildet die Polis die wichtigste Staatsform in der griechischen Antike, die – allerdings unter den Bedingungen der Sklavenhaltung und des Ausschlusses der Frau aus dem öffentlich-politischen Leben – keine Trennung kannte zwischen →Individuum, →Gesellschaft und →Staat. Daneben kennt man noch andere Gemeinschaftsformen, deren Zusammenschluss zu einem autarken politischen und militärischen Verband der freien Bürger die wichtigste Voraussetzung für die Polis bildet. Die wichtigsten sind: die Zweierbeziehung (zwischen Mann und Frau oder Herrn und Sklaven), die Hausgemeinschaft (*oikos*) und die Dorfgemeinschaft. Neben dem ständigen Kriegszustand zwischen den verschiedenen *poleis* und dem zunehmenden Bürgerkriegsverhältnissen (*stasis*) innerhalb dieser hat insbesondere die Entstehung von Großreichen wie dem Alexanderreich oder dem Römischen Reich zum Verlust der Autonomie und zur Krise der *poleis* geführt.

H.B.

Politik Von griech. *politike,* ›Kunst der Staatsverwaltung‹ oder *ta politika,* ›Staatsgeschäfte‹: Bezeichnet ein zielorientiertes Handeln, das sowohl auf staatliche als auch auf öffentliche oder individuelle Bereiche gerichtet sein kann.

In der Privatsphäre wird von politischem Handeln gesprochen, wenn es strategisch auf die Durchsetzung individueller Ziele gerichtet ist. Im Bereich der Öffentlichkeit wird das Handeln einer gesellschaftlichen Gruppe dann politisch genannt, wenn es im Zusammenhang mit Abgrenzungs- und Kontrolltätigkeiten oder mit anderen Praktiken der bewussten Einflussnahme auf andere gesellschaftliche Gruppen steht. Im eigentlichen Sinne ist Politik auf den staatlichen Bereich, also auf die Organisation des Gemeinwesens, auf die Prozesse der Willensbildung sowie auf den zwischenstaatlichen Bereich, die Interessenvertretung eines staatlichen Gemeinwesens nach außen gerichtet. Politisches Handeln in diesem Sinne lässt sich durch drei Dimensionen kennzeichnen: den Kampf oder die Konkurrenz zwischen sozialen Gruppen zur Durchsetzung ihrer Interessen (→Macht), die institutionelle Sicherung von Machtpositionen (→Recht, politisches System) sowie die ideologische Rechtfertigung des eigenen Machtanspruchs oder die Kritik der Machtposition anderer (→Ideologie).

H. B.

Politische Philosophie Disziplin der praktischen Philosophie. Sie hat einen speziellen Bereich der menschlichen Lebens- und Handlungswelt zum Gegenstand, dem die griechische *polis* den Namen gab: den Bereich der den →Menschen als ›Bürger‹ betreffenden und auch verpflichtenden öffentlichen Angelegenheiten. Die politische Philosophie sucht – zumeist in Zeiten von Krise und Krieg – umfassend und nach →Prinzipien (insbesondere nach dem praktischen Prinzip der →Gerechtigkeit) normativ-kritisch (z. T. mit der Forderung nach Umsetzung) zu bestimmen, was den spezifischen Charakter des politischen Bereichs (z. T., was das Wesen des Politischen) ausmacht und worin seine →Bedeutung für den Menschen liegt. Als »Theorie des Politischen« (Vollrath), das unterschiedliche Formen und Gestalten annehmen kann, sowie auch des Politischseins des Menschen in diesem Sinn – und nicht nur als Theorie der Politik im Sinne des Wirkens in einem politischen Verband (einer Stadt, einem →Staat) bzw. seiner Leitung – ist die politische Philosophie von →Platon und →Aristoteles begründet worden und bleibt auch eine Besonderheit der abendländischen →Kultur. Dabei gibt es bis heute faktisch weder eine eindeutige Antwort auf die Frage, was denn nun den politische Charakter des politischen Bereichs eigentlich ausmacht, noch ob man überhaupt von einen autonomen (nach eigenen Gesetzmäßigkeiten geregelten) politischen Lebens- und Handlungsbereich (im Unterschied z. B. zum Bereich der Gesellschaft und/oder des Staates) ausgehen kann und damit auch, ob politische Philosophie als eigenständige philosophische Disziplin überhaupt möglich ist.

Möglich ist sie dort, wo man der Auffassung ist, der politische Bereich decke sich mit einer bestimmten Verbandsbildung von Menschen. In der Antike wurde die Stadt bzw. die griech. *polis* und in der →Neuzeit (A) sowie in der deutschen politischen Philosophie bis ins 20. Jh. hinein – der durch den Aspekt der Souveränität charakterisierte Staat mit dem politischen Bereich identifiziert. In der gegenwärtigen Philosophie versucht man vor allem in Deutschland, diese »Gemengelage der Begriffe Staat und Politik … zu entwirren« (N. Luhmann) und zu einem vom Begriff des Staates unabhängigen Begriff des Politischen zu gelangen. Die genannten drei Etappen philosophisch-politischen Denkens sind kurz zu charakterisieren:

1. Die Polis, auf die sich Platon und Aristoteles beziehen, ist eine Verbandsbildung von Menschen, für die als charakteristisch gelten kann, dass unter allen Beziehungen, die der Mensch mit seinesgleichen eingehen kann und aus Gründen des Überlebens auch eingehen muss – Beziehungen der Arbeit, der Versorgung mit Nahrungsmitteln, des Wohnens, des Güteraustauschs – von denjenigen, die über den Familienverband hinausgehen, die politische im Vordergrund steht. Darunter ist eine Beziehung zwischen Fremden auf der Basis einer Identität von Stadt und Einwohnerschaft zu verstehen, aufgrund deren der Einwohner ein ›Bürger‹, d. h. jemand ist, der die Sache der Stadt zu seiner eigenen macht. Diese »politische Identität« (Chr. Meier), die für die ursprüngliche Ausprägung griech. Staatlichkeit im 5. Jh. v. Chr. kennzeichnend ist, gerät im Gefolge des Peloponnesischen Kriegs und der Niederlage Athens in die Krise. Auf diese Krise reagieren Platon und Aristoteles mit der Begründung einer politischen Philosophie, die verdeutlicht, dass in der Polis zu leben zum Wesen des Menschen gehört. Die platonische und aristotelische Konzeption weichen jedoch stark voneinander ab, so sehr, dass von zwei »Grundtypen politischer Philosophie« (Vollrath) gesprochen werden kann: Nach Platon ist die Polis in der menschlichen Seele gegründet und deren Abbild, d. h. die innere →Ordnung der Polis, die *politeia*, weist eine dem Seelenvermögen analoge hierarchische Ordnung auf: Sie gliedert sich in die Stände der Erwerbstätigen, der Krieger und der Weisen. Eine so verfasste Polis verkörpert Gerechtigkeit in dem Sinne, dass jeder in seiner Zugehörigkeit zu einem der verschiedenen Stände das seiner →Natur Entsprechende oder, mit anderen Worten, ›das Seine‹ tut. Platons Schrift *Politeia* enthält den Entwurf dieser Stadt, damit nicht aber etwa eine Utopie, sondern nur einen Maßstab zur Beurteilung (und wahrscheinlich auch zur Veränderung) bestehender Verfassungen. Jedoch hat die-

ser Maßstab - und darin liegt das in methodologischer Hinsicht Besondere der platonischen Konzeption - den Status einer metaphysischen →Idee (*eidos*), die von einem Philosophen (Weisen) geschaut und begrifflich entfaltet wird, der nach dieser Idee zugleich annehmen kann, dass es ihm zukommt, die Regierung in der Polis innezuhaben (›Philosophen-König-Theorem‹). - Platons Konzept von politischer Philosophie wird hinsichtlich seines metaphysischen Charakters, in dem der faktisch bestehenden Vielfalt der Polis-Verfassungen nichts abgewonnen werden kann - er mildert sich in Platons späteren Schriften, im *Politikos* und den *Nomoi*, allerdings ab - von Aristoteles kritisiert. Aristoteles akzeptiert nicht nur die Vielfalt der bestehenden Verfassungen und geht philosophisch von ihr (d.h. von einer Untersuchung der Verfassungen von 158 Städten) aus, sondern hält philosophisch auch an ihr fest: Er sucht prinzipientheoretisch zu bestimmen, was für alle politischen Verbände kennzeichnend ist. Dabei gewinnt die politische Philosophie bei Aristoteles erstmals disziplinäre Eigenständigkeit: Sie wird Teil der von der theoretischen Philosophie nun ebenfalls klar unterschiedenen praktischen Philosophie. Sie steht neben einer →Ethik, die das natürliche Streben des Einzelnen nach einem guten, d.h. glücklichen und tugendhaften Leben thematisiert, also nach einem Leben in freier Selbstbestimmung, Muße und vollendeter Selbstgenügsamkeit, dem nichts an Erfüllung mangelt.

Sie steht ferner neben einer →Ökonomie, deren Thema das sittliche Leben in der Hausgemeinschaft (Familie) ist. In Ergänzung vor allem zur Ethik verdeutlicht die politische Philosophie, dass das gute Leben für den Einzelnen nur in der Gemeinschaft, weil nur durch Vorbild und in Nachahmung, Erziehung und Gewöhnung erreichbar ist, allerdings nicht in jeder beliebigen Gemeinschaft: so nicht in der Hausgemeinschaft, auch nicht in einem bloßen Waffen- und Schutzbündnis und auch nicht in einem Zusammenschluss, der nur der Beförderung des gegenseitigen Nutzens dient oder gar nur um des Zusammenlebens willen besteht. Erreichbar ist es nur in der Polis, die nach Aristoteles ausdrücklich um der Realisierung des guten Lebens willen existiert und dies auf verschiedenen Wegen anstrebt, wie die Vielfalt der Polis-Verfassungen bezeugt. Doch zielt jede Polis »auf die Realisierung des höchsten und umfassenden Gutes«, denn Polis überhaupt ist die nach Aristoteles »ranghöchste ... Form menschlicher Gemeinschaft«, die alle anderen Gemeinschaften umfasst. Die Polis ist daher kein Einfall des Menschen, den er haben kann oder auch nicht, vielmehr ist umgekehrt der Mensch wesentlich als *zoon politikon* zu begreifen, weshalb denn Aristoteles gelegentlich auch die ganze praktische Philosophie als politische Philosophie bezeichnen kann.

Indes gibt es bei Aristoteles auch eine funktionale Betrachtung der Polis: Zwar ist der politische Verband etwas anderes ist als ein bloßer Sozial-, Wirtschafts-, Waffen- oder Kulturverband: Er ist (wie auch immer unvollkommene) Manifestation der Idee der Gerechtigkeit und seine Ordnung ist das Recht. Doch lebt der Mensch - gerade nach Aristoteles - in einer solchen Ordnung auch deshalb, weil er, »ausgestattet mit den Waffen seiner intellektuellen und moralischen Fähigkeiten«, wie er ist, ohne Gerechtigkeit »das ruchloseste und roheste ... Geschöpf« sein würde (Aristoteles). Er bedarf der politischen Ordnung auch um des Friedens willen. Diesen Aspekt gewichtet im Lichte bestimmter Erfahrungen die neuzeitliche Philosophie, insbesondere →Hobbes, für den der Mensch aufgrund seiner intellektuellen und moralischen Fähigkeiten ohne Staat und Recht nur immer wieder den Frieden der anderen stören würde. Doch ist die Polis noch nicht der machtvolle neuzeitliche Staat, dessen der Mensch aus neuzeitlicher Sicht bedarf, weil er »ein Tier« ist, das »... einen Herren nötig hat«, »wenn es unter anderen seiner Gattung lebt«, wie →Kant formuliert.

2. Der historische Übergang von der griechischen *polis* zur (flächenmäßig größeren) römischen *civitas* bringt eine veränderte Wahrnehmung des Politischen sowie auch die Ausbildung einer neuen politischen Sprache mit sich, die neben der politischen Philosophie der Antike »zur zweiten Quelle des politischen Wortschatzes aller neueren Sprachen wird« (Vollrath). Quelle ist die politische Philosophie der Antike zunächst (in ihrer platonischen Ausprägung) für →Augustinus, dessen Zwei-Reiche-Theorie einen gewissen Einfluss auf die politischen Vorstellungen der nach dem Untergang Roms aufstrebenden Barbarenstämme hatte (vgl. die Fürstenspie-

gelliteratur), später, insbesondere im 13. Jh., in aristotelischer Ausprägung z. B. für →Thomas von Aquin, der die antike politische Philosophie nun gleichsam als eine Lehre vom guten christlichen Leben neu zu begründen versucht. Zu Beginn der Neuzeit indes wandelt sich die politische Philosophie radikal: War sie bislang vor allem eine Lehre vom guten Leben, so wird sie jetzt zu einer Lehre vom Überleben in einem Zeitalter der Kriege und der auf Dauer gestellten Krise, in der jede Ordnung zerbricht. Sie gilt dem Staat in einem neuartigen Verständnis und entsteht – wie das Wort ›Staat‹ selbst (in allen europäischen Sprachen) – im 15. Jh. in Italien vor dem Hintergrund der existenzbedrohenden Machtkämpfe zwischen selbstständigen Stadtstaaten, in die Italien zerfallen war. Am bekanntesten ist der Versuch von Macchiavelli, in dieser Situation an die Stelle der traditionellen politischen Lehre vom guten Leben (*bene vivere*) sozusagen eine Technik, eine Anleitung zu setzen, wie man (überlebensnotwendige) Macht erwirbt und sichert. Dabei wird Staat auch über den Aspekt der Macht definiert: »Stati« sind nach Macchiavelli alle (auf den Menschen zurückgehenden) Gewalten, die Macht über Menschen besitzen. Im 16./17. Jh. setzt sich jedoch – zumindest philosophisch (z. B. bei Bodin, Hobbes oder →Locke) – die Einsicht durch, dass Macht allein das Leben nicht sichert, sondern im Gegenteil es ständig aufs Spiel setzt. Diese Einsicht bezieht sich auf die Unzahl der Kriege, die im Zusammenhang mit der Entstehung neuer Machtgebilde, der Nationalstaaten, und der Spaltung der Christenheit sowohl auf dem Kontinent als auch in England geführt wurden und schließlich nur die Verheerung Europas zur Folge hatten. Aus dieser Erfahrung zieht die Philosophie der Neuzeit (in →Rationalismus wie →Empirismus) die Konsequenz, dass der Staat nicht bloß über den Aspekt der Macht definiert werden kann, vielmehr der machtvolle Staat über den Aspekt der Herstellung von Frieden bzw. (als dessen Voraussetzung) der (rechtlichen) Absicherung von Besitz (d. h. seine Umwandlung in Eigentum) bestimmt werden muss. Der Frieden wird als grundlegende Voraussetzung für das Überleben, aber auch für ein bequemes Leben betrachtet (sowie später, bei Kant, auch für ein im sittlichen Sinne gutes Leben, nicht aber mehr als Form eines sittlich guten Lebens selbst). Dabei ist man sich einig auch darin, dass der Staat diese Aufgabe nur dann übernehmen kann, wenn er als eine Instanz begriffen wird, die sowohl von religiösen Bekenntnissen als auch von politischen Interessenverbänden unabhängig, ihnen gegenüber neutral und zugleich hinreichend mächtig ist, um jede Gewaltanwendung zwischen Untertanen sowohl unterbinden als auch bestrafen zu können. Das Merkmal des neuzeitlichen Staates, das ihn von allen anderen Gesellschaftsformen (und auch von den älteren Formen des Politischen) grundlegend unterscheidet, ist diesen Konzepten zufolge seine Souveränität, in deren Schutz es Frieden gibt und in der Folge Handel, Gewerbe und Wissenschaften (inklusive Philosophie) gedeihen. Hervorzuheben in diesem Zusammenhang ist Lockes zentraler Gedanke der Gewaltenteilung, der nicht mehr in erster Linie eine Antwort auf das Problem des »Schutzes des →Individuums vor Bürgerkriegsparteien«, sondern auf das Problem des »Schutzes des Individuums vor seinem« – machtvollen – »Schützer« (R. Specht). Lockes *Two Treatises of Government* (*Zwei Abhandlungen über die Regierung*) beeinflussen die nordamerikanische Unabhängigkeitserklärung und Verfassung und bleiben in deren vielfältigen Rückwirkungen auf Europa indirekt oder direkt Bezugspunkt für das spätere philosophisch-politische Denken, z. B. für Kant, dessen Vernunftbegründung der Rechtsstaatlichkeit des gewaltenteiligen Staates und dessen strikte Trennung von Legalität und Moralität wiederum kritischer Bezugspunkt für spätere Denker ist; z. B. für →Hegel, der über den bloßen »Noth- und Rechtsstaat« hinausgehen und unter Bezugnahme auf Gehalte antiker politische Philosophie den Staat wieder primär als »das wirklich sittliche Leben« und den »substantiellen Zweck eines Volkes« zu bestimmen sucht.

3. Charakteristikum der politischen Philosophie der Neuzeit und der deutschen politischen Philosophie bis ins 20. Jh. hinein ist die Identifikation des Politischen mit dem Staat. Dass eine solche Identifikation praktisch das Entstehen von totalitären Herrschaftsformen, von Diktaturen, zur Folge hat, ist eine Einsicht der jüngeren deutschen politische Philosophie, die der Gefahr der totalitären Herrschaft auf zweierlei Weise zu begegnen sucht: zum einen durch eine (an Kant anschließende) verstärkte Argumentation zu-

gunsten des Rechtsstaats (so z.B. Höffe); und zum anderen durch eine Trennung von Politik und Staat, die an Max Webers Unterscheidung zwischen verantwortlich handelnden Politikern und bloß ausführender Beamtenschaft orientiert ist und Diktatur als Ausdruck einer Monopolisierung des Politischen durch den Staat verständlich zu machen erlaubt. Zwei Konzepte, die in die letzte Richtung gehen, sind zu nennen: a) der Versuch Luhmanns, »Politik nicht als Staat, sondern nur in Beziehung auf den Staat« zu bestimmen, demzufolge sich politischer und staatlicher Handlungsbereich dadurch unterscheiden, dass im politischen Bereich Nichthandeln und Handeln (wenigstens im Prinzip) von gleicher politischer Tragweite sind, während im staatlichen (administrativen) Bereich Nichthandeln nur bedeutet, dass eine Entscheidung nicht getroffen wird, was dann wiederum politisch zu verantworten ist; und b) der Versuch von →Habermas, den als Subsystem der Gesellschaft verstandenen bürokratischen Staat kritisch in Beziehung auf das Politische zu bestimmen, das für ihn wesentlich über den Aspekt öffentlicher Kommunikation zu charakterisieren ist.

Fazit: Politische Philosophie artikuliert sich, so zeigt sich historisch, in einer Vielfalt von Konzeptionen, die sich in sachlicher Hinsicht an den politischen Vorstellungen einer Zeit und in methodologischer Hinsicht am Wissenschaftsideal einer Zeit orientieren und insoweit selbst zeitgebunden sind. Gleichwohl zeigt sich in aller Vielheit auch, was politische Philosophie charakterisiert: Sie ruft unter gegebenen Bedingungen ins Bewusstsein, dass wir nicht isoliert, sondern nur als Teil eines größeren Ganzen, als Mitglieder einer über die Familie weit hinausgehenden Gemeinschaft überleben und gut leben können. Sie versucht immer wieder neu, diesem Umstand einen vernünftigen Sinn und dem Problem, dass in Gemeinschaft zu leben bei uns nicht auf Anhieb schon funktioniert (wie bei »Bienen und Bibern«, Kant), eine vor allem an der Idee der Gerechtigkeit orientierte Lösung zu geben.

Chr. Meier, Die Entstehung des Politischen bei den Griechen, 3. Aufl. Frankfurt/M. 1983

Platon, Politeia, in: Sämtliche Werke, hg. von K. Hülser, Frankfurt/M. / Leipzig 1991, Bd. V; Politikos, ebd., Bd. VII; Nomoi, ebd., Bd. IX

Aristoteles, Politik, Übers. und mit erklärenden Anmerkungen versehen von E. Rolfes, mit einer Einleitung von G. Bien, Hamburg 1981

N. Machiavelli, Der Fürst (Il Principe), übers. und eingel. von P. Rippel, Stuttgart 1995

Th. Hobbes, Leviathan oder Stoff, Form und Gewalt eines kirchlichen und bürgerlichen Staates, hg. von Iring Fetcher, 10. Aufl. Frankfurt/M. 2000

J. Locke, Zwei Abhandlungen über die Regierung, hg. von W. Euchner, Frankfurt/M. 2000

R. Specht, John Locke, München 1989

I. Kant, Die Metaphysik der Sitten (1797/1798), in: Werkausgabe, hg. von W. Weischedel, Frankfurt/M. 1974 ff., Bd. VIII, S. 303-634

J. Habermas, Theorie des kommunikativen Handelns, 2 Bde, Frankfurt/M. 1981

E. Vollrath, Grundlegung einer philosophischen Theorie des Politischen, Würzburg 1987

W. Kersting, Die politische Philosophie des Gesellschaftsvertrags, Darmstadt 1994

P. Kolmer / H. Korten (Hg.), Recht - Staat - Gesellschaft. Facetten der politischen Philosophie, Freiburg / München 1999

O. Höffe, Ethik und Politik, Grundmodelle und -probleme der praktischen Philosophie, Frankfurt/M. 2000

N. Luhmann, Die Politik der Gesellschaft, Frankfurt/M. 2000

J. Isensee, Subsidiaritätsprinzip und Verfassungsrecht. Eine Studie über das Regulativ des Verhältnisses von Staat und Gesellschaft, Berlin 2001

P. K.

Polysyllogismus Schlusskette oder Vielschluss: bezeichnet in der traditionellen →Logik die Aufeinanderfolge mehrerer syllogistischer Einzelschlüsse, deren Verbindung dadurch zustande kommt, dass die →Konklusion des ersten Schlusses (Pro/Präsyllogismus oder Vorschluss) als →Prämisse des zweiten Schlusses (Episyllogismus oder Nachschluss) auftritt.

Ein Beispiel für einen Prosyllogismus, der ausschließlich aus Allurteilen gebildet ist, kann z.B. folgendermaßen aussehen: Prämisse 1: Alle Männer sind Menschen. Prämisse 2: Alle Junggesellen sind Männer. Konklusion: Alle Junggesellen sind Menschen. An diesen Schluss kann sich ein Episyllogismus anschließen, der die Konklusion des Prosyllogismus zu seiner ersten Prämisse hat: Prämisse 1: Alle Junggesellen sind Menschen. Prämisse 2: Alle unverheirateten Männer sind Junggesellen. Konklusion: Alle unverheirateten Männer sind Menschen. Werden die beiden Schlüsse zu einer Kette zusammengeführt, dann spricht man auch von einem Kettenschluss (*sorites*). Werden mehr als zwei Einzelschlüsse miteinander verbunden, dann wird der Episyllogismus des ersten Schlusses zu einem Prosyllogismus in Bezug zum dritten Einzelschluss usw.

H.B.

Polytheismus Im Gegensatz zum →Monotheismus ein Glaube an eine Vielzahl von Göttern. Polytheistische Vorstellungen finden sich in fast allen Volks- oder Naturreligionen. Sie entstehen aus der Übernahme von Göttern aus anderen Religionen, aus einer Vergöttlichung geheimnisvoller Naturphänomene, im Zuge der mythischen Erläuterung sozialer Gegebenheiten wie der Familienzugehörigkeit, der Gruppenhierarchie, oder zum Zweck der Abgrenzung und Unterscheidung von Individuen, die nicht der jeweiligen sozialen Gruppe angehören. Liegt eine starke Hierarchisierung zwischen den einzelnen Gottesvorstellungen vor, kann sich der Polytheismus tendenziell in einen monotheistischen Glauben verwandeln. Demgegenüber treten in Begleitung monotheistischer Hochreligionen immer auch polytheistische Volks- oder Laienreligionen auf, die sich mit den meist von religiösen Spezialisten ausgeübten monotheistischen Kulten mehr oder weniger vermischen. Die Frage, ob es eine ursprüngliche Form der Religionsausübung gegeben hat und ob diese poly- oder monotheistisch war, lässt sich nicht wissenschaftlich rekonstruieren und wird daher heute nicht mehr diskutiert.

H.B.

Popularphilosophie Bezeichnung für eine Art des Philosophierens, die sich um eine zugängliche Darstellungsweise und um die öffentliche Wirksamkeit philosophischer Argumentation bemüht. Dabei werden zwanglose literarische Formen wie Dialog oder Brief bevorzugt.

Im engeren Sinne wird Popularphilosophie zur Kennzeichnung für eine philosophische Richtung in der deutschen Aufklärung (→A Neuzeit – Aufklärung) gebraucht, die sich in der zweiten Hälfte des 18. Jhs. im Anschluss an die wolffsche Schulmetaphysik ausgeprägt hatte. Ihr Zentrum hatte sie in Göttingen mit den Philosophen Feder, Garve, Meiners und Hissmann; in der außeruniversitären Popularphilosophie war Moses Mendelssohn sehr einflussreich. Die Vertreter der Popularphilosophie wenden sich gegen die dogmatische Schulphilosophie und zielen auf die Verbreitung der akademischen philosophischen Gedanken in der Öffentlichkeit, auf die allgemeinverständliche Darstellung philosophischer Vorstellungen und auf die Praxisorientierung der Philosophie in eigenständigen (wenn auch in weiten Teilen eklektizistischen) moralischen Traktaten. Ihre Gegner, insbesondere die Vertreter des →deutschen Idealismus (A) Reinhold, →Fichte und →Hegel, werfen ihr →Eklektizismus – die unschöpferische Übernahme einer mehr oder weniger beliebigen Auswahl fremder Gedanken – und philosophische Verflachung vor. →Kants Urteil über die Popularphilosophie ist differenzierter. Einerseits hält er die Forderung nach einer allgemein fasslichen Darstellung der Philosophie und das Erfordernis eines populären Vortrags, der sich um lebendige Bilder und konkrete Beispiele bemüht, für durchaus gerechtfertigt, andererseits sieht er in der vorschnellen Popularisierung die Gefahr der unkritischen Übernahme einer »Volksbegrifflichkeit«, die sich nicht mit den Kriterien der Vernunft in Übereinstimmung bringen lasse. Kant diskutiert das Verhältnis von Fach- und Popularphilosophie im Rahmen seiner Unterscheidung zwischen dem →Schulbegriff und →Weltbegriff der Philosophie.

H.B.

Port-Royal Die Äbtissin J.M. Arnauld baute ein in der Nähe von Paris gelegenes Zisterzienserinnenkloster zu einer philosophisch-theologischen Schule aus, die im 17. Jh. großen Einfluss auf die französische Kultur ausübte. Die Hauptinhalte dieser Schule bestanden im Praktizieren eines frommen Lebens und in der Entwicklung eines antijesuitischen, pädagogischen Reformprogramms. Zu den wichtigsten Vertretern der Schule von Port-Royal zählen Antoine Arnauld, Nicole und →Pascal. Die bedeutendsten wissenschaftlich-philosophischen Werke dieser Schule sind die von Nicole und Antoine Arnauld entwickelte *Logik von Port-Royal*, in der die aristotelische Schullogik mit einer von →Descartes und Pascal entwickelten Methodenlehre verbunden wird sowie die von Antoine Arnauld und Lancelot verfasste *Grammatik von Port-Royal*, welche die menschliche →Sprache als ein System von →Zeichen versteht, die dazu dienen, Gedanken zu artikulieren.

Die Abhandlung zu →Logik – oder besser: zum vernünftigen Denken – beinhaltet methodologische Richtlinien zur Gewinnung richtiger Erkenntnisse und stützt sich auf die Einsicht in die Endlichkeit des menschlichen →Geistes. Der damit verbundene programmatische Gesichtspunkt, dass sich alle wissenschaftlich möglichen Erkenntnisse nur auf die →Erfahrung berufen können, richtet sich insbesondere gegen die scholastische →Metaphysik. Die ersten drei Teile der *Logik von Port-Royal* umfassen die allgemeinen Bestandteile der klassischen Logik: die Lehre der Begriffsbildung, die Urteilslehre und die syllogistische Schlusslehre. Der vierte und letzte Teil ist von wissenschaftstheoretischer Natur. Hier wird die analytische →Methode, die der Erkenntnisgewinnung dient, von der synthetischen Methode, die in der Darstellung der gewonnenen Erkenntnisse besteht, unterschieden. Die Unterscheidung zwischen einer Elementarlehre, die der Darstellung der Grundelemente einer →Wissenschaft dient, und der Methodenlehre, die der wissenschaftstheoretischen Explikation der Erkenntnisgewinnung dient, verwendet später auch →Kant im Aufbau seiner *Kritik der reinen Vernunft*.

Die *Grammatik von Port-Royal* unternimmt einen universalen Rekonstruktionsversuch aller natürlichen Sprachen. Durch die Analyse der grammatischen Tiefenstruktur der Sätze einer Sprache und deren Rückführung auf kleinere semantische Einheiten soll die Basis der menschlichen Sprachfähigkeit, die darin besteht, aus einer endlichen Anzahl sprachlicher Mittel (Laute, Schriftzeichen, Zusammensetzungsregeln) eine unendliche Anzahl verstehbarer Sätze hervorzubringen, freigelegt werden. Die in diesem Werk erarbeitete Methode ist vergleichbar mit einigen modernen Theorien der Linguistik, die sich mit der Rekonstruktion der menschlichen Sprachkompetenz befassen. So hat z.B. Chomsky sein Programm der generativen Transformationsgrammatik ausdrücklich in ein Verhältnis zu den systematischen Überlegungen der *Grammatik von Port-Royal* gestellt.

H.B.

Position Von lat. *ponere*, ›setzen, behaupten, äußern‹: Meist im Sinne des Setzens, des Einführens einer Annahme oder eines Standpunktes (Supposition, Hypothese) verwendet. Eine Position bedarf eines Beweises oder einer Begründung, jedoch in der Regel keiner rationalen Rekonstruktion im Sinne einer genetischen Herleitung. Im →deutschen Idealismus (A) wurde Position auch im Gegensatz zur →Negation bestimmt, allerdings mit der Einschränkung, dass Position nicht wie →Affirmation eine reale Existenz betrifft, sondern nur den geistigen Akt des Setzens einer positiven Bestimmung. Setzung oder Position muss in diesem Sinne als ein Resultat der Verstandesleistung begriffen werden, das gegenüber dem vermeintlich Gegebenen der materiellen Gegenstände verantwortlich ist für die Konstitution eines Gegenstandes.

H.B.

Positiv Von lat. *ponere*, ›setzen, behaupten, äußern‹: Die Bezeichnung wird besonders in der neuzeitlichen Tradition dazu benutzt, das Verfahren der Philosophie von dem der Naturwissenschaften abzugrenzen. Während die →Wissenschaften in ihrem Erkenntnisprozess mit einer Annahme, einer →Hypothese oder einer →Vorstellung beginnen, die innerhalb der jeweiligen Wissenschaft nicht weiter begründet, d.h. positiv bejahend vorausgesetzt wird, besteht die Philosophie in einem reflexiven Verfahren, das die Positionen nicht einfach annimmt, sondern einer eigenen Begründung oder Herleitung unterzieht. Es gibt aber auch philosophische Standpunkte, die diese Rolle der Philosophie nicht anerkennen und keinen wesentlichen Unterschied zwischen Philosophie und Wissenschaft machen. Besonders häufig tritt dieses Philosophieverständnis, das →Positivismus genannt wird, in denjenigen philosophischen Wissenschaftstheorien auf, die den Wissenschaftsbetrieb der Naturwissenschaften mit all seinen methodischen und ontologischen Vorannahmen nicht eigens problematisieren, sondern als Norm für die eigene Arbeitsweise voraussetzen.

H.B.

Positives Recht Seit →Aristoteles hat die Unterscheidung zwischen positivem →Recht und

→Naturrecht / idealem Recht großen Einfluss gewonnen. Diese Unterscheidung zeigt eine Schwierigkeit an, die dem Rechtsbegriff zu eigen ist und sich aus dessen Doppelbestimmung herleitet: Einerseits ist das Recht real oder positiv: Es wurde durch einen Gesetzgeber geschaffen, es beansprucht die Anerkennung derjenigen, auf die es angewandt wird, es ist in bestimmten Rechtsquellen niedergelegt; andererseits ist es ideal: Was als Recht oder Unrecht angesehen wird, richtet sich nicht nach dem realen oder durchschnittlichen Verhalten der Gesellschaftsmitglieder. Der Anspruch auf die Geltung des Rechts muss sich zum Teil auf ideale Vorstellungen der →Gerechtigkeit, des →Guten und auf anerkannte Verfahren der Rechtsfindung berufen, d.h. es muss sich hinsichtlich vielfältiger Aspekte ohne Berufung auf faktisch Gegebenes rechtfertigen lassen. Der Begriff ›positives Recht‹ wird nicht einheitlich verwendet, doch innerhalb des Gegensatzes zwischen der Realität und der Idealität des Rechts bezeichnet er die Seite des realen, des gegebenen, des historisch entstandenen oder gesetzten Rechts. Es umfasst alle bestehenden, verlautbarten oder niedergeschriebenen und effektiv geltenden Rechtssätze. Die Geltung des positiven Rechts beruht – unabhängig von seinen Inhalt – auf der Entscheidung des Souveräns, wer auch immer das sein mag. Im Gegensatz zum idealen Recht ist das positive Recht aufhebbar und veränderbar und zwar durch die die Gesetzgebungshoheit innehabenden institutionellen Organe einer Gesellschaft. Die Ablehnung metaphysischer Annahmen bei der Herleitung des Rechts hat zum Rechtspositivismus geführt, der positives Recht als einzige Rechtsquelle ansieht und dieses aus den faktisch vorgegebenen (positiven) Sachverhalten ableitet. Nicht aus den idealen Vorstellungen von Gerechtigkeit und dem Guten sollen die Entwicklungsmaßstäbe für ein angemessenes Recht folgen, sondern aus der Tatsachenforschung und der Erfahrung mit den realen Zuständen in einer Gesellschaft. Der Maßstab der Geltung für einzelne Rechtssätze bestimmt sich für den Rechtspositivismus im Allgemeinen nicht nach ihrem Inhalt oder Zustandekommen, sondern nach der Effizienz, nach ihrer äußeren, prozeduralen Wirksamkeit.

Obwohl in modernen Verfassungsstaaten dem positiven Recht, insbesondere durch seine Variabilität und relative Unabhängigkeit von sich widersprechenden Ideologien, eine Hauptrolle in der Bestimmung der Rechtsnormen zukommt, trägt der Verfassungsstaat auch idealen Rechtsgrundsätzen Rechnung, indem er z.B. den Begriff des unveräußerlichen Menschenrechts, die Staatszielbestimmungen und die Verfassungsgerichtsbarkeit in sein positives Rechtssystem mit aufnimmt.

H.B.

Positivismus Eine hauptsächlich im 19. und 20. Jh. verbreitete Haltung von Wissenschaftlern und Philosophen, die allein das erfahrungsmäßig Gegebene, d.h. das Positive, als die letzte Instanz wissenschaftlicher →Erkenntnis ansehen. Der Positivismus ist gekennzeichnet durch folgende →Prinzipien: 1. Erkenntnis ist nur möglich in Anknüpfung an unmittelbar Gegebenes. 2. Eine Erkenntnis, die eine Person gewonnen hat, kann prinzipiell auch von jeder anderen Person gewonnen werden. 3. Erkenntnis ist vermittelbar: Eine Erkenntnis, die ich habe, kann ich (prinzipiell) jeder anderen Person mitteilen und ich kann sie anderen Personen gegenüber ausweisen. Es gibt keine Erkenntnisse, die prinzipiell unausdrückbar wären, keine Behauptungen, die intersubjektiv nicht überprüfbar sind. 4. Es gibt nicht mehrere, miteinander völlig unzusammenhängende Erkenntnisbereiche. Vielmehr lassen sich die in einem Erkenntnisbereich formulierten Gesetzmäßigkeiten zurückführen auf eine einheitliche, übergreifende Gesetzmäßigkeit. 5. Es gibt keinen Wirklichkeitsbereich, der dem Erkenntnisvermögen prinzipiell unzugänglich ist. Es gibt keine prinzipiell unlösbaren Probleme.

Als Begründer des Positivismus gilt Comte, der die Entwicklungsgeschichte des menschlichen →Geistes nach einem theologischen und einem metaphysischen nun in einem positivistischen Zeitalter angelangt sieht, in dem sich die wissenschaftliche Forschung auf die Untersuchung gesetzmäßiger Zusammenhänge zwischen beobachtbaren Phänomenen beschränkt und auf metaphysische →Erklärungen verzichtet. Zu den Hauptvertretern des so genannten älteren Positivismus zählen außerdem →Mill, Spencer und Mach.

Vom älteren Positivismus unterscheidet sich

der logische Positivismus (auch logischer →Empirismus, Neupositivismus) des →Wiener Kreises um →Carnap, Schlick, Hahn und Neurath vor allem durch seine Auffassung logischer und mathematischer Sätze als analytische, nicht empirische Sätze.

In Bezug auf das erste der oben genannten Prinzipien des Positivismus stellt sich sofort die Frage: Was ist denn das unmittelbar Gegebene? Die Antwort des Positivisten auf diese Frage wird lauten: Das unmittelbar Gegebene ist das, was durch die →Erfahrung gegeben ist. Positivismus stellt sich somit als eine Form des →Empirismus dar. Er leugnet die Möglichkeit von Erkenntnis durch ›reines Denken‹, ohne Rückgriff auf Erfahrung.

Die Rede vom unmittelbar (durch Erfahrung) Gegebenen kann in zwei verschiedenen Weisen verstanden werden: Man könnte diese Formulierung in einem absoluten Sinne verstehen, dahingehend, dass es elementare Einsichten, ›Urerlebnisse‹, gibt, die nicht weiter ausgewiesen werden können oder müssen. Diese Auffassung findet sich beim frühen →Wittgenstein, bei Schlick und teilweise beim frühen Carnap.

Man kann die Rede vom unmittelbar Gegebenen aber auch in einem relativen Sinne verstehen, nämlich dahingehend, dass man in einem bestimmten Kontext gewisse Beobachtungen als unmittelbar gegeben ansieht, d.h. darauf verzichtet, die das Vorliegen dieser Beobachtungen konstatierenden Sätze weiter zu überprüfen, ohne aber die Möglichkeit auszuschließen, dass diese Sätze später doch noch überprüft und möglicherweise verworfen werden. Diese Sichtweise ist vor allem von Neurath und →Popper vertreten und von Carnap aufgegriffen worden.

Von anderen Formen des Empirismus, wie etwa →Berkeleys Idealismus oder einer solipsistischen Position, unterscheidet sich der Positivismus jeweils durch eines oder mehrere der oben genannten Prinzipien 2 bis 5. So stehen die Prinzipien 2 und 3 im Widerspruch zum →Solipsismus: Während der empirische Solipsist annimmt, dass die →Welt zusammenfällt mit der Gesamtheit seiner Erfahrungen, anerkennt der Positivist die Existenz anderer →Individuen, die ebenfalls Erfahrungen machen, die jeweils von seinen Erfahrungen verschieden sein können, aber auch mit Erfahrungen, die er gemacht hat, identisch sein können.

Aus einer solipsistischen oder idealistischen Position heraus könnte man argumentieren: Für mich ist doch das unmittelbar Gegebene das, was mir (jetzt und hier) unmittelbar gegeben ist, also meine Sinnesempfindungen. Meine Sinnesempfindungen aber können nicht gleichzeitig die Sinnesempfindungen eines anderen Individuums sein. Was mir unmittelbar gegeben ist, kann einer anderen Person höchstens mittelbar gegeben sein. Wie gelange ich von meinen subjektiven Sinnesdaten zu Erkenntnissen, die ich mit anderen Individuen teilen kann? Der Solipsismus bekäme also Probleme mit der vom 3. Prinzip geforderten Ausweisbarkeit und intersubjektiven Überprüfbarkeit von Behauptungen: Wie kann eine Überprüfung intersubjektiv sein, wenn sie letztlich auf subjektive Sinnesdaten rekurrieren muss? Wie kann man das Vorliegen subjektiver Sinnesdaten überhaupt formulieren, ohne intersubjektiv zu werden und die Unmittelbarkeit zu verlieren?

Für einen Positivisten, der die oben beschriebene relative Auffassung bezüglich des unmittelbar Gegebenen vertritt, kann dieses Problem nicht entstehen: Wenn und so lange ich mich entschließe, den Bericht einer anderen Person über von ihr gemachte Beobachtungen zu akzeptieren und bei der Überprüfung einer →Theorie heranzuziehen, sind diese Beobachtungen für mich genau so unmittelbar gegeben wie meine eigenen Beobachtungen. Natürlich kann es sein, dass ich den Beobachtungsbericht der anderen Person später in Zweifel ziehe (sie kann sich geirrt oder mich belogen haben), aber genau so kann ich an meinem eigenen Beobachtungsbericht zweifeln (ich kann mich beim Ablesen einer Messskala vertan haben, eine Sinnestäuschung oder eine Halluzination gehabt haben etc.).

Aber auch Positivisten, die das unmittelbar Gegebene in einem absoluten Sinne aufgefasst haben, haben betont, dass es kein →Subjekt besitzt. Es gibt kein →Ich, das der Träger oder Eigentümer des unmittelbar Gegebenen wäre. Vor allem Schlick hat dies in Anknüpfung an Wittgenstein betont.

Das 4. Prinzip scheint zu besagen, dass es möglich ist, Gesetzmäßigkeiten zu erkennen, auch solche von höchster Allgemeinheit, da zwischen allen Erkenntnisbereichen gesetzmäßige Verknüpfungen bestehen. Daraus folgt, dass es im Grunde nur eine →Wissenschaft gibt, die ›Einheitswissenschaft‹ in der Terminologie des logischen Positivismus. Im Zusammenhang mit diesem Prinzip stellt sich die Frage, wie es möglich ist, die →empirischen Einzelelemente, welcher Form diese auch immer sein mögen, so zu verknüpfen, dass man zur Erkenntnis von Gesetzmäßigkeiten kommt. Das ist das Induktionsproblem. Es hat für den Positivismus eine besondere Dringlichkeit, da dieser es ablehnt, die Verknüpfung etwa einer →intellektuellen Anschauung zuzuschreiben oder die Gesetzmäßigkeiten für →*a priori* gültig zu erklären.

Man beachte aber, dass in der Formulierung des 4. Prinzips nicht davon die Rede ist, dass Gesetzmäßigkeiten erkannt, sondern davon, dass sie formuliert werden. Das Induktionsproblem lässt sich also dadurch lösen (oder besser: auflösen), dass man sagt: Wir gelangen nicht zur Erkenntnis von Gesetzmäßigkeiten durch Verknüpfung von empirischen Einzelelementen, sondern wir formulieren Gesetzesaussagen hypothetisch und vergleichen sie mit den von uns aufgestellten Beobachtungsaussagen (dem unmittelbar Gegebenen). Objektiv waltende Naturgesetze, die von uns erkannt werden können, gibt es nicht. Daher lässt sich auch nicht von der →Wahrheit oder Falschheit einer Gesetzesaussage sprechen, sofern man darunter das Herrschen bzw. Nichtherrschen von Naturgesetzen versteht, die durch die Gesetzesaussage formuliert worden wären. Von einer Gesetzesaussage lässt sich nur sagen, ob sie sich bewährt hat und deshalb beibehalten wird oder ob sie sich nicht bewähren konnte und daher fallen gelassen wird. Dieser von den Positivisten vertretene Instrumentalismus ist besonders deutlich von Hahn favorisiert worden – im Gegensatz etwa zu Popper, der zwar auch den hypothetischen Charakter von Gesetzesaussagen betont, aber einen Realismus vertritt, demzufolge der wissenschaftliche Fortschritt in einer immer größeren »Annäherung an die (objektiv bestehende) Wahrheit« besteht.

Entsprechend bedeutet die Forderung nach intersubjektiver empirischer Überprüfbarkeit von Gesetzesaussagen nicht, dass Gesetzesaussagen (und überhaupt alle Aussagen) »nur von Beobachtbarem handeln« dürfen, d.h. dass alle in einer Gesetzesaussage auftretenden Termini empirisch konstituierbar sein müssen. Im Gegensatz zu Mach stellten die Vertreter des Wiener Kreises keine derartige Forderung an eine empirische Theorie. Eine solche Forderung würde nicht nur Aussagen über Atome, Elektronen, Quarks, Superstrings etc. ausschließen (die Mach als »provisorische Hilfsmittel« gelten ließ bzw. gelten gelassen hätte), sondern alle Gesetzesaussagen überhaupt, worauf Hahn (und später auch Popper) hingewiesen hat. Denn Gesetzesaussagen haben die Form einer Allaussage. Ein Ausdruck, der als Allquantor interpretiert wird (wie der Ausdruck ›alle‹ in ›Alle Körper dehnen sich bei Erwärmung aus‹), ist jedoch empirisch unkonstituierbar, wenn der Quantifikationsbereich unendlich ist (es kann nicht durch Beobachtung festgestellt werden, dass alle Körper sich durch Erwärmung ausdehnen). Der Ausschluss theoretischer Termini, die empirisch nicht konstituierbar sind, würde also sämtliche Wissenschaft unmöglich machen. Unter Voraussetzung eines wissenschaftlichen Instrumentalismus, wie er oben skizziert wurde, ist aber das Zulassen theoretischer Termini mit einer empiristisch-positivistischen Haltung vereinbar: Gesetzesaussagen sind dann keine Behauptungen im eigentlichen Sinne, können aber verwendet werden, um Voraussagen zu machen, welch letztere Behauptungen darstellen, die keine theoretischen Termini mehr enthalten. Um von Gesetzesaussagen mit theoretischen Termini zu empirisch überprüfbaren Voraussagen zu gelangen, werden Regeln angegeben, die als Gebrauchsanweisungen für theoretische Termini betrachtet werden können (die Regel der universellen Instantiierung aus der →Prädikatenlogik wäre etwa eine Gebrauchsanweisung für den Allquantor).

Ein weiterer Unterschied zum klassischen Empirismus betrifft die Stellung von Mathematik und Logik. Es wurde oben gesagt, dass der Positivismus, wie jeder Empirismus, die Möglichkeit von Erkenntnis durch ›reines Denken‹ ablehnt: Erkenntnis ist nur aufgrund von Erfahrung möglich. Dies führt zu einem Problem bei der Interpretation von Sätzen der Logik und der Mathematik, deren Wahrheit oder Falschheit doch anscheinend nicht aufgrund von Erfahrung eingesehen wird, auch nicht in dem schwachen Sinne, dass empirisch überprüfbare Vorhersagen aus ihnen gewonnen werden können. Der Empirist hat hier nur die Wahl, entweder zu leugnen, dass Logik und Mathematik uns irgendwelche Erkenntnisse liefern können, oder aber zu behaupten, dass sie doch irgendwie empirisch sind. Letztere Auffassung wurde insbesondere von Mill vertreten, gilt aber heute als gescheitert: Eine empirische Auffassung von Logik und Mathematik kann der Rolle von Beweisen nicht gerecht werden und die Tatsache nicht erklären, dass ein einmal bewiesener Satz nicht später doch noch widerlegt werden kann.

Demgegenüber entscheidet sich der logische Positivismus für die erste der beiden genannten Alternativen: Logik und Mathematik liefern uns keine Erkenntnisse, ihre Sätze sind Tautologien. Logik und Mathematik gehören also gewissermaßen in den Bereich des ›reinen Denkens‹, aber das Einzige, was dieses reine Denken zu leisten vermag, besteht in tautologischen Umformungen gegebener Sätze, d.h. in der Explizitmachung von etwas, das in diesen Sätzen implizit bereits enthalten war.

A. Comte, Discours sur l'esprit positif, Paris 1844 [dt.: Abhandlung über den Geist des Positivismus, hg. von F. Sebrecht, Leipzig 1915]

E. Mach, Erkenntnis und Irrtum. Skizzen zur Psychologie der Forschung, Leipzig 1905 [Neudruck Darmstadt 1980]

R. Carnap / H. Hahn / O. Neurath, Wissenschaftliche Weltauffassung. Der Wiener Kreis, Wien 1929 [Verein Ernst Mach, Neudruck in: H. Schleichert (Hg.), Logischer Empirismus - der Wiener Kreis. Ausgewählte Texte mit einer Einleitung, München 1975, 201-222]

R. Carnap / H. Hahn / O. Neurath (Hg.), Logischer Empirismus - der Wiener Kreis. Ausgewählte Texte mit einer Einleitung, München 1975

R. Haller, Neupositivismus. Eine historische Einführung in die Philosophie des Wiener Kreises, Darmstadt 1993

U.W.

Possest Lat. ›Können-Ist‹: →Gott ist zugleich das, was ist und auch alles, was je sein kann. →Nikolaus von Kues drückt daher die Einheit von →Möglichkeit (können) und →Wirklichkeit (ist) in Gott durch das Kunstwort *possest* aus.

H.B.

Post hoc ergo propter hoc Lat. ›danach, also dadurch‹: Bezeichnung für einen Fehlschluss, der dann entsteht, wenn aus der zeitlichen Aufeinanderfolge zweier Ereignisse A und B auf eine kausale Verknüpfung dieser Ereignisse geschlossen wird, in der A die →Ursache von B und B die Wirkung von A ist. Obwohl die Beobachtung der zeitlichen Aufeinanderfolge eine unentbehrliche Voraussetzung für die Bildung von Kausalannahmen ist, soll durch *post hoc ergo propter hoc* darauf hingewiesen werden, dass die Beobachtung einer zeitlichen Folge keineswegs ausreicht, um auf kausale Zusammenhänge zu schließen. Dazu sind weitere theoretische Annahmen und →Hypothesen notwendig, die den Ausschluss anderer Ursachen, die Bewährung oder Nichtbewährung der Kausalhypothese unter veränderten Anfangskonstellationen (Experiment) und die Formulierung eines wissenschaftlichen →Gesetzes, das die Art der kausalen Verknüpfung weiter bestimmt, betreffen.

H.B.

Postmoderne Es hat mehr als hundert Jahre gedauert, bis der zunächst nur vereinzelt in den Literatur-, Kunst- und Architekturdebatten seit dem ausgehenden 19. Jh. auftauchende Begriff der Postmoderne in den siebziger Jahren des 20. Jhs. auch Eingang in soziologische und philosophische Theorien fand und schließlich seit etwa 1980 in allen öffentlichen Zeitgeist-Diskussionen zu einem vieldeutig schillernden Schlagwort avancierte, das einen Epochenwandel einzuklagen schien, weshalb die Reaktionen von emphatischer Begeisterung über Reserviertheit bis hin zu wütender Ablehnung reichten. Aus der Begriffsgeschichte lässt sich eine für alle genannten Kulturbereiche gleichermaßen gültige Grundformel herleiten, die besagt, dass immer dann von postmodernen Ausdrucksformen die Rede ist, wenn in ein und demselben Werk auf Vielfältigkeit und konsequenten →Pluralismus der Stile und Denkweisen Wert gelegt wird. In den durch die Aufklärung (→A Neuzeit - Aufklärung) hindurchgegangenen Industriegesellschaften Europas und Amerikas hat sich analog ein manchmal nur vage spürbares, manchmal aber auch prononciert vorgetragenes Lebensgefühl entwickelt, dessen Hauptmerkmal in der als Befreiung von Traditionen und Stilzwängen erlebten Beliebigkeit des *anything goes* (Feyerabend) zu bestehen scheint. Da es dieser weit verbreitete, ebenso populäre wie unkritische und irrationale →Relativismus dem Einzelnen erlaubt, sich jenseits von Ansprüchen wie Verantwortung und Pflichterfüllung genießend einzurichten, wird die mit ihm verbundene Konsequenz des Werteverfalls von besorgten Kritikern nicht ganz zu Unrecht als zerstörerisch für die demokratische →Gesellschaft angesehen.

Um eine angemessene Auseinandersetzung mit dem philosophischen Kern der im öffentlichen Bewusstsein in Deutschland vorhandenen, zumeist eher despektierlichen Klischeevorstellungen über die Postmoderne zu ermöglichen, sollen vier Problemkreise erörtert werden, die sich in den folgenden Fragen zusammenfassen lassen: 1. Welche Denkmotive liegen dem postmodernen Philosophieren zu Grunde? 2. Welche positive Bedeutung enthält der Begriff der Postmoderne? 3. In welchem Verhältnis steht die postmoderne Philosophie zu dem vom Geist der Aufklärung getragenen Projekt der Moderne? 4. Was ist von dem Vorwurf zu halten, die postmoderne ›Vielheitslust‹ sei eine Erscheinungsform des auf Selbstzerstörung ausgerichteten pathologischen Nihilismus?

1. Angesichts des in vielerlei Hinsicht desaströsen Zustands der weitgehend durch rationale Prozesse bestimmten →Wirklichkeit nicht nur am Ende des 20. Jhs. ist der Glaube der aufgeklärten Moderne an die Universalität und Einheit der sich aus sich selbst heraus rechtfertigenden und begründenden →Vernunft immer stärker ins Wanken geraten. Vernunftkritik und Vernunftschelte sind geradezu in Mode gekommen; sie gelten dem schon von →Nietzsche, einer Vaterfigur der Postmoderne, diagnostizierten ›Wahnsinn‹ der Vernunft, der allgegenwärtiger zu sein scheint als selbst die bescheidensten Realisierungsansätze jener optimistischen Heilsvisionen von →Descartes über Condorcet bis hin zu dem trotz aller Kapitalismuskritik grundsätzlich kaum skeptischeren Spätaufklärer Marcuse, die darin übereinstimmen, dass sie von der Durchsetzung von Vernunft und Wissenschaft den mühelosen Genuss aller Früchte und Annehmlichkeiten der Erde für alle Menschen erwarten. Repression und Zerstörung, eurozentrische, phallozentrische und technische Machtausübung stehen in dem Verdacht, das Werk der einst als Befreierin von bestehenden Geltungs- und Machtansprüchen gepriesenen Vernunft zu sein. Die von ihr begonnene →Kritik an tradierten Inhalten hat sie selbst eingeholt: Auch das Vermögen der Kritik wird zum Gegenstand metakritischer Betrachtung. Das Licht, das die Vernunft ins Dunkel undurchschauter Abhängigkeiten gebracht hat, wird – um eine Metapher Foucaults aufzugreifen – nunmehr als ›Falle‹ empfunden; denn die erreichte Transparenz ermöglicht zugleich universelle Überwachung, Kontrolle und Disziplinierung alles Andersartigen und Fremden, nicht zuletzt auch der ›unvernünftigen‹ inneren und äußeren →Natur.

2. Positiv lässt sich also der postmoderne Denkansatz als ein radikal modernes Bemühen um eine metakritische Freilegung der Wurzeln der Moderne definieren. Um der Repression durch eine einzige Form der Rationalität zu entgehen, plädieren die postmodernen Denker aus unterschiedlichen Perspektiven für die Unhintergehbarkeit radikaler Pluralität, mit der sie sich im Bereich der kulturellen Lebensformen ebenso konfrontiert sehen wie bei den Wissenskonzeptionen oder Orientierungsmodellen.

Insbesondere der französische Poststrukturalismus hat versucht, sich von dem universalen Vernunftbegriff und Vernunftanspruch des aufklärerischen →Rationalismus abzugrenzen. So analysiert Lyotard in seiner weithin bekannten, 1979 erschienenen Schrift *La Condition postmoderne* (dt.: *Das postmoderne Wissen*, 1986) die Grundzüge der von ihm als postmodern gekennzeichneten →Kultur und Gesellschaft seit dem Ende der fünfziger Jahre des 20. Jhs. und kommt dabei zu dem Schluss, dass sie in ihren Grundstrukturen charakteristische Merkmale der avantgardistischen Wissenschaft und →Kunst dieses Jahrhunderts einlösen. Entscheidend ist dabei der Vorrang von Ambivalenz, Diskontinuität und Vielgestaltigkeit vor Eindeutigkeit, Kontinuität und Einheitlichkeit. An die Stelle der großen ›Metaerzählungen‹, welche die Diskurse der Erkenntnis, der Ethik, der Kunst, der Politik und des Rechts im Namen der Einheit der Vernunft miteinander verbinden und versöhnen, tritt eine unaufhebbare Heterogenität ähnlicher →Ordnungen und →Sprachspiele, die auf ihrem Eigenrecht bestehen. Von diesem Ansatzpunkt aus werden sprachliche Uniformierungs- und Monopolisierungstendenzen als unerlaubte, das Besondere nivellierende Übergriffe kritisierbar, so zum Beispiel die Absolutsetzung des am Paradigma der Ökonomie orientierten rein äußerlichen Umgangs mit Kunst, der den Gehalt des einzelnen Werkes zur gut oder schlecht gehenden Ware degradiert.

Auch die →analytische Philosophie hat eine Reihe von Beiträgen zur Theorie der Pluralität entwickelt. So wendet sich die in den *Philosophischen Untersuchungen* (dt. 1958) des späten →Wittgenstein entwickelte →Sprachspiel-Theorie ausdrücklich gegen den Anspruch der Philosophie →Hegels, auf dialektischem Wege die absolute Einheit der Vernunft erschleichen zu können. Ihr kommt es im Gegensatz dazu darauf an, die Sprache als »Labyrinth von Wegen« erfahrbar zu machen, das sich einer gewaltsamen Begradigung entzieht. An die Stelle des von Vernunft durchwalteten einen allgemeinen Sprachwesens tritt die Vorstellung eines komplizierten Netzes von Ähnlichkeiten, das die ansonsten verschiedenen Sprachspiele durchzieht. Für die postmoderne Zeit gesellschaftlicher Multikulturalität lässt sich daraus ableiten, dass die →Welt aus einer Familie ähnlicher Sprach- und Lebensspielwelten besteht, in der es zwar keine Universalmoral im Sinne der Aufklärung mehr gibt, aber eine Familie ähnlicher Ethno-Ethiken (vgl. Wohlfart).

Ausgehend von →Kants Einsicht, dass es keinen unmittelbaren Zugriff auf Wirklichkeit gibt, sondern Realität immer ein Konstruktionsprodukt menschlicher Subjektivität ist, hat N. →Goodman in seiner 1984 in deutscher Übersetzung erschienenen Schrift *Weisen der Welterzeugung* eine Mehrweltentheorie aufgestellt, die davon ausgeht, dass die verschiedenen Symbolsysteme der Wissenschaften, der Philosophie, der Religionen, der Künste, der Medizin und des Alltags - um wenigstens die wichtigsten zu nennen - einander nebengeordnet sind. Infolgedessen gibt es statt der einen wahren Welt einen unendlichen »Erzeugungsprozess einer Vielfalt von richtigen Versionen oder Welten«, die sich nicht etwa aus irrationalen Gründen einer friedlichen (Ver)Einigung widersetzen, sondern weil sie eine präzise Eigenlogik besitzen und eine eigenständige Evidenz für sich beanspruchen können, die aus den je verschiedenen legitimen Kontexten resultiert.

Aus den Perspektiven der differenten Sprachspiele und unterschiedlichen Weltversionen betrachtet, erscheint die europäische Moderne als monistisch und dogmatisch, ihr »mono-ethnozentristisches« Weltbild ersetzt die Postmoderne durch ein »polyzentrisches Bild sich überschneidender Sprach-Kultur-Kreise« (Wohlfart).

3. Trotz divergierender Akzentsetzungen tendiert die neuere Diskussion über das Verhältnis der Postmoderne zur Moderne dazu, von der im Begriff suggerierten epochalen Antithese abzurücken. Während Kritiker wie →Habermas und Marquard zur Etikettierung der Postmoderne nach wie vor Formulierungen wie »programmatische Verabschiedung der Moderne« oder »Antimodernismus im Namen der Zukunft« verwenden, betonen die postmodernen Denker selbst (so zum Beispiel Derrida oder Lyotard) ihre in der Tradition der Aufklärung stehende Verantwortlichkeit vor und Verantwortung für die Vernunft, welche die Analyse der immanenten Probleme der Vernunftkultur verlange. Auch begreifen sie ihr Denken als Antwort auf moderne wissenschaftliche Erkenntnisse wie die heisenbergsche Unschärferelation oder das gödelsche Unentscheidbarkeitstheorem.

Welsch geht über diese erkenntnistheoretischen Problemfelder hinaus und zieht eine moralisch-rechtliche Verbindungslinie zur Aufklärung. Der Verweis auf Gotthold Ephraim Lessings (1729-1781) *Ringparabel* und die in ihr vollzogene Abkehr von der Idee der absoluten →Wahrheit sowie die Erinnerung an die in der Konzeption der Menschenrechte enthaltene Idee der →Gerechtigkeit ermöglicht ihm die Interpretation der an konkreter Pluralität interessierten Postmoderne als »Strang erweiterter Aufklärung«, der sich unverzichtbaren Postulaten der Moderne in radikalisierter Form verpflichtet fühlt.

4. Die Klage über die von den ›Postmodernisten‹ herbeigeredete und -gedachte Maßstablosigkeit und über die sich daraus ergebende Beliebigkeit von Verbindlichkeiten erscheint bei genauerem Hinsehen insofern als voreilig, als sie den Zeitgeist mit philosophischen Theoremen verwechselt oder zumindest vermengt. Einer sich als radikalisierte Moderne verstehenden Postmoderne kann jedenfalls nicht an einer indifferenten Kombination von allem und jedem gelegen sein. Wer die Entfaltung des Unterschiedlichen will, kann nicht gleichgültig bleiben, ein Engagement kann von ihm nicht jederzeit für beliebige Anliegen übernommen und genauso schnell ohne Angabe von Gründen wieder abgelegt werden; denn die Pluralität selbst gelangt für ihn in den Rang eines ethischen Wer-

tes. Welsch hat aus dieser Sachlage zwei positive und zwei prohibitive Forderungen abgeleitet, die den Normenkatalog einer postmodernen →Ethik anführen: die →Achtung vor der Meinung und dem Sprachgebrauch der anderen, das Verbot eines Übergriffs auf Leitprinzipien oder Entfaltungsregeln anderer kultureller Lebensformen sowie den Verzicht auf einen Super-Diskurs, der vorgibt, die unterschiedlichen Ansprüche aller Lebensformen gleichermaßen berücksichtigen zu können. Das aber heißt unmissverständlich: Verzicht auf Gewaltanwendung als Mittel der Kommunikation oder der Konfliktbewältigung. Um in Konsens und Konflikt miteinander auskommen zu können, müssen die aus verschiedenen Kulturen kommenden, zusammen lebenden Menschen andersartige Ausdrucks- und Denkformen respektieren lernen. Die Anerkennung des anderen findet da ihre Grenze, wo diese grundlegende Spielregel verletzt wird.

Der pessimistischen Gegenwartsdiagnose, die den Verlust der normativ gedachten Einheit des Wahren, Guten und Schönen als Selbstzerstörungstaumel einer in krankhafter Weise selbstkritischen Vernunft begreifbar zu machen sucht, tritt mit der postmodernen Haltung eine aufklärerisch geläuterte und deshalb wachsame und wehrhafte Gelassenheit gegenüber, die sich an der Entfaltung des Individuellen und Besonderen erfreut, sofern und solange sie sich innerhalb der Grenzen gegenseitiger Achtung abspielt.

P. Engelmann (Hg.), Postmoderne und Dekonstruktion. Texte französischer Philosophen der Gegenwart, Stuttgart 1990

J.-F. Lyotard, Postmoderne Moralitäten, Wien 1998

W. Welsch, Postmoderne – Pluralität als ethischer und politischer Wert, Köln 1988

–: Unsere postmoderne Moderne, 4. Aufl. Berlin 1993

G. Wohlfart, Moderne und Postmoderne: Kritik und Metakritik. Ein Versuch der Beantwortung der Frage: Was ist das – die Postmoderne?, In: ders., Das spielende Kind. Nietzsche: Postvorsokratiker – Vorpostmoderner, Essen 1999, S. 14–33

H. P.

Postulat Von lat. *postulare*, ›fordern, verlangen, beanspruchen‹: Annahme, die von der Sache her notwendig ist und nicht eigens bewiesen werden muss oder nicht bewiesen werden kann, wenn es sich um ein Grundprinzip handelt. In der Mathematik, der Wissenschaftsmethodologie und in der mathematischen Logik wird Postulat häufig auch synonym mit Grundsatz oder →Axiom gebraucht.

In →Aristoteles' wissenschaftstheoretischen Schriften hat Postulat eine etwas andere Bedeutung. Er unterscheidet verschiedene Arten des Wissens: →Beweise, →Prinzipien oder Axiome, Voraussetzungen und Postulate. Während Beweise aus den Prinzipien abgeleitet werden können, lassen sich die Prinzipien nur aus sich selbst heraus einsehen. Sie können nur evident gemacht, aber nicht eigens bewiesen werden. Postulate und Voraussetzungen heißen demgegenüber Sätze, die zwar beweisbar sind, aber nicht bewiesen werden, da sie entweder schon klar sind, und akzeptiert werden oder aufgrund unzureichender methodischer Mittel in der →Argumentation noch nicht bewiesen werden können. Diese Differenzierung zwischen nicht bewiesenen Sätzen, die prinzipiell beweisbar sind und solchen, die es nicht sind, ist jedoch schon bei Euklid wieder eingeebnet worden. Er unterscheidet in seinen Ausführungen über Geometrie nicht mehr klar zwischen Axiomen und Postulaten, obwohl im Rückgriff auf Euklid in der deutschen Schulphilosophie durch Wolff wieder eine deutlichere Unterscheidung getroffen worden ist: Axiome sind theoretisch allgemeine Sätze, Postulate praktisch allgemeine Sätze, beide jedoch beziehen sich auf das beobachtungsunabhängige Wissen, welches durch →Definitionen zum Ausdruck gebracht wird.

Die Unterscheidung zwischen Axiom und Postulat hat bei →Kant einen völlig anderen Sinn. Neben dem →Urteilen hat der →Verstand nach Kant auch die →Funktion der Ausbildung so genannter »Grundsätze der Erfahrungserkenntnis«. Diese Regeln der Anwendung von Verstandesbegriffen auf →Erscheinungen teilt er in vier Gruppen ein: 1. Axiome der Anschauung, 2. Antizipationen der Wahrnehmung, 3. Analogien der Erfahrung, 4. Postulate des empirischen Denkens überhaupt. Die Axiome und Antizipationen betreffen das Verhältnis der →Begriffe zu den →Anschauungen, die →Analogien geben das Verhältnis der →Erfahrungen untereinander wieder, die Postulate schließlich dienen der Beurteilung der Erfahrungen durch den Verstand und werden durch die Modalitäten ›möglich‹,

›wirklich‹ und ›notwendig‹ ausgedrückt. In der praktischen Philosophie spricht Kant dagegen von »Postulaten der reinen praktischen Vernunft«. Dabei handelt es sich um Bedingungen, die mit der →Gültigkeit des moralischen →Gesetzes, dem →kategorischen Imperativ, gegeben sein müssen, aber selbst nicht beweisbar sind: die →Freiheit des →Willens, die Unsterblichkeit der →Seele und das Dasein →Gottes.

Im Sinne der →Wissenschaftstheorie des →Neupositivismus nennt Schlick ein Postulat die hypothetische Geltung induktiver →Wahrheiten. Es stellt die Vorstufe eines exakten wissenschaftlichen Gesetzes dar, welches im Fortgang der jeweiligen →Wissenschaft beseitigt und zu einer theoretischen →Erkenntnis transformiert werden kann. Im alltäglichen Leben allerdings, wo es nicht auf die völlige Gewissheit und Sicherheit in der Wahrheitsfindung ankommt, haben Postulate ihren natürlichen Platz, indem sie uns helfen, praktische Schlüsse aus dem Auftreten einer geringen Anzahl von Ereignissen zu ziehen, um damit unter den gegebenen Verhältnissen das Eintreten zukünftiger Ereignisse in begrenzter Reichweite voraussagen zu können.

H. B.

Potentialität →Potenzialität

Potenz Lat. *potentia*, ›das Können‹: →Aristoteles unterscheidet in seiner →Theorie der →Seele drei Potenzen bzw. Fähigkeiten: die vegetative Potenz (sie zeichnet sich durch Nahrungsaufnahme und Zeugung aus), die animalische Potenz (sie ist für die →Wahrnehmung, die Ortsbewegung und das →Streben verantwortlich) und die menschliche Potenz (sie ist bestimmt durch die →Vorstellung und das →Denken). Im allgemeinen Sinne jedoch versteht Aristoteles unter Potenz nicht nur ein Seelenvermögen, sondern auch eine →Möglichkeit (→*dynamis*), die sich in dem Angelegtsein auf ein Ziel ausdrückt. Erst durch die Aktualisierung (→*energeia*) verwirklicht sich das in der Potenz Angelegte. In der scholastischen Philosophie wird diese Lehre auf die Theologie übertragen. →Thomas von Aquin bestimmt →Gott als die reine →Wirklichkeit (→*actus purus*), die im Unterschied zu anderen Instanzen keiner Potenz, keiner Möglichkeit bedarf. In →Schellings Identitätsphilosophie werden →Subjektivität und →Objektivität als Potenzen der →absoluten →Identität gedacht. Erst durch ein Übergewicht einer der beiden Seiten kommt es zu einer Potenzierung des realen Faktors in die →Natur (Materie, Licht, Organismus) und des idealen Faktors in den →Geist (Wissenschaft, Religion, Kunst). Der späte Schelling bezeichnet mit Potenzen die drei Mächte des Nicht-Göttlichen: Sich-Verbergen, Sich-Offenbaren und die Einheit beider.

Als ›Möglichkeit‹ bezeichnet Potenz eine der drei Modalitäten, zu denen außerdem noch →Wirklichkeit und →Notwendigkeit gehören.

H. B.

Potenzialität Bezeichnet im Gegensatz zur →Aktualität die noch nicht verwirklichte Möglichkeit, die Wirkungskraft.

H. B.

Prädestination Vorherbestimmtheit der menschlichen →Handlungen oder der Ereignisse in der Welt durch die Vorsehung →Gottes.

→Augustinus hat im Rückgriff auf Paulus (Röm. 9–11) die Prädestination als ein vorausschauendes Festlegen des zukünftigen Handelns, der Hinordnung der Mittel auf ein Ziel bestimmt. Von dieser allgemeinen Bestimmung ist die religiöse Verwendung des Prädestinationsbegriffs zu unterscheiden. Im Sinne christlich-religiöser Vorstellungen bezeichnet er den Ratschluss Gottes, durch seine Gnade gewissen Menschen den →Glauben und die ewige Seligkeit zu schenken, andere aber in Unglauben und Verderbnis zu lassen. Diese Lehre der doppelten Prädestination, nach der die einen zur Rettung, die anderen zur Verderbnis vorherbestimmt sind, wurde besonders im Calvinismus vertreten und ist heftig bestritten worden. Nach Weber ist die Lehre von der Gnadenwahl das charakteristische Dogma des Calvinismus, dessen puritanische →Sittlichkeit und bürgerliche Askese sich im Wesentlichen aus dem Konzept der Prädestination speist.

→Spinoza hat die Prädestination, den Ratschluss Gottes, mit der Notwendigkeit der Naturereignisse gleichgesetzt, die von den allgemeinen →Naturgesetzen bestimmt werden. Neben der Frage, was den eigentlichen Inhalt der göttlichen Vorherbestimmtheit ausmacht, ist die Frage nach dem Verhältnis zwischen →Determination und →Freiheit der menschlichen Handlungen ein zentrales Merkmal der Prädestinationsdebatte. Schon Augustinus hat versucht, den Unterschied zwischen Prädestination und völliger Determination mit dem →Argument klar zu machen, dass aus dem →Wissen um das, was jemand tun wird, nicht folgt, dass dieser nicht frei oder gezwungen ist, so zu handeln. Allenfalls lässt sich sagen, dass dieser seine Freiheit, die er unwiderruflich hat, nicht tatsächlich ausübt.

Während für →Kant die Prädestinationslehre deshalb abzulehnen ist, weil sie eine unsittliche Naturordnung voraussetzt, gilt der Prädestinatismus für Schleiermacher schon als ein »metaphysischer Determinismus«, bzw. »Fatalismus«. Für Engels stellt der Begriff der Prädestination die religiöse Verklärung der Tatsache dar, dass die Tätigkeit und das Geschick des Einzelnen nicht von diesem selbst, sondern von blinden, überlegenen, ökonomischen Mächten abhängig ist. In der Theologie des 20. Jhs. nimmt die Prädestinationslehre bei Barth eine zentrale Stellung ein.

H. B.

Prädikabilien Von lat. *praedicabile*, ›aussagbar‹: In seiner Einführung in die aristotelische Kategorienschrift (*isagoge*) klassifiziert Porphyrios die von →Aristoteles entwickelten allgemeinen Termini, die von mehreren →Subjekten aussagbar, jedoch keinem bestimmten Subjekt zuordenbar sind. Zu diesen allgemeinen Prädikat-Termen zählen: →Gattung (*genus*), →Art (*species*), Unterschied (*differentia*), eigentümliches Merkmal (*proprium*) und zufälliges Merkmal (*accidens*).

Die zunächst nur induktiv aus den in der Rede erfahrungsgemäß vorkommenden prädikativen Aussagen erschlossenen Prädikabilien lassen sich auch, wie Aristoteles in der *Topik*, seinem Lehrbuch der Technik logischer Argumentation, zeigt, systematisch begründen. Danach können die in der Aussage vorkommenden Prädikate nach zwei →Prinzipien mit dem Subjekt des entsprechenden Satzes verglichen werden: Sind die Prädikate umfangsgleich oder umfangsverschieden vom Subjekt? Wird im Prädikat etwas für das Subjekt Wesentliches oder Unwesentliches mitgeteilt? Lässt sich die Stellung von Subjekt und Prädikat in der Aussage umkehren, so sind beide umfangsgleich: Das Prädikat drückt dann entweder das →Wesen des Subjekts aus (→Definition) oder nicht (*proprium*). Sind beide Ausdrücke nicht umfangsgleich, dann ist das Prädikat entweder Bestandteil der Definition des Subjekts (Gattung und Differenz) oder es ist kein Bestandteil der Definition, kommt dem Ding, von dem man spricht, aber dennoch zu (Akzidens).

Die Prädikabilien stellen, im Unterschied zu den ebenfalls von Aristoteles entwickelten →Kategorien, keine Einteilung allgemeiner Ausdrücke hinsichtlich dessen dar, was man über Dinge aussagen kann, sondern bestimmen eine Klassifikation allgemeiner Termini nach dem, wie die Termini selbst von Dingen ausgesagt werden. Es sind daher keine →Begriffe, die sich auf die Dinge beziehen, sondern Ausdrücke, die auf sprachliche →Zeichen angewandt werden. Sie haben daher einen metasprachlichen Charakter oder, wie sich Wilhelm von Ockham ausdrückt: Sie gehören nicht zur »ersten Intention« (Zeichen für etwas), sondern zur »zweiten Intention« (Zeichen für Zeichen), welche die Zeichen der ersten Intention nach ihren sprachlichen Eigenschaften und ihren möglichen logisch-semantischen Relationen charakterisiert.

Im →Mittelalter (A) sorgte der Prädikabilienbegriff für zahlreiche Debatten im Rahmen des philosophischen →Universalienstreites. Dabei standen sich insbesondere zwei Positionen entgegen: die Nominalisten, wie Abaelard und Wilhelm von Ockham, und die Realisten, wie Petrus Hispanus oder Albertus Magnus. Die nominalistische Auffassung lehnt die Annahme universaler Gegenstände ab und besagt, dass die Prädikabilien nichts anderes als geistige, gesprochene oder geschriebene Ausdrücke sind, die individuelle Gegenstände bezeichnen. Die Realisten hingegen nahmen an, dass die Prädikabilien universale Gegenstände bezeichnen, die in den zu einer Gattung oder Art gehörenden →Individuen existieren.

H. B.

Prädikat Bezeichnet den Teil eines →Urteils, der von einem →Subjekt ausgesagt wird. Die →Funktion des Prädikats wird in der klassischen und in der modernen Logikauffassung unterschiedlich behandelt.

In der modernen →Logik sind eher die Begriffe singulärer Terminus und allgemeiner Terminus (Prädikat) gebräuchlich. Während singuläre Termini (Eigennamen, Kennzeichnungen, Demonstrativa) innerhalb eines Urteils die Funktion haben, einen einzelnen Gegenstand zu identifizieren, bezieht sich ein Prädikat charakterisierend auf den vom Subjekt identifizierten einzelnen Gegenstand oder auf eine →Klasse derartiger Gegenstände. Den begrifflichen Inhalt oder die →Bedeutung eines Prädikats bezeichnet man als seine →Intension; die Klasse derjenigen Dinge, die mit dem Prädikat bezeichnet werden können, heißt seine →Extension. Im engeren Sinne spricht man von Prädikaten nur im Falle einstelliger Prädikate, die jeweils nur einem Gegenstand zu- oder abgesprochen werden können. Zwei- oder mehrstellige Prädikate werden →Relationen genannt, welche Beziehungen ausdrücken. Neben der Unterscheidung zwischen ein- und mehrstelligen Prädikaten hat →Frege darauf hingewiesen, dass es einen Unterschied macht, ob ich mit meinem Urteil eine →Aussage über einen Gegenstand machen will oder aber über einen Begriff. Im ersten Fall spricht Frege von »Prädikaten erster Stufe«, im zweiten von »Prädikaten zweiter Stufe«.

In der klassischen Logik können nur Aussagen analysiert werden, die die Form Subjekt – Kopula – Prädikat haben (z.B. ›Schnee ist weiß.‹ Das Subjekt eines solchen Urteils (›Schnee‹) bezeichnet den Gegenstand, auf den sich das Urteil bezieht; das Prädikat (›weiß‹) drückt eine Eigenschaft dieses Gegenstandes aus, nicht aber den ganzen Gegenstand, da dieser auch noch andere Eigenschaften besitzen kann (z.B. ›Schnee ist kalt.‹) Das ›ist‹ (Kopula) hat dabei die Funktion, eine spezifische Synthese zwischen Subjekt und Prädikat (Gegenstand und Eigenschaft) auszudrücken.

H.B.

Prädikatenlogik Erweiterung der →Aussagenlogik, die Aussagen nicht als unanalysiert betrachtet, sondern einen Teil ihrer inneren →Struktur mit einbezieht. Klassische Syllogismen wie ›Alle Säugetiere sind sterblich, alle Schafe sind Säugetiere, also sind alle Schafe sterblich‹ lassen sich nicht als aussagenlogisch gültig erweisen, da die Aussagenlogik den inneren Aufbau der Sätze, der hier für die Implikation verantwortlich ist, nicht aufzeigt. Die Prädikatenlogik ist der aristotelischen Syllogistik jedoch dadurch überlegen, dass sie neben solchen Schlüssen wie dem obigen auch Schlüsse, die auf Relationen mit beliebig großer Stellenanzahl beruhen, behandeln kann.

Die Prädikatenlogik erster Stufe lässt sich als Erweiterung der Aussagenlogik betrachten. Wir fügen der aussagenlogischen Sprache folgende weitere Elemente bei: 1. eine Menge von Individuenvariablen x, x', x''..., 2. eine Menge von Prädikatsnamen P, P', P''... für jede beliebige endliche Stelligkeit sowie entweder den Allquantor $\forall$ (›für alle ... gilt _‹) oder den Existenzquantor $\exists$ (›es gibt mindestens ein ... für das gilt _‹). Hiermit lassen sich dann Aussagen wie ›Alle Schafe sind Säugetiere‹ formalisieren $((\forall x)(Px \rightarrow Px'))$, ebenso wie sich die Unterschiede zwischen recht ähnlichen Aussagen wie ›Jeder Mann liebt mindestens eine Frau‹ $((\forall x)(\exists x')(Mx \wedge Fx' \rightarrow Lxx'))$ und ›Es gibt mindestens eine Frau, die jeder Mann liebt‹ $((\exists x)(\forall x')(Fx \wedge Mx' \rightarrow Lx'x))$ aufzeigen lassen. In der Prädikatenlogik höherer Stufen besteht die Möglichkeit, nicht nur über Individuen, sondern auch über Prädikate von Individuen, über Prädikate von Prädikaten von Individuen usw. zu quantifizieren.

Die Prädikatenlogik hat somit eine größere Ausdruckskraft als die Aussagenlogik, gleichzeitig aber auch eine kompliziertere Semantik. Als Modell der Prädikatenlogik betrachtet man üblicherweise eine Menge von Objekten O, in Bezug auf die dann n-stellige Prädikate als Mengen von n-Tupeln aus O definiert werden. So wird z.B. ein Satz $(\exists x)(Fx)$ über einem solchen Modell als die Aussage verstanden, dass es mindestens ein Objekt aus O gibt, welches sich in der Menge von 1-Tupeln, welche dem Prädikat F in der Interpretation zugeordnet ist, befindet. Es existieren noch weitere Komplikationen, auf die beim Erstellen einer prädikatenlogischen Semantik Acht gegeben werden muss, auf die hier jedoch nicht eingegangen werden kann.

Wie die Aussagenlogik kann auch die Prädikatenlogik entweder als Axiomensystem oder als System des natürlichen Schließens formuliert werden. Der erste Vollständigkeitsbeweis einer axiomatischen Formulierung stammt von Gödel aus dem Jahr 1931. Im Gegensatz zur Aussagenlogik ist die Prädikatenlogik jedoch nicht entscheidbar. Falls es sich bei einer prädikatenlogischen Formel um ein Theorem handelt, existieren maschinenimplementierbare Verfahren, die dies nach endlicher Dauer feststellen können. Handelt es sich jedoch um kein Theorem, kann es sein, dass diese Prozedur nie ein Resultat liefert und die Maschine für immer weiter läuft. Es ist also nur eine Hälfte der Entscheidbarkeitsfrage (nämlich die positive) effektiv beantwortbar.

J. W.

Präexistenz Von lat. *prae*, ›vor‹ und *existere*, ›existieren‹: Ausdruck, der in unterschiedlichen philosophischen Kontexten verwendet wird. In der →Ontologie bezeichnet Präexistenz den nichtzeitlichen Seinsbereich. Porphyrios unterscheidet dementsprechend das →Sein, welches vor allem Seienden existiert und das Sein, welches nur verbunden mit dem Seienden existiert. In der patristischen Theologie geht dieser Unterschied in die Bestimmung der Seinsweise →Gottes über: Gott ist das Sein selbst, das nicht existiert, sondern präexistiert, da ihm alle Dinge erst ihre Existenz verdanken. Im Christentum wird die Vorstellung einer Präexistenz Christi vertreten. In der frühen →Patristik verband sich damit eine Debatte, ob die Präexistenz Christi als vor seiner Inkarnation oder vor der Weltschöpfung verstanden werden muss. Daran ließ sich ein →Argument anschließen, demzufolge Christus nicht von der Erbsünde betroffen ist, da ihm die Präexistenz zukommt.

Ihre eigentliche Bedeutung gewinnt die Lehre von einer Präexistenz in den Seelenwanderungsspekulationen der griechischen Antike. Noch →Platon nimmt die Existenz der →Seele in einem dem →Leben vorangegangenen Zeitraum an, da sich nur so erklären ließe, wie wir zu dem →Wissen von den →Ideen gelangen, das nicht über einen Lernvorgang erworben, sondern durch die Technik der ›Wiedererinnerung‹ einsichtig wird. Die Seele existiert vor ihrem Eintritt in den menschlichen Körper im Reich der Ideen, nur deshalb kann sie während ihrer körperlichen Existenz die Ideen erkennen. In der →Neuzeit (A) wird die Lehre von der Präexistenz der Seele von →Locke und →Leibniz kritisiert. Locke weist auf die Widersprüchlichkeit dieser Lehre hin, die darin besteht, dass einerseits angenommen wird, die →Vernunft habe kein bleibendes →Bewusstsein von dem, was die Seele in dem präexistenten Zustand getan hat, andererseits aber ist das Bewusstsein das Merkmal, welches die →Identität der →Person konstituiert. Entweder gehört also die präexistente Seele nicht zu derselben Person oder die jeweilige Person besitzt keine personale Identität. Leibniz' Kritik läuft darauf hinaus, dass es unmöglich ist, zu einer →Erkenntnis des präexistenten Seelenzustand zu gelangen, da dieser Zustand ja wiederum durch einen davor liegenden Zustand determiniert ist usw. Der Versuch, Erkenntnisse von einem präexistenten Seelenzustand zu gewinnen, führt also zu einem unendlichen Regress (→*regressus ad infinitum*). Leibniz führt deshalb einen qualitativen Unterschied in der Existenz und der Präexistenz des Seelenzustandes ein: Die präexistierende Seele zeichnet sich im Unterschied zur existierenden Vernunftseele durch eine unentwickelte Vernunfttätigkeit aus, die in keinen deutlichen, sondern in verworrenen →Perzeptionen besteht.

Der Terminus Präexistenz findet später seinen Eingang in biologische Theorien, die mit der Lehre von der Präformation Zustände eines →Individuums bezeichnen, die sich – wie bestimmte Gattungs- und Artmerkmale – nicht aus der bestimmten Lebensgeschichte des einzelnen Individuums erklären lassen.

H. B.

Pragmatik Bildet gemeinsam mit →Syntax und →Semantik einen Teilbereich der →Sprachphilosophie. Diese Einteilung ist insbesondere im Neupositivismus durch Morris und →Carnap entwickelt worden. Die Syntax befasst sich mit den Regeln des formal korrekten Aufbaus sinnvoller Ausdrücke, die Semantik mit der →Bedeutung von Ausdrücken und die Pragmatik mit den Bereich der Verwendungssituation sprachlicher Ausdrücke, die einen Einfluss auf die sprachlichen Bedeutungen haben. In diesem Verständnis baut die Pragmatik auf der Syntax und Semantik einer →Sprache auf und bezieht sich auf deren Handlungsaspekt.

Im Gegensatz dazu vertreten der →Pragmatismus, bestimmte Bereiche der →Semiotik und die →*Ordinary Language Philosophy* die Auffassung, dass die Sprache in erster Linie als ein Handlungszusammenhang zu verstehen ist. Die Pragmatik steht dabei an erster Stelle der Sprachanalyse, erst danach kann es eine gehaltvolle Untersuchung von syntaktischen und semantischen Kategorien geben. Dieser Ansatz hat seine Weiterentwicklung in bestimmten Bereichen der Linguistik und in der analytischen Sprachpragmatik, vertreten durch Austin und Searle, gefunden. In den Vordergrund dieser Positionen tritt die Analyse von Sprechhandlungen: Neben der Bedeutung oder dem Inhalt einer →Aussage (propositionaler Gehalt) kommt jeder sprachlichen Äußerung auch eine spezifische Aussage-Intention (illokutionärer Akt) zu, die ihre Rolle in der Verwendungssituation bestimmt. So kann z.B. die Äußerung ›Es zieht‹ als eine Aufforderung zum Schließen des Fensters verstanden werden, aber auch als die bloße Feststellung, dass es in einem Zimmer Zugluft gibt oder, noch anders, als eine Warnung an jemanden, der an Zugluft leidet und noch nicht bemerkt hat oder nicht weiß, dass es in einem bestimmten Zimmer zieht. Während der propositionale Gehalt einer Aussage die Semantik betrifft, gehört der illokutionäre Akt zur Pragmatik.

In einem weitaus unspezifischeren Sinne können auch Analysen von kontextabhängigen sprachlichen Ausdrücken, wie indexikalische Ausdrücke, Pronomina oder Zeitbestimmungen zum Bereich der Pragmatik gerechnet werden. Hierbei muss allerdings entschieden werden, inwieweit es möglich ist, die kontextabhängigen Ausdrücke so zu verallgemeinern, dass die Kontextbestimmungen verobjektiviert werden können. Während z.B. die →Wahrheit bzw. Falschheit einer Aussage wie ›Es regnet‹ nur insofern bestimmt werden kann, als wir den Kontext, d.h. die Zeit und den Ort ihrer Äußerung kennen, ist das bei einer Aussage der Form ›Am Soundsovielten regnet es an der Stelle x‹ nicht der Fall, denn hier sind die Kontextbestimmungen explizit. Neben dieser →Methode der Explikation lassen sich auch andere →Analysen denken, die ausdrücklich pragmatisch sind, indem sie die Sprecher-Hörer-Beziehung in ihre Untersuchungen mit aufnehmen.

Noch allgemeiner ist die Bestimmung der Pragmatik durch die Semiotik von →Peirce, der das →Zeichen als eine dreisteilige Relation zwischen einem Zeichenträger, einem Zeichenobjekt und einem Interpretanten definiert. Dass ein Zeichen auch ein Interpretant ist, heißt bei Peirce, dass es bei dem Interpreten oder Zeichenverwender eine →Handlung oder ein →Gefühl hervorruft, auf die sich weitere Zeichenverwendungen stützen können. Peirce gilt nicht nur als Schrittmacher der modernen Semiotik, sondern auch als ein Begründer des Pragmatismus, für den er eine »pragmatische Maxime« entwickelt hat, die besagt, dass die Bedeutung, die ein →Begriff, ein Satz oder eine →Theorie hat, in ihrem Gebrauch, ihrer Wirkung und in ihrer Relevanz für Handlungszusammenhänge besteht.

Apel und →Habermas haben die Einsichten der analytischen Sprachpragmatik zu einer Transzendentalpragmatik erweitert, in welcher die allgemeinen Bedingungen des kommunikativen Handeins untersucht werden.

H.B.

Pragmatismus Der Pragmatismus gilt als erste eigenständige Richtung der amerikanischen Philosophie. Entstanden im letzten Drittel des 19. Jhs., erreichte er seinen Höhepunkt zu Anfang unseres Jahrhunderts in der vor allem von →James und →Dewey vertretenen Ausprägung. Die Herrschaft der letztlich aus kontinentaleuropäischen und englischen Ursprüngen hervorgegangenen →analytischen Philosophie drängte den Pragmatismus auch in den USA lange Zeit in den Hintergrund. In den letzten Jahren allerdings zeigt sich – bei schwindender Reputation der analytischen Philosophie – wieder ein verstärktes Interesse an pragmatistischen Denkweisen.

Der Pragmatismus ist weder eine philosophische Schule, deren Mitglieder sich über grundlegende →Prinzipien und Verfahrensweisen einig wären, noch eine exakt zu bestimmende philosophische →Methode. Viel mehr besteht bereits zwischen den heute zu den ›Klassikern‹ des Pragmatismus zählenden Autoren →Peirce, James und Dewey Uneinigkeit über die genaue Bedeutung des Ausdrucks, die sich nicht zuletzt auch in den verschiedenen Alternativvorschlägen für die Namensgebung ausdrückt. So glaubte Peirce, der allgemein als Erfinder des Ausdrucks und der Sache ›Pragmatismus‹ gilt, sich später von den Theorien seiner Nachfolger James und Dewey distanzieren zu müssen, indem er den eingestandenermaßen ›hässlichen‹ Ausdruck ›Pragmatizismus‹ prägte. James selbst bezeichnete seine philosophische Position eher als radikalen →Empirismus oder →Pluralismus, Dewey sprach für sich von Instrumentalismus, und der englische Pragmatist Schiller hielt die Bezeichnung ›Humanismus‹ (→A Renaissance – Humanismus) für angemessener.

Trotz dieser verwirrenden Vielfalt an Namen und Positionen lässt sich aus heutiger Sicht grundsätzlich zwischen drei zwar verwandten, aber doch einigermaßen klar voneinander abgegrenzten Bedeutungen des Ausdrucks ›Pragmatismus‹ unterscheiden. Im Anschluss an den Begründer Peirce bezeichnet Pragmatismus zunächst eine bestimmte Vorgehensweise zur Klärung der →Bedeutung von →Begriffen in der Philosophie oder in der Wissenschaft. Diese Vorgehensweise wird beschrieben in Peirce' »pragmatischer Maxime« von 1878. Demnach erlangt man Klarheit über die Bedeutung eines Begriffs, indem man sich in einer Art Gedankenexperiment die Wirkungen und praktischen Bezüge klar macht, die dem Gegenstand des Begriffs zukommen. Unser Begriff dieser Wirkungen ist dann »das Ganze unseres Begriffs des Gegenstandes«. Es ist zu beachten, dass der Pragmatismus für Peirce von Anfang an im Zusammenhang einer →Logik der Forschung stand. Seine Nachfolger sollten über diesen vergleichsweise engen Geltungsbereich weit hinausgehen.

Zum Zweiten nämlich ist Pragmatismus der Name für eine allgemeine philosophische Theorie des →Wissens, der →Erfahrung und der →Wirklichkeit. Drei grundlegende Überzeugungen spielen in diesem Zusammenhang eine Rolle: erstens die Annahme, dass Denken, Wissen und Erkenntnis das Ergebnis eines biologischen und sozialen Entwicklungsprozesses sind und dass ihre Funktion in der Anpassung an sowie der Kontrolle über die Erfahrung und die Wirklichkeit besteht; zweitens die Annahme, dass diese Wirklichkeit nicht ein für allemal gegeben und statisch, sondern variabel und veränderlich ist, und dass die Aufgabe des →Denkens deshalb nicht in der →Erkenntnis unabänderlicher Gegebenheiten bestehen kann, sondern in der Verwirklichung unserer Interessen und Absichten; drittens schließlich die Annahme, dass alles Wissen durch zukünftige Erfahrungen überprüft und gegebenenfalls verändert werden muss und dass das Denken in einer Art experimenteller Vorwegnahme dieser zukünftigen Entwicklungen besteht.

Im Zusammenhang mit dieser zweiten Bedeutung des Ausdrucks ist auch die pragmatistische Theorie der →Wahrheit zu nennen, die lange Zeit im Mittelpunkt der kritischen Diskussion stand. James, dessen Formulierung einer pragmatistischen Wahrheitstheorie hier zentral ist, bestimmt Wahrheit zunächst ganz konventionell als Übereinstimmung eines Gedankens, einer Vorstellung oder einer Aussage mit der Wirklichkeit. Allerdings müsse gefragt werden, was genau mit ›Übereinstimmung‹ und ›Wirklichkeit‹ gemeint sei, beispielsweise angesichts solcher Begriffe wie der Elastizität einer Uhrfeder, von der wir uns kaum ein ›realistisches‹ Bild machen können. Gegen die statische Konzeption der Wahrheit setzt James deshalb eine dynamische: Vorstellungen sind nicht einfach wahr (oder falsch), sie werden im Prozess der →Verifikation wahr gemacht. Übereinstimmung mit der Wirklichkeit bezeichnet folglich weniger eine fest stehende Relation als vielmehr einen Prozess, der zu bestimmten praktischen Konsequenzen führt, einen Prozess also, der uns in intellektueller oder praktischer Hinsicht weiterbringt. – In der Rezeption des Pragmatismus wurde diese Wahrheitstheorie häufig als simple Gleichsetzung von Wahrheit und Nützlichkeit missverstanden. Insbesondere solche Metaphern wie die vom *cash-value* (»Barwert«) der Wahrheit begünstigten die vor allem in Europa verbreitete Auffassung, der Pragmatismus sei eine typisch amerikanische Philosophie, in der letztlich die Gesetze des Finanzmarktes auf erkenntnistheoretische und moralische Probleme übertragen werden sollten. In jüngster Zeit wird diese Deutung zunehmend revidiert.

In einem dritten Sinn schließlich bezeichnet Pragmatismus eine allgemeine philosophische und im engeren Sinn erkenntnistheoretische Position, für die folgende Merkmale charakteristisch sind: zum einen ein rigoroser Anti-Essenzialismus, also die Annahme, dass philosophische Grundbegriffe wie Wahrheit, Erkenntnis, →Moral, →Rationalität usw. nicht so aufgefasst werden dürfen, als hätten sie ein →Wesen, das durch irgendwelche Operationen oder Strategien aufgedeckt werden könnte. Zum anderen ist diese Form des Pragmatismus durch ihren →Holismus gekennzeichnet, d.h. durch die Ablehnung einer Reihe von philosophisch einschlägigen Dichotomien wie z.B. Tatsachen und →Theorien oder Tatsachen und Werte. Bei manchen Autoren verbindet sich dieser Holismus jedoch mit einem starken Realismus, d.h. mit der Auffassung, dass die Wahrnehmung in der Regel eine von Gegenständen und Ereignissen ›da draußen‹ ist und nicht von privaten Sinnesdaten. Im Kern pragmatistischen Denkens steht somit ein vermeintlicher Widerspruch, nämlich die These der Unmöglichkeit absoluter, endgültiger Aussagen über die Wirklichkeit auf der einen Seite und die Einsicht in das offensichtliche praktische Funktionieren unserer Wirklichkeitsauffassungen auf der anderen. Holismus und →Realismus stellen jedoch keinen Widerspruch dar, wenn man beachtet, dass der Pragmatismus von Anfang an zwar eine durchaus moderne, vielleicht gar postmoderne philosophische Position besetzte, andererseits jedoch Philosophie nie um ihrer selbst willen betrieb, sondern immer auch die Frage nach den praktischen Konsequenzen unserer philosophischen Auffassungen gestellt hat.

In der aktuellen philosophischen Diskussion spielen unterschiedliche Varianten des Pragmatismus auf verschiedenen Gebieten eine Rolle, so etwa in der →Erkenntnistheorie und der →Wissenschaftstheorie, aber auch in der Politikwissenschaft, in der →Ästhetik oder in der Literaturwissenschaft. Der Kreis derjenigen – vor allem amerikanischen – Denker, die sich neuerdings wieder auf den Pragmatismus besinnen, setzt sich charakteristischerweise zum großen Teil aus ehemals analytischen oder der analytischen Philosophie zumindest nahe stehenden Philosophen zusammen; zu nennen sind u.a. →Hilary Putnam und Ruth Anna Putnam, Rorty, Margolis sowie – im Bereich der Ästhetik und Literaturwissenschaft – Richard Shusterman oder Stanley Fish. Im deutschsprachigen Raum bestimmte die Auseinandersetzung mit Peirce lange Zeit das Bild des Pragmatismus, der vor allem für die Diskursethik von →Habermas und Apel von Bedeutung war. Dewey wurde bis vor kurzem fast ausschließlich als Pädagoge, nicht aber als Philosoph rezipiert. Die Vielzahl der augenblicklich erscheinenden Übersetzungen und Neueditionen solcher Autoren wie Mead, James und auch Dewey lässt jedoch hoffen, dass der Pragmatismus auch in Deutschland bald in seiner ganzen Breite wahrgenommen und für die philosophische Diskussion fruchtbar gemacht werden wird.

Ch.S.Peirce, Über die Klarheit unserer Gedanken [1877/78], Hg. von K. Oehler, Frankfurt/M. 1968
W.James, Pragmatismus. Ein neuer Name für einige alte Denkweisen [1906], Übers. und hg. von K. Schubert / A. Spree, Darmstadt 2000
J.Dewey, Die Erneuerung der Philosophie [1920], Hamburg 1989
K.Oehler, Charles Sanders Peirce, München 1993
R.Diaz-Bone / K.Schubert, William James zur Einführung, Hamburg 1996
M.Suhr, John Dewey zur Einführung, Hamburg 1994

A.S.

Praktische Vernunft Nachdem →Kant in der *Kritik der reinen Vernunft* theoretisch-metaphysische Fragen der reinen →Vernunft erörtert, wendet er sich in seiner *Kritik der praktischen Vernunft* ethischen Problemen zu. Gegenüber der theoretischen Vernunft, die zur Erkenntnisgewinnung angewiesen ist auf Sinnesreizungen und sich auf nichts anderes beziehen kann als auf diese Reizungen unserer Sinne, ist die praktische Vernunft ein selbstständiges Vermögen, da sie den →Willen und durch diesen das Handeln des Menschen ohne alle äußeren Beweggründe bestimmen kann. Aufgrund dieser Tatsache, das auf einem »Faktum der Vernunft« angesichts der menschlichen →Freiheit beruht, spricht Kant auch von einem Primat der praktischen Vernunft vor der theoretischen Vernunft.

→Aristoteles unterscheidet drei Arten des Wissens und der Vernunft: das praktische, das poietische und das theoretische Wissen. Das praktische Wissen ist auf die intelligente Tätigkeit des Menschen gerichtet, es bezieht sich im Unterschied zum theoretischen Wissen nicht auf die →Erkenntnis der ewigen und notwendigen →Wahrheiten, sondern auf →Handlungen. Praktisches Wissen kann zwei Formen annehmen, →*poiesis* und →*phronesis*. Die Poiesis ist ein praktisches Können als ein auf das kluge Hervorbringen von Artefakten ausgerichtetes Verhalten (wie z.B. die handwerkliche Tätigkeit). Es hat, da sein Ziel nicht das Handeln selbst, sondern aus einem äußeren Zweck abgeleitet ist, den Grund seines Daseins außerhalb seiner selbst. Davon unterscheidet sich die Phronesis (sittliche Einsicht), die das gute und wertvolle Handeln selbst bestimmt. Sie hat ihr eigentliches Ziel (*telos*) in sich selbst und ist nicht auf das gelingende Herstellen einer Sache, sondern auf ein gelingendes Leben als solches gerichtet.

H. B.

Praktischer Syllogismus Im Unterschied zu theoretischen Schlüssen, in denen festgestellt wird, was der Fall ist, bezeichnet →Aristoteles einen Schluss, der angibt, was wir tun sollen, als einen praktischen Syllogismus. Wie der theoretische Schluss geht auch der praktische Syllogismus von den →Prämissen zur Konklusion: Das Vorderglied des Schlusses (erste Prämisse) beinhaltet eine Vorschrift, das Hinterglied (zweite Prämisse) gibt eine Handlungsmöglichkeit an und die Konklusion beinhaltet dann eine →Handlung, die getan werden soll. Während es aber für die theoretischen Schlüsse spezifische Regeln gibt, die ihre →Gültigkeit festlegen, ist die Frage nach den Gültigkeitskriterien für praktische Schlüsse schwer zu beantworten. Praktische Schlüsse wurden in der Folgezeit insbesondere auf die Frage nach der besten Wahl der Mittel zur Erreichung eines gegebenen →Zwecks angewandt. Max Weber machte jedoch evident, dass nicht jede Handlung als eine zweckrationale Handlung verstanden werden kann. Von dieser Handlungsart, die dem gegebenen Zweck bestimmte Mittel zu seiner Erreichung unterordnet, unterscheidet er unbewusste reflexartige Handlungen (z. B. das Wegziehen der Hand von der heißen Herdplatte), Gewohnheitshandlungen (z. B. bestimmte Bewegungen während des Fahrradfahrens) und Handlungen, die zu gesellschaftlichen Konventionen gehören (z. B. das Grüßen).

In der modernen Diskussion, besonders in der Handlungstheorie und der Erarbeitung spezieller Handlungslogiken, wurde die Frage nach der Form und der Gültigkeit praktischer Schlüsse von Anscombe, Wright, Kenny, Hare und Geach neu belebt. Anscombe versucht im direkten Rückgriff auf Aristoteles den intentionalen Charakter von Handlungen durch den Begriff des praktischen Schlusses aufzuklären. Die Ausführung einer Handlung setzt ihr zufolge →Wissen von zweierlei Art voraus: das Wissen, zu welchem Zweck oder aus welchem Grund die Handlung ausgeführt wird (erste Prämisse) und ein Wissen darüber, ob die Handlung dazu geeignet ist, ihr Ziel zu erreichen (zweite Prämisse). Während es nach Anscombe offen bleibt, ob ein richtig gezogener praktischer Schluss zu einer entsprechenden Handlung führt, hält es von Wright für logisch unmöglich, die Handlung nicht auszuführen, wenn sie sich auf einen praktischen Schluss in der ersten Person Singular bezieht und wenn es keine Bedingungen gibt, die ihre Befolgung verhindern. Kenny vertritt die These, dass die Gültigkeit praktischer Schlüsse unter der Voraussetzung der Erfülltheit (*satisfaction*) der ersten Prämisse und der *conclusio* analog zu theoretischen Schlüssen behandelt werden können. Dass neu hinzukommende oder andere Prämissen des Handelnden (bezüglich der vielfältigen Ziele seiner Handlungen) die Gültigkeit der *conclusio* dennoch gefährden können, wendet dagegen Geach ein. Hare führt den Unterschied zwischen theoretischen und praktischen Schlüssen auf die Differenz zwischen hinreichenden und notwendigen Bedingungen für die Erfülltheit des Schlusses zurück. Diese Gegenüberstellung scheint jedoch zu einfach zu sein, da praktische Schlüsse nicht nur zur Voraussage, sondern auch zur nachträglichen Rechtfertigung einer Handlung herangezogen werden können. Außerdem variieren die Gültigkeit und die Form der praktischen Schlüsse nach ihrem Anwendungsbereich und nach dem Personenkreis, für den sie gültig sein sollen.

H. B.

Praktisches Gesetz Für →Kant ist ein praktisches →Gesetz (→Sittengesetz) ein Satz, der ein unbedingt zu befolgendes Gebot der praktischen →Vernunft, den →kategorischen Imperativ, enthält. Dieser Imperativ drückt eine unbedingte Verbindlichkeit für bestimmte →Handlungen aus und begründet daher eine →Pflicht, die je nachdem, ob sie eine Unterlassung oder Begehung einer Handlung enthält, ein praktisches Verbot oder ein praktisches Gebot darstellt.

H. B.

Prämisse In der klassischen Logik einer der beiden Vordersätze oder die Voraussetzung eines →Syllogismus. Während sich die Bezeichnungen ›Obersatz‹ für die erste Prämisse und ›Untersatz‹ für die zweite Prämisse durchgesetzt haben, wurden in der Tradition auch andere Begriffe verwandt. In der stoischen Logik wird die erste Prämisse *lemma* (lat. *sumptio*) und die zweite Prämisse *prolepsis* (lat. *praesumtio*) genannt. Wolff prägte die für die deutsche Schulmetaphysik gebräuchlichen Begriffe *propositio maior* (Obersatz) und *propositio minor* (Untersatz). In der modernen Logik werden die Vordersätze der Folgerungsbeziehung Prämissen genannt. Ungebräuchlich ist dagegen die Bezeichnung Prämisse für die Aussagenverbindungen, die das Vorderglied der materialen Implikation (Subjunktion) bilden. Hier heißt das Vorderglied ›Antezedens‹, das Hinterglied ›Konsequens‹.

H. B.

Prästabilierte Harmonie Ausdruck, der von →Leibniz zur Lösung des Leib-Seele-Problems (→Dualismus Leib – Seele) herangezogen wurde. Wenn der Körper und die Seele zwei kategorial unterschiedliche →Entitäten darstellen, dann stellt sich die Frage, wie beide in ihren →Handlungen miteinander in Einklang gebracht werden können. Leibniz verwendet zur Beantwortung dieser Frage ein von Geulincx erdachtes Beispiel, das von zwei genau gleich gehenden Uhren ausgeht, wovon die eine den Leib, die andere die Seele darstellen soll. Die Übereinstimmung im Lauf der Uhren kann auf drei unterschiedliche Weisen sichergestellt sein: Die Uhren üben einen wechselseitigen Einfluss aufeinander aus, es gibt jemanden, der den Gleichlauf der Uhren ständig überwacht oder die Übereinstimmung der Uhren beruht auf der Genauigkeit, mit der beide eingestellt sind, sodass man sich ohne Kontrolle oder ohne die Kopplung der beiden Uhren sicher sein kann, dass sie immer gleich gehen. Dieser dritte Weg wird prästabilierte Harmonie genannt: Leib und Seele stehen in keinem unmittelbaren Zusammenhang miteinander, dennoch stimmen sie in ihren Handlungen überein.

H. B.

Präsumption Von lat. *praesumptio*, ›Vermutung, Erwartung‹: Die Vermutung, die so lange als zutreffend angenommen wird, bis ihr Gegenteil bewiesen ist. Von einer Präsumption in Bezug auf eine →Person spricht man im Sinne des Eigendünkels, des Eingenommenseins einer Person von sich selbst.

H. B.

Präsupposition Von lat. *praesuppositio*, ›Voraussetzung‹: Im Allgemeinen spricht man von Präsuppositionen im Sinne von Voraussetzungen, die im Hinblick auf die →Wahrheit oder Falschheit einer →Aussage oder im Hinblick auf die Bejahung bzw. Verneinung einer Frage erfüllt sein müssen. So setzt z. B. die Beurteilung von Wahrheit oder Falschheit der Aussage 1 ›Der gegenwärtige König von Frankreich ist kahlköpfig‹ voraus, dass die Aussage 2 ›Es gibt einen gegenwärtigen König von Frankreich‹ wahr ist. Eine solche Unterstellung wird auch Existenz-Präsupposition genannt. →Frege und in Folge auch Strawson haben in dieser Hinsicht zwischen der Voraussetzung (Präsupposition) einer Aussage und der Behauptung einer Aussage unterschieden. In unserem Beispiel setzt zwar Aussage 1 die Wahrheit der Aussage 2 voraus; doch das, was Aussage 2 ausdrückt, wird in 1 nicht explizit behauptet. Sollte es sich also herausstellen, dass es keinen gegenwärtigen König von Frankreich gibt, dann ist die Aussage 1 nicht falsch, sondern sinnlos. Entgegen dieser Auffassung schlägt Russell eine Analyse von singulären Kennzeichnungen (wie ›Der gegenwärtige König von Frankreich...‹) vor, bei der die Aussage 1 falsch wird. Ihm zufolge muss eine singuläre Kennzeichnung so verstanden werden, dass sie sich nicht direkt auf einen Gegenstand bezieht, sondern im Sinne einer Existenzquantifikation (›Es gibt einen Gegenstand x...‹) mit nachfolgender Prädikation (›...sodass x König von Frankreich ist‹) zu verstehen sei. Während die Konzeption von Frege und Strawson Probleme damit hat, den Sinn von singulären Kennzeichnungen, bei denen der Subjektbegriff leer ist, einsichtig zu machen, hat die Rekonstruktion Russells den Nachteil, dass sie sich eigentlich nur auf den Bereich der behauptenden Sprache anwenden lässt, denn der Bereich der fiktionalen Rede zeichnet sich gerade dadurch aus, dass sie keine Existenz-Präsuppositionen macht. Während die moderne Logik mit der Einführung der →Quantoren ein Mittel besitzt mit der Existenz-Präsupposition umzugehen, muss in der klassischen Logik, die sich allein auf Subjekt-Prädikat-Urteile beruft, vorausgesetzt werden, dass der Subjektbegriff auf mindestens einen Gegenstand zutrifft.

Neben der Existenz-Präsupposition lassen sich weitere Klassen von allgemeinen Voraussetzungen ausmachen. Solche Sätze wie ›Herr Mayer hat seine Sekretärin um 16 Uhr nach Hause geschickt‹ setzen eine ganze Reihe von Präsuppositionen voraus, die in etwa so lauten könnten: 1. ›Irgend jemand hat eine Sekretärin.‹ 2. ›Irgend jemand ist der Chef einer Sekretärin.‹ 3. ›Es gibt eine Sekretärin, deren Chef Mayer heißt.‹ 4. ›Die Sekretärin war bis 16 Uhr im Büro.‹ usw. Im Falle, dass eine der Präsuppositionen nicht zutrifft, kann der Beispielsatz weder wahr noch falsch sein; man spricht hier von ›Wahrheitswertlücken‹.

Ein pragmatischer Präsuppositionsbegriff, der nicht mit Wahrheitswertlücken, sondern mit Akzeptabilitätsbedingungen arbeitet, wurde von Stalnaker vorgestellt. Zu den Hintergrundannahmen eines Diskurses zwischen verschiedenen Personen gehört es, dass die selbstverständliche Annahme der Wahrheit einer Äußerung und der ihr zugehörigen Präsuppositionen gleichzeitig von der Annahme begleitet ist, dass die anderen Personen des Diskurses dasselbe tun. Der Sprecher kann diese Annahme nur machen, wenn der Aussageinhalt zu einem gemeinsamen Hintergrundwissen gehört oder, wenn dies nicht der Fall ist, automatisch zu einem Teil des Hintergrundwissens gemacht wird. Dieses Hintergrundwissen und die entsprechenden Präsuppositionen der Äußerungen in einem Diskurs bestimmen seinen Kontext insofern, als nur in diesem Kontext entsprechende Äußerungen angemessen verstanden und weiterverwendet werden können.

H. B.

Präsyllogismus Vollständiger syllogistischer Schluss, dessen *conclusio* (→Konklusion, Schlusssatz) als die →Prämisse eines weiteren syllogistischen Schlusses (Episyllogismus) auftritt. Die Verbindung von Prä- und Episyllogismus wird →Polysyllogismus genannt.

H. B.

Praxis Griech. ›Handlung‹: Begriff, der sowohl in der Umgangssprache als auch in der philosophischen Terminologie in verschiedenen Kontexten verwendet wird. Einerseits bezeichnet ›Praxis‹ die gesamte Lebenstätigkeit des →Menschen in allen Bereichen. Im engeren Sinne steht Praxis als Analogon zu →Erfahrung und praktischen Kenntnissen, welche durch ständige vorherige Übung ausgebildet worden sind und sich später in zur Gewohnheit gewordenen Tätigkeiten ausdrücken. Praxis steht im Sinne von Handeln im Gegensatz zu bloß verbalen Absichten, im Sinne von Anwendung im Gegensatz zu →Theorie. Oft wird auch das Praktische mit dem Nützlichen gleichgesetzt. Ein unpraktischer Mensch wird daher auch als jemand angesehen, dessen →Handlungen zu keinem Ziel oder zumindest nicht zu dem gewollten Ziel führen.

Die philosophische Auseinandersetzung mit dem Praxisbegriff wurde weitgehend durch →Aristoteles geprägt. Die →Wissenschaften unterteilt er in die der Einsicht (*phronesis*), der Haushaltung (*oikonomia*) und der Politik (*politika*). In seiner *Nikomachischen Ethik* unterscheidet Aristoteles drei Lebensformen: Zum einen das Leben gemäß der Lust (*hedone*), dann das tätige Leben (*bios praktikos* bzw. *politikos*) und schließlich das theoretische Leben des Philosophen (*bios theoretikos*) im Sinne der →Kontemplation. Den →Begriff der Praxis grenzt er dabei ab gegen den der →Poiesis. Poiesis ist eine herstellende Tätigkeit, sie zielt auf ein Produkt bzw. Ergebnis, das mittels einer Handlung hergestellt bzw. erreicht werden soll. Poiesis also ist Herstellung von etwas, was außerhalb der Handlung selbst liegt. Praxis hingegen ist der Vollzug einer Handlung, die kein Ziel außer ihrer selbst hat. Die dem Menschen angemessene und höchste Glückseligkeit liegt in der theoretischen Lebensführung, die eine Tätigkeit der Seele gemäß der ihr eigentümlichen Tüchtigkeit und Fähigkeit ist, nämlich der →Vernunft. Der Phronesis geht es um das richtige Tun und das →Gute selbst. Das Handeln im Sinne der Phronesis hat für Aristoteles genau deshalb einen höheren Wert, weil solches Handeln seinen Zweck im

Handeln selbst hat (und insofern autark ist) und eben nicht in der Erreichung eines dem Handeln äußerlichen Ziels.

Seit der Spätantike bis weit hinein in die mittelalterliche →Scholastik herrscht die Bevorzugung eines kontemplativen Theorieverständnisses vor, wobei nun der Praxisbegriff des Aristoteles umgedeutet wird. *Praxeis* sind für →Plotin diejenigen Tätigkeiten, die von der Unvernunft und den Leidenschaften beherrscht sind. Die kontemplative Theorie ist von grundsätzlich höherer Natur. Ihr gegenüber wird die Praxis zu einem bloßen Mittel, die Kontemplation zu erreichen. Bei →Augustinus spielt das »geschäftige Leben« eine untergeordnete Rolle gegenüber der →Weisheit, die die Erkenntnis der ewigen Werte in sich schließt. Für →Thomas von Aquin stellt die theoretisch-intellektuelle Tätigkeit einen höheren Wert dar als das praktische Leben des Alltags, denn erst unter der Herrschaft von Vernunft und Intellekt kann sich das praktische Leben zu einer spezifisch menschlichen Lebensform erheben.

Erst mit den Ansichten von Duns Scotus und Wilhelm von Ockham kommt die Praxis zu einer ebenbürtigen Stellung gegenüber der kontemplativen Theorieauffassung, denn sie bestimmen die Praxis als einen Willensakt. Praxis kann nicht nur auf die sichtbaren Ausübungen menschlicher Tätigkeiten angewandt werden, sondern genauso gut bestimmend für Verstandeshandlungen sein. Damit einher geht eine veränderte Auffassung von Theorie, die nicht mehr vorrangig als bloß kontemplativ aufgefasst, sondern als eine Erkenntnisart mit wesentlich praktischem Charakter bestimmt wird. Die Renaissancephilosophie von Pico della Mirandola, Manetti, Bruno, Galilei und Vico kehrt das Verhältnis von Kontemplation und Praxis ganz zugunsten der Praxis um. Die menschliche Tätigkeit als ein künstlerisch-produktives Verhalten, das sich seine →Natur selbst herstellt und diese nicht nur nachahmt, rückt den Menschen in die Nähe des schöpferischen Gottes, macht ihn zu einem autonomen Gestalter von Natur, →Gesellschaft und →Geschichte. Die Entstehung der modernen Naturwissenschaften geht Hand in Hand mit diesem veränderten Menschen- und Praxisverständnis. Theorie heißt nun nicht mehr nur kontemplative Erfassung ewiger Wahrheiten, sondern wird ganz unter den Aspekt ihrer Nützlichkeit für die menschliche Praxis untergeordnet. So war es für F. →Bacon, →Hobbes, →Locke und →Berkeley stets ein Bedürfnis, die Brauchbarkeit und Nützlichkeit der Wissenschaft für die Erleichterung des menschlichen Lebens und Handelns hervorzuheben.

→Kant korrigiert dieses emphatische Praxisverständnis. Er versteht unter Praxis ausschließlich ein vernünftiges Handeln. Vernünftiges Handeln steht unter praktischen Grundsätzen, die eine allgemeine Bestimmung des →Willens enthalten, welche dem praktischen Gebrauch der Vernunft entspringt. In diesem Sinne kann es keinen Widerstreit zwischen Theorie und Praxis geben. In →Analogie zur theoretischen Vernunft, welche erkennt, was da ist, geht es der praktischen Vernunft darum zu erkennen, was da sein soll. Obwohl auch schon Kant von einem Primat der praktischen gegenüber der theoretischen Vernunft ausgegangen ist, fasst →Fichte den Begriff der praktischen Vernunft noch emphatischer. Praktische Vernunft ist für ihn die Wurzel aller Vernunft, und die Erkenntnis ist der Handlung untergeordnet, da wir nicht handeln um zu erkennen, sondern umgekehrt erkennen um zu handeln. →Hegels Praxisverständnis orientiert sich am Begriff der →Arbeit, durch welche der Mensch sich nicht nur schlicht zur Natur verhält, sondern diese formiert, verändert und seinen Bedürfnissen anpasst. Das Moment der Umbildung, der verändernden Tätigkeit, wird von Hegel auf die gesamte Geistesgeschichte ausgedehnt: Die Geschichte besteht in einem Prozess der praktischen Selbstverwirklichung der Vernunft, der bildenden Macht in den Werken der menschlichen Arbeit.

Für →Marx und Engels spielt der Praxisbegriff eine zentrale Rolle innerhalb ihrer Erkenntnis- und Gesellschaftskritik. Geht die traditionelle →Erkenntnistheorie von einem Verhältnis des beobachtenden →Subjekts zu dem von diesem erkannten Gegenständen aus, begründen Marx und Engels eine materialistische Erkenntnistheorie, die die Rechtfertigung einer bestimmten Theorie allein an praktischen Maßstäben misst. Weder die Kontemplation noch die richtige Anwendung der Begriffe, noch die Erfahrung kann einen letztlichen →Beweis für die Anerkennung der gegenständlichen →Wahrheit erbringen; allererst die Praxis, die Anwendung, das tätige Hervorbringen und Verändern kann einen Beweis für die Notwendigkeit theoretischer Erwägungen erbringen. Seinen prägnantesten Ausdruck hat diese Auffassung in der berühmten marxschen Formulierung der 11. These zu Feuerbach gefunden: »Die Philosophen haben die Welt nur verschieden interpretiert, es kömmt aber darauf an, sie zu verändern.« Die gesellschaftstheoretische Konsequenz der materialistischen Praxiskonzeption wird in dieser These schon mit ausgesprochen. Die Geschichte ist nicht, wie bei Hegel, im Sinne der Selbstverwirklichung der Vernunft zu begreifen, sondern als das Ergebnis einer gemeinsamen Praxis, die sich vor allem in den konkreten Arbeitsverhältnissen zwischen den Menschen spiegelt. Die marxistische Gesellschaftstheorie ist daher nicht nur eine Theorie, der es darum geht, zu einem besseren Verständnis gegenwärtiger oder vergangener Zustände zu gelangen, sondern sie ist eine Theorie, die ihre Konsequenz in einem Handeln, in der aktiven Veränderung der gesellschaftlichen Zustände hat.

In jüngerer Zeit versuchte →Habermas, den marxschen Praxisbegriff erneut stark zu machen. Sein Vorschlag lautet, den Begriff der Arbeit durch den Begriff der Kommunikation zu ersetzen. Unsere kommunikative Praxis bestehe auf dem Hintergrund einer →Lebenswelt und ist auf die Erhaltung und Erneuerung eines Konsens ausgelegt, der auf der intersubjektiven Anerkennung kritisierbarer Geltungsansprüche beruht. Seine auf kommunikatives Handeln und auf die →Sprache ausgerichtete Praxiskonzeption orientiert sich allerdings nicht mehr an einer revolutionären gesellschaftlichen Veränderung, sondern am →Paradigma des verständigungsorientierten Handelns, bezogen auf die Aspekte der Normativität in Sprache und Tätigkeit.

Die insbesondere in den USA entwickelte Konzeption des →Pragmatismus stellt eine Theorie dar, die auch den Begriff der Praxis zu ihren Mittelpunkt gemacht hat. Der Begründer dieser Richtung, →Peirce, definierte einen pragmatischen Wahrheitsbegriff, der Wahrheit im Hinblick auf die mögliche zukünftige Dienstbarkeit bestimmt.

H. B.

Primat Lat. ›Vorrang‹: Begriff, der oft in Fragen nach dem Vorzug oder dem Vorrang einer Position gegenüber einer anderen auftaucht. →Kant lehrte den Primat der praktischen →Vernunft vor der spekulativen Vernunft, da jene nicht abhängig von den Einwirkungen der →Sinnlichkeit ist und sich durch eine Gesetzgebung selbst bestimmen kann.

In der marxistisch-leninistischen Philosophieauffassung ist die Frage nach dem Primat des →Seins oder →Bewusstseins als eine Grundfrage der Philosophie formuliert worden. Nach diesem Verständnis ist die →Materie in dreifachen Sinne primär gegenüber dem Bewusstsein: Die Materie geht dem Bewusstsein zeitlich voraus, das Bewusstsein ist selbst ein Entwicklungsprodukt der Materie, der Inhalt des Bewusstseins besteht aus einer Widerspiegelung der Materie. In einem weiteren Sinne wird der Begriff des Primats in der marxistisch-leninistischen Theorie auch zur Bestimmung des Abhängigkeitsverhältnisses zwischen Basis und Überbau benutzt.

H. B.

Prinzip Von lat. *principium*, ›Anfang, Ursprung, Grundlage‹, →*arche*: In der →Logik, der →Wissenschaft und der Philosophie stehen Prinzipien am Beginn theoretischer Systementwürfe oder praktischer Handlungsorientierungen und geben einen Begründungszusammenhang an, der die inhaltliche und methodische Grundlage für die jeweiligen →Disziplinen abgibt. Im Allgemeinen lässt sich sagen, dass jede wissenschaftliche Disziplin, jeder philosophische Standpunkt und jedes →System der Logik und Mathematik seine eigenen Prinzipien hervorgebracht hat, auf denen der weitere wissenschaftliche Fortschritt oder auf denen jede weitere philosophische →Argumentation beruht. Im Folgenden sollen nur die drei wichtigsten Prinzipien der klassischen Logik und →Wissenschaftstheorie behandelt werden: der →Satz vom Widerspruch (*principium contradictionis*), der →Satz vom ausgeschlossenen Dritten (*principium exclusi tertii*) und der →Satz vom zureichenden Grund (*principium rationis sufficientis*).

Der →Satz vom Widerspruch besagt, dass ein sinnvoller Satz unter denselben kontextuellen und situationellen Bedingungen nicht zugleich wahr und falsch sein kann. Durch dieses Prinzip werden zwei Voraussetzungen der Möglichkeit von Wissenschaft und sinnvollem →Denken benannt: Es konstituiert die Einstimmigkeit aller wissenschaftlichen Äußerungen, weil nur, wenn ein Satz nicht zugleich wahr und falsch sein kann, überhaupt Schlussfolgerungen aus ihm gezogen und Verbindungen zu anderen Sätzen angegeben werden können; es macht ->Wissen überprüfbar bzw. widerlegbar, da das Prinzip vom Widerspruch Eindeutigkeit verlangt.

Der Satz vom ausgeschlossenen Dritten besagt, dass eine ->Aussage entweder wahr oder falsch und nichts anderes zwischen diesen beiden Möglichkeiten sein kann. Dieses Prinzip legt die Logik auf die Zweiwertigkeit fest. Während es heute auch Systeme von drei- oder mehrwertigen Logiken gibt, ist die klassische syllogistische Logik nur unter der Voraussetzung der Zweiwertigkeit möglich. Eine Konsequenz des Satzes vom ausgeschlossenen Dritten, dass auch alle Aussagen, die Zukünftiges betreffen, jetzt schon entweder wahr oder falsch sein müssen, ist viel diskutiert worden. Diese Konsequenz ist nicht intuitiv, da sie zu der Ansicht führt, dass das, was unsere Prognosen voraussagen, schon prädeterminiert ist. ->Aristoteles hat daher, entgegen den Stoikern, futuristische Aussagen als noch unbestimmt erklärt. Dummett zählt die strikte Anwendung des Prinzips des ausgeschlossenen Dritten zu einem der wichtigsten Merkmale des modernen semantischen Realismus.

Der Satz vom zureichenden Grund (->Kausalität) wurde zuerst von ->Leibniz präzise definiert. Er sieht in ihm ein grundlegendes Prinzip der Philosophie, welches besagt, »dass keine Tatsache wahr oder existierend ist und keine Aussage als wahr erwiesen werden kann, ohne dass ein zureichender Grund vorliegt, warum es so und nicht anders ist.« Es leuchtet jedoch ein, dass dieses Prinzip ohne die nähere Angabe dessen, was genau als ein zureichender Grund bezeichnet werden kann, für spezielle Anwendungen unzureichend und zu allgemein ist. Leibniz gibt daher weitere Präzisierungen dieses Prinzips für die Logik und die ->Ontologie an. Im logischen Sinne besteht ein zureichender Grund für die Wahrheit von ->Urteilen, die aus einer Verbindung zwischen ->Subjekt und ->Prädikat bestehen, dann, wenn der ->Begriff des Prädikats im Begriff des Subjekts enthalten oder mit diesem identisch ist. Solche Urteile werden auch ->analytische Urteile genannt, im Unterschied zu ->synthetischen Urteilen, deren Wahrheit sich auf ein tatsächliches Geschehen richtet. Als ontologisches Kriterium für einen zureichenden Grund muss Leibniz daher etwas definieren, das sich im Geschehen selbst findet. Dies sind für ihn ->Gott und die von ihm geschaffenen individuellen ->Substanzen oder ->Monaden. Das, was einer Monade geschieht, hat keine äußerliche Ursache, sondern begründet sich aus der ->prästabilierten Harmonie, die in ihr vorgeprägt ist und aus ihrem Begriff folgt.

In der weiteren Philosophiegeschichte steht der Satz vom zureichenden Grund in einer engen Verbindung zur Diskussion um die verschiedenen Arten von Ursachen, denn wenn es unterschiedliche Arten von Ursachen gibt, muss es auch unterschiedliche Bestimmungen dessen geben, was als ein zureichender Grund angesehen werden kann. Als die wichtigsten voneinander verschiedenen Abhängigkeits-Relationen haben sich jedoch nur die logische Grund-Folge-Beziehung und die kausale Ursache-Wirkungs-Relation herausgestellt. Entgegen den mannigfaltigen Versuchen einer Letztbegründung (->Münchhausen-Trilemma) von theoretischen und praktischen Prinzipien steht die moderne Wissenschaftstheorie auf dem Standpunkt, dass es keine letzte, wirklich zureichende Begründung jeglicher ->Erkenntnis gibt. Die Annahme der einen oder anderen Wahrheit richtet sich vielmehr nach zwei Gesichtspunkten: der praktischen Bewährung und der theoretischen Eleganz.

H. B.

Privation Von lat. *privatio*, ›Beraubung, Mangel‹: Nach ->Aristoteles besteht eine Privation im Fehlen einer Eigenschaft, die einem Seienden (->Sein) von ->Natur aus zukommen müsste. Ein privatives Merkmal wird durch ein ->Prädikat ausgedrückt, welches das Fehlen eines natürlichen Merkmals zum Ausdruck bringt. So ist z. B. für den Menschen ›Blindheit‹ ein privatives Merkmal, da in ihm die Eigenschaft des ›Sehend-Seins‹ verneint wird, welche dem ->Menschen wesentlich zukommt. Für Lebewesen ohne Sehvermögen wäre daher Blindheit kein sinnvolles Prädikat, da ihnen die Eigenschaft des Sehend-Seins nicht abgesprochen werden kann.

H. B.

Probabilismus Wissenschaftliche Theorie, deren →Aussagen durch rein statistische Methoden gewonnen und auf wahrscheinlichkeitstheoretische Annahmen zurückgeführt werden. Davon zu unterscheiden sind solche →Hypothesen, die nur aufgrund unzuverlässiger oder unvollständiger Daten wahrscheinlich sind.

Im 17. Jh. wurde der Begriff in der katholischen Moraltheologie verwandt. Eine probabilistische Moralauffassung ist eine solche, die moralische Gebote und Verbote nur dann als gerechtfertigt ansieht, wenn dazu absolute →Normen vorliegen. Gibt es in Bezug auf die →Handlung neben den absoluten auch noch konkurrierende relative Normen, liegt keine unbedingte moralische Verpflichtung vor. Wegen seiner Tendenz zur Reduktion moralischer Verpflichtungen wurde der ethische Probabilismus von verschiedenen Seiten kritisiert.

H. B.

Problem Der Begriff ist kein eigentlich philosophischer Terminus. Im täglichen Leben trifft man unter den verschiedensten Umständen, in den verschiedensten Lebensbereichen auf Probleme. Sie stellen sich meist dann ein, wenn durch äußere Umstände ein Handlungs- und Entscheidungsdruck entsteht, auf den man normalerweise nicht vorbereitet ist. Probleme entstehen aber auch, wenn bestimmte Erwartungen, die jemand in einer bestimmten Richtung hegt, enttäuscht werden. Die Momente des Unerwarteten, der Enttäuschung und der Bewältigung gehören in unserem Alltag zu dem, was ein Problem ausmacht. In die philosophische Debatte gerät der Problembegriff aufgrund seines normativen Charakters, der darin besteht, dass die Aspekte der Zurechenbarkeit und der Verantwortlichkeit für Probleme ethische und politische Fragen aufwerfen. Darüber hinaus lassen sich unterschiedliche Problemlösungsstrategien ausmachen, die im Umfeld von kybernetischen Modellen des Handelns, von kognitionswissenschaftlichen Überlegungen hinsichtlich der Bewältigungsstrategien einzelner Personen oder bestimmter Gruppen und im Bereich der Lerntheorie von besonderer Bedeutung sind.

H. B.

Progress Lat. *progressus*, ›Fortschritt, Fortgang‹: In der Geschichts- und Gesellschaftstheorie bezeichnet Progress einen positiven Begriff der historisch-gesellschaftlichen Entwicklung, welche auf einer bestimmten Theorie des Fortschritts beruht. Dem entgegen stehen regressive Entwicklungskonzeptionen, welche von einem ständigen historischen Rückschritt ausgehen und nicht selten in Untergangsszenarien enden.

In der →Logik wird von Progress im Sinne eines Beweisverfahrens gesprochen, das von den →Prämissen zur →Konklusion fortschreitet, im Gegensatz zum →Regress, in dem umgekehrt vorgegangen wird. Liegt ein Beweisverfahren vor, dem nachgewiesen wird, dass es prinzipiell zu keinem Ende kommen kann, dessen Ausführung die Nicht-Erreichung des in Anschlag gebrachten Ziels impliziert, spricht man von einem *progressus in infinitum* (unendlicher Progress).

H. B.

Prolegomena Griech. ›Vorrede‹: Im philosophischen Kontext bezeichnet Prolegomena eine eigenständige Arbeit, die der Einleitung oder Einführung in eine →Wissenschaft dient. So war →Kants *Prolegomena zu einer jeden künftigen Metaphysik, die als Wissenschaft wird auftreten können* aus dem Jahre 1783 als Einführung zu einem leichteren Verständnis seiner 1781 abgeschlossenen *Kritik der reinen Vernunft* gedacht.

H. B.

Propädeutik Diejenigen Vorunterweisungen, die zum Verständnis und zum Studium einer →Wissenschaft notwendig sind. In der Philosophie gibt es Propädeutiken vor allem in der →Logik und in den Grundfragen der Philosophie.

H. B.

Proposition Begriff in der modernen →Sprachphilosophie, mit dem die →Objekte mentaler Akte, wie Wollen, →Denken, →Glauben und Hoffen bezeichnet werden. In der Sprechakttheorie wird davon ausgegangen, dass es verschiedene Modi gibt, durch die eine Proposition (bzw. ein propositionaler Gehalt) zum Ausdruck gebracht werden kann. Die Akte des Behauptens, des Befehlens oder Versprechens etc. drücken eine Sprecherabsicht aus, in der der jeweilige Satz geäußert werden kann. Sätze der jeweiligen Modi, z.B. ›Hans steht vor dem Tisch‹, ›Hans soll sich vor den Tisch stellen‹ und ›Hans soll vor dem Tisch stehen!‹ können in solchen Sätzen paraphrasiert werden, in denen im Hauptsatz die Absicht und im dazugehörigen dass-Satz die propositionalen Inhalte ausgedrückt werden: ›Ich behaupte, dass Hans vor dem Tisch steht‹, ›Ich wünsche mir, dass Hans vor dem Tisch steht‹ und ›Ich befehle, dass Hans vor dem Tisch steht!‹

In einem etwas anderen Zusammenhang wird Proposition innerhalb der Bedeutungstheorie verwendet. Insbesondere in Kontexten des Glaubens kommen Sachverhalte vor, die keinen Tatsachen entsprechen. Wenn z.B. jemand glaubt, Cäsar habe Catilina denunziert, jedoch gleichzeitig nicht glaubt, dass Tullius Catilina denunziert hat, obwohl Cäsar und Tullius dieselbe Person bezeichnen, dann kann er sich mit seinem Glauben nicht auf eine Tatsache beziehen, sondern nur auf eine Proposition, das Objekt seines Glaubensaktes. In diesem Sinne bezeichnet eine Proposition keinen konkreten Gegenstand, sondern gehört zur Klasse der abstrakten →Entitäten.

Oftmals wird Proposition mit der →Intension einer Äußerung gleichgesetzt. Die →Argumentation, die zur Annahme von Intensionen führt, geht auch von den Glaubenssätzen aus. Wenn die →Extension einer Aussage aus der Zuordnung des singulären Terminus zu einem konkreten individuellen Gegenstand und der Zuordnung des allgemeinen Terminus (Prädikat) zu einer →Klasse von Gegenständen eines bestimmten Merkmals besteht, dann ist sie mit einer Aussage logisch äquivalent (gleiche Extension), wenn anstelle des einen singulären Terminus ein anderer singulärer Terminus gesetzt wird, der dasselbe →Individuum bezeichnet. Dieses →Prinzip nennt man Substitutionsprinzip. Scheinbar funktioniert es bei Sätzen des Glaubens nicht. Während die Sätze ›Cicero hat Catilina denunziert‹ und ›Tullius hat Catilina denunziert‹ logisch äquivalent sind und immer denselben Wahrheitswert besitzen, gilt das nicht für Sätze wie ›Thomas glaubt, dass Cicero Catilina denunziert hat‹ und ›Thomas glaubt, dass Tullius Catilina denunziert hat‹. Es ist nicht ausgeschlossen, dass der erste Satz wahr ist (Thomas glaubt daran), während der zweite falsch ist (Thomas glaubt nicht daran) oder umgekehrt. Es scheint in diesem Beispiel darauf anzukommen, ob Thomas weiß, dass Tullius dieselbe Person bezeichnet wie Cicero. →Frege hat für das hier vorliegende Problem ein etwas anderes Beispiel gewählt. Er fragt sich, warum die Erkenntnis, dass der Abendstern dasselbe ist wie der Morgenstern, unter Umständen etwas Neues sagen kann. Wenn die →Bedeutungen der Worte ausschließlich auf den Gegenständen, die sie bezeichnen, beruhen würden, dann würde das Substitutionsprinzip gelten und wir könnten ›Abendstern‹ = Venus und ›Morgenstern‹ = Venus setzen. Doch der Satz ›Venus = Venus‹ ist eine bloße →Tautologie und kann uns nichts Neues sagen. Deshalb, so Frege, müsse man den sprachlichen Ausdrücken neben ihrer Bedeutung (dem Gegenstand, für den sie stehen) noch einen →Sinn zuordnen, welcher eine bestimmte Gegebenheitsweise des jeweiligen Gegenstandes zum Ausdruck bringt.

In der modernen Sprachphilosophie ist die Annahme von Propositionen nicht unumstritten. Nominalistische Positionen versuchen den Rekurs auf Propositionen zu vermeiden, da sie danach trachten, die Rede von abstrakten Entitäten zu eliminieren. Ein grundlegenderes Problem scheint die Individuierung und die Aufklärung der inneren →Struktur von Propositionen zu sein. In der Logik können Propositionen nur als unauflösbare Einheiten betrachtet werden, da ihre interne Struktur, wie im Beispiel mit den Glaubenssätzen, nicht den Gesetzen der Extensionalität gehorcht und damit nicht wahrheitsfunktional ist. Die Frage, wann Propositionen als identisch und wann sie als verschieden zu bezeichnen sind, wirft erhebliche Probleme auf, auf die noch keine zureichende Antwort gefunden werden konnte.

H.B.

Propter hoc Lat. ›dadurch, als Folge von diesem‹: Kürzel für einen Fehlschluss, bei dem irrtümlich aus dem Vorliegen einer zeitlichen Folgebeziehung auf eine kausale Folgebeziehung geschlossen wird (→*post hoc ergo propter hoc*).

H.B.

Prosyllogismus →Präsyllogismus

Protention In →Husserls →Phänomenologie bezeichnet Protention ein Grundmerkmal der →Intentionalität des →Bewusstseins. Eine Protention (Gegenbegriff: →Retention) ist etwas, auf das sich eine Bewusstseinsgegenwart vorausschauend bezieht. Dieses steht dem Bewusstsein als Inhalt schon unmittelbar bevor, ist jedoch noch unthematisch und nur mitbewusst, kein gegenwärtiger Bewusstseinsgegenstand. Alle Formen von Erwartungen haben nach Husserl ihren Ermöglichungsgrund in den Protentionen der Bewusstseinsgegenwart.

H. B.

Protokollsatz Aussage, die die einfachsten erkennbaren Sachverhalte ohne jedwede Beimengung theoretischer Ordnungselemente beschreiben soll. Zunächst handelt es sich hierbei um Beobachtungssätze, in denen empirische Wahrnehmungen unter Verwendung von indexikalischen Ausdrücken wie ›hier‹, ›jetzt‹, ›ich‹ usw. beschrieben werden. Protokollsätze im engeren Sinne beschränken sich auf die Darstellung der kontextinvarianten Teile der Beobachtungssätze. Funktion der Protokollsätze ist die Bewertung wissenschaftlicher →Theorien und →Hypothesen. Sie sollen eine unhintergehbare Basis →empirischen Forschens bilden und so eine Rückbindung der →Erkenntnis an die →Welt ermöglichen, ohne sich auf Schlussfolgerungen verlassen zu müssen. Das zugrunde liegende Ideal ist eine vollständige Trennung der Beobachtungssprache (die das Material formulieren soll, von dem unsere empirische Forschung ihren Ausgang nehmen soll) von der Theoriensprache (in der wir auf der Grundlage dieses Materials u. a. mittels →Induktion wissenschaftliche Theorien konstruieren). Inzwischen wird allerdings in der Wissenschaftsphilosophie allgemein eingeräumt, dass sich eine solche Trennung nicht scharf vollziehen lässt, allein schon aufgrund der Tatsache, dass wir ohne eine gewissen theoretischen Unterbau die Unzahl der irrelevanten Beobachtungen von den wenigen für die zu konstruierende Theorie relevanten nicht zu scheiden vermöchten und somit in einem Chaos von Beobachtungssätzen ertränken. Besonders einflussreich waren in diesem Kontext die wissenschaftsgeschichtlichen Arbeiten Kuhns und Feyerabends, in denen diese das Gewicht der nichtempirisch begründeten Annahmen (Kuhn sprach hier von →Paradigmen) für die Entwicklung verschiedener Wissenschaftsbereiche herausstellten.

J. W.

Provisorische Moral Ein von →Descartes eingeführter Begriff, durch den →Prinzipien und →Maximen des moralischen Verhaltens entwickelt werden sollen, unter der Annahme, dass es noch zu keiner wissenschaftlichen Moralbegründung gekommen ist. Descartes verwendet dabei die Metapher vom Neubau des eigenen Hauses. Solange man noch mit dem Bauen beschäftigt ist, müsse man sich ein Provisorium, eine Zwischenunterkunft schaffen, um angesichts des noch unfertigen Hauses dennoch ein angenehmes Leben führen zu können. Die vier Hauptmaximen der provisorischen →Moral lauten: Anpassung an die Gesetze und Sitten des Landes und der Religion, Wahl der am ehesten moralischen Handlungen und Festhalten an dem einmal eingeschlagenen Weg, Beschränkung auf das, was in der eigenen Macht liegt, und schließlich Entschluss zur kontinuierlichen Mitarbeit an einer wissenschaftlich begründeten Moral- und Tugendlehre.

H. B.

Psyche →Seele

Psychologismus Bezeichnung für eine Position, die die Psychologie als die Grundlagenwissenschaft für alle geisteswissenschaftlichen Disziplinen auffasst. Besondere Bedeutung erlangte der Psychologismus in der →Erkenntnistheorie und in der →Logik.

Die im klassischen →Empirismus von →Locke und →Hume zunächst kritisch bezogene Position gegen die Annahme angeborener →Ideen (→*ideae innatae*) und →Prinzipien des Denkens führt schließlich zu einer genetisch-psychologischen Auffassung der Erkenntnisgewinnung. Demnach hat →Erkenntnis ihren Ursprung in der →Erfahrung, in welcher zuerst die einfachen Ideen, später die komplexeren erzeugt werden.

Die Gesetze des →Denkens werden nicht als innere Notwendigkeiten, sondern im Sinne empirischer →Naturgesetze interpretiert, die nach den Regeln der Assoziation bestimmte Verbindungen zwischen verschiedenen Ideen herstellen.

Durch den Einfluss von →Mill kam es zu einer Auseinandersetzung zwischen Psychologie und Logik. Die Logik und die Mathematik lassen sich nach Mill mit den Mitteln der empirischen Psychologie behandeln, da die Grundgesetze beider Disziplinen nur den Status allgemeingültiger Erfahrungssätze haben. Diese psychologistische Auffassung der Logik und Mathematik wurde insbesondere von →Frege und →Husserl kritisiert. Frege warf dem Psychologismus in seiner antipsychologistischen Kritik vor, bei der Zurückführung der logischen Gesetze auf Bewusstseinserlebnisse oder Denkprozesse eine Verwechslung begangen zu haben, denn die Grundlage der Logik, die Zu- oder Abschreibung von →Wahrheit, richtet sich nach ganz anderen Kriterien als nach dem Vorhandensein oder Nichtvorhandensein bestimmter subjektiver psychischer Zustände.

Die moderne Version des Psychologismus, die →evolutionäre Erkenntnistheorie, stützt sich zusätzlich auf die in der biologischen Evolutionstheorie beheimateten Annahmen zur Entstehung der Arten.

H. B.

Quaestio facti – quaestio iuris Lat. ›Tatfrage‹; im übertragenen Sinn: ›Tatsachenfrage – Rechtsfrage‹: Ordnungsbegriffe für Fragestellungen, die sich auf unsichere Sachverhalte beziehen. Im Sinne einer *quaestio facti* fragt man, wenn man wissen will, ob etwas tatsächlich der Fall ist (oder war), was genau und warum (aufgrund welcher Umstände, wegen oder infolge von was, lat. *propter quid*) es der Fall ist (oder war), wobei dieses ›etwas‹ eine Handlung oder ein Handlungsresultat, also etwas von uns (im Umgang mit Dingen, in der kommunikativen Praxis, im wissenschaftlichen Vorgehen) selbst Gemachtes (lat. *factum*) oder Erworbenes sein kann, oder auch etwas, das ohne menschliches Zutun eingetreten ist oder gilt. Demgegenüber bezieht sich die *quaestio iuris* nur auf (im Sinne der *quaestio facti* nachweisbare) →Handlungen, Handlungsresultate oder Ansprüche, etwas zu tun oder zu besitzen, also auf genuine Fakten, und man fragt in ihrem Sinne, wenn man wissen will, wie die Fakten nach gültigen normativen Verbindlichkeiten (→Normen, Verfahren, →Strukturen) zu bewerten sind, z. B. ob es rechtmäßig ist (oder war), dies oder jenes zu tun oder zu beanspruchen. Das Begriffspaar entstammt der klassischen Rechtslehre, in deren Zusammenhang seit alters zwischen der *quaestio facti*, ob eine bestimmte Tat als nachgewiesen angesehen werden kann, und der sich daran anschließenden *quaestio iuris*, wie eine nachgewiesene Tat nach gültigen Rechtsgesetzen zu bewerten ist, unterschieden wird. Im 17. Jh. findet das Begriffspaar Eingang in die Philosophie, in der zunächst →Leibniz die juristische Beschränkung der Fragestellungen nur auf das von uns Gemachte, also auf genuine Fakten, aufhebt und die Unterscheidung zwischen *quaestio facti* und *quaestio iuris* zu einem in allen Wissenschaften anwendbaren Einteilungsprinzip erhebt. Unser gegenwärtiges Interesse an diesen Ausdrücken verdankt sich jedoch vor allem der Tatsache, dass →Kant sich dieser Begriffe bedient, um zu erläutern, was unter einer »→transzendentalen Deduktion der reinen Verstandesbegriffe« (→Kategorien) zu verstehen ist. Dabei orientiert er sich erneut am ursprünglich juristischen Sinn von *quaestio facti – quaestio iuris*, demzufolge es sich dabei um aufeinander aufbauende Fragestellungen handelt, mit denen sich eine Beweisabsicht verbindet und die sich auf etwas von uns Gemachtes (also genuine Fakta) beziehen, wenn er Folgendes ausführt: Bei der transzendentalen Deduktion handelt es sich nicht um eine Beweisführung, mit der man auf eine *quaestio facti* antwortet – im gegebenen Fall auf die *quaestio facti*, ob wir von Natur aus im ›Besitz‹ reiner Verstandesbegriffe sind und unter welchen Umständen (bei welcher Gelegenheit und auf welche Weise) wir sie erzeugen –, sondern um einen Beweis in Antwort auf die (der *quaestio facti* nachfolgende) *quaestio iuris*, ob es rechtmäßig ist bzw. wir befugt sind, diese Begriffe (für die als nachgewiesen angesehen werden kann, dass wir sie besitzen) in einer künftigen →Metaphysik der →Natur so zu gebrauchen, wie es ihrem Status als apriorischer Begriff entsprechen würde, nämlich unabhängig von aller →Erfahrung. In der gegenwärtigen philosophischen Diskussion spielt die Unterscheidung zwischen Tat- und Rechtsfragen in pragmatisch orientierten Philosophien, etwa bei →Habermas, eine Rolle. Sie bleibt aber im Allgemeinen philosophisch hilfreich.

G. W. Leibniz, Definitionum iuris specimen (1667), Akademie-Ausgabe Bd. VI/3 1980, S. 627

I. Kant, Kritik der reinen Vernunft, B 116 (A 84), in: Werkausgabe, hg. von W. Weischedel, Frankfurt/M. 1974 ff., Bde III und IV

K. Lorenz, Art. *quid facti/quid iuris*, in: Enzyklopädie Philosophie und Wissenschaftstheorie, Bd. 3, Stuttgart 1995, S. 446

M. Herberger, Art. *Quaestio iuris/quaestio facti*, in: Historisches Wörterbuch der Philosophie, Bd. 7, Basel 1989, Sp. 1739–1743

P. K.

Quaestio iuris →Quaestio facti – quaestio iuris

Qualität Von lat. *qualitas*, ›Beschaffenheit‹: Fragt man nach der Qualität von etwas, dann nach Merkmalen, die etwas im Vergleich mit anderen (vergleichbaren) Gegenständen oder mit sich selbst (wie es zu früheren Zeitpunkten war) und im Unterschied dazu hat (oder hatte). Eine Antwort auf diese Frage verlangt daher wesentlich den Vergleich, in dem sich die Dinge (wenn es um ihre Qualität geht) als einander ähnlich oder nicht ähnlich darstellen. Die Frage, wie beschaffen etwas ist, darf nicht verwechselt werden mit der Frage, was etwas ist. Letztere betrifft Merkmale, die einem Gegenstand für sich genommen (seiner Gattung und Art oder seinem →Wesen nach) zukommen, und ist der Qualitätsfrage vorgeordnet. So ist es z. B. nach →Platon nötig, zuerst anzugeben, was etwas ist (z. B. was Tugend ist), wenn man wissen will, wie beschaffen es ist (z. B. ob die Tugend lehrbar ist). – Seit →Aristoteles ist Qualität ein Fachbegriff der Philosophie und vor allem in zwei philosophischen Zusammenhängen ein Thema: Erstens im Kontext einer philosophischen Reflexion auf unsere Gegenstandserkenntnis (→Metaphysik). Hier wird der Ausdruck in zweierlei Bedeutung gebraucht. Zum einen als →Kategorie: So verwendet, bezeichnet Qualität eine allgemeine Hinsicht auf die Dinge in der Welt, dergemäß sie (sei es an sich oder, so Kant, nur für uns) stets eine bestimmte Beschaffenheit haben und einander ähnlich oder unähnlich sind. Zum anderen werden aber auch diejenigen Merkmale Qualitäten genannt, die die Dinge als so-und-so-beschaffene haben, wobei man traditionellerweise zwischen primären (nicht sinnlich erfassbaren) und sekundären (sinnlich erfassbaren) Qualitäten unterscheidet: Bei Aristoteles und in der aristotelischen Philosophietradition heißen diejenigen Eigenschaften ›primäre Qualitäten‹, die verschiedenen Gegenständen, die zu derselben Klasse (Gattung) gehören (wie z. B. ›Mensch‹ und ›Pferd‹ zu der Klasse ›Lebewesen‹), wesentlich und notwendig zukommen (wie z. B. die Zweifüßigkeit dem Menschen, die Vierfüßigkeit dem Pferd) und dabei zugleich einen Wesensunterschied zwischen den Gegenständen begründen, durch den verschiedene Unterklassen (Arten) gebildet werden (z. B. die der zweifüßigen und die der vierfüßigen Lebewesen). Demgegenüber gelten Merkmale als sekundäre Qualitäten, die Dinge oder Personen auf zufällige, wechselnde und sinnlich erfassbare Weise haben, wie z. B.: äußere Gestalt, Charakter oder (in Bezug auf die Dinge der Natur) Farbe, Geschmack, Geruch, Temperatur. In der neuzeitlichen Naturwissenschaft bzw. Naturphilosophie sind primäre Qualitäten die (nicht wahrnehmbaren) quantitativen Verhältnisse (→Quantität), auf die sich die sinnlich erfassbaren sekundären Qualitäten der Naturdinge zurückführen lassen (wie z. B. die verschiedenen Farben auf elektromagnetische Schwingungen). Der Qualitätsbegriff und die Unterscheidung zwischen primären und sekundären Qualitäten sind Thema auch noch der gegenwärtigen philosophischen Diskussion, die dabei z. T. kritisch auf älteres Gedankengut (z. B. →Locke) zurückgreift. – Zweitens hat Qualität traditionell einen Ort in der →Logik: Man spricht hier von der Qualität eines Begriffs, die in seinem Inhalt besteht, sowie von der Qualität eines →Urteils, die in dem Verhältnis besteht, das der Prädikatbegriff, seinem Inhalt nach, zum Subjektausdruck, ebenfalls dem Inhalt nach, einnimmt. Unter diesem Aspekt betrachtet sind alle Urteile entweder bejahende (affirmative) oder verneinende (negative), je nachdem ob das Prädikat in Bezug auf das Satzsubjekt bejaht (z. B. ›die Seele ist sterblich‹) oder verneint wird (z. B. ›die Seele ist nicht sterblich‹). →Kant nennt darüber hinaus noch den unendlichen (infiniten oder limitativen) Urteilstyp, in dem ein verneintes Prädikat so bejaht wird, dass der durch das Satzsubjekt bezeichnete Gegenstand einer unendlichen Menge nicht näher bestimmter Gegenstände zugeordnet wird (z. B. ›die Seele ist nichtsterblich‹, d. h. gehört in die unbestimmte Klasse unsterblicher Wesen). In der modernen Logik, in der die Quantität von →Aussagen eine große Bedeutung hat, ist Qualität als Einteilungsgrund von Aussagen indes weitgehend bedeutungslos geworden.

P. K.

Quantität Von lat. *quantitas*, ›Wiegroßheit‹: Fragt man nach der Quantität von etwas, dann fragt man, wie groß es ist. Quantität ist seit →Aristoteles ein Fachbegriff der Philosophie, der stets in Korrespondenz zu dem der →Qualität abgehandelt worden ist. Wie dieser, so ist auch der Quantitätsbegriff vor allem in zwei Zusammenhängen der Philosophie ausdrücklich ein Thema: Erstens im Zusammenhang einer philosophischen Reflexion auf unsere Gegenstandserkenntnis (→Metaphysik). Hier wird der Ausdruck als →Kategorie gebraucht, d. h. er bezeichnet eine allgemeine Hinsicht auf die Dinge in der Welt, dergemäß sie (sei es an sich oder, so →Kant, nur für uns) immer auch eine bestimmte (verschiedene) Größe (lat. *quantum*) haben bzw. Größen sind, d. h. Verbindungen von gleichartigen Bestandteilen zu einer Einheit. Dinge oder Eigenschaften, die eine Größe haben, sind einer zählenden und messenden Betrachtungsweise zugänglich. Dabei unterscheidet man (seit Aristoteles) im Wesentlichen zwei Arten von Größen: solche, die zählbar (oder Mengen) sind, und solche, die messbar sind. Zählbar sind Einheiten, bei denen es sich um Summen von Teilen handelt (extensive Größen), sowie Einheiten, bei denen die Teile nicht an einer gemeinsamen Grenze zusammenstoßen (diskrete Größen). Nicht zählbar, sondern nur messbar sind diejenigen Einheiten, bei denen sich die Bestandteile vermischen (intensive Größen; sie bemessen sich nach Grad), sowie Einheiten, bei denen die Bestandteile in einem lückenlosen Zusammenhang stehen (kontinuierliche Größen). In einem abgeleiteten Sinne wird auch eine →Methode oder Einstellung in den modernen Naturwissenschaften als quantitative bezeichnet, insofern sie die sinnlich wahrnehmbaren qualitativen Eigenschaften und Zustände der Naturdinge (Qualität) in zähl- und messbare Größen umzuformen sucht (wie z. B. die Farben in Schwingungen, die Töne in Wellen). Zweitens hat Quantität traditionell einen Ort in der Logik: Hier spricht man von der Quantität eines →Begriffs, die in seinem Umfang besteht, sowie von der Quantität eines →Urteils, die in dem Verhältnis besteht, das der Prädikatbegriff, seinem Umfang nach, zum Subjektausdruck, ebenfalls dem Umfang nach, einnimmt. Unter diesem Aspekt betrachtet sind alle Urteile entweder allgemeine (universale), besondere (partikulare) und einzelne (singuläre), je nachdem ob das Prädikat von allen oder nur von einigen der vom Subjektbegriff bezeichneten Gegenstände – oder nur von einem einzigen gilt, den das Satzsubjekt nennt. In der modernen Logik spielt die Quantität (oder Extension) von Aussagen eine große Rolle, →Quantorenlogik.

P. K.

Quantor Im Prädikatenkalkül das Zeichen einer Quantifizierung. So z. B. der Allquantor ›⋀‹ (für alle x gilt ...) und der Existenzquantor ›⋁‹ (es gibt mindestens ein Ding x für das gilt: f(x)).

W. R.

Quantorenlogik →Prädikatenlogik

Quidditas Washeit: neulateinischer Ausdruck, der sich vom lateinischen Wort *quid* (was) herleitet. Quidditas ist ein Fachbegriff der scholastischen Philosophie zur Kennzeichnung eines von zwei Momenten, die nach scholastischer Auffassung in allem (endlich) Seienden zu unterscheiden sind, nämlich →Dasein und Sosein: Quidditas bezeichnet das zweite Moment, d. h. den Aspekt, dass das Seiende aufgrund einer bleibenden →Struktur (seiner substanziellen →Form), die sein (begrenztes) →Wesen (oder seine →Natur) ausmacht, so und so bestimmt (d. h. etwas) ist und somit daraufhin befragt werden kann, was es ist (lat. *quid est res*, ›was der Gegenstand ist‹). Quidditas kann daher auch mit ›Sosein‹ wiedergegeben werden. Der Ausdruck ist terminologisch jedoch nicht genau festgelegt und bedeutet oft auch einfach nur ›Wesen‹ (lat.

essentia) oder ›Natur‹ (lat. *natura*), durch die ein Gegenstand so und so bestimmt (oder etwas) ist.

P.K.

Quietismus Von lat. *quies*, ›die Ruhe‹: Ausdruck, mit dem man heute im Allgemeinen eine Lebens- und Denkweise abwertend kennzeichnet, in der man den praktischen Herausforderungen der Lebenswelt gleichgültig, passiv oder gar resignativ gegenübersteht. Er wurde in polemischer Absicht wahrscheinlich in der zweiten Hälfte des 17. Jhs. in Italien im Rahmen eines theologischen Streits geprägt, der sich um eine neue Auffassung von mystischer Kontemplation im Gebet – um die von M. de Molinos lancierte *orazione di quiete* – drehte. Die Vertreter der traditionellen Spiritualität etikettierten diese Gebetsauffassung aus zwei Gründen polemisch-kritisch als Quietismus: Kritisiert wurde erstens, dass nach Molinos die höchste Stufe mystischer Kontemplation und Gottnähe nun für jedermann nach Anleitung schnell und leicht erreichbar sein sollte, und zweitens, dass dazu die Auslöschung eigenen Wollens (zugunsten göttlichen Wirkens allein) gefordert war. Vor allem die verlangte Willenlosigkeit setzte die Verfechter der *orazione di quiete* dem Verdacht aus, dass die Hingabe an →Gott nur ein Vorwand sei, um sexuellen Exzessen zu frönen. – Die Vorstellung, die Hinwendung zu Gott müsse untrennbar mit der Preisgabe des eigenen Willens bzw. der ichbezogenen Reflexion verbunden sein, steht auch im Mittelpunkt einer philosophisch bedeutsamen Debatte, die gegen Ende des 17. Jhs. in Frankreich zwischen Bossuet und Fénelon geführt worden ist: Der Auffassung Bossuets, die Liebe zu Gott könne von der Hoffnung auf ewige Seligkeit nicht abgelöst werden, setzte Fénelon seine (später von Innozenz XII. verurteilte) Lehre von einer reinen Gottesliebe entgegen, derzufolge gerade nur diejenigen Seligkeit erlangen, die bereit sind, um Gottes willen auf sie noch zu verzichten.

Trotz der Einflüsse, die der Quietismus auf Pädagogik (Rousseau, Pestalozzi), Dichtung (Novalis) und Philosophie (→Hegel) ausübte, und trotz des Versuchs von →Schopenhauer, den Quietismus zu rehabilitieren und mit dem Ideal des Asketen zu verbinden, hat der Ausdruck den Charakter eines polemisch-kritischen Begriffs zur Kennzeichnung einer inakzeptablen Weltfluchthaltung bis heute nicht verloren.

P.K.

Quintessenz Von lat. *quinta essentia*: seit dem 19. Jh. Bestandteil der Umgangssprache, meint so viel wie ›Extrakt, der aus einer Sache als das ihr Wesentliche und Feinste herausdestilliert ist‹. Ursprungsort des Terminus ist die Naturphilosophie; sein spezieller Bezugspunkt die in ihrem Zusammenhang (vom 5. Jh. v. Chr. bis in das 15. Jh. hinein) diskutierte Frage, ob es neben bzw. in den vier Elementen Feuer, Erde, Wasser und Luft noch ein fünftes Element, eine fünfte →Substanz oder Wesenheit (lat. *quinta essentia*) gibt. Im gegenwärtigen, übertragenen und verallgemeinerten Sprachgebrauch leben vor allem zwei Vorstellungen weiter, die sich ursprünglich auf die angenommene fünfte Substanz bezogen haben: zum einen →Aristoteles' Vorstellung, dass das fünfte Element die feinste aller Substanzen, die Himmels- und Sternensubstanz, der ›Äther‹, sei; und zum anderen die mittelalterliche, alchemistische, erstmals von Raymundus Lullus ausformulierte Vorstellung, dass die Quintessenz, die nun als eine in allen Dingen verborgene, gleichsam himmlische Kraft aufgefasst war, durch Destillation aus eben diesen Dingen herausgezogen werden könne (wodurch man, so dann Paracelsus, ein Allheilmittel erhält).

P.K.

Quod erat demonstrandum Lat. ›was zu beweisen war‹: Sprachwendung, mit der jemand anzeigt, dass er seine Argumentation als erfolgreich abgeschlossen ansieht. Sie geht auf Euklid zurück, der in seinen *Elementen* die Beweise auf immer wiederkehrende Weise mit griech. *ho(s)per eidei deixai* beendet hat. In Texten wird am Ende eines Beweises oft auch die Abkürzung ›q.e.d.‹ verwendet, in deutschen Mathematiklehrbüchern ›w.z.b.w.‹ bzw. in jüngerer Zeit ein entsprechendes Symbol (z. B. □ oder *).

P.K.

Ramsey-Sneed-Satz →Theorie

Ratio →Verstand, →Vernunft

Ratio cognoscendi →Seinsgrund

Ratio essendi →Seinsgrund

Ratio fiendi →Seinsgrund

Rationalismus Sammelbezeichnung für diejenigen philosophischen Richtungen, die die →Vernunft (*ratio*) zum →Prinzip erheben. Der eigentliche Rationalismus ist die systematische Philosophie des 17. und 18. Jhs., wie sie von →Descartes, →Spinoza, →Leibniz und Wolff am prominentesten entwickelt worden ist. Das hervorstechende Merkmal des Rationalismus ist sein erkenntnistheoretischer Optimismus, d.h. das Vertrauen in die unbegrenzte menschliche Erkenntnisfähigkeit. Alle Probleme, die sich bei der Erforschung des Seienden (→Sein) stellen, sind prinzipiell lösbar; es gibt nur vorläufige, keine wirklichen Hemmnisse zur Erfassung des Ganzen. Vorbildhaft für den Rationalismus sind deshalb die Mathematik bzw. die mathematischen Naturwissenschaften. In seiner unausgeprägteren Gestalt besteht der Rationalismus (in der Antike) aus der Hervorhebung der Vernunft (→*nous*) gegenüber den anderen Vermögen der menschlichen →Seele. Indem die Vernunft auf die ewigen, unveränderlichen Dinge gerichtet ist, gebührt ihr der Vorrang gegenüber den Kräften, die nur das Werdende und Vergängliche erfassen können (→Sinnlichkeit). Der Rationalismus wird so zum Intellektualismus, da er die zufälligen Umstände (vor allem des Handelns) weitgehend ausblendet und sich auf die der Vernunft eigentümliche Gesetzhaftigkeit verlässt, die der Gesetzhaftigkeit des Unwandelbaren korrespondiert. Das Vernunfthafte kann dabei zwei verschiedene Bedeutungen erfahren: entweder wird der Charakter des Sprachlichen herausgehoben (→*logos*) oder aber der des Rechnens, des Kalküls (*ratio* als Zahlenverhältnis). In ersterem Falle ist es die dem →Menschen allein zukommende Gabe des Sprechens und die damit verbundene Fähigkeit, die Dinge zu bezeichnen, die die Vernunft zum Herausragenden macht. Mittels ihrer kann er über sein →Denken und Handeln Rechenschaft ablegen (*logon didonai*) und somit die Gemeinschaft der Vernunftwesen begründen. Im zweiten Fall ist die Vernunft das rechnerisch-planende Vermögen, das aufgrund seines konstruierenden Ordnens und Bauens die Gewalt über die Dinge gewinnt. Die Vernunft im ersten Sinn tendiert eher zur betrachtenden (theoretischen) Aneignung des Seienden, im zweiten Sinn zur willenhaften Bemächtigung. Falsch wäre es, den eher sprachbetonten Rationalismus dem griechischen Denken, den eher rechnenden dem römischen eindeutig zuzuordnen. Vielmehr durchdringen sich beide Tendenzen, wobei im Griechischen die philosophische Betrachtung, im Römischen das Politische den Primat hat, was sich besonders in der Gesetzgebung ausgewirkt hat. Die christliche Adaption des antiken Rationalismus bedeutet keinen prinzipiellen Umbruch. Die Welt wird als im Ganzen Erkennbares genommen, wobei allerdings der genuin christlich gedachte Schöpfergott eine gewisse Grenze darstellt (→*deus absconditus*, verborgener →Gott). Angesichts einer Offenbarungsreligion sieht sich der Rationalismus vor eine Alternative gestellt: Entweder werden die paradoxen Glaubensinhalte rational eingeholt und damit in Richtung auf eine Vernunftreligion hin bewältigt oder es gibt einen unvermittelbaren Gegensatz von Vernunftwahrheit und Glaubenswahrheit. Der starke Rationalismus tendiert daher zum →Gottesbeweis, um alle Schwierigkeiten, die der Offenbarungsreligion anhaften, beiseite zu räumen. In dieser metaphysischen Konstellation wird Gott zum ersten Beweger, zur ersten →Ursache, zum Weltenlenker, d.h. zu dem, das denknotwendig allem anderen vorausliegt.

In seiner ausgeprägteren Gestalt wird der Rationalismus zum strengen Systemdenken. Die Vernunft erhebt hier nicht nur den Anspruch, das leitende Vermögen zu sein, sondern auch eine umfassende und endgültige Welterkenntnis erlangen zu können. In dieser Gestalt setzt der Rationalismus bei der Selbstgewissheit des ›ich denke‹ an, von der aus sich alle anderen Bestimmungen des Seienden entwickeln lassen. Die Vernunft gewinnt in dieser Konzeption den Rang des unbezweifelbaren Denkvermögens, das sich aufgrund seiner Fähigkeit zu zweifeln als unumstößliches Fundament qualifiziert. Dasjenige, was alles andere in Frage zu stellen in der Lage ist, kann seinerseits nicht wieder dem →Zweifel anheim fallen. Die Vernunft hat sich so zwar eine weit tragende Eigenständigkeit erwirkt, da es nicht mehr die Orientierung an →transzendenten →Wesenheiten (wie den platonischen →Ideen) gibt, ist aber dennoch auf einen adäquaten Ersatz angewiesen. So kommt es zum Gedanken der eingeborenen Ideen (→*ideae innatae*), die dafür einstehen, dass →Vorstellungen, die nicht auf dem Wege der Sinnlichkeit gewonnen werden können, dennoch dem Menschen gegeben sind. So wird das Problem aus dem Weg geräumt, wie es denn möglich sei, dass man Begriffe wie Gott denken kann, ohne sie je anschaulich gefasst zu haben. Gleichzeitig ist mit den eingeborenen Ideen der Hauptangriffspunkt gegeben, der den Rationalismus dieser Prägung so offen für die Angriffe des →Empirismus (→Locke) gemacht hat. In der Tat macht es sich der Rationalismus zu einfach, indem er unsinnliche Gegenstände zu der allen Menschen mitgegebenen Grundausstattung deklariert, die von einem göttlichen Wesen eingepflanzt worden ist. Denn es nicht zu erklären, warum gewisse Ideen eingepflanzt sein sollen, wenn sie durch die Sinnlichkeit genau so gut gewonnen werden können. Aber es liegt im Wesen des Rationalismus begründet, die sinnliche Wahrnehmung für einen minderen Grad an Klarheit und Deutlichkeit des Erkennens zu nehmen. Während die Vernunft die Dinge selbst schaut, bleiben den Sinnen nur undeutliche und verworrene Bilder, die allenfalls näherungsweise dem Wahren entsprechen. So ist der Rationalismus auf der beständigen Suche nach Sinnestäuschungen, um die Falschheiten und Irrtümer, die er nicht leugnen kann, zu erklären. So ist die Tendenz zur Systembildung schon vorgezeichnet: Wenn es um die vollständige Aneignung des Seienden geht, müssen etwaige Störfaktoren – wie die unzuverlässige Sinnlichkeit – ausgeschlossen werden, da sie die Reinheit des durch Vernunft Erkannten beeinträchtigen könnten. Das System verlangt aber nach Vollständigkeit und Abgeschlossenheit, welche beide durch Einbeziehung eines unsicheren Erkennens in Frage gestellt würden. Der Rationalist muss also ein durch Vernunft selbst gewonnenes Regelwerk benutzen, um zu seinem Ziel, der klaren Durchschaubarkeit des Seienden, zu gelangen. Der Rationalismus ist aber nicht mit dem Systemdenken, wie es sich vor allem im 17. Jh. herausgebildet und auf seine Weise vollendet hat, an sein Ende gekommen. Zum einen ist der Rationalismus ein Pfeiler der Aufklärung (→A Neuzeit – Aufklärung), zum anderen aber auch der idealistischen Philosophie des 19. Jhs. Die Aufklärung propagiert die Vorherrschaft der Vernunft, um sich von den Autoritäten der Kirche und der metaphysischen Tradition lösen zu können. Wenn es ein dem Menschen zu Gebote stehendes Vermögen gibt, die Wahrheit seines Denkens und die Richtigkeit seines Handelns selbst zu ergründen, fallen damit alle unnötigen Hilfskonstruktionen fort. Der Mensch ist frei, seine Vernunft ohne Anleitung einer ihm übergeordneten Institution zu gebrauchen. Dadurch erhält er die ihm eigentümliche Machtvollkommenheit, über sein →Schicksal zu herrschen und die Geschicke der →Welt mitzubestimmen. Verbunden damit ist eine Aufwertung des je Einzelnen, der es nicht mehr nötig hat, auf die Weisheitslehren einer Religion zu hören, die sich ohne seine Zustimmung etabliert und für unersetzlich erklärt hat. Die Potentaten können im Angesicht des Rationalismus nicht mehr darauf vertrauen, dass sie als von Gottes Gnaden Erwählte den Untertanen als Menschen höheren Standes erscheinen. Dadurch, dass die Vernunft alle gleichermaßen besitzen, ist es nicht mehr einsichtig, warum es zu einer gerechtfertigten Ungleichheit unter den Menschen hat kommen können. Schließlich erlangt die Vernunft selbst den Status einer göttlichen Macht, der während der französischen Revolution in Tempeln gehuldigt wird. Diese Übersteigerung des Rationalismus führt zu einer Gegenbewegung, die die Kräfte des Irrationalen in den Vordergrund stellt: die Romantik. Doch selbst in der Romantik findet sich ein Punkt, an dem der Rationalismus sich festmachen kann. Der gegen die kalte Vernunft gerichtete Versuch, das Individuelle des Menschen in den Vordergrund zu stellen, ist der Ansatz für den in seiner Wurzel rationalistischen Idealismus. Die Strenge der Deduktionen →Fichtes ist genauso vom Geist des radikalen Rationalismus durchdrungen wie das System →Hegels. Die von →Kant gemachten Einschränkungen (der Abweis des →transzendentalen Verstandesgebrauchs) werden rückgängig gemacht, wodurch es quasi zu einer Neubelebung der alten →Metaphysik kommt. Der so wieder erweckte Rationalismus reicht noch weiter als sein Vorgänger im 17. Jh. Durch das Diktum, dass das Zufällige aus der Wissenschaft zu verbannen sei, wird Spinozas Forderung nach durchgängiger Bestimmtheit nicht nur erfüllt, sondern sogar überboten. Durch die Einbeziehung der →Geschichte (der Welt, der →Kunst und der Philosophie selbst) erweitert sich das Feld wissenschaftlicher Betrachtung. Der →Idealismus geht in seinem erkenntnistheoretischen Optimismus so weit, dass er die Geschichte als begreifbar nimmt und daraus ihre Prognostizierbarkeit folgert. Damit wird der gemäßigte Rationalismus der Aufklärung, der lediglich die Erkenntnis gewisser Gesetzmäßigkeiten und eines immer wieder anfälligen und unsicheren Fortschritts zulässt, weit in den Schatten gestellt. Der Idealismus macht die Vernunft zu einem so mächtigen Vermögen, dass der Mensch beinahe gottähnliche Züge annimmt. Ihm bleibt, sofern er philosophische Forschung betreibt, prinzipiell nichts verborgen. Alle Erscheinungen können als Tätigkeit des →Geistes betrachtet werden, der sie in produktiver Kraft aus sich hinausschleudert. Dabei verkommt allerdings die →Natur zu einem Bereich zweiten Ranges. Wenn die Vernunft das allein Wirkliche ist, kommt allem anderen nur noch zu, ein Reflex dieser ungeheuren Macht zu sein. Insofern steigert sich das befreiende Moment des Rationalismus in der Aufklärung zur Hybris eines weltbeherrschenden Denkens im Idealismus. In nicht so übersteigertem Maß hat sich der Rationalismus auch später in verschiedenen Formen ausprägen können. Der von der hegelschen →Dialektik beeinflusste Marxismus ist auch von der Vernünftigkeit im historischen Wandel überzeugt, sodass er sich befähigt glaubt, noch folgende Stadien der Geschichte sicher vorhersagen zu können. In der Gegenwart sind alle die philosophischen Richtungen rationalistisch, die sich an einem Vorbild orientieren können, das von ihnen als unbezweifelbar angesehen wird. So hält sich der →Neupositivismus an die prinzipielle Verifizierbarkeit von Gegebenem bzw. an dessen Falsifizierbarkeit. Seine Weltauffassung ist streng wissenschaftlich geprägt, wobei →Logistik und theoretische Physik die wichtigsten Faktoren sind. Auch die →analytische Philosophie ist rationalistisch, da ihre Anhänger von der Überzeugung durchdrungen sind, dass es eindeutige Kriterien zur Überprüfung des sinnvollen Charakters von →Aussagen gebe. Die →Phänomenologie husserlscher Prägung ist dem Rationalismus insofern verpflichtet, als die logischen Gebilde in ihrer Objektivität genommen und so gegen den Psychologismus verteidigt werden, der ihnen einen bloß relativen Status einräumt. Die Phänomenologie vertraut auf die anschauliche Selbstgegebenheit der Gegenstände, die festen Wesensgesetzlichkeiten unterworfen sind. Die Philosophie, die sich der →Wissenschaftstheorie widmet, ist per se rationalistisch, da es ihr darum geht, philosophische Fragestellungen mit demselben Maß an Genauigkeit, an begrifflicher Klarheit und wissenschaftlicher Verantwortlichkeit zu behandeln, wie dies in den Einzelwissenschaften in Bezug auf ihre Fachprobleme geschieht.

H. Albert, Kritischer Rationalismus, Tübingen 2000
W. Schluchter, Die Entstehung des modernen Rationalismus, Frankfurt/M. 1998

A. P.

Rationalität Lat. *ratio*, ›Verstand, Vernunft‹: Im weiteren Sinne die Erkenntnishaltung, die unterstellt, dass alle →Erkenntnis, vor allem auch die →empirische Erfahrungserkenntnis, die aus sinnlicher →Wahrnehmung erfolgt, zumindest anteilmäßig, wenn nicht sogar hauptsächlich oder gar ausschließlich rational ist. Rational (→Descartes, →Leibniz: →*clare et distincte*; →Kant: →*a priori*) ist eine Erkenntnis dann, wenn sie aufgrund logischer Formmomente (›reine Verstandestätigkeit‹) als allgemein gültig und notwendig ausgewiesen ist. In diesem weiten Sinne lässt sich das gesamte neuzeitliche Projekt wissenschaftlicher Welterschließung mit Hilfe mathematischer →Methoden als rationalistisch kennzeichnen.

Dieser allgemeine →Begriff von Rationalität wird vielfach auch umgangssprachlich psychologisch oder anthropologisch verwendet. Während man besonders gefühlsbetontes und verbal schlecht begründetes Verhalten gern als irrational ablehnt, verurteilt man umgekehrt jemanden, der sich in seinem Handeln nicht von →Gefühlen leiten lassen möchte, als Rationalisten oder Verstandesmenschen. In einer Spezialbedeutung erscheint der allgemeine Begriff in dem Ausdruck →kritischer Rationalismus, womit der auf →Popper zurückgehende Strang der Wissenschaftsphilosophie bezeichnet wird. Popper unterscheidet sich von dem hier dargelegten Begriff des Rationalen allein durch die Einschränkung seiner geltungstheoretischen Reichweite. Wissenschaftliche Rationalität begründet sich nach dieser Ansicht nicht aus gewissen allgemeinen und notwendigen →Prinzipien des Verstandesgebrauchs, sondern beruht lediglich auf der Wahl pragmatischer bzw. methodologischer Regeln, die theoretische Erkenntnis nur bis auf Weiteres, d.h. bis zu ihrer Ersetzung durch bessere, akzeptabel und anwendbar erscheinen lassen. Die Entscheidung des Menschen zur Rationalität ist selbst nicht rational zu begründen.

Im engeren Sinne meint Rationalität eine historisch bedeutsame Einstellung der frühneuzeitlichen Philosophie, als dessen Hauptvertreter die großen systematischen Denker Descartes, →Spinoza, Leibniz, Wolff zu nennen sind. Im Gegensatz zu den Empiristen, für die die sinnliche Wahrnehmung die einzige Quelle der Erkenntnis ist (*nihil est in intellectu, quod non antea fuerit in sensu*), nehmen die Rationalisten an, der →Verstand enthalte →Ideen (Vorstellungen), die klar und deutlich sind, weil sie nicht aus der Wahrnehmung stammen. Wenn ihr Ursprung aber nicht die →Sinnlichkeit ist, so müssen diese Ideen entweder ›angeboren‹ (Descartes), oder Teil des göttlichen Geistes sein (Spinoza), oder aber überhaupt das geistige Wesen als solches (→Monade) ausmachen (Leibniz). Kant wendet sich kritisch gegen beide Richtungen, weil ihm zufolge der Empirist aus der bloßen Kontingenz der Sinneserfahrung die Objektivität der Erfahrungserkenntnis nicht begründen kann, der Rationalist aber umgekehrt nicht in der Lage ist, die dogmatisch postulierte Objektivität der Erfahrung aus bloßen Begriffen abzuleiten. Pointiert könnte man sagen: Der Empirismus scheitert, weil er von der sinnlichen →Erfahrung der →Existenz nicht zu einer (für die wissenschaftliche Erkenntnis notwendige) klaren und deutlichen Einsicht in das →Wesen (Essenz) der Dinge gelangt; der Rationalismus scheitert hingegen, weil er eben von dieser bloß begrifflichen Wesenseinsicht nicht zur Realität der Dinge gelangt.

E. Cassirer, Das Erkenntnisproblem in der Philosophie und Wissenschaft der neueren Zeit, Bd. I u. II, Berlin 1906–1910

W. Röd (Hg.), Geschichte der Philosophie, Bd. VII u. VIII, München 1978, 1984

K. R. Popper, Conjectures and Refutations, 3. Aufl. London 1969

R. Specht (Hg.), Grundprobleme der großen Philosophen. Philosophie der Neuzeit I, Stuttgart 1979, 1993

T. Z.

Raum Ausdrücklich wird die Frage nach dem Raum erst von →Aristoteles thematisiert. Eine seiner →Kategorien ist das Wo (*pou*), also der Raum, der Ort. Ausführlich erörtert er den Raum auch in der Physik, der Kosmologie und der Metaphysik. Im →Mittelalter (A) wird das Raumproblem nur indirekt im Rahmen des Gegensatzes von Endlichkeit und Unendlichkeit thematisiert. Für Newton werden Raum und →Zeit zu den beiden absoluten Konstanten, innerhalb derer sich die Massen aufgrund von Kräften bewegen. Eine Wende in der Auffassung des Raumes stellt →Kants Kapitel *Die transzendentale Ästhetik* in der *Kritik der reinen Vernunft* dar. Raum und Zeit sind für Kant keine objektiven Größen mehr, sondern Vorstellungsformen der menschlichen →Erfahrung bzw. des →Bewusstseins. Der Raum ist also nicht, wie bei Newton, ein empirischer Begriff, er ist »keine Eigenschaft irgend einiger Dinge an sich oder in ihrem Verhältnis aufeinander«. Vielmehr ist der Raum eine »notwendige Vorstellung *a priori*, die allen äußeren Anschauungen zum Grunde liegt«. Es ist also nicht so, dass die Raumvorstellung beim Menschen dadurch gebildet wird, dass er Erfahrungen macht, vielmehr gilt umgekehrt, damit der Mensch überhaupt Erfahrungen machen kann, muss vorausgesetzt sein, dass er Raum und Zeit als Vorstellungsformen schon ›besitzt‹, nämlich als eine Art Strukturmoment des Bewusstseins. Raum und Zeit sind apriorische, angeborene Bedingungen der Möglichkeit, dass der Mensch überhaupt Erfahrungen machen kann. Vorstellungsform besagt dabei, dass Raum und Zeit nicht sozusagen inhaltlich vorgestellt werden, vielmehr kann der Mensch, wenn er sich bestimmte Dinge vorstellt oder sie wahrnimmt, diese nur innerhalb von Raum und Zeit vorstellen, ohne dass Raum und Zeit irgendwelche ›Dinge‹ wären. »Der Raum ist nichts anderes, als nur die Form aller Erscheinungen äußerer Sinne, d.h. die subjektive Bedingung der Sinnlichkeit, unter der allein uns äußere Anschauung möglich ist.« Einstein hat dann diese kantische Position als unsinnig zurückgewiesen. In seiner Schrift *Über die spezielle und die allgemeine Relativitätstheorie* schreibt er: »Kants Versuch, das Unbehagen (nämlich den Raum als ein Ding zu betrachten, unabhängig von körperlichen Objekten, das ohne Materie existieren könnte) durch Leugnung der Objektivität des Raumes abzuschaffen, kann doch kaum ernst genommen werden. Die Lagerungsmöglichkeiten, verkörpert durch den Innenraum einer Schachtel, sind in demselben Sinne objektiv wie die Schachtel selbst und die in demselben lagerbaren Objekte.« Einstein selbst löste dann aber den klassischen Raum- und Zeit-Begriff eines Newton dennoch auf. Die physikalischen Konstanten sind in seiner einheitlichen Feldtheorie nicht mehr Raum und Zeit, sondern die Lichtgeschwindigkeit, und Raum und Zeit verschmelzen zum →Raum-Zeit-Kontinuum.

W.R.

Raum-Zeit-Kontinuum →Raum und →Zeit waren in der Geschichte der Physik bis Einstein Grundbegriffe, die eine Orientierung im Anschauungsraum erlaubten. Der experimentelle Nachweis der Existenz einer höchsten Geschwindigkeit, der Ausbreitungsgeschwindigkeit des Lichts, machte jedoch einen neuen Denkansatz nötig.

Klassisch gilt: Wirft man z.B. in einem mit der Geschwindigkeit v_1 fahrenden Zug einen Stein mit der Geschwindigkeit v_2 ab, so hat dieser Stein in Bezug zu den Geleisen die Geschwindigkeit $v_1 + v_2$. In der Nähe der Lichtgeschwindigkeit gilt dies nun nicht mehr, denn sonst würde ja ggf. eine Geschwindigkeit resultieren, die größer als die Lichtgeschwindigkeit ist. Deshalb musste eine völlig neue Theorie geschaffen werden: die Relativitätstheorie. Raum und Zeit sind nicht länger absolut, sie werden relativ. Jedes Bezugssystem hat seine eigene Zeit.

Es zeigte sich, dass es sinnvoll ist, Raum und Zeit nicht getrennt, sondern als eine untrennbare Einheit zu behandeln. Die drei anschaulichen Raumdimensionen werden mit der Zeitdimension zu einem vierdimensionalen Raum-Zeit-Kontinuum zusammengefasst, in dem die rein räumlichen und die rein zeitlichen Aspekte nicht mehr entwirrt werden können.

E. Schrödinger, Die Struktur der Raum-Zeit, Darmstadt 1993

W. Ch. Zimmerli / M. Sandbothe (Hg.), Klassiker der modernen Zeitphilosophie, Darmstadt 1993

B.W.

Realismus Der Begriff dient in der Geschichte der Philosophie zur Bezeichnung einer Vielzahl oft äußerst unterschiedlicher philosophischer Ansichten und Positionen. Es ist erforderlich zumindest zwischen drei sehr verschiedenen Kontexten zu unterscheiden, in denen Positionen des Realismus bezogen worden sind. Es gibt zum einen die von der Antike bis zur Spätscholastik reichende Unterscheidung zwischen Realismus und →Nominalismus, dann die seit der →Neuzeit (A) vorgenommene erkenntnistheoretische Opposition von Realismus und →Idealismus und schließlich die in der modernen →analytischen Philosophie diskutierten realistischen Konzeptionen, die vorwiegend in den Bereichen Bedeutungstheorie, Wahrheitstheorie, →Wissenschaftstheorie und in der analytischen Philosophie des Geistes Kontroversen hinsichtlich Realismus und Anti-Realismus zum Gegenstand haben.

Der im →Mittelalter (A) einsetzende →Universalienstreit hat seine Wurzeln in der Kritik des →Aristoteles an der platonischen Ideenlehre. Im Universalienstreit geht es um die Natur der so genannten Universalien (Allgemeinbegriffe). Während →Platon von der realen Existenz bzw. der Präexistenz von Allgemeinbegriffen (→Ideen) ausgegangen ist und diesen sogar einen höheren Realitätsgrad gegenüber den vergänglichen Einzeldingen zugesprochen hat (*universalia ante res*), vertritt Aristoteles eine gemäßigtere Position, der zufolge es zwar Universalien gibt, jedoch nicht in einem eigenen Reich allgemeiner Wesenheiten, sondern ausschließlich in den Einzeldingen selbst (*universalia in rebus*). Platons Ideenlehre zielt auf die Lösung eines spezifischen Problems, das in der Frage besteht, wie man gegenüber der bloßen Meinung und den verschiedenen Ansichten über die

→Wahrheit zu einem stabilen und zeitlos gültigen Wissen über allgemeine Sachverhalte gelangen kann. Seine Ideenlehre bot dafür einen Lösungsweg an. Platon nimmt an, dass genau wie bei →Eigennamen, deren →Bedeutung im Bezug zu individuellen Gegenständen liegt, die Bedeutung der allgemeinen Namen als ein Bezug auf bestimmte allgemeine Gegenstände zu verstehen ist, nämlich als ein Bezug auf ein Reich idealer Gegenstände, der Ideen. Aristoteles bestreitet die Möglichkeit der unabhängigen Existenz der Ideen. Er sieht die empirische Grundlage der Erfahrung als wesentliches Moment für die →Wissenschaft an, welche zur Erkenntnis des Allgemeinen mittels der Methode der induktiven Abstraktion von den individuellen Einzelgegenständen führt. Die Menge der Allgemeinbegriffe bildet dabei ein →System von Gattungen, in welches alle Einzelgegenstände eingeordnet werden können und durch das die →Welt vollständig beschreibbar ist.

Im Anschluss an die Kommentare und Übersetzungen des aristotelischen Werks durch Boethius entstand in der mittelalterlichen →Scholastik die Debatte um den Status der Allgemeinbegriffe, in der sich Realisten und Nominalisten gegenüber standen. Im Anschluss an Aristoteles nehmen die mittelalterlichen Realisten an, dass das Allgemeine eine Realität in den Dingen hat, während die Nominalisten den Standpunkt vertreten, dass nur einzelne, raum-zeitliche Dinge real sind und dass das Allgemeine ausschließlich in den →Worten und in der →Sprache enthalten ist. So erklärt Roscelin de Compiègne, einer der ersten Nominalisten, dass das Allgemeine aus bloßen Worten besteht. Im Streit um das →Wesen der Allgemeinbegriffe stehen sich in der Spätscholastik hauptsächlich drei Schulsysteme gegenüber. Der auf die Philosophie des Duns Scotus zurückgehende Scotismus, welcher eine realistischen Auffassung vertritt, der Nominalismus, der im Wesentlichen von Wilhelm von Ockham ausgearbeitet worden war und der Thomismus, der die Lehren des →Thomas von Aquin zur Grundlage hat und einen Mittelweg zwischen beiden Positionen vorschlägt.

Während der scholastische Streit um die Universalien, dessen Kern die Frage betraf, ob diese den Dingen selbst oder nur der menschlichen Erkenntnis zukommen, noch stark von theologischen Annahmen und spezifischen Fragen nach der Natur →Gottes, nach der Ewigkeit von Gattungen und Arten, sowie von Problemen, die die Einheit der →Seele betreffen, geprägt ist, orientiert sich die Philosophie des englischen →Empirismus vorwiegend an den sich mehr und mehr durchsetzenden empirisch verfahrenden Wissenschaften. Zwar vertraten →Hobbes, →Locke und →Berkeley unterschiedliche Positionen, orientierten sich jedoch an einer nominalistischen Auffassung. Für Locke sind Allgemeinbegriffe bloße Benennungen abstrakter Ideen, die ihren Ursprung im menschlichen →Geist haben, und Berkeley versteht sie als Ausdrücke für Regeln im Umgang mit generellen Termini. Im Anschluss an den von →Descartes unternommenen Versuch eines Neuansatzes der Philosophie verliert sich dann das Interesse an der Frage nach der Existenz allgemeiner Begriffe.

Die sich in der Neuzeit mehr und mehr durchsetzende erkenntnistheoretische Orientierung in der Philosophie, nach der der Realismus eine Position ist, die annimmt, dass es unabhängig von unseren geistigen Vorgängen, wie dem →Denken, Vorstellen oder Sprechen, äußerliche Dinge gibt, auf die wir Bezug nehmen, verändert den Begriff Realismus entscheidend. Was in der Antike und im Mittelalter noch als selbstverständlich galt, wird nun unter dem Einfluss von Descartes' →Zweifel hinsichtlich der Außenwelt und insbesondere durch den Idealismus Berkeleys in Frage gestellt. Ob außerhalb ihres Gegebenseins im →Bewusstsein raum-zeitlich materielle Gegenstände eine selbstständige Existenz haben, ist eine Frage, die sich eigentlich erst in der nachcartesianischen Philosophie stellt. Gegenüber einem so genannten naiven Realismus herrscht in der Neuzeit ein hauptsächlich von Locke und Descartes vertretener repräsentationaler Realismus vor. Dieser unterscheidet zwischen den →Vorstellungen oder mentalen Repräsentationen im Bewusstsein und den externen, wahrnehmungsunabhängigen, materiellen Gegenständen, die die →Ursache der geistigen Repräsentationen bilden. Berkeley wies nach, dass diese Konzeption widersprüchlich ist. Da alle Behauptungen der Existenz externer Gegenstände abhängig sind von wahrgenommenen Gegenständen, lässt sich Berkeley zufolge nur ein →Idealismus vertreten, der das →Sein mit ›Wahrgenommensein‹ gleichsetzt (*esse est percipi*). Die klassischen Argumente gegen einen erkenntnistheoretischen Realismus beziehen sich auf die Annahme einer Vermittlung der Erkenntnis ›äußerer‹ Gegenstände durch ein geistiges Medium (Vorstellungen, Sinnesdaten). Wenn es solche geistigen Vermittlungen gibt, so die Argumentation, dann können wir keine →Gewissheit vom Vorhandensein der Gegenstände außerhalb unseres Geistes haben, und wenn es zudem keine überzeugende →Erklärung für den Zusammenhang von materiellen Gegenständen und ihren Abbildungen im geistigen Medium gibt, dann scheint es – so die Idealisten – konsequenter zu sein, die unabhängige Existenz äußerer Gegenstände ganz zu leugnen oder, wie Berkeley das tut, externe Gegenstände auf ihre geistigen Repräsentationen zurückzuführen.

Dem Namen nach geht die erkenntnistheoretische Gegenüberstellung von Realismus und Idealismus eigentlich auf →Kant zurück. Kant stellt dem »transzendentalen Realismus«, dem zufolge →Zeit und →Raum etwas an sich Gegebenes darstellen, seine eigene Position gegenüber, die er »transzendentalen Idealismus« nennt. Er geht davon aus, dass Raum und Zeit sowie die raum-zeitlichen Erfahrungen nicht unabhängig von den Bedingungen unserer →Sinnlichkeit und unseres →Verstandes möglich sind. Kant vertritt die These, dass sein transzendentaler Idealismus mit einem empirischen Realismus vereinbar ist, denn obwohl die Erkenntnis der Gegenstände nicht unabhängig von den Bedingungen des Verstandes möglich ist, müssen wir dennoch die Existenz externer Gegenstände, von denen unsere Sinne beeinflusst werden, anerkennen. Die Schwierigkeiten, die mit diesem Standpunkt verbunden sind, bestimmen im Wesentlichen das Bild der Auseinandersetzungen im →deutschen Idealismus (A).

Im späten 19. und zu Beginn des 20. Jhs. bilden sich unterschiedliche realistische Positionen heraus, die zum Teil unter dem Eindruck der weiterentwickelten Naturwissenschaften stehen oder sich aus der Ablehnung der Philosophie des deutschen Idealismus, insbesondere →Hegels, begreifen lassen. Der von →Marx und Engels entwickelte dialektische →Materialismus baut auf einer realistischen Widerspiegelungstheorie auf, nimmt jedoch mehr und mehr die Form einer materialistischen Geschichtsphilosophie und ökonomischen Sozialtheorie an. In Anknüpfung an Kant unternimmt der →Neukantianismus eine →Kritik des so genannten naiven Realismus, der darin besteht, unkritisch die Inhalte der Wahrnehmung mit den wahrgenommenen Gegenständen gleichzusetzen. Im Gegensatz dazu vertritt der kritische Realismus eine Auffassung, die nur einen eingeschränkten, durch erkenntniskritische Erwägungen beschränkten Zugang zu den an sich seienden Gegenständen anerkennt. Unter dem Eindruck der Kritik am Idealismus entwickelt Moore auch in England eine Art kritischen Realismus, den er Common-Sense-Realismus nennt. Moore wendet gegen die idealistischen Positionen ein, dass diese die Wahrnehmung eines Gegenstandes mit diesem selbst verwechseln und damit eine vollkommen isolierte Welt von Wahrnehmungsgegenständen aufbauen, die unseren alltäglichen Auffassungen bezüglich der Welt und der in ihr vorkommenden Gegenstände in keiner Weise entspricht.

Insbesondere durch →Carnap, aber auch im Werk des frühen →Wittgenstein, wird die erkenntnistheoretische Unterscheidung zwischen Realismus und Idealismus als ein Scheinproblem zurückgewiesen. Die Frage nach der Existenz externer Gegenstände lässt sich nicht sinnvoll beantworten, denn es besteht keinerlei Aussicht auf eine verifizierbare Lösungsmöglichkeit dieses Problems. Über die Wahrheit oder Falschheit externer Existenzbehauptungen, die sich auf die Existenz (Realismus) oder Nichtexistenz (Idealismus) von sprachunabhängigen, real-existierenden Gegenständen beziehen, auf Gegenstände außerhalb eines sprachlichen oder wissenschaftlich-theoretischen Rahmens, kann im Gegensatz zu internen Existenzbehauptungen nichts Sinnvolles gesagt werden.

In der modernen analytischen Philosophie finden sich realistische Positionen vor allem im Bereich semantischer Theorien, in der Wissenschaftstheorie und der analytischen Philosophie des Geistes. Dummett stellte die These auf, dass sich die meisten Spielarten des Realismus auf eine realistische Bedeutungstheorie zurückführen lassen. Das Hauptkriterium eines so genannten semantischen Realismus ist ihm zufolge die uneingeschränkte Akzeptanz des Zweiwertigkeitsprinzips. Die Annahme des →Prinzips der Zweiwertigkeit oder Bivalenz innerhalb einer Wahrheitstheorie besagt, dass alle →Aussagen, auch solche über zukünftige Sachverhalte und über nicht verwirklichte Möglichkeiten, entweder wahr oder falsch sind, unabhängig von der Möglichkeit, den Wahrheitswert der entsprechenden Aussage eindeutig festzustellen (Transzendenzprinzip). Neben der strengen Zweiwertigkeitsthese zeichnet sich der semantische Realismus durch die Annahmen aus, dass die Wahrheit der Aussagen unabhängig von deren Rechtfertigung ist (Unabhängigkeitsprinzip) und dass eine Korrespondenztheorie der Wahrheit zumindest möglich ist (Korrespondenzprinzip). Eine anti-realistische Position, wie sie Dummett vertritt, nimmt dagegen an, dass eine Bedeutungstheorie am Verstehen von Sprecher und Hörer ansetzen muss (Verstehensprinzip) und daher die Fähigkeiten eines Sprechers, den Wahrheitswert einer Aussage festzustellen, zu berücksichtigen hat. Daneben spielt der Aspekt des Spracherwerbs eine große Rolle, welcher - wie Dummett und andere annehmen - sich nur an den Kriterien des öffentlich beobachtbaren Verhaltens orientieren kann (Öffentlichkeitsprinzip). Anstatt wie im semantischen Realismus anzunehmen, dass ein Satz als solcher mit Wahrheitsbedingungen ausgestattet ist, nimmt der semantische Antirealist an, dass die Äußerungen eines Sprechers Behauptbarkeitsbedingungen unterliegen, die als Kriterien des Verstehens von Satzbedeutungen gelten. Der wissenschaftstheoretische Realismus, wie ihn etwa →Popper, Sellars, Smart und der frühe H. →Putnam vertreten oder vertreten haben, zeichnet sich hauptsächlich durch die Annahmen aus, dass wissenschaftliche Theorien, soweit sie erfolgreich sind, auch - zumindest annähernd - wahr sind, dass sich die wissenschaftlichen →Hypothesen an einem streng zweiwertigen Wahr-falsch-Schema orientieren und dass erfolgreiche Vorhersagen auf dem erfolgreichen Gegenstandsbezug der wissenschaftlichen Termini zurückzuführen sind.

Gegen eine solche realistische und reduktionistische Wissenschaftsauffassung haben sich vor allem Hempel, Duhem und →Quine ausgesprochen. Ihnen zufolge orientieren sich wissenschaftliche Theorien an dem instrumentalistischen und pragmatischen Kriterium des Erfolgs ihrer Voraussagen, wobei der Erfolg einer Theorie nicht zugleich die objektive Wahrheit voraussetzt, da es immer möglich ist, dass verschiedene Theoriesysteme gleichermaßen erfolgreiche Voraussagen machen und gleichermaßen mit den beobachteten Phänomenen in Übereinstimmung stehen könnten. Sie meinen, dass sich der Gegenstandsbezug der wissenschaftlichen Ausdrücke und Hypothesen nie vollständig aufklären lässt, da die Sätze der Wissenschaft nicht nur einen Bezug zur Realität, sondern ebenso einen Bezug auf andere Sätze des wissenschaftlichen →Systems haben. Die Unbestimmtheit der Wahrheit oder Falschheit theoretischer Sätze besteht dann darin, dass es dem Wissenschaftler überlassen bleibt, welche Sätze der Theorie bei widersprechenden Erfahrungen zu ändern sind. Eine ähnliche Position hat später Putnam bezogen, als er zwischen einem metaphysischen Realismus und einem internen Realismus unterschieden hat. Der metaphysische Realismus zeichnet sich dadurch aus, dass er die Frage nach der Realität unabhängig vom verwendeten grundbegrifflichen System zu klären versucht und damit einen ›externalistischen Gottesgesichtspunkt‹ einnehmen muss, den niemand - zumindest kein endliches Wesen - einzunehmen in der Lage ist. Der interne Realismus, für den Putnam eintritt, behauptet demgegenüber, dass alle Aussagen über die Realität Beschreibungen sind, die bestimmte begriffliche Mittel in Anspruch nehmen müssen. Sowohl Putnams Position des internen Realismus als auch die holistische Position von Duhem und Quine nehmen an, dass es bezüglich unserer ontologischen Aussagen eine ›begriffliche Relativität‹ gibt. Davidson hat jedoch in neuerer Zeit nachzuweisen versucht, dass sich die Annahme einer grundsätzlichen begrifflichen Relativität nicht sinnvoll vertreten lässt.

In der analytischen Philosophie des Geistes werden unterschiedliche Positionen hinsichtlich der Frage nach der Natur der mentalen (geistigen) Zustände bezogen. Im Wesentlichen lassen sich die Konzeptionen des direkten Realismus, des kritischen bzw. indirekten Realismus, des Materialismus und des Phänomenalismus unterscheiden. Ein Vertreter des direkten Realismus nimmt an, dass die wahrgenommenen Erscheinungen identisch mit den äußeren physikalischen Dingen sind, wogegen ein indirekter Realist behaupten würde, dass die mentalen Zustände zwar von äußeren Dingen direkt verursacht, aber nicht mit diesen identisch sind, da die kausal verursachten Zustände durch die geistigen Prozesse der Selektion verändert werden. In der Frage nach der Natur der geistigen Zustände und Prozesse vertritt der Materialist die einfache Auffassung, dass die mentalen Zustände mit physikalischen Zuständen gleichgesetzt werden können. Ein Phänomenalist würde gegen den Materialisten argumentieren, dass geistige Zustände eine eigene Klasse von Phänomenen darstellen, die sich nicht auf physikalische Zustände zurückführen lassen.

H. Lenk, Interpretation und Realität, Frankfurt/M. 1995
H. J. Sandkühler (Hg.), Realismus, Antirealismus und Wissenschaften, Frankfurt/M. 1992
H. Seidl (Hg.), Realismus als philosophisches Problem, Hildesheim 2000
M. Willaschek (Hg.), Realismus, Paderborn 2000

H. B.

Realität →Wirklichkeit

Recht Lat. *ius*: In einem ›objektiven‹ Sinn (engl. *law*) die Gesamtheit aller institutionell kontrollierten →Normen und normativen Verbindlichkeiten (Bestimmungen, Strukturen, Verfahren), die in einem räumlich und zeitlich abgegrenzten Bereich für eine konkrete politische Gemeinschaft gelten und die das menschliche Zusammenleben betreffende →Handlungen formell regeln. Während der konventionalistische, vom Rechtspositivismus als allein zweckmäßig behauptete Rechtsbegriff davon ausgeht, dass Recht ausschließlich von der akzeptierten normgebenden Instanz (Legislative, Rechtsmonopol des Staates) legitimiert wird (→positives Recht), geht die Naturrechtslehre zusätzlich oder exklusiv von einem überkonventionellen, auf moralische →Prinzipien der →Gerechtigkeit Bezug nehmenden Rechtsbegriff aus (richtiges Recht, →Rechts- und Staatsphilosophie, →Naturrecht). Recht im ›subjektiven‹ Sinn (engl. *right*) heißen juristisch die jemandem durch das Recht im objektiven Sinn ausdrücklich zuerkannten Ansprüche auf etwas oder – als Grundbegriff der praktischen Philosophie – die nicht aus institutionell geltenden Regelungen abgeleiteten, sondern diesen als moralisch begründete Ansprüche von →Individuen vorausliegenden moralischen Rechte, die unbedingten Aufforderungscharakter haben, mithin institutionell nicht zuerkannt, sondern anerkannt werden müssen (→Menschenrechte, Freiheits- oder Abwehrrechte, Mitwirkungsrechte, soziale Rechte). Diskutiert wird, ob auch nichtmenschlichen Lebewesen ein moralischer Status zukommt, sodass ihnen subjektive Rechte im moralischen Sinn zugesprochen werden müssen.

Seiner Aufgabe nach hat das objektive Recht eine friedenssichernde (Konfliktvermeidung und -bewältigung) und eine existenz- und freiheitssichernde Funktion (Grundrechte, Abwehrrechte, Mitwirkungsrechte, soziale Rechte etc.). Bedingung hierfür ist die Gleichheit vor dem →Gesetz (legale Gerechtigkeit) sowie die Orientierungssicherheit (genaue Zuordnung von Tatbestand und Rechtsfolge) und die Realisierungssicherheit des Rechts (Unabhängigkeit der Gerichte als Garanten der Einhaltung der Rechtsbestimmungen). Weil Recht sowohl Bedingung für →Staat und →Gesellschaft als auch deren Resultat ist, liegen die Entstehung und Bewahrung von Rechtsverhältnissen im gemeinsamen Interesse aller. Sie lassen sich – noch vor jeder explizit sittlichen Motivation – aus dem aufgeklärten Selbstinteresse, als Ergebnis eines Vertrages von rationalen Egoisten rekonstruieren (→Vertragstheorie, →Locke, →Hobbes, →Kant, Rousseau, →Rawls, Höffe). Recht (Legalität) und Sittlichkeit (Moralität) unterscheiden sich darin, dass das Recht die äußere Übereinstimmung von Handlung und Gesetz einfordert, ohne nach der →Gesinnung zu fragen, während das Interesse der →Ethik auf die innere Einstellung des Handelnden zielt.

A. Alexy, Begriff und Geltung des Rechts, Freiburg/Br. 1991
J. Derrida, Gesetzeskraft, Frankfurt/M. 1991
O. Höffe, Vernunft und Recht, Frankfurt/M. 1986
–: Politische Gerechtigkeit, Frankfurt/M. 1987

A. W.

Rechtfertigungsgrund →Grund

Rechtfertigungszusammenhang →Begründungszusammenhang

Rechts- und Staatsphilosophie Der Begriff des →Rechts analysiert wie alle geisteswissenschaftlichen Begriffe eine →Wirklichkeit, die anders als die Naturwirklichkeit durch eine essenzielle, nicht reduzierbare Komplexität bestimmt ist. Angesichts der großen Zahl verschiedenartiger Zusammenhänge, die für das Recht konstitutiv sind (Recht und soziale →Ordnung, Recht und →Moral, Gesetz und →Gerechtigkeit, Recht als normatives System wie auch als Zwangsgewalt, das bleibende Recht und die gesellschaftliche Entwicklung, das Verfassungsrecht und die politische Herrschaft), wäre es verfehlt, mit einer →Definition (Umgrenzung) dessen, was das Recht ist, beginnen zu wollen. Die bekannten Regeln der Begriffsbestimmung, die in der Mathematik und in den Naturwissenschaften erfolgreich sind, würden hier nur zu willkürlicher Ausgrenzung konstitutiver Querbezüge und damit zu lauter Einseitigkeiten oder gar zu einer Entleerung des Begriffsinhalts führen. Eine angemessene Begriffsbildung, die gerade die lebendigen Wirkungszusammenhänge bewahren will, muss von dem Ort ausgehen, an dem sich die gegebenen Zusammenhänge alle kreuzen. Das ist im Falle des Rechts der →Staat.

Innerhalb der soziokulturellen Evolution bildet die staatlich organisierte →Gesellschaft eine neue Stufe gegenüber der verwandtschaftlich organisierten Gesellschaft. Solche primitiven Gesellschaften waren in Gruppen segmentiert, die sich jeweilig durch eine nur ihnen eigene – letztlich mythische – Abstammung als Gemeinschaft empfanden und darum in ihren Beziehungen keine Hierarchien kannten. Einige dieser segmentalen bzw. egalitären Gesellschaften verwandelten sich, indem sie eine zentralisierte Führungsinstanz ausbildeten. Im Hinblick auf die beiden Grundprobleme jeder Gesellschaft – die innere Erhaltung der sozialen Gemeinschaft und die Sicherung ihres Fortbestandes nach außen – erwiesen sich Staaten als effektiver, und zwar in drei Bereichen.

Erstens können Staaten durch ihre Institutionalisierung hierarchischer Beziehungen dem für eine Gemeinschaft nötigen Konsens mehr Stabilität verleihen, als dies durch Gewohnheit und Tradition geschehen kann. Herrschaft hat Max Weber gekennzeichnet als »die Chance, Gehorsam für einen bestimmten Befehl zu finden« (*Die drei reinen Typen der legitimen Herrschaft*). Kann eine Herrschaft allerdings nicht auf ›gutem altem Recht‹ begründet werden, wird sie also nicht durch Autorität, sondern durch pure Gewalt aufrecht erhalten, so wird passiver oder aktiver Widerstand geweckt und die Einheit der Gesellschaft beginnt zu zerfallen. Zweitens sind es Staaten, die erstmals zu administrativem Planungshandeln gelangen. Primitive Gesellschaften, in denen die einzelnen Haushalte sich nur aus verwandtschaftlichen Gründen gegeneinander zur Zusammenarbeit verpflichten lassen, können die vorhandenen Mittel zur Daseinserhaltung nicht optimal nutzen. Drittens können Staaten durch die Einführung des Richteramtes weitaus besser Konflikte (Fehden) zwischen Einzelnen oder Gruppen zur endgültigen Beendigung bringen. Egalitäre Gesellschaften kennen nur Schiedsmänner, die zwischen den Parteien vermitteln. Als richtig gilt, worauf sich die streitenden Parteien letztlich einigen. Dabei spielen die faktischen Machtverhältnisse zwischen den Familien oder Verwandtschaftsgruppen eine nicht unbedeutende Rolle. Ohne Berücksichtigung der Machtverhältnisse würde dem Vorschlag (Vergleich) des Schiedsmannes kaum Folge geleistet. Eine Durchsetzungsmacht besitzt er nicht. Das ist anders, wenn die Entscheidung von einem gegenüber den Verwandtschaftsgruppen neutralen Dritten, d.h. einer zum Richten befugten Amtsautorität erfolgt. Der Richter – anfänglich in Personalunion mit dem König – kann die Annahme des Urteils durch eine überzeugende Begründung seiner Konfliktlösung veranlassen (er beruft sich auf die Geltung von Gesetzen); tatsächlich besitzt er zudem die Möglichkeit, die Annahme des Richtspruches auch ohne die Einsicht der Parteien zu erzwingen (er verweist auf die Wirksamkeit der Gesetze). Recht als Rechtsordnung gibt es also erst, seit es Staaten gibt. Die auch heute noch zu hörenden Klagen über das Unpersönliche, Formelle des Rechts, das oft bewirkt, dass die ehemals Verbundenen eher endgültig getrennt werden als erneut verbunden, entstammen der Erinnerung an den fundamentalen Entwicklungsschritt vom Schlichten zum Richten.

Das Recht ist die Ordnung des sozialen Zusammenlebens in staatlich organisierten Gesellschaften. Ordnung ist hier in einem spezifischen Sinne zu verstehen und darf nicht mit einer →Struktur oder bloßen →Form verwechselt werden; nur diejenige Formierung einer Wirklichkeit, die einem Optimierungsgebot folgt, bringt eine Ordnung hervor. Im Hinblick auf die Gesellschaft bedeutet das, dass die elementaren Lebenssachverhalte, die sich im gesellschaftlichen Verkehr herausgebildet haben (Kauf einer Sache und die Erwartung, dass der Verkäufer die Ware pünktlich und im einwandfreien Zustand übergibt; der Wille, dass mein Vermögen nach dem Tode an meine Kinder übergeht; die Beschädigung einer mir nicht gehörigen Sache, sei es in dem Glauben, sie gehöre eigentlich mir, sei es in dem Glauben, ich sei wegen einer Beeinträchtigung zu ihrer Zerstörung berechtigt; der Anspruch, in meiner Sache gehört zu werden; Schutz vor willkürlicher Verhaftung), die aber aufgrund der Komplexität der menschlichen Beziehungen nicht immer richtig eingehalten werden können und daher häufig zu Konflikten führen, eine bestmögliche Formierung erhalten müssen. In eine ›gute‹ Form gebracht erscheinen diese Lebenssachverhalte dann als etwas, was so und so sein soll bzw. was so und so nicht sein darf; dergestalt werden sie als Rechtsnormen bezeichnet oder als Gesetze, sofern jene vom Staat gesetzt werden (→positives Recht). Im Unterschied zu Naturgesetzen sind die juristischen Gesetze keine Beschreibungen von dem, was mit Notwendigkeit und von selbst (›natürlich‹) geschieht, sondern sie ordnen an, wie man sich in bestimmten Situationen des Zusammenlebens richtig verhält.

Das Kriterium für die Richtigkeit der Anordnung bzw. der Maßstab für eine optimale Formierung der Lebenssachverhalte hat zu allen Zeiten einen einzigen Namen gehabt: Gerechtigkeit. Ihre ursprünglichen Formeln lauten: ›Jedem das Seine‹ und ›Jedem das Gleiche‹. In beiden Formeln geht es um Gleichbehandlung; die Verhinderung von Willkür bzw. falschen Vorrechten und Benachteiligungen bildet den Kern einer jeden Gerechtigkeitsforderung. Die erste Formel fordert Verhältnismäßigkeit oder relative Gleichheit, die zweite fordert absolute Gleichheit. →Aristoteles hat als Erster erkannt (*Nikomachische Ethik*, Buch V, Kap. 5 ff.), dass sich diese beiden Formen auf zwei verschiedene Fälle bzw. zwei verschiedene Rechtsbereiche beziehen. Der erste Fall betrifft stets Lebenssachverhalte, bei denen es um irgendeine Art von Verteilung geht. Das geschieht vor allem im Verhältnis des Staates zu seinen Bürgern, also im öffentlichen Recht. Gerecht ist die Verteilung von Lasten und →Pflichten bzw. von Gütern und Rechten dann, wenn sie nach einer bestimmten Maßgabe erfolgt, z.B. die Verteilung von Lasten (Steuern) nach Maßgabe der Belastbarkeit, die Bestrafung nach Maßgabe der Schuld. Solche proportionale Gleichheit bei der Verteilung wird daher als ›austeilende Gerechtigkeit‹ (*iustitia distributiva*) bezeichnet. Der zweite Fall betrifft Lebenssachverhalte, bei denen es um irgendeine Art von Tausch geht. Das geschieht im Verhältnis der Bürger untereinander, also in privatrechtlichen Beziehungen. Hier ist absolute Gleichheit bzw. Gleichwertigkeit (etwa von Gütern und Leistungen) gefordert. Diese Gleichwertigkeit ist konstitutiv für die ›ausgleichende Gerechtigkeit‹ (*iustitia commutativa*).

Der Staat kann bei der Gesetzgebung auch eine aktive Rolle spielen. Das ist notwendig, wenn durch neue gesellschaftliche Bedürfnisse und Interessen bislang unbekannte Konfliktfelder und diffuse Problemlagen entstehen, die eine konsensbewahrende Regulierung erforderlich machen. Dabei findet sich der Gesetzgeber freilich vor das Problem gestellt, dass die ›Grundnorm‹ der Gerechtigkeit nicht ohne weiteres angewendet werden kann; mangels spezifisch ausgebildeter Lebenssachverhalte gibt es noch nichts, was gemäß den beiden Formen von Gerechtigkeit ausgerichtet werden könnte. Es bleibt daher völlig offen, wer und was jeweils als gleich oder ungleich angesehen werden muss. Gerade diese Auslegung muss der Gesetzgeber bei der Errichtung neuer Gesetze leisten, wobei er nicht umhin kann, sich auf die vorbereitende Auslegungsarbeit der beteiligten gesellschaftlichen Parteien (Stände, Interessenverbände oder moderne Volksparteien) zu stützen; bei diesen Auslegungen fließen ethische Grundvorstellungen über bürgerliche Handlungsweisen (wie die Bestimmung der Reichweite der Eigenverantwortung) in die Gesetzgebung mit ein wie auch politische Grundauffassungen über die Gestaltung des öffentlichen Lebens (der Staat als Rahmenbedingung für einen freien gesellschaftlichen Verkehr oder der Staat als Förderinstanz für die soziale Solidarität). Ersichtlich kommt dem Recht hier eine Steuerungsfunktion für die Entwicklung der Gesellschaft zu. Denn mit der Aufstellung neuer Rechtsnormen werden für die Bürger eben auch neue Lebenssachverhalte geschaffen (z.B. bei einem modernen Scheidungsrecht oder bei einem Gesetz zur Gleichstellung von Mann und Frau im Beruf). Diese Funktion ist deutlich unterschieden von der Prüfungsfunktion des Rechts, die es bei schon formierten Lebenssachverhalten ausübt.

Gustav Radbruch, der bedeutendste deutsche Rechtsphilosoph im 20. Jh., hat in der Erweiterung und Konkretisierung der Rechtsordnung den ›Zweck des Rechts‹ gesehen und demgemäß das Prinzip der Zweckmäßigkeit (der zu errichtenden Gesetze) von dem Prinzip der Gerechtigkeit (dem Maßstab für die Rechtlichkeit aller Gesetze) unterschieden. Da fraglos die Gewinnung neuer Rechtsinhalte ebenfalls auf Gerechtigkeit zielt, aber deren Formeln bei neuen Inhalten nicht von sich aus schon zu einer Bestimmung, was rechtens sein soll, ausreichen, also sozusagen formal bleiben, haben andere Autoren statt der Unterscheidung zwischen Gerechtigkeit und Zweckmäßigkeit die zwischen ›formaler‹ und ›materialer Gerechtigkeit‹ gemacht.

Es gibt aber noch ein drittes Prinzip. Radbruch bezeichnet es als ›Rechtssicherheit‹. Diese ist eine Wirkung, die vom Dasein einer Rechtsordnung ausgeht. Mit jeder Ordnung ist gegeben, dass ihre einzelnen Glieder wie auch das, was aus ihnen folgt, von vornherein inhaltlich genau bestimmt sind. Rechtssicherheit bedeutet daher die Unverbrüchlichkeit und Stetigkeit des Rechts. Als solches verlangt dieses Prinzip die Positivität bzw. Gesetzesförmigkeit des Rechts; nur als geltendes Recht kann das Recht die Gewissheit vermitteln, dass der Rechtsfriede stets aufs Neue wiederhergestellt werden kann. Dass das Gesetz gleichermaßen für jeden gilt, kann durchaus auch als eine Form der Gerechtigkeit angesehen werden. Dennoch ist es sinnvoll, die Rechtssicherheit als eigenes Prinzip herauszustellen; zu häufig stellt es sich den anderen beiden Prinzipien entgegen. So ist die Gewissheit, dass jedem Streite der Rechtsansichten ein Ende gesetzt wird, wichtiger als die Gerechtigkeit oder Zweckmäßigkeit dieses Endes. Goethe hat diese Erwartung einmal so ausgesprochen: »Es ist besser, es geschehe dir unrecht, als die Welt sei ohne Gesetz.« (*Maximen und Reflexionen*, Nr. 832)

Als Radbruch 1932 die Bedeutung dieses dritten Prinzips hervorhob, konnte er nicht ahnen, dass schon ein Jahr später dessen einseitige Betonung, d. h. das bloße Beharren auf dem geltenden Recht (›Gesetz ist Gesetz‹, analog zu ›Befehl ist Befehl‹) ohne Prüfung der Rechtlichkeit der Gesetze, in Deutschland zu einer nie da gewesenen Perversion des Rechts führen konnte: zu einem gesetzlichen Unrecht. 1946 sah sich Radbruch zu einer bemerkenswerten Korrektur gezwungen. »Der Konflikt zwischen der Gerechtigkeit und der Rechtssicherheit dürfte dahin zu lösen sein, dass das positive, durch Satzung und Macht gesicherte Recht auch dann den Vorrang hat, wenn es inhaltlich ungerecht und unzweckmäßig ist, es sei denn, dass der Widerspruch des positiven Gesetzes zur Gerechtigkeit ein so unerträgliches Maß erreicht, dass das Gesetz als ›unrichtiges Recht‹ der Gerechtigkeit zu weichen hat. Es ist unmöglich, eine schärfere Linie zu ziehen zwischen den Fällen des gesetzlichen Unrechts und den trotz unrichtigen Inhalts dennoch geltenden Gesetzen; eine andere Grenzziehung aber kann mit aller Schärfe vorgenommen werden: wo Gerechtigkeit nicht einmal erstrebt wird, wo die Gleichheit, die den Kern der Gerechtigkeit ausmacht, bei der Setzung positiven Rechts bewusst verleugnet wurde, da ist das Gesetz nicht etwa nur ›unrichtiges Recht‹, vielmehr entbehrt es überhaupt der Rechtsnatur« (*Gesetzliches Unrecht und übergesetzliches Recht*).

Die ›radbruchsche Formel‹ ist dann Vorbild geworden für die juristische Aufarbeitung der staatlichen Anordnungen und der Rechtsprechung im Nationalsozialismus (und zuletzt auch der DDR). Das Grundgesetz für die Bundesrepublik Deutschland scheint diesem Gedanken ebenfalls gefolgt zu sein, wenn es im Art. 20, Abs. 3 erklärt, dass die vollziehende Gewalt und die Rechtsprechung an Gesetz und Recht gebunden sind. In der Tat kann gesetzliches Unrecht nur verhindert werden, wenn der Staat selber sich verpflichtet sieht, den Schutz der Menschenwürde, →Freiheit und Gleichheit aller Bürger zu übernehmen, auch und gerade da, wo diese Grundrechte die Ausübung der Staatsgewalt prinzipiell beschränken. Den Gedanken eines solchen Schutzgutes hat erst der moderne Typus des demokratischen Verfassungsstaates entwickelt. Statt des Begriffs des Verfassungsstaates wird in Deutschland die im ersten Drittel des 19. Jhs. entstandene, den damaligen Stand der deutschen Verfassungsentwicklung verratende ›additive‹ Prägung des Rechtstaates bevorzugt. In diesem Sinne spricht der Art. 28 Abs. 3

des Grundgesetzes vom »republikanischen, demokratischen und sozialen Rechtsstaat«.

Die Analysen der rechtswissenschaftlichen Staatslehre werden von zwei Begriffen geleitet: Souveränität und Legitimität. Der erste Begriff meint das Vorhandensein einer Staatsgewalt, d.h. die Monopolisierung aller in einer Gesellschaft vorhandenen Gewalten. Auch im modernen Verfassungsstaat erwarten wir, dass der Staat mächtiger bleibt als alle Wirtschaftskonzerne, Interessenverbände und gesellschaftliche Parteien. Aus dieser Sicht entspringt die häufig gemachte Unterscheidung von Staat und Gesellschaft. Der zweite Begriff bezieht sich auf die Frage, wie die Errichtung der Staatsgewalt und deren effektive Ausübung gerechtfertigt werden können. Beide Begriffe beziehen sich auf dasselbe Problem. Sinnvollerweise hat M. Kriele die Legitimitätsfrage als »die Innenseite der Souveränitätsfrage« bezeichnet.

Zu unterscheiden ist zwischen der äußeren oder völkerrechtlichen Souveränität und der inneren oder staatsrechtlichen Souveränität. Besitzt ein Staat Souveränität nach außen, d.h. ist er rechtlich unabhängig (keine Kolonie oder Teil eines Bundesstaates), so wird er von der Staatengemeinschaft trotz faktischer (wirtschaftlicher oder militärischer) Ungleichheit als gleichberechtigt anerkannt. Jellinek hat für den Staat als Völkerrechtssubjekt drei Elemente genannt: Er besitzt ein Staatsgebiet (Hoheitsgebiet), ein Staatsvolk und die Staatsgewalt. (Eine bekannte Anwendung dieser Drei-Elemente-Lehre war die Nichtanerkennung der DDR, eben mit dem Argument, sie habe keine eigene Staatsgewalt, sondern sei nur ein Besatzungsregime.) Die Pflichten, die das Völkerrecht den einzelnen Staaten auferlegt – wie allgemeine Kooperationsbereitschaft, Achtung der Gleichheit aller Staaten und das Verbot der Einmischung in die inneren Angelegenheiten eines anderen Staates – legitimieren sich aus der Bewahrung des Weltfriedens. Besitzt ein Staat Souveränität nach innen, d.h. hat sich in der Gesellschaft eine Herrschaft institutionalisiert, die maximal von der ganzen Gesellschaft oder minimal von den Trägern des Herrschaftsapparates (des ›Staatsapparates‹) als berechtigt angesehen wird, so kann er, was Fragen der Erhaltung und Fortentwicklung der gesamten Gesellschaft angeht, für alle Mitglieder der Gesellschaft verbindliche Entscheidungen treffen. Diese Entscheidungen gelten als legitim, wenn sie gesellschaftlichen Frieden, Freiheit und Gerechtigkeit fördern.

Obwohl diese drei Grundlagen einer jeden Legitimierung staatlichen Handelns innerlich zusammengehören, konnte der Staat faktisch jederzeit Prioritäten setzen; er konnte die Herstellung des inneren Friedens als oberstes Ziel herausstellen und die Frage der Gerechtigkeit zurückstellen. Allein die faktische Möglichkeit einer Vernachlässigung der Rechtlichkeit zeigte die staatstheoretische Unentschiedenheit auf, wie der Staat sich zum Recht verhalten soll. Steht der Souverän über dem Recht oder muss er sich an das eigene Staatsrecht binden? Die Theorie des Absolutismus hat sich für die erste Option entschieden, die Theorie des Verfassungsstaates für die zweite. Absolutismus bedeutet, dass der Souverän (der Monarch) *legibus absolutus* – uneingeschränkt durch die Gesetze – herrschen soll; d.h. es wird ihm das Vorrecht eingeräumt, sowohl lange überkommenes Recht jederzeit abschaffen und durch neues Recht ersetzen zu können wie auch sich selbst von jeder Anwendung geltenden Rechts ausnehmen zu können.

Den historischen Hintergrund dieser staatsphilosophischen Konzeption bildeten die religiösen Bürgerkriege des 16. und 17. Jhs. und die Erfahrung, dass Bürgerkriege, die nicht durch den Kampf feudaler und regionaler Teilgewalten um die politische Macht, sondern durch den Kampf der Menschen um religiöse Wahrheit und fundamentale Werte ausgelöst werden, kaum zu beenden sind, es sei denn durch einen ›starken Staat‹. In der fortgesetzten Auseinandersetzung mit dem Absolutismus hat sich schrittweise der Staatstypus des demokratischen Verfassungsstaates entwickelt. Entscheidende Schritte dazu waren die Verlagerung der Souveränität – des Ursprungs der Staatsgewalt – vom Monarchen hin zum Staatsvolk (Volkssouveränität), die sachliche und personelle Trennung der Staatsfunktionen (Gewaltenteilung), die Bindung der gesetzgebenden Gewalt an die unveräußerlichen →Menschenrechte (Grundrechte), die allgemeine, unmittelbare, freie, gleiche und geheime Wahl der Volksvertretung (parlamentarische Demokratie). Eine Zusammenfassung der wesentlichen Elemente des demokratischen Verfassungsstaates findet sich in einer Entscheidung des Bundesverfassungsgerichtes, in der die »freiheitliche demokratische Grundordnung« (Art. 21 Abs. 2 GG) als eine Ordnung definiert wird, »die unter Ausschluss jeglicher Gewalt- und Willkürherrschaft eine rechtsstaatliche Herrschaftsordnung auf der Grundlage der Selbstbestimmung des Volkes nach dem Willen der jeweiligen Mehrheit und der Freiheit und Gleichheit darstellt. Zu den grundlegenden Prinzipien dieser Ordnung sind mindestens zu rechnen: die →Achtung vor dem im Grundgesetz konkretisierten Menschenrechten, vor allem vor dem Recht der Persönlichkeit auf Leben und freie Entfaltung, die Volkssouveränität, die Gewaltenteilung, die Verantwortlichkeit der Regierung, die Gesetzmäßigkeit der Verwaltung, die Unabhängigkeit der Gerichte, das Mehrparteienprinzip und die Chancengleichheit für alle politischen Parteien mit dem Recht auf verfassungsmäßige Bildung und Ausübung der Opposition« (BVerfGE 2, 1, S. 12 f.). Es ist für den Staatstypus des demokratischen Verfassungsstaates zudem kennzeichnend, dass alle seine wesentlichen Bestimmungen nicht nur als Zustands-, sondern auch als Zielbestimmungen verstanden werden können. Ebenso sehr, wie das Bestehen der Demokratie täglich verteidigt werden muss, müssen auch täglich neue Versuche unternommen werden, der Demokratie weitergehendere Möglichkeiten abzugewinnen.

Die bedeutsamen rechtsphilosophischen Konzeptionen stehen im Zusammenhang mit den großen Perioden der Geschichte der Philosophie. Die erste Konzeption ist das →Naturrecht; es hat seine Grundlagen in der antiken und mittelalterlichen →Metaphysik. →Natur bedeutet hierbei der durch eine innere Zweckmäßigkeit gebildete Zusammenhalt aller entstandenen Erscheinungen. Die Zweckmäßigkeit allen physischen →Daseins ist Ausdruck eines göttlichen Wirkens. Alles vom Menschen Geschaffene, so auch die Gesetzgebung, muss sich an dieser unerschütterlichen Ordnung – von den Stoikern auch →Naturgesetz genannt – ausrichten, wenn es Bestand haben soll. Die klassische Stelle für diese Idee des Rechts findet sich bei →Cicero: »Das wahre Gesetz ist die richtige Vernunft, die mit der Natur im Einklang steht und sich bei allen (Menschen) ausgebreitet hat, und die beständig und ewig ist. ... Dieses Gesetz aufzuheben, verstößt gegen das (göttliche) Recht; es darf auch keines seiner Teile aufgehoben werden, noch kann es (durch Beschluss) ganz abgeschafft werden; wir können uns auch nicht durch den Senat oder durch das Volk von diesem Gesetz entbinden ... Das Gesetz wird nicht anders sein in Rom, anders in Athen, anders jetzt, anders später, sondern alle Völker und alle Zeiten wird das eine immerwährende und unveränderliche Gesetz zusammenhalten; und einer wird gewissermaßen der gemeinsame Lehrer und Gebieter aller sein: Gott; er ist der Urheber dieses Gesetzes ... Wer diesem nicht gehorcht, wird vor sich selber fliehen und, indem er die Menschennatur verleugnet, dafür die schwersten Strafen erleiden« (*De re publica*, III 22, 33).

Die neuzeitliche Metaphysik nimmt eine wesentliche Änderung vor. In der neu gewonnenen Überzeugung, dass die menschliche →Vernunft tendenziell die gesamte Natur, auch die des Menschen, vollständig zu entschlüsseln vermag, entstand der Gedanke, dass der Mensch sich von den vorgegebenen Zweckmäßigkeiten der Natur frei machen kann und zu fortschrittlichen, von den Prinzipien seiner eigenen Vernunft angeleiteten Konstruktionen der Wirklichkeit zu gelangen vermag. In diesem Sinne behandelt die neuzeitliche Rechtsphilosophie die Entstehung des Rechtzustandes (des Staates) als Überwindung des empirischen →Naturzustandes; als Modell für eine solche Wirklichkeitskonstruktion fungiert der nicht als empirisch gedachte →Gesellschaftsvertrag. Obwohl für diese Deutung des Rechts weiterhin der Begriff des Naturrechts verwendet wird, wäre es besser, von Vernunftrecht zu reden.

Eine dritte Konzeption ist der Rechtspositivismus. Bestimmend für ihn ist die Beschränkung des Rechts auf das Gesetzesrecht. Jegliche überpositive Kriterien für richtiges Recht, und zwar auch da, wo diese Kriterien den Prinzipien der menschlichen Vernunft entspringen, werden von ihm abgewiesen. Ein weiteres Kennzeichen ist daher das Beharren auf der Trennung zwischen Recht und Moral, und zwar zugunsten des positiven Rechts. Leitend ist der Gedanke, dass jede Argumentation im Rechtswesen, die über die Prinzipien und die Systematik des geltenden Rechts hinausgeht, die Rechtssicherheit nicht erhöht, sondern verschlechtert, wenn nicht gar untergräbt. Der Rechtspositivismus sieht gerade in der Rechtssicherheit die Grundbedingung für →Gerechtigkeit. Diese Konzeption bleibt in den gegenwärtigen Diskussionen bestimmend, ersichtlich auch da, wo man angesichts der geschichtlichen Tatsache, dass es auch gesetzliches Unrecht geben kann, Synthesen mit den klassisch-modernen Ansätzen des Vernunftrechts versucht.

R. Dreier, Recht - Moral - Ideologie. Studien zur Rechtstheorie, Frankfurt/M. 1981
-: Recht - Staat - Vernunft. Studien zur Rechtstheorie 2, Frankfurt/M. 1991
A. Kaufmann / W. Hassemer, Einführung in Rechtsphilosophie und Rechtstheorie der Gegenwart, 6. Aufl. Heidelberg 1994
K. Seelmann, Rechtsphilosophie, München 1994
M. Kaufmann, Rechtsphilosophie, Freiburg / München 1996
M. Kriele, Einführung in die Staatslehre, Reinbek 1975
H. Hofmann, Einführung in die Rechts- und Staatsphilosophie, Darmstadt 2000

C. St.

Reduktion Von lat. ›Zurückführung‹: bezeichnet ganz allgemein die Zerlegung eines komplexen Tatbestandes in einfachere Bestandteile und damit Zurückführung auf diese Bestandteile. So versucht z. B. der logische →Empirismus alle sinnvollen →Aussagen auf Aussagen über unmittelbar Erfahrbares zurückzuführen.

Ein Naturwissenschaftler löst ein komplexes →Problem häufig dadurch, dass er sich auf die (seiner Meinung nach) wichtigsten und überschaubaren Aspekte des Problems beschränkt und dabei andere Phänomene (wie z. B. den Stand der Gestirne bei einem irdischen Problem) bewusst ignoriert, da er ihren Einfluss für vernachlässigbar oder irrelevant hält. Er konstruiert ein mathematisches →Modell und löst sein komplexes Problem innerhalb des Modells. Diese Reduktion auf wenige überschaubare Einflussfaktoren ist in der Regel die Grundvoraussetzung, um ein vielschichtiges Problem überhaupt (zumindest näherungsweise) lösen zu können.

H. W.

Reduktionismus Mindestens drei Bedeutungen dieses Begriffs müssen unterschieden werden: Der ontologische Reduktionismus geht davon aus, dass sich die ganze →Realität auf bestimmte fundamentale ontologische →Kategorien reduzieren lässt. Meist liegen hier monistische →Theorien zugrunde, z. B. die Auffassung, dass alle Phänomene grundlegend materieller Natur sind (oder dass alles, auch das scheinbar Materielle, auf Geistiges rückführbar ist). Grundsätzlich ist es aber nicht notwendig, dass ein ontologischer Reduktionismus nur eine Kategorie als grundlegend annehmen muss, es kann auch von einer Menge von Kategorien ausgegangen werden, solange angenommen wird, dass sich alle anderen Kategorien dann auf Kategorien in dieser Menge reduzieren lassen.

Methodologischen Reduktionismus nennt man die Ansicht, dass eine wissenschaftliche Theorie umso besser ist, je kleiner die Einheiten sind, mit Hilfe derer erklärt wird. Das beste Beispiel hierfür ist vermutlich die Zurückführung des Gens als Träger der Erbanlagen auf die DNS, die einen wesentlich weiteren theoretischen Horizont eröffnet als eine genetische Theorie, die Gene als unanalysierte Einheiten betrachtet. Allerdings ist der methodologische Reduktionismus in vieler Hinsicht fragwürdig. So erscheint es z. B. einsichtig, das Verhalten der internationalen Finanzmärkte durch die Psychologie der beteiligten Handelnden zu erklären, jedoch wenig aussichtsreich, für das Ganze eine Erklärung auf Molekülebene oder niedriger anzustreben. Man mache sich nur klar, welche Schwierigkeiten allein die Definition von ›Zahlungsmittel‹ in rein physikalischen Begriffen darstellt, da unter bestimmten Umständen prinzipiell jede Materie sich als ›Trägermaterial‹ für die Zahlungsmittelfunktion verwenden lässt.

Der theoretische Reduktionismus betrifft das Verhältnis zwischen älteren und neueren Theorien eines Fachgebiets, z. B. der newtonschen und der einsteinschen Physik. Die Frage ist hierbei, inwiefern sich die ältere Theorie auf die neuere zurückführen, also z. B. als Spezialfall dieser darstellen lässt und insofern von einer Kontinuität von Theorien ausgegangen werden kann. Diese Auffassung wurde von Kuhn kritisiert, der anführte, dass die Termini von Theorien, die innerhalb verschiedener →Paradigmen entwickelt wurden, inkommensurabel seien und daher nicht miteinander in Beziehung gebracht werden könnten. Er geht deshalb davon aus, dass sich die Entwicklung der →Wissenschaft nicht als eine Kontinuität von Theorien darstellt. Vielmehr werden alte Theorien verworfen und neue Paradigmen – und damit neue Theorien – an ihre Stelle gesetzt.

J.W.

Reflexion Von lat. *reflectere,* ›rückwärtsbeugen‹. Im Sinne von Rück- bzw. Selbstbezüglichkeit. Reflexion wurde erst in der →Neuzeit (A) zu einem philosophischen →Begriff und meinte zunächst die innere Wahrnehmung im Gegensatz zur äußeren Wahrnehmung, den *sensations* (→Locke). Bei →Kant ist der Reflexionsbegriff innerhalb seiner →Transzendentalphilosophie von großer Bedeutung. »Die Überlegung (*reflexio*) hat es nicht mit den Gegenständen selbst zu tun, um geradezu von ihnen Begriffe zu bekommen, sondern ist der Zustand des Gemüts, in welchem wir uns zuerst dazu anschicken, um die subjektiven Bedingungen ausfindig zu machen, unter denen wir zu Begriffen gelangen können.« Die Reflexion hat demnach die Aufgabe, die Bedingungen der Möglichkeit von →Erfahrung und →Erkenntnis herauszufinden. Damit grenzt sich Kant einerseits gegen →Leibniz ab, dem er vorwirft, fälschlicherweise versucht zu haben, alle Dinge durch empirische Verstandesbegriffe zu erfassen, ohne zu beachten, dass die Dinge durch die Form der sinnlichen Anschauung bedingt sind, sodass sie niemals allein durch begriffliche Vergleiche erfasst werden können. Bei Kant ist die Reflexion also die transzendentale Überlegung, die berücksichtigt, dass bei der Erkenntnis der Dinge beachtet werden muss, dass sie uns doppelt gegeben sind. Nämlich einerseits durch unsere →Sinnlichkeit (die Affektionen innerhalb der Vorstellungsformen →Raum und →Zeit: die Dinge als Phainomena der Sinnlichkeit) und andererseits durch die vom →Verstand spontan gebildeten apriorischen Begriffe, die →Kategorien (die Dinge als Noumena für den Verstand). Genau diese Unterscheidung habe Leibniz nicht gemacht und sei deshalb der ›transzendentalen →Amphibolie‹ erlegen. Er habe also die reinen Verstandesobjekte mit der →Erscheinung verwechselt. Umgekehrt zu Leibniz habe →Locke den Fehler gemacht, aus der Anschauung heraus allgemeine Verstandesbegriffe zu entwickeln. Sollen die Dinge aber tatsächlich erkannt werden, dann müsse zuvörderst klar sein, für welche Erkenntniskräfte sie zum Gegenstand werden sollen, für die Sinnlichkeit oder den Verstand. Kants Lösung lautet dann, dass die Erkenntnis der →Dinge an sich dem Menschen prinzipiell nicht möglich ist, sondern dass er nur die Welt der Erscheinung erfassen kann.

W.R.

Reflexivität →Reflexion

Regel Lat. *regula*, griech. *kanon*: ursprünglich Richtmaß / Richtschnur, bereits im römischen Recht im Sinne von Handlungsvorschriften gebrauchter und häufig synonym mit →Norm verwendeter Begriff. Eine Regel ist ein Satz, der entweder die Gleichförmigkeit eines Sachverhaltes als Tatsache (theoretische Regel) oder eines Verhaltens als Forderung (praktische Regel, z.B. Verhaltens- und Handlungsanweisungen, Verfahrensvorschriften) ausdrückt. Was einer Regel gehorcht, wird regelmäßig genannt. Im Gegensatz zu einem →Gesetz, das immer und überall gilt, hat eine Regel – wenngleich universelle – →Geltung nur für die →Handlungen eines Typs, der durch genau definierte Umstände und Situationen gekennzeichnet ist, die ihrerseits Voraussetzung der Anwendung und Bedingung der Geltung einer Regel sind. Ist eine Situation von zusätzlichen Faktoren bestimmt, kann dies eine Ausnahme von der Regel rechtfertigen, weil diese nicht mehr greift. Der funktionale Wert von Regeln liegt in der Entlastung von ständiger Improvisation, in der Vorhersehbarkeit, Gleichförmigkeit, Dauerhaftigkeit, Effektivität und sozialen, konfliktreduzierenden Konformität von Handlungen und Verhaltensweisen.

In der neueren Handlungstheorie werden im Ausgang von →Rawls (1955) unter dem Gesichtspunkt des regelgeleiteten Handelns konstitutive und regulative Regeln unterschieden. Erstere gehören zur Konstitution einer Handlung, die als solche per definitionem nur zustande kommt, wenn sie Regeln im Sinne ihrer handlungskonstituierenden Bedingungen gehorcht. So kommt die Handlung ›Mord‹ etwa im Unterschied zur Tötung nur dann zustande, wenn der Handelnde die Tötung beabsichtigt. Oder: Wer nicht nach den Regeln spielt, die für das Schachspiel konstitutiv sind, spielt eben kein Schach. Regulative Regeln dagegen, deren explizite Form bestimmte Gebote, Verbote oder Erlaubnisse sind, schreiben für festgelegte Situationen und Umstände ein bestimmtes Handeln oder Verhalten vor, das ausgeführt oder unterlassen werden soll. Sie bilden gleichzeitig das Kriterium für die (Un-)Richtigkeit, Begründung und Rechtfertigung jener Handlungen, die sie verbindlich vorschreiben oder verbieten. In Absetzung von Handlungsregeln im engeren Sinn schreiben teleologische Regeln situationsrelativ die Herstellung oder Bewahrung einer Situation als Zweck des Handelns vor, ohne dadurch bereits im Einzelnen festzulegen, welche konkreten Handlungen bei der Verfolgung dieses Zweckes zu tun oder zu unterlassen sind (vgl. die Regeln der Klugheit und der Geschicklichkeit in der →Ethik →Kants).

Mit Blick auf ihr Zustandekommen und den →Grund ihrer Geltung bzw. Befolgung lassen sich mit Steinvorth drei Arten von Regeln unterscheiden: 1. Konventionelle Regeln (z.B. Verkehrs- und Vereinsregeln, Straf- und Zivilgesetze, manche Spielregeln, Herstellungs- und Verfahrensregeln, institutionelle Regeln) gelten aufgrund einer historisch fixierbaren, mithin kontingenten Übereinkunft oder Setzung. Sie werden bei Nichtbefolgung aufgezwungen und sind jederzeit durch andere konventionelle Regeln ersetzbar. 2. Erfahrungsregeln (z.B. Wetter- und Bauernregeln, Daumenregeln, Rechenregeln, Navigationsregeln etc.) werden, unabhängig davon, ob andere ihnen folgen, deswegen befolgt, weil sie - wie die Erfahrung gezeigt hat - unter gewöhnlichen Umständen den Sachen am besten angemessen sind bzw. weil ihre Befolgung Erfolg erwarten lässt. 3. Naturwüchsige, soziale oder nichtkonventionelle Regeln (z.B. Regeln des sozialen Verhaltens und moralische Regeln, insbesondere Sprachregeln, viele Spielregeln) sind als implizite Regeln weder bewusst konstruiert noch sind sie Produkt einer naturkausalen →Notwendigkeit, sondern sie beruhen auf durch gemeinsames Funktionieren und wechselseitige Erwartungen eingebürgerten Verhaltenskoordinationsgewohnheiten. Ihre Befolgung ist vielfach Voraussetzung für die Befolgung der anderen Regeln, sodass sie Bedingung der Möglichkeit sind, konventionelle und Erfahrungsregeln überhaupt treffen zu können. Als explizite Regeln werden sie erst im Nachhinein aufgestellt und begründet. Dies gilt insbesondere für die →Sprache, die seit →Wittgenstein als regelfolgendes Handeln aufgefasst wird, das konstituiert wird durch Normalitätsbedingungen (Searle) oder Implikaturen (Grice). Die Grammatik als normatives Regelsystem normiert dabei nur sekundär das tatsächliche Sprechen, das sich primär am Wandel der Verhaltensgewohnheiten orientiert und das durch Teilnahme am Sprachgebrauch erlernt wird.

In der →Logik spielen Regeln im Kontext logischen Schließens (Schlussregeln, →Syllogismus) und als Herstellungsregeln (im Sinne konstitutiver Regeln) v.a. bei der Produktion oder Konstruktion von Formen und Figuren eine wichtige Rolle, wobei diskutiert wird, ob logische Geltung auf begründeten Regeln (wie das die Regellogik unterstellt) oder evidenten Prinzipien (Sätzen) beruht.

B. Gert, Die moralischen Regeln, Frankfurt/M. 1983
F. Kambartel / Th. Jantschek, Art. Regel, in: Enzyklopädie Philosophie und Wissenschaftstheorie, hg. v. J. Mittelstraß, Bd. 3, Stuttgart / Weimar 1995, S. 530-532
B. Kible / A. G. Conte, Art. Regel, in: Historisches Wörterbuch der Philosophie, hg. v. J. Ritter und K. Gründer, Bd. 8, Basel 1992, Sp. 427-450
J. Rawls, Two Concepts of Rules, in: Philosophical Review 64 (1955), S. 3-32 [dt.: Zwei Regelbegriffe, in: O. Höffe (Hg.), Einführung in die utilitaristische Ethik. Klassische und zeitgenössische Texte, 2. Aufl. Tübingen 1992, S. 135-166]
J. Searle, Speech Acts. An Essay in the Philosophy of Language, Cambridge 1969 (dt.: Sprechakte. Ein sprachphilosophischer Essay, 2. Aufl. Frankfurt/M. 1983)
L. Wittgenstein, Philosophische Untersuchung, Frankfurt/M. 1971
U. Steinvorth, Regel, in: Handbuch philosophischer Grundbegriffe, Bd. 4, München 1973, S. 1212-1220

A. W.

Regress Die Zurückverfolgung einer Bedingungsreihe bis zu ihrem Ursprung, →*Regressus ad infinitum.*

W. R.

Regressiv Bezeichnung für eine bestimmte Art des Gedankenganges: Wird in irgendeinem Zusammenhang die Denkbewegung eines *regressus* vollzogen (*per regressum*), so kann diese Denkbewegung als regressiv bezeichnet werden. In der traditionellen →Logik ist jeder begriffliche Übergang von einem Bedingten zu seiner Bedingung regressiv. Wichtig ist, dass regressive Verfahren nicht deduktiv, sondern induktiv; nicht synthetisch, sondern analytisch sind; vom Empirischen zum nicht Empirischen gehen und daher an sich keine Beweiskraft haben. Spezialbedeutungen gibt es in Geografie, Psychologie und Statistik.

T.Z.

Regressus ad infinitum Auch *regressus in infinitum*: der endlose Rückgang in einer unendlichen Reihe. Gedacht ist im Allgemeinen an Definitions- oder Folgerungsschritte in einer linearen Reihe von ->Begriffen bzw. von ->Aussagen, in der jeder Begriff bzw. jede Aussage durch andere aus derselben Reihe definiert oder begründet ist. Dementsprechend unterscheidet man zwischen einem Definitionsregress und einem Begründungsregress. Da ein solcher Rückgang mit unendlich vielen Schritten praktisch nicht ausführbar ist, kann in dem Nachweis, dass ein Definitions- bzw. Begründungsversuch in einen *regressus ad infinitum* führt, ein schlagendes Argument gegen entsprechende Definitions- bzw. Begründungsversuche gesehen werden.

Auch der Nachweis, dass ->Theorien über bestimmte Zuschreibungen in einen Regress führen, wird oft als schlagendes Argument gegen solche Theorien angesehen. Beispielsweise kritisiert Ryle so die ›intellektualistische‹ Handlungsauffassung: Danach ist etwas genau dann eine ->Handlung, wenn ihr ein Akt der Planung vorausgeht. Diese Handlungsauffassung führt aber in einen infiniten Regress. Die Planung selber ist Ryle zufolge schließlich auch eine Handlung. D.h. aber, dass auch ihr ein Akt der Planung vorausgehen muss. Aber was ist dann mit diesem Akt der Planung? Da er (aus genau denselben Gründen wie der erste) eine Handlung ist, geht ihm wiederum ein Akt der Planung voraus. Wären Handlungen also so bestimmt, wie die intellektualistische Auffassung es vorschlägt, könnte niemand jemals eine Handlung durchführen, da mit jeder Handlung eine infinite Kette von Planungshandlungen verbunden wären.

Solch ein *regressus ad infinitum* ist aber nicht immer auch vitiös (fehlerhaft). Zunächst lässt sich sagen, dass ein infiniter Regress genau dann nicht logisch vitiös ist, wenn es eine äquivalente Reformulierung der entsprechenden These gibt, in der kein infiniter Regress auftritt. Außerdem lässt sich, versteht man den *regressus ad infinitum* als unendliche Sequenz, ein entsprechender Begriff der Konvergenz einer solchen Sequenz definieren. Ein *regressus ad infinitum* wäre dann harmlos oder vitiös, je nachdem ob die Sequenz konvergiert oder divergiert. So ist, angewendet auf das Beispiel von Ryle, der *regressus ad infinitum* harmlos, wenn es eine logische Ebene gibt, d.h. eine solche Planungshandlung derart, dass die Entscheidung, die auf dieser Ebene von einem gegebenen Prinzip vorgeschlagen wird, mit der Entscheidung zusammenfällt, die vom selben Prinzip auf allen darauffolgenden Ebenen des Regresses vorgeschlagen wird.

P. Mongin, Does Optimization Imply Rationality?, In: Synthese 124 (2000), S. 73–111

G. Ryle, The Concept of Mind, London 1949

B. Lipman, How to Decide How to Decide How to …: Modelling Limited Rationality, In: Econometrica 59 (1991), S. 1105–1125

D.C.

Regulativa Von lat. *regula,* ›Maßstab, Regel‹: ->Kant unterscheidet zwischen den ->Begriffen und den ->Ideen. Die Begriffe ->konstituieren die erscheinende Welt, d.h. sie machen die Welt gemäß den menschlichen Vorstellungsformen ->Raum und ->Zeit und den vier ->Kategorien (->Quantität, ->Qualität, ->Relation und ->Modalität) zu der, wie sie der ->Mensch nur wahrnehmen kann. Insofern beziehen sich die Begriffe auf Objekte der ->Erfahrung. Den Ideen hingegen entsprechen keine Objekte der Erfahrung, vielmehr geben sie auf der einen Seite die Regeln an, gemäß der sich das Handeln des Menschen ausrichten soll und die als ->Postulate der praktischen Vernunft (nämlich ->Gott, ->Freiheit und Unsterblichkeit) die Möglichkeit der Erfahrung übersteigen. Als solche sind sie Regulativa des praktischen Handelns. Auf der anderen Seite geben sie, als ›kosmologische Ideen‹, die Regel an, die Reihe der Erfahrungen bis auf ein schlechthin Unbedingtes, Erstes oder Letztes immer weiter fortzusetzen. Vier kosmologische Ideen setzt Kant an: 1. Die absolute Vollständigkeit der Zusammensetzung des gegebenen Ganzen aller Erscheinungen, 2. die absolute Vollständigkeit der Teilung eines gegebenen Ganzen in der →Erscheinung, 3. die absolute Vollständigkeit der Entstehung einer Erscheinung und 4. die absolute Vollständigkeit der Abhängigkeit des →Daseins des Veränderlichen in der Erscheinung. Beim Versuch, diese Ideen auf ihre Stichhaltigkeit zu prüfen, gerät die →Vernunft mit sich selbst in einen unauflöslichen →Widerspruch (die →Antinomien der reinen Vernunft). So ergibt sich bei der Diskussion der ersten kosmologischen Idee die These, dass die Welt einen zeitlichen Anfang hat und räumlich endlich ist, und die Gegenthese, dass die Welt keinen zeitlichen Anfang hat und räumlich unendlich ist. Für beide Thesen lassen sich Vernunftgründe anführen, doch kann argumentativ nicht entschieden werden, welche der beiden Thesen die richtige ist.

W.R.

Relation →Kategorien

Relativismus Erkenntnistheoretischer Standpunkt, demzufolge Aussagen, Theorien etc. nicht unbedingt (→absolut), sondern nur in Beziehung zu etwas anderem →Gültigkeit beanspruchen können. So kann im Bereich der Epistemologie die unbedingte (universelle) →Geltung von Erkenntnisurteilen oder in der →Ethik diejenige von moralischen →Normen und →Werten bezweifelt werden; als relativistischer Bezugsrahmen kommen dabei die →Sprache, die →Kultur, aber auch subjektive und situative Gegebenheiten in Frage (Begründung, Geltung, Konventionalität, Universalität; →Nihilismus, →Skeptizismus).

Dem →Homo-mensura-Satz des Protagoras zufolge ist alles menschliche →Wissen relativ zum →Menschen und seiner Erkenntnisfähigkeit und deshalb niemals ein Wissen von den Dingen selbst. →Kant zog daraus den Schluss, dass sich der Erkenntnisakt nur auf die erscheinende →Wirklichkeit beziehen könne, niemals aber auf die ›Welt an sich‹, die damit unerkennbar bleibt. →Nietzsche radikalisierte diesen Gedanken in seiner Perspektivismus-Lehre, wonach das Erkennen vom jeweiligen Interesse des Erkennenden abhängt (→Wille zur Macht).

Relativismus wird bisweilen auch in der Bedeutung von Relationismus verwendet und bezeichnet dann den erkenntnistheoretischen Standpunkt, nach dem nur die Beziehungen in und zwischen den Dingen, nicht aber diese selbst erkennbar sind (→Cassirer u.a.).

J.B. / G.S.

Religion →Religionsphilosophie

Religionsphilosophie Als Versuch einer argumentativen Auseinandersetzung mit theologischen Fragestellungen und religiösen Glaubensinhalten hat sie sich wiederholt den Vorwurf der Unseriosität und Unsachgemäßheit gefallen lassen müssen. Der Offenbarungscharakter der Religion und der Vernunftanspruch der Philosophie scheinen einander auszuschließen. Kein Geringerer als →Kierkegaard hat dieses Dilemma in Bezug auf das Christentum in unnachahmlicher Weise auf den Punkt gebracht, indem er das Dogma von der Menschwerdung →Gottes als ein »absolutes Paradox« bezeichnete, vor dem die Sätze der →Logik und damit alle philosophischen Spekulationen versagen.

Wenn dennoch sowohl die metaphysische als auch die nachmetaphysische Philosophie immer wieder auf letzte und damit zweifellos auch auf religiöse Fragen zu sprechen kommen, dann geschieht dies wohl deshalb, weil jede Bemühung des →Denkens immer schon die Erforschung der letzten Bedingtheit ihres eigenen Möglichwerdens einschließt, sodass die Suche des denkenden →Menschen nach einem Halt für seine ungesicherte welthafte Existenz das ›Erdenken‹ und kritische Bedenken von Gottesbegriffen geradezu zwangsläufig erscheinen lässt.

Wenn man das Philosophieren als →Methode begreift, das jeweilige Lebensgefühl einer Epoche »auf Begriffe zu bringen« (→Hegel), dann kann es nicht verwundern, dass die Religionsphilosophie seit der Zeit der griechischen Aufklärung (→Sophisten) verschiedene Formen angenommen hat, in denen sich mögliche menschliche Grundhaltungen zu religiösen Glaubenssystemen spiegeln. Es ergibt deshalb aber auch keinen Sinn, mit K. Albert und Schüßler nur die seit dem späten 18. Jh. (Schleiermacher) entwickelte apologetische philosophische Betrachtung der Religion als Verhältnis des Menschen zu einer als heilig empfundenen Macht als religionsphilosophisches Denken zuzulassen und die Versuche zur Begründung einer philosophischen Vernunftreligion ebenso vom ›eigentlichen‹ religionsphilosophischen Diskurs auszuschließen wie alle Formen der Religionskritik. Die mit Stichworten wie →Scholastik, →Idealismus, →Materialismus, →Aufklärung, Romantik oder →Positivismus verbundenen typischen Profile religionsphilosophischer Theoriebildung sind zwar historisch vermittelt und mögen dem kritischen Betrachter zum Teil als vergangen erscheinen, sie begegnen aber nach wie vor im Denken von Individuen, aus deren →Bewusstsein auch die radikalste Religionskritik und die überschwänglichste positivistische Fortschrittsideologie religiöse Grundbedürfnisse nicht dauerhaft hat vertreiben können.

Geht man von der jeweils vorherrschenden Denkmethode aus, so lassen sich fünf Haupttypen von Religionsphilosophie unterscheiden: 1. die spekulative Religionsphilosophie, 2. die kritische Religionsphilosophie, 3. die sprachanalytische Religionsphilosophie, 4. die phänomenologische Religionsphilosophie und 5. die funktionale Religionsphilosophie.

1. Die spekulative Religionsphilosophie von der griechischen Antike über die Scholastik bis hin zum →deutschen Idealismus (A) löst religiöse Gedanken in metaphysische Spekulationen auf, die den absoluten Anfang und letzten Grund allen →Seins zu erfassen suchen. Bereits →Platon eröffnet mit seiner Zwei-Welten-Lehre jene Denkbahn, die nicht nur die als unbeständig, bedingt und beirrend erlebte Sinnenwelt auf die Bestand gebenden, erfahrungsunabhängigen →Ideen hin übersteigt, sondern in einem zweiten, gleichsam theologischen Transzensus auf die Idee des →Guten als den Ursprung und die Quelle aller Ideen verweist. Der so gefundene »Gott der Philosophen« (Weischedel) repräsentiert in allen seinen Eigenschaften das genaue Gegenteil des Menschen: Er ist unendlich, unbeschränkt, gleich bleibend und unbedingt.

Die dem Zwang der deduzierenden →Vernunft folgenden →Gottesbeweis in der Nachfolge des →Aristoteles und des →Thomas von Aquin machen offenkundig, dass der auf spekulativem Wege ›entdeckte‹ Gott nicht der geoffenbarte Gott der Christen oder der Mohammedaner ist, sondern ein notwendiger Gedanke am Ende einer logisch aufgebauten Kette von Überlegungen, die auf das Erste, Vollkommenste und Größte zielen, dem sich die gesetzhafte Bewegung des gesamten Weltalls verdankt, auf den ›ersten unbewegten Beweger‹ des →Kosmos. Die Schlüsse zum Beweis der Existenz Gottes, die innerhalb der natürlichen Theologie angestellt worden sind, haben drei Formen angenommen, die man seit →Kant als ontologischen, kosmologischen und physiko-theologischen (von der Beschaffenheit der Dinge in der Welt ausgehenden) Gottesbeweis bezeichnet. Die theologische Logik Hegels treibt das metaphysisch-spekulative Konzept schließlich auf die Spitze, indem sie Gott als »absolutes Wissen« denkt, in dem →Wirklichkeit und Vernunft, →Endlichkeit und Unendlichkeit begrifflich miteinander vermittelt und versöhnt sind.

2. Die Krise der spekulativen Religionsphilosophie beginnt bereits vor Hegel mit Kants Transformation der rationalen Theologie in Moraltheologie. In seiner 1781 veröffentlichten *Kritik der reinen Vernunft* liefert Kant im Zusammenhang mit der Bestimmung von Möglichkeiten und Grenzen der menschlich-endlichen theoretischen Vernunft den Nachweis, dass ein bloßes Durchdenken des Gottesbegriffs keine →Gewissheit über die tatsächliche Existenz Gottes geben kann. An die Stelle von Gottesbeweisen tritt somit die Frage nach der →Bedeutung der Religion im System der Funktionen des menschlichen Bewusstseins. Der von Kant postulierte →Glaube der praktischen Vernunft an Gott als eine für den Ausgleich zwischen dem moralischen Streben des Menschen und der Unzulänglichkeit seiner →Natur »nützliche Idee« (*Kritik der reinen Vernunft, A 601)* wird hinsichtlich seiner →Notwendigkeit und →Zweckmäßigkeit seit der zweiten Hälfte des 19. Jhs. grundsätzlich in →Zweifel gezogen. Die kritische Religionsphilosophie dieser Zeit greift damit ein Motiv auf, das schon in der skeptischen Denkweise der Sophisten, etwa bei Kritias, begegnet.

Die bereits von Kant geänderte, nicht mehr dem Ursprung des Seienden geltende Fragerichtung wird ein weiteres Mal dadurch radikalisiert, dass die Situation des Menschen in den Blick gerät, der es nötig hat, Gottesbilder zu entwerfen. Die Gründe für ein solches Verhalten werden politisch, ökonomisch, psychologisch oder neurologisch genauer bestimmt. Ausgehend von Feuerbachs anthropologischer Grundthese, dass alle Gott zugedachten Prädikate in Wahrheit Bestimmungen des idealen Menschen sind, sehen die ideologiekritisch verfahrenden Religionsphilosophen in religiösen Verhaltensweisen Selbstbetäubungsstrategien unglücklicher Individuen am Werk, die der ökonomischen Misere entfremdeter →Arbeit (→Marx), psychischer Überforderung (Freud) oder Gehörshalluzinationen (J. Jaynes, *Der Ursprung des Bewusstseins durch den Zusammenbruch der bikameralen Psyche*, 1988) durch illusionäre Projektionen zu entkommen suchen, anstatt die Notwendigkeit von Religion durch eine politisch-ökonomische bzw. durch eine psychische Emanzipation zu beseitigen.

3. Die analytische Religionsphilosophie vollzieht eine sprachphilosophische Transformation der von den Religionskritikern begonnenen Untersuchung des religiösen menschlichen Bewusstseins und konzentriert sich auf die Analyse spezifischer Merkmale der religiösen →Sprache. Sie nimmt dabei die ursprünglich vorhandenen ideologiekritischen Intentionen schrittweise zurück. Die von ihr gestellte Frage nach den Regeln des religiösen Sprachgebrauchs bleibt nämlich bei der vom Neupositivismus Russells und →Carnaps beeinflussten Behauptung der logischen Sinnlosigkeit religiöser Rede nicht stehen, sondern löst sich zunehmend, vor allem im angelsächsischen Raum, von der ausschließlichen Orientierung am Erkenntnisparadigma der empirischen Wissenschaften. Fortan stellt sie sich eine neue Aufgabe: die Aufdeckung eigenständiger Kriterien für die Beurteilung religiöser →Sprachspiele (→Wittgenstein). Die in ihnen anzutreffende eigentümliche Art der Verflechtung von kognitiven, expressiven, interpretativen, performativen und moralischen Sprachfunktionen macht sie als Ausdrucksformen einer interessierten subjektiven Glaubenssetzung erkennbar und emotiv verstehbar (vgl. Mackie und Swinburne).

4. In dem Bestreben, die nicht wissenschaftlichen Denk- und Erfahrungsformen der Religion im Hinblick auf ihre besondere Erkenntnisleistung und ihren Wert für den Einzelnen und für die →Gesellschaft zu untersuchen, stimmt die zeitgenössische →analytische Philosophie mit den an →Husserl anknüpfenden Versuchen einer phänomenologischen Religionsphilosophie überein, wie sie von Otto, Scheler und Hessen in der ersten Hälfte des 20. Jhs. unternommen worden sind. Gemäß ihrer methodischen →Maxime, von dem im Bewusstsein Gegebenen auszugehen, ignorieren sie freilich gerade die sprachliche Vermitteltheit religiöser Erfahrung und zeigen sich darum bemüht, sie als unmittelbar zugängliche Bewusstseinstatsache auszuweisen. Die einschlägigen Arbeiten Schelers wenden sich ausdrücklich gegen alle identitätsphilosophischen Ansätze und betonen stattdessen sowohl die Verschiedenheit von Religion und →Metaphysik als auch die Notwendigkeit eines erweiterten, nicht nur auf die Sinneswahrnehmungen eingeschränkten Erfahrungsbegriffs, um so die ›Ursprünglichkeit‹ des religiösen Bewusstseins hervorheben zu können. Religiöse Verhaltensweisen wie die Ausrichtung von Gedanken und →Gefühlen auf das Jenseits, die Ehrfurcht vor dem Heiligen in seiner gleichzeitig Schrecken erregenden und beglückenden Herrlichkeit oder der Glaube an eine natürliche Selbstoffenbarung des Göttlichen werden als unableitbare Bewusstseinsakte begriffen, die Eigenevidenz besitzen, und so beschrieben, als handele es sich um Ausdrucksformen eines unveränderlichen menschlichen Grundbedürfnisses, das dem Zugriff soziologischer und psychologischer Aufklärung entzogen ist.

5. Von dieser Annahme gehen unter dem Eindruck der wider Erwarten bisher nur unvollständig eingelösten Säkularisierungsprognose auch Vertreter einer funktionalen Religionsphilosophie wie Luhmann oder Lübbe aus. Sie interessieren sich allerdings nicht mehr für die von den Phänomenologen betonte Eigengesetzlichkeit der religiösen Wertsphäre, sondern interpretieren die religiösen Deutungssysteme wertneutral auf gesamtgesellschaftlicher bzw. personaler Ebene als unverzichtbare Mechanismen der Enttäuschungsverarbeitung, die der für wünschenswert gehaltenen Stabilisierung der Gesellschaft dienen. In den letztlich beliebigen religiösen (Rest-)Beständen, die im öffentlichen Leben der Gesellschaft zu beobachten sind, sieht Lübbe Elemente einer ›Zivilreligion‹, deren Inhalte sich der Wahrheitsfrage entziehen, weil ihre →Bedeutung darin liegt, dass sie die Errungenschaften der modernen Industriegesellschaften sichern helfen. Da diese →These offenbar das Ende geschichtlicher Entwicklungsnotwendigkeiten

unterstellt, kehrt in ihr in neuer Gestalt das am Bleibenden orientierte metaphysische Denken wieder. Der Argumentationsgang lautet etwa so: Der Mensch braucht ungeachtet aller Emanzipationsversuche die Religion, weil angesichts der existenziellen Erfahrungen von Unzulänglichkeit und Tod keine historische Situation denkbar ist, in der er sich - wenn er ehrlich mit sich selbst umgeht - nicht prinzipiell als abhängig und hilflos erfährt. Woran der Mensch in den Momenten schonungsloser Selbsterfahrung glaubt, ist nach Lübbe weniger wichtig als der Umstand, dass er überhaupt an etwas glaubt. Mit dieser Überlegung wird die Seinsmetaphysik, in deren Bannkreis die Religionsphilosophie begann, in eine Funktionsmetaphysik umgewandelt, der die vernunftkritische Einsicht in die Möglichkeit falschen Bewusstseins abhanden gekommen ist. Dass Religion auch zur Legitimation nicht notwendiger Abhängigkeiten missbraucht werden kann, gerät im Umfeld solchen Denkens allzu schnell in Vergessenheit.

K. Albert, Philosophie der Religion, Sankt Augustin 1991
J. Hessen, Religionsphilosophie, 2 Bde, Essen 1948
J. L. Mackie, Das Wunder des Theismus, Stuttgart 1985
W. Schüßler (Hg.), Religionsphilosophie, Freiburg 2000
R. Swinburne, Die Existenz Gottes, Stuttgart 1987
W. Weischedel, Der Gott der Philosophen. Grundlegung einer philosophischen Theologie im Zeitalter des Nihilismus. 2 Bde., München 1979
W. Vögele, Zivilreligion in der Bundesrepublik Deutschland, Gütersloh 1994

H. P.

Religiöses Stadium In →Kierkegaards Existenz- und Religionsphilosophie (v. a. *Krankheit zum Tode,* 1849) nach dem ästhetischen (sinnlichen) und dem ethischen (sittlichen) Stadium die dritte Stufe der Realisation des existenziellen Selbstverhältnisses des →Menschen, dessen →Existenz kein fertiges, unveränderliches →Sein, sondern →Werden und Prozess ist. Während der Mensch auf der untersten Stufe unmittelbar ist, was er ist, nämlich ein sinnliches, auf Genuss hin orientiertes Wesen (ästhetisches Stadium), ohne sich wirklich zur →Welt, zu den Menschen, zu sich selbst und zu →Gott zu verhalten, er mithin nur uneigentlich, der →Möglichkeit nach, aber noch nicht real existiert, ist erst das ethische Stadium eine Stufe wirklichen Existierens, auf der der Mensch sich von sich selbst und dem sein Selbstverständnis bestimmenden →Prinzip des Genusses distanziert, dadurch frei wird und sich aus →Freiheit und um der Freiheit willen an die Kategorien →Gut und →Böse bindet. Indem er diese von nun an als unbedingten Maßstab für die Beurteilung seines Handelns anerkennt, wird er zur sittlichen →Person, die potenziell am Ewigen teilhat. Indem der Mensch sich dabei auf sich selbst besinnt, ist seine Selbsterkenntnis Gotteserkenntnis, sodass ethisches Existieren im Streben gipfelt, wie Gott zu werden. Seine höchste →Vollkommenheit jedoch erreicht der Mensch erst auf der dritten Stufe in der christlichen (religiösen) Existenz (religiöses Stadium), die alle drei Stufen unüberbietbar in sich vereinigt und die freie Entscheidung voraussetzt, Christ zu werden. Während jedoch ethisches Existieren eine dem Menschen prinzipiell verfügbare Möglichkeit seines Seinkönnens ist, die er aufgrund seiner Freiheit aus eigener Kraft wählend zu aktualisieren vermag, hat die christliche Existenz die Bedingung ihrer Möglichkeit außerhalb der Seinsmöglichkeiten des Menschen. Denn durch die Offenbarung erfährt der Mensch, dass er als Sünder durch eigene Schuld des Ewigen verlustig gegangen ist und mit der Negation des Ewigen die Bedingungen seiner Freiheit aufgehoben hat. Um wieder in ein Verhältnis zu Gott zu treten und die verlorene Freiheit zurückzugewinnen, muss die Sünde vom Einzelnen als seine eigene Tat anerkannt und bereut werden. Die Reue als ein Akt der Selbstdemütigung und Selbsterniedrigung wiederholt das Leiden des menschgewordenen Gottes (Inkarnation), der mit und durch Christus das Angebot eines neuen Ewigkeitsverhältnisses macht, durch das der Mensch seine Freiheit und damit ein Sein als →Subjekt (seine →Subjektivität) neu begründet. Indem der Glaubende mit Christus ›gleichzeitig‹ wird, gewinnt er seine ›ewige Seligkeit‹ - nicht als jenseitigen Lohn, sondern als den sinnstiftenden und sinnerfüllenden Grund seines Lebens.

J. Disse, Kierkegaards Phänomenologie der Freiheitserfahrung, Freiburg/Br. 1992
G. Figal, Die Freiheit der Verzweiflung und die Freiheit im Glauben, in: Kierkegaardiana XIII, Kopenhagen 1984, S. 11-24

J. Sløk, Die Anthropologie Sören Kierkegaards, Kopenhagen 1954
H. Vetter, Stadien der Existenz. Eine Untersuchung zum Existenzbegriff Sören Kierkegaards, Wien 1979

A. W.

Renaissance →A Renaissance - Humanismus

Res cogitans Lat. ›die denkende Sache, die denkende →Substanz‹. →Descartes setzte sich die Aufgabe, der →Neuzeit (A) ein neues, unbezweifelbares Fundament in den →Wissenschaften zu geben. Dazu suchte er einen ›archimedischen Punkt‹, von dem aus er die Wissenschaften aufbauen könnte. Um diesen Punkt (das *fundamentum inconcussum*) zu finden, wollte er alle vorhandenen Wahrheitsbehauptungen auf ihre Tragfähigkeit prüfen. Da dies ein viel zu aufwendiges Unternehmen gewesen wäre, beschloss er, nur die Quellen aller Wahrheitsbehauptungen zu überprüfen, nämlich die Überlieferung, die →Erfahrung und die →Rationalität, die →Vernunft. Im →Zweifel an der Gültigkeit der →Tradition stellte er fest, dass deren Geltungsansprüche nicht haltbar sind. Dies gilt auch für den Zweifel an der →Empirie, denn die Sinnesdaten sind keine zuverlässige Wahrheitsquelle. Und selbst die Rationalität hält dem Zweifel nicht stand. Denn im ›metaphysischen Zweifel‹ zeigt sich, dass es ja möglich sein kann, dass der Denkende in seinem Denken von Gott getäuscht wird. Dazu musste Descartes hypothetisch einen *genius malignus* annehmen, also einen betrügerischen Gott. Damit war die Unhaltbarkeit aller inhaltlicher Wahrheitsbehauptungen nachgewiesen. Indessen zeigt sich, dass auch dann, wenn der Inhalt von Denkakten trügerisch ist, etwas gewiss ist, nämlich der Denkakt selbst. Damit hatte Descartes sein *fundamentum inconcussum* gefunden: nämlich die Gewissheit des Denkvollzugs selbst: *cogitans sum*, solange gedacht wird, ist sicher, dass gedacht wird. Unterstellt man nun, dass jeder Denkakt sozusagen einen Träger, ein Subjekt des Denkens haben muss, eine Substanz, dann kann Descartes zu Recht folgern: *cogito, ergo sum* - »Ich denke, also bin ich.« Das denkende →Ich (die →*res cogitans*) wird deshalb für Descartes das Fundament der Wissenschaft, allerdings um den Preis, dass das neue Fundament keine inhaltliche Wahrheit mehr ist, sondern nur noch eine Vollzugsgewissheit des Denkenden. Offen bleibt an dieser Stelle der Beweis der Außenwelt; die →*res extensa*, die ›ausgedehnte Substanz‹, ist noch nicht bewiesen. Denn es ist nicht auszuschließen, dass alle Bewusstseinsinhalte (*cogitationes*) reine Einbildungen des →Bewusstseins sind, die keinerlei Entsprechung in der Realität haben, also möglicherweise außerhalb und unabhängig vom Bewusstsein gar nicht existieren (→Solipsismus). Die *res cogitans* wurde gleichwohl zum Ausgangspunkt der gesamten neuzeitlichen Philosophie, die sich über →Kant und →Fichte zur Bewusstseinsphilosophie entwickelte, die bis heute das Paradigma der meisten philosophischen Positionen ist (allerdings angegriffen z. B. von der →Sprachphilosophie).

W. R.

Res extensa Lat. ›die ausgedehnte Sache, die ausgedehnte →Substanz‹. →Descartes bezeichnet die Gesamtheit des Seienden (→Sein), die außerhalb und unabhängig vom Bewusstsein existiert, als *res extensa*. Gegenbegriff zur →*res cogitans*.

W. R.

Reservatio mentalis Neulat. ›Gedankenvorbehalt‹: Der bei einer in mündlicher oder schriftlicher Form abgegebenen Erklärung / Aussage (z. B. Eid, Schwur, Vertrag, Versprechen, Deklaration, Bekenntnis, Mitteilung etc.) absichtlich in Gedanken gemachte (innere oder geheime) Vorbehalt. Dieser besteht darin, einen erfragten Sachverhalt - zum eigenen Vorteil oder zum Vor- oder Nachteil anderer - nicht in vollem Umfang, sondern eingeschränkt (daher auch: *restrictio mentalis*) wiederzugeben, dabei aber eine Formulierung zu wählen, die dem Buchstaben nach nicht der Lüge oder des Wortbruchs geziehen werden kann.

Je nach der Möglichkeit der grundsätzlichen Erkennbarkeit eines geheimen Vorbehalts für andere werden zwei Formen unterschieden: 1. Der ›eigentliche‹ oder ›reine‹ geheime Vorbehalt (*reservatio / restrictio pure mentalis*) liegt dann vor, wenn einer →Erklärung oder einer →Aussage ein nicht ausgedrückter erläuternder oder berichtigender Beisatz, eine Bedingung bzw. eine Einschränkung hinzugefügt wird, die vom Empfänger nicht vermutet werden kann und daher prinzipiell auch nicht erkennbar ist (z.B. die Antwort des Schülers auf die Frage des Lehrers nach dem Grund seiner gestrigen Abwesenheit: ›Ich war krank‹ – mit der unausgesprochenen Einschränkung: ›vor einem Jahr‹). 2. Von einem ›uneigentlichen‹ geheimen Vorbehalt (*reservatio / restrictio non pure mentalis* oder *late mentalis*, auch *amphibolia*, List oder sophistischer Schwur) spricht man dann, wenn die Ausdrücke einer Erklärung so gewählt werden, dass sie aufgrund einer bewusst eingesetzten begrifflichen Zwei- oder Mehrdeutigkeit (→Äquivokation) in einem anderen als dem vordergründig situationsgerechten Sinn verstanden und durch diese stillschweigende Einschränkung später zum eigenen Vorteil ausgelegt werden können, wobei diese List für einen aufmerksamen Erklärungsempfänger prinzipiell durchschaubar gewesen wäre (z.B. eine für fünf ›Tage‹ vereinbarte Waffenruhe wird in den Nächten gebrochen).

Die Mentalreservation wird der Sache nach schon bei →Cicero als Lüge, bei →Augustinus im kirchlichen Lehramt und später in allen deontologischen Ethiken (z.B. bei →Kant) als Verstoß gegen die →Pflicht zur Aufrichtigkeit subjektiver Stellungnahmen (Wahrhaftigkeitspflicht als subjektive Verpflichtung zur →Wahrheit) gewertet und daher als sittlich kategorisch verwerflich eingestuft. Jedoch ist die Überlegung, ob und unter welchen Bedingungen der Wahrhaftigkeitspflicht Grenzen gesetzt sind, immer wieder Bestandteil der ethischen Diskussion spätestens seit der Zeit der Spätscholastik (Moralisten des 17. Jhs.) und in der →Kasuistik der →Neuscholastik. Wenngleich dabei – von Ausnahmen abgesehen – Einigkeit darin bestand, den eigentlichen Gedankenvorbehalt mit der Lüge gleichzusetzen, so konnte der uneigentliche Gedankenvorbehalt schon der Sache nach nicht als Lüge gewertet werden, weil Grund der Täuschung nicht das verwendete Mittel, sondern die mangelnde Aufmerksamkeit des Kommunikationspartners ist. Auch ist es – folgt man mehr teleologisch orientierten Begründungsargumenten der Wahrhaftigkeitspflicht – nicht in allen Fällen geboten, dem Nebenmenschen die (volle) Wahrheit zu offenbaren, etwa dann, wenn in Situationen, in denen die Wahrhaftigkeitspflicht mit der Bewahrung anderer sittlicher Güter in Konflikt gerät (z.B. Schweigepflicht, Treuegebot etc.) und nicht die Möglichkeit des Stillschweigens gegeben ist, Rücksicht auf die Schwäche oder Böswilligkeit anderer zu nehmen, Schaden oder Nachteil für andere vorbeugend abzuwehren oder die Wahrheit für den anderen schädlich ist. Gefordert ist in diesen Fällen die Klugheit des gefragten Subjekts, mit Hilfe der Mentalreservation weder zu lügen noch die involvierten Personen zu gefährden.

M. von Aberle, Reservatio oder restrictio mentalis, amphibolia, in: Kirchenlexikon oder Enzyklopädie der katholischen Theologie, hg. von H. J. Wetzer / B. Welte, Bd. 9, Freiburg 1952, S. 217–220

G. Bien, Art. ›Mentalreservation‹, in: Historisches Wörterbuch der Philosophie, hg. von J. Ritter / K. Gründer. Bd. 5, Basel / Stuttgart 1980, Sp. 1138–1145

G. Kalinowski, Le problème de la vérité en moral et en droit, Lyon 1967

G. Müller, Die Wahrhaftigkeitspflicht und die Problematik der Lüge, Freiburg/Br. 1962

J. P. Sommerville, The ›new art of lying‹: equivocation, mental reservation, and casuistry, in: E. Leites (Hg.), Conscience and casuistry in early modern Europe, Cambridge 1988, S. 159–184

P. Zagorin, Ways of lying: dissimulation, persecution, and conformity in early modern Europe, Cambridge/Mass. 1990

A. W.

Retention Von lat. *retentio* ›Zurückhalten, Anhalten‹. Mit ›Retention‹ bezeichnet →Husserl in seiner phänomenologischen Analyse des inneren Zeitbewusstseins das Noch-Bewussthaben dessen, was aus der Präsenz in die Vergangenheit übergeht. Die Retention (oder auch ›primäre Erinnerung‹) ist entgegenwärtigend und behaltend zugleich und unterscheidet sich damit von der Vergegenwärtigung von Vergangenem (Wiedererinnerung). Die Retention ist eine von drei Urformen der Zeitlichkeit der →Erfahrung; die beiden anderen sind die →Protention, die Erwartung des unmittelbar bevorstehendes Eintretens in die Bewusstseinsgegenwart, und die Urimpression, die Phase größter Präsenz des bewusstseinsmäßig Gegebenen.

E. Husserl, Zur Phänomenologie des inneren Zeitbewusstseins, Husserliana 10, Den Haag 1966

G. S.

Revolution Ein plötzlicher und grundsätzlicher Umbruch im Denken, Handeln oder in einem politisch-gesellschaftlichen Zustand. Politisch-gesellschaftliche Revolutionen gehen fast immer mit Gewalt einher. Für den →Sozialismus sind politisch-gesellschaftliche Revolutionen das treibende Moment der historischen Entwicklung. Nach →Marx produziert der Kapitalismus aus sich selbst heraus seine revolutionäre Überwindung dadurch, dass es zu einem Widerspruch von Kapital und Lohnarbeit kommt, der kapitalistisch-intern nicht mehr lösbar ist, sodass sich das Proletariat gegen die herrschende Klasse der Kapitalisten empört. Nach der erfolgreichen Revolution komme es dann zu einer Phase der Diktatur des Proletariats über die ehemaligen Kapitalisten (der Sozialismus), und schließlich gehe als Synthese zwischen Kapitalismus und Sozialismus die ›klassenlose Gesellschaft‹ hervor, in der es auch keinen Staat mehr gebe. Th.S. Kuhn hat den Begriff der Revolution auf die Entwicklung der Naturwissenschaften angewandt. Er unterscheidet in der wissenschaftlichen Entwicklung zwischen Phasen der ›normalen Wissenschaft‹ und Phasen der wissenschaftlichen Revolution. Die normale Wissenschaft arbeitet innerhalb eines so genannten →Paradigmas. Darunter versteht Kuhn wissenschaftliche Grundannahmen wie sie z.B. in der Physik Newtons dargelegt sind. Diese Paradigmen überzeugen auf der einen Seite viele Wissenschaftler, weil sie viele Probleme lösen, sind aber gleichzeitig so offen, dass sich aufgrund ihrer Annahme viele neue ungelöste Probleme stellen, an deren Bearbeitung sich die Wissenschaftler nun machen können. Irgendwann tauchen dann aber Probleme auf, die innerhalb des akzeptierten Paradigmas nicht zu lösen sind. Dies allerdings führt nicht zu einer Ablösung des Paradigmas. Vielmehr werden Ad hoc-Theorien entwickelt, um das geltende Paradigma zu retten. Die entscheidende These Kuhns wendet sich gegen die herrschende Vorstellung, dass sich Wissenschaft nach objektiven, rationalen Gesichtspunkten entwickle, wie es z.B. von →Popper mit seinem Falsifikationsprinzip behauptet wurde. Letztlich, so meint Kuhn zeigen zu können, wird ein bestehendes Paradigma von einem neuen dann abgelöst, wenn die Vertreter des alten Paradigmas gestorben sind.

W.R.

Rezeption →Rezeptivität

Rezeptionsästhetik Richtung moderner →Ästhetik, die in Absetzung oder Ergänzung zur Werk- und Produktionsästhetik den Vorgang und die Problematik der Aneignung eines Kunstwerkes durch den Leser, Hörer oder Betrachter untersucht. →Sinn und →Bedeutung eines Kunstwerkes, so die grundlegende These, bilden sich erst im Rezeptionsvorgang. Dieser aber ist kein invarianter Akt, sondern geschichtlichen, sozialen und medialen Veränderungen unterworfen. Der Begriff wurde geprägt durch die von der Konstanzer Schule seit den sechziger Jahren entwickelte Literaturtheorie (Iser, Jauß).

R. Warning (Hg.), Rezeptionsästhetik, Theorie und Praxis. 4. Aufl. Stuttgart 1994

H. R. Jauß, Ästhetische Erfahrung und literarische Hermeneutik, 5. Aufl. Frankfurt/M. 1997

G.S.

Rezeptivität Von lat. *receptio*, ›Aufnahme‹: bei →Kant die Fähigkeit der menschlichen Sinnesorgane, Sinnesdaten innerhalb der apriorischen →Vorstellungsformen →Raum und →Zeit aufzunehmen.

W.R.

Rhetorik Griech. *rhetorikos*, ›die Redekunst‹. In Athen zu Zeiten des Perikles wurde die Rhetorik zu einem Gegenstand der Lehre, die von den →Sophisten (insbesondere Gorgias, Thrasymachos, Protagoras, Prodikos und Hippias) betrieben wurde. Dies lässt sich verstehen vor dem Hintergrund der athenischen Demokratie, in der es, um sich politisch durchzusetzen, darauf ankam, seine Position anderen überzeugend darzustellen. Insofern spielten die Sophisten für die Entwicklung der Demokratie eine bedeutende Rolle. Das Problem der Rhetorik jedoch war, dass durch rednerische Geschicklichkeit auch die verwerfliche Sache obsiegen konnte. Daran übte insbesondere →Sokrates Kritik. Dadurch seien die Sophisten diskreditiert, und besonders verabscheuungswürdig sei die Tatsache, dass die Sophisten für die Verbreitung rednerischer Kniffe auch noch Geld nähmen. Nicht auf Überredung komme es an, sondern auf die Erkenntnis der →Wahrheit, des →Wesens der Dinge. Dazu aber sei die Rhetorik ungeeignet, dies könne nur der →Dialektik, der →Argumentation gelingen. Zur Zeit, als Isokrates in Athen die erste Rhetorikschule aufmachte, gründete Platon seine Akademie, in der er die Position des Sokrates weiter ausbaute. Platons Schüler, →Aristoteles, verband dann in seiner Schrift *Ars rhetorica* Rhetorik mit der Philosophie. In Rom wurde die Rhetorik zunächst durch die Gerichtsrede verbreitet, daneben aber gab es auch die Staatsreden und die Prunkreden. Die Rhetoriker entwickelten in Rom unterschiedliche Stile, so den nüchternen attischen Stil, den etwas schwülstigen asianischen und den rhodischen, der die Mitte zwischen beiden hielt. Eine ähnlich große Bedeutung wie in der Antike hat die Rhetorik bis heute nicht mehrerfahren.

W. R.

Rückkopp(e)lung Das Prinzip der Rückkopplung ist in Physik und Technik sehr alt. Schon die Dampfmaschine James Watts hatte einen Regler, der dafür sorgte, dass die Dampfzufuhr gedrosselt wurde, sobald die Maschine zu schnell wurde. Dies wurde durch einen Fliehkraftregler erreicht. Bereits diesem einfachen mechanischen Bauteil wohnte das Grundprinzip der heute größtenteils elektronischen Regeltechnik inne:

Ein Output (= ein Ergebnis einer Rechnung oder eines Vorgangs; bei Watt also die Geschwindigkeit der Maschine) wird zum Input (= Eingangswert für den Fliehkraftregler) des Reglers, der dann (durch die Verringerung des Dampfdurchlasses) auf den ursprünglichen Prozess wieder rückwirkt. Veranschaulicht ergibt sich etwa folgender Ablauf:

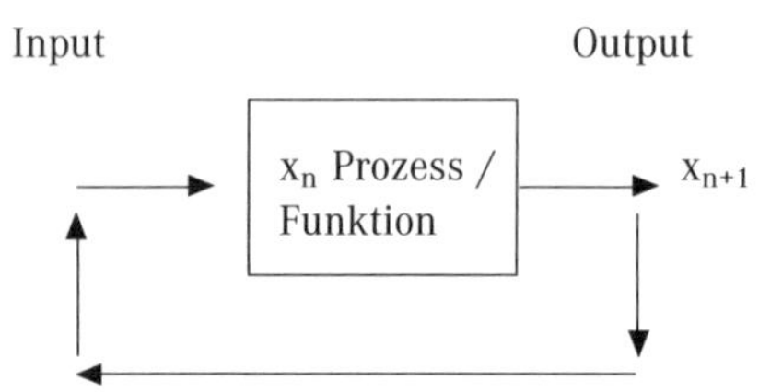

Diese Regelung der Dampfmaschine ist eine so genannte negative Rückkopplung: Je mehr Geschwindigkeit, desto weniger Dampf, desto weniger Geschwindigkeit usw. Solche Systeme stabilisieren sich wie z. B. beim Räuber-Beute-Modell: Je mehr Ameisen vorhanden sind, desto mehr Vögel können sich von ihnen ernähren. Je mehr Vögel vorhanden sind, desto weniger Ameisen überleben usw. Es gibt aber auch Beispiele positiver Rückkopplung (je mehr Input, desto mehr Output, desto mehr…), wie z. B. das bekannte Pfeifen einer Mikrofon-Lautsprecher-Anlage, wo sich die Lautstärke bis zur Unerträglichkeit oder zum technischen Kollaps aufschaukelt. Charakteristisch für solche Rückkopplungen ist, dass sich hierbei unter Umständen aus winzigsten Anfangsunterschieden nach relativ kurzer Zeit gewaltige Enddifferenzen ergeben (→Chaostheorie).

H. W.

Säkularisierung Von lat. *saeculum*, ›Jahrhundert, Zeitalter‹: Entsprechend der allgemeinen Wortbedeutung, die ›Verweltlichung‹ meint, ist Säkularisierung in der Philosophie der Prozess der Lösung des →Denkens aus religiösen bzw. theologischen Vorgaben. Ihren Höhepunkt erreichte die Säkularisierung in der europäischen Aufklärung (→A Neuzeit – Aufklärung). Im Zuge der Säkularisierung des philosophischen Denkens werden traditionale theologische Grundüberzeugungen kritisch geprüft und in ihrer Bedeutung zum Weltlichen hin verschoben oder auch ganz revidiert: An die Stelle der göttlichen Offenbarung tritt die autonome menschliche →Vernunft, auf das Jenseits gerichtete heilsgeschichtliche Erwartungen werden von geschichtsphilosophischen Entwürfen abgelöst, die ihre Heilserwartungen auf das Diesseits richten (z. B. Lessing, →Kant, →Hegel, →Marx). Auch die Forderung, als Grundlage aller →Erkenntnis nur die überprüfbare Erfahrung anzuerkennen (→Empirismus), kann als Säkularisierung der Auffassung angesehen werden, Wahrheit sei nur im →Glauben zu finden und müsse durch →Gott verbürgt sein.

Dagegen bezeichnet der Begriff Säkularisation, für den gelegentlich (fälschlicherweise) auch Säkularisierung verwendet wird, im politischen Bereich die Einziehung oder Nutzung kirchlichen Besitzes durch staatliche Gewalt. Die Verstaatlichung von Kirchengütern wurde, beeinflusst und verstärkt durch die Ideen der Aufklärung, am umfassendsten unter Napoleon vollzogen, im

Deutschen Reich durch den so genannten Reichsdeputationshauptschluss von 1803.

R. W. H.

Satz der Identität →Identität

Satz vom zureichenden Grund →Grund

Satz vom ausgeschlossenen Dritten Ein Grundsatz der klassischen →Logik, demzufolge jede →Aussage wahr oder falsch ist. Der Satz behauptet also, dass es neben den beiden Wahrheitswerten ›wahr‹ und ›falsch‹ keinen weiteren Wahrheitswert gibt: Ein dritter Wahrheitswert ist ausgeschlossen. Der Satz vom ausgeschlossenen Dritten in diesem Sinn wird auch als *principium exclusi tertii* oder als →Prinzip der Bivalenz (Zweiwertigkeit) bezeichnet.

Oftmals wird auch das logische Prinzip des *tertium non datur* als Satz vom ausgeschlossenen Dritten bezeichnet. Das *tertium non datur* behauptet die universelle Gültigkeit des Aussagenschemas ›A oder nicht-A‹. D.h., für jede Aussage A gilt: ›A oder nicht-A‹ ist logisch wahr (eine →Tautologie). Wird der Satz vom ausgeschlossenen Dritten in diesem Sinn aufgefasst, muss er vom Prinzip der Bivalenz unterschieden werden.

St. B.

Satz vom Widerspruch Der Satz vom Widerspruch besagt, dass kein Satz und seine Negation zugleich wahr sein können: Für jeden beliebigen Satz A gilt ›Es ist nicht der Fall, dass A und nicht-A‹. Der Satz vom Widerspruch ist vom →Satz vom ausgeschlossenen Dritten und vom Prinzip der Bivalenz zu unterscheiden. Außerhalb der formalen →Logik ist der Satz vom Widerspruch schon von →Aristoteles formuliert worden: »Es ist nicht möglich, dass dasselbe demselben in derselben Beziehung zugleich zukomme und nicht zukomme.«

S. V.

Schein Die ursprüngliche Wortbedeutung von mhd. *schîn* meint ›Lichterscheinung, Glanz‹. Der philosophische Begriff hat zwei Bedeutungsvarianten: die erkenntnistheoretische (Schein als Trug, als Erkenntnisirrtum) und die ästhetische (Schein als Fiktionalität).

Erkenntnistheoretisch wird der Begriff von Anschein (Wahrscheinlichkeit) und →Erscheinung (laut →Kant der durch das erkennende →Subjekt erzeugte Gegenstand der sinnlichen Erscheinung) unterschieden. Er repräsentiert das subjektive Moment der →Erkenntnis als Quelle von Irrtümern. Hierbei wird differenziert zwischen situationsabhängigen Wahrnehmungs- und Erkenntnisfehlern (subjektiver Schein), zum Beispiel optischen Täuschungen oder logischen Trugschlüssen, und den grundsätzlichen Grenzen menschlicher Erkenntnis (objektiver Schein).

Demgegenüber erfährt der negative Begriff in der philosophischen →Ästhetik eine Aufwertung. Burke spricht vom Scheincharakter des Ästhetischen. Für den →deutschen Idealismus (A) liegt im schönen Schein das →Wesen aller →Kunst. Das Kunstwerk als fiktionales ist den Gesetzen und Zwängen der →Wirklichkeit enthoben, daher die Überlegenheit des Kunstschönen vor dem Naturschönen. In ihrem Wesensmerkmal als Schein gründet der Autonomieanspruch der Kunst. Hierin wird bis in die Moderne hinein die Chance der Kunst gesehen, Korrekturentwürfe zur →Realität zu formulieren. Für Bloch gewährleistet nur das Kunstwerk den Vorschein der →Utopie. →Adorno erkennt im Schein des Scheinlosen den Wahrheitsgehalt der Kunst.

I. Kant, Kritik der Urteilskraft, in: Werke in sechs Bänden. Hg. v. W. Weischedel, Darmstadt 1966, Bd. V

F. Schiller, Briefe über die ästhetische Erziehung des Menschen, in: Sämtliche Werke. Hg. von G. Fricke / H. Göpfert, Bd. V, Darmstadt 1993

Th. W. Adorno, Ästhetische Theorie, Frankfurt/M. 1970

E. M. S.

Schicksal Griech. *ananke, moira*; lat. *fatum*: meint die Vorstellung, dass der Lebenslauf von für den Menschen letzthin nicht durchschaubaren und nicht verfügbaren übernatürlichen Mächten gelenkt, also ›zugeschickt‹ wird, somit zumindest in seinen Grundzügen vorherbestimmt ist. Mit der Undurchschaubarkeit und Unverfügbarkeit hängt zusammen, dass das Schicksal im Ganzen eher als bedrohlich und feindlich denn als fürsorgend oder glücksbringend erlebt wird. Ein extremer Schicksalsglaube kann auch zum Fatalismus, einer extremen Form des Geborgenheitsgefühls, führen, die handlungsunfähig machen kann.

Der Schicksalsbegriff wird im heutigen Sprachgebrauch im Allgemeinen nur im Zusammenhang mit dem Menschen verwendet, Dinge und Tiere gelten als schicksalslos. In dieser Hinsicht kann er sich sowohl auf die gesamte Menschheitsgeschichte als auch auf das persönliche Leben eines Einzelnen beziehen. In der antiken Philosophie wird der Schicksalsbegriff noch universal verwendet: Er bezeichnet sowohl eine notwendige, das Naturgeschehen bewegende Kraft (Demokrit) als auch die Macht, durch die der Weltlauf (→Heraklit) oder das individuelle Leben (→Platon) bestimmt wird. Sogar die griechischen Götter galten als dem Schicksal unterworfen. Das Christentum lehnt den Schicksalsbegriff ab und ersetzt ihn durch die göttliche Vorsehung, die Raum für menschliche →Freiheit lässt. Dies gilt nicht für die auf →Augustinus zurückgehende Prädestinationslehre, nach welcher das menschliche Leben schon vor der Geburt durch →Gottes →Willen vorherbestimmt ist. Dem entspricht auch die islamische Vorstellung vom Schicksal als ›Kismet‹.

In der →Neuzeit (A) wird die Vorstellung eines schicksalhaft in der →Natur wirkenden göttlichen Willens endgültig aufgegeben. Natur erscheint nun als ein notwendiger, aber verstehbarer Gesetzeszusammenhang. Die moderne →Existenzphilosophie gibt schließlich auch die Vorstellung einer (göttlichen) Vorsehung im menschlichen Leben gänzlich preis und rückt allein die individuelle Freiheit ins Zentrum. Systemtheoretische Ansätze betonen zwar die →Macht des Überindividuellen, fassen dies aber rein funktional. Dieser fortschreitenden Entmachtung des Schicksalsbegriffs in der abendländischen Philosophie der Neuzeit steht ein untergründiges Wissen um die Gegenwart des Schicksals im heutigen Alltagsbewusstsein gegenüber. Sie zeigt sich u.a. in vielfachen Versuchen innerhalb der Esoterik, ›dem Schicksal in die Karten zu sehen‹ (Astrologie, Tarot usw.).

R.W.H.

Schluss Einer der zentralen Begriffe sowohl der →Logik als auch der Argumentationstheorie: Ein Schluss ist eine Menge von Satzäußerungen bzw. Satzinschriften, die eine Person macht. Für eine der Äußerungen beansprucht die Person, dass sie aus den anderen logisch folgt, oder anders ausgedrückt, dass sie sich aus den anderen mit →Notwendigkeit ergibt. So gesehen ist ein Schluss eine →Handlung, die eine Person an einem bestimmten Ort und zu einer bestimmten Zeit ausführt. Zumeist interessiert uns aber gerade nicht, was an einem Schluss ort-, zeit- oder personenspezifisch ist, sondern die vom Einzelfall des Hervorbringens unabhängige →Struktur. In einem abstrakten, verallgemeinerten Sinne ist ein Schluss eine Menge von Sätzen einer →Sprache, der eine Menge von Satzäußerungen entspricht, in welcher für einen Satz der Anspruch erhoben wird, er ergebe sich aus den anderen Sätzen mit Notwendigkeit. Wenn dieser Anspruch zu Recht besteht, dann sagt man, der Schluss sei gültig. Ein Schluss dagegen, in dem keine notwendige Folgerung vorliegt, heißt ungültig. Den Satz eines Schlusses, für den beansprucht wird, er folge aus den anderen, nennen wir die →Konklusion des Schlusses, die übrigen Sätze die →Prämissen.

A. Bühler, Einführung in die Logik. Argumentation und Folgerung, 3. Aufl. Freiburg / München 2000

S.V.

Scholastik Lat. *scholasticus*, ›zur Schule gehörig‹: zusammenfassender Begriff für die theologisch-philosophischen Lehren des →Mittelalters (A), die eine enge Verbindung von Theologie und Philosophie anstreben. Inhaltliche Merkmale sind die harmonische Synthese von christlicher Offenbarung und philosophischem Denken, die auf der Annahme einer Einheit des menschlichen →Geistes beruht. Die scholastische →Methode zeichnet sich durch klare Abgrenzungen und logische Beweisführung aus. In diesem Zusammenhang entsteht das Verfahren des →*sic et non* (ja und nein), wo Gründe und Gegengründe formgerecht einander gegenübergestellt werden, um diese dialektisch zu einem Ausgleich zu führen.

Ein wichtiger Vertreter der frühen Scholastik (7.-12. Jh.) ist Anselm von Canterbury, der Glaubensinhalte erkenntnismäßig verstehen wollte (*fides quaerens intellectum*). Das philosophisch herausragende Problem der frühscholastischen

Untersuchungen ist die Universalienfrage: Haben allgemeine Begriffe Seinscharakter (→Realismus) oder beschränken sie sich bloß auf ihre Eigenschaft als Namen (→Nominalismus)? Bedeutende Vertreter der Hochscholastik (13. Jh.) sind →Thomas von Aquin und Albertus Magnus. In Auseinandersetzung mit →Aristoteles begründete Thomas von Aquin eine Lehre, die die Berechtigung des →Wissens neben dem →Glauben anerkennt, die Philosophie aber letzten Endes der Theologie auf Grund der Grenzen des Wissens unterordnet. Im 14./15. Jh. (Spätscholastik) setzt, eingeleitet durch Wilhelm von Ockham die Auflösung des mittelalterlichen Denkens ein.

E. M. S.

Schöne Seele Im 18. Jh. dient der Begriff zur Bezeichnung eines von innen her geformten Menschen, einer auf das →Gute gerichteten Seele. Besonders durch die *Bekenntnisse einer schönen Seele* aus Goethes Roman *Wilhelm Meister* wurde der Begriff verbreitet.

Das →Ideal der schönen Seele ist charakteristisch für die rationalismuskritische, pietistische und empfindsame Gefühls- und Seelenkultur des 18. Jhs.: Beide Strömungen streben – dort eher religiös, hier eher weltlich inspiriert – eine Verfeinerung und Kultivierung des menschlichen Gefühlslebens an. Die pietistische Bewegung zielt auf die erlebnishafte Erfahrung →Gottes durch das intensive Hinhorchen auf menschliche Seelenregungen und →Gefühle; der empfindsame Mensch erfährt sich selbst im Selbstgenuss des Gefühls. Beiden Strömungen verbinden sich im Persönlichkeitsideal der schönen Seele die Motive der Seelen- und der Tugendhaftigkeit. Für Goethe ist die schöne Seele diejenige, die aus sich das Gute will und tut. Schiller präzisiert den Begriff als Ausdruck des Zusammenfalls von →Pflicht und →Neigung in einer idealen Persönlichkeit und wendet sich dabei kritisch gegen →Kants rigoristische Pflichtethik.

Der Begriff der schönen Seele begegnet schon in der Antike. Für →Platon sind tugendhafte und schöne Seele identisch. Der Zusammenfall des Guten und Schönen (→*kalokagathie*) ist ein Grundgedanke seiner Philosophie. Das Motiv der Seelenschönheit wirkt von der antiken auf die christliche Philosophie weiter und erscheint begrifflich bei →Augustinus, in der mittelalterlichen Literatur, der spätmittelalterlichen deutschen →Mystik und in der spanischen religiösen Literatur des 16. und 17. Jhs. Rousseau spricht später von der *belle âme*, eine Wendung, die auch von Goethe übernommen wurde.

E. M. S.

Schönes Das Schöne ist der zentrale →Begriff der →Ästhetik, ein Wertbegriff zur Bezeichnung subjektiven Gefallens an sinnlich wahrnehmbaren Gegenständen oder Objekten. Je nach Perspektive bezeichnet das Schöne eine Eigenschaft des Gegenstands (objektivistische Ästhetik, Edmund Burke) oder den Anteil der Erkenntniskräfte an der Wahrnehmung des Gegenstands (subjektivistische Ästhetik). Nach Auffassung einer phänomenologisch ausgerichteten Ästhetik entsteht das Schöne eher aus einer Korrespondenz der Eigenschaften des Gegenstands und der ästhetischen Wahrnehmung. Im Schönen treffen Bestimmungsmerkmale des Gegenstandes und dessen Wirkung auf das betrachtende →Subjekt zusammen. Es benennt somit keine Eigenschaft der Dinge, sondern eher eine Beziehung zwischen Objekt und Subjekt.

Als Relationsbegriff unterliegt der Begriff des Schönen keiner festen Bestimmung und wurde zu verschiedenen Zeiten unterschiedlich festgesetzt. So galten den klassizistischen Perioden Symmetrie und Harmonie als besondere Kriterien für das Schöne, während der Barock eher das Ausdrucks- und Prunkvolle hoch schätzte. Mit der Epoche der Romantik erfährt das Verständnis des Schönen eine Akzentverlagerung vom Sinnen- zum Seelenhaften. In der Gegenwart verschwimmen die Grenzen zwischen Schönem und Hässlichem – insbesondere in der avantgardistischen →Kunst werden das Hässliche und das Dissonante aufgewertet.

Die bis in die Gegenwart relevante →Bedeutung des Begriffs des Kunstschönen wurde von Baumgarten grundgelegt: Im Gegensatz zu den auf wahre →Erkenntnis zielenden intellektuellen Fähigkeiten des →Menschen ist für das ästhetische Werturteil des Schönen dessen Subjektivität ausschlaggebend. Das subjektive Geschmacksurteil ist das Ergebnis nichtrationalen Weltverhältnisses und somit unabhängig von erkennender Vernunft und sittlichem Gefühl. →Kant charakterisiert das ästhetische Urteil näher als interesseloses Wohlgefallen, welches sich nicht auf die reale Existenz des angeschauten Gegenstands richtet, sondern Gefallen an dessen innerer Zweckmäßigkeit ohne Gedanken an einen praktischen Zweck findet. In der so begründeten Seinsweise des Schönen als →Schein (frei von menschlichem Nützlichkeitsdenken) ist die bis heute gültige Forderung nach Kunstautonomie begründet.

Im Gegensatz zum eher beliebigen Gefühl des Angenehmen zeichnet sich der Begriff des Schönen durch Allgemeingültigkeit aus: Für Kant ist schön das, was die Erkenntniskräfte in einen harmonischen Zustand versetzt (freies Spiel der Erkenntniskräfte, nämlich →Einbildungskraft und →Verstand. Schön ist die Form der inneren Zweckmäßigkeit ohne Zweck, die im menschlichen Betrachter ein freies Spiel dieser Erkenntniskräfte hervorruft (Der Begriff ist folglich insofern inhaltlich gefüllt als den Regeln des Verstandes zuwider laufende Unwahrscheinlichkeiten im Kunstwerk nicht als schön gelten können, genauso wie im Gebot der inneren Zweckmäßigkeit Forderungen wie Stimmigkeit und Harmonie erhoben werden.). Im ästhetischen Spiel erreicht für Schiller der Mensch den Gipfel seines Menschseins: die Einheit eines fühlenden Geist-Wesens. Diese Auffassung ist die Grundlage für die kunstpädagogische Auffassung des →deutschen Idealismus (A), der das Schöne als Erscheinung der →Freiheit sieht. Das Schöne erhält hier neben dem Ästhetischen eine ethische Dimension. In der zeitgenössischen Moderne wird zunehmend Kritik am schönen Schein der Kunst deutlich. Angesichts der universellen widersprüchlichen →Struktur der gesellschaftlichen →Wirklichkeit würde →Adorno zufolge die Harmonie des schönen Scheins zur Lüge. Das →Ideal des Schönen wird so zu Gunsten des Hässlichen aufgegeben und die im schönen Schein festgehaltene →Utopie wird nur noch negativ aufbewahrt.

Der die Moderne bestimmende Begriff des Schönen entspricht jedoch nicht dem ursprünglichen Begriffsverständnis. Für →Platon ist Schönheit eine Eigenschaft des Seienden und eines dieses im Sinne eines Urbilds übersteigenden Seins. Dieses wird bestimmt als Einzelideen, die alle Anteil haben an der höchsten →Idee, nämlich der des →Guten, wobei im Guten auch das Schöne und Wahre mitgedacht ist. Das Schöne hat also in der griechischen Antike ontologische und metaphysische Bedeutung. Insofern hat die Erkenntnis des Schönen Wahrheitscharakter, eine Auffassung, die trotz der vom ontologisch-metaphysischen Begriffsverständnis abweichenden ästhetischen Ausrichtung der Moderne implizit auch diese prägt, zum Beispiel in →Hegels Bestimmung des Kunstschönen als sinnlichem Scheinen der Idee, in dem ästhetischen Programm des sozialistischen Realismus oder auch in einer avantgardistischen Ästhetik des Hässlichen. In der christlich-theologischen Ästhetik des →Mittelalters (A) wird in einer religiösen Abwandlung des antiken Verständnisses das Schöne zum Symbol Gottes: so bei →Augustinus (*splendor ordinis*), bei Albertus Magnus (*splendor formae*) und bei →Thomas von Aquin (*splendor veritatis*). Der ontologisch-metaphysische Begriff des Schönen zerfällt mit der Einsicht in dessen Geschichtlichkeit und mit der Bevorzugung des Kunstschönen vor dem Naturschönen auf Grund des im deutschen Idealismus von Kant, →Fichte und Hegel (nicht so von →Schelling) unterstellten Vorrangs des Geistes vor der →Natur.

I. Kant, Kritik der Urteilskraft, in: Werke in sechs Bänden. Hg. v. W. Weischedel, Bd. V, Darmstadt 1966

F. Schiller, Briefe über die ästhetische Erziehung des Menschen, in: Sämtliche Werke. Hg. von G. Fricke und H. Göpfert, Bd. V, Darmstadt 1993

Th. W. Adorno, Ästhetische Theorie, Frankfurt/M. 1970

E. M. S.

Schönheit →Schönes

Schottische Schule Richtung in der angelsächsischen Philosophie unter Führung von Reid, die sich dem englischen →Empirismus entgegen stellte. Diesem werfen Reid und seine Schüler vor, dass er mit seinem Ausgang von den Sinneseindrücken als Fundament der →Erkenntnis zum →Skeptizismus führen müsse. Demgegenüber berufen sie sich auf die ursprünglichen →Prinzipien des →*common sense*, des gesunden Menschenverstandes, als Grundlagen der Erkenntnis und des Handelns. Diese Prinzipien – z. B. das Kausalgesetz – betrachten sie als allgemeingültige, unmittelbar einsichtige und nicht weiter beweisbare →Axiome, die induktiv aus der Beobachtung der inneren →Erfahrung gewonnen werden und die anzuerkennen wir von unserer →Natur her genötigt sind. Auf dieser Grundlage vertritt die schottische Schule die *common-sense*-Vorstellung einer erkennbaren, bewusstseinsunabhängigen Außenwelt.

M. S.

Schulbegriff →Kant unterscheidet den Schul- vom →Weltbegriff der Philosophie. Der Schulphilosophie geht es um die logisch-systematische Einheit aller →Erkenntnis. Im Gegensatz zum Weltbegriff der Philosophie ist der Schulbegriff nicht rückgekoppelt an eine Bestimmung des →Menschen, sodass die Gesamtheit der Erkenntnis an eine moralische »ganze Bestimmung des Menschen« gebunden wäre. Die erkennende Verstandestätigkeit der Schulphilosophie strebt dem Ideal einer vollständigen Erkenntnis nach. Eine solche Erkenntnis macht nicht die eigentliche Philosophie aus, denn der Philosophie geht es letztlich um die Bestimmung der obersten Zwecke des menschlichen Seins. Weil der Schulphilosophie dieser Bezug zur →Anthropologie fehlt, ist sie nicht für den Menschen schlechthin von Interesse.

I. Kant, Kritik der reinen Vernunft, In: Werke in sechs Bänden. Hg. von W. Weischedel, Bd. II, Darmstadt 1975

-: Logik, In: Werke in sechs Bänden. Hg. von W. Weischedel, Bd. III, Darmstadt 1975

-: Reflexionen, In: Kants gesammelte Schriften. Hg. v. der Königlich Preußischen Akademie der Wissenschaften, Bd. XI, Dritte Abteilung: Handschriftlicher Nachlass. Dritter Band, Berlin / Leipzig 1924 (Reflexionen)

K. Düsing, Die Teleologie in Kants Weltbegriff, In: Kantstudien. Ergänzungsheft 96, Bonn 1968

W. R.

Schuld Zu unterscheiden ist zwischen rechtlicher und moralischer Schuld. Beide Arten basieren auf der Auffassung vom →Menschen als →Person (→Kant), einem zur freien, verantwortlichen →Selbstbestimmung fähigen Wesen. Als rechtliche Schuld gilt die Urheberschaft für eine gegen die geltenden Rechtsnormen bzw. das →positive Recht verstoßende →Handlung oder Unterlassung. Nur wer im Moment der Tat zurechnungsfähig ist, kann auch im rechtlichen Sinn schuldig werden, da nur er zur Einsicht in die →Gesetze und zur Entscheidung für oder gegen sie fähig ist. Allerdings gibt es auch eine Schuld, die aus Unkenntnis der entsprechenden Verbotsnorm erwachsen kann; sie wird dem Täter nur soweit zugesprochen, wie er Kenntnis der Verbotsregeln haben könnte, sodass auch hier der Grundsatz der Zurechenbarkeit gilt.

Auch die moralische Schuld beruht auf einer Entscheidung gegen eine →Norm. Während im rechtlichen Bereich aber allein deren faktische →Geltung zählt, geht es im moralischen um den bewussten Verstoß gegen allgemein anerkannte sittliche Bestimmungen. Das Schuldigwerden im moralischen Sinn gehört wesenhaft zum Menschsein: Denn zum einen bedeutet die Entscheidung für eine sittliche Norm zuweilen notwendig den Verstoß gegen eine andere, zum anderen wird der Mensch fundamental durch Leidenschaften bestimmt, die vielfach in Gegensatz zu moralischen Forderungen treten.

Im Gefolge der Theorien von →Nietzsche und Freud erscheinen das moralische Bewusstsein und die es bestimmenden Regeln als Produkte der Erziehung und damit letztlich als kontingent. Die Frage nach moralischer Schuld wird auf diese Weise relativiert und die Grenzziehung zwischen moralischem und klugem Verhalten, die bei Kant noch bestimmend war, verwischt.

R. W. H.

Seele Im alltäglichen Sprachgebrauch der Inbegriff aller inneren, nicht körperlichen Regungen, wobei zwischen bewussten und unbewussten Momenten unterschieden wird. Wortentsprechungen zum deutschen Begriff Seele, etwa im Griechischen (*psyche*, *pneuma*), Lateinischen (*anima*, *spiritus*) oder Indischen (*atman*), verweisen auf die ursprüngliche Bedeutung als Wind, Hauch oder Atem, also auf einen körperlosen Stoff, der dafür verantwortlich ist, dass etwas lebendig ist.

Im klassischen griechischen Denken ist die Seele die →Form (*eidos*) bzw. das innere immaterielle Bewegungsprinzip eines Körpers, das sich in verschiedenen Abstufungen in jedem Lebewesen findet. Dabei kommt allein der menschlichen Seele über die vegetative und animalische Stufe hinaus die →Vernunft zu. →Platon, der von einer Wanderung der Seelen durch verschiedene Körper und Existenzformen ausgeht, schreibt der individuellen Seele in allen ihren Teilen Unsterblichkeit zu. Er hält sie für ablösbar vom Körper, den er als ›Gefängnis der Seele‹ betrachtet. Nach dem Tod erwarte die menschlichen Seelen ein göttliches Gericht. →Aristoteles vollzieht die platonische Aufteilung der Seele insgesamt nach, sieht aber nur den vernünftigen Seelenteil, der allein dem Menschen als göttliches →Prinzip eignet, als unsterblich an.

Für die →Neuzeit (A) schreibt →Descartes das →Paradigma einer Trennung von →Leib und Seele erneut fest: Er geht von zwei prinzipiell verschiedenartigen →Substanzen aus, einer materiell-körperlichen, die teilbar, und einer immateriell geistigen, die unteilbar und nur in unmittelbarer Selbsterfahrung fassbar sei. Letztgenannte ist für ihn die Seele, deren Haupttätigkeit das →Denken oder das →Bewusstsein darstelle. →Gott habe beide Substanzen im menschlichen Körper zu einer (nach dem Tode auflösbaren) kompositorischen Einheit zusammengefügt. Tiere hingegen bestehen allein aus der materiellen Substanz, die zu unwillkürlichen Bewegungen in der Lage sei. Im Gegensatz zum Menschen seien sie also unbeseelte Maschinen. Insoweit ist Descartes im Verbund mit Platon entscheidend für den bis heute verbreiteten christlichen Volksglauben verantwortlich, nach der nur Menschen eine unsterbliche Seele zukomme, die nach dem Tod den Körper verlasse.

Die dualistische Zwei-Substanzen-Lehre Descartes' wirkt bis in die moderne Schulmedizin mit ihrer strengen Trennung von geistig-seelischen und körperlichen Prozessen nach. Gegen sie formiert sich aber schon bald im Zuge der Diskussion des Leib-Seele-Problems die monistische Auffassung einer prinzipiellen Einheit von Körper und Seele. Sie scheint durch die Ergebnisse der modernen empirischen Hirnforschung bestätigt, wonach mentale Prozesse mit bestimmten Hirnzuständen aufs Engste zusammenhängen. Darüber hinaus weisen psychoanalytische Ansätze darauf hin, dass der »seelische Apparat« (Freud) keineswegs ausschließlich durch das Bewusstsein bestimmt ist. Ob aber die seelischen Phänomene die leiblichen bedingen oder umgekehrt Seelenprozesse bloße Funktionen körperlicher Zustände, vornehmlich des Gehirns, darstellen, bleibt der bislang ungelöste Streitpunkt zwischen idealistischen und materialistischen Theorien. Auch die moderne →Sprachphilosophie, die im Gefolge des späten →Wittgenstein durch Auflösung essenzieller Bedeutungen philosophischer Begriffe die Leib-Seele-Beziehung als Scheinproblem zu entlarven sucht, bietet hier wohl keinen überzeugenden Ausweg.

G. Jüttemann / M. Sonntag / Ch. Wulf (Hg.), Die Seele, Köln 2000

R. W. H.

Seiendes →Sein

Sein – Seiendes Wenn wir davon sprechen, dass etwas ist, meinen wir zunächst die Dinge unserer Umgebung, die wir wahrnehmen, mit denen wir praktisch umgehen. Aber es gibt auch Träume, Wünsche, Hoffnungen und all die anderen Modifikationen des Seelischen und uns selbst, die wir dies erleben. Demzufolge umfasst der Begriff Sein alles Denk- und Vorstellbare.

In der abendländisch-philosophischen Tradition hat die Auseinandersetzung mit dem Begriffspaar ›Sein – Seiendes‹ eine zentrale Rolle gespielt (→Ontologie), wobei die Frage nach dem Sein auf den allgemeinen, begrifflichen Inhalt und die nach dem Seienden auf die Bedingungen der konkreten Vereinzelung abzielte. Bis in die Anfänge der ionischen →Naturphilosophie lässt sich das Seinsproblem zurückverfolgen. Deren Vertreter bemühten sich, die Mannigfaltigkeit der →Welt, das sich in ihr zeigende Entstehen und Vergehen verständlich zu machen und sie auf ein Grundprinzip zurückzuführen. An die Stelle tradierter Mythologien tritt die rationale Welterklärung. Während sie noch in bestimmten Naturphänomenen das Urprinzip alles Seienden zu erkennen glaubten – für →Thales von Milet war dies das Wasser – wird die Seinsfrage zum ersten Mal von →Parmenides völlig abstrakt gestellt: Nach seiner Lehre ist die wahrgenommene Welt →Schein, denn ihre Gegenstände sind einem ständigen Prozess des Entstehens und Vergehens ausgesetzt. Dies würde aber bedeuten, dass sie zugleich sind und nicht sind. Für Parmenides ist dies ein →Widerspruch, denn nur das Seiende ist und das Nichtseiende ist nicht. Für ihn ist das Seiende unveränderliche, zusammenhängende, in sich undifferenzierte und mit dem →Denken identische Einheit.

→Platon teilt zwar in der Tendenz die Erfahrungskritik von Parmenides, löst aber die gestaltlose Einheit der Seinslehre des Parmenides in eine gegliederte und strukturierte Vielheit von →Ideen auf. Auch den erfahrbaren →Objekten gesteht er, im Gegensatz zu Parmenides, einen gewissen Seinsstatus zu. Dieser gründet aber in der Teilhabe an den Ideen. Gleichwohl ist nach Platon das Seiende in zwei Bereiche aufgespalten: in eine unvollkommene Erfahrungswelt und eine jenseitige Ideenwelt, der allein wahrhaftes Sein zukommt. →Aristoteles ist bestrebt, diesen Bruch zu überwinden, indem er die platonischen Ideen als Wesensbegriffe der sinnlich erfahrbaren Einzelgegenstände interpretiert. Damit werden sie aus der jenseitigen Ideenwelt quasi ins Innere der Dinge verlegt, als das dem Denken begreifliche und damit zugängliche →Allgemeine. Unter diesen →Begriffen gibt es eine Hierarchie im Hinblick auf Allgemeinheitsgrad. Die jeweils an der Spitze stehenden, keiner Verallgemeinerung mehr fähigen und unter keinen Oberbegriff subsumierbaren bezeichnet er als →Kategorien. Für Aristoteles ist die Substanzkategorie die wichtigste, sie drückt in besonderer Weise das →Wesen des Seienden aus.

Die mit →Descartes beginnende Bewusstseins- und Subjektsphilosophie hat der Frage nach dem Sein kaum Beachtung geschenkt. Nach Descartes kann das Sein als solches nicht vernommen werden, für →Kant ist es kein reales Prädikat in →Urteilen und für →Hegel ist Sein der abstrakteste Begriff, der inhaltlich ebenso leer und unbestimmt ist wie der Begriff →Nichts.

Erst in der Philosophie →Heideggers findet eine Neubesinnung auf die Seinsproblematik statt. Heidegger kritisiert an der traditionellen Seinslehre, der Ontologie, dass sie den Begriff Sein immer in der Perspektive eines existierenden Seienden analysiert und ihn damit im Ansatz verfehlt habe. Im Besonderen trifft diese Kritik die Philosophie Descartes und dessen Zwei-Substanzen-Lehre, den ausgedehnten und denkenden. Hier sei in besonders einseitiger Form Sein auf Vorhandensein von Dingen reduziert. Nach Heidegger verweist die Seinsfrage auf den zurück, der diese Frage stellt, auf den →Menschen. Er ist ein Seiendes, das immer schon eine Auslegung von sich und gleichzeitig der Welt, ›Seinsverständnis‹, hat. Um diese Besonderheit der menschlichen →Existenz deutlich zu machen, nennt er den Menschen →Dasein. Das Sein des Daseins ist dadurch näher bestimmt, dass es sich einerseits nicht selber geschaffen hat, somit in die ›Welt hineingeworfen wurde‹ und sich andererseits aus seinen zukünftigen Möglichkeiten versteht und wählt. Die Struktureinheit von geworfenem Entwurf bezeichnet Heidegger als ›Sorge‹. Die Sorge wiederum gründet in der →Zeitlichkeit des Daseins. Somit ist für Heidegger klar, dass im Gegensatz zur klassischen Ontologie, die Sein als zeitloses Phänomen gedeutet hat, das Seinsproblem nur im Kontext einer durch das Dasein getätigten ursprünglichen Verzeitlichung gelöst werden kann.

L. A.

Seinsgrund Lat. *ratio essendi*, ›Grund des Seins‹: Ausgehend von →Aristoteles unterscheidet man den Grund (*arche*, →Prinzip), dass etwas ist (Seinsgrund), von dem Grund, der das Werden bewirkt (Grund des Werdens, *ratio fiendi*) und dem Grund, kraft dessen man etwas erkennt (Grund der Erkenntnis, *ratio cognoscendi*). Für Aristoteles gibt es genau diese drei Prinzipien: »Prinzip wird erstens derjenige Teil einer Sache genannt, von dem aus die Bewegung durch dieselbe zuerst anfängt …, der immanente Teile, von welchem zuerst die Entstehung ausgeht …, so wird das Kind von Vater und Mutter, die Schlacht durch den Streit erzeugt …. Ferner heißt Prinzip dasjenige, nach dessen Entschlusse das Bewegte sich bewegt und das Veränderte sich verändert … Ferner dasjenige, wovon man in der Erkenntnis eines Gegenstandes ausgeht, denn auch dies wird Prinzip des Gegenstandes genannt.« Gemäß der Aufteilung der Gesamtheit des Seienden durch →Kant in den →*mundus intelligibilis* und den →*mundus sensibilis*, in die Welt der erfahrbaren Erscheinung und in die Welt des nur denkbaren →Ding an sich, fallen für Kant bei der Konstituierung der Erscheinung der Seins- und Erkenntnisgrund zusammen.

W. R.

Selbst Bezeichnung für den innersten Wesenskern der Persönlichkeit (→Ich), der auf der

Möglichkeit, sich seiner selbst bewusst zu werden (→Selbstbewusstsein), beruht. Insofern kennzeichnet der Begriff in religiöser Hinsicht auch den wahren, alle wechselnden Lebenserscheinungen überdauernden Kern des Menschen – als *atman* oder →Seele.

In der Philosophie des 20. Jhs. ist der Begriff eines stabilen, autonomen Selbst im Gefolge der Theorien von →Habermas, Luhmann, Rorty u.a. zweifelhaft geworden. Dabei betont Habermas die Abhängigkeit des Selbst von vorgängigen, sprachlich vermittelten sozialen Bezügen, während Luhmann den Begriff durch den des psychischen →Systems ersetzt, das sich selbstreferenziell auf sich zu beziehen vermag und so ein →Bewusstsein seiner eigenen Zustände und Operationen erhält, aus dem es (irrtümlich) die →Idee eines autonomen Selbst bildet. Für Rorty ist das Selbst im Anschluss an →Nietzsche und Freud ein »Netzwerk aus →Kontingenzen«, aus dem heraus der Einzelne ein Bild seines Selbst durch die Erzählung von Geschichten allererst erschafft.

R.W.H.

Selbstbestimmung Die Bestimmung des Willens nach eigenen Gesetzen unabhängig von Fremdeinflüssen, auch die freie Entscheidung im Sinne der →Autonomie.

R.W.H.

Selbstbewusstsein Der Begriff meint im alltäglichen Sprachgebrauch die (berechtigte oder unberechtigte) Überzeugung vom Wert der eigenen Persönlichkeit und von ihrer Wirkung auf andere. In der Philosophie und z. T. auch in der Psychologie bezeichnet Selbstbewusstsein das →Wissen und Erleben von wechselnden Bewusstseinszuständen als eigene, d.h. als Zustände, die auf ein einheitliches, im Wechsel der Erlebnisse als beharrend empfundenes →Ich bezogen sind. Selbstbewusstsein bildet somit das begriffliche Gegenstück zum Gegenstandsbewusstsein. Beides kommt, anders als das →Bewusstsein, nur Wesen zu, die auf dem Wege der →Reflexion zur Distanzierung von ihren eigenen Erlebnissen und Vorstellungen fähig sind. Zuweilen wird der Bewusstseinsbegriff aber auch für die spezifische Art des Erlebens von selbstbewussten Wesen reserviert.

→Kant unterscheidet in der *Kritik der reinen Vernunft* das reine →transzendentale Selbstbewusstsein vom →empirischen: Während dieses das inhaltliche Wissen um bestimmte innere Zustände meint, bezeichnet jenes das für die Einheit aller →Erfahrungen und damit für die Gegenstandserkenntnis notwendige und ihnen funktional (nicht substanziell) zugrunde liegende Ich oder →Selbst.

In →Hegels *Phänomenologie des Geistes* bildet das Selbstbewusstsein nach dem Bewusstsein die zweite Stufe des geschichtlich sich entfaltenden →Geistes, zu der er erst aufgrund eines Kampfes auf Leben und Tod um Anerkennung gelangt. Hegel arbeitet die strukturelle Abhängigkeit des Selbstbewusstseins von der substanziellen Anerkennung durch ein anderes Bewusstsein heraus und konkretisiert dies in der →Dialektik von Herrschaft und Knechtschaft (Herr-Knecht-Dialektik): Durch seine arbeitende Auseinandersetzung mit dem Ding gewinnt der Knecht schließlich die wahre Selbständigkeit, die dem Herrn durch die unmittelbare Beziehung auf den Gegenstand im bloßen Genuss nicht zuteil werden kann. Damit kehrt sich das Herrschaftsverhältnis um: Der Knecht wird zum Herrn, weil der Herr von den Produkten des Knechtes abhängig wird und weil sich der Knecht in der Arbeit bildet.

K. Düsing, Selbstbewusstseinsmodelle. Moderne Kritiken und systematische Entwürfe zur konkreten Subjektivität, München 1997

R.W.H.

Selbsterkenntnis Die Erkenntnis des →Selbst bzw. des →Ich in seinen eigentümlichen →Strukturen, näherhin seinen Charaktereigenschaften, Grundfähigkeiten, Kräften und Grenzen. Die Inschrift »Erkenne dich selbst!« (*gnothi seauton*) am Apollontempel zu Delphi macht die Selbsterkenntnis seit der Antike zu einem der wichtigsten philosophischen Aufgabenbereiche. Ursprünglich war mit diesem Spruch wohl die Aufforderung an den Menschen verknüpft, sich als Sterblicher im Gegensatz zu den unsterblichen Göttern zu erkennen.

Für →Sokrates besteht die Selbsterkenntnis in der Besonnenheit (*sophrosyne*), die ein →Wissen um das darstellt, was man weiß und was man nicht weiß. Insofern Sokrates dieses Wissen besitzt, ist er, wie das delphische Orakel prophezeit hatte, weiser als alle anderen, denn er weiß ja, dass er nichts weiß. →Platons Antwort fällt metaphysischer aus: Den innersten Kern des Menschen, der in der Selbsterkenntnis erfasst wird, bildet die →Seele, die nur vorläufig und auf äußerliche Weise mit dem Körper verbunden ist.

Bei →Descartes führt die Selbsterkenntnis durch den methodischen →Zweifel zur Selbstgewissheit und damit zur Grundlage eines gesicherten Wissens über die objektive Welt. Im Lichte moderner psychologischer und soziologischer Ansätze, aber auch postmoderner philosophischer Theorien, die ein Selbst als kulturunabhängiges autonomes Zentrum von divergierenden Erfahrungen und Erkenntnis leugnen, scheint die Selbsterkenntnis als Mittel philosophischer Wahrheitssuche zweifelhaft.

R. W. H.

Selbstorganisation Die Theorie der Selbstorganisation ist eng verbunden mit dem Namen des Chemie-Nobelpreisträgers von 1977, Ilya Prigogine. Er entdeckte bei seinen Forschungen im Bereich der Nichtgleichgewichts-Thermodynamik, dass weit vom thermodynamischen Gleichgewicht entfernte Zustände zu so genannten dissipativen →Strukturen führen können. Dabei handelt es sich um offene →Systeme, die in einem ständigen Materie- und Energieaustausch mit ihrer Umgebung stehen. Für solche Strukturen ist das Anwachsen von →Entropie wesentlich. Es wird ständig Energie aus der Außenwelt entzogen und gleichzeitig Abfallenergie in die Umwelt dissipiert.

Die komplizierten und einander wechselseitig bedingenden Prozesse, die zu dissipativen Strukturen führen können, nennt man Selbstorganisation. Ein einfaches Beispiel für eine dissipative Struktur, eine sich in der Zeit selbstorganisierende Struktur, ist die Video-Rückkopplung: Richtet man eine Videokamera auf ihren eigenen Bildschirm, so gerät das System, wie zu erwarten ist, völlig durcheinander. Nicht immer entsteht jedoch ein Durcheinander amorpher Erscheinungen. Die Videobilder zeigen vielmehr eine überraschende Tendenz, spontan geordnete Strukturen zu entwickeln.

An diesem Beispiel sind die charakteristischen Eigenschaften der Selbstorganisation zu verdeutlichen: Es handelt sich bei dem sich selbst beobachtenden Videosystem um ein System, das offen für seine Umgebung ist – es wird ständig neue Energie zugeführt, in dem die →Rückkopplung eine wesentliche Rolle spielt – bei der Fehleraufschaukelung, das durch nichtlineare Gleichungen beschrieben werden kann, das sich unter dem Einfluss von Attraktoren entwickelt, das bei kritischen Werten instabil wird, dann springt und völlig neue Aktivitätsmuster zeigt, in dem eine anfangs vorhandene Symmetrie durch den Übergang zu einer komplexeren Phase gebrochen wird (→Feigenbaum-Konstante).

Systeme, die durch solche Eigenschaften charakterisiert sind, nennt man selbstorganisierend. Es können ohne externe Lenkung spontan neue →Ordnungen entstehen. Prigogine sucht in den sich selbst organisierenden Systemen einen Weg aus dem Chaos zurück in die Ordnung. Das Nichtgleichgewicht bringt Ordnung aus dem Chaos hervor. Neuere Ansätze versuchen nun die Kreativität des Universums und dort insbesondere die Tatsache, dass lebende →Materie aus unbelebter Materie hervorgegangen ist, mit der Theorie der Selbstorganisation zu erklären.

Von allen derzeit gängigen Denkansätzen muss man jedoch sagen, dass →Leben vielleicht so entstanden sein könnte, aber keiner ist so überzeugend, dass man sagen kann, es muss sich auf diese Weise abgespielt haben.

B. W.

Semantik Untersuchungsgegenstand ist die sprachliche →Bedeutung im Sinne der Beziehung zwischen Ausdrücken der →Sprache und der →Welt. Die modelltheoretische Semantik (häufig auch formale Semantik) leistet dies in präziser Weise für Sätze formaler Sprachen (wie z. B. Sätze der Mathematik). Ihre Leistungsfähigkeit beurteilt sich danach, in welchem Maße sie Folgerungsbeziehungen zwischen Sätzen zu erfassen im Stande ist. Folgerung und →Wahrheit als Bezeichnung einer Beziehung zwischen Sätzen bzw. einer Eigenschaft von Sätzen sind daher Begriffe der Semantik. Der Modelltheorie gelang es, in vielen Fragen der →Logik und Mathematik Klarheit zu schaffen, insbesondere was die Beziehung zwischen (dem syntaktischen Begriff der) Beweisbarkeit und Wahrheit betrifft. Für eine Semantik der natürlichen →Sprache wird die herkömmliche Modelltheorie allerdings als unzureichend angesehen.

Als Alternative zur klassischen Modelltheorie kann man beispielsweise die Situationssemantik betrachten. Nach ihr ist die Bedeutung eines einfachen Deklarativsatzes eine Relation zwischen Äußerungen und beschriebenen Situationen. Die Interpretation einer →Aussage, die mit einem solchen Satz bei einer speziellen Gelegenheit gemacht wurde, ist dann die beschriebene Situation.

D. C.

Semiotik Von griech. *semeion*, ›Zeichen‹: Theorie der →Zeichen. Die Semiotik untersucht weniger die →Bedeutung von einzelnen Zeichen als vielmehr allgemein ihre Funktionsweise und ganze Zeichensysteme. Der Beginn der modernen Semiotik und somit der Beschäftigung mit ihr als eigenständiger →Wissenschaft wird im Allgemeinen in den Werken von Saussure und →Peirce gesehen. Während F. de Saussure sich im Rahmen der Linguistik mit der Semiotik beschäftigt, wird sie bei Peirce (in Anlehnung an →Locke, von dem er den Begriff übernimmt) als Grundlage von Linguistik, →Logik und anderen Wissenschaften, die sich mit Zeichen beschäftigen, angesehen. Die Position von Peirce wurde in der Folge vor allem von Morris weiterentwickelt, der in ihr die Grundlage jeder →Erkenntnis sowie die Möglichkeit der Lösung aller philosophischen Probleme sieht, was auch zu einer Entwicklung verschiedener Fachsemiotiken führte. So wird z. B. in der Rechtssemiotik oder der Kultursemiotik die Zeichenhaftigkeit jeglicher Elemente untersucht, die ein Rechtssystem bzw. eine →Kultur ausmachen. Die linguistische Tradition Saussures wird u. a. von Umberto Eco weitergeführt. Ein weiterer Ansatz stammt von N. →Goodman, der betont, dass Zeichen immer nur innerhalb eines Zeichensystems Bedeutung zugewiesen wird. Goodman hat seinen epistemologischen Ansatz (→Erkenntnistheorie) sowohl für die →Wissenschaftstheorie als auch für die →Ästhetik nutzbar gemacht. Erklärt wird hier nicht nur die unterschiedliche Art, in der →Kunst und →Wissenschaft zur Erkenntnis beitragen, sondern auch und insbesondere die Funktionsweise von Bildern, die als spezielle Art von Zeichen ausgewiesen werden.

U. Eco, Semiotica e filosofia del linguaggio, Turin 1984 [dt.: Semiotik. Entwurf einer Theorie der Zeichen, München 1997]

N. Goodman, Languages of Art. An Approach to a Theory of Symbols, 2. Aufl. Indianapolis / Cambridge 1976 [dt.: Sprachen der Kunst. Entwurf einer Symboltheorie, Frankfurt/M. 1997]

Ch. W. Morris, Foundations of the Theory of Signs, Chicago 1938 [dt.: Grundlagen der Zeichentheorie, München 1972]

R. Posner (Hg.), Semiotik. Ein Handbuch zu den zeichentheoretischen Grundlagen von Natur und Kultur, 3 Bde, Berlin 1997f.

M. R.

Sensualismus Bezeichnung für diejenige erkenntnistheoretische Position, nach welcher alle →Erkenntnis auf sinnlicher →Wahrnehmung beruht. Eine Beteiligung des →Geistes beim Zustandekommen der Erkenntnis wird im strengen Sensualismus völlig abgelehnt, in schwächer ausgeprägten Formen desselben auf ein Minimum reduziert. Die Wahrnehmungen beziehungsweise die Wahrnehmungsinhalte selbst werden als primär und unverfälscht Gegebenes verstanden. Eine klare Trennung in →Denken und Wahrnehmen besteht nicht. Vielmehr wird das Denken selbst als eine Art Wahrnehmung oder als das Produkt derselben verstanden, sodass sich prinzipiell auch alle Denkinhalte auf Sinneseindrücke zurückführen lassen. Denkinhalte sind in dieser Sicht von der Sinnesempfindung abgeleitete →Vorstellungen, wobei es zur Ableitung selbst keiner weiteren Prinzipien oder Fähigkeiten bedarf.

Der Sensualismus als erkenntnistheoretischer Standpunkt findet sich in zwei Ausformungen: dem psychologischen und dem wissenschaftstheoretischen Sensualismus. Der psychologische Sensualismus beschäftigt sich mit der Entstehung der sinnlichen Wahrnehmung bzw. mit demjenigen Prozess, der im Ausgang von sinnlichen Wahrnehmungsempfindungen schließlich zur Erkenntnis führt. Der wissenschaftstheoretische Sensualismus dient dem Ziel einer rein deskriptiven →Wissenschaft, deren Sätze durch

Reduktionsverfahren auf zugrunde liegende Elementarsätze über Sinneseindrücke zurückgeführt und dadurch als in der →Empirie verankert erwiesen werden können. Der sensualistische Standpunkt entwickelt und definiert sich vor allem durch seine Opposition zu allen spekulativen Ansätzen. Während sich einzelne Vertreter der sensualistischen Perspektive über alle Zeiten hinweg verteilt finden (die antiken Philosophen Protagoras, Epikur, Demokrit und der Begründer des →Empiriokritizismus, Mach, seien hier nur als Beispiele genannt), hat sich der Sensualismus nur in Frankreich als eigentliche Schule oder Lehre konstituiert. Er ist entstanden aus der Rezeption, Weiterführung und vor allem der Radikalisierung des englischen →Empirismus und wird von einigen Autoren als eine Sonderform desselben verstanden. Wie die Entstehung des Empirismus, so ist auch die Entstehung des Sensualismus in einem engen Zusammenhang mit dem Aufkommen der modernen Naturwissenschaften und dem damit verbundenen Bedürfnis zu sehen, ihre Erkenntnisse auf eine sichere empirische Grundlage zu stellen. In Anlehnung an antike Vorbilder wendet sich das Interesse der Zeit intensiv der Untersuchung der sinnlichen Wahrnehmungserfahrung zu. Die Schriften von →Bacon, →Hobbes, →Locke, →Hume und →Berkeley bilden die empiristische Grundlage, auf der die Philosophen des Sensualismus ihre →Systeme aufbauen. So findet sich bereits bei Hobbes die Formulierung des sensualistischen →Prinzips, welches besagt, dass man sich nichts denken könne, was nicht zuvor als Ganzes oder in seinen Teilen in den Sinnen erzeugt worden sei. Auch Hobbes' Verständnis der Vorstellungsinhalte als mentale Entsprechungen, nicht als Abbildungen der äußeren Dinge stößt auf die Zustimmung der Sensualisten. Hobbes deutet den Wahrnehmungsprozess mechanistisch, indem die von äußeren Dingen durch Bewegung verursachte Einwirkung auf die menschlichen Sinnesorgane eine Reaktion der ›inneren Lebensgeister‹ provoziert, welche zu der Erzeugung der mentalen Vorstellungsinhalte führt. Neben dem Einfluss der anderen erwähnten Autoren ist es jedoch vor allem Locke, auf den sich die Sensualisten immer wieder beziehen. In seiner Theorie unterscheidet er die Wahrnehmung der äußeren Sinne von der inneren Selbstwahrnehmung des Geistes und sieht in ihnen die Grundlage und →Ursache aller dem →Menschen möglichen Erkenntnis. Diese These erfährt eine deutliche Radikalisierung durch Condillac. Indem er die lockesche Selbstwahrnehmung als möglichen Ursprung von →Ideen ausschaltet und in Konsequenz alle Vorstellungsinhalte nur noch als Produkte ausschließlich der äußeren Sinneswahrnehmung bestimmt, führt er den Empirismus in einen Sensualismus über. Condillac und mit ihm viele spätere Sensualisten verstehen diesen Schritt als konsequente Weiterführung der empiristischen Theorie. So richtig das in gewisser Hinsicht auch sein mag, so stimmt auch, dass mit dieser Reduktion ein klarer Wechsel der Blickrichtung verbunden ist. Erkenntnistheoretische Aspekte treten in den Hintergrund (respektive verschwinden gänzlich), und das ganze Interesse richtet sich auf die genetische Untersuchung. Die empiristische Suche nach einem sicheren Ausgangspunkt für die Erkenntnis mündet im Sensualismus in der Psychologie. So verwundert es nicht, dass bereits die erste publizistische Erwähnung des Sensualismus (Ch. Villers in seiner *Philosophie de Kant* von 1801) diesen Namen in abwertender Weise gebraucht und von einer »neuen französischen Metaphysik« spricht. Wenn auch der Sensualismus als erkenntnistheoretische Position nicht überzeugen konnte, so war er doch in anderer Hinsicht äußerst erfolgreich. Interessanterweise bildet er das theoretische Fundament für eine Reihe der radikalsten französischen Aufklärer, die von den sensualistischen Grundlagen ausgehend ihre →Kritik an den bestehenden gesellschaftlichen Verhältnissen formulieren. Wie diese Verbindung zwischen Gesellschaftskritik und Sensualismus konkret zu denken ist, soll für drei seiner prominentesten Verfechter dargelegt werden: Condillac, Helvétius und Condorcet.

In seinem *Traité des sensations* (1754) vertritt Condillac die These, dass nicht nur alle Vorstellungen des Menschen auf sinnliche →Erfahrungen zurückzuführen sind, sondern dass auch sämtliche seiner Fähigkeiten erst durch dieselben erworben werden. Anhand der Vorstellung einer Statue, die nach und nach zum Leben erwacht, demonstriert er, wie er sich den Erwerb all derjenigen Fähigkeiten, die den Menschen ausmachen, durch bloße Sinneserfahrung vorstellt. Wenn aber der Mensch, wie es das Beispiel nahe legen soll, tatsächlich erst durch seine Erfahrungen zu dem wird, was er ist, so kann aus dieser Annahme in letzter Konsequenz auf die Gleichheit der Menschen vor aller ›Formung‹ durch die Erfahrung geschlossen werden (auch wenn der Autor selbst darauf an jener Stelle verzichtet). Auch Helvétius fordert in seiner posthum erschienenen Schrift *De l'homme, de ses facultés intellectuelles et de son éducation* (1773) den Leser auf, sich einen Menschen vorzustellen, der (beispielsweise von Feen aus der Wiege geraubt und auf ein einsames Schloss entführt) noch bar jeglicher ›Vorstellungen‹ und ›Leidenschaften‹ auf dieser Welt existiert. Weil ohne Vorstellungen und Leidenschaften, sei er aber auch gänzlich ohne ›Charakter‹ auf diese Welt gekommen, woraus sich ergibt, dass von Geburt aus alle Menschen gleich sind. Die späteren Unterschiede und Ungleichheiten zwischen den Individuen sind sämtlich das Ergebnis von Umwelteinflüssen: »Der Mensch ist nur das Produkt seiner Erziehung.« Die Ursache für die großen sozialen Spannungen seiner Zeit liegen nach Helvétius darin, dass die Repräsentanten der zeitgenössischen →Moral und Politik von einem gänzlich falschen Bild der beherrschten Untertanen ausgehen. Dieses Menschenbild gilt es in erster Linie in Hinblick auf die beschriebenen menschlichen Grundlagen zu korrigieren. In der danach erfolgenden Anwendung des Gelernten muss der Gesetzgeber der Erziehung eine Schlüsselrolle in →Gesellschaft und →Politik einräumen. Obwohl auch Condorcets Überlegungen im Sensualismus ihren Ausgangspunkt haben, versucht dieser seine Forderungen (bürgerliche Gleichberechtigung der Protestanten, Humanisierung des Strafrechts, Abschaffung der Sklaverei usw.) in anderer Weise als Condillac und Helvétius aus den sensualistischen Grundannahmen zu entwickeln. Ausgehend von der Annahme (die auch von den beiden Obgenannten geteilt wird), dass die Sinnesempfindung die Grundlage jeder (Er-)Kenntnis darstellt, der Mensch also aus seinen Erfahrungen lernt, schließt Condorcet, dass die Lernfähigkeit der →Menschen prinzipiell unendlich ist und somit die Grundbedingung für einen unendlichen zivilisatorischen, moralischen und intellektuellen Fortschritt eigentlich erfüllt sei. In einem gigantischen Abriss der Menschheitsgeschichte entwirft er das Bild dieses permanenten Fortschritts, der schließlich irgendwann in der Zukunft zur Beseitigung aller Ungleichheit in und zwischen den Völkern und zur Vervollkommnung der Menschen in jeder Hinsicht führen wird.

W. Windelband, Die Geschichte der Neueren Philosophie. Erster Band: Von der Renaissance bis Kant, Leipzig 1911, S. 407–414

G.T.-G.

Sensus communis Lat. ›Gemeinsinn‹: Philosophie des gesunden Menschenverstands. In der Wortbedeutung →Gemeinsinn bezeichnet der *sensus communis* bei →Aristoteles zunächst einen gemeinschaftlichen Sinn im Unterschied zu den fünf einzelnen Sinnen. In der →Stoa gilt er als Organ der allen Menschen gemeinsamen Begriffe.

E. M. S.

Si tacuisses, philosophus mansisses Lat.: ›Wenn du geschwiegen hättest, wärest du Philosoph geblieben‹: Ausspruch des römischen Philosophen und Staatsmanns Boethius in seinem im Kerker verfassten Werk *Trost der Philosophie.*

E. M. S.

Sic et non Lat.: ›ja und nein‹: Formel für das streng schematische scholastische Verfahren der *disputatio.* Danach werden bei allen Fragen (*quaestiones*) zunächst die dafür sprechenden (*sic*), dann die dagegen sprechenden (*non*) Autoritäten gehört, um schließlich zur Problemlösung (*solutio*) zu gelangen.

E. M. S.

Sieben Weise Sieben Staatsmänner und Denker im antiken Griechenland, von denen kurze Sinnsprüche zur Lebensweisheit überliefert wurden, darunter »Erkenne dich selbst« (vermutlich von →Thales von Milet), »Nichts im Übermaß« (Solon von Athen), »Alles zur rechten Zeit« (Pittakos).

M. S.

Signifikanz In der Alltagssprache bezeichnet der Begriff ganz allgemein Bedeutsames und Wesentliches. In der Statistik heißt z. B. ein Unterschied zwischen zwei Werten signifikant, wenn er so groß ist, dass er nicht als zufällig entstanden gelten kann. In der →Wissenschaftstheorie ist der Begriff der empirischen Signifikanz von besonderer Bedeutung. So lautet eine der Grundthesen des →Empirismus: Die →Wahrheit oder Falschheit synthetischer →Aussagen kann nur auf empirischem Wege festgestellt werden (so genanntes empiristisches Signifikanzkriterium über den empirischen Sinn von Aussagen). Dieses Kriterium war gegen reine Apriori-Betrachtungen gerichtet und postulierte, dass sich allein durch reines Nachdenken keine Wahrheiten über die reale →Welt ermitteln lassen. Das Kriterium der empirischen Signifikanz bildet somit ein Abgrenzungskriterium zwischen empirischer (Erfahrungswissenschaften, wie z.B. Naturwissenschaften) und nicht empirischer Forschung (→Metaphysik).

Die konkrete Ausdeutung des ›empirischen Sinns‹ unterlag in der Wissenschaftstheorie einer langen Diskussion. Hier seien nur exemplarisch zwei markante Definitionen aufgezeigt: Empiristen / →Wiener Kreis: Eine Aussage hat einen empirischen Sinn, wenn sie wenigstens prinzipiell durch Beobachtungen vollständig →verifiziert werden kann. – Falsifikationisten: Eine Aussage hat einen empirischen Sinn genau dann, wenn ihre Negation nicht analytisch ist und aus einer endlichen, logisch konsistenten Klasse von Beobachtungsaussagen logisch folgt.

All diese einfachen Fassungen des Signifikanzkriteriums scheitern jedoch daran, dass sie entweder bestimmte Aussagen-Klassen vorab ausschließen (das Falsifikationskriterium z.B. schließt Existenz-Aussagen aus, die aber ja durchaus empirisch sein können) oder theoretische Aussagen ausschließen, die aber ja – über entsprechende Zuordnungsregeln – auch praktische Relevanz haben sollen und aus keiner erfahrungswissenschaftlichen Theorie wegzudenken sind. Deshalb muss man mehrstufige Signifikanzkriterien fordern (→Carnap): 1. empirische Signifikanz für die Beobachtungssprache und 2. Signifikanz auch für theoretische Sätze: Ein theoretischer Term ist signifikant in einer gegebenen →Theorie, wenn sein Gebrauch in dieser Theorie relevant für die Voraussage eines beobachtbaren Ereignisses ist.

R. Carnap, Einführung in die Philosophie der Naturwissenschaft, München 1969

W. Stegmüller, Probleme und Resultate der Wissenschaftstheorie und Analytischen Philosophie, Berlin / Heidelberg / New York 1973

H.W.

Singuläre Sätze Linguistische Gebilde, die singuläre →Propositionen ausdrücken. Singuläre Propositionen oder Russell-Propositionen (*Russell propositions*) sind Propositionen über ein einzelnes →Objekt oder →Individuum, insofern das jeweilige Objekt bzw. Individuum Konstituent der Proposition ist. Propositionen werden hier verstanden als nicht linguistische Wahrheitswertträger. Beispiele für singuläre Propositionen sind z.B.: ›Lana ist weise‹, ›Turku liegt in Finnland‹.

Singuläre Propositionen werden generellen (*general propositions*) sowie partikularisierten (*particularized propositions*) Propositionen gegenübergestellt. Erstere sind Propositionen, die nicht über Einzelgegenstände, sondern über →Klassen von Gegenständen sind, während sich Letztere auf Individuen beziehen, ohne diese als Konstituenten zu haben. Beispiel für eine generelle Proposition ist die Aussage, dass die meisten Philosophiebücher zu dick sind oder dass einige Weißweine nicht zu Fisch schmecken. Beispiele für eine partikularisierte Proposition ist die Aussage, dass der Präsident der Vereinigten Staaten Zigarren mag oder dass der Autor von *Logik der Forschung* große Ohren hatte. Singuläre Propositionen werfen ihrerseits viele philosophische Probleme auf. So gibt es unterschiedliche Auffassungen darüber, wie singuläre Propositionen zusammengesetzt sind (→Frege, Russell, Kaplan), sowie darüber, ob man Propositionen überhaupt akzeptiert, und falls man dies tut, ob man singuläre Propositionen annehmen soll (Kaplan, Plantinga).

G. W. Fitch, The Nature of Singular Propositions, in: Philosophical Analysis, hg. von D. Austin, Dordrecht 1988, S. 281–297

G. Frege, On Sense and Reference (1892), in: Philosophical Writings, hg. von P. Geach / M. Black, Oxford 1952, S. 56–78

D. Kaplan, How to Russell a Frege-Church, The Journal of Philosophy 72 (1975), S. 716–729

–: Demonstratives (1077), in: Themes from Kaplan, hg. von J. Almog / J. Perry / H. Wettstein, New York 1989, S. 481–564

A. Plantinga, On Existenzialism, Philosophical Studies, 44 (1983), S. 1–20

B. Russell, On Denoting (1905), in: Logic and Knowledge, hg. von R. Marsh, London, 1956, S. 41–56

D. C.

Sinn In biologischer oder anthropologischer Perspektive ein Reiz aufnehmendes Organ der Lebewesen, das →Empfindungen verursacht und beim Menschen in Zusammenarbeit mit dem →Verstand →Erkenntnisse über die qualitative Beschaffenheit der Dinge vermittelt. Neben den fünf klassischen Sinnen, der Fähigkeit des Sehens, Riechens, Hörens, Schmeckens und Tastens, verfügt der Mensch über weitere Sinne wie den Gleichgewichtssinn, den Temperatursinn, den Zeitsinn oder den Raumsinn, die ihm Orientierung in der →Welt geben. In erweiterter Bedeutung meint Sinn auch ganz allgemein die Empfänglichkeit für geistige Sachverhalte oder →Werte, etwa den Sinn für Kunst, Musik oder für gutes Essen.

Darüber hinaus bezeichnet der Sinnbegriff in der Philosophie die im →Verstehen zugängliche →Bedeutung von Gegenständen, →Handlungen oder →Zeichen. In dieser Auffassung ist Sinn einer eigenen geisteswissenschaftlichen Erforschung fähig, die den Naturwissenschaften mit ihrer Ausrichtung auf das bloße Vorhandensein verschlossen bleibt (→Dilthey). Die Frage nach dem Sinn kann bei überschaubaren Zusammenhängen, insbesondere bei vom Menschen geschaffenen Gebrauchsgegenständen, oft eindeutig durch die Angabe des →Zwecks beantwortet werden, z. B. ist der Sinn einer Heizung die Erwärmung des Raumes. Wird Sinn auf einen übergreifenden Zusammenhang bezogen, ist eine eindeutige Bestimmung schwierig, z. B. beim Sinn des Lebens.

Neben der realistischen Auffassung, Sinn sei etwas in der Wirklichkeit Liegendes, was der Mensch ergründen kann, existiert auch die konstruktivistische Vorstellung, alle Sinnbestimmungen kämen allein vom Menschen her und würden von ihm in die an sich sinnlose Wirklichkeit projiziert. Nach Luhmann ist Sinn eine Kategorie, mit der psychische →Systeme (Menschen) die Komplexität der sie umgebenden Welt reduzieren, um sich in ihr über Kommunikationsprozesse zusammenzuschließen und gemeinschaftlich orientieren zu können.

Sprachphilosophisch interessant ist →Freges Unterscheidung von Sinn und Bedeutung bei sprachlichen Zeichen. So bedeuten die Ausdrücke ›Abendstern‹ und ›Morgenstern‹ beide Male den Planeten Venus, haben aber zugleich in sich einen je eigenen Sinn: der erste Stern, der morgens bzw. abends erscheint. Für den alltäglichen Umgang mit der Sprache reicht es danach aus, den Sinn der Worte, nicht unbedingt ihre Bedeutung zu kennen.

R. W. H.

Sinnlichkeit Bezeichnet alltagssprachlich zum einen die Fähigkeit des →Menschen, mittels der →Sinne sein Leben zu genießen. Zum anderen bedeutet sie Empfänglichkeit für Einflüsse und Reize überhaupt, die von außen auf das Individuum einwirken.

Als philosophischen Fachterminus führt Wolff Sinnlichkeit als Übersetzung der Begriffe *sensualitas* und *sensibilitis* ein. In der leibniz-wolffschen Ausprägung des →Rationalismus ist die Sinnlichkeit das untere Erkenntnisvermögen, die sinnliche →Erkenntnis ist verworren; klare und deutliche Erkenntnisse gründen auf dem →Verstand, dem oberen Erkenntnisvermögen.

Obwohl →Kant die Einteilung in unteres und oberes Erkenntnisvermögen beibehält, hat die Sinnlichkeit in seiner →Erkenntnistheorie einen großen Stellenwert und wird gleichzeitig in ihrem Beitrag für das Zustandekommen von Erkenntnis aufgewertet. Weil sie der Teil des Erkenntnisapparats ist, der als ›Empfänglichkeit‹ eine Einflussnahme der →Umwelt auf das →Subjekt ermöglicht, wird sie gleichsam zum Bindeglied zwischen Subjekt und →Welt. Dem durch Anstoß von außen in der Sinnlichkeit hervorgerufenen Empfindungsmaterial wird schon bei der Aufnahme durch das Subjekt eine räumliche und zeitliche Form aufgeprägt: In der Sinnlichkeit hat sich eine →Vorstellung von einem Gegenstand gebildet. Dem Verstand fällt nun die Aufgabe zu, die Vorstellungen begrifflich zu bestimmen und so dem Subjekt zu Erkenntnissen zu verhelfen; ohne sinnlichen Gehalt ist er zu keiner wirklichen Erkenntnis fähig. Die wechselseitige Abhängigkeit der beiden Erkenntnisstämme Sinnlichkeit und Verstand bei der Konstitution von Erkenntnis hat Kant in dem Satz zum Ausdruck gebracht: »Begriffe ohne Anschauung sind leer, Anschauungen ohne Begriffe sind blind.«

In der praktischen Philosophie rechnet Kant alle nicht vernünftigen Triebfedern für unser Handeln zur Sinnlichkeit. Diese Triebfedern bezeichnet er auch als →Neigungen. Die Sinnlichkeit ist der affektiv-emotionale Teil der menschlichen Persönlichkeit. Wird eine →Handlung durch sinnliche Motive beeinflusst, hat sie keinerlei moralischen →Wert. Nur indem ich mein Handeln an dem obersten Vernunftprinzip, dem →kategorischen Imperativ ausrichte, handle ich moralisch und nur dann bin ich frei.

L. A.

Sittengesetz Die oberste moralische Norm für das Handeln: →Kant entwickelt das Sittengesetz aus dem Grundsatz heraus, dass der moralische Wert einer →Handlung nicht in dieser selbst liegt, in ihrem Erfolg oder ihrem Misslingen, noch nicht einmal in der Absicht, die man damit verfolgt, sondern einzig und allein im Beweggrund der Handlung, d.h. im →Prinzip des Wollens. Für Kant ist also die →Maxime der Handlung entscheidend, und diese Maxime muss, obwohl sie ein subjektiver Handlungsgrundsatz ist, generalisierbar sein und muss unter allen Bedingungen, d.h. ausnahmslos Gültigkeit haben. Entsprechend lautet der →kategorische Imperativ: »Handle so, dass die Maxime deines Handelns jederzeit zu einem allgemeinen Gesetz werden könnte.« Um dies zu gewährleisten, darf die Triebfeder des Handelns keine subjektive sein. In der Sprache Kants: Die Handlungen dürfen, sofern sie moralisch wertvoll sein sollen, nicht aus →Neigung heraus geschehen, sondern müssen um der →Pflicht willen ausgeführt werden. Pflicht besagt dabei die →Notwendigkeit einer Handlung aus Achtung für das Gesetz. In der Befolgung des Sittengesetzes überschreitet der Mensch sich selbst als Sinnenwesen und wird reines Vernunftwesen. Das Sittengesetz gilt entsprechend nicht bloß für Menschen, sondern für alle vernünftigen Wesen überhaupt.

W. R.

Sittlichkeit Einerseits die Fähigkeit des →Menschen, sein Handeln an einer sozialen Verbindlichkeit auszurichten, andererseits auch das in die gesellschaftlichen →Institutionen eingearbeitete Normengefüge, insoweit es diese soziale Verbindlichkeit unterstützt. Die Begriffe ›moralisch‹, ›ethisch‹ und ›sittlich‹ werden meist synonym gebraucht. In der philosophischen Tradition hat sich jedoch eine differenziertere Verwendungsweise herauskristallisiert. Während man unter →Moral die →Prinzipien des guten und richtigen Handelns versteht, bezeichnet →Ethik eher die →Reflexion über die →Geltung und Begründung solcher moralischen Grundsätze. Will man das Verhältnis von Sittlichkeit und Moral bestimmen, so kommt man in große Verlegenheit, weil es in der Philosophie unterschiedliche Auffassungen dazu gibt. Eine hat →Kant dargelegt. In Abgrenzung gegen alle vorgängigen ethischen Systeme, die den moralischen Wert einer →Handlung in der Realisierung eines Ziels sahen, dem in moralischer Hinsicht größte Dignität unterstellt wurde, legte er bei der moralischen Bewertung den Akzent auf die innere Einstellung des Handelnden. Die Handlung ist dann moralisch wertvoll, wenn die →Vernunft als guter →Wille bestimmend ist. Weil aber die Vernunft nicht einzusehen vermag, dass ein konkretes Ziel erstrebenswert ist, bleibt als Inhalt der Sittlichkeit nur die autonome Selbstbestimmung, die bloße Form der Gesetzgebung, übrig. Neben der Vernunft hat der Mensch nach Kant auch ein Begehrungsvermögen. Dies wiederum bedeutet, dass →Gefühle und Triebe mein Handeln beeinflussen können. Da es diesen ›Gegenspieler‹ für die praktische Vernunft gibt, kann sie ihren Einfluss auf das menschliche Handeln nur als Forderung oder →Imperativ geltend machen. Das →Sittengesetz als oberster moralischer Grundsatz erhält für den Menschen die Form des →kategorischen Imperativs.

Nach →Hegel ist das kantische Moralprinzip des Gut-sein-Wollens völlig unbestimmt, abstrakt und bedarf somit der Konkretion. Denn das Handeln vollzieht sich in einer historisch vermittelten, gesellschaftlichen →Wirklichkeit. In diese muss die abstrakte Moral einfügbar sein. Dies geschieht dadurch, dass sich der bloß subjektive Wille der Moralität freiwillig in eine vernünftig organisierte, gesellschaftliche →Ordnung integriert: Die abstrakte Moralität wird zur konkreten Sittlichkeit fortgebildet. Die Stufen dieses Prozesses bezeichnet Hegel mit Familie, bürgerlicher →Gesellschaft und →Staat. Während also Kant Sittlichkeit als ein rein Inneres, mit der Moralität Identisches betrachtet, ist für Hegel Sittlichkeit eine äußere Objektivation des →Geistes in der Gesellschaft.

L. A.

Situationsethik Eine im Gegensatz zur traditionellen Wesensethik stehende ethische Richtung, die von der Annahme ausgeht, moralisches Handeln sei nur aus der je besonderen individuellen und geschichtlichen Situation des Handelnden her erklär- und beurteilbar. Während sich nach der traditionellen →Ethik menschliches Handeln prinzipiell an vorgegebenen unwandelbaren sittlichen →Normen zu orientieren hat, ist den Vertretern der Situationsethik jeder Handlungsakt einmalig und erfordert stets individuelle Handlungs- und Urteilsmaßstäbe. Die Vertreter der traditionellen Ethik wenden dagegen ein, dass jeder sittlichen Einzelentscheidung schon ein persönlicher Wertekanon vorgeschaltet ist, der gleichsam die Funktion allgemeiner Normen übernimmt. Der Begriff wurde im 20. Jh. insbesondere von der →Existenzphilosophie geprägt und steht im Zusammenhang mit der Betonung der →Geschichtlichkeit menschlichen →Daseins.

Noch weiter verbreitet ist der Begriff in der theologischen Ethik. Der →Wille →Gottes – Richtlinie des sittlichen Handelns – rufe jeden Einzelnen zu seiner jeweiligen Aufgabe. Allgemeinste Normen werden in der theologischen im Gegensatz zur philosophischen Situationsethik nicht generell abgelehnt (→Gesinnungsethik, →Verantwortungsethik).

E. M. S.

Skepsis Von griech. *skepesthai*, ›spähend umherblicken‹: bedeutet zunächst →Zweifel. Man kann negative Skepsis, welche die Erkennbarkeit der →Welt grundsätzlich in Frage stellt, von einer positiven unterscheiden, die Behauptungen nicht ungeprüft für gültig erachtet.

L. A.

Skeptizismus Als philosophisches Lehrgebäude lediglich in der antiken hellenistischen Philosophie, vom 4. vorchristlichen bis zum 2. nachchristlichen Jh., ausgearbeitet. Kristallisationspunkt ist der →Zweifel an den dogmatischen →Systemen der zeitgenössischen Philosophie, vornehmlich der →Stoa. Die Skeptiker vereint eine zurückhaltende und zweifelnde Einstellung Sätzen und →Theorien gegenüber, die objektive →Geltung beanspruchen. Diese Grundhaltung, die so genannte →*epoché*, führt nur in wenigen Ausnahmen, etwa bei Pyrrhon von Elis, zur Behauptung, dass die →Welt grundsätzlich unerkennbar sei. Das Bemühen um wahre →Erkenntnis wird von den meisten nicht aufgegeben, wenn sie auch davon ausgehen, dass es jene noch nicht gibt. Gleichwohl ist beim späteren Skeptizismus eine Tendenz zum →Relativismus und →Eklektizismus unverkennbar: →Wahrheit sei Ansichtssache und man solle die existierenden Philosophien als ›Steinbrüche‹ benutzen, sich dasjenige heraussuchen, was gerade als nützlich erscheine. Ausgesprochen fruchtbar erweist sich die skeptische Einstellung, wenn sie zur Selbstbeschränkung der Erkenntnis führt, wie z. B. bei →Hume, der einen Nachweis der objektiven Geltung des Kausalprinzips als nicht möglich erachtet. Für →Descartes wird der methodische Zweifel zum Mittel, um eine fundierte Philosophie zu erstellen, für →Kant erfüllt er sogar beide Funktionen: Selbstkritik und Fundierung der Philosophie.

L. A.

Solipsismus Von lat. *solus ipse*, ›ich allein‹: Extreme erkenntnistheoretische Position, nach der allein das →Ich mit seinen Bewusstseinsinhalten real existiert. Nach dieser ganz und gar subjektivistischen Auffassung sind sowohl die Gegenstände der Außenwelt als auch die anderen Subjekte mit ihren Bewusstseinsinhalten →Vorstellungen des →Subjekts und daher bloße Inhalte meines →Bewusstseins. Unter den wirkmächtigen philosophischen Positionen steht allein →Fichtes Ansatz, der von einer Setzung sowohl der Außenwelt als auch des Empirischen durch ein absolutes Ich ausgeht, einem erkenntnistheoretisch-metaphysischen Solipsismus nicht fern.

Philosophisch eingebürgerter ist der methodische Solipsismus: Er geht von der →Methode radikalen Zweifelns aus und gelangt dann zum Ich als der ersten sicheren →Gewissheit; von dort stößt er über den →Beweis der Existenz →Gottes zur Realität der Außenwelt vor (→Descartes). Der ethische Solipsismus oder auch →Egoismus wiederum sieht nur das als erstrebenswert an, was dem eigenen Selbst nützt (Stirner).

→Schopenhauer bemerkt lebenspraktisch wohl zu Recht, dass die Vertreter eines radikalen Solipsismus ins Tollhaus gehörten. Dennoch ist die philosophische Widerlegung dieser Position nur schwer möglich. Allerdings muss sich ein Solipsist fragen lassen, ob er seinen Standpunkt als mitteilbaren überhaupt vertreten kann, ohne in einen Selbstwiderspruch zu geraten.

R. W. H.

Sollens-Sätze Auch Normsätze: Nach Kutschera →Aussagen, die behaupten, dass gewisse →Handlungen geboten, verboten oder erlaubt sind. Beispiele für solche Sätze sind: ›Man darf beim Flaschendrehen den Wodka nicht heimlich in den Blumenkasten kippen‹ und ›Es ist verboten mit 180 km/h und ohne Licht in der Nacht durch die Innenstadt zu fahren‹. Wenn solche Normsätze behauptet werden, sind sie wahr oder falsch. In diesem Punkt unterscheiden sie sich von →Imperativen, die oft aber sprachlich dieselbe Form wie Normsätze haben, jedoch nicht wahrheitsfähig sind.

Die Philosophie untersucht Sollens-Sätze hinsichtlich ihres verbindlichen Charakters, der ihnen zur Verfügung stehenden Begründungsmöglichkeiten und des Folgerungsverhältnisses untereinander (wie z. B. in der →deontischen Logik) sowie zwischen Sollenssätzen und deskriptiven Sätzen.

F. von Kutschera, Einführung in die Logik der Normen, Werte und Entscheidungen, München 1973

D. C.

Sophia →Weisheit

Sophisten Griech. ›Weisheitslehrer‹: Professionelle griechische Wanderlehrer der Redekunst.

In der Zeit nach dem historischen Ende der mythisch-archaischen Epoche Griechenlands gegen 600 v. Chr. brach mit den →Mythen zugleich die Orientierung im Denken und Handeln weg. Während sich die →Vorsokratiker nun den →Prinzipien (*archai*) des →Seins und →Denkens zuwandten, versuchten die Sophisten Handlungsprinzipien zu finden. Dazu kritisierten sie die bestehenden Moralvorstellungen und überführten sie als solche, die vor der →Vernunft nicht bestehen könnten. Zurecht wurden die Sophisten deshalb auch als die ersten Aufklärer bezeichnet. Die kritische Tätigkeit der Sophisten führte auf der einen Seite zu einem gewissen →Relativismus, auf der anderen Seite jedoch waren sie für eine Demokratie von großer Bedeutung. Denn an die Stelle verbriefter →Wahrheiten setzten sie die Kunst der öffentlichen Rede. Und so traten sie als Rhetoriklehrer auf und zogen mit mehr oder weniger Anhängern von Polis zu Polis. Sie bildeten einen angesehenen Stand. Bedeutende Sophisten waren Protagoras (»der Mensch ist das Maß aller Dinge«) und Gorgias sowie Hippias von Elis, Prodikos von Keos, Thrasymachos, Kallikles, Euthydemos, Kritias u. a. Das Bild der Sophisten änderte sich durch →Platons Kritik. Obwohl →Sokrates den Sophisten zumindest nahe stand, wird er in Platons Frühdialogen als deren Gegenspieler dargestellt, der die Sophisten als eloquente Wortverdreher kritisiert, denen es nicht um die Wahrheit geht, sondern darum, ein Wortgefecht zu gewinnen; denn genau diese Fähigkeit würden sie gegen Bezahlung vermitteln. Der Philosophie hingegen käme es auf die Wahrheit an, und deshalb müsse an die Stelle der →Rhetorik die →Argumentation treten.

W. R.

Sophrosyne Griech. ›Besonnenheit‹: Neben Weisheit (*sophia*), Tapferkeit (*andreia*) und Gerechtigkeit (*dikaiosyne*) eine der vier →Kardinaltugenden nach →Platon. Auf der Suche nach dem gerechten →Staat stellt Sokrates in Platons *Politeia* die besondere Aufgabe der Sophrosyne innerhalb des Viergespanns der →Tugenden dar, nämlich zwischen den Ständen des Staates auszugleichen und zu vermitteln – ebenso wie zwischen den die menschliche Psyche bestimmenden Seelenteilen. Die Sophrosyne ist in diesem Zusammenhang von besonderer Bedeutung sowohl für Platons Staatstheorie als auch für seine Seelenlehre: Innerhalb der in drei Bereiche zergliederten menschlichen Seele (→Vernunft und →Weisheit der Philosophenkönige, Mut und Tapferkeit der Wächter, Begehrung und Erwerbssinn der Gewerbetreibenden) fällt der Sophrosyne die mäßigende Funktion zu; sie nämlich stellt die Harmonie her zwischen den drei Seelenteilen. Platon betont in seiner Staatslehre somit die besondere Affinität der Sophrosyne und der Gerechtigkeit, da sie in ihrer Funktion des vernünftigen Ausgleichs der Stände eine wesentliche und unmittelbare Voraussetzung für die gerechte Aufgabenverteilung im Staat darstellt. Denn gerecht ist der Staat, wenn jeder gemäß seinen Fähigkeiten das Seine tut und kraft der Sophrosyne die auf die drei Stände verteilten Seelenteile in Harmonie miteinander leben. Die Lehre wurde von der →Scholastik und der christlich-mittelalterlichen Philosophie modifiziert aufgenommen.

E. M. S.

Sozialismus Bezeichnung für eine gesellschaftliche Organisationsform und zugleich eine politisch-weltanschauliche Konzeption, bei der die individuellen (ökonomischen) Interessen dem Gemeinwohl untergeordnet sind und daher das Privateigentum (an Produktionsmitteln) teilweise oder vollständig durch Gemeineigentum ersetzt wird. Im Marxismus-Leninismus wird der Sozialismus verstanden als Vorstufe zum Kommunismus; unter der Diktatur des Proletariats soll der Übergang zur kommunistischen klassenlosen und herrschaftsfreien Gesellschaft vorbereitet werden.

M. S.

Sozialphilosophie Die philosophische Disziplin, die die (wissenschaftstheoretischen) Grundlagen für die empirische Untersuchung des sozialen Lebens und die Maßstäbe zur normativen Beurteilung der Gesellschaft erörtert →politische Philosophie, →Rechts- und Staatsphilosophie.

M. S.

Spekulation Von lat. *speculatio*, ›Ausspähung‹: Meint im alltäglichen Sprachgebrauch das auf Gewinn ausgerichtete kalkulierende Rechnen mit letzthin vom Zufall abhängigen Erfolgen, z. B. das Spekulieren an der Börse. In der Philosophie steht das spekulative Denken ganz allgemein für den Versuch, durch →Begriffe zu einer →Erkenntnis von Gegenständen zu gelangen, die über die →Erfahrung hinausgehen, wie →Gott oder das →Absolute.

Besonders in der mittelalterlichen →Mystik meint Spekulation die geistige Schau →Gottes, der nicht direkt, wohl aber an seinen Werken als an einem Spiegel (lat. *speculum*) erkennbar ist. Da auch die Menschen selber ein Spiegel Gottes sind, führt auch die spekulative Schau in das eigene →Selbst, die Introspektion, zur Gotteserkenntnis (Seuse). →Kant grenzt die spekulative Erkenntnis von der auf konkrete Erfahrung bezogenen Naturerkenntnis ab: Diese sucht von den empirisch feststellbaren Wirkungen auf die →Ursachen zu schließen, jene überschreitet den für sicheres →Wissen konstitutiven Erfahrungsraum und geht auf Gegenstände, die keine definitive Erkenntnis zulassen. Im →deutschen Idealismus (A) wird der Begriff der Spekulation, in Abgrenzung von Kant, zum programmatischen Synonym für adäquates Philosophieren überhaupt. So steht Spekulation bei →Hegel für die dialektische Selbstbewegung des Begriffs, in der das subjektive endliche Denken nur ein Moment darstellt und in einer fortschreitenden Begriffsbewegung über sich hinaus zum absoluten →Geist geführt wird. Neben dieser allgemeinen Bedeutung erhält der Begriff bei Hegel auch eine speziellere: Während das dialektische Moment der philosophischen →Methode die Entfaltung der Entgegensetzungen bezeichnet, akzentuiert das spekulative Moment das Fassen der Gegensätze in ihrer Einheit.

R. W. H.

Spezies Lat. ›Art‹: Eine Menge von wesentlich gleichen Gegenständen; in der Biologie eine →Klasse untereinander frei kreuzbarer →Individuen, in der traditionellen →Logik ein durch spezifische Merkmale gekennzeichneter Teilbereich der nächsthöheren →Gattung. Die logischen Begriffe →Art und Gattung sind dabei relativ: Ein Gattungsbegriff kann dem nächst höheren Gattungsbegriff gegenüber wiederum ein Artbegriff sein (z. B. ist ›Philosophie‹ ein Gattungsbegriff zu ›Ethik‹ und ein Artbegriff zu ›Wissenschaft‹).

M. S.

Spiel Im Gegensatz zu →Arbeit eine Tätigkeit ohne bewusste Zwecksetzung, die aus reinem Vergnügen an der Tätigkeit als solcher vollzogen und im Allgemeinen mit Lustempfindung verbunden ist. Neben der →Freiheit von Ziel- und Zwecksetzungen beschreibt der Erziehungswissenschaftler Hans Scheuerl den Scheincharakter des Spiels, seine relative Geschlossenheit hinsichtlich der Regeln, zugleich seine zu permanenter Selbstwiederholung tendierende zirkuläre Struktur sowie die Neigung des Spielenden zu zeitentrückter Gegenwärtigkeit als Grundmerkmale des Spiels.

In Abkehr von Tendenzen, die das Spiel vor allem auf die kindliche Entwicklungsphase beschränken, ist die These, hier handle es sich um ein prinzipielles menschliches Grundverhalten, heute allgemein anerkannt. Als solches sieht man im Spiel eine Quelle von Kreativität und Flexibilität, Selbständigkeit und Selbstvertrauen und erkennt insbesondere seine Bedeutung für die menschliche →Kultur (Huizinga). Die wichtigsten psychologischen Theorien verstehen das Spiel als Ausdruck eines Kraftüberschusses (Spencer), als Rekapitulation menschlicher Kulturentwicklung (Hall), als Übung von Anlagen und Instinkten (Groos), als Erholung und Entlastungshandlung (Lazarus) oder psychoanalytisch als Affekt- und Triebabfuhr und insofern als Hilfe zur Realitätsbewältigung (Freud).

Der philosophische Begriff des Spiels wurde im →deutschen Idealismus (A) anthropologisch als Kategorie des →Schönen geprägt. →Kant spricht vom harmonischen Spiel zwischen →Einbildungskraft und →Verstand. Für Schiller vermittelt das Spiel zwischen den Bereichen der →Notwendigkeit und der Freiheit und wird so im ästhetischen Spiel zum Ausdruck von →Humanität. Beiden erhält sich im Spiel ein utopischer Appell an menschliche Totalität. Durch seine →Autonomie als Freiheit von Zweckrationalität birgt es kulturkritisches Potenzial. Zeitgenössische philosophische Theorien nehmen die anthropologische Deutung des Spielbegriffs auf. Für Huizinga basiert die Kultur überhaupt auf dem Spielcharakter des Menschen. Die →Existenzphilosophie erklärt den →Sinn des →Daseins ausgehend vom Spiel (Jaspers).

J. Huizinga, Homo ludens, Hamburg 1981

E. M. S.

Spinozismus Lehre →Spinozas und deren Weiterentwicklung. Danach gibt es nur eine einzige ewige, absolute →Substanz, die zugleich →Natur und →Gott (lat. *Deus sive natura*) ist (→Pantheismus). In ihr herrscht streng kausale Gesetzmäßigkeit. Ihre beiden einzigen →Attribute sind Ausdehnung und →Denken, →Materie und →Geist, und deren Modi oder Daseinsweisen sind die Einzeldinge bzw. -wesen. Unter dem Attribut der Ausdehnung betrachtet werden diese Einzelwesen als Körper, unter dem des Denkens werden sie als →Ideen aufgefasst. Je mehr der Mensch die Einzeldinge erforscht, desto mehr erkennt er Gott und liebt ihn auf geistige Weise (*amor dei intellectualis*). Da der menschliche Geist – →*sub specie aeternitatis* – nichts anderes als eine Daseinsweise der absoluten Gott-Natur ist, ist die in der Erkenntnis der Einzeldinge sinnfällig werdende Liebe zu Gott zugleich ein Teil der unendlichen Liebe, die Gott sich selbst gegenüber zeigt.

Spinozas Lehre wurde zunächst im 17. Jh. als Atheismus und Immoralismus geächtet, gelangte aber im 18. Jh. durch Jacobi, Mendelssohn, Lessing, Herder und Goethe zu großem Ansehen in der deutschen Geistesgeschichte. Zwischen Jacobi und Mendelssohn entzündete sich zuerst eine bis heute ungelöste Kontroverse um die Frage, ob Lessing Spinozist sei. Herder und Goethe bekannten sich dann zum Spinozismus, nicht ohne dessen pantheistische Lehre vorher gehörig modifiziert zu haben: Aus der streng kausal determinierten spinozistischen Substanz wurde bei ihnen ein organisches Ganzes, eine Totalität sinnhaft-lebendiger Kräfte. Die spinozistische Gedankenfigur eines sich selbst im Denken erfassenden Absoluten nutzten auch →Schelling und besonders →Hegel zum Entwurf ihrer philosophischen Systeme.

B. de Spinoza, Die Ethik nach geometrischer Methode dargestellt. Mit einer Einleitung von R. Schottlaender, Hamburg 1994

F. H. Jacobi, Über die Lehre des Spinoza in Briefen an den Herrn Moses Mendelssohn, Bearbeitet von M. Lauschke, Hamburg 2000

R. W. H.

Spontan Selbsttätig, nicht durch äußeren Anstoß verursacht, unvermittelt. Im Gegensatz zur →Rezeptivität des Gemüts und der →Sinnlichkeit sind für →Kant die →Begriffe spontan. Das bedeutet, dass die Begriffsbildung die Fähigkeit des →Verstandes ist, →Vorstellungen selbst hervorzubringen. Der →Spontaneität des Verstandes entspringen die →Kategorien, der Spontaneität der →Vernunft die →Ideen.

E. M. S.

Spontaneität Lat. *spontaneus*, ›Selbstbestimmung, Selbsttätigkeit‹: Im allgemeinen Sprachgebrauch und in der Psychologie bezeichnet Spontaneität die rasche Entschlussfähigkeit eines →Individuums ohne bewusste Einschaltung von Denk- oder Kontrollinstanzen.

In der Philosophie ist Spontaneität als Gegenbegriff zu →Rezeptivität ein zentraler Begriff der →Erkenntnistheorie. Für →Kant ist Spontaneität im Gegensatz zur Rezeptivität sinnlicher →Anschauung ein allein →Verstand und →Vernunft entspringendes Erkenntnisvermögen. Es bezeichnet die Fähigkeit des Erkenntnissubjekts, →Vorstellungen aktiv hervorzubringen, und steht somit für die selbstständige Leistung der Begriffsbildung, nämlich das →Denken. Rezeptivität dagegen stellt den empfangenden Teil des Erkenntnisvorgangs dar: das Affiziertwerden des →Bewusstseins durch Gegenstände der sinnlichen →Wahrnehmung, die Anschauung. Die Vermögen der Spontaneität und Rezeptivität ergänzen sich gemäß Kants Erkenntnistheorie insofern komplementär, als →Erkenntnis nur aus der Vereinigung der zunächst entgegengesetzten Fähigkeiten des Anschauens und des Denkens entspringt. »Gedanken ohne Inhalte sind leer, Anschauungen ohne Begriffe sind blind«. Als selbstbestimmter, nur Verstand und Vernunft verpflichteter Pol der Erkenntnis ermöglicht Spontaneität auch die menschliche →Freiheit als Unabhängigkeit des →Willens von sinnlichen Trieben und wird konstitutiv für die idealistische →Ethik Kants.

I. Kant, Kritik der reinen Vernunft, Hg. von R. Schmidt, Hamburg 1956

E. M. S.

Sprache Eine Sprache kann als ein →System von →Zeichen aufgefasst werden, die nach bestimmten Regeln verknüpft sind. Mit dem Begriff der Sprache ist oft der Gedanke verbunden, dass die Zeichen auf bestimmte Weise interpretiert werden (→Semantik). Unter einer formalen Sprache versteht man eine Sprache, deren →Syntax und gegebenenfalls Semantik explizit definiert und eindeutig aus der Form der Zeichen ableitbar sind. Beispiele für formale Sprachen sind die Sprachen der →Aussagen- und →Prädikatenlogik oder Programmiersprachen. Im Gegensatz dazu sind Syntax und Semantik natürlicher Sprachen nicht explizit definiert und es besteht auch keine eindeutige Entsprechung zur Form der Ausdrücke (so kann ein gleich lautender Ausdruck in verschiedenen Kontexten unterschiedlich interpretiert werden). Allerdings ist im Rahmen der von R. Montague entwickelten Grammatiktheorie versucht worden, natürliche Sprachen als formale Sprachen aufzufassen, indem man eine explizite Syntax und Semantik für natürliche Sprachen definiert. Sowohl formale als auch natürliche Sprachen unterscheiden sich von anderen Zeichensystemen (etwa von einem Flaggencode zur Verständigung von Schiffen auf See) dadurch, dass ihre Verwendung nicht auf bestimmte Situationen eingeschränkt ist (→Sprachphilosophie).

U. W.

Sprachphilosophie Eine philosophische Disziplin, die sich mit Ursprung, Wesen und Funktion der →Sprache befasst. Anders als in der Sprachwissenschaft sind nicht einzelne Sprachen Gegenstand der Untersuchung, sondern das Phänomen der Sprache überhaupt. Sprachphilosophie (engl. *philosophy of language*) ist weiterhin zu unterscheiden von sprachanalytischer Philosophie (engl. *linguistic philosophy*), bei der es sich um eine →Methode des Philosophierens handelt, die philosophische Fragen der verschiedenartigsten →Disziplinen durch eine Untersuchung der Sprache zu klären versucht (→analytische Philosophie). Da sich die sprachanalytische Philosophie dabei der Ergebnisse der Sprachphilosophie bedienen muss, kann sie auch als angewandte Sprachphilosophie bezeichnet werden. Aufgrund der von vielen Teilen der Philosophie im 20. Jh. vollzogenen ›sprachlichen Wende‹ (engl. *linguistic turn*) hin zur Sprachanalyse rückten somit auch sprachphilosophische Probleme zunehmend in den Vordergrund. Aber die Sprache spielt nicht nur in der analytischen

Philosophie, sondern in fast allen anderen philosophischen Richtungen eine Rolle; zu nennen sind hier insbesondere →Hermeneutik, →Phänomenologie, →Existenzphilosophie, →Strukturalismus und Poststrukturalismus. Im Folgenden wird lediglich die analytische Richtung weiterverfolgt.

Gegenstand sprachphilosophischer Untersuchungen sind Eigenschaften sprachlicher Ausdrücke. Wenn von diesen die Rede ist, kann zweierlei gemeint sein. Man kann entweder vom konkreten raum-zeitlichen Vorkommnis (engl. *token*) eines Ausdrucks sprechen, z. B. den Kreidespuren auf einer Tafel, oder von der abstrakten sprachlichen Form (engl. *type*), die durch die Vorkommnisse realisiert wird. Steht z. B. der Satz ›Es regnet‹ zweimal auf einer Tafel, so handelt es sich um zwei Sätze im Sinne eines Satzvorkommnisses, aber um nur einen Satz im Sinne einer Sprachform. Im Folgenden wird ›Ausdruck‹ im letzteren Sinne verstanden. Weiterhin ist zu unterscheiden zwischen der Sprache, die Gegenstand der Untersuchung ist (→Objektsprache) und der Sprache, in der die Ergebnisse der Untersuchung, also Aussagen über die Objektsprache, formuliert werden (→Metasprache). Diese Unterscheidung ist auch dann von besonderer methodischer Bedeutung, wenn die gleiche Sprache als Objekt- und als Metasprache dient.

Die charakteristische Eigenschaft sprachlicher Ausdrücke ist ihr Zeichencharakter. Für dessen Untersuchung hat sich die auf die allgemeine Zeichentheorie (→Semiotik) von Morris zurückgehende Unterscheidung zwischen →Syntax, →Semantik und →Pragmatik durchgesetzt. Die Syntax untersucht die inneren, rein formalen Beziehungen zwischen den →Zeichen eines →Systems, die Semantik betrachtet die Beziehung zwischen den Zeichen und den von ihnen bezeichneten Gegenständen und die Pragmatik befasst sich mit den Beziehungen zwischen den Zeichen und den Personen, die sie verwenden. In allen drei Bereichen bestehen gravierende Unterschiede zwischen der Untersuchung natürlicher Sprachen wie Deutsch oder Englisch, die eine enorme Komplexität und eine nicht zu behebende Unschärfe aufweisen, und der Untersuchung von formalen Kunstsprachen, die an Logik und Mathematik orientiert sind. Es wurden zwar viele sprachphilosophische Konzeptionen mit dem Anspruch formuliert, auf Sprache schlechthin zuzutreffen, aber exakte →Theorien mit präzise definierten syntaktischen und semantischen Begriffen wurden lange Zeit nur für formale Kunstsprachen geschaffen. Erst Chomsky stellte mit seiner so genannten generativen Grammatik eine präzise syntaktische Theorie der Umgangssprache auf (*Syntactic Structures*, 1957) und der erste Versuch einer semantischen Theorie, die gleichermaßen auf formale Kunstsprachen wie auf Normalsprachen anwendbar ist, wurde von Montague unternommen (*Universal Grammar*, 1970).

Obwohl es Philosophen gab, die eine rein syntaktische Analyse der Sprache für ausreichend hielten, stand doch im Zentrum sprachphilosophischer Untersuchungen stets der ins Feld der Semantik gehörende Bedeutungsbegriff. Hier kann man zwischen realistischen und pragmatischen Semantiken unterscheiden. Bei realistischen Semantiken steht der referenzielle Charakter der Sprache im Vordergrund, die Bezugnahme sprachlicher Ausdrücke auf konkrete oder abstrakte Objekte, die unabhängig von den sprachlichen Ausdrücken gegeben sind. Die →Bedeutung eines Ausdrucks kann zwar vom Kontext der Äußerung abhängen, ist aber unabhängig von Sprecher und Hörer. Nach dieser Auffassung ist eine scharfe Trennung von Semantik und Pragmatik möglich und unter den Anhängern realistischer Semantiken bestand häufig die Neigung, pragmatische Betrachtungen aus der Sprachphilosophie auszuschließen und der Psychologie zuzuweisen.

In dieser semantischen Tradition ist eine Unterscheidung zweier Bedeutungskomponenten üblich, die auf →Freges Aufsatz *Über Sinn und Bedeutung* (1894) zurückgeht, der als Beginn der modernen Semantik gilt. Durchgesetzt haben sich allerdings die Begriffe, die →Carnap in einer – zum Teil vom Original abweichenden – Rekonstruktion Freges eingeführt hat (*Meaning and Necessity*, 1947). Man unterscheidet danach zwischen der →Extension und der →Intension eines sprachlichen Ausdrucks. Während die Extension (bei Frege ›Bedeutung‹, engl. *reference* oder *denotation*) die Menge der Objekte ist, die der Ausdruck bezeichnet, zielt die Intension (bei Frege ›Sinn‹, engl. *sense*) auf den begrifflichen Gehalt des Ausdrucks. Abhängig davon, ob in einer semantischen Theorie nur Extensionen oder auch Intensionen berücksichtigt werden, spricht man von einer extensionalen oder intensionalen Semantik. Es ist auch gebräuchlich, das Objekt, auf das ein Ausdruck verweist, als Sachbezug oder Referenz (engl. *reference*) zu bezeichnen, die Intension dagegen als Bedeutung (engl. *meaning*). Man kann die Semantik daher auch in eine Theorie der Referenz und eine Theorie der Bedeutung aufteilen.

Für eine genauere Darstellung ist es nötig, zwischen verschiedenen Typen sprachlicher Ausdrücke zu unterscheiden. Unter Namen im weiteren Sinne oder Individuenausdrücken versteht man →Eigennamen wie ›Benjamin Franklin‹ und Ausdrücke wie ›der erste US-Botschafter in Paris‹, die im Anschluss an Bertrand Russell (*On Denoting*, 1905) als Kennzeichnungen (engl. *definite descriptions*) bezeichnet werden. Diese Ausdrücke haben die Eigenschaft, in einem gegebenen Kontext in eindeutiger Weise auf einen bestimmten Gegenstand zu verweisen. Ausdrücke, die unvollständig sind und durch Einsetzung eines Namens zu einem Aussagesatz werden (›... war der erste US-Botschafter in Paris‹), werden als Prädikate bezeichnet.

Es wird allgemein akzeptiert, dass alle diese Typen von Ausdrücken eine Extension haben. Im Falle von Namen ist dies der bezeichnete Gegenstand, bei →Prädikaten die →Klasse der Gegenstände, bei denen die Einsetzung ihres Namens in den Ausdruck einen wahren Satz ergibt, bei Sätzen der Wahrheitswert (wahr oder falsch). Umstritten ist dagegen, welche Ausdrücke eine Intension besitzen. In der an Frege und Carnap anknüpfenden Tradition haben alle Typen von Ausdrücken Intensionen. Bei Namen versteht man darunter ihren begrifflichen Gehalt, bei Sätzen die durch den Satz ausgedrückte →Aussagen oder →Proposition und bei Prädikaten die fragliche Eigenschaft (z.B. die Eigenschaft, der erste US-Botschafter in Paris zu sein). Anders als Frege und Carnap waren Russell und der frühe →Wittgenstein (*Tractatus logico-philosophicus*, 1921) der Ansicht, dass Namen eine rein bezeichnende Funktion haben; die kleinsten sprachlichen Einheiten, denen sie einen Sinn oder eine Intension zusprachen, waren Sätze. Auch Kripke hat in neuerer Zeit die Auffassung vertreten, dass Namen keine Intension haben (*Meaning and Necessity*, 1972). Folgt man dieser Ansicht, gehen allerdings viele Möglichkeiten der Differenzierung verloren, die Frege gerade zu seiner Unterscheidung bewogen hatten. So haben die Namen ›Morgenstern‹ und ›Abendstern‹ zwar dieselbe Extension, weil sie denselben Gegenstand bezeichnen, nämlich den Planeten Venus, ihre Intensionen, die man mit ›der hell leuchtende Stern, der am Morgenhimmel zu sehen ist‹ und ›der hell leuchtende Stern, der am Abendhimmel zu sehen ist‹ umschreiben könnte, sind dagegen verschieden.

Während auch heute noch viele Philosophen Freges Ansicht teilen, dass eine Beschränkung auf die Extension keine adäquate Analyse wichtiger sprachlicher Eigenschaften gestattet, sind Intensionsskeptiker wie →Quine der Meinung, dass *alle* intensionalen Begriffe notorisch unklar und daher unbrauchbar für eine semantische Analyse sind, sodass man mit einer rein extensionalen Semantik, einer Theorie der Referenz, auskommen müsse. Daraus ergibt sich auch eine Ablehnung der Unterscheidung zwischen analytischen und synthetischen Sätzen, die in der Semantik Carnaps eine entscheidende Rolle spielt. Analytisch werden diejenigen Sätze genannt, deren →Wahrheit oder Falschheit allein aus der Bedeutung der in ihnen vorkommenden Ausdrücke folgt, während Sätze, deren Wahrheit darüber hinaus vom Bestehen oder Nichtbestehen von Tatsachen abhängt, als synthetisch bezeichnet werden. Bei analytischen Sätzen unterscheidet man noch zwischen logischen Wahrheiten oder Falschheiten, bei denen der Wahrheitswert aus den Prinzipien der Logik folgt (›es regnet oder es regnet nicht‹), und analytischen Sätzen im weiteren Sinne, die keine logischen Wahrheiten sind (›alle Junggesellen sind unverheiratet‹). Der Analytizitätsbegriff wird von Quine abgelehnt, da in seine Definition der intensionale Bedeutungsbegriff eingeht (*Two Dogmas of Empiricism*, 1951).

Kontrovers diskutiert wird auch die Frage, welches die primär bedeutungstragenden Einheiten der Sprache sind. Auf der einen Seite findet man atomistische Konzeptionen, nach der die Bedeutung eines komplexen Ausdrucks eine eindeutig bestimmte Funktion der Bedeutungen der Teilausdrücke ist. Eine derartige Auffassung vertrat etwa Frege mit Bezug auf den Sinn von Sätzen und deren Teilausdrücken. Und Wittgensteins logischer Atomismus im *Tractatus* ging davon aus, dass alle Sätze logische Verknüpfungen von Elementarsätzen sind, nicht weiter zerlegbaren Satzatomen, die die kleinsten sinntragenden Einheiten sind. Dem Atomismus steht der z.B. von Quine vertretene →Holismus gegenüber, der als kleinste bedeutungstragende Einheit ein ganzes System von Sätzen ansieht, ja letztlich das gesamte Gebäude aus Sprache und wissenschaftlichen Theorien.

Neben den bisher betrachteten realistischen Konzeptionen bilden die pragmatischen Semantiken die zweite Gruppe. Der entscheidende Anstoß für ihre Verbreitung war Wittgensteins Spätphilosophie der *Philosophischen Untersuchungen* (posthum 1953). Dort gelangte Wittgenstein zu der Einsicht, dass die Sprache weitaus mehr Funktionen hat als das bloße Bezeichnen von Sachverhalten, wie er im *Tractatus* noch angenommen hatte. Das Sprechen einer Sprache wird nun als menschliche Verhaltensweise angesehen, die in den Kontext des gesamten Lebenszusammenhangs eingebettet ist und den verschiedenartigsten Zwecken dienen kann. Die Annahme von Bedeutungen als abstrakten sprachunabhängigen →Entitäten wird zurückgewiesen, da sie keiner →empirischen Untersuchung zugänglich sind. Beobachtbar ist nur der Sprachgebrauch, über den die Bedeutung von Ausdrücken somit zu bestimmen ist. Diese Einsichten führten dazu, dass in der Sprachphilosophie pragmatische Betrachtungen, die Sprecher und Hörer einbeziehen, immer mehr in den Mittelpunkt rückten, ja dass Semantik und Pragmatik als nicht separierbare Gebiete angesehen wurden.

Fortgeführt wurden diese Ansätze in der von Austin begründeten und von Searle (*Speech Acts*, 1969) weiterentwickelten Sprechakttheorie. Sie greift die Annahme auf, dass mit sprachlichen Äußerungen →Handlungen oder Akte vollzogen werden, die den verschiedenartigsten Zwecken dienen können, und untersucht die Beziehungen zwischen der Verwendung sprachlicher Ausdrücke und den Absichten und Überzeugungen von Hörern und Sprechern. Dazu werden mehrere Arten von Akten unterschieden, die mit einem →Sprechakt verbunden sind. Zunächst einmal wird mit der Äußerung von Wörtern ein Äußerungsakt vollzogen. Falls die geäußerten Wörter auf ein bestimmtes Objekt verweisen (Referenz) und diesem Objekt eine Eigenschaft zuschreiben (Prädikation), ist mit der Äußerung ein propositionaler Akt verbunden. Schließlich wird mit der Äußerung in der Regel auch etwas behauptet, gefragt, befohlen, versprochen usw., was als illokutionärer Akt bezeichnet wird. So wird mit der Äußerung der Sätze ›Sam ist ein Gewohnheitsraucher‹ und ›Ist Sam ein Gewohnheitsraucher?‹ zwar derselbe propositionale Akt formuliert, aber es werden verschiedene illokutionäre Akte vollzogen.

Auch die Frage danach, wie Menschen ein derart komplexes System wie unsere Umgangssprache erlernen können, ist ein Thema der Sprachphilosophie. Insbesondere wird dabei das Verhältnis zwischen angeborenen und erlernten Fähigkeiten diskutiert. Empiristische Sprachtheoretiker vertreten die Ansicht, dass der Erwerb der für die Beherrschung einer Sprache nötigen Fähigkeiten weitgehend auf empirischem Wege erfolgt, wenngleich auch sie nicht leugnen, dass gewisse Mechanismen, die beim Erlernen einer Sprache bereits vorausgesetzt werden müssen, angeboren sind. In der von Quine vertretenen behavioristischen Variante des Empirismus, die das Erlernen der Sprache auf der Grundlage von Reiz-Reaktions-Mustern zu erklären versucht, sind dies vor allem gewisse Dispositionen wie die der Ähnlichkeitserinnerung (*The Roots of Reference*, 1974). Demgegenüber hat Chomsky betont, dass alle empiristischen Erklärungen des Spracherwerbs prinzipiell unzureichend sind, da sie den Erwerb eines so ungeheuer komplexen Systems wie der Umgangssprache bei Kindern, deren kognitive Fähigkeiten noch bei weitem nicht den Stand von Erwachsenen erreicht haben, nicht erklären können. Nach Chomskys Ansicht teilen alle irdischen Sprachen gewisse grammatikalische Strukturen, die als ›linguistische Universalien‹ Teil des genetischen menschlichen Erbes sind. Nur durch ein Zusammenspiel zwischen diesen weit reichenden angeborenen Mechanismen und empirischen Faktoren sei der Erwerb unserer sprachlichen Kompetenz – unserer Fähigkeit, Sätze zu erzeugen und zu verstehen, die wir noch niemals zuvor gehört oder ausgesprochen haben – erklärbar.

F. von. Kutschera, Sprachphilosophie, 2. Aufl. München 1975

E. Runggaldier, Analytische Sprachphilosophie, Stuttgart / Berlin / Köln 1990

C.K.

Sprachspiel Der von →Wittgenstein geprägte Begriff ist ein Grundelement seiner Spätphilosophie. Während er in seinem Frühwerk, dem *Tractatus logico-philosophicus*, präzise →Definitionen verlangt und ein sprachliches Exaktheitsideal propagiert, dem die Alltagssprache mit ihren verschwommenen und mehrdeutigen Wörtern und Sätzen überhaupt nicht entspricht, so kommt es in seinem Spätwerk, den *Philosophischen Untersuchungen*, in diesen Punkten zu einem grundlegenden Sinneswandel: Die Alltagssprache wird rehabilitiert und ihre Funktionsweise genauer untersucht. Dabei zeigen sich strukturelle Übereinstimmungen zwischen dem Sprachgebrauch und einer Spielsituation. Der Sprechende benutzt Wörter nach bestimmten Regeln, vergleichbar einem Schachspieler, der seine Figuren den Regeln entsprechend auf einem Schachbrett verschiebt. Auf Grund dieser →Analogie führt Wittgenstein als Kennzeichnung des Sprachgebrauchs den Terminus Sprachspiel ein. Gesprächsteilnehmer wie auch Spieler sind sich der benutzten Regeln oft gar nicht explizit bewusst. Wittgenstein schließt sogar eine präzise und vollständige Auflistung der Sprachregeln aus. Er hält es außerdem für unmöglich, Wörtern eindeutige, präzise →Bedeutungen zuzuordnen. Zum einen sind die Begriffe an den Rändern oft unscharf: Bei einer Fläche, die z. B. kontinuierlich von Grün nach Gelb übergeht, kann man nie genau bestimmen, ob sie in der Übergangszone noch gelb oder schon grün ist. Zum anderen hängt die Bedeutung vom Kontext ab, in dem sie verwendet werden. Eine exakt vorgegebene begriffliche Bestimmtheit der gebrauchten Wörter ist für den Sprachgebrauch nicht von entscheidender Bedeutung, vielmehr genügt es, dass keine Missverständnisse vorkommen. Für den späten Wittgenstein ist es sogar ausgemacht, dass die Bedeutung der →Begriffe ausschließlich von ihrem Gebrauch im Sprachspiel bestimmt wird.

L. A.

Sprechakt Austin hat den Begriff in die zeitgenössische →Sprachphilosophie eingeführt. In der vorangegangenen Philosophie war eine Interpretation der →Sprache weit verbreitet, nach der sie im Wesentlichen ein Instrument zur Verständigung zwischen den Menschen sei. Nach Austin ist aber jede sprachliche Artikulation nicht nur Informationsaustausch, sondern zugleich →Handlung. Im Begriff ›Sprechakt‹ ist diese Dimension des Sprechens angezeigt. Generell muss man bei einer sprachlichen Mitteilung den semantischen Aspekt, d. h. den sachlichen Gehalt des Ausgesagten, von der Absicht unterscheiden, die der Sprecher damit verbindet. Man kann z. B. etwas aussagen in der Absicht, den Gesprächsteilnehmer zu warnen, ihm zu drohen, ihn von einem Vorhaben abzubringen etc., ein und derselben →Aussage können die unterschiedlichsten Motive unterlegt sein. Wenn ein Redebeitrag eingeleitet wird mit ›Ich möchte Sie davon überzeugen‹ oder ›Ich verspreche Ihnen hiermit‹, so werden sie ausdrücklich formuliert. In den weitaus meisten Fällen werden die Absichten im Gesprächskontext von den Teilnehmern zwar erkannt, sie werden aber nicht als solche explizit kenntlich gemacht. Die →Intentionalität des Sprechens ist nach Austin kein zu vernachlässigendes Beiwerk der →Kommunikation, sondern dadurch wird im Akt des Sprechens unmittelbar gehandelt. In besonders reiner und deutlicher Form ereignet sich dies, wenn jemand beispielsweise um Verzeihung bittet. Dann ist der sprachliche Ausdruck ›Entschuldigung‹ mit der Handlung des Entschuldigens identisch und hat darüber hinaus keinen anderen Inhalt.

L. A.

Staat Lat. *status*, ›Zustand‹: In Übereinstimmung mit dem allgemeinen Sprachgebrauch lässt sich der Staat definieren als ein Herrschaftsverband, der innerhalb eines Gebietes das Monopol der legitimen physischen Gewaltausübung besitzt und mit deren Hilfe eine das Zusammenwirken der Bürger regelnde →Ordnung durchsetzt. Im Staat verbunden sind das Staatsgebiet und das Staatsvolk unter einer Staatsgewalt, die über die verschiedenen Staatsorgane die Rechtsordnung garantiert, das – wie auch immer jeweils verstandene – Gemeinwohl zu verwirklichen sucht und die Verteidigung nach außen übernimmt. Dies ist eine mögliche, eher soziologisch-deskriptive →Definition; der Staatsbegriff ist von der jeweiligen philosophischen und auch von der politischen Position abhängig, außerdem von der – mehr empirisch-soziologischen oder mehr sozialphilosophischen – wissenschaftlichen Untersuchungsrichtung (→Rechts- und Staatsphilosophie).

Schließlich ist der Staatsbegriff historisch bedingt, die oben gegebene Definition trifft so nur auf den modernen Staat zu. Erst seit der Zeit des Absolutismus wurde die Vielzahl der gewaltmäßigen Formen von Herrschaft und Konfliktaustragung ersetzt durch das staatliche Gewaltmonopol; die Staatsfunktionen wurden zentralisiert (Bürokratie, stehendes Heer etc.). Gleichzeitig trat die sachliche Herrschaft eines Staatsapparates an die Stelle der aus der Sippenstruktur stammenden personalen Herrschaft und löste sich der einzelne Bürger zunehmend aus den traditionellen ständischen Bindungen.

Die Staatstheorie reflektiert diese Entwicklung: Für die antike und die mittelalterliche Philosophie war der Staat eine natürliche Gemeinschaft, der der Einzelne immer schon angehört, der Mensch – so →Aristoteles – ein *zoon politikon*, d. h. ein im Staate lebendes Wesen; der Staat wurde in →Analogie zu natürlichen Organismen oder zur →Seele (→Platon) als Organismus aufgefasst. Eine solche Staatsauffassung findet sich – als Reaktion auf die Auflösung der alten Strukturen – noch bei den konservativen Staatstheoretikern der →Neuzeit (A). Verfassung und Selbstverständnis der modernen Demokratie aber beruhen auf einem ganz anderen, einem instrumentellen Staatsbegriff, für den der Staat nur ein Mittel ist, das Zusammenleben der ursprünglich als vereinzelt gedachten Menschen zu regeln. Das im vorstaatlichen →Naturzustand durch den ›Krieg aller gegen alle‹ bedrohte Interesse der Einzelnen zwingt sie dazu, sich durch einen →Vertrag in einem Staat zusammenzuschließen (→Vertragstheorie des Staates). Für →Hobbes ergibt sich dabei aus der Wolfsnatur des Menschen die vollständige Übergabe aller Rechte der →Individuen an den (absoluten) Staat, einziges Staatsziel ist die Sicherung des inneren Friedens. Die radikale Gegenposition dazu nehmen der Anarchismus und – für das Endziel des Kommunismus – der Marxismus ein: Sie wollen den Staat durch eine revolutionäre Umgestaltung der →Gesellschaft überflüssig machen. Demgegenüber hält die liberale Staatsphilosophie (→Locke, Montesquieu, →Kant) den Staat zwar für notwendig, beharrt aber auf einem Schutz des Einzelnen auch vor dem Staat durch Rechtsstaatlichkeit und Gewaltenteilung; der Zweck des Staates ist die Garantie des →Rechts. Eine andere, die radikaldemokratische Tradition der Staatsphilosophie wird begründet von Rousseau, der den Widerspruch von →Freiheit und staatlicher Herrschaft dadurch lösen will, dass alle ihre Rechte vollständig an den Staat abtreten, zugleich aber auch alle gleichermaßen an der Herrschaft beteiligt sind.

Die zunehmende gesellschaftliche Ungleichheit und Verelendung der Unterschichten erforderte den Übergang vom liberalen Nachtwächterstaat zum Wohlfahrtsstaat, der nicht nur das Recht, sondern auch die materielle Existenz seiner Bürger garantieren soll. Eine entsprechende Überwindung des liberalen Staatsbegriffs findet sich in →Hegels Philosophie, für die sich im Staat sogar die Idee der →Sittlichkeit verwirklicht. Dies ist für →Marx eine Illusion, der bürgerliche Staat sei vielmehr ein Instrument der Klassenherrschaft, der mit der Garantie der staatsbürgerlichen →Gleichheit und Freiheit zugleich die Ungleichheit im wirklichen Leben, im Produktionsprozess, aufrecht erhält.

Der Staat wurde im Laufe der historischen Entwicklung zunehmend komplexer, eigengesetzlich funktionierende Teilbereiche der modernen Gesellschaft wie Wirtschaft, Rechtswesen oder Bürokratie verselbstständigten sich immer weiter. Diese Entwicklungen verlangten von der Staatstheorie über die normativen Ansätze der praktischen Philosophie hinaus deskriptiv-soziologische Theorien. Dazu gehören unter anderem die Staatssoziologie Webers mit der o. a. Definition des Staates als Herrschaftsverband mit Gewaltmonopol sowie die systemtheoretische Konzeption (Luhmann), die den Staat bzw. das politische System als ein Teilsystem neben anderen innerhalb des Gesamtsystems Gesellschaft sieht. Aus dieser Sicht erscheinen die Möglichkeiten, politisch-ethische Ziele über den Staat zu verwirklichen, äußerst begrenzt; ob – wie z. B. →Habermas es sieht – die demokratische Öffentlichkeit trotzdem noch einen gewissen Spielraum hat, ist eine zentrale Kontroverse der modernen Staatsphilosophie. Werden dagegen die Eigengesetzlichkeit der Bereiche und die Freiheitsrechte des Einzelnen geleugnet und gewaltsam unterdrückt, wird der Staat zum totalen Staat (Arendt).

M. S.

Staatsphilosophie →Rechts- und Staatsphilosophie

Stoa Im Begriff der ›stoischen Ruhe‹ ist im heutigen Sprachgebrauch noch ein Verweis auf die im 3. vorchristlichen Jh. entstehende, sehr lebenspraktisch ausgerichtete Philosophie der Stoa erkennbar. ›Stoa‹ hieß die von Polygnot ausgemalte Säulenhalle in Athen, sie war der erste Versammlungsort der Stoiker und gleichzeitig Namensgeberin für die Bewegung. Wie keine andere Philosophie hat sie zunächst die Römische Republik und im Anschluss das Kaiserreich geprägt. Zu den bedeutendsten Vertretern zählen →Seneca, der Miterzieher Neros, und Kaiser Marc Aurel. Aufgeteilt ist die Stoa in →Logik, Physik und →Ethik. In der Logik haben die Stoiker auf die Einteilung des →Aristoteles in →Begriff, →Urteil und →Schluss zurückgegriffen, sie an manchen Stellen modifiziert, z. B. in der Urteilslehre, und sie in einigen Punkten erweitert, z. B. in der Analyse des logischen Schließens. In erkenntnistheoretischer Hinsicht sind sie naive Realisten. Der →Geist an sich ist leer, seine Inhalte sind →Vorstellungen, die von den mich umgebenden Dingen gebildet werden. Eine →Erkenntnis ist dann gegeben, wenn die Vorstellung den Gegenstand sachgemäß darstellt. In der Physik haben sie die →Wirklichkeit als bloße Körperlichkeit gedeutet, die aber von einer lebendigen und kosmischen Kraft beherrscht wird, einer Weltvernunft, die zyklisch die Welt vernichtet und neu aufbaut. Auch die →Seele ist ein materielles Gebilde, eine Synthese der Elemente Luft und Feuer. Es gibt unter den Stoikern keine Einigkeit in der Frage, wie die Seele mit dem Körper zusammen besteht oder ob sie nach dem Tod weiterlebt. Einverständnis besteht jedoch darin, dass sie den Körper beherrschen soll. Ein wichtiger anthropologischer Aspekt ist die Triebtheorie. Triebe werden dadurch aktiviert, dass der Körper Vorstellungen von außen empfängt. Die →Vernunft kann diese Triebe sogar noch verstärken, sodass sie übermächtig werden und zu Schmerz, Furcht und Lust führen. Mäßigung der Affekte und Leidenschaften und Herstellung eines vernünftigen →Willens ist die eigentliche Aufgabe der Vernunft.

Der wichtigste Teil der Stoa und gleichzeitig der, welcher am nachhaltigsten gewirkt hat, ist die Ethik. Was aber ist das sittlich →Gute? Nach Meinung der Stoa ist dies das naturgemäße Leben, das Sich-Einfügen in die vorgegebene kosmische →Ordnung. Wer diese Weltvernunft erkannt hat, die sich auch in der menschlichen Vernunft niederschlägt, der sollte seine →Pflicht tun und dieser Ordnung gemäß handeln und leben. Es macht keinen Sinn, sich gegen das →Schicksal aufzulehnen, gelassen soll man dem begegnen, was unabwendbar ist. Nur das vernünftige, an den kosmischen Gesetzen ausgerichtete Handeln führt zum →Glück. Vielleicht die größte Leistung der Stoa ist die Konzeption eines Naturrechtsgedankens: Wer mit Vernunft ausgestattet ist, ist Teil des kosmischen →Logos. Alle Menschen sind somit gleich und im Besonderen auch mit Rechten ausgestattet, wir würden diese als →Menschenrechte bezeichnen, die keine staatliche Rechtsordnung außer Kraft setzen kann. Diese Auffassung hat sich in der Spätantike zunehmend durchgesetzt und dazu geführt, dass z. B. immer wirksamere Schutzgesetze für Sklaven erlassen wurden.

L. A.

Stoff →Materie

Stoizismus Bezeichnet eine Lebenseinstellung, die sich auf die →Ethik der →Stoa stützt. Im Besonderen fordert sie Befreiung von Affekten, Herstellung eines Zustandes innerer Ruhe und Gelassenheit, fatalistische Unterwerfung unter das im Vorhinein festgelegte →Schicksal und strikte Befolgung der Vernunftgesetze, die auch als kosmische Gesetze gedeutet werden. Für viele Stoiker verkörperte →Sokrates beispielhaft eine stoische Lebenshaltung.

L. A.

Streben Im Wortsinn meint Streben eine selbsttätige, eigeninitiative Bewegung auf ein Ziel hin. In Einheit mit der Zielausrichtung ist das Streben ein Grundmoment der →Teleologie. Diese Lehre geht auf →Aristoteles zurück, der das jedem lebendigen Vorgang innewohnende →Telos zugleich als →Ursache und bewegende Kraft für dessen Verwirklichung oder Ausführung ansieht, gleichsam als immanentes Form- und Entwicklungsprinzip im Sinne einer →Entelechie. Die Gedanken des Aristoteles wurden durch →Thomas von Aquin im →Mittelalter (A) wieder aufgenommen und zur Grundlage eines teleologischen Schöpfungsverständnisses. Die antiteleologischen Tendenzen des Mechanismus überwindend, entwickelt zur Zeit der Aufklärung (→A Neuzeit - Aufklärung) →Leibniz in seiner Monadologie die Theorie der Entelechie weiter, indem er im Gedanken der Ursächlichkeit des Ziels mechanistische und teleologische Ansätze zur Synthese bringt. Der Gedanke wird von Goethe aufgenommen. Mit der Wendung ›faustisches Streben‹ verbindet man allgemein das sich unendlich erneuernde menschliche Bemühen um Ganzheit, die Polarität von →Ich und →Welt aufzuheben und zur Einheit zu verbinden. Dem Streben sind die Momente der →Spontaneität, Aktivität (→*energeia*) und Finalität immanent. Als Aktivitätsbegriff scheint es insbesondere biologische und organische Prozesse zu erfassen. Es muss jedoch unterschieden werden zwischen dem bewussten Zielstreben des Menschen und der unbewussten Zielrichtung naturhafter Bewegungsabläufe. Naturhaften Bewegungsabläufen, Instinkthandlungen und organischen Prozessen als finalen Aktivitäten fehlen die dem Streben wesentlichen rein menschlichen Merkmale der →Reflexion und der Reflexivität. Mit dieser Begründung weist →Kant ein teleologisches Verständnis reiner Naturprozesse zurück und leitet den Gedanken der Zweckhaftigkeit und Zweckmäßigkeit als regulatives →Prinzip aus der →Urteilskraft, dem reflektierenden Vermögen des Menschen, ab. So kann man sagen, dass der vom →Subjekt gesetzte →Zweck eines Gegenstands den Grund von dessen →Wirklichkeit angibt. Das Streben als Bewegung auf Zwecksetzungen hin wird so u.a. zum →konstitutiven Moment moralischer Vorgänge. Im ästhetischen →Urteil sind Zweckmäßigkeit und Schönheit eines Gegenstands für Kant identisch, unter der Voraussetzung, dass die Schönheit interesselos ohne Zweck wahrgenommen wird. Ideen von höchster moralischer Zweckmäßigkeit gelten als erhaben. Das Streben erweist sich so als ein anthropologischer Begriff, der die Sonderstellung des →Menschen in der →Natur aufzeigt, aber auch sein Verwobensein mit ihr in ihrer →Struktur der Bewegung als *energeia*. Neuvitalistische Theorien gehen dagegen von ganzheitlich-teleologischen Strukturen auch im Bereich der Natur aus (Driesch, Reinke, Becker). Für Höffe ist im Begriff des Strebens - auf Grund seines Reflexionsgehalts und seiner Eigenschaft als spontane, selbstbestimmte Aktivität - eine Grundbedingung für verantwortliches Handeln genannt. Streben sei so eine Grundkategorie einer Theorie humaner Lebensweise.

H. Driesch, Philosophie des Organischen I-II, Leipzig 1928

E. M. S.

Struktur Der Begriff kennzeichnet den Aufbau und die →Ordnung in einem gegliederten Ganzen. Der moderne Strukturbegriff ist dem mathematischen Denkraum entnommen. Gegenstandsbereiche bezeichnet der Mathematiker als strukturiert, wenn die in den Gegenstandsbereichen liegenden Gegenstände in einer durch ein Axiomensystem bestimmten Weise miteinander verflochten werden. Das Axiomensystem bestimmt dann die konkrete Struktur. Man kann ein und dieselbe Struktur jedoch durch verschiedene Axiomensysteme beschreiben (die entweder logisch äquivalent sind oder deren Grundbegriffe und -beziehungen wechselseitig definierbar sind).

Strukturen beschreiben somit bestimmte Ordnungen, die durch Verwendung mathematischer →Modelle überschaubar gemacht und veranschaulicht werden. Die Gesamtheit aller Relationen des →Systems wird dann Struktur genannt. Man kann - gemäß den unterschiedlichen Gegenstandsbereichen - verschiedene Arten von Strukturen unterscheiden: Gesellschafts- oder Wirtschaftsstrukturen, abstrakte (oder mathematische) Strukturen, physische Strukturen u. ä.

B. W.

Strukturalismus Wissenschaftliche →Theorie oder →Methode besonders der Linguistik, Ethnologie, Kulturanthropologie, Geisteswissenschaft und →Wissenschaftstheorie, welche soziale und geistige Phänomene unhistorisch auf unwandelbare Strukturen zurückführt. Der Strukturalismus geht aus von den sprachwissenschaftlichen Untersuchungen Saussures, der →Sprache als ein →System unwandelbarer synchronischer

Strukturen ansieht und deren Beziehungen zueinander analysiert. Damit wendet sich der Strukturalismus gegen eine historische →Erklärung sprachlicher Phänomene. Er sieht sprachliche Strukturen als Gesetzmäßigkeiten an, vergleichbar mit denen in der organischen und anorganischen →Natur. Weitere Vertreter des sprachwissenschaftlichen Strukturalismus sind Trubetzkoy und Jakobson.

Ähnlich leitet auch der ethnologische Strukturalismus menschliche oder gesellschaftliche Lebensformen aus geschichtslosen Grundstrukturen ab. Der Hauptvertreter des ethnologischen Strukturalismus, Lévi-Strauss, sieht im Tausch die Grundstruktur aller Verwandtschaftssysteme. Der wissenschaftstheoretische Strukturalismus erklärt geisteswissenschaftliche Strukturen analog nicht historisch, sondern ausgehend von angenommenen objektiv gültigen Strukturen, die die gesamte menschliche Lebenswelt lenken. Durch Vertreter wie Foucault, Goldmann, Barthes oder Lacan hat der Strukturalismus besonders in Frankreich großen Einfluss ausgeübt und zu heftigen Diskussionen insbesondere mit den Vertretern des historischen Materialismus geführt.

M. Foucault, Die Ordnung der Dinge, Frankfurt/M. 1971

M. Frank, Was ist Neostrukturalismus?, Frankfurt/M. 1984

C. Levi-Strauss, Strukturale Anthropologie, Frankfurt/M. 1967

F. de Saussure, Grundfragen der allgemeinen Sprachwissenschaft, Berlin 1967

E. M. S.

Sub specie aeternitatis Lat. ›Unter dem Gesichtspunkt der Ewigkeit‹, →Spinozismus.

E. M. S.

Subjekt Lat. *subiectus*, ›unterworfen, unterlegt‹; Übersetzung des griech. *hypokeimenon*. →Aristoteles führte in seiner *Metaphysik* den Begriff der →Substanz (*ousia*, Wesen) ein, die er aufteilt in die →Materie oder den Stoff (*hyle*) und die →Form (*eidos*) bzw. die Gestalt (*morphe*). Die *hyle* ist für ihn dabei das unbewegte, aber durch anderes bewegbare Prinzip der Dinge, das diesen zugrunde liegt: *hypokeimenon*. Dies Zugrundeliegende ist reine Möglichkeit, Potenzialität (→*dynamis*), die sich teleologisch in die Aktualität (→*energeia*) von *eidos* und *morphe* verwandelt, die das bewegende Prinzip der Dinge sind und deren bleibendes Wesen darstellen. Beide Momente zusammen, Stoff und Form, nennt Aristoteles *synolon*, aus dem lat. *concrescere* (zusammenwachsen) wurde, im Deutschen heißt das Gemeinte das ›Konkrete‹. Der Subjekt-Begriff machte in der →Neuzeit (A) mit der Bewusstseinsphilosophie einen erstaunlichen Wandel durch. Gleich blieb, dass unter Subjekt dasjenige verstanden wurde, was einer Sache als solcher zugrunde liegt, was sie also zu dem macht, was sie ist. War das *hypokeimenon* des Aristoteles jedoch als Substanz gedacht, die völlig unabhängig vom Menschen und seiner Erkenntnis existierend angenommen wurde, wird das erkennende →Ich, die →*res cogitans* des →Descartes, zum neuen *hypokeimenon* der Dinge. Für Descartes nämlich löst sich die objektiv vorhandene →Wirklichkeit auf in →Vorstellungen des denkenden Subjektes über die Wirklichkeit. Damit wird der Mensch zum Bestimmungsgrund der Dinge, wie dies schon von Protagoras im →*Homo-mensura-Satz* ausgedrückt worden war. »Der Mensch ist das Maß aller Dinge, der seienden, dass sie sind, der nichtseienden, dass sie nicht sind.« Allerdings präzisiert dann →Kant in seiner →kopernikanischen Wende, dass zwar der Mensch im Erkenntnisakt die →Welt tatsächlich →konstituiert, jedoch nicht die Welt an sich, sondern die Welt, so wie sie dem Menschen erscheint. In der Neuzeit verschmilzt der Begriff des Subjektes mit dem des logischen Ich und wird zum Gegenbegriff des →Objektes, sodass beide nur noch in einem kontrastiven Zusammenhang gedacht werden. »Ich setzt Ich und Nicht-Ich«, wie →Fichte erklärte. Daraus ergibt sich das Problem, wie weit Objektivität überhaupt noch unabhängig vom Subjekt gedacht werden kann. Deshalb wird häufig auf den Begriff des Objektiven (im Sinne einer subjektunabhängigen Wahrheit) verzichtet, und statt dessen von Intersubjektivität und Transsubjektivität gesprochen, um zu verdeutlichen, dass Aussagen zwar vom erkennenden Subjekt getroffen werden, dennoch aber Allgemeingültigkeit (zwischen den Menschen, bzw. über das Subjekt hinaus) beanspruchen.

W. R.

Subjektiv Bezeichnung für Behauptungen oder Eindrücke, die nur für ein Einzelsubjekt wahr sind und denen also keine objektiv allgemeine →Gültigkeit zukommt. In diesem Bedeutungskontext steht auch der Begriff Subjektivismus, der für philosophische Auffassungen verwendet wird, nach denen es keine vom →Subjekt überhaupt oder gar vom →Individuum mit seiner persönlichen Beschränktheit unabhängigen →Wahrheiten und →Werte gibt (→Relativismus).

Darüber hinaus werden auch solche Erkenntnisse als subjektiv charakterisiert, die auf das eigene →Selbst und seine Bewusstseinszustände gerichtet sind – im Gegensatz zur objektiven Erkenntnis, die auf einen äußeren Gegenstand bezogen ist.

R. W. H.

Subjektivismus →Subjektiv

Subjektivität Steht abwertend für eine Eigenschaft von →Aussagen oder Handlungsweisen, die von einem zufälligen individuellen →Subjekt vollzogen werden, das sich dabei nicht um allgemeine Urteils- und Handlungskriterien kümmert. Positiv gefasst bezeichnet Subjektivität die Ich- und Selbsthaftigkeit von geistigen, emotionalen und willentlichen Akten. Der Begriff kennzeichnet damit die in der →Neuzeit (A) von der Philosophie herausgearbeitete Eigenart menschlicher Tätigkeiten überhaupt.

R. W. H.

Sublimierung In der Psychoanalyse Freuds bedeutet Sublimierung die von der Außenwelt erzwungene Ablenkung sexueller Energie auf neue, ›höhere‹ Ersatzobjekte. Auf diese Weise wird diese Energie für wissenschaftliche oder künstlerische und damit von der →Gesellschaft akzeptierte Tätigkeiten nutzbar gemacht. Allerdings steht diese Möglichkeit nur wenigen Menschen offen, die über das entsprechende geistige oder künstlerische Potenzial verfügen.

L. A.

Subreption Lat. ›Erschleichung‹: In der traditionellen →Logik ein →Trugschluss, bei der die →Gültigkeit einer Behauptung durch unzulässige Voraussetzungen oder durch eine Veränderung der →Bedeutung von Worten ›erschlichen‹ wird. In →Kants Theorie des →Erhabenen die Verwechslung der Achtung vor dem erhabenen Gegenstand mit der Achtung des Subjekts vor seiner eigenen Vernunftbestimmung.

M. S.

Subsidiaritätsprinzip Von lat. *subsidiarius*, das man mit ›unterstützend, Hilfe leistend‹, aber auch mit ›behelfsmäßig‹ übersetzen kann. Das Subsidiaritätsprinzip ist ein wichtiger Grundsatz der katholischen Soziallehre. Danach sollen in einer komplex strukturierten →Gesellschaft deren Elemente – der einzelne Bürger oder die Familie – die anstehenden Aufgaben und Probleme eigenverantwortlich lösen. Nur dann, wenn sie dazu nicht in der Lage sind, hat die Gesellschaft unterstützend einzugreifen. Dem entspricht eine gesellschaftliche Wertordnung, in der das Engagement der Bürger, ihre freiwilligen Zusammenschlüsse beispielsweise zu Interessensgruppen, Berufsverbänden oder Religionsgemeinschaften einen hohen Stellenwert haben. Entstanden ist das Subsidiaritätsprinzip aus der →Kritik an den totalitären Gesellschaftsmodellen des 20. Jhs. Während diese eine strenge Hierarchisierung praktizierten – nach dem nationalsozialistischen Führerprinzip hatte die obere Instanz zu befehlen, die untere musste deren Anweisungen ausführen –, so betont jenes die bloß dienende Rolle der oberen zur Funktionstüchtigkeit der unteren Ebenen. Demzufolge sind nach dem Subsidiaritätsprinzip beispielsweise kommunale Selbstverwaltung und föderaler Bundesstaat einem zentralistisch ausgerichteten Staatswesen vorzuziehen. Auch im Bereich des →Rechts gilt dieses →Prinzip: Grundsätzlich sind alle Probleme von den untersten und kleinsten ›Einheiten‹ der Gesellschaft zu bewältigen. Ein Handlungsbedarf des Staats ergibt sich erst dann, wenn gesellschaftlich notwendige Tätigkeiten von einzelnen →Personen oder Personengruppen nicht ausgeführt werden können.

L. A.

Substanz Von lat. *substantia*, ›Wesen‹, Übersetzung von griech. *ousia*. Nach →Aristoteles bewegt der ›erste unbewegte Beweger‹, der *nous*, die →Vernunft, nach vier Ursachen die Substanz; nämlich nach der →*causa efficiens*, der →*causa materialis*, der →*causa formalis* und der →*causa finalis*. Die Substanz besteht nach Aristoteles aus zwei Prinzipien, nämlich dem Stoff bzw. der →Materie (*hyle*) und der →Form (*eidos*) bzw. der Gestalt (*morphe*). Beide zusammen bilden das konkrete Einzelding, das *synolon* →Subjekt.

Die Substanz macht die Dinge zu dem, was sie sind, und wodurch sie sich eindeutig von anderen Dingen unterscheiden. Die Substanzen sind selbstständige →Entitäten (Seinseinheiten), denen weitere Merkmale anhaften, die →Akzidenzien, die eine Sache nicht wesensmäßig bestimmen, sondern nur zufällige Eigenschaften sind, so etwa die Farbe eines Hauses im Unterschied zu den substanziellen Merkmalen Wände und Dach.

W.R.

Substitution →Substituierung

Substituierung Auch Substitution, lat. ›Einsetzung, Ersetzung‹: die Ersetzung eines Begriffs oder eines mathematischen oder logischen Ausdrucks durch einen anderen, gleichwertigen; dabei muss der Ausdruck, in dem die Substitution stattfindet, in einen logisch äquivalenten übergehen. In der →Logik wird dies garantiert durch Einsetzungsregeln, nach denen nur bestimmte Substitutionen zulässig sind. So darf man z.B. die Gleichung $a \cdot b = b \cdot a$ durch Substituierung von $c+d$ für a in $(c+d) \cdot b = b \cdot (c+d)$ überführen oder den (allgemein gültigen) aussagenlogischen Ausdruck $A \vee \neg A$ (›A oder nicht A‹) durch Substitution von $B \wedge C$ (›B und C‹) für A in den (ebenfalls allgemein gültigen) Ausdruck $(B \wedge C) \vee \neg (B \wedge C)$.

M.S.

Substrat Lat. ›Unterlage‹: eigenschaftslose →Substanz.

M.S.

Subsumieren →Subsumtion

Subsumtion Auch Subsumption: Klassisch versteht man darunter die Unterordnung eines Einzeldings oder eines →Begriffs unter eine bestimmte Art oder unter einen umfassenderen Begriff. In der →Theorie der wissenschaftlichen →Erklärung bezeichnet Subsumtion die Beziehung zwischen Explanandum (dem das zu erklärende Ereignis beschreibenden Satz) und Explanans (den allgemeinen Gesetzen und den Anfangsbedingungen, die zur Erklärung des Explanandums herangezogen werden). In der juristischen Methodenlehre bezeichnet Subsumtion die Beziehung zwischen einer gesetzlichen Regelung und dem Einzelfall, auf den das Gesetz zutrifft.

D.C.

Supposition Lat. ›Unterlegung‹: In der →Scholastik die Bezeichnung für die Weisen, in der ein Wort für etwas stehen kann. Die scholastische →Logik unterscheidet unter anderem die materiale Supposition, bei der ein Wort für sich selbst steht (z.B. ›Logik ist ein zweisilbiges Wort‹) und die formale Supposition, bei der ein Wort für das von ihm bezeichnete, d.h. für seine →Bedeutung, steht (z.B. ›Logik ist ein Gebiet der Philosophie‹); diese Unterscheidung kennt auch die moderne Logik, als Unterscheidung von →Objekt- und →Metasprache.

M.S.

Syllogismus Ein Schluss mit zwei →Prämissen und einer →Konklusion. Unterschieden werden im Wesentlichen zwei Arten von Syllogismen: kategorische und modale Syllogismen. Ein kategorischer Syllogismus ist ein Syllogismus, dessen Prämissen und Konklusion kategorische Sätze sind, d.h. Sätze, in denen zwei Prädikatausdrücke F und G auf eine der vier folgenden Arten zusammengesetzt werden: ›Alle F sind G‹ (universell bejahend), ›Kein F ist G‹ (universell verneinend), ›Einige F sind G‹ (partikulär bejahend) oder ›Einige F sind nicht G‹ (partikulär verneinend). Als Grundregel gilt, dass in den Sätzen eines kategorischen Syllogismus insgesamt drei und nur drei Prädikatausdrücke vorkommen, wobei jeder dieser Prädikatausdrücke in je zwei Sätzen steht. Beispiele für gültige kategorische Syllogismen: ›Alle Menschen sind sterblich. Alle Griechen sind Menschen. Also sind alle Griechen sterblich.‹ Oder ›Kein Krokodil ist umgänglich. Einige Tiere sind Krokodile. Deswegen sind einige Tiere nicht umgänglich.‹

Ein modaler Syllogismus ist ein Syllogismus, dessen Prämissen und Konklusion modale kategorische Sätze sind, d.h. Sätze der Form ›Alle F müssen G sein‹, ›Alle F können G sein‹, ›Einige F müssen G sein‹ usw. Solche modalen Sätze sagen etwas darüber aus, ob allen bzw. einigen Dingen einer Klasse notwendiger- oder möglicherweise eine Eigenschaft zukommt oder nicht.

→Aristoteles studierte die Eigenschaften von kategorischen und modalen Syllogismen und begründete die so genannte Syllogistik – eine systematische Darstellung aller gültigen Syllogismen. In der mittelalterlichen →Logik wurde die Syllogistik weiter ausgearbeitet und die einzelnen kategorischen Syllogismen gemäß der Anordnung der in ihnen vorkommenden Prädikatausdrücke (Figur eines kategorischen Syllogismus) und der Anordnung der in ihnen verwendeten kategorischen Satzformen (Modus eines kategorischen Syllogismus) klassifiziert und kodifiziert. Aus Sicht der modernen Logik kann die Syllogistik als Teil der (monadischen) Prädikatenlogik erster Stufe bzw. deren modallogischen Erweiterung betrachtet werden.

Im Rahmen der →Aussagenlogik wird außerdem von hypothetischen und disjunktiven Syllogismen gesprochen: Hypothetische Syllogismen sind gültige Schlüsse mit zwei Prämissen und einer Konklusion, die mindestens einen Konditionalsatz als Prämisse enthalten (z.B. Schlüsse der Form ›Wenn A, dann B. Wenn B, dann C. Also: Wenn A, dann C.‹ Oder ›Wenn A, dann B. A. Also B.‹ Disjunktive Syllogismen sind gültige Schlüsse der Form ›A oder B. Nicht-A. Also B.‹ bzw. ›A oder B. Nicht-B. Also A.‹

Von den oben erwähnten Syllogismen sind zudem die praktischen Syllogismen zu unterscheiden. Bei ihnen handelt es sich nicht um Schlüsse, in denen Aussagen mit Hilfe anderer Aussagen bewiesen, sondern um Schlüsse, in denen bestimmte Handlungsentscheidungen unter Rekurs auf Wünsche und Überzeugungen begründet werden sollen. Praktische Syllogismen besitzen (Wright zufolge) die Form: ›Person P beabsichtigt, einen Sachverhalt s herbeizuführen. P glaubt, dass er s nur dann herbeiführen kann, wenn er x tut. Also macht sich P daran, x zu tun.‹

M. Bergmann / J. Moor / J. Nelson, The Logic Book, 2. Aufl. Baskerville 1990
U. Nortmann, Modale Syllogismen, mögliche Welten, Essentialismus. Analyse der aristotelischen Modallogik, Berlin 1996
J. T. Smiley, What Is a Syllogism?, in: Journal of Philosophical Logic 2, 1973
P. Thom, The Syllogism, München 1981
G. H. von Wright, Explanation and Understanding, Ithaca N.Y. 1971

St. B.

Symbol Griech. *symbolon*, ›Zeichen‹: Allgemein bekanntes und anerkanntes Sinnbild oder Zeichen, welches einen abstrakten Gedanken oder Sachverhalt sinnlich repräsentiert. Im Gegensatz zur eher beliebig einsetzbaren Metapher besitzt das Symbol eine durch allgemeine Übereinkunft feste →Bedeutung. Auf Grund seines Verweisungscharakters ohne Anspruch auf adäquate Wiedergabe des Gegenstands fällt dem Symbol erkenntniserhellende Kraft vor allem in den Bereichen der →Religion, →Metaphysik, →Kunst und Literatur und teilweise auch der Tiefenpsychologie zu. In seiner Funktion als interkommunikativ gültiges Schrift- oder Bildzeichen zur verkürzten, bildhaften Kennzeichnung eines Gegenstands, Verfahrens oder Ablaufs bestimmt das Symbol aber auch naturwissenschaftliche und technische Verfahren sowie zunehmend die kommunikativen Prozesse unseres Alltagslebens (z.B. Verkehrssymbole, Computersprache). Für →Hegel besitzt das Symbol in der »symbolischen Kunstform« – als Vorstufe der »klassischen Kunstform« – die Fähigkeit, Konkretes und Allgemeines zu verbinden. Goethe schreibt ihm die einheitsstiftende Kraft zu, das Besondere im Allgemeinen und das Allgemeine im Besonderen zu schauen. Verallgemeinernd kann man von einem symbolhaften Zugriff der Kunst auf →Wirklichkeit sprechen, insofern sowohl Sprachkunstwerke wie auch die bildende Kunst und die Musik vielfältige Symbolsprachen entwickeln.

In der Theorie →Cassirers erhält der Begriff des Symbols anthropologische Qualität und wird Grundlage seiner Lehre vom →Menschen. Cassirer sieht das Strukturmerkmal des Menschen weder in seiner metaphysischen noch in seiner physischen Natur, sondern in seinem Charakter als symbolschaffendes und -geschaffenes Wesen als *animal symbolicum*. In seinem Werk *Philosophie des symbolischen Formen* unternimmt Cassirer den Versuch nachzuweisen, dass der Mensch seine →Welt nicht unmittelbar, sondern nur vermittelt durch die mediale Perspektive symbolhafter Systeme der von ihm selbst geschaffenen →Kultur - wie →Sprache, →Mythos, Religion, Kunst, →Wissenschaft und →Geschichte - anschaut und interpretiert. Die Annahme eines direkten Weltbezugs in einer nicht-symbolischen Welt wird zurückgewiesen. Weltbezug und -verständnis werden nur möglich durch die vom Menschen selbst erzeugten Bedeutungssysteme. Die zunächst unterschiedlichen Kulturleistungen des Menschen sind so Ausdrucksformen eines organischen Ganzen und lassen sich auf einen gemeinsamen Ursprung zurückführen.

E. Cassirer, Philosophie der symbolischen Formen, 3 Bde, (1923–29), Darmstadt 1977

E. M. S.

Symposion Griech. ›Zusammen trinken, gemeinsames Schmausen‹: Im antiken Griechenland ein Trinkgelage nach dem Gastmahl, bei dem man sich unterhielt und Musik oder Gedichte vortrug. In →Platons gleichnamigem Dialog entwickelt →Sokrates im Gespräch seine Vorstellung des Eros. Seitdem werden philosophische und wissenschaftliche Diskussionsforen häufig Symposien genannt.

M. S.

Synkretismus Die Verbindung unterschiedlicher philosophischer Positionen zu einer einheitlichen Lehre. So wurde in der Spätantike der Versuch gemacht, griechische, orientalische und christliche Positionen und Theoreme zusammenzuführen. Im späten →Mittelalter (A) des 16. Jhs. versuchten dann die so genannten Synkretisten, →Platon und →Aristoteles zusammenzudenken.

W. R.

Syntax Ganz allgemein ist die Syntax eines Zeichensystems eine systematische Beschreibung des Zeichensystems, die von der →Bedeutung oder dem →Sinn des →Zeichens absieht, ebenso davon, was durch die Zeichen bezeichnet wird bzw. worauf sie zutreffen. Sie konzentriert sich auf bloß formale Aspekte und untersucht, wie längere Ausdrücke aus kürzeren zusammengesetzt werden. Die Syntax eines Zeichensystems legt dabei zweierlei fest: einmal eine Menge einfacher oder nicht zusammengesetzter Zeichen, zweitens eine Menge von Regeln, die bestimmen, welche Kombination einfacher Zeichen als korrekte Kombinationen (Terme) zu gelten haben.

In der Beweistheorie gehört neben den Regeln des korrekten Zusammenbaus komplexer Ausdrücke zur Syntax eines formalen Systems einer formalen Sprache L auch eine Menge von →Axiomen oder Axiomenschemata sowie eine Menge von Schlussregeln, die bestimmt, welche Beziehungen zwischen Termen von L Ableitungsbeziehungen sind. Damit bestimmt die Syntax, welche Sätze innerhalb eines formalen Systems ableitbar sind. - In der Sprachwissenschaft, wo man einzelne natürliche Sprachen untersucht, versteht man unter Syntax die Gesamtheit der →Prinzipien, aus denen man aus Wörtern Sätze aufbaut.

G. Hunter, An Introduction to the Metatheory of Standard First Order Logic, Berkeley/Los Angeles 1996

D. C.

Synthese Von griech. *synthesis*, ›Zusammenstellung‹: Im allgemeinen Sprachgebrauch das Verfahren und zugleich das Ergebnis der Verbindung von Teilen zu einem Ganzen, z. B. in der Chemie die Verbindung von chemischen Stoffen, im Gegensatz zur →Analyse; speziell in der Philosophie die Verknüpfung von →Vorstellungen, →Begriffen und →Aussagen. Für →Kant ist →Erkenntnis wesentlich Synthesis, Vereinheitlichung des Mannigfaltigen. Diese Synthesis ist nicht gegeben, sie ist eine aktive Leistung des →Subjekts: Erfahrungserkenntnis ist für Kant die Erzeugung des Gegenstandes durch gesetzmäßige Synthese des Gegebenen. Die raum-zeitliche Synthesis der →Empfindungen in der →Anschauung muss zugleich begriffliche, kategorial bestimmte Synthesis des anschaulich Gegebenen durch den →Verstand sein, damit sie über die subjektive Wahrnehmung hinaus objektive Erkenntnis des Erfahrungsgegenstandes ist; so macht z. B. erst die begriffliche Synthese durch die →Kategorie der →Kausalität aus dem Nacheinander von Wahrnehmungen die →Erfahrung eines objektiven Vorgangs an Stelle einer bloß subjektiven Assoziation. Aller Synthesis liegt dabei nach →Kant die »synthetische Einheit der →Apperzeption« zugrunde, die Vereinigung aller Vorstellungen als meiner Vorstellungen in einem →Selbstbewusstsein. In der →Dialektik →Hegels ist die Synthese die Aufhebung des Gegensatzes von These und Antithese. Durch Negation geht die These in die Antithese über, durch eine erneute Negation, die Negation der Negation, gehen beide in die Synthese ein. In ihr sind These und Antithese ›aufgehoben‹, d.h. sowohl überwunden als auch aufbewahrt und auf eine höhere Stufe gehoben. So ist z.B. in Hegels *Logik* das →Werden die Synthese von ›Sein‹ und ›Nichts‹, in seiner Rechtsphilosophie die →Sittlichkeit die Synthese von ›abstraktem Recht‹ und ›Moralität‹.

M.S.

Synthetische Urteile Von griech. *synthesis*, ›Zusammenstellung‹: Nach →Kant solche →Urteile, in denen das →Prädikat dem →Begriff des →Subjekts etwas hinzufügt und damit unser →Wissen erweitert wird (Erweiterungsurteile). Im Gegensatz dazu sind →analytische Urteile bloße Erläuterungsurteile, da das Prädikat im Subjekt schon enthalten ist. So enthält z.B. das analytische Urteil ›Jede Wirkung hat eine →Ursache‹ bloß eine Analyse des Begriffs Wirkung, eine tatsächliche Ursachenfeststellung dagegen (z.B. ›Umweltverschmutzung ist die Ursache des Waldsterbens‹) erweitert unser Wissen. Aussagen dieser Art beruhen auf →Erfahrung, sind also synthetische Urteile →*a posteriori*. Während analytische Urteile, da sie auf logischer Analyse beruhen, immer →*a priori* gelten, kann man nach Kant synthetische Urteile *a posteriori*, d.h. →empirische Sätze, und synthetische Urteile *a priori*, d.h. notwendige und streng allgemein gültige Erweiterungsurteile, unterscheiden. Beispiele für solche synthetischen Urteile *a priori* sind für Kant die Sätze der Mathematik, die Grundvoraussetzungen der Naturwissenschaften und die allgemeinen →Prinzipien der Erfahrung überhaupt, wie etwa das Kausalgesetz. Denn im Gegensatz zu dem o. a. analytischen Satz über Ursache und Wirkung und zu einer empirischen Ursachenfeststellung ist der Satz ›Jede Veränderung hat eine Ursache‹ ein synthetisches Urteil *a priori*: Er gilt notwendig, obwohl der Begriff Ursache nicht im Begriff Veränderung enthalten ist. Die für Kant zentrale Frage der →Erkenntnistheorie, wie solche synthetischen Urteile *a priori* möglich sind, beantwortet er so: Synthetische Urteile *a priori* gelten, weil sie die Bedingung jeder möglichen Erfahrung enthalten. So enthalten z.B. die Sätze der Geometrie die Bedingungen jeder möglichen räumlichen Anschauung und das Kausalgesetz formuliert die für jede Erkenntnis der Welt – und jede Aussage über eine konkrete Ursache – notwendige Voraussetzung, dass alle Ereignisse in der Welt kausal bestimmt sind. Der →Positivismus bzw. logische →Empirismus und andere Richtungen der modernen →Wissenschaftstheorie bestreiten die Möglichkeit synthetischer Sätze *a priori*. Sie halten sie teils für empirische Sätze, teils – vor allem im Fall der mathematischen →Axiome – für sinnvolle, aber willkürliche Setzungen.

M.S.

System Umgangssprachlich versteht man unter einem System die Vereinigung von Dingen oder Sachverhalten zu einem gegliederten Ganzen. Dabei unterscheidet man in der Alltagssprache nicht, ob das System bereits immanent vorhanden war (und man es nur noch beschreiben muss) oder ob man von außen ordnend eingreift.

In der Wissenschaftssprache muss man aus diesem Grunde zwei →Bedeutungen von System unterscheiden: natürliche Systeme und gedankliche Systeme. Natürliche Systeme sind solche, die sich in der →Wirklichkeit finden, z.B. Planetensysteme; wogegen man unter gedanklichen Systemen im Sinne →Kants ein nach →Prinzipien geordnetes Ganzes der →Erkenntnis, z.B. jedes Lehrgebäude, versteht. Gedankliche Systeme sind also vom Menschen konstruiert, während natürliche Systeme in der →Natur bzw. durch die Natur gegeben sind. Beiden gemeinsam ist, dass die Elemente des Systems durch Relationen geordnet sind. Deshalb kann man auch abstrakt definieren: Ein System von Objekten ist eine nicht leere Menge von Objekten, zwischen deren Elementen Relationen definiert sind oder definiert werden können. Die Gesamtheit der Relationen eines Systems nennt man auch die →Struktur des Systems.

Im 20. Jh. haben kybernetische Systeme eine immer größere Bedeutung erlangt. Kybernetische Systeme sind dadurch charakterisiert, dass ihre Struktur mindestens eine →Rückkopplung aufweist. Sind die kybernetischen Systeme darüber hinaus stabil, so nennt man sie Regelsysteme.

B. W.

Systemtheorie Auch allgemeine Systemtheorie, engl. *General System Theory*; die →Theorie der allgemeinen →Prinzipien, die die verschiedenen, in den einzelnen →Wissenschaften untersuchten →Systeme gemeinsam haben. Die allgemeine Systemtheorie versteht sich als Metatheorie der einzelwissenschaftlichen Systemtheorien, als →Paradigmen einer neuen Einheit in der immer unübersichtlicheren Vielzahl wissenschaftlicher Erkenntnisse. Während die am Vorbild der klassischen Physik orientierten (Natur-)Wissenschaften auf der Suche nach allgemeinen →Gesetzen die untersuchten Phänomene isoliert hatten, hat die systemtheoretische Betrachtungsweise das Ganze des jeweiligen Systems und die Beziehungen unter seinen Elementen im Blick; sie untersucht nicht einzelne →Objekte und einzelne lineare Kausalreihen, sondern die Gesamtheit der Wechselwirkungen zwischen den Objekten. Die Proteinsynthese in der Zelle lässt sich z. B. erst aus der Wechselwirkung der verschiedenen chemischen Prozesse erklären, ebenso macht nur die Betrachtung eines Landschaftsausschnitts als Ökosystem die Wechselwirkungen zwischen Pflanzen, Pflanzenfressern, Fleischfressern usw. erkennbar.

Wissenschaftsgeschichtlich gesehen und auch in ihrer Terminologie ist die Systemtheorie vor allem von der Biologie und von der Kybernetik geprägt; sie findet jedoch heute Anwendungen in den unterschiedlichsten Gebieten von der Computerforschung bis zur Soziologie und zur Psychologie: Die einzelne Zelle und das Gehirn, die Familie und die Gesellschaft werden gleichermaßen als System verstanden. Dies wurde nur möglich dadurch, dass der Systembegriff immer weiter entwickelt und differenziert wurde. Gegenstand der Systemtheorie sind heute nicht mehr unorganisierte Gleichgewichtssysteme (z. B. der Thermodynamik), sondern selbst organisierende dynamische Systeme; es geht auch nicht um das Verhältnis der Teile zum Ganzen, sondern um die Differenz von System und Umwelt und die Relationen der Teile untereinander. Ein System wird daher als eine Menge von Objekten definiert, die zueinander und zur Umwelt in bestimmten Relationen stehen. Diese Relationen können häufig mit mathematischen Mitteln formuliert werden, was die Simulation von Systementwicklungen im Computer ermöglicht.

Entscheidend für die Entwicklung des Systembegriffs war die Anwendung der Kybernetik auf biologische Organismen (u. a. durch Bertalanffy); deren besondere zweckmäßige →Struktur, die sich kausaldeterministisch nicht beschreiben ließ, konnte so ohne klassisch-teleologische bzw. vitalistische Voraussetzungen erklärt werden. Ein Organismus wird als ein offenes System aufgefasst, das, im Gegensatz zum geschlossenen System, in Wechselwirkung mit seiner →Umwelt steht. Es ›agiert‹ zielgerichtet, d. h. im einfachsten Fall, es erhält in Reaktion auf Umwelteinflüsse einen vorgegebenen Gleichgewichtszustand aufrecht, und zwar nach dem kybernetischen →Modell der →Rückkopplung, wie man sie z. B. von der Funktion eines Thermostats her kennt. Die meisten Systeme in der Biologie und anderen Gebieten beschränken sich aber nicht auf reaktive Gleichgewichtserhaltung, sie entwickeln sich vielmehr autonom weiter, im Austausch mit ihrer Umwelt und in einem dynamischen Ungleichgewicht. Differenziertere Konzepte der Kybernetik und der Systemtheorie ermöglichen die Beschreibung solcher selbst organisierenden dynamischen Systeme. Die Differenz von System und Umwelt ist bei ihnen Ergebnis der Selbstorganisation; sie wird innerhalb des Systems durch interne Differenzierung reproduziert, wenn sich nämlich Teilsysteme bilden, für die der Rest des Systems wieder Umwelt ist. Die so genannten autopoietischen Systeme leisten über die bloße Selbstorganisation hinaus sogar Selbstreproduktion, d. h. sie erzeugen sich selbst. Durch Einwirkungen der Umwelt sind solche Systeme nicht gezielt beeinflussbar; wie sie solche Einwirkungen verarbeiten, ist nur durch ihre eigene innere →Struktur bestimmt. Um sich selbst neu schaffen zu können, muss ein autopoietisches System ein Bild von sich selbst haben, es muss sich auf sich selbst beziehen können. Selbstbezüglichkeit oder Selbstreferenz ist ein zentrales Thema der neueren Systemtheorie: Die Beziehung eines Systems auf sich selbst, in der Tradition allein dem →Denken bzw. dem (Selbst-)Bewusstsein vorbehalten, wird zum gemeinsamen Merkmal unterschiedlichster Systeme; →Geist (Bateson) und →Erkenntnis im Sinne von Selbstorganisation und Selbstreferenz wird auch z. B. Zellen oder gesellschaftlichen Systemen zugesprochen.

Die Leistungsfähigkeit der modernen Systemtheorie zeigte sich u. a. bei der →Erklärungen der molekularen Prozesse, die zur Entstehung des Lebens führten (durch Prigogine und Eigen), und in einer umfassenden Theorie der Evolution (u. a. durch E. von Weizsäcker). In der Soziologie fasst z. B. Luhmann die →Gesellschaft als autopoietisches Kommunikationssystem, das heißt, das System Gesellschaft besteht aus Kommunikationen, die es selbst produziert und reproduziert. Indem festgelegt wird, worüber sinnvoll kommuniziert werden kann, wird die Komplexität der →Welt reduziert; dies ermöglicht überhaupt erst Orientierung in einer Welt, die sonst zu unübersichtlich wäre. →Sinn ist für Luhmann nicht eine Leistung des →Subjekts, sondern die Weise, in der das System Gesellschaft die Möglichkeiten des Zugangs zur Welt zu begrenzt; die Welt bleibt dabei immer Horizont für mögliche neue Sinnsetzungen. Da sich das System Gesellschaft die Strukturen der →Kommunikation autopoietisch selbst schafft, kommt die Umwelt – also alles, was nicht Kommunikation ist (einschließlich der Menschen in ihrer physischen Existenz) – in ihm nur insofern vor, als über sie innerhalb dieser Strukturen kommuniziert wird. Entsprechendes gilt auch für die Teilsysteme der Gesellschaft; so können etwa im Teilsystem →Recht gesellschaftliche Themen nur als Rechtsfragen wahrgenommen und bearbeitet werden. Die immer weitere Differenzierung in solche Teilsysteme ist für Luhmann das wesentliche Kennzeichen der Evolution des Systems Gesellschaft, spezielles Merkmal der modernen Gesellschaft ist dabei, dass an die Stelle der vormodernen hierarchischen eine funktionale Differenzierung tritt. Dabei wird in jedem Teilsystem alles auf dessen jeweiligen ›Code‹ bezogen, z. B. auf Geld in der Wirtschaft oder auf Wahrheit in der Wissenschaft.

Vor allem in ihrer Popularisierung wird die Systemtheorie (bzw. die Ökologie) häufig zu einer Art Überwissenschaft: Zum einen werden Ergebnisse spezieller Systemwissenschaften wie der Ökologie unbedenklich auf ganz andere Bereiche übertragen, zum anderen erwartet man von der Systemtheorie die Überwindung des reduktionistisch-mechanistischen Naturverständnisses. Dagegen wird eingewandt, dass die Systemforschung zwar das Ganze eines (Öko-)Systems erfasse, aber nur unter einem bestimmten funktionalen Aspekt; die qualitativ-individuelle ›Fülle der Natur‹ entgehe ihr ebenso wie der traditionellen Naturwissenschaft.

Dem systemtheoretischen Ansatz in der Soziologie wird u. a. von →Habermas vorgeworfen, in seinem Verzicht auf jede normative Beurteilung von außen das störungsfreie Funktionieren des Systems implizit als Ziel zu setzen. Dies ist über die systemtheoretischen Einschätzungen einzelner politischer Fragen hinaus ein prinzipielles Problem: Da das selbstreferenzielle System das Subjekt als Grundlage praktischer wie theoretischer Geltungsansprüche abgelöst hat, gibt es keine Möglichkeit einer normativen Beurteilung des Systems ›von außen‹. Eine der zentralen Fragen der philosophischen Diskussion über die Systemtheorie ist daher, ob der theoretische Gegenstandsbezug wirklich auf das →Modell von Erkenntnis als Systemeigenschaft reduziert und erkenntnistheoretische Reflexion damit durch Systemtheorie ersetzt werden kann.

H. Maturana / F. J. Varela, Der Baum der Erkenntnis. Die biologischen Wurzeln menschlichen Erkennens, Bern / München 1987

N. Luhmann, Soziale Systeme. Grundriss einer allgemeinen Theorie, Frankfurt/M. 1984

M. S.

Szientismus Von lat. *scientia*, ›Wissen, Einsicht‹: Eine philosophisch-wissenschaftstheoretische Einstellung, die sich an den →Methoden der Mathematik und der empirischen Naturwissenschaften (engl.: *sciences*) orientiert und diese auf die Sozial- und Geisteswissenschaften und andere Bereiche menschlichen →Denkens und Handelns übertragen möchte. Der Begriff wird meist in kritisch-polemischer Absicht gebraucht: Der Vorwurf des Szientismus meint, dass die Methoden der Naturwissenschaft unzulässig verabsolutiert würden. Die szientistische Einstellung entstand mit dem Aufstieg der Naturwissenschaften und dem Bedeutungsverlust der metaphysischen →Systeme. Sie zeigt sich im Selbstverständnis vieler Naturwissenschaftler und in weiten Teilen der öffentlichen Diskussion, vor allem aber - in reflektierter Form - in der Position des →Positivismus: Er hält die wissenschaftliche Erkenntnis im Sinne der Naturwissenschaften für die einzig mögliche Form von Erkenntnis und will Philosophie auf die dementsprechende →Wissenschaftstheorie beschränken. Es ist vor allem diese Position, gegen die sich die Kritik des Szientismus, wie sie besonders von der Frankfurter Schule vorgebracht wurde, richtet.

M.S.

Tabula rasa Eigentlich die von den ins Wachs eingeritzten Wörtern dadurch befreite Schreibtafel der Antike, dass man das Wachs wieder glättete. →Locke (und der englische →Sensualismus) verwandte dieses Bild, um seine Behauptung zu veranschaulichen, dass die →Seele bzw. das →Bewusstsein, bevor der Mensch sinnliche →Erfahrungen macht, völlig leer sei. Dies war eine Gegenbehauptung gegen die Theorie der ›eingeborenen Ideen‹ (→*ideae innatae*), die letztlich auf →Platons Ideenlehre und Reinkarnationslehre zurückgeht, gemäß der die Seele, wenn sie im Tod den Körper verlässt, im Reich der Ideen diese in ihrer Reinheit schaut, sodass sie die Erinnerung an die Ideen, wenn sie sich erneut mit einem Körper verbindet, aufbewahrt. →Kant hat diese Theorie dann verworfen, nicht aber auf angeborene Ideen zurückgegriffen, vielmehr gezeigt, dass dem Menschen angeborene (apriorische) →Vorstellungsformen (nämlich →Raum und →Zeit) und apriorische →Kategorien eignen, die die Voraussetzungen dafür sind, dass der Mensch überhaupt Erfahrung machen kann. →Popper hat dann in seinem Buch *Objektive Erkenntnis* das lockesche Theorem des leeren Bewusstseins als ›Kübelmodell‹ des Bewusstseins ins Lächerliche gezogen.

T.Z.

Tarskische Wahrheitskonvention Der polnische Logiker Alfred Tarski hat die traditionelle Wahrheitsdefinition des →Aristoteles (»Wahrheit ist die Übereinstimmung von Begriff und Sachverhalt«) semantisch reformuliert. »Wir kommen zu einer Definition der Wahrheit und Falschheit, indem wir einfach sagen, dass eine Aussage wahr ist, wenn sie von allen Gegenständen erfüllt wird, sonst falsch.« (*Die semantische Konzeption der Wahrheit und die Grundlagen der Semantik*, Absatz 11). Dies bedeutet, dass, sofern ein Sachverhalt angenommen wird, genau dieser Satz wahr ist, der diesen Sachverhalt behauptet.

T.Z.

Tautologie Ein aussagenlogischer Satz, der aufgrund seiner logischen Form unter keinen Umständen falsch sein kann, heißt Tautologie oder aussagenlogische Wahrheit. D.h., der aussagenlogische Satz ist wahr, gleichgültig welche Wahrheitswerte seinen Teilaussagen zugewiesen werden. Z.B. ist ›A oder nicht-A‹ eine Tautologie: Wenn die Teilaussage A wahr ist, ist der ganze Satz wahr. Wenn die Teilaussage A falsch ist, ist die Teilaussage ›nicht-A‹ wahr und somit der ganze Satz. Sätze, die in der →Prädikatenlogik nur aufgrund ihrer logischen Form wahr sind, heißen logisch wahr.

Ein Satz der natürlichen Sprache, der wahr ist, unabhängig davon, was die einzelnen nichtkomplexen Teilaussagen des Satzes besagen, insbesondere gleichgültig, ob die Teilaussagen wahr oder falsch sind, ist eine Tautologie der natürlichen Sprache: ›Es regnet oder es regnet nicht‹; ›Kräht der Hahn früh auf dem Mist, dann ändert sich das Wetter oder es bleibt wie es ist‹.

Eine Tautologie gibt keine Auskünfte darüber, wie die Welt beschaffen ist. Tautologien sind in negativer Sicht für die Formulierung der Erkenntnisziele der empirischen Wissenschaften interessant: in den empirischen Wissenschaften sind Tautologien genau das, was vermieden werden soll, da sie keine neuen →Erkenntnisse darlegen.

A. Bühler, Einführung in die Logik. Argumentation und Folgerung, 3. Aufl. Freiburg / München 2000
E. Mendelson, Introduction into Mathematical Logic, 4. Aufl. London 1997

S.V.

Technik Sowohl im öffentlichen Bewusstsein als auch im wissenschaftlichen und philosophischen Diskurs konkurrieren verschiedene Varianten eines maschinenzentrierten und eines handlungsbezogenen Technikverständnisses miteinander. Im ersten Fall verwendet man den Technikbegriff für die Produkte technischen Handelns, und zwar für einzelne Apparate und Maschinen oder umfassender für das gesamte jeweils vorhandene System materieller Mittel zur Umgestaltung der →Natur für Zwecke des menschlichen Daseins (so G. Böhme). Der handlungsorientierte Technikbegriff, der die Technikphilosophie →Heideggers bestimmt, knüpft an die griechische Vorstellung von *techne* als einem Verfahrenswissen an, das den Menschen bei der Herstellung von Dingen leitet, und setzt dieses in Beziehung zur modernen Naturwissenschaft als einem Wissen, das auf die →Gesetze der Erzeugung der natürlichen Gegenstände zielt und dadurch ein die Natur im reproduktiven wie manipulativen Sinne beherrschendes technisches Können ermöglicht. Da es dabei nicht immer um ein Herstellen gehen muss, lässt sich in Bezug auf die technische Zivilisation Technik auch als Sammelbegriff für alle an Effizienz orientierten rationalen und mathematisierenden Methoden im Umgang mit der Natur verstehen, wie dies bei den Theoretikern des kritischen →Rationalismus (→Popper, H. Albert) in Anlehnung an Max Weber geschieht.

Die →Technikphilosophie stellt in erster Linie anthropologische und ethische Fragen. Sie versucht zu erklären, warum die Technik seit der Aufklärung (→A Neuzeit – Aufklärung) als ein Bereich der Selbstverwirklichung des Menschen begriffen worden ist, und bemüht sich zunehmend auch um eine ethisch begründete Revision dieses Selbstverständnisses, wobei sie das Ziel verfolgt, die Konzepte der menschlichen Selbst- und Weltgestaltung mit den Ansprüchen der Natur in uns und um uns herum zu versöhnen. Die wissenschaftlich-technische Zivilisation wird dabei zumindest in Teilbereichen nicht mehr als Hoffnungsträger für die Menschheit, sondern als Quelle der Bedrohung verstanden. Die Grundfrage dieser philosophischen Überlegungen lautet, ob die sich technischer Mittel bedienende menschliche Willensherrschaft über die Natur, die von der Sorge des sich als defizitär empfindenden modernen Menschen um seine Existenzmöglichkeiten angetrieben wird (→Fichte, Gehlen, →Heidegger), durch stärker asketisch ausgerichtete Lebensformen (C.F. von Weizsäcker, Jonas) oder durch wirksame ethische und politische Kontrollen des wissenschaftlich-technischen Handelns (Birnbacher, Lenk, Ropohl) auf ein für die Natur vertretbares Maß begrenzt werden kann.

A. Menne (Hg.), Philosophische Probleme von Arbeit und Technik, Darmstadt 1987

Th. Zoglauer (Hg.), Technikphilosophie, Freiburg/Br. 2000

H. P.

Technikphilosophie Bereichsdisziplin der Philosophie, deren Gegenstand die →Technik ist, mit der sie sich philosophisch auseinandersetzt. Technikphilosophie ist als Philosophie bestimmt, die mit den ihr eigenen →Methoden ihr →Objekt – die Technik – untersucht. Es kommt daher darauf an, zunächst den Gegenstandsbereich zu bestimmen. Die erste Frage dieser →Disziplinen ist daher: Was ist Technik? Die zweite Frage liegt in der Zugangsweise: Welche Art von Philosophie ist hier angemessen? Wie ist die Technikphilosophie als Philosophie näher zu bestimmen?

Zur Frage, wie die Technik zu bestimmen sei, gibt es eine lange historische Diskussion, die auf →Platon – mit dem Gedanken der Teilhabe und der Nachahmung immer bestehender →Ideen – und →Aristoteles – mit der Unterscheidung von natürlicher und künstlicher →Realität – zurückgeht. Dabei gibt es ein weites Verständnis von Technik und ein engeres: Die weitere Bedeutung von Technik, die alles menschliche Tun in einer Umwelt umfasst, steht dem engeren Verständnis gegenüber, nach dem Technik ein auf wissenschaftlichem Verständnis der →Natur und ihrer Gesetzmäßigkeiten in Analyse und Synthese beruhendes Handeln ist.

Während die Natur durch →Werden (von selbst) bestimmt ist, bedeutet Technik immer ein zielgerichtetes Machen. Als natürlich gilt das Resultat des Werdens, als technisch-künstlich gilt das Resultat des Machens, im engeren Sinne das Machen und seine Resultate, wenn der →Mensch das handelnde →Subjekt ist; im weiteren Sinne spricht man auch von Technik bei tierischem Handeln, etwa beim Nestbau, beim Wabenbau, beim Beutemachen, bei der Nahrungsbeschaffung oder bei der Revierabgrenzung. Tierische Technik ist weitgehend natürlich oder instinktiv, aber es gibt auch Lernen und damit verbundene ›intelligente‹ Leistungen bei tierischer Technik. Beim Menschen stehen Intelligenz und →Wille durch Ausnutzung natürlicher Gegebenheiten (Materialien und Gesetzmäßigkeiten) im Vordergrund.

Damit ist die Entwicklung der Technik vom frühgeschichtlichen Eingreifen in die Natur und von ihrer unmittelbaren Ausnutzung bis zu Gestaltungen verstehbar, die auf wissenschaftlichen Einsichten beruhen und mit dem Fortschritt der →Wissenschaften immer neue technische Nutzungen ermöglichen. Damit vergrößert sich zugleich der Bereich der →Wirklichkeit, der technischer Gestaltung zugänglich ist – von der materiellen Welt außerhalb des Menschen über die biologische Umwelt (es gab schon früh Agrartechnik und Tierzucht), bis zum Eingriff in Körper und Psyche des Menschen. Besonders wichtig ist seit einigen Jahren der zwar materieller Grundlage bedürftige, aber doch wesentlich immaterielle Bereich der Information. Damit wird der engere Technikbegriff auch anwendbar auf Bereiche, die früher nur unter einem weiten Technikbegriff erfassbar waren.

Technik wird dabei vor allem verstanden als ein Mittelsystem, das Anstrengungen erspart, das der Beseitigung von Mangel- und Notsituationen dient und wirtschaftliche Bedarfe erfüllt, das insgesamt ein Mittel zur Entlastung und Gestaltung des →Lebens darstellt; Technik kann aber auch eingesetzt werden, um dem menschlichen Macht-, Herrschafts- und Ausbeutungswillen zu dienen. Technik ist immer auch Befreiung des Menschen von den Grenzen und Schranken, die ihm biologisch vorgegeben sind, die er aber dank seiner Geistbegabung überschreiten kann. Diese Geistbegabung ermöglicht auch die Orientierung an Zielen, die sich aus dem Bestreben nach Vervollkommnung des Menschen und aus dem Bestreben nach Vollendung der in der Natur angelegten Möglichkeiten ergeben – hier würde auch →Heideggers Technikdeutung als »Entbergen« der Natur und als Bestellen des naturgegebenen Bestandes ihren Platz finden, aber auch seine negative Beurteilung der Technik als »Gestell«, das den Zugang zur →Wahrheit des →Seins verstellt. Technik als Tätigkeit des Menschen ist zugleich immer Objektivierung menschlicher →Arbeit und Leistung und damit äußeres Zeichen des Selbstverständnisses, das der Mensch von sich in seinem Werk zum Ausdruck bringt. Technik kann deshalb definiert werden als das Gesamt und die Einzelmomente der →Theorie und der Wirklichkeit von Gegenständen und Verfahren, die als Mittel zur Erfüllung individueller und gesellschaftlicher Bedürfnisse und Zwecke durch konstruktive Leistung im Rahmen der Naturgesetze geschaffen werden und insgesamt weltgestaltend wirken.

Diesem Bereich wendet sich die Philosophie mit der Vielfalt ihrer →Methoden und Unterdisziplinen zu. Sie widmet sich der Technik phänomenologisch-hermeneutisch oder analytisch oder systemtheoretisch. Wissenschaftstheoretisch ist nicht nur die Herausarbeitung der Unterschiede etwa zu Natur- und Geistes- und Gesellschaftswissenschaften ein Thema der Technikphilosophie. Technik ist nicht einfache Anwendung von naturwissenschaftlichen Erkenntnissen; auch die Zielsetzung bestimmt die Art des Handelns und die Ergebnisse. So ist etwa zu fragen: Was geschieht beim Übergang von der wissenschaftlichen Analyse zu einer neuen Synthese, der vielleicht – wie vor allem in der chemischen Technik – längere Umwege vorausgehen? Der Systemaspekt der Technik ist wissenschaftstheoretisch zu reflektieren. Dieser Systemaspekt umfasst sowohl die Analyse von individuellen und gesellschaftlichen Bedürfnissen und die daraus resultierenden Zielvorstellungen wie die wissenschaftlichen Analysen der jeweiligen materiellen und sozialen Voraussetzungen zur Erfüllung daraus resultierender Aufgaben als auch die verschiedenen Informations- und Vermittlungsebenen bis zur Realisierung der gewünschten Verfahren und Gegenstände.

Anthropologisch relevant ist die Frage, wie der Mensch sich selbst versteht, wenn er nicht nur die materielle Umwelt gestaltet, sondern in eigener Verantwortung seinen Körper und seine Psyche verändert. Die menschliche →Freiheit ist auch hier die →transzendentale Bedingung der Gestaltung der Natur zur →Welt. Die anthropologische Frage mündet nicht nur in der →Metaphysik, sondern vor allem in der →Ethik: Wie weit geht die Verfügungsmacht und das Verfügungsrecht des Menschen über sich und seine Mitmenschen? Technikphilosophie ist daher vor allem auch Ethik, und zwar Ethik des technischen Schaffens wie Ethik der individuellen und gesellschaftlichen Techniknutzung; es gilt daher, eine Berufsethik der Technikschaffenden zu entwickeln, aber auch - vor allem im Blick auf künftige Generationen - Technikfolgenabschätzung und Technikbewertung als gesellschaftliche Ethik der Technik zu institutionalisieren. Ein besonderes Problem bilden ethisch die Techniken, die für Nichtspezialisten am schwersten zu durchschauen und zu beurteilen sind; das sind die Techniken an den beiden Extremen des Kleinsten und des Größten, etwa die Nutzung der Kernkraft und der Gentechnologie. Besonders hier zeigt sich deutlich, dass Technikphilosophie nicht allein aus allgemeinen Prinzipien urteilen kann, sondern dass auch sachlichfachliche Kompetenz, zumindest aber intensive Kommunikation mit Technikern und Technikwissenschaftlern unentbehrlich für philosophische Kompetenz im Bereich der Technik ist. Technikphilosophie ist als →Anthropologie immer auch →Kulturphilosophie. Die →Ästhetik geht über bloße Zweckmäßigkeit hinaus; sie will eine dem Menschen und seinem Empfinden angenehme Welt gestalten, in der der Mensch nicht bloß überleben, sondern sich wohlfühlen kann. Neben Bedürfnissen und ethischen Werten bestimmen also auch ästhetische Qualitätsansprüche die menschliche Weltgestaltung.

Auch die Beziehungen zu anderen Wissensgebieten sind im Rahmen der Technikphilosophie zu reflektieren, etwa zur Wirtschaft - unter Einschluss der Umweltproblematik - und zur Kulturumgebung unter dem Gesichtspunkt der Sozialverträglichkeit oder zur →Politik: Soll sie sich an Werten orientieren oder nur effektiv technokratisch organisieren? Technik lässt sich philosophisch nur als ein umfassendes sozioökonomisch-politisch-technisches Gesamtsytem verstehen. Technikphilosophie muss sich daher ihrem Gegenstandsbereich mit allen ihren →Disziplinen und deren jeweils eigenen Methoden zuwenden.

Chr. Hubig / A. Huning / G. Ropohl (Hg.), Nachdenken über Technik. Die Klassiker der Technikphilosophie, Berlin 2000

A. H.

Teleologie Von griech. *telos*, ›Ende, Ziel, Zweck‹ und *logos*, ›Lehre‹: Der Sache nach wurde *telos* von →Aristoteles eingeführte, dem Begriff nach erstmals von Chr. Wolffs so genannter Lehre von der Zielgerichtetheit 1. von Vorgängen in der →Natur, 2. von menschlichen (technischen wie moralischen) →Handlungen sowie 3. des Geschichtsverlaufs insgesamt, wobei teleologische →Erklärungen auf Wozu-Fragen mit der Angabe eines Zieles oder Zweckes antworten. Teleologie begegnet einerseits in einer ontologischen Variante als Lehre von den realen Wirkkräften des ablaufenden Geschehens, andererseits als methodologisch-heuristisches Prinzip, mit dem sich das Geschehen darstellen, erklären und deuten lässt.

1. Nach Aristoteles, der erstmals methodische Überlegungen zur Teleologie anstellte (vgl. *Physik* II), können Naturprozessen natürliche Endzustände und Organismen sinn- und zweckvolle Einrichtungen (z. B. das Fell als Kälteschutz etc.) zugeschrieben werden, sodass Ziel- und Zweckkategorien zur Erklärung naturaler Vorgänge geeignet erscheinen. Auf dem Hintergrund der christlichen Vorstellung von der Erschaffung der →Welt durch →Gott erweitert die scholastische Philosophie des →Mittelalters (A) das antike, nur zur Erklärung von naturalen Einzelvorgängen herangezogene Denkmodell zu einer universellen kosmologischen Teleologie, in der alle Dinge einen Platz in einer auf den Menschen hin ausgerichteten →Ordnung (Ordo-Gedanke) einnehmen und in ihrer zweckvollen Zusammenstimmung vom Ganzen her erklärbar sind. Dieses Sinnverstehen des Geschehens im Ganzen diente zum einen dem Beweis der Existenz Gottes als des Schöpfers dieser Ordnung (teleologischer →Gottesbeweis, vgl. auch die Physikoteleologie und Physikotheologie des 18. Jhs.) sowie zur Rechtfertigung des Existenz des Leidens in der Welt angesichts der Gerechtigkeit Gottes (→Theodizee), zum anderen der Legitimation sozialer und moralischer →Normen und zur Erklärung des dem Menschen Zu- und Abträglichen. Die Ablösung des →Realismus durch den →Nominalismus bereits im spätmittelalterlichen →Universalienstreit sowie die Subjektzentriertheit der →Neuzeit (A) zerstörten den metaphysisch-ontologischen wie den theologischen Rahmen der Teleologie, sodass bereits F. →Bacon von der Unfruchtbarkeit der Teleologie für die Praxis der Naturerklärung überzeugt war. An ihre Stelle tritt in der neuzeitlichen Physik die

mechanistische Erklärung der Naturvorgänge. Folgt man →Kant, dann ist zwar eine ›objektive Teleologie‹ unmöglich, aber die Zuschreibung von Zwecken für das Verständnis der Organismen ist als heuristisches Prinzip unverzichtbar. Während die →Wissenschaftstheorie des 20. Jhs. Teleologie als Pseudoerklärung weitgehend verwirft, versucht die so genannte organismische Biologie Teleologie methodologisch als Systemgesetzlichkeit zu rekonstruieren, und unter dem Stichwort Teleonomie versuchen kybernetische Modelle, zielgerichtetes Verhalten auf das Wirken eines (evolutionär entstandenen) Programms zurückzuführen.

2. Teleologie meint eine →Methode moralischer Begründung, die nicht, wie deontologische Ethiktypen (Pflichtethik, Ethik des →kategorischen Imperativs, Kant) nach dem moralisch Notwendigen oder unbedingt Gesollten (griech. *to deon*), sondern nach dem letzten Ziel oder dem →höchsten Gut des Handelns fragt, das als außermoralisches Gut um seiner selbst willen erstrebenswert wird. Die Realisierung dieses Guts als Folge der Handlung (Konsequentialismus) ist daher das einzige Kriterium der sittlichen Richtigkeit einer Handlung. Je nachdem, ob als Ziel der Handlung ein einzelnes Gut (z.B. die Lust) oder mehrere Güter (z.B. persönliche Zuneigung, ästhetisches Erleben) angenommen werden, lassen sich monistische (z.B. die verschiedenen Formen des →Hedonismus) und pluralistische (z.B. der ideale →Utilitarismus Moores) Theorien unterscheiden. Zu unterscheiden sind ferner egoistische (ausschließlich die Folgen für den Handelnden sind zu berücksichtigen) und universalistische (eine Handlung oder Handlungsregel ist dann und nur dann richtig, wenn sie im Universum ein mindestens so großes Übergewicht von guten gegenüber schlechten Folgen herbeiführt) Theorievarianten. Gegen den teleologische Ethiktyp wird eingewandt, dass sich, wie Sidgwick zu Recht hervorhebt, Gerechtigkeitsprinzipien nicht teleologisch begründen lassen, zumal jeder Mensch Rechte hat, die auch im Interesse der Realisierung außermoralischer Güter nicht aufgehoben werden dürfen, soll die Person nicht zum bloßen Mittel gemacht werden.

3. Teleologie ist grundlegendes Denkmodell der klassischen →Geschichtsphilosophie, wonach entweder a) das Geschehen der →Geschichte nicht planlos und zufällig, sondern einer inneren Notwendigkeit oder einem Plan gehorchend zielgerichtet erfolgt, oder b) als solche methodologisch interpretiert und gedeutet werden muss, um überhaupt geschichtliche Prozesse (re-)konstruieren zu können.

H. Busche, Teleologie, in: Historisches Wörterbuch der Philosophie, Bd. 10, Basel 1998, Sp. 970–977

B. Grünewald, Teleonomie und reflektierende Urteilskraft, in: Wahrheit und Geltung. Festschrift für Werner Flach, hg. v. R. Hiltscher / A. Riebel, Würzburg 1996, S. 63–84

W. Kullmann, Aristoteles und die moderne Wissenschaft, Stuttgart 1989 [v. a. Kap. IV]

J.-E. Pleines (Hg.), Teleologie. Ein philosophisches Problem in Geschichte und Gegenwart, Würzburg 1994

H. Poser (Hg.), Formen teleologischen Denkens, Berlin 1981

N. Rescher (Hg.), Current Issues in Teleology, Lanham Md. 1986

F. Ricken, Allgemeine Ethik, 3. Aufl. Stuttgart 1998, S. 215–240

R. Spaemann / R. Löw, Die Frage Wozu? Geschichte und Wiederentdeckung des teleologischen Denkens, München / Zürich 1982

D. Witschen, Gerechtigkeit und teleologische Ethik, Freiburg/Br. 1992

A. W.

Telos Griech. *telos*, lat. *finis*, ›Ende, Ziel, Zweck‹: Begriff ursprünglich der aristotelischen Ursachenlehre, wonach alles, was geschieht, als Wirkung im Verhältnis zu einem anderen, einer Form-, Stoff-, Zweck- oder Wirkursache steht, ohne das es nicht wäre, was es ist. Unter Verweis auf das Telos als →Ursache lassen sich technische und moralische →Handlungen sowie auch Natur- und Geschichtsprozesse als sinnvolles, auf einen →Zweck oder Ziel hin gerichtetes Geschehen deuten (→Teleologie).

A. W.

Tertium comparationis Lat. ›das Dritte des Vergleichs‹: Das Tertium comparationis ist der Oberbegriff zweier Unterbegriffe in dem Sinne, dass der Oberbegriff das Moment benennt, in dem die beiden Unterbegriffe übereinkommen, sodass im Oberbegriff der Umfang der beiden Unterbegriffe enthalten ist; z. B. ›Obst‹ für Äpfel und Birnen.

T. Z.

Tertium non datur Lat. ›Ein Drittes gibt es nicht‹: →Satz vom ausgeschlossenen Dritten: A ist entweder B oder nicht B, eine dritte Möglichkeit gibt es nicht. Oder: Zwischen widersprüchlichen Aussagen gibt es kein Drittes. Noch anders formuliert: Ein und demselben Gegenstand können nicht zur selben Zeit und in derselben Hinsicht zwei Prädikate zugeschrieben werden, die sich gegenseitig ausschließen.

T. Z.

Theodizee Von griech. *theos*, ›Gott‹ und *dike*, ›gerecht‹: Von →Leibniz im Rahmen einer philosophischen Theologie (*Essais de théodicée sur la bonté de Dieu, la liberté de l' homme et l'origine du mal*, Amsterdam 1710) vermutlich in Anlehnung an Röm 3,5 eingeführte Bezeichnung für den rechtfertigenden Versuch, die Idee eines vollkommenen, durch Allmacht, Güte und Weisheit ausgezeichneten →Gottes mit der Realität der Unvollkommenheit bzw. →Endlichkeit der →Welt und ihrer Dinge (*malum metaphysicum*), des Übels (*malum physicum*), des Bösen (*malum morale*) und des Leidens in der Welt zu vereinbaren. Es geht um die Denkbarkeit Gottes angesichts der Negativerfahrung von →Wirklichkeit, d. h. um eine Verteidigung Gottes vor dem Forum menschlicher →Vernunft. Der Kern des Theodizeeproblems, das als Motiv in fast allen Religionen auftritt (vgl. z. B. Buch Hiob im Alten Testament), aber erst durch die Verbindung von christlicher Frömmigkeit und Philosophie zu einem philosophisch-theoretischen Problem wird (→Patristik, →Gnosis, →Augustinus, Maimonides, →Thomas von Aquin, →Nikolaus von Kues etc.), lautet, folgt man den skeptischen Einwürfen von Epikur bis Bayle: »Entweder will Gott eine vollkommene Welt schaffen, kann es aber nicht; oder er kann, will es aber nicht; oder er will weder, noch kann er; oder er will und kann, wogegen aber der faktische Zustand der Welt spricht.« (Mittelstraß). Die Rechtfertigung Gottes bei Leibniz soll mit Hilfe des Gedankens erfolgen, dass Gott, dessen Schöpfungshandeln unter kontingenten Bedingungen stand, tatsächlich die beste aller möglichen Welten geschaffen hat, wobei im Interesse des Wirklichwerdens der Welt die Kompatibilität von Teiloptima berücksichtigt werden muss. Grundlage aller an sich unerklärlichen Übel ist das *malum metaphysicum*, das sich aus der unabdingbaren Manifestation der →Kontingenz und →Endlichkeit der Welt ergibt, die ihrerseits die unergründliche Basis einer →Freiheit ist, die auch das Schlechte wählen kann, ohne deshalb ihren Schöpfer zu desavouieren, der nur für die ›metaphysische‹, seit jeher bestehende Unvollkommenheit der Welt verantwortlich ist. In dieser liegt aber noch kein eklatantes →Übel, sondern eine Grundsignatur der Wirklichkeit, die per se noch keine ›Zweckwidrigkeit‹ (→Kant) darstellt. Die Krise der leibnizschen Theodizee, insbesondere der Lehre von der besten aller möglichen Welten (Optimismus), setzt bereits mit dem Erdbeben von Lissabon (1755) ein. Obgleich diverse Behandlungen des Theodizeeproblems, die sich – popularisierend – vor allem im Umkreis des →Deismus (Pope, Shaftesbury, Brockes) finden, von Kant als Versuch einer Überschreitung der Kompetenzen der endlichen Vernunft kritisiert werden (»Sache unserer anmaßenden, hierbei aber ihre Schranken verkennenden Vernunft«, *Über das Misslingen aller philosophischen Versuche in der Theodizee*, 1791), bemüht sich der →deutsche Idealismus (A) intensiv um spekulative Lösungen des Problems: So deutet →Schelling das Böse als eine Stufe im Prozess der Selbstwerdung Gottes und die →Geschichte als Prozess der Überwindung des Bösen; für →Hegel ist die Geschichte in ihrem Verlauf insgesamt die »wahrhafte Theodizee«.

Kant hatte jeden doktrinalen, d. h. metaphysischen Versuch einer Rechtfertigung Gottes angesichts menschlicher Erfahrung von Zweckwidrigkeit für obsolet und unstatthaft erklärt. Im Sinne Kants bleibt nur der Weg einer authentischen Theodizee, die sich vom spekulativen Interesse weg- und zur konkreten Leiderfahrung hinwendet. →Kierkegaard, dem zufolge die bewusste Integration der Leiderfahrung nicht auf spekulativem Weg erfolgen kann, sondern redlicherweise und ernsthaft, d. h. auf das tatsächliche Leiden der Kreatur bezogen, nur ›existenzdialektisch‹, beschreitet diesen Weg unter gleichzeitiger Wiederentdeckung der Hiob-Problematik. Im Hintergrund der modernen Wiederkehr des Theodizeemotivs steht daher, wenngleich thematisch diffus und losgelöst vom metaphysisch-spekulativen und geschichtsphilosophischen Referenzrahmen, zumeist die Frage der

Existenz des →Leids in Form des individuell-existenziellen Leidens in der Welt. Zur Verwirrung und Ausweitung des Begriffs hat bereits Max Weber Wesentliches beigetragen, der drei »rationale Formen der Theodizee« nennt: die hinduistische Karmalehre, den persischen →Dualismus und die Konzeption des →*deus absconditus*). Insbesondere seit den 70er Jahren des 20. Jhs. ist die Theodizeefrage bei Philosophen und Theologen wieder in Mode (Sparn, Geyer) ausgelöst durch den Klärungsbedarf angesichts der politischen, ökologischen und technologischen Krisenphänomene der Zeit sowie fortschreitender Leidverdrängung einerseits, forcierter Leiderfahrung andererseits. Insbesondere der Massenmord an den Juden (1942–1945) führte zur Frage, ob nach Auschwitz Theodizee nicht schon im Ansatz verfehlt, ja Blasphemie sein müsse. Begriffsverwirrend wirken dabei zum einen die Zuspitzung auf die Leitfrage, warum gerade der Gerechte leiden muss, eine Frage, die zwar die Kernfrage Hiobs, aber nicht die der Theodizee ist. Denn die im Horizont unmittelbarer Leiderfahrung gestellte Gottesanfrage Hiobs ist keineswegs gleichzusetzen mit der reflektierten, »vernünftelnden« (Kant) Gottrechtslehre von Leibniz. Zum anderen trug auch die Vielfalt der Spielarten der Formulierung der Theodizeefrage zur Verwirrung bei: Prozess-Theodizee (Whitehead, Hartshorne), Russisch-Roulette-Theodizee, Holocaust-Theodizee, Protest-Theodizee, Symbolische Theodizee, Poetische Theodizee usw. Problematisch ist schließlich auch die Vermengung der eigentlichen Theodizeefrage mit drei anderen Fragestellungen, die alle um das Problem des Leidens kreisen: Wie lässt sich das Böse seiner Herkunft nach erklären: *Unde malum?* Gibt es einen immanenten oder transzendenten Sinn des Leids? Wie ist das Leid praktisch zu bewältigen?

R. Ammicht-Quinn, Von Lissabon bis Auschwitz. Zum Paradigmenwechsel in der Theodizeefrage, Freiburg/Wien 1992

C.-F. Geyer, Die Theodizee, Stuttgart 1992

H.-G. Janssen, Gott – Freiheit – Leid. Das Theodizeeproblem in der Philosophie der Neuzeit, Darmstadt 1989

W. Oelmüller (Hg.), Theodizee – Gott vor Gericht?, München 1990

A. W.

Theogonie Von griech. *theogonos*, ›von Gott gezeugt‹: Bericht, der die →Mythen eines Volkes über die Entstehung der Welt und die Herkunft der Götter zusammenfasst. Paradigmatisch für die abendländische →Tradition ist die *Theogonia* Hesiods (zwischen 740 und 670 v. Chr.). Das Lehrgedicht schildert die Entstehung der Welt aus dem Chaos (Vers 116) sowie ihre Entwicklung anhand der Abfolge der Götterdynastien des Uranos und Kronos bis zur Herrschaft des Zeus. Diese zeichnet sich vor allem durch Klugheit, →Ordnung und →Gesetz aus. Ob ihres systematisierenden Zugriffes auf das volkstümliche Mythenrepertoire und ihrer Sicht der Welt als eines Ordnungsgefüges göttlicher Prägung wird die hesiodsche Theogonie oft begriffen als Vorläuferin und Inspirationsquelle der sie ablösenden kosmologischen Entwürfe der →Vorsokratiker. – In seiner *Philosophie der Mythologie* (erschienen posthum 1856/57) will →Schelling den »theogonischen Proceß« ganz ernst, d. h. beim Wort nehmen. Die Göttermythen seien keine unverbindlichen und bloß allegorisch zu verstehenden Erzählungen, sondern in ihnen und mit ihnen vollziehe sich ein philosophisch zu ermittelndes wirkliches Geschehen: die Realisation des einen →Gottes über die Vielheit der Götter im →Bewusstsein des Menschen, damit aber auch die Entwicklung des menschlichen Bewusstseins selbst. – Die idealistische Transformation durch Schelling findet sich bei Feuerbach materialistisch-psychologisch gewendet: Seine *Theogonie nach den Quellen des classischen, hebräischen und christlichen Alterthums* (1857) ist eine Studie zur Genese der Gottesvorstellungen, die als Wunschprojektionen des Menschen gedeutet werden.

P. B. / G. S.

Theorem Griech.: *theorema*, ›Lehrsatz‹: Ursprünglich die allgemeine Bezeichnung für einen Lehrsatz innerhalb einer wissenschaftlichen →Disziplin. Innerhalb der →analytischen Philosophie bezeichnet man mit Theorem einen Satz S einer axiomatisierten →Theorie T, wenn S aus dem Axiomensystem von T ableitbar ist. Unter einer Axiomatisierung einer Theorie versteht man eine solche Darstellung einer Theorie, die es erlaubt, aus einer endlichen Zahl von Annahmen (→Axiomen) alle anderen Aussagen der Theorie nach bestimmten Ableitungsregeln herzuleiten. Theorem ist daher ein rein syntaktischer Begriff.

E. Mendelson, Introduction to Mathematical Logic, Pacific Grove/Cal. 1997

D.C.

Theorie Die Bedeutung des Begriffs ist in den Untersuchungen der traditionellen und der modernen Philosophie und erst recht in den verschiedenen Einzelwissenschaften sehr weit gefächert. Bei →Platon bedeutet *theoria* die Schau der →Idee und damit der →Wahrheit. Bei aller Differenzierung dessen, was man unter Theorie versteht, steht jedoch soviel fest, dass Theorien ein Ordnungsgefüge für etwas Vorgegebenes darstellen (was immer dies sei). Im weiteren Sinne versteht man unter Theorie jede →Hypothese, jede Verallgemeinerung, jedes →Gesetz oder eine Konjunktion derselben. Nach →Popper gilt sogar: Jeder Satz hat den Charakter einer Theorie. Selbst der Satz ›Hier steht ein Glas Wasser‹ ist theoretisch, weil er allgemeine →Begriffe (Glas, Wasser) enthält, die nicht durch unmittelbare Erlebnisse →verifiziert werden können. Mit dieser Darstellung weicht Popper zwar klar von der üblichen Auffassung ab; er will jedoch dadurch das wesentliche Charakteristikum von Theorien betonen, dass nämlich eine Theorie das unmittelbar Gegebene überschreitet. Diese →Transzendenz des Gegebenen wird in der herkömmlichen Auffassung erfahrungswissenschaftlicher Theorien besonders deutlich: So deutet man eine Theorie beispielsweise als ein deduktives System, das aus gewissen Anfangshypothesen an der Spitze und empirisch prüfbaren Generalisationen an der Basis beruht. Solche Systeme nennt man hypothetisch-deduktive Systeme, da alle →Aussagen logische Konsequenzen aus einer Menge von grundlegenden Annahmen sind.

Bei der allgemeinen Charakterisierung von Theorien kann man einen formalen und einen materialen Aspekt unterscheiden: Theorien sind ihrer Form nach Satzmengen und nach ihrem kognitiven Inhalt Aussagenmengen. Weiterführende Ansätze gehen sogar so weit, den gesamten empirischen Gehalt einer Theorie durch eine einzige unzerlegbare Aussage – den zentralen empirischen Satz, auch Ramsey-Sneed-Satz der Theorie genannt – wiederzugeben. Dabei wird also versucht, alle in der Theorie steckenden empirischen Behauptungen (z. B. durch Konjunktionen und mit Hilfe der ordnenden Struktur mathematischer Funktionen) zu einer einzigen Aussage zu verknüpfen. Leider ist die praktische Handhabung eines solchen Ramsey-Sneed-Satzes jedoch sehr komplex.

Andere Ansätze betonen die zumindest teilweise Veränderbarkeit einer Theorie. So kann man spezielle Gesetze eliminieren, hinzufügen oder abändern, ohne sagen zu müssen, die ganze Theorie habe sich geändert. Dies geschieht dadurch, dass man einen Kern von Fundamental-Aussagen (→Axiomen, Gesetzen oder Korrespondenzregeln) auszeichnet und als charakteristisch für die Theorie bezeichnet, während man die übrigen Aussagen der Theorie (die als Konjunktion der Theorie im engeren Sinne und ihrer Zuordnungsregeln aufgefasst werden) als abänderbare und nicht unbedingt theorie-charakterisierende Spezialaussagen oder Kernerweiterungen auffasst. Unter diese letzte Rubrik fallen vor allem die Hypothesen und Randbedingungen, die immer nötig sind, um aus einer allgemeinen Theorie spezielle Aussagen herzuleiten.

Eine interessante Variante dieser Kennzeichnung von Theorien liefert Lakatos mit seiner Methodologie der Forschungsprogramme: Ein Forschungsprogramm besteht synchronisch gesehen aus einem harten Kern und einem schützenden Gürtel von Zusatzhypothesen; diachronisch gesehen aus einer Folge von Theorien, die sich durch progressive oder degenerative Problemverschiebungen verändern. Am harten Kern wird dabei auch bei experimentellen Schwierigkeiten festgehalten, wogegen im schützenden Gürtel Anpassungen vorgenommen und Hilfshypothesen aufgestellt werden können. Beurteilt werden bei Lakatos also nicht isolierte Theorien, sondern Folgen von Theorien, die als erfolgreich / progressiv (bei steigendem Gehalt) oder degenerierend (bei sich verminderndem Gehalt) erkannt werden sollen. Dem oben gekennzeichneten Begriff der Theorie entspricht hier der Begriff des Forschungsprogramms.

Damit erfasst man, dass immer das gleiche Forschungsprogramm (im obigen Sinne: die gleiche Theorie) vorliegt, obwohl sich der Wissensstand teilweise nicht unerheblich ändert und somit jeweils andere Theorien als Glieder eines Forschungsprogramms (im obigen Sinne: Theorien mit verschiedenen Kernerweiterungen) vorliegen.

Sobald man nicht mehr nur in den verschiedenen Theorien arbeitet (Objekt-Ebene), sondern über sie reflektiert (Meta-Ebene), kann man versuchen, in der Vielfalt von Theorien gemeinsame strukturierende Merkmale zu erkennen. Die in der →Wissenschaft gebräuchlichen Theorien sind – wegen der unendlichen Vielfalt der in ihnen enthaltenen Aussagen und der Tatsache, dass die theoretischen Begriffe immer nur indirekt interpretiert werden können – nicht mehr direkt empirisch kontrollierbar und vergleichbar. Erst recht ist es nicht möglich zu sagen, diese Theorie stimmt und eine konkurrierende Theorie stimmt nicht. Deshalb ist es umso wichtiger, die Theorien auf der metatheoretischen Ebene durch möglichst viele ihrer Eigenschaften (so genannte Charaktere) weitestgehend zu charakterisieren. Die Bedeutung der Charaktere liegt darin, dass sie gewisse, zumeist wünschenswerte Eigenschaften von Theorien angeben, die auf eine Theorie zutreffen (Konsistenz, Ableitungsrichtigkeit, Unabhängigkeit, Vollständigkeit, Abgeschlossenheit, Fruchtbarkeit, Einfachheit, ...) oder aber auch gewisse Funktionsweisen betreffen, die die Theorie erfüllen soll (erklären, voraussagen, ...) oder Eigenschaften, die für das Arbeiten mit der Theorie nötig oder zumindest förderlich sind (empirische Signifikanz, Einfachheit, ...) bzw. es erfolgversprechend erscheinen lassen (Gehalt, Bewährtheit, ...).

Neben dieser bloßen Angabe nützlicher oder wünschenswerter Eigenschaften (deskriptive Funktion) – es gibt natürlich auch durchaus unerwünschte – können Charaktere auch als Bewertungsmoment dienen (normative Funktion); z.B.: Die Theorie soll einfach sein / Die Theorie ist zu einfach. Sofern ein Charakter zumindest in der komparativen Begriffsform gegeben ist, liegt eine weitere Funktion der Charaktere darin, dass sie die Grundlage für den Vergleich von Theorien bilden (komparative Funktion).

K.R. Popper, Logik der Forschung, Tübingen 1971
W. Stegmüller, Probleme und Resultate der Wissenschaftstheorie und Analytischen Philosophie, Band II, Berlin 1973
H. Wiesen, Charaktere von Theorien, Düsseldorf 1978

H.W.

These Griech. *thesis*, ›das Setzen, die Setzung, aufgestellter Satz‹: wird im Sinne von Aussage, Behauptung verwendet. Thesen sind Sätze mit Geltungsanspruch, der erst noch argumentativ bewiesen oder →empirisch belegt werden muss.

Seit der Antike wird die These innerhalb eines Streitgesprächs als Ausgangspunkt genommen, wobei die These in einer Frageform so gestellt ist, dass sie innerhalb einer zweiwertigen →Logik mit ja oder nein beantwortet werden kann. Bei →Hegel wird die These eingebunden in die dialektische Trias von These (Position), Antithese (Negation) und Synthese (Negation der Negation). Für die Synthese gilt, dass in ihr die Position, obwohl sie negiert worden ist (*negare*), zugleich auch aufbewahrt (*conservare*) und auf eine höhere Eben gehoben ist (*elevare*) – im Gegensatz zur formalen Logik, bei der die Negation der Negation keine Synthese ergibt, sondern die Ursprungsposition. Das dialektische Denken (→Dialektik) berücksichtigt also, im Gegensatz zur formalen Logik, die Entwicklung, in der sich Dinge und Sachverhalte befinden. Hegel rekonstruierte in seiner *Phänomenologie des Geistes* das gesamte Sein als einen dialektischen Prozess der Selbstentfaltung des absoluten Geistes.

W.R.

Tod Als Endpunkt des Sterbens das Aufhören des Lebens. Sofern nicht durch Einwirkung äußerer Gewalt verursacht, bildet der Tod das biologisch-naturhafte Ende eines Alterungsvorgangs, dem jeder vielzellige Organismus im Rahmen seines genetischen Programms unterworfen ist. Im Falle des menschlichen Lebens, das sich durch ein →Bewusstsein seiner →Endlichkeit auszeichnet, werden religiöse und philosophische Überlegungen hinsichtlich des Sinns dieses Endes bedeutend. Abhängig vom zugrunde liegenden Begriff des →Lebens und des →Menschen ergeben sich unterschiedliche Vorstellungen von der →Bedeutung des Todes. Geht man von der monistischen Konzeption einer strengen Einheit von →Leib und →Seele bzw. →Geist aus, stellt der Tod das absolute Ende des →Individuums dar. Legt man dagegen einen →Dualismus zugrunde, kann die im Tod sich erfüllende Endlichkeit als beschränkt auf den Leib gedacht werden (Seelenwanderung, Wiedergeburt).

In der Geschichte der Philosophie wurde der Tod unterschiedlich gedeutet. Für →Platon ist der Tod die Befreiung der unsterblichen, prä- wie postexistenten Seele aus dem ›Grab‹ des Körpers. Während der bereits in der Antike sich manifestierende →Materialismus (etwa Demokrits) mit dem Körper auch die Seele zerfallen lässt, ist für die christlichen Denker des →Mittelalters (A) die Seele eine unzerstörbare Substanz. Für →Kant ist die Unsterblichkeit der Seele ein Postulat der reinen praktischen →Vernunft, da allein durch sie das Zusammenfallen der Glückseligkeit mit der Glückswürdigkeit des moralisch Handelnden gewährleistet sei. Nach →Heideggers Analyse des menschlichen →Seins stirbt der Mensch, solange er lebt. Erst dieses Sterben – das »vorlaufende Freiwerden für den eigenen Tod« – ermöglicht dem Menschen eine individuelle Lebensführung, das Ergreifen seiner eigensten Möglichkeiten.

J.B. / G.S.

Toleranz Von lat. *tolerare*, ›ertragen, dulden‹: Seit der Aufklärung (→A Neuzeit – Aufklärung; Vorläufer gab es im Hellenismus) wurde der →Mensch als solcher gattungsmäßig als vernunftbegabtes Wesen angesehen, sodass die Differenzen zwischen den →Kulturen, Zeiten und Völkern hinter der zeit- und kulturinvarianten →Vernunft zurücktraten. Entsprechend entdeckte man den Universalismus und das Weltbürgertum. Dies war die Grundlage einer grundsätzlichen Respektierung des Menschen als solchem, dessen nationale, gesellschaftliche, kulturelle und individuelle Eigenheiten nun als Ausprägungen der einen Vernunft verstanden werden konnten und nicht mehr als ›barbarisch‹ abgelehnt werden mussten. Damit konnten abweichendes Verhalten, andere Sitten und fremde Gewohnheiten, ja selbst unterschiedliche Anschauungen und andere Religionen akzeptiert werden. Allerdings wurden auch Einwände gegen die praktizierte Toleranz erhoben, die alle darauf hinauslaufen, dass es Grenzen der Toleranz gibt, nicht alles dürfe geduldet werden. So ende die Toleranz genau dort, wo Positionen geduldet werden sollen, die Toleranz zerstören. Toleranz darf Intoleranz nicht dulden. Ohne eine Toleranzdebatte zu führen, gaben Kants Formulierungen des →kategorischen Imperativs Argumente für die Einschränkung von Toleranz. So finden subjektive →Maximen ihre Grenzen dort, wo sie nicht verallgemeinerungsfähig sind oder wo sie die Würde eines Menschen dergestalt verletzen, dass der Mensch nicht als Zweck in sich, sondern als Mittel gesehen und behandelt wird. Für →Popper endet die Toleranz dort, wo die »offene Gesellschaft« gefährdet ist, weil sie von einer »geschlossenen Gesellschaft« abgelöst werden soll. Und Herbert Marcuse entwickelte den Begriff der »repressiven Toleranz«, die ihrerseits nicht toleriert werden dürfe, denn sie unterstütze bestehende Herrschaftsverhältnisse.

T.Z.

Topik Von griech. *topos*, ›der Ort‹: *Topikon* ist eine Schrift des →Aristoteles, in der er sich mit →Logik und →Argumentation auseinandersetzt. In den Büchern eins bis fünf mit →Syllogismen und der →Induktion, im sechsten und siebenten Buch mit der →Definition und im achten Buch schließlich legt er Regeln der Diskussionsführung dar. In jeder Diskussion, so Aristoteles, gibt es Gemeinsamkeiten zwischen den Diskutanten. Diese nennt er *topoi* (Örter), wir sagen heute ›Gemeinplätze‹. →Kant verwendet dann den Begriff »transzendentale Topik«, die einem jeden Begriff seinen »transzendentalen Ort« zuweisen soll, ob er nämlich der →Sinnlichkeit oder dem →Verstande angehört, denn nur so kann eine Verwechslung des »reinen Verstandesobjektes mit der Erscheinung« verhindert werden.

T.Z.

Tradition Von lat. *traditio* ›Übergabe; Überlieferung‹: die Gesamtheit der über Generationen weitergegebenen Praktiken, Bräuche, Sitten und Konventionen einer →Gesellschaft. Die Fähigkeit, den Ansprüchen der Tradition zu entsprechen, wird im Prozess der Sozialisation und Enkulturation erworben. Kennzeichen von Tradition ist, wie →Adorno in *Über Tradition* (1966) hervorhebt, dass sie von (expliziter) Begründung dispensiert ist: »Nicht Bewusstsein ist ihr Medium, sondern vorgegebene, unreflektierte Verbindlichkeit sozialer Formen ...«. Aus dieser Bestimmung erhellt, dass - spätestens mit dem Zeitalter der Aufklärung (→A Neuzeit - Aufklärung) - Philosophie und Tradition in einem Spannungsverhältnis stehen. Die Aufklärung, in →Kants *Beantwortung der Frage: Was ist Aufklärung?* (1784) paradigmatisch als »Ausgang des Menschen aus seiner selbstverschuldeten Unmündigkeit« bestimmt, macht den Gebrauch des eigenen →Verstandes zum alleinigen Prüfstein jeglichen Geltungsanspruches. Vor diesem Hintergrund erscheinen traditionelle Orientierungsmuster als bloß vorvernünftig, als »Fußschellen der immerwährenden Unmündigkeit«. Die Verteidiger der Tradition, in der Sozialphilosophie gegenwärtig etwa die Vertreter des →Kommunitarismus, heben dagegen ihre unentbehrliche Orientierungsfunktion hervor. Sie machen geltend, dass die Vernünftigkeit der Tradition zwar in der Regel nicht explizit ausgewiesen werde, aber doch prinzipiell ausweisbar sei. In diesem Sinne heißt es etwa in MacIntyres *Der Verlust der Tugend* (1981): »Eine lebendige Tradition ist ... eine historisch erweiterte und sozial verkörperte →Argumentation ...«

P.B. / G.S.

Transsubjektivität Transsubjektiv ist, was den Bereich des Subjektiven überschreitet. Wird subjektiv in diesem Zusammenhang im Sinne des Individual-Subjektiven verstanden, dann ist das Transsubjektive das, was intersubjektiv gültig ist (so etwa im →Konstruktivismus der →Erlanger Schule). Versteht man unter subjektiv dagegen das Kollektiv-Subjektive (die Gattung Mensch), dann ist das Transsubjektive das vom Menschen Unabhängige, also das, was jenseits des →Bewusstseins liegt. Im letzteren Sinne verwendet Johannes Volkelt den Begriff und setzt damit das Transsubjektive dem (bloß) Intersubjektiven entgegen.

J.B. / G.S.

Transzendent →Transzendenz

Transzendental Von lat. *transcendere*, ›überschreiten, übersteigen‹: Transzendental bezeichnet ein besonderes Merkmal bestimmter →Vorstellungen, die → Kant unter dem →Begriff →Erkenntnis zusammenfasst. Als Merkmal von Erkenntnis-Vorstellungen ist transzendental somit ein Geltungsbegriff. Kandidaten für transzendentale →Geltung sind diejenigen Vorstellungen, die Erkenntnisgegenstände bestimmen können, →Anschauungen und Begriffe, allerdings auch →Urteile.

Der Begriff transzendental hat zwar eine Geschichte, er ist in der Philosophie aber heute fast nur in der Bedeutung im Gebrauch, die ihm Kant gegeben hat: »Ich nenne alle Erkenntnis transzendental, die sich nicht sowohl mit Gegenständen, sondern mit unserer Erkenntnisart von Gegenständen, insofern diese →*a priori* möglich sein soll, überhaupt beschäftigt« (*KrV*, B 25). Später präzisiert Kant, »dass nicht jede Erkenntnis →*a priori*, sondern nur die, dadurch wir erkennen, dass und wie gewisse Vorstellungen (Anschauungen oder Begriffe) lediglich *a priori* angewandt werden, oder möglich sind, transzendental (d.i. die Möglichkeit der Erkenntnis oder der Gebrauch derselben *a priori*) heißen müsse« (*KrV*, B 80).

›Nicht sowohl ... sondern‹ ist in der Sprache der Zeit als ›nicht nur ... sondern auch‹ oder ›nicht primär ... sondern vielmehr‹ zu verstehen. Dann sagt Kants Definition aus, dass es sich bei transzendental um eine *a priori* geltende (also nicht →empirische) Erkenntnis handelt, die Gegenstände nicht direkt, sondern genau dadurch, dass sie die Art und Weise, wie wir Gegenstände erkennen, bestimmt. Dem liegt die Annahme zu Grunde, dass das Seiende für endliche Vernunftwesen ausschließlich in Form von Erfahrungserkenntnis, also als Gegenstand von Erkenntnis zugänglich ist. Und über die Konstitution solcher Gegenstände wird man folglich nur genau das mit Sicherheit sagen können, was man über die Struktur der Erkenntnis sagen kann. »Die Bedingungen *a priori* einer möglichen Erfahrung überhaupt sind zugleich Bedingungen der Möglichkeit der Gegenstände der Erfahrung« (*KrV*, A 110).

Der springende Punkt dieser →Definition ist, dass das transzendentale Funktions-Merkmal einer Vorstellung ist, dass sie *a priori* gilt und (auf Gegenstände) ›angewandt‹ werden kann. Dies ist nur dann kein Widerspruch, wenn diese nicht-empirische Anwendung als Konstitution, aber nicht von konkreten Gegenständen, sondern der Gegenständlichkeit von Gegenständen überhaupt verstanden wird. Die transzendentalen Vorstellungen sind somit abstrakte Ermöglichungsbedingungen objektiver, nämlich tatsächlich auf Gegenstände bezogener Erkenntnis. Dies wird in modernen Interpretationen häufig außer Acht gelassen. Transzendentale Erkenntnis besteht im Kern in einer Strukturanalyse der subjektiven Bedingungen vorliegender Erfahrungserkenntnis, die Kant eine transzendentale Logik nennt. Entsprechend der von ihm namhaft gemachten zwei »Quellen der Erfahrungserkenntnis«, →Sinnlichkeit und →Verstand, besteht diese Strukturanalyse aus zwei Teilen, einer transzendentalen Ästhetik, die die apriorischen Anschauungsbedingungen von Gegenständlichkeit ermittelt, und einer transzendentalen Analytik, die besondere Begriffe des Verstandes (→Kategorien) festlegt, die die Gegenständlichkeit der Gegenstände konstituieren:

Als »einfache Vorstellungen« können Anschauungen nur dann *a priori*, also allgemein und notwendig gelten, wenn sie, wie Kant sagt, »rein« formal, nämlich als »Formen des Anschauens« überhaupt (→Raum und →Zeit) gedacht werden. Insofern aber, als sie gar nicht anders, denn auf ein in den Sinnen »gegebenes« Mannigfaltiges anzuwenden sind, erfüllen sie eben die Bedingung, unserer »Erkenntnisart von Gegenständen, insofern diese *a priori* möglich sein soll, überhaupt« anzugehören. Ein Begriff gilt *a priori*, wenn er erstens »zugleich mit seiner Notwendigkeit«, und zweitens »in strenger Allgemeinheit gedacht ... wird« (*KrV* B 3). Ein solcher Begriff kann also, wie Kant sagt, »nicht von der Erfahrung abgeleitet« (B 4) sein. Wenn er aber »vor aller Erfahrung« auf Gegenstände der Erfahrung angewandt werden soll, so wird er logischerweise den Gegenstand nicht in seiner empirischen →Realität bestimmen können (eben dann wäre er ja von dieser abgeleitet), sondern nur in denjenigen allgemeinen Bestimmungen, die ihn überhaupt zum Gegenstand qualifizieren. So kann beispielsweise vor der Erfahrung von Gegenständen gesagt werden, dass sie nur als in gewissen Kausalrelationen erkannt werden können.

Daraus ergibt sich eine erhebliche Ausweitung der Wortbedeutung des Begriffs ›transzendental‹: Er erweist sich als Geltungsbegriff zweiter Stufe, der die Bedingungen der Geltung von Erkenntnis selbst noch thematisiert. Er muss somit als eine Funktionskennzeichnung philosophischer Erkenntnis selbst verstanden werden. Denn die Reflexion der Erkenntnis auf ihre eigenen apriorischen Bedingungen ist überhaupt nur dann sinnvollerweise konzipierbar, wenn unterstellt ist, dass das Vernunftwesen über das Vermögen verfügt, im spontanen Vollzug »reflektierter Reflexivität« (Baumanns) sich urteilend auf die Geltungsbedingungen dieses Urteilens zu beziehen.

Wenn man dieses auf sich selbst reflektierende Vermögen des Selbstbewusstseins negiert und transzendentale Geltung auf ein bloß methodisches Element eines Begriffsschemas reduziert, wie dies in den durch Strawson angeregten analytischen Diskussionen um die so genannten *transcendental arguments* geschieht, geht die kritische Funktion als philosophischer Fundamentalbegriff schnell verloren. Kant hat diese Gefahr der Missdeutung sehr wohl gesehen und betont daher mehrmals den kritisch-aufklärerischen Aspekt des Begriffs. »Das Wort transscendental aber, welches bei mir niemals eine Beziehung unserer Erkenntniß auf Dinge, sondern nur aufs Erkenntnißvermögen bedeutet, sollte diese Mißdeutung verhüten. Ehe sie aber dieselbe doch noch fernerhin veranlasse, nehme ich diese Benennung lieber zurück und will ihn (sc. seinen Gebrauch, T. Z.) den kritischen genannt wissen.« (*Prolegomena*, AK IV, 293)

P. Baumanns, Kants Philosophie der Erkenntnis, Würzburg 1997
R. Bittner, transzendental, in: Handbuch philosophischer Grundbegriffe, Bd. 5, München 1974, Sp. 1524–1539
E. Cassirer, Das Erkenntnisproblem in der Philosophie und Wissenschaft der neueren Zeit, Bd. 4, 3. Aufl. 1922 [Nachdr. Darmstadt 1972]
J. G. Fichte, Über das Verhältnis der Logik zur Philosophie oder transzendentale Logik, in: Sämtl. Werke, hg. v. I. H. Fichte, Berlin 1971 [Nachdruck der Ausgaben Berlin 1845/46 und Bonn 1834/35], Bd. 9
I. Kant, Kritik der reinen Vernunft, 2. Aufl. 1787
H. Krings, System und Freiheit, Freiburg / München 1980
P. F. Strawson, The Bounds of Sense, London 1966
B. Stroud, Transcendental Arguments, in: Journal of Philosophy, 65 (1968), 241–56
H. Wagner, Philosophie und Reflexion, 3. Aufl. München / Basel 1980

T. Z.

Transzendentalphilosophie →Kant, der den Begriff geprägt hat, bezeichnet mit Transzendentalphilosophie das →System derjenigen →Begriffe und →Prinzipien, deren →transzendentale Geltung aufweisbar und zu rechtfertigen ist (*KrV*, B 25).

Dabei handelt es sich insofern zunächst um eine erkenntnistheoretische Konzeption, als die Philosophie hier über das →Sein nicht im Sinne von etwas ›Für-sich-Bestehendem‹ aufklärt, sondern es als ›Gegenständlichkeit in einer Erfahrungswelt‹ auffasst. Im Gegensatz zum →Empirismus wie zum schulphilosophischen →Rationalismus seiner Zeit vertritt Kant die Auffassung, dass die Konstitution dieser Erfahrungsgegenstände in den subjektiven Geltungsbedingungen der →Erkenntnis begründbar ist. In der von ihm so genannten →kopernikanischen Wende fordert er eine radikale »Umänderung der Denkungsart«, nach welcher an den Gegenständen nunmehr nur dasjenige allgemein gültig (objektiv) erkannt wird, was der erkennende →Verstand →*a priori* (vor der Erfahrung) in sie hineingelegt hat. Diese →Reflexion auf die subjektiven Möglichkeitsbedingungen von Gegenstandserkenntnis nennt Kant transzendental. Ihr Anspruch, der weit über die skeptischen Vorbehalte der Empiristen hinausgeht, besteht nicht allein im Aufweis bzw. der Explikation der für die Erfahrungserkenntnis konstitutiven Verstandesleistungen, sondern in deren lückenloser Rechtfertigung. Sie ist »die noch wenig versuchte Zergliederung des Verstandesvermögens selbst, um die Möglichkeit der Begriffe *a priori* dadurch zu erforschen, dass wir sie im Verstande allein, als ihrem Geburtsorte, aufsuchen und dessen reinen Gebrauch überhaupt analysiren; denn dieses ist das eigenthümliche Geschäfte einer Transscendental-Philosophie« (*KrV*, B 90/91). Transzendentalphilosophie in diesem strengen Sinne ist eine Strukturanalyse der Erfahrungserkenntnis, die die Möglichkeitsbedingungen der Objektivität von Erfahrungsurteilen (»synthetische Sätze *a priori*«) prüft. Die *Kritik der reinen Vernunft* versteht Kant als Propädeutik des ganzen Systems der Transzendentalphilosophie.

Zwar macht Kant vielerorts klar, dass ein regelrechtes System der Philosophie, nämlich in den zwei Teilen einer →Metaphysik der Natur bzw. einer Metaphysik der Sitten der Propädeutik einer transzendentalen Kritik der →Vernunft erst zu folgen hätte, doch fordert sein aufklärerischer Impetus dessen ungeachtet, dass Transzendentalphilosophie das Prinzip jeglichen ›wissenschaftlichen‹ Philosophierens sein müsse. Sie ist nach Kant →Ontologie, also die Auseinandersetzung mit dem Seienden als solchem, »... diejenige Wissenschaft (als Theil der Metaphysik), welche ein System aller Verstandesbegriffe und Grundsätze, aber nur so fern sie auf Gegenstände gehen, welche den Sinnen gegeben, und also durch Erfahrung belegt werden können, ausmacht. Sie berührt nicht das Übersinnliche, welches doch der Endzweck der Metaphysik ist, gehört also zu dieser nur als Propädeutik, als die Halle, oder der Vorhof der eigentlichen Metaphysik, und wird Transscendental-Philosophie genannt, weil sie die Bedingungen und ersten Elemente aller unserer Erkenntniß *a priori* enthält« (*AK* XX, 260).

So ist Transzendentalphilosophie andererseits nicht nur eine erkenntnistheoretische Konzeption, sondern ein reflexives Verfahren, das dem Philosophierenden überhaupt die selbstkritische Aufgabe stellt, sich noch – logisch, nicht zeitlich – ›vor‹ der inhaltlichen Arbeit an den philosophischen Problemen zuerst der rationalen Funktionsbedingungen dieser Arbeit selbst zu vergewissern. Nur eine Philosophie, die sich ständig an den Geltungsbedingungen von Rationalität orientiert, kann nach Kant Anspruch auf »Wissenschaftlichkeit« erheben. Dieser Anspruch ist leider nur allzu oft in dem Sinne missverstanden worden, als wollte Kant mit der Kritik der reinen Vernunft Metaphysik als Wissenschaft in der modernen Version einer positiven Wissenschaft begründen. Die Idee der Transzendentalphilosophie ist demgegenüber das dezidiert aufklärerische Programm einer konsequenten Selbstbegründung des Denkens und die Philosophie erweist sich nur so als »die Wissenschaft von der Beziehung aller Erkenntniß auf die wesentlichen Zwecke der menschlichen Vernunft (*teleologia rationis humanae*)« (*KrV*, B 867), die die Kennzeichnung durch einen →Weltbegriff verdient.

T. Z.

Transzendenz Von lat. *transcendere*, ›überschreiten, übersteigen‹: Im Begriff der Transzendenz drückt sich die Urerfahrung des Menschen aus, ein ›endliches‹ Wesen zu sein. Denn wir finden uns zwar einerseits als Teile einer für uns durchschaubaren und begreifbaren →Wirklichkeit vor, andererseits aber erleben wir diese Wirklichkeit durch die Endlichkeit unseres Erkenntnisvermögens ebenfalls als begrenzt. Diese doppelte Grenzerfahrung setzt für das →Denken die notwendige Antizipation einer transzendenten Wirklichkeit, in welcher die immanente Realität unseres Daseins aufgehoben ist. Transzendenz ist also ein relationaler Begriff, dem der Begriff der Immanenz korrespondiert. Je nach Auffassung dieses Immanenz-Begriffs kommen als korrelative Begriffe zur Transzendenz Existenz, Erleben, Dasein etc. in Frage. X. Tillette meint, dass der eigentliche Gegensatz zur Transzendenz durch den Begriff der Deszendenz gebildet würde, was so viel wie Abstieg, Abfall, Niedersinken bedeutet. Er trägt damit dem für das Transzendenz-Verständnis wesentlichen Gedanken Rechnung, dass die vorhandene Wirklichkeit (Immanenz) stets als die unvollkommene und defiziente angesehen wird, der gegenüber der Überstieg zur transzendenten Wirklichkeit zugleich als Eintritt in eine höhere, wahrere und den Seinsgrund aller Realität bereitstellende Sphäre des Seins angesehen wird. Transzendenz zeigt die Differenz an »zwischen vorhandener Wirklichkeit, um die es dem Menschen nicht oder nicht allein geht, und jener Wirklichkeit, um die es ihm geht« (E. Simons).

Es ist deutlich, dass Transzendenz als Negation der unmittelbar erfahrenen Wirklichkeit zu den zentralen philosophischen Problemen überhaupt gehört. Als eine der Gründungsurkunden kann das berühmte platonische ›jenseits des Seins‹ (»da doch das →Gute selbst nicht das Sein ist, sondern noch über das Sein an Würde und Kraft hinausragt«, *Pol.* 509b) gelten, mit dem der transzendente Status der ›wahren‹ Wirklichkeit der →Ideen gekennzeichnet wird. Freilich stammt der Begriff der Transzendenz erst aus dem lateinischen →Mittelalter (A), wo das Transzendenz-Problem in seiner christlich-religiösen Ausprägung dominiert. Die platonische Vorstellung des aus sich selbst bestehenden Seins der Ideen (*a se esse* oder *esse subsistens*) wird hier mit der vollkommenen Jenseitigkeit Gottes kombiniert, der die Immanenz alles geschöpflichen Seins untergeordnet ist.

In der neuzeitlichen Philosophie ist es zunächst die kritische →Erkenntnistheorie →Kants, in welcher Transzendenz vornehmlich den überschwänglichen, weil unerlaubterweise von der sinnlichen Erfahrung abgezogenen Gebrauch von Gegenstandsbegriffen bezeichnet. Solcher transzendenter Gebrauch ist bloß ›vernünftelnd‹ und kann keine objektive →Erkenntnis begründen. In den spekulativen Bewusstseinsphilosophien des →deutschen Idealismus (A) verschiebt sich demgegenüber die Transzendenz-Problematik in dialektisch begriffene Subjekt-Objekt-Gegensätze, in welchen der ontologische Gegensatz von ›jenseits‹ und ›diesseits‹ (Transzendenz – Immanenz) zum Geltungsgegensatz ›absolut‹ und ›bedingt‹ umgeformt wird. Im 20. Jh. erfährt die Transzendenz-Problematik durch phänomenologische, anthropologische und existenzial-ontologische Ausprägungen eine deutliche Reaktivierung. Bemerkenswert ist, dass auch in der gegenwärtigen Philosophie, die stark durch säkularisierte Formen eines anti-aufklärerischen ontologischen Realismus geprägt ist, meist unkritisch scheinbar wissenschaftliche Theorien der Transzendenz eingeführt werden (Theorien nicht-propositionalen Wissens, z.B. →Mantik).

E. Bloch, Atheismus und Christentum, Frankfurt/M. 1968
W. Cramer, Grundlegung einer Theorie des Geistes, Frankfurt/M. 1957
M. Enders, Das daseinshermeneutische Transzendenz- und Weltverständnis M. Heideggers auf dem Hintergrund der neuzeitlichen Geschichte des Transzendenz-Begriffs, Frankfurt/M. 1999
L. Honnefelder / W. Schüssler (Hg.), Transzendenz. Zu einem Grundwort der klassischen Metaphysik, Paderborn 1992
H. Krings, Transzendentale Logik, München 1964
B. Lakebrink, Hegels dialektische Ontologie und die thomistische Analektik, Köln 1955
E. Simons, Art. Transzendenz, in: Handb. Phil. Grundbegriffe, 1540–56, München 1974
W. Theiler, Forschungen zum Neuplatonismus, Berlin 1966

T. Z.

Transzendieren →Transzendenz

Tropus Von griech. *tropos*, ›Richtung, Wendung; Art und Weise‹: Man muss verschiedene Verwendungen des Begriffs unterscheiden:

1. Skeptische Tropen sind von der antiken →Skepsis vorgebrachte →Argumentationen, die zur Enthaltung eines (positiven) Urteils führen sollen. Die ursprünglich zehn Tropen berufen sich auf die verschiedenen Arten der Unsicherheit der →Erkenntnis, und zwar: die Verschiedenheit der Wahrnehmung der einzelnen Arten von Lebewesen; die Verschiedenheit der Menschen; die Verschiedenheit der Sinnesorgane; die Auswirkung von z.B. Krankheit, Freude, Trunkenheit oder Wahnsinn auf die Erkenntnisfähigkeit; die kulturellen Bedingungen (Sitten, religiöser Glaube etc.); die Beobachtungssituation sowie die Wechselwirkung der einzelnen beobachteten Gegenstände und die Unmöglichkeit, einen Gegenstand an sich zu betrachten; die Verzerrung der Wahrnehmung durch unterschiedliche Größenverhältnisse, den Standpunkt des Beobachters etc.; die Umstände der Beobachtung, z.B. die Lichtverhältnisse, den Aggregatzustand des beobachteten Objekts, ob es bewegt ist oder ruht etc.; die unterschiedliche Wahrnehmung eines gewohnten und eines ungewohnten Gegenstandes und schließlich die Notwendigkeit des Vergleichs mit anderen Gegenständen, also die Relativierung der Wahrnehmung. Die jüngere skeptische Schule der Antike hat die Zahl der Tropen auf fünf reduziert, die vor allem die Kritik an der Dogmatik stärker ins Zentrum rücken.

2. Der von Donald Williams eingeführte engl. Begriff *trope* bezeichnet die Instanz einer Eigenschaft oder Relation. Gebräuchlich sind auch die Begriffe ›konkrete Eigenschaft‹, ›Moment‹ oder *quality bit. Tropes* sind nicht besondere Arten der Eigenschaft eines Gegenstands (wie das besondere Rot eines bestimmten Chiantis) oder die Teilhabe an der universalen Eigenschaft (der Röte), sondern nur genau eine bestimmte Eigenschaft, die ein bestimmter Gegenstand und kein anderer hat (genau das bestimmte Rot dieses bestimmten Chiantis, das auch von dem einer anderen Flasche des gleichen Jahrgangs verschieden ist). Das Ziel einer →Ontologie der Tropen ist, auf abstrakte →Entitäten wie →Universalien verzichten zu können (→Nominalismus).

3. In der Rhetorik nach Quintilian sind Tropen das Stilmittel der so genannten uneigentlichen Rede. Ein Tropus ist ein Wort, das nicht in seiner eigentlichen, sondern in einer übertragenen →Bedeutung verwendet wird, z.B. ›Weichei‹ für ›Schwächling‹. Als die vier wichtigsten Tropen werden Metapher (Tropus und das Wort, für das er steht, teilen eine Eigenschaft: ›Tiger‹ für ›Draufgänger‹), Metonymie (die zwei Wörter hängen zeitlich, räumlich, kausal etc. zusammen: ›Zunge‹ für ›Sprache‹), Synekdoche (ein spezielles Wort wird statt des allgemeinen benutzt oder umgekehrt: ›Katze‹ für ›Löwe‹ – die häufigste Form ist das *pars pro toto*: ›Dach‹ für ›Haus‹) und Ironie (das Gegenteil des Gemeinten) angesehen.

J. Annas / J. Barnes, The Modes of Scepticism. Ancient Texts and Modern Interpretations, Cambridge 1985

Diogenes Laertius, Leben und Meinungen berühmter Philosophen, Hg. und übersetzt von K. Reich, 2. Aufl. Hamburg 1967

R. J. Hankinson, The Sceptics, London 1995

Sextus Empiricus, Grundriss der pyrrhonischen Skepsis, Eingeleitet und übersetzt von M. Hossenfelder, Frankfurt/M. 1985

K. Campbell, Abstract Particulars, Oxford 1990

D. W. Mertz, Moderate Realism and its Logic, New Haven 1996

D. C. Williams, Principles of Empirical Realism, Springfield 1966

P. Gross, Die Tropen und Figuren, Köln 1880

H. Lausberg, Handbuch der literarischen Rhetorik. Eine Grundlegung der Literaturwissenschaft, 3. Aufl. Stuttgart 1990, §§ 552-598

M.R.

Trugschluss Ein fehlerhafter →Schluss (→Syllogismus). →Aristoteles hat Fehlschlüsse in den *Sophistici elenchi* (*Sophistische Widerlegungen*) untersucht. Der wichtigste Fehlschluss ist die *petitio principii*, bei der ein Satz, der bewiesen werden soll, als →Prämisse des zu beweisenden Satzes verwendet wird. Wird der zu beweisende Satz nicht nur als Prämisse, sondern, sprachlich umgeformt, als Beweis seiner selbst genommen (sodass in der Prämisse das, was bewiesen werden soll, also schon enthalten ist), spricht man vom einem Zirkelschluss (*circulus vitiosus*). Eine Umkehrung (*hysteron-proteron*) liegt vor, wenn B als →Implikation aus A geschlossen werden soll, tatsächlich aber A als Implikat aus B gefolgert wird. Eine Verwechslung (*ignoratio elenchi*) liegt vor, wenn an Stelle des tatsächlich zu beweisenden Satzes ein ähnlicher bewiesen wird. Zu diesem Typus des Fehlschlusses gehört auch die Übertragung (*metabasis eis allo genos*), bei der

der Gegenstandsbereich der zu beweisenden These durch einen anderen ersetzt wird.

T. Z.

Tugend Griech. *arete*, lat. *virtus*: Tugend ist die Einheit von Wissen um das sittlich Gute und der Bereitschaft und Tatkraft, dieses zu verwirklichen. Insofern ist Tugend die Lebensform der →Sittlichkeit. →Platon entwickelte vier →Kardinaltugenden, nämlich Weisheit, Tapferkeit, Besonnenheit und Gerechtigkeit, und das Christentum fügte drei weitere hinzu: Glaube, Liebe, Hoffnung. →Aristoteles hat in seiner *Nikomachischen Ethik* versucht, das →höchste Gut zu bestimmen. Zunächst stellt er fest, dass alle Menschen nach Glück (*eudaimonia*) streben, dass aber jeder etwas anderes darunter versteht. Um nun das dem Menschen höchst mögliche Glück zu bestimmen, muss er auf die menschliche Gattungsbestimmung zurückgreifen, die ihn vom Tier unterscheidet. Dieses ist die →Vernunft. Folglich muss das höchste Gut, das dem Menschen gattungsmäßig möglich ist, in der Vernunft liegen. Damit scheiden die Glücksvorstellungen der *hedone* (körperliche Lust) ebenso aus wie das Glück der Tätigkeit (*bios praktikos*), und übrig bleibt nur das Glück der Vernunftbetätigung, der *bios theoretikos* (*vita contemplativa*, das theoretische Leben). Die interesselose Erkenntnis (*contemplatio*) ist das höchste Glück, das dem Menschen gattungsmäßig möglich ist. Die Frage ist nun, wie der Mensch dieses Glück erreichen kann. Dazu entwickelt Aristoteles eine Tugendlehre. Nach Aristoteles kann Tugend auf zwei Arten erworben werden. Im Buch II der *Nikomachischen Ethik* unterscheidet er zwischen der ethischen und der dianoëtischen Tugend (*arete*). Die dianoëtische Tugend wird dadurch erworben, dass sie gelehrt wird, während man die ethische Tugend durch Gewöhnung erwirbt. Tugend also ist nicht angeboren, sondern muss in einem theoretischen und praktischen Lernprozess erworben werden. Wie immer die Tugend aber auch erlernt wird, entscheidend ist, dass das Zentrum der interesselosen Erkenntnis das Wissen um das richtige Maß und die richtige Mitte ist. Für →Kant ist das Zentrum der Tugend die Sittlichkeit und bedeutet »Stärke in der Selbstbeherrschung und Selbstüberwindung in Ansehung der moralischen Gesinnung.« Und diese →Gesinnung ist die →Achtung vor der →Pflicht um dieser selbst willen. In der →Neuzeit (A) trat der Begriff der Tugend sowohl in der Philosophie als auch in der politisch-gesellschaftlichen Wirklichkeit immer mehr in den Hintergrund. So wurden aus den Kardinaltugenden und einem Tugendbegriff, der an das höchste Gut gebunden war, mehr praktische Tugenden in der bürgerlichen Gesellschaft wie Ordnung, Sparsamkeit und Fleiß. Da diese Tugenden mehr funktionaler Art und abgekoppelt sind von obersten Werten und deshalb den unterschiedlichsten Zielsetzungen unterworfen werden können, wurden sie als ›Sekundärtugenden‹ bezeichnet, denen ein eigenständiger Wert abgesprochen wurde.

T. Z.

Übel Lat. *malum*, griech. *to kakon*: Bezeichnung für den Gegensatz des →Guten oder eines Gutes, wobei die inhaltliche Bestimmung des Übels abhängig ist von den jeweiligen Vorstellungen vom Guten. Das Übel wird bestimmt entweder subjektiv durch den Bezug auf die Empfindungen als das Leidvolle (→Leid), Unangenehme, oder das, was Ursache des Abscheus, der Abneigung oder einer Disharmonie ist, oder objektiv durch den Bezug auf →Normen oder normative Vorstellungen als das Normwidrige (z. B. als das Schädliche, Abträgliche, Wert- und Sinnwidrige, das Böse, die Schuld, der Tod, das Lebensvernichtende und -hemmende) bzw. als insgesamt das, was sowohl die Welteinrichtung als auch den individuellen Handlungssinn sinnwidrig betrifft. Die sich bereits in der Antike andeutende konstitutive Bezogenheit des Übels auf die Vorstellung des Guten, die sich in der Deutung des Übels als Verfehlen des Guten bzw. als Unmöglichkeit des von allen Menschen naturwüchsig erstrebten →Glücks manifestiert, setzt sich in der mittelalterlich-scholastischen Philosophie fort und wird durch den Versuch einer »ontologischen Depotenzierung« (Geyer) des Übels verschärft, das als durch einen Mangel an Gutem (*privatio boni*), als Beraubung im Sinne der Nicht-Anwesenheit einer die Vollkommenheit bzw. den Idealzustand eines Gegenstandes definierenden Eigenschaft wie als Seinsmangel überhaupt (*privatio entis*) gekennzeichnet wird, sodass es nur scheinhaft, im Letzten unwirklich und ›fast nichts‹ (*prope nihil*) ist. Dem Übel wird dadurch ein eigener positiver Seinsstatus und damit auch die Tauglichkeit zu einem gleich ursprünglichen Gegenprinzip zum Guten abgesprochen, sodass jedem kosmologischen →Dualismus oder Manichäismus eine Absage erteilt ist. Seit →Augustinus ist die Unterscheidung von physischem Übel (*malum physicum* z.B. Krankheit und Leiden) und moralischem Übel (*malum morale*, z.B. das Böse, die Sünde) geläufig. Sie wird im 17. Jh. ergänzt durch den von →Leibniz eingeführten Begriff eines metaphysischen Übels (*malum metaphysicum*), das in der Endlichkeit aller geschaffenen Gegenstände besteht. Er dient zur Erklärung der physischen und moralischen Übel und deren kompensatorische Funktion für die Harmonie des Kosmos und der Vollkommenheit der Weltordnung (Optimismus, →prästabilierte Harmonie), mithin auch zur Rechtfertigung eines gütigen Schöpfergottes (→Theodizee). Als eigene Kategorie lässt sich auch von einem gnoseologischen Übel, dem Irrtum, sprechen. Während in der gegenwärtigen Philosophie die ontologische und kosmologische Dimension des Übelbegriffs weitgehend ausgeblendet bleibt, wird die umgreifende Frage nach dem Warum des Übels in der Welt von der christlichen Theologie weiterhin wachgehalten. Sieht man von der allfälligen Tendenz einer Hypermoralisierung des Negativen und der mehr soziologisch konnotierten Rede von ›strukturellen Übeln‹ ab, dann spielt heute ein moralischer Übelbegriff nur mehr in utilitaristischen Ethikkonzeptionen in der Forderung nach Minderung des subjektiven Übels durch Herbeiführung des ›größtmöglichen Glücks der größten Zahl‹ eine Rolle.

F. Billicsich, Das Problem des Übels in der Philosophie des Abendlandes, Band I–III, Wien 1952–1959

B. Claret, Geheimnis des Bösen, 2. Aufl. Innsbruck 2000

C.-F. Geyer, Leid und Böses in philosophischen Deutungen, Freiburg/Br. 1983

A. Kreiner, Gott im Leid, Freiburg 1997

R. Safranski, Das Böse, München 1997

A. W.

Übermensch Für →Nietzsche ist weder die menschliche Gattung, geschweige denn das Individuum, Zweck an sich (wie dies Kants →Kategorischer Imperativ fordert), sondern Mittel des →Willen zur Macht, um den zukünftigen Menschen zu erzeugen. Dieser zukünftige Mensch ist der Übermensch, und gemessen an ihm sind die jetzigen Menschen die ›letzten Menschen‹. Der Übermensch ist also eine biologische Weiterentwicklung. Er zeichnet sich dadurch aus, dass er den →Nihilismus und den Sinnverlust nach dem Tod →Gottes und dem Ende des Christentums, worunter der letzte Mensch leidet, aushält, ohne sie kompensieren zu müssen, denn der Übermensch ist der Sinn. Deshalb braucht er weder eine ontologische noch erkenntnistheoretische oder gar eine moralische »Hinterwelt«; er lebt »jenseits von Gut und Böse« in einer von jeglicher Hinterwelt und Moral befreiten Welt. Nun ist Nietzsches Konzeption des Übermenschen nicht ganz eindeutig. Neben einer evolutionären Weiterentwicklung ist er auch eine Möglichkeit der jetzigen menschlichen Gattung; Nietzsche meint, in den Gewaltmenschen der →Renaissance (A) (wie Cesare Borgia) Übermenschen entdecken zu können, gegenüber denen die letzten Menschen die Sklavenherde bilden. Der Künstler ist für Nietzsche eine Art Prototyp des Übermenschen: Das Werk der Künstler-Herren »ist ein instinktives Formen-schaffen, Formen-aufdrücken, es sind die unfreiwilligsten, unbewusstesten Künstler, die es giebt: – in Kürze steht etwas Neues da, wo sie erscheinen, ein Herrschafts-Gebilde, das lebt … Sie wissen nicht, was Schuld, was Verantwortung, was Rücksicht ist, diese geborenen Organisatoren; in ihnen waltet jener furchtbare Künstler-Egoismus, der wie Erz blickt und sich im ›Werke‹, wie die Mutter in ihrem Kinde, in alle Ewigkeit voraus gerechtfertigt weiss« (*Genealogie der Moral*, Zweite Abhandlung, Aph. 17).

W. R.

Umfang Auch ›Begriffsumfang‹: Etwas altertümliche Bezeichnung für die →Extension eines Ausdrucks. Sie wird traditionell von seiner →Intension unterschieden. So ist die Extension eines Prädikats eine Menge, während seine Intension eine Eigenschaft ist. Ausdrücke mit derselben Extension können gleichwohl verschiedene Intensionen haben. Mit einem Beispiel von Russell: Die Prädikate ›ist ein federloser Zweibeiner, aber kein gerupftes Huhn‹ und ›ist Mensch‹ haben dieselbe Extension, allerdings unterschiedliche Intensionen. Bei →Frege wird die Idee weiter ausgebaut. Frege unterscheidet zwischen →Sinn und →Bedeutung eines Ausdrucks: Der Sinn eines singulären Terms ist eine Identifikationsbedingung, die Bedeutung das bezeichnete →Individuum; der Sinn eines Satzes hingegen ist eine →Proposition, seine Bedeutung ein Wahrheitswert. Die fregeschen Bedeutungen sind im Grunde die Werte der extensionalen Semantik der Standardlogik. Dort ist die Extension eines n-stelligen Prädikats die Menge von n-Tupeln von Objekten, für die das Prädikat wahr ist, die Extension eines singulären Terms ist das Objekt, das der Term bezeichnet, die Extension eines Satzes sein Wahrheitswert.

Für diese Standard-Betrachtungsweise ist das Extensionalitätsprinzip (der Wahrheitswert eines Satzes hängt in funktionaler Weise davon ab, worauf sich in ihm vorkommende Teilausdrücke beziehen) sowie das extensionale Ersetzbarkeitsprinzip (wenn man in einem extensionalen Ausdruck einen Teilausdruck durch einen anderen, aber extensionsgleichen Ausdruck ersetzt, so behält der nach Ersetzung entstehende Ausdruck die Extension des Ausgangsausdrucks) charakteristisch. Diese extensionale Betrachtungsweise ist für viele Anwendungsbereiche durchaus hinreichend. In anderen Kontexten ist es hingegen unerlässlich, die Intension in die Analyse mit einzubeziehen (z.B. in der Semantik propositionaler Einstellungen). Für diese Problemfelder wurden unter anderem die Mögliche-Welten-Semantik und die Situationssemantik entwickelt.

J. Barwise / J. Perry, Situations and Attitudes, Cambridge 1983

A. Bühler, Einführung in die Logik. Argumentation und Folgerung, 3. Aufl. Freiburg / München 2000

J. Hintikka, Knowledge and Belief: An Introduction to the Logic of the Two Notions, Ithaca 1962

D.C.

Umwelt Für Max Scheler ist der Unterschied zwischen →Mensch und Tier der, dass der Mensch →Geist hat, und ›Geist‹ ist für Scheler dasjenige, was dem →Leib entgegengesetzt ist. Das ›Aktzentrum‹ des Geistes nennt er →Person. Als geistiges Wesen ist der Mensch vom Organischen also existenziell entbunden, und als solcher ist der Mensch frei und das heißt ›umweltfrei‹, umgekehrt ›weltoffen‹. In diesem Sinn kann Scheler sagen, dass der Mensch ›Welt hat‹ und nicht, wie das Tier, in seine Umwelt eingebunden ist. »Ein solches Wesen vermag ... die auch ihm ursprünglich gegebenen ›Widerstands‹- und Reaktionszentren seiner Umwelt, die das Tier allein hat und in die es ekstatisch aufgeht, zu ›Gegenständen‹ zu erheben und das Sosein dieser Gegenstände prinzipiell selbst zu erfassen, ohne die Beschränkung, die diese Gegenstandswelt oder ihre Gegebenheit durch das vitale Triebsystem und die ihm vorgelagerten Sinnesfunktionen und Sinnesorgane erfährt« (Die Stellung des Menschen im Kosmos, S. 38 f.). Dasjenige, was nach Scheler also gerade die Besonderheit des Menschen ausmacht, kraft seines Geistes sich von der Umwelt lösen zu können, wird heute als Bedrohung der menschlichen Gattung empfunden. Nicht die Loslösung des Menschen von der Umwelt wird als erstrebenswert angesehen, sondern seine Einbindung in die Umwelt.

W.R.

Unbedingtes Lat. *absolutus*, ›losgelöst, vollkommen, unbedingt‹: Dasjenige, was selbst keiner Bedingung unterliegt. In diesem Sinne bestimmt →Aristoteles das ursprüngliche →Prinzip als eines, das selbst nicht bewegt ist, jedoch die Ursache der Bewegung ist: der unbewegte Beweger (*Metaphysik*, Buch XII). Die mittelalterliche →Scholastik hat diese Bestimmung für den christlichen →Gott übernommen. Für →Kant wird die Frage nach dem Unbedingten zu einem zentralen Problem der Kosmologie und wird entsprechend im Kapitel über die →Antinomien der reinen →Vernunft abgehandelt. Nach Kant fordert die Vernunft die Vollständigkeit der Bedingungen der Möglichkeit aller Erscheinungen bis hin zu einer letzten Bedingung, die als solche keine andere mehr voraussetzt. Zwei Denkmöglichkeiten eines solchen Unbedingten sieht Kant: erstens, dass das Ganze der regressiven Reihe unbedingt ist, alle Einzelglieder jedoch bedingt sind. Ein solcher Regress wäre unendlich. Zweitens, dass nur ein Teil (z.B. das erste Glied) einer solchen Reihe unbedingt ist, die anderen jedoch durch dieses bedingt sind. Ein solcher Regress wäre begrenzt und damit endlich im Sinne des Raumes und der Zeit (*KV*, B 445 f.). Im Antinomiekapitel diskutiert Kant dann entsprechend die Frage, ob die Welt nun einen Anfang hat oder nicht (*KV*, B 454 ff.) →Regulativa.

W. R.

Unbestimmtheitsrelation Die Beziehung wurde 1927 von Heisenberg formuliert. Sie ist auch unter den Bezeichnungen ›heisenbergsche Unschärferelation‹, ›Unbestimmtheitsbeziehung‹ oder ›Ungenauigkeitsrelation‹ bekannt.

Heisenberg sagt, dass es prinzipiell nicht möglich ist, gleichzeitig den Ort und den Impuls eines Teilchens beliebig genau zu bestimmen. Er gibt sogar eine Mindestgrenze der Ungenauigkeit vor: $\Delta x \cdot \Delta p \geq h$. (Das Produkt aus der Ungenauigkeit der Ortsmessung und der Ungenauigkeit der Impulsmessung ist größer als das plancksche Wirkungsquantum h.)

Eine analoge Beziehung gilt auch für Energie und Zeit: $\Delta E \cdot \Delta t \geq h$.

Diese Unbestimmtheit ist keine Unfähigkeit des Experimentators oder Unzulänglichkeit in der Entwicklung genügend genauer Meßmethoden, sondern ein prinzipielles physikalisch begründetes Naturgesetz. Deshalb redet der Physiker auch lieber von Unbestimmtheit als von Unschärfe oder Ungenauigkeit.

Eine mögliche Begründung dieser Unbestimmtheit ist der →Dualismus von Welle und Teilchen. Fasst man nämlich ein Teilchen als Materiewelle auf, also als so genanntes Wellenpaket (einige Wellenberge und -täler), so liegt ein physikalisches Gebilde vor, dessen Ort und Impuls nur noch innerhalb gewisser Grenzen feststellbar sind. Man sagt auch: Ort und Impuls sind verschmiert.

Eine andere Begründung der Unbestimmtheitsrelation setzt beim Experiment an: Jede Beobachtung und Messung z. B. des Aufenthaltsortes eines Teilchens erfordert Licht. Licht hat aber nach Einstein die Energie: $E = h \cdot f$ (h: plancksches Wirkungsquantum, f: Frequenz) und nach de Broglie den

$$\text{Impuls } p = \frac{h}{\lambda}$$

(λ: Wellenlänge des benutzten Lichts). Wenn nun das Beobachtungslicht auf das zu beobachtende Teilchen fällt, so übertragen sich sein Impuls und seine Energie (wie beim Stoß zweier Billardkugeln) teilweise auf das Teilchen und verfälschen damit unausweichlich den Eigenimpuls des Teilchens.

Die Unbestimmtheitsrelation hat das Weltbild der Physik dramatisch verändert: Jede Prognose oder auch Erklärung basiert ja auf der Messung von Anfangswerten, von denen ausgehend vorausberechnet wird. Sind nun aber diese Anfangswerte immer schon prinzipiell ungenau, so muss dies auch die Prognose sein. Somit ist nicht mehr jeder physikalische Prozess vorhersagbar und vorherbestimmt (→Determinismus; →laplacescher Dämon). Die Abweichungen können durch →Iteration sogar so groß werden, dass gar keine konkreten Voraussagen mehr möglich sind und das System sich vermeintlich chaotisch (→Chaostheorie) verhält.

W. Heisenberg, Physikalische Prinzipien der Quantentheorie, Stuttgart 1958

P. Mittelstaedt, Philosophische Probleme der modernen Physik, Mannheim 1981

H. W.

Universalgeschichte Engl. *Universal History*, frz. *Histoire Universelle*: Geschichtsphilosophischer Begriff einer Weltgeschichte, die die geschichtliche Entwicklung der gesamten Menschheit in ihrem inneren Zusammenhang darstellt. Ziel einer Universalgeschichte ist also nicht die bloß summarische Zusammenstellung des gesamten historischen Wissens über die Nationen, Kulturkreise und Epochen hinweg; sie will vielmehr unter einem universalen Gesichtspunkt Einheit und Strukturprinzipien der Menschheitsentwicklung explizieren. Gegenbegriff ist die Polyhistorie, in welcher →Geschichte stärker empiristisch als Auseinandersetzung mit einzelnen historischen Gegenständen betrachtet wird. Der Begriff der Universalgeschichte ist geschichtsphilosophisch problematisch, setzt das Konzept doch eine Reihe komplexer metaphysischer Gesichtspunkte voraus, die aber das Projekt in bestimmten Phasen der Geistesgeschichte immer wieder attraktiv gemacht haben:

Die Idee verdankt sich der Doppeldeutigkeit des Geschichtsbegriffs, der sowohl den Zusammenhang der historischen Geschehnisse selbst als auch die Einheit der Geschichtserzählung bedeuten soll; nur so ist garantiert, dass Universalgeschichte nicht bloß ein Archiv als den äußerlichen Zusammenhang von Ereignissen im Sinne einer Aufzählung (Chronik) darstellt, sondern dass diesem äußeren Zusammenhang der innere

Zusammenhang aller die Menschheit betreffenden Ereignisse ›wirklich‹ entspricht. Wie jede Geschichte, so muss auch die Universalgeschichte ein →Subjekt haben, das die Geschichte erzählt. Dieses Subjekt legt die Perspektive fest, von der aus die Geschichte betrachtet wird. Für die Universalgeschichte muss also stets ein kollektives Subjekt angenommen werden, das außerhalb der Geschichte steht und sozusagen *from a god's eye view* alle menschlichen historisch relevanten Geschehnisse überblickt. Diesem Subjekt muss in der Universalgeschichte ein Begriff von Menschheit, Menschenvernunft oder Weltkultur als einheitliches Objekt gegenüberstehen. Ohne solche Einheit wäre nicht einsichtig, warum beispielsweise Kulturkreise, die sich sowohl räumlich als auch zeitlich vollkommen disparat entwickelt haben, in den Rahmen einer gemeinsamen Geschichte zu stellen wären. Diese begriffliche Einheit des Objekts legt zugleich die Kriterien fest, nach welchen die für die Geschichte relevanten Ereignisse ausgewählt werden; so kann etwa ausgeschlossen werden, dass eine Universalgeschichte auch die gesamte Naturentwicklung der Erde (Naturgeschichte) mit umfasst.

Zu diesen notwendigen Bedingungen des Konzepts der Universalgeschichte kommt noch das spezifisch geschichtsphilosophische Interesse hinzu, in der gesamten Geschichte so etwas wie ein für den Menschen bedeutendes Allgemeines zu erblicken bzw. durch die Konstruktion eines Anfangs bzw. Endes so etwas wie einen ›Bewegungssinn‹ der Universalgeschichte zu gewinnen.

Vor dem Hintergrund dieser theoretischen Überlegungen können einige markante Perioden universalgeschichtlichen Denkens in der europäischen Geistesgeschichte benannt werden:

1. Das Christentum entwickelt das erste geschichtsphilosophisch bedeutsame Konzept einer Universalgeschichte. Die Geschichte wird hier überhaupt als universaler Ausdruck des göttlichen Handelns verstanden, als ein einheitlicher, unumkehrbarer Prozess, der mit der Weltschöpfung beginnt und dem der göttliche Heilsplan der Erlösung der Menschen in einem Reich Gottes zugrunde liegt. In der Bibel findet sich im Buch Daniel die aller christlichen Universalgeschichte als →Modell zugrunde liegende Vier-Weltalter-Lehre. Bedeutsame Vertreter dieser geschichtsphilosophischen Ideen sind im →Mittelalter (A) Joachim von Fiore, in der →Neuzeit (A) dann Bossuet (*Discours sur l'Histoire Universelle*, Paris 1681).

2. Die Aufklärung (→A Neuzeit - Aufklärung) hat das Konzept wieder aufgenommen und dabei das transzendente →Prinzip des göttlichen Heilsplans durch die immanente Fortschrittsidee der allgemeinen Menschenvernunft ersetzt. Durch die unterschiedlichen kulturellen Ausprägungen des menschlichen Lebens hindurch wird die Geschichte der ganzen Menschheit als ein vernunftgeleiteter Fortschritt von der Barbarei zur sittlich-moralischen Vollendung, von der Sklaverei zur →Freiheit der autonomen →Vernunft konzipiert. Stationen dieser Theorie sind Montesquieu (*Lettres Persanes*, 1721) sowie Voltaire (*Essai sur l'Histoire universelle*, 1754/58). In Deutschland sind vor allem Schlözer und Schiller (*Was heißt und zu welchem Ende studiert man Universalgeschichte?* 1789) sowie Schlosser (*Weltgeschichte für das deutsche Volk*, 1844/56) als Vertreter universalgeschichtlicher Ideen zu nennen.

3. Während der Historismus dem generalisierenden Konzept der Universalgeschichte eher ablehnend gegenübersteht und sich individualisierenden Methoden zuwendet, entwickeln die bürgerlichen Geschichtsphilosophen des 19. Jhs. (→Hegel und seine marxistischen Nachfolger) ein wiederum kaum noch an der Aufklärung orientiertes Konzept der Universalgeschichte als einer sich in dialektischen Stufen vollziehenden Entfaltung des ›Weltgeistes‹. Dasselbe Schema in seiner materialistischen Umkehrung ist die durch →Marx begründete Geschichtsdialektik als Entfaltungsprozess der durch die Produktionsverhältnisse bestimmten Gesellschaftsordnungen.

4. Ebenfalls als typische Erscheinung des 19. Jhs. und in gewisser Nähe zur marxistischen entwickeln sich positivistische Geschichtstheorien. So lässt sich Comte zufolge Geschichte analog zu den positiven Wissenschaften als Systematik allgemeiner soziologischer Aussagen auffassen. Sein geschichtsphilosophisches Drei-Stadien-Gesetz, nach welchem ein theologisches von einem metaphysischen und einem ›positiven‹ Weltalter gefolgt wird, bildet das Schema der positivistischen Universalgeschichte.

5. Auch die so genannte Kulturmorphologie

entwirft in der Analogie mit naturwissenschaftlichen →Methoden, hier der Biologie, eine universalgeschichtliche Geschichtsphilosophie. Universalgeschichte wird hier gleichsam evolutionistisch als wellenförmige Entfaltung bzw. Untergang sich ablösender Kulturbereiche verstanden (O. Spengler, *Der Untergang des Abendlandes*, 1919). Einen unbestrittenen Höhepunkt der Universalgeschichte bildet A. J. Toynbees *A Study of History* (1934-1961), die unter dem kulturmorphologischen Einfluss Spenglers entsteht. Toynbees zentrale geschichtsphilosophische Begriffe sind die von *challenge* und *response*, mit deren Hilfe Auf-, Abstiegs- und Ablösungsphasen der Weltkulturen erläutert werden. Die Religionen bilden dabei die diese Prozesse vereinheitlichenden Perspektiven.

6. Auch die Gegenwart bietet wieder Ansätze für ein universalhistorisches Verständnis, das an dem sich ständig verstärkenden Bewusstsein der realhistorischen Globalisierungsprozesse anschließt. Wichtig ist aber, dass die universalhistorische Perspektive nun wie im Positivismus des 19. Jhs. keinen aufklärerischen Impetus mehr enthält, sondern sich ausschließlich an der weltweiten Auswucherung der wissenschaftlich-technischen Industriekultur, insbesondere der globalisierten Kommunikationstechnologien orientiert.

A. Heuß, Einleitung, in: G. Mann (Hg.), Propyläen Weltgeschichte. Eine Universalgeschichte, Bd. I, Berlin, Frankfurt/M. 1961, 1991, S. 13-22

-: Zur Theorie der Weltgeschichte, Berlin 1968

G. Hübinger / J. Osterhammel / E. Pelzer (Hg.), Universalgeschichte und Nationalgeschichten, Freiburg 1994

R. Koselleck, Geschichte, Historie, in: O. Brunner / W. Conze / R. Koselleck (Hg.), Geschichtliche Grundbegriffe, Bd. II, S. 593-717, Stuttgart 1975, 1992

H. Lübbe, Geschichtsbegriff und Geschichtsinteresse. Analytik und Pragmatik der Historie, Basel 1977

G. Scholtz, Geschichte, Historie, in: Historisches Wörterbuch der Philosophie, Bd. III, Darmstadt 1974, Sp. 344-398

E. Schulin (Hg.), Universalgeschichte, Köln 1974

T. Z.

Universalien →Universalienstreit

Universalienstreit Wie sehr sich die scholastischen Theologen um die Schärfung des Denkens verdient gemacht haben, zeigt der so genannte Universalienstreit, der nie beendet worden ist und noch heute keine endgültige Lösung gefunden hat. Es handelt sich um die Frage, ob Allgemeinbegriffe (Universalien) nur in Gedanken existieren oder ob sie substanzielle Seinseinheiten (→Entitäten) sind. Dabei wurde um die aristotelische »zweite →Substanz« gestritten, nämlich um den »artbildenden Unterschied« (→Definition) Die Nominalisten vertraten die Position, dass die Universalien nur *voces* (Namen) von wirklich Seiendem seien, das heißt eine Art Abstraktion des Denkens aus den erfahrenen Dingen (*universalia post rem*). Die radikalen Realisten vertraten die Position →Platons, dass die Universalien tatsächlich als Seinseinheiten, als substanzielles Dasein, völlig unabhängig von erscheinenden Einzeldingen, existierten, wie die platonischen →Ideen (*universalia ante rem*). Die gemäßigten Realisten schließlich vertraten die Auffassung, dass die Universalien an und in den Dingen existierten und vom Denken erfasst werden könnten und deshalb objektive Gültigkeit besäßen (*universalia in re*). Der Universalienstreit zeigt, dass sich das scholastische Denken gegenüber rein theologischen Themen verselbstständigte.

W. R.

Unlust →Lust

Unmittelbarkeit Das →Sein dessen, was nicht durch ein Drittes vermittelt ist und nicht zu vermittelt werden braucht, da es allein aus sich und durch sich zu sein vermag oder verstanden und erfahren werden kann. Eine unmittelbare →Erkenntnis kommt ohne begriffliche Explikation und Beweisführung aus: Sie ist in sich evident. Je nach philosophischem Ansatz gilt im ontologischen und erkenntnistheoretischen Sinne als unmittelbar: die →Idee, der →Geist, die →Materie, die sinnliche →Gewissheit, die Gewissheit des ›ich denke‹, angeborene Ideen (→*ideae innatae*), oberste →Begriffe, erste Grundsätze (→Prinzipien) des Wissens, Axiome. Als schärfster Kritiker der Unmittelbarkeit gilt →Hegel: Das Unmittelbare ist bereits durch seine Absetzung vom Vermittelten vermittelt (→Dialektik); es gibt nur eine vermittelte Unmittelbarkeit.

G. S.

Unschärferelation →Unbestimmtheitsrelation

Urbild Von griech. *paradeigma,* ›Vorbild, Muster‹: Im philosophischen Gebrauch eingebunden in die platonische Philosophie des ontologischen →Dualismus. →Platon unterteilt die Gesamtheit des Seienden in ein Reich der →Ideen und in ein Reich der →Erscheinungen, wobei die Erscheinungen als Abbilder (*eidolon,* Schattenbild) der Urbilder (nämlich der Ideen) gedeutet werden. Platon denkt die Urbilder als →Entitäten, die die erscheinenden Einzelgegenstände in ihrer Reinheit verkörpern, jedoch vom Menschen mit seinen Sinnen nicht wahrgenommen werden können. Allerdings hat die Seele eines jeden Menschen, wenn sie sich im Tod eines Menschen vom Leib getrennt hat, die Ideen geschaut. Bevor jedoch die Seele bei der Geburt eines Menschen sich wieder mit einem Leib verbindet, muss sie den Fluss Lethe (das Vergessen) durchqueren, sodass sie das, was sie geschaut hat, mehr oder weniger vergisst. →Erkenntnis ist damit für Platon nichts anderes, als die Rückerinnerung der Seele angesichts eines erscheinenden Gegenstandes an die vorgeburtliche Schau der Ideen. Allerdings ist Platon der Auffassung, dass sich der Mensch kraft der →Dialektik der Wahrheit der Ideen zumindest nähern kann. Ob er sie auch vernunftmäßig erfassen kann, darüber ist die Forschung uneins.

W.R.

Ursache Griech. *aitia,* lat. *causa* (→Kausalität), dasjenige, was etwas bewirkt. Deshalb sind Ursache und Wirkung komplementäre Begriffe. So ist für →Aristoteles der Nous der »erste unbewegte Beweger« und damit Ursache der →Substanz. Bei den Ursachen unterscheidet er zwischen der →*causa efficiens,* der →*causa materialis,* der →*causa formalis* und der →*causa finalis,* die er am Beispiel eines Hauses erläutert: »Hier ist nämlich der Ursprung der Bewegung die Kunst und der Baumeister, Zweck das Werk; Stoff die Erde und die Steine, Form der Begriff.« (*Metaphysik* III, 2, 996 b). Insbesondere das teleologische Denken des Aristoteles im Sinne der Zweckursachen, die den Dingen einwohnen (→Entelechie), hat die Wissenschaftsgeschichte bis in den Hellenismus hinein bestimmt. Erst in der →Neuzeit (A) wurde das Ursache-Wirkung-Denken wesentlich als Kausaldenken im Sinne der *causa efficiens* interpretiert. Für Stegmüller ist entsprechend die Ursache eines Ereignisses E »die Gesamtheit der Antecedensbedingungen, die im Explanans von E vorkommen.« Ursache ist also die Gesamtheit aller Bedingungen, die erfüllt sein müssen, damit ein Ereignis eintritt. Und daraus leitet er dann das allgemeine Kausalprinzip ab: »Zu jedem Ereignis gibt es eine adäquate kausale Erklärung«.

W.R.

Ursprungsphilosophie Ein von →Adorno in kritischer Absicht geprägter Begriff. Verstanden wird darunter eine Philosophie, die auf ein Absolut-Erstes aus ist und dieses als das Beharrende, Unvermittelte und Wahre, alles andere aber als aus diesem Ersten abgeleitet behauptet. Gemeint ist damit jede Art von *prima philosophia,* die vorneuzeitlich ontologisch, neuzeitlich erkenntnistheoretisch, bewusstseinsphilosophisch und wissenschaftlich ausgerichtet ist. Dieses am Ursprung ausgerichtete →Denken ziele zwar auf die Befreiung aus dem Naturzusammenhang, mithin auf die →Autonomie des →Menschen; verabsolutiert aber schlage es in radikale Herrschaft um, die erst im Faschismus mit den Ursprungsmächten Blut und Boden zu sich komme. Gegenüber der Ursprungsphilosophie präferiert Adorno ein essayistisches, negativ-dialektisches Denken, für das es die Dichotomie von Ursprünglichem und Abgeleitetem nicht gibt, da alles miteinander vermittelt ist und als solches gleich nah bzw. gleich fern dem Ursprung steht.

→Habermas gebraucht den Begriff »temporalisierte Ursprungsphilosophie«, um in kritischer Absicht den Standpunkt →Heideggers im Diskurs der Moderne zu charakterisieren: Heideggers Ungenügen am ersten Anfang in der griechischen Philosophie, der ›Wesensherkunft‹, veranlasse ihn zur Gründung eines anderen Anfangs: der ›Wesenszukunft‹.

Th.W.Adorno, Zur Metakritik der Erkenntnistheorie, Frankfurt/M. 1981

J.Habermas, Der philosophische Diskurs der Moderne, Frankfurt/M. 1986

G.S.

Urteil Lat. *sententia, iudicium*; engl. *sentence, judgement*: In verschiedenen Epochen der Philosophie ist der →Begriff synonym mit dem der →Aussage (griech. *apophasis*, lat. *ennuntiatio*) und des Satzes (griech. *protasis*, lat. *propositio*) verwendet worden; so bei →Aristoteles, bei Chr. Wolff und auch in der modernen sprachanalytischen Philosophie. Urteile sind nach dieser Tradition Behauptungssätze, d.h. sprachliche Gebilde, in denen zu Recht (wahr) oder zu Unrecht (falsch) das Bestehen (Affirmation, *compositio*) oder Nichtbestehen (Negation, *divisio*) eines Sachverhalts behauptet wird. In einem etwas spezielleren Sinn, der in der Spätantike (Boethius) und bis →Leibniz gebräuchlich war, bezeichnete das Urteil den Schlusszusammenhang eines →Syllogismus, der darin besteht, eine probable Behauptung (Konklusion) auf ihre demonstrativen →Prämissen zurückzuführen. Das Schließen besteht danach genau darin, über die zu beweisende Behauptung ein Urteil zu fällen (Sentenz).

In der neuzeitlichen Metaphysik, vornehmlich durch →Kant, ist einerseits das Vermögen zu urteilen wieder deutlich von dem Vermögen zu schließen unterschieden worden. Andererseits hat der Begriff des Urteils eine weitere, erheblich über die des wahrheitsdifferenten Aussagesatzes hinausgehende →Bedeutung erlangt. Das Hinzukommende ist das Moment der →Geltung. Nach Kants Definition ist das Urteil nicht ein sprachlicher Akt (Verknüpfung von Termen), sondern ein Erkenntnisakt (Verknüpfung von →Vorstellungen). Im Urteil wird →Erkenntnis realisiert, indem eine →Anschauung (für Kant eine einzelne Vorstellung, die »auf den Gegenstand unmittelbar bezogen wird«) unter einen Begriff (»allgemeine Vorstellung, die für viele gilt«) subsumiert wird. Das Urteil ist deshalb bloß die »mittelbare Erkenntnis eines Gegenstands, mithin die Vorstellung einer Vorstellung desselben« (*KrV* B 93). Die Verknüpfung von Vorstellungen bedarf eines Einheitsmoments, der Einheit eines →Bewusstseins. Urteile sind also nicht allein wahr oder falsch, sondern aufgrund ihrer Bezogenheit auf die synthetische Einheit eines Bewusstseins gelten sie entweder als objektiv oder bloß subjektiv (→*a priori* oder →*a posteriori*).

Dass in all diesen Bedeutungen von Urteil auch der juristische Wortsinn mitschwingt, ist kein Zufall. Insbesondere der Beweis- oder Geltungsaspekt ist darin ausgedrückt. Ein Urteil (engl. *sentence*) ist die Antwort eines Gerichts auf eine Streitfrage, die aufgrund z.B. einer Klage von dem Gericht prozessual untersucht worden ist. Es ist die Entscheidung des Gerichts als Beweiswürdigung. Es ist nicht wahr oder falsch, sondern gilt oder gilt nicht.

T.Z.

Urteilskraft Für →Kant ist die Urteilskraft die Fähigkeit zur Subsumtion, d.h. die Fähigkeit, →Entitäten, Einzelereignisse oder Tatbestände einem allgemeinen Gesetz (einer Regel oder einem Prinzip) im Sinne der Unterordnung zuordnen zu können. Dabei gibt es zwei Möglichkeiten. Entweder ist das Gesetz schon vorhanden und die Urteilskraft ist die Fähigkeit, Einzelfälle als Fall des allgemeinen Gesetzes erkennen zu können (»subsumierende Urteilskraft«). Oder aber gibt es noch gar kein Gesetz, sondern nur Einzelfälle, sodass die Urteilskraft die Fähigkeit ist, ein allgemeines Gesetz zu formulieren, dem die Einzelfälle untergeordnet werden können (»reflektierende Urteilskraft«).

W.R.

Utilitarismus Von →Hobbes und →Hume vorbereitete, der Sache nach von Bentham begründete, dem Begriff nach erstmals in →Mills Hauptwerk *Utilitarianism* (1863) so benannte, von Sidgwick am differenziertesten ausgebaute und bis heute in der englischsprachigen Welt wichtigste Richtung einer normativen empiristischen →Ethik, die durch die Kombination von vier →Prinzipien die Möglichkeit bieten soll, →Handlungen und →Normen auf empirisch-rationaler Basis zu beurteilen und Kriterien für deren sittliche Verbindlichkeit aufzustellen: 1. Konsequenzenprinzip: Die moralische Beurteilung von Handlungen erfolgt ausschließlich auf Grund der zu erwartenden Handlungsfolgen, Konsequenzen oder Auswirkungen. 2. Utilitätsprinzip: Kriterium ist der Nutzen, die Utilität der Handlungskonsequenzen für die Verwirklichung des in sich →Guten. 3. Hedonismusprinzip: Das in sich Gute besteht hedonistisch in der Befriedigung der menschlichen Bedürfnisse und Interessen, also in der Lust, der Freude, dem (hedonistisch verstandenen) →Glück und in der Vermeidung von Unlust, Schmerz und Leid. 4. Sozialprinzip: Im moralischen Kalkül geht es nicht bloß um das Glück des Handelnden selbst, sondern um das Glück aller von der Handlung Betroffenen, um das »größtmögliche Glück der größtmöglichen Zahl« (Bentham, Formel schon bei Helvétius) und letztlich um den sozialen Nutzen aller Menschen überhaupt. Handlungen sind genau dann moralisch richtig, wenn ihre Folgen für das Glück aller Betroffenen optimal sind. Sidgwick formuliert das Kriterium des Utilitarismus als Kriterium eines empiristischen Hedonismus wie folgt: »Nach ihm haben wir in jedem einzelnen Fall alle Freuden und Schmerzen, die sich als wahrscheinliche Ergebnisse der verschiedenen sich darbietenden Alternativen des Verhaltens vorhersehen lassen, zu vergleichen und diejenige Alternative anzunehmen, die geeignet scheint, zum größten Glück im ganzen zu führen« (*Methods of Ethics*, 1875, Kap. IV, § 1).

Es haben sich mit Blick auf die Ermittlung des Nützlichen zwei grundsätzliche Richtungen des Utilitarismus herausgebildet: Der klassische Utilitarismus oder so genannte Handlungsutilitarismus basiert auf der Auffassung, dass die Richtigkeit oder Falschheit einer Handlung anhand der guten oder schlechten Konsequenzen einer einzelnen Handlung bestimmt werden muss. Der so genannte Regelutilitarismus dagegen, der auf den Einwand reagiert, sittliche →Pflichten seien immer gültig und nicht nur dann, wenn sie dem sozialen Wohlergehen dienen, basiert auf einem zweistufigen Beurteilungsverfahren, wobei gefordert wird, dass erstens Einzelhandlungen mit Arten oder →Regeln von Handlungen übereinstimmen müssen, und dass zweitens Handlungsregeln im Sinne des utilitaristischen Kalküls zu beurteilen sind. Es ist allerdings umstritten, ob die Unterscheidung von Handlungs- und Regelutilitarismus tatsächlich einen Fortschritt darstellt. Im Utilitarismus der Gegenwart wird Nutzen vielfach auch als Wunscherfüllung interpretiert (»Präferenz-Utilitarismus«, Singer) und das Nutzensummenkriterium durch das Kriterium des Durchschnittsnutzens ersetzt (J.C. Harsanyi).

Gegen den Utilitarismus wird grundsätzlich eingewandt, dass er im Gegensatz zu sittlichen Überzeugungen steht, nach denen die Grundrechte eines jeden zugunsten des Wohlergehens von anderen nicht verletzt werden dürfen (→Rawls). Das Sozialprinzip des Utilitarismus dagegen fasst den sozialen Nutzen additiv-quantitativ als Nutzensumme oder Durchschnittsnutzen. Damit aber wird der Gesichtspunkt der distributiven (verteilenden) →Gerechtigkeit bzw. der Fairness ausgeblendet. Zwar haben manche Utilitaristen Gerechtigkeits-, Fairness- bzw. Gleichheitsprinzipien als Ergänzung ihrer ethischen Theorie angenommen. Jedoch lassen sich derartige deontologische Prinzipien auf dem Boden einer empiristischen Ethik nicht begründen, sodass mit Blick auf die utilitaristische Theoriekohärenz Gerechtigkeit nur insofern in den Blick kommen kann, um die Nutzensumme zu vergrößern. Mit Blick auf das hedonistische Wertprinzip (Lust, Freude, Glück), das nach Bentham nur quantitativ (also aufgrund seiner Intensität, Dauer etc.) unter Absehung aller qualitativen Differenzen gefasst werden kann, bleibt zweifelhaft, ob qualitativ völlig heterogene Lustarten quantifiziert und für den utilitaristischen Kalkül kommensurabel gemacht werden können. Zudem ist fraglich, ob es überhaupt das hedonistisch bestimmte Glück ist, das wir im glückenden Leben erstreben. Nicht weniger zweifelhaft ist, wie die Konsequenzen von Handlungen, insbesondere von relevanten Handlungen anderer, prognostiziert werden können und ab welcher ›Entfernung‹ von meinem Handeln Folgen aufhören, dem Handelnden zugerechnet werden zu können. Zudem fehlt dem Utilitarismus insgesamt eine zureichende Begründung des Nützlichkeitsprinzips.

R. Barrow, Utilitarianism. A Contemporary Statement, Vermont 1991

U. Gähde / W. H. Schrader (Hg.), Der klassische Utilitarismus. Einflüsse, Entwicklungen, Folgen, Berlin 1992

O. Höffe (Hg.), Einführung in die utilitaristische Ethik. Klassische und zeitgenössische Texte, 2. Aufl. Tübingen 1992

A. Quinton, Utilitarian Ethics, 2. Aufl. London 1989

J.-C. Wolf, Utilitaristische Ethik, in: A. Pieper (Hg.), Geschichte der neueren Ethik, Tübingen / Basel 1992, Bd. 1, S. 151–180

O. Schwemmer, Utilitarismus, in: Enzyklopädie Philosophie und Wissenschaftstheorie, hg. v. J. Mittelstraß, Bd. 4, Stuttgart / Weimar 1996, S. 460–463

A. W.

Utopie Von griech. *ou*, ›nicht‹, und *topos*, ›Ort‹: idealer gedanklicher Entwurf ohne reale Grundlage, insbesondere der Entwurf eines idealen Staatsgebildes oder Gesellschaftsmodells. Als Gegenbilder zu den herrschenden sozialen, politischen und wirtschaftlichen Verhältnissen fungieren Utopien als Kritik dieser Verhältnisse. In diesem Sinne sind sie auf ihre Zeit bezogen und von dieser Zeit abhängig. Die Blütezeit utopischer Entwürfe ist die frühe →Neuzeit (A), in der unter anderem verfasst werden: Thomas Morus' Schrift *De optima rei publicae statu deque nova insula Utopia* (1516), aus deren Titel sich der Begriff der Utopie herleitet, Tommaso Campanellas *La Città del Sole* (1602) sowie F. →Bacons Fragment *Nova Atlantis* (1627). All diese Schriften stehen in der Tradition von Platons *Staat* (etwa 400 v. Chr.) und greifen Elemente seines von Philosophen-Königen regierten Idealstaates auf. Während die klassischen Utopien positive Gegenentwürfe darstellen, entwerfen moderne Utopien vorwiegend pessimistische Zukunftsvisionen. Diese Anti-Utopien (auch: Warnutopien oder Dystopien) beschreiben totalitäre Staatsgebilde, in denen das Individuum hilflos der Technik und Bürokratie ausgeliefert ist. Die bekanntesten Entwürfe sind Aldous Huxleys *Brave New World* (1932) und George Orwells *1984* (1949). – In der Philosophie Ernst Blochs spielt der »Geist der Utopie« eine zentrale Rolle: An die Stelle der »abstrakten Utopie« eines idealen Staates setzt er die »konkrete Utopie«, die im Ausgang vom tatsächlich Vorgegebenen experimentierend auf eine zukünftige Gesellschaft hinarbeitet.

P.S. / G.S.

Verantwortung Bezeichnet die Zuschreibung des Denkens, Verhaltens und Handelns eines →Menschen an dessen freie Willensentscheidung, für die er genau deshalb rechenschaftspflichtig ist und für die er mit allen Konsequenzen einstehen muss. Verantwortung gründet demnach in der →Freiheit des Menschen. Denn nur wenn der Mensch die Möglichkeit hat, sein Denken, Verhalten und Handeln selbst zu bestimmen, kann er dafür auch zur Rechenschaft gezogen werden. Weil der →Existenzialismus von →Kierkegaard über →Heidegger bis zu →Sartre den Menschen als frei interpretiert, spielt die menschliche Verantwortung in der Existenzphilosophie eine große Rolle. Sartre erklärt, dass der Mensch das ist, wozu er sich macht, was bedeutet, dass der Mensch kein vorgegebenes Wesen hat, das er realisieren oder verfehlen kann, sondern dass der Mensch sich selbst in und durch sein Handeln entwirft als der, der er ist. In diesem Sinne geht für Sartre die Existenz, also das handelnde Sein des Menschen, der Essenz (seinem Wesen) voraus. Der Mensch erstellt im Handeln sein Wesen. »Aber wenn wirklich die Existenz des Essenz vorausgeht, so ist der Mensch verantwortlich für das, was er ist.« Und nicht nur für sich selbst ist der Mensch verantwortlich, sondern für die gesamte Menschheit. Deshalb nämlich, weil der Mensch, wenn er sich wählt, damit zugleich alle Menschen wählt. Denn wer sich in seinem Handeln schafft, erzeugt damit zugleich ein Bild, wie der Mensch schlechthin sein soll. Diese totalisierte Verantwortung beruht auf der Voraussetzung der menschlichen Freiheit. Dabei behauptet Sartre nicht, dass der Mensch die Möglichkeit habe zu tun, was er will, vielmehr müsse Freiheit als ontologische Bestimmung des Menschen gedeutet werden: Der Mensch ist Freiheit und kann deshalb der Freiheit nicht entkommen. In diesem Sinne ist er zur Freiheit ›verurteilt‹.

W.R.

Verantwortungsethik Max Weber hat ein Begriffspaar geprägt, das gegenwärtige Konfliktsituationen treffend benennt: Gesinnungs- und Verantwortungsethik. Die →Gesinnungsethik steht in der kantischen Tradition einer absoluten →Ethik und besagt, dass eine ethische Entscheidung nur durch ihre Sittlichkeit, das heißt durch ihren Bezug auf das Sittengesetz, gerechtfertigt werden kann, d.h. durch den →kategorischen Imperativ, dessen erste Formulierung lautet: »Handle nur nach derjenigen Maxime, durch die du zugleich wollen kannst, dass sie ein allgemeines Gesetz werde.« Das Kriterium der Sittlichkeit ist demgemäß nicht der Erfolg des Handelns, sondern die sittliche Gesinnung der Handlungsmotivation selbst. Gut allein, erklärt →Kant, sei der gute →Wille. So darf man auch dann nicht die Unwahrheit sagen, wenn zu erwarten ist, dass durch eine Lüge das Leben eines Menschen gerettet wird. Denn niemand kann wollen, dass die Lüge zum allgemeinen Gesetz wird. Einer solchen Gesinnungsethik, der die Gesinnung wichtiger ist als der (situative) Erfolg, stellt Max Weber die Verantwortungsethik gegenüber. Sie ist insofern eine relative Ethik, als sie die Folgen einer →Handlung bei der Handlungsentscheidung mitberücksichtigt. Der Bezugspunkt ist also nicht allein die Sittlichkeit der Handlung, sondern hauptsächlich ihr gewünschter (und moralisch gerechtfertigter) Erfolg.

W. R.

Verdinglichung Einer Verdinglichung unterliegen →Subjekte und anderes Nichtdingliche bei Überführung in eine dingliche Sichtweise oder Behandlung. Es lassen sich folgende Weisen der Verdinglichung unterscheiden: 1. Verdinglichung ist der Terminus, den Lukács in den Mittelpunkt seiner Rekonstruktion der marxschen Philosophie stellt. Danach unterliegt der Arbeiter in der kapitalistischen Produktionsweise einer Verdinglichung, da er kein Eigentum an Produktionsmitteln besitzt und deshalb auf den Verkauf seiner Arbeitskraft als Ware angewiesen ist. Indem so die Existenzerhaltung zum ausschließlichen Daseinsinhalt wird, ist der Mensch nicht mehr (subjektiver) Zweck, sondern nur mehr (dingliches) Mittel seiner selbst wie des Kapitalisten (→Entfremdung). 2. Verdinglicht (vergegenständlicht) wird all das, was zum Gegenstand des →Bewusstseins wird (Objektivation). 3. Von Verdinglichung kann auch dann gesprochen werden, wenn bei der Verwendung eines Allgemeinbegriffs (der Mensch, die Schönheit) die Existenz eines dinglichen Korrelats unterstellt wird: →Platonismus, (Begriffs-) →Realismus, →Universalienstreit.

J. B. / G. S.

Vergänglichkeit Das →Sein dessen, was nicht von Dauer ist, das keinen Bestand hat. Der Begriff konkretisiert sich je nach Sinnzusammenhang: Im biologischen Kontext ist Vergänglichkeit das Sein zum Tode; im ästhetischen Kontext meint man die zeitgebundene im Gegensatz zur überzeitlichen Schönheit; kulturell meint man das dem Untergang Geweihte; anthropologisch versteht man darunter die Hinfälligkeit des Menschen; und ontologisch bezeichnet man damit das Sein des Scheinhaften und Irdischen, damit aber das Gegenteil des wahrhaft, d. h. ewig Seienden: der →Materie, der →Idee oder →Gottes.

G. S.

Verifikation →Verifizieren

Verifizieren Von lat. *verus*, ›wahr‹, und *facere*, ›machen‹: eine Behauptung durch Verweis auf →Empirie als zutreffend (wahr) erweisen. →Popper war der Auffassung, dass es bei →Theorien nicht darauf ankäme, sie zu verifizieren, vielmehr müssten Theorien so formuliert sein, dass sie sich prinzipiell →falsifizieren lassen, d. h. sie müssen einen empirischen Kern haben, der sich deshalb empirisch kontrollieren lässt. Die Falsifikation ist demnach die Widerlegung eines empirischen →Urteils durch Beobachtung.

W. R.

Vermittlung Prozess und Ergebnis des Ausgleichs von Gegensätzen, die Findung eines Mittleren (eines Mittelbegriffs) zwischen einander entgegengesetzten, primär inkompatiblen Positionen oder Konzepten. Eine zentrale Stellung nimmt der Begriff in der Philosophie →Hegels ein, der alles →Werden, →Sein und →Denken aus Vermittlungsprozessen hervorgehen sieht. Das Unmittelbare sei bereits durch seine Absetzung vom Vermittelten oder von anderem Unmittelbaren vermittelt. In modifizierter Form spielt der Begriff in der Philosophie des 19. und 20. Jhs. eine wichtige Rolle, so in der marxistisch-leninistischen Geschichts- und Naturphilosophie.

J. B. / G. S.

Vermögen Griech. →*dynamis*, lat. *potentia*, *potestas*, *facultas*, *vis*, engl. *power*. Der Begriff gehört in die Gruppe der Bezeichnungen für Kraft bzw. Macht. Vermögen ist das, über das etwas verfügen muss, um an sich selbst oder einem anderen etwas zu verändern. In diesem allgemeinsten Sinne definiert →Aristoteles in seiner *Metaphysik* (*Met.* 1020a) den Begriff der *dynamis* als das Ermöglichungsprinzip von Veränderung (im Gegensatz zum Begriff der →*energeia*, Akt, Tätigkeit, Wirksamkeit). Dem liegt die Einsicht zugrunde, dass das Seiende (→Sein) sich nicht von selbst verändert, sondern dass eine jede Veränderung in der Welt eines ›Aufwandes‹ bedarf. Unklar ist, in welcher Weise ein Seiendes als ›Tätiges‹ über *dynamis* im Sinne von Vermögen verfügt. Denn das Vermögen, eine Veränderung zu bewirken, muss zwar als ›immer‹ (prinzipiell) in dem Seienden vorhanden, nicht aber als stets manifeste Eigenschaft oder gar als selbstständiger Zustand oder besondere →Wesenheit gedacht werden. In der modernen →Wissenschaftstheorie gibt es Vorschläge, den Begriff der (kausalen) →Ursache im Sinne des Vermögensbegriffs zu deuten (Cartwright). Gegenstände oder auch Zustände hätten demnach gewisse Vermögen, unter bestimmten Randbedingungen bestimmte Wirkungen zu verursachen. – Der allgemein anerkannte wissenschaftstheoretische Nachfolgebegriff zum Vermögen ist der der ›Disposition‹. Das Problem dieses Begriffs ist, dass unter den Bedingungen einer strengen extensionalen Beobachtungssprache Gegenstände und Zustände nur mit Hilfe manifester Eigenschaften beschrieben werden können. So kann man beispielsweise die Farbe eines Gegenstandes immer beobachten, nicht aber seine Disposition der Zerbrechlichkeit. Dispositionen lassen sich nur äußerst umständlich unter →Definition so genannter Normalsituationen und Wahrscheinlichkeitsaussagen zuordnen (ein Glas kann ›zerbrechlich‹ sein, obwohl es unter bestimmten Bedingungen zufällig nicht zerbricht).

Der Vermögensbegriff ist von besonderem philosophischen Interesse, wenn es sich bei dem ›Tätigen, die Veränderung Bewirkenden‹ um ein ›beseeltes‹ oder ›geistiges‹ bzw. des Handelns fähiges Wesen handelt. Als Vermögen bezeichnet man hier die Fähigkeit oder Möglichkeit (*facultas*) der →Seele, des →Geistes oder der →Person, Intentionen auszuführen. Seit der Antike gelten →Denken, Fühlen, Wollen als die Bereiche des Seelenlebens, hinsichtlich derer dem Menschen (aktive oder passive, spontane oder rezeptive) Vermögen zugeschrieben werden. Ein subtiler Höhepunkt kritischer Vermögensphilosophie findet sich bei →Kant. Er bestimmt in seiner dreigliedrigen *Kritik der Vernunft* das menschliche →Bewusstsein als Erkenntnisvermögen. Zu beachten ist dabei, dass Kant den Vermögensbegriff rein funktional als Strukturbegriff auffasst. Das bedeutet, →Sinnlichkeit und →Verstand, Urteilskraft und →Vernunft sind keine metaphysischen oder gar psychologischen Wesenheiten, sondern logische, d. h. strukturelle Momente der →Erkenntnis: Von Erkenntnis kann sinnvollerweise nur gesprochen werden, wenn in ihr die Ermöglichungsbedingung des (rezeptiven) ›Zur-Kenntnis-Nehmens‹ eines Gegebenen (Vermögen der Sinnlichkeit) vorausgesetzt ist. So auch die anderen, ›oberen‹ und ›unteren‹ Erkenntnisvermögen Der Aufklärer Kant erkennt die →Freiheit der Vernunftwesen in deren kraftbegabtem (vermögenden) →Willen zur Selbstbestimmung.

Im nachaufklärerischen, ›finsteren‹ 19. Jh. geht diese Einsicht weitgehend verloren. Vermögen wird hier hauptsächlich substanzialistisch im Sinne einer positivistischen Vermögenspsychologie verstanden, gegen die dann wiederum vor allem aus dem angelsächsischen Bereich funktionalistische und behaviouristische Einwände erhoben werden (→James).

I. Bandau, Vermögen und Möglichkeit in der Ontologie des Aristoteles, Diss. Köln 1964

N. Cartwright, Nature's Capacities and their Measurement, Oxford 1989

J. A. Fodor, The Modularity of the Mind, Cambridge/Mass. 1983

T. Roelcke, Die Terminologie der Erkenntnisvermögen, Tübingen 1989

G. Stern, A Faculty Theory of Knowledge, Lewisburg 1971

T. Z.

Vernunft Griech. *nous*: Einsicht, das →Vermögen der geistigen Wahrnehmung, aber auch das Vermögen des Wollens. →Platon verwendet das Wort *noesis* (das Wahrnehmen, das Begreifen), um das Vermögen zu bezeichnen, kraft dessen der Mensch im dialektischen Verfahren zur Ideenschau aufsteigen kann. Die *dianoia* (das Denkvermögen) ist bei ihm das Vermögen, eine *hypothesis* (Annahme, Hypothese – entspricht ungefähr den Sätzen der Arithmetik und Geometrie) zu erfassen. →Heraklit setzte ein Weltprinzip an, das er →Logos nannte. In diesem Sinn hat dann Protagoras den *nous* als eine Art Weltprinzip gefasst, als Urgrund aller Bewegung, wie dies dann auch von →Aristoteles behauptet wurde. In seiner *Physik* (5, 256 b, 24f.) schreibt er: »Anaxagoras hat Recht, wenn er den Geist (*nous*) als dasjenige bezeichnet, das nicht in Mitleidenschaft gezogen werden kann und unvermischt ist, eben deshalb, weil er ihn als →Prinzip (*arche*) der Bewegung ansetzt. Denn nur unter dieser Voraussetzung kann er als Unbewegter bewegen und als Unvermischter herrschen.« In der römischen →Stoa wird von →Cicero und →Seneca *ratio* verwendet, um die spezifisch menschliche Denkleistung zu benennen, wobei die Ratio stets als naturgegebene gedeutet wird, sodass →Natur und Ratio sich nicht widersprechen. »Ist irgendetwas naturgemäß, was gegen die Vernunft (*ratio*) geschieht?« fragt Cicero in seinen *Gesprächen in Tusculum* (4. Buch, 79f.). Und Seneca bestätigt: »Die Natur nämlich muss man zum Führer nehmen: sie beachtet die Vernunft (*ratio*), und diese fragt sie um Rat« (*Über das glückliche Leben*, VIII, 1). Im →Mittelalter (A) werden dann *ratio* und *intellectus* im Sinne der Erkenntnisfähigkeit gebraucht. Erst mit →Kant kommt es zu einer spezifisch deutschen Unterscheidung zwischen Vernunft und →Verstand. Für Kant ist Vernunft einerseits das (theoretische) Vermögen der Einheit der Verstandesregeln unter Prinzipien, und ihre Aufgabe ist es entsprechend, die vom Verstand konstituierte →Wirklichkeit »unter die höchste Einheit des Denkens« zu bringen. Andererseits ist die Vernunft das (praktische) Vermögen der →Ideen. In diesem Gebrauch ist die Vernunft regulativ, indem sie das Wollen und Handeln der Menschen bestimmt. Die Grundregel der praktischen Vernunft ist der →kategorische Imperativ: Man soll stets so handeln, dass der eigene Handlungsgrundsatz (Maxime) jederzeit zu einem allgemeinen Gesetz werden könne und man darf den anderen niemals nur als Mittel, sondern muss ihn immer auch als Zweck in sich behandeln.

W.R.

Verstand Der Unterschied zwischen Verstand und →Vernunft wurde erst von →Kant herausgearbeitet. Für ihn ist der Verstand das Vermögen der →Begriffe, die der Mensch spontan entwickelt. Der Verstand nämlich ordnet die Affektionen, d.h. die sinnlichen Daten, die die rezeptive sinnliche Einbildungskraft im Rahmen der →Vorstellungsformen Raum und Zeit liefert, gemäß den →Kategorien (Quantität, Qualität, Relation und Modalität) und bezieht sie, in der Bildung von (empirischen) Begriffen, auf die →transzendentale Einheit des →Bewusstseins. Auf diese Weise →konstituiert der Mensch in einem spontanen Bewusstseinsakt die erscheinende Wirklichkeit im Begriff.

W.R.

Verstehen Im Alltag verstehen wir darunter eine gewisse Erkenntnisleistung. Gegenstände dieser Leistung sind z.B.: eine Fremdsprache, ein Witz, eine schlecht wiedergegebene Lautsprecherdurchsage, die Handlungsweise eines →Menschen, die Geschichte der Französischen Revolution oder Sätze der Art: ›Wir verstehen nicht, wie das kommen konnte.‹ – ›Ich verstehe mich selbst nicht mehr.‹ – ›Er hat seine Frau noch nie verstanden.‹

Diesen Gegenständen des Verstehens gemeinsam ist die Tatsache, dass sie allesamt nicht durch die →Sinne wahrnehmbar sind, dass sie also nicht natürliche oder empirische Gegenstände sind. Es ist daher auch von vornherein klar, dass die Erkenntnisleistung des Verstehens keine Objektivität beanspruchen kann. Wenn sich das Verstehen aber nicht auf die Gegenständlichkeit der natürlichen Gegenstände richtet, ihre objektiv wahrnehmbaren sinnlichen Qualitäten als das, was an den Dingen ›selbstverständlich‹ ist, dann kann es sich nur auf dasjenige richten, was die Dinge nicht selbst sind, auf etwas, was die Dinge nur bedeuten oder bezeichnen, auf einen Sinn, für den die Dinge nur →Zeichen sind.

Mit diesem Sinn wie mit der spezifischen Leistung der →Erkenntnis dieses Sinnes, dem Verstehen, hat es aber die – seit den frühesten Zeiten der Denkgeschichte bekannte – Bewandtnis, dass allein der Mensch oder ein dem Menschen geistig strukturverwandtes Wesen darin überhaupt etwas und nicht nichts zu erblicken vermag. Wenn man also die Ergebnisse alles dessen, was Menschen tun (schreiben, sprechen, musizieren, Schuhe herstellen, mit Zigaretten handeln, ein Unternehmen führen, sich selbst verwirklichen, ein Leben führen etc.) als Texte bezeichnet, dann kann man allgemein sagen, dass Verstehen die Tätigkeit des Entschlüsselns, des Interpretierens, des Auslegens, des Begründens, des Gewinnens von Aufschluss über den Sinn von Texten ist.

Da der Sinn eines Zeichens nicht schon immer – gleichsam objektiv – in diesem Gegenstand des Zeichens vorhanden ist, muss er durch die Absicht (→Intention) eines diesen Sinn setzenden Autors in ihn hineingelegt worden sein. Das Verstehen des Sinns eines Textes ist also nichts anderes als das Verstehen der Intention(en) des →Subjekts des Textes. Seit eh und je ist daher von den Philosophen der kommunikative Charakter des Verstehens herausgestellt worden, das sich als gemeinsames Einverständnis in einer Sache immer auf einen Anderen richtet. Als wirkliche geistige Übereinstimmung setzt Verstehen »eine Lebensbeziehung voraus, deren Wirkungszusammenhang eine innere Verwandtschaft zwischen Verstehendem und Verstandenem darstellt« (K. Lehmann). Verstehen kann somit nicht, wie z.B. die sinnliche →Wahrnehmung, als einzelne Tätigkeit eines →Bewusstseins isoliert und instrumentalisiert werden, sondern die Interpretation eines Textes findet immer vor dem Hintergrund eines ganzen Verständnis- bzw. Lebenskontextes einer →Person statt und gelingt nur, wenn sich dieser Verständniskontext ›kongenial‹ einem anderen öffnet.

Als philosophische Lehre von Sinn und Verstehen hat sich die →Hermeneutik in der Spätaufklärung und Lebensphilosophie Schleiermachers und →Diltheys etabliert. Herausragender Vertreter einer modernen Hermeneutik ist →Gadamer.

Insofern Verstehen und Sinn als spezifische Inhalte des →Geistes kategorial von allen Naturgegenständen abgegrenzt werden, kann man seit dem 19. Jh. in der Nachfolge Diltheys und des →Neukantianismus diese Unterscheidung methodologisch zur Grundlage zweier disparater Wissenschaftszweige, der Natur- und der Geistes- oder Kulturwissenschaften machen. Erstere erklären, Letztere verstehen ihre Gegenstände. Dabei wird Erklären im Gegensatz zum Verstehen als eine deduktiv-nomologische Prozedur der Gewinnung objektiven →Wissens ausgegeben. So wird, etwa im →Historismus, das historische Verstehen im Sinne einer verborgenen Teilnahme und Mitwissenschaft (an der Weltgeschichte) zum methodischen Prinzip der Geschichtsschreibung, während umgekehrt von Seiten der Naturwissenschaften entweder versucht wird, das Verstehen als Spezialfall des Erklärens zu naturalisieren oder aber die Begriffe Sinn und Verstehen schlicht für Nonsens zu erklären (→Quine); in beiden Fällen wird den Geisteswissenschaften wegen ihres Unvermögens der Gewinnung objektiven Wissens ihr Wissenschaftscharakter abgesprochen.

Bei →Heidegger und auch bei Gadamer wird der Begriff des Verstehens nicht mehr ausschließlich an einen geistig verstandenen Sinn gebunden. In der Existenzialontologie verliert das Verstehen seine reflexive Struktur: Es ist nicht mehr bloß eine (subjektive) Erkenntnisleistung, sondern es wird zur ursprünglichen Vollzugsweise des Daseins, d.h. des einzelnen Menschen in einer sinnhaft konstituierten Welt.

K.O. Apel, Verstehen. Eine Problemgeschichte, in: Archiv für Begriffsgeschichte I, 1955
O.F. Bollnow, Das Verstehen, Mainz 1949
W. Dilthey, Die Entstehung der Hermeneutik, in: Gesammelte Schriften Bd. 5, Stuttgart 1924
J.G. Droysen, Historik, 3. Aufl. Darmstadt 1958
H.-G. Gadamer, Verstehen, in: RGG, 3. Aufl. Bd. VI, Tübingen 1960, Sp. 1381–83
–: Wahrheit und Methode, Tübingen 1960
M. Heidegger, Sein und Zeit, Tübingen 1927
E. Husserl, Logische Untersuchungen, 4. Aufl. Tübingen 1928
F. Schleiermacher, Hermeneutik, Hg. v. H. Kimmerle, Heidelberg 1959

T. Z.

Vertrag →Vertragstheorie

Vertragstheorie Nach →Kant ist der Vertrag ein »Akt der vereinigten Willkür zweier Personen, wodurch überhaupt das →Sein des einen auf den anderen übergeht«. Damit charakterisiert Kant Privatverträge zweier Personen, wie sie schon von →Platon beschrieben wurden und in Rom den lebensweltlichen Alltag bestimmten. Im 17. Jh. wurde der Privatvertrag dann zum Modell des Staatsgründungsaktes verallgemeinert, der den →Naturzustand der Menschen beendet. Nach →Hobbes gelten im Naturzustand zwei →Naturrechte: Dass nämlich jeder das Recht auf alles hat und jeder befugt ist, sich durch jegliche Mittel selbst zu verteidigen. Der Naturzustand ist also der Rechtszustand des

Kampfes aller gegen alle. Um nun diesen Zustand zu verhindern, bedarf es eines →Staates, dessen Ziel die Friedenssicherung durch →Gesetze ist, die das Naturrecht bändigen. Um nun aber einen solchen Staat zu gründen, müssen die Menschen ihre beiden Naturrechte aufgeben, was aber nur dann Sinn macht, wenn auch alle anderen ihre Naturrechte aufgeben, sodass an die Stelle des Naturrechtes menschliche Gesetze treten. Diese aber müssen gegebenenfalls auch durchgesetzt werden. Deshalb wird ein Vertrag geschlossen. »Die Eintracht unter den Tieren«, erklärt Hobbes, sei »ein Werk der Natur, unter den Menschen aber ist sie ein Werk der Kunst und eine Folge der Verträge. Was Wunder also, wenn bei diesen für die beständige Dauer der Eintracht außer den Verträgen noch etwas mehr erforderlich ist, nämlich eine allgemeine Macht, die jeder Einzelne fürchtet.« (*Leviathan*, Zweites Buch, Kap. 17). Deshalb muss jeder »alle seine Macht oder Kraft einem oder mehreren Menschen übertragen, wodurch der Willen aller gleichsam auf einen Punkt vereint wird, so daß dieser eine Mensch ... eines jeden einzelnen Stellvertreter werde.« Der Vertrag soll dann so aussehen: »Ich übergebe mein Recht, mich selbst zu beherrschen, diesem Menschen oder dieser Gesellschaft unter der Bedingung, dass du ebenfalls dein Recht über dich ihm oder ihr abtrittst.« Dies ist der Vertrag, den die Menschen gegenseitig abschließen, die als Bürger in einem Staat zusammenleben wollen. Ausgenommen von diesem Vertrag allerdings ist der Herrscher. Er gibt zwar sein Recht auf, sein Privatinteresse durchzusetzen, nicht aber das Recht auf Gewaltanwendung. Denn er muss notfalls mit Gewalt dafür sorgen, dass der Vertrag zwischen den Bürgern eingehalten wird. Dabei ist er nicht seinen Bürgern verantwortlich, sondern einzig Gott. Allerdings endet die Verpflichtung der Bürger gegen den »Oberherrn«, wenn dieser die Bürger nicht mehr schützen kann (II, 21). Dieser Gedanke der Staatsgründung durch einen Vertragsschluss war äußerst eindrucksvoll, sodass er von anderen Denkern aufgegriffen wurde. Rousseau prägte dann den Begriff des →Gesellschaftsvertrags (*contrat social*). Aber während Hobbes davon ausgeht, dass der Mensch dem anderen im Naturzustand ein Wolf ist (*homo homini lupus*), beklagt Rousseau den Zustand der →Gesellschaft, in dem der Mensch, obwohl frei geboren, überall in Ketten liege. Der Gesellschaftsvertrag hat deshalb bei Rousseau die Aufgabe, die Menschen in einem Gesamtwillen zu vereinigen (→*volonté de tous* →*volonté générale*).

W.R.

Vitalismus Von lat. *vita*, Leben: In der zweiten Hälfte des 18. Jhs. im Zusammenhang mit der Entwicklung der Embryologie, der Vererbungslehre und der Untersuchung des Phänomens der Regeneration (Epigenismus) eingeführte Bezeichnung für eine naturphilosophische Lehre, die drei Behauptungen umfassen kann:

1. In Organismen, mithin in lebenden →Systemen, sind ontologisch andere Kräfte oder →Substanzen, nämlich Lebenskräfte und Vitalsubstanzen, vorhanden als in unbelebten. Sie müssen daher als Seiende eigener Art betrachtet werden, bei denen im Unterschied zum unbelebten →Sein immaterielle Faktoren eine ausschlaggebende Rolle spielen.

2. Epistemologisch können →Strukturen und →Funktionen lebender Systeme nicht allein mit den Mitteln der physikalisch-chemischen Naturwissenschaften und deren Verweis auf materielle und kausal-mechanisch wirkende Eigenschaften, sondern nur durch Verweis auf immaterielle Faktoren erklärt werden, die planmäßig, zielstrebig (teleologisch) und eigengesetzlich (autonom) Gestalt und Funktion von Organismen mitbedingen, sodass sie einen selbstzentrierten →Sinn und eine sinnstiftende, die Selbstregulation bestimmende Ganzheitsform haben. Die vitalistische →Naturphilosophie nennt das überstoffliche, die organische Ganzheit zielstrebig verwirklichende Prinzip *vis vitalis* (Louis Dumas), *vis essentialis* (»Lebenskraft«, C. F. Wolff) bzw. *nisus formativus* (»Bildungstrieb«, Blumenbach) oder – im Anschluss an den aristotelischen Vitalismus, der bis zum mechanistischen Paradigmenwechsel in der Naturbetrachtung bei →Descartes die mittelalterliche und frühneuzeitliche Wissenschaft (z.B. Harvey, Stahl) geprägt hat – →Entelechie, mithin die →Form, die sich im →Stoff verwirklicht, das aktive →Prinzip, welches das Mögliche erst zum Wirklichen macht und dies zur Vollendung seines Daseins bringt.

3. Methodologisch sind daher die Vorgehensweisen der anorganischen Naturwissenschaften für die Erforschung der Phänomene des Lebendi-

gen unangemessen. →Kant versucht in der *Kritik der Urteilskraft* (1790) zwischen Mechanismus und Vitalismus zu vermitteln. Nach einem Aufschwung des Vitalismus im Gefolge der romantischen Naturphilosophie (z.B. Oken) und nach heftiger Kritik im 19. Jh. (z.B. Lotze, Helmholtz) erlebte der Vitalismus seit Beginn des 20. Jhs. in den Arbeiten u.a. von P. von Uexküll und insbesondere Driesch (Neuvitalismus) als Reaktion auf die Reduktionismen des positivistischen Wissenschaftsideals eine Renaissance. Die indirekt auf vitalistischen Fundamenten basierende These einer Autonomie der Biologie ist von Biologen und Physikern wie Bohr und Delbrück vorgebracht worden, während kybernetisch orientierte Biologen den Vitalismus für wissenschaftlich widerlegt halten. Im Gegensatz zum ontologischen und epistemologischen Vitalismus, dessen Behauptungen sich jeder naturwissenschaftlichen Nachprüfbarkeit entziehen, ist nach dem Niedergang des →Behaviorismus heute ein methodischer Vitalismus für Teilbereiche der Biologie (z.B. die Verhaltensforschung) jedoch weitgehend anerkannt.

H. Driesch, Geschichte des Vitalismus, 2. Aufl. Leipzig 1922
–: Philosophie des Organischen, 2 Bde, 4. Aufl., Leipzig 1930
R. Koltermann, Grundzüge der modernen Naturphilosophie, Frankfurt/M. 1994
H. Rehder, Evolution anders gesehen. Ein Beitrag zur Überwindung des Materialismus und zur Rechtfertigung des Vitalismus, München 1986
B. Reutsch, Biophilosophie auf erkenntnistheoretischer Grundlage. Panpsychistischer Identismus, Stuttgart 1968
G. Wolters, Vitalismus, in: Enzyklopädie Philosophie und Wissenschaftstheorie, hg. von J. Mittelstraß, Bd. 4, Stuttgart / Weimar 1996, S. 551–553

A. W.

Vollkommenheit Von mhd. *volkomen* für ›zu Ende kommen‹, Abwesenheit von Makel, Vollendetheit: Gegenstand einer solchen Zuschreibung kann ein Ding (im weiteren Sinne, also etwa auch ein Kunstwerk), aber auch eine Zuständlichkeit, etwa das →Ethos eines →Subjekts, sein (Perfektionierung, Perfektibilität). Mit Blick auf die innere →Struktur des vollkommenen Dings oder Zustandes können als Bestimmungen die →Kategorien von →Ordnung, →Einheit und Harmonie Verwendung finden. Dem vollkommenen Ding wird metaphorisch auch Organizität zugesprochen. – Der Begriff der Vollkommenheit ist von besonderem Belang in der Praxis und Theorie von →Ethik, →Religion und →Kunst, außerdem in der →Ontologie und philosophischen Wertlehre.

J. B. / G. S.

Volonté de tous Frz. ›Wille aller‹: in der Staatsphilosophie Rousseaus Bezeichnung für die Summe prinzipiell isolierter Einzelwillen (→*volonté générale*).

A. W.

Volonté générale Frz. ›(All-)Gemeinwille‹: Rousseau hat die →Vertragstheorie →Hobbes' zur Begründung des →Staates aufgegriffen und die Begriffe *contrat social*, →*volonté de tous* und *volonté générale* geprägt. *volonté générale* steht im Kontrast zum Partikularwillen einzelner Bürger und hat die Intention, das Gemeinwohl der Staatsbürger zu fördern, was durch Gesetze erreicht werden soll. Der *volonté générale* muss nicht mit der Summe der Einzelinteressen und damit dem Willen der Mehrheit zusammenfallen.

W. R.

Voluntarismus Von lat. *voluntas*, ›Wille‹: Der Soziologe Ferdinand Tönnies prägte diesen Ausdruck 1883 und meinte damit eine Denkrichtung, die den →Willen als das grundlegenden →Prinzip der Gesamtheit des →Seins und des Seienden betrachtet. So ist für →Schopenhauer der Wille das oberste Weltprinzip. Die →Welt, die für uns als →Vorstellung erscheint, ist ›an sich‹ Wille. Sie ist für uns Vorstellung, weil für den Menschen der Erkenntnisakt strukturell immer der Bezug eines →Subjektes auf ein →Objekt ist, sodass beide stets zusammen gedacht werden müssen. Da sich das Subjekt auch selbst erfahren kann, ist das Subjekt zugleich sein eigenes Objekt. Damit wird das Subjekt als Objekt Vorstellung (nämlich des Subjektes), und als Leib (an sich) ist es Wille. Der Wille ist das ›Ding an sich‹, und liegt damit außerhalb der Vorstellung, d.h. außerhalb von →Raum, →Zeit und →Kausalität. Innerhalb von Raum, Zeit und Kausalität ist der Wille dem *principium indivi-*

duationis unterworfen und entfaltet sich als Wille zum →Leben. Als solcher tritt er in den unterschiedlichen Objektivationsstufen auf, von den Naturkräften bis hin zur Musik, die Schopenhauer als die unmittelbare Objektivation des Willens gilt. Der Wille als Lebensprinzip macht das Leben zum Drang und zum Leiden, dem nur zu entkommen ist, wenn es gelingt, den Willen zu verneinen. Der Sache nach ist das voluntaristische Denken schon in der →Stoa und der →Scholastik insofern vorweggenommen, als etwa für →Augustinus der Wille das grundlegendere Prinzip vor dem →Denken ist. Ein Lehrsatz des Duns Scotus lautete *voluntas vult*, der Wille will. D.h. der Wille ist die *causa prima* allen Seins.

W. R.

Voraussetzung →Prämisse

Vorsokratiker Globale Bezeichnung für die historische Anfangsphase der griechischen Philosophie bis zur Zeit des →Sokrates. Als historischer Epochenbegriff erfasst der Ausdruck kein systematisch einheitliches, sondern ein äußerst diversifiziertes und vielgestaltiges Gebilde, das nur durch den fast völligen Mangel an überlieferten Primärquellen eine gewisse Überschaubarkeit erhält. Die vorsokratische Philosophie entstand noch nicht in Attika, dem griechischen Kernland, sondern in den damals dem Mutterland kulturell überlegenen Kolonien Kleinasiens, Unteritaliens und Thrakiens. Dass in Griechenland - anders als in allen anderen frühen Hochkulturen - aus den vielfältigen mythischen Traditionen religiösen Denkens diese besondere Gestalt philosophischen Reflektierens hervorgehen konnte, hängt mit dem einmaligen Zusammenwirken bestimmter geistiger, anthropologischer, aber auch sozialer und politischer Bedingungen zusammen. Die Philosophie beginnt als Übergang vom →Mythos zum →Logos, indem in der weltlichen Dichtung (etwa um 600 v. Chr.) sich eine Tendenz herausbildet, der Geschichte der Götter (Theogonie des Hesiod) Geschichten der Weltentstehung (→Kosmogonie) entgegenzusetzen. Darin wird - nun nicht mehr in der Form des Mythos, sondern in der Form des begrifflichen Denkens - nicht mehr ein zeitlicher Uranfang der Geschichte, personifiziert in göttlichen Urwesen, beschrieben, sondern nach einem logischen Ersten (*arche*), einem Prinzip alles Seienden gesucht, weshalb man diese Anfänge des griechischen Denkens als →Naturphilosophie bezeichnen kann. Dieses Prinzip wurde zunächst auch als ein stoffliches gedacht (z. B. als Wasser bei →Thales, als Luft bei Anaximenes), erhielt dann aber immer abstraktere Struktur (etwa als das *apeiron*, das Unbestimmte, bei →Anaximander, als Zahl bei →Pythagoras, als Feuer bei →Heraklit, als das *atomon*, das Unteilbare, bei Demokrit).

Unter die Vorsokratiker fallen erste philosophische Traditionsstränge bzw. Schulbildungen wie die ionischen Naturphilosophen (Thales, Anaximander, Anaximenes), die Pythagoräer (Pythagoras, Alkmaion von Kroton, Archytas von Tarent), die Eleaten (Parmenides, Melissos, Zenon) und die Atomisten (Leukippos, Demokrit), aber auch eine Reihe schwer einzuordnender Einzeldenker wie Heraklit, Xenophanes, Empedokles, Anaxagoras. Zu einer zweite Phase, die manchmal aber auch unabhängig von den Vorsokratikern betrachtet wird, lassen sich die Aufklärung der Sophisten (z. B. Protagoras, Gorgias, Prodikos, Hippias, Antiphon) und die Philosophie des Sokrates selbst zusammenfassen.

J. Barnes, The Presocratic Philosophers, London 1982
Th. Buchheim, Die Vorsokratiker, München 1994
H. Diels, Die Fragmente der Vorsokratiker, 18. Aufl. Berlin 1989
W. Röd (Hg.), Geschichte der Philosophie, Bd. 1, München 1976
W. Schadewaldt, Die Anfänge der Philosophie bei den Griechen, Frankfurt/M. 1978
K. Vorländer, Philosophie des Altertums (Geschichte der Philosophie I), Hamburg 1971

T. Z.

Vorstellung Ein im →Bewusstsein vorhandenes ›Bild‹ eines außerhalb des Bewusstseins vorhandenen Seienden (→Sein). →Descartes hat mit der Annahme gebrochen, dass die →Wirklichkeit in einem passiven Erkenntnisakt korrekt im Bewusstsein des Menschen abgebildet werde. In seiner Diskussion des ›empirischen Zweifels‹ merkt er an, dass die Sinneswahrnehmungen täuschungsanfällig sind, sodass die →Erfahrung keine sichere Quelle für wahre →Erkenntnis abgeben kann. Zwar hat der Mensch *cogitationes*

(Vorstellungen) der Außenwelt in verschiedenen Deutlichkeitsgraden in seinem Bewusstsein, dies bedeutet aber nur, dass es sicher ist, dass im Vollzug des Denkaktes etwas vorhanden ist, was diesen Denkakt vollzieht, nämlich die →*res cogitans*, das →Ich. Die →Gewissheit des Denkvollzugs bezieht sich jedoch nicht auf die →Wahrheit des Inhalts des Gedachten (*cogitationes*). Es könnte sogar sein, dass der Bewusstseinsinhalt ein Produkt des Bewusstseins selbst ist, dem kein semantischer Gehalt außerhalb und unabhängig vom Bewusstsein korrespondiert (→Solipsismus). Damit löst sich für Descartes die →Wirklichkeit auf in Vorstellungen des denkenden →Subjekts über die Wirklichkeit, ohne dass der Wahrheitsgehalt der Vorstellungen gesichert ist. Für →Kant ist es der Skandal der Philosophie, dass es ihr noch nicht gelungen sei, die Außenwelt zu beweisen. In seiner *Kritik der reinen Vernunft* legt er dar, dass die Erkenntnis des Menschen auf apriorischen →Vorstellungsformen beruht, im Rahmen derer der Mensch Sinnesdaten überhaupt nur wahrnehmen kann, nämlich →Raum und →Zeit. Diese raum-zeitlichen →Affektionen (Anschauungen) werden von der →Einbildungskraft zu Vorstellungen geformt, mittels der →Kategorien (Quantität, Qualität, Relation und Modalität) zu (empirischen) →Begriffen geordnet, die ihrerseits die →Welt so →konstituieren, wie sie dem Menschen nun einmal erscheint. Wobei es nicht möglich ist, von der dem Menschen erscheinenden Welt auf die Welt ›an sich‹ zu schließen. Die Vorstellungen sind also bei Kant vorbegriffliche Konstituierungen empirischer →Entitäten (Seinseinheiten) aus der Mannigfaltigkeit der Anschauung im Bewusstsein des Menschen. Diesen Gedanken griff →Schopenhauer auf. Für ihn ist die Welt ›an sich‹ →Wille und die Welt ›für uns‹ Vorstellung. Dies besagt, dass die Welt immer schon Objekt in Beziehung auf ein Subjekt ist, wobei Subjekt und Objekt korrelative Begriffe sind. Das Subjekt erfährt sich dabei in doppelter Weise, nämlich auf der einen Seite als Vorstellung wie jedes andere Objekt, zugleich aber, als Leib, auch als Wille.

W. R.

Vorstellungsformen Für →Kant sind →Raum und →Zeit keine objektiven Größen, wie sie es für die newtonsche Physik gewesen sind. Vielmehr sind Raum und Zeit Vorstellungsformen des menschlichen Bewusstseins, die der Mensch an die erscheinende Wirklichkeit heranträgt, sodass der Mensch mit seinen Sinnen nur das erfassen kann, was sich innerhalb dieser beiden Vorstellungsformen bewegt. Raum und Zeit sind also nicht ›objektiv‹ gegeben, sondern subjektiv-menschliche ›Rezeptionsweisen‹ unserer Sinne, die Wirklichkeit →konstituieren.

W. R.

Wahrhaftigkeit Eine grundlegende praktische Bestimmung des Menschen. Der Ausdruck deckt eine Bandbreite unterschiedlicher Bedeutungen ab. Als Qualifikation der gesamten Persönlichkeit wird er oft mit Ausdrücken wie Redlichkeit, Aufrichtigkeit, Ehrlichkeit, Offenheit, Integrität oder auch Charakter umschrieben. Wahrhaftig ist, wer stets die →Wahrheit sagt und nicht lügt; wer die Wahrheit stets ausspricht und nichts verschweigt oder verschleiert; wer schließlich in seinem gesamten Verhalten sich selbst und anderen gegenüber sich nicht verstellt und stets ›mit offenen Karten spielt‹. Auch hinsichtlich des Handelns kann man von Wahrhaftigkeit sprechen, wenn jemand seinen Überzeugungen treu ist, ohne andere übervorteilen zu wollen. Wahrhaftigkeit ist also ein ethischer →Begriff, weil er die besondere Fähigkeit eines Menschen bezeichnet, den eigenen Überzeugungen gemäß zu handeln und zu sprechen, selbst dann, wenn ihm diese Überzeugungen keinen Vorteil einbringen oder sie sogar auf Irrtümern beruhen. In diesem Sinne fasst →Aristoteles Wahrhaftigkeit als →Tugend auf (*Nikomachische Ethik*, Buch IV, Kap. 13).

In der philosophischen Tradition wird der Begriff oft aus einer Untersuchung seines Gegenbegriffs, der Lüge, abgeleitet (so bei →Cicero, →Augustinus, →Thomas von Aquin). Wahrhaftigkeit entspringt hier dem Fehlen einer Täuschungsabsicht. Im (rationalistischen) Staatsdenken der →Neuzeit (A) und insbesondere in der Aufklärung (→A Neuzeit – Aufklärung) wird Wahrhaftigkeit sozusagen vertragstheoretisch mit dem Recht des Diskurspartners auf die Wahrheit der Äußerungen des anderen begründet. In dieser Linie liegt auch →Kant, der ein »vermeintliches Recht« auf Lügen in bestimmten

Situationen mit Hinweis auf die moralische Verpflichtung auf Wahrheit schlechterdings ablehnt. Die rechtstheoretische Funktion der Wahrhaftigkeit kehrt in den modernen Versionen der Diskurstheorie (z.B. bei →Habermas) wieder, wo sie neben Wahrheit und Richtigkeit zu den Geltungsansprüchen gezählt wird, die mit jeder diskursfähigen sprachlichen Äußerung erhoben werden.

Im Bereich lebens- und existenzphilosophischer Überlegungen wird diesem ›äußeren‹ Wahrhaftigkeits-Begriff häufig ein Begriff ›innerer‹ Wahrhaftigkeit gegenübergestellt. Diese bezeichnet die Forderung nach Aufrichtigkeit der Existenzaufhellung der Person, in ihr wird die »Wahrheit der Person« (Lipps) als verantwortliches Wesen offenbar. In der christlichen Tradition wird darauf hingewiesen, dass die »letzte Begründung der Wahrhaftigkeit als der alles umspannenden Grundtugend ... nur auf theistischer Basis« (J. Klein) möglich ist.

O.F. Bollnow, Wahrhaftigkeit, in: Die Sammlung 2 (1947), S.234–245

J. Ebbinghaus, Kants Ableitung des Verbotes der Lüge aus dem Rechte der Menschheit, in: Sittlichkeit und Recht. Praktische Philosophie 1929–1954. Ges. Schriften I, hg. v. H. Oberer / G. Geismann, Bonn 1986, S.407–420

J. Habermas, Wahrheitstheorien, in: H. Fahrenbach (Hg.), Wirklichkeit und Reflexion. Walter Schulz zum 60. Geburtstag, Frankfurt/M. 1973, S.211–265

–: Theorie des kommunikativen Handelns I, Frankfurt/M. 1981, 1995, S.364–452

P. Keseling, Einführung, in: Augustin(us), Die Lüge und Gegen die Lüge, Paderborn 1953

G. Müller, Die Wahrhaftigkeitspflicht und die Problematik der Lüge. Ein Längsschnitt durch die Moraltheologie und Ethik unter besonderer Berücksichtigung der Tugendlehre des Thomas v. Aquin und der modernen Lösungsversuche, Freiburg 1962

P. Schmidt-Sauerhöfer, Wahrhaftigkeit und Handeln aus Freiheit. Zum Theorie-Praxis-Problem der Ethik Immanuel Kants, Bonn 1978

P. Wilpert, Die Wahrhaftigkeit in der aristotelischen Ethik, in: Phil. Jb. 53, 1940, S.324–338

T.Z.

Wahrheit Die Frage, was Wahrheit sei, zählt zu den ältesten Fragen der Philosophie. Dabei ist Wahrheit nach →Aristoteles keine Eigenschaft von realen Gegenständen oder idealen Wesenheiten, sondern sie ist zu suchen in der Relation zwischen den vom →Subjekt formulierten →Aussagen über eine →Erkenntnis und dem erkannten →Objekt. Die Frage, ob eine Aussage wahr sei, wird von verschiedenen Wahrheitstheorien mit unterschiedlichem Ergebnis beantwortet.

In der aktuellen Diskussion unterscheidet man die Korrespondenztheorie (→Adäquatio-Theorie, zentraler Vertreter: Aristoteles) und die semantische Theorie der Wahrheit (zentraler Vertreter: Tarski). Es gibt außerdem die Evidenztheorie der Wahrheit (zentraler Vertreter: →Spinoza), die →Kohärenztheorie (zentraler Vertreter: Rescher), die →Konsenstheorie (zentraler Vertreter: Kamlah) und die pragmatisch-empirische Wahrheitstheorie (zentraler Vertreter: →Peirce).

In der Korrespondenztheorie wird Wahrheit bestimmt als Übereinstimmung der aus der Erkenntnis gewonnenen Aussagen mit der Realität. Diese Auffassung kommt dem Alltagsverständnis von Wahrheit als Übereinstimmung mit der Wirklichkeit sehr nahe.

Die Formulierung ›Übereinstimmung mit der Realität‹ wird jedoch in der Wissenschaftsgeschichte als problematisch angesehen. Die moderne Philosophie bietet als Interpretation von ›Übereinstimmung mit der Wirklichkeit‹ die umkehrbar eindeutige Zuordnung zwischen Aussage und Realität an. Es stellt sich jedoch die Frage, ob es überhaupt eine Strukturgleichheit zwischen →Sprache und →Wirklichkeit gibt. Diese Frage wird in der modernen Philosophie sowohl bejaht als auch verneint. Darüber hinaus war in der klassischen Korrespondenztheorie das Problem der →Antinomien (›Ein Kreter sagt, alle Kreter lügen‹) nicht gelöst.

Bei der semantischen →Theorie der Wahrheit handelt es sich um eine Wahrheitstheorie für wissenschaftlich formalisierte Sprachen, die versucht, die Korrespondenztheorie der Wahrheit zu präzisieren. Um Antinomien zu vermeiden, darf man keine Sprachen verwenden, die neben Ausdrücken auch deren Namen enthalten und darüber hinaus noch semantische Termini wie ›wahr‹ in Bezug auf Aussagen der Sprache. Man muss dazu verschiedene Sprachstufen unterscheiden, nämlich: die →Objektsprache, die Sprache über die wir sprechen, und die →Metasprache, in der wir über die Objektsprache reden. Berücksichtigt man diese Unterscheidung mit entsprechenden Forderungen an Objekt und

Metasprache, kann man in Anlehnung an die klassische Korrespondenztheorie Wahrheit widerspruchsfrei und inhaltlich zufriedenstellend definieren als: X ist wahr genau dann, wenn p. (Hierbei bezeichnet p eine beliebige Aussage der Sprache und X den Namen dieser Aussage.) Veranschaulichen lässt sich diese Definition an folgendem Beispiel: Die Aussage ›Schnee ist weiß‹ ist wahr genau dann, wenn Schnee weiß ist.

Die Evidenztheorie geht davon aus, dass die Wahrheit gewisser Aussagen dem Intellekt unmittelbar einleuchtet. →Evidenz wird in diesem Zusammenhang benutzt als Einsicht im Sinne eines absoluten →Wissens. Evidenz wird auch betrachtet als Kriterium für die Korrespondenz einer Aussage mit der Wirklichkeit. Es stellt sich jedoch das Problem, ob subjektive Evidenzerlebnisse als Kriterium für die Wahrheit einer Aussage gelten können.

Die Kohärenztheorie baut wesentlich auf syntaktischen Überlegungen auf. Will man entscheiden, ob eine Aussage wahr ist oder falsch, muss man überprüfen, ob sie sich widerspruchsfrei in ein Gesamtsystem von Aussagen einordnen lässt. Es wird also nicht die Übereinstimmung mit der Wirklichkeit, sondern die Übereinstimmung mit anderen Aussagen benutzt, um die Wahrheit einer Aussage zu definieren. Auch hier ergibt sich jedoch ein Problem, wenn man das Gesamtsystem näher beschreiben muss, mit dem verglichen wird. In der Wissenschaftsgeschichte sind konkurrierende Gedankengebäude nicht ungewöhnlich und damit stellt sich die Frage: Welches Gedankengebäude muss man wählen?

In der Konsenstheorie wird die Übereinstimmung von Meinungen als Kriterium für die Wahrheit von Aussagen formuliert. Die Konsenstheorie erklärt eine Aussage für wahr, wenn sie von anerkannten Wissenschaftlern akzeptiert wird. Ähnlich wie die Kohärenztheorie ist auch die Konsenstheorie entstanden aus einer kritischen Position gegenüber der Korrespondenztheorie. Auch für die Konsenstheorie muss man Einschränkungen formulieren: Ein Konsens hier und jetzt erscheint als Wahrheitskriterium oft nicht ausreichend. Sinnvoll wäre ein langfristiger Konsens im Sinne eines Prozesses der Annäherung an die Wahrheit.

In der pragmatisch-empirischen Wahrheitstheorie werden die praktischen Konsequenzen aus einer Aussage als Kriterium für ihre Wahrheit überprüft. Wahr ist, was sich bewährt. Aussagen und Theorien gelten in dieser Theorie als wahr, wenn sie sich in der wissenschaftlichen Praxis bewährt haben, wenn durch Experimente festgestellt werden konnte, dass diese Aussagen / Theorien wissenschaftliche Probleme richtig erklärt / gelöst haben. Es bleibt bei dieser Theorie jedoch die Frage offen, ob der Begriff Wahrheit nicht mit dem Begriff der Bewährung gleichgesetzt wird. Eine subjektivistische Variante der pragmatischen Theorie lautet: Kriterium für die Wahrheit einer Aussage ist die Bewährung in der Praxis durch den jeweils erzielten Nutzen. Hierbei ergibt sich jedoch das Problem, dass der jeweils erzielte Nutzen für verschiedene Menschen sehr unterschiedlich sein kann. Wahrheit ist somit nicht mehr eindeutig.

G. Skirbekk, Wahrheitstheorien, Frankfurt 1977
L. B. Puntel, Wahrheitstheorien in der neueren Philosophie, Darmstadt 1978
B. Wiesen, Das Problem der empirischen Wahrheit in der Analytischen Philosophie, Düsseldorf 1977

B. W.

Wahrheitstheorien →Wahrheit

Wahrnehmung Griech. *aisthesis*, lat. *perceptio*, *sensatio*; engl./frz. *perception*, *sensation*: In diesem Begriff kristallisiert sich wie in kaum einem anderen die ganze Ideenvielfalt der Philosophie wie auch ihre systematische Kernproblematik. Vom Alltagsverständnis ausgehend, darf zunächst angenommen werden, dass Wahrnehmung bei Mensch und Tier die über die Sinnesorgane vermittelten Prozesse der Aufnahme von Eindrücken bezeichnet. Allerdings sind alle für eine mögliche Beschreibung dieser Vorgänge nötigen Begriffe im Laufe der Ideengeschichte derartig strittig geworden, dass auch heute eine für die Philosophie generell verbindliche →Definition von Wahrnehmung nicht gegeben werden kann. Weder ist klar, was ein Eindruck ist, noch, was unter dem einem Eindruck zu Grunde liegenden Gegenstand verstanden werden soll. Schließlich ist höchst ungewiss, was denn das diesen Eindruck Aufnehmende eigentlich ist.

Der moderne, an Psychologie, Biologie und Medizin orientierte *common sense* stellt sich Wahrnehmung unproblematisch naiv realistisch vor: Da gibt es eine alles →Sein (und damit auch uns selbst) umfassende für sich bestehende →Welt von Dingen, von der wir durch die Sinnesorgane, vergleichbar mit Kameras, Bilder produzieren, die in unserem Gehirn als →Vorstellungen abgespeichert werden. Uns kümmert weder die Tatsache, dass wir von dieser für sich bestehenden Welt der Dinge keine Erfahrungserkenntnis besitzen, noch, dass uns die Struktur von Vorstellungen gänzlich unbekannt ist.

Auch die Geschichte der Philosophie beginnt mit einem Wahrnehmungs-Realismus. Jede Abbildtheorie, nach welcher die Dinge durch die »Tore der Sinne« (→Heraklit) hindurch auf die →Seele wirken, ist in dem Sinne realistisch, als sie Wahrnehmung als einen Vorgang innerhalb der Welt der Dinge ansieht. Wenn die Wahrnehmung ein Bild (oder – in einigen antiken Theorien, z.B. bei Epikur – Bildchen, griech. *eidolon*) oder einen ›Abdruck‹ des wahrgenommenen Gegenstandes in der Seele verursacht, dann bedeutet das, dass die Sinneswahrnehmung die gesamte uns verfügbare →Erkenntnis des Gegenstandes enthalten muss. Aber da es der Philosophie von Anfang an nicht um den Gegensatz von ›außen‹ und ›innen‹, sondern um das viel grundlegendere Verhältnis von →Denken und Sein ging, wird noch in der vorsokratischen Phase der griechischen Philosophie, bei Demokrit, dieser Realismus unterminiert. Der atomistische Materialist Demokrit findet heraus, dass unter der so oder so sinnlich wahrgenommenen Oberfläche der Dinge die eigentliche, ›wahre‹ Struktur der Dinge, und das sind ihre atomaren Verhältnisse, verborgen ist. Dieses verborgene →Wesen wird aber nicht wahrgenommen, sondern gedacht. Damit setzt sich der für die Philosophie seither maßgebliche Gedanke durch, dass Wahrnehmung nur einen Teil dessen liefert, was wir von den Gegenständen erkennen. Dieser Teil wird meist Empfindung genannt. Sie ist, wie →Aristoteles bemerkt, ein »Erleiden (*pas-chein*) der Seele, sofern sie mit dem Leibe verbunden ist« (*De anima*, II 11, 424 a).

Die →Erkenntnistheorie streitet sich fortan und bis in unsere Tage darüber, welcher Rang der Empfindung in der Gegenstandserkenntnis zugesprochen werden soll. So erkennen →Platon und Aristoteles, dass Wahrnehmung für sich genommen überhaupt kein →Wissen (*episteme*) schafft, weil sie nur das Veränderliche und Zufällige (das Kontingente) an den Dingen, nicht aber das diesen Eigenschaften zugrundeliegende Wesen enthält. Aristoteles stellt aber immerhin fest, dass mit der Wahrnehmung die Erkenntnis beginnt (*Anal. post.* II 19).

Im neuzeitlichen →Rationalismus erneuert und verstärkt sich diese idealistische Auffassung. Nach →Descartes ist die Wahrnehmung eine bloß verworrene Erkenntnis, die das (außerhalb des →Bewusstseins) Existierende betrifft. Demgegenüber erkennen wir durch das Denken klar und deutlich das Wesen (Essenz) einer Sache. Diese Annahme ist im Kern die Begründung für die erfolgreiche Mathematisierung bzw. Geometrisierung der positiven Wissenschaften. Von besonderer Bedeutung ist auch seit der →Scholastik die Frage, wie das Verhältnis der äußeren Wahrnehmung durch die Sinnesorgane zur inneren Wahrnehmung durch einen inneren Sinn (*sensus communis*) zu beurteilen ist.

Man sollte meinen, dass das cartesische Programm der wissenschaftlichen Rationalität jeder →Abbildtheorie der Wahrnehmung den Garaus machen würde. Dies ist aber nicht der Fall, denn zunächst mit dem →Empirismus, dann in den methodisch auf die positiven Wissenschaften fixierten philosophischen Richtungen des →Positivismus im 19., des Neupositivismus und der sprachanalytischen Philosophie des 20. Jhs. wird die Wahrnehmung wieder als einzig möglicher Erkenntniszugang zur Dingwelt postuliert. Dieser Wahrnehmungs-Realismus ist allerdings nicht naiv, denn er basiert auf der anticartesischen Voraussetzung, dass die ›Klarheit und Deutlichkeit‹ wissenschaftlicher Erkenntnis keine apriorische oder Wesenserkenntnis der Dinge liefert. »Nichts ist im Geiste, was nicht vorher in den Sinnen war«, gilt auch heute noch als wahrnehmungstheoretischer Grundsatz. Die Sicherheit und Objektivität wissenschaftlicher Erkenntnis gilt nicht absolut, sondern relativ und probabilistisch. Sie verdankt sich allein methodologischer Strenge und Präzision der angewandten empirischen Verfahren. Die Geltungsdiskussion ist nicht mehr Sache einer philosophischen Erkenntnistheorie, sondern einer pragmatischen Theorie des Wissens (*Epistemology*) bzw. der →Wissenschaftstheorie.

→Kant hat gegen die empiristische Simplifizierung der Wahrnehmungstheorie zu Recht ins

Feld geführt, dass sie dem »bloß rezeptiven Vermögen der sinnlichen Anschauung« bei weitem zu viel zumutet. Wahrnehmung würde hier nicht bloß die Gegenstände, »wie sie uns erscheinen« vorstellen, sondern vermeintlich »Dinge, wie sie an sich selbst sein mögen.« Kant argumentiert, dass es dem Empirismus (und wir dürfen anschließen: jeder Abbildtheorie der Wahrnehmung) aus logischen Gründen nicht gelingen kann, die mögliche objektive →Geltung empirischer Erkenntnis zu begründen.

Die moderne Wissenschaftstheorie hat Kants Einwände nicht entkräften können. Sie unterläuft sie vielmehr, weil sie mit einem Federstrich den Begriff objektiver Geltung von Erfahrungserkenntnis einfach für obsolet erklärt.

Die philosophischen Überlegungen zum Wahrnehmungs-Begriff unterscheiden sich von den seit dem 19. Jh. in Psychologie, Medizin, aber auch Soziologie etablierten kognitiven Wahrnehmungstheorien dadurch, dass sie Wahrnehmung stets (erkenntnistheoretisch oder ontologisch) als metaphysische Bedingung der Weltbezogenheit des Wissens aufgefasst haben und nicht, wie die letzteren, als mit den Mitteln der empirischen Wissenschaften zu erforschenden innerweltlichen Kommunikationsprozess.

J. L. Austin, Sense and Sensibilia, Oxford 1962
E. Cassirer, Das Erkenntnisproblem in der Philosophie und Wissenschaft der neueren Zeit, Berlin 1906–1920
K. Holzkamp, Sinnliche Erkenntnis, 4. Aufl. Frankfurt/M. 1973, 1978
R. McRae, Leibniz, Perception, Apperception and Thought, Toronto 1976
D. K. W. Modrak, Aristotle, The Power of Perception, Chicago 1987
G. Pitcher, A Theory of Perception, Princeton 1971
R. J. Swartz (Hg.), Perceiving, Sensing, and Knowing, New York 1965
J. W. Yolton, Perceptual Acquaintance. From Descartes to Reid, Minneapolis 1984

T. Z.

Weisheit Griech. *sophia*, lat. *sapientia*: die zumeist in einem langwierigen Lebens-, Erkenntnis- und Erfahrungsprozess erworbene habituelle Fähigkeit (→Tugend), über eine ausgezeichnete Form des theoretischen Wissens (→Theorie) über →Gott, →Welt und →Dasein zu verfügen – ein →Wissen, das sich über die Kennerschaft, das Sich-Verstehen-auf oder den Geschmack hinaus auf die rechte Verhältnisbestimmung der Dinge untereinander und zum Ganzen versteht, indem es die allem innewohnende Letztbestimmung erkennt. Dieses Wissen kann zudem in ein Verhältnis gesetzt werden zu sittlichem Handeln (→Praxis) und praktischer Klugheit, zum Herstellen einer Sache (→*poiesis*) oder zu einem letzten Sinngrund (Gott, das Absolute), sodass sich die Vollkommenheit im Erkennen und die →Vollkommenheit der guten und gelingenden Lebensführung harmonisch ergänzen. Dem Weisen kommt es aufgrund dieses gleichermaßen theoretischen wie praktischen Weisheitswissens zu, durch synthetische Zusammenschau des Heterogenen →Ordnung zu stiften und →Sinn zu erkennen. Seit der griechischen Antike gehört die Weisheit zu den vier →Kardinaltugenden. Folgt man den Pythagoreern, so kann man den Menschen nie wirklich weise, sondern bestenfalls bloß einen ›Freund der Weisheit‹ (*philosophos*) nennen, weil er Weisheit als Summe allen Wissens nie zu realisieren imstande ist. Nach →Platon unterscheiden sich Philosophie und Weisheit (verstanden als Summe von Lebenseinsichten, die sich nicht selbst rational explizieren und rechtfertigen können) darin, dass erstere rechenschaftsfähig ist, mithin ihre Einsichten rational-argumentativ verantworten kann. Im christlichen →Mittelalter (A) gilt die Theologie als die einzig wahre Weisheit. Zumeist aber wird im abendländischen Denken die Philosophie als höchste Form des Wissens direkt mit Weisheit identifiziert. Für →Kant muss der Weg der Weisheit, soll er gesichert sein, notwendig ein wissenschaftlicher sein. G. Marcel und Horkheimer beklagten den Verlust der Weisheit und des weisheitlichen Wissens in der Moderne. Heute gibt es Anzeichen, dass sich die Philosophie diesem Thema wieder zuwendet.

W. Oelmüller, Philosophie und Weisheit, Paderborn 1989
H. Pichler, Vom Sinn der Weisheit, Stuttgart 1949
N. D. Smith, Wisdom, in: Routledge Encyclopedia of Philosophy, Bd. 9, London 1998, S. 752–755
R. J. Sternberg (Hg.), Wisdom. Its Nature, Origins, and Development, Cambridge 1990

A. W.

Welle In der klassischen Physik ein Vorgang, bei dem ein Energietransport stattfindet, ohne dass ein Materietransport stattfindet. Selbst Materie lässt sich paradoxerweise als Welle auffassen (Materiewellen). Die Welle ist ein →Modell, das auf verschiedenste Naturvorgänge angewandt wird.

Am bekanntesten und offensichtlichsten ist die Wasserwelle, bestimmbar als periodische Änderung einer Flüssigkeitsoberfläche. Auch bei der Wasserwelle findet – entgegen der ersten Anschauung – kein Materietransport statt: Das Wasser bewegt sich nur am Ort und fließt nicht mit der Welle mit. Nicht direkt beobachtbar sind z.B. Schallwellen oder elektromagnetische Wellen. In der Wellenoptik (dieser Begriff ist historisch gewachsen als Gegenbegriff zur klassischen Strahlenoptik) werden z.B. die Phänomene der Beugung, Brechung und Interferenz (Überlagerung von Lichtwellen) mit Hilfe des Wellen-Begriffs erklärt.

Wasserwellen brauchen zur Ausbreitung die Wasseroberfläche; Schallwellen brauchen die Luft oder einen festen Körper zum Fortbewegen. Elektro-magnetische Wellen (wie z.B. das Licht) bewegen sich auch z.B. durch das Weltall. Deshalb postulierte man lange Zeit einen ›Äther‹, der das Weltall erfüllt und dessen Eigenschaften die Ausbreitung elektromagnetischer Wellen ermöglichen. Diese Vorstellung hat sich jedoch als unhaltbar erwiesen. Heute erklärt man die Wellenausbreitung im Vakuum über das elektromagnetische Feld, das sich im Raum ausbreitet: ein mathematisches Modell, das sich unserer Anschauung jedoch entzieht.

Mathematisch wird eine Welle durch eine partielle Differentialgleichung zweiter Ordnung beschrieben: $\partial^2F/\partial x^2 = c \cdot \partial^2F/\partial t^2$. Deren Lösung kann z.B. lauten (lineare harmonische Welle): $F(x,t) = A \cdot \sin(\omega t - kx)$; symptomatisch ist die Abhängigkeit sowohl vom Ort x als auch von der Zeit t. Wichtigste und charakteristischste Eigenschaften der Welle sind ihre Wellenlänge und ihre Frequenz. Philosophisch interessant wird der mathematisch-physikalische Begriff der Welle durch die Diskussion, ob Licht nun eine Welle oder ein Teilchen sei (→Dualismus) und die Tatsache, dass dieser Dualismus eins der Standardbeispiele zum Modell-Begriff und damit zum Wirklichkeitsanspruch der modernen Physik geworden ist.

H.W.

Welt Griech. *kosmos*, lat. *mundus*, engl. *world*, fr. *monde*: In der Philosophie bezeichnet der →Begriff seit alters in äußerster Verallgemeinerung die Gesamtheit dessen, was ›ist‹. Seit dem →Denken der Antike gehört die Kluft zwischen dem Seienden (→*kosmos*) und dem Denken (*logos*) zu den zentralen Fragestellungen der Philosophie. Hierüber herrscht laut →Platon unter den Philosophen ein »Riesenkrieg« (Gigantomachie, *Soph.* 246 A). Denn da es neben Kosmos und →Logos schlechterdings kein Drittes geben kann, so ist die Frage, ob das Verhältnis von Denken und →Sein selbst ein gedachtes oder ein seiendes sei; was auf die Entscheidung hinausläuft, ob und inwiefern das Denken selbst als ein Seiendes, und das heißt als Weltteil gedacht werden kann.

Was zur Welt gehört, von dem muss gedacht werden, dass es auf irgendeine Weise unabhängig vom oder außerhalb des Denkens Bestand hat bzw. subsistiert. Zugehörigkeit zur Welt bedeutet also ein einziges Merkmal, nämlich das des Existierens oder ›Seiend-Seins‹. Dieses Merkmal des Welthaften drückt sich in der Ideengeschichte immer wieder in verschiedenen Substanzbegriffen aus, die allein dasjenige bezeichnen, das macht, dass von etwas überhaupt etwas gedacht oder ausgesagt werden kann. Es hat sich in der Geschichte der Philosophie immer wieder gezeigt, dass das Denken mit Notwendigkeit nach der Angabe eines Grundes für das Sein des Seienden verlangt: Die →Existenz von Etwas ist dem menschlichen Denken nicht selbstverständlich. Etwas ›ist‹ nicht einfach so, sondern sofern es existiert, muss gedacht werden, dass es auf irgendeine Weise in die Existenz bzw. zur Welt gebracht worden ist. Ohne damit irgendetwas für ein bestimmtes religiöses Verständnis zu präjudizieren, wird der Begriff der Welt so notwendig an den der Schöpfung (*creatio*) gebunden.

Da die Existenz das einzige Merkmal der Weltzugehörigkeit ist, kann gesagt werden, dass der Begriff der Welt völlig inhaltsleer ist. Als ›Totalitätsbegriff‹ bezeichnet Welt zudem keinen Gegenstand möglicher Erfahrungserkenntnis (→Kant). Als ›Idee der Vernunft‹ hat der Begriff bloß ›regulative Funktion‹. Das heißt, er dient zur →Definition unterschiedlicher Erkenntnisbereiche, nicht aber von deren Gegenständen. Solche Definitionen sind also nicht →empirisch, sondern anders, z.B. historisch begründet. So kann man von der Welt der Tiere, der Welt des →Geistes, der Arbeitswelt oder der Welt des Glaubens sprechen. Damit werden aber nicht einfach Teile eines einheitlichen Erkenntnisraumes ausgezeichnet, sondern Globalvorstellungen völlig heterogener Erkenntnisprinzipien benannt (z.B. Antike Welt, Lebenswelt, Unterwelt, Weltgeschichte).

Wegen seiner Inhaltsleere hat der philosophisch-metaphysische Welt-Begriff auch eine (modal-)logische Verwendungsweise hervorgebracht: Da für →Leibniz die Welt nicht die Gesamtheit der existierenden Dinge, sondern der (realen) Begriffe ist, so findet sich entsprechend die Gesamtheit der möglichen Begriffe in (unendlich vielen) Begriffen möglicher Welten. In diesem Sinne wird der Begriff in der modernen Modallogik (z.B. bei Kripke) als Bedeutungsfeld des Möglichkeits- bzw. Notwendigkeitsoperators verstanden (*Possible-Worlds-Semantics*). Sonach ist ein Satz ›möglich(erweise wahr)‹ bzw. ›notwendig(erweise wahr)‹, wenn er in mindestens einer bzw. in allen möglichen Welten wahr ist.

In einer engeren, aber dem Alltagsverständnis näheren Verwendungsweise dient Welt als Globalausdruck für den menschlichen Lebensraum auf dem Planeten Erde: weltberühmt, Welthandelskonferenz, Weltrekord, Weltliteratur. Hieran schließt sich auch der Welt-Begriff in den Naturwissenschaften an, wo er für das sichtbare bzw. wissenschaftlich erforschbare Universum steht.

S. Kripke, Naming and Necessity, in: D. Davidson / G. Harman (Hg.), Semantics of Natural Languages, Dordrecht 1972

J. Leslie, Universes, London 1989

K. Löwith, Der Welt-Begriff in der neuzeitlichen Philosophie, 2. Aufl. Stuttgart 1968

M. K. Munitz, Cosmic Understanding. Philosophy and Science of the Universe, Princeton 1986

G. Prauss, Die Welt und wir (Sprache – Subjekt – Zeit), Stuttgart 1990

G. Scherer, W. – Natur oder Schöpfung?, Darmstadt 1990

T. Z.

Weltanschauung In sich geschlossene sowie auf Totalität und Vereinheitlichung abzielende Sicht der →Welt. Der Begriff wurde zunächst in →Kants *Kritik der Urteilskraft* (1790) gebildet; er bedeutet dort den sinnlichen Zugang zur Welt, bei welchem die →Idee der Welt (als eines Ganzen) unterlegt wird. Heute dient der Begriff zur Bezeichnung globaler Deutungen der Welt, die religiöser, philosophischer, politischer oder auch wissenschaftlicher Provenienz sein können. – Das Verhältnis der Philosophie zu dem mit dem Begriff ›Weltanschauung‹ Intendierten unterliegt gleichfalls einem Wandel: Als →Metaphysik, genauer: als →Kosmologie, fragt die Philosophie traditionell nach der Welt als einem Ganzen und arbeitet auf eine in sich geschlossene Sicht der Welt hin. Mit der Abkehr von metaphysischen Fragestellungen aber geht Philosophie auf Distanz zum Anspruch, ›das Ganze‹ erfassen zu können. Programmatisch formuliert dies etwa der Neukantianer Rickert in seinen *Thesen zum System der Philosophie* (1932): »Die wissenschaftliche Philosophie muss ... darauf verzichten, das zu geben, was man ... ›Weltanschauung‹ nennt, denn diese geht den ganzen Menschen an und wird stets auch von atheoretischen Motiven bestimmt, so daß ihre theoretische Begründung und logische Allgemeingültigkeit für jeden Denker ausgeschlossen ist.« Das Weltanschauungsproblem ist auch in den Vorlesungen des frühen →Heidegger präsent (vgl. etwa die Vorlesung 1919 *Die Idee der Philosophie und das Weltanschauungsproblem*). Die Aufgabe der Philosophie kann es nach Heidegger nicht sein, eine Weltanschauung zu erarbeiten; aber auch zur ›wissenschaftlichen Philosophie‹ geht er auf Distanz. Das philosophische Fragen solle vielmehr die →Strukturen aufdecken, die sowohl der Weltanschauung wie der wissenschaftlichen Einstellung vorgängig und damit für beide bestimmend sind. – Der Verzicht auf die Formulierung einer Weltanschauung ist für alle gegenwärtig bedeutenden philosophischen Strömungen charakteristisch: von der →analytischen Philosophie bis zum Postmodernismus Lyotards. Nichts anderes nämlich als das Ende der Weltanschauungsphilosophie meint dessen These vom »Ende der großen Erzählungen«, wie sie in *Das postmoderne Wissen* (1979) formuliert worden ist.

P. B. / G. S.

Weltbegriff →Kant unterscheidet zwischen einem →Schulbegriff und einem Weltbegriff der Philosophie. Während es der Schulphilosophie um die logisch-systematische Einheit aller →Erkenntnis geht, geht es der Weltphilosophie um die Beziehung aller Erkenntnis auf den Menschen. Beim Philosophen muss deshalb zur Erfahrung und dem Wissen um die philosophische Tradition die Fähigkeit, *ex principiis* zu denken, hinzukommen, sodass er in der Lage ist, seine inhaltlichen Kenntnisse zu einer Einheit zusammenzuführen und diese dann zu korrelieren mit den höchsten Zwecken der menschlichen →Vernunft. Es geht also darum, den Bezug herzustellen zwischen den wesentlichen Zweck der menschlichen Vernunft und aller Erkenntnis. In diesem Sinne impliziert der Weltbegriff der Philosophie ein universelles Verständnis der →Welt. Welt darf hier jedoch nicht wesentlich gegenständlich verstanden werden als das Gesamt der dem Menschen vorfindlichen Dinge, vielmehr bezeichnet Welt die vom Menschen produzierte (regulative) →transzendentale Idee, gemäß der der Mensch die Gesamtheit der vorfindlichen Dinge als Synthesis der Erscheinungen erfasst. Deshalb kann Kant sagen, dass der Weltphilosoph zum »Gesetzgeber« wird.

I. Kant, Kritik der reinen Vernunft. In: Werke in sechs Bänden. Bd. II. Hg. von W. Weischedel, Darmstadt 1975

I. Kant, Logik, In: Werke in sechs Bänden. Bd. III. Hg. von W. Weischedel, Darmstadt 1975

I. Kant, Reflexionen, In: Kants gesammelte Schriften. Hg. v. der Königlich Preußischen Akademie der Wissenschaften, Bd. XI, Dritte Abteilung: Handschriftlicher Nachlass. Dritter Band, Berlin / Leipzig 1924

K. Düsing, Die Teleologie in Kants Weltbegriff, In: Kantstudien. Ergänzungsheft 96, Bonn 1968

W. R.

Weltgeist Zentraler Begriff der hegelschen Geschichtsphilosophie. →Hegel begreift die Weltgeschichte als »Auslegung und Verwirklichung des allgemeinen Geistes«, als »Geist der Welt« (*Grundlinien der Philosophie des Rechts*, 1821, § 342 und § 340). Diesem Konzept liegt ein teleologisches Geschichtsverständnis zugrunde: →Geschichte vollzieht sich planvoll, obgleich sich die Akteure als »bewusstlose Werkzeuge und Glieder jenes inneren Geschäfts« (§ 344) dieses Planes nicht bewusst sind. Die Weltgeschichte wird gedacht als die einer inneren →Logik gehorchende Abfolge von vier welthistorischen Reichen (orientalisches Reich, griechisches Reich, römisches Reich, germanisches Reich) und als Wanderung des →Geistes vom Orient in den Okzident. Dieses Geschichtsmodell kann als Transformation der sich vom Buch Daniel herleitenden mittelalterlichen Lehre von der *translatio imperii et studii* gelten, wie sie etwa in Otto von Freisings *Chronica sive Historia de duabus civitatibus* (um 1145) niedergelegt ist. Den Weltreichen korrespondieren bei Hegel Volksgeister als »Träger der gegenwärtigen Entwicklungsstufe des Weltgeistes« (§ 347). Eine ähnliche Konzeption findet sich bereits in Johann Gottfried Herders *Auch eine Philosophie der Geschichte zur Bildung der Menschheit* (1774) und *Ideen zur Philosophie der Geschichte der Menschheit* (1784–1791, unvollendet). Im 20. Jh. – insbesondere nach den Erfahrungen von zwei desaströsen Weltkriegen – hat die Vorstellung eines Sinngeschehens der Geschichte eine deutliche Absage erfahren, am pointiertesten wohl in Adornos *Negativer Dialektik* (1966): »Die Behauptung eines in der Geschichte sich manifestierenden und sie zusammenfassenden Weltplans zum Besseren wäre nach den Katastrophen und im Angesicht der künftigen zynisch. ... Zu definieren wäre der Weltgeist ... als permanente Katastrophe.« – Der Begriff des Weltgeistes findet sich auch bei Goethe (so in dem Gedicht *Eins und Alles*), wird von diesem aber eher im Sinne einer die →Natur beseelenden Kraft, einer Weltseele, verstanden.

P. B. / G. S.

Werden Nominalisierte Form des Zeitworts ›werden‹; als philosophisches Abstraktum eine allgemeine Bestimmung des →Seins, bisweilen jedoch auch als Gegensatz zum (dann statisch verstandenen) Sein verstanden. Da etwas unter alleiniger Bezugnahme auf sein Werden nicht identifiziert werden kann, ist notwendige Bedingung für jede Rede von Werden ein definierter bzw. definierbarer Gegenstand. Da andererseits die begriffliche Identifikation eines Gegenstandes noch keine →Aussagen über dessen mögliche Veränderungen erlaubt, ist hinreichende Bedingung für die Feststellung eines Werdens erst die Bestimmung mindestens zweier differenter Zustände des Gegenstandes. Darüber hinaus lässt sich als eine sekundäre Bestimmung des Werdens eine teleologische Entwicklung veranschlagen: Das Werden wird dann als ein Prozess zielhafter Entfaltung verstanden (→Vollkommenheit). – In der philosophischen Diskussion wird Werden (als Entstehen) häufig in dialektischem Zusammenhang mit dem Konzept des Vergehens thematisiert (→Heraklit, →Hegel, →Nietzsche).

J.B. / G.S.

Werdensgrund →Grund

Wert Mit dem Sammel- und Einheitsbegriff ›Wert(e)‹ werden im Allgemeinen grundlegende, konsensuelle Zustimmung einfordernde, gleichermaßen normierend und motivierend wirkende Zielvorstellungen, Orientierungsgrößen und Qualitäten bezeichnet, die – weil sie sich mit Bezug auf anthropologische Grundkonstanten als unabdingbar oder mit Blick auf kontingent (historisch, situativ, kulturell) bedingte Bedürfnis- und Handlungskontexte als zuträglich erwiesen haben – auch tatsächlich angestrebt und gewünscht werden, sodass sich →Individuen und Gruppen von ihnen bei ihrer Handlungswahl und ihrer Weltgestaltung leiten lassen. Trotz der bestehenden Schwierigkeiten einer präzisen Begriffsbestimmung, ja trotz zentraler philosophischer Schwächen des →Begriffs, wird in der neueren Diskussion die Unverzichtbarkeit von Wertorientierungen für den Vollzug individuellen und sozialen Lebens nicht in Frage gestellt. Im Vordergrund steht dabei nicht mehr wie in der Wertphilosophie und →Wertethik des 19. Jhs. die als obsolet eingeschätzte Frage nach dem Realitätsstatus von Werten, sondern die nach der basalen Funktion von Werten und Werturteilen. Denn die Orientierung an Werten trägt ihrer fundamental-anthropologischen Verortung und Funktion nach grundlegend in entlastender Weise (Entlastungsfunktion) zur Kompensation der »Instinktreduktion« des Menschen (Gehlen) und der hieraus resultierenden Verhaltensverunsicherung bei. Werten korrespondieren daher basale Bedürfnisse, wenngleich das konkrete Zuordnungsverhältnis schwer zu bestimmen sein dürfte. Dennoch erbringen Werte eine – historisch und kulturspezifisch variable, folglich auch bewusst gestaltbare und vielfach nur pragmatisch gültige – Selektionsleistung (Kluckhohn) für die →Erkenntnis, das Erleben und das Wollen, indem sie das Kontinuum von Bedeutsamkeiten für die Individuen hierarchisch strukturieren, mithin Orientierung ermöglichen. Werte lassen sich daher als ›Beziehungsbegriffe‹ bestimmen, in denen Relationen zwischen →Subjekten und Sachverhalten als Präferenzmodelle zum Tragen kommen. Dabei ist in der wertphilosophischen Diskussion strittig, ob sich die Beziehung eines Sachverhaltes zu Werten einer Relation zu subjektiven Einstellungen von Personen (Gefühlen, Interessen usw.) oder zu objektiven Werten verdankt. Unstrittig ist, dass Werte normierend für die →Personen wirken, die unter ihnen handeln, und dass sie als geschichtlich gewachsene und soziokulturell vermittelte »Konzepte des Wünschenswerten« (Kluckhohn) faktisch den Charakter von obersten ›Zielen‹ haben. Sie fundieren und rechtfertigen daher in sinngebender Weise die mehr konkret ausgeprägten sozialen →Normen, die für ein gegenseitig abgestimmtes, berechenbares Verhalten der Angehörigen einer →Gesellschaft in den mannigfaltigen Situationen des Alltagslebens unerlässlich sind (Legitimationsfunktion). Insofern Werte dabei als Standards selektiver Orientierung für Richtung, Ziele, Intensität und Auswahl der Mittel des Handelns wirken (Orientierungsfunktion), können sie als »Orientierungsstandards« und »Zielgaranten« (Rockeach) bezeichnet werden. Sie können mithin auch als Regeln der Identifizierung von Zwecken begriffen werden, also als Regeln des Strebens, die in bestimmten situativen Kontexten Ziele des Handelns (auch des Erkennens) selektieren. Ihr Regelcharakter und der darin implizierte Zwang zu vernünftiger, mithin intersubjektiv nachvollziehbarer Rechtfertigung hebt sie grundsätzlich aus dem individuellen in den gesellschaftlichen Bereich.

Die primäre Orientierungsleistung von Werten besteht in der Bildung von Präferenzen. Funktionslogischer Ort von Werten sind daher Wertungen, die als Präferenzurteile die Bevorzugung einer →Handlung vor einer anderen bzw. allgemein eines Gegenstandes oder eines Sachverhaltes vor einem anderen intendieren. Werte spielen dabei in Wertungen zum einen als der ausschlaggebende Grund oder Maßstab eine Rolle, der als Präferenz des wertenden →Subjekts fassbar ist und mit Rücksicht auf den das eine dem anderen vorgezogen wird. Zum anderen kann auch das Ergebnis einer Wertung selbst als Wert bezeichnet werden, insofern diesem mit Bezug auf den Wertungsmaßstab Werthaftigkeit zugesprochen und es dadurch als erstrebenswertes Ziel anerkannt wird. Die tatsächliche Orientierung an und Bevorzugung von bestimmten Werten, in denen Vorstellungen gelungenen (Zusammen-)Lebens zum Tragen kommen, macht in ihrer Gesamtheit das Ethos von Gesellschaften und Gruppen aus.

Formal lassen sich unterschiedliche Werttypen, Wertkategorien, Wertebenen, Wertbereiche und Wertkonkretisierungsstufen unterscheiden, die sich - bezogen auf sektorale oder umfassende Wertekontexte - im Sinne einer begründungslogischen, am Zweck-Mittel-Schema orientierten Rangordnung in ein tendenziell hierarchisch strukturierbares Wertesystems (Werthierarchie, Axiologie) einbinden lassen. In der Wertehierarchie wird ein Wert umso höher angesiedelt, je unabdingbarer er - abhängig von der gewählten anthropologischen Grundüberzeugung und Vollkommenheitsvorstellung - für das Gelingen des Lebens angesehen wird. Dabei können grundsätzlich Ziel- und Dienstwerte unterschieden werden. Ziel- bzw. Terminalwerte bilden die obersten und letzten Gründe von Wertungen. Sie werden Selbst- oder Eigenwerte genannt und sind dann →absolut, wenn sie ›an sich selbst‹ werthaft sind, mithin auch ohne Bezug auf übergeordnete Werte Grund von Wertungen sein können. Folgt man →Kant, dann haben nur Personen, da sie als der Anlage nach vernünftige Wesen »als Zweck an sich« (Selbstzweck) existieren, bereits mit ihrem →Dasein einen absoluten Wert, der qua Würde über allen Preis erhaben ist. Dienst- oder Nutzwerte dagegen sind weniger abstrakt und umfassend. Sie verdanken sich einem kontingenten, durch Schätzung und Abwägung entstandenen Übereinkommen zwischen Menschen über das ihnen Zu- bzw. Abträgliche. Sie sind nicht werthaft an sich, sondern relativ insofern, als sie in Wertungen Grund einer Bevorzugung nur durch Bezug auf einen übergeordneten Wert sind, z.B. als Mittel zu einem Zweck (instrumentaler Wert), als Teil zu einem Ganzen (partieller Wert), als Weg zur Realisierung und Konkretisierung von Zielwerten (Verfahrenswerte), als Folgerung aus einer Voraussetzung (hypothetischer Wert) oder als förderliches Element für den Zustand eines Systems (funktionaler Wert). Mit Bezug auf die Ausdehnung, Allgemeingültigkeit, Rechtfertigbarkeit und Geltung können ferner subjektive (individuelle, nicht verallgemeinerbare) von objektiven (transsubjektiven, intersubjektiven, verallgemeinerbaren) Werten unterschieden werden. Mit Bezug auf unterschiedliche Wirklichkeitsbereiche lassen sich geistige Werte (moralisch-sittliche, intellektuelle, ästhetische, religiöse), nicht-geistige Werte (psychische wie Lust, biologische wie Gesundheit) und materielle Werte (Sachwerte) unterscheiden, wobei Letztere ihre Werthaftigkeit immer dem Bezug auf geistige Werte als ihrem eigentlichen Worumwillen verdanken. Orientiert am Ziel-Mittel-Schema lassen sich Werte daher auch zu Wertgruppen zusammenfassen, die sich jeweils um einen zentralen Basis- oder Zielwert gruppieren: so sind logische Werte auf das Wahre, ökonomische Werte auf den langfristigen Gleichgewichtspreis, technisch-pragmatische Werte auf das Richtige, ästhetische Werte auf das →Schöne, moralisch-sittliche Werte auf das →Gute und religiöse Werte auf das Heilige bezogen. Es lassen sich aber auch politische, demokratische, christliche, liberale etc. Werte zu Wertgruppen zusammenfassen und um einen oder mehrere Basis- oder Grundwerte gruppieren, die als unverzichtbare Voraussetzung sektorales Wertverhalten erst ermöglichen.

Da jede Handlung als wertrealisierender Akt gedeutet werden kann, kommt moralisch-sittlichen Werten (im allgemeinen Sinn) eine besondere Bedeutung zu. Folgt man einer grundlegenden, zumeist vernachlässigten inhaltlichen Differenzierung, dann müssen dabei Willensqualitäten als moralisch-sittliche Werte im engeren oder eigentlichen Sinn von objektiv vorgegebenen Gütern als Werte im präsittlichen oder weiteren Sinn unterschieden werden. Mit Werten im engeren Sinn (*bonum morale*) sind bestimmte stereotype Werthaltungen (klassisch: Tugenden wie Gerechtigkeit, Treue, Solidarität etc.) gemeint, die nur als Qualitäten des Willens in Form fester Willenshaltungen als real existent angesehen werden können. Sie leiten als nichtmaterielle Strebensziele den wertrealisierenden Akt. Als solche sind sie für das menschliche Handeln nicht nur objektiv vorgegeben und verpflichtend, sondern auch unverzichtbar. Bei Gütern – Werte im weiteren Sinn dagegen (*bonum physicum*) – handelt es sich immer um reale Gegebenheiten, die unabhängig vom persönlichen →Denken und Wollen existieren oder als objektiv gegeben gedacht werden müssen, mithin auch nicht in der freien Selbstbestimmung des Menschen ihren Ursprung haben. Weil sie unabdingbare Voraussetzung gelungenen (Zusammen-)Lebens sind und daher verantwortlichem menschlichen Handeln zur Beachtung aufgegeben sind, kann unser individuelles und zwischenmenschliches Handeln an ihnen nicht vorbeigehen. Denn Güter sind lediglich in den konkreten Realisationsformen, nicht aber in ihrem Anspruch kultur- und geschichtsvariant. In der Rechtsphilosophie spricht man meist von Rechtsgütern wie Leben, leiblicher Integrität, geistigem wie materiellem Eigentum, ferner von jenen objektgerichteten Wertschätzungen, die sich mehr auf konkrete Aspekte und Bereiche des soziokulturellen Lebenszusammenhanges beziehen (z.B. Gesundheit, Umweltschutz, Familie), aber auch den so genannten Freiheiten des →Gewissens, der Meinungsäußerung oder von institutionellen Größen wie Ehe, Familie, Staat. Diese Güter als objektiv vorgegebene Ziele des Handelns sind nicht der Grund der sittlichen Verpflichtung, sondern sie sind ›Gegenstände‹, Objekte verantwortlichen Handelns. Als solche sind sie nicht sittliche oder besser präsittliche Werte. Sie sind meist im Grundrechtskatalog moderner Staaten festgeschrieben (z.B. GG Art. 1–19). Werden mit Werten wie →Freiheit, →Gerechtigkeit, Solidarität etc., die sich als Leitbilder der freiheitlichen Demokratie bezeichnen lassen, nicht innere Willensqualitäten, sondern – im Sinne von ›realer freier Entfaltung aller‹, einer gerechten oder solidarischen Ordnung – real in sozialen Strukturen herzustellende und durch politisches Handeln zu ermöglichende Gegebenheiten gemeint, dann haben sie eher den Charakter von Gütern. Auch die Menschenwürde als objektive Vorgabe ist in diesem Sinne ein – wenngleich absolutes – Gut (ein präsittlicher Wert), das daher unbedingte Anerkennung, d.h. Respekt vor der Würde des →Menschen und damit Wertverhalten im Sinne einer Willensqualität erfordert.

J.N. Findlay, Values and Intention, London / New York 1961
Ch. Hubig, Handlung – Identität – Verstehen, Weinheim 1985
H. Joas, Die Entstehung der Werte, Frankfurt/M. 1997
R.M. Lemos, The Nature of Value. Axiological Investigations, Gainesville 1995
H. Reiner, Die Grundlagen der Sittlichkeit, 2. Aufl. Meisenheim 1974
M. Rockeach, The Nature of Human Values, New York 1973
M. Scholl-Schaaf, Werterhaltung und Wertsystem, Bonn 1975
D. Wiggins, Needs, Values, Truth. Essay in the Philosophy of Values, Oxford 1998
G.H. von Wright, Normen, Werte und Handlungen, Frankfurt/M. 1994

A.W.

Wertethik Bezeichnung für eine in der Tradition der phänomenologischen Wertlehre stehende →Ethik, die →Handlungen durch den Bezug auf ein (hierarchisch geordnetes) Reich von →Werten zu begründen versucht. Obgleich der Sache nach seit →Platons und →Aristoteles' Frage nach dem →höchsten Gut die gesamte abendländische Geistesgeschichte von der Diskussion über den Charakter, die Herkunft, die Existenzweise, die Objektivität oder Subjektivität, die absolute oder relative Geltung von sittlichen Werten geprägt ist und dies in unterschiedlichen Tugend- und Güterlehren verschiedene Antworten gefunden hat, ist für die Entwicklung einer eigenständigen Wertethik die um den Begriff des ›Wertfühlens‹ zentrierte vor-subjektive oder objektive Wertlehre F. Brentanos von besonderer Bedeutung, der zufolge – unter Aufnahme von Motiven der Wertphilosophie des 19. Jhs. – die innerlich gefühlte Wertevidenz die letzte Instanz für die Richtigkeit von Werten ist. Der Phänomenologe →Husserl (*Vorlesungen über Ethik und Wertlehre*, 1908–1914) schließlich, der den Wert als das intentionale Korrelat des wertenden Aktes bestimmt, begründete die Hauptrichtung der Wertethik des 20. Jhs., die phänomenologische Wertethik, die dann 1913 durch Scheler (*Der Formalismus in der Ethik und die materiale Wertethik*) sowie 1926 durch N. Hartmann (*Ethik*) eine jeweils eigene bedeutende Ausgestaltung erfuhr. Nach Scheler sind Werte als eigenständiges, vom Seienden unabhängiges Apriori aufzufassen, zugänglich im intentionalen Fühlen als dem »emotionalen Apriori« der Erfassung einer objektiv bestehenden Werthierarchie durch das →Individuum, sodass sich eine intersubjektive Prüfung von Werten erübrigt. Intendiert ist damit eine Gegenkonzeption zur kantischen Pflichtethik, deren – vermeintlicher – Formalismus, Subjektivismus, →Rationalismus und Universalismus zurückgewiesen wird. Hartmann verstärkt die Lehre Schelers insofern, als er die Systematisierung eines an sich bestehenden Reiches von hierarchisierten, »unberührt von Subjekten« existierenden Werten versucht, die er durch Einzelanalysen konkretisiert.

Bereits im Rahmen der wertethischen Begrifflichkeit haben Autoren wie Reininger (1939) die Gründung einer subjektunabhängigen Wertordnung auf das Wertfühlen kritisiert und demgegenüber die Subjektivität der Werterkenntnis, die sich als Selbsterkenntnis des Wertenden darstellen lässt, herausgearbeitet. Auch D.v. Hildebrand gründete seine Wertethik nicht auf eine subjektunabhängige Wertrangordnung, sondern auf den Gegensatz von Wert und ›für mich Wichtigem‹. Jeder Wert besitzt dabei seine ideal ihm gebührende Antwort (z.B. Bewunderung, Begeisterung, Liebe, Realisieren-Wollen etc.). Ein neues System phänomenologischer Wertethik entwarf H. Reiner, der das sittlich Gute auf ein Vorziehen »objektiv bedeutsamer« vor den nur »subjektiv bedeutsamen« Werten zu gründen suchte, der Wertrangordnung aber Bedeutung für das (vom Guten zu unterscheidende) »sittlich Richtige« beimaß. Die entscheidende Kritik an der materialen Wertethik erfolgt durch die sprachanalytisch reflektierten Theorien der Normbegründung, nach denen die Berufung auf →Gefühle oder intuitive Erkenntnisse keine Begründung für verbindliche Forderungen oder für die Geltung objektiver Werte sein kann.

H.M.Baumgartner, Die Unbedingtheit des Sittlichen. Eine Auseinandersetzung mit N.Hartmann, München 1964

A.J.Buch, Wert – Wertbewusstsein – Wertgeltung. Grundlagen und Grundprobleme der Ethik N.Hartmanns, Bonn 1982

H.Drexler, Begegnungen mit der Wertethik, Göttingen 1978

W.Henckmann, Materiale Wertethik, in: A.Pieper (Hg.), Geschichte der neueren Ethik, Bd.2, Tübingen / Basel 1992, S.82–102

H.Schnädelbach, Werte, in: Philosophie in Deutschland. 1831–1933, Frankfurt/M. 1983, S.198–231

A.W.

Wesen Das Wesen ist das im Wechsel der Zustände bzw. Erscheinungen Gleichbleibende einer Sache oder Person. Abhängig von der zugrundegelegten →Ontologie ist das Wesen ein dem Gegenstand vorgängiges und ihn bedingendes →Prinzip (→Platon), eine dem Gegenstand immanente →Substanz (→Aristoteles) oder ein durch Abstraktion aus der Wahrnehmung gewonnener, nur gedanklich existierender Allgemeinbegriff (nominalistische Positionen). Mit dem Begriff des Wesens lässt sich auch ein dem Gegenstand innewohnendes Entwicklungsziel fassen: das Wesen etwa der Eichel ist in diesem Sinne ihre Bestimmung zum Eichbaum (→Entelechie). Die Vertreter der →Existenzphilosophie, die sich terminologisch auf die scholastische Unterscheidung zwischen →*essentia* (Sosein) und *existenzia* (Dasein) beziehen, denken das Wesen des →Menschen als der Existenz nachgängig: Der Mensch wird damit als Bildner seines Wesens verstanden.

Als Wesen wird auch das einzelne Exemplar einer →Gattung bezeichnet; in diesem Falle wird der Begriff nur mit unbestimmtem Artikel verwendet (→Werden, →Erscheinung, →Identität).

J.B. / G.S.

Wesenheit Die Gesamtheit, der Inbegriff der unverlierbaren Eigenschaften einer Sache oder →Person; Wesenheit ist eng bedeutungsverwandt mit →Wesen, trägt jedoch eine weitere →Bedeutung insofern, als der Begriff auch zur Bezeichnung des →Daseins des Wesens, der eigenständig-individuellen →Existenz des Wesens, verwendet wird.

J.B. / G.S.

Widerspruch Der Begriff des Widerspruchs kann sowohl auf inhaltliche (semantische) als auch auf formale (syntaktische) Weise definiert werden. Semantisch: Ein einzelner Satz ist ein Widerspruch, wenn er unter allen Umständen falsch sein muss (z.B. ›Es hagelt und es hagelt nicht‹). Eine Menge von Sätzen ist widersprüchlich, wenn die Sätze unter keinen Umständen zusammen wahr oder zusammen falsch sein können (z.B. ›Es hagelt‹, ›Die Katze schläft‹, ›Es hagelt nicht‹). Syntaktisch: Ein einzelner Satz S ist ein Widerspruch, wenn es mindestens einen

Satz B gibt, für den gilt, dass sowohl er als auch seine Negation Nicht-B aus S ableitbar sind. Eine Menge von Sätzen ist widersprüchlich, wenn es mindestens einen Satz B gibt, sodass B und Nicht-B aus dieser Menge ableitbar sind.

Erkenntnistheoretisch sind Widersprüche deswegen bedeutsam, weil gewöhnlich davon ausgegangen wird, dass Widersprüche unakzeptabel sind [unakzeptabel u. a. aus dem Grund, dass innerhalb der klassischen Logik aus einem Widerspruch bzw. aus einer widersprüchlichen Menge jede beliebige Aussage folgt (*ex contradictione quod libet*), und einen Widerspruch zu akzeptieren demnach hieße, alle Aussagen zu akzeptieren. Wenn eine Annahme zu einem Widerspruch führt, dann muss sie selbst oder der betreffende Gedankengang verworfen werden. Diese Überlegung wird auch in der Logik bei der Beweistechnik des Widerspruchbeweises (*reductio ad absurdum*) angewendet: Wenn sich aus einer Annahme ein Widerspruch herleiten lässt, dann gilt die Negation der Annahme als bewiesen.

St. B.

Wiener Kreis Engl. *Vienna Circle*; Anfang der 20er Jahre des 20. Jhs. konstituierte sich in Wien eine Gruppe von Naturwissenschaftlern, Mathematikern und Philosophen, die sich zum Ziel gesetzt hatten, in einer rationalen bzw. formal-logischen Analyse der →Sprache der (positiven) Wissenschaften die methodischen Grundlagen wissenschaftlicher →Rationalität überhaupt neu und präzise zu bestimmen. Die Arbeit der Gruppe nahm also ihren Ausgang an methodologischen Sachproblemen, die aber in ein globales wissenschaftsphilosophisches Konzept eingebettet wurden. Da die historischen Wurzeln des wissenschaftstheoretischen Ansatzes des Wiener Kreises im →Positivismus des 19. Jhs. lagen, wurde sein Konzept als Neupositivismus bekannt. Seine Grundzüge bestehen in der konsequenten Ausarbeitung eines Sinnbegriffs für die Wissenschaftssprache, also in der Entwicklung von Kriterien für die Sinnhaftigkeit wissenschaftlicher →Aussagen. Nach dem Verifikationsprinzip erhalten Tatsachenaussagen (Protokollsätze, Beobachtungssprache) ihre →Bedeutung allein durch die →Erfahrung bzw. die Möglichkeit →empirischer Prüfung. Diese Beschränkung von sprachlicher Bedeutung auf eine reine Beobachtungssprache galt zwar zunächst der methodologischen Grundlegung der Wissenschaften, wurde dann aber auch polemisch gegen geisteswissenschaftliche und besonders philosophische →Argumente gewendet, denen Sachhaltigkeit und damit überhaupt Bedeutung abgesprochen wurde. Als bekannteste Mitglieder des Wiener Kreises gelten →Carnap, Feigl, Hahn, Kraft, Neurath, Reichenbach, Schlick, Waismann. Durch die 1929 gegründete Zeitschrift *Erkenntnis* wurde die Gruppe international bekannt.

In den 30er, 40er und 50er Jahren, nach der Emigration der meisten Mitglieder vornehmlich in die USA, werden die Aktivitäten des Wiener Kreises treffender mit der Bezeichnung ›logischer Empirismus‹ belegt, da der Schwerpunkt des Interesses in einer →Theorie wissenschaftlicher →Erklärung lag, die vor allem durch die Einsicht gekennzeichnet war, dass die →Idee einer reinen Beobachtungssprache nicht haltbar sei. Wissenschaftliche Theorien enthalten vielmehr Begrifflichkeiten zweier verschiedener Sprachstufen (Zweistufenkonzeption); neben die →Begriffe der Beobachtungssprache treten so genannte theoretische Begriffe. Bedeutsam sind hier insbesondere Ayer und Hempel.

H. J. Dahms (Hg.), Philosophie, Wissenschaft, Aufklärung. Beiträge zur Geschichte des Wiener Kreises, Berlin 1985

M. Geier, Der Wiener Kreis, Reinbek 1992

D. Gillies, Philosophy of Science in the Twentieth Century, Oxford 1993

V. Kraft, Der Wiener Kreis, 2. Aufl. Wien 1968

T. Z.

Wille Der Wille ist ein Vermögen des Menschen, sich zur Kausalursache von Denk- und Handlungsakten zu machen. Insofern ist im Begriff des Willens immer zugleich Willensfreiheit gedacht, wobei die Auffassungen, wie frei der Wille tatsächlich ist, auseinandergehen. Für →Kant ist der Mensch als Naturwesen determiniert, als Vernunftwesen jedoch frei. So wird für Kant der Wille zum eigentlich →Guten. Nicht deshalb, weil er ein bestimmtes moralisches Ziel erreicht, sondern deshalb, weil und sofern er das Gute will. »Es ist deshalb nichts in der Welt, ja überhaupt auch außer derselben zu denken möglich, was ohne Einschränkung für gut könnte gehalten werden, als allein ein guter Wille.« (*Grundlegung zur Metaphysik der Sitten*, 393). Gut kann also nur die Motivation zu einer Handlung sein, völlig unabhängig davon, ob sie gelingt oder nicht, und gut ist die Motivation, wenn sie das Gute will. Für →Schopenhauer wird der Wille zum Weltprinzip schlechthin (→Voluntarismus). Diesen Gedanken griff dann →Nietzsche auf, für den der Wille zwar auch das grundlegende Weltprinzip ist, jedoch nicht der Wille schlechthin, sondern der →Wille zur Macht, und dieser ist kein ›Ding an sich‹, das sich als →Vorstellung in →Zeit und →Raum objektiviert, vielmehr ist der Wille zur Macht das →Prinzip einer →Welt, die weder als ontologischer noch als metaphysischer, erkenntnistheoretischer oder moralischer Dualismus gedacht wird.

W. R.

Wille zur Macht Für →Nietzsche das universale Erklärungsmodell aller biologischer und nicht-biologischer Entwicklungsprozesse. Er ist das kosmologisches Prinzip schlechthin, das »innerste Prinzip des Seins«. (*WzM*, Aph 689, 468). Gegen die These der Selbsterhaltung ist für Nietzsche der Wille zur Macht das Streben, das Leben zu steigern, an Machtfülle zuzunehmen. Der Wille zur Macht ist die Akkumulation von Kraft (*WzM*, 689).

W. R.

Willensfreiheit →Wille

Wirklichkeit griech. *energeia*, lat. *actualitas*, *realitas*, engl. *reality*, frz. *réalité*: Wie viele andere sehr abstrakte →Begriffe auch umgreift der Begriff unterschiedliche sprachliche Bedeutungsnuancen: Er ist gleichermaßen die Gesamtheit alles wirklich Seienden (→Sein) wie auch dessen Inbegriff, das Wirklich-Sein des Seienden. Er meint sowohl die Vorhandenheit des Wirklichen als auch sein →Wesen. Die Wirklichkeit ist nicht selbst etwas, aber sie ist Bedingung dafür, dass etwas ›wirklich‹ etwas ist. Sie ist also das Gegenteil des bloß Scheinbaren, des bloß Ausgedachten, Vorgegaukelten, Virtuellen. Virtuelle Realität ist eine *contradictio in adjecto*.

Philosophisch hat der Begriff zwei ineinander greifende Bedeutungsfelder, die man das metaphysische und das erkenntnistheoretische nennen könnte. Als metaphysischer Begriff gehört Wirklichkeit zu den Modalbegriffen. Er bezeichnet das Gegenteil der →Möglichkeit. Im Gegensatz zur Potenzialität des noch nicht Seienden hat das Wirkliche wesentlich Aktualität bzw. gegenwärtiges Sein. In der Entgegensetzung von Akt und →Potenz bezeichnet →Aristoteles in seiner Metaphysik →*energeia* oder *entelechia* als die Verwirklichung einer in einem Seienden angelegten Möglichkeit bzw. eines →Vermögens (→*dynamis*). Die Wirklichkeit ist das →Prinzip der Vollendung der Form- oder Gestaltgebung (→*eidos* und *morphe*) des Seienden, während der →Stoff oder die →Materie (*hyle*) das Prinzip des Möglichen, weil noch nicht Geformten, noch nicht Wirklichen vertritt. Dabei ist nach Ansicht des Aristoteles Bewegung das Prinzip des Übergangs vom Möglichen zum Wirklichen. Die Bewegung ist das →Streben des Möglichen, sich zu verwirklichen – Zum metaphysischen Wirklichkeits-Konzept gehört auch die Gegenüberstellung von Wirklichkeit und →Schein. Diese hängt mit dem in →Altertums (A) und →Mittelalter (A) bekannten ontologischen Wahrheitsbegriff zusammen, nach welchem das Wirkliche ›wahr‹ bzw. das wahrhaft Seiende sei. Demgegenüber musste das Nicht-Wirkliche in seinem Seins-Status als defizient angesehen werden.

Als erkenntnistheoretischer Begriff bezeichnet Wirklichkeit die Realität des vom →Denken und →Bewusstsein Unabhängigen. Wirklich ist das, was als außerhalb unserer →Vorstellungen oder unseres Denkens für sich und unabhängig von uns vorgestellt wird. Hier zeigt sich das erkenntnistheoretische Grundproblem: Wie kann das schlechterdings dem Vorstellen Äußerliche vorgestellt werden? →Descartes entwickelt in den *Meditationen* ein zwar unvollständiges, jedoch durchaus einleuchtendes →Modell der Wirklichkeit der Erkenntnis, indem er den Sachgehalt der Vorstellungen (→Ideen) als ihre *realitas objectiva* durch die zwar transzendente, aber die reine Aktualität darstellende *realitas formalis* ›bewirkt‹ denkt. Für →Kant gibt es diese →Transzendenz nicht mehr, da hier Wirklichkeit das in der →Anschauung Präsente ist. Wirklich ist demnach, »was mit den materialen Bedingungen der Erfahrung (Empfindung) zusammenhängt«.

Aristoteles, Metaphysik, Bonitz-Übersetzung neu hg. mit Kommentar v. H. Seidl, Hamburg 1982
H. Binder, Probleme der Wirklichkeit. Von der Naturwissenschaft zur Metaphysik, Bern 1975
N. Hartmann, Möglichkeit und Wirklichkeit, Berlin 1938
H.-D. Klein, Vernunft und Wirklichkeit, Wien / München 1973

T. Z.

Wirkung →Ursache

Wissen Griech. *episteme*, lat. *cognitio*, engl. *knowledge*: Wissen gehört selbst zu den Bedingungen, unter denen überhaupt etwas definiert werden kann. Man findet daher in den Lexika unter dem Begriff Wissen meist zirkuläre Umschreibungen, die ihn selbst schon irgendwie enthalten. So wird Wissen oft als Kenntnis beschrieben.

Es soll deshalb hier nur darauf verwiesen werden, dass die Substantivform ›das Wissen‹ im Deutschen sowohl als Prozess des etwas Wissens oder des von etwas Wissens als auch als Bezeichnung für das subjektive Ergebnis dieses Prozesses, das Gewusste, verstanden werden kann. Da dieser geistige Prozess als →Bewusstsein bezeichnet werden kann und Wissen stärker einen inhaltlichen als einen formalen Aspekt anspricht, kann man mit Wissen zunächst und allgemein den Inhalt menschlichen Bewusstseins bezeichnen bzw. diejenigen →Vorstellungen, von denen →Kant sagt, dass sie von einem ›ich denke‹ begleitet werden können. Dabei ist Wissen nicht auf personale Individuen eingeschränkt, sondern kann sich auch etwa auf das Wissen einer Gruppe, eines Volkes oder der gesamten Menschheit beziehen. Auch das, was vielleicht früher einmal gewusst wurde, nicht aber aktual in einem Bewusstsein präsent ist, fällt unter diesen Begriff.

Da seit dem →Altertum (A) angenommen wird, dass nicht alles, was im Bewusstsein ist, Wissen ist, ist der Begriff qualitativ einzuschränken. In der griechischen Philosophie unterschied man das Wissen (*episteme*) von anderen Bewusstseinsformen wie Meinen (*doxa*), Glauben (*pistis*) und Kunstfertigkeit (*techne*). In der deutschen Sprache ist der Begriff des Wissens deutlich enger gefasst als der der Erkenntnis, von dem wir annehmen, dass er andere Bewusstseinsformen und Unterscheidungen wie theoretische/praktische Erkenntnis, intuitive/diskursive Erkenntnis, objektive/subjektive Erkenntnis, zufällige/notwendige Erkenntnis mit umfasst.

Zum Wissen im engeren Sinne (*episteme*) gehört, wie →Platon und →Aristoteles feststellen, →Theorie (*theoria*). Das besagt, dass der Geltungsmodus des Wissens das Zutreffen oder Nichtzutreffen ist. Wissen ist nach Kant eine Art des ›Für-wahr-Haltens‹. Echtes (theoretisches) Wissen liegt vor, wenn streng begründete, z. B. überprüfte (rationale) →Aussagen über das Zutreffen (→Wahrheit) einer Behauptung oder eines Behauptungskomplexes gemacht werden können. Je nach Art dieser Überprüfungsinstanzen kann man von empirischem (Tatsachen-)Wissen, abstraktem oder logischem Wissen sprechen. Wissen kann demnach als eine ›sichere‹, abgeschlossene und objektive Erkenntnisform bezeichnet werden. Wissen ist extensional, d. h. auf Gegenstände bezogen (objektiv) und nicht reflexiv. Wegen seiner →Rationalität ist es grundsätzlich an Begrifflichkeit bzw. Propositionalität gebunden. Wissen liegt sprachlich in Form entscheidbarer, d. h. wahrheitsdifferenter Aussagesätze vor. Während daher ein nicht propositionales Wissen streng genommen eine *contradictio in adjecto* ist, trifft dies nicht auf den Ausdruck einer nichtbegrifflichen Erkenntnis zu. Diese interessante, oft nicht bemerkte Problematik ergibt sich historisch aus der Tatsache, dass die englische Sprache, die sich im 20. Jh. zur führenden Wissenschaftssprache entwickelt hat, nicht zwischen Wissen im engeren Sinne (*knowledge*) und dem philosophischen Begriff der Erkenntnis (ebenfalls *knowledge*) unterscheidet.

Die Rationalität des Wissens, also die Tatsache, dass seine →Bedeutung sein Wahrheitswert ist, macht, dass es logisch operationalisierbar, systematisierbar und institutionalisierbar in Form von Wissenschaften angelegt werden kann.

Aus dem Gesagten erhellt allerdings auch, dass es in der Philosophie nur zu einem äußerst geringen Teil um Wissen im engen Sinne geht. Philosophische Aussagen haben einen anderen Geltungsmodus als den der Wahrheit. Bei ihnen handelt es sich um →Urteile, die argumentativ begründet werden und demnach entweder überzeugend sind oder nicht. Philosophische →Argumente sind nicht wahr oder falsch, sondern liefern gute oder schlechte Gründe dafür, akzeptiert oder verworfen zu werden. Die philosophische Erkenntnis erfüllt alle Merkmale des antiken Begriffs der Meinung (*doxa*): sie ist nicht wahrheitsdifferent, gilt bloß subjektiv (hat keinen Gegenstandsbezug), kann aber dennoch auf →Allgemeingültigkeit und →Notwendigkeit (Apriorizität) Anspruch erheben. Für die empiristischen und positivistischen Traditionen der Philosophie stellen diese Merkmale Makel der philosophischen Erkenntnis dar, weshalb sie - vielleicht auch verführt durch den oben beschriebenen Anglizismus der Identifizierung von Wissen und Erkenntnis - die Tendenz haben, die Philosophie selbst als positive Wissenschaft zu betrachten und reflexive und intensionale Erkenntnisse unter Sinnlosigkeitsverdacht zu stellen.

A. J. Ayer, The Problem of Knowledge, Harmondsworth/ Middlesex 1956
M. Brüggen, Wissen, in: Handbuch philosophischer Grundbegriffe. Bd. III, München 1974, Sp. 1723-39
R. M. Chisholm, Theory of Knowledge, 3. Aufl. Englewood Cliffs 1989
A. C. Danto, Analytic Philosophy of Knowledge, 2. Aufl. Cambridge 1985
J. Hintikka, Knowledge and Belief, New York 1962
H. Krings / H. M. Baumgartner, Erkennen, Erkenntnis, in: Historisches Wörterbuch der Philosophie. Bd. II, Darmstadt 1972, Sp. 643-62
P. Lorenzen, Methodisches Denken, Frankfurt/M. 1968
W. Stegmüller, Metaphysik, Skepsis, Wissenschaft, 2. Aufl. Darmstadt 1969
W. Wieland, Platon und die Formen des Wissens, Göttingen 1982

T. Z.

Wissenschaft Das Gesamte der im Prozess der Forschung erzeugten →Erkenntnisse, formuliert in →Aussagen und Sätzen. Motivation für die wissenschaftliche Forschung ist ein ursprünglicher, sachbestimmter Drang nach →Wissen und die Suche nach der →Wahrheit. Ziel wissenschaftlicher Forschung ist →Erklärung mit Hilfe von →Gesetzen, die ihrerseits wiederum zu →Theorien zusammengefasst sind.

Alle unterschiedlichen methodischen Vorgehensweisen (wie Beobachtung, Messung, →Experiment, Interpretation, Erklärung usw.) werden gekennzeichnet durch gemeinsame Eigenschaften: Wissenschaftliches Forschen muss intersubjektiv nachvollziehbar sein und ist ausgerichtet auf die Formulierung von →Begründungszusammenhängen. Diese werden gemessen am Kriterium der Wahrheit. Das Verständnis von Wissenschaft und ihre Einteilung in verschiedene Wissenschaftsdisziplinen war in der Geschichte beträchtlichen Veränderungen unterworfen. Ein einheitliches, logisch zusammenhängendes System der Wissenschaft existiert nicht. Es gibt vielmehr eine Vielzahl von Wissenschaften. Die Grenzen zwischen diesen unterschiedlichen Wissenschaften sind oft fließend.

Aktuell kann man von einer (aus dem angloamerikanischen Raum stammenden) Dreiteilung sprechen in: *natural sciences* (Naturwissenschaften), *social sciences* (Sozialwissenschaften), *humanities* (Geisteswissenschaften). Diese Einteilung findet eine gewisse Entsprechung in der von Diemer vorgeschlagenen Dreiteilung in: physikorientierte metrische Wissenschaften, Verhaltenswissenschaften, Kultur- (oder Sinngebilde-) Wissenschaften.

A. Diemer, Grundriss der Philosophie, Meisenheim 1962

B. W.

Wissenschaftstheorie Man kann zwischen der allgemeinen Wissenschaftstheorie und wissenschaftstheoretischen Fragen einzelner →Wissenschaften unterscheiden. Während wissenschaftstheoretische Fragen bezüglich der Methodik einzelner Wissenschaften (z. B. die Verlässlichkeit von Stichproben in Meinungsumfragen) in Kontinuität zur einzelwissenschaftlichen Theoriebildung stehen und oft von den Einzelwissenschaftlern selbst bearbeitet werden, befasst sich die allgemeinere Wissenschaftstheorie mit Kennzeichnungen von Wissenschaften oder wissenschaftlichen Tätigkeiten, die Einzelwissenschaften oder Gruppen von Einzelwissenschaften übergreifen und den Bereich der Wissenschaft grundsätzlich vom Alltagsleben der Religion oder der Kunst abgrenzen. Darin steht sie in Kontinuität zur philosophischen →Erkenntnistheorie und wird meist von Philosophen betrieben oder von Einzelwissenschaftlern, insofern sie in der Theoriebildung auf die Grundlagen ihres Faches reflektieren.

Die Wissenschaftstheorie ist →Theorie der

Wissenschaft. Aber sie ist es nicht in dem Sinne, wie die Medienwissenschaft die Wissenschaft von den Medien ist. Denn die Wissenschaftstheorie beschreibt und systematisiert nicht bloß, welche Wissenschaften es gibt, was dort getan wird und in welchen geschichtlich-gesellschaftlichen Zusammenhängen die Wissenschaften auftreten. Vieles davon geschieht in der Wissenschaftsgeschichte oder der Wissenschaftssoziologie. Die Wissenschaftstheorie muss zwar die Ergebnisse der historischen und empirischen Untersuchungen der Wissenschaften bzw. des wissenschaftlichen Handelns berücksichtigen, doch zeichnet sie sich durch ein besonderes Verhältnis zu ihrem Gegenstand, der Wissenschaft, aus: Zum einen ist sie ja selbst Wissenschaft, muss also zum Betreiben von Wissenschaft ein reflexives Verhältnis besitzen, in dem sie nach den Grundbedingungen des eigenen und anderen wissenschaftlichen Tuns fragt, die in solchem Fragen immer schon vorausgesetzt werden müssen. Hier fragt die Wissenschaftstheorie nach dem Selbstverständnis der Wissenschaften und versucht, wichtige Grundbegriffe (wie den der →Erklärungen) zu rekonstruieren. Zum anderen bezieht sie die Wissenschaft auf bestimmte erkenntnistheoretische Grundnormen und Grundwerte wie →Wahrheit und intersubjektive Überprüfbarkeit von Wahrheitsansprüchen. Durch die Orientierung an diesen Maßstäben besitzt sie normativen Charakter. Sie fragt nun nicht nur, inwieweit die Grundbegriffe und -praktiken der Wissenschaften kohärent rekonstruierbar sind, sondern dabei speziell, wie bestimmte Grundbegriffe und Praktiken angelegt sein müssen, sollen sie die Wissenschaft den Zielen der Wahrheit oder des technischen Erfolges näher bringen. In diesem Sinne ist das Festlegen von Standards der Wissenschaftlichkeit eine normative Tätigkeit. Und bezogen auf die Praktiken der Wissenschaften stellt die Wissenschaftstheorie sich technologische Probleme der effektivsten Vorgehensweisen, die Ziele der Wissenschaft zu erreichen: Die →Methoden der Wissenschaftler leiten den Prozess der Theoriegewinnung und Theorieüberprüfung an; die Methodologie im engeren Sinne (als Teil der Wissenschaftstheorie) befasst sich mit Fragen der Zuverlässigkeit, Effektivität oder auch Lernbarkeit von Vorgehensweisen, die den Untersuchungsbereich sowohl wissenschaftlich beschreibend erschließen als auch die Überprüfung von Prognosen erlauben. Die Wissenschaftstheorie ist also gegenüber dem Forschungsprozess nicht neutral: Kriterien der Wissenschaftlichkeit grenzen, indem sie auf bestimmte Tätigkeiten zutreffen, wissenschaftliches Handeln ab und legen den Gebrauch des Ausdrucks ›Wissenschaft‹ fest. Nichts sonst ist Wissenschaft.

Die Erkenntnistheorie fragt, wie wir etwas wissen können, was die Bedingungen des Wissens sind. Fragen nach dem Informationsfluss zwischen kognitivem →System und →Umwelt und der Adäquatheit von Repräsentationen der Umwelt stehen hier im Mittelpunkt: Was entnehmen wir der →Wahrnehmung? Können wir Täuschungen überhaupt systematisch entdecken? Wann ist eine →Aussage wahr, ein Bild zutreffend? Wer ist das →Subjekt der Wahrheit?

Die letzten →Werte und →Normen übernimmt die Wissenschaftstheorie aus der Erkenntnistheorie, seien dies theoretische Werte wie Wahrheit oder praktisch-prozedurale Normen wie die gleichberechtigte Teilnahme aller Forscher am Wissenschaftsprozess. Nach den Folgen von Wissenschaft und ihrer Anwendung (etwa in der →Technik) fragt die Wissenschaftsethik, nicht die Wissenschaftstheorie. Die Wissenschaftstheorie knüpft da in der Erkenntnistheorie an, wo wir fragen, wie wir die Adäquatheit unserer bildlichen oder sprachlichen Repräsentationen gewährleisten können. Sie befasst sich mit den Versuchen der systematischen Gewährleistung von Wahrheit. Dazu untersucht sie zum einen die Praktiken, die dabei auftreten – dies führt zu einer Methodenlehre. Zum anderen kennzeichnet sie die Art und Weise der Systematisierung, die Wissenschaftlichkeit unseren Erkenntnisansprüchen verleihen will. Dabei stehen der →Begriff der Wissenschaftssprache sowie der Begriff der Theorie im Mittelpunkt.

Insofern Wissenschaft in →Sprache betrieben und niedergelegt wird, bezieht sich die wissenschaftstheoretische Reflexion auf die Wissenschaftssprache. Die Wissenschaftstheorie systematisiert die Grundbegriffe der Wissenschaften. Sie fragt bezüglich eines Begriffs, ob und wie er einheitlich verwendet wird. Wird ein Begriff vage oder uneinheitlich verwendet, muss ein präziserer Begriff eingeführt werden. Der Begriff wird expliziert. Das heißt: Der vorgefundene Begriff dient als *explicandum*, das durch eine Neufestsetzung zu bestimmen ist. Die Erläuterungen und Systematisierung seiner Verwendungsweisen liefern ein *explanans* des Begriffs: Sie führen zu einer Festsetzung (oder bei uneinheitlichen Verwendungsweisen zu mehreren Festsetzungen) seiner nun neu reglementierten Verwendungsweisen. Meist geschieht diese Explikation durch die Einordnung eines explizierten Begriffs in das Begriffssystem der betreffenden Einzelwissenschaften oder, im Falle eines methodologischen Begriffs (wie ›Einfachheit‹), in das Begriffssystem allgemeiner methodologischer Begriffe. Innerhalb des Korpus der wissenschaftlichen Begriffe werden dann Typen von Begriffen unterschieden: Klassifikatorische Begriffe teilen den Objektbereich einer Wissenschaft ein (z.B. Arten in der Biologie); komparative Begriffe (wie ›wärmer als‹) dienen bei der Beschreibung von Relationen im Objektbereich; metrische Begriffe dienen der standardisierten Beschreibung von Größen, die eine Theorie bezüglich ihres Objektbereichs einführt.

Neben der Aufgabe, Begriffe inhaltlich und formal zu explizieren, gehören in die wissenschaftstheoretische Sprachreflexion auch Fragen nach der logischen Form wissenschaftlicher Aussagen, Theorien und Schlussweisen. Deshalb wird Wissenschaftstheorie oft mittels formalsprachlicher Untersuchungen betrieben. Eine Wissenschaftssprache ist idealerweise eine vereindeutigte Sprache, die durch Einführung von Fachtermini und Formalisierungen den logischen Aufbau wissenschaftlicher →Argumente und Theorien ausdrückt. Eine danach reglementierte Form der Wissenschaftssprache unterscheidet wissenschaftliche Aussagen von Erkenntnisansprüchen, die wir in der Umgangssprache vortragen.

Wissen soll systematisch sein. Die Wahrheitsanwärter unter unseren Repräsentationen werden in einem →System angeordnet. Zunächst recht vage werden wir einen Zusammenhang zwischen den Repräsentationen in einem solchen System und die Vermeidung von Widersprüchen verlangen. Bei der Erörterung der Bedingungen der Systematizität fragt die Wissenschaftstheorie, wie Mengen von Aussagen bzw. Meinungen geordnet werden sollen, damit eine kohärente Theorie entsteht, also etwas, das Aussicht hat, wahr zu sein. Der Zentralbegriff der Wissenschaftstheorie ist derjenige der Theorie, welche die Vorgänge des Untersuchungsbereiches ›erklärt‹. Eine Theorie ist eine Menge von Aussagen, die alle wahr sein sollen. Jedoch ist eine Theorie nicht bloß eine Anhäufung von Aussagen, sondern sie bringt diese vielmehr in einen Zusammenhang. Zwischen den Aussagen, die eine Theorie macht, bestehen Implikationsbeziehungen. Insbesondere interessiert hier das Verhältnis der Erklärung. Theorien haben die Aufgabe, Fragen nach dem Warum des Auftretens von Phänomenen zu beantworten. Gesucht wird eine möglichst einfache Theorie mit der größten Erklärungsstärke. Allgemeinere Aussagen (u.a. Gesetzesaussagen) dienen dazu, andere herzuleiten. Die Erklärung eines Phänomens durch eine Theorie besteht darin, dass wir eine Aussage über das Auftreten des Phänomens aus den Gesetzesaussagen der Theorie und Aussagen über Randbedingungen ableiten. Allgemeinere Gesetzesaussagen können dazu dienen, speziellere Gesetzmäßigkeiten herzuleiten. Demgemäß ergibt sich eine Hierarchie, indem Aussagen, von denen die meisten oder gar alle anderen abhängen, im Zentrum der Theorie liegen, während sich dann weitere Schichten an dieses Zentrum anlagern. Am äußeren Rand liegen die von der Theorie akzeptierten bzw. prognostizierten Beobachtungsaussagen. Beobachtungsaussagen hängen in ihrer Bewährung direkt von den Perzeptionen des Beobachters ab, theoretische Aussagen sind solche, bei denen dies nur indirekt (nämlich über Beobachtungsaussagen) der Fall ist. Wie Beobachtungsaussagen getroffen und überprüft werden, darin unterscheiden sich erkenntnistheoretische Positionen. Allgemein geteilt wird aber die Ansicht, dass es einen Unterschied zwischen theoretischen Aussagen und Beobachtungsaussagen gibt, selbst wenn einige den Übergang für fließend halten. Beschreibungen von Gegenständen, die erst mit den theoretischen Aussagen in die Theorie eingeführt werden, bezeichnen theoretische →Entitäten; was zunächst nichts anderes besagt, als dass solche Entitäten nicht direkt beobachtet werden können (z.B. Elektronen). Welche theoretischen Entitäten wir akzeptieren, hängt davon ab, welche Erklärungskraft die Theorie, die sie behauptet, besitzt. Die theoretischen Entitäten, welche die einfachste und erklärungsstärkste Theorie mit sich bringt, halten wir für Entitäten, die wirklich vorhanden, aber nicht direkt beobachtbar sind.

Theorien können die Voraussetzung für andere Theorien sein (etwa wenn sich die Theorie politischer Parteien auf die Gruppensoziologie beruft). Auch können ganze Wissenschaften die Voraussetzungen anderer Wissenschaften liefern (etwa wenn der Biologe sich auf die Chemie bezieht). Der Bezug verschiedener Theorien oder gar ganzer Einzelwissenschaften aufeinander bildet so ein umfassenderes und zusammenhängenderes Theoriensystem, welches einen großen Bereich der →Wirklichkeit unter zusammenhängende →Gesetze und damit Erklärungen bringt. Dabei mag der Gesamtbereich, von dem die vorausgesetzte Theorie handelt, in die Beobachtungssprache der Theorie der komplexeren Phänomene fallen (wird also als gegeben vorausgesetzt), dann wäre das Theoriensystem hierarchisch aufgebaut. Oder dieses Verhältnis ist im Sinne einer Erweiterung so zu denken, dass mit dem Übergang zu komplexeren Phänomenen sowohl Beobachtungssprache als auch Theoriesprache erweitert werden, sodass das Theoriensystem ein umfangreicheres Netz bildet, das die Daten interpretiert und erklärt.

Meinungssysteme von Personen werden de facto den Ansprüchen, die wir an Theorien stellen, oft nicht genügen. Doch sie enthalten Theorieversatzsstücke. Jemand, der begründet etwas meint, mag dabei Theorien heranziehen oder selbst aufstellen. Im ersten Fall macht er sich eine Theorie zu eigen. Im zweiten Fall versucht er, eine Rechtfertigung einer Meinung, die ähnlich verfährt wie das Theoretisieren, auch wenn die methodischen Standards und Fähigkeiten im Alltag weit hinter die Wissenschaft zurückfallen. Wissenschaftliche Theorien sind über den Weg der Methodenexplizitheit erreichte Hochstilisierungen von Meinungssystemen. Die Methodenexplizitheit bringt dabei sowohl intersubjektive Überprüfung durch Reproduzierbarkeit von Bewährungssituationen als auch eine Reglementierung der Sprache der Theorie mit sich.

Je nach der Art, wie eine Theorie aufgebaut wird und welche Praktiken sie zustande bringt oder überprüft, lassen sich Typen von Wissenschaften bilden. So wird die naturwissenschaftliche Theoriebildung von der geisteswissenschaftlichen unterschieden. Solche Typen unterscheiden sich z. B. in der Dominanz eines bestimmten Erklärungs- oder Ordnungsprinzips. Während in den Naturwissenschaften strenge oder statistische Kausalerklärungen im Vordergrund stehen (sollen), kommen in den Geisteswissenschaften auch Rationalisierungen vor (d. h. Erklärungen historischer Vorgänge nach den Gründen der beteiligten Akteure). Ein klassisches Problem der Wissenschaftstheorie der Naturwissenschaften z. B. ist die Frage nach Form und Gültigkeit von induktiven Schlüssen. Die unterschiedlichen Wissenschaftstypen arbeiten alle gemeinsam gemäß allgemeiner Merkmale der Wissenschaftlichkeit und verfolgen das gemeinsame Ziel der Herausbildung eines intersubjektiv gültigen Wissens in Form einer Theorie.

G. Boyd / P. Gasper / J. Trout (Hg.), The Philosophy of Science, Cambridge/Mass. 1991

M. Curd / J. Cover (Hg.), Philosophy of Science, New York / London 1998

K. Lambert / G. Brittan, Eine Einführung in die Wissenschaftsphilosophie, Berlin / New York 1991

M. B.

Wort Lat. *verbum*, engl. *word*, fr. *mot*: traditionell in zwei Bedeutungen gebrauchter Begriff. Erstens bezeichnet er im Sinne der allgemeinen Sprachwissenschaft (z. B. Bloomfield) die kleinste als bedeutungsmäßig selbstständige Äußerung vorkommende sprachliche Einheit (Pl. Wörter). In einer synekdochischen Inhaltserweiterung kann man Wort zweitens auch im Sinne von Ausspruch, Sentenz verstehen (Pl. Worte, z. B.: Worte des Vorsitzenden Mao).

In der ersten der beiden Verwendungsweisen ist Wort philosophisch problematisch: Denn seine →Funktion als (kleinste) sprachliche Einheit kann nur für bestimmte natürliche →Sprachen und hier auch nach einer Reihe ganz verschiedener Gesichtspunkte behauptet werden. Solche, die Einheitsfunktion des Wortes betreffenden Gesichtspunkte sind: a) semantische: Hat das Wort für sich allein einen →Sinn (autosemantisch) oder nur in Verbindung mit anderen Wörtern (synsemantisch)? – b) morphologische: Handelt es sich um ein einfaches oder zusammengesetztes Wort?

Wörter, die im Sinne der semantischen Einheitsfunktion als solche bezeichnet werden können, werden in den gegenwärtigen Grammatiktheorien auch Lexeme genannt, d. h. Einträge in einem Lexikon, in dem ihnen →Bedeutungen zugewiesen werden können.

Seit es Grammatiken gibt, werden die Wörter einer Sprache in gewisse Wortarten unterschieden, d.h. nach den verschiedenen Funktionen, die sie in Sätzen erfüllen können. So lernen Kinder in der Grundschule Namenwörter (Nomen), Tuwörter (Verben), Wiewörter (Adjektiva) und bestimmte Pronomina kennen; später kommen Adverbien, Präpositionen etc. dazu. Die Grammatiken verschiedener Sprachen unterscheiden sich hinsichtlich ihrer Wortarten.

Logisch sind Wörter in erster Linie von Sätzen zu unterscheiden. Während die Rolle des Satzes als das ›etwas von etwas aussagen‹ (Prädikation) den kommunikativen Aspekt der Sprache ausmacht, kann die Rolle des Wortes, das ›etwas bedeuten‹ (Artikulation) als ihr signifikativer Aspekt bezeichnet werden. Man könnte sagen, dass ein großer Teil der philosophischen wie auch der grammatischen Probleme der Identifizierung von Wörtern daraus resultiert, dass in Kontexten gesprochener Sprache (*parole* im Sinne Saussures) sowohl wortartige Gebilde Satzfunktion, als auch umgekehrt satzartige Gebilde Wortfunktion haben können.

E. Cassirer, Philosophie der Symbolischen Formen, Darmstadt 1923/29

K. O. Erdmann, Die Bedeutung des Wortes, Leipzig 1925

C.-P. Hebermann, Wörter. Basis, Lexem und die Grenze zwischen Lexikon und Grammatik, München 1981

W. V. O. Quine, Word and Object, Cambridge/Mass. 1960

T. Z.

Zahl In der Philosophie der Mathematik lassen sich im Wesentlichen vier Auffassungen zur Natur der Zahlen unterscheiden: Der Platonismus nimmt an, dass Zahlen raum- und zeitlose →Entitäten sind. Nach Ansicht des →Psychologismus sind Zahlen geistige Gegenstände, nach Ansicht des Formalismus →Zeichen, die sich mit anderen Zeichen in bestimmter Weise kombinieren lassen. Der →Intuitionismus schließlich betrachtet Zahlen als Resultate eines Prozesses, etwa des Zählprozesses. Im Zuge der Entwicklung der Mengentheorie ist gezeigt worden, dass sich Zahlen als Mengen auffassen lassen. Nach der von John von Neumann vorgeschlagenen Definition der natürlichen Zahlen wird jede natürliche Zahl mit der Menge ihrer Vorgänger identifiziert, insbesondere wird die Zahl 0 mit der leeren Menge gleichgesetzt. Eine mengentheoretische Grundlegung des Zahlbegriffs liefert auch →Frege, der eine natürliche Zahl n mit der Menge aller n-elementigen Mengen identifiziert. Unter Zahlentheorie wird in der Mathematik in der Regel die Theorie der natürlichen Zahlen 0, 1, 2, ... verstanden. Peano hat eine Axiomatisierung der Zahlentheorie angegeben; mit Hilfe eines Satzes von Gödel lässt sich allerdings zeigen, dass die Theorie der natürlichen Zahlen nicht vollständig durch Axiome erfasst werden kann. Neben den natürlichen Zahlen unterscheidet man folgende Arten von Zahlen: Die ganzen Zahlen sind die natürlichen Zahlen und die negativen Zahlen −1, −2, ... Die rationalen Zahlen sind die Zahlen der Form $\frac{a}{b}$, wobei a und b ganze Zahlen sind und $\frac{b}{0}$. Reelle Zahlen sind die Zahlen, die sich als (möglicherweise nicht zu Ende kommende) Dezimalzahlen darstellen lassen. Komplexe Zahlen sind Zahlen der Form $a+b-1$, wobei a und b reelle Zahlen sind.

U. W.

Zeichen Etwas sinnlich Wahrnehmbares (Schallwellen, Licht, Einkerbungen, Linienzug etc.), das auf etwas anderes verweist (Gegenstand, Relation, Funktion etc.), das manchmal die →Bedeutung des Zeichens genannt wird. Zeichen sind Mittel der →Kommunikation und der Übermittlung von Information. Auf →Augustinus zurückgehend, wird zwischen natürlichen (z.B. Rauch für Feuer) und konventionellen Zeichen (z.B. Wörter einer →Sprache) unterschieden. Häufig werden stattdessen Anzeichen, die von dem verursacht sind, worauf durch sie geschlossen wird (z.B. ein verzerrtes Gesicht, das auf die Schmerzen seines Besitzers hindeutet), von anderen Zeichen unterschieden. Man spricht auch von ikonischen Zeichen, bei denen die Bezugnahme auf ihre Bedeutung durch eine wie auch immer geartete Ähnlichkeit zwischen Zeichen und Bedeutung bestimmt sein soll. N. →Goodman erklärt dagegen, dass alle Zeichen ihre Bedeutung durch Konventionen erhalten. Was als so genanntes natürliches oder kausal bewirktes Zeichen für etwas angesehen wird, ist genauso durch die herrschenden Konventionen bestimmt wie die Kriterien, nach denen wir einen Gegenstand als einem anderen ähnlich bezeichnen. Jedes Zeichen wird innerhalb eines bestehenden Zeichensystems interpretiert, das ihm eine Bedeutung zuweist. Jeder Gegenstand und jedes Phänomen kann somit für beliebige Dinge oder Beziehungen stehen, sofern ihm innerhalb eines geeigneten →Systems diese als Bedeutung zugewiesen sind. Die Funktionsweisen von Zeichen werden von der →Semiotik untersucht. Vertreter einer allgemeinen Semiotik weisen darauf hin, dass nicht nur jeder Gegenstand als Zeichen fungieren kann, sondern es de facto so ist. Einrichtungsgegenstände von Wohnzimmern können in ihrer Zeichenhaftigkeit genauso interpretiert werden wie Kleidung, Verhaltensweisen oder Vorschriften.

U. Eco, Segno, Mailand 1973 [dt: Zeichen. Einführung in einen Begriff und seine Geschichte, Frankfurt/M. 1977]

N. Goodman, Languages of Art. An Approach to a Theory of Symbols, 2. Aufl. Indianapolis / Cambridge 1976 [dt.: Sprachen der Kunst. Entwurf einer Symboltheorie, Frankfurt/M. 1997]

R. Keller, Zeichentheorie, Tübingen / Basel 1995

R. Posner (Hg.), Semiotik. Ein Handbuch zu den zeichentheoretischen Grundlagen von Natur und Kultur, 2 Bde., Berlin 1997–1998

M. R.

Zeit Der Zeitbegriff hat sich wie kaum ein anderer Begriff im Laufe der Wissenschaftsgeschichte verändert. Man muss verschiedene Entwicklungsstufen unterscheiden: Zeit ist eine gerichtete Größe, die von Menschen erlebt wird – und das zum Teil sehr verschieden. Sie hängt ab vom Empfinden, das das Gehirn über die Regelmäßigkeit von Naturvorgängen erzeugt. Für dieses Empfinden hat die Zeit eine Richtung, die aus der Vergangenheit in die Zukunft orientiert ist (Zeitpfeil). Eine Inversion ist unvorstellbar (vgl. Bild des Elefanten im Porzellanladen).

Zeit wird im alltäglichen Sprachgebrauch aufgeteilt in Vergangenheit, Gegenwart und Zukunft. Die Gegenwart vergeht und wird zur Vergangenheit; die Zukunft wird zur Gegenwart. Mit diesem phänomenologischen Zeitbegriff werden dann in der →Wissenschaft →Ordnungen definiert. Zeit wird gemessen. Zeiträume werden abgegrenzt. Der wissenschaftliche Zeitbegriff gründet in der klassischen griechischen Zeitvorstellung und wird von Newton folgendermaßen beschrieben: »Die absolute, wahre und mathematische Zeit verfließt an sich und vermöge ihrer Natur gleichförmig und ohne Beziehung auf irgendeinen äußeren Gegenstand.«

Zeit weist eine absolute Struktur auf. Sie ist die Bedingung der Möglichkeit für die Erkenntnis der Realität (→Kant). Erst im ersten Viertel des 20. Jhs. wird die Zeit durch die Erkenntnisse der modernen Physik ein eigenständiges Fachgebiet. Durch die Ergebnisse der speziellen Relativitätstheorie wird das klassische Verständnis von Zeit revolutioniert.

Zeit ist eine Größe, die sich jeweils nur auf ein bestimmtes Bezugssystem bezieht. In einem Bezugssystem, das sich gegenüber einem Beobachter bewegt, gehen die Uhren langsamer. Zeit wird zu einer relativen Größe, abhängig von der Geschwindigkeit. Wenn Zeitangaben nur relativ zu einem Bezugssystem definiert werden, keines der Bezugssysteme aber naturgesetzlich ausgezeichnet zu sein scheint, so ist es physikalisch nicht sinnvoll, von der Zeit oder gar von Gleichzeitigkeit zu sprechen. Jedes System hat seine eigene Zeit. Die Revolution, die Einstein mit seinen Forschungsergebnissen begann, ist jedoch noch unvollendet. Noch immer sind viele grundlegende Fragen unbeantwortet, beispielsweise: Hatte die Zeit einen Anfang? Wird die Zeit ein Ende haben?

Augustinus, Confessiones XI, hg. von K. Flasch / B. Mojsisch, Stuttgart 1989

I. Kant, Kritik der reinen Vernunft, Hg. v. Raymund Schmidt, Hamburg 1956

I. Prigogine, Vom Sein zum Werden, München 1985

B. W.

Zeitlichkeit 1. das Wesen der →Zeit: ihre Rastlosigkeit; 2. das In-der-Zeit-sein und Bestimmtsein des Endlichen durch die Zeit: seine Vergänglichkeit; 3. die (der Räumlichkeit neben- oder übergeordnete) Dimension der irdischen, durch rastloses Entstehen und Vergehen gekennzeichneten →Welt. Jedoch avanciert der Ausdruck erst mit →Heideggers →Fundamentalontologie (*Sein und Zeit*, 1927) zum qualifizierten philosophischen Grundbegriff: In einer Verbindung von (u. a.) aristotelischen, augustinischen, kantischen, kierkegaardschen, diltheyschen und husserlschen Gedankenmotiven bezieht Heidegger Zeitlichkeit auf den →Menschen in der Welt und damit auf ein Seiendes (→Sein), das weit mehr ist als ein in der Welt (und Zeit) nur vorhandenes (und ablaufendes) Ding, vielmehr bewusst, mit Selbst- und Weltverständnis und darüber hinaus noch so in ihr existiert, dass all seinem Tun das Interesse an einem guten Selbstsein (die »Sorge« darum) zugrunde liegt. Zeitlichkeit bezeichnet folgende innere (selbst nicht zeitliche, vielmehr intelligible) Grundstruktur des durch Sorge charakterisierten →Daseins (d.h. des Seienden ›Mensch‹): zum einen sich ›in jedem Moment‹ in seinen ausgezeichneten Seinsmöglichkeiten stets noch vor sich (mithin als ›Zukunft‹) zu haben; zum anderen sich stets in einer bestimmten, von ihm nicht selbst gesetzten Bestimmtheit (→Wesen) schon vorzufinden, wobei das Gewissen den Menschen aufruft, das, ›wie er immer schon war‹ (die »Gewesenheit«), ausdrücklich zu übernehmen; und schließlich zum dritten in der (dialektischen) Beziehung von Gewesenheit und Zukunft jeweils eine bestimmte Gestalt von Gegenwart (Aktualität der Vollzüge) zu haben. Zeitlichkeit als (apriorische) Grundbestimmung des Seins des Daseins (als Existenzial) ist Heidegger zufolge Ursprung der gewöhnlichen und wissenschaftlichen Konzepte von Zeit und Zeitlichkeit.

F.-W. v. Hermann, Augustinus und die phänomenologische Frage nach der Zeit, Frankfurt/M. 1992
M. Steinhoff, Zeitbewußtsein und Selbsterfahrung. Studien zum Verhältnis von Subjektivität und Zeitlichkeit im vorkantischen Empirismus und den Transzendentalphilosophien Kants und Husserls, 2 Bde, Würzburg 1983
M. Heidegger, Sein und Zeit, 18. Aufl. Tübingen 1993
C. F. Gethmann, Verstehen und Auslegung. Das Methodenproblem in der Philosophie Martin Heideggers, Bonn 1974
K. F. Blust, Selbstheit und Zeitlichkeit. Heideggers neuer Denkansatz zur Seinsbestimmung des Ich, Würzburg 1987
A. Luckner, Martin Heidegger: Sein und Zeit. Ein einführender Kommentar, Stuttgart 2001

P.K.

Ziel →Telos

Zirkelschluss →Circulus vitiosus

Zufall Das, was sich ohne erkennbaren Grund und ohne Absicht außerhalb einer erkennbaren Gesetzmäßigkeit ereignet. Seine Existenz wird vom →Determinismus geleugnet. Zufall ist einer der Grundbegriffe der Wahrscheinlichkeitstheorie, die sich andererseits als Versuch versteht, den Zufall zu beherrschen; denn: Trotz der Unbestimmbarkeit des einzelnen Ereignisses zeigen größere Gesamtheiten durchaus Gemeinsamkeiten und Regelmäßigkeiten, die mathematisch exakt behandelt werden können. In weiten Bereichen der Physik (z.B. kinetische Gastheorie, Quantentheorie) sind häufig nur statistische (zufallsbedingte) Gesetzmäßigkeiten angebbar. Dabei ist die →Ursache des Indeterminismus nicht etwa, dass das Ereignis nur noch nicht genau genug untersucht worden ist, sondern es ist an sich bereits prinzipiell indeterminiert.

M. Gell-Mann, Das Quark und der Jaguar, München / Zürich 1994

H.W.

Zwanzigstes Jahrhundert →A

Zweck Mhd. *zwec*, ursprünglich ein Wort für ›Nagel‹ (vgl. noch ›Reißzwecke‹), insbesondere für denjenigen Nagel, mit dem eine Zielscheibe in ihrem Zentrum befestigt ist, sodass er zugleich das Ziel des Schützen bildet. Seit dem 18. Jh. dient der Ausdruck zur Bezeichnung eines jeden durch den →Willen, d.h. mit Absicht gesetzten Handlungsziels (geschehe diese Setzung nun bewusst oder unbewusst): Zweck ist dasjenige, um dessen Realisierung willen →Handlungen geschehen, also (in traditioneller Terminologie) die Zielursache (→*causa finalis*) der Handlungen, die zugleich deren Ablauf bestimmt, ihnen →Sinn und einer Handlungsabfolge Zusammenhang gibt. Handlungen können selbst Zweck sein (so im Falle sittlicher →Praxis, wo gefordert ist, Handlungen um ihrer selbst willen zu tun) oder aber einem Zweck dienen, der außerhalb ihrer selbst liegt (so im hervorbringenden Tun, dem Machen, das unseren Alltag prägt). Im letzteren Falle besteht die Handlung (oder Handlungsabfolge) in der Anwendung derjenigen Mittel, die nach Ansicht des Handelnden geeignet sind, den Zweck – der zunächst nur als Absicht und Plan ›in seinem Kopf‹ existiert – in der →Welt zu verwirklichen. Dabei ist der Zweck das Maß, das bestimmt, was als Mittel zu seiner Erreichung anzusehen ist, das Mittel dagegen (in traditioneller Terminologie) die →Ursache der Bewirkung des Zwecks (Wirkursache, →*causa efficiens*). – Von Bedeutung ist, dass die Verwendung des Ausdrucks ›Zweck‹ der Herkunft des Ausdrucks nach auf Ziele willentlich-absichtsvollen Tuns eingeschränkt bleibt. Zweck meint nicht Ziel überhaupt (griech. →*telos*, lat. *finis*); sein primärer Geltungsbereich ist die menschliche Lebenspraxis. Dass sich der Ausdruck daher zur Charakterisierung von Dingen in der physischen →Natur (als Naturzwecke) bzw. der ganzen Natur (als verwirklichtem Zweck) nur dann verwenden lässt, wenn man der Natur selbst Intelligenz und einen freien Willen zuschreibt bzw. auf ein höheres intelligentes Wesen (Gott) rekurriert, für das es hätte Zweck sein können, die ganze Natur hervorzubringen, ist vor allem von →Kant kritisch reflektiert worden: Implizit Bezug nehmend auf Naturdeutungen, die von der Zweckvorstellung Gebrauch machen – z.B. in der antiken Kosmogonie Xenophon, in der mittelalterlichen Theologie →Thomas von Aquin – zeigt Kant in der *Kritik der reinen Vernunft* und der *Kritik* der *Urteilskraft*, dass Zweck kein Grundbegriff der (erfahrungswissenschaftlichen) Naturerkenntnis sein kann, für die die Natur im Ganzen ein großer ›Mechanismus‹ ist, aber doch ein Grundbegriff der Interpretation erfahrungswissenschaftlich zu erforschender Natur (d.h. einer Beurteilung ›als ob‹), ohne den wir uns weder das Vorkommen von Organismen noch von →Menschen in der Natur, d.h. von Naturwesen, die sich mit →Bewusstsein Zwecke setzen, plausibel machen könnten.

I. Kant, Kritik der reinen Vernunft, Werkausgabe, Hg. von W. Weischedel, Frankfurt/M. 1974 ff., B 697 ff. (A 669 ff.), insbes. B 715 f. (A 687 f.)

–: Kritik der Urteilskraft, Zweiter Teil: Kritik der teleologischen Urteilskraft, §§ 61 ff., Werkausgabe, Hg. von W. Weischedel, Frankfurt/M. 1974 ff., B 267 ff. (A 263 ff.)

H. Brockhard, Art. ›Zweck‹, in: Handbuch philosophischer Grundbegriffe, Hg. v. H. Krings / H. M. Baumgartner / Chr. Wild, München 1974, Sp. 1817–1828

O. Schwemmer, Art. ›Zweck‹, in: Enzyklopädie Philosophie und Wissenschaftstheorie, Bd. 4, Stuttgart 1996, Sp. 865–868

P. K.

Zweckmäßigkeit Angemessenheit zur Erreichung eines →Zwecks. Primärer Geltungsbereich dieses im 18. Jh. geprägten Begriffs ist – dem Ausdruck Zweck entsprechend – die menschliche Lebenspraxis: So wird Zweckmäßigkeit in erster Linie von →Handlungen ausgesagt, die um der Erreichung eines Zwecks willen (also mit Absicht) geschehen. Allerdings kann auch etwas faktisch zweckmäßig sein, das nicht für einen bestimmten Zweck oder überhaupt um eines Zweckes willen gemacht, hervorgebracht, entstanden ist. →Kant spricht in diesem Zusammenhang von einer »Zweckmäßigkeit ohne Zweck«, die sich auch von Gegenständen und (mechanischen) Vorgängen in der Natur oder von Gemütszuständen aussagen lässt: Das ist ein →Prinzip der Interpretation (d.h. der reflektierenden Beurteilung) von etwas, als ob es von einem Willen zur Erreichung eines durch ihn gesetzten Zwecks hervorgebracht und angeordnet worden sei.

I. Kant, Kritik der Urteilskraft, Erster Teil: Kritik der ästhetischen Urteilskraft, § 42; Zweiter Teil: Kritik der teleologischen Urteilskraft, §§ 61 ff., Werkausgabe, Hg. von W. Weischedel, Frankfurt/M. 1974 ff., B 267 ff. (A 263 ff.)

N. Hartmann, Teleologisches Denken, 2. Aufl. Berlin 1966

R. Spaemann / R. Löw, Die Frage Wozu? Geschichte und Wiederentdeckung des teleologischen Denkens, 3. Aufl. München / Zürich 1991

J. Mittelstraß, Art. ›Zweckmäßigkeit‹, in: Enzyklopädie Philosophie und Wissenschaftstheorie, Bd. 4, Stuttgart 1996, Sp. 868

P. K.

Zwei-Welten-Lehre Bezeichnung für die auf →Platon zurückgehende (ansatzweise aber schon bei Parmenides vorhandene) theoretische (sei es ontologische und/oder erkenntnis- oder wissenschaftstheoretische) Annahme, dass der sinnfälligen →Welt der →Erfahrung – der Welt der sinnlich wahrnehmbaren und vergänglichen Dinge (*mundus sensibilis*) – eine nur dem Denken zugängliche ›intelligible‹ Welt – eine Welt der unvergänglichen Urbilder (→Ideen) der Dinge (*mundus intelligibilis*) – entspricht. Die Zwei-Welten-Lehre prägt platonisch inspirierte christliche Schöpfungslehren (Philo von Alexandria, →Augustinus), in denen die Ideen als Gedanken →Gottes aufgefasst werden, nach denen dieser die sinnfällige Welt und die Dinge in ihr geschaffen hat. Und sie steht im Hintergrund auch vieler neuzeitlicher und neuerer Philosophien: So z.B. unterscheidet →Kant (erkenntniskritisch) zwischen Erscheinung (griech. *phainomenon*) und Ding an sich (griech. *noumenon*) und →Hegel (ontologisch) zwischen →Wirklichkeit mit unvergänglicher, idealer Infrastruktur (welche Gegenstand der Philosophie ist) und Ideen oder ›wesenlosen Erscheinungen‹ (auf die sich die historisch-empirischen Wissenschaften beziehen). →Popper erweitert in wissenschaftstheoretischem Zusammenhang und in Verbindung mit dem Leib-Seele-Problem die Zwei-Welten-Lehre zu einer →Drei-Welten-Theorie: Sie besagt, dass der Geist eines Menschen (bildlich formuliert) mit dem Körper ›darunter‹ und mit Ideen ›darüber‹ in Wechselwirkung steht.

Verwandt mit der theoretischen Zwei-Welten-Lehre ist die (heils-)praktische Zwei-Welten-Lehre der mittelalterlichen und lutherischen Theologie, die auf Augustinus zurückgeht, d.h. die Unterscheidung zwischen einem Reich der Gläubigen (lat. *civitas Dei*) und einem Reich der Ungläubigen (lat. *civitas terrena*). Philosophische Reformulierungen dieser praktischen Lehre finden sich z.B. bei Kant in der für seine Philosophie im Ganzen fundamentalen (und fundamental praktischen) Differenzierung zwischen einem »Reich der Sinne und des Verstandes« (oder »dieser Erdenwelt«), für die der Mensch als erkennendes Wesen geschaffen ist, und einem intelligiblen, erst noch hervorzubringenden »Reich der Sitten«, für das er als frei handelndes Wesen geschaffen ist; sowie auch im →deutschen Idealismus (A), bei →Schelling und Hegel.

Platon, Politeia, in: Sämtliche Werke, Hg. v. K. Hülser, Frankfurt/M. / Leipzig 1991, Bd. V, 5. Buch, 508 a 4–509 c 1 (Sonnengleichnis), 509 c 1–511 a 3 (Liniengleichnis)
F. Siegert, Philon von Alexandrien, Tübingen 1988
Augustinus, Vom Gottesstaat. (De civitate dei), 2 Bände, München 1997
J. Ritter, Mundus intelligibilis. Eine Untersuchung zur Aufnahme und Verwandlung der neuplatonischen Ontologie bei Augustinus, Frankfurt/M. 1937
I. Kant, Der Streit der Fakultäten (1798), in: Werkausgabe, Hg. von W. Weischedel, Frankfurt/M. 1974 ff., Bd. XI, S. 261–393, A 116 f.
G.W.F. Hegel, Wissenschaft der Logik, in: Werke in zwanzig Bänden, neu ediert und hg. von E. Moldenhauer / K.M. Michel, Bände 5/6, Bd. 5, S. 44, 55 f., Frankfurt/M. 1969–1971
–: Grundlinien der Philosophie des Rechts, Bd. 7, § 1, ebd., Frankfurt/M. 1969–1971
K.R. Popper, Objektive Erkenntnis. Ein evolutionärer Entwurf, Hamburg 1973
L. Schäfer, Karl R. Popper, 2. Aufl., München 1992, S. 141 ff.
J. Mittelstraß, Art. ›Zweiweltentheorie‹, in: Enzyklopädie Philosophie und Wissenschaftstheorie, Bd. 4, Stuttgart 1996, Sp. 870

P.K.

Zweifel Von mhd. *zwîfel*, das mit ›zwei‹ verwandt ist: Umgangs- wie wissenschaftssprachlich das der →Gewissheit entgegengesetzte Unsicherwerden oder Infragestellen von Annahmen, wobei sich zwei Formen des Zweifels unterscheiden lassen: zum einen (und der Herkunft des Ausdrucks entsprechend) das unentschiedene Schwanken zwischen zwei einander widersprechenden Annahmen, für die entweder gleich überzeugende Gründe vorliegen (positiver Zweifel) oder für die solche Gründe überhaupt fehlen (negativer Zweifel); zum anderen das einfache Infragestellen oder Unsicherwerden einer Annahme durch Einsicht in die Unzulänglichkeit der für sie gegebenen Gründe. Auf beide Formen bezieht sich die Unterscheidung zwischen theoretischem Zweifel daran (oder der Ungewissheit darüber), ob eine →Aussagen wahr ist oder nicht, d.h. ob der von ihr dargestellte Sachverhalt existiert oder nicht (bzw. welche von zwei widersprechenden Aussagen wahr ist), und praktischem (moralischem, auch ethischem) Zweifel daran, ob eine →Handlung oder →Gesinnung bzw. welche von zwei Handlungen oder Gesinnungen gebilligt werden kann. (Spezielle Zweifel mit gewisser Zwischenstellung sind z.B. der religiöse Zweifel an der Existenz →Gottes oder der existenzielle Zweifel am →Sinn des →Daseins).

Nun können nicht nur einzelne Aussagen, Handlungen und Gesinnungen (Glaubensannahmen und Sinnvorstellungen) in Frage gestellt oder unsicher werden, sondern auch die (theoretische und praktische) Erkenntnis- und Einsichtsfähigkeit des Menschen selbst. Ein radikaler und absoluter Zweifel in dieser Rücksicht – ein Zweifel, bei dem man stehen bleibt – charakterisiert die philosophische Position des →Skeptizismus, aus der herauszuführen vor allem in der neuzeitlichen und neueren Philosophie als vordringliche Aufgabe angesehen wird. Ansatzpunkt dazu bietet der methodische (fiktive) Zweifel (→Descartes, →Husserl) – ein zwar ebenso radikales, aber nur vorläufiges Außerkraftsetzen aller geläufigen (Vor-)Urteile zu Zwecken einer wissenschaftlichen Erforschung, die auf Gewissheit zielt (in diesem Sinne ist nach →Kant an die Stelle der *supensio iudicii sceptica* die für kritisches Philosophieren charakteristische *suspensio iudicii indagatoria* zu setzen). In solcher Methodisierung wird Zweifel »zum Bestandteil des philosophischen Begriffs der Kritik« (J. Mittelstraß).

J. Amsturz, Zweifel und Mystik bei Augustin. Eine philosophiegeschichtliche Studie, Bern 1950

R. Descartes, Meditationes de prima philosophia / Meditationen über die Grundlagen der Philosophie mit den sämtlichen Einwänden und Erwiderungen. Erste Meditation, Hamburg 1994

I. Kant, Immanuel Kants Logik – ein Handbuch für Vorlesungen, Hg. von G.B. Jäsche, 1800, in: Werkausgabe, Hg. von W. Weischedel, Bd. VI, 417–582, A 114, auch 7, Frankfurt/M. 1974 ff.

E. Husserl, Cartesianische Meditationen. Eine Einleitung in die Phänomenologie, Hamburg 1995

O. Marquard, Skeptische Methode im Blick auf Kant, 3. Aufl. Freiburg / München 1982

C. Wild, Philosophische Skepsis, Königstein 1980

H. Craemer, Für ein neues skeptisches Denken, Freiburg / München 1983

J. Mittelstraß, Art. ›Zweifel‹, in: Enzyklopädie Philosophie und Wissenschaftstheorie, Bd. 4, Stuttgart 1996, 868 f.

P. K.

Zyniker →Kyniker

Personenregister

Sachregister

Verzeichnis der Autorinnen und Autoren

A. A. Prof. Dr. Andreas Arndt
Berlin

A. H. Prof. Dr. Alois Huning
Wülfrath

A. P. Dr. Andreas Preußner †
Wuppertal

A. S. Dr. Axel Spree
Bochum

A. W. Prof. Dr. Armin G. Wildfeuer
Sankt Augustin

B. W. Dr. Brigitte Wiesen
Mönchengladbach

C. K. Dr. Carsten Klein
Bonn

C. St. Prof. Dr. Claudius Strube
Köln

D. C. Daniel Cohnitz
Neuß

D. T. Detlef Thiel
Wiesbaden

E. K. Prof. Dr. Eckhard Kessler
München

E. M. S. Dr. Eva-Maria Sewing
Bonn

G. K. Dr. Guido Kreis
Heidelberg

G. M. Dr. Günther Mensching
Hamburg

G. S. Prof. Dr. Günter Seubold
Alfter

G. T.-G. Lic. phil. Gerhild Tesak
Allschwil/Schweiz

G. W. Prof. Dr. Günter Wohlfart
Breitscheidt

H. B. Holm Bräuer
Dresden / New York

H.-F. B. Dr. Hans-Friedrich Bartig
Nordstemmen

H. M. B. Prof. Dr. Hans Baumgartner †
Bonn

H. P. Dr. Hartmut Pätzold
Remscheid

H.-U. L. Prof. Dr. Hans-Ulrich Lessing
Dortmund

H. W. Dr. Herbert Wiesen
Mönchengladbach

J. B. Jens Blinne
Bonn

J. C. Prof. Dr. Jürgen Courth
Köln

J. K. Prof. Dr. Johannes Kreuzer
Wuppertal

J. R. Prof. Dr. Johannes Rohbeck
Berlin

J. W. Jan Westerhoff
Erkelenz / Cambridge

K. B. Prof. Dr. Karl Bormann
Langenfeld

K. S. Prof. Dr. Katia Saporiti
Bielefeld

K. W. Prof. Dr. Kurt Wuchterl
Schwäbisch Gmünd

L. A. Lothar Aßmann
Luxembourg

L. G. Prof. Dr. Lutz Geldsetzer
Düsseldorf

L. R. PD Dr. Lothar Ridder
Köln

M. A. Dr. Michael Anderheiden
Heidelberg

M. B. Manuel Bremer
Köln

M. H. Dr. Marie-Luise Heuser
Düsseldorf

M. R. Marcus Rossberg
Ennepetal / St. Andrews

M. S. Matthias Schulze
Bonn

P. B. Patrick Baum
Bonn

P. K. PD Dr. Petra Kolmer
Bonn

P. St. Petra Steiner
Bonn

R. A. B. Dr. Rainer A. Bast
Düsseldorf

R. G. Ralf Goeres, M. A.
Erkelenz

R. K.	Ralf Kauther Köln
R. Sch.	Dr. Ralph Schumacher Berlin
R. W. H.	Dr. Roland W. Henke Bonn
S. V.	Sonja Vogt Bayreuth
St. B.	Stefan Bagusche Düsseldorf
T. B.	Dr. Thomas Blume Dresden
T. Z.	Dr. Thomas Zwenger München
U. W.	Ullrich Wille Wuppertal
W. N. K.	Prof. Dr. Wolfgang Krewani Meerbusch
W. R.	Dr. Wulff D. Rehfus Langenfeld